U0940766

权威性·科学性·准确性·实用性

河北经济年鉴

HEBEI ECONOMIC YEARBOOK

2015

(总第31卷)

河北省人民政府　主办

中国统计出版社
China Statistics Press

《河北经济年鉴—2015》编委会、编辑人员名　　单

地区生产总值（亿元）

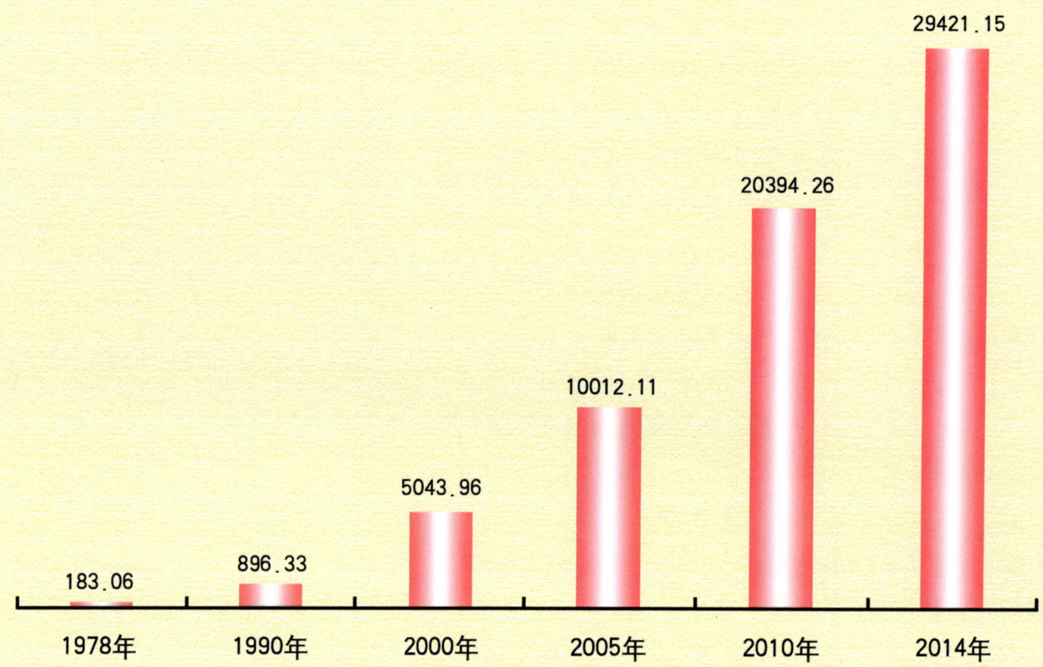

产业结构（%）

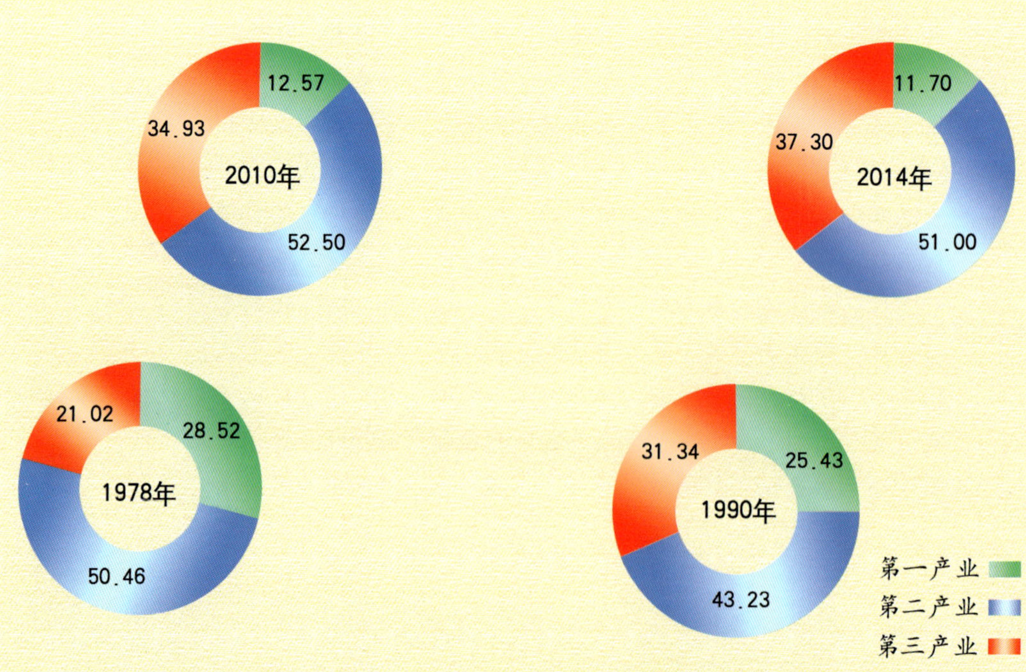

社会消费品零售总额（亿元）

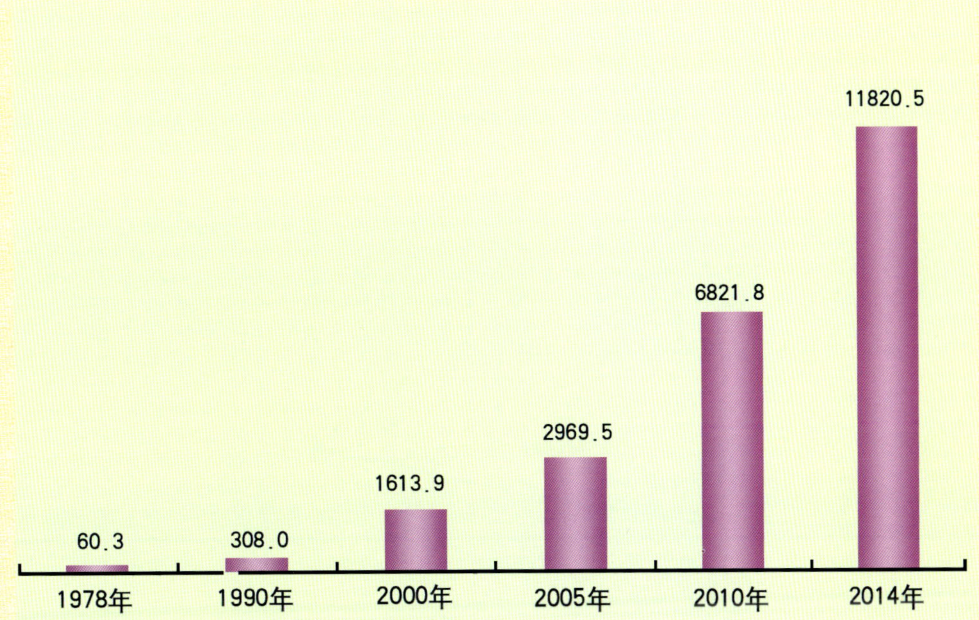

居民人均可支配收入（元）

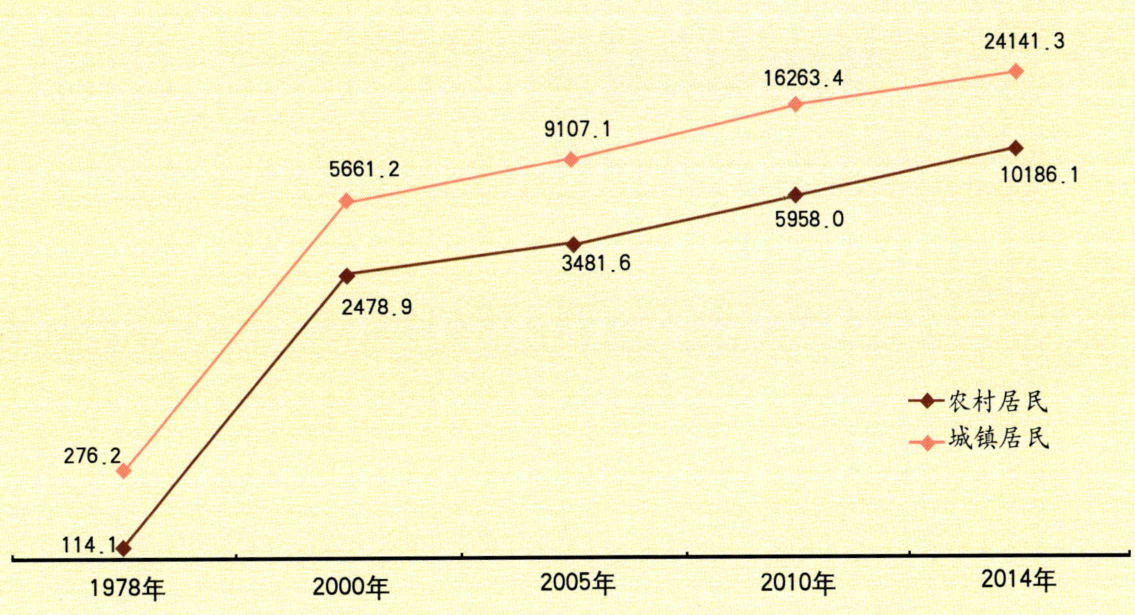

全社会固定资产投资总额（亿元）

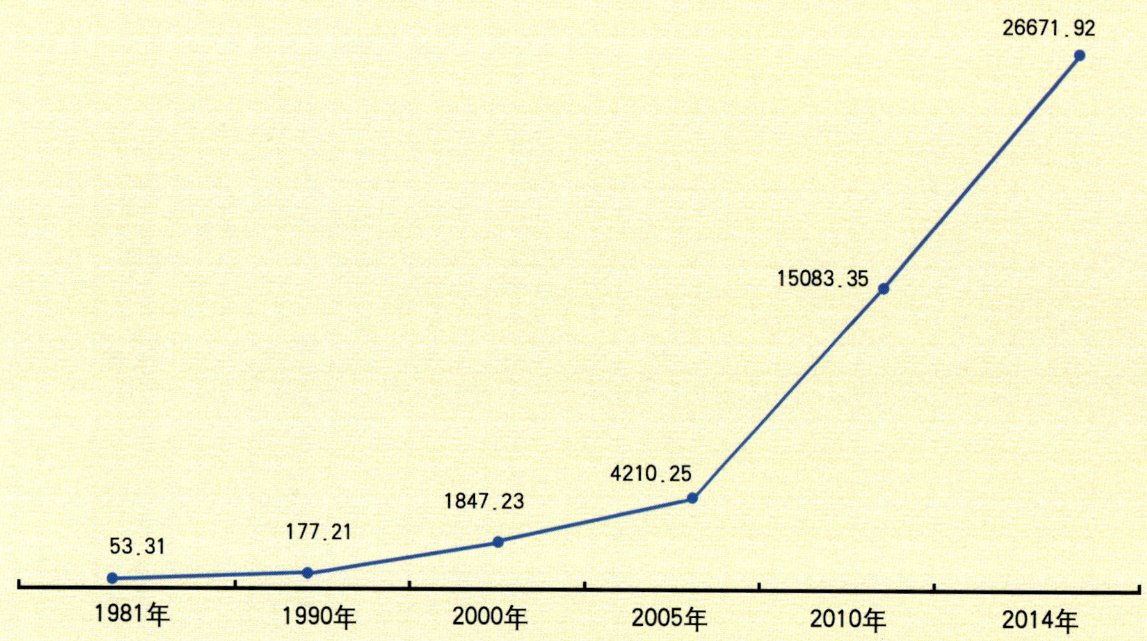

财政总收入和财政支出（亿元）

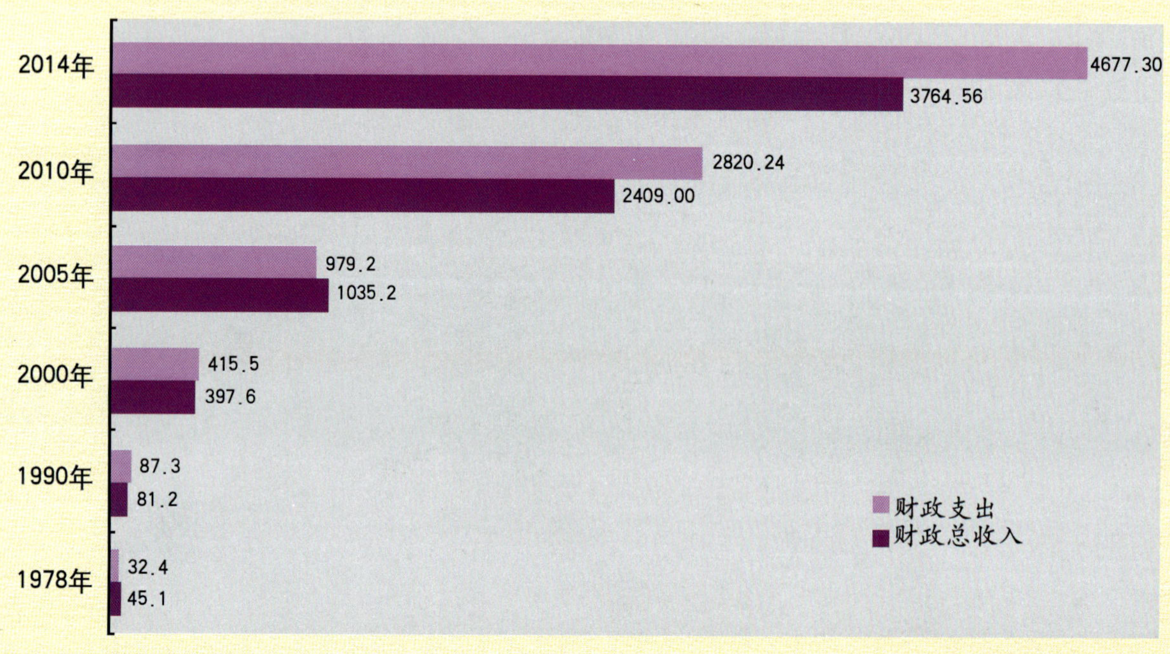

实际利用外资额（亿美元）

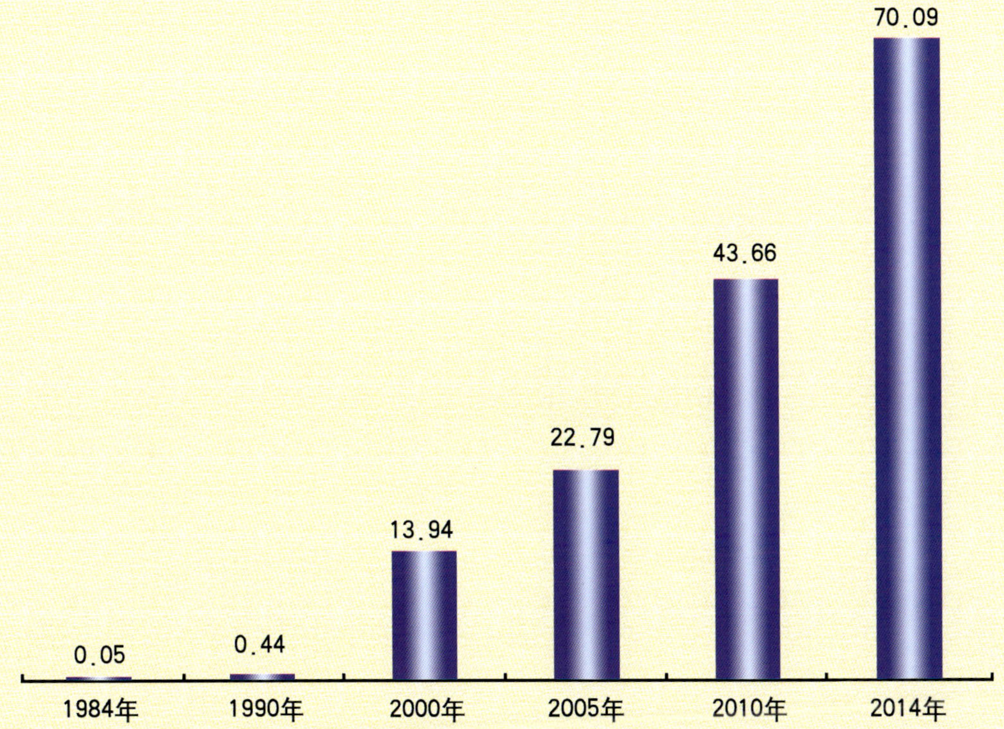

每万人口在校学生数（人）

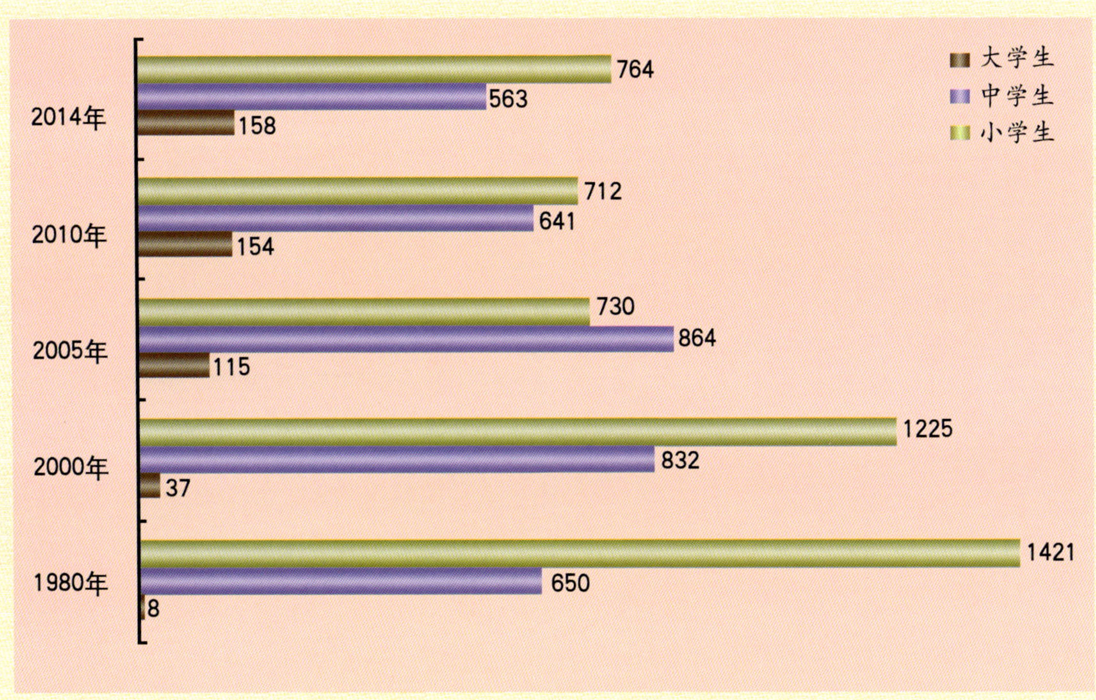

2014：稳增长、调结构、抓改革、治污染、惠民生

京津冀协同发展上升为国家战略　河北迎来科学发展重大历史机遇　2014年2月26日，习近平总书记在听取有关汇报时强调，京津冀协同发展是重大国家战略，要坚持优势互补、互利共赢、扎实推进，加快走出一条科学持续的协同发展路子来。10个月后，京津冀协同发展工作推进会议在京召开。京津冀协同发展的顶层设计已取得阶段性成果。河北迎来科学发展重大历史机遇。　上图：2014年3月22日，北汽黄骅基地偌大的总装车间内，一辆辆崭新的轻客正在工人的组装下完成“诞生”过程。北汽和黄骅正在努力向资源配置的最优状态靠近。（河北日报供稿）　下图：三河市牵手北京中关村，筑科技产业高地，形成了研发在北京、中试孵化和生产在三河的格局，成功吸引了汉王制造、世维通等高科技项目落户。图为在三河市汉王制造有限公司生产车间内，工人们正在生产高科技产品。（陈鹏飞　摄）

2014：稳增长、调结构、抓改革、治污染、惠民生

京张联手通过申冬奥初选　助力河北经济社会全面升级　2014年7月7日，国际奥委会宣布，北京正式成为2022年第24届冬季奥林匹克运动会候选城市。筹办和举办冬奥会，将有助于京津冀地区经济协同发展，改善举办城市和周边地区的基础设施建设，推动健身、休闲、文化、旅游等产业转型升级；有效推进京津冀的环境改善；直接带动华北地区和周边3亿人尤其是年轻人参与冬季运动，提高民众健康水平。　上图：张家口新区中学学生在崇礼县长城岭滑雪场为申奥喝彩。（陈亮、王雪成　摄）　下图：京张联合申办2022年冬奥会，又令崇礼县新姿焕发，每到节假日，前来滑雪场的游客络绎不绝。（贾恒　摄）

2014：稳增长、调结构、抓改革、治污染、惠民生

省委八届九次全会召开　法治河北建设迈出新步伐　2014年12月16日，中共河北省委八届九次全会召开，审议通过了《中共河北省委关于贯彻落实党的十八届四中全会精神，全面推进法治河北建设的实施意见》。这个“实施意见”提出了法治河北建设的总体目标，明确了七个方面37项重点任务。一个公共权力运行规范、执纪严肃有力、执法严格规范、司法公正权威、法治氛围良好、社会和谐稳定的法治河北正在向我们走来。图为省委八届九次全会会场。（郭昭　摄）

2014：稳增长、调结构、抓改革、治污染、惠民生

保障粮食安全和促进农民增收　加强粮食生产核心区建设　河北省是农业大省，是全国重要的粮食生产区，保证粮食丰产丰收是对国家粮食安全的重要贡献。近年来，河北省以农村土地整治为抓手，通过实施田、水、路、林、村综合整治，推进高标准基本农田建设，粮食综合生产能力显著提高，2014年粮食总产量达到672亿斤。　图为2014年泊头市郝村镇万家寨村种粮大户苏建国与人合伙承包的1100亩高标准基本农田，玉米生产丰收

河北实施一批重大生态修复工程　由单纯治污向大生态大治理迈进　2014年，河北省推进重大生态工程建设。黑龙港流域49个县地下水超采综合治理国家试点启动实施，引黄入冀补淀工程加紧推进，白洋淀、衡水湖列入国家湖泊生态修复试点。完成351个饮用水水源保护区划分，综合治理14条重污染河流，北戴河及相邻地区近岸海域水质持续好转。开展矿山环境治理攻坚行动，治理矿山180个、面积1.3万亩。实施绿色攻坚工程，完成造林绿化500万亩。　图为石家庄市西山森林公园通过工程造林、义务植树、经济林自建等模式增绿，在改善生态环境的同时，也为市民营造了良好的休闲环境。（田瑞夫　摄）

2014：稳增长、调结构、抓改革、治污染、惠民生

南水北调中线工程通水　河北跨入“长江时代”　“南方水多，北方水少，如有可能，借点水来也是可以的”。这是伟大领袖毛泽东1952年10月视察黄河时提出的伟大战略构想。60多年后，经过几十万建设大军十余年奋力建设，这一构想终成现实。2014年12月12日，南水北调中线一期工程正式通水。根据国家安排，南水北调一期工程年均调水量95亿立方米，其中河北省配额为34.7亿立方米，到2020年河北省南水北调受水区城镇人口将达2570万人左右，届时全省城乡将有3000多万人喝上优质汉江水。　上图：登上唐县庆都山极目远眺，南水北调总干渠穿过万顷良田，气势如虹。（贾恒　摄）下图：石家庄市西北地表水厂的工作人员正在为江水入冀新建的沉淀池边进行巡视。（贾恒　摄）

2014：稳增长、调结构、抓改革、治污染、惠民生

京港澳高速“四扩八”　石太大通道穿越太行　2014年12月25日，全长435公里、双向八车道的京港澳高速河北段正式通车。京港澳高速公路是我国南北向最重要的交通大通道，其中河北段又是全线最为繁忙的路段之一。该路原为双向四车道，长期以来承担着巨大的通行压力——设计日交通流量2.5万至5.5万辆，却经常承受7万辆的日交通量。此次改扩建后，拓展为双向八车道，设计日交通量达到6万至8万辆，最高可承受10万的日交通量，可有效提升交通服务能力。上图为俯视双向八车道新京港澳高速公路。改扩后的高速路基宽42米、设计时速120公里，大大提高了通行能力。（金昌植　摄）

1995年建成通车的原石太高速河北段（现京昆、青银高速石家庄至冀晋界共线段）是由汽车专用道改建而成，大批以煤炭运输为主的重型车辆使其不堪重负，堵车几成常态。在建的京昆高速石家庄至冀晋界公路项目，是国家高速公路网中北京至昆明高速公路的重要组成路段，被建设者称为“石太大通道”，它建成后将极大地缓解目前京昆、青银两条高速在石太区间共线的压力。该工程自2013年5月开工以来，建设者们克服重重困难保质保量完成进度，计划在2015年底通车。下图为2014年11月位于井陉县的石太大通道南要子特大桥架设工地。（金昌植　摄）

2014：稳增长、调结构、抓改革、治污染、惠民生

河北钢铁集团南非建厂　钢铁大省迈大步“出海”　2014年9月10日，河北钢铁集团与南非工业发展公司、中非发展基金有限公司共同在北京签署《南非钢铁项目合作谅解备忘录》，这标志着河北钢铁集团在南非投资建设的500万吨钢铁项目正式启动。该项目是目前我国在海外投产建设的最大规模全流程钢铁项目。图为2014年9月10日“南非钢铁项目签约仪式”在北京举行。（河北日报供稿）

君乐宝摘“双十一”天猫奶粉销售桂冠　据阿里巴巴集团数据，2014年“双十一”网购狂欢节交易额达571亿元人民币。其中主打网络销售的河北唯一本土品牌奶粉君乐宝业绩不凡，当天销售额突破2830万元，居天猫商城奶粉销售第一名。这是“双十一”活动开展六年来国产奶粉首次超过洋奶粉摘得桂冠。图为2014年11月12日，石家庄市邮政速递物流邮件处理中心君乐宝中转仓库内，“双十一”期间订购的奶制品被整齐码放、有序装车发货。（马彦铭、赵威　摄）

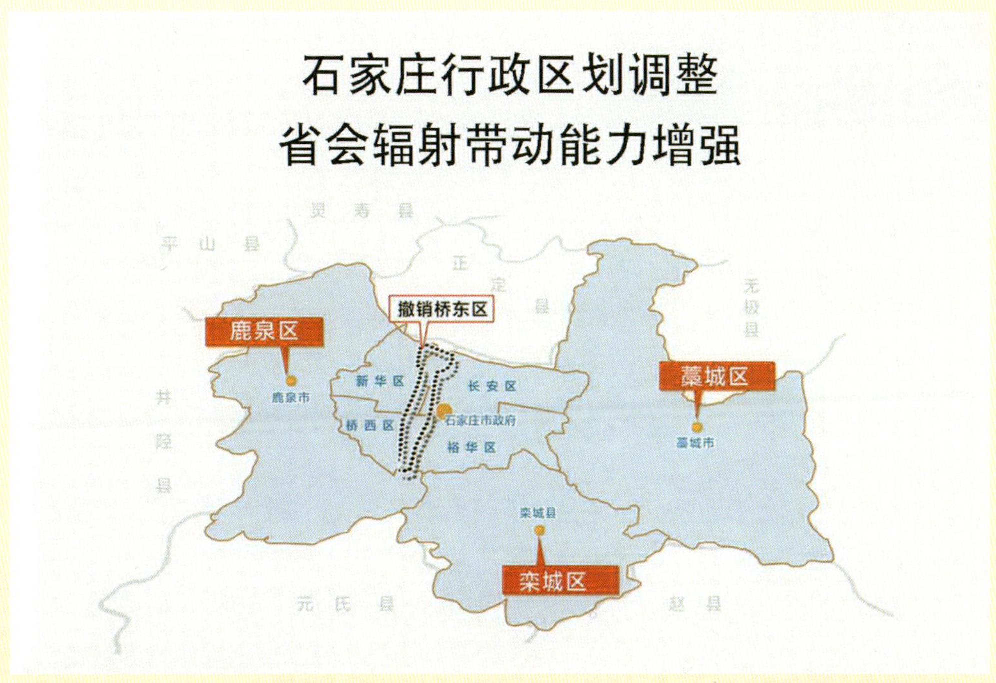

石家庄行政区划调整　省会辐射带动能力增强　2014年9月23日，石家庄市召开部分行政区划调整工作动员大会，国务院已批复河北省人民政府关于石家庄市部分行政区划调整的请示，同意撤销石家庄市桥东区，部分街道分别划归石家庄市长安区、桥西区；撤销县级藁城市、县级鹿泉市和栾城县，同时分别设立石家庄市藁城区、鹿泉区和栾城区。石家庄市行政区划调整后，该市城区面积增加1700多平方公里，达到2206平方公里；市区人口从303.92万增加到455万，核心区经济总量和财政收入皆大幅提升，有利于该市优化城市空间布局，提升省会城市功能，进一步发挥石家庄作为省会城市对河北经济社会发展的辐射带动作用，对促进河北省转型升级更好更快发展具有重要意义。　图为调整后的石家庄市城区示意图。（河北日报供稿）

河北港口集团有限公司

和谐生态新港湾

河北港口集团有限公司（简称河北港口集团）是集港口建设、开发，国有资产运营、管理以及投融资功能于一身的综合性企业集团。2014年完成港口吞吐量3.82亿吨，是当今世界最大的干散货港口运输企业。

河北港口集团现有总资产570亿元，拥有全资和控股、参股投资企业42家，业务涉及港口经营、港口物流、港机制造、港口建设、港口服务、港口地产、资源开发和资本运作等多个领域。现有生产泊位64个（含2个试运行泊位），年设计通过能力3.095亿吨，主要布局在秦皇岛港、唐山曹妃甸港区、沧州黄骅港区。

秦皇岛港由河北港口集团控股的秦皇岛港股份有限公司经营，是以能源运输为主的综合性国际贸易港口，为当今世界最大的煤炭输出港和干散货港。秦皇岛港分为东、西两大港区。东港区以能源运输为主，拥有世界一流的现代化煤炭码头。西港区以杂货、集装箱装卸运输为主，拥有装备先进的杂货和集装箱码头。秦皇岛港现有生产泊位50个（含2个试运行泊位），最大可接卸15万吨级船舶，年设计通过能力2.26亿吨。其中，煤炭年设计通过能力1.9455亿吨，杂货年设计通过能力1480万吨，石油化工品年设计通过能力1700万吨，集装箱年设计通过能力75万标准箱。

河北港口集团在曹妃甸港区控股开发建设和经营现代化矿石码头，共计6个泊位，年设计通过能力6550万吨。其中，矿石码头一期工程包括2个25万吨级矿石泊位，年设计通过能力3000万吨；矿石码头二期工程包括2个25万吨级矿石泊位，年设计通过能力3200万吨；2个5万吨级散杂货泊位，年设计通过能力350万吨，均由秦皇岛港股份有限公司控股的曹妃甸实业港务有限公司经营管理，使河北港口集团曹妃甸港区成为中国重要的矿石中转港。正在建设的曹妃甸煤炭码头二期工程，已建成5个5–10万吨级煤炭专用泊位，年设计通过能力5000万吨，由秦皇岛港股份有限公司控股的曹妃甸煤炭港务公司建设。此外，集团参股建设的曹妃甸煤炭码头一期工

河北港口集团集装箱业务

程已于2009年8月8日正式通航，建有5个煤炭专用泊位，年设计通过能力5000万吨。

河北港口集团主导开发的黄骅港区于2010年8月18日正式开航。黄骅港区地处渤海西岸，位于河北省与山东省交界处，陆上距黄骅市区约45公里、沧州市区约90公里，毗邻京津，背靠大西北，是河北省南部沿海地区的重要新兴港口，是冀中南地区最便捷、最经济的出海口，拥有广阔的发展空间。黄骅港区一期工程于2010年8月投入试生产，共有2个通用散货码头起步工程泊位、2个通用散杂货泊位和4个多用途泊位，年设计通过能力1800万吨，其中，2个多用途泊位已开通集装箱航线，年设计通过能力90万标准箱。

河北港口集团积极履行社会责任，建设生态型、环境友好型企业。先后建成亚洲最大的秦皇岛港煤码头防风网工程、煤炭堆场与装卸机械单机洒水除尘系统等现代化环保设施，达到了国内清洁生产先进水平，实现了企业和谐发展、绿色发展、可持续发展。

河北港口集团坚持以科学发展为主题，以转变发展方式为主线，以实现国际化发展为方向，按照"以港为基、跨区经营、开放多元、转型升级"的思路，积极实施"走出去"和"引进来"的开放战略，着力打造资本和信息服务两个平台，大力发展港口经营、建设及配套服务，港口物流，其他水上运输辅助服务三大主业，努力构建港口经营、物流服务、地产开发、投资金融和综合服务五大板块，积极开展港口主业、港口物流、港口建设、港机制造、港口地产、港口服务、资源开发和资本运作八项业务，加快建设秦皇岛、唐山、沧州三大港口基地，最终形成以秦唐沧三大港区为载体、物流项目为辐射节点、集疏通道为纽带的港口物流网络，把企业打造成为集资本运营商、资源开发商、码头运营商和综合物流服务商于一体的大型综合性卓越集团公司。"十二五"末资产总额达到600亿元，年营业收入300亿元，年利润总额20亿元。

河北港口集团秦皇岛港

河北港口集团曹妃甸港区

河北港口集团黄骅港区

繁忙的港湾

PICC 中国人民财产保险股份有限公司 河北省分公司

PICC PROPERTY AND CASUALTY COMPANY LIMITED

魏丙申总经理荣膺2013中国年度十大保险经理人

中国人民财产保险股份有限公司河北省分公司（简称：中国人保财险河北省分公司）紧紧围绕实现建设经济强省、和谐河北这一战略目标，为实现中国梦、推动和谐河北，恪守“人民保险，服务于民”的神圣使命，以做人民满意的保险公司为愿景，牢固树立“以市场为导向、以客户为中心”的经营理念，认真贯彻落实“新国十条”，立足于服务全省经济社会发展大局，勇担社会责任，积极参与河北地方经济建设，深化改革创新，加快转型升级，加快发展现代保险服务业，充分发挥保险服务经济社会发展全局的作用，加快发展“三农”保险。深入推进各级政府高度关注的重要领域、重点行业责任保险业务的发展，积极发展“一元民生保险”，加快推进信用保证保险。积极探索推广治安保险。创新保险服务，全力支持社会管理创新，加快发展大病保险，不断完善民生保障，全力保障经济社会转型升级。对关系国计民生的钢铁、电力、石油化工、制药等行业和交通建设、港口建设、临港工业区建设等重点项目以及新农村建设，提供了全方位的保险保障服务，为全省城乡百姓提供了更加优质便利的保险保障服务。2014年，人保财险河北省分公司为社会提供5.47万亿风险保障；支付赔款122万笔，赔款金额73亿多元；缴纳税金7.24亿元，代收代缴税费8.91亿元，合计16.15亿元，有效发挥了“经济助推器”和“社会稳定器”的职能，充分彰显了社会责任，成为保险行业服务和支持地方经济建设的“主渠道”，有力地促进了河北省经济的稳定持续快速发展。连续10年在河北省委、省政府组织的“民主评议行风”中位居行业第一；连续7年被省政府授予“金融贡献奖”荣誉称号。荣获“河北省服务名牌”和“河北网民最信赖的保险品牌”荣誉称号；荣获新华网“河北企业社会责任杰出企业”奖。

举办“中国人保客户节”启动仪式

开展“大山的问候“公益助学行”

召开全省系统2014年工作会议

签发全省粮食作物产值保险第一单

开展“情系‘三农’、保险下乡、真诚服务”“三下乡”宣传活动

人保财险查勘车整装待发

“爱心路障”雨天守护百姓

秦皇岛经济技术开发区

加拿大泰瑞斯工业园购地合同签约仪式

2014年5月11日中关村海淀园秦皇岛分园入园项目签约

秦皇岛开发区1984年经国务院批准设立，是中国首批、河北首家国家级开发区，分东、西两区，常驻人口14.4万人，规划控制面积128平方公里。目前已发展成为集国家级开发区、出口加工区、大学科技园、国家创业服务中心于一体的现代化、多功能、综合性产业园区，成为秦皇岛市改革开放的窗口、项目建设的龙头、现代产业的集聚区和最具活力的增长极。2014年，全区完成GDP253.18亿元、规上工业主营业务收入675.79亿元、利润24.6亿元、财政收入41.14亿元、进出口30.03亿美元，分别占全市的21.1%、42.3%、86.3%、19.9%、69.6%，在全市较好发挥了“窗口、示范、辐射、带动”作用。开发区全力融入京津冀协同发展，打造具有实力、充满活力、富有特色的现代产业体系。引进了美国通用电气、ADM、韩国LG、日本旭硝子、新加坡丰益、台湾鸿海，中信、中粮、中船、中航、中兴、哈电等25家世界500强企业，形成了以粮油食品加工、汽车零部件、重大装备制造、金属压延为代表的特色产业，以节能环保、数据产业、新能源和生物工程为代表的战略性新兴产业，构建了以秦皇岛（中科院）技术创新成果转化基地、北京大学（秦皇岛）科技产业园、中关村海淀园秦皇岛分园和秦皇岛京津人才创新创业园为代表的京津冀科技产业合作平台，成为推动京津冀协同发展的先行区。未来，开发区将深入推进提速、提质、提效发展，努力实现“十三五”经济总量翻一番的目标，建成经济繁荣、功能完备、环境优美、民生幸福的高科技、生态型、综合性新兴特色产业园区。

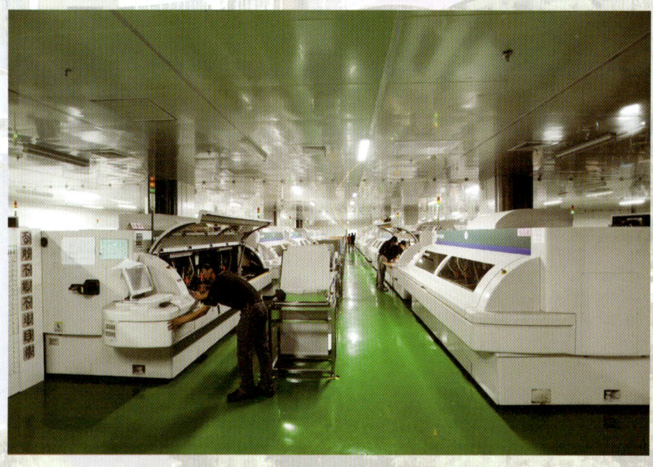
宏启胜精密电子（秦皇岛）有限公司生产车间

金海食品生产车间

数谷大厦

戴河生态园之深河景观带

天业通联生产车间

中国首台F级重型燃机

开发区建成区

河北广电信息网络

2014年1月，省委常委、宣传部部长艾文礼到集团公司检查指导安全生产工作

2014年6月，中国广播电视网络有限公司总经理梁晓涛一行来集团公司调研

河北广电信息网络集团股份有限公司(简称河北广电网络集团)是经河北省政府批准，以广电网络资产为基础，以资本为纽带，通过行政推动、市场运作的方式，由河北电视台和11个设区市广电企事业单位以广电网络资产评估入股的方式共同发起，于2005年7月12日正式挂牌成立。目前已成为一家拥有150家分(子)公司的省属大型国有文化企业，主营全省广播电视传输基本业务和高清电视、交互电视、有线宽带、数据专网等增值业务。

河北广电网络集团成立以来，始终坚持两手抓，一手抓体制改革，一手抓产业发展，以改革推动发展，以发展促进改革。在体制改革方面，按照省委、省政府和省委宣传部的部署要求，积极推进管理体制改革和人财物分离，实现产权清晰、责权明确，彻底结束了原来广电网络有系无统、各自为战的管理体制，形成了省市县三级贯通、四个统一(统一规划、统一建设、统一管理、统一运营)的发展格局，确立了市场主体地位，2012年荣获全国文化体制改革先进单位称号。积极推进内部管理机制创新，彻底改变以往事业单位粗放式的管理方式，变为以业绩为导向的收入分配和用人机制，大大调动了干部员工的积极性、主动性和创造性，进一步激发了企业活力。在产业发展方面，以有线电视数字化为切入点，大力推进模拟变数字、单向变双向、标清变高清、看电视变用电视的产业升级工程，初步实现由原来单一电视节目传输商向综合信息服务商的转型。随着国家三网融合战略的实施和信息化建设步伐的加快，河北广电网络集团科学把握行业发展形势，把“人无我有、人有我优，人优我特”确定为经营战略，坚持稳中求进总基调，加大改革创新驱动力，精心谋划实施全省政法网、河北广电网络产业中

2014年7月，集团公司举办县级公司经理培训班

2014年8月，集团公司召开市场营销工作培训会

集团股份有限公司

心等一批重点产业项目，全面实施双向网络改造升级，全力扩大城镇和农村数字电视覆盖规模，积极发力有线宽带、互动业务、数据专网业务三个经济增长极，优化业务、管理、投融资三个平台，强化市场导向、技术支撑、管理保障、网络基础四个功能，努力扩规模、优结构、增效益、树品牌、控风险，不断激发公司活力、增强公司实力、提升市场竞争力。2014年全省新增数字电视用户130万户，总数达到888万户，位居全国前列，实现营业收入26亿元。

河北广电网络集团注重经济效益的同时，突出社会效益，始终把党和政府声音传播到千家万户作为政治责任，确保重大节日、重要会议、重点赛事等播出期的安全优质传输。坚持为民服务，牢牢把握企业的公益属性，不断丰富节目内容，大力研发多元产品，主动让利于民，改进服务手段，以满足人民群众日益增长的个性化、多元化、专业化的精神文化需求。

2014年1月，集团公司2014年工作会议在石家庄召开。省委宣传部副部长武鸿儒出席会议并讲话，集团公司董事长杨能斌、党委书记杨国钧、总经理吉建英分别讲话

2014年7月，集团公司领导班子成员召开教育实践活动专题民主生活会，省委宣传部教育实践活动督导组相关成员全程参加并给予指导

▲ 集团公司召开2014年董事会

2014年10月，集团公司召开党的群众路线教育实践活动总结(视频)会议。省委宣传部教育实践活动督导组组长刘翠敏出席会议并讲话

2014年10月，集团公司基层员工深入社区宣传广电新业务

▶ 2014年12月，集团公司一线员工巡视维护广电杆路，确保安全优质传输

河北省国有资产

董事长、党委书记　刘和平

河北省国有资产控股运营有限公司是由省政府批准，于2006年5月在原河北省工贸资产经营有限公司的基础上，改建设立的大型综合性国有资产经营管理公司，是省政府和省国资委打造的国有资产经营管理、资本运作和投融资平台。注册资本20亿元。现有全资子公司10家、控股子公司6家、所属及托管企业5家、参股公司6家。业务领域涵盖矿产资源、民爆化工、房产置业、金融投资、商贸流通和科研服务等，分布于河北、北京、天津、上海、山东、江苏、云南等10多个省市。

公司组建以来，先后完成了省政府和省国资委交办的一系列“急、难、大、重”工作任务，主要包括：基本完成了划入的省政府原13个厅局83家企业和后续划入企业的改制工作；完成了省属国有企业两次清产核资核销的近百亿不良资产的核实和划入的22.76亿元不良资产的处置工作；特别是入股财达证券，保住了全省唯一券商牌照；回购华药集团债转股股权，为冀中能源重组华药奠定了基础；战略重组河北宣工，保住了全省唯一一家装备制造整机上市企业，被省领导誉为“国企战略重组的典范”；圆满完成了省粮油集团和金谷大厦的依法破产工作，受到了省国资委的通报表彰和省市法院的高度评价。

在完成上述重大工作的同时，公司还根据国家及省里的产业政策，进行战略性投资，设立河北省国控矿业开发投资有限公司，打造了全省矿产资源整合开发的平台；设立河北国控实业有限公司，打造了房产置业和实业发展平台；设立河北国控化工有限责任公司，打造了全省民爆行业整合重组的平台；设立河北省国控投资管理有限公司，打造了金融投融资平台；恢复了河北省商贸有限责任公司经营，打造了商贸物流发展和物流金融创新平台。经过几年发展，公司初步构建了产融结合、贸融结合、产融贸协调发展和资本运作相结合的发展格局。

几年来，公司先后荣获省委组织部授予的河北省国有企业创建“四好”领导班子先进集体，省政府授予的河北省金融贡献奖、河北省就业先进企业、河北省金融创新奖，省国资委授予的信访稳定先进企业、战略管理先进单位，省审计厅授予的内审先进单位，省财政厅授予的财务决算先进单位，省安委会授予的安全管理先进

公司荣获省政府2013年度金融创新奖

河北国控2014年度工作会议

河北国控党的群众路线教育实践活动动员大会

控股运营有限公司

单位等各种荣誉称号70多项；全系统累计100多人次荣获省劳动模范、省优秀企业家、省优秀共青团干部、省十大杰出青年文明号号长、省国资系统道德楷模等荣誉称号。

当前，河北国控紧紧围绕建设实力国控的总目标，以提高发展质量效益为中心，主动适应经济新常态，不断推动产业资本与金融资本、实业投资与资本运作相结合，发展混合所有制经济和参与区域经济建设，提高资源聚配能力和集团管控能力，推进公司现代治理体系和治理能力建设，向创新要发展、要增长、要效益，着力做大做强。未来的国控，必将是一个拥有产业、金融、流通和科研服务四位一体的现代化企业集团，是一个更富有实力、活力和竞争力的国有资本运作平台，是一个使职工生活得更加幸福美好的社会团体，是一个能够为全省创新发展、绿色崛起作出更大贡献的重要载体和抓手！

省人大常委会党组书记、常务副主任宋恩华到公司调研指导工作

张杰辉副省长、工信部副部长苏波一行视察高强度导爆管生产线

公司董事长、党委书记刘和平深入矿井一线调研指导工作

秦博勇副省长出席河北国控北方硅谷签约仪式

省国资委首届"国控杯"辩论赛比赛现场

河北国控张家口北方硅谷高科新城鸟瞰图

邯郸市住房保

着力打造为民房管、

市委书记高宏志视察房展会

市政协主席冯连生调研房产交易登记中心

邯郸市住房保障和房产管理局是面向千家万户、直接联系服务群众的窗口单位，担负职责和任务，事关广大群众切身利益，事关政府形象，事关社会稳定。近年来，邯郸市住房保障和房产管理局按照中央、省委省政府和邯郸市委市政府关于住房保障和房产管理一系列决策部署，把保障性安居工程和房产管理工作当做最重要的民生工程，把百姓住有所居、实现安居宜居当做崇高职责，凝神聚力，主动作为，勇于担当，开拓进取，加速构建住房保障体系，促进房地产市场健康有序发展，着力打造为民房管、法治房管、数字房管。连续六年荣获省保障性安居工程工作先进城市。截至2014年底，邯郸市累计开工改造保障性安居工程26.42万套，占“十二五”规划期末城镇居民总户数134万户的19.7%。房产交易和市场监管、物业管理等工作迈出了坚实的步伐。为广大人民群众服务意识和服务效能进一步提高，工作作风和在社会中的形象进一步提升。

住房保障工作成绩显著　为解决中低收入家庭住房困难，圆住房困难家庭梦。近年来，面对保障人口基数大、在建规模大、资金需求多、分配管理任务重的考验，邯郸市住房保障和房产管理局把保障性安居工程作为一号工程、一把手工程、一路绿灯工程、一票否决工程“四个一”工程，坚持工作摆位、政策支持、资金保障、土地供应、后期管理“五个优先”，狠抓开工率、竣工率、入住率，大力度推进保障性安居工程建设。2008年以来，全市累计开工、改造保障性安居工程15.58万套，竣工10.58万套，分配入住8.24万套，在建设规模、保障数量、资金投入、分配入住等方面均走在全省的前列。率先在全省完成了邯郸市2013—2017年棚户区改造规划编制、住房保障服务中心建设和数字住房保障信息系统建设，住房保障服务中心实行“一站式办公、一条龙服务”，为群众开辟了便捷服务的绿色通道。组建了市房投公司、后期营运管理公司，为建好、管好保障性住房提供了强有力的保障。

房产交易市场规范运行　面对复杂多变严峻的房地产市场形势，认真落实国务院、相关部委出台了一系列房地产市场调控政策，坚持“依法行政、加强监管、提高效能、服务社会”，结合邯郸市实际相继出台了《关于促进房地产业平稳健康发展的意见》、《关于进一步促进房地产业平稳健康发展的若干意见》，建立了新

局党委书记、局长殷长春督导保障房住宅小区工地

召开行风评议述职述廉暨听证质询会议

百场送戏进社区

障和房产管理局
法治房管、数字房管

建商品房和存量房网签平台，实行了房地产交易信息日报制度，推进市房管局+三区（丛台区、复兴区、邯山区）住建部门房产执法模式（“1+3”房产执法模式），打通保障房与商品房通道，出台了《关于采购新建商品房作为保障性住房的实施意见》和具体实施细则，着力消化库存，激活房地产市场。调整了配建政策，降低房产抵押门槛，简化审批流程，提高了审批效能，加大帮扶力度，为房企减负。举办大型春秋季房展会，加强舆论引导，促进商品房销售。强化商品房市场预警预测分析。目前，交易市场整体运行平稳。

市长王会勇在某小区调研物业管理工作

物业管理水平迈上新台阶　为进一步改善广大居民居住环境，提升居住小区的品质和物业管理水平。坚持从源头抓起、从制度抓起、从广大居民的需求抓起，扩面、创优、提质、提效。扎实开展精细化管理落实年和严管年活动，认真落实《邯郸市城市精细化管理办法》，重点围绕提高物业覆盖率、老旧小区整治等重点工作，努力提升全市物业管理水平。修订完善了《邯郸市物业管理办法》和《邯郸市物业服务收费管理实施办法》，积极推行老旧小区社区物业服务站建设，精心组织旧住宅小区改善。截至目前，物业管理覆盖率已达67%。市主城区纳入物业管理项目451个，管理面积2600万平方米。通过创优达标，累计创建省优宜居住宅小区34个、国家示范11个。累计完成旧小区改善209个，创省优示范小区23个，改善760万平方米，投资4.08亿元，惠及11.2万户居民。

副市长武金良调研住房保障工作

房产管理便民高效　健全制度和规范流程。对各类登记业务的收件资料、办理流程、办结时限、收费标准等作出了明确的规定，使各项工作更加公开透明。加强预测绘工作，建立健全了质量管理、成果审核、监督检查“三项制度”，保证测绘成果与现状和规划审批材料的一致，提高测绘质量和登记准确率。推行多项便民措施，推出了房屋登记办证即时办结、预约服务和上门服务等便民措施。将建设部规定的房屋所有权登记30个工作日的办结时限缩短为现在的40分钟左右，极大的方便的群众；对国家、省、市重点项目、大型厂矿、社区等需要集中办理房屋登记的项目实行预约服务，到现场集中办理手续；对“老、弱、病、残”等行动不便的群众实行上门服务，百姓不用出门即可办理房屋登记手续。这些措施的推出，受到了领导和群众的一致好评。

数字房管建设实现新突破　加快数字房管建设，坚持整合信息资源，消除信息壁垒，实现互联互通，房产交易登记系统、房产担保系统、房屋维修资金管理系统、直管公房管理系统、保障房管理系统、局域网等已整合运行到位并网运行，信息中心建成投用，极大提高了工作效率。同时，建成了高标准房产档案馆。

塑造了良好房管形象　民意，解民忧，办实事。坚持公开承诺制、首办责任制、限时办结制、考核评议制、追究问责制等五项制度，召开了民主评议座谈会、听证质询会和重点岗位中层干部述职述廉会，广泛征求意见建议，对民评代表提出的问题拿出具体的整改方案和措施。组织开展政策咨询服务活动、“百家走访”活动，深入市直部门、四区一县、厂矿企业进行上门走访，走进市清晨行风热线直播间，倾听群众的意见和建议，帮助群众解决实际困难，受到了群众的一致好评，提升了房管形象。

河北省地矿局第三
河北省地热资

国务院参事王秉忱、国土资源部李继江处长来队考察地热回灌工作

队长王志刚深入一线检查指导工作

河北省地矿局第三水文工程地质大队始建于1966年7月， 2007年加挂河北省地热资源开发研究所牌子。2012年7月，由河北省科技厅认定为河北省省属非营利性科研机构。40多年来，先后承担国家、部、省重点水文地质、工程地质、地热地质、石油地质勘查及科研项目300余项，取得了大量的地质成果，积累了丰富的基础地质资料，获省、部级勘查和科技三等以上奖20多项。

现有在职职工362人，其中教授级高级工程师8人，高级技术职称40人，中级技术职称34人，注册师22名。现有10个甲级资质（水文地质、工程地质和环境地质调查，液体矿产勘查，固体矿产勘查，地质钻探，地质灾害治理工程设计、勘查、施工、地质灾害危险性评估，钻井技术、岩土工程勘察）和3个乙级资质（水文、水资源调查评价，地基与基础工程施工，测绘）。

该单位主要工作是承担国家和省基础性、公益性地下水资源调查、矿泉水资源调查、地热资源调查、生态环境地质调查和后续水源地的勘查工作；开展地质灾害防治工程勘查、水文地质勘查、工程地质勘查和农业地质、城市地质工作；按照有关规定，开展地下水等地质环境监测、评价；开展基础设施建设、城镇建设以及乡村建设前期地质勘查；开展矿山关闭和复垦阶段的地质工作；承担地热地质勘查方法、地热钻探方法、地热梯级利用、地热开发利用设备、地热资源管理与咨询服务等技术研究开发活动。

该单位发挥地热地质工作优势，积极开展深、浅层地热资源开发利用研究，为河北省地热资源研究开发利用工作作出了重要贡献。开展了河北省地热资源开采总量控制与动态预警工程，提交的《河北省衡水市地热资源调查评价》获国土资源部二等奖。编写提交了《河北省地热资源特征与开发利用》报告，首次提出了河北省地热热储结构模型，开创性地建立了地热资源潜力分级标准、评价方法。圈定了河北平原地热开发区有利区和

积极开展地质环境治理工作

美国专家来队交流地应力测试业务

成功举办人社部地热资源评价与开发利用保护技术高级研修班

水文工程地质大队源开发研究所

经济区。该成果总体上达到国内领先水平，在热储结构模型、地热资源潜力评价方法等方面达到国际先进水平。河北省浅层地热能调查评价开发规划及利用技术规程，掀开了河北省浅层地热能调查评价工作的崭新一页，为我省浅层地热能开发利用和政府决策提供了依据，对推动我省新能源建设，实现节能减排目标意义重大。

该单位曾荣获地矿部文明单位、河北省先进企事业单位称号，多次获省局文明单位。几年来，该队获得衡水市“文明单位”、“园林式单位”、“爱国卫生先进单位”、“先进基层党组织”等称号。获得衡水市委市直工委“创先争优标杆单位”、“双标竞赛活动先进单位”、“机关党建工作先进单位”、“廉政文化建设先进单位”、“五型机关建设先进单位”等称号。 2011年，该队被河北省人力资源和社会保障厅、河北省总工会、河北省企业家协会联合授予“AAA级河北省劳动关系和谐单位”称号。被国土资源部授予“国土资源系统北方四省抗旱找水打井工作先进集体”称号。被第一届全国地勘钻探职业技能大赛河北赛区组委会授予“突出贡献奖”。工会被省总工会授予“先进基层工会组织”称号。一批先进集体和个人受到省局、衡水市及市直表彰和奖励，田京振同志被评为衡水市城镇面貌三年大变样工作模范、衡水市农村工作先进个人，省地矿局劳动模范等荣誉称号。齐恭同志被评为河北省技术能手、河北省能工巧匠、河北省五一劳动奖章等称号。

省地矿局局长刘鹤峰视察指导工作

河北省地热信息数据库建设研讨会

取得的部分地质成果

多次获得部、厅、局级奖

中国地调局水环中心来队开展业务交流

“亚洲第一标”岩芯标本

“亚洲第一标”成果验收

地热井回灌施工

地热井施工

廊坊银行

省金融票据协会秘书长杜文忠为河北省小额票据贴现管理中心廊坊市分中心授牌，邵丽萍行长接牌

廊坊银行于2000年12月29日正式成立，是廊坊市政府唯一出资设立的国家法定金融机构，原名为廊坊市商业银行。2008年9月，引进北京银行战略投资者；2008年12月，正式更名为廊坊银行，是河北省第一家更名的城市商业银行。2010年5月，石家庄分行开业，实现了跨区域经营；2011年11月，天津分行开业，迈出了跨省经营、服务京津的第一步。

2011年6月，廊坊银行第四届董事会第七次会议选举出新一任董事长，开启了全面深化改革与发展的壮丽征程。2013年7月，廊坊银行顺利完成增资扩股工作，综合实力大幅提升。目前，廊坊银行下辖1个营业部、2家分行和30家支行，员工1100余人，已初步搭建了综合型、多元化、一站式的金融服务平台。2014年末，全行资产达到571亿元，增长72%；存款361亿元，增长50%；贷款190亿元，增长34%，拨备前利润6.6亿元，增长55%。

廊坊市政府、市人民银行、市银监分局领导及股东代表为廊坊银行发展研究中心揭牌

在稳步开展经营活动的同时，廊坊银行始终以社会责任感为己任，积极参与社会公益事业，树立了良好的企业形象。多年来，廊坊银行多次出资用于抗震救灾、支残助教、扶贫济困、军民共建等活动，受到社会各界的广泛赞誉和一致好评。先后获得了全国“五一”劳动奖状、全国工人先锋号、全国模范劳动关系和谐企业、中国银行业文明规范服务示范单位、河北省金融系统先进集体、支持地方经济发展先进金融单位等多项殊荣。廊坊银行业已成为支持地方经济社会发展的有生力量，成为京津冀地区一颗璀璨夺目的金融明珠。

在时代广场开展的打击非法集资宣传活动

开发区支行荣获全国“千佳示范单位”殊荣

目 录

特 载

综 合 篇

产 业 篇

改革开放篇

统计资料篇

各县概况

京津冀主要指标

主要统计指标解释

大 事 记

附 录

企业介绍

CONTENTS

Featured Articles

General Survey

Industries

Regional Economy

Reform and Opening to the Outside World

Statistics Data

Rural Economy

Industrial

Construction

Real Estate

Transportation, Post and Telecommunications Services

Domestic

Foreign Trade and Economic Cooperation, Tourism

General Survey of Counties

Major Indicators of Jing-Jin-Ji Region

Events

Appendix

特载
FEATURED ARTICLES
河北经济年鉴
2015

中共河北省委　河北省人民政府
关于全面深化农村改革的若干意见

（2014年1月28日）

为贯彻落实党的十八届三中全会和中央农村工作会议精神，现结合我省实际，就全面深化农村改革提出如下意见：

一、新形势下全面深化农村改革的重大意义

1、当前已经进入全面深化农村改革的关键阶段。35年前，农村改革拉开了改革开放的序幕，极大解放和发展了农村生产力，使农业农村发生了天翻地覆的变化。进入新的历史时期，随着工业化、信息化、城镇化的加速推进，我省农业和农村发展面临不少新情况、新问题，农村分工分业深化，分散的农业经营方式难以适应现代农业发展的要求；农村资产资源不活，农民财产权利缺失，拓展财产性收入来源、建立农民增收长效机制的要求日益迫切；农户分层分化加快，农村社会利益格局深刻变化，加强和创新农村社会治理刻不容缓；农业农村资源要素流失加快，城乡发展差距不断拉大趋势没有得到根本扭转，城乡发展一体化的体制机制亟待健全。"三农"发展的新形势、新变化、新问题，要求我们必须与时俱进地全面深化农村改革。

2、全面深化农村改革事关经济社会发展全局。实现全面建成小康社会任务目标，最艰巨最繁重的任务在农村，必须全面深化农村改革，最大限度地解放和发展农村社会生产力；要加快推进"四化同步"、城乡发展一体化，必须全面深化农村改革，着力破除城乡二元结构，推进城乡要素平等交换、公共资源均衡配置；要集中力量打好"四大攻坚战"，实现河北科学发展、绿色崛起，必须全面深化农村改革，不断夯实农业发展基础，促进农民增收和农村社会和谐，为全省经济社会发展全局提供有力支撑；要推进社会治理现代化、建设和谐河北，必须全面深化农村改革，加强和创新农村社会管理，切实维护和发展好广大农民群众的根本利益。全面深化农村改革，是贯彻落实党的十八届三中全会精神和中央农村工作会议的重要举措，是加快河北又好又快发展的迫切要求，必须进一步解放思想、锐意进取、抓住机遇、攻坚克难，充分激发农业农村发展活力，不断开创农村改革发展的新局面。

二、全面深化农村改革的总体要求和基本原则

3、总体要求。全面贯彻党的十八届三中全会和中央农村工作会议精神，按照推进"四化同步"、城乡发展一体化的要求，围绕农业要强、农村要美、农民要富的目标，全面深化农村重点领域、关键环节改革，加快推进体制创新、机制创新、组织创新和制度创新，进一步增强农业农村发展的内生动力，着力破除城乡二元结构，加快形成以工促农、以城带乡、工农互惠、城乡一体的新型工农城乡关系，加快建立起促进农民增收、现代农业发展、美丽乡村建设、扶贫攻坚的长效机制，不断巩固和发展农业农村好形势，为全省经济社会发展全局提供有力支撑。

4、基本原则：

——必须坚持城乡统筹，切实保障农民权益。要坚持"四化同步"、城乡发展一体化，始终把实现好、维护好、发展好广大农民的根本利益作为农村改革发展的出发点和落脚点，让广大农民平等参与现代化进程、共同分享现代化成果。

——必须坚持整体推进、重点突破。要站位全局、把握趋向，强化战略思维，更加注重农村改革的系统性、整体性和协调性。要分清轻重缓急，用重点领域和关键环节的改革创新来活跃和带动"三农"工作全局。

——必须坚持顶层设计与尊重农民首创精神相结合。要注重顶层设计和总体谋划，明确新时期深化农村改革的路线图和时间表。尊重农民的主体地位，依靠群众推动改革，最大限度地调动广大基层群众大胆探索、锐意创新的积极性和主动性。

——必须坚持加强和改善党对农村工作的领导。要不断强化全面深化农村改革的政治保证，健全完善党管农村工作的领导体制和工作机制，保持党同农民群众的血肉联系，进一步夯实和巩固党在农村的执政基础。

三、积极推进农村土地制度改革，让农村土地资源活起来

5、分类有序探索农村土地管理制度创新。坚持分类指导、有序推进，加快研究制定针对不同类型农村土地的管理办法。在落实农村土地集体所有权的基础上，稳定农户承包权、放活土地经营权。试点探索农村宅基地流转、集体经营性建设用地入市，最大限度地激活农村土地资源。

6、加快推进农用土地流转。稳定农村土地承包关系并保持长久不变，在坚持和完善最严格的耕地保护制度前提下，赋予农民对承包地的占有、使用、收益、流转及承包经营权抵押、担保权能。鼓励耕地、林地、草地经营权在公开市场向专业大户、家庭农场和农民合作社、农业企业流转。鼓励县级设立经营权流转奖励资金，对流转期限在5年以上、流转面积在100亩以上的规模经营主体给予奖补。加快建立健全土地经营权流转市场，完善县乡村三级服务和管理网络，将土地流转服务纳入基层公益服务项目。规范土地流转程序，制发全省统一的土地经营权流转合同文本，颁发土地经营权流转证书。探索建立进城落户农民自愿退出土地承包经营权补偿机制，对本人申请且符合条件的农户，经村集体经济组织审查批准予以补偿，由集体经济组织出资收储或流转经营。土地流转和适度规模经营要尊重农民的意愿，不能强制推动。

7、完善农村宅基地管理制度。改革农村宅基地制度，完善农村宅基地分配政策，在保障农户宅基地用益物权前提下，研究探索建立农民宅基地有偿退出机制，对自愿退出宅基地的农民给予一定的经济补偿。努力争取国家农村宅基地改革试点，认真研究和探索农民住房财产权抵押、担保、转让的有效途径和具体办法。

8、引导和规范农村集体经营性建设用地入市。在符合规划和用途管制的前提下，允许农村集体经营性建设用地出让、租赁、入股，实行与国有土地同等入市、同权同价，加快建立农村集体经营性建设用地产权流转和增值收益分配制度。积极开展农村闲置废弃坑塘、故道、砖瓦窑和沿海滩涂土地综合整治和开发利用，对达到耕地质量要求的，可与相应的建设用地进行置换。加快推进征地制度改革，缩小征地范围，规范征地程序，完善对被征地农民合理、规范、多元保障机制。依法征收农村集体土地，要按照同地同价原则，及时足额给农村集体组织和农民合理补偿，解决好被征地农民就业、住房和社会保障。

9、加大山区综合开发、治理与保护力度。立足山区资源优势，按照开发、治理和保护并重原则，积极推行“政府＋企业＋银行＋合作社＋农户”五位一体荒山荒坡治理开发新模式。创新未利用地综合开发机制，完善支持山区资源综合开发和保护利用的政策措施，积极引导工商资本进行荒山荒坡治理。鼓励农户以荒山荒坡承包经营权出资成立合作社，与工商企业合作开发适合山地发展的产业。支持山区特色产业发展，培育壮大绿色林果、林下经济、生态养殖、乡村旅游等优势产业。加大矿山环境保护与恢复治理力度，严厉打击私采滥挖等破坏山区生态环境和资源可持续利用的违法行为。全面实施山水林田湖生态修复工程。

四、积极推进农村产权制度改革，让农村资产活起来

10、全面推进农村资产确权登记。加快推进农村集体土地所有权、农村土地承包经营权、农村集体建设用地使用权、宅基地使用权确权登记颁证工作。巩固集体林权制度改革成果，尽快完成林权登记颁证工作。积极争取国家农田水利设施产权制度改革和创新运行管护机制试点。加快建立较为完善的集体土地范围内农民住房登记制度。支持各地根据实际情况和农民意愿，采取确权确地、确权确股不确地等不同确权方式，确权登记颁证工作经费纳入地方财政预算。积极推广向农民发放土地承包经营权证、宅基地使用权证、房屋所有权证、集体收益分配权证等“四证”的经验做法。

11、积极推动农村集体产权股份合作制改造。因地制宜开展农村集体经济股份合作制改造试点，以清产核资、资产量化、股权管理为主要内容，保障农民集体经济组织成员权利，赋予农民对落实到户的集体资产股份占有、收益、有偿退出及抵押、担保、继承权。进一步加强农村集体资金、资产、资源管理，严格农村集体资产承包、租赁、处置和资源开发利用的民主程序，支持建设农村集体“三资”信息化监管平台。提高集体经济组织资产运营管理水平，发展壮大农村集体经济。

12、健全完善农村资产评估体系。抓紧研究制定农村集体土地经营权、集体建设用地（包括宅基地）使用权、房屋所有权及林木、农作物、农业机械、生产加工设备评估办法。积极鼓励有资质的社会资产评估公司参与农村资产评估。探索成立县级农村集体土地、主要农作物、农业机械等行业资产评估专家委员会，统筹指导、协调和监督农村资产评估工作。

13、积极拓展资产抵押渠道。积极探索农村各类产权抵押担保的途径和方式，允许以承包土地的经营权向金融机构抵押融资，积极探索以承包土地经营权预期收益为质押的办法。鼓励在县一级设立农村产权抵押贷款风险担保基金，降低银行的风险预期和抵押品处置的难度。鼓励有实力的村集体为农户提供担保，农业产业化龙头企业为有订单关系的农户提供担保，实体型的农民合作社为其成员提供担保。积极开展农户信用等级评估，分级确定担保额度，5万元以下的小额贷款可实行无抵押物信用担保。

14、加快建立农村产权流转交易市场。采取政府引导、财政补助、市场化运作方式，积极推进县级农村产权交易市场建设，把土地经营权、林地使用权、森林和林木所有权等纳入产权交易市场范围。制定和完善农村产权流转交易管理办法，健全产权交易规则和操作流程。推进城乡统一的产权交易市场门户网站和产权交易平台建设，推动农村产权流转交易公开、公正、规范进行。

五、积极推进农业经营体系创新，让新型农业经营主体活起来

15、鼓励发展家庭农场。抓紧研究制定不同生产领域家庭农场的认定标准，按照自愿原则开展家庭农场登记，确认其市场主体资格。优先安排符合条件的家庭农场申报农业项目。对具有一定规模的家庭农场，在财政、金融、税收、保险、土地流转等方面给予重点支持。加大金融信贷支持，允许家庭农场以大型农用机械、农业设施等抵押贷款，鼓励有条件的地方政府和民间出资设立融资性担保公司，为家庭农场等新型农业经营主体提供贷款担保服务。积极争取国家粮食生产规模经营主体营销贷款试点。大力推进示范家庭农场建设，发挥示范引导作用。

16、大力发展农民合作组织。进一步拓展合作内容，鼓励发展专业合作、股份合作等多种形式的农民合作社。支持农民在多领域、多项目开展合作，鼓励农民以土地经营权入股、转让、托管、租赁等方式开展土地合作。推进合作社规范发展，深入开展示范社建设行动，制定全省农民合作社示范社评定标准，做好省级示范社监测和评定工作。鼓励发展农民合作社联合社。加强对农民合作社理事长的教育培训。支持合作社发展农产品加工流通，促进合作社的实体化。开展财政支持农民合作社创新试点，鼓励财政项目资金向符合条件的合作社投放，农村土地整理、农业综合开发、农田水利建设、林业生态建设、农技推广等涉农项目由合作社承担的规模逐年提高，允许财政补助形成的资产转交合作社持有和管护。

17、培育发展农业公司。支持各类市场主体兴办形式多样的农业公司，鼓励农民自办农业公司，鼓励工商企业投入发展现代农业，尽快培育一批独立的农业经营法人实体。重点支持发展一批以“农业公司＋农民合作社＋农产品生产基地”为主要形式的产加销一体化综合体。以产业园区、现代农业示范区为依托，加快引进资金、技术和先进管理经验，提高农业公司经营实力。在国家年度建设用地指标中，单列一定比例专门用于新型农业经营主体建设配套辅助设施。

18、积极推进农业产业化经营。支持农业产业化龙头企业通过兼并、重组、收购、控股等方式组建大型企业集团，加快培养行业领军企业。大力抓好国家级和省级农业产业化示范基地建设，引导龙头企业入园进区，促进企业集群式发展。完善财政扶持政策，支持龙头企业建设原料基地、节能减排、技术研发、培育品牌。鼓励龙头企业上市融资，允许符合条件的企业发行债券，拓宽直接融资渠道。积极推行“现代农业示范区＋龙头企业＋农民合作社＋农户”的经营模式，鼓励发展混合所有制农业产业化龙头企业，密切与农户、农民合作社的利益联结关系。扩大农业对外开放，加快引进国外农业新品种、新装备，鼓励外商投资现代农业和农业基础设施建设。支持我省龙头企业走出去，开发境外农业资源，促进优势农产品出口。

19、健全完善农业社会化服务体系。采取财政扶持、税费优惠、信贷支持等措施，鼓励家庭农场、专业大户、合作社、农业公司等新型农业经营主体大力发展主体多元、形式多样、竞争充分的社会化服务，推行合作式、订单式、托管式等服务模式，建立和完善农业生产的产前、产中、产后等一系列服务，积极争取国家农业生产全程社会化服务试点。创新农业科技进步机制，积极推广先进适用技术，加快构建农业科技创新与推广新格局。通过政府购买服务等方式，支持具有资质的经营性服务组织从事农业公益性服务。培育和发展促进农村经济发展的社会组织，减少审批环节，降低登记门槛。扶持发展农民用水合作组织、防汛抗旱专业队、专业技术协会、农民经纪人队伍。完善农村基层气象防灾减灾组织体系，开展面向新型农业经营主体的直通式气象服务。

六、积极推进农村创业就业机制改革，让农村劳动力资源活起来

20、大力推进全民创业。认真落实农民创业扶持政策，在贷款发放、税费减免、技术服务、信息咨询等方面提供支持。改革工商登记管理制度，放宽登记限制，降低登记门槛。推行以“送教下乡”和“双带工程”为载体的农村职业教育办学模式，大规模培养懂技术、会经营、能管理的新型职业农民。继续开展创业培训，提高农民创业能力，促进千家万户闯市场。强化对农民创业融资服务，为农民创业提供资金支持。发挥老年技术人才作用，开展科技扶贫、智力援农活动。以扶持创业者、催生小企业为目标，加快中小企业创业辅导基地建设，力争经过5年努力实现农村市场主体数量倍增。

21、加快农村劳动力转移就业。大力发展县域经济，切实提高县城综合承载和吸纳带动能力，促进农民就近就地转移就业。积极扩大“阳光工程”和“农村劳动力就地就近转移培训工程”实施规模，着力打造特色培训基地，不断增强农民转移就业能力。切实抓好劳务基地建设，进一步完善与劳务输入地信息沟通和政策协调机制，不断提高劳务输出组织化程度。加强区域间劳务合作，巩固京津劳务输出市场，拓展与长三角、珠三角等沿海发达地区劳务合作。着力培育劳务输出品牌，打造一批市场认可、有较高知名度的劳务品牌。

22、积极发展农村新型家庭手工业。充分挖掘农村富余劳动力资源潜力，大力推进农村新型家庭手工业发展。抓紧筛选确定一批适宜家庭手工制作的产品推荐目录，积极打造产品研发平台，鼓励规模企业与家庭手工业者合作开展产品设计与开发，提高产品附加值。加强特色手工业产品电子商务平台建设，支持家庭手工业采取代理、加盟和连锁等多种方式与知名企业合作，着力培养一大批手工业经纪人，推进家庭手工作坊和大市场的有效对接。推进手工业辅导员队伍建设，把家庭手工业人才培训纳入人才技能培训范围。抓紧研究制定支持政策，加强管理和服务，推动农村新型家庭手工业快速规范发展。

七、积极推进农村市场体系创新，让农村流通活起来

23、健全农产品现代流通体系。统筹规划农产品市场流通网络布局，重点支持重要农产品集散地、优势农产品产地市场建设，积极争取国家公益性农产品批发市场建设试点，加快构建辐射京津、覆盖城乡、产销衔接的农产品流通网络。改革农产品流通体系，发展电子商务，创新产销对接方式，支持农业生产经营主体与批发市场、农贸市场、超市、宾馆饭店、学校企业食堂等直接对接，支持农业生产基地、农民合作社在城市社区建设直销网点。健全覆盖农产品收集、加工、运输、销售各环节的冷链物流体系，加快发展鲜活农产品连锁配送中心。创新农产品流通方式，推进农产品现代流通综合示范区创建，加快邮政物流服务“三农”综合平台建设。创新食品安全监管方式，完善农产品质量和食品安全追溯体系，确保农产品质量和食品安全。

24、构建农村现代流通网络。统筹城乡商贸物流业发展，逐步形成以城市大型流通企业为龙头，县级重点流通企业为骨干，农家店为基础，经营互补、顺畅高效的城乡商品流通网络。推进农村商品配送中心和综合服务社建设，加快实现农村物流配送连锁化、规模化。启动农村流通设施和农产品批发市场信息化提升工程。创新市场监管方式，规范农村市场秩序，保障农民合法消费权益。

25、推进供销社体制改革。按照改造自我、服务农民的要求，通过职能、机制的再造，推进供销社体制改革。积极争取供销合作社综合改革试点。深化基层供销社组织经营体制改革，努力把供销合作社打造成为农民生产生活服务的生力军和综合平台。推进省、市、县级社有资产管理体制改革，加大与社会资本的合作，参与现代农业经营。积极探索以各级社有资本为基础，吸纳社会资本，创办农村合作银行。支持供销合作社参与农村产权交易市场建设。推动供销合作社向新型农民合作组织转变，逐步建立与现代农业发展相适应的合作社服务体系，提高服务的规模化水平。

八、积极推进金融下乡，让农村金融活起来

26、强化金融机构服务“三农”职责。稳定大中型商业银行的县域网点，扩展乡镇服务网络，根据自身业务结构和特点，建立适应“三农”需要的专门机构和独立运营机制。强化商业金融机构对“三农”服务能力，扩大县域分支机构业务授权，不断提高存贷比和涉农贷款比例，将涉农信贷投放情况纳入信贷政策导向效果评估和综合考评体系。加大涉农信贷投放，落实金融机构涉农贷款增量奖励、农户贷款税收优惠、小额担保贷款贴息等政策，实现金融机构农村存款主要用于农业农村。增强农村信用社支农服务功能，保持县域法人地位长期稳定。支持由社会资本发起设立服务“三农”的县域中小型银行和金融租赁公司。积极发展村镇银行，逐步实现县（市）全覆盖，符合条件的适当调整主发起行与其他股东的持股比例。小额贷款公司要拓宽融资渠道，完善管理政策，加快接入征信系统，发挥支农支小作用。

27、大力发展新型农村合作金融组织。在管理民主、运行规范、带动力强的农民合作社和供销合作社基础上，培育发展农民合作金融。坚持社员制、封闭性原则，在不对外吸储放贷、不支付固定回报的前提下，推动社区性农村资金互助组织发展。加强市、县（市、区）对新型农村合作金融组织监管，鼓励地方建立风险补偿基金，有效防范金融风险。

28、加大农业保险支持力度。提高省级财政对主要粮食作物保险的保费补贴比例，逐步减少产粮大县县级保费补贴，不断提高小麦、玉米、稻谷三大粮食品种保险的覆盖面和风险保障水平。鼓励保险机构开展特色优势农产品保险，有条件的地方提供保费补贴。鼓励开展多种形式的互助合作保险，争取国家粮食等农产品价格保险试点。扩大畜产品及森林保险范围和覆盖区域。

九、积极推进城乡一体化发展体制机制创新，让城乡良性互动机制活起来

29、积极推进农业转移人口市民化。分类推进城乡户籍制度改革，逐步消除城乡区域间户籍壁垒，剥离户籍制度的福利分配功能。全面放开建制镇和小城市落户限制，实行以身份证代码为唯一标识的人口登记制度。积极推进城镇基本公共服务常住人口全覆盖，把进城落户农民纳入城镇住房和社会保障体系，依法参加职工基本养老保险、职工基本医疗保险、工伤保险、失业保险和生育保险，或城乡居民养老保险和城镇居民医疗保险。大力推进健康卡一卡通。进城务工人员在就业创业、劳动报酬、子女就学、公共医疗、住房保障等方面与城镇居民享有同等待遇，探索实行在居住地申请低保制度。

30、积极推进城乡产业融合。建立城乡资本、土地等资源要素平等交换机制，保障农民公平分享土地增值收益。抓住产业转移的有利时机，研究制定财税优惠和用地倾斜政策，鼓励引导城市工商企业向农村扩散、产业链条向农村延伸，依托其技术、研发、资本等优势，集聚农村土地、人力和自然资源，实现城乡产业互动融合。鼓励引导城市农产品加工、流通、储运企业向农产品优势产区转移。鼓励和引导城市工商资本到农村发展适合企业化经营的现代种养业，加快建立工商企业租赁农户承包耕地（林地、草原）准入和监管制度。

31、统筹城乡社区建设。统筹城乡交通、通信、能源、水利、环保等基础设施和教育、卫生、文化、养老、殡葬等公共服务设施布局和建设，加快基础设施向农村延伸，公共服务向农村覆盖，推进城乡基本公共服务均等化。大力实施农村面貌改造提升行动，2014 年抓好 3000 多个重点村改造提升，并选择地方有积极性、村庄有条件、群众有意愿的中心村，充分利用城乡建设用地增减挂钩政策，通过整村新建和联村并建，建设农村新型社区。积极引进和推广先进技术，推动能源结构调整，降低污染物排放，支持和发展太阳能、地热、沼气、秸秆利用等新型清洁能源，改善农村人居环境。大力推进农村公路绿化、美化和标准化建设。加强公用设施的管护，有条件的地方建立住户付费、村集体补贴、财政补助相结合的管护经费保障制度。鼓励社会资本投向农村建设，允许企业和社会组织在农村兴办各类事业。加强农村互助幸福院建设。抓好农村危房改造，加强规范运作，确保建设质量和效果。积极争取国家以社区为基本单元的村民自治、农村公共服务标准化、城乡计生卫生公共服务均等化试点，健全社区管理体制机制，培育社区服务队伍，全面提高农村社区管理水平。

十、加强和改善对全面深化农村改革工作的领导

32、完善农村工作体制机制。各级党委、政府要把全面深化农村改革摆上重要议事日程，牢固树立重中之重的指导思想，党委和政府主要领导要亲自抓、分管领导具体抓，在工作部署上给予重点支持，在政策制定和资金投入上给予重点倾斜，在干部力量配备上给予重点加强。充分发挥各级农村工作领导小组的统筹谋划、综合协调、督促落实、整合资源的作用，加强指导调度，及时了解情况，研究解决问题。进一步加强党委农村工作综合部门建设，强化统筹协调、组织推动作用。

33、形成分工明确、合力推进的工作格局。把全面深化农村改革重点任务分解到具体责任部门，明确任务，严格时限，强化落实。有关部门要强化全局观念，相互配合、协调联动，共同推进全面深化农村改革工作取得突破性进展。农业、林业、发展改革、财政、工商等部门要加大对新型农业经营主体的培育和扶持；国土资源、农业、住房城乡建设等部门要加快对农村各类资产资源的确权登记，指导推进各地农村产权交易市场建设；金融办要会同各金融机构积极培育发展农村新型金融组织，探索符合农村特点的抵（质）押担保方式和融资工具。

34、组织开展深化农村改革试点。抓紧就全面深化农村改革的重点领域、关键环节，选择一些具有典型代表性地区进行试点，鼓励地方、基层和群众先行先试，大胆探索路径和方法。各级要在现有政策、资金等方面对农村改革试点给予倾斜支持，并及时总结成功经验，促进交流和推广。各有关部门要按照中央和省委的总体要求，明确农村改革试点内容、试点范围和完成时限，分年度、分区域、分步骤推进农村改革工作。

35、加大政策法规支持力度。抓紧制定完善相关政策法规，逐步建立支持全面深化农村改革的政策法规体系。及时梳理和清理当前与全面深化农村改革不相适应的各类地方性政策法规，抓紧做好修订完善工作。抓紧制定出台一批促进农村改革的政策措施，特别是加快出台促进农民合作社发展、扶持家庭农场发展等重点农村改革的相关配套政策。

36、加强农村基层组织建设。深入开展以为民务实清廉为主要内容的党的群众路线教育实践活动，着力解决农民群众反映强烈的突出问题，提高基层党组织做好新形势下群众工作的能力。加强农村基层党组织带头人和党员队伍建设，深入实施农村基层干部“素质工程”、“双育工程”，不断提高农村党员干部队伍素质和水平。深化“一定三有”机制，激励农村干部干事创业。加强基层服务型党组织建设，推行县政务服务中心——乡镇（街道）便民服务中心——村（社区）便民服务站三级服务平台建设，提升服务群众能力。深入推进村务公开、党务公开、政务公开，并向组务公开、经济合作组织事务公开延伸，完善和创新村民自治机制。全面推行农村基层党组织、农村民主组织、经济合作组织、综治维稳组织“四个覆盖”，创新社会管理方式，维护农村社会和谐稳定。全面推行村代会常任制，实行“党组织领导、村代会（村民会议）决议、村委会执行、村监会监督”的村治新机制。深入开展以抓矛盾纠纷化解、抓信访问题解决、抓社会治安防控、保社会和谐稳定为主要内容的“三抓一保”活动，为全面深化农村改革营造良好的社会环境。

中共河北省委　河北省人民政府关于大力推进民营经济加快发展的若干意见

（2014年4月28日）

民营经济是就业经济、富民经济，也是强省经济。党的十八届三中全会立足全面深化改革，对鼓励支持引导非公有制经济发展提出了明确要求，省委八届六次全会就激活市场主体，推动民营企业创新发展作出了全面部署。民营经济是我省的差距所在，也是潜力所在。推进民营经济加快发展，是全面深化改革、转变经济发展方式的现实要求，是打造经济增长极、实现跨越赶超的重要途径，是促进转型升级、实现绿色崛起的根本出路，是建设全面小康的河北、富裕殷实的河北、山清水秀的河北的基本战略。为认真贯彻落实中央和省委、省政府部署要求，推进民营经济加快发展，现提出如下意见。

一、基本要求和发展目标

推进民营经济加快发展，核心是处理好政府和市场的关系，使市场在资源配置中起决定性作用和更好发挥政府作用；前提是进一步激活市场主体，大力倡导全民创业、劳动致富的社会风尚；基础是不断优化发展环境，努力提升政府服务效能；重点是破解要素制约，提高资源配置效率和公平性；关键是抓好各项政策落实，尽快让改革的红利转化为民营经济发展的活力。

经过努力，到2017年力争全省民营经济实现总量快速增长、质量显著提升，增加值占全省GDP的比重达到72%以上，上缴税金占全部财政收入的比重达到75%以上，全省民营经济单位数量增长60%以上。

二、主要任务

（一）放开行业准入

1. 深化行政审批制度改革，清理和取消不利于民间投资发展的地方性法规、政府规章和规范性文件，进一步精简和整合涉及民间投资管理的行政审批事项，削减资质认证项目，推行备案制，下放审批权限，规范审批行为。

2. 坚持“非禁即入”、“非禁即许”的原则，尽快制定省级有关行业负面清单，积极引导民营企业进入负面清单外的行业和领域，建立向社会公开推介项目的长效机制。对特许经营领域制定具体办法，保证民营企业依法进入的平等机会和权利。

3. 对以政府投资为主的交通运输、能源、水利、生态、电信、医疗、文化、教育等领域，鼓励民营企业以独资、控股、参股和特许经营等多种方式进入。对可实行市场化运作的基础设施、市政工程和其他公共服务领域，行业主管部门每年公布高速公路、铁路及城市轨道交通、港口、机场、供排水、污水处理、垃圾处理、电力、天然气等项目清单，引导支持民间资本投资建设和运营管理。

（二）激活市场主体

1. 继续施行“零成本”注册，除法律法规另有规定外，取消公司设立股东（发起人）首次出资比例、最低注册资本、缴足出资期限的限制，按照国务院推进工商登记制度改革要求，实行注册资本认缴登记制。

2. 清理和取消对企业设立和经营不必要的前置审批，2014年上半年实现由“先证后照”变“先照后证”。

3. 除国家已有规定外，允许涉及前置审批的行业实行筹建登记，方便市场主体先取得营业执照，再办理许可文件以及开展不涉及生产经营的筹备活动。对一般经营项目，允许申请人自行选择国民经济大类、中类或小类项目作为经营范围。

4. 建立市场主体信用信息公示制度，将企业登记备案、年度报告、资质资格等通过市场主体信用信息公示系统予以公示。试行电子营业执照和全程电子化登记管理，简化登记手续，改企业年检为年度报告制度，允许“一址多照”。

5. 抓好“个转企、小升规、规改股、股上市”的各项工作，加大对“个转企、小升规”的政策扶持力度。

6. 完善扶持创业的优惠政策和城乡均等的公共就业创业服务体系，进一步加快和提升创业辅导基地、科技型企业孵化器的建设，组织开展以“订单式”服务为重点的创业辅导和创业培训，提高高校毕业生、农村转移劳动力、城镇失业和困难人员、退役军人等人员的创业成功率。

7. 加大创业资金支持，从2014年起省财政通过整合支持企业发展资金，设立省级中小企业发展基金并逐年增加。主要用于引导创业投资机构和其他社会资金支持处于初创期的中小企业。各市、县（市、区）也要根据财力情况相应设立。鼓励民间资本进入政府设立的产业发展引导基金，并交由专业基金团队管理，实行政府资本和民间资本同股同酬、风险共担。

8. 鼓励发展混合所有制经济，支持有条件的民营企业在现代装备制造、能源、信息技术、海洋等战略性新兴产业，通过资产收购、产权转让、参股控股、合资合作等方式进行兼并、收购、整合，发展民营资本控股的混合所有制企业。充分利用我省结构调整、转型升级的机遇，推动国有资本逐步退出竞争性领域，及时发布国有企业改制重组招股招商及国资项目与非公资本合作信息，支持民营资本全面参与国有企业的改组和改制。在国有企业利用产权交易市场实施产权转让和利用存量资产引进外部资本时，支持民营企业平等竞争，发展民营资本、国有资本交叉持股、相互融合的混合所有制经济。允许混合所有制经济实行企业员工持股，形成资本所有者和劳动者的利益共同体。

9. 推动列入省“三个一百”领军企业的民营企业快速发展。省直有关部门和各市、县（市、区）要对“三个一百”重点民营企业在项目用地安排、生产要素协调、产品市场开拓等方面给予“一企一策”式的对口帮扶。支持和帮助省内有条件的民营企业主动对接世界和中国企业500强、行业龙头企业、上市企业和外商投资企业的资金、技术、管理、人才和信息转移，促其尽快做大做强。

（三）落实用地政策

1. 把符合产业政策的民营企业用地纳入土地利用规划和城镇总体利用规划。各市、县（市、区）政府要按照省政府《关于进一步加快民营经济发展的意见》（冀政〔2011〕36号）等有关文件要求，落实好中小企业创业辅导基地建设用地和县域工业集聚发展用地。

2. 在经济技术开发区、高新技术开发区内设立中小微企业产业园，集约利用土地和各种生产要素，为中小微企业快速成长创造条件。

3. 在土地利用年度计划中，对符合国家产业政策优先发展产业，其建设用地容积率和建筑系数超过《关于发布和实施〈工业项目建设用地控制指标〉的通知》（国土资发〔2008〕24号）所规定标准40%以上、投资强度增加10%以上的民营工业项目、文化产业项目，在确定土地出让底价时，可按不低于所在地的土地等别相对应《全国工业用地出让最低价标准》的70%执行，但拟定的出让价不得低于该项目实际土地取得成本、土地前期开发成本和按规定应收取的相关费用之和。

（四）强化金融服务

1. 各市、县（市、区）要加强金融生态环境建设，加大对银行业金融机构的支持。要把为当地民营经济发展贷款规模大、增长速度快的银行业金融机构，作为市、县（市、区）各类财政资金主要存储、结算银行，按照一事一议、综合评价的原则，确定存储额度。各市、县（市、区）要安排财政资金，按银行业金融机构为中小微企业贷款的年度增长额度给予风险补偿。

2. 银行业金融机构要按照“两个不低于”的要求安排中小微企业信贷规模，积极创新金融产品，提供利用动产、仓单、税单、保单、股权、知识产权、商标权等抵质押贷款业务，以及应收账款、供应链保理融资和票据贴现等融资服务。

3. 鼓励和引导民间资本探索设立自担风险的民营银行、金融租赁公司、消费金融公司。鼓励民间资本发起或参与设立村镇银行、农村资金互助社等小型金融机构，村镇银行主发起行的最低持股比例降为15%。适度放宽小额贷款公司单一投资持股比例，对设立扶贫小额贷款的，允许主发起人持股比例不超过注册资本总额的40%；允许其余单个自然人、企业法人、其他社会组织及其关联方持股比例不超过注册资本总额的30%。引导符合条件的小额贷款公司发行债券和挂牌上市，支持有关公司向其提供再贷款。到2017年，实现新型金融机构全省县域全覆盖。

4. 帮助符合条件的民营企业发行企业债券、公司债券、私募债券、集合债券和中期票据。省级中小企业发展专项资金每年安排一定比例对发行企业给予费用补助，对相关金融机构和融资性担保机构给予奖励。

5. 培育民营企业在境内外多层次资本市场上市融资或股权交易。2014年起，全省每年培育100家上市后备企业，各设区市每年筛选8至10家高成长性企业列入省级上市后备资源库，并给予集中辅导。对境内外上市的企业，根据省政府《关于进一步加快民营经济发展的意见》（冀政〔2011〕36号）规定给予补助或奖励。

6. 鼓励发展金融票据服务机构，由人民银行石家庄中心支行会同省直有关部门成立省级小额票据贴现中心，人民银行石家庄中心支行安排20亿元再贴现额度，专项用于中小企业票据融资需求，增加中小企业融资渠道。根据小额票据贴现平台发展规模，安排省级中小企业专项资金给予支持。

7. 规范发展融资性担保机构、再担保机构。按照适度控制数量、扩大资金规模、防范经营风险、增强担保能力的原则，做强省级、做大市级、做实县（市、区）级融资性担保机构。强化业务监管，规范发展融资性担保机构。以省中小企业信用担保服务中心为主体，增加省财政投入，吸纳其他投融资机构资金组建省级再担保机构，积极扩大再担保业务。对融资性担保、再担保机构，按年度担保责任余额的放大倍数和风险控制的比例给予风险补偿。对符合条件的融资性担保、再担保机构免征营业税。

（五）加大财政扶持

1. 省、市、县（市、区）政府都要设立中小企业发展资金，并逐年扩大规模。重点支持民营经济公共服务体系建设、中小企业科技创新、技术改造和标准化建设。

2. 省级重大科技专项、结构调整、扶持战略性新兴产业、发展文化产业、农业产业化、市场建设、促进进出口等专项资金要加大对民营企业的支持力度。

3. 继续执行国家对小微型企业的税收优惠政策。从2014年起3年内，对符合国家产业目录的当年新增小微型企业，由当地政府给予适当奖励支持。

4. 加大政府购买公共服务力度，凡是部门预算安排为企业服务的事项，适合购买服务的，各级有关部门都要通过委托、承包、采购等方式购买社会组织的服务产品，为民营企业提供信息发布、项目策划、财税代理、商标专利、政策法律咨询、贷款融资、人力资源、创业辅导等公益性服务。

（六）增加政府采购份额

1. 支持符合条件的民营企业产品和服务进入政府采购目录，年度预留政府采购项目预算总额的30%以上专门面向中小企业，其中预留给小微企业的比例不低于60%。

2. 对于非专门面向中小企业的项目，采购人或者采购代理机构要对小微企业产品价格给予6%至10%的扣除，用扣除后的价格参与评审。

3. 大中型企业与小微企业组成联合体共同参加政府采购，小微企业占联合体份额达到30%以上的，可给予联合体2%至3%的价格扣除。

（七）推进企业技术创新

1. 培育支持1500家年主营业务收入在1亿元以上的科技“小巨人”企业，其中省级每年筛选100家行业排名居前、技术水平领先、发展潜力较大的科技型中小企业，在资金、土地、人才等方面予以扶持。到2017年全省科技型中小企业达到3万家以上。

2. 组织民营企业实施品牌战略，对认定为驰名商标的企业，省政府一次性奖励50万元，对认定为著名商标、省名牌产品和省中小企业名牌产品的企业，由当地政府一次性奖励10万元。

3. 分行业、分领域制定民营企业产业技术改造规划，支持和实施一批产业关联度大、技术水平高、市场前景好的重点技改项目。各级工业技术改造资金安排不低于60%的资金用于民营企业技改项目贴息。

4. 推进建立覆盖全省主要行业和重点领域的标准体系。支持民营企业强化质量、标准化和计量等基础管理，对具有专利技术的企业主导或参与国家标准、行业标准和地方标准制修订，经审核确定后，由省级和县级财政一次性给予3至10万元的奖励。

5. 支持民营企业参与国家和省重大科技计划项目和技术攻关。民营企业申报科技立项、科研成果鉴定和奖励，申请科技贷款、技术创新基金、高新技术企业认定、知识产权确权等，符合条件的可享受相关扶持政策。

6. 建立职务发明创造激励机制。对获得职务专利申请与授权发明的民营企业，产生的费用由县级财政给予90%的奖励补助；对同一件发明创造在多个国家获发明专利权的，最多按5个国家予以奖励补助。对股份制形式实施专利技术的，专利权有效期内，职务发明人（设计人）、主要实施者从项目实施起3年内，可享有不低于60%的该专利股权收益，3年后可享有不低于40%的股权收益；专利实施转让，专利职务发明人（设计人）可获得不低于20%的转让收益。

7. 支持民营企业引进“两院”院士、重点技术领域和行业学术技术带头人等高层次人才，对民营企业新建院士专家工作站、博士后工作站（博士后创新实践基地）和技能大师工作室的，分别由县级财政给予资助。民营企业建立重点实验室、工程研究中心、工程实验室、企业技术中心等研发机构，经省级认定的可享受相关资金奖励。

8. 加强技术创新服务。鼓励和引导科研单位、大专院校面向民营企业全面开放重点实验室、研发中心等技术机构，加快科技成果向民营企业转化应用。支持和帮助民营企业进行新产品研发、技术攻关、科技创新，建立健全“开放、互补、互利”的产学研合作机制，显著提高民营企业技术引进、消化吸收和再创新的水平。允许科研院所、大专院校的科技人员在完成本职工作的基础上，采取兼职兼薪方式服务企业创新。

（八）完善公共服务

1. 实施民营经济组织人才队伍建设提高工程，把民营企业领军人才评选纳入“巨人计划”一并统筹进行，每两年评选一次，评选名额在原有基础上适当扩大。开展民营企业高级管理人员培训，提升经营管理人员整体素质。省级每年选送100名民营企业法定代表人到知名高校进修培训，选拔1000名中小企业高级管理人才开展短期培训，面向10000名小微企业经营管理者进行专题培训，各市、县（市、区）也要进一步加强民营企业从业人员培训，全省每年完成培训200万人次（含企业自主培训）。开展好农村劳动力就地就近转移培训，搭建劳动力供求对接平台，扶持各类人力资源服务机构为企业提供用工服务。

2. 进一步做好省、市、县三级中小企业公共服务平台网络后续建设和功能完善工作，实现省平台和市、县两级窗口平台的互联互通，并做好法律援助、信息发布、技术支持、市场开拓、管理咨询、人才培训和投融资等各项服务工作。

3. 完善民营企业诚信体系建设，把民营企业纳入全省统一的信用信息数据库，实现金融、工商、税务、物价、公安、安全生产、环境保护、质监等部门间的共享和公开。

4. 引导上规模民营企业加强制度创新、管理创新，培养和引进职业经理人，建立现代企业制度。引导小微企业健全组织结构，改进管理，优化法人治理结构。加强企业精神文明建设，构建以社会主义核心价值观为统领的企业文化。支持民营企业家积极投身光彩事业活动，自觉履行社会责任。

三、保障措施

（一）加强组织领导。省委、省政府成立民营经济发展领导小组，省有关部门主要负责同志为成员，省工业和信息化厅承担领导小组的日常工作。省民营经济领导小组要切实履行组织推动全省民营经济、中小微企业大发展、快发展的责任，及时组织市、县（市、区）和有关部门解决民营经济发展中的重点难点问题，并注重发挥好工商联作为政府管理和服务非公有制经济的助手作用。各市、县（市、区）要参照调整充实民营经济领导小组。

（二）营造浓厚氛围。宣传部门要组织引导主流媒体充分发挥舆论导向作用，党报党刊、电台和电视台相关频道及省内重点新闻网站要根据实际情况，通过专版、专

栏、专题、网络采访、视频访谈等多种形式，有计划、多视角地宣传民营经济发展先进典型，解读促进民营经济发展政策，激发全省人民的创业致富热情，营造全社会重商、亲商、扶商的浓厚氛围。

（三）选树先进典型。省每年对各市、县（市）民营经济发展情况进行考核评价和综合排名，每两年选树百强民营企业、百名优秀民营企业家和百名创业功臣并予以奖励。各市、县（市、区）要积极培树民营经济发展先进典型，并给予奖励。让一切诚信守法经营、积极回报社会的民营企业家在社会上有地位、政治上有荣誉、经济上有实惠。

（四）强化涉企服务工作监督。纪检监察机关要进一步加强监督检查，严肃查处违规违纪违法行为，及时曝光典型问题，对相关责任人依法依规从重处理，切实解决门难进、脸难看、事难办的问题。省直有关部门每年要向社会公布涉企收费项目目录，将减负惠企各项政策措施落到实处。

（五）严格控制入企检查活动。坚持依法行政，各级行政监管部门入企监督检查采取随机抽查和信用分类监管，原则上集中安排，并告知被检查企业所在县（市、区）民营经济领导小组办公室。同一企业、同一事项，原则上不得重复和多头检查、检测。

（六）建立民营经济发展社会环境评价体系。在省、市、县（市、区）行风评议中建立民营企业和非公有制经济代表人士评价政府和政府部门的机制，并增加其评价意见的权重；在全省确定5000家调查基点企业，科学制定采集项目和数据、计算分值和权重，采取定性和定量相结合的方法，每年公布各市、县（市、区）民营企业发展环境指数，并对政府相关职能部门服务民营经济的效率、效果和作风进行综合排名。适时引入第三方评估机制，全面了解政策执行情况，优化民营经济发展环境。

（七）建立领导干部定点联系民营企业制度。省、市、县（市、区）领导班子成员和部门负责人要切实增强关注、关心、关爱民营经济发展的意识，统筹安排或自主选择1家以上民营企业作为联系点，每年安排一定时间深入企业调研指导。对重点民营企业和重点民营经济项目，实行市、县（市、区）领导分包制，帮助解决发展中的关键问题。

（八）干部挂职帮扶民营企业。2014年至2017年，省每年组织100名省直机关优秀年轻干部到规模以上民营企业挂职，协助解决发展中的实际困难和问题。各市、县（市、区）也要参照开展好这项活动。

各市、县（市、区）党委、政府和省直各部门要按照本意见要求，结合本地区本部门实际，制定出台具体措施并抓好落实。

政府工作报告

——2015年1月8日在河北省第十二届人民代表大会第三次会议上

河北省人民政府省长　张庆伟

各位代表：

现在，我代表省人民政府向大会作工作报告，请予审议，并请省政协委员和列席会议的同志提出意见。

一、2014年工作回顾

刚刚过去的2014年，是我省面临形势严峻复杂、困难挑战异常突出的一年，也是转型升级、爬坡过坎迈出重要步伐的一年。党中央、国务院对河北工作高度重视，习近平总书记多次作出重要指示和批示，对我省发展给予了极大关怀，为我们指明了前进方向。在中共河北省委的领导下，全省人民认真贯彻党的十八大、十八届三中四中全会精神，以习近平总书记系列重要讲话为指引，坚持稳中求进、改革创新，打好四大攻坚战，推进改革、调整、巩固、提升四大任务，着力稳增长、调结构、促改革、治污染、惠民生，努力实现省十二届人大二次会议确定的目标任务。

——经济运行缓中趋稳。增长速度逐季回升，预计全省生产总值29000亿元、增长6.5%左右，固定资产投资增长15.5%，社会消费品零售总额增长12.4%，进出口总值增长7.7%。

——质量效益稳步提高。产业结构发生积极变化，服务业对经济增长的贡献率首次超过50%。全省一般公共预算收入2446.6亿元、可比增长9.2%。城镇化率达到49.3%。

——人民生活持续改善。全省城镇新增就业72万人，城乡居民人均可支配收入分别达到24220元和10200元，增长9%和11%，居民消费价格指数上涨2%。

一年来，我们主要做了以下几个方面的工作：

（一）加大结构调整力度，推动了经济提质增效升级。牢牢抓住调整经济结构、化解过剩产能这个转变发展方式的牛鼻子，增减结合、有扶有控，努力打造河北经济升级版。

化解过剩产能取得突破。咬紧牙关、主动作为，深入推进“6643”工程，组织开展钢铁过剩产能压减“周日行动”、水泥过剩产能压减集中行动，全年压减炼铁产能1500万吨、炼钢1500万吨、水泥3918万吨、平板玻璃2533万重量箱，均超额完成国家下达任务。实施钢铁产业结构调整方案，石钢搬迁、唐山渤海钢铁重组搬迁、武安钢铁企业退城进园升级改造项目启动。

工业转型升级步伐加快。“有中生新”改造提升传统产业，实施“十百千”工程和千项技改项目，工业投资增长17.5%，新增规模以上工业企业1700多家。“无中生有”培育壮大新兴产业，重点发展新能源、电子信息、生物医药等12个优势产业，全省高新技术产业、装备制造业增加值分别增长12%和10%，高于规模以上工业增速7个和5个百分点。

服务业增长势头显著。加强顶层设计，强化政策扶持，电子商务、金融保险、现代物流、文化创意和健康养老、社区服务等服务业发展加快。实施电子商务三年推进计划，建成50个县域特色产业电商平台，电商交易额突破万亿元。燕赵财险公司获批开业，北京银行、平安银行等金融机构入驻我省，全年新增贷款3400亿元、增长14.2%，新增境内外多层次资本市场挂牌上市企业147家，直接融资889.8亿元。32个省级物流产业聚集区加快建设，9个大宗商品交易平台建成运营。全省服务业增加值增长10%，占生产总值比重提高1个百分点，为稳增长、调结构、保就业发挥了重要作用。

农业经济发展态势良好。以保障粮食安全和促进农民增收为重点，加强粮食生产核心区建设，实施“渤海粮仓”科技示范工程，发展节水旱作农业，粮食总产量达到672亿斤。畜牧、蔬菜、果品三大优势产业规模扩大，肉、蛋、奶产量分别达到480万吨、390万吨、630万吨。加快食品工业大省建设，君乐宝3万吨乳粉等一批农业产业化项目建成投产，省级农业龙头企业达到608家，农业产业化经营率提高到64.5%。

科技创新驱动能力提高。出台提升企业创新能力实施意见，支持科技型中小企业发展，新增科技型中小企业4000家、高新技术企业200家。实施科技治霾、新能源汽车推广等200多项重大科技专项和示范工程，启动白洋淀科技城建设，与中关村、清华、北大及神州数码、阿里巴巴签署战略合作协议。新增省级以上工程技术研究中心和重点实验室24家，全年专利申请量2.9万件，引进培养了一批创新人才和科研骨干，科技对经济的支撑引领作用不断增强。

城乡一体发展协调推进。完善城乡规划体系和空间布局，新型城镇化进程加快。加大城市基础设施建设力度，完成市政公用事业投资1880亿元、增长23%，石家庄地铁等一批重大工程进展顺利。加强县城基础设施建设和容貌整治，县域特色产业不断壮大，县域经济实力增强。深入实施农村面貌改造提升行动，扎实推进美丽乡村建设，推广应用新技术、新材料、新装备改善农村人居环境，3227个重点村改造提升任务全部完成。

（二）创新调节调控方式，稳定了经济运行。去年我省经济低位开局，主要指标增速大幅回落。面对严峻形势，我们及时采取了一系列有针对性的政策措施，增投资、促消费、扩出口，力促经济运行缓中有升、企稳向好。

项目建设势头强劲。着力抓投资上项目、优结构提质量，打基础利长远项目明显增多。重大基础设施项目成果丰硕，南水北调中线干线工程全线通水，京港澳高速公路改扩建工程提前通车，正定国际机场、邯郸机场改扩建工程投入使用，全省高速公路总里程达到5888公里，港口吞吐量突破9亿吨，京张铁路、海兴核电等27个项目获国家批复或同意开展前期工作。重点产业项目加快推进，华北石化千万吨炼油升级改造、安国中药都等一批项目进展顺利。石家庄国际贸易城等50个超10亿元服务业项目加快实施。积极承接京津产业转移项目，北京现代汽车第四工厂落户沧州、三元现代乳品工业园开工建设。

消费需求稳定增长。实施鼓励居民消费的财税信贷政策，增加居民收入，转变消费观念，改善消费环境。培育文化旅游、健康养老、家政服务、信息服务等消费热点，加快城乡光纤宽带和物联网应用工程建设，信息消费初具规模。打造一批精品旅游景区和线路，旅游业总收入增长27%。推进城市商业综合体建设，完善农村商品市场体系，城乡市场繁荣活跃。

外贸出口逆势上扬。大力开拓多元化市场，加快外贸出口基地、贸易平台和国际营销网络建设，着力提升骨干企业和优势产品的竞争力。支持发展外贸综合服务企业、跨境贸易电子商务和市场采购等新兴贸易方式，促进外贸转型升级，全省出口总值达到355亿美元、增长14.5%。

重点区域发展提速。沿海和环京津地区两大增长极发展加快，曹妃甸区、渤海新区和北戴河新区投资分别增长18%、18%和36%。石家庄区划调整顺利完成，省会建设迈出新步伐。冀中南地区经济转型升级加快，各市在重点领域和产业发展上都取得了新成效。

（三）铁腕治理大气污染，促进了生态环境改善。以大决心见大行动，打赢环境治理攻坚战，已成为全省上下的广泛共识和自觉行动。

大气质量持续改善。坚决向大气污染宣战，狠抓减煤、治企、降尘、控车、增绿等重点工作。大幅压减煤炭消费，严控劣质煤使用，加快集中供热和煤改气，淘汰改造燃煤锅炉3.96万台，全年削减煤炭消费量1500万吨，首次实现煤炭消费负增长。综合整治重污染行业企业，完成钢铁、水泥、电力、玻璃等重点行业脱硫脱硝除尘改造项目528个，956家重点企业实施污染源在线监控，搬迁主城区重污染企业36家。严控扬尘污染，完成307座矿山、3060家储煤场粉尘治理。淘汰黄标车66.7万辆。11个设区城市空气质量平均达标天数增加23天，重度以上污染天数减少14天。全面实施关停限产、扬尘管控、机动车限行、秸秆禁烧等综合措施，为“APEC蓝”作出了重要贡献。全省单位生产总值能耗下降6.5%，提前一年完成“十二五”节能目标。$PM_{2.5}$、PM_{10}、二氧化硫、一氧化碳、二氧化氮、臭氧平均浓度分别下降12%、13.2%、25.7%、16.7%、5.9%和13.7%，超额完成国家下达任务。在此，向全省上下为改善大气质量做的大量工作、付出的艰辛努力，表示衷心的感谢！

环境执法力度空前。坚持重拳出击、依法治污，开展我省环保史上规模最大、查处最严的执法行动，大力实施“利剑斩污”专项执法，查处环境违法企业7090家，行政处罚环境违法案件2357起，有力震慑了环境违法行为。

生态修复全面启动。出台山水林田湖生态修复规划，推进重大生态工程建设。黑龙港流域49个县地下水超采综合治理国家试点启动实施，引黄入冀补淀工程加紧推进，白洋淀、衡水湖列入国家湖泊生态修复试点。完成351个饮用水水源保护区划分，综合整治14条重污染河流，北戴河及相邻地区近岸海域水质持续好转。开展矿山环境治理攻坚行动，治理矿山180个、面积1.3万亩。实施绿色攻坚工程，完成造林绿化500万亩。

（四）推动京津冀协同发展，开创了区域合作新局面。抢抓机遇、主动融入、全面对接，努力在京津冀协同发展中加速河北崛起。

配合国家搞好顶层设计。积极参与京津冀协同发展规划纲要编制，我省在功能定位、产业布局、生态环保、交通体系建设等方面的重大诉求得到体现。加强整体协同发展、体制机制创新、区域创新驱动等重大问题研究。出台推动京津冀协同发展实施意见，梳理出64项重点工作，确定了40个承接合作平台，签署并实施京冀“6+1”、津冀“4+1”战略合作框架协议。

推动三大领域率先突破。按照国家统一部署，率先在交通、生态环保、产业三大领域协同推进。交通方面，北京新机场正式开工，京昆高速涞水至北京段建成通车，打通断头路取得实质进展；京沈客专、张承高速等项目加快实施，成立京津冀城际铁路投资公司，与天津共同组建渤海津冀港口投资发展有限公司。生态方面，与京津实行生态环境信息共享、生态过渡带共建，大气污染联防联控取得明显成效。产业方面，北京凌云化工整体搬迁邯郸，北汽集团黄骅整车项目建成投产，与北京共建曹妃甸现代产业实验区，与天津共建涉县天铁循环经济示范区，协同发展的巨大潜力正加速释放。

冬奥会申办初战告捷。北京—张家口顺利入围2022

年冬奥会候选城市。崇礼赛区赛场规划基本完成，迎宾廊道和赛区周边绿化、水资源保护等6个行动方案全面启动，比赛场馆、综合交通、雪场调水、电力通讯等基础设施开工建设，6个分项场馆全部通过国际单项体育组织认证。

（五）全面深化改革开放，激发了发展活力动力。坚决破除体制机制障碍，不失时机地推出改革开放举措，经济社会发展空间更为广阔。

各项改革大力度推进。着力下好简政放权“先手棋”，衔接国家取消下放行政审批事项81项，自行取消下放省政府部门行政审批事项106项，取消行政监管类审批事项，省级行政审批事项由1267项减少到687项。制定行政许可目录管理办法。省政府机构改革顺利完成，市县政府机构改革稳步推进，调整理顺工商、质监、食品药品监管行政管理体制，组建省级公共资源交易平台。新增8个省直管县体制改革试点获批。“三级平台”服务框架基本建立，“两个代办”制度逐步推开。11个设区市和2个省直管县机关标准化管理全面实施。商事制度改革扎实推进，全省新增市场主体62.2万户、增长40.65%。财税体制改革步伐加快，实行全过程绩效预算管理，扩大“营改增”行业试点范围，河北沿海产业股权投资基金注册成立。深化农村综合改革，164个县市区开展土地确权登记颁证试点，土地流转面积1783.3万亩。国务院确定我省为深化供销社综合改革试点省。启动衡水市和威县综合配套改革试点。26家省属国有二三级企业实行混合所有制，重组河北航空公司，45家国有企业启动厂办大集体改革。支持民营经济加快发展，民营经济增加值占比达到67%。科技、教育、文化、卫生等社会领域改革取得新进展。

对外开放迈出新步伐。积极融入国家“一带一路”战略，成功在捷克、波兰等国举办系列招商活动，促成2016年中国—中东欧国家地方领导人会议在唐山举办。廊坊“5·18”经洽会签约项目59个，中捷产业园等国别工业园利用外资异军突起，全省实际利用外资70亿美元，增长5%。对外投资大幅增长，全省对外直接投资15.5亿美元、增长31%。加快园区规范整合，省级以上开发区达到210家。曹妃甸综合保税区封关运行，石家庄综合保税区获国家批准，京津冀区域通关一体化正式启动。

（六）切实保障改善民生，保持了社会和谐稳定。优先增加民生投入，优先安排民生项目，全省用于民生支出3678.9亿元、占全部财政支出的79.3%，人民群众得到了更多实惠。

民生保障力度持续加大。完善鼓励就业创业的政策措施，重点保障困难群体就业，全省就业形势总体稳定。整合各类资金360亿元，推进扶贫攻坚，崇礼等10个扶贫开发工作重点县脱贫出列，100万农村贫困人口稳定脱贫。社会保障水平继续提高，城乡居民低保标准分别增长11.6%和9.9%，企业退休人员基本养老金人均月增197元，新农合和城镇居民医疗保险年人均财政补助标准提高到320元，农村年五保集中供养标准达到5022元、分散供养标准达到3411元，机构养老床位新增3万张，向13.4万名贫困重度残疾人发放生活补贴。保障性住房开工20万套、竣工20万套，改造农村危房13万户。解决了602万农村人口饮水安全问题。

各项社会事业全面进步。学前教育资源不断扩大，学前三年毛入园率达到70%以上。完善义务教育免试就近入学制度，投入42.2亿元改造农村薄弱学校10723所，46.1万进城务工人员随迁子女平等接受义务教育。开展中职与高职、普通本科分段培养试点，现代职业教育发展加快。新增6所省部共建高校。县级公立医院综合改革全面推开，村卫生室标准化建设全部完成。中医药事业加快发展。“单独二孩”政策启动实施。公共文化服务体系不断完善，省博物馆新馆建成开馆，组建河北博物院。11部精品力作获全国精神文明建设“五个一工程”奖。文化产业“三个十”工程成效显著。正定古城、泥河湾遗址等保护工作加快推进。圆满举办第十四届省运会、第八届残运会暨第四届特奥会，石家庄永昌足球队“冲超”成功，全民健身运动蓬勃开展。

社会治理方式不断创新。完善信访和调解联动工作体系，有效化解矛盾纠纷。深入开展食品药品安全专项整治和创建食品药品安全县活动，努力让人民吃得放心、用得安心。加强安全生产监管，煤矿、非煤矿山、尾矿库、油气管网等高危重点行业专项整治成效明显，安全生产形势总体稳定。依法打击各类违法犯罪活动，平安稳定和谐的局面进一步巩固。

一年来，我们自觉接受人大法律监督、政协民主监督和社会监督，认真办理人大代表建议和政协提案。深入开展党的群众路线教育实践活动，严格执行“八项规定”和“约法三章”，密切联系群众，改进工作作风。认真落实中央巡视组、中办回访调研组和国办督查组整改意见。以改革创新精神加强政府自身建设，加快政府职能转变，推进依法行政，加大廉政建设和反腐败工作力度，服务型政府建设取得新进展。国防动员、民族宗教、新闻广电出版、外事侨务、人民防空、史志档案、气象地震、地理信息、援藏援疆、妇女儿童、老龄、残疾人等工作都取得新成绩。

各位代表！过去的一年，我们积极适应经济发展新常态，把握平衡点、狠抓增长点，加快推动一批既利当前、更惠长远的重大项目和重点工作，为“十三五”乃至长远发展奠定了良好基础。**一是**推动发展理念大转变。不简单以GDP论英雄，注重质量、效率和集约增长，注重保护生态环境，依靠改革开放激发市场活力，依靠人力资本质量和技术进步培育发展新引擎，科学发展、绿色崛起迈出坚实步伐。**二是**推动经济结构大调整。有保有压、进退并举，以壮士断腕的决心坚决化解过剩产能，大力发展新兴产业和现代服务业，六大高耗能行业比重持续下降，现代服务业、高新技术产业增速明显提高。**三是**推动协同发展大战略。把京津冀协同发展作为贯穿全省各项工作的主线，树立大局观念，强化省级统筹，创新体制机制，狠抓重点突破，我省独特的区位优势正加速转化为发展优势。**四是**推动发展条件大提升。激活力、补短板，打基础、利长远，着力改善发展环境，放开市场主体手脚，新注册企业大幅增长，基础设施日趋完善，发展的保障能力持续增强。

各位代表！过去的一年，我省在国内外环境复杂多变、压产能治污染力度前所未有、增长动力转换青黄不接的大背景下，取得这样的成绩实属不易。这是党中央、国务院和中共河北省委正确领导的结果，是全省广大干部群众团结拼搏的结果。在此，我代表省人民政府，向全省人民，向人大代表、政协委员，向各民主党派、工商联、无党派人士和人民团体，向驻冀人民解放军、武警官兵和政法干警，向中直机关驻冀各单位，向关心河北发展的香港和澳门特别行政区同胞、台湾同胞、海外侨胞、国内外朋友，致以崇高的敬意和衷心的感谢！

在总结成绩的同时，必须看到我省发展中存在的困难和挑战。当前，经济社会发展长期积累的深层次矛盾和问题尚未改变，经济下行压力较大，化解过剩产能难度增大，投资增长乏力，传统产业拉动能力下降，新兴产业还没有形成有效支撑，受国内“三期叠加”普遍矛盾和我省压产能治污染特殊任务的影响，生产总值和规模以上工业增加值增速没有达到预期目标。财政收支矛盾突出，各级政府进入偿债高峰。产业层次低，创新能力弱，发展方式粗放。大气污染依然严重。城乡居民收入、公共服务水平还不高。促改革、稳增长的政策措施落实还不到位，一些政府部门和工作人员依法行政和服务意识淡薄、为官不为、懒政怠政，一些领域和地方消极腐败现象还比较严重。对此，我们一定高度重视不回避，勇于担当不退缩，切实有效加以解决，决不辜负全省人民的厚望！

二、2015 年工作总体要求

今年是全面深化改革的关键之年，是全面推进法治河北建设的开局之年，也是全面完成“十二五”规划的收官之年，做好今年的工作意义重大。综合分析，国内外发展形势依然错综复杂，机遇和挑战并存。世界经济增速可能略有回升，但总体复苏疲弱态势难有明显改观。我国经济运行多重困难和多方面矛盾相互交织，经济下行压力依然较大。我省正处在转型升级、爬坡过坎的关键时期，稳增长调结构的任务十分艰巨。同时也要看到，我国经济发展进入新常态，仍处于可以大有作为的重要战略机遇期，经济正在向形态更高级、分工更复杂、结构更合理的阶段演化。新型工业化、城镇化、信息化和农业现代化深入推进，为我省经济转型升级开辟了广阔空间。改革开放红利持续释放，为我省经济社会发展注入了不竭动力。京津冀协同发展、环渤海地区成为国家新一轮开放热点、北京和张家口联合申办冬奥会，为我省打造新的增长极提供了前所未有的历史机遇。通过开展党的群众路线教育实践活动，进一步凝聚了党心民心，为我省科学发展、绿色崛起铸就了有力保障。我们既要增强忧患意识，把困难和挑战估计得更充分一些；更要抢抓发展机遇，坚定必胜信心，克难前行，开拓创新，奋力夺取改革开放和现代化建设新胜利！

政府工作的总体要求是：**全面贯彻党的十八大、十八届三中四中全会和习近平总书记系列重要讲话精神，认真落实中央经济工作会议和省委重大部署，坚持稳中求进工作总基调，以提高经济发展质量和效益为中心，主动适应经济发展新常态，保持经济运行在合理区间，把转方式调结构放到更加重要位置，大力推动京津冀协同发展，狠抓改革攻坚，突出创新驱动，改善生态环境，加强民生保障，推进法治河北建设，促进经济平稳健康发展和社会和谐稳定。**

全年经济社会发展的主要预期目标是：生产总值增长7%左右，一般公共预算收入增长7.5%，固定资产投资增长15%以上，社会消费品零售总额增长11%，进出口总值增长5%，实际利用外资增长5%。单位生产总值能耗下降3%，化学需氧量、二氧化硫、氨氮、氮氧化物排放量分别削减1%、1%、2.5%和5.1%，细颗粒物(PM2.5)浓度下降4%以上。城乡居民人均可支配收入分别增长8%和8.5%。居民消费价格指数涨幅控制在3%左右，城镇登记失业率控制在4.5%以内。人口自然增长率控制在8.1‰以内。

提出生产总值增长7%左右，主要是与完成“十二五”规划和全面建成小康社会目标相衔接，符合我省实际和社会预期，可以满足扩大就业和居民收入增长的需要，有利于为调整经济结构和深化改革开放腾出空间，有利于实现调速不减势、量增质更优。

做好今年的各项工作，必须坚持以经济建设为中心不动摇，深刻认识新常态、主动适应新常态、积极引领新常态。**要把握好改革发展稳定的平衡点**，把改革的力度、发展的速度和社会可承受的程度统一起来，更加注重深化改革开放释放发展潜力，促进社会和谐稳定；**要把握好稳增长的着力点**，充分发挥投资的关键作用、消费的基础作用和出口的支撑作用，更加注重加强项目建设带动经济增长，在转型升级上不断取得新进展，做到换挡不失速；**要把握好协同发展的突破点**，以重大国家战略实施带动全局，更加注重交通生态产业对接协作打造新增长极，通过协同发展加快结构调整，推动河北跨越发展；**要把握好创新发展的发力点**，突出抓好科技创新与体制创新相互融合、相互激发，更加注重科技成果转化提高创新驱动能力，加快发展方式转变；**要把握好经济社会发展和改善民生的结合点**，坚持把更多的公共资源向民生薄弱环节倾斜，更加注重提升公共服务增进民生福祉，维护社会公平正义。只要我们坚定信心求发展，咬定青山不放松，齐心协力攻难关，就一定能够全面完成今年的目标任务！

三、2015 年主要工作任务

今年我省改革发展稳定的任务艰巨而繁重，必须统筹兼顾、突出重点，奋发有为地做好各项工作。

*（一）着力促进经济稳中向好。*落实国家宏观调控政策，注重投资、消费、出口对经济发展的协调拉动作用，确保经济增长处在合理区间。**努力扩大有效投资。**全力以赴加强项目建设，省重点抓好100个续建保投产、100个

新开工和100个前期项目，力争全省10亿元以上的产业项目达到1500个、投资增长20%以上。调整优化投资结构，省级从产业支持资金中拿出25亿元，设立股权投资基金，放大投资规模，引导投资向科技含量高、绿色循环低碳、现代服务业等产业项目倾斜，力促曹妃甸千万吨炼油、承德比亚迪新能源汽车等项目开工建设，中国联通华北基地、长城汽车新技术中心等重大项目竣工投产。抓住国家加大基础设施投资力度的时机，推进一批重大交通、水利、能源、生态、城市管网、农业农村设施、保障性安居工程等领域项目，抓好石济客专、京衡客专、荣乌高速保定段、承德机场等交通项目，推进秦皇岛西港搬迁工程，加快南水北调中线配套工程建设。改革投融资体制，鼓励民间资本发起设立创业投资基金和股权投资基金，探索推广政府与社会资本合作（PPP）模式，吸引更多的社会资本投入城市基础设施建设和运营。实行严格的节约集约用地制度，确保重点项目要素供应。**积极扩大消费需求。**多渠道增加城乡居民收入，提升消费能力。实施养老健康家政、信息、旅游、住房、教育文化体育等领域消费工程，支持社会力量举办养老、健身、健康、医疗等服务机构，满足群众多层次、多样化需求。加快信息消费试点城市建设，推进宽带提速普及。继续实施节能产品惠民工程，促进绿色消费。落实职工带薪休假制度，提升旅游休闲消费。促进房地产业健康发展，稳定住房消费。**保持进出口稳定增长。**优化外贸出口商品结构，积极开拓国际市场，扩大机电和高新技术产品出口。大力发展服务贸易，加快电子口岸建设，积极发展跨境电子商务、离岸金融等新兴贸易方式，培育一批外贸综合服务企业，提高贸易便利化水平。支持企业扩大先进技术设备、关键零部件和能源资源进口。**加大企业帮扶力度。**继续开展中小微企业“服务提升年”活动，完善公共服务平台网络，强化财税金融、项目推介、市场开拓等方面的支持。落实“个转企、小升规”后续扶持政策，实现三年新增5000家规模以上工业企业的目标。

（二）坚定不移调整经济结构。切实把转方式调结构作为经济发展的主任务，驰而不息抓下去。做大做强“三个一百”领军企业，积极发现培育新的增长点。**像抓工业一样抓服务业，加快现代服务业发展。**推动服务业与工农业协同发展、跨界发展、创新发展，着力扩规模、优结构、提质量。坚持生产性服务业和生活性服务业并重，大力发展现代物流、商务会展、金融保险、科技服务、信息服务、电子商务、文化旅游、健康养老等现代服务业，促进云计算、大数据、物联网与制造业融合发展，推动32个省级物流产业聚集区发展，做大做强钢铁、煤炭等省级大宗商品交易平台。主动承接首都服务业转移，集中建设大型商品批发和农产品交易市场、总部经济聚集区、城市仓储交易配送中心。加强石家庄股权交易所建设，推进各市科技大市场发展。支持工业企业剥离服务、组建服务业法人企业。加快传统商贸流通企业转型升级。**“让老树开出新花”，推动传统产业向中高端迈进。**继续抓好“十百千”工程和千项技改项目，实施钢铁精品化、电子信息提升等12个专项和工业强基、节能减排等四大技术工程，培育100家工业化与信息化融合企业和10个省级公共服务示范平台，促进传统产业创新产品、创新管理、创新商业模式。落实钢铁产业结构调整方案，加快石钢搬迁、唐山渤海钢铁向沿海搬迁和武安钢铁企业退城进园，推进首钢二期、承德钒钛基地项目前期工作。扎实有效化解过剩产能，全年化解粗钢产能500万吨、水泥600万吨、平板玻璃300万重量箱，压减煤炭消费500万吨。**“让新芽长成大树”，培育壮大新兴产业。**设立战略性新兴产业创业投资引导基金，扶持发展电子信息、生物医药、新能源、新材料、节能环保等优势产业，加快卫星导航产业化，推进军用技术向民用产业转化，扩大光伏规模化应用，支持节能环保产品、新能源汽车推广应用和动力电池产业化，推动新兴产业聚集化、规模化发展。**发挥比较优势，推动各地重点突破。**支持石家庄加快发展现代服务业、推进企业搬迁退城、建设正定新区。支持张家口、承德建设可再生能源应用综合创新示范区和国家级生态文明示范区，全力做好申办冬奥会工作。支持唐山、沧州、秦皇岛打造沿海率先发展增长极。支持廊坊、保定在科技成果转化、园区共建共享等方面加快对接京津，推进新型城镇化建设。支持邯郸冀南新区、邢台太行新区、衡水工业新区发展战略性新兴产业和装备制造业，推动产业转型升级。

（三）坚持不懈改善生态环境。强化源头严防、过程严管、后果严惩，治标治本多管齐下，朝着蓝天净水的目标不断前进。**攻坚克难治理大气污染。**持续加大科学精准治霾、依法依规治污的力度，出台大气污染深入治理三年规划，大幅压减煤炭用量，实施煤电节能减排升级改造行动计划，加快淘汰10蒸吨及以下燃煤锅炉。利用微煤雾化技术改造城乡燃煤锅炉，建设洁净煤配送中心和供应网络，提高清洁能源利用比重。巩固钢铁、电力、水泥、玻璃四大行业污染防治攻坚成果，加快工业企业退城入园，实施一批清洁生产示范项目。严控施工工地、矿山、配煤场所扬尘。深入实施农村清洁能源开发利用工程，推进秸秆综合利用。减少机动车污染排放，全部淘汰黄标车，重点在设区市公交、出租车行业推广新能源汽车和清洁能源汽车。创新节能减排机制，加强工业、交通、建筑等重点领域节能，推行合同能源管理，实施新的排污费征收标准，开展环境污染第三方治理和碳排放交易试点，加快污染治理设施建设和运营市场化。**只争朝夕推进生态修复。**实行最严格的水资源管理制度，出台水污染防治行动计划，综合整治重污染河流和重点水域，确保全省地表水好于三类水质比例超过50%。深入开展地下水超采综合治理试点，年内实现压采地下水14.6亿立方米。抓好白洋淀、衡水湖国家湖泊生态修复和滦河流域综合整治试点，加快引黄入冀补淀工程建设。继续实施绿色攻坚工程，推进城市增绿，新增植树造林420万亩。加强山体修复，抓好尾矿库整改和尾矿资源综合利用。整治农业面源污染，强化土壤污染防治。**依法严惩环境违法行为。**贯彻落实新修订的《环境保护法》和大气污染防治条例，重拳打击违法排污，严厉处罚偷排偷放等恶意违法行为。加强环境监管执法能力建设，实行“网格化”环境监管，不留监管死角、不存执法盲区，推动监管执法全覆盖，对各类环境违法行为“零容忍”。

（四）毫不放松抓好“三农”工作。始终把解决好“三农”问题作为工作的重中之重，按照稳粮增收、提质增效、创新驱动的总要求，加快转变农业发展方式，巩固发展农业农村经济好形势。**稳定粮食生产。**继续抓好粮食生产核心区建设，推进新增粮食产能工程和“渤海粮仓”科技示范工程，加强以农田水利为重点的农业基础设施建设，完善节水节肥节药的激励约束机制，实施耕地质量保护和提升行动，新增和改善农田节水灌溉面积400万亩，提高农业综合生产能力。**发展现代农业。**加强现代农业园区建设，调整优化种养结构，推进农业规模化、标准化清洁生产，新建100个省级蔬菜现代产业园、30个部级标准园和200万亩优势果品基地，抓好50个乳粉用奶牛场和肉牛养殖场建设。加快农业科技进步，引进推广优良品种和先进技术，发展特色品牌农业，提高农产品质量安全水平。大力发展农业产业化，建设一批食品工业基地和农业龙头企业，力促100个亿元以上农业项目建成投产，农业产业化经营率达到65.5%以上。**促进农民增收。**强化农产品产销衔接，提高农民务农收入。推进农村二三产业转型升级和农民创业，增加农民务工收入。创造条件增加农民财产收入和转移性收入。**深化农村改革。**搞好土地承包经营权确权登记，建立农村产权交易市场。引导和规范土地经营权有序流转，发展多种形式的适度规模经营，培育壮大各类新型农业经营主体。完善农业补贴办法，健全耕地保护补偿、生态效益补偿、粮食主产区利益补偿等机制，加大金融支农服务力度。推进供销社综合改革，构建新型农业社会化服务体系。**改善人居环境。**继续实施农村面貌改造提升行动，以崇礼、白洋淀、廊坊北三县、正定等9个片区为重点，改造提升3000个村，突出区域和文化特色，连片建设美丽乡村。

（五）大力推进京津冀协同发展。以主动精神和务实态度，推动与京津合作做深做实做细。**制定规划实施方案。**积极配合国家编制京津冀协同发展总体规划和专项规划，组织编制我省与京津协同发展规划方案，深化体制机制改革、强化创新驱动、开展试点示范等重大问题研究。**实施“三个率先突破”。**推动交通互联互通，确保津保铁路建成通车，京沈客专、京张铁路全面开工，力促廊涿城际开工建设，做好京唐客专等线路前期工作；加快建设北京大外环、京秦、京涉、津石等高速公路，基本完成普通干线“瓶颈路”拓宽改造。推动生态共建共享，深化与京津大气联防联控，争取国家设立京津冀环保生态基金，协商京津建立生态横向补偿制度，加快建设京津保生态过渡带，实施水源保护林、京津风沙源治理等重大生态项目。推动产业对接协作，抓好北京新机场临空经济区、京冀曹妃甸现代产业实验区、亦庄廊坊产业园和津冀涉县天铁循环经济示范区建设。创建协同创新共同体。围绕整合创新资源，贯通产业链条，用足用好推向全国的6项中关村政策，以保定国家高新区为核心、环首都国家级高新区为支点、创新型城市为单元，整体打包争创国家自主创新示范区。与京津共同建设一批区域性技术交易市场、科技园区和创新服务平台，共同实施一批重大科技专项，共同设立一批成果转化基金。着力抓好白洋淀科技城、中关村海淀园秦皇岛分园、清华大学固安中试孵化基地、北京大学邯郸创新研究院等创新平台建设，促进京津科技成果在我省转化。**做好冬奥会申办工作。**加快崇礼赛区场馆和配套基础设施建设，抓好赛事核心区、重要廊道造林绿化和重点村庄面貌改造提升、重点区域环境治理等工作，周密细致地做好迎接国际奥委会考察评估工作。完善冰雪运动发展规划，推动冰雪运动广泛开展。**提高新型城镇化水平。**围绕打造京津冀世界级城市群，健全空间规划体系，推进市县“多规合一”工作。优化城市空间布局，提升设区城市、县城和中心镇功能，培育一批特色小城镇，推进农业转移人口市民化，全省城镇化率达到50.5%。拓宽多元投资渠道，加强城市市政和公共服务设施建设，力争完成投资2100亿元，县城生活垃圾无害化处理率达到90%以上、污水处理率达到80%。加快智慧城市建设，完善城市综合交通、教育医疗、社会保障、环境保护、社会治安、应急处置等智能化信息系统，推进数字城管、综合执法，提升城市精细化管理水平。继续开展县城建设攻坚，建成100个特色街区和100个风貌建筑，实施建制镇新型城镇化建设试点。

（六）奋发有为深化改革开放。以政府自身革命带动重要领域改革，使改革开放新红利转化为加快发展的新动能。**更大力度简政放权。**衔接好国务院取消和下放的行政审批事项，进一步取消下放省级行政审批事项，全面清理非行政许可审批和前置审批，完善事中事后监管。推进省市县三级行政审批事项网上一体化审批和联合审批，开展设立行政审批局改革试点。扩大工商营业执照、组织机构代码和税务登记证“三证合一”实施范围。抓好衡水市、威县综合配套改革和设区市向城区、县向乡镇放权等改革试点。推进开发区管理体制改革，支持园中园、国别园加快发展。推行县以下机关公务员职务与职级并行制度。**深化国有企业改革。**推进国有资本运营公司和投资公司试点，加快省属国有企业核心资产上市和整体上市。抓好企业子公司层面混合所有制改革。严格规范国有企业管理人员薪酬待遇制度，扩大市场化选聘比例。剥离国有企业办社会职能。**加快财税金融体制改革。**实行全面规范、公开透明的预算管理制度，深化绩效预算管理改革，提高一般性转移支付规模和比例。扩大“营改增”试点范围。清理规范行政事业性收费。加快设立服务小微企业的中小金融机构，发展民营银行，筹建省金融资产管理公司，推进县级农村信用社改制农村商业银行、农村信用社股份有限公司。加强多层次资本市场体系建设，支持企业上市融资和发行债券。建立规范的地方政府举债融资机制。健全社会信用体系。强化民间融资管理，严厉打击非法集资，防范化解债务和金融风险。深化水电气等资源性产品价格改革。**掀起大众创业新高潮。**完善扶持政策、改善创业环境、放宽市场准入，使每个人都能获得创业机会，促进市场主体活力竞相迸发，推动民营经济大发展快发展，加快形成中小微企业“铺天盖地”、大型企业“顶天立地”的格局，让燕赵儿女的聪明才智在大众创业、万众创新中充分涌流、大展身手！

增创开放型经济新优势。坚持引进来和走出去并重、引进外资和对外投资并举，提高开放的主动性和协调性。改进招商引资方式，落实我省与中东欧及法国、德国等签约项目，创新“5·18”经洽会办会内容，发挥省级境外上市股权投资基金作用，鼓励优势企业到境外上市融资，努力提高利用外资的规模和水平。借力国家“一带一路”战略，发挥我省比较优势，推动钢铁、水泥、玻璃等优势产业走出去，开展先进技术合作。鼓励企业加大矿产资源境外投资开发力度，更多获得能源资源供给。提高投资便利化水平，完善政策措施，加强银企对接，搞好信息、培训等配套服务，为企业走出去创造条件。对标自贸区标准和要求，建设好曹妃甸、石家庄综合保税区，做好黄骅综合保税区申报工作。支持唐山筹备办好2016年世界园博会。

（七）加快实施创新驱动发展战略。把创新发展作为战略基点，以创新为引领培育和形成新的增长点，构筑河北科学发展的新根基。**实施科技创新行动计划，支撑引领产业转型升级。**坚持以产业链布局创新链、依托创新链提升价值链，围绕百项重大成果转化、百项重大支撑项目等6项主要目标，实施高新技术产业倍增、科技型中小企业培育等10项科技创新示范工程，强化重大科技专项实施、创新型产业集群建设等6大抓手，推动创新成果变成实实在在的产业活动。**培育激活企业创新主体，加快科技成果转化。**引导企业和社会资本加大研发投入，加强产学研科技创新平台建设，鼓励优势企业在智能装备、现代中药、节能环保、信息技术等领域建立产业技术联盟，开展关键核心技术和重大科技成果联合攻关，力争在中医药创制、天然色素提取等领域建成国家级重点实验室和工程技术研究中心。健全多元化的科技成果评价体系和成果发布机制，完善技术产权交易平台，推动市县建立科技成果交易市场和创新成果孵化器，促进集成创新和高技术产业项目推广应用。全年新增科技型中小企业8000家，高新技术产业增加值增长12%。**深化科技体制改革，加强人才培养引进。**建立主要由市场决定项目和经费分配机制，完善以目标绩效为导向的财政投入机制。推行科技成果产权制度改革、股权和分红激励等政策，探索开展专利权、科技成果入股试点，支持科技人员创办领办科技型企业。促进科技与金融深度融合，设立省级科技股权投资基金和天使投资基金，扩大创业风险投资基金规模，以科技支行、担保机构、保险机构为重点，打造一批专门支持科技创新的金融平台，加快科技型企业上市融资。厚植创业创新文化，加强知识产权保护。实施科技创新团队引培、院士智力引进和技术经纪人培育工程，加大海外引智力度，吸引更多创新型人才到河北创业发展。

（八）持续加力保障和改善民生。要把保障和改善民生工作放在重要位置，更加注重保障基本民生，更加关注低收入群众生活，更加重视社会大局稳定。**加强基本公共服务。**千方百计保持就业稳定，统筹解决好高校毕业生、农村转移劳动力、退役军人等重点人群就业问题，加大就业困难人员帮扶力度，做好化解过剩产能失业人员就业工作。完善社会保障体系，推进全民参保登记计划试点，扩大社会保险覆盖面。继续提高企业退休人员和城乡居民养老金、工伤保险待遇标准，推动医疗保险异地就医即时结算。城乡居民低保标准保持与全国平均水平同步增长，探索社会保障多险合一的管理模式，开展机关事业单位养老保险制度改革，全面实施临时救助制度，确保困难群众受助及时。**加快实施精准扶贫。**因地制宜培育特色致富产业，加强贫困地区基础设施建设，加大基本公共服务支持力度，动员全社会力量参与扶贫开发，继续开展扶贫帮困“春雨行动”，确保10个扶贫开发工作重点县脱贫出列、100万贫困人口稳定脱贫。**大力发展社会事业。**组织实施第二期学前教育三年行动计划，深入推进普通高中课程和综合素质评价改革，加快发展现代职业教育，改革普通高校考试招生制度，开展本科高校向应用技术大学转型试点。深化县级公立医院综合改革，扩大城市公立医院综合改革试点，加大社会办医力度。发展中医药事业，推动安国中药都建设。做好重大疾病防控工作。坚持计划生育基本国策，落实各项计生惠民政策。培育和弘扬社会主义核心价值观，打造一批文化艺术精品，培养一批艺术名家，推进标准化、均等化公共文化服务体系建设，建立省级文化产业投资基金，做大做强文化产业。抓好重大文物保护工程，加强非物质文化遗产保护与传承。广泛开展全民健身活动，提高竞技体育发展水平。**积极创新社会治理。**做好信访工作，畅通和规范群众诉求表达、利益协调、权益保障渠道，用法治思维和法治方式化解社会矛盾，严厉惩治拖欠农民工工资行为。落实安全生产“党政同责、一岗双责”，加大重点行业、重点领域安全生产整治力度，实行安全生产“打非治违”常态化。强化公共安全，抓好道路交通、消防和人员密集场所安全保障，坚决遏制重特大事故发生。加强信息网络安全工作。依法打击各类违法犯罪行为，为人民群众创造和谐稳定、安全有序的生产生活环境。

加强国防教育和国防后备力量建设，推动军民融合深度发展，大力开展双拥共建活动，提高军转安置和优抚工作水平。支持工会、共青团、妇联等人民团体发挥桥梁纽带作用，做好新闻出版广电、民族宗教、外事侨务、人民防空、气象地震、防灾减灾、地理信息、邮政通信、史志档案、援藏援疆和老龄、妇女儿童、残疾人等工作。高质量编制“十三五”规划，使之成为体现国家战略、符合河北实际的好规划。

各位代表！当前我省财政收支矛盾突出，但我们要千方百计增加民生投入，办好民生实事。**一是积极扩大就业规模。**多渠道增加就业岗位，年内全省城镇新增就业70万人、农村劳动力转移就业50万人，高校毕业生就业率达到90%以上。**二是加快贫困地区校舍改造。**加强义务教育学校标准化建设，改造新建贫困地区农村中小学校舍

180万平方米。**三是增强医疗保障能力。**新农合和城镇居民医保财政补助标准每人每年提高到380元，实施城乡居民大病保险，健全疾病应急救助机制。**四是抓好保障性住房建设。**保障性住房和棚户区改造住房开工19万套、竣工17万套，改造农村危房10万户。**五是全面解决农村饮水安全问题。**年内实现565万农村人口饮水安全，确保全省所有农村居民都能喝上干净水。六是实施文体惠民工程。加强公共文体设施建设，推动公共文体资源向社会开放共享，完善博物馆、图书馆、群艺馆、美术馆、档案馆设施，深入开展文化进农村、进社区活动，构建全民健身设施网络，加快河北奥林匹克体育中心建设。**七是加大城乡养老助残力度。**建立健全以经济困难高龄、失能老年人为重点的老年福利制度，居家养老服务中心覆盖率达到75%，农村互助幸福院覆盖率达到65%。实施贫困残疾儿童免费抢救性康复工程。**八是完善食品药品监控监测体系。**加强质量监管，实现药品全品种全过程电子监管和婴幼儿配方乳粉、生鲜农产品、保健食品等电子追溯，确保人民群众饮食用药安全。群众利益无小事。改善和保障民生是政府的根本职责，我们一定始终把人民的冷暖放在心上，全心全意为群众办实事、谋福祉，使改革发展的成果更多更公平地惠及全省人民！

四、切实加强法治政府建设

面对全面建成小康社会、全面深化改革、全面推进依法治国的新形势新任务，各级政府必须维护宪法法律权威，大力推进依法行政，不断提高政府工作法治化水平。

*依法履行政府职能。*坚持法定职责必须为、法无授权不可为，全面履行好法律赋予的经济调节、市场监管、社会管理和公共服务职能。大力转变工作作风，对法定职责范围内的行政事务，要勇于负责、敢于担当，以抓铁有痕、踏石留印的精神狠抓工作落实，坚决纠正不作为、乱作为，坚决惩处失职、渎职。推行政府权力清单、责任清单和负面清单制度，完善“三级平台、两个代办”制度，努力提高行政效能和为民服务水平。

*健全依法决策机制。*切实把公众参与、专家论证、风险评估、合法性审查、集体讨论决定作为行政决策法定程序，出台实施行政决策程序规定。积极采纳人大、政协调研建议，吸取各民主党派、工商联、无党派人士意见，发挥专家学者和各类智库作用。建立健全决策合法性审查机制和政府法律顾问队伍。实施重大行政行为备案办法，建立重大决策终身责任追究制度及责任倒查机制，对违反决策规定、出现重大决策失误、造成重大损失和恶劣影响的，严格追究相关责任人员的法律责任。加强对行政决策落实的监督，定期对决策的执行情况进行评估考核，确保决策落实到位、执行到位。

*严格公正文明执法。*积极推进综合执法，整合市县两级政府执法队伍种类，合并职能相同或相近的执法部门。深入推进城市管理领域相对集中行政处罚权，理顺城管执法体制。加大食品药品、安全生产、环境保护、征地拆迁等关系群众切身利益的重点领域执法力度，维护群众合法权益。完善执法程序，细化量化行政裁量标准，提高执法效率和规范化水平。落实行政执法责任制，加强执法监督，坚决惩治执法腐败现象。

*强化权力监督制约。*自觉接受人大法律监督、政协民主监督和社会各界监督。加强对政府内部权力的制约，对权力集中的部门和岗位实行分事行权、分岗设权、分级授权、定期轮岗，完善内部流程控制，防止权力滥用。强化政府内部层级监督和行政应诉工作，实行纠错问责机制，健全问责方式和程序，严肃追究违纪违法行政工作人员的责任。推进政务“五公开”，加快建设阳光政府。

*加大反腐倡廉力度。*巩固和深化党的群众路线教育实践活动成果，严格落实“八项规定”和“约法三章”，严防“四风”反弹。健全厉行节约反对浪费制度体系，坚决控制一般性支出，确保“三公”经费只减不增。完成机关公务用车制度改革。加强惩治和预防腐败体系建设，不折不扣落实党风廉政建设“一岗双责”，对破坏发展环境、损害群众利益的行为决不心慈手软、坚决严厉查处，对任何腐败分子决不姑息纵容、坚决依法严惩，切实做到为民务实清廉。

各位代表！党的重托、人民的期待，是我们做好工作的巨大动力，也是我们肩负的重大责任。让我们紧密团结在以习近平同志为总书记的党中央周围，以邓小平理论、“三个代表”重要思想、科学发展观为指导，深入贯彻落实习近平总书记系列重要讲话精神，在中共河北省委的领导下，团结拼搏，锐意进取，全面完成“十二五”规划目标任务，为建设全面小康的河北、富裕殷实的河北、山清水秀的河北而努力奋斗！

关于河北省2014年国民经济和社会发展计划执行情况与2015年国民经济和社会发展计划（草案）的报告

——2015年1月8日在河北省第十二届人民代表大会第三次会议上

河北省发展和改革委员会主任　陈永久

各位代表：

受省政府委托，现将河北省2014年国民经济和社会发展计划执行情况与2015年国民经济和社会发展计划（草案）提请省十二届人大三次会议审议，并请省政协委员和其他列席人员提出意见。

一、2014年计划执行情况

过去的一年，各级各部门紧紧围绕省十二届人大二次会议确定的目标任务，认真贯彻习近平总书记系列重要讲话和对河北的重要指示精神，深入落实省委、省政府的决策部署，切实转变发展指导思想，统筹稳增长、调结构、促改革、治污染、惠民生各项工作，以打好四大攻坚战为战略重点，全力抓好改革调整巩固提升四大任务，全省经济企稳回升、稳中有进，计划执行情况总体较好。初步预测：

——全省生产总值增长6.5%左右，低于预期目标1.5个百分点。其中，规模以上工业增加值增长5%，低于预期增速5.5个百分点；服务业增加值增长10%，高于预期增速1.5个百分点。经济增长未能完成预期目标，主要是受市场有效需求不足和我省化解过剩产能、治理大气污染力度加大的叠加影响。综合测算，化解过剩产能、治理大气污染影响全省生产总值增速约1.75个百分点。

——公共财政预算收入可比增长9.2%，高于预期目标0.2个百分点。

——城镇居民人均可支配收入增长9%，农民人均纯收入增长11%左右，分别高于预期目标0.5个和2.5个百分点。

——城镇新增就业72万人，完成年度计划的102.9%；登记失业率为3.7%，控制在4.5%的预期目标以内。

——居民消费价格上涨2%，控制在3.5%左右的预期涨幅以内。

——固定资产投资增长15.5%，低于预期目标1.5个百分点。主要是传统产业投资相对饱和，企业投资缺乏方向和热点，全省在建、新开工项目数量有所减少。

——社会消费品零售总额增长12.4%，低于预期目标0.6个百分点，主要是受住房、汽车等大宗消费增速回落和网络消费大幅增长且难以入统等因素影响。

——进出口总值增长7.7%，高于预期目标2.7个百分点。

——实际利用外资70亿美元，增长5%，达到预期目标要求。

——单位生产总值能耗下降6.5%，化学需氧量、二氧化硫和氨氮、氮氧化物排放量分别削减2%、3%、3%和6%，设区市PM2.5平均浓度下降12%，均超额完成计划目标。

——人口自然增长率为7.5‰，控制在7.6‰的约束目标以内。

与此同时，经济运行还存在一些突出矛盾和问题。一是经济增速低位运行，财政收支矛盾突出，转型升级阵痛加剧，经济运行潜在风险不断累积。二是企业生产经营困难，除市场有效需求不足和用工、土地、运输等成本上升外，环保成本增加较多，融资难融资贵问题凸显，不少企业赊购增加、回款困难。三是一些涉及民生的问题仍较突出，化解过剩产能涉及的大量职工需重新安置，环境污染仍较严重，食品安全、征地拆迁等领域损害群众利益的行为时有发生，社会保障、上学就医等公共服务还需加强。对此，我们一定高度关注，并采取有效措施努力加以解决。

二、2015年主要发展目标

按照全省经济工作会议明确的总体要求，今年全省经济社会发展计划主要指标围绕稳速、提质、增效、升级，共设置7大类28项，其中，预期性指标18个，约束性指标10个。主要目标是：

——保持经济平稳增长。主动适应经济发展新常态，充分考虑我省调结构、治污染的特殊任务，适当调低经济增长预期目标，生产总值比上年增长7%左右，其中规模以上工业增加值增长6%左右。固定资产投资增长15%以上，社会消费品零售总额增长11%，进出口总值增长5%。实际利用外资增长5%。一般公共预算收入增长7.5%。

——力促提质增效升级。着眼于引导各方面把主要精力聚焦到创新驱动、转型升级、绿色崛起上，做到调速不减势、量增质更优，服务业增加值增长10%左右，规模以上高新技术产业增加值增长12%，研发经费支出占生产总值的比重达到1.15%。单位生产总值能耗下降3%，化学需氧量、二氧化硫和氨氮、氮氧化物排放量分别削减1%、1%、2.5%和5.1%，设区市PM2.5平均浓度下降4%以上。城镇化率比上年提高1.2个百分点。

——突出保障改善民生。城镇、农村居民人均可支配收入分别增长8%和8.5%。城镇新增就业70万人，登记失业率控制在4.5%以内。城镇职工参加基本养老保险人数新增40万人。城镇保障性安居工程住房开工19万套。人口自然增长率控制在8.1‰以内。居民消费价格上涨3%左右。

全面完成今年经济社会发展的各项目标任务，需着重把握以下几点：

——更加注重实施创新驱动引领结构调整。把创新驱动发展战略聚焦到促进产业转型升级上，充分发挥重点创新企业、创新项目、创新园区、创新联盟、技术人才对战略性新兴产业、现代服务业拉动作用，着力推进信息化与工业化深度融合，促进产业结构向中高端迈进。

——更加注重推动协同发展打造新增长点。抓住京津冀协同发展重大机遇，找准定位，乘势而进，充分利用京津优势推动创新发展，抓好交通、产业、生态环保三个率先突破领域的重大事项和项目，力促市场和公共服务一体化发展，支持有条件的园区、基地率先发展，打造新的经济“引爆点”。

——更加注重运用改革办法释放发展活力。围绕营造公平公正的市场环境和法治环境，以革思想命、放手中权、削部门利的决心和勇气，推出一些杠杆性的改革举措，注重解决改革发展稳定过程中遇到的实际问题，让市场主体切身感受到改革效果，为经济发展注入不竭动力。

——更加注重加强公共服务增进民生福祉。把稳增长、促改革、调结构的聚焦点放在惠民生上，更好地挖掘民生领域在助发展、促和谐中的潜能，努力增加社会亟须的公共产品供给，强化基层公共服务网底功能，雪中送炭解决实际问题，使广大人民群众得到更多实惠。

三、发展重点和主要措施

2015年全省经济社会发展工作要认真贯彻落实中央和省委、省政府决策部署，紧紧抓住京津冀协同发展的重大机遇，坚持稳中求进工作总基调，以提高经济发展质量效益为中心，把转方式调结构放在更加突出位置，推进创新发展、转型发展、协同发展、绿色发展，力促全省经济在新常态下平稳运行、结构向中高端迈进，努力完成“十二五”规划各项目标任务。

（一）着眼平稳发展，下大力培育新增长点

发挥项目投资的关键作用。一是突出产业支撑项目。组织实施“重大产业项目攻坚年”活动，省级重点抓“三个一百”，即100个续建保投产、100个新开工和100个前期项目，优先安排战略性新兴产业和服务业项目；指导各市谋划推进一批重大产业项目，争取10亿元以上项目达到1500个、产业投资增长20%以上。同时，组织推进国家“七大工程包”项目建设。二是实施要素差别供应。土地、资金、环境容量等要素配置向大项目、好项目倾斜，向年内能够开工、竣工的项目倾斜，省政府将10%以上的年度用地指标专项支持省级重点项目，各地要将新增土地指标的60%以上用于省市重点项目；引导金融机构对符合条件的项目加大信贷支持力度，支持项目业主通过直接融资筹措建设资金；强化环境容量指标协调保障，化解过剩产能腾出的容量优先保障重点项目。三是完善项目推进机制。全面推行重点项目全程代办、“绿色通道”等制度，建立重点项目动态调整机制，将重点项目建设成效纳入党政领导班子综合考评体系。

发挥消费需求的基础作用。在努力增加居民收入、稳定消费预期、改善消费环境的基础上，突出培育消费增长点。扩大互联网、物联网等信息消费，重点支持省级电子商务示范基地和10大网络购物平台建设。促进绿色消费，继续实施节能产品惠民工程，对建设城市停车、新能源汽车充电设施给予补助。升级文化旅游消费，落实职工带薪休假制度，实施乡村特色旅游工程。发展养老健康家政等社区服务消费，鼓励社会资本参与投资运营，探索建立与京津合作的异地健康养老服务模式。提升教育文体消费，完善民办学校收费政策，利用申办冬奥会契机大力发展体育、旅游等相关产业。稳定住房消费，放宽提取公积金支付条件。

发挥服务业的拉动作用。强化政策扶持，减少前置审批和资质认证，支持服务业企业申报高新技术企业，落实鼓励类服务业企业用电、用水、用气与工业同价政策，鼓励工业企业主辅分离、兴办独立法人服务企业。强化重点突破，推动现代物流、电子商务、金融服务、科技服务、节能环保服务等生产性服务业和制造业融合发展，加快发展文化旅游、健康养老、商贸流通等生活性服务业。强化载体支撑，加快省级现代物流产业聚集区建设，完善钢铁、农产品等大宗商品交易平台，争取在我省设立国家级煤炭交易中心，支持石家庄股权交易所建设成为全省金融服务中心，推进石家庄科技大市场、阿里巴巴银泰体验中心、传化集团智能公路港等重点项目建设。

发挥优势企业的引领作用。做强“三个一百”领军企业，完善推进机制，建立企业需求“直通车”制度。做大成长性好的中小微企业，落实支持民营经济和中小微企业发展的各项政策措施，确保完成三年新增5000家规模以

上工业企业的目标。加大高新技术企业、创新型企业培育力度，实施科技型中小企业成长计划，重点支持1500家企业壮大成为科技“小巨人”，新增科技型中小企业8000家。

（二）突出创新驱动，大力推进产业转型升级

推动传统产业向中高端迈进。以做强做优钢铁主业、做大衍生产业为目标，认真落实钢铁产业结构调整方案，力促方案确定的五大项目开工建设或前期工作取得突破，在唐山市开展钢铁产业转型试点，大力发展耗钢产业园和非钢产业；支持装备制造业发展整机、研发高端智能装备，推动石化行业在做大炼油规模的同时加大高端精细化学品研发生产力度，鼓励传统产业研发高端产品、培育知名品牌。继续推进“十百千”工程和千项技改项目建设，实施钢铁精品化、建材绿色高端化、平板玻璃深加工等12个专项，抓好100家“两化”融合重点企业。

大力发展战略性新兴产业。围绕做大电子信息、生物医药、新能源、新材料、节能环保等优势产业，实施高新技术产业倍增计划，加快物联网、云计算、大数据、卫星导航等技术推广应用，扩大光伏规模化应用，推进新能源汽车发展和动力电池产业化建设，抓好石家庄国家高端生物医药区域聚集发展试点，开展节能环保若干企业基地园区创建活动，支持省级以上高新技术产业开发区、创新型产业集群和新兴产业基地壮大规模，抓好100个高新技术产业化项目建设。

着力提升科技创新能力。以深化科技体制改革为动力，以促进科技成果资本化、产业化为目标，重点实施十大科技创新行动计划，支持200个重大科技项目、100个科技成果转化项目和100个专利品牌产品，依托优势企业、科研院所校联合建设一批产业技术研究院和产业技术创新联盟。大幅增加政府研发投入，完善科技成果转化和科技人员创新收益分配机制，推进科技创业投资机构、技术市场建设，实施科技创新团队引培、院士智力引进、技术经纪人培育三大人才工程。

以污染治理倒逼产业升级。一是坚定有序化解过剩产能，继续组织实施“6643”工程，全年化解粗钢产能500万吨、水泥600万吨、平板玻璃300万重量箱，压减煤炭消费500万吨。二是推进能源革命，实施煤电节能减排升级与改造行动计划，开展燃煤锅炉治理，加快建设洁净型煤配送中心，大力发展风能、太阳能、地热能、生物质能，扩大天然气利用规模，开工一批热电联产和特高压工程，加快沧州海兴核电前期进度，实施农村能源清洁开发利用工程。三是抓好节能减排，严格执行新环保法，出台大气污染深入治理三年规划，推动钢铁、电力、水泥、石化等重点行业污染治理，基本完成燃煤电厂和水泥窑脱硝、重点石化企业挥发性有机物治理，积极推行清洁生产和资源综合利用。

（三）实施重点突破，推动京津冀协同发展

推动交通互联互通。建设高效轨道交通网，确保保津、张唐等铁路建成通车，加快京沈、石济、张呼等铁路建设，力促京九客专京霸段、京张铁路及崇礼支线等项目开工，做好京唐城际等项目前期工作。完善公路交通网，推进北京大外环、津石、京涉等高速公路建设，加快“断头路”建设和“瓶颈路”拓宽改造，推动京津冀区域交通“一卡通”。构建现代港口群，加快唐山港、黄骅港的煤炭、矿石、集装箱和通用泊位建设，实施秦皇岛西港搬迁改造及东扩工程，深化与天津港的合作。加快北京新机场建设，强化石家庄正定国际机场枢纽功能，确保承德机场竣工通航。

推动产业协作共赢。集中推进北京新机场临空经济区、京冀曹妃甸现代产业实验区、亦庄廊坊产业园和津冀循环经济示范区等重点合作园区建设，力促曹妃甸千万吨级炼油、北京现代汽车第四工厂、阿里巴巴张北云计算中心、比亚迪承德新能源汽车、中粮燃料乙醇等重大项目开工建设。围绕打造协同创新共同体，以建设白洋淀科技城、中关村河北科技园、清华大学固安中试孵化基地等为载体，用足用好6项中关村先行先试政策，推进科技创新平台、区域性技术交易市场、科技成果转化基金等合作共建，下大力吸引京津科技成果在我省实现产业化，逐步形成“京津研发、河北制造”产业协作模式。围绕京津服务需求，大力发展服务产业。同时，在教育、医疗、养老、金融等领域，探索开展一体化合作。

推动生态环保共建共享。落实山水林田湖生态修复规划，实施“增绿”工程，规划建设京津保生态过渡带，实施水源保护林、三北和沿海防护林、张家口坝上地区退化林分改造、京津风沙源治理等重大生态工程，完成造林合格面积420万亩。实施“洁水”工程，加大白洋淀、衡水湖等湖泊湿地生态保护和修复力度，下大力治理官厅、潘大等水库污染，对14条重污染河流进行重点整治。实施“蓝天”工程，深化与京津大气联防联控协作机制，实施清洁能源替代战略，加强“车油路”统筹，在设区市公交、出租车行业推广新能源和清洁能源汽车，全部淘汰黄标车，启动国Ⅴ标准车用汽、柴油供应。

支持各市打造新增长极。编制落实京津冀协同发展规划实施意见，指导各市借力京津在重点领域取得突破。围绕打造沿海率先发展增长极，支持唐山曹妃甸区、沧州渤海新区、北戴河新区加快建设，培育新型重化工业基地和滨海旅游度假名城。支持石家庄以区划调整为契机，建设产业生态文化融合发展的现代化新城区，重点发展战略性新兴产业和现代服务业。支持廊坊、保定承接京津产业转移和功能疏解，在科技成果转化、园区共建共享、新型城镇化建设等方面取得明显进展。支持张家口、承德加快基础设施建设，完善生态功能，建设张家口可再生能源应用综合创新示范区，打造国家级生态文明示范区。支持邯郸以冀南新区、邢台以太行新区、衡水以工业新区为载体，加快建设先进制造业基地，带动传统产业转型升级。

（四）夯实基础地位，保持农业稳定发展

促进农业增产增效。大力实施粮食增产节水创建行动，抓好新增千亿斤粮食产能田间工程，推进渤海粮仓科技示范工程，推广使用高产节水品种，粮食产量稳定在665亿斤。支持50个乳粉用奶牛场和肉牛养殖场建设，

创建省级种养结合示范园和畜禽标准化养殖示范场，加快蔬菜产业园和果品特色县建设，抓好燕山中药材核心示范区项目建设，发展精品渔业和远洋渔业。支持固安农业科技园等现代农业示范园区和君乐宝乳业等龙头企业加快发展，推进14个具有明显地域特色的食品产业聚集区建设，确保100个亿元以上项目竣工投产，推动农业大省向食品大省转变。

夯实农业发展基础。加强水利基础设施建设，完成南水北调水厂以上配套工程，力争同步建成水厂及以下配套管网工程，抓好引黄入冀补淀、地下水超采综合治理等水利工程建设，继续实施大型灌区续建配套和规模化节水、小型水库除险加固等工程，新增和改善农田节水灌溉面积400万亩。开展绿色增产模式攻关，支持发展育繁推一体化的现代种业集团，推行测土配方施肥、节水灌溉等适用技术，推进粮食生产全程机械化和农业管理现代化。加强农产品质量安全全程监管。

鼓励规模经营。加快农村土地承包经营权流转，全面推开确权登记颁证工作，确保完成承包耕地总面积的50%；健全土地经营权流转市场，鼓励各地建立公益性流转中心，促进土地经营权向新型农业经营主体流转。出台土地经营权抵押贷款办法，允许农民以承包经营权入股发展农业产业化经营。深化农村产权制度改革，完成11个农场集体经济股份制改造。大力发展合作经济，支持农民合作社成立联合社。

（五）坚持质量为要，加快新型城镇化建设

坚持规划引领。制定出台新型城镇化规划，编制县城建设总体规划。建立“多规合一”协调机制，在设区市、县（市）、重点镇各选定2—3个开展试点。高水平编制城市总体设计，明确城市景观风貌总体定位和空间形态，突出文化传承保护，彰显城市特色，各县（市）要完成重点地段详细设计。强化刚性约束，开展城市总体规划评估，制定城市规划建设考评体系。

抓好城市建设。研究制定全省智慧城市建设实施方案及配套政策，在11个设区市和有条件的县城开展省级试点。突出县城建设，抓好道路网络、供水节水、污水垃圾处理、集中供热和地下管线改造、县城绿化等基础设施建设，完成“十二五”规划确定的污水管网建设任务，所有县城至少建成1个10公顷以上的综合性公园；抓好违章建筑拆除，完成30%城中村改造和60%旧小区改善任务；在38个投融资试点县（市）推进投融资体制改革。

注重产城互动。依托特色产业整合产业园区，每个县（市）保留1个综合性园区并纳入县（市）城乡总体规划，与县城建设同步推进，建成新型城区，带动县域经济加快发展。实施产业集群示范和提升工程，以产业园区建设为载体，培育特色优势产业，打造一批龙头企业。推进主城区工业企业退城进园，腾出的土地优先发展战略性新兴产业和现代服务业。

促进人口转移。落实户籍制度改革实施意见，有序放开城镇迁移落户条件，逐步将城中村居民的农民身份转为城镇居民。推行城乡居民社会保障一卡通，将农民工随迁子女义务教育纳入城镇教育发展规划和财政保障范围，将外来务工人员纳入住房保障体系，将稳定就业的农民工纳入住房公积金覆盖范围。建立财政转移支付与农业转移人口及其他常住人口市民化挂钩机制。

（六）加大改革力度，进一步释放发展红利

大力推进行政体制改革。进一步简政放权，做好国务院取消和下放行政审批事项衔接，加大与经济增长、就业创业密切相关的审批事项取消下放力度，全面清理非行政许可审批和前置事项，制定市场准入负面清单，完成省政府部门权力清单、责任清单编制公布工作，推行网上并联审批新模式。开展创新行政审批体制、工商登记“三证合一”、企业准入单一“窗口”和市、县设立行政审批局等改革试点。创新行政管理制度，强化事中事后监管，建立纵横协管机制。

深化财政金融价格改革。认真落实《预算法》，清理挂钩事项，整合规范转移支付，实行全口径预算管理，深化绩效预算管理制度改革，扩大“营改增”实施范围，实施普遍性降费。创新政府投资使用方式，扩大股权投资比例，撬动社会资本增加投入。建立健全地方金融监管体制，推进金融产品和投融资模式创新，积极引进外埠金融机构落户我省，支持发展创业投资和股权投资基金，推动企业上市融资。大幅缩减政府定价种类和项目，放开具备竞争条件的商品和服务价格，取消药品最高零售限价，落实创新水价形成机制，推行阶梯水价、气价改革举措，研究制定南水北调价格政策，提高排污费征收标准。

增强各类所有制经济活力。激发民间投资活力，积极扩大特许经营范围，探索推广政府与社会资本合作（PPP）模式，制定鼓励民间资本参与投资运营的具体办法。坚定不移把国有企业做大做强做优，推动河北钢铁、开滦集团等企业整体上市，在河北物流、河北建工等企业实施集团层面混合所有制改革。抓好供销社综合改革试点。

推进区域改革试点。继续抓好衡水市、邢台威县综合配套改革和设区市向城区、县向乡镇放权等试点，研究邢台莲子镇、邢家湾镇、西郭镇三镇融合发展改革试点方案。创新开发区管理运营和评价机制。积极申报并争取国家重大改革试验在我省试点。

（七）扩大对外开放，拓展经济发展空间

培育外贸竞争优势。加快海关特殊监管区、省级以上出口基地建设，支持发展研发设计、质量检测等公共服务平台，争取黄骅综合保税区获批。鼓励企业建立境外分销中心、营销网络和售后服务体系，开展商标注册和国际认证。落实京津冀海关区域通关一体化、检验检疫直通直放和上海自贸区可复制推广的改革措施，完善光伏、钢铁等重点行业贸易摩擦预警和应对机制。增加先进技术、重要装备、关键零部件和能源原材料进口。

加大招商引资力度。抓住国家实施“一带一路”战略和建设中韩、中澳等自贸区的机遇，主动开展国际及区域经济合作。认真落实加强与中东欧国家投资合作的支持意见，推进中捷中欧产业园等重大项目建设。积极开展驻点招商、委托招商和代理招商，大力推动服务业利用外资，对重大利用外资和省外资金项目实行承办责任制。着力提升省级以上开发区规模和层次，支持高碑店国际门窗城等35个国别（地区）产业园区加快发展。

加快境外投资步伐。以周边国家和中东欧、非洲、北美为重点，鼓励有实力企业投资建设境外生产基地，抓好德龙钢铁泰国热轧带钢、冀东发展南非水泥厂等重点项目建设，带动过剩产能向境外转移。以铁矿石、煤炭、油气等资源富集地区为重点，支持河北钢铁、河北建投等企业建设海外战略资源供应基地。推动对外承包工程和劳务合作，鼓励石油化工、房屋建筑、地质勘探等行业优势企业承揽境外工程。

（八）保障改善民生，切实增加公共产品有效供给

把促进就业社保作为民生之基。继续实施大学生就业促进计划和青年创业引领计划，对离校未就业毕业生实行实名制帮扶，加快建设20个就业创业孵化示范基地。做好化解过剩产能企业职工分流安置和社会保障工作。开展全民参保登记计划试点，推进机关事业单位养老制度改革，加大保险基金征缴力度，提高企业退休职工和城乡居民基础养老金、优抚对象、城乡低保对象补助标准，建立健全老年福利制度。加快保障性住房和棚户区改造建设，确保开工19万套、竣工17万套，改造农村危房10万户。

把发展社会事业作为民生之要。提高普惠制幼儿园覆盖率，确保24个县（市、区）实现县域内义务教育基本均衡，支持职业教育加快发展，推进省部共建高校建设。提高新农合和城镇居民医保财政补助标准，继续深化公立医院改革，全面实行城乡居民大病保险，推动中医药事业振兴发展，鼓励社会力量办医。推进图书馆、群艺馆、文化馆和文化资源共享基层服务点建设，加大文化和自然遗产保护设施投入力度，推动公共文化体育设施免费或低收费开放，支持张家口申办冬奥会。着力稳定低生育水平，促进气象、地震、档案、文物和民族宗教、外事侨务、老龄、妇女、儿童、残疾人等各项社会事业全面发展。

把改善农村环境作为民生之需。推进农村面貌由典型示范向连片改造提升转变，集中打造崇礼片、白洋淀片等8个省级精品示范片区，抓好100个中心村和3000个村庄改造建设。认真落实改善农村人居环境12项重点任务，全部解决“十二五”规划内农村人口饮水安全问题，完成5000个村道路硬化改建任务，确保县（市）行政区域垃圾、污水处理率均达到50%以上，村庄绿化覆盖率达到30%。

把推进扶贫开发作为民生之急。以连片特困地区为主战场，大力实施精准扶贫，开展扶贫帮困“春雨行动”，积极推进教育扶贫，支持贫困县优先实施土地整理项目和基础设施、公共服务项目，帮助贫困地区引进可分散手工生产的龙头企业，鼓励贫困群众以家庭财产入股方式参与扶贫项目建设，强化对贫困地区保险服务，确保100万贫困人口稳定脱贫。

把维护社会稳定作为民生之安。注重用法治思维和法治方式化解社会矛盾，推进政务公开、执法公开、司法公开，保障人民群众合法权益。加强重点行业和领域安全生产，开展食品药品安全城市和安全县创建活动，坚决遏制重特大事故发生，保障人民生命财产安全。有效防范和化解各类潜在风险，保障全省经济安全。

各位代表！做好2015年全省经济社会发展工作任务艰巨、责任重大。我们要在中共河北省委的正确领导下，自觉接受人大的指导和监督，虚心听取政协的意见和建议，进一步解放思想、开拓创新，坚定信心、攻坚克难，努力促进全省经济平稳健康发展和社会和谐稳定。

关于河北省2014年省本级预算及省总预算执行情况和2015年省本级预算及省总预算草案的报告

——2015年1月8日在河北省第十二届人民代表大会第三次会议上

河北省财政厅厅长 高志立

各位代表：

受省人民政府委托，我向大会提交2014年预算执行情况和2015年预算草案的报告，请予审议，并请省政协各位委员和其他列席人员提出意见。

一、2014年预算执行情况

2014年，面对“三期叠加”的严峻形势和我省淘汰过剩产能、治理大气污染、推进结构调整的特殊任务，全省经济下行压力前所未有，财政增收难度前所未有。在党中央、国务院和省委的正确领导下，全省上下坚持稳中求进、改革创新，紧紧围绕稳增长、调结构、促改革、治污染、惠民生，认真落实积极的财政政策，着力推进发展方式转变，全力保障改善民生，努力做好财政工作，全省预算执行总体符合预期，为全省经济社会发展提供了重要支撑。

据快报统计（下同），2014年全省一般公共预算收入完成2446.6亿元，为年初计划的100.9%，比上年（下同）增长6.6%，可比增长9.2%。其中，税收收入1865.1亿元，增长8.1%；非税收入581.5亿元，增长1.9%。全省一般公共预算支出4638.1亿元，为调整预算的93.1%，增长6.5%。受收入增速趋缓影响，财政支出增幅较低，但各项重点支出特别是民生支出得到较好保障，全省民生支出3678.9亿元，占全省一般公共预算支出的79.3%。

全省政府性基金收入1611.2亿元，为预算的108%，下降7.9%；全省政府性基金支出1555.3亿元，为预算的81%，下降8.5%。主要是受国有土地使用权出让收入和国有土地收益基金收入下降影响。

全省社会保险基金收入1402亿元，占预算的104.1%，增长5.8%；当年实际支出1314.7亿元，占调整预算的92%，增长13.3%。按照相关法规，社保基金相互独立，不能调剂使用。根据当年各项基金收支情况，全省企业职工基本养老保险基金动用历年结余27.8亿元，其他社保基金年末新增结余115.1亿元。

（一）省本级预算执行情况

1. 省本级一般公共预算收支完成情况

省十二届人大二次会议审议通过的省本级一般公共收入预算为479亿元。预算执行中，由于经济形势变化，落实结构性减税政策，以及全省治理大气污染、化解过剩产能等因素影响，主体税种收入增长较慢，按照现行财政体制，对省本级收入影响较大。为此，报经省十二届人大常委会批准，省本级一般公共收入预算调整为435亿元。2014年省本级一般公共预算收入实际完成440.2亿元，为调整预算的101.2%，下降0.2%。其中，税收收入355.9亿元，增长0.6%；非税收入84.3亿元，下降3.7%。

省十二届人大二次会议审议通过的省本级一般公共支出预算为608.4亿元。执行中，由于上年结转列入、中央专款下达、调减收入预算等原因，报经省十二届人大常委会备案，省本级一般公共支出预算调整为755亿元。2014年省本级一般公共预算支出实际完成694.9亿元，为调整预算的92%，下降2.9%，主要是由于支出结构调整，对下补助增加，省本级列支减少。

2. 省本级政府性基金预算收支情况

2014年省本级政府性基金收入完成213.5亿元，为预算的100.9%，下降0.7%，主要是新增建设用地有偿使用费和车辆通行费收入减少。省本级政府性基金支出126.6亿元，为预算的76.9%，增长7.8%。

3. 省本级国有资本经营预算收支情况

2014年省本级国有资本经营预算收入完成4.1亿元，占预算的133.3%，增长220.4%，主要是河北建投一次性缴纳两年国有资本经营收益。省本级国有资本经营预算支出2.1亿元，占预算的67.5%，主要用于支持省属企业调整优化产业结构和重点项目支出。

4. 省本级社会保险基金预算收支情况

2014年省本级社会保险基金收入336.3亿元，占预算的103.9%，增长10.6%。当年实际支出383.1亿元，增长17.7%。根据各项基金收支情况，省本级企业职工基本养老保险基金支出动用历年结余52.3亿元，其他社保基金年末新增结余5.5亿元。

上述预算收支情况为快报统计数，最终执行结果待决算完成后，再向省人大常委会报告。

（二）落实省人大预算决议情况及2014年预算执行效果

按照省十二届人大二次会议及省人大常委会有关决议，各级各部门主动作为，攻坚克难，积极发挥调控职能，加快推进财政改革，强化预算执行管理，防范财政运行风险，各项工作取得新的成效。

——落实积极财政政策，全力支持稳增长、调结构、治污染

●支持重点项目建设。围绕京津冀协同发展、四大攻坚战等重大部署，发挥政府投资引导作用，培育新的经济增长点。省级投入25亿元，支持曹妃甸区、渤海新区、北戴河新区等沿海地区率先发展；投入24.5亿元，支持高速铁路、轨道交通、机场改扩建、南水北调配套工程等一批重点基础设施项目建设；投入4.2亿元，撬动城建项目融资试点，推动县城及城镇基础设施建设；投入23.9亿元，引导利用国家开发银行贷款，加快保障性住房建设和棚户区改造。

●支持产业结构调整。发挥财政资金撬动作用，省级投入16亿元，支持战略性新兴产业、现代物流产业加快发展，推动新能源、电子信息、生物医药、节能环保等新兴产业“无中生有”；投入12亿元，支持工业企业转型升级，推动实施“有中生新”；投入13.9亿元，支持科技创新，推进科技金融结合，促进科技型中小企业发展壮大；统筹省以上资金7.6亿元，支持农业产业结构调整，建设现代蔬菜产业园、中药材种植示范园、优势果品基地，支持畜禽良种繁育、动物疫病防控、畜产品质量安全检验检测体系建设，促进乳粉业加快发展。

●支持大气污染治理。统筹省以上资金48亿元，推广应用新能源汽车、淘汰黄标车、化解钢铁过剩产能等，为大气污染治理攻坚行动提供财力保障。围绕实施“6643”工程，清理产能过剩行业财税优惠政策，实施污染治理财政阶梯奖励办法，完善支持节能减排政策体系。通过财税手段撬动绿色低碳交通发展，在石家庄、唐山市开展新能源汽车推广试点。

●支持生态环境改善。统筹省以上资金74.5亿元，在黑龙港流域49个县（市、区）开展地下水超采综合治理试点，为华北地区及全国探索可推广、可复制的治理经验。积极推进生态功能区建设，张、承地区及衡水湖周边31个县（区）纳入国家重点生态功能区补偿范围，衡水湖、白洋淀、官厅水库列入国家湖泊生态环境保护试点。统筹省以上资金11.7亿元，支持太行山绿化、林业生态补偿、草原生态保护，促进生态环境持续改善。

●优化经济发展环境。按照国家部署，积极推进“营改增”试点，将铁路运输、邮政和电信业纳入改革范围，全省共有11万户纳税人受益，全年减轻企业税收负担90亿元；认真落实中央简并增值税征收率、支持小微企业发展等税收优惠政策；省级取消或免征10项行政事业性收费项目，为经济发展营造了良好环境。

——持续改善民生，让发展成果更多地惠及全省人民

●全面提升城乡社会保障水平。推动城乡居民基本养老保险制度整合，完善城镇职工与城乡居民养老保险衔接机制，鼓励引导社会资本投入养老机构建设，企业退休人员养老金标准连续十年提高10%，城乡低保、五保供养补助标准进一步提高，有效发挥了社会保障的托底救急功能。支持构建全民医保体系，新农合和城镇居民医疗保险补助标准提高到320元，基本公共卫生服务人均补助标准达到35元，91个县级公立医院改革纳入国家第二批试点，研究建立了大病医疗救助运行新机制，群众“看病难、看病贵”问题得到进一步缓解。省级投入3.3亿元，落实社保补贴、培训补贴等就业政策，设立创业扶持资金，鼓励创业促进就业。

●推进教育事业优先发展。进一步完善义务教育公用经费保障机制，提高农村中小学公用经费基准定额，减轻650多万名农村学生家庭负担21亿元，免除95.8万名城市学生学杂费。统筹省以上资金42.2亿元，支持改造农村薄弱学校。完善义务教育免试就近入学制度，落实连片特困地区乡村教师生活补助和农村原民办代课教师教龄补助政策。统筹省以上资金10.4亿元，支持职业院校教师培训、实训基地和特色学科建设，落实中等职业学校免学费政策。优化高等教育支出结构，生均拨款达到1.2万元，支持高层次人才培养引进，推进高标准大学建设。

●支持文化体育事业发展。抓好文化惠民工程，统筹省以上资金7.6亿元，落实博物馆、纪念馆、图书馆、美术馆、文化馆（站）、大型体育场馆免费开放政策，支持办好农村文化信息共享工程等惠民实事，促进了基本公共文化服务均等化、标准化。组建文化产业引导股权投资基金，推进政府购买文化服务。省级投入12亿元，支持张家口申办冬奥会和河北奥体中心项目建设。

●全面落实支农惠农政策。统筹省以上资金65.4亿元，支持农村面貌改造提升行动，实施农村危房改造、道路硬化等27类项目，农村生产生活环境明显改善；发放粮食直补和农资综合补贴68.3亿元、农作物良种补贴12.2亿元，促进了农业丰产丰收；统筹资金16.1亿元，支持40个小农水重点县和42个现代农业示范县农业基础设施建设；统筹资金20.3亿元，支持村级公益事业项目建设维护和国有农场办社会职能改革；统筹资金25.5亿元，实施财政精准扶贫，支持环首都“9+1”贫困县搭建扶贫担保平台，撬动金融等社会资金投入，支持贫困地区发展致富增收产业。

——全面深化财政改革，着力构建地方现代财政制度

●制定全省深化财政改革实施方案。全面贯彻中央深化财税改革精神，结合我省实际，研究制定全省财政改革框架，明确改革重点，提出了2020年建立地方现代财政制度的总目标，并部署推进当前改革任务。

●构建全过程绩效预算管理新机制。以预算项目为载体，以绩效管理为主线，全面深化绩效预算管理改革，探索建立了“预算编制有目标、预算执行有监控、预算完成有评价、评价结果有应用、绩效缺失有问责”的全过程绩效预算管理新机制。省级部门试编了绩效预算文本，开展了财政支出绩效评价，促进了政府管理效能提升。

●建立预算执行动态管理机制。加强专项资金管理，定期调度预算执行情况，加快项目资金拨付，努力提高预算执行率和准确率。2014 年上半年和前三季度，全省预算执行率比上年分别提高 2.9 和 1.6 个百分点，资金拨付时间平均加快 2.5 天。硬化预算约束，预算追加和资金调剂数额比上年减少 9.3%。国库集中支付电子化管理覆盖 2200 个省级预算单位，并在部分市县开展试点，提高支付效率，加强资金监管。

●积极推进财政投入方式改革。推行政府购买服务，制发了《关于政府向社会力量购买服务的实施意见》，筛选确定 88 项政府购买服务事项，建立政府购买服务相关制度，沧州市基本公共卫生服务资金支付方式改革取得明显成效。推广运用政府和社会资本合作（PPP）模式，围绕京津冀协同发展、城镇化建设、冬奥会设施建设等，筛选储备了一批试点准备项目，张家口集中供热项目、石家庄正定新区综合管廊项目列入国家首批示范项目试点。积极推进股权投资，制定了省级产业引导股权投资基金方案，各项基金组建工作有序推进。

——加强政府债务管控，积极防范财政运行风险

●以风险防控为重点，构建政府债务管控制度框架，出台了深化政府性债务管理改革的意见，明确举债主体、举债方式、举债程序、风险预警等管理要求。建立举债前置审核、偿还核准、债务规模控制、债务风险预警等机制，对政府性债务风险等级值高于 100%的市、县进行提示预警。对全省政府性债务进行清理甄别、分类汇总，为下一步化解债务、防范风险奠定了基础。与此同时，积极发挥政府性债务对经济建设的拉动作用，争取中央代发地方政府债券资金 148 亿元，重点用于保障性安居工程、重大公益性基础设施项目建设。

——强化财政收支管理，开源节流保平衡

●强化征管促增收。健全全省综合治税服务体系，建立纳税评估模型，开展税收风险预警，依法加强税收征管。积极推行非税收入网上缴费、异地缴费等便民措施，推进财政票据电子化改革，确保财政应收尽收。严禁征收“过头税”，坚决杜绝虚收空转，正确处理税收与非税的关系，切实提高收入质量，2014 年税收收入占一般公共预算收入比重提高 1.14 个百分点。

●厉行节约控支出。认真落实厉行节约反对铺张浪费有关规定，健全经费管理制度，制定省级机关会议费、培训费、差旅费、因公临时出国（境）经费等 38 项管理办法，规范财政资金使用，加强财政资金管理，省本级会议费、培训费分别下降 43.8%和 51.4%。省级部门单独编列“三公”经费预算，按要求进行公开，自觉接受监督，全年“三公”经费支出下降 12.9%。

●加强统筹保平衡。面对异常尖锐的收支矛盾，坚持开源与节流相结合，确保全省重大决策部署落实和重点民生支出需要。2014 年，积极争取中央支持，新增中央试点 24 项，获得支持资金 114 亿元，有效缓解了我省财政困难局面；积极盘活财政存量资金，清理压减结转结余资金，统筹安排相关支出，确保预算收支平衡。

总的看，2014 年是极为不易的一年，全省上下克服了经济下行对财政收入的巨大影响，财政运行总体平稳。这得益于省委、省政府的正确领导和科学决策，得益于省人大、省政协及代表委员们的监督指导和鼎力支持，是全省人民不畏难、不避险，主动作为，攻坚克难的结果。同时，我们也清醒地看到，当前面临的困难和挑战依然很多。一是财政作为国家治理基础和重要支柱，在促进经济社会发展中发挥作用仍不充分。二是财政改革面临不少困难，全面推进的速度还不够快。三是违反财经纪律的现象仍然存在，依法理财意识有待进一步加强。四是一些资金使用绩效仍然不高，市场思维、绩效理念仍需强化。我们将高度重视这些问题，通过全面深化财政改革、加强预算管理等措施，逐步加以解决。

二、2015 年预算草案

2015 年是“十二五”规划的收官之年，是全面推进依法治国的开局之年，也是深化财税体制改革的关键之年，编制执行好 2015 年预算，做好各项财政工作，对推动全省科学发展、绿色崛起意义重大。

（一）当前财政经济形势及 2015 年财政收入预测

今年，国内外经济形势依然错综复杂。世界经济有望回升，但总体难有明显改观。我国经济发展进入新常态，正处于增速换挡和结构深刻变动之中。全省经济正处在爬坡过坎、攻坚克难的关键时期，压减过剩产能、治理大气污染、推进转型升级任务仍然艰巨；与此同时，宏观调控政策效应进一步显现，京津冀协同发展战略加快实施，全面深化改革红利逐步释放，创新驱动成为发展的动力源泉，经济运行的积极因素不断积聚。综合分析经济运行和财政收支状况，财政形势异常复杂严峻。从收入方面看，在现行间接税为主的税制下，随着经济增速放缓，财政收入由高速增长转为中低速增长，加上“营改增”等结构性减税因素影响，财政增收十分困难。从支出方面看，民生性、改革性等刚性支出连年大幅增加，提高新农合和城镇居民医保补助标准，机关事业单位养老保险制度改革，推进扶贫开发、落实惠农政策、实施创新发展等需要大量投入，同时我省已经进入偿债高峰期，财政运行压力巨大。

综合分析上述情况，按照积极稳妥原则测算，2015 年全省一般公共预算收入预计增长 7.5%。需要说明的是，这个目标是与全省 GDP 增长 7%左右相适应的，既充分考虑了我省治理大气污染、压减过剩产能的特殊情况和“营改增”扩围等政策影响，也考虑到保障省委省政府重大部署落实，满足各项民生刚性支出需要。

（二）2015 年预算安排指导思想和基本原则

按照《预算法》和《国务院关于深化预算管理制度改革的决定》，2015 年预算管理主要政策有：完善政府预算

体系，将政府全部收入和支出纳入预算，加大政府性基金、国有资本经营预算与一般公共预算的统筹力度；深化绩效预算管理改革，以绩效为导向编制部门预算，绩效评价结果与预算编制挂钩；清理规范重点支出与财政收支或GDP增幅挂钩事项，对重点事项统筹安排、优先保障；清理整合专项转移支付，严格控制新增项目和资金规模；减少竞争性领域投入，对专项转移支付逐一甄别，效用不明显的取消，确需保留的压减或零增长；提高地方财政预算完整性，中央和省级对下转移支付提前下达预计数，编入地方各级预算；提高部门预算到位率，细化基本支出和项目支出预算，压减预留资金；严格控制楼堂馆所、“三公”经费等一般性支出；发挥市场机制作用，积极推进财政支出方式改革；收入预算实事求是、积极稳妥、留有余地，由约束性转向预期性，并与经济社会发展水平相适应；支出预算统筹兼顾、突出重点、勤俭节约。

根据今年形势和改革要求，预算编制的指导思想是：全面贯彻党的十八大、十八届三中、四中全会精神，认真落实《预算法》，紧紧围绕省委、省政府决策部署，坚持稳中求进工作总基调，主动适应经济发展新常态，继续落实积极财政政策，大力支持创新驱动，推动转方式调结构，优化支出结构，确保重点领域特别是民生支出，坚持依法理财，深化财政改革，加强财政管理，提高资金绩效，为“三个河北”建设提供财力支撑。

预算编制遵循的基本原则：一是深化改革，全面贯彻落实中央和省委、省政府有关改革要求，以改革纾解矛盾、释放红利。二是依法理财，全面落实《预算法》等法律法规，改进预算编审程序，细化项目编制，硬化预算约束，推进预算公开。三是绩效导向，将绩效管理理念和方法融入预算编制全过程；改进财政投入方式，大力推行股权投资、PPP模式、政府购买服务，撬动社会资金支持经济发展。四是整合财力，整合政府各种可用资金，打破资金壁垒，统筹安排支出，提高资金配置效率。五是统筹兼顾，全面保障民生，落实改革性经费，支持重点区域、重点产业发展，同时坚持厉行节约，严格控制一般性支出。

（三）2015年省级预算草案

1. 省级一般公共预算安排

（1）省级一般公共预算总收入2279.2亿元，主要包括：

①省本级收入预算安排480亿元，比上年快报完成增长9%。其中税收收入372亿元，增长4.5%；非税收入108亿元，增长28.2%，主要是按照国家政策，将地方教育附加、文化事业建设费、残疾人就业保障金等7项政府性基金项目调整列入一般公共预算收入。

②中央税收返还收入267.5亿元。根据现行财政体制和相关政策规定，结合上年预算执行情况，预计中央税收返还267.5亿元。

③中央转移支付收入1495.2亿元。其中：一般性转移支付1120.2亿元，专项转移支付375亿元。

④市县上解收入36.2亿元。

⑤调入资金0.3亿元。从国有资本经营预算收入调入0.3亿元。

（2）省级一般公共预算总支出2279.2亿元，主要包括：

①省本级安排支出727.8亿元。

②对市县税收返还165.4亿元。

③对市县转移支付1334.5亿元。其中：一般转移支付964.9亿元，专项转移支付369.6亿元。

④上解中央支出51.5亿元。

（3）省级一般公共预算收支平衡情况

需要说明的是，2015年省级财政收支矛盾异常尖锐，为弥补巨大的收支缺口，根据《预算法》有关规定，拟使用地方政府债券91亿元安排省级项目（2014年财政部代理发行我省地方政府债券148亿元）。地方政府债券暂未列入年初预算草案，待全国人大批准、国务院下达2015年地方政府债券限额后，再编入省级预算调整方案，报省人大常委会批准后执行。

2. 省本级政府性基金预算安排

2015年省本级政府性基金预算收入177.7亿元。其中：车辆通行费收入133.2亿元，新增建设用地土地有偿使用费收入21亿元，国有土地使用权出让收入4亿元，彩票公益金及代理发行机构业务费收入16.1亿元。

根据收支平衡原则，安排省本级政府性基金预算支出177.7亿元。其中：城乡社区支出27.1亿元，用于政府住房基金、铁路建设、耕地开发、基本农田建设等；交通运输支出133.2亿元，用于公路建设、运营、还贷等；彩票公益金支出16.1亿元，用于社会福利事业、体育事业以及代理发行机构业务费。

3. 省本级国有资本经营预算安排

按照有关规定，省国资委监管企业按税后利润的10%上缴收益，其他企业按税后5%上缴收益。2015年省本级国有资本经营预算收入安排5.2亿元。其中：国有企业上缴利润收入3.1亿元，企业清算净收入563万元，上年结转收入2亿元。

与此对应，省本级国有资本经营预算支出安排4.9亿元（不含调入省级一般公共预算0.3亿元），其中：资本性支出3.8亿元，包括注入河北建投、河北旅投、河北国有资产控股运营有限公司、河北港口集团、冀中能源、河北融投控股集团、河北出版传媒集团等公司资本金，支持省属企业调整优化产业结构、推进节能减排等；费用性支出1.1亿元，用于厂办大集体改革补助等。

4. 省本级社会保险基金预算安排

2015年省本级社会保险基金收入预算安排349.6亿元，支出预算安排386.3亿元。根据各项基金收支测算情况，省本级企业职工基本养老保险基金收入332.8亿元，预计支出372.5亿元，需动用历年结余39.8亿元；其他基金预计年末新增结余3.2亿元。

（四）重大支出政策及预算安排情况

2015年省级预算安排，在保障人员和基本运转支出的基础上，按照中央和省委、省政府决策部署，全面保障和改善民生，突出支持京津冀协同发展、突出支持调结构转方式、突出支持生态环境治理，推动全省在创新发展中实现绿色崛起。具体安排如下：

1. **着力调结构促发展。**围绕推进结构调整、转型升级和加快重点区域发展，省级安排相关资金204.6亿元。一是重点产业发展引导资金46.9亿元。支持战略性新兴产业、现代服务业加快发展，推动工业技术改造和转型升级，支持文化旅游、商贸流通、电子商务等产业发展壮大，建立产业引导股权投资基金，引导撬动更多社会资本投入。二是重点区域发展支持资金30亿元。继续支持曹妃甸区、渤海新区、北戴河新区加快发展，着力培育新的经济增长点；支持冀南新区、太行新区发展战略性新兴产业和装备制造业，促进产业转型升级。三是公共基础设施建设资金116亿元。支持公路、铁路、轨道交通、机场等重点基础设施项目建设，推动预算内基本建设项目实施，推进南水北调配套工程和省会体育中心建设。同时，积极推广政府与社会资本合作（PPP）模式，开展县城建设投融资试点。四是国企改革补助资金3.7亿元。落实中央下划煤炭企业亏损补贴，推动国有企业改革发展。五是冬奥会申办补助资金8亿元，支持奥运场馆建设、村庄改造、生态治理等。

2. **着力实施创新驱动。**围绕实施创新驱动发展战略，省级安排资金95.7亿元。一是科技创新资金10.4亿元。支持科技创新成果转化，推进重大科技专项、科技示范工程和创新型产业集群建设，推动产学研协同创新，完善技术产权交易平台，实施创新激励政策，引导企业和社会资本加大研发投入，培育激活企业创新主体。二是科技人才培养资金2.3亿元。支持实施“百人计划”“巨人计划”，引进海外高层次人才，培育引进创业创新人才，吸引“两院”院士等高技术人才带项目、带技术、带团队来我省创业建业。三是教育发展资金82.2亿元。推进城乡义务教育均衡发展，支持现代职业教育加快发展，优化省属高校支出结构，以重点学科建设带动全国知名大学建设，为创新发展提供支撑。四是对外合作资金0.9亿元，支持开放型经济发展，推动优势企业“走出去”。

3. **着力促进民生改善。**按照各类民生政策要求，足额落实民生资金，省级安排重点民生支出250.4亿元。一是社会保障和就业补助资金57.8亿元。支持完善社会保障体系，加快实施全民参保计划，城、乡居民低保补差水平人均提高10%以上，农村五保对象省级人均补助标准提高250元；全面落实更加积极的就业政策和更加优惠的创业扶持政策，支持重点人群就业再就业。二是医疗卫生补助资金56.5亿元。支持推进医疗卫生体制改革，新农合和城镇居民医保财政补助标准提高到380元，基本公共卫生服务人均补助标准提高到40元，加强公共卫生服务体系建设，支持中医药事业发展。三是文化事业发展资金7.1亿元。支持打造文化艺术精品，推进省市县公共文化服务体系建设，推动实施重点文物保护维修工程和城乡体育惠民工程。四是安居工程资金19.9亿元。支持保障性住房建设，落实公租房、廉租房建设和棚户区、农村危房改造任务。五是公共安全维护资金34亿元。支持建设平安河北，开展安全生产专项整治，实施“护城河”工程，推动司法体制改革。六是市场监管资金28.8亿元。支持工商、质检管理体制改革和食品药品安全监管。七是收入分配制度改革资金46.3亿元。落实工资调整和津补贴提标政策，推进机关事业单位养老保险制度改革和公车改革。

4. **着力落实惠农政策。**围绕改善农村人居环境、打好扶贫攻坚战、推进美丽乡村建设，省级安排82.2亿元。一是扶贫资金10.8亿元。实施精准扶贫，支持燕山——太行山集中连片特困地区、黑龙港流域、环首都扶贫攻坚示范区扶贫开发，支持扶贫开发重点县脱贫出列。二是农村面貌改造提升资金10.5亿元（另统筹整合相关资金57.1亿元）。支持重点片区农村环境面貌改造提升，推动农村新民居建设和中心村改造。三是落实惠农政策、支持农业发展资金56.2亿元。支持稳定粮食生产，促进粮食生产核心区建设，推进渤海粮仓科技示范工程，加大农业综合开发力度，加强农业基础设施建设；支持发展现代农业，实施农业保险补贴，促进农产品深加工和产业化经营。

5. **着力推进生态治理。**围绕支持大气污染治理、推进生态环境改善，省级安排47.6亿元。一是大气污染防治资金8亿元。支持实施煤电节能减排升级改造行动计划和农村清洁能源开发利用工程，开展四大行业大气污染防治攻坚行动，全部淘汰黄标车，推广新能源汽车。二是地下水超采治理资金6.3亿元。整合相关资金1.5亿元，与中央资金配套，深入推进综合治理试点工程。三是节能环保资金11.1亿元。支持节能减排，实施新的排污费征收标准，开展环境污染第三方治理和碳排放交易试点，落实水污染防治行动计划。四是环境治理资金20.2亿元。支持山体修复，推进尾矿库整改和尾矿资源综合利用，实施矿山环境治理、海洋保护和地质勘查。五是林业专项资金1.9亿元。支持实施绿色河北攻坚工程，推进造林绿化等林业生态建设。

6. **着力控制“三公”经费。**认真落实中央“八项规定”和“三公”经费只减不增政策，2015年省级“三公”经费预算安排5.18亿元，比上年下降5.4%。其中，一般公共预算安排3.9亿元，减少2622万元，下降6.3%；政府性基金预算安排0.57亿元，减少174万元，下降2.9%；财政专户收入安排0.7亿元，减少160万元，下降2.2%。

三、认真做好2015年预算管理工作

2015年，我们将在省委的正确领导下，在省人大、省政协的监督指导下，坚决执行中央和省委的各项决策部署，勇于改革创新，严格依法理财，强化执行管理，努力完成全年预算任务。

（一）强化法治理念，全面推进依法理财。认真贯彻十八届四中全会精神，全面贯彻落实《预算法》，以法治理念和法治思维推进财政改革、加强财政管理，将财政运行全过程纳入法治化轨道。修订地方财政规章，完善政府

预算体系，优化公共资金配置。推进预算信息公开，严格公开时限，细化公开内容，扩大公开范围，自觉接受社会监督。完善专项资金管理办法，清理整合专项资金，建立专项转移支付定期评估和退出机制。清理规范各类税收优惠政策，积极推进综合治税，依法加强税费征管，确保应收尽收。加强政府性债务管理，建立“借、用、还”相统一的政府性债务管控机制，有效发挥政府规范举债的积极作用，切实防范财政运行风险。

（二）强化绩效理念，深化绩效预算改革。加快推进全过程绩效预算管理，完善绩效预算编制、绩效审核、绩效问责、绩效信息公开制度，健全三级绩效目标指标体系，进一步明确绩效目标，细化绩效指标，量化评价标准。完善财政绩效评价体系，评价重点由项目支出向部门整体支出和政策、制度、管理等方面拓展，评价结果作为制定政策、安排预算、调整财政三年滚动规划、分配转移支付的重要依据。构建一体化政府预算管理信息系统，以绩效目标指标为载体，动态监控每个项目的预算编制、调整细化、资金拨付、监督评价、财务核算过程，实行预算项目全程跟踪管理。

（三）强化创新理念，用活用好财政专项资金。创新财政专项资金分配使用方式，通过拨改投、拨改保、拨改补、拨改奖、拨引贷等方式，发挥市场机制和财政资金杠杆调节作用，最大限度地发挥财政资金效益。积极推行股权投资，设立产业引导股权投资基金，采取规范化市场运作模式，支持重点产业加快发展。大力推进政府和社会资本合作（PPP），支持社会资本参与城市建设、基础设施建设、生态环境建设及扶贫开发项目建设等。盘活用好政府存量资金和间歇资金，引导和激励金融机构支持重点项目建设，支持科技型中小企业发展。用好政府购买服务政策，对公益性项目全面推行政府购买服务方式，做到“少办机构少养人”，推动资源配置效益最大化和效率最优化。

（四）强化预算约束，加强预算执行管理。严格控制预算追加，年度预算执行中除救灾等应急支出通过动支预备费解决外，一般不出台增加当年支出的政策，一些必须出台的政策，通过以后年度预算安排资金。规范预算变更，部门预算严格按照科目执行，切实减少不同预算科目、预算级次或项目间预算资金调剂。加快预算执行，完善预算执行进度考核通报制度，建立预算执行进度、结余结转资金与下一年度预算安排挂钩机制。定期清理结余结转资金，对结转两年以上的政府资金，收回财政统筹使用，对政府性基金结转资金规模较大的，调入一般公共预算，重点投向民生改善、公共服务、基础设施建设等领域。

（五）强化纪律约束，加强财政资金监管。认真贯彻《党政机关厉行节约反对浪费条例》，严格落实全省党政机关公务接待及省级机关会议费、培训费、差旅费等管理办法，全面实施公务卡制度，积极推进公车改革，坚决堵住乱花钱乱支出的口子。加强内控机制建设，健全单位内部和业务层面内部控制制度，明确风险控制流程和关键控制节点，建立单位内部事前防范、事中控制、事后监督纠正的动态监控机制。加强财政资金监督检查，及时发现违规违纪问题，督促整改并依法追究责任。自觉接受人大代表监督指导，虚心听取政协委员的意见和建议，积极配合开展审计监督，不断改进和加强财政工作。

各位代表，做好今年的财政工作，任务艰巨，责任重大。我们将在省委的正确领导下，严格按照省十二届人大三次会议的决议和要求，全面推进依法行政、依法理财，充分发挥财政职能作用，坚定信心、锐意进取，努力完成各项目标任务，为建设“三个河北”作出新的更大贡献！

综合篇
GENERAL SURVEY
河北经济年鉴
2015

综　述

2014年，面对复杂严峻的形势，全省各级各部门在省委、省政府正确领导下，认真贯彻落实习近平总书记系列重要讲话精神，以建设“三个河北”为目标，坚持稳中求进、改革创新，打好四大攻坚战，推进改革、调整、巩固、提升四大任务，着力稳增长、调结构、促改革、治污染、惠民生，国民经济实现缓中趋稳、稳中有进的态势。2014年，全省生产总值29421.2亿元，按可比价格计算，比上年增长6.5%。其中，第一产业增加值3447.5亿元，增长3.7%；第二产业增加值15012.9亿元，增长5.0%；第三产业增加值10960.8亿元，增长9.7%。

一、农业生产总体平稳

全年粮食总产量3360.2万吨，比上年减少4.8万吨，同比略降0.1%。其中，夏粮产量1444.0万吨，增长3.0%；秋粮产量1916.2万吨，下降2.4%。蔬菜生产保持增长，蔬菜播种面积1237.5千公顷，增长1.4%；蔬菜产量8125.7万吨，增长2.8%。畜牧业生产势头良好，肉类总产量468.0万吨，增长4.3%，其中猪肉产量281.2万吨，增长6.0%；禽蛋产量362.7万吨，增长4.8%；牛奶产量487.8万吨，增长6.5%。林业生产较快增长，全年完成造林面积347.7千公顷，增长9.1%。渔业生产稳定增长，水产品产量126.4万吨，增长2.7%。畜牧、蔬菜、果品三大优势产业产值占农林牧渔业总产值的69.9%。

二、工业生产低位运行

全年规模以上工业增加值完成11758.3亿元，比上年增长5.1%，增速比上半年提高0.5个百分点。从经济类型观察，国有及国有控股企业增加值增长1.4%，集体企业增长0.4%，股份制企业增长5.8%，外商及港澳台商投资企业增长1.4%。从企业规模观察，大型企业增加值增长1.2%，中型企业增长6.1%，小型企业增长10.3%。从行业观察，40个大类行业中13个行业实现增长。装备制造业、电子信息产业、化学原料和化学制品制造业、橡胶和塑料制品业增加值分别增长8.8%、11.5%、8.2%和8.2%，均快于全省规模以上工业增速。从产品观察，383种产品中有247种产品产量同比增长，占67.1%。工业产销衔接较好，工业产品产销率为97.8%。全省规模以上工业实现利润2610.5亿元，同比下降4.9%。在统计的39个行业大类中，28个行业实现利润同比增长，9个行业出现下降，2个行业出现亏损。

三、服务业较快增长

全年第三产业增加值增长速度快于全省生产总值3.2个百分点。其中，金融业增加值1347.6亿元，增长19.1%；批发零售业增加值2255.1亿元，增长9.6%；住宿餐饮业增加值399.9亿元，增长12.3%；房地产业增加值1119.8亿元，增长4.8%。

四、固定资产投资平稳增长

全社会固定资产投资完成26671.9亿元，比上年增长15.0%，其中固定资产投资（不含农户）26147.2亿元，增长15.5%。在固定资产投资中，第一产业投资1040.5亿元，增长46.0%；第二产业投资13047.0亿元，增长18.5%，其中，工业投资完成13114.1亿元，增长18.8%，比上年提高0.6个百分点；第三产业投资12059.7亿元，增长10.5%。民间投资比重提高，完成投资20975.7亿元，增长18.1%，占固定资产投资的80.2%，比上年提高1.7个百分点。在建大项目投资较快增长，亿元以上在建项目6398个，完成投资16241.8亿元，增长21.2%。房地产开发投资平稳增长，完成投资4059.7亿元，增长17.8%，其中住宅投资3010.4亿元，增长18.6%；商品房销售面积5706.2万平方米，增长0.5%。

五、消费品市场运行平稳

社会消费品零售额11820.5亿元，同比增长12.4%，比全国平均水平高0.4个百分点。乡村市场好于城镇，城镇市场实现零售额9254.0亿元，增长12.2%；乡村零售额2566.5亿元，增长13.1%，快于城镇市场0.9个百分点。大类商品销售平稳增长。在统计的25个大类商品中，有10个大类的商品累计增速在10%以上，其中，粮油食品饮料烟酒类增长12.5%，化妆品类增长10.4%，日用品类增长13.7%，五金、电料类增长12.5%，书报杂志类增长38.4%，大部分大类商品保持了平稳增长的态势。

六、进出口贸易保持增长，实际利用外资继续增加

全年进出口总值完成3678.9亿元人民币，比上年增长7.9%。其中，出口总值2194.1亿元人民币，增长14.1%；进口总值1484.8亿元人民币，下降0.1%。实际利用外资70.1亿美元，增长5.1%。其中，外商直接投资63.7亿美元，下降1.2%。第三产业外商直接投资较快增长，完成投资15.4亿美元，增长22.7%；占全省外商直接投资的24.2%，同比提高4.7个百分点。新签合同外资额49.7亿美元，增长35.0%。

七、居民消费价格基本稳定，工业生产者价格下降

全年居民消费价格比上年上涨1.7%，涨幅同比回落1.3个百分点。其中，城市上涨1.7%，农村上涨1.8%。分类别看，八大类商品及服务价格“六升一平一降”。其中，食品上涨2.3%，衣着上涨4.1%，家庭设备用品及维修服务上涨1.2%，医疗保健和个人用品上涨1.5%，娱乐教育文化用品及服务上涨1.9%，居住上涨1.1%，烟酒下降1.2%，交通和通信价格与上年持平。全年工业生产者出厂价格下降4.8%，工业生产者购进价格下降4.4%。

八、居民收入平稳增长

全年全省居民人均可支配收入为16647元，比上年增加1458元，增长9.6%。其中，工资性收入增长11.0%，经营净收入增长8.9%，财产净收入增长8.6%，转移净收入增长6.1%。城镇居民人均可支配收入24141元，增加1915元，增长8.6%。其中，工资性收入增长8.9%，经营净收入增长10.3%，财产净收入增长6.7%，转移净收入增长7.9%。农村居民人均可支配收入10186元，增加998元，增长10.9%。其中，工资性收入增长15.3%，经营净收入增长8.5%，财产净收入增长22.6%，转移净收入增长0.8%。

九、结构调整加快推进，节能降耗成效明显

产业结构调整优化，全年第三产业增加值比重提高，占全省生产总值的比重为37.3%，比上年提高1.2个百分点。工业结构调整改善，装备制造业增加值占规模以上工业比重突破20%，达到20.6%，同比提高1.4个百分点；高新技术产业增加值占规模以上工业比重为13.1%，同比提高1.3个百分点。投资结构不断优化，工业投资占固定资产投资比重为50.2%，比上年提高1.4个百分点。装备制造业投资占工业投资的34.3%，比上年提高1.6个百分点。高新技术产业投资快速增长，增长26.5%，占固定资产投资比重为12.1%，比上年提高1.0个百分点。节能降耗成效明显，规模以上工业能耗2.03亿吨标准煤，比上年下降4.05%。单位工业增加值能耗下降8.71%。

总的来看，2014年全省经济发展实现缓中趋稳有进、提质增效升级，成绩来之不易。2015年，应认真贯彻落实党的十八大、十八届三中四中全会和习近平总书记系列重要讲话精神，以建设“三个河北”为目标，坚持稳中求进工作总基调，以创新发展为主线，以提高经济发展质量效益为中心，把转方式调结构作为经济发展的主任务，主动适应经济发展新常态，狠抓改革攻坚，突出创新驱动，促进经济持续健康发展和社会和谐稳定。

（河北省统计局　姚立云）

全省生产总值的生产与使用

2014年，面对复杂严峻的国内外形势，全省各地各部门在省委、省政府的正确领导下，认真贯彻落实习近平总书记系列重要讲话精神，坚持稳中求进、改革创新，打好四大攻坚战，推进改革、调整、巩固、提升四大任务，着力稳增长、调结构、促改革、治污染、惠民生，国民经济缓中趋稳、稳中有进，全省生产总值达2.9万亿元。

一、全省生产总值的生产

（一）整体经济保持平稳增长。2014年，全省经济发展平稳，实现地区生产总值29421.2亿元，比上年增长6.5%。

1. 第一产业稳定发展，产业化水平进一步提高。2014年，在省委、省政府正确领导下，全省各地紧紧围绕“三农”工作，不断加大强农、惠农、富农力度，实现了农业生产稳定发展，农业产业化经营水平进一步提高。全年第一产业实现增加值3447.5亿元，增长3.7%，增速同比提高0.4个百分点，对经济增长的贡献率为5.8%，比上年提高1.4个百分点，拉动地区生产总值增长0.4个百分点。其中，农业实现增加值2335.4亿元，增长3.0%，增速同比回落1个百分点，占第一产业的比重为67.7%，同比回落1.8个百分点；林业实现增加值77.4亿元，增长8.9%，同比提高2.4个百分点，占第一产业的比重为2.2%，同比提高0.2个百分点；畜牧业实现增加值921.8亿元，增长5.1%，同比提高3.9个百分点，占第一产业的比重为26.7%，同比提高1.3个百分点；渔业实现增加值112.9亿元，增长3.2%，占第一产业的比重为3.4%，同比提高0.3个百分点。畜牧、蔬菜、果品三大产业产值占农林牧渔业产值的比重达到69.9%。产业化水平稳定提高，农业产业化经营率达到64.2%，比上年提高1.2个百分点。

2. 第二产业平稳发展。2014年，第二产业实现增加值15012.9亿元，增长5.0%，对经济增长的贡献率为42.1%，拉动经济增长2.7个百分点，占全省生产总值比重为51.0%。工业实现增加值13330.7亿元，比上年增长5.0%，占全省生产总值的比重达45.3%，对经济增长的贡献率为37.8%，国民经济增长的6.5个百分点中，工业拉动增长2.5个百分点。

2014年，全省建筑业发展稳中有进，实现增加值1703.6亿元，增长5.3%，比上年同期提高0.1个百分点，占GDP比重为5.8%，同比提高0.3个百分点。对经济增长的贡献率为4.3%，同比提高0.8个百分点，拉动经济增长0.3个百分点。

3. 第三产业贡献增强，结构调整加快推进。2014年，结构调整加快推进，第三产业占GDP比重不断提高，对全省经济的发展日趋重要。其中，交通和批零业占第三产业比重超四成，在经济发展中稳步推进，新兴服务行业快速发展，活力逐步提升，结构优化取得明显成效。2014年，全省第三产业呈平稳发展态势，实现增加值10960.8亿元，增长9.7%，同比提高1.3个百分点，占GDP比重为37.3%，同比提高1.2个百分点，对经济增长贡献率为52.1%，同比提高16.3个百分点，拉动全省生产总值增长3.4个百分点。

传统服务行业稳步推进，非营利性服务业加快发展。交通运输、批发零售等传统服务业仍占第三产业四成，两行业增加值为4651.5亿元，分别增长1.9%和9.6%，占服务业比重为42.5%，对第三产业发展的贡献程度为36.9%。科学研究和技术服务业、水利环境和公共设施管理业、教育、卫生和社会工作、公共管理社会保障和社会组织等非营利性服务行业发展加快，共实现增加值2081.6亿元，增长17.0%，同比提高17.1个百分点，占第三产业比重为19%，对第三产业发展的贡献程度为32%。

金融、信息传输计算机服务和软件业等新兴服务行业实现平稳较快发展。信息传输计算机服务和软件业实现增加值373.3亿元，比上年同期增长10.1%，比GDP增速高3.6个百分点，比第三产业增加值增速高0.4个百分点点。金融业保持高速发展，实现增加值1347.6亿元，增长19.1%，比第三产业增加值增速高9.4个百分点，占第三产业增加值比重为12.3%，比上年同期提高1.1个百分点，对经济增长的贡献率为12%，比上年同期提高2.3个百分点，对第三产业贡献率为23.1%。

（二）收入分配结构出现新变化。从收入分配角度看，劳动者报酬、固定资产折旧、营业盈余占比提高。在全省生产总值中，劳动者报酬占一半以上，比重最大，全年总量为14840.8亿元，占50.4%，同比提高0.1个百分点；生产税净额3934.5亿元，占13.4%，比上年同期回落1.4个百分点；固定资产折旧3904.6亿元，占13.3%，同比提高0.4个百分点；营业盈余6741.3亿元，占22.9%，同比提高0.9个百分点。

（三）经济与社会发展日趋协调

1. 经济发展质量持续提高。财政收入占地区生产总值比重是衡量经济发展质量指标之一，发展趋势逐年提高。2014年全部财政收入完成3764.6亿元，比上年增长3.4%，占地区生产总值比重达到12.8%，比“十二五”期初提高0.5个百分点。经济平稳发展为财政收入的增长奠定了基础，整体财政实力的增强又为全省经济社会的发展提供保障。

2. 全省人均生产总值近4万元。2014年全省人均生产总值为39984元，比上年增加1075元，按可比价格计算，比上年增长5.8%，按人民币对美元年平均汇价折算，约合6509美元，比上年增加226美元。

3. 全社会劳动生产率稳步提高。2014年全社会劳动生产率达到70162元/人，比上年增加1373元/人，按可比价格计算，比上年增长5.0%。其中，第一、二、三产业劳动生产率分别为24595元/人、104406元/人和80971元/人，分别比上年增加700元/人、267元/人和1902元/人，按可比价格计算，分别比上年增长4.7%、3.6%、5.4%。

（四）民营经济（非国有）对经济支撑作用提升。民营经济占全省经济的半壁江山，总量扩大，比重不断提高。2014年，全省民营经济实现增加值19894.4亿元，比上年增长7.5%，比同期全省生产总值快1.0个百分点；占全省生产总值的比重为67.6%，同比提高1.6个百分点。

三次产业协同发展，部分行业增长较快。分产业看，第一产业民营经济增加值354.9亿元，比上年增长17.3%；第二产业民营经济增加值12053.1亿元，增长6.1%，其中建筑业增长较快，实现民营经济增加值1309.5亿元，增长8.2%；第三产业民营经济增加值7486.4亿元，增长9.4%，其中住宿餐饮业和金融业增长较快，住宿餐饮业实现民营经济增加值434.8亿元，增长12.4%；金融业实现民营经济增加值559.0亿元，增长13.6%。

出口、税金双双增长，两个比重提高。全省民营经济实缴税金2713.4亿元，比上年增长6.2%；占全省全部财政收入的比重为72.1%，同比提高1.9个百分点。全省民营经济出口总额303.9亿美元，增长17.9%，增速同比加快14.1个百分点；占全省出口总额的比重为85.1%，同比提高1.9个百分点。

职工工资收入增长，推动经济发展的力量进一步巩固。截至2014年底，全省民营经济吸纳从业人员2131.9万人，占全社会二三产业从业人员的75%左右。其中，民营企业从业人员981.9万人。全年民营经济单位共支付工资总额4716.6亿元，同比增长6.8%，其中民营企业支付工资总额2744.4亿元，增长5.3%。

二、全省生产总值的使用

2014年，省委省政府构建扩大内需长效机制、着力增加消费需求，积极实施调结构、转方式的经济改革，力求挖掘、培育消费需求新的经济增长点，保持投资合理规模，增强内需对经济增长的支撑力度，呈现内需不断扩大、居民消费水平持续提高的良好局面。

（一）内需扩大

1. 消费需求带动增强、居民消费发展较快。2014年，全省最终消费支出为12539.0亿元，增长7.6%，对经济增长贡献率为48.9%，比上年提高2.3个百分点，拉动经济增长3.2个百分点。其中，居民消费支出增长较快，为8955.9亿元，增长10.1%，比GDP增速高3.6个百分点，占全省生产总值的30.4%，同比提高0.6个百分点。农村居民消费2649.6亿元，增长11.2%，比GDP增速高4.7个百分点；城镇居民消费6306.3亿元，增长9.7%，占全省生产总值比重比上年同期提高0.3个百分点。政府消费支出为3583.1亿元，增长1.3%，增速同比回落2.5个百分点。

2. 投资需求稳定增长。2014年，全省资本形成总额（投资需求）为17362.4亿元，增长6.6%，占全省生产总值的比重为59%，同比提高1.1个百分点，对经济增长贡献率为56.6%。其中，全省固定资本形成总额为17064.7亿元，增长6.2%，占全省生产总值的比重为58%，同比提高0.9个百分点，对经济增长贡献率为52.1%。

（二）居民消费水平不断提高。2014年，居民消费水平平稳较快发展。全省居民消费水平为12171元/人，比上年同期增加561元/人，比上年增长9.4%。其中，城镇居民消费水平为17589元/人，增长6.2%，同比回落0.8个百分点；农村居民消费水平为7023元/人，增长13.2%，比全省居民消费水平高3.8个百分点。

（河北省统计局　张永立）

资产负债核算

国民资产负债核算是以一个国家或地区经济资产的存量为对象的核算。它反映某一时点上机构单位、机构部门及经济总体所拥有的财力、物力的历史积累和与之相对应的债权债务关系，反映一个国家或地区的资产负债总规模及结构、经济实力和发展水平。2013年末河北省省内部门资产总计为191847.82亿元，比上年增加18691.53亿元，增长10.8%；全省金融负债98574.39亿元，比上年增加11772.90亿元，增长13.6%，资产负债率为51.4%。国民财富规模进一步扩大，经济实力不断增强。

一、全省资产变化的新特点

（一）金融资产增速高于非金融资产增速。2013年末，全省金融资产108346.10亿元，比上年增长12.5%；非金融资产（实物资产和无形资产）为83501.71亿元，增长8.7%。从资产结构上看，金融资产比重占56.5%，非金融资产比重占43.5%，金融资产增速比非金融资产增速高3.8个百分点，金融资产比重比非金融资产比重高13个百分点。表明河北随着经济发展和建设规模进一步扩大，对金融资金的需求大量增加，一方面体现了经济发展对金融活动的依赖程度日益提高，另一方面体现了金融活动对经济发展的支撑进一步增强。

（二）固定资产增幅回落。非金融资产主要由固定资产、存货和其他非金融资产三个部分组成。2013年末，全省固定资产为68716.25亿元，比上年增加5457.34亿元，增长8.6%，增速比上年回落3.4个百分点；存货为8596.19亿元，比上年增加762.03亿元，增长9.7%；其他非金融资产为6189.28亿元，比上年增加454.95亿元，增长7.9%。

（三）存贷款增速保持平稳快速增长。2013年末，全省存款余额为39444.45亿元，增长15.1%，贷款余额为24423.22亿元，增长14.6%，存款增速略高于贷款增速0.5个百分点，存贷款保持平稳快速增长。

（四）国有单位资产增幅回落。2013年末，全省国有单位资产84187.34亿元，比上年增加7846.46亿元，增长10.3%，增速比上年回落4.2个百分点。其中，国有单位非金融资产为30255.31亿元，增长7.9%，比上年回落4.6个百分点；金融资产为53932.02亿元，增长11.7%，比上年回落4.0个百分点。

二、各机构部门的资产总量与结构

（一）非金融企业部门。2013年末，全省非金融企业总资产达到63476.30亿元，比上年增加了4493.11亿元，增长7.6%；总负债为36015.75亿元，比上年增加了3347.57亿元，增长10.3%。其中，非金融资产为37973.83亿元，增长6.4%，占全省非金融资产的比重为45.5%，是全省非金融资产比重最大的部门，主要是由于企业部门是社会再生产的主体，而固定资产是其生产经营活动的物质基础。非金融企业部门数量较多、固定资产规模较大，所以企业部门非金融资产雄厚；金融资产为25502.48亿元，增长9.5%，占全省金融资产的比重为23.5%。

从行业结构看，非金融企业部门分为农业、工业、建筑业和其他企业。2013年末，农业、工业、建筑业和其他企业总资产分别为2850.31亿元、36891.67亿元、5277.70亿元和18456.62亿元，比上年分别增长3.9%、8.1%、7.9%和7.1%。其中工业占非金融企业总资产的比重为58.1%，仍然占据行业主导地位。农业、工业、建筑业和其他企业总负债分别为448.95亿元、23518.57亿元、2863.60亿元和9184.63亿元，比上年分别增长4.9%、9.5%、9.7%和12.7%。

从经济类型看，非金融企业部门分为国有企业、集体企业、私营企业、外商及港澳台投资企业和其他企业。2013年末，上述企业总资产分别为34325.66亿元、5262.94亿元、6004.09亿元、8677.49亿元和9206.13亿元，比上年分别增长8.7%、6.4%、9.5%、7.0%和3.8%；所占非金融企业的比重分别为54.1%、8.3%、9.4%、13.7%和14.5%，国有企业仍然是国民经济的主要力量。国有企业、集体企业、私营企业、外商及港澳台投资企业和其他企业负债分别为18334.55亿元、1712.94亿元、3702.57亿元、6734.46亿元和5531.23亿元，比上年分别增长10.3%、11.7%、10.3%、12.4%和7.1%。

（二）金融机构部门。2013年末，全省金融机构总资产达到46643.86亿元，比上年增加了5083.88亿元，增长12.2%；总负债为50891.94亿元，增加了6536.47亿元，增长14.7%。金融机构的负债主要来源于其他机构部门的存款，2013年末金融机构共吸纳存款39444.45亿元；其资产主要来源于对其他机构部门的贷款，2013年末金融部门共发放贷款24423.22亿元。

银行业在金融机构中占主导地位。银行机构、保险机构和其他金融机构总资产分别为34572.43亿元、1980.07亿元和10091.37亿元，比上年分别增长10.3%、14.1%和19.0%；银行机构资产占金融机构资产的比重为74.1%，在金融机构部门中占绝对主导地位。

（三）政府部门。2013年末，政府部门总资产为12069.60亿元，比上年增加1184.03亿元，增长10.9%，占全省资产的比重为6.3%；总负债为4398.07亿元，比上年增加388.66亿元，增长9.7%，占全省负债的比重为4.5%。政府部门资产与负债的份额是所有部门中最小的。

（四）住户部门。2013年末，住户部门总资产为69658.05亿元，占全省资产的比重为36.3%；总负债为7178.64亿元，占全省负债的比重为7.3%。住户部门总资产比重仅次于企业部门，同时由于住户部门负债比重小，所以导致该部门所拥有的资产净值最大。从资产构成看，固定资产占总资产的比重为49.0%，存款占总资产的比重为34.2%，两者占总资产的比重在80%以上，表明住户部门的资产主要集中在住房等固定资产和银行存款两方面。

从住户部门构成看，农业住户和非农业住户总资产分别为17256.63亿元和52401.42亿元，比上年分别增长10.9%和13.5%，非农业住户增速比农业住户增速高2.6个百分点，与上年非农业住户和农业住户增速差减小3.8个百分点。

（河北省统计局　于　洁）

资金流量核算

2013年，全省国民初次分配总收入为27661.92亿元，比上年增加1939.47亿元，增长7.5%；可支配收入为29924.41亿元，增加2152.64亿元，增长7.8%；总储蓄为17982.62亿元，增加1291.95亿元，增长7.7%，总储蓄率为60.1%。

一、资金流量运行基本情况

（一）非金融企业部门是初始流量贡献最大的部门。各机构部门创造的增加值作为资金的初始流量，是整个社会资金流动的起点和源泉。2013年，全省生产总值为28442.95亿元，比上年增长7.0%。从各机构部门增加值构成情况看，非金融企业部门为17964.36亿元，占初始流量总额的63.2%；金融机构部门为1137.72亿元，占4.0%；政府部门为1622.17亿元，占5.7%；住户部门为7718.70亿元，占27.1%。显然，在收入分配的初始流量当中，非金融企业部门比重最大，占据了约三分之二的份额，非金融企业部门成为初始流量中贡献最大的部门。

（二）初次分配总收入住户部门占据主导。在初始流量的基础上，通过劳动者报酬对劳动因素、财产收入对资本因素的分配，以及生产者因生产活动与政府发生的生产税和补贴的转移，形成了各机构部门的初次分配总收入。

2013年，全省国民初次分配总收入为27661.92亿元，比上年增加1939.47亿元，增长7.5%。其中，非金融企业部门的初次分配总收入为7377.82亿元，占国民初次分配总收入的26.7%；金融机构部门的初次分配总收入为1334.47亿元，比重为4.8%；政府部门的初次分配总收入为3363.17亿元，比重为12.2%；住户部门的初次分配总收入为15586.45亿元，比重为56.3%。可以看出，在初次收入分配环节，住户部门通过获得其他部门分配支付的劳动者报酬、财产收入等净额共7867.75亿元，其比重也由初始流量的27.1%上升至初次分配总收入的56.3%，占国民初次分配总收入二分之一强的份额，占据了主导地位。

（三）可支配总收入向政府部门倾斜。可支配收入分配环节是在初次分配的基础上，通过经常转移的支付和获得，而形成新的收入分配格局的过程，也称作国民收入再分配过程。这一过程的主要项目是经常转移，含收入税、社会保险缴款、社会保险福利、社会补助、其它经常转移等指标。

2013年，全省可支配收入为29924.41亿元，增加2152.64亿元，增长7.8%。其中，非金融企业部门的可支配总收入为6954.36亿元，占全省可支配总收入的23.2%；金融机构部门的可支配总收入为952.61亿元，比重为3.2%；政府部门的可支配总收入为5917.86亿元，比重为19.8%；住户部门的可支配总收入为16099.57亿元，比重为53.8%。在收入再分配环节，政府部门获得其它机构部门和省外部门（中央补助收入）分配支付来的经常转移净额共2631.49亿元，其比重由初次分配总收入的12.2%上升至可支配总收入的19.8%，上升了7.6个百分点，是收入再分配环节比重上升幅度最大的一个部门。

（四）最终消费保持稳定增长。在可支配收入形成后，就进入了最终使用环节。最终消费包括居民消费和政府消费，政府消费主要是政府部门为全社会提供公共服务的消费支出；居民消费主要指居民个人消费支出。

2013年，全省最终消费11941.79亿元，比上年增加860.69亿元，增长7.8%，最终消费率42.0%。其中，居民消费8487.13亿元，占最终消费的比重为71.1%；政府消费3454.66亿元，比重为28.9%。

（五）总储蓄保持较快增长。在可支配总收入中扣除消费后剩余部分为总储蓄，储蓄主要用于投资，以增加社会财富和生产能力，构成建设资金的供给。2013年，全省总储蓄为17982.62亿元，增加1291.95亿元，增长7.7%，总储蓄率为60.1%。

二、各机构部门资金流量特点

（一）非金融企业部门资金净融入量增幅显著提高。2013年，我省非金融企业部门初次分配总收入7377.82亿元，比上年增加171.20亿元，增长2.4%；可支配总收入6954.36亿元，增加199.78亿元，增长3.0%；资金净融入量为5200.06亿元，增长4.4%。企业部门为了技术创新、扩大再生产，资金需求往往大于自身储蓄，是最大的资金不足部门，需要从其他部门筹集资金。

（二）住户部门是资金盈余最多的部门。2013年，全省住户部门初次分配总收入达到15586.45亿元，比上年增加952.85亿元，增长6.5%；可支配总收入达到16099.57亿元，增加1189.03亿元，增长8.0%；居民消费8487.13亿元，增加678.74亿元，增长8.7%；扣除居民消费后总储蓄为7612.44亿元，增加510.29亿元，增长7.2%。作为资金剩余部门，住户部门为调剂社会资金余缺提供了充足的资金保证。

（河北省统计局　于　洁）

农村经济

2014年，在省委、省政府正确领导下，全省各地紧紧围绕“三农”工作，面对经济增速放缓，7、8月份局部连续干旱等严峻形势，积极采取应对措施，不断加大强农、惠农、富农力度，粮食生产基本稳定，蔬菜产业稳步扩大，林业生产较快发展，畜牧业生产进一步向好，渔业生产继续保持平稳发展态势。全省主要农产品产量平稳增长，生产规模不断扩大，支柱产业不断壮大，现代农业生产不断加强，农业生产稳定发展。

一、农业经济总体平稳，结构优化

2014年，全省农林牧渔业生产继续保持稳定增长，生产规模进一步扩大。完成农林牧渔业总产值5994.8亿元，同比增长4.0%；完成农林牧渔业增加值3576.5亿元，增长3.8%。

农林牧渔业结构呈现“一降四升”的特点，即农业产值比重下降，林业、畜牧业、渔业和农林牧渔服务业产值比重提高。2014年，农业产值比重为57.6%，同比下降1.8个百分点；林业产值比重为1.8%、畜牧业产值比重为32.6%、渔业产值比重为3.2%、服务业产值比重为4.8%，同比分别提高0.1个、1.4个、0.1个和0.2个百分点。

优势产业继续保持稳定发展。2014年，全省畜牧、蔬菜、果品三大产业实现产值4188.3亿元，比上年增加106.8亿元，占农林牧渔业产值的比重达到69.9%。

二、主要粮油作物继续保持稳定增长

粮食生产保持稳定。2014年，全省粮食作物播种面积6332.0千公顷，增长0.3%，其中夏粮播种面积2365.0千公顷，同比下降1.8%，秋粮播种面积3967.0千公顷，增长1.5%；全年粮食总产量3360.17万吨，与上年基本持平，其中夏粮总产量1444.00万吨，秋粮总产量1916.17万吨。

油料、棉花生产出现滑坡。2014年，全省油料和棉花播种面积分别为466.3和410.9千公顷，同比分别下降0.9%和14.9%。油料总产量150.2万吨，棉花产量43.1万吨，分别下降0.6%和5.7%。

三、蔬菜生产平稳增长

2014年，全省上下紧紧抓住京津冀协同发展的机遇，把蔬菜产业发展作为加快发展绿色循环农业、着力打造环京津现代都市农业产业带的重要举措，通过政策扶持和机制带动，进一步扩大蔬菜产业规模，提升生产品质量和效益，蔬菜产业在政策支持和市场带动下，呈现出面积扩大、结构优化、质量改善和效益提升的良好态势。

蔬菜种植规模进一步扩大。全省各地进一步在政策、资金、技术等方面加大对蔬菜种植的投入，有利地保障了蔬菜生产的稳定发展。2014年，全省蔬菜播种面积1237.5千公顷，比上年增加17.1千公顷，增长1.4%。其中，菜用豆类、根茎类和瓜菜类播种面积分别比上年增长4.1%、4.0%和2.9%。

蔬菜产量持续稳步增长。在蔬菜种植面积稳定增长的同时，全省各地进一步加大了科技投入和品种改良力度，扩大设施蔬菜种植面积，提高了对自然灾害的抵御能力，蔬菜单产和总产量进一步提高。2014年，全省蔬菜单产4377.5公斤/亩，比上年增产60.6公斤/亩，增长1.4%；蔬菜总产量达8125.7万吨，增长2.8%，仅次于山东省，在全国继续保持第二的位置。从生产品种看，传统品种仍占主导地位。大白菜、黄瓜、西红柿、卷心菜（圆白菜）、菠菜和茄子六个品种产量占到全省蔬菜总产量的60.7%。其中，大白菜产量1920.2万吨，占23.6%；黄瓜992.9万吨，占12.2%；西红柿746.9万吨，占9.2%；卷心（圆白菜）581.8万吨，占7.2%；菠菜363.0万吨，占4.5%；茄子325.2万吨，占4.0%。

瓜果类生产呈现较快增长势头。2014年，全省瓜果类总产量598.4万吨，增长6.8%。其中，西瓜和香瓜产量为435.4和105.9万吨，分别增长5.4%和13.9%。

四、林业生产实现较快发展

2014年，全省各地加大工作力度，大力发展生态林业、民生林业，林业和果品生产实现较快发展，实现林业产值108.1亿元，增长9.0%。

林业生产继续保持较快增长态势。全省完成造林面积340.0千公顷，增长6.7%。其中人工造林274.6千公顷，新封山育林65.5千公顷，分别增长15.4%和7.8%；木材产量90.2万立方米，增长6.5%；四旁（零星）植树1.1亿株。

果品生产实现较快发展。全省园林水果和食用干果产量1467.5万吨，增长9%。其中，园林水果产量1420.6万吨，食用坚果产量46.9万吨，分别增长9.0%和9.7%。

五、主要畜禽生产势头良好

2014年，全省畜牧业生产继续呈现稳中有升的良好态势，实现畜牧业产值1952.0亿元，增长5.1%。

生猪生产趋稳回升。生猪生产经历了波动变化，经过两次启动中央储备冻猪肉收储政策，5月份生猪价格持续回升，生猪养殖业逐步走出低谷，三、四季度整体保持增长态势，生产趋于稳定。截至12月底，生猪出栏3638.4万头，增长5.4%；猪肉产量281.2万吨，增长6.0%；生猪存栏1915.5万头，同比回落0.9%。

肉牛生产趋缓。近年来，牛肉需求快速增长，价格持续走高，供需缺口呈扩大趋势，但由于能繁母牛繁殖周期长，养殖成本高，养殖效益低，造成肉牛发展缓慢，牛源紧张，从而制约了肉牛产业发展。截至12月底，牛存栏402.4万头，增长3.0%；牛出栏320.6万头，下降1.4%；牛肉产量52.4万吨，增长0.2%。

肉羊生产加快发展。近年来，羊肉价格持续高位运行，各地扶持引导力度加大，养殖户养羊积极性较高，肉羊生产呈现加快发展的良好态势。截至12月底，全省羊存栏1526.4万只、出栏2189.3万只、羊肉产量30.4万吨，分别增长4.9%、4.0%和4.8%。

禽类生产增长加快。受肉禽和禽蛋价格稳步上涨的影响，禽类生产呈现稳定增长态势。截至12月底，家禽存栏38694.7万只、出栏59627.5万只、禽肉产量88.2万吨，分别增长4.0%、1.8%和1.9%；禽蛋产量362.7万吨，增长4.8%。

牛奶产量向好趋势明显。受奶价高位运行影响，奶牛养殖总体形势较好。截至12月底，奶牛存栏198.1万头，增长3.6%；牛奶产量487.8万吨，增长6.5%。

六、渔业生产稳定增长

2014年，全省渔业生产积极转变生产方式，着力提升规模化、标准化、产业化发展水平，继续保持稳定增长的良好态势，全省实现渔业产值 191.0 亿元，增长 3.2%。

全省水产品产量 126.4 万吨，增长 2.7%，其中海水水产品产量 73.2 万吨，增长 7.1%，淡水水产品产量 53.2 万吨，同比下降 2.8%。淡水水产品产量下降主要原因是部分地区为保护饮水资源取缔了网箱养殖，导致淡水养殖减产。

七、农业产业化经营水平进一步提高

2014 年，全省各地紧紧围绕农业更强、农民更富、农村更美的目标，发挥特色产业优势，上项目、建园区、带农户，创新农业经营机制，促进农业产业转型升级，不断加大政策扶持和服务指导力度，切实解决突出问题，全省农业产业化经营水平稳步提升。

经营总量稳步增长，带动农户收入稳步提高。2014 年，全省农业产业化经营规模持续扩大，全省农业产业化经营总量 6666.1 亿元，比上年增加 518.4 亿元，增长 8.4%。农业产业化经营率 64.2%，比上年提高 1.2 个百分点。农户参与度 54.6%，增收比率达到 40.0%。全省农产品生产（加工）基地带动农户户均纯收入 24722 元，比上年增收 899 元，增长 3.8%；其中从产业化经营中得到的户均纯收入 9895 元，增收 113 元，增长 1.2%。

（河北省统计局　徐清泉）

城市经济

2014 年，全省各地各部门认真贯彻落实省委、省政府的决策部署，深入推进新型城镇化建设，统筹城乡发展，城市综合实力进一步提升，城市承载能力增强，环境质量改善，城镇化发展取得积极成效，为建设全面小康的河北、富裕殷实的河北、山清水秀的河北发挥了重要作用。

一、城镇化进程稳步推进

2014 年，全省城镇化率为 49.33%，比上年提高 1.21 个百分点。11 个设区市中，有 8 个设区市城镇化率超过 45%，比上年增加 1 个。沿海地区城镇化率高于全省平均水平，秦皇岛、唐山、沧州三市城镇化率达到 51.45%，比上年提高 1.14 个百分点，高于全省 2.12 个百分点。县级市和县城镇化率进一步提高，在 20 个县级市中，有 18 个城镇化率超过 40%，其中，1 个市超过 60%，8 个市在 50%—60%之间，9 个市在 40%—50%之间，2 个市在 30%—40%之间。在 112 个县中，有 36 个县城镇化率超过 40%，其中 6 个县超过 50%。

二、城市综合实力明显提升

城市经济平稳较快发展，支撑作用继续增强。2014 年，11 个设区城市完成生产总值 10618 亿元，占全省生产总值的 36.1%，比上年提高 5.3 个百分点；公共财政预算收入完成 1026.3 亿元，占全省的 41.9%。以调结构、转方式为主线，加快城市经济转型升级，产业结构优化调整。三次产业比例为 3.7∶48.0∶48.3，第一产业比重提高 0.7 个百分点，第二产业比重下降 1.1 个百分点，第三产业比重提高 0.4 个百分点；设区城市非农产业比重为 96.3%，比全省平均水平高 8.0 个百分点，第三产业比重比全省高 11.0 个百分点。

三、城市承载能力进一步增强

2014 年，11 个设区城市市辖区总人口达到 1672.1 万人，城市人口规模不断扩大，承载能力进一步增强。2014 年，在 31 个城市中（包括 11 个设区市市区和 20 个县级市市区），市区人口超过 300 万人的城市是唐山和石家庄，没有城市在 200 万—300 万人；100 万—200 万人的有 4 个城市，分别是邯郸、保定、张家口和秦皇岛，50 万—100 万人的有 4 个城市，分别是邢台、承德、廊坊和沧州；30 万—50 万人的有 3 个城市，分别是衡水、任丘和定州；其余 18 个县级市均在 30 万人以下。

四、城市建设步伐稳步推进

2014 年，全省城市基础设施完成投资 5012.6 亿元，比上年增长 13.2%。市政基础设施和公共服务设施保障能力提高。交通状况明显改善，城市人均道路面积 19.61 平方米，比上年提高 0.43 平方米，10 个设区城市达到 15 平方米以上。供热、供气、供水、排水能力提高。集中供热面积 52296 万平方米，比上年增加了 1836 万平方米；燃气普及率达到 91.54%；供水管道长度达 1552 公里；排水管道长度 15924 公里，比上年增加 55 公里。污染物排放治理和城市绿化工作取得积极成效。城市污水综合处理率为 94.4%，比上年提高 1.2 个百分点；生活垃圾无害化处理率为 83.4%，提高 4.4 个百分点。全省城市公园绿地面积 23541 公顷，比上年增加 1074 公顷；公园面积达 16373 公顷，比上年增加 481 公顷。

五、居民生活水平继续增强

2014 年，城镇居民人均可支配收入 24141 元，比上年增长 8.6%。城镇居民人均消费性支出 16204 元，增长 8.2%。城镇居民家庭恩格尔系数为 26.2%，比上年下降 0.7 个百分点。城镇居民人均拥有住房面积 35.5 平方米，增长 5.4%。在城市建设中，积极引入多元消费模式和大型商业中心，为扩大消费创造便利条件。2014 年，11 个设区城市实现社会消费品零售额 4654.7 亿元，增长 23.3%，占全省社会消费品零售总额比重为 39.4%，比上年提高 3.5 个百分点。

六、社会各项事业快速发展

科技教育平稳发展。2014 年，全省全社会研究与试验发展（R&D）经费内部支出 314.2 亿元，比上年增长 11.2%；R&D 经费内部支出占全省生产总值的比重为 1.07%，比上年提高 0.07 个百分点。科研活动成果丰硕，全省专利申请量 3.0 万件，授权量 2.0 万件，分别比上年增长 8.6%和 10.7%。文化事业迅速发展，文化设施建设进一步完善。设区城市图书馆图书总藏量达 1184 万册，占全省的 56.2%。卫生事业得稳步发展，设区城市医生数达 6.1 万人，占全省的 38.4%，比上年提高 1.5 个百分点。就业形势稳定，年末城镇登记失业率为3.59%，比上年末下降0.09个百分点。社会保障水平提高。全省年末全省城镇参加基本养老保险人数1262.0万人，比上年末增加67.3万人；参加城镇基本医疗保险人数1697.2万人，增加22.7万人；参加失业保险的人数508.7万人，增加4.8万人；参加工伤保险的人数778.7万人，增加41.6万人。参加生育保险的人数684.0万人，增加16.4万人。

（河北省统计局　姚立云）

民营经济

2014年，河北省各级主管部门紧紧围绕省委、省政府的战略决策部署，不断健全完善民营经济政策体系，进一步优化民营经济发展环境，完善中小企业社会化服务体系，着力强化公共服务，充分发挥协调督导职能，努力建立健全民营经济、中小企业协调推进工作机制，各项工作取得一定进展，总量比重超过全省经济的2/3，主要经济指标基本实现了经济"新常态"下的稳步增长，对全省经济发展起到了重要的支撑作用。

一、经济效益

2014年河北省民营经济单位个数达265.5万个，同比增长3.5%；从业人员2077万人，同比增长3.1%；累计完成增加值19894.4亿元，同比增长7.5%，占全省GDP比重为67.6%，同比提高1.6个百分点；上交税金2713.4亿元，同比增长6.2%，占全省全部财政收入的72.1%，同比提高1.9个百分点；实现营业收入9.55万亿元，同比增长9%；完成固定资产投资1.54万亿元，同比增长14.5%，占全省全社会固定资产投资的58%，同比下降1.5个百分点。

二、主要运行特点

（一）民企数量快速增长。全省民营法人企业达31.2万个，比上年增加3.6万个，同比增长13%。其中，全省小微型法人企业27.8万个，比上年增加3.4万个，占全部民营法人企业的89.1%，比上年提高0.65个百分点。

（二）拉动就业效应明显。全省民营法人企业从业人员比上年增加57万人，累计达到1030万人，同比增长5%。其中，小微型法人企业吸纳从业人员比上年增加32万人，累计达到675万人，同比增长4.5%。

（三）经济效益平稳增长。全省民营法人企业实现营业收入6.44万亿元，同比增长10%；利润总额4550亿元，同比增长9%。其中，小微型法人企业营业收入达2.93万亿元，同比增长10.5%；实现利润2420亿元，同比增长9.5%。

（四）投资支撑作用显著。全省民营法人企业全年累计完成固定资产投资1.54万亿元，平均增幅14.3%，保持了稳定增长；其中民营工业企业完成固定资产投资8900亿元，同比增长18%。投资支撑依然是河北省民营经济保持稳定较快发展的重要力量。

三、管理与服务

（一）优化发展环境

1. 制定民营经济发展政策。2014年4月28日，中共河北省委、河北省人民政府发布《关于大力推进民营经济加快发展的若干意见》，在放开行业准入、激活市场主体、落实用地政策、强化金融服务、加大财政扶持、增加政府采购份额、推进企业技术创新、完善公共服务、加强组织领导九个方面，为发挥民营经济添总量、增活力、强支撑、促发展制定了一系列政策。

2. 选树民营经济发展典型。按照省委省政府《关于大力推进民营经济加快发展的若干意见》中"省每年对设区市、县（市）民营经济发展情况进行考核评价和综合排名。每两年选树百强民营企业、百名优秀民营企业家和百名创业功臣，由省委、省政府予以奖励"的要求，省民营经济领导小组办公室组织了2013年度民营经济发展先进设区市、县（市）和百强民营企业、优秀民营企业家、创业功臣的考核评选。2014年5月1日印发了《关于奖励2013年度发展民营经济先进市县百强民营企业优秀民营企业家和创业功臣的决定》。

3. 召开民营经济发展大会。2014年5月9日，在石家庄召开了全省民营经济发展大会（电视电话会议），省委书记、中央统战部副部长、全国工商联党组书记、常务副主席全哲洙同志，省委副书记、省政府省长张庆伟同志出席大会，并就全省民营经济健康发展作了重要讲话。副省长张杰辉宣读了省委省政府关于奖励2013年度民营经济先进市县、百强民营企业、优秀民营企业家和创业功臣的决定。出席主会场的会议代表230人；设区市、县（市、区）分会场会议代表9800余人。参会人员涉及省、市、县三级党委、政府、人大、政协领导，各人民团体主要负责同志；中直驻冀单位、金融机构主要负责同志。2013年度发展民营经济先进设区市前3名、先进县（市）前10名和百强民营企业、优秀民营企业家前20名、创业功臣前10名的代表。

4. 开展民营经济宣传。组织省直主要新闻媒体，开展了民营经济百日宣传活动；联合河北日报集团，开展了《中国梦·赶考行——绿色崛起民企当先锋》和民营会客厅活动，刊发活动稿件104篇，制作了6期视频访谈、7个新闻专题，取得预期效果；省工信厅、省工商联联合开展民营经济发展大会精神宣讲活动，厅领导亲自宣讲，利用一个月时间，赴11个设区市传达解读全省民营经济发展大会精神和省委、省政府《关于大力推进民营经济加快发展的若干意见》，培训人数超过4000人。

（二）努力拓宽融资渠道

1. 开展融资性担保机构检查。着力做大省级、做强市级、做实县级担保机构。省级监管部门对全省57家融资性担保机构进行了抽查，撤销、劝退了49家存在违法违规行为或不能正常开展业务的机构。截至2014年底，全省融资性担保机构587家，全省担保资本金规模666亿元，当年完成担保额1246亿元。

2. 开展非融资性担保机构清理。截至2014年8月底，河北省工商登记的非融资性担保公司580家，有84家依法规范了名称。

3. 开展政银企保对接合作。经各方积极推动，全年落实贷款8664.82亿元；省市县组织开展了282次银企保对接活动，向商业银行推荐了3106个项目，解决小微企业贷款1020多亿元。

4. 设立"河北省小额票据贴现管理中心及各市分中心"。石家庄、唐山、邯郸、沧州、秦皇岛和廊坊分中心已开始营业，各分中心本着优先支持小微企业业务原则，重点支持符合金融政策和监管要求的300万元以下的小额票据贴现融资业务，其中优先支持100万元以下的小额票据贴现融资业务，全年为393家企业办理小额票据贴现业务9315笔，贴现金额60.35亿元。

5. 推动企业多渠道融资。多措并举，支持和鼓励民营企业在多层次资本市场融资。全省实现新增境内外多层次资本市场挂牌上市企业145家，全部为民营企业。其中，创业板2家、香港2家、"新三板"19家、天交所31家，石交所75家，其他股权交易市场16家。鼓励引导金融机构向下增设网点、延伸服务。股份制银行在设区市新增分支机构65家，股份制银行、城市商业银行在县域设立网点41家，新设农村商业银行11家、村镇银行21家。新增扶贫小额贷款公司38家，总数达到86家，注册资本达23.86亿元。

（三）放宽民营资本进入领域

1. 推出民间投资项目清单。印发了《关于建立"负面清单"制度的实施方案》，发布了《河北省禁止投资的产业目录》，组织省直有关部门推出两批交通能源市政等领域鼓励民间投资项目清单，涉及高速公路、一级公路、铁路、清洁能源、热电联产、水利发电、军民品生产、医疗设施以及城市供水、供电、供暖等方面，共82个项目，总投资2894.22亿元。

2. 鼓励民营资本进入医疗领域。制定了《河北省医疗机构设置规划指导原则（2014—2016）》和《河北省关于加快发展社会办医的若干意见》，将民营资本办医纳入规划统筹考虑，进一步放宽准入条件，提高审批效率。为给社会资本办医预留一定的发展空间，自2014年6月5日起，全省暂停了公立医院增加床位规模的审批，同时，开展了民营资本设置医学检验所、血液透析中心试点工作。

3. 支持民资进入文化产业。积极搭建文化产业民资项目交易平台，引进民资超过1000亿元。目前，在建超亿元的文化产业项目407个，民营项目占70%以上。

（四）搭建公共服务平台

1. 抓好全省中小企业公共服务平台和平台网络建设。全省新培育37个河北省中小企业公共技术服务平台，总数达到192个；新增省级中小企业公共服务示范平台21个，总数达到119个；争创国家级示范平台4个，总数达到18个。目前省平台和市级11个综合窗口、县级28个产业窗口平台已基本实现互联互通，全面开展线下线上服务。

2. 开展"订单式"服务。2014年河北省中小企业服务中心共组织实施以"订单式"服务为基本形式的综合服务50场，直接服务企业4000余人，与市县服务机构合作开展"订单式"服务20场，服务企业1700余人，服务范围辐射11个设区市。

3. 组织"专家学者企业行"活动。组织相关院校和行业协会的专家学者，深入20多家企业开展技术诊断、咨询服务，破解企业技术难题，提出改进建议56条，研究解决方案25项。

（五）开展创业辅导服务。2014年全省新备案创业辅导基地22个，重点对秦皇岛市高新技术创业基地等4个创业辅导基地进行了规划论证。截至目前全省拥有各类创业辅导基地368个，入驻小微企业7688家，安排就业近20万人。

（六）开展法律服务。推进中小企业法律服务基地建设，开展送法送政策入企系列活动。

（七）开展人才服务

1. 完善人才政策支撑体系。2014年省委办公厅、省政府办公厅出台了《关于进一步加强民营经济组织人才队伍建设的指导意见》。

2. 实施"重点人才培养工程"。依托北京大学经济学院开展中小企业经营管理领军人才1年期培训，110名优秀中小企业经营者参训。与清华大学继续教育学院、上海交通大学安泰经济管理学院合作，举办5期中小企业高层经营管理人员短期培训班，对全省300多名中小企业经营管理者，以及新疆巴州和建设兵团二师的部分企业家进行培训。与清华大学继续教育学院联合举办"中小企业发展名家讲坛"12场，直接培训中小微企业经营管理者近5000人。

3. 实施"实用人才聚集工程"。为解决中小企业招聘难、用工难的问题，开展了"中小企业网上百日招聘高校毕业生活动"，全省611家中小企业参加网络招聘，提供岗位3208个，招聘人员14528人，岗位数、招聘人数列全国第三位。举办"中小企业中高级专业技术人才招聘服务周"，招聘信息在北京、天津人才市场发布，共有305家企业、4000多名求职人员参加招聘会，与用人单位达成初步就业意向率57%。举办"民营企业招聘周"活动，6224家民营企业提供了6.42万个就业岗位，帮助4.35万人与用人单位达成就业意向。举办河北省中小企业高校毕业生人才招聘会保定专场和石家庄专场，共有近600家中小企业提供就业岗位8000多个，近万名高校毕业生参加招聘活动，达成就业意向2500多个。举办了第三、四届沿海经济隆起带高级人才洽谈会、2014年河北省高层次人才需求信息发布会和第五届"中国河北海内外高层次人才洽谈会"，2万余各类人才参加洽谈。

4. 实施"全员素质提升工程"。进一步改进"河北中小企业远程学堂"，以省级民营企业人才培训基地和中小企业公共服务机构为依托，为200个用户开通了适合企业需求的8个门类300门网络点播课程，开展以普及工商知识、提高员工素质为目的的远程培训，共培训中小企业从业人员6万多人次。

（八）帮助企业开拓市场

1. 实施精准招商。根据国家和河北省产业结构调整方向，以战略性新兴产业为重点，认真谋划和筛选50项电子信息招商合作项目，总投资1140亿元，拟利用外资376亿元。2014年以来，共签订总投资在1000万美元以上项目20项，总投资27.96亿美元，协议利用外资24.67亿美元（其中15项为独资项目）。

2. 搭建展会平台。通过组织举办“5·18”“新兴产业基地（园区）展”、河北省节能减排与资源综合利用博览会、河北信息产业周等经贸展洽活动，以及组织企业参加中国国际中小企业博览会等大型经贸展洽活动，共达成各类贸易成交协议和意向金额20.16亿元，同比增长18.8%。

3. 推进京津冀产业协同发展和区域合作。组织召开了京津冀产业转移及对接工作座谈会，就如何推进京津冀产业转移及对接达成意向。研究提出了《京津冀产业协同发展规划》河北省需要的政策措施，推进北汽黄骅整车项目、中关村·张家口（张北）云计算产业园、北京同仁堂玉田项目、渤海新区北京生物医药产业园等项目实施。

（九）大力推动结构调整。以落实省委省政府《做强产业集群促进县域工业发展的意见》为重点，加快产业集聚、做强县域工业。继续实施产业集群示范和提升工程，年内培育认定8个省级示范产业集群、30家产业集群龙头企业，增加值占全省GDP的20%以上。强化公共技术服务，依托192个省级公共技术服务平台，开展了百个技术平台、千名技术人员、服务万家小微企业转型升级活动，解决了一批企业共性技术难题。打造区域品牌，提升集群知名度，新培育特色产业名县、名镇26个，总数达到121个；累计创“国字号”区域品牌106个。制定支持科技型中小企业发展的政策措施和科技型中小企业成长计划，实施“苗圃工程”、“雏鹰工程”、“小巨人工程”，推动1.3万家科技型中小企业加快发展，年销售收入超亿元的科技小巨人企业已达610家；大力支持民营企业建立科技研发和公共服务平台，全省民营企业共建国家级重点实验室3家、省级1家，省级产业技术研究院7家，省级工程技术研究中心98家。

四、存在的主要问题

河北省民营经济虽然实现了平稳较快发展，但仍面临结构调整、转型升级、环境治理和经济下行压力，小型微型企业生产经营困难。当前存在的突出问题是：

一是融资难。银行贷款主要投向大中型企业，小微企业很难达到规定条件，即使能得到贷款，也主要是“流贷”，长期贷款难，且无法享受基准利率，贷款成本高，浮动利率大多在30%—50%以上。多数获贷中小企业难以得到全款，半数以上贷款被以利息保障金或押金之类名目扣下，但企业仍需支付全额利息。

二是用地难。国家对土地宏观调控日益趋紧，管理更加严格，河北省用地指标基本保障省级重点项目，多数中小企业项目很难列为重点项目，或达不到政策规定标准，拿不到用地指标。小微企业用地更是难上加难。省委、省政府制定的每年每县（市）安排150亩产业集群发展用地、50亩创业辅导基地用地指标，绝大多数县（市）没有落实。

三是用工难。招不上、用不起、留不住的现象较为普遍。大部分高校毕业生不愿去中小企业就业，农村青壮年更愿到大中城市打工。员工薪酬成本上涨过快，使多数中小企业难以承受。据河北调查总队调查，31.9%的企业认为用工成本上升过快，用工难成为制约企业发展最突出的问题。

四是创新难。河北省民营企业主要分布在装备制造、金属制品、化工、纺织等产业，受国家宏观调控和低层次产业结构以及企业品牌意识差、装备落后、技术人才短缺、企业管理滞后等因素影响，企业创新意识不强，创新实力不足。

五是扶持弱。相对较大型企业，中小企业获取各种资源的能力相对较弱，但其对公共服务的现实需求又远比大企业强烈，各级政府自觉不自觉地对大企业大项目关注更多，对中小企业关注不够，在当前复杂多变的经济形势下，更需各级政府加大扶持力度，提升中小企业公共服务平台的服务能力和服务水平，助推中小微企业持续健康发展。

（河北省工业和信息化厅　尚林海）

固定资产投资

2014年，河北省面对经济结构调整转型升级、化解产能过剩、治理大气污染对经济增长的影响，各级各部门在省委、省政府正确领导下，认真贯彻落实国家宏观调控政策，坚持稳中求进、改革创新，加强在建和新开工项目管理，加大固定资产投资的建设力度，固定资产投资增速稳步回升。全省建成投产了一大批项目，为经济发展和结构调整奠定了物质基础。增加的主要生产能力有：原煤开采105万吨/年、天然原油开采80万吨/年、钢材1477万吨/年、风力发电85.9万千瓦、水泥650万吨/年、新（扩）建沿海港口码头年吞吐量6460万吨、城市自来水供水能力9万吨/日、城市污水处理能力30万吨/日。

一、主要特点

（一）投资增长继续呈现稳步增长态势。2014年，全省全社会固定资产投资完成26671.9亿元，比上年增长15.0%，同比回落3个百分点；固定资产投资（不含农户，下同）完成26147.2亿元，比上年增长15.5%，同比回落3个百分点。从全年看，增速低开高走，呈现较为平稳增长态势。其中，建设项目投资完成22087.5亿元，增长15.1%；房地产开发投资完成4059.7亿元，增长17.8%。

2104年，全省固定资产投资总量在全国各省（区、市）中已从上年的第5位上升到第4位，超过辽宁（24426.8亿元），仅位于山东（41599.1亿元）、江苏（41552.8）、河南（30012.3亿元）之后。

（二）投资结构进一步优化。第一产业投资增速加快，第二产业投资比重提高，第三产业投资保持平稳增长。河北省第一产业完成投资1040.5亿元，比上年同期增长46%，同比提高21.2个百分点；第二产业完成投资13044.4亿元，增长18.5%，同比提高0.8个百分点；第三产业完成投资12062.3亿元，增长10.6%，保持平稳增长。

工业投资增速继续加快。全省工业投资完成13114.1亿元，比上年增长18.8%，高出固定资产增速3.3个百分点，占全省固定资产投资的50.2%，同比提高1.4个百分点。全省七个主要工业行业中，装备制造业完成投资4500.6亿元，比上年增长24.7%，占工业投资的34.3%，同比提高1.6个百分点。医药行业、建材行业、食品行业、纺织服装行业、石化行业完成投资分别增长24.1%、22.5%、18.8%、13.8%和6.2%，钢铁工业投资增长0.2%。工业投资增速在经过一季度的短暂低谷后，呈较为平稳增长态势。

工业技术改造投资保持较快增长。全省工业技术改造投资完成8397.0亿元，比上年增长14.7%。但工业技改投资占工业投资的比重逐季上升，全年占比为64%，分别比上半年、前三季度提高3.6个和2.3个百分点。其中，装备制造业、医药工业、纺织工业、建材工业技术改造投资分别增长22.9%、28.5%、13.1%、12.0%。

高新技术产业投资增长快速。全省高新技术产业投资完成3169.6亿元，比上年增长26.5%，为2012年9月份以来最快增长速度。高新技术产业投资规模不断扩大，占工业投资的24.2%，同比提高1.5个百分点。其中，新能源、电子信息、新材料分别完成投资452.2亿元、397.9亿元和624.9亿元，分别增长51.9%、51.9%和26.3%，拉动全省高新技术产业投资增长6.2、5.4和5.2个百分点。

民间投资增速继续加快。全省民间投资完成20975.7亿元，比上年增长18.1%；占全省固定资产投资的80.2%，同比提高1.7个百分点。其中，私营企业完成投资10656.5亿元，增长25.7%，占全省民间投资的50.8%，同比提高3.2个百分点，拉动全省民间投资增长12.3个百分点。

城市基础设施投资保持较快增长。全省城市基础设施投资完成5012.6亿元，比上年增长13.2%。从全年看，城市基础设施投资增速基本平稳，但逐月回落。其中，城市市政公用事业、社会性基础设施、电力电信邮政通讯公路铁路机场等基础设施完成投资分别增长25%、20.9%和2.6%。从行业看，电力生产、市政设施管理、风景名胜区管理完成投资分别增长48%、23.6%和21.9%，分别拉动全省城市基础设施投资增长2.8、2.9和2.5个百分点。

（三）亿元以上在建项目拉动投资较快增长。全省亿元以上在建项目6349个，增长8.3%，项目个数平稳增长；完成投资16241.8亿元，比上年增长21.2%，拉动固定资产投资增长12.5个百分点，成为拉动投资增长的有力引擎。其中，亿元以上新开工项目3178个，增加646个，增长25.5%；完成投资7522.4亿元，增长39.1%。

从行业大类看，电力热力生产和供应业、公共设施管理业、农业、通用设备制造业、道路运输业、非金属矿物制品业、畜牧业、化学原料和化学制品制造业等8个行业亿元以上在建项目增加较多，在建项目合计2201个，比上年增加337个，占全省增加个数的68.8%；计划总投资和完成投资分别增长17.3%和25.8%，增速比全省建设项目分别加快7.1个和10.3个百分点。

（四）房地产开发投资增速平稳。全省房地产开发投资完成4059.7亿元，比上年增长17.8%，增幅同比提高6.2个百分点。其中，商品住宅完成投资3010.4亿元，增长18.6%。全省商品房销售面积5706.2万平方米，增长0.5%，同比降低9.8个百分点；商品房销售额2928.1亿元，增长5.3%，同比降低15.4个百分点。全省房地产开发施工面积31628.4万平方米，比上年增长5.6%。新开工面积8239万平方米，增长18.8%。全省房地产开发企业资金到位4438.5亿元，比上年增长7.6%，资金到位率为109.3%。

二、存在的主要问题

（一）第三产业投资增速持续低迷。全省第三产业完成投资12059.7亿元，比上年增长10.5%，增幅同比减缓8个百分点，比全国平均水平低6.3个百分点。从贡献来看，拉动全省固定资产投资增长5.1个百分点，同比回落3.8个百分点，比全国平均水平低4.2个百分点。

第三产业投资增速持续低迷的主要原因是新兴业态基础薄、发育慢，现代服务业领域等投入力度不够，缺乏核心竞争力强的产业链。2014年，住宿餐饮、批发零售等传统服务业在建项目大幅减少，比上年下降20.8%，而信息传输、水利环境和公共设施管理业、科学研究和技术服务等新兴行业项目仅增加7.2%。受国家产业政策调控影响，全省高耗能、高污染、产能过剩行业的发展受到遏制，出现项目减少的情况，而第三产业没有形成有效补充，这是造成全省项目减少的重要原因之一。

（二）在建项目个数减少，将直接影响投资后劲。全省在建项目19149个，比上年下降6.1%，远低于全国增长18.6%的平均水平。其中，新开工项目13049个，下降0.6%，远低于全国增长14.7%的平均水平。

从行业大类看，房地产业、黑色金属矿采选业、农副食品加工业、畜牧业、专用设备制造业、教育、农林牧渔服务业、住宿业、零售业等行业项目减少较多，合计在建项目4290个，比上年减少1010个，占全省减少个数的81.1%。

全省在建项目减少的主要原因是市场主体投资意愿不强。受经济下行压力加大及全省化解过剩产能、大气污染治理等多重因素叠加影响，钢铁、水泥、玻璃等产能过剩行业投资下降，一些生产形势较好的企业，也因市场前景不明，景气度低，而主动拉长投资周期。同时，工业品出厂价格连续36个月下降，而土地、资金、环保等成本不断攀升，导致企业盈利水平下降，投资成本提高，新上投资项目的源动力不足。

（三）资金到位率仅为98.7%，资金供应总体紧张。在资金方面，受国家治理整顿地方政府投资融平台、企业自筹能力减弱、融资渠道狭窄等因素影响，资金供应比较紧张。全省固定资产投资到位资金25796.8亿元，比上年增长12.8%，资金到位率仅为98.7%，低于全国平均水平7.0个百分点。其中，自筹资金21214.8亿元，同比增长12.9%，低于全国平均水平1.5个百分点。资金紧张导致建设领域拖欠款明显增加，全省拖欠工程款比上年增长51.8%，比全国平均水平高29.9个百分点，表明全省投资资金供应总体很紧张。全省产业基金起步晚发展慢，发债、上市、股权融资等渠道未能得到充分利用，未能对资金供应予以有效补充。

（四）土地、环境治理等因素约束趋紧。在土地方面，长期以来累积的建设用地不足矛盾日趋突出，项目建设不仅受到土地指标紧缺的制约，而且还存在土地落实周期长、占补平衡难度大、征地拆迁矛盾多等突出问题，而破解土地瓶颈制约的思路不宽，办法不多，力度不大，对项目落地和在建项目的后续建设影响较大。在环境方面，河北严格执行大气污染防治行动计划，明确停止审批钢铁、水泥、平板玻璃、炼焦、有色等新增产能项目，确保不增一吨一箱产能，一批拟新建项目放弃投资或异地建设。对电力、化工等行业新建项目实施能源消费、煤炭消费减量替换政策，使全省装备制造和石化等项目面临更高的门槛和成本，一些新建项目放缓了投资进度。

三、对策建议

（一）抓好大项目建设，增强内需对经济增长的拉动支撑。新开工重大项目是培育经济发展新的增长点的重要支撑，是经济社会发展的基础、后劲和潜力所在。要认真贯彻落实全省经济工作会议提出的“抓大项目，发挥投资的关键作用”的部署要求，注重投资效益好、带动作用强、引领力度大的项目签约储备，确保贮备项目及早落地。加快大项目审批核准进度，合理完善实施项目的各种办结手续。着力抓好项目的开工，尽力扭转当前在建项目个数减少的局面，增强投资增长后劲。

（二）优化投资结构，进一步提升增长质量和效益。以化解产能过剩为契机，引导钢铁、煤炭、有色金属等传统资源型产业向精深加工和链式循环发展转变。发展战略性新兴产业，大力引进新能源、新材料、电子信息、医药食品、节能环保等产业发展高新技术企业。引导资本从产业的低端环节向中高端环节迈进，提高工业的科技含量和附加价值。深入实施创新驱动战略，加大政府和企业R&D经费投入。

（三）创造良好的融资平台。加强政府、银行、企业间的沟通协调，争取金融机构更多信贷支持，加强与金融机构的沟通与联系，争取进一步扩大信贷规模，保障已开工大项目的资金需求。采取信贷融资、财政投入、社会融资、招商引资等多管齐下的措施，进一步拓宽融资渠道，解决项目融资难问题。积极探索创新融资模式。充分发挥民间投资的活力，吸引民间资本投资建设，使民间投资在市场调节下选择更多更好合适的投资领域、参与竞争。

（四）促进房地产市场平稳健康发展。全面贯彻落实国家和省关于促进房地产市场平稳健康发展的宏观调控政策措施，努力营造良好发展环境，加快建立和完善促进房地产市场健康发展的长效机制。继续加大普通住宅特别是中小户型供应，全力推进经济适用房、限价商品房建设，加快廉租房、公租房建设，更好的发挥房地产投资惠民生、扩内需、促发展的多重作用。

（河北省统计局　周　云）

国有资产监督管理

2014年，在异常严峻复杂的形势下，河北省国资委系统认真落实省委、省政府决策部署，紧紧围绕“稳中求进、改革创新”，千方百计稳增长、调结构、促改革，全省国企改革发展和国资监管取得新成效。

国有经济平稳发展。把稳增长、提效益作为首要任务，优化产品结构，调整营销策略，深入挖潜增效，强化资本运作，加大风险防控，有力保障了国有经济平稳运行。2014年，全省国有企业实现营业总收入10284.2亿元、资产总额15807.6亿元、净资产4669.7亿元、利税384.4亿元、利润102.8亿元，同比分别增长13.1%、8.4%、2.4%、下降8%、下降25.8%。其中，省国资委监管企业实现营业总收入8948.5亿元、资产总额8820.4亿元、净资产2711.2亿元、利税301.4亿元、利润81.9亿元，同比分别增长6.9%、9%、1.9%、下降1%、下降18.4%。河北建投、河北港口实现利润创历史最好水平，河北钢铁当年全面扭亏，保定市国有企业利润大幅提升，沧州、石家庄、唐山市国有企业在调整转型压力加大的情况下保持了较好盈利水平，为全省国有经济发展做出了贡献。

国企改革稳步推进。把深化国企改革作为重中之重，坚持市场化改革方向，以问题为导向推进各项改革，取得了积极成效。强化政策设计，起草了河北省《关于推进国有企业积极发展混合所有制经济的指导意见》等文件。稳妥推进混合所有制改革，在具备条件的省国资委监管的二、三级企业中有序开展混合所有制改革试点，新增多层次资本市场上市企业3家，引入各类增量资本100多亿元。扎实推进企业重组整合，燕赵财险公司正式成立，河北航空重组、河北旅投与河北建投分立工作完成。稳步解决企业历史包袱，45家企业开展了厂办大集体改革，争取中央经济补偿金1.26亿元。积极推进企业内部改革创新，河钢集团启动销售、采购、国贸三大公司市场化改革，完成总部机关管理机构改革；开滦集团、冀中能源集团深化物资“四集中”、销售“五统一”和设备管理体制改革，提高了经营运行的效率；河北建投以固安项目为试点，实施了管理层跟投机制方案。

结构调整步伐加快。把结构调整作为重要抓手，围绕创新驱动、绿色崛起，推动产业转型升级，增强了企业发展后劲。项目建设取得新进展，河北港口西港搬迁、石钢公司搬迁正式启动，河北机场新航站楼正式启用，唐钢高强度汽车板技改工程完工，河北建投邯黄铁路投入运营，唐山三友青海110万吨纯碱项目达产达效，省国资委监管企业全年完成项目投资502.7亿元。战略性新兴产业和现代服务业进一步发展，组建了河北港口财务公司，河北建投新天绿色能源新疆和静20MW光伏电厂并网发电，河北信投“信投在线”互联网金融创新平台上线运行，财达证券取得企业债券主承销商资格。科技创新进一步推进，唐山三友掌握彩色纤维生产核心技术，打破了国外技术垄断，开滦集团与中科院合作开发的矿山物联网技术成果转化进展顺利。节能减排工作进一步加强，省国资委监管企业全年投入专项资金43.5亿元。

开放合作取得新进展。把开放合作作为重要工作支撑，围绕国家重大战略，优化开放结构，提高开放水平，拓展了企业发展空间。积极落实京津冀协同发展战略，河北港口集团与天津港集团共同组建渤海津冀港口投资发展公司；河北建投联合京津冀多家企业，共同发起设立了河北沿海产业基金和节能环保产业基金，并组建了城际铁路投资公司；省国资委监管企业已开展京津合作项目30个、总投资310亿元；承德、张家口、廊坊、衡水、秦皇岛等市国有企业积极承接京津产业辐射，一大批合作项目取得重要进展。积极实施“走出去”战略，河北钢铁成功控股世界最大钢贸商德高公司，500万吨南非钢铁项目积极推进；河北建工先后承接利比里亚SKD体育场维修、委内瑞拉五星级酒店等项目；冀东发展集团与中非发展基金投资的南非曼巴水泥项目已经开工。充分利用香港、上海自贸区、深圳前海的区位优势和政策优势配置资源，积极布局金融、现代物流、国际贸易等领域，省国资委监管企业已在港设立公司9家、上海自贸区7家、深圳前海9家。扎实推进产业援疆，省国资委监管企业在疆项目已达15个、总投资203亿元。

国资监管不断完善。把提高监管的针对性和有效性作为工作的出发点和着力点，进一步加强和完善国资监管，为实现国有资产保值增值提供了有力保障。推进简政放权，建立了省国资委出资人批准事项清单制度，审核事项40项，备案事项20项，报告事项2项，取消事项8项，下放事项10项。优化了监事会组织机构，省国资委监事会办事处由原来的14个整合为9个。强化了经营业绩考核、经济责任审计和监事会监督，推进全员业绩考核，进一步提升了经济增加值在业绩考核中的地位；完成了110项离任审计、80项任中审计；监事会提交各类报告47份，揭示问题106项，提出合理化建议146条。健全国资监管制度体系，制定和修订了省国资委《监管企业子公司监事会工作指导意见》、《监管企业投资监督管理办法》等文件。各市国资委积极整合监管资源，改进监管方式，完善监管办法，促进了国有资产保值增值责任落实。

构建和谐国企取得新成效。把加强党的建设作为思想政治保证和组织保证，深入开展党的群众路线教育实践活动，充分发挥党组织的政治核心作用，形成了推动企业改革发展、构建和谐国企的强大动力。强化新闻宣传和舆论引导工作，积极培育和践行社会主义核心价值观，深化群工、共青团、老干部和稳定等各项工作，为企业改革发展营造了良好氛围。积极履行社会责任，省国资委系统29个农村面貌改造提升行动驻村工作组完成项目321个、投入帮扶资金758万元；棚户区改造项目竣工10879户、完成投资18.6亿元；树立了国资系统的良好形象。

（河北省国资委　张一凡　胡岳鹏）

重点项目建设

2014年，河北省重点项目实施了“双百双千”工程，是全省稳增长、调结构、惠民生、促发展的重要载体和有效抓手，为推进京津冀协同发展和新型城镇化建设，打好“四大攻坚战”做出重要贡献。

一、计划安排。2014年全省重点项目按照分级管理、分级负责原则，实施“双百双千”工程，即省级抓“双百”、市级抓“双千”。其中省级“双百”建设项目共安排100项（其中续建6项，计划开工94项），总投资3012.5亿元，年计划投资731.6亿元；前期项目共安排100项，总投资8132.7亿元。市级“双千”建设项目共安排1232项，总投资18832.1亿元，年计划投资4297.2亿元；前期项目共安排1077项，总投资26311.3亿元。

二、完成情况。全省“双百双千”工程在建项目1332项，共完成投资6307.3亿元，占年计划125.4%；中集集团空港装备、河北竞和钛硅碳材料有限公司钛硅碳系高速列车受电弓滑板和制动闸片、唐山蓝猫饮品野生饮品、河北华驰机器人科技有限公司年智能服务机器人等877个项目开工建设，开工率99.8%。其中100项省重点在建项目完成投资858.8亿元，占年度计划的117.4%；1232项市重点在建项目完成投资5448.5亿元，占年度计划的126.8%。

三、前期跑办。利用全国“两会”间隙及其他机会，提请省领导协调跑办涉及全省经济社会发展的重大项目和事项，在政策、资金、项目等方面争取国家给予河北省更大支持。截至2014年底，《河北省钢铁产业结构调整方案》经国务院批准，24个项目获得重大进展：北京新机场、曹妃甸千万吨炼油、华润二期百万千瓦发电、黄骅港煤码头四期工程、石家庄机场改扩建、蔚县电厂等14个项目获得核准或批复可研；京张铁路、大同至张家口铁路客运专线等2个项目进入核准或批复可研程序；海兴核电、丰宁抽水蓄能电站二期、首钢京唐公司钢铁厂二期、唐山渤海钢铁联合重组暨城市钢厂搬迁改造等8个项目已获国家批复立项或同意开展前期工作。

四、创新思路。为进一步加强重点项目管理，健全重点项目服务和保障机制，强化重点项目对全省产业转型升级的引领带动作用，经省政府常务会讨论通过并以冀政〔2014〕124号文件印发了《进一步健全重点项目服务和保障机制的意见》。该文件的出台，一是明确了服务是推进项目建设的根本。以推进各级各部门尽快从项目审批管理向项目服务保障转变为导向，建立了各级项目建设的责任主体和激励约束机制，努力形成上下贯通、高效服务的良好环境。二是突出了重点项目的引领作用。建立了“三个一百”的省重点项目服务体系，省级重点安排京津冀协同发展、传统产业升级、战略新兴产业、现代服务业等项目，市级在抓好省重点项目要素配套的同时，重点安排优势项目和特色项目，负责指导下辖的县（市、区）抓好一批县级重点项目的推进建设。三是创新了重点项目分级遴选、专家评审、阳光公示、动态调整、要素差异化供给等机制，通过机制创新强化重点项目的服务保障。

五、督导调度。一是筹备组织了6月13日和10月12日两次全省重点项目调度会，掀起了全省重点项目建设热潮，尤其是10月份组织召开的全省重点项目观摩暨调度会议，省委、省政府主要领导全程带队，四大班子主要成员参会，省主要领导作重要讲话，活动规模之大、规格之高、声势之广前所未有，对全省项目建设工作产生深远的影响。二是实行月调度、季通报、半年观摩、年终总评的制度，重大问题及时报请省政府协调解决。逐季向省领导提交省重点建设项目报告，并得到了本顺书记、庆伟省长和崇勇常务副省长的多次重要批示。三是建立了“双百双千”、120项重大项目和40项省领导分包项目的月报体系，利用信息系统逐项建立项目台账，及时发现和解决项目建设中的问题，实现精细化管理。四是推进现场办公和现场调研，对国家电网超高压输电、邢台威县产业园、保定涞水产业园等园区和项目实行现场办公，积极协调要素资源，推进项目加快建设。

六、要素协调。省发改委会同省国土资源厅、省环境保护厅、有关金融机构，建立了重点项目要素保障会商协调机制，共同谋划推进破解土地、资金、环境容量指标等要素瓶颈。一是会同省国土厅、财政厅对各地申报的提前开、竣工项目进行认真核实并对符合条件的22项提前开工、56项提前竣工重点项目，报经省政府批准后给予了2826亩土地指标和190万元奖励资金支持，并对推进项目做出突出贡献的70个先进单位和71名先进个人进行了表彰（冀发改重点〔2014〕1821号）。二是会同省环保厅对重点项目分类管理，按照时限要求加快重大项目环评审批进度，对重点项目建立单独通道，通过排污权交易等渠道解决环境容量指标问题。三是搭建银企对接桥梁，对项目建设的资金缺口深入摸底调查，积极向金融机构推介重点建设项目。8月底联合省金融办组织35家金融机构和185家企业组织银企对接会深入对接，达成银企对接合作意向349项，涉及资金644亿元。

七、服务保障。一是全面推行重点项目全程代办机制。为落实“三级平台”、推行“两个代办”，下发了《关于贯彻落实省委冀字〔2014〕24号文件精神实行重点项目全程代办有关事项的通知》，按照“自愿委托、无偿代办、合法高效、上下联动”的原则，对项目提供领办代办服务。二是建立项目建设“绿色通道”制度。研究制定并报请省政府印发了《关于建立省重点项目建设“绿色通道”的通知》（冀办字〔2014〕61号），通过设计制作省重点项目绿色通道通行记录卡，推动重点项目单位持卡办理审批、公共服务，并对办理手续及收费情况进行登记监督等方法，持续推动各市、县优化审批流程，建立部门联合审批机制，畅通重点项目审批服务绿色通道。

（河北省发改委重点办　张　奕）

对外经济贸易

2014年，面对严峻复杂的国内外经济形势，在省委、省政府的正确领导下，全省上下着力稳增长、调结构、转方式，攻坚克难，开拓创新，对外经贸取得新成效，出口稳中向好，实际利用外资实现增长。

一、对外贸易

2014年，得益于国家促进外贸稳定增长以及出口退税等政策措施，全省对外贸易保持了平稳增长。全年进出口总值完成598.83亿美元，比上年增长9.1%。其中，出口贸易呈现增速逐季加快，稳中向好的良好态势，是近三年来增速最快的一年。一季度出口总值增长4.5%，上半年增长8%，前三季度增长13.1%，全年出口总值357.13亿美元，增速进一步提高到增长15.4%，高出全国平均9.3个百分点。进口增速逐季回落，全年进口总值241.69亿美元，增长0.9%。

（一）一般贸易出口占比显著提高，加工贸易占比下降。一般贸易出口持续增长，增速高于全省出口平均水平，占全省出口的比重稳步提高。全年一般贸易出口310.19亿美元，增长18.7%，快于全省平均增速3.3个百分点，占全省出口总值的86.9%，比上年提高2.5个百分点；加工贸易出口42.2亿美元，增长2.6%，占全省出口总值的11.8%，比上年下降1.5个百分点。

（二）私营企业领跑全省出口，国有企业、外商投资企业出口小幅增长。私营企业出口增速远高于其他出口主体，占全省出口的比重显著提高，成为带动出口增长的主力军。私营企业出口208.22亿美元，增长24.2%，高出全省出口增速8.8个百分点，占全省出口总值的58.3%，比上年提高4.1个百分点。国有企业出口53.28亿美元，增长2.5%，占全省出口总值的14.9%，比上年下降1.9个百分点。外商投资企业出口89.37亿美元，增长5.6%，占全省出口总值的25.0%，比上年下降2.3个百分点。

（三）主要出口商品保持增长，钢材出口支撑强劲。全省十大类出口商品按出口规模大小依次为钢材、机电产品、服装及衣着附件、高新技术产品、纺织纱线织物及制品、农产品、汽车配件、二极管及类似半导体器件、医药品、家具及其零件。钢材出口强劲，规模创历史新高，超过机电产品，跃居全省第一大类出口商品，成为出口的一大亮点，也为钢企消化产能做出了巨大贡献。全年钢材出口102.85亿美元，增长62.8%，占全省出口总值的比重为28.8%，比上年提升8.4个百分点，拉动全省出口增长12.8个百分点，对全省出口增长的贡献率达83.6%。机电产品、服装及衣着附件、纺织纱线织物及制品出口小幅增长。机电产品出口97.56亿美元，增长2.1%，占全省出口总值的比重为27.3%，比上年下降3.6个百分点；服装及衣着附件出口45.76亿美元，增长2.2%；纺织纱线织物及制品出口19.10亿美元，增长5.9%。农产品出口17.92亿美元，增长11.0%。医药品出口9.8亿美元，增长5.5%。汽车零配件、二极管及类似半导体器件、家具及其零件出口增势较好，汽车零配件出口14.49亿美元，增长18.7%；二极管及类似半导体器件出口12.13亿美元，增长23.0%；家具及其零件出口7.25亿美元，增长22.1%。

（四）对主要国家出口保持增长，出口市场开拓取得成效。2014年，河北积极开拓国际市场，对主要国家出口均保持增长。10大出口国别（地区）按出口规模大小依次为东盟、欧盟、美国、俄罗斯、韩国、日本、台湾、阿联酋、香港、巴西，累计出口250.60亿美元，占全省出口总值的70.2%。其中，对东盟、美国、韩国、日本、台湾、阿联酋、香港出口增长超过全省出口平均水平，对东盟出口53.92亿美元，增长41.1%，占全省出口总值的15.1%；对美国出口46.61亿美元，增长17.5%；对韩国出口24.44亿美元，增长23.1%；对日本出口18.27亿美元，增长21.0%；对台湾出口8.47亿美元，增长76.8%；对阿联酋出口7.15亿美元，增长26.4%；对香港出口6.85亿美元，增长42.0%。此外，出口低速增长的是对欧盟28国出口48.80亿美元，增长4.6%；对俄罗斯出口29.52亿美元，增长2.0%；对巴西出口6.58亿美元，增长2.0%。

（五）铁矿砂及其精矿、高新技术产品进口微增，机电产品、废金属、汽车零配件进口增势良好。全省十大进口商品按进口规模大小依次为铁矿砂及其精矿、机电产品、农产品、煤及褐煤、高新技术产品、初级形状的塑料、废金属、汽车零配件、纸浆、钢材，累计进口234.9亿美元，占全省进口总值的97.2%。其中，除农产品、煤及褐煤、纸浆、钢材进口呈现下降外，其他均呈现增长。特别是机电产品、废金属、汽车零配件进口增势良好，机电产品进口30.6亿美元，增长18.5%；废金属进口3.1亿美元，增长2.4倍；汽车零配件进口2.9亿美元，增长80.0%。铁矿砂及其精矿、高新技术产品等进口小幅增长，铁矿砂及其精矿进口135.2亿美元，增长0.4%；高新技术产品进口11.6亿美元，增长1.3%；初级形状的塑料进口4.9亿美元，增长7.4%。农产品、煤及褐煤、纸浆、钢材进口呈现下降，农产品进口29.2亿美元，下降9.2%；煤及褐煤进口12.3亿美元，下降21.3%；纸浆进口2.6亿美元，下降14.2%；钢材进口2.4亿美元，下降9.4%。

二、利用外资

2014年，全省实际利用外资完成70.1亿美元，比上年增长5.1%。其中，外商直接投资63.7亿美元，下降1.2%；外商其他投资完成5.3亿美元，增长2.4倍。

（一）新批外资项目保持增长。新批外资项目为198个，比上年增加3个，增长1.5%，其中，新批合同外资额1000万美元以上的大项目78个，增长20%。全年新批外资项目中，第三产业占比持续提高，第二产业占比持续下降。第一产业新批项目8个，与上年持平。第三产业新批83个，比上年增加14个，增长20.3%，占全省新批外资项目个数的41.9%，比上年提高6.5个百分点。其中，金融业新批外资项目12个，增长1.4倍；科学研究和技术服务业外资项目11个，增长83.3%；租赁和商务服务业新批外资项目10个，增长42.9%。第二产业新批107个，比上年减少11个，下降9.3%，占全省新批外资项目个数的54%，比上年下降6.5个百分点，其中，制造业新批92个，比上年减少10个，下降9.8%，占全省的46.5%，比上年下降5.8个百分点。

（二）合同外资较快增长。全年签订合同外资总额49.7亿美元，增长35%。分产业看，第三产业签订合同外资18.6亿美元，增长54.4%，占全省合同外资总额的37.5%，比上年提高4.7个百分点，其中，科学研究和技术服务业签订合同外资2.7亿美元，增长5.5倍；文化、体育和娱乐业签订合同外资2.6亿美元，增长1.7倍。第一产业签订合同外资3.4亿美元，增长33.7%，占全省合同外资总额的6.8%，其中，农业签订合同外资1.4亿美元，增长78.3%；畜牧业签订合同外资1.7亿美元，增长39.9%。第二产业签订合同外资27.7亿美元，增长24.5%，占全省合同外资总额的55.7%，比上年下降4.7个百分点，其中，制造业签订合同外资25.9亿美元，增长39.4%，占全省合同外资总额的52.1%，比上年下降1.7个百分点。

（三）第一产业、第三产业外商直接投资占比提高。第一产业、第三产业外商直接投资增长较快，规模不断扩大；第二产业外商直接投资持续下降，规模缩小，外商直接投资结构有所优化。第一产业外商直接投资3.5亿美元，增长62.6%，占全省外商直接投资的5.5%，比上年提高2.2个百分点。其中，农业外商直接投资1.4亿美元，增长3.0倍，占全省外商直接投资的2.3%；畜牧业外商直接投资1.7亿美元，增长27.9%，占全省外商直接投资的2.7%。第三产业外商直接投资15.4亿美元，增长22.7%，占全省外商直接投资的24.2%，比上年提高4.7个百分点。其中，房地产业外商直接投资4.4亿美元，增长3.5%，占全省外商直接投资的6.9%，比上年提高0.3个百分点；金融业外商直接投资2.5亿美元，增长5.4倍，占全省外商直接投资的比重由上年的0.6%提高到3.9%；科学研究和技术服务业外商直接投资1.3亿美元，增长6.5倍，占全省外商直接投资的比重由上年的0.3%提高到2.1%；水利、环境和公共设施管理业外商直接投资1.1亿美元，增长15.9倍。第二产业外商直接投资44.8亿美元，下降9.9%，占全省外商直接投资的70.4%，比上年下降6.8个百分点。其中，制造业完成39.7亿美元，下降9.3%，占全省外商直接投资的62.4%，比上年下降5.6个百分点。

（四）六大高耗能行业外商直接投资比重下降。六大高耗能行业外商直接投资全年一直处于下降区间，比重有所下降。六大高耗能行业外商直接投资14.7亿美元，下降13.8%，占全省外商直接投资总额的23%，比上年下降3.4个百分点。六大高耗能行业中，电力、热力、燃气及水生产和供应业外商直接投资3.5亿美元，下降33.5%；非金属矿物制品业外商直接投资1.4亿美元，下降50.3%。黑色金属冶炼和压延加工业、石油加工炼焦和核燃料加工业外商直接投资则呈现增长，分别为5.3亿美元和0.3亿美元，增长18.5%和15.5%。

（五）来自香港、开曼群岛、新加坡等外商直接投资保持增长。对河北投资排在前10位的国家（地区）按投资规模大小依次为香港、英属维尔京群岛、开曼群岛、新加坡、美国、日本、台湾、韩国、澳大利亚、加拿大，其中投资总额在1亿美元以上的有7个，依次为香港、英属维尔京群岛、开曼群岛、新加坡、美国、日本、台湾，这7个国家（地区）对河北投资总计56.1亿美元，占全省外商直接投资总额的88.0%。开曼群岛、新加坡对河北投资均呈现成倍增长，分别为3.3亿美元和3.2亿美元，增长1.5倍和2.2倍。最大的外资来源地香港对全省投资40.4亿美元，增长5.2%，占全省外商直接投资总额的63.4%，比重有所回升，比上年提高3.8个百分点。此外，韩国和加拿大对全省投资均呈现增长，分别投资0.8亿美元和0.5亿美元，增长3.2%和41.7%。英属维尔京群岛、美国、日本、台湾、澳大利亚对河北投资呈现下降，分别为4.1亿美元、2.1亿美元、1.8亿美元、1.1亿美元和0.6亿美元，下降46%、17%、40.3%、14.2%和48.4%。

（河北省统计局　张少芬）

财　　政

2014年，在省委、省政府的正确领导下，全省各级财政部门认真学习贯彻党的十八大、十八届三中四中全会和省委八届六次全会精神，全面落实省委、省政府重大决策部署，紧紧围绕“改革统揽、绩效导向、科学规范、善治有为”总体思路，主动作为、攻坚克难、砥砺奋进，财政各项工作取得新的进展。

一、注重顶层设计，财政改革取得突破性进展

一是制定全省财税改革总体方案。根据中央财税体制改革部署，省财政厅研究制定全省财政改革总体方案和“1+12”改革框架，以省政府名义出台了《关于深化预算管理制度改革的意见》、《关于深化政府性债务管理改革的意见》等6个改革专件，明确了改革路线图、时间表。二是预算管理制度改革全面推开。多维度、全方位推进预算管理改革，举办财政改革和预算管理培训班，加强改革宣传，营造改革氛围，凝聚改革合力。认真贯彻全口径预算、清理挂钩事项、绩效预算管理等改革要求，科学编制2015年预算。全力做好预算管理改革解读工作，编发《2015河北预算解读》，得到人大代表和社会各界广泛好评。三是绩效预算管理改革继续深化。以省政府文件印发《关于深化绩效预算管理改革的意见》，积极构建“预算编制有目标、预算执行有监控、预算完成有评价、评价结果有应用、绩效缺失有问责”的全过程绩效预算管理新机制，已在省直各部门及邯郸、衡水等市县2015年预算编制中全面实施。四是加强政府性债务管理。制定《河北省政府性债务风险管控工作方案》等制度文件，实行举债前置审核、偿还核准、债务规模控制、风险预警等机制，切实加强政府性债务管理。2014年共对政府性债务风险等级值高于100%的1个市本级54个县（市、区）实施提示预警，完成全省存量债务清理甄别工作。五是创新财政支出方式。积极推进股权投资改革，省级新设10支股权投资引导基金，承德、唐山也各自设立了市级股权投资基金。探索实行PPP模式，张家口桥西区集中供热项目、石家庄正定新区综合管廊等两个政府性存量债务项目列入国家首批示范项目试点。大力推进政府购买服务，筛选确定88项重点事项，全省实际执行金额达到28亿元。省级购买公共文化服务、沧州市购买基本公共卫生服务等取得较好效果。

二、狠抓预算执行，财政预算任务圆满完成

在经济下行压力突然加大的困难局面下，全省各级财政保持定力，沉着应对，各级财政在非常困难的情况下实现了平稳运行。一是着力组织税收收入。充分发挥深化综合治税协调督导作用，建立纳税评估模型，完善“以电控税”、“以地控税”等监控措施，强化非税收入征缴，开展经常性督导，努力堵漏增收，应收尽收。全年一般公共预算收入完成2446.6亿元，可比增长9.2%，比年初预算超收21.6亿元。其中，廊坊、衡水、沧州3个市增幅分别达到22.1%、16.3%、10.1%；全省有33个县收入增幅超过20%。二是着力提升收入质量。将财政收入占GDP比重、税收占比、非税收入占比等指标纳入对市县财政绩效评价，促进了收入质量提升。全省税收收入占一般公共预算收入比重比上年提高1.1个百分点。三是着力优化支出结构。健全约束机制，优化支出结构，严格预算执行，各项重点支出得到较好保障。全省一般公共预算支出4638.1亿元，增长6.5%。其中，全省民生支出3678.9亿元，占全省一般公共预算支出的79.3%。

三、完善调控机制，重大决策部署得到有力保障

一是积极争试点、要政策。积极转变争取中央资金思路，尽最大努力争取中央支持。全省全年共取得中央财政资金2252.2亿元，其中新争取中央试点28项、资金114亿元。比如，地下水超采综合治理试点入户河北，全省黑龙港流域49个县（市）受益；经努力，将张承两市全部县（区）和衡水湖周边3个县（区）纳入国家重点生态功能区转移支付范围，保定、邯郸等6个市的31个县（市、区）纳入国家生态功能区引导补助范围，衡水湖、白洋淀、官厅水库3个湖泊列入国家湖泊生态环境保护范围。二是筹资融资保重点。通过争取财政部配发债券额度、世行和亚行贷款，以及撬动金融和社会资本等多渠道筹资融资，缓解全省支出压力，全力确保省委省政府重大决策落实。例如，统筹71.9亿元，用于创新驱动、产业升级和园区建设，支持产业“有中生新”和“无中生有”；统筹48亿元，用于大气污染防治；统筹240多亿元，支持全省铁路、机场、高速公路、保障性安居工程等重点基础设施建设；统筹65.4亿元，用于农村面貌改造提升。三是认真落实财税政策。围绕落实“6643”工程，制定污染治理阶梯财政奖励制度；完善支持节能减排政策体系，石家庄、唐山市列入国家节能减排示范市；行政审批事项由50项减少至8项，取消、减免50项收费项目；积极推进“营改增”，全年减轻企业税负89.1亿元；加大地产品采购力度，省级36个重点被考核部门，全年采购省内名优新特产品42亿元，占采购总额的60%。

四、加大投入力度，惠民政策措施及时全面落实

一是社会保障水平持续提高。对企业退休人员养老金、城乡低保、五保供养等提标给予足额保障，机关事业单位津补贴顺利提标，新农合和城镇居民医疗保险补助标准提高到320元，基本公共卫生服务人均补助标准达到35元，91个县市纳入国家第二批县级公立医院改革试点。二是社会事业投入不断加大。继续增加教育文化投入，统筹省以上资金42.2亿元，支持农村薄弱学校改造；安排10.4亿元，支持职业教育发展；优化高等教育支出结构，生均拨款达到1.2万元；安排2.8亿元，支持公益文化场馆免费开放；投入12亿元，支持张家口申奥和河北奥体中心项目建设。三是支农惠农政策全面落实。全省发放粮食直补、农资综合和良种等补贴80.5亿元；安排16.1亿元，用于40个小农水重点县和42个现代农业示范县农业基础设施建设；统筹30亿元，支持畜牧、蔬菜、果品和农产品加工业等主导产业发展，建设农业综合开发高标准农田109万亩。省级统筹25.5亿元，实施精准扶贫，重点向燕山—太行山、黑龙港流域连片特困地区倾斜，并对40个国定贫困县激励性返还财力13.8亿元。

五、加强规范管理，财政运行基础进一步夯实

一是拓展深化标准化管理。推广标准化应用，重新梳理规范财政预算管理流程，将全厅49个单位全部纳入管理范畴，有效减少交叉重叠，使每一项工作都做到了有目标、有标准、过程留痕、可追溯。二是全面实施行政绩效管理。研究制定绩效管理办法及实施细则，在省市县三级初步构建起横向到边、纵向到底、全程监控的绩效管理体系，通过优化工作流程、明确目标指标、强化过程管理、严格节点控制，有效激发干部内生动力。三是扎实推进信息化建设。以信息化引领、支撑和推动全省财政改革深化，着力建设财政管控、内部管理、数据管理三大信息系统。目前，新开发的绩效预算管理、行政绩效管理、国库电子支付管理系统已全部上线运行，秦皇岛省级财政信息异地容灾系统建设顺利完成。四是开展财政绩效监督。积极推进财政监督转型，由侧重合规性审查向合规性、绩效性审查并重转变，全年对32项重大支出政策或重点项目进行了绩效评价，涉及社保就业、农林水等专项资金约200亿元。严肃财经纪律，认真开展“小金库”和“吃空饷”专项治理，坚决查处违规违纪行为。五是厉行勤俭节约。认真落实厉行节约反对铺张浪费有关规定，健全经费管理制度，省级制定各类财务管理制度和办法38项。严格控制行政成本，规范财政资金使用，加强财政资金管理，省本级会议费培训费分别下降43.8%和51.4%。积极推进预决算和“三公”经费公开，省直部门“三公”经费支出较上年下降12.9%。

（河北省财政厅　高志远）

金　融

2014年，河北省金融业认真贯彻执行稳健的货币政策，坚持“总量稳定、结构优化”的取向，根据经济基本面的变化适时适度预调微调，优化信贷结构，降低社会融资成本，为经济结构调整与转型升级营造了适宜的货币金融环境。截至年末，银行业机构实现净利润704.34亿元，同比增盈94.31亿元，净利润递增连续6年突破百亿元关口。银行业金融机构资产总额52816亿元，同比增长11.9%。法人机构262个，营业网点10899个。股份制商业银行网点布局大为改善，新增设分支机构99家，其中县域支行10家；平安银行石家庄分行开业，广发银行石家庄分行正在筹建。城市商业银行设立分支机构305家，小微支行和社区支行占机构规划的45.57%，实现了城商行县域全覆盖；北京银行石家庄分行开业。邮政储蓄银行累计完成改革406家，达到总进度的77.93%。全年批准开业农村商业银行7家，批准筹建11家，全省农村商业银行19家；5家农村信用社改组股份有限公司；全年批准开业村镇银行17家，批准筹建15家，全省村镇银行达到66家。非银行业金融机构增加新成员，河北港口财务有限公司获批开业。

存款增长放缓，稳定性增强。截至年末，全省金融机构人民币各项存款余额43764亿元，同比增长10.8%，增速比2012和2013年末分别低4.2和4.5个百分点；较上年增加4319.6亿元，同比少增861.5亿元。从期限看，存款增量以定期存款为主，定期存款比年初增加2420.4

亿元，占全部存款增加额的56%。存款增速自9月起持续放缓，存款月增量仍然延续“季末冲高、季初回落”的趋势，但是受到存款偏离度监管加强的影响，波动幅度明显减弱。3、6、9月分别增长1517.1亿元，1342.3亿元和424.4亿元，4、7、10月分别下降519.9亿元，206.2亿元和125.9亿元。存款增长放缓的原因主要有：一是股市回暖、互联网金融、理财产品，第三方支付公司等分流存款。二是钢铁生产及贸易类企业、房地产企业等受产能压减、景气下滑，房地产限售等影响，企业销售收入和利润下降，但是支付工资、还贷等资金需求不减，导致企业存款用多进少。三是部分企业自主投资意愿下降，涉足民间借贷和民间金融组织投资，分流了存款。

贷款稳中有升，结构趋于优化。截至年末，全省人民币各项贷款余额28052.3亿元，较上年增加3516.4亿元，同比多增484.6亿元，增长14.9%，信贷投放创近5年新高。其中，地方法人金融机构全年新增贷款1260.8亿元，同比多增178.3亿元，占全省新增贷款的35.6%，占比连续三年上升，成为贷款增长的重要推动力。主要特点：一是中长期贷款增速加快，短期贷款增长放缓。截至年末，中长期贷款余额1.5万亿元，同比增长17.7%，比年初增加2249.5亿元，同比多增866.5亿元。其中，固定资产贷款投放较多，全年新增1027.2亿元，同比多增560.1亿元，增速为15.0%，较上年同期高7.5个百分点，成为稳定投资的重要助力。短期贷款余额1.1万亿元，同比增长9.4%，比年初增加871.7亿元，同比少增759.7亿元。二是环首都和沿海部分区域拉动力增强。衡水、保定、廊坊、沧州、承德贷款增速分别达到20.9%、19.4%、18.4%、17.7%、17.0%，明显高于全省平均水平。三是对薄弱环节的贷款支持力度进一步加强。截至年末，本外币涉农贷款、小微企业贷款余额分别达到1.2万亿元和0.7万亿元，占全部贷款的比重分别为41.9%和24.1%，增速分别高于全部贷款增速0.9个和4.8个百分点。四是支农再贷款稳步增长，全年累计发放支农再贷款63亿元，较上年多放8亿元。

银行业改革成效显著。一是国有商业银行改革。各行积极优化信贷结构，服务产业转型升级，制定差异化信贷政策，通过争取信贷规模、盘活资金存量等方式，满足国家重点在建、续建项目及实体经济资金需求。农业银行积极实行“环保一票否决制”，加大对绿色信贷和节能减排的支持力度，逐步提高绿色信贷业务占比，加快退出高能耗、高污染、高资源及落后产能客户。建设银行严格控制高污染、高能耗、产能过剩的钢铁、水泥、煤化工、平板玻璃等“6+1”行业信贷总量，明确压缩重点，有效实施信贷退出，回收的贷款资源优先用于支持“四大攻坚战”中的重点行业、客户和项目，更多地投入到实体经济发展薄弱环节和民生领域。交通银行响应国家节能减排战略，充分发挥金融机构“杠杆”作用，致力于打造绿色银行。将实施绿色金融与履行社会责任、防范环境社会风险以及加快信贷结构调整有机结合起来，对于节能减排技术创新、太阳能、风能、垃圾发电等清洁能源项目及医疗、教育、科技文化行业给予授信支持。二是稳步推进农村合作金融机构股份制改革。持续稳定推进农村信用社股份制改革，大力优化股权结构，进一步减少存款化股金、贷款化股金，适度提升法人股占比，吸收优质法人机构尤其是县级农业产业化龙头企业参股县级行社，截至年末，全省农信社法人股占比达到42.44%，股权结构的进一步优化为县级行社完善公司治理机制奠定了良好基础。股份制改革取得较大进展，全年共有32家县级联社（唐山五区联社合并组建）启动了农商行组建工作，年内开业6家；共有50家县级联社启动了股份制农信社改制工作，年内开业8家。蠡县农村信用社改革全面启动，通过接管、托管、清产核资，国家注资弥补其资金损失，引进北京银行作为战略投资者，整体抗风险能力得到显著增强，新型农村商业银行即将挂牌成立。三是积极推进城商行改革。全省11家城市商业银行积极引进民间资本，大力完善法人治理，股权结构向多样化、分散化发展。截至年末，城商行民间资本占比达到71.37%。河北银行获得开办信贷资产证券化资格，于2014年10月24日成功发行河北省首支资产证券化产品，本期入池贷款共78笔，合计金额27.95亿元，全部为公司类贷款。继廊坊银行、张家口商业银行和沧州银行成功发行次级债券之后，河北银行于2014年12月3日在中国银行间市场成功发行了总规模20亿元的二级资本债券，进一步壮大该行资金实力，优化资本结构，为地方金融机构健康发展打下坚实基础。四是新型农村金融机构迅猛发展。截至年末，全省已开业新型农村金融机构61家，其中村镇银行60家，资金互助社1家；批准筹建5家。资产规模达188.21亿元，比年初增长55.85%。各项贷款104亿元，比年初增长73.42%。五是证券机构数量显著增加，效益大幅增长。截至年末，全辖共有法人证券公司1家，证券投资咨询公司1家，证券分公司8家，较上年增加3家，证券营业部199家，较上年增加20家。随着市场行情的好转，投资者账户数量增加，A股证券账户数491.46万户，同比增长8.52%；投资者297.91万人，同比增长8.85%。累计交易金额2.63万亿元，同比增长56.5%，创历史新高；累计营业收入24.74亿元，同比增长41.05%；累计净利润11.38亿元，同比增长81.21%；托管市值2074.59亿元，同比增长64%。六是保险业整体实力不断增强，总资产增速持续放缓。省内首家法人保险公司——燕赵财产保险股份有限公司开业，各类保险公司省级分公司总数较上年增加3家。其中：省级分公司60家，包括，财产保险省公司26家，增加1家；人身保险省公司34家，增加2家；中资保险省公司53家，增加1家；外资保险省公司7家，增加2家；全省保险公司分支机构4241家，较上年增加69家。截至年末，全省保险业总资产达到2172.31亿元，比年初增加123.32亿元，同比增长6.02%，总资产居全国第8位，总资产增速2010年达到较高水平后，已经连续四年增速放缓，降至10%以下的较低增速，大幅低于全国增速16.55个百分点。全面推进“保险护城河工程”，覆盖135个县（市），保费收入5416.06万元，同比增长

155.14%，承保453.21万户，提供风险保障678.35亿元；工程险增长势头迅猛，实现保费收入1.85亿元，同比增长90.47%，实现保险保障807.65亿元。

（中国人民银行石家庄中心支行　李红英）

劳动工资

2014年，全省坚持稳中求进工作总基调，扎实推进稳增长、调结构、惠民生等各项工作，经济发展实现缓中趋稳、稳中有进，为扩大就业和提高城镇单位就业人员工资水平奠定了坚实的物质基础。省委、省政府高度重视就业创业工作，坚持把稳定和扩大就业作为宏观调控的重要目标，深入实施就业优先战略和积极的就业政策，建立覆盖城乡居民的社会保障体系，保持了全省就业形势的总体稳定和社会保障水平的进一步提高。

一、就业形势基本稳定，结构继续优化

1. 就业总量稳步增长。2014年底，全省就业人员突破4200万大关，达4202.7万人，比上年增加18.8万人，增长0.4%，增速比上年回落2个百分点。其中，城镇就业人员1311.9万人，增加2.0万人，增长0.2%；乡村就业人员2890.8万人，增加16.7万人，增长0.6%。

2. 就业人员产业结构不断优化。第一产业、第二产业就业人员继续减少，第三产业就业人员较快发展。2014年，全省第一产业就业人员1398.9万人，比上年减少5.6万人，占全部就业人员的比重为33.3%，同比下降0.3个百分点；第二产业就业人员1437.8万人，比上年减少0.3万人，所占比重为34.2%，同比下降0.2个百分点；第三产业就业人员1366.0万人，比上年增加24.6万人，所占比重为32.5%，同比提高0.4个百分点。

3. 就业再就业工作目标任务超额完成。2014年，全省城镇新增就业72.1万人，下岗失业人员再就业25.9万人，就业困难对象再就业9.7万人，分别完成全年目标任务的103%、118%和121%，均超额完成全年目标任务。城镇登记失业人数为38.3万人，城镇登记失业率为3.59%，比上年回落0.09个百分点，低于4.5%的调控目标，为近5年来最低。年内全省有379户零就业家庭实现每户至少一人就业，零就业家庭数保持动态为零。

二、城镇非私营单位就业人员工资水平继续提高

2014年，省委、省政府高度关注民生，通过采取提高最低工资标准、增加机关事业单位津贴补贴等措施，全省城镇非私营单位就业人员年平均工资继续提高，为45114元，比上年增加3613元，增长8.7%。增速比上年提高1.3个百分点。其中，在岗职工平均工资（含劳务派遣人员）46239元，比上年增加3707元，增长8.7%。扣除物价因素，就业人员平均工资实际增长6.9%。

1. 分企事业机关看，事业、机关平均工资增长快于企业。全省企业单位就业人员平均工资为47056元，比上年提高3584元，增长8.2%；事业单位42747元，提高3813元，增长9.8%；机关单位39212元，提高3453元，增长9.7%。事业、机关单位平均工资增速分别比企业单位快1.6个和1.5个百分点。

2. 分登记注册类型看，全省其他所有制单位年平均工资最高，为47004元，提高3426元，增长7.9%；其次是国有单位，为43351元，提高3703元，增长9.3%；第三位是集体单位，为36358元，提高3301元，增长10.0%。

3. 分国民经济行业门类看，行业平均工资差距明显。除采矿业比上年下降3.54%外，其他行业平均工资比上年均有不同程度提高。高于全省平均工资的行业有6个。年平均工资最高的三个行业中，信息传输、软件和信息技术服务业83469元，是全省平均水平的1.85倍；金融业73130元，是全省平均水平的1.62倍；电力、热力、燃气及水的生产和供应业69985元，是全省平均水平的1.55倍。年平均工资最低的三个行业中，农、林、牧、渔业15559元，是全省平均水平的34.5%；住宿和餐饮业28971元，是全省平均水平的64.2%；水利、环境和公共设施管理业30674元，是全省平均水平的68.0%。最高与最低行业平均工资之比是5.36：1，比2013年的5.03：1差距有所扩大。

4. 分设区市看，各设区市平均工资均比上年有所提高。全省有5个市就业人员年平均工资超过全省平均水平，分别是廊坊55592元、秦皇岛50451元、唐山50344元、石家庄（含辛集市）47467元、沧州45751元。就业人员平均工资排在第6位到第11位的分别是承德43309元、保定（含定州市）41734元、衡水40474元、张家口40158元、邢台39950元、邯郸39707元。

2014年，定州市和辛集市城镇非私营单位就业人员平均工资分别为38424元和37600元。

三、城镇私营单位就业人员平均工资较快增长

2014年，全省城镇私营单位就业人员年平均工资为31459元，比上年增加3324元，增长11.8%。扣除物价因素，实际增长9.9%。

分设区市看，各设区市及省直管县（市）城镇私营单位就业人员年平均工资均达到2.7万元以上。高于全省平均水平的有4个市，分别是唐山34475元、廊坊33855元、石家庄（不含辛集市）32705元、秦皇岛32090元，低于全省平均水平的7个市分别是沧州31148元、保定（不含定州市）30726元、承德30229元、邢台29459元、衡水28737元、邯郸28249元和张家口27723元。

四、社会保障水平进一步提高

1. 养老保险制度参保人数显著增加。2014年底，全省参加企业基本养老保险社会统筹的人数为1074.3万人，比上年增加60.79万人，增长6.0%。机关事业单位基本养老保险参保人数为187.66万人，比上年增加6.75万人，增长3.7%。参加城乡居民社会养老保险的人数为3404.4万人，比上年增加50.2万人，增长1.5%，其中符合领取养老金条件60周岁以上居民为897.94万人。

2. 医疗保险参保人数稳步增长。年末全省参加城镇职工基本医疗保险人数为944.46万人,比上年增加18.17万人,增长1.96%。全省参加城镇居民基本医疗保险人数为753.06万人,比上年增加4.84万人,增长0.65%。

3. 失业保险参保人数继续增加。年末全省参加失业保险人数为508.7万人，比上年增加4.8万人，增长1.0%。全年全省共为13.06万名失业人员提供了不同时限的失业保险待遇。年末领取失业保险金人数为7.01万人，比上年末减少0.1万人。

4. 工伤保险和生育保险参保人数较快增长。年末全省参加工伤保险人数为778.67万人，比上年增加41.63万人，增长5.6%。其中高风险企业职工122.17万人，农民工209.56万人。全年享受工伤保险待遇人数为10.37万人，比上年减少0.13万人。全省参加生育保险人数为684.02万人，比上年增加16.44万人，增长2.5%。全年有22.45万人次享受了生育保险待遇，比上年增加6.76万人次。

（河北省统计局　戴利伟）

安全生产

一、2014年河北省安全生产综述

2014年，河北省安全生产形势总体稳定，事故起数和死亡人数双下降，但较大事故起数上升，部分行业事故多发，重大事故仍有发生。

（一）安全生产总体情况平稳。2014年，全省事故总起数和死亡人数同比双下降。共发生各类事故8981起，同比减少248起，下降2.7%；死亡2822人，同比减少65人，下降2.3%；受伤3935人，同比减少341人，下降8%；造成经济损失22450.5万元，同比减少3836.8万元，下降14.6%。发生较大事故28起，同比增加2起，上升7.7%，死亡107人，同比减少5人，下降4.5%；发生重大事故1起、死亡13人，均同比持平；未发生特别重大事故。2014年以来，全省事故起数和死亡人数连续12个月保持双下降。

（二）多个行业（领域）事故下降。2014年，全省各行业（领域）中，工矿商贸、道路交通和农业机械3个行业（领域）事故起数和死亡人数同比双下降，事故起数分别下降26.4%、3.7%和15.6%，死亡人数分别下降22.4%、0.1%和33.3%。工矿商贸各行业事故起数和死亡人数均同比双下降。具体是：煤矿事故同比减少6起、20人，分别下降27.3%和57.1%；金属与非金属矿事故同比减少11起、7人，分别下降45.8%和26.9%；建筑业事故同比减少17起、17人，分别下降34.7%和26.6%；危险化学品事故同比减少5起、7人，分别下降71.4%和77.8%；烟花爆竹事故同比减少2起、6人，分别下降66.7%和85.7%；工商贸其他行业事故同比减少14起、3人，分别下降13.6%和2.4%。

（三）部分行业（领域）和地区较大事故下降。2014年，从各行业（领域）情况看，全省危险化学品、烟花爆竹、铁路路外和农业机械4个行业（领域）均未发生较大事故；生产经营性消防火灾较大事故同比减少3起、15人，均下降75%。从各地情况看，定州和辛集2个市均未发生较大事故；石家庄和承德2个市较大事故起数和死亡人数同比双下降；邯郸、沧州和廊坊3个市较大事故起数同比持平，死亡人数同比下降。

（四）多数市工矿商贸领域安全生产状况稳定。2014年，全省多数市工矿商贸领域安全生产状况稳定。其中，石家庄、唐山、秦皇岛、保定、张家口、承德、沧州、廊坊和辛集9个市事故起数同比下降，降幅为4.7%～78.9%，其中石家庄降幅最大。石家庄、秦皇岛、保定、张家口、承德、廊坊和辛集7个市死亡人数同比下降，降幅为17.6%～83.3%，其中辛集、石家庄降幅较大。石家庄、秦皇岛、保定、张家口、承德、廊坊和辛集7个市事故起数和死亡人数同比双下降。

（五）部分行业（领域）和地区事故上升。2014年，全省部分行业（领域）事故上升。其中，铁路路外事故起数和死亡人数同比上升，分别增加8起、6人，上升7.5%和8.5%。部分行业（领域）和地区较大事故上升。从各行业（领域）情况看，工矿商贸较大事故增加5起、3人，分别上升50%和7%；道路交通较大事故增加1起、10人，分别上升9.1%和21.7%。工矿商贸各行业中，煤矿发生1起经济损失超过1000万元，无人员伤亡的较大事故，金属与非金属矿发生较大事故2起、死亡7人，去年同期上述2个行业均未发生较大事故；建筑业较大事故同比增加3起、7人，分别上升150%和77.8%；工商贸其他行业较大事故起数同比增加1起，上升16.7%。从各地情况看，邢台发生较大事故3起（分别为铁矿透水事故、供气站爆炸事故和交通事故），张家口发生较大事故2起（均为交通事故），衡水发生较大事故1起（交通事故），分别死亡12人、13人和4人，去年同期上述3个市均未发生较大事故；唐山较大事故同比增加1起、4人，分别上升33.3%和40%；秦皇岛较大事故起数同比持平，死亡人数增加1人，上升33.3%；保定较大事故起数同比增加1起，上升33.3%。

（六）各类安全生产指标完成情况。2014年国家下达河北省4大类、16项控制考核指标，其中铁路交通事故死亡77人，超出全年控制指标（70人）；重大事故1起，超出全年控制目标（零控制），其他各项指标均在控制范围以内。

二、重点工作进展情况

（一）强化安全生产责任落实。2014年是省委、省政府在落实安全生产责任上力度最大的一年。省委、省政府出台了《河北省安全生产“党政同责、一岗双责”暂行规定》，省政府办公厅先后印发了《河北省深化安全生产承诺制工作方案》、《河北省企业安全生产诚信管理办法》等文件。按照省委、省政府的部署要求，11个设区市、2个省直管县（市）以及186个县（市、区）都结合本地实际，以不同方式出台了党政同责的相关规定。全省有11.6万家企事业单位与当地政府签订了《安全生产承诺书》，初步建立了多部门共同合作的安全生产激励约束机制。进一步加大了事故查处和责任追究力度，2014年由各级安监部门牵头调查的安全事故111起，已结案88起，给予党纪政纪处分146人，移送司法机关35人，行政处罚1360万元。全省11个设区市、2个省直管市以及186个县（市、区、开发区）都出台了"党政同责"相关规定。

（二）完成了高危重点行业（领域）专项整治年度目标。在煤矿方面，11月1日，周本顺书记在张家口与蔚县县委书记谈话，就打好煤矿安全生产攻坚战、落实安全生产责任等提出要求；5月21日和28日，张杰辉副省长分别在张家口、邯郸市主持召开煤矿矿长谈心对话会，省煤管局先后组织16场次、与97名煤矿矿长进行了谈心对话。省煤管局建立健全了煤矿瓦斯防治能力评估制度和标准，制定下发了《河北省煤矿瓦斯等级鉴定机构管理办法》，并对5家瓦斯鉴定机构的资质进行了考核。在非煤矿山方面：狠抓了3个国家重点县、6个省重点县攻坚克难专项行动，开采秩序混乱、非法违法问题严重等深层次问题正在逐步得到解决。由省政府出资490万元，聘请29家技术服务机构，对全省所有地下矿山进行了全面排查治理，查出安全隐患和问题1.1万条，重大安全隐患120条，下达整改指令1046份，建议关闭系统53个、整合系统34个。在尾矿库方面，全省各级政府和企业千方百计筹集资金18亿元，整治尾矿库1242座，关闭550座，超额完成了年初确定的目标。制定了《尾矿库生产运行作业规范》，已作为河北省地方安全标准正式发布。在油气管网方面，全省安监部门共组成118个检查组，出动检查人员900余人次，共排查设备设施及安全管理方面存在隐患317项、违法占压和安全距离不足等隐患1395处，相关企业投入整改资金2375.5万元，整改隐患271项，清理占压及安全距离不足问题21处，达成清理协议18处，剩余1356处已移交发改部门协调解决。在危险化学品方面，依法注销了210家企业的安全生产许可证，完成了589家企业自动化控制改造和321家企业的在役装置设计诊断，对全省95个化工园区（化工集中区）开展了为期三个月的安全专项整治；出资100万元，聘请17家技术服务机构，对200家重点化工企业和18家烟花爆竹生产企业开展深层次、大规模的隐患排查治理专项行动。

（三）扎实开展"六打六治"打非治违专项行动。全省各企事业单位共排查治理事故隐患43.4万处，已整改42.5万处，整改率97.9%。各级各部门组织2.5万个执法检查组，参加执法人员16万人次，检查企事业单位和场所7.9万处，组织开展跨地区、跨部门联合执法1189次，对重大非法违法行为备案477件，向社会公告"黑名单"企业143家，关闭非法违法企业284家。

（四）深入开展涉爆粉尘企业安全生产大检查。省安委会先后4次下发文件进行安排部署，确定了"四个100%，两个零指标"的目标；省安委办组织了两轮专项督导检查，召开了两次现场调度会、两次大规模的培训活动，对262名各市安监部门主管科(处)长、100家安全中介机构技术负责人、91家涉爆铝镁粉尘企业安全技术负责人进行了强化安全培训。为查清底数，对7大类、1725家涉爆粉尘企业的基本信息进行了摸底统计。大检查中各级共查出问题和隐患2.8万条，责令停产整顿63家。

（五）安全生产警示教育活动取得成效。全省共组织宣讲404场，11.6万家企事业单位主要负责人接受了警示教育，市、县两级也参照省级模式，组织安委会成员单位干部职工、企业安全管理人员和一线员工共计860多万人开展了警示教育活动。

（六）狠抓安全生产应急救援体系建设。河北省出台了《河北省生产安全事故应急处置办法》和《河北省生产安全事故应急处置评估暂行办法》；成功举办了全省煤矿瓦斯爆炸事故应急救援演练观摩会和河北省2014年长输管道泄漏爆炸事故应急救援演习。全年各级共开展应急演练4800次，投入2500多万元，参演30余万人；18万多家生产经营单位编制了应急预案，完成了1208家重大危险源企业、8600余处重大危险源点的评估备案工作。省安全生产应急救援指挥中心（救援训练基地）工程建设进展顺利，指挥中心大楼、综合训练馆、教学培训楼、装备库等主体工程已完工，2015年6月份之前能够全部建成，投入使用。

（七）全面加强安全生产基层基础工作。省政府办公厅印发了《乡镇（街道）安全生产监管规范化建设实施意见》，省安监局组织召开了全省乡镇安全生产监管规范化建设现场会。各级培训机构对2.2万名企业主要负责人、1.5万名安全管理人员、10万名特种作业人员进行了安全培训，102万名职工接受了全员安全培训。积极开展了安全生产标准化创建活动，1.2万家企业通过了验收。

三、2014年发生的一次性死亡10人以上生产安全事故案例

2014年，河北省共发生一次性死亡10人以上生产安全事故1起，即：2014年3月7日，河北开滦（集团）化工有限公司发生炸药爆炸事故，造成13人死亡。

（一）事故基本情况。2014年3月7日11时25分，位于唐山市古冶区赵各庄北的唐山开滦（集团）化工有限公司乳化炸药生产车间发生重大爆炸事故，造成13人死亡，直接经济损失1526.53万元。

（二）事故原因

1.直接原因。石家庄晓进机械制造科技有限公司（以下简称晓进公司）研发的民用乳化炸药装药机叶片泵内存有死角，结构设计不合理，容错能力低、风险大，存在固有缺陷。装药机转子与转子下端面和泵底上端面之间的物料摩擦、转子上下端面与泵体端面之间金属摩擦产生的热积累，导致物料中的析晶含油硝铵发生热分解，最终导致爆炸。

2.间接原因

（1）晓进公司研发和生产装药机执行国家标准和行业标准不到位。未按照《机械工业产品设计和开发基本程序》(JB/T5055—2001)规定，进行设计计算，并编写计算书；未对技术设计进行评审并记录；未验证工艺规程、工序能力及工装，未编写样机试制总结报告以及开展工序质量控制点活动等。未按照《生产设备安全卫生设计总则》(GB5083—1999)规定，对生产、使用、贮存和运输易燃易爆物质和可燃物质的生产设备，根据其燃点、闪点、爆炸极限等不同性质采取避免摩擦撞击的预防措施。未按照《民用爆破器材企业安全管理规程》(WJ9049—2005)规定，对用于加工、输送、存储危险物品的各种设备器具，或有可能接触危险物品的运转部件选择合理密闭方式，在设计制造时采取防止产生火花、静电危害和不安全的机械摩擦、撞击等措施。未按照《爆炸性环境用非电气设备》(GB25286.5—2010)规定，对无润滑活动部件和固定部件之间能产生潜在易燃热表面和/或机械火花的摩擦接触等问题在间隙尺寸方面采取避免措施。

(2)晓进公司生产的叶片泵装药机用于乳化炸药生产存在安全隐患。晓进装药机叶片泵存在固有死角区域，而这些死角区域积累的不可置换的物料始终处于摩擦、挤压状态，容易产生热积累。配合间隙小、内外定子曲面设计不合理、泵底环形槽设计不合理、外定子设计不合理等因素的存在，不断产生和加剧叶片与内外定子之间、叶片上下切面与泵体端面之间、转子上下端面与泵体端面之间的金属摩擦。该叶片泵应用于乳化炸药生产存在的固有缺陷，所带来的爆炸风险无法通过日常维护保养完全消除，用于乳化炸药生产存在安全隐患。

(3)南京理工科技化工有限公司对晓进公司研发的大直径叶片泵装药机出具的安全评价报告重要条款严重漏评。晓进装药机进入市场前，由南京理工科技化工有限公司进行了安全评价。该评价所依据的技术规范和标准不充分，未将《生产设备安全卫生设计总则》(GB5083—1999)等标准作为主要评价依据，评价报告《设备安全性检查表》未对泵体内相对运动的零件可能产生的机械摩擦、撞击等作出评价，也未提出相应的防范措施和建议。未按照《机械工业产品设计和开发基本程序》(JB/T5055—2001)，对晓进装药机的设计计算、技术设计与开发评审、材料选择、工艺工装评审、型式试验等项目作出评价。

(4)开滦化工公司安全管理不到位。职工教育培训不到位，隐患排查不彻底。《设备使用维修保养制度》、《设备检修安全管理制度》内容不全，规定不严格，不能有效地规范设备保养和检修，对乳化炸药装药机大中修仅规定了检修周期，未规定检修内容，对关键零部件未规定定期强制更换的要求。

(5)唐山市工信局对开滦化工公司安全生产大检查不到位。未发现该公司存在的职工教育培训不到位，隐患排查不彻底，《设备使用维修保养制度》及《设备检修安全管理制度》内容不全、规定不严格等问题。

3、事故性质。经调查分析认定，唐山开滦(集团)化工有限公司“3.7”重大爆炸事故是一起因设备固有缺陷导致的生产安全责任事故。

(三)对事故责任单位和责任人员处理。对晓进公司及其有关人员涉嫌违法问题，由公安司法机关依法进行调查。对装药机设计研发、生产制造、安全评价、进入市场过程中涉及的有关单位及人员是否构成犯罪，由司法机关依法独立开展调查处理。给予8名事故责任人员相应的党政纪处分和组织处理；依据有关法律法规和文件规定，由省安全监管局处80万元罚款。

(河北省安全监管局　强少辉)

物　价

2014年，河北省物价局在省委、省政府的领导和国家发改委的指导下，紧紧围绕“稳增长、促改革、调结构、惠民生”的各项部署，充分发挥价格监管、价格调控和价格服务的职能作用，圆满完成了各项物价工作任务，取得了显著成绩。

一、积极推进价格改革

一是放开、下放部分价格管理权限。经省政府批准，放开瓶装液化气、非公立医疗机构医疗服务、专利代理服务等17项价格和服务收费标准。下放县及县以下公立医疗机构医疗服务、中小型水利工程供水、公办幼儿园收费等11项定价权限。二是推进资源环境价格改革。经省政府批准，研究制定城镇居民生活用水、用气实行阶梯价格制度的指导意见。对电解铝企业实行阶梯电价。疏导环保电价矛盾。规范部分燃煤机组上网电价。扩大居民生活用电试行峰谷分时电价范围。对商场、餐饮、宾馆等商业服务业暂缓执行峰谷分时电价政策。调整非居民用存量气城市最高门站价格。以省政府名义下发了《关于创新水价形成机制利用价格杠杆促进节约用水的意见》。研究制定了农业水价改革方案。三是推进医药价格改革。在全省所有县级公立医院实施医药价格改革，取消了15%的药品加成政策，大型医用设备检查价格降低10%，同时适当提高体现医务人员技术劳务价值的诊疗、手术等医疗服务项目价格。改进低价药管理，对现行政府指导价范围内日均费用较低的药品，取消最高零售价格。

二、发挥价格杠杆作用促进结构调整

一是下放差别电价、水价和惩罚性电价实施权限。允许各地结合实际，进一步扩大实施差别电价的行业范围、提高加价标准。对工商企业、服务业等用水实行了超额累进加价制度，工业用水差别水价实施范围由8个高耗能行业扩大到所有行业的淘汰和限制类生产设备。二是落实脱硝除尘等环保电价补偿政策。根据国家政策要求，对省内完成脱硝、除尘改造的燃煤机组及时给予电价补偿。三是提高排污费收费标准。制定了2015年至2020年分三步实施方案。四是研究制定电动汽车用电价格政策及充换电服务费用标准。

三、开展收费专项检查整治减轻市场主体负担

一是开展商业银行收费专项检查。对65家金融机构的101个分支行进行了检查，实现经济制裁近亿元，通过检查，减免、停收、降低了多项收费项目和标准。二是开展涉企收费第二阶段专项检查。重点检查了工商、环保、消防、交通、住建部门收费。会同财政部门研究制定了涉企行政事业性收费目录清单。三是全面清理进出口环节收费。重点对港口码头服务、口岸检验查验、进出口管理平台环节收费进行了清理规范。四是减免涉及养老、医疗机构、小微企业行政事业性收费。对非营业性养老和医疗机构建设全额免征行政事业性收费，对营业性养老和医疗机构建设减半收取行政事业性收费，对小微企业免征组织机构代码证书费等42项行政事业性收费。

四、加强民生价格监管维护群众利益

研究制定幼儿园收费管理实施细则和规范高中收费的意见。全面梳理和规范各种类型的研究生收费政策。研究修订《河北省物业服务收费管理实施办法》。开展有线数字电视收费政策评估。召开七次高速公路车辆通行费标准听证会。进一步完善了社会救助和保障标准与物价上涨挂钩联动机制。加大节假日市场价格巡查力度。协调推进12358价格举报系统四级联网建设。2014年，全省共查处各类价格违法案件3379件，查处违法所得金额1.31亿元，经济制裁金额1.82亿元，其中，退还用户金额4213万元。

五、转变职能提升价格公共服务水平

一是成本调查和监审工作继续取得新成绩。认真开展成本监审，全年共完成230项成本监审项目，涉及教育、高速公路、水利工程等行业，核减不应计入定价成本的费用52亿元。二是价格认定工作获得广泛认可。有效统筹系统资源，研究建立重大和突发事件涉案财物价格认定应急机制，提高快速反应和应急处置能力。认真做好涉案、涉纪、涉税财物价格认定，2014年，全省共受理价格鉴证业务55962件，标的金额63.42亿元。三是价格监测信息工作取得新进展。根据新形势要求，对过去的监测报告制度进行修订。“数字物价”建设有序推进，完成了河北物价网的改版设计。积极推进价格监测预警系统开发建设，系统建成后，将大幅度提高河北省价格监测工作质量和水平。四是高度重视党风廉政和政风行风建设。严格履行价格听证、专家评审、集体审议、社会公示等政府定价工作制度。认真落实党风廉政建设责任制，研究制定了《河北省价格行政处罚案件审理、审查规则》、《河北省物价局行政处罚自由裁量细化标准》，廉政风险防控机制落实有力，为民、务实、清廉的作风进一步形成。

（河北省物价局　于　哲）

消费品市场

2014年，全省经济形势复杂严峻，经济下行压力加大，面对矛盾与困难叠加的局面，在省委、省政府的正确领导下，各级各部门认真贯彻落实各项促进消费政策，企业积极采取多种应对措施，在困境中谋发展，在调整中促转型。经过全省上下的共同努力，消费市场总体呈现平稳运行态势。

一、2014年市场运行特点

（一）消费品零售额平稳增长。全年全省消费品零售额实现11690.1亿元，同比增长12.4%。增速分别比一季度和上半年提高0.6和0.2个百分点，与前三季度持平。从全年市场运行情况看，全省消费品零售额呈现平稳增长态势。

（二）城镇乡村市场共同发展。四季度，城镇市场实现零售额2775.8亿元，同比增长12.0%，乡村市场实现零售额811.3亿元，同比增长14.0%，快于城镇市场2.0个百分点。1—4季度，城镇市场实现零售额9123.6亿元，同比增长12.2%，乡村市场实现零售额2566.5亿元，同比增长13.1%，快于城镇市场0.9个百分点。乡村市场增速总体上好于城镇市场。

（三）批发零售业保持增长。批发零售业作为消费市场的支柱行业全年保持了增长的态势。4季度，全省批发零售业销售额88473.0亿元，同比增长10.2%。其中，批发、零售业销售额分别为4746.3亿元和3726.7亿元，同比分别增长6.9%和14.6%；1—4季度，全省批发零售业销售额28276.5亿元，同比增长12.9%。其中，批发、零售业销售额分别为16198.5亿元和12078.1亿元，同比分别增长11.6%和14.9%。

（四）住宿餐饮业增长较快。4季度，全省住宿餐饮业营业额579.9亿元，同比增长16.5%，比3季度提高0.9个百分点；1—4季度，全省住宿餐饮业营业额1918.2亿元，同比增长15.6%，比1—3季度提高0.3个百分点。2014年，住宿餐饮业营业额四个季度的增速分别为14.5%、15.8%、15.6%、16.5%，全年呈现较快增长运行态势。

（五）部分大类商品平稳增长。在统计的25个大类商品中，有10个大类的商品累计增速同比超过10%，其中，粮油食品饮料烟酒类增长12.5%，化妆品类增长10.4%，日用品类增长13.7%，五金、电料类增长12.5%，书报杂志类增长38.4%，电子出版物及音像制品类增长15.8%，中西药品类增长18.6%，家具类增长18.2%，建筑及装潢材料类增长28.8%，棉麻类增长12.6%。

二、存在的主要问题

2014年，消费市场存在的矛盾和问题主要有以下几个方面：

一是增长速度放慢，保增长的压力较大。2013年，全省社会消费品零售总额四个季度的增速分别为12.9%、13.1%、13.3%和13.6%，呈现稳中趋升态势；2014年，四个季度的增速分别为11.8%、12.6%、12.7%和12.4%，可以看出，2014年比2013年增速放慢，且4季度出现下滑，保增长的压力较大。

二是限额以上住宿餐饮业持续低迷，对产业链中上下两端的相关产业造成较大影响。2014年4季度，全省限额以上住宿餐饮业营业额36.2亿元，同比下降7.9%。2014年限额以上住宿餐饮业营业额四个季度的增速分别为−15.4%、−9.6%、−11.6%和−7.9%，下滑速度虽有所减缓，但由于受多种因素的影响，限额以上住宿餐饮业仍然比较低迷。

三是缺乏新的消费热点。目前，国内经济已步入新常态。一方面由于受居民购买力因素影响，另一方面，缺乏刺激消费的新政策，消费市场缺乏新的消费热点。

四是确保安全消费、放心消费的市场秩序还需进一步整顿与规范。

三、2015年一季度走势展望

从有利因素看：一是经济步入新常态，新的消费政策不断推出，以及政府刺激消费相关政策的逐步实施与到位，消费亮点不断出现。二是城乡居民收入稳步增长。城乡居民收入的增加，促进了购买力进一步提高。三是社会保障体系加强。随着各项惠民政策的进一步实施与落实，民生改善投入力度不断加大，城乡居民的消费能力得到进一步释放。

从不利因素看：一是经济下行压力较大，经济形势依然错综复杂，经济发展面临较大挑战。由于消费品市场与宏观经济高度相关，宏观经济发展的状况直接决定了消费市场的境况。二是居民消费能力不足。相对于全国平均水平来说，我省整体工资收入水平明显偏低，在一定程度上影响了居民的消费水平。三是住宿餐饮业持续低迷。住宿餐饮业企业经营面临的困难仍然较多，尤其限额以上企业经营依然没有走出困境。四是在社会总需求动力不足的背景下，商业企业扩张迅猛，企业间竞争压力较大，对企业的持续健康发展造成不利影响。

综合分析各方面因素，预计今年一季度全省消费品市场将继续保持平稳增长的态势。

四、对策建议

（一）不断提高居民的收入水平。城乡居民收入不断增长是促进消费的关键。因此，一方面政府要采取有效措施，促进居民收入特别是工资性收入的持续快速增长；另一方面，通过稳定和扩大就业，提高最低工资标准，增强收入增长的可持续性，提高城乡居民的收入预期和持久消费能力。

（二）提高社会福利，解决百姓后顾之忧。完善养老、就业、医疗、教育、住房等制度的改革，解决居民消费群体的后顾之忧，不断释放居民的消费需求。建立城乡居民收入稳定增长的机制，解决中低收入者消费能力不足的问题，从根本上刺激消费，提高消费对经济增长的贡献率。

（三）研究出台促消费新政策。在原有的促消费政策取消后，新的消费政策尚未成熟，如城镇化、健康消费、信息消费等新政的动力尚未充分释放，促消费政策出现了空档期。随着居民消费结构的升级，消费理念的更新，应研究、适时推出促消费新政，充分刺激国内消费市场，提高消费对经济增长的拉动力。

（四）积极培育新的消费热点，扩大社会消费总量规模。当前，在群众必需品保持刚性增长的前提下，以家电、通讯、信息等消费对市场的引导作用趋弱，应抓住结构调整、转型升级、城乡一体化的契机，针对城乡消费的不同群体和特点，积极培育消费热点，扩大消费总量，以形成新的经济增长点。

（五）扩大政府或社会集团消费。对于涉及民生等领域的一些公共服务等，可采取政府或社会集团采购的方式扩大和提高消费份额，提升全省消费市场总体规模和水平。

（六）加快发展现代服务业，以产业发展拉动消费，促进服务业特别是现代服务业加快发展。做大做强做精旅游、文化、信息、商贸流通等服务性产业，增加产业对就业的吸收能力。推进城市综合体和特色商业街项目，鼓励大型商贸企业向中小城镇延伸。大力发展休闲旅游、康复保健、养老服务等生活性服务业。

（七）从政策上给予住宿餐饮企业一定支持。住宿餐饮企业经营困难一方面影响到上游产业生产经营，另一方面在生产经营困难情况下裁员措施对就业形势也会形成一定影响。应采取措施给予一定程度政策扶持，减轻企业负担，助推住宿餐饮企业转型与发展。

（八）转变经营理念，改进管理模式与技术。企业应转变以往大中型百货店千店一面，定位雷同，大而全的理念，准确市场定位，突出经营特色，向顾客喜爱的、融合购物、休闲、娱乐等生活空间的、多元化的购物中心模式快速转型；积极改进传统管理模式，降低管理成本，堵塞漏洞，跳出激烈价格战的怪圈，以最大化提高效率与利润。技术方面，百货店应建立POS系统、条形码技术及后台电脑分析系统，加强对企业物流和资金的实时监控，有效控制商品库存和营运成本，提高综合效益。

（河北省统计局　李庆贺）

居民消费价格

2014年，世界经济形势复杂多变，分化加剧。从国内看，结构调整在阵痛中前行，经济增长换挡减速。从国际看，发达经济体走势分化，新兴经济体增速放缓，特别是伴随着美元走强，石油、铁矿石等大宗商品价格深幅下挫。在此背景下，河北居民消费价格总水平（CPI）上涨1.7%，比上年回落1.3个百分点，成为最近5年来的低谷。分类别看：食品价格上涨了2.3%，非食品价格上涨了1.4%；消费品价格上涨了1.6%，服务项目价格上涨了1.9%。分城乡看：城市上涨了1.7%，农村上涨了1.8%。

一、2014年河北CPI运行特点

2014年河北居民消费价格总水平（CPI）的运行特点主要表现在：总水平低位运行，走势比较平稳；食品类价格涨幅显著回落；服务项目价格连年上涨，对总水平影响加大；河北CPI低于全国平均水平。

（一）总水平低位运行，走势比较平稳。2014年河北居民消费价格总水平（CPI）上涨1.7%，比上年的3.0%收窄1.3个百分点，价格水平回落到“1时代”，成为最近5年来的低点。从月度环比指数看，仅春节前后的1、2月份环比涨幅略高，分别上涨1.3%、1.1%，其余10个月在99.1%—100.1%之间波动，波幅在1个百分点以内，CPI走势比较平稳。从月度同比指数分析，有7个月涨幅低于2%，其中11月份同比涨幅仅0.9%，为全年最低；除3、5月份涨幅扩张程度较高外，其他月份扩张或收窄的程度都相对平稳，全年CPI总体水平低位运行，涨势比较温和。

（二）食品类价格涨幅显著回落。2014年，八大类商品和服务价格同比“6升1平1降”。其中，食品类价格同比上涨2.3%，涨幅比上年收窄3.6个百分点，回落最为显著。从调查的16个食品小类商品看，涨幅回落明显的有4类：一是粮食，涨幅比上年回落5.7个百分点；二是油脂，涨幅比上年回落5.3个百分点；三是肉禽及制品，涨幅比上年回落8.7个百分点（其中猪肉同比下降7.6%，回落8.9个百分点）；四是菜，涨幅比上年回落13.3个百分点（其中鲜菜同比下降了5.4%，回落14.3个百分点）。涨幅显著扩大的有2类：鲜蛋同比上涨14.5%，涨幅比上年扩大了10.8个百分点；鲜瓜果同比上涨20.7%，涨幅比上年扩大了12.7个百分点。

（三）服务项目价格连年上涨，对CPI影响增强。2014年，河北服务项目价格同比上涨了1.9%，对总水平的影响度由上年的18.6%增大到32.0%。其中涨升幅度较大的是：家庭服务上涨8.9%，挂号诊疗费上涨8.6%，缝纫、学前教育、理烫发、车辆修理服务费、旅行社收费、洗浴分别上涨了7.7%、7.3%、7.0%、6.6%、5.3%和5.1%。

（四）总指数低于全国平均水平，并列第23位。2014年河北CPI同比上涨1.7%，比全国2.0%的平均水平低0.3个百分点。在31个省（市、区）由高到低排序中，和山西、辽宁并列第23位。与相邻省份相比，低于天津、山东、河南（三省市涨幅均为1.9%），高于北京和内蒙古（涨幅均为1.6%）。在八类商品（服务）中，食品类、居住类涨幅低于全国平均水平，其中食品类涨幅比全国平均水平低0.8个百分点。食品小类中的粮食、肉禽及制品、鲜菜分别比全国平均水平低0.7、2.3和3.9个百分点，此乃河北居民消费价格总水平低于全国的主要原因。

二、对CPI走势的主要影响因素分析

2014年河北CPI总水平低位运行，主要是三方面的原因：一是“翘尾”影响大幅度降低；二是食品价格涨幅显著回落；三是经济大势促使CPI低位运行。

（一）“翘尾”影响大幅度降低。从同比价格指数构成看，分为“翘尾”和新涨价两部分。据测算，2014年“翘尾”影响约为0.7个百分点，在全年1.7%的涨幅中，其影响度为41.2%，比2013年的66.7%大幅度降低。2014年的“翘尾”影响比上年下降了1.3个百分点，恰与同期价格总水平回落幅度相当。

（二）食品涨幅回落是影响CPI走低的最主要因素。从影响CPI走势的商品分类看，食品价格涨幅的显著回落，无疑是拉低CPI的最主要的因素。2014年河北食品价格同比上涨2.3%，比上年回落3.6个百分点，拉动CPI总水平上涨0.75个百分点，影响度为43.6%；而2013年河北食品价格同比上涨5.9%，影响度高达62.8%；2011年—2013年食品类价格对CPI总水平的平均影响度也达到了57.4%。分项观察，猪肉、鲜菜两个重要基本分类双双走低，对食品乃至CPI涨幅回落影响巨大。2014年河北猪肉价格同比下降7.6%，拉动CPI总水平下降0.2个百分点，而前三年猪肉平均拉动总水平上涨0.23个百分点；2014年河北鲜菜价格同比下降5.4%，拉动CPI总水平下降0.2个百分点，而前三年鲜菜平均拉动总水平上涨0.27个百分点。

（三）经济大势促使CPI低位运行。国内经济受困于资源、能源、环境等多方面制约，经济增长要换挡减速，农业基础薄弱，工业产能过剩，产业结构调整要经历长期阵痛，同时大规模经济刺激的副作用需要时间消化。2014年12月河北制造业采购经理指数(PMI)为45.2%,依然低于50%的荣枯分水线;工业品出厂价格(PPI)同比下降7.8%,创26个月新低,经济大势促使CPI低位运行。

综合来看，2014年居民消费价格总水平回落到“1时代”，既是石油、铁矿石等大宗商品价格深幅下挫，输入性通缩直接影响的结果，同时也是价格运行规律的体现。而最根本的原因则是国民经济总体运行态势趋于下降，经济换挡转型的阵痛依然持续。

（国家统计局河北调查总队　王建辉）

工业生产者价格

近年来，受外贸出口压力加大、国内有效需求萎缩、投资增速下滑等国内外因素共同影响，工业生产增速放缓趋势持续不减，特别是一些重化工企业，面临产品结构转型与价格持续下降双重压力，利润空间大大压缩，部分企业长期处于艰难维持状态。2014年全省工业生产者出厂价格（PPI）同比指数为95.2，工业生产者购进价格（IPI）同比指数为95.6。

一、全省工业生产者出厂价格（PPI）运行情况

（一）全省PPI全年同比、环比指数持续双降。从同比看，全省工业生产者出厂价格一直在下降通道内波动运行，1至12月份累计下降4.8%。其中1至3月份分别下降3.1%、4.7%、5.3%，4至6月份分别下降4.4%、3.6%、2.9%，降幅前扩后缩；7至12月份分别下降3.1%、4.1%、5.8%、6.2%、6.7%和7.8%，降幅逐月扩大。12月份为全年最大降幅，也是全省PPI自2012年1月以来连续第36个月同比下降。

从环比看，各月工业生产者出厂价格呈持续下跌态势。分月看：一季度各月分别下降0.4%、0.8%和

0.7%；二季度各月分别下降0.2%、0.2%和0.5%；三季度各月分别下降0.5%、0.5%和1.4%；四季度各月分别下降1.0%、0.7%和1.2%。最大降幅出现在9月份。

（二）全年生产资料价格降与生活资料价格涨并存。按生产资料、生活资料两大部类分，生产资料同比价格同比累计下降5.7%。其中：采掘类、原料类和加工类产品价格分别下降11.3%、4.9%和5.5%；生活资料出厂价格延续了上年的走势，继续保持小幅上涨，同比累计上涨0.4%。其中：食品类和耐用消费品类产品价格分别上涨1.1%和0.2%，一般日用品类价格与2013年持平，只有衣着类价格下降1.4%。

（三）行业大类产品价格同比下降面广，超行业总数六成。在全省统计调查的39个工业行业大类中，2014年有25个行业大类出厂价格同比下降，占到行业总数的64%。其中有7个行业降幅超过5%，分别是：黑色金属矿采选业下降12.6%，居首位；位居第二的是煤炭开采和洗选业，同比下降11.8%；其余5个行业废弃资源综合利用业、黑色金属冶炼及压延加工业、石油加工炼焦和核燃料加工业、有色金属冶炼及压延加工业和有色金属矿采选业，同比分别下降10.0%、9.6%、6.2%、6.0%和5.4%。

（四）全省主要工业行业产品出厂价格运行特点

1. 钢铁、铁矿同比价格大幅度下降。受国际市场钢铁需求减少，国内钢铁产能过剩、需求疲软等因素共同影响，钢铁价格一直震荡下行。1至12月份，全省钢铁业同比累计下降9.6%，仅此一项拉降总指数3.0个百分点，成为影响工业品价格总水平走向的第一主力行业。

另外，受全球钢铁业大规模减产，及国内钢铁需求长期疲软影响，铁矿石价格降幅逐月增大。2014年全省铁矿开采同比价格累计下降12.6%，降幅居全部行业大类之首。其中1至6月份同比分别下降2.0%、5.0%、7.7%、7.2%、7.8%、8.1%，7至12月份同比分别下降11.2%、14.7%、18.3%、20.2%、22.5%和27.6%，降幅之大多年罕见。

2. 煤炭开采和洗选业同比降幅居第二位，累计下降11.8%。受产能过剩、节能减排政策制约和市场需求疲软等因素共同影响，2014年全省煤炭开采和洗选业同比下降11.8%，在所调查的所有行业大类中降幅位居第二。其中1至3月份，同比分别下降11.5%、13.2%和14.9%，降幅呈逐步扩大之势；4至8月份同比分别下降14.1%、13.1%、12.1%、10.7%和7.9%，降幅逐月缩小；9至12月份同比分别下降9.4%、10.8%、11.8%和11.1%，降幅又以逐月扩大为主。最大降幅14.9%出现在3月份。

3. 石油开采业及石油加工、炼焦和核燃料加工价格巨幅波动。受全球石油开采量增加和西方美欧国家对俄罗斯经济制裁影响，2014年特别是下半年以来，国际原油价格一跌再跌，导致全省石油开采业同比累计下降4.8%，其中1至4月份同比分别下降1.3%、4.7%、7.9%和3.1%；5至8月份同比分别上涨0.9%、3.0%、7.1%和3.8%；9至12月份同比分别下降2.7%、10.1%、16.3%和24.6%，降幅急剧加深，对资源类产品价格产生了较大冲击。

受此影响，国内石油加工、炼焦和核燃料加工业同比价格也大幅下降6.2%，其中1至12月份同比分别下降2.8%、5.2%、6.5%、5.4%、2.2%、1.2%、0.4%、3.3%、8.1%、9.9%、12.3%和16.8%。

4. 化工业同比价格低位运行，累计下降3.5%。受石油价格下降、需求减少、原料成本下降以及治污停工影响，2014年全省化学原料和化学制品制造业出厂价格同比累计下降3.5%。其中主要中类产品肥料制造业降幅最大，为12.7%，基础化学原料制造同比下降2.5%，而农药制造则微幅上涨了0.6%。

二、全省工业生产者购进价格（IPI）运行情况

（一）全省IPI同比累计下降4.4%。2014年，全省工业生产者购进价格同比累计下降4.4%，其中1至12月份同比分别下降2.2%、3.5%、4.6%、4.3%、3.2%、3.5%、2.9%、3.6%、4.8%、5.8%、6.7%和8.0；从环比看，1至12月份环比分别小幅下降0.4%、0.6%、1.2%、0.7%、0.1%、0.7%、0.2%、0.4%、0.7%、1.0%、1.1%和1.2%。

（二）九大类原材料购进价格同比呈“一平八降”格局。所调查的九大类原材料购进价格中，除木材及纸浆类同比与2013年持平外，其他八大类同比均有不同程度的下降，其中：黑色金属材料类降幅最大为8.1%，其次是燃料动力类下降5.8%，有色金属材料及电线类下降4.2%，建筑材料及非金属类下降2.8%，农副产品类下降2.7%，化工原料类下降2.0%，其他工业原材料及半成品类下降1.6%，纺织原料类下降1.1%。

三、工业生产者价格走低的主要影响因素

（一）外需不足与内需增长放缓相互叠加。受全球经济危机二次探底影响，近年来欧洲经济一直难有起色，欧洲各国不断加大减产规模，外需不断收缩，我国对欧出口明显回落。与此同时，国内投资增长也有放缓，从基础设施建设和房地产来看：首先，由于上期的基础设施投资基数过大导致2014年缺乏大规模投资项目，出现了基础投资增速回落；其次，房地产投资也有所放缓，2014年3月份杭州率先降价，拉开了全国房市调整的序幕，部分三四线城市价格跌幅较大，连最为坚挺的一线城市也未能幸免。房市重压之下，各地纷纷取消限购政策，央行也在9月末调整了房地产信贷标准。但总体上说，这些政策难以改变“黄金十年”之后市场供大于求的状况，这种局面下房地产投资增速自然会慢下来。

（二）国际大宗商品进口冲击国内市场商品价格。2014年以来，受欧债危机和美欧对俄经济制裁影响，国际铁矿石、石油等大宗商品价格大跌，其进口无疑对国内市场产生巨大冲击。为保持市场占有率和维持生存，国内企业不得不降低本土产品价格。1至12月份，河北省黑色金属矿采选业各月同比从下降2.0%到下降27.6%，价格一路下滑，全年累计下降12.6%；石油和天然气开采业也是降多涨少，全年同比累计下降4.8%。

（国家统计局河北调查总队　苌惠然）

农产品生产价格

2014年河北农产品生产者价格指数为100.23，同比上涨了0.23%。

一、农产品生产价格呈“低开—上行—回落”态势

2014年，河北农产品生产者价格走势呈“低开—上行—回落”态势，全年农产品生产者价格指数为100.23，比上年上涨0.23%，涨幅同比回落了4.84个百分点。

一季度由于玉米、生猪、蔬菜等主要农产品价格逆市下滑，造成总指数年初低开，比上年同期价格下降了2.59%；二季度玉米价格回稳，且禽蛋需求升温，价格走高，拉动总指数增长，二季度生产者价格较上年同期上涨2.57%；进入三季度，玉米、禽、蛋价格继续走高，加之生猪价格回升，价格指数稳定上行，三季度生产者价格较上年同期上涨了5.7%；到四季度，生产者价格同比再次出现下降，较上年同期下降0.49%。

二、农、牧、渔业生产价格“一跌两涨”

全年种植产品、畜牧产品和渔业产品呈现一跌两涨态势，种植产品生产者价格比上年下降了2.77%，而畜牧产品和渔业产品生产者价格分别上涨了3.58%和1.67%。

（一）种植业产品。2014年河北种植业产品生产者价格指数为97.23，同比下降了2.77%。虽然玉米、小麦等主要粮食品种生产者价格保持了小幅稳定上行的态势，二、三季度种植业生产者价格指数也出现了小幅回升，但由于蔬菜、棉花、油料价格的持续下降，四季度价格指数再次出现回落态势，最终导致全年种植业农产品生产者价格指数出现下降态势。

（二）畜牧业产品。2014年河北畜牧业产品生产者价格指数为103.58，同比上涨了3.58%，上涨幅度与上年基本持平。其中活牲畜、活家禽和畜禽产品价格指数分别为94.99、106.97和113.43。活牲畜价格同比下降了5.01%，主要是由于活猪价格下降幅度较大带动所致；而活家禽和畜禽产品价格同比呈现上涨态势，则是由于活禽、尤其是鸡蛋价格需求回暖，涨幅较大，带动价格指数上涨。

（三）渔业产品。2014年河北渔业产品生产者价格指数为101.67，同比上涨了1.67%，上涨幅度较上年回升7.81个百分点。渔业产品价格指数由降转升，主要是受到了淡水养殖成本连年增加的硬性支撑以及需求回升所致。

三、主要品种生产者价格变动情况

（一）小麦生产价格保持温和上涨态势。2014年河北小麦生产者价格指数为102.1，价格较上年上涨2.1%，涨幅同比回落11.17个百分点，强势上涨的势头有所收敛。受二季度新粮上市影响而压低的小麦出售价格，进入三季度后，由于玉米价格持续走高，部分饲料企业以小麦代替玉米作为饲料用粮，扩大了小麦的需求量，加之小麦种植成本增加，小麦价格得以回升。全年小麦生产者价格基本保持了温和上涨态势，上涨幅度不大。

（二）玉米生产价格达到历史最高水平。受畜牧业快速发展的影响，2009年以来，河北玉米价格已连续保持了六年上涨，2014年全省玉米平均出售价格为2.15元/公斤，为历史最高价格。与2009年相比，每公斤上涨了0.74元，涨幅为52.48%；与2013年相比，价格上涨了3.37%，涨幅比上年回升了3.37个百分点。

年初以来，由于禽、蛋价格上涨较快，部分养殖行业回暖，饲料需求增加，导致饲用玉米价格持续上涨；同时今年入夏以来，华北、东北等部分玉米主产区遭遇了严重干旱，一些地区玉米产量有所减少，玉米价格预期会进一步走高。

（三）供需波动推动杂粮价格走高。2014年谷子生产者价格比上年上涨了17.41%，高粱上涨了3.57%，主要是由于随着居民生活水平的提高和消费观念的转变，对杂粮需求不断增加，而由于小宗品种种植面积少、产量低、总产量提升难度较大，导致生产者价格逐年走高。

（四）棉花价格持续走低，棉农种棉积极性受到冲击。自2011年以来，河北棉花价格连续4年下跌，价格从2011年一季度的每公斤11.76元下降到2014年四季度的6.53元，4年的时间每公斤下降了5.23元，价格下降了44.5%；农户种棉效益逐年降低，棉农积极性受到冲击，加之种棉费工、费时、费力，成本高，管理复杂，棉花品质又双比新疆棉差，直接导致全省棉花播种面积连年大幅减少，部分棉农纷纷改种玉米等其他农作物。

（五）供应过剩影响蔬菜价格大范围下跌。2014年蔬菜类生产者价格指数为89.08，较上年下降了10.92%，价格指数比上年同期回落了19.16个百分点。其中叶菜、甘蓝、根茎、瓜菜、茄果、葱蒜类蔬菜出售价格出现了大范围下跌，分别比上年下降了9.36%、9.49%、4.91%、14.66%、6.75%和14.44%，主要由于春季光温条件适宜，气温偏高，大棚蔬菜长势好，产量高，入夏以来，虽然河北出现了夏秋连旱，但由于蔬菜品种大多种植在水浇条件较好的耕地上，加之前几年蔬菜价格一直较高，导致今年河北蔬菜种植面积大幅增加，市场供应过剩，价格较低。尤其是三季度，白萝卜、结球甘蓝、茄子、芹菜等集中上市，出售价格大幅下降，部分农户甚至出现按亩出售而非按重量出售的现象，导致其出售价格分别比上年同期下降了55.91%、44.55%、44.44%、32.67%，下降幅度之高，历史上少见。

（六）水果生产价格有所分化，涨跌互现。2014年水果生产者价格比上年上涨3.59%，涨幅同比回落了9.94个百分点，生长期的气候条件成为影响水果生产者价格的主要因素。

苹果、梨出售价格分别比去年上涨了15.53%和45.62%，主要是因为2013年4月份的雪灾致使当年苹果、梨果产量大幅度下降，2014年上半年库存量偏低，市场走好，同时上半年价格高扬的市场走势惯性，导致下半年价格继续高于上年同期，苹果、梨全年价格处于高位运行。而葡萄、瓜类、枣全年出售价格均出现了下降，降幅分别为 9.53%、14.11%、23.89%，回落幅度较大，主要由于 2014 年气温偏高、光照足，尤其是下半年偏旱的气候非常适宜红枣的生长，导致产量增加、价格走低。

（七）生猪价格继续低位运行。河北活猪价格 2007 年已达到每公斤 12.45 元，8 年的时间价格经过两次上涨、两次回落，犹如过山车一样，价格几经起伏，到 2014 年活猪价格又回落到了每公斤 13.07 元，每公斤价格仅比 2007 年上涨了 0.62 元，生猪生产始终走不出“多了砍、少了喊”的怪圈。2014 年河北生猪生产者价格指数为 92.7，同比下降了 7.3%，降幅比上年扩大了 7.16 个百分点，全年仍然保持了低位运行的态势。

（八）活牛价格继续保持上涨态势。活牛价格自 2010 年开始快速上涨，到 2014 年活牛价格已由 13.12 元/公斤上涨到 26.29 元，短短 4 年的时间价格翻了一番，上涨了 100.38%；2014 年活牛生产者价格指数为 105.25，虽然比上年仍然上涨了 5.25%，但涨幅已出现明显回落，比 2013 年涨幅回落了 17.09 个百分点。究其原因主要是：近年来随着居民生活水平的提高，食品结构发生了变化，原来以猪肉为主的消费，逐渐由牛、羊肉所取代，加之活牛生产成本高、饲养周期长，生产技术要求高等因素，市场供应不足，导致价格不断上涨。

（九）活羊价格呈现持平略降态势。活羊生产者价格自 2006 年以来一直保持连续上涨态势，尤其是 2010 年之后价格快速上涨，价格由 2010 年的每公斤 7.93 元直线上涨到 2010 年的 15.06 元，再到 2014 年的 24.49 元，9 年的时间，活羊价格每公斤上涨了 16.56 元，上涨了 208.83%，直接导致农民养羊收益增加、养殖积极性高涨，加之养羊生产成本低、饲养周期短，生产技术要求低等多种因素的影响，农户养羊由原来的以男性为主，变为老、中、青、男、女全上阵的养殖格局，市场供应明显增加,价格开始出现小幅下降。2014 年活羊平均出售价格比上年下降了 0.04%,涨幅比上年回落了 10.96 个百分点。

（十）禽蛋消费摆脱疫病影响，价格较快上涨。2014 年河北禽蛋消费摆脱了疫病的影响，价格由上年的 8.62 元/公斤上涨到 10.52 元/公斤，价格指数也由上年的 106.95 上涨到今年的 115.35，上涨幅度高于上年 8.4 个百分点。

（国家统计局河北调查总队　马　力）

全省居民生活

2014 年，河北省主动适应经济发展的新常态，面对国内经济“三期叠加”和压产能、治污染等因素影响，坚持稳中求进、改革创新，着力稳增长、调结构、促改革、治污染、惠民生，全省城乡居民收入实现稳步增长，民生得到较大改善。全省城乡一体化住户调查资料显示：2014 年全省居民人均可支配收入为 16647 元，比上年增长 9.6%；人均生活消费支出为 11932 元，比上年增长 9.7%，收入、消费实现同步稳定增长。

一、全省居民人均可支配收入稳步增长，但增速明显放缓

（一）全省居民人均可支配收入实现稳步增长。2014 年全省居民人均可支配收入为 16647 元，比上年增长 9.6%，增速比上年放缓 1.7 个百分点。其中，工资性收入 9829 元，增长 11.0%；经营净收入 2681 元，增长 8.9%；财产净收入 1138 元，增长 8.6%；转移净收入 2998 元，增长 6.3%。收入增长主要来自占总体比重 59.0%的工资性收入，其贡献率达 66.6%，拉动可支配收入增长 6.4 个百分点。

（二）城镇居民收入的主体仍然是工资性收入。2014 年城镇居民人均可支配收入 24141 元，比上年增长 8.6%，增速比上年下降 1.3 个百分点。其中，工资性收入、养老金和退休金收入成为拉动城镇居民收入增长的主动力。全年城镇人均工资性收入为 15276 元，同比增长 8.9%，贡献率达到 65.3%，拉动可支配收入增长 5.6 个百分点；养老金和退休金收入人均为 5480 元，比上年增长 10.3%，贡献率达到 26.7%，拉动可支配收入增长 2.3 个百分点。

（三）农村居民人均可支配收入首次突破万元大关。2014 年农村居民人均可支配收入达到 10186 元，比上年增长 10.9%，增速比上年下降 1.7 个百分点。其中，农村居民人均工资性收入 5133 元，比上年增长 15.3%，对农村居民可支配收入增长的贡献率达 68.1%，拉动可支配收入增长 7.4 个百分点，成为支撑农村居民可支配收入增长的主要因素。从历史资料看，城镇居民收入早在 2006 年就已经突破万元，而农村居民收入直到 2014 年才突破万元大关，比城镇晚了 8 年。

（四）农村居民收入增速连续 5 年快于城镇。按可比口径计算，2010 至 2014 年，农村居民收入分别增长 15.7%、19.5%、13.5%、12.6% 和 10.9%。其中，2010 至 2013 年为农民人均纯收入，2014 年是农民居民人均可支配收入。城镇居民人均可支配收入分别增长 10.5%、12.5%、12.3%、9.9%和 8.6%，农村居民收入增速分别快于城镇 5.2、7.0、1.2、2.7 和 2.3 个百分点。城乡居民收入差距逐步缩小，城乡居民人均可支配收入倍差为 2.37∶1（以农村为 1），比上年缩小 0.05，比全国低 0.38。

（五）不同收入分组收入差异较大。按五等份收入分组，低收入组居民人均可支配收入 4668 元，中等偏下收入组 9956 元，中等收入组 15544 元，中等偏上收入组 23237 元，高收入组 38072 元。从五等份分组的情况看：低收入组、中等偏下收入组、中等收入组可支配收入均比全省平均水平低，分别低 11979 元、6691 元、1104 元；中等偏上收入组、高收入组可支配收入比全省平均水平高，分别高 6589 元、21425 元。全体居民收入分组中高低收入组收入比为 8.2∶1；城镇居民为 4.0∶1；农村居民为 7.1∶1。

（六）居民人均可支配收入处于全国中下游水平。全省居民人均可支配收入为 16647 元，比全国低 3520 元，增速比全国低 0.5 个百分点，在全国居第 19 位；城镇居民人均可支配收入为 24141 元，比全国低 4703 元，增速比全国低 0.4 个百分点，在全国居第 21 位；农村居民人均可支配收入为 10186 元，比全国低 303 元，增速比全国低 0.3 个百分点，在全国居第 13 位。城乡居民收入均保持了上年的位次。

二、全省居民消费全面增长，农村居民消费倾向大于城镇

（一）居民消费全面稳步增长。全省居民人均消费支出 11932 元，比上年增长 9.7%。按常住地分：城镇居民消费支出人均 16204 元，比上年增长 8.2%；农村居民消费支出人均 8248 元，比上年增长 11.8%。按八大类消费支出分：交通和通信增长 23.5%，其他用品及服务增长 16.6%，生活用品及服务增长 11.0%，教育文化娱乐增长 10.0%，医疗保健增长 7.4%，食品烟酒增长 7.3%，衣着增长 7.3%，居住增长 5.6%。

（二）农村居民消费增速快于城镇。农村居民消费支出增速比城镇居民快 3.6 个百分点。从消费分项看，农村居民食品烟酒，衣着、居住、教育文化娱乐消费支出增速快于城镇，分别高出 4.4、6.5、13.3 和 10.6 个百分点；生活用品及服务、交通通信、医疗保健和其他用品及服务消费支出增速慢于城镇，分别低于 4.4、0.7、14.8 和 19.1 个百分点。

（三）居民消费倾向增强。城镇居民消费支出比上年增加 1234 元，边际消费倾向为 0.64（消费增加额与收入增加额之比）；农村居民消费支出比上年增加 871 元，边际消费倾向 0.87。农村消费需求明显高于城镇。

（四）消费结构更加优化。随着人们生活的持续改善，消费观念的逐渐转变，居民消费需求走向多层次、多样化。生存型消费支出比重下降，享受型消费支出比重上升。2014 年居民消费中的食品烟酒、衣着、居住、医疗保健占消费比重分别为 27.4%、8.1%、22.9%、8.6%，比上年分别下降 0.6、0.2、0.9、0.2 个百分点；交通通信占生活消费比重为 14.6%，比上年提高 1.6 个百分点；教育文化娱乐、生活用品及服务和其他用品及服务占消费比重均比上年略有提高。网上购物、自驾出游、美容健身等享受型消费已经走进了千家万户。

（五）不同收入分组消费支出差异较大。按收入五等分组后，低收入组、中等偏下收入组、中等收入组消费支出均比全省平均水平低，分别低 5350 元、3794 元、1157 元；中等偏上收入组、高收入组消费支出均比全省平均水平高，分别高 3463 元、11068 元。从低收入组到高收入组的恩格尔系数总体呈下降趋势，分别为：31.1%、28.4%、27.6%、27.1%、25.2%。

（六）居民消费处于全国中下游水平。全省居民人均消费支出为 11932 元，比全国低 2560 元，增速比全国高 0.1 个百分点，在全国居第 21 位。城镇居民人均消费支出为 16204 元，比全国低 3764 元，增速比全国高 0.2 个百分点，在全国居第 23 位；农村居民人均消费支出为 8248 元，比全国低 135 元，增速比全国低 0.2 个百分点，在全国居第 12 位。

（国家统计局河北调查总队　张　坤）

城镇居民生活

2014 年河北省经济总体运行经历了缓中趋稳、稳中有进。受国内经济“三期叠加”和河北省压产能、治污染两项特殊任务共同影响，年初全省经济增速“断崖式”下滑，随着调结构、促改革、治污染、惠民生的政策实施，经济逐渐回暖，但形势依然不容乐观。受宏观经济的影响，河北省城镇居民收支明显放缓。2014 年河北城镇居民人均可支配收入 24141 元，比上年同期增长 8.6%，增速比上年同期回落 1.3 个百分点；人均消费性支出 16204 元，增长 8.2%，比上年同期回落 0.7 个百分点。

一、居民收入特征

2014 年，河北城镇居民人均可支配收入 24141 元，同比增加 1915 元，增长 8.6%，呈平稳增长态势。从构成可支配收入的各项指标看，呈全面增长态势。

（一）工资性收入稳步增长。工资性收入仍然是河北省城镇居民收入的主要部分，今年各地对工资和津贴都进行了不同程度的调整，提高了最低工资标准，调整企业职工工资指导线等等，多项措施的出台，促使城镇居民工资性收入稳步提高。2014 年城镇居民人均工资性收入为 15276 元，比上年同期增长 8.9%，占可支配收入的比重由上年同期的 63.1%上升至 63.3%；对城镇居民可支配收入增长的贡献率达 65.4%，拉动可支配收入增长 5.6 个百分点。

（二）转移净收入平稳增长。2014 年在河北连续上调企业退休人员基本养老金标准的带动下，以养老金、离退休金为主要来源的转移性收入，也有着稳步的增长。2014 年城镇居民人均转移净收入为 4836 元，比上年同期增长 7.9%，占可支配收入的比重为 20.0%，对城镇居民可支配收入增长的贡献率达 18.5%，拉动可支配收入增长 1.6 个百分点。其中，离退休金收入增长 10.3%。

（三）经营收入迅速增长。伴随着河北省产业结构的积极变化，服务业对经济增长的贡献率首次超过 50%，城镇化率达到 49.3%，城镇居民经营收入有了较大幅度的提升。2014 年城镇居民人均经营净收入为 1807 元，比上年同期增长 10.3%。经营净收入增长速度是四项构成中增长速度最快的，经营净收入占可支配收入中的比重由上年同期 6.0%上升到今年 7.5%。

（四）财产净收入逐步回升。2014 年城镇居民人均财产净收入为2222元，比上年同期增长6.7%。同年城镇居民的红利收入比上年同期上涨22.6%。随着股票市场和金融市场的回暖，以及城镇居民理财意识的增强，城镇居民财产收入将进一步得到提升。

二、居民收入差距

（一）居民高低收入户收入差距呈缩小之势。2014年河北城镇居民人均可支配收入24141元，同比增长8.6%。按可支配收入五等份分组，城镇低收入户人均年收入为11244元，同比增长20.3%；城镇中低收入户人均年收入为18822元，同比增长13.9%；城镇中等收入户人均年收入为24474元，同比增长10.9%；城镇中高收入户人均年收入为30765元，同比增长8.2%；城镇高收入户人均年收入为44886元，同比增长3.3%。低收入户收入增速明显快于高收入户，高低收入户比例为1：3.99，2013年为1：4.52，收入差距呈缩小之势。

（二）城乡居民收入差距持续缩小。2014年河北省城镇居民人均可支配收入增长8.6%，农村居民可支配收入增长10.9%，城镇居民收入比农村慢了2.3个百分点。2010年至2013年城镇居民收入增速分别比农村收入慢5.2、7.0、1.2、2.7个百分点，农村居民收入增速已经连续5年快于城镇居民。正是由于农民收入的快速增长，城乡差距在逐步缩小。

（三）与全国平均水平差距扩大。2014年全国城镇居民人均可支配收入为28844元，同比增长9.0%；河北省城镇居民人均可支配收入为24141元，增长8.6%，增速比全国慢0.4个百分点，收入水平在全国排名第21位，保持上年位次。收入差距由上年的1：1.191扩大为1：1.195（河北为1）。

（四）与相邻省份比较差距较大。2014年河北省城镇居民收入在全国31个省（市、区）中位列第21位，与上年相同。与相邻省份山东省、辽宁省、内蒙古自治区、河南省和山西省相比，相邻的5个省（区）的城镇居民可支配收入分别为29222元、29082元、28350元、23672元、24069元。河北分别比山东省低5081元、比辽宁省低4941元和内蒙古自治区低209元，仅高于河南省469元和山西省45元。

三、居民消费特征

（一）居民消费支出全面增长。2014年城镇居民人均消费性支出为16204元，比上年增加1234元，增长8.2%，呈现平稳增长态势。在城镇居民消费支出构成中，八大类消费支出全面增长。其中：其他商品和服务为376元，增长24.4%，增长最快；交通和通信为2448元，增长23.7%；医疗保健为1305元，增长14.0%；生活用品和服务1082元，增长12.4%；教育文化娱乐1592元，增长6.3%；食品烟酒消费4241元，增长5.4%；衣着消费支出1424元，增长5.0%；居住类消费为3736元，增长0.9%。

（二）享受型消费支出比重上升。在城镇居民消费支出中，按照所占比重从高到低排列，依次为：食品烟酒支出占26.2%、居住支出占23.1%、交通通信支出占15.1%、教育文化娱乐支出占9.8%、衣着支出占8.8%、医疗保健支出占8.1%、其他用品服务支出占2.3%。其中食品、衣着、居住三大类消费支出所占比例较上年同期均有所下降，用于吃穿住等生活必须的消费支出所占比重为58.0%，比上年下降2.6个百分点；用于教育文化娱乐、医疗保健、交通通信、家庭设备用品和其他商品服务等享受型的消费支出所占比重为42.0%，提高2.6个百分点。城镇居民消费重心发生变化，消费逐步向享受型消费发展，生活质量不断提升。

（三）居民消费倾向增强。2014年城镇居民人均消费支出为16204元，比上年增加1234元，边际消费倾向为64.4（消费增加额与收入增加额之比），比上年提高13.9个百分点，高于全国平均水平2.1个百分点，也就是说河北省城镇居民收入增加的一半以上用于消费。从全年城镇居民边际消费倾向走势看，一季度为83.2，上半年为61.9，前三季度为66.7，全年各阶段均保持在60以上，可见城镇居民消费倾向增强。消费意识的进步，表明社会保障体系逐步完善，收入分配逐渐合理，这对于扩大国内需求，调整经济结构，转变经济发展方式均具有积极意义。

（四）网上购物渐成消费时尚。随着互联网的普及，网上购物快捷、方便，逐渐成为城镇居民消费购物的主要方式。2014年城镇居民通过互联网购买商品或服务的支出比上年增长41.8%，人均上网费增长62.5%。

（五）居民消费水平与全国差距缩小。2014年全国城镇居民人均消费性支出为19968元，同比增长8.0%；河北城镇居民人均消费支出为16204元，同比增长8.2%，河北省城镇居民消费支出增速比全国高0.2个百分点，在全国居第23位；消费差距由上年的1：1.24缩小为1：1.23（河北为1）

（国家统计局河北调查总队　李　澍）

农村居民生活

2014年，河北省委省政府面对复杂的经济形势和诸多困难，采取有效措施，积极促进农村经济较快、稳步发展，不断深化农村体制改革，努力建立和完善农村居民增收的长效机制，河北农村居民人均可支配收入实现稳步增长。2014年，农村居民人均可支配收入达10186元，首次突破万元大关，同比增长10.9%；人均生活消费支出8248元，首次突破8000元，同比增长11.8%，农村居民收支均实现稳步增长。

一、农村居民收入

（一）农村居民收入稳定增长。2014年，农村居民人均可支配收入为10186元，首次突破万元大关，比上年增加998元，增长10.9%，同比下降1.7个百分点，继续保持稳步增长态势。

1. 工资性收入5133元，增加680元，同比增长15.3%，对农村居民人均可支配收入增长的贡献率为68.1%，拉动可支配收入增长7.4个百分点，成为支撑农村居民可支配收入增长的第一大要素。

2. 经营净收入3435元，增加270元，增长8.5%。其中，第一产业经营净收入2068元，增长2.4%；第二产业经营净收入264元，增长12.7%；第三产业经营净收入1103元，增长21.1%。

3. 财产净收入204元，增加38元，增长22.6%。

4. 转移净收入1413元，增加11元，增长0.8%。

（二）农村居民收入连续5年保持两位数增长。2010—2014年，农村居民收入分别增长15.7%、19.5%、13.5%、12.6%和10.9%，连续5年保持了两位数的增长速度。虽然增速已连续3年有所减缓，但总体看，农村居民收入仍保持了平稳较快增长态势。

（三）农村居民收入增速连续5年快于城镇居民。2010—2014年，城镇居民收入分别增长10.5%、12.5%、12.3%、9.9%和8.6%，农村居民收入增速已连续5年快于城镇居民，分别快5.2、7.0、1.2、2.7和2.3个百分点。

（四）农村居民收入增速连续4年快于GDP。2014年，农村居民人均可支配收入实际增长8.9%，比同期GDP增速6.5%快2.4个百分点，已连续4年保持此态势。2011—2013年，农民人均纯收入实际增长12.2%、10.7%和8.8%，GDP增长11.3%、9.6%和8.2%，农民收入增速比GDP分别快0.9、1.1和0.6个百分点。

（五）农村居民内部收入差距扩大。从2014年河北农村居民人均可支配收入五等份分组情况看，20%的低收入组人均可支配收入为2940元，20%中等偏下收入组为6717元，20%中等收入组为9426元，20%中等偏上收入组为12824元，20%高收入组为20951元。高收入是低收入的7.13倍，比2013年扩大0.75。20%低收入农户人均可支配收入同比下降2.5%，比全省低13.4个百分点；20%低收入户收入占20%高收入农户的14.0%，比上年下降1.7个百分点；全省有60%的农户收入没有达到全省平均水平。

二、农村居民消费

2014年，农村居民人均生活消费支出8248元，比上年增加871元，增长11.8%。

（一）农村居民生活消费支出首次突破8000元。随着农村居民收入水平的提高，农村居民生活消费支出同步增加，消费水平提高千元的时间也越来越短。1995年，农村居民生活消费支出首次突破千元；2005年首次突破2000元；2008年首次突破3000元；2011年首次突破4000元；2012年首次突破5000元；2013年首次突破6000元；2014年首次突破8000元，1年连上2个台阶。

（二）消费支出呈“七升一降”。农村居民八类消费支出呈“七升一降”态势，除医疗保健支出下降0.8%外，其他七类支出均呈不同程度增长。其中交通通信支出增长最快，增长23.0%，教育文化娱乐增长17.0%，居住增长14.1%，衣着增长11.5%，食品烟酒消费支出增长9.8%，生活用品及服务8.0%，其他商品和服务增长5.2%。

（三）农村居民收支同步较快增长。2014年，农村居民收入增长10.9%，生活消费支出增长11.8%，农村居民收支实现同步稳步增长，且生活消费增速快于可支配收入0.9个百分点。

（四）食品烟酒、交通通信、居住支出成为拉动消费增长三大动力。2014年，农村居民人均食品烟酒与居住、交通通信支出5426元，占农民生活消费支出的65.8%，对生活消费增长的贡献率为75.9%，拉动生活消费增长加快9.0个百分点。

1. 住房需求依然是农村居民消费的增长点。2014年，农民人均居住支出1858元，比上年增加230元，增长14.1%，对生活消费增长的贡献率为26.4%，拉动生活消费增长加快3.1个百分点。农民住房支出的增加，提高了农民住房质量。从年末住房面积看，人均住房面积34.95平米，比上年增加0.57平米，增长1.7%。

2. 食品支出保持稳步较快增长。2014年，农民人均食品支出2421元，比上年增加216元，增长9.8%，对生活消费增长的贡献率为24.8%，拉动生活消费增长加快2.9个百分点。

3. 交通通信类支出是未来农村消费增长的热点。随着国内交通、通信事业快速发展，农村居民对个人交通、私家汽车、公共交通、手机、平板电脑、网络通信、网络购物、电子消费等方面需求与日俱增，2014年，农村居民交通通信类支出1147元，比上年增加215元，对生活消费增长的贡献率为24.6%，拉动生活消费增长加快2.9个百分点，成为提高农村居民消费水平的增长热点。

（五）农村居民消费支出增速快于城镇居民。从城乡居民消费支出增速看，农村居民生活消费支出增长11.8%，城镇居民消费性支出增长8.2%，农村居民消费支出增速比城镇居民快3.6个百分点。

（六）农村居民消费倾向高于城镇和全国。2014年，河北农村居民消费倾向81.0%，比城镇的67.1%高13.9个百分点，比全国的79.9%高1.1个百分点。

三、农村居民生产投入

2014年，农村居民生产经营现金费用支出2316元，增加143元，增长6.6%。其中，第一产业经营现金费用支出人均1644元，增长9.5%，成为拉动农村居民生产经营现金费用增加主要因素，农业生产费用支出人均907元，增加59元，增长7.0%，牧业生产费用支出人均700元，增加101元，增长17.0%；非农产业经营现金费用支出人均671元，与上年基本持平。

四、面临的增收压力

2015年河北经济发展、民生改善的任务依然任重道远，农民增收面临诸多压力，主要是宏观经济和收入增速放缓、增收首要因素一工资性收入增速回落、第一产业增收乏力。

（一）宏观经济增速继续放缓。2014年，是河北省经济发展困难之年，面临国内经济结构转型和环保压力，河北省经济增长的动力不足，下行压力较大。2013年以来，河北经济增速持续放缓，大部分主要经济指标增速回落到近年来最低水平，2014年GDP增长6.5%，比上年回落近2个百分点。

（二）农村居民收入增速连续3年下降。2011—2013年农村居民收入增速分别为19.5%、13.5%、12.6%，2014年可支配收入增速为10.9%，同比增速已连续3年下降，呈逐年递减态势，是2010年以来的最低增速。

（三）工资性收入增速回落。历史数据看，支撑农民收入增长首要因素是工资性收入提高，但是近三年，受宏观经济下行和省内经济结构调整影响，劳务经济发展受到一定影响，农村居民工资性收入增速略有回落。2014年增速15.3%，比2012年下降1.7个百分点。农民工监测调查数据显示，2014年底河北外出农民月收入同比增长11.0%，比2012年下降了2.0个百分点。

（四）第一产业经营净收入增长乏力。工资性收入、家庭经营纯收入是农村居民纯收入的主要收入来源，2011年工资性收入首超家庭经营纯收入成为农村居民收入的第一大收入来源，随后家庭经营纯收入占收入比重逐年下降，其中主要原因是农村居民第一产业收入缺乏增长后劲，增速连年下降，2014年第一产业经营净收入同比仅增长2.4%，占人均可支配收入比重为20.3%，比上年下降1.7个百分点。其中，三季度受干旱影响，玉米产量略有下降，而出售价格持平略降，不利于农村居民增收；此外，牧业受猪肉价格下跌影响，牧业经营净收入同比增长仅0.2%。

（国家统计局河北调查总队　焦　凯）

人　口

2014年，全省认真落实党中央、国务院的决策部署，坚持计划生育基本国策不动摇，坚持人口与发展综合决策，稳妥推进生育政策调整，稳定适度低生育水平，促进人口长期均衡发展，围绕中心，服务大局，主动适应新常态，为全面建成小康社会、建设“三个河北”创造良好的人口环境。

一、人口自然增长率略升，增速继续保持稳定低水平

统计数据显示，2014年末全省常住人口7383.75万人，较上年增加51.14万人，增速为6.97‰，较上年上升0.79个千分点，继续保持稳定低速增长态势。

从自然变动情况看，2014年全省人口自然增长率略有上升。全省出生人口96.98万人，出生率为13.18‰，较上年上升0.14个千分点；全省死亡人口45.84万人，死亡率为6.23‰，较上年下降0.64个千分点；人口自然增长率为6.95‰，较上年上升0.74个千分点。2010年以来，全省认真贯彻执行计划生育基本国策，促进人口长期均衡发展，常住人口年均增长6.54‰，年均增加48万人，在稳定的低生育水平下，实现了常住人口总量低速增长。2014年5月，经省人大常委会通过，全省开始实施夫妇一方是独生子女允许生育二孩的政策。据卫生计生部门统计，全省符合“单独二孩”政策条件的家庭约63万户，半年中有3万多对夫妇通过了审批，总体来说对2014年全省出生水平的影响较小。

二、常住人口区域差异大，保定市人口最多

从区域分布看，人口最多的设区市为保定市，常住人口达到1029.50万人（不含定州市），占全省常住人口的13.94%。人口最少的设区市为秦皇岛市，常住人口306.45万人，占全省常住人口的4.15%。其余各市分别为石家庄市（不含辛集市）998.72万人，邯郸市937.39万人，唐山市776.82万人，沧州市737.50万人，邢台市725.63万人，廊坊市452.18万人，衡水市442.34万人，张家口市442.09万人，承德市352.72万人，定州市119.51万人，辛集市62.90万人。

三、性别结构基本平衡，年龄结构仍在老化

从性别结构看，全省人口性别构成基本平衡，男性人口略多于女性。男性人口为3750.64万人，占全部人口的50.80%；女性人口为3633.11万人，占全部人口的49.2%；总人口性别比为103.24（女性为100）。

从年龄结构看，全省0—14岁人口为1314.31万人，占常住人口的17.80%，少年儿童比重较上年下降0.15个百分点。15—64岁人口为5392.35万人，占常住人口的73.03%，较上年略升0.07个百分点，基本持平。其中，16—59岁人口4890.26万人，占常住人口的66.23%，较上年下降0.30个百分点。60岁及以上人口为1115.68万人，占常住人口的15.11%，较上年上升0.46个百分点，其中65岁及以上人口为677.09万人，占常住人口的9.17%，较上年上升了0.08个百分点。据此计算，全省总抚养比（非劳动年龄人口/劳动年龄人口×100%）为36.93，接近三个劳动力负担一个非劳动年龄人口，其中少年儿童抚养比为24.37，老年人口抚养比为12.56。

劳动力年龄人口稳中有降，老年人口比重不断上升，“人口红利”逐步缩减，是近年来河北人口年龄结构变动的主要特征。

四、人口老龄化程度提高，空巢老人家庭需要关注

人口老龄化程度越来越高。2014年全省65岁及以上人口为677.09万人，占常住人口的9.17%，比2010年第六次人口普查时提高了0.93个百分点，增加了85.12万人。

统计资料显示，2014年全省有65岁及以上老人的家庭占总家庭户的23.55%，其中空巢老人家庭（一个老人独居或一对老年夫妇独居的家庭）占有65岁及以上老年人家庭总户数的43.49%，均比上年有所提高。目前居家养老仍然作为养老模式的主流，家庭养老负担压力加大，随着有老年人家庭比重上升，对老年服务业的需求将越来越大。空巢老人家庭以农村留守老年人家庭、城镇独居老人家庭为代表，养老形势更加严峻。

五、家庭规模呈现核心化、小型化、简单化趋势

随着经济社会的发展和城乡居民生活方式、生活观念的不断转变，全省家庭结构呈现核心化、小型化、简单化的趋势。

统计资料显示，2014 年全省家庭平均户规模为 3.22 人。从家庭成员数量上看，一人户占 10.47%，二人户占 26.50%，三人户占 24.31%，四人户占 19.90%，五人及以上户占 18.82%。二人户和三人户占到了全部家庭户的一半以上，说明核心家庭是主要的家庭类型，传统的大家庭模式已经成为历史。

从家庭代际关系上看，一代户占 33.66%，二代户占 45.23%，三代及以上户占 21.11%，家庭代际关系呈现简单化趋势。

六、人口婚姻状况稳定，年龄、性别特征明显

婚姻状况是人口最基本的社会特征，婚姻关系的和谐稳定是社会稳定和谐的必然要求和重要基石。统计资料显示，2014 年全省 15 岁及以上人口中，未婚的占 16.49%，初婚有配偶的占 75.19%，再婚有配偶的占 2.29%，离婚的占 1.27%，丧偶的占 4.76%。初婚有配偶、再婚有配偶接近 8 成，离婚、丧偶的仅占 7%左右，说明全省人口婚姻状况较为稳定。

分性别看，未婚的男性高于女性，男性占 57.92%，女性占 42.08%；初婚有配偶的性别基本平衡，男性占 49.67%，女性占 50.33%；再婚有配偶的女性略高于男性，男性占 46.76%，女性占 53.24%；离婚的男性高于女性，男性占 67.92%，女性占 32.08%；丧偶的女性远高于男性，男性占 32.86%，女性占 77.14%。

分年龄看，未婚的主要集中在 30 岁以下，15—19 岁占 37.05%，20—24 岁占 41.13%，25—29 岁占 12.37%，其余年龄组仅占不足 10%；初婚有配偶的基本均匀分布在 25—29 岁及以上年龄组，再婚有配偶的基本均匀分布在 30—34 岁及以上组；离婚的主要集中在 25—49 岁 5 个年龄组，其中 40—44 岁占比最高，为 16.83%；丧偶的人口随年龄升高而增加，55 岁以上人口占 88.22%。

七、受教育状况逐步改善

近年来，全省全面深化教育改革，着力促进教育公平、调整教育结构、提高教育质量，全面落实“立德树人”根本任务，加快推进教育现代化进程。

统计资料显示，全省 6 岁及以上人口中，未上学人口占 3.80%；小学文化程度人口占 25.28%，初中文化程度人口占 48.26%，高中文化程度人口占 14.66%（其中，中职文化程度占 2.27%），大专及以上文化程度占 8.00%。

15 岁及以上的文盲、半文盲人口占全部人口的 3.09%，其中女性占比远远高于男性，占全部文盲、半文盲人口的 76.59%。

初、高中受教育程度人口占 60%以上，大专以上高学历人口比重逐渐上升，文盲人口逐步减少，全省人口受教育状况在逐步改善。

八、城镇化水平继续提高

2014 年全省各地各部门认真贯彻落实省委、省政府决策部署，积极行动，扎实推进新型城镇化工作。出台了《关于推进新型城镇化的意见》，开展新型城镇化试点，深化户籍制度改革，加快农业转移人口市民化进程；扎实推进县城建设、小城镇建设、京津冀协同发展，优化城镇化布局；加快产业结构调整、促进产业聚集和产城融合、营造良好创业就业环境，提高城镇吸纳人口的能力。

据统计，2014 年全省城镇化率达到 49.33%，比 2013 年提高了 1.21 个百分点，城镇人口为 3642.40 万人，比 2013 年增加 113.95 万人，城镇化率低于全国 5.44 个百分点，但增速高于全国平均水平 0.17 个百分点。目前已有石家庄、唐山、廊坊、秦皇岛、张家口 5 个设区市城镇化率超过 50%，全省城镇化水平稳步提高。

（河北省统计局　康　辉）

计划生育

2014 年，是河北省卫生计生委成立后的第一年，也是调整完善生育政策的关键年。全省计划生育工作把握“稳中求进、改革创新”的总基调，以深化党的群众路线教育实践活动为动力，以打造“服务、惠民、和谐、阳光”四大计生为目标，坚持完善政策与创新管理相结合，各项工作取得了积极进展。一是“单独二孩”政策平稳落地；二是低生育水平继续保持稳定；三是计生公共服务扎实开展；四是计生便民服务不断完善；五是计生惠民力度得到加强。

一、“单独两孩”政策平稳落地。2014 年 5 月 30 日，河北省第十二届人民代表大会常务委员会第八次会议审议通过了《河北省人口与计划生育条例修正案（草案）》，将“单独两孩”政策纳入地方性法规，“单独两孩”政策在全省全面施行。截至 2014 年 12 月底全省完成单独两孩再生育审批 34728 人，其中 2014 年出生 9400 人，预计 2015 年全省因政策调整新增出生人口不会超过 2.5 万人，对河北省的人口出生不会带来大的影响。制定河北省单独两孩政策宣传方案。在全省及时下发《关于做好启动实施单独两孩政策宣传引导工作的通知》，配合做好单独两孩政策实施后续进展情况报道，为单独两孩政策稳步实施创造了良好的舆论环境。将启动实施单独两孩政策宣传及政策解读作为 2014 年计生宣传工作重点，纳入计生目标管理责任制考核评估。

二、计划生育为民便民服务新模式。积极打造“制度建设——搭建平台——提升品质”的计划生育服务链条。在加强制度建设方面，制发了《关于进一步简化生育证件办理的指导意见》，统一了办证所需材料及办证流程，实行限时办结、一次性告知和一站式办理及代办制度，并将计生涉民事项进行公开公示，方便群众了解服务内容和流程，解决群众办证难问题。在搭建服务平台方面，推广集咨询、审批、公示等功能于一体的网上办事大厅，实现计划生育证件就近、自助申请，提升办证效率。在提升服务质量方面，打造融服务质量监督、督办、关怀为一体的计划生育服务回访中心，帮助群众解决在办理生育证件、再生育审批等过程中遇到的问题和困难，评估群众对基层计划生育工作的满意度，解决计划生育服务“最后一公里”问题。

三、人口计生目标管理责任制考核。在广泛征求意见的基础上，研究制发了《河北省2014年度人口计生目标管理责任制考核评估方案》（冀育领办〔2014〕4号）。2014年考核评估工作一是突出重点工作，完善人口计生考核指标及考核方法，二是加大统计求实考核权重，继续推进计生统计求实，三是完善人口计生第三方民意调查评估工作，四是推进城乡人口计生工作协调发展，体现考核样本的代表性，五是增加深化医药卫生体制改革考核内容。

四、实施计划生育惠民工程。2014年4月2日，省计划生育领导小组印发了《关于组织实施计生惠民工程的意见》（冀育领〔2014〕1号），大力实施“优生健康服务”、“病残儿童早期干预”、“出生人口性别比治理”、“计生家庭奖励优惠”、“计生特困家庭救助”、“计生家庭养老”、“计生志愿服务”等七项计生惠民工程。同时，落实《河北省人口与计划生育条例》（以下简称《条例》规定的三项奖励、计划生育救助公益金和国家两项制度，为5.8万名中、高考考生办理了中、高考加分事项；为129.44万名农村独生子女父母、137.95万名城镇独生子女父母落实每人每月10元奖励；为9.8万名退休独生子女父母落实3000元一次性奖励；将独生子女伤残、死亡家庭夫妻的扶助金分别提高到了每人每月270元、340元。少生快富工程全年发放贴息贷款0.45亿元，0.4万户计生贫困家庭受益。据统计，2014年全省共投入惠民资金11.9亿元，惠及计划生育群众341万人（户）。

五、计划生育特殊困难家庭扶助工作。2014年5月21日，省卫生计生委与民政、人社、财政、住建等部门联合制发了《关于进一步做好计划生育特殊困难家庭扶助工作的实施意见》，初步构建经济补贴、医疗保障、养老保障、应急帮扶、亲情关爱“五位一体”的独生子女死亡、伤残家庭扶助体系。全省11个设区市和2个省直管县均出台了实施细则。石家庄市行唐县探索和推进“医养扶一体化”工作机制，依托计生家庭关怀扶助中心，为其提供一系列扶助，确保其“老有所养、病有所医、难有所助”，并在全国计划生育特殊困难家庭扶助工作座谈会上应邀介绍了“医养扶一体化”工作经验。

六、优生健康服务工程。孕前优生项目扎实推进，全省171个项目县，共为82.48万名计划怀孕夫妇提供免费孕前优生健康检查，目标人群覆盖率达到88.04%，完成国家要求的目标人群覆盖率达到80%的目标任务。妇幼重大公共卫生项目扩面升级，将叶酸补服范围扩展到全省所有孕前孕早期妇女，2014年神经管缺陷发生率下降到2.25%，预防成效显著。产前筛查和诊断工作持续加强，全省设有产前诊断机构12家和1家胎儿先心病筛查诊治中心，2014年全省产前筛查率为55.37%。新生儿两种遗传代谢疾病筛查率达到98%，听力障碍筛查率达到88.41%。联合省残联等部门下发《河北省贫困残疾儿童康复救助实施办法（试行）》（冀残联办〔2014〕51号），对残疾儿童实施康复救助。累计为127名苯丙酮尿症患儿提供了为期3年特殊奶粉救助，占全国总数的四分之一。

七、综合治理出生人口性别比工作。强化“党政重视、部门联动、群众参与、社会协调”的工作格局。健全动态管理机制，加强督导检查力度，对出生性别比数值高、上升快、有反弹的地区进行了2次专项督导，不断完善奖惩机制，对2个设区市主要负责同志进行约谈，对连续3年未完成降幅任务的地区实行“一票否决”。严厉打击“两非”行为，全年共查处“两非”案件941起，罚款421.81万元，没收非法所得54.69万元，对“两非”形成有力震慑。加大宣传力度，制作了以关爱女孩为主题的微电影《女孩去哪儿了》。组织开展“关爱女孩青年志愿者行动”和“圆梦女孩志愿者行动”，开展社会调查和针对女孩的志愿帮扶。组织开展制定并落实针对女孩和计生女孩家庭的优先优惠政策，各地通过开展“金秋助学”、中考加分、项目扶持等各种形式对计生女儿户和贫困女孩家庭进行奖励扶助。2014考核年度全省妇幼报表活产出生人口性别比为108.26，修正后出生人口性别比为111.37，圆满完成国家确定的降幅指标。

八、流动人口卫生计生基本公共服务均等化。成立了流动人口卫生计生基本公共服务均等化工作领导小组。指导并在全省推广了国家试点石家庄市开展流动人口卫生计生基本公共服务均等化工作的经验，组织指导唐山、承德、廊坊等市在市级开展流动人口均等化服务试点，指导各地将符合条件的流动人口纳入健康档案、健康教育、儿童预防接种、传染病防控、孕产妇和儿童保健等卫生计生基本公共服务范畴，扎实推进均等化服务工作，探索建立流动人口卫生计生均等化服务长效机制。

九、计划生育志愿服务工程。省卫生计生委、团省委、省计生协联合下发了《关于开展“儿女亲情暖燕赵”河北青年志愿者关爱失独家庭志愿服务行动的实施意见》（冀团联字〔2014〕31号），组建了一支2.59万人的志愿者队伍，进行了项目管理和心理疏导等方面的专业培训，从“亲情相望、健康直航、文化共享、服务快递、温暖专送”五个方面，为失独家庭开展志愿服务。协调“亲情关爱”专项资金200多万元，设立了8个省级项目点。2014年全省志愿服务活动累计达5万余人次。

十、“国策宣讲下基层”活动。以生育政策调整为重点，在全省开展了“国策宣讲下基层”活动，宣传计生政策“三不变”原则，详细解读“单独两孩”政策，营造了浓厚的计生工作氛围。利用“5.29”、“12.18”、国庆节、春节等节日，指导各地计生协通过阵地宣传、讲座培训、文艺演出等形式，广泛开展群众性宣传教育活动，做到了县乡重大节日有活动，村（居）月月有活动。

十一、幸福工程和少生快富项目。在全省11个市、72个县、271个村建立了幸福工程项目点，救助计生贫困母亲3.4万名，85%的受助母亲摆脱了贫困。截至2014年底，幸福工程项目滚动运作55个项目点，滚动运作资金9300万元，新增救助贫困母亲2000多名。少生快富工程年内发放贷款4500多万元，新增受助计生贫困家庭4000余户。

十二、人口与计划生育数据及态势状况。据统计公报，2014年末全省常住人口为7383.75万人，比上年末增加51.14万人，期内出生人口为96.98万人，比上年增加1.66万人，出生率为13.18‰，同比上升0.14个千分点；死亡人口45.84万人，死亡率为6.23‰，同比下降0.64个千分点；自增率为6.95‰，同比上升0.74个千分点，出生人口性别比为111.37，完成了年度人口计划。2010年以来，常住人口年均增长6.5‰，年均增长48万人，在稳定的低生育水平下，实现了常住人口总量低速增长。计划生育统计报表显示，2014年全省符合政策生育率为87.5%，与2013年相比基本持平。出生人口一孩率54.42%，二孩率42.69%，多孩率2.89%。育龄妇女基数较大，生育旺盛期妇女数量小幅下降，全省15—49岁育龄妇女人数为1925万人，比2013年下降34万人，其中20—29岁生育旺盛期妇女为664万人，较2013年下降12万人。综合出生医学证明和出生登记信息研判，2014年全省出生性别比为111.37左右，比2013年下降1个百分点。出生人口健康素质明显提升，2014年全省婴儿死亡率为7.58‰，比2013年下降了14.93%；5岁以下儿童死亡率为9.46‰，比2013年下降了15%；全省孕产妇死亡率为17.43/10万，比2013年下降了14.31%，3项指标均低于全国平均水平。人口流动日趋频繁，截至2014年9月30日，全省流动人口为582.19万，其中流入145.94万，流出436.25万。从流向看，跨省流出主要是流向京津。据“六普”数据推算：劳动年龄人口总量下降，人口老龄化趋势加剧，全省65岁以上的老年人口将从2010年的591.97万人增加到2015年的750多万人，增加158.03万人，占比从8.24%增加到10%左右，社会抚养负担进一步加重。

十三、兑现2013年度人口和计划生育责任目标奖。根据全省人口计生目标管理责任制考核评估结果，全省11个设区市均完成了年度人口目标任务，部分县（市、区）在工作中作出了突出贡献。2014年1月29日，省委、省政府下发了《关于兑现2013年度人口和计划生育责任目标奖的通报》（冀字〔2014〕4号），决定授予石家庄市、秦皇岛市、唐山市“2013年度完成人口和计划生育责任目标先进奖”，分别颁发奖金5万元；授予石家庄市长安区、鹿泉市、宽城满族自治县、丰宁满族自治县、崇礼县、万全县、青龙满族自治县、唐山市丰南区、迁安市、永清县、廊坊市广阳区、涞水县、保定市北市区、东光县、吴桥县、冀州市、衡水市桃城区、宁晋县、邢台市桥西区、邯郸县、肥乡县等21个县（市、区）“2013年度人口和计划生育工作先进县（市、区）奖”，分别颁发奖金4万元。

（河北省卫生和计划生育委员会　李从勋）

能源与节能降耗

2014年是完成“十二五”节能减排目标、防治大气污染、加速转型升级的关键一年。全省各级各部门紧紧围绕科学发展和加快转变发展方式的主题主线，坚持打好“四大攻坚战”、“6643”工程，把节能减排削煤降碳作为防治大气污染、建设生态文明的主战场，强化政策措施，精心谋划实施，全省节能降耗取得积极成效。2014年全省单位GDP能耗同比下降7.19%，超额完成了年度节能任务和“十二五”进度目标。

一、能源生产低位平稳运行

2014年，全省一次能源生产总量为6801.01万吨标准煤，比上年下降2.23%。从结构看，原油、天然气、一次电力的生产总量所占比重分别为12.44%、3.42%和8.72%，比上年分别上升0.3、0.4和0.8个百分点。煤炭市场低迷，煤炭比重降低，为75.42%，降低1.5个百分点。

从实物量看，2014年，主要能源产品生产低迷。受经济运行“三期叠加”影响，能源市场需求萎缩，主要能源产品生产低迷。2014年，全省规模以上工业在统的34种能源产品中，20种产品产量同比下降。作为主要能源的煤品类产量全面下降，其中原煤下降4.95%、洗煤下降6.14%，焦炭下降12.03%，原油加工量下降2.18%、柴油下降10.07%，火力发电量下降0.89%。能源生产结构有所优化，清洁能源和新能源增长较快。汽油、天然气、煤层气、煤气产量分别同比增长5.87%、10.58%、14.57%、6.15%，水电、风电、太阳能发电、生物质发电量分别同比增长30.55%、8.02%、127.42%和12.52%。

二、能源消费品种结构不断优化

2014年，全省全社会能源消费总量2.93亿吨标准煤（等价值），比上年下降1.16%。煤炭、石油、天然气、一次电力所占比重分别为88.46%、6.98%、2.54%和2.02%。能源消费品种结构逐步改善，与上年相比，煤炭所占比重降低0.2个百分点；天然气上升0.3个百分点。

三、节能降耗完成较好

2014年，全省单位GDP能耗1.02吨标准煤/万元，同比下降7.19%。“十二五”前4年单位GDP能耗分别下降3.69%、6.46%、4.73%和7.19%，累计下降20.3%。

11个设区市和2个省直管县节能工作取得明显成效。2014年，石家庄、唐山、邯郸、定州和辛集降幅超过全省平均水平，分别下降8.74%、7.2%、7.56%、8.15%和7.88%；邢台与全省持平，下降7.19%。与各地2014年节能目标比较，11个设区市和2个省直管县均达到或超过了年度目标。

四、工业节能成效明显

（一）能耗增速创新低。2014年，全省规模以上工业能源消费同比持续下降，各月累计速度始终保持在4%—5%的降幅水平。全年规模以上工业能耗2.03亿吨标准煤，同比下降4.05%。2014年是“十二五”以来连续下降时间最长、降幅最大的一年。

（二）单位工业增加值能耗大幅下降。2014年，全省单位工业增加值能耗1.678吨标准煤/万元，同比下降8.71%。全年单位工业增加值能耗降低率高开低走，从二季度开始，降幅连续3个月逐月扩大，7月份出现降幅最大值，下降9.69%。三季度以后逐月收窄，降幅连续6个月超过9%，全年降低率超过了年度下降6%的预定目标。

（三）六大高耗能行业能耗全面下降。六大高耗能行业能耗1.85亿吨标准煤，同比下降3.76%，拉动规模以上工业能耗下降3.4个百分点。六个行业全部同比下降，黑色金属冶炼和压延加工业下降2.93%，非金属矿物制品业下降4.78%，电力热力的生产和供应业下降2.83%，石油加工炼焦及核燃料加工业下降15.73%，煤炭开采和洗选业下降8.72%，化学原料和化学制品制造业下降1.36%。

五、全省用电量低速增长

2014年，全省用电量始终呈现低速增长的态势，与2013年同期各月相比增速回落明显。全年全社会用电量3314.11亿千瓦时，同比增长1.94%，与上年相比增速回落3.69个百分点。第一产业、第三产业、居民用电继续保持同比增长，占全社会用电3/4的第二产业用电量同比下降0.16%。全年工业用电量2489.3亿千瓦时，由上年的同比增长5.27%转为下降0.21%。

（河北省统计局　左　熠）

扶贫开发

2014年，河北省扶贫开发工作坚持开发式扶贫方针，紧紧瞄准贫困群体，以改善基本生产生活条件、增加农民收入、提高公共服务水平为重点，大力推进环首都扶贫攻坚示范区建设，切实抓好燕山—太行山和黑龙港流域集中连片特困地区区域发展与扶贫攻坚规划实施，协同推进专项扶贫、行业扶贫、社会扶贫，着力巩固和发展大扶贫工作格局，2014年全省各级共投入各类扶贫资金360亿元，较上年增长20%；2146个列入“十二五”扶贫规划的重点村整体脱贫，10个扶贫工作重点县脱贫出列，100万农村贫困人口稳定脱贫；完成劳动力转移培训8万人，实现转移就业1.2万人，完成易地扶贫搬迁6418人；列入规划的3688个重点贫困村的整体面貌发生历史性巨变。2014年贫困县农民人均纯收入6839元，比上年增长11.3%；一批重点县成为蔬菜种植、设施养殖、名优果品、农产品加工大县，特色产业初具规模；贫困地区基础设施建设进一步加强，扶贫开发为促进贫困地区经济社会事业更好更快更大发展发挥了重要作用。

一、扶贫资金投入。2014年，中央和省级财政专项扶贫资金25.1亿元（中央财政资金14.3亿元，省级安排财政扶贫资金10.8亿元）；按照省委、省政府“有关市和重点县每年要拿出地方公共财政预算收入1%以上、环首都攻坚示范区各县每年要拿出地方公共财政预算收入2%以上专项用于扶贫开发”的要求，9个设区市和65个重点县共安排财政扶贫资金7.3亿元；部门帮扶和社会投入13亿元；整合部门资金和争取信贷资金投入228亿元；贫困户自筹资金28.4亿元。中央和省专项扶贫资金70%以上用于扶持发展产业项目，共扶持9.8万贫困户发展设施养殖项目，扶持10.5万个贫困户发展设施种植及高效林果项目；举办各类培训班422期，培训16400人，覆盖2102个贫困村。同时，通过加大扶贫资金投入，实施了一大批惠及民生的产业和基础设施项目，极大地提高了贫困地区公共服务水平，改善了群众的生产生活条件。

二、扶贫资金管理。河北省下放扶贫项目审批权限，除按规定应由国家和省级审批的项目外，原则上扶贫项目的审批权限均下放到县级政府，省市扶贫部门主要负责项目的监管和考核。严格财政扶贫资金管理，坚持专户管理、封闭运行，实行了报账制、项目资金公开公示、到村项目“直通车”等制度。在财政专项扶贫资金分配上，主要采取因素法：即扶贫对象人数按40%的权重，农民人均纯收入按30%的权重，人均财力按20%的权重，贫困村数量按10%的权重。实行扶贫资金及项目公告公示制度，凡是实施扶贫项目的地方都要对扶贫项目计划、资金安排和竣工验收情况实行事前公示、事后公告的制度。探索建立竞争性资金分配机制，开展省级集中连片开发，开展竞争答辩等方法对资金进行分配，聘请有关专家组成评审组，对备选县的基本条件、扶贫开发工作情况、历年财政扶贫资金使用情况、产业基础、资金整合等情况进行综合评定，实行优进劣退。开展了股份合作制经济、家庭手工业、山区综合开发试点。坚持以市场为导向，以科技为依托，以效益为中心，大力发展高效扶贫项目，开发优势产品，形成特色产业，提高产业化经营水平，促进贫困户增收，根据各地资源特点和工作基础统筹安排试点，采取竞争答辩，专家组成评审等方法，确定了9个县开展三个试点工作。开展以奖代补方法对资金进行分配。创新到户扶持机制，继续探索由“项目到户、资金到户”转变为“资本到户、权益到户、效益到户”的扶贫路径，通过县、市逐级申报和会计师事务所审计，省级组织专家审核，对符合条件的农民专业合作社，把扶持的财政专项扶贫资金，平均量化到每一个入社贫困社员头上，作为贫困社员的合作社入股本金，依照合作社章程规定，按股参与分红。

三、基础设施建设。2014年，河北省共安排与产业增收项目配套的基础设施建设项目资金2.6亿元，占财政专项扶贫资金的22.1%。其中，安排田间道路建设项目资金1.1亿元，扶持1026个扶贫开发工作重点村修建种养项目区的水泥道路452千米、田间砖路18.3万平方米。安排水利及电力项目建设资金1.48亿元，扶持926个扶贫开发工作重点村，在种养项目区新打或维修机井及配套852眼，建设水窖或蓄水池439个，修水渠36.4千米，修防渗渠526千米，建水柜23个，建塘坝12座，建喷灌1800亩，建扬水站4座，建人畜饮水设施6处，修护地坝6千米，修涵洞24处，购置30KW水泵184台套、25kW潜水泵36台套，架设输电线路28千米，安装变压器等电力配套182套等。

四、连片特困地区扶贫攻坚。2014年，各级共投入燕山—太行山集中连片特困地区财政专项扶贫资金19.3亿元，其中中央财政专项扶贫资金投向国定连片特困地区和重点县资金12.5亿元，省级财政扶贫资金投入6.8亿元。河北省在国家对片区的各项优惠政策之外，还专门在财政、税收、金融、投资等方面制定出台了对片区的特殊优惠政策。按照各级政府都要加大对连片特困地区的投资支持力度的要求，在财政政策支持上，片区所在的市、县均拿出2014年公共财政一般预算收入的1%专项用于扶贫开发，并建立了省对片区各类财力性转移支付稳定增长机制。在税收政策上，对片区县中的国家扶贫开发工作重点县实行省级分享增值税、营业税、企业所得税“核定基数、超收返还、一定四年”的财政体制政策。在金融政策上，支持县域法人金融机构将新增可贷资金70%以上留在当地使用，落实涉农贷款税收优惠、定向费用补贴、增量奖励等政策。在投资政策上，中央和省安排的公益性项目，取消县以下（含县）资金配套。在发展增收产业方面，张家口市9个片区县着力打造设施蔬菜扶贫产业。保定市8个片区县结合本地实际，重点发展核桃产业，形成纵贯全市山区县的核桃产业带，并积极引进和培育加工龙头企业，持续做强蜂蜜、大枣、设施蔬菜、中药材、食用菌、特色养殖六大类产业片区。承德市5个片区县以平泉、围场为中心，大力发展食用菌产业。

五、整村推进。2014年，全省实施整村推进的重点村2630个，其中纳入国家规划贫困村1630个，全年共投入资金68.9亿元（包括各级财政投入扶贫资金、社会帮扶资金、整合其他部门资金、群众投工投劳和业主融资等）。同时，紧紧抓住河北省开展的深化加强基层建设年活动和农村面貌改造提升活动有利时机，做好了安全饮水、道路硬化、卫生室标准化建设、垃圾处理、安全用电、通讯通邮、文体资源共享工程、农村危房改造、环境整治、一村一品等十件实事，实现了布局优化、民居美化、道路硬化、村庄绿化、饮水净化、卫生洁化、路灯亮化、服务优化等“八化”目标。贫困村的农民收入大幅提高，基础设施明显加强，各项事业得到长足发展。

六、易地扶贫搬迁。2014年度，河北省易地扶贫搬迁共投入资金2.91亿元，其中省本级共安排财政扶贫资金4637.18万元，整合部门资金3689万元，群众自筹和市县财政投入2.08亿元。按照《河北省易地扶贫搬迁规划（2012—2015年）》，2013—2014年度，共完成搬迁1749户、6418人，建成安置小区31个，省财政下拨省本级易地扶贫搬迁补助资金4637.18万元。2014—2015年度，规划搬迁2647户、9367人，规划建设26个搬迁小区，正在建设中。通过扶贫搬迁，有效改善了搬迁群众的居住条件和生产生活环境，并按照“搬得出、稳得住、能发展、可致富”的总体要求，大力实施了扶贫搬迁后续产业扶持、劳动技能培训等工作，确保了搬迁户稳定脱贫。

七、产业扶贫。2014年，按照财政扶贫资金使用和投向要求，河北省确保了财政专项扶贫资金70%用于产业发展，并按照“扶贫扶出产业来，农业长出工业来”的思路，以项目为载体，瞄准贫困人口，大力实施“参与式扶贫”，在黑龙港地区，以饶阳、阜城、献县等为中心，大力发展设施蔬菜产业；在太行山地区，以临城、平山、赞皇、阜平、涞源为中心，大力发展优质干鲜果品产业；在燕山地区，以平泉、围场为中心，大力发展食用菌产业；还有一些贫困县，因地制宜发展了红枣、杏扁、育肥猪、肉牛、獭兔、蛋鸡、蜜蜂等扶贫项目。安排7亿元专项扶贫资金主要用于产业增收项目，安排3亿元资金用于环首都扶贫攻坚示范区9县及阜平县的扶贫贷款担保平台建设。大力推行政府、龙头企业、金融机构、合作社、农户“五位一体”的股份合作模式，鼓励贫困群众积极参与股份合作制经济。对贫困户既是劳动者，又以资本入股发展标准化种植、养殖的示范项目，安排一定数额财政专项扶贫资金，初步形成了“公司+基地+劳务合作社”、“公司+基层组织+土地合作社”、“龙头+农户”、“龙头+专业合作社+农户”等多种形式的合作发展模式。总结推广了赤城县“五位一体”的股份合作模式、平山县葫芦峪农业园区模式、曲阳县“四万一千”山区开发模式等一批典型。

八、雨露计划。2014年，河北省实施“雨露计划”共投入扶贫专项资金4834万元，其中用于劳动力转移培训1304万元，培训17367人，转移就业12054人。继续开展“雨露计划”实施方式改革试点，对7个试点县贫困“两后生”接受中高等职业教育和一年以上技能培训给予每人每学年1500元补贴，共计补助11900人，补贴资金1785万元。继续推进武强县“雨露计划”信息化管理试点工作。积极开展定向、订单培训和农业实用技术培训，全年共组织各类培训班650期，培训困难群众8万余人次。

九、互助金试点。2014年，河北省互助资金试点工作以103号文件为指导，坚持积极稳妥的工作方针，以规范提升为主线，实行以奖代补、典型带动、调整退出三个机制，坚持创先争优、开拓进取、求真务实、扎实工作，积极探索建立互助资金与农民生产经营项目有效结合的长效机制，努力实现互助资金效益的最大化，促进试点工作健康有序发展。截至2014年底，河北省共计有1234个贫困村开展互助资金试点工作，其中中央试点村205个，涉及20个重点县，省级试点村1029个，涉及全省56个县（区）。全省互助资金总量达到2.49亿元（其中财政扶贫资金2.18亿元，农户交纳的入社资金0.3亿元，其他资金0.01亿元），试点村常住总户数为330145户（其中贫困户245391户），入社农户122438户（其中贫困户102703户，占83.9%），全省试点村农户入社率为33.7%。截至2014年底，全省试点村累计发放借款5.28亿元，累计借款123236人次（其中贫困户借款112595人次），累计逾期金额118.69万元，累计逾期笔数374笔，累计损失金额2.5万元，累计损失笔数6笔。资金用途主要用于种、养殖业，共计4.91亿元。借款农户户均增收750元。

十、彩票公益金试点。2014年，国务院扶贫办安排中央专项彩票公益金支持河北省革命老区整村推进试点项目资金1.5亿元，其中7个县实施小型公益建设项目，8个县实施整村推进项目，支持150个贫困村建设。8个整村推进项目试点县共筹集各类资金8529.28万元，其中，中央专项彩票公益金7000万元；整合部门资金1202.82万元；群众自筹326.46万元，目前正在实施中。

十一、革命老区建设。2014年，河北省对57个革命老区县投入省以上财政专项扶贫资金15.8亿元，比2013年增长25%，加快了革命老区脱贫致富的步伐。

十二、以工代赈。2014年，国家安排中央以工代赈资金2.59亿元（含支持农村面貌改造提升行动重点村4000万元），实施项目188个，覆盖全省“两片一区”的46个国定贫困县和燕太片区县，完成基本农田建设13万亩，小型农田水利项目新增和改善灌溉面积20.6万亩、新建改建县乡村道路583公里、片区综合治理1万亩，小流域治理43平方公里，累计使用当地农民工44万个，发放劳务报酬3529万元，有力改善了贫困地区的生产生活条件和生态环境，支持了农村面貌改造提升行动，促进了农民增收。

十三、特色产业扶贫。积极发展新兴产业，承接产业转移，调整产业结构，增强贫困地区发展内生动力。增强财税政策的引导作用，引导更多的社会资本到贫困地区投资兴业，拓宽扶贫的渠道。目前滦平县、沽源县、涞源县等贫困县成为北京最大的农产品批发市场“新发地”的直供基地。其中饶阳县已先后获得“河北省特色产业发展先进县”“全国蔬菜标准园创建县”“中国蔬菜之乡”等多项荣誉称号。全县蔬菜播种面积已达40多万亩，其中设施蔬菜面积达32万亩以上，成为河北最大的设施蔬菜生产基地。2014年，河北省将平泉、赤城、曲阳、巨鹿、临城、平山6个县作为光伏扶贫试点。阜平、宽城、康保3个县作为电商扶贫试点。省旅游局从建档立卡贫困村中筛选出38个贫困村作为旅游扶贫村上报国家，确定了30个贫困村作为旅游扶贫村。

十四、完善社会保障制度。2014年，河北省做好扶贫开发与农村低保、五保相衔接工作。针对扶贫对象充分运用两项制度有效衔接和贫困户建档立卡成果，按照“一村一品”的要求，用市场机制推进扶贫开发，瞄准扶贫对象，改革运作模式，确保贫困群众有持续、稳定的收益。对低保对象主要是由民政部门按照相关政策，保障其基本生活。同时，做好贫困地区危房改造工作。对贫困地区投入10.12亿元进行危房改造工作，帮助7.45万贫困户解决基本住房安全问题。

十五、定点扶贫。2014年，积极协助中央定点扶贫单位做好工作，32个中央和国家机关驻冀帮扶单位共投入资金2839万元，其中直接投入资金2013万元，物资折款826万元，帮助引进各类资金1.4亿元，帮助上项目92个，举办各种培训班40期，培训各类人员13796人次，帮助输出劳务2114人。扎实推进省内定点扶贫工作，目前，全省省、市、县三级共有6360个单位、9678名干部驻村帮扶，投入各类资金3.27亿元，其中直接投入资金1.4亿元，引进资金1.87亿元。积极动员社会力量参与扶贫开发。以首个“扶贫日”活动为契机，谋划开展了党政机关企事业单位公募、书画名家义捐义卖、环首都扶贫攻坚示范区贫困县与北京企业集团和集贸市场农产品对接等系列活动10余场，预计全省各级各类捐款5000万元左右，有力推动了社会扶贫工作开展。

十六、扶贫机构和队伍建设。2014年，根据工作需要和省直机构改革的实际，及时调整和充实了省扶贫开发领导小组的力量，健全了工作机制，切实发挥了领导小组的协调指导作用。全年3次召开领导小组会议，研究部署全省扶贫工作，并制定下发了《关于进一步强化乡镇扶贫责任的意见》，进一步明确了乡镇党委、政府的扶贫开发职责，加大对重点乡镇扶贫开发工作的支持力度，确保扶贫开发各项政策措施在基层得到落实。要求选派年富力强、事业心强的干部到有扶贫开发任务的乡镇担任主要领导，有条件的地方要配备专（兼）职扶贫干部，加强乡镇扶贫领导力量。结合省委统一部署安排，组织全办处级干部参加“学习贯彻习近平总书记系列讲话和党的十八届三中全会精神”集中轮训班，进一步增强深化改革的进取意识、机遇意识、责任意识，提高党员干部思想理论素养和工作水平。结合群众路线教育实践活动，在全省扶贫系统开展以提高担当意识、提高综合素质、提高工作效率为主要内容的“三提高”大讨论活动。

（河北省扶贫开发办公室　康　明）

产业篇

INDUSTRIES

河北经济年鉴

2015

农　业

【概况】 2014年，河北省农业系统以习近平总书记系列重要讲话为指引，瞄准农民持续增收目标，紧紧围绕全省经济社会发展的中心任务，以深化改革为动力，认真落实强农惠农政策，科学谋划部署，强化农业基础建设，确保主要农产品有效供给和农业生产安全，持续提高农业科技进步率和资源利用率，巩固发展农业农村经济好形势，为全省经济社会发展全局提供有力支撑。全年粮食总产672亿斤，连续两年跨上670亿斤台阶；夏粮实现“十一连增”，亩产突破400公斤大关，实现了由中产向高产的跨跃。菜篮子产品全面增长，肉、蛋、奶和水产等主要农产品供给得到有力保障，农产品质量安全形势稳定。农业产业化经营加快发展，确权登记颁证、农业节水、农村燃煤污染治理等重点工作扎实推进。全省农村居民人均可支配收入首次突破万元大关，同比增长11%，连续五年快于城镇居民收入增速。在全省经济下行压力增大、压缩过剩产能任务艰巨的严峻形势下，农业稳定发展为全省经济平稳运行作出了重要贡献。

【粮食生产】 坚持抓好粮食生产不放松，大力推进高产创建，在4个市县开展整建制推进，集成推广了“一喷三防”、深松作业、播后镇压、测土配方施肥、玉米“一增五改”等一批先进适用技术和模式，示范带动大面积均衡增产。面对2000多万亩秋粮受旱的严重灾情，及时下发指导意见，组织农技人员深入重灾区科学指导，把损失降到了最低。积极推动落实各重点项目建设。一是良种补贴政策落实到位。粮油作物良种补贴继续实行现金直补方式，其中小麦、玉米、水稻补贴实行全覆盖。认真统计核实面积，积极推介优种，规范补贴方式，狠抓资金监管，确保补贴资金及时、足额发放到农民手中。二是高产创建项目示范带动能力增强。2014年国家安排河北省粮食作物高产创建万亩示范片620个，油料作物高产创建万亩示范片15个；整建制推进试点市1个，试点县3个，试点乡镇32个，创建任务涉及11个设区市的140个县。各地农业部门精心组织，强化措施，狠抓落实，全省粮油高产创建面积达到683.89万亩，小麦、玉米、水稻、花生、马铃薯等高产创建作物实现了大面积均衡增产，整建制推进市、县、乡，将高产创建活动由部门职能上升为政府行为，全力推进，促进了区域性粮食整体生产水平的提升。高产创建活动为全省粮油生产稳定发展发挥了积极作用。三是地下水超采综合治理试点农业节水项目进展顺利。2014年国务院确定在河北省开展地下水超采综合治理试点工作，按照省政府通知要求，在地下水超采最严重的衡水、沧州、邢台、邯郸等四市的51个县（市、区），投资12.6亿元，组织实施了地下水超采综合治理试点农业节水项目。省农业厅成立了以厅长为组长、副厅长为副组长，相关12个处室站主要负责同志为成员的地下水超采综合治理试点工作领导小组和以中国工程院院士、中国科学院副院长刘旭，中国工程院院士、中国农业大学教授康绍忠为顾问的河北省地下水超采综合治理试点工作专家指导组，为河北省地下水超采综合治理试点农业项目组织实施工作提供了组织和技术保障。为了确保农业节水项目的规范运作，实现农业节水目标，先后制定下发了《2014年度河北省地下水超采综合治理试点调整种植结构和农艺节水项目实施方案》等规范性文件以及小麦春灌节水稳产配套技术等5个配套技术方案，进一步细化和规范了农业节水项目的组织实施，总计实现地下水压采3.59亿立方米。据国家统计局统计，2014年河北省粮食播种面积9497.97万亩，比上年增加24.16万亩，增长0.26%；亩产353.78公斤，比上年减少1.41公斤，减0.40%；总产3360.17万吨（672亿斤），比上年减少4.82万吨（0.96亿斤），减0.14%，连续两年粮食总产保持在670亿斤以上，其中夏粮实现“十一连增”，亩产首次突破400公斤大关。

【种植业】 蔬菜产业，全省蔬菜产业以省级现代蔬菜产业园和部级标准化创建为抓手，大力发展设施蔬菜，狠抓市场销售，严格监管质量，蔬菜产业继续呈现良好发展势头。播种面积2054万亩，同比增长2.96%，总产8125万吨，同比增长2.14%。其中设施生产面积1028万亩，同比增长0.9%。省级现代蔬菜产业园建设基本完成。启动支持蔬菜产业新平台，安排预算资金5000万元，补助建设100个省级现代蔬菜产业园建设。以设施园区为主，继续推动日光温室、塑料拱棚建设，推广生态防控技术，提高绿色栽培水平，带动蔬菜产品质量提升。标准园创建成效显著。争取农业部支持蔬菜标准化补助资金3150万元，确定33个单位参加创建活动，全部于11月份通过验收。5月下旬农业部在昌黎县召开了北方设施蔬菜生产现场会，农业部有关领导和17个省市代表对河北省设施蔬菜生产发展给予了充分肯定。产销衔接继续深化，1月份组织20多个县农业部门和40多个蔬菜专业合作社参加“春节和全国两会期间首都市场供应保障行动”，7月下旬至8月底，组织了“坝上蔬菜进首都、进物美”促销活动，促进坝上错季蔬菜销售1万吨。目前有90家河北蔬菜专业合作社与北京市20多家超市建立了稳定的产销合作关系，平均日供应量1000吨以上，约占超市采购量的36%。有8家合作社在北京居民社区建设连锁直营店108个，日经营量超过200吨。对全省蔬菜质量监管进行了全面督导，把应用条形码和二维码质量追溯制度纳入省以上蔬菜生产扶持项目考核验收体系，实行一票否决，130多个承担省级以上蔬菜项目的单位建立了追溯制度，部级抽检合格率95.3%，省级抽检合格率98.8%。集约化育苗取得新进展，全省各育苗场通过升级改造和扩建设施，继续扩大生产规模，年育苗能力达30亿株，同比新增5亿株。棉花生产，受棉价走低和连年低温阴雨烂铃及用工成本上升等因素影响，2014年河北省植棉面积大幅减少，生产上表现为”两减两提高”，即面积减，总产减，单产提高，品质提高。据国家统计局河北调查总队调查，河北省棉花播种616.5万亩，比上年减少107.93万亩，减14.89%，是2001年以来棉花种植面积最低的一年。单产69.91公斤/亩，比上年增加6.85公斤，增长10.86%，总产43.1万吨，同比减少2.58万吨，减少5.65%，是2008年以来的第二个丰收年。全省核实申报棉花良种补贴面积601万亩，比2013年减少121万亩，申报补贴县数114个。棉花良种补贴继续实行全覆盖，采取现金直补的方式。中药材生产，为贯彻落实《河北省人民政府关于振兴中医药事业的决定》，2012年河北省启动中药材种植示范园创建活动，通过"龙头企业+合作社+农户"模式和"验收后奖补"方式，以生产大县为重点，每年建设100个中药材种植示范园。省财政2013年和2014年每年列支5000万元专项资金扶持活动开展，全省中药材生产得到了快速发展。据省统计局统计，2014年全省中药材种植4.75万公顷，产量2.84万吨，种植面积比2013年增加1596公顷，增长3.5%。2014年全省中药材种植示范园建成66.7公顷以上（特色品种33.3公顷）的示范园100个，创建面积13267公顷，占全省中药材种植面积的27.9%。一是优势区域种植面积不断扩大。二是品种乱杂现象得到初步改观。部分地区实现了一区一品或一园一品，内丘和平泉分别成为全国最大的邢枣仁和杏仁集散地。三是药材质量明显提高。四是标准化、品牌化发展加快。全省通过GAP和"三品一标"认证的示范园共20个，其中GAP认证和地理标志登记各3个、有机认证6个、无公害认证8个。注册中药材商标27个，宽城热河牌金丝黄芩、围场保承牌黄芪、灵寿慈河牌丹参、涉县涉柴牌柴胡等知名度显著提升。五是经济、社会、生态效益显著。据统计，全省中药材平均亩产值4519元，亩效益2510元，是大田作物的3倍以上。因地制宜发展中药材，成为山区农民脱贫致富的优先选择。食用菌产业，目前全省食用菌栽培品种发展到28个种类、60多个品种，年产249万吨、产值178亿元，成为省内种植业第三大产业。通过食用菌栽培，年转化利用700万亩秸秆、280万吨干畜禽粪便，对促进农业可持续发展发挥了重要作用。

【农业科技推广】 一是深入推进产业技术体系建设，加快农业科技创新步伐。紧紧围绕种质资源创新、新品种选育和制约现代农业发展关键技术难题，引进、创新优异种质资源1100多份，筛选引进承接农业优异新品种、新品系163个，审定新品种19个，组织鉴定科技成果44项，研制新农药、新肥料、新饲料等农资产品25种，研制新型生产设备和农机具23套，申报并获得专利授权25项。组织开展50项关键技术的科研攻关，安排部署了70套先进技术模式的引进试验、熟化集成和生产示范，在146个示范基地安排落实170多个新品种、100余项先进实用技术、15个（套）生产新设施、新机具的试验示范，举办技术培训和现场观摩会150场，培训农业技术骨干和农民示范户1.96万人，把印在纸上的技术变成了长在地里、养在场里的样板，构建了可看、可学的新技术高效示范平台，技术研发与示范推广都体现出"接地气"的效果。切实加强创新团队制度建设，研究制定了《现代农业产业技术体系河北省创新团队绩效考评管理办法》和《现代农业产业技术体系河北省创新团队专家（成员）守则》，增强了创新团队的创新活力和凝聚力。中央电视台、河北卫视对河北省现代农业产业技术体系进行了报道，中国财经报等也在头版头条以"田间吹起集结号"为题，长篇报导了河北省产业技术体系的建设成果。二是深入实施农技推广补助项目，加快农业科技成果转化步伐。把农技推广补助项目经费安排与绩效考核挂钩，建立健全了省、市、县、乡、村五级农业科技试验示范网络，全省遴选项目县137个，建立新技术试验示范基地338块，引进示范新品种1389个（次）、新技术1420项（次），培育科技示范户16万户、辐射带动农户300多万户，项目县主导品种到位率稳定在97%以上，主推技术到位率稳定在95%以上，有效提高了科技示范户和辐射带动户的种养殖水平，提高了项目县农业科技支撑能力。全面加强农业科技服务手段创新，在137个项目县建立了农业科技网络书屋，在藁城、新乐两市积极推行农技推广云平台建设试点，重点加强信息技术在农技推广、科技培训方面的应用。三是实施新型职业农民培育工程，加快构建新型农业经营体系。全年培育新型职业农民3.2万人，认定2万人，培养了一支综合素质高、生产经营能力强、适应现代农业发展的新型职业农民队伍，为现代农业发展和新农村建设提供了强有力的人才支撑。四是加强转基因生物安全管理工作，确保基因生物研发应用活动依法有序进行。根据农业部工作部署，制定下发了《关于对农业转基因生物安全评价试验加强监督检查的通知》，以转基因研发单位、玉米种子生产经营者作为重点监管对象，以各项安全评价试验场所作为重点监管区域，从抓源头、查市场入手，组织相关设区市和县级执法人员对2014年农业部批准在河北省进行的75项转基因试验进行了监督检查，有效防止了转基因生物非法流入农业生产和流通环节，提升了公众对转基因生物的科学认知度，保证了河北省转基因生物研究与应用的健康发展。同时，加快农业机械化发展步伐，补贴农机具10.9万台套，完成深松1000万亩、保护性耕作350万亩，小麦生产实现全程机械化，玉米机收率达到70%，高于全国平均水平14个百分点。农垦实现生产总值超400亿大关，达到428.07亿元，比上年增长7.29%。

【种业发展】 深化种业体制改革，加快现代种业发展，建立种业联合攻关机制，扶持育繁推一体化种子企业，提高自主育种和良种供应能力，种子企业实力快速增强。一是在国欣、裕丰、巡天、宽城、三北等种业领军企业的引领下，一批种子企业迅速发展壮大，2014年省级发证3000万企业增至59家，比上年增长34%。同时，公益性科研院所与所办种子企业"事企脱钩"工作取得进展，全省6家未与科研院所分离的种子企业中，有4家完成脱钩方案的制定或正在准备注销。二是品种试验推广能力不断加强。通过合理布局，形成了覆盖不同生态区、布局合理、功能完备的试验示范网络。目前，省级区域试验组别达到41个、试验新品种635个，生产试验组别达到16

个、试验新品种52个，高产、优质、节水、专用品种试验审定步伐不断加快；2014年审定通过了玉米、小麦、棉花、大豆、稻、马铃薯等品种60个、玉米引种品种13个；“京津冀”区试一体化从小麦品种试验上率先突破，每个省市设5个单位，参试新品种12个；安排玉米、小麦、棉花新品种展示示范点18个，展示示范新品种100多个，主要农作物良种覆盖率稳定在97%以上；做好节水小麦供种工作，顺利完成29个品种、3183万公斤小麦种子的供应，推广节水小麦品种300万亩。三是种子市场环境持续改善。省农业厅联合省公安厅、省工商局开展了打假护权专项行动，成立省级专项行动领导小组，并建立了联席会议制度。全省各级农业部门共检查种子市场2304个次，检查种子经营户27112个次，检查种子企业4156个次，出动执法人员26614人次，查处案件352起，结案343起，查获违法种子16.65万公斤，货值140.43万元，受理投诉76起，调解纠纷57起，未发生大案要案。种子套牌侵权、制假售假等违法行为得到有效遏制，种子市场秩序明显规范。四是种子检验检测能力进一步提升。按照“抓体系建设，促监督抽检”的工作方针，完成省级检验机构的复评审，新增机构检验员57名、企业检验人员212名，机构检验员和企业检验员人数分别达到470名和1700名；冬季企业、春季市场，玉米基地、秋季小麦市场和节水小麦补贴项目等种子质量监督抽查工作顺利完成，抽检种子样品2334份，其中生产企业样品141份，代表数量284.5万公斤。五是种子行政许可行为规范实施。梳理涉及农作物种子的行政审批事项，完成对国务院取消下放行政审批事项的（涉及种子部分）的梳理、衔接工作，起草涉及种子行政审批事项的《河北省政府部门行政审批服务业务指导规范》共7项，10个子项；完成种子行政审批事项的法定要件审查、受理、报批，办结送达的种子行政许可事项187项。审核、打印市县级种子许可证57个。六是种业信息化建设取得新进展。各市种子管理和执法单位都成立了信息化工作领导小组，明确责任、建立工作机制，结合本地实际，认真谋划种业信息化建设工作。种业基础信息统计范围和对象已经扩大至全省各级种子管理机构和取得经营许可证的全部企业，实现全覆盖。2014年收集164家种子管理机构和231家种子企业的信息，上报率分别达到100%和92%，通过对上报信息的汇总分析，系统掌握了全省种子管理机构职责履行情况和种子企业生产经营状况，为今后的种子管理工作提供了科学依据。

【农业资源环境保护】 2014年，以农产品质量检验检测为支撑，强力推进种植业农产品质量安全监管工作进一步规范；以农业清洁生产示范建设为引领，强力推动农业面源污染防控和农业生态环境改善；以休闲农业示范建设和“美丽乡村”创建为基础，强力推进农业增效和农村面貌改造提升，各项工作取得积极进展和良好成效。突出抓好四项工作：一是种植业产品质量安全检测与监管不断加强。二是农业面源污染防控深入实施。三是农业资源保护顺利实施。组织了农业野生植物资源调查，新发现野生资源物种88种。建设了15个国家级农业野生植物保护点，保护总面积8235亩，有效遏制了外来入侵植物的扩散和蔓延。四是休闲农业取得突破。新评定全国休闲农业与乡村旅游示范县2个，示范点4个，三星级以上企业15家；新评定三星级以上省级休闲农业园和休闲采摘园57家，省级休闲农业与乡村旅游示范县6个，省级休闲农业与乡村旅游示范点12个。通过规划引导和星级引领，目前全省休闲农业园区（农庄）规模达到1300多个，年接待游客人数超过5300万人次，年收入44亿元，带动农民增收22亿元。

【农村能源清洁开发利用】 2014年把农村清洁能源开发利用工程作为大气污染综合防治的重要举措，投入专项资金4.5亿元强力推进。一是通过政策引导，组织有关企业和专家开展技术攻关，把炉具结构由一次燃烧改型为两次燃烧，热效率从60%提高到70%以上，最高达到80%，炉具性能实现了质的突破，使用方便，清洁环保，既能烧散煤、型煤，也能烧生物质，深受基层干部和广大农户的欢迎。通过政府补贴，推广45万台，带动市场推广86.5万台，共推广131.5万台，节煤65.75万吨。二是在乡镇机关、企事业单位、医院、学校，探索秸秆压块、打捆直燃、煤改地热等新型能源替代方式，示范高效清洁燃料锅炉1002处，减煤达到10万多吨，取得了明显效果。探索形成了企业负责设备改造安装、维修维护服务和燃料供应的合同化能源管理模式。三是加大秸秆能源化利用力度，组织企业攻关，大幅提升了固定式秸秆压块设备的生产性能；研究试制移动式压块设备取得成功，直接到田间地头为农户加工压块，既方便了群众，又降低了生产成本。全省生产秸秆压块达到160多万吨，同时，还推广了秸秆打捆直燃、秸秆沼气、秸秆气化等方式，共利用秸秆510万吨，占2014年秸秆利用总量的10%，为秸秆禁烧和综合利用探索出了一条新路径。四是根据各地能源禀赋，试验示范煤改地热、煤改太阳能、煤改电、煤改气等新型清洁能源4万户，减煤8万多吨，理清了每一种模式的技术路线、投资规模和适用范围，起到了很好的示范效果。通过工程实施，实现农村燃煤清洁燃烧400万吨左右，清洁能源替代燃煤100万吨左右，减排二氧化硫、氮氧化物和烟尘20多万吨，还减少了大量二氧化碳排放，为大气污染防治、农村面貌改造提升做出了实实在在的贡献。

【农产品市场】 农产品市场发展效果显著。一是稳步推进农产品田头批发市场试点。2014年农业部在三个省选择10家农产品田头批发市场建设试点，河北省作为试点省选定了永清县瓦屋辛庄农贸批发市场、永清县大青垡农产品批发市场、永清县绿农无公害蔬菜批发市场3家市场。积极做好农业部定点市场日常管理工作，农业部定点市场数量达到41家，总数继续保持全国第二位。二是积极做好农业统计监测。组织全省11个地市、33个基点县开展农业调查和信息统计在线填报、审核、纠错、上报。组织全省9个物价基点县开展原粮、成品粮、经济作物、畜水产品、生产资料等40余种农产品物价的调查工作，完成在线填报、审核并上报。三是认真做好农产品市场预警。河北省被农业部列入小麦、玉米、棉花的会商省份，2014年先后组织有关市县农户、经纪人、加工厂、收购商、农资销售点等，配合农业部对河北省小麦、玉米、棉花等主要农产品开展春耕、夏收、秋收等生产及市场形势调研，结合调研形成多份专题报告。四是展会工作成效显著。圆满承办廊坊“5.18”经洽会期间召开的首次现代农业产业洽谈会。活动现场通过宣传册等形式共发布招商项目237个，现场重点推介农业产业项目50个。“5.18”洽谈会期间，有46个农业项目签约，3个项目有了合作意向，投资规模467亿元。其中，在现代农业产业洽谈会上达成合作意向或签约15个，投资规模167亿元。9月26日—28日，圆满完成了在廊坊开发区国际会展中心举行的第十八届中国（廊坊）农产品交易会。活动期间，组织全省176家农民合作社参加河北省农民合作社成果展，做好了展示设计及布展等工作。按照省政府部署，河北省圆满完成10月25日—28日在山东省青岛市举办的第十二届中国国际农产品交易会各项参展任务。河北省展团包揽了最佳组织奖、综合展示设计金奖两项最高奖项，美客多牌参鸡汤、绿蔚牌小米、神栗牌栗仁、秦皇牌海参、壳素红牌甲壳素红枣等5种参展产品荣获第十二届中国国际农产品交易会参展产品金奖，达到了“展示成果，促进贸易，彰显品牌，宣传河北”的预期目标。五是农业信息化。谋划并启动全省农业信息化基础建设项目，积极谋划信息化项目，编写了《河北省农业农村综合信息服务体系建设方案》，重点加强省机关办公内网、农业应急指挥、12316和农业物联网等方面的建设。

【农业产业化】　全省农业产业化工作以转变发展方式，提高发展质量为主线，以项目建设为支撑，大力推进龙头企业和农业产业化示范基地建设，突破重点难点，注重转型提升，全年全省农业产业化经营总量达到6666亿元，产业化经营率达到64.2%，增长1.2个百分点，保持了快速健康发展的良好态势。龙头企业经营稳中向好。全省农业龙头企业达到6000余家，国家级重点龙头46家，省级重点龙头达到608家。省级重点龙头企业年销售额接近3000亿元，获得利润200亿元以上，其中有四家龙头企业进入百亿元级行列，分别是五得利面粉销售收入突破200亿元，保持全国第一、世界最大；今麦郎集团和汇福粮油集团销售额均在150亿元以上；养元智汇饮品年销售额将超过100亿元，同比增长40%以上，是增长最快的大型龙头企业。项目建设力度加大，全省完成农业产业化项目投资1300亿元以上，同比增长13%以上；新开工项目1100个，其中新开工亿元以上项目370个，竣工项目600个以上，其中竣工亿元以上项目130个以上，完成全年任务的130%。在项目建设方面，呈现两个新趋势，一个是工商资本转投增多。据统计，2014年工商资本投资的项目超过300个，总投资额超1200亿元，已完成投资300亿元以上。另一个是京津转移项目增多。目前京津共有110家企业在河北省投资农业产业化，其中在建项目172个，总投资额达766亿元，可带动农户50万余户。产业集群发展和规模效应进一步显现。31个省级以上农产品加工示范基地完成基础设施投资70亿元，新开工200个项目，竣工100个，完成项目投资200亿元，同比增长15%以上。全年省级以上示范园区销售总收入突破3000亿元，同比增长20%，共实现利税300亿元。其中产值超100亿元的示范基地达到10个。创新能力和品牌建设有所突破，全省各类龙头企业拥有著名商标1200个，中国驰名商标37个，获得绿色食品认证的企业425家，中国地理标志产品40个，获得“三品一标”认证的种植基地面积、牲畜饲养量和禽类饲养量分别达到25万亩、35万头和6173万只。涌现出一批在国内知名度很高的品牌，如：华龙、露露、六个核桃、君乐宝等。在科技创新方面，河北省龙头企业年科研总投入达到38亿元，建有专门研发机构的企业数达到865个，其中建有省级以上研发中心115个，有268家企业获得过省级以上科技奖励或荣誉。带农惠农效果持续显现，全省龙头企业带动农户超过1000万户，户均来自农业产业化经营的收入突破1万元，使这些农户通过参与农业产业化经营共增收350亿元以上。另外，龙头企业还为社会提供了120万个工作岗位，龙头企业作为新型经营主体的引领者作用进一步加强。

【惠农政策落实】　为进一步加快京津冀现代农业协同发展，配合农业部编制了《京津冀现代农业协同发展规划》，明确河北省发展定位、总体布局、功能分区、建设重点，着手研究全省环京津都市现代农业发展，加快推进12个国家级现代农业示范区建设，探索京津冀协同发展大框架下河北现代农业发展新路径。围绕农产品质量安全、农村土地流转、确权登记颁证、小麦节水品种推广、农村能源清洁开发利用等重点领域，立足夯实现代农业发展基础，争取农业资金77.4亿元，同比增长10.4%。科学制定工作方案，落实良种、农机购置、“一喷三防”、渔船柴油、垦区危房改造等惠农补贴34.25亿元，确保农民真正得到实惠。争取农村大气污染治理、地下水超采治理、农机深松、规模养殖、疫病防控、土地确权等专项补贴资金27.5亿元，加大了重点工作的推进力度。组织实施标准良田、高产创建、现代蔬菜产业园、乳粉用奶牛场、标准化规模养殖场等一批重点工程，带动了重点产业发展。启动农产品初加工、市场监测预警、农村市场建设试点、冷链物流配送等一批重点项目，加大乳粉企业能力提升、奶源基地建设的投入力度，增强农产品加工和市场服务能力。坚持积极争取与狠抓落实并重，对农村能源清洁开发利用、农业节水、土地确权等时间紧、任务重、要求高的重点项目，实施集中攻坚，倒排工期，挂图作战，巡回督导，定期调度，确保工程的质量和进度。

【农业农村改革】　全力推进农村改革，取得阶段性成果。稳步扩大农村土地承包经营权确权登记颁证试点范围。2014年9月30日，省委、省政府召开全省农村土地承包经营权确权登记颁证工作电视电话会议，印发了《中共河北省委办公厅、河北省人民政府办公厅关于开展农村土地承包经营权确权登记颁证工作的意见》，全面部署确权登记颁证工作。省农业厅认真贯彻落实会议精神和文件要求，制发了《农村土地承包经营权确权登记颁证工作有关问题的处理方法》、《关于做好农村土地承包经营权确权登记颁证技术合作单位选聘工作的通知》等多个配套文件，加强督导调度，落实省级财政专项补助资金1亿元，培训市县乡业务骨干800多人。在完成国家、省、市三级试点基础上，全省试点范围扩大到989.7万亩，占二调耕地总面积的10.1%，截至2014年12月，完成170.78万亩，占二调耕地总面积的1.7%。11个省级农村集体经济股份制改造试点稳步推进，石家庄、邢台、邯郸、承德、唐山、衡水基本完成改造任务，试点经验得到省领导充分肯定。农村改革试验区工作取得新突破。玉田县改革试验区县域金融机构内涉农贷款余额115.79亿元，同比增长21.57%。玉田县和曲周县被列为第二批国家级农村改革试验区和试验项目。深入推进农业经营体制机制创新，在培育壮大新型农业经营主体和实现规模经营上实现突破。全省土地流转面积1879.69万亩，占承包耕地的22.6%，较上年提高4.1个百分点，规模经营面积占流转总面积的69.3%，提高了0.4个百分点。新型经营主体蓬勃发展。2014年，全省在工商部门注册的家庭农场7809家。大力开展农民合作社规范化建设，评选国家级示范社170家，省级示范社683家。全省在工商部门注册的农民合作社达到8.29万家。省级土地流转和农村"三资"管理信息平台建设投入运行，11个市67个县620个乡镇正式入网。农民负担监管进一步加强。组织开展了农民负担专项检查和专项治理，取消收费项目18项，查处违规收费案件1027件，清查各类违规收费3012万元，减轻农民负担2100万元。

【农业法制】 2014年以推进农业依法行政为中心，以强化执法监督为依托，以清理规范行政权力为抓手，以执法工作机制创新为突破，农业法制工作有了新的进展。

【农业对外开放】 积极扩大农业对外开放、建设外向型农业。加快国外新品种、新装备及资金引进，扩大农业对外开放工作。引进种牛、种猪、奶牛胚胎冻精、种鸡种鸭等31.11万只（支），为河北省品种改良、提高经济效益发挥了支持保障作用。引进比利时兰牛冻精改良肉牛试验项目。争取省外国专家局"奶牛场粪污综合处理培训"项目50万元及"河北世行农村新能源开发德国技术援助"12万元。积极申报2015年农业财政项目《海峡两岸农业合作项目》。推动中美、中加农业合作，全面提升对外交流合作水平。举办"河北—艾奥瓦州现代农业研讨会"，为两省州的进一步合作奠定了基础。开展河北—加拿大奶牛繁育技术研发合作项目。配合省商务厅加快外贸方式转变，推进安国中药等12个国家级出口基地建设。农业"走出去"取得新突破，河北农业经济合作代表团11月份出访印度印尼，促进了农产品贸易往来，为河北农业对外投资、装备、产品走出去开了一个好头。2014年共接待来自荷兰、美国、比利时、以色列、加拿大等国家团组14个108人次，满意度调查100%。

（河北省农业厅　张宝立）

【打造沿海现代生态农业】 近年来，秦皇岛市委、市政府高度重视沿海现代生态农业发展，已初步形成了粮油、蔬菜、畜牧、水产等四大特色产业集群和集特色农业生产、加工、物流、社会化服务等各种功能于一体的现代农业体系。2014年，全市实现农业总产值315.38亿元，比上年增长3.8%。粮食总产达到90.8万吨，同比基本持平；蔬菜、肉、蛋、奶、水产品产量分别达到400万吨、37万吨、12.5万吨、10.5万吨和35.46万吨，比上年分别增长27%、4.94%、0.1%、0.11%和1.3%。农民收入实现"十一连快"，农村居民人均可支配收入达到9964元，比上年增长10.6%，增幅连续五年超过城镇居民人均可支配收入。正大集团、中粮集团、中农集团、益海嘉里集团、茅台集团、中红三融等一批世界500强和行业龙头企业相继落户秦皇岛市，全市农业产业化重点龙头企业352家，其中国家级重点龙头企业4家、省级48家，企业加工能力超过500万吨，年销售收入300多亿元。特别是，该市始终把改善生态环境作为各项工作的出发点，全力推进"绿色秦皇岛"、近岸海域综合整治和节能减排等各项工程建设，农业农村及近海水域生态环境大为改善。通过强化"三品一标"认证管理，无公害、绿色农产品认定、认证企业达到282家、51家，无公害、绿色农产品分别达到196个、137个，食品企业QS认证率达到100%，农产品品质和质量安全水平明显提升。

（一）粮油产业。突出抓好了玉米、小麦、水稻、花生等粮油标准化生产基地和中药材、杂粮等全国绿色食品原料标准化生产基地建设以及粮油加工集群打造，秦皇岛市成为全省最大的甜玉米种植基地和全国最大的甜玉米罐头加工基地，拥有加工企业21家，年产玉米罐头4万吨，占据全国玉米罐头市场的半壁江山。昌黎、卢龙被定为"全国粮食生产大县"，卢龙县是中国甘薯之乡，青龙县是全省重要的中药材生产基地和河北杂粮之乡。形成了以金海粮油、鹏泰面粉、骊骅淀粉等企业为龙头的粮油加工集群，年加工转化粮食达到400多万吨，为中国北方最大的粮油加工基地。

（二）蔬菜产业。强力推进蔬菜标准园、蔬菜百亩方及高标准节能日光温室等设施农业建设，依托11个专业乡镇，重点培育八大蔬菜产业基地，全市蔬菜播种面积达到106万亩，设施蔬菜面积达到57万亩。创建农业部设施蔬菜标准园3个，省级设施蔬菜产业园6个。2014年5月份农业部在秦皇岛市召开了由17个省市参加的北方设施蔬菜生产项目现场会。昌黎县是河北蔬菜之乡，抚宁是河北蔬菜示范县、河北豆角之乡和生姜之乡，秦皇岛市已成为京津地区重要的蔬菜供应基地。

（三）畜牧产业。秦皇岛市围绕打造畜禽标准化养殖示范区，狠抓抚宁生猪、青龙肉鸡、卢龙肉羊等省级畜牧标准化示范区建设，全市畜禽规模养殖率达到75%，备案养殖场达到1300个，猪人工授精改良体系建设水平全国领先。该市已成为京津地区重要的商品猪供应基地。2014年在抚宁建成了北方最大的生猪网络交易平台，促进了生猪系统化交易。该市是国家级商品肉鸡标准化生产示范区和全国主要的肉鸡出口加工基地。由正大集团、中红三融等企业领衔，全市年加工肉鸡能力已经超过一亿只。该市还是全国最大的毛皮动物养殖基地，昌黎被确定为全国毛皮动物养殖大县和中国养貉之乡，年饲养量突破1400万只，两大毛皮交易市场汇集全国客商，年交易额超过百亿。该市是全省最大的肉羊育肥基地和全国最重要的育肥羊饲料集散地，年出栏小尾寒羊、绒山羊200万只，羊肉及羊绒制品在京津市场广受好评。

（四）水产业。以渔治水推进生态养护渔业稳步发展是渔业发展的思路。秦皇岛市是全国最大的海湾扇贝养殖基地和国家优势农产品（扇贝）产业带，对虾、扇贝、海参、河豚、鲜鱼等特色海产品享誉全国。拥有规模养殖企业340余家、水产品加工企业60多家，是全国水产品加工业示范基地和全省最大的水产品出口加工基地，水产品加工量、出口量和创汇额连续常年位居全省第一位。建设了北戴河、南戴河、山海关及昌黎等4个国家级水产种质资源保护区，以投放人工渔礁构筑“水下森林”为主的海洋牧场保护了重要渔业资源，修复了近海海域生态环境。

（五）休闲农业。近年来，全市生态休闲农业发展迅猛，稳步提升了休闲农业建设水平，休闲农业园区得到提档升级，目前秦皇岛市拥有全国五星级园区2家，四星级园区3家、三星级1家，园区总数达到68家，北戴河、集发、渔岛三地一线荣获“河北海陆风情游精品路线”称号，入选全国休闲农业十大精品旅游路线。昌黎县和抚宁县仁轩酒庄分别被评为省级休闲农业和乡村旅游示范县和示范点。各园区年接待游客300多万人、创收20多亿元。农业休闲旅游在秦皇岛市已成为一种健康、时尚、高品质生活的象征，市民向往，农民喜爱。

（秦皇岛市农业局综合科）

【农机化】 2014年，河北省农机装备水平持续提高，达到1.09亿千瓦，比上年增加183.8万千瓦，增幅1.68%。拖拉机保有量达到164.1万台。其中，大中型拖拉机和玉米收获机分别达到25.46万台和4.57万台，分别比上年增加20300台和9228台，增幅分别为8.7%和25.3%，尤其是玉米收获机连续两年增幅10%，与农机购置补贴强力推进密切相关。畜牧、设施农业、林果、农产品加工机械分别达到15.36万台、20.37亿平米、3558台和98.52万台，增幅比上年明显增加。全省农机装备结构得到进一步优化，农机作业水平稳步提升。全省各级农机部门上下联动，组织百万农业机械忙春耕、抢三夏、战三秋，充分发挥了农业机械在农业生产中的主力军作用，机耕、机播和机收面积分别完成8158.35万亩、9940.95万亩和7482.6万亩，作业水平分别达到82.6%、75.3%和57%，分别比上年提高0.4个、1.1个和4个百分点。全省主要农作物综合机械化水平达到72.7%，比上年提高1.7个百分点，超出全国平均水平11.7个百分点。玉米机收取得了跨越式发展，机收水平达到70%，比上年提高10个百分点。

（一）落实补贴政策，加快推进农机装备发展。2014年中央安排河北省第一批农机购置补贴资金7.7亿元，第二批农机购置补贴资金4.4亿元，累计安排12.1亿元，较上年增加1.4亿元。落实中央补贴资金11.51亿元，落实比例达到95.1%，累计补贴各类农机具10.95万台，其中，拖拉机2.61万台，耕整地机械2.84万台，小麦联合收割机4134台，玉米收获机9744台，播种机械1.41万台，畜牧水产机械1.15万台，设施农业设备8316台。受益农户达到8.56万户。

工作中一是在经销商环节上，不设立经销商资质条件，由农机生产企业确定经销商，进一步发挥生产企业确定经销商的自主权。二是资金分配上，赋予市级农机管理部门一定权限。三是补贴范围由县级农机购置补贴工作领导小组研究确定补贴重点，在补贴资金允许的提前下，各实施县可以选择玉米收获机、深松机等粮食生产耕种收环节急需的机具品目敞开补贴，满足县域内所有申购者的需求。四是鼓励各地积极实现申请报名、确定购机者以及发放指标确认书等环节一条龙服务，最大限度减少农民跑办次数，提高办事效率。

（二）组织有力，重要农时季节农机化生产有序进行。充分发挥农业机械在春耕生产中的主力军作用，组织省、市、县的农机科技人员，搞好技术服务和开展农机春耕生产工作。春季，全省组织出动机具180.232万台投入春耕生产，完成机械浇（灌）地面积5962.5万亩，机械耕整地面积2401.8万亩，机播面积1551.117万亩。

“三夏”期间，全力以赴开展抢收抢种，共投入小麦联合收割机、玉米免耕播种机、拖拉机等农机具130多万台。小麦机收率保持了98%的高水平，实现了夏粮丰产丰收，颗粒归仓。在做好抢收小麦的同时，大力推行小麦机收——秸秆还田——玉米机播“一条龙”作业模式，机收、机播同时推进，夏玉米机械播种达到90%，秸秆还田率达到95%。

针对2014年夏玉米成熟期推迟、小麦播种茬口紧张的情况，“三秋”期间河北省充分发挥农机数量多的优势集中时间、集中机具，130万台拖拉机和播种机，4.5万台玉米收获机，8万台秸秆还田机投入“三秋”作业，大力开展收获、整地、播种一条龙服务。机械化收获玉米3291万亩，机收率70%。机播小麦3480万亩，机播率达98%，大部分麦田在适播期内播完。

（三）落实任务，全面完成农机深松目标。按照农业部和省政府有关农机深松工作安排部署，河北省利用2.5亿元资金对农机深松作业给予补助，完成作业量1000万亩，按时完成了省政府提出的三年对适宜深松地普遍深松一遍的工作目标。抓好责任落实，将深松工作由部门行为提升为政府行为，层层分解任务目标，制定了严格考核制度，把各项工作落到了实处。抓好机具准备。按照作业任务详细测算，确定新增机具数量，利用农机补贴政策优先落实，落实深松机具1.8万多台套，其中新增深松机具近3000台，为圆满完成深松作业任务奠定坚实装备基础。抓好作业调度。做到了机具、地块、人员和作业面积有效对接，确保不缺不漏。充分发挥了农机合作社主力军作用，统一作业、统一质检、统一服务。抓好项目监管。强化人员培训，培训农机手1.5万名，质检员7000多名，全面推行持证上岗。抓监管制度落实。确保了作业质量和作业面积。设立了公开投诉举报电话，加强资金监管，严厉打击截留、挪用、套取补贴资金等违法乱纪行为。

（四）组织化程度提升，农机合作社社会化服务主力军作用显现。在全省开展了农机合作社建设年活动。在建设年活动中，紧紧抓住强化和提升合作社内部管理机制这个关键，采取树典型、立样板、教方法、指路子的办法，选择一批优秀农机合作社，对其内部管理机制、分红模式以及发展模式进行深入剖析，介绍他们的成功之道，总结提炼农机合作社的实践经验和真切体会，归纳他们的发展模式和治理经验，编辑出版了一期《河北农机化》“农机合作社专刊”，免费发放至180个县级农机部门和省内所有农机合作社，供农机合作社根据自身情况，学习优秀示范社的经验，选择合适的发展模式做大做强。在财政支持农机合作社发展上，进一步加大了支持力度。省财政下达了1300万元补助资金，用于农机合作社购置耕作、播种、搞销售或一级机械化植保所需机具和库棚建设补贴，提升农机合作社基础实力。

农机合作社服务功能和发展质量提升，从农机销售、培训、维修到农机订单、托管作业蓬勃开展，流转土地规模经营的能力在增强。全省农机化合作社共流转、托管土地以及订单作业面积达到925万亩。涌现出深县仁中、定州市信联等一批组织形式规范、服务设施齐全、管理制度完善的“全国农民合作社示范社”。农机合作社组织优势和载体、替代劳力作用开始显现，“三夏”和“三秋”期间，全省1000多个农机合作社，大力推行订单作业、承包作业、一条龙作业等服务模式，落实耕播收作业面积占小麦和玉米面积的1/3，80%农机深松作业由农机合作社完成，保障了农业生产的有序、高效进行。

（五）完善技术模式，保护性耕作技术推广区规模扩大。省财政投资2000万元，用于衡水、沧州、邢台、邯郸市24个县的50万亩地下水超采保护性耕作治理项目，每亩给予农机作业补助30元，对每台免耕播种机具累加补助购置费4000元。河北省9个保护性耕作级项目县和24个省级地下水超采保护性耕作治理项目县，建成了标准化的保护性耕作示范样板田和试验示范区，并以此为依托，通过技术培训、作业补贴等措施，建设具有一定规模的保护性耕作技术推广区350万亩，新增保护性耕作面积71万亩，购置机具962台，实现地下水压采0.25亿立方米。

（河北省农机局　郭　恒）

【农垦概况】 河北省农垦系统的农（牧）场大部分是在五十年代国家为了巩固新生的人民政权，尽快恢复和发展经济，由转业官兵、知青以及地方抽调的干部群众，在人烟稀少的沿海滩涂、坝上高原、内陆洼淀开垦而逐步建立起来的，经过半个世纪几代人艰苦不懈的努力，河北垦区成为全国各垦区中较大的一个垦区，全系统共有32个国营农（牧）场（23个农场，9个牧场）和1个省级农垦科学研究所，其中市属场14个，县属场18个。农（牧）场分布在全省除邯郸、衡水和秦皇岛外的8个市，最北部的沽源牧场与内蒙古自治区接壤，南至隆尧县境内，西临太行山脚下，东至渤海之滨，大部分处在环渤海、环京津经济圈内。全系统土地总面积379.60千公顷，其中耕地95.42千公顷，草场95.65千公顷，林地78.06千公顷，水面31.17千公顷，居民工矿企业占地32.98千公顷。截至2014年底，实现农垦生产总值超400亿大关，达到428.07亿元，比上年增长7.29%；其中，第一产业增加值42.78亿元，增长10.12%；第二产业增加值231.04亿元，增长0.23%；第三产业增加值154.25亿元，增长18.98%。2014年，人均GDP净增加5273元，达到9.45万元，比上年增长5.91%。人均纯收入12881元，比上年增长7.91%。

全垦区33个农牧场中，生产总值超过1亿元的有10个。这10个农牧场共有职工6.39万人，耕地81.03千公顷。2014年实现生产总值424.16亿元，占垦区生产总值的99.09%。其中，农业增加值43.84亿元，工业增加值194.12亿元，利润总额25.02亿元，销售税金36.31亿元。生产总值列前三位的是中捷农场、柏各庄农场、南大港农场，生产总值分别为119.07亿元、103.08亿元、78亿元。

2014年末全垦区拥有大中型工业企业、龙头企业20家，全年完成总产值454.95亿元，销售产值426.26亿元。增加值151.1亿元。年末资产总额487.08亿元，固定资产原值613.17亿元，从业人数1.8万人，实现利税总额30.4亿元。

截至2014年底，全垦区共有“三资”企业27家。企业投资总额约9.65亿元人民币，其中外方投资总额7.53亿元，我方投资总额2.12亿元。

【农垦第一产业】 2014年，垦区切实贯彻落实惠农强农政策，加快农业科技推广，加强现代农业建设，农业综合生产能力增强。全年实现农林牧渔业总产值90.96亿元，与上年基本持平。其中：种植业产值28.41亿元，增长4.33%；林业产值0.94亿元，下降18.97%；牧业产值31.77亿元，增长4.54%；渔业产值21.21亿元，下降17.79%；服务业产值8.62亿元，增长15.55%。

全年农作物总播种面积为101.12千公顷，比上年减少1.93千公顷，下降1.87%。其中：粮食作物播种面积72.51千公顷，比上年增加1.35千公顷，增长1.90%，占农作物总播种面积的71.71%；棉花面积12.23千公顷，减少2.21千公顷，下降15.30%；油料面积1.60千公顷，增加0.08千公顷，增长5.54%；蔬菜、瓜类面积6.61千公顷，增加1.37千公顷，增长26.15%。其他作物7.94千公顷，减少2.53千公顷，下降24.16%。

垦区全年农作物总用种量1.47万吨，其中，杂交水稻4917吨，杂交玉米1422吨，棉花401吨。种子基地种子播种面积4188公顷，生产量合计2.02万吨；加工厂7个，加工生产能力1.64万吨；种子公司8个；年末从业人员416人，其中技术人员68人；种子质量检验室7个，种子检验人员19人。2014年大曹庄农场的河北婴泊种业科技有限公司、中捷友谊农场的河北沧州临港经济技术开发区农科所和沽源牧场的张家口弘基马铃薯良种繁育中心有限责任公司列入中国农垦种业联盟成员名单，为借力发展，借势扩张打下了良好基础。

畜牧业继续保持增长趋势。2014年末大牲畜存栏18.36万头。奶牛数量达到16.91万头，增加2万头，比上年增长13.41%；牛奶总产量51.97万吨，增长5.76万吨，比上年增长12.46%。察北、沽源、大曹庄三个农场牛奶产量分别达到24.47万吨、12.32万吨和7.56万吨，占全垦区牛奶总产量的85.32%。

水产养殖业保持平稳发展。年末水产品养殖面积17837公顷，比上年下降3.19%。养殖面积中淡水9921公顷，海水7916公顷。全年水产品总产量13.50万吨，比上年减少3459吨，下降2.50%。其中：淡水产品产量10.19万吨，下降3.71%；海水产品产量3.31万吨，增长1.43%。对虾产量2.27万吨，比上年下降14.63%。

全年植树造林面积4.51千公顷，其中用材林0.17千公顷、经济林0.33千公顷、防护林3.87千公顷，提出用材林0.14千公顷。年末林地面积77.38千公顷。

农业基础设施建设得到加强，农业生产机械化水平进一步提高。年末农业机械总动力110.45万千瓦，比上年增长4.51%。农用排灌动力机械13146台，14.64万千瓦，大中型农用拖拉机4188台，小型拖拉机22766台，播种机1883台，联合收获机500台，机动割晒机1101台，机动脱粒机5913台，农用运输车辆784辆。水稻工厂化育秧设备58套，温室366万平方米，大棚542万平方米。实际机耕面积81.18千公顷，占年末耕地面积的82.82%。当年机播面积89.66千公顷，占农作物总播种面积的88.67%，机械收获面积62.35千公顷，占农作物总播种面积的61.66%。

现代农业示范引领作用有效发挥。以确保粮食等主要农产品供给为中心任务，在推动政策落实、强化科技应用，提升装备支撑上下功夫，农垦现代农业建设水平和示范带动能力进一步增强。一是提高农业综合生产能力，加强农业基础设施建设。2014年争取省级财政资金4000万元，在沽源、察北、中捷等10个农牧场建成了近3万亩智能控制、高效节水示范区，亩均节水50%以上，亩均节约成本100元以上，每年可减少地下水开采量300多万立方米。进一步加强农业装备水平，耕种收综合机械化率达到86%，稳定面积，优化结构，提高单产，千方百计挖掘粮食增产潜力，其中稻谷平均亩产达到595公斤。二是强化示范带动能力建设。以种植业高产创建、畜牧业高产攻关、现代农业示范区创建为抓手，积极开展新品种、新技术、新机具的集成推广应用和示范试验，促进农机农艺融合，良种良法配套，提升种养业整体水平。全年共实施种植业高产创建示范项目3个，面积2万亩，柏各庄农场万亩水稻示范片每亩单产达到708.4公斤，沽源牧场万亩马铃薯示范片每亩单产达到3068公斤，均高于700公斤和2000公斤的高产目标。组织畜牧业高产攻关5家，攻关单位产量创新高，牛奶产量达到9.2吨，高于7吨的高产目标；每头能繁母猪全年实际育成出栏肥猪数量为21.2头，高于20头的目标产量。创建现代农业示范区10个，其中柏各庄农场、中捷农场、察北牧场列入全国农垦现代农业示范农场。2014年河北省上报的6个国家级现代农业示范园区中柏各庄农场和沽源牧场名列其中。三是加强科技推广和体系建设。扎实推进农垦农产品质量安全追溯体系建设。目前垦区蔬菜、粮食、牛奶三个类别的农产品和4家农产品加工企业加入到质量追溯项目中。同时围绕提高农工素质促进垦区经济发展，加强与科技院校的联系合作，开展新型职业农民培训和职业技能鉴定，为农垦系统现代农业建设提供人才支撑。2014年培训新型职业农工151人，完成鉴定任务1948人次。此外，积极争取在垦区开展农业技术远程培训试点工作。2014年察北、保定等5个农场已纳入全国百家试点农场，完成了卫星远端接收站及配套设施建设。

【农垦第二产业】 2014年第二产业实现增加值231.04亿元，比上年增长0.23%，增加值占农垦生产总值的53.97%，其中：工业增加值190.48亿元，比上年增长2.01%；建筑业增加值40.55亿元，比上年下降7.38%。

工业保持平稳发展。2014年工业企业总数为1122个，其中国有工业企业及规模以上的非国有工业企业188个，销售产值807.54亿元，增长4.75%。乳制品产量62.15万吨，比上年增长13.35%，液体乳产量58.19万吨，比上年增长16.06%。

2014年实现工业总产值910.79亿元，比上年增长7.44%。国有工业总产值219.86亿元，下降17.63%；轻工业总产值446.96亿元，增长3.19%；规模以上工业企业总产值827.78亿元，增长7.87%。主要工业产品总产值为：农副食品加工业29.56亿元，增长13.3%；食品制造业82.5亿元（主要为乳制品制造业），增长23.13%；纺织业3.49亿元，增长0.04%；纺织服装、服饰业3.59亿元，下降0.01%；家具制造业18.73亿元，增长14.98%；化学原料及化学制品制造业18.73亿元，增长21.15%；造纸及纸制品业6.71亿元，下降0.45%；黑色金属冶炼及压延加工业57.67元，下降7.51%；金属制品业17.79亿元，增长12.88%；交通运输设备制造业40.02亿元，增长0.25%；石油加工及炼焦业436.77亿元，增长10.64%；石油和天然气开采业84.014亿元，下降186%。

建筑业稳步发展。建筑企业140个，年末从业人员8338人。全年实现增加值40.56亿元，年末固定资产原值4.26亿元，全年施工房屋建筑面积165.41万平方米，房屋竣工面积130.33万平方米。

垦区危房改造工作顺利开展。垦区危房改造自2011年起开始实施，四年来，国家下达河北省危房改造任务2.94万户，落实国家和省级配套资金9.6亿元。其中2014年河北垦区危房改造任务5700户，涉及6个市17个农（牧）场，截至目前开工5429户，主体完工869户，入住418户。落实中央投资4959万元，省级配套资金4959万元。此外，从2013年保障性安居工程配套供热设施建设中央预算内投资计划争取资金1.07亿元。总的看，开工项目建设进展顺利，各项工作正常开展，垦区危房改造工作完成阶段性责任目标。通过危房改造，农工居住环境得到较大改善。12月9日在正定召开了全省垦区危房改造工作推进会议，对前阶段危房改造工作进行了总结，分析了面临的形势和存在的问题，对下步工作进行了研究部署。

【农垦第三产业】 交通运输业全年完成货运量13352万吨，客运668.9万人次；年末单位个数5918个，从业人员11877人，运输工具6560台；营业总收入21.74亿元，比上年增长34.61%。

批发零售业、餐饮业、服务业年末单位个数12768个，固定资产原值29.32亿元，比上年增长4.75%，营业用房面积50万平方米，增长3.67%；营业总收入266.61亿元，比上年增长2.62%，其中：批发零售业206.27亿元、餐饮业20.57亿元、服务业39.77亿元，分别比上年增长1.96%、1.48%、6.82%；批发零售业、餐饮业、服务业营业网点数15161个，年末从业人员5.56万人。

全年出口商品总金额15.41亿元，比上年增长53.99%。其中：农产品60万元；水产品8064万元，增长10%；工业品14.60亿元，增长69.29%。

【农垦固定资产投资】 固定资产投资增速较快。固定资产投资对垦区经济持续增长起着较强推动作用。2014年全垦区完成固定资产投资总额475.52亿元，比上年增加115.16亿元，增长31.96%。国有固定资产投资45亿元，比上年下降28.10%；非国有固定资产投资430.52亿元，比上年增长44.58%。

二、三产业投资额增加显著。第一产业投资36.76亿元，比上年下降12.06%；第二产业投资289.17亿元，比上年增长21.74%；第三产业投资149.59亿元，比上年增长84.61%。一、二、三产业在固定资产投资中比重为12.94∶60.81∶31.46。

固定资产投资中，国家预算内资金3.55亿元，国内贷款18.51亿元，自筹资金428.25亿元，其他资金25.22亿元。当年新增固定资产315.95亿元。

当年新增生产能力主要有：喷灌面积332公顷，造林697公顷，大中型拖拉机215台，联合收割机32台，输电线路17公里，变电设备35台，学校0.5万平方米，住房10.9万平方米；公路90公里，畜禽生产用房0.4万平方米，机制纸及纸板558吨/年。

【垦区科研、教育、卫生】 2014年末全垦区拥有科研单位11个，其中省、地属科研单位1个，场属10个；职工191人，其中科技人员143人。科研经费2865万元，其中国家拨款1167万元，省地局自筹282万元，企业自筹1416万元。

教育事业健康发展。2014年末全垦区拥有学校97所，教职工4595人，其中教师4165人；在校学生4.80万人，当年毕业生12467人。其中：成人高等学校1所，普通中等专业学校2所，成人中等专业学校1所，中学17所，职业中学1所，小学75所。

卫生服务体系建设得到加强。2014年末全垦区共有分场以上医疗单位131个，病床1719张，其中：医院36个；从业人员1824人，其中医生754人。

【垦区人口、职工、收入与社会保障】 年末垦区总人口45.49万人，全年出生人口6888人，出生率为15.2‰；死亡人口2719人，死亡率为6‰；自然增长率为9.2‰。

年末全垦区从业人员28.2万人，比上年增长1.66%。其中，第一产业11.08万人，与上年持平；第二产业9.22万人，增长10.16%；第三产业7.91万人，增长2.59%。

职工生活水平稳步提高。2014年全垦区实现人均纯收入12881元，比上年增长7.91%。垦区危房改造工作自2011年开展以来，职工居住条件得到改善，年末职工实有住房面积1440.36万平方米，比上年增长3.72%，人均住房面积31.78平方米。

【绿色、有机食品、无公害农产品】 截至2014年末，垦区认证了31个绿色、有机食品、无公害农产品，带动37952个农户。其中：种植业7个，含水稻4个、玉米1个、蔬菜2个；已认证的绿色食品A级面积2165公顷，产量19808吨；已认证的有机食品面积633公顷，产量4918吨；已认证的无公害农产品面积6633公顷，产量74918吨。渔业3个，含淡水鱼1个、海水鱼1个、蟹1个；已认证的绿色食品A级面积2500公顷，产量2625吨；已认证的无公害农产品面积1775公顷，产量1343吨。畜牧业17个，其中：生猪3个、肉牛养殖1个、奶牛养殖11个、羊养殖1个、蛋鸡1个；已认证的无公害农产品中，牛奶产量14.52万吨。加工业4个，均为乳制品。

【垦区非国有经济】 非国有经济在农垦生产总值中比重继续增加。2014年，非国有经济全年实现农垦生产总值253.84亿元，比上年增长7.25%，占全社会经济总量的59.3%。其中第一产业增加值16.02亿元，增长8.39%；第二产业增加值145.11亿元，增长7.08%；第三产业增加值92.71亿元，增长7.32%。各产业在非国有经济农垦生产总值中所占比重分别为：6.31%、57.17%、36.52%。第三产业增长显著。

年末非国有经营单位21419个。其中，集体经济106个，个体企业19298个，私营企业1986个、港澳台及外商企业25个。从业人员17.12万人，其中：第一产业4.27万人，第二产业6.35万人，第三产业6.47万人。从业人员报酬总额34.17亿元，人均收入19962元，增长2.91%；全年共实现利税96.19亿元，增长62.29%。

【垦区社会事业全面进步】 办社会职能改革试点工作进展顺利。为了切实减轻国有农场办社会负担，巩固国有农场税费改革成果，国务院农村综合改革工作小组2012年选取内蒙古、辽宁、等8个省份在全省（区）范围开展国有农场办社会职能改革试点工作。经积极争取，2013年河北省已纳入国有农场办社会职能改革试点省份，截至2014年底《国有农场办社会职能改革试点方案》已经省政府批复并下达各市，落实中央奖励资金2.16亿元，省本级预算安排2.5亿元。这项政策资金的落实将大大减轻河北省国有农场办社会负担，进一步理顺政企、事企、社企关系，促进国有农场经济发展和社会稳定。

农业经营体制创新取得新进展。适应现代农业发展要求，积极推行联合经营承包、股份制、独资企业、专业合作组织等多种新型农业经营主体，深入推进农业规模经营，全系统土地流转率达到56%，高出全省平均水平37.5个百分点。

深入开展农垦重大问题调研。党的十八大以来，新一届中央领导集体高度重视农垦工作，2014年国家启动农垦重大问题调研，汪洋副总理对新时期农垦的战略定位、深化改革等重大问题做出重要指示。7月9日河北省农垦局在御道口牧场组织召开了由各场主要负责人参加农垦重大问题调研工作座谈会，传达了国务院以及农业部有关领导的指示精神，部署了农垦改革发展重大问题的调研工作。同时根据部农垦局的部署要求，撰写报送了综合调研报告，为各级领导提供了决策依据。

（河北省农垦局　曹世茹）

林　　业

【造林绿化】 2014年，全省林业系统紧紧围绕落实京津冀协同发展战略，积极实施“绿色河北攻坚工程”，大力开展山水林田湖生态修复，全年完成造林绿化34万公顷、中幼林抚育40.2万公顷，分别为年度任务的121%和201%。以10个人工造林大县和10个封山育林大县为带动，高标准完成京津风沙源治理、退耕还林、三北防护林、太行山绿化、沿海防护林等工程造林和中央财政补贴、世行五期等项目造林16.93万公顷。认真落实京冀“6+1”、津冀“4+1”战略合作框架协议，建设京冀水源林0.67万公顷，开展坝上退化林更新改造作业1.37万公顷。积极推进农村面貌改造提升行动，完成村庄植树3674.2万株，建设环村林带0.34万公顷。大力实施京石高铁、京哈高速等重要通道绿化景观提升工程，完成高速公路和国省干道绿化4712千米。加大衡水湖周边地下水严重超采区还林还湿力度，压采植树0.6万公顷，还湿0.02万公顷。组织开展了省市县党政领导义务植树活动，全省3280万人次义务植树1亿株。

【林业产业】 全省林业产业实现总产值1413亿元，同比增长14.8%。围绕建设果品强省，以10个果品特色县和十大果品龙头企业为抓手，加快七大果品生产基地建设，新增高标准基地15.2万公顷，完成结构调整和树体改造14.67万公顷，新建观光采摘果园210个。持之以恒抓好果品安全，完成果品例行监测2036个批次，抽检合格率99.6%。编制《河北省木材战略储备基地建设规划（2014～2020年）》，实施七大特殊林木培育项目，人造板年生产能力达1500万立方米，位居全国前列。启动林下经济示范县和林下经济示范基地建设，新增林下中药材种植示范点7个，新批准设立黑山大峡谷等省级森林公园7处。认定了6个花卉重点产区和43家花卉示范基地，新建巨鹿药用花卉和香河观赏荷花两个花卉重点产区，新增花卉种植面积0.37万公顷。临城绿岭等4家企业入选首批国家林业重点龙头企业，平山葫芦峪等248家企业被评为省级林业重点龙头企业。成功举办第二届名优果品擂台赛，组织参加国际森林产品博览会和亚洲水果展，进一步扩大了河北林业产业的知名度和影响力。

【林业改革】 进一步完善林权流转制度，在全省大力推广赤城、河间两个林权管理服务试点县和武安推进林权流转经验，全省累计建立林权流转服务机构80个，流转林地29.87万公顷，落实林权抵押贷款9.5亿元。引导建立林业合作组织2512个，带动农民68.8万户，泊头金马等44家被评为国家级林业合作社，评选出140家省级示范林业合作社。森林保险工作全面启动，与人保财险河北省分公司和中华财险河北省分公司签署了《关于共同推进森林保险的合作协议》，全省森林参保面积达143.93万公顷，提供风险保障金136.7亿元。扎实推进国有林场改革，国家改革补助资金、省改革配套资金和县财政改革资金全部落实到位。隆化、丰宁两县21个试点林场全部界定为公益林场，进一步理顺了管理体制。积极推进行政审批制度改革，取消行政审批2项，下放行政审批权1项，明确为“先照后证”的行政审批3项，行政审批事项全部实现“两岗终审、三岗终结”。

【法治建设】 配合省人大开展执法监督，对《森林法》和《河北省实施〈森林法〉办法》执法情况进行了全面检查。积极推动《河北省实施〈森林法〉办法》修订工作，将部分行政审批权下放到市、县。完成《河北省封山育林条例》修订工作，明确违法放牧行为的法律责任。推动省政府出台《河北省古树名木保护办法》，古树名木管理体制进一步理顺。清理了一批行政许可事项，建立了行政“监督清单”和“权力清单”。开展非法侵占林地清理排查、森林资源监督检查和“金钺”“金剑”“金网”“金盾”等专项行动，查处三峡新能源公司和中电投非法占用林地等一批大案要案，有力打击了乱垦滥占林地、乱砍滥伐林木、乱捕滥猎野生动物等违法犯罪行为。进一步健全突发事件应急、区域警务合作等治安管控机制，全省林区治安秩序持续向好。张家口蔚县森林公安局被评为全国森林公安系统执法示范单位。

【资源保护】 建立了省市县三级森林防火视频会议系统和视讯指挥调度系统，完成56套林火视频监控站点建设，有效提升了火灾监测水平和扑救效率。全面强化封山管理、隐患排查、应急扑救、跨区增援等措施，全省森林火灾受害率0.22‰，低于0.3‰的控制目标，没有发生“进京火”、重特大森林火灾和重大人员伤亡。以省政府办公厅名义印发《关于切实加强林业有害生物防治工作的通知》，完成美国白蛾等防治作业1410万亩次，林业有害生物成灾率0.06‰，远低于4.1‰的控制目标。省森防站被授予“全国林业生态建设突出贡献奖先进集体”。省政府常务会议审议通过了《河北省湿地保护规划》，认定了首批5块省级重要湿地。在全省开展湿地保护“十个一”集中行动，实施了7个湿地保护项目，北戴河、白洋淀、衡水湖等重要湿地的生态功能得到有效改善，香河、怀来晋升为国家级湿地公园，新建桑洋河等10个省级湿地公园。承德市一次申报了18个省级湿地公园，全面加快了湿地保护步伐。

【保障能力】 完成了京津冀协同发展生态环境保护、山水林田湖生态修复、京津保平原生态过渡带等8个重点规划编制工作。争取省级以上投资40.2亿元，为年初目标的111.7%。其中，国家重点工程资金4.78亿元，同比增长52.7%。开展了“林业科技惠民行动”和基层“林业站服务年”活动。新上国家和省级科研、推广项目29项，推广林果新品种新技术100项次以上，建立完善科技示范点400个以上。全省种苗面积达到8万公顷，评选确定了首批14个省级林木良种基地，成功举办全省和华北四省种苗交易会。

【省级现代林果业示范园区创建工作】 为建设果品产业强省，加速推进河北省现代林果业发展，从2014年开始，河北省在林果主导产业相对集中连片的区域，立足资源优势和产业特色，每年高起点、高标准、高水平建设10个左右的省级示范园区，利用5年时间，在全省范围内创建一批独具河北区域特色的新型林果业样板区。通过典型示范和辐射带动，转变发展理念，强化物质装备，提升科技水平，完善产业体系，创新经营方式，培养新型农民，将示范区域建成为全省林果主导产业集聚的功能区、先进科技转化的核心区、综合功能拓展的先行区、体制机制创新的试验区和农民接受新知识新技术的培训基地，引领河北现代林果业实现高效发展。

【培育花卉重点产区和示范基地】 为推进全省花卉产业标准化进程，提高花卉产品质量，增强市场竞争力，发挥重点产区和示范基地的示范带动作用，河北省林业厅评审认定平泉县等6个县（市）为“河北省花卉重点产区”，河北绿之源农林科技有限公司等43家企业为“河北省花卉示范基地”，有效期自2014年12月1日至2019年12月1日。被认定为“河北省花卉重点产区”的县（市、区），优先申报国家级“花木之乡”和河北名牌花卉产品、中国名牌花卉产品；“花卉示范基地”纳入省级花卉项目库，优先获得国家农业开发资金和省财政项目资金扶持。

【森林保险】 河北省林业厅与人保财险河北省分公司、中华联合财险河北省分公司《共同推进森林保险的合作协议》3月28日正式签订，标志着河北森林保险工作迈出新步伐。根据协议，双方将按照“平等自愿、优势互补、合作共赢、服务至上”的原则，成立森林保险工作领导小组，合作推进政策性森林保险业务。同时，双方将通过建立信息资源共享平台、定期联席会议制度及深化互动培训活动，发挥各自优势，探索具有河北特色的森林保险承保、理赔和服务新模式，构建有商业保险参与的新型森林防灾减灾工作体系。

（河北省林业厅　袁　媛）

畜牧兽医

【概况】 2014年，面对国内畜产品消费不振，国际市场冲击严重，养殖业整体效益下滑的考验，全省畜牧兽医系统认真贯彻落实省委、省政府安排部署，圆满完成各项工作任务。全省肉、蛋、奶和饲料总产量预计分别达468万吨、363万吨、496万吨和1330万吨，同比分别增长4.3%、4.9%、6.5%和2.3%，主要畜产品供应充裕，市场总体平稳。

【畜牧产业】 2014年，全省蛋鸡、生猪、肉鸡、肉牛、肉羊和奶牛规模养殖比例分别达到92.5%、80.9%、95.9%、51.1%、58.2%和100%，已备案规模养殖场3.14万个，备案率达78.5%。完成生产乳粉用奶牛场建设81家，泌乳牛存栏7.24万头。全省奶牛存栏198.1万头，自营规模养殖场737家，占44%，养殖小区935家，占56%，生鲜乳收购站1673家，58%的收购站实现了视频监控。新培育国家核心育种场5家，首次自主培育品种“大午粉1号”蛋鸡配套系用于生产，填补了河北省自主培育种禽的空白，猪、牛、羊人工授精网络实现全覆盖。完成奶牛DHI测定8.5万头、种公猪生产性能测定640头，启动了肉牛生产性能测定，成功举办两次种猪拍卖会。核实草原面积1818.05万亩，草原承包到户1768.3万亩。完成草原鼠、虫害防治681.4万亩，未发生等级以上草原火灾。完成1504家规模养殖场粪污处理工程。21个示范区中有19个以县政府名义出台了实施意见，14个列出专项资金支持示范区建设，12个示范区养殖场备案率达到100%，11个示范区相应畜种产值超过50%。形成年产值超100亿元的畜牧产业链条经济1条、各链条产值增长均达到20%以上。饲料总产值达386亿元，同比增长2.7%，秸秆青贮2200万吨，饲料化利用率达到30%。全省年产饲料10万吨以上的企业（集团）达到了25家，兴达饲料集团年产量达到了100万吨，新评定省级名牌产品14个。完成饲料生产企业换发证460家。完成41家兽药生产企业和兽用生物制品经营单位的GMP和GSP现场验收，全省160家兽药生产企业完成销售收入35亿元，河北远征药业完成销售收入3亿元。

【畜产品安全监管】 各设区市和136个县全部建立了畜（农）产品安全监管机构，6个设区市和80个县建立了综合执法机构，11个市级畜产品检测中心全部通过计量认证，79个县级畜产品质监站开展了检测工作。由省级统一组织并实施抽检兽药、饲料、畜产品14397批次，合格率分别达到87.2%、99.9%和99.9%。节假日应急监测抽检各类样品1818批次，全部合格。畜产品风险预警监测检测样品839批，涉及检测参数66个、24504个项次，及时进行了风险评估，分别向各市政府通报了风险预警情况。严格执行检疫与“瘦肉精”检测同步制度，抽检“瘦肉精”样品60.88万批次，填写溯源单33万份。有效期内的无公害畜产品产地认定单位达到1501家，无公害畜产品产品认证单位达到314家。

【疫病防控】 全省应免畜禽免疫密度、牲畜耳标佩戴率、动物防疫建档率均达到100%，全省平均免疫抗体水平达到70%以上，主导畜禽品种和大部分县免疫抗体水平达到90%以上。省动物疫病预防控制中心兽医实验室建成并投入使用。各设区市和98%的县兽医实验室通过省级验收。省畜牧兽医综合信息平台和省级动物检疫电子出证数据中心投入使用，在全省范围内实现动物检疫电子出证。对备案养殖场开展了动物疫病风险评估与分级管理，完成评估养殖场23036个，升级养殖场576个。全省规模养殖场《动物防疫条件合格证》持证率达69.79%。抚宁等4个病死动物无害化处理农业部试点场建成并投入使用，全省存栏50头以上的生猪养殖场和定点屠宰企业全部纳入无害化处理范围。

【执法监管】 顺利完成执业兽医资格考试工作。组织开展了兽用抗菌药专项整治行动、兽药产品标签说明书规范行动、动物诊疗机构专项执法检查和监督执法规范行动，取缔和注销动物诊疗机构74家，检查生鲜乳收购站5960站（次）、运输车4275台（次）。全省共查办案件397件，对上报的270个各类违法案件进行了通报，对馆陶新希望六和食品有限公司鸭肉氯霉素阳性案件等8起案件线索进行了核查溯源工作，并约谈了企业负责人。在全省范围内开展了畜牧兽医重点工作督导检查调研活动，督导检查调研了53个县（市、区）的727个单位，下发检查反馈表477份。

【基础工作】 全年受理各类行政许可事项1967件均按时办结。办理省人大、省政协承办件35件，接访40起，全部按要求处理答复，满意率100%。定点扶贫和基层联系点的各项工作圆满完成。组织开展了畜牧产业发展等七项重点工作竞赛活动，实施了突发重大动物疫情应急演练、草原防火演练，有效地提升了应急处置能力。全省畜牧兽医系统组织200多人进行了畜产品及投入品检测、动物检疫、兽医实验室技术比赛活动，对活动取得突出成绩的先进个人、先进集体进行通报表扬，提升了干部的技术水平。

（河北省畜牧兽医局　赵学风）

渔　　业

【概况】 2014年，河北省渔业工作按照全国渔业工作会议和全省农业工作会议的安排部署，认真落实《国务院关于促进海洋渔业持续健康发展的若干意见》（国发〔2013〕11号）、全国现代渔业建设工作电视电话会议精神和《河北省人民政府关于促进海洋渔业可持续发展的实施意见》（冀政〔2013〕71号）文件要求，结合厅重点工作任务分解的要求，坚持以科学发展观为指导，以发展现代渔业和促进渔民增收为目标，积极转变渔业发展方式，大力推进现代渔业建设，渔业规模化、标准化、产业化、组织化水平不断提高，全省渔业保持了健康稳定的发展态势。全年水产品总产量达到126.39万吨，同比增长2.7%，渔业总产值达234.8亿元，同比增长4.27%，渔业增加值128.6亿元，比上年增3.61%，渔民人均纯收入1.22万元，同比增长10%。

【产业结构调整】 海洋捕捞业，以渔船改造为抓手，发展新型专业化渔船，配套发展渔具、渔机、冷藏等相关产业，使之成为渔业产业结构调整和发展的战略重点之一。远洋渔业发展取得突破性进展，三家企业获得农业部远洋渔业生产审批，建成远洋渔船9艘，在建12艘；狠抓海上渔业生产秩序和渔事纠纷隐患排查、应急处置与调处工作，渔船编队生产水平提高，涉外渔船无恶性违规事件发生。水产养殖业，着重培育对虾、贝类、海珍品、中华鳖、冷水鱼等特色主导产业，大力推行工厂化、生态立体混养等标准化健康养殖模式，新创建农业部健康养殖示范场27个，总数达到121个，辐射带动养殖面积90万亩；新创建2个全国现代渔业种业示范场和4个省级水产良种场，繁育各类水产苗种达950亿单位。高标准完成12个水产品“菜篮子”生产建设项目。水产加工流通业，大力推进渔业品牌建设，青虾、草鱼、鲤鱼三个品种新列入省名牌培育计划，共有康态牌中华鳖、恒行牌河蟹、金博蓝牌青虾等14个产品被评为省名牌产品。积极为水产加工出口企业搭建展销平台，组织18家水产出口企业参加了第19届中国国际渔业博览会，全省水、海产品及其制品实现出口4.47万吨，同比增长17.69%；实现出口额4.56亿美元，同比增长63.28%，水产品出口额位居全国第八位，成为全国水产品出口的主要省份。

【水产品质量安全】 加强水产品质量安全监管工作，严格生产过程和投入品使用环节的监管，加大水产品质量抽检力度，未发生等级以上水产品质量安全事故，全年组织省级以上水产品质量安全抽检793个样品，总体合格率为98.0%，其中水产苗种、渔用投入品和暑期水产品抽检合格率均为100%，产地水产品抽检合格率达99.3%，不合格样品追溯查处率达到100%。加强“三品一标”认证工作，全年新认定无公害产地18个、复查换证6个；新认证无公害产品30个、复查换证（含扩项认证）8个；全省无公害产地覆盖197个生产单位、136.6万亩养殖水域，有204个产品获得无公害水产品认证，产量达到14.6万吨。加强水产品质量安全执法工作，深入开展水产品禁用物质专项治理行动，全省各级渔政机构以企业“三项记录”制度的建立执行情况、渔药及饲料等投入品的使用情况为重点，组织对水产养殖场、苗种场进行执法检查，对发现违法问题的处理率达100%。水产养殖病害测报、重水生动物疫病专项监测和水产苗种产地检疫工作有序推进，为水产品质量安全提供了有力保障。继续实施贝类养殖区域划型工作，2014年划型面积为7150公顷，其中，5653.43公顷为一类生产区，占79.07%；1496.57公顷为二类生产区，占20.93%；无三类区。

【渔业资源养护】 一是加大渔业资源增殖放流工作力度。

全省各级累计投入财政资金、资源补偿、企业和渔民自筹资金等共计4900多万元，在沿海和内陆各大中水域增殖放流各类水产苗种54亿单位。二是落实各项渔业资源管理措施。认真落实捕捞许可、伏季休渔、内陆大水面禁渔期（区）等资源养护和管理制度，扎实开展鲅鱼、鲈鱼苗、对虾亲虾、海蜇、毛虾以及水生野生动物保护等专项资源管理工作。三是深入开展渔业水域生态环境保护工作。加大渔业水域生态环境保护力度，积极参加涉海工程环境影响评价评审，依法开展渔业资源生态补偿（赔偿）金收缴工作。全省各级渔业部门共计落实涉海工程项目渔业资源损害补偿金1429.5万元。四是大力开展清理违规渔具专项行动。坚持日常检查与专项检查相结合的方式，在重点省辖海域开展3次海陆专项联合执法行动，在白洋淀、潘家口等跨界内陆大水面开展2次专项联合执法行动，共出动渔政检查员9927人次，执法车1762辆次，渔政执法船艇756艘次，查获违法渔船553艘次，清理违规渔具6365套（张）。五是海洋牧场示范区建设进展顺利。利用溢油补偿资金和国家转产转业资金1500万元，建设海洋牧场4处，投放人工鱼礁9000余空方，新增建设面积2600亩，移植和底播藻类贝类苗种610万单位。

【渔业科技与推广】 一是渔业科技支撑能力进一步提升。围绕河北省重点养殖品种、特色渔业发展要求，着力强化技术推广能力建设，加速科技成果转化，实施科研项目6项，推广计划2项。推介全省渔业主导品种4个、主推技术4项的工作，进一步提高了全省渔业科技水平，促进了产业的快速发展，为河北省现代渔业发展奠定了基础。二是加强标准化示范区建设，提高了全省水产品安全质量。通过按标准化组织实施和管理，采用先进技术提高养殖水平。组织创建省级渔业标准化示范区15个，示范区面积达到1.1万亩，工厂化养殖面积30万平米。全省已累计创建渔业标准化示范区60个。组织申报2014年渔业地方标准制修订计划10项，审定2013年省渔业的地方标准2项。

【水生野生动物保护】 一是严格落实水生野生动物利用特许制度。加强水生野生动物利用监管，全年共办理特许许可事项52项，包括水生野生动物经营利用证件42项、水生野生动物驯养繁殖证件7项、水生野生动物特许运输证3项。并审核水生野生动物国家一级经营利用许可证申请6项、水生野生动物及其制品进出口审核类事项12项。二是开展水生野生动物保护宣传月活动。组织相关单位开展“关爱水生生物，共建生态文明”主题的科普宣传月活动，深入河北农业大学海洋学院秦皇岛校区，采取悬挂展板、横幅，张贴宣传画，发放水生野生动物保护知识手册、宣传T恤、宣传气球等方式，宣传水生野生保护知识。三是继续加强水生野生动物展馆管理。办理秦皇岛圣蓝皇家海底世界有限公司等4家水生野生动物新建展演场馆评估项目。对重点驯养繁殖及经营利用场所进行实地审查，完成了相关单位特许证件的年度审验。四是积极救助水生野生保护动物。全年共救助幼年雌性斑海豹2头，经山海关欢乐海洋公园救治，状况良好。

【渔业法制建设】 一是对《河北省休闲渔业管理办法》（草案）进行了再修订，吸纳了基层和渔民的意见，被列入省政府法制办2015年立法调研计划。二是开展对海洋伏季休渔执法管理和违规网具专项整治行动的督查，推进海洋伏季休渔管理规范化、违规网具专项整治常态化。三是集中清理现有的23项渔业行政审批事项，取消5项非行政许可，下放1项行政监管事项。承接国务院下放的涉渔审批事项7项。整体上对下放的6项审批主动与市县主管部门沟通协调，严格按程序做好衔接；对取消的8项审批做好监管，防止违规审批或变相审批。对保留的7项审批，按照机关标准化管理要求进行规范，正式受理至做出决定的期限由原20个工作日缩短为10个工作日，全年共办理渔业审批事项320项。四是抓规范化建设。大力推进“平安渔业”建设，按照农业部和国家安监总局的要求部署，深入开展了“全国平安渔业示范县”、“文明渔港”和“全国休闲渔业示范基地”创建活动。

【渔业综合管理】 一是争取并落实惠渔政策。完成2013年度6.19亿元渔业油价补助资金发放的渔船数据审核汇总。渔业政策性保险工作迈出新步伐，承保规模和保障额度逐步提高。2014年承保渔民3.58万人，同比增长3.2%，渔船2881艘，同比增长6.3%；渔民雇主责任险保障金额人均保额达到20万元，同比增加25%。远洋渔船互助保险业务实现零的突破，承保沧州渤海新区福海渔业有限公司远洋渔船4艘，互保总金额3072万元。各级财政对渔民保费补贴取得了新突破，省、市、县三级配套补贴制度逐步建立。水产养殖保险试点工作稳步推进，在唐山市承保海参养殖池塘5个，承保面积232亩，承保金额162.4万元。二是加强渔业生产安全管理。河北省海洋渔业船舶安全救助信息系统建设稳步推进，为河北省渔船配备AIS避碰设备1800套，渔船信息化管理水平大大提高，最大限度的减少了渔船海难事故损失。河北省农业厅联合农业部渔业渔政局、黄渤海区渔政局、省直有关部门及秦皇岛市人民政府开展水上突发事件应急演练，动用3艘渔船、7艘渔政船，170余人参加，全面检验了河北省渔业应急机构、应急处置人员对水上突发事件的应急处置能力。累计救助渔船事故32起，救助渔民113人，挽回经济损失400余万元。全年共培训考试考核渔业船员6185人次。三是积极组织开展水产养殖执法检查。加大联合执法力度，多次组织各地开展执法行动，共检查苗种生产企业453家，水产养殖场3492家，查处违规案件78起，处理“三项记录不完整”单位151家，发出责令整改通知书229份。

【渔业宣传】 全省各级渔业行政主管部门围绕现代渔业建设工作重点，加强务信息采集与报送、新闻宣传报道、“一报两刊”发行工作，渔业信息宣传工作取得积极成效。一是不断加大通联力度，与中国渔业报、河北日报、河北经济日报、河北电视台、河北人民广播电台等新闻媒体保持良性互动，多角度、全方位的宣传展现河北渔业发展的成果和风貌，在《中国渔业报》登载稿件74篇，省级以上媒体刊物发表信息19篇。二是精心打造“自媒体”宣传平台，“河北渔业”专题网站集政务公开、信息宣传为一体，影响力日益扩大，成为多个水产专业网站和综合门户网站的信息源。全年在河北渔业网站共编发各单位上报信息396条，报送农业部渔业局网站信息100多条。三是专题宣传取得可喜成绩，代表河北省农业厅参加省直工委组织的“中国梦、燕赵情”系列专题片大赛的宣传专题片《浪里飞歌》，全景式呈现河北省渔业近年来的发展成就和渔业工作者的精神风貌，获得大赛特等奖（全省仅有10个专题片获此殊荣）。

（河北省农业厅水产局）

饲料生产

【概况】 2014年，河北省饲料工作坚持“以饲料质量安全为中心，以加强管理和促进发展为重点，全面规范饲料市场秩序，提高饲料产品质量”的工作思路，广泛开展宣传培训，强化行业日常监管，狠抓饲料专项整治，促进企业整合提高，各项工作有序开展。

一是产量稳步增长。全年饲料总产量1330万吨，饲料工业总产值386亿元，分别比上年增长2.3%和2.7%。保持了平稳增长态势。

二是企业数量明显减少。2014年，全省共有饲料及饲料添加剂生产企业931家，比上年减少435家，减少4.2%，其中浓缩饲料、配合饲料、精料补充料生产企业460家，较上年减少408家，单一饲料企业162家，较上年减少27家，饲料添加剂、添加剂预混合饲料生产企业与上年同期持平。

三是质量保持较高水平。2014年度农业部监测饲料产品190批，全部合格。省本级检测抽样919批，合格916批，合格率99.7%，高于全国平均水平4个百分点。

四是企业做大做强意识明显增强。2014年饲料产业集中度不断提高。全省年产10万吨以上的企业（集团）达到了25家。

五是品牌建设有新突破。积极引导企业加强饲料品牌建设，培育河北省饲料知名品牌。2014年新评定省级饲料名牌产品14个，是历年来最多的一年。

六是秸秆饲料化利用平稳推进。2014年河北省秸秆青贮2200万吨，饲料化利用率达到30%。

【主要工作】 （一）稳步推进行政许可工作。为了依法稳妥推进行政许可工作，进一步规范了行政许可资料报送、现场审核等程序，编写了《河北省饲料生产企业换发生产许可证告知书》，将换证时限、许可条件等告知每一个饲料生产企业。组织饲料行政许可专家组成员学习讨论了《饲料生产许可条件》，统一标准推进许可证换发工作，并于每月初对上一个月行政许可事项进行公示，实现了行政许可工作的公开公平公正。2014年7月1日前符合《饲料生产许可条件》的企业全部换发了饲料生产许可证。对农业部下放到河北省的添加剂和预混料生产许可审批事项，编制并公开了行政许可审批表和审批流程图，明确了审批条件及管理工作，及时衔接到位。

（二）强力推进《饲料质量安全管理规范》实施。为强力推进《饲料质量安全管理规范》的实施，河北省多措并举：一是制订了“河北省推进《饲料质量安全管理规范》实施方案”，召开了饲料质量安全管理规范推进会议，明确了抓《规范》的指导思想、任务目标及实施步骤，坚定了实施好《规范》的信心。二是筛选三十家企业进行培训与现场指导，组织专家制订《规范》审核细则，按照要求对示范申报企业进行现场审核，树立了高标准示范标杆企业。三是召开饲料质量安全管理规范现场会，参观学习了廊坊九鼎牧业有限公司、廊坊瑞康饲料有限公司、固安君德同创生物工程有限公司三家生产企业规范化管理模式，交流了推进《规范》实施典型经验。在农业部召开的全国饲料质量安全管理规范现场会上，河北省以《多措并举提高饲料质量安全保障能力》为题作了典型发言。

（三）成功举办饲料工业发展峰会暨饲料法规培训班。3月份，在石家庄召开了一年一度的饲料工业发展峰会暨饲料法规培训班。饲料生产企业的经理、技术骨干以及各市饲料办主任、重点县饲料办主任、行业组织、科研院所等方面代表1000余人参加了会议和培训。农业部畜牧业司饲料处、省工经联、北京市、广东省饲料协会等单位的领导出席了峰会。整个峰会由主题报告、管理专题、技术专题、法规专题、展示对接六个版块组成。本次峰会嘉宾队伍规格高、阵容强大，活动内容丰富、针对性强，收效大，得到了与会同志们的一致好评。

（四）优化宠物饲料和氯化胆碱两大特色优势产品发展。为全面提升河北省宠物饲料产业整体素质，巩固河北省宠物饲料大省地位，以饲料生产许可证换发为契机，对所有宠物饲料生产企业进行了升级改造，生产线全部实现了计算机控制，为全面提升产品质量奠定了基础。2014年4月份和9月份对氯化胆碱重点生产企业进行了调研指导，引导企业整合资源，强强联合；引进设备，转型升级；带领企业赴山东交流学习，产业升级改造工作进展顺利。

（五）进一步加强新形势下行业监管工作。印发《关于进一步加强饲料监管工作的通知》，进一步明确新形势下饲料生产经营使用单位以及监管部门主体责任。加大饲料执法力度，连续开展了清查取缔无证饲料和饲料添加剂生产企业、饲料质量安全月、督导检查、监督检查等系列活动，同时对日常监管中发现的违法、违规行为及时进行查处，2014年共处理案件120起，涉案金额81.2万元，对违法行为加大了警示力度，起到了震慑作用，进一步规范了饲料生产经营行为。

（六）认真开展年度备案工作。为确保饲料和饲料添加剂生产企业年度备案工作圆满完成，制定型式检验实施方案，确定监测单位和检测项目，规定了样品采集办法和时间安排，对获证企业产品进行型式检验，共抽检饲料和饲料添加剂样品1059批次，合格1055批次，合格率99.6%。通过备案工作，宣传了饲料法规，有效推进了许可证换发工作，对规范和促进企业发展起到了积极作用。

根据省政府简政放权要求，从2015年开始，备案工作将下放到设区市。

（七）认真开展饲料和饲料添加剂统计工作。2014年，河北省及早动手，通过邀请农业部信息中心专家培训、召开饲料行业形势分析会等多种形式，提升了统计人员素质与责任感，顺利完成了饲料生产企业审查合格证、许可证新旧交替、统计系统数据全部更新等工作，保质保量做好了新形势下统计工作。2014年12月份的全国饲料工业统计培训会议上，河北省以“创新工作思路，开创统计工作新局面”为题作了典型发言。

（河北省农业厅　郭文娟）

盐　业

【概况】　2014年，面对食盐专营政策改变、工业盐市场不景气、盐政监管压力增大的的不利局面，河北盐业围绕“打牢基础，稳中求进”的工作基调，以确保食盐安全稳定供应为重点，全面加强行业管理，着力把握经济发展新常态，在困难的环境中保持整体向好的态势。全年共生产原盐345.4万吨，同比增加26.9%；销售两碱工业盐205.51万吨，销售市场工业盐10.46万吨，产销均保持平稳。全年共销售食盐33.94万吨，同比减少0.4万吨，完成年度计划的102.4%。其中省内销售25.62万吨，同比减少0.9万吨，完成年度计划的103.1%，省外销售8.68万吨，同比增加0.5万吨，完成年度计划的100.3%。全年省内盐产区共查处各类盐业违法案件20起，没收违法盐斤256.3吨，罚款13.67万元，维护了食盐市场的正常经营秩序。

【统筹安排原盐生产】　为搞好原盐生产，省、市盐务局加强生产调研指导，在盐区组织召开2场生产调度会，实地查看制盐企业生产情况，与干部职工沟通情况、交流意见，协助制定生产方案和应对措施。沧州市盐务局通过编发简报等方式对生产进展予以专项调度和通报。黄骅、海兴市（县）盐务局和大中型制盐企业负责人坚守生产一线，在6月6日盐区遭遇暴雨袭击后，组织企业迅速开展抗灾保产工作，3日内基本恢复正常生产，最大程度地降低了灾害损失。积极部署防汛工作。依据国家防总、河北防汛抗旱指挥部汛期降水预测和环渤海湾重点制盐企业汛期降水研讨会议精神，印发《关于做好2014年全省盐区防汛工作的通知》，完善应汛准备，实现安全度汛。

【保障食盐稳定供应】　以国家下达的2014年度食盐计划为依据，按照以销定产、计划与实际结合、合理流向及向优势企业倾斜原则，综合平衡产销双方意见，制定下发全省年度食盐销售计划。做好计划衔接落实，省内与省发展改革委、省盐业专营集团公司和各定点生产企业加强沟通协调，解决推广外省深井盐导致省内精制盐调销量降低、新品种上市定价难和饲料添加剂、日晒盐、腌渍盐提报计划减少等问题，加快计划执行进度；及时掌握生产企业产销存情况，合理平衡分配食盐计划，针对银山食盐有限公司和兴海制盐有限公司设备维修、浩海制盐有限公司车间租赁合同到期停产、张家口发生食盐抢购等情况，积极组织食盐调运，迅速平息张家口食盐抢购风潮，确保市场供应安全稳定。省外瞄准吉林、黑龙江、山西等重点销区狠抓计划衔接，把握市场需求，调整供应品种，吉林、广西等省市场销量明显增长。

【推进食盐质量结构升级】　拓展多品种食盐市场空间。鼓励生产企业打破传统营销观念，实施“借船出海”战略，借助中盐国本盐业有限公司成熟的网络资源和销售渠道，开拓省内外多品种盐市场。河北绿色食品腌制盐抢滩山西市场，在黑龙江市场预签2015年销售合同0.8万吨，海藻加碘盐、澳洲海盐、澳洲天然海盐等品种打入内蒙古市场、站稳天津市场，全年多品种食盐销量达2.61万吨，同比增加2270%。发挥政府在促进行业发展中的引领带动作用，同省盐业专营集团公司、省物价局协调，将永大食盐公司绿色海晶盐价格由1.8元/袋上调为2元/袋，与外省同类产品售价相当，帮助省内新品种食盐走出推广困境，以差异化的产品定位扩大市场份额。

推进多品种食盐项目建设。立足企业为主、市场驱动和政府推动相结合，引导企业上马符合产业发展方向、具备广阔市场前景的优质项目。河北中盐龙祥盐化有限公司年产8万吨多品种食盐生产项目获批建设，河北绿海康信多品种食盐有限公司一期年产4万吨高端多品种食盐生产项目通过验收并获颁定点生产许可证书。

扩大小包装食盐生产能力。唐丰制盐有限公司年产3万吨小包装食盐生产线一期工程6月正式竣工投产，永大食盐公司、银山食盐有限公司多品种食盐小包装产能陆续释放，产品销量显著增加，既巩固省内市场地位，又满足了吉林、黑龙江等省市场需求。

【强化盐政管理】　强化市场监管。开展联合执法行动和专项整治行动，食盐安全专项治理行动连续三年荣获全省消费维权专项活动优秀成果。部署盐业市场“秋季整治专项行动”，以查处违法违规盐产品包装窝点和销售网络为重点，从清理盐加工企业、规范加工工业盐出厂包装、实施“工业废渣盐”治理回头看和严格工业盐合同备案制度等四方面入手，保持盐政管理高压态势。落实区域治理责任制，建立省际工业盐管理沟通协调机制，规范工业盐调运程序。

推进依法行政。继续抓好规范执法队伍主体、规范盐政执法活动、规范行政处罚裁量、规范行政执法案卷“四个规范”工作和加强盐政执法队伍建设、加强盐政执法人员素质提高“两个加强”活动，组织执法人员参加法律知识考试，对执法人员资格进行清理。规范和清理盐业行政许可事项，认真落实“三个公开、三个清单”制度，优化“三类事项”内部审批流程，缩短办理时限，审批事项办结时限由20个工作日减少到14个工作日。做好国家下放行政审批事项的衔接落实工作，出台《关于做好国家工信部通告衔接工作的通知》和《关于做好制盐许可证取消衔接工作的通知》，全年办结行政许可申请5707项，按时办结率和群众满意率继续保持较高水平。

加强盐业法制建设。完善盐业规章制度，按照全面深化改革、转变政府职能的要求，会同省法制办修订《河北省盐业管理实施办法》，修改、删除表述不准确或上位法已经废止的条款。开展普法知识宣传。在石家庄、唐山等地开展防治碘缺乏病和盐业法规政策宣传活动，发放宣传资料6000多份，接受群众咨询500余人次，发放碘盐2000余公斤。积极开展司法服务活动，为盐业企业无偿提供法律援助和法律服务，维护企业合法权益。

【服务制盐企业】 加强宏观指导。编制动态的工业盐平衡计划表，审核省外34家制盐企业进入河北市场的资质、供需合同、需求量和生产供应能力，受理审查外省工业盐备案合同286.8万吨，做好工业盐合同备案和运输管理。扶持企业发展。主动降低进口工业盐服务费标准，减轻企业负担，缓解经营困难，提振企业发展信心。搭建服务平台。加强对全省盐碱化工企业的运行监测和指导服务，为衡水地区新增10万吨级氯碱化工企业现场办理两碱工业盐直供资质手续，解决沧州大化股份公司聚海分公司原料盐供应问题，围绕企业需求努力提供多层次、全方位、立体式的服务。

开展盐业学术交流。召开河北省盐业协会2014年度学术论文评审会，来自省内盐业系统的10多位专家，对全省盐业系统初选论文进行了认真评审，评选出一等奖11篇、二等奖论文9篇。论文质量普遍较高，在调整经济结构和增长方式、推动内需、创新驱动、节能减排、循环经济等方面，提出了许多新思路，对全省盐行业加强企业管理和推进技术进步等工作具有较高的参考价值。

（河北省盐务局　马　骁）

工　业

【概况】 2014年，全省各级认真贯彻落实习近平总书记对河北省社会经济发展的一系列指示精神和省委、省政府的决策部署，主动适应经济发展的新常态，围绕打好“四大攻坚战”，着力推进经济转型升级、调结构转方式，工业生产实现稳中有进。但在化解过剩产能、大气污染防治的大背景下，工业增长压力较大，总体呈现波动低速运行的态势。

一、生产运行情况

（一）总体态势。1—12月，全省规模以上工业增加值11758.3亿元，同比增长5.1%，增速比上半年提高0.5个百分点，比前三季度提高0.1个百分点，比前11个月提高0.1个百分点，比2013年回落4.9个百分点。从工业用电量来看，1—12月份同比下降0.2%，比上年同期回落5.5个百分点。

（二）从行业看，主要行业拉动明显。1—12月，在统计的40个行业大类中，有13个行业增速比1—11月份回升，其中，黑色金属冶炼和压延加工业同比增长5.1%，比1—11月份回升0.8个百分点，影响全省增速回升0.2个百分点；石油加工、炼焦和核燃料加工业下降2.3%，降幅收窄1.9个百分点，影响全省增速回升0.1个百分点。

（三）从经济类型看，股份制企业发展较快，外商及港澳台商投资企业影响全省增速回升。1—12月，股份制企业完成增加值9394.9亿元，同比增长5.8%，高于全省增速0.7个百分点；国有及国有控股企业完成增加值2673.4亿元，同比增长1.4%，比1—11月回升0.2个百分点；外商及港澳台商投资企业完成增加值1210.2亿元，同比增长1.4%，增速回升0.7个百分点，影响全省增速回升0.1个百分点。

（四）从规模看，大型企业增速回升。1—12月份，大型工业企业增速回升，增加值同比增长1.2%，比1—11月份回升0.5个百分点，影响全省工业增速回升0.2个百分点；中型企业同比增长6.1%，回落0.4个百分点；小型企业增速同比增长10.3%，回落0.4个百分点。

（五）从出口看，工业品出口增速回升较快。1—12月份，完成出口交货值1782.6亿元，同比增长10.9%，增速比1—11月份加快1.3个百分点。其中，黑色金属冶炼和压延加工业同比增长29.8%，电气机械和器材制造业增长66.9%。

二、装备制造、电子产业增势良好，高耗能比重下降

一是装备制造业增长较快，比重提升。1—12月，装备制造业完成增加值2416.5亿元，同比增长8.8%，高于全省增速3.7个百分点，占全部规模以上工业比重为20.6%，高于上年同期1.4个百分点，对全省增速的贡献率为32.5%，高于上年同期6.3个百分点。其中，铁路、船舶、航空航天和其他运输设备制造业，电气机械和器材制造业等行业增速均保持在12%以上。

二是制造业利润比重明显提高，制造业实现利润1991.7亿元，占全省76.3%，比上年同期提高6.3个百分点。其中，装备制造业实现利润631.9亿元，占全省24.2%，比上年同期提高1.5个百分点。

三是电子信息产业呈现较快增长态势。1—12月，计算机、通信和其他电子设备制造业完成增加值114.2亿元，同比增长11.5%，高于全省增速6.4个百分点。其中，主要产品产量程控交换机同比增长75.7%，集成电路增长37.3%，光电子器件增长38.8%，电子元件增长32.9%。

四是高耗能行业比重下降。1—12月，规模以上六大高耗能工业行业完成增加值4659.6亿元，同比增长2.8%，低于全省增速2.3个百分点，比上年同期下降3.9个百分点，占规模以上工业比重为39.6%，比上年同期降低1.8个百分点。高耗能产品产量下降，生铁、粗钢、水泥产量同比分别下降1%、0.6%、15.1%。

五是钢铁产品结构进一步优化。1—12月份，全省钢材产量同比增长5.1%，高附加值钢材产品增长较快，冷

轧薄板同比增长34.5%，电工钢板增长15.3%，镀层板增长16%，冷轧薄宽钢带增长12.2%。

三、工业企业利润降幅扩大，效益下滑

2014年，全省规模以上工业企业实现利润总额2610.9亿元，比上年同期下降4.5%，降幅连续三个月扩大。

从工业三大门类来看，采矿业实现利润398.9亿元，比上年同期下降39.0%；制造业实现利润1991.7亿元，比上年同期增长4.0%；电力、热力、燃气及水生产和供应业实现利润220.3亿元，比上年同期增长33.3%。

从经济类型来看，国有及国有控股企业实现利润总额216.4亿元，比上年同期下降30.5%；集体企业实现利润总额36.5亿元，下降21.9%；外商及港澳台商投资企业实现利润总额281.3亿元，增长14.5%。

从分行业看，统计的39个工业大类行业中，28个行业实现利润比上年同期增长，9个行业同比下降，2个行业亏损。主要行业利润增长情况是：黑色金属矿采选业、石油和天然气开采业、非金属矿物制品业、电气机械和器材制造业、专用设备制造业，分别下降26.3%、57.0%、24.2%、14.5%、12.8%；电力热力生产和供应业、黑色金属冶炼和压延加工业、化学原料和化学制品制造业、金属制品业、纺织业、医药制造业，分别增长33.6%、35.1%、1.6%、7.6%、7.7%、20.7%；煤炭开采和洗选业、石油加工炼焦和核燃料加工业，累计分别亏损35.5亿元、13.4亿元。

全省规模以上工业企业完成主营业务收入47207.8亿元，比上年同期仅增长1.9%。每百元主营业务收入中的成本为86.7元，降低0.1元，利润率为5.5%，下降0.4个百分点。

总的看，2014年全省工业经济保持了平稳运行态势，但仍然存在着一些问题和困难，主要表现为全省工业生产一直面临工业品市场需求低迷、产品价格回落幅度持续扩大、停产和减产企业持续较多的不利局面。同时，化解过剩产能，大气污染治理等任务艰巨，对全年生产增长带来了巨大的压力。2015年，国内外经济环境依然错综复杂。从国际看，明年全球经济仍将保持缓慢复苏态势，增长动力依然不足。从国内看，中国经济仍处在“三期叠加”阶段，结构性减速具有一定的必然性、复杂性和合理性，面临需求总体偏弱、通缩预期上升、调整任重道远、累积风险加剧等多重挑战。从河北看，面临的最大机遇是京津冀协同发展，环渤海区域的加速建设，一批重大项目加快推进，新的工业园区建设加快，有利于形成新的增长点。面临最大的挑战是经济增长动力不足，产业发展青黄不接，战略性新兴产业、服务业的快速发展短期内难以弥补钢铁、水泥、玻璃等过剩产能大规模退出的影响，经济下行压力依然严峻。全省上下应大力抓好运行调节，力促工业平稳增长。进一步推进冶金、石化等传统高耗能行业转型升级，下大力培育发展战略性新兴产业和高技术产业，同时抓好企业管理，提高工业效益和运行质量。

（河北省统计局　王　光）

电子信息产业

【概况】　2014年，河北省电子信息产业通过实施一系列结构调整、产业升级等提质增效举措，为行业发展不断注入动力，全年实现平稳增长。统计显示，全行业入统企业573家，从业人员约18.3万人，累计完成主营业务收入1201.86亿元，同比增长13.82%，其中制造业完成987.55亿元，同比增长16.2%；实现利税132.49亿元，同比增长51.0%，其中制造业完成93.74亿元，同比增长106.7%；出口35.09亿美元，同比增长85.0%，其中制造业完成34.43亿美元，同比增长87.2%。晶龙集团、英利集团、东旭集团、风帆股份4家企业入围第28届全国电子信息百强，境内外上市公司11家。

【光伏产业】　2014年，在国内光伏应用市场快速开启，亚洲等新兴市场的拓展取得一定成效的大背景下，河北省骨干企业通过提高产能利用率和加大技术研发投入，使得成本明显下降，盈利能力进一步提升。全年主营业务收入累计257亿元，同比增长27.0%；利润7415万元，较上年同期增长26.74亿元，盈利能力逐步恢复；全行业出口20.42亿美元，同比增长2.5倍，整体来看河北省光伏产业已逐步走出困境，呈现良好发展势头。英利、晶龙等骨干企业延伸产业链条，承建或联合建设分布式光伏发电系统和电站，拉动产能释放，着力提升技术水平，进一步降低制造成本，拓展新的市场。衡水英利等3家组件企业入围第二批光伏制造行业规范条件公告，使得河北省纳入规范管理企业达13家。

【通信产业】　尽管我国信息消费市场规模量级巨大，目前来看，云计算、大数据、可穿戴设备、智能家居等领域虽已经成为市场关注的热点，但尚未形成市场规模。河北省通信行业规模小，受国际市场波动影响明显，整体增速平稳。全年主营业务收入138.61亿元，同比增长12.7%；实现利税23.41亿元，同比增长99.6%，出口创汇2.62亿美元，同比下降49.8%。

【LED产业】　河北省半导体照明产业形成了衬底材料、外延片及芯片研发制造、发光功率器件封装及产品应用等较完整的产业链条。2014年，受国际市场需求放缓，基础公共照明设施工程总量下降的影响，市场化工程项目明显增加，半导体照明产业增速下降。全年实现主营业务收入23.32亿元，同比增长7.6%；利税总额2.80亿元，同比降低1.28%；出口创汇3948.91万美元，同比增长2.52%。

【平板显示产业】　河北省发挥液晶材料、基板玻璃、光学器件、显示模块方面的优势，继续保持平板显示产业整体良好发展态势。2014年，平板显示产业实现主营业务收入103.21亿元，同比增长4.9%；利税总额8.8亿元，同比增长 7.7%；出口创汇 2.11 亿美元，同比增长 4.41%。

【行业电子产业】 河北省行业基础电子产品门类众多，拥有三氟化氮电子特气、液晶材料、石英晶体谐振器等关键原辅材料、核心器件，虽规模较小，但各具特色、作用明显、竞争优势较为突出，智能仪器仪表发展势头良好。随着国家对电子基础产业重视程度不断提高，应用市场不断扩大，行业电子即将步入快速发展轨道。2014 年，行业电子产业主营业务收入 170.30 亿元，同比增长 13.9%；利税总额 19.62 亿元，同比增长 24.2%；出口创汇 6.31 亿美元，同比增长 33.0%。

【软件与信息服务业】 截至 2014 年底，全省通过软件企业认定并年审有效的企业 350 家（其中 2014 年新认定 75 家），累计登记软件产品 5027 件（其中 2014 年新登记 693 件），具备计算机信息系统集成资质企业 104 家，信息系统工程监理单位资质企业 8 家，23 家企业通过 CMMI（软件能力成熟度模型）认证，3 家通过 ITSS（信息技术服务标准）通用部分符合性评估。2014 年，全省软件产业保持了较快的发展势头，应用软件、嵌入式软件发展迅速，重点骨干企业竞争力不断增强，软件产品数量不断增加，应用领域不断扩展，部分技术处于国内或世界领先水平，累计完成主营业务收入 214.29 亿元，同比增长 4%。主营业务收入超亿元企业 26 家，超千万元 138 家，产业规模不断扩大。

【项目建设】 2014 年，25 个电子信息、16 个服务平台项目列入 2014 年省技改资金项目投资计划，总投资 47.99 亿元，落实技改贴息 7557 万元。河北省共有 9 个项目获得国家专项支持，其中：国家工业强基专项支持项目 1 个，国家电子发展基金支持项目 3 个，国家物联网发展专项资金支持项目 5 个，资金合计 5050 万元。投资 35 亿元的威县全德翰电子科技“年产 170 万套高端电子产品生产线项目一期”土建工程已基本完工；投资 58 亿元的河北曹妃甸汉能光伏“600MW 铜铟镓硒薄膜太阳能电池项目”已开工建设；旭新电子薄板玻璃第三条线顺利点火投产；总投资 10.18 亿元的汉光光电科技园项目进展顺利。中国电科卫星导航运营中心建设了综合智能位置服务平台、空间位置数据中心以及支撑多业务运营的物联网和智慧城市统一开放平台；润泽国际信息港项目规划总机架 11 万架，1 万余台服务器已经投入商业运营；中国联通华北（廊坊）基地项目规划云计算机架 4 万余个，一期机房楼已完成了设备安装调测阶段。

（河北省工业和信息化厅　张智杰）

电力生产与供应

【概况】 截至 2014 年底，全省发电装机容量 5544 万千瓦，同比增长 6.2%。其中火电装机 4077 万千瓦，占 73.5%；风电装机 913 万千瓦，占 16.5%。持证进网作业电工 9.8 万人，承装（修、试）电力设施企业 831 家。

2014 年全省累计发电量 2383.6 亿千瓦时，同比下降 2.23%。全省累计输入电量 931.5 亿千瓦时，同比增长 14.39%，占全社会用电量的 28.1%，同比提高近 4 个百分点。全社会用电量累计 3314.1 亿千瓦时，同比增长 1.94%。其中南网 1755.6 亿千瓦时，同比增长 2.96%；北网 1558.5 亿千瓦时，同比增长 0.81%。

【全社会用电量】 产业用电 2963 亿千瓦时，同比增长 1.71%。其中，第一、二、三产业用电量分别为 95.8、2524.5、342.6 亿千瓦时，同比分别增长 24.45%、—0.16%、11.37%；城乡居民生活用电 351.1 亿千瓦时，同比增长 3.89%。工业用电量累计 2489.3 亿千瓦时，同比下降 0.21%。其中轻工业 262.4 亿千瓦时，重工业 2226.9 亿千瓦时，分别增长 2.34%和—0.5%。重点行业用电情况：钢铁行业用电量 953.7 亿千瓦时，同比下降 3.85%，占全社会用电量 28.78%；装备制造业用电量 296.7 亿千瓦时，同比增长 5.7%，占全社会用电量的 8.95%；石化行业用电量 286.4 亿千瓦时，同比增长 4.49%，占全社会用电量的 8.64%；建材行业用电量 200.6 亿千瓦时，同比增长 3.02%，占全社会用电量的 6.05%。

【安全生产】 2014 年，河北省电力公司坚持“安全第一，预防为主，综合治理”的方针，以科学发展观为统领，广泛开展“安全年”活动，认真做好全国两会、重大节假日保电工作，全力做好迎峰度夏、迎峰度冬期间的安全工作。

面对不断变化的安全生产新形势，省、市、县、供电所四级机构重点抓好“保人身、保电网、保设备、保客户”工作，保障企业安全发展。公司不断加快需求侧管理自动化系统的建设，依靠技术手段保证供电安全；加快电网建设，提高电网供电能力和可靠性；严格执行“有错必罚”，狠抓违章，提升安全生产管理水平，保障安全生产良好形势。全年公司安全生产总体平稳，未发生电力人身伤亡事故，未发生一般及以上电网、设备、火灾事故。

2014 年，冀北公司安全生产形势总体平稳。按照国家电网公司和华北能监局的统一部署，扎实开展“安全管理提升”、“安全生产月”、安全生产标准化达标、春秋季安全大检查、隐患排查治理等专项活动，精心组织春秋季检修预试及迎峰度夏（冬）工作，圆满完成“两会”、十八届四中全会、APEC 会议及重要节假日等各项保电任务。在检修任务繁重、体制创新任务艰巨的情况下，通过进一步强化全员安全意识，提升员工专业素质，安全风险管控能力不断提高，应急保障更加有力，未发生国家电网公司企业负责人业绩考核减项指标中规定的安全生产事故事件，未发生造成社会不良影响的事件，未造成大面积停电和重要用户停电，全年未发生人为责任事故，全面完成安全目标，确保了电网安全稳定运行，维护了公司安全生产良好局面。

（河北电监办　刘　哲）

城乡建设与建筑业

【城镇规划建设】 2014年，河北省委、省政府两次召开县城建设现场会，本顺书记、庆伟省长作重要讲话，涉县、馆陶、威县、迁安、乐亭等典型脱颖而出，县城建成区平均达到14平方公里。容貌环境整治成效明显，累计处置违法建筑251万平方米，65个市县数字城管平台建成，机械化清扫率提高至46.5%，干净、整洁、有序的县城容貌初步显现，3个县荣获省人居环境奖、17个县获进步奖。各地以项目建设为抓手，加快市政基础设施建设，完成投资1880亿元，同比增长23.1%，新建改造城市道路800公里，改造供热管网1039公里、燃气管网831公里，石家庄地铁等重点工程有序推进。推动园林绿化上水平，全省新建公园游园195个，新增绿地5285公顷，新增省级园林城15个。保定市、沧州市以创园推动县城建设，力度大、成效好。着力完善规划体系，重点推进县（市）城乡总体规划，省市联合开展技术审查，保证了规划成果质量，邢台市对成果把关较严。目前92个县（市）已批复或经规委会审议通过。强化规划实施和监督，谋划特色街区136个、风貌建筑115个，73个县（市）建成规划展馆、100个县（市）设立责任规划师，通过遥感动态监测查处违规项目633个，配合省人大开展“一法一条例”执法检查，有效促进了规划落实。

围绕农村面貌改造提升重点村，编发规划设计技术导则和示范图集，高水平完成3000个重点村的规划设计工作。阜平县黑崖沟村规划获得全国一等奖。加强民居建设指导，推广《河北省乡村特色民居设计方案》，鼓励采用外墙保温、钢结构等新技术、新材料，推动1096个乡镇落实了规划建设管理机构。固安县积极推动民居改造多样化，塑造民房特色。加强乡村文化和特色风貌保护，实施历史文化名镇名村保护项目127项，列入中国传统村落名录的村庄达到57个。加快村镇污水垃圾处理试点，指导1.6万个村庄建立了日常保洁制度，使更多村民享受到现代化建设的成果。任县城乡垃圾一体化处理模式成为全省样板。

【民生保障】 全省城镇保障性住房和棚户区改造住房开工20万套、基本建成20万套、分配入住18万套，住房保障覆盖率达到19%，基本实现应保尽保。各地狠抓政策和项目落实，积极破解土地、资金瓶颈，体现出攻坚克难的过硬作风，沧州市、廊坊市工作总体较好。陈政高部长7月份视察调研时对河北省工作给予高度评价。着力解决农村贫困家庭基本居住安全问题，完成危房改造10.7万户。放宽住房公积金使用门槛，简化提取、贷款手续，使更多职工享受到政策实惠，个贷使用率达到59.7%。加强城市供水水质督察，督导67个县(市)通过整改实现水质达标。会同有关部门推行农民工工资预储金制度，探索建立防拖欠长效机制。省厅公布49家拖欠企业黑名单。

【建筑节能和建设科技】 深化“建筑节能省”创建，积极为节能减排贡献力量。各地强化管理、联合发力，使城镇新建建筑较好执行节能强制性标准，唐山市、保定市推行住宅75%节能标准，为探索“四步节能”带了好头。政府投资建筑、大型公共建筑、省会保障房项目基本按照绿色建筑标准建设，累计获得绿色建筑评价标识138个、总面积1564万平方米。秦皇岛市积极开展被动式超低能耗绿色建筑示范建设，形成了全国影响力。既有居住建筑供热计量及节能改造完成1044万平方米，可再生能源建筑应用比率达42%。城镇住宅集中供热计量收费面积达1.23亿平方米，承德市计量收费比例达49.7%，有效地促进了行为节能。住宅产业现代化加速，国家和省级基地达到11个，并编制配套标准4部，落实装配试点项目30万平方米。节能新材料、新技术推广力度加大，新型建材应用率比上年提高10个百分点。各地严格落实施工扬尘治理15项措施，APEC期间采取现场关停、定时洒水、加强垃圾和渣土运输管理等，有效控制了施工和道路扬尘。

【建筑业】 建筑业进一步发展新增特一级企业51家，预计建筑业总产值5470亿元，实现增加值1850亿元，占全省GDP的6.4%。

积极推动建筑业结构调整。支持省内优势企业发展。鼓励有实力的建筑施工企业跨地区、跨行业收购兼并，发展成集设计咨询、施工管理于一体的综合性企业集团。支持省内建设领域领军的7家企业组建了河北省嘉联实业集团有限公司，为河北省第一家混合所有制企业。扶持特色产业企业发展。以衡水为切入点，围绕区域性特色产业，打造衡水钢结构生产基地，扶持钢结构企业资质升级，为具有产业特色的企业发展创造有利条件。支持省内企业资质升级。对有实力、规模大、社会信誉和发展前景好的企业，严把报部资质案卷申报标准，同步优化服务质量。全年上报建设部的企业通过率由原来不足30%提升到72%，为支持省内企业做大做强创造了条件。贯彻落实住建部《工程质量治理两年行动方案》，全面启动工程质量治理两年行动，强化质量终身责任制落实，坚持市场和现场联动，查处了一批非法施工、违法发包、围标串标等市场违法行为和质量违规行为。

完善建筑业发展改革政策体系。改革建筑劳务用工方式，规范管理。转发住建部《关于进一步加强和完善建筑劳务管理工作的指导意见》，下发了《关于进一步做好建筑劳务管理有关工作的通知》（冀建市〔2014〕30号）。梯次有序推进建筑业发展和改革。召开全省建筑业发展和改革会议，贯彻落实住建部《关于推进建筑业发展和改革的若干意见》（建市〔2014〕92号）。研究制定建筑业发展和改革相关办法，在试点试行基础上，按照成熟一个，推行一个的原则，印发《关于做好非国有资金投资建筑工程项目监管的意见》。完善信息化管理服务配套措施。按照住建部《关于推进建筑市场监管信息化建设有关事项的通知》要求，修订《河北省建筑市场监管和诚信体系信息化建设方案》和《河北省建筑市场信用信息管理办法》，做好顶层设计。完成《河北省建筑工程造价管理办法（草案）》的修订和立法工作。

积极做好建筑农民工工资支付工作。加强保障农民工工资支付制度建设，制定了《河北省房屋建筑和市政基础设施工程建设领域农民工工资预储金管理办法》，落实农民工工资预储金制度，改进建筑劳务实名制管理系统，逐步形成解决农民工工资拖欠问题的有效机制。

建立健全科学的信用评价机制。本省行政区域内的房屋建筑和市政基础设施工程项目招标时，均使用建筑业企业信用综合评价结果。进一步完善建筑业企业信用综合评价平台指标体系，优化评价内容和分值，合理加大质量安全评价权重，增强评价的科学性。实现了8225家省内外企业信用评价信息的动态发布（其中省内7417家，省外808家）。

加强工程招标投标和造价咨询行业监管。一是验收、试用招标代理机构及从业人员动态管理系统。二是加强合同履约行为跟踪管理。对新增加的省管项目建设工程施工合同进行评价，做到省管项目合同履约监管全覆盖。三是调整非国有资金投资建筑工程项目发包方式，试行建设单位自主决定是否进行招标发包和在有形建筑市场进行工程交易。四是进一步完善计价依据体系，完成全国统一《市政工程消耗量标准》（管网册）初稿并上报住建部；编制完成2014年《河北省古建（明清）修缮工程消耗量定额》、《河北省建设工程工期定额》征求意见稿；印发《建筑业企业规费费率核定操作规程》、《河北省计价依据解释与定额项目补充工作管理规定》。五是加强造价咨询企业动态监管，规范工程造价咨询企业和从业人员市场行为。

多举措开拓外埠市场。一是加强省际建筑业合作，共同消除壁垒，开放市场，支持本省企业走出去。与陕西省住建厅签署加强两省建筑业合作框架协议，促进共同发展。二是抓住京津冀一体化契机，加快专业市场带动劳务用工合作，主动对接京津地区大型工程总承包企业，壮大发展分包企业，扩大建筑劳务输出，创造经济效益。出省建筑业企业1200余家，劳务输出约150万人次。三是重点引进外省先进技术，不断提高企业以综合竞争力和管理水平，促进企业转型升级。四是坚持对等原则，做好省内企业出省、外省企业进省的服务和管理。

（河北省住房和城乡建设厅　张学峰）

【唐山市城乡规划】　2014年，唐山市城乡规划局深入开展党的群众路线教育实践活动，开拓创新、稳中求进，圆满完成了各项工作目标，为全市社会经济发展和建设靓丽、繁华、宜居、和谐唐山做出了积极贡献，被评为2013年度市级文明单位。

（一）围绕全市中心工作，积极规划各项业务工作

1. 夯实基础、突出重点，完善规划体系

一是加快总规修改和控规的维护。围绕服务大局，推进京津冀协同发展、新型城镇化建设和全市经济转型，积极推动城市总体规划修改工作，完成了总规修改评估方案。紧密结合城市绿线和重大建设项目，积极推动城市控制性规划动态维护工作。积极开展城市空间发展战略研究工作，科学指导城市空间发展。

二是做好重点项目规划设计。完成2016年世园会总体规划和建筑、景观、市政设施规划设计服务工作和联合大学规划设计、施工图设计。组织开展火车站、南新道、大城山、弯道山、青龙湖周边、两河等重点地段城市设计。

三是完善专项规划编制工作。组织综合交通专项规划、轨道交通专项规划、中心城区综合管沟专项规划、商业服务设施规划、历史文化遗存保护专项规划、数字规划编制工作。按照市中心区300万人口规模，完成中心区给水、排水、供电、燃气、供热、加气站等专项规划。

四是加快市中心区外各区规划编制。2014年市中心区外各区共编制分区总体规划6项，乡镇总体规划13项，各类详细规划14项，专项规划16项。

五是开展县（市）域总体规划编制。组织迁安市、遵化市、玉田县、迁西县、滦县、乐亭县、滦南县七个县（市）开展规划期限到2030年的城乡总体规划编制工作。协调指导县区按照大县城30万、小县城15万、中心镇3至5万的人口规模，科学规划教育、医疗、文化、商业等公共服务设施，提升城镇的承载力。迁安市城乡总体规划已得到省政府审批，遵化市城乡总体规划待省政府审批，迁西县、玉田县、滦县、滦南县和乐亭县城乡总体规划已通过专家技术审查和市规委会审议。

六是积极推进农村面貌改造提升行动村庄规划编制工作。指导完成涉及唐山市两市五县、津秦高铁、沿海高速和京哈高速沿线及国省干道沿线的385个村庄规划编制。该局按30%的比例抽查115个村，抽查意见已下发各地。省厅按10%的比例抽查39个村，8月初成果已报省厅，其中优秀4个，合格35个。

2. 理顺机制、优化环境，全面提升规划管理水平

一是全面执行网上审批。组织对原有的规管审批系统进行了改造升级，审批事项全部网上办理，通过网络审查报件资料，签批审查意见，打印行政许可通知、证书，减少文件资料流转审查时间，提高工作效率，保证审批时限。二是严格落实一审一核制。规划审批经窗口报件后，只需在网上通过处室审核、局长审批两个环节，即可完成全部审批工作。减少了局务会审查环节，有效提高了审查效率。三是窗口一站办结。将规划审批工作全部集中到市行政审批大厅窗口办理，并将打证、收费等业务同时移至大厅窗口，从接件到发证，审批不出厅，现场办结。

3. 规范规划执法，强化管控，努力推进依法行政

一是加强批后管理。对建设项目批后监管程序进行系统规范，实施从开工到竣工验收9个节点管控，使建设过程全部在规划执法监督之下。通过节点覆盖、加大巡查密度，及时制止违法建设行为的发生，破解规划执法"以罚代管"难题。2014年，共对400多个建设项目实施批后管理，竣工规划核实99项。

二是推进行政处罚自由裁量权工作。完善《唐山市城乡规划局行政处罚裁量基准》，开展规范性文件监督管理工作，完善规范性文件监督管理制度，严格规范文件的制

定和审查。

三是积极做好卫星图斑检查工作。组织各处室、分局对住建部检查图斑进行逐一现场踏勘，重点对总规强制部分20个疑似违法图斑查处情况进行调查研究，按期完成住建部要求的调查工作，圆满完成省厅完成省重点图斑的查处工作。

四是加强行政复议和调解工作。严格落实行政复议接待、受理、审理、集体讨论等多项制度。2014年共受理行政复议案件4件，审结2件，责令履行1件，维持1件，保护公民、法人和其他组织合法权益。受理群众来信来访100余批次4650余人次，接听答复群众咨询电话264个，答复阳光理政群众诉求11个，答复市民公共服务热线156个，答复信息公开148份，荣获全市政务信息工作优秀单位称号。办理人大建议55件、政协提案15件，荣获政府系统承办人大代表、政协提案工作先进单位。

（二）积极改革创新，增添工作新亮点

1. 组建规划服务咨询中心，积极为服务对象提供便捷高效服务。为更好规范技术服务工作，该局组建了“规划服务咨询中心”，按照“容缺预审、公开通明、规范服务、高效便捷”的工作理念，实施公开、透明、集中办公，“一站式”服务，限时办结。

2. 简政放权，提高工作效率。一是审批权限进一步明确。除《城乡规划法》、《河北省城乡规划条例》等法律、法规强令要求外，可以下放的权力全部下放到县（市）区。二是减少审批事项和环节，压缩审批时间。行政许可和非行政许可审批事项由三类13项减少至两类5项，审批环节由34个减少到30个，审批时间由20个工作日压缩到3个工作日，减少审批要件10个。三是简化市局审查事项。局业务会只审查各分局建设项目的规划条件和建设方案两项内容。

3. 推行质量认证，实施标准化管理。为推进机关管理规范化、标准化，在全省规划系统率先推行ISO9001质量管理体系。通过完善制度程序、建立内审制度、塑造机关形象、开展信息化建设、制定质量管理体系等系列环节，2013年获得ISO9001认证证书。2014年本着持续改进和提高的原则，进一步规范工作标准，明确岗位要求和职责，提高工作成功率和服务对象满意度，再次顺利通过认证。

（唐山市城乡规划局　董志永）

【保定市城乡规划】　（一）超前开展规划研究和编制，推进融入京津冀协同发展。2014年，保定市城乡规划局围绕京津冀协同发展这个大局，按照市委十届七次全会和《政府工作报告》确定的任务目标，超前谋划，编制完成《保定市服务首都对接京津概念规划》、《保定市城市总体规划实施评估》、《白洋淀区域空间发展规划》、《白沟国际商贸区区域空间规划》。特别是加班加点按时完成了市政府交办的《白洋淀科技城规划选址研究》，为科技城落户保定市给予了有力支撑。

（二）完善空间规划体系，高端引领新型城镇化建设。组织编制《保定市城乡统筹规划（2014—2030年）》、做好产业园区规划，实现产城互动，产城融合；构建以中心城市（一城三星一淀）为核心，以涿州、高碑店、涞水及白沟新城为节点的的城镇化宏观布局；组织编制了《保定中心城市漕河生态景观廊道概念规划》和《保定市漕河生态廊道两侧（西三环至阳光大街段）控制规划与城市设计》等。

（三）挖掘古城文化内涵，努力推进古城历史文化保护。组织编制《保定市古城保护与利用评估报告》、《保定古城文化产业及文化旅游提升发展报告》和《保定市历史文化名城名镇名村保护办法》；完成守真广场项目规划设计方案、城皇庙保护修建项目设计方案及南城门复建前期选址论证工作；出台《保定市传统村落保护整体实施方案》，组织历史文化名村和传统村落调查申报和规划编制。

（四）加强基础设施规划研究，为构建交通一体化网络格局做好服务。组织开展保定市综合交通规划实施评估与调整，完成南三环道路选线、白洋淀旅游景观道路设计、北三环东延道路设计、七一路道路改造设计、市区小街巷维修改造和综合整治规划设计方案等；组织编制了保定市公共自行车试点规划方案和保定市出租车落客点（314个）设计方案；完成市区排水防涝综合谋划，谋划保定市地下空间利用规划修编，开展古城区地下空间利用规划及裕华路地下空间利用规划，初步完成了西大园火车站西广场绿地地下空间利用规划方案和淮军公所地下空间利用方案；深化完善《保定市中心城区信息基础设施专项规划》，推进信息基础设施共建共享。

（五）加强规划指导，着力提升县乡规划水平。指导各县（市）基本完成规划期限至2030年的城乡总体规划编制和报批工作，并结合城乡总体规划，指导各县（市）开展了各类专项规划和控制性详细规划的编制；结合县城实际，以提升“七个一”工程规划设计水平为突破，指导各县（市）加强重点地段、重要节点城市设计和精品建筑的建筑设计，做优做美县城；以白洋淀连片美丽乡村规划为重点，加强对白洋淀水村等45个淀区村规划编制工作指导，全面完成399个农村面貌改造提升规划编制工作；编纂《城市规划展馆建设读本》，积极指导各县（市）加快推进规划展馆建设及数字规划、标准化建设。

（六）强化严格规范执法，不断提高依法行政水平。建立健全各种规划管理规章制度和程序。在市政府主要领导的亲自指导下，修改完善了《分级决策与审批》及《市规委会章程》，增加了市政府规划联审会。起草出台了《保定市城乡规划管理暂行办法》和《保定市城乡规划公示暂行规定》。积极做好住建部第五、六期卫星遥感图斑的甄别核查，认真组织有关听证、行政复议及信访复查工作，扎实做好规划批后执法工作，按照“九步监督法”，对每项建设工程实施全过程监管，依法依规提出规划建议。依法行政、执法水平不断提升，在省、市人大“一法一条例”执法检查和市人大执法调研时，给予了充分肯定。

（保定市规划局纪检监察室）

商贸流通

【消费市场运行】 2014年全年消费市场呈平稳增长态势，河北省社会消费品零售总额1.17万亿元，比上年同期增长12.4%，增幅同比回落1.2个百分点，高于全国同期增幅0.4个百分点。从时间看，一季度、上半年、前三季度、全年河北省社会消费品零售总额同比分别增长11.8%、12.2%、12.4%和12.4%，分别高于全国增速－0.2、0.1、0.4、0.4个百分点，增速逐步加快。从地域看，2014年全省乡村实现2566.5亿元，增长13.1%，城镇实现9123.6亿元，增长12.2%，乡村快于城市0.9个百分点。从行业看，限额以上批发和零售贸易业同比增长15.3%，省商务厅统计的全省重点餐饮企业营业收入同比下降18.7%。CPI上涨1.7%，低于全国0.3个百分点。网络零售发展迅速，交易额突破1000亿元，增长超过40%。一是切实抓好《关于深化流通体制改革加快流通产业发展的实施意见》等促消费政策的落实，为搞活流通扩大消费提供强有力的政策支撑。二是加快社会保障体系建设，改善居民消费预期，释放消费需求。三是发展网络消费等新兴消费，支持品牌优势明显的商场超市、批发市场和专业市场积极发展线上线下一体化经营模式，开展网络购物和网上批发交易。四是完善农产品流通网络，健全城乡便民服务网络，继续实施“万村千乡市场工程”，扩大农家店覆盖面。继续开展商业示范社区创建活动，打造“一刻钟便民生活服务圈”。

【搞活流通促进消费】 会同有关部门制定出台《关于加快发展服务业的指导意见》，推动落实工商用电同价政策。流通企业规模壮大，4家企业进入全国零售百强、3家企业进入全国连锁百强，连锁企业商品统一配送率达到66.9%。加快商贸物流配送体系建设，石家庄、唐山城市共同配送国家试点稳步实施。组织开展中小商贸流通企业服务年活动，石家庄、秦皇岛、邢台中小商贸企业服务平台试点项目建设成效明显。推进农产品流通和农村市场体系“集中连片”项目试点，石家庄、唐山、保定、邯郸和承德等5个设区市共建成项目85个，投入补贴资金1.7亿元，带动社会投资172.4亿元。完善农村消费品流通体系，建设和改造标准化农家店500个、乡镇商贸中心10个、配送中心15个。推进重要商品流通追溯体系建设，石家庄市肉菜追溯体系、安国市中药材追溯体系建设项目基本完成，秦皇岛市肉菜追溯体系建设项目进展顺利。加强市场监测和生活必需品储备管理，扩大肉菜惠民补贴销售范围和规模，保障市场平稳运行。

【促进消费拉动经济增长】 一是年初举办第三届全省“消费促进月”活动，组织河北省大型传统零售企业和省内知名电商，联合百度、新浪、微信、微视等新媒体，开展以“享受网购实惠、体验网购便捷”为主题的网上推介促销活动。河北省21家电子商务企业实现网上零售额9.4亿元。微信粉丝达到5万人，百度团购实现销售额55万元。活动与元旦、春节节日市场旺销形成消费叠加和聚集效应，全省168家重点商贸流通企业实现销售额62亿元。二是7月中旬至8月中旬，组织开展以“激情夏日，五彩之夜”为主题的幸福河北欢乐购暨夜经济活动，组织全省一千多家商贸流通企业，开展夜间购物抽奖、餐饮电商直补、超低折扣让利、线上秒杀、微信导购等系列主题促销活动，参与企业实现销售额48亿元，同比增幅超过14.3%，稳增长、促消费、惠民生效果十分明显。三是2014年11月份启动第五届幸福河北欢乐购消费促进活动，活动将持续到2015年2月26日，通过网络购物、传统促消、肉菜惠民等六大板块的活动，进一步增强消费对经济增长的拉动作用。

【支持电子商务加快发展】 钢铁、煤炭等9个大宗商品和清河羊绒等60个县域特色产业交易平台正式运营，“中国板栗交易网”等100个单品平台先后上线，“北国如意购”等网络购物平台不断完善，河北玛世“融贷通赢”等互联网金融平台快速发展。正定慧聪网等7个电商园区投入运营，沧州好日子物流园、石家庄国际贸易城等电商产业基地加快建设，惠达陶瓷、香河家具等电商龙头企业规模壮大。农村电子商务发展迅速，河北省被国家列为电子商务进农村综合示范省份，正定、清河等7个示范县创建活动顺利实施。同时，有25个村和2个镇入选中国“淘宝村”、“淘宝镇”，数量居全国前列。全年实现电子商务交易额达到1.08万亿元，增长超过40%。

【加强市场安全监管】 依法开展打击侵权假冒专项整治活动，完善“两法衔接”信息共享平台，强化典当拍卖、报废汽车回收拆解等特殊行业监管，市场秩序明显改善。开展成品油市场专项整治，查处“黑加油点”1159个、“山寨加油站”223个，非法加油车101辆，排查各类安全隐患906处，有力打击了违法违规行为。认真落实治理大气污染的“硬任务”，圆满完成了7211座加油站、72座储油库和1730辆油罐车油气回收治理。

【控制居民消费价格涨幅】 一是妥善安排节日市场。“春节”、“十一”两个黄金周期间，指导流通企业加强货源组织，保证粮、油、肉、蛋、禽、菜、奶等主要生活必需品供应，积极谋划形式多样的惠民促消费活动，有效发挥节假日对消费的拉动作用，全省消费品市场价格平稳，购销两旺，重点监测商贸流通企业实现商品销售额和营业收入14.83亿元和25.98亿元，同比增长9.2%和10.8%。二是肉菜补贴惠民广受好评。2014年春节前夕，在全省范围以每公斤低于市场价格2元补贴销售100万公斤猪肉，以低于市场20%以上价格补贴100万元销售蔬菜，投放省市两级储备蔬菜6000吨，冻猪肉1800吨，冻牛羊肉600吨。石家庄、邯郸、张家口、衡水等市合计安排490万元专项资金用于肉菜补贴销售。张庆伟省长、秦博勇副省长均给予充分肯定。三是加强生活必需品储备管理。加强对肉、糖、菜等承储企业的日常监管，确保了储备物资数量充足，质量完好。

（河北省商务厅　张丹雨）

【农村供销综述】 2014年，河北省供销合作总社认真贯彻落实党中央、国务院有关供销社综合改革精神，不断深化改革思考，积极争取政策支持，努力营造改革环境，全力推进组织体系、服务体系、经营体系、金融体系和管理体制创新，实现了良好开局。全省供销社购销总额突破2000亿元，达到2428亿元，同比增长19.4%。购进总额1177亿元，同比增长19.7%，其中，农副产品购进总额226.3亿元，同比增长11.6%；销售总额1251亿元，同比增长19.2%，其中，消费品零售额397.7亿元，同比增长17.3%，售给农民的农资额219.4亿元，同比增长4.3%；实现利税10.5亿元，同比增长19.3%。

【组织体系创新】 以密切与农民的利益联系为核心，以推进基层社改造为重点，村级领办创办农民合作社，乡级组建产业型农民合作社联合社，县级成立综合性农民合作社联合社，健全农民合作社联合社组织体系，实现县乡村一体化发展，为农村合作经济组织提供新的发展平台。目前，全系统已组织领办农民合作社1.5万家，乡镇专业型农民合作社联合社1700多家，县级综合性农民合作社联合社60多家，县及县以下新型供销社组织架构初步形成。

【服务体系创新】 本着"农民生产生活需要什么服务，就提供什么服务"的思路，推动供销社由流通服务向全程农业社会化服务延伸、向全方位城乡社区服务拓展。面向现代农业，主要推广三种服务模式。在山区培育浅山区荒山开发的"葫芦峪模式"，带动农民脱贫致富，打造绿色环保屏障和现代农业生态产业带。已开发荒山10万多亩。在平原地区打造合作式、订单式、托管式规模化服务的"南高模式"，推进土地适度流转。全系统流转土地近80万亩。建立农业示范园区，引领现代农业发展。全系统引进国内外农业新技术，建设现代农业示范园区151个，通过示范带动，引导农民调整种植结构，实行精准化投入、标准化生产，促进农业生产由传统模式向现代模式转变。曲周县安寨乡合作社联合社建成占地170亩、拥有58个高标准蔬菜棚的农业示范园，开展蔬菜优良品种示范种植和先进技术应用推广，年供应种苗520万株，带动农民发展高效设施农业5万多亩。面向农民生产生活，按照"政府支持，供销社主办，多方共建"原则，建设集服务体系、网络体系和合作金融体系终端于一体，承载公益性项目的综合服务中心，为农民提供系列化、一站式服务。截至2014年底，已建成城乡社区综合服务中心近600家，建设县城商贸综合体10多个，提升了沟通城乡、服务居民的能力。承德县三家乡服务中心集经营性服务和公益性服务于一体，满足农民生产生活各方面需求，成为立足当地，辐射周边的商贸流通中心、科技传播中心和文化娱乐中心。面向新型农民，依托供销合作社教育培训资源，多渠道、多层次、多形式开展技能教育培训，重点培训种养能手、家庭农场主、农民合作社理事长等新型职业农民。全系统全年累计培训农民50万人次。唐山市供销社建设"常年培训与定期培训相结合、职业技能培训与科普培训相补充"的农民培训体系。围场县供销社以党员"双育"工程和农民科技培训"阳光"工程为载体，开展各类培训63场次，培训农民1万余人次。

【经营体系创新】 以优化网络布局、提升信息化水平为重点，大力实施"龙头带动"战略，强力推进农产品、日用消费品、农资、再生资源和盐业五大流通网络建设。一是突出抓好农产品经营网络建设。省农产品电子商务交易中心正式运营以来发展势头迅猛，已跻身全国前五名。推广鲜活农产品直采直销模式，实现产销对接、农超对接。秦皇岛、承德、保定、邯郸等7个市级社鲜活农产品直采直销体系经营规模进一步扩大。改造建设一批公益性农产品批发市场，发挥农产品流通主渠道作用。目前全省系统已建立农产品批发市场92个，其中公益性农产品批发市场40个。承德市每年安排不少于2000万元财政资金支持供销合作社构建农产品流通体系，每个县建设一个政府主导、供销合作社运营，交易额在亿元以上的公益性农副产品批发市场。承德市社蔬菜果品批发市场年交易量12.5万吨，交易额5.5亿元，蔬菜供应量占市区消费总量的90%以上。二是加快省级日用品和再生资源网络建设。运用现代信息技术，积极推进日用品等传统网络的升级改造，收到初步成效。按照总书记视察正定县供销社的要求，把供销超市开进乡村、开进社区，在多地推进"百城购物·供销社超市"建设，方便农民生活。扎实推进魏县再生资源产业园、汽车拆解再造产业园等一批重点项目，构建集回收、加工、利用于一体的绿色回收网络体系。三是农资流通网络和盐业产销网络建设稳步推进。推动农资供应向技术生产领域拓展，延伸服务产业链，加快转型升级，带动主营业务发展，优质化肥占全省市场份额80%。完善产销一体化的盐业网络体系，确保全省7000万人民群众食用盐安全。目前，覆盖全省的现代农村流通网络格局基本形成，彻底改变了过去农资"一家独秀"的局面。

【农村合作金融体系创新】 坚持"合作金融、普惠三农"的理念和"总体设计、风险把控、试点先行、稳步推进"的原则，创建以资金互助、小额贷款、信用担保、合作保险、农村产权交易、农产品期货交易为主要内容的农村合作金融服务体系。筛选21个县（市、区）作为合作金融试点，稳步推进资金互助社建设。承德市启动了承德农村合作银行组建工作，待批复后，全面投入实质性运作。省社投资担保、安全统筹合作保险等分支机构已覆盖全省。省级小额贷款及市县分支机构正在积极筹建，条件成熟时即可实现对接。根据省政府授权，省社积极推进农村产权交易中心建设，为农村产权要素流转交易提供规范服务。目前曲周、鸡泽等县的农村产权交易中心已经注册成立。邢台市的产权交易中心已获市政府批准，正在抓紧组建。在建立健全合作金融业态，积极构建上下贯通的合作金融体系的同时，立足于为农民群众提供更为方便快捷的服务，积极探索在农村乡镇开办"合作金融超市"，把产权交易、合作保险、融资担保、小额贷款、资金互助等金融服务业态聚集起来，为农民提供"一条龙、一站式"服务，使农民群众在合作金融超市就能完成从产权到资产、从资产到资本的转换，为合作经济发展提供更有力的资金支撑。目前，已有18个县正在筹办。省社通过盘活社有资产，投资建设了“合作金融大厦”，把农产品电子商务公司、投资担保公司、安全统筹保险公司、云网商贸公司及小贷公司、融资租赁公司及农村产权交易中心筹建处等金融性组织，集中到一起，促进省社金融资源的集约共享，提升服务效率，形成省有金融龙头企业、基层有合作金融超市的金融服务新格局。

【管理体制创新】 按照建立上下贯通实体性合作经济组织的要求，积极探索推进供销合作社管理体制、组织机构、用人制度和考核机制的改革重组，形成适应改革形势要求的新的管理体制和运行机制。省社率先对自身的组织体制进行改革，把省社理事会与集团董事会合二为一，实行一套机构、两块牌子，把功能重叠的原集团机构与机关处室合并，建立供销社、合作社联合社、社有企业一体化的管理体制。参照省社做法，各市、县供销社积极探索组建供销集团或资产管理中心。

（河北省供销合作总社　夏铭玉　马丽君）

【粮食工作综述】 河北省是全国13个粮食主产省之一。2014年，粮食播种面积633.2万公顷，比上年增加1.6万公顷，增长0.3%。主要生产小麦、玉米。正常年景粮食产需总量平衡有余，油脂油料缺口较大，主要靠省外购入和进口弥补。2014年全省粮食总产量3360.2万吨，比上年减少4.8万吨，其中小麦1429.9万吨，玉米1670.7万吨，稻谷54.2万吨，大豆25万吨。全省各类粮食企业累计收购粮食2443万吨，销售粮食3164万吨，其中国有粮食经营企业收购粮食593万吨，销售粮食669万吨。

【粮食收储】 2014年小麦最低收购价执行预案没有在河北省启动。粮食价格稳中有升，粮食收购数量增加，有效地保护了种粮农民利益。全省各级粮食部门坚持把粮食收储作为重中之重，认真落实国家粮食政策，拓宽融资渠道，积极组织引导企业入市收购。在夏粮、秋粮上市前，对生产情况进行了全面调查，对收购形势进行了分析，组织指导各级粮食部门和收购企业积极开展人员培训、维修仓房、购置检修收购器材等准备工作，提前摸清了底数。2014年，全社会各类企业累计收购粮食488.6亿斤，比上年增加25亿斤，其中：小麦239.7亿斤，比上年增加45亿斤；玉米233亿斤，比上年减少28.6亿斤。完成政策性粮食交易11.41亿斤，军粮供应连续15年超额完成国家下达计划，保证了军需民用。严格粮食库存检查，根据国家粮食局等有关部门的部署，研究制定了《2014年河北省粮食库存检查工作方案》，对辖区内所有政策性粮食以及国有粮食企业的商品粮库存进行了全面检查。制定了《2014年河北省粮食库存检查省级复查及质量抽查工作方案》，明确了复查时间、范围、内容和方法，提出了具体工作要求。4月20日至30日，在组织企业认真开展自查的基础上，河北省抽调精干力量，组成6个省级复查工作组，由处级干部带队，分赴全省11个设区市和定州、辛集两个省直管县进行了复查。经过各级粮食部门的精心组织，圆满完成了国有粮食企业库存检查任务，河北省粮食库存账实相符、质量良好。积极推进跨区域产销衔接，在京津冀协同发展的背景下，举办了“京津冀粮食产销合作推进会”，研究了京津冀粮食安全形势，就区域粮食储备、粮食应急、粮食批发交易市场建设、探索粮食调控联动机制等方面加强合作交流达成了共识。与黑龙江、山西签署了省际间粮食产销合作协议，促进了企业之间的深化合作。

【粮食流通改革】 粮食储备调节机制进一步改善，2014年国家重新核定下达了河北省地方粮食储备规模，比2008年计划大幅增加。为落实国家新增地方储备计划，省粮食局主动与省有关部门沟通，提出了落实国家有关部门下达给河北省的新增地方储备粮计划的办法，积极与省有关部门协调，联合下发了《关于下达2014年新增省级粮食储备计划的通知》，新增省储小麦计划及时下达到承储企业，并完成了第一次招标采购，地方粮食储备规模达到历史新高。国有粮食企业改革深入推进，石家庄、保定、衡水、廊坊、邯郸加快市直企业整合，各地“一县一企、一企多点”改革模式运转良好，区域粮食宏观调控能力明显提升。在做好传统粮食购销业务的同时，多地粮食企业积极转变发展理念，双向延伸产业链条。向上延伸到粮食生产环节，通过订单收购实行农企联手，精心打造优质粮源基地。通过培育发展粮食经纪人队伍，延伸收购触角，稳定收购渠道；向下延伸到农产品加工环节，与大型加工企业合作，拓展了销售渠道，实现了上下游联动、共赢发展。全省经营性粮食财务挂账全额核销，财政补贴及时足额到位，企业效益实现大幅增长。全省国有粮食企业利润总额1.29亿元，同比增长33%，连续5年保持盈利。邢台、保定、秦皇岛、衡水等4市国有粮食企业利润统算达到1000万元以上。认真执行国家粮食统计制度，围绕提升统计工作质量，加强统计报表、专项调查的审核力度，不断提高粮食流通统计分析的准确性和时效性。组织完成了粮油供需平衡调查，入户走访了9700余家城乡住户，重点调查了2000余家粮食经营和转化企业，取得了大量基础数据，并及时上报，纳入了《全国粮食供需平衡调查报告》。同时完成了粮油加工业统计、省统计局2013年度农村统计年鉴统计资料、发改委2014—2015年粮食供需平衡测算、河北省粮食供需平衡调查预算申请、国家粮食供需平衡调查经费拨付等任务，统计质量和效率显著提高。积极推进统计制度改革，组织了新的国家粮食流通统计制度培训班11期。

【“粮安工程”建设】 物流节点建设上，完善优化粮食物流节点布局，全省由粮食部门主导、吸引社会资本参与的总投资达10多亿元，张家口、沧州、衡水、承德、定州等市一批项目已经启用，国家投资2500万元重点支持的6个粮食现代物流重点项目进展顺利；仓房维修改造上，在省政府和有关部门的大力支持下，经过努力争取，河北省被确定为全国第二批粮食仓储设施维修改造重点省份，争取国家专项资金2.05亿元，省政府配套资金3.8亿元。到2014年底，省级补助维修改造任务的市、县（市、区）137个、省属企业9家，规划维修仓容量676.65万吨，落实改造资金13.99亿元，其中省以上补助资金已拨付

4.1亿元，占总补助额的80%以上；应急保障体系上，完成了粮食应急网点布局调整，建立各类应急网点3033个，形成了以河北军粮服务有限公司为中心、11+2区域性配送中心为支柱、182家站点为基础的应急保障主框架体系。各市应急保障能力有较大提升，尤其是以石家庄市为试点的武警饮食综合保障工作取得突出成绩，得到了总后、武警总部、北京军区联勤部的充分肯定，为在全省积极推进综合保障，提供了有益借鉴；粮油质量检测上，首次将市级监测计划纳入全省收获粮食质量安全监测范围，各地加强原粮品质和卫生检测，落实粮食出入库检验、建立质量档案等追溯制度。全省粮食质量检验机构达到14家，其中8家纳入了国家粮食质量安全检验监测体系；粮情监测预警上，省局启动了新一轮粮食信息化建设，顺利完成了项目咨询、总体设计和招标工作，投资预算3000多万元。粮食价格监测预警机制进一步完善，在各地设立的主要品种监测点达到283个；节粮减损上，深入推进农户科学储粮专项行动，落实了4万套农户储粮装具，开展了“节约一粒粮行动”等系列活动，取得良好效果。沧州市已经累计发放小粮仓近15万套，是全国最多的地级市，仅此一项每年助农增收2600多万元。

【粮食行政执法】 2014年，全省各级粮食部门积极推进依法行政，清理健全粮食流通依法行政各项制度。省粮食局起草制定了《河北省粮食局粮食行政执法公开制度》，修订了《河北省粮食行政复议工作规则》、《河北省粮食局行政执法责任制》等制度6件，建立健全了各项配套制度。继续开展立法调研，在石家庄和承德分别组织了座谈会，深入了解市、县级粮食部门和粮食经营者在执行粮食流通政策法规时遇到的困难、问题及立法建议。严格规范行政审批事项，提高工作效率，各级粮食部门共办理粮食收购资格审批事项906件，全省现行有效的《粮食收购许可证》有4056个；加强依法管粮，认真组织开展了政策性粮食竞价销售出库、省级储备粮轮换、夏粮收购等专项监督检查工作，开展了“转圈粮”整治行动。截至11月底，全省共开展检查5041次，出动16903人次，检查企业15559个次，查处涉粮违法案件257起；推进区域执法协作，签署了《黑吉辽冀蒙五省区粮食流通监督检查区域联合执法协作框架协议》，共同维护粮食市场秩序；积极开展全国粮食流通监督检查示范单位的创建活动，鹿泉区、乐亭县、宁晋县粮食局被命名为第四批全国粮食流通监督检查示范单位；开展了以县级粮食部门为重点的行政执法监督工作，促进粮食行政执法规范有力。石家庄、衡水、唐山、辛集等市粮食行政执法工作得到了当地政府的肯定。

【粮食企业安全生产】 狠抓安全生产，落实“一岗双责”，严格落实安全生产目标管理责任制。在省局直属库开展安全生产承诺制试点，制订覆盖全员共48个岗位类别的安全生产岗位承诺书，并印发各地供全省粮食企业参考借鉴。根据行业特点，举办安全生产培训，开展了“打非治违”专项行动。制定了《河北省粮食行业安全生产“打非治违”专项行动方案》，组织全省粮食行业对粉尘防爆、消防安全、储粮药剂使用、作业现场管理等方面开展了安全生产大检查，及时发现问题隐患，认真整改解决。着重加强了关键环节和特殊时段的检查，强化防汛、防火、防盗等重点工作，对全省76个低洼库站3.8亿斤粮食采取销售、转移等方式进行了妥善处置。2014年，全省粮食系统没有发生安全生产责任事故。开展了中央储备粮代储资格认定工作，共受理了16家企业的认定申请，其中10家通过了国家粮食局审核。全省粮油仓储企业备案单位达到714个。

【党的建设、廉政建设、队伍建设】 坚持与粮食流通工作同步抓、同落实，大力加强党的建设和党风廉政建设，各级粮食部门深入开展了第二批党的群众路线教育实践活动，严格落实中央八项规定，持之以恒纠正“四风”，明确整改措施，建立长效工作机制，取得了实实在在的效果。同时，大力推进科技兴粮、人才兴粮工程建设，加强科技创新成果的引进和应用，扎实做好职工教育培训和人才培养工作。全省举办粮食仓储管理培训、执法监督培训、仓储专项调查培训等10余次，举办粮食行业特有工种职业技能培训鉴定4期，共300人。全省粮食系统认真践行社会主义核心价值观，传承和弘扬粮食行业优良传统，涌现出一批爱岗敬业的先进典型。在全国粮食流通工作会议上，河北省柏乡国家粮食储备集团等3个单位被授予“全国粮食系统先进集体”荣誉称号，怀安县粮食局局长杜宏林等3名同志被授予“全国粮食系统先进工作者”荣誉称号，邯郸康丰粮油公司董事长张永强等4名同志被授予“全国粮食系统劳动模范”荣誉称号。

（河北省粮食局办公室　孟昭虎）

【烟草专卖工作综述】 2014年，河北省烟草专卖局、中国烟草总公司河北省公司在省委省政府和国家烟草局的正确领导下，以党的十八大和十八届三中、四中全会精神为指引，以党的群众路线教育实践活动为动力，以融入地方经济发展、贡献地方经济发展为己任，紧紧围绕建设全面小康、富裕殷实、山清水秀河北的总体要求，自觉聚焦国家烟草局谋划“三大课题”、提升“五个形象”的战略部署，以更加严格、更加规范的理念为统领，把稳定和发展放在首要位置，把改革和创新作为关键举措，全面推进经济发展质量和效益上水平，各项工作取得长足进步。2014年，累计销售卷烟257.1万箱，同比提高4.13%；单箱销售额2.03万元，同比提高5.34%；实现税利102.87亿元，同比提高14.34%；上缴中央专项税后利润6.93亿元，上缴地方财政15.94亿元，同比提高8.36%。

【卷烟营销市场化取向改革】 坚持把卷烟营销市场化取向改革试点作为加快全面科学规范发展的有利契机和全年工作的重中之重，统筹规划制定工作方案，确定了建立“一个中心、三个体系、三个机制”的工作目标（即全省统一的订单采集中心；全省市场信息采集监控体系、专卖市场监管体系、绩效考核体系；市场调控机制、卷烟货源衔接机制、面向消费者的一体化营销机制）。按照国家烟草局的统一安排，认真研究、周密部署、锐意创新，在搭建全省统一的省级卷烟营销平台，创立全省统一运行的卷烟营销新模式和省市两级监管机制等方面做了大量工作，卷烟营销的信息化和智能化程度在全国烟草商业企业中达到领先水平。在市场化取向改革的有力推动下，全省行业经济发展成效明显，卷烟市场竞争秩序更加规范，销量和税利的增幅表现突出。国家烟草局凌成兴局长对此充分肯定，认为河北的试点工作体现了“思想高度统一、工作扎实推进、指标全线飘红”三个特点，认为通过改革实现了跨越式发展，并要求全国行业以河北省烟草局（公司）的订货平台为样板，加快建设省级卷烟营销平台。

【重点品牌培育】 统筹省产品牌和省外品牌、知名品牌和鼓励培育品牌的关系，加强需求预测、市场调控、工商协同、精准营销、终端建设和客户服务等营销基础工作，发挥经营主体在市场营销中的积极主动作用，重点品牌的发展状态不断优化，拉动消费、优化结构、带动增长的作用日趋明显。2014 年，重点品牌累计销售 219.45 万箱，同比提高 3.55%，占总销量的比重为 85.36%；重点品牌单箱销售额 2.26 万元，同比提高 6%；销售 6 毫克以下卷烟 2.46 万箱，同比提高 9.86%；销售细支卷烟 1.45 万箱，同比提高 2.23 倍；销售高端卷烟 6.96 万箱，同比提高 30.21%。对于省产卷烟品牌，更是坚持“精心谋划、真心培育、诚心销售、热心服务”的工作原则，深挖其作为地方特色产品的地缘、人缘优势，突出其独特特点和风格，促进了省产品牌知名度、美誉度和认可度提升。尤其是在市场化取向改革的政策框架下，对省产卷烟给予大力支持，为省产卷烟培育营造了有利环境。2014 年，销售省产烟 95.45 万箱，占全省商业总销量的 37.13%；销售钻石 64.94 万箱，占全省商业总销量的 25.26%，钻石销量在全省所有在销品牌中排名第 1 位；自 1 月份荷花上市起，全省共销售 4442 箱，保持了良好的发展势头。

【专卖管理】 紧紧依托省政府领导，省综治办牵头，成立十四部门参与的联合打击制售假烟违法犯罪活动领导小组，积极完善联席会议和重大案件联合督办机制，以“端窝点、断源头、打网络、抓主犯、追实刑”为重点，以侦办一批精品网络案件为目标，突出对本地主犯的打击和实判，强化案情报送、协调调度和联合督办，积极构建快送、快侦、快捕、快诉、快判的工作格局。同时，大力开展市场整治专项行动，努力构建全方位的市场监管防御体系，打假破网和市场监管水平持续提升。2014 年，共查获涉烟案件 22180 起，查扣非法卷烟 1.95 万件、烟丝烟叶 563.01 吨，实物价值 6748.82 万元，涉案金额 1.82 亿元。查获案值 5 万元以上的假烟案件 41 起，侦破符合国家烟草局标准的涉烟网络案件 45 起，其中公安部部督案件 7 起，捣毁制假窝点 7 个，缴获各类制假机械 13 台，刑拘 284 人，逮捕 210 人，判刑 168 人，其中判实刑 77 人。

【规范管理】 将货币资金增收作为重要任务，以四项费用作为管控重点，完善财务制度，严控成本费用，强化监督管理，着力降本增效。健全内部监管制度和操作规范，加大日常监管力度，坚决遏制真烟非法流通。以“应招尽招、真招实招”保障机制建设试点为抓手，认真落实《烟草企业采购管理规定》，优化项目运作规程，加强关键节点监督，确保招标采购依法依规操作。建立物流非法人实体化运作模式，深入开展精益物流工作，积极推进卷烟包装箱循环利用和同城卷烟托盘联运。同时，扎实做好法律风险防控、安全生产和信访稳定工作。

【思想政治建设】 深入学习宣贯十八大及三中四中全会和习总书记系列重要讲话精神，扎实做好第一批群众路线教育实践活动整改落实、建章立制环节及后续工作，强力推动第二批活动开展。不断完善党组负主体责任、纪检组负责监督、分管领导分工负责、各部门具体负责的党风廉政建设领导体制和工作机制，持续深化全员全岗位廉政风险防控监督与再监督体系建设，实施全员廉政承诺，努力打造各负其责、密切协作、齐抓共管的反腐倡廉工作格局。认真践行“谋事、干事、干正事、干净干事、干成事、不惹事、好共事”的好干部要求，积极唱响弘扬在平凡岗位上踏实苦干、任劳任怨、爱岗敬业、乐于奉献的主旋律。将“阳光、感恩、服务、执行、创新、效率”为核心内涵的企业文化和“做人忠实、做事扎实、交友诚实、学习勤实、身体结实、心里踏实”的行为准则，作为干部职工改进作风、提高素质的基本遵循，努力以先进文化理念引领和促进队伍建设，不断巩固全省行业风清气正、政通人和、干事创业的大好局面。省烟草局（公司）和省烟草局（公司）党组分别获得河北省先进集体和“十佳”党组中心组荣誉称号。

（河北省烟草专卖局　周　斌）

交通运输业

【投资建设】 2014 年，全省扎实推进综合交通、民生交通、智慧交通、绿色交通、平安交通建设，全年累计完成交通固定资产投资 909.5 亿元，较年初计划 808 亿元增加 101.5 亿元，为全省经济稳增长作出了积极贡献。

公路建设有所突破。全省公路建设固定资产投资 678.0 亿元，公路通车总里程达 17.9 万公里，增长 2.7%。其中，高速公路完成投资 429.9 亿元，京港澳改扩建提前一年建成通车，高速公路通车总里程达 5887.8 公里，比 2013 年增长 4.8%，高速公路通车总里程由全国第 3 位跃居第 2 位；普通干线公路完成投资 107.8 亿元，提高 30.5%，国道津兴线、省道新赵线等建成通车，省内干线公路断头路全部打通，全省普通干线公路里程达 1.7 万公里，增加 128 公里；农村公路完成投资 88.9 亿元，提高 13.5%，打通农村公路断头路 440 多公里，全省农村公路里程为 15.6 万公里，增加 4312 公里；干线路网改造完成投资 51.3 亿元，增长 1.0%。全省公路密度达 95.5 公里/百平方公里，提高 2.7 个百分点。

港航建设成果显著。2014 年，全省港口固定资产投资完成 171.4 亿元，全省码头长度达 5.3 万米，增长

20.0%；泊位230个，增加25个。其中，万吨级泊位160个，增加21个；设计吞吐能力9.3亿吨，提高14.8%，设计吞吐能力由全国第3位跃居第2位。集装箱通过能力达到295万标箱，集装箱班轮航线达到58条，创历史最好水平。分港口看，黄骅港建设全年完成投资85.1亿元，码头长度9775米，增长36.7%，泊位47个，增加7个，黄骅港煤炭港区煤四期工程等项目建成投产；唐山港完成固定资产投资82.0亿元，码头长度2.4万米，增长17.7%，泊位91个，增加12个，其中，曹妃甸港区码头长度为1.5万米，增长18.0%，泊位54个，增加9个，唐山港京唐港区26＃—27＃集装箱泊位工程项目建成投产；秦皇岛港完成投资4.2亿元，码头长度1.9万米，增长15.5%，泊位92个，增加6个。港口建设向综合现代型提升转型成效显现，“一煤独大”结构有所转变，煤炭占吞吐量比重由“十一五”末的70%降至59%，石油、天然气等货种比重升至34%。

民航建设稳步发展。2014年，全省民航机场固定资产投资完成14.6亿元，提高21.0%。石家庄、邯郸机场改扩建工程建成投用，北戴河机场完工，承德机场开工建设。全省建成民用机场5个，定期航班航线61条，定期航班航线里程11.4万公里，其中，唐山机场定期航班航线5条，比2013年增加2条，定期航班航线里程为6821公里，增长93.0%；张家口机场定期航班航线3条，增加1条，定期航班航线里程为7256公里，增长2.7倍。

城市公交、地方铁路、管道建设有序进行。2014年，全省开通城市公交线路2041条，增加80条；运营线路总长度3.3万公里，增长5.3%，全省25%的乡镇完成农村客运班线公交化改造，公交化客运班线覆盖11270个行政村，公交化运行率达22.8%，其中，邯郸市开通15条城乡公交线路，平均票价降低34%；全年地方铁路固定资产投资8.0亿元，提高28.7%，地方铁路延展里程为2212.1公里，增长0.8%；营业里程1182.0公里，复线里程138.8公里，电气化线路里程176.4公里，蓝丰铁路基本建成；全省输原油管道5条，输油里程785.4公里，输油能力1973万吨/年；输天然气管道1条，输气里程67.7公里，输气能力14.6千万立方米/年。

智慧交通建设取得新进展。完成与京津等13个省市ETC联网，实现高速公路收费站ETC车道全覆盖，推出融合ETC、金融、旅游三大功能的京津冀旅游畅行卡，ETC用户达到51万户，同比翻了一番。交通应急指挥调度中心建成。

【运力情况】 从道路运力看，2014年，全省民用车辆拥有量为1521.4万辆，比2013年下降3.8%，主要是淘汰黄标车所致。其中，汽车995.3万辆，下降3.9%。分类型看，载客汽车780.6万辆，增长18.2%，主要是小型载客汽车、轿车快速增长拉动影响，小型载客汽车、轿车分别达732.2和543.8万辆，分别增长20.2%和20.7%，其中，私人轿车达516.4万辆，增长22.0%，私人轿车占全部轿车比重达95.0%，呈快速增长态势。受淘汰黄标车等因素影响，载货汽车143.5万辆，比2013年下降4.3%，其中，重型、中型、轻型和微型车分别为49.3、5.6、88.1和0.6万辆，除轻型车增加2389辆外，重型、中型和微型车分别减少39937、26842和381辆。其他汽车71.2万辆，比2013年下降68.4%，主要是2014年不包括300万辆农用车数据。摩托车322.9万辆，比2013年下降5.9%。拖拉机164.1万辆，减少1.8万辆。挂车39.0万辆，增长7.3%。从营运车辆看，全省营运性车辆为201.4万辆，减少7.3万辆，其中，营运性汽车154.0万辆，减少10.1万辆，营运性载客汽车14.1万辆，增加3114辆；营运性载货汽车101.5万辆，减少8.7万辆。从进口车看，全省进口汽车拥有量为19.0万辆，增长22.6%，进口汽车占全部汽车比重为1.9%，进口轿车占全部轿车比重为1.3%。从城市公交运力看，公共汽车运营车数2.1万辆，下降5.3%，主要是黄标公交车加快淘汰，6766辆在册黄标公交车除邢台市214辆因更换电动车进度延缓外全部淘汰。全省天然气燃料公共汽车9787辆，增长31.4%；出租汽车运营车辆7.1万辆，增长2.5%。从水上运力看，营业性民用运输货运机动船舶152艘，增加12艘，净载重量362.7万吨，提高4.5%。从地方铁路运力看，地方铁路机车198台，下降3.4%，其中，内燃机车181台，增长5.9%；电力机车17台，下降19.1%；地方铁路货车1962辆，下降2.0%。

【运输生产】 2014年，全省交通运输业总体呈现平稳运行态势，公路、铁路、水路、民航和管道五大运输方式共完成货运量21.1亿吨，比2013年增长6.1%，货物周转量12707.2亿吨公里，增长9.0%；客运量为6.1亿人，下降1.5%，旅客周转量1276.7亿人公里，增长9.7%。

公路货运低速增长。全省公路货运量为18.5亿吨，增长7.4%；货物周转量7019.6亿吨公里，增长6.7%。从运行态势看，一季度后增速逐月回落，上半年企稳回升，全年增速保持在1位数的低速运行。

铁路货运形势低迷。受宏观经济形势及铁路运费持续提价等因素影响，铁路货运下降。2014年，全省铁路货物发送量为2.1亿吨，下降8.3%，全年均呈负增长状态；货物周转量4183.1亿吨公里，下降1.4%，是由四季度转为负增长。

水路货运高位回落。全省水路运输完成货运量4040.8万吨，增长37.1%；货物周转量1481.8亿吨公里，增长81.2%。水路货运快速增长的主要原因是全省增加了13条船运营。从运行态势看，水路货运量增速全年呈波动回落态势，全年货运量增速比一季度回落22.4个百分点。

民航货运增速放缓。全省民航机场货物发运量为2.5万吨，下降4.2%，增速比2013年回落13.8个百分点；货邮吞吐量为4.7万吨，增长4.9%，增速比2013年回落4.8个百分点。从运行态势看，民航机场货邮吞吐量增速前三季度保持两位数的较高增速，四季度受国际快件通关问题部分航班停航以及俄罗斯国内经济和卢布贬值影响，俄罗斯货包机货量大幅下滑，国际货邮吞吐量同比下降61.5%，致使四季度全省民航货邮增速回落。

管道运输平稳运行。全年管道输送原油、天然气总量为1356.1万吨，比2013年增长3.3%，输送油（气）总周转量为22.7亿吨公里，增长6.6%。其中，输送原油1354.7万吨，增长3.4%。输送天然气1.7千万立方米，下降46.5%。管道输送油（气）总量前三季度呈平稳回升状态，由3.0%上升到8.0%，四季度有所回落。

客运方式转型升级。随着交通运输基础设施快速发展以及人民生活水平的不断提高，居民出行方式逐步向高效舒适的运输方式转变。受高铁、民航快速发展，私家车增多等因素影响，公路客源逐步分流。2014年，全省公路客运量和旅客周转量分别为5.1亿人和290.5亿人公里，比2013年分别下降3.4%和2.0%；全省铁路发送旅客9570.7万人，增长9.2%；旅客周转量985.9亿人公里，增长13.7%；全省机场民航旅客吞吐量为642.8万人次，比2013年增长11.7%；旅客发送量为338.0万人次，增长12.4%。

2014年，全省公路客运量占总计83.8%，比2013年下降1.6个百分点；铁路占15.7%，提高1.6个百分点；民航占0.6%，提高0.1个百分点。公路旅客周转量占22.8%，下降2.7个百分点；铁路占77.2%，提高2.7个百分点。

港口吞吐量保持增长。2014年，全省港口货物吞吐量为9.5亿吨，比2013年增长6.8%，港口吞吐量规模居全国第5位。从走势看，全年运行基本平稳。1—2月，受2013年末煤价急速下跌、下游观望气氛浓厚、煤炭产地和高耗能产业陆续停产放假等因素影响，全省港口货物吞吐量增长1.4%，其中煤炭及制品吞吐量下降2.5%，一季度后随着企业生产恢复，全省港口货物吞吐量增速平稳回升，一季度、上半年增速分别为6.4%和8.5%，四季度有所回落，增速为6.8%。

从主要货类看，金属矿石吞吐量为2.4亿吨，增长19.0%；钢铁、石油天然气及制品和矿建材料吞吐量分别为5597.9、2486.6和2157.6万吨，分别增长21.9%、7.2%和2.9%；水泥、机械设备电器类货物吞吐量分别为583.3和36.3万吨，分别增长95.5%和19.9%。煤炭及制品吞吐量为5.6亿吨，下降0.6%。集装箱运输增势强劲，吞吐量达183.7万标箱，增长36.5%。分港口看，唐山港吞吐量突破5亿吨，跃居全国沿海港口第4位。

（河北省统计局　李　岩）

【民航运输（河北机场集团）】　河北机场管理集团有限公司是2003年机场属地化改革后由河北省政府批准组建的省属国有独资企业，其前身是民航河北省管理局。1984年11月6日，民航河北省管理局经国务院批准设立，由民航总局、民航华北地区管理局垂直管理。民航河北省管理局下辖石家庄大郭村机场和秦皇岛山海关机场，分别为空军、海军的军民合用机场。1995年2月18日，石家庄正定机场建成通航。1996年3月，国务院批准开放石家庄机场为Ⅰ类航空口岸。2003年12月30日，民航总局将石家庄正定机场、秦皇岛山海关机场民用部分移交河北省人民政府管理，原民航河北省管理局撤销。2004年1月，正式组建成立河北机场管理集团有限公司（以下简称“河北机场集团”）。河北机场集团为大型国有独资公司，是河北省政府国资委授权的行业性投资机构，统一管理和经营石家庄机场和秦皇岛机场，委托管理张家口机场。河北机场集团下设总经理办公室、财务部、党委组织部、人力资源部、规划发展部（法律事务办公室）、宣传部（新闻中心）、群众工作部（工会办公室、团委）、安全质量部、监察审计室和市场部等9个职能部门，民航河北机场公安局、机场物业管理公司等2个直属部门，石家庄国际机场分公司、秦皇岛机场分公司、石家庄国际机场酒店分公司、地面运输分公司、航空食品分公司和民航大酒店、机务工程技术分公司等7个分公司，河北航空客货销售代理有限公司、河北航空国际旅行社有限公司、秦皇岛冀东航空服务有限公司、河北空港物流有限公司等4个全资子公司，河北航信空港网络有限公司、河北博创民航广告有限公司、河北中免免税品有限公司等3个参股子公司。在岗职工1763人。

2014年，集团公司认真贯彻落实习近平总书记等中央领导重要指示精神和省委省政府、民航安全工作部署，进一步强化安全基础建设，加强系统安全管理，圆满完成了各项运输生产任务，集团公司全年共完成旅客吞吐量近600万人次，同比增长11.3%，其中石家庄机场560.1万人次，同比增长9.6%；完成货邮吞吐量4.63万吨，同比增长5.4%，其中石家庄机场4.56万吨，同比增长6%。委托管理的张家口机场2014年共完成旅客吞吐量14万人次，保障航班2249架次，货物吞吐量26吨。

【安全保障】　2014年，机场集团共保障飞机起降6.17万架次，同比增长11.2%，其中石家庄机场5.62万架次，同比增长8.1%，保证了飞行安全、航空地面安全和空防安全，实现了第11个安全年。一是2014年石家庄机场通过了使用许可证升级审定，飞行区等级升至4E，部分区域实际承载能力达4F级，机场安全保障能力有效增强。持续推进SMS安全管理体系建设，部门管理手册和岗位操作手册正式生效运行，安保方案和应急预案等规章制度日趋完善，“平安机场建设”和反恐处突能力持续增强，进一步提高了系统化、规范化安全管理水平。二是组建了反恐处突应急小分队和反恐信息员队伍，与地方公安机关建立了反恐处突协调联动机制，开展了安全生产反“三违”、六打六治等10余项安全专项工作，实现了管控区域“六个不发生”，确保了十八届四中全会、APEC会议等重点时期空防安全和治安稳定。三是积极开展岗位练兵和技能比武，包揽了民航华北局航空器地面设备操作大赛前三名，集团公司连续5年开展技能比武大赛，连续5年被中华全国总工会、国家安监局评为全国安康杯优胜单位，巩固了河北机场持续安全的良好局面。

【客货运输】　一是以优化航线结构和增加航班密度为重点，取消了保底补贴航线，定额补贴航线减至20条，提高了补贴资金使用效率。完善省内和环渤海区域支线航班，石家庄至唐山、张家口和秦皇岛航线分别达到每周7

班、17班和21班。开通和加密韩国、泰国和港澳台地区航线航班，济州航空公司、春秋航空公司先后开通石家庄—首尔航线，填补了河北省没有国际正班客运航线的历史空白。二是深化航空市场开发，成立了市场开发小组，加强与航空公司、旅行社、代理人联系，针对性地走访市场、发放信息和拓展产品，与多家媒体合作开展了“达人带你去旅游”等活动，加强微博、微信等网络营销，拓宽市场营销渠道，深挖航空市场潜力。三是航空货运稳步推进。加强与航空公司、货运代理公司联系，稳定石家庄—仁川货运正班航线，积极引进国际货运包机。顺丰航空公司执行的杭州—石家庄货运正班航线正式开通，石家庄机场货运正班航线达到4条，货运能力空前提高。

【精细化管理】 一是积极推进省内机场运营管理合作，与秦皇岛市政府签署了《北戴河机场运营战略合作协议》，与张家口市政府商定了张家口机场后续运营合作等事项，与邯郸市政府初步洽谈了邯郸机场运营合作事宜。二是深化内部改革，对集团公司部分组织机构、职能进行了调整，有效整合资源，理顺工作关系，适应集团公司发展需要。三是进一步加强财务科学管理，修订了预算执行审批权限和核准制度，将各分公司资金上解，进行统一调配，提高了资金使用效益，有益尝试“售后回租”融资渠道，探索了“业务收益管理”财务分析方法，全面反映各单位及业务单元的绩效情况。四是加快邮政速递物流公司和汇特仓储服务公司投资的两个快件监管中心项目建设，确保项目尽快通过验收，全面投入使用。五是进一步深化三项制度改革。修订了专业技术职务职数核定办法，授权二级单位自行设置；对职能部门主管、助理等岗位实行了见习制，进一步畅通了职工发展通道；对325名优秀派遣制劳务工进行了转录，优化用工形式；对全体员工薪酬待遇进行了合理调增，使集团公司改革发展成果惠及到每位员工。

【航线网络布局】 2014年，以优化航线结构和增加航班密度为重点，不断增加国内干线航班的数量和密度，进一步完善了省内及环渤海区域支线航班，开通和加密了韩国、泰国和港澳台地区航线航班。2014年全年石家庄机场运营航空公司25家，通航城市62个，全部运营航线86条，其中国内客运航线73条，国际地区客运航线10条，国际货运正班航线1条，国内货运正班航线3条。

2014年新开通石家庄—呼和浩特—满洲里、石家庄—乌兰浩特、大连—石家庄—西宁、深圳—济宁—石家庄、三亚—石家庄、丽江—石家庄—沈阳、杭州—石家庄—乌鲁木齐、海口—石家庄—包头、哈尔滨—石家庄—桂林、鄂尔多斯—石家庄—青岛、鄂尔多斯—石家庄—南昌、呼和浩特—石家庄—合肥、大连—唐山—石家庄等航线。同时不断完善省内支线航空网络，石家庄至张家口航线达到每周17班，石家庄至唐山航线达到每周7班，石家庄—秦皇岛航线高峰达到每周21班。

大力发展国际客运航线航班，年内先后开通了石家庄至普吉岛、襄阳、济州、大邱、釜山的国际客运旅游包机航线。8月22日，9月23日，韩国济州航空公司和春秋航空公司先后开通首尔—石家庄正班国际客运航线，每周共4班，该航线的开通填补了河北省没有国际正班客运航线的历史空白。春秋航空公司、台湾长荣航空公司先后加密了石家庄—台北航线，台北航线目前已增至每周7班。

新增国内全货机正班，稳定国际定期货运航班，持续发展独联体包机业务。通过加强与航空公司、货运代理公司的联系和沟通，稳定现有石家庄—仁川国际货运正班航线的运营，同时积极了解国际货运动态，大力引进国际货运包机，凭借客户积累及优良服务，积极发展独联体包机业务。8月开通了顺丰航空杭州—石家庄货运正班航线，目前，石家庄机场运营的国内外货运正班航线达到4条。

【基础设施保障水平】 石家庄国际机场改扩建工程于2014年10月10日全面竣工验收并投入使用，总投资约42.32亿元，占地2831亩，新建航站区、飞行区、货运区及其他配套设施。目前机场运营T1、T2两座航站楼，总面积达到21万平方米，货运站总面积3.6万平方米，停机坪总面积83万平方米，停机位69个，满足年旅客吞吐量2000万人次、货邮吞吐量25万吨需要。石家庄国际机场航空运输基础设施水平显著提升，综合保障能力进入全国大型机场行列。

2014年石家庄国际机场两个国际快件监管中心项目建成验收，极大满足了开展国际快件业务的直接通关派送需求，为大力发展国际快件及跨境电商物流提供核心平台，石家庄机场具备了承接国际快件业务的能力。

【京津冀民航协同发展】 2014年12月12日，民航局出台了《关于推进京津冀民航协同发展的意见》。12月22日，京津冀三地机场在北京签署了《京津冀三地机场协同发展战略合作框架协议》。京津冀协同发展已完成顶层设计，京津冀机场协同发展真正开始步入实质性快车道。机场集团紧抓这一河北民航当前最大、最宝贵也是最现实的历史性机遇，主动作为，借势借力，全面融入京津冀协同潮流中，促进京津冀机场群协同发展、互利共赢，积极争取首都机场航班疏解和客货分流，优化资源配置，扩大航线网络布局，强化石家庄机场航空物流快件集散枢纽功能、积极开展航空大众化建设的目标，收获京津冀协同发展释放的红利，为实现河北机场新跨越、大发展奠定坚实基础。

【航空惠民优质服务】 一是空铁联运成效显著。与春秋航空、河北航空和携程网等合作开展了空铁联运“一站式”网络购票，与中国铁路旅行社合作实现了预留高铁票，2014年空铁联运共运送旅客22.3万人次，同比增长43%，其中北京旅客8.7万人次，占全部旅客的39%，日均旅客600人次，北京APEC会议期间日高峰旅客1500人次，极大提高了石家庄机场的影响力。二是继续推进集疏运体系建设，北京城市候机楼正式启用，安平、深州城市候机楼和直通车相继运营，邯郸直通车恢复运行，石家庄机场异地城市候机楼达11个，直通车通达全省12个市县，为快速、便捷、高效、安全、大容量、低成本的综合交通网络建设做出了积极的贡献。三是集团公司致力于深化“从家飞”服务品牌建设，构建高标准、现代化的机场服务运行机制，不断丰富服务理念和内涵，优化候机楼服务设施，为旅客提供了温馨舒适、文明和谐的出行环境。2014年机场集团通过了民航机场协会服务质量评审，从家飞品牌、城市候机楼和空铁联运等服务得到了充分肯定和好评。河北机场集团“从家飞”服务品牌荣获河北省质量奖评审委员会、河北省质量技术监督局授予的2014年度“河北省服务名牌”荣誉称号。2014年机场集团还荣获“全国文明单位”荣誉称号，成为全国机场中唯一获此殊荣单位，树立了良好的窗口形象。

【党建和廉政建设】 河北机场集团党委按照省委、省政府要求，继续深入开展党的群众路线教育实践活动。按照第二批活动的总体要求和部署，聚焦“四风”突出问题，开展批评和自我批评，狠抓整改落实，初步构建了改进作风的长效机制，取得了扎实成效。加强党风廉政建设，强化二级单位纪委书记、纪检委员职责，开展了“美丽机场清风护航”廉政教育，集中进行反腐倡廉宣传，有效筑牢党员干部廉洁自律、拒腐防变的思想防线。加强领导班子和干部队伍建设，制定了《党员领导干部双重组织生活制度》、《领导班子和中层管理人员综合考核评价暂行办法》，以制度来约束人、以制度加强管理。深入推动宣传思想文化建设，充分利用社会媒体、内刊网站、微信微博等载体，全面打造对内对外宣传平台，凝聚员工思想和共识，树立河北机场良好社会形象，多渠道营造全社会关心民航、支持民航的良好舆论氛围。工会和共青团工作不断深入，建设了环境优美的职工书屋和退休人员活动室，提高员工综合素质、丰富员工业余生活，开展了“我为转场做贡献”等志愿服务活动，引领广大员工树立主人翁意识，发挥了青年生力军的积极作用。

（河北机场管理集团有限公司　李晓璐）

邮　政　业

【概况】 2014年，河北省邮政公司认真贯彻落实集团公司和省委、省政府各项工作部署，积极应对宏观政策和市场环境变化带来的新挑战，紧紧围绕“加快转型发展，打造河北邮政发展升级版”的总体目标，把加快转型发展作为第一要务，把改革创新作为第一动力，把员工满意作为第一追求，把加强党的建设作为第一保证，全省邮政各项工作取得了新成绩。2014年，河北省邮政公司完成收入同比增长3.44%，全员劳动生产率比上年提高4.21%。

【业务发展】 2014年，河北省邮政公司面对新形势、新任务、新要求，真抓实干，邮政业务保持了稳健的发展态势。

邮务类业务加快转型。函件专业加快业务结构调整步伐，积极进军寄递和文化传媒市场，深入推进商演和会展项目，总场次达到368场，国内小包业务逐步形成了具有河北特色的打法，市场占有率居全国前列。报刊发行专业强化私费订阅市场开发，创新发展报刊零售业务，县域零售市场拓展成效显著。集邮专业开展了“生肖贺岁”和“中国集邮文化季”主题营销活动，深挖邮品文化内涵，创新主题营销形式，商务和个人消费市场不断扩大。电子商务专业依托渠道不断丰富业务种类，市场份额明显提升，代收代缴业务收入规模连续两年居全国首位，全省代收电费业务平均市场占有率达到47.26%。分销专业全面开展了清欠压库工作。

代理金融专业加快转型。在业务发展面临巨大压力的形势下，及时调整策略、加快转型、提升能力，顺应金融市场发展规律，强化金融总资产理念，积极扩大业务规模。全省新增个人网银客户66.6万户，新增手机银行客户69.24万户，交易替代率达47.88%，同比提高了11.3个百分点。

项目拉动作用更加明显。建立起专业联动的大客户开发管控机制，提高综合营销能力。全省组织各类营销项目2131个，较上年增长了79.67%，其中，“853重点营销项目”成效显著。

对外合作取得突破。积极促成了省政府与中国邮政集团公司战略合作协议的签订，为全省邮政更好地融入地方经济社会发展提供了极为有利的政策环境。与省体育局彩票管理中心合作，在邮政渠道开办了代销体彩业务。

县域发展活力增强。河北省邮政公司把县域经济的活跃要素与企业发展充分结合，创新开展“县域直通车”工作。

【改革创新】 河北省邮政公司不断解放思想、更新观念，逐步破除制约企业发展的机制性障碍。

深入推进省级会计集中核算。统一规范了成本费用的核算口径和核算科目。实行核算和付款双集中管理，进一步保证了资金安全。实现了原始凭证的影像存储和审批流程的电子签批，提高了审批的时效性。初步实现了财务管理与会计核算职能的分离。

稳步推进投递改革。在石家庄市分公司试点开展了投递改革工作。通过优化投递方式和组网模式，在市区形成了以邮政直投为主，社会代投和客户自提相结合的投递网络；在农村建立了“投递＋渠道＋营销”的组网模式，初步搭建了投递综合经营服务平台。

创新网络运营模式。积极推进一级干线运输方式改革，撤销18趟火车邮路接发频次，新增5条一级干线汽车邮路。优化内部作业组织、调整分发关系，保证了省内互寄小包“当日封发，次日运达”。

【创新管理】 河北省邮政公司不断创新管理方式，提高企业整体精细化管理水平。

财务管理进一步强化。着力构建岗位管理、薪酬分配、业务政策、成本标杆、绩效考评等五项标准化管理体系，持续优化资源配置，促进了企业经济效益不断提升。制定了省、市、县三级邮政企业房屋土地资产租赁和盘活方案，逐步提升全省资产的经营收益。

人力资源管理水平有了新的提升。不断优化用工结构，劳务用工占比较上年初下降了7.1个百分点。开展了后备干部和中长期培养对象的选拔工作，加大干部异地交流任职力度，着力加强三级干部和骨干县局长培训，全省邮政领导干部引领转型发展的能力得到有效提升。面向基层骨干和一线员工，举办集中培训120多期，培训员工7800余人次。大规模开展职业技能鉴定工作，全年参加鉴定的员工达到1.19万人次，高技能人才占比提高了3.87个百分点。中邮网院河北省中心升级为三星级省分院。

审计监督作用有效发挥。建立了“远程监控”和干部调整“先审后离”制度，强化了审计管理的过程控制。全年组织开展财务收支、经济责任等审计473项，有效防范了经营与管理风险。

安全防范能力进一步提高。先后进行了四次重点时段、重点部位和关键环节的专项检查活动。建立健全了安全防范管理档案专卷管理制度，有效提高了基础防范制度精细化管理水平。

【基础能力】 加快营投网建设和邮运网优化，增强信息网络功能，努力提升综合能力，为企业长远发展夯实基础。

营投网建设力度加大。购置、改造营业网点122处，改造生产场地6处，新建仓储中心2处。深入开展营业网点标杆管理活动。创新主题邮局建设工作。

实物网支撑能力显著增强。实施包裹分拣机改造、推广使用PDA设备、更新邮政运输车辆，同时，强化了对邮件传递各环节质量指标的监控考核，有效缩短邮件内部处理时间。围绕小包业务发展需求，开通5条重点县域直达邮路，增加省内干线邮路运行频次，缩短了小包传递时限，出口省际小包传递时间减少了1天。全年疏运小包量达到1118万件，同比增长122.5%。在2014年“双十一”期间，进出口小包的网运环节24小时处理率达到了97%以上，位居全国前列。

信息网建设和应用步伐加快。储蓄系统逻辑大集中的切换上线及省内ATM/POS前置系统的扩容改造顺利完成，开发了渠道管控系统、营销项目管理系统等15项应用软件。实施商函数据分析、金融客管等19个虚拟机系统的上线和迁移，支撑业务发展和经营管理的作用越来越明显。

【服务水平】 河北省邮政公司始终坚持社会效益与经济效益并举，不断拓展服务领域、改善服务质量，企业社会地位和形象得到了进一步提升。

认真履行普遍服务义务和特殊服务职责。配合各级政府部门，重点推进了空白乡镇补建局所的建设与运营工作。截至2014年底，补建局所竣工825处，竣工率达到95%，开业运营665处，运营率达到76%。机要通信连续17年质量全红。

扎实做好服务质量监督检查。加大了对违规经营行为的查处力度，加强邮件全程时限管控，深入推进社会监督工作，提高了规范化、标准化服务水平。

积极服务地方经济社会发展。加大了社会渠道建设力度，新增邮政便民服务站6957处，总量居全国第2位，行政村覆盖率达到65.63%。积极开展服务“三农”工作，新建“农邮乐”专业技术合作社111家，吸收会员4.37万人，建设示范田11.29万亩。持续加大了普惠金融机具投入，全省累计建设助农取款服务点1383处，布放商易通2.79万台，进一步方便了人民群众使用邮政金融业务。

【党风廉政和队伍建设】 河北省邮政公司进一步巩固和拓展教育实践活动成果，持续加强党的作风建设和队伍建设，始终坚持以人为本，努力构建和谐企业。

党的群众路线教育实践活动取得实效。深入推进第一批教育实践活动整改落实工作，完成整改任务24项、专项整治15项，出台、修订规章制度21项。在全省开展了第二批党的群众路线教育实践活动，“四风”方面存在的突出问题得到有效整治。

党风廉政建设推向深入。制定出台了一系列具体规定和实施办法，进一步健全完善了惩治和预防腐败制度体系。抓好党风廉政建设责任制执行情况的检查考核，加大了对基层领导班子和领导人员的监督力度。聚焦领导干部违规兼职、个人重大事项报告、因私出国出境以及裸官等重点问题开展了专项清理整治，取得了明显成效。

企业民主管理深入推进。省级邮政企业职代会制度初步建立，职代会通过的9项制度办法得到了认真落实。

和谐氛围更加浓厚。推进投递员之家、网运职工之家和农村支局所职工小家建设，小家建家率达到了85.7%。全省11个市公司都建立了“群众工作室”。广泛开展了先进人物和典型事迹教育以及各类主题活动，为企业改革发展营造了和谐稳定的良好氛围。

精神文明建设再创佳绩。2014年，全省邮政有2个单位和4名同志分别荣获全国邮政系统先进集体和先进个人荣誉称号；5个单位和9名同志分别荣获河北省先进集体和省劳动模范荣誉称号；石家庄分公司获评全国通信行业用户满意企业；保定分公司雷锋投递班获得“省五一巾帼标兵岗”和“省工人先锋号”两项殊荣；省公司创新管理成果分获中国邮政集团公司和全国通信行业评比一等奖；省公司被省委省政府评为省级文明单位。

（河北省邮政公司　程　钰）

通　信　业

【概况】 2014年，河北省通信业坚持以服务经济社会为中心，以转型创新为动力，紧紧围绕工信部和省委省政府的决策部署，统筹推进行业发展、改革、管理的各项工作，着力推进宽带网络建设，促进信息消费，加强网络信息安全管理，规范通信市场秩序，努力提升服务水平，各项工作取得了新成效。

（一）行业各项发展任务基本完成，行业发展步入新常态。基础电信业务总量增长速度放缓，业务收入出现负增长，语音收入比重继续下降，增值业务发展方兴未艾，行业转型压力不断加大。全年完成固定资产投资159.3亿元，同比增长13.4%；电信业务总量实现728.2亿元，同比增长12.3%，列全国第7位，超额完成年初确定的目标；电信主营业务收入完成478.3亿元，受营改增财税政策的实施，经济增速放缓和新技术新业务的替代等因素影响，同比下降2.3%，列全国第9位，略低于年初确定的目标；全省电话用户达到7314.2万户，电话普及率100%，圆满完成年初确定的目标。其中移动电话用户6229.1万户，列全国第7位。固定电话1085.1万户，列全国第8位。

（二）行业发展中的主要特点。一是"宽带河北"建设成效显著。2014年全行业深入实施河北省"宽带中国"2014行动，积极推进城市百兆光纤工程，深度拓展无线网络覆盖，着力改善用户体验。会同住房和城乡建设部门，加强政策宣传、发展引导和监督检查，进一步营造落实"光纤到户两项国家标准"的良好氛围，着力打造良好的共建共享工作环境，全面推进已有宽带设施开放共享。截至2014年底，全省宽带接入端口2202万个，其中FTTH端口1214万个，FTTH覆盖家庭较2013年净增281.7万户，超额完成全年计划，新发展宽带接入用户96.1万户。互联网宽带用户达到1127.6万户，列全国第5位。此外，累计完成全省4.94万个行政村通宽带任务，行政村通宽带比例达到98.7%，圆满完成年初确定的目标，为实现2015年所有行政村通宽带目标迈出了关键的一步。

积极参与工信部、发改委组织的宽带示范城市创建工作，组织协调石家庄市创建并成功入选"宽带中国"示范城市，典型引领作用得到进一步发挥。

二是4G建设运营势头良好。根据工信部关于发展第四代移动通信网络建设和业务发展的总体部署，按照省政府办公厅下发的大力支持4G网络建设的通知要求，与住建、国土、工信、环保等10个相关职能部门建立联动机制，明确省市县相关部门联动职责，将4G网络建设纳入了当地规划。各项有力政策和措施的制定和实施，大大加快了4G网络建设速度和业务发展，全行业投资89.06亿元，新建改建4G基站2.2万个，超额完成目标。目前河北省4G网络建设和发展进入快车道。

三是电信设施管理立法工作进展迅速。为切实加快行业发展，特别是在基础设施建设工作中的法制建设，针对当前通信设施选址难、进场难、价格高、审批周期长等实际情况，在省人大、省政府的大力关心支持下，经过全行业积极努力，《河北省电信设施管理条例》已正式列入2015年度河北省人大五个立法项目之一。这是河北省通信行业政企分开以来，行业立法工作首次取得实质性进展，条例的出台和实施将有利于行业发展，有利于基础设施的建设、管理和保护。

四是各企业积极作为、成效显著。全省各电信企业积极发挥各自优势，紧紧围绕行业发展重点任务，开展了卓有成效的工作。河北移动公司，着力推进发展4G建设发展，全年投资86亿元，建成入网基站近2万个，发展4G客户309万户。信息化发展迅速，重点聚焦专线、融合通信、校讯通、物联网、短彩信五类重点移动信息化产品，信息化应用效益明显提升。河北联通公司，积极参与全省智慧城市建设，先后与11个地市签订智慧城市建设战略合作协议，其中"衡水市电子政务云平台项目"荣获第四届巴塞罗那全球智慧城市博览会"智慧城市奖"提名。大力推进信息化应用，发展全业务行业应用140.4万户。班班通实施达到3941个班级。河北电信公司，着力促进业务增收，同比增长约15%，高于行业增长率。积极推出差异化服务，提升用户服务感知。在做好用户入网受理、快速装机，及时保障等用户基础服务工作的同时，在市区退出"夜间修障"的差异化服务，及时处理用户网络故障，受到用户的好评和认可。河北铁塔公司。公司挂牌成立不到4个月，公司及时科学定位、率先发力、主动作为，敢于在全国做表率、走在前。一是争取省政府的支持。公司的成立和发展引起了省政府主要领导的高度关注，省长、分管省长先后两次出席，对铁塔公司的发展定位、发展思路和取得的阶段性成绩，给予了充分的肯定。并多次指示，要大力支持铁塔公司的工作。二是主动争取集团公司的支持。集团公司主要领导、分管领导多次到河北指导工作，在人员编制、项目资金投入、试点创新工作等方面，给予了强有力的支持。三是以重点工作为突破口，加快开创公司发展局面。进过多方努力协调，省政府张庆伟省长、张杰辉副省长一起会见了铁塔集团总经理，就河北铁塔公司的发展、河北铁塔产业的发展，进行了充分的交流。中国铁塔集团公司和省政府签署了双方战略合作协议。协议的签署和实施，将对全省通信行业基础设施建设和市场发展起到积极的推动作用。铁塔公司在加强企业自身建设的同时，着力开展"百塔会战"，不断提升"新建、创收、需求整合、自主选址和维护"五大能力。积极促进河北铁塔集群式发展，主动参与、积极支持河北省推进铁塔产业发展领导小组的组建，试点完成了7个采用钢桩基础模块化样塔工作，其他各项工作都取得了成效。河北铁通公司，立足河北和企业实际，努力克服困难、积极排除不利因素的影响，大力推进网络升级改造，加强网络集中管理，不断提升网络运行质量，实现移动协同业务向纵深发展，公司运营实现扭亏为盈。

广大增值电信企业，积极作为、创新发展，在电信市场发展、业务服务等方面，为全行业发展做出了积极贡献。

（三）通信市场秩序与电信服务进一步规范。加大电信市场竞争秩序特别是校园市场整治力度，保持了全省电信市场和谐稳定。以行风建设和纠风工作为龙头，着重治理垃圾短信、手机不良应用软件等方面的突出问题，进一步规范了电信企业的服务协议和流量收费行为，全省电信业百万用户申诉率为22.2人次，低于全国年度百万用户申诉率32.9人次的水平；妥善处理用户反映突出的服务问题，全年受理用户申诉113件，对所有问题逐一进行调查处理并回访，及时回复率100%，所有用户申诉全部得到解决。

不断加大通信建设安全生产、概预算、招投标和通信工程质量的培训与检查力度，通信建设市场监管得到进一步加强。同时取消了外省电信施工企业跨省入冀备案。加强对企业共建共享工作的管理和考核，2014年通过共建共享累计节约资金6.4亿元，自2008年以来，累计节约建设资金近30亿元。

（四）网络信息安全管理明显加强。以网络信息安全责任考核为抓手，加强监督检查，落实安全责任，指导督促各企业进一步优化网络信息安全管理。电话用户实名登记工作有序推进，严格落实《电话用户真实身份信息登记规定》，对11地市组织开展了23次电话用户实名登记工作落实情况的检查和抽查，截至2014年底，全省电话用户实名率为88.5%。按照工业和信息化部《关于电话用户真实身份信息登记违规行为的通报》，对检查发现问题严重的衡水、沧州市相关责任公司进行了相应的经济处罚和行政处分。有效遏制了实名制工作中的违规行为，为全省下一步全面认真推动实名制工作起到了积极的作用。

组织开展互联网站备案管理专项行动，重点清理未备案接入和黑名单网站再接入，河北省总计备案主体10.71万个。12月份省局抽查拨测的网站备案主体信息准确率为91.3%，接入信息准确率为75.3%。加快IDC/ISP网安系统建设，加强应急演练，进一步优化了应急预案。积极提供网络安全处置服务，全年共处置重点网络安全事件662起，发送漏洞通报313期。会同有关部门开展了互联网重点领域广告、移动互联网恶意程序和网上淫秽色情专项整治行动，共处理违规网站67个，治理垃圾邮件4批次计310余万封。有力地查处了网络与信息安全领域的不法行为。

配合公安机关破获生产、销售、使用“伪基站”案件120余起，有效遏制了利用“伪基站”开展违法犯罪活动的势头。

（五）通信保障水平稳步提高。加强应急通信技术手段建设，形成了国家应急通信指挥中心、河北省指挥中心和现场指挥三级指挥联动体系。完成了国家视频会议系统与基础电信企业视频会议系统的互联，实现了突发事件现场情况视频信号的实时传送。加强应急通信保障的演练，各基层电信运营企业全面加强通信网络运行维护，及时做好各类突发事件应急处置，圆满完成了河北省汛期以及全国“两会”、十八届三中、四中全会、国际奥委会赴崇礼考察期间的应急通信保障等任务。

（河北省通信管理局　刘玉朝）

【中国联通河北省分公司】　2014年，面对深刻变化的内外部形势，河北联通始终坚持以市场为导向、以改革创新为动力、以效益最大化为目标，坚定不移地推进移动宽带领先和一体化创新战略，以创新变革为主线加快发展，规模发展稳中有进，效益水平显著提升，发展结构进一步优化，成本效益持续改善，各项工作取得了新进展。

（一）推进经营模式转变，各项业务实现新发展。移动宽带业务收入较快增长，积极促进2G客户向4G/3G迁移。在北十省率先完成小灵通整体升级转网。以融合带动宽带业务发展。在集团率先推出“智慧沃家”业务，联通电视净增52万户，居全集团前位。集团客户收入贡献持续提升，借力行业龙头拓展，推广智慧商务，发展全业务行业应用，重点业务推广取得规模突破。其中，衡水联通参与制定的“电子政务云平台项目”荣获巴塞罗那全球智慧城市博览会“智慧城市奖”提名。增值业务提速发展。年末4G户均流量达到478M，50M以上用户占比达到50.1%。

（二）加强网络建维和服务管理，客户感知进一步提升。网络通信能力持续增强，全年实现了4G网络对市区100%覆盖，实现了乡镇以上区域及高铁、高速3G网络全覆盖，城域网出口总带宽达到5300G。大力实施村通建设。廊坊基地项目一期工程A—1、A—2机房楼竣工并交付运营。不断完善服务管理，深化宽带“480”服务，实施呼叫中心外包专业化运营，提高客户接通率。河北联通获2014年度中国通信网络运营服务年会颁发的“2014年通信网络运营维护服务用户满意企业”荣誉表彰。

（三）以集中化、专业化、扁平化、一体化为目标，夯实基础管理，深化体制机制变革，发展合力进一步增强。顺利实现省市财务、审计和信息化支撑集中一体化管理，完成市县运维一体化体系建设。有序开展激发基层单元活力工作。全面推进“营业税改增值税”系列工作，在依法纳税的同时，通过控制销项税额、提升进项获票率等措施积极降低企业税负。深化资产运营，盘活网络资产，提高房产收益。节能减排工作成绩突出，河北联通被第七届中国绿色通信大会评为“2013—2014中国通信绿色先进单位”，邢台市分公司获得“中国通信绿色示范单位”，石家庄二枢纽数据中心被评为“2013—2014中国通信产业绿色节能数据中心”。

（四）党的群众路线教育实践活动成果进一步巩固。以落实中央八项规定和反“四风”为重点，认真开展党的群众路线教育实践回头看活动，加强党风廉政建设。严控接待、会议等费用支出；开展整治“文山会海”专项行动；强化民主管理，通过总经理在线、直管人员微信群、总经理信箱等方式畅通沟通渠道。常态化、制度化开展员工帮扶活动，慰问生产一线和困难员工，改善基层“职工之家”硬件环境，丰富员工文化生活。探索深层次关爱形式，实施EAP项目试点体现企业关爱。开展专业技能竞赛，鼓励职工岗位创新，激励员工成长成才，组织劳动模范、感动河北联通身边人物选树活动，营造创先争优、竞相发展氛围。

（中国联通河北省分公司　董　薇）

【中国电信河北分公司】　中国电信河北分公司是2002年国家电信体制改革后新成立的电信运营企业，于2002年12月24日正式揭牌成立，下设11个市级分公司，149个县级分公司，44个区营销中心，共有各类形式的企业员工约1.2万人。

2014年，河北电信积极贯彻集团公司"一去两化"发展战略，创新经营机制、完善企业管理、传承创业文化，快速提升城市信息化水平，全面提升服务地方经济能力，为建设"科技河北、信息河北、智慧河北"贡献力量。

（一）拉动信息消费，利税持续增长。在"营改增"、销售费用压降等众多不利因素的背景下，2014年，河北电信实现业务收入70亿元，各类在网用户超过1000万户，贡献利税超过3.5亿元，并以每年近15%的速度增长，有效拉动了全省用户的信息消费，并为服务地方经济、打造"智慧城市"做出了应有贡献。

（二）高质量、广覆盖，打造精品网络。截至2014年，河北电信加快骨干网和城域网的扩容升级，省际出口超过2200G，城域网出口超过4000G，有效提升了河北电信宽带用户访问主流门户网站的速度，保证了客户感知。全省3G通信基站基本实现了城市、农村3G网络100%覆盖；新增4G基站8126个，覆盖水平达到全国领先行列，为迎接4G业务发展打下坚实基础。新增宽带覆盖191万户，覆盖规模达1280万户。

（三）创新机制管理，向管理要效益。深入贯彻十八届三中、四中全会精神，2014年，河北电信以改革促发展，进一步推动企业内部市场化改造，加快经营末端机制创新，深化改革各项工作走向深入。全面推进划小承包，横向划小进一步细分，促进了目标客户群的覆盖与深挖，纵向划小聚焦重点，实现了支撑、服务的有效延伸；通过优化省市两级组织架构，提升业务支撑能力，摸索建立倒三角服务与支撑体系。此外，农村支局2.0版本顺利推广、驻地网民资合作成功试水，企业深化改革进一步激发了一线员工的积极性和创造性，大批有勇气、有能力的员工积极投身到企业深化改革的浪潮中去，分享企业深化改革的红利。

（四）树立乙方合作意识，推进外部市场化。市场化就是要充分发挥市场在资源配置中的主导作用。河北电信积极发挥主观能动性，探索更加开放、更加市场化的业务合作模式，以乙方思维，大力整合社会资源，调动社会渠道参与业务合作的积极性，通过"业务合作、严格考核、动态管控"，取得双赢的结果。目前，全省共发展各类社会代理商近万家，社会渠道创收占比达到60%。

（五）"服务能力、服务水平"双领先。"用户至上、用心服务"是河北电信的服务理念，公司一向重视服务能力提升和服务水平提升工作。2014年，3G业务满意度连续两年实现同城行业第一，宽带业务满意度连续四年同城第一。省、市两级投诉处理集中度分别达到65%和87%，集约投诉服务能力显著提升。

（六）传承优秀企业文化，建设一流员工队伍。继往开来，在十二五期间，河北电信将继续传承以"创业精神"为核心的企业文化，完善敢抓敢管、奖罚分明的绩效体系、健全"业绩第一"的用人机制，凝心聚力，全面推进公司从传统的通信企业向互联网化转型。

（七）社会认知度、品牌影响力显著提升。公司成立12年来，随着公司业务规模的不断扩大，公司的产品和服务能力得到了社会各界及广大用户的广泛认可，取得了令人瞩目的成绩，先后荣获"最具影响力和最具成长性企业"、"全球通信行业用户满意企业"和"河北省服务质量优秀单位"、河北省服务品牌奖等荣誉20余项，并多次荣获"先进集体"、"先进党组织"等荣誉称号。

（中国电信河北分公司　蒋连罡）

旅　游　业

【综述】　2014年，河北省旅游业深入贯彻落实党的十八届三中、四中全会精神，紧密围绕省委省政府重大决策部署，以改革创新为动力，以提质增效为核心，以转型升级为主线，强力推进景区品质提升、激发市场活力、扩大旅游消费、完善公共服务等工作实现重点突破，在宏观经济下行压力加大、多项指标增速放缓的情况下，旅游经济持续保持逆势上扬，以令人振奋的强劲发展势头，传递出河北旅游产业发展的"好声音"。全年全省接待海内外游客3.15亿人次，旅游业总收入2561.5亿元，分别比2013年增长16.2%和27.4%，为全省实现"绿色崛起"做出了积极贡献。

截至2014年底，河北省共有星级饭店475家，其中五星级23家，四星级145家，三星级228家，二星级77家，一星级2家。旅行社1411家，其中出境游组团社86家。A级景区325处，其中5A级景区5处，4A级景区119处，3A级景区76处，2A级景区124处，1A级景区1处。全国工农业旅游示范点40处。中国优秀旅游城市10座，旅游强县10个。旅游直接从业人员60余万人，间接就业人数约200万人。

【国际旅游】　2014年，河北省共接待入境游客132.86万人次，创汇5.34亿美元，分别比2013年下降0.67%和8.81%。其中，承德市，接待入境游客30.70万人次、创汇9585.20万美元，分别比上年下降7.77%和1.54%；秦皇岛市，接待入境游客29.86万人次、创汇1.50亿美元，比上年分别增长0.10%和下降41.20%；石家庄市，接待入境游客17.36万人次、创汇6860.47万美元，分别比上年增长4.85%和下降7.70%；保定市，接待入境游客14.03万人次，创汇7647.94万美元，分别比上年增长4.32%和145.76%；廊坊市，接待入境游客13.17万人次，创汇2698.51万美元，分别比上年增长3.38%和下降4.00%。河北省的万人客源国和地区达到24个。其中接待韩国游客11.93万人次；接待香港地区游客10.55万人次；接待台湾地区游客10.55万人次；接待日本游客10.22万人次；接待俄罗斯游客8.96万人次；接待美国游客5.44万人次。

【国内旅游】　2014年，河北省共接待国内游客3.14亿人次，创收2528.66亿元，分别比2013年增长16.23%和

28.11%。其中，石家庄市，接待国内游客5597.16万人次，创收419.25亿元，分别比上年增长19.95%和33.79%；保定市，接待国内游客5294.52万人次，创收410.26亿元，分别比上年增长16.53%和34.40%；唐山市，接待国内游客3002.92万人次，创收253.12亿元，分别比上年增长8.40%和19.25%；秦皇岛市，接待国内游客2822.11万人次，创收284.37亿元，分别比上年增长10.01%和16.41%；邯郸市，接待国内游客3273.86万人次，创收235.09亿元，分别比上年增长18.57%和33.79%。

【假日旅游】 假日经济对社会消费的拉动作用愈发明显，2014年假日期间河北省共接待海内外游客5784.5万人次，占全年总接待量的18.5%，实现旅游收入334.2亿元，同比增长19.5%，实现了"安全、质量、秩序、效益"四统一的假日旅游工作目标，为有效扩大内需、满足人民群众多样化的旅游消费需求发挥了重要作用。

【旅游市场营销】 （一）主流媒体营销。依托国家和省级核心媒体，围绕全省旅游重点工作和河北省旅游业发展情况，强化宣传报道，传递旅游产业为民惠民的正能量。加大央视《朝闻天下》河北旅游广告投放力度，投放规模、时长比2013年增加一倍。利用香港亚洲电视等媒体资源，在港澳地区开展全媒体宣传。在中国旅游报刊发河北旅游稿件240余篇，在省内主要媒体发稿320余篇，播出专题节目105期。

（二）新媒体营销。开通运行了河北省旅游局官方微信平台，以节日和社会热点为契机，先后开展了"摇啊摇，摇出春花草"活动、"我们旅行吧"图片生成器活动、"我爱爸爸"活动、"变形金刚4"送优惠电影票、美丽中国梦—太行燕赵行"推广和传播等活动，服务号"粉丝"数量已达到1.7万个，影响力位居全国省级旅游部门微信平台前十。改版"河北省旅游局新浪官方微博"，开设了"微游河北"、"冀有美景"等14大版块，截至目前"粉丝"数达到502万，在全省政务微博活跃度排名第一，在全国旅游系统官方微博中排名第二。联合河北新闻网合作推出"冀味"文明旅游动漫公益广告，赢得了好评。

（三）入境市场营销。周边市场方面，省旅游局组织有关单位和企业赴香港和澳门参加了"2014美丽中国之旅"主题推广活动，组织河北旅行社与港中旅、关键、易凯等港澳重点旅行社举行会谈。秦皇岛赴韩国、日本开展系列旅游促销活动，促成和平国旅与韩国哈拿多乐旅行社签署组接团合作协议。邯郸市赴韩国举办旅游推介会，与韩国大韩山岳联盟登山协会签署了第二届（邯郸）登山大会备忘录。欧洲市场方面，在俄罗斯、英国、法国、西班牙等国家开展了旅游推广活动，举办了系列"河北省投资合作说明会"等旅游推介活动，与国旅法国公司签署协议合作设立"河北旅游（法国）推广中心"，签署7份合作协议。中东欧市场方面，以2014年"中国—中东欧国家合作投资经贸促进年"为契机，赴波兰、捷克、匈牙利三国举办"河北省中东欧旅游推广交流活动周"，期间举办了"中国（河北）—波兰旅游推介及项目洽谈会"。与波兰中波经济文化协会正式签署合作协议，建立了"河北旅游（波兰）推广中心"和波兰国际艺术研究院（中国金山岭长城）艺术创作基地。

（四）国内市场营销。在京津公交候车亭灯箱、社区灯箱、地铁、机场等场所进行宣传，累计购买各类灯箱660余块，投资750余万元，取得良好效果。积极推动"河北旅游进高校"宣传活动，9月至11月间选择北京的清华大学、北京大学、中国人民大学等20所高校开展河北旅游系列宣传推广工作，覆盖44.7万学生人群，提升了河北旅游在高校领域的知名度。组织了省内有关旅游企业参加上海、厦门、西安等地举办的各类旅游展会，开展相关推介活动，重点推介"承秦唐"和"北太行"精品旅游线路，取得了良好的市场效果。

（五）旅游便民惠民产品。推广发行了"京津冀旅游通"，并与北京市政"交通一卡通"达成合作协议，北京市民只需携带公交卡即可到京津冀旅游通签约景区享受优惠服务。与省自驾车旅游协会共同发行了"京津冀自驾车旅游护照"，持证游客可享受京津冀100多个景区门票优惠。截至目前，"京津冀旅游通"和"京津冀自驾车旅游护照"发行量都已经超过10万。

（六）河北旅游海外营销中心。在波兰、台湾等国家或地区设立了河北旅游营销中心，在中心专门设立河北旅游宣传推广区域，摆放河北旅游体验电子触摸屏和资料架等，展示河北旅游形象，推销河北旅游产品，将营销中心打造成为河北旅游在海外地区的永久性推广平台，扩大河北旅游知名度和影响力，促进海外来冀游客持续增长。

（七）河北旅游智慧营销平台。省旅游局与淘宝、同程、欣欣旅游网3家知名旅游电商合作推出河北旅游电子商务旗舰馆，分别开设河北旅游推广和产品销售专区，构建形象统一的在线营销推广阵地，截至目前共推动省内564家旅游企业参与旗舰馆建设并在线销售旅游产品，全年交易额近2亿元。开发覆盖苹果和安卓两大系统平台的官方智能手机应用，依托卫星定位、电子地图等技术为游客提供即时的门票购买、路线导航、景区导览、旅游资讯、攻略下载、网友互动交流、旅途发布分享等功能。旗舰馆、手机应用与现有官方微博、微信、官网紧密结合，河北旅游智慧营销平台初步成型。

（八）联盟模式营销。开展长城旅游联盟联合推广活动，省旅游局先后两次牵头带领长城旅游推广联盟成员赴澳大利亚、新西兰、英国、丹麦、瑞典开展长城旅游带推广活动。活动期间除形象展示、视频播放、民俗表演、宣传品派发、游客咨询等传统方式外，积极利用新媒体开展互动营销，开通了长城旅游联盟Facebook公众账号，在活动现场设立社交媒体互动墙、创意二维码背景墙，开展线上、线下同步互动推广，取得了良好效果。目前国家旅游局已将长城旅游线路列为国家级精品线路对外重点推广。同时，举办了河北长城旅游体验团活动，结合承德第四届金山岭长城徒步大会及摄影展活动，邀请50名影响力强、活跃度高的拍客、影友、旅游达人、微博达人等组成"河北长城旅游体验团"，实地考察行走河北省长城沿线景区，受到网民广泛关注。开展了京港澳高铁旅游推广联盟系列推广活动，充分发挥联盟秘书处的作用，8月份在组织省内旅游部门、重点旅行社、景区和旅游饭店在广东参加了“2014中国广东旅游产业博览会”，达成300余项合作意向协议，被授予“最佳组织奖”，参会期间举办了“北太行”精品旅游线路推介会，取得了良好效果。

（九）虚拟体验产品营销。省旅游局开发制作了河北旅游虚拟体验产品，利用传感器技术、数据实时通信等技术，通过三维立体显示，模拟人在景区中自由行走、全景游览、亲身体验的真实感受。北交会期间，成功使用河北旅游虚拟体验产品，增加了对外推广活动的参与性、趣味性，使河北展台的关注度大幅增加，起到了良好的宣传推广效果。

（十）游客招揽奖励办法。修订完善《河北省游客招徕奖励办法，重点对创新营销方式、开行旅游直通车以及到省外开设营销机构，宣传推广河北旅游做出突出成绩的省内旅行社给予奖励。全年对65家境内外旅游企业给予奖励，奖励资金1964万元，充分激发旅行社在市场推广中的主体作用，各地旅游企业主动开拓市场的积极性明显增强，来冀旅游人次尤其是包机、专列等数量增幅较大，实现了游客招揽奖励资金绩效的最大化。

（十一）整合部门营销。联合北京铁路局开通了“西柏坡号”和“正定号”旅游列车，极大方便京津冀地区居民跨区旅游，加快河北旅游产业融入京津冀经济圈步伐。与航空部门合作，开通俄罗斯远东至秦皇岛、俄罗斯远东至石家庄、蒙古至石家庄、韩国至石家庄、韩国至秦皇岛、新加坡至石家庄、泰国至石家庄等10余条境外至河北省的旅游包机，全年飞行100多个班次。推动重点市场企业合作，与中铁联合国际旅行社合作在北京设立“河北旅游营销中心”，支持省内旅行社入驻营销中心，目前通过营销中心深入北京和天津共2000多家社区，张贴宣传海报2300张，发放宣传单页17.7万份，累计向河北省输送京津游客29.3万余人次。开辟河北旅游推广新渠道，充分借助孔子学院向国外青少年推广河北旅游，在“学院院刊”投放10个版面河北旅游精品资源广告，组织100名孔子学院志愿者到河北省实地考察。

【旅游节庆活动】 （一）2014年中国旅游日河北省分会场启动仪式暨唐山市第四届旅游文化节。围绕“快乐旅游、公益惠民”活动主题，省旅游局积极谋划、统筹协调，在5.19日前后集中组织开展了丰富多彩、便民惠民、全民参与的“中国旅游日”活动，取得了较好的社会效益和经济效益。在“2014年中国旅游日河北省分会场启动仪式暨唐山市第四届旅游文化节”期间，举办了“千人游唐山”，“美丽唐山精彩滦州”风光图片展、唐山旅游景区及相关产业展示展销、旅游主题日活动、民俗文化活动展演、特色商品展销等多项主题活动。全省各景区游客人数较上年有较大幅度增长，5月19日仅野三坡景区就免费接待游客5万人次。

（二）长城旅游体验营销活动。2014年7月份，省旅游局在中国旅游报、中国摄影报、河北旅游网、长城网、全摄影网等媒体发布了河北长城旅游体验活动信息。同时，将河北省长城旅游产品进行包装，在各大媒体进行广泛宣传。8月份，省旅游局组织了由50名长城摄影拍客、有影响力的影友、旅游达人、微博达人等长城体验师组成的“河北长城旅游体验团”，结合承德2014第四届金山岭长城徒步大会及摄影展活动，在金山岭长城举行“河北长城旅游体验团”启程仪式，之后考察行走长城沿线景区，从金山岭、避暑山庄、外八庙、水下长城、清东陵、青山关长城、白羊峪长城直到山海关、老龙头等景区，各成员通过网络将游记、图片、视频等实时与网友在线进行共享，激发了人们到长城旅游的兴趣和欲望。

（三）河北国民休闲旅游优惠季活动。为活跃全省冬季旅游市场，充分发挥旅游业拉动居民消费、促进经济转型的带动作用，发动全省旅游系统上千家企业，省旅游局利用元旦前2个月时间，开展“冬季深度游，体验不一样的燕赵——2014河北国民休闲旅游优惠季”活动，号召相关旅游企业推出系列旅游产品和优惠措施，组织网络、电台和报纸等相关媒体，通过各种形式大力宣传推广，吸引了大量省内外游客来冀旅游，实现旅游收入同比增长20%。

（四）“旅游扶贫助推绿色崛起——河北旅游扶贫工作巡礼”活动。省旅游局与省扶贫办、省旅投集团、新华网合作，在省内遴选出典型的旅游扶贫项目开展宣传，对符合条件的项目进行政策和资金支持，助推绿色崛起。新华网河北频道制作了专题页面，发布了《陈府镇：现代农业成功“联姻”乡村旅游》、《乡村旅游托起崇礼黄土嘴的富民梦》等数十篇旅游扶贫系列稿件，抽调专人先后奔赴邯郸、保定、秦皇岛、石家庄等地景区，采访旅游扶贫带头人，传递旅游正能量。

（五）9+10区域旅游媒体联盟河北行”活动。省旅游局与《中国旅游报》开展合作，邀请环渤海地区5省（市）、环北京4省（区）和10个国内热点旅游城市的30余家中央及各省主流媒体，于5月15至22日赴唐山、廊坊、承德、秦皇岛等市开展了“9+10区域旅游媒体联盟河北行”活动。活动期间，共刊发新闻稿件60余篇，微信微博400余条，网络相关链接达1万条。

（六）“野三坡”杯知名书画家走太行”系列活动。省旅游局6月9日邀请全国及省内30余名知名书画家，开展“野三坡”杯知名书画家走太行”系列活动。通过各位书画家的艺术作品来展现河北太行山脉自然风光、民俗风情、人文景观、历史古迹等文化内涵，进一步提升了太行山沿线各市及旅游景区的知名度和影响力，并在全省范围组织开展了作品巡展活动。

（七）2014全国重点网络媒体河北行大型采访活动。省旅游局与河北日报报业集团合作，6月22日至29日期间组织全国40余家网络媒体赴石家庄、邯郸、保定、张家口等市开展“诚义燕赵胜境河北”—2014全国重点网络媒体河北行大型采访活动。活动期间各网络媒体共刊发稿件2000余篇、图片近8000幅，制作或链接相关专题58个、微话题页面2个，微博、微信原创、转发共计1664

条，微博话题♯2014网络媒体河北行♯阅读量高达103.4万。

（八）美丽中国梦·太行燕赵行—原来身边这么美”系列主题宣传活动。7至9月，围绕打造“北太行”旅游线路，邀请知名书画名家、公益明星、新闻媒体、旅游达人、摄影爱好者、自驾车队赴保定、张家口、石家庄、邢台和邯郸等市组织开展“美丽中国梦·太行燕赵行—原来身边这么美”系列主题宣传活动。从活动统计看，“原来身边这么美”话题阅读量2400万，在360等搜索引擎中搜索活动内容达到680万个。

（九）“百名文学少年河北行”活动。省旅游局和河北出版传媒集团等单位合作，组织全省文学少年赴河北省主要景区采风写作。该活动引起了社会的极大反响，共有37家主流媒体进行了追踪报道，网络搜索量上百万条，河北出版传媒集团结集出版了参加本次活动的文学少年的见闻佳作。

【旅游行业监督管理】 （一）旅游市场秩序整治行动。2014年1—5月份，在全省范围内开展了旅游市场秩序专项整治行动。为进一步提高活动效果，成立了河北省旅游市场秩序专项整治工作领导小组，制订和印发了《河北省旅游市场秩序专项整治工作方案》，确定了目标任务和10项综合措施，明确设立30个时间节点、进度和四项要求。重点对全省旅行社和设置燃香项目的重点景区，开展拉网式、高密度检查，全年出动执法人员1344人次，检查企业数708个，整改企业385家，依法处罚旅行社15家，有力遏制了旅游市场违法违规经营行为。

（二）旅游执法。2014年，全省各级旅游质监执法机构共开展检查行动690次，出动旅游质监执法人员共2418人次，联合公安、工商、交通、物价、质监等部门执法检查83次。检查旅游经营单位共2414家，其中旅行社1191家，星级饭店353家，景区（点）303家，旅游车船公司13家，旅游购物店136家，演艺场所13家。检查导游IC卡362人次。处罚违法违规旅行社9家，A级景区1家，发出口头和书面整改意见120余条。

（三）建立网上违法行为举报系统。为便于发挥社会监督作用，方便举报违法行为，扩大违法案件线索来源，限时完成违法案件处理，开发了网上违法行为举报系统，主要功能有用户举报、举报审核、部门受理、办理回复、统计分析、督办回访、满意度调查等，同时，在全省筛选了100名社会监督员，协助发现违法线索。

（四）创新旅游市场监管方式。在全国率先制定实施了旅行社等级评定地方标准，制订完善11项规章制度和法律文书，试点评定了4A级旅行社6家，3A级旅行社5家，并实现动态化管理。推进旅游行业标准建设，省内2家旅游企业被列为全国旅游标准化试点单位。在旅行社出境业务方面实行了出境游价格备案制度。积极推进“旅游团队服务管理系统”，采取了11个设区市送教上门的方式，分批赴各市进行该系统的培训推广。秦皇岛作为智慧旅游试点城市使用覆盖率达到100%，全省出境旅行社使用覆盖率达到100%，旅游质监执法机构使用覆盖率达到100%，其他旅行社使用覆盖率达到90%。

（五）旅游投诉。2014年，全省各级旅游质监、执法机构共受理、处理旅游投诉122起，接听游客咨询电话3310多起，为游客挽回直接经济损失42140元。全省旅游投诉结案率100%，游客满意率95%以上。建立旅游投诉受理人员信息备案制度。对全省13地旅游投诉受理机构及全省1390家旅行社的全部投诉受理员和质监员的基本信息登记在案，做到动态信息掌握和规范、科学管理，实现投诉受理工作标准化和一体化。此举为全国首创。

（六）旅游信息化建设。开发河北省旅游局数字党校系统、河北旅游网络宣传营销数据采集与内部公告系统、河北旅游信息电子认证系统等。同时进一步整合了信息化资源，对河北旅游政务网、资讯网、媒体资源网、网上举报系统、12301旅游服务热线、智慧旅游营销平台、旅游投融资网站及项目库管理系统等24个业务应用系统实行统一管理。修订出台了《河北省旅游局机关信息化建设管理办法》。

（七）旅游安全建设。始终把安全生产管理工作摆在重要位置，建立旅游安全生产领导责任制。制定下发《旅游业安全生产目标管理责任书》,《社会管理综合治理责任书》及签订了《消防安全责任状》，签订率达到100%。下发了《关于规范旅游景区安全警示标识的通知》、《关于切实加强旅游涉水交通、游乐项目安全工作的紧急通知》、《旅游安全专项检查重点整治》等文件，精心部署旅游行业安全监管工作。在全省旅游行业开展了“打非治违”、安全生产大检查回头看、国庆节前暗查暗访等活动，全年未发生大的旅游安全责任事故。

【旅游项目与基础设施建设】 （一）旅游发展规划。围绕“两环两沿”旅游产业发展布局，编制完成河北省《旅游重点公路建设指导意见》、《旅游休闲发展专项规划》和《旅游信息化及智慧旅游建设规划》。制定实施《关于加强旅游规划管理的若干意见》和《河北省旅游规划设计机构资质认定管理实施细则》，开发运行“河北省旅游规划库”，严格旅游规划编制实施。

（二）景区整改提升。坚持问题导向，连续三年实施景区整改提升工程，省级专项资金累计投入2.48亿元，引导撬动社会资金39亿多元集中攻坚整改，推动全省景区建设迈上新台阶。野三坡、白石山、娲皇宫等一批老景区推陈出新，衡水湖、七步沟、菩提岛等一批新景区异军突起，清东陵、金山岭长城、广府古城等一批4A级景区向5A级景区迈进，白鹿温泉、万龙滑雪场、滦州古城、唐津运河等一批复合型休闲度假景区不断涌现。同时，严格标准管理，对15家不达标景区给予行业通报摘牌。

（三）旅游重点项目建设。委托专业机构编制完成《旅游投融资指南》，大力开展网络招商、以商招商、展会招商，全年旅游项目协议引进资金超千亿元，引进了港中旅集团、海航旅游集团、中信产业投资基金等一大批战略投资者。积极主动和省国开行对接，建立定期沟通机制，联合省国开行筛选上报的项目有5个入选2014全国优选旅游项目。目前，全省在建旅游项目超500个，投资总规模超6500亿元，亿元以上项目353个。

（四）旅游基础设施建设。推进旅游交通标志牌建设，组织专家进行实地考察，制定了《2014年旅游标识牌增设方案》、《2014年旅游标识牌资金分配方案》等具体实施方案，2014年了建设旅游交通标识牌144块，覆盖全省120个景区。

（五）旅游招商引资。大力开展网络招商，开发上线了河北旅游投融资官方网站，聘请了北京巅峰智业旅游文化创意股份有限公司负责编制《河北省旅游投融资指南》，形成省级层面的整体招商和项目投资说明文件等。承办了2014年5.18廊坊国际经贸洽谈会旅游产业对接会，秦博勇副省长出席了会议。河北省旅游局与北交所，秦皇岛市旅游局与北京市海淀区旅游发展委员会等签署了合作协议，在投融资、资产流转等服务内容上开展全面合作。此次推介会共有11个产业投资类项目在会上签约，协议引进资金415.8亿元。

（六）旅游商品开发。编制了《河北旅游必购商品评选标准》，组织评选出50种“河北旅游必购商品”，编印了《典藏品牌—2014河北旅游必购商品》画册，进一步加大对河北省旅游商品的宣传力度。组织参加了多次旅游商品展并获得荣誉，在中原旅游商品博览会上，省旅游局荣获“最佳组织奖”和“最佳展台奖”，秦皇岛君鼎科技开发有限公司“琉璃文房四宝”荣获银奖，石家庄市藁城宫灯系列荣获铜奖。在第六届中国国际旅游商品博览会上，省旅游局荣获“最佳组织奖”和“最佳展台奖”。秦皇岛君鼎琉璃“天女木兰”系列荣获银奖，保定直隶名品“定瓷香薰”和廊坊宋辽文化茶具“杨家将”系列荣获铜奖。在中国（内蒙古）皮革旅游工艺品、纪念品设计大赛上，辛集市文丽皮画研发中心的皮贴画作品“欢天喜地”获得最佳镶嵌奖。在北京国际旅游商品博览会上，省旅游局荣获“最佳组织奖”和“最佳展台奖”，保定直隶八珍旅游公司“首宝健身球”获得“最受欢迎的旅游商品奖”，沧州明尚德玻璃制品有限公司“简·爱杯”获得“最佳旅游商品设计奖”。在中国旅游产业博览会暨第十九届中国北方旅游交易会上，省旅游局荣获“最佳组织奖”和“最佳展台奖”。

（七）旅游产业融合。结合全省农村面貌改造提升行动，实施乡村旅游富民工程，安排专项资金585万元，支持34个农村面貌改造提升村和12个扶贫攻坚重点村项目。评定6个省级休闲农业与乡村旅游示范县和12个示范点。生态旅游、文化旅游、温泉旅游、滑雪旅游、海洋旅游等快速兴起，加快培育成为旅游消费新热点。

（八）旅游改革开放。继续深化秦皇岛国家旅游综合改革试点和阜平国家旅游扶贫试验区工作，重点推动在旅游产业用地和扶贫政策支持乡村旅游发展方面实现突破，形成可复制、推广的制度创新。稳步推进重点景区管理体制改革，在5家5A级景区试点开展核准最佳、最大接待容量工作，启动景区门票价格改革试点。加快旅游行业协会改革，健全分支机构，推动石家庄、邯郸、保定、沧州、廊坊、秦皇岛等市成立或换届旅游协会。

（九）旅游区域合作。联合京津两地旅游部门组织召开三次旅游协同发展工作会议，确定了协调机制一体化、市场营销一体化、管理服务一体化、规划布局一体化的“四个一体化”具体举措，通过了六个具体工作对接方案，将京津冀旅游协同发展推进到“加速对接、务实操作”的新阶段。分别在京津电台、电视台、报刊等媒体投放河北旅游宣传片，在机场、地铁站、公交候车亭等客流量大的地段投放河北旅游广告灯箱，选择清华大学、北京大学等20所高校开展“河北旅游进高校”宣传活动，取得了较好的宣传效果。成立了“京津冀旅游合作发展联盟”，包装推出一批区域旅游精品线路。建立了“河北旅游北京营销中心”，累计向河北省输送京津游客30万人次。推广发行超过10万份“京津冀旅游通”和“京津冀自驾车旅游护照”。开通西柏坡号、大好河山张家口号、正定号、衡水湖号等多趟旅游专列，北京—承德、天津—承德、北京—南戴河、天津—山海关等10多条旅游直通车，共同打造京津冀旅游圈。

【精神文明建设与教育培训】 （一）旅游行风建设。落实中央八项规定精神，坚决反对四风。制定实施《建立健全惩治和预防腐败体系工作方案》，建立权力清单和责任清单制度。加强机关纪检组织建设，全面落实党风廉政建设党委（党组）主体责任和驻局纪检组监督责任。《河北省旅游行业党风廉政建设形势研究》获国家旅游局课题研究二等奖。

（二）旅游执法队伍建设。组织举办“全省旅游创新营销培训班”，范围是全省400余家包括旅行社、A级景区、星级酒店等企业在内近500人的业务骨干，邀请南开大学旅游学院、山东旅游信息中心、北京旅游集散中心、天津旅游集散中心、同程网、淘宝网、欣欣网等单位的多名专家，就旅游电子商务应用、互联网旅游营销、散客潮的应对等课题进行专业培训，受训人员反响热烈，参与热情非常高涨，大家充分认识到新技术、新平台的重要性，为河北省旅游创新营销奠定了坚实基础。

（三）旅游人才队伍建设。加强旅游系统队伍建设，提高综合素质。对旅游企业管理人员、导游员等旅游从业人员开展大规模行业培训。承办全国红色旅游市场营销人员培训班。组织全省40余名村官参加全国乡村旅游扶贫重点村培训。评选推出10名全省“最美导游”。全省旅游系统评选表彰先进集体22个、劳动模范33人、先进工作者33人，11家单位荣获青年文明号。

（四）群众路线教育实践活动。严格落实《教育实践活动整改方案》，组织开展了党组中心组学习报告会、全体党员理论学习报告会和“党章学习日”等活动。推进简政放权和政务公开工作。全年在河北旅游网、“中国河北”等发布各类公开信息近6000条。

（五）基层建设年活动。扎实开展农村面貌改造提升行动。抽调机关15名同志组成驻村工作组参加全省农村面貌改造提升工作，高标准完成民居改造、道路硬化、垃圾处理、村庄绿化等“15件实事”。驻涞水县苟各庄村工作组荣获“优秀驻村工作组”称号，所帮扶村被评为“河北省美丽乡村”。

（河北省旅游局　孙　丽）

【承德旅游】　2014年，承德市旅游行业按照“发挥优势、高点起步、开放创新、绿色崛起”总要求，全力推动各项工作深入开展，全年接待游客2930万人次，同比增长19%；实现旅游总收入257亿元，同比增长26%。2014年6月，承德被国家旅游局确定为目前河北省唯一的“全国旅游标准化示范城市”

截至2014年底，全市拥有国家A级旅游景区30处，星级饭店44家、床位数10350张，旅行社126家、分社48家，持证导游员5460名，其中：全国旅游系统劳动模范1人、全国优秀导游员7人、省级优秀导游员11人。结合新农村建设和燕山—太行山扶贫开发规划，加大乡村旅游的培育力度，建设全国休闲农业与乡村旅游示范县3个、国家级农业旅游示范点3处、省级农业旅游示范点5处，发展旅游型乡镇32个、旅游型村78个，全市从事乡村旅游农户数量达2267家，乡村旅游接待床位达3万余张。

（一）国际旅游。2014年10月29日—11月4日，在中法建交50周年之际，由中共承德市委常委、常务副市长李晋宇率领的承德旅游文化代表团赴法国、德国开展系列旅游文化推介活动。出访期间参加了在法国卢浮宫举办的“中西方国际艺术城市文化交流展”，举办了“皇城印象、清帝夏都”承德旅游文化艺术展。承德市荣获组委会颁发的“旅游文化推广特殊贡献奖”。

2014年6月27日至29日，由北京市旅游发展委员会主办的2014北京国际旅游博览会在国家会议中心召开。在这次博览会上，承德市抓住京津冀协同发展的契机，以博览会为平台，首次独立搭建展台参展，全面展示承德旅游资源，促进了与国内外旅游业界的旅游产业的合作与交流。承德展厅荣获组委会颁发的“最佳创意奖”。

作为亚太地区最大的旅游交易会——2014中国国际旅游交易会有106个国家参展，参展的境外旅行商比上届增长了124%。在这次交易会上，承德参展团通过与韩国、台湾、新加坡、俄罗斯、法国等国家和地区的参展商深入交流，增强了做大做强入境客源市场的信心，与韩国、台湾、新加坡旅行商初步达成了在三地开发入境客源市场的合作意向，并计划于2015年春节前后赴上述地区开展推广活动，进一步提升承德国际影响力和旅游知名度。

（二）国内旅游。京津承旅游直通车开通。为进一步落实京津冀一体化发展战略，整合旅游资源，打造京津冀旅游圈，“北京—承德旅游直通车”、“天津—承德旅游直通车”分别于4月26日、5月1日开通。直通车的开通使京津游客到承德旅游更加便捷，拉近了承德与北京、天津的距离，为京津冀游客假期出行提供了更多的选择。京津冀三地旅游市场一体化取得新进展。

承德被评为“2014最美中国榜”旅游目的地城市。2014年9月，由新华网主办的第二届旅游业融合与创新论坛“最美中国榜”评选活动揭晓，承德市被评为“2014最美中国榜——目的地城市”。

“承、秦、唐”首次整体亮相第十届海峡旅游博览会。9月6日至11日，第十届海峡旅游博览会在厦门开幕，来自28个省（市、区）、台湾、东南亚地区的7000多名参展商参加了本届盛会。承德、秦皇岛、唐山三市旅游局结成“承秦唐旅游联盟”，合力开发客源市场。承德市旅游局作为联盟轮值主席单位，整合三市优势资源、树立整体旅游形象，打造旅游品牌。先后编辑制作了“承秦唐旅游形象宣传片”、《承秦唐优秀企业名录》、承秦唐推介影视资料、挑选培训推介人员，备足各类宣传资料。市旅游局领导统一带队，组织由市县旅游局、旅行社、景区、乡村旅游示范户组成的促销队伍，赴厦门参加了海峡旅游博览会、河北旅游（厦门）推介会、海峡两岸乡村旅游圆桌会议、2015旅游媒体营销研讨会，走访旅行社企业15家，发放各类旅游宣传品2万份，签订合作协议73个，涉及1.2万人的组团意向。承秦唐旅游联盟特别送出免费双人承德、秦皇岛、唐山二日游及“免费双人承秦唐四晚五日游”四项大奖，受到近百名福建旅行商和媒体代表欢迎。完成了承秦唐旅游推广在第十届海峡旅游博览会上的首场秀，取得了圆满成功。

参加2014中国国际旅游交易会取得丰硕成果。由中国国家旅游局、上海市人民政府和中国民用航空局共同主办的“2014中国国际旅游交易会”于11月14日至16日在上海举行。本届展会以“相约美丽中国，共创旅游未来”为主题，吸引了106个参展国家和地区，海外展位数量比2013年同比增长了124%。交易会期间，承德市展团积极走访洽谈，主动外联对接，达成组团意向128项，组团意向金额180万元；签订组团协议82项，协议金额36万元，发放各类宣传品5万余份。展会期间，市旅游局领导应约接受了韩国中华电视台和中视金桥乐途旅游网的专访，参加了CCTV发现之旅组织的“发现中国美”推广活动，成功举办了“承秦唐”旅游联盟与上海旅行商座谈会，参加了省旅游局组织召开的市场工作会议，约见了台湾行家旅行社总经理白宗仁和新加坡华运旅行社总经理李良义先生，与两位境外旅行商就承德市开发东南亚客源市场和开展双方合作等方面的相关事宜进行了交流，取得了可喜的成果。

（三）乡村旅游。2014年承德市结合农村面貌改造提升工作，围绕乡村旅游重点示范村建设，本着因地制宜、突出特色、优势优先，重点发展的原则，采取多种有效措施，整合各方面力量，大幅改善乡村旅游基础设施建设水平，培育乡村旅游精品，全市全年乡村旅游接待游客370万人次，实现旅游综合收入4.2亿元。

基础设施建设水平有效改善。大力实施乡村旅游基础设施建设。承德县苇子峪村、王家庄村、宽城县西岔沟村、尖宝山村、隆化县温泉村和茅荆坝村等26个重点示范村，乡村旅游硬件建设水平得到有效提升。全市累计投资1.79亿元，新建停车场3.83万平米，新建采摘园20个，休闲农庄8个，漂流项目3个。

精品新兴业态不断涌现。金山岭唐乡乡村酒店落户滦平县，是承德市发展精品乡村旅游过程中出现的新业态，由企业出资，依托农村现有资源打造与当地民风民情紧密融合的特色乡村酒店，建成后将引领承德市乡村旅游发展进入整体提升的新时期。双桥区小井村，充分利用现有资源进行景区打造，建设薰衣草庄园、玫瑰园、葵花园等景点。既为游客提供了田园风光的旅游线路，还带动了农村农副产品不断发展，推动了农村、农民经济快速提高。宽城周庄、青润生态农庄和承德县新杖子苇子峪村等乡村旅游景点顺利通过国家AA级景区标准认定，成为承德市乡村旅游的精品景区。

一批高星级乡村旅游示范户获评。按照《承德市乡村旅游示范户星级评定标准》，通过组织相关专家进行现场打分，全年新评五星级乡村旅游示范户3家，四星级乡村旅游示范户8家。

（四）假日旅游。清明小长假期间，全市共接待中外游客20.33万人次，同比增长35.1%；实现综合收入1.42亿元，同比增长32%。

“五一”小长假期间，全市共接待中外游客31.3万人次，同比增长38.7%；实现旅游收入2.27亿元，同比增长41%。

端午节期间全市共接待中外游客134.5万人次，同比增长31.5%；实现旅游收入9.73亿元，同比增长33%。

中秋节期间，全市共接待中外游客108万人次，同比增长27%；实现旅游收入7.72亿元，同比增长28%。

“十一”黄金周期间，全市共接待中外游客221.8万人次，实现综合收入21.1亿元，同比分别增长9.3%和9.7%。

（五）旅游节庆活动。由河北省旅游局、承德市人民政府共同主办的第十四届中国承德国际旅游文化节于2014年5月23日至7月25日盛大举办，期间举办了周边精品旅游景区博览会暨非物质文化展演、国际老爷车巡展、鼎盛汽车文化节、目的地旅游020承德协作大会、丰宁坝上赛马大会、木兰围场草原文化节等十八项主题活动。本届旅游节特色鲜明、公众开放度高，并成功引入了市场化运作模式，展示了旅游城市魅力，在国内外产生了较好反响，承德国际旅游文化节成为河北省重要的品牌节庆活动之一。

承德冰雪欢乐汇异彩纷呈，承德冬季旅游市场升温。为进一步面向海内外宣传推广承德冬季旅游产品，激活广大游客来承德冬游热情，拉动承德市冬游市场，2013年12月至2014年2月，市旅游局会同双桥区政府、双滦区政府、避暑山庄及周围寺庙景区管理委员会共同策划组织了以“冬游承德别样精彩，承德邀您过大年”为主题的冰雪欢乐汇系列冬季旅游活动。本届冰雪欢乐汇活动以“赏灯会，玩冰雪，泡温泉，逛山庄，登长城，承德邀您过大年”为主打品牌，依托承德市冰雪资源和民俗文化特点，重点包装了鼎盛皇家灯会、畅达冰雪嘉年华、避暑山庄皇家冰嬉、枫水湾温泉养生、元宝山滑雪五个板块内容。推出了以冰雪运动、民俗花灯、皇家冰嬉，温泉体验、花会表演，以及具有地方特色的“新年祈福——聆听普宁寺钟声”、“体验避暑山庄冬季情趣”、“登金山岭长城”等为主题的15项系列活动。

（六）旅游行业监督管理。积极做好旅游投诉工作。全年共受理旅游投诉156起，同比下降30%；处理率达到100%，协调理赔金额3万余元。全年未发生重大旅游投诉且无一例因旅游投诉造成的群体性上访事件和行政复议案件发生。

开展旅游市场专项检查。全市、县检查参与率达到100%，检查行动次数26次，出动检查人次160人次，共检查旅游企业（包括旅行社、星级饭店、A级景区、农家乐等）622家。

旅游安全管理。强化安全监管，积极推行《安全生产承诺书》制度，与全市40家星级酒店和120家旅行社签订了安全生产承诺书；及时做好春季防火、夏季防汛和旅游交通等工作的安全部署，严防各类安全事故发生；集中开展安全工作述职和三项制度标杆创建活动。严格执行24小时旅游投诉值班制度，及时解决矛盾纠纷，切实保护旅游者的合法权益。

旅行社管理。根据河北省旅游局《关于启用新版旅游合同的通知》的要求，行管科印制了新版旅游合同，要求全市旅行社自2014年6月1日启用新版旅游合同，同时旧版合同于5月31日废止。深入宣贯《旅游法》的贯彻实施，开展旅行社A级评定，举办全国旅游团队服务管理系统推广培训班。通过对旅游目的地、旅行社、旅游团队及导游、领队等数据采集与管理，切实提高旅游主管部门对旅游市场的应急与监管力度，同时为旅行社和游客之间的信息透明提供了帮助。

（七）旅游投资。2014年重点旅游项目58个，总投资913.84亿元，其中续建项目53个，总投资857.64亿元；新建项目5个，总投资56.2亿元。投资20亿元以上项目17个，总投资695.3亿元；投资10亿元以上项目10个，总投资111.7亿元；投资亿元以上项目30个，总投资106.3亿元。另有11个前期项目，16个谋划招商项目。1—11月份，全市58个项目完成投资52亿元。

【唐山旅游】 2014年，唐山市旅游局紧紧把握建设全国知名旅游城市这一总目标，重点推进了项目建设、景区改造升级、引入客源、提升质量等各项工作，全年接待国内外游客3011.6万人次，增长8.4%；旅游总收入256.7亿元，增长19.5%；旅游项目共完成投资69.7亿元，占年度计划数的174%。全市旅游业保持了健康、持续、较快的发展态势。

（一）加大项目建设力度，进一步形成城市的旅游产品支撑。一是大力推进在建项目。坚持“项目、市场双轮驱动”，全面开展项目攻坚行动。建立重点项目工作责任制，争取国家、省财政资金895万元，全市61个旅游项目全部开工。截至12月底共完成投资69.65亿元，超额完成年度40亿元的目标计划。其中唐山湾国际旅游岛、曹妃甸湿地文化旅游度假区、清东陵保护利用等10大旅游项目建设共完成投资58亿元。二是大力整改景区。按照“三年整改”计划，截至2014年底，全市38家景区共投入整改资金6亿元，累计新增停车场20个，新建游客中心9座，新建、改造旅游厕所76座，新建旅游购物街区5个，旅游购物商店20个。另外作为全市“景区新品质、5A零突破”工程的清东陵于12月份顺利通过了国家旅游局5A级旅游景区景观质量专家组评审。滦州古城、菩提岛也于5月13日正式晋升国家4A级景区。三是大力招商引资。2014年以来，清东陵保护区管委会与香港宣威集团就“万佛园二期”项目达成合作意向，签约总额18亿元；唐山湾国际旅游岛管委会与江苏中南建设集团签约“陆域捞鱼尖岸区旅游度假综合开发”项目，投资100亿元，正在进行征地拆迁工作，唐山旅游业项目建设投资规模持续扩大，发展动力强劲。

（二）全力开拓市场，进一步提高城市旅游知名度。一是实施节庆活动营销。先后组织开展了第四届旅游文化节、“唐山人游唐山”旅游惠民直通车、“千车万乘游唐山”、陶博会旅游精品线路展等4项大型旅游活动，同时各县区组织开展了节庆活动20余项。市、县两级营销策略互联互动，旅游市场高潮迭起。二是实施媒体营销。利用各类报纸、电台、网站、高铁，开展多样化、互动式的旅游宣传，整合5家重点景区宣传资金240万元，捆绑投放到京津石社区，直销唐山旅游。尝试与淘宝网、同程网合作，开展旅游产品网店销售，探索营销新手段。三是实施业内直销。设计了四条二日游精品线路，并选择旅行社作为直营经销商、开通直通车直接联系市场、撬动市场。2014全年直营经销商有组织引入团队客源5万人次，并获得省局百万元奖励。另外唐山市与承德、秦皇岛联手，推出的“承唐秦区域精品线路”进入了周边城市旅行社的销售网络。

（三）抓好市场监管，优化旅游建设发展环境。一是加强市场整治，规范经营行为。在全市范围开展了三次集中旅游市场安全检查和旅游服务质量明察暗访活动。并以“五查”（查旅行社规范管理制度、查无导游资格执业、查不合理低价、查处强迫或者变相强迫购物、查诱导欺骗游客）为内容深入企业扎实开展旅行社市场综合整治工作。共检查旅游企业130余家，出动执法人员200余人次，车辆70余台次，处罚企业18家，有效稳定了市场秩序。二是强化行业标准，倡导文明旅游。开展星级饭店评定及复核，积极推广《新版旅游合同示范文本》，对标全国城市文明程度指数测评体系，文明旅游宣传引导活动也深入进行。在“寻找最美导游”活动中，开滦国家矿山公园张澜获河北省十佳。三是加强教育培训，提高队伍素质。先后举办了导游员、讲解员、未来导游之星电视大赛，展示了导游队伍风采，树立了行业服务标杆。成功举办“全市旅游团队服务管理系统”培训班，开启了旅游企业信息化管理新时代。四是强化安全意识，抓好经济安全运行。落实“安全生产年”、“安全生产月”等各项活动，广泛开展旅游安全宣传、修订旅游应急预案、签订《安全生产责任状》、隐患排查治理，全市全年旅游市场秩序平稳有序。

金融业

【中国人民银行石家庄中心支行】 2014年，中国人民银行石家庄中心支行在总、分行党委的正确领导下，经过全省人民银行系统干部职工的不懈努力，较好地履行了中央银行分支机构职责，有力地支持了地方经济发展，得到了上级行和省委省政府的充分肯定。

（一）货币政策。执行货币政策取得新成效。全省人民银行系统加强政策宣传和沟通协调，强化投向监测和进度引导，把握调控力度和节奏，指导金融机构保持合理的信贷增速。全省金融运行平稳，信贷投放有力适度，为经济稳增长创造了良好的货币环境。全省金融机构各项存款余额4.4万亿元，同比增长11%，比年初增加4320亿元；各项贷款余额2.8万亿元，同比增长14.9%，比年初增加3516亿元，贷款增量创近五年来新高。

注重金融政策与财政政策、产业政策的协同配合。贯彻落实化解过剩产能各项政策措施，出台排污权抵押贷款管理办法、科技金融服务实施意见等系列措施，引导金融机构加大对重点项目、高新技术、战略性新兴产业等领域的信贷支持力度，促进地方经济调结构、转型升级。

灵活运用再贴现、再贷款政策工具，加大对小微企业、三农和扶贫开发等薄弱环节的支持力度，着力化解“融资难、融资贵”难题。引导金融机构将“定向降准”所释放的资金更多地支持“三农”和小微企业。全年发放支小再贷款15亿元。拓宽小微企业融资渠道，全省有7家小额票据贴现分中心挂牌营业，办理小额票据贴现60亿元。

（二）金融稳定。加强金融风险监测评估，不断完善监测指标体系和评估方法，及时提示潜在风险。开展政府融资平台、理财产品等重点领域风险专题调研，排查民间借贷、非法集资风险情况，相关报告得到省政府重视。强化金融稳定再贷款管理，妥善处理历史遗留问题，使再贷款损失认定的做法得到总行肯定。蠡县农村信用社改制工作顺利开展，农村商业银行资产重组计划已正式启动，各信用社经营正常，秩序良好。加强协调沟通，配合地方政府做好黄金佳公司涉嫌非法集资处置工作。进一步加强“两管理、两综合”，完成2013年度金融机构执行人民银行金融管理政策综合评价工作。开展综合执法检查以及金融机构同业业务、金融统计、支付结算、货币金银、反洗钱、征信、跨境人民币业务等专项检查，维护金融市场秩序。

配合总行起草《使用存款保险基金偿付被保险存款操作办法》、《人民银行石家庄中心支行实施存款保险制度工作安排及应对预案》作为模板向全国推广。积极做好存款保险条例草案公开征求意见的相关工作。

（三）金融改革。作为全国首批试点行，制定《河北省常备借贷便利操作规程》，为地方法人金融机构提供短期流动性支持。推动地方法人金融机构首次发行同业存单取得成功。出台《河北省农村土地经营权抵押贷款管理暂行办法》，土地经营权抵押贷款试点取得突破性进展。

畅通跨境人民币业务政策传导渠道，拓宽业务领域，全年累计完成结算1069亿元，同比增长126%，高于全国平均水平67个百分点。落实总行促进贸易便利化要求，在全国较早实现银行业务流程简化。主动对接、提前介入，加大投融资项目支持力度，跨境业务助推经济转型得到省政府充分肯定。全力保障人民币跨境收付信息管理系统测试工作，受到总行通报表扬。

（四）金融服务。开通12363咨询投诉电话，金融消费咨询受理和投诉处理机制不断健全。“金融知识普及月”活动效果良好。加大依法行政工作力度，妥善处理诉讼纠纷，防范化解法律风险。

积极探索金融业综合统计路径，总行存贷款标准化综合抽样统计试点工作进展顺利。创新统计形式，首次披露河北省社会融资总量和京津冀经济金融主要指标。主动挖掘数据，理财与信托统计做法在总行会议上介绍经验。影子银行统计获总行科技进步二等奖。认真做好全省银行业“三经普”工作，普查量位居全国第二，总行给予通报表扬。服务业统计获省级特等奖。

整合资源，形成合力，成立金融支持京津冀协同发展工作小组和研究小组，已取得初步研究成果，研究报告被总行刊发并得到总行领导批示肯定。抓好热点问题和重点课题研究，6篇报告被《中国金融》采用，1篇获总行青年课题一等奖，多篇报告被省委书记批示肯定。

二代支付系统推广工作顺利完成，ACS系统推广建设工作持续推进，农村支付环境不断改善，更多金融机构进入农村金融市场，助农取款服务点功能不断完善，让农民切实感受到便利与实惠。制定《河北省金融IC卡行业应用项目管理办法》，为应用拓展创造良好环境。金融IC卡行业应用服务平台正式上线，在公交、出租、社保等领域应用有序推进。河北省数据中心机房建设完成并开始搬迁，大大提高了信息安全保障能力和水平。

加强现金管理，优化券别结构，不断提升流通中人民币整洁度。全省开展小额人民币“百县定投、十城升级”活动和反宣币专项整治工作。小额货币兑换登记制度和反宣币业务“双优先”、“反宣币兑换直通车”制度得到中央和总行肯定。深入开展“净化货币流通，亮丽国家名片”联合集中宣传活动。总行货发二代发行库管理系统、钞票处理模块唐山试点工作，得到货币金银局认可。

推进现代化、服务型国库建设，实施河北省国库集中支付电子化管理改革，廊坊市、邯郸市及其安次区、涉县先后成为全国首批试点市县。全面推行国库会计标准化管理，实现了“库款零在途、业务零差错、资金零风险、设备零故障”的工作目标。

推动县域反洗钱工作依法合规开展，建立金融机构反洗钱季度例会制度和金融机构反洗钱考核制度，加强政策传导和横向沟通，促进辖区机构有效履职。围绕风险为本的监管理念，通过现场检查、非现场风险评估等多种监管措施，有效提高了监管效率和水平。加大反洗钱调查力度，发挥对反恐、反腐等领域的支持作用，受到省纪委表扬。

扎实推进社会信用体系建设，为增加信贷投放、防范风险提供了有力支持。组织完成《河北省社会信用体系建设规划》（2014—2020）的编制和专家论证。建立金融机构征信业务季度例会制度，成立河北省金融机构征信管理工作委员会。加强对金融机构的检查监督，维护消费者合法权益。圆满完成征信从业人员考试工作，实现全省银行业金融机构征信培训考核制度化管理全覆盖。开展全省人民银行系统征信风采主题演讲比赛，征信文化建设进一步加强。

（五）内控管理。严守财经纪律，在全省开展执行财经纪律检查。厉行节约，大力压缩会议、接待、车辆使用等费用支出，保证办公运转、重点项目资金需要，全省“三公经费”支出控制在总行核批的指标之内。经费分配坚持向基层行倾斜。加强财务收支制度建设，印发机关会议费、培训费、差旅费、公务接待费管理实施细则，编印《财务收支相关制度办法汇编》。

深入推进内审工作转型，征信管理绩效审计课件被选为总行远程培训教材。将领导干部履职绩效审计制度化，“主审人报告制度”得到总行内审司重视。加强事后监督规范化建设，开展现场监督，延伸监督链条。

加强保密、安全生产等专项检查，开展防汛、网络系统等应急演练，提升安全管理水平。积极推进守押体制改革。探索保卫业务安全风险评估和管理体系建设，总行保卫局给予通报表扬。开展枪弹安全专项检查，进一步规范枪弹管理。加大对辖内发行库的监督检查力度，突击查库比例达100%。

整章建制，工会工作机制顺利调整。加强民主管理，深化和完善党务公开、政务公开和行务公开工作。召开职工代表大会，及时解决和回应职工关切。石家庄中心支行与省总工会等部门联合举办2014年中国技能大赛——河北省金融系统技能竞赛，涵盖全省银行业、保险业，规模大、水平高、反响好，既展现了金融系统干部职工的风采，也树立了人民银行权威和良好形象。中国人民银行文学艺术联合会河北分会成立，职工文化生活日益丰富。

后勤保障、集中采购和物业服务水平持续提升，石家庄中心支行被评为“全国节约型公共机构示范单位”。加强史料搜集整理，开展红色金融历史研究。钱币博物馆社会影响力不断扩大，自开馆以来参观总人数已突破10万人次。

（六）外汇管理。深化外汇管理改革，便利贸易投资。实施外汇管理监测分析月报制度，外汇形势分析报告得到省政府领导批示肯定。巩固和深化货物贸易外汇改革成果，推进和完善服务贸易外汇管理改革。主动适应资本项目外汇管理改革，事后监管方法及人员转型得到总局肯定。落实外汇年检改革、跨境担保外汇管理政策，支持省内三家大型上市企业境外融资42亿港币，有效满足了资金需求，受到企业好评。探索银企联合外汇检查新模式，在可疑线索相互移交、完善案件协查制度等方面进行了新尝试。

外汇市场。全省银行间外汇市场累计交易美元 7.52 亿美元，同比增加 4323 万美元，增幅 6.10%。欧元、港币、日元交易量均维持在低位。这与这几个币种的客户结算量减小有关，同时也与汇率波动巨大，汇兑风险增加有关。

（中国人民银行石家庄中心支行　李红英）

【河北银监局】　2014 年，在中国银监会和省委、省政府的正确领导下，河北银监局全面贯彻落实党的十八大和十八届三中、四中全会精神，坚持稳中求进总基调，主动应对经济“新常态”，积极落实稳增长、促改革、调结构、惠民生的各项要求，深入开展党的群众路线教育实践活动，切实转变作风，稳步推进改革，有效防范化解风险，着力提升服务实体经济水平，银行业整体保持了稳健运行态势，圆满完成了各项工作任务。截至 12 月末，全省银行业资产总额 5.28 万亿元，其中各项贷款 2.81 万亿元；负债总额 5.1 万亿元，其中各项存款余额 4.38 万亿元。不良贷款余额 485.29 亿元，不良贷款率为 1.73%。实现净利润 704.34 亿元。法人机构拨备覆盖率达到 140.20%。

（一）严守风险底线，巩固银行业安全稳健运行态势。面对复杂的经济金融形势，狠抓“双线”风险防控责任落实，按照科学研判、锁定风险、建立台账、跟踪监管的思路，对重点领域风险加强监测预警并及时处置，守住了不发生系统性区域性风险底线。一是融资平台风险有效缓释。通过全口径管理、风险预警、现场检查、持续督导、跟踪整改等方式推进平台贷款缓释存量、优化增量，实现了总量控制、结构优化、风险缓释。二是房地产贷款风险总体可控。持续监测房地产市场变化和信贷风险状况，强化“名单制”管理，开展压力测试，制定防控预案，提升了房地产风险监测预警能力。三是产能过剩风险防控成效明显。建立产能过剩行业信贷台账，动态跟踪监测，有保有压，促进过剩产能有序化解和大气污染治理。四是影子银行业务风险防范有力。加大影子银行管控力度，建立理财业务管理体系和信托产品信息披露制度，完善银担合作信息统计制度，严防外部风险传染。五是流动性及信息科技风险管控能力增强。督促辖内法人机构加强存款偏离度管理，遏制“冲时点”等不审慎行为，持续开展流动性压力测试，提高资金调配和应急处理能力。六是操作风险和案件防控扎实有效。进一步强化案件防控工作，对票据业务、委托贷款业务深入调研，有针对性地出台监管措施。

（二）坚持科学引领，提升银行业金融服务水平。坚持金融服务实体经济的监管导向，引导银行业盘存用增、优化资金配置，有效地支持了全省经济发展。一是大力支持产业结构调整和经济转型升级。加强与地方经济发展战略的无缝对接，出台了银行业支持实体经济、支持“三个一百”领军企业等政策文件，发挥银行业引领作用，支持产业结构调整。二是加大对“三农”、小微企业等重点领域和薄弱环节的信贷支持。以政策落实、宣传推动和考核激励为手段，进一步提升银行业“支农支小”的责任意识和服务水平。三是不断提高金融服务覆盖面和满意度。完善多层次的金融服务体系，丰富银行业金融机构类型。全省股份制银行设区市全覆盖、城商行县域全覆盖、银行业机构乡镇全覆盖、基础金融服务行政村全覆盖的“四个全覆盖”目标全面实现。四是注重消费者权益保护。设立银行业消费者权益保护处，印发意见通知，开展金融知识宣传服务月、“送金融知识下乡”活动，加强了金融消费者教育和保护工作。五是切实降低实体经济融资成本。督促落实“七不准”“四公开”要求，推动不规范经营治理长效化。在全辖开展了银行业收费专项检查，督导清理不合理收费项目，清退不合理收费。

（三）推进改革转型，增强银行业可持续发展能力。把推进银行业改革作为全年首要任务，建立健全领导小组和工作机制，确定了 22 项改革任务和年内 6 项改革重点，改革工作进展顺利，实现了年度预期目标。一是银行业治理体系改革取得阶段性成效。以法人机构为重点，银行业理财业务事业部、同业业务专营部门制改革顺利推进，同业、理财业务组织体系和管理体系架构基本建立，配套机制和管理制度逐步完善。推动城商行、农信社等法人机构完善高管配置，优化股权结构，规范“三会一层”履职行为，进一步完善有效公司治理体系，推动建立起制衡有效、激励兼容的运行机制。对银行业机构绩效考评情况进行监管评价，督促其转变发展方式，实现审慎经营，培养合规文化。二是城市商业银行转型发展迈出新步伐。引导城商行以“差异化、特色化、社区化”为方向，加快改革转型、打造特色服务品牌。发挥监管引领作用，制定了对城商行分行评级办法。三是农村中小金融机构改革取得新进展。着力推动农村信用社“双改”，鼓励民间资本参与农村信用社产权改革。创新不良资产处置方法，多措并举抓清收转化，隐性不良贷款实现全部入账。引导村镇银行找准市场定位，科学发展，推动建立了河北省村镇银行合作组织联盟。

（四）改进方式方法，进一步提升监管工作质效。一是深化简政放权。先后印发了《关于推进简政放权改进市场准入工作有关事项的通知》、《关于取消和下放部分行政审批事项的通知》，取消行政审批事项 9 项，下放至分局 10 项，向社会公开了行政许可事项一览表。坚持放管结合，加强事后监管和执法检查，保证放得下、管得住。二是强化资本监管。大力推动新资本管理办法实施，密切关注各项资本监管指标，提升风险预警监测能力。三是改进监管方式。以数据质量承诺和数据审核责任制为抓手，提高数据质量，发挥好非现场监管引领作用。运用 EAST 系统指导现场检查，提升了检查效能。四是严格问责处罚。加强违规处罚问责，对 11 家机构实施行政处罚，树立了监管权威。

（五）切实转变作风，提高干部队伍为民监管能力。一是教育实践活动取得实效。持续推进第一批教育实践活动“两方案一计划”的整改落实，85项整改任务已全部完成；扎实开展第二批教育实践活动，局领导班子成员25次深入联系点进行调研指导和实地督导。二是干部队伍素质明显提升。深入推进学习型党组织建设，突出作风和实绩，创新干部选任方法，形成了较为合理的梯次结构，增强了干部队伍活力。三是干部队伍作风持续好转。改进督办方法，加强对领导批示件的跟踪督办，促进重大决策和重点工作的落实；深入落实中央“八项规定”，各级领导干部带头，大兴调研之风；修订了财务管理、公务接待、车辆及办公用品管理等制度，按规定整改了办公用房。四是干部队伍凝聚力进一步增强。积极培育和践行社会主义核心价值观，开展先进事迹报告会、“六星同创”和“三德”教育等活动，加强对困难员工、退休干部的人文关怀和保障服务，干部队伍凝聚力和向心力进一步增强。五是党风廉政建设扎实推进。以落实党委主体责任和纪委监督责任为主线，层层签订党风廉政建设责任书。纪检监察部门聚焦主业，主动“三转”，大力加强廉政建设，干部队伍廉洁从政、为民监管意识进一步增强。

（河北银监局　孙曙光）

【国家开发银行河北省分行】　2014年，在总行党委正确领导下，河北分行坚持“服务战略、管控风险、合理盈利”的经营策略，主动服务国家和河北省发展战略，深化银政合作，加强精细化管理，资产规模进一步扩大，质量效益进一步提升，主要经营指标均创历史新高：管理资产余额2657.94亿元，资产总额2376.17亿元；表内本外币贷款余额2019.72亿元。分行非个人中长期贷款余额、非个人中长期贷款新增额、债券承销份额、外汇贷款余额等指标均居省内同业首位。

（一）规划先行，打造推动发展的“智库”银行。分行充分发挥专家银行优势，积极做好前瞻性分析研究，将“融智、融资、融商”相结合，建立标准化客户信息服务流程，丰富建议报告、信息月刊、资讯短信等多种载体，通过打造“智库”开行高效服务客户，围绕棚户区改造、京津冀协同发展、产业结构调整、园区建设、现代农业、扶贫开发等一系列重大发展问题，向省委省政府提供产业发展、融资规划、风险防控等一系列建议，获得省委省政府主要领导高度重视。此外，分行为重点客户、龙头企业等提供融资规划、财务咨询服务，帮助企业制定长远发展战略，实现与客户价值共增长。

（二）攻坚克难，成为支持棚户区改造的主力银行。按照总行“三统一”原则，成立棚改专项工作组，将支持棚改作为全年工作的重中之重，成功搭建省级、石家庄市和唐山市三大平台，2014年实现棚改项目授信973亿元，发放棚改贷款207亿元，惠及居民65万人，成为河北省支持棚户区改造的绝对主力银行。《金融时报》头版头条以“河北：撬动‘棚改’新进程的金融支点”为题对此进行了专题报道。

（三）雪中送炭，力担重点企业、重大项目的坚实金融支柱。2014年，分行继续发挥稳投资在稳增长中的关键作用，大力支持河北省重点企业、重大项目建设。一是服务京津冀协同发展，支持城市间交通网络建设。当年新发放公路贷款107亿元，支持了京港澳高速改扩建工程、张承高速公路崇礼至张承界段、茅荆坝（蒙冀界）至承德公路、石家庄至磁县（冀豫界）公路改扩建工程等重点项目；新发放铁路和港口项目贷款9亿元，支持了新建张家口至唐山铁路项目、曹妃甸港区液体化工码头等项目。二是发挥综合金融优势，拓宽重点企业、重大基础设施项目融资渠道。授信175亿元支持南水北调配套工程建设，当年发放贷款43亿元；支持石家庄市轨道交通建设及各地市融资平台的土地储备项目，当年发放贷款42亿元；组建项目银团支持京昆高速公路石太北线石家庄段、邢衡高速等重大交通基础设施项目建设，当年发放银团贷款逾60亿元；为开滦集团、河北建投、冀中能源等省内重点企业承销发行各类债券逾160亿元。

（四）金融普惠，创新推动民生改善。一是以批发模式帮助中小微企业解决融资难题。通过“四台一会”、“龙头企业带动”、“小额贷款公司转贷”等模式，当年向全省中小微企业贷款217亿元，惠及中小型企业、微型企业、个体工商户、城市下岗职工等近1600户。二是通过扶持现代农业，帮助贫困地区走上致富路。主动与省委农工部对接，加大对现代农业的支持力度。当年向承德丰宁奶业、永清高科技阳光农业产业示范区等项目发放现代农业贷款13.2亿元。三是助学贷款帮扶贫困学子圆梦大学。作为河北省唯一一家开展高校国家助学贷款业务的银行，累计发放高校助学贷款7766万元，覆盖省属29所高校，资助贫困大学生近2万名。同时，分行当年发放战略新兴产业贷款16亿元，应急贷款5.2亿元，支持河北省产业升级及应急救灾工作等。

（五）开拓进取，稳居省内最大外汇贷款银行。分行积极助力河北省企业“走出去”。一是通过中长期贷款、保函、信用证、结售汇等多种方式支持河北钢铁、英利集团、新奥集团等一批省内优势企业赴海外开展并购、投资、引进先进生产设备等，并与河北建投、冀东发展等企业共同谋划“走出去”项目，全力支持企业拓展国际市场。二是按照总行党委部署，向秘鲁、玻利维亚两国派驻工作组，支持中铝秘鲁特罗莫克铜矿扩建、秘鲁通信光缆等项目建设。截至目前，累计发放外汇贷款超过60亿美元，外汇贷款余额逾24.3亿美元，连续三年稳居省内同业首位，为河北省最大的外汇贷款银行。

（六）防控风险，维护良好金融生态环境。一是多措并举应对政府债务及平台发展问题。协助各级地方政府理顺举债资金的“借、用、管、还”等工作机制；调整还款计划，缓解地方政府短期资金压力等；配合做好政府性债务清理甄别各项工作，为后续银政合作奠定坚实基础。二是积极推动河北省高速公路投融资体制改革。理顺高速公路项目还款机制，为化解潜在风险、提高高速公路项目融资能力出谋划策。三是在资金紧张的情况下，确保了无一例重点领域、重大项目建设因开行信贷资金不足出现停工风险。

（七）深化综合经营，切实提升发展质量和效益。2014年分行全年实现中间业务收入3.9亿元；承销发行各类债券164亿元，市场占有率23.54%，连续三年稳居省内承销市场首位，有效满足了重点客户的资金需求。

（八）强化内部管理，夯实平稳运行基础。一是严控文山会海，会议、公文同比均大幅减少；加强信息外宣，实现《金融时报》《河北日报》双头版头条，分行连续三年获得河北省信息报送先进单位称号；强化安全保密管理，获得河北省保密先进单位称号。二是有序推进法律工作前移和延伸，加大中长期贷款全流程法律风险管控；深入开展普法教育，分行获得“六五”普法先进单位荣誉称号。三是加强财会精细化管理，实现降本增效。四是强化IT运维管理，保障业务高效运行。

（九）党建工作谋长效，积极推进依法治行，从严治行。一是积极配合总行巡视组巡视工作，整改工作得到总行巡视组的高度肯定。二是扎实做好2014年度民主生活会有关工作，加强党风廉政建设，制定廉政风险岗位监控实施方案、员工考勤管理规定，开展员工行为排查等，营造风清气正的从业环境。三是强化以党建带工建、团建。建立“导师制”传、帮、带体系；开展课题研究、知识竞赛、读书沙龙等活动，在总行“合规建设与风险防控”岗位技能竞赛中，分行获得了集体优胜奖第四名和个人优胜奖第七、第八名的好成绩；通过青年员工座谈会、处以下员工座谈会等强化思想引导，培养员工的大局观和发展意识。四是坚持巩固拓展党的群众路线教育实践活动成果，帮助员工解决困难、问题，开展多项兴趣小组活动，切实提升队伍凝聚力、战斗力。

2014年，分行工作得到了社会各界的广泛认可和河北省主要领导的高度评价，获得河北省“金融贡献奖”、全国金融系统五四红旗团委、河北省五四红旗团委、河北省工会工作先进单位、河北省青年文明号等多项荣誉。

（国家开发银行河北省分行　黄少华）

【农发行河北省分行】　2014年，中国农业发展银行河北省分行围绕“强行梦”目标，牢牢把握稳中求进工作总基调，坚持业务发展、风险防控、基础管理、队伍建设“四位一体”的工作总格局，加大支农力度，大力支持全省新农村建设，强化经营管理，扎实开展群众路线教育实践活动，各项工作迈上了新台阶，取得了新成效。

——信贷业务较快增长。累放各项贷款363亿元，同比多放14亿元。年末，各项贷款余额达到837.7亿元，比年初增加53.8亿元，较好地发挥了支持全省新农村建设的骨干和支柱作用。

——存款、中间业务和国际业务不断拓展。各项存款余额201亿元，比年初增加39亿元；实现中间业务收入3614万元，同比增加12%；完成国际业务结算量4.2亿美元，同比增加27%。

——经营绩效稳步提升。账面盈利13亿元，完成总行利润计划的110.5%，在存贷款利差持续收窄的情况下，同比增盈0.68亿元。不良贷款率、人均存款、人均中间业务等经营绩效考评指标均优于上年。

——队伍建设成效明显。扎实开展第二批群众路线教育实践活动，促进了作风转变，干部队伍的凝聚力、战斗力进一步增强。结合河北实际，着力打造“以农为本、以人为本、以德为本、以诚为本、以效为本”的“五本文化”，以文化聚合力、添动力，提升了内生性可持续发展能力。

（一）信贷支农。认真贯彻落实中央经济金融、强农惠农政策，加大支农力度，优化贷款投向，在支持和服务全省新农村建设中，努力实现业务有效发展。一是全力支持粮棉收储，保护农民利益。创新采取“粮棉共保基金”、第三方监管模式等一系列举措，进一步完善收储对接、产销对接、工贸对接“三个对接平台”，有效破解粮棉收储企业抵押担保能力不足的问题，信贷支持收购的粮棉数量出现明显增长。全年累放粮棉收储贷款230亿元，同比多放37亿元。其中：累放玉米市场化收购贷款72亿元，同比多放17亿元，市场化收购贷款投放量居全国首位；累放棉花收购贷款47亿元，同比多放15.7亿元，创历史新高；在托市收购预案未启动的情况下，累放夏粮小麦收储贷款84.3亿元，同比多放32.4亿元，增幅高达62%，切实保护了农民利益，维护了国家粮食安全。二是大力支持农业农村基础设施建设，促进全省城乡一体化发展。充分发挥农业政策性信贷资金“雪中送炭”、铺路架桥的作用。全年累计发放中长期贷款87亿元，其中：环京津地区投放29亿元、环渤海地区投放27亿元、冀中南地区投放31亿元，促进了全省区域协调发展。年末，农业农村基础设施建设中长期贷款余额达357亿元，有力促进了全省农业农村生产生活条件和生态环境的改善。三是积极支持实体经济做强做大，促进现代农业发展。选择培育了一大批“战略黄金客户”，积极支持优质客户做强做大。择优支持具有地方产业特色、行业优势、资源优势和区位优势的涉农小微企业加快发展。全年累计向农业产业化龙头和加工企业、农业小微企业投放贷款31亿元，支持领域覆盖食品加工、饲料加工、棉花纺织、畜牧养殖、林果种植加工等众多行业。同时，着力支持农业科技发展，推动农业科技创新和成果转化应用，全年累放农业科技贷款17亿元，同比多放5.3亿元，促进了农业现代化发展。

（二）风险防控。坚持全面风险管理理念，坚持事前防范、事中监控、事后监督、严控新增不良的风险防控机制，信贷资产质量不断提高，确保了自身科学发展，支农作用发挥更加有力有效。一是狠抓促销收贷。2013年度小麦收购贷款实现“双结零”，棉花收购贷款连续7年实现“双结零”。二是防范中长期贷款风险。加强与政府、有关部门沟通联系，督促有关行切实落实风险防范措施，保障贷款资金安全。累计收回中长期贷款本息109亿元，同比多收40亿元，中长期贷款本息收回率均达到100%。三是强力清收处置不良贷款。累计清收处置不良贷款1.61亿元，年末，不良贷款实现了“双降”。

（三）业务经营。切实增强经营核算意识，加强业务经营指导，完善经营管理机制，努力提升经营绩效。一是做新存款组织工作。以总行“红五月行动”为抓手，以代理拨付财政支农资金主办行为平台，探索并推行了主办行带动、综合业务撬动、人脉资源拉动“三位一体”的存款营销模式。组织编写了《存款营销指引手册》，详细介绍政策要求、产品类型、营销策略，并收录了上百个营销案例，指导基层行营销。各项存款余额201亿元，比年初增加39亿元；全年各项存款日均余额204亿元，比上年增加28.4亿元。通过组织存款降低资金成本5.65亿元，存款对利润的贡献度达到43.5%。二是做实本外币一体化经营。坚持本外币、存贷款、国际业务、投资业务和中间业务“一揽子营销、一体化经营”，实现中间业务收入3614万元，同比增长12%；完成国际业务结算量4.2亿美元，同比增加27%。三是大力增收。开展收息“百日攻坚”活动。贷款利息收回率达98.7%。全行实现账面利润13亿元，完成总行下达利润计划的110.5%，在存贷款利差持续收窄的情况下，同比增盈0.68亿元。

（四）基础管理。认真开展“信贷基础管理年”活动，延伸排查各种风险，组织了两次“回头看”，加大跟踪整改力度，及时堵塞了管理漏洞。加强合规管理，认真做好内外部检查发现问题整改工作，实施“飞行审计”和会计对接突击检查，组织开展内控评价，促进了依法合规经营。研发推广内部监督管理信息系统，促进了基础管理的规范化、信息化、常态化。不断加强和改进后勤管理，办文办会办事效率和服务质量进一步提高。加快推进营业用房购建和维修改造工作，需解决营业用房的机构已基本解决，符合条件的维改项目多数已完工，全辖分支机构面貌焕然一新。逐项目签订了工程廉洁承诺书和廉政监督书，坚决杜绝“楼起来、人倒下”现象。在县级支行全面推行晨会制度，既加强了内部管理，又树立了良好形象。实施县级支行分类管理，差别化配置财务和人力资源，激活了每个经营“细胞”。大力组织“首季开门红”、“进步创新奖”等业务竞赛活动，加大挂钩考核力度，强化激励引导，充分调动了分支行的积极性。年末全辖亏损县级支行同比减少9个，减幅为26%。

（五）队伍建设。扎实开展第二批教育实践活动，促进了作风转变。先后在延安、中国人民大学等地举办了6期中高级管理人员学习班，培训人员268人次，治行理政能力进一步提升。组织开展岗位培训和技术练兵活动，累计安排培训班18个，培训员工800余人次，员工队伍素质进一步提升。以赛促训，组织开展资金计划、粮油信贷、财务会计等业务知识竞赛，并在总行相关竞赛中取得较好成绩。坚持实施“四个十”能力提升工程，一大批员工提升了综合能力。进一步深化倡导并践行“正廉忠孝康”五字行为和“三个一”提升素质读书活动，组织评选了“正廉忠孝康模范”和“三个一”优秀读书体会文章，召开了模范代表座谈会和读书笔会，将模范事迹材料和优秀体会文章编印成《道德的力量》和《知识的力量》，供全辖员工学习分享，树立了新风尚，凝聚了正能量。结合河北实际，着力打造“以农为本、以人为本、以德为本、以诚为本、以效为本”的“五本文化”，以文化聚合力、添动力，提升了内生性可持续发展能力。

（中国农业发展银行河北省分行　彭德斌）

【工行河北省分行】　2014年，中国工商银行河北省分行认真贯彻落实省委、省政府和工总行的各项决策部署，积极应对复杂严峻经济金融形势的挑战，把服务支持地方经济建设放在重要战略高度，牢牢把握京津冀协同发展战略重大机遇，主动适应经济增长新常态，突出加强金融创新，加大信贷投放，持续改善金融服务，严格落实监管要求，积极履行社会责任，各方面工作总体保持稳中有进的良好态势。至年末，人民币各项贷款余额增加388.9亿元，增幅11.34%，达3817.11亿元。各项贷款余额保持国有四大行首位。各项贷款累计投放达到1945.24亿元。

（一）鼎力支持重点项目建设。坚持发挥国有大型银行在支持河北省重点项目建设主力军作用，统筹信贷增量与存量、信贷与非信贷融资、融资业务与多元化金融服务，积极对接支持京津冀协同发展、新型城镇化等方面一批重点立省强省项目。一是突出支持京津冀协同发展项目。落实河北省加快推进京津冀协同发展意见，在省行层面成立京津冀协同发展工作小组，统筹制定项目对接服务方案，重点围绕交通、产业协作、生态环保三个率先突破领域，优先支持融资需求。其中，交通一体化方面重点推进京港澳高速改扩建河北段、京昆高速石太段、承秦高速、邢汾高速、邯济铁路、石家庄轨道交通、石家庄正定国际机场改扩建等一批重点项目融资支持。产业协作方面重点围绕河北省40个承接合作平台，积极推进园区建设与入园企业的全方位金融服务，重点支持了唐山港曹妃甸港区、黄骅港散货港区、河北新发地农副产品物流园区等一批重点项目。生态环保方面，坚持绿色信贷导向，积极跟进支持绿色低碳、节能环保、污染治理、生态改善等相关项目。二是突出支持重点区域融资需求。积极对接河北省区域发展规划，先后与廊坊市、石家庄市签订政银合作对接协议，制定一揽子金融服务方案，重点投向交通、能源、水利等基础设施和重点项目。三是突出支持城镇化建设。控制一般房地产开发贷款投放，加大棚户区改造、保障性安居工程等民生工程融资支持力度，重点支持石家庄赵村、沧州荷花池、邯郸前百家村等一批棚户区改造、新农村建设项目。

（二）全面服务经济结构调整。落实河北省推进经济结构调整和化解过剩产能的总体安排，适当优化调整信贷政策，更好地支持和服务河北省实体经济发展。一是服务产业转型升级。重点对接支持“十百千”工程和千项技改项目，落实跟踪服务机制，并在信贷规模、产品配置、评级授信等方面给予适当倾斜。二是服务过剩产能化解。落实“6643”工程有关要求，严格控制“两高一剩”行业贷款，对钢铁、水泥、平板玻璃等产能过剩行业实行严格限额管理，并积极通过帮助企业实施传统技术改造、兼并、重组和加快“走出去”，促进过剩产能有序化解和产业升级。组建“走出去”服务团队，9月份配合省政府和工总行举办河北省企业“走出去”银企对接会，并邀请部分地市有关部门和重点企业实地考察中巴产业园，后续工作正在积极跟进。

（三）加快推动普惠金融发展。落实国家和监管部门做好“小微”、“三农”、普通金融消费者金融服务的有关要求，加快推动普惠金融发展，不断满足社会公众金融需求。一是强化小微企业金融服务。深化小微企业专营机构和专业队伍建设，完善小微企业贷款审查审批、资金配置绿色通道，在保定、廊坊、邢台分行试点组建一站式服务小微企业的小微金融业务中心，持续提升小微企业金融服务水平。建立5大类50余种小微企业信贷产品体系，制定白沟箱包、安平丝网、昌黎葡萄酒等一批产业集群专属融资方案，全力满足生产经营资金需要。小微企业贷款余额突破600亿元，较年初增加55.28亿元。二是强化三农金融服务。把县域支行作为服务三农的主阵地，明确县域支行以县城为主、以零售业务为主、以小微企业为主“三为主”经营定位，结合县域支行实际和区位特点，逐支行研究实施提速发展方案，力争基础好、资源丰富的县域支行主要业务在较短时期内实现倍增，全面提升县域和三农金融服务供给能力。开展“农村支付结算知识集中宣传月”活动，探索与第三方合作试点设立助农支付服务点，满足农村居民日常取款、转账、汇款、缴费等金融服务需求。加强农田水利设施、生态环境改善、农村基础设施和农业产业化龙头企业的信贷支持力度。三是强化普通金融消费者服务。更加注重服务社会公众范围最广的零售业务创新发展，广泛开展工商银行金融产品服务进社区、进校园、进市场、进农村系列活动，启动磁条卡换芯片卡工作，推出薪金卡、旅游卡、福农卡等银行卡产品，丰富基金、保险、理财、贵金属、私人银行、外汇等产品阵线，满足公众多元化理财投资需求。

（四）不断满足民生金融需求。全渠道、多平台对接消费、住房、社保、医疗、教育、养老等民生领域，不断满足民生金融服务需求。支持居民住房改善，重点支持居民刚需型和改善型个人住房贷款需求。促进居民消费升级，以个人消费信贷、“逸贷”、信用卡等产品为抓手，多渠道支持居民家庭的汽车、车位、家装、教育、旅游、信息等消费信贷需求。大力发展收单业务，加快POS、MIS等设备布放。拓展综合服务领域，以社保卡、银医卡、建工卡、校园卡等金融IC卡为载体，为民生领域相关部门综合提供资金增值、代理收费、现金管理、电子商务、融资支持等综合化金融服务。

（五）积极发挥创新驱动效用。持续推进产品体系和金融服务的创新用新，不断拓宽支持实体经济、服务地方发展的渠道。一是加快融资服务创新。全面实施大资管发展战略，突出大数据和信息化手段应用，发挥理财投资、投资银行、融资租赁等专业团队职能，创新发展金融资产服务业务，全方位助力实体经济。积极拓展融资租赁业务，针对港口、电力、供热、公交等客户资金需求特点制定方案。二是加快互联网金融服务创新。加快工总行推出的互联网金融三大平台（融e购电商平台、融e联即时通信平台、融e行直销银行平台）和三大产品线（支付、融资、投资交易）在河北省的落地，积极推荐河北省行业龙头、专业市场、特色产业入驻融e购电商平台，目前已有衡水老白干、君乐宝、庞大汽贸等82家B2C商户及白沟和道国际箱包市场、辛集国际皮革市场、衡水金音乐器3家B2B商户上线销售；大力发展“工银e支付”小额快捷支付产品，客户总量突破230万户；持续推动理财产品、代理基金、代理保险等在网上银行、手机银行销售。

（六）竭力维护金融安全稳定。把坚守资产质量和内控案防底线作为各项工作的重中之重，落实监管部门各项工作要求，不断提高风险管理的前瞻性、积极性和有效性，竭力维护金融安全稳定。一是加强资产质量管理。针对2014年以来贷款风险隐患加速聚集、劣变势头显现的严峻形势，坚持不良贷款大户清转与新劣变贷款处置并重，资产质量在严峻形势下保持稳定。扎实做好政府融资平台、房地产等重点领域信贷风险管理，建立信贷风险12项数据指标和8个方面的动态监测制度，在省行和二级分行定期召开贷款风险分析会，确保资产质量安全稳定。二是加强内控案防管理。开展“强内控、创三无、上水平”活动，在全部一级支行配备专职内控监察员，开展形式多样的案防教育，强化违规风险事件、重要风险点专项排查治理，全年未发生案件和事故。落实反洗钱工作规定，深化反洗钱集中处理改革，加强可疑交易甄别分析报告和客户身份识别工作，全年上报可疑交易报告中有14份被人行立案调查，为人行和公安机关侦破洗钱案件提供了大量有价值线索。认真落实各项监管政策，主动加强与人行、银监局等监管机构和审计、物价等有关部门沟通协调，主动接受并认真落实监管部门年度监管座谈意见，确保依法合规经营。三是加强安全防范管理。发挥远程监控报警平台系统作用，加强重点时段、重要部位运营监控，定期开展防抢劫、防盗窃、防诈骗、防暴恐、防火灾应急演练活动。开展“防范和打击非法集资宣传教育月”活动，加强外部欺诈风险信息系统应用，持续对客户开展电子密码器短信诈骗等外部欺诈风险安全提示，未发生外部欺诈既遂事件。

（七）持续提升窗口服务水平。开展“人民满意银行建设年”活动，集中开展窗口服务治理提升专项工作，推行网点负责人现场坐班制，明确营业网点严禁强制分流、严禁销售误导和欺诈销售、严禁处理投诉推诿和敷衍等“六严禁”要求，建立个人金融业务特事特办服务工作规程，提升窗口服务规范化和人性化水平。启动网点运营标准化改革，统筹做好人员配置、高低柜配比、自助设备配备、服务流程等方面优化，服务效率得到明显提升。持续推进渠道优化建设，在省行和二级分行统一设立渠道管理部，统筹物理网点、自助渠道、电子渠道建设，制定实施以网点布局等“十优化”为统领的渠道能力提升行动方案，加快构建现代渠道经营管理体系，为公众提供更高效便捷的金融服务。工行河北省分行连续四年荣获河北新闻网评选的“河北网民最信赖金融品牌”称号，邢台中兴等5家支行荣获河北新闻网评选的“河北省首届网友最满意银行网点”称号，石家庄中华等6家支行获评中国银行业协会文明规范服务千佳网点称号、居同业首位。

（八）认真履行国有大行责任。持续推进党的群众路线教育实践活动整改落实，认真学习习近平总书记系列讲话精神，组织全省副处级以上管理干部集中轮训，各级党组织和党员干部队伍作风进一步转变，其中邯郸分行新国际支行大堂经理焦红梅荣获“全国金融五一劳动奖章”。按照省委组织部选派干部到农村面貌改造提升重点村驻村工作的有关要求，派驻工作组到承德滦平县滦平镇三地沟门村开展帮扶工作，捐资35余万元帮助该村修建道路、清运垃圾和解决部分安装路灯费用，并向该村小学捐赠助学金和体育用品，慰问走访五保户、低保户。围绕“和谐金融、美好生活”主题，开展公众教育服务日活动，组织320多支宣传小分队，深入230个社区、16所学校、65个乡镇农村进行宣传，维护金融消费者权益，提升公众金融安全意识。启动“工银助学”活动，募集爱心款6万余元，资助河北大学、河北经贸大学、河北金融学院3所高校的11名贫困大学生。开展以“爱在工行·爱心传递你我Ta”为主题的第五届“爱心日”活动，积极参与社会公益活动，向社会弱势群体奉献爱心，认真履行国有银行大行责任，赢得了社会各界广泛认可。其中保定、邢台、张家口分行及承德双滦、张家口阳原支行荣获省级文明单位。

（中国工商银行河北省分行　刘　杨）

【农行河北省分行】　2014年，农行河北省分行认真贯彻落实党的十八届三中、四中全会精神，积极适应经济发展新常态，主动对接河北省经济发展战略，保持战略定力，坚持稳中求进、稳中有为，全面推进经营管理各项工作再上新台阶，积极支持了河北省经济社会发展。2014年末，全行各项存款6001.6亿元，较年初增加376.4亿元；各项贷款2547.6亿元，较年初增加272.7亿元；实现中间业务收入36.4亿元。

（一）加大投放，全力支持全省重点项目建设。紧紧围绕省委、省政府确立的各项发展战略，充分发挥金融服务地方经济的职能作用，积极投身服务于京津冀协同发展、“三个一百领军企业”、“四大攻坚战”，将河北省重点项目放在自身经营和发展的支撑地位抓实、抓好。2014年末，全行法人贷款余额1704亿元，较年初增加105.5亿元。其中，重点项目建设贷款余额705.3亿元，较年初增加77.2亿元；基础设施建设贷款余额536.1亿元，较年初增加69.1亿元。其中为冀中能源集团、开滦集团、唐山三友提供并购贷款，支持其到省外拓展资源；为开滦集团承销私募债，为其拓展直接融资渠道，大幅降低融资成本。为国家金太阳示范工程—国网新源张家口风光储示范电站有限公司独家提供项目贷款支持，保障了项目顺利实施。

（二）主动作为，积极支持京津冀协同发展战略。将支持京津冀协同发展战略实施作为重点工作，主动作为，全年投放与京津冀协同发展相关的贷款97亿元。省分行成立支持京津冀协同发展工作领导小组，出台《关于支持京津冀协同发展的指导意见》，围绕城市区域布局和产业布局，明确十个重点支持领域，逐领域定制服务方案。建立对接机制，搭建“政府、银行、企业”三方沟通平台，建立省、市、县三级行以及与北京、天津分行的工作联动机制。召开京津冀协同发展金融服务现场推进会，交流推广各级行具体工作中好的经验、做法，发挥典型示范带动。实施特色化、差异化信贷政策，优先满足京津转移的重点项目（客户）以及配套项目信贷业务需求，专项匹配信贷规模和营销费用。建立业务联动营销、综合营销机制，对大项目、大客户实施“平行作业”，实行特事特办，一事一议，提高效率。

（三）发挥优势，认真做好“三农”和县域金融服务。深化三农事业部改革，重点围绕现代农业、新型经营主体、城镇化建设和扶贫等领域，加大支持力度，全力做好金融服务。2014年，全行共投放县域贷款132亿元，“三农”贷款余额1162亿元，增速12.8%，高于全行贷款增速0.85个百分点，实现了“两个不低于”的目标。一是积极支持现代农业、规模农业，农业产业化龙头企业贷款余额52.83亿元，加强对新型农村经营主体的金融支持，探索服务新模式。加大流通体系建设支持力度，县域流通市场建设贷款余额7.4亿元。二是积极支持全省城镇化建设，重点支持了涞水新民居建设、野三坡旅游、迁西亨旺农村县城基础设施建设等项目。三是积极支持金融扶贫工作，在“燕山—太行山”集中连片特困区等重点区域，重点支持对贫困农户辐射带动力强的优质龙头企业、承接产业转移和外来投资重点项目。做实驻村帮扶，配合阜平大道村筹集和吸引投资1000余万元。全年向贫困地区投放贷款242.3亿元，增速22.6%，高于全行贷款平均增速9.7个百分点，被省政府评为“全省社会扶贫先进集体”。四是提升农村基础性综合金融服务。持续加大渠道建设力度，深入推进金穗“惠农通”工程，丰富完善服务点功能，累计发放惠农卡212万张，当年新增158万张，农户贷款余额56亿元；在县域布放ATM3190台、自助银行936个、智付通207716万台。

（四）创新驱动，大力支持小微企业发展。认真落实支持小微企业发展各项金融政策，结合河北省园区化、集群化、大市场等“块状”经济特点，加大营销力度，构建专业化服务渠道，提升小微企业服务水平。2014年末，全行小微企业贷款余额248.3亿元，较年初增加32.3亿元，增幅14.9%，高于全行2.95个百分点；覆盖客户数17万户，较年初增加7万户。明确“园区、集群、商圈（大市场）、产业链、特色资源”五大定位，批量开展业务，加大信贷投放和综合金融服务力度。强化政策资源保障，全年按照“两个不低于”要求单独安排小微企业信贷规模53亿元，进一步下沉小微企业信贷业务审批权限，对小微企业信贷业务实行一次调查、一次审查、一次审批。认真开展小微企业宣传月活动，做好与政府部门的有效对接，组织开展多项现场活动，为小微企业客户提供全方位金融指导。

（五）调整结构，有效支持战略新兴产业和节能减排。

制定全行2014年度信贷政策指引，将战略性新兴产业和节能减排作为积极介入类行业，对重点战略性新兴产业客户和国家级、省级节能减排重点项目，优先满足资源配置需求，并实行利率优惠。2014年末，全行战略性新兴产业贷款余额98.8亿元，较年初增加13.5亿元；节能减排贷款余额195.6亿元，较年初增加16.8亿元。严格控制“两高一剩”行业贷款增长。逐步形成以行业信贷政策、信贷政策指引、限额管理和客户名单制管理为核心的“四位一体”的行业信贷政策体系，对“两高一剩”行业实现了全覆盖。“两高一剩”行业贷款余额和占比较年初分别下降1.2亿元和1.7个百分点，保持“双下降”。

（六）强化基础，持续改善社会金融服务水平。加强网点建设，全年立项网点建设项目41个，总投资4.24亿元。紧跟国家京津冀协同发展战略，加快环京津地区网点建设，其中对北京产业输出集中的保定、廊坊、张家口等分行立项网点建设项目10个，总投资1.7亿元，占全行总投资的40%。深入推进网点服务转型。开展“文明标准服务年”、“营销技能提升年”、“服务品质提升年”等多项活动。推行网点标准化服务礼仪，制定服务流程标准。加大服务监督力度。持续开展网点服务“神秘人”检查，聘请三方调查公司开展服务暗访，建立网点服务明查制度，开展服务质量在线监测，树立服务标杆，实施正向激励，营造优质服务氛围。

（农行河北省分行　刘新彦）

【中国银行河北省分行】　2014年，中国银行河北省分行认真贯彻落实总行集团发展战略，积极服务河北经济社会发展，持续推进“最好银行”建设，主要业务快速发展，质量效益稳步提升，经营业绩表现良好。

经营效益稳步提升。2014年末，本外币资产总额4452亿元，负债总额4376亿元，分别增长9.1%和9.2%。实现净利润56.07亿元，同比增长2.5%。

各项存款稳定增长。2014年末，本外币各项存款余额4161亿元，较年初新增330亿元。人民币两项存款余额3823亿元，较年初新增324亿元，其中，公司存款新增189亿元，个人存款新增135亿元。

资产业务质稳缓增。本外币各项贷款余额3086亿元，较年初新增297.5亿元。人民币各项贷款余额2821亿元，较年初新增237亿元。

客户规模稳步扩大。单位银行结算账户达到16.34万户，新增2.26万户。公司有效客户新增1273户，新模式下中小企业客户新增648户，个人有效客户新增100万户，个人中高端客户新增11.45万户。信用卡新增48.84万张，借记卡新增451万张。

竞争能力有所增强。人民币存款四大行市场份额提升0.56个百分点，外币存款四大行市场份额提升8.53个百分点。国际贸易结算、跨境人民币结算及个人外汇业务均处于同业领先地位，发债业务全口径市场占比排名第一，同业存放、保险代理、三方存管、理财业务均有增强。

（一）中行业务发展

1. 抢抓战略机遇，推动效益强行建设

助推京津冀协同发展纳入总行集团战略。抢抓京津冀协同发展战略机遇，促成总行与省政府签订全面战略合作协议，将京津冀协同发展上升为总行集团战略。成立京津冀协同发展战略领导小组，建立起省、市、县三级联动机制，明确五大重点支持领域，赢得市场先发优势。共储备项目142个，京昆高速、石济铁路等64个项目取得积极进展。

支持企业“走出去”化解优势富裕产能。借助海外行优势，结合国家战略，会同匈牙利分行举办“匈牙利河北投资推介会”，与省商务厅共同举办“走进中东欧投资促进会”。摸索“投资＋金融”“工程＋金融”“贸易＋金融”“并购＋金融”等金融服务模式，与25个“走出去”项目建立联系，投资额近300亿美元。在支持企业“走出去”上，摸索了多个案例，积累了丰富经验，

智能化改造彰显网点建设新成效。坚持科技引领未来，加快智能化成果的应用。在成功打造保定未来银行旗舰店的基础上，按照“科学、现代、实用、节俭”的原则，推进136家网点完成智能化改造。改造后，客户来行办理业务的等候时间明显缩短，体验效果明显增强，电子化覆盖效率得到提升，初步建立起以智能化为主体的厅堂服务营销体系，形成以客户为中心的营销服务流程，树立了“科技领先、客户称赞”的品牌形象，在系统和同业中发挥了示范引领作用。

拓展服务“三农”新领域。依托网络金融和电子化平台，创新助农金融服务新模式，全年共新建助农服务点2210家，总量达到3110家，服务农村超过3200个，满足了700多万农村居民的基础性金融需求，形成物理网点覆盖市县、电子化渠道辐射较富裕乡村的战略布局，开拓了农村“蓝海”市场。

2. 抓客户增存款，夯实业务发展基础

拓展基础客户。依托高层营销，积极争揽行政事业单位客户，坚持大中小型客户并重，推进客户群体优化。依托“二级信贷工厂”，实现中小企业授信投放149.55亿元。依托代发薪和个金重点产品加速个人客户拓展。依托交叉销售、厅堂营销、综合优惠等方式，开展个人存量客户挖潜与提升竞赛活动。

抓好存款增长。抓行政事业单位，实现稳定增存。抓重点产品发展，实现新户增存，托管、保函、发债等业务促进了公司存款快速增长，主办账户和“四通”产品组合促进了个人存款新增。抓结算量提升，实现现金流增存，以“流向宝”为抓手，开展结算量提升活动，实现结算量8.56万亿元。抓基层网点机构，实现日均增存，人民币两项存款日均新增达到279亿元。

（二）中行内部管理

1. 坚持改革创新，激发内生动力机制

经营管理能力增强。坚持以效益为中心的经营导向，确定以二级分行为主体的贷存比管理模式。建立贷存比规模撮合机制，引导信贷资源向高收益项目倾斜。贷存比和存款偏离度指标均较好控制在监管要求范围内。

授信审批体系优化。指导二级分行完善区域授信发展策略，及时向基层传导省行授信风险偏好。加大对平台贷款、“两高一剩”行业的风险管控，主动调整钢铁、电力、水泥等行业授信规模。持续加大微型金融和涉农授信支持力度，微型金融准入机构由3家增至124家，微型企业贷款余额增长74.93%，“益农贷”等产品累计投放近10亿元。

科技创新能力提升。发挥科技引领作用，将科技推上业务前沿，促进了网点效能和基层负责人管理水平的提升，综合效益明显。大力推进网络金融业务，依托中银易商E社区拓展社区金融市场。积极探索网络金融服务新模式，与多家企业建立全面战略合作关系。开发推广多款移动APP，方便客户在手机上完成金融交易，丰富了客户体验。

2. 主动管控风险，稳定经营发展质效

强化授信风险管理。做好经济下行期的资产质量管控，强调贷款“三查”工作落实，实现对客户的日常分析、全程跟踪，做到风险隐患早发现、早预警、早处理，确保资产质量稳定。完善资产质量监控体系，提高逾期监控频度，提升各级机构对授信业务的精细化管理水平，减少新增不良贷款。加强对融资平台、贸易融资、房地产等重点授信领域的管理，及时研究新型问题，防范新型业务风险。

加强内控案防管理。开展员工参与民间借贷专项查处活动，对违反行规行纪的员工进行严厉处分。充分运用科技手段，监控高风险业务，排查员工违规行为。建立运营控制联动协调机制，推动风险管控关口前移。加强声誉风险管理，发挥三道防线作用，深化“平安中行”建设，做实基层安防工作。实现全年无案件、无重大安全责任事故。

（三）中行队伍建设

坚持正确的选人用人导向。按照“德才兼备、以德为先、注重实绩、群众公认”的原则，公开、公平、公正地选人、用人，完善不同层级干部选聘资格与流程。推动青年员工双向交流，省行青年员工到基层机构锻炼，基层优秀员工到省行以岗代训。

坚持各类资源向一线倾斜。选拔近百名优秀员工充实到基层管理一线，新招聘大学生全部配置到县域机构。基层员工新增调薪比例高于各级管理部门，基层一线柜员固定收入增长4%，基层网点市场费用在总费用中的占比持续提升。担当社会责任，完成劳务派遣员工选聘和签约工作。

坚持提升基层网点竞争力。充分调配各部门、各分行资源，加大对基层机构业务发展的支持和帮扶力度。推动网点对公转型，网点对公业务开办率达到98%，授信业务开办率达到70%。推动网点提升服务水平，开展优质高效服务网点创建活动，组织基层员工岗位技能大练兵，技术能手达标率达到89%。

（四）中行党建。

加强“四风”问题整改。各级领导班子严格落实中央八项规定和“四风”整改工作，坚持铁标准、硬要求，一把尺子量到底。省行党委牢牢聚焦查摆出来的“四风”问题，制定了“两方案一计划”推动措施，着力解决了一批职工群众反映强烈的问题。

加强基层党建工作。提升基层党组织在促进业务发展、维护安定团结等方面的作用和能力，充分发挥全体党员在谋发展、促发展中的先锋模范作用。严格落实党支部组织生活七项制度和党政工作两个议事规则等要求，做好党务公开，提高领导班子公信度。

加强班子作风建设。坚持“三重一大”原则，做好管理改革、业务发展和选人用人的各项决策。以“政治坚定、能力过硬、公信力高、作风优良、奋发有为”为目标，着力加强各级领导班子建设。扎实推进惩治和预防腐败体系建设，增强各级领导干部拒腐防变的能力，强化群众监督，切实增强廉洁从业的责任感和自觉性。

（中国银行河北省分行　崔恩渤）

【建设银行河北省分行】　2014年，中国建设银行河北省分行认真贯彻建行总行、省委省政府工作部署和监管要求，围绕服务实体经济，夯实基础管理，深化转型发展，各项业务保持良好发展势头。至年末，一般性存款新增450.70亿元，系统第五、同业第一。本外币各项贷款（含信用卡分期）新增410.42亿元，系统第四、同业第一。实现中间业务净收入40.88亿元，系统第十、同业第一；拨备前利润121.8亿元，创历史新高。资产质量优于系统和同业平均水平。全年未发生案件和重大风险事件。

（一）顺势而为，一心一意谋发展。负债规模持续扩大。积极拓展京津冀协同发展、通讯、供销、上市公司等系统性领域和国土、住建、海关、体彩和公共资源交易中心等机构客户，加强贷款资金支付管理，推动资本项目落地。公私联动提高代工客户粘性和代发资金沉淀率，针对性营销个人零资产客户，运用互联网金融、自助银行、助农取款点、电话支付终端等渠道抢抓县域资金存款，从全量资金角度提高理财客户产品覆盖和综合贡献。加大存款激励考核力度，鼓励存款稳定、有质量地增长。至年末，人民币对公存款日均新增261.23亿元，系统第六、同业第一；个人存款日均新增174.3亿元，系统第七、同业第二。资产业务稳健发展。以列入国家和河北省规划的铁路、高速公路、港口等基础设施建设领域核心企业为基础拓展上下游客户，围绕“三个一百”、城镇化建设、海洋经济、商用物业抵押以及仓储物流、节能环保等领域加大信贷投放力度，成立“京津冀产业发展协同基金”，办理河北省首单PPP项目，教育、卫生行业贷款居同业首位。以“助保贷”为突破口，拓展优质小企业客户，加快推进农业现代化步伐，小微企业贷款和涉农贷款分别新增73.9亿元和127.14亿元。加强个贷楼盘储备和营销，发展个人助业贷款和善融商务个贷，年末个贷余额突破千亿元。中间业务优势巩固。严格遵守关于金融服务收费各项规定，加大投行类业务、贷记卡、个人投资理财类产品营销力度，保持银行卡、代理基金、贵金属等个人类产品稳步增长势头，着力提高人民币结算、国际结算、托管业务等对公产品市场竞争力。至年末，非信贷类产品收入占比较上年末提升7个百分点；信用卡发卡突破300万张，新增突破100万张，均居同业第一；投行牵头收入7.49亿元；电子银行收入2.23亿元。

（二）创新驱动，多措并举促转型。完善产品创新机制，积极探索联动研发、重点产品团队式研发等多种创新模式，加快产品创意向产品创新的转化，构建多层次产品体系。积极倡导综合服务，提高专享增值服务能力。加快网点综合化建设步伐，深化前后台业务分离。扎实推进客户服务年，优化业务办理流程，提高服务效率。优化网点布局，推进城区低效网点向富裕县域、空白县域搬迁。加快电子渠道拓展应用，做好善融商务、悦生活平台应用，以及跨行资金归集、网上理财销售等产品推广，率先在省内商业银行实现网点WIFI全覆盖。加大县域地区自助渠道布设力度，加快复合型客户经理培养使用。

（三）调整结构，深入挖潜强基础。严控“6＋1”行业信贷总量，新增贷款重点投向行业优质客户，国家重点扶持的战略新兴产业，小微企业、涉农等领域，以及综合收益高、资本占用低的贷款产品，优先保障重点县域机构需求。组织开展“全员抓户，提质增效”客户账户营销拓展专项活动，加强专职客户经理对个人高资产VIP客户的维护，推进临界客户等级晋升。至年末，折算后公司机构、个人有效客户分别新增2.1万户和254万户；单位人民币结算账户新增、增幅和基本结算账户新增均居同业第一。深入研究探索大数据在市场拓展、客户维护、产品服务创新、风险防控等多个领域的应用，数据平台建设取得阶段性成果。

（四）防范风险，合规经营保平安。组织开展“信贷风险防控年”活动，加强项目评估管理，强调实质性风险判断。加强贷中发放环节风险审查管理和重点领域的风险监测与排查。加大不良资产处置力度，共处置不良贷款11.05亿元，实现超值现金回收1.99亿元。牢固树立“内控促发展，合规创价值”合规文化理念，坚持风险分析例会制，强化对重点部位、重点环节、重点机构、重点时段的风险管控，加大对高风险事项的稽核监测力度。继续推进反洗钱操作标准化建设，做好内外部审计检查发现问题整改。始终保持案件治理高压态势，积极探索基层机构案件防控新方法。扎实开展“管控关键环节，防范突出风险”案件专项治理活动，建立员工行为动态全面排查长效机制。深入开展安全生产大检查，加强IT风险管控和声誉风险防控体系建设，提高信访沟通、就地化解矛盾、接访劝返及群体性事件现场处置能力，认真做好“两节”、“两会”期间安全稳定工作。

（五）以人为本，队伍建设聚合力。扎实推动群众路线教育实践活动整改落实，加强党风廉政建设，组织开展“正风肃纪，勤业守廉”主题教育活动，制定加强和改进机关作风建设的意见。坚持理论学习制度，认真落实民主集中制，着力建设一支敢于担当，有能力解决疑难杂症，有能力破解发展难题，有能力带领大家过上幸福生活的高素质领导班子队伍。做好二级分行领导班子及省分行本部部门领导人员的调整充实和职务续聘，加强领导人员职数管理和干部选拔任用工作监督检查。畅通员工职业发展渠道，完善绩效管理体系，合理配置培训资源。认真落实总行“三高于一保护”要求，强化“多劳多得”绩效考核导向。加强行务公开和民主管理，建立完善行长接待日、员工座谈会、行长信箱等多种渠道，落实员工的知情权、参与权和监督权。以建行成立60周年为契机加强品牌建设，组织开展“60年60佳”优秀员工表彰，挖掘先进典型、弘扬正能量。深入落实关爱员工20条，广泛开展走访慰问特困劳模、特困员工活动，落实“两个待遇”，发挥离退休人员余热，营造了积极向上的和谐氛围。

（建设银行河北省分行　赵亚旗）

【交通银行河北省分行】　（一）业务经营概况。2014年，面对错综复杂的形势，交通银行河北省分行在监管部门的监督支持下，认真贯彻落实中央和总行系列重要精神，经过各级干部员工艰苦努力团结拼搏，取得了较好成绩。截至2014年末，全行资产总额达到1171亿元，增幅10.5%；本外币各项存款余额1022亿元，增幅7%，；人民币各项存款余额1011.4亿元，增幅7.4%，对公存款712亿元，增长9%，储蓄存款299.63亿元，增长3.6%；人民币各项贷款723.3亿元，增加61.5亿元；实现中间业务净收入6.97亿元，较上年增加2亿元；实现经营利润21.13亿元，增长4.8%。2014年分行综合绩效考评为第10名，获得总行经营管理优胜奖，综合竞争力排名第10名，服务排名第10名，获得总行服务提升工作优胜集体三等奖。

（二）资产结构持续优化，负债业务稳定增长。一是通过盘活存量，优化增量，有序推进信贷结构调整：在行业投向上，“两高一剩”贷款限额减少8.2亿元，新增民生保障、消费升级领域贷款60.3亿元。在客户结构上，1—8级客户贷款余额552.9亿元，较年初增加39.7亿元。在重点领域上，重点支持京津冀协一体化、三农、节能环保产业、小微企业。截至2014年末，在京津冀一体化地区贷款余额76亿元，较年初新增19.2亿元；支持农业和农村经济发展涉农贷款余额269.73亿元；支持战略新兴产业和节能减排项目贷款余额13.7亿元；全行银监口径小微企业贷款增量达19.05亿元，高于上年增量0.16亿元，高于各项贷款平均增速15.23个百分点，完成“两个不低于”目标。二是通过落实存款发展长效机制，建立起以日均为核心的存款指标管理体系，全方位抓好资金留存，负债类指标全部超额完成总行计划。全行年末全口径存款增量排名系统第一，同业存款平均余额增量61.8亿元，完成率排名系统第一。

（三）融资方式不断创新，风控水平日益提高。一是重点通过投行、票据等创新业务为全省企业发展和项目建设进行融资。截至2014年末，各项表外业务融资余额223.45亿元，有力支持了如河北高速、省建投、省交投、华药等河北省“双百双千”项目建设和“三个一百”领军企业和省内基础设施建设项目。二是重点抓好中间业务，中间业务净收入增幅达40.4%。其中，零售版块中间业务净收入增幅达到61.86%，完成率排名系统第二。三是始终将资产质量作为生命线，全面落实风险管控责任制，在外部风险事件频发、不良贷款抬头的不利局面下，守住风险底线、确保信贷资产质量真实稳定，全年完成不良贷款控制计划的110%，不良占比0.45%，大幅低于交行系统平均水平，在河北省金融同业及河北省内五大行中均位于前列。

（四）“三位一体”成效明显，品牌形象逐步提升。一是加强网点建设，2014年新建支行4家，普惠型网点34家，完成总行下达任务，数量在全系统排名第二。其中，和平支行作为交行首家标准的普惠型网点，于7月份顺利开业。全年建成并投入运营离行式自助银行35个，电子分流率达到79.8%，较上年提高6个百分点。全省客户经理占比达到30.6%，较上年提高4.3个百分点。二是不断提升服务水平，倾力打造河北省服务最好的银行品牌。2014年，交通银行河北省分行客户体验满意度节节攀升，在省内同业满意度评价中位列第一。省分行营业部、秦皇岛分行营业部、唐山分行丰润支行，入选中银协千佳网点，树立了良好的社会形象。同时，在河北新闻网“最满意银行网点”评选中，以7家网点获奖，位列获奖银行数量第一名。还先后荣获省消协“质量和服务诚信承诺单位”、市金融办“最佳服务银行”等多个奖项。

（交通银行河北省分行　赵云丽）

【民生银行石家庄分行】　中国民生银行石家庄分行成立于1998年12月23日。自建行之初，该行一直秉承着“服务大众情系民生”的服务宗旨，在“做民营企业的银行、小微企业的银行、高端客户的银行”战略指导下，积极、主动加大对河北地方经济建设的支持力度，走出了一条合规、稳健、创新的科学发展之路。2014年，民生银行石家庄分行积极打造“特色银行，效益银行”，强力推进“两小”金融建设打造特色品牌，以产业链金融为抓手持续推动公司业务发展，不断提高金融服务水平，科学管理水平不断提高，有力地支持了地方经济发展。截至2014年末，各项贷款575.63亿元，较年初增加81.09亿元；各项存款779.96亿元，较年初减少55.24亿元；资产总额1266.17亿元，较年初增加119.93亿元。

（一）支持省内重点领域发展。制定了《2014年公司业务发展规划》，将信贷投放向政府平台、省内央企、大型国企、关系国际民生的水、电、燃气、公共交通、医药、节能环保等行业倾斜。年度内，向河北水务集团、石家庄市交通运输局、石家庄市土地储备中心、邯郸市国土资源储备办公室、石家庄市国控、河北交通投资集团等投放资金近130亿元。审核通过的重大项目52个，其中获得总行批复的项目有18个，金额105亿元；已放款项目11个，金额52亿元。围绕区域特色、产业集群、核心客户产业链、交易平台、集团客户、产业园开展批量业务。累计调研极具区域特色的园区、集群20个，已批复批量授信项目7个，授信额度35亿元。成立“京津冀一体化业务开发领导小组”，统筹管理分行辖内一体化范畴内的各项工作，与总行沟通相关政策，与民生银行北京管理部、天津分行沟通对接，探讨新形势下的跨区域合作模式。截至2014年末，已批复“京津冀”协同项目25户，金额65亿元；进入审查阶段27户，金额62亿元；营销客户66户，金额256亿元。

（二）支持小微企业发展。一是打造专业化的团队和机构。民生银行按照专业化的原则组建了一支由客户经理、产品经理、评审经理、合规经理共同构成的近600人的专业营销团队，并在全辖设立了专门服务小微企业的专营机构，实现了民生银行小微金融服务的“专业管理、专业营销”。在分行组建了四支小微直销团队，对小微信贷售后流程进行优化，通过售后前置、客户回访、持续提升、贷后服务、客户信息管理5个二级流程和14个三级流程，建立与客户的队售后服务关系，为小微企业提供了更加贴近的金融服务。二是构建专业化的营销开发模式。针对商圈类客户集群，下移目标客户层级，在小微客户的基础上进一步分出了微型企业客户，针对融资需求50万元以下的客户群体，力推微贷业务。针对产业链客户集群，大力优化“总对总”合作模式，强化总行对重点项目的统筹管理推动和工厂化集中审批，提升了批量化开拓客群的效率，降低了业务成本。近三年来，在深入研究区域特色行业的基础上，实行“规划先行、批量开发”专业营销模式，积极开发产业集群和商圈。通过批量营销，累计审批通过400多个商圈或产业集群，批复授信额超800亿元，为衡水安平丝网、邯郸永年标准件、辛集皮革、太和电子城、北人集团等产业集群和商圈中小微企业提供了资金支持。三是制定专业化的作业流程。完成小微金融2.0的流程系统上线，将小微贷款规划系统、销售管理系统、风险审批系统、售后服务系统、资产管理系统等前、中、后台成功进行对接，大幅提高了小微金融的作业效率与管理水平。广泛应用移动销售工具，通过“小微宝”（移动销售IPAD）在客户现场即能完成数据采集、办理开卡、提交授信申请等业务，依托后台数据和评审模型的支持，最快2小时即可完成贷款发放。将工商、征信、结算等内外部9大数据来源进行整合，利用客户信息的垂直搜索引擎，为全面快速评估小微企业资信提供了强大支持，有效降低了单笔审批作业成本。成功推出“网乐贷”互联网微贷产品，实现7×24小时通过互联网随时随地办理贷款业务，3分钟放款，随借随还，为微型企业提供了极大便利。四是创新专业化的产品和多样的担保方式。推出了法人按揭、联保、商铺承租权质押、市场管理公司担保、互保、品牌经销商信用、超市供应商信用、小微无担保信用、法人授信等几十种面向小微企业的融资产品。将加强小微金融与小区金融的融合发展，实现小微业务、小区业务的客户互通，相互之间源源不断地贡献新客户。搭建小微、小区业务共享020平台，有机整合小区周边各类小微企业的产品和服务，打通“小区金融服务最后100米”，为小微企业提供贴身服务。设立小微企业互助合作基金，解决小微企业融资过程中的担保难题。截至2014年末，互助基金规模达到117.79亿元，客户总数6900户。截至2014年末，小微贷款余额289.92亿元，较年初增长40.9亿元；小微贷款增速16.42%，高于全行各项贷款平均增速0.03个百分点；小微客户数突破10万户。

（三）县域金融服务。一是组织辖内县域支行分别与当地对接，积极探索与县域政府合作的最优模式，创新了"县域互助基金"的担保方式，实现县域企业抱团发展，有效解决了县域小微企业的融资难题。累计开展县域银企对接会50余次，先后与藁城、正定、新乐、晋州、赞皇、行唐、栾城7个县签订了战略合作协议。二是发起成立"中小微企业成长保障基金"、"河北泡塑行业小微企业互助基金"等40个"县域互助基金"，拓宽了县域企业融资渠道。三是组建小微商业合作社，根据河北省县域经济发展特点，按照区域、行业、产业链特征，把松散的小微企业客户整合成一个有组织的经济体，进一步整合社会资源、搭建沟通平台、创新融资渠道，帮助小微企业抱团发展、抵御风险。四是将单纯小微贷款逐步向小微金融转变，通过小微城市商业合作社、合作基金等打造客户开发、业务推进和客户关系管理的有效平台，实现银行与小微企业的共同发展。

（四）履行社会责任。一是积极配合监管部门开展了"金融知识进万家"活动和"普及金融万里行"金融知识宣传活动，宣传教育覆盖所辖营业网点100%，累计受众人群多达五万余人。二是推动网点整合，提高厅堂统一服务水平。开展"点滴成就卓越"活动，为人民群众提供了优质金融服务。三是分支机构覆盖面不断扩大。截至2014年末，民生银行石家庄分行设立了6家二级分行、36家同城支行、14家县域支行、5家小微专营支行，11家社区支行，服务能力进一步提升。四是柜面服务水平大幅提升，受到广大金融消费者的认可。在市工会组织的"2014年石家庄市业务操作技能竞赛"上，获得了团体第一名好成绩。2014年，民生银行石家庄分行管理效益逐步显现，支持经济发展力度不断增强，得到了社会各界的一致认可。民生银行石家庄分行被评为"河北省AAA级劳动关系和谐企业""和谐社会建设诚信示范单位"称号，获得全国总工会"全国模范职工之家"荣誉称号，被评为"河北网友最信赖金融品牌"，营业部获得中华全国总工会"全国工人先锋号"称号。西二环北路支行被中国银行业协会授予"中国银行业文明规范服务五星级营业网点"和"2014年度中国银行业文明规范服务千佳示范单位"称号。

（中国民生银行石家庄分行　雷长征）

【华夏银行石家庄分行】　2014年，华夏银行石家庄分行紧盯四年发展规划目标，以规模增长、结构调整、降本增效、风险管理"四大战役"为抓手，稳中求进、改革创新，推进业务优质高效发展，全面完成各项经营计划，当年经营成果达到历史最好水平，为实现四年发展规划进一步夯实了基础。

截至2014年底，华夏银行石家庄分行利润总额实现12.38亿元，同比增加2.29亿元，完成103.2%；中间业务收入实现3.73亿元，完成127.7%；运营及销售费用成本收入比29.9%，完成全年计划。对公存款日均439.2亿元，完成106.6%；储蓄存款日均103.7亿元，完成103.2%；个人金融资产总量204.6亿元，完成112.4%；国际结算量25.5亿美元，完成115.9%；新增易达金放款2900万元，完成116%。净增对公客户1558户，完成120%；净增对公有效客户200户，完成111%；净增个人贵宾客户4408户，完成119%；净增信用卡VIP客户3.27万户，完成109%；移动银行客户7.36万户，完成140%；净增小企业用信客户297户，完成129%。

（一）统筹资源运用，创新营销方式，发展质效不断优化

1. 多措并举，业务规模持续快速增长。在贷款规模、风险资产、表外资产等资源约束条件下，分行采取了挖潜增效、腾笼换鸟、借力同业、客户倍增、突出重点、提升单产等六项措施，促进业务规模快速增长。

2. 统筹资源，各业务条线实现协调发展。按照不断优化公司业务，全力发展个人业务，深度开发小企业业务，扎实拓展国际业务，强力推进金融市场业务的发展思路，在贷款规模、风险资产等资源方面向重点业务倾斜，各业务条线实现了协调发展。

3. 不断创新，重点产品推广成效显著。全行各种非贷款类信贷投放达到了251亿元，城镇化建设贷款和"非税收入代缴"取得重要进展，成功办理法开署转贷业务3200万元；供应链金融业务量实现601亿元，其中新产品业务量为232亿元。个人理财产品销售437亿元，新增代发工资企业440户，沉淀储蓄存款2.21亿元。中小部年审制贷款66户、7.58亿元，个人经营性乐业贷591户、11.8亿元，平台贷款客户数增加23户，用信余额增加1.7亿元。国际业务结售汇实现17.8亿美元，成功办理首笔远证即付业务、应收账款池融资业务、跨境汇兑宝业务和NRA账户福费廷业务。

4. 夯实基础，客户数量稳步增加。全行坚持以客户开发为基础，扎实推进"两个80%"，新增与挖潜并重，努力实现客户倍增计划。到年底，全行对公客户数达到10060户，新增个人客户6.9万户，小微企业用信客户达到1572户，新增国际结算客户255户，新增贸易融资授信客户121户，所带来的效益增长明显。

（二）深化结构调整，推进经营转型，调整效果不断显现

2014年，分行从政策、风险、资本、效益四个维度推进资产、负债、收入结构调整，资产与资本使用结构得到优化。在资产结构调整方面：一是在资源配置上，优先支持中小企业，不断提高中小企业贷款占比；加大对国际业务等低资本消耗业务的支持，保证国际业务的发展需要；在依据市场原则提高贷款定价的基础上，加大个人贷款投放，推进个人业务快速发展。二是坚持效益优先原则，按照贷款定价水平，增加高收益贷款的投放，改善贷款结构，提高整体资产盈利能力。三是调控产能过剩行业

贷款占比。在负债结构调整方面：增加纯存款指标考核占比，在营销竞赛费用方面给予倾斜，大力发展储蓄存款和机构存款，强化过路资金管理，抓好结算存款，大力拓宽低成本同业存款资金来源。

（三）狠抓信用风险，防控重点风险，全年实现安全运行

1. 信用风险管理得到加强。一是制定《华夏银行石家庄分行2014年信贷政策》，明确2014年度信贷支持的重点区域及重点行业，并对钢铁等产能过剩和风险积聚行业设定退出目标和标准。二是严把授信准入关，将客户自身的风险水平、还款能力作为决定是否授信的首要条件，有效避免脱离企业实际需求的过度授信、贷款期限不合理等问题。三是按月对贷款定价水平、制造业、批零以及房地产等行业进行监测，加大对钢铁、平板玻璃、水泥、煤炭、钢贸、煤贸等重点行业风险管控，2014年，钢铁、平板玻璃、水泥等三行业贷款余额较年初减少6.5亿元，占比下降3.5个百分点。四是综合运用诉讼、重组、抵债、核销、资产转让等多种手段，多措并举化解风险，保持了资产质量整体优良。

2. 重点风险防控措施到位。一是严密防范流动性风险。强化头寸管理和资金调度管理，统筹规模和期限结构安排；加强主动负债管理，提高资金来源稳定性；加强同业、理财和投资业务管理，合理控制资产负债期限错配程度；组织做好流动性压力测试和应急演练。二是积极防范声誉风险。学习贯彻总行突发事件工作机制，督促专业部门和条线完善应急预案，提高突发事件的应变能力；加强舆情监测，及时发现声誉风险隐患，积极回应，正确引导，将风险控制在萌芽状态；组织开展舆情演练培训和实景演练，增强分支行各级员工的舆情风险意识和防范声誉风险的主动性和敏感性，提高舆情应对和处置能力；进一步加强投诉管理，深入分析，及时处置，防止引发声誉风险。三是防范操作风险和案件风险。持续开展案件风险和违规违纪行为排查，严肃责任追究；严格员工行为差错积分管理，发挥各级主管对员工日常行为管理的作用，落实“一岗双责”；加强对营业场所和办公区域的安保管理，严格落实安保责任制。

（四）强化预算管理，实现降本增效，盈利能力不断增强

一是加强全面预算管理，强化预算的刚性，促进全行的经营在预算的框架内进行，确保了年度经营目标的实现。二是加强贷款定价管理，提高利率管理的敏感性，在风险可控的前提下，投放部分高收益贷款，提高了资产的整体赢利能力。三是加强资金成本管理，加强资金市场的研究和分析，大力吸收结算存款等低成本资金，完善主动负债的利率政策，提高市场驾驭能力。四是促进中间业务收入增长，对传统收费项目，在依法合规的基础上，应收尽收；有效突破金融市场业务发展的瓶颈，提高市场化对中间业务收入的贡献度；加大创新力度，拓宽增收渠道，提高收入水平。五是降低运行成本，严格落实厉行勤俭节约、反对铺张浪费的要求，规范公务接待、用车、用房管理，加强商务谈判、集中采购，精简会议文件，提高精细化管理水平。

（五）加强渠道建设，打造服务品牌，服务质效不断提升

1. 坚持物理网点和电子渠道共同推进，为业务发展和服务提升提供支撑。一是克服多方困难，年内8家支行获准开业，3家机构批准筹建，机构建设计划全面完成，二级分行机构数量首次超过分行本部。二是设立电子银行部，配备专属队伍，整合业务资源，大力推进“第二银行”建设，电子银行客户活跃度和交易综合替代率不断提升。三是新增自助银行16家，自助设备45台，POS机具500台，TPOS机具192台，渠道功能进一步优化。

2. 强化部门联动，健全管理机制，“华夏服务”品牌的知名度和美誉度不断提升。一是组织开展“华夏服务质量提升年”系列活动，落实联动机制，完善服务设施，提升客户体验。二是开展多种方式的培训和学习，开展服务明星、服务标兵的评选，持续改进和创新服务方式。三是完善《文明优质服务工作考核实施细则》，坚持服务考核与绩效考核挂钩，不断提升服务规范化水平。四是注重从投诉中发现潜在的问题和不足，及时整改，提升专业化服务能力。五是高度重视服务荣誉争创，带动分行整体服务水平的提升。2014年，2家支行被授予“中国银行业文明优质服务五星级营业网点”和“千佳示范单位”。

（六）深化路线教育，强化队伍建设，发展基础不断夯实

1. 党委班子的政治核心作用进一步发挥。一是建设学习型领导班子。党委中心组通过严格学习纪律、丰富学习内容、创新学习形式，切实研究解决分行发展中遇到的突出问题。二是认真落实联系行制度、民主集中制和党风廉政建设责任制，提高班子成员群众工作能力和民主议事能力。

2. 党的群众路线教育实践整改活动进一步深化。一是落实领导责任，突出全过程组织协调，加强跟踪督导，扎实做好整改落实工作的组织推动。二是狠抓低效客户数量提升和低业绩客户经理能力提升，积极推进营销机制建设和平台建设，改变以资产拉动负债的业务增长模式，集中力量解决制约分行发展的突出问题。

3. 员工队伍建设得到进一步加强。将人才培养纳入分行四年发展规划进行推动，提高专业培训与业务发展的契合度；组织中层干部沙盘模拟培训课程以及《领军人才》培训班，选派优秀客户经理和柜员参加“营销和服务能力提升”培训班，拓宽基层一线人员培训方式和渠道；推行新录用大学生柜台工作机制，总结师带徒工作，修订《石家庄分行师傅带徒弟培训管理暂行办法》；制定《华夏银行石家庄分行后备人才队伍建设方案》，加强员工队伍后备培养梯队建设；坚持任人唯贤的选拔办法和德才兼备的选拔标准，严格执行干部选拔任用制度；制定《二级分行辖属支行行长晋级管理暂行规定》，进一步拓宽二级分行辖属支行行长晋升通道。

（华夏银行石家庄分行　崔梦琳）

【光大银行石家庄分行】 2014年，中国光大银行石家庄分行在省委、省政府的正确领导和大力支持下，深入贯彻落实科学发展观，以“打造国内最具创新能力的银行”为战略愿景，以模式化经营为抓手，认真贯彻落实年初制定的“调结构、稳增长、防风险、增效益”的工作思路，全行经营管理取得长足进步，各项业务经营指标保持稳健增长态势。

存款规模稳健增长。截至年末，该行一般存款时点余额423.48亿元，较年初增加42亿元，增幅11.01%；一般存款日均余额401.45亿元，较年初增加62.74亿元，增幅18.52%。

贷款规模较快增长。截至年末，该行各项贷款（含贴现）时点余额350.05亿元，较年初增加67.96亿元，增长24.09%；各项贷款（含贴现）日均余额317.45亿元，较年初增加52.35亿元，增长19.75%。

中间业务净收入稳健增长。截至年末，该行中间业务净收入5.36亿元，同比增长33.39%，中间业务净收入在营业收入中的占比达29.98%，较上年同期提高1.51个百分点，收入结构进一步合理优化。

（一）业务发展。该行认真贯彻落实总行“调结构、稳增长、防风险、增效益”的工作思路，牢牢把握河北省经济社会发展的新常态、紧抓发展机遇，加大银企合作、绿色环保项目的推进，建立起有特色的经营发展模式和品牌。

对公业务方面。一是全力支持全省重点项目。为有效服务实体经济，该行通过政策倾斜，调动资源，强化考核，加大产品创新等措施，对政府融资平台、城镇化项目予以大力支持。积极响应国务院关于加强地方政府性债务管理的意见，积极学习文件精神，对石家庄国控投资集团有限责任公司、石家庄滹沱新区投资开发有限公司、沧州建投房地产开发有限公司投放29亿元。

二是支持河北节能减排，促进产业转型升级。河北省是传统工业大省，重点支柱产业以钢铁、石化、建材、纺织等为主，资源消耗型企业多、节能减排任务重，经济转型升级压力大。面对经济形势的新常态，该行致力于绿色业务的拓展，成立绿色存款营销小组，对公主管行长任组长，致力于提高绿色存款占比，改善对公存款结构，扩大存款渠道。

三是积极开展银企合作。2014年3月5日，该行与石家庄市人民政府银企对接战略合作协议，此举是其认真贯彻总行战略，积极落实监管要求，也是大力扶持“三农”和小微企业发展，主动履行金融企业社会责任的具体举措，更是该行与石家庄市深化合作新的里程碑；经过营销小组的多次沟通，总分支行领导的高度重视，2014年6月17日长城汽车现金管理系统正式上线，此次长城汽车现金管理项目电汇及电票系统的成功上线，是“总—分—支”三级联动营销的成功案例；邯郸公积金中心银企通项目的上线，使得该行在服务事业单位中得到宝贵经验，该套系统为自主研发，在今后市本级、各地市均可复制该项业务；为搭建银行与企业的合作平台，切实帮助保定地区不同类型、不同发展阶段的企业拓宽融资渠道，扩大银行业务覆盖面，保障信贷有效投放，实现银企共赢，促进保定市经济和金融事业共同繁荣发展，2014年10月30日，该行与保定市北市区政府共同举办“金融成就梦想”专场银企对接会。

零售业务方面，瞄准交通、医疗、休闲、教育等与老百姓生活息息相关民生领域，坚持以服务客户需求为中心，遵循市场化运作规律，以科技创新为引擎，以产品创新为纽带，以渠道搭建和服务创新为着力点，继续坚持以服务客户需求为中心，积极推进客户分类服务、分层管理，充分利用服务方式渠道和各种产品渠道。大力发展理财业务、批量代发业务、出国金融业务、三方存管业务、代理保险业务、ETC业务、金阳光俱乐部、电子银行业务、信用卡、支付易业务。其中该行的出国金融业务实现了较好较快发展，首获河北省外管局外汇管理综合A级的评价，获总行2014年出国金融业务进步奖。此外，对私存款稳步提升、资产规模不断增长、客户数量增长显著、同业实现可比。

（二）风险管理。该行在2014年以总行“稳重求进，内涵发展”的战略方针为指导，以促进全行各项业务健康发展为目标，按照“健全管理体系，严守风险底线，加强精细管理，服务业务发展”的总体要求，重点从操作风险、信用风险和合规风险三个方面入手，全面加强风险管理工作。

一是操作风险管理方面。2014年该行认真履行案件防控职责，努力做好基础案防教育工作，致力于提升全行员工的案防意识及合规理念，加强员工教育，防范因员工异常行为所导致的相关风险。在全行范围内签订案防责任书，构成案防责任体系；开展系统的员工教育活动，通过加强日常合规教育、培训等方式努力提升全行员工的合规操作，树立合规经营的理念；同时也按照总行要求，认真开展了员工异常资金往来的专项排查活动等。为有效提升各条线的案件风险防范意识，还逐月下发合规案防案例供大家学习借鉴。

二是信用风险管理方面。该行严把资产质量关，开展风险预警排查，加大业务培训力度。

2014年该行多次进行风险预警排查工作，所进行的各项检查涉及行业包括煤炭贸易、煤化工、铁矿石贸易、钢铁冶炼及压延企业、建筑建材行业、化工行业、风电、化工等十余个产能严重过剩或存在环保压力的行业。排查重点包括生产型企业开工率；铁矿石、煤炭等贸易企业资金周转效率及财务指标变动；涉及多元化尤其是存在房地产关联企业情况；他行授信的变化情况以及是否存在民间融资等。通过各项检查，对敏感行业、敏感企业可能存在的问题进行筛查、汇总分析。结合排查中发现的问题，有针对性地对一些客户采取了额度管控、压缩、退出等处置措施。要求各相关单位责任到人，措施到户，加强对不良类、关注类客户等风险客户的清收化解力度；多方式多渠道化解、压缩当前关注类授信客户数量及金额，严控关注类客户进入不良类。

三是合规风险管理方面。落实总行“四位一体”工作机制，2014年开展了全面稽核、专项检查工作。完成了12家网点的全面稽核检查工作及控制环境专项检查、反洗钱专项检查、同业资产转让业务专项检查、中介机构重检专项检查等4项专项检查工作。在2014年的稽核检查工作中还对二级分行的综合管理工作进行了全面的检查。要求各经营单位在注重业务发展的同时关注潜在风险的识别与防范，并严格按照制度要求做好贷后的检查计划，并认真执行。建议各业务主管部门也要加强检查监督职责，归纳总结各业务、各阶段的风险点，并有效防范。

（三）网点建设。2014年该行网点建设工作成效显著，新开业支行4家（廊坊燕郊支行2014年1月18日开业、红旗大街支行2014年2月17日开业、谈固东街支行2014年6月19日开业、邯郸赵都支行2014年7月24日开业），新开业社区支行5家（香晴苑社区支行2014年12月9日开业、东岗怡园社区支行2014年12月12日开业、凤凰城社区支行2014年12月18日开业、万达社区支行2014年12月27日开业、国际城社区支行2014年12月30日开业），网点布局更趋合理，网点服务设置更加完善，整体服务形象得到有效提升。截至2014年末，该行共设有营业网点26家，其中石家庄分行15家、唐山分行4家、邯郸分行4家、廊坊分行3家。网点名称分别是：营业部、建华北大街支行、富强大街支行、友谊北大街支行、槐安东路支行、康乐街支行、中山路支行、中华大街支行、广安大街支行、西王支行、友谊大街支行、谈固南大街支行、体育大街支行、红旗大街支行、谈固东街支行、唐山分行营业部、唐山新华道支行、唐山丰润支行、唐山丰南支行、邯郸分行营业部、邯郸铁西支行、邯郸滏河大街支行、邯郸赵都支行、廊坊分行营业部、廊坊金光道支行、廊坊燕郊支行。

（四）党务工作。一是严格落实“八项规定”，切实加强和改进作风和行风建设，巩固群众路线教育实践活动成果。该行把作风建设作为党风建设的头等大事来抓，加强分支行两级领导干部民主集中制作风建设，厉行勤俭节约、发扬艰苦奋斗，认真贯彻落实中央、集团和总行关于改进工作作风、密切联系群众的各项政策、规定和措施，特别对中秋、十一节假期间使用公款购买贺卡、花卉等违规行为进行了监督，把作风建设贯穿于各项经营管理工作中。该行还组织员工认真学习了总行下发的纪检监察工作检查通知内容及工作检查底稿，针对文件内容及要求并对照工作底稿逐一进行认真自查，并将自查情况按时上报总行。二是认真落实党风廉政建设责任制。3月份，在全行范围内分层次、逐级签订了党风廉政建设责任书68份、（非党员签订）廉洁从业责任书11份，明确各级领导干部肩负着“一岗双责”职能，既要对所在岗位应当承担的具体业务负责，又要对所在岗位应当承担的党风廉政建设责任制负责。三是积极组织开展特色党员活动。组织全行党员干部学习观看政论片《较量无声》，并结合实际开展讨论，坚定理想信念；7月初，在庆祝建党九十三周年之际，组织开展了党员教育活动，特聘请西柏坡纪念馆副馆长来行授课，同城218名党员和积极分子参加了培训；该行还积极履行社会责任，对新闻报道中生活困难老乡进行慰问。四是抓好组织发展工作。对各支部组织发展工作进行指导，坚持总量控制、慎重发展、严格标准的原则，有计划有步骤地做好党员发展工作。

（五）队伍建设。在总行的带领下，该行深入推进更有员工幸福感的发展。一是开展支行副职竞聘活动，有效充实管理干部人员力量。为了加强管理人员队伍建设，全方位地发现和使用人才，本着“出业绩、出干部”的用人原则，该行多次组织竞聘活动，充分体现了“多用干事的干部，才能多出干事的干部”用人观。二是通过校园招聘和猎头公司服务做好人员招聘工作，不断完善人员考核、管理制度，完善干部选拔任用机制。为不断拓宽员工职业发展通道，为更有内涵式发展贡献力量，该行高度重视并积极推进总行组织的专业人才队伍建设。三是通过开展公益、文体活动提升员工主人翁意识和幸福感。制订了“全员健身活动方案”，不仅设置了适合个人参加的“走步、登山、广播体操”等项目，还设置了适合以团队形式参与的“篮球、足球、骑行队、羽毛球、乒乓球、健美操”等项目。为了更好地关爱员工，在坚持往年员工体检、生日蛋糕、电影卡、洗衣卡等福利项目的基础上，又购置了火灾逃生面具、多功能声光报警手电筒、防空气污染口罩等。通过不懈努力，该行的干部队伍建设更上一层楼，员工的幸福感大大提升，为更好地开展工作打下了坚实的基础。

（中国光大银行石家庄分行　邱　水）

【河北省农村信用社联合社】　2014年，在省委、省政府的正确领导和有关部门的大力支持下，面对复杂多变的经济环境，全省农信社积极作为、砥砺前行，圆满完成全年各项工作目标和任务，得到省委、省政府的充分肯定和社会各界的广泛赞誉。河北省联社连续三年荣获省政府“金融贡献奖”荣誉称号。

（一）坚持稳中求进，推进业务经营实现新突破。一是资产总额突破“万”亿元。截至2014年末（下同），全省农信社资产总额达到10560.75亿元，是全省第一家资产过万亿元的银行业机构。二是存贷款规模领跑全省银行业金融机构。各项存款余额8659.24亿元，比年初增加1042.31亿元，年度净增额突破“千”亿元。各项贷款余额5276.78亿元，比年初增加591.91亿元。存、贷款规模继续位居全省银行业机构首位。三是企业效益持续向好。实现拨备前利润198.11亿元，比上年度增加26.93亿元，增长15.7%。实现利润总额139.78亿元，同比增加40.39亿元，增长40.6%，利润总额突破“百”亿元。全省所有县级行社连续4年实现盈余。四是信贷资产质量稳步提高，不良贷款余额和占比继续实现“双降”，各项监管指标全部达到年度资本监管要求。五是涉农和小微贷款均实现“两个不低于”目标。涉农贷款余额4422.59亿元，比年初增加490.57亿元，增速12.5%，高于全部贷款增速0.7个百分点；小微企业贷款余额3930.26亿元，比年初增加583.35亿元，增速17.4%，高于各项贷款增速4.8个百分点。六是电子银行和中间业务快速发展。信通卡存量已达3924.65万张（其中累计发行金融IC卡1170.03万张），卡内存款余额875.25亿元。布放各类POS机8.49万台，开通自动柜员机4598台。网银客户达210.15万户。试点开办理财产品。

（二）坚定市场定位，推进支农惠农水平稳步提升。不断加大涉农贷款和小微企业贷款投放力度，创新金融服务，支持农村面貌改造提升，启动“信贷百千万”行动，全年新增支农和扶贫贷款487.34亿元。同北京农商行、天津农商行签署战略合作框架协议，强力推进京津冀农村金融服务协同发展。在巩固扩大“农贷宝”的基础上，研发推广“商贷宝”产品，向5.24万个商户授信78.22亿元。开办农户“三权”抵质押贷款试点，试办土地流转收益保证贷款。推进农村支付环境建设，全面提升“农信村村通”工程，圆满完成3.91万台村一级EPOS机的金融IC卡受理改造工作。丰富和完善网银业务种类，正式上线运行手机银行，研究探索互联网金融建设，试点建成资金市场价格网和“金螺丝商城”。成功上线现代化支付和农信银清算二代系统及资金头寸预报系统，建立省内同业最大清算网络，农信银清算业务量位居全国第二位。

（三）坚持改制方向，推进体制机制深化改革。按照成熟一家改制一家的组建原则，扎实推进“双改”规划的实施。积极建设示范性农商行和示范性股份制联社。全省农信社已成功股改的机构合计达到66家，占比44%。其中已开业农商行18家，获批筹建或待开业有5家；已开业股份制联社32家，获批筹建或待开业有11家。衡水农商行成为全省第二家市级农商行机构。不断推进重点领域机制创新，深化信贷经营管理体制改革，继续完善和推进小贷中心建设；落实分类管理要求，调整扩大市县机构信贷、财务、人事等业务权限；制定县域信用评级办法，促进改善区域金融生态和信用环境；完善县级行社工资总额确定办法，制定实施市级农商行、县级行社工资改革指导意见；建设绩效管理系统，有26家行社具备了运用该系统进行绩效考核的条件。

（四）坚守防控底线，风险控制能力显著提高。一是进一步优化信贷资产质量。制定、修订和完善不良贷款清收管理、新增不良贷款管理、评估及拍卖类中介服务机构备选库管理等风险资产管理制度及办法。坚持“四找”清非（找自身、找发展、找市场、找市长），全面开展不良贷款“广收行动”。督导各级机构对省、市、县三级不良贷款前50大户强力清收。加大任期收贷红黄牌问责力度。实现不良贷款信贷管理系统和单机版五级分类系统“双线”并轨。二是提高风险防控水平。推进合规管理，重点检查内控制度的完善性和实际执行，进一步强化制度体系建设。推动省市两级机构履行好监督职能，推动稽核体制改革，建立稽核报告公示制和稽核约谈制。通过行政、经济等手段，加大稽核检查问责力度。提高安保和综治水平，推进县级行社安全保卫工作达标升级，推动监控中心改造和社会化押运，成功堵截77起欺诈、盗抢案件。三是加快流程银行建设。制定实施流程银行建设指引，在石家庄正定农商行等26家县级行社开展第三批流程银行试点，不断强化合规管理机制建设。四是加强党风廉政建设。强化党委主体责任和纪委监督责任，加强纪检组织机构建设，制定惩治和预防腐败体系五年工作规划，制定案件问责管理暂行办法，加大对案件和纪检信访件的查处力度。

（五）坚持精细管理，推进“基础管理质量年”活动。一是做实信贷基础管理。规范信贷业务合同文本，修订社团贷款、委托贷款和信贷业务咨询等管理办法。加快征信系统建设，实现企业征信系统上报入网使用，完成个人征信数据试上报工作。积极防范平台贷款和房地产行业风险，强化对实际出资控制人、关联企业授信及担保圈贷款风险管理。二是做实内控管理。进一步完善柜员管理、授权管理等制度办法，试点并推广远程集中授权系统。加强会计核算管理，辖内县级行社全部实现会计达标，其中二级及以上单位达到89家。进一步优化财管系统功能，全面启用财务预算模块。制定对账管理暂行办法，开发和运行网银对账系统，实现对账管理自动化。试点运行金融风险（业务交易）实时预警系统，启动反洗钱业务系统项目建设。建立资金市场流动性风险事件快速报告制度，实现省联社资金营运管理前中后台有效分离。制定实施省市县三级档案管理三年规划，省联社机关档案管理达到省3A级标准。三是做实统计基础。加强统计工作考核评价，完成监管统计数据质量管理良好标准评估工作，实现存贷款标准化和新版客户风险两大系统的上线运行和数据对外报送。四是做实科技支撑。完成生产网网络架构升级改造、主机设备升级和数据级异地灾备中心建设，完成ATM、ATMP系统接入密码服务平台的上线工作。健全IT治理和数据治理体系，全面启动第二代核心业务系统、信息科技治理体系及数据维护平台建设。

（河北省农村信用社联合社　高玉成）

【河北银行】 2014年在省委、省政府的正确领导和大力支持下，在各级监管部门的指导帮助下，河北银行紧紧围绕既定“十二五”发展目标，主动克服宏观经济下行带来的风险压力加大等不利因素，坚持以创新求发展，以创新促转型，在服务地方经济社会发展、助力“四大攻坚战”和“三个河北”建设过程中，综合经营实力、市场竞争能力和品牌影响力取得进一步提升。

（一）经营业绩持续提升。截至2014年末，全行资产总额1818.98亿元，同比增长19.56%，余额在省内商业银行中排名第6位。存款总额1371.45亿元，同比增长17.92%。贷款总额752.05亿元，同比增长21.05%。存款、贷款在省内同业占比分别提高了0.24个百分点和0.11个百分点。在银行业盈利能力整体下滑的大背景下，全年实现主营业务收入101.4亿元，提前两年完成了河北省“三个一百”企业年主营业务收入超百亿元的目标。实现净利润17.63亿元，同比增长27.85%。全年省内机构缴纳税费9.74亿元，同比增长79.70%。

（二）积极支持本省产业结构转型升级。一是先后同省商务厅、工信厅、科技厅等省直单位签署战略合作协议，大力支持符合国家产业政策的战略新兴产业、现代农业、现代服务业、科技型企业等。向石药集团、唐山三友集团等56户“三个一百”领军企业提供融资82.59亿元，向11个“双百双千”重点项目投放资金13.01亿元。二是向民生和基础设施领域倾斜资金支持。累计向医疗行业授信23.49亿元，向电力行业授信5.89亿元，向交通运输业授信39.12亿元，为南水北调配套工程提供融资5亿元。三是大力发展绿色信贷。对“两高一剩”行业收紧授信政策，实行“名单制管理”、“行业限额管理”。截至2014年末，“两高一剩”行业贷款余额34.07亿元，同比下降超过10%。同时，持续加大对绿色产业、循环经济和传统产业改造升级的信贷支持力度，并在省内同业中办理了首笔排污权担保融资业务。

（三）大力服务京津冀协同发展。充分发挥自身优势，积极为河北承接京津产业转移、功能疏解提供配套金融服务。一是支持河北承接京津产业转移。已为北汽集团黄骅汽车产业园授信4亿元，并积极对接北京动物园服装批发市场等优质外迁企业和重大优质项目。二是支持京津冀交通圈建设。为京新、京昆、二秦高速公路等交通项目提供45亿元融资支持，全力服务京津冀区域便捷高效、互通互联的综合交通体系建设。三是加快京津冀区域机构网点布局。在环渤海区域已设有天津、唐山、沧州、秦皇岛4家分行，共33家营业网点；在环首都经济圈设有保定、廊坊、张家口、承德4家分行，共31家营业网点（在河北环首都13个县市区中的涿州市、三河市、香河县、固安县、大厂县、怀来县均设有支行）。

（四）服务民生水平不断提升。2014年通过多渠道、多平台对接消费、住房、社保、医保等民生领域，不断满足民生金融服务需求。一是加大小微企业金融支持。推出预抵贷、押余贷、循环贷、年审贷和续授信等小微特色产品和服务，着力解决小微企业融资难、融资贵问题。在全省首推科技型中小企业履约保证保险贷款业务，并成功发行20亿元小微企业专项金融债券，助力河北省小微企业不断成长。截至2014年末，全行中小微企业贷款余额472.50亿元，占全部贷款的62.83%。其中小微企业贷款余额290.49亿元，较年初增长40.31%，高出同期贷款增速19.26个百分点，较好地完成“两个不低于”的监管指标。二是强化零售金融服务。相继开发了易生钱、多利宝、定活通智能储蓄产品和“炫彩”系列理财产品。全年共发行个人理财产品497期，年末理财规模达到134.43亿元；中高端客户数达到21.48万户，较年初增加4.09万户；管理个人客户总资产达到647.51亿元；全年发放信用卡12.18万张，超过发卡6年来的总和。三是持续提升“三农”服务水平。通过贷款、福农信用卡、结构化融资等多种金融产品，先后为三河汇福粮油、石家庄正元化肥等一大批企业提供融资支持。同时加快县域机构布局，满足“三农”多层次、多元化的金融服务需求。截至2014年末，全行涉农贷款余额达222.93亿元，占全部贷款的30%。县域支行已达到58家，占全部营业网点的32%。

（五）风险防控水平有效提高。一是多措并举管理信用风险。采取贷款排查、积分管理等措施，在调整信贷结构过程中加快不良资产消化。及时调整授信政策，紧跟产业结构调整、化解产能过剩等政策方向，对“两高一剩”和相关高风险行业及企业的授信政策进行调整，及时完善授信企业准入、退出机制。二是进一步完善全面风险管理体系。完善利率风险和流动性风险监测和管控机制，加强流动性风险管理；加快同城灾备中心建设，提升信息科技风险防控水平；加大反洗钱工作力度，强化操作风险管理。三是加强内控案防和安全保卫管理。针对社会案件高发领域和环节，狠抓员工思想行为的日常管理和常态化教育，不断加强员工行为管控和排查力度。坚持从人防、物防、技防和安保队伍建设等方面入手，确保财产安全和员工、客户人身安全。全年未发生重大案件和安全责任事故。

（六）金融创新能力显著增强。2014年，全行产品业务创新成效显著、亮点频显，创新驱动效应明显增强。相继获得理财管理计划—理财直接融资工具、信贷资产证券化、信贷资产流转平台、同业存单发行、衍生产品业务、尝试做市业务、非金融企业债务融资工具等多项业务资格，并先后发行27.95亿元信贷资产支持证券、14亿元同业存单、4.8亿元信贷资产流转平台、1亿元首期理财直接融资工具等。积极搭建冀银合作、投资理财平台，全年完成三期投资，累计金额14.775亿元，实现了省内城商行的业务合作和共同发展。同时还建立“微创新”机制，发挥创新沙龙、微创新大赛载体作用，充分激发全行创新活力，自助填单程序、代发工资文件生成器等一大批“微创新”脱颖而出。

（七）省内设区市机构布设圆满完成。截至2014年末，全行营业网点总数达到177家，全年新增53家。随着秦皇岛分行、承德分行相继开业，实现了在全省11个设区市营业网点全覆盖，基本形成了环渤海区域的机构布局。

（河北银行　姜鸿博）

【廊坊银行】　2014年，廊坊银行以“两会一层”换届为契机，健全公司治理机制，夯实内部管理基础，把牢信贷风险底线，加快产品服务创新，加大市场开拓力度，各项经营管理工作取得了积极成效。截至年末，全行资产571亿元，增长72%，存款361亿元，增长50%，贷款190亿元，增长34%，拨备前利润6.6亿元，增长55%。其中，总资产和存款两项分别居全省城商行第一位、第二位，辖内存款增量在廊坊市银行机构排名第一位，各项监管指标持续向好。

（一）积极推动各项业务发展。推进轻资本运作模式。在宏观经济下行、利差收窄的背景下，最大程度利用资本，资产结构得到改善。助力实体经济发展。积极调整信贷投向，对新型农业经营主体、农田水利、农业科技和现代种业的授信业务实行贷款利率优惠政策，同时，加大对县域网点的授信授权，简化审批流程，重点支持农业产业化龙头企业快速发展。服务园区项目建设。全力支持市重点项目建设和工业园区建设工作，积极扶持工业园区内的新兴产业和科技型小企业发展，推动绿色信贷业务。延伸县域服务半径。在金融需求较多的县域筹建、设立县域支行，其中，文安支行、三河燕郊海油大街支行已开业运营，切实满足当地居民金融需求，使更多市民受益。借势京津冀一体化。招聘专业人才，研发专门产品，推动快速健康发展。加大小微扶持力度。成立小微企业金融服务中心，专营小微业务，研发推出小微贷款产品，为石家庄、廊坊区域各类小微企业主和个体工商户提供贷款服务。破解中小企业融资难。成为河北省小额票据贴现管理中心廊坊市分中心唯一经办银行，有效缓解廊坊市小微企业融资难、小额票据流转难和变现难问题。合理调整资金投向。结合区域行业发展特点和整体风险状况，根据国家宏观调控和产业结构导向，对风险较高、授信风险和集中度较高的部分存量授信企业进行适当调整，调整后贷款重点用于支持小微企业发展。

（二）严格管控各类经营风险。2014年以来，先后出台《廊坊银行授信业务操作规程》等20余个重要风险管理制度，保障全行授信业务依法合规开展；出台年度风险授权方案，上收分支行信贷审批权限；通过压力测试，摸清各分支行客户情况及区域特点，对分支行实行差别授权；在摸底排查和外部专业公司审计基础上，再次进行授权调整；优化审批制度，严肃奖惩机制，扩大内审覆盖范围；对知识产权进行梳理，对资产进行分类管理，通过信贷资产处置方案，盘活存量资产；严格落实授信工作问责制和尽职免责制。

（三）扎实提升内部管理基础。2014年以来，先后完成IC卡系统和二代支付系统上线及生产数据中心搬迁工作，增强IT基础设施的稳定性、安全性，保障业务连续性。明确了业务发展战略、IT战略和人力战略三大战略，为未来发展指明了方向。新核心系统建设已开始招标，职级薪酬体系建设项目也已启动。完善会议制度和全行信息共享平台，出台《廊坊银行会议管理制度》，建立每周行长办公会、行长办公专题会议制度，经营管理中的各类重大事宜，均实行集中讨论、民主决策。决议决定事项，以会议纪要形式传导全行。推行了后备干部竞聘制度，将人才管理纳入有序管理轨道，通过月度业务分析与督导会、资金转移定价与资产负债管理，使总行对业务发展的指挥作用显著加强。行领导对口支援的机构取得一定成效，总行部门民主评，督办制度持续推进。管理架构进一步重建，网点建设提速，陆续组建大客户部、金融市场部、战略管理部、资产负债部、票据业务部、不良资产清收小组、党群工作部、文安支行等部门和营业网点。坚持以人为本的管理。把员工作为核心竞争力，充分尊重员工的主体地位。通过组织内部竞聘和对外招聘，为优秀员工提供施展才华的机会，并通过组织融合、新老融合，打造廊坊银行的家园文化。制定科学合理的培训方案，按月发布培训计划，通过聘请外部专家授课和行内专业人士讲课等多种方式，对全行所有员工实施多层次、多角度、全覆盖的专业培训，扎实提升员工整体素质。进一步优化利用办公场所，使专业化管理和服务水平大大提高。将小微中心、票据业务中心、发展研究中心发布的消息及时对外进行宣传，提升廊坊银行知名度；2014年开发区支行再度荣获中国银行业文明规范服务“千佳示范单位”。

（廊坊银行　董春磊）

【财达证券有限责任公司】 财达证券有限责任公司是经中国证监会审核批准，于2002年正式设立，是河北省内唯一的法人证券公司。公司注册资本27.45亿元，股东单位27家；公司设有股东会、董事会、监事会，董事会下设提名、薪酬与考核委员会、审计委员会、风险控制委员会，公司实行董事会领导下的总经理负责制。公司总部共设总经理办公室等26个部门，拥有员工2000余人，营业网点107家，其中省内93家，覆盖全省各设区市及经济发达的县域城市，同时辐射北京、上海、天津、深圳、黑龙江、河南、江苏、福建、安徽、湖南等地，服务的全省及全国客户超过150万人。业务经营范围：证券经纪、投资咨询、证券自营、资产管理、承销保荐、财务顾问、金融产品代销、股指期货IB，以及融资融券、约定购回、报价回购、质押回购等各类业务，是一家全牌照综合类证券公司。注册地为石家庄市自强路35号。法定代表人翟建强。

（一）主要指标。2014全年实现营业收入19.66亿元，利润总额10.68亿元，分别较上年同期增加9.04亿元、7.45亿元，增长85.20%、230.55%。

（二）经纪业务。2014年，经纪业务在组织建构、网点优化、规范运营、营销服务等各方面均取得明显成效，完成了经纪业务总部组织架构调整，管理进一步理顺，职责进一步明确，在经纪业务收入中，新业务收入占比达到20%，较上年提高11个百分点，转型升级取得初步成效。

营销服务明显提升。进一步加强投资顾问服务建设，完善投顾平台功能，以三家投资咨询优异的营业部投顾团队为班底，设立了“财金达一、二、三号”三个标准化投顾服务产品，通过公司综合服务平台，以微信、短信等形式传递给客户，上线“财达证券财迷会”、“财达证券公众微信”等微信服务产品。机构建设不断创新。在黑龙江分公司试点的基础上，制定下发了《分公司管理办法（试行）》和《2014年度分公司新设指导意见》，研究设立北京、保定分公司，实施廊坊建设路、廊坊新华路两营业部区域统一管理和考核。业务转型再获突破。以融资融券、约定购回、股票质押回购等为主的信用交易业务继续快速发展，规模不断扩大，在满足客户融资需求、增强客户黏性的同时，也增加了营业部的收入来源，信用交易业务收入占经纪业务总收入的比例已达19%。

（三）创新业务。固定收益业务。固定收益部在积极把握机会、稳健投资、获取债券市场收益的同时，还积极参与报价回购、投资顾问、债券承揽承销等业务，全年实现收入合计5.59亿元，净利润5.12亿元，其中债券投资收入3.86亿元，投资公司理财计划收入1.48亿元，管理费收入788万元，公司自有资金投资收益率24.95%，超越中债总财富指数的增长。

证券投资业务，积极研究新政策、新动向，把握投资趋势，严控投资风险，紧抓市场走好的机会，取得良好收益。证券投资一部、二部实现收益6835万元，收益率达

42.72%。

信用交易业务，2014年底融出资金余额达35.72亿元，较上年的12.62亿元增长182.88%，共实现收入2.66亿元，较上年的7800万元增长239.33%，占公司总收入的13.5%，成为公司的第三大收入来源。

资产管理业务，共管理产品33只，其中集合产品10只、定向产品23只，总规模140.18亿元，全年实现收入2987.9万元。

投资银行业务，成功签约两家再融资主承销项目，相关材料已经上报，由公司担任保荐机构和主承销商的一单IPO项目已完成辅导备案，在并购重组、财务顾问等方面也与多家上市公司达成协议；新三板业务方面，累计签约52家，成功挂牌13家，完成两家新三板再融资项目，特别值得一提的是，联讯证券在新三板市场挂牌并融资10亿元的案例，成为证券公司在新三板市场首单挂牌并融资的案例，是新三板市场成立以来融资规模排名第二的项目，为证券公司补充资本金探索出一条新路，获得业界的广泛关注和监管机关的充分肯定；成功取得做市商业务资格，并积极与推荐的挂牌公司沟通，成为古城香业、亿汇达、三众能源等三家挂牌公司的做市商，做市业务自开展以来运行平稳，截至年末已实现账面利润244.68万元。

(五) 企业管理。法人治理结构进一步完善。对公司领导班子进行了调整充实，进一步规范了股东会、董事会、监事会、经理层职权。

混合所有制建设进一步推进。成功实施了第四轮增资扩股，融入资金近16亿元，股本规模达到27.45亿元。

考核分配机制进一步完善。加强总部部室量化考核力度，推进个人考核成绩按部室考核结果强制分布机制，继续深化营业部动态分类管理，分类考核。

选人用人机制进一步完善。制定并实施《中层管理人员管理暂行办法》，进一步规范选人用人的标准和程序，切实营造人员能进能出、职务能上能下、待遇能高能低的机制；实施了《员工专业序列职级管理办法》，逐步完善行政管理与专业序列的双通道制度。

成本管理进一步加强。继续推进营业部场地优化工作，做好房产、设备等的统筹调配安排，实施总部办公用房整改，缩减领导办公面积，改善员工工作环境，修订公司《接待管理办法实施细则》。

资金管理进一步加强。细化预算的过程管控，在保证资金安全和业务有序运转的前提下，积极加强自有资金运作管理，优化资金融入融出方案，同时取得了工商银行、兴业银行的授信，在资金管控上面进行全局谋划，保障资金效益最大化。

团队建设进一步加强。组织实施了校园招聘、社会招聘、猎头寻访等多种人才引进方式优化公司人才结构，共招聘83名高素质高层次的专业人才补充到业务团队。

合规风控进一步加强。持续关注并加强经纪业务重点领域和环节的合规管理工作，将新业务的合规管理执行情况作为合规检查重点内容。

(财达证券有限责任公司 张志欣)

保 险 业

【概况】 2014年，河北保险行业全面落实省委、省政府和保监会各项决策部署，主动融入河北经济社会发展新常态，围绕河北转型升级、绿色崛起，以服务经济社会发展和百姓民生为己任，切实保护保险消费者利益，维护金融秩序稳定，各项工作取得显著成效。2014年，全省保费收入和非保险合同收入总计1314亿元，增长17.1%。其中保费收入931.9亿元，居全国第9位，增长11.3%。提供各类风险保障19.8万亿元，赔付395亿元，增长25.1%。缴纳及代收代缴各种税费67亿元，占全省公共财政预算收入的2.7%。为全省提供就业岗位26.3万个。省内第一家法人保险机构——燕赵财产保险股份有限公司顺利开业。

(一) 加大市场规范力度，市场秩序得到明显改善。将规范农业保险、大病保险等政策性保险业务和清理整顿中介市场作为重点工作。一是开展农业保险检查。对全省208家经办农业保险的县级机构进行专项排查，走访271个乡镇587个村的2067家农户以及6户林场、85家养殖场。全力配合做好保监会、财政部农业保险联合检查。二是开展大病保险检查。对5家保险机构进行摸底检查，配合保监会对2个地市的3家保险机构进行专项检查。加强对大病保险招投标情况的监管。三是开展中介市场清理整顿。对全省1270家保险机构和中介机构进行督导检查，对50家机构进行重点检查。全年清理注销专业中介机构106家、兼业代理机构1653家。四是开展人身险业务检查。对160家银行机构和保险机构开展客户信息真实性检查，对5家保险机构开展意外险业务专项检查。2014年，组织监管机关和行业近700人次，150余个检查组，6次深入全省全部132个县（市），检查5400余家（次）基层保险机构和代理网点。对29家机构和21名个人罚款213万元，警告27家（人）次，吊销业务许可证2家次，责令停止接受新业务4家次。

(二) 牢牢守住底线，市场风险得到有效防范。把防范风险摆在更加突出的位置，牢牢守住不发生系统性区域性风险底线。一是重点防范寿险满期给付和退保风险。紧盯重点机构、重点地区、重点人群、重点时点，对151个县（市、区）的2677家基层保险机构和代理网点进行排查。密切监测高现金价值保险产品风险。迅速妥善处理数起群众聚集事件。二是严查非保险类金融理财产品风险。开展销售非保险类金融理财产品风险、非法集资风险、保单质押贷款风险排查，妥善处置“华融普银”理财产品事件。此外，还妥善处置16件保险公司司法案件。2014年，河北保险市场没有发生重大违法违规行为，没有发生重大群体性事件，没有发生重大行业风险。

(三) 着力提升服务水平，保护消费者权益成效显著。

将保护消费者利益作为取信于民的长期性工作，坚持健全制度机制、强化综合治理、加大惩治力度，切实让消费者感觉到保险的优质服务，感受到监管部门真正为人民服务的作风。一是综合治理保险理赔难。开展财产险积压未决赔案清理活动，未决赔案从2013年末34.4万件下降到2014年末25.6万件，共清理323.5万件，清理金额162.8亿元。诉讼案件从年初的4.2万件下降到不足1.7万件，共清理7.2万件。在11个地市的46个县（市、区），对328家（次）保险机构开展车险理赔服务现场测评。二是综合整治销售误导。对寿险公司治理销售误导效果进行评价，按季度抽检公司电话回访录音。针对邯郸涉县、唐山迁安两地发生的客户聚集事件，给予罚款或吊销许可证等严厉处罚。对沧州一家银行混淆代理保险产品与银行产品的违法问题给予重罚。三是妥善处置保险消费者诉求。全年共处理各类咨询和投诉2.7万件，有效信访件1020件，12378热线满意度达99%。推动11个地市设立保险消费者权益保护工作站，健全诉调对接机制，受理各类纠纷调解案件2228件，调解成功率92.2%。四是积极应对重大灾害事故。在马航事件、威马逊台风、云南鲁甸地震、张家口公交站台等灾害事故发生后，组织行业及时排查客户信息，做好理赔服务工作。一年来，保险服务质量进一步改善，车险结案率提高2.1个百分点，结案周期缩短1.4天，车险万件保单投诉件数下降16%，保险客户满意度80%以上，8家公司被评为“河北省服务名牌”。2015年春节期间开展的高速公路快赔活动，得到各级政府、社会、消费者、行业的广泛认可和支持，提升了保险行业的形象。

（四）全面贯彻保险“新国十条”，行业发展实现新突破。按照保险业“新国十条”的要求和保监会贯彻落实的部署，坚持服务河北“四大攻坚战”、“三个河北建设”，着力促进政策落地，着力推动重点业务领域发展。一是认真学习贯彻“新国十条”。联合省金融办举办专题报告会。组织开展相关课题研究。会同省金融办制定省直部门任务分工及时间进度表。二是争取政府支持。省政府办公厅出台《关于推进保险业更好服务河北经济社会发展的实施意见》、《关于加快发展商业健康保险的实施意见》。编辑《保险工作动态》，定期向省市有关领导报送保险业服务经济社会发展情况。三是推动重点业务领域发展。开展玉米和小麦种植保险的承保督导检查，承保面积分别超过播种面积的90%和70%。参加保定阜平县创建金融扶贫示范县工作，多个项目开始实施。推动大病保险在9市2县（市）开展，保费收入达到7.7亿元，承保人数占应参保人数的54.8%。联合省直有关部门，推动医疗、环境污染、食品安全、养老机构等责任保险和治安保险发展。四是加大行业宣传。开展保险公众宣传日、“中国梦·赶考行”、“3·15”消费者权益保护等一系列主题活动，开展各类宣传咨询活动1489次。

（河北保监局　孔令亮）

【人保财险河北省分公司】　2014年，中国人民财产保险股份有限公司河北省分公司（以下简称：人保财险河北省分公司），紧紧围绕河北省委提出的“建设经济强省，和谐河北”宏伟目标，为实现中国梦、推动和谐河北，恪守“人民保险，服务人民”的神圣使命，以改革创新为动力，创新公共服务方式，积极参与河北地方经济建设，主动承担社会责任，努力为构建和谐河北提供优质的保险保障服务。2014年，人保财险河北省分公司实现保费收入146.52亿元，同比增幅10.45%；为社会提供5.47万亿风险保障；支付赔款122万笔，赔款金额73亿多元；缴纳税金7.24亿元，代收代缴税费8.91亿元，合计16.15亿元，有效发挥了“经济助推器”和“社会稳定器”的职能，充分彰显了社会责任，成为保险行业服务和支持地方经济建设的“主渠道”，有力地促进了河北省经济的稳定持续快速发展。

（一）认真学习贯彻“新国十条”。2014年8月13日，国务院正式发布《国务院关于加快发展现代保险服务业的若干意见》（简称“新国十条”），人保财险河北省分公司高度重视，迅速进行学习传达贯彻，认为这是给全省保险业改革发展带来了前所未有的新机遇。人保财险河北省分公司将在监管部门的正确领导下，认真贯彻落实“新国十条”，立足于服务全省经济社会发展大局，深化改革创新，加快转型升级，加快发展现代保险服务业。充分发挥保险服务经济社会发展全局的作用，加快发展“三农”保险。创新保险服务，全力支持社会管理创新，加快发展大病保险，不断完善民生保障，全力保障经济社会转型升级。

（二）全面保障省内经济发展，有力支持和谐河北建设。人保财险河北省分公司充分发挥人才、机构、网络和技术优势，对关系国计民生的钢铁、电力、石油化工、制药等行业和交通建设、港口建设、临港工业区建设、工程建设等重点项目，为其提供了全方位的保险保障服务，先后承保了张承高速、张唐铁路、石安高速改扩建工程、石家庄市轨道交通、中石油油气长输管道、船舶险、冀东、宣化钢铁、邢钢、唐钢、承钢、普阳钢铁、河北港口集团、河北电力、冀东发展集团等一系列国家和省市重点建设项目，对关系国计民生的钢铁、电力、石油化工、制药等行业和交通建设、港口建设、临港工业区建设等重点项目提供了充足的保险保障。

（三）创新保险服务，全力支持社会管理创新。人保财险河北省分公司深入推进政府高度关注的责任保险，深入推进各级政府高度关注的重要领域、重点行业责任保险业务的发展，积极发展“一元民生保险”，加快推进信用保证保险，有效分担政府财政和事务负担。按照“新国十条”确定的发展重点，大力发展与百姓生活息息相关的车辆保险、财产保险、意外险和医疗保险，积极推动实施环境污染、食品安全、医疗责任、医疗意外、实习安全、校园安全等责任保险试点，持续探索涉及人民生命安全的产品责任保险、产品质量保证保险等业务。

（四）充分发挥保险的社会管理功能，引入治安保险机制为“平安河北”建设添砖加瓦。围绕“改善社会治安管理”这一中心目标，人保财险河北省分公司牢固树立政治意识、大局意识和责任意识，充分发挥保险社会管理功能，积极探索推广治安保险，有力推动了农村治安工作向政府主导与市场机制结合的转变，形成了“党委领导、政府负责、社会协同、公众参与”的社会管理新格局，满足了农村群众无力购买高额商业保险保障，但又迫切需要转移风险的保险需求，协助地方政府建立起了一套事前预防与事后补偿一体化、经费保障与机构运作市场化的农村社会治安防范体系，最大限度地“为政府分忧、为群众解难”。2014年，人保财险河北省分公司继续深入推进治安保险参与平安建设，不断开拓服务新领域，推动治安保险向城市地区延伸、向安全感低的社会领域延伸，当年治安保险为全省486.47万户居民提供了总额高达678亿元的保险保障，累计支付赔款1458万多元，充分发挥了治安保险在社会管理中的经济补偿作用。同时积极推进政策性农房保险试点工作，建立农村住房风险保障机制。2014年农房保险覆盖26个县（区、市）、172.10万农户农村居民，保障金额达到172亿元，累计支付赔款436.82万元。在正常民政灾害临时救助的基础上，保险的补偿作用逐步显现，对农民群众发生灾害事故后及时恢复生产生活，起到了重要补偿作用，得到了农民群众的普遍欢迎和好评，同时有效减少了社会摩擦，切实降低了政府负担。

（五）创新思路“量身打造”保险产品，为阜平创建金融扶贫示范县提供“一揽子”保障方案。按照“政府主导、市场运作、盈亏平衡、扶贫惠农”的指导思想，围绕“以政府为主导，以保险机制运用为核心，以三农保险基层服务体系为支撑，开发农业保险特色产品，创新保险服务方式，探索政府、保险公司和种养业经营户共担风险的保险保障机制”的总体思路，依据阜平具体实际，设计开发了“阜平县金融扶贫示范县农业保险全覆盖产品方案”、“阜平县农户平安险组合方案”、“阜平县政府综合责任保险方案”和“阜平县意外伤害保险方案”四大保险方案，与当地政府签订了《保险助推阜平创建金融扶贫示范县战略合作协议》，实现了对阜平创建金融扶贫示范县的“保险全覆盖”。通过机制创新为解决好特困农户的“穿衣吃饭”问题、提升“自身造血能力”、实现“致富奔小康”的目标打下了坚实基础。

（六）积极探索与政府合作新模式，构筑和不断强化中小微企业和个人创业融资的信用担保平台。为解决中小微企业、个人融资难的问题，人保财险河北省分公司不断拓展与各厅局、市政府的合作深度，设计开发中小企业贷款保证保险、小微企业定额保险和个体工商户“致富保”定额保险等产品，充分发挥保险经济杠杆作用，为其融资创业提供风险解决方案。人保财险河北省分公司以科技型中小企业为切入点，在省科技厅的协助下搭建了科技型中小企业融资平台，通过紧密结合政府、银行、保险三方，分工协作，共同为企业提供服务。在此基础上，固化形成了“政银保”合作新模式，与张家口市政府合作开展金融服务全民创业保险+信贷项目，全力支持小微企业、农业种养殖户和城乡创业者的发展；与辛集市政府共同建立了以政府产业政策为导向、以政府财政投入的担保基金作担保、以银行贷款投入为基础、以保证保险为保障的“政银保”合作农业贷款体系，为解决农户贷款难问题构筑融资平台。

（七）积极发展短期出口贸易信用险。2013年，人保财险河北省分公司作为首家商业保险企业，重新获得短期出口贸易信用险的经营权。人保财险河北省分公司短期出口贸易信用险主要承保出口企业的应收账款不能及时回收的风险，帮助出口企业提高应收账款安全保障、增加企业出口方式的选择面、提高出口企业的竞争力、通过应收账款获得银行融资，为当地经济及出口企业发展提供极大支持。2014年，短期出口贸易信用险已为河北省7个地市，提供了6亿多元的风险保障，服务行业涉及钢铁、陶瓷、医药、食品、皮革等多个行业。

（八）大力发展农村保险，全力支持和保障农业农村经济建设。人保财险河北省分公司深入贯彻中央一号文件和国家“强农惠农”政策，主动承担社会责任，把大力发展农业保险，作为关注民生、服务“三农”的重大战略举措，通过持续不断地大力推进，农业保险服务领域不断扩大，保险覆盖面不断拓宽，服务保障功能得到充分发挥，服务能力和水平不断提升，为河北省农村经济发展提供了有力的保险保障。目前，人保财险河北省分公司开办政策性农业保险险种有：中央政策性小麦、玉米、棉花、水稻、花生、马铃薯、大豆、油菜、甜菜种植保险；中央政策性能繁母猪、奶牛、育肥猪养殖保险；中央政策性森林保险；河北省地方政策性农业设施保险。商业性险种有：辣椒种植保险、小麦收获期火灾保险、农作物雹灾保险、林木火灾保险、粮食作物产值保险、温室大棚作物种植保险、蔬菜（瓜果）种植保险、养鸡保险、肉牛养殖保险、商业性奶牛养殖保险等，已为全省农户、农田、牲畜家禽、森林等提供了300亿多元的风险保障，近120万户（次）农户获得了保险经济补偿。同时，积极发展特色保险产品和保险服务模式创新。一是7月30日，在石家庄市辛集支公司签发了粮食作物产值保险试点第一单，为当地34位农户种植的共计340亩玉米，提供了27万元的保险保障。二是积极开展产品项目调研，开发了具有本地特色和易于全省系统推广的商业性奶牛养殖保险、肉牛养殖保险、养鸡保险等创新型险种，通过产品创新，进一步丰富完善了河北省系统农业保险产品体系，适应新时期农业保险发展新形势和新要求，满足广大“三农”对农业保险的不同层次需求。三是积极推进阜平金融扶贫示范县工作，研究探索在贫困地区运用保险机制，建立稳定农业生产和农民生活、提高农业生产效率的保障模式。制定了以中央、省财政补贴型农业保险全覆盖为基础，以“两种”（大枣、核桃）、“两养”（肉牛、肉羊）、香菇、大棚、养鸡等地方财政补贴型特色农业保险为重点，以创新险种开发为途径，以政府与保险公司联办共保为开办模式的农业保险承保方案。开发制定了大枣、核桃、肉牛、肉羊成本损失保险条款，通过联办共保方式，建立起政府、企业、农户三方利益相关的农业风险保障机制。四是积极推进百姓百事百帮“三百”服务平台建设，进一步总结推广邯郸武安、沧州“三百”服务平台经验做法，努力搭建集百姓需求挖掘、引领、培育和满足为一体的综合服务体系，以全方位、便捷化、高品质服务供给，深度融入百姓生产、生活，有效提升在农村保险市场服务能力，为广大农民朋友提供了多层次、多品种增值服务。为实现服务三农“面对面，零距离”的目标，人保财险河北省分公司进一步加快三农保险服务体系建设，不断加大对农村保险服务网络建设的投入，实现了全省县、乡、村服务网络全覆盖。推动服务管理精细化。不断创新服务方式，细化服务管理，推动服务内容多样化。为农民提供最优惠的保险费率、优先理赔服务、点对点防灾知识培训和一定数额的防灾宣传基金，为广大农户就近咨询、投保和索赔提供极大方便。

（九）积极抗灾救灾，积极为政府分忧、群众解难。2014年，人保财险河北分公司凭借完善的灾害防范和救助体系，在自然灾害和安全事故面前，全力保障人民生命和财产安全，有效发挥了保险的防灾减灾、灾害救助、经济补偿和社会稳定职能，有力支持了灾后重建和生产恢复，最大限度地为政府分忧、为群众解难。其中，先后为河北唐山百善药业有限公司赔款900多万元、河北钢铁承德分公司赔款400多万元，中铁赔款400多万元，为唐山瑞丰钢铁赔款300多万元等。有力支持了灾后重建和生产恢复。

2014年，河北省大部分地区农作物遭受暴雨、冰雹、暴风等自然灾害，特别是进入6月以来，部分地区发生严重旱情。据统计，人保财险河北省分公司承保农作物中，成灾面积达586万亩，受灾农户108万户，损失金额3.7亿元。其中，旱灾成灾面积245万亩，受灾农户40万户，损失金额1.86亿元。发生灾情后，人保财险河北省分公司紧急启动应急预案，成立各级领导小组，充分调动理赔资源和农业技术专家力量，深入田间地头，对灾情进行查勘，确保定损到户、理赔到户。理赔小组深入受灾企业和农村逐一进行查勘，指导防灾防损工作，排查风险隐患，并开通暴雨灾害绿色通道，快速准确理赔，得到了各级政府和社会各界的高度评价。

（十）保险产品创新。一是为深入落实习近平总书记到保定阜平考察时提出的“精准扶贫、增强内生动力”工作讲话和批示精神，按照省委、省政府支持创建阜平金融扶贫示范县，充分运用金融的支撑手段，更好促进阜平县域经济社会发展，推动阜平县尽快脱贫致富的目标要求，人保财险河北省分公司充分发挥保险机制风险管理功能，与当地政府合作，以保险机制运用为核心，以三农保险基层服务体系为支撑，积极探索建立政府、保险公司和种养业经营户共担风险的保险保障机制，探索农业保险全覆盖的新路径。二是积极开发和创新贴近百姓需求的新产品。开发河北省小微企业定额保险产品和个体工商户“致富保”定额保险产品。自主开发一款适用于城镇居民的家庭财产保险产品“尊华守护”家庭财产定额组合保险，该产品能够为城镇居民的家庭财产提供非常全面的保险保障，完全能够满足当今城镇居民房屋价值高、家庭财产品质高的保险保障需求。在责任险方面重点推出了道路客运承运人责任险、雇主责任险、“一元民生”保险、营业性货车驾乘人员雇主责任保险、火灾公众责任保险、校园方责任保险和医疗责任保险、环境污染责任保险等；在意外伤害保险方面，推出了团体意外伤害保险、交通工具乘客意外伤害保险、手术意外伤害保险等；在疾病类保险金给付保险方面，推出了重大疾病保险、癌症保险、女性特定疾病保险、职业病保险等。

（十一）立足社会大局提升服务品质。在提升服务方面，人保财险河北分公司始终秉承“人民保险，服务人民”的宗旨，以做人民满意的保险公司为愿景，勇担社会责任，立足社会大局，做好服务文章，积极发挥保险功能作用，更好地服务社会经济发展、服务广大消费者，为全省城乡百姓提供更加优质便利的保险保障服务。一是加强服务标准化建设。在现场服务方面，狠抓服务窗口服务质量，颁布服务标准化操作手册统一柜面服务标准，在承保、理赔等各类服务场所全面开展服务培训。在营业厅设立大堂经理，实现服务现场的细节化、常态化、系统化管理；健全神秘顾客检查制度，定期开展服务质量测评，加大了理赔查勘定损服务的监督管理力度；开展服务技能大赛，激发服务员工的工作热情，强化职业荣誉感和岗位归属感。在电话服务方面，着力建设行业领先的电话服务中心，创新内部管理模式，全力保证线路畅通，提升服务能力；在服务速度上，实现了VIP客户优先接入优先服务制度，并逐步推行新车牌照批改、便民挪车、天气提醒等服务。在网络服务方面，在公司官网开设专区，推出客户保单信息自主查询服务，不断拓展充实服务内容，拓展服务范围，方便客户通过95518客户服务电话、e-picc电子商务网站和营业网点柜台查询自己的保险信息，为客户提供人性化快捷服务。二是加强增值服务。致力于打造行业领先、品质一流的“人保之友”客户俱乐部服务品牌，积极开展增值服务主题月活动，每月对特定主题进行增值服务，不断完善增值服务项目。通过整合外部服务商家，针对客户推出了车主秘书、协办检车、酒后代驾、预约挂号、故障救援等特色回馈服务项目，举办自驾游、戏曲专场、购物专场等游购娱各类主题活动，丰富的服务项目和良好的服务体验受到广大俱乐部会员的一致好评。三是全面升级理赔服务。在保证理赔效率的基础上注重品质提升，对万元以下车险小额案件和5000元以下非车险小额案件实行快速理赔，理赔服务效率明显提升，在行业上和系统内均名列前茅；细化“多、快、好、省”服务宗旨，重视增值服务，向社会推出“损失金额万元以下1小时通知赔付”、“全国联网免费故障救援服务”、“VIP客户手机自主理赔服务”、电子理赔、极速理赔、简便理赔、速递理赔等理赔服务新举措，推出了车主秘书、机场贵宾、酒后代驾等增值服务。对在河北省分公司投保的9座以下非营业客车和家庭自用汽车，出现规定的情况需拖车、送油、充电、更换轮胎、轮胎充气时，均可通过拨打公司救援服务专线电话享受到免费故障救援服务；开展车险查勘定损环节“五个一”活动，即“说一句温馨话语、赠一瓶矿泉水、发一份《车险理赔指南》、发一张客户服务监督卡、做一次理赔服务满意度回访”，不断扩展服务领域，提升客户满意度；开通绿色服务通道，落实专门团队，进一步提升服务理念和服务技能，给予客户“暖心”、“舒心”、“放心”、“热心”和“真心”的优质服务体验，为优质客户和重要客户提供特色化、贴心式的理赔服务。

优质的服务，良好的信誉，使人保财险河北省分公司得到了社会各界的认可。人保财险河北省分公司连续10年在河北省委、省政府组织的“民主评议行风”中位居行业第一；连续7年被省政府授予“金融贡献奖”荣誉称号。荣获“河北省服务名牌”和“河北网民最信赖的保险品牌”荣誉称号；荣获新华网“河北企业社会责任杰出企业”奖。

（中国人保财险河北省分公司　张忠义）

【太平洋产险河北分公司】　2014年，中国太平洋财产保险股份有限公司河北分公司（以下简称太平洋产险河北分公司），认真贯彻全省经济工作会议和保险监管工作会议精神，深入落实集团公司和总公司年度工作会议精神，以科学发展观为指导，以改革创新统领全局工作，积极服务全省经济建设，各项工作实现稳中向好。

（一）稳步扩大业务规模，提升服务经济社会发展能力。2014年，太平洋产险河北分公司坚持发展，多措并举，稳定车险业务增长，保持非车险业务快速发展，促进多渠道协调发展，实现和巩固业务发展向上增长的趋势，以持续稳步扩大的业务规模，不断提升服务河北经济社会发展的能力。

2014年，河北分公司累计实现保费收入26.34亿元，较上年同期增加2.46亿元，同比增长10.3%；市场份额7.3%，同比下降0.32个百分点；综合成本率99.0%，较上年同期上升3.43个百分点。为全省提供保险保障额度1.44万亿元，比上年增加5866.77亿元，同比增长68.9%。新增县级机构6家，目前共有机构114家，其中中心支公司11家、支公司102家。新增从业人员67人，同比增长4.1%。上缴和代扣代缴税款5.09亿元，同比增加6.8%。2014年，太平洋产险河北分公司凭借在服务河北经济社会发展中的突出表现，连续第四年荣获河北省政府颁发的“金融贡献奖”。

（二）持续提升理赔客服水平，发挥保险社会稳定器作用。2014年，太平洋产险河北分公司通过持续提升服务质量和水平，积极为河北经济社会发展提供服务和保障。年内，公司开展国庆假日“出行无忧，高速快赔”理赔服务活动，实行车险理赔“客户服务联系卡”制度，开展服务质量专职回访，提高客户满意度。加强3G快速理赔系统应用管理，提高5000元以下非人伤案件24小时赔付占比，试点推行人伤小额案件快速处置机制，提高理赔服务时效。以石家庄中心支公司示范门店模式为抓手，推进全辖标准门店建设；以优享汇俱乐部为客户分级服务载体，密切公司与客户之间的联系，提升客户体验。进一步落实投诉闭环管理相关制度，完善管理机制，提高投诉处理水平。

2014年，太平洋产险河北分公司理赔服务品质类指标进一步优化，全年已决件数24.03万件，同比提高0.8%；已决赔款金额15.16亿元，同比增长12.4%；赔付率57.6%，同比增长1.05个百分点；结案率为92.7%，同比上升3.77个百分点；5000元以下非人伤案件24小时赔付占比29.2%，车险滚动结案率93.0%，有效地保障了人们的正常生活和企业的生产经营，较好的发挥了经济助推器和社会稳定器的功能作用。

（三）大力发展重点险种，服务河北经济社会发展。2014年，太平洋产险河北分公司针对经济社会发展形势的特点，积极参与加强和创新社会管理，以“做一家负责任的保险公司”为使命，进一步完善体制机制，改进产品服务，提高技术和管理水平，努力满足社会风险管理需求。全年分类管理并重点推动企财险、责任险、意健险、水险四大类险种，夯实基础险种业务发展；积极开拓意健险、新兴责任险等新业务领域，培育新的业务增长点；进一步完善销售管理体系建设，加大业务督导和后援支持力度，开展精细化管理，规范重大客户业务销售管理，成立专业化矩阵团队，加强中心支公司总经理室对重大客户销售的引领作用，保持非车险业务快速发展。

2014年，太平洋产险河北分公司责任险保费收入8，986.43万元，同比增长22.0%，提供风险保障2509.2亿元，赔款支出5447.24万元，同比上升42.6%；企财险保费收入1.05亿元，同比增长9.0%，为全省企业单位提供2182.50亿元风险保障，赔款支出4639.94万元，同比上升21.8%；家财险保费收入369.89万元，同比上升18.7%，为广大城乡家庭提供了148.55亿元的风险保障，赔款支出73.53万元，同比下降1.2%；新农合团体意外住院医疗补充保险保费收入1645.35万，共计保障人数达85万人，保额达932亿，为2665户支付赔款1352.28万元；城镇职工大病医疗保险保费收入1102.39万元，共计保障人数达10万人，保额228亿，为277人次支付赔款732.18万元。

（四）坚持深化改革，激发发展的动力和活力。推进组织架构改革，完善公司激励机制。分公司层面成立经营委员会和工作领导小组，中心支公司层面设立车险部、非车险部和客户服务部，理赔人员实施省级集中管理，明确部门职责，厘清上下承接关系，加强条线化运营管理和部门专业化管理；完善分公司部门、中支经营绩效考核办法，建立销售人员业绩跟踪调查机制，传导绩效文化；以岗位需要、人均产能和业务发展为标准，加强用人用工引导和管控；开展“招才引智”计划，实行干部选拔任用公开竞聘，开展全辖薪酬对标调整工作，落实考核奖惩兑现，调动全员主观能动性。

提升县级机构管理能力，挖掘县级机构发展潜能。深入推进县级机构的分类管理工作，制定实施四级机构分类管理及发展实施方案，加强四级机构标准化建设和分类管理；出台加快四级机构发展的意见，进一步明确加快四级机构发展的总体要求和主要目标；建立分公司本部负责人对口联系县级机构制度，加强过程跟踪与管理，建立健全常态化工作机制；落实四级机构负责人任职管理和工作业绩过程的跟踪工作，进一步提升四级机构的管理能力。

加强企业文化建设，凝聚队伍力量。从上到下营造公正、公平、公开的工作规则和工作氛围，减少内耗，专注发展。加强党、团、工建设，多角度、多层面开展各类文化体育活动，促进员工交流、提高，营造健康进取的氛围和环境。了解员工诉求，切实为员工做实事、好事，合理增加员工工资收入和各项福利待遇，进一步释放干部员工推动公司发展的可持续动力。

（五）加强合规风险管控，保障公司稳健经营。2014年，太平洋产险河北分公司持续加强合规管控，积极推动内控规范，多措并举防范风险，确保公司合规经营。以风险为导向，开展内控自查工作，完善内控制度和流程，督促整改优化效果，建立内控长效机制；以监管为导向，开展以监管内容为重点的合规自查，加大现场检查力度，完善非现场监测，防范违纪违规案件；以问题为导向，贯彻落实案件责任追究办法，对照案件组织开展清查和整改，增强风险防范意识；落实合规责任，细分合规条线专兼职人员岗位职责，制定辖属分支机构经营绩效考核办法，进一步提高合规经营意识。强化事前事中服务，建立常态化法律合规增值服务机制。全年太平洋产险河北分公司无重大违规违纪案件发生，未受监管机构处罚。

（太平洋产险河北分公司　张景府）

【太平人寿河北分公司】　2014年是“三年再造一个新太平”的收官之年。一年来，太平人寿河北分公司积极践行央企经济责任、政治责任、社会责任，努力推动河北省经济社会发展，牢牢把握自身“新十年”发展契机，重点做好“任务达成、机构达标、品质优化、基础强化”四项重点工作，实现了经营指标、管理指标和发展指标的全面提升。

（一）总保费越过20亿平台，跻身全系统及河北寿险市场20亿元俱乐部。2014年，太平人寿河北分公司实现总保费21.14亿元，同比增长22%，总保费市场份额3.8%，市场排名第7位，市场份额同比提升0.5个百分点。

个人寿险业务“以组织结构性优化成长实现新跨越”，实现标准保费2.77亿元，同比增长29.4%，百万标保精英达到12人，创历史新高。

银邮代理业务“持续推进银保转型期专业化经营”，实现期交标准保费7882万元，同比增长5.5%，年计划达成率101.3%；银保趸交规模保费5.37亿元，同比增长11%，年计划达成率127.8%；银保实现趸、期双达成。

续收业务实收保费突破10亿元，达到11.1亿元，贡献率进入系统前十，业务品质保持行业领先。

（二）经营管理“上层次”，后援服务“三贴近”，获得监管及社会各界高度认同。运营指标始终名列全系统前茅，财务指标大幅优化。始终坚持合规经营，被总公司评为“2014年稽核评级成绩突出机构”，获得河北保监局监管评价A类、服务质量评价和客户满意度调查A类、综合治理销售误导效果评价排名第一。继获评“2013年度河北企业社会责任杰出企业”后，“中国太平”获“河北省服务名牌”荣誉。

（三）积极服务地方经济社会发展，全省年度险资运用29.3亿元。至2014年底，太平人寿河北分公司理赔案件、理赔金额较2013年增长明显，件数增长13.17%，金额增长28.77%。

扩展多元化理赔渠道，自主研发智能移动理赔系统并全面开放，独家代理人授权，案件处理时效明显加快，实现赔款3分钟到账，客户满意度不断提升。

2014年太平人寿总公司将29.3余亿元保险资金投入到河北省的钢铁、债券、民生保障工程、银行等多个行业，大力支持河北省经济发展。

（四）“理赔通”平台正式运行，太平人寿理赔服务全面进入移动互联全新时代。2014年，太平人寿“理赔通”移动理赔服务平台全面运行，标志着公司理赔服务已经全面跨入移动互联全新时代。目前，该平台主要包含“先赔后核”、“快赔付”、“E报案”和“易查询”等四大核心服务功能，有效打通传统线下理赔服务全流程中的所有环节，使理赔不再受到时间和网点限制，而成为“365天、7天*24小时”的“移动办理”和“在线办理”。

（五）加强党建工作和党风廉政建设，强化风险管理意识，助力业务发展。继续按照中央及集团、总公司要求，做好党的群众路线教育实践活动的组织落实。按照“八项规定”厉行节约反对浪费等有关要求，加强党风廉政建设。牢固树立“主动合规、人人合规”及“合规创造价值”的理念，培育合规及风险管理的意识和文化，不断提升风险防范能力。坚持“有梦想、敢担当，有激情、在状态，有胆识、善创新”的太平核心文化，团结带领全体员工，为河北经济社会发展做出更大贡献。

（太平人寿河北分公司　佟永猛）

房地产业

【房地产市场】　按时做好市场监测分析，完成《2013年全省房地产市场形势分析》，会同省发改、省财政、省国土资源等8部门在全省范围内开展了“规范房地产市场秩序，促进河北省房地产业健康发展”专题调研，研究起草了《关于促进全省房地产市场持续健康发展的实施意见》。针对北京周边个别地区房地产市场波动和由此引发的媒体炒作、舆论关注，及时赴保定、廊坊进行了现场调查督导，采取有效措施稳控房地产市场。贯彻住建部召开的房地产调控工作座谈会会议精神，在全面分析当前形势基础上，督导石家庄市取消住房限购政策，印发了《关于促进房地产市场持续健康发展的通知》。提请省政府印发《关于开展房地产开发建设违法行为专项整治的通知》，严厉打击房地产违法违规行为。

【物业管理】　印发《河北省物业服务收费管理实施办法》，建立了物业收费与社会平均工资联动机制。组织媒体对《物业服务收费管理实施办法》进行了宣传贯彻。利用《燕赵都市报》在全省范围组织开展了"物业管理的烦恼"大讨论，与广大业主进行了互动讨论。举办了全省物业经理参加的"物业服务公司经理培训班"、"全省物业管理创优培训班"和"全省物业共用设施设备维护管理培训班"，共培训500人次。召开了全省物业管理工作座谈会，就当前全省物业管理工作中存在的突出问题进行了研究。开展物业管理专项治理。完成了全省物业管理创优活动的验收和全国物业管理示范项目的推荐工作，47个住宅小区（大厦、工业区）被命名为"全省物业服务优秀住宅小区（大厦、工业区）"，推荐15个住宅小区（大厦）参评"全国物业管理示范小区（大厦）"。组织召开了全省房屋安全管理工作会议。根据住建部统一部署，印发通知，在全省组织开展老楼危楼安全排查。完成全省县城旧住宅小区情况调查摸底工作。

【房屋交易产权登记】 组织专家对各设区市推荐申报的"房地产交易与登记规范化管理单位"进行了评审，确定并公布了7家"2013年度河北省房地产交易与登记规范化管理单位"，有效推动县域房地产工作。按照省领导干部个人有关事项报告抽查核实联系工作机制要求，制定了工作方案，组建河北省住建厅有关工作机构，建立了省、市、县"点对点"工作机制。积极推进城镇个人住房信息系统联网建设，做好河北省部分设区市城镇个人住房信息系统运行维护合同签约工作，确保系统建设积极有序开展。

（河北省住房和城乡建设厅　张学峰）

税　　务

【国税收入】 2014年，河北国税系统完成税收收入1731.2亿元，同比增收52.0亿元，增长3.1%。其中增值税974.5亿元，同比下降1.0%；消费税196.9亿元，同比下降4.3%；企业所得税399.1亿元，同比增长15.8%；车辆购置税160.7亿元，同比增长11.0%。同时，不折不扣落实各项税收优惠和结构性减税政策，办理减免退抵税447亿元。其中，"营改增"纳税人增加到10.6万户，减税19.81亿元；落实小微企业减税政策，155万户次小微企业减税4.7亿元；出口退税（含增值税调库）240.6亿元；固定资产进项税额抵扣117.7亿元。

【国税收入特点】 一是税收增长稳中有进、缓中提质。国税收入与经济保持同步增长，税收经济弹性同比提升0.38，税收占生产总值的比重止跌回升，反映出国税收入质量和征管努力程度稳步提升。二是间接税受"三期"叠加影响明显。剔除营改增因素后，"两税"（增值税、消费税）占比下降7.1个百分点，所得税占比相应提升。三是各市税收增减态势分化。受产业结构格局影响，11个市税收3减8增，其中沧州、保定、唐山分别下降6.2%、4.3%和1.3%，衡水、廊坊、秦皇岛和石家庄分别增长14.5%、13.0%、11.5%和10.0%。

【税收法治】 公开省级行政审批目录清单，严格规范性文件清理、备案、合法性审查机制，调整重大案件审理期限、范围和流程，与地税共同规范行政处罚裁量阶次和幅度，大力推进公职律师试点，省司法厅召开工作推进会推广国税经验。

【纳税服务】 以开展"便民办税春风行动"为主线，以落实县级服务规范为重点，以提高纳税人满意度为抓手，通过放宽发票领用、代开等限制，规范进户执法、优化征管业务等措施减轻办税负担，通过扩大"免填单"范围、运行网上办税服务厅、推行税务联合办证等措施提速办税过程，通过逐级培训、验收考试等措施推动县级服务规范落实，河北国税荣获全国纳税人满意度调查总体评价第二名。

【税种管理】 在货物劳务税管理上，顺利完成"营改增"试点扩围，深化增值税进销数据监控，将成品油专用发票纳入汉字防伪管理，将籽棉加工等5个行业纳入农产品核定扣除范围，开展白酒、成品油企业消费税评估，严查偷骗车购税案件。在企业所得税管理上，开展财政性资金、农村信用社和跨地区汇总纳税企业等专项清查，加强税款预缴，全面推行汇算清缴管理系统。在国际税收管理上，对"走出去"企业全力服务，对股权转让等非居民税收进行专项核查，对反避税案件加大查办力度，上报总局反避税案件为历史最多。

【税收征管】 集全省之力推进金税三期试点，克服时间紧、任务重、难度大等困难，顺利实现年底"双轨上线"目标。成立风险监控中心筹备组，完善指标体系，统筹发布风险任务，充分利用信息系统查找风险点，有针对性地采取纳税评估等风险应对措施，入库收入21.7亿元，同比增长近3倍。集中精力对年纳税2000万元以上企业进行风险管理，对14家企业集团开展税务审计，入库税款、滞纳金13.7亿元。在全国率先健全市级大企业管理机构，得到总局领导的充分肯定。加大税务稽查力度，检查企业10652户，查补税款39.1亿元，同比增长28.2%。加强户籍管理，试点推行电子档案系统，探索纳税人户籍管理信息化。加强个体税收和集贸市场管理，开展重点个体业户专项核查。加强普通发票管理，组织大额发票核查比对，研发新版代开发票系统，实现发票开具的全程监控。

【干部队伍建设】 承德市、廊坊市、邢台市国税局和沧州市东光县国税局四个单位获得"全国文明单位"称号。在全国大学生税收辩论赛中，河北代表队获得全国季军。作为总局绩效管理第一批试点单位，通过确立"四纵三横四系"工作模式、建立全省统一指标库、创建"工单"运行机制、开发绩效管理信息系统等工作，推动绩效管理始终在全国位居前列，绩效管理信息系统被总局确定为选型方案之一。抓好岗位练兵、处级干部、领军人才等培训，优化知识结构，增强发展后劲；选拔、组建各岗位人才库，配齐纪检监察干部，完善财务管理机构，充实专业人才，提升专业素养；提拔、交流、调整处级干部178人次；认真落实《党政领导干部选拔任用工作条例》，选拔任用一大批政治强、年龄轻、业务精的处科级领导干部；

认真开展巡视、明察暗访和经济责任审计，强化班子建设，提高执政能力；遴选37名年轻干部到省局工作，抓好离退休干部的服务和管理，顺应干部期待，激发工作热情。

【党的群众路线教育实践活动】 将第二批教育实践活动作为贯穿全年、推进工作的重要抓手，上下贯通互促互进，查改结合转变作风。在学习教育、听取意见方面，通过学理论、讲传统、上党课，增强宗旨意识，坚定理想信念；通过走出去、请进来、换岗位，了解基层实际，强化群众观念。在查摆问题、开展批评方面，广泛开展“六对照六检查”活动，各级班子成员主动担责，深入谈心，召开高质量的民主生活会和组织生活会，得到总局巡回督导组和当地党委领导的高度评价。在整改落实、建章立制上，制定整改措施1040条，整改问题3845个，完善制度47个，废止制度17个，腾退办公用房20.8万平方米，“三公”经费等支出同比下降20.2%。

【党风廉政建设】 落实党风廉政建设责任制，突出抓好“两个责任”，完善健全惩防体系。加强廉政教育，把学习廉政基础知识、观摩廉政展馆作为必修课，探索建立数字化廉政教育平台。加强“两权监督”，认真开展执法监察，对其他收入管理等立项监督。升级内控系统，使其与业务系统、绩效系统互联互通。大力查办案件，坚持“一案双查”，立案28件，党政纪处分50人。深化行风建设，在全省行风评议中再创佳绩。

（河北省国家税务局　戴占阳）

【地税收入】 2014年，河北省地税局紧紧围绕“三个河北”发展大局，按照“四个更加注重”工作要求，团结一心，奋发有为，圆满完成了各项工作任务，在税务总局委托开展的第三次纳税人满意度调查中位列全国地税系统第三名，在税务总局组织的绩效考核中位列全国地税系统第四名，在河北省行政审批部门、行政执法部门评比中分别获得第一名，全系统共有40多项工作获得上级单位和有关部门的表彰奖励。

2014年，全省地税系统累计组织各项收入2330亿元，同比增收107.01亿元，增长4.81%。其中，税收收入完成1613.68亿元，同比增收78.51亿元，增长5.11%；社保费收入完成616.47亿元，同比增收27.08亿元，增长4.59%；教育费附加等其他6项收入完成99.85亿元，增收1.42亿元，增长1.44%。中央级收入220.65亿元，增长2.18%；省级收入161.65亿元，下降1.65%；市县级收入1231.38亿元，增长6.62%。

【地税收入分析】 2014年，全省地税收入形势比较严峻，减收因素远远大于增收因素。从减收方面看：一是经济低位运行制约收入增长。全省受钢铁市场不景气、防治大气污染、压减产能等多重因素影响，导致主要经济指标持续回落，制约了地税收入增长。二是政策性减收因素对收入影响较大。受“营改增”因素影响，2014年全省营业税收入占税收总量的比重为36.65%，同比回落2.35个百分点。同时，落实小微企业优惠政策减少地税收入约19亿元。三是环境治理、压产治污造成地税大幅减收。2014年，河北为执行“6643计划”，相继压减了一批产能、关停了一些企业，合计减少地税收入20多亿元。从增收方面看，主要通过加强税收分析、创新税收征管模式、落实收入责任制、发挥税务稽查以查促收作用等措施堵漏增收，虽然取得了一定的成效，但远远不能弥补减收因素带来的收入缺口。

【税制改革】 一是先后完成了交通运输业和部分现代服务业、邮政铁路运输业、电信业等行业的“营改增”工作，共向国税部门移交纳税人46747户。二是全面推进煤炭资源税改革，制定了《煤炭资源税征收管理办法》，确保了改革顺利实施；三是配合全国人大和税务总局开展了房地产税、环境保护税立法调研，为国家立法提供了决策参考。

【依法治税】 一是认真落实各项税收政策。针对基层在政策执行中遇到的疑难问题，研究发布了《企业所得税若干业务问题的公告》和《财产行为税政策释疑》，统一了政策执行标准，降低了执法风险。二是大力加强税收优惠政策管理。结合新税收优惠政策出台，对《税收优惠及特定事项管理办法》和《税收优惠统计测算办法》进行了修改完善，促进了优惠政策落实。三是严格规范税收执法行为。起草了《税务处罚裁量权实施办法（修订）》、《法治税务示范基地创建办法》和《行政执法公开制度指导意见》，促进了地税干部规范执法。

【税收征管】 一是积极创新税收管理模式。积极探索实践税源专业化管理，打破税收管理员固定管户制的管理模式，实行按事设岗、分岗办事，推进“管户制”向“管户与管事相结合”转变。二是大力开展税源监控与纳税评估工作。出台了《全省税源监控业务工作规范》和《纳税评估与税务稽查互动办法》，省、市两级共向稽查、管理部门推送风险纳税人9321户，涉及税款24.31亿元。三是全面规范税收管理。根据当前形势和税源变化情况，修订了《税收业务工作规程》，制定了《外出经营管理办法》、《重点税源管理办法》和《行业税源管理规范》，促进了规范管理。四是全面提升综合治税工作水平。出台了《河北省综合治税涉税信息共享基本目录》，起草了《河北省税收保障办法》和《河北省综合治税工作考核办法》，搭建了各部门协调一致管税理财的新格局。五是充分发挥税务稽查作用。大力开展税收专项检查和区域税收专项整治，集中整治违法行为高发行业发票“买方市场”，全年稽查企业4881户，查补税款51.58亿元。

【服务职能】 紧紧围绕全省实现绿色崛起、建设“三个河北”重大战略，认真落实省委、省政府决策部署，充分发挥税收职能作用，促进全省经济社会发展。一是主动服务发展大局。用足用好税收优惠政策，支持传统产业改造升级、治理大气污染和科技进步创新，全年累计减免各项税收78.7亿元；及时跟进和服务京津冀协同发展，协调召开了京津冀税收协作会议，签订了《税收协作框架协议》。二是想方设法减轻纳税人负担。积极创新三证合一、并联审批、企业准入单一窗口等服务措施，全面落实首问责任制度，大幅提升了办税效率；在已取消44项审批项目的基础上，进一步下放土地使用税、房产税部分审批权限，并实行“先办后审”，实现即来即办；积极推行网上办税服务，全省网上办税用户83.03万户，网上缴纳税费占总额90%以上。三是全面提升纳税服务质量。大力开展“便民办税春风行动”，采取多种措施为纳税服务工作提速，打造了一系列工作亮点；持续开展星级办税服务厅创建工作，全年共评定五星级办税服务厅（窗口）26个、四星级办税服务厅（窗口）35个，提升了一线服务水平。四是全面落实《全国县级税务机关纳税服务规范》。依据自身情况，逐条比对，找准差距，认真整改，使纳税服务行为得到进一步规范。

【队伍建设】 一是加强教育培训。以提高领导班子决策能力和一线干部税收业务水平为重点，举办了干部队伍建设专题培训班和税收业务轮训。大力加强人才库建设，325人入选省局人才库，15人入选总局人才库。二是加强监督管理。依照新《干部选拔任用条例》，制定了《关于加强和改进干部管理的若干意见》，对干部选任、干部交流等8个方面工作进行了规范。三是加强基层建设。出台了《2014—2016年基层分局规范化建设工作规划》和《基层分局工作规范（2014版）》，进一步打牢了基层工作基础。四是加强绩效管理。在总结经验的基础上，修订了《绩效管理办法》，创新了对市局部门“双500分”考核方式，建立了省、市、县三级绩效指标库，使绩效管理成为推进工作落实的有力抓手。

【廉政建设】 一是认真落实“两个责任”。出台了《关于明确党风廉政建设党组主体责任、纪检组监督责任的意见》，与市、县局领导班子就落实主体责任进行了集体约谈，及时调整了各级纪检组长工作分工。二是深入贯彻“八项规定”精神。制定了《深入落实“八项规定”精神的通知》，对责任落实、制度落实、执纪问责等问题做出进一步明确。三是加大信访案件查处力度。出台了《信访举报和线索管理办法》、《政纪案件调查处理和管理办法》，全年受理来信来访79件次，转办49件，立案16件，党纪政纪处分18人，问责处理92人。四是扎实开展群众路线教育实践活动。针对省局机关，就2013年查找出5个方面24项具体问题，制定的15项整改措施，逐一明确任务书、时间表和责任人，确保整改落实到位；针对市、县局，制定印发了《开展第二批教育实践活动的指导意见》和《指导工作手册》，确保各项工作有序开展。

（河北省地方税务局　李智睿）

科学技术

【科技创新发展概况】 2014年，按照省委、省政府的重要部署，全省科技创新在全局下定位、大局下行动，大力实施全省科技创新路线图，狠抓大事、要事，科技创新迈出新步伐，对转型升级的支撑能力明显增强。规模以上高新技术产业增加值比上年增长12%，农业良种覆盖率稳定在98%以上；科技型中小企业达到1.3万家，增长44%，培育小巨人企业610家；高新技术企业增长到1275家、创新型企业共149家；省级以上高新区达到25个、农业科技园区68个、山区特色产业科技示范基地50个；省级以上工程技术研究中心和重点实验室达到289个，产业技术研究院达到18个，科技企业孵化器53个，国际科技合作基地32个，院士工作站138个；专利申请量、授权量分别超过3万件和2万件，均增长10%以上；技术交易额150亿元，增长17%。

【重大科技项目实施】 针对制约产业升级的重大关键问题，集中创新资源，实施重大项目200多项，加大科技攻关和重大成果转化力度。围绕改造提升传统产业技术支撑，实施了钢铁产业技术升级、制造业信息化、高端装备制造、节能减排、文化科技创新等专项，研发应用了一批新技术、新产品。在钢铁产业领域，研发出高端钢铁新品种80多个；在装备制造领域，开发了智能装备、大型专用装备20多个系列，组织20多家骨干企业开展制造业信息化试点示范。围绕培育新兴产业，结合河北省优势，积极在国家层面上组织重大项目，在卫星通讯、智能电网、大数据、物联网、智能制造、高速动车、清洁能源、燃料电池、新药创制、生态环境、海洋资源等方面，组织100多项国家重大科技专项、“863计划”等项目。围绕科技成果转化攻坚，重点面向转化国家科技计划及京津重大科技成果，以企业为主体，组织实施重大科技成果转化专项，2014年财政经费和企业共同投入超6亿元，有50多个重大成果进入产业化。全年有600多个项目获重大专项、“863计划”、“973计划”、自然基金等国家科技计划支持，在钢铁新产品、工程装备、煤化工、北斗导航位置服务、光伏电池转化效率、液晶显示、活性成分复方创新中药、枣全基因组测序、渤海粮仓节水增粮等方面，取得一批技术和产品突破。有13项重大成果获国家科技奖励，282项获省级科技奖励；技术交易额150亿元，增长17%；农业良种覆盖率稳定在98%以上。

【科技示范工程】 科技治霾“双百”工程。着力研发100项关键技术，转化100项重大成果，强化大气污染防治创新支撑，促进节能环保产业发展。会同省环保厅、河北科技大学等组建“河北省大气污染防治技术研究推广中心”，联合京津制定了科技治霾技术和产品目录，一批课题得到国家科技计划支持。渤海粮仓科技示范工程。河北省沿海地区是实施这一“国字号”工程的重点区域，省委、省政府高度重视，科技厅组织一系列推进行动，工程建设取得重要进展。在沧州开展示范市建设，连同衡水、邢台、邯郸市建设13个示范县，创新集成节水丰产、粮饲轮作、盐碱地改良等10项主体技术，建设种、机、技、土、保等5大技术服务体系，推广应用面积达到100万亩。北斗导航与位置服务产业培育工程。发挥中电科54所技术优势，会同石家庄市制定产业基地规划方案，打造北斗导航产业及位置服务业产业集群，在国内已取得应用竞争优势，在廊坊、秦皇岛加快推进建设。新能源汽车推广应用工程。会同财政厅、工信厅等部门，积极推动《河北省新能源汽车推广应用实施方案》的落实，重点支持正定、武安、承德新能源汽车生产基地建设，并与京津达成合作，建立京津冀新能源汽车跨区域推广机制。农村面貌改造提升科技支撑行动。以推广示范先进适用技术、选派科技特派员进村服务、组织科技培训为重点，在各设区市和定州市、辛集市，建立13个秸秆压块与炉具技术示范点，并积极推行"政府引导、多元投入，企业主体，市场运作"的组织运营模式。

【科技园区基地建设】 大力促进京津创新要素和成果向河北转移转化，加快建设承接载体。一是白洋淀科技城。组织保定市等有关方面，在园区选址、总体定位、运行模式等方面做了大量前期调研论证工作。会同保定市规划设计和建设启动工作，并积极推动把白洋淀科技城建设纳入国家有关规划和与京津合作重点。二是与北京及中关村共建科技园区。中关村海淀园秦皇岛分园已挂牌正式运营，建立了"442"利益分享机制，一批中关村企业在秦皇岛落地；推动了固安高新区、永清高新区、曹妃甸高新区、渤海新区等与北京和中关村共建科技园区的对接，纳入了双方合作共建重点。三是高新区和农业科技园区。按照"整合一批、新建一批、扩容一批、提升一批"的思路，优化高新区发展布局，新建10个省级高新区，省级以上高新区达到25个；推动农业科技园区发展和提档升级，2014年新建25个省级农业科技园区，省级以上农业科技园区达到68个。四是国际科技合作基地。推动保定涞源白石山中美科技创新园、唐山钢铁集团钢材深加工、石家庄亿生堂生物医学材料等加快建设国家级国际科技合作基地，在机械制造、新能源、新材料、生物制药、作物育种、园艺和畜牧等多个产业领域，新建省级国际合作基地14个，总数达到32个。

【创新创业平台建设】 2014年新建一批工程技术研究中心和重点实验室，总数达到了289家；新建8家产业技术研究院，总数达到18家；新建科技企业孵化器6家，总数达到53家，其中国家级16家，共培育孵化科技型中小企业2000余家；支持石家庄科技大市场建设，推动形成"交易、共享、服务、交流"四位一体的网络交易平台；新建技术转移示范机构8家，总数达到23家。

【科技研究与发展】 2014年度河北省共有13个项目获得国家科学技术奖励（河北省单位主持完成2项，参与完成11项），其中，国家技术发明奖2项，国家科学技术一等奖2项、二等奖9项。河北省科学技术奖共授奖282项（人）。其中，科学技术突出贡献奖2人，自然科学奖15项（一等奖1项，二等奖7项，三等奖7项）；技术发明奖17项（一等奖2项，二等奖4项，三等奖11项）；科学技术进步奖245项（一等奖15项，二等奖50项，三等奖180项）；国际科学技术合作奖3人。

2014年全省共登记科技成果3085项，比2013年减少51项。从成果研究水平看，国内领先水平成果2184项，占总数的70.79%；国际先进水平成果420项，国内先进水平成果375项，国际领先水平成果56项。从成果类别构成看，应用技术类成果2673项，占登记总数的86.65%，其次是基础理论类成果333项，软科学类成果79项。从成果来源构成看，计划内项目登记成果2128项，占68.98%，其余为计划外成果。

【科技型中小企业发展】 认真落实省委、省政府两办下发的《科技型中小企业成长计划》，按照企业主体、政府服务、梯度培育、差异扶持的原则，着力实施苗圃、雏鹰、科技小巨人三大工程，科技型中小企业发展呈现新的活力。一是数量规模快速增加，2014年以来科技型中小企业新增3000多家、总数达到1.3万家，新增小巨人企业200多家、总数达到600家以上。二是高新技术企业和创新型企业不断涌现，其中高新技术企业新增近200家、总数达到1275家，创新型企业新增20多家，总数达到149家。三是企业知识产权应用日益重视，通过开展专利权质押贷款、专利保险、专利提升行动、专利战略引导计划等，专利质押贷款突破4亿元。

【科技开放与合作】 一是举行新一轮部省科技会商。2014年5月，科技部与省政府签署了合作议定书，以京津冀协同创新为主题，聚焦围绕加快建设京津冀协同发展创新载体、支撑河北产业转型升级、推动重大科技成果在河北转化三个方面，确定了共同推进的十三件大事。二是深化京津冀科技合作。省政府与北京、天津市签署的合作框架协议中，都把科技合作作为重点内容，如省政府与北京市签署了《推进中关村与河北科技园区合作协议》。省科技厅分别与北京市、天津市科委签署了共同推动京津冀国际科技合作框架协议、京津冀协同创新发展战略研究和基础研究合作框架协议，特别是围绕推进大气污染联防联控、新能源汽车应用推广、技术市场互联互通、资源开放共享、项目合作、创新基地建设等方面，建立了密切合作机制。8月，科技部首次与北京市、天津市、河北省政府合作，在秦皇岛联合举办了科技创新成果专题展，有300多家企业参展，展示科技成果400多项，促进了国家科技计划和京津科技成果在河北的对接转化。三是加强与院士交流合作。召开了河北省第八次院士联谊会，100多名院士与重点企业、科研单位、高校进行了洽谈对接，签署合作协议及达成合作意向70多个。全省新建院士工作站33家，总数达到138家，进站院士达420人。

【创新环境建设】 围绕推进科技改革，针对激活创新主体、优化资源配置、促进成果转化、鼓励创新创业等重点环节，加快创新政策的研究制定。一是在省级层面上出台《关于推动企业增加研发投入提升企业技术创新能力的实施意见》、《河北省科技型中小企业成长计划》、《河北省促进高等学校和科研院所科技成果转化暂行办法》等一批鼓励科技创新的政策文件。二是围绕政策落地配套制定实施细则。省科技厅在科技型中小企业认定、科技园区建设、创新平台培育、科技人才引进、科技金融结合、项目评审论证等方面，出台了一大批可操作、可监督、可考核的实施办法和规程。三是大力推动企业有关科技创新政策的落实。特别是企业研发费用税前加计扣除优惠政策，2014年进行研发费用税前加计扣除鉴定244项，认定企业研发投入约40亿元，较上年同期增长30%，科技政策的激励导向作用显著增强。

【科技金融创新】 一是与科技部联合设立了科技成果转化基金，首期基金规模10亿元，其中国家资金2亿元，二期基金规模将达到20亿元，主要用于支持科技成果在河北转化。二是对接科技部科技创业引导基金，设立了河北中浦创业投资基金，规模1.6亿元。三是对接国家发改委新兴产业创投基金，设立了河北展诚节能环保产业创业投资基金，规模2.5亿元。四是河北科投集团发起成立了规模2亿元的科融盛谷担保有限公司，开展科技融资担保业务，建立科技型中小企业贷款风险多方分担机制。五是与河北银行、民生银行石家庄分行共同建立了科技信贷风险补偿基金，在此基础上，启动了科技型中小企业履约保证保险贷款业务。

【知识产权工作】 一是狠抓专利权质押贷款深化拓展，联合相关部门出台了《河北省专利权质押贷款管理办法》，采取政策引导、资金扶持、跟踪服务和目标管理多项措施，进一步加强银企对接，2014年，24家企业质押106项专利权获得银行贷款4.5亿元，为科技型中小企业开辟了融资新渠道。二是深入推进知识产权优势企业培育工程，一手抓重点企业专利战略引导，一手抓中小微企业专利提升，全年共消除“零专利”企业521家，申请专利1096件。三是加大执法力度，深入开展知识产权执法“护航”及电子商务领域专利行政执法维权专项行动，全省查处假冒专利和调处专利纠纷案件347件。四是全面启动专业市场知识产权保护工作，精心培育保护规范化专业市场，保定白沟和道国际箱包交易中心等3家专业市场列为国家级知识产权保护规范化培育市场，知识产权保护环境进一步优化。

（河北省科技厅　冯建平）

气　　象

【气候基本状况】 2014年，河北省年内天气气候特点为：全省年平均气温13.0度，较常年偏高1.2度，为1961年以来气温最高的年份。春季气温异常偏高，冬季显著偏高，夏秋季接近常年；全省年平均降水量393.3毫米，较常年偏少22%，为2003年以来第一少雨年，石家庄市有5个县（市）年降水量突破建站以来的极小值。年内降水时空分布不均，中部和东部降水偏少明显，冬、夏季降水偏少，春、秋季接近常年，汛期大范围降雨过程少，降水量比常年偏少35%，致使河北省出现了持续性、大范围的夏旱；全省年平均日照时数为2285.6小时，属显著偏少年份，冬季日照时数偏少，秋季显著偏少，春、夏季接近常年。

气温。全省年平均气温为13.0度，较常年偏高1.2度，较上年偏高1.0度，属显著偏高年份，为1961年以来气温最高的年份。冬季，全省平均气温为-1.4度，较常年偏高1.3度，是1971年以来第五暖冬年。春季，全省平均气温为15.2度，较常年偏高2.2度，较上年偏高2.4度，属异常偏高年份，为1971年以来气温最高的春季。夏季，全省平均气温为25.2度，接近常年值，较上年偏低0.2度，属正常年份。秋季，全省平均气温为12.9度，较常年偏高0.8度，较上年偏高0.3度，属偏高年份。

降水。全省年平均降水量为393.3毫米，较常年偏少22%，属偏少年份，为2003年以来第一少雨年。冬季，全省平均降水量为8.4毫米，比常年偏少超过2成，属偏少年份。春季，全省平均降水量为72.3毫米，接近常年。夏季，全省平均降水量为217.2毫米，比常年偏少3.5成，属偏少年份，为有气象记录以来第四少雨年。秋季，全省平均降水量为94.6毫米，接近常年。

日照。全省年平均日照时数2285.6小时，较常年偏少201.6小时，较上年略偏少，为近8年来最低。冬季，全省平均日照时数448.8小时，较常年偏少72.5小时，属偏少年份。春季，全省平均日照时数719.1小时，接近常年。夏季，全省平均日照时数646.7小时，较常年偏少18.6小时，属正常范围。秋季，全省平均日照时数450.3小时，较常年偏少140.5小时，属显著偏少。

【气象灾害】 全省年内气象灾害特点为：中南部和东部平原地区持续性雾霾天气多，社会影响大；干旱强度较重，夏旱影响大、灾情重；分布不均的极端性强降水，造成部分地区出现洪涝灾害；高温、干热风日数多于常年，影响大；风雹、沙尘、寒潮降温、连阴雨较常年偏少。总体而言，全年全省气象灾害发生的频率和损失程度接近10年来的平均水平，损失程度属于“中等偏重”年份。

干旱。全年全省干旱强度较重，夏季伏旱影响较大。全省因旱受灾人口1275.4万人，受灾面积1578.91千公顷，直接经济损失102.06亿元。

大风。全年全省平均出现大风3.6天，为常年值的39.6%，为1981年以来最少。5月1～4日，44个县（市）出现大风，最大风力达10级，为全年大风影响范围最广的一天，导致5人死亡，2人失踪。

沙尘。全年全省沙尘天气明显偏少，共出现35个沙尘日，仅为常年的3成，1981年以来第五。单日影响范围均不超过10个县（市），其中4月5日和12月1日，均有8个县（市）出现沙尘天气，为全年影响最大。

高温。全年全省高温日数偏多，春末出现异常高温，夏季高温闷热天气频发。全省高温日数13.2天，较常年偏多3.0天，为近4年最多。全省日极端最高气温43.4度，出现在正定。5月29日高温强度最强、影响范围最广。

暴雨。全年全省暴雨日数显著偏少，汛期强降雨过程较少。年内全省共出现暴雨93个站日，较常年偏少53%，为2003年以来最少的年份。5月19日平泉首次出现暴雨天气。

冰雹。全年全省冰雹日数比常年偏少，单日影响范围小。全省共出现30个冰雹日，不足常年7成。全年共出现冰雹64个站日，仅为常年值的4.6成。

雾霾。全年全省平均出现雾霾日175.5天，雾霾天气总体多于常年，严重雾霾略偏少，冬、春、秋季雾霾偏多，夏季偏少。全省中南部和东部平原地区持续性雾霾天气多，社会影响大。

连阴雨。全年全省共出现连阴雨380个站次，年连阴雨天气少于常年，2月、4月和9月偏多。西部地区最长连阴雨日数较长，一般在4天以上，部分地区超过6天，涉县7天，为全省最长。

低温冻害。全年寒潮过程较少，全省发生寒潮646个站日，少于常年值。年内，影响范围超过30个县（市）的寒潮降温过程仅有2次。11月30日～12月2日寒潮影响范围为1971年以来第二位。

干热风。全年全省干热风比常年偏多，过程持续时间长，影响范围大。全省共出现干热风717个站日，较常年偏多5成，为1981年以来第四多年。32个县（市）干热风连续日数达到或超过5天，13个县（市）最长连续日数突破历史极值。5月28日出现的干热风影响范围为全年最大。

【气候对有关行业的影响】 水资源。年内全省平均降水量为393.3毫米，折合年降水资源量为747.3亿立方米，较常年偏少209.2亿立方米。折合水资源总量为121.1亿立方米，较常年偏少近四成。年内冬夏两季降水偏少，春秋两季接近常年。全省大、中型水库共蓄水5.24亿立方米，比上年同期少11.66亿立方米。

农业。冬小麦：秋播期间，土壤墒情充足，小麦趁墒播种；播期适时集中，播后管理到位，小麦实现壮苗越冬；春季气温持续偏高，小麦生育进程提前，抽穗较常年提早5～7天；开花后气温不高，灌浆期延长，增加了小麦千粒重；灌浆后期受干热风天气影响，成熟期提前，但由于前期生长良好，干热风对产量影响不大。全生育期降水量57～230毫米，东南部麦区较常年偏多，其他大部麦区偏少，降水时段主要出现在播种期和孕穗～抽穗期，其他时段降水偏少，水浇条件差的麦田存在旱情。日照时数大部地区、大部时段充足，光照条件满足冬小麦生长需求。玉米：玉米生长期间，大部分时段光温条件适宜；降水偏少，旱情间断出现，水浇条件差的地区旱情较重，对玉米生长造成一定影响。春玉米全生育期＞0℃积温2700～3900℃，大部分时段温度条件适宜，仅在播种出苗期出现阶段性低温，未造成明显影响；日照时数700～1500小时，日照较充足；降水量280～490毫米，大部地区在春玉米拔节～灌浆期降水不足，旱情间断出现，对春玉米正常生长造成一定影响。夏玉米全生育期＞0℃积温2700～3100℃，温度条件适宜夏玉米生长；日照时数400～1000小时，大部分时段比较充足，仅灌浆末期中南部部分地区出现阶段性寡照天气；降水量130～580毫米，大部地区降水不足，夏玉米拔节～灌浆期降水偏少，部分地区出现旱情。收获期出现阴雨雾霾天气，对正常晾晒造成一定影响。棉花：棉花全生育期＞0℃积温4090～4520℃，温度适宜；日照时数大部900～1600小时，苗期～花铃期日照充足，裂铃吐絮期出现阴雨、雾霾天气，光照阶段性不足，对棉纤维生长和棉铃开裂吐絮造成一定影响；降水量大部200～600毫米，降水分布不均，苗期～花铃期中部部分棉区出现阶段性旱情，其他时段水分条件基本能够满足棉花生长需要。设施蔬菜：2月下旬北部地区和2月份中南部地区多雾霾、阴雪天气，石家庄、邢台西部、邯郸西部日照时数平均每天不足3小时，特别是20～26日出现持续性寡照天气，导致蔬菜光合作用减弱、生长缓慢。10月8～11日、18～20日、23～25日、29～31日多次出现连续性雾霾天气，日照不足，影响蔬菜正常生长。11月19～30日多阴云、雾霾天气，中南部地区日照时数平均每天3小时以下，不利于蔬菜健壮生长，蔬菜生长缓慢，产量和品质受到一定影响，其他时段光温条件适宜设施蔬菜生长。

林业。受高温、干旱、大风等气候条件影响，全省共发生森林火灾93起，其中，一般火灾78起，较大火灾15起，过火面积1167.96公顷，受害森林面积164.81公顷。春季，河北省大部气温偏高、干旱大风天气多发，基本无有效降水，张家口、承德地区尤为明显，全省森林火险等级持续偏高，防火形势极为严峻，3～4月份森林火灾集中爆发。夏季，河北省雨量较常年偏少，各地普遍延长了防火期，但未发生森林火灾。秋冬两季，河北省大部地区气温偏高，部分地区显著增高，大部分地区降水偏少，太行山区降水异常偏少；同时受季节因素影响，林区植被开始干枯，林下可燃物载量较往年明显增多，森林火险等级较往年偏高。

畜牧业。全省大部分地区牧草生长季内，气候条件对天然牧草生长发育略为不利。全省天然草原牧草鲜草总产量达到2494万吨，比2013年减少16万吨。

交通。全年发生的暴雨、大雾、降雪等灾害性天气对河北交通行业造成了诸多不利的影响。年内，全省主要出现4次暴雨过程，造成省内普通干线公路水毁路基304公里、路面77公里、路树1859棵，损毁护坡和挡墙共计548处，塌方2491处，经济损失约2170万元。2月18～27日，出现年内强度最大、影响范围最广的一次雾霾天气过程，给交通以及航班带来不利影响，也给人们出行带来了诸多不便；为应对雾霾天气，石家庄地区实行机动车限行4天。

盐业。年内气象条件较为平稳。主要盐区内，平均降水量393.4毫米，同比减少23%；平均蒸发量1753.5毫米，同比增加11%；平均气温13.7℃，同比偏高3.2℃。降水量减少，蒸发量增加，气温升高对盐业生产起到了极大的促进作用，原盐产量比上年增加57.8万吨。其中5月、6月和10月份，由于盐区组织生产得力，避开降水等不利因素，原盐产量高达273万吨。另一方面，雾霾天气、闷热天气影响了盐业增产，全年全省平均雾霾日175.5天，比常年偏多19.9天，影响盐产量；8～9月份是全年降水最多的两个月，主要盐产区受到影响，产量仅为17.7万吨。

空气质量。全省11个地级市平均达标天数为151天，较上年增加22天，北部的承德、张家口、秦皇岛全年空气质量达标超过200天，张家口315天，达标天数最多；太行山东麓的保定、石家庄、衡水、邢台、邯郸达标天数均少于100天，衡水仅82天，达标天数最少。11个地级市平均重污染天数为66天，保定、石家庄、邢台三市超过100天；北部的秦皇岛、承德、张家口较少，张家口仅9天。总体上看，全省北部的空气质量较南部好，沿海地区较内陆好。

地质灾害。年内全省共发生各类地质灾害11起，其中地面塌陷2起、地裂缝5起、崩塌1起、滑坡1起、泥石流1起、地面沉降1起，直接经济损失221.8万元。受干旱少雨影响，1～10月份地质灾害数量比上年同期减少了42.1%，直接经济损失增加了96.6%。

【安全气象】 气象灾害防御组织体系建设。设气象主管机构的省、市、县（市、区）均成立了气象灾害防御指挥部，在未设气象主管机构的区县和乡镇成立了26个气象灾害防御指挥部。全省新成立45个气象灾害防御中心，承德、唐山市实现市县防御中心全覆盖。部分高灾害风险企事业单位、社区、村民小组纳入气象灾害防御责任体系，新建街道、社区信息服务站332个，全省气象信息员达7.69万人。气象灾害防御风险管理。完成100个县（市、区）气象灾害防御基础信息普查，建立基础数据库。深化灾害监测分析、大风暴雨洪涝风险评估、高温中暑气象风险等级落区预报等业务，开展尾矿库、旅游景点等重点领域专项检查以及61个县山洪风险普查和隐患调查等工作。开展高速公路气象灾害风险普查，明确隐患路段致灾因子及阈值。气象灾害防御管理机制建设。各级指挥部召开会议146次，发文321件，启动应急响应129次，与省委组织部合作，对59名县（市、区）分管气象工作的领导开展首期气象灾害防御专题培训。全省因气象灾害死亡19人，为历年最低。气象决策及重大活动保障。向省委省政府报送决策材料372期，《推动河北绿色崛起的有力支撑—关于深化改革构建“大气象”格局的调查与建议》、大气污染防治等决策建议得到省领导高度关注。冬奥会申办、APEC峰会、省运会、国际马拉松赛等大型活动服务主动有效。

【民生气象】 公众服务产品贴近民生。省、市、县均发布了基本气象公共服务白皮书，明确政府公共气象服务职责。研发烟花爆竹燃放、旅游、晾晒等12类指数服务产品，滚动天气实况、精细化预报、气象灾害评估及对策等服务能力不断提升。细分用户需求，深化交通出行、农用、环境、健康等针对性气象服务。深化城市内涝预报预警技术研究，邯郸、保定等市开展城市道桥积水风险监控、预警等服务，石家庄气象服务信息融入城市网格管理平台。丰富新媒体气象服务方式。建立“两微一端”新媒体服务平台，“河北天气”第三次被评为全国十大气象政务微博。微信开设农业、交通、旅游等5个公共账号，“私人订制”“猜天气”“灾情上报”等板块实现与公众互动。开通搜狐新闻客户端河北发布厅，首期科普直播参与人数突破22万人次。拓展气象服务覆盖面。气象直播和网络视频节目上线，电台直播连线节目增加到13档，交通、私家车频道开辟“气象连线”互动节目。全省气象短信用户780万，年内发布短信21亿条次。全省试运行突发公共事件预警信息发布系统。

【经济气象】 农业气象服务。“三农”专项县达30个，新增标准化气象为农服务县1个、气象灾害防御乡（镇）12个。完善农业气象灾害指标，开展冬小麦灌溉量精细化预报及产前、产中、产后的农业气象灾害监测、预警和评估服务，面向新型农业经营主体直通式服务对象较上年增加1倍。探索为农服务社会化模式，组建黄骅农业防灾和新技术推广协会，建立多元投入保障机制。公路交通气象服务。制定相关业务规范，开展大雾、冰雪等短时、临近预报方法、预警指标体系和预警模型研究，提供高速公路逐小时能见度分级预报和道路结冰等级服务。近3年因气象灾害造成的交通事故率年均下降18.7%。旅游、能源、海洋等气象服务。以野三坡为试点开展山岳型旅游气象服务，为景区提供实时监测、预警信息及专项服务产品。研发多模式集合预报技术，为53个风电厂提供气象服务，电力负荷预报准确率达82%。适应沿海增长极发展需求，强化海雾、海浪、赤潮、风暴潮、海上大风、沿海养殖业、北戴河暑期办公等针对性服务。全省重大工程项目及危化企业防雷服务面进一步拓宽。部分市县开展矿山开采、城乡物流、地铁建设等专项服务。

【生态气象】 环境气象业务。成立河北省环境气象中心和石家庄市环境气象中心。启动大气污染防治气象保障工程，建立空气质量分县预报系统和环境气象预报业务平台，开展了污染气象条件预报。分析了全省城市通风量和逆温状况，尝试开展大气污染减排调控、环境气候承载力评估和人工消减雾霾科学试验。首次开展农作物秸秆焚烧卫星遥感监测和决策分析服务，强化海冰、水体、植被等生态监测服务。人工影响天气业务。石家庄人工影响天气基地命名为“中国气象局飞机人工增雨石家庄基地”、“中国气象局人工影响天气科学实验石家庄基地”。基地建设稳步推进，完成3架增雨飞机购置，1架已投入使用。启动黑龙港流域地下水超采综合治理气象保障工程。全年开展飞机作业109架次，地面作业1417点次，估算增水25.4亿吨，防雹面积600万亩。气候和气候变化适应服务。开展气候变化对京津生态屏障区影响评估及对策分析，为省领导提供适应气候变化决策咨询服务。开展29项气候可行性论证和评估工作，新增核热、特高压直流输电等服务领域。建立河北省气候变化预估数据集和植被覆盖度数据集。

【气象基础业务】 综合观测。省、市两级全部编制完成了综合气象观测系统发展规划（2014—2020年）。新建各类气象观测设备435套，全省地面观测站平均间距7.5公里，山洪地质灾害易发区6.9公里。完成全省地面观测业务调整，张家口、乐亭实现地面、高空观测业务一体化。

预报预测。加强精细化预报技术研发，建立暴雨、冰雹、雷暴大风等3类45个预警指标，大城市精细化预报业务拓展至全部设区市。优化降水落区预报业务，建立强对流天气监测系统，实现灾害性天气自动识别报警。完善灾害性天气个例库和预报技能训练系统、精细化预报质量检验评定系统。完善WRF模式系统建设，空间分辨率达到3公里。

信息网络和装备保障。在全国率先完成实时—历史地面气象资料一体化业务切换工作，牵头研发的MDOS气象台站元数据管理和数据同步系统在全国业务试运行。完成气表类、风自记、降水自记数字化扫描以及1981—2010年30年资料整编工作。优化数据环境，启动研发综合观测信息、数值预报产品和业务产品3个省市县共用基础数据库。实施省市县三级广域网、局域网升级改造工程，编制气象云平台建设规划。

【气象法制建设】 完善法规标准体系。所有市县制订《气象灾害应急预案》和分灾种防御办法实施细则。《河北省气候资源开发利用和保护条例》列入省人大2015年立法计划。《尾矿库降雨气象服务规范》《农村气象灾害应急准备要求》、《人工影响天气固定作业点建设要求》、《旅游景区气象灾害防御要求》等4个地方标准批准实施。明确依法行政范围。明确26项监管项目和亟需强化的管理职能以及102项气象行政权力，确定8大类、59项具体责任清单，制定《行政执法责任制实施办法》等6项制度。省政府将气象灾害防御、公共气象服务供给等14项指标纳入政府气象防灾减灾绩效考核。提升依法行政能力。开展“六打六治”打非治违专项行动，与安监部门联合下发通知，对烟花爆竹、油气输送管线等易燃易爆场所防雷安全工作进行了督导检查，并开展了防雷、制氢储氢和施放气球、人影物资贮运和作业等专项检查行动。与省统计局联合开展全省气象监测设施调查。强化事中事后监管，建立防雷、气球施放和气象信息传播等重点监管对象数据库，张家口、秦皇岛、邢台等市建立气象违法“黑名单”制度。积极推进省、市行政审批事项网上办理。

【科技与人才】 科技创新能力。“京津冀森林火灾遥感监测与精细化火险等级预报预警推广应用”、“河北省雷电监测预警预报与减灾对策研究”等2个项目获省科技进步三等奖。《河北省农业气象与生态环境科技创新》等项目入选中国气象局2015—2017年支持省所发展项目计划，《国家级气象台站探测环境及资料分析评估系统开发与应用》列入中国气象局气象关键技术集成与应用重点项目。发表核心期刊及以上级别论文84篇，其中SCI、EI收录10篇，发表非核心期刊论文142篇，出版学术专著1部。人才支撑体系。编制了《河北省气象部门人才发展规划(2014—2020)》，制定各类用工分类管理办法以及县级综合业务技术带头人选拔培养、正研聘任等办法，激发创新活力，目前全省气象部门共有正研级高工19人，全年全省事业单位新进人员硕士研究生以上人员比例达40.8%。与南京信息工程大学签署了局校共建协议，省气象科学研究所成功获批河北省博士后创新实践基地，列入省级创新人才平台。

【气象改革】 服务体制改革。明确政府公共气象服务事权，进一步厘清气象服务供给中政府和社会的关系。探索基层气象防灾减灾事权和支出责任划分。组建气象服务、防雷行业协会，培育和发展社会气象服务主体。整合壮大国有气象服务市场主体，完善直属企业治理结构和运行机制。深化气象为农服务社会化试点改革，培育部门和社会承接为农服务主体，推进政府采购服务机制建设，探索建立配套管理办法。

业务科技体制改革。试点建立省市县三级集约化的业务布局和流程，明确县级综合气象业务功能定位，推进基层气象业务扁平化、集约化、标准化。初步建成省级集约化数据环境，打造河北省气象综合业务平台，强化省级业务单位的龙头作用和精细化客观预报服务产品制作职责，推进县级气象业务综合化。

管理体制改革。根据安排稳妥推进事业单位分类改革。试点开展基层事业单位岗位设置调整。深化全省气象预算管理改革，探索建立气象事权与支出责任相适应的制度。加快机关标准化建设，明确岗位职责，规范工作流程，推进机关管理科学化、信息化发展。

【气象现代化建设】 河北省人民政府、中国气象局联合印发了《关于全面推进气象现代化建设保障河北绿色崛起的意见》(冀政〔2014〕116号)和《共同推进河北气象现代化合作备忘录》，明确了气象现代化建设的总体要求、主要任务和重点工程。

(河北省气象局　郝永强)

防震减灾

【地震活动】 (一)2014年河北省及京津地区地震活动概况。据河北省数字遥测台网测定，2014年河北省及京津地区共发生地震2134次，ML1.0级以下地震1339次，ML1.0—1.9级地震680次，ML2.0—2.9级地震99次，ML3.0—3.9级地震14次，ML4.0—4.9级地震2次，没有5级以上地震。最大地震为2014年9月6日18点37分河北涿鹿ML4.7级和2014年10月14日17点27分河北滦县ML4.0级地震以及2014年3月13日河北康保ML3.2级小地震群。2014年河北省及京津地区地震活动仍然比较活跃。

(二)2014年河北省及京津冀地区地震活动特征。第一，2014年地震为2134次，小震频度略低于2013年，但高于历史平均水平且强度增高。2014发生两次4级及以上地震，分别为9月6日18点37分河北涿鹿ML4.7级和2014年10月14日17点27分河北滦县ML4.0级地震。9月6日涿鹿ML4.7级地震发生后两周之内共发生余震20次，其中以9月18日02点26分ML2.8级地震最大。10月14日滦县ML4.0级地震发生后两小时内共发生余震47次，震后两周之内共发生余震114次，以10月14日18点21分ML2.4级为最大。2014年无ML5.0级以上地震发生。第二，少震区河北康保发生了最大震级为ML3.2级的震群活动，震群持续时间为3月13日至3

月24日，该地区共发生小震31次，其中ML1.0级以下20次，ML1.0—1.9级7次，ML2.0—2.9级3次，ML3.0—3.9级1次，本次小震群活动持续时间较短，地震频次低，衰减快。第三，河北小震活动仍主要集中在唐山、邢台、张家口三个地震活跃部位。第四，与2013年相比，京津唐张地区地震频度还是比较高，成丛性比较明显，且地震强度有所增加。河北北部张家口与承德地区地震数量与震级有所增加，而且京津与邢台中间的平原带上地震分布较2013年条带性更为明显。

（河北省地震局　王莉婵）

【地震监测与台站建设】　一是河北省区域烈度速报台网建设项目正式获河北省发展改革委和国家发展改革委批准立项。二是通过科学制定工作方案、认真组织检修排查以及加强培训评比等有效手段，地震观测资料质量有新的提升。2014年在中国地震局监测预报资料评比中荣获前三名36项，比2013年提高38%，名列全国第二。三是全省“一县一台”项目建设完成总体方案制定，正在按计划稳步推进。廊坊市拟定了地震监测台网发展规划；邯郸市开展了磁县、大名、永年等台站建设工作，市地震监测中心电磁前兆初步实现了对比观测；沧州市“十二五”规划市级重点项目——“沧州西地震台升级改造”项目完成土建，共建设完成8个强震台；张家口市实现了每个县（市、区）1个骨干宏观观测点的建设目标。保定、张家口等市加强地震异常核实工作，唐山市成立了省内首个省级专家参与的地市级地震异常核实和震情会商专家组，做到重大异常核实不过夜。四是对外科技合作和交流取得明显成效。与中国地震台网中心及山东、辽宁、天津等周边地震部门联合开展了加密视频会商，专题研究河北省及周边地区的震情形势；背景场探测、唐山预警与烈度速报试验网、极低频探地等项目完成收尾工作，进入试运行阶段。深化震情会商机制改革，在全省年中和年度地震趋势会商会上，邀请省气象局专家在联合会商方面进行了新的尝试。建立了河北、内蒙古、山西、中国地震局地球物理研究所和北京大学地空学院“三省一所一校”震情跟踪工作机制，形成了以河北省地震局为基础，联合中国地震局地球物理研究所、北京大学的科研力量，对涉及河北省的危险区进行跟踪研究的工作机制。

【震害防御】　一是全省11个设区市城市活断层探测和地震安全性评价工作全面完成并分别通过总验收。为进一步发挥项目服务社会的作用，省地震局组织召开了国土、规划、建设部门参与的活断层项目成果应用交流会，石家庄、廊坊、邯郸等设区市也相应研究制定了重点建设工程对断层进行避让和加强管理的相关措施；同时强化城乡建筑科学设防，对辛集等20余个县（市、区）的城乡发展规划提出意见。推动唐山妇幼保健医院新建大楼、邢台市人民医院新院区建设等采用减隔震技术。积极推进防震减灾示范城市建设，唐山市成为中国地震局首批命名的国家级防震减灾示范城市。二是在地震保险机制建设方面进行了新尝试。由省政府金融办牵头，省财政厅、省农业厅、省林业厅、省保监局、省地震局、省气象局等7个部门联合出台了《关于印发河北省政策性农业保险条款和费率调整内容的通知》，明确规定“将地震纳入全省财政补贴型育肥猪养殖保险条款的保险责任”，标志着河北省政策性地震保险工作的正式启动；三是行政审批改革工作成效明显。按照国务院、省政府的部署和要求，省地震局对行政审批事项认真清理规范，取消行政审批事项3项（距地震观测井（水点）1000米范围内开采观测层位地下水的同意；省外单位在本省范围内承担地震安全性评价的资格验证；地震安全性评价人员执业资格核准），下放行政许可项目2项（影响地震监测观测的建设工程的审批；地震应急预案的备案），移交河北省灾害防御协会1项（二级地震安全性评价工程师注册管理），使河北省地震局保留审批的事项比原来减少了50%多，为下一步购买公共服务工作打下了基础。保定、承德、衡水等市进一步规范行政审批工作，邢台市政府印发《关于进一步加强抗震设防管理的通知》，邢台、邯郸等市推行“零障碍”服务全程协办机制，为今后购买公共服务及做好“接得住、放得下、管得好”工作打下了基础，行政审批改革工作成效明显。唐山市修订了《唐山市防震减灾管理条例》，配合市人大开展了贯彻《防震减灾法》和《唐山市防震减灾管理条例》的执法检查。

【应急救援】　组织完成重点地区的地震灾害风险评估，印发了《重点地区地震应急准备方案》；修订细化了《河北省地震应急预案》，修订印发了《河北省地震应急预案应用手册》和《河北省抗震救灾指挥部应用手册》，并对应急人员、指挥场所、救援队伍、物资储备以及联系方式等信息进行了全面补充更新；组织完成河北省地震重点地区的地震灾害风险评估工作；制定了《地震灾害现场工作方案》，编制印发了《地震现场灾害评估和科学考察工作系列表格》和《地震现场应急工作规范及标准手册》；编制印发了全省人口、地形、交通、水库等地震应急专题图件；选派了省市两级地震救援队业务骨干45人，赴兰州开展了专业技能培训；补充调整了全省地震现场工作队组成人员；会同省政府应急办对张家口、唐山、邢台、邯郸等地进行了应急工作实地检查；会同住建、教育等部门，加大了农村危房和中小学校舍安全改造工作力度。同时，加强地震应急处置和演练。在省政府领导和指挥下，省地震局会同张家口市政府妥善处置了9月6日张家口市涿鹿县4.3级地震。2014年度全省组织各级各类地震应急演练上千次，新建应急避难场所40余处，廊坊市组织了由市长亲自参加的大型地震应急演练。

2014年8月3日云南省鲁甸县6.5级地震和10月7日云南景谷6.6级地震发生后，河北省地震局都迅速派出现场工作组，按照统一要求，紧急支援灾区的地震现场工作，得到了中国地震局的肯定。

【防震减灾科技合作】　河北省地震局与中国地震局地球物理研究所、地壳应力研究所分别签订了科技合作交流协议，围绕全省重点区域制定了共同开展震情监测和分析研究工作的具体项目。与河北省地理信息局、河北省气象局就GPS、气象观测数据共享应用等签订了合作框架协议，在科技项目、应急演练、技术交流、人才培养和项目成果等方面开展了广泛的合作。廊坊市开展与防灾科技学院、武警学院的合作并取得明显效益。省地震局制定了《科技成果、科研论文奖励办法》，加快科技人才培养，鼓励争取科技项目和研究课题，推动科技成果转化应用，促进科技进步与创新。2014年度获得科技专利1项，产出科研论文和著作42项。省地震局选派2人参加中国地震局普通交流访问学者，推荐1人参加中国地震局“地震科技青年骨干人才培养项目”赴德国交流访问，推荐1名回国人员申报2014年留学人员科技活动资助项目。

【防震减灾宣传教育】 省地震局、省教育厅联合印发《关于在全省中小学校认真做好防震减灾工作的通知》，进一步加强了中小学校的防震减灾宣传教育；充分利用国际减灾日、防震减灾宣传周等重要时段，通过现场宣传，发放宣传资料，发送短信等形式，广泛开展形式多样的防震减灾宣传工作；策划了新浪微博达人参加的“新浪微博达人探访地震工作”宣传活动，普及防震减灾知识。省地震局官方微博加入省委宣传部组织的“燕赵名博沙龙”。廊坊市成立了“廊坊市防震减灾社区志愿者艺术团”，承德县建成了国家级防震减灾科普馆，唐山市利用公交电视传媒广泛开展宣传活动，石家庄市举办了中小学生“传播防震减灾正能量共圆中国梦”演讲比赛，衡水市在《衡水晚报》连续刊登地震知识，邢台、邯郸、秦皇岛、保定等市通过多种群众喜闻乐见的形式，进一步提高了广大群众的防震减灾知识和应急避险技能。

（河北省地震局　苏新忠）

社会科学

【省社科院工作】 河北省社会科学院（河北省邓小平理论、“三个代表”重要思想和科学发展观研究中心，中共河北省委讲师团，河北省社会科学界联合会）是省委省政府直属事业单位，是省级社会科学综合研究机构、理论宣讲机构和社团机构。其前身是始建于1963年的河北省哲学社会科学研究所，1981年改建为河北省社会科学院，2009年2月省委省政府决定将省委讲师团、省社会科学界联合会并入省社会科学院。全院现有编制380人。院内设管理机构9个、社团工作机构5个、教学研究机构15个、教学科研科辅机构4个。2014年，河北省社科院认真学习贯彻习近平总书记系列重要讲话精神，围绕中心，服务大局，积极推进新型智库建设，理论武装、服务决策、社科联合各项工作取得了新成绩，为“三个河北”建设做出了新贡献。

（一）学习贯彻十八届三中四中全会和习近平总书记系列重要讲话精神，扎实推进理论武装工作。按照中央和省委的要求，积极开展主题鲜明、形式多样的理论武装工作。一是开展重大主题和专题宣讲。组织召开全省党委讲师团工作会议暨学习宣传贯彻省委八届六次全会精神推进会，对做好全年理论武装工作进行了安排部署。组织各市委讲师团、理论宣讲工作站围绕十八届三中全会精神、习近平总书记系列重要讲话精神、社会主义核心价值观和省“两会”精神等内容开展专题宣讲；围绕“中国梦·赶考行”、“善行河北”等内容开展宣传教育活动；组织宣讲骨干分别赴定州市大辛庄镇和辛集市新垒头镇开展“送理论下基层”宣讲活动，举办专题报告会；组建工作小分队，深入全省8个市的16个基层宣讲工作站和联系点，宣讲党的十八届四中全会精神。及时更新宣讲菜单，充实党的十八届三中、四中全会精神等方面内容的宣讲题目，通过河北省干部理论教育网，开展菜单式宣讲，接受各界点播。2014年，全省党委讲师团系统开展各种形式的理论宣讲1.5万余场，受众150万余人次。二是加强马克思主义阵地建设。制定并印发了《河北省社科院关于把马克思主义作为必修课的实施方案》，请《人民日报》理论部主任张首映做辅导报告，推动本院马克思主义学习研究宣传工作的深入开展。三是组织编写通俗理论读物。组织编写了《中国梦·赶考行基层党员干部教育读本》、《党的十七大以来三农政策集释》、《2014金融政策与热点问题》、《理论热点2013—2014》、《培育和践行社会主义核心价值观党员干部学习读本》、《“三农”政策学习辅导2014》等通俗理论读物。四是抓好理论研究。组织专家学者以“河北省中国特色社会主义理论体系研究中心”名义撰写的6篇重点理论文章在《人民日报》、《光明日报》、《经济日报》发表，其中，《用好加强党的建设“四个重要法宝”》和《邓小平在民族复兴道路上的探索与实践》两篇理论文章，在中宣部对全国中国特色社会主义理论体系研究基地和各省区市研究中心于中央主要报刊发表的理论文章进行评比精选中成功入选，这是继2013年本院一篇文章首次入选以来的再次入选。五是搞好理论服务。编发《党委中心组理论学习通讯》和《理论信息》，各出刊24期，其中围绕京津冀一体化各出专辑一期。《党委中心组理论学习通讯》增加“学者观点”板块，丰富完善了学习通讯的内容。充分发挥其理论引导、培树典型、交流经验、推动工作的重要作用。创办《宣讲参考》，全年共刊发32期，为基层理论宣讲干部提供理论服务，受到普遍欢迎。六是推动五级宣讲网络建设。组织召开全省讲师团系统“五级宣讲网络”建设推进会暨党的十八届四中全会精神宣讲工作部署会，新建立19个基层宣讲站、联系点，宣讲网络建设已实现市级全覆盖。目前已在全省建立县级理论宣讲工作站26个，乡镇（办事处）基层宣讲工作站13个，村（社区）宣讲工作联系点14个。工作站和联系点正在成为基层理论武装工作的“桥头堡”，为做好基层理论武装工作起到良好的示范带动作用。

（二）努力发挥党委政府“思想库”“智囊团”作用，不断加强应用对策和基础理论研究。2014年，河北省社科院围绕京津冀协同发展重大国家战略和省委省政府中心工作确立科研选题，进一步夯实基础理论研究，着力引导科研人员在应用对策研究方面下功夫，不断推出精品力作。一年来，全院研究成果获省级以上领导肯定批示70余项，其中《增强公众环保意识刻不容缓》得到中央政治局常委、国务院副总理张高丽的批示。一是省领导圈定和交办任务成果斐然。本院对省领导圈定课题和交办的科研任务高度重视，及时将省领导圈定的课题列入2014年院重大课题发布，组织科研骨干开展研究。2014年初，省委书记为省社科院圈定了“京津冀协同发展框架下河北生态环境建设研究”重大课题，院里成立了课题组，组织开展“走张承·生态行”调研活动，赴张家口、承德两市的11个县区的30多个在生态环境保护、生态产业发展方面具有代表性的项目进行考察。研究报告《建设张承水源生态涵养区面临问题与对策建议》上报后，得到杨崇勇常务副省长批示肯定，中央办公厅单条信息采纳近3000字，报中央领导同志参阅，为京津冀协同发展发挥了积极作用。省委交办课题《关于河北省新建科技城调研情况的报告》获得周本顺、张庆伟、杨崇勇、许宁等省领导的肯定批示，《关于加快河北省文化产业发展的对策建议》调研报告，在省委常委会专题会议上得到常委们的一致好评。省人大委托省社科院起草的《河北省人大常委会关于省重大发展战略法制化的决定》，经河北省十二届人大常委会第十一次会议审议通过。二是应用对策研究成效凸显。围绕经济社会发展中的难点、重点问题，开展了一系列应用对策研究，推出一批调研成果。调研报告《河北省社会各阶层思想动态2013年分析与2014年预测》得到周本顺、张庆伟、赵勇、艾文礼等省领导的肯定批示，并据此出台了相关文件。院《决策参考》直报件有19篇得到省领导批示肯定并转发有关部门参考，其中《服务业创新发展的趋势及对河北省的建议》得到周本顺、杨崇勇的肯定批示，《治理河北省农村大气污染的几点建议》得到张庆伟省长的批示肯定，《宗教向青年教师和大学生渗透的现状、趋势与应对策略》得到省领导艾文礼、范照兵的重要批示肯定，《如何应对大气污染防治对河北省经济发展的不利影响》得到张杰辉副省长批示肯定，《关于京津冀协同发展框架下创新扶贫工作的思考》得到沈小平副省长批示肯定；编写《服务决策服务发展服务基层——省社科院开展应用对策研究成果选编》，省委常委、统战部长范照兵做出批示：“指导思想明确，工作思路清晰，实际成果丰硕，十分不易，十分可贵，表示祝贺。择机前去学习。”省委常委、宣传部长艾文礼批示：“甚好。‘三服务’是方针，也是社科院工作的亮点。”三是学术活动创新开展。组织举办了《2013—2014年河北发展蓝皮书》新闻发布会，省内外多家新闻媒体纷纷在显著位置对发布会刊发了相关报道。《河北蓝皮书：河北经济社会发展报告（2015）》由社会科学文献出版社顺利出版。《河北发展蓝皮书（总报告）》在2015年省“两会”上分送各位委员、代表参阅，受到好评。同时，在五卷本的基础上增加了《河北社会主义核心价值观培育和践行报告》蓝皮书，目前正在组织科研力量撰写。召开了上半年“河北经济形势分析会暨京津冀协同发展研讨会”和“2014年河北省经济运行情况分析和加快河北转型升级”年度经济形势分析会，年度会议综述报告得到周本顺、张杰辉等省领导的肯定批示。四是基础理论研究成果丰硕。出版了《黑水城所出宋代军政文书研究》、《新闻、文学、历史的交汇地带》、《燕赵思想家研究》等20余部学术专著，进一步巩固和提高了河北省社科院部分学科在全国的话语权。《朱德与“誓为人民服务”口号》、《主体建构及其表达策略》、《公理与富强：近代中国接受西学的两个不同路径和选择》等30余篇文章在国家级核心期刊发表。举办了“纪念李大钊诞辰125周年座谈会”、“田野调查与中国近现代社会史研究”、“道安与河北佛教国际学术研讨会”。五是科研成果成绩显著。一年来，河北省社科院共完成科研成果608项，比上年增加44项，其中重要科研成果350余项，出版专著28项，发表论文398篇，调研报告119项。2项课题获国家社科基金项目立项，其中，由孙继民副院长主持的“古籍公文纸本《洪氏集验方》和《论衡》纸背所存宋元公牍文献整理与研究”获得国家社科基金重点项目立项，这是河北省社科院所获得的第三个重点项目。4项省社会科学基金项目立项，省社科规划办委托、确认课题10项；省软科学课题立项5项，省社会科学发展课题立项14项，省民生调研课题立项27项，省人社厅科研合作课题立项7项。

（三）加强活动和平台建设，发挥桥梁纽带作用，不断推进社科联合工作。一是推动社科普及工作。《河北省社会科学普及规定》以河北省人民政府第5号政府令形式公布，完成社科普及立法工作，使河北省社会科学普及工作真正走上法制化、规范化、社会化轨道。二是推进社科组织建设。进一步推广市级“智库”建设，对唐山、张家口、保定三个试点市和新增的邢台市“智库”建设开展以成果转化的实际数据资料作为考核标准的量化审核工作，为全面实施“智库”工程奠定了坚实基础。以“11125”工作目标为抓手，带动研究基地建设全面发展，20个基地如期完成全年工作任务。以年检工作为核心，指导所属62个学会完成年检工作，监督指导4个学会完成了改选换届工作。编制了《河北省社科联主管学会（研究会、协会）考核项目》，促进学会管理工作规范化。举办社科联所属学会秘书长工作会议。积极适应从严治党的新要求，开展社团党组织负责人培训，开展社团党建调研，指导所属社团扎实开展党的群众路线教育实践活动，努力将活动与推动学会发展紧密结合起来，做到两手抓、两不误、两促进。三是促进决策咨询成果转化应用。以“河北社会科学发展”和“民生调研”课题为依托，以课题项目为纽带，通过课题评审立项，优中选优，组织全省社科专家学者，围绕经济社会发展的重大理论和现实问题开展研究。2014年，“河北社会科学发展课题”立项594项，其中，重点课题69项，一般课题371项，青年课题139项，区域经济联合基金项目15项。1项成果得到省领导艾文礼批示，12项成果得到厅级领导批示，35项成果被相关部门或企业采用。民生调研课题2014年结项共215项，其中10项课题成果获得张庆伟、赵勇等省领导批示，30余项成果被省、市相关部门和单位采纳或参考。根据省领导的要求，在省社科联三个专业委员会启动了为期三个月的“2014年集中调研和献策”活动，完成调研报告60余篇，多篇成果得到艾文礼、刘永瑞等省领导的高度评价。四是推进活动品质提升。结合落实“两办”文件精神，组织省内社科专家组成课题组，完成《2014年社会科学发展研究报告》，中国社会科学网对本项活动作了宣传。以“京津冀协同发展聚焦”为主题举办了河北省第九届社会科学学术年会，中国社会科学网、河北日报、河北电视台、河北新闻网、共产党员杂志等多家媒体对年会进行了报道。举办了2014年燕赵文化论坛和第七届河北省社会科学博士论坛，《人民日报》刊发观点综述，经济出版社出版了论文集。五是加强社科理论人才队伍建设。完成了2014年社科重要学术著作出版资助项目评审工作，共评出资助项目19项。完成第十四届河北省社科优秀成果奖评奖工作，评出获奖成果228项，其中荣誉奖3项；一等奖15项、二等奖70项、三等奖140项。本届评奖工作有新的改进，实施方案缜密、组织工作有序、评审程序规范、评审结果公正，获奖成果代表了本评奖周期内河北省社科研究的最高水平，得到了省政府肯定和社会认可。

（河北省社会科学院　汪　洋）

【省社科联工作】　2014年，河北省社科联在省委、省政府的正确领导下，高举中国特色社会主义伟大旗帜，以邓小平理论、“三个代表”重要思想、科学发展观为指导，认真学习贯彻习近平总书记系列重要讲话精神和党的十八届三中四中全会精神，进一步落实省委、省政府“两办”《意见》，坚持正确的政治方向和理论方向，为推动河北科学发展、绿色崛起，促进社会科学事业创新发展做出了新的成绩。

（一）贯彻党的十八大、十八届三中、四中全会和习近平总书记系列重要讲话精神，把握正确的理论导向。党的十八届四中全会把依法治国，建设社会主义法治国家作为我国社会主义现代化建设的战略目标。为推动全省社会科学界迅速兴起学习贯彻党的十八届四中全会精神热潮，省社科联及时组织专家学者召开了“河北省社会科学界学习贯彻党的十八届四中全会精神座谈会”。与会专家学者从不同的角度对《中共中央关于全面推进依法治国若干重大问题的决定》进行了解读讨论，提出了研究课题，明确了社会科学工作者在建设法治国家、法治河北中的使命和重任。同时对所属学会、研究会和各市社科联学习贯彻落实十八届四中全会精神进行了全面部署，要求广大社会科学工作者把思想统一到四中全会精神上来，把学习宣传研究四中全会精神作为一项政治任务，在全面落实全会精神上发挥社会科学的重要作用。

用习近平总书记系列重要讲话精神指导全省社会科学研究，是社会科学工作沿着正确方向发展的重要保证。为此，省社科联围绕学习贯彻习近平总书记系列重要讲话精神开展了多次学习交流活动。年初举办了“学习习近平总书记系列重要讲话精神专题辅导报告会”，邀请高层次理论专家为全省社科工作者做专题报告，深入解析习近平总书记系列重要讲话精神思想内涵、重大意义，明确了全省社会科学工作的方向。组织省社科联文化建设专业委员会全体委员、相关学会代表和机关工作人员召开“学习贯彻习近平总书记在文艺工作座谈会上的重要讲话精神座谈会”，进一步阐明了以人民为中心的马克思主义文艺观和社会主义文艺理论，对河北文艺工作和文化建设提出了一系列意见建议。

在深入学习贯彻党的十八届三中全会精神方面，省社科联组织所属社会科学团体开展学习党的十八届三中全会精神系列学术研讨会，分设经济、政治、文化、社会、生态文明五个专题，200余名专家学者就京津冀协同发展与经济体制改革、推进国家治理体系和治理能力现代化与政治体制改革等五个方面进行了研讨。充分发挥了社会科学团体的优势，激发了科研活力。系列研讨活动产生的一批应用对策研究成果，通过多种渠道报送有关决策机关，为全面助推河北省经济、政治、文化、社会、生态建设等各方面的改革发展提供了智力支持。

（二）发挥人才和智力优势，拓宽为党和政府决策服务的渠道。省社科联专业委员会汇集了河北省社会科学界各学科的优秀专家。为落实刘永瑞主席提出的专业委员会的委员每年至少提交一项调研成果或工作建议的要求，省社科联从6月份开始在政治建设与社会管理创新、经济发展与生态文明建设和文化建设三个专业委员会开展了为期3个月的“2014年集中调研和献策”活动，共收到调研报告和对策建议60余篇。从中选出9篇调研成果摘编成《优秀成果专报》报送省领导，得到省委常委、宣传部长艾文礼，省政府副省长许宁的肯定性批转，另有6篇成果通过其他形式得到省领导的批转。20余篇调研成果被用于省发改委、省法院、省文化厅等10多个省直部门和部分设区市决策参考。调研成果文集《智库的对策》由河北教育出版社出版。

把为河北科学发展、绿色崛起提供理论支撑和智力支持作为科研导向，重点培育品牌学术活动。大型民生调研共完成调研课题357项，有21项成果获得省领导批示，37项成果获省直厅局、市级领导批示，112项成果被省、市相关部门和单位采纳或参考，253项成果在报刊发表，22项成果通过《河北信息》、《调研呈阅》、《民生调研专报》等途径上报。第七届河北省社会科学博士论坛以“深入贯彻十八届四中全会精神，全面推进京津冀协同发展”为主题，收到140篇论文，65篇入选优秀论文集，10篇对策研究成果以《成果要报》形式向有关省领导和决策部门呈送，得到好评。人民日报理论版以《深入研究京津冀协同发展问题》为题对论坛成果做了述要。第九届河北省社会科学学术年会以“聚焦京津冀协同发展”为主题，围绕京津冀协同发展中的经济、社会、文化三个方面展开学术讨论，收到论文和摘要近200篇，近300人次以各种形式参加了年会，我国著名学者于景元先生做了《京津冀协同发展与顶层设计》的主题演讲。这些品牌学术活动进一步彰显了省社科联在推动科学决策、民主决策中的智库功能。

按照建设中国特色新型智库的要求，省社科联对保定、唐山、张家口三市两年来社会科学“智库”建设试点工程进行总结验收。保定市成立了学术委员会、4个专业委员会和21个研究中心，建立了“金字塔”人才库和层级化管理的专家学者档案，全年有22项成果被市级领导批转吸收，有的形成了部门决策。张家口形成了区域内外联动，政府、相关职能部门和企业紧密结合的“智库”工作机制，组建了由100名社科专家组成的“专家库”，承担3项国家级课题和2项省社科基金项目，8项成果被市领导批示并责成执行，首次编印了《张家口市发展蓝皮书》。唐山市注重“智库”工作下延，推动社科基地建设，成立相应组织29家，确立136项市级社会科学立项研究课题，有4项研究成果被市级以上领导批示，并批转有关部门参考。经过两年的建设，市社科联“智库”建设试点工程日臻完善，“智库”效应和影响力不断扩大。

2014年，京津冀协同发展上升为重大国家战略，为研究改革发展中的重大现实问题创造了新机遇。省社科联把开展京津冀协同发展研究作为年内研讨的重点，并与北京、天津社科联议定了专题研讨、信息共享、调研协调的合作机制。5月与北京市和天津市社科联共同举办了“京津冀协同发展研讨会”，河北省收到应征论文80篇，3位专家代表发言，7位专家参加专题研讨活动，《人民日报》、《光明日报》等新闻媒体对会议做了全程报道，出版了《京津冀协同发展的展望与思考》会议论文集。9月和10月，组织河北专家分别与北京市社科联专家调研组和天津社科联专家调研组到石家庄、保定、张家口、秦皇岛等七个市开展专题调研，多次举办专题调研座谈会，三地社科专家、企业代表、实际部门工作同志共同探讨京津冀协同发展的对策，调研成果通过多种渠道报送三地党政领导和决策部门。12月召开了“京津冀协同发展战略背景下河北文化和教育发展问题研讨会”，以河北文化和教育为题，重点围绕京津冀协同发展进行了讨论交流，社科专家学者130余人参加了会议。

（三）优化社会科学平台建设，助推学术研究和学科发展。根据省政府的授权，省社科联依法开展了第十四届河北省社科优秀成果评奖。本届评奖严格按照工作程序从919项申报成果中评出获奖成果228项，其中荣誉奖3项，一等奖15项，二等奖70项，三等奖140项。推出了《近代中国政治社会变革研究》、《河北省海洋资源开发利用模式研究》等一批在省内外有重要影响的优秀成果。在评奖过程中，全体评委签定了廉政责任书，纪检部门加强了工作监督，评奖活动的公平性、公正性、客观性进一步增强，得到全省社会科学界的充分认同。

河北省社会科学发展课题在全省社会科学界的影响力和权威性不断提高，立项课题的申报数量比往年大幅增长，达2800余项。经专家评审，2014年有594项课题立项。其中重点课题69项，一般课题371项，青年课题139项，区域经济联合基金项目15项。在对上年度结项的课题中，出版著作17部，省级以上报刊发表论文450余篇（核心期刊66篇），得到领导肯定性批示或被实际部门采纳48项，结项率为96.8%。年度资助社会科学重要学术著作出版进一步严格了申报资格，申报人须提交著作稿相似度检测报告，重复率不得超过20%。为加大对青年学者的学术培养，增加了评审专家对申报作品提出指导性修改意见的措施。2014年共评出资助项目19个。

以提升社会科学研究基地的科研效能为目标，推行科研工作组织化、管理工作网格化、活动开展类型化，积极探索和建立现代管理模式，通过具体的项目目标，带动社科基地全面发展。在年终总结考评中，20个基地如期完成了全年工作任务，全部达标合格。为推动社会科学研究基地实现资源共享，工作协同，制定了《河北省哲学社会科学研究基地简报编辑工作管理办法》，编发重要学术活动及重要成果简报8期，中国社会科学网做了长篇报道。

《河北社会科学年鉴（2014）》在总体框架保持基本稳定的基础上，内容上求新求变、重视编写规范、精心组建和培育编写队伍，在省内外学界的影响力进一步扩大。在第三届全国社会科学年鉴工作交流会上，向全国介绍了自2007年编纂出版以来的经验做法，受到了全国同行的高度赞赏。收入《年鉴》的《年度河北社会科学发展研究报告》认真把握规范与创新的结合。课题组通过查阅文献资料、问卷调查和走访专家学者，召开“河北省社会科学发展现状与走势座谈会”，对河北社会科学进行全景式分析研究，提出发展对策意见，得到省领导的肯定，中国社会科学网对此作了宣传。

河北社会科学网完成了全面升级改版，网页美工特点突出，界面布局更加合理，增加了社联广角、综合信息、新作介绍等多个栏目，加快了内容更新速度。同时着手建设大事记录库、获奖成果库等七个社科数据库，努力打造河北首屈一指的社科数据网络平台。全年发稿320余篇，转载率达30%，转载网站有中国社会科学网、凤凰网、光明网、人民网、中新网等近百家。《社会科学论坛》全年共刊登文章300多篇，被《新华文摘》《高等学校文科学术文摘》《光明日报》《人大复印报刊资料》等17种报刊转载文章30多篇，在国内学术理论界的影响力和知名度不断增强。

（四）加强法治建设和制度管理，社科普及和社团管理走向规范化。把社会科学普及纳入法治化轨道是2014年的一项重点工作。在省领导和各有关部门的重视与支持下，经刘永瑞主席督导协调，省社科联完成了《河北省社会科学普及规定》的调研起草、立法立项、修改会签、定稿上报等一系列相关工作，9月以2014年第5号河北省人民政府令的形式公布，12月1日起施行。《规定》以法治的方式对社会科学普及工作的基本原则、组织管理、社会责任、保障措施等一系列问题做出了明确规定，在国内社会科学普及领域具有领先和标志意义。对以法治思维和法治方式谋划、推动社会科学普及工作，促进和保障社会科学普及事业的发展，将发挥重大现实和历史影响。

为做好《规定》的学习宣传贯彻落实，省社科联制定了《学习宣传贯彻活动实施方案》，印发了《河北省社科联关于认真学习宣传贯彻〈河北省社会科学普及规定〉的通知》，召开了专家学习贯彻《规定》座谈会，在河北社会科学网开辟了宣传专栏，在河北日报刊登了省社科联负责人就《规定》颁布和实施答记者问，起草了《2015年河北省社会科学普及工作方案》。《规定》的宣传覆盖面和社会知晓度广泛深入，中国社会科学网等主流媒体作了详细报道，为《规定》的全面贯彻落实，构建全省社科普及新格局打下了扎实的社会基础。

围绕建设现代社会治理体系和法治河北的要求，采取多种方式提升服务能力，激发学会活力，推动学会健康发展。在学会管理方面，制定了《河北省社科联驻会领导联系学会制度》、编制了《河北省社科联主管学会考核项目》，通过走访调研，学会年检，考察学会在政治方向、财务制度、组织建设、活动规范各方面的工作情况，促进学会管理工作规范化。所属62个学会全部按照党的十八届三中全会等相关精神完成了章程修改草案，59个学会通过了年度检查。在学会党建方面，在考察调研基础上，开展了社团党建制度多项创新工作。将社团党组织建设情况列为年检工作的重要指标，指导社团党组织建立完善了“三会一课”、民主生活会、党员管理、工作例会等制度，利用党建工作QQ群等平台，畅通联系机制。完善档案管理制度，为所属的60个社团党组织建立专门档案。采取上党课、举行报告会、业务技能练兵等多种形式，提高了社团党务工作者的综合素质和业务水平。省委组织部对社团党建工作的创新举措给予了充分肯定，在《河北组工信息》刊文介绍。

在省社科联的指导下，各学会、协会、研究会结合自身特点不断努力探索，实现了长足的进步。社会心理学会对一线民警作咨询服务和危机干预，为1000余名干警进行了心理行为训练，服务社会能力不断增强。青少年素质教育研究会主办了河北省首届青少年素质教育研讨会，200余名专家以“河北省青少年素质教育与创新型人才培养”为主题进行了讨论交流。文化传媒协会对失独家庭开展关怀活动，得到了民政部的认可和专项拨款。修辞学会再版张弓先生的经典专著《现代汉语修辞学》，为弘扬张弓先生的修辞学思想，繁荣我国修辞学事业做出了贡献。省文学艺术研究会联合有关单位摄制了五集电视文献纪录片《石破天惊》，对石家庄在新中国建立前后的历史进行了全新展示。和谐文化研究会举办“2014中华儿女年度人物”推介大型公益活动，揭牌中国梦精神宣传基地北戴河圆梦园，为践行社会主义核心价值观做出了积极贡献。

（五）落实省委、省政府“两办”文件，建设优质高效的服务型机关。为统一思想，凝聚力量，2014年3月省社科联召开了四届三次常委会、四届二次全委会，审议通过了《河北省社科联工作报告》和调整有关委员、常委事项，颁发了第八届河北省社会科学特别奖的获奖成果和第十届河北省社科优秀青年专家证书，表彰了全省社科联系统先进集体和先进个人，向学术委员会、专业委员会委员颁发了聘书，对2014年全省社科联工作做出了全面部署，刘永瑞主席在会上就进一步落实省“两办”文件精神，创新社科联工作做了重要讲话。省社科联走上了依照《河北省社科联章程》规定，规范化、制度化开展工作的轨道。

继续抓住“两办”文件为社科联事业发展带来的新机遇，将全面落实“两办”文件作为重点工作。全省11个设区市的党委、政府关于本市的《实施意见》全部出台，形成了全省上下配套的政策体系，为“两办”文件的实施进一步营造了良好的政策环境和工作氛围。社科联将省、市《关于新时期加强社会科学界联合会工作的意见》编印成册，发送到各社科部门。加强文件精神贯彻落实情况的调研，调研报告得到省委、省政府领导的肯定性批示。各设区市社科联积极探索工作发展新路径，在县（区）社科联建设、社会科学普及、学会管理能力、社科活动创新等方面取得了显著进步。全省新建县（区）社科联26家，新建社会科学普及基地72家，大幅度扩展了社科联工作的覆盖面。廊坊市社科联通过建立社科普及示范基地，推进了社科普及工作的社会化、群众化。邯郸社科联举办的“首届中国邯郸成语大赛”，扩大了河北文化品牌的知名度。邢台市社科联策划的“携手·发展”政校企对接洽谈会，发挥了社科联桥梁纽带的积极作用。

与省内外社科界的联系更加密切，参加了全国第三届社会科学年鉴工作交流会、全国社科联联席会议、华北地区社科联工作协作会，全国社科联第十五次学会工作会等全国性会议。宣传介绍河北社会科学的新发展和社科联事业的新成绩、新经验；保持与外省社科联的日常联络，开展经常性的互相学习和交流，扩大河北省社科联的影响力。建立了与省社科联委员、学术委员会委员和专业委员会委员，以及省内社会科学单位的联系网络，定期寄送相关文件资料；及时向各位委员通报省社科联工作，听取意见和建议，得到了各位委员的好评。

省社科联工作部门继续坚持开展读书活动，努力建设学习型机关。邀请专家讲座，学习前沿知识；制定读书计划，开展心得交流，进一步锻炼了工作人员的素质，深化了学习型机关的建设。省直工委主办的《河北机关党建》以《读书启智，学用相长》为题，推介了社科联开展读书活动的经验。

（河北省社科联　孙　浩）

水　利

【概述】　2014年，河北省各级水利部门紧紧围绕“三个河北”建设，抓改革增活力，抓项目惠民生，抓重点求突破，抓作风促落实，水利工作取得了新成效，为全省粮食产量连续增长、经济社会持续健康发展提供了有力支撑和保障。2014年全省完成中央和省下达的项目投资241亿元。南水北调工程中线总干渠12月18日建成通水，水厂以上配套工程完成建设任务的80%，部分地区已用上了长江水；引黄入冀补淀工程邯郸境内16公里渠段作为应急工程先期开工建设；双峰寺水库工程整体有序推进；地下水超采综合治理试点工作总体进展顺利，115个水利项目已完成投资43.06亿元，占水利项目投资的84%，农业水价改革等体制改革和机制创新同步实施。全年新增节水灌溉面积407万亩；全年解决了602万农村人口饮水安全问题；完成了90座小型病险水库除险加固改造和50条（段）中小河流综合治理；移民后期扶持工作不断加强，移民群众的生产生活条件得到改善。

【水政】 2014年5月，修订出台了《河北省实施〈中华人民共和国水保法〉办法》，2014年9月1日施行。11月28日，《河北省地下水管理条例》获省人大常委会通过，2015年3月1日将正式实施。12月30日，省政府通过了《河北省水功能区管理规定》，将于2015年3月1日起施行。围绕"加强河湖管理，建设水生态文明"主题，抓好"3.22"世界水日和中国水周的集中宣传。坚决取消和下放行政审批事项，省级行政审批事项减少到23项，18项行政监管事项全部取消。全年按时办结行政许可事项503项。着手建立"三个公开、三个清单"制度，174项行政权力清单已通过审查并向社会公布。继续深入推进网上审批，依法、高效、便民、优质办理涉水行政审批事项，全年共受理行政许可事项407项。开展全省水事矛盾纠纷大排查，及时发现纠纷苗头，集中处理涉水纠纷。组织开展了专项执法活动，依法打击非法取土、非法采砂、非法取水等违法行为，全年查处1000多起涉水违法案件。配合石家庄市政府和省环保厅，依法拆除或关停了岗南水库周边25处违法建筑。开展了以"打击无证非法采砂、违法装载、污染大气环境、规范持证砂场秩序以及砂坑回填、平整作为治理重点"的专项整治行动。加强河道采砂规划编制审查。为全面掌握全省有采砂任务的河道采砂规划情况，对流域面积在200平方公里以上的采砂河道及采砂规划的完成情况进行了统计，对南拒马河、瀑河等重点河道加大管理力度，督促编制了河道采砂规划。落实项目建设"三项制度"，严密组织对61个项目开展专项稽查活动，认真抓好国家审计和稽查问题的整改。

【水资源管理和保护】 年末大、中型水库共蓄水24.74亿立方米，比常年同期多蓄水0.08亿立方米。全省用水总量控制在212.4亿立方米以下，万元工业增加值用水量由2013年的26.7立方米下降到2014年的25立方米，农田灌溉水有效利用系数提高到0.664，水功能达标率提高到57.6%。组织首次省对市实行最严格水资源管理制度考核，考核结果由省政府通报全省。为搞好2014年度考核工作，制定了《2014年度河北省实行最严格水资源管理制度考核实施方案》。邢台、邯郸市全国水生态文明城市建设试点实施方案顺利通过水利部组织的专家评审，承德市被列为第二批全国水生态文明城市建设试点，承德、张家口市被列为国家生态文明建设先行示范区。积极推进滦河流域水生态保护工作，开展了潘大水库生态补偿机制调查研究；积极实施21世纪首都水资源规划项目，保障了首都用水和水环境安全；加强城市饮用水水源安全保护。组织开展了国家确定的7个重要饮用水水源地安全保障达标建设，核准了全省重要饮用水水源地名录，开展了安全保障检查评估工作，重要饮用水水源地水质全部达标；从河北省云州水库向北京集中供水1121万立方米；组织力量编制完成了《国家水资源监控能力建设项目河北省技术方案》和《河北省水资源监控能力建设项目实施方案》，确立了河北省"四网一平台"建设的框架体系和主要建设内容；安排了《河北省节约用水规划》编制工作，完成了河北省用水定额修订工作。

【地下水超采综合治理】 按照国家地下水超采综合治理工作部署，河北省在衡水、沧州、邢台、邯郸4市49个县（市、区）开展地下水超采综合治理试点工作，总投资74.5亿元。组织编制了《河北省地下水超采综合治理试点方案（2014年度）》，顺利通过国家财政部、水利部、农业部和国土资源部审查，省政府正式印发实施。积极创新体制机制，在全国率先出台了《河北省水权确权登记办法》、《地下水压采效果评估办法》等8个体制机制创新政策文件，打造了一批水权确权与水管体制改革典型引导示范县。省政府公布了地下水超采区、禁采区和限采区范围及南水北调受水区地下水压采方案。着力加强地表水监测站网、地下水动态监测站网、水质监测站网、重点取用水户监测站网和省水资源信息管理平台"四网一平台"建设，在南水北调受水区布设地下水位监测站点1690处，新建非农取用水户水量监测点2843处。通过采取"节、引、蓄、调、管"等综合措施，完成微喷灌、河渠坑塘清淤等水利建设项目115项，初步形成压采地下水10.64亿立方米能力。

【水利规划】 完成了《河北省现代水网规划（送审稿）》上报省政府；完成了《河北省保障水安全实施纲要》，经省政府常务会和省委常委会审议通过；完成了河北省"十三五"水利规划思路报告；完成了《河北省滦河流域国土江河综合整治试点实施方案（2014—2017年）初稿》。积极推进引黄入冀补淀工程前期工作，项目可研报告已经水利部审查，13个支撑要件已完成11个，环评报告通过水利部预审并报环保部，土地预审加快进行，工程初步设计报告编制工作全面展开，结合中小河流治理在魏县东风渠实现了开工建设；8处重要蓄滞洪区安全建设项目已有7处完成可研报告编制，5处通过水利部水规总院审查；全省共完成水利基建投资241亿元，其中：完成中央投资86.5亿元，地方投资75.2亿元，贷款73.9亿元，其他5.4亿元。

【水权水价改革】 结合地下水超采综合治理试点工作，积极开展水权确权登记工作，省政府印发《河北省水权确权登记办法》，按照"政府主导、公平公开，可以持续、留有余量，生活优先、注重生态"的原则，科学合理地将县域内可以持续使用的水量分配给取用水单位和个人，在试点区53个县启动了水权确权登记工作，470多万农户拿到水权证。省政府出台了《关于创新水价形成机制利用价格杠杆促进节约用水的指导意见》和《关于加快建立完善城镇居民阶梯水价制度的实施意见》，省水利厅会同有关部门制定了《关于地下水超采综合治理农业水价改革的意见》。在地下水超采综合治理试点区全面推广衡水市桃城区"一提一补"、张北县"总量控制、水权交易"、成安县"定额管理、超额征收"、石津灌区地表水灌溉终端水价等节水模式。

【工程建设与管理】 完成了90座一般小（2）型水库除险加固和50条（段）中小河流治理，邯郸东武仕、秦皇岛石河水库除险加固工程基本完成，双峰寺水库建设顺利完成年度计划；落实项目建设"三项制度"，严密组织对61个项目开展专项稽查活动。

完成划界竖桩河道1.78万公里，完成率近80%，其整体进度在全国遥遥领先，得到水利部的充分肯定。积极推进小型水利工程管理体制改革，2个国家级和11个省级试点县改革工作全部完成改革任务，有5个已通过了省级验收。提前启动引黄调水，实现了河北省东供沧州、中供邢衡廊、西供邯邢的三线引黄格局，共引黄河水5.34亿立方米，为历年引水量之最。新增国家级水利风景区3家、省级水利风景区7家。岗、黄水库向石家庄市城市供水1.46亿立方米，向下游6个灌区供水约3.19亿立方米，向石家庄生态补水0.18亿立方米，为南水北调中线工程充水试验供水0.12亿立方米。

【防汛抗旱】 全省平均降水量413毫米（报汛值），较常年同期偏少22%，属偏枯年份。汛期平均降水量308毫米，比常年同期偏少26%，列1956年以来少雨年份第9位。受降水偏少影响，汛期全省主要行洪河道仅出现65站次涨水过程，最大流量为潮白河水系青龙湾减河土门楼水文站275立方米每秒。汛期全省18座大型水库入库水量5.24亿立方米，比常年同期少15.56亿立方米，是1960年以来入库水量最少的一年。汛末，全省大、中型水库共蓄水23.85亿立方米，比常年同期多蓄水1.33亿立方米；平原洼淀（白洋淀、衡水湖、大浪淀）共蓄水3.68亿立方米，比2013年同期少蓄水2.53亿立方米。2014年洪涝灾害偏轻、干旱灾害偏重。全省仅秦皇岛、保定、张家口、承德4市、10个县（市、区）出现洪涝灾情，受灾人口9万人，因灾死亡3人，农作物受灾11.06千公顷，直接经济损失1.8亿元，其中水利设施直接经济损失0.26亿元；受干旱影响，全年作物受旱面积4110万亩，受灾面积1992万亩，粮食因旱减产244万吨，累计因旱发生临时性饮水困难人数58.7万人，大牲畜15.2万头，因旱直接经济总损失100.1亿元。各级各部门高度重视防汛抗旱工作，张庆伟省长主持召开海河防总会议，对防汛抗旱工作提出明确要求，沈小平副省长多次深入防汛抗旱一线指挥部署工作，共有17位省级领导到所包河系和设区市检查防汛工作，216人次市级领导、460多人次县级领导深入所包市县乡和防洪工程检查防汛工作；根据工作需要，将省教育厅、省旅游局、省地震局等三家省直部门纳入省防指成员单位；组织各类抗洪抢险培训、演习约180期，培训业务骨干2.5万人；完成190项应急度汛工程，稳步推进山洪灾害防治项目和抗旱应急水源工程建设，争取中央水利基金2300万元、特大抗旱经费9500万元、特大防汛补助费1000万元和省级度汛资金1180万元、抗旱资金1000万元；累计抗旱浇地6008万亩，解决了41万人、12万头大牲畜因旱临时饮水困难。

【农田水利】 2014年，河北省各地以增加工程蓄水、提水、输水和节水能力为重点，大力开展农田水利基本建设。全省投入农建资金92.6亿元，农民投劳4972万个工日，累计新修防渗渠道483.5公里，更新机井2842眼，维修旧井3521眼，新修、加固水池、水窖等集雨工程和坑塘、塘坝等小型水源工程5295处，新增节水灌溉面积407万亩。2014年度小农水重点县和地下水超采综合治理试点水利工程项目总投资62.37亿元，截至2014年底完成投资42.69亿元，占计划的68%。2012年大型灌区续建配套与节水改造项目总投资4.63亿元，截至2014年底共完成投资3.42亿元，占计划的73.9%；2014年项目总投资4.38亿元，正在开展前期工作，计划2015年底全部完工。2013年中型灌区节水配套改造项目总投资7735.69万元，截至2014年底共完成投资813万元，占计划的10.5%，计划2015年底全部完工；2014年项目总投资9526.54万元，正在开展前期工作，计划2016年底全部完工。2013年度世行二期节水灌溉项目总投资8522.4万元，截至2014年底已全部完成；2014年项目总投资1.43亿元，计划于2015年底全部完工。

【饮水安全】 围绕省委、省政府年初确定的"解决575万农村人口饮水安全问题"的目标任务，全省共完成农村饮水安全项目投资28.07亿元，其中中央补助15.01亿元，省级配套6.22亿元，市县配套及群众自筹6.84亿元，解决了602万农村人口饮水安全问题。

【水土保持】 全年共争取下达中央和省级投资4.48亿元，完成水土流失治理面积2487平方公里，超额完成水利部和省政府下达的目标任务。深入贯彻落实京津冀一体化战略部署和京冀"6+1"合作协议要求，积极谋划与北京市合作在密云水库上游开展生态清洁小流域建设，组织编制《河北省密云水库上游生态清洁小流域建设规划（2015—2017年）》，经海委审查后上报至北京市政府。《河北省实施〈中华人民共和国水土保持法〉办法》于2014年9月1日起施行。出台了《关于制定河北省水土保持补偿费收费标准的通知》。全省共批复水土保持方案700余个，开展监督检查2100余次。第二批42个国家和省级能力建设县通过水利部和省级验收。新建张北、崇礼、平泉三个水土流失监测点。

【移民管理】 全年共下达水库移民扶持资金11.53亿元，发放600元直补资金4.52亿元，补助移民75.33万人。在库区和移民安置区共实施各类项目3400个，其中农田水利、交通等基础设施项目1617个，受益移民51万人；生产开发项目875个，受益移民9万人。进一步重视和加大对生产开发项目的扶持，通过对移民典型户、生产合作社以及特色村的扶持，全省形成了一批远近闻名的特色产业，直接提高了移民的收入水平，全省移民人均纯收入达到4673万元，比上年增长19.7%。

【水电管理】 2014年，扎实推进水电新农村电气化、小水电代燃料、增效扩容改造和巩固退耕还林成果小水项目建设，全面完成了24座农村水电增效扩容改造项目建设任务，改造总投资1.02亿元。加强农村水电行业管理，扎实做好农村水电安全监管、水电站标准化建设、绿色小水电评价、农村水电站管理体制改革、中小河流水能资源开发利用规划和农村水电"十三五"规划编制工作，努力打造河北的"民生水电、平安水电、绿色水电、和谐水电"。制定并印发了《2014年度农村水电安全生产工作要点》，汛前分4个组对8个设区市进行了农村水电安全生产大检查，对排查隐患登记造册，督促落实整改措施，确保农村水电站的度汛安全和生产安全，河北省农村水电实现连续23年无重大安全生产事故。井陉县乏驴岭、邯郸市东武仕、易县紫荆关三级、涉县西达、平山县秘家会等5座电站被国际小水电联合会授予"绿色小水电"称号。全年小水电新增装机容量2360千瓦，总装机容量38.77万千瓦，全年发电量4.7亿千瓦·时。农村水电在环境保护、生态文明建设、大气环境治理、服务三农、促进山区经济发展方面取得明显成效。

【科技外事】 下达了水利科研和推广项目118项，其中延续项目40项，新立申报项目78项。完成了11项科技成果的鉴定工作。组织完成了省水利学会科技进步奖的评审工作，共有22项成果参加报奖，经过专家评审，11项成果获得一等奖，9项二等奖，2项三等奖。共派出两批次12人次出国访问，派出3批次代表团赴台湾学习交流。

【南水北调工程】 河北省境内南水北调工程包括中线一期干线工程和省内配套工程两部分。干线工程河北境内全长596公里，包括京石段应急供水工程、邯石段工程和天津干线工程三段。工程开工建设11年来，河北省累计完成干线永久征地10.6万亩，临时用地11.9万亩，拆迁房屋44万平方米，迁建工矿企业101家，生产生活安置人口6.2万人，电力、通讯、管道等专项设施迁建1800多处，有力地保障了工程建设；圆满完成了国家委托河北省的344公里建设任务，工程质量可靠。2014年6月5日河北境内干线工程开始逐段进行充水试验，9月29日通过了国务院南水北调办组织的专家验收，12月18日河北段工程正式通水。省内配套工程包括水厂以上输水工程、水厂及配水管网工程两部分。水厂以上输水工程建设任务已完成80%，其中廊涿、邢清干渠已建成具备通水条件，保沧干渠管道铺设基本完成。118座地表水厂前期工作基本完成，已开工建设75座，其中磁县、威县等9座水厂已建成通水。

(河北省水利厅　梁　旭)

环境保护

【概述】 2014年，河北省的环境保护工作实现了"一提升"、"二圆满"、"三增强"。"一提升"：大气环境质量总体得到提升。全省11个设区市空气质量优良天数平均152天，同比增加23天；重度以上污染天数平均66天，同比减少14天。全省PM2.5、PM10、二氧化硫、二氧化氮、一氧化碳、臭氧平均浓度同比分别下降12%、13.2%、25.7%、5.9%、16.7%和13.7%。"二圆满"：一是圆满完成APEC会议环境安全保障任务。APEC期间，全面落实空气质量保障措施，停产企业7921家、限产企业509家、停工工地5825处。2014年11月1日至11日，全省优良天数平均达到6天，为"APEC"蓝作出了积极贡献，得到了中央和省委、省政府领导的充分肯定。二是圆满完成年度污染减排目标任务。从环保部总量减排最后一次核查核算会议反馈的信息得知，河北省2014年化学需氧量、氨氮、二氧化硫、氮氧化物四项主要污染物分别比上年削减3.16%、4.08%、7.38%和8.47%，远远超过了年度削减2%、3%、3%和6%的目标进度。三增强：一是治污工程推动力度进一步增强。全年共完成减排项目5520项，新建污水处理厂46个座，安装燃煤机组SCR烟气脱硝设施1.26亿千瓦，新建烧结机脱硫设施2.05万平方米，新建新型干法水泥回转窑SNCR烟气脱硝规模4.95万吨/日，确保了污染减排任务顺利完成。二是环境监管合力进一步增强。联合公安等部门开展河北省环保史上规模最大、查处最严的执法行动，全年共查处环境违法企业7090家(次)，行政处罚环境违法案件2357起，查处治安、刑事案件1947起，有力震慑了环境违法行为。三是环保基础能力进一步增强。环境监察、监测、科研、环保产业、信息化建设取得积极进展。"智慧环保"建设不断推进，分两批建成143个县级空气自动监测站，在全国率先实现全省域环境空气监测站点全覆盖，956家国控重点排污企业全部实现污染源在线监控。

【污染减排】 面对严峻的环境形势和经济下行压力，将大气污染防治作为推进京津冀协同发展的重大战略任务，采取了一系列重大举措。全力推进总量减排。制发了《关于进一步改革和优化建设项目主要污染物排放总量核定工作的通知》，为推动建设项目总量核定的规范化进行了积极探索。强化了减排设施运行管理，先后制发关于加强钢铁、水泥、玻璃等重点行业减排设施和中控系统建设运行的管理规定，推进了重点污染源中控系统的规范化建设。下达了燃煤电力企业烟气脱硝限期治理任务，完成了12台(套)总装机393万千瓦燃煤机组烟气脱硝设施建设。制定了全省水泥行业烟气脱硝限期治理计划，对81条新型干法水泥生产线明确治理时限和技术要求。出台了《河北省城镇污水集中处理设施运行监督管理办法》，进一步强化城镇污水处理厂的建设、运行、监督管理。启动了钢铁行业烧结机烟气旁路拆除工作。对制革、水泥、炼铁、造纸等10个行业淘汰落后产能实施了奖补政策，累计发放奖补资金8000多万元。先后三次组织开展了减排工作大检查，专项督导解决突出减排问题。在压钢减煤上，2014年共压减炼铁产能1500万吨、炼钢产能1500万吨、水泥产能3918万吨、平板玻璃产能2533.5万重量箱。推出了限制销售和使用灰分高于16%、硫分高于1%的散煤的政策，实行了用煤合同备案制和煤质送检制。大力推进煤炭清洁利用和新型能源替代应用，推广清洁燃烧炉具

130万台、燃煤改燃气取暖壁挂炉4.77万户，新增新能源发电装机容量220万千瓦，全年煤炭消费总量减少1500万吨，首次实现负增长。在工业治理上，组织开展了钢铁、水泥、电力、玻璃四大行业大气污染治理攻坚行动，完成脱硫、脱硝和除尘改造工程577个，实现减排二氧化硫17.1万吨，氮氧化物30.2万吨。加大了制药、石化等行业挥发性有机物治理力度，确定了位于主城区的钢铁、石化、化工、水泥、玻璃等123家重污染企业搬迁任务，启动搬迁36家。在扬尘控制上，深化建筑施工扬尘、采矿采砂粉尘、企业料堆粉尘、城市周边散煤堆场扬尘的综合治理，设区市建筑工地监控系统、渣土车卫星定位系统安装率分别达到97%和86%，综合整治储煤场2262家，工业企业料堆防尘整治492个。开展了矿山环境治理攻坚行动，关闭露天矿山414个、停产整治478个。在机动车防治上，坚持政策引导与严管严限并重，通过财政补贴、宣传教育、严格管理等措施，加快了黄标车治理淘汰步伐。2014年，淘汰黄标车66.74万辆，淘汰三轮汽车、低速载货汽车11.46万量，管控盗抢、查封、抵押、扣押状态车辆3.14万辆，超额完成淘汰任务。2014年共争取中央财政大气污染防治专项资金40亿元，省级财政配套8亿元；为规范大气污染防治专项资金使用和管理，提高资金使用效益，印发了《河北省大气污染防治专项资金使用管理暂行办法（试行）》。

2014年河北省共完成减排项目5520项，其中水减排项目3369项，大气减排项目2151项。水项目中，造纸行业工程治理项目23个，印染行业7个，其他行业85个，结构关停379个；污水处理厂新建46个，再生水利用项目10个；规模化畜禽养殖小区（场）减排项目2162个，专业户集中治理19个，关停637个；大气项目中，安装燃煤机组SCR烟气脱硝设施1.26亿千瓦，新建烧结机脱硫设施2.05万平方米，新建新型干法水泥回转窑SNCR烟气脱硝规模4.95万吨/日，其他二氧化硫减排工程66个、氮氧化物减排工程8个，煤改气工程190个，集中供热替代生产锅炉73个；拆除烟气旁路253个，其中电力62个，钢铁烧结机191个。超额完成年度目标任务。环保部领导对河北省污染减排给予了高度评价，认为河北通过开展“四个行业”攻坚，污染治理发生了明显变化，特别是大面积拆除钢铁烧结机烟气旁路，在全国减排领域开创了先河。

【污染防治】 跟踪国家《水污染防治行动计划》编制工作，形成了《河北省水污染防治行动计划实施方案》。突出水源安全，开展了水源保护区研究和划分工作。根据不同建筑物的工程特性，采取不同的水源保护区划分方式。完成了88个城市集中式饮用水水源地一级、二级和准保护区划分工作，为城市集中式饮用水水源地提供了“三圈防护”。积极推进县城及乡镇集中式饮用水水源保护区的划定。初步完成了邢台、唐山、保定、石家庄、邯郸、秦皇岛、沧州等市的351个乡镇以上集中式饮用水水源保护区的划分工作，对南水北调中线工程总干渠河北段两侧水源保护区共划分一级水源保护区68.4km^2，二级水源保护区359.3km^2。开展了保护区内污染源的全面排查，排查污染源216个。对全省116个饮用水水源保护区内违规项目进行了全面排查和整治，共排查违规项目1192个，关停418个。以七大水系14条重污染河流为重点，开展了流域污染治理攻坚行动，全年共完成项目41个，投资19.2亿元。大力推进工业污染源、农业面源、海洋污染防治等十大工程。全省共安排实施综合整治项目170项，完成投资43.1亿元。秦皇岛、唐山市对淀粉、造纸、食品制造等行业进行综合整治，其中秦皇岛市关停企业255家，其中永久关停168家。主要入海河流携带入海污染物总量逐年下降，近岸海域水质不断好转，未发生赤潮等灾害。2014年暑期，北戴河中直浴场、国务院浴场和省办浴场一类海水质量分别为51天、51天、48天，平均透明度超过1.5米，整体好于2013年同期。结合全省农村环境连片整治示范建设和农村面貌改造提升两项行动计划，以农村生活垃圾和污水治理为重点，试点开展了农村环境整治示范建设，在全省100多个村庄建设了7类农村生活污水集中和分散处理示范工程，为全省农村环境治理探索了经验。在工业污染防治上，狠抓了清洁生产和“对标”工作。强力推进“四个行业”清洁生产的污染防治工作，制定了《河北省钢铁水泥电力玻璃行业清洁生产污染防治对标行动实施方案》（冀环办发〔2014〕14号），印发了《关于公布河北省2014年实施清洁生产审核重点企业及“四个行业”2014—2015年污染防治对标企业名单的通知》（冀环办发〔2014〕93号），公布了2014年度实施强制性清洁生产审核的531家重点企业以及2014—2015年度“四个行业”实施污染防治对标474家企业名单。组织召开了河北省钢铁、水泥、电力、玻璃行业清洁生产污染防治对标行动调度和培训会，对189名清洁生产管理人员和从事清洁生产审核人员开展了培训，对全省清洁生产审核咨询服务机构进行了整顿，13家咨询服务机构限期整改，新增清洁生产审核咨询服务机构5家。完成了764家重点企业清洁生产审核验收和信息上报工作，并向社会公布，完成了43家企业清洁生产污染防治对标和“标杆企业”验收，对“四个行业”第一批被评为“清洁生产标杆企业”的7家企业名单及能耗、减排、装备设施等指标信息进行了公告，同时上报环保部，编印了《河北省钢铁水泥电力玻璃行业污染防治对标政策标准汇编》、《河北省清洁生产审核服务咨询机构监管手册》，清洁生产监管信息平台正式运行。在重金属污染防治上。拟定了《河北省重金属污染防治2014年度实施方案》。配合重点行业环境专项整治活动，核实公布了河北省铅蓄电池生产、电镀企业、皮革鞣制、涉重金属矿采选、冶炼企业等涉重行业企业名单。下发了《关于进一步加强重金属污染防治工作的通知》，编制了河北省重金属年度污染防治工作自查报告。在化学品污染防治上。对全省6家有毒化学品进出口企业年度备案进行了审核，编制完成了《河北省生产化学品环境情况调查工作报告》和《河北省生产化学品环境情况调查技术报告》。邀请环保部专家对河北省编制的化学品环境风险评估报告进行了技术指导。部署了河北省化学品环境登记管理试点工作，制定了试点工作方案。组织了河北省化学品环境登记管理试点培训工作，全省化学品环境登记管理试点工作全面开展。完成了5家重点环境管理危险化学品环境风险评估报告审核。河北省6家企业列入国家废弃电器电子产品拆解处理基金补贴名单。省环科院等单位完成的《白洋淀流域污染负荷削减技术与工程示范》项目获河北省科技进步三等奖。

【环境影响评价】 按照"非禁即入"、"非禁即许"的原则，着力推进经济发展，增强市场活力，对重点项目特事特办、急事急办。2014年，全省共审查各类园区规划环评31个，审批项目环评12513个，同比增加11.4%。其中，省本级审批项目环评80个，涉及投资610.4亿元。特别对属于国家审批权限的重大项目，明确专人负责，加大盯办力度。2014年，河北省中石化曹妃甸千万吨级炼油等8个部批重点项目获得环保部批复，首钢京唐钢铁联合有限责任公司建设等10个重点项目集中通过了环保部建设项目竣工环保验收。研究出台了一系列规范性文件。解决了焦化行业存在的突出问题，促进了焦化产业的转型升级，并严控"两高"行业新增产能，研究制发了《关于规范焦化项目环境影响评价工作的通知》，对规范焦化项目环评工作、解决焦化行业遗留问题，促进焦化行业健康发展具有重要意义，也为规范其他重点行业科学发展提供了创新性的解决思路。制定并印发了《关于进一步强化规划环境影响评价管理工作的通知》，对新设立工业园区、已完成规划环评但规划范围、布局结构和规模等发生重大调整的园区和规划实施满五年的园区规划环评工作提出了明确的环境管理要求。印发了《关于进一步加强环境影响评价全过程管理的意见》，明确提出强化规划环境影响评价的调控、引领和约束作用，严格执行建设项目环境影响评价分级审批、分类管理和区域禁限批制度，加大了环评全过程的监督管理力度、强化责任制，明确了环评管理全过程的程序和时限及尽快实现全省环境影响评价网上审批等具体内容。成立了建设项目环境监理分会，制定了《河北省建设项目环境监理机构资格行业认定管理办法（试行）》，进一步推进和规范了建设项目环境监理试点工作，推动了环境监理市场的健康发展。印发了《关于切实加强建设项目竣工环保验收工作的通知》，指导各设区市和省直管县对建设项目竣工环保验收情况进行了调查摸底，对未按法定期限办理竣工环保验收的项目进行了清理整顿，对验收不合格的建设项目进行了限期整改。

2014年省批建设项目审批权限近75%下放至设区市环保局，其中包括由省政府或省政府授权有关部门审批、核准、备案的水利、农林牧渔、地质勘查、城市基础设施与房地产、社会事业与服务业等环境影响报告书，由省政府或省政府授权有关部门审批、核准、备案的应编制环境影响报告表、登记表的非辐射类建设项目环评审批。为进一步支持地方经济发展，将省级环评审批权限全部下放到了衡水、威县环保局；亦庄．永清产业园地跨京冀两地，为提高环评效率，消除政策差异，将该园区的所有规划环评和项目环评审批权限全部下放廊坊市环保局，并加强日常监督指导，有效减少了重点项目的环评审批环节和时间。研究制发了《关于河北省环境保护厅建设项目环评审批实施分类管理的通知》（冀环办发〔2014〕63号），根据建设项目污染物排放量、环境敏感程度对项目环评审批进行ABC分类管理，有效缩短了环评审批的程序和时限。建立了园区规划环评与项目环评衔接机制，对已开展规划环评的园区内建设项目，在已建成集中污水处理厂等环保基础设施、项目符合所在区域相关规划环评要求的前提下，简化项目环境影响评价文件的内容，现状监测数据可以按照"缺什么，补什么"的原则充分采用5年内的规划环评监测资料，有效缩短环评文件编制时间。强化了规划环境影响评价的调控、引领和约束作用。2014年仅省本级共否决不符合环保要求的项目15个，涉及投资38.5亿元。

【生态保护与建设】 坚持生态立省战略，按照山水林田湖生态修复规划的总体要求，攻坚污染减排、水污染防治、农村环境整治和生态环境修复，深入推进生态环境治理。深化实施全流域生态补偿机制，第四次提高了扣缴标准，累计扣缴生态补偿金3.47亿元，超过"十二五"以来的扣缴总和。同时修订并出台了《河北省生态补偿金管理办法》。组织完成了环境保护"十二五"规划中期评估工作，全面掌握了《河北省生态环境保护"十二五"规划》和《国家环境保护"十二五"规划》目标任务进展情况，调整了部分指标，推动了规划目标任务的实施，为"十二五"顺利收官奠定了基础。启动了生态功能红线划定工作，编制完成了《河北省环境功能区划》，起草了《河北省土壤环境保护和综合治理行动实施方案》。组织开展了河北省生态环境10年变化遥感调查与评估和河北省生物多样性保护战略与行动计划编制工作，并通过了环保部的验收，白洋淀、衡水湖列入国家湖泊生态修复试点。联合有关部门推进了生态建设工作，组织了国家主体功能区建设试点示范申报工作，经审核论证，张家口、承德市作为试点单位上报国家发改委和环保部。与省发改委等10部门联合组织了国家生态保护与建设示范区的申报工作，按要求选择推荐了2市（张家口、承德市）、3县（赞皇、迁安、安新）上报国家有关部委。与省旅游局联合共同开展了国家生态旅游示范区的申报工作，在全省筛选评定了2个景区（永年洼湿地、保定野三坡）报国家旅游局和环保部。按照环保部有关要求，委托省环科院针对部分矿山企业编制的"矿山生态环境保护与治理方案"进行了论证，积极推进了生物多样性的保护工作。与河北师范大学联合，就《河北省生物多样性保护与战略行动计划（2012—2030）》（送审稿）进行了进一步调研咨询、分析校正、修改完善，经过不懈努力，顺利通过了国家环保部组织的专家论证评审，为下一步推进河北省生物多样性保护工作打下了重要基础。组织开展了生物多样性保护优先区划定工作，完成了河北省生物多样性保护优先区边界范围核定工作，并报环保部审定。对土壤修复先进技术与方法进行了研究，并选取有代表性土壤的场地开展试点示范工程。平泉县、涉县被授予省级环境保护模范城市称号。成立了农村环境提升改造行动技术服务工作办公室，编制印发了《河北省鼓励的环保技术、产品目录（第一批）》、《农村生活污水处理》工程技术示范手册，完成了《河北省工业企业场地污染防治与管理工作程序（试行）》、《河北省地下水环境监测点位布设技术规范》、《煤场、聊渣场扬尘污染控制技术规范》等技术支持文件。组织在石家庄、邢台、廊坊等6个市、12个县（市、区），推选了15种不同治污处理和工作管理模式的村庄生活垃圾和污水处理试点。同时，在石家庄高邑县、廊坊大厂县和邯郸峰峰矿区等，组织开展了全县（区）域、全覆盖拉网式、农村环境连片整治试点工作，多方探索、积累河北省农村环境整治与生态建设的模式、经验。完成了近1500个省定重点村庄的环境整治示范任务。2014年底，河北省已获环保部命名的国家级环境优美乡镇、生态乡镇50个、国家级生态村11个，河北省命名省级环境优美城镇124个。

在推进京津冀协同发展生态环境保护工作上，编制了《河北省推进京津冀协同发展生态环境保护方案》，提出了河北省生态环保方面的诉求和建议。与京津签署了大气污染联合科技攻关等一批合作协议，建立了京津冀生态环境信息通报共享机制和空气重污染应急联动机制，制定了北京张家口2018—2022年清洁空气行动计划。同时，抓住京津冀协同发展的战略机遇，积极向中央争取资金支持，全年共争取中央资金44.82亿元，省级资金10.96亿元，创历史新高。

【环境执法】 强执法、保安全，解决突出环境问题。2014年，将环保专项行动作为全年环境执法工作的主线，增加了网格化环境监管和渗坑整治等3项内容，明确了环保、公安等12个部门的职责，重拳出击、依法治污，严厉打击偷排偷放等环境违法违规行为，解决了一大批社会关注、群众关心的突出环境问题，创出了铁腕治污的“河北品牌”。全省共出动执法人员14.82万人次，检查企业5.68万家次，立案处罚290家。会同公安等部门对火电、钢铁、水泥、玻璃等7个重点行业企业污染防治设施运行情况开展了专项检查；与公安厅等部门组成联合检查组，每月对各市政府落实大气污染防治情况进行督查，对发现的问题开展后督察，并将情况通报各级政府，强化地方各级政府及相关部门的环境保护责任意识，向社会公开了451件环境问题，组织对76家钢铁企业、45家焦化企业环境整治工作进行整治验收。与公安建立了联合执法、区域执法、交叉执法等机制，邀请河北日报等9家新闻媒体参与，集中开展了两次“零点行动”。将查处大案要案作为突破口，综合运用环保法和治安处罚法，对拒不落实停产、停工要求的，移交公安机关按治安处罚法处置。全省共查处违法企业3197家，取缔违法企业1304家，查处环境污染治安、刑事案件1947起，抓获犯罪嫌疑人1726人，环保移送公安部门案件306件，占全国移送案件总数的四分之一。严密组织APEC会议环境质量保障督查行动。组织各级环境监察机构以超常的措施、超常的力度、最严的标准，采取“5+2，白+黑”的工作方式，组织开展了多层次、全方位、高密度大督查，坚持把暗查暗访作为工作常态，采取“三不、三直”等方式，对督查发现的问题扭住不放，违法问题100%通报、人员100%查处和问责。全省共出动5.8万多人次，检查企业7158家次，工地7200点次，组织对2386家企业、2400个建筑工地派出驻厂、驻点人员9572人，24小时值守监督，为实现“APEC蓝”做出了突出贡献。组织各地对新发现的渗坑、原有整治不到位的渗坑及遗漏渗坑等问题进行集中整治，明确了渗坑整治责任单位、责任领导和责任人，并向社会公开，2014年共排查整改渗坑16个，全部完成渗坑整改任务。组织各地重点对南水北调、引滦入津、密云和官厅水库上游、以及88个水源保护区环境安全隐患进行专项检查，沧州市依法取缔了对白洋淀辖区内的违法建设项目，保定市安新县对11个建设项目进行验收、8个项目采取了停止运营和行政处罚措施。重新修订并印发了《河北省环境保护厅辐射事故应急预案》（2014版）冀环办发〔2014〕133号。对持有《辐射安全许可证》的持证单位，开展了多项辐射安全专项执法检查，全年共检查移动γ射线探伤企业18家，固定γ射线探伤企业5家，实现了全年辐射安全无事故。组织开展了危险废物专项整治行动，对全省205家企业进行了专项检查，及时调查处置了邢台移动公司转移废蓄电池、江苏省企业危废在邯郸倾倒和邯郸国晨化工废酸遗撒事件。

2014年，全省查处治安、刑事案件1947起，抓获嫌疑人1726人，环保移送306件。全年共出动环境执法人员42.8万人次，检查企业19.8万家（次），查处环境违法企业7090家（次），挂牌督办41家，处罚案件2357起，停产整改2511家，停产关闭9360家。全面实行省、市、县、乡、村五级网格化环境监管，建立网格化环境监管体系，实现了环境监管无死角、无盲区、全覆盖。共建立一级网格196个，二级网格2305个，三级网格50132个。修订了《河北省环境污染举报奖励办法》，提高了奖励金额，扩大了奖励面，对127人发放奖励金20万元。全省共受理环境信访2.4万件，比上年增加83.7%。

【环境政策机制】 出台了《河北省公众参与环境保护条例》、《河北省排污许可证管理办法》;《河北省固体废物污染环境防治条例》已经省人大十二届常务会议第一次会议审议，《河北省大气污染防治条例（修订案）》已报省法制办。为加强排污收费管理，促进污染减排，加快产业结构调整和工业转型升级，充分调动企业治污积极性，经省政府批准，印发了《关于调整排污费收费标准等有关问题的通知》（冀发改价格〔2014〕1717号）。实施了企业环境信用评价和“黑名单”制度，推行了绿色信贷、绿色证券，开展了环境污染责任强制保险试点。印发了《河北省排污权抵押贷款管理办法》，11个设区市全部开展了排污权交易，全年共开展排污权交易1115笔，出让金收入7370.12万元。启动实施了“引智共建蓝天计划”，共达成19个项目的合作意向，11个项目顺利推进。加快了省灰霾重点实验室、气象与生态环境重点实验室建设，成立了由院士任主任、15名国内知名专家组成的大气污染防治专家咨询委员会。完成了《钢铁工业大气污染物排放标准》、《水泥工业大气污染物排放标准》、《平板玻璃工业大气污染物排放标准》《燃煤锅炉氢氧化物排放标准》、《农村生活污水排放标准》等五项地方环境标准的制修订，这些标准既与京津相衔接，又更加符合河北省实际需求，为河北省开展环境治理提供了技术支撑。

围绕全省环保中心工作和社会关注的环境热点问题，组织了三次中央媒体、京津冀25家媒体50多名记者的集中采访。《焦点访谈》《人民日报》《经济日报》头版头条均对河北省的大气污染防治进行了专题报道。中央媒体全年共播发新闻稿件212篇（条）。召开新闻发布会和媒体通气会10余次。省级媒体播发新闻稿件580余篇（条）。增加了新华网、凤凰网、腾讯网、河北新闻网等新兴媒体的环境报道。3月21日，陈国鹰厅长做客新华网，全面介绍了河北省的大气污染防治情况，并就网友提出的问题进行了解答，取得较好的社会反响。在人民网、新华网、新浪网、腾讯网开通了政务微博，全年共发布各类信息1100余条，粉丝4.85万个，听众达17万人次。组织拍摄了《河北治霾录》、《全省试点推进农村生活垃圾、污水治理探索》、《先河环保—环保产业的领航者》分别在省政府大气污染防治汇报会、全省农村面貌改造提升行动现场观摩会以及全省经济工作会议上播放，得到相关领导的充分肯定。

【环境基础能力建设】 依托国家信息与统计能力建设项目建成了全省环保业务专网、全省环保视频会议系统和全省环保电子公文传输系统，排污申报系统、企业环境信用系统等实现了国家、省、市、县四级互联互通。随着“智慧环保”项目的实施，全省将建成环保云计算中心，基础能力建设得到进一步夯实。全省省、市、县三级环保高清视频会议核心设备（MCU）和高清终端设备（KDV7920和KDV8000A MCU）建设完成，并投入运行。在视频会议、应急指挥、业务会商、视频培训等方面发挥了显著作用。全面启用了环保电子公文传输系统，加强了环保电子公文传输系统的建设和推广应用，并扩展了环保电子公文传输系统服务器端功能，全省环保系统已全部实现电子公文传输，极大地提高了办公效能。完成了省级环境数据中心三期建设，完善了环境数据元和代码库，完成了1000多个环境基础数据元信息，整理国标、行标、省标代码标准、规范50多项，形成了省级数据中心主题数据库，建立了Web GIS服务平台。开展了多项网络安全及维护建设工作。采购了103套正版windows7操作系统，安装了wps office软件。启动了网络与信息系统安全等级保护测评工作，开展了对省级环保业务专网和机关政府网站两个系统信息安全保护等级测评，达到三级等保要求，整体运行工作状况良好。加强互联网接入管理，完成了互联网出口的归并融合。2014年全省建成并正常运行了企业环保信用系统、排污申报系统、环保行政审批系统、饮用水源地污染防治监管系统、环保网上行政服务中心、污染源排污申报数据地理信息管理模块、自动监控传输平台、网上审批系统、环保移动执法通、建设项目管理系统等。对网上审批系统进行了升级改造，实现11项行政许可事项的电子化流转审批。申请人提出申请时在网上填报相关业务数据，业务表单转成pdf文件打印，无需企业再次填写申报表，保证了数据一致性，又方便数据的统计与分析，开发了审批系统与效能网数据自动报送监控功能模块。拓展了企业环境保护信用信息系统功能，增加了企业违法信息填报栏目，从原来的19项扩展到38项，增加导入导出功能，避免一套数据多个系统重复填报，实现了行政许可事项全程电子化网上申报审批。方便用户，提高办事效率。

全省县级空气自动站建设全面完成，实现了覆盖全省、完整统一的全省环境空气质量监测网络体系，并实时发布环境空气质量信息，对全省30万千瓦以上的104台燃煤发电机组监测点位规范化进行了审核，2014年全省实现了卫星遥感应用合作，立体环境监测全国领先；监测项目扩能增项稳步推进，监测能力建设取得长足进步；环境污染损害司法鉴定中心投入运营，环境监测技术服务职能增强；创新了北戴河暑期环境监测模式，监测手段内容范围实现新突破；启动重点实验室建设，积极搭建环境监测科研创新发展平台。持续深化国内外技术合作与交流，开放型监测站建设迈出崭新步伐。成立了省环境应急与重污染天气预警中心，增加事业编制20名。深入开展基层建设年活动，选派厅机关及厅属事业单位6名同志，分赴霸州市2个村开展驻村帮扶工作，圆满完成了帮扶任务，

【优化政务服务环境】 严格落实省政府要求，进一步优化政务服务环境。简化环评审批环节，大力削减建设项目环评审批的中间审查、审核环节；完善权力运行流程图，进一步完善了《河北省环保厅行政权力目录和公开透明运行流程图》，优化内部管理流程；畅通重点项目审批通道，对省重大战略支撑工程、重大民生工程、央企入冀战略合作项目、民营企业重大项目等国家和省重点项目，开辟审批“绿色通道”，特事特办、急事急办、有事必办，完善首问首办、专人盯办、台账记录等制度，实行一站式服务、一次性告知、一条龙审批，确保审批“绿色通道”的畅通；实行“零障碍”服务，建立大厅代班领导、窗口协办员制度，明确“零障碍”服务的具体内容即：提供全程跟踪服务，做好接待受理、咨询答复、办事引导、办结回复等；“一站式”服务，许可大厅制定并完善了包括“首问首办”、“AB角”、“一次性告知”等一系列制度，形成咨询解答、统一受理、首办负责、限时办结、服务承诺、公开公示、一次性告知、追究问责“一条龙”服务模式；“协办员”服务，除依法依规必须由服务对象直接办理的确认、验证等环节外，协办员负责全程代办，确保相对管理人不出现材料申报二次往返；制作了《便民联系服务卡》，载明了各类服务人员姓名、电话和监督电话，背面印制服务事项及相关人员行为举止规范等；提供文件材料范本，在行政许可服务大厅，公示了办理行政审批事项需要提供的文件、材料范本；实行远程申报、网上审批。企业只需通过互联网便可完成环保行政审批事项审批，实现“不见面，不跑路”，减轻了企业负担。实现了“外网申报、内网办理、外网公示”。企业通过外网服务大厅提交申请、查询进展、提交补证资料，不需企业往返。为了方便企业使用系统，网站提供网上申报使用手册、申报过程

视频演示、技术支持电话等多种手段，确保企业尽快熟悉系统。省环保厅通过网上进行预受理、受理并流转签批，系统加入征求意见、传阅、补证等子流程，节省审批时间，同时还增加审批文件在线编辑、文件归档、证照打印等功能，实现全程电子化流转审批；系统提供关键节点的公示公告，确保全程公开，减轻工作人员的工作量；系统实现全程短信通知，确保第一时间办理；项目办结后企业将纸质材料送达省环保厅并取走审批文件，或邮寄纸质材料审批文件，减少企业往返。

组织推进了行政审批制度改革。2014 年先后两批取消、下放行政审批事项，共取消 4 项、下放 1 项行政审批事项。梳理行政许可审批事项监管清单共 30 项，其中省环保厅实施的行政许可事项监管清单 11 项，环境保护部实施的行政许可事项监管清单 19 项。根据省委、省政府，省编委办部署和“三定”方案，认真梳理行政权力事项，确定保留行政权力事项清单共九大类（没有行政给付）92 项，其中行政许可及非行政许可审批事项 11 项，行政处罚 25 项，行政强制 6 项，行政征收 2 项，行政裁决 1 项，行政确认 1 项，行政奖励 2 项，行政监督 17 项，其他行政权力 24 项。

（河北省环境保护厅　段瑞兰）

【承德市环境保护】　2014 年，承德环保紧紧围绕“让承德天更蓝、水更清、山更绿、人民更幸福”奋斗目标，切实履行环境保护监管职能，严格实行“源头严防、过程严管、后果严惩”的环境管控制度和责任追究制度，全力推进大气、水污染防治与农村环境整治，增强区域生态功能，加大生态修复力度，全市生态环境质量实现持续改善，生态文明建设取得新进展。

（一）以强化管理为核心，不断加大污染减排力度。2014 年，承德坚持以“调整产业结构，转变经济增长方式”为核心，以计划减排项目为重点，倒排工期、挂图作战，采取一周一调度、半月一检查、一月一汇总的方式，全力督促减排项目的建设。专门成立了减排工作督导组，对全市减排项目进行专项检查和督导，对进展缓慢的项目负责单位、负责人进行全市通报，强力推进重点减排项目开展。全市累计完成 166 个新建减排项目，重点污染企业治污设施稳定运行率达到 91%以上。

（二）以 PM2.5 治理为重点，深入推进大气污染防治。制定了《承德市大气污染防治行动实施计划》、《承德市矿山粉尘综合整治实施方案》等 17 个实施方案，打好“控企、控煤、控车、控尘”四大攻坚战，即强力推进钢铁、水泥、电力脱硫脱硝和除尘改造（控企），推进城市集中小连片取缔燃煤取暖锅炉（控煤），大力淘汰黄标车（控车），规范对建筑施工工地、城市道路、露天矿山、露天烧烤的监管（控尘），累计完成工业污染治理 44 项，拆除燃煤锅炉 93 台，完成了 29 项年度重点减排任务，全面完成省下达全市重点工程项目。APEC 会议期间全市累计出动 2.61 万人次，共检查企业、单位、工地等 3156 个，发现及整改问题 81 个，追责 3 人。会议期间全市环境空气质量全部为优良。

（三）以重点流域水环境治理为重点，大力推进水环境综合整治。2014 年，承德启动了《滦河流域水污染防治规划》、《武烈河流域水污染防治规划》、《潘家口水库生态环境保护实施方案》编制工作，通过进一步科学规划、完善举措，预计在 2020 年实现水环境质量全面达标。积极推进生态补偿机制建立，与与北京、天津达成建立水环境生态补偿机制的共识。将滦河纳入国土江河流域综合整治试点河流，拟利用三年时间，通过整合环保、水利部门资金，全面开展滦河综合整治，试点实施方案已编制完成，已有总投资 4.19 亿元的水污染治理项目通过国家审查。

出台了《承德市“河长制”实施方案》，对市域内 8 条重点河流实行“河长制”，由县区委书记、县区长担任“河长”，负责本辖区内水环境保护和生态环境修复工作，并将工作目标纳入各县区党政领导班子和领导干部工作实绩综合考核，并实行一票否决权，对考核不合格的，一律不予提拔任用，对在任期间造成水质退化的，予以免职处理。

（四）推进重点村镇环境综合整治，加快生态文明建设步伐。全面开启了承德“1221”农村环境综合整治工程，已经有 12 个精品村全面通过了考核，并获得市级环保专项奖补资金 120 万元。完成了全市 14 个自然保护区、20 个饮用水水源保护区、3 个风景名胜区、15 个森林公园、2 个地质公园、3 个湿地公园、2 个水产种质资源保护区、全市生态公益林共 8 个类型的禁止开发区红线划定工作，形成了 8 个类型的矢量专题图初稿，夯实了工作基础，首次全面建立了全市 8 个类型的空间管理系统。

（五）以强化执法为保障，严厉打击环境违法行为。全市 11 个县区和承德高新区全部完成了“网格化”监管，共建成一级网格 42 个，二级网格 151 个，三级网格 1167 个，全面构建了“横向到边、纵向到底”的网格化环境监管体系。承德市环境保护局与各相关部门建立了部门联动机制，先后开展了大气污染专项检查、重金属排放企业专项检查、渗坑专项整治、燃煤设施专项检查、污染源自动监控建设、“利剑斩污”攻坚战、强化矿山和水源地保护区专项环境检查和钢铁、焦化行业企业治理整顿、APEC 会议空气质量保障专项督导检查共 10 个专项整治行动。共出动执法人员 10733 人次，检查企业 4124 家，查处违法企业 163 家，其中：下达限期整改企业 133 家，处罚企业 28 家，取缔关停企业 30 家，责令整改企业 23 家，限期治理 1 家，移送公安案件 1 起，共刑事拘留 5 人，批捕 1 人，移送起诉 7 人；配合市公安局立案 4 起。

（六）加强源头控制，创新管理模式。承德环保始终坚持严把生态功能区准入、排污总量准入和项目准入关，严格限制“两高一低”、“两高一资”项目，对不符合国家产业政策、国家明令禁止的项目，坚决不予审批。共否决不符合产业政策、选址不合理的项目 18 个。全市通过审批权承接与下放、推进环评审批信息公开公示和建设项目集体审查等措施，彻底改变过去单部门的项目审批和验收模式，切实增加了建设项目环境管理的透明度，加强批建项目试生产核查力度。截至目前，累计召开建设项目审查会14次，对132个项目进行集体审查，完成市批建设项目试生产现场核查13个，省批建设项目试生产现场核查5个，完成市级“三同时”验收的建设项目共44个。

（承德市环境保护局）

【沧州市环境保护】 （一）空气质量稳中向好。2014年，全市达标天数144天，同比上年增加11天，中度及以上污染天数减少27天；PM2.5平均浓度88微克/立方米，同比上年下降13.7%；空气质量6项指标平均浓度除PM2.5超标1.54倍、PM10超标0.97倍外，其余四项均处达标状态。1—11月份，省内月排名第1—4位；全国74个城市月排名第43—64位，是国家对外公布空气质量以来河北省未排入全国后十的3个设区市之一。

（二）水环境治理成效明显。一是强化重点河流和污水处理厂监管。严格落实市政府《“两河”、“两厂”环境安全的监管机制》，对2条河流增设考核断面，对9条河流提高考核标准和生态补偿金扣缴幅度；对全市建成运行的23座污水处理厂一月一监察一监测一通报，促其正常运行、达标排放。2014年，省重点考核的6条河流18断面全部达标，连续第七年未被省扣缴生态补偿金。二是加强饮用水源地环境管理。认真开展集中式饮用水源地和市区自备水源地执法检查，严格清理全市5个水源地保护区内的违规建设项目，切实按规范对饮用水源地进行监测，2014年以来，全市集中式饮用水源地水质达标率100%。按照省统一部署，针对全市123个集中式饮用水源地全面开展保护区划分工作，已有86个编制完成技术报告，其中36个已报省审批。三是率先开展涉水企业“提标”治理。为防止“前治后污”，从2013年7月份开始在全省率先启动了为期一年的涉水企业“提标”治理行动。对辖区内554家涉水企业，彻查清底，全面“对标”，集中开展专项治理。至2014年年底，全市列入提标范围的167家涉水企业全部治理完成。

（三）污染减排实现新突破。一是加快减排项目建设。对列入年度计划特别是列入国家（省）责任书的项目全程跟进、常抓在手，一月一调度、一月一通报；对影响全市减排大局的，启动区域减排预警措施。2014年，共对5个县（市、区）下达了减排预警。2014年，全市计划实施的277个减排工程特别是列入国家（省）减排责任书的21个重点项目已和列入《河北省钢铁水泥电力玻璃行业大气污染治理攻坚行动方案》的20个项目全部完成，同时完成计划外补充项目41个。二是强化减排项目运行监管。对已建成投运的减排项目，从监管入手，规范管理，真正变减排能力为减排效益。2014年，全市重点污染源自动监控数据传输有效率累计达到83.19%，排全省第三；自行监测结果公布率98.14%，监督性监测结果公布率100%，均达到考核要求。上半年，全市四项主要污染物分别削减1.61%、5%、4.45%、20.24%，是全省3个时间过半任务超半的设区市之一。

（四）源头优化经济发展的水平进一步提高。围绕打造京津冀新的经济增长极、促进沧州绿色崛起，一是立足服务，强化项目环评审批。从规划环评入手，从严把关，源头优化环评审批；从提高效率入手，将环境影响评价报告书、报告表、登记表审批时限分别由60、30、15个工作日缩短为5、2、1个工作日，建设项目环保竣工验收由30个工作日缩短为10个工作日。2014年以来，全市共环评审批建设项目934个，涉及投资1156.05亿元，其中环保投资25.77亿元；市本级审批106个，涉及投资219.92亿元，其中环保投资3.55亿元；全市审批辐射类项目29个，核发辐射安全许可证40个；依法否决不符合产业政策、污染难以治理的项目7个，涉及投资3.2亿元。全市环保验收项目323个，其中市本级验收47个，涉及投资42.93亿元，环保投资1.98亿元。二是立足优势，推动环保产业发展。注重发挥规划引领、政策支持等优势，积极采取网络推介、组织参展、技术对接等方式，推选5家企业参加2014年中国·廊坊国际经济贸易洽谈会“环保产业展”，组织3家企业入选国家重点环保实用技术示范工程，推动河北瞳鸣、河北高科2家企业系列产品入围省鼓励发展的环保产品与技术名录。目前，全市从事环保及相关产业的企业198家，从业人员达11960人，工业销售产值36.26亿元。

（五）生态环境建设与保护积极推进。一是划定全市“禁止开发区”红线。按照省统一安排，全市划定4个自然保护区、6个饮用水水源保护区、1个风景名胜区、1个地质公园、3条清水通道维护区等5类区域为“禁止开发区”，总面积4.75万公顷，占全市国土面积3.32%。二是强化农村环境连片整治。争取中央专项资金、省级配套资金、地方配套资金共5985万元，推进完成2013年全市7个片区61个村庄农村环境连片整治示范项目，新增垃圾处理能力1.31万吨/年、污水处理能力20.67万吨/年。认真谋划2014年连片整治示范项目，拟定上报了12片区137个村庄的治理任务。三是积极推进环保系列创建。全市再创省级绿色学校4个，市级绿色单位12个。

（六）环境工作机制得以创新完善。为防止环保工作“头疼医头、脚疼医脚”，积极探索建立健全长效监管机制，推动全市环境保护尽快步入科学化、规范化、精细化轨道。一是两法衔接机制。从强化日常监管和环境信访入手，持续加大执法力度，尤其对群众环境信访有诉必接、有诉必查，做到真查、真改、真到位。2014年，市本级直接受理环境信访案件291件、省以上转办215件，同比分别减少306件、142件，下降51.2%、39.8%，按时办结率100%。同时，以市县成立环境安全保卫警察队伍为契机，建立健全环保行政执法与司法衔接机制，配合公安机关深入开展“利剑斩污”专项行动，与11个部门联合开展专项治理活动。活动开展以来，全市共取缔“涉小”企业1104家，查处环境违法企业254家，共侦办各类环境违法案件167起，抓获犯罪嫌疑人185名；对9起环境犯罪案件进行了集中公开宣判。二是专家排查机制。针对当前严峻的环境形势和沧州市化工企业较多的产业特点，围绕查大隐患、查深层次隐患，市政府出台了《沧州市专家排查环境风险隐患实施办法》，建立了市、县、企业三级专家排查环境风险隐患机制，组建了市级50名、县级不少于30名、重点企业不少于5名的三级专家库，充分发挥专家的专业特长和技术优势，定期深入企业开展专家排查“问诊”活动。至目前，市级专家排查活动已开展3轮，聘请国家、省、市专家55人，针对全市50家重点企业，共排查环境问题和隐患279个，已整改到位214个。三是明查暗访机制。为及时发现和解决环境突出问题，从2014年3月份开始，沧州市环保局组成7个明查暗访小组，采取“三不三直”方式，每月至少开展一次集中暗访活动。2014年，共发现各类环境问题和隐患140个；针对这些问题，市政府召开专门会议进行通报和集中督办，已整改完成130个。四是目标考核机制。市政府出台了《沧州市环境保护目标管理考核办法》，把19个县（市、区）和23个担负环保工作职责的市直部门作为考核对象，实行百分制考核，并在突发环境事件、新闻媒体曝光、环境问题整改、大气污染防治、污染减排等5个方面明确了“一票否决”事项，引导基层把精力放在求实效上，把功夫下在确保环境安全，不给经济社会发展“添乱”上。五是长效宣传机制。在“两报两台”开辟专栏，及时报道环保动态，剖析典型案例，已刊播新闻和专题稿件173篇。利用市区新购置的LNG燃气公交车投放环保公益广告，形成一道环保流动风景线。大力学习宣传新《环保法》，在沧州日报连续3天进行深入解读；组织系统内集中授课培训4次；针对县（市、区）政府分管领导、环保工作人员、企业法人，组织大型宣讲活动7场；印制新《环保法》3万册，深入开展送法“进企业、进社区”活动，营造了人人关心环保、严惩环境犯罪的浓厚氛围。

（七）环保队伍和能力建设得到巩固提升。一是进一步提升环境基础能力。在市委、市政府的关心支持下，为市环保局增设了大气办、应急中心，增加编制48个，协调解决了多年制约市环境监测站标准化建设实验用房不达标问题；市政府投入资金2127万元，增置了大气污染防治仪器设备，为大气环境质量改善提供了保障；全市19个县（市、区）全部建成6因子空气自动监测站，其中2014年新建12个，实现了空气监测网络全覆盖。进一步提升环境应急能力，重新修订了《沧州市重污染天气应急预案》和市环保局《辐射事故应急预案》，全市已有221家企业完成突发环境事件应急预案备案工作；全市环保系统和有关企业开展应急演练39次，提升了应急能力和水平。二是进一步强化队伍作风建设。扎实开展党的群众路线教育实践活动，得到省、市督导组充分肯定，群众满意度测评100%。固化扩大教育实践活动成果，开展了强化制度覆盖、强化执法规范、强化档案管理“三强化”活动，建立健全了全局周五学习日、周一工作交流等制度，制定了完善工作制度和机关管理规定15个。以“知岗、知标、知底数，懂法、懂规、懂程序，不推、不拖、不误事”为主要内容，深入开展队伍建设能力提升“三三”活动。逐人、逐科室建立了职责清单，已梳理相关法律法规413个、相关标准和技术规范1213个。三是进一步加强党风廉政建设和反腐败工作。严格落实省环保厅有关要求，进一步强化局党组主体责任和纪检监察的监管责任，认真开展纪检组监察“三转”工作，着力惩治不作为和乱作为。扎实开展了“正风肃纪治顽症”、“还利于民”、“承诺践诺”等活动，制定出台了市环保局《党组会议议事规则》，规范了议事程序。按照统一要求，清理规范三类行政审批事项11项，向全市21个特定区域下放行政审批事项3项，向新华、运河两区下放4项，均做到了承接到位、无缝对接。

（沧州市环境保护局）

国土资源监管

【概况】 截至2013年12月31日，河北省土地调查总面积28288.4万亩，与上年度保持一致。

农用地由19689.4万亩减至19680.7万亩，净减少8.7万亩；建设用地由3155.7万亩增至3186.2万亩，净增加30.5万亩；未利用地由5443.3万亩减至5421.5万亩，净减少21.8万亩。以上各地类分别占河北省土地总面积的69.6%、11.2%、19.2%。

按土地利用现状分类一级地类统计，耕地由9837.5万亩减至9826.8万亩，净减10.7万亩；园地由1270.7万亩减至1266.8万亩，净减少3.9万亩；林地由6920.8万亩减至6917.0万亩，净减少3.8万亩；草地由4183.5万亩减至4172.0万亩，净减少11.5万亩；城镇村及独立工矿用地由2742.4万亩增至2765.8万亩，净增加23.4万亩；交通运输用地由614.9万亩增至621.8万亩，净增加6.9万亩；水域及水利设施用地由1296.9万亩减至1290.1万亩，净减少6.8万亩；其他土地由1421.7万亩增至1428.1万亩，净增加6.4万亩。

根据城镇地籍更新汇总数据，截至2013年底，河北省城市和建制镇土地总面积358942.54公顷，其中，城市151532.96公顷，建制镇207409.58公顷。城市用地中，商服用地11558.08公顷，工矿仓储用地41733.87公顷，住宅用地49777.27公顷，公共管理与公共服务用地18830.69公顷，特殊用地3017.57公顷，交通运输用地21139.74公顷，水域及水利设施1680.83公顷，其他土地3794.91公顷；建制镇用地中，商服用地16205.52公顷，工矿仓储用地49547.30公顷，住宅用地85202.83公顷，公共管理与公共服务用地18168.25公顷，特殊用地1147.44公顷，交通运输用地28223.72公顷，水域及水利设施2226.97公顷，其他土地6687.55公顷。

河北省矿产资源丰富，截至2014年底，河北省已发现矿产132种，按亚矿种计算为156种；具有查明资源储量的矿产91种，按亚矿种计算为128种；列入《河北省矿产资源储量表》的矿产70种，按亚矿种计算为88种。上表矿产地1419处。煤、铁、金、钼、水泥用灰岩等河北省优势（竞争力较强的）矿产保有资源储量情况如下：

煤炭223.33亿吨，居全国第13位；铁矿92.13亿吨，居全国第3位；金矿（金属量）211.22吨，居全国第17位；钼矿（金属量）78.43万吨，居全国第9位；水泥用灰岩61.31亿吨，居全国第7位。2014年河北省生产铁矿石1.87亿吨，原煤产量完成6575.27万吨，年产金矿石461.31万吨。全省已开发利用矿产地819处，现有各类矿山企业3817家，从业人数27.09万人，年开采矿石总量3.76亿吨，工业总产值达669.85亿元，形成了以冶金、煤炭、建材、石化为主的矿业经济体系。地质灾害主要有崩塌、滑坡、泥石流、地面塌陷、地裂缝、海水入侵等。

河北省海岸线长487公里，管辖海域面积7000多平方公里。有海岛13个，海岛面积36.30平方公里。河北省沿海地区处于环渤海经济圈的中心地带，海洋生物、港口、原盐、石油、旅游等海洋资源丰富，气候环境适宜，海洋灾害少，是发展海水养殖、盐和盐化工、港口运输、滨海旅游等产业的优良地带，适合进行各种形式的综合开发，具有发展海洋经济的巨大潜力。目前主要海洋产业有滨海旅游业、海洋交通运输业、海洋渔业、海洋化工业以及海洋盐业等。

【资源保障】 保障发展用地。转变用地观念，把节约集约用地作为保障发展的核心和主线，严控增量，盘活存量，保障发展用地。全省共批准新增建设用地26.84万亩，供应建设用地37.7万亩，为促进全省经济提供了用地保障和支撑。一是积极争取国家用地支持。2014年国家下达河北省新增建设用地计划24万亩，邯郸、承德、石家庄3个市的14个县（市、区）被国土资源部批准为新一批工矿废弃地复垦利用试点单位，争取到复垦利用指标1.5万亩。二是加大存量土地挖潜力度。规范推进增减挂钩试点工作，全年共完成增减挂钩项目建新地块征收审批1.13万亩；全省共审批新的增减挂钩项目区总规模1.54万亩。加快推进第一批工矿废弃地复垦利用试点工作，年内共完成复垦项目119个，验收19个、0.54万亩，安排建新面积0.16万亩。加强批而未用土地处置工作，全年共盘活利用存量土地22.14万亩。三是着力推进土地节约集约利用。严格执行土地使用标准，严控各类建设项目用地规模，积极研究开展无标准项目节约用地评价论证工作。组织开展了开发区土地集约利用评价，省级开发区划定“发展方向区”已通过审核并上报国土资源部备案；研究制定了《大力推进开发区节约集约用地提高土地利用效率的意见》，修订完善《土地节约利用考核实施方案》，由省政府印发实施，将土地节约集约利用考核上升为省政府考核。年内对11个设区市、定州和辛集市2013年度土地节约利用情况进行了综合评价考核，给予6个设区市和1个省直管县用地指标奖励共6000亩。

地质找矿取得实效。持续推进找矿突破战略行动，完成三年目标评估工作，形成阶段性评估报告和《主要成果汇编（2011—2013年）》，三年累计投入勘查资金28.7亿元，新发现矿产地46处，累计新查明资源储量煤31.79亿吨、铁17.83亿吨、金50.56吨。加强基础地质工作部署，年内推出12个市场项目进行优选，力争用3—5年时间全面完成河北省有色和贵金属重点成矿区带化探扫面工作。地质找矿取得实效，宣化贾家营钼矿、滦县青龙山—庆庄子铁矿等一大批找矿项目取得重要找矿成果。

建设用海保障。一是着力保障重大工业项目、民生项目和战略性新兴产业项目用海需求，2014年国家下达河北省围填海计划指标1.95万亩，全年安排围填海指标1.62万亩，批准用海项目56个、1.28万亩。二是大力推进节约集约用海。严格执行填海造地建设项目投资强度、容积率等控制标准，避免盲目圈占海域和海域闲置浪费。加强项目事中、事后监管，将用海控制标准纳入海域使用论证、预审、招拍挂方案审查和审批等各个环节，不断提高节约集约用海水平。三是推进海域使用权市场化建设。全面启动经营性海域使用权市场化出让，年内省本级完成28宗经营性用海项目挂牌出让。开展了全省海域定级和基准价格评估工作，沧州市海域使用权价格评估体系试点建设基本完成。

【服务“四大攻坚战”】 支持县城建设和县域经济发展。规范规划修改调整工作，全年共完成170个市县区及一批单独选址项目规划修改调整，调整追加了21个县（市、区）规划建设用地规模29.5平方公里，进一步拓展和优化了用地空间布局。统筹用地指标管理，按照每县（市）至少200亩，其中县城建设不低于50亩，单列下达了县域工业聚集发展用地指标。

支持沿海地区率先发展。引导重大建设项目向沿海聚集，全力支持曹妃甸区、渤海新区、北戴河新区和秦皇岛临港产业聚集区发展。会同有关部门印发了《关于依据海域使用权开展固定资产投资管理工作的通知》，并在曹妃甸区、渤海新区开展试点工作，优化建设用海项目审批程序，促进沿海地区率先发展。

着力开展环境治理。以铁路、高速公路两侧和城市周边等露天矿山为重点，集中开展矿山环境治理攻坚行动，全省纳入攻坚行动的矿山达到1319个，占全省“三区两线”等环境敏感地带应治理矿山总数的93.6%。全省已关闭露天矿山414个，停产整治矿山478个，共筹措资金9.86亿元，已完成或正在治理矿山180多个，治理面积达1.3万多亩。加大北戴河及相邻地区近岸海域环境综合整治力度，海洋环境保障工程基本完成，侵蚀岸滩修复工程进展顺利，得到国家海洋局的肯定。建立了海洋生态红线制度，发布实施了《河北省海洋生态红线》，对17段自然岸线和44个海洋生态红线区实施严格的生态管控。

【保障京津冀协同发展】 加强与省有关部门协调配合，主动向国土资源部请示汇报，全力争取国家支持，积极保障河北省京津产业转移项目、钢铁产业调整搬迁改造项目、京津冀综合交通网络用地项目。配合省发改委、省林业厅、省工信厅等部门，完成了《京津冀协同发展总体规划》、《京津冀协同发展生态保护与建设方案》、《京津冀协同发展环境保护规划》、《京津保平原生态过渡带工程规划》、《国家京津冀产业协同发展规划》等河北省建议稿的编写，为京津冀协同发展争取国家支持奠定了基础。

【耕地保护】 严格耕地保护。研究制定了《关于落实最严格耕地保护制度的意见》，已由省政府印发实施，围绕耕地保护这个核心，从强化规划计划管控、划定永久基本农田等各个方面提出了落实措施。加快推进基本农田划定工作，182个县（市、区）、2009个乡（镇）开展了基本农田划定工作，各县（市、区）已落实到地块的基本农田8326万亩。按照国家的统一部署，会同农业厅联合印发了《永久基本农田划定工作方案》，正在按照国家新的部署和安排组织落实。及时分解下达国家下达河北省的高标准基本农田建设任务，组织四个组分赴各市县进行督导，加强工作调度，加快立项和实施等工作，加强高标准基本农田建设。

确保耕地占补平衡。一是修订《河北省土地整治项目管理办法》，对相关工作从程序、标准上进行了重新规范，加强土地整治工作，全年共立项440宗，总规模26.42万亩，可用于占补平衡的耕地17.88万亩。二是着力破解占补平衡、占优补优难题。明确各设区市、省直管县政府为耕地占补平衡的责任主体，由各设区市统筹占补平衡、自求占补平衡。探索试行“补改结合”、“等级折算”政策，并对油田生产企业钻井及其配套设施废弃地复垦为耕地的，可用于本企业建设项目占用耕地的抵顶，下大力解决占用优等耕地的占补平衡问题，进一步缓解全省“占优补优”的压力。为推动占补平衡、占优补优工作的落实，规定今后各设区市宜耕未利用地资源开发完毕前，原则上不能委托其他市补充中、低等耕地。三是开展了耕地质量等级评定监测工作，组织开展了耕地后备资源调查，完成了全省耕地后备资源调查初步数据成果汇总并上报国土资源部。

【矿政管理】 区域性矿业权设置方案编制工作全面完成。省厅发证权限的区域性矿业权设置方案32个，已审批通过并报部备案32个。对已经国土资源部同意备案的矿业权设置方案，向市局下达了批复；设区市发证权限的区域性矿业权设置方案共12个，省厅备案下达批复11个。

加强矿业权管理。印发《关于加快补办地热、矿泉水勘查开采登记工作的通知》（冀国土资办字〔2014〕76号），明确对原有勘查许可证、采矿许可证（储量规模为小型），办理（或补办）延续、转让、变更手续的，由设区市国土资源局，定州市、辛集市国土资源局审批登记发证，对地热矿泉水矿业权审批登记发证工作进行了规范；严格矿业权审批。年内，省厅共办理探矿权审批手续120宗，采矿权审批手续128宗；严格落实矿业权管理相关规定，对铁路、高速公路、国道、省道、旅游公路两侧直观可视范围内，城市周边以及自然保护区、风景名胜区、水源保护地等环境敏感地带，不再新设露天矿业权。

推进矿产资源节约与综合利用。完成全省22个矿种的“三率”调查评价工作，进一步提高“三率”水平；鼓励引导矿山企业利用先进工艺、先进技术，积极推广矿产资源节约与尾矿、废石、矿山废水等废弃物综合利用的新技术和新工艺；开展矿产资源节约集约与综合利用考核标准和考核办法研究工作，编制了《河北省矿产资源节约集约与综合利用考核办法》（征求意见稿）。

【海域管理】 集约节约用海。认真落实《河北省主要项目用海控制指标》和《河北省闲置海域处置办法》。严格执行填海造地建设项目投资强度、容积率等控制标准，避免盲目圈占海域和海域闲置浪费。将用海控制标准纳入海域使用论证、预审、招拍挂方案审查和审批等环节，用海单位在项目申报用海和项目立项前，按照用海控制标准对投资额度和用海面积等指标主动进行调整，年内全省建设用海项目投资强度为每公顷4500万元，集约节约用海取得较好效果。

海域使用权市场化建设。严格执行《河北省招标拍卖挂牌出让海域使用权管理办法》，年内，省本级共完成28宗经营性用海项目挂牌出让，完成32宗海域使用权的挂牌出让方案审核。稳步推进海砂开采海域使用权出让，完成了海砂资源潜力分析，河北省管辖海域海砂资源区域划定研究正在进行。开展河北省海域使用出让收入制度与机制、河北省海域使用权招拍挂基础地理信息建设等海域使用管理难点研究，深入推进海域使用权招拍挂出让制度建设，努力打造方便快捷的招拍挂信息平台。启动全省海域定级和基准价格评估工作，深化海域使用权市场化建设。

【执法监察】 一是认真组织开展土地矿产卫片执法检查，全省共立案查处土地违法案件8388件、矿产违法案件261件，省厅挂牌督办7件土地和5件矿产违法案件，对8件土地矿产违法案件公开通报，省政府对17个市、县人民政府进行警示约谈。二是加强案件查处工作，省厅共核查国土资源部、北京督察局交办的重点案件线索246件，直接立案查处了永年县标准件违法征占土地等案件，对229件国土资源违法案件省厅督办、限时办结。在抓好案件查处同时，先后组织开展了“小产权房”清查整改、产能过剩行业用地清查、严厉打击矿产资源违法犯罪专项行动、“六打六治”打非治违专项行动、海洋执法专项行动等专项执法，取得了明显成效。三是加强基层执法监管。在唐山、迁安、三河、栾城等地开展了土地、矿产视频监控网试点建设，石家庄、廊坊、沧州等地的7个县（市、区）开展了手机执法试点，加强执法监管，最大限度地将违法行为发现在初始、解决在萌芽。

【保障权益】 一是加快推进集体土地确权登记发证工作，截至2014年底，全省集体土地所有权、农村宅基地使用权、集体建设用地使用权确权登记发证率分别达到97.1%、76.24%、64.44%。二是落实房地产调控用地政策，做好住宅用地供应工作。全年共落实保障性安居工程建设用地1.25万亩，做到了应保尽保。组织各地合理调整当地住房用地供应计划，正确引导市场预期，年内全省共供应住宅用地6.46万亩。三是加强地质灾害防治。对全省地质灾害隐患点进行了拉网式核查和排查，共查出隐患点3573处，逐点划定危险区、设立警示牌、落实了防治责任单位、责任人、监测责任人。开展了16个重点县地质灾害1∶5万详查，启动了围场县城西山泥石流、崇礼县城泥石流等特大型地质灾害的治理工作。四是做好海洋预报减灾工作。开展了4大类共17项监测工作，制定实施了《2014年海洋预报减灾工作方案》，共发布海洋环境预报1645份，年内河北省沿海共发生各类海洋灾害17

起，未造成经济损失和人员伤亡。五是加强信访工作，年内共排查化解矛盾纠纷案件108件，完成上级交办案件54件，全部办结，诉息率达90%；复查复核信访案件117件,诉息率达95%。六是加强和改进行政复议工作,全年共收到行政复议申请91件、受理83件,年内审结74件。

【国土资源领域改革】 积极做好征地制度改革有关工作。一是根据国家的部署，2014年12月报经省委、省政府同意，推荐定州市为全国农村土地征收改革试点。二是认真做好征地区片价格调整工作，修订后的成果于2014年12月30日提交省政府常务会议研究，根据省政府常务会议要求，待进一步修改完善后按程序报批，自2015年6月1日起执行新的征地区片价。

启动不动产统一登记改革。积极协调省编办印发了《关于整合不动产登记职责的通知》，将全省不动产登记职责进行了整合，厅地籍管理处加挂不动产登记局牌子，成立了厅不动产登记局。建立了由省厅为牵头单位，省有关部门为成员的联席会议制度。会同省住建厅、省农业厅、省林业厅组织开展了全省不动产登记信息化现状调查，为河北省与全国不动产登记信息管理基础平台数据衔接做好前期准备。积极推动市、县不动产登记职责整合，重点跟踪了石家庄、秦皇岛等6个市不动产统一登记工作进展，督促各地加快推进职责整合。

深化行政审批制度改革。一是进一步简政放权。对厅本级行政审批进行了全面清理，共取消5项、委托下放1项。保留32个行政审批事项、74个审批流程，比2013年分别减少29%和24%。二是全面实行网上远程报批。从2014年6月开始，河北省国土资源厅32个审批事项74个审批流程全部实行网上审批，提高了报批效率，降低了审批成本，方便了行政管理相对人，促进了依法行政、廉洁从政。三是深化行政审批标准化、绩效、行政监察“三位一体”综合监管机制。坚持定期通报，对不作为、乱作为、违规审批和违规组卷报卷的严肃追究责任。年内共下发4次通报，对21个县、市局和厅机关3个处室进行了通报批评；对22名县市局领导干部和相关人员进行了问责,有力地推动了全系统改进作风、提高效率、优化服务。

【转变作风】 深入学习贯彻习近平总书记系列重要讲话精神，通过加强理论学习、开展处级干部集中轮训等活动，教育和引导党员干部坚定理想信念，严守党的纪律，增强了思想自觉和行动自觉。严格落实中央八项规定，严格执行省纪委“十个严禁”和国土资源部行政审批、评审评估人员“六不准”；制定了《网上远程报批管理规定》，对行政审批实行“八个严禁”。严格执行厉行节约和公务接待、办公用房使用、公务用车和出国考察等方面的制度规定，并坚持常抓不懈，持续深入推进作风转变。研究制定了《落实党员干部直接联系群众制度实施方案》，促进了联系群众制度化、长效化。

【党风廉政建设】 印发了《关于落实党风廉政建设党组主体责任和纪检组监督责任的实施办法》和《2014年党风廉政建设和反腐败工作任务分工》等制度文件，将党风廉政建设纳入年度绩效考核指标，进一步明确责任，层层传导压力。积极推进纪检监察机构转职能、转方式、转作风，全面清理驻厅纪检组参与的议事协调机构，由原来的18项减少到3项。强化权力运行监管，印发了《关于加强对重要权力事项监督检查的通知》，对行政审批、执法监察、干部选拔任用等重点领域进行重点监督检查，并针对土地管理领域的重点问题，完善了土地供应监测监管、土地整治等制度，在全系统组织开展了为期一个月的土地整治项目专项检查活动。加强案件查办工作，对25个土地领域违规违纪线索进行了专项核查。加强和改进巡视工作，对张家口、定州、武安、正定四个市县局开展了巡视，发挥了巡视监督作用。

（河北省国土资源厅　杨淑梅）

地理信息工作

【概况】 2014年河北省地理信息局全面贯彻落实国家测绘地理信息局和河北省委、省政府的工作部署，大力推进各项测绘地理信息重点工作。在全省地理信息系统干部职工的共同努力下，坚持“开放、服务、和谐、发展”的理念，以第一次全国地理国情普查工作为牵引，积极推进数字城市、天地图河北、地理国情监测三大平台建设，着力构建依法行政管理体系、现代化测绘装备体系、经济社会发展服务保障体系，不断提升依法行政能力、科技创新能力、综合服务能力，全面提升地理信息服务国土资源管理能力，积极主动融入经济建设的主战场，各项工作都取得了显著成绩。在全国省级测绘地理信息行政主管部门贯彻落实科学发展观年度绩效考核中，河北省地理信息局名列第3名，连续4年受到国家测绘地理信息局表彰奖励。

【数字城市建设】 11个设区市数字城市建设全部立项启动，数字石家庄应用系统增加到20个；数字秦皇岛、数字邯郸、数字唐山建成并通过验收，开发应用系统30多个。全省批准立项60个县（市），40个县（市）启动建设，数字栾城通过竣工验收。

【“天地图·河北”项目】 完成2014年省级节点矢量数据和影像数据更新，新增河北省地理信息局CROS站管理系统示范应用。石家庄、邯郸、秦皇岛、廊坊4个“天地图”市级节点上线运行。

【地理国情普查】 河北省普查办公室出台规定，建立旬报、月报、月例会调度、检查督导等制度；建立健全联络和资料共享、省市县联动、分工合作、相邻省份友好协商等工作运行机制。2014年下达普查工作计划四期，严格按时间节点质量要求开展，截至年底，完成高分辨率正射影像图生产、内业遥感解译及工作底图制作全部任务，外业调绘核查约18.8万平方千米，内业编辑整理约18.8万平方千米，100%完成了普查数据生产任务，数据库建设和统计分析工作准备就绪。

完成“曹妃甸工业区地理国情监测项目”、“石家庄气溶胶时空特征星地协同观测项目”、“衡水湖重要湿地变化监测项目”和“迁西县地理国情普查统计分析项目”等监测项目，与当地政府进行对接，将监测成果报告呈报省政府，主管副省长张杰辉做出批示。协助开展“京、津、冀地区重要地理国情监测四个项目”，推进常态化监测工作。

【秋冬季秸秆焚烧监测】 河北省地理信息局抽调40多名技术人员组成监测办公室，开展夏秋季秸秆焚烧监测工作。6月5日至14日，使用4架动力三角翼飞行器设备，共起飞43驾次，监测范围覆盖邯郸、邢台、沧州、石家庄、衡水等5设区市56县（市）小麦主产区2.96万平方千米，共发现着火点619处，其中面积大于1000亩的焚烧地块12处。编制监测报告351份，报送省委农村工作部、省政府办公厅、省环保厅。张庆伟省长、赵勇副书记、张杰辉副省长都做出批示，省内外10多家新闻媒体都进行深度报道。

10月16日至11月3日，在香河、高碑店、霸州三地设立起降点，使用4架动力三角翼飞行器及外业监测设备，起飞30多架次，每3小时对1.4万平方千米监测区域监测一次。编制监测报告151份，报省委农村工作部、省政府办公厅、省环保厅。11月10日，张庆伟省长带领省直相关部门到河北省地理信息局召开秸秆焚烧监测工作现场会议。

【京津冀测绘地理信息协同发展】 7月25日，河北省地理信息局牵头组织北京市规划委员会、天津市规划局召开京津冀测绘地理信息协同发展第一次座谈会，共同签署《京津冀测绘地理信息协同发展战略合作协议》。成立领导小组，建立事务沟通协调工作长效机制，围绕京津冀测绘地理信息工作协同发展进行交流、互访，共同推进京津冀测绘地理信息一体化进程。三方共同编制《京津冀协同发展工作系列用图》，分送三省（市）政府，为领导决策提供服务，河北省政府副省长张杰辉做出批示。

【行政执法】 对测绘地理信息行政许可、非行政许可审批、行政处罚、行政监督等事项逐一进行审查，依法全面清理地理信息行政权力，摸清权力底数，编制内容详实、职责明晰的职权目录。共清理出行政许可事项8项、非行政许可审批事项1项、行政处罚56项、行政监督10项以及其他行政权力17项。深化“项目登记、数据提供、质量检验、成果汇交、资质管理”五位一体的管理。

【测绘统一监管】 2014年，全省各级测绘地理信息行政主管部门累计受理测绘项目备案登记事项2200件。河北省地理信息局全年共审批发放测绘作业证252个，测绘作业证件办理实现网上申请、审核和制作。加强对全省航空摄影和遥感资料的统一管理，提高航空摄影、遥感资料的使用效率。加强对卫星定位连续运行参考站建设管理，维护国家地理信息安全。加强街景影像地图采集管理，依法查处非法街景影像地图采集制作行为。

【省级基础测绘计划】 积极争取省财政和国土资源部门投入，制定2014年省级基础测绘年度计划，加大基础地理信息数据采集、建库、数字航摄等专项的投入力度。

【全省帮扶村规划紧急测图项目】 河北省地理信息局承担2014年全省农村面貌改造提升行动重点村规划测图工作。及时制定工作方案，完成并向省住房与城乡建设厅提供全省范围3244个提升行动重点村近9000平方千米范围1∶1000比例尺地形图等资料。

【测绘成果管理和应用】 河北省有关测绘部门先后编制出版河北省领导工作用图、2022年冬奥会申奥用图、京津冀行政区划地图、京津冀协同发展战略图、阜平县影像图、秦皇岛市防御部署图等专题地图1.3万多幅（册）。与北京市测绘设计研究院、天津市测绘院分专题共同编制《京津冀协同发展系列工作用图》8幅。加强测绘资质持证单位成果汇交管理，全年汇交测绘地理信息成果570项。认真做好成果质量监督工作，加强测绘地理信息成果保密管理，开发测绘资料档案管理系统，定期向社会发布。

【共建共享】 3月12日，河北省地理信息局与中国测绘科学研究院签署战略合作协议，探索建立地理国情监测长效机制。5月15日，与国家测绘地理信息局卫星测绘应用中心签署战略合作协议，加强卫星测绘地理信息处理和应用服务合作。7月14日，省地理信息局与省地震局签署数据共享与科技交流合作框架协议，在应急救援演练、人才培养等方面加强合作。

【服务经济建设】 推广国家2000坐标转换应用工作，完成“首都经济圈地区重点大气颗粒物污染源监测项目”、“以地控税、以税节地试点项目”、“北京铁路局3D数字铁路用地管理系统”、“农村土地承包经营权”等项目，服务领域覆盖国土、环保、税务、农业、水利、铁路、石油、海洋、盐务等10多个行业和部门，项目资金近3亿元。

【服务国土资源工作】 实施“三维国土空间使用权项目”、“土地登记动态监管信息系统项目”、“河北省卫片执法监察智能系统升级维护项目”、“利用现代遥感技术开展省级卫片执法监察工作项目”、“唐山海岸带、海岛三维地表模型建设示范工程”、“秦皇岛入海河流流域基础地理信息采集制作”、“海域使用权招拍挂基础地理信息建设”、“河北省海岛测量控制网建设”、“沧州近海陆域三维地表模型建设项目”等20多个项目，服务领域包括土地执法、地质灾害监测、海洋资源调查等领域。

【测绘应急保障】 完善测绘应急保障机制，加强基础设施建设，配备国家地理信息应急监测车、测绘无人机和三角翼低空航摄系统等应急装备。建成卫星通讯与应急监测系统。6月，开展麦收秸秆焚烧地理信息应急监测工作，监测报告及时报省政府和有关部门。10至11月，开展环京地区秸秆焚烧及山火预警空地一体实时应急监测，服务APEC会议期间北京空气质量管理。

【科技成果】 2014年，河北省测绘地理信息行业21项科技成果分别获得2014中国地理信息科技进步奖、全国优秀测绘工程奖、卫星导航定位科技进步奖、中国地理信息产业优秀工程。2014年度河北省优秀测绘地理信息工程奖获奖项目共108项，其中一等奖19项，二等奖33项，三等奖56项；2014年度河北省测绘学会科技进步奖46项，其中一等奖8项，二等奖13项，三等奖25项。

（河北省地理信息局　王跃先）

工商行政管理

【概况】 2014年，河北省工商系统深入学习习近平总书记系列重要讲话精神，以党的群众路线教育实践活动为动力，高扬改革创新主旋律，积极构建服务发展、监管执法、消费维权和信息化“四大体系”，各项工作取得了重要成效，省局领导班子在省委2013年度综合考核中，被评为“优秀”等次。

（一）坚持以改革总揽全局，举全系统之力，积极稳妥推进商事制度改革，发挥了“先手棋”、突破口的作用。先后代省政府起草了9个文件，并在全省全面实施了注册资本登记制度改革和113项“先照后证”改革，开展了营业执照、组织机构代码证、税务登记证“三证合一”登记制度改革和企业准入单一窗口试点。全面实施了企业年检制度改为年报公示制度，大力加强窗口建设，推行一审一核、审核合一，下放登记权限，委托下放外资企业登记授权，加快推进电子营业执照改革，有力推进了注册登记便利化。

（二）坚持以改革促发展，在全系统扎实开展了“讲大局、促发展、增活力、做贡献”活动，以扩大总量、提升质量、帮扶解困、优化环境为重点，全力服务经济发展，市场主体呈现出数量剧增、结构优化、质量提升的良好态势。针对“宽进严管”的新形势，切实加强事中、事后监管。河北省市场主体信用信息公示系统率先在全国上线运行，认真落实企业信息公示、企业年报公示、经营异常名录等制度，与相关部门建立了链接通道，搭建了信用监管平台。认真贯彻新《消法》，不断创新体制，完善机制，提升水平。全省工商系统大力推进信息系统整合、融合、一体化，建成了全省区域内资源共享、业务联动的一体化综合业务应用平台。干部队伍素质持续提高，2014年，河北省工商局作为两个省直部门之一，被评为河北省依法行政示范机关。坚持“一岗双责”，落实“两个责任”，教育、监督、惩处并举，党风廉政建设和反腐败工作深入推进。

【法治建设】 （一）稳妥推进行政审批制度改革。（1）认真编制行政权力清单。梳理出行政权力657项，编制20项流程图，在省直机关率先于9月份上报省审改办。按照省审改办新的梳理口径和要求，确定省工商局行政权力444项。（2）代省政府起草了《河北省加强市场监管工作维护市场正常秩序的实施意见》。

（二）强化监督，认真履行核审、复议、应诉等职能。（1）严把案件核审关。2014年，共核审案件10件，提出意见、建议50多条，共组织召开3次案审会进行集体研究，共组织2次重大案件听证会，有效化解了执法风险。（2）加强行政复议工作。2014年，共受理行政复议案件21件，审结19件。指导系统处理行政复议案件61起。（3）积极处置诉讼案件。协助委托代理人处理一起民事诉讼案件和一起行政诉讼案。民事诉讼案件维持原判，行政诉讼案工商机关无过错。指导系统应对诉讼案件5起。

（三）行政执法水平显著提升。（1）通过组织考试，为全系统换发工商总局制发的执法证2万多个。（2）规范执法办案工作进一步深化。下发《关于贯彻落实好〈关于减轻市场主体负担规范执法办案工作的意见〉的通知》，将减少罚款规范执法办案进一步推向深入。2014年，全系统共减少行政处罚案件15021件，减少罚款金额4291.47万元。（3）建立法制工作基层联系点制度，并组织联系点负责人研讨培训。一是在全系统确定了33个法制工作基层联系点。二是组织联系点代表参与疑难问题研讨、法制宣传培训等活动。三是向总局推荐保定市安新县工商局，被国家工商总局确定为法制工作基层联系点。

（四）全面完成了局党组整改措施明确的6个方面40条整改措施和细化的218条具体整改事项。特别是第二批教育实践活动开始后，按照省局党组“走在前、当示范、做榜样”的目标要求，及时将省局机关第一批教育实践活动的实践成果、理论成果、制度成果编印成册，印发系统示范引领，组织系统1200多名骨干进行了视频培训，研究制发了12个指导性文件，加强活动的指导，力推系统教育实践活动的深入开展，确保了系统教育实践活动，既生动活泼，又富有实效。

【反垄断与反不正当竞争执法】 （一）加强反垄断执法。反垄断工作取得阶段性成果。对涉嫌垄断的案源进行了梳理。2014年6月，总局执法局领导到河北调研反垄断执法工作，对河北省发现的4起涉嫌垄断的案件进行了具体指导。同时，选派两位同志参加了总局对微软公司涉嫌垄断案的调查工作。

（二）反不正当竞争执法。公用企业限制竞争执法取得新突破，指导各地突破了一批供水、供电、供热等行业限制竞争行为的案件。邯郸市工商局查处的某自来水公司限制竞争案在《中国工商报》刊登，查处的某房管局限制竞争案被工商总局评为典型案例，在《中国工商报》及总局网站“典型案例”栏目刊登。

（三）深入开展治理商业贿赂工作。对医药购销领域的商业贿赂行为进行了集中整治。

【直销监督管理】 （一）打击传销违法活动。（1）组织开展了打击整治传销集中行动。共捣毁、取缔传销窝点、场所424个，清查、教育遣返传销人员7049人次，查结案件31件，移送司法机关10件。（2）加大了对重点地区督导检查力度。与省公安厅组成联合督导组对廊坊、沧州、保定、石家庄四个重点地区及秦皇岛、张家口两市进行了检查督导。向廊坊市政府发出了督办函，并会同徐水县政府、沧州市新华区政府妥善处理了因传销引发的斗殴事件。（3）创建“无传销城市”。与省公安厅、文明办、综治办联合下发了《关于开展创建无传销城市工作的意见》、《河北省创建“无传销城市”考核标准》，经过考核验收，全省设区市、直管市创建无传销城市达到70%的目标。（4）营造打击传销浓厚氛围。全省各级工商机关通过电视台、宣传手册等多种形式，展开宣传攻势。河北省主流媒体对“河北省启动2014年打击整治传销集中行动”进行了集中报道，并发布了打击传销警示。12月份，省局在廊坊举办了大型“拒传销、促和谐”宣传教育活动，邀请廊坊市政府有关领导参加。全省共印制发放宣传资料30万余份，现场咨询156次，专题讲座18场，发布公益广告50条次、公益短信700万条次，发表专题文章11篇。编发《打击传销工作简报》15期。

（二）直销监管。(1) 开展了直销市场专项检查。省局联合石家庄市工商局对25家直销企业河北省分公司及其服务网点、非服务网点经营主体进行了实地检查和走访，对雅芳、宝健等企业存在的问题进行了纠正，共行政约谈37次。(2) 规范直销企业行为。对富迪健康科技有限公司涉嫌传销的行为进行了调查，并进行了约谈和告诫，向总局上报了调查报告，协调公安部门进一步处置。(3) 引导直销企业履行社会责任。与玫琳凯公司合作，在全省组织开展了反传销电影大篷车城乡行宣传活动；牵线如新公司，捐资援建了邯郸涉县马布如新希望小学；牵线无限极和安利公司援建了赤城县西沟村饮水工程、涿鹿县赵家蓬区下庄河村路灯照明工程。(4) 把好直销市场准入关。完成了总局和省商务厅对直销企业经营情况调查36次。(5) 开展课题研究。向总局提交了《直销行业规范发展法律法规问题研究》报告，为《禁止直销条例》的修改提供了建议。

【消费者权益保护】 （一）12315行政执法体系建设。(1) 积极推进12315系统升级改造，积极处理消费诉求，全省各级12315机构累计受理消费者咨询11.41万件，投诉5.04万件，举报2.54万件，调解成功率94.7%，为消费者挽回经济损失3296.38万元。(2) 积极推进社会力量参与市场监督。一是代省政府起草了《河北省人民政府关于推进社会力量参与市场监督的意见》（冀政〔2014〕122号），为推动“大维权”体系建设打牢基础。二是积极探索12315维权服务新方式，设立了12315综合服务厅和“工商执法服务亭”，整合优化12315联络站、消费者投诉站和消费维权服务站，进一步方便了消费者维权。三是稳步推进12315“五进”规范化建设，全省已建立消费维权服务站5519个，为消费者解决纠纷2.05万件，挽回经济损失886万元。(3) 扎实开展“3·15”国际消费者权益日消费维权活动。“3·15”期间，延长受理时间，选派12315热线优秀受理人员参与央视“3·15”晚会现场受理工作，接收央视“3·15”晚会转办单62件，并全部及时办结反馈。

（二）强化维权意识和维权技能。认真贯彻新《消法》，利用“法律大讲堂”、“维权知识培训班”等形式，累计开展宣传教育活动124次，组织法律知识培训班96次，教育引导消费者和经营者1.21万人次。对存在危害消费者人身财产安全隐患的重点行业开展了行政约谈，明确了经营者责任，提出了整改要求。全省工商系统共对家电、百货、装饰装修类行业开展行政约谈157次。

【市场规范管理】 （一）网络市场监管深入推进。2014年1月24日完成了省级网络监管平台正式上线运行。制定了《河北省工商局关于加强网络市场监管的实施意见》。建立了全省网络经营主体数据库，截至11月30日，共核查网络经营主体户31353户次，合格入库17480户。部署开展了全省2014红盾“网剑”、网络“双打”、打击利用互联网销售假冒伪劣农资专项行动，维护了良好网络市场秩序。全省共查处网络违法案件168件，罚没款170.255万元。

（二）开展红盾护农行动，加强成品油、煤炭等重要商品市场监管。(1) 全面强化对农资商品质量监测工作，共监测4531个批次，查处农资案件1620件，案值1011万元，罚没款450万元。(2) 部署开展了煤炭市场专项整治行动，全省共出动执法人员1.24万人次，检查煤炭经营户1.16万户次，取缔无照经营户101户，抽检商品煤1367批次，合格率81%，维护和保障了北京APCE会议期间空气质量。(3) 开展了打击假冒仿冒他人加油站商标标识违法行为专项执法行动，摸排出问题加油站178个，立案查处81起，责令整改344起，停业整顿27起，移送其他部门9起。全年共监测成品油4957个批次。

（三）强化合同监管。(1) 开展了整治银行业、电信业利用合同格式条款侵害消费者权益专项整治行动，检查银行业、电信业经营主体655户次，检查格式合同1515份，约谈企业650次，发放行政建议书514份，发放责令改正通知书332份，立案查处286起，罚没款149.95万元。(2) 广泛推广柜台租赁经营合同、美容美发业预付消费合同、汽车维修合同、房地产经纪服务合同、婚礼庆典服务合同、汽车租赁合同、农产品订单买卖合同、家具买卖合同示范文本。(3) 深入开展“守合同重信用”工作，被总局认定公示“守合同重信用”企业64家，累计已达167家。

（四）扎实开展动产抵押登记工作。按照“讲大局、促发展、增活力、做贡献”活动部署，以开辟绿色通道、限时办结、组织银企对接会等方式，支持小微企业融资。截至2014年12月10日，全省共办理动产抵押登记30件，抵押登记金额5.13万亿元。

【市场主体注册登记】 （一）市场主体发展取得新突破。截至2014年底，全省登记各类内资市场主体269.46万户，增长21.63%，刷新近20年来增速，在全国排位由2013年底的第10位上升至第8位；注册资本（金）达到3.94万亿元，增长了40.98%。其中内资企业63.39万户，在全国排第10位，注册资本（金）3.61万亿元，分别增长了25.56%、41.58%；个体工商户197.77万户，在全国排第9位，资金数额1534.01亿元，分别增长了19.68%、22.49%；农民专业合作社8.29万户，在全国排第4位，比2013年底上升一位，出资总额1834.33亿元，分别增长了43.05%、47.28%。

（二）商事制度改革全面推进。3月1日在全省实施注册资本登记制度改革，9月1日实施首批31项先照后证改革，12月1日实施第二批82项先照后证改革，极大地激发了创业投资热情，新设市场主体实现大幅增长。改革实施以来，3—12月，全省新设立内资市场主体56.9万户，比上年同期增长44.68%，比全国平均增速高26个百分点；注册资本（金）6913.59亿元，增长82.00%。其中新设立内资企业14.23万户，注册资本（金）6014.27亿元，增长78.18%、115.7%。

（三）积极支持民营经济发展。认真贯彻落实全省民营经济发展大会和省委8号文件精神，结合工商登记职能，研究制定了《关于充分发挥工商职能进一步鼓励支持民营经济发展的意见》，放宽民营企业登记条件，促进了全省民营企业快速健康发展。截至2014年底，全省民营市场主体总量达到261.74万户，资金总额达到2.88万亿元，占全部市场主体总量的96.89%、69.66%，比上年底占比提高1.61、8.03个百分点。

【市场主体监督管理】 （一）积极推进商事制度改革。(1) 代省政府起草了5个文件：《关于落实"先照后证"改革决定加强市场监管工作的实施意见》（冀政〔2014〕88号）、《关于开展并联审批试点工作的通知》（办字〔2014〕68号）、《关于开展企业准入单一窗口试点工作的通知》（〔2014〕69号）、《关于落实国务院第二批"先照后证"改革决定有关工作的通知》（冀政办函〔2014〕101号）、《河北省市场主体行政审批后续监管清单》（冀政办函〔2014〕101号）。上述文件的印发执行，对第一、二批113项"先照后证"改革目录在全省顺利实施，按照"谁审批，谁监管"、"谁主管，谁负责"原则建立事中事后监管制度，复制推广上海自贸区经验实施并联审批和企业准入单一窗口试点工作发挥了积极作用。(2) 以省政府名义召开了3次会议：3月10日召开了河北省推进注册资本登记制度改革新闻发布会，9月2日召开了河北省贯彻实施"先照后证"改革新闻发布会，9月24日召开了河北省贯彻落实《企业信息公示条例》电视电话会议。以省政府名义对注册资本认缴登记、"先照后证"改为后置审批事项监管清单等进行了解读，对全省开展企业信息公示工作进行了安排部署。

（二）开展无照经营专项整治。7月30日印发了《2014年全省工商行政管理系统无照经营专项整治行动实施方案》，自8月1日至9月15日，在全系统开展为期一个半月的无照经营专项整治。一是结合市场主体增量行动，引导无照经营转变为有照经营，补办营业执照2.40万户。二是突出小规模大群体行业和经营者集中区域，开展集中清理规范，查处取缔无照经营3.58万户，移送有关部门9282件。

（三）结合工商职责安排部署安全生产工作。组织开展安全生产、"六打六治"打非治违等专项整治。根据有关部门的通知，依法督促企业办理变更经营范围386户、注销登记297户，吊销营业执照252户。配合安监局开展全省小煤矿整合工作，对2014年第一批关闭的46户小煤矿，已吊销营业执照36户，启动立案吊销程序4户，另外6户无工商登记信息；同时对2014年第二、三批关闭小煤矿的营业执照吊、注销工作做出安排。

（四）外商投资企业注册管理工作。(1) 高效完成注册登记工作。截至2014年底，全省新设外商投资企业534户（其中，法人企业191户，分支机构323户，其他20户），同比增长30.88%，是5年来增幅最快的一年。新增注册资本33.21亿美元，同比增长62.00%。全省实有外商投资企业6905户（其中，法人企业户2642户，分支机构4165户，其他98户），同比增长1.07%；注册资本310.65亿美元，同比增长14.09%。实有户数在全国排名第14位。(2) 积极推动工商登记制度改革，外商投资企业信息公示制度扎实落地。一是围绕企业信息公示系统建设，按照省局工作安排，将外资企业登记备案、异常名录、黑名单、企业年度报告及其他依法应公示信息的业务需求，进行研究、整理后报信息中心，并多次修改，使公示系统尽量贴近新的法律法规要求。二是指导全系统从2014年10月1日开始，组织企业进行年度报告公示工作，截至12月底，全省外商投资企业提交年度报告公示的有3536户，占应报企业总数的55.91%，即时信息公示128条。(3) 指导全系统做好外国企业常驻代表机构注册监管工作，及时提交年度报告。认真贯彻落实国务院《外国企业常驻代表机构登记管理条例》，督促全省53户常驻代表机构按要求及时提交年度报告，并依法审查。对省局本级管理的一户常驻代表机构，进行了走访和上门服务。

【广告监督管理】 （一）加强广告监测。充分利用监测数据加强监管。明确监测重点，与监测中心共同对省会电视（17个频道）、广播（13个频道）、平面媒体（13家报纸）等媒体发布的广告进行监测，共监测各类媒体发布各类广告155.11万条，发现涉嫌违法广告2.70万条，违法率为1.74%。对发现的涉嫌严重违法广告，及时交由媒体所在地工商部门进行查处，维护了良好的广告市场秩序。

（二）开展违法广告专项整治行动。开展了电视购物和互联网重点领域广告专项整治行动，加大了对药品、保健食品、医疗器械等关系人民群众身体健康和生命安全的电视广告的专项整治力度，各级工商部门共出动执法人员1000余人次，出动执法车辆344台次，检查媒体及广告经营者共1081家，监测电视购物广告13.01万条次，检查各类网站1万余户（次），监测各类网络广告1.53万条（次），查办案件81件，罚没款87.23万元。

（三）运用广告大数据平台，为广告监管工作开展创造有利条件。传达了国家工商总局《关于国家广告数据中心系统在全国测试及试运行的通知》精神，并且请国家工商总局广告数据中心工程师详细讲解和演示了国家广告数据中心广告监管平台的主要功能和操作方法。要求各市派专人每天登陆"广告监管平台"，按照《广告监管平台测试方案》要求对各模块各功能逐级逐项进行测试。充分开发利用好国家广告大数据平台，为执法办案提供依据。

【商标管理】 （一）推进商标战略深入实施。各地不断完善"一分局一标"、"一分局多标"工作机制，指导生产经营者及时办理商标注册。到2014年底全省共有注册商标19.7万件，比上年同期增加3.1万件，同比增长18.7%。同时，按照"重点关注、梯级培育、分类发展、递次推进"原则，增强行政指导针对性，推动企业转型升级。

（二）加强驰名商标推荐和著名商标认定的扶持力度。2014 年共向国家工商总局推荐申报驰名商标 27 件，已认定 15 件，全省累计驰名商标总量为 226 件。2014 年的著名商标认定工作主动适应国家产业政策调整要求，对农产品、高新技术、文化创意等行业及地理标志申报著名商标进行政策性扶持。目前累计有效河北省著名商标 3323 件，其中 2014 年度认定 471 件。

（三）加强商标富农推广。对全省地理标志资源进行摸底排查，共汇集具备一定知名度、条件较为成熟的地理标志资源 48 件，其中 16 件被列为培育重点。到邢台、定州等地对地理标志资源进行调研，帮助指导历史悠久的特色产品申请地理标志商标注册。

（四）加强商标权益保护。继续组织全系统开展打击侵犯知识产权和制售假冒伪劣商品工作。截至 11 月 30 日，全省工商系统共查处侵权假冒案件 1421 件，其中侵犯商标权案件 476 件，办结案件 442 件，案值 255.19 万元，罚没金额 392.25 万元。同时，完成了打侵案件信息公开工作，进一步加强与公安、检察等部门的执法协作。

【信息化建设】 （一）建成了河北经济户籍管理系统。河北经济户籍管理系统于 2014 年 1 月 20 日在全省正式上线，共处理业务 230 万笔，系统运行平稳，实现了预期建设目标。该系统围绕市场主体信息，实现了大业务整合；围绕提升监管效能，实现了大应用推进；围绕信用体系建设，实现了大协同监管；围绕资源成本集约，实现了大集中部署。河北经济户籍管理系统建设的经验在全国工商信息化工作会议上进行了介绍，受到了与会者的好评。

（二）开发了河北市场主体信用信息公示系统。面向社会公示市场主体信用状况，公示数量达 270 万户，日均点击量达 30 多万人次，已有 34 万户市场主体通过该系统公示了年度报告。同时，打造了网上工商工作平台。公示系统已成为政府部门监管、社会公众查询、企业经营决策的重要数据来源，为社会信用体系建设打下坚实基础。

（河北省工商局　赵紫鹏）

质量技术监督

【质量与名牌战略】 2014 年，河北省质量技术监督局组织省农业厅、建设厅等 9 个部门完成对各设区市政府及定州、辛集市政府 2013 年度质量兴省和名牌战略工作考核，经省政府批准，省质量与名牌战略领导小组通报了考评结果。协调省政府办公厅修订印发《河北省质量兴省和名牌战略工作考核办法》，进一步完善该省质量工作考核制度；依据质检总局印发的《2013—2014 年度省级政府质量工作考核评分细则》，制定了《2013—2014 年度省级政府质量工作考核河北省任务分解方案》，组织 34 个省政府有关部门进行全面自评，整理汇集 1400 页证实性材料，配合国务院政府质量工作第九考核组完成对省政府质量工作实地核查。3 月 20 日组织召开“河北省质量兴省与名牌战略工作座谈会”。按照国务院办公厅印发《贯彻实施质量发展纲要 2014 年行动计划》，组织 28 个省相关部门，结合河北省实际，制定《河北省贯彻实施质量发展纲要深入推进质量兴省战略 2014 年行动计划》，明确 4 个方面 18 项年度重点工作及责任单位，并加强日常工作督导协调。确定了第三批推广卓越绩效管理模式企业。开展全省民营企业“五个一”质量提升活动。重点在全省 1000 家民营企业中，开展以“组织一次质量管理知识普及活动、指导企业召开一次质量分析会、设立一批首席质量官、组建一批 Qc 小组、进行一次质量现场观摩交流活动”为主要内容“五个一”质量提升活动。当年创国优、省优成果 78 项，创经济效益 3500 万元。落实《京津冀质量发展合作框架协议》，“质量月”期间，会同北京、天津质管部门在廊坊市组织“河北省民营企业质量提升活动现场观摩暨京津冀企业质量管理经验交流会”，传达中国质量大会（北京）精神，首开京津冀质量协同发展工作先河。京津冀 80 家企业代表和三地 20 多名质量管理人员参加观摩交流活动，10 家民营企业介绍交流经验。

组织开展“质量月”活动。9 月份联合省委宣传部、省国委、省工信厅、省教育厅、省广电局等 13 个部门和单位，组织开展宣传咨询、河北省民营企业质量提升活动现场观摩暨京津冀企业质量管理经验交流会、质量提升宣言等 19 项内容主题活动。

协调省财政厅落实对 2013 年省政府质量奖获奖企业及个人奖励资金 518 万元。推动市、县级政府落实质量奖励政策，据不完全统计，全省获得质量奖和名优产品奖的生产企业共获得奖励资金 2193 万元。全省共有 31 家单位、27 名个人申报省政府质量奖，89 家企业申报省质量效益型企业。经省质量奖评审委员会审议、省政府批准，10 家企业、10 名个人被授予省政府质量奖，76 家企业获得省质量效益型企业称号。

围绕河北省经济发展战略确定名牌评价目录。2014 年省名牌产品评价目录共列入 191 类产品。在各市质量工作部门、省有关部门及行业协会培育指导下，全省共有 460 项产品申报省名牌产品，273 项产品申报省优质产品。

【标准化工作】 7 月 28 日向省政府报送《关于提请以省政府名义成立河北省标准化委员会请示》，得到省政府领导支持。8 月 8 日，省政府下发《关于成立河北省标准化委员会通知》，委员单位由省发改委、省教育厅等 26 个部门组成，委员会办公室设在省质监局。

建立京津冀标准化合作机制。编制京津冀标准化发展备忘录，汇集三地标准化资源。互通现行有效地方标准目录和文本，基本实现地方标准信息共享；交换年度标准化工作要点和年度地方标准制修订计划。研究确立联合发布区域联盟标准意向。通过与北京局及天津局多次沟通，等同采用北京和天津煤炭方面标准，发布《工业和民用燃料煤》标准项目。

围绕“控制煤炭燃烧，推广太阳能、风能、生物能利用，普及节能保温建筑技术、变频节电新技术、节能环保新锅炉、农村户用无烟锅炉”等八个方面开展大气污染治理地方标准制修订工作，已完成22项相关标准制定。

完善生产、加工、流通全过程农业标准体系。共完成45项省级农业地方标准制修订和51项市级地方标准备案工作。对示范区建设各个环节进行梳理分析，对示范单位进行现场指导。聘请专家对示范区建设中“示范区管理、标准体系建立、核心示范点确立”等六个重点环节进行统一授课。河北省在建国家级综合农业标准化示范区10个、国家级农业综合标准化示范县2个。

提升企业标准化水平。发布实施《伺服变矩电动机》标准等项目，提高先进制造业关键基础部件制造工艺标准水平，提升节能技术；新奥科技发展有限公司承担新能源领域《泛能微网技术标准体系》标准项目。全省已完成传统工业、高新技术产业地方标准72项。

将采用国际标准审核、发证和日常管理工作放权，市局一年来，在上述方面实现平稳过渡。全年共有153项产品通过采用国际标准考核，取得《采用国际标准认可证书》。全省共评价确认标准化良好行为企业14家，经申报遴选，确立格力电器（石家庄）有限公司等18家单位为第五批省级标准化良好行为企业试点单位。试点工作注意向民营企业倾斜，以促进民营企业快速发展。确定试点项目中，民营单位就有12家，占试点数量67%。

完善服务业标准体系。制定《政务服务为民代办服务规范》、《12345市长热线服务规范》、《市县乡村四级政务服务体系建设规范》等5项标准。重点围绕现代物流、商贸服务、科技服务等领域，制定《软件开发项目造价评估规范》、《花卉示范园区建设管理规范》、《连锁药店药品配送服务规范》等6项生产性服务标准。加强生活性服务标准制定。围绕社区服务、养老服务、旅游服务等领域，制定《老年人生活能力评估规范》、《公园无障碍设施设置规范》等12项生活性服务业标准。加强生产安全服务标准制定。制定《学校安全管理规范》、《特种设备使用安全管理规范》、《古树名木保护管理技术规范》等5项标准，填补省内地方标准相关领域空白。

【计量工作】 推动落实计量发展规划。2月24日，省政府出台《河北省人民府关于贯彻落实计量发展规划（2013—2020年）的实施意见》，按照省局的部署和要求，各设区市局积极推动当地政府制定落实《计量发展规划》的具体实施方案，11个设区市政府相继出台具体方案。河北省各地计量发展的目标和任务更加明确。

理顺全省电能表检定关系。适应改革和发展的新形势，与国网河北电力公司、国网冀北电力公司联合下发《关于进一步加强电能计量监督管理工作的通知》。

谋划建设《河北省计量标准管理系统》信息化项目。

新培育计量自我承诺单位904家，为1119家中小学校、社区提供免费计量服务。

实施“光明计量工程”。将“光明计量工程”确定为河北省2014年计量惠民服务活动主题，为500家单位（含中小学、眼镜店等）提供计量服务，引导230家眼镜店做出诚信计量自我承诺。

开展“5.20世界计量日”宣传。全省各级质量技术监督部门共出动工作人员3860人次，发放各类宣传资料、宣传图画3.12万份，提供计量咨询服务1.1万人次，免费为群众检定、修理血压计、血压表、眼镜等5400台（件），组织5800人参观计量实验室，邀请33家市以上新闻媒体参与活动，以电视专题形式报道的有18家，在市以上报刊报道的有15家。

加强省级计量机构能力建设。省计量测试研究院投入1700万元，购置158台（套）仪器设备，检测领域和检测水平有极大提升；省级型式评价实验室92个项目通过复评审；能效标识检测“自动电饭锅”和“家用电磁灶”2项能力经考核合格，并被国家质检总局予以计量授权；作为主导实验室承担华北大区两项实验室间比对工作。

实施地方计量检定规程（规范）的立项。突出节约资源能源、降低污染物排放，将《太阳模拟器校准规范》、《闯红灯自动记录系统校准规范》等15个计量技术规范列入《2014—2016年河北省地方计量（规范）制定计划》。

规范计量管理。结合国家颁布实施《计量标准命名与分类编码》，完成了新旧规范的转换，有效规范了计量标准的命名。

规范计量行政行为。省本级行政许可事项全部实行网上受理、网上审批，且均在规定时限内办结。省本级全年共办理计量标准器具核准、计量器具型式批准和重点管理计量器具制造许可等581项。此外，还完成22家企业的定量包装商品计量保证能力评价、277名二级注册计量师的注册等行政服务性工作。

履行省局大气污染防治、节能减排和治理超载超限等领导小组办公室职责。对河北省2014年大气污染防治相关工作方案逐一进行任务分解，明确责任单位；组织使用国家大气污染防治资金的项目申报，争取到1000万元大气污染防治专项资金。

能源计量立法工作。争取将《河北省用能与排污计量监督管理办法》纳入2014年省政府立法计划，配合省政府法制办完成草案起草、征求意见、立法调研、会审、论证、送审等工作任务。《办法》已以省政府2014年第16号文件形式公布，于2015年4月1日正式施行。

开展能源计量技术研究。省计量测试研究院承担的“城市能源计量数据监测、分析与应用研究”、“太阳能光伏电池监测仪器计量研究”、“LED照明系统关键测试技术与方法研究”等纳入河北省科技计划的在研项目。

【产品质量整治】 2014年，全省产品质量安全形势总体趋稳，没有发生大区域性、行业性质量安全问题。

2014年共安排监督抽查农用肥料、农药、电线电缆等105个品种，抽检产品4551批次。共已抽查95种产品3509家生产企业的3937批次产品，抽查样品经检验合格3519批次，不合格418批次，平均抽查合格率为89.4%，较上年同期提高0.6个百分点。消费品抽查批次数占全年抽查比例50%以上；突出强制管理产品，对河北省获得生产许可证（包括复混肥料、人造板、电热毯等57种）、

“3C”认证管理（包括儿童玩具、低压成套开关设备等16种）产品进行重点抽查，占全年抽查产品种类70%；第三，突出高风险产品，抽查105种产品全部属于国家质检总局确定高风险产品。通过组织季度抽查、联动抽查，调动质检机构和市县局参与，加大监管力度，提高抽查效果，全年组织季度抽查65种产品，联动抽查28种产品。通过组织专项抽查，加强区域产品监管和应对社会关切，组织开展轴承、水泥、塑料管材、化肥、车用油品等10种产品专项抽查，有力配合区域产品整治、油品升级等工作，回应媒体舆情。全年组织开展化肥、电线电缆、学生用具等10种产品市场抽查和质量状况调查。

【生产许可证管理】 2014年，全省共受理企业申请1196家，发放生产许可证1031家，其中国家发证360家，省级发证671家；共下发不予行政许可决定书114份，其中国家局44份，省局70份；全年注销生产许可证124家，其中国家证99家，省证25家。全省获证企业达4249家。从2014年1月1日起，对省级发证产品正常换证企业实行有条件“换证两免”措施，即免除换证企业现场核查和审查费，由换证企业根据实施细则要求，进行公开承诺和发证检验，直接办理换证手续。共办理直接换证企业175家。通过对上述175家企业复查回访，绝大部分企业能够保持获证条件。

【特种设备安全监察】 2014年底，全省在册特种设备共有46.54万台，其中锅炉3.59万台，压力容器15.61万台，电梯14.35万部，起重机械11.42万台，厂内机动车辆1.49万辆，游乐设施692台，客运索道72条。压力管道9906公里，气瓶304万只。比2013年底增加7.11万台，增长比率18%，其中电梯数量增加迅猛，增加百分比达到31.9%。

全省在用特种设备使用登记发证率为99.5%，重点监控设备使用单位、公共场所电梯使用单位现场检查率为100%，重点监控设备定期检验率100%。

特种设备万台事故死亡率完成情况：上半年发生3起特种设备事故，造成死亡8人。特种设备万台事故死亡率0.2，低于省政府下达的目标（省政府下达指标为0.39）。

2014年7月，以省政府办公厅名义印发《关于加强特种设备安全工作的通知》，明确将特种设备安全纳入各级政府安全目标管理和考核，政府对特种设备安全监管的领导和协调力度进一步加强。

将全省11个设区市和2个直管县存在的区域性、典型性安全隐患进行详细梳理，列入《河北省特种设备安全专项治理工作方案》，截至12月31日，共出动人员4.04万人次，检查特种设备使用单位1.94万个，发现存在问题的单位3284个，发出特种设备安全监察指令书2727份，已完成整改单位2415个；定期检验设备7.20万台，发现存在问题设备7214台，已整改合格5294台，其余已制定整改计划正在实施。

2014年，河北省地方标准《河北省特种设备使用安全管理规范》通过审定发布，2015年1月15日开始施行。地方标准《压力管道安全性能评价方法—工业管道》通过审批发布，将推动本省使用时间20年以上的在用工业管道的安全评估鉴定工作。

保障民生，强化电梯安全监管工作。根据《河北省电梯日常维护保养单位考核管理办法（试行）》，对各市、县级特种设备安全监察和各级特种设备检验机构的电梯维保单位日常考核工作进行汇总，并以省局文件形式对扣分达到40分的维保单位进行通报公布。开展住宅小区电梯安全管理标准化建设，落实每部电梯使用管理单位和维保单位，提高电梯管理和维保工作质量。全省3416个小区，其中1298个小区达到示范点管理标准，比例达到38%。依据地方标准《河北省电梯安全使用评价指南》，开始展开对使用年限在15年以上的老旧电梯进行安全性能技术鉴定工作，现已对266台15年的老旧电梯完成安全性能技术鉴定。

开展锅炉节能监管，促进节能减排。河北省特种设备学会完成全省51家锅炉制造企业的391套锅炉设计文件的节能审查；河北省锅炉压力容器监督检验院完成省内锅炉制造企业的42台锅炉定型产品能效测试；河北省锅炉压力容器监督检验院和唐山市特种设备监督检验所对全省21台在用锅炉和8台节能改造锅炉进行能效测试。全年共办理272台燃煤锅炉的注销手续，停用679台，办理新建661台燃气、73台燃油锅炉、68台生物质锅炉和72台电加热锅炉的开工告知和使用登记。

（河北省质量技术监督局　齐振英）

审　计

【概况】 2014年，河北省审计机关科学安排审计项目，依法履行职责，审计效果显著。全省共完成2775个审计（调查）项目。已上交财政、减少财政拨款或补贴40多亿元；向司法、纪检监察以及其他部门移送处理事项185件；推动建立健全制度和整改措施150多项。审计成效得到省委、省政府的高度评价。

【财政审计】 全省共审计预算执行和财政决算项目1500多个，延伸审计了2000多个单位，保护了财政资金安全，提高了资金使用效益。开展了全省稳增长跟踪审计，探索了重大政策措施贯彻落实情况审计的路子。加大了对“三公”经费、会议费审计力度，省厅通过对13个省直部门“三公”经费审计发现，已经比预算下降11.68%，“三公”经费增长势头得到了遏制，节约了财政资金。加大了对基层财政的审计监督，省厅已连续五年开展了对省财政直管县的审计，审计覆盖面已达70%左右，促进了基层财政的规范管理。2014年11月起，协助财政部门对河北省各级政府性存量债务进行了清理甄别，截至2015年1月4日，全省共对6300多个单位的4.70万多笔债务进行了清理甄别，为加强政府性债务管理奠定了基础。

【经济责任审计】 全省共审计党政领导干部和企事业单

位领导人员629名，其中任中审计265人，离任审计364人；地（厅）级8人，县（处）级156人，乡（科）级450人，地方企业及金融机构9人，其他干部7人。省厅组织开展了市长经济责任审计，继续实行"以经济责任审计为抓手，综合实施审计项目"的审计组织方式，把与经济责任审计内容相关的审计项目，统一纳入项目计划，综合实施审计，做到了统一组织、同步开展、相互衔接、成果共享。同时，拓展审计内容，首次将土地、矿产、森林、水等自然资源、城市规划、编制管理等内容纳入经济责任审计范畴。省厅还首次开展了法院院长和两个市级审计局长的任期经济责任审计，对促进执法部门依法行政、加强自身建设等起到了促进作用。

【民生资金审计】 全省派出128个审计组、860多名审计人员，连续第二年对全省城镇保障性安居工程进行了跟踪审计，从完善住房保障制度、健全工作运行机制、规范城镇保障性安居工程管理等方面提出建议。

【投资审计】 全省共对309个重大投资项目进行了审计，通过审计，核减投资（结算）额15亿元，为国家节约了大量建设资金，提高了资金使用效益。

【资源环境审计】 以高度的政治责任感，配合审计署圆满完成全省土地出让金和耕地保护资金审计任务。这次审计是继2011年至2013年的地债、社保审计后，审计署统一组织的最大规模的全国审计，河北省各级审计机关抽调1260名审计人员，对本省2008年至2013年土地出让收支，建设用地审批、征收、供应、使用，以及耕地保护等情况进行了全面审计。开展了对全省环保资金的审计调查。审计（调查）的范围包括部分设区市的37个环保项目，涉及财政局、环保局、项目建设单位及施工单位等与环保专项资金管理使用相关的部门和单位，并对有关事项进行了延伸审计。

【金融审计】 连续五年对省农村信用联社及分支机构进行了审计，促进增收节支1.8亿元；审计移交案件线索6起，800多人次责任人受到处理处罚。2014年，对13家金融单位进行了审计，延伸审计83个单位。

【企业审计】 围绕国家法律法规政策执行情况、重大经济决策、财务收支及经营管理，全省共对39个大中型国有企业进行了审计。

【外资审计】 全省审计8个国外贷援款项目，抽审子项目单位85个，涉及林业、水利、教育和环境治理等行业，出具中英文审计报告6份。

【队伍建设】 连续第6年组织开展了以"颂党恩"为主题的一系列活动，举办了厅党组书记讲党课报告会，11个设区市、173个区县审计局设立分会场，5000多名审计干部同步收看视频直播。开展了"中国梦·铸自强不息审计魂"系列学习教育活动，在省厅官网增设"时政要闻"和"廉政园地"版块，开设了"党的群众路线教育实践活动"、"3·23赶考日"、"中国梦．铸自强不息审计魂"、"看《国家审计》谈感受"等专栏，在厅官方网站和审计专网陆续刊发厅领导推荐的学习资料。健全完善了党风廉政建设领导机制，修订完善了省审计厅党风廉政建设责任制实施意见，明确了责任分工。健全完善了审计权力监督机制，制定了《审计机关工作人员违反党风廉政纪律和工作纪律问责暂行办法》，加大责任追究力度。同时，注重把廉政工作与审计业务紧密结合起来，对厅机关所有审计项目实行了跟踪廉政监督，加强对审计权力的监督制约，确保廉政监督贯穿于审计权力的运行全过程，省厅连续第四年实行了工作日中午禁酒令，实行了举报线索必查制，凡是群众举报的违反审计工作纪律和廉政纪律线索，都及时进行查证。

【法制化建设】 制定了《外单位查阅审计档案登记管理办法》，与省纪委联合制定了《关于加强纪检监察机关与审计机关协作配合的实施意见》，与省委巡视组联合制定了《关于加强巡视机构和审计机关协作的意见》；制定了《加强公务支出和公款消费审计的指导意见》；制定了《行政执法公开制度》和《行政权力运行流程图》，为依法审计奠定了基础。

【审计文化建设】 2014年10月4日—12日，由省厅策划拍摄的反腐力作、26集电视连续剧《国家审计》在河北卫视黄金时间播出。这部电视剧不回避矛盾，不丑化政府，以积极阳光的叙述，处处带有深刻的反思，深受社会各界欢迎，播出期间及播出后，好评如潮。最近，河北省委宣传部发布《关于河北省第十一届精神文明奖"五个一工程"获奖作品和单位的通报》，省审计厅组织创作的长篇报告文学《红脸》获得了河北省第十一届"五个一工程"奖。

【审计信息化建设】 建立完善了移动办公系统，提高了审计工作效率；搭建了数字化审计数据分析平台，定制开发、部署了财政、地税、金融数字化审计数据分析平台，并建立了全省地税、工商、财政本级、省组织机构代码管理信息定期报送机制；建设了电子数据集中管理系统和数据实验室系统，目前已归集整理207家单位，2222套财务、业务数据。

【内部审计】 制定了《河北省审计厅关于加强和改进内部审计工作的意见》；对全省省直有关部门和单位、省属企业和高校进行了摸底调查，建立了高级审计人才库；举办了7期培训班，加大内审人员培训力度，并对部分省属企业和高校内审工作进行了指导和检查。

（河北省审计厅　刘　颖）

统　　计

【概况】 2014年，全省各级统计机构和广大统计人员围绕省委省政府中心工作和国家统计局部署要求，认真贯彻落实省领导加强统计工作的指示精神，以加强服务业统计工作为重点，解放思想、求真务实，开拓创新、攻坚克难，各项统计事业取得新进步。

（一）统计生产方式变革取得新成绩。一是加强单位名录库建设。修订完善名录库管理办法，按月审核更新调查单位库。以加强服务业统计工作为契机，完善与编制、民政、工商、税务等部门行政登记资料交换机制。加强业务培训，规范“四上”调查单位审核认定流程。研究制定新增、变更调查单位现场核查办法，组织开展“四上”单位现场核查。二是拓展联网直报范围。劳动工资联网直报范围扩大到全省11个设区市122个县（市、区），乡镇统计、投资统计、人口变动调查、劳动力调查纳入一套表联网直报平台。三是增强数据平台功能。改造完善平台内部结构，消除单一故障隐患。调整设备配备环境，提高调查对象数据报送效率。坚持问题导向和需求导向，增强平台审核验收功能，改善数据汇总功能，强化平台管理功能。

（二）第三次经济普查和各项常规调查取得新成果。在省政府统一领导下，各地党委政府精心组织，有关部门密切协作，经普办全力推动，普查对象积极配合，9万多名普查人员辛勤工作，高质量完成了普查准备、现场登记、数据审核、事后质量抽查、汇总评估和主要数据发布准备等工作任务，登记了43万多家法人单位、50万多家产业活动单位、311万多个个体经营户，摸清了各类单位的基本情况，查清了河北省二、三产业的总量、结构和布局，查实了服务业和战略性新兴产业等在常规统计中难以获得的数据，绘制出覆盖全省、细到社区（村庄）、不重不漏、边界清晰的普查区电子地图，建立了“四上”调查单位储备库，顺利通过国务院经普办事后质量抽查。

各地各专业强化统计数据质量，按照实事求是、应统尽统的要求，贯彻落实《河北省统计质量管理工作规程》，规范统计生产流程，狠抓源头数据质量控制，加强数据审核评估，加大实地核查力度，组织开展一套表联网直报专项整治和“四上”企业统计质量现场检查，精心组织完成农业、工业、能源、投资、建筑业、贸易、外经、人口就业、社会科技、服务业等各项常规统计调查和专项调查，获取了大量真实准确的统计调查数据，为党委政府宏观管理提供了重要的决策依据。

（三）深化统计改革取得新进展。统计业务改革深入推进。认真研究地区GDP统一核算改革方案，积极向国家统计局提出意见建议；稳步推进季度GDP试算工作，研究制定市、县两级季度GDP核算方案；加快服务业核算制度方法改革，改进金融业、其他营利性服务业增加值计算方法。初步建立反映提质增效转型升级统计指标体系。在全国率先建立省级应对气候变化部门统计制度，正式启动气候变化统计工作；建立煤炭消费统计指标体系与监测体系，组织开展煤炭消费总量季度核算试算；组织开展资源消费统计试点。研究制定投资统计改革试点方案，在9个县开展综合试点，在10个县开展专项试点，测算评估试点数据，顺利完成自主试点任务，为在全省进行投资统计改革试点积累了经验。限额以上贸易企业网上零售统计范围由批发和零售业扩大到住宿和餐饮业，并纳入2015年定报制度。文化产业以经济普查为契机，组织开展单位核查，建立省、市、县三级衔接统一的文化产业分类名录库；建立文化产业增加值半年测算制度，组织开展文化产业增加值季度测算试点，形成了系统完整的报表制度体系。城乡住户调查一体化改革有效解决城镇样本覆盖范围不全的问题，首次实现全省分市县城乡住户调查的全覆盖，发布了各市县城乡居民人均可支配收入数据。

统计管理体制改革稳步推进。围绕巩固拓展改革成果，加大乡级统计垂直管理体制改革推进力度，全省共有125个县（市、区）完成改革任务，占全省县（市、区）的73%。整合宣传职能和资源，加强统计新闻宣传，推进统计宣传保障体系建设，实现了新闻宣传工作的统一管理，扩大了河北统计的影响。

（四）服务业统计工作实现新突破。在省委省政府重视和支持下，坚持改革创新，狠抓工作落实，服务业统计在五个方面实现了新突破。一是政府推动力度前所未有。省政府两次听取省统计局工作汇报，三次以省政府办公厅名义印发文件，召开全省电视电话会议、组织举办主管领导培训班、深入部门督导调研，为推动服务业统计工作上水平注入强劲动力。沧州、廊坊、邯郸、邢台等市召开会议，下发文件，充实人员力量，推动服务业统计工作深入开展。二是服务业统计科学化水平有新提高。坚持“科学完整、问题导向、条块结合、分级管理、循序渐进”的原则，制定《河北省服务业统计调查体系》，将符合入统标准的新增变更法人单位纳入统计范围，形成政府综合统计与部门统计相结合、全面调查与抽样调查相结合、统计调查与部门行政记录相结合的统计调查体系，实现了服务业统计行业的全覆盖。三是服务业统计工作机制更加健全。坚持问题导向，健全完善部门联席会议制度，分解细化部门职责任务，每季度召开一次会议，构建起顺畅高效、协同联动的服务业统计工作新机制。四是“大服务业”统计格局初步形成。通过部门督导调研、问题倒查、业务培训和沟通协调，市县和部门分管领导的统计素养有效提高，省、市、县三级协同联动意识进一步增强，核算、贸易、房地产、服务业等专业分工协作更加紧密。五是服务业统计质量水平有了新提升。经过各级各部门的共同努力，服务业统计工作质量上了一个新台阶，统计数据更加客观真实，服务意识进一步强化，服务质量进一步提高，为及时准确反映结构调整情况发挥了积极作用，得到了省政府主要领导的充分肯定。

（五）统计服务取得新成效。服务科学决策成效显著。主动适应复杂经济形势，创新服务手段、方法和内容，开展“精准分析、深度研究”，着力提升统计服务水平。一是突出经济运行的精准分析。针对经济下行压力大的情况，聚焦经济新常态的规律和特征，准确把握经济运行的平衡点和增长点，密切跟踪各月运行态势的变化和苗头性问题，深入剖析经济运行深层次原因，客观评价化解过剩产能、大气污染防治对全省经济的影响，提出了“经济增长稳中趋缓”、“经济增速虽然有所回落，但基本面总体良好”的观点和“稳定农业发展态势、提高工业质量效益、加快发展服务业”的建议，为省委省政府科学判断经济形势、制定宏观调控政策提供了可靠依据。二是突出重大问题的深度研究。深入研究新形势下河北经济社会发展阶段性特征，开展削减煤炭消费与保持经济平稳增长实证分析、提升农业产业化发展水平、投资领域运行状况和问题分析、倒逼机制下加快工业转型升级等问题研究，形成一批反映新常态规律的分析研究报告，省领导批示28篇，其中多篇报告得到周本顺书记、张庆伟省长批示。三是突出统计监测的针对有效。围绕全省重大决策部署和重点工作推进，组织开展全面建成小康社会、县域经济发展、农业产业化等监测评价，及时反映工作成效和存在问题，高质量完成党政领导干部考核定量评价工作，为省委省政府科学决策提供了统计支持。四是突出数据信息报送的及时准确。围绕党政领导决策需求，每月第一时间向省领导报送主要指标初步数据，第一时间向省“两办”报送信息，信息分析上报时间平均缩短了三天，全年上报信息594篇、采用374篇，省局信息报送工作在省直部门中位列第一，被省政府办公厅评为信息报送工作优胜单位。充分发掘开发各种统计资源，对主要统计资料进行改版扩容，增加反映环境状况、服务业发展的内容，增设体现经济增长质量效益的指标，受到省领导的肯定。

服务社会公众质量提升。社情民意调查广泛倾听民声、真实反映民意，调查领域扩大，服务质量提升，有效发挥了党政领导与社会公众沟通的桥梁作用，为“惠民生”提供了重要决策依据。统计门户网站主阵地作用明显，点击率达到17.7万次。信息公开力度不断加大，建立政务信息公开目录和对外发布统一口径库，通过中国河北网站发布各类信息187条。主流媒体宣传报道频次增加、层次提高，全年向新闻媒体供稿137篇，实现了月月有声、月月有影。成功举办2013年、2014年上半年经济形势发布会以及第五届统计开放日系列活动，加深了社会公众对统计工作的理解与支持。

服务市县部门力度加大。为提高领导干部运用统计指导工作的能力，对各设区市、县（市、区）政府分管统计工作的领导和部分中直省直部门负责同志进行统计业务知识特别是服务业统计工作专题培训。局领导带队深入市县统计机构，广泛开展统计援助活动，帮助基层提高统计分析能力。定期召开部门联席会议，加强对部门统计的工作协调和业务指导。主动上门开展调研，帮助相关部门解决统计工作中存在的问题。梳理整合涉及部门的报表制度，消除重复指标，减轻部门报表负担。

（六）统计保障能力得到新提高。统计基层基础建设不断加强。一是通过规划抓，深入基层调研，加强对基层统计机构的业务培训和工作指导，及时研究解决“双基”三年规划落实中存在的问题。二是通过联系帮，省局领导、总师深入联系县蹲点调研，帮助查摆问题、制定整改措施、解决实际困难，提升联系点整体工作水平。三是通过评定促，召开全省“双基”工作推进会和规范化评定调度会，推进统计基层基础建设和业务规范化评定工作。19个县（市、区）通过省局业务工作规范化评定验收。

统计信息化建设稳步推进。加强对统计系统信息网络与信息安全工作的组织领导，强化网络信息安全体系建设。加强网络运行监管，严密监控网络入侵行为，保障网络安全顺畅运行。各市县加大经费投入力度，升级更新信息网络及信息安全设备。乡镇VPDN网络建设初见成效，网络架构更加完善。综合数据库和信息共享平台建设顺利实施，统计数据资源建设实现新突破。积极推动数据处理与管理中心改扩建工程项目，完成工程勘察、建筑设计等前期准备工作。

依法统计能力明显提升。一是完善执法检查机制，制定下发《关于加强统计执法工作的实施意见》、《规范统计上弄虚作假案件查处工作若干规定》，强化各级统计机构的执法责任，规范案件查处的基本原则和办理程序。二是配合国家局做好直查案件后续工作，查处的统计违法案件在《河北日报》、省政府官方网站和省局门户网站通报曝光，对相关人员进行问责处理，对违法企业给予行政处罚。三是改进完善统计巡查和执法检查办法，对张家口、廊坊开展第二轮统计巡查，向市政府和统计部门反馈巡查意见；对全省11个市24个县（市、区）324家企业开展服务业统计专项执法检查，对数据质量不高、基础工作不规范等问题予以通报、限期整改。四是加强统计普法宣传，以《统计法》和《统计上严重失信企业信息公示暂行办法》为重点，广泛宣传依法统计的目的和意义，制发《河北省统计局致全省调查企业的公开信》并在省局内外网站公布。五是加大统计执法力度。严格执行统计法律法规，严肃查处虚报、瞒报、漏报、错报统计数据的行为，维护了统计工作正常秩序，确保了统计数据客观真实。

（七）部门统计工作迈出新步伐。各部门贯彻落实全省加强统计工作电视电话会议和省政府办公厅关于加强和完善服务业统计工作的文件精神，进一步提高对服务业统计工作的重视程度，积极做好承担的工作。省财政厅建立健全工作机制，对报表工作提出意见建议。省卫计委组织开展全系统业务培训，率先实现了统计报表的联网直报。省新闻出版广电局建立健全统计网络体系。省工信厅就数据处理程序存在的问题提出改进意见。省林业厅、通信管理局分别与统计部门联合发文，推动分管行业统计工作。省民宗厅加强与统计部门沟通协调，积极搞清分管行业的统计口径。省民政厅专门就分管行业的具体情况进行介绍说明。省交通运输厅积极研究探讨交通运输统计新方法，为客观真实反映河北交通运输工作实际做出了贡献。省财政、交通、水利、卫生、银行、保险等部门认真执行统计制度方法，及时提供行业管理数据，深入开展统计分析，报表完整规范，数据质量较高。省编制、民政、工商、税务、质监等部门及时提供有关基本单位的行政记录。

（八）党风廉政建设和干部队伍建设有新举措。党的建设和党风廉政建设进一步加强。按照“围绕中心抓党建，抓好党建促统计”的总体思路，完善发挥党组书记抓党组、党委书记抓支部、支部书记抓党员的三级书记抓党建网格式工作机制的作用，开展“走在前、作表率”、党支部规范化建设、党员志愿服务等主题实践活动，党员干部的政治素质和理论修养不断提高，充分发挥了党建工作在凝聚人心、推动工作、增进团结等方面的重要作用，中央国家机关工委门户网站对省局机关党建工作予以报道。

认真落实党风廉政建设主体责任，制发《中共河北省统计局党组关于落实党风廉政建设党组主体责任、驻局纪检组监督责任的实施意见》，实行“签字背书”，邀请党建专家做专题讲座，开展廉政谈话、述责述廉、约谈和警示教育，支持和配合驻局纪检组履行监督责任。坚决落实中央八项规定，坚决反对“四风”，进一步改进文风会风，厉行勤俭节约，密切联系群众，加强作风建设。

教育实践活动整改落实扎实推进。围绕整改任务落实，自觉加强理论武装、抓好党建工作，加强作风建设、打造和谐统计，坚持依法治统、推进求真求实，服务全省大局、推进统计为民，深化改革创新、促进科学发展，强化基层基础、解决实际问题，把贯彻落实中央八项规定和反对“四风”融入到日常工作中，全力推进整改落实。目前，省局28项整改任务中已办结27项，“加快推进六大体系建设”作为中长期整改任务已取得阶段性成果。

干部队伍建设不断加强。加大年轻干部培养力度，选派年轻干部到基层统计机构挂职锻炼。建立首席统计师评聘工作制度，选聘了第一批12名首席统计师。加强干部能力素质培训，省局举办全省县（市、区）统计局局长培训班，对处级干部进行专题培训，各专业对县以上统计人员进行大规模培训。积极与有关部门沟通协调，启动正高级统计师评审工作。组织开展全省统计建模大赛，河北省在全国统计建模大赛中首次荣获二等奖。

与此同时，全系统在统计政务管理、财务管理、后勤保障、统计科研、教育培训、老干部服务、学会及工青妇团工作等也都取得了可喜成绩。

（河北省统计局　李忠东）

教　　育

【教育投入】　（一）多渠道增加教育经费投入。一是落实教育经费投入和增长政策。2014年财政一般预算拨款安排的教育专项经费比2013年增加了2.6亿元，基金预算增加2亿元。在预算执行中，追加资金5405万元，用于弥补义务教育保障机制项目资金缺口。建立高职院校生均拨款制度，制定出台高职生均拨款标准；出台城市区义务教育公办学校生均公用经费定额。二是积极争取中央资金，扩大资金规模总量。共争取中央教育各项资金143.5亿元，比2013年增加16.9亿元，增长14.75%，资金数额再创历史新高。三是多方面加强教育经费监管。完善专项经费管理办法，进一步规范资金使用，防范财务风险。建立高校债务管理长效机制，继续严格加强高校债务管理，确保债务不反弹。共偿还政府性债务11.2亿元。（二）全省教育系统基本建设得到加强。一是启动实施全面改善农村义务教育薄弱学校基本办学条件项目。筹集农村薄弱学校改造资金42.2亿元，“改薄”项目学校5230所（含教学点1132个），新改扩建校舍159.6万平方米。二是争取边远艰苦地区农村学校教师周转宿舍投资1.4亿元，安排建设61所学校约9万平方米教师周转宿舍；争取农村初中工程资金2.8亿元，安排建设69所学校约20万平方米学生宿舍和食堂等后勤服务设施；争取农村学前教育推进工程资金1.4亿元，地方配套9400万元，建设农村地区92所约14.6万平方米幼儿园园舍；争取特殊教育建设资金4000万元，支持唐山师院和石家庄特教中心建设；争取1500万资金用于民族高中建设。三是进一步完善农村义务教育经费保障机制改革，提高生均公用经费基准定额。安排资金53.83亿元，用于农村义务教育阶段学校生均公用经费，小学达到685元，初中达到885元（含取暖费85元）。结合河北省实际情况，区分寄宿制学校和非寄宿制学校核定公用经费，2014年提高寄宿制学校公用经费标准100元。同时，对22个集中连片特困县营养改善计划学校公用经费补助标准再提高100元，着力解决学校运转困难。四是扎实推进农村义务教育校舍维修改造长效机制。安排校舍维修改造资金12.84亿元，新建改扩建学校911所，新建校舍面积49.2万平方米，改扩建校舍面积84.6万平方米。五是普通高中建设和特殊教育项目。继续实施国家集中连片特殊困难地区普通高中改造计划，安排专项资金2.05亿元，新增校舍面积16.8万平方米，新增体育场面积3.37万平方米，新增图书、仪器设备5910万元。六是中央财政支持地方高校发展专项资金项目。争取中央专项资金3.71亿元。指导河北大学上报了2014年中西部高校综合实力提升计划，争取中央资金1.8亿元。

【基础教育】　学前教育方面：一是学前教育的公益性普惠性不断增强。在完成第一期学前教育三年行动计划之后，启动实施第二期行动计划，明确发展目标和任务。城市区积极回收小区配套教育资源，县城和农村地区新建、改扩建了一批幼儿园，扩大城乡公办幼儿园和普惠性民办幼儿园的覆盖率，积极创造条件着力满足农民工随迁子女接受普惠性学前教育的需求。二是“政府主导，社会参与，公办民办并举”的管理体制不断健全，形成了“市县为主、省级奖补”的公共财政投入体制。2014年，河北省落实并下达学前教育专项经费12.8亿元，其中，争取中央财政资金10.3亿元。三是学前教育质量不断提高。坚持保教结合、寓教于乐，积极开展促进幼儿全面健康发展的教育教学。规范幼儿园管理，建立学前教育信息管理系统，清理无证幼儿园，禁止幼儿园“小学化”。学前三年毛入园率达到76.11%，居全国领先水平。

义务教育方面：第一，大力推进学校标准化建设。全力推进义务教育学校标准化建设，通过学区制、学校联盟等有效途径不断扩大优质教育资源。继续组织全面改善贫困地区义务教育薄弱学校基本办学条件建设、农村初中校舍改造工程，学校办学条件明显改善。完善中小学生学籍注册制度，强化学籍管理，制发了《河北省义务教育阶段学生学籍管理办法实施细则（试行）》。第二，加大教学改革与信息化手段的应用，加快推进基础教育现代化。深化课程研究和教材建设，稳步推进课程改革，全力优化教学过程，努力打造高效课堂。第三，义务教育质量得到提升。推进“中小学教育质量综合评价改革”工作，指导石家庄市实施“全国中小学教育质量综合评价改革实验区”工作，并取得阶段性进展。组织首批50所明德小学开展了“明德小学品牌建设工程”。在秦皇岛市召开河北省中小学学校管理和文化建设现场推进会，推动全省学校管理和文化建设，强内涵、创特色。

普通高中教育方面：第一，规范办学行为。印发了《关于做好2014年普通高中有关工作的通知》等规范文件，有针对性地部署开展了暑假放假工作检查、普通高中招生工作检查，调查处理了一些违规学校。制发了《河北省普通高中学生学籍管理办法实施细则（试行）》，严格高中学籍管理。实行普通高中招生计划报备制度，通过全国电子学籍系统实现了对普通高中学校招生规模的有效控制。第二，加大改革普通高中课改力度。积极探索实施网络选修课程，在秦皇岛市分两个阶段进行了试点实验，为课程改革多样化的实现积累了经验。开展了省普通高中课改工作先进学校和优秀教师表彰活动。第三，强化综合素质评价改革。按照教育部普通高中学生综合素质评价实施意见的要求，对河北省普通高中学生综合素质评价实施办法进行了深入调研并进行修改完善，特别注意对学生的品德发展、学业水平、身心健康、兴趣特长、实践能力等方面发展情况作出评价。第四，扩大优质教育资源。评估认定了三所省级示范性高中，使全省省级示范性高中达到264所，接近普通高中学校总数的50%，实现了每个县（市）至少建有1所省级示范性高中的目标。

【职业教育】 认真贯彻落实全国职业教育工作会议精神，省政府出台了《关于加快发展现代职业教育的实施意见》，确定了加快发展现代职业教育体系的总体要求、基本原则和目标任务，提出了具体改革措施，明确重点任务的分工安排、时间表路线图。11月5日，召开了全省职业教育工作电视电话会议，省委书记周本顺对全省职业教育工作作出重要批示，省长张庆伟出席会议并讲话，进一步明确了河北省职业教育的发展方向。积极推进现代职业教育体系建设，制发了《关于改革完善中高职分段培养和开展中职与普通本科“3+4”分段培养试点工作的通知》，开展中职与高职“3+2”、中职与普通本科“3+4”分段培养试点，全面推进河北省中职、高职、本科沟通衔接。

继续实施新型职业农民培养工程。全省16所学校招收“送教下乡”学员7535人。加强特色专业建设，为农村贫困地区培育了大批技术技能人才。

【知名大学建设】 一是借力国家重大工程项目建设，推进知名大学建设工作。积极指导学校做好“211工程”建设、中西部高校基础能力建设工程、中西部高校综合能力提升工程等国家重大工程项目相关工作，确保重大工程项目顺利实施。二是省部（委）共建和重点骨干大学取得丰硕成果。河北工业大学实现省政府、天津市、教育部共建，燕山大学、河北师范大学实现省政府与教育部共建，河北农业大学实现省政府与国家林业局共建，河北中医学院实现省政府与国家中医药管理局共建，河北民族师范学院实现省政府与国家民委共建，全省省部（委）共建高校达到10所；省重点骨干大学新增河北中医学院，达到12所。三是国家一流学科培育计划进展顺利。在确定12个学科的基础上，2014年增加石家庄铁道大学土木工程为国家重点培育项目，全省重点培育学科达到13个。四是进一步调整优化学科专业结构。主动适应河北省经济社会发展和加快转变经济发展方式的战略需要，紧紧围绕河北省工业产业升级、构建现代产业体系实际需要，加大学科专业布局和科类结构调整力度。全年上报教育部新增备案的本科专业120个。五是大力推进河北联合大学整体搬迁以及更名工作。

【培育和践行社会主义核心价值观】 一是着力营造全省教育系统培育和践行社会主义核心价值观的良好氛围。“五四”青年节前夕，习近平总书记给保定学院西部支教毕业生群体代表回信，向青年朋友致以节日的问候，勉励青年人到基层和人民中去建功立业，在实现中国梦的伟大实践中书写别样精彩的人生。保定学院西部支教毕业生群体的优秀事迹和奉献精神引起了强烈的社会反响，《光明日报》等数十家中央和地方媒体进行了宣传报道。在保定南市区召开了现场推进会，重点推进保定南市区家乡文化进校园工作和衡水桃城区滏阳小学百首童谣传唱社会主义核心价值观活动的典型培树工作。二是深入基层，广泛开展社会主义核心价值观教育专项调研。整理出的《真情实景可观可闻走向生活走向源头——河北省社会主义核心价值观进校园调研报告》，受到省委常委、宣传部长艾文礼同志的肯定批示。三是切实推动社会主义核心价值观无痕化课堂教育。发挥思想政治与品德课课堂主渠道作用，准确把握社会主义核心价值观与大、中、小学教学内容的契合点，确定适合各学段学生特点的教育内容，全力推进社会主义核心价值观融入课堂教育、学科教学。四是通过主题演讲、征文比赛、主题摄影即微电影创作、社会实践等多种形式开展“中国梦·学子行”主题教育活动，有机融入党的群众路线教育实践活动。

（河北省教育厅　刘立新）

卫　生

【概况】 2014年是河北省卫生计生机构改革后开展工作的第一年，也是卫生计生事业发展很不平凡的一年。全省卫生计生系统面对全省压减过剩产能、调整产业结构的经济发展严峻形势，面对京津冀协同发展重大国家战略启动实施的难得机遇，面对深化医改、调整完善生育政策等繁重任务，全面落实工作部署，抓住根本任务、着力攻坚克难、加快改革发展，各项工作取得新进展和新成效。年末全省共有各级各类卫生机构7.9万个，床位32.3万张，在岗职工51.3万人。

在卫生机构中，有医院1341个，其中综合医院894

个，中医医院179个，中西医结合医院31个，专科医院237个。有疾病预防控制中心193个，妇幼保健院（所、站）222个，计划生育服务机构1033个，社区服务中心（站）1169个；全省有乡镇卫生院1960个，其中，中心卫生院641个，乡镇卫生院1319个；全省有村卫生室61451个，其中村办27452个，乡镇卫生院设点2107个，联合办1039个，私人办27180个，其它3673个。

在床位总数中，医院病床23.7万张，疗养院1005张，社区卫生服务中心（站）9667张，卫生院6.3万张，门诊部511张，妇幼保健院（所、站）1.1万张；专科疾病防治院（所、站）837张。

在岗职工中，有卫生技术人员35.2万人，其中执业（助理）医师15.8万人，注册护士12.2万人，药剂人员1.5人，技师（士）1.8万人，其他技术人员2.4万人，管理人员1.9万人，工勤人员3.4万人。

在医疗服务方面，2014年全省医疗机构总诊疗人次为4.2亿人次，出院人数为973.1万人次，医疗机构病床使用率为79.34%；全省医疗机构出院者平均住院日为8.6日。

【医改工作】 2014年，河北省将医改工作纳入政府目标管理责任制考核，认真实施“十二五”医改规划暨实施方案，全面完成年度重点任务。全民医保参合、参保率均达98%以上，新农合筹资标准提高到390元，最高支付限额达10万元，重大疾病保障扩大到22种。县级公立医院综合改革实现全覆盖，91个县（市）纳入国家试点。协调省财政厅，将未纳入国家试点的44个县（市）参照国家300万的标准由省财政予以补助。取消药品（不含中药饮片）加成政策减少的合理收入，原则上按照“6：3：1”分担机制进行补偿，即：通过调整医疗服务价格补偿60%左右，财政补偿30%左右，医院通过加强内部管理、节约运行成本等自身消化控制在10%左右。县级公立医院在取消药品（不含中药饮片）加成的同时，在管理体制、补偿机制、价格机制、药品采购、人事编制、收入分配、医保制度、监管机制等方面全面深化改革。城市公立医院试点改革稳步推进，唐山市被列为第二批国家联系试点。集体产权标准化村卫生室建设全面完成。基本药物制度和基层运行新机制不断完善，基本药物平均配送到位率91.5%，并在全国率先实现低价药品直接挂网采购。完善和落实鼓励社会办医政策，民营医院由502所增加到591所，床位增加4100多张，开展了社会资本设置独立医学检验所、血液透析中心试点，多元化办医格局正在形成。基本公共卫生服务均等化水平不断提高，城乡居民电子健康档案建档率80%，慢性病和重性精神病规范化管理覆盖率逐步提升。

【重大疾病防控】 传染病疫情和突发公共卫生事件网络直报稳定高效运行，成功处置各类突发公共卫生事件21起。积极开展埃博拉出血热疫情防控，得到国家充分肯定。启动第三轮艾滋病综合防治示范区项目，艾滋病疫情保持低流行状态。加强结核病防治工作，涂阳肺结核治愈率保持90%以上。国家免疫规划疫苗接种率保持90%以上，维持无脊灰状态。创建8个国家和8个省慢病综合防控示范区。

【加大惠民力度】 城乡居民大病保险和疾病应急救助制度基本建立，新农合补偿197亿元，大病保险补偿近13万人次、4亿元。实施信息惠民工程，推进卫生计生业务互联互通和信息共享，实现新农合信息化管理并与国家对接，制发居民健康卡166万张，全省分时段预约诊疗服务受到欢迎。加强出生缺陷综合防治，新生儿“两病”筛查达98%，保持全国先进水平。继续实施贫困白内障患者免费手术。深入开展妇幼健康服务年活动，食品安全风险监测率先实现县级全覆盖。大力开展卫生厕所建设，完成103万座“连茅圈”和71万座旱厕改造任务，国家卫生计生委、全国爱卫会在河北省正定县召开了现场推进会。推广120便民服务行动，城市高层住宅、空巢老人急救搬运难问题初步得到有效解决。加强雾霾健康影响监测和相关疾病防治，开展病因监测，为政府制定防治措施和公众防霾提供科学依据和指导。

【城乡医院对口支援】 联合省中医药管理局、省财政厅对河北省“万名医师支援农村卫生工程”组织执行机构进行调整，成立了全省城乡医院对口支援工作领导小组，制发了《河北省关于进一步深化城乡医院对口支援工作的实施意见》。以技术协作和人才队伍建设为核心，帮助受援医院研究制订发展规划，加强县医院临床重点专科建设，对县医院及乡镇卫生院急诊、儿科、妇产、药学、检验等短板专业进行重点帮扶，着力提升医院管理水平。强化城乡医院对口支援目标管理，对全省62所三级医院和对口支援164所县级医院、459所二级以上医疗机构和对口支援1936所乡镇卫生院工作落实情况进行了考核，根据考核结果给予资金奖励，采取专项补助资金“以奖代补”的形式，对排名前14位的三级医院和24位的县级医院，对排名前50位的二级以上医院和270位的乡镇卫生院进行了资金奖励。继续组织全省二级以上医院开展“服务百姓健康行动”大型义诊周活动和省直医疗单位卫生下乡集中示范活动。据不完全统计，2014年，全省共派驻下乡医务人员3517人，诊治病人28.58万人次，抢救危重病人2873人次，开展手术4591例，培训基层卫生技术人员5.33万人次，免费接收进修人员2436人次，发放健康宣教材料127万份，开展新技术、新项目245项，赠送药品器械价值563.12万元。

【中医药事业】 省委、省政府将中医药强省建设纳入全省经济社会发展全局统筹考虑。2014年5月18日，省政府正式印发省中医药管理局“三定方案”，将省中医药管理局升格为由省卫生计生委管理的副厅级行政机构，内设综合处、中医处、中药处三个处室，人员编制由10名增加至20名，有效强化了中医药管理力量。省政府将中医药产业确定为河北省重点扶持发展的12大产业之一，并明确由省长张庆伟亲自分管。中医药事业投入大幅增加，省本级中医药专项经费由2760万元增加至3110万元。国务院副总理刘延东专门对曲周县中医院医疗托老工作作出重要批示；省长张庆伟多次研究调度中医药工作，省政府特邀咨询孙士彬亲赴承德、秦皇岛、安国等地进行专题调研，破解中医药发展难题。河北省中医药事业发展呈现出较好的发展态势。国家卫生计生委副主任、国家中医药管理局局长王国强4次来河北省指导工作，对河北省中医药事业改革与发展给予了高度评价。

【京津冀医疗卫生协同发展】 主动与国家有关部委、京津卫生计生委、中医管理局和医疗卫生单位对接。继续实施省政府与原卫生部和北京市政府医疗卫生合作框架协议。以申办冬奥会为契机，京津冀三地在医疗卫生、传染病防控、卫生应急、采供血保障等方面，先后签订一批具有创新突破和示范效应的重大合作项目。全省与京津医院建立合作关系的二级以上医院达到240余家。推动省政府与国家中医药管理局达成共建河北中医学院的合作协议。廊坊市被确定为京冀中医药一体化协同发展试点。联合组织开展了泥石流重大灾害卫生应急演练。以河北燕达医院为突破口，在机构性质、执业监管、医保结算等方面，出台一系列支持政策。

【行业作风和反腐倡廉建设】 群众路线教育实践活动整改和“修医德、强医能、铸医魂”活动深入开展。党风廉政建设党委主体责任、纪委监督责任和“一岗双责”有效落实。全面完成“三类”事项清理，建立了权力清单、责任清单制度和法律顾问、法律咨询制度。权力运行监控机制不断深化，全省公立医院推广安装监控信息系统，河北省制定的监控机制建设评价标准，被国家卫生计生委作为公立医院考核依据。464家二级以上公立医院全部建成标准化“患者回访中心”，对出院患者全部回访。严格落实“九不准”，查处违纪违法案件10起。开展了查办医保新农合领域案件专项行动和新农合定点医疗机构监管“霹雳”行动，查处违规违纪行为788起。深入开展打击非法行医“雷霆”行动，查处案件5906件。

（河北省卫生和计划生育委员会　李从勋）

文化产业

【宏观管理】 2014年，河北省加强政策协调和调查研究，提高了对文化产业发展的宏观管理水平。

一是组织开展了《张家口市迎申冬奥文化产业整体提升发展规划》编制工作。借助北京、张家口联合申办2022年冬奥会之契机，联合张家口市政府、中国传媒大学开展了《张家口市迎申冬奥文化产业整体提升发展规划》编制工作。目前已拿出了规划编制大纲，召开了首次论证会。

二是抓好《国务院关于推进文化创意和设计服务与相关产业融合发展的若干意见》的落实工作，研究采取了举办文化创意大赛等创新举措。根据《国务院关于对稳增长促改革调结构惠民生政策措施落实情况开展全面督查的通知》，会同省发改委等有关部门，就贯彻落实情况进行了全面自查，并向省政府进行了全面汇报。

三是推动京津冀协同发展。加强与北京市文化局、天津市文化广播影视局的沟通，三地文化部门共同签署了《京津冀三地文化领域协同发展战略框架协议》，从加强顶层设计等八个方面全面加强合作。为加快框架协议落地实施，邀请文化部领导及京津文化部门在曲阳召开了《京津冀文化协同发展战略框架协议》推进会，就建立文化产业联盟等事宜达成了合作意向。

四是配合省委办公厅、省政协开展了文化产业发展调研。调研报告上报后，受到省领导重视和批示。

【园区、基地建设】 一是完成了首批河北省文化产业示范园区认定工作。根据《河北省文化产业园区命名管理办法》，经省委宣传部同意，按照申报、评审、公示等程序，认定了中国蔚县剪纸文化产业园区等30家单位为首批河北省文化产业示范园区。

二是完成了河北省第四批文化产业示范基地评选命名工作。为进一步培育文化市场主体，按照《河北省文化产业示范基地评选命名管理办法》，经逐级申报、审核汇总、专家评审，并经省文化厅党组会研究、网上公示，命名了河北焦氏商贸有限公司等40家企业为河北省第四批文化产业示范基地，使河北省文化产业示范基地增加到121家。

三是完成了向文化部推荐河北省参评第五批国家级文化产业示范园区、第六批国家文化产业示范基地工作。根据文化部关于国家级文化产业示范园区（基地）申报通知要求，河北省文化厅共收到18家企业申请，经筛选并经厅党组会研究，向文化部推荐10家单位参评。据悉，将有2家入选国家文化产业示范基地，使河北省国家文化产业示范基地增至12家，总数位居全国前列，提前、超额完成“十二五”规划提出的目标。

【扩大招商推介平台】 一是赴德组织开展了河北文化海外推广活动。推进河北省文化厅与北京华韵尚德国际文化传播有限公司联合签署的《河北文化走出去战略合作协议》落地实施，9月份在德国组织开展了“印象·河北”摄影展等河北文化产业海外推广活动。三大德国主流电视台持续一周播出了河北省《河北省情》等7个电视专题片，全面展示了河北省形象，一批名网站同步进行了上传播出。

二是赴湖南、浙江组织开展了河北省文化产业项目招商推介活动。为加大河北省文化产业项目对外招商引资力度，文化产业处连续在长沙、义乌举办了三期河北省文化产业项目招商推介活动，共组织46家企业91人参加，推介了112个重点文化产业项目，达成合作意向23个，合作协议12个，签约项目3个，签约金额1000多万元以上，达到了招商推介的初衷。

三是组织河北省文化企业参加了西部文博会，并在西部文博会主会场设立展区，集中展陈推介了30余家企业和项目，展出了31大类共317件展品。参展期间，河北省参展商实现现场销售额8万余元，现场接到订单160余万元，意向签约500余万元。廊坊市文广新局荣获西部文博会优秀组织奖，大厂呈祥古典家具等4家企业荣获优秀创意产品奖。

四是举办了河北省第三届特色文化产业博览会。第三届特博会共有来自省内外200多家文化企业和非遗传承人参与展览。本届特博会交易额突破1500余万元，同比增长15%，观展人数达25万余人次，同比增长25%。相比上届特博会，在展示规模、展品质量、观展人数、展会影响方面都有很大提高。

五是一批项目入选国家重点文化产业项目。积极向文化部国家文化产业公共服务平台输送项目，河北省有74个重点项目进入国家文化产业公共服务平台，有29个重点项目、2个特色项目被编入《2014中国文化产业重点项目手册》。

六是组织做好申报省文化产业发展引导资金工作。根据省委宣传部《关于2014年河北省文化产业发展引导资金公开申报的通知》要求，组织省演艺集团有限公司等单位申报了14个项目的文化产业发展引导资金，金额达5875.5万元。现已分别报送省委宣传部、省财政厅。

七是做好河北省参加第九届北京文博会的筹备工作。根据省政府要求，省文化厅组织了河北省12月份参加的北京文博会筹备工作，并充分利用北京文博会这一平台，实现与北京全方位对接，深度融合，形成互补共赢的共同体。

【加强文化产业人才建设】 一是征集并向文化部报送了一批河北省青年设计人才优秀创意作品。根据文化部通知要求，河北省组织了74件参评作品，主要涉及工艺品创意设计等题材，其中成型产品61件、原创设计品13件。经文化部筛选，河北省有10件作品入围，并在中国（义乌）文化产品交易会与中国苏州文化创意设计产业交易博览会上免费展示。

二是举办了全省文化产业管理人才现场教学班。2014年3月至5月，文化产业处采取现场教学与交流互动相结合的形式，举办了三期全省文化产业现场教学班，共有100余人参加培训。学员们分享并借鉴了同行间的有益做法，提升了文化产业管理人员和文化企业经营人员素质。

三是通过河北省文化创意设计大赛发现推出一批人才。为贯彻落实《国务院关于推进文化创意和设计服务与相关产业融合发展的若干意见》，2014年9月份组织举办了首届河北省文化创意设计大赛，共评出创意类金银铜奖各10名、设计类金银铜奖各10名，创意类和设计类入围奖若干，促进了河北省文化产业创意人才的涌现和成长。

（河北省文化厅　马运飞）

新闻出版·版权

【冀版精品图书出版】 2014年，河北省新闻出版广电局坚持以人民为中心的创作导向，引导鼓励支持出版单位出精品、创品牌，打造出了一批思想性、艺术性、观赏性俱佳的精品力作。全年共出版新版图书4400多种，电子音像出版物近500种，有27种优秀出版物获奖或入选国家重大出版项目。其中，《梦想照亮生活》、《美德照亮人生》丛书获第13届全国精神文明建设“五个一”工程奖；《南水北调与水利科技》入选全国百种中国最美期刊；《当代儿童文学作家原创书系》、《一诺千金》、《大转折—西柏坡1947—1949》和《国旗阿妈啦》入选向全国青少年推荐的优秀图书音像电子出版物目录；《纵谈梨园春秋》、《跟我学你也能活100岁》和《中国画基础教学丛书》列入首届向全国老年人推荐的优秀出版物目录；《中国名画家赏析丛书》入选中国国际经典出版工程资助项目；《中国经济强国梦—从经济大国迈向经济强国战略研究》入选学习贯彻习近平总书记系列重要讲话精神重点选题，并获国家出版基金资助；《燕赵文库》重大出版工程推进顺利，已开始陆续出版。

【新闻出版领域改革】 2014年，省新闻出版广电局党组成立了全面深化改革领导小组，组建了报刊出版和行政职能转变专项工作小组，明确了工作方案、路线图、时间表。加快推进实施廊坊国家印装产业园区等重点产业项目，廊坊印装产业园区项目已经有200多家企业入驻，带动社会投资达200多亿元。加快媒体融合发展步伐，河北出版传媒集团教育出版社数字化工程、河北新华书店数字化立体运营升级项目、河北日报数字化转型升级工程等列为国家级新闻出版数字化转型升级项目。积极贯彻落实京津冀协同发展战略，成功举办了京津冀新闻出版广电系统协同发展推进会，签署了《京津冀新闻出版广播影视协同发展项目合作推进协议》，达成产业园区（基地）建设、印刷委托书网上备案和人才交流培养等6个合作项目。2014年，全省新闻出版行业收入完成800亿元，比上年增长4.7%。

【构建新闻出版惠民服务体系】 深入开展全民阅读工程，丰富全民阅读活动载体。组织开展了“4·23”世界读书日系列活动和第二届河北省青少年“阅·知·行”读书活动，组织开展了以“善行河北·书香燕赵”为主题的第二届惠民阅读周暨金秋惠民书市活动。组织开展了多种形式的捐赠活动，努力解决偏远地区小学缺少图书问题，总局原党组书记蒋建国作出重要批示给予肯定；继续实施农家书屋完善提升工程，“建管用”机制进一步完善。建立了农家书屋图书流动共享机制，积极探索开展图书代销等新模式，不断提高书屋自我发展能力。组织开展了“中国梦·赶考行”社长、总编走进农家书屋活动，倾听农民读书需求，捐赠优秀图书。建立了市、县、乡三级回访检查机制，对农家书屋管理开展制度化、常态化的检查督导。“卫星数字农家书屋”建设进展顺利，在全省范围推广。

【行政执法和日常监管】 深入推进行政审批制度改革，认真落实“三个公开、三个清单”制度，将原有的169项行政权力事项压减至133项，进一步做到了职权法定、简政放权、责权一致。全年共按时办结行政许可事项169件。深入开展打击新闻敲诈和假新闻专项行动，及时查处了一批违法案件，加强了对新闻报刊和记者证、记者站、连续性内资的管理，取消了54家违规连续性内资的出版资格。强化内容监管，健全选题规划、内容审读等各项制度，行政管理的科学化、制度化水平不断提升。开展了“清源”、“净网”、“秋风”，打击“假媒体、假记者站、假记者”和治理非法医疗广告等五个专项行动，全年全省共出动检查人员5.3万余人次，收缴各类非法出版物37万件，删除网上各类有害信息4.1万条，查办各类案件235起，抓获犯罪嫌疑人133名，关闭非法网站32家，有效净化了文化市场环境。河北省获全国“扫黄打非”先进殊荣，4个单位和7名个人荣获全国“扫黄打非”先进集体和先进个人称号。

【版权保护】 组织15家企事业单位参加了“第五届中国国际版权博览会”，促成5项版权贸易签约，签约金额达1.29亿元，省版权局荣获最佳组织奖，参展作品电影《周恩来的四个昼夜》、剪纸《长城万里图》分别荣获“金慧奖”最佳创意作品奖。积极推进版权登记工作，共对215件作品进行了版权登记，比上年增长39%。组织开展了对市县级政府机关软件正版化工作的全面检查，巩固了市县级政府机关软件正版化工作成果。河北日报报业集团等3家单位及所属二级企业办公软件全部实现了正版化。积极推进打击侵犯知识产权和制售假冒伪劣商品工作，整治了视听网站、网上书店、电子商务平台等销售传播侵权盗版制品的行为，及时发现并处理了一批违法违规的出版物销售企业。国务院打侵办年度考核给予满分，全省“双打”电视电话会上学习借鉴了省新闻出版广电局经验做法。组织开展了第十次“剑网行动”，全年共查办侵权盗版案件14起。

【改进作风、提升素质】 深入贯彻中央“八项规定”精神，持续反对“四风”，扎实抓好群众路线教育实践活动整改落实，形成了一批制度成果。严格落实党风廉政建设主体责任和监督责任，扎实推进反腐倡廉教育、监督、惩处各项工作，干部队伍的作风得到明显改观，廉洁从政的意识得到明显加强。省局民主生活会得到省领导和省委督导组的充分肯定。强化马克思主义新闻观、文艺观、出版观教育，全年组织各类岗位培训、业务培训25期。组织开展了全省新闻采编人员岗位培训和考试，广播电视编辑记者、播音员主持人资格考试，全省印刷行业职业技能比赛等工作。全省系统有4人入选全国新闻出版行业第四批领军人才，2人被评为第七批省管优秀专家，8人入选省宣传文化系统“四个一批”人才，一批年富力强的中层干部得到重用。

（河北省新闻出版广电局　杨金旭）

广播电影电视

【概况】 截至2014年底，河北省共有广播电台12座、电视台12座，广播电视台139座，均与上年相同。拥有中波发射台31座，发射机49部352千瓦，与上年相同；全省实有调频发射台159座，发射机290部243.60千瓦，比上年增加4部5.35千瓦；全省实有电视发射台253座，发射机443部500.78千瓦，比上年增加2部2千瓦。全省微波实有站32座，微波传送线路长度1612.5公里（全部实现数字化），比上年略有减少。全省有线广播电视传输干线网总长17.56万公里，比上年增加6330.09公里；全省有线电视用户数达到914.40万户，同比增加48.58万户。数字电视整体转换工作加快推进，全省数字电视用户达到750.29万户，同比增加63.00万户，增长9.17%。全省广播综合覆盖率达到99.34%，电视综合覆盖率达到99.27%，均与上年持平。

全省广播节目套数137套，较上年增加4套；全省全年制作广播节目36.24万小时，同比增加3万小时；全省全年广播节目播出67.45万小时，同比增加2.81万小时。全省开播电视节目178套，与上年持平；全省全年制作电视节目17.60万小时，同比增加1.63万小时；全省全年电视节目播出时间81.35万小时，较上年增加3.17万小时。全省全年制作电视剧14部538集，制作动画电视106小时；进口电视节目104小时。

截至2014年底，全省广播影视从业人员3.80万人，全年全省实际创收55.29亿元，同比增加5.60亿元，增长11.27%。

【积极营造主流宣传强势】 精心组织主题宣传。围绕省委省政府中心工作，强化统筹协调和督导推进，起草制定了“培育和践行社会主义核心价值观”、“中国梦·赶考行”和“推进京津冀协同发展”等一系列宣传方案，组织两台一网开展了“坚持转型升级、推动绿色崛起”、“京津冀协同发展”、“农村面貌改造提升”和“大气污染防治”等重点主题宣传，营造了宣传舆论强势。其中，河北电台《走两环看发展》大型新闻采访活动主题鲜明，内容鲜活，广受各界赞誉；河北电视台《走基层·绿色穿行》等主题报道坚持小角度切入、故事化表达，取得了良好宣传效果。统筹部署展播活动。按照上级要求，一是认真组织开展了“中国梦”主题纪录片展播展映工作，自3月起，河北电视台卫视频道共播出总局推荐的主题纪录片21集。二是配合新中国成立65周年主题宣传，督导各级广播电视播出机构完成了优秀国产纪录片的展播展映工作，营造了热烈喜庆、欢乐祥和的节日气氛。三是精选了16首中国梦、善行河北主题歌曲，协调省两台在多个频道穿插播出，声频荧屏形成了善曲高奏、善意浓浓的浓厚氛围。

【宣传品牌建设】 打造品牌节目。河北电台《燕赵传奇》、《992大家帮》、河北电视台《中华好诗词》和《炫动中国风》等栏目坚持传承优秀传统文化，自觉践行媒体社会责任，取得了良好宣传效果，受到了社会各界好评。坚持以评奖促创优，分3个批次完成了2013年度河北广播影视节目奖和河北播音主持奖总计341件作品的评审工作，带动了全省广电系统创新创优的积极性。组织开展了2013年度少儿精品及国产动画发展专项资金项目评审，河北电视台《脑力冲击波》、河北电台《小梦想大舞台》

分获二、三等奖。打造品牌活动。对接市场元素，策划举办了汽车文化节、美食文化节、“自强之星”评选、戏迷擂台赛、“节约之星”评选、助学圆梦、“幸福跳起来”等品牌活动，增强了受众黏合度和媒体传播力。河北电台举办的河北汽车文化节吸引了46个汽车品牌参展、40多万人入场参与，现场成交额达1.1亿元。河北电视台《幸福跳起来》第二季打造的河北省广场舞电视大赛群众广泛，真正将社会主义核心价值观融入到了河北特色文化中，落到了基层群众心中。长城传媒集团主办的茶文化博览会共有300余家茶企、30余家文化企业参加，到会参观人数突破20万人次，现场交易额达8000余万元。

【精品创作】 电影方面，电影《周恩来的四个昼夜》取得了良好的社会效益和经济效益。已获得“五个一工程”奖和中国电影“金鸡奖”、“华表奖”和“百花奖”四大奖项，取得了中国电影最高奖项大满贯的佳绩，具有里程碑式的意义。由众多明星加盟的商业大片电影《王牌》也登陆全国各大电影院线。电影《一个勺子》，荣获第51届台湾金马奖最佳剧情片、最佳男主角、最佳新导演、最佳男配角、最佳改编剧本5项提名，最终获得第51届台湾金马奖最佳男主角、最佳新导演奖，开创河北省电影获得金马奖之先河。电视剧方面，河北影视集团和其他单位联合出品的电视剧《先遣连》、《营盘镇警事》、《我的故乡晋察冀》、《聂荣臻》、《焦裕禄》荣获第十三届精神文明建设“五个一工程”奖；在第27届中国电视“金鹰奖”评选中，《营盘镇警事》、《聂荣臻》获得优秀电视剧奖，《先遣连》、《丑角爸爸》获得优秀电视剧提名奖。广播剧方面，河北电台制作的广播剧《一个县委书记的担当》荣获第十三届精神文明建设“五个一工程”奖。这些荣誉的取得，为影视创作“河北现象”增添了浓墨重彩的一笔，为推进“文艺冀军”的品牌建设提供了有力支撑。纪录片动画片方面，动画片《老子道德三百问（第二季）》、《精灵梦叶罗丽（第二季）》完成片顺利通过审查，片子质量均比第一季有明显提升；《年画中的传奇》、《外八庙传说》和《月上鲜虞》等重点项目已完成题材报备。经多次对接、沟通，《民间》、《我们在太行山上》和《张之洞》等纪录片题材已顺利通过总局报备立项。

【项目建设】 积极落实京津冀协同发展重大战略，牵头组织了京津冀新闻出版广电系统协同发展推进会，签署了《京津冀新闻出版广播影视协同发展项目合作推进协议》，共同谋划了产业园区（基地）、有线电视互联互通、网络广播电视台协同发展、电影院线合作、印刷委托书网上备案和人才交流培养等6个合作项目。

充分发挥市场在资源配置中的决定性作用，与浙江华策影视集团、长城影视集团等国内影视传媒龙头企业，在资本运作、结构调整、产业升级、更新企业管理模式等方面开展了全面战略合作。坚持以项目促发展，积极推动广播影视行业事业产业发展。加快媒体融合发展步伐，初步完成了河北网络广播电视台组建任务，将其作河北新媒体融合发展的“战略性支撑点”重点打造。推进实施了保定涿州影视生产基地等一系列重点产业项目，以项目建设带动产业发展。

【事业产业发展】 积极推动广告经营转型升级，主打品牌广告，2014年，河北电台经营收入比上年增长21.5%，其中品牌广告收入增长40%。河北电视台经营收入比上年增长20.85%，其中广告收入比上年增长17%。全省电影产业保持持续快速发展，影院数量达到288家，票房收入6.21亿元，比上年增长52.7%。

【公共文化服务】 努力构建新闻出版和广播影视惠民服务体系。一是圆满完成农村公益电影放映任务。对放映场次进行了任务分解，制定了一系列规范化管理制度；全面推广应用了数字电影流动放映数据回传系统，创新了监管手段。2014年共放映公益电影59.4万场次，圆满完成了“一村一月一场”任务。二是广播电视“户户通”工程全面启动。省委省政府办公厅正式印发了《河北省广播电视直播卫星户户通（2014）实施方案》，省级配套资金已列入省财政预算，“户户通”运行维护中心已开始筹建，设备招标项目已申请立项。

【科学管理】 一是切实转变政府职能。按照放权、服务、监管“三到位”要求，加快推进行政审批制度改革，认真落实“三个公开、三个清单”制度，最大限度地优化政务环境。将原有的169项行政权力压减至133项，切实做到了职权法定、简政放权、责权一致。全年共按时办结行政许可事项169件。二是强化行政管理。认真贯彻落实《广播电视安全播出管理规定》，以重要保障期为重点，组织开展了多次专项检查，确保了广播电视安全优质播出。落实电影制片、发行、放映和电视剧制作监管责任，全年发放《摄制电影许可证》28个、《国产电视剧发行许可证》7个。深入开展打击新闻敲诈和假新闻专项行动，及时查处了一批违法案件，加强了对新闻报刊和记者证、记者站、连续性内资的管理，取消了54家违规连续性内资的出版资格。强化内容监管，健全选题规划、内容审读、播出审查、播后监管等各项制度，行政管理的科学化、制度化水平不断提升。

规范广播电视播出和传输秩序。先后开展了北京周边地区广播环境整治行动、春季集中整治行动、“护城河”行动、航空无线电秩序集中治理整顿以及检查和清理地面数字电视业务专项整顿活动等，共下发《违规整改通知》61份，对16家违规播出机构及行政主管部门负责人进行了警示谈话；拆除了非法卫星电视地面接收设施407套，收缴卫星电视地面接收设施5600余套，取缔非法销售摊点128个，在全省形成了打击非法违规地面卫星接收设施的高压态势；取缔违规设立的小片网11个；关闭违规从事互联网视听节目服务、传播政治有害及淫秽色情节目网站48家；清理违规广告630条，处理违规播出机构16家；严肃处理擅自设置广播电视发射台及擅自使用广播电视频率（道）的行为，查处、关停了违规使用的35个频率（道）；对7个擅自开展地面数字电视业务的地区进行了清理整顿，进一步规范了广播电视节目播出和传输秩序，消除了安全隐患。

（河北省新闻出版广电局　杨金旭）

文物工作

【基础文物工作】 可移动文物普查工作扎实推进。2014年，为确保省直文博单位普查工作的开展，省文物局积极同财政部门沟通，保障普查资金及时落实，并统一组织普查设备的采购和配备。7月份举办了河北省可移动文物普查第二期培训班，全省共270余人参加了培训。通过多次召开专门会议和现场督导检查，截至目前，省直文博单位已经完成文物信息采集10万余件，并同时做好与国家可移动文物普查平台的联络工作。同时组织全省各级普查办开展文物认定工作，力争年底前完成。

文物保护项目管理进一步规范。加强项目管理工作，2014年6月至10月对全省文物保护工程实施情况进行了全面检查。加强文物保护工程企业准入，采用公开招标的方式，向全省各级文物保护单位推荐8家文物保护工程招标代理机构。实行文物保护工程专家领衔制度，将工程质量责任落实到个人，提高工程管理人员责任心。把好验收关，对不达标的项目坚决要求整改，并按规定追究相关人员的责任。严格资金使用管理，做到专款专用，合理使用，科学管理，定期开展项目审计。开展了有针对性的文物保护专项资金使用情况检查，对个别地方存在部门执行力不够、项目资金拨付迟缓等问题进行了通报，加强业务指导，推进绩效考核，进一步提高资金使用效益和管理水平。

【文物保护项目】 大力推进正定古城保护工程。目前已到位资金1.25亿元，正定城墙修缮工程——南门系统修缮工程经过招投标，已经进场施工。正定城墙文物保护规划正在抓紧编制；隆兴寺、临济寺文物保护规划修改完成，已报国家文物局审批；隆兴寺毗卢殿维修工程、正定文庙大成殿维修工程和隆兴寺壁画保护工程方案得到国家文物局批复同意；隆兴寺整体保护工程设计方案即将完成。隆兴寺方丈院保护维修工程已完工；天王殿修缮工程正在进行中。

承德避暑山庄及周围寺庙文物本体维修工程取得阶段性进展。目前，110个项目方案已全部编制完成，其中94项通过国家文物局及相关部门审批，88项通过省文物局核准；累计到位专项资金5.26亿元，已有83项工程开工建设，74项完工或基本完工；其中须弥福寿之庙、溥仁寺、普乐寺、安远庙、普佑寺、殊像寺、文津阁碑亭、清代驳岸（二期）等保护修缮工程通过验收。

清东陵、清西陵文物保护工程有序推进。目前，两陵文物保护资金已到位5.5亿多元，清东陵文物保护规划文本大纲已经完成初稿；孝陵主神道石桥、裕陵整体修缮工程和定妃园寝修缮方案已经国家文物局批复同意；景陵圣德神功碑及碑楼保护维修工程开工。清西陵世界遗产地保护与管理规划立项获得批准；清西陵泰东陵、行宫、昌妃园寝、泰陵妃园寝、慕东陵保护维修工程进展顺利；清西陵泰陵、昌陵修缮工程设计方案及昌陵、崇陵油饰彩画方案等已经国家文物局批复同意。

【大遗址保护】 大运河成功申遗。大运河保护和申遗工作从2006年全面启动以来，做了大量深入细致的工作。6月22日，在卡塔尔首都多哈举行的联合国教科文组织第38届世界遗产大会上，中国大运河被确定列入世界遗产名录。河北段大运河“两点一段”即衡水景县华家口夯土险工、沧州东光县连镇谢家坝、沧州至德州段运河河道位列其中。河北段大运河遗址线路清晰，体系完整，拥有较为完整的人工河道和堤防体系，代表了我国北方大运河遗产的特色。大运河的成功申遗，成为河北省第四项世界文化遗产。

加快推进泥河湾遗址保护工作。泥河湾研究中心建设项目通过省发改委组织的工程咨询研究院专家评审，省文物研究所与阳原县政府签订了委托建设管理协议，省财政下达了2014年建设资金3000万元已经到位，有关手续正在抓紧办理。泥河湾考古遗址公园南广场项目，已完成贵宾道、围挡、平整场地和工程指挥部建设，小长梁遗址保护工程已经完成栈道修建工作。河北省文物研究所、中科院古脊椎动物和古人类研究所、河北师范大学文博学院开展考古研究，取得了一些重要发现。

【博物馆建设】 河北博物院揭牌并正式开放。经过精心筹备，6月9日，河北博物院举行揭牌暨正式开放仪式。推出了《北朝壁画》、《曲阳石雕》、《名窑名瓷》、《战国雄风——古中山国》、《大汉绝唱——满城汉墓》、《石器时代的河北》、《河北商代文明》、《慷慨悲歌——燕赵故事》8个精品展览，展出文物近5000件（套），吸引数十万观众走进博物馆，有力地宣传了河北的悠久历史和灿烂文化，得到各级领导和社会各界的好评。

【文物安全和执法】 文物安全执法工作得到加强。全省田野文物安全防范系统全面建成，运行良好。石家庄、沧州、邢台等地田野安防系统发挥效用，及时报警，公安、文物部门迅速响应，有效保障了田野文物安全。加强田野散存石刻文物安全工作，启动散存石刻集中管理，目前，廊坊市、涉县、柏乡、曲阳等地已投入专项资金建成集中保管场所。加强文物古建筑消防安全工作，联合省公安厅开展古城、村寨及文物古建筑消防安全专项治理，联合公安消防部门举行灭火救援演练活动，组织开展全省文物消防安全大检查活动，有针对性地做好历史文化名城名镇名村及文物建筑消防安全管理和督查工作。加强文物执法工作，对文物违法犯罪案件实行“零容忍”，发现一起，查处一起，累计督办处理各类文物违法案件20件，有力打击了文物违法行为，保障了文物安全。

【文物保护宣传】 文物对外交流合作日益密切。为深化与故宫博物院的合作交流，6月9日，省政府与故宫博物院签署了《河北省人民政府与故宫博物院交流合作框架协议》，故宫博物院院长单霁翔与省政府特邀咨询孙士彬分别代表双方签字，省委书记周本顺、省长张庆伟会见了单霁翔一行，并共同出席了协议签署仪式。8月8日，省文物局与省建筑科学研究院签署了《加强文物科技保护战略合作框架协议》，双方将在文物保护技术研发、重点文物保护单位应急事故处理、文物保护专业人员培训等多个领域开展广泛合作，进一步提高河北省文物科技保护水平。河北文物代表团成功出访法国、瑞士，取得了丰硕成果；河北部分精品文物参加了在法国吉美博物馆举办的庆祝中法建交五十周年“汉风——中国汉代文物展”；河北省独立举办的“定窑·优雅的白瓷世界——窑址发掘成果展”在日本大阪东洋陶瓷美术馆展览，展览的参观人数创该馆历次临展之最。

（河北省文物局　张　丽）

档案工作

【概述】　2014年，河北省档案部门紧紧围绕中心工作和社会需求，以《关于加强和改进新形势下档案工作的意见》（中办发〔2014〕15号）为纲，认真实施全省档案事业发展“1344”的战略部署，在建设档案强省的道路上迈出了坚实步伐。

（一）各级档案馆（室）新馆建设取得新突破。2014年是全省档案系统基础设施建设年，在省委、省政府重视和支持下，9月，省馆新馆建设项目已经周本顺书记、张庆伟省长及有关省领导批示同意，馆址选定为中山西路469号（中山西路与友谊大街交叉口），占地约28亩，规划建筑面积近6万平方米。同时，强力推进市、县两级新馆建设，先后深入到张家口、唐山、廊坊、邢台等市会晤了市委、市政府主要领导，宣传中办发〔2014〕15号文件精神，大力呼吁新馆建设。其中，张家口市新馆规划面积1.1万平方米，主体已进入地上施工阶段，唐山市新馆规划面积1.2万平方米，已于12月初正式开槽动工，衡水市0.7万平方米的新馆主体工程已竣工，石家庄市也确定在市行政中心留出适当面积给市档案馆，邢台市将3700平方米用房调整给市局，并投入200万元资金装备库房设施。

4月份，召开了全省县级馆建设推进会议，强调“建馆目标坚定不移，项目申报坚定不移，项目落地坚定不移”，取得了良好效果，县级馆新馆建设打开新局面。列入国家“十二五”规划的县级馆共有13座，获得中央补助资金2143万元，县级馆新馆建设开工率达到70.7%。

（二）档案信息化建设得到新提升。档案信息化是档案工作现代化的发展方向，坚持始终把牢方向不动摇，持续用力不松懈。结合河北实际情况，编制了全省档案信息化建设五年发展规划，顶层设计描绘蓝图；制定了数字档案馆（室）测评标准，为建设数字档案馆（室）提供了遵循。省档案局馆实施了“档案库房一体化智能管理系统”、“标准化网络办公及档案利用综合管理系统”等多个项目工程。石家庄市启动“区域性数字档案数据中心”项目，为“跨馆服务”打下基础；秦皇岛市将档案信息化建设纳入市直机关信息化建设整体规划中，着手进行各机关单位电子文件在线归档的统一管理。同时，各级各单位积极争取资金，加快馆藏传统载体档案数字化扫描工作步伐，唐山市全市扫描1029万幅，累计达到9330万幅，占馆藏档案的59.6%，有4个县区已完成全部馆藏档案的扫描；沧州市档案数字化项目资金750万元列入市财政预算，已扫描完成450余万幅；邢台市档案数字化扫描经费列入年度财政预算，扫描完成100万幅。

（三）档案基础业务工作取得新进展。在档案资源建设方面，省档案局制定《河北省重大活动档案管理办法》，拟以省长令印发执行；派驻2名人员到省申冬奥办从源头上规范申冬奥档案管理。在落实国家局9号令方面，邯郸市完成档案进馆范围细则编制工作，张家口市将细则已报省局待批，其他各市也在抓紧修改当中。在落实国家局10号令方面，10月，省档案局召开专题推进会，与省国资委联合印发了通知，部署工作、明确要求，华北制药、省建投集团、省交投集团率先完成文件材料归档范围和档案保管期限表的编制工作，并作为“示范本”引导其他企业开展编制工作，各市也都进行了工作安排和专题培训，审批工作陆续展开。

在农业农村档案工作方面，与省农业厅联合印发《关于加强农村土地承包经营权确权登记档案管理工作的通知》，并联合召开经验交流现场会，推广了平乡、鹿泉、涿州三个试点县（市、区）经验。平乡县是农业部确定的整县推进试点，完成确权登记的村127个，达到全县行政村的50%，形成近10万份档案；保定北市区历时3年，建设村（社区）级档案室65个，截至2014年年底，全区农村档案室建设实现全覆盖。

在机关、企业档案工作目标管理等级认定方面，多措并举，扎实推进。唐山市已全面完成市、县两级1249家机关事业单位认定工作，邢台、张家口、保定、衡水等市也进一步加快了档案工作目标管理认定步伐。承德市检察院等20家单位通过5A等级认定，唐山钢铁集团等10家单位通过5★等级认定，承德供电公司通过6★等级认定。

各级档案部门对档案安全体系建设常抓不懈，投入资金，更新设备，严格制度，狠抓检查，确保档案绝对安全。4月份，国家局检查组就档案数字化、档案开放、档案信息公开等工作中的档案安全问题对省馆、石家庄市馆、正定县馆等进行专项抽查，有效地促进了河北省档案安全体系建设。

广泛开展档案宣传工作，全省各地围绕档案工作重点，以重大纪念日为契机，充分利用各种媒体的宣传影响力，开展了丰富多彩的档案宣传工作，进一步拓展档案文化传播渠道，提升全社会档案意识。

（四）档案开发利用工作取得新成果。全省档案系统进一步增强为民服务意识，更加注重档案查阅和政府公开信息查阅“窗口”建设，更新设施设备，美化优化环境，提升人员素质，完善工作流程，编制查阅指南，实行“一站式”服务、“零障碍”服务、协查服务、微笑服务，快捷、准确地为利用者提供档案资料，不仅为工作查考、编史修志、科学研究提供档案利用，更多地为老百姓维护自身利益，诸如接续工龄、知青经历、婚姻状况等提供档案证明。

（五）档案法制工作取得新成效。各级档案部门加大档案执法检查力度、加强档案法制宣传教育，档案法制化建设并取得了显著成效。2014年10月，由全国人大法工委、科教文卫委、国家档案局和国务院法制办等4家单位联合组成的国家档案行政执法组对包括河北省在内的全国12个省、市进行了档案行政执法检查，检查了河北省贯彻落实《档案法》的相关情况，抽查了张家口、保定2个市局馆、崇礼县、蔚县、阜平县3个县局馆和7个机关企事业单位档案工作，对河北档案工作给予充分肯定，并向省委、省政府送达了《档案行政执法检查反馈意见书》。各级档案部门严格按照法律法规、规章、规范性文件的要求，积极开展了权力事项清理、编制行政权力清单、绘制流程图等工作，进一步规范了权力流程、简化了办理程序、提高了办事效率。

（六）档案工作对外交流合作打开新局面。京津冀三地档案部门积极推动档案事业协同发展，7月份，召开了京津冀档案工作协同发展务虚会，共商服务京津冀协同发展国家战略的新思路、新办法、新方式，本着需求导向、资源共享、优势互补、共赢发展的原则，明确了馆际档案资源交流、服务中心贴近民生、档案业务研讨、档案人才交流培养等中长期合作内容。8月份，三地签署了合作框架协议，建立京津冀档案工作协同发展联席会议制度，国家档案局局长出席仪式，提出新要求。随后，启动了5个合作项目，三地将联合举办纪念抗战胜利70周年档案展览。河北省与北京市启动“京张铁路今昔变迁影像专辑”档案史料编辑合作项目，在张家口市档案局的大力配合下，对京张铁路河北沿线的下花园站、宣化区站、北站等站点进行考察调研，搜集了相关素材。三地联合制定了京津冀协同发展建设项目档案工作意见，就收集好、管理好、利用好三方合作建设项目所产生的档案，明确了要求和任务。并协助国家档案局在河北召开了全国档案新闻暨档案文化宣传工作会议、全国档案科技管理暨科技成果推广会议、《档案法》修改座谈会、2015年全国档案科研立项工作会议、第八次华北地区档案学术研讨会等5个国家级会议。

（河北省档案局　孙国俊）

体　　育

【群众体育】　2014年，河北省体育系统认真贯彻河北省委、省政府和国家体育总局的一系列决策部署，统筹推进群众体育、竞技体育、体育产业以及申办冬奥等各项工作，坚定不移地走创新发展之路，各项工作都取得了新进展、新成绩。在统筹推进群众体育方面，河北省体育局认真贯彻落实《全民健身条例》，积极构建亲民、便民、利民的全民健身服务体系。一是群众体育组织网络更加完善。积极加强各级体育总会、单项体育协会、人群体育协会、行业体育协会及青少年体育俱乐部、社区体育俱乐部组织建设，坚持以社区、乡镇、机关和企事业单位为重点，进一步加大城乡基层健身指导站、文体活动站、晨晚练点、各类体育俱乐部等的建设力度，初步形成了遍布城乡的全民健身组织网络。二是群众体育健身活动精彩纷呈。紧紧全民健身日等重大时间节点，按照“一地一品”、“一地多品”思路，积极开展培育特色品牌活动，举办了邯郸国际太极拳大会、保定空竹节、秦皇岛轮滑节、衡水湖马拉松等大型赛事活动160多项。三是大力实施体育惠民工程，11个县级全民健身活动中心投入使用，新开工建设3个雪炭工程，300多个社区体育示范工程和22个乡镇体育健身工程扎实推进。不断加强京津冀体育健身休闲圈建设，新增赞皇县石柱山、双桥区鸡冠山、涞水县鑫园度假村等14个精品项目，户外活动基地达到73个。以农村面貌改造提升行动为契机，河北省体育局投资4600多万元建设农村健身场地3200多个，安装健身器材3万多件，培训重点村社会体育指导员3200多名。

【竞技体育】　2014年，河北省体育局以实现里约奥运会和天津全运会突破为目标，制定和实施精兵战略计划，优化项目布局，实行动态管理、重点保障。一是参加全国A类比赛获11金8银10铜，仁川亚运会获得12金7银3铜，南京青奥会收获2金，在射击、武术项目世锦赛上夺得6金，为国家和河北争得了荣誉。二是举办了全国拳击、摔跤锦标赛等11项高水平赛事，提升了河北体育的影响力。三是创新第十四届省运会举办模式，将省体育大会与省运会合并举办，实现了精彩难忘、圆满成功的目标。四是石家庄永昌足球队冲超成功，结束了河北长达20年没有参加全国顶级职业足球联赛的历史。河北省体育局还积极促成华夏公司全盘接手中基足球俱乐部，使河北唯一一支中甲本土球队继续留在河北。

【申办冬奥会】　申办2022年冬奥会是中央的重大决策。在此之前，河北省体育局做了大量细致的筹备工作，争取到国家体育总局和北京市政府支持，达成联合申办冬奥会的共识。中央决定申奥后，河北省体育局积极参与北京冬奥申委和河北省申奥办的组织领导工作，在研究起草问题答卷和申办报告、规划崇礼赛区场馆布局和基础设施、赴索契冬奥会学习考察、开展群众性冰雪活动、组织好各类申奥宣传、做好迎接国际奥委会考察等方面，付出了不懈努力。

【体育产业】　河北省体育局深入学习贯彻国务院下发的《关于加快发展体育产业促进体育消费的若干意见》，积极配合河北省发改委制定河北省的实施意见，努力促进河北体育产业的更好更快发展。一是继续推进体育产业基地建设，着力打造崇礼滑雪、廊坊夏垫佳美产业园两个省级基地，并积极争取崇礼滑雪产业基地申报国家级示范基地。二是河北省体彩发行实现跨越增长，由2012年的30.6亿元增长到2014年的86.63亿元，两年增长近2倍，从全

国第14位跃居第5位，并超越河北福彩所占市场份额。三是积极推动基础设施建设，集中推进以河北奥体中心为龙头的四大训练基地建设。河北奥体中心主体育场于2014年1月16日完成封顶，目前已完成总工程量的80%以上；体育馆综合体建设顺利推进，田径篮排馆工程前期准备工作已到位，两馆可望于2016年春节前主体竣工。河北省体育局训服中心基地，顺利完成了运动员公寓、食堂改造及院落绿化等建设任务。秦皇岛训练基地完成了概念性方案设计，环评报告、社会稳定评价报告正在按程序审定中。崇礼高原训练基地建设，完成了征地工作，正进行规划设计，并争取与国家体育总局共建高水平训练基地。

（一）“环京津体育健身休闲圈”建设健康发展。

1. 京津冀体育产业协作取得进展。为认真贯彻落实京津冀协同发展这一重大国家战略，2014年7月，北京市、天津市、河北省体育局共同协商制定了《京津冀体育协同发展议定书》，对于推进体育产业共同发展达成共识：一是协力推进京津冀体育健身休闲圈建设。发挥京津冀各方优势，共同推进项目建设，向国家体育总局申报建设全民健身示范区；二是加强三地间体育产业的交流合作，努力形成跨区域的产业集群。向国家体育总局申报，将京津冀体育产业一体化发展作为重点示范项目；三是成立京津冀体育产业协会。在市场开发、要素配置、产品研发等方面，搭建交流合作平台，促进企业间的合作发展。体育行政部门积极为会员企业提供招商引资、金融支持、信息咨询等方面服务，扶持重点企业，培育消费市场，吸引民间资本，推动三地体育产业加快发展；四是协同促进体育用品制造业发展。打破地域界限与分割，充分发挥三地在体育用品制造方面的优势，推进行业优质资源的优化整合，在产品的生产、研发和销售等方面加强合作，进一步完善三地体育用品的相互市场准入政策，不断提高产品的市场占有率，为区域体育用品制造业的发展创造更好条件。

2. 各地更加重视体育产业规划建设。张家口市以和北京联合申办冬奥会为契机，积极协同各相关部门制定张家口冰雪体育产业振兴规划，形成冰雪体育产业发展的纲领性文件，指导、规范冰雪体育产业的发展，并将冰雪体育产业发展纳入全省总体规划，使冰雪体育产业与相关产业紧密结合，形成产业链，做到良性运行，推动冰雪体育产业及相关产业的发展，提升冰雪体育产业在“环京津体育健身休闲圈”的地位。承德市借助京津冀一体化国家战略出台的有利契机，与首都体育学院取得联系，达成共识，5月26日承德市政府与首都体育学院签定了合作协议，融入北京、借力北京，实现创新共赢，推进体育工作区域协同发展：一是制定《承德市休闲体育产业发展规划》。二是加强体育赛事活动的提档升级。大力开发场地设施，提高现有场所、场地的利用。三是打造科技研发和实训基地。与首都体育学院共同申报京津冀一体化体育发展协同创新中心，共同建设休闲体育、体育赛事、青少年体育研发和实训基地。

3. 特色体育产业品牌推介成效显著。在2014年第三届京交会体服会上，由河北省体育局组织参展的26个体育服务贸易项目受到各界人士的广泛关注，前来了解情况、咨询相关信息、表达投资欲望的客户达百余人次，特别是随着北京市和张家口联合申办2022年冬奥会，更是得到了不少投资者的青睐。国家体育总局装备中心体育产业发展部的领导亲临展馆现场，对河北参展项目给予了很高评价。河北省共有82家体育用品生产、销售单位参加了5月份在武汉国际博览中心举办的第32届中国国际体育用品博览会，夏垫佳美、桂宇星、鑫龙、英利奥、张孔杠铃等国内著名企业悉数参展，带去了各自最新型产品并受到广泛好评。在中国体育旅游博览会上，河北本着“振兴河北体育，建设体育强省”的发展视野，通过120平方米展区，33个版面，2个大屏幕，1个互动专区，生动多元地展示了河北省丰富的体育文化和旅游资源。主展区重点对中国崇礼国际滑雪节，中国崇礼万龙、云顶景区、张家口崇礼四季旅游路线、北戴河铁人三项大赛、北戴河滑轮节、中国保定国际空竹艺术节、承德避暑山庄系列冬季精品赛事、承德兴隆燕山大环线、衡水湖国际马拉松赛等精品体育项目进行集中展示，受到了现场观众的一致好评，其中中国崇礼国际滑雪节荣获2014中国体育旅游十佳精品赛事，中国崇礼万龙、云顶景区荣获2014中国体育旅游十佳精品景区。2个大屏幕上分别滚动播放河北体育旅游宣传片和2022冬奥会申奥宣传片，有效宣传了河北特色体育旅游资源，同时为2022冬奥会申办进行了造势。互动专区设有模拟滑雪游戏，观众可以通过身体的摆动来体验真实的滑雪效果，此项内容既宣传了河北冬季体育项目，又吸引了诸多观众前来体验，为展区增加大量人气。在展会上还配发了《河北体育旅游资源简介》和《“环京津体育健身休闲圈”—河北体育产业巡礼》，以及崇礼滑雪场、承德体育旅游宣传册等资料，既生动又形象的展示了河北体育产业特别是运动休闲产业的发展概况，有效地宣传了河北体育产业发展特色，收到了超预期效果。国家体育总局副局长冯建中到河北省展区观展，对河北省体育旅游和体育产业发展给予了充分肯定。河北省体育局荣获“优秀组织奖”。

（二）强力打造体育产业基地。河北省体育局完善并推行省级体育产业基地建设标准，6月份下发了《河北省体育产业基地管理办法（试行）》，在各市推荐的基础上，筛选评比出崇礼滑雪产业基地和夏垫佳美体育用品生产基地作为首批省级体育产业基地。积极推进国家级体育产业基地建设，推动崇礼滑雪产业基地在增加竞技体育功能的基础上，2015年积极申报国家级体育产业示范基地。实施项目带动战略，打造各具特色的体育产业聚集区。

（三）积极开发体育竞赛和体育表演市场。各地加大了对体育竞赛、表演市场的开发力度，逐步建立体育赛事合作开发平台，引导和规范各类体育竞赛的市场化运作，鼓励、支持企业引进国内外重大的体育赛事。1月15日，2014CKF中国功夫争霸赛（唐山站）在迁安结束。2月中旬2014年华北五省市青少年“未来之星”冬季阳光体育大会在河北省沽源县举办。3月份全国男子拳击锦标赛在迁安市九江体育中心举办。4月26日，邢台市举办2014

“百泉湾公寓杯”车王争霸赛。比赛分为汽车短道拉力赛和摩托车车技表演，共有300名来自北京、山东、河北等省市的车手参赛。5月7日，2014年全国女子拳击锦标赛在迁安市九江体育中心揭幕。5月28日，中美女排交流对抗赛保定站比赛在中央司法警官学院体育馆举办。6月15日，第十二届中国·邯郸国际太极拳运动大会在邯郸市结束。7月19日“2014张家口·康保草原国际马拉松赛”在张家口市康保县文化广场鸣枪起跑，来自中国、肯尼亚、埃塞俄比亚、美国、韩国等国家的近2000名马拉松专业选手以及全国各地的马拉松业余爱好者共计万余名参赛选手参加比赛。8月1日，2014年“晨阳水漆杯”中希国际女篮对抗赛（保定站）圆满落幕。8月31日，2014年秦皇岛国际马拉松赛在秦皇岛市奥林匹克中心鸣枪起跑。来自全球12个国家和地区的17030名马拉松选手参加，其中参加全程的选手达到了2785人。9月1日，2014体彩超级大乐透“捷安特杯”中国·石家庄第十一届国际自行车环城赛在石家庄高新区火炬广场举行。9月20日，2014衡水湖国际马拉松赛暨全国马拉松锦标赛在衡水市的衡水湖畔成功举行。国庆黄金周，2014全国跳伞锦标赛暨第二届国际飞行周在河北金融学院体育场精彩上演。10月10日，2014环北京职业公路自行车赛（张家口赛段）在河北省张家口市崇礼县鸣枪发车。10月11日，第二届中国·怀安杯全国业余围棋公开赛在张家口市怀安县开赛，来自全国各地12支代表队的130多名棋手参加比赛，其中业余六段以上棋手34名。2014年全国梅花拳精英邀请赛于10月14日在邢台市威县体育健身中心举行。10月25日，第十九届国际奥委会主席杯全国百城市自行车决赛暨全国少年自行车锦标赛在河北平乡鸣枪开赛。

（四）特色体育品牌活动日臻完善。中国·崇礼国际滑雪节、中国·沧州国际武术节、中国·邯郸国际太极拳运动大会、衡水湖国际马拉松比赛、中国·廊坊国际渔具展、廊坊（国际）名鸽展览交易会、保定狼牙山国际登山节、保定空竹艺术节、北戴河铁人三项大赛以及廊坊高尔夫球、秦皇岛海滨体育健身、承德山庄体育等一批具有鲜明河北区域特色和文化内涵的体育品牌影响力越来越大。为了满足京津冀区域不断增长的大众户外健身需求，助力京津冀一体化协同发展和京张申办冬奥会，由河北省体育局与河北新闻广播联合创办了“环京津户外运动系列挑战赛”，依托并整合环京津的59个全民健身户外活动基地资源，组织特色鲜明、有趣多彩、大众参与的系列健身赛事，鼎力打造“环京津体育健身休闲圈”全民健身户外活动基地品牌。2014年共完成保定易县、承德兴隆、唐山玉龙湾、崇礼四站赛事，受到热烈追捧。这些近乎独有的特色体育品牌资源，为做大做强河北体育产业发挥了龙头带动作用。2014年的体育旅游博览会上，中国崇礼国际滑雪节荣获2014中国体育旅游十佳精品赛事，中国崇礼万龙、云顶景区荣获2014中国体育旅游十佳精品景区。沧州事竟成滑雪场、兴隆燕山大环线、中国保定国际空竹节、衡水湖国际马拉松赛、北戴河轮滑节等均被评为精品项目。

（五）完成2013年度全省体育及相关产业统计。河北省体育局与省统计局和各市体育局密切协作，建立并完善体育用品生产企业名录库、体育用品销售企业名录库、体育组织名录库和社会事务管理机构名录库，结合河北省第六次全国体育场地普查工作，历经10个月，完成了2013年度体育及相关产业的调查统计培训、实施、汇总、评估等工作，最终形成综合分析报告。据统计，2013年全省GDP为2.83万亿元，其中体育产业增加值为115.49亿元，占全省GDP的0.41%，体育产业从业人数达到了19.24万人，体育产业总产出为191.78亿元。2008年体育产业总产出为66.98亿元，增加值为28.59亿元，从业人员数为6.18万人。2013年比2008年的总产出、增加值和从业人员数分别增长了186.3%、303.9%和211.4%。2013年体育产业总产出排在前三位的分别是体育服装鞋帽制造104.66亿元，体育用品制造52.16亿元和体育服装鞋帽销售11.17亿元。

（六）协调推进体育产业与相关产业互动发展。各地体育部门积极与当地旅游部门协作，除重点开发张承滑雪，保定、廊坊高尔夫，秦唐沧滨海旅游外，还依托全民健身户外活动基地打造了一批体育旅游示范项目及体育旅游户外运动功能区。仅张家口崇礼2014年开滑以来到12月7日，已接待游客28.1万人次，收入达1.967亿元。

（七）学习贯彻国务院《国务院关于加快发展体育产业促进体育消费的若干意见》。10月28日，河北省体育局在石家庄市召开了深入学习贯彻《国务院关于加快发展体育产业促进体育消费的若干意见》（以下简称《意见》）座谈会。会议深入学习了贯彻国务院《意见》，结合全河北体育产业发展实际，研究和谋划好河北加快发展体育产业促进体育消费的实际举措。

【河北省2014年度十大体育新闻】　（一）深入实施竞技体育精兵战略。围绕备战2016年奥运会和2017年全运会，制定出台了《河北省体育局竞技体育精兵战略计划》，对重点项目在人、财、物等方面予以倾斜，不断提高竞技体育发展水平。

（二）积极推进京张联合申办2022年冬奥会。北京正式成为2022年冬奥会申办候选城市，取得重要阶段性成果。申办冬奥会涉及的7个国际单项体育组织的场馆认证已全部收齐，推进冰雪运动发展，河北省体育局成立了冬季运动项目管理中心，正谋划组建冰雪运动队，制定河北冰雪运动发展规划，在大力发展冰雪运动上迈出实质性步伐。

（三）组织推进京津冀体育协同发展。7月15日，省体育局牵头组织召开京津冀体育协同发展座谈会，三地体育部门共同签署《京津冀体育协同发展议定书》，进一步理清了三地体育协同发展的思路和举措。

（四）成功举办河北省第十四届运动会。共有22个代表团近1.3万名运动员参赛，是历届参赛人数最多的一届省运会，也是首次将河北省体育大会与省运会合并举办。在青少年组比赛中，创超23项河北省青少年纪录。

（五）仁川亚运会和南京青奥会取得优异成绩。仁川亚运会河北省23人参赛，获得12金7银3铜；南京青奥会河北省获得2金，竞技体育综合竞争力进一步提升。

（六）成功举办首届京津冀户外运动系列挑战赛。相继组织了易县狼牙山、兴隆六里坪、玉田玉龙湾、崇礼等四站赛事，包括京津冀三地群众2000多人参赛。

（七）石家庄永昌成功晋级中超联赛。石家庄永昌足球俱乐部成功冲超，结束了河北省长达20年没有全国职业联赛顶级球队的历史。

（八）中国崇礼国际滑雪节荣获2014中国体育旅游十佳精品赛事。在2014中国体育文化、体育旅游博览会上，中国崇礼国际滑雪节被评为中国体育旅游十佳精品赛事，崇礼县万龙、云顶景区被评为中国体育旅游十佳精品景区，均位列第一。

（九）全省体育彩票发行实现跨越增长。河北体育彩票2014年累计销售86.63亿元，跃居全国第五位，并在河北彩票市场首次超越福彩，占到52%份额，实现了持续跨越增长。

（十）强力推进河北奥体中心建设。体育场工程继2013年底结构封顶后，2014年各分项施工进入收尾阶段；体育馆综合体工程顺利完成了基坑护坡工程、桩基工程等方面工作，正抓紧进行正负零以下土建施工，整体工程力争2016年春节前竣工；田径（篮排）馆工程前期准备工作全部到位，待土地问题顺利解决后，主体工程即跟进启动。

【河北省2014年度十佳运动员】 （一）马雪雅（女），篮球运动员，仁川亚运会女子篮球亚军。

（二）王涵（女），跳水运动员，仁川亚运会亚军、国际泳联世界跳水系列赛北京站冠军。

（三）尹军花（女），拳击运动员，仁川亚运会冠军，2014年中国拳击公开赛、全国锦标赛、全国冠军赛冠军。

（四）巩立姣（女），田径运动员，仁川亚运会冠军、全国锦标赛冠军。

（五）杨浩然（男），射击运动员，南京青奥会冠军，西班牙射击世锦赛个人和团体冠军，仁川亚运会个人和团体冠军，国际射联世界杯系列赛德国站冠军。

（六）庞伟（男），射击运动员，仁川亚运会团体金牌、个人银牌，西班牙射击世锦赛团体金牌。

（七）夏润涛（男），排球运动员，亚青赛亚军，荣膺最佳主攻手。

（八）曹硕（男），田径运动员，仁川亚运会冠军。

（九）阚文聪（女），武术套路运动员，仁川亚运会冠军。

（十）翟羽佳（男），射击运动员，仁川亚运会个人和团体冠军。

（河北省体育总会　成锁柱）

人力资源和社会保障

【就业】 2014年，全省城镇新增就业72.1万人。高校毕业生、就业困难人员和农村转移劳动力三大重点群体就业态势良好。应届高校毕业生就业率达到94.8%；城镇下岗失业人员再就业25.9万人，其中就业困难对象实现再就业9.7万人；农村劳动力转移就业人数达到1750.4万人，比年初增加60.5万人。零就业家庭始终保持动态为零。城镇登记失业率保持在3.59%的较低水平。以省委、省政府名义出台了《关于鼓励创业促进就业的若干意见》、《关于进一步发展家庭服务业的意见》、《关于促进人力资源服务业发展的意见》等一系列政策文件，在鼓励创业、促进高校毕业生就业、发展家庭服务业等方面加大了政策扶持力度。全面推行高校毕业生实名制管理，深入实施离校未就业高校毕业生就业促进计划和青年创业引领计划。启动实施农民工职业技能提升计划——“春潮行动”。狠抓化解过剩产能涉及职工安置工作，出台《关于使用失业保险金援企稳岗的意见》，明确了“三补一降”政策，联合财政等部门印发《关于做好产业结构调整涉及企业职工安置分流和再就业工作的指导意见》，全年发放稳岗补贴7.1亿元，惠及职工19.4万人，保证了企业和职工的稳定。

【社会保障】 2014年，河北省城镇职工基本养老保险、城镇基本医疗保险、工伤保险、失业保险、生育保险参保人数分别达到1262.0万人、1697.5万人、778.7万人、508.7人、684.0万人，比2014年初分别增加67.5万人、23.0万人、41.6万人、4.8万人、16.4万人。城乡居民社会养老保险顺利推进，参保率达到98.3%。在完善企业职工养老保险、城乡居民养老保险制度衔接、老农保与城乡居民养老保险转移接续、医疗保险市级统筹和大病保险、工伤保险省级统筹等方面出台了一系列政策性文件，较好地解决了城乡之间养老保险关系转移接续、新旧政策平稳衔接，以及250万老农保参加基本养老保险的历史遗留问题。按照国家统一部署，连续十年提高企业退休人员养老金，2014年达到月人均2071元。进一步强化社保经办管理服务，出台《关于加快推进城镇基本医疗保险市级统筹指导意见》，工伤保险初步实现了经办互联互通、信息共享。研究制定河北省城乡居民养老保险经办规程，启动省内异地就医试点，基本建成省本级医疗监控系统。

【人才队伍建设】 组织实施“三三三人才工程”、专业技术人才知识更新工程，出台《河北省政府特殊津贴专家选拔管理办法》。着眼培养创新团队和学科带头人，坚持向生产一线倾斜，评选第五批“百人计划”16人，“三三三人才工程”一二层次110人。创建了一批人才培养平台，新设立5个博士后流动站、26个博士后创新实践基地、14所技能大师工作室、13所高技能人才实训基地。启动实施共建蓝天计划、推进新型城镇化引智项目，全年引进国外智力1500人次。开展技能雏鹰培育计划等项目，培训燕赵金蓝领等高技能人才3.4万人。在第43届世界技能大赛全国选拔赛上，河北省有6个项目共12名选手进入国家集训队，实现了历史性突破。选拔表彰100名突出贡献技师，并首次组织了健康休养和同业交流。继续深入开展“千名专家服务基层”活动，服务群众200余万人，取得了良好的社会效益和经济效益。

【人事制度建设】 完善公务员招录四级联考制度，采取规定最低服务年限、合理设定职位性别要求等措施，较好地解决了基层公务员“招不来、留不住”和“性别比例失调”等突出问题。完善事业单位公开招聘省市县联动机制，规范专业分类和面试规则，公开招聘规范程度、集中招聘比例都有明显提高。加强全省机关事业单位干部调配管理，进一步规范了调配条件和程序。全面推行职称评审“申报条件、评审过程、评审结果”三公开，评审政策向基层、生产一线倾斜，为基层专业技术人员拓展了职业发展空间。改进军队转业干部安置办法，在全省范围统一组织考试，统一考核项目及赋分标准，得到了国家充分肯定。“培训一体化、就业全覆盖、创业导师制”的自主择业军转干部就业创业“河北模式”得到进一步巩固深化，在全国推广。会同有关部门对全省开发区和基层事业单位超编用人问题进行了全面摸底，提出了消化清理意见。

【工资收入分配制度改革】 积极开展“工资集体协商百日行动”，全省建立工会企业工资集体协商制度覆盖率达到86.2%。加强企业工资的宏观调控，发布企业职工工资增长指导线，上中下线分别为22%、14%、6%。进一步上调最低工资标准，四类地区最低工资标准分别调整为1480元、1420元、1310元、1210元。按照“托低、提中、稳高”的工作思路，规范提高各设区市、县（市、区）津补贴标准。先后调整提高了10个设区市、194个县（市、区）公务员津贴补贴标准，最低标准由原来的年人均11000元提高到15200元。同时，同步提高事业单位绩效工资水平和离退休人员的补贴标准，并按照标准和执行时间属地原则，调整提高省垂管系统及省直驻上海、天津市机关津贴补贴标准、绩效工资水平和离退休人员的补贴标准。

【劳动关系】 全面加强劳动合同管理，全省规模以上企业劳动合同签订率达到96%以上，企业集体合同签订率达80%以上。着力解决拖欠农民工工资问题，推动成立了以各级政府主管领导为组长的保障农民工工资支付工作领导小组，形成了具有河北特色的“三金”、“三机制”、“一入罪”部门联动解决欠薪的制度体系和工作格局，实现了行政执法与刑事司法的有机衔接。加强劳动保障日常巡查和执法检查，全年共检查用人单位5.6万家，督促缴纳社会保险费4000多万元，为近22万名劳动者追讨工资等待遇7.7亿元。河北省地理位置特殊，劳动保障信访维稳压力一直很大，坚持以法治的思维和法治的方式处理信访事项，对重大来访案件，全省人社系统各级领导亲自接待、协调、督办；对群众来信，亲自批办、盯办；带头到基层企业了解情况，变上访为下访，有力推动了问题解决，全年信访量下降9%。据省信访局统计，全省人社领域信访量下降22%。

【人社领域京津冀协同发展】 主动与京津沟通对接，签署了《京冀推动人力资源和社会保障工作协同发展合作协议》、《京冀医疗保险合作备忘录》、《关于发展家庭服务业合作框架协议》等一系列文件，在就业管理、社会保险、人才合作、资质资格互认等方面达成新共识。组织有关农业、工业、卫生教育等领域的高端外国专家座谈，为经济社会发展建言献策。京津冀人社协同发展取得了阶段性成果。

【基层基础建设】 采取“以奖代补”的方式，安排2000万元对237个乡镇（街道）基层平台建设予以支持。信息化人力资源社会保障建设加快推进，全省人力资源社会保障业务专网基本建成，覆盖省本级及11个设区市、204个县区（含开发区）、4777个乡镇（街道）社区节点。全省统一的就业失业、养老保险、工伤保险等业务信息系统加快推广应用。全年发放社保卡1006万张，总持卡人数达到4066万人，提前完成“十二五”目标任务。

（河北省人力资源和社会保障厅　程　伟）

民　　政

【农村基层民主建设】 （一）加强自治组织建设，增强基层组织力量。2014年，指导各地尽快完成难点村、重点村换届选举。在此基础上，指导各地完善村代会，试行村代会常任制，保障村代会（村民会议）决议权，避免少数人说了算，有力地促进了集体决策。全面整合村务公开监督小组、民主理财小组，成立村监会，保障村监会监督村务的权力。努力健全村委会、村代会、村监会三个组织，提高村代会、村监会的地位，改变过去村干部包揽村务的做法。截至目前，全省49066个建制村中，45336个村建立了村民会议或村代会制度，占94.21%；村监会基本实现全覆盖，有效推动了全省基层群众性自治组织全覆盖工作深入开展。

（二）建立村治新机制，保障农村事务平稳运行。按照省委推进“四个覆盖”工作要求，积极推进“党组织领导、村代会（村民会议）决议、村委会执行、村监会监督”村治新机制建设，并写进省政府2014年重点工作目标任务，督促各地认真贯彻落实。重点内容是：重大村务在村党组织领导下，经过村代会（村民会议）决议后，由村委会予以实施，村委会实施情况要接受村监会的实时监督。村治新机制建设也是河北省村民自治试点工作的核心内容之一，截至目前，全省49066个建制村中，有31695个村实行了村治新机制，占65.86%。

（三）启动第十届村委会换届，健全村民自治组织。2014年底到2015年初，是全省新一轮村“两委”换届时期。为做好第十届村民委员会换届选举工作，全国部分省（区）村“两委”换届工作座谈会后，省民政厅向省政府做了专门报告，省领导做出重要批示。在全省整顿后进村工作推进会上，对村委会换届做出“六个早”工作要求。按照省委部署，省民政厅与省委组织部合署办公，研究起草了《关于做好村“两委”换届前期准备工作的通知》和《关于认真做好全省村党组织和第十届村民委员会换届工作的意见》，以及有关强化县乡党委责任、治理贿选、明确“五选七不选”候选人条件、制定选委会工作规程的7

个专件，并报省委领导审批下发。12月9日，召开全省村“两委”换届工作动员部署会，对全省第十届村委会换届工作进行安排部署。提出了民政部门必须强化“四个意识”（党管换届意识、依法换届意识、程序意识和责任意识），扎实做好对村委会换届的指导和监督检查工作，把做好村委会换届工作作为坚持从严治党、巩固党的执政基础的大事来抓，抓出实绩、抓出成效。截至12月31日，全省应换届49394个村委会中，完成换届590个，占1.19%，取得了良好开局。

（四）推广衡水市村级民政专干制度做法，夯实民政工作基石。按照省领导要求，省民政厅将在全省行政村推广衡水市建立村级民政专干制度的做法，延伸基层民政服务触角，夯实民政工作基石。积极筹备全省推进村级民政专干队伍建设现场会，促进村级民政专干队伍制度化、规范化、法制化建设，保证该项工作的持续性和长期性，使民政专干真正成为广大民政对象的“代表、代理、代言”人。截至目前，衡水市已率先实现村级民政专职干部全覆盖。

（五）加强农村社区建设，提高公共服务水平。按照民政部部署和《河北省民政事业发展“十二五”规划》要求，推进农村社区建设实验全覆盖工作，加大了省本级资金对农村社区建设的扶持力度，全年累计投入资金1520万元，共扶持65个农村社区建设项目，占全年全部城乡社区建设资金投入总量的46%。截至目前，全省已有50.5%的县（市、区）、38.5%的乡镇和13.7%的建制村开展了农村社区建设工作。全省农村社区基础设施和公共服务设施得到逐步改善，农村社区服务水平得到逐步提高，农民群众的生产生活条件得到逐步改善。

【社会救助】 （一）加强城乡社会救助体系建设。为进一步加强全省社会救助工作，强化各相关单位和部门的协调配合，促进社会救助的公平和效率，推进全省社会救助体系建设，参照国务院建立全国社会救助部际联席会议制度的做法，2014年11月，河北省人民政府办公厅下发了《关于建立河北省社会救助联席会议制度的通知》（冀办字〔2014〕64号），成员组成单位由原来的21个增至29个。

（二）加强城乡居民最低生活保障。2014年，全省城乡低保工作以保障和改善民生为重点，围绕《国务院社会救助暂行办法》的贯彻落实，健全制度，强化手段，进一步提高了困难群众基本生活保障水平。2014年9月19日，河北省民政厅印发《关于全面推进阳光低保的指导意见》的通知（冀民〔2014〕58号）。2014年6月19日，河北省民政厅印发《河北省关于最低生活保障经办人员和村（居）民委员会成员近亲属享受最低生活保障备案管理办法》的通知（冀民〔2014〕51号）。截至2014年底，全省共有城乡低保对象272.6万人，其中，城市低保对象62.7万人，农村低保对象209.9万人。全年累计支出低保资金52.04亿元，其中，中央补助39.27亿元，省级补助8.47亿元，市县两级落实资金4.3亿元。全省城乡低保标准分别达到城市432元/月，农村2544元/年，继续保持与全国平均水平同步增长。

（三）加强农村五保供养工作。2014年，通过积极探索农村五保供养工作新路径，努力提高农村五保供养标准和工作水平，有效地保障了农村弱势群体的生活权益，五保老人幸福指数大幅提升。截至2014年底，全省共保障五保供养对象23.2万人，支出五保资金8亿元。其中，集中五保供养对象7.09万人，供养标准为5231元/年；分散供养对象14.1万人，供养标准为3548元/年。

（四）加强城乡医疗救助工作。2014年，全省城乡医疗救助制度运行平稳，管理规范，水平显著提高。截至2014年底，全年直接医疗救助24.8万人次，其中，住院救助18.8万人次，门诊救助6万人次，直接医疗救助支出5.2亿元。资助城市困难群众参加城镇居民医疗保险12.3万人，资助农村困难群众参加农村合作医疗157.7万人。

（河北省民政厅　朱　昆）

【救灾工作】 （一）灾害情况。第一，基本灾情。2014年，河北省部分地区遭受了较为严重的干旱、洪涝、风雹、低温冷冻、地震、生物灾害等自然灾害。全省因灾造成农作物累计受灾面积2074.6千公顷，绝收面积411.2千公顷，受灾人口1796.4万人次，其中因灾死亡19人，紧急转移安置330人，倒塌房屋350间、损坏5562间，部分交通、电力、通信及水利设施遭受不同程度破坏，因灾造成直接经济损失141.5亿元。综合分析，全省灾情略重于常年，属于中等偏重灾害年份。与近10年灾害数据的平均值比较，受灾面积、绝收面积、直接经济损失分别上升5.6%、62.3%、13.7%；受灾人口、因灾死亡（失踪）人口、倒塌房屋间数分别下降16.1%、40.6%、96.1%。

在2014年各类自然灾害中，以干旱损失最为严重。全年因干旱灾害造成经济损失102.06亿元、风雹灾害造成经济损失20.53亿元、洪涝灾害造成经济损失9.84亿元、低温冷冻灾害造成经济损失8.99亿元。分别占全年经济损失的72%、15%、7%、6%。受灾较重的区域主要集中在张家口、承德、保定、沧州、石家庄五市。

2014年，因自然灾害造成的死亡（失踪）人口主要集中在唐山、承德、张家口、石家庄等市，唐山市因灾死亡5人、失踪2人，张家口市因灾死亡4人，承德市死亡4人，石家庄市死亡3人，沧州市死亡1人。出现因灾死亡的灾害种类中，洪涝灾害死亡9人，风雹死亡10人。分别占全部因灾死亡人口的47%、53%，在死亡原因中，因大风导致溺水死亡（失踪）7人，因雷击死亡7人，因溺水死亡3人，树木折倒被砸死亡1人，大风刮倒电线杆触电死亡1人，分别占全部因灾死亡人口的37%、37%、16%、5%、5%。

第二，主要灾害特点。一是全年降水偏少，旱灾损失严重。2014年，河北省年平均降水量393.3毫米，较常年偏少22%，为2003年以来第一少雨年；全年降水分布不均，冬夏季降水偏少，春秋接近常年，汛期大范围降雨过程少，降水量比常年偏少35%致使全省出现长时间，大范围干旱。旱灾造成全省1275万人受灾，农作物受灾面积1578千公顷，其中绝收334.0千公顷；因灾直接经济损失102亿元，占全年因灾经济损失的72%。二是风雹、洪涝灾害频发，灾害损失较轻。三是北部地区春季发生低温冷冻，受灾范围小于常年。5月4日、5月6日，张家口、承德、秦皇岛、保定等地市部分地区陆续发生低温冷冻灾害，部分地区温度降至零下4度，5月，全省平均气温为21.2℃，张家口、承德北部平均气温在16.0℃以下，康保、沽源为全省最低，均为11.7℃。低温冷冻灾害造成82万人受灾，农作物受灾面积105千公顷，绝收面积38千公顷，因灾直接经济损失近9亿元。

（二）全省自然灾害救助工作情况。2014年，全省频发、多发的各类自然灾害给部分受灾群众生活造成较大困难。在省委、省政府和地方各级党委、政府的领导下，在财政等各有关部门大力支持下，各级民政部门认真履行职责，努力构建救灾应急体系，强化灾害信息管理，加强制度建设，创新减灾救灾工作机制，提高受灾群众救助水平，全力保障受灾群众基本生活，减灾救灾工作都取得新的明显成效。

第一，注重政策创建，减灾救灾机制进一步完善。2014年初，为全面贯彻落实全国会议要求和年度重点工作目标任务，省民政厅对全省减灾救灾工作进行了认真研究，特别是结合河北省救灾工作实际和近年来河北省在应对重特大自然灾害中取得的经验教训，印发了《河北省民政厅关于2014年减灾救灾工作安排的通知》，要求将制定和完善救灾工作规章制度、提高灾害管理和灾民生活救助水平作为全年的工作重点。根据国务院《自然灾害救助条例》起草了《河北省自然灾害救助实施办法》，征求了各设区市和省减灾委各成员单位意见，送交省法制办待审；制定下发了《河北省减灾示范社区标准》。各市县普遍对本级及其基层自然灾害救助应急预案进行评估，张家口、承德、邢台等市对各乡镇的《自然灾害救助应急预案》进行了再修订，再完善；保定市有22个县（市、区）制定出台了《自然灾害救助办法》，整体工作走在了各设区市前列。承德、廊坊、邯郸、秦皇岛、保定等市制定印发了《自然灾害生活救助资金管理办法》，明确了市县两级救灾资金分担比例。通过健全减灾救灾制度，促进了全省救灾工作规范化管理水平的提升。

第二，加强备灾工作，应急保障能力进一步强化。按照民政部有关建设标准，积极开展救灾物资储备体系建设。11个设区市和部分多灾、易灾县（市）普遍制定了救灾物资储备库建设规划，并加快了救灾物资储备设施建设步伐。投资1.28亿元、占地100亩、建筑面积1.52万平方米的新建省级救灾物资储备库已经建成并正式投入使用。石家庄、保定、邢台、张家口、秦皇岛5市和卢龙、河间等30多个县市通过公开招标形式采购了一大批救灾物资，充实了救灾物资储备。省民政厅和唐山、沧州、邢台、张家口、秦皇岛、廊坊、保定、石家庄等市完善了社会应急救灾物资生产销售厂商名录，进一步完善了救灾应急物资供应体系。省民政厅对全时卫星通信指挥系统进行了模块升级、系统维护和操作演练，对部分手持、台式卫星电话进行了维护，开展了实际操作演练，保证了技术装备性能完好、实用。石家庄、秦皇岛市建立了防灾减灾志愿者队伍。秦皇岛市出台了关于成立防灾救灾志愿者服务队的方案，通过社会动员，在自愿报名的基础上，吸纳具有防灾减灾救灾技能的志愿者3866人，并对志愿者进行登记造册，实行规范化管理。

第三，强化灾情管理，应急能力进一步提升。2014年，各级按照“有灾必报、有灾必查、有灾必到、有灾必救”的要求，切实加强灾害信息管理，全力做好救灾应急工作。普遍进一步规范了信息报送时间、程序和内容，累计向民政部上报灾情初报47条、续核报479条，拟制、上报民政部和省政府《救灾专报》5期，《自然灾害季度报告》3期。省市两级加强了灾害评估工作，省民政厅以省减灾委办公室名义分别组织开展了全省汛期灾害评估、全省旱灾评估和全年灾害评估工作。为全面提高全省救灾专业人员业务水平和能力，开展了灾害信息员培训工作。省民政厅直接培训了240名市县两级灾害信息员。保定、衡水、秦皇岛、张家口、邯郸、唐山和定州等市开展了乡镇灾害信息员培训工作，共计培训基层灾害信息员1100名。通过培训，提高了全省灾害信息员业务素质和救灾工作专业化水平，提升了全省灾害信息管理能力。省民政厅针对全省严重旱情启动Ⅳ级响应，迅速开展了信息收集、灾情评估、临时性生活救助等相关工作，保证了旱灾救助及时有效，协调省财政厅针对汛期灾害和干旱灾害，先后两次向重灾地区下拨省级新灾应急救助资金。2014年，省民政厅先后派出救灾工作组12个，深入全省11个市的55个重灾县（市）查看灾情，指导灾区有序开展灾民生活救助工作。

第四，多措并举，灾害救助水平得到提高。2014年，各级民政部门认真贯彻《河北省救灾资金管理办法》，落实救灾工作分级管理、救灾资金分担机制，积极争取政府重视和财政部门支持，加大资金投入。省财政救灾资金支出9767万元，市县财政救灾资金实际支出5954万元，为提高灾害救助的时效性提供了条件。省民政厅会同省财政厅分别于9月和10月份两次下拨新灾救助补助资金3600万元和4370万元，有力地支持了受灾较严重县市及时开展受灾群众生活救助工作。同时，会同省财政厅积极向国家民政部、省民政厅汇报河北省的灾情和受灾群众需救助情况，争取中央财政的救灾资金支持。

为了切实解决好2014年冬季和2015年春季受灾群众生活困难问题，各级民政部门采取摸清底数，突出重点，分类救助的工作方法，扎实开展了冬春救助工作。在调查摸底和认证评估基础上，制定《今冬明春受灾群众生活救助方案》报同级政府批准后认真组织实施。冬春期间，全省共筹集发放冬春救助资金3.54亿元，发放救灾棉衣被20余万件，救助受灾困难群众达249万人。

第五，周密部署，防灾减灾工作进一步推进。2014年，各级民政部门充分发挥减灾委的职能，落实救灾工作关口前移的工作方针，多层次、全方位开展了防灾减灾工作。一是紧密围绕主题，大力开展防灾减灾宣传教育活动。二是突出地域特点，科学组织防灾减灾演练。三是大力开展综合减灾示范社区创建。省民政厅制定印发了《河北省省级综合减灾示范社区标准》，授予77个社区“河北省省级综合减灾示范社区”称号。民政部、国家减灾委对河北省55个社区授予了全国综合减灾示范社区称号。

第六，通力合作，农房保险试点稳步推进。2014年3至4月份，省民政厅与省财政厅、省人保财险公司组成联合工作组对2013年确定的22个农房保险试点进行专项检查，对试点进展缓慢的5个试点县进行了督导，同时对新申请开展农房保险的23个县（市、区）所需省级农保试点经费进行了系统评估和测算，协调省财政厅追加专项经费。2014年度，省民政厅会同省财政厅共下拨省级农房保险试点补助资金1597万元，支持有关县进行试点。全省累计承保农户355.06万户，为试点县参保农房提供灾害风险保障344.78亿元，对农房发生灾害的5355户群众进行了保险救助，支付保险赔款711.95万元。目前全省农房保险试点县达到45个。

（河北省民政厅　艾　军）

【双拥优抚安置】　（一）坚持问题导向，突出强军目标。紧紧围绕习总书记提出的强军目标，针对近年来驻军部队撤并降改后军用土地未及时确权、营区周边建筑影响军队安全、战备道路建设滞后等10方面33个问题，印发了《关于为驻冀部队解决重难点问题目标任务分解方案》，促使困扰驻军部队的诸多难题得到妥善解决。2014年2月5日《解放军报》头版头条予以报道。2014年1月，省双拥办、省民政厅、省军区政治部印发了《关于“助力强军梦”，办好拥军优属十件实事的意见》，全面落实了为军烈属悬挂光荣牌、为立功士兵庆功报喜、创业服务进军营等十件实事。针对悬挂光荣牌中存在的问题，与财政和省军区协商，建立了“财政列支、征兵办制作、民政部门在新兵入伍时悬挂”的长效机制。

（二）坚持精准拥军、突出基层部队。切实转变作风，慰问最艰苦的基层部队，帮助最困难的基层官兵。八一期间，在广泛征求意见的基础上，省、市、县相继选择了省军区朱砂洞等20多个最艰苦、最偏远的部队基层站点，开展了“助力强军、服务国防”关爱基层官兵万里行活动，送去了慰问金（品）900多万元。为了贯彻落实在古田召开的全军政治思想工作会议精神，配合部队做好新战士思想政治工作，11月初，又对驻冀部队1万多名新入伍战士进行了慰问，赠送慰问金（品）200多万元。两次大的慰问都是部队选定的最艰苦的基层站点，慰问品都是根据部队需要选定的，文艺节目都是经过筛选后最精彩的，部队反响很大，省内外媒体也进行了广泛报道。

（三）坚持机制创新，突出长远建设。一是根据民政部、国家卫计委、总后勤部参试部队服役人员评残病种范围，协调省财政、人社、卫计委制定出台了《关于做好原8023部队和其他参加核试验部队服役人员残疾等级评定工作的通知》（冀民〔2014〕39号），进一步规范了参试退役人员残情评定工作，减少了各类矛盾。二是针对县（市）义务兵家庭优待金负担过重问题，积极协调省财政、省征兵办，建立了义务兵家庭优待金省、市、县分级负担机制。省对财政直管县按照5∶5比例分担，省对财政非直管县（市、区）按照省、所在设区市、县（市区）2∶3∶5比例分担；非辖区户籍在校大学生入伍家庭优待金由省级财政负担。建国以来，义务兵家庭优待金一直是由县级财政负担，这次改革是历史上的首次突破。为了确保落实，民政、财政和省军区司令部印发了《关于认真做好义务兵家庭优待金发放有关工作的通知》，建议省政府常委会修改《河北省实施〈军人抚恤优待条例〉办法》，强化了政策规章的执行力度。三是普遍建立并较好地坚持了节日慰问重点优抚对象、免费体检、送医送药巡诊等服务制度。制定出台了《河北省重点优抚对象短期疗养办法》，全面开展了重点优抚对象短期疗养工作。目前已安排1.1万名重点优抚对象进行了疗养。新华社、《河北日报》、河北电视台、河北广播电台、《燕赵都市报》、长城网等进行了全面报道。

（四）坚持广泛宣传，突出凝聚正能量。以办好一个拥军促进会、一个双拥艺术团、一本双拥期刊、一个双拥网站和培养一批先进典型为载体，围绕“助力强军、服务国防”，“助力小康、服务人民”，广泛深入地完成了习总书记讲话精神，促进了全省军民思想上的深度融合，进一步培树了社会各界为强国强军努力奋斗的新风气。

（五）狠抓落实，突出实效。一是从10月1日起，再次提高了优抚对象抚恤补助资金，其中残疾人员、城镇“三属”提高20%，农村“三属”提高了40%，是近年来提高幅度最大的一次。二是积极争取资金80多万元，顺利展开了《残疾军人证》和《烈属证》的换发工作。三是烈士褒扬工作掀起新高潮。全面完成6.8万个零散烈士墓、1600多座零散烈士纪念设施抢救保护工程。新增国家级抗战纪念设施6处，省级烈士纪念设施13处，新命名省级爱国主义教育基地11处，全省113处烈士纪念设施全部实行了分级管理，落实了相关规定。董存瑞烈士陵园、晋冀鲁豫烈士陵园、华北军区烈士陵园、省英烈纪念园先后被评为4A级旅游景区。全国红色旅游领导小组办公室到河北省检查指导工作时给予充分肯定，并推广了河北省的经验。四是认真贯彻优抚医院、光荣院管理办法，不断加大投入力度，服务保障能力进一步加强。召开全省光荣院管理工作会议，集中研究了入住率等方面存在的问题，通报表彰了60所达标光荣院、12所先进达标光荣院。五是严格执行规定，圆满完成了700名残疾等级评定和300多人次的信访接待工作。

（六）退役士兵安置改革稳步推进。1月13日，在深入调研、反复论证的基础上，报请省政府常务会议讨论通过，以省政府令形式正式颁布《河北省退役士兵安置办法》，被民政部转发全国。3月3日，结合党的群众路线教育实践活动，下发了《关于进一步加强作风建设做好退役士兵安置工作的通知》（冀民〔2014〕25号），要求各级安置部门深入对照检查，切实转变作风，提高服务质量。5月22日，召开全省2014年度双拥优抚安置工作会议，传达学习全国会议精神，总结了一年来双拥优抚安置工作取得的新成绩，明确了当前和今后一个时期的重点任务和工作方向。11月5日至6日，召开河北省推进退役士兵“阳光安置”现场会，对做好“阳光安置”工作提出明确要求。12月29日，下发了《河北省人民政府关于2014年冬季退役士兵接收安置工作的通知》（冀政〔2014〕130号），明确了河北省2014年冬季退役士兵的接收时间、接收对象范围和接收条件，重点从扶持自主就业退役士兵就业创业、提升退役士兵职业教育和技能培训层次、保障符合政策安排工作条件退役士兵的岗位落实、加强对退役士兵安置工作的组织领导四个方面提出具体要求。目前，全省11个设区市均已出台了安置改革的配套性文件。张家口市以“阳光安置”为主线，通过“拓六岗”、“五公开”、“四监督”、“三到位”，确保所有重点安置对象全部安置到事业单位。石家庄市大胆尝试考试考核和公开选岗相结合的方法，围绕“四新”（新途径、新渠道、新突破、新合力）聚焦用劲，得到了退役士兵及其家属的广泛认可。其他地市的安置工作也逐步向阳光透明、公平公正转变。

（七）退役士兵安置工作有序开展。省安置办集中接收审核转业士官档案2579份，涉及19个大军区级移交单位。接收过程中，坚持原则，严格把关，全程录像，交叉审核，共撤减不合格档案材料177件，军地反映较好。指导全省安置部门完成近4万人的退役士兵接收安置工作任务。扎实开展退役士兵技能培训，退役士兵政策知晓率达到100%，有培训意愿的18364人得到了免费培训。11月17日，省安置办在27集团军防空旅开展“2014年度河北省创业服务进军营活动”启动仪式，邀请创业指导专家和成功创业的退役士兵先进典型走入军营，给予就业指导和创业服务。先后走访武警河北省总队、河北省军区、机械化步兵学院、北京军区联勤七分部等12家师以上单位，宣讲安置政策、发放宣传资料，充分调动退役士兵的创业热情。各地也都采取多种形式开展“创业服务进军营活动”。全面总结5年来各军供正规化建设情况，指导各军供站安全、高效、正点完成7.1万余人（次）的军供保障任务。民政部共下达河北省1—4级残疾义务兵和5—6级患精神病、初级士官、军队院校残疾学员共36人，已接收30人，未接收人员中1人是在接收过程中死亡，其余均为伤残士兵本人与部队未能协商达成一致意见。协调省财政厅提高1—4级残疾士兵建（购）房补助标准，由原来的省财政负担每人3.5万元提高到每人8万元。民政部下达河北省复员干部接收计划21人，接收率100%。

（河北省民政厅　魏金保　邢朝辉）

【社会福利事业】　（一）养老服务业。近年来，河北省始终把发展养老服务业，推进社会养老服务体系建设作为一项民生工程，扎实推进，狠抓落实，不断提高养老服务体系建设和养老服务水平，一是政策体系不断完善。2014年6月出台了《河北省人民政府关于加快发展养老服务业的实施意见》（冀政〔2014〕67号），明确了河北省养老服务业的基本定位、发展目标、主要任务和路径，进一步完善和细化了投融资、土地供应、税费优惠、补贴支持、养老服务业队伍建设和尊老敬老教育等政策措施，提出了健全工作机制、依法行业监管、加强督促检查的具体办法。印发了《河北省养老机构设立许可办法》和《河北省养老机构管理办法》，为社会力量举办养老机构提供了便捷服务，各地也能够按照省厅要求积极开展换证工作。二是养老机构建设步伐加快。河北省民办养老机构床位数由2013年末7.5万张，增长到2014年的8万张，每千名老人拥有养老床位数达到40张。为推动养老机构健康发展，继续按照《河北省民政厅河北省财政厅关于对养老服务机构实施奖补的意见》要求，为全省750家符合条件的养老机构发放建设补贴474万元，运营补贴4726万元，共计5200万元；同时为提升养老机构责任意识和风险意识，增强抵御风险能力，联合省财政厅、省老龄工作委员会办公室、河北保监局联合印发了《关于推进养老机构责任保险工作的意见》，为推进养老机构责任保险提出了指导性意见。三是居家养老呼叫服务网络覆盖城乡。全省居家养老呼叫服务网络入网老人总数达到80万人，为老年人提供服务的企业达到4万多家，有效缓解了居家老人的养老难题。四是社区居家养老服务中心蓬勃发展。大力加强社区居家养老服务中心建设，全省城市社区居家养老服务中心达2388家，覆盖率达70%，进一步满足了社区养老服务需求。五是农村互助幸福院建设成效显著。继续加大服务于广大农村社区老人和留守老人的农村互助幸福院建设，全省累计建成农村互助幸福院29754个，覆盖率达到61%，有效地缓解了农村老人尤其是留守老人的养老压力。六是养老服务业综合改革试点初见成效。民政部、国家发展改革委联合确定了秦皇岛市、廊坊市作为全国养老服务业综合改革试点，两市高度重视，分别制定了养老服务业综合改革试点近期规划和方案，并完成了本市《关于加快发展养老服务业的实施意见》，分别提出了工作目标、主要任务和保障措施。

（二）儿童福利工作。一是开展适度普惠型儿童福利制度建设试点。2014年河北省三河市作为试点，制定了《三河市关于开展适度普惠型儿童福利制度建设实施方案》，对困境儿童和困境家庭儿童实施分类保障，初步建立困境儿童保障制度，并健全儿童福利服务网络，在三河市第五民政事业服务中心设立儿童福利指导中心。二是“明天计划”项目有序推进。2014年河北省完成“明天计划”手术结算131例，结算费用330万元。民政部对邯郸、邢台、保定三市具有骨科手术适应症儿童进行了手术筛查，筛查儿童30名，均已在部级定点医院接受了手术治疗。三是认真做好《关于进一步做好弃婴相关工作的通知》和《规范宗教界收留孤儿、弃婴活动的通知》文件落实工作。2014年，河北省开展了弃婴相关文件落实情况的自查，河北省3家集中收留儿童的个人和3所收留儿童的宗教场所与当地民政部门签订了有关协议，规范了管理，民政部督查组对河北省落实两个文件取得的成效给予了充分肯定。四是落实孤儿基本生活费。2014年中央和省级财政共安排专项资金1亿元，保障了全省1.5万名孤儿基本生活。

（三）流浪乞讨人员救助管理工作。2014年，救助管理工作紧紧围绕“以民为本、为民解困、为民服务”的工作宗旨，以保障救助对象基本生活权益，维护社会稳定为工作目标，及时为救助对象服务，树立了良好的民政形象。一是积极开展救助管理工作。全省全年共救助流浪乞讨人员7.81万人次。其中，救助保护流浪未成年人1848人，青壮年6.41万人，老年1.11万人，健康人7.54万人，救治流浪危重病人、痴呆傻病人和精神病人1977人，本省籍2.83万人，外省籍4.66万人，无法查明地址3140人，保障了生活无着的流浪乞讨人员的基本生活权益，维护了社会稳定。二是积极开展未成年人保护工作。根据《民政部关于开展第二批全国未成年人社会保护试点工作的通知》，河北省张家口市、承德市、邯郸市魏县为第二批全国未成年人社会保护试点地区。河北省坚持未成年人权益保护优先，着眼于源头预防，立足于预防保护、主动保护和全面保护，扎实开展了试点工作。三是扎实推进全省救助管理站规范化建设。省级每年投入救助补助资金560万元，主要用于设施设备的改造，弥补部分经费的不足，完善救助站的规范化管理。四级网络建设是长期过程，要不断完善健全救助管理四级网络，切实发挥四级救助管理工作网络的作用，实现救助的全覆盖。加强救助设施和业务设备建设，严格各项规章制度，努力培养过硬的救助队伍。

（四）慈善和残疾人福利事业。一是不断加强慈善超市建设。按照民政部、中国邮政集团公司联合印发的《关于贯彻落实〈“邮善促民生”战略合作协议〉的意见》要求，各地民政部门积极与邮政部门沟通协调，其中石家庄市裕华社区石门社区已经达成初步合作意向。二是支持中华慈善博物馆藏品征集。下发了《关于转发〈关于支持中华慈善博物馆藏品征集工作的函〉的通知》，要求各地确定一名征集工作负责人，建立本地区征集工作网络，深度挖掘本地慈善藏品线索，确定可供展陈的展品目录及征集方式，积极主动地配合筹备组做好展品收集工作。其中唐山市搜集了有关唐山大地震救灾的物品、资料、凭证、照片，以及滦南县高淑珍爱心小院建立之初用于孩子们教学、生活的辅助用品。三是组织各地填报“中国城市公益慈善指数”相关数据。根据《关于开展第三届中国城市公益慈善指数发布活动的函》要求，河北省开展了“中国城市公益慈善指数”相关数据填报工作，各地较好地完成了填报任务。张家口市2014年被评为六星慈善城市。四是做好残疾人福利工作。贯彻落实国务院、省政府简政放权，下放行政审批项目的要求，将福利企业资格认定和管理工作下放到各设区市以及辛集、定州市，为企业申请福利企业资格认定和接受管理提供了便利，各地积极配合，认定和换证工作有条不紊地进行。

（河北省民政厅　冯素贞　佟铭　于菲）

【社会行政管理】　（一）加强社会组织管理。第一，社会组织登记制度改革工作稳步推进。2013年底，相继下发了《河北省民政厅关于将异地商会和非公募基金会登记管理权限下延至设区市的通知》（冀民〔2013〕123号）、《河北省民政厅关于开展对四类社会组织直接到民政部门登记的通知》（冀民〔2013〕124号）、《河北省民政厅关于取消社会团体和基金会设立分支（代表）机构审批的通知》，河北省社会组织登记制度改革工作全面展开，行业协会商会类、科技类、公益慈善类、城乡社区服务类四类社会组织直接到民政部门登记；异地商会和非公募基金会审批权下放至各设区市；取消社会团体和基金会设立分支（代表）机构审批等工作迅速展开。三项登记制度改革工作自2014年1月1日起全面实施，此项工作的开展，进一步降低了社会组织的登记门槛，减少了社会组织的审批程序，社会组织登记制度改革取得了突破性进展。全年省、设区市直接登记社会组织600余家，合法率达到了100%。截至2014年底，全省各级社会组织已发展到18676个（其中，社会团体10247个，民办非企业单位8370个，基金会59个），省级社会组织共1294个（其中，社会团体962个，民办非企业单位275个，基金会57个）。

第二，社会组织登记工作依法进行。以《社会团体登记管理条例》、《基金会管理条例》、《民办非企业单位登记管理暂行条例》和《河北省社会团体登记管理办法》为依据，依法开展社会组织登记管理工作。全年共办理注册登记社会组织110家，变更登记168家，注销登记3家，合法率为100%，群众满意度达到100%。

第三，社会组织年检工作顺利完成。在2014年度年检工作中，省民政厅加大了检查力度和宣传力度，并及时下发了关于对社会团体、基金会、民办非企业单位进行2013年度检查的通知，积极督促参检单位参加年度检查，并主动联系业务主管单位，沟通年检相关事宜。年检过程中，积极为参检单位提供便利，并开通“绿色通道”：获得当年5A级评估等级的社会团体可不做审计报告参加年检；外地社会团体、民办非企业单位年检材料若无问题，立等可检。经过严格审核，对1068家社会组织进行了年检（应该参加年检的省属社会组织1124家），参检率达95%，年检合法率达100%。其中，57家基金会全部按要求进行了网上年检申报，并按时完成年检，参检率达到100%。年检工作结束后，分别在河北民政网、河北社会组织网和中国社会组织报上进行了通报。

第四，社会组织评估工作深入开展。2014年1月，省民政厅以“冀民〔2014〕1号文件”的形式，下发了《关于开展2014年度社会组织评估工作的通知》，对全省社会组织评估工作进行了安排部署。经资格确认、社会组织自评、业务主管单位初评、材料审核、评估委员会初审、实地考察、评估委员会终审、公示、颁证授牌、备案10个阶段，2014年，全省参评社会组织771家，评出5A级46家、4A级33家、3A级38家。截至目前，全省共有2009家社会组织参评，累计评估率达到11.42%，其中，省属社会组织累计评估率达到15.1%。

第五，政府购买社会组织服务工作取得新进展。2014年1月28日，河北省政府办公厅制定下发了《关于政府向社会力量购买服务的实施意见》（冀政办〔2014〕3号），河北省政府购买社会组织服务工作启动。7月30日，省发改委、省编办、省财政厅下发《关于2014年河北省政府购买行业协会服务有关工作的通知》（冀发改产业〔2014〕1091号），进一步推进省财政购买社会组织服务工作的进程，全年落实省财政购买省属社会组织服务资金750万元，主要用于行业协会商会类社会组织承接服务项目，为社会组织发展提供了广阔空间和有力支持。此外，2014年河北省有6家社会组织争取到中央财政购买社会组织服务资金285万元。

第六，社会组织执法工作依法进行。根据河北省社会组织的工作实际，在做好社会组织执法方面，主要做到“四个抓好”：一是抓好社会组织准入，做好监督执法工作。二是抓好年度检查，做好节点执法工作。三是抓好有关工作配合，做好多角度执法工作。四是抓好案件查处，做好重点执法工作。2014年，省民政厅共对8家社会组织进行了执法检查，组织相关人员对案件进行调查取证，及时进行了协调和处理，基本上得到了妥善解决。

第七，登记管理机关及社会组织从业人员培训工作有序进行。2014年，先后举办了“2014年度基金会登记管理培训班”、“河北省社会组织负责人培训班”、“河北省社会组织登记管理人员培训班”。三期培训共培训登记管理机关和社会组织从业人员700多人次，增强了社会组织登记管理机关及从业人员的履职能力。

第八，积极开展党的群众路线教育实践活动。2014年2月13日，下发了《河北省民政厅关于在全省社会组织党员中开展党的群众路线教育实践活动的实施方案》（冀民〔2014〕13号），号召全省社会组织中的近5000个党组织和7万多名党员，按照中央、省委要求，积极投身于党的群众路线教育实践活动中来，主动开展下基层、进社区帮扶活动，充分发挥社会组织服务社会、服务群众的作用。

（二）加强行政区划工作。第一，稳步推进行政区划调整。完成了石家庄市部分行政区划调整工作。经报请国务院批复，撤销了石家庄市桥东区，将桥东区划分到长安区和桥西区管辖；撤销了藁城市、鹿泉市、栾城县，设立了石家庄市藁城区、鹿泉区、栾城区；指导和帮助石家庄市完成了新的行政区域界线勘定。完成了部分地级市跨县区域之间行政区划调整。经省政府批复，将邯郸县户村镇、康庄乡划归邯郸市复兴区管辖，将唐山市丰南区稻地镇划归路南区管辖。完成了部分撤乡设镇和撤镇设街道办事处行政区划调整。先后赴石家庄、邯郸、邢台、保定、承德、廊坊等市对26处撤乡设镇、撤镇设街道办事处行政区划调整筹备完成情况进行了检查验收；对石家庄、沧州、廊坊等市6处符合撤乡设镇、撤镇设街道办事处等行政区划调整条件的进行了批复。

第二，开展行政区划调研。完成了《河北省民政厅关于河北省新型城镇化重大问题研究调研报告》。2014年8月5日，京津冀三省市民政局在北京召开了京津冀协同发展专家研讨会，会上各位专家就功能定位、空间布局、成果转换、相互协同、区划调整等问题进行了研讨。3、完成了地级市主城区行政区划调整的调研论证。

第三，积极推进区划服务体系建设。编辑出版了京津冀三省市行政区划图。在对全省行政区划实地调研的基础上，与河北师大有关专家合作，研究制定了“河北省行政区划战略规划”编制框架和初稿的起草工作。编辑出版了《2014年河北省行政区划简册》和《2014年河北省行政区划简表》。

第四，扎实做好政区大典编纂工作。完成了《中华人民共和国政区大典·河北卷》171个县（市、区）900余万字的文稿审定和上报工作。完成了《中华人民共和国政区大典·河北卷》省稿的起草、专家审核和上报工作。

第五，第二次全国地名普查工作全面展开。按照国务院第二次全国地名普查领导小组的要求，河北省于6月27日召开了河北省第二次全国地名普查暨加强和改善地名管理会议，进行了全面安排和部署，成立了河北省第二次地名普查领导小组及其办公室和专家咨询委员会等机构。印发了《河北省关于开展第二次全国地名普查的通知》、《河北省第二次全国地名普查实施方案》、《河北省第二次全国地名普查宣传方案》等文件。

第六，地名标志进一步规范。按照省委、省政府的要求，根据省政府办公厅《关于清理规范各类地名及标志的通知》精神，河北省民政厅与河北省农村面貌改造提升行动领导小组办公室联合制定了《河北省农村面貌改造提升行动农村地名标志设置实施方案》，提出了具体要求和考核标准，使河北省农村地名标志设置做到进一步规范化、标准化。

第七，省界联检任务圆满完成。按照民政部的要求，河北省与辽宁省按时完成了冀辽线367公里联合检查和22个界桩的更换工作，获全国平安边界考评满分。积极开展平安边界建设活动，确保了边界地区和谐稳定，受到民政部的充分肯定。

（三）殡葬改革健康开展。2014年，全省殡葬改革工作以贯彻落实中共中央办公厅、国务院办公厅《关于党员干部带头推动殡葬改革的意见》为契机，逐渐适应新的形势发展的要求，走绿色殡葬改革的路子，取得了丰硕成果。一是加强政策创制，积极贯彻两办意见。以省委办公厅、省政府办公厅名义出台了《关于充分发挥党员干部带头作用全面深化殡葬改革的实施意见》，意见明确提出了要制定丧葬补贴和丧葬抚恤与火化政策相衔接的发放制度、法院系统要积极配合民政部门执行殡葬法规、要建立健全红白理事会制度等要求。各地结合本地实际，也先后出台了贯彻落实两办意见的政策，为殡葬改革营造了良好氛围。二是大力推进殡葬设施建设，打牢殡葬改革基础。省民政厅出台了《实施“双五十”和“双一百”加快推进殡葬改革和城市示范社区建设的方案》，决定利用三年时间，省级投入福彩公益金3.25亿元，重点新建和改扩建殡仪馆各50座，新建或改造骨灰堂100座。其中2014年省级投入7550万元，资助全省新建殡仪馆14座，改扩建殡仪馆10座，新建骨灰堂13座。为实现消除煤炉、减少油炉、提倡气炉的目标，2014年，省级还投入福彩公益金1450万元，资助全省更新改造火化炉29台，殡葬设备环保水平得到明显提升。三是不断提升殡仪服务水平，为群众提供满意服务。继续在全省推行殡仪阳光服务。对殡葬服务单位所有服务项目进行公开公示，实行消费项目由丧主自选，消费金额由丧主自填，让群众明明白白消费，维护了群众的切身利益，积极推进殡葬服务单位规范化管理。清明节群众祭扫安全、文明、有序。全省清明节期间参加祭扫活动的群众达3000余万人次，社会秩序良好，绿色安葬和祭扫方式逐渐被群众接受和采纳。人民日报于4月5日对河北省"唐山7.28纪念网"、"石家庄电子祭奠厅"、"双凤山公益花坛葬"等先进做法进行了重点报道。四是加快实施惠民殡葬政策，让群众共享改革成果。2014年，全省继续落实省民政厅2012年出台的《河北省加快推进实施惠民殡葬政策的指导意见》，不断扩大惠民政策覆盖范围和提高优惠标准，推行惠民政策已经成为推进殡葬改革的重要抓手。自2007年迁安市在全国率先免除了辖区居民5项基本殡仪服务费后，又有石家庄、邯郸等多个地区20余个县（市、区）免除了辖区居民基本殡仪服务费，覆盖人口1200余万人，其他各地也出台了相关政策，免除了特殊困难群众的基本殡仪服务费，惠民殡葬政策已基本普及全省。

（四）婚姻收养登记依法依规。2014年，全省共办理结婚登记670293对（其中补办28010对）、离婚登记148916对。共办理涉外收养55人；涉外、涉港（澳、台）及华侨、出国人员婚姻登记594对，离婚60对，全部符合政策要求。一是大力推行婚姻登记便民服务。省民政厅印发了《关于开展婚姻登记便民服务工作的通知》（冀民〔2014〕59号），决定通过设置流动婚姻登记站和延伸服务站，在全省开展婚姻登记便民服务。对位置偏远、交通不便、群众要求强烈的乡镇规划设立流动婚姻登记站，在开通政府内网的乡镇，要充分利用政府内网平台，通过现代化的办公方式，开展婚姻登记延伸服务。目前，全省范围内，认真组织对辖区内婚姻登记布局进行合理调整。各地民政部门结合当地实际，积极协调相关部门解决增设流动婚姻登记站和婚姻登记延伸服务站所需编制、经费和设施、设备。加快实现偏远地区乡镇流动婚姻登记站全覆盖、开通政府内网乡镇婚姻登记延伸服务全覆盖的目标。二是大力推行免费婚姻登记制度。省民政厅协调省财政厅、省物价局联合印发了《关于取消和免征部分行政事业性收费的通知》（冀财综〔2014〕97号），决定自2015年1月1日起，全省免收婚姻登记证书工本费。免收婚姻登记证书工本费通知下发后，各地没有任何理由拖延或者拒绝执行，没有变相收取其他费用和搭车收费。

（河北省民政厅　田　然　李　伟　魏子衡　何文羽）

【城市社区建设】 （一）积极开展和谐社区建设示范单位创建活动。为切实加强和创新社会管理，不断增强社区自治和服务功能，发挥和谐社区建设中典型引路、辐射带动作用，结合实际，全省命名表彰了84个全省和谐社区建设示范单位。保定市等46个单位被民政部分别确定为全国和谐社区建设示范城市、示范城区、示范街道和示范社区。

（二）加快推进"全国社区治理和服务创新实验区"工作。2014年1月，承德市双滦区被民政部确认为"全国社区治理和服务创新实验区"。全省已经有2个单位被民政部确认为"全国社区治理和服务创新实验区"。

（三）不断创新社区管理体制机制。指导邢台市桥西区深化"一网三会"（一网：实行片长负责的网格化管理；三会：充分发挥社区居委会、业主委员会和志愿者协会的合力作用）社区治理体制改革，理顺社区组织关系，推进社区居民自治，荣获"2013年度中国社区治理十大创新成果"提名成果奖。

（四）积极培育社区服务队伍。2014在承德市举办两期"全省街道及基层民政干部队伍能力建设培训班"，各市主管政权工作的局长、科（处）长和优秀街道、社区干部参加培训，民政部领导及国内知名专家授课，增强了大家社区服务责任意识和服务技能水平。

（五）加强社区公共服务综合信息平台建设。在全省开展和谐社区建设示范单位创建活动中，将社区公共服务综合信息平台建设纳入示范城市、示范城区、示范街道和示范社区指标体系，统一部署、统一检查、统一验收。在全省范围内搭建统一的社区信息综合服务平台，推进12349便民服务热线建设，建立社区服务联动机制，为社区居民提供便民利民服务。刊发简报，推广张家口市桥东区、唐山市丰南区胥各庄街道信息采集的经验做法，在全省引导和推动社区服务综合信息平台建设。

（河北省民政厅　王立柱）

【老龄工作】 目前，河北省人口老龄化发展速度进一步加快。截至2014年底，全省60岁以上老年人口已达到1116万，占全省总人口的15.1%，比上年度增加42万人，0.45个百分点。今后一个时期，河北省老年人口还将以年均3%以上的速度持续增长。

（一）推动涉老政策创制，维护老年人权益工作实现新突破。制定出台了《河北省老年人优待办法》。省老龄办会同有关部门，多方调研论证，数次修改完善，推动这部《办法》以政府令颁布，并于2014年12月1日正式施行。各地积极跟进，认真落实老年优待政策，在争取高龄补贴提标扩面、老年人交通出行减免费、就医及旅游优惠等方面取得了较大成效。省老龄办按照省政府立法计划，认真组织《河北省老年人权益保障条例》立法调研。完成了修订《条例》参考资料汇编、修订专题调研报告和权益保障《条例》（代拟稿）起草等主要工作。扎实开展老年维权优待工作。协调各地开辟老年人维权"绿色通道"，大力推广法律援助上门服务。据统计，2014年全省各级老龄工作机构协调司法部门共受理14700余名老年人法律咨询，为5900余名老年人办理法律援助案件，在助老维权中发挥了较大作用。

（二）打造老龄工作品牌，尊老敬老助老活动再创新业绩。及时启动第二届“敬老文明号”创建活动。制发创建工作实施方案、创建活动标准等文件，推动创建活动有条不紊开展。精心组织“敬老月”系列活动。活动期间，举办了“尊老敬老爱老”优秀书画作品暨非物质文化遗产精品展、老年书画展和全省中老年才艺风采大赛，发掘地方特色老年文化，推动了全省老年文化的传承与创新。据不完全统计，“敬老月”期间，全省各级、各部门领导参加走访慰问老年人活动达1500余人次，重点走访慰问高龄、困难、百岁老人1万余人，发放慰问金、慰问品合计价值金额500余万元；约有16000余支为老服务志愿者队伍，为上百万老年人提供了各种形式的爱心服务。大力开展“善行河北——关爱困难高龄慈爱母亲”公益活动。先后走进石家庄、保定、邢台、秦皇岛、唐山等地，投入款物合计130余万元，救助了700多位困难高龄慈母，在社会上产生了良好反响。

（三）聚焦老龄事业发展，为老服务水平迈上新台阶。持续推进养老服务体系建设。继续拓展石家庄市桥西区、邯郸市、保定市、承德市双滦区等4家社区为老服务信息平台试点建设，大力推广建立居家养老呼叫服务网络。目前，全省172个县（市、区）都已建立居家养老“一键通”，受惠老人上百万。保定市社区为老服务中心建立的“12349”居家养老呼叫服务网络，受到全国老龄办好评，并以此为总部建立了全国为老服务信息产业联盟，实现了与全国居家养老服务信息联盟的数据联通。扎实开展为老服务工作。持续推进“爱心护理工程”基地建设，2014年有14家养老机构被评为全国“爱心护理工程”建设基地和示范基地，累计保有国家级建设基地50家、示范基地4家，总数居全国之首。深入开展以“关爱失能老人，共享生命尊严”为主题的“老年希望工程”，积极争取中国红十字会、中国老基会捐赠资助200万元，惠及全省24家爱心护理院。探索智能化养老模式，推动河北省首个“全国智能化养老实验基地”落户邯郸。积极推进“助老健康御险”惠民工程。各级老龄办主动配合人寿保险公司做好投保工作，截至2014年12月，“助老健康御险”活动已覆盖全省11个设区市和138个县（市、区），投保人数达到130多万。

（四）着力创新工作方法，老龄基础工作取得新进展。稳步推进基层老年协会建设。截至2014年10月底，全省建立城镇社区协会2819个，农村协会37004个，覆盖率均在76%以上。大力开展老龄宣传工作。各地广泛开展“孝文化”进学校、进社区、进机关、进企业系列宣传活动。一年来，河北电视台《金色夕阳》栏目播出144期，《河北老年》杂志出版54期，《河北老年网》发布老年信息及稿件一万多条，点击率达上亿次。在全国老龄政务信息宣传会议上，河北省被评为先进单位，并介绍了经验作法。认真组织老龄工作调研、科研和信息统计。各级老龄工作机构和涉老组织，有针对性开展老龄工作调研、科研和信息统计，取得了一系列新成果。在老龄政策调研活动中，形成了一批质量较高的调研报告，其中三篇专题研究报告，获得全国老龄办优秀成果奖。合力选树培养涉老典型。通过“银龄行动”和“敬老爱老助老”主题教育，及时发掘、培育和宣传老有所为和敬老爱老先进典型，营造了争先创优的良好氛围。有4名老专家、老教授被授予“全国老有所为楷模”称号，2名个人获得“中华孝亲敬老楷模提名奖”，131人获得“全国孝亲敬老之星”荣誉称号。

（河北省民政厅　王爱民）

【革命烈士】　2014年命名的革命烈士：

朱刚，男，汉族，团员，1981年11月出生，原籍阜城县。2004年4月在衡水市公安局桃城分局人民路派出所担任协勤员。2007年3月14日，朱刚在民警带领下，拦截盘查一重大盗车犯罪嫌疑人，在面对穷凶极恶的歹徒驾车逃离时，奋不顾身的拦截逃窜车辆，被犯罪嫌疑人驾车故意撞到并碾轧，经抢救无效英勇牺牲。2014年3月6日被省人民政府评定为烈士。

王振，男，汉族，1993年出生，河北永清县人。生前系霸州市公安消防大队胜芳中队合同制消防员、特勤班副班长。2013年4月17日9时10分，胜芳镇中心广场西侧一座婚纱楼发生火灾，王振奉命执行救火任务。在灭火过程中，王振主动要求自己带领的第二攻坚组扑救三层阳台残火，让第一攻坚组撤离火场，此时二楼突然发生轰燃，阻断了王振等官兵的撤离通道，在王振的掩护下，其他队员安全撤离了现场，但王振被困火场，后被营救后送往医院，但因伤势过重，抢救无效英勇牺牲，年仅20岁。2014年3月6日被省人民政府评定为烈士。

（河北省民政厅　李新秋）

（“民政”部分总通稿　于连军）

残疾人工作

【康复工作】　社区康复服务覆盖面稳步扩大。2014年，河北省在36个市辖区、138个县（市）的2.99万个社区（村）开展了社区康复工作，占社区（村）总数的59.1%；累计已建社区康复站的社区1.73万个，配备社区康复协调员3.98万，为191.6万名残疾人建立了社区康复服务档案，占辖区残疾人总数的45.7%，接受过社区康复服务的残疾人累计达39.7万。

积极开展视力残疾康复。完成白内障复明手术2.61万例，为1014名贫困白内障患者免费施行复明手术；为9336名低视力患者配用助视器，培训低视力儿童家长1783名，有效开展家庭康复训练；对5992名盲人进行定向行走训练。

认真做好听力语言、肢体和智力残疾康复工作。建设各级听力语言残疾康复机构95个；年度新收训聋儿2063名，在训聋儿2704名；规范聋儿家长学校，开展家庭训练，培训聋儿家长2925名；积极开展各级各类听力语言康复专业技术人员培训，共培训专业人员134人。开展肢体残疾康复训练服务机构达126个，对1.07万名肢体残疾者实施康复训练；实施救助项目资助727名脑瘫儿童进行机构康复训练，资助523名贫困肢体残疾儿童实施矫治手术；培训各级各类肢体残疾康复人员450人次。

开展智力残疾康复训练各级服务机构61个，5474名智力残疾儿童得到康复训练，实施救助项目资助584名智力残疾儿童进行机构康复训练，同时培训儿童家长；培训各级各类智力残疾康复人员380人次。

大力推广"社会化、综合性、开放式"精神病防治康复工作。在169个县（市、区）开展精神病防治康复工作，对24.85万精神病患者进行综合防治康复，监护率达到86.92%，显好率达到66.00%，社会参与率达到52.32%，对9246名贫困精神病患者进行医疗救助。495名孤独症儿童在各级机构内接受康复训练；197名贫困孤独症儿童得到康复救助。

加强残疾人辅助器具服务体系建设，深入开展辅助器具供应服务，为残疾人减免费用供应辅助器具3.81万件，装配假肢1106例、矫形器917例，验配助视器1.2万件。

积极做好残疾预防工作。在石家庄市开展了残疾儿童随报及早期康复工作试点，探索建立早预防、早筛查、早转介、早治疗、早康复的工作机制。2014年，全省2个市级、37个县级医疗卫生机构陆续开展残疾儿童筛查工作，年度新诊断0—6岁残疾儿童858人；举办儿童残疾预防宣传活动155次，发放儿童残疾预防宣传材料11.8万份；残疾儿童家长学校53个，本年度开展家长学校活动153次，参与的残疾儿童家长人数达4273人次。

【教育工作】 积极发展残疾人教育。实施残疾人事业专项彩票公益金助学项目，为613人次家庭经济困难的残疾儿童享受普惠性学前教育提供资助；专项彩票公益金助学项目资助新入园学前残疾儿童265名。

开办特殊教育普通高中班（部）13个，在校生434人；残疾人中等职业学校（班）4个，在校生118人，毕业生73人，其中12人获得职业资格证书。全省有406名残疾人被普通高等院校录取。

【残疾人就业】 2014年，残疾人就业规模总体保持稳定。城镇新增就业1.1万残疾人，到2014年底，城镇残疾人实际在业人数1.96万人；88万名农村残疾人实现稳定就业。

残疾人职业培训基地达到203个，其中残联兴办46个，依托社会机构兴办157个，其中2.5万人次城镇残疾人接受了职业培训，4.97万人次农村残疾人接受了实用技术培训。

盲人按摩事业稳定发展，按摩机构迅速增长。2014年度培训盲人保健按摩人员711名、盲人医疗按摩人员804名；保健按摩机构达到441个，医疗按摩机构达到57个；在专业技术职务资格评审中，分别有16人和89人通过盲人医疗按摩人员中级和初级职称评审；1065名盲人按摩人员就业，扶持265名特困盲人按摩师实现就业。

【残疾人社会保障】 2014年新型农村和城镇居民社会养老保险统一合并实施，已有122万城乡残疾居民参保，参保率83.65%，在60岁以下的参保残疾人中有16.83万重度残疾人，其中16.07万得到了政府的参保扶助，代缴补贴比例达到95.46%。有16.31万非重度残疾人也享受了全额或部分代缴的优惠政策；领取养老金待遇的人数达到37.24万。

城镇残疾职工参加养老保险15.86万，参加医疗保险16.58万，城镇6.77万和农村34.44万残疾人纳入最低生活保障范围；城镇集中供养残疾人和农村五保供养残疾人分别达到3216名和2.38万；14.2万和9040名符合条件的城乡残疾人分别享受了稳定的生活补贴和护理补贴；4.67万城乡残疾人得到了其他救助救济。

残疾人托养服务工作规范推进，到2014年底，残疾人托养服务机构达到192个，共为7172名残疾人提供了托养服务。其中寄宿制托养服务机构70个；日间照料机构34个；综合性托养服务机构88个。在以上机构中，共有145名残疾人实现辅助性就业，35名残疾人实现了支持性就业。机构之外接受居家托养服务的残疾人达到1.58万。全年共有1735名托养服务管理和服务人员接受了各级各类专业培训，其中接受国家级培训41人。

【残疾人扶贫开发】 2014年，残疾人扶贫开发成效显著，21.59万贫困残疾人得到扶持，贫困残疾人生产生活状况得到进一步改善。其中13.84万通过扶贫开发实现脱贫；康复扶贫贴息贷款扶持2619名农村残疾人，残疾人扶贫基地达到216个，安置4897名残疾人就业，扶持带动1.15万残疾人。

全省基层党组织助残扶贫项目帮扶1099名农村贫困残疾人，其中首次接受帮扶598人；"万村千乡市场工程"助残扶贫项目安置193名贫困残疾人就业，帮扶贫困残疾人创办98个村级农村店。全省共对6343户农村贫困残疾人实施了危房改造。

【残疾人宣传文体工作】 截至2014年底，共有省级残疾人专题广播节目1个，播出公益广告2个；地市级残疾人专题广播节目10个，电视手语新闻栏目10个，播出公益广告26个。

截至2014年底，全省各级公共图书馆共设立盲文及盲人有声读物阅览室64个，共开展残疾人文化周活动225场次，共举办残疾人文化艺术类比赛及展览94次，共有各类残疾人艺术团体14个。

成功举办了河北省第六届特教学校学生艺术汇演，102个节目参演，评出表演奖71个，其中：一等奖6个，二等奖17个，三等奖25个，优秀奖23个；辅导奖48个；创作奖12个。

举办了河北省首届残疾人事业好新闻评选，115件参评作品，54件作品获奖；评选出的4件优秀作品推荐参加了河北新闻奖定评，3件作品分获一、二、三等奖。河北省报送14件作品参加全国残疾人事业好新闻评选，有

9件获奖，其中：一等奖1个，二等奖3个，三等奖2个。

举办了河北省第十一届各地人民广播电台残疾人专题节目展播，并推荐优选作品参加了全国展播，所有参报节目全部获奖，河北省荣获组织奖和作品一等奖。

2014年，组织省级残疾人群众体育健身活动20次，1556人次参加；建设省级残疾人群众体育活动示范点达到58个；培训省级残疾人体育健身指导员达到210人；组织省级残疾人体育比赛25次，参赛运动员达1000人次；省级残疾人体育训练基地已达16个，组织地市级残疾人体育健身活动126次，1.0万人次参加；设立地市级残疾人群众体育活动示范点165个；培训地市级残疾人体育健身指导员1826人。

成功举办河北省第八届残运会暨第四届特奥会，共产生金牌219枚、银牌186枚、铜牌123枚，34人破42项省纪录，2人超3项全国纪录，2人超3项世界纪录，破世界纪录和全国纪录为历届之最。

成功承办全国残疾人乒乓球和网球锦标赛，并取得优异成绩；其中，乒乓球锦标赛中，河北省代表队夺得2金、2银、2铜的好成绩；网球锦标赛中，河北省代表队也夺得1枚铜牌。

2014年，河北省残疾人运动员组队参加了全国残疾人游泳、羽毛球、举重、田径、网球锦标赛等14项全国锦标赛比赛，共获得45枚金牌、35枚银牌、24枚铜牌；组队参加了斯洛伐克世界残疾人乒乓球公开赛和残疾人乒乓球世界锦标赛等国际赛事，有16人次入选中国残疾人体育代表团参加国际赛事，共获得16枚金牌、12枚银牌、7枚铜牌；仁川亚残运会河北省派出20人参加中国代表团，17名健儿奋力拼搏，获20金、7银、9铜的好成绩；在全国残疾人轮椅冰壶锦标赛上获得全国第二名好成绩，实现了冬季项目奖牌零突破。

【残疾人维权】 2014年，制定或修改保障残疾人权益的规范性文件省级1件、地市级6件、县级25件。县级以上人大进行《残疾人保障法》执法检查和专题调研51次；政协进行视察和专题调研51次。开展普法宣传教育活动243次，3.3万人参加；举办法律培训班66个，2703人参加。

截至2014年底，残疾人法律救助工作协调机构已达145个，建立残疾人法律救助工作站144个，办理案件245件，建立残疾人法律援助中心（工作站）184个，办理案件829件，有力地推动了法律救助和法律援助工作。

2014年，各级残联协助人大代表、政协委员提出议案、建议、提案71件，办理议案、建议、提案37件。

【无障碍建设】 截至2014年底，共出台了45个省、地市、县级无障碍建设与管理法规、规章和规范性文件；182个市、县、区系统开展无障碍建设；开展无障碍建设检查105次，无障碍培训585人次；为1932个贫困残疾人家庭实施了无障碍改造；为1.75万残疾人发放了残疾人机动轮椅车燃油补贴。

各级残联共处理残疾人群众来信984件，接待残疾人群众来访6135人次，其中集体访23批次、209人次。

【残疾人组织】 2014年，11个地市级残联在领导班子中配备了残疾人理事长或副理事长；172个县级残联机关配备了残疾人干部；已建乡镇（街道）残联2281个，已建率达到100%，选聘残疾人专职委员2283名；已建社区（村）残协5.15万个，已建率达到100%，选聘残疾人专职委员5.15万名。

省市县乡残联实有人员已达5575人。各级残联共举办培训班1487期，培训机关干部、协会干部及残疾人专职委员2.39万人次。

建立省级以下各类残疾人专门协会916个，市级专门协会已建比例为100%；县级专门协会已建比例为99.53%。全省共建立助残社会组织16个，其中在民政部门注册的为13个，以残联为业务主管单位的6个。

【综合服务设施建设】 截至2014年底，全省已竣工并投入使用的各级残疾人综合服务设施145个，总建设规模14.41万平方米，总投资2.72万元；已竣工并投入使用的各级残疾人康复设施7个，总建设规模3.40万平方米，总投资8178元；已竣工并投入使用的各级残疾人托养服务设施9个，总建设规模5.06万平方米，总投资1.14万元。

（河北省残疾人联合会　刘焕瑞）

区域经济篇

REGIONAL ECONOMY

河北经济年鉴

2015

石家庄市

2014年，面对错综复杂的国内外形势，全市各级各部门在市委、市政府的正确领导下，深入贯彻落实党的十八大精神，紧紧围绕“转型升级、跨越赶超，建设幸福石家庄”奋斗目标，坚持稳中求进、改革创新，着力稳增长、调结构、抓改革、治污染、惠民生，经济发展稳中有进，社会事业取得全面进步。

一、综合

2014年，全市生产总值完成5170.3亿元，比上年增长7.9%。其中，第一产业增加值完成487.5亿元，增长2.6%；第二产业增加值完成2417.5亿元，增长7.1%；第三产业增加值完成2265.3亿元，增长9.9%。

全年民营经济实现增加值3441.9亿元，比上年增长8.6%，占全市生产总值的比重为67.5%。民营经济实缴税金486.5亿元，比上年增长8.0%；占全部财政收入的比重为71.4%，比上年提高1.9个百分点。

全年市区居民消费价格指数为102.0%，其中食品价格指数为103.0%。工业生产者出厂价格指数为98.4%，购进价格指数为97.5%。

年末城镇登记失业率为3.64%，比上年回落0.04个百分点。

二、农业

全年粮食播种面积75.7万公顷，比上年减少0.17万公顷，下降0.22%。粮食总产量503.0万吨，比上年下降4.3%。

蔬菜播种面积16.27万公顷，比上年增长0.59%；总产量1316.1万吨，增长1.97%。其中设施蔬菜播种面积7.25万公顷，下降0.27%；产量577.3万吨，下降0.81%。

肉类总产量79.6万吨，比上年增长2.4%。禽蛋产量110.1万吨，增长2.9%。牛奶产量123.8万吨，增长4.1%。

畜牧业、蔬菜、果品三大优势产业产值达到663.7亿元，占农林牧渔业总产值的比重为75.0%，比上年提高0.4个百分点。

农业产业化经营率达到64.9%，比上年提高0.8个百分点。

农业机械总动力2022.2万千瓦，比上年增长1.3%。实际机耕面积54.0万公顷，当年机械播种面积69.7万公顷，机械收获面积63.5万公顷。农村用电量77.1亿千瓦小时，比上年下降3.1%。

三、工业和建筑业

全市规模以上工业企业2594家，完成增加值2071.7亿元，比上年增长8.0%。其中，国有及国有控股企业下降2.6%，集体企业下降3.9%，股份制企业增长10.9%，外商及港澳台企业增长4.7%。

分轻重工业看，轻工业比上年增长9.9%；重工业比上年增长6.7%。

分行业看，七大主导产业比上年增长8.5%。其中，装备制造业增长15.2%；医药工业增长2.9%；食品工业增长7.0%；纺织服装业增长14.0%；石化工业增长7.7%；钢铁工业增长6.3%；建材工业下降3.3%。六大高耗能行业增长3.1%，高新技术产业增加值增长13.2%。

规模以上工业利润实现745.7亿元，比上年增长10.2%。

年末资质等级以上建筑企业258家，完成总产值1131.8亿元，比上年增长12.0%。其中，建筑工程产值863.2亿元，比上年增长8.0%。

四、固定资产投资

全年全社会固定资产投资完成5109.5亿元，比上年增长16.1%。其中，固定资产投资（不含农户）5076.4亿元，比上年增长16.2%。

在固定资产投资（不含农户）中，第一产业完成投资135.6亿元，比上年增长20.2%；第二产业完成投资2116.4亿元，增长22.4%；第三产业完成投资2824.4亿元，增长10.4%。

全年建设项目3897个，完成投资4051.1亿元，比上年增长17.7%。其中，亿元以上施工项目911个，比上年增长4.5%；完成投资2623.0亿元，比上年增长20.7%。

房地产开发投资完成1025.3亿元，比上年增长10.5%。

五、国内贸易

全年社会消费品零售总额完成2451.8亿元，比上年增长12.5%。分区域看，城镇完成1926.7亿元，比上年增长12.2%；乡村完成525.1亿元，增长14.7%。

在限额以上批发和零售企业（单位）商品零售额中，粮油食品饮料烟酒类比上年增长12.2%；服装鞋帽针纺织品类增长9.0%；日用品类增长13.3%；家用电器及音像器材类增长4.7%；中西药品类增长17.9%；石油及制品类增长5.9%；汽车类增长6.0%。

六、对外开放和旅游

据石家庄海关统计，全年进出口总值完成143.0亿美元，比上年增长2.1%。其中，进口总值完成65.1亿美元，比上年下降5.6%；出口总值完成77.9亿美元，比上年增长9.5%。

在出口中，私营企业出口51.2亿美元，比上年增长15.3%。外商投资企业出口3.1亿美元，比上年增长0.5%。国有企业出口9.9亿美元，比上年下降9.8%。

全年实际利用外资完成10.2亿美元，比上年增长5%。其中，外商直接投资完成8.2亿美元，比上年下降14.5%。年内新批准设立外商投资企业37个，新增合同总金额17.2亿美元，比上年增长43.8%；合同外资额

7.9亿美元，比上年增长0.9%。

全年接待国际游客17.5万人次，比上年增长4.4%，旅游创汇收入6911万美元，比上年下降7.7%；接待国内游客5778.6万人次，比上年增长18.6%，旅游收入432.2亿元，比上年增长31.7%。全年旅游总收入436.4亿元，比上年增长31.1%。

七、财政、金融

全年全部财政收入完成681.3亿元，比上年可比增长10%。其中，公共财政预算收入343.5亿元，可比增长13%。

全市公共财政预算支出566.5亿元，可比增长11.46%。其中，一般公共服务支出47.2亿元，可比增长1.98%；公共安全支出32.4亿元，可比增长8.23%；教育支出116.3亿元，可比增长3.28%；科学技术支出7.6亿元，可比增长1.81%；社会保障和就业支出48.5亿元，可比增长13.00%；医疗卫生与计划生育支出54.4亿元，可比增长7.10%；节能环保支出36.1亿元，可比增长31.89%；城乡社区事务支出59.8亿元，可比增长14.42%；农林水事务支出51.6亿元，可比增长11.47%。

年末全市金融机构（人民币）各项存款余额9124.6亿元，比年初增加516.8亿元。其中，储蓄存款余额4389.1亿元，比年初增加231.5亿元。金融机构（人民币）各项贷款余额5098.9亿元，比年初增加586.9亿元。

八、科学技术和教育

全年取得科技成果319项。其中，达到国际领先水平1项，达到国际先进水平36项。全年申请专利6373项，授权4433项，分别比上年增长6.3%和16.7%。

全市普通中学415所，招生16.2万人，在校生47.4万人，毕业生14.5万人；中等职业学校136所，招生5.0万人，在校生14.2万人，毕业生6.4万人；小学1378所，招生14.0万人，在校生72.1万人，毕业生10.7万人。全市幼儿园1302所，在园人数28.5万人。

九、文化、卫生和体育

年末全市共有艺术表演团体21个，艺术表演场馆15个，文化馆25个，公共图书馆25个。全市有线广播电视用户118.75万户，其中数字电视用户108.14万户。广播节目综合人口覆盖率99.43%，电视节目综合人口覆盖率99.42%。

年末全市共有医疗卫生机构（含诊所）6571个。其中，医院166个，疾病预防控制中心（防疫站）24个，妇幼保健院（所、站）40个，社区卫生服务中心（站）206个，村卫生室3985个。卫生机构实有床位49496张，其中医院拥有床位38337张。全市拥有卫生技术人员61040人，其中执业医师28209人，注册护士22773人。

全年全市选手在省级以上比赛中共获金牌261枚，银牌198枚，铜牌148枚。

十、城市交通和环境保护

年末城市公共汽车营运线路达223条，比上年减少2条；营运线路长度3761公里，比上年增加42公里；营运车辆3974辆，比上年减少83辆；客运总量65233万人次，比上年增1397万人次，比上年增长2.19%。

全年市区二级以上优良天气达114天。

全年全市完成造林面积4.2万公顷，其中人工造林完成3.6万公顷。全市森林覆盖率为35.8%。

十一、人口、人民生活和社会保障

年末全市常住人口1061.62万人，比上年增加11.64万人。出生人口14.09万人，出生率为13.35‰；死亡人口6.55万人，死亡率为6.21‰；自然增长率为7.14‰，比上年上升0.96个千分点。

全年全市居民人均可支配收入18984元，比上年增长8.8%；城镇居民人均可支配收入25996元，增长8.3%；农村居民人均可支配收入10691元，增长10.4%。全市居民人均消费支出12274元，比上年增长9.8%；城镇居民人均消费支出16506元，增长9.8%；农村居民人均消费支出7275元，增长9.9%。

年末全市城镇职工参加基本养老保险人数为199.5万人，比上年增加12.9万人。其中，在职人员151.8万人，比上年增加10.1万人；离退休人员47.7万人，比上年增加2.8万人。全市城乡居民参加养老保险人数为385.6万人，比上年增加5.2万人。年末全市城镇参加医疗保险人数为286.3万人，比上年增加9.8万人。其中，城镇职工139.4万人，比上年增加3.5万人；城镇居民146.9万人，比上年增加6.3万人。年末全市参加失业保险人数为90.4万人，比上年增加0.2万人；工伤保险人数为133.2万人，增加9.1万人；生育保险人数为132.2万人，增加1.5万人。新型农村合作医疗参合率98.4%。

年末全市享受居民最低生活保障共有18.35万人。其中，城镇居民3.48万人，农村居民14.87万人。

（石家庄市统计局　赵　洁）

承　德　市

2014年，承德市委、市政府带领全市各级、各部门，认真贯彻落实国家、省各项决策部署，坚持“稳中求进”的主基调，紧紧围绕国际旅游城市建设总目标，牢牢把握京津冀协同发展重大机遇，深入推进“改革创新、生态优先、转型升级、开放发展”四大任务，“稳增长、促改革、调结构、惠民生”成效明显，经济发展步入新常态，增长速度保持在合理区间，主要指标增速居全省中上游，为全面建成小康社会、建设美丽幸福承德奠定了坚实基础。

一、经济实现稳中向好

2014年，全市实现生产总值1342.6亿元，比上年增长7.8%，比全国、全省增速分别高0.4个、1.3个百分点，全年运行于7.5%—8%之间。第一、二、三产业增加值225.7亿元、671.0亿元、445.8亿元，分别增长4.6%、7.6%、9.6%。三次产业对经济增长的贡献率分别为16.9%、31.8%、51.3%。

第一产业运行平稳。增速居全省第二位，比全国、全省增速分别高0.5个、0.9个百分点。从产值看，农、林、牧、渔业分别增长5.7%、5.7%、2.3%、0.8%。农业产业经营率达到66%，比全省高1.8个百分点，农业产业化经营总量比上年增长9.2%。

工业支柱产业支撑有力。全市572家规模以上工业企业实现增加值531亿元，比上年增长7.8%，增速比全国低0.5个百分点，比全省高2.7个百分点。黑色金属矿采选业实现增加值283.8亿元，增长10.1%，黑色金属冶炼及压延业实现增加值98.1亿元，增长7.9%，两个行业对规模以上工业增加值贡献率达到89.2%。大中型工业企业实现增加值395.4亿元，增长8.6%。

第三产业成为经济增长的新动力。第三产业增长9.6%，比上年提升0.8个百分点，比生产总值增速高1.8个百分点。传统服务业不断提升，生产性服务业和新兴服务业加快，对第三产业推动作用明显。交通运输、仓储和邮电业增长3.2%，批发和零售业增长10.3%，住宿和餐饮业增长10.3%。租赁和商务服务业增长18.1%，居民服务和其他服务业增长9.8%，文化、体育和娱乐业增长29%。全年房地产开发投资139.1亿元，下降1.3%。

二、需求增长势头良好

投资增势有力。全市实现固定资产投资（不含农户）1402.7亿元，比上年增长17%，增速比上年回落3.6个百分点，分别比全国、全省高1.3个、1.5个百分点。其中城乡建设项目完成投资1263.6亿元，增长19.1%。从三次产业看，第二产业投资加快。第一产业完成89.4亿元，增长21.9%。第二产业完成612.9亿元，增长23.7%，比上年提高18.4个百分点，占比提高2.5个百分点。第三产业完成724.9亿元，增长10.1%。从施工项目看，全市施工项目1287个，比上年增长0.2%，其中本年新开项目860个，增长4.6%；亿元以上施工项目434个，增长16.8%，其中新开工亿元项目221个，增长18.8%。

社会消费品市场稳中有增。2014年，全市实现社会消费品零售额446.8亿，增长12.6%。从地域看，城镇消费品零售额311.4亿元，增长12.5%，乡村消费品零售额113.6亿元，增长12.6%。从行业看，零售业、餐饮业增速超过两位数，零售业实现销售额437.6亿元，增长16.1%。餐饮业实现营业额64.8亿元，增长15.9%。住宿业实现营业额12.4亿元，增长9.0%。批发业实现销售额450.6亿元，增长7.7%。

出口快速增长。全市全年实现进出口总额64539万美元，比上年增长1.5倍。其中出口52165万美元，增长1.3倍，两项指标增速均居各市第一位。实际利用外资14940万美元，增长2.6倍，其中直接利用外资14375万美元，增长3.1倍。年末实有三资企业92家，比上年末减少3家。

三、结构调整扎实推进

2014年，针对全市偏重的产业结构，市委市政府主动作为，围绕国际旅游城市建设，在稳固传统支柱产业的同时，积极培育八大现代产业体系，突出金融、现代物流等行业新企业引进、招商，第三产业发展提速，三次产业结构为16.8∶50.1∶33.1，第三产业占比上年提高1个百分点。

从农林业内部结构看，菌菜和林果业的发展，成为支撑一产稳步增长的主动力。全年蔬菜产量411.2万吨，比上年增长11.1%。食用菌产量54万吨，增长13.8%。中药材产量5.7万吨，增长73.2%。人工造林面积增长12.3%，新育苗育种面积增长21.1%。种植业和林果业对一产的贡献率达70.46%。从工业结构看，装备制造业、高新技术产业发展良好，占比提高。装备制造业实现增加值19亿元，增长7.7%，增速比上年提高0.5个百分点，占比提高0.6个百分点。高新技术产业实现增加值30.9亿元，增长10.3%，比规上工业快2.5个百分点，比重较上年提高0.9个百分点。中医药、农副食品加工业增速提升，风力发电由降转升。医药、农副食品业分别实现增加值3.6亿元、9.5亿元，分别增长11.4%、10.5%，较上年分别提升7.9个、8.4个百分点。新能源中风力发电由降转升。全年风力发电48.1亿千瓦时，增长6.2%。从投资结构看，加快现代产业体系布局，重点领域投资快速增加。全年装备制造业完成投资70.5亿元，增长24.6%。医药和食品、酒饮料业完成投资106.2亿元，增长36.6%，其中医药业增长5.9倍。租赁商务服务业、教育、卫生和社会工作、水利、环境和公共设施管理业、制造业涨幅居前，比上年分别增长4.9倍、88.2%、50.5%、44.6%、40.4%。

四、生态环境持续改善

坚持把抓生态环境作为第一要务，持之以恒优生态、优环境。坚决向大气污染宣战，拆除燃煤锅炉113座，淘汰黄标车7396辆，整治建筑工地508万平方米，新建绿色矿山、花园式选厂100个，推广生物质炊事采暖炉具5.3万台，市区空气质量优于二级以上天数249天，保持京津冀各市前列。规模以上工业企业综合能源消费量增长0.45%，增速较去年同期回落4.51个百分点。单位工业增加值能耗同比下降6.82%，万元地区生产总值能耗下降6.01%。实施工业污染治理和减排项目253个，二氧化硫和氮氧化物提前实现"十二五"减排目标。下大力涵养修复生态，植树造林80.4万亩，实施小微型水利工程6200多处，治理水土流失面积555平方公里，国省控断面三类以上水质比例达到84%，被确定为全国"水生态文明建设"试点市。

五、运行环境及质量较好

抢抓京津冀协同发展重大机遇，成功争列国家生态文明先行示范区、国家新能源示范城市和全国首批循环经济示范市，全域纳入国家重点生态功能区转移支付范围。2014年末全市全部金融机构人民币各项存款余额达1755.5亿元，比上年末增长9.6%。人民币各项贷款余额1297亿元，增长17%，比上年提高2.8个百分点。2014年全社会用电量173.8亿千瓦时，比上年增长6.0%，一产用电量1.7亿千瓦时，增长21.1%；二产用电量148.6亿千瓦时，增长5.6%；三产用电量11.6亿千瓦时，增长106%。全年实现全部财政收入196.5亿元，增长2.3%，增速居各市第七位。其中公共财政预算收入107.6亿元，比上年增长5.2%，增速居各市第九位。实现税收收入83.08亿元，占公共财政预算收入的77.2%，比重居各市第三位。

六、民生保障进一步加强

2014年，全市城镇居民人均可支配收入20983元，增长9.6%，增速居各市第四位，比全国、全省分别高0.6个、1个百分点。农村居民人均可支配收入7163元，增长12.3%，增速居各市第三位，比全国、全省分别高1.1个、1.4个百分点，农村居民可支配收入增速比城镇快2.7个百分点。城乡居民收入差距比由上年的3∶1缩小至2.93∶1。市委、市政府坚持执政为民，把更多的公共资源用于民生，住房保障支出10.2亿元，医疗卫生支出22.1亿元，比上年均增长13.7%。社会保障和就业22.5亿元，增长3.4%。新增就业4.4万人，城镇登记失业率3.09%。城乡低保标准分别提高22%和19%，农村五保供养达到省定标准，被确定为“全国社会组织建设创新示范市”和“全国和谐社区建设示范城区”。14.6万农村贫困人口稳定脱贫，31万人饮水安全问题得到解决。丰宁滕氏布糊画和滦平抡花列入国家级非物质文化遗产名录。平安承德建设扎实推进，和谐稳定的局面进一步巩固。

2015年是全面深化改革的关键之年，也是全面完成“十二五”规划的收官之年，承德市将认真落实国家和省各项决策部署，把握京津冀协同发展重大机遇，瞄准国际旅游城市建设总目标，坚持“稳中求进”主基调，主动适应新常态，更加注重改革创新、更加注重开放协同、更加注重转型升级、更加注重生态建设、更加注重改善民生，推进法治承德建设，确保经济持续健康发展和社会和谐稳定。

（承德市统计局　杨　旸）

张家口市

2014年，面对宏观经济复杂多变的形势，全市人民在张家口市委、市政府的正确领导下，认真贯彻落实习近平总书记系列重要讲话，抢抓申冬奥和京津冀协同发展重大历史机遇，以发展园区、奥运、生态、县域“四型经济”为抓手，同心协力，扎实推进各项工作，各项社会事业取得新进步。

一、总体经济实现平稳增长

经济总量稳步增长。2014年全市实现生产总值1348.97亿元，同比增长5.2%。其中第一产业增加值239.64亿元，同比增长4.6%；第二产业增加值575.45亿元，同比增长5.9%；第三产业增加值533.88亿元，同比增长4.7%。人均生产总值达30756元，同比增长2.8%。三次产业增加值占全市地区生产总值的比重分别为17.8%、42.7%和39.6%。

财政收支状况良好。2014年，全市完成全部财政收入230.6亿元，同比增长2.6%。其中公共预算收入125.78亿元，同比增长6.2%。公共财政预算支出完成329.71亿元，同比增长14.1%。

金融市场运行稳健。2014年，全市全部金融机构各项存款余额2113.79亿元，比年初增长10.5%。其中，单位存款668.43亿元，比年初增长10.9%，个人存款1417.5亿元，比年初增长10.4%；各项贷款余额1493.2亿元，比年初增长11.6%。其中，短期贷款479.65亿元，比年初增长1.6%，中长期贷款975.88亿元，比年初增长15.8%。

居民消费价格涨势平稳。2014年，全市城市居民消费价格指数（CPI）为101.7%。

二、农业生产基本稳定

2014年，全市实现农林牧渔业总产值437.80亿元，同比增长4.7%。其中，农业产值218.98亿元，增长3.4%；林业产值12.58亿元，增长4.2%；畜牧业产值193.95亿元，增长5.7%；渔业产值1.54亿元，增长4.3%；农业服务业产值10.74亿元，增长3.4%。

2014年，畜牧业生产实现平稳较快增长。猪、羊出栏分别达到281.18万头、332.89万只，同比分别增长6.5%、5.0%。牛出栏达到31.33万头，同比下降2.0%。肉类总产量达到38.35万吨，同比增长5.7%，牛奶总产量达到129.78万吨，同比增长4.8%。禽蛋总产量为22.57万吨，同比增长8.0%。

三、规上工业平稳增长

2014年，全市526家规模以上工业企业，全年实现工业增加值428.10亿元，同比增长4.9%，其中，国有及国有控股企业增长3.4%，集体企业下降7.9%，私人控股企业增长7.3%，港澳台商控股企业增长2.9%；轻工业增长6.9%，重工业增长4.1%。分产业看，矿产品及精深加工产业累计完成工业增加值167.01亿元，同比增长3.9%；食品加工产业106.32亿元，增长3.3%；装备制造产业49.92亿元，增长9.5%；新型能源产业75.45亿元，增长0.7%。分企业规模看，大型企业累计完成工业增加值177.55亿元，同比增长4.1%；中型企业86.94亿元，增长4.6%；小型企业155.99亿元，增长5.9%；微型企业7.61亿元，增长7.2%。

全市规模以上工业累计实现主营业务收入1067.43亿元，同比下降7.4%；累计实现利税135.23亿元，同比下降8.8%，其中实现利润52.50亿元，同比下降19.2%。

四、固定资产投资保持较快增长

2014年，全市全社会固定资产投资完成1422.61亿元，同比增长10.0%。固定资产投资累计完成1402.01亿元，同比增长10.2%。其中城乡建设项目完成投资1225.57亿元，同比增长14.3%；房地产投资176.43亿元，同比下降 11.5%；农村农户完成投资 20.61 亿元，同比下降 2.1%。分产业看，第一产业投资 142.93 亿元，增长 24.5%；第二产业投资 565.34 亿元，增长 33.4%；第三产业投资 693.73 亿元，下降 5.4%。

五、国内贸易繁荣稳定

2014 年实现社会消费品零售总额 562.20 亿元，同比增长 12.5%。其中，全市 335 家限额以上企业（单位）实现消费品零售额 129.97 亿元，同比增长 8.6%。分地区看，城镇零售额实现 421.26 亿元，同比增长 11.2%；乡村零售额实现 135.2 亿元，同比增长 16.9%。分行业看，批发业实现零售额 109.41 亿元，同比增长 25.5%；零售业实现零售额 348.09 亿元，同比增长 6.2%；住宿业实现零售额 9.73 亿元，同比增长 13.9%；餐饮业实现零售额 87.74 亿元，同比增长 26.5%。

六、对外贸易实现较高速增长

2014 年全市实际利用外资 32518 万美元，同比增长 17.5%，其中外商直接投资 31798 万美元，同比增长 15.9%。2014 年，新批外商投资项目 12 个，比上年增长 300%。合同外资额达到 45906 万美元，同比增长 352.6%。当年新注册外商投资企业 11 个，注册资本 34744 万美元，同比增长 242.6%，投资总额达 67075 万美元，同比增长 27.4%。

2014 年实现进出口总额 5.2 亿美元，同比增长 34.6%。其中出口额实现 3.5 亿美元，同比增长 8.9%。

七、社会事业全面发展

保险业保持健康良好运行态势。2014 年全市共有各类保险公司 32 家，比上年增加 4 家，其中，财险公司 18 家，寿险公司 14 家。全市保费收入达到 38.01 亿元，比上年增长 1.6%。其中：财产险保费收入 14.89 亿元，比上年增长 11.7%；寿险保费收入 23.12 亿元，下降 4.0%。赔款及给付 19.42 亿元，比上年增长 49.7%。其中：财产险给付赔款 6.96 亿元，比上年下降 3.7%；寿险给付赔款 12.46 亿元，比上年增长 116.9%，正常退保 10.38 亿元。

科技事业进一步发展。2014 年，全市 13 项科技成果获河北省科技进步奖，8 个项目获省级山区创业奖。其中，赵治海杂交谷子科研团队获河北省科学技术突出贡献奖；“特厚煤层大采高综放开采关键技术及装备”项目获国家科技进步一等奖。全市现有省级工程技术研究中心 5 家，院士工作站 3 家；市级工程技术中心 9 家。全市专利申请量、授权量分别达到 1058 件、525 件，同比增长 55%、25%。

教育事业健康发展。全市现有各级各类学校 1238 所，其中幼儿园 458 所、小学 542 所、初中 136 所、普通高中 33 所、中等职业学校 52 所、特殊教育学校 13 所、地方高校 4 所，另有省驻张高校 2 所。全市现有各级各类学校在校生 62.76 万人，其中，在园（班）幼儿 8.51 万人、小学学生 29.11 万人、初中学生 13.12 万人、普通高中学生 6.62 万人、中等职业学校学生 3.94 万人、成人中专 482 人、特殊教育学校学生 1076 人、地方高校学生 1.29 万人（不含电大学生，其学生为非全日制学生）。

文化事业更加繁荣。2014 年，全市 6 个艺术表演团体，演出 269 场，观众达 29.5 万人次；3 个艺术表演场馆，艺术演映 94 场次，艺术演出观众达 46700 人次。全市 16 个公共图书馆，总藏量 201.46 万册件套，比上年增加 4.50 万册件套，图书藏量 139.61 万册件，比上年增加 24.18 万册件套。文化站机构 233 个，文化站组织文艺活动 3466 次，比上年增加 304 次。举办展览 328 个，比上年增加 17 个。举办训练班 1016 次，比上年增加 104 次。

医疗卫生服务体系进一步完善。2014 年年末全市共有医疗卫生机构 5607 个。医疗机构实有床位数 20587 张，其中医院 14852 张，乡镇卫生院 4297 张。卫生技术人员 17879 人，其中执业医师（助理）7352 人，注册护士 5828 人。

体育事业蓬勃发展。2014 年，成功承办了 2014 年第四届环北京职业公路自行车赛，2014 年京津冀户外运动系列挑战赛，张家口·康保草原湿地国际马拉松赛、举办了奥林匹克长跑日，张家口市全民健身大赛，中国·康保第二届国际草原风筝节等大型赛事及活动。

八、人民生活水平和社会保障体系进一步提高和完善

2014 年全市户籍总人口 468.56 万人，其中农业人口 310.26 万人，非农业人口 158.0 万人；男性人口 240.78 万人，女性人口 227.78 万人。全年人口出生率 12.01‰，死亡率 6.12‰，人口自然增长率 5.89‰。2014 年末全市常住人口为 442.09 万人。

城乡居民生活水平不断提高。2014 年全市居民人均可支配收入 14126 元，同比增长 11.1%；城镇居民人均可支配收入 21651 元，同比增长 10.2%；农村居民人均可支配收入 7462 元，同比增长 13.3%。全市居民人均消费支出 9311 元，同比增长 12.3%；城镇居民人均消费支出 13932 元，同比增长 11.3%；农村居民人均消费支出 5213 元，同比增长 14.6%。

社会保障体系进一步完善。2014 年，全市企业职工养老保险、工伤保险、失业保险、城镇基本医疗保险、生育保险分别达到 74.0 万人、51.1 万人、38.6 万人、118.1 万人、25 万人，城乡居民社会养老保险参保 200.8 万人，参保率为 96.4%。全市拥有收养性社会福利单位 136 个，拥有床位 17648 张，年末在院人数 12067 人。年末城市居民享受最低生活保障人数为 10.97 万人，农村居民享受最低生活保障人数为 44.51 万人。

（张家口市统计局　席亚男）

秦皇岛市

2014 年，秦皇岛市深入实施开放强市、产业立市、旅游兴市、文化铸市战略，认真组织项目建设落实年、环境整治攻坚年、基层工作服务年行动，着力稳增长、调结构、促改革、治污染、惠民生，全市经济总体运行平稳，结构调整稳步推进，人民生活继续改善。

一、综合

2014年，全市实现生产总值1200.02亿元，比上年增长5.0%。其中，第一产业增加值174.66亿元，增长3.6%；第二产业增加值449.23亿元，增长5.0%；第三产业增加值576.13亿元，增长5.3%。第一产业增加值占全市生产总值的比重为14.6%，第二产业增加值比重为37.4%，第三产业增加值比重为48.0%。按常住人口计算，全市人均生产总值39282元，增长4.3%。

全年完成全部财政收入206.41亿元，比上年增长4.5%。其中，公共财政预算收入实现113.66亿元，增长3.8%；财政支出255.21亿元，下降13.1%，其中公共财政预算支出211.96亿元，增长5.9%。教育、社会保障和就业、医疗卫生、城乡社区服务、住房保障支出等民生方面的支出104.69亿元，增长13.2%。

全市居民消费价格总水平累计比上年上涨2.3%，涨幅较上年回落0.2个百分点。

民营经济实现稳步增长。全市民营经济实现增加值793.82亿元，比上年增长6%，占全市GDP比重为66.2%。实缴税金154.12亿元，占全部财政收入的比重为74.7%；完成出口25.81亿美元，占全市出口总值的90.4%；就业人员77.91万人，增长1.4%。

二、农林牧渔业

全市实现农林牧渔业总产值315.38亿元，比上年增长3.8%。

全市粮食作物播种面积14.75万公顷，增长0.9%；粮食总产量85.28万吨，增长1.1%。蔬菜播种面积4.82万公顷，增长1.8%；蔬菜总产量334.12万吨，增长5.1%。畜牧业生产势头良好，肉类总产量36.17万吨，增长5.3%。水产品总产量35.47万吨，增长10.8%。

全市农业产业化经营率达到67.5%，位居全省11个市之首。全市土地流转总面积达到54.4万亩，占承包经营土地面积的21.5%。新增农民合作社141个，总数达到1409个。入社农民20.65万户，占农户总数的31.76%。注册家庭农场达到165家。全市共完成造林面积10245公顷。年末实有封山育林面积为40394公顷，四旁(零星)植树629.07万株。全市森林覆盖率达到44.5%。

三、工业和建筑业

全年规模以上工业增加值为341.74亿元，比上年增长4.7%。其中，重工业实现增加值283.49亿元，增长5.2%；轻工业实现增加值58.25亿元，增长2.2%。分登记注册类型看，股份制企业、外商及港澳台商投资企业的增速分别为7.0%和3.0%。四大支柱产业实现增加值246.32亿元，增长5.4%。规模以上工业高新技术产业完成增加值105.16亿元，增长8.9%。规模以上工业实现利润28.52亿元，增长10.9%。实现税金37.75亿元，下降22.3%。

全市建筑业增加值78.69亿元，比上年增长6.2%。资质以内建筑企业完成建筑业总产值200.15亿元，下降2.5%。建筑业企业房屋建筑施工面积1564.18万平方米，下降5.9%。年末具有资质等级的建筑业企业222家。

四、固定资产投资

全市完成全社会固定资产投资808.69亿元，比上年增长2.8%。其中：固定资产投资791.65亿元，增长2.8%。农户投资17.03亿元，增长6.1%。在固定资产投资（不含农户）中，第一产业完成投资33.72亿元，比上年增长37.9%。第二产业完成投资233.84亿元，下降3.8%。第三产业完成投资524.09亿元，增长4.2%。其中：房地产开发投资268.80亿元，增长14.3%。全年完成工业投资250.05亿元，增长6.3%，其中工业技改投资180.12亿元，增长2.1%。全年施工项目762个，比上年减少182个；新开工项目517个，减少130个。其中亿元以上新开工项目96个，增加20个。

分行业看，农副食品加工业、非金属矿物制品业、金属制品业、铁路船舶航空航天和其他设备制造业、金属制品机械和设备修理业等行业投资实现较快增长，五个行业累计完成投资117.09亿元，比上年增长63.0%，占制造业的比重为55.9%，同比提高18.4个百分点。黑色金属冶炼和压延加工业、汽车制造业投资同比大幅减少，降幅分别为13.9%和30.3%。

五、国内贸易

全市社会消费品零售总额完成577.6亿元，比上年增长12.2%，增幅比上年下降1.2个百分点。其中，城镇市场完成零售额484.5亿元，增长12.2%；农村市场完成零售额93.0亿元，增长12.4%。限额以上企业（单位）实现社会消费品零售总额157.76亿元，增长8.1%。

市场建设力度不断加大。2014年，全市新建、改建市场项目13个。其中新建、改建菜市场5个、农贸市场4个、批发市场4个。2014年末，全市商品成交额超亿元的商品交易市场12个，年市场成交额176.35亿元，比上年增长12.5%。

六、对外经济

全年完成进出口总额43.13亿美元，比上年下降1.5%。其中，出口形势较好，全年完成出口28.54亿美元，增长18.0%；进口形势严峻，全年完成进口14.59亿美元，下降25.5%。从出口商品看，高新技术机电产品、农产品出口贸易活跃，比上年分别增长19.7%和18.6%。机电产品出口超出全市出口总额一半以上，成为全市出口贸易的主力军。

全年实际利用外资达到8.12亿美元，比上年增长10.0%。其中，第一产业实现直接利用外资0.71亿美元，增长2.7倍，占全市直接利用外资的11.6%。第二产业引资步伐放缓，直接利用外资4.22亿美元，比重为69.7%，比上年下降3.4个百分点。新批三资项目10个，增长11.1%；合同外资额5.98亿美元，增长6.0%。

七、交通、邮电和旅游业

全年港口货物吞吐量达到27403万吨，比上年增长0.5%；集装箱吞吐量41.40万箱，增长6.8%。全市公路货运量4773万吨，增长6.4%；公路客运量2068万人，增长5.4%；地方铁路货运量完成419万吨，下降12.8%。航空客运量为20.12万人次，下降3.2%；航空货运量为694.9吨，下降24.4%。年末实有公共汽车营运车965辆；全年公共汽车客运总量为13322万人次；年末实有出租车4474辆。

全市邮政企业和快递服务企业业务收入（不包括邮政储蓄银行直接营业收入）3.95亿元，比上年增长8.2%。其中，快递业务收入为1.44亿元，增长8.5%。全市业务总量为3.50亿元，增长16.4%。快递业务量累计完成744.39万件，增长15.6%。发送报刊累计达5419.72万份，增长24.3%。电信业务收入26.64亿元，下降3.4%。年末固定电话拥有量64.59万部，下降9.0%；移动电话拥有量325.63万部，下降5.1%；其中3G手机用户达到125.98万户，增长12.1%。互联网宽带用户达60.97万户，增长5.7%。

全年接待国内外游客2851.97万人次，实现旅游总收入293.62亿元，分别增长9.9%和14.6%。其中接待海外游客29.86万人次，增长0.1%；实现旅游外汇收入15000万美元，下降17.1%。截至年底，秦皇岛市“全国旅游标准化试点单位”4家，4A级以上景区16家（18处），3A级以上旅行社试点达到4家。

八、金融、保险

截至2014年末，全市金融机构本外币存款余额达2278.27亿元，比年初增长7.3%。其中，单位存款799.56亿元，比年初增长3.1%；储蓄存款1437.00亿元，比年初增长10.6%。金融机构本外币贷款余额达1515.22亿元，比年初增长11.0%。其中，短期存款573.51亿元，比年初增长3.0%；中长期贷款903.09亿元，比年初增长15.0%。

截至2014年末，全市拥有商业保险公司37家，比上年新增1家。全年实现保费收入49.98亿元，比上年增长11.5%。其中，财产险保费收入18.14亿元，增长15.4%；人身险保费收入31.84亿元，增长9.3%。各项赔款给付金额23.18亿元，增长14.0%。

九、教育和科学技术

年末全市共有各类幼儿园288所，在园幼儿7.4万人。全市共有普通中学161所，招生数4.32万人，在校生12.8万人；小学436所，招生数3.3万人，在校生18.8万人；特殊教育学校5所，招生数83人，在校生438人。全市中等职业学校41所，招生数1.23万人，在校生3.26万人。普通高等院校13所，招生数4.78万人，在校生15.50万人。

全年组织实施科技计划项目666项；成交技术合同581项，成交额5.34亿元。新认定高新技术企业17家，全市高新技术企业达到88家；经认定的科技型中小企业达到567家。专利申请、授权量分别为2298件和1310件。截至年末全市建有省级产业技术研究院2家，市级以上工程技术研究中心（重点实验室）80家。

十、文化、卫生和体育

全年新建设推广15个“文化超市”，完善100个村、社区文化广场，群众文艺辅导基地发展到137个，建立市图书馆分馆8个、图书流动站25个。截至年末全市文化系统拥有各种艺术表演团体22个，群众艺术馆、文化馆8个，文化站104个，公共图书馆6个。有线电视用户82.16万户，其中有线数字电视终端81.85万户，模拟用户3100户。

全市共有医疗卫生机构3763个（含村卫生室），年末卫生机构拥有床位16944张，拥有卫生技术人员18684人，其中执业（执业助理）医师8222人，注册护士7410人。2014年，全市共有189.03万人参加新农合，参合率达到97.72%，较上年提高0.69个百分点，人均筹资标准提高至390元，全市筹资总额达7.37亿元。

全市等级运动员231人，等级裁判员83人。少年儿童业余体校3所，少年儿童业余体校在校学生数2100人。全市体育场馆数为305个。竞技体育稳步提高，全市青少年运动员在省级以上各项赛事中获得金牌44枚、银牌48枚、铜牌62枚。全年新批准国家一级裁判员5人，二级裁判员394人，二级运动员211人。

十一、人口、人民生活和社会保障

年末全市常住人口306.45万人，较上年末增加1.93万人。人口出生率为11.26‰，死亡率为6.28‰，人口自然增长率为4.98‰，比上年提高1.07个千分点。全市城镇化率52.02%，比上年提高2.38个百分点，比全省平均水平高2.69个百分点。

2014年秦皇岛市全体居民人均可支配收入17457元，比上年增长9.1%。其中，城镇居民人均可支配收入26053元，增长8.5%；农村居民人均可支配收入9964元，增长10.6%。

全年城镇新增就业岗位49404人，比上年增长1.6%。年末城镇登记失业率为3.37%。截至年末，城镇职工基本养老保险参保人数为74.90万人；城镇职工基本医疗保险参保人数为59.28万人；失业保险参保人数32.69万人；工伤保险参保人数43.10万人；生育保险参保人数42.78万人。城乡居民养老保险参保人数达128.03万人。

秦皇岛市城镇、农村低保比上年分别提高21%和25.8%，全市共保障城乡低保对象10.71万人，支出城乡低保资金24334万元。年末全市拥有各类敬老院50家，拥有养老床位8000张。居家养老服务中心（站）22个，社会救助站7家。

全年新开工保障性住房和棚户区改造住房11014套（户）、竣工9167套、分配入住8254套、新增住房租赁补贴1173户，分别完成年度任务100.1%、101.9%、101.9%和117.3%。16697户低收入家庭全部纳入廉租住房保障范围，发放补贴1924万元。

十二、环境保护、安全生产

全市规模以上工业耗煤841.97万吨，比上年下降5.9%。全市单位GDP能耗降低率为4.92%，其中单位工业增加值能耗降低率为4.63%。全市监测总天数365天，二级以上天数239天。全市二氧化硫减排量为

8487.66吨，氮氧化物减排量为6289吨（不含机动车），化学需氧量减排量为2392吨，氨氮减排量为198吨，削减率依次为8.52%、9%、2.15%和1.5%。

全年共发生各类伤亡事故（工矿商贸、道路交通和生产经营性火灾）334起。事故中死亡人数98人，受伤人数120人。事故造成的直接经济损失为314万元，比上年下降16%。

（秦皇岛市统计局　徐庆书）

唐　山　市

2014年，唐山市积极推进稳增长、调结构、促改革、治污染、惠民生各项工作，全市经济在新常态下平稳运行，结构调整出现积极变化，发展质量不断提高，民生事业持续改善，实现了经济社会稳定发展。

一、综合

全年地区生产总值6225.30亿元，比上年增长5.1%。其中，第一产业增加值558.70亿元，增长3.6%；第二产业增加值3595.24亿元，增长4.8%；第三产业增加值2071.36亿元，增长5.8%。按常住人口计算，全市人均生产总值80655元（按年平均汇率折合13130美元），比上年增长4.6%。第一产业增加值占生产总值的比重为9.0%，与上年持平；第二产业增加值比重为57.7%，比上年下降1.0个百分点；第三产业增加值比重为33.3%，比上年提高1.0个百分点。

全年居民消费价格比上年上涨1.9%，其中食品价格上涨3.9%；商品零售价格上涨1.2%。农业生产资料价格下降1.9%。工业生产者出厂价格下降7.4%，其中，生产资料价格下降7.8%，生活资料价格与上年持平。

二、农业

全年粮食播种面积48.74万公顷，粮食总产量305.00万吨，其中，夏收粮食69.93万吨，秋收粮食235.07万吨。棉花播种面积2.34万公顷，棉花产量2.66万吨。油料播种面积7.81万公顷，油料产量29.92万吨。蔬菜播种面积18.94万公顷，蔬菜产量1432.54万吨，其中设施蔬菜产量512.13万吨。全年干鲜果产量266.77万吨（含果用瓜），比上年增长3.4%，其中板栗产量8.11万吨，增长5.1%。全年肉类总产量75.7万吨，比上年增长4.6%。牛奶产量184.5万吨，增长3.9%。全年水产品产量55.12万吨，比上年增长2.5%。其中，海水产品产量28.48万吨，增长2.9%；淡水产品产量26.64万吨，增长2.1%。

年末全市省级以上农业产业化龙头企业37家，比上年增加2家。农业产业化经营率66.9%。年末农田有效灌溉面积45.56万公顷，减少0.68万公顷。农业机械总动力1206.62万千瓦，增长2.3%。农村用电量146.88亿千瓦时，下降4.1%。

三、工业和建筑业

全年全部工业增加值3340.81亿元，比上年增长4.6%。规模以上工业增加值3051.98亿元，增长4.6%。在规模以上工业中，钢铁行业增加值957.03亿元，比上年增长5.0%；装备制造业增加值550.87亿元，增长11.3%；能源行业增加值275.30亿元，下降7.6%；化工行业增加值186.25亿元，下降2.0%；建材行业增加值121.56亿元，下降1.8%。装备制造业增加值占规模以上工业的18.1%，比重比上年提高3.0个百分点。高新技术产业增加值130.43亿元，增长20.1%。

全年规模以上工业实现利润461.14亿元，比上年下降19.1%。其中，装备制造业利润88.47亿元，增长20.0%，占规模以上工业利润的19.2%，比重比上年提高6.3个百分点。

全年全社会建筑业增加值255.29亿元，比上年增长7.7%。具有资质等级的总承包和专业承包建筑企业344家。

四、固定资产投资

全年全社会固定资产投资4213.17亿元，比上年增长16.0%。其中，固定资产投资（不含农户）4146.24亿元，增长16.0%；农户投资66.93亿元，增长15.9%。

在固定资产投资中，第一产业投资184.61亿元，比上年增长43.3%；第二产业投资1947.92亿元，增长17.1%，其中，工业投资1962.76亿元，增长18.0%；第三产业投资2013.72亿元，增长12.9%。工业技术改造投资1295.22亿元，增长14.2%，占工业投资的66.0%。

全年固定资产投资施工项目2665个，其中本年新开工项目1915个。在施工项目中，总投资亿元以上项目1032个，比上年增加97个，完成投资2855.58亿元，增长32.3%。全年房地产开发投资609.30亿元，比上年增长7.1%。其中，商品住宅投资468.37亿元，增长7.3%。

五、国内贸易

全年社会消费品零售总额1957.1亿元，比上年增长12.2%。按经营地统计，城镇消费品零售额1559.7亿元，增长12.7%；乡村消费品零售额397.4亿元，增长10.2%。分行业统计，批发业零售额280.53亿元，增长14.3%；零售业零售额1462.40亿元，增长12.2%；住宿业零售额14.84亿元，增长7.0%；餐饮业零售额199.34亿元，增长10.1%。

年末全市限额以上批发和零售企业518家，年末工商注册商标14315件，比上年末增加1903件，其中全国驰名商标32件，增加4件。

六、对外开放

全年进出口总额167.62亿美元，比上年增长32.3%。其中，出口额87.75亿美元，增长56.4%；进口额79.87亿美元，增长13.1%。在出口额中，钢材产品出口64.03亿美元，比上年增长95.0%；机电产品出口7.96亿美元，下降5.1%；陶瓷产品出口4.84亿美元，增长8.6%；农产品出口0.92亿美元，增长1.2%。在进

口额中，铁矿砂进口59.65亿美元，增长18.7%；煤炭进口10.25亿美元，下降12.7%；机电产品进口4.96亿美元，增长99.1%。

全年实际利用外资14.07亿美元，比上年增长4.1%，其中，外商直接投资13.65亿美元，增长1.5%。在外商直接投资中，制造业、房地产业分别占64.7%和10.2%。全年批准外商投资合同20项，合同利用外资额6.53亿美元，增长146.6%。年末实有三资企业371家，其中已投产企业214家。

七、交通、邮电和旅游

年末全市公路通车里程1.74万公里，比上年末增加368公里。其中，高速公路610公里。农村公路通车里程1.55万公里，增加342公里，改造农村公路676公里。全年公路货物运输量3.35亿吨，货物运输周转量990.24亿吨公里。公路旅客运输量0.34亿人次，旅客运输周转量19.11亿人公里。全市拥有客运班线854条，减少18条，班线客车1675辆，减少181辆，其中新增新型节能环保客车61辆。年末全市汽车保有量185.29万辆，比上年末增长6.1%。其中，个人汽车保有量125.18万辆，增长11.4%，私人轿车76.37万辆，增长17.6%。全年唐山港货物吞吐量5.01亿吨，比上年增长12.2%。曹妃甸港吞吐量2.86亿吨，增长16.5%；京唐港吞吐量2.15亿吨，增长7.0%。全年三女河机场旅客吞吐量21.08万人次，比上年增长16.7%，货(邮)吞吐量905吨，下降18.6%。

全年邮电业务总收入68.79亿元，比上年下降2.2%。其中，邮政业务收入9.54亿元（含快递业务收入），增长4.1%；电信业务收入59.26亿元，下降6.2%。年末固定电话用户147.75万户，比上年末减少4.44万户。移动电话用户734.38万户，其中，3G用户288.67万户。年末互联网宽带接入用户数137.77万户，增加0.66万户。完成快递业务量（收件量）3029.21万件，实现业务收入4.15亿元，增长105.4%。

年末全市拥有旅行社179家，比上年末增加4家。全年接待国内外游客3011.62万人次，比上年增长8.4%，旅游总收入256.67亿元，增长19.5%。其中，接待国际游客8.7万人次，增长2.7%，旅游外汇收入5732.69万美元，增长41.5%；接待国内游客3002.92万人次，增长8.4%，国内旅游收入253.12亿元，增长19.3%。

八、财政和金融

全年全部财政收入566.55亿元，比上年下降1.5%。其中，公共财政预算收入323.75亿元，增长1.7%，占全部财政收入的57.2%，比重提高1.8个百分点。公共财政预算支出524.66亿元，增长5.5%。其中，社会保障和就业支出增长5.8%，医疗卫生与计划生育支出增长17.0%，节能环保支出增长41.9%，“三公”经费支出下降26.3%。

年末金融机构人民币各项存款余额6766.85亿元，比年初增加643.23亿元。其中，城乡居民人民币储蓄存款余额3990.51亿元，增加337.72亿元，人均储蓄存款52984元（按年末人口计算），增长8.4%。金融机构人民币各项贷款余额4278.56亿元，比年初增加314.82亿元。其中，金融机构人民币消费贷款余额372.53亿元，增加50.45亿元，其中个人短期消费贷款余额38.32亿元，增加4.35亿元。年末全市拥有上市挂牌公司42家，新增22家。全年直接融资198.84亿元，其中，各类债券融资166亿元，股票融资32.84亿元。全年保险机构保费收入145.69亿元，比上年增长9.7%。其中，财产险保费收入60.12亿元，增长14.0%；人身险保费收入85.58亿元，增长6.9%。全年各类保险赔款给付支出65.21亿元，增长13.4%。其中，财险赔款给付32.33亿元，增长8.1%；人身险业务赔款给付32.9亿元，增长19.1%。

九、城镇建设与环境保护

年末人均城市道路面积15.67平方米，增加0.22平方米。年末市区集中供热面积6088万平方米，新增296万平方米。年末城市排水管道2350公里，城市污水日处理能力79.9万立方米，污水集中处理率达到95.0%，提高0.2个百分点。年末主城区运营公交车辆1813台，其中绿色环保天然气车辆1272台，增加522台，公交运营线路134条，新增3条。年末运营载客出租车3507辆，新增400辆，更新双燃料出租车1197辆。年末城市公园绿地面积2978公顷，人均公园绿地面积15.08平方米；建成区绿化覆盖面积10251公顷，绿化覆盖率41.17%，提高0.03个百分点，建成区绿地率38.65%。

全年能源消费总量9893.95万吨标准煤，比上年下降2.50%。规模以上工业煤炭消费量8056.78万吨，比2012年减少879.54万吨。万元地区生产总值能耗1.579吨标准煤，下降7.20%，其中，万元工业增加值能耗下降9.17%。全年环境空气质量二级及优于二级天数133天，比上年增加29天，重度污染以上天数70天，减少15天，PM2.5浓度均值下降12.2%。

十、教育和科技

年末全市拥有普通高等学校8所，在校生11.06万人，其中研究生2369人。中等职业学校在校生5.47万人，下降18.2%。普通中学在校生33.33万人，增长4.3%。小学在校生47.98万人，增长1.3%。幼儿园在园幼儿22.14万人，增长5.4%。全市高考本科二批上线率48.78%，提高2.6个百分点。

年末全市拥有市级以上工程技术研究中心124家，比上年末增加24家，其中省级以上22家，增加4家。市级以上重点实验室31家，新建3家。全市拥有市级以上企业技术中心116家，其中省级以上85家；省级工程实验室11家；省级院士工作站14家，增加2家，进站院士29名。全年申请专利3794件，比上年增长10.7%，授权专利2636件，增长9.9%。全年实施专利技术产业化项目108项，技术合同成交总额24.47亿元。取得科学技术奖励164项，其中国家级奖励2项，省级42项。

十一、文化、体育和卫生

年末全市拥有艺术表演团体9个，影剧院25个，文化馆、群艺馆15个，博物馆、纪念馆17个，公共图书馆13个。全市市级广播电台1座、电视台1座。有线广播电视用户24.8万户，有线广播电视入户率100%；数字电视节目154套，数字电视用户24.8万户。全年公开出版报纸、期刊19种。全市拥有不可移动文物点1321处，世界文化遗产1处，市级以上文物保护单位95处。全年组织大型群众文化活动500余项，成功举办了第九届中国评剧艺术节和唐山市第四届群众文化艺术节。

全市拥有专业体校1所，业余体校15所。拥有体育场地923座，体育馆21座，标准游泳池52座，人均体育场地面积1.82平方米。全年承办国家及体育赛事10项次，其中A级赛事4项次。全年组织参加22项省级及以上比赛，取得85枚金牌。全市拥有各类体育协会44个，新增3个，组织开展市级及以上群众体育比赛25场次。年末全市拥有公共健身器材292套，增加70套。全年销售体育彩票15.69亿元，比上年增长49.6%。

年末全市拥有各类卫生机构9167个，乡镇卫生院国家标准化率达到100%。全市卫生机构拥有床位4.03万张，卫生技术人员4.52万人，其中执业（助理）医师1.92万人，注册护士1.85万人。村卫生室7027个，乡村医生和卫生员8972人。

十二、人民生活和社会保障

全年全体居民人均可支配收入21603元，比上年增长8.7%。其中，城镇居民人均可支配收入28891元，增长8.2%；农村居民人均可支配收入12867元，增长10.2%。

年末全市参加城镇基本养老保险人数208.75万人，比上年末增加10.84万人，其中参保职工148.15万人，参保离退休人员60.60万人。参加城镇基本医疗保险人数229.5万人，增加2.83万人，其中城镇职工参保154.4万人，城镇居民参保75.1万人。参加失业保险人数80.56万人，增加0.73万人。参加工伤保险人数113.81万人，增加4.92万人。参加生育保险人数137.5万人，增加0.3万人。新型农村合作医疗保险参合率99.01%，筹资标准由每人每年350元提高到400元。

全年发放城乡最低生活保障金4.65亿元，保障居民19.79万人，其中城市居民4.39万人，比上年增加2501人，农村居民15.40万人，增加3451人。城市低保标准由每人每月450元提高到470元，农村低保标准由每人每年2900元提高到3150元。年末全市拥有敬老院74家，新增床位512张。民办养老机构75家，增加7家。

（唐山市统计局　翟淑霞）

廊　坊　市

2014年，廊坊市准确把握京津冀协同发展大势，深入开展“十项集中行动”，统筹抓好稳增长、调结构、促改革、优生态、惠民生各项工作，经济发展实现稳中趋好，社会事业取得全面进步。

一、综合

2014年全市生产总值实现2176.0亿元，增长8.2%。其中，第一产业增加值205.5亿元，增长3.3%；第二产业增加值1045.7亿元，增长6.1%；第三产业增加值924.8亿元，增长12.2%。全市三次产业结构为9.4：48.1：42.5。全部财政收入占GDP比重18.7%，同比提高0.7个百分点。

全市居民消费价格上涨1.5%，同比回落1.7个百分点。商品零售价格上涨0.8%，同比回落1.3个百分点；农业生产资料价格上涨1.5%，同比提高1.3个百分点；工业生产者出厂价格下降3.9%，同比回落1.5个百分点。

下岗失业再就业人数7556人。年末城镇登记失业率1.9%。

二、农业

全年粮食播种面积30.6万公顷，增长2.0%；总产量169.8万吨，下降3.5%。其中，夏粮产量43.4万吨，增长0.1%；秋粮产量126.4万吨，下降4.6%。

棉花播种面积2.76万公顷，下降23.9%；总产量3.0万吨，下降25.2%。油料播种面积1.5万公顷，下降5.8%；总产量3.9万吨，下降7.7%。

蔬菜播种面积11.1万公顷，增长0.5%；总产量706.0万吨，增长2.1%。

肉类总产量32.6万吨，增长1.0%。其中，猪肉产量17.9万吨，增长2.2%；牛肉产量6.2万吨，下降1.4%；羊肉产量3.1万吨，增长1.6%；牛奶总产量23.4万吨，增长5.1%。禽蛋产量17.0万吨，与上年持平。

水产品产量3.5万吨，增长0.5%。

畜牧、蔬菜、林果花木三大优势产业产值占农林牧渔业总产值的比重83.1%，同比提高1.2个百分点。

农用机械总动力695.0万千瓦，增长1.1%。机耕面积29.6万公顷，下降1.5%。机播面积33.5万公顷，增长5.8%；机收面积24.6万公顷，增长7.4%。农村用电量90.7亿千瓦小时，增长15.6%。

三、工业和建筑业

全部工业增加值879.3亿元，增长5.6%。其中，规模以上工业增加值增长8.1%。在规模以上工业中，分经济类型看，国有企业增加值增长13.5%，集体企业增长19.8%，股份制企业增长7.7%，外商及港澳台企业增长9.1%；分轻重工看，轻工业增长2.5%，重工业增长10.3%；分门类看，采矿业下降28.5%，制造业增长8.8%，电力、热力、燃气及水生产和供应业增长2.1%。

规模以上工业高新技术产业增加值139.3亿元，增长13.2%。其中，汽车制造业和计算机、通信和其他电子设备制造业引领全市高新技术产业发展，分别占高新技术产业增加值的34.7%和23.0%。

规模以上工业企业实现利税268.1亿元，增长3.7%。其中利润总额170.4亿元，下降0.8%。

建筑业实现增加值164.4亿元，增长8.8%。资质等级以上建筑业企业房屋施工面积3649.2万平方米，下降18.3%；房屋竣工面积1157.2万平方米，下降7.9%。

四、固定资产投资

全社会固定资产投资完成1882.2亿元，增长19.3%。其中，固定资产投资（不含农户）1852.2亿元，增长20.2%；农户投资30.0亿元，下降17.6%。

在固定资产投资（不含农户）中，第一产业投资19.7亿元，增长0.5%；第二产业投资882.9亿元，增长18.6%，其中工业投资881.1亿元，增长19.3%；第三产业投资949.6亿元，增长22.1%。工业技改投资572.9亿元，增长29.0%，占工业投资的65.0%，同比提高4.9个百分点。

在重大投资项目中，总投资亿元以上项目449个，完成投资942.4亿元，增长5.2%。

房地产开发投资522.2亿元，增长72.1%。其中，商品住宅投资436.9亿元，增长70.2%；办公楼投资6.6亿元，增长1.7倍；商业营业用房投资38.2亿元，增长85.2%。

五、国内贸易

社会消费品零售总额实现723.7亿元，增长12.3%。其中，限额以上企业（单位）消费品零售额171.9亿元，增长9.7%。按经营地统计，城镇消费品零售额完成460.6亿元，增长11.8%；乡村消费品零售额完成263.0亿元，增长13.3%。

在限额以上批发和零售企业商品零售额中，汽车类增长5.9%，石油及制品类增长10.0%，粮油、食品、饮料、烟酒类增长18.5%，家用电器和音像器材类增长6.6%，服装、鞋帽、针纺织品类增长9.5%。

六、对外经济

实际利用外资7.17亿美元，增长4.7%。其中，外商直接投资6.58亿美元，增长10.1%。在外商直接投资中，投向一、二、三产业的外资分别为1100万美元、3.57亿美元和2.90亿美元。电子元件制造业、房地产业和仓储业投资居前，分别为2.00亿美元、9660万美元和9148万美元。

2014年新批三资项目18个，总投资（含增资）10.57亿美元，增长28.2%。其中合同外资额（含增资）4.85亿美元，增长56.5%；新注册项目20个，注册资本2.90亿美元，增长2.3倍。其中外方注册资本2.13亿美元，增长1.7倍。年末实有三资企业535家。

据海关统计，全市进出口总值52.9亿美元，下降10.2%。其中出口总值24.7亿美元，下降18.8%；进口总值28.2亿美元，下降1.1%。

七、交通、邮电和旅游

按行政等级分，国道371.1公里，省道706.5公里，县道783.5公里，乡道1707.2公里，村道6483.2公里，专用公路258.7公里。按等级分，高速公路341.1公里，一级路522.8公里，二级路1048.0公里，三级路995.5公里，四级路7402.8公里。全市现有桥梁2055座177765延米。按跨径分，特大桥23座69990延米，大桥213座51328延米，中桥570座32627延米，小桥1249座23820延米。

全市邮电业务收入完成45.7亿元，下降3.0%。其中，邮政业务收入3.3亿元，下降6.9%。年末固定电话用户85.2万户，移动用户520.1万户。

全年共接待游客1655.2万人次，增长14.1%，实现旅游收入152.8亿元，增长21.0%。其中，接待国际游客13.2万人次，增长3.4%，创汇2698.5万美元，下降4.0%；接待国内游客1642.0万人次，增长14.2%，创收151.1亿元，增长21.3%。

八、财政和金融

全部财政收入完成406.7亿元，增长16.5%。其中，公共财政预算收入完成250.5亿元，增长21.9%。税收收入完成374.1亿元，增长15.9%。公共财政预算支出302.5亿元，增长2.9%。

年末全部金融机构各项存款余额3933.5亿元，比年初增加656.8亿元。其中储蓄存款余额2071.8亿元，比年初增加237.3亿元。各项贷款余额2619.0亿元，比年初增加410.6亿元。

九、教育和科学技术

各类中等职业教育学校30所，招生1.3万人，在校生3.3万人；普通高中30所，招生2.5万人，在校生7.0万人；高中阶段教育毛入学率为91.7%，比上年提高0.3个百分点；初中学校144所，招生4.8万人，在校生13.4万人；普通小学820所，招生6.9万人，在校生36.6万人；全市各类幼儿园552所，在园幼儿14.7万人；特教学校8所，在校生931人；小学附设学前班514所，在校生5.5万人。

经省科技厅认定的全市高新技术企业117家。登记科技成果85项，其中国际领先3项，国际先进5项，国内领先54项，国内先进23项。10项科技成果荣获省科学技术奖，其中技术发明奖1项，科学技术进步奖8项，国家科学技术合作奖1项。全市科学技术奖58项，其中突出贡献奖2项，科学技术进步奖56项。专利申请量2965项，其中发明专利603项。专利授权量2156项目，其中发明专利154项。

十、文化、卫生和体育

全市共有公有制艺术表演团体7个，艺术表演场所（不含私人企业）7个，群众艺术馆2个，文化馆8个，公共图书馆10个，博物馆4个。有线电视用户50.3万户，广播电视混合人口覆盖率达到100%。

年末全市共有乡以上医疗卫生机构1216个，其中医院121个，疾病预防控制中心11个，妇幼保健院（所、站）10个。年末医疗卫生机构（医院、卫生院）共有床位17052张，其中医院拥有13304张，卫生院拥有3748张。全市拥有卫生技术人员21187人，其中执业医师8895人，执业助理医师1945人。乡镇卫生院90个，乡镇卫生院卫生技术人员2780人。全年参加新型农村合作医疗306.4万人，增长1.1%，参合率达到97.7%。

全市广泛开展群众性体育健身活动，举办了元旦万人长跑、全民健身月、全国百城市健身气功展示等活动，参与者数万人。着力推进市区体育公园和绿色健身工程建设。积极备战参加省十四届运动会，1050名运动员参加比赛，其中青少组获得金牌71.8枚，银牌62.7枚、铜牌71.5枚；群众体育组获得177个优胜奖，146个优秀奖。大力发展体育事业，全市拥有体育人口148万人，占总人口的33.1%；拥有体育场地2984处，人均1.22平方米。

十一、人口、人民生活和社会保障

年末全市总人口452.18万人，比上年末增加11.0万人。出生率为12.0‰，死亡率5.68‰，人口自然增长率为6.32‰。

全年全市居民人均可支配收入为21061元，比上年增长9.1%；城镇居民人均可支配收入为29416元，增长8.6%；农村居民人均可支配收入为12115元，增长10.3%。

各类企业参加养老保险人数41.2万人，新增4.8万人。其中，在岗职工36.6万人，离退休人员4.6万人，分别增加4.5万人和0.3万人；机关事业单位基本养老保险参保人数18.6万人，新增0.5万人。其中在岗职工14.1万人，离退休人员4.5万人。企业和机关事业单位养老保险金社会发放率和足额发放率均为100%。城镇医疗保险参保人数96.3万人，新增0.9万人。职工失业保险参保人数27.6万人，新增2.6万人。城乡居民养老保险参保人数213.1万人，参保率达到98.9%。全市共有7.9万人享受居民最低生活保障，减少2.5万人。其中，城镇居民1.2万人，农村居民6.7万人。

十二、城市建设和环境保护

全市建成区绿化覆盖率为44.69%，绿地率41.27%，人均公共绿地面积13.46平方米。年末城市道路总长度482.9公里，道路总面积925.2万平方米。排水管道长度613.5公里，新增76.1公里。天然气管道总长度1267公里，新增124.3公里。供热管道总长度907.5公里，城市集中供热面积2032.2万平方米。现有水厂5座，日产水能力16.9万立方米，管线总长度300.9公里，5座水厂全年供水量为3800.4万立方米，新增269.6万立方米。城市公共汽车营运线路长度666公里，营运车辆452辆。

全年市区空气质量综合污染指数8.86，空气质量二级以上天数153天，城市空气质量达标率为41.9%。

（廊坊市统计局　苏文侠）

保　定　市

2014年，在市委、市政府的坚强领导下，全市各级各部门抢抓京津冀协同发展机遇，积极应对新变化，主动适应新常态，以开放、高端、创新、统筹、效率为统领，抓好稳增长、促改革、调结构、惠民生各项工作，经济运行总体平稳，结构趋优，发展质量效益提升，民生事业持续改善。

一、综合

经济运行总体平稳。全市生产总值实现3035.2亿元，比上年增长7.1%。其中，第一产业增加值425.4亿元，增长4.0%；第二产业增加值1563.2亿元，增长7.1%；第三产业增加值1046.7亿元，增长8.4%。三次产业结构为14.0∶51.5∶34.4。人均生产总值26501元。

民营经济较快增长。全市民营经济实现增加值1883.5亿元，比上年增长8.0%，占全市生产总值的比重为68.3%，比上年提高0.2个百分点；实缴税金266.0亿元，增长2.4%，占全部财政收入的比重为81.6%，比上年提高1.6个百分点。

物价水平保持稳定。全市居民消费价格比上年上涨1.5%，其中，居住价格上涨7.1%。工业生产者出厂价格下降1.4%。固定资产投资价格上涨0.2%。

就业形势基本稳定。全市城镇新增就业9.2万人。年末城镇登记失业率为4.02%。

二、农业

农业生产保持平稳。全市粮食播种面积91.6万公顷，粮食总产量573.3万吨。蔬菜总产量981.7万吨，比上年增长3.4%。瓜果类总产量113.0万吨，比上年增长0.6%。肉类总产量68.2万吨，比上年增长3.3%。奶产量85.6万吨，增长6.5%；禽蛋产量44.0万吨，增长2.3%。

全市农业产业化经营率达到65.5%，比上年提高1.3个百分点。

三、工业和建筑业

工业生产平稳增长。全市全部工业增加值1285.9亿元，比上年增长6.7%。其中，规模以上工业企业1814家，比上年增加203家，完成增加值比上年增长6.7%。

主导产业势头良好。汽车、新能源、纺织、食品和建材等五大主导行业完成增加值556.1亿元，比上年增长9.2%。其中，汽车及零部件业增加值267.0亿元，增长10.3%。

结构调整成效明显。装备制造业完成增加值372.0亿元，比上年增长9.6%，占规上工业的比重为36.9%，比上年提高0.4个百分点。高新技术产业完成增加值328.1亿元，比上年增长14.8%，其中，环保、新能源和生物领域增加值分别增长63.2%、22.8%和15.9%。

节能降耗成效明显。全年规上工业综合能耗同比下降8.7%，单位工业增加值能耗同比下降14.0%。其中，高耗能行业用能下降9.8%。

工业效益保持增长。全市规模以上工业主营业务收入4496.5亿元，比上年增长1.9%；实现税金149.0亿元，比上年增长0.1%。

建筑业发展平稳。全市具有资质等级的总承包和专业承包建筑业企业285个，比上年增加3个；完成总产值1338.8亿元，增长7.9%；实现利润30.6亿元，增长1.4%；房屋建筑施工面积8564.7万平方米，增长3.3%；房屋建筑竣工面积3589.6万平方米，增长6.1%。

四、固定资产投资

固定资产投资平稳增长。全市全社会固定资产投资2472.2亿元，比上年增长12.6%。固定资产投资（不含农户）2386.5亿元，增长15.6%，其中，建设项目投资1930.2亿元，增长10.1%。在固定资产投资（不含农户）中，第一产业投资增长71.0%，第二产业投资增长3.6%，第三产业投资增长20.2%。高新技术产业投资357.6亿元，增长9.9%。民间投资1504.9亿元，增长10.5%。总投资亿元以上施工项目615个，完成投资1673.0亿元，比上年增长11.0%。

房地产开发较快增长。全市房地产开发企业418家，比上年增加25家，完成投资456.3亿元，比上年增长35.5%。其中，商品住宅投资394.1亿元，增长30.6%。

五、国内贸易

消费品市场较快增长。全市社会消费品零售总额1501.8亿元，比上年增长12.4%。其中，限额以上贸易企业694家，实现消费品零售额373.2亿元，增长7.8%。

城乡市场同步增长。城镇和乡村市场分别完成零售额1171.7亿元和330.0亿元，分别增长12.7%和11.3%。

大宗商品零售额较快增长。书报杂志类、中西药品类、粮油食品饮料和烟酒类、化妆品类和汽车类等五大类商品零售额212.0亿元，占全市限上消费品零售额的比重56.8%，分别增长40.8%、20.8%、18.5%、12.0%和9.6%。

六、对外经济

对外贸易有所回升。全市进出口总值完成52.9亿美元，比上年增长2.2%，比上年回升13.8个百分点。其中，进口总值13.6亿美元，增长19.7%，比上年回升33.8个百分点；出口总值39.4亿美元，下降2.7%，降幅比上年收窄8.2个百分点。

利用外资同比下降。全市实际利用外资6.0亿美元，比上年下降3.9%，其中，外商直接投资5.7亿美元，下降8.3%。

引进省外资金较快增长。全市引进省外资金786.3亿元，比上年增长15.5%。

七、财政、金融和保险业

财政收入稳步增长。全市全部财政收入326.1亿元，比上年增长0.4%。其中，公共财政预算收入192.5亿元，比上年增长6.6%。

财税结构进一步优化。全市公共财政预算收入占全部财政收入的比重为54.7%，比上年提高3.3个百分点，其中税收收入占公共财政预算收入的比重为70.5%，比上年提高4.1个百分点。

金融保险稳健发展。年末全市金融机构本外币各项存款余额5008.6亿元，比年初增长13.6%。其中，城乡居民储蓄存款余额3388.9亿元，增长11.3%。各项贷款余额2250.9亿元，比年初增长19.3%。年末全市保险公司46家。保险业保费收入112.6亿元。支付各类赔款及给付50.6亿元。

八、教育和科技

教育事业稳步发展。全市在校研究生9763人。全市普通高等学校17所，在校学生25.9万人。中等职业教育学校78所，在校学生8.8万人。普通中学402所，在校学生53.5万人，小学1929所，在校学生90.9万人。特殊教育在校生1269人。幼儿园在园幼儿31.1万人。学龄儿童入学率99%，九年义务教育完成率94.0%，初中毕业生升学率99.0%，高中阶段毛入学率90.0%。

科技创新成绩斐然。全市院士工作站16家，院士41人，博士专家8人。全市研究所9所；重点实验室27家；企业工程技术中心115家。全市取得省级科技成果210项；新产品开发项目21项；申请专利4723项，授权专利3385项；年末技术合同成交额5.3亿元；有160个项目获科学技术奖励。

九、卫生、文化和体育

卫生事业扎实推进。全市医疗卫生机构11091个，卫生技术人员（含乡医）4.7万人。医疗卫生机构床位4.1万张。农村有医疗点的村数占总村数的100%。社区医疗卫生覆盖率99%。

文化事业欣欣向荣。全市剧场、影剧院35个，群众文化馆21个；乡镇（街道）文化站291个；公共文化设施7256个。全年组织文化活动8.1万次。公共图书馆23个，总藏书量191.8万册。有线电视入户率26.7%。电视综合人口覆盖率98.5%，广播综合人口覆盖率98.7%。

体育事业健康发展。全市体育场馆43个。全年举办全民健身活动260次，参加人数470万人。全市拥有国家二级裁判450人，国家二级运动员1.2万人。全年共获省级以上奖牌785枚，其中，金牌260枚，银牌270枚，铜牌255枚。

十、交通、邮电和旅游

交通运输事业稳步发展。全市货物运输总量2.0亿吨，增长10.2%；货物运输周转量955.2亿吨公里，增长7.3%。旅客运输总量0.9亿人，下降7.0%；旅客运输周转量36.2亿人公里，下降6.7%。全市公路通车里程（包括乡村）2.0万公里。全市营运车辆17.7万辆，增长2.5%。全市出租汽车6583辆。全市机动车保有量197.8万辆。

邮电业务不断发展。全市邮电业务收入66.0亿元，其中，邮政业务收入6.8亿元；电信业务收入59.2亿元。年末拥有固定电话用户136.3万户。年末拥有移动电话用户951.7万户，其中3G移动电话用户248.1万户。互联网接入用户数达148.8万户。

旅游业繁荣发展。全市A级名胜风景区37个，其中，4A级以上景区13个。星级饭店50家。国内游客5786.6万人次，比上年增长21.9%，创收409.4亿元，增长29.2%；国际游客14.2万人次，增长4.0%，外汇收入0.3亿美元，增长7.3%。4A级以上景区接待游客773.4万人次，总收入2.8亿元。

十一、人民生活和社会保障

居民收入稳步提高。全市居民人均可支配收入14778元，比上年增长10.8%。其中，城镇居民人均可支配收入21673元，增长9.6%；农村居民人均可支配收入9704

元，增长12.2%。

社会保障力度加大。全市参加城镇基本养老保险人数为606.4万人。参加城镇基本医疗保险人数为197.3万人。参加失业保险的人数为49.0万人，增长0.7%。参加工伤保险的人数为55.4万人，增长6.4%。参加生育保险的人数为62.9万人，增长5.3%。企业离退休人员月人均养老金2056元。职工养老金社会化发放率100%。参加新型农村合作医疗人数为749.7万人，新型农村合作医疗参合率98.66%，报销医疗费27.1亿元，2279万人次受益。全年有30.2万人享受居民最低生活保障，其中，农村24.5万人。农村居民得到五保救济人数2.9万人。国家抚恤、补助优抚人数7.9万人。年末全市各种社会福利收养性单位113所，床位2.1万张，收养各类人员0.8万人。社会福利院1个，床位1130张。

十二、环境和安全生产

环境保护继续改善。全市污水处理厂37个，设计日处理能力117.9万吨。年末全市共有省级自然保护区5个，面积达33.5万公顷。建成区绿化覆盖率34.7%，建成区绿地率30.9%，城市人均公园绿地面积9.2平方米。集中供热面积2350万平方米，普及率为39.2%。全市化学需氧量排放量12.7万吨，比上年下降2.7%；二氧化硫排放量7.5万吨，比上年下降21.9%；氮氧化物排放量9.5万吨，比上年下降11.4%。

安全生产有效推进。全年生产经营性安全生产事故497件，比上年下降14.4%。全年生产经营安全生产事故死亡97人，下降1.0%，亿元GDP安全生产事故死亡0.027人。

（保定市统计局　张　蕾）

沧　州　市

2014年，沧州市围绕打造河北沿海地区率先发展增长极目标，统筹推进“三大经济板块”，稳增长、调结构、促改革、惠民生，全市经济实现平稳健康发展，社会事业取得全面进步。

一、总体情况

2014年全市地区生产总值完成3133.38亿元，比上年增长8.0%。其中，第一产业增加值完成317.74亿元，增长3.5%；第二产业增加值完成1628.29亿元，增长8.8%；第三产业增加值完成1187.36亿元，增长7.8%。三次产业结构为10.1∶52.0∶37.9。

从整体经济构成看，投资对经济增长的贡献率61.4%，消费对经济增长的贡献率38.7%，净流出对经济增长贡献率—0.1%。消费对经济增长的拉动明显增强，经济发展进入良性循环。

全年城市居民消费价格指数累计上涨2.4%。从调查的八大类商品和服务看，呈“七升一降”格局，食品、烟酒、衣着、家庭设备用品及维修服务、医疗保健和个人用品、娱乐教育文化用品及服务、居住类累计上涨2.8%、0.8%、3.4%、4.4%、1.3%、0.7%、7.1%，交通和通信下降0.6%。

二、农业

农林牧渔业总产值完成646.4亿元，比上年增长4.2%。其中农业完成产值328.3亿元，增长3.3%；林业完成产值5.8亿元，增长22%；牧业完成产值197.1亿元，增长3.7%；渔业完成产值26.9亿元，增长3.3%；农林牧渔服务业完成产值88.1亿元，增长8.5%。

全年粮食播种面积89.1万公顷，增加0.56%，总产量449.11万吨，下降5.92%，单产336.11公斤/亩，下降6.45%；棉花播种面积9.9万公顷，下降8.77%，总产量10.96万吨，下降6.28%；油料播种面积3.2万公顷，下降2.13%，总产量10.27万吨，同比增长1.52%；蔬菜总产量559万吨，增长3.0%；肉类产量49.87万吨，增长5.07%；禽蛋产量34.02万吨，增长0.44%；水产品产量12.5万吨，增长5.0%；牛奶产量9.36万吨，下降8.26%。

三、工业和建筑业

全市全部工业完成增加值1468.7亿元，比上年增长8.9%。规模以上工业企业实现增加值1302.8亿元，比上年增长9.2%。轻工业完成增加值197.18亿元，增长9.2%；重工业完成增加值1105.66亿元，增长9.2%。外商及港澳台投资企业完成增加值99.74亿元，增长0.4%；股份制企业完成增加值990.62亿元，增长10.7%。石油化工、管道装备及冶金、机械制造、纺织服装、食品加工等主导行业共完成工业增加值1132.9亿元，占全市规上工业的87.0%，增长8.9%。石油化工业完成增加值443.2亿元，增长4.0%；管道装备及冶金业完成259亿元，增长6.7%；机械制造业完成326.6亿元，增长18.9%；服装纺织类完成63.3亿元，增长10.6%；食品加工业完成40.8亿元，增长3.3%。石油化工、管道装备及冶金、机械制造、纺织服装、食品加工在规模以上工业增加值中所占比重分别为34.0%、19.9%、25.1%、4.9%和3.1%。

全市规模以上工业企业实现主营业务收入5513.7亿元，比上年增长3.1%。主营业务收入超十亿元企业53家，超百亿元企业6家。完成利税总额560.65亿元，较上年下降3.5%，其中实现利润总额312.4亿元，较上年下降12.0%。

全市建筑业完成增加值161.4亿元，比上年增长8.3%。资质等级以上建筑业企业210家，完成建筑业总产值419.9亿元，增长14.2%，房屋施工面积2063.6万平方米，增长2.4%，房屋竣工面积929.2万平方米，增长1.8%。

四、固定资产投资

固定资产投资完成2728.9亿元，比上年增长19.1%。其中，建设项目投资完成2527.0亿元，增长

19.9%。在固定资产投资中，第一产业投资完成94.7亿元，同比增长68.18%；第二产业投资完成1889.69亿元，增长12.81%。其中，技改投资完成1183.74亿元，增长11.9%；第三产业投资完成744.54亿元，同比增长32.78%。全市房产开发投资完成201.91亿元，增长9.43%。

五、国内贸易

全市实现社会消费品零售总额1007.9亿元，比上年增长12.5%。城镇实现零售额735.0亿元，增长12.6%；乡村实现零售额272.9亿元，增长12.2%，城镇快于乡村0.4个百分点。全市限额以上批发零售企业粮油、食品、饮料、烟酒类商品零售额增长19.1%，其中，粮油食品类增长25.1%；服装、鞋帽、针纺织品类商品零售额增长15.6%；日用品类增长15.7%。金银珠宝类实现零售额11.4亿元，增长8.3%；中草药及中成药品类实现零售额3.1亿元，增长34%；书报杂志类实现零售额4.3亿元，增长34.9%；化妆品类实现零售额3.2亿元，增长10.7%。

六、对外经济

全市直接利用外资3.30亿美元，比上年下降16.1%。新批“三资”企业合同总金额10.24亿美元，增长89.3%，新批“三资”企业合同外资额4.22亿美元，下降49.6%。

外贸进出口总值31.04亿美元，比上年增长20.78%。其中，出口总值23.42亿美元，增长12.67%；进口总值7.62亿美元，增长55.09%。

七、财政、金融

全部财政收入完成411.4亿元，同比下降1.2%。其中，公共财政预算收入189.7亿元，同比增长10.1%。全市国税收入238.9亿元，同比下降6.17%；地税收入146.6亿元，同比增长5.47%。12月末，全市金融机构存款余额3438.90亿元，比年初增加333.42亿元。金融机构贷款余额1843.08亿元，比年初增加277.16亿元。存贷比53.6%，比上年提高3.2个百分点。

八、社会事业

全市全年取得省级以上科技成果121项，其中108项达到国内领先水平，79项获市科技进步奖，5项科研成果获省科技进步奖；申报各项专利2307项，授权1545项；新增2家省级院士工作站，总数达到10家；新增省级工程技术研究中心4家，总数达到9家。

全市普通高等学校6所（包含北京交通大学海滨学院、河北农业大学渤海校区），在校学生5.2万人。中等职业教育学校45所，在校学生3.99万人。普通中学313所，在校学生30.77万人，小学1318所，在校学生58.98万人。学龄儿童入学率100%，九年义务教育保留率85.9%，高中阶段毛入学率82.5%。特殊教育招生97人，在校生586人。

全市剧场、影剧院分布广泛，已遍及市区、各县（市）城区，拥有群众艺术馆1个，群众文化馆17个，乡镇文化站171个，全年组织文化活动3500次。公共图书馆15个，总藏书量126.26万册，其中，市级图书馆1个，藏书量58.06万册。电视台1座，广播电视台14座，广播电台1座，有线电视用户89.50万户，有线数字电视用户48.07万户。有线电视入户率37.41%，电视综合人口覆盖率100%，广播综合人口覆盖率100%。

沧州市运动员在全省第十四届运动会比赛中获得金牌67枚，位列金牌榜第四位，团体总分第五位。组队参加第十一届全国武术之乡武术套路比赛取得了18金13银1铜的优异成绩，荣获团体总分第三名。

年末全市共有医疗卫生机构1123个（不含村卫生室），其中医院137个，妇幼保健院（所、站）19个，疾病预防控制中心20个，卫生监督局（所）19个，卫生院170个，社区卫生服务中心（站）90个。卫生技术人员34753人，医疗卫生机构床位31289张，其中医院、卫生院29628张。

年末全市城镇参加基本养老保险人数85.47万人，比上年末增加4.05万人。其中参保职工59.9万人，参保离退休人员25.57万人。参加城镇基本医疗保险人数105.84万人，增加1.54万人。其中参加城镇职工基本医疗保险人数63.02万人，参加城镇居民基本医疗保险人数42.82万人。参加失业保险的人数36.04万人，增加7951人。参加工伤保险的人数51.5万人，增加3.7万人，其中参加工伤保险农民工16.5万人，增加0.65万人。参加生育保险的人数37.28万人，增加3.2万人。

九、人口和居民生活

2014年，全市总户数242.4万户，年末总人口737.5万人，比上年增加14.1万人。其中，男性380.2万人。全年出生18.0万人，死亡3.3万人。人口自然增长率为7.79‰，比上年提高0.47个千分点。

2014年，城乡居民收入稳步增长。全体居民人均可支配收入完成16099元，同比增长10.2%。其中城镇居民人均可支配收入完成24174元，同比增长9.5%；农民人均可支配收入完成9442元，同比增长11.5%。

十、资源、环境和安全生产

全年完成造林面积8436公顷。林业重点工程完成造林面积7967万公顷，占全部造林面积的94.4%。全民义务植树370万株。全市森林覆盖率为25.5%。

全年环境空气质量二级及优于二级天数144天，比上年增加11天；重污染天数47天，比上年减少16天。全年PM2.5平均浓度88微克/立方米，同比下降13.7%。

全年农作物受灾面积16.39万公顷，比上年下降13.16%，其中，旱灾15.9万公顷，水灾2957公顷，风雹灾936万公顷。

全年单位GDP能耗0.829吨标准煤/万元，比上年降低6.02%。全年单位工业增加值能耗比上年降低8.35%。

全年生产经营性安全生产事故327件，比上年下降0.3%，生产经营安全生产事故死亡83人，比上年下降5.7%。全年生产经营性交通事故111起，造成死亡68人，经济损失33.99万元。

（沧州市统计局　顾少华）

衡 水 市

2014年，全市紧紧围绕“强势开局、跨越赶超，全面建成小康社会”总要求，坚持走“全面改革、绿色崛起、富民强市、普惠民生”之路，以综合配套改革为统领，抢抓新型城镇化、京津冀协同发展、地下水超采综合治理等重大机遇，全力以赴抓改革、打基础、造环境、铸优势、求赶超，全市经济社会平稳较快发展。

一、综合

全市生产总值实现1149.1亿元，比上年增长8.2%。其中，第一产业增加值166.5亿元，增长2.7%；第二产业增加值549.9亿元，增长7.2%；第三产业增加值432.7亿元，增长12.3%。三次产业增加值占全市生产总值的比重分别为14.5%、47.9%和37.6%。

全年城市居民消费价格比上年上涨1.7%，其中食品和娱乐教育文化用品及服务类价格上涨较快，分别上涨3.7%和3.2%，交通和通信价格下降0.7%。工业生产者出厂价格下降1.6%，其中生活资料价格下降0.9%，生产资料价格下降1.7%。

年末全市城镇登记失业率为3.68%。

全年民营经济实现增加值797.2亿元，比上年增长8.5%；占全市生产总值的比重为70.0%。民营经济实缴税金124.4亿元，占全部财政收入的比重为83.7%。

二、农业

全年粮食播种面积59.1万公顷，比上年增长0.5%；粮食总产量364.1万吨，下降2.2%。其中：夏粮185.9万吨，增长2.2%，秋粮178.3万吨，下降6.4%。

棉花播种面积11.7万公顷，比上年下降6.8%；棉花总产量13.5万吨，下降5.7%。油料作物播种面积50.3万亩，比上年增长2.1%；油料总产量12.6万吨，增长2.8%。

蔬菜播种面积8.4万公顷，比上年增长0.3%；蔬菜总产量428.2万吨，增长1.0%。其中设施蔬菜播种面积54.8万亩，增长0.3%，占全部蔬菜播种面积的43.4%；设施蔬菜产量169.6万吨，增长1.0%，占蔬菜总产量的39.6%。瓜果播种面积26.2万亩，增长19.2%；瓜果总产量105.3万吨，增长20.3%。园林水果总产量154.1万吨，增长0.9%。

肉类总产量39.2万吨，比上年增长0.7%；禽蛋产量29.8万吨，增长0.1%；牛奶产量11.3万吨，增长12.5%。

畜牧业产值占农林牧渔业总产值的比重为32.2%。农业产业化经营率达到63.6%，比上年提高0.9个百分点。

三、工业和建筑业

全年规模以上工业实现增加值447.0亿元，比上年增长9.0%。分轻重工业看，轻工业实现增加值141.5亿元，增长12.0%；重工业实现增加值305.5亿元，增长7.7%。在入统的31个行业中，25个行业实现不同程度增长，其中8个行业增长较快：酒、饮料制造业增长18.2%，食品制造业增长15.9%，非金属矿物制品业增长14.2%，电气机械和器材制造业增长14.2%，农副食品加工业增长12.5%，金属制品业增长12.1%，皮革、毛皮、羽毛及其制品和制鞋业增长11.5%，汽车制造业增长11.0%。全市产值超亿元企业达409家，比上年增加38家，实现增加值360.4亿元，较上年增长10.8%。规模以上工业主营业务收入1642.2亿元，比上年增长5.0%；实现利润99.5亿元，增长10.7%。

全市具有资质等级的总承包和专业承包建筑业企业147家，实现产值128.4亿元，比上年增长7.7%。

四、固定资产投资

全年全社会固定资产投资完成987.4亿元，比上年增长19.0%。其中：固定资产投资（不含农户）945.2亿元，增长20.1%。

在固定资产投资中，第一产业投资23.5亿元，比上年增长73.8%；第二产业投资703.7亿元，增长26.3%；第三产业投资218.0亿元，增长0.6%。工业技术改造投资461.1亿元，增长27.0%，占工业投资的65.5%。民间投资755.0亿元，增长18.0%。

房地产开发投资131.4亿元，比上年增长8.8%。其中，商品住宅投资102.4亿元，增长1.8%；商业营业用房投资23.4亿元，增长80.3%。

全年施工项目581个，其中新开工项目378个。亿元以上项目324个，比上年增加34个。亿元项目完成投资712.6亿元，增长33.1%。

五、国内贸易

全年社会消费品零售总额553.0亿元，比上年增长12.6%。按销售单位所在地统计，城镇消费品零售额394.4亿元，增长12.8%；乡村消费品零售额158.6亿元，增长12.1%。

在限额以上批发和零售企业（单位）商品零售额中，粮油食品饮料烟酒类增长21.4%，服装鞋帽针纺织品类增长23.3%，石油及制品类增长10.0%，家用电器和音像器材类增长10.2%，金银珠宝类增长15.9%，汽车类增长16.8%。

六、对外经济

全年进出口总值36.7亿美元，比上年下降3.1%。其中：出口31.3亿美元，下降2.3%；进口5.3亿美元，下降7.4%。

从主导行业出口情况看：皮毛行业出口15.9亿美元，比上年增长5.5%；化工行业出口3.7亿美元，增长6.1%；丝网行业出口3.4亿美元，下降11.3%；纺织品及服装行业出口3.2亿美元，下降39.0%；机械制造行业出口2.1亿美元，增长5.8%。

全年实际利用外资21628万美元，比上年增长6.9%；其中外商直接投资21506万美元，增长6.6%。

在外商直接投资中，来自亚洲19709万美元，来自欧洲1505万美元，来自美洲292万美元。

全年新批“三资”企业合同项目6个，新批“三资”企业合同总金额19695万美元。

七、交通和旅游

全年公路货物运输量5660万吨，比上年增长9.3%，货物运输周转量270.5亿吨公里，增长6.6%；公路旅客运输量1973万人，增长7.2%，旅客运输周转量13.9亿人公里，增长6.3%。年末载客汽车1126辆，载货汽车51696辆。

全年接待海内外游客838.0万人次，比上年增长19.7%；实现旅游总收入53.1亿元，增长25.8%。其中：接待入境游客（含港、澳、台）13760人次，增长5.8%，实现旅游外汇收入396.9万美元，增长8.0%；接待国内游客836.6万人次，增长20.6%，实现旅游收入26.8亿元，增长26.8%。

八、财政、金融和保险业

全年全部财政收入148.61亿元，比上年增长15.1%，其中公共财政预算收入79.72亿元，增长16.3%。公共财政预算支出242.57亿元，增长26.3%。民生支出保障有力，用于农林水事务、节能环保、住房保障、医疗卫生、社会保障和就业、文化体育传媒等支出分别增长123.6%、44.0%、33.6%、13.2%、9.4%、8.1%。

年末金融机构各项存款余额2106.68亿元，比年初增加252.06亿元，其中个人存款余额1472.69亿元，增加154.22亿元。各项贷款余额1073.57亿元，增加185.55亿元。金融机构人民币存量存贷比为51.0%，比上年提高3.1个百分点。

年末全市共有保险公司32家，比上年增加1家。其中财产险13家；人寿险19家，增加1家。实现保费收入39.22亿元，比上年增长20.82%。其中财产险保费收入13.79亿元，增长23.37%；人寿险保费收入25.43亿元，增长19.45%。各项赔款和给付14.64亿元，赔付率39.17%。

九、科学技术和教育

全年共取得省级科技成果20项，市级科技成果62项；获省级科技进步奖励3项，市级科技进步奖励53项。全年共认定、登记技术合同13份（含涉外合同5份），技术合同成交额1919多万元。

全市拥有中等职业教育学校37所、普通中学176所、小学875所、幼儿园813所、特教学校9所，分别拥有专任教师2985人、18889人、18884人、4485人和174人，在校学生分别达到3.01万人、23.73万人、32.64万人、9.08万人和390人。在各类教育机构中，民办教育机构数量达到333所，拥有教职工8505人，其中专任教师6311人，在校学生13.31万名。

十、文化、体育和卫生

2014年，全市共有艺术表演团体3个，文化馆（群艺馆）12个，公共图书馆12个，博物馆（纪念馆、展览馆）4个。国家级文物保护单位10处，省级文物保护单位23处，市级文物保护单位17处。

成功举办2014衡水湖国际马拉松赛暨全国马拉松锦标赛（第5站），共有国内20个省、市、自治区和20多个国家的15000余名运动员报名参赛，其中国内专业运动员报名达到101人。2014年中国马拉松年会上，衡水湖国际马拉松赛再次被评为金牌赛事。

2014年末全市医疗卫生机构5966个，其中医院99个，乡镇卫生院114个，社区卫生服务中心（站）31个，妇幼保健院（所、站）17个（含5个生殖保健中心），卫生监督所（中心）11个，疾病预防控制中心12个。卫生技术人员18099人，其中执业医师及执业助理医师8973人，注册护士5305人。医疗卫生机构实有床位16720张，其中医院12302张，乡镇卫生院3623张。

十一、人口、人民生活和社会保障

据公安部门人口统计数据显示，年末全市户籍人口452.6万人，其中非农业人口109.2万人。全年出生人口7.2万人，出生人口男女性别比为111∶100；死亡人口2.1万人。

全年全市居民人均可支配收入13111元，比上年增长11.1%。其中，城镇居民人均可支配收入19614元，增长10.1%；农村居民人均可支配收入8104元，增长12.8%。

年末城镇参加基本养老保险人数为49.3万人，比上年末增加2.9万人。其中参保在职职工35.7万人，参保离退休人员13.6万人。

参加城镇基本医疗保险人数为63.7万人。其中参加城镇职工基本医疗保险33.8万人，参加城镇居民基本医疗保险30.0万人。参加城镇基本医疗保险的农民工2.6万人。

参加失业保险的人数为18.4万人。参加工伤保险的人数27.0万人，其中参加工伤保险农民工9.7万人。参加生育保险的人数21.8万人。

十二、节能和环境保护

全年万元生产总值能耗比上年下降6.32%，万元生产总值电耗下降0.49%，规模以上工业万元增加值能耗下降12.27%。

全年城市环境空气质量二级及好于二级天数为82天，比上年年增加12天，其中一级天数为2天，增加2天，空气污染指数由11.73下降为9.85。全市拥有污水处理厂19个，设计日污水处理能力39.1万立方米。

（衡水市统计局　苗玉龙）

邢台市

2014年，全市上下在市委、市政府的正确领导下，以加快建设“三个邢台”为目标，坚持稳中求进的总基调，坚定不移推进改革开放，有效应对了经济增长趋缓的不利局面，整体经济呈现平稳运行、企稳回升的发展态势，各项民生和社会事业取得全面进步，全面建成小康社会迈出坚实步伐。

一、整体经济平稳增长，物价涨幅较低

2014年，全市生产总值完成1646.9亿元，比上年增长6.0%。其中，第一产业增加值完成273.4亿元，增长5.7%；第二产业增加值完成780.1亿元，增长5.2%；第三产业增加值完成593.5亿元，增长8.2%。全市人均生产总值23051元，增长6.0%。三次产业结构比重由上年的15.9∶52.4∶31.7调整为16.6∶47.4∶36.0。

物价涨幅较低。全市居民消费价格总指数（CPI）比上年上涨1.7%。其中：城市上涨1.9%；农村上涨1.6%。八大类商品及服务价格呈现"六涨二降"，衣着类、家庭设备用品及维修服务类和娱乐教育文化用品及服务类上涨较多，同比分别上涨8.3%、3.9%和3.2%，烟酒及用品类、交通和通信类价格分别下降0.9%和1.5%。工业生产者出厂价格指数同比下降6.1%，其中：轻工业上涨0.6%，重工业下降8.2%。生产资料下降7.6%，生活资料上涨2.4%。

二、农业生产基本稳定，农业产业化步伐加快

粮食总产量444.8万吨，比上年减少3.7万吨。其中，夏粮产量222万吨，增长0.1%；秋粮产量222.8万吨，下降0.2%。棉花产量19.5万吨，增长3.1%；油料产量16.9万吨，增长9.0%。蔬菜总产量377.2万吨，增长4.6%；其中，设施蔬菜产量76万吨，增长24.0%；肉类总产量34.1万吨，比上年增长4.7%；生猪年末存栏184.0万头，与上年持平；生猪出栏271.4万头，增长6.0%；生牛奶产量29.7万吨，增长10.5%；禽蛋总产量53.3万吨，增长13.4%。

农林牧渔业总产值496.4亿元，比上年增长5.7%，其中，农业产值302.7亿元，增长5.9%；林业产值7.4亿元，下降4.6%；牧业产值151.1亿元，增长6.1%；渔业产值1.4亿元，增长15.5%；农林牧渔服务业产值33.8亿元，增长5.0%。畜牧、蔬菜、果品三大支柱产业产值占农林牧渔业总产值的比重达54.1%，比上年提高1.6个百分点。农业产业化步伐加快。农业产业化经营率达到65.9%，比上年提高2.8个百分点。

三、工业生产增速平稳，企业效益仍然严峻

工业生产增速平稳。全部工业增加值701.5亿元，比上年增长4.5%。其中，规模以上工业增加值610.2亿元，增长4.6%。钢铁深加工、煤化工、装备制造、食品医药、纺织服装、新型建材和新能源七大优势产业合计完成增加值410.1亿元，比上年增长7.2%；占全市规模以上工业增加值的67.2%，比上年增加7.2个百分点。工业产品销售率为98.0%。出口交货值增长11.3%。

企业效益仍然严峻。规模以上工业实现利税总额182.9亿元，比上年下降11.6%。其中，实现利润总额115.6亿元，下降13.9%。企业亏损面扩大，亏损额增加。全部规模以上工业企业（1141家）中有112家企业亏损，比上年增加25家；亏损面为9.8%，比上年扩大2.1个百分点；亏损企业亏损额12.9亿元，比上年增加5.5亿元，增长74.6%。

四、固定资产投资较快增长，房地产投资增长较快

固定资产投资较快增长。全社会固定资产投资完成1708.7亿元，比上年增长15.0%。其中，固定资产投资（不含农户）完成1647.1亿元，增长16.2%。其中，第一产业投资55.5亿元，增长82.1%；第二产业投资1120.9亿元，增长15.3%；第三产业投资470.7亿元，增长13.4%。全市亿元以上施工项目609个，比上年增加59个，完成投资1025.9亿元，增长20.5%。工业技术改造项目855个，比上年增加31个，占工业施工项目（1229个）的69.6%，完成投资684.6亿元，增长9.4%。城市基础设施投资136.8亿元，下降4.2%。

全市房地产开发投资151.8亿元，比上年增长21.7%。商品房销售面积278.5万平方米，增长13.5%。其中，住宅销售面积266.6万平方米，增长15.2%；商品房销售额99.1亿元，增长21.9%。其中，住宅销售额95.3亿元，增长31.0%。

五、消费品市场繁荣稳定，实际利用外资较快增长

消费品市场平稳增长。全年社会消费品零售总额实现796.2亿元，比上年增长12.4%。城镇零售额623.3亿元，增长12.4%；乡村零售额172.9亿元，增长12.4%。城镇零售额占全市社会消费品零售总额的比重达78.1%。限额以上企业（单位）消费品零售额173.0亿元，增长22.0%。

实际利用外资较快增长。全年实际利用外资4.86亿美元，比上年增长5.7%。其中，外商直接投资4.65亿美元，增长12.6%。新注册三资企业13个，比上年增加4个。外方注册资本7972万美元，增长12.9%，外方注册资本占全部注册资本的比重53.6%，比上年下降8.9个百分点；引进国内市外资金550亿元，增长13.2%。

六、交通运输业稳步发展，邮电通信业发展较快

交通运输业稳步发展。全年公路货物周转量575.59亿吨公里，比上年增长6.4%；旅客周转量23.46亿人公里，比上年下降6.3%。全市公路通车里程17753公里，增长2.5%，其中，高速公路567公里，比上年增加69公里。年末民用汽车保有量132.4万辆（包括三轮汽车和低速货车），其中，私人汽车保有量117.3万辆。民用轿车保有量65.7万辆，其中，私人轿车60.4万辆，私人轿车保有量占民用轿车保有量的91.9%。

邮电通信业发展较快。全年完成邮电业务总量（2010年不变价）56.9亿元，比上年增长24.7%。其中，邮政业务量6.6亿元，增长58.2%；电信业务量50.4亿元，增长21.4%。年末局用电话交换机总容量达到732.8万门，比上年末增加17.4万门；全市固定及移动电话用户总数达571.6万户，比上年末增加27.7万户，增长5.1%。固定电话用户达到86.0万户，减少6.4万户；移动电话用户达到485.6万户，增加34.1万户。

七、财政收入平稳增长，金融存贷款增加较多

财政收入平稳增长。全年全部财政收入完成174.4亿元，比上年增长4.4%，比上年加快6.6个百分点。其中，公共财政预算收入完成95.7亿元，增长6.4%。重点民生支出得到有效保障。全市公共财政预算支出为294.6亿元，增长13.6%。其中，医疗卫生支出37.0亿元，增长11.9%；农林水事务支出44.6亿元，增长36.1%；节能环保支出13.9亿元，增长22.8%。

金融存贷款增加较多。全市金融机构人民币各项存款余额2669.3亿元，比年初增加272.1亿元，比年初增长11.3%。其中，储蓄存款余额1848.7亿元，比年初增加192.8亿元，增长11.6%。金融机构人民币各项贷款余额1548.1亿元，比年初增加170.5亿元，增长12.4%。全市金融机构存贷比为58.0%，比上年提高0.5个百分点。

八、各级各类教育稳步发展，科技事业较快增长

各级各类教育稳步发展。普通高等学校4所，招生人数1.6万人，在校学生数4.7万人；普通中学275所，在校生数34.1万人；小学1394所，在校生数58.7万人。学龄儿童入学率达99.83%，九年义务教育完成率达96.68%，幼儿园在园幼儿数23.0万人。

科技事业较快增长。全年共取得科技成果218项，比上年增加15项。专利申请受理量1975项，专利申请授权量1283项，其中，发明67项，比上年增长11项。

九、文化事业得到加强，卫生事业稳步发展

文化事业得到加强。年末全市共有艺术表演团体11个，文化馆20个，公共图书馆20个，广播电视台18座。有线电视78.7万户，比上年增加34.6万户。其中，市辖区为19.4万户；广播、电视节目综合人口覆盖率分别达到99.41%和99.35%。

卫生事业稳步发展。年末全市共有卫生机构1447个，其中，医院、卫生院315个；卫生技术人员31200人，其中，医生14825人，护师、护士9203人；床位30275张，其中，医院、卫生院29338张。拥有卫生防疫、防治机构20个，卫生技术人员426人。乡镇卫生院173个，床位6759张，卫生技术人员4632人。乡村医生和卫生员8713人。

十、城乡居民生活水平提高，社会保障体系不断完善

城乡居民生活水平进一步提高。城乡居民人均可支配收入达到13405元，同比增长10.7%。其中城镇居民人均可支配收入和农村居民人均可支配收入分别达到20007元和8342元，同比分别增长10.0%和12.0%。农村居民收入增速快于城镇居民2.0个百分点。

年末参加城镇基本医疗保险人数164.8万人，比上年增加0.3万人；参加失业保险的人数达34.7万人，增加0.4万人；参加城镇基本养老保险人数为63.8万人，增加3.9万人。其中，在职职工参保达44.5万人，离退休人员参保达19.3万人。企业养老金社会化发放率达到100%。

十一、节能降耗成效明显，安全生产形势稳定

全市万元生产总值能耗下降7.19%。规模以上工业企业综合能源消费量1187.8万吨标准煤（当量值），比上年下降3.0%；单位工业增加值能耗1.630吨标准煤/万元，下降7.2%；单位GDP电耗下降2.65%。

全年各类生产安全事故423起，比上年减少10起，下降2.3%；死亡人数为65人，比上年增加8人，增长14.0%。其中，工矿商贸企业事故死亡人数18人，比上年增加10人；受伤人数13人，增长85.7%；经济损失1370万元，增长89.5%。全年共发生生产经营性道路交通事故48起，比上年下降18.7%；造成45人死亡，下降4.3%；受伤人数26人，下降10.4%；经济损失11.4万元，增长2.1%。

（邢台市统计局　梁爱红）

邯　郸　市

2014年，全市上下紧紧围绕建设宜居宜业宜游富强邯郸、美丽邯郸的战略目标，全力稳增长、调结构、促改革、提效益、惠民生，经济发展实现缓中趋稳、稳中有进，社会事业取得全面进步。

一、综合

2014年，全市生产总值3080.0亿元，比上年增长6.5%。其中：第一产业增加值403.1亿元，增长3.7%；第二产业增加值1543.5亿元，增长5.2%；第三产业增加值1133.4亿元，增长9.6%。三次产业结构优化为13.1∶50.1∶36.8。

全市居民消费价格总指数（CPI）运行平稳，全年上涨2.1%，涨幅比2013年回落0.9个百分点。其中，城市上涨2.3%，农村上涨1.4%，分别回落0.7个、1.6个百分点。居民消费八大类商品（服务）呈“六升一平一降”态势。其中，食品类上涨4.7%、衣着类上涨3.3%、娱乐教育文化用品及服务类上涨2.0%、家庭设备用品及维修服务类上涨0.7%、烟酒类上涨0.2%、医疗保健和个人用品类上涨0.1%；居住类持平；交通和通信类下降0.2%。

全部财政收入305.2亿元，比上年增长1.3%。其中：一般公共预算收入183.2亿元，增长6.1%。税收收入126.1亿元，占一般公共预算收入的68.9%，比重比上年提高1.7个百分点。全市一般公共预算支出404.7亿元，增长10.2%。

年末全市金融机构各项存款余额3747.6亿元，比年初增加316.1亿元。金融机构各项贷款余额2364.8亿元，比年初增加269.8亿元。

二、农业

农业生产形势良好。全市农林牧渔业总产值745.5亿元，比上年增长3.6%；农业增加值403.1亿元，增长3.7%。粮食生产基本稳定。全市粮食播种面积76.9万公顷，亩产472.3公斤，总产量544.9万吨。其中：小麦产量263.0万吨，玉米产量264.5万吨。蔬菜、油料生产平稳增长。蔬菜播种面积13.9万公顷，亩产4113.2公斤，增长0.8%；总产量855.8万吨，增长0.7%。油料播种面积4.23万公顷，下降1.5%；亩产239.5公斤，增长4.7%；总产量15.2万吨，增长3.2%。畜牧业生产平稳。肉类总产量71.9万吨，增长2.3%；禽蛋总产量111.1万吨，增长5.8%；奶类总产量23.6万吨，增长4.9%。

三、工业

2014年，工业生产持续回升，增速由下降转为增长，呈现持续回升向好趋势。全市规模以上工业增加值完成1205.1亿元，比上年增长5.1%。在规模以上工业中：轻工业较快增长。轻工业实现增加值258.4亿元，增长6.0%，增速高于重工业1.2个百分点，高于全市平均水平0.9个百分点。高新产业带动快速增长。高新技术产业增加值102.6亿元，增长21.9%，高于全市平均水平16.8个百分点，总量占全市比重8.5%，提高2.4个百分点；装备制造业增加值135.7亿元，增长12.1%，总量占全市比重11.3%，比2013年提高1.3个百分点。重工业比重稳步下降。六大高耗能行业完成增加值823.8亿元，占全市比重为68.4%，下降2个百分点。全市规模以上工业实现利润168.47亿元，增长17.2%。

四、房地产

全市房地产开发投资完成377.1亿元，比上年增长23.6%，高于全市固定资产投资8.5个百分点。房屋施工面积达2910.4万平方米，增长9.9%，增速比2013年加快1.5个百分点。其中：本年新开工面积835.9万平方米，增长33.8%；商品房销售面积364.4万平方米，增长2.4%。

五、固定资产投资

全市固定资产投资呈现稳定增长态势。全社会固定资产投资完成3174.1亿元，比上年增长15.1%；固定资产投资3090.7亿元，增长16.1%。在固定资产投资中，第一产业投资186.3亿元，增长41.4%；第二产业投资1807.6亿元，增长28.8%，其中：工业投资完成1816.6亿元，增长30.0%，工业技改投资1019.9亿元，占全市工业投资比重为56.1%；第三产业投资1096.9亿元，下降2.6%。全市装备制造业、高新技术产业和现代物流业三大新兴产业完成投资1332.7亿元，增长28.1%，总量是钢铁、煤炭、电力三大传统产业投资额的4.7倍，占全市投资比重达43.1%，比上年提高6.5个百分点。亿元以上新开工项目420个，完成投资1007.5亿元，增长20.8%，总量占全市固定资产投资比重为32.6%。

六、国内消费与对外贸易

社会消费品零售额：全市实现社会消费品零售总额1242.4亿元，比上年增长12.3%。其中：城镇市场实现零售额952.6亿元，增长12.1%，总量占全市社会消费品零售总额的76.7%；乡村市场实现零售额289.7亿元，增长13.0%，增速快于城镇市场0.9个百分点。从限额以上批发和零售业商品零售额的增速看，增长较快的有五金电料类增长12.8%，比2013年加快9.8个百分点；文化办公用品类增长19.0%，加快5.9个百分点；建筑及装潢材料类增长40.8%，加快14.0个百分点。

利用外资：全市实际利用外资9.25亿美元，完成省下达目标的100.6%，比上年增长4.7%。新批合同外资1000万美元以上项目30个，增加12个；审批的合同外资9.18亿美元，增长19.5%，占全市外商直接投资的84.1%，比2013年提高19.6个百分点。

对外贸易：全市外贸进出口总值35.74亿美元，比上年下降0.9%。其中：出口16.56亿美元，增长21.2%；进口19.2亿美元，下降14.3%。

七、重点区域

冀南新区实现生产总值320.6亿元，比上年增长8.3%；全部财政收入23.8亿元，下降18.0%；公共财政预算收入14.9亿元，下降15.4%；固定资产投资362.2亿元，增长13.1%；规模以上工业完成增加值92.5亿元，增长8.5%；社会消费品零售总额120.1亿元，增长13.1%；实际利用外资1.88亿美元，增长25.5%。

邯郸经济技术开发区实现生产总值65.0亿元，比上年增长10.3%；全部财政收入实现16亿元，增长32.6%；公共财政预算收入7.8亿元，增长40.3%；规模以上工业增加值39.2亿元，增长18.3%；实现利润4.98亿元，增长30.3%；实现利税6.84亿元，增长22.8%；固定资产投资78.3亿元，增长26.2%；社会消费品零售总额38.6亿元，增长1.8%；实际利用外资3640万美元；出口总值10303万美元，增长43.7%。

八、城市建设与管理

中心城市空间结构不断优化，部分县区行政区划调整稳步实施。开工市县重点城建工程523项，完成投资631.8亿元。全面推进东区开发建设，“两违”整治成效明显，村庄征迁、路网管网建设加快，科技中心、青少年活动中心等一批重大工程开工建设。全年整治小街巷98条，新建过街天桥6座，滏阳河水上旅游向社会开放。实施邯峰长输供水管线改造，市政设施进一步完善。大力发展公共交通，200部电动公交车分批投用。县城建设步伐加快，19个镇列入全国重点镇。出台城市精细化管理办法，六大专项整治深入开展。实施农村面貌改造提升行动，改厕41万座，393个重点村生产生活条件明显改善。

“住有所居”继续稳步推进。保障性安居工程开工16537套（户）、竣工28072套（户）、分配入住28913套（户），超额完成省定任务。加快改造提升老城区，回迁房开工5791套（户）、竣工10721套（户）。

九、交通与邮电

交通基础设施建设和项目取得突破性进展，邯长邯济铁路扩能改造、邯大高速、京港澳高速改扩建邯郸段、南水北调邯郸段等一批重大基础设施竣工投用，实现县县通高速公路。机场二期投入使用，开通货运业务。丛台路、联纺路东延（秦皇大街至荀子大街段）、赵王大街、冀南新区滏阳大道、107国道中华大街至成峰路段有序推进。率先在全省开通邯郸至邢台城际公交、邯郸至安阳省际公交，为邯郸、邢台、安阳三市在中原经济区强化协同发

展，加快交通运输一体化迈出关键一步。2014 年，全市交通运输、仓储和邮政业完成增加值 280.3 亿元，比上年增长 8.9%。

全市完成货物运输总量 37209 万吨，比上年增长 6.8%。其中：铁路 1974 万吨，下降 17.4%；公路 35235 万吨，增长 6.1%。全市完成旅客运输总量 8890.3 万人。其中：铁路 869.7 万人，增长 2.8%；公路 7993.6 万人，下降 0.5%；民用航空 27 万人，增长 17.4%。

全年完成邮电业务总收入 51.3 亿元，比上年下降 5.1%。其中：邮政业务收入 5.8 亿元，增长 11.7%；电信业务收入 45.5 亿元，下降 10.1%。固定电话用户年末为 75.4 万户，比上年减少 10.7 万户；移动电话用户年末 767.1 万户；互联网用户为 115.3 万户。

十、社会事业

教育：全市小学招生 13.77 万人，初中招生 12.94 万人，高中招生 4.21 万人。现有幼儿园 1954 所，在园幼儿 32.85 万人，专任教师 13943 人；小学 1970 所，在校学生 92.30 万人，专任教师 44105 人；普通中学 383 所，在校学生 47.23 万人，专任教师 35345 人。小学适龄儿童入学率达到 99.9%，万人平均在校生为 985 人；初中适龄人口入学率达到 99.9%，万人平均在校生 374 人；万人平均普通高中在校生达到 130 人；万人平均中职学校在校生 94 人。

全市高考参考人数 38054 人，本科总上线人数达到 26167 人，上线率为 68.76%。其中：一批上线率为 9.74%；二批上线率为 25.26%；三批上线率为 33.76%。

科学技术：全市共取得各类科技成果 180 项，其中：达到国际先进水平以上成果 9 项；国内领先水平 156 项，国内先进水平 15 项。获得 2014 年度国家科学技术奖二等奖 1 项；省科学技术奖 19 项，其中二等奖 3 项、三等奖 16 项；市科学技术奖 82 项，其中突出贡献奖 2 项、一等奖 16 项、二等奖 24 项、三等奖 40 项。新通过国家认定高新技术企业 26 家。专利申请受理量 2641 项，专利申请授权量 1498 项。

文化：年末全市共有公共图书馆 20 个，总藏书 167.5 万册。有线电视用户达到 77.6 万户，有线电视入户率为 28.9%。广播、电视综合覆盖率分别达到 99.98% 和 98.86%。

卫生：年末全市共有卫生机构 8582 个，其中医院 177 个、乡镇卫生院 214 个。医疗卫生机构共有床位 41135 张，其中医院 28331 张、卫生院 10132 张。全市卫生技术人员达到 38497 人，其中执业医师 16845 人、注册护士 13648 人。新建改建 3 所县级医院、22 所乡镇卫生院和 400 个村卫生室，城市社区卫生服务中心覆盖率达到 100%。新农合参合率达到 99.3%，居全省第一。

体育：全年先后组织 1200 余名运动员参加了省级以上比赛。2014 年全省运动会中，邯郸取得团体总分第三。此外，第十二届中国邯郸国际太极拳运动大会 6 月份在永年举行。体育设施方面，全市拥有体育场 5 个，室内游泳场 10 个，运动场 30 个。

旅游业：全年接待海外游客 4.1 万人次。旅游收入 1604 万美元，比上年增长 2.4%。国内旅游发展良好，全年接待国内旅游者 3269 万人次，增长 18.4%；旅游收入 235 亿元人民币，增长 33.8%。全市共有星级饭店 18 家，旅行社 75 家。

十一、资源、环境与节能减排

资源：全市继续严格土地管理，加大闲置土地的收回力度，土地供应在得到控制的前提下，满足了经济社会发展的需要。全年土地供应总量 3669.7 公顷，其中：公用设施用地 1862.3 公顷，占全年供地总量的 50.75%；普通商品房用地 651.07 公顷，占全年供地总量的 17.74%。

气温：全市年平均气温 14.9℃，与常年值 13.5℃相比偏高 1.4℃，气温属偏高年份。邯郸市区年平均气温 15.4℃，比常年值 14.3℃偏高 1.1℃。其中：极端最高气温为 41.8℃，极端最低气温为零下 13.6℃。

全市平均降水量 487.3 毫米，与多年平均值 510.5 毫米相比偏少 23.2 毫米，属降水正常年份。邯郸市区 2014 年降水量为 507 毫米，与多年平均值 501.9 毫米偏多 5.1 毫米。

节能减排：全市坚持削煤、改企、降尘、控车、增绿多管齐下，综合整治大气污染，关停取缔重污染企业 693 家，完成“五个行业”节能减排治理项目 306 项，淘汰黄标车 3.8 万辆，拆除锅炉 955 台、烟囱 1650 根。空气质量达标天数 88 天，同比增加 34 天，空气质量综合指数、细颗粒物（PM2.5）平均浓度分别下降 23.2%和 16.5%。全市单位生产总值能耗下降 7.56%，提前一年完成“十二五”节能任务。

十二、城乡收入和社会保障

人民生活：城乡居民收入稳定增加，生活质量进一步提高。城镇居民人均可支配收入 22699 元，比上年增长 9.1%；农村居民人均可支配收入 10343 元，增长 11.1%。

社会保障：年末全市参加基本养老、失业、工伤保险的人数分别为 118 万人、67.6 万人和 81 万人，分别比上年末增加 15 万人、0.8 万人和 4 万人。企业退休养老金待遇人均月增 202 元，城乡低保标准分别增长 30.5%和 18.3%，农村“五保”集中供养率达到 61%，80 岁以上高龄老人生活补贴制度实现全覆盖。

新增就业：全市城镇新增就业 10.3 万人，其中，下岗失业人员再就业 3.46 万人，转移农村劳动力 5.4 万人；城镇登记失业率 3.54%，在省控指标 4.5%之内。

（邯郸市统计局　王剑飞）

辛　集　市

县志记载，西汉开始建县，称安定。汉平帝元始二年，改安定县为安氏县，后曾叫鹿城县，隶属疆域时有变迁。唐天宝十四年（公元755年）安禄山曾作乱于此，天宝十五年初破安禄山，三月已亥，改鹿城为束鹿县。一直沿用到民国年间。后又曾用名束北县、束冀县、深束县、束晋县。1946年恢复原县制——束鹿县，1986年3月经国务院批准，改束鹿县为辛集市，2013年5月被确定为首批2个直管县之一。辛集市位于华北平原中部，东与深县、冀州接壤，南与宁晋为邻，西边晋州市，北接深泽县，总面积951平方公里，辖7乡8镇1个开发区344个行政村，人口63.6万人。交通顺畅，石德铁路、沧石公路、石黄高速公路、317国道、安新省道、正在建设中的石济高速铁路纵贯东西南北；全市境内公路里程945.487（不含市区）公里，形成了四通八达的交通网络。

辛集市工业生产历史悠久，皮草、钢铁机械、化工、农副产品加工四大支柱产业，东明有限公司、澳森钢铁公司、梅花皮业、名花皮业等20多家名星企业，制衣区、制革区、清洁园区、开发区等产业聚集区，科技专利拥有量642个，名牌主品31项，中国驰名商标9个，著名商标49个，产品远销欧亚非美州120多个国家和地区。

辛集市是区域商贸集散地。拥有国际皮革城、河北一集、金街不夜城等8个大型专业市场，社会消费品零售总额连年位居全省各县市首位。

2014年是辛集市省直管的第一年，面临形势严峻复杂、困难挑战异常突出的一年，也是转型升级、爬坡过坎迈出重要步伐的一年。在省委、省政府的领导下，坚持以开展党的群众路线教育实践活动为动力，瞄准实现“四大跨越”总目标，集中力量稳增长、调结构、治污染、惠民生，全市保持经济稳中有进、社会和谐稳定的发展态势。

一、经济运行总体平稳

地区生产总值完成375.93亿元，同比增长6.6%。全部财政收入20亿元，增长6.6%；其中公共财政预算收入11.6亿元，增长17.9%。规模以上工业增加值完成220.4亿元，增长7.6%。社会消费品零售总额233.0亿元，增长12.3%。全市金融机构存款余额308.4亿元，增长11.4%。

二、项目建设势头良好

坚持把项目建设作为调结构、促升级的重要抓手，完成固定资产投资192.5亿元，增长5.2%。实施投资千万元以上产业项目72个，总投资312.2亿元，其中亿元以上项目37个；32个项目竣工投产，19个项目正加紧建设。引进外地规模项目35个，总投资176.6亿元。辛集经济开发区被列入全省40个京津冀协同发展承接合作平台之一。深入开展全民创业，新增各类市场主体5244个，达到2.4万个。

三、结构调整步伐加快

以技术改造和科技创新为手段，加快工业转型升级步伐，新增入统规模企业25家；实施重点技改项目21个，总投资164亿元；组织骨干企业设立技术研究中心8家，完成科技成果转化项目16个，培育省级科技小巨人企业10家，腾跃公司、金士顿公司被认定为国家级高新技术企业，申科公司被列为全省战略性新兴产业百家领军企业，东明集团被列为全省传统产业百家领军企业，辛集皮毛产品质量检验中心通过国家级认定，巴迈隆皮装荣获中国驰名商标，国际皮革城被列为全国首批知识产权保护规范化培育市场。新兴商业业态发展较快，组建了国际皮革城电商创业基地，发展电商企业598家；新建农村放心连锁店56家。成功举办了首届玉雕艺术博览会。积极开展银企对接，各项贷款余额116.2亿元，增长12.7%；交通银行、邯郸银行入驻辛集市，金融机构达到14家，其中外埠银行7家。

四、“三农”工作稳步发展

粮食生产保持稳定增长，农业结构进一步优化，新建果品密植栽培和林下经济示范基地14个、温室蔬菜大棚310个、标准化养殖场10家，被评为全省十大果品特色县市。创新农业生产经营方式，发展农民专业合作社413家、家庭农场33家，流转土地1.6万亩，天恩黑花生、裕隆梨果被评为国家级示范社。农业基础设施持续加强，投资1.2亿元，整理基本农田21万亩，新增节水灌溉面积1.8万亩，补贴购置农机具782台套。扎实推进农村面貌改造提升，完成投资7630万元，农村公共设施和人居环境明显改观。

五、环保治理强力突破

坚持多措并举、标本兼治，实施重点节能环保工程17个，总投资23.3亿元，是近年来环保投入最大的一年。采取压煤、治企、降尘、控车、增绿等综合措施，强力治理大气污染，拆除改造锅炉88台，淘汰黄标车5022辆，植树81万株，推广清洁能源供热119万平方米，对151家企业和68个工地、41个煤场砂石料场实行了停产治理措施，压减煤炭使用量21.3万吨，重污染天数减少25天，主要污染物PM2.5平均浓度下降16%，超额完成省定任务12.7个百分点，为北京“APEC蓝”做出了贡献。大力推进制革区环保治理升级改造，组织企业投资5.8亿元，建设污水处理厂29座，实现“五水”分流分治，制革清洁生产在全国保持领先水平。澳森公司完成节能环保投资1.8亿元，8月份通过工信部准入核查。扎实开展“利剑斩污”行动，取缔“十五小”193家，查处违法案件31起，其中移送司法机关16起，判刑6人，有力震慑了环保违法行为。

六、城市建设扎实推进

编制完成《城乡总体规划（2013—2030年）》，省政府批准实施，确定了建设新兴现代化区域中心城市的定位。基础设施投资完成78亿元。润泽湖公园建成开放。27条街道新建改造、21公里天然气管网等项目如期竣工。城中村改造稳步实施，建设安置房134万平方米。深入推进“三治两提”行动，数字化城管指挥中心正式运行，道路机械化清扫率达到55%，拆除违章建筑17.9万平方米，新增绿地面积80公顷。

七、民生保障更加有力

坚持把保障改善民生作为一切工作的出发点，集中财力向民生领域倾斜，市财政民生支出11.6亿元，增长39.5%，占到财政收入的58%。城乡居民人均可支配收入分别达到24735元、12260元，增长9.2%和10.3%。多方筹资兴办利民项目，投资1.3亿元，新建扩建3座变电站，新上350台变压器，新建107公里供电线路；投资3272万元，改造10所中小学和幼儿园；投资2320万元，完成20个村连续供水。努力完善社会保障体系，新增城镇就业岗位4255个，转移农村劳动力6121人；新农合补贴农民1.6亿元；城市社区居民健康档案建档率达到78%；发放城乡居民养老保险7093万元、城乡低保资金2756万元；建设保障性住房2502套；开展免费计生服务10.3万人次。全面加强安全生产综合整治，严格食品安全监管，认真化解矛盾纠纷，从严打击各类刑事犯罪，全市社会大局保持安定有序。认真办理人大代表建议和政协提案，按时办复率100%。国防动员和双拥共建成效显著。

（辛集市统计局　王小平）

定　州　市

2014年，定州全市上下在市委、市政府的正确领导下，深入贯彻中央、省重大部署，戮力推进“三年倍增”、“五项行动”，省直管正式运行强势开局，全市经济保持平稳较快发展，社会事业取得全面进步，为推动跨越发展、建设新兴区域中心城市提供了有力保障。

一、综合

全市完成生产总值277.42亿元，比上年增长8.5%。其中，第一产业完成增加值76.73亿元，比上年增长3.9%；第二产业完成增加值131.08亿元，比上年增长10.9%；第三产业完成增加值69.62亿元，比上年增长8.0%。三次产业结构为27.7∶47.2∶25.1。

全年城镇新增就业人员6032人，下岗失业人员实现再就业2812人，城镇登记失业人数7154人，城镇登记失业率3.76%。

全年居民消费价格总水平比上年上涨1.1%，其中：服务项目价格上涨6.8%，消费品价格下降0.2%，农产品生产资料价格下降3.3%。

全市民营经济完成增加值168.1亿元，比上年增长9.0%；占全市生产总值的比重为61.1%，比上年提高0.37个百分点。民营经济实缴税金14.7亿元，比上年增长20%；占全部财政收入的比重为52.8%，比上年提高3.82个百分点。民营经济从业人员30.3万人，比上年增长1.87%；占全社会二、三产业从业人员的比重为52.03%，比上年减少0.06个百分点。

二、农业

全年农林牧渔业总产值实现133.52亿元，比上年增长4.1%。其中农业实现产值82.35亿元，比上年增长3.6%；林业实现产值4.94亿元，比上年增长5.3%；畜牧业实现产值44.34亿元，比上年增长4.5%；渔业实现产值0.02亿元，同比下降31.7%；农林牧渔服务业实现产值1.87亿元，比上年增长12.4%。

粮食播种面积9.8万公顷，比上年下降0.30%；油料播种面积1.4万公顷，比上年下降5.10%；蔬菜播种面积3.6万公顷，比上年下降1.57%。

粮食总产量69.46万吨，比上年下降3.37%。其中：夏粮总产量36.58万吨，比上年增长1.93%；秋粮总产量32.88万吨，比上年下降8.65%。粮食单产472公斤/亩，比上年下降3.08%。

肉类总产量达到11.02万吨，比上年增长3.54%；其中猪肉产量8.09万0吨，牛肉产量1.03万吨，羊肉产量0.41万吨。奶类产量22.75万吨，比上年增长6.0%；禽蛋产量8.19万吨，比上年增长6.35%。

年末猪存栏58.72万头，比上年下降0.9%；牛存栏7.37万头，比上年增长2.9%；羊存栏21.29万只，比上年增长1.3%。生猪出栏109.36万头，比上年增长4.4%；牛出栏6.63万头，比上年下降1.5%；羊出栏29.40万只，比上年增长7.6%。

全年新增造林面积2000公顷，全部森林面积达到1.8万公顷，比上年增长8.2%。全年植树90万株，育苗面积15万亩，苗木产量7.5亿株。

年末拥有农用机械总动力215.16万千瓦，比上年增长1.18%；当年机耕面积7.11万公倾；有效灌溉面积8.57万公倾；农村用电量2.64亿千瓦小时，比上年增加1.61%；农用化肥施用量（折纯）7.25万吨，比上年增长0.8%；农药施用量1349吨。

三、工业和建筑业

全市规模以上工业企业189家，全部工业增加值完成94.95亿元。规模以上工业增加值完成62亿元，比上年增长11.10%。

分企业规模看，大中型工业企业完成增加值42.71亿元，增加值增速5.42%；小微工业企业完成增加值19.32亿元，增加值增速26.09%。

分行业看，电力、热力生产和供应业完成增加值19.9亿元，占规上工业比重32.1%，增加值增速0.8%；汽车制造业完成增加值14.2亿元，占规上工业比重22.9%，增加值增速13.2%；石油加工、炼焦和核燃料加工业完成增加值5.5亿元，占规上工业比重8.9%，增加值增速8.6%；食品制造业完成增加值3.8亿元，占规上工业比重6.1%，增加值增速－3.1%；金属制品业完成增加值6.7亿元，占规上工业比重10.8%，增加值增速14.2%。

全年建筑业增加值完成35.49亿元，比上年增长11%。全市具有资质的建筑业法人企业25个，完成建筑业总产值209.45亿元，比上年增长13.6%。资质内建筑业企业房屋施工面积1202.99万平方米，增长3.9%；房屋产值84.7亿元，上涨27.5%。

四、固定资产投资

全年全社会固定资产投资完成220.90亿元，比上年增长18.8%，其中，固定资产投资（不含农户）214.44

亿元，比上年增长20.5%。

其中，一产完成9.31亿元，比上年同期增长3.01%；二产完成72.56亿元，比上年同期增长17%；三产完成132.57亿元，比上年同期增长24.1%。

五、国内贸易和对外经济

全年全社会消费品零售总额完成130.2亿元，比上年增长12.6%，其中，限额以上企业实现零售额21.81亿元，比上年增长25.2%。按销售单位所在地分，城镇社会消费品零售总额完成98.1亿元，比上年增长12.9%；乡村社会消费品零售总额完成32.0亿元，比上年增长11.4%。分消费形态看，餐饮收入零售额完成15.44亿元，商品零售零售额完成113.32亿元。

全年实现进出口总值3.30亿美元，比上年增长3%。实际利用外资完成680万美元，比上年下降54.9%。

六、交通、邮电业和旅游

全年交通运输、仓储和邮政业实现增加值12.87亿元，比上年增长4.2%。

邮电通信业平稳增长，固定电话年末用户12.65万户；移动电话94.56万户，比上年增长1.6%；互联网接入14.94万户，比上年增长33.4%。

全市共有文物保护区187个，星级饭店5个，星级饭店客房总数387间，接待旅客38万人次，旅游收入210万元。

七、财政、金融和保险业

全部财政收入完成27.84亿元，比上年增长11.4%，其中：国税局完成12.78亿元，比上年增长15.4%；地税局完成10.00亿元，比上年增长25%；财政局完成5.07亿元，比上年降低14.5%。地方公共财政预算收入完成14.44亿元，比上年增长8.7%。

年末全市金融机构人民币各项存款余额353.07亿元，比上年增长16.6%，其中人民币储蓄存款余额287.52亿元，比上年增长16.5%。金融机构各项贷款余额129.53亿元，比上年增长26.8%。

保险事业稳步发展，保费收入3.83亿元，其中，财产险保费收入0.87亿元，健康险和意外伤害险保费收入0.20亿元，寿险保费收入2.76亿元。各项赔款和给付5079.53万元，其中，财产险赔付2533.99万元，健康和意外伤害险赔付2306.54万元，寿险赔付239万元。

八、教育、科学、文化和卫生

全市普通中学39所，在校学生6.72万人，专任教师4133人；小学257所，在校生9.82万人，专任教师4119人；中等职业教育学校5所，在校学生1.20万人，专任教师458人。

全年专利授权数75件。

全市共有体育场馆3个，剧场、影剧院2个，公共图书馆图书总藏量80千册。

年末拥有医疗机构868个，其中医院36个，卫生院22个，村卫生所276个。医疗卫生机构床位数达到3682张，医疗卫生机构技术人员3846人，比上年增加472人，其中执业（助理）医师1875人。新生儿死亡率2.2‰。参加新型农村合作医疗的人数达到99.07万人。

九、人口、人民生活和社会保障

全市年末总人口达到124万人，比上年增加0.59万人。其中常住人口为119.51万人，城镇人口52.39万人，城镇化率达到43.84%。出生率为14.99‰，死亡率为6.51‰，自然增长率为8.48‰。

全市居民人均可支配收入15113元，比上年增长11.1%；城镇居民人均可支配收入21081元，比上年增长10.2%；农村居民人均可支配收入完成10706元，比上年增长12.4%。

年末全市城镇基本养老保险参保人数8.35万人，城镇基本医疗保险参保人数12.00万人，其中：城镇居民基本医疗保险参保人数6.05万人，城镇职工基本医疗保险参保人数5.95万人。参加失业保险人数2.99万人，比上年末增加3877人。参加新型农村社会养老保险人数55.65万人。

十、能源、环保和安全生产

2014年全社会能耗173.81（等价值）万吨标准煤，比上年下降0.35%。其中，能耗总量为327（当量值）万吨标煤，比上年下降7.01%；单位GDP能耗降低率为8.15%，规上工业企业单位工业增加值能耗降低率为16.3%。全年全社会用电量34.68亿千瓦时，比上年增长5.42%。其中，工业用电量24.62亿千瓦时，比上年下降0.43%；规上工业用电量21.33亿千瓦时，比上年下降2.48%。

年末全市城镇污水处理厂2个，城镇污水处理厂设计日处理能力7万吨，城镇生活污水集中处理率达91.57%。县城生活垃圾无害化处理率100%，工业废水排放达标率100%，工业烟尘排放量达标率100%。全年四种主要污染物排放量，化学需氧量25394吨、氨氮排放量1819吨、二氧化硫8542吨、氮氧化物25176吨，分别比上年下降5.76%、6.89%、2.76%和18.26%。县城人均公园绿地面积10.03平方米，全年空气质量优良以上天数64天。

（定州市统计局　郑丛立）

县（市、区）域经济专辑

石家庄市裕华区

2014年，石家庄市裕华区面对经济下行的压力和艰巨繁重的工作任务，坚持稳中求进、好中求快的工作总基调，全力以赴稳增长、调结构、治污染、惠民生，全面完成了区四届人大三次会议确定的目标任务，全区呈现出经济稳中有进、社会平安和谐、各项事业协调发展的良好局面。

——经济持续平稳发展，综合实力不断增强。积极应对经济下行的不利形势，科学研判，提早入手，综合施策，强力攻坚，全区经济平稳健康运行。全年地区生产总值预计完成183亿元，同比增长8%；一般公共预算收入完成28.8亿元，同比增长1.9%，提前一年完成“十二五”规划目标任务；固定资产投资完成401亿元，同比增长15.5%；社会消费品零售总额完成140亿元，同比增长13.5%；居民人均可支配收入达到30065元，同比增长8%。全区各类市场主体新增10724户，达到41427户，区域经济发展活力显著增强。

——项目建设加速推进，投资规模再创新高。大力实施“项目建设攻坚年”活动，全年共安排投资千万元以上项目94个，总投资1300亿元。河北国际商务广场等20个项目开工建设，霞光大戏院等60个续建项目顺利推进，众美凤凰台等30个项目竣工投用。西美五洲酒店等6个列入市项目攻坚年项目，累计投资30亿元，完成年度投资任务的135%。110千伏建华变电站竣工投用，万达广场周边区域商业和居民用电紧张局面得到了彻底解决。

——现代服务业发展提速，结构调整迈出崭新步伐。强力实施开放招商战略，世界500强河北钢铁集团、京津冀协同发展首批进驻河北省的金融机构北京银行以及搜狐焦点等一批知名企业总部签约入驻。楼宇经济加快发展，方北大厦等55栋商务楼宇竣工投用，新增商务面积60万平方米，培育了中茂海悦等3座税收超亿元楼宇，新增金源商务广场等8座税收超千万元楼宇。文化产业进一步繁荣发展，文化软实力逐步提升，全区文化产业增加值达到29.7亿元，占全区经济总量的比重达到16.2%。三友能源、波尔美酒店、恒信机械等3家驻区企业在石交所成功挂牌上市。现代服务业在经济总量中的比重和贡献率稳步提升，三次产业比重优化为0.3：27.1：72.6。圆满完成了第三次全国经济普查任务，区统计局荣立市集体二等功，区国税局代表石家庄市勇夺全国纳税人满意度调查第一名。

——城区面貌显著提升，城市管理实现“十二连冠”。对标先进地区，城区建设管理专业化、规范化、精细化水平不断提升，城区魅力进一步显现。城中村改造稳步推进。全年累计完成城中村拆迁48.4万平方米，腾清土地2180亩，峻工回迁楼面积79.6万平方米，安置村民2577户。城区形象持续改善。投入4000余万元对裕东小区等112个老旧小区实施了改善提升，投入3800余万元开展了城区容貌综合整治和园林绿化工作，对107国道及17条小街巷进行了整治提升，打造了东岗路等5条精品街道，对22条街道进行补植和增绿，城区景观质量和绿化总量大幅提升。拆违和违法建设专项整治取得阶段性成效。进一步加大了拆除违法临建和清理违法占地工作力度，全年共清理违法占地290亩，拆除违法建筑11.6万平方米。依法对房地产项目进行整改，妥善解决了一批城中村改造遗留问题。城市管理保持全市领先。坚持城市管理全域化，市容环境管理标准向二环外延伸覆盖，市容管理水平得到整体提升。在全省率先推广应用“数字化城市管理处置通”，案件处置精准率达到100%。深入推进城乡环卫一体化，创新实施城中村垃圾清理“入户收集、自主清运和一车多箱”等模式，解决了二环外垃圾散点多、垃圾清运难等问题。环卫管理工作在全省率先通过了ISO9001国际质量管理体系认证，街道容貌综合考评实现了“十二连冠”。

——大气污染防治深入开展，生态环境持续改善。重点围绕“压煤、抑尘、控车、增绿”四个方面，铁腕治污，压减燃煤25.1万吨，拆除分散燃煤锅炉16台，推广环保炉具2628台，淘汰黄标车5000余辆，新增绿地25.6万平方米，种植经济林4000余亩，较好地完成了市政府下达裕华区各项任务。节能、减排两项指标均提前一年完成“十二五”规划目标。全年PM2.5下降20%以上，被授予“河北省环境保护目标管理先进区”称号。

——民生保障不断提高，各项社会事业统筹协调发展。坚持把更多的财力优先用于民生保障，全年民生累计支出10.4亿元，占一般公共预算支出的74%，同比增长7.4%。就业创业服务成效显著。全市首家县区级创业孵化基地暨裕华区大学生创业孵化园建成投用，首批51家创业实体进驻孵化。全区新增就业10075人，城镇登记失业率保持在2.8%以内，零就业家庭动态和高校毕业生登记失业率均保持为零。教育均衡发展积极推进。新组建了现代城、绿洲、兴国3所小学，增加学位3240个，当年招生600余人。投入2200余万元对37所中小学校实施了校园环境提升工程，投入1400余万元加强了教育信息化建设，教育资源和教师结构进一步优化，顺利通过了国家义务教育基本均衡区验收。医疗卫生事业健康发展。片医服务团队建设不断深化完善，辖区居民基本医疗卫生服务实现全覆盖。区疾控中心实验室取得省级机构和计量资质双认证，成功创建省级卫生应急综合示范区。

平　山　县

平山县地处河北省西部，太行山东麓，距省会石家庄市30公里，东与鹿泉市接壤，南与井陉县相连，西与山西省五台县、盂县为邻，北与灵寿县交界。全县辖23个乡镇、717个行政村、1399个自然庄，总人口50万，总面积2648平方公里，素有“八山一水一分田”之称，是全国著名的革命老区、国家扶贫开发工作重点县、河北省首批扩权县。

整体经济平稳运行 2014年，平山县全年生产总值完成212.3亿元，增长4.9%。固定资产投资180.2亿元，增长18.6%。规模以上工业增加值122亿元，增长3.3%；规模以上工业利润19.2亿元，增长37.3%。社会消费品零售总额49亿元，增长11.6%。服务业增加值54.9亿元，增长9.6%。城镇居民人均可支配收入22390元，增长10%；农民人均可支配收入5885元，增长14.6%。公共财政预算收入完成4.9亿元，超市下达任务5000万元，增长8.5%。

产业结构不断优化下大力改造提升传统产业，培育壮大新兴产业，三次产业比重调整为9.6：64.5：25.9。工业转型步伐加快，全县重点工业企业实施技改项目16项，累计投入26.5亿元，5个项目列为省重点技改项目。总投资50亿元的敬业钢铁精深加工产业园全面启动，管材管件制造、标准件及机械配件加工、钢筋加工配送等三个项目开始试生产。实施了总投资2.3亿元的园区水、电、路、气等基础配套提升工程，特别是轻工路的建成通车，实现了与高速连接线的互通相连，提升了园区形象和区位优势。现代农业稳步发展，全县流转土地面积4.5万亩，开发整理7000多亩。特色作物种植面积21.5万亩，食用菌种植面积140万平方米，核桃产量1.24万吨，新增省市重点龙头企业7家。畜牧、蔬菜、果品等传统产业规模扩大，肉、蛋、奶产量分别达到2.25万吨、1.35万吨、1.47万吨，粮食总产量20.66万吨，实现了“十一连增”。旅游产业蓬勃发展，实施了总投资60多亿元的26个旅游重点项目，11家4A级景区改造提升工程顺利通过验收，沕沕水空中画廊、白鹿红崖山、敬业黄金寨等5个新建旅游项目进展顺利。与13个省市、30个地市结成了红色旅游联盟，平山县对外知名度和影响力进一步提升。全年接待游客1000万人次，旅游总收入70亿元。

发展后劲持续增强全县500万元以上续建、新开工项目253项，其中亿元以上项目40项、10亿元以上项目22项；列入市攻坚项目8项，完成投资32.6亿元，占年计划的185%。炳岩特钢高速工具钢、博欧金属机械零件、圣源纺织扩建、雨润纺织5万锭生产线等7个项目竣工投产。14个单体过亿元的新开工项目进展顺利，其中大吾生态旅游项目被列为省重点项目，中联光光纤光缆项目完成车间厂房建设，宏润太阳能发电一期工程正式并网发电。新签约落地重点项目7个，其中总投资200亿元的富力国际健康养生城，前期工作顺利，完成开工准备；总投资10亿元的朔黄铁路大型环保煤炭储运基地，确定在平山县选址建设；成功引入了嫦娥奔月航天科技城、济世环保雾霾治理示范区、野河国际假日、菱镁板材等一批新兴产业项目。新增各类市场主体3648户，比上年增长54.6%；新登记注册资金89亿元，比上年增长240%，发展活力不断增强。

城乡面貌显著改善聘请中国城市建设研究院，编制了《平山县（2013—2030年）城乡总体规划（纲要）》，并通过市规委会专家评审。钢城路南延、中山路西延、富民北街接外环等路网项目完成主体工程，康乐街南延接高速连接线工程，完成规划设计和工程招投标。新建、扩建换热站8座，完成3个老旧小区供热管网改造和工业新村、胜佛污水管网升级改造。新区开发扎实有效，省供销社百城购物中心项目正式签约，新区路网建设、土地收储、棚户区改造等完成前期工作，为大规模开发建设奠定了基础。县城环境、房地产市场、城乡土地市场三项综合整治行动取得初步成果。总投资3.15亿元，完成了国道207线26.8公里大中修和180多公里农村公路改建工程；实施了总投资1.27亿元的电网扩容改造工程。整合资金9000多万元，完成29个省级重点村和62个县级重点村的面貌改造提升工程。西柏坡片区被列为全省2015年重点打造的精品示范片区，北冶村、南焦坡村被评为“省级美丽乡村”。

生态优势更加明显按照省市要求，分时段关停了敬业3座450立方米高炉，主动关停敬业焦化、水杨酸车间，全部拆除高速路两侧19家水泥企业，查处取缔“十五小”、“新六小”企业30家，关停整治白灰企业13家，全县共压减钢铁产能110万吨、水泥产能955万吨，减少烟粉尘排放3455吨，顺利完成了APEC会议期间空气质量保障工作，主要污染物减排指标完成市下达任务。建设生物质燃料压块厂6个，推广生物质炉具、环保炉具1万余台，推广低硫煤21.5万吨、型煤1.2万吨。完成了岗南水库周边违规建筑专项整治任务，拆除违规建筑22家。造林绿化2.23万亩，栽植各类树木160万株，森林覆盖率52.42%，生态优势进一步显现。

社会事业全面进步2014年，平山县用于民生方面投入达16.6亿元，占公共财政支出的73.4%。完成了12所山区教育扶贫学校设施配套项目，30所学校改扩建和6所中心幼儿园新建工程；投资3300万元的中铁援建北冶中学、卫生院项目按时完工；在全市率先免除高中学生学费，惠及1万余个家庭；顺利通过省政府教育督导验收，平山中学高考本一上线率全市县一中排名第3，比上年前进6个位次。3所县级公立医院和23所乡镇卫生院全部配备和使用基本药物，实行药品零差率销售；新农合参合率达98.79%，共补偿参合农民1.4亿元。开展了多种形式的送文化下乡活动，新创作了河北梆子现代戏《子弟兵的母亲》，在全省及北京、哈尔滨等地巡演。建成5所农村科技传播站，举办了“走进中科院、直面科学家”研企对接活动。成功争取了全省唯一一个国家水库移民避险解困试点项目。对58个重点村实施精准扶贫，完成1.5万人的脱贫任务。全年城镇新增就业3842人，转移农村劳动力5300人。顺利完成城乡低保和农村五保提标扩面工作，城乡低保人员实现了“应保尽保”。开工建设保障房966套，建成农村互助幸福院243个。建立了计生特殊家庭“医养扶一体化”服务保障机制。依法开展审计监督，不断提升气象防灾减灾能力，进一步加强安全生产、食药品安全和社会治安综合治理工作，全县总体形势稳定。此外，人民武装和国防后备力量建设、妇女儿童、宗教、档案、物价、统计等方面工作也都取得了新的成绩。

井 陉 县

井陉县隶属石家庄市，位于河北省西部、太行山东麓，北邻平山县。全县总面积1381平方公里，耕地面积2.29万公顷；辖17个乡镇、318个行政村。总人口33.3万，人口自然增长率5.1‰；2014年生产总值达到145.1亿元，同比增长5%；第一产业增加值达到13.2亿元，第二产业增加值达到66.8亿元，第三产业增加值达到65.1亿元，分别同比增长1.2%、2.6%、8.6%。单位生产总值能源消耗2.68吨/标准煤，同比下降5.96%。民营经济增加值达到110.2亿元，同比增长8.9%。粮棉总产量达到99796吨，同比下降11.3%。财政收入达到13.5亿元，同比增长2.5%，一般公共预算收入达到6.2亿元，同比增长13.2%；财政支出达到12.5亿元，同比增长13.4%。优良天数83天；社会消费品零售总额达到40亿元，同比增长12.3%，固定资产投资达到231.4亿元，同比增长18.5%。在岗职工年平均工资达到38623元，城镇居民人均可支配收入达到2.17万元，农村居民人均可支配收入达到9595元，分别同比增长7.6%、7.5%、10.4%；年末城乡居民储蓄存款余额达到97.3亿元，同比增长8%。

（一）项目建设。全年谋划实施项目248项，亿元以上76项，总投资579亿元。常青成品油、风电定转子等一批竣工项目投产达效，成为经济增长的新支撑；上海光伏发电、中智蓄能电池等一批新兴产业项目顺利推进，创造了当年开工当年投产的新业绩；鼎邦耐磨件、陉山工程装备等一批超10亿元大项目提前开工，完成投资26亿元；爆炸复合板等一批谋划项目正式签约，估算投资达37亿元。新上项目中新兴产业项目投资额占到60%以上。

（二）结构调整。工业方面，实施技改项目98项，新增规模以上企业6家，建成市级创新技术中心3家，省市级科技型企业达到42家。钙镁企业严格执行“18条”治理标准，建成花园式工厂8家，11家进入全国同行业20强，威州镇荣获全省工业碳酸钙名镇。翼凌机械厂建成全国首条森林装甲消防车改造生产线，际华3502公司成为国家级职业装设计中心，天宁化工等3家企业评为全市民营企业50强。农业方面，创建国家级玉米高产示范片1万亩，新增家庭农场4个，改扩建标准化养殖场10家，建成市级中药材种植示范基地2家，圆景苹果荣获省农博会金奖，农业产业化率达到32%，国家级农业综合开发县申报成功。三产方面，物流企业达到117家，实现增加值18亿元。农家超市达到113家，日用消费品销售收入实现2.7亿元。全年接待游客120万人次，旅游综合收入超亿元，三产比重提高到44.9%。

（三）城乡建设。规划编制上，城乡总规获市政府批准实施，城市设计和乡镇规划编制基本完成，绘就了省会西部次中心城市建设的新蓝图。县城建设上，3514、3502、冀都碳素等综合改造项目全面铺开，十大标准化居民小区加紧建设，新增住宅面积30万平方米。污水处理厂二期建成运行，微矿路完成整修改造，长岗道口高标准拓宽，“三路一桥一景”建设加快推进。新增绿地2.6万平方米，顺利通过省级园林县城复查，连续10年被评为省级文明县城。农村发展上，实施水利工程70项，完成水库除险加固5座、渠道防渗22公里，解决了37个村4万人的饮水安全问题。整理土地430亩，开发旱作农田5000亩。新增通讯基站50座，改造输电线路85公里。路网支撑上，京昆高速石太北线建设过半，南绕城高速征地拆迁有序推进，井石快速路正式立项，307国道大中修全面完工，总投资4600万元的衡井线和吴苗线竣工通车，改造农村公路13条58公里。

（四）生态环境。大气治理方面，投资3.1亿元，对钙镁、煤炭和矿山企业进行综合整治，累计关停取缔各类污染企业340家，削减煤炭127万吨，淘汰黄标车4212辆，空气质量明显改善。节能减排方面，实施脱硫脱硝等工程15项，推广低硫煤21万吨，万元GDP能耗下降4.6%，提前一年完成“十二五”节能减排任务，被评为全市节能工作先进县。植树绿化方面，完成小流域综合治理20平方公里，造林绿化3万亩，全县森林覆盖率达到43.6%。环境整治方面，于家多年的历史遗留铬渣土壤修复高标准完成，62个村深入开展洁净乡村创建，19个村全面完成农村面貌改造提升，上安西等3个村被评为市级美丽乡村，苍岩山镇被评为市级生态镇。

（五）多项改革。精简合并行政审批事项19项，取消行政事业性收费8项，工商、质监部门由省垂直管理划归县级管理，食品药品监管体制改革全面完成，天长镇成为全省行政管理体制改革试点镇。积极探索国有资产保值增值办法，成立了河北财硕投资集团有限公司，融通银行贷款和撬动社会资本7.8亿元，实现增值2000多万元。完成农村土地确权登记3万亩，流转土地4.9万亩，流转比例达到17.2%。县级医院推行全员聘用制，县乡村三级医疗机构全部实现药品零差率销售。

（六）社会事业。教育工作上，投资2.5亿元的一中新校区加紧扫尾，投资650万元的西山北路小学建成启用，改造提升农村幼儿园11所，井陉一中成为省级示范高中，井陉县被评为全国义务教育发展基本均衡县。卫生工作上，投资1.9亿元的县医院迁建工程基本完工，创建市级优质服务示范性卫生院2家，189个村建成了中医特色卫生室。“单独两孩”政策启动实施，人口出生率控制在13.3‰。文化工作上，建成了挂云山革命烈士陵园和南张井老虎火展览馆，成功举办首届春节民俗文化游和农民艺术节，戏剧《背水之战》获全省“五个一”工程奖，电影《血色挂云山》在央视播出，全省文化进万家活动启动仪式在井陉县举行，新增省级民俗文化名村9个，并三度蝉联中国民间文化艺术之乡称号，被评为全国文化先进县和全省文化产业十强县。民生保障上，城镇职工医保实现市级统筹，重大疾病保障项目扩展到20种，新农合综合评估全市第一。新增创业实训基地7个，转移农村剩余劳动力5000人。扶贫济困2.1万人，改造危房106户，新建保障房496套。社会治理上，天网覆盖工程全面完工，17个乡镇实现了电子监控全覆盖。食品药品安全监管力度加大，建成消费维权服务站50个。深入开展“六打六治”打非治违专项行动，全县没有发生较大以上安全生产事故。县城建设征地补偿、旧企业改制等一批历史遗留问题得到依法妥善解决，全县保持了和谐稳定的发展局面。

（七）政风建设。扎实开展群众路线教育实践活动，严格执行中央“八项规定”，聚焦“四风”，立行立改，解决了一批群众反映强烈的突出问题。自觉接受人大法律监督和政协民主监督，全年办理人大代表建议和政协委员提案113件，办复率100%。建立了县乡村三级便民服务平台，形成了为民服务和重点项目全程代办机制，全年完成公共资源公开交易189宗，被评为全省“六五”普法先进县。同时，人民武装、审计监察、妇女儿童、老龄慈善、广播电视、粮食烟草、档案物价、邮政残联、民族宗教、气象人防、外事侨务等各项工作都取得了可喜成绩。

承德市双桥区

双桥区是承德市的核心区，是首批“全国和谐社区示范区”、“全国生态文明建设试点地区”，2012年又被命名为“全国社区管理创新实验区”。现区域面积372.07平方公里，辖5个镇、7个街道，53个行政村、68个社区。户籍人口31万，另有流动人口10万多人，区内有满族、回族、蒙古族、壮族、朝鲜族等25个少数民族，人口4.6万人。境内的避暑山庄及周围寺庙景区被列入世界文化遗产保护名录，是国家5A级景区、中国四大名园之一。双桥区地理位置独特，随着京承、承唐、承秦、承朝、承赤等高速公路的相继通车、“两环十射”高速公路网的即将形成、北部承德机场和东南京沈高铁的逐步建成，已成为连接京、津、冀、辽、蒙等五省市的重要交通枢纽。

2014年，区委、区政府全面落实中央、省、市各项决策部署，以“抓项目、惠民生、解难题、稳运行”为着力点，扎实工作、锐意进取，全区经济社会发展呈现稳中有进的良好态势。全年地区生产总值完成145.4亿元，增长5.2%，占全市经济总量的10.8%，在全市位居第三位，三次产业比重为1.6∶34.5∶63.9；全部财政收入完成16.3亿元，增长1.5%，其中公共财政预算收入完成4.5亿元，增长2.9%；全社会固定资产投资完成75.2亿元，增长0.3%；社会消费品零售总额完成102.1亿元，增长8.7%；城乡居民人均可支配收入分别达到2.36万元和8689元，分别增长9.7%和10.9%。

一、项目工作稳中有进。全年共实施亿元以上重点项目76个，其中：当年新开工项目17个，完成投资16.6亿元。金龙购物广场、嘉和五星级酒店、双百购物二期、名都广场陆续投入运营，奔驰4S店完成主体，云枫岭文化旅游休闲产业园、内陆港海关监管场所等一批在建项目进展顺利。承德避暑山庄碧峰门民俗文化产业园快速发展，荣获了2014年全省首批“文化产业示范园区”和全省“十大文化产业项目”称号。文化印刷创意产业园、抱佛山文化产业园、中国北方酒文化产业园等一批新签约项目正在开展前期工作。全力做好市级重大工程，双峰寺水库征地拆迁工作顺利推进，京沈客专双桥段征地登统工作全部完成。

二、城市承载能力持续提升。投资3000余万元不断完善基础设施。完成了附属医院后道、马市街、小佟沟路整体维修和40条小街巷、66处重点部位的维修维护，加固、重建11处危坝，承下线大石庙至双山洞段开工建设，鹿栅子沟等4条道路完成路灯新装；通过拆违控违、绿化美化彻底改善西大街两侧脏乱差形象；文化大厦地下市场、景区周边14座公厕全部投入使用，城区新增停车泊位700余个；改造新生路、荆芭胡同污水管网，强力实施西大街区域污水主管道连通工程，市区三条主要旱河污水散排得到有效治理；改善小佟沟物资局家属楼等3个小区整体环境，完成1.4万平方米老旧楼房节能改造，配合市住建局完成大老虎沟供热改造工程。连续开展“五清一化一加快”和市容市貌集中整治攻坚行动。新增城区绿地5万平方米；拆除违建2.2万平方米；完善管理制度，试行“六定”机制，落实网格化和“门前五包”管理办法；改革环卫、城管体制，实行部门、镇街双重管理，成立了市容市貌联合执法小组，全覆盖、制度化、规范化的城市管理模式正在逐步形成。多措并举改善生态环境。实施大气污染治理，取缔燃煤锅炉26台，安装油烟净化设施26台，安装渣土运输车机械密封盖125台，淘汰黄标车700余辆，市区二级以上天数达到249天。实施水环境整治，划定武烈河沿岸禁养区，全部取缔各类违法采砂场，治理整改旱河排污口41处，治理水土流失面积2平方公里，断面水质达标率100%。实施绿化工程，投资680万元，完成造林1.7万亩、绿化美化村庄22个，森林覆盖率达到43.2%。

三、回迁房建设和债务化解实现新突破。在回迁房建设中，充实力量，明确目标，破解资金、基础设施、拆迁等难题，整个回迁房建设取得了重大突破。北区回迁房，具备开工条件的全部开工，完成主体封顶31.7万平方米，完成室内外装修33.3万平方米，五道沟回迁房完成分房工作，逐步完善配套基础设施，五道沟路、窑塞沟路基本完工。城中村改造回迁房，完成主体封顶8.2万平方米，下二道河子二道沟等4个地块正在完善前期手续，即将开工建设。路网回迁房，资金瓶颈实现突破，完成安置148户3.1万平方米，马架子、碾子沟、蛤蟆石已开工8.3万平方米且主体全部完工。在债务化解中，多方跑办争取，控总量、调结构，债务风险得到有效控制。成立政府性债务管理领导小组，出台了债务化解方案等4个专项文件，债务管理进一步加强；与20余家不同类别和层级的金融机构对接，到位银行贷款31.12亿元，特别是经过一年多的艰苦努力，国家开发银行42.7亿元贷款获批，已到位27亿元；全年偿还企业借款、银行到期贷款、回迁房工程款等债务19.8亿元。

四、京津冀协同发展开局良好。瞄准顶层设计，经过积极跑办对接，脱贫扶持、生态补偿等方面与贫困县享受同等待遇和加大对世界文化遗产保护资金支持等诉求已列入京津冀协同发展方案；生态补偿方面取得明显成效，全年获得补偿资金1800余万元；围绕生态水源涵养、城市基础设施建设，谋划争列重大工程20余项；与京津25家企事业单位进行接洽，签约合作项目7个。

五、社会事业全面进步。民生支出达5.6亿元，占全部支出的68.3%，各项民生工程扎实推进。城镇新增就业2991人，城镇登记失业率保持在4%。城镇居民医疗保险参保人数达10.6万人，城乡居民养老保险参保率达到92%，城镇职工医疗保险、失业保险新增扩面462人，新农合参合率达到99.5%。开工建设各类保障性住房6980套，完成危房改造214户，新增住房补贴100户，超额完成市下达任务。扶贫济困投入持续增加，发放低保金3970万元，发放临时救助、大病医疗等救助金1100余万元。农村面貌持续改善，实施了4个省级重点村的改造提升行动，49个村纳入环卫垃圾收运体系，解决了1.23万人安全饮水问题，完成甸子大桥改造和20.5公里农村公路建设。结合"春雨行动"推进扶贫攻坚，全区科级干部与全区513个城乡贫困户实行一对一精准帮扶，探索"公司＋合作社＋农户"的观光旅游脱贫模式，1300人实现脱贫。社区工作再上新台阶，被国家民政部确定为第二批"全国和谐社区建设示范城区"，圆满完成第四届社区居委会换届选举工作。教育均衡发展加快推进，石洞子沟、东园林小学暑期投入使用，严格实施划片就近入学，组成7个小学联盟，民中、五中成功合并，教师资源均等化迈出实质性步伐。继续深化医药卫生体制改革，投资310万元不断改善基层医疗卫生条件，为2.67万65岁以上老人进行免费体检。计划生育各项指标圆满完成，计生惠民服务措施有效落实，完成580对夫妇免费孕前优生健康检查、1.73万农村已婚育龄妇女生殖健康免费检查和2076人两癌筛查，发放独生子女奖励等各项奖金、救助金220余万元。文化事业繁荣发展，全年组织文体活动30余次。全年破获刑事案件920起，查处治安案件5680起，有力维护了和谐稳定的社会局面。安全生产、食品安全、城市消防、森林防火、防汛等各项安全工作有效开展，群众工作和信访稳定持续用力，全年没有发生重大事故。

承　德　县

承德县地处河北省东北部，总面积3648平方公里，辖23个乡镇和1个街道，378个行政村，人口42.4万，其中农业人口35.8万，是全省首批扩权县，也是燕山——太行山集中连片特殊困难地区扶持县，2013年又被列入国家重点生态功能区。区位优越，从东、南、北三面环抱承德市区，县城距市主城区22公里，西南与北京市密云接壤，东北与内蒙古宁城为邻，既紧临主城又一县跨三省（市）。京承、锦承铁路和101、112、承秦等国省干道穿县而过，过境的承唐、承朝、承秦、承赤四条高速建成通车，张唐铁路、京沈客专两条铁路和一个飞机场正加快建设。资源丰富，全县耕地53.3万亩，林地328万亩，森林覆盖率61.8%，是"全国绿色小康县"。境内有滦河、老牛河等8条主要河流，水资源是全市最丰富的县份之一。地质矿藏比较丰富，已探明金属、非金属矿46种，钒钛铁、花岗岩、石灰石储量分别为20亿吨、28亿立方米、15亿吨，"承德绿"花岗岩为国内独有品种。经济多元，全县三次产业协调发展，三次产业比例由"十一五"末的27.8：45.8：26.4，调整到目前的21.9：50.7：27.4，农业结构调整步伐加快，工业支撑作用突出，第三产业发展势头良好，财政收入来源多元化的特点明显，铁选冶金业、食品及其他制造业、建筑房地产业和商业服务业提供的税收分别为28.5%、15.7%、25.2%和11.7%。文化厚重，承德县历史悠久，文化与承德市同宗同源，境内有朝阳洞、汤泉行宫、石海森林公园、明清长城、毛主席语录碑等自然、人文景观，其中汤泉行宫是康熙大帝御用温泉，久负盛名，板城烧锅酒"老五甑"酿造技术已列入国家级非物质文化遗产保护名录，乔杖子（剪纸）被文化部命名为"中国民间艺术之乡"。2014年，全县上下团结奋斗，开拓创新，抢抓京津冀协同发展重大机遇，主动适应经济新常态，各项工作取得了新业绩，较好地完成了县十五届人大三次会议确定的目标任务。全县地区生产总值完成123.6亿元，增长8.6%；民营经济增加值91.9亿元，增长8.4%；全社会固定资产投资完成157亿元，增长16.3%；全社会消费品零售总额完成43.3亿元，增长13.1%；全部工业增加值58.2亿元，增长9.9%；规模以上工业增加值55.8亿元，增长10.4%；粮食总产量19.1万吨，油料总产量338吨，蔬菜总产量33.7万吨，全部财政收入完成16.5亿元，增长0.6%，其中公共财政预算收入完成9.42亿元，增长9.4%；全部财政支出21.4万元，增加5.1%；城乡居民储蓄存款余额85.3亿元，增长10%；单位生产总值能源消耗0.9602吨标准煤/万元，降低6.25%；城镇居民人均可支配收入达到1.96万元，增长9.1%；农村居民人均可支配收入达到7375元，增长13.1%，县城环境空气质量达到或好于二级以上的天数达到196天，其中一级天数达到19天。

（一）传统产业改造升级步伐不断加快。路和、金岭、恒伟等铁矿集团按照"五统一"要求基本整合完成。在全县矿业企业开展了"安全学黑山、整合学路和、管理学建龙"的行业对标活动，企业在降本增效、技改扩能、规范管理等方面积极作为，有效化解经济下行压力，实现了产量、税收"双提升"。金岭集团与河北联合大学合作建设的尾矿综合研发中心项目有序推进。天成印刷科技公司是全市首家"新三板"挂牌上市企业。

（二）新兴产业加速崛起。在全市率先完成《清洁能源发展规划》，为争取清洁能源示范县奠定了基础。中电投50万千瓦光伏发电项目一期10万千瓦已全部并网，成为华北地区最大的山地光伏发电基地。绿草地宽温新型稀土锂电池项目开工建设，中昱军利扇翼飞行器产业园项目正在加快推进。实施科技型中小企业技改项目72个，23家企业被省科技厅认定为科技型中小企业，5家研发机构被认定为市级工程技术中心。金龙输送机成套输送系统扩能、蓝天塑料异地扩建等5个项目列入2014年河北省千项技改计划。

（三）旅游服务业发展势头良好。仓子、大营子、新杖子等乡镇已签约在建旅游项目16个，其中唐家湾丹霞景区综合开发项目完成投资3亿元，景区基础设施全面开工建设。乡村旅游接待水平进一步提升，创建了新杖子乡苇子峪、大营子乡王家庄等一批乡村旅游示范村，其中苇子峪村被评为国家AA级旅游景区。全县年旅游接待人数达120余万人次，旅游收入3.4亿元。

（四）农村主导产业稳步发展。实施果品新栽与提质增效“双十”工程，建成三沟镇平台等千亩精品果园11处、百亩以上精品果园20处，新发展果品种植3.8万亩，总面积达31万亩。食用菌以标准化园区生产为重点，建成三家乡老当铺等标准化园区10个，新增栽培量4000万棒，总量达1.8亿棒，刘杖子乡香菇“蒲公英”种植模式在全省推广。蔬菜步入设施生产阶段，建成百亩以上园区13个，创建国家级蔬菜标准园2处，新增设施菜面积3000亩，总量达到17.5万亩。肉鸡标准化、规模化、高效化生产迈出新步伐，新增肉鸡“三化”养殖场93栋，全年恢复改造提升饲养能力1000万只，总量稳定在7000万只。

（五）协同发展开局良好。抢抓京津冀协同发展重大机遇，设立“面向京津外联活动办公室”，主动加强与央企、京企对接，组织招商活动50余次，达成合作项目17个。其中，规划占地1000亩的清华华唐现代服务外包产业园项目已签订协议，项目落地建成后，预计可安置产业工人10—15万人，填补全市服务外包产业空白，对承德县第三产业发展具有里程碑意义。上海红星美凯龙项目已成功签约，国家图书馆文献战略储备馆、北京中自控集团休闲养生基地等一批项目正在深入洽谈。全年共签约引进经济协作项目104个，引进县外资金64.8亿元，其中投资亿元以上重点项目26个，已落地建设11个，完成投资16.8亿元，经济发展后劲进一步增强。

（六）城乡建设统筹推进。编制完成《承德县城乡总体规划（2013—2030）》，中心城区控制性详细规划、近期规划和专项规划编制工作有序推进。总投资27亿元，实施了南环路续建、污水处理厂扩建、城市道路绿化、亮化及景观节点工程等城建项目27个，新增绿化面积10.5公顷，城市绿地率达到38.2%，城市品位进一步提升。总面积70万平方米的万荣、新合作、富豪国际3个城市商贸综合体建设进展顺利，其中万荣商业广场已建成投入运营。

（七）社会保障体系更加完善。累计完成城乡居民参保登记21万人，参保率99.7%。建设保障性安居住房375套，争取上级资金2004万元，改造农村危房1500户。解决了4.7万农村人口饮水安全问题。坚持教育优先发展战略，投入4000万元实施校安工程、校舍维修改造等项目，办学条件得到有效改善。基本完成县职教中心与六沟高中整合工作，积极探索高中阶段教育新模式。卫生与人口计生事业健康发展，县医院顺利通过全省首批二甲医院代教评审验收，并列入国家卫计委首批500家综合能力提升行列，县财政为全县药品零差率销售补助1808万元。文化体育事业蓬勃发展，成功举办第二届全民运动会和大型歌咏比赛。

平泉县

平泉县位于河北省承德市东部。2014年，全县上下紧紧围绕“建设三省交界区域中心城市”这个核心目标，强力实施“工业强县、农业兴县、文化活县、商贸旺县”发展战略，持续巩固了经济平稳健康发展、社会和谐稳定的良好局面。全县实现地区生产总值148.1亿元、增长7.3%；财政收入17.1亿元，其中一般公共预算收入9.6亿元、增长4.7%；城镇居民人均可支配收入19988元，农村居民人均可支配收入8197元，分别增长9.8%、12.3%。

一、深化改革、狠抓开放，经济发展后劲不断增强

招商引资扎实有效。签约清华科技产业园等千万元以上项目179个、总投资91.4亿元。对接国家部委21个、央企京企112家、高等院校30家，落地中电投光伏发电等项目8个，成功列入国家重点生态功能区，财政转移支付补助资金净增4550万元。全年累计引进县外资金89.6亿元、增长13.2%，其中社会性引资71亿元、增长9.7%。

重点建设成效明显。开工建设平泉欢乐谷等亿元以上项目110个、完成投资79亿元，汇华冶金粘结剂等53个亿元以上续建项目完成投资36.5亿元，恒达机械铸造等15个亿元以上项目竣工投产。实现固定资产投资161.3亿元、增长19.5%。列入省、市重点项目11个，总数居全市第一位。

创新能力不断提升。华净公司院士工作站成功获批，5兆瓦热电炭肥联产项目实现1兆瓦发电试运行。国家食用菌产业技术研发中心一期竣工，河北省食用菌产业技术研究院获得省级认定，科技成果超市建成运营。列入国家和省市科技项目5个，建立企业和行业研发中心1家，授权国家专利18项。

各项改革稳步推进。被列入国家第二批县级公立医院综合改革试点县，卧龙镇被列为全省经济发达镇行政体制改革试点，县供销社成为省供销社综合改革试点，农村综合改革取得阶段性成果，农村土地承包经营权确权登记工作经验在全省交流。

二、调优结构、推动升级，产业转型不断取得新成绩

工业经济转型提质。实施总投资245亿元的力达干粉砂浆等千万元以上生产性项目145个、完成投资67.4亿元，其中转型升级类项目29个，同汇生物降解制品一期等52个项目试产投产。实现规上工业增加值51.2亿元、增长6.5%。远奥公司“西门诺尔”飞机实现首次批量组装销售，全年售机11架。

农业特色愈加凸显。新增食用菌7300万袋、设施园艺4000亩。新建经果林基地3.5万亩，建成千亩果园3个，完成果树提质增效1.1万亩。“杨杖子红薯”通过绿色产品认证，“榆树林子黄瓜”远销俄罗斯等“丝绸之路”沿线国家。新增省级农业产业化重点龙头企业3家、总数达到13家，稳居全省县级第一。平泉县被评为国家级出口食用菌质量安全示范区、国家首批农业良种繁育基地。

文化产业融合推进。平泉契丹博物馆网站开通运行；绿世界活性炭公司通过全省文化科技融合示范企业认定；山庄老酒文化广场完成主体，中国皇家酒文化博物馆和综合办公楼成为特色独具的地标建筑；油画产业园开工建设。

商贸物流蓬勃发展。华北物流公共服务中心项目列入国家“十二五”规划，燕塞汽车产业园一期招商入驻，全县专业市场交易额达到36亿元。《平泉羊汤行业管理办法》制定出台，新、改建羊汤旗舰店1家、标准示范店3家。全县社会消费品零售总额48.7亿元、增长14.2%。平泉县被评为国家级商务综合执法先进县。

三、统城乡、优生态，新型城镇化进程不断加快

县城功能不断完备。城乡总体规划、高铁新区城市设计等5项规划编制完成。府前街拓宽改造、城区提质增绿等52个城建项目完成投资30亿元，城北公园、天然气释放站开工建设。城市建成区面积扩大到17.5平方公里，集中供热面积达443万平方米。平泉县成功争列国家园林县城、省级环保模范城，顺利通过全国文明县城复检。

农村面貌持续改观。平泉镇、卧龙镇和黄土梁子镇被列为全国重点镇。太平梁社区等19个中心村结转工程加快实施，黑山口社区等23个中心村开工建设，桲椤树社区、黑山口社区、七沟村被确定为省级中心村示范点。新农村建设工作受到省委、省政府表彰，在全省10个先进县中名列第二，平泉县被评为全国村民一事一议规范管理先进县。

基础设施日益完善。引哈入瀑隧洞工程完成总量的80%，县城供水二期新水厂竣工投用。小寺沟、茅兰沟两个110千伏变电站扩建工程竣工投用。京沈客专（平泉段）在全省率先开工，国道101县城段改线工程完成招投标，平泉县被列为全省城乡公交一体化试点县。新建各类通讯基站、直放站158座，广播电视人口综合覆盖率达到98%。

生态环境不断优化。新建和升级改造PM2.5大气自动监测站各1座，取缔自备燃煤锅炉10台，完成减排工程10个，更新天然气公交车24辆。大力推进增林扩绿十项行动，新造林5.5万亩，森林覆盖率提高到57.8%。治理水土流失20平方公里。万元单位GDP能耗下降5.03%，化学需氧量、氨氮、二氧化硫和氮氧化物排放量分别削减2.59%、2.48%、0.8%和0.8%。

四、重保障、讲服务，群众幸福指数不断提升

社会事业全面进步。建设改造学校食堂、幼儿园18所，全国第五届培养学生良好行为习惯现场会在平泉县召开。“毽球”“珍珠球”项目在全省第九届民运会上勇夺第三名，河北蒙中被评为国家级体育传统项目学校。6个乡镇卫生院改扩建及周转宿舍项目扎实推进，医疗卫生综合改革试点工作通过省级验收。平泉数字图书馆建成投用，19个乡镇文化站顺利通过国家定级，平泉县成功跻身全国文化先进县行列。

社会保障不断加强。民生方面投入资金19.3亿元，占全年财政支出的77.8%。新增城镇就业岗位4780个，平泉县被评为国家新型职业农民培育试点县。各类保险新增扩面7026人，城乡社会养老保险有序衔接；高龄补助范围拓展到80周岁以上；筹集各类善款670万元，发放各类补贴和救助资金1亿元，救助困难群众6.2万人。新改造农村危房2000户。新建扶贫园区7000亩，实现2万人稳定脱贫。

平安建设扎实推进。安全生产承诺制有效落实，安全生产形势持续稳定。全省食品药品安全县创建工作稳步推进，平泉县药品不良反应监测工作居全市首位。“打击网络诈骗”等严打整治行动成效显著，成功侦破特大网上非法传销案。建立“民调E通”信息平台，各类矛盾纠纷化解率达到98%。平安建设继续保持全市第一，被评为省级“平安县”。

滦平县

滦平县隶属河北省承德市，位于承德市西南部，素有北京北大门之称。2014年，滦平县紧紧围绕“绿色崛起、环首突破”的发展思路，抢抓京津冀协同发展的战略机遇，全面推进“五大功能区”建设，稳增长、调结构、促改革、惠民生、保稳定，经济社会发展取得显著成效。

（一）抓收入保增长，经济运行更平稳。全县生产总值达到151亿元，增长9.8%；全部财政收入完成23.53亿元，增长2.3%；固定资产投资完成156亿元，增长23.4%；城镇居民人均可支配收入达到21044元，增长10.2%；农民人均可支配收入达到6435元，增长12.4%；民营经济增加值达到135亿元，增长13.1%。

（二）抓开放上项目，后发优势更明显。积极参加廊坊“5·18”经洽会等各类大型招商洽谈活动，自主举办了第一届北京承德商会企业家走进滦平等大型活动，吸引各地客商180多批900余人次来滦考察，新签约亿元以上重点项目32个。巴克什营文化产业园、隆康有机食品等106个亿元以上项目开工建设，伯瑞高档保健食品、普润生物制药等52个亿元以上项目投产运行。全年累计引进市外资金66.3亿元，引进经济技术合作项目140多个，实际利用外资234万美元、外贸出口2369万美元，被评为省级重点项目建设先进县。

（三）抓园区建平台，产业结构更优化。承德张百湾新兴产业示范区，“七通一平”等基础设施建设稳步推进，博亚百万头生态有机猪屠宰及深加工等5个项目投入试生产，卓达承德新型材料科技产业园、金泰琪环保造纸等7个项目开工建设，北宇环境能源科技产业园、北京仁孝护理器材等9个项目签订了入园协议。河北滦平经济开发区，完成供水、供热、路网等基础设施建设，首批417户居民迁入宜居新区。建龙破碎系统改造等29个重点工业技改项目稳步推进，润丰新型建材等5大类41个尾矿综合利用项目顺利实施。全年铁精粉和氧化球团总产量突破1600万吨。金山岭生态文化旅游经济区，长城河谷等3个休闲旅游项目开工建设，“唐乡”乡村主题假日酒店正式开业，特色乡村旅游新模式在全省推广。金山岭长城成功入选“全球百佳可持续目的地”，5A级景区创建有序实施。全年接待游客56万人次，综合收入4.5亿元，同比分别增长40%和45%。西部现代循环农业区，继续实施“8142”工程，畜禽养殖、设施菜、林果等产业持续巩固。

尚亚、兴春和等6个农业园区建设稳步推进。全县肉鸡饲养量达5500万只，生猪饲养量达85万头，蔬菜产量达5.5亿公斤，新发展经济林10.7万亩。中药材产业高点起步，滦平燕山中药材经济核心示范区建设上升为省级战略，8个道地品种种植园规划实施，中药材种植面积达5万亩，农业产业化经营率达到66%。

（四）抓县城带乡村，人居环境更优美。县城建设扩容提质，顺利通过国家园林县城初评，连续两年荣获省人居环境进步奖。融和岭秀等10个高品质住宅小区建设顺利实施，张木沟等7个棚户区改造项目有序推进。四小、乒羽馆等公建项目建成投入使用；清真寺、消防站、县中医院、妇幼保健院改扩建等项目主体完工；鑫港大街等九路一桥工程和第六、七道橡胶坝建设基本完成；新建阳光花园等游园绿地9处，改造清理排污、供热等各类综合管网3万多米。新农村建设有序开展，投资1.53亿元，完成64个农村面貌改造提升重点村建设任务，周营子村入选“省级美丽乡村”。积极开展“美丽庭院”“百善孝为先”等主题评选活动，进一步激活农村发展的内生动力。基础设施支撑不断强化，张唐铁路、张承高速公路等重点项目顺利推进，省道张隆线大中修工程全部完成，滦赤线养护改造路基工程基本完成，县道御关线、张拉线竣工通车，红旗大桥等12座危桥改造工程启动实施。红旗220KV等重点电力设施建设全面完成。

（五）抓治理强举措，生态环境更优化。严格实施32家重点排污企业监管和85个畜禽养殖企业减排工作，全年万元生产总值综合能耗下降4.9%。淘汰黄标车和老旧机动车436台，90家新增餐饮企业全部安装油烟净化设施，二级以上优良天数达到218天。以第一名的成绩荣获全省农田水利基本建设“海河杯”一等奖，地表径流断面监测达到国家排放标准。京津风沙源治理、京冀生态水源涵养林等重点生态造林绿化工程顺利实施，新增造林面积7.5万亩，森林覆盖率达到59.7%。地质灾害防治工作成效显著，被评为全国首批地质灾害防治高标准“十有县”。

（六）抓民生保稳定，社会事业更繁荣。坚持将可用财力向民生领域重点倾斜，民生支出17.4亿元，增长19.7%。全县城镇新增就业3588人，城镇登记失业率控制在3.5%，新增各类保险扩面5604人。640套保障房、93套棚户区改造安置房竣工投入使用，120套公租房、235套棚户区改造安置房主体完成，16.5万平方米老旧住宅楼外墙保温工程顺利实施，完成农村危房改造3650户。3.22万人饮水安全问题妥善解决，2万余困难群众获得慈善救助。高标准通过省政府普高验收，与韩国东国大学、北京化工大学等18所院校实现深层次交流办学，高考取得历史最好成绩。大店子“抡花”列入国家级非物质文化遗产名录；成功举办了第17届全国普通话推广宣传周重点活动，普通话体验区建设得到国家语委高度认可；成功举办了“金山岭长城杯”全国书法展、“中国长城散文金砖奖”征文大赛和第三届全民运动会等一系列有影响力的大型文化体育活动，滦平形象得到明显提升。与北京12家医院建立合作关系，“医联体”“医共体”“医药体”项目稳步实施，实现了与北京优质医疗服务资源“共建共享”。医疗、计生惠民政策全面落实，新农合参合率达到98.61%，人口自然增长率保持在7.18‰。安全生产形势总体平稳，具有滦平特色的“1+2+11”人民调解模式初步形成。

隆 化 县

隆化县位于河北省东北部，是国家扶贫开发重点县，全国著名战斗英雄董存瑞英勇牺牲的地方。全县总面积5497平方公里，总人口44.6万人。全县耕地资源86.47万亩，林地488万亩，森林覆盖率59.9%。境内已探明铁、铅、锌、钛、铜、钼、萤石等矿产资源40余种，其中24种已得到有效开发利用，探明地热温泉5处。人均水资源、耕地亩均水资源均居全省首位，是京津地区重要的水源涵养地。县城距北京市260公里，距天津港430公里。境内国省干线公路里程达到591公里，形成了北接辽蒙、南通京津的交通网络。主要景点有国家4A级景区、首批“国家级国防教育示范基地”董存瑞纪念馆，隆化民族博物馆，茅荆坝国家级自然保护区及茅荆坝国家森林公园，七家、茅荆坝温泉等。

2014年，面对“三期叠加”的严峻挑战，面对深化改革、加速转型的艰巨任务，隆化县委、县政府紧紧围绕“解放思想、改革创新、科学发展、奋进崛起”总要求，深入实施“454”发展战略，在大事多、难事多、要事多的特殊年份，取得了经济平稳运行、社会和谐稳定、各项事业协调发展、生态文明不断进步的新成绩。年内完成地区生产总值108.8亿元，比上年增长7.2%，三次产业比重27∶47∶26。全部财政收入11.2亿元，比上年下降10.3%，社会消费品零售总额35.2亿元，比上年增长14.0%。全社会固定资产投资累计完成131.7亿元，比上年增长24.6%。全年城镇居民人均可支配收入1.88万元，比上年增长9.5%，农村居民人均可支配收入5905元，比上年增长12.6%，在岗职工年平均工资3.93万元，增长8.3%。年末全县金融机构各项存款余额103.3亿元，比上年增长11.6%。空气质量二级以上天数301天，其中一级天数107天，二级天数194天。全县粮食总产量27.7万吨，下降13.6%。

（一）稳定工业生产，调优产业结构。2014年全县工业完成工业总产值158.8亿元，比上年增长15.8%，其中规模以上工业企业52个，完成总产值113亿元，增长5%，规模以上工业完成工业增加值39.8亿元，增长10%。坚持把稳增长与促转型同步推进，大力发展装备制造业，阀门一期、金风2.5兆瓦级风机、输送机械厂一期建成投产，主导产品产能、销量增幅均超过30%；下大力集中整治企业周边环境，保障企业生产，金谷集团重组盘活，玺德利、物流矿业两个50万吨技改扩能项目建成投产，五大矿业集团全部正式运营，全年实现产值72.7亿元，利税10.2亿元；加快淘汰落后产能，21家粘土砖厂关闭到位；积极培育新兴产业，大艺、金富达等6个新型建材项目建成试产，中能和信光伏发电项目开工建设。全年新增规上企业8家，新村、顺达2家企业被评为“全省百强民营企业”。

（二）巩固农业基础，发展三农经济。2014年全县完成农林牧渔总产值50.9亿元，比上年增长4.9%，其中农业产值20.4亿元，增长6.8%。林业产值3.3亿元，比上年增长12.3%；牧业产值24.9亿元，增长2.8%。投入财政资金2500万元，落实贴息贷款2.1亿元，撬动社会资金7亿元，规模肉牛养殖户增至1.7万户，设施菜、经济林、中草药、草莓基地分别扩大到6.8万亩、20万亩、12万亩和4000亩，郭家屯、韩家店等4个中草药基地被评为省级示范园。畅隆中药材、韩国百汇食品等一批产业化项目先后入驻隆化省级经济开发区，北戎生态牛肉打入京津市场，恒欣农业“新三板”成功挂牌。全县新增市级以上龙头企业18家，农民合作社200个，行政村经济合作组织实现全覆盖，产业化经营率达64.3%。

（三）拓展第三产业，做大服务经济。发挥全县独特的森林、温泉旅游资源优势，高标准编制热河生态文化旅游新区规划，有效加强对温泉、土地、森林资源的管控，全力加快热河生态文化旅游新区建设。七家温泉行馆等8个投资超亿元项目加快建设，汇源现代养生产业园、中电易德旅游综合开发等4个超十亿元的重大项目签约落地。全年接待游客112万人次，实现收入6.5亿元，分别增长22%和54%，被确定为承德市旅游标准化示范县，休闲旅游业正在成为县域发展最快、潜力最大的产业。2014年，全县完成社会消费品零售总额35.2亿元，比上年增长14.0%；完成建筑业增加值8.1亿元，增长5.3%；年末全县金融机构各项存款余额103.3亿元，比上年增长11.6%，各项贷款余额66.8亿元，比上年增长11.1%。

（四）狠抓项目开发，积蓄发展后劲。紧紧抓住京津冀协同发展重大契机，内抓全民创业，外抓全民招商，力促项目开放工作实现新突破。全年引进投资超亿元项目48个，实施千万元以上项目200个，完成投资117亿元，投资增幅居全市首位。把工业园区作为项目开放的主阵地，强化基础投入，成立园区开发公司，累计完成基础配套投入3.5亿元，7个项目顺利入驻食品产业园，阀门工业园、建材产业园等4个功能分区出具规模，全年实现产值102亿元，上缴税金5亿元，园区平台活力不断释放。积极推进商事登记制度改革，全年新增个体工商户1323户，私营企业294家，分别增长160%和260%，全民创业活力进一步释放。

（五）统筹城乡建设，建设和谐隆化。全年用于民生事业支出17亿元，占财政总支出的79%，年初确定的“十项惠民工程”全面完成。投资9.6亿元，实施城建项目44个，县城基础设施得到明显改善。完成了4个35千伏输变电工程，实施了4条国省干线公路建设。新增城镇就业4140人，社保扩面4621人。新开工保障性住房518套，改造农村危房2000余户。创新“一村一品一支部，一户一策一干部”扶贫模式，56个扶贫重点村“摘帽出列”，2.2万人稳定脱贫。校安工程全部完成，满族小学主体竣工，顺利通过省政府基本普及高中阶段教育评估验收，高考本科上线率提高10.6个百分点，成绩创近十年新高。全面启动公立医院综合改革，县级院同步实现药品零差率销售。围绕城区综合整治、农村面貌改造提升、大气污染防治、武烈河上游综合治理和禁牧舍饲五项重点工作，全面打响生态环境建设攻坚战，隆化县被评为“全国绿化模范县”，隆化镇被评为“全国环境优美乡镇”。

县委书记：陆文龙

县人大主任：陈亚媛

县　长：李　东

县政协主席：韩　彪

丰宁满族自治县

丰宁满族自治县位于河北省北部、承德市西部。2014年，面对严峻复杂的经济形势和艰巨的改革发展任务，县政府在县委的正确领导下，在县人大、政协的鼎力支持下，团结依靠全县人民，知难奋进，开拓进取，较好地完成了县七届人大三次会议确定的各项目标任务。全年实现地区生产总值91.6亿元，增长5.9%；全社会固定资产投资154.6亿元，增长15.9%；财政收入11.3亿元，增长20.8%，其中，公共预算收入6.61亿元，增长22.5%；社会消费品零售总额35.2亿元，增长14.2%；农村居民和城镇居民人均可支配收入分别达到5544元、1.69万元，增长9.6%和8%。

（一）产业转型步伐加快。以奶牛小区牧场化改造、有机农业示范园和特色种养殖园区建设为突破口，推动农业结构调整。争取国开行贷款2亿元，启动实施养殖小区牧场化改造24个，奶源品质明显提升，在国内鲜奶价格大跌的背景下，成功抵御了市场风险，呈现逆势增长的喜人态势；坝上及接坝地区生态有机农业综合示范园建设取得阶段性成果，投资3.87亿元，新开工159个产业化项目；在坝下地区重点推进设施菜、食用菌、苗木和有机杂粮的种植，千亩设施蔬菜园区达到5个，食用菌种植总量突破4000万棒，苗木基地规模达到3万亩，建立了黄旗有机小米保护示范区。新增市级以上龙头企业5家，产业化经营率达到58%。坚持抓生产、保运转与企业改造提升同步的原则，在矿产品价格持续走低的形势下，与企业共度难关，运用综合扶持措施，保证了顺达集团、源宏矿业、三赢公司等矿山企业正常生产，鑫源钼业、燕山银业技改扩能项目竣工，炫靓建材干混砂浆、鑫源钼业水泥骨料、丰煊建材烧结砖改造、晶环建材蒸压免烧砖等一批新型建材项目开工建设。新增入统工业企业9家，达到52家，实现规上工业增加值28.1亿元，增长8.8%。把文化旅游业的进档升级作为重中之重来抓，累计投入资金400多万元，完善旅游景区基础设施。理顺京北第一草原经营管理体制并高标准通过4A级景区验收。成功举办全国校园舞蹈汇演等草原狂欢季系列推介活动，全年接待游客141万人次，实现旅游综合收入7.4亿元。滕氏布糊画列入国家级非物质文化遗产名录，丰宁荣获“河北省文化产业十强县”称号。黄旗煤炭物流园竣工，天桥冀北煤炭物流园加快建设，改造提升农村集贸市场4个，活跃城乡经济。金融对县域经济发展的支撑能力明显增强，各项贷款余额达到74.5亿元，增长32.5%，居民储蓄存款余额82亿元，增长13.9%，存贷比58.7%，提高7.7个百分点。

（二）城乡基础设施建设快速推进。实施重大交通工程13项，建设总里程500多公里，其中，虎蓝铁路完成境内铺轨66公里；张唐铁路具备铺轨条件；张承高速完成境内路基和桥涵工程；111线怀丰隧道、半虎线张承界至大滩、御大公路全面竣工通车；人民群众热切期盼的北京至丰宁城际公交开通运营；抽水蓄能电站进场道路完成路基和桥涵工程；111线“三改二”完成铺油13公里；投资4870万元的农村公路改造全部完成。杨木栅子35千伏输变电工程投运，北新区电力管网建设有序推进；土城110千伏输变电站完成主体工程。完成北新区市政管网和老城区地下管网年度改造工程。基础设施的日益改善，为实现富民强县目标奠定了坚实基础。

（三）改革开放取得新进展。完成土地承包经营权确权工作。率先在全市实施服务现代农业的一体化农业发展体制改革。成功运作城区保洁和园林管护市场化工作。完成中医院、凤山二院医改，外贸公司改制，食品安全机构改革和质监、工商管理体制下划工作。解决了中药材公司遗留多年的改制重组问题。国营林场改革方案获得批复。启动五个部门的行政执法监管权委托下放工作。进一步密切与民建中央、国家发改委、商务部、工信部的联系。与北京航天德润置业签订燕山大峡谷统一开发协议，与北京航天幼儿园和航天总医院建立合作关系。与怀柔区合作达成共识，与义乌区域合作更加深入，在义乌丰宁农展馆建设和乡镇对接上呈现新亮点。丰宁经济开发区投资项目品质逐步提升，完成中小企业总部基地、2.5创新产业园的规划设计和土地收储，宏森木业、平安高科进入省100项新兴战略领军企业行列；凤山新兴产业示范区完成规划展馆建设。全年实施千万元以上重点项目42个，完成投资68.7亿元。

（四）扶贫开发和生态建设取得实效。以“精准扶贫”为核心，创新扶贫开发新模式，完善多元化投资机制，县本级累计投入各类资金1.2亿元，整合项目资金3亿元，农业政策金融担保贷款1.3亿元，有力支持了各类扶贫产业发展，2.6万人实现脱贫出列。坚持建设与保护并重，持续改善生态环境，完成绿化造林21万亩，水土流失治理面积20平方公里，绿化美化村庄70个。落实草原生态奖补面积610万亩。对全县125家砂石料场进行全面整顿。财政投入800万元完善基层防火体系。小坝子生态与经济社会协同发展示范区建设扎实推进，农民股份制舍饲试点工作取得初步成效。率先在千松坝林场启动开展京冀跨区域碳汇交易。完成年度节能减排任务。

围场满族蒙古族自治县

围场满族蒙古族自治县位于河北省最北部，总面积9219.7平方公里（其中耕地面积167万亩、林地面积887万亩、草场面积207万亩），全县辖37个乡镇、312个行政村，总人口53.9万人（其中以满族、蒙古族为主的少数民族人口32.2万人），现有贫困人口11.5万人，是国家扶贫开发重点县，是承德市人口最多的县、河北省面积最大的县。先后被国家有关部委和河北省命名为“国家级现代农业示范区”、“国家重点生态功能区”、“国家绿色能源示范县”、“全国休闲农业与乡村旅游示范县”、“全国马铃薯种薯和商品薯基地县”、“全国造林绿化百佳县”、“河北省百万千瓦风电基地”。2014年，全县地区生产总值实现93.2亿元，年均增长13.4%；全社会固定资产投资累计完成291.7亿元，是“十一五”期间的1.84倍；财政收入和社会消费品零售总额分别达到6.95亿元和39亿元，较“十一五”末分别增长100%和83.9%；城乡居民收入分别达到17581元和5742元，年均增速分别达到12.3%和16.7%；万元GDP能耗年度削减率始终不低于3.4%。

（一）生态资源禀赋。全县有林面积778万亩，占全市的23.5%，森林覆盖率57.6%，有全国最大的人工林场——塞罕坝机械林场，被誉为“华北的一叶肺”。风、光、水电资源丰富，清洁能源规划开发总容量达1120.6万千瓦，水资源总量5.2亿立方米。非金属矿产资源储量巨大，硅砂储量3亿吨以上，萤石储量540万吨以上，珍珠岩储量200万吨以上。文化积淀深厚，五千多年的红山文化、八百多年的满蒙草原文化、三百多年的大清文化相互交融，构成了多元、深邃的历史文化底蕴。围场因清王朝“肄武绥蕃”而得名，康乾嘉三朝共在此举行“木兰秋狝”105次。现存历史古迹60余处，其中国家保护单位8处。自然风光秀美，境内拥有3个国家级自然保护区（塞罕坝、红松洼、滦河上游）和1个省级自然保护区（御道口牧场），保护区面积12.1万公顷。建成国家AAAA级景区2个（塞罕坝、御道口），我县以其独有的文化和生态资源被誉为“水的源头、云的故乡、花的世界、林的海洋、北方动植物的王国、摄影艺术家的天堂”。

（二）发展思路和目标。坚持以“科学发展、绿色崛起、晋位赶超”为主题，以增加“四个收入”（财政收入、企业收入、城镇居民收入和农村居民收入）为核心，大力发展生态经济，持续培育四大主导产业（生态农业、新型工业、休闲旅游、商贸物流），突出抓好改革开放、园区经济、项目建设、城乡发展、民生改善、基础设施和扶贫攻坚等重点工作，着力改善生态环境和发展环境，力争把围场打造成北方绿色明珠、休闲养生盛地、生态产业强县，美丽幸福家园。2015年主要预期目标：地区生产总值完成100亿元，增长8%左右，全社会固定资产投资完成122亿元，增长19%，全部财政收入和公共预算收入分别达到7.65亿元和4.81亿元，增长10%和11.3%，城镇和农村居民人均可支配收入分别达到19427元和6431元，增长10%和12%，万元GDP能耗下降3.4%。

（三）产业发展情况。生态农业以绿色、有机为方向，以培育壮强“2+3”（马铃薯和蔬菜两大主导产业，中药材、林木种苗和畜牧业三个优势产业）产业体系为重点，建基地，引龙头，强科技，力促产业链条加长加宽加深。马铃薯、蔬菜、中药材种植面积分别达到60万亩、29万亩和15万亩，经济林面积达到150万亩，牛羊等大牲畜存栏70万头（只），标准化饲养率达到80%以上。建成富龙全粉等市级以上农业产业化龙头企业37家，其中省级5家（宇航人、永丰种业、宏远食品、天原药业、保承中药），产业化经营率达到57%。清洁能源产业以生态、环保、循环为标准，积极发展风电，稳妥推进光电，有序开发水电，引进红松、华润、龙源、华能等11家国际国内知名企业集团投资风电开发，风电装机达到200万千瓦。分别与圣坤仁合、华能等19家公司签订了光电开发协议，协议开发规模430万千瓦，现有9万千瓦开工建设，水电装机容量达到2515千瓦。休闲旅游产业立足“皇家、生态、民俗”特色，以实现“一季游向四季游”转变为方向，积极开发狩猎滑雪、文化娱乐、健康养生等四季型、参与型、休闲型旅游产品，建设投资亿元以上田园牧歌文化产业园、渔阳假日酒店等精品旅游项目21个，基本形成了坝上塞罕坝、御道口、红松洼3大核心景区和坝下五道沟、东庙宫及农家游融合发展的大旅游格局。2014年，接待游客达到181万人次，实现旅游综合收入12.7亿元。现代物流业深入实施“万村千乡”、“双百”等市场工程，6个农村集贸市场完成升级改造，木兰缘农资配送中心续建项目主体竣工，中国北方现代物流园区汽车产业园和蔬菜批发交易市场等项目顺利推进，覆盖城乡、辐射周边的市场流通体系框架基本形成。“泓辉”、“牧原”、“北雁”商标成功申报河北省著名商标，全县有效注册商标达到332件，地理标志商标2件，河北省著名商标达到10件。全年实现社会消费品零售总额39亿元，外贸出口600万美元，同比分别增长15%和10.7%。

（四）民生社会事业。科教兴县战略持续推进，科教园区一期工程开工建设，校安工程、薄弱学校改造、学前教育推进等32个项目全面实施，现代教育装备配备显著增强，教育教学质量稳步攀升，全国义务教育均衡发展县通过验收，全县中考、高考总成绩分列全市第一和第二名。医疗卫生事业有序开展，新农合制度进一步完善，全县参合农民人数达到41.2万人，参合率达98%，参合基金总额1.61亿元。完善基本药物制度，乡镇卫生院及村卫生室所有药品全部实现网上采购和零差率销售，全年累计网上采购基本药物1894.5万元。公立医院改革工作稳步推进，县医院、中医院正式执行了新的医疗服务价格和药品销售价格。全县医疗卫生服务体系不断完善，服务水平和服务质量不断提升。计生等工作扎实推进，继续推进计划生育奖励救助政策，努力提高人口质量，符合政策生育率达到91.44%，人口出生率和自然增长率分别控制在12.73‰和6.72‰以内，出生人口性别比稳定在106.9以下。推动文化事业与文化产业协调发展，制定了扶持文化产业发展和文艺精品创作的相关办法，实施了木兰秋狝文化产业园、文化产业孵化基地等重点文化产业项目，开展了“中国梦、木兰情”原创歌曲演唱会和道德模范、身边好人评选活动，营造了团结拼搏、和谐文明、崇德向善的良好社会风气。民族宗教、体育、通讯、统计、档案、残疾人等工作扎实推进，社会事业发展层次不断提高。扶贫攻坚力度不断加大，全力实施专项扶贫、社会扶贫、行业扶贫“三位一体”的大扶贫战略，贫困户建档立卡联网工作全面完成。进一步加大专项资金投入力度，全年共争取各级各类扶贫资金7637万元，实现2.77万人稳定脱贫。社会保障持续加强，新增低保对象3290人，全县城乡低保对象达4.61万人，人均低保保障线提高到年人均2000元；集综合救灾物资储备库、儿童社会福利部、社会养老服务为一体的民政养老服务中心二期工程投入使用；建设保障性住房787套，改造农村危房1000户；累计为1341名城乡重大疾病困难群众发放医疗救助金417.94万元；各类保险累计扩面6025人，征缴各类保险基金2.47亿元，参保人次达42万，全县城镇新增就业3620人，失业人员再就业1365人，转移农村劳动力5580人。惠民工程进展顺利，年初确定的总投资12.5亿元的11件惠民实事中，9件已完成目标任务，围场一中迁建和西山泥石流治理工程正在积极推进，居民生活水平和幸福指数得到进一步提升。社会秩序和谐稳定，深入开展安全生产、产品质量和食品药品安全市场大检查，切实加强森林草原防火、防汛、防疫等工作；组织开展了“打黑除恶”、“侦破命案”、打击“两抢一盗”等专项行动；加大矛盾纠纷排查调处力度，一批信访案件得到妥善处理；建立健全突发性公共事件应急处置机制，紧急突发事件得到了及时妥善处理；认真贯彻落实各项民族政策，全县政治安定，社会稳定。

张家口市宣化区

2014年，张家口市宣化区紧密围绕“打造强区名城，建设美丽宣化”的奋斗目标，统筹推进稳增长、调结构、促改革、惠民生等重点工作，全区经济社会发展呈现“稳中有进”的良好态势。地区生产总值完成149亿元，同比增长5.1%；全部财政收入完成14.8亿元，同比增长8.2%；全社会固定资产投资完成85.2亿元，同比增长2.4%；城镇居民人均可支配收入达到23634元，同比增长10%；农民人均纯收入达到9469元，同比增长12%。

转型升级扎实推进。全年实施重点项目101项，总投资575亿元，完成投资77.8亿元。加快改造提升传统产业，宣钢高强度棒材等9个项目建成投产，青啤工业园、卡特正昊数控机床生产基地项目开工建设，10个项目列入省市重点技改项目，全年完成工业技改投资48.1亿元，同比增长27%。宣化区成功入选全国城区老工业区搬迁改造试点，成为全省唯一列入试点范围的县区，投资8000万元的造纸文化博览园项目列入国家重点扶持项目。加快服务业发展步伐，交通银行、河北银行等域外金融机构先后入驻，新增支行和自主营业网点10个。河北医药物流分中心等项目开工建设，三弦养老文化长寿村等一批新型服务业项目成功签约。加快推进园区建设，与天风证券合作，成功发行6亿元企业债券，为园区建设奠定坚实基础。园区东西主干道开工建设，2个项目正式开工，5个项目签约入园。

发展活力不断释放。深化重点领域改革，承接上级审批项目120项，取消暂停审批项目18项，行政服务中心新增办公面积1500平方米。全面推行“三级平台”、“三个代办”行政服务模式，审批事项按期办结率达到100%。全面落实工商注册登记“先照后证”等各项政策措施，全年新增市场主体2194个。积极推进农村小城镇综合改革，庞家堡镇成功列入市直管乡镇试点。大力推行“以贷控税”、房地产和建筑业捆绑管理等治税新模式，累计挖潜增收2.5亿元。不断提升对外开放水平，全年成功签约经济技术合作项目72项，引进市外资金32.8亿元，同比增长24.8%。新增出口企业12家，实现进出口总额4437万美元。着力强化自主创新，积极引导企业实施科技项目，获批专利140项。福田雷萨泵送机械厂荣获省政府质量奖。凯世德纸业、骞海风机2家企业被评为省级“两化”融合示范企业。冶金环保公司被评为省级技术创新示范企业。塞特热处理等23家企业入选省级科技型中小企业，总数达到52家。大力发展民营经济，投资2300万元，建成全市规模最大、入驻企业最多的大学生创业园。安排专项资金1000万元，大力支持全民创业和中小企业发展。全年实现营业收入156.7亿元，同比增长7.5%；上缴税金14.8亿元，占辖区全部税收的77.6%；从业人员达到7.6万人，占全社会从业人员的52%，民营经济成为区域经济发展的重要支撑。

城市面貌持续改善。全年实施重点城建项目75项，完成投资22亿元。加快完善基础设施，南环累计通车17.1公里，实现了与胜利南路等城市道路对接联通。西城墙北路等6条城市道路及小街巷改造工程全面完成，进一步改善了群众出行条件。铺设供热管网6.5公里，新改扩建热力站18座，新增集中供热面积270万平方米，城区集中供热率达到56%。铺设天然气管网18.5公里，改造煤气危网21公里，确保了供气安全。大力提升城市品位，聘请北京嘉禾锦业等国内知名设计团队，编制完成各类专项规划15项。实施城市道路及景观节点绿化工程20项，新增绿地面积15万平方米。完成西城墙内侧夯土工程700米，北城墙外墙修复工程全面竣工，高标准实施“三古楼”及城墙主题亮化工程，进一步凸显了城市文化内涵。积极创新管理机制，引进清洁行业国家一级资质企业——湖南宏利德公司，对城区“四纵四横”主干道实施环卫市场化作业，购置各类大型清扫保洁设备20台，环卫机扫率提高到54%，全面提升了城市环卫保洁水平。完成钟楼大街等城市便道升级改造工程，铺装便道8万平方米，进一步提升了城市形象；新增停车位3100多个，有效缓解了城区停车难问题。深入开展城乡环境综合整治行动，查处各类交通违法行为7.3万起，取缔占道经营和流动商贩1.2万人次，规范建筑工地100余个，宣化区被评为全省工地扬尘管理优秀县区。

农业农村稳步发展。培育壮大特色农业，实施重点农业项目8项，陈家庄食用菌栽培加工基地项目建成投产。宣化牛奶葡萄荣获全国优质葡萄金奖，连续5年跻身中国农产品区域公用品牌百强，品牌价值跃居全国同类产品之首。加快改善村容村貌，大力推进15个省级重点村的面貌改造提升行动，整合各类资金5166万元，建成侯家庙等8个村安全饮水工程，完成旧李宅等10个村改厕任务，硬化村道2.6万平方米，改造农村危房150户，安装太阳能路灯286盏。侯家庙乡姚家沟村被评为市级精品示范村，春光乡南关村、河子西乡大房子村被评为市级美丽乡村。大力优化生态环境，完成1万亩荒山绿化、5000亩封山育林、15个村村庄绿化等生态建设工程，栽植各类苗木76万株。投资2500万元，实施奥运迎宾廊道绿化工程，造林绿化870亩，建成朱家庄等景观节点3处，成为烘托申奥氛围、展现古城绿韵的靓丽风景线。

社会局面更加和谐。全年民生领域支出占全部财政支出的87.5%，比2013年提高了5.5个百分点，发展成果更多更公平地惠及人民群众。努力扩大就业，落实鼓励就业创业的各项政策，全年新增城镇就业5025人，下岗失业人员再就业2221人，农村富余劳动力转移就业551人，城镇失业登记率控制在4.27%以内。着力提高社会保障标准，城乡年低保标准分别提高到5040元和2250元，企业退休人员基本养老金人均月增199元，新农合和城镇居民医疗保险年人均财政补助标准均提高到320元。新开工建设保障性安居工程930套，建成411套，分配入住996套。累计建成农村互助幸福院20所，覆盖率达到44%。全面落实义务教育“两免一补”等一系列惠民政策，发放各类救助补助资金5886万元，受益群众9.3万人。不断提升公共服务水平，投资5900万元，新改扩建校舍4.3万平方米，办学条件进一步改善。高标准通过国家义务教育发展基本均衡县区评估。高考成绩创历史新高，全市文理科状元全部花落宣化区，一本上线706人，二本上线1599人，同比分别增长27%和15%。城乡居民健康档案建档率达到85%，高血压等慢性病规范管理率达到60%，宣化区被命名为国家级慢性病综合防控示范区。引进浙江横店院线公司，建成营业面积4000平方米的现代化数字影院；区档案馆晋升国家二级档案馆，公共文化服务设施进一步完善。成功承办中国·希腊国际女子篮球对抗赛等高规格国际体育赛事，开展“彩色周末”、文化下乡等各类活动800余场次，群众文化体育活动丰富多彩。全力改善空气环境质量，全年实施总投资12.8亿元的节能减排工程60项。拆除450立方米高炉2台，压减炼铁产能110万吨；拆除小烧结机7台，压减烧结产能400万吨。淘汰整治分散燃煤锅炉188台。配置天然气公交车20辆，淘汰“黄标车”5214辆。全年削减煤炭消费95万吨，二氧

化硫、氮氧化物、烟粉尘排放量同比分别削减5.3%、21.9%和9%，主要污染物浓度均达到国家二级标准。

张家口市下花园区

2014年，下花园区委、区政府牢牢把握“解放思想、改革创新、全面转型、绿色崛起”总基调，立足“北京后花园、首都卫星城”发展定位，围绕“产业强区、美丽花园、幸福城市”发展目标，在战胜困难、推动工作中突破突进，在破解瓶颈、夯实基础中创新创优，在加快发展、加速转型中提质提效，较好地完成了区十五届人大三次会议确定的各项目标任务。

（一）经济平稳较快增长，综合实力进位赶超。2014年地区生产总值完成24.3亿元，同比增长5.9%；全社会固定资产投资完成34.6亿元，同比增长18.7%；全部财政收入完成2.1亿元，同比增长5%，其中，公共财政预算收入完成1.1亿元，同比增长1.6%；社会消费品零售总额完成8.3亿元，同比增长12.3%；城镇居民人均可支配收入达到2.34万元，同比增长9.7%；农村居民人均可支配收入达到5956元，同比增长12.3%。主要经济指标增速高于全市平均水平。

（二）项目筑牢发展支撑，产业结构全面转型。坚持把项目建设作为积蓄发展后劲的战略支撑，把园区建设作为推动产业转型的载体平台，立区重点项目快速推进，产业结构更趋合理。借助下花园经济开发区获批省级园区的机遇，投资5000万元实施了线路改迁、绿化亮化等基础设施配建工程，入园企业18家，总投资达27亿元。大唐国际生物质热电项目前置审批文件全部取得，通过省环保厅专家评审；纳齐思保健食品生产、科海家电仓储物流、康乾机械液压机电、超硬材料合成生产线一期建成投产；超导材料、汽轮机生产项目开工建设；矿山环境综合治理项目二期工程基本完工，为园区新增可利用土地1650亩。辛庄子清洁型煤及节能装备制造示范园区，已建成样本生产线一条，并与生物质热电项目签订了合作协议，以新能源、新材料、装备制造、食品加工为主的现代产业体系加速构建。新增规模以上工业企业4家，完成市下达的任务。

（三）城市功能日臻完备，城乡建设统筹推进。围绕加快推进全域城镇化，投资4.3亿元，实施了路网升级改造、特色街巷打造、景观节点提升等12项城建重点工程。东区路网战备路、溪禹路新建工程有序推进，上坡街、新兴路等3条道路改建工程如期竣工，27条主次干道修缮整治全部完成。对东一巷、东园路等4条精品街巷及水泉公园、地道桥等4处景观节点进行改造升级，新增集中供热面积15万平米，20个住宅小区进行热计量改造，12万平米房开工程交付使用。新开通5条城乡公交线路，覆盖城区主要街道和4个乡政府所在地，群众出行条件显著改善。市容市貌集中整治行动深入实施，城区出入口、城乡结合部环境卫生大为改观。数字化城管实现城区监控全覆盖，精细管理水平持续加强。

（四）生态建设卓有成效，人居环境日益优化。按照“带连接、面拓展、出精品”的思路，投资1.24亿元实施了申奥迎宾廊道绿化、污染企业专项治理和高速沿线景观提升三项重点工程，新增园林绿地8.28万平米，城市绿地率、绿化覆盖率分别达到39.8%和44.04%，人工造林1万亩，森林覆盖率提高2.18个百分点。继续加大大气污染防治力度，关停取缔郭家庄隧道以东26家煤炭经营企业，餐饮单位安装高效油烟净化装置率达到80%以上，圆满完成APEC会议期间的大气环保任务。全年GDP能耗下降3.02%，化学需氧量、氨氮、二氧化硫、氮氧化物排放量同比分别下降9.18%、1.17%、2.52%和58.2%，提前完成“十二五”减排目标任务。城市空气质量达到或好于二级天数223天。

（五）三农工作扎实推进，发展基础更加坚实。围绕“农业必须强、农村必须美、农民必须富”的目标，扶持壮大花园果品、瑞邦农牧、富卓金农等农业产业化龙头企业，设施蔬菜面积发展到9500亩，张杂谷种植1.1万亩，杏扁抚育1万亩，蛋鸡、生猪、奶牛的养殖规模分别为210万只、6.5万头、1600头。完成京津风沙源小流域治理5平方公里，解决了6个村3063人的安全饮水问题。启动实施了第二批10个重点村的农村面貌改造提升工作，一批特色产业拉动型、文化旅游促动型、工业企业带动型的“美丽乡村”正在加速建设。段家堡四村联建进展顺利，牛心山村完成整体搬迁。扶贫开发工程扎实推进，5500人实现稳定脱贫。

（六）对外开放继续深化，融入北京步伐加快。坚持把“北京后花园、首都卫星城”作为深度对接北京、主动融入北京的现实路径，内优外联、提质补位，加速建设对接北京的“桥头堡”和产业转移的优选地。固话010区号已开通近200部，880公交客运专线运营能力进一步提高，年运送旅客30万人次。建立与北京委办局、驻京部委、企业沟通交流和信息共享机制，同北京亦庄经济开发区发改局、天津蓟县招商局、北车集团、良工集团、中交集团、联想集团结成招商伙伴关系，引进和在谈京津合作项目11个，总投资135.5亿元。

（七）社会事业和谐共进，民生民计显著改善。以优先保障民生投入、优先实施民生项目、优先解决民生问题“三个优先”统揽民生工作，努力让人民群众生活得更加富足、更为幸福。财政用于民生领域的资金达到3.4亿元，占公共预算支出的63.9%，年初承诺的十方面为民实事较好完成；城镇新增就业2005人，农村劳动力转移703人，城镇登记失业率控制在3.8%以内，城乡居民养老保险参保率达到96.6%，农村五保集中供养率达到53%，位居全市前列；省级示范幼儿园投入使用，后堡小学二期工程启动实施，与市一中实现合作办学，以优异成绩通过国家教育部义务教育均衡发展评估认定和省教育综合督导评估；区医院主体工程全部完成，选派医务人员分期分批赴北京中医院进行培训；保障性住房加紧建设，投资1292万元进行农村危房改造，180套廉租房完成分配安置，85套公租房交付使用，煤矿棚户区改造全部竣工；开展了“全民健身、助力申奥”运动会、“百姓一家亲、幸福花园城”彩色周末巡演等群众文体活动，成立“花园·爱”志愿服务队，开展扶贫助困、助残敬老等活动，被授予河北省优秀志愿服务品牌；蓝天救援队被评为市“见义勇为先进集体”，队长王东升荣获“最美河北人”荣誉称号；自行车绿道建成使用，游泳馆正式启用并对公众开放。

宣化县

宣化县位于河北省西北，辖8镇5乡299个行政村，总面积2052平方公里，耕地面积63万亩，总人口28万。2014年，全县完成地区生产总值83亿元，同比增长5.6%；民营经济增加值完成67.3亿元，增长5.7%；固定资产投资完成113亿元，增长32.7%；社会消费品零售总额26.4亿元，增长12.9%；农民人均纯收入8584元，增长12.6%；城镇居民人均可支配收入18903元，增长9.6%。

（一）强化平台支撑，发展后劲不断增强。一年来，累计投资3.1亿元加强东山、望山、南山等产业园区基础建设，建成区面积达12平方公里，承载功能更加完善。特别是立足优越的区位交通优势，借力冬奥会申办，启动了京张奥物流园区建设，完成入园道路路基、综合服务楼基础、展示中心三层主体等基础工程，荣毅光电产业园等一批项目签约落地，为壮大现代物流产业，融入国家“一带一路”战略提供了重要支撑。在园区的带动下，项目建设充满活力，去年，全县在建项目225项，总投资521亿元；其中列入省市重点项目8项，年计划投资21亿元，完成投资42.2亿元，占年计划的201%，位列全市前茅。总投资130亿元的卓达集团绿色建材产业基地开工建设，项目单体规模明显增大。伊诺拉曼光学基地入选河北省“三个一百”领军企业，成为全市高科技项目的突出代表。

（二）突出转型发展，经济结构更趋合理。顺应发展新形势，积极开展结构性调整。加速农业现代化。实施了总投资56亿元的市级农业产业化项目24项，特别是帝达农超对接物流、普甜50万头地方品种猪保护与开发基地等重点项目开工建设，为现代农业发展注入了新的活力。宣化县先后承办了非洲国家张杂谷推广研讨会、全省旱作农业与水肥一体化现场会等大型观摩活动8次。巡天种业获全省农作物种子育繁推一体化经营许可证。壮大新兴工业化。实施工业技改项目51项，落实省技改专项资金1200多万元。引进中国黄金集团，对大白阳金矿实行并购重组，矿业开发水平不断提高。规上工业企业实现增加值26.3亿元，同比增长8.2%，高于全市平均水平3.5个百分点。扶持产业高端化。颐馨老年康复中心等7家养老机构投入运营，养老产业走在了全市前列。桑干河省级地质公园项目顺利通过评审；塔儿村假日绿岛入选全国休闲农业与乡村旅游示范点；谢家湾、栗家湾列入全省扶贫旅游重点村，旅游产业发展成效明显。

（三）统筹协调推进，城乡面貌持续改观。以改善人居环境为目标，强力推进新城开发、村镇建设。沙岭子新城，实施城建重点项目11项，总投资41.3亿元。其中，沙岭子实验小学、污水处理厂、供水厂已建成，集中供热、天然气入户工程有序推进。与中信、中投、卓达等企业进行了广泛对接，战略合作深入开展。洋河南新城，实施城建重点工程12项，总投资23亿元。其中，洋河二桥建成通车，跨洋河交通瓶颈得到有效破解；宣大连接线工程竣工通车，成为展示新城形象的重要景观；第一实验小学竣工，客货运枢纽顺利推进，城镇基础不断完善；湖岸小镇、中宣嘉城等房地产开发项目部分建成，促进了人口集中集聚。与此同时，整合资金1亿多元，高标准完成40个村面貌改造提升工作，农村环境进一步改善；引进了大仓盖翡翠小镇、赵川商贸城等项目，为特色城镇发展注入了新活力。

（四）深化开放开发，经济活力不断增强。大力推进商事登记制度改革，全县民营企业达到1800多家，增长31%；上缴税金4.24亿元，占全部税收的74%，成为经济发展的主力军。全面加快审批制度改革，取消行政审批事项199项；27个审批职能部门全部成立了综合审批科，实现了县政务服务中心“应驻尽驻”。着力深化融资体制改革，与国经咨询、明石基金合作组建了“国经张家口冬奥基础产业基金管理有限公司”，嶂谷农业、华凌建材两家企业在石交所挂牌上市，宣化县连续六年被评为全市金融生态县。切实加强招商引资，先后80多次赴京津、长三角、珠三角等地招商，与中建、大唐新能源等大集团、大企业进行了广泛对接，累计签约项目142个；引进外资1000万美元，完成市下达任务的111%，招商引资工作考核位列全市第二，为县域经济长远发展蓄积了强大动力。

（五）致力民生改善，社会事业普遍进步。民生重点领域支出达10.1亿元，占全部支出的72%，年初确定的17项民生工程基本完成。整合各类资金6.3亿元，实施扶贫项目210项，1.4万人实现了稳定脱贫。发放低保金3800多万元，救助、补助资金920万元，困难群众基本生活得到有效保障。建设保障性安居房204套，改造棚户区、农村危房1700多户，群众住房条件进一步改善。投资1.6亿元，改造农村断头路、乡村公路10条，交通路网更加完善。城乡公交线路增加到4条，总里程102公里，年客流量达80万人次，极大方便了群众出行。投资964万元实施人饮工程，解决了1.23万人的饮水问题。投资2000多万元完成电网改造，供电保障能力不断提升。新农合参合率达99.7%，位居全市第一；累计为93万人次报免医疗费用7400多万元，群众看病贵问题得到有效缓解。投资4500多万元打造申奥绿色廊道，完成绿化面积4200多亩，栽植各类树木50多万株；投资500多万元，完成156个村的村庄绿化任务，生态环境持续改观。投资400多万元推进京津风沙源治理工程，绿化面积1.2万亩，治理小流域6平方公里，全县森林覆盖率达到25%，同比提高2.5个百分点。着力推进治污减排，对

44家企业的80座小型球团竖炉、1座炼铁高炉进行了关停取缔，彻底拆除73座竖炉、高炉，淘汰球团、炼铁产能200多万吨，成为全市的亮点。大力推进节能降耗，全县万元GDP能耗下降9.92%，化学需氧量、二氧化硫、氮氧化物和氨氮减排均圆满完成市下达目标任务，环境质量进一步提升。

张 北 县

张北县位于河北省张家口市北部，辖5个镇、13个乡、4个街道办事处、366个行政村、25个居民委员会。总面积3863平方千米，耕地面积10.1万公顷。总人口36.52万人，人口自然增长率1.31‰。2014年，全县完成地区生产总值84.3亿元，按可比价格计算同比增长6.6%，其中，第一产业增加值完成22.31亿元，同比增长4.3%；第二产业增加值完成43.27亿元，同比增长8.8%；第三产业增加值完成18.74亿元，同比增长5.0%。单位生产总值能源消耗0.51吨标准煤，同比下降7.1%。民营经济增加值完成56.67亿元，同比增长8.9%。粮食总产量完成10.8万吨，同比下降1.5%。全部财政收入完成9.17亿元，同比增长5.1%，其中地方一般预算收入6.44亿元，同比增长16.1%；财政支出20.79亿元，同比增长11.5%。全社会固定资产投资完成102.4亿元，同比增长170%。社会消费品零售总额23.67亿元，同比增长12.8%。在岗职工年平均工资43280元，同比增长4.1%。农民人均纯收入6859元，同比增长12.5%。城镇居民人均可支配收入19212元，同比增长10.1%。年末城乡居民存款余额56.76亿元，同比增长15.6%。空气质量二级以上天数累计达到346天，同比下降2%。

（一）项目建设势头强劲。新签约项目31个，协议引资952.9亿元，实际到位国内市外资金59.99亿元；实际利用外资3000万美元。实施千万元以上项目144个，完成投资105.2亿元；列入省市重点项目27个，完成投资80.2亿元，列入省市重点项目个数和完成投资数额均位居全市第一。经济开发区入园项目达到24个，完成固定资产投资22.12亿元，实现工业总产值27.45亿元。

（二）特色产业升级壮大。新能源产业继续保持全国领先。实施风光储输二期等风光发电项目4个，新签约风电项目4个、光电项目15个，全县风电装机规模达到228万千瓦、光伏装机规模达到12万千瓦。以云计算为代表的新兴产业实现零的突破。云联数据中心项目开工建设，阿里云数据中心项目成功签约，中国教育云数据中心项目注册公司。有机食品加工业实现集聚发展。实施伊利乳业技改扩模等7个项目，新增市级农业产业化重点龙头企业15家，全县达到38家，农业产业化经营总量达到31.7亿元，实现销售收入24.7亿元。燕麦、马铃薯加工能力分别达到20万吨和65万吨。文化旅游服务业展现蓬勃生机。实施了元中都国家考古遗址公园等7个文化旅游项目。全面加快旅游业市场化步伐，采取PPP模式引进广西龙脊公司对草原天路进行开发。成功举办了第六届张北草原音乐节等一系列赛事和活动。被评为“全国文化先进县”和“全省文化产业十强县”。成龙文化园被命名为“河北省文化产业示范基地”，中都草原文化产业聚集区成为首批“河北省文化产业示范区”。商贸物流业持续繁荣。五洲农副产品物流暨加工创业园等6个项目进展迅速，富达广场投入运营。全年新增外贸出口企业3家，全县外贸进出口额实现337万美元，同比增长26.7%。

（三）农业经济稳步发展。现代农业综合示范区成功通过省、市验收。全县新增高效节水面积3.7万亩，总面积达到20.6万亩，农业用水较上年减少300万方。节水机制得到国家、省、市领导重要批示。全年新增奶牛规模养殖场9个，总数达到59个，新增奶牛1.2万头，存栏达到5.1万头；全年新增肉牛1.2万头，存栏达到4.3万头；新发展春秋大棚1062个，打造了6大食用菌基地，全县设施农业种植面积达到1.56万亩。新增土地流转面积6.1万亩，登记注册家庭农场78家，各类农业合作社发展到446家。

（四）城市品位持续提升。成功列入国务院确定的国家新型城镇化试点。完成了《张北新型城镇化发展规划》，修编了城乡总体规划，编制了控制性详规，在全省第一个实现了城乡建设、土地利用、产业发展、生态保护“四规合一”。实施了11项基础设施建设工程，新建市政道路1832米，完成了西水厂主体工程、永春街和北辰路雨污分流以及12条背街小巷改造工程；新建水冲式公厕10座；集中供热率和集中供气率分别达到73.2%和42%。新增绿化面积20.7万平方米，县城绿地率、绿化覆盖率、人均公园绿地面积分别达到37.2%、39.9%和14.07平方米。城展馆跻身全省一流馆行列。荣获“河北省人居环境进步奖”。

（五）生态环境明显改善。启动了8.5万亩退化林分改造工程，完成首都新型生态屏障示范工程12.3万亩，打造了20个市级绿化试点村，森林覆盖率达到26.4%。完成小型水利工程管理体制改革，实施了安固里淖、大囫囵季河以及灯笼素河治理工程。大气污染治理成效显著，实施了星火供热2台40吨锅炉除尘项目，拆除10吨以下供暖锅炉10台，淘汰黄标车4792辆，全年空气质量优良天数达到96%以上，位居全省各县前列。良好的生态环境已经成为张北县最大的竞争和发展优势。

（六）群众得到更多实惠。社会事业全面发展。树儿湾小学新建及6所乡镇中心幼儿园改扩建工程全部完工，县幼儿园、成龙幼儿园晋升“河北省城市示范幼儿园”。高考本科上线一本251人，二本957人，分别为上年的2.3倍和1.7倍，上线人数居全市13县之首，上线率增幅位居全市第一。职业教育对口升学率连续六年位居全市第一，成功创建“全省农村职业教育与成人教育示范县”。成功通过省政府教育综合督导评估。全面启动县级公立医院改革，中医院门诊急诊医技综合楼、海流图乡卫生院改扩建项目顺利开工，新建了3所社区卫生服务中心。成功创建“省级慢性病综合防控示范县”。组织开展下乡慰问演出等特色活动150多场、体育活动20项。投资4.32亿元完成了32项道路建设工程，新增公路237.8公里。打造了7个农村面貌改造省级重点村。被省委、省政府授予“全省推进社会主义新农村建设先进县”。全年发放低保资金7544.8万元，惠及城乡困难群众3.44万户、4.38万人，共发放五保供养金608万元，保障1993人；城镇新增就业3600人，下岗失业人员再就业1113人，城镇登记失业率控制在3.8%以内；新建各类保障性住房407套，实施棚户区改造10万平方米。新建农村互助幸福院7个。扶贫工作成效显著，2万人稳定脱贫。全年民生投资达14.7亿元，占财政支出的80%以上，比上年提高5个百分点，高于全省1个百分点。“食品药品安全县”创建工作稳步推进，安全生产形势平稳，社会治安防控体系不断加强。群众诉求渠道更加畅通，一批信访问题得到有效解决，保持了社会和谐稳定。

县委书记：郝富国

县人大主任：张贵祥

县　长：孙晓函

县政协主席：史崇森

沽　源　县

沽源县位于华北平原向内蒙古高原过渡的隆起带上，优越的地理位置、四季分明的气候条件造就了“中国欧洲”、“塞外明珠”之美誉。沽源县被列入环首都经济圈，是环首都扶贫攻坚示范县。2014年，全县实现生产总值39.45亿元，同比增长7.5%；全部财政收入完成3.43亿元，同比增长19.6%，其中，公共预算收入完成2.61亿元，同比增长16.8%；固定资产投资完成62.76亿元，同比增长18.5%；规模以上工业增加值完成6.15亿元，同比增长9.68%；农民人均纯收入、城镇居民人均可支配收入分别达到6522元、1.87万元，同比分别增长13.7%、10.6%。

（一）加强项目建设，增强发展后劲。全年新签约项目29个，实施项目总数达到86个，其中13个市重点项目完成投资21.6亿元。总投资21.7亿元的风电制氢项目列入国家核准计划，中广核20万千瓦风电项目和三峡新能源5万千瓦光伏发电项目实现当年开工、当年并网。双益马铃薯深加工项目完成主体车间主体工程，投产后年可加工马铃薯16万吨。金莲川牧业新上国内领先的屠宰加工设备，年可加工肉羊30万只、肉牛1.5万头。玉晶纸业、中核铀业、京北富源等6家企业销售收入大幅增长，相继跨入规模以上工业企业行列，全县规模以上工业企业达到16家。经济开发区完成了两纵两横2.8公里道路建设和主要道路绿化工程，园区污水处理厂完成招投标等前期工作。入园企业达到21家，实现产值3.64亿元，发展后劲进一步积蓄。

（二）做好三农工作，夯实发展基础。全县马铃薯种植面积达到26.4万亩，其中500亩以上规模种植面积11万亩。蔬菜种植面积达到26.8万亩，其中设施种植面积2.4万亩。马铃薯、蔬菜产量分别达到41.5万吨和121万吨。新增标准化圈舍8万平方米。奶牛存栏5.8万头，肉牛、肉羊出栏5万头和30万只，同比分别增长25.8%，10.4%和10.8%。重点培育了京北富源、恒信牧业等农业龙头企业，市级以上龙头企业、合作组织分别达到28家和27家。蔬菜恒温库发展到11万平方米、马铃薯规模储藏能力达到20万吨，农业产业化水平进一步提升。全县土地流转面积达到45万亩，农业种植园区发展到50个。闪电河省级农业综合开发示范区，探索了水肥一体、生态防控等农业种植新技术，促进了全县农业转型、提质、增效。实施了大其梁食用菌种植园、南北架豆连接带、战石沟蔬菜种植园等8个扶贫产业项目，新建扶贫大棚3000座、新增电力配套1.1万亩、发展高效节水4.5万亩，带动1.45万贫困人口脱贫出列。以饮水安全、道路硬化、危房改造为重点，投资4000万元实施了50个村的面貌改造提升工程，农村生产生活条件进一步改善。

（三）培强第三产业，优化经济结构。总投资10亿元的囫囵淖生态旅游项目、总投资25亿元的闪电河文化产业园项目先后签约。成功举办第二届湿地音乐节、冬季阳光体育大会和湿地与鸟类摄影大赛。塞外庄园、沽水福源4A级景区整改提升工程顺利通过省专家组验收，景区的接待能力和形象档次进一步提升。新合作广场酒店式公寓完成主体工程，福祥购物、乾华广场全面投入运营，格林豪泰、速8、乐享购物等知名品牌成功入驻沽源县。截至2014年底，全县各项存款余额48.39亿元，同比增长14.6%，各项贷款余额23.7亿元，同比增长17.5%，其中农户贷款14亿元、企业贷款5.7亿元，为全县经济社会发展提供了有力支撑。

（四）打造草原水城，推进城镇化进程。高标准完成城乡总体规划编制工作。实施了北环路、白河路建设，广电街、西城街、建设街延伸，中环路、桥西路取直等9条道路工程，初步形成了“六横七纵”主干道路路网格局，城市框架进一步拉开。完成86条小街巷硬化、亮化和排水工程，铺装便道砖10万平方米，铺设污水及再生水处理管网2.5公里，实施了主干道路候车厅、指示牌安装工程。完成第二集中供热厂主体工程，建成加气站一座，启动县城供水改造工程。新开工房地产建筑面积25万平方米，完成棚户区改造1.15万平方米。启动省级园林县城创建工作，完成了主干道路和闲置地块的绿化前期工程，新增绿地266亩。“三治两提升”县城容貌整治行动扎实开展，数字化城管系统投入运行，城市精细化管理水平进一步提高。

（五）改善生态环境，放大发展优势。实施了京津风沙源治理、塞北林场、通道绿化等林业生态工程，全年完成造林绿化4万亩、路网绿化80公里、小流域治理5平方公里。启动了退化林分改造工程。制定出台了《沽源县湿地保护管理办法》。加大了禁牧防火、病虫害防治和湿地保护工作力度。深入开展大气污染防治攻坚行动，完成热力公司锅炉脱硫除尘改造工程，新增集中供热面积30万平方米，淘汰黄标车730辆，关停沿国省干线煤炭经营企业2家，完成加油站油气回收治理22家，空气质量综合指数在全省各县区中位居前列。

（六）发展社会事业，改善民生福祉。县财政用于民生领域的支出达到10亿元，占公共财政预算支出的75%。新一中主体工程全部完工。新合作幼儿园、民心幼儿园顺利通过省级示范性幼儿园评估验收。中小学多媒体教学实现"班班通"全覆盖。一中高考二本以上上线114人，其中文理上线66人，创历年最好成绩。启动了县中医院综合改革工作，完成大二号、小厂2个卫生院的新建、改建任务。完成了闪电河景区7.8公里一级旅游公路建设工程，实施了28公里通村水泥路建设和长丰线21公里农村公路改造工程。新建乡镇客运站4个、村候车厅61个。完成68个村的安全饮水工程，解决1.8万人的饮水安全问题。改造农村危房2000余户。开工建设保障性住房572套、竣工交付315套。

县委书记：郭有和

县人大主任：王克成

县　长：李建鹏

县政协主席：刘宝库

尚 义 县

尚义县位于河北省张家口市西北部，辖7乡7镇，172个行政村，622个自然村，6个居委会。总面积2632.47平方千米，耕地面积6.78万公顷。总人口19.27万人，人口自然增长率3.9‰。2014年，全县完成地区生产总值32.29亿元，同比增长4.8%，民营经济增加值完成15.11亿元，同比增长5.8%。粮食总产量完成4.62万吨，同比下降11.3%。全部财政收入完成1.94亿元。全社会固定资产投资完成16.49亿元，同比下降16.5%。社会消费品零售总额10.14亿元，同比增长11.4%。农民人均纯收入5985元，同比增长13.2%。城镇居民人均可支配收入1.74万元，同比增长10.0%。

（一）突出项目引领，积蓄发展后劲。坚持把项目建设作为经济提速的突破点，全年共谋划重点项目95项，总投资达307.8亿元，其中列入省重点项目14项，年内开工建设48项，完成投资38.4亿元，增长29.3%。依托资源优势，在南部签约了总投资80亿元、建设规模100万千瓦的抽水蓄能电站项目，在北部谋划了总投资230亿元、总规模230万千瓦的国家级太阳能示范基地，开启了尚义未来发展的新引擎。园区建设进度迅速，承载能力持续增强，引领作用和集聚效应得到充分发挥。累计投资3.3亿元，完成了广场、大门、道路及配套管网建设，构建了开发区"两纵三横"的路网格局，"十通一平"基础工程基本完成。五环机械、华洋制衣、燕麦加工、西环物流4个项目全部建成投入运营；惠农节水、汽贸城、新森服装3个项目开工建设；薯业加工、光大汽贸2个项目前期工作有序推进。

（二）培强主导产业，夯实发展根基。立足可再生能源应用综合创新示范特区先试先行区定位，多领域推进新能源开发。全年共实施华能风电、察哈尔光电等9项开发项目，新增风电装机14.7万千瓦、光电装机19.5万千瓦，风光电累计装机达到171.5万千瓦，增量位居全省第一，多能共进的局面初步形成。以发展集约、高效、优质农业为主攻方向，全年新增高效节水面积3.2万亩、设施农业3000亩；新建圈舍5万平方米，新增各类特色养殖场13个；发展省市级龙头企业20个，农民专业合作社329家。全县无公害产品认证达42100亩，蔬菜绿色产品认证面积达4640亩，有机食品认证面积达到3279亩。成功注册青青欧李、青湖蔬菜、金蛋蛋马铃薯等5家合作社产品商标。第三产业发展初具规模，中国商贸城、西环服务区、京藏高速服务区等一批商贸流通项目加快推进，家政养老、物流配送、民办医疗等新型服务业快速兴起。

（三）深化改革开发，释放发展活力。通过全面深化改革，进一步增强县域发展势头。全县流转土地面积16.7万亩，合同签证率达到100%；平稳开展了11家国有企业改革；创新信贷产品，全县金融部门投放各项贷款17.2亿元，增长16.3%；清理削减行政审批事项92项，受理审批服务事项316件，按时办结率100%。招商引资力度不断加大，健全完善招商引资优惠政策和考核奖惩办法，积极参加上海、深圳经洽会，无锡新能源大会等大型招商活动，成功引进了白羽肉鸡、航天光电、顺风光电等4大类20个项目，合同引资额达286亿元。元辰光电、谷之禅燕麦深加工等6个项目，实现了当年签约、当年竣工。

（四）统筹城乡建设，拓展发展空间。立足提升城镇建设水平，投资1.1亿元，开通了全长11公里的北环路，完成了酒厂路、政府西巷等6条巷道硬化，"五横六纵"的城市路网框架基本形成；投资2.7亿元，实施了自来水厂新建、集中供热、集中供气等市政工程，完成了鸳鸯河治理、综合公园、迎宾大道景观等一批城市景观环境建设项目。进一步加强农村面貌提升工作，农村面貌有效改善。新建乡村道路38公里，改造农村危房900户，实施饮水工程82处，解决了2.5万人的安全饮水问题。以农村面貌改造提升活动为契机，完成了14个乡镇所在地、42个中心村、83个长久保留基层村的改造任务。

（五）强化环境治理，提升发展优势。以打造京津绿色腹地和省级园林县城为目标，扎实推进生态建设。投资1.35亿元，完成生态建设22.8万亩，全县森林覆盖率提高了1.1个百分点。完成县城绿化20万平方米，累计达到317万平方米，人均公园绿地面积14.7平方米，城市绿化覆盖率达到36.4%；投资3200万元，坚持一次造林、一次成景，完成通道绿化30.2公里。以改善大气环境质量为重点，在全县大力推广使用洁净型煤，县城集中供热面积达到20万平方米；全面落实各项减排措施，对32台燃煤锅炉全部安装了脱硫除尘设施，报废淘汰黄标车598辆；进一步强化舍饲禁牧、封山育林等工作，切实加强农村环境综合治理，空气质量保持在全省前十行列。高度重视信访稳定工作，平稳解决了一批疑难信访案件。强力推进综合治理和城乡防控体系建设，社会治安形势持续好转。

（六）提升服务水平，成果惠及百姓。以提升社会服务功能为重点，着力解决百姓关注的教育文化、医疗卫生、社会保障、就业帮扶等热点难点问题。投入5807万元完成了安小操场、新小餐厅、二中实验楼等建设工程；实施了七甲、满井卫生院建设等工程，充实医护人员45人；全年城镇新增就业1863人；扶持新增创业实体320户认真落实提标扩面等政策，新增企业职工养老保险610人，城乡居民养老保险参保率达到98%；全年为2.8万城乡低保对象发放低保金5049万元；新农合参合率稳定在96%以上；建成各类保障性安居工程276套；投入资金5.1亿元，集中实施了绿色蔬菜、设施养殖、基础设施以及社会事业等扶贫项目，打造了小蒜沟乌拉生态农业园，探索出一条山区贫困村整体脱贫的新路子。全县27个贫困村整体出列，1.34万贫困人口稳定脱贫。

县委书记：孙海东（11月免）、冀晓东（11月任）

县人大主任：张守福

县　长：徐进海

县政协主席：靳振高

蔚　县

蔚县位于河北省西北部，张家口市最南端，辖11个镇、11个乡、547个行政村、14个居民委员会。总面积3220平方千米，耕地面积8.4万公顷。总人口50.3万人，人口自然增长率7.64‰。2014年，全县完成地区生产总值83.9亿元，按可比价格计算同比增长2.0%，其中，第一产业增加值完成15.8亿元，同比增长3.0%；第二产业增加值完成24.0亿元，同比下降0.3%；第三产业增加值完成44.2亿元，同比增长3.1%。单位生产总值能源消耗0.81吨标准煤，同比下降6.87%。民营经济增加值完成46.5亿元，同比增长3.0%。粮食总产量完成13.9万吨，同比增长6.0%。全部财政收入完成8.06亿元，同比下降17.8%，其中地方一般预算收入5.16亿元，同比下降14.5%；公共财政预算支出20.18亿元，同比下降6.8%。全社会固定资产投资完成75.0亿元，同比增长8.9%。社会消费品零售总额35.8亿元，同比增长11.8%。农村居民人均可支配收入6648元，同比增长14.1%。城镇居民人均可支配收入21363元，同比增长10.7%。年末城乡居民存款余额146.63亿元，同比增长6.3%。

（一）重点工作取得新突破。项目建设态势强劲。年初既定的56项重点项目，38项开工建设，完成投资43.89亿元，5个省市重点项目全部开工，完成投资18.43亿元，占年计划的181%，大唐蔚县电厂项目于6月19日获国家发改委核准；成功与中信基金等60多家大集团大企业达成合作，引进市外资金58.68亿元，占年任务的109.7%。园区发展初具规模。经济开发区规划建设用地由8.06平方公里扩大到30.3平方公里，“两纵两横”骨干路网基本形成。薄膜太阳能电池生产基地等14个项目签约入园，亚临界萃取谷糠油生物科技等12个项目开工建设，入园企业达到26家，17家投产运营。注册企业工业总产值达到25.8亿元。县城建设步伐加快。重点实施基础设施、公共服务、绿化提升、景观改造、住宅开发五大类36项工程，完成投资29亿元，超计划任务8.5%。南部生态文化新城起步区、壶流河滨水生态度假区、康居北生活聚居区同步开发、快速推进，新建蔚州博物馆正在布展设计，古城保护、旧城改造等项目顺利实施。

（二）转型升级取得新进展。现代农业稳步发展。农业园区发展到33个。蔬菜发展到10万亩，其中设施蔬菜达到2.2万亩。中药材发展到5.1万亩。省市龙头企业发展到21家，农民专业合作社增至498家。整合资金13.3亿元，启动实施精准扶贫，2.7万贫困群众脱贫出列。非煤工业扩模升级。规模以上工业企业发展到18家，欣奇典入选全省重点后备上市企业库。风电产业10万KW在建，50万KW并网发电，100万KW光伏发电基地规划编制完成。蔚县被评为“中国最具发展潜力新能源基地”。文化旅游潜力彰显。中信暖泉古镇综合开发项目快速推进，成为引领全县文化旅游产业发展的龙头。全年接待游客和创收同比分别增长2.1%和11.2%。圆满承办了第五届剪纸艺术节暨“剪彩冰雪·热盼冬奥”全国剪纸艺术精品征集活动，蔚县剪纸文化产业集聚区入选全省“十大文化产业集聚区”。代王城镇成为中国历史文化名镇，上苏庄村成为中国历史文化名村，白后堡等9个村入选中国传统村落名录。民营经济焕发活力。民营企业、个体工商户分别新增369家、2890户，上缴税金4.67亿元，占全部财政收入的57.99%。

（三）城乡面貌取得新改观。县城环境，以开展整治“脏、乱、违”行动为载体，拆除违法违规建筑1700余平方米，规范占道经营3965处，700家商户入驻5个便民市场，存在20多年的店外店现象得到彻底清理，赢得群众赞誉。农村面貌改造提升，投资5890万元建设88个重点村，6个村申报省级示范重点村，西古堡村成为中国最美休闲乡村，张南堡村被评为全省“美丽乡村”。生态建设，着力实施雪绒花大道改造提升工程，用最短的时间创造出生态建设的典范，全县共完成造林4万亩、通道绿化118公里，森林覆盖率提高到32.6%。下力关闭煤栈21家，淘汰锅炉54台、黄标车2521辆，治污减排任务圆满完成，空气质量排全省县区前15名，蔚县成为“全国首批创建生态文明典范城市”。

（四）社会事业取得新成效。在财政异常紧张的情况下，投入民生资金16.18亿元，占全县财政支出的79.1%。民生事业持续改善。办学条件逐步提升，教育教学质量稳步提高，29名学生被国家重点院校录取；实施县中医院病房楼和乡镇卫生院改造工程，县医院、中医院药品零差价销售，群众直接受益996万元，新农合参合率达96%；新建续建保障性住房1218套，改造农村危房2000户，受益群众7000人；有效解决了46个村3万人的饮水安全问题；“十件为民实事”基本完成。社会保障更加有力。累计发放各类社保资金1.22亿元，惠及群众12.7万人；城镇新增就业1913人，城镇登记失业率控制在4.3%以内；有效应对了“5·03”杏扁冻灾，最大限度地减少了群众的损失。大力构建平安蔚县。以“煤矿安全重点县攻坚战”为引领，集中开展安全生产专项治理行动，严防安全事故发生。妥善处置群众来信来访259件，严厉打击各种违法犯罪行为，社会大局和谐稳定。

怀 安 县

怀安县地处河北省西北部，居冀、晋、蒙三省区交界处，辖4个镇、7个乡273个行政村。总面积1706平方千米，耕地面积4.57万公顷。总人口24.75万人。2014年，全县完成地区生产总值65.37亿元，同比增长6.8%，其中，第一产业增加值完成11.8亿元，同比增长5.0%；第二产业增加值完成19.98亿元，同比增长6.5%；第三产业增加值完成33.59亿元，同比增长7.5%。单位生产总值能源消万元GDP，同比下降8.1%。民营经济增加值完成50.6亿元，同比增长8.9%。粮食总产量完成12.61万吨，同比减少5.8%。全部财政收入完成6.55亿元，同比增长4.2%，其中地方公共财政预算收入3.24亿元，同比下降2.8%；财政支出12.92亿元，同比增长18.7%。全社会固定资产投资完成83.3亿元，同比增长23.1%。社会消费品零售总额19.97亿元，同比增长12.5%。城乡居民人均可支配收入分别为1.89万元和7119元，同比分别增长10.5%、13.1%。年末城乡居民存款余额52.33亿元，同比增长16.4%。空气质量二级以上天数累计达到294天。

（一）重点项目建设增势强劲。全年共安排重点项目100个，完成投资61.2亿元，其中4个省市重点项目完成投资30.9亿元。中瑞（张家口）中小企业国际合作园由工信部中小企业发展促进中心授牌，园区基础设施及十里沙河治理工程全面展开。南山经济技术开发区、国家公共安全与应急产业创新（怀安）基地及张家口战略能源储备保障基地等园区承载和服务能力不断增强。沃尔沃汽车发动机项目快速推进，凯悦汽车大部件制造项目全面开工。精武雕刻艺术城被省政府列为京津冀协同发展重点推介项目。热华能源、中防通用、光伏发电等项目顺利实施。分别在北京、上海、深圳举办产业园区暨项目资源推介会，现场签约项目7个，总投资18.7亿元。

（二）现代农业发展提速增效。实施了15个农业产业化重点项目，市级龙头企业达到21家，合作社达到239家。土地流转面积达到6.68万亩。全面推进精准扶贫、产业扶贫，全县1.25万人稳定脱贫。新发展设施蔬菜2000亩，打造了15个蔬菜标准园区。马铃薯种植面积稳定在12万亩，“张杂谷”种植面积达到2万亩。生猪饲养量达到35.3万口，奶牛存栏1.51万头。杏扁种植面积发展到13万亩，林下药材和油用牡丹种植逐渐形成规模。寿桃山公园、左卫南山公园造林效果明显。完成水库除险加固、西洋河县城段治理、京津风沙源和小流域治理、退耕还林成果巩固、中低产田改造、农村饮水安全等工程，农业基础条件得到极大改善。

（三）二三产业实现协同发展。全县新增规上企业6家，34家规上企业完成工业增加值15.7亿元，同比增长5%；完成工业固定资产投资36.2亿元，同比增长81%；工业技改投资11.8亿元，同比增长11.3%。沃尔沃汽车发动机生产项目年产发动机3.87万台，实现产值10.2亿元。完成外贸进出口1.36亿美元。天丰粮储项目运营良好，成为全市唯一的中央、省市县四级储备库。完成了《旅游发展总体规划》编制工作。民营企业活力不断增强，全县新增民营企业357家，新增个体工商户735户，民营经济实现增加值50.6亿元，上缴税金3.4亿元。

（四）城乡建设步伐持续加快。启动了兴安公园等15座公园、游园的新改建工程，新增公园绿地面积40万平方米；完成《怀安县城乡总体规划》编制，启动控规及专项规划编制；完成了柴马路改建、东辰路南延等6条县城道路新改建和15条小街巷改造工程；完成7座高标准水冲式公厕建设，实施了东大街综合市场建设；开展了市容环境综合整治，启用了交通智能管理系统；推进天然气管网建设，10个住宅小区接入天然气管网。经过全县上下共同努力，怀安县成功创建了省级园林县城，成为2014年全市唯一创园成功的县区。各类保障性住房全部开工建设，完成首批268套廉租住房配租工作。

（五）各项社会事业全面进步。柴沟堡一中高考再创新高，二本以上上线124人。县职教中心与河北北方学院签约联合办学。成功举办第二届“中国·怀安杯”全国业余围棋公开赛。积极争取土地指标和用地规模，保障了重点项目顺利推进。开展了严打整治、安全生产及食品药品安全、矛盾纠纷化解、打非治违、大气污染防治、节能减排、被毁植被恢复等专项行动，全县社会环境和生态环境不断改善。全年民生支出7.54亿元，占财政总支出的63.1%。城镇新增就业1590人，农村劳动力向非农产业转移2525人。养老、工伤、失业、医疗等各类参保人数持续增加。五保供养中心投入使用，入住老人215人。农村五保和低保供养水平、重度残疾人补助全面提标。住房公积金缴存比例实现与全市同标。实施了小洋河桥、水积线等新改建工程，交通环境大幅改善。完成电力线路切改4.6公里。实施了6个村的农村面貌改造提升工程，村容村貌明显改观。“六五”普法规划全面实施，法律援助中心、便民服务中心和政府网站不断完善，为群众提供更为便捷、高效的服务。

县委书记：武占强

县人大主任：刘平

县　长：王富永

县政协主席：孙林山

万 全 县

万全县位于河北省张家口市西南，辖4个镇、7个乡、1个街道办事处、171个行政村、9个居民委员会。总面积1161.5平方千米，耕地面积3.36万公顷。总人口22.48万人，人口自然增长率5.80‰。2014年，全县完成地区生产总值62.68亿元，同比增长5.90%，民营经济增加值完成52.00亿元，同比增长7.90%。粮食总产量完成12.66万吨，同比下降8.51%。全部财政收入完成6.53亿元，同比增长15.42%，其中地方一般预算收入完成3.86亿元，同比增长21.12%。全社会固定资产投资完成78.36亿元，同比增长17.60%。社会消费品零售总额21.81亿元，同比增长12.40%。农民人均纯收入6435元，同比增长12.90%。城镇居民人均可支配收入2.08万元，同比增长11.10%。

（一）项目建设扎实推进。全县共实施千万元以上项目126个，总投资521.8亿元；其中，列入市重点项目11个，总投资148.2亿元。市产业集聚区完成投资6400万元，重点启动了西山隧道贯通工程，实施了绿化亮化等基础设施建设。新签约引进还原降解新材料、精益机械等19个项目，总投资112.3亿元。中粮工程、英迈特机械等13个续建项目和汇隆生物科技产业园、大力神锅炉等18个新开工项目取得积极进展。特别是43家异地搬迁企业，已基本完成工商、税务迁移工作，园区集聚效应和综合实力显著提升。获评装备制造业国家级新型工业化产业示范基地和首批省级先进矿山装备创新型产业集群、首批省级清洁生产示范园区。万全经济开发区完成基础设施建设投资1090万元，新签约引进河北伊人环保科技等3个项目，总投资2.8亿元。续建的9个项目中，恒翔创业辅导基地、防腐管道工程、特用玉米、腾飞物流已竣工并部分投产。此外，积极争取到国家政策性项目资金2.8亿元，有力推动了全县经济和社会各项事业发展。

（二）工业企业平稳运行。着力推进工业企业挖潜增效和改造升级，争取上级技改专项资金2200万元，带动企业投资2.8亿元，重点实施了13个工业技改项目，有效提高了企业综合实力。全县新增规模以上工业企业7家，总数达到43家，完成工业总产值83.5亿元、工业增加值25.7亿元，同比分别增长11.1%和6.1%。中粮装备等3家企业获评省级高新技术企业，万矿机械等4家企业获评省级"两化融合"重点企业，中煤机装备产业园获得中国建筑最高奖"鲁班奖"。全力搭建企业创新驱动发展平台，成立了高新技术产业研究院和全市园区中唯一的院士工作站，建设了中小企业公共服务平台，组建了博恒、华恒、联创3家高新技术孵化器公司，建成了1个国家级、3个省级工程技术中心，为全县中小企业技术创新提供了全方位服务。

（三）县城形象大幅提升。立足与张家口市同城化发展，统筹推进新区建设和旧城改造，全力拓展县城发展空间。投资2.7亿元，实施了万全中学及附属小学新建工程和阳光幼儿园项目，加速推进了经三路暨城东河改造工程，新区框架全面拉开。投资6.2亿元，实施了县城污水处理厂升级改造和体育西街新建项目，完成了星级酒店综合体、爱民路农贸市场、步行街人防工程。投资256万元，建设了"平安城市监控系统升级改造工程"，实现了县城管理无盲区、全覆盖。投资260余万元，大力推进县城主要街道、公园、广场等绿化提升工程，新增绿地面积6.7万平方米，绿地率和绿化覆盖率分别达到35%和41.4%。县城服务功能日益完善，整体形象明显提升，成功获评"河北省人居环境进步奖"。

（四）三农工作不断加强。以基础设施建设为支撑，投资4675万元，实施了现代农业粮食产业、农技推广服务体系建设等14个农业项目，完成了农田基本水利设施维修养护、饮水安全等6项水利工程，解决了17个村3.5万人的安全饮水问题。以产业扶贫为突破，投资9536万元，新建、扩建养殖小区30处，新建各类蔬菜棚室2005个，完成了1.2万人的脱贫任务。全县养殖小区总数达到213个，蔬菜棚室总数达到10829个、规模达到9242亩，成为农民增收致富的主要平台和支柱产业。以提升农业产业化水平为抓手，培育和发展起省级重点龙头企业3家、市级38家、县级56家，农民专业合作社236家。成功举办了燕麦产业高端恳谈会和第十届全国鲜食玉米大会暨第三届甜糯玉米节，荣获"产业突出贡献奖"。以整治村容村貌和改善村民居住环境为重点，财政投入资金1000万元，整合各类资金5009万元，在66个村深入开展了农村面貌改造提升行动；投资8400万元，完成了安家堡乡张贵屯村新民居示范工程。投资1.6亿元，实施了"县城、县城周边、道路、村庄、荒山"五大造林绿化工程，植树451.2万株，新增绿化面积5.4万亩，森林覆盖率达到23.2%，成为近年来造林绿化成效最好的一年。

（五）现代服务业提档升级。大力发展文化旅游业，实施了投资4亿元的万全卫城保护与开发项目，完成了万全卫城搬迁安置工程和200户居民房屋征收工作，启动了南北瓮城及部分墙体抢险保护工程。老龙湾村被国家旅游局确定为第一批乡村旅游扶贫重点村，"北燕"燕麦系列产品成功入选全省第一批"河北旅游必购商品"，全县文化旅游业发展进一步加快。全力培育新型金融业，完成了农信社改制工作，组建成立了农商行，扩股1.5亿元；培育发展起6家小额贷款公司、3家融资担保机构，发放小额贷款3.5亿元，担保金额1.7亿元。引进了"汇金物流"新型金融服务业项目和"高利多"第三方物流项目，将为全县中小企业融资、担保和开拓市场提供新的平台。

（六）社会事业全面进步。教育方面：投资1135万元，完成了璐铭小学等14所中小学加固和改扩建工程，有力改善了办学条件，提升了学生安全保障水平。万全中学2014年高考本科二批以上上线人数比上年净增34人，创近年来最好成绩。医疗卫生方面：投资7585万元，实施了安家堡、北沙城乡卫生院改扩建工程，完成了县医院门诊病房楼项目建设，医疗卫生条件显著改善，服务水平明显提高。道路交通方面：投资1.5亿元，实施了国道110线王玉庄至郭磊庄、县道万孔线改建工程，完成了后洗线、白郭线等5条县乡道路养护维修工程，交通事业取得长足发展。社会保障方面：投资5160万元，建设保障性住房295套，完成农村危房改造1000户，有效解决了困难家庭住房问题。全县城乡居民社会养老保险参保率达到95%，新农合参合率达到98.4%，社会保障体系更加完善。

赤 城 县

赤城县位于河北省西北部、张家口市东部，东邻承德、北靠坝上，南与北京山水相依，总面积5287平方公里，是河北省第四面积大县。境内山多地少，耕地面积57.4万亩，其中灌溉面积18.3万亩，素有“八山一水一分田”之称。辖9镇9乡，440个行政村，1318个自然村，总人口29.6万，其中农业人口24.6万。近邻北京，是河北省14个环北京县之一，有4个乡镇与北京市的延庆、怀柔相接，接壤里程153公里。生态良好，有林地350.3万亩，森林覆盖率44.28%，空气质量处于全省最优水平，是首都北京的生态防护屏障。黑、白、红三条河流贯穿全境汇入北京密云水库，是首都的重要饮用水源地。资源富集，属河北省矿产资源大县，已探明的矿藏38种，其中铁矿储量13.47亿吨，居河北省第二位。2014年，全县地区生产总值完成74亿元，增长6.2%；规上工业增加值完成29.2亿元，增长6%；全社会固定资产投资完成85亿元，增长27%；全部财政收入完成9.68亿元，其中一般公共预算收入完成4.74亿元；城镇、农村居民人均可支配收入分别达到2.06万元和6877元，增长10%和15%。

平稳运行的县域工业。深入推进“工业提升计划”，按照“规模集约、优质高端”原则，着力提高工业经济运行质量和效益。近年来累计实施了富贵鸟、银丰矿业等32个技改扩模项目，培育了晟视、弘基、银丰等一批矿业龙头。2014年，全县出境铁精粉295.2万吨，实现税费3.9亿元，工业税收占全部财政收入的75%以上。深入挖掘风能、太阳能等清洁能源，启动实施了总投资12亿元、规划总装机容量150兆瓦的光伏扶贫太阳能发电项目；稳步推进总投资100亿元、总装机容量100万千瓦的国华风电项目，冰山梁、独石口西、马营孤山、云州长沟门4个风电场实现并网发电，全县风电发电量达到20万千瓦，总装机容量达到30万千瓦。启动了总规划面积11.47平方公里的赤城经济开发区建设，以战略性新兴产业为主导，构建先进制造、节能环保两大大产业体系，目前已有LED照明及LED可见光通信产业化基地项目入驻并开工建设。

稳固发展的县域农业。坚持扶龙头、兴产业、建基地、富农户，打造环首都扶贫攻坚示范区，力促农业增效、农民增收。成功引进富京、弘基等一批种养龙头，2014年新增设施蔬菜5000亩、露天蔬菜1万亩，形成了“雕鹗——后城”和“独石口——龙门所”两条蔬菜产业带，蔬菜总面积达到16.5万亩，其中设施蔬菜1.7万亩，高标准打造了“高效节水农业示范园”和“雕鹗设施农业科技示范园区”；认证安全农产品34个，基本实现无公害蔬菜产地认证全覆盖。与法国科普立信集团合作，启动实施了总投资100亿元的中法生态产业园项目，建成后将成为国内唯一的欧标法系纯种猪供应基地。因地制宜发展特色产业，发展中药材5万亩、优质林果18.6万亩，重点打造了雕鹗万亩中药材核心示范区和屯军堡优质林果示范区；肉牛规模养殖场达到59家，肉羊养殖场达到30家，蛋鸡养殖场达到12家。

底蕴深厚的文化生态旅游。近年来，立足丰富的文化旅游资源禀赋，将文化生态旅游业作为特色主导产业强力推进。先后完成了大海陀、冰山梁、金阁山、黑龙山至老栅子村49.6公里旅游道路改造工程；完成温泉度假村升级改造，现已成功晋升为国家4A级景区。总投资3.1亿元的东万口塘子庙温泉项目完成主体工程；独石口农业观光园、样田上马山漂流投入运营，大海陀平北抗日根据地纪念馆对外开放。特别是，与北京百龙公司签订了总投资109亿元的新雪国旅游度假区项目，在镇宁堡分三期建设奥林匹克滑雪中心及附属设施，实现滑雪健身与温泉养生的完美结合；与石家庄市西美集团签订了总投资45亿元赤城温泉综合开发项目，恢复孝庄行宫，建设温泉酒店，打造高端休闲养生养老基地；启动了由廊坊市嘉易成市政工程有限公司投资30亿元的黑龙山国家森林公园文化生态旅游项目，建设旅游综合服务区、山水养生区、意境养生区、运动养生区、养生文化教育研修区。同时，将旅游产业发展纳入市场化轨道，整合全县旅游资源，组建旅游开发有限公司，组织举办了“河北赤城·北京旅游对接暨项目推介签约仪式”、“中国·赤城环首都绿色经济圈国际休闲度假温泉水城高层论坛暨项目签约仪式”等大型活动，赤城知名度和美誉度显著提高，荣膺中国十佳生态养生旅游名县。

焕然一新的城市面貌。按照“生态、宜居”的发展理念，高标准编制了赤城县城乡总体规划，完成了县城总体设计和重要节点详细设计，确定了“山水赤城·生态花园”的整体城市形象定位和“一轴两带三心四片”的空间结构。到2030年，中心城区扩展为18.4平方公里，人口达到16.8万人。将新型城镇化作为推动县域经济持续健康发展的重要抓手，以县城建设为龙头，高标准实施了河道治理、路桥建设、景观绿化、节能亮化等一系列重点工程，城市水平显著提升，配套功能日益健全，人居环境明显改善，生态宜居城市初具雏形，获得省级园林县城称号。实施了县一中新建、县医院搬迁、保障性住房建设、商贸综合体等重点建设项目，拉开城市发展框架。以“三治两提”为重点，开展环境容貌整治，完善给排水、供暖、供气等市政设施，集中供热普及率达到95%，燃气普及率达到80%。实施了109个村农村面貌改造提升工程，重点打造了上庄子省级精品示范村和北湾、头堡子等

6个市级精品示范村。

日臻完善的基础设施。张唐铁路开工建设，京北公路具备开工条件，项目建成后将打通出海进京便捷通道。谋划启动了沽怀高速建设项目，打破赤城县不通高速的历史。完成“村村通”工程1073公里，18个乡镇所在地通油路，全县公路密度达到30公里/百平方公里，通畅率达100%。电力通讯系统不断优化，有变电站13座，主变26台，总容量11.6万千伏安；送电线路72条，输送里程3763.7公里；全县440个行政村实现了广播电视、手机信号全覆盖。

不断进步的社会事业。始终将保障和改善民生作为工作的出发点和落脚点，2014年县财政用于民生支出12.22亿元，占公共财政预算支出的79.5%。投资3819万元，完成了第一小学、第三小学和大幼儿园新建、扩建工程，总投资2亿元的县一中搬迁项目顺利推进；总投资9300万元的县医院建成并投入使用。深入推进公立医院改革，所有乡镇和村卫生室实现药品零差率销售，新农合参合人数20.17万人，参合率86%；城乡居民养老保险参保人数15.85万人，参保率97%；城镇低保月保障标准提高到390元，农村低保年保障标准提高到2250元，农村五保集中和分散供养对象年保障标准分别提高到5000元、2600元。

县委书记：马海利

县　长：杨千河

县人大主任：郭万忠

县政协主席：王崇辉

崇　礼　县

崇礼县位于河北省西北部，地处内蒙古高原与华北平原过渡地带，总面积2334平方公里，辖2镇8乡，211个行政村，406个自然村，总人口12.6万人。境内矿产资源丰富，有金、银、铜、铁等8大类36种。风能储量优厚，达到110万千瓦。生态环境气候独特，县域80%为山地，全县有林地面积175.67万亩，森林覆盖率50.22%，空气中负氧离子浓度达10000个/cm3，PM2.5优于国家一级标准，是养生避暑的天然氧吧。滑雪资源高度集聚，全县建成雪道82条69公里，索道魔毯24条23公里，并以太子城冰雪小镇为中心，在10公里半径范围内形成国内最大的雪场集群。

2014年，崇礼县大力实施“申奥引领、旅游立县、产业富民、科学发展”战略，抢抓京张联合申奥和京津冀协同发展两大历史机遇，鼓干劲、求突破，调结构、促转型，保增长、惠民生，全县经济社会保持了平稳较快发展的良好势头。全县GDP完成38.42亿元，同比增长6%。一般公共预算收入完成3.95亿元，同比增长12.86%。全社会固定资产投资完成72.98亿元，同比增长29.6%。城镇居民人均可支配收入完成2.18万元，同比增长10.8%。农民人均纯收入完成6840元，同比增长13.8%。全社会消费品零售总额完成8.79亿元，同比增长12.2%。实际利用外资完成1.11亿美元，增长1.3倍。外贸进出口完成25万美元，超额完成上级下达的任务。

申奥工作顺利推进。配合冬奥申委完成崇礼赛区赛场规划编制、调查问卷、视频质询、申办报告等工作。配合省发改委完成综合交通、水电气讯基础设施规划编制。协助市申奥办编制了张家口市2022年冬奥会所需资金预算方案。高标准实施了奥运赛事核心区3万亩植树造林和2条雪场道路建设工程，云州水库调水雪场输水项目全面开工。冬奥会6个分项规划场馆全部取得国际单项体育组织场地认证。圆满完成国际奥委会摄影团和中东欧16国驻华大使访问接待工作。高标准完成迎接国际奥委会评估团考察工作，制定了《迎接2022年冬奥会考察评估挂图作战工作任务责任分解梳理表》，实施了指挥部布展调整、酒店改造升级、雕塑景观设置、村庄面貌改造、环境卫生治理、广告牌匾整改、新能源汽车充电桩建设等重点工程。开通了崇礼官方申奥微信、微博，成功协办了“京张心连心·携手申冬奥”大型文艺演出、环北京（崇礼段）职业公路自行车赛、迎新年倒计时三地连线和中央国家机关组织的“我为申奥喝彩”骑行活动，开展了“四个一”宣传入户活动，崇礼的知名度和申奥支持率进一步提升。

项目工作成绩斐然。全县90个千万元以上重点项目完成投资25.5亿元，同比增长6.43%。其中，亿元以上项目38个，完成投资21.3亿元，同比增长20.9%。3个省重点和8个市重点项目圆满完成了上级下达的投资任务。进京赴省10多轮对接，得到有关部委和省直部门的大力支持。招商引资成效显著，新签约亿元以上项目7个，协议总投资530亿元。

产业转型成效显著。第三产业增加值增速为9.7%，在全市排名第一，高出全市平均水平5.1个百分点。第三产业入库税收占全部财政收入比重为40.9%，较2011年提高21.4个百分点。全年接待游客201.5万人次，完成旅游综合收入14.1亿元，同比分别增长27.9%和28.2%。万龙、云顶继续扩模升级，太舞项目全面开工，翠云山国际旅游度假区、丹佛尚诚、桦都雪苑、桦里桦外等项目正在进行前期准备。成功组织了中国城市发展（夏冬）论坛、旅游巡回展示推介会、中国国际名城经典汽车巡礼，以及国际雪联高山滑雪积分赛、远东杯赛暨第十四届中国崇礼国际滑雪节开幕式。中国艺术摄影学会摄影基地落户崇礼县。荣获了“中国深呼吸小城100佳”等荣誉称号。全县新增规上工业企业3家，完成规上工业增加值13.3亿元，黄金、铁精粉产量分别完成2.36吨和65万吨。赛事核心区及周边矿山企业关闭工作依法有序进行。风电累计并网发电容量34.44万千瓦。蔬菜和黄羽肉鸡两条农业龙型产业稳步发展。市级以上农业龙头企业、农村专业合作组织分别发展到21家（省级3家）和195家，全县农业产业化经营率达到72.5%。

城乡面貌日新月异。城乡总体规划初步成果通过审查，终稿待奥运规划敲定后报批。冰雪文化新区和行政服务区稳步推进。完成颁奖广场主体架构建设。实施了县城道路改造、便道硬化、河道整治、滨河公园护栏安装、双语广告牌匾整改、集中供热改造升级等市政工程，城市功能进一步完善。完成2条旅游线及县城重要节点亮化、旅游主干道交通标示牌更换、一中体育馆改造、富民北路及西大街道路改造、老虎沟至长城岭段道路建设、旱厕改造等工程。智慧城市创建步伐加快，二维码服务系统近期将投入使用。完成面貌改造提升村22个、农村危房改造444户、农村公路改造75.3公里、河道一期治理18.4公里。解决农村安全饮水2385户7184人。4G和互联网通讯覆盖率逐步提升。植树造林13.3万亩，森林覆盖率达到50.22%。

社会事业全面进步。教育办学条件不断改善，实施了二中教学楼新建、5所寄宿制学校2200多平米校舍改造。卫生工作取得突破，县医院与北京积水潭医院签订意向性合作协议，县医院纳入积水潭骨科医联体；完成3所乡镇中心卫生院改扩建，中医院实现了药品零差率销售。计生工作各项奖励扶助救助政策得到全面落实，连续8年获得省市先进。贫困重度残疾人生活补贴政策全面启动。社会保障力度进一步加大，续建213套保障房交付使用，政府购置回迁安置用房318套，免费群众配置了秸秆压块炉，农村五保、城乡低保基本实现应保尽保，新农合、居民职工医保、工伤、生育、养老等保险进一步提标扩面。环境治理力度加大，实施了小锅炉集中治理拆除、大气自动监测站和多要素气象自动观测新建、新能源电动车充电桩建设、集中供热锅炉脱硫除尘设施建设及污水管网延伸等工程。全县安全生产形势总体平稳，连续6年获得市先进单位。《崇礼县志（1978—2006）》正式出版发行。同时，崇礼县率先在省、市脱贫出列，脱贫后上级扶持政策不变。

塞北管理区

塞北管理区地处河北省西北部，张家口市北部坝上地区，辖4个管理处、12个居民委员会、22个自然村。总面积267平方千米，耕地面积8310万公顷。总人口2.4万人。2014年，全区完成地区生产总值17.39亿元，同比增长6.2%，其中，第一产业增加值完成3.38亿元，同比增长10.1%；第二产业增加值完成13.19亿元，同比增长5.5%；第三产业增加值完成0.82亿元，同比增长1.2%。蔬菜总产量完成5.5万吨，同比增长130.9%。全部财政收入完成1.16亿元，同比下降14%，其中公共财政预算收入0.61亿元，同比下降2.65%；财政支出2.56亿元，同比增长18.9%。全社会固定资产投资完成12.37亿元，同比增长39.9%。社会消费品零售总额0.48亿元，同比增长11.6%。农民人均纯收入8421元，同比增长12.4%。城镇居民人均可支配收入1.86万元，同比增长9.9%。空气质量二级以上天数累计达到352天。

（一）乳业提升工程稳步推进。围绕到2017年实现奶牛存栏翻番、乳业产值倍增的目标，重点实施了昌江牧业、田园生态、汇林包装二期等10个乳业及配套项目；全区奶牛存栏达到4.2万头，鲜奶产量达到18万吨；现代牧场新上的2条A3常温奶生产线、蒙牛塞北乳业新增的2条未来星儿童奶生产线正式投产，全区日处理鲜奶能力达到1050吨；恒天烁乳业全脂乳粉、调制乳粉、脱脂乳粉及无水黄油生产许可证获批；绿旭康兽药加工项目顺利通过农业部GMP验收；桑德牛粪资源综合利用、九州大地饲料生产等一批拉动产业发展、积蓄发展后劲的乳业产业配套项目签约落地。

（二）园区建设实现新的突破。按照市委发展“四型经济”总要求，扎实推进园区资源整合，不断优化产业布局，园区的规划面积由4平方公里扩展到13.18平方公里，完成了总体规划、控制性详细规划、区域性环评3个专项规划，启动了产业发展规划、土地利用规划的编制工作，确定了食品工业、综合服务、生物科研、仓储物流、文化创意、中小企业创业和大学生创业孵化基地“六大板块”的功能分区。已累计入驻企业14家，其中规上企业7家，上市企业4家，实现产值43亿元，销售收入22.8亿元，创造税收7149万元，为产业集聚发展提供了平台，为提升经济实力增加了后劲。

（三）项目建设取得显著成效。紧紧围绕食品加工、能源开发、旅游服务等优势产业搭平台、引项目，取得显著成效。全年完成投资9.28亿元，实施省市重点项目5项，区级重点项目8项，汇林包装二期、现代牧业四期等一批重点项目竣工投产；中澳信恒（塞北）牧业万头肉牛养殖加工，慧牧科技60万只肉羊养殖加工、光伏发电、脏器化工综合一体化项目及双增旅游等项目在该区完成了公司注册、立项等前期工作。这些拉动产业发展大项目的实施和落地，为培育新的经济增长点，增强产业核心竞争力提供了强有力的保障。

（四）现代农业有了长足发展。紧紧围绕创建国家级现代农业示范区的目标，全面推动农业产业向科学化、信息化、智能化发展。2014年，实现农业总产值6.9亿元。新建高效节水灌溉面积5250亩，形成高效节水示范基地4.76万亩，新增市级龙头企业3家。新上了农林牧信息化管理平台，实现了农牧资源信息由“手工查询”向“计算机智能管理”的转变。实施了中低产田改造、高标准农田建设7500亩，创建了高产示范区1万亩。

（五）城镇建设迈出坚实步伐。立足生态资源优势和草原风情特色，按照建设绿色魅力草原乳城的定位，投资9728.5万元，实施了11项重点城建工程。完成了《塞北管理区城乡总体规划（2013—2030年）》的修编工作，确定了“一心、两轴、三处、五村”的空间结构。有效推进了垃圾无害化处理、二级汽车客运站续建、城区供热管网改造、市政道路工程及附属设施建设、城区雨水管网工程、奥德天然气续建、西山森林公园等一批让群众共享发展成果的重点城建项目，城镇化水平及城镇综合承载力得到显著提升。2014年新建市政道路5公里，区内新增各类绿地面积21.63公顷，城区绿化覆盖率达36.59%。新建公厕4座，新建换热站1座（供热能力10万平方米），新铺设供热蒸汽管网860米，雨水管网2201米。

（六）民生事业得到持续发展。全年实施民生工程10项，投入民生资金1.55亿元，占当年财政支出的70.4%。全年兑现农业补贴资金1551万元。城乡居民及企业职工养老保险参保7452人，全区城镇、新农合覆盖率达到100%。城镇新增就业650人，农村劳动力转移就业106人。为26户困难群众支出临时救助资金4.62万元，为22名贫困大病患者发放医疗救助资金11万元。投入56.5万元，塞北学校建设了十六个教学班的“班班通”工程，硬化和美化校园3000多平米。启动了总投资390万元的塞北管理区急救中心和计划生育服务站工程，建成全区首个社会福利院，结束了本区鳏寡孤独及困难残疾得不到精心赡养的历史。新建、续建保障性住房469套、分配122套，有效的改善了群众的居住条件，提升了全区群众的幸福指数。

区工委书记：冀连生

区工委副书记、管委会主任：陈青山

察北管理区

察北管理区地处河北省张家口市北部坝上地区。与张北、康保、沽源三县接壤，其前身是察北牧场，2003年8月改制为管理区，归属张家口市管理。2014年，全区上下齐心协力、扎实苦干，勇于担当，全面打响“园区、项目、生态、民生”四大攻坚战，经济社会保持了又好又快发展势头。

一年来，稳增长始终作为增强发展动力的首要任务，下大力气攻坚突破，圆满完成各项预定目标任务。从完成总量上看。全年预计完成地区生产总值（GDP）23.8亿元，同比增长7.5%；全部财政收入1.62亿元，同比增长28.5%。其中公共财政预算收入9922万元，同比增长16.9%；全社会固定资产投资26.1亿元，同比增长24.8%；规模以上工业总产值45.6亿元，同比增长25.2%；规模以上工业增加值13.65亿元，同比增长7.5%；新增规上企业3家。城镇居民人均可支配收入1.90万元，同比增长14%；农村居民人均可支配收入8223元，同比增长13%。从完成质量上看。全部财政收入和地方公共预算收入增速连续12个月全市排名第一。全部财政收入中税收比重达到57.64%，比去年提高了近6个百分点；在地区生产总值中，三产结构占比分别为：27.7%、65.6%和6.7%，非农产业的比重达到72.3%，这标志着全区经济结构初步迈向以新型工业化为主导的新领域、新阶段。

一年来，项目建设始终作为经济社会发展的核心，“大招商、招大商”项目建设取得可喜成绩。全年实施重点项目21个，计划总投资95亿元，其中当年投资35.5亿元。年内共有：总投资36亿元的旗帜婴儿乳品和奶牛养殖一体化、总投资6.4亿元的雪川爱味客10万吨马铃薯薯条加工、总投资6亿元的晶科新能源60MW太阳能光伏发电、总投资1.2亿元的天茂源印刷包装、总投资1亿元的亿利万亩生态造林、总投资1.8亿元的恒泰玉米压片和总投资1.2亿元的蒙牛高端奶生产线技改7个超亿元项目当年签约当年开工，投资总额达53.6亿元。特别是旗帜乳品项目，创造出了项目建设“察北速度”、“张家口速度”，成为省、市典范。年内省市主要领导来察北区指导调研、国内外客商来察北区考察洽谈和本区各级领导干部外出招商次数均创下了历史新高，极大提高了察北的外向度和知晓度，在外向型经济和对外合作上走在全市前列，全区经济社会发展上升到了一个新的历史阶段，在上半年全市项目拉练观摩和年终重点项目评比中，均获得第一名的好成绩。

一年来，园区强身扩容始终作为推进工业经济转型升级的主要平台，成立了园区管理办公室和园区投资开发有限公司，全年投入资金6000万元，实施集中供热供气、蒸汽调压站、污水管网、园区道路等基础设施建设工程，新建16米宽柏油路4.7公里，架设输电专线6.5公里，埋设排污管网14公里，实现统一供热、排污“七通一平”，园区承载力进一步提升。中荷现代农业园正式揭牌，中芬示范农场达成合作意向。同以色列希伯来大学建立了互访机制，积极创建国家现代农业示范区。

一年来，生态增量始终作为夯实绿色崛起的依托，借鉴塞北林场的先进经验，全面加快生态工程区、交通干线、主城区等重点区域生态建设步伐。投资近1000万元，启动实施了桃园山庄3万亩林业科技示范园区建设，年内完成造林1.5万亩，全区森林覆盖率达到25.16%。投资500多万元，加大城区道路绿化及公共绿地建设，种植各类乔灌木10万余株，人均公园绿地面积达到12.87平方米，环境质量明显改善；新建高效节水农田5250亩，通过推广滴灌、改造喷灌，推行节水技术，巩固完善节水机制，为构建张家口市“四网一分配”的节水体系起到了引领示范作用。着力推进水肥一体化示范，投资230万元建成项目示范面积2000多亩，对全区乃至全市进一步推广水肥一体化起到了良好的示范带动作用。

一年来，民生工程始终当作检验工作成效的标尺，坚持高标准、大投入，严要求、重实效，年内民生保障类资金支出达1.3亿元，同比增长32.7%。实施了多项惠民工程：完成了全部619套保障住房和420套垦区危房改造工程，有543户居民喜迁新居；新建成60套公租房和28套廉租房，发放廉租补贴15万元，解决了部分困难群众的住房问题；完成了察北风情公园建设，结束了察北没有公园的历史；改建宇一线道路33公里；启动了察北街、长弓街、西市场三条市政街道建设工程，新增道路面积2万平方米，人均道路面积达到19.5平方米；实施区计划生育技术服务站和120急救中心建设，改扩建医院业务用房；实施数字电视入户工程，提高城乡居民电视收视效果；实施了安全饮水工程，惠及11个自然村；顺利启动电力体制改革，电力部门已同意实施农村电网改造；全年发放社会救助资金37.34万元、城乡低保、五保供养资金422.51万元、高龄补贴和残疾人救助资金32.8万元。

昌 黎 县

秦皇岛市昌黎县位于河北省东北部，始建于公元923年，取“黎庶昌盛”之意定名。全县辖16个乡镇，1个城郊区，418个行政村，人口56万，总面积1212平方公里。是久负盛名的花果之乡、鱼米之乡、文化之乡、旅游之乡、干红葡萄酒之乡。1988年被国务院确定为首批沿海对外开放县，2005年成为全省首批扩权县。

区位优势明显。昌黎是连接华北与东北的咽喉要冲，距北京270公里，距沈阳410公里，距京唐港45公里。205国道、沿海高速公路和京哈铁路贯穿全境，和比邻的秦皇岛港、京唐港及位于昌黎境内北戴河机场构成了海陆空立体交通网络。

名胜古迹众多。昌黎县北枕碣石，东临渤海，西南挟滦河，自然禀赋优越，山、海、河、滩、林等兼具。千古神岳碣石山历史上曾有九代帝王登临，曹操在此写下“东临碣石、以观沧海”的著名诗句；山中水岩寺是冀东地区最大的佛教场所；拥有“十里葡萄长廊”之称的葡萄沟，“东方夏威夷”之称的黄金海岸，“京东大沙漠”之称的翡翠岛以及沿海最大的潟湖——七里海。

文化底蕴深厚。昌黎是唐宋八大家之一韩愈的故里，五峰山韩文公祠是中国共产党创始人之一李大钊曾长期从事革命活动的地方，《我的马克思主义观》《再论问题与主义》等革命论著创作于此。还是全国文化先进县、全国教育强县和全国科技工作先进县，全国民间艺术之乡、全国民歌之乡和吹歌之乡。地秧歌、民歌、皮影戏先后列入国家非物质文化遗产名录。

资源禀赋天成。昌黎拥有全国最大优质酿酒葡萄基地5万亩，沿北部山体正在规划10平方公里的“碣阳酒乡”项目，打造中国高档红酒休闲、观光、旅游、度假、体验中心。浅海滩涂养殖面积近50万亩，扇贝养殖量占全省养殖总量的50%，海参养殖量占全省养殖总量的90%，河豚鱼养殖量占全国养殖总量的15%，牙鲆鱼和菱鲆鱼养殖量占河北省产量的50%。以狐、貂、貉为主要品种的珍稀动物养殖量已突破1500万只，占全国十分之一。粉丝出口占韩国市场80%份额，甜玉米罐头占国内市场份额近60%，膨化食品占国内市场近20%。弯针产品占国内市场份额的90%、国际市场份额的60%。

（一）综合实力持续增强。2014年全县主要经济指标全市四县领先，地区生产总值完成194.5亿元，比上年增长9.1%；全部财政收入完成16.5亿元，公共财政预算收入完成8.1亿元，分别比上年增长11%和2.5%；全社会固定资产投资完成107亿元，比上年增长8%；全县规模以上工业增加值完成62.1亿元，同比增长12%，新增规上企业12家；社会消费品零售总额完成57亿元，比上年增长12.2%；城镇居民人均可支配收入23300元，农村居民人均可支配收入11848元，分别比上年增长8.2%和11%。

（二）园区建设成效明显。积极融入京津冀协同发展，实施千万元以上项目107个，引进内资35.5亿元，实际利用外资5192万美元，均超额完成市下达任务。与北京清控科创确定委托招商关系，主动对接中环国投、北京电子城、恩源集团等央企民企。与澳大利亚欧卡帕宁加市建立友城关系。昌黎工业园区与华夏幸福基业合作进入新阶段，香港易高秸秆天然气项目、阳普太阳能项目等相继签约。秦西园区昌黎循环园环评获省批复，安丰钢铁、宏兴实业进入全省民营企业百强。与冀东水泥实现战略合作，引进东烨大焦化、奥格玻璃、深圳危废处理等循环产业项目。空港产业聚集区总体规划通过市规委会审批，致远通用航空项目进场施工。五个特色产业园采取一区多园、点状分布的模式全力推进，中昌仓储、东源饲料等一批产业链项目相继落地开工。

（三）特色产业蓬勃发展。金士、海亚湾等五大酒庄累计完成投资10.5亿元，承办了第十五届葡萄酒节，昌黎红酒地域品牌形象进一步提升。组建皮毛产业促进局和产业服务大厅，举办了河北省第八届皮毛交易大会，皮毛商贸流通企业数量和产业税收均实现翻番。不断加强海洋生态资源保护工作，渔业生产安全水平全面提升，粮丰公司实现新三板上市。实施蔬菜产业项目15个，新增设施蔬菜“百亩方”10个，承办了农业部北方设施蔬菜基地建设项目现场会、全省现代蔬菜（食用菌）产业园区建设现场会。粮油食品加工企业不断改造升级，粉丝中铝限量国标得以重新修订。成功举办旅游推进会，实现旅游门票收入7189万元。中心城、建材城等一批商贸物流项目主体基本完工，新集农副产品批发市场冷链物流中心被列为省商贸流通发展项目。引进光伏发电、浮沉动力发电等一批新能源产业项目，大滩风电一期项目即将并网，50万伏变电站项目投入运营。

（四）城乡建设稳步加快。坚持全域城镇化理念，启动综合交通、商业网点等专项规划及产业园区和重点乡镇规划编制工作。谋划实施重点城建项目64个，完成投资25亿元。新城建设全面加快，规划东外环路开工建设，市民中心投入运行。基础设施日益完善，仙台路改扩建和汇文街中段道路工程建成通车，五峰山路自来水连接工程顺利完工。启动实施1号热源厂扩建工程，取缔城区小锅炉15台。荒佃庄镇和靖安镇成为国家级重点镇。县滨海城投公司转型成立秦皇岛滨海投资有限责任公司。城区机械化清扫率达到53%，朱各庄垃圾填埋场通过省无害化等级评定。

（五）新农村建设扎实推进。粮食、蔬菜、果品、肉蛋奶等农副产品产量保持稳定。聘请省农科院编制《昌黎现代农业发展总体规划（2014—2025年）》。累计完成土地承包经营权流转面积16.2万亩，占承包耕地总面积的20.1%。投资12.9亿元，实施市级农业产业化重点项目15个。新增家庭农场32家、农民专业合作社75家。预计农业产业化经营率达68.5%，农林牧渔业实现总产值106.2亿元、增加值65.4亿元。投资1.2亿元，完成36个省、县重点村的面貌改造提升工程，打造了施各庄、十里铺两个省市样板村。第十批28个文明生态村顺利通过验收。昌黎县成功入选第三批国家现代农业示范区，并被授予“河北省推进社会主义新农村建设示范县”。

（六）生态环境不断改善。深入实施大气污染防治，压减炼铁产能146.4万吨、炼钢产能60万吨，减煤92.02万吨，开展扬尘治理“百日攻坚战”，严格落实APEC会议期间空气质量保障措施，成立朱各庄镇综合执法大队，加大朱各庄区域环境违法行为打击力度，大气和环境质量明显改善。投资1.7亿元实施近岸海域环境综合整治项目5个，入海河流和海域水质显著提升。扎实推进节能减排工作，完成节能减排项目36个。大规模开展城乡造林和城区增绿三年行动，新增造林面积2.5万亩，完成东山三角地绿化工程，启动汇文公园建设，城区绿化覆盖率达到39%。

（七）社会事业全面进步。农村道路及危桥改造、人饮安全等8件民心工程得到较好落实，县本级公共财政预算用于民生的支出超过80%，达到17.3亿元。城镇新增就业7628人、农村劳动力转移就业4184人，城镇登记失业率3.7%。社会保障持续扩面提标，集中供养中心开工建设。农村卫生整体服务水平明显提高，新农合参合率达98.3%。投资3000万元改善义务教育薄弱学校办学条件。落实“单独两孩”政策，人口自然增长率4.35‰。推出《渔歌》《酒歌》等一批文艺精品，“碣阳酒乡”葡萄酒文化产业集聚区成功入选“河北省文化产业十大重点集聚区”，第五次荣膺“全国文化先进县”称号，连续三次被命名为“中国民间文化艺术之乡”，全省首家县级方志馆和全省首家馆际互借的县级图书馆投入使用。全民健身运动广泛开展，成功举办了第三届沙滩马拉松和首届广场舞大赛。深入开展法制宣传，社会管理不断创新。扎实推进平安城市建设，圆满完成暑期和十八届四中全会期间的维稳工作，依法解决拖欠农民工工资、非法集资等重点案件。深入实施安全生产“六打六治”打非治违专项行动，积极推进食品药品监管体制改革。广电、审计、统计、科技、应急、民族宗教、防震减灾、邮政通信、气象、人防、档案、双拥、民兵预备役等工作全面推进，妇女儿童、残疾人、工会、老龄、慈善等工作均取得新成绩。

唐山市丰南区

2014年，面对困难挑战和繁重任务，全区人民在区委的坚强领导下，攻坚克难、拼搏进取，较好完成了各项目标任务。

——经济发展稳中有升。完成地区生产总值641.7亿元，比上年增长6.3%；实现一般公共预算收入25.8亿元，增长4.1%；固定资产投资309.4亿元，增长19.1%。社会消费品零售总额155.3亿元，增长12.1%。实际利用外资2.59亿美元，出口创汇7.15亿美元，分别增长93.8%和101.1%。

——生态环境逐步向好。单位生产总值能耗下降8.41%。化学需氧量、氨氮、二氧化硫、氮氧化物等主要污染物排放量分别削减3.1%、3.5%、6.5%和6%，PM2.5平均浓度下降15.57%。新增造林3.07万亩，林木覆盖率达到28.2%。空气质量综合指数比上年降低16.46%。

——群众生活持续改善。城乡居民人均可支配收入分别达到2.92万元和1.25万元，增长8.4%和10%。新增城镇就业7100人，安排下岗及困难人员就业1700人。惠及城乡群众的医疗“一站式”救助、农村饮水安全、旱厕改造、危房改造等10件实事全部按时办结。

2014年，丰南区围绕稳增长、调结构、促改革、惠民生，主要做了以下工作：

（一）着力调整经济结构。面对经济持续下行和政策、市场、环境“三个倒逼”的严峻形势，更加注重优化产业布局和调整产业结构，经济发展质量稳步提升。“一港三区”发展优势逐步凸显。丰南港区航道、防波堤等起步工程项目正式立项；三个开发区完成基础设施投资1.8亿元，入区企业累计达到206家，全年实施亿元以上产业项目43个。工业转型升级步伐加快。实施工业技改及产业链延伸项目102个，全年完成投资158.9亿元，惠达、瑞丰、东华、经安、宝铁、华通等一批骨干企业持续投入，产品附加值、企业管理水平和竞争能力不断提升，全区规模以上工业增加值、利润分别增长8.6%和15%。实施清华紫光、凯业科技等新兴产业项目32个。特别是总投资386.9亿元的渤海钢铁项目获得省发改委备案手续，实现了重大项目的历史性突破。城市经济多元化发展。荣盛未来城、韩国城、国盛商贸城等项目扎实推进，银贝壳网络游戏研发基地、中进汽贸城等新业态项目成功落地，全年实施城市经济重点项目23个。丰南区被命名为全省文化产业十强县（区）。现代农业发展态势良好。实施中奥奶牛、白龙面粉等农业重点项目42个，新型农业经营主体新增101家、达到452家，农业产业化经营率达到69.5%。区农牧局水产技术站被评为全国水产技术推广示范站，丰南区被命名为全省休闲农业与乡村旅游示范县（区）和新型职业农民培育工程示范县（区），荣获全省农田水利基本建设“海河杯”竞赛一等奖。

（二）着力培育市场主体。针对市场主体数量不足、质量不高的问题，以内激、外引、扶强为根本路径，大力扶持实体经济发展。全年新增规模以上企业26家，新增市场经营主体3800多户。开展小团组招商280多批次，大力推进与北京有关县区洽谈对接，在承接家具、涂料等产业转移方面取得积极进展。全年签约落地合作项目40个，计划总投资121.4亿元。区财政投资3598万元支持企业科技创新，高新技术产业增加值增长18%，丰南区被授予“国家科技进步考核先进县（区）”称号。东方华盛优耐高科在上海股交中心成功挂牌，全区挂牌企业达到3家。争取用地指标2261亩，建成220千伏和110千伏变电站各1座，有力保障了项目建设和企业发展需要。

（三）着力推进城乡一体化发展。按照“一主两副带三星”的发展框架，狠抓新型城镇化和农村面貌改造提升，城镇化率达到56.5%。投资32亿元，实施城区市政道路、公共服务、园林绿化、住宅开发等重点工程35项，南孙庄新民居一期工程主体完工，丰南看守所、交警指挥中心等项目相继竣工。投资1.2亿元，实施黄各庄、小集和钱营三个重点小城镇建设。投资1.34亿元实施农村面貌改造提升，丰南区被评为全省先进县区。投资5132万元，完成地方道路维修养护及升级改造工程42项，城乡交通环境进一步改善。

（四）着力深化各项改革。坚持问题导向，突出关键环节和重点领域，努力破除体制机制障碍。积极推进行政审批制度改革，取消“三类事项”18项、行政事业性收费6项，减少审批环节79个，“三级平台、两个代办”制度全面推开。工商登记由先证后照改为先照后证，并实现投资主体零限制、注册登记零收费。进一步完善乡镇财政管理体制和政府性债务管控机制，积极探索政府购买服务工作。不断创新融资方式，组建了舜丰村镇银行，全年协调解决企业和重点项目融资182.8亿元，有效缓解了资金短缺问题。

（五）着力治理大气污染。把大气污染防治作为生态红线、民生工程和政治任务，多措并举、综合施治。全年投资11.4亿元，实施节能减排重点项目115个，焦化企业全部完成煤气脱硫，钢铁企业烧结机全部建成烟气脱硫设施，比国家要求提前一年完成任务。淘汰黄标车4256辆，淘汰、改造燃煤锅炉76台，取缔非法小企业112家。压减炼钢产能112万吨，淘汰水泥产能40万吨，圆满完成省、市下达的过剩产能化解任务。

（六）着力加强社会建设。在财政收支矛盾突出的情况下，投入民生和社会事业资金20.9亿元，占一般公共预算支出的65.8%。教育工作高标准通过省政府督导评估，区职教中心被评为“全国职业教育先进单位”。区医院项目扎实推进，南孙庄、黑沿子等乡镇卫生院完成改建并投入使用。区民政事业服务中心顺利竣工，农村五保、城乡低保标准进一步提高，丰南区被评为“全国农村五保供养工作先进单位”。文体事业蓬勃发展，区文广新局被评为全国文化系统先进集体，区图书馆、文化馆分别荣获全国“最美基层图书馆”和“优秀文化馆”称号。人口计生工作继续走在省、市前列。广泛开展社会主义核心价值观宣传教育实践活动，加强文明城市创建，社会文明水平不断提升。积极推进社会治理创新，深化人民调解“两化”模式，一大批信访积案妥善化解，安全生产和食品药品监管工作不断加强，“六无”村（居）创建率达到52%，刑事发案率下降14.9%，胥各庄街道和新兴社区分别被命名为全国和谐社区建设示范街道和示范社区，丰南区被评为全国“法治县（区）创建活动先进单位”和“六五”普法中期先进县（区）。

唐山市曹妃甸区

曹妃甸区隶属河北省唐山市，地处唐山南部沿海、渤海湾中心地带。全区陆域面积1612.71平方公里（包括海岸线向陆一侧土地面积、海岸线向海一侧填海造地面积和保留水域面积）。海域管理面积958.8平方公里，扣除工业区、生态城、龙岛规划填海造地面积后剩余587.43平方公里。自然海岸线长44.57公里。全区耕地面积314.22平方公里，基本农田保护面积228.48平方公里。总人口20.73万人，总户数6.75万户，全年出生2767人，人口出生率13.34‰；死亡人口1108人，人口死亡率5.34‰。全区辖唐山湾生态城、曹妃甸工业区、南堡经济开发区及3个建制镇（唐海镇、滨海镇、柳赞镇）、10个农场（第一农场、第三农场、第四农场、第五农场、第六农场、第七农场、第八农场、第九农场、第十农场、第十一农场）、2个养殖场（十里海养殖场、八里滩养殖场）。区政府驻地唐海镇。2014年全年完成地区生产总值367.2亿元，比上年增长4.8%，其中，第一、二、三产业分别实现增加值21.6亿元、229.6亿元、116亿元，第一产业比上年下降1.3%，第二、三产业分别比上年增长5.3%、4.8%，三次产业结构比为5.9：62.5：31.6。民营经济增加值123亿元，占全区地区生产总值的33.5%。公共财政预算收入完成59.56亿元，比上年增长22.3%，预算支出77.99亿元，比上年增长12.2%。固定资产投资869.7亿元，比上年增长18.3%。实际利用外资2亿美元，比上年增长170.1%。全区农作物实际种植面积37.2万亩，其中，水稻种植面积32.2万亩。粮食总产量20.08万吨，其中，水稻总产量22.63万吨。海、淡水养殖面积21.2万亩，水产品总产量12.43万吨。实现社会消费品零售总额56.03亿元，比上年增长11.7%。全区年末从业人员达到9.96万人，职工年人均工资达到45931元，比上年增长3.6%。金融机构年末各项存款余额310.08亿元，比上年增长14.6%。城镇居民人均可支配收入达到28226元，比上年增长8%，农民人均可支配收入达到13851元，比上年增长9.9%。社会保险基金收入3.28亿元，比上年增长10.3%，社会保险基金支出2.13亿元，比上年增长12.5%。单位工业增加值能耗降低率4.7%。

（一）实施项目攻坚，市场主体不断壮大。2014年，全年实施亿元以上项目188个，总投资3129亿元。中兴设备制造一期、海清源反渗透膜制造等项目即将投产，汉能、中粮等项目顺利开工；中石化千万吨级炼油、华润二期项目获得国家发改委核准，首钢二期项目审批权下放河北省，大型海水淡化进京项目前期工作加快推进，形成了项目投产一批、开工一批、谋划一批、储备一批的良性循环。园区实力不断增强，曹妃甸工业区、南堡开发区和中小企业园区完成固定资产投资732亿元，占全区的84.2%。市场主体不断壮大，全年新增规模以上工业企业18家、民营企业522家，分别增长28.6%和47.8%，各种经济要素日趋活跃。

（二）抢抓协同发展的新机遇，强化对接合作。全力推进协同发展示范区建设，北京（曹妃甸）现代产业发展试验区产业规划完成初稿，产业试验起步区和产城融合启动区选址基本确定，建设投资公司完成工商注册，京冀曹妃甸发展基金已经设立。全面加强与京津的对接合作，政企交流互访40余次，100多家企业来曹考察，鹰目钣金制造等23个项目签订投资协议，与京城机电等37家京企达成合作意向；天津物产集团与曹妃甸港口公司合作建设曹妃甸矿石交易中心，天津港口集团与河北港口集团合作成立渤海津冀港口公司，中海油服新材料等10个项目签订合作协议。借助协同发展大势和本区沿海优势，全方位扩大开放，面向长三角、珠三角及日韩、欧美等地区和国家开展系列招商活动，协鑫LNG码头及综合利用、三友25万吨粘胶短纤维、上海华普钢构等项目成功签约。以综合保税区封关运营为契机，做实开放平台，强力招商引资，入区企业达到54家，开工建设项目19个，累计完成货物进出口额3.4亿美元。

（三）深化改革创新，破解瓶颈制约。着眼解决融资难的问题，综合运用各种金融工具，努力拓宽融资渠道，曹妃甸农村商业银行挂牌运营，河北融投中瑞担保公司成功迁入，河北沿海产业基金已经落户并完成了对综合保税区投资公司及唐曹铁路的股权投资，汇鑫嘉德在新三板挂牌上市，有效保障了开发建设的顺利推进。着眼打通经济发展命脉，采取领导挂帅、部门负责、区域协作等机制，保障了重大交通工程顺利实施，唐曹公路、滨海公路曹妃甸段竣工通车，张唐铁路主体完工，唐曹铁路、迁曹高速开工建设，为加快发展提供了重要支撑。着眼优化区域发展环境，全面推行“三级平台”、“两个代办”，审批事项由188项减少到66项，审批时限由192个工作日压缩到33个工作日；全力抓好大气污染治理，完成了市下达的目标任务，全年造林绿化面积1.2万亩，恢复湿地面积2.2万亩，环境空气质量位居全市前列，蓝天、碧水、湿地成为对外开放的靓丽名片。着眼提升科技创新能力，鼓励企业加强技改研发，上汽新能源汽车等3家企业被列为省重点技改项目，三孚硅业等39家企业被确定为省级科技型中小企业。

（四）突出转方式调结构，推进转型升级。立足做大主导产业、扩大经济总量，加快发展石油及化工上下游相关产业，中泓煤焦油深加工一期、5万吨糊树脂等项目已经完工，东华页岩气新材料、高纯四氯化硅及光纤预制棒等项目开展前期工作，搭建起石油及化工产业发展的框架；加快发展钢铁产业，首钢一期实现扭亏为盈，曹妃甸建设沿海大型产业基地的优势正在显现。加快综合贸易大港建设，累计建成并运营码头泊位67个，开通内外贸航线12条，木材码头开港通航，矿石交易平台上线运营，环渤海煤炭交易中心加快组建，全年完成港口货物吞吐量2.9亿吨、集装箱吞吐量28.4万标箱，分别增长18.3%、86.8%，增速居全国第一；完成海关税收246.8亿元，占全省的60%，在曹妃甸港区的有力带动下，唐山港吞吐量跃居全国港口第四位。大力发展现代农业，新型农业经营主体不断壮大，500亩以上种植大户达到30家，家庭农场达到41家，组建农民专业合作社21家，获批国家、省级示范社3家；市级以上龙头企业达到22家；获批省级著名商标7个；现代农业示范区上报待批。着力发展旅游业，投资35.6亿元推进湿地旅游开发，欢乐渔谷等项目加快建设，曹妃甸区获评“中国最美休闲度假旅游目的地”和“中国最美自驾旅游目的地”。

（五）强化服务保障，促进民生改善。围绕民生民意，倾力办好实事工程，全年财政用于民生支出占公共财政预算支出的26%。全年城镇新增就业5079人，农村劳动力转移就业3200多人，城镇登记失业率控制在3.8%。实施医保提标，启动大病统筹保险和门诊统筹补偿，城镇医保与市级并轨，新农合人均财政补助提高到375元，城乡医疗保障水平处于省市领先地位。区民政服务中心扩建基本完工，城乡低保标准提高到每人每月470元，困难群体基本生活得到有效保障。区级公立医院改革全面启动，场镇卫生院应急救治能力全面提升，村级卫生室签约服务进入全市先进行列，慢病防控示范区创建通过国家验收。三中高中部等主体完工，高考二本上线率居全市首位，区职教中心被评定为国家级高级技工学校，全区教育工作高标准通过省政府评估验收。科技、人口计生工作继续保持省市先进水平。围绕完善功能，加速推进产城融合，唐山湾生态城两所大学搬迁进展顺利，唐山工职院新校园10月份正式开学，河北联合大学新校址及配套工程加快建设；临港商务区智慧城市建设有序推进，宝骏金融街一期等投入运营，产业配套服务水平明显提升；曹妃甸城区示范街创建积极推进，硬化街巷65条，人均绿地面积提高2.45平方米，城市环境更加宜业宜居；南堡开发区九年一贯制学校完成主体，医院、水厂建设扎实推进，城市配套功能不断增强。深入实施农村面貌改造提升行动，完成改厕1.38万座，硬化路面26.6万平方米，圆满完成30个重点村改造任务。围绕创新社会管理，制定了加强和改进社区建设的实施意见，垦丰、中山路街道办事处具备了验收条件；深入开展了平安曹妃甸创建工作，安全生产、食品药品安全、信访稳定、综合治理等工作扎实有效，社会大局和谐稳定。

迁 安 市

迁安市位于河北省东北部。2014年，是迁安发展史上异常严峻而艰难的一年。面对复杂的宏观经济形势，经济发展进入新常态，市场持续低迷，节能减排任务艰巨，结构性矛盾凸显，内外矛盾集中迸发的严峻考验，全市上下在市委的坚强领导下，牢牢把握稳中求进的主基调，以凤凰涅槃、绝地重生的勇气和信心，抓住事关全局的重点和难点，稳住阵脚、积极应对，进一步夯实了转型发展的基础，积蓄了加快发展的势能，经济发展质量稳步提升。全年实现地区生产总值1016亿元，增长4.1%；全社会固定资产投资达到526.1亿元，增长16.1%；完成公共财政预算收入35.1亿元，占全部财政收入的比重同比增加5.5个百分点。在全国中小城市综合实力百强县（市）评比中位居第19位；最具投资潜力中小城市百强县（市）

第9位，新型城镇化质量百强县（市）第14位。

（一）转型发展后劲进一步增强。围绕全市转型发展，加快推进重点项目建设。全年累计实施重点项目269个，当年完成投资521.5亿元，增长16.2%；其中164个项目先后竣工。扎实推进全民创业和民企二次创业，全市新注册民营企业946家、个体工商户6162户。积极对接北京等重点地区，组织开展了经贸洽谈月等系列招商活动，顺天诚通钢材加工、金牛管业北方基地等37个项目成功签约，中唐遗乐城等75个项目达成合作意向。

（二）产业结构调整进一步提速。为摆脱原有产业禁锢，不断加快产业结构升级。以高新技术产业开发区、经济开发区、北方钢铁物流产业聚焦区、滦河文化产业区为平台，加快构建"3+5+6"的产业格局。精品钢铁业优化提升。7家钢铁企业全部进入工信部《钢铁行业规范企业名录》，思文科德电工钢及镀锡板、燕钢热轧卷板等一批链条延伸项目竣工投产，钢铁产品档次、质量和竞争力进一步提升。装备制造业规模壮大。全市新增耗钢企业81家，新增耗钢能力310万吨。现代物流业龙头引领、集群发展态势更加凸显，实施了投资62亿元的20个重点项目。煤化工、包装建材、节能环保、食品医药、高新技术五大产业加速发展。完成投资104亿元，实施了翅冀LNG、怡惠达LNG等52个项目，其中思文科德八色印铁二期、葵花制药、今麦郎一期等33个项目竣工投产。六大服务业更加繁荣。红星美凯龙、天洋城一期正式营业，北大学园正式进驻，龙湾游艇俱乐部、碧桂园高档商住开发、金融街、商企联盟电子商城等一批项目加快建设。

（三）城市综合品质进一步提升。顺利通过国家园林城市复审验收，规划建设了滦河生态休闲区、右岸新城、南部新城区三大城市板块。规划体系更加完备，高标准完成《城市综合交通规划》、《公共服务设施规划》等11项城市规划，城镇组团、新型农村社区控制性详细规划、特色保留村村庄规划的编制工作取得阶段性成果。水城特色愈发彰显。滦河文化产业园新增6座建设用岛，桥梁、绿化等工程基本完工，"首都东边一座成长在水里的城市"日益引人瞩目，水城特色已经成为招商引资最靓丽的名片。基础设施更加完善。投资2.4亿元，实施了市政道路新建、供热管网改造等9项工程，新增集中供热面积150万平方米，新增燃气入户8420户。城市管理更加有序。城市事、部件办理进一步提速，市容市貌集中整治行动扎实开展，城市管理水平进一步提高。

（四）转型发展环境进一步优化。生态环境治理四大攻坚战取得阶段性成果。投资15.6亿元，全面推进168项大气污染治理任务，PM2.5下降15.79%、综合污染指数下降19.53%，环境空气质量综合指数排名居唐山市第4位。累计完成营造林5.8万亩，全市森林覆盖率达到40.8%。完成矿山地貌修复2155亩、生态修复2600亩。投入1.8亿元，推进农村面貌改造提升，被评为全省先进市，山叶口村顺利通过河北"美丽乡村"评审验收。园区建设提档升级。投资21亿元，实施了7项基础设施工程。高新技术产业开发区、经济开发区、物流园区成为全省首批清洁生产试点示范园区，经济开发区被列为全省承接京津产业转移的40个重点平台之一，高新技术产业开发区被评为全省重点项目建设先进单位，物流园区获评全国优秀物流园区，滦河文化产业园区跻身全省十佳文化产业园区。要素瓶颈制约有效缓解。京秦高速迁安支线、第三通道等工程相继通车，迁擂公路大修等11项工程先后完工，新建、翻建道路187公里。实施工矿废弃地复垦3248亩，土地开发补充耕地2284亩；积极做好建设用地报批工作，多方争取省政府批复8660亩，占唐山市总量的1/5，实现了历史性突破。积极支持企业进行资本运作，北商国际泵阀和路明实业公司成功上市，实现了企业上市零的突破。畅通银企对接机制，全力协调解决企业资金困难，帮助企业度过难关。金融机构各项贷款余额386亿元，较年初增加10.4亿元。

（五）社会事业进一步发展。科技支撑更加强劲。推广科技成果36项，圆锥破碎机技术填补国内空白。新增晒阳、益昌2家国家高新技术企业，66家企业被认定为省级科技型企业。教育事业再创佳绩。投入2.38亿元改善办学条件，一中西校区等工程投入使用。北大学园与一中、河北师大与第六实验小学实现合作办学，高考创造佳绩，市职教中心成功升格为技师学院，迁安市被评为"全国义务教育发展基本均衡县"。卫生事业稳步提升。顺利通过国家卫生城市复审验收，成功创建国家慢病综合防控示范市。中医院迁建工程即将竣工，新建精神病医院投入使用。公立医院改革稳步推进。在全省率先实施城乡居民基本医疗保险制度，药品零差率销售累计让利群众4218万元。文体事业繁荣发展。顺利通过全国文化先进市复查验收。成功举办第三届全民运动会，在南京青奥会、仁川亚运会等大型赛事中，九江拳击队员夺得多项冠军。

（六）群众幸福指数进一步提升。圆满完成了30件为民实事工程。城镇居民人均可支配收入达到29860元，增长8.2%；农村居民人均可支配收入达到17120元，增长10.4%。全年新增城镇就业6750人，下岗失业人员再就业1290人，农村劳动力转移就业5750人。扎实推进社保扩面，着力提高社会保障水平。累计为城乡低保群众、农村五保户和高龄老人发放补助金6700万元，为9.1万名城乡居民发放养老金1.26亿元。发放善款192万元，用于助困、助医、助学等社会救济。持续抓好安全生产、食品药品安全、社会治安和信访稳定工作，维护了和谐安定的良好局面。

滦　县

滦县史称滦州，位于唐山市东部，总面积1028平方公里，辖12个镇、2个街道办事处、504个行政村、26个居委会，人口56万。2014年，完成地区生产总值413亿元，比上年增长7%。完成公共财政预算收入15亿元，比上年增长6.2%。完成全社会固定资产投资275.7亿元，比上年增长21%。城乡居民收入分别达到29133元和12484元，比上年增长8.3%和10.1%。谋划实施重点建设项目141个，完成年度投资245亿元。全年新登记各类市场主体3891家，比上年增长41.4%。

（一）转型升级不断深化。一产方面。突出龙头引领、基地带动，实施了现代农业“万千百”工程，县级万亩现代农业园区、万头奶牛养殖园区、万亩干鲜果品基地的建设有序推进，新发展农业龙头企业10家、农民专业合作组织100家。新晋升省级农业龙头企业3家、国家级农民专业合作社示范社3家。农业产业化稳步提升，实现农业产业化经营总额75亿元。实施计划总投资39.2亿元的农业重点项目20个，完成15亿元的年度投资计划。新建部级、省级畜禽标准化示范场各1家。创建国家级蔬菜标准园1个、省级现代蔬菜产业园1个。滦牧农业股份公司在石交所挂牌上市，成为河北省同行业首家挂牌上市企业。“滦县花生”通过中国地理标志产品认证。全年完成植树造林5.3万亩，代表唐山市顺利通过全省城市绿化率和森林覆盖率净增量考核。二产方面。规模以上工业企业完成增加值224.6亿元，占地区生产总值的54.4%。矿山开采、钢铁冶金、水泥建材等传统产业实施重点技改项目21个，完成技改投资124亿元，比上年增长10%。全年钢铁下游产业消耗本地钢材135万吨，比上年增长22.7%。规模以上装备制造企业累计达到21家，实现增加值54.1亿元，比上年增长51.7%。河北海德生物制药产业基地、唐钢新型煤化工产业链项目的建设，填补了滦县相关产业的空白。企业科技创新能力不断提高，45家企业被认定为省级科技型中小企业，新获得授权专利36项。节能减排深入推进，主要污染物减排完成目标任务。三产方面。文化旅游业快速发展，组建了滦州文化旅游发展有限公司，滦州古城景区被评为国家4A级旅游景区，滦河水利风景区被评为省级水利风景区，成功举办第四届“中国滦河文化节”等大型文化旅游活动，滦县获评“河北省文化产业十强县”和“中国最美旅游生态示范县”。全年完成社会消费品零售总额122.3亿元，比上年增长12.2%。北方商品物流中心等12个物流项目顺利实施。唐山市中小企业金融促进会在滦县成立，河北银行等4家金融机构入驻滦县。全县金融机构年末存款余额247亿元、贷款余额120亿元，比上年增长13.3%和12.9%。

（二）改革创新和开放招商迈出新步伐。深化行政审批制度改革，全面清理了行政许可、非行政许可审批和行政监管事项，推行“三级平台、两个代办”，完善出台了《重点项目审批绿色通道》、《重点项目审批代办》和《鼓励投资扩大开放十项规定》等实施办法。积极推进农村产权制度改革，完成了集体林权、集体土地确权颁证相关工作。制定工业企业综合评价分类管理办法，引导企业加快转型升级。推行土地和规划执法监察长效管理机制，进一步规范土地规划和使用行为。全年引进县外资金91.9亿元，实际利用外资4855.8万美元，比上年增长16.5%和7.2%。中国兵器装备集团、北京二商集团、首农集团等15家大型企业集团与滦县达成战略合作意向。举办第四届“走进滦县·携手发展”招洽会等节会招商活动，签约项目23个，计划总投资225亿元。

（三）城市建设取得新成效。高标准编制、修订各类城乡建设规划、控制性详规23项。滦县城乡总体规划（2013—2030）经市规委会审查通过。实施交通路网工程22项，其中总投资3.78亿元的福州路工程主体基本完工，打通了滦县第二个“北出口”。全年开发住宅面积34万平方米，改造住宅面积16.6万平方米。围绕完善城市功能，实施了总投资48.1亿元的20项重点城建工程。高标准建设了高铁文化生态广场，完成了体育中心改造及滦州商贸城路面改造提升工程，启动实施了城市规划馆建设项目。总投资1600万元的植物园改造工程顺利完成，改造后的植物园成为集多种功能于一体的高标准公园。投资1.5亿元，新建大型环保锅炉房1座、换热站7座，完善配套管网，新增供热面积40万平方米，城区基本实现集中供热全覆盖。数字化城管指挥平台及全城视频监控系统完成安装调试。推行城市环卫工作市场化运作模式，新上高标准环卫作业车辆29台，城区保洁机械化率从30%提高到87%。实施小山生活垃圾填埋场改造升级工程，城市生活垃圾清运率、处理率均为100%。滦县是唐山市唯一荣获2013—2014年度河北省人居环境进步奖的县区。

（四）农村面貌大幅改观。积极开展农村面貌改造提升行动，全年投入改造资金2.1亿元，选择60个重点村进行精品示范改造，是历年来新农村建设投入最多、成效最明显的一年。全县村街道路硬化实现了全覆盖。实施了4万座农村无害化厕所改造工程。制定出台了加强农村环境卫生长效管理的实施意见和考评办法，全县1486名农村保洁员全部到位，用于保洁员的补助资金及垃圾清运费列入财政预算。打造了响嘡镇大司营村等一批在全市、全省拿得出、叫得响的美丽乡村。滦县被省委、省政府评为推进社会主义新农村建设先进县。

（五）民生和社会事业健康发展。民生支出占到公财支出的70%。总投资7.7亿元的10件政府实事工程完成目标任务。全年投入教育工作的资金达1.3亿元。横渠小学新建工程顺利开工，原唐山市财经学校改造一期工程完成年度建设任务，特殊教育学校顺利搬迁；61所学校实现了多媒体教学班班通，占全县学校总数的45%；整合教育资源，撤并农村初中7所，搬迁农村小学5所；为农村小学和幼儿园公开招聘237名年轻教师；高考工作取得近年来最好成绩，“二本”上线人数突破千人。城乡居民社会养老保险参保率达93%。支出新型农村合作医疗统筹基金1.65亿元，受益群众77.2万人次。城镇低保标准每人每月提高20元，农村低保标准每人每年提高250元。富丽小区保障性住房一期廉租房分配到位，解决了169户中低收入家庭住房困难问题。400户农村危房改造工程完工。完成了惠及28个村、12所学校共3.6万人的饮水安全工程。医药卫生体制改革有序推进，计划生育“单独两孩”政策全面落实。公共文化服务均等化水平明显提高，滦县通过文化部“全国文化先进县”复验。

廊坊市安次区

安次区是河北省廊坊市辖区，地处河北省中北部，廊坊市区南部。总面积595平方公里，总人口38万，下辖8个乡镇，3个街道办和廊坊高新区（即新兴产业示范区）、龙河经济开发区、安次经济开发区、龙港经济技术开发区4个省级工业园区。安次区拥有深厚的文化底蕴、得天独厚的区位优势、广阔的发展空间和优良的投资环境，前后吸引了富士康、中建集团、红星美凯龙、证大大拇指广场、美国JM新兴产业园、嘉民国际物流园等知名企业竞相落户发展。今天的安次、经济实力、园区项目、城乡建设、民生事业、和谐稳定实现突破发展，全区正以加快现代化强区新城建设的矫健身姿，向魅力新城、和谐安次昂首迈进。

2014，安次区完成地区生产总值116.2亿元，增长8.7%；财政收入20.9亿元，增长20.5%；固定资产投资110亿元，增长19.1%；规上工业增加值50.5亿元，增长11.7%；实际利用外资8550万美元，增长75.2%；社会消费品零售总额18.3亿元，增长12.7%；城乡居民人均可支配收入分别达到2.67万元、1.19万元，分别增长9.7%、9.9%。主要经济指标增速位居全市前列。

廊坊市广阳区

2014年，廊坊市广阳区按照“壮大三产服务业，培育新兴产业群，加快城乡一体化，建设和谐主城区”的发展思路，积极做好稳增长、调结构、促改革、治污染、惠民生各项工作，为全省经济社会发展提供了有力支撑。

——经济增速在统筹提升中企稳向好。2014年，广阳区政府围绕提升经济质量和效益，强化经济运行管理，准确研判、多方调度，助推企业发展，狠抓投资带动，经济增速实现了逐季回升向好。全区地区生产总值完成161.3亿元，同比增长8.4%。全部财政收入完成47.9亿元，同比增长6.1%。公共财政预算收入完成16.1亿元，同比增长7.9%。全社会固定资产投资完成151.3亿元，同比增长18%。社会消费品零售总额完成133.6亿元，同比增长12.1%。规模以上工业增加值完成20.6亿元，同比增长5.1%。实际利用外资完成8089万美元，占年任务的367.7%。城镇、农村居民人均可支配收入分别达到29372元、11551元，同比分别增长8.7%和10.3%。

——优势产业在增效升级中持续壮大。2014年，一产、二产、三产分别实现增加值13.3亿元、58.5亿元和89.5亿元，三次产业结构调整为8.2：36.3：55.5。第三产业完成税收34.1亿元，占全部财政收入的71.2%；实施三产项目95个，总投资328.2亿元，分别占项目总量和投资总额的81.2%和80.9%。金融业、科技型服务业等现代服务业提速增效，实现税收10亿元，占三产总税收的29.3%。商业地产加速发展，香港新世界、大中广场、盛都时代广场等城市综合体主体竣工，泰莱大厦、建业SOHO、汇督商务中心、丽都创意大厦等高端楼宇拔地而起。特色商场蓬勃发展，新动批红门精品服装城开业运营。惠企政策全面落实，营改增企业受益0.9亿元，新增市场主体5885家，新增注册资本1940.9亿元，新增注册商标356件。企业创新能力不断增强，申请专利476个，授权269个，广阳区专利申请量和授权量蝉联全市首位。成功申列国家省市科技项目9个，争取资金290万元，大华夏神农有限公司获批全市首个国家星火计划项目。广阳区首个村镇银行舜丰银行开业运营，融达网络工程有限公司成功上市。持续深化院区合作的“广阳模式”，充分发挥了中国农科院的科技力量和人才优势，促进了农业增效、农民增收。

——项目建设在提质提速中再创佳绩。全年实施建设项目117个，总投资405.5亿元，累计完成投资241.9亿元，其中亿元以上项目64个，总投资384.6亿元，分别占项目总量和投资总额的54.7%和94.8%。中油嘉昱、雅由机械等48个项目竣工，北京建工新型建材、尚都世贸大厦等69个项目加快建设，成功洽谈储备了廊坊国际工业博览城、方仕服装研发生产运营销售基地等新一批重点项目。广阳经济开发区成功聚集了一批高端产业项目，中油管道维检修中心、高瑞板材生产基地等高新技术项目投入试生产，管道特种设备产业基地、沃森高精度工控仪表等先进制造业项目建成主体，坤腾机械制造、海湾油气回收等新兴产业项目即将开工。万庄新城加快重点项目建设，国寿高端养生公寓项目累计完成投资5.7亿元，华北石油生活区项目完成土地储备及地价评估。

——重点任务在攻坚克难中圆满完成。广阳区政府始终把国家省市重点工程作为服务大局的重中之重加以推进，圆满完成了一系列急难险重任务。全力保障北京新机场和临空经济区建设，对辖区134平方公里70个村街实行了严格限控。积极助推新机场建设，成立了区机场建设指挥部，设立了区机场工作办公室；对10个村街近2000户进行集中入户走访，掌握了反映真实民意的一手材料；协助配合相关部门完成了3个乡镇（办事处）65个村街的环评、10个村街的土地勘测定界、10个村街的村居位置图绘制和13个村街679个点的工程勘探等一系列基础工作。全力保障国家重点交通工程顺利施工，全部完成了涉及14个村街9.5公里的京台高速广阳段征迁任务，涉及19个村街13.8公里的密涿高速广阳段征迁任务基本完成。完成了国电廊坊热电厂和万庄新城再生水厂共计744亩的征迁任务，为市重点工程尽快开工建设创造了条件。投入大量人力、物力，全力做好群众动迁工作，完成了生态文化艺术新区7个项目和6条道路1850亩的阶段性征迁任务，为廊坊城市建设做出了突出贡献。

——环境治理在强力推进中取得实效。全面打响大气治理攻坚战，高强度推进，高频度督导，燃煤、扬尘、烟气和工业污染等各项治理初显成效。投资3800余万元，对区属常青热力公司供热站及附属设施进行了升级改造，各项指标均达环保排放要求。前期筹资500万元，为24个城边村安装了节能环保炉具4127台，超额完成了市下达任务。筹集资金600余万元，完成了29家、41台燃煤茶浴炉改造任务。早谋划、早实施，在冬季供暖前完成了实烨小区、印刷厂宿舍楼、中央峰景小区3个非集中供暖小区的锅炉并网改造。完成了全区18家、25台工业燃煤炉改造任务，124家规模以上饭店全部安装了油烟净化设备，辖区建筑工地均实现了“7个100%”防治目标。圆满完成了APEC期间大气治理的各项任务，得到了国家环保部和省市督导组的充分认可。制定奖补办法，动员全社会造林绿化，全年完成植树造林2万亩，占市下达任务的113.6%。强力实施农村面貌改造提升工程，投资1.5亿元，完成了37个省级重点示范村的年度改造任务，打造了3个精品示范村，左场村被评为省级美丽乡村。

——民生事业在持续改善中更加普惠。积极应对财政收支矛盾的巨大压力，大力实施民生工程，竭尽所能地多为群众办实事办好事，全区民生总支出达8.1亿元，占公共财政预算支出的75%。加大教育投入，区财政累计支出教育资金3.4亿元，完成了5所农村学校改造工程，新建了一所回族幼儿园，二小、九小改扩建工程完成主体建设，十小改扩建工程前期手续正在积极跑办中，为中小学校购置更新了计算机、多媒体、实验器材等教学装备，顺利通过了义务教育均衡发展省级验收。兑现了全区2301名教师的岗位聘用工资待遇，充分调动了广大教师的工作积极性。落实津补贴提标政策，稳步提高了公职人员工资待遇水平。解放道社区卫生服务中心正式接诊，新开路社区卫生服务中心开工建设，启动了新源道社区卫生服务中心建设前期工作。投资1.2亿元，加大新农合、基本公共卫生服务等投入，基本实现了城乡居民医保全覆盖。第一时间启动实施单独二孩政策，人口和计生服务实现了全覆盖。完成了农村危房和残疾人家庭无障碍改造任务，创办了区残疾人扶贫基地。改造农村公路22.1公里，完成了彭庄闸以及龙河北昌桥下游右岸护坡等5项重建工程。净增就业岗位4948个，城镇登记失业率控制在2.1%以下。社区建设成果显著，广阳区被国家民政部授予了“全国和谐社区建设示范城区”荣誉称号，六景、运通家园两个社区被评为“全国和谐社区建设示范社区”，馨境界社区被评为廊坊市唯一一家全国文明单位和省级民主法治示范社区，成功举办了“广阳区第三届社区文化艺术节”。数字化城市管理不断完善，办结案件4294件，结案率达97.3%。深入开展身边小案集中破案、安全生产“六打六治”、食品安全大检查和非法传销集中整治等专项行动，稳妥处置非法集资案件，保持了辖区和谐稳定。广阳区被评为全市唯一一家“全国县级防震减灾工作先进单位”。

霸　州　市

霸州市位于河北省廊坊市中部，东与天津市接壤。2014年，霸州市面对严峻复杂的经济形势和化解过剩产能、治理大气污染的艰巨任务，脚踏实地，凝心聚力，着力稳增长、调结构、促改革、惠民生，全市经济和社会各项事业持续健康发展。全市地区生产总值完成362.4亿元，增长8.2%；全部财政收入完成31亿元，地方一般公共预算收入完成17亿元，分别增长0.3%和0.8%；固定资产投资完成240.4亿元，增长21.7%；规模以上工业增加值完成178.1亿元，增长11.1%；社会消费品零售总额完成108.2亿元，增长12%；城镇、农村居民人均可支配收入达到31565元和12602元，分别增长8.1%和10.5%；进出口总额完成9.5亿美元，位列全省各县市前列。

（一）发展后劲不断增强。园区经济加速崛起。投融资18亿元，全力推进园区基础设施建设，津霸经济开发区入津快捷通道、胜芳经济开发区新区大道（西段）、霸州经济开发区泰山路南伸（排水）等工程基本完工，污水处理厂、迎宾道西伸、津港道东伸、码扬线改造等工程进展顺利。三大园区引进项目占比达到39.8%，比去年提升12个百分点。项目建设成果丰硕。坚持抓项目上投资，以增量优化带动存量调整。全市谋划运作亿元以上项目249个，总投资2176.8亿元。其中，高新技术项目占比达到38.2%。争列省重点项目2项，总投资50.2亿元；廊坊市重点项目10项，总投资184.2亿元。福兴塑膜纸化、前钢循环经济、凯达新型包装等一批重大项目建成投产。招商引资成效显著。抢抓京津冀协同发展重大战略机遇，大力开展招商引资集中行动，累计签约域外投资项目118个，总投资达到1243.3亿元。投资320亿元的恒大温泉国际旅游城、投资120亿元的恒天创意服饰产业园等一批大项目相继签约。

（二）产业结构持续优化。现代农业增值提效。不断提升农业产业化经营水平，年内新增农民专业合作社162家，新发展省级示范社5家。全市“有机食品”认证合作社达到3家，通过农业部“绿色食品”认证产品2件，初步与京津地区建立了农超对接。工业转型明显加快。全市新注册民营经济单位5388家，新增规上企业23家。培育国家驰名商标1件，省著名商标6件，省级名牌产品9件，霸州市荣获廊坊“质量兴市与名牌战略”工作第一名。建成了河北省县级首家知识产权信息平台，新获专利授权502项，保持全省领先。省级科技型中小企业达258家，总量位居廊坊前列。争荣公司在石家庄股权交易所上市，霸州海悦、金昌环保等2家企业在上海股权交易托管中心挂牌。新型三产不断壮大。全市第三产业实现增加值97.3亿元，增长6.6%；新增限额以上消费品零售企业22家，总量达到59家。舜丰村镇银行、光大银行落户霸州，全市银行业金融机构达到20家，金融网点数量达到112个。天津港廊坊陆地港项目成功签约，中国金属玻璃家具出口基地和国家级金属玻璃家具检验中心创建工作有序推进，为产业发展打造了优质服务平台。

（三）城乡建设有序开展。城乡规划不断完善。以构筑城乡特色为目标，完成了东西市区总体城市设计初稿和29个村庄面貌改造提升规划，启动了两城控制性详规及

40个专项规划的修编和新编工作，城乡规范化建设水平不断提高。城市功能持续提升。加快城市基础设施建设，实施了北环路贯通，延昭路新建，胜裕路、盐水河南道改造等主次干道工程；建成首条35公里的西部“精品示范线”。霸州市荣获“河北省文明城市”称号，胜芳镇被评为“中国十大最具魅力特色古镇”。城市管理逐步规范。启动数字城管升级工程，完成数字化城市管理系统数据测绘63平方公里，数字化网格监管实现西市区全覆盖。开展治脏治乱突击行动，全力推进主干道建筑外立面改造升级工程，规范取缔了一批马路市场，城市形象进一步提升。农村面貌日益改观。大力开展农村面貌改造提升行动，29个省级重点村街实施厕所改建1.15万个，铺设排污管网2.4万米，建设文化广场2.2万平米，15件实事建设项目全部完工。全市各村街均建立了保洁队伍，初步实现了城乡垃圾一体化处置。

（四）生态建设成效显著。治理环境污染。集中开展大气污染治理7大攻坚战，累计完成燃煤锅炉淘汰改造364.3蒸吨，压减钢铁产能52万吨，治理淘汰黄标车6056辆。推进节能减排，万元GDP能耗同比下降6.41%，四项主要污染物减排指标超额完成。建立了市、乡、村三级网格化环境监管体系，先后关停违法违规企业100多家，霸州市被评为省“利剑斩污专项行动先进单位”。实施绿化造林。大力开展植树造林集中行动，实施了环京津绿化、村庄绿化、苗木繁育基地等12项重点工作，完成植树造林8.14万亩，森林覆盖率一年提高6.8个百分点，市区绿地率达到37.8%，顺利通过省级园林城市复审验收。打造生态景观。东市区启动了7平方公里的胜芳湿地公园一期、5000亩的森林公园和38万平米的滨河公园等生态景观工程；西市区大广引线、牤牛河慢行系统等绿道绿廊工程全面建成，城市绿肺功能显著增强。

（五）社会事业全面进步。社会保障持续完善。全市城镇新增就业7273人，城镇登记失业率控制在1.8%以内。新农合参合率和城乡居民基本养老保险参保率分别达到99.4%和98.9%。城镇和农村低保标准分别提高到每人每月540元和300元。医疗救助资金累计支出595.6万元。开工建设各类保障性住房1661套，分配入住1044套，完成危房改造350户。社会事业统筹推进。新改扩建市实验中学、二中、三小、二幼等学校11所。全面启动县级公立医院改革，廊坊四院二病区一期主体工程、市二院门诊楼、医技楼主体工程全部完工。成功举办了霸州市第九届农民文艺汇演和第三届运动会。实施农村公路新改建工程37项，全长103.8公里。东西市区水厂建设稳步推进，9座农村水厂全部完工。社会管理不断加强。深入开展“身边小案集中破案行动”、农村食品市场“四打击、四规范”、安全生产“六打六治”和打击传销等专项行动，圆满完成APEC会议安保工作，保持了和谐稳定大局。同时，人口计生、优抚安置、国防双拥、民族宗教、妇女儿童、工会、物价、审计、气象、档案等各项事业均取得新成绩。

（六）工作作风切实转变。以群众路线教育实践活动为动力，全市政府系统党员干部工作效能和服务水平进一步提高。加快构建覆盖全民的服务体系，“三级平台”建设扎实推进，“两个代办”制度全面落实。深入推进行政审批制度改革工作，落实上级取消下放行政审批项目21项；27个前置审批事项改为“先照后证”，市政务服务中心新增进厅审批事项129项，审批时限进一步压缩。持续增加行政处罚行为的透明度，在全省各县市中率先开通行政处罚网上公开平台。进一步畅通群众诉求渠道，完善“市长专线”建设工作，受理并答复群众来电859件，切实解决了一批群众反映的热点、难点问题。办理人大代表建议66件、政协提案75件，办复率均为100%。

三 河 市

三河市位于河北省廊坊市北部，西部、北部与北京市接壤，东部与天津市毗邻。2014年，三河市全力推进“改革创新、绿色崛起、率先小康”，实现了经济社会持续稳步发展。

（一）主要经济指标实现新增长。地区生产总值完成482.1亿元，增长8.4%。全部财政收入完成93.2亿元，增长12.6%，位居全省第二。公共财政预算收入完成65.5亿元，实际利用外资1.7亿美元，城镇居民人均可支配收入达到3.24万元，金融机构各项存贷款余额分别达到788.7亿元、779.4亿元，增量分别达到136.2亿元、141.8亿元，七项指标均居全省县级首位。全社会固定资产投资完成428.6亿元，增长17.9%。规模以上工业增加值完成183.7亿元，增长8.3%。社会消费品零售总额完成131.5亿元，增长13.7%。农村居民人均可支配收入达到1.37万元，增长9.5%。

（二）项目建设成效显著。全市竣工及在建投资亿元以上项目128个，同比增加10个，总投资750.7亿元，本年完成投资383.3亿元，同比增长21.5%。巴迪仓储等86个项目竣工投产，港中旅燕郊海泉湾休闲度假区、安邦保险后援服务中心等42个项目加快建设，中兴通讯北京研发中心波分研究所、数通研究所整体迁入燕郊，中海油服产业基地、燕郊考古基地等项目正式签约，谋划储备了恒大集团世纪文化旅游城等亿元以上项目47个。争列省重点项目3个、廊坊市重点项目10个，居廊坊前列。

（三）产业结构调整力度加大。现代服务业增势强劲。增速快于二产2.2个百分点，对经济增长贡献率达到44.7%，拉动经济增长3.8个百分点。高新技术产业持续壮大。新认定高新技术企业6家、科技型中小企业65家，总数分别达到34家、241家，居廊坊首位、全省前列，增加值占规模以上工业比重达到15.7%，高于全省2.6个百分点。完成技改投资75.3亿元，增长20.8%，新入统规模以上工业企业13家。现代农业发展平稳。蔬菜比上年增产1.6万吨，新增畜禽标准化示范场4家、累计达到21家，新增农业产业化龙头企业3家、累计达到24家，农业产业化经营率达到67.3%，比上年提高2.6个百分点。

（四）对接京津取得阶段性成果。潮白河大桥（燕郊北外环西延与通州徐尹路对接）前期手续基本完成，泃河大桥（侯谭线东延与天津宝平公路对接）前期手续全部完成；102国道燕郊段南移获省发改委批准立项；侯谭线北延与蓟县“一线穿”对接道路建设完成；京秦高速与北京东六环、天津蓟县对接项目建议书获得批准；燕郊西出口与通燕高速对接改建方案通过专家组论证；密涿高速一般地上物拆迁基本完成，大部分路段开工建设。燕达医院与北京朝阳医院实现了共管共建，引进了天坛医院脑科中心，被列为北京新农合定点医院；市120急救指挥中心开通了北京军区总医院急救绿色通道。

（五）环境建设进一步优化。在生态环境上，全年完成造林4万亩，林木覆盖率达到32.1%。关停全部23家水泥矿粉企业53条生产线，淘汰产能1447万吨；取缔30家手续不完善的搅拌站，淘汰产能1260万方；对盗采盗运矿产资源、超限超载和平原粉石进行了严厉打击；实施了行政事业单位、城中村、平房家属院煤改气、煤改电工程；淘汰了51台工业燃煤锅炉和28台燃煤茶浴炉，削减燃煤3.5万吨；完成了208家规模以上饭店（食堂）油烟净化设施、46家企业油气回收装置改造；淘汰黄标车7095辆；国华三河电厂1号、2号机组脱硫脱硝改造实现预期目标，成为全国唯一一家“近零排放”的电厂。在发展环境上，大力开展党的群众路线教育实践活动，认真贯彻落实中央“八项规定”，“四风”问题得到有效遏制，全年精简文件26%，精简会议14%，压缩“三公”经费42%，市长热线办理群众来电、留言5700余件，政府网站公开信息5800余条。大力优化审批服务，审批事项压减19%。大力推进银企对接，促进19家金融机构为200家小微企业累计发放贷款1.9亿元，为14家生物制药、电子信息、现代物流企业融资7.7亿元。大力开展民企服务集中行动，对29家重点企业50余个问题进行了认真解决。

（六）城乡建设不断加快。深入推进“五城同创”，即创建国家园林城市、环保模范城市、卫生城市和全国双拥模范城市、文明城市。改造新建了东市区西环路、西市区北外环路东段等一批道路；建设完成燕郊南水厂；市文化中心投入试运营，浩然文学馆、文化馆、美术馆、图书馆免费对外开放，燕郊世界华人收藏博物馆等文化设施建设加快推进；燕郊植物园建成开园，燕郊幸福公园建设、人民公园设施维修改造、潮白河上游生态补水基本完成。城区主要路段清扫保洁在18小时以上，垃圾做到日产日清；拆除违建3.3万平方米。深入推进“整洁城乡”。扎实推进了50个省级重点村、11个精品示范村建设，新建3座大型集中供气沼气站、2座小型光伏发电站，沼气入户、旱厕改造等工作取得较快进展。对全市村庄、街巷、农舍、河渠沟塘进行了全方位整治，重点清除了交通干道、镇政府周边、农贸市场周边等重点地段的垃圾杂物，拆除了私搭乱建。在10个镇分别组建了保洁公司，所有村街实现了专业环卫队伍管理，全部实现了“村收集、镇转运、市处理”；在5个镇实施了垃圾中转站建设，2座建成投入使用。

（七）民生保障水平稳步提高。实施了三中等一批学校维修改造，顺利通过“全国义务教育发展基本均衡县”验收，市职教中心荣获“全国职业教育先进单位”称号。“万人大培训”培训了2万人，新增城镇就业6326人，城镇登记失业率控制在3.15%以内；市医院综合门诊楼、急诊医技楼以及高楼、新集两所中心卫生院改扩建竣工，为卫生院和284所村卫生室配备了办公设备和医疗器械；第三批50名大学生村医全部上岗；新农合人均筹资标准提高到610元，参合率达96.8%；慢性病防控示范村创建有序推进，荣获“国家慢性病综合防控示范区”称号。城乡居民养老保险标准提高，参保率达到98%。城乡低保标准分别由月人均500元、350元调整为650元、500元，慢性肾病患者透析减免次数由每周2次提高到3次，累计为550人次发放重特大疾病救助资金2035万元，筹资1252万元资助了9278人次经济困难及残疾家庭学生。建成了5个镇（街道）综合文体活动中心，46个村民文体活动广场投入使用。投资8700万元，购置新能源环保公交车116部，东市区公交线路基本实现全覆盖。为259户农村特困户、优抚对象、贫困残疾人家庭改造新建住房777间，保障性住房建设和棚户区改造超额完成上级任务。开展经常性安全生产大检查和隐患排查整治，强化食品药品市场监管，有效防止了重大安全事故发生。深入实施平安三河创建活动，社会治安防控体系建设进一步完善，刑事案件、治安案件发案率明显下降。

永 清 县

永清县位于河北省廊坊市中部。2014年，永清县紧紧围绕“绿色崛起、高端发展，建设京南中轴秀美永清”发展方向，抢抓京津冀协同发展战略机遇，坚持“北京新空间、廊坊新市区”基本定位，打造“森林健康新城、中国服装之都、现代金融高地、文化体验新区、现代农业示范区”五大品牌，加快京津冀协同发展先行示范区建设，全县经济社会取得崭新成绩，成功获批第三批国家现代农业示范区。

（一）着力提升经济质量，整体实力不断壮大。全县GDP完成82.4亿元，全部财政收入跃上“十亿”台阶，达到10.8亿元，公共财政预算收入完成6.2亿元，固定资产投资完成112.5亿元，规模以上工业增加值完成14.7亿元，社会消费品零售总额完成36.9亿元，实际利用外资2345万美元。城镇居民人均可支配收入、农村居民人均可支配收入达到2.55万元和1.13万元。新增规模以上工业企业9家、限额以上商贸企业8家、民营企业733家，纳税超千万元企业达到16家。

（二）狠抓经济转型升级，发展后劲显著增强。全年引进亿元以上项目61个，投产及在建亿元以上项目41个，当年完成投资95亿元。燕南春酒有限公司累计投资

3.9亿元，建成品酒、赏酒、藏酒、论酒相融合的酒文化博览园，成为永清特色文化的新亮点。国瑞生态城瞄准高档精品别墅目标，投资近10亿元，施工43万平米面积，建成高档别墅300栋，成为永清集餐饮、商住、休闲于一体的多功能生态城。卓达公司以绿色、环保建材为方向，投资近20亿元，建设新型绿色建材基地，主要产品为新型绿色建材和一体化房屋，未来将成为促进经济转型、拉动县域经济增长的重要引擎。设立工业技改资金和中小企业发展专项基金各500万元，列入省千项技改工程2项，获批中央投资项目14项。新增省著名商标3件，科技型中小企业达到143家。格洛斯节能设备科技有限公司在上海股权交易中心成功挂牌。德基机械“沥青路面智能装备技术研究中心”，成为永清县首家“省级工程技术中心”。

（三）抢抓协同发展历史机遇，对接京津实质推动。北京亦庄·永清高新区完成概念性规划，组建了筹委会，首批6个高端项目签订入区协议。新开工服装企业28家，服装博物馆、“霓裳壹号”秀场对外开放；与北京8大服装批发主力市场成功签约；永定河泛区安全区拓展到17平方公里。农业部“一馆四院”签订框架协议。国家无线电公共技术服务平台项目正式签约，中兴能源太阳能发电项目启动实施，国电同方项目顺利落地，县中医院与解放军307医院合作，并成功挂牌，当地百姓将享受到更多更优质的医疗服务。

（四）统筹实施城乡建设，整体容貌有效改观。新版《永清县城乡总体规划》获批实施，老城区控制性详细规划、城市设计基本完成。实施重点城建项目95项，当年完成投资14亿元。城中村及旧城改造完成拆迁13.2万平米。2个城市综合体加紧建设，施工面积达到4万平米。华夏新区完成控规编制，幸福大道、规划展馆启动建设。41个村街新民居全部完成主体建设，27个村街、3479户农民喜迁新居，整理复垦土地1709亩。农村面貌改造提升行动扎实推进，刘街乡胜利村被评为“全国魅力新农村十佳村街”。

（五）大力开展环境建设，要素承载持续加强。全年造林4.45万亩，高标准绿化通道35公里，建成精品示范线23公里，打造游园节点21处。环保网格化监管机制深入实施，水源地保护、污染坑塘治理全面加强，3座污水处理厂调试运行。秸秆禁烧和综合利用扎实推进，淘汰黄标车4279辆，城中村清洁型煤推广使用，实施节能减排治理工程218项，圆满完成APEC会议空气质量保障任务。行政审批、供销系统、财税体制、食品药品监管体制改革持续深化，质监、工商职能划转稳妥完成。县农村信用联社顺利实现改制，河北银行永清支行对外营业。京台高速永清段竣工通车，道路综合整治、“田路分家”深入开展，改造县乡道路31公里。南水北调永清地表水厂加快建设。

（六）提质升级现代农业，特色经济加快发展。新苑阳光、美盛农业被评为“省级农业科技示范园区”。“小农水重点县”项目完成节水灌溉面积2.2万亩，顺利通过国家和省检查验收。新增集中供水用户3920户，新增省级以上蔬菜生产标准化示范园区3个，水肥一体化模式积极推广。新发展农民专业合作社92家，争创部级示范社2家。惠民蔬菜、民盛园等企业优质农产品网络销售逐步拓展。全县农业产业化经营率提高1.6个百分点。宋辽文化系列旅游产品荣获“中国旅游商品大赛”银奖。

（七）切实保障改善民生，和谐局面不断巩固。建成保障性住房565套，新建改造农村贫困群众危房、贫困残疾人危房328户。新增就业3560人，首次发放城乡居民社会保障卡18.6万张。新建农村互助幸福院28个，发放城乡低保、优抚救灾、高龄补贴等专项资金6100万元。新农合参合率95.1%，公教人员津补贴标准大幅提升。42所中小学取暖设施完成改造，职教中心实训基地投入使用。县级公立医院改革积极推进，基本药品零差率销售实现全覆盖。贾广健艺术馆完成升级改造，李兰亭纪念馆正式落成，组织开展文化“三下乡”活动4100场（次）。计生服务质量不断提高，荣获“省人口和计划生育工作先进奖”。

大 城 县

大城县位于河北省廊坊市最南部，东与天津市接壤。2014年，在廊坊市委、市政府和县委的坚强领导下，大城县努力稳增长、调结构、优环境、惠民生、强基础，用扎扎实实的工作，开创了大城改革发展的新局面。

（一）牢牢把握发展主线，县域综合实力显著增强。全县生产总值完成103.4亿元，同比增长7.5%；全部财政收入完成9.4亿元，同比增长16.7%；公共财政预算收入完成6.1亿元，同比增长34.6%；固定资产投资完成126.5亿元，同比增长20%；规模以上工业增加值完成27.4亿元，同比增长9.5%；社会消费品零售总额完成54.5亿元，同比增长12.8%；城镇居民人均可支配收入达27409元，同比增长9.1%；农村居民人均可支配收入达11047元，同比增长10.4%。

（二）狠抓园区平台建设，项目承载能力不断提升。全力推进省级工业园区争列和建设，招商引资底气更足。气雾剂产业园成功获批省级经济开发区，规划面积2.45平方公里，旨在建设气雾剂研发、生产、检测、销售基地。在此基础上，南下深圳对口招商，吸引了113家企业参加，一批知名气雾剂龙头企业到大城投资洽谈。现代制造业工业园承载能力持续增强，公共租赁住房、污水处理厂竣工，各支路配套给水、污水收集管网铺装完成。项目集聚效应凸显，翔达岩棉等6个项目投产，中包首发易拉罐等项目顺利建设。红木文化产业园成为省级文化产业示范园区，红木文化城年内完成投资23亿元，营销中心开门迎客，家具生产和木材交易基地试运营，古玩街、红木博览园主体竣工，建筑面积57万平米。古玩、红木工艺品市场顺利迁入新城，单日游客达3万人次。与此同时，保温建材、新能源车、有色金属等特色园区功能日益完善，承载力显著提升。

（三）积极调整产业结构，特色产业享誉全国。坚持淘汰与升级并举，大力推进传统产业改造升级。深入推进保温建材产业专项整治，华美、神州等企业环保设备达到国内顶尖水平，翔达引进德国生产的世界先进环保生产线1条，华能等企业引进全国先进生产线35条，岩棉企业由150家整合到30家，产能提高一倍以上。按照有保有压、限制前端、延展链条原则，深入开展有色金属产业专项整治，58家企业完成67座燃炉改造，技改投资达4亿元，河北宏达等企业新上了一批铝材铜材深加工项目，产品附加值大幅提升，行业税收同比增长39.2%。汽摩配件向新能源车产业转型步伐加快，域内新能源车整车生产企业达37家，年产能增至25万辆。红木家具产业北方霸主地位进一步巩固，《寻宝·走进大城》央视热播，中国·廊坊扇子文化产业基地、河北省十大文化产业集聚区、省级红木古典艺术家具协会落户大城。

（四）全力开展招商引资，项目建设成果丰硕。把抓投资、上项目作为稳增长的核心，不断增强县域经济发展后劲。项目建设质量提升，全县建设亿元以上项目44个、总投资184亿元、完成投资74亿元。富尔达优质岩棉等8个市重点项目全部开工。神州橡塑制品、华美玻璃棉等项目设备、工艺达到国内领先水平。对外开放迈出新步伐，开展招商引资集中行动，组织洽谈对接活动60多次，签约亿元以上项目30个。在深圳成功组织3次大型招商推介，与深圳家具、深圳安防、东莞台商等商会协会建立了良好联系，为引进南资项目奠定了基础。

（五）坚持建管并举，城乡面貌日新月异。在县城：完善规划体系，编制完成城乡总规等8项规划；完善城乡规委会制度，成立专家咨询委员会，制定了《城乡规划管理技术导则》和《村镇规划建设管理办法》，保障城乡建设有法可依。推进重点工程，全年投资7.8亿元，实施了18项重点工程。津保路、廊泊路城区段提升改造竣工，城区新增绿地4.7万平米，硬化11万平米；白马河、安庆屯干渠城区延长段清淤护坡顺利推进；改造10条城区道路和小街小巷；5个旧城改造项目顺利启动，拆旧7.5万平米；保障房开工752套，配租公共住房132套。实施精细管理，投资200多万元，购置垃圾压缩车、移动式垃圾箱，扩大清运范围；城区四个出入口、城中村主干道纳入统一保洁。投资近1000万元，数字化城管平台投入运行，安装电子监控8套，设置中心护栏8590米，改造路口8个。成立远达出租车公司，新上出租车191辆。在农村：投资2亿元的36个重点村街、15件实事全面落实。改造双瓮式、水冲式厕所1.2万个；铺设供水管道23.1万米、污水管网8万米；硬化村街主干道20万平米、连村道路10万平米；安装路灯2000多盏，新植环村林带65万平米；建设了北魏、平舒两座压缩式垃圾中转站；改造民居墙体18万平米，建成沼气池600座。同时，投资1.3亿元，打造了长30公里精品线路，沿线26个村街全部实现统一保洁、统一粉刷、统一绿化。留各庄镇跻身全国重点镇、田王文被评为河北省美丽乡村。

（六）强力破解瓶颈制约，“两个环境”日益改善。坚持把环境建设摆上突出位置，综合施治。在生态环境上：大气污染治理成效明显，开展“八大攻坚战”，淘汰燃煤锅炉54台，削减燃煤4800吨，淘汰黄标车5080辆，建成型煤配送中心，完成39家规模饭店、31座加油站油气治理，建筑工地管理更加规范。APEC空气保障工作全省领先，关停429家污染企业，秸秆焚烧实现全天候动态巡查。水污染治理加快推进，投资3000万元，整治域内坑塘、沟渠污染。对三砖厂两个无主渗坑和幸福渠进行统筹施治，长期困扰周边群众的环保隐患彻底消除。植树造林力度空前，深入推进“十大绿化工程”，全年造林8万亩，打造出百亩片林69个、千亩片林4个。全县森林覆盖率提高2.8个百分点。在发展环境上：基础设施不断夯实，总投资1.5亿元，完成8项交通、电力、通讯工程，有力保障了县域经济发展。土地制约逐步破解，争取各类农用地指标1401亩，开展“园区闲置土地集中清理行动”，清理处置闲置土地354亩。金融环境日趋优化，河北银行大城支行、大城舜丰村镇银行挂牌运营。成功组建民营经济信用担保商会，入会企业61家。金融风险有效管控，果断处置一批非法集资问题。

（七）不断夯实“三农”基础，农业生产提质增效。坚持把促进农业增产、农民增收作为新农村建设核心任务。现代农业发展基础得到夯实，聘请河北农大编制大城现代农业示范区规划，规划面积5万亩，涉及41个村街。特色农业种植面积达2.4万亩，年产值超亿元。建设高标准农田1万亩。引蓄黄河水6000万立方米。农业产业化水平加速提升，市级农业产业化龙头企业达38家，省级达2家，建成畜禽标准化规模养殖场37个，发展各类农民专业合作组织24家。全县农业产业化经营率达50.1%。农民增收渠道继续拓宽，6057万元的粮食直补等惠农补贴通过“一折通”方式足额发放。土地流转15.4万亩，直接带动农民增收3672万元。转移农村富余劳动力3.8万人次，农民工资性收入占总收入的70%以上。

（八）加大社会民生保障力度，百姓幸福指数持续攀升。民生支出占公共财政预算支出的70%以上。民生工程全部落实，投资5000万元，南水北调地表水厂及配套管网建设主体竣工；投资2124万元，改造农村危房600户；投资2264万元，完成四座水厂扩容，解决了38个村街、近5万人的饮水安全问题；筹资5738万元，全县公教人员津补贴水平连提三档，由年人均12600元提高到20000元；城乡居民养老保险参保率达99.4%，新农合参合率、新城合参保率分别达到95.6%和97%，共计报免1.19亿元，城乡低保应保尽保，标准分别提高26.8%和27.3%。社会事业全面进步，教学环境持续改善，校安工程走在全市前列；各类教育均衡推进，12所幼儿园通过省级示范园验收，25所学校通过廊坊市标准化验收。公立医院改革稳步推进，县医院成为国家县级公立医院改革试点单位，中医院医改顺利启动，实行药品零差率销售。计生工作成绩斐然，大城荣获全国计划生育优质服务先进单位称号。文体事业蓬勃发展，成功举办县六运会；中国书协、美协会员达28人，省级会员80人，市级会员122人，大城已成为名副其实的书画艺术之乡。和谐稳定局面得到巩固，开展"身边小案集中破案"专项行动，人民群众安全感和满意度明显提升。全面落实新《安全生产法》，大城安全生产工作得到省市表彰。

文 安 县

文安县隶属河北省廊坊市，地处京、津之间。2014年，全县地区生产总值完成161.3亿元，增长6.2%；全部财政收入完成12.3亿元，增长7.2%；公共财政预算收入完成6.4亿元，增长8.3%；固定资产投资完成225.7亿元，增长24.1%；规模以上工业增加值完成53.1亿元，增长3.8%；社会消费品零售总额完成66.4亿元，增长13.5%；城镇和农村居民人均可支配收入预计达到2.77万元、1.21万元，分别增长8.5%和10.2%。

（一）产业结构调整步伐加快。传统产业加快转型。开展淘汰产能集中拆除行动，取缔人造板粉料企业80家，淘汰燃煤锅炉169台，压减人造板生产能力7.9万立方米。开展民企服务集中行动，帮助10家企业设立研发机构，协助15家企业筹备上市工作，解决企业发展难题42个。完成个体户转企业46家，新增规模以上企业25家，兼并整合企业96家，指导6家企业成功争列省市技改项目。认定科技型中小企业115家、高新技术企业3家。新兴产业快速崛起。全年新上新兴产业亿元以上项目18个。电动车产业、家具产业、电子电器产业、汽车零部件产业以及现代服务业发展势头良好，一批新项目相继完成主体建设。2014年，新兴产业增加值和税收分别占全县的20%和17%，较上年占比提高5个和7个百分点。现代农业高效发展。全年粮食总产达到30万吨，实现11连增。完成土地流转17万亩、农机深松作业17万亩、发展节水灌溉面积5.8万亩，培育农业科技示范户1900家。实施农业增产增效项目12项，建设蔬菜日光大棚、西瓜冷棚156座，新建标准化养殖场3个。

（二）园区项目建设实现突破。园区承载能力增强。累计投资6亿元实施园区绿化、亮化等7项工程。全年各园区实施亿元以上项目50个，总投资298亿元。文安工业园区荣获全省重点项目建设先进单位。招商引资成效明显。抢抓京津冀协同发展的重大机遇，深入开展招商引资集中行动，签约亿元项目44个。全年组织各类招商活动84次，签约域外亿元以上项目63个，引进域外资金143.53亿元。项目建设势头强劲。全年实施亿元以上项目90项，完成投资110.2亿元，同比增长7.5%。其中，新开工亿元以上项目49项，获批省市重点项目11项。

（三）生态环境质量持续提升。监管体系高效运行。建立完善了网格化环境监管体系，成为全省试点，省市现场会相继在文安召开。全年查处环境问题4987个，受理举报案件139起，办结率达到100%。环境质量明显改善。取缔违法排污企业27家，环境污染违法犯罪"利剑斩污"专项行动荣获全省先进。深入开展APEC空气质量保障等专项行动，县城空气质量综合指数从年初的13.3降至10.2。生态修复全面实施。全年完成造林绿化8.3万亩，超出过去四年的总和。赵王新河湿地公园项目规划设计进展顺利。将县域坑渠全部纳入监管范围，监测治理566个，85%以上治理达标。

（四）城乡整体面貌日益改善。规划体系日臻健全。高标准编制完成《文安县城乡总体规划》，编制了《城区排水防涝专项规划》、《管道燃气专项规划》和省级农村面貌改造提升31个重点村规划，启动了《县城区控制性详细规划》、《中心城区城市设计》和《城市电网规划》等编制工作。县城建设提质提速。全力推动城区排水管网改造、环卫设施建设、街巷修缮等8类工程，县城建管水平不断提升，连续获批省级文明县城。基础设施建设加快推进。大广高速文安连接线工程征迁占全部完成，廊泊线大中修等县道维修改造和道路畅通工程按期竣工，文安洼泵站改建等重点工程加快实施，安里屯110kV变电站新建工程顺利完成。农村面貌改造提升扎实开展。完成29座站厕一体式垃圾中转站建设和31个省级重点村、中心村改造任务。全面实施106国道、廊泊线、赵王新河沿线环境综合整治，打造北部、中部、东部精品示范线57.1公里。在所有乡镇实施"五个一"精品工程，镇村面貌得到全面改善。

（五）社会民生事业统筹发展。全面实施8类惠民实事和645件便民利民小事，使发展成果更多更公平惠及全县人民。社会事业协调发展。实施11所学校建设和22所CD级危旧校舍改造工程。高考本科上线949人，上线率达到81%。面向社会公开招录中小学教师81名。政府办医疗卫生机构全部实行基本药物制度和药品零差率销售。启动实施了"单独两孩"政策。国家公共文化服务体系示范区创建工作加快推进，荣膺"全国群众体育先进单位"。民生保障不断加强。城乡低保实现提标。新型农村合作医疗参合率和城镇居民医疗保险参保率均超过98%。新开工建设保障性住房592套，改造农村危房550户。陕京二线36♯阀室建成投用，城区燃气需求得到有效保障。和谐局面持续巩固。扎实开展新《安全生产法》宣传贯彻活动和安全生产隐患排查、校园安全整治、食品药品安全检查等系列专项行动，完成食品药品安全监管职能整合调整，全年未发生较大及以上安全生产事故和食品药品安全事件。深入开展信访积案集中攻坚化解行动，全面强化社会治安综合治理，狠抓矛盾隐患排查，群众安全感和满意度不断提升。

大厂回族自治县

大厂回族自治县隶属于河北省廊坊市，位于河北省中北部，县政府驻地距首都北京47.9公里。2014年，全县地区生产总值完成71亿元，同比增长6.5%；固定资产投资105.7亿元，增长19%；财政收入24.8亿元，增长

74.7%，其中公共财政预算收入15亿元，增长90.2%；城乡居民收入分别达到30700元和13600元，均增长10%；金融机构各项存款余额118.5亿元，贷款余额137.1亿元，存贷比达到115.7%。

调结构促转型，发展质量进一步提升。工业转型步伐加快，首钢机电、味全饮料、博诺机械等项目调试运行，和平铝业、恒盛环保、景隆重工等项目二期开工建设，淘汰落后产能企业2家，新入统规模以上工业企业15家，获评"省级民营经济先进县"。现代农业健康发展，建成高标准农田5000亩，建立市级以上养殖示范场5家，创建蔬菜产业示范村10个，农民专业合作社发展到37家，晴珑园、清雅园、双江蔬菜园建成投产，玫瑰农庄、国际万果园等项目加快推进。三产服务业增速强劲，文化旅游产业蓬勃发展，新增市级工农业旅游示范点2家，限额以上服务业企业发展到36家，社会消费品零售总额同比增长12.6%，三产增加值27.5亿元，增长15%。

筑平台引项目，发展后劲进一步增强。加快工业园区和潮白河经济开发区路网、污水处理、供电设备以及学校、医院、公交车站等设施建设；完成农业园区旅游环线二期、伊乡森林公园造林工程；编制完成县城产业区总规，启动实施3.4平方公里起步区建设，成功获批省级高新技术产业开发区，各园区承载功能不断完善。争列省重点项目2个，市重点项目10个，实施亿元以上项目74个，完成投资132亿元，实际利用外资2403万美元。天坛家具、数字终端机、中集特种车辆等项目进展顺利，百度游戏产业园、中国版权保护中心相继签约，6家孵化企业入驻微软游戏创新中心，2个项目落户影视创意产业园，项目建设向高端产业加速迈进。

建基础提功能，发展空间进一步优化。城区街道办事处获省政府批复设立，城乡总体规划通过市政府批准，县城新区概念性规划、智慧城市规划纲要高标准完成，北三县核心区规划、县城新区控制性规划和水系、交通等专项规划加紧编制。102国道绿化提升、李大线南段改造完工，县城北新街实现全线贯通，迎宾大道、密涿支线北连接线等工程全面启动，外联内通路网体系进一步完善。旧城改造加快推进，5个片区（棚户区）改造全部完成选房，其中福康馨苑竣工入住；实施"森林入城"，26个行政事业单位和17个小区实现绿化美化；永安路北段雨水管网改造及一、二热合并圆满完成，荣昌街雨污分流和全民健身中心建设工程进展顺利。新城框架初步构建，民族宫建设实现主体封顶，展陈和装修工作同步启动，团结路、求知路等道路工程进场施工。农村面貌持续改善，投资1.4亿元扎实开展绿化美化、旱厕改造、污水排放等工程建设，完成53个重点村打造，南王庄村被列为省级美丽乡村，获评"农村面貌改造提升省级先进县"；新民居建设稳步实施，潮白馨居、和园小区、邵府社区实现搬迁入住，祁福佳苑回迁户顺利选房。

强治理优生态，发展环境进一步改善。加快公共环境服务中心建设，建成书画院文化公园、潮白新城中央公园，启动县城新区中心公园、潮白河景观公园等工程，全年造林2.9万亩，名列全市第一，提前一年实现森林覆盖率33%的目标。潮白河、鲍邱河综合治理扎实推进，一干渠北引工程全力实施，互联互通的水网水系建设迈出实质步伐。整治砂石料场，关停砖瓦窑7家，淘汰燃煤锅炉43台，淘汰黄标车5170辆，有效做好APEC会议空气质量保障工作，大气污染治理取得明显成效。启动垃圾填埋场升级改造工程，建成3个垃圾中转站，实施城南污水处理厂、潮白河经济开发区污水处理站建设，在减排的同时全力治污，圆满完成节能降耗任务。

重统筹惠民生，发展保障进一步强化。高度重视并做好民生保障工作，民生支出占财政总支出的78.3%。社保网络不断完善，全省民政综合配套改革试验区创建工作取得阶段性成果，获省民政厅高度评价，城乡低保、养老、医疗等项工作实现提标，一次性募集重特大疾病医疗救助金3800万元，为80名大病患者发放救助金400万元，为62户农村贫困户改造危房，为272户中低收入家庭分配保障住房，为13000名60岁以上老人免费体检，为6000名75岁以上老人发放津补贴。城乡教育均衡发展，城区二小、三幼建成投用，王必屯、谭台小学和八百户幼儿园主体完工，职教中心、城区一小和二幼迁建及教学点改造工程相继启动，北坞小学荣获"全国教育先进集体"称号，义务教育均衡发展代表全市首批通过国家级验收，普通高考取得近年来最好成绩。医疗计生服务提升，邵府卫生院改扩建、医疗型养老院主体完工，中医院扩建启动实施，积极推进公立医院改革，镇村医疗机构服务能力不断加强，解放军总医院与县医院实现远程专家会诊；稳定人口出生率，落实计生奖扶政策，发放奖扶资金190万元。就业扶持力度加大，安置城镇就业人员4565人，转移农村劳动力4.7万人次，城镇登记失业率0.96%。文化活动广泛开展，积极创建国家公共文化服务体系示范区，组织60余场文艺演出和7项体育赛事，完成53个村健身工程，景泰蓝制作技艺入选国家级"非遗"名录，佳美体育公司成为"全国健身器材示范基地"。公共安全不断提升，"平安技防"工程顺利实施，安全生产、食品药品监管网络进一步健全，获评全市唯一的"省级平安县"。民族团结进步创建成果丰硕，继2009年后县政府再次被国务院授予"全国民族团结进步模范集体"荣誉称号。与此同时，国防动员、广播电视、物价监管、消防应急等各项工作都取得了新的进步。

安 国 市

安国市位于河北省保定市南端。2014年，安国市紧紧围绕"图强进位、跨越发展"奋斗目标，突出一条主线（中药都建设），激活两个动力（解放思想、改革创新），构建三大板块，实现五项突破，团结拼搏、开拓进取，全市经济社会呈现"稳中有进、质量提高、后劲增强、民生改善"的良好态势。

（一）经济保持平稳增长。2014年，全市地方生产总值完成109亿元，同比增长10.5%；公共财政预算收入完成4.01亿元，增长12.9%；全市固定资产投资完成111.5亿元，增长26%；规模以上工业增加值完成55亿元，增长16%；社会消费品零售总额完成65亿元，增长14%；城乡居民可支配收入分别增长10%和10.5%。

（二）中药都建设稳步推进。2014年，安国中药都建设得到了国家有关部委、省、保定市的高度关注和大力支持。4月12日，京津冀中医药协同发展座谈会在安国市召开，安国中药都建设由省级战略上升为省部共建重大战略。11月13日，省长张庆伟到安国市调研，并召开省长办公会议，提出建设京津冀协同发展示范区，打造升级版安国中药都。安国市坚持规划先行，高标准编制完成了城乡总体规划、中药都“三区”控规、中药产业发展规划等一系列重大规划，为中药都各项工作顺利开展奠定了坚实基础。中药都仓储物流商贸区建设。按照4月9日、4月21日省长办公会议议定的事项，积极推进，狠抓落实，5月18日天士力安国数字中药都项目奠基入场，11月1日进场开工，完成了七通一平、围墙圈建、土地招拍挂等工作；天士力集团已在安国市注册成立了安国数字中药都有限公司，仓储物流商贸区修建性详规已完成，制作完成了招商专题片。绿色循环工业区建设。集中奠基了北京同仁堂、广州至信、河南百消丹、聚药堂等28个工业项目，目前部分项目已进场施工。投资1.6亿元高标准、全配套建设园区路网，一期4条道路已建成并投入使用，二期6条道路已开工建设；供水管网改造和变电站建设基本完工。现代中药工业园区通过国家科技部第四批火炬计划特色产业基地复核，荣获“河北省新型工业化产业示范基地”称号。健康养生文化区建设。已与英利集团签订投资合作协议，谋划建设集旅游、休闲养生、娱乐、健康于一体的5A级旅游综合生态项目。目前已完成该区360亩的拆迁工作，英利集团已完成调研论证等前期工作。与此同时，“三基地、三体系”建设有序推进，中药材流通追溯体系建设已进入试运行，近期迎接验收，即将投入使用。

（三）经济发展后劲增强。一是对接京津成效显著。抢抓京津冀协同发展重大机遇，积极承接京津产业转移项目，来安国投资的知名企业越来越多。与北京同仁堂集团成功签署战略合作框架协议，中国文化传媒集团投资安国市聚药堂项目，与北京康仁堂公司、国药集团、天津医药集团等数家京津企业达成了投资合作意向。北京大学河北中医药产业研究院、北京中医药大学安国中药材学院、北京中药研究所中药饮片和保健食品项目进展顺利。二是面向全国招商引资。去年以来，由市级领导带队到上海、江苏、广州、西安、郑州、宁夏等地“一对一”进行招商，大力推介安国中药都，与上药集团、广药集团、步长制药、江西青春康源药业等十余家知名药企达成了投资意向。三是项目建设全面铺开。在建、计划新开工和已签约项目共38个，总投资183亿元。其中列入省市重点项目11项，总投资117亿元。工业园区总投资约111亿元的28个中药制药、保健品项目已开工建设。目前，同仁堂、聚药堂项目已完成主体工程。

（四）城市面貌日新月异。城市路网不断完善。积极争取上级支持，省交通厅将于2015年5月份开工建设曲港高速，石津高速已列入省交通建设规划。筹措资金1.5亿元，重点实施了城区10条道路、地下管网和38条小街小巷集中改造工程，解决了困扰安国市多年的道路积水问题。高标准建设了保衡路迎宾大道，完成了城市路灯更新改造，市区主要干道加装了隔离栏杆，安装了高标准交通指示牌。城市硬件设施水平全面对标先进中等城市。城市功能显著提升。市区中心片区改造和旧城（城中村）改造项目进展顺利；投资6000万元，完成了占地300亩的药用植物公园建设；投资3900万元的沙河灌渠景观改造一期工程已完成规划、环评、立项和招投标工作；投资3000万元的垃圾处理厂二期工程已完工并投入运行；投资800万元完成了滨河市场搬迁建设。城市管理日益健全。投资500多万元，建成了数字化城市管理系统，并通过省住建厅验收。创新思路采用市场化方式，引进了两家大型环卫保洁公司，有效解决了城市“脏乱差”问题。

（五）农业发展步伐加快。农业基础地位不断稳固。全面落实各项支农惠农政策，全年共发放粮食直补和综合补贴4500万元，改造中低产田6500亩，完成高标准基本农田建设10万亩，粮食生产实现11连增。药业特色农业形成规模。编制完成了现代中药农业示范区5年发展规划，完成了5000亩建设任务。总投资3.4亿元的英利光伏农业一体化项目，已完成土地流转800亩，近期将开工建设。大力实施中药材种子种苗繁育示范基地项目，完成了丹参、菊花等6个品种300余亩核心区建设任务。完成了12家农业龙头企业监测工作，为4家龙头企业提供贷款3800万元。农村生活环境逐步改善。新修改建农村公路30公里，解决了2万人的农村饮水安全问题，完成农村危房改造400户。累计投资3000余万元，实施了农村环境集中整治和7个省级农村面貌改造提升重点村建设，完成了村庄美化、绿化等项目建设任务。

高碑店市

高碑店市隶属保定市，位于河北省中部，北京西南部，地处北京、天津、保定三角腹地、环首都京津经济圈。2014年全市经济运行平稳、主要指标稳步增长。全年完成地方生产总值128.6亿元，同比增长6.2%。规模以上工业增加值完成34亿元，增长6.5%。其中第一产业增加值14.6亿元，同比下降1.8%；第二产业增加值7714亿元，同比增长7%；第三产业增加值36.5亿元，同比增长7.4%；民营经济增加值97.87亿元，同比增长6.6%；粮食总产量33.70万吨，同比下降5%；棉花总产量579吨，同比增长4.39%；全社会固定资产投资111.2亿元，增长20.2%。全部财政收入14.7亿元，增长11.5%。公共财政预算收入8.6亿元，增长16%。全部财政支出17.6亿元，同比增长2.9%。在职职工年均工资4.32万元，同比增长8.9%；城镇居民人均可支配收入2.25万元，同比增长11.2%；农村居民人均可支配收入1.12万元，同比增长13.3%；年末城乡居民存款余额231.6亿元，同比增长11.7%；社会消费品零售总额51.6亿元，同比增长13.3%。售电量13.3亿千瓦时，增长12%。实际利用外资3193万美元，创历史最好水平。

（一）夯实经济，加快三产发展步伐。工业支撑持续增强。预计全部工业增加值完成59.9亿元，占全市GDP的44.9%。以长城华北、娃哈哈、白象、凌云机电、鑫华新为龙头的传统产业加快发展，以奥润顺达、光为为龙头的新兴产业快速提升。长城华北纳税2.2亿元，隆基泰和纳税超亿元。农业经济发展加快。全面落实了粮食直补、综合直补、小麦良种补贴等惠农政策。完成现代农业粮食产业项目，恢复改善灌溉面积3.6万亩，建成6个高产方田。君乐宝乳业乐源牧场、荣达集团高碑店养殖基地投入运营。碧照轩现代农业生态示范园、昊龙航天农业科技示范园初具规模。高碑店市被评为保定市现代农业示范园区建设优秀县（市）。服务业发展迅速。金融机构运营良好，保定银行和沧州银行入驻高碑店市，小额贷款公司增至5家。寰亚泵业成功在石家庄股权交易所挂牌交易。家兴、盛世、宜佳旺、海龙等企业龙头带动作用明显，保北商贸中心地位更加巩固。第一家3D影院上线放映。电子商务、现代物流等新兴业态发展迅猛，高碑店市蝉联全国电商百强县（市）。

（二）招商引资，快速推进重点项目建设。列入省、保定市重点建设项目22个，完成投资62.1亿元。新发地农副产品物流园完成投资33亿元，竣工面积90万平方米，签约商户5300余户。美国麦斯泰克机械制造、豆豆集团豆制品综合加工、强凌防水卷材生产线、欣知语中高档休闲服等项目投产运营。园区建设步伐加快。开发区基础设施进一步完善，新建合作路、富康大街、定慧街、光为大街（北段）等园区道路，铺设配套雨污管道4220米，方官污水处理厂主体完工。高碑店国家建筑节能技术国际创新园完成总体规划编制，正在编制控制性详细规划；筹集资金2.88亿元，收储土地2100亩；中国国际门窗城二期、建筑节能技术国家重点实验室、圣林花园酒店、欧洲风情小镇（东方纽伦堡）、紫泉河改造等项目进展顺利。双辛产业集中区扩至34.58平方公里，完成总体规划、控制性详细规划和产业发展规划。招商工作扎实开展。英国亨利伍德预调酒、北京日上特种门等项目正式签约，与重庆凯尔国际冷链物流发展有限公司签订了框架协议。省政府、德国驻华大使馆在高碑店市联合举办中德建筑节能可持续发展高峰论坛，生物质燃料、绿色家居建材展览中心等项目签约。

（三）加大基础设施建设，优化城乡居住环境。基础设施更加完善。迎宾路东延、和平路东延、安泰路东延、中华北大街等工程顺利实施。完成和平路、富民路等12条街道的翻修改造。借京港澳高速公路改扩建之机，争取上级建设资金3亿元，新增（改扩建）通道8个、新建两座立交桥，新增高速公路高碑店北出入口。838公交车总站大型停车港湾投入使用。三号立交桥主体完工，正在进行附属工程建设。高铁东站广场建设稳步推进。城乡环境有效改善。深入开展城市管理“6S”行动，启用垃圾中转站两座，市区机械化清扫率65%。完成数字化城市管理平台建设，城市现代化管理水平进一步提升。高碑店南220千伏输变电工程投入运营，农网线路改造升级13.7千米。新建、改造农村公路45公里。继续推进农村饮水安全工程建设，解决了59个村6万人的饮水安全问题。南水北调配套输水工程顺利推进。深入开展农村面貌改造提升行动，在24个重点村新增硬化路面9.2万平方米，清运垃圾10.3万方。陶辛庄、兴隆庄、徐家营、宫井营等新民居项目主体完工。环境治理成效显著。深入开展“三净”行动，取缔黄标车2050辆，推广使用节能环保炉具2000台，拆除燃煤锅炉102台，关停土小企业16家。隆创集中供热一期工程投入使用，型煤配送中心项目试生产，完成工程削减燃煤1.7万吨。112国道、京广高铁沿线绿化植树45万株，全市绿化水平明显提高。

（四）加大民生投入，提高教育文化医疗水平。倾心尽力改善民生。为全市80周岁以上高龄老人和60周岁以上重度失能老人发放高龄津贴、救助资金455万元，发放低保、五保等各项资金1662万元，发放城乡居民养老保险金4646万元。实施了梁家营中学、宋辛小学等37个闲置校舍改造工程，农村办学条件明显改善。启动昌盛路实验小学建设，对幸福路小学、三中改造升级。市职工服务中心正式启用。群众文化生活更加丰富。组织下乡演出30场，开展大型文体活动14场，成功承办省青少年乒乓球锦标赛、保定市武术段位晋级赛等体育赛事，继续保持全国文化先进县荣誉称号。新型农村合作医疗运行态势良好，为69.7万人次补偿医疗费用1.3亿元，基金使用率92.2%。保障性住房竣工797套，农村危房改造210户。

涞 水 县

涞水县隶属于河北省保定市，位于河北省中部偏西，太行山东麓北端。2014年涞水县完成地区生产总值53亿元，增长7%；固定资产投资93.9亿元，增长21.1%；规模以上工业增加值6.1亿元，增长8.1%；全部财政收入5.82亿元，增长20.8%，其中公共财政预算收入4.31亿元，增长24.1%；社会消费品零售额26.2亿元，增长13.3%；城镇居民人均可支配收入1.82万元，增长13%；农民人均纯收入6637元，增长13.5%。

（一）疏解区建设扎实推进。把京涞首都功能疏解区作为引领跨越发展的“核心引擎”，集中全县精锐力量和资源要素，强力开展疏解区建设大会战，产业聚集能力初步显现，城市载体功能显著提升。紧跟京津冀协同发展重大国家战略规划，提升完善了疏解区规划体系。高标准编制完成了175平方公里的疏解区总体规划和产业发展规划、85平方公里的新兴产业园区总体规划、22平方公里控制性详细规划及4平方公里起步区修建性详细规划。累计投入资金6.5亿元，完成了起步区路网及雨水管网工程，实现了“三通一平”。标志性工程进展迅速，管委会大楼竣工即将投入使用，城市规划展馆已经封顶，创业大厦正进行主体建设，复合社区样板区已开挖基槽，城市中央公园进行场地整理。拒马河“一河两岸休闲经济区”、创新型企业（中小企业）总部基地产业园区样板区、高科技技术孵化产业园区样板区、现代农业产业园区一期等项目正抓紧推进。重大产业项目加快引进实施，总投资130亿元的京都国际物流商贸城规划设计与基础设施建设同步进行，一期投资18亿元的中国电科院未来电子科技城项目签约并完成布局规划，总投资50亿元的悦康药业涞水未来生物医药产业园项目奠基开工，随着这些项目的推进，现代物流、电子信息、生物制药等产业将成长为涞水新的经济增长点。超常付出取得的工作成效赢得了省、市充分肯定，疏解区被列为保定市“一城多园”重点园区，中国电科院未来电子科技城建设被列为全市九项集中攻坚重点之一。工作推进中，由于急于求成，部分土地未批先占，被国土部挂牌督办，县委、县政府立即严格按要求全面彻底整改，抓紧完善相关手续，疏解区建设回归依法依规推进轨道。

（二）县城建设攻坚突破。坚持产业、文化、生态融合发展，完成县城总体规划修编。按照“西延东扩南连北接”思路，确立了一个突破口，开辟了两大主战场，打响了三年攻坚战，城市路网、西部新区、东部滨河新区、祖冲之文化森林公园、古典家具园区等重点工程加快推进，县城功能、承载能力、容貌环境、管理水平迈上新台阶。完成聚秀路、太行路建设，城市发展框架进一步拉伸。投资5000万元、仅用2个多月完成了德成路综合改造，最大限度降低了对两侧居民和商户的影响，周边区域内涝问题得到有效缓解。集中供热项目一期工程顺利完工，150万平方米居民小区、机关单位实现了集中供热，既温暖了1.1万个家庭的居室，更温暖了百姓的心窝。各职能部门全员出动，县内主要建筑市政企业分街包片，投入资金5000余万元，集中开展县城容貌环境整治提升，对向阳路、遒城街、府前街进行路面翻新，砌筑景观墙1600余米，改造铺设人行道3100余米，街道两侧建筑外立面保洁2.6万平方米，清理规范广告牌匾380块，塑造了整洁、靓丽、有序的县城新形象，赢得外来客商和广大群众的普遍赞誉。完成乐园升级改造和涞阳南路绿道建设，祖冲之文化森林公园、聚秀公园等工程扎实推进，城区绿量和绿化品质大幅提升，丰富拓展了居民休闲娱乐空间。县城建成区绿地率达到33.6%，绿化覆盖率达到37.9%，人均公园绿地面积达到8.48平方米，顺利通过省级园林县城验收。城市管理6S行动深入开展，马路市场基本取缔，占道经营明显减少，城市管理精细化水平进一步提高。持续加大环卫投入，增加垃圾清运和路面洒水次数，县城卫生实现全天候保洁，垃圾清运率达到100%，机械化清扫率达到45%。京昆高速建成通车，涞水交通区位优势进一步彰显。

（三）旅游业加速转型升级。以构建京涞一体化大旅游格局为方向，以迎接世界地质公园再评估为契机，大力推进精品景区建设，增强旅游服务能力，优化旅游发展环境，着力提升旅游内涵品质、品牌形象和管理水平，旅游业转型升级步伐加快。精品景区建设取得阶段性成果，百里峡地质博物馆升级改造、东南山综合服务区一期等21个项目建成投入使用，金三角至鱼谷洞沿线既有建筑外立面改造完成，宝平线景区段改线及百里峡、紫石口游客集散中心等工程快速推进。顺利通过世界地质公园再评估，荣获2014年度“美丽中国”十佳旅游县，“野三坡百里峡”获得省服务名牌。深化景区管理体制改革，按照“管委会+公司”模式，组建了野三坡旅游投资有限公司、野三坡旅游发展（集团）有限公司并正式运营，实现了政企分开，搭建了投融资平台。启动了引进战略投资者程序，旅游资源整合进入扫尾阶段，景区深度开发、转型升级迈出坚实步伐。大力发展特色餐饮、民俗体验、山地运动、冬季冰雪、健康养老等项目，旅游业态更加丰富，产业链条不断延伸。再次成功举办全国超级卡车大赛涞水·野三坡景区站比赛，并在中央电视台体育频道现场直播，景区知名度、美誉度进一步提升。与北京房山联手打造京西南黄金旅游线路，实现了资源信息共享、产品线路共融、品牌项目共建，京涞旅游一体化迈出了新步伐。2014年，野三坡景区接待游客315万人次，实现门票收入1.3亿元，旅游总收入11亿元，再创历史新高。

（四）聚力推进产业升级。坚持“大招商、招大商”，瞄准高端产业、产业高端，按照“主攻北京、面向全国、放眼海外”的原则，积极走出去、主动请进来，深度对接中国电科集团、北京悦康药业、中国航天科技、三兴汽车、碧桂园集团等大型企业，4个项目顺利签约，协议引资382.7亿元。继续落实重点项目领导分包推进“五个一”责任机制，实施悦康生物医药产业园等9个重点项目，完成投资30.3亿元，超年度投资计划1倍。河北菁莱生物科技纤维素钠项目、冀东骨料基地项目一期建成投产。北京双环之星传动机械生产等重点项目开工建设。农业经济规模效益双提升，产业化、标准化水平进一步提高。以保障粮食安全和促进农民增收为重点，大力推广良种良法，实现良种全覆盖，实施农机深松11万亩，粮食总产量达到18.4万吨。加快农业结构调整步伐，畜牧、蔬菜、林果三大优势产业规模进一步扩大，新建设施蔬菜大棚4975个，新发展薄皮核桃等优质林果3.8万亩，新建规模养殖场48个。绿舵现代农业产业园等示范园区初具规模，带动周边两万多农民群众受益。建成丰硕现代蔬菜产业园等部、省级蔬菜标准园（产业园）4个，认证有机农产品4个。深入实施工业倍增计划，推动企业技改升级，中迈机电年产2000套液压系统、泰利玻璃生产线扩建等2项技改项目列入省技改计划。努力培树红木家具行业品牌，引导业内企业聚集发展，成功申报并授予“中国京作古典家具发祥地”及“中国京作古典家具产业基地”。深入开展小微企业扶助行动，培育骨干龙头企业，促进“个转企”“规下升规上”，新增规模以上企业8家。古艺坊家具公司在石家庄股权交易所挂牌上市，成为涞水县第一家上市公司。

（五）改造提升农村面貌。始终把农村面貌改造提升行动，作为改善农村生产生活条件的重要抓手和提高广大农民群众幸福指数的民心工程。启动实施了城乡空间布局规划、集中连片新民居改造详规和196个村的村庄布局规划。注重挖掘潜力，创新资金筹措方式，通过增加财政预算、争取上级支持、涉农资金整合、社会力量帮扶、群众出工出劳等8条渠道破解资金难题，累计投入改造资金3.9亿元。紧紧依靠群众，尊重群众意愿，激发内生动力，全县直接参与改造提升的农民群众达到8.5万人次。按照全面推进、整体提升的总原则，加强分类指导，差异化推进，去年实施的100个省级重点村和32个县级重点村的15项改造提升任务全部完成，打造了一批面貌提升精品线、示范区。升级改造和新建涞涿路、明义路等农村公路76.2公里，硬化村内路面89万平方米，整治残垣断壁、翻新美化墙体153万平方米，铺设地面彩砖12.5万平方米，农村环境面貌整体大幅提升，初步构建起美丽涞水框架。建立村庄环境保洁、设施维护保养等长效机制，配备清洁运输车391辆，安排保洁员341名，垃圾处理资金和村级保洁员工资全部纳入县级财政预算。去年7月5日，全省农村面貌改造提升现场观摩调度会在涞水县成功召开，涞水经验在全省推广，省内87个县市到涞水学习考察。被省委、省政府评为“推进社会主义新农村建设先进县”，全市唯有涞水县获此殊荣。

（六）纵深推进扶贫攻坚。按照“提标、提质、提速”的总要求，巩固成果，深化措施，聚力攻坚，全年整合投入各类资金3.3亿元，38个村、3万人脱贫出列。持续推进培育产业体系、完善基础设施、构建综合性服务体系、提升公共服务设施、改善农村生产生活条件、发展劳务经济和家庭手工业六大工程，构建起扶贫开发完整体系。把产业扶贫作为重中之重，设施蔬菜、优质林果、生态养殖、农家游、家庭手工业五大产业规模快速扩张，已成体系。完成88个村、6.2万贫困人口建档立卡，完善了档案资料，建成扶贫大数据系统。健全责任推进机制，强化驻村对口帮扶，对贫困村每村派驻工作队，由县直部门、企业实施对口帮扶；选派3576名公职人员结对帮扶2.2万个贫困户，围绕六大工程，将承担的扶贫任务量化、指标化，逐村逐户制定了帮扶措施，不脱贫不脱钩。全县扶贫工作进入“精准全覆盖、有效可持续”轨道，成为全省样板，“一村一策”工作经验在全市推广。成功承办全国“创新扶贫开发机制、扎实推进扶贫工作”专题学习研究班观摩、燕山—太行山片区基层组织负责人培训班现场教学等活动，得到与会人员和社会各界的一致好评。前不久，全省环首都扶贫攻坚示范区保定现场办公会在涞水县召开，省市领导对涞水县扶贫开发工作再次给予充分肯定。

（七）生态环境逐步改善。坚持生态优先，牢牢把握“生态涵养保护支撑区”的战略定位，坚决向大气污染宣战，大力开展“净天净城净村”行动，强力推进大气污染防治十个专项治理，狠抓减煤、治企、降尘、控车、增绿等重点工作。环境污染治理全民动员、重拳出击，拆除燃煤锅炉93台，关停砖瓦窑16座，取缔灰钙粉企业38家、停产治理74家，整治违规排放餐饮企业55家，强制淘汰黄标车641辆。全面实施关停限产、扬尘管控、机动车限行、秸秆禁烧等综合措施，为“APEC蓝”作出了重要贡献。坚持依法治污，强化环境监管，推行环境保护网格化管理，严肃查处偷排偷放行为。建成空气自动监测站，为大气污染防治提供了科学数据支撑。全县单位生产总值能耗下降6%，化学需氧量、二氧化硫、氨氮、氮氧化物排放量分别下降1.5%、2%、2%和13%以上，超额完成市核任务。整合力量、重典治乱，强力开展了打击非法采砂、非法采矿专项行动，取缔非法企业91家，查扣非法运输车辆228辆，拘留违法人员54人，封存卸载砂石料5654吨，违法盗采、非法运输得到遏制、基本禁绝。成立了综合巡查组，在重要交通路口设置10个卡点，实行24小时不间断巡查执法，打非治违工作走上常态化轨道。坚持标本兼治，大力实施三北防护林工程，加快廊道绿化、景区绿化、荒山绿化，同步推进生态修复，封山育林、禁牧养林、防火护林，完成绿化面积11.6万亩，比上年增长35%，森林覆盖率达到42%。

（八）切实保障改善民生。集中财力落实各项民生政策，全年用于民生支出13.3亿元，占全部财政支出的84.6%，比上年提高6.4个百分点，高于全市2.9个百分点。年初确定的25件惠民实事基本完成，一批事关群众生产生活的实事难题得到有效解决。积极促进就业，城镇新增就业2350人，下岗失业人员再就业475人，转移农村劳动力1.55万人。提升社会保障救助，城镇低保实现提标，阳光低保做到应保尽保，新建幸福院104个，救助体系更加完善。城乡居民养老保险参保率达到97%，发放率100%。新农合参合率达到96.8%，报免费用9236万元。教育教学水平持续提升，高考本二上线人数增幅全市第一。文化事业加速发展，荣获河北省2014年“文化产业十强县”称号。人口计生工作扎实开展，计生帮扶工作成为全省典型。解决了52个村、5.34万人的饮水安全问题。开工建设保障房627套，竣工552套，改造农村危房1190户。食品药品安全监管取得积极成效，群众饮食用药环境不断改善。深入开展“九打九治”专项行动，加强重点行业领域专项整治，安全生产形势持续稳定。“天眼”工程监控系统实现重点路段、重点部位全覆盖，社会面防控效果大为提升。落实领导包案、定期接访、带案下访等制度，成功化解了一批“骨头案”“钉子案”。依法打击“非访”违法行为，有效扭转缠访、闹访的不良风气，维护了正常的信访秩序。严打整治行动深入推进，群众安全感进一步提升，社会和谐稳定局面持续巩固。圆满完成全国“两会”、党的十八届四中全会、APEC会议等重大会议安保任务。

（九）深入推进依法行政。坚持重大事项向县委汇报、人大报告、政协通报制度，主动接受县人大及其常委会的法律监督、工作监督和县政协的民主监督，各方意见在政府决策中得到广泛采纳，认真办理人大代表建议、政协委员提案，办结率100%，满意率96%以上。修订完善了县政府工作规则，制定出台了一系列制度规章，政府工作法治化、制度化、规范化水平进一步提高。坚决执行中央“八项规定”，扎实开展党的群众路线教育实践活动，狠抓问题整改落实，压缩文件、会议、活动82件次，同比下降18.5%；清理清退公务用车17辆，调整清理办公用房2435平米。坚持厉行节约，严格预算审查，“三公”经费同比下降18.8%。全面落实党风廉政建设责任制，完善责任追究机制，严肃查处不作为、乱作为、慢作为行为，发展环境进一步优化。深化行政审批制度改革，精减县本级行政审批事项35项。15个乡镇便民服务站、291个便民服务室全部建成并投入使用。主动运用新媒体搭建政民沟通平台，政府网站、政务微博高效运转，积极承办961890便民热线，办结率100%。统计、审计、档案、史志、金融、电力、通讯、广电、民族宗教、国防动员、妇女儿童、残疾人等工作均取得新成绩。

县委书记：王义民

县人大主任：薛兆丰

县　长：朱明新

县政协主席：宋冀中

阜　平　县

阜平县地处太行山东麓，河北省保定市西部，东与曲阳、唐县交界，西与山西省五台县、繁峙县接壤，南与行唐县、灵寿县毗连，北与涞源县、灵丘县相邻，素有“畿西”、“冀晋咽喉要道”之称。全县东西长74.8公里，南北宽49.6公里，总面积2496平方公里，总人口22万，辖6镇7乡1个社管会，共209个行政村，1208个自然村。

阜平是一个全山区县，山地总面积374万亩，山场面积达326万亩，占山地总面积的87%。旅游资源丰富，主要有城南庄晋察冀军区司令部旧址、天生桥国家地质森林公园、云花溪谷、古北岳恒山—神仙山等。矿产资源种类较多，主要有金、银、铁、煤、辉绿岩、闪长岩、石灰岩等近30个矿种。气候属暖温带半湿润大陆性季风气候，四季分明，春季多干热风；夏季高温、高湿、降水集中；秋季秋高气爽；冬季寒冷、干燥、少雪。

2014年全县生产总值完成32.5亿元，同比增长4.6%；财政收入完成2.95亿元，同比增长12.1%；公共财政预算收入完成2.12亿元，同比增长12.4%；规模以上工业增加值完成3.09亿元，同比增长7.6%；固定资产投资完成46.1亿元，同比增长19.2%；全社会消费品零售总额完成15.93亿元，同比增长13.4%；城镇居民人均可支配收入完成11647元，同比增长12%；农村居民人均可支配收入完成5150元，同比增长15.1%。2.2万名贫困人口脱贫。全县经济保持平稳增长态势。

（一）经济发展稳中有进，县域支撑逐步增强。2014年共谋划实施总投资141.6亿元的重点项目65项，完成投资39.88亿元，完成年度投资计划的109%，其中，总投资2亿元的中电投阜平平阳20兆瓦光伏发电项目，建成13兆瓦已并网发电；总投资1亿元的英利阜平10兆瓦光伏发电项目建成并网发电；总投资41亿元的葫芦峪十万亩高效生态农业开发项目，完成荒山整治1.67万亩，新增耕地8000亩。占地12平方公里的阜东产业园区建设，启动土地征迁工作；王林口煤炭营销园区投产运营；平阳煤炭园区完成土地平整1100亩。制定出台《招商引资推进项目建设的九项规定》和《项目服务全程代办工作指导规范》。与云山集团合作的民爆科技园项目完成选址、可研报告编制并上报工信部；与大唐公司合作的火力发电项目完成初可研和初选址；与中广核合作的风光互补发电项目正在接洽；与天津泰达集团合作的顾家台—骆驼湾四季风情小镇项目，正积极对接洽谈。

（二）富民产业日趋多元，致富渠道不断拓宽。新发展核桃2万亩；新发展大枣1万亩、无公害管理5万亩。新建肉羊规模场28个，全县达到110个；新建肉牛养殖场15个，全县达到20个；新建养猪场10个、肉鸡大棚30个，改扩建水貂养殖场40个，新增水产养殖面积200亩，种养业规模和品质进一步提升。完成天生桥、晋察冀边区革命纪念馆两个AAAA景区升级改造；着手编制城南庄红色旅游区、古北岳神仙山文化旅游区开发规划。全年旅游总收入达2.22亿元。家庭手工业迅速发展，涉及服装、箱包等14个行业，覆盖村新增22个，全县达到61个，为贫困户创收1800万元。阜平畅通农产品电子商务有限公司注册成立；“97daji”农村电商平台组建完成，新建村级服务站20个；全省首家县级电子商务体验馆——“淘宝特色中国·阜平馆”开馆上线，淘宝网店发展到108家；建成京东电子商务服务中心。阜平县被财政部、商务部确定为“全国电子商务进农村综合示范县”。建立了全县劳动力资源数据库，培训8874人次，劳务输出新增3500人次，达到1.3万人；与沧州外经公司签订对外劳务合作协议，完成首批劳务人员国外输送。

（三）城乡面貌明显改观，人居环境持续向好。旧城改造正式启动，谋划启动了县城旧城区ABCD四个片区改造，完成入户民意调查、地上附着物预评估等前期工作。市政设施加快完善，北环路实现通车，沙河县城段综合治理完成堤防、河道清淤等水利工程；投资410万元完成11条小街小巷整治改造。总投资1.6亿元的奥德燃气项目厂区建设基本完成，铺设管网15公里；污水处理厂二期、新垃圾处理厂、新水厂建设正推进前期。继续推进城市管理“6S”行动及县城容貌、建筑市场、环境卫生等系列整治；深入开展农村面貌改造提升和“三净”行动，完善了农村环境卫生整治市场化运作长效机制；投资626万元完成全部7825座农村“连茅圈”改造任务，城乡环境持续好转。

（四）基础设施加速建设，生产生活条件得到改善。总投资3.1亿元的县城至城南庄红色旅游路，已基本完成高阜口至城南庄段路基平整、沥青铺设、桥梁建设等工程；总投资5400万元的顾家台至瓦窑公路实现通车。投资7054万元完成县乡道改造10.9公里、通村公路129.5

公里。保障性住房竣工456套、新开工216套；农村危房改造完成4000户。完成438户1669人的移民搬迁任务，新扩建移民搬迁小区10个。投资636万元解决了7个村7638名农村居民和16所学校8500名师生饮水安全问题；初步完成全县水资源开发利用规划及主要河道整治方案。220千伏黄岸变电站扩建、110千伏城南庄输变电工程进展顺利，电网整体升级和农村电网改造加快推进。新建各类通讯基站41个，改造升级87个，基站总数达到509个，实现通讯信号及宽带网络行政村全覆盖。

（五）社会事业统筹推进，公共服务水平得到提升。13所寄宿制学校加快建设，其中京台希望小学全部竣工，八一希望小学完成主体工程，西王林口、龙门、崔家庄3所小学完成基础工程，其余8所已基本完成前期工作。梦翔汽车培训基地配套设备日趋完善，招生达1660人；探索燕太片区“9＋2”职教协作区“3＋3”、“3＋4”贯通培养新模式，已完成规划编制。探索建立贫困学生救助机制，共发放助学金、贫困生寄宿生活费383万元。县医院病房楼竣工；中医医院迁建项目完成立项选址；43个村卫生室改扩建全部完工；3所乡镇卫生院改扩建正式启动；阜平县被列为“全国县级公立医院综合改革试点县”。晋察冀边区政府及军区司令部旧址维修保护工程积极推进，平阳千人墓完成修缮工程。完成大派山转播台基础设施建设和广播电视无线信号覆盖工程。全民健身活动中心竣工，完成23个村2万平方米的农村文化广场建设，农家书屋实现209个行政村全覆盖。阜平广播电台正式开播。新农合参合率达到97%，共报免补偿44.6万人次5644万元；城乡居民养老保险参保率达到95.6%，为3.5万人发放养老金2301万元；为3.9万名城乡低保对象发放保障金5774万元；建成7个农村互助幸福院。

（六）扶贫攻坚深入推进，试点内涵不断丰富。扶贫规划体系逐步完善。牢固树立科学发展理念，坚持脱贫与建小康两步并作一步走，编制完成城乡总体规划、村庄布点规划、土地利用总体规划，加快编制全县经济社会发展规划、国家旅游扶贫试验区总体规划，为县域发展与扶贫攻坚提供了科学的顶层设计和路径指引。扶贫机制创新初见成效。按照“阜平试点”要求先行先试，重点领域机制创新取得初步进展。推进山区综合开发经营机制，在冯家口、马沙沟等4个村开展试点，实施土地整治和农业综合开发。细化精准扶贫机制，完成扶贫对象精准识别，共识别贫困人口4.44万户、10.81万人，分类进行建档立卡，推进精准帮扶。创新金融扶贫机制，积极推进金融扶贫示范县创建，完成县金融服务中心、惠农担保有限公司等机构组建，发放担保贷款3945万元；探索推进农业保险全覆盖，签订农业保险183单；阜彩蔬菜种植股份有限公司成功在石交所挂牌上市。探索村庄搬迁整合推进机制，完成15个试点村规划设计。深化帮扶合作机制，持续加强与国家部委、省市部门、驻村工作组、部队院校等帮扶单位的对接合作，为扶贫攻坚注入了活力。

（七）社会管理全面加强，发展环境日趋优化。持续开展矿山、非煤矿山、危险化学品、烟花爆竹等安全生产专项整治，集中开展“八打八治”行动，安全生产形势总体平稳。深入开展大气污染防治，持续推进煤炭市场整治，推行建筑工地“绿色施工”，拆除并改造不达标燃煤锅炉32台，淘汰取缔黄标车532辆；完成人工造林7.4万亩，封山育林4万亩，森林覆盖率达到39.47%，良好的生态环境得到巩固。集中力量化解了一批信访突出问题；相继开展了春节专打、春季严打、夏季“闪电”、“秋收100”等严打整治行动，破获各类刑事案件617起，打掉各类犯罪团伙20个，提高了群众安全感。

容 城 县

容城县地处冀中平原中部，京、津、保三角腹地，东西最长26.85公里，南北最宽21.38公里，总面积314平方公里，耕地面积30.97万亩，人均1.32亩。辖5镇3乡：容城镇、小里镇、南张镇、大河镇、晾马台镇、贾光乡、八于乡、平王乡，共127个行政村。全县总人口为26.37万人，其中农业人口23.43万人。

2014年，地区生产总值完成58.21亿元，同比增长5.5%。其中第一产业增加值9.71亿元，第二产业增加值34.61亿元，第三产业增加值13.89亿元。地方公共财政收入完成3.43亿元，同比增长10.9%。固定资产投资完成53.72亿元，同比增长19.6%；城镇居民人均可支配收入完成1.99万元，同比增长9.6%；农民人均纯收入完成1.23万元，同比增长10.7%。全县贷款余额37.2亿元，社会消费品零售总额完成36.3亿元，同比增长13.8%。

（一）加快工农业转型升级步伐，生产势态良好。2014年，现代农业示范园区建设快速推进，新建蔬菜棚室2200亩，园区主要产品通过无公害产品认定，亩均收入达到2万元；粮食生产再获丰收，总产达到20.2万吨。

2014年，全县服装业实现增加值48亿元，同比增长7.5%；出口产品交货值完成63.3亿元，同比增长6.6%；直接出口创汇2.3亿美元，同比增长13%。汽车灯具、食品加工、毛绒玩具等产业蓬勃发展，完成产值55.5亿元，同比增长5.8%。

（二）园区和项目建设后劲持续增强。2014年，省级经济开发区通过审批。一批重点项目落地生成，投资6.3亿元的来福汽车照明有限公司高科技孵化器项目进入实质性实施阶段；保定唯一一家乳粉生产企业——投资2.5亿元的宝贝乳业乳粉生产线项目开工建设；中国物流有限公司容城物流园项目已办理前期手续，完成征地工作；白洋淀火车站片区规划方案基本完成，站前广场及相关配套设施工程征迁占工作顺利推进；华北建材（家居）装饰城、茂丰工业观光园等项目建成投运；标准化体育馆建设5月底完工；河北白洋淀射击训练基地建成投用，9月初顺利承办了第十四届省运会飞碟决赛。

（三）加快农村面貌改造提升，城乡环境明显改善。2014年，完成造林面积8200亩，全县森林覆盖率净增

1.8个百分点，达到11.2%。大力开展城市管理“6S”百日攻坚行动，推行城区保洁市场化运作机制，主要街道保洁清扫实现全天候覆盖。扎实推进农村面貌改造提升行动，8个重点村道路硬化、垃圾处理、村庄绿化、危房改造、厕所改造、污水处理等项目全面铺开，村容村貌明显改善。强力推进大气污染防治工作，深入开展“净天、净城、净村”行动，高标准完成APEC会议期间空气环境质量保障工作。

（四）加大基础设施建设力度，提升承载能力。2014年，城西污水处理厂投入运行，日处理能力由1万吨提高到4万吨。城区给水管网建设工程稳步推进，县城水厂实现正常供水，南水北调地表水厂建设积极推进。实施电网升级改造及智能设备推广工程，城东110KV变电站建设工程进展顺利，电网结构逐步完善。新改建农村公路8.8公里，省道保静线新建工程开工建设，6月份竣工通车，对大河服装产业园区、平王拉链产业聚集区发展将起到重要推动作用。

（五）倾力保障和改善民生，社会治安和谐稳定。2014年，全县用于民生支出5.1亿元，占总支出的59%。社会保障体系逐步完善，教育事业稳步提升，医疗计生水平不断提高。持续强化社会管理，扎实开展严打整治系列行动，破获各类刑事案件875起，打掉犯罪团伙33个，抓获各类犯罪嫌疑人270余人，刑事犯罪得到有效遏制，社会治安环境明显改善。深入开展安全生产打非治违和“食品药品安全县”创建活动，安全生产和食品药品安全形势保持稳定。

涞　源　县

涞源县隶属河北省保定市，位于保定市西北部，太行山北端，取涞水源头之意。2014年，涞源县紧紧围绕建设经济强县、中等城市、生态涞源奋斗目标，突出“发展、民生、安全、稳定”四大主题，积极适应经济发展新常态，主动融入京津冀协同发展，全年被授予“中国人居环境范例奖”、“国家水土保持重点建设工程绩效考核优秀单位”、“省级文明县城”、“河北省7.21灾后恢复重建先进集体”、“全市教育工作先进县”、“中国房山世界地质公园2014年再评估工作先进集体”等荣誉称号。

（一）积极应对不利因素，经济运行稳中有进。面对国内国际复杂的经济形势和钢铁行业持续下滑的不利局面，涞源县委、县政府直面问题、强力攻坚，县域经济保持了良好的发展态势，综合经济实力持续增强。除财政收入外，主要经济指标增速高于全市平均水平。全县生产总值完成74亿元，增长8%；固定资产投资完成67.1亿元，增长20.3%；规模以上工业增加值完成36.9亿元，增长8.6%；实际利用外资7111万美元，超市核任务1.4倍；社会消费品零售总额完成15.05亿元，增长14%。城乡居民收入达到18856元和4300元，增长13%和16.7%。

（二）加快产业结构调整，新型产业体系加速构建。争列市重点项目10个，完成投资22.5亿元，占年计划的138%；奥宇节能技改、奥威选矿厂等项目建成投产；经济开发区主干路开工建设。白石山世界地质公园全票通过再评估；白石山旅游综合开发完成投资5亿元，客运索道、步游栈道等一批基础设施建成使用，特别是玻璃栈道引爆市场，游客呈“井喷式”增长，“十一”黄金周期间共接待15.4万人次，位居全国第三，中央电视台进行2次现场报道，白石山一跃成为全国知名景区；65家农家院和13家酒店投入运营，新增床位1600张；全年接待游客108万人次，实现综合效益6.4亿元。白石山国家中美科技国际创新园概念规划编制完成，并被认定为国家级国际创新园。中国银行、保定银行入驻涞源县，全县贷款余额41.8亿元，增加6.3亿元，存贷比46.2%，提高4.3个百分点，金融对发展的支撑力明显增强。

（三）稳步推进县城建设，城市管理水平显著提高。深入落实省委提出的“小县大县城”战略，以被省委、省政府确定为37个城市建设投融资试点县之一和46个重点支持建设的中等城市之一为重要抓手，围绕“一城三区”品字形城市发展框架，山水城同步建设。编制完成全县城乡总体规划及3个专项规划。组建城市建设投资公司。大力推进滨湖新区建设。完成拒马河县城防洪治理工程。联大创意生活街、白石山景观大道、东购商城等“七个一”重点工程建设完成，张石高速引线拓宽工程基本完工，城区主要道路升级改造工程开工建设；天然气管道改线工程基本完成，将进一步方便企业生产、改善群众生活。荣乌高速涞源西段完成主体施工并已具备通车条件。深入开展“6S”行动，建立实行了县直单位分包和专项经费保障机制，15个城中村环境卫生得到改善；购置了清洗车等一批机械设备，城区机械化清扫率达到40%；拆除违章建筑1103平方米，清理占道经营2800余户；在城区18个主要路口安装使用了“天网”监控系统，城市综合秩序得到有效保障。

（四）大力实施扶贫攻坚，“三农”工作成效显著。完成152个贫困村、9.22万贫困人口精准扶贫建档立卡；编制完成《涞源县家庭手工业发展规划》等4个规划，《涞源县扶贫志》填补了全省县级扶贫志空白；重点打造拒马河设施蔬菜产业带和优质核桃示范园、中药材种植示范园，新建玉米高产万亩示范片区2个，创建省级中药材示范园5个、省级蔬菜标准化项目1个，新增核桃5000亩，中草药种植3万亩，蔬菜大棚发展到195个；新建移民小区7个，搬迁2898人；全年投入各类扶贫资金8597.2万元，46个村、2万人实现脱贫出列。完成土地流转5.8万亩，农民专业合作社发展到474家，注册资金11.34亿元，注册农产品商标28个，农业产业化率达到36.1%，提高2个百分点。共发放涉农补贴4418万元，保障了农民群众的切身利益。

（五）民生事业全面发展，社会保障更加完善。县一中迁建完成立项、选址、用地审批等前期工作，新、改、扩建学校60所；县一幼通过省级示范园验收；普通高考和职教对口升学继续保持全市第一平台，特别是5名学生被清华、北大录取，实现了涞源历史之最。新县医院投入使用，群众就医条件得到极大改善；11项基本公共卫生服务项目全面落实；县医院、中医院和有条件的村卫生室全部实现药品零差率销售。“雪炭工程”健身中心完成主体建设；整转城区数字有线电视1万余户，农村无线数字网发展到1.25万户。87个空白乡村邮政所（站）全部建成。新增就业2984人，转移就业2960人；清查不符合条件低保117户248人；设立乡镇惠农支付点30个；城乡居民医疗、养老、低保、计生奖扶等共报销和发放4.46亿元。38个村2.3万人饮水安全问题得到解决。灾后重建5个迁建安置片区全部建成，塔崖驿等片区第一轮住房分配完成。保障性安居工程竣工813套、开工509套。全年用于民生支出10.05亿元，占公共预算支出的73.9%，提高11个百分点，在财政十分困难的情况下，确保做到了倾力惠民生。

（六）强力开展污染防治，生态环境得到有效保护。大力开展“三净”、农村面貌改造提升等行动，对新昌、奥宇等重点企业进行了停产整改，取缔土小企业13家，排查整治燃煤锅炉163台，整治煤炭经销企业114家，大气环境得到进一步改善。改造农村危房2730户，清理农村垃圾、杂物等7.9万立方米，清理河道2263米。完成水土保持综合治理25平方公里，造林绿化10.5万亩，义务植树110万株，全县生态优势得到巩固和提高。

（七）全力维护安全稳定，社会和谐持续巩固。深入开展“九打九治”打非治违专项行动，查处案件14起，消除隐患352条，取缔非法矿山8家；排查治理危爆危化、道路交通、建筑施工、食品药品等安全隐患630处。扎实开展“秋收100”等专项行动，破获各类刑事案件790起；禁种铲毒基本实现了“零种植、零产量”，彻底扭转了被动局面；依法办结信访积案65起，处理非访55人，调解纠纷4500余起，确保了社会和谐稳定。

（八）全面加强政府自身建设，行政效能不断提升。认真承办人大建议和政协提案80件，办结率100%。衔接落实行政审批精简6项；成立了公共资源交易中心，28个单位193项审批事项进入政务服务中心集中办理，全面推行“两个代办”，实现了为民服务体系全覆盖。深入开展党的群众路线教育实践活动，梳理整改意见建议2100余条，整改办公用房1666平方米。公开政府信息1173条，办理为民服务热线和县长信箱反映问题235条，回复率100%；开通政府官方微博，发布信息740条，进一步拉近了政府与群众的距离。同时，双拥共建、民族宗教、统计、审计、科技、物价、体育、档案、人防等各项工作均取得新成绩。

望 都 县

望都县隶属河北省保定市，县城北距北京187公里，南距石家庄98公里，北至保定35公里。京广铁路、107国道、京港澳高速公路贯穿县境。县人民政府驻地望都镇。全县辖3镇5乡1城，142个行政村8个社区。年末全县总人口27.1万人。

望都县为“国家商品粮基地县”、“中国调味品原辅料种植基地”，曾荣获“全国造林绿化百佳县”、“中国科技进步县”、“中国计划生育优质服务先进县”、“中国群众体育工作先进县”等称号。

2014年全县生产总值完成54.1亿元，同比增长6.7%，固定资产投资完成46.8亿元，同比增长23.4%；社会消费品零售总额完成18.0亿元，同比增长13.5%；引进外资516万美元，引进省外资金25.0亿元；财政收入完成2.9亿元，同比下降15.7%；公共财政预算收入完成1.85亿元，同比下降22.1%；城镇人均可支配收入19879元，同比增长8.3%；农民人均纯收入9195元，同比增长9.7%。

（一）开放氛围空前浓厚，全民招商成果丰硕。2014年，望都县创新招商模式，强化推进机制，全年签约项目10个，总投资76亿元；与中华映管、巨力旺等11个项目达成合作意向。召开招商引资表彰大会，安排100万元重奖招商功臣，招商氛围更加浓厚。先后与工信部装备工业司、北京经信委、国投集团、北辰集团、比亚迪公司等50余家国家部委、协会和大型企业建立联系，全年引进省外资金25亿元，实际利用外资516万美元。全力开展“一跑三争”，争取中央预算内资金4300万元，省内预算内资金695万元，涵盖卫生、农业、教育等多个领域。

（二）项目建设势头强劲，一区五园更具实力。2014年，望都县谋划实施亿元以上项目42个，总投资988亿元；市以上重点建设项目12个，总投资93.7亿元，实际完成投资20.5亿元。大通铸锻、天宏果蔬二期正式投产，蒙牛纯甄酸奶两条生产线投入运营，信誉楼商厦对外营业；万世春铁路、鑫知农、建国伟业、九安二期、中科门窗等项目开始设备调试，万方管材、惠仁医疗等项目基础设施即将完工；金融小镇、德恒纺织、天然气产业等项目正在办理开工手续。“一区五园”建设迈上新台阶，制鞋、机加工、医疗器械产业园规划基本成型，辣椒产业园启动拆迁评估，台商产业园申报省级国别产业园。委托天津大学高标准编制开发区总体规划，总投资25亿元的开发区起步区基础设施建设项目进场施工，被省工信厅认定为河北省军民结合产业示范基地，并作为全省唯一的省级园区列入工信部产业转移信息平台。

（三）工业经济上档升级，发展活力蓄势迸发。积极争取用地指标，实施砖窑复垦和“腾笼换鸟”，争取农用地转用408亩，实施砖窑复垦增减挂钩651亩，梳理低效闲置土地1349亩。努力破解资金难题，加强银企对接，支持泰兴护栏、龙河工贸等多家企业融资，全年贷款余额34亿元，增长28%，存贷比45%。实施工业企业提升、骨干企业帮扶，投入技改资金120万元，新增规模以上工业企业7家，省科技厅认定科技型中小企业17家，贺老汉辣酱、望都辣椒、冀中轴瓦成功申报省名牌产品。全民创业热情高涨，完成个转企35家，新增内资企业211家、个体工商户 865 户。

（四）农业基础更加坚实，农村经济稳步提升。惠农政策全面落实，发放惠农资金 6364 万元。粮食生产再获丰收，建成国家级小麦、玉米高产万亩示范片各 2 个。特色乡村建设成效明显，大力发展葡萄、莲藕示范种植，推广面积分别达到 2000 亩、600 亩；设施蔬菜达到 4.2 万亩，辣椒 3.5 万亩，食用菌 2300 亩，花卉苗木 2.2 万亩。现代农业加快发展，农业示范园区初具规模，建成面积 8720 亩，完成投资 5880 万元，入驻企业 11 家；成立全市第一家农村产权交易中心，农民专业合作社发展到 538 家、家庭农场 42 家；龙河工贸、味丰食品、旺盛敏达入选省级农业产业化重点龙头企业。农村基础设施不断完善，农村饮水安全、高标准基本农田等涉农项目深入实施，建设节水灌溉农田 2 万亩，新打机井 202 眼，植树造林 9000 亩。扶贫攻坚步伐加快，完成新一轮建档立卡，争取财政扶贫资金 1825 万元，引进中国扶贫基金小额信贷农户自立社，争取贫困地区新增建设用地指标 300 亩，9000 贫困人口脱贫出列。深入推进农村面貌改造提升，清理垃圾 5.7 万方、硬化道路 2 万平方米、绿化植树 21.7 万株，完成“连茅圈”改造任务，村容村貌进一步改善。

（五）县城品位明显增强，人居环境更加舒适。高标准完成了绿地、公共设施、消防设施等 5 个专项规划。全力争创省级园林县城，全面启动“园林县城”78 项工程，西环景观大道、孙禄堂公园、庆都公园基本完工，对 7 个既有公园和 11 条城区道路进行了绿化提质、绿量提升，城区绿化覆盖率达到 39%。全县上下戮力同心，合力破解资金和征地难题，中医院、望都中学迁建破土动工。城区路网更加便捷，省道大灵线绕城段征地基本完成，富强路、昌平街实现翻修改造，京港澳高速如期通车。谷家村等城中村改造稳步推进，新建、续建高标准居民小区 9 个，开工面积 42 万平方米。保障房建设扎实推进，开工 400 套、竣工 355 套，开工、竣工率全市领先。市政设施不断完善，城区集中供热、城乡垃圾一体化处理、南水北调地表水厂即将开工建设，铺设雨污管网 25 公里，县城主干道实现路灯全覆盖。深入开展城市管理 6S 行动，规范广告牌匾 654 块，清理垃圾 1.9 万方、小广告 5.8 万处，县城环境明显改善。

（六）倾心倾力改善民生，社会事业全面进步。千方百计扩大就业，零就业家庭动态归零，转移农村劳动力 5.28 万人次，新增城镇就业 2199 人，下岗失业人员再就业 635 人。不断完善社会保障体系，新农保参保率 99%，新农合参合率 99%，发放低保金 1144 万元、五保供养金 127 万元、医疗救助金 214 万元，做到了应保尽保。动员全社会支持教育，组织县直单位结对帮扶，投入财政资金 1731 万元，筹集社会捐款 119 万元，添置图书 45 万册、教学器材 16.9 万套，顺利通过省政府教育督导“双评估”验收。中高考再创佳绩，4 名学生被清华、北大录取，实现历史性突破。城内、郭村、侯陀、高岭小学教学楼和南关小学等 10 所学校食堂投入使用。持续改善医疗条件，公立医院改革有序推进，中医院实现药品零差率销售，贾村、周庄卫生院改扩建完工。“单独二孩”政策启动实施，免费孕前优生健康体检覆盖率达到 87.7%，代表保定市通过省计划生育年终考核。环境治理卓有成效，全民参与“净城、净天、净村”，全面落实秸秆禁烧、扬尘管控等治霾措施，淘汰黄标车 790 辆、燃煤锅炉 9 台，圆满完成 APEC 会议空气质量保障任务。柳陀村沼气利用模式受到省委、省政府领导肯定，作为新能源典范在全省推广。文化惠民活动异彩纷呈，聘请著名艺术家刘兰芳为尧母文化首席特约顾问，开展了太极拳联合汇演、彩色周末、电影下乡等系列文体活动。安全生产形势持续稳定，未发生一起重特大安全生产事故。坚决打击食品安全违法行为，严厉查处了毒豆芽、销售假酒等一批典型案件，有效保障了全县人民舌尖上的安全。深入开展“秋收 100”专项行动，破获各类刑事案件 446 起，抓获犯罪嫌疑人 143 人，有力打击了犯罪分子嚣张气焰，全县政治安定、社会稳定，人民群众安居乐业。

县委书记：朱子强

县人大主任：刘洪洁（女）

县　长：孙晨光

县政协主席：何仁道

任　丘　市

任丘市位于河北省沧州市西北。2014 年，任丘市坚持以科学发展观为指导，团结带领全市人民，深入实施“十月突破”活动，千方百计稳增长、上项目、抓城建、促开放、惠民生，经济社会呈现稳中有进的良好态势。全市生产总值完成 600.1 亿元，同比增长 4.1%；全社会固定资产投资 143.1 亿元，增长 21.1%；规模以上工业增加值 330.1 亿元，增长 4.1%；公共财政预算收入 24.5 亿元，增长 12.8%；城镇居民人均可支配收入 26003 元，农村居民人均可支配收入 11911 元，分别增长 8.6% 和 9%。任丘市进入 2014 年全国中小城市综合实力百强县市前 50 位。

（一）石化基地建设取得重大突破。在中国石油大幅度压缩投资项目的背景下，9 月 24 日，华北石化公司千万吨炼油升级改造工程建设动员大会胜利召开，标志着这一历时八年之久、备受各界关注的大项目进入了全面开工建设新阶段。城市周边居民搬迁安置小区主体工程基本完工；顺利完成了东西八新村安置小区住房分配，彻底拆除了旧村。任丘石化基地产业规划通过专家审查。任丘热电二期工程正式启动。80 万吨对二甲苯、120 万吨 PTA、140 万吨 PET、LNG 产业园等项目稳步推进。

（二）重点项目和工业园区建设打开了新局面。深入开展“重点项目建设突破年”活动，共安排亿元以上项目 121 个，总投资 1131 亿元，其中省市重点项目 12 个。任丘市的重点项目建设在沧州的几次项目观摩活动中都名列前茅，彻底扭转了落后局面。全面搭好项目建设平台，加大了开发区和雁翎工业园区基础设施建设力度，设立了摩托车、电力器材等7个市级产业园区，园区承载能力明显增强。开发区主营业务收入达到1059亿元，迈入了千亿园区行列。

（三）工业经济达到了新水平。主动适应经济发展新常态，深入实施“双百工程”和“1+1”技改工程，新增规上工业企业60家，实施技改项目153个，其中4个项目被列入省“千项技改”计划。成立了电力金具、电线电缆等5个行业协会，帮助兴邦车业等4家企业成功上市。加快推进科技创新步伐，与南京玻纤院签署了战略合作协议，与清华大学、南开大学等58所科研院校建立了稳固的合作关系，全市国家级高新技术企业达到9家、省级科技型中小企业120家。

（四）城市建设开创了新纪元。经过艰苦努力，任丘市圆满实现了省级“三城同创”任务目标，填补了任丘市城市发展史上的多项空白。投资40多亿元，启动实施了道路交通、公园游园、雨污分流、集中供热等一大批重点城建工程。共新建改造城区道路12条；大广高速南连接线、106国道市区段改造工程如期完工；建成了9处公园游园，城区新增乔灌木40多万株；通过改造老旧小区和办公用房供热管网，新增集中供热面积115万平方米，全市集中供热总面积达到了750万平方米，在全省县级市中排在前列。城市综合承载能力得到明显增强。强力治脏、治乱、治差，拆除各类违章建筑4100多处，集中开展了户外广告、店外经营和流动摊点治理活动。2014年是任丘市投资力度最大、城建项目最多、容貌治理效果最显著、城市面貌变化最大的一年。

（五）对外开放谱写了新篇章。为加快实施京津冀一体化发展战略，立足打造承接京津产业转移平台，改善投资环境，2014年6月，任丘市与华夏幸福基业有限公司签署了合作协议。双方将在任丘市北部5个乡镇、290平方公里区域内，采用PPP模式，共同建设白洋淀产业新城，打造大广高速科技走廊“南大门”和京南高科技智能装备制造基地。华夏幸福的入驻，形成了“三华鼎立、万马奔腾”的发展格局。目前，白洋淀产业新城已上升为沧州市重大发展战略，已初步确定规划方案，新材料产业园、清洁能源装备制造产业园、通用航空产业园、城市规划展览馆等十大工程加快推进。

（六）生态环境得到了新改善。深入开展大气污染防治专项行动，完成了石化公司烟气脱硫治理工程，停用拆除散烧燃煤锅炉100台，关停砖瓦窑8座，对19家铸造厂进行了烟尘治理。全面推进农村能源清洁开发利用，推广清洁炉具7000多台。开展“打非治违”集中整治行动170多次，取缔“涉小”及非法企业1900多家。全市新增植树造林1.6万亩，森林覆盖率达到了21.4%。

（七）民生事业取得新进步。制定出台了失地农民养老保险办法；组织发动民营企业家出资，成立了3支千万元公益基金；完成了任丘一中、任丘市医院管理体制改革，启动了总投资1.5亿元的28所中小学幼儿园建设；完成了图书馆、档案馆、博物馆主体工程。扎实推进农村面貌改造和小城镇建设，市财政投资7000万元，打造精品片区、明星村庄；启动了28条农村公路、50座农村危病桥闸改造建设；抓好鑫绿、丰丽园等重点农业产业化项目；以任丘市被确定为省农村清洁能源利用与开发试点县为契机，大力推进洁净型煤、沼气等清洁能源的生产利用，确定了第一家洁净型煤配送中心；市财政投资2200万元，完善城乡一体化垃圾处理长效机制，农民生产生活条件进一步改善，人民群众的幸福感普遍增强。

黄骅市

黄骅市位于河北省东南部。2014年，黄骅市以“建设沿海强市、打造美丽黄骅”为目标，坚持工业立市、以海强市、实干兴市，大力实施项目园区建设、城市建设、城镇化建设、沿海建设和民生建设“五大战略”，勤奋干事，攻坚克难，经济和社会各项事业实现持续较快发展。全年预计完成地区生产总值265亿元，增长9%；全部财政收入23.1亿元，公共预算收入12.3亿元；固定资产投资204亿元，增长10%；城镇居民人均可支配收入2.51万元、农民人均纯收入1.19万元，分别增长10%和8%。

（一）以项目建设为统揽，实现了沿海经济发展的新突破。一是项目建设成效显著。截至目前，共建设和运作超亿元项目153个，总投资1205亿元，实际完成投资112亿元。总投资75亿元的鑫海化工二期、天汽模具等23个项目已竣工；总投资426亿元的北汽、鑫海化工、浅海石化、华晨海洋药物等53个项目正在建设。华晨海洋药物列入省重点项目，北汽、鑫海化工、宏泰专汽等12个项目列入沧州市重点项目，位居各县市前列。二是工业园区蓬勃发展。大力实施“2+10+2+3”工程，打造新205国道、新307国道两大经济带，抓好十大园区，打造2个千亿级园区和3个百亿级园区。市开发区投资6300万元，实施了污水处理厂和污水管网建设。旧城工业园成为全市“园区之星”，编制了园区发展规划、控详规和区域环评，完善了各项基础设施，9个项目入园、4个项目开工。其他园区的承载能力也得到有效提升。全市完成园区基础设施投入3亿元，新增入区企业29家。三是沿海产业提档升级。坚持调结构、促转型，培育壮大“五大产业”，新增入统企业13家。在汽车产业上，北汽华北（黄骅）汽车产业基地一期项目竣工投产，累计生产各种车辆24081辆，实现销售收入10.7亿元。总投资212.5亿元的阿波罗合资轮胎、海纳川汽车部件、北方汽车进出口基地等后续项目正在积极推进，并积极为北京现代落户提供服务，北汽西侧征地扎实开展，“一横三纵”路网初现雏形。在化工产业上，总投资82亿元的鑫海化工项目，一期、二期已经投产运行，三期已经完成备案。总投资40亿元的浅海化工已完成一期工程主体建设，正在进行框架及工艺配管安装。同时，启动了总投资150亿元的信诺化工产业园区和华晨海洋医药科技产业园建设。在五金产业上，光德机械、中联五金两家企业在石家庄股权交易所挂牌上市，五鑫花园、海鑫五金入围“河北省产业集群龙头企业”。在物流产业上，积极落实鼓励物流产业发展的优惠政策，新注册物流及贸易企业372家，实现税收4.3亿元。在服务业上，华贸商业广场正式营业，金都郡府商厦、琨洋购物广场主体竣工，促进了商贸业提档升级。兴业银行黄骅支行将于年底营业。金融行业纳税1.2亿元。四是招商工作取得突破。组织企业参加“5.18廊坊国际经贸洽谈会”、“第十八届中国国际投资贸易洽谈会”、渤海新区“北京招商周”等招商活动，吸引北汽国际出口基地、北航新材料工程、鑫茂华商等20余个重点项目落户黄骅，总投资额近百亿元。全市预计引进外资1500万美元，完成外贸进出口3.3亿美元。

（二）以“四城同创”为载体，加快了沿海新城建设的新步伐。一是完善城市规划体系。编制了城乡总体规划和城区40平方公里的控制性详细规划，对道路交通、水环境、园林绿化、商业网点等各类专项规划进行了修订完善，启动了数字规划平台建设。同时，严格落实规划检查和综合验收制度，确保城市有序、合理发展。二是大力推进新城建设。实施了总投资4.6亿元，全长14.8公里的核心区“三横五纵”路网建设，滨河大道、华兴街、和平大街等已竣工通车。完成了总投资1.3亿元的新城客运站、城区西部污水管网、景观河贯通及污水管网改造、学海湖及景观河污水治理等重点工程。总投资50亿元的渤海世纪城、红星美凯龙、地坤湖高档酒店等重点项目已签约落户核心区，城市承载能力进一步提升。启动了天健湖文体公园及汉城公园建设，滨河景观带、南海公园、森林公园等一批重点工程相继完工。新增城区绿化面积80万平方米，入围“河北省人居环境范例奖”。三是全面实施老城改造。按照成熟一片、推进一片的原则，完成了生产资料、老农行、一建等片区近5万平米的征收改造。实施了总面积11万平米的泰丰公司、人民公园北、天祥楼等6个片区征收改造。全面实施了沧海路、迎宾大街等15条精品路和50条背街小巷改造提升工程。投资1.2亿元，新建、改造了全长7公里的人民路、神华大街北伸等道路。大力实施城市出入口和迎宾线的改造提升工作，扮靓城市迎宾线。同时，通过市场化运作，建设了海滨广场、浅海广场、信誉停车场等广场游园。四是提高城市管理水平。深入开展“三治两提”攻坚行动。建成了数字化城管平台。实施了环卫市场化改革，城区道路机械化清扫率达到70%以上，密闭清运率达到100%。开展了集中拆违联合执法行动，拆除城区违建82处、9600余平米。加强对马路市场、店外经营等行为的规范整治，强化了施工场地管理，对废品、煤炭、沙石料等销售网点进行了规划搬迁。

（三）以美丽镇村为抓手，掀起了城镇化建设的新高潮。一是镇村建设突飞猛进。在巩固31个省级重点村基础上，共推进了120个农改提示范村。累计投入近1.3亿元，在农村开展了清理垃圾、硬化道路、修建排水，绿化亮化和修建文化广场等工程，农村面貌得到翻天覆地的变化。“十一”期间，本市小堤村、李子札、东常庄、东聚馆4个省级示范村“美丽乡村一日游”，共接待游客4.6万人次，得到了省委主要领导的充分肯定，沧州市农改提现场观摩调度会在黄骅市召开。同时，9个乡镇相继启动建设了卫生院、学校、幼儿园、商住小区、商贸一条街、商贸综合体等“六个一”重点工程，总投资1.5亿元的34个项目加快推进。二是现代农业快速发展。以“12＋1”现代农业示范园区创建为抓手，全面推进现代农业发展。新发展优质小麦1万亩、高产玉米1万亩，新增冬枣标准化管理面积1万亩、食用菌栽培面积2.1万平米，推广测土配方施肥30万亩，新增土地流转面积1.5万亩，农民专业合作社总数达到523家。全省渤海粮仓科技示范工程观摩推进会在黄骅市召开，副省长沈小平对黄骅市经验做法给予充分肯定。成功举办了“2014中国·黄骅冬枣节暨黄骅秋季旅游节”。加快推进总投资22亿的北京鑫茂养殖基地等重点项目建设，发放各类惠农补贴资金1.6亿元。三是基础设施日益完善。投资1.7亿元，实施了总长76公里的205国道、307国道西线、黄辛线、吕桥连接线等道路工程。投资4000万元，新建、改建村道60公里，修建农村桥梁12座。实施了投资1916万元的饮水安全工程，惠及农村群众4万人。投资6200万元，实施了捷地减河、廖家洼排干、沧浪渠、大浪淀排水渠、三排支、黄北排干等治理工程。投资6700万元，实施了地下水超采综合治理工程。投资1100万元，实施1万亩的农业综合开发项目。

（四）以沿海建设为重点，激发了沿海区域发展的新活力。一是大力发展沿海园区。渤海新区物流产业园和渤海新区海洋经济产业园正式揭牌成立，两大沿海园区建设上升到渤海新区的高度。两园区投入1.1亿元，用于基础设施建设。物流产业园着力打造以鑫海化工、浅海石化为骨干的化工基地和以煤炭物流交易中心、京海精品煤基地等为支撑的区域物流中心，目前已入驻项目31个，总投资213.8亿元，正在向着“千亿级”园区的目标大步迈进。海洋经济产业园正在申报省级经济开发区，并规划建设了占地1500亩的精细化工园、占地7000亩的工厂化生态养殖园和临津产业园。二是着力培育沿海产业。壮大以海洋生物医药、石化、装备制造为主的现代临港工业体系，加快海洋医药科技产业园和鑫海、浅海等项目建设，推进了投资1.3亿元的大华船舶修造项目，促成了与天津海辰华疏浚公司的合作，生产的1300立方开体船属河北首例。壮大以海洋运输、大宗商品集散交易为主的临港物流体系，实施了投资50亿元的羊二庄煤炭交易中心建设，完成31公里的10条铁路铺设工程，内蒙伊通商贸和山西神原煤业等大型煤炭物流企业已经进驻。总投资5亿元的信心集团海运物流项目，已有2艘5万吨和1艘1.3万吨的船舶下水运营。壮大以风电、盐业、油气开发、海水利用为主的海洋能源产业体系，总投资5亿元的国华风电项目，完成投资4.4亿元。壮大以工厂化养殖、加工为主的新型渔业体系，推进了总投资4.2亿元的天水一方和金汇水产品养殖项目，建成了8.5万平米养殖车间及配套设施。三是加快打造沿海城镇。突出沿海风貌，按照产镇一体的思路，打造特色鲜明、设施完善、宜居宜业的沿海城镇。羊二庄镇以打造精品城镇为目标，设计制定了镇区总体规划和园区道路规划，累计投入1560万元，实施了镇区绿化、硬化和亮化工程，完成了307国道连接线工程，启动了镇区小学和幼儿园建设。南排河镇以打造“沿海风情小镇”为目标，实施了总投资1亿元、总长13公里的镇区路网工程，启动了总投资5000万元的镇中心医院、小学和幼儿园建设。同时，深入挖掘黄骅渔鼓、渔村剪纸等渔区特色文化，不断提高文化软实力。

（五）以民生建设为根本，促进了群众幸福指数的新提升。一是社会事业全面进步。成功通过省政府教育督导组评估，高考成绩整体成绩跨入“沧州前三”，一本、二本上线人数增幅均列各县市首位。重点教育项目加快建设，职教中心、新城小学、第五中学完成主体，三幼、春蕾二幼稳步推进。投资3000万元，实施了49所乡镇小学及幼儿园的改造维修项目。投资4000万元的基础教育信息化项目竣工并通过省级验收。努力推进“校车下乡”，解决了30个村、1000余名学生的安全乘车问题。启动了新市医院和新育康医院工程，扎实推进医药卫生体制改革，让利群众3800万元。首个医疗联合体试点运行，完成吕桥、官庄卫生院改造提升，启动了常郭、南排河卫生院建设，旧城卫生院已完成主体。完成了148所村级卫生室建设。创建餐饮服务食品安全示范街3条，新打造“明厨亮灶”140家，餐饮服务食品安全示范店40家。新增就业岗位3512个、下岗失业人员再就业1608人。社会保险参保人数累计达到41.5万人，尤其是新农合参保率高达99.56%。推行阳光低保制度，为2万名城乡低保对象发放低保资金3000万元。投资3亿元建设保障性住房1876套，完成农村危旧房改造550套。建设农村幸福院31个。二是生态环境明显改善。开展了“利剑斩污”行动，累计排查企业400余家，取缔关停“十五小”企业83家，行政处罚12家，限期整改37家。成立了环安大队，侦办非法倾倒等各类环境污染案38起，抓获各类犯罪嫌疑人34人，打掉犯罪团伙6个，公开宣判环境污染案件1起。强力推进大气污染防治工作“八大工程”，空气质量在沧州市排名前列。对10家企业的治污设施进行了升级改造。开展了学海湖、学院路景观河、黄北排干等水系治理工程。实施了造林绿化攻坚战，新增造林面积4万亩。三是文化事业繁荣发展。市、乡、村三级公共文化服务网络日益健全，黄骅文化事业聚集区被评为河北省“首批文化产业聚集区”。举办了首届农民趣味运动会。成功承办“中国美丽乡村快乐行进黄骅”活动，大力宣传弘扬陈长贵精神，成立了陈长贵助学基金。做好“讲文明、树新风”公益广告宣传，全面提升文明城市创建水平。在全市机关单位开展了“读经典、品国学”活动，成立了黄骅志愿者协会，设立“环卫爱心驿站”60余家。深入推进农村社会文明覆盖工程，重点推进农村文化墙、文化广场和村民中心建设，制作“善行功德榜”，宣传身边好人、身边好事，不断聚集发展正能量。全市文化广场达到155个，文艺队伍636支，村级文化活动室达到93个。四是社会稳定日益巩固。深化社会治安综合治理，严厉打击各类违法犯罪活动，人民群众安全感进一步提升。建立完善领导干部接访、苗头隐患排调、信访责任追究三项机制，信访工作始终处于省、市先进行列。深入实施安全生产“五个全覆盖”，全面落实安全生产责任制，深入推进企业标准化创建，深化专家查隐患排查机制，加大危险化学品、涉氨冷库治理，排查整改安全问题和隐患4000余处，安全生产形势保持总体稳定。

（六）以阳光政治为保障，营造了真抓实干的新氛围。按照公开、透明、民主、法治的原则，坚持“定制度、造笼子、关权力”，创新实行了干部阳光、人事阳光、土地阳光、规划阳光、项目阳光、资金阳光、审计阳光、计生阳光、民生阳光、监督阳光十项制度。坚持依法行政，公开透明，在土地、规划、资金、项目、人事管理方面，坚持实行会议制、纪要制、公开制，严格执行项目招投标制、土地招拍挂制、人事公开招录制、资金使用会签制、重项工作纪要制，真正做到用制度管权、管人、管事。打造了政务阳光日、政务服务中心、公共资源交易中心、“黄骅阳光在线”微信群、“黄骅阳光监督”微网站五大平台，督导促进了各项工作的有效落实。每周一定期开展“抓细节、创精品、晨扫描”城建现场调度会，解决城乡建设中存在的实际问题。市政服务中心正式投入运行，30个部门设立服务窗口，可办理各类审批、服务事项178项，采取“一口六制七公开”服务运行模式，运行效率显著提升。开展了行政审批事项梳理优化和流程再造，确定保留263项“三类事项”，压缩审批时限2338天，精简率达到40%以上，大幅度压缩审批环节424个，确定即办事项70项，极大地提高了办事效率。

青　县

青县隶属河北省沧州市，位于华北平原东部，南接沧州，北依京津。2014年，青县坚持以“八项重点建设”统揽工作全局，紧紧围绕年初确定的各项任务目标，抢抓机遇，攻坚克难，全县经济社会稳中有进、稳中向好。全县实现地方生产总值163亿元，同比增长5%；固定资产投资153.8亿元，同比增长19.6%；规模以上工业增加值41.7亿元，同比增长0.9%；全部财政收入12.4亿元，同比增长4.4%，其中一般公共预算收入5.16亿元，同比增长11.1%；城镇居民和农村居民可支配收入分别达到24370元和11568元，同比分别增长9.5%和10.9%。

（一）招商引资和项目建设势头强劲。坚持把招商引资和项目建设作为全县工作的重中之重，深入开展“大项目突破年”活动，县域经济发展后劲不断增强。特别是紧紧抓住京津冀协同发展的历史机遇，成立了北京、天津两支专业招商团队，积极承接京津产业转移。全年新签约项目53个，引进内资54亿元，到位外资1717万美元，其中亿元以上项目25个、亿元以上京津项目17个。全县在建亿元以上工业项目达到44个，完成投资40多亿元，久丰铜排、中天邦正等21个亿元以上项目开工建设，金彭车业、浙江赞宇等10个亿元以上项目建成投产，迅尔仪表、鲁华管道等13个项目被列入省、市重点项目。

（二）开发区建设实现新突破。围绕建设“工业新城·生态园区”，加大了资金投入，开发区承载力和吸引力显著提高。将马厂经济开发区作为“开发区北区”纳入县经济开发区规划范围，开发区规划面积扩展到42.6平方公里，由“省级工业聚集区”升级为“省级经济开发区”。总投资1亿多元，完成了发展大街、长芦大道等5条道路建设，开发区通车总里程达到80多公里；北区污水处理厂启动建设，南区污水处理厂投入运行，开发区“九通一平”范围由9平方公里扩展到14.8平方公里。乡镇特色园区实现较快发展，流河镇中古红木家具文化产业园，被评为“河北省文化产业十大集聚区”；金牛镇沿海产业转移示范基地被省家具协会评为“最具投资价值产业园区”。

（三）工业经济实现平稳较快发展。坚持走新型工业化道路，下大力调结构、促升级，工业经济整体水平大幅提升。全年新增市场主体2366户，个体工商户转型升级为企业288家，新增规模以上企业20家，新增上市企业2家，总数达到7家，在全省各县（市、区）中名列前茅。成功获批6枚“河北省著名商标”，是历年获批省著名商标数量最多的一年。大力扶持企业技改升级，全年新实施千万元以上技改项目97个，完成投资39.1亿元。坚决淘汰落后产能，拆除电炉、高炉各2座，关停落后产能企业5家，规上工业增加值能耗增量控制在4.5万吨标准煤以内，万元GDP能耗下降4.2%。成功举办银企对接活动16次，为企业争取贷款授信10亿元，全县贷款余额达到66亿元，存贷比达到42.7%，分别被省、市评为“金融生态县”。

（四）城市建设迈出新步伐。全年实施各类城建工程70多项，完成投资17.8亿元。完成了城乡总体规划编制和数字规划建设工作，19项专项规划部分形成初步成果，基本建立起完整的城乡规划体系和规划执行体系。总投资3200多万元，实施了20余项绿化美化工程，城区新增绿地面积1100亩，达到8000亩，顺利通过“省级园林城”复检验收。乾宁街延伸线、盘古路等5条道路竣工通车，义乌国际商贸城完成一期主体工程，游泳健身中心整体完工，地表水厂完成前期工作，市民文化活动中心正在编制设计方案，全年新增供热面积75万平方米、新增供气用户3800户，城市功能更加完善。数字化城管全面运行，全年处置城建问题1.2万件，结案率达到96.4%。大力开展城市五乱整治，城市管理更加精细化，连续两届被评为“河北省文明县城”。

（五）农业农村工作取得新进展。按照“农业抓特色、村容抓提升、设施抓完善”的工作思路，积极推进城乡一体化发展。整合资金5700万元，加快现代农业综合示范区建设，新建蔬菜百亩园4个，新增设施蔬菜1万亩，达到31万亩，被评为“河北省农业开发先进县”。创新造林模式，新建4条绿色廊道，新增百亩以上片林15处，新增造林面积1.5万亩。积极推进农业产业化经营，新增农民专业合作组织82家，达到542家，绿豪合作社、勃翔合作社被评为“国家级示范社”，总量和各级示范社数量均居沧州市首位。投资5800万元，完成了6.9万亩农田的水利设施改造提升工程，引蓄黄河水1900万方。总投资1.2亿元，完成了全长60余公里的33条县乡道路新建改造工程，建设维修大型桥梁和农村危桥7座，乡村道路通车里程突破1000公里。投资7900多万元，实施了32个重点村、7个精品片区和56个坑塘治理重点村的改造提升工程，农村环境面貌明显改善。

（六）民生事业实现全面进步。全年县财政民生投入达到7.6亿元，占全部财政支出的54%，为群众办成了一批好事、实事。教育方面，加快推进了总投资8100万元的12个教育建设项目。医疗卫生方面，县医院迁建工程已进入扫尾阶段，3所乡镇卫生院升级改造工程顺利完工，基本药物零差率销售为群众让利1100多万元，新农合为群众补偿医药费1.3亿元，住院实际补偿比达到57%，位居全省前列。社会保障方面，总投资2000多万元的城乡社保服务大厅基础工程完工，总投资6800万元的老年公寓养护楼主体竣工。全年为近7万名城乡居民和职工发放养老金3.3亿元，为1.5万名城乡困难群众发放低保金、临时救助金等3200多万元。大气污染防治方面，主要污染物减排任务全部完成，空气质量综合指数位列全省前30名，并始终保持沧州市前3名。社会治安方面，大力实施“天网覆盖”工程，在城区重点部位更新安装了高精度探头，组建了特警队伍，全县刑事案件侦破率提升12.3%，发案率同比下降30%，被评为“河北省基层平安建设先进县”。

盐　山　县

盐山县位于沧州市东南部，距黄骅港55公里，是港口直接腹地。总面积796平方公里，其中总耕地49627公顷。辖6乡6镇，450个行政村，4个居民委员会，总人口48.7321万人。2014年全县地区生产总值完成127.2亿元，同比增长10%；全社会固定资产投资完成152.6亿元，同比增长19%；规模以上工业增加值完成109.5亿元，同比增长12%；规模以上工业实现利税36.5亿元，同比增长6%；社会消费品零售总额完成40.5亿元，同比增长14%；城镇居民人均可支配收入完成20585元，农民人均可支配收入完成6605元，分别同比增长10%和13%；全县银行存款突破100亿元，存贷比达到62%，继续保持全市前列；万元GDP能耗下降3.3%，大气污染防治及减排任务全部完成。

（一）项目建设取得新突破。始终坚持把项目建设作为加速经济发展的关键，全力以赴上项目，壮大实体经济。抓住京津冀一体化协同发展带来的机遇，深入开展了“三个一”招商活动，联系盐山籍在外人员849人，掌握有价值的招商信息400余条，洽谈引进项目122个。其中，总投资6.5亿元的轩鹏陶瓷项目、总投资5.9亿元的瑞兴枣制酒项目、总投资10亿元的盐山国际商贸城项目正式签约并完成选址；总投资800亿元的航空产业基地项目已签署战略合作协议，并开展了前期工作。采取有效手段，对圈而未建、建设缓慢项目进行了集中清理，对强买强卖、恶意阻工等行为进行了坚决打击，有效整顿了项目建设环境，加快了项目建设速度，泰成陶瓷三期、铭润工业园等一批项目取得明显进展。全年超亿元在建项目达到56个，总投资规模250亿元。大力开展“三跑五争取”行动，有25个项目被纳入国家和省支持计划，争取上级资金1.1亿元；有12个项目被列入市重点项目建设计划，重点项目数量连续六年保持全市前列。

（二）产业发展迈上新台阶。面对国内外经济环境给盐山县管道装备业带来的不利影响，县政府有的放矢、积极应对，产业在巩固中实现新的发展。一是创新能力不断增强。全年有12个项目被列入河北省、沧州市科技立项支持，争取项目资金超过300万元，位居沧州市第一；有3个项目被列入省级技改项目库；10项新产品开发入选《2014年河北省工业新产品开发指导计划》；沧海公司承办的河北省管道装备产业技术研究院项目成功通过省科技厅专家论证；宏润公司成功入选2014年度“国家火炬计划重点高新技术企业”和“河北省百家传统产业龙头企业”名单，申报的“核电大型复杂管件关键制造工艺及应用研究”课题被列为国家科技重大专项—“04专项”。二是产业影响持续扩大。推动昊天公司与北京万邦达公司联姻，成功登陆深交所。积极开展品牌申报工作，全年新增省著名商标4个，申报省级以上名牌和优质产品6个；大力推动企业出口，实现新增自营进出口权企业20家，总数达到251家，完成进出口总额1.2亿美元，同比增长10%。

（三）城市建设取得新成果。全面推进城市建设，城市面貌明显改观。一是规划体系更加完善。城乡总体规划获得市政府审批，城区控制性详规和园林绿地专项规划初步完成，城市总体设计、迎宾路和凤凰路设计正在实施；聘请多名权威专家担任盐山县城市建设顾问，城市规划更加科学规范。二是老区面貌不断提升。以街道整治和园林绿化为重点，投资4680万元实施了银河大街、龙海路、凤凰路、建设大街、海泊路西段样板路打造工程，振华大街、靖远路、平津大街便道升级改造工程，康复路北段油面铺设和翠园路县医院段拓宽改造工程；对老城区所有道路排水管网及曾杨干沟、千惠渠进行了清淤；投资900万元实施了凤池环岛等4个入城口升级改造工程，以及8处街头绿地和2段绿廊建设工程；投资3700万元实施了10个城中村游园建设，其中5个游园已基本完工；投资210万元建设7座高标准水冲式公厕；投资1300万元实施了城区亮化工程；完成了正港路绕城段绿化工程。到2014年底，城区绿地面积达到289.33公顷，绿化覆盖率达到28.5%，绿化规模之大、标准之高前所未有。三是文化新城建设快速推进。全年融资8.28亿元推进新城建设。目前，总投资2.4亿元的“两街三路”一期工程实现竣工，并完成亮化等配套工程；总投资3400万元的千童大街带状公园基本建成；总投资1亿元的徐福文化生态公园实现开工建设；总投资5000万元的凤凰公园正在进行土地征收；总投资2.45亿元的城市集中供热项目已完成选址，铺设集中供热管网6000米；新城第六中学、第二实验小学正在施工，新城幼儿园开工准备工作基本完成；法院审判用房和公安技术用房、政务服务中心、城市文化综合体、几大商业综合体等项目正在积极推进。新城框架已经拉开，进入全面建设阶段。四是城市管理明显加强。投资300多万元建设了城市管理数字化平台，为构建“大城管”格局奠定了基础；多部门联合执法，对三轮车非法载客、车辆乱停乱放、逆行等违法行为进行了专项治理，城区交通秩序明显好转；城区环卫全部实现市场化运作，卫生状况有效改善；出重拳治理城区违建，有效遏制了违法建筑蔓延势头。

（四）开发区建设实现新飞跃。坚持以城市化理念建设园区、管理园区、开发园区，园区功能水平快速提升。一是基础设施不断完善。投资150万元，实施了全长5800米的五里窑开发区排水工程，解决了困扰多年的排水问题；完成了总长1700米的正港开发区3号路、4号路延伸段及温氏公司道路铺设工程，完善了园区路网结构；实施了正港开发区2号路、5号路、东山路等通讯线路改造和陶瓷工业园双回电路架设工程，新建开闭所一座，提高了保障水平；园区污水处理厂项目已完成招商，并签订了合作开发协议。二是重点项目快速推进。园区商务综合体项目已完成选址和初步设计，正积极引进战略投资商；铭润工业园已正式开工建设，将成为小微企业“孵化”基地。目前，开发区内新投产项目15个，总投资10亿元，续建、新开工项目34个，总投资48亿元，落地准备建设的项目20个，总投资34亿元。2014年，开发区累计完成固定资产投资90.72亿元，完成主营业务收入293.76亿元，实现工业增加值61.7亿元。三是物流园区积极启动。按照“规划先行，土地储备，分步建设”的思路，积极推进总投资30亿元的现代化综合物流基地建设，目前已与河北冀春集团签署合作协议，总体规划及起步区控制性详规编制已完成，正在进行土地收储和项目招商工作。

（五）“三农”工作取得新成绩。紧紧围绕“农民增收、农业增效、农村发展”抓投入、促提升，“三农”工作打开新局面。一是农业园区建设成效明显。着重推进“一乡一园”工程，全年土地流转7万亩，300亩以上农业园区达到68个，温氏、锦绣、绿之源、农梦等新型农业组织进入园区，改变了传统种植、养殖模式，农业产业化链条更加完善。实施了2014年度1.2万亩高标准农田建设项目，总开发面积达7.35万亩，成为全省农业开发的亮点。二是农业产业化经营快速推进。全县新增农民专业合作社46家，总数达到443家。益民养殖和恩际生物被认定为“河北省农业产业化经营重点龙头企业”，全县市级以上农业产业化龙头企业发展到29家。总投资6亿元的广东温氏集团养殖项目，饲料厂、总部大楼等工程全部竣工，新建标准化养殖场162个，放养生猪达20万头，盐山县成为全市乃至全省的生猪养殖大县。三是农村基础设施不断加强。全年投入资金3亿多元，实施了农村人饮安全、小型农田水利建设、农村道路养护、宣惠河治理、造林绿化等一系列重点工程；新建集中供水厂一座，解决了4.5万农村人口和7000名师生的饮水安全问题；清淤坑塘22座，完成坑塘配套30处；新建扬水站13座，发展节水灌溉1.7万亩；完成造林2万亩，绿化坑塘28个、河渠19公里，绿化规模创历年之最。四是农村面貌改造提升效果显著。大力推进“三点三线”工程，对200个村实施了农村面貌改造提升，完成投资3.7亿元；稳步推进“中心村联建”工作，盐山镇东赵庄村、圣佛镇王庄和东圣佛村被认定为2014年河北省“中心村联建示范点”，获省财政启动资金600万元；整合各类扶贫资金2444万元，对65个村实施重点帮扶，1.4万贫困人口实现了脱贫出列；大力开展了国省干道沿线及乡镇政府驻地卫生集中整治，环境形象得到明显改观。

（六）民生和社会事业取得新发展。在财政运转困难的情况下，充分利用上级扶持政策，整合各方面资源，集中力量办了一批让群众看得见、摸得着、得实惠的好事、实事。在重大民生工程上，投资2.5亿元完成了沧乐公路升级改造及正港公路盐山绕城段配套建设，投资3300万元对边务乡中心路、马王路、王圣路、常惠路等进行了翻修，解决了各位代表关心的群众出行难问题；投资2500多万元开通了城市公交，解决了群众反映强烈的交通拥堵问题；撤消了205国道收费站，并完成205国道绕城项目的批复立项工作；完成了2013年度300套保障性住房建设任务，新建公共租赁住房50套，发放租赁补贴25.3万元，完成农村危房改造400户；总投资7530万元的烈士陵园迁建项目、总投资1200万元的中心敬老院二期项目及1300户农村改厕等项目正在稳步推进。在科技上，建立科普示范基地2个，县玉米种植协会被中国科协、财政部命名为2014年全国“基层科普行动计划”先进单位。在文化上，完成了1.2万户数字电视用户整改任务，139个基层文化广场通过实地验收，盐山县文化产业园被列入省文化产业支持项目。在教育上，投资2亿多元，实施60多个教育设施建设项目，改善了办学条件，提高了教育教学水平。在医疗卫生上，投资6000万元的寿甫中医院项目完成前期工作，即将开工建设；实施了2个乡镇卫生院扩建工程，318个标准化卫生室全部建成启用，城乡医疗水平明显提升。在社会保障上，“五险一金”在城镇职工中全覆盖，标准进一步提高，城镇基本医疗保险、城乡居民养老保险参保率达96%以上，“新农合”参合率达到98.1%；农村低保、城镇低保标准每人每年分别提高了340元、1080元，农村“五保”标准每人每年提高了2600元；实施了45个村“幸福院”建设；就业再就业工作稳步推进，城镇新增就业2300人，下岗失业人员再就业950人，新增转移输出农村劳动力2350人，城镇登记失业率控制在3%以内；适度提高了机关事业单位津贴补贴标准，企业退休人员养老金月增189.7元；全年发放各类社保基金、涉农补贴近3亿元。人民群众享受到了更多改革发展的成果。

献　县

献县隶属河北省沧州市。2014年，献县牢牢把握“稳中求进、变中求快”工作主基调，以实现“绿色崛起、科学发展”为目标，紧紧团结带领全县干部群众，解放思想，扎实苦干，呈现出经济快速发展、民生明显改善、社会和谐稳定的良好局面。全年地区生产总值完成174亿元，同比增长11%；规模以上工业增加值完成110亿元，同比增长12%；全社会固定资产投资完成168亿元，同比增长19%；财政收入达到8.9亿元，同比增长16%，公共预算收入5.6亿元，同比增长25.9%；社会消费品零售总额完成40亿元，同比增长15%；城镇居民人均可支配收入21838元，同比增长10%；农村居民人均可支配收入7600元，同比增长10%，各项主要经济指标全部达到或超出年度目标任务。在具体工作中，主要做了以下几方面工作：

（一）项目建设扎实推进，经济实力再上新台阶。坚持以项目建设总揽经济社会发展全局，全力以赴上项目、育产业，不断发展壮大县域总体经济实力。全县共谋划实施投资超亿元项目102个，总投资695亿元，其中千隆食品、中博特种防爆等12个项目被列为省市重点项目，重点项目个数位居沧州市前列。万盛源环保、知易环保等13个投资超亿元项目顺利开工；达孚钢管、鑫祥盛机床等项目竣工投产，沧华园等项目正在安装调试设备，近期可试生产。在全市季度重点项目观摩评比中，献县始终处于先进位次，10月份代表沧州接受全省重点项目现场观摩，项目建设工作得到省市主要领导充分肯定。

（二）招商引资成效显著，对外开放实现新突破。一是严格目标任务，深入推进招商引资工作。深入推进驻点招商、以商招商和“一把手”招商，由县长或分管县长带队，抢抓京津冀协同发展机遇，积极主动走出去招商，组织参加“廊坊5.18”国际经贸洽谈会、“献县招商环境推介会”等各类招商活动8起，先后与北京大兴区经信委、北京铸锻协会等多个单位签订对接框架协议，同雨润集团等120多家企业或集团建立联系，成功引进荣麟世嘉等超投资亿元项目13个，全年引进内资37亿元，同比增长15.4%，实际利用外资1747万美元，全部提前超额完成市下达任务。二是创优发展环境，增强市场活力。制定出台《促进全县民营经济发展的实施意见》等系列专件，营造良好发展环境，支持民营经济发展。严格落实工商登记“六个零”制度，最大限度地降低市场准入门槛，放宽经营许可范围，充分释放市场活力，截至目前，献县内资市场主体达到19025户，2014年新增3283户，平均日增10户，市场主体总量位居全市第二位。下大力削减审批事项，提高审批效率，研究制定了《献县并联审批管理办法》等专件，取消下放各类行政审批监管事项78项。三是下大力加快园区建设，着力搭建项目建设平台。大力实施“一区多园”发展战略，完成县经济开发区和7个乡镇园区的规划设计工作，园区内水电路讯等基础设施建设全部铺开，累计完成征地2000余亩，争取用地指标716亩，在全市率先推行重点工业项目联席会、派驻职能机构、政区合一“三步走”管理模式，为项目入驻提供可靠保障。截至目前，县经济开发区入驻投资超千万元项目93个，预计全年完成主营业务收入完成131.2亿元，实现税收1.72亿元。

（三）城市建设快速推进，县城面貌发生新变化。一是高标准、高质量完成城市规划设计。聘请省规划设计院专家，按照“城乡统筹，设施同步，资源共享，公共服务全覆盖”的思路，完成《献县城乡总体规划（2013—2030年）》编制和道路交通、园林绿化、市政设施等14项专项规划的调整完善工作。二是强力推进重点城建工程建设。按照“中心南移、产城融合、文化兴城、近水而居”理念，坚持水城绿城、文化城温泉城、服务城创业城“六城同创”，强力推进“两河两园一厂一中心”等重点城建工程。北排河和黑龙港河西支治理改造工程扎实推进，初步构建起总长30.9公里的环城水系景观绿带；文化公园和献王纪念园相继竣工，全面对外开放，为广大群众开辟了休闲娱乐的好去处；建成日供水3万立方米地表水厂1座，进一步提升县城供水保障能力；8个实施拆迁改造的城中村完成拆迁21.6万平方米，建成回迁楼15万平方米，510户、1900多人迁入新居；11月份献县被授予“中国温泉之城”称号和“河北省人居环境进步奖”。三是以“三治两提”行动为抓手，营造干净整洁有序的城市环境。深入推进“三治两提”行动，下大力整治脏乱差问题，深入开展市容环卫、广告牌匾、夜景亮化等集中整治行动，将城区21条主次干道全部分包给县直各单位，全面清除积存垃圾、卫生死角；定期开展城区交通专项整治，依法取缔非法营运电动三轮车144辆，新划定停车位3000余个，在燕京大道、平安大街设置隔离防护栏4000余米，城区交通秩序明显好转；强化市政基础设施建设，新铺雨污管网13.6千米，南北夹皮沟等旧片区排水难问题得到有效解决；着力拆除违法违章建筑，先后拆违1万余平方米。

（四）坚持改善民生不放松，营造和谐稳定新局面。一是围绕基础设施建设，夯实农村发展基础。紧紧围绕改善农业农村生产生活条件，强力推进水网、路网、电网建设，新挖排水沟渠770千米，坑塘41个，更新配套机井28眼，发展高效节水灌溉面积2万亩；新建韩村、陌南等乡镇水厂8座，有效解决12.4万人的饮水安全问题。总投资6100万元的肃献路改建、东固路翻新工程竣工通车，新建改造乡村道路92公里。不断优化电网结构，新装10kV配变69台，改造乡村线路310千米。尤其以农村面貌改造提升行动为抓手，集中打造106沿线、307沿线两条精品路线和1个精品片区，全县所有项目村完成“四清四化”任务，农村生产生活条件得到极大改善。二是加快农业发展步伐，促进农业增产增效、农民增收致富。粮食生产再创新高，实现十三连增，总产达到45.6万吨；新增红枣标准化无公害示范基地4000亩，总面积达到50万亩，顺利通过“中国金丝小枣之乡”复查评审；新建棚室1200余个，新增百亩以上蔬菜大棚种植片区9个、面积2600余亩，2万名贫困群众实现稳定脱贫。下大力推进农业产业化发展，流转土地8.6万亩，新培育农业龙头企业4家，全县市级以上农业龙头企业达到36家，新增农业专业合作组织230个，其中省级以上示范社3家，全县农业产业化率达到60%。加大农村劳动力转移工作力度，全年累计转移输出农村劳动力6万余人，促进农民增收10亿元以上。三是统筹推进教育、医疗等社会事业，促进社会大局更加和谐稳定。进一步加大教育投入力度，建成项目校22所，翻建改建教学点及幼儿园33所，彻底解决县内校舍安全问题；县一中高考本二以上上线人数达到1731人，连续八年位居全市首位，连续五年进入全省十强。强化卫生医疗体系建设，县医院病房楼投入使用，新建扩建乡镇卫生院4所，全县新农合参合率达到97.5%，基本实现农村人口全覆盖。社会保障体系日益完善，全年新建保障性住房129套，改造农村危房950处，住房困难群众住房条件明显改善，新农保参保率达到97.52%，7.8万农村居民实现老有所养。大力推进“平安献县”创建工程，积极推行“一村一警一员”综治模式，全县500个村全部配备警务人员，新装维修监控探头207个，社会治安环境持续好转。同时，节能减排、大气污染防治等重点工作扎实推进，全部完成市下达任务目标，确保了全县经济社会大局和谐稳定。

衡水市桃城区

2014年，桃城区紧紧围绕“加快科学发展、实现强区富民、建设美丽桃城”总目标，以党的群众路线教育实践活动为动力，抢抓京津冀协同发展、综合配套改革等重大机遇，深入实施“四大主体战略”，全力以赴抓改革、调结构、夯基础、争一流，努力实现区五届人大四次会议确定的目标任务。

2014年，全区完成生产总值124.1亿元，增长7.1%；三次产业比重为7.8∶34.6∶57.6；规模以上工业增加值33.4亿元，增长2.1%；全部财政收入31.6亿元，增长11.7%，其中公共财政预算收入9亿元；全社会固定资产投资109.8亿元，增长19.1%，其中，固定资产投资106亿元，增长16.5%；社会消费品零售总额112.4亿元，增长11.4%；城乡居民人均可支配收入分别达到2.4万元和1.07万元，增长9.7%和10.9%，经济社会继续保持平稳较快发展。

（一）增投资、上项目，发展后劲不断增强。强力推进项目建设，全年列入区计划的80个投资1000万元以上重点项目，开工69个，开工率86.3%，完成投资86.5亿元，超额完成年度任务。2个项目列入省“千项技改计划”，其中，投资11.2亿元的麦格尼菲项目，成功列入省管重点项目建设计划，在省管项目上实现突破。投资16.6亿元的格林铸鑫、投资2.8亿元的鑫航铁塔等一批超亿元项目，已竣工或部分竣工投产。新谋划超亿元以上项目105个，其中超10亿元项目17个，超50亿元项目4个，为加快发展积蓄了新的强大动力。

（二）抓集聚、提效益，现代农业提档升级。大力发展城郊型现代农业。积极落实强农惠农富农政策，争取国家涉农资金2.5亿元。注册家庭农场113家，发展农民合作社32个，创建国家级合作社2个，省级合作社8个。新建、扩建投资1000万元以上农业产业化龙头项目18个，其中投资10.2亿元的老北京现代休闲农庄、投资5.5亿元的永胜生态农业示范园等农业项目初具规模，农业产业化经营率达到68.4%。

（三）调结构、促升级，工业经济提质增效。坚定不移实施"工业强区"战略，规模以上工业产值142亿元，利润3.5亿元。新增规上企业5家，新增省科技型中小企业36家，完成"个转企"8个，"小转一"27个，4家企业列入全市"1+10"行动第一批重点支持企业，3家企业成功挂牌上市，众鑫橡塑进入国家高新技术企业行列。桃城经济开发区建设快速推进，承载能力不断增强，省级园区申报已完成初审。投资6596万元，新修扩建路网、水网、气网17公里，污水处理厂投入运行，天然气入园工程开工建设。共引进卓达（衡水）新型建材科技产业园、海达峰新能源场地电动车等亿元以上项目9个，总投资98.3亿元，入园企业达到23家，为工业快速发展提供了重要支撑。

（四）推重点、扩规模，三产服务业快速发展。充分发挥主城区优势，大力发展城市商业综合体、高端专业市场等新业态，服务业呈现快速发展态势。全区第三产业增加值完成71.5亿元，增长12.1%，新开工三产项目30个，总投资181.3亿元，已完成投资24.9亿元。其中，总投资51亿元的九洲国际博览城一期已竣工，总投资34.5亿元的恒丰理想城项目，已完成投资8亿元。

（五）重建设、强管理，城乡面貌明显改观。强化城乡建设和管理，大力推进城中村和河东旧城区改造，郑里马、王里马等回迁楼顺利建设。17个村（片区）拆迁改造稳步推进，其中三徐庄二期已完成拆迁。投资4969万元完成17个村的面貌改造提升，桃城区被评为"河北省农村面貌改造提升先进区"，2个村入选"河北省美丽乡村"；投资3916万元完成裕华路、庆裕胡同等37条次干道和小街巷的改造提升，打通政通北街等5条断头路；投资1320万元完成13.5公里邓张路大修，方便了群众出行。

（六）抓改革、促开放，发展活力显著增强。把改革开放作为推动跨越发展的根本动力，全面落实"三个公开、三个清单"制度，共梳理行政权力1862项。制定了《桃城区政府向社会力量购买服务实施办法》，明确41项试点事项。进一步简化审批程序，在全省率先实现"三证合一"改革，并推出企业登记注册"一口清"，审批时限缩短50%。加大招商引资力度，共引进外资582万美元，省外资金24.9亿元，组织参加了廊坊、衡水湖等商务洽谈会，共签约项目6个，总投资77亿元。

（七）提绿量、严治理，生态环境持续改善。以环湖、环城、环村为重点，造林绿化2.5万亩，超额完成市下达任务，提前一年实现"一人一亩林"目标。积极推进城区绿化，投资770万元，对问津北街、永安路等55条次干道和小街巷进行绿化，绿化面积达1万多平方米。地下水超采综合治理进展顺利，投资1.4亿元，实施了地表水灌溉引蓄、小农水重点（县）等项目，全省地下水超采综合治理现场会在桃城区召开，桃城区被水利部、全国节水办评为"第三批全国节水型社会建设示范区"。全力以赴打好大气污染防治攻坚战，出色完成亚太经合组织会议期间的空气质量保障任务。

（八）惠民生、促和谐，社会事业全面进步。城乡办学条件进一步改善，投资1.12亿元重点推进了16所学校、幼儿园新建、改扩建，其中14所竣工或主体完工；医疗服务水平不断提升，惠民力度不断加大，投资50多万元，在4个乡镇卫生院和4个社区卫生服务中心，建成中医药服务区。在基层医疗机构全部实行药品零差率销售，让利于民180万元，减免一般诊疗费350万元。市四院正式成为省级住院医师培训基地；大幅提高民生保障标准，城镇低保从每月360元上调到510元，提高40%，农村低保从每年2200元上调到2880元，提高30%，农村五保分散供养从每年2400元上调到4400元，提高80%，集中供养从每年2880元上调到6600元，提高1.3倍；新农合保障水平进一步提高，人均筹资水平达到390元，参合率99.92%，在全市继续保持领先；城镇新增就业5075人，城镇登记失业率2.84%，控制在市政府下达的4.5%以内；创新社区服务品牌，投资120多万元，完成10个社区"居民之家"示范点建设；养老服务水平进一步提高，建成12个社区居家养老服务中心和17个农村互助幸福院；科技创新步伐不断加快，万人专利拥有量居全省前列，高新技术企业累计达到14家，总数居全市首位。区文体活动中心投入使用，文化馆、图书馆向社会免费开放。传统武术项目"戳脚"，成功列入国家级非物质文化遗产名录；全区安全生产形势持续稳定，开展安全生产"六打六治"、社会稳定"打黑灭霸"等专项行动，为经济社会发展和群众生活，营造了良好环境。区普法办被评为"全国'六五'普法中期先进单位"。同时，物价、审计、食品安全、工商、质监、档案、人防、民兵预备役等各项工作，均取得新成绩。

枣 强 县

枣强县隶属河北省衡水市，地处河北省东南部、衡水市南端。2014年，是枣强县发力提速、跨越赶超的一年，是各项工作实现重大突破、取得丰硕成果的一年。

（一）积极应对下行压力，经济发展实现新跨越。全县完成生产总值82.4亿元，增长8.2%；规模以上工业增加值32.7亿元，增长11.2%；全社会固定资产投资85.5亿元，增长20.2%；全部财政收入首次突破10亿元，增长25.1%；公共财政预算收入4.44亿元，增长

24.4%；外贸进出口11.7亿美元，增长22.9%；全社会消费品零售总额31.8亿元，增长11.7%；城镇居民人均可支配收入1.97万元，增长10.2%；农民人均纯收入7784元，增长13.9%。重点项目、城乡建设、植树造林、农村面貌改造提升行动和城乡环境卫生综合整治等工作居全市前列。枣强已经进入历史上发展最快、环境最优和影响力最强的时期之一。

（二）创新完善体制机制，招商项目实现新跨越。主动对接京津冀一体化战略，深入开展全民招商、专业招商和产业链招商，外引战略支撑项目实现历史性突破，引进了中空能源、冀中能源、中棉集团、北京依米康等央企、上市公司，与中国神华、河南汉威、浙江天信等达成合资合作意向。建立健全了“三步评审”、双向承诺等项目推进机制，全年在建亿元以上项目38个，总投资161亿元，超过了前两年的总和。亚森机器人项目列入省管百项，在全省项目观摩拉练中获得好评。福瑞达脱硫脱硝、鑫星调压器、大华鞣制园等项目投产运行。芬兰东屋、美国力维两大国际知名品牌落户大营皮毛国别园。华盛节能、维业输送机械、大营中小企业创业园等项目全速推进。全县项目建设呈现出数量、速度、质量、水平同步提升的良好态势。

（三）强力推进改造提升，产业升级实现新跨越。坚持创新引领，鼓励传统产业加强技术改造，增强研发能力，实施名牌战略，拓宽融资渠道。县财政设立1000万元工业发展基金，筛选30家企业进行重点帮扶，完成技术改造项目16个，总投资近20亿元。新上了国内第一条柔性托辊流水线、德国全自动印刷生产线等一批工装设备。国家级裘皮检疫检测中心搬迁新址，河北省复合材料产业技术研究院完成主体工程。成立了枣强县企业上市孵化中心，筛选7家企业进行辅导上市，驹王特汽、滨鹏皮草等4家企业分别在石交所、上股交所挂牌上市。新创河北省著名商标11项，省名牌产品4项，省级中小企业名牌产品5项。新增规模以上工业企业15家。奋进公司被省工信厅授予“省级中小企业创业辅导基地”称号，恒润集团等8家企业纳税超千万元。成功举办了第二十三届国际皮草交易会暨第二届营皮文化节，大营经济开发区被批准为省级经济开发区，“大营裘皮”获得国家地理标志保护产品称号。皮毛、玻璃钢、机械制造业纳税4.9亿元，同比增长23%。大力发展服务业和战略新兴产业。亚洲貂等三大电商平台实现线上交易11亿元，大营镇被命名为河北省电子商务示范基地。同时，随着智能装备、液态金属、农批港等项目的落地，传统产业转型与新兴产业培育同步发展的态势即将形成。

（四）扎实开展三年攻坚，城镇建设实现新跨越。坚持扩容提质并重，优化城乡布局，提高建管水平。完成了县城总规及部分专项规划，重点推进了以7个城中村、三个片区为主战场的拆迁改造，全年征收57万平方米、建设40万平方米。“一河两湖”景观带一期建成开放。实施了胜利路北延，完成了4条主干路街立面改造，新增绿地面积60万平方米，绿化覆盖率达36.9%，亮灯率99.1%。推行“十项机制”、“五定模式”为重点的精细管理，县城实现了全天候保洁。通过了省级园林县城验收，荣获省政府人居环境进步奖。大营镇按照“东加工、中商贸、西新城”的框架布局，完成了人民街、经贸路翻修，西亚皮草新城5个单体工程投入使用。先后荣获国家外贸转型升级专业型示范基地、中国最具影响力裘皮交易市场等殊荣。

（五）加快实施“两区同建”，“三农”工作实现新跨越。县财政设立1000万元“两区同建”发展专项基金，扶持农业产业园区、农村新型社区建设。马屯欣苑、唐林健翔、枣强镇贵和等19个农业示范区初具规模，唐林现代农业园区被批准为河北枣强蔬菜省级农业科技园区。李进伯社区建成启用，王常社区、河景新村有序推进，李进伯村、前王常村旧村拆迁进展顺利。加强基础性调查和规划，编制完成了《枣强县全域地质调查》、《枣强县现代农业发展规划》、《枣强县扶贫产业发展规划》。全县果树种植面积达到12万亩，棚菜种植面积1.3万亩，规模化养殖场260个。创新经营主体，农民合作社登记注册1006家、家庭农场发展到320家，规模产业园区发展到38家，农业产业化率超过63%。全县千亩以上林业园区达到15个，全年植树造林4.2万亩，提前一年实现“人均一亩林”目标。实施“六位一体”产业扶贫新模式，整合投入扶贫资金2亿元，42个贫困村2.6万人实现稳定脱贫。农村面貌改造提升深入推进，枣强县被评为全省农村面貌改造提升行动先进县，新屯东岳庄被评为省级美丽乡村。经过一年实践，走出了一条改善农村人居环境、转变农业发展方式、集约节约利用农业资源的新路子。

（六）统筹推进各项事业，社会民生实现新跨越。把改善民生作为最大责任，努力提高人民群众幸福指数。进一步加强社会保障，提供公益性就业岗位118个，发放惠农补贴7939万元、城乡低保、五保金2000万元，新农合参合率、城乡居民保险参保率96%以上，报免金额1.2亿元，惠及53万人次。85岁以上长寿老人高龄补贴实现全覆盖。10件为民实事全部落实。投资2.6亿元的地下水超采综合治理顺利实施，南水北调地表水厂启动建设，大营第三水厂完成主体工程，新建续建联村水厂4座，解决了7万人的人饮安全问题。建成公租房700套，实施棚户区改造、危房改造4135户。40公里农村公路竣工通车。农村电力基础设施进一步改善。新县医院完成主体工程，中医院扩建启动，全民健身中心和第五小学开工建设。成功举办“齐鲁大地亲情行”活动，启动建设了董子公园、移民文化园、裘祖文化步行街，大营镇被授予“中国裘皮文化之都”称号，三大传统文化建设取得实质性进展。不断加强平安枣强建设，看守所、消防大队完成搬迁，“天网工程”正式启用，严打整治成效显著，共破获各类刑事案件880余起。深入开展化解信访积案行动，案件化解率达到90%以上。安全生产、交通安全、食药安全、消防安全推行网格化管理，监管水平不断提升，全年没有发生重大安全事件。以超常举措推进生态建设，坚决打好节能减排、皮毛鞣制污染治理和大气污染防治攻坚战，淘汰燃煤锅炉14台，压减燃煤1.4万吨，关停、整顿排污企业22家，淘汰黄标车947辆，生态环境进一步优化。

（七）深入推进综合改革，政府自身建设实现新跨越。紧抓衡水综合配套改革战略机遇，积极推进金融、行政审批、镇区合一、"三证合一"、创新主导产业培育发展机制等改革试点工作。实施了县乡财税新体制，开展了综合治贷，建立了皮毛企业守法诚信等级评定制度。编制了行政审批项目清单、产业投资负面清单、行政监管项目清单、行政事业性和经营服务性收费清单，削减县级审批事项11项，首批次下放大营镇行政权力154项。积极推进"三级平台"、"两个代办"，县政务中心新址落成使用，乡村便民服务中心实现全覆盖。深入开展党的群众路线教育实践活动，下大力治理文山会海、改进公务接待、规范干部行为，清理违规用车48辆，腾退办公用房1024平方米，有效解决了一批"四风"和群众反映强烈的问题。自觉接受人大、政协监督，广泛听取各方面意见，办理市县人大代表建议和政协委员提案306件，办结率100%。强化经济责任审计，加大案件查处力度，政府廉政建设水平进一步提升。

武　邑　县

武邑县隶属河北省衡水市，地处华北平原的河北省中南部。2014年，武邑县紧紧围绕"再翻番、促崛起，全面建成小康社会"目标，以践行党的群众路线教育实践活动为动力，勤奋工作，扎实苦干，努力完成县十五届人大四次会议确定的目标任务，经济社会发展呈现出基础夯实、后劲增强的良好势头。

——经济运行稳中向好。增长速度逐季回升，全年完成生产总值58.4亿元，较上年增长7.5%；固定资产投资完成34.4亿元，增长20.5%；规上工业增加值完成12.4亿元，增长9.7%；社会消费品零售总额完成29亿元，增长12.3%；外贸进出口总值完成3523万美元，增长59.7%，各项主要经济指标增幅基本达到或超过全市平均水平。

——质量效益有效提升。经济结构调整步伐不断加快，三产服务业对经济增长的贡献率达到31.3%，同比提高8.4个百分点。财政收入完成4.7884亿元，同比增长14.2%，超额完成市定任务，其中，一般公共预算收入完成3.5亿元，增长了23.2个百分点。

——居民收入大幅提高。全面落实各项惠民增资政策，财政供养人员人均增资590元，是历史上调资幅度最大的一年。城乡居民人均可支配收入达到1.43万元和5807元，继续保持了快速增长，分别达到12.1%和14.1%，均超过全市平均水平。全县存款余额达到109.7亿元，较上年同期提高了20个百分点。

（一）调结构、促转型，工业发展实现新突破。坚持把上项目、增投入作为统领全局的主抓手，全年谋划实施工业项目78个，总投资411.2亿元，其中，自动化立体仓库、奥特莱防水二期等17个项目建成投产，光热产业园、中轻乐器等21个项目加紧建设，美国产业园、金属橱柜物流园等28个项目深入洽谈。大力实施传统产业振兴计划，桥头金属橱柜产业园、鑫联盛硬木雕刻产业园、明清家具大世界二期等一批重点项目开工建设，整合提升迈出实质性步伐。园区建设提档升级，新争列省级经济开发区，园区路网及管线改造等一批基础配套工程统筹推进。强力实施"两改造一倍增"计划，新增规上企业9家，获得国家级科技创新项目2个，争列省重点技改项目13个，完成技改投入16.4亿元，占工业投资的61.9%，同比提高8个百分点，凯隆固异特成功上市，河钢衡板列入国家两化融合管理体系贯标试点，逐步形成科技支撑、多元发展的新型工业格局。

（二）夯基础、重管理，城镇建设展现新形象。立足"绿洲水邑、汉韵新城"城市定位，大力实施小县大县城战略。围绕"一核、两轴、四片区"空间发展布局，高标准编制《城乡总体规划》和12项专项规划，覆盖城乡的规划体系更趋完善。强力实施6大类40项重点城建工程，东昌街提升改造、040升级改造等道路提升工程建成通车；东昌街与河钢路连接等道路畅通工程有序推进；106国道收费站搬迁顺利实施，衡德高速清凉店出口通道列入省规划，县城污水处理厂续建工程正式运营，一批区域改造工程竣工投用，全年完成拆迁16.8万平米，新增建筑面积53万平米。城市管理不断加强，启动数字化城管平台建设，大力开展环境卫生综合整治，集中开展依法拆违专项行动，拆除违建33处，城区环境进一步优化，省级园林县城创建成果得到巩固提升。

（三）抓产业、促增收，农业经济迸发新活力。大力发展现代农业，谋划引进九德利、中柳众赢等农业产业化项目16个，辉煌酒业、林发农业示范园等一批龙头项目加紧建设，市级以上龙头企业发展到39家，合作社发展到1400家，争取上级资金5亿元，实施农业项目32个。全面深化农村改革，规范开展土地确权，有序推进土地流转，流转面积达到20.8万亩，新增家庭农场138家。全面落实强农惠农政策，发放补贴资金1.45亿元，粮食总产达到7亿斤，实现"十一连增"。积极开展精准扶贫，新增设施蔬菜4000亩，1.6万贫困人口稳定脱贫。地下水超采综合治理扎实推进，地表水厂及配套管网建设全面启动，现代农业示范园区建设步伐加快，农业产业的富民效应逐步显现。

（四）优环境、保生态，城乡环境得到新改善。扎实开展农村面貌改造提升，投入资金7000万元，高标准改造44个重点村，张牛村、大刘庄、鲍贤兰、王泊庄被评为省市级美丽乡村，赵桥镇"全镇域、集团式"的经验做法得到省领导肯定。造林绿化成效显著，重点实施通道绿化、规模绿化、景观绿化、环城绿化，全年完成造林4.6万亩，超出市定任务76.9%，全县林地面积达到34.6万亩，提前实现一人一亩林目标。强力开展大气污染防治攻坚战，全力打好压煤、治企、降尘、控车、禁烧等八大战役，空气质量得到有效改善。不断加大环保执法力度，集中开展“利剑斩污”等专项行动，查处环境违法案件49起，治理整顿污染企业71家，淘汰黄标车896辆，圆满完成市定节能减排任务，生态立县战略的实施已经成为武邑绿色发展的强劲动力。

（五）惠民生、谋福祉，群众幸福指数实现新提升。认真抓好“稳增长、促改革、调结构、惠民生”各项政策落实，全年完成民生投入10.7亿元，占全部财政支出的70.1%。积极落实年初确定的十项民生实事和教育实践活动立行立改20项惠民实事。办学条件明显改善，顺利通过省教育督导评估验收，5所中小学的校舍工程建成投用，改扩建幼儿园8所，救助家庭困难学生5640名。医改工作稳步实施，县医院、中医院实现药品零差率销售，新农合实现乡村两级门诊统筹，参合率达到97.8%，发放补偿金9576万元，看病贵问题得到有效缓解。社会保障不断强化，全面推行“阳光低保”，城乡低保应保尽保；85岁以上高龄补贴实现全覆盖；建设保障房926套，改造农村危房900户。人口计生工作稳定低生育水平，“单独二孩”政策启动实施。社会事业健康发展，建成体育健身广场12个、文化体育活动村100个，新建乡镇邮政网点3个。扎实开展信访积案化解行动，一批疑难信访案件得到有效解决。深入开展“六打六治”、“平安万家”和“打盗抢、保平安、惠民生”等系列专项行动，安全生产、食品药品安全和社会治理等工作得到巩固和提高，一批重大刑事案件得以攻克，刑事犯罪的高发势头得到遏制，群众的安全感和幸福感明显提升。

（六）强服务、提效能，政府自身建设得到新加强。敬终如始深入开展党的群众路线教育实践活动，严格执行“八项规定”和“约法三章”，扎实推进正风肃纪、还利于民等六个专项行动和“7+4+10”专项整治，认真落实中央和省委巡视组整改意见，积极推进“三个公开、三个清单”和“三级平台、两个代办”制度建设，县政务服务中心进一步调整部门入驻，乡、村便民服务中心实现全覆盖，“让群众好办事、为群众办好事”成为常态化。深入推进行政审批制度改革，衔接落实市下放审批事项68项，制定出台便民服务措施18项，县公共资源交易中心规范运行。深化商事登记制度改革，新增市场主体1868户，全民创业氛围日益浓厚。严格落实党风廉政建设“一岗双责”，强力推进法治服务型政府建设，主动接受人大的法律监督、政协的民主监督和社会监督，把依法行政变为政府的自觉行动，一年来共办理人大建议、政协提案93件，办复率均为100%。加强全民国防教育，国防动员、双拥共建深入开展，党管武装和后备力量建设成效明显。工商、质监、通讯、金融、保险、气象等中省直单位取得新成绩，审计、统计、物价、残联等工作开创新局面。

饶阳县

饶阳县位于河北省衡水市北部。2014年，全县总面积573平方公里，耕地面积3.75万公顷，总人口29.55万人，人口自然增长率6.92‰。国民生产总值50亿元，同比增长7.4%，粮食总产量2.16亿公斤；规模以上工业增加值14亿元，同比增长10%。全部财政收入完成3.39亿元，同比增长12.7%，财政支出12.96亿元，同比增长31.1%。全社会固定资产投资47.2亿元，同比增长23.3%。社会商品零售总额实现29.7亿元，同比增长11.8%。城镇居民可支配收入达到1.70万元，农民人均纯收入达到5427元，分别增长10.6%和15.1%。年末城乡居民存款余额89.24亿元，增长21.04%。

（一）抓招商，促转型，产业发展迈出新步伐。招商引资成效显著。全年新引进亿元以上项目26个，总投资超百亿元。特别是天资高科技综合产业园、坤辉公司与天津渤海钢铁集团合作钢帘线、上好佳奶制品等战略支撑项目的引入，为饶阳跨越赶超注入了强劲动力。项目建设快速推进。市重点项目建设在全市排名前列，中仪联众铁路配件、昊阳红木家具、金岳金属等20个项目开工建设，坤辉二期、华饶乳业、利元饲料等12个项目建成投产。现有企业逐步壮大。实施1000万元以上技改项目16个，规上企业新增12家，纳税超百万元企业达到17家，上好佳喜奥公司纳税突破500万元，铁建公司纳税突破700万元。文化产业蓬勃发展。华星内画产业园开工建设，耿长锁展览馆投入使用，《耿长锁》电视剧正在筹拍，北方民族乐器产业园入选省十大文化产业聚集区，文化产业增加值占GDP比重居全省前十、全市第一。

（二）抓规模，促升级，现代农业实现新突破。产业规模不断壮大。蔬菜播种面积达到42万亩，设施葡萄种植面积达到10.5万亩，3000亩以上规模经营典型达到15家，国家级、省级合作社达到11家，在全市均居首位。农村改革深入推进。土地流转面积达到22.2万亩，占承包地总面积的41.3%，高出全市5.5个百分点；22个村土地确权登记颁证试点工作全部展开；建立了“饶阳县三农贷款风险补偿基金”，启动了“一权一棚”抵押贷款，进一步激活了农村金融市场。提档升级步伐加快。启动了国家AAA级旅游景区创建，重点打造了两条亮点突出的观光线路；众悦公司成功上市，成为全市唯一的上市农业企业；饶阳甜瓜、饶阳葡萄成功列入国家地理标志产品保护目录，填补了全市地理标志保护产品空白。智慧农业扎实推进。以冠志、兴地、鸿安等10家规模经营典型为试点，大力开展“智慧农业综合管理平台”建设，饶阳县智慧农业发展得到了省委、省政府的肯定，在全省农业农村工作会上作为典型进行推介。农业知名度明显提升。2014年全省农业农村工作会来县观摩，会后127个县市、6200人来县学习考察。第二届蔬菜葡萄节成功举办，央视七套播出了《乡村大世界》—走进饶阳，“饶阳果蔬”品牌效益不断增强。

（三）抓建设，促统筹，城乡面貌发生新变化。城乡总体规划全面完成，县城“一城三区”产城融合发展格局初步形成。旧城改造扎实推进。完成了平安路、人民路、富强街等主要街道和火车站广场改造提升，启动了旧二中、食品厂、供销社等重点区域改造。新区功能逐步完善。沱阳公园、文化广场、规划展览馆、信誉商厦、凯悦酒店等15项重点工程开工建设。西区建设加速推进。规划了“三纵三横”路网框架，完成了平安路改造提升和华富路、纵三路铺设。围绕园区路网收储土地5000余亩，为项目落地奠定了坚实基础。县城管理水平明显提升。建立了协调联动的县城精细化管理机制，大力开展露天烧烤、占道经营、过街线网改造等专项整治行动，塑造了干净、整洁的县城形象。乡村面貌进一步改善。官亭民乐小镇、尹村蔬菜小镇加快建设，端午、姚庄等20个省市级重点村面貌改造提升全部完成，被省委、省政府授予“推进社会主义新农村建设先进县”荣誉称号。

（四）抓民生，促和谐，人民生活得到新改善。按照“小财政、大民生”的原则，持续加大民生投入，全年用于民生支出达到10.2亿元，占全部财政支出的78.4%。社会保障不断加强。新增城镇就业2500人，农村劳动力转移2600人；开工建设保障房893套，开工率、交付率在全市名列前茅。社会事业加快发展。医改工作稳步推进，“药品零差率”实现全覆盖；投资820万元对12所中小学、幼儿园校舍进行了改造，新建加固校舍面积7800平方米。农村生产生活条件逐步改善。58个村级文化大院完成建设，覆盖率达到90%；新建改建农村公路120公里；投资1550万元解决3.5万农村人口饮水安全问题。社会大局和谐稳定。强化“平安饶阳”建设，集中开展了“六打六治”、“违禁超限专项治理”等行动，涉车案件基本杜绝，涉油案件全年“零发案”；安全生产形势总体平稳，食品药品监管不断加强，群众安全感和满意度稳步提升。

县委书记：贾超绪

县人大主任：范友遨

县　长：左俊勇

县政协主席：付占坡

县纪委书记：陈艳春

沙　河　市

沙河市隶属河北省邢台市，位于河北省南部，太行山东麓。2014年，沙河市围绕加快推进沙河实现转型发展、绿色跨越的目标，以党的群众路线教育实践、“学讲话、转作风、优环境、促发展”大讨论等一系列活动为契机，为动力，不避险、不畏难，凝心聚力、主动作为，各项工作取得新成绩。2014年，全市生产总值完成227亿元，同比增长7.5%左右；全部财政收入完成19.15亿元，占年任务的（调整后）100.8%，公共财政预算收入完成9.24亿元，占年任务的（调整后）101.5%；全社会固定资产投资完成196亿元，同比增长20.1%；社会消费品零售额完成63.5亿元，同比增长12.1%；农民人均纯收入达到10737元，同比增长11.5%；城镇居民人均可支配收入达到22040元，同比增长9.5%。

（一）着力抓调整、优结构、提质量，切实推进产业上档升级。按照“有中生新”和“无中生有”的产业发展思路，立足沙河实际，谋划实施了“523551”工程的发展战略，力争三年新增产值500亿元，五年新增产值1000亿元，实现“三年倍增、五年再造两个新沙河”目标。目前，七大产业基地均形成一批优质项目作支撑的良好局面，“523551”工程迈出实质性步伐。一是重点实施了总投资35.3亿元的大光明玻璃深加工、“三新”产业基地一期等16个功能性及深加工项目。预计年内金安玻璃深加工一期等6个项目可建成投产。二是重点实施了总投资86.5亿元的中建材沙河新材料等一批新材料、新能源、先进制造项目。其中，中建材沙河新材料、金宏阳非晶硅薄膜太阳能等一批项目正在加快推进，不锈钢板材生产一期、昊天微晶工业园一期等项目已经建成投产。同时，实施了一系列科技工程。目前，玻璃技术研究院二期基建工程已经完成，为企业向上申报科技项目26个，实施科技项目17个，争取扶持资金500万元。

（二）着力抓源头、强监管、深整治，切实改善生态环境。一是全面深化面源污染治理。以最严格的防尘标准，深入推进选矿、建筑、运输等行业整治，健全城区扬尘综合整治长效机制，坚持管控和推广相结合，洁净型煤推广使用加快推进。二是强力推进重点领域治理。全年共关闭钢铁企业2家2座高炉及1座烧结机，关闭淘汰玻璃企业11家12条生产线，淘汰落后产能1260万重量箱，占全国“十二五”期间淘汰落后玻璃产能计划的13%，并被中央电视台《新闻联播》栏目作了专题报道。高质量、高标准建成30家52条玻璃生产线脱硫、脱硝、烟气除尘等环保工程并实现达标排放。三是大力推进生态环境建设。矿山企业节水整改升级等九大水生态保护与修复工程均完成时间进度。完成人工造林1万亩，封山育林1万亩、飞播造林3万亩。

（三）着力抓改革、提效能、促帮扶，切实激活市场主体活力。一是积极推进行政体制改革。累计衔接上级取消下放行政审批事项116项，全面清理非行政许可审批事项，明确审批主体40个，保留行政审批事项276项，服务监管事项136项。政务服务中心被确定为国家级服务业标准化试点创建单位，公共资源交易中心被确定为河北省首家省级公共资源交易服务业标准化试点创建单位。二是充分激发市场主体活力。大力推进全民创业，进一步降低创业门槛，积极推进商事登记制度改革，探索实行由“先证后照”改为“先照后证”，全面实行投资主体“零限制”、注册登记“零收费”，目前新增私营企业658家、个体工商户1870户；深入实施“质量兴市、品牌兴市”战略，艺术玻璃地方标准填补全省工艺玻璃标准空白。三是加大服务企业力度。河北银行、兴业银行成功入驻沙河市，邦德威公司成功在石交所上市，元华、昊天公司成功在天交所上市，沙河市上市企业累计达到5家。进一步创新融资模式，“银行＋龙头＋企业”、“银行＋协会＋企业”、“银行＋开发区＋企业”的融资模式在沙河市蓬勃发展，沙河被评为“河北省金融生态（县）市”。通过举办银企洽谈等活动，达成合作意向30余项，为企业授信6.4亿元。全市存贷比达77%，居邢台各县市区前列。累计争取上级土地指标900亩，盘活存量土地300余亩；预计年内可为10个企业技改项目争取上级资金2121万元。争取上级各类专项资金7亿元。

（四）着力抓进度、招大商、引巨资，切实增强经济发展后劲。一是健全完善工作机制。建立健全了项目库、客商资源库、沙河籍在外人士信息库“三库”动态管理机制，实现对谋划、在谈、在建、投产等各类项目的可视化、看板管理。完善联席会议制度、项目评审机制，及时协调解决项目招商工作中的困难和问题。二是加快推进项目建设进度。2014年，共筛选沙河市级以上重点项目100个，总投资901亿元。其中，邢台市级重点在建项目11个，总投资133.07亿元，当年计划投资36.36亿元；省级重点项目2个，总投资51.4亿元，当年计划投资15亿元。截至目前，沙河市级在建项目完成投资126.4亿元，占年计划的100.3%；邢台市级重点项目完成投资42.9元，占年计划的118%；省级重点项目完成投资18亿元，占年计划的120%。其中，在省、邢台市在建的11个重点项目中，有10个项目为延伸产业链条项目，5个项目填补省内、国内甚至国际空白。三是强力推进招商引资。在组织常规招商活动的基础上，成功举办了2014’沙河市开发区发展招商暨项目推介会，并重点对京津地区开展了一系列项目、产业对接活动，先后与商务部、清华大学、中建材国际工程公司等10多个单位建立了战略合作关系。与北京顺义区、昌平区和天津北辰区形成了密切交流互动合作关系。共签约或达成合作意向项目28个，总投资额达273亿元，引进内资35.5亿元，实际利用外资3820万美元，引进技术43项，引进人才420名，均位居邢台市前列。

（五）着力抓特色、建园区、改面貌，切实提升三农工作水平。一是基础设施建设投入不断增加。谋划实施了总投资1.8亿元的南水北调配套等7项水利工程，目前已完成投资1.65亿元，预计年底可全部完工。二是农业产业化进程加快。培育发展了43家市级以上农业产业化龙头企业，全市农产品品牌达到79个，“金沙河”商标被认定为中国驰名商标。谋划实施了总投资19.8亿元的33个农业产业化重点项目，截至目前已完成投资2.74亿元。三是农村面貌改造提升工作稳步推进。完成改造危房800户，硬化道路80公里。完成了中心村（王硇）的规划编制和项目建设施工图设计。

（六）着力抓规划、上工程、搞创建，切实加快新型城镇化步伐。一是加快各类规划编制工作。先后聘请复旦、清华等知名院所的规划专家，高标准编制完善了城市总体规划和各类专项规划。其中，沙河市城乡总体规划（2013—2030年）顺利通过省规委会审议，城市总体设计正在进行修改完善。二是加快推进城建重点工程。共谋划城建重点工程74项，总投资28.09亿元。建设路中段整修、西环路景观改造等一批基础设施工程完工，公共资源交易中心、体育公园等24项工程顺利推进。三是加快推进国家级园林城市创建工作。大力实施了市区北出入口绿化、新区游园绿化、绿道绿廊建设等9大绿化工程。完成投资3000万元，新增城市绿地65万平方米。

（七）着力抓拓展、扩规模、壮实力，切实增强三产服务业对经济的支撑能力。一是电子商务迅猛发展。中国玻璃交易平台、沙河玻璃网等本地电商企业发展迅速，成功促成本地电商企业与慧聪网、中华玻璃、中国玻璃网等国内知名电商企业的合作。玻璃期货基准价区成功调整到沙河。二是商贸物流日趋繁荣。普锦购物广场、沙河玻璃商展中心等商贸项目建成并投入使用。新增自营进出口经营权企业6家，在上海、青岛、泰国设立了沙河国际商会办事处，被省政府评为省外贸转型升级示范基地。三是特色旅游稳步推进。成功引进由香港鑫脉国际企业集团（台资企业）投资6.5亿元的天佑峡旅游项目，目前正在进行前期拆迁工作。王硇被评为“国家级历史文化名村”，太行川寨—王硇项目被列入邢台市打造四个旅游特色村镇之列。

（八）着力保基本、增投入、上水平，切实改善民生事业。一是社会保障水平进一步提升。养老、失业、工伤、医疗共扩面4950人，城镇居民医疗补助标准提高到320元/年，城乡低保保障标准分别提高到410元/月、2280元/年。第一民政事业服务中心等一批民政工程加快推进，全年新建农村幸福园24个，全市共计建成农村幸福院151个，覆盖率达61.5%。二是大力发展社会事业。市区集中供热、饮水安全、农村危房改造等12项民心工程全部完成。市第三、第五、第六幼儿园全部改建完成，标准化学校建设加快推进，预计全市教育城域网年底可全面建成。市人民医院住院大楼完成整体搬迁，并全部投入使用；中医院整体搬迁提升工程进展顺利。全市242个村标准化卫生室的村医入驻工作有序进行，医疗废弃物处理工程扎实推进。沙河剧团和艺术团主体工程已经完工，正在进行内装修。

（九）持之以恒抓廉政建设，建设勤政廉洁政府。一是进一步健全机制。建立健全了“四位一体”的监督检查机制，以及党风政风行风民意监测点、廉情预警直报点制度等防控机制，在重点工作领域，严格按照《沙河市领导干部任期经济责任审计及结果运用的实施办法》等监督管理专件，进一步完善和规范制度建设。二是加强监督检查。围绕重点项目建设、专项资金使用、民生工程项目等开展了专项监督检查，纠正了一批有令不行、有禁不止的行为。开展了优化发展环境宣传月活动，对企业宁静工作日执行情况开展了专项检查。三是推进机关效能建设。继续开展民主评议行风活动，开通行风热线电话50部，聘请行风监督员30名，选聘评议代表125名，民主评议工作进一步规范化。共接受群众咨询投诉110件，帮助群众解决实际问题98件，投诉办结率达100%。

南 宫 市

南宫市位于河北省南部。2014年，南宫市委、市政府准确把握发展大势，始终坚持稳中求进工作总基调，坚定信心，克难攻坚，经济运行总体平稳，全市生产总值完成90.5亿元，增长7.8%，全部财政收入50021万元，增长5.6%，公共财政预算收入33141万元，增长15.6%。

（一）坚持招大引强注重项目质量，招商引资项目建设取得新成效。继续实施"招商引资项目建设突破年"活动，全年引进国内市外资金43.55亿元，增长7%；实际利用外资1886万美元，增长10.1%；固定资产投资96.1亿元，增长19.6%。全年签约引进中瑞德科新能源汽车、骑梦电动车等超3000万项目81个，超亿元项目35个。其中，博亚农机项目列入省重点，佳泽线缆等8个项目列入邢台市重点；丁腈手套、帅兴电器、石墨电极等重大项目建成投产。

（二）强化平台支撑作用，园区建设跃上新台阶。经济开发区和工业聚集区整合为省级经济开发区，进一步理顺管理体制；新建经三路南延、和平路和昌盛街等道路及排水管网工程，铺设天然气主管道17.9公里、10千伏线路24.8公里。段芦头羊绒产业园、紫冢皮毛产业园入驻企业分别达到34家和9家，垂杨羊剪绒产业园正在加紧建设。"一区三园"格局初步形成。

（三）加大政策帮扶力度，产业转型升级迈出新步伐。面对经济下行压力加大，坚持主动作为，全力帮扶，新增规上工业企业12家，规上工业企业增加值完成32.7亿元，增长11.3%。同时设立1000万元产业发展基金和"重大项目市长特别奖"，协调金融机构让20多家企业获得信贷支持。实施"两化"融合公共服务平台培育计划，与青岛科技大学、天津天纺集团签订合作协议，7个项目列入省千项重点技改项目库，羊剪绒皮毛制品外贸转型示范基地被评为省级示范基地，段芦头羊绒升级创新基地被评为省中小企业创业辅导基地，紫冢镇成为"中国羊剪绒制品名镇"，段芦头镇成为"河北省羊绒精梳名镇"。耿氏同盈、邢州拖拉机、一犇农机3家企业，分别在石交所和深圳前海股权交易中心上市，实现南宫市上市企业零的突破。扎实推进全民创业，全年新增各类市场主体3327家，其中，个体工商户2219家，内资企业1108家。依托棉毛纺、裘皮皮革等传统特色产业，电商业迅猛发展，全市电商总数达到2000多家，南张庄、段四、宋都水、后溹泸4个村被阿里巴巴集团评为"中国淘宝村"。

（四）着力提升城市功能品位，城镇面貌呈现新变化。《南宫市城乡总体规划（2013—2030）》通过省政府批准，编制完成综合交通、防灾减灾等18个专项规划，以及城市重要景观节点的设计，城市规划更加科学完备。防洪水系全线通水，沿线建成二龙戏珠湖公园等景观设施，营造了"城水相依、人水相亲"的美景。实施集中供热二期工程，供热总面积达到195万平方米。完成雨污分流二期工程，改造8条街道雨污管网，并实施沥青罩面，减少了道路扬尘污染；新建改造提升11条道路，改造9条街道供水主管网，城市基础功能更加完善。城区种植乔灌木10.6万株，绿地率达到38.15%，人均绿地面积达到10.7平方米；东进街等主要街道路灯全部更换LED光源；东进大街西延片区改造一期工程征迁工作基本完成，为加快旧城改造奠定了坚实基础。加快推进小城镇建设，段芦头镇和垂杨镇被住建部等七部委认定为全国重点镇。

（五）积极发展现代农业，农业农村工作取得新进步。粮食生产实现"十一连增"，全省棉花机械采摘和棉花—黑麦草复种现场观摩会在南宫市召开。签约引进农业项目25个，总投资47.4亿元，其中9个项目实现当年签约当年投产，南宫市被评为邢台市农业招商先进市。大力实施"百千万"特色高效示范园工程，建成棉花万亩高产创建示范区1个。以北胡、西丁为重点，加大农业开发力度，农业开发工作在邢台市排第二名。加快农业产业化步伐，新增省级产业化龙头企业1家、邢台市级6家，新增农民合作社297家，农业产业化率达到63.2%。国家级供销社综合改革试点工作在省市创出经验。36个村的7.46万亩土地完成确权登记，全市土地流转22.21万亩，土地流转率达到24.1%。

（六）牢固树立环保工作底线思维，生态环境有了新改善。加大依法治污力度，查处环境违法行为70起，整治修复渗坑9个，关停取缔企业54家。建成运行PM2.5空气自动监测站，大气污染技防水平得到提升。投资1.23亿元的地下水超采综合治理试点工程全面实施，南宫市成为全省地下水超采综合治理试点市。引进秸秆气化技术，秸秆气化联村供暖经验在邢台市推广。狠抓节能减排，单位GDP能耗和主要污染物削减均超额完成上级下达任务。全年造林1.91万亩，植树106万余株，森林覆盖率净增0.8个百分点，南宫市被评为邢台市造林绿化先进市。11个省定重点村完成面貌改造提升任务，国省干道沿线整治工作位居邢台市先进位次。

（七）注重社会民生改善，群众幸福指数获得新提升。坚持民生投入只增不减，民生支出9.5亿元，增长20.3%，占全部财政支出的61%；城镇居民人均可支配收入17613元，增长10%；农村居民人均可支配收入8846元，增长12.4%。

去年向全市人民承诺的十大民生工程圆满完成，新解决15个村1.5万农民的饮水安全问题；新建农村公路15公里，开通城乡公交线路8条，新增城乡公交车60部；建设保障性住房218套，改造农村危房540户、棚户区400户；改扩建乡镇卫生院5所，明化镇精神病医院投入使用，新农合参合率达到99.98%，位居邢台市首位；城镇登记失业率控制在4.5%以内，城乡居民社会养老保险参保率达到99.96%。各项社会事业协调发展，建成启用第一小学、国瑞小学等高标准学校9所，改扩建幼儿园5所；引进社会资本，兴建新丰翼学校和双语学校两所民办学校，并实现当年开工建设、当年投入使用。南宫市成为国家级农村职成教育综合改革示范市。成功举办第六届全国南宫碑体书法展。尚小云纪念馆顺利开馆。公立医院综合改革稳步推进，市乡村三级药品实现零差率销售。南宫市被评为全国计划生育优质服务先进市。《南宫市志（1979—2008）》正式出版发行。

（八）狠抓行政效能提升，政府自身建设得到新加强。扎实开展教育实践活动，深入推进政府系统党风廉政建设，认真落实中央八项规定精神和省市相关规定，全市会议减少44.4%、文件减少3.4%、“三公”经费下降5.17%。聘请市政府法律顾问，坚持市政府常务会议会前学法，全面清理规范性文件，推进简政放权，建立“三个公开、三个清单”制度，开展“双减双提”“提质提效”行动，政务服务中心事项进驻率达到96%，平均办理时限压缩至2.92天，17个乡镇便民服务中心、456个村便民服务站全部投入使用。187件代表建议、委员提案全部按时办结，代表委员满意率98%。

巨鹿县

巨鹿县隶属河北省邢台市，地处华北平原南部，河北省中南部。2014年，巨鹿县全力以赴增投入、稳增长、促升级、扩民享，全县经济持续增长，人民生活水平巩固提升。全县生产总值完成53.4亿元，同比增长8.3%；全社会固定资产投资完成60.5亿元，同比增长15.1%；全部财政收入完成4.5亿元，同比增长13.2%，其中，公共财政预算收入完成3.14亿元，同比增长23.3%；金融机构存款余额105.5亿元，同比增长20.4%；城镇和农村居民人均可支配收入分别达到1.77万元、5693元，同比分别增长10.2%、12.5%。

（一）项目建设量质齐升。强化项目流程管理和责任落实，在全市率先推行“项目会商评审、审批手续代办、建设要素预约、动态跟踪督办”四项推进制度，实施项目税收与土地政策挂钩、土地分期供应和要素“先保障、后算账”等办法，加大“周通报、月调度、季观摩”督促力度，项目投入持续扩量提质。全年引进广州王老吉药业、浙江合大等超亿元项目25个，实施重点项目45个，重点在建项目单体投资规模同比翻番。

（二）工业经济转型提速。坚持宏观引导、微观帮扶，创新金融机构支持企业等系列措施，努力释放政策和服务“红利”，促进企业转强、产业转优。企业实力明显增强。创建了省级“一中心两平台”，5个项目列入省重点技改项目库，“喜德来”家具获得中国驰名商标，善绿福博士后工作站挂牌，科技型中小企业发展到71家，省级两化融合重点企业达到3家，新增7家外贸企业，新培育规模以上企业12家，规模以上工业增加值增长10.8%。域内银行新增贷款8.08亿元，较上年增长76%。新兴产业加快发展。神州巨电与山东齐鲁、上汽集团、安凯客车等多家大型车企实现战略合作，阳普光伏、桑德循环经济等重大项目进入实质建设，集发电、储能、终端应用为一体的多业态、全链条新能源产业格局初步形成。新医药产业发展实现“破冰”，金银花生物医药项目基础工作取得实质性进展，伟科食品对外合作迈出新步伐。发展平台拓展提升。县经济开发区功能更趋完善，滏阳经济开发区西郭城开发区启动建设。

（三）特色农业持续转强。坚持推动基地、龙头、组织、品牌“四化”协同提升，加快特色农业由大转强。产业基地提升建设，完善制订金银花、枸杞、杏生产技术规范，新发展标准化设施蔬菜6000亩、标准化肉鸡养殖小区5个，省级中药材示范园创建数量居全省第一。农业龙头企业“三个一”创建持续开展，新培育市级产业化龙头企业4家，被确定为省级重点扶持产业化经营项目建设县。合作组织增量提标，覆盖率达到84%，新培育省级以上专业合作示范社3家，2家合作社被省林业厅认定为“河北省花卉示范基地”。特色品牌持续做强，三丰银杞、丰利金银花合作社系列产品荣获“河北省名优产品奖”，南哈口村被评为第四批全国“一村一品”示范村镇。现代农业基础保障不断增强，农业综合开发实现全省先进县“十二连冠”，成功争取并实施全省唯一一个地下水超采综合治理试点中药材项目，小麦、玉米机械化收播率达到100%，乡镇气象信息服务站实现全覆盖，被列为全国“三农”气象服务专项建设试点县，粮食生产实现“十一连增”。

（四）商贸服务活跃发展。坚持提升传统与扩张新兴并举，持续拓展现代服务业。“喜德来”家具“座客”电子商务平台启动建设，新引进庚慧商贸仓储物流等一批新兴服务业项目，新增融资担保和小额贷款公司各1家。推行工商顾问制、课题式监管制，市场活力进一步增强，新增各类商贸服务主体1100多家，社会消费品零售总额同比增长12.4%。双万亩生态观光旅游区等4个市级文化旅游重点项目顺利推进，苏营二村、观寨村被确定为全国首批美丽乡村旅游扶贫重点村。

（五）城乡建设完善提升。坚持规划引领、完善功能、改善生态、提升品位思路，统筹推进城乡一体化发展。完成城乡总体规划新一轮编修，县城控详规全面启动。实施了8个方面63项重点工程，水气管网、城乡垃圾处理一体化等扎实推进，洪溢河综合治理成效明显。城乡路网巩固提升，乡村公路密度全省领先，邢衡高速通车结束了巨鹿无高速历史。多措整治面源污染，拆除城区燃煤锅炉46台，33家加油站全部完成油气回收治理，洁净型煤加工厂建成投产，治理淘汰黄标车1036辆，污染物减排任务超额完成。引黄入邢配套、集蓄水、河渠坑塘综合治理等4大水利工程加快建设，全县林木覆盖率突破28%，生态环境全面改善。大力实施县城“三治两提”、“双违”整治，9个旧片区和城中村改造启动，7个省重点村为主的农村面貌改造提升顺利推进，城乡面貌持续提升。

（六）民享水平持续提升。全年财政民生支出8.8亿元，10项民生实事圆满完成。扶贫攻坚迈出新步伐，以“两个组织”为主的金融扶贫信贷资金突破亿元，1.82万人稳定脱贫，被确定为国家级光伏扶贫试点县。就业帮扶取得新成绩，发放创业小额担保贷款668万元，转移农村劳动力3420人，城镇登记失业率控制在3.7%以内，被确定为国家级新型职业农民培育示范县。社会保障水平实现新提升，在全市率先实施政府花钱买服务的“一元民生”保险工程，共为群众赔付火灾、交通等意外事故保险金26万元。群众安居保障得到新加强，新开工建设保障性住房730套，完成农村危房改造660户。城乡供水一体化有了新保障，南水北调巨鹿段管网全线贯通。有效解决了一批残疾人生产生活实际困难，帮助1850名城乡残疾人实现稳定就业。城乡用电保障得到新增强，改造高低压线路325.4公里，新增配电变压器396台，推广智能电表1.68万块。

（七）社会事业全面进步。教育工作再上新台阶，学前教育跻身全省先进，三大德育教育新模式在全省推广，学校安全工作连续三年获省表彰。养老事业实现新突破，县民政服务中心主体竣工，新增农村幸福院30家，“医养一体、两院融合”机构养老创新经验在全省推广。群众就医条件得到新改善，被确定为全国第二批县级公立医院改革试点县，儿童康复工作跻身全省先进，“先看病、后付费”诊疗服务试点运行良好，新农合支付方式改革经验被全省推广，乡镇卫生院国医馆在全省率先实现全覆盖。群众文体事业取得新进步，“百姓文化港”、县图书馆等文化场所免费开放，被评为省级老年体育示范县。计划生育利益导向机制全面落实，单独二孩政策顺利实施，低生育水平保持稳定；计生家庭幸福保险工程有效实施，农村已婚育龄妇女健康检查免费服务率达到84%以上。新农村档案管理工作填补历史空白。

（八）社会大局和谐稳定。持续推进“平安巨鹿”建设，顺利完成42个示范村“天网工程”建设，严防严打“两抢一盗”等违法犯罪行为，社会治安形势整体稳定。积极推进法治巨鹿建设，强化依法信访维稳，“一村一法律顾问”实现全覆盖。食品药品安全“百日行动”等专项整治取得实效，6家城乡“放心粮油”店建成运营。严格落实安全生产责任制，创建了“专家把脉、政府买单”安全生产排查工作机制，建立了重点危险源远程监控系统，强化重点领域、重点环节的安全防控和专项整治，有效防止了重特大安全生产责任事故发生。

临 漳 县

临漳县隶属河北省邯郸市，地处河北省最南端。2014年，临漳县委、政府实施“一带五星”战略，提速“四化”建设进程，保增长、优环境，惠民生、促和谐，经济运行总体平稳，社会事业健康推进，各项工作都取得了新的成绩。

（一）经济运行稳中有进，综合实力显著增强。2014年，地区生产总值完成106亿元，增长9.3%；全部财政收入完成3.92亿元，增长12.1%，公共预算收入完成2.61亿元，增长15.6%；全社会固定资产投资完成142.7亿元，增长25.1%；城镇居民可支配收入完成20937元，增长9.1%；农村居民可支配收入完成11230元，增长10.2%；规上工业增加值完成28.95亿元，增长15.1%；社会消费品零售总额完成38.6亿元，增长13.3%；万元GDP能耗、化学需氧量、二氧化硫排放量同比分别下降5%、1.2%和0.5%，圆满完成了省、市下达的任务目标，取得了“经济总量增加、社会投资增长、城乡居民增收，工业总量和消费水平提升，节能减排指标下降”的良好成效。

（二）工业项目提质增效，发展后劲更加充足。坚定不移地上项目、增投资，抓服务、保运行，工业经济实现了量的扩张和质的提升。在项目推进上，全年共争列省、市重点项目12个，安排集中开工和观摩拉练活动6次，冷轧薄板、源宏制管等50多个项目竣工投产，冷弯型钢、辰跃管业等65个项目开工建设，累计完成投资78.8亿元，超额完成年度任务。在园区建设上，公共租赁房、污水处理厂建成投用，综合服务大楼暨企业孵化中心主体竣工，绿化、美化等配套设施日趋完善，承载功能显著提升，成功晋升为“省级经济开发区”。在对企服务上，成立了创业孵化基地，入驻小微企业30家；新增入统规上企业11家，总数达到了63家；木炭产业试点运行成功，实现了转型升级；9家企业列入全市“三年行动计划”，争取技改贴息资金630万元；广通塑胶管道公司在上海股权托管交易中心挂牌，珠峰仪表荣获“国家守合同、重信用企业”称号，戴克电器被评为全市“二十佳”示范民营企业，五粮液白酒灌装工业园税收突破3000万元，工业经济实现了平稳较快增长。

（三）城镇功能日益完善，环境品位持续优化。编制完成了《临漳县城乡总体规划暨“一带五星”战略发展规划》，顺利通过了省技术审查和市规委会审议待批复；组织开展了4次规委会议，审核项目选址、设计方案62个，以规划引领科学发展。新建、翻修道路4.1公里，铺设雨污管网9公里，路网布局更加合理；建成各类保障住房1108套，分配入住934套，缓解了特殊群体的住房难题；集中供热如期兑现，保证了温暖过冬，实现了历史突破；邺城公园被评为国家级水利风景区，提升了形象，增添了名片；七子园千佛塔对外开放，佛造像博物馆正在陈布展，温泉宾馆等项目主体竣工，县城建设品位显著增强。组织实施了国省干线环境整治、城区容貌脏乱整治和两违综合整治三大战役，清理广告牌匾3000余块、流动摊贩5000余处，清除违法占地20多宗，搬迁木材加工企业100余家，市容环境更加整洁、靓丽，获得了“省人居环境进步奖”、“水环境整治范例奖”荣誉称号。

（四）三农工作成效喜人，基础地位不断巩固。立足资源优势，落实惠农政策，抓提升、改面貌、激活力，进一步促进了农业增效、农民增收、农村经济全面发展。粮食生产实现突破，小麦—玉米单产达到1058.8公斤、全市第一，总产达到58.93万吨，荣获“全国粮食生产先进县”称号；着力发展规模经营，累计流转土地15.1万亩，取得了多重效益。园区建设拉开框架，总体规划正在编制，邺南路翻建竣工通车，农业综合开发、牡丹庄园、秸秆沼气综合利用等一批项目顺利实施，龙头效应正在积聚。产业水平全面提升，林下经济、畜牧养殖等特色产业快速发展，规模效益日益显现；美临粮油、正日红酒等加工项目投产达效，转化升值能力不断增强；争列市级龙头企业5家，总数达到34家，较好地发挥了带动作用。农村面貌显著改观，街道硬化、厕所改造、安全饮水、美化亮化、环境整治等项工作较好落实，农村面貌焕然一新；

沼气建设的“托管模式”，赢得了省市赞誉，予以推广复制。

（五）文化旅游蓬勃发展，拉动效应逐步显现。邺都文化创意园、民俗文化博物馆正在施工，鬼谷子传说入选国家级非物质文化遗产，邺城博物馆跻身国家博物馆序列，鬼谷子文化产业园列入省级文化产业示范基地；承办了“东亚古代都城暨邺城考古·历史”国际学术研讨会，获得了“十佳绿色生态旅游目的地、十大文化魅力旅游目的地”荣誉称号，累计接待游客20万人次，实现综合收入6000多万元，提升了知名度和影响力。在文化惠民上，文化馆、图书馆完善了硬件设施，实现了提档升级；乡村文化站增添了活动设备，改善了活动条件；组织开展了“欢乐乡村、美丽庭院”等群众性活动，精心创作了《新文姬归汉》、《你是我的英雄》、《飞车壮歌》等文艺作品，获得了省精神文明建设“五个一”工程、燕赵群星奖等荣誉；累计向基层群众送书10万余册、送电影4600场、评选“好媳妇”2610人，丰富了群众文化生活，激发了社会正能量，全市公共文化设施建设现场会在临漳县召开，并被文化部评为全国文化系统先进集体。

（六）民生工程顺利实施，幸福指数不断提升。围绕保障和改善民生，主动作为，多方筹资，做了多项打基础、利长远的工作，办成了一批惠民利民的实事要事。城乡道路通达能力进一步增强，邯临快速路顺利通车，圆了全县人民多年梦想；茶柳线改造、曹前线改造、三台漳河大桥改造工程竣工投用，提升了通行能力，活跃了沿线经济。教育资源配置进一步均衡，新建或改建城乡中小学、幼儿园35所，补充招聘教师152名，新增校舍、餐厅、图书馆、周转房面积4.3万平方米，购置多媒体、探究室、教学仪器等教育装备4.6万套（台），顺利通过了省级义务教育均衡督导评估。社会保障体系进一步完善，民政事业服务中心主体完工，具备入驻条件；城乡低保补助、优抚对象补助政策高标落实，累计发放资金4865万元；城镇新增就业5010人，失业人员再就业1707人，缓解了特殊群体就业难题；建设了3个集中供水项目，解决了7.3万人的安全饮水问题；65岁以上老人均进行了免费健康体检，60岁以上老人、80岁以上老人均发放了养老金及高龄补贴，健康保障水平明显增强。县域环境质量进一步提升，依法拆除锅炉48座、拔掉烟囱75根，取缔重污染小企业40多家，淘汰黄标车2900余辆。广播电视、计生服务、安全生产、科技金融等项工作也都取得了新的成绩，人民群众的幸福指数显著提高。

成 安 县

成安县位于河北省南部，邯郸市东南20公里处，地处晋、冀、鲁、豫四省接壤地带，有“四省通衢”之誉。境域面积481.5平方公里，辖4镇5乡2个工业区，234个行政村，总人口44万，是邯郸市“1+8”中心城市发展规划重要组团之一，邯郸冀南新区的重要组成部分，是全国县委权力公开透明运行工作试点县，全国行政权力公开透明运行工作试点县，并先后荣获“中国金融生态县”、“中国楹联文化县”、“全国生态文明先进县”、“全国科技进步先进县”等多项殊荣。

2014年，成安县在邯郸市委、市政府的正确领导下，面对复杂严峻的经济形势，紧紧围绕建设“实力成安、活力成安、魅力成安”的发展目标，保持定力，攻坚克难，抓项目促调整、抓城乡促统筹、抓三农促增收、抓环境促提升，抓民生促和谐，全县经济社会保持了良好发展态势，成为邯郸东部振兴的排头兵。

（一）综合实力稳步攀升，经济运行逆势上扬。全县生产总值完成130亿元，增长9.2%；全社会固定资产投资完成152.2亿元，增长22.8%；全部财政收入完成6.7亿元，增长10.2%，税收占比82.8%，比上年提高1.4个百分点；地方公共财政预算收入完成3亿元，增长10%，税收占比61.6%，比上年提高2.8个百分点；社会消费品零售总额完成39.4亿元，增长13.1%。各项主要经济指标均居全市前列、东部第一，继续领跑邯郸东部。

（二）项目建设争先创优，发展态势持续高涨。全年实施亿元以上项目42个，总投资196.5亿元，项目推进较快率100%，全市第一；争列省市重点项目12个，总投资219.6亿元，大幅完成年度投资任务，项目数量、投资总额、推进速度均居全市前列。引进亿元以上项目20个，其中10亿元以上项目7个。实际利用外资3450万美元，进出口总值7832万美元。园区提档升级步伐加快，园区整体形象进一步提升。“一园两基地”建设扎实推进，全国最大阀门产业园、全国最大方矩管生产基地、北方最大节能门窗研发生产基地基本形成。年底项目观摩取得全市第一的优异成绩。

（三）结构调整不断深化，工业实现质效双升。实施技改项目27个，完成投资67亿元。新增规上工业企业20家，超市定任务9家，东部第一。组建市级工程技术中心4家，新增国家高新技术企业2家，省级科技型中小企业达到114家。正大制管入围中国民营企业500强，“天虹”商标荣膺“2014年河北名片”，成为邯郸东部唯一一家销售收入过百亿企业。县域中国500强企业6家，行业100强企业18家。金融服务成效显著，2家企业成功上市，银河轴承发行全市第一批中小企业集合债券5000万元，全年助企融资50亿元，存贷比达到48%。规上工业增加值完成58.1亿元，增长15.3%；实现利润14.8亿元，增长16.9%。

（四）城乡建设持续发力，城镇化进程步伐加快。编制了《城市总体规划》、《城乡总体规划》及27个省市重点提升村规划，启动了城区控详规及23项专项规划编制；建立了“两违”治理长效机制，拆除违章建筑1.7万平方米。启动了城乡建设三年攻坚行动，公安局综合业务楼、行政拘留所等重点工程建成投用，7.7公里北环生态水网、南湖等地下水超采治理和南水北调配套水厂工程正在加快建设；完成了成峰路、邯大路、北环路等重点路段和节点绿化升级改造；完成了28条小街巷整治、林里堡桥拓宽和司有线改建；县城集中供热能力达到200万平方米、供气覆盖率达到90%以上。建成经济适用房178套、限价房360套，改造农村危旧房200户。开展了城区环境容貌集中整治攻坚行动，城市管理逐步实现精细化、规范化、常态化。

（五）“三农”工作成效突出，农村经济稳步发展。农业生产连年提高。粮食生产实现“十一连增”，河北第一镰在成安开机。推广棉麦间套种植8万亩；新建蔬菜标准园区4个；新增标准化规模畜禽养殖场2家，总数达到191家。新增4家省市级重点龙头企业，农业产业化经营率达到65%；培育农业科技园区13个，其中省级1个、市级2个。农村土地流转面积12.1万亩，流转率23.2%。投资2363万元，完成了27个省市重点村15件实事，成安镇北鱼口村蝉联河北省100个美丽乡村，李连庄村又被评为全国文明村镇。实施农村供水站扩户工程，解决了3万人的饮水安全问题。全县农业生产总值完成54.3亿元，增长1.9%；农村居民可支配收入达到10880元，增长10%。

（六）着力加强污染治理，生态环境持续改善。实施了1.8万米污水管网改造、7.5公里中水回用管网铺设；商城工业区污水处理厂投入运行；11个污染减排项目全部完成。开展“利剑斩污”等专项行动，关停取缔“三小”等企业25家，拆除烟囱68根，淘汰改造燃煤锅炉46座，淘汰黄标车2568辆。全面加快生态建设步伐。完成了14个村、2.8万亩的高效节水示范方工程建设；重点实施了城区绿化、村庄绿化等六大绿化工程，造林面积12300亩，森林覆盖率达到15.7%，成活率、核实率居全市第二。

（七）社会事业快速发展，群众生活日益改善。教育工作，完成了新一中一期工程和实验小学扩建；投资4000万元实施了全县的校园绿化、美化、硬化、文化等工程，在2014年度的省政府教育督导评估中被评定为全市唯一先进县。民政工作，新建精品点幸福院8所，养老服务体系覆盖率达到100%；百岁以上老人每月100元提高到300元；城乡低保实现应保尽保。卫生工作，新农合参合率达99.5%，启动了商业保险公司承办新农合意外伤害补偿工作，全市唯一；全县234个标准化卫生室建设任务基本完成。就业和社保工作，实现城镇新增就业8907人，下岗失业人员再就业1648人，农村劳动力向非农产业转移3408人；城镇居民医疗保险参保率达99.4%，城乡居民养老保险参保率达99.9%。

（八）加强政府自身建设，工作作风明显转变。深入开展党的群众路线教育实践活动，先后推出两批、28项立行立改、便民利民服务措施。积极承接落实上级行政审批事项76项，建立了行政权力清单制度，明确县级行政权力2369项。进一步加强法治政府建设，坚持依法行政，成立了县政府法律顾问委员会，自觉接受县人大、县政协和新闻媒体监督，办理人大代表建议27件、政协提案52件，按时办复率均为100%。加强廉政建设，加大审计监察工作力度，县本级“三公经费”支出实现零增长。

同时，计生、文化、宗教、电力、广电、通讯、体育、统计、物价、档案、地方志、民兵预备役、残疾人事业等各项工作均取得了长足发展。

肥　乡　县

肥乡县位于河北省东南部，是邯郸市“1+8”卫星城市之一，辖6乡3镇，265个行政村，面积502.5平方公里，人口40.6万，耕地57.8万亩。2014年，围绕科学跨越、绿色崛起总要求和建设肥沃之乡、打造美丽新城总目标，统筹做好稳增长、调结构、促改革、提效益、惠民生各项工作，保持了经济社会更好更快发展强劲态势。全县生产总值完成87亿元，增长9.7%；固定资产投资完成104.1亿元，突破百亿元大关，增长27.8%；全部财政收入完成5.17亿元，居邯郸市东部县第三位，增长12.3%，其中公共财政预算收入完成4.13亿元，居邯郸市东部县第二位，增长27.8%，增幅全市第二位。

（一）项目建设取得重大突破。突出产业项目，攻坚重大项目，东郊热电、新宜化复合肥等总投资117亿元15个亿元以上项目开工建设，德器滤水装置、四达节能电机等总投资188亿元20个项目扎实推进，丛台酒业、爱华内燃机等总投资66亿元10个项目竣工投产，冠雄数控、圣卓建筑设备等11个项目被列为省市重点项目。在全市两次项目集中观摩评比中取得较好成绩。

（二）招商引资工作成效显著。强化专业招商和高端对接，大力引进重大项目和战略投资者，先后举行5次集中签约活动，成功签约总投资340亿元的24个亿元以上项目。新兴际华、湖北宜化等3个500强企业和平原电商等新业态项目落户肥乡，金田阳光义乌小商品城、移动塑管等项目即将开工建设，为促进经济结构调整优化和产业转型升级注入了新的动力。

（三）开发区承载能力大幅提升。围绕扩大规模、完善功能、提升承载能力，致力打造省级一流开发区和产业集聚高地目标，新增投入1.3亿元，实现一批道路竣工通车，“七纵七横”路网格局初步形成；全面提升绿化、亮化水平，高标准打造景观节点，开发区形象品位明显提升；加快推进污水处理厂、地上水厂、垃圾中转站、消防站等配套设施建设，开发区承载力显著增强，已经成为县域经济新的增长极。

（四）城镇化建设扎实推进。围绕县城扩容升级，突出生态宜居特色，大力度推进县城和特色城镇建设。修订完善了第四期城乡总体规划和一系列专项规划，县城建设规划体系基本形成；实施了兴华街中段、东环岛、森林公园广场改造等工程，完成了23条城中村小街巷硬化，对县城区16处节点绿化进行了改造提升，县城品位和形象进一步提升；强化县城精细化管理，城市环境容貌发生显著改观，被授予“省级卫生县城”，荣获“省人居环境进步奖”。加快小城镇建设，大西韩乡撤乡建镇建设进展顺利，天台山镇进入全国重点镇行列。

（五）产业转型升级步伐加快。突出县校合作、企业技改和创新驱动，促进传统产业改造升级。与15家高校院所签订技术合作协议，83家企业被认定为省级科技型中小企业，35家企业研发机构被市认定备案。1个技改项目被工信部备案，10个项目列入省“千项技改项目计划”，1家企业获得省质量效益型企业，1家公司被评为市“二十佳”转型升级示范民营企业，被评为全市发展民营经济实绩突出县、“三年千项”工程建设先进单位。远达公司转型升级经验受到张庆伟省长充分肯定，并在全省推广。

（六）“三农”工作稳步发展。大力夯实农业基础，加快发展现代农业，持续增加农民收入。粮食生产保持稳定，单产进一步提高；“肥乡圆葱”获得国家农产品地理标志认证，创建国家蔬菜标准园1个，争取国家农业标准化示范区项目1个，获评省名牌农产品5个；新增省级龙头企业1家，省级农业产业化龙头企业达到3家；2家企业被认定为省“花卉示范基地”，被确定为省“花卉重点产区”；规范推进农业规模化经营，央视专题报道了土地承包经营权流转经验做法；大力推进节水压采工作，坑塘治理做法受到省市充分肯定；坚持市场化运作搞好造林绿化，超额完成“绿美邯郸”建设任务；扎实搞好“美丽乡村”建设，被评为省农村面貌改造提升行动先进县，两个村入选省“美丽乡村”。

（七）社会事业全面进步。坚持把更多财力和资源向民生倾斜，全县用于民生领域的财政投入达11.3亿元，占财政总支出的70%。教育事业优先发展，县第五中学建设完成前期工作，8所标准化学校改扩建完成建设任务，高考成绩再上新台阶；卫生事业加快发展，县级公立医院改革步伐加快，乡镇卫生院内在发展动力进一步增强，265个村标准化卫生室建设完成任务，卫生信息化管理网络初步形成，全县新农合参合率达到99%，城镇医疗保险参保率达到96%以上；文体事业蓬勃发展，建成30个村庄文化大院，举办青歌赛等各类文体活动，丰富了群众文化生活；社会保障更加有力，90套廉租住房按要求建设完成并公开、公平、公正分配入住，405户农村危房全部改造到位，城镇登记失业率控制在1.4%以内，城乡居民社会养老保险参保率达到99%，城镇职工养老保险实现全覆盖，城乡低保实现了应保尽保；人口和计生工作持续提升，被授予“国家级计划生育优质服务先进县”称号；强化食品药品监管能力建设，食品药品安全县创建工作进展顺利；全力推进扶贫开发攻坚，提前实现脱贫出列，受到省委、省政府通报表扬和嘉奖；投资1200多万元建成天网工程，在全市率先完成了技防体系建设，人民群众安全感明显提升。

永年县

永年县位于河北省邯郸市北。2014年，永年县委、县政府紧紧围绕“12253”工作思路，持续推进“大发展、富永年”二次创业，深入开展党的群众路线教育实践活动，统筹抓好稳增长、调结构、促改革、提效益、惠民生各项工作，攻坚克难，砥砺奋进，圆满完成了各项目标任务。省市各级领导对永年工作给予高度评价。永年连续六次蝉联“全国粮食生产先进县”、三次蝉联“中国民间文化艺术之乡”称号，并荣获全国文化先进县、全省民营经济发展先进县、全省平安创建先进县和全省信访工作先进县等称号。

（一）综合实力不断提升。2014年全县生产总值245亿元，名列邯郸市各县区第三，增长5%；全社会固定资产投资189.9亿元，名列邯郸市各县区第四，增长16.1%；全部财政收入16.5亿元，略有增长；公共预算收入9.26亿元，名列邯郸市各县区第三，增长4.9%；实际利用外资5150万美元，外贸进出口总值7927万美元，分别增长5.1%、6.2%；全社会消费品零售总额120.2亿元，增长13%；城镇居民人均可支配收入2.34万元，农民人均纯收入1.16万元，分别增长8.9%、10.1%；城乡居民储蓄存款余额208.7亿元，增长12%，名列邯郸市各县区第二。

（二）项目支撑持续增强。安排的100个重点项目全部开工建设，完成投资180.9亿元。中国过滤材料园、新兴重工永洋产业园等38个项目竣工或部分投产。全县列入省、市重点项目17个，名列邯郸市各县市第一。抢抓京津冀协同发展机遇，积极与中船重工、中航国际、中冶京诚、河北信投等大企业、大集团对接洽谈，15个重大项目相继签约或建设，县域经济发展后劲进一步增强。

（三）产业升级步伐加快。“有中生新”改造提升传统产业。标准件产业在引进战略投资商、搭建发展平台上实现新突破。与中船重工深化合作，谋划实施了总投资50亿元的军用高端标准件产业园，产品已用在军工和航天上；总投资50亿元的中国高端标准件出口基地建设正在推进，已入驻美坚利、大和等9家企业。“永年·中国标准件指数”在全国发布，国家级检测中心、省级研究院和金融、电商、物流平台正在建设，标准件网格化管理初见成效，在市场低迷的情况下，永年县标准件行业出口2000多万美元，增长70%，被评为河北省知名品牌创建示范区。特钢产业整合重组取得实质性进展，总投资80亿元的特钢产业园项目正在推进，争取土地规划指标1500亩。蔬菜产业，启动了蔬菜研究院建设，改造优化棚室结构5000亩，绿色蔬菜基地认证面积达到5万亩，中国永年国际蔬菜物流园建成启用，永年县被确定为河北省蔬菜出口聚集区。“无中生有”培育战略性新兴产业，特高压节能变压器、石墨烯等新材料、新能源产业加快发展。特别是硅谷公司靠创新驱动提升效益，上缴税收5100多万元，增长27.5%。

（四）工业运行逆境上扬。在经济下行的形势下，积极开展帮扶企业活动，全县工业企业用电量15.8亿千瓦时，增长6.7%；规模以上工业增加值72.5亿元，名列邯郸市各县区第二，增长4.7%。新增入统企业22家，规上企业达129家，名列邯郸市各县区第一。民营企业突破4000家，纳税超千万元企业新增5家，达到15家，被评为全省民营经济发展先进县。全县新增放权企业11家，自营进出口权企业126家，直接出口企业41家。大力实施品牌战略，“立功”牌商标荣获中国驰名商标，新增河北省著名商标7个、名牌和优质产品22个，创永年县历史之最。

（五）“三农”工作得到加强。全县粮食生产实现十一连增，荣获全国粮食生产先进县称号；永年县刘汉乡小麦高产攻关田和冀南种业夏玉米试验田，刷新了河北省高产纪录。全县流转土地面积24万亩，占全县耕地面积的27%。积极实施农田水利建设，完成水土流失治理1.5平方公里。实施农业产业化项目8个，新增市级重点龙头企业4个，企美公司被评为“全国主食加工业示范企业”，邯郸市仅此1家。投资2000万元，完成省市重点村面貌改造提升项目98个，“两高”沿线25个村庄建成环村绿化带。大力实施造林绿化工程，完成造林3.7万亩、植树255.9万株，农村环境面貌进一步改观。

（六）“双城”联创成效显现。县城建设上，以国家级园林县城创建为抓手，实施了总投资57亿元的18个城建重点工程。洺州大道东延、南区排水、文化广场、洺州植物公园等重点市政工程全部竣工，规划展馆、长通大厦等“十大精品工程”基本完工，南部新城框架全面拉开。总投资6.6亿元、建筑面积12万平方米的天骏商业广场投用，中央商务区功能进一步完善。总投资11亿元的龙泉缓洪工程启动实施，洺湖环湖大道东段竣工，滨河新区初具雏形。深入推进县城绿化、环境卫生、市容市貌整治等工程，城市环境面貌明显改观，顺利通过省专家评审组初评。广府开发上，以争创国家5A级景区为目标，实施了游客中心、武家大院、府衙复建、南大街综合改造等21个重点工程，成功举办了第12届中国·邯郸国际太极拳运动大会开幕式、央视《寻宝》栏目走进广府等一系列大型活动，《弘济桥》一文收录小学教材，广府景区获得省级文化产业示范园区、水利风景区、“河北名片”等荣誉。全年接待游客150万人次，旅游综合收入突破4亿元。

（七）生态环境明显改善。全力抓好大气污染防治，取缔小轧钢、小煤场、小沙场45家，淘汰黄标车3564辆、水泥产能42万吨、生铁产能20万吨，细颗粒物（PM2.5）平均浓度下降19.2%，空气质量优良天数增加18天。加强水环境治理，取缔小电镀等污染企业40家，4个水治理工程建成投用，重点流域出境断面水质稳定达标，城乡生态环境进一步改善。

（八）社会事业协调发展。投资13.7亿元的10个方面75件民生实事全部落实。全县新增城镇就业9200个，下岗失业人员实现再就业2100人，城镇登记失业率1.8%，低于市下达目标。全县城镇基本医疗保险和企业养老保险参保人数分别达5.7万人、4.04万人，新农合参合率99.74%，被评为全国基层中医药工作先进单位。永年县顺利通过省第三轮教育督导评估，高考、中考荣获邯郸市“双先进”，被列为“尝试教育全国示范试验区”。成功举办第二届中国吹歌节，被评为全国文化先进县、中国民间文化艺术之乡。残疾人事业再创佳绩，永年县残疾运动员张翠平在世锦赛上摘得两枚金牌，为国家争得荣誉。全年新开建保障性住房450套，竣工132套，完成农村危房改造460户。洺李线改建基本完工，南柴线改建、洺张线整修、尧南线改造竣工通车。解决了20个村、4.49万人饮水问题。大力开展“两违”清理，违法占地势头得到遏制。高标准完成人口指标计划，荣获邯郸市优秀奖。食品药品安全监管不断强化。安全生产形势稳定，全县未发生重大安全生产事故。着力解决建设领域“两拖欠”，及时处理非法集资问题，荣获全省信访工作先进县。深入推进平安永年建设，健全了警网、天网、民网“三网合一”和治安防控体系，永年社会稳定、政治安定的局面得到进一步巩固。

魏　县

魏县地处河北省邯郸市东南端，冀、豫两省交界处，与河北、河南8个县接壤，县域总面积863.6平方公里，辖21个乡镇、1个街道办事处，541个行政村、20个居委会，总人口101万，是中国鸭梨之乡、“千年古县”、国家扶贫开发工作重点县。

2014年，全县生产总值完成126.5亿元，增长9%；第一产业增加值29.3亿元，同比增长5.5%；第二产业增加值42.7亿元，同比增长11.5%；第三产业增加值54.5亿元，同比增长8.1%；单位生产总值能耗降低4.1%；民营企业经济增加值完成110亿元，同比增长18%；粮食总产量68.6万吨；财政收入完成6.5亿元，同比增长14.2%，税收占比提高了7.06个百分点；公共财政预算收入完成4.8亿元，同比增长20.8%；规上工业增加值完成41.6亿元，同比增长13.7%；全社会消费品零售总额完成70.6亿元，增长13.1%；全社会固定资产投资完成169.9亿元，同比增长25.3%；城镇居民人均可支配收入为20001元，同比增长9.5%，农民人均纯收入9199元，同比增长12.2%；年末城乡居民存款余额80.4亿元，同比增长18.1%。

（一）项目建设。强化项目建设“六项工作机制”，全年谋划储备项目78个，争列省市重点项目7个，开工建设王派电动车、卡威重工、桑德循环经济产业园等亿元以上项目20个，惠菱空调、姚顺制衣等23个项目竣工投产，连续两次在全市项目建设集中观摩拉练活动中保持先进位次，省委书记先后两次在全省会议上表扬魏县项目建设工作。重新修编经济开发区总体规划、产业发展规划和环评跟踪评价，完善道路、天然气管道、变电站和综合服务楼等基础设施，东区功能日趋完善。扎实推进开发区西区企业清理整改工作，清退停产半停产企业4家、转产2家、恢复生产2家，新上和技改生产线12条、引进新项目4个。加大优势骨干企业培育力度，新增入统工业企业16家。深入推进“双兴战略”，荣获省名牌产品3项、优质产品2项。魏县被确定为全省唯一一家国家级资源综合利用示范基地。

（二）城镇建设。加快推进中等城市建设重点县进程，《魏县城乡总体规划（2013—2030）》顺利通过市规委会评审，编制完成县城水系、园林、供热等10多项专项规划。对重点街道、路段和交通节点实施了改造和包装，翻修邯大线魏县北环段10公里，先后改造雨水管网4公里，整修铺设便道3.41万平方米，修补城区破损路面5.42万平方米，铺设城区供气管网24公里，建成投用魏州购物中心等一批大型商贸综合体，城市功能不断完善。成立魏县城市管理委员会，建立健全交办督办、巡视巡查等机制，大力开展"三治两提"集中攻坚行动，新建地坑式垃圾中转站7处、14个，完成了魏州路等3条重点路段广告牌匾、户外摊点等专项治理，城市精细化管理水平进一步提升。完成漳河湾等7条河流生态护坡和魏州公园建设，县城新增绿地面积47公顷，顺利通过省级园林县城复查验收，再次荣获省级文明县城，梨乡水城被评为国家级水利风景区，双井镇、回隆镇被列入全国重点镇，院堡乡撤乡建镇工作通过市验收。

（三）农村面貌改造提升。坚持分类实施，突出抓好"点、线、面"三个关键，累计投入8600万元，完成10个省级、10个市级重点村的改造提升任务，全面启动8个"小弟八模式"示范村创建工作，22个乡镇（街道办）成立了保洁公司，各村配备了保洁员，农村环境实现常态化管理，农村环境整治工作跨入全市先进行列。

（四）农民脱贫增收。在全省首批实施了总投资1.3亿元的地下水超采实施综合治理工程，东风渠清淤清障、魏大馆排干治理等工程基本完成，完成回隆镇8个村、3300亩高效节水喷灌试点工作，工作经验在全省推广，全年可节水压采1335万立方米。大力实施农业开发和农田水利项目，连续两年荣获省政府农田水利建设最高奖——"海河杯"一等奖。积极推进粮食高产创建，全县小麦、玉米平均亩产分别达到486.1公斤、562公斤，粮食总产达68.6万吨，再次荣获全国粮食生产先进县。全年新增土地流转面积5.9万亩，流转率增加6.5个百分点。制定了《现代农业园区建设管理办法》，扶持发展现代农业示范园区10个，辐射带动2.5万人增收致富，申报农业入统企业7家。大力实施脱贫出列"161"工程，扎实开展扶贫帮困"春雨行动"和"一帮一"活动，35个贫困村、5万贫困人口实现稳定脱贫。

（五）改革开放。大力推进产业招商、点对点招商、全员招商，签约宗申白俄罗斯大型农机装备产业园等项目58个，总投资499亿元，全县实际利用外资3449万美元。积极推进国际合作，美国堪萨斯州、墨西哥萨卡特卡州等经贸团先后到魏县洽谈招商。深入推进行政审批制度改革，承接国务院和省、市取消、下放审批事项80项，取消县级行政许可事项27项，清理县本级行政监管事项106项，完成了"权力清单"梳理工作，"三级平台"建设基本完成，"两个代办"全面推行，开辟"项目审批绿色通道"，落实商事制度改革，全县新增市场主体4800个，其中新登记企业699家，省直管县体制改革试点获批，开启了魏县改革发展新里程。中国建设银行等3家银行在魏县设立分支机构，县政府与河北信投等5家金融机构签订了长期战略合作协议，城投等4家投融资公司成功整合，构建了多元化融资体系。创新实施"金园贷"、"金财通"，帮助企业落实协议贷款3.6亿元。全县金融机构存款余额105.2亿元、贷款余额46亿元，分别增长20%、24.6%，魏县首次被省政府评为金融生态县。

（六）生态环境建设。着力推进节能减排和大气污染防治，全县最大的用电企业——冀南化工停产待迁建，年节约用电1亿多度，实施工业技改项目2个，治理养殖企业26家，淘汰黄标车2701辆，关停取缔重污染"五小企业"260家，全县万元GDP能耗下降4.1%，提前一年完成"十二五"节能目标。扎实推进"绿美魏州"攻坚行动，造林1.15万亩，城乡生态环境不断改善。

（七）民生事业。集中财力优先安排民生项目支出，全县用于民生资金8.75亿元，占全部财政支出的72.2%，圆满完成了十个方面的46件民生实事。邯大高速魏县段竣工通车，大牙线中修和25个村的村道改建工程完成。投资4000多万元，完成校安工程项目5个，建成特教学校等标准化学校10所。高考二本以上上线人数连续两年突破千人大关。县级公立医院综合改革全面启动，药品实现"零差价"，县妇幼保健院建成投用，3个乡镇卫生院改扩建工程完工，453个农村标准化卫生室建设通过验收。累计发放低保金、五保供养和各类优抚金、救助金1.06亿元，资助全县五保户、低保户参加新农合和城镇合作医疗，建成农村互助幸福院476个，魏县被民政部批准为全国未成年人保护试点单位。投资近亿元，完成了东区35Kv输变电工程、15个村农排电缆入地工程和10个重点村电气化建设，新建192.1公里供电线路。深入开展违法生育专项清理行动，出生人口性别比下降3.2个比值，被市委、市政府授予2014年度人口和计划生育工作优秀奖。分配保障房396套，怡泰园150套保障房实现入住，完成农村危房改造400户。第二水厂一期工程竣工通水，农村供水站扩户工程完成59个村，保障了6.83万人安全饮水。新增城镇就业岗位7659个，实现再就业2705人。

（八）社会稳定。加强"警网、民网"建设，成立巡警中队4个，实行"网格化"巡逻防范，破获各类刑事案件2699起，打掉犯罪团伙23个。加强涉氨企业等重点行业领域安全监管，全县未发生较大及以上安全生产事故。开展食品、药品行业专项整治行动，食品药品安全县创建工作受到全省通报表彰。集中开展信访积案化解专项行动，化解办结信访积案118件，受到省教育实践活动信访积案化解专项行动督导组的高度评价。

（九）党的群众路线教育实践活动。魏县坚持把"践行群众路线，转变干部作风，解决突出问题，凝聚强大合力，推动科学发展"作为开展活动的出发点和落脚点，县四套班子率先垂范，强化问题导向，严格步骤环节，把主题和总要求贯穿活动的全过程，带动全县1138个基层党组织扎实深入开展教育实践活动，全县党员干部普遍接受了一次思想和灵魂的洗礼。通过蹲点调研等多种方式，县委常委会共征集到意见建议9678条，其中涉及“四风”方面的7612条，涉及民生方面的2516条，针对“四风”问题和人民群众的期盼，深入开展正风肃纪、还利于民等21项专项行动，清理清退公务用车7辆，清退办公用房2600多平方米，压缩“三公”经费560万元，清理清退“吃空饷”149人，对“吃拿卡要”、乱收费、乱罚款等违法违纪行为进行了查处，“四风”问题得到有效遏制，作风建设实现常态化。魏县教育实践活动受到中央、省、市督导组的充分肯定，群众测评给予高度评价。

河北省国家级开发区、省级开发区、省级工业园区等选登

秦皇岛经济技术开发区

2014年，开发区认真贯彻落实市委、市政府决策部署，抓项目、调结构、惠民生，锐意创新，真抓实干，一批重大项目落地，发展后劲不断增强，经济社会发展协调进步。通过开展群众路线教育实践活动和建区30周年系列活动，干部队伍作风明显转变，凝聚力、战斗力进一步增强，为打赢“十二五”收官之战，实现更快发展提供了有力保障。

一是经济保持平稳增长。在经济下行压力加大形势下，全年完成地区生产总值253.2亿元，增长6%；规上工业增加值153.2亿元，增长5.1%，实现利润24.6亿元，增长10.7%，占全市的86.3%；固定资产投资116.5亿元，增长16.2%；出口18.1亿美元，增长14.2%；实际利用外资2.1亿美元，增长10.2%；全部财政收入41.1亿元，增长1.8%，其中公共预算收入13.9亿元，增长2.6%。全区经济总体保持了较好态势，实现了稳中有进、稳中向好。

二是项目建设取得突破。实施了重点项目领导分包责任制，对确定的重点项目，包任务目标、包开工时限、包全程服务，形成了强有力的推进机制。联彩储油及交易中心、金光伏薄膜太阳能、国投泰盛大宗商品交易中心等重特大项目成功引进，中兴智慧城市、阿尔法工业园、中建材产业园、海大汽车文化产业园等21个项目取得实效。河北省首家北美州工业园区——加拿大泰瑞斯工业园正式启动。项目建设呈现批次衔接、后劲十足的良好局面。

三是结构调整扎实推进。立足“有中生新”，加快改造提升优势产业。重型装备制造、汽车零部件、粮油食品加工等特色产业规模日益壮大，发展势头强劲，支柱作用凸显。26个项目获省扶持资金2055万元。全年新增规上企业20家，达到145家，占全市的1/3。坚持“无中生有”，大力发展战略性新兴产业。着力引进京津优质资源，千方科技、恒业科技、漫游世纪等一批产业化项目初见成效。以“一城三园一基地”为主的承接京津产业转移平台初步建成。全区高新技术企业达到68家，省级以上研发机构达到24家。高新技术产业实现总产值381亿元、利税33亿元、利润21亿元，分别占全区的60%、79%和87%，已成为推进产业转型升级的生力军。

四是发展环境不断优化。环境支撑能力大幅提升。填海造地二期围堰提前合拢，泰盛商务大厦投入使用，栖云山路正式通车，铁路下穿桥全部完工，有力推动了新区开发建设。实施数谷翔园、展园廉政园、戴河生态园、龙海道等一批环境绿化工程，新增绿地面积30.5万㎡，生态环境明显提升。政务服务水平大幅提高。扎实开展群众路线教育实践活动，严格落实中央“八项规定”，“四风”问题得到有效整治。行政审批制度改革进一步深化，被列为全省试点单位之一，改革总体方案已获省政府批准。ISO9001质量管理体系顺利通过审核验收。金融保障作用显著增强。成功发行二期公司债券7亿元；获得棚改贷款额度16.5亿元，一期到位2.9亿元，有效缓解了资金压力；引入国内最大风险投资机构——深圳创新投资集团，推动科技创新与金融资本有机结合，为发展提供了资金保障。

五是民生事业协调发展。农村面貌改造全面提升。投资1909万元，对15个村进行重点改造，实施改造提升项目88个，较好完成了上级下达任务，农村面貌焕然一新。社会保障水平大幅提高。新增城镇就业3627人，再就业1336人，转移农村劳动力322人，发放各类就业补贴580万元。失地农民养老保险实现全覆盖，新农合参合率达98%，连续六年全市第一。科教文卫事业全面发展。持续加大教育投入，实施六小、一小扩建工程，投入300余万元改善农村中小学办学条件。深化教研体制改革，高考本科上线率创历史最好水平。依托北大优质医疗资源，推进新医院建设，着力提升医疗卫生服务质量和水平。深入开展“感恩之星”等道德模范评选以及群众性精神文明创建活动，弘扬社会主义核心价值观，引领社会新风尚。社会环境稳定和谐。深化专项治理，强化责任落实，全区未发生重特大食品安全事故，区内工商贸企业未发生安全死亡事故，圆满完成市目标任务。落实领导信访包案机制，一批情况复杂、久拖不决的积案得到有效化解，促进了社会稳定。

保定国家高新技术产业开发区

保定国家高新区技术产业开发区（以下简称“保定高新区”），位于保定北向发展的核心位置，是全国首批56个国家级高新区中唯一一个以新能源为主导产业的科技产业园区。2008年国务院授权科技部批准，保定高新区通

过托管和共建方式拓展发展空间，规划面积达到102平方公里。管辖两个乡、一个街道，共34个行政村、3个社区，总人口10万人。

建区以来，保定高新区围绕“打造中国电谷、构建世界级新能源及电力技术创新与产业基地”的战略构想，抢抓新能源和智能电网先发优势，大力构建光电、风电、输变电、节电、储电与电力自动化设备制造产业体系，成为引领区域经济持续快速增长的重要力量。

现有6个国家级重点实验室，6个国家级企业技术中心，14个省级技术中心，25个高新区级企业技术中心；建有国家级光伏系统检测中心、风能检测中心和15名院士参加的国内首家风电叶片研发中心；取得各类国家标准及行业标准200多项，专利5000多项，多项成果达到国际、国内领先水平。

累计实施国家火炬计划项目23项、国家“863计划”项目11项、国家“973”项目2项、列入国家科技部科技支撑项目2项、国家科技型中小企业创新基金项目42项，创造了包括中国第一座光伏电站与五星级酒店一体化建筑(年均发电26万千瓦时)、第一块240公斤太阳能电池硅锭、第一个风电叶片研发中心、第一台大型风电整机传动检测平台等多项新能源领域的“中国第一”。

2014年，保定高新区实现规模以上工业增加值34.5亿元，同比增长2.5%；固定资产投资86.5亿元；财政收入27.7亿，同比增长18%；公共财政预算收入3.7亿，同比增长61%；实际利用外资2亿元，同比增长95%。

截至目前，保定高新区拥有各类企业3500多家，其中规模以上工业企业60家，限额以上贸易企业43家，规模以上服务业19家。已认定高新技术企业72家，上市企业8家。

(一)项目建设。2014年谋划实施市以上重点项目21项，总投资477.06亿元，当年计划完成46.8亿元。1—12月累计完成57.27亿元，完成全年任务的122%。新建项目趋于多元。投资10亿元的四方三伊、投资7.9亿元的电谷科技中心、投资5亿元的威控机电、投资5.2亿元的爱迪光伏、投资25亿元的上谷大观等，涵盖智能电网、现代服务、新能源等多个领域，成为园区多元产业体系的重要支撑。中小企业保持旺盛生命力。以威控机电、爱迪光伏、天河环境工程为代表的高成长性、科技型中小企业持续扩张；奥普节能、味群食品两家企业先后挂牌在“新三板”上市，在宏观经济不利形势下展示出中小企业对市场的灵活应变和创新内核的旺盛活力。

(二)创新体系。成功获批国家级大学科技园。成为河北省首家“地校共建”国家大学科技园，已入驻企业165家，涌现出新源绿网、金锁安防、中康韦尔等一批小巨人企业。孵化器辐射计划顺利实施。在保定市政府主导下，与10个县(市)深入对接，指导帮助其加强孵化体系建设。多个创新中心获批、创新企业获奖。国电联合动力公司、金阳光、河北同光晶体获批院士工作站，同时获批省级创新型企业；博为、维特瑞、天河电子等三家企业荣获“河北省信息产业与信息化创新企业”称号，英利公司获省科技进步二等奖。

(三)对接京津。与北京中关村合作建设“中关村·保定创新中心”进入实质性运作阶段，预计2015年初实现签约，将成为中关村“飞地经济”示范园和引领保定战略新兴产业聚集发展的科技中心、创新中心、辐射中心和服务中心；制定出台《高新区精准招商方案》，成立驻京工作小组，与国家主管部门、行业组织、五百强企业、央企保持经常性沟通，截止目前吸引客商来保定高新区考察40批次，参加京津产业活动33次，吸引洽谈项目100余项，完成落地项目17个，总投资93亿元。加快现代服务业招商步伐，持续加大对现代服务业招商的关注，加快推进IBM公司智慧云计算中心华北基地、雨润集团城市综合体等高端服务项目落地。

(四)新区建设。坚持规划先行、道路延伸、基础配套、辐射带动的建设思路，着力提升新区承载力。细化新区规划和路网建设。完成北二环以北区域控规调整，新区规划与园区发展相协调；投资2亿元完成纬三路、羲和路、凌云街、乐凯北大街辅路、华光路、嘉禾路、向阳北大街支路、北二环辅路等路网建设，建成道路总长36公里。扎实推进重大基础设施工程。新区污水处理厂已完成征地，项目总投资1.55亿元，建成后日处理规模9万吨；完成花大、花马两条110KV高压线路电力迁改和马坊变电站建设，确保了四方三伊、中铁电力、英利物流园等重点项目的开工建设；打造标志性精品工程。沿朝阳大街城市中轴线两侧，高水准打造中关村保定创新中心、正誉国际金融中心、上谷大观综合体、直隶会馆等一批地标建筑，逐步确立新区高端发展形象。

(五)发展环境。不断加大打击力度，开展“一年四打、连打三年”系列整治行动，破获各类刑事案件500余起；全力净化企业周边治安环境，侦破涉企案件21起，打掉破坏发展环境团伙2个，营造公平正义的法治环境和平安稳定的社会环境；进一步强化综合施治，开展“打造朝阳大街样板街”等系列专项行动，在保定市考核中连续6个月排名第一；集中开展“净城、净天、净村”行动，加大燃煤、秸秆禁烧、扬尘治理力度，对沙场、粉煤灰场及施工现场等重点区域综合施治，确保了APEC会议期间空气质量；通过春、冬两次集中绿化，在朝阳大街北延、京昆高速引线、北三环两侧，累计种植乔木近5万株，增加城市了绿量。稳步提高行政效能。清理审批事项，公布办理流程，共取消行政审批事项2项，缩短审批时限17项。

(六)社会事业。完善基础教育体系。加快推进高新区中学建设，与市美术中学签订初步合作协议，目前正在着手深化设计和完善前期手续；中南韩小学改扩建项目基本完成。加大医疗卫生投入。市急救中心项目建成投入使用，挂牌第一中心医院西院，完善了园区重点医疗机构布局；强化督导两乡、社区基本公共卫生服务，为全区6万多名城乡居民建立了健康档案；两乡2014年新农合参合率达到98.8%，对新农合的补助标准提高到每人320元，区财政拨付配套资金362万元。

邯郸经济技术开发区

2014年，邯郸经济技术开发区上下团结一致、攻坚克难，全面推进项目建设、对外开放、科技创新、城市建设、社会民生等各项工作，经济社会呈现出又好又快发展的良好局面。

（一）发展概况。2014年，主要经济指标继续保持平稳较快增长。全年实现地区生产总值231.2亿元，工业增加值91.6亿元，全社会固定资产投资98.5亿元；全部财政收入16亿元，增长32.6%；公共预算财政收入7.8亿元，增长40.3%；增幅均列全市第一。被省委、省政府授予全省重点项目建设先进单位荣誉称号；被省商务厅授予综合评价成绩突出开发区、国别产业园建设突出开发区；荣获2012年至2013年度省级文明单位。

（二）项目建设。全年安排重点项目86个，其中新开工项目25个、续建项目33个、竣工投产项目28个。列入省直管项目1个、全省"三个一百"领军工程5家、市重点项目6个。德国优布劳啤酒、汉光光电科技园、铭威机械、温康药业、康业制药、邯兆生物、冀中保税区等项目主体竣工，派瑞黑光夜视仪、西瓦科自动化装备、盈顺电器钣金件二期等项目提前投产。以佐鲁家纺工业园、晨光生物科技等为代表的一批重大项目投资规模大、科技含量高、带动能力强，亩均投资强度超过300万元，工业投资占比达到76.5%，再创历史新高。在全市重点项目观摩评比中位居前列，并代表邯郸市作为全省观摩点，在全省重点项目观摩中受到好评。

（三）招商引资。全年签约重大项目12个，投资总额208.9亿元。其中外资项目4个，投资21.3亿美元。引进建设了中船重工高端标准件装备制造、顶新集团康师傅饮用水、美国布兰代斯大学普瑞巴林药品、德国节能环保设备产业园、西班牙熹奥建筑节能技术和仪表制造、中煤打印耗材生产基地、路德维希国王啤酒等重大高科技和外资项目，为下一步发展积蓄了后劲。在全市率先谋划建设国别园，进一步加深与德、法、意等国家的交流合作，德国节能环保设备产业园、意大利法考家禽饲养设备制造基地等项目顺利签约，为建设欧洲产业园奠定了基础。

（四）经济运行。重点项目、龙头企业运行良好，美的邯郸工业园高端节能家用空调产能达到380万台套，全年销售收入突破80亿元。以美的为龙头，配套商纷纷开工建设二期工程，产能产值均实现了翻番增长。中船重工汉光墨粉、三氟化氮特种气体、OPC鼓等子项目产能持续扩大，经济效益继续在全区领跑。哈克大型农业机械设备、新兴能源双燃料技术改装、圣戈班法国工业园等骨干项目加快自主创新，扩大市场占有率，效益大幅攀升。狠抓企业入统工作，全年新增入统"四上"企业24家，其中规模以上工业企业8家。

（五）科技创新。突出创新驱动，全年有150家企业通过了河北省科技型企业认定，总量全市第一，在全省开发区名列前茅。派瑞电解制氢设备、瑞林环保科技在线监控水质分析、汉光高精度光纤陀螺仪等一批科技项目列入了国家重大专项、国家"863"计划、火炬计划等，众多高科技项目在国内唯一或位居世界前列。主动融入京津冀协同发展，深入推进与京津高校和科研院所的产学研合作，联合建设了北京大学邯郸创新研究院、中科院邯郸研究院，在全市打造了创新发展、校地合作的样板和典范，为邯郸市创新驱动发展、提高优质增量提供强有力支撑，特别是"以大学引大学"的创新做法，受到了市领导的充分肯定。

（六）城市建设。大力推进产城一体化建设，城市管理水平更加精细化，在全市的各项评比中名列前茅。强力推进"绿美开发区"、"两高绿化"等工程，新增绿化面积45万平方米。进一步扩容东扩区路网密度，东一路、美的路东延、中船路东延、尚壁东街4条道路提前竣工通车，新建尚壁东街南延、翠堤路、和谐大街北延、新城大街北延工程，新增道路面积15万平方米。东区生态河、惠泽湖、月爱湖工程全面启动，"一河两湖"景观彰显了高品质的生态自然景观，为广大市民提供了休闲娱乐的新去处。起步区商务办公、精品住宅、商业设施、楼宇经济、夜经济等各种业态日益繁荣，"一刻钟公共服务圈"更加健全。东方国际商务中心、富顺商务中心全面开工，建成投用后将再添新的城市地标。

（七）社会民生。坚持以人为本、工业反哺农业，着力保障改善民生，全年用于民生投入6.7亿元，其中为农民发放"吨粮补贴"6226万元，农民人均纯收入增长11.6%。完善了被征地农民征地补偿构成要件，形成了"四位一体"的失地农民长效保障机制。进一步提高了开发区医院医疗水平和质量，16所村级标准化卫生室全部完成改扩建并投入使用。教育事业更加优质均衡，中小学软硬件和教学质量大幅提高。就业再就业开辟新路，新建17个劳动就业社会保障站，实现了农村社区全覆盖。投入6000万元实施农村环境面貌改造提升工程。按照组织程序全面完成了16个托管村的"村改居"工作，进一步理顺了农村管理机制、增强了居民城市意识、加快了城市化进程。

唐山高新技术产业开发区

2014年，唐山高新技术产业开发区（以下简称唐山高新区）完成地区生产总值115亿元，其中第一产业增加值2.3亿元，第二产业增加值76.47亿元，第三产业增加值36.50亿元；全社会总产值357.68亿元，其中工业总产值259.77亿元（高新技术产业产值155亿元），农业产值4.5亿元，三资企业产值72.39亿元，营业总收入500.05亿元，其中工业销售收入197.93亿元，三资企业收入73.63亿元，高新技术企业收入151.61亿元，农村经济总收入33.87亿元；全社会固定资产投资额完成65.01亿元；开工在建项目93个，其中工业项目27个；

新建500万美元以上三资企业一个；全年合同利用外资2亿美元，实际利用外资9095万美元，实际引进内资60.36亿元；全年进出口总值4.31亿美元，其中进口总值9880万美元。出口总值3.318亿美元（出口创汇），全年全部财政收入22.13亿元，其中公共财政预算收入8.29亿元，同比增长0.1%。

经济发展质量继续保持在全省开发区前列，2014年，高新区单位面积GDP达到28.82亿元/平方公里，工业人均增加值达到49.99万元/人，单位面积固定资产投入为61.42亿元/平方公里，单位面积财政收入5.533亿元/平方公里，财政收入占GDP比例为19.20%，进出口总额占GDP比例为24.28%，高新技术工业企业产值占工业总产值比例为59.67%，万元GDP用电量0.0404吨标准煤/万元，万元GDP用水量3.8038立方米/万元。

招商引资。2014年，唐山高新区紧紧抓住京津冀协同发展和被河北省政府确定为"承接京津功能疏解和产业转移重点平台"的契机，赴北京开展产业承接招商活动，组织召开与北京企业对接洽谈会。小团组赴境内外招商，出访英国、德国，在两国分别举办投资环境说明会，宣传推介唐山高新区投资环境、发布招商合作项目。对英国考克兰清洁能源智能装备基地和德国ISP&T金属薄锯片生产加工等项目进行洽谈推进。小团组分赴香港、深圳、青岛、上海、广州等地开展招商活动，推介唐山高新区软件园、联东U谷唐山产业园、新能源（纯电动）汽车产业发展等重点项目；促进唐山高新区与香港在现代服务业、高端装备制造业、科技研发等领域进行合作；推进食品进出口市场、城市综合体、虚实网服务园等一批重点在谈项目。中韩项目对接洽谈会，推出30余个合作项目，达成多个合作意向。加强楼宇招商、服务业招商，利用唐山高新区现有10多万平米商业物业楼宇开展企业总部、高端服务业招商。冀东砂石骨料有限公司总部、华泰保险销售有限公司等企业入驻。强化增资型招商，对区内重点企业在项目用地、政策扶持等方面向既有企业倾斜，鼓励企业增资扩产，NGK唐山电瓷有限公司、唐山松下产业机器有限公司和唐山爱信汽车零部件有限公司先后增资。

2014年，唐山高新区注册企业553个，其中，三资企业1个，注册资本6670万美元，合同总投资2亿美元，实际利用外资9095万美元，同比增长60.97%；内资企业552个，注册资本27.57亿元，实际引进内资60亿元。全年批准引进内外资项目37个，其中，引进世界500强、国内100强、央企、总投资9000万美元的华润燃气天然气工程项目1个，引进总投资2000万美元的法国迪卡侬体育用品商场外资项目1个，引进产业链项目5个，引进总投资56亿元的唐山润恒现代农副产品冷链物流产业园战略投资项目1个，引进服务业项目10家，引进技术类项目25个。重点项目招商取得突破。2014年引进总投资10亿元以上项目20个，包括：总投资13亿元的北京恒有源集团地能热冷一体化新兴产业基地、总投资56亿元的唐山润恒现代农副产品冷链物流产业园、总投资15亿元的海尔唐山创新产业基地等项目。

对外经贸。全年完成进出口4.3亿美元，完成指标的125.5%，同比增长65.9%；其中完成出口创汇3.3亿美元，完成指标的150%，同比增长100.2%。引导企业开拓国际市场，指导企业申报外贸转型基地建设专项资金，选取唐山高新区名优品牌向东盟推荐。组织企业申报省、市外经贸发展专项资金、外贸转型专项资金、进口设备贴息专项资金等，为企业设备升级改造、贷款贴息、开拓国际市场争取财政补贴，扶持企业发展。

2014年7月，唐山高新区机械电子外贸转型示范基地被河北省政府认定为第二批河北省外贸转型升级示范基地。

特色产业。经多年培育，唐山高新区特色产业集群效应显现。2014年，焊接产业产值34.28亿元，销售收入29.68亿元；汽车零部件产业产值38.23亿元，销售收入30.96亿元；智能仪器仪表产业产值15.48亿元，销售收入13.14亿元；新材料产业产值11.86亿元，销售收入11.94亿元；生物医药产业产值7.73亿元，销售收入3.11亿元；节能环保产业产值7.827亿元，销售收入4.97亿元。2014年6大特色产业完成产值115.42亿元，完成销售收入93.82亿元，产值和销售收入分别占全部工业的比重为44.43%、47.40%。

科技创新。全年新认定高新技术企业10家，全区高新技术企业达到47家，2014年，高新技术企业收入151.6亿元，高新技术产业产值155亿元，占工业总产值比例为59.67%。全年有31个项目列入国家、省市各级科技计划，新认定省科技型中小企业170家，总量居唐山市第一。新增省著名商标7件，市知名商标15件，专利授权360项，研发投入占GDP比重2.38%。

载体要素加速聚集。中科院唐山转化中心新增转化项目29个，软件园入驻企业达到13家，其中中科院中韩高技术中心签约落户，并多次组织项目对接会，已有38个项目正在积极推进之中。建华石墨烯科技企业孵化中心成功创建市级孵化器，全区各类孵化器面积累计达到11.8万平方米。全年新认定省级工程中心3家，省级企业技术中心1家，省级工程实验室3家，市级工程中心和企业技术中心17家，累计认定省市级研发机构70家，总量位居唐山市之首。培养创新人才和扶植创新企业。2014年新增国家"万人计划"人选1人，省级人才计划8人，市级人才计划4人。成功争列全省首批电子商务示范基地和第二批外贸转型升级示范基地，均为全市唯一。

创新体系进一步完善。编制《高新区科技服务体系发展规划》，施行研发创新服务、技术转移转化、高端人才集聚、企业孵化成长、科技金融支撑五大工程。制订《高新技术孵化基金管理办法》和《关于建设高新技术人才特区的实施意见》及其办法，形成较为完善的创新支撑体系。

项目建设。全年开工在建项目93个，总投资359亿元，同比分别增长25.68%和35.14%，其中亿元以上项目34个，有45个项目列入省、市重点建设项目计划。重点产业项目集聚壮大，汽车零部件、高端装备制造、智能仪器仪表等六大支柱产业在建项目达到14个。

投资环境。2014年，完成社会固定资产投资65亿元，同比增长24.25%。完成基础设施建设投资1.8亿元。水、电及其它市政基础设施配套同步进行，完成全年目标任务。

全年共完成征地任务4250.68亩，保证了唐山高新区11个项目和9条道路的建设用地，保障了张唐铁路、津秦高铁两侧绿化、唐山二环线建设等市重点工程的征拆、工程推进和基础设施建设。城市发展空间进一步拓展，同步推进相关道路配套设施建设，空港城起步区、经十八路开发建设也在进行之中。

为民办实事，推行惠民政策。2014年投入3.4亿元用于民生和社会事业支出，占公共财政支出的75%。年初确定的促进就业再就业、实施农村危房改造、教育质量提升、扩大养老保险覆盖面、科技防范体系建设等十件惠民工程全部完成，一批与群众利益密切相关的现实问题得到解决。

环境保护。推进生态环境建设，全力开展大气污染防治工作，多措并举，坚持项目进区“三同时”，2014年共审批建设项目110个，为唐山国华科技有限公司高效洁净煤技术大型装备制造基地项目等14个项目办理了环保验收手续。环评和“三同时”执行率均达到100%。实施减排项目56个，完成51家单位共计66台的燃煤锅炉改造任务。减少燃煤1.67万吨，二氧化硫排放量40.1吨，氮氧化物排放量50.1吨。发放排放污染物许可证。为小池酸素（唐山）有限公司、唐山爱信汽车零部件有限公司等65家企业发放了排污许可证，严控排污。危废转移工作。对太阳石（唐山）药业有限公司、关东精密机械（唐山）有限公司、唐山松下产业机器有限公司等8家企业进行了危废转移，共转移危险废物220.675吨，全部按照《危险废物转移联单管理办法》有关规定转移进行处置。开展农村面貌改造提升行动，建立农村面貌改造提升行动领导小组，落实《高新区农村环境卫生长效管理暂行办法》，全区按照每人40元的标准发放农村环境整治经费200余万元，全年组织各镇（办事处）清理垃圾9.96万方，清理杂物13.03万方，清理庭院6790多户；推进农村改厕工作，全年完成区内11个村、5294座农村改厕任务，改变了区内农村“脏、乱、差”面貌，“四清”工作取得明显成效。实施绿化攻坚工程，分别对区辖25个村庄、16家企业、6个社区进行绿化；对老庄子镇、空港城开发区农田林网进行绿化；对唐丰路、外环路、卫国路、龙富南道等13条道路进行绿化和绿化提升；创建省级园林式单位唐山国华科技有限公司1个。全年绿化共投入7485万元，累计完成绿化面积1920.5亩。对李各庄河进行综合整治，同时实施生态绿化改造工程，解决李各庄河多年来脏乱差顽疾。

唐山海港经济开发区

2014年是唐山海港经济开发区扩区后的第一年。面对复杂的经济形势和繁重的工作任务，开发区党工委、管委会主动适应经济发展新常态，紧紧围绕建设“沿海强区、美丽港城”的宏伟目标，着力实施“港口国际化、工业集群化、城乡一体化、农业现代化”四大战略，突出“对接京津转移、聚集城市人口、壮大临港产业、发展高新产业、提升传统产业”五大工作重点，全力开展招商引资、城乡环境综合整治、城市建设、项目建设、生态环境整治、正风肃纪创优环境“六大攻坚行动”，经济社会取得了显著成绩。全年完成地区生产总值306亿元，同比增长26.45%；财政收入完成51.09亿元，同比增长0.11%；进出口总额完成75483亿美元，同比增长8.08%；工业总产值471亿元，同比增长17.46%；主营业务收入1640亿元，同比增长9.7%；引进省外资金69亿元，同比增长9.5%；全社会固定资产投资243.8亿元，同比增长20.8%。

一是招商引资势头良好。将2014年确定为招商引资突破年，在全区开展招商引资攻坚行动，2014年，全区共洽谈项目383个，涉及总投资2700亿元以上。其中，签署协议项目91个，是上年的26倍；通过招商引资开工项目19个，是上年的5倍。特别是在对接北京产业转移上取得重大突破，与207家北京企业达成合作意向，成功引进了量子技术应用产业园、京唐国际石材城、萃宝重工尾矿处理技术集成工业园、医用玻璃生产制造、生物制药等一批科技含量高、投资规模大、产业带动力强的重点项目，其中已注册企业65家，落地开工项目23个。

二是项目建设扎实推进。2014年，全区共实施总投资416.17亿元的重点项目86个，其中续建项目14个，新开工项目72个，是上年的7倍多。从投资额度看，投资亿元以上的项目54个，比上年增加33个；10亿元以上的项目13个，比上年增加4个。2个项目列入省关注项目，8个项目列入省千项项目。开滦集团投资19.2亿元的4万吨/年聚甲醛、投资29.3亿元的15万吨/年己二酸，中储粮油脂公司投资12.8亿元的唐山基地一期等16个项目竣工投产；投资18.4亿元的煤化工产业园物流配送中心、投资13亿元的东风重型冶金设备制造等续建项目加快推进；投资3.8亿元的撬装式加油设备制造、投资11亿元的国丰冷轧产品升级技术改造、投资3.21亿元的雨田机械制造等72个新开工项目进展良好，唐港区项目建设呈现出前所未有的旺盛势头。

三是港口建设运营稳中有升。投资13.5亿元的26#—27#集装箱泊位提前竣工投产，实现集装箱增量10万标箱；总投资59.9亿元的36#—40#煤炭泊位项目部分完工；开辟独幽城收费站集疏港货运联网互认网络体系，疏港效率大幅度提高。港口运营跃上新台阶，全年完成吞吐量2.15亿吨，增长6.97%；集装箱运量完成86.45万标箱，较上年增长50.15%，在全省集装箱发展中继续保持领军地位。

四是投资环境更加优化。牢固树立“投资者是上帝，引荐者是功臣”的理念，在全区上下推行“零距离”指导、“零关系”办事、“零利益”服务、“零障碍”落实的办公新模式，营造“亲商、安商、富商”的浓厚氛围。严格落实“窗口单位月评比”、“项目业主季评职能部门”、“破坏发展环境举报”等工作制度，实时公布评价结果，广泛接收社会监督。针对石材项目招商实际，探索实行了重点项目审批全程代办制度，形成了一个领导小组、一个中心、五步代办、七日办结的“1157”办理模式。通过全程“保姆式”服务不断提高审批效率，吸引更多的投资者落户。持续开展闲置土地清理、违章建筑拆除、堆场整治三项攻坚行动，激活“僵尸”企业，破解土地瓶颈制约，大力改善生态环境，为招商引资和项目建设提供坚强保障，为加快建设“沿海强区、美丽港城”，打造河北沿海增长极奠定良好基础。

五是城市面貌显著提升。以创建省级园林城区为抓手，深入开展城市环境综合整治攻坚行动，新增绿地面积15.74公顷，城区环境、形象、品味都有了较大提升，一役荣膺河北省园林城区，成为全省首家获此殊荣的开发区。开展城市建设攻坚行动，各项征收搬迁工作顺利实施，大苗庄村安置房竣工启用，新开工商品房面积达到50.56万平方米。积极开展农村面貌改造提升攻坚行动，清理镇村主副街道1598条，绿化1460亩，完成改厕3345座，全区58个行政村达标率达到80%以上。

六是民生事业加快发展。认真回应群众诉求，扎实开展“三问”活动，推进“十件惠民实事”工程，为群众办了一批好事实事。海港二中初中部竣工投入使用，海港高中跻身河北省高考高分组学校16强；海港医院委托唐山市人民医院管理，门诊住院人数比委托管理前增长了13%；在唐山市范围内率先开通缴纳水费电子渠道，极大地方便了人民群众；独幽城收费站拥堵问题彻底解决；新汽车站正式运营，投放了30辆清洁能源出租车，开通了村村通公交；成立了摄影家协会、书法家协会，组建了冀东三枝花文化发展公司，举办大型文体活动30多项，唐港区的文化氛围更加浓厚。

曹妃甸工业区钢铁电力园区

钢铁电力园区是曹妃甸重要产业园区之一，是河北省第一批创建省级清洁生产试点示范园区，地处唐山市南部沿海、渤海湾中心地带，毗邻京津两大城市，紧邻唐曹高速，地理位置优越，交通运输便利。经过多年开发建设，园区交通道路体系完备，公共服务能力较高，产业聚集形成了一定规模，是曹妃甸工业区范围内项目链条最完善、规模最大、实现工业产值最高、工业税收最多的园区，支撑和引领了曹妃甸循环经济和清洁生产的发展。

发展思路。钢铁电力园区按照国务院批复的《曹妃甸循环经济示范区产业发展总体规划》，重点构建以精品钢铁项目为龙头的“钢铁—深加工—建材”循环经济产业链和以海水冷却火电项目为龙头的“火电—海水淡化—浓海水制盐—盐化工制碱—废物资源化利用”循环经济产业链。主要发展钢铁、电力、海水淡化、钢铁加工配套、废弃物综合利用、新型建材等产业，打造节能、降耗、减污、增效的循环经济和清洁生产新型工业园区，逐步形成环渤海地区重要的精品钢铁及深加工基地、电力能源基地、海水淡化水源地及海水淡化产业基地。同时，依托园区精品钢铁、建材等原材料，电力、煤气、热力等能源，以及海水淡化水、浓盐水等资源，大力发展海洋工程、新型环保设备、现代物流、生产服务配套等辅助产业，不断延伸和扩展循环经济产业链条。

项目建设。目前，钢铁电力园区已建成首钢京唐钢铁厂一期、华润电厂一期、5万吨/日海水淡化工程、高炉除尘灰提钾项目等15个项目，2015年，续建项目有20000TEU/年通用集装箱及20000吨/年钢结构制造建设项目、首钢京唐公司钢铁厂冷轧搬迁项目、侨丰钢渣服务维检基地项目等15个，计划年内新开工项目有首钢京唐钢铁厂二期、华润曹妃甸电厂二期等5个，前期及洽谈项目有海水淡化进京制水和输水项目、超大型海上平台、北京星光沃特高压水元件制造项目、5.3万吨/年铁氧体磁性预烧料生产项目等5个。2015年以来，钢铁电力园区以首钢京唐钢铁厂二期、华润曹妃甸电厂二期、海水淡化进京、超大型海上平台等4个龙头项目为重中之重，攻难点、破难题，逐一制定应对方案，首钢京唐钢铁厂二期项目和海水淡化进京项目，取得了项目备案，前期工作取得重要突破，首钢京唐钢铁厂二期项目建设已经启动，华润曹妃甸电厂二期项目也已开展大规模开工建设前各项准备工作。

招商引资。钢铁电力园区牢牢把握国家推进京津冀协同发展重大战略机遇，以循环经济产业链招商为理念，以延伸钢铁深加工、电力—海水淡化产业链为重点，通过开展全员招商引资的方式，与首钢京唐钢铁厂、华润曹妃甸电厂、海水淡化项目等龙头企业共同招商、共同发展，形成了互利共赢的良好合作机制，积极走出去、引进来，不断提升产业结构，着力实现产业集群化发展。2015年1—8月份，共引进省外资金21.2亿元，首钢京唐公司钢铁厂二期项目、华润曹妃甸电厂二期项目、首朗新能源工业尾气制清洁能源燃料项目等4个项目已完成签约，协议总投资约370亿元。

经济发展。作为曹妃甸最早开发建设的区域之一，经过8年多的发展，钢铁电力园区交通基础设施、市政基础设施较为完备，是曹妃甸工业区钢铁、建材原材料供应基地，电力、热力能源和淡水资源支持基地，支撑和引领曹妃甸循环经济和清洁生产的发展，是曹妃甸循环经济和清洁生产的先行区与核心区，是河北省第一批创建省级清洁生产试点示范园区。截至2015年8月，共推进产业项目40项，总投资1538.77亿元，累计完成固定资产投资876.5亿元，其中2015年1—8月份，累计完成固定资产投资34.5亿元，完成工业总产值198.8亿元，实现税收4.2亿元。

企业服务。在发展过程中，曹妃甸工业区钢铁电力园区坚持服务与管理并重，在开展招商引资、项目建设工作的同时，不断强化为项目业主和企业服务理念，实行项目专人盯办，全面落实项目代办制度，帮助业主跑办从前期到落地建设各种手续，对项目跑办、工程建设、生产运营等各个环节做到了“保姆式”服务、全程式管理，主动为企业出谋划策、分忧解难。不断完善水、电、路、讯、河道等基础设施工程配套，积极满足项目建设和企业生产运营需求。在企业建成投产后，积极协助企业申报科技、工信、发改等专项资金支持，鼓励、引导企业开展产品创新、技术改造和节能环保工作，帮助企业提升产品结构、扩大规模、增加效益和健康发展。

张家口经济开发区

2014年全区地区生产总值完成68.5亿元，同比增长7.7%，增速居全市第一；全社会固定资产投资完成91.6亿元，同比增长22.6%，高于全市增速12个百分点；全部财政收入完成9.99亿元，同比增长16.2%，总量和增速居全市第三；地方公共财政预算收入完成2.38亿元，同比增长0.5%；规模以上工业增加值完成28.8亿元，同比增长8.1%；社会消费品零售总额实现55.1亿元、占全市总量10%，同比增长13%，增速居全市第一。城镇居民人均可支配收入、农民人均现金收入分别达到2.32万元和1.04万元，同比增长9.6%和12.1%。

（一）重大问题不断突破，发展基础逐步夯实。全面理顺经开区机制体制，与洋河新区进行机构合并，实行人、财、物、事、权无缝对接；经三路以西的南兴渠、太平寨和三合地农场由经开区托管，管辖面积扩大到125平方公里；规划、土地、环保、工商、质监、住建、城管等方面享有市级管理权限。晋升国家级经济开发区工作再次启动，得到省市和商务部大力支持。高铁综合枢纽建设、5000亩森林公园建设、吉家房水源地调整等一系列关系长远发展的重大事项纳入全市重点推进工作范畴。

（二）转型升级步伐加快，主导产业支撑有力。加快工业技改升级，完成技改投资16.76亿元、同比增长20%，38个工业技改项目中有25个列为省市重点，居全市首位；宣冶机器人生产线、燕兴超高压管材生产线等一批技改项目投入生产；装备制造、新能源等产业实现增加值22.5亿元，同比增长10%，占全部工业增加值的78%。商贸物流、现代服务业质效提升，万国汽配、居然之家等企业影响力不断扩大，汽配汽贸、家居建材、烟草食品等批发零售业实现税收4.4亿元，同比增长11.5%。年初重点培养的5家民营企业全部进入规上行列，大唐热电、燕兴机械、一煤机、宣化冶金、津华油漆、中钢集团等6家企业进入全市百强行列。

（三）招商引资全面发力，全民创业势头强劲。主动对接先进地区，全年接待国内外客商308批次，签约重大项目13个，协议引资408.96亿元；引进楼宇（总部）类企业26家，楼宇经济实现税收1亿元；全面激活市场主体，新增民营企业868家、个体工商户1389家，市场主体突破万户，位居全市首位。聚力实施项目攻坚，谋划和实施的101个重点项目完成投资70.2亿元，10个项目列为省市重点；五金机电城等14个重点项目顺利推进，华耐二期、凯地广场等项目投入运营。全面推进“一区多园”建设，现代产业园区签约项目7个，流平寺工业园区完成土地平整，燕兴中小企业孵化基地入驻企业5家；高层次人才创业园5月份具备项目和创业团队入驻条件。

（四）增收减债成效显著，融资能力不断提升。以控管税、堵漏增收，增补税款3000万元。强化预算管理，优化支出结构，优先保障民生工程、重点项目、基础设施建设支出，全年公共财政预算支出5.75亿元，同比增长29.87%。全力化解政府债务，核减欠款本息3亿元。积极争取土地储备和园区基础设施项目贷款3.1亿元、争取各类专项资金近1亿元；为6个棚户区改造项目争取贷款9.3亿元；通过分期垫付等形式，撬动园区开发、道路管网、项目征拆等建设投资3.2亿元。

（五）城市功能日趋优化，人居环境明显改善。投入2.6亿元推进8大类、64项基础设施和生态建设工程，7条道路建成通车，朝阳大街慢行系统进入收尾阶段；沙岭子热电厂和许家庄热电厂热源联网，新增供热面积95.2万平米；12个棚改项目完成投资15.6亿元；13条道路绿化和市民广场绿化提升工程新增绿地24.15万平米，乡村造林2313亩。加强容貌整治、环卫管理、景观建设，城市形象明显改善。狠抓大气污染整治，淘汰燃煤锅炉68台，完成北方学院天然气供暖改造，PM2.5浓度下降12%。新建姚家房、北新渠2个农村垃圾中转站，姚家房农村污水处理厂和秸秆利用项目投入运行，吉家房、下小站、北新渠等3个省级重点村农村面貌改造提升任务圆满完成。

（六）保障水平大幅提升，社会事业扎实推进。落实就业补贴2460万元，实现就业、转移农村劳动力2562人；发放各类保障资金1438万元，6580名困难群众基本生活得到保障。参加各类保险2.44万人，为1300多名农民工追回工资近1000万元；2793套保障性住房开工建设，500户中低收入家庭入住保障房。新区二小开工建设，新区三小、新区二中和体育场项目前期工作顺利推进；引入华爱二级医院和安和、德济、顺康3家一级民营医院，新建2个社区卫生服务站，新农合参合率达到98.6%；市“三馆”开工建设，文化会展中心投入使用，协助举办“奥林匹克日”长跑、环京自行车赛等重大国际国内赛事。新增金鹰、天秀、东宁街、长宁街4个社区，建成数字化社区服务网络平台。大力开展生产安全、消防安全、食药安全整治和质量监管，有效防止了各类事故发生；深入推进平安建设，严厉打击了各类违法犯罪行为，积极化解了一批信访问题，和谐安定的发展局面更加巩固。

南堡经济开发区

南堡经济开发区成立于1991年，1995年被河北省政府批准为省级开发区，2012年7月纳入曹妃甸区。全区规划控制面积393.74平方公里，城区规划面积26平方公里。下辖一个镇10个行政村，一个街道办事处6个居委会，总人口5.4万。2014年，全区地区生产总值完成90.3亿元，全部财政收入完成10.34亿元，公共预算收入4.77亿元，全社会固定资产投资完成64.1亿元，实际利用外资2403万美元，完成进出口总额6.5亿美元，实现主营业务收入143亿元。全区以二、三产业为主，一产、二产、三产比重为3.0：56.1：40.9。2014年规模以上工业完成增加值37.74亿元，第三产业完成增加值37.02亿元，增长10.5%。

（一）项目建设。出台支持政策，优化审批流程，落实分包制度和联合办公机制，破解重点难题，推进了总投资260亿元的69个产业项目顺利实施，全年新增规模以上企业3家。三友集团糊树脂、有机硅二期、梦牌卫浴配件、华商金属制品、不饱和树脂等26个续建项目建成投产或达到试生产条件；新鹰卫浴二期、PVC引发剂、高纯四氯化硅、包装制品等7个新项目开工建设；其中总投资23亿元的20万吨大化纤项目，已完成备案核准并列入省级重点项目。

（二）招商引资。坚持把招商引资和项目建设作为开放的载体，向招商要成果，向开放要动力，全年引进内资42.78亿元。在北京设立了招商办事处，制定了承接京津产业转移方案，年内新签约了水处理剂、抗氧化剂、成核剂项目，超额完成了曹妃甸区下达的2个项目承接任务。积极实施定向招商、代理招商、以企招商、产业链招商和走出去招商策略，成功签约了高纯四氯化硅、杰森石膏板、橡塑添加剂等项目27个，总投资69.5亿元；推进了国华风电、撬装LNG、30万吨硫酸等拟开工项目24个，其中重点推进的亿元以上项目11个，总投资50亿元以上。

（三）基础配套。围绕打造曹妃甸西部卫星城目标，加快城市基础设施建设，城市形象和环境承载能力得到明显提升。全年投资16亿元，实施重点基础设施项目28个。其中，总投资2亿元的净水厂及陡河引水工程，年内建成并试运行；总投资2.2亿元的污水处理厂改造提升和扩建工程，年内建成达到试运行条件。以打造东出西联、南通北达的路网格局为重点，积极推进汉曹铁路建设，大力支持张唐铁路、唐曹铁路、滨海公路等省市重点工程建设，做好发展道东延、开元路南延、东风路东延、西外环工程等城区环路规划设计；以打通南堡出海口、发展临港经济为目标，积极参与曹妃甸五、六号港池开发建设，完成了五号港池规划论证、前期手续审批等工作；积极推进西区开闭站、东区变电站、城乡绿化等工作，全区环境承载能力进一步提升。

（四）民生事业。投资1亿元的九年一贯制新学校主体已完工，幼普成教取得新成绩，中考升学率继续进入全市前列。高度重视医疗卫生事业，推进公共卫生服务均等化，重大疫情、儿童免疫、计划生育和妇幼保健管理工作不断加强，投资1亿元的新医院项目年内开工并主体建筑封顶。进一步提高优抚对象、大病医疗和城乡低保补助标准，扩大新农合和城镇医保覆盖范围，完善养老、失业、工伤和生育保险，加大残障人员和五保老人救助力度，统筹推进城乡群众就业，城镇登记失业率控制在3.8%以内，社会保障能力全面提升。深入践行社会主义核心价值观，广泛开展“中国梦”和依法治国主题宣传教育，扎实开展群众性精神文明创建活动，社会文明程度进一步提高。

（五）城乡发展。投资3910万元，实施农村面貌改造提升工程，完成了3个村水泥路户户通、6个村天然气入户工程，改造旱厕1600座，建设村民中心3个。深化农业产业结构调整，优化水产养殖结构，扶持农业产业链项目，支持农民合作社发展，加强畜牧养殖园区建设，推广养殖新品种和特色套养面积6000亩，发展规模育苗厂6家，年销售千万元以上冷冻厂3家，农民专业合作社4个，存栏千头以上养猪场2个。大力发展乡镇经济，总投资5000万元的“反季养殖、错季上市”宝元水产养殖项目已建成投产，占地142亩的生态肉牛养殖项目已经投入使用，占地680亩的农业生态园项目、占地5000亩的兴东水产特色套养项目正在加紧实施。

（六）和谐社会。落实企业主体责任，强化政府监督指导，持续开展安全生产专项检查行动，强化重点企业、重点部位安全监管，全年未发生重特大安全生产事故。全面开展“利剑斩污”行动，打响治污减排攻坚战，加大排污企业整治力度，全年削减COD49.9吨、氨氮8.5吨、二氧化硫342吨、氮氧化物1316吨，三友氯碱、新鹰卫浴等企业重金属污水实现零排放。加强社会治安综合治理，深入开展消防安全、特种行业六个专项整治行动，强化社会矛盾源头治理和综合调控，积极解决信访积案，着力化解中航天赫司法重整、丽馨园小区购房纠纷等矛盾隐患，全年未发生进京赴省群访事件。

芦台经济开发区

2014年，芦台经济开发区实现地区生产总值35亿元，增长10%；完成固定资产投资12.5亿元，增长35.7%，分别全市排名第二。完成公共财政预算收入1.29亿元，增长12.6%，全市排名第三。

（一）经济建设。年内实施重点项目60个，总投资231.2亿元。其中，续建项目35个，总投资70.06亿元，新开工项目25个，总投资161.14亿元。发挥自身产业优势，围绕京津外溢产业，开展有针对性的推介。与京津企业达成合作意向项目26个，实际引进项目13个，总投资36亿元。北粮蛋鸡产业示范基地总部及美兰禽业青年鸡场主体工程进展迅速，雏鸡养殖设备已安装完成，进入调试阶段。汇农饲料厂已开始进行试生产。唐山龙亿农业观光园项目年内投资4000万元，完成建设生产经营性建筑2.1万平方米。区中唐环保绿色建筑产业基地和奥佳环保型无纺麂皮绒项目被列入河北省100个重点建设项目，其中，中唐项目已在天津股权交易所成功挂牌。腾龙畜禽养殖有限公司总资产1.13亿元，固定资产6000万元，全年肉鸡放养量730万只；商品猪出栏7000头，销售收入1.8亿元，净利润740万元，带动农户280户。奥佳项目生产技术先进技术的局面，代表了当今中国无纺麂皮绒的发展水平。浩瑞达新型金属装饰材料、金亨通运动器材等一批投资大、前景好、技术设备先进的项目相继落地。新培育规模以上工业企业6家，新增各类市场主体197家，全年实际利用外资422万美元，完成出口创汇1.49亿美元，增长34.6%，完成目标任务的128.4%。

（二）城市建设。园区三期道路工程全部竣工通车，四期工程加速建设，道路及绿化工程累计投入4.74亿元，总里程达到20公里，形成了东部园区“六横五纵”和西部园区“三横四纵”路网框架；澳林新城一期、天通美域小区交付使用，唐山商业银行成功入驻，完成高压电网更新改造，推进天津滨海公司投资的管道天然气项目调压站建设，实现了燃气入户。完成中心城区危旧房改造一期工程返迁工作，337户居民全部入住，取得了群众满意的实际效果。城镇居民医疗保险实现与唐山定点医院网络化结算，提高城镇居民和农村群众低保标准；成立“光华公益服务中心”，为镇村、企业、学校等捐赠图书2万余册，价值50余万元；“爱心、善行芦台”、“普法宣传书画展览”“职工乒乓球比赛”“广场健身舞大赛”等群众文化活动丰富多彩。

（三）生态文明。顺利完成农村“两委”换届选举工作，围绕15件实事工程，扎实开展农村面貌改造提升行动。投入资金286万余元，开展农村环境绿化保洁，道路硬化投入资金594万元。全区20个村直接投入垃圾治理资金180余万元。完成户厕改造2234户，新建水冲公厕7个，共投资38.3万元。小海北村完成铺设排污地下管道1160米，投资13.92万元。绿化工作投资106.35万元。栽植各类树木、灌木、花草3.82万棵（株）、8000平方米。各村共计修路5.34万平方米，总共投资583.98万元。省科学院驻桐城村工作组，结合村两委规划，争取“一事一议”奖补资金35万元，帮助村里搞绿化。另外筹措资金42万元，支持改厕和修建垃圾池。

农民人均纯收入达到1.30万元，增长10%。

（四）社会建设。把宣传舆论工作作为凝心聚力服务大局的重要支撑，按照“弘扬主旋律，释放正能量，增强积极性，打好主动仗”的原则，把握正确舆论导向，对区党工委、管委会的重大决策，利用多种形式进行深入解读，最大限度地凝聚社会共识。充分利用报纸、网站、电视等媒体的作用，大力宣传我区改革发展取得的成果。以推进“爱心、善行芦台”文化乐民惠民工程为统领，加大与光华基金会的合作，开展社会主义核心价值观宣传教育，加强农村文化大院和社区、农村文化活动室建设，推进文化的大发展大繁荣。扎实推进基层组织建设工作，以做优“四个全覆盖”工作品牌为抓手，大力提升基层组织创造力、凝聚力和战斗力。强化以党支部建设为中心的基层组织建设。加强民主政权和村民自治建设，发挥村民代表决策作用。健全民主监督，规范民主管理，保障农民群众各项民主权利。村务公开达到规范化，群众满意率在95%以上。大力发展农村经济合作组织，并予以正确的引导。大力推进平安建设，加强社会治安综合治理。努力做好信访稳定工作，坚持领导干部信访值班、包案下访等制度，畅通信访渠道，切实把问题解决在基层。强化安全生产监管和食品、药品、农产品质量安全监管，有效的防止了重大事故发生，保障了人民群众安居乐业。

（五）文化建设。开发区积极参加唐山市组织的各项文化艺术活动，其中在唐山市第三届群众文化艺术节评剧票友大赛唐山市选拔赛中，荣获二等奖1名，优秀奖2名．在其它汇演比赛中，都有上佳表现，受到好评。

按照唐山市第三届群众文化艺术节安排部署，以“繁荣群众文化建设美丽芦台”为主题，组织开展了“芦台经济开发区第三届群众文化艺术节”。开幕式在区希望广场举行，悬挂宣传标语和横幅，组织了全区武术及健身舞展演。此次开幕式共有4000多人参加，参演人数达200多人次。

通过参加唐山市组织的活动和积极开展群众本区各种文化艺术活动，收效显著。荣获“唐山市第三届群众文化艺术节优秀组织奖”。

唐山市汉沽管理区

2014年，汉沽管理区全年实现地区生产总值28.2亿元，同比增长8.7%；实现公共财政预算收入1.39亿元，同比增长18.3%；完成固定资产投资11.52亿元，同比增长近100%；完成进出口总额4100万美元，同比增长10%；引进省外资金10.3亿元，同比增长28.8%；利用外资470万美元，同比增长56.7%。

（一）以扩大对外开放为重点，招商引资实现新突破。一是抢抓京津冀协同发展重大机遇抓招商。编制对接京津产业转移具体规划，主动开展进京入津系列招商活动20余次，先后引进北京启迪汇通投资公司滨海温泉小镇、天津泰长领钧投资公司轨道交通产业基地等京津外溢项目19项，总投资达114亿元。二是发挥土地和农业基础优势抓招商。充分发挥5万亩国有土地、农业基础设施完善、适合连片开发的优势开展招商，引进农业项目8个，总投资达7.6亿元。三是延伸钢铁产业链条抓招商。立足唐山市钢铁产业基础，大力推进耗钢项目建设，先后引进钢铁深加工和装备制造项目6项，总投资10亿元，预计年可消耗唐山本地钢材75万吨。四是强化责任落实抓招商。印发《招商引资奖励办法》《2014年招商引资工作目标管理考核办法》及《招商引资攻坚行动实施方案》等政策文件，鼓励全民招商。班子成员分别带队，以小团组形式赴广东、山西、上海、山东等地开展项目对接活动10余次，带动区直各单位开展各级各类项目对接活动200余次，全民招商的氛围日益浓厚。

（二）以增强发展潜力为重点，项目建设实现新突破。2014年，全区落地、签约及在谈项目70项，总投资达到233.2亿元。一是坚持“有中生新”。大力推进既有企业二次创业、转型升级。年内促成了蓝欣玻璃公司与广东恒辉制镜公司合作建设的玻璃深加工、唐山三元乳业公司与北京三元公司合作建设的婴幼儿配方奶粉和高档液态奶、唐山瑞德机械公司与天津市等科研机构联合研制开发建设双螺杆泵等项目，总投资达13亿元以上。二是坚持“无中生有”。根据总体规划，认真谋划，引进新领域、新业态项目，国际纸业商贸物流、大一仓储物流等项目顺利落地。三是积极推进在建项目建设。禾丰水产饲料等7个项目竣工，荣徽钢结构、利源汽车检测线、农业生态园等21个项目建设如期推进，完成投资8亿元。

（三）以构建发展平台为重点，园区建设实现新突破。坚持把园区建设作为经济发展的主战场，作为承载项目建设的平台，强化园区承载能力，园区建设取得新进展。一是抓好园区发展规划。规划了总面积20平方公里的汉丰产业园和临津产业园，确立了“一区两园”的产业发展格局。两个产业园分别成立了指挥部，围绕做好入园项目建设的服务保障。二是抓好配套设施建设。通过采取BT等模式加速园区道路建设，做到了水、电、路、气、讯等基础设施建设与园区产业建设同步推进。同时，园区地上物清理、承包土地和鱼池收回、水电接入等工作加快进行，为项目落地打下了坚实基础。三是抓好园区包装推介。将汉丰产业园和临津产业园整体包装申报省级开发区，2014年11月24日河北唐山汉沽经济开发区正式获批，为我们争取政策、搭建平台、吸引项目、激发活力带来了新的契机。全年新增新入园项目17个，总投资达到54.9亿元，其中12个项目开工建设，2个项目竣工投产，完成投资约7亿元。

（四）以发展现代农业为重点，农业建设实现新突破。坚持把农业放在更加突出的位置，注重项目引进、注重培育新型市场主体，农业产业化迈出新步伐。一是明确发展方向。谋划制定了设施农业带、养殖加工带、经济作物带的“三带”特色产业发展格局，明确了各区域农业发展的方向和重点。二是推进农业项目建设。禾丰水产饲料、中药材加工、辣椒种植基地、抗盐碱苗木培育等多个项目建成运营，卓翔生态农业园、兴业奶牛肉牛养殖等项目积极建设。三是抓好农业升级。注重示范引领，制定了《汉沽管理区关于加快培育新型农业经营主体的指导意见》，全区发展农业产业化龙头企业4家；农民专业合作社新增7家，总数达到42家；家庭农场16家；专业种养大户35家。四是夯实农业基础。加强土地经营权流转管理服务体系建设，完成土地流转面积3.5万亩；恢复和改善灌溉面积3万亩，改善除涝面积5万亩，新增节水灌溉面积0.5万亩；投资2000万元，完成农村饮水、除涝泵站、生产闸桥、渠道清淤整修等水利工程项目21项；投资3820万元，完成高标准农田建设6.4万亩。

（五）以打造宜居城镇为重点，城乡建设实现新突破。坚持以建设美丽汉沽为目标，积极回应群众关切，加大资金投入，加强基础设施建设，城乡面貌焕然一新。一是集中开展道路建设。先后启动了投资3亿元、全长36公里的13条道路建设，振兴路等7条建成通车，形成了城区内通畅便捷、城区外四通八达的交通网络。二是完善城镇配套设施。投资4500万元的污水处理厂及配套管网项目一期工程主体完工；文体活动中心建成并投入使用；金辉园扩建、热力管线改造项目全部完工；明珠商贸步行街、集贸市场搬迁等项目扎实推进。三是注重美化城镇环境。以打造“横向三轴、纵向五路、九个花园”格局为目标，规划设计了城区绿化方案，完成了城区主干路绿化，城区森林覆盖率达到45%。四是改善村队环境。按照全面“五清”、突出保洁、重点改厕、广泛绿化、培树亮点的思路，全面推进农村面貌改造提升。省市区三级累计投入各类资金2157万元，市达改厕任务全部完成；“五清”环境综合整治效果显著，环卫管理长效机制初步建立，农民农工生活环境显著改善。

（六）以持续改善民生为重点，群众生活品质实现新突破。坚持承诺践诺，年初制定的“10件惠民实事”全部完成，民本民生不断改善。一是加大社会保障力度。按照市达标准完成了城乡低保调标工作；新建居家养老服务站5个，实现了全覆盖；将农业总公司各生产队纳入医改范围，减轻了农工就医用药负担；棚户区改造完成前期准备工作并开工建设。二是加强教育硬件建设。第一中学塑胶操场建成并投入使用；第一中学综合楼、大泊小学教学楼配套设施全部完成；第三幼儿园开工建设。三是注重维护群众利益。认真抓好就业再就业工作，年内新增就业1428人，失业人员再就业672人。城镇居民人均可支配收入达到1.39万元，增长8%，农民人均纯收入分别达到9982元，增长10%。机关事业单位工资标准实现了与市区“同城同待遇”。

衡德工业园

衡德工业园地处冀鲁四县交界处，距德州市主城区“零”距离，2010年11月，被河北省政府批准为省级开发区。现已有入园企业94家，总投资240亿元，外引项目占90%以上，引自山东的企业占到近80%。

（一）园区发展现状

1. 经济发展。2012年—2014年，园区固定资产投资年均增长42%，2014年达到52亿元；纳税年均增长44%，2014年达到1.73亿元；入园企业亩均贡献达到4.1万元/亩。

2015年上半年园区完成主营业务收入26.5亿元（同比增长16.3%），规模以上企业17家，完成工业增加值7.5亿元（同比增长21%），完成税收8600万元（同比增长20%），完成固定资产投资20.2亿元（同比增长24.1%），引进省外资金18.72亿（同比增长112.8%）。

2. 基础设施建设。一是以更高的标准升级规划。聘请青岛北洋设计院，规划设计了园区总体规划、控制性规划、产业规划、区域环评、安评等8个规划体系，规划面积达到40平方公里，功能布局分为高新技术区、仓储物流保税区、观光旅游研发区、新能源新材料高端制造区、商贸服务区和现代农业观光区六大区域。二是以更大的力度推进基础设施建设。2014年，投资5亿元，全面加强水、电、路、气等基础设施建设，形成了“七纵七横”路网体系，达到衡水市委三届五次全会提出的“九通一平”要求。新型社区、衡德学校、医院、金融网点及日处理2万吨的污水处理厂等配套设施已投用，承载力和集聚力显著增强。

3. 项目建设。积极转变思维方式，探索推行了委托招商、专业招商、对口招商等新型模式，2014年，全年引进超亿元项目17家。博得交通设备、伟泰橡胶等12个项目开工建设；开门子、奥冠等一批亿元项目竣工投产，一批新的经济增长点正在形成。同时，通过“腾笼换鸟”、二次招商，盘活园区土地1000多亩，安置博得交通设备、伟泰橡胶等6个新项目。

4. 产业发展。坚持“改造”与“提升”两手抓，培育形成了支撑园区发展的三个特色产业：新能源新材料产业，重点推进总投资30亿元的奥冠循环经济产业园项目，目前一期已建成投产；积极引进电动车关联项目，德州小巴士、艾美达等9个项目已建成投产。商贸物流业，重点推进总投资15亿元的衡德商贸城项目，目前与义乌小商品城、海宁裘革、石家庄现代家具等签约合作，已入驻商家200家。积极推进总投资26亿元的省级衡德物流园项目，目前已和中铁集团泰吉利公司签订框架协议。文化产业，重点推进总投资3.4亿元的青竹文化产业园项目，着力打造画材、颜料、文具、展示为一体的综合性文化产业体系。

（二）积极推进园区发展，全力打造衡水市经济发展增长极

1. 抓投资上项目。坚持把招商引资上项目，作为推进园区发展的主要推动力，积极培育新的增长点。一手抓项目引进。抓住京津冀协同发展、南资北移、东资西移等重大机遇，探索推行园中园、国别园等招商模式，积极谋划、主动对接一批重点项目，全年力争新引进超亿元项目20个以上。一手抓加大投资。加快推进北京博得交通设备等12家重点项目建设进度，力争投产达效5家以上，确保园区纳税突破2亿元。一手抓创先争优。在土地指标、技改资金、融资担保等方面，对重点项目给予倾斜扶持，争取超40个项目进入全市“四个一百”工程。同时，加快开门子、青竹、奥冠3家重点企业上市步伐，确保有1家成功上市。

2. 调结构转方式。重点抓好三个方面：一方面，强力推进传统产业转型升级，让老树开出新花。主要是在技术改造、扩规升级等方面寻求突破。①玻璃钢产业，以北京博得交通设备项目为依托，实现由手工制作、低端产品向高速列车门等高端产品转变；②建材产业，以北新建材、冀元新型建材等项目为依托，向复合材料、高端材料转变。一方面，依托核心企业培育战略新兴产业，让新芽长成大树。①新能源汽车产业，以奥冠循环经济产业园为依托，加大与德国阳光电池、爱诺斯电池合作力度，大力推进与浙江众泰、福田汽车的对接合作，积极引进上下游项目，努力建设新能源产业基地；②智能装备制造产业，以智能物流终端装备为依托，加快建设速度，形成新的主导产业。一方面，大力发展现代服务业，着力打造新的经济增长点。①体验式电子商务产业，以衡德商贸城项目为核心，加快推进线上线下同步销售的新型模式，力争实现新的突破。②文化产业，以青竹文化产业园为依托，不断开发上下游产品，逐步培育形成综合性文化产业体系。

3. 提内涵优服务。坚持软硬同抓，使软环境更软、硬环境更硬。在硬件建设上提内涵。加快实施一园（衡德公园）、两湖（龙腾湖、美林湾）、四路（中心大街打通、朝阳路及滩头村北道路新修、山水大街翻修）、六网（综合通信、道路雨水、供水、供气、供热及污水管网）工程建设，加快推进公交换乘站建设，进一步提升“亮化、净化、绿化”水平，全面提升园区承载力和吸聚力。在软件建设上优服务。深入推进“三证合一”、先照后证、年检改年报等系列改革，向市场放权，为企业松绑。同时，依托园区政务分中心平台，健全完善“两个代办”制度，为群众办好事、让企业好办事。

白沟新城

白沟新城是2008年7月28日由原高碑店市白沟镇和原白洋淀温泉城开发区合并组建。2010年8月经省委、省政府正式批复。2010年9月正式揭牌。辖1镇1区，由双向六车道的快速路相连，辖区面积64平方公里，建成区面积25平方公里，辖33个村街，常住人口16万，流动人口10万～15万。白沟镇位于冀中平原中部，处于雄县、容城、高碑店3县(市)相交之地，距保定市区65公里，地理坐标北纬39°05′～39°10′，东经116°00′～116°03′。

（一）主要经济指标增速明显。2014年，全区地方生产总值完成72亿元，增长7.2%；规模以上工业增加值完成22.4亿元，增长8%；固定资产投资完成70亿元；社会消费品零售总额完成59亿元，增长13%；公共财政预算收入完成3.9亿元，增长41%；市场成交额完成870亿元。

（二）项目和园区建设成效显著。党工委、管委会始终坚持把项目和园区建设作为加快经济发展的主要抓手，通过实施县级领导分包项目责任制、每月定期调度制、重大项目集中攻坚制等一系列制度和措施，项目和园区建设取得了显著成效。全区重点项目顺利推进，工业聚集区新增建成区面积119公顷，主营业务销售收入147亿元，区内出口创汇4530万美元，省外资金到位14.5亿元。其中，白沟箱包业实现总产值260亿元，实现增加值56亿元，利税21亿元，箱包业支撑和拉动作用进一步增强。

（三）城市承载力进一步提升。坚持用市场经济的理念经营城市，把提高城市规划水平，加快城市建设作为当前工作的重中之重。根据京津冀协同发展的趋势，完成了《白沟城市总体规划修改（2012—2030）》编制工作，为城市发展提供了更加科学的依据。投资近亿元建成了白沟城市广场、完成了全区主干道路亮化、打通了五一东路、友谊路等多条断头路，城市面貌焕然一新，形成了“七横八

纵一环”闭合的交通格局。启动了集规划馆和博物馆于一体的白沟芙蓉公园项目，两所六轨制小学推进顺利，城市功能进一步完善。

（四）对接京津工作取得实质性进展。围绕建设国际商贸城和京津大卖场的目标，配合保定市有关部门编制完成了《白沟国际商贸区域空间规划》，《规划》协调范围扩大至白沟镇及周边共230平方公里，其中白沟区域的建设用地由54平方公里扩大至125平方公里，发展空间拓展了71平方公里，为承接京津产业转移奠定了坚实的基础。在项目对接上，成功启动了白沟大红门国际服装城，大红门近千家商户落户白沟；开工建设了投资50亿元的和道国际服装博览中心项目。这两个项目的运营落地，标志着白沟在承接北京功能疏解和产业转移上迈出了实质性的重要一步，为今后在更高层次、更宽领域的合作奠定了坚实基础。2014年，商贸产业发展迅速，市场成交额完成870亿元，电子商务成交额达到72亿元，新增市场主体6000多家，总数达到2万多家。

（五）发展环境进一步优化。改革创新深入推进，对全区23个单位的91项行政许可事项、46项非行政许可事项和52项行政监管事项进行了清理和规范，进一步简化了审批程序，规范了审批流程。社会稳定局面持续巩固。坚决依法打击各类犯罪活动，全年共破案429起，企业群众的安全感进一步提升。扎实做好信访稳定工作，妥善处置了拖欠农民工工资等一批稳定隐患。加强安全生产监管，严格落实安全生产“党政同责、一岗双责”，全年未发生重大安全事故。城乡面貌进一步改观。深入开展了“强村固基”工程，采取以奖代补的方式支持村街环境治理工作，共硬化道路7万平米，清运垃圾2万立方米，拆除违章建筑20余处，粉刷墙面5000平米，解决了9个村1.6万人的饮水安全问题。生态环境逐步好转。全面推进大气环境治理，以超常的举措开展“净天净城净村”行动，加大扬尘、秸秆焚烧、工艺废气、油烟净化装置、控制燃煤质量等工作的整治力度，淘汰生产经营性燃煤锅炉83台，安装油烟净化设备60台，关停表面处理喷漆、喷塑企业5家。持续推进集中供热工程，全区集中供热面积达600万平方米。圆满完成了APEC会议期间空气质量保障任务。

白沟新城领导班子成员：

党工委书记　管委会主任：张海

党工委副书记　管委会常务副主任　白沟镇党委书记：杨建军

唐山湾国际旅游岛

2014年，唐山湾国际旅游岛深入开展了“项目建设攻坚年”、“环境改造提升年”和“招商引资突破年”三个主题年活动以及农村面貌改造提升、党员干部驻村联户和党的群众路线教育实践活动，全面实施“交通畅通、功能完善、环境提升、产业拉动、基层基础夯实和创业平台打造”六大工程，圆满完成了全年各项目标任务。全年实现地区生产总值22.8亿元，同比增长10%；完成固定资产投资80亿元，同比增长22%；完成一、三产业增加值21亿元，同比增长9%；实现财政收入2.6亿元，同比增长30%；景区整体接待游客135万人次，全社会实现旅游经营收入6.7亿元，同比分别增长100%和90%。菩提岛以全省评比第一名的成绩通过国家4A级景区验收，顺利完成了月岛景区征收和国家4A级景区复审，全面接管了浅水湾景区，初步实现了“三岛”统一经营管理。

（一）开展“项目建设攻坚年”活动。全年总计开工建设项目38个，其中：续建项目20个，新开工项目18个。年内完成工程投资18.7亿元，为往年的4倍。菩提岛潮音寺、朝阳庵、定香榭、十二禅居、文化苑等项目全面竣工，三贝明珠码头和地下车库广场项目初步完工并将投入使用，旅游专用线，滨海大道、乐北路、滨海景观道绿化，祥云岛跨海大桥和主干路等基础设施项目扎实推进，市政路网、给排水、热力、燃气、电力、通讯等各项配套功能逐步完善。

（二）开展“招商引资突破年”活动。重点产业招商项目逐步落地开工，投资100亿元的江苏中南集团捞渔尖旅游综合开发、投资170亿元的江苏中南集团月岛整体开发、投资3亿元的捞渔尖快捷酒店等项目开工实施，投资32亿元的河北远大海上综合游乐开发项目、投资40亿元的金沙岛四季海水浴场、投资5.8亿元的嘉莱度假村等签约将于2015年上半年先后落地开工。开展各种形式的招商活动，参加招商推介活动21余次，推介重点招商项目23个。同时，坚持招商引资与招才引智相结合，与天津高新区留学人员联谊会签订《共建唐山湾国际旅游岛留学人员创业孵化基地的合作协议》，双方将在环境开发保护、旅游产业布局等方面展开合作。

（三）开展“环境改造提升年”活动。全面开展环境整治，提升服务水平。重新规划建设了菩提岛离岛码头，安装“唐王渡海”铜像并制作了20余座仿古商厅，对佛缘路、潮音寺南部区域实施了景观绿化，形成了景区精品和样板。投资2250万元全面整治月岛环境和新建游船码头，新建了外滩桥、四星级厕所、淋浴设施、瞭望塔和海鲜大排档等设施，在原有设施基础上改建听海餐厅、重新粉刷客房、加固木栈道、改造水电管路并增添景观亮化设备，全面完善了服务设施。金沙岛完成了宾馆水、电路系统改造，增加了全岛景观亮化，对垂钓平台、木屋别墅进行了修缮和养护，对浅水湾景区环境卫生进行了整治，浅水湾、祥云湾景区按照2A级景区标准通过验收。同时，结合驻村联户帮扶新农村建设活动，在辖区农村开展了以“四清”、“四化”、“四改”、“四建”为重点的农村面貌改造提升行动和农村环境整治百日攻坚行动。

（四）搭建融资平台、扩宽融资渠道。在北京、上海自贸区、深圳前海及香港搭建投融资与招商服务平台，完善金融服务功能，形成了担保、商业代理、网络金融、创投、基金管理、资产管理、融资租赁等七大类金融服务业务，全年完成融资34亿元，保证了工程建设投入。

（五）旅游产品开发。着力开发菩提岛佛文化朝拜、供奉、禅修、禅艺产品体系，潮音寺、朝阳庵、十二禅居、文化园、定香榭正式对外开放。同时，依托良好的自然生态环境，新增鸟类喂食平台7处、观鸟台1处、大鸟笼景点8处，吸引了来自德国、丹麦、芬兰、西班牙等十几个国家的观鸟爱好者来此观鸟。先后组织了“五一皮皮虾节”、“端午三灯祈愿会”、“童玩季．全国童玩大奖赛”、“浪漫季”、“渔猎季”、“唐山市巧厨娘大奖赛”和“菩提雪乡”等旅游活动，在5月31日—6月1日举办的“月岛首届三灯祈愿会”活动中，吸引游客约5000人，共发放河灯5600盏，孔明灯6668盏，灯笼8000盏，并由上海大世界吉尼斯纪录公证员进行了公证，以“规模最大的天灯、河灯、彩灯放飞、展示活动”之名，获得了上海大世界基尼斯总部颁发的《大世界基尼斯之最》证书。

（六）旅游宣传推广。坚持以市场为导向，开展多方位、多角度的营销活动。先后在滦州古城、唐山陶瓷会、承德、北京、天津、上海等地参加旅游文化节和博览会，累计发放宣传书籍和各类宣传品10万余份。组织了旅游岛各景区推介会，与百家旅行社建立合作关系。搭建旅游网络信息化平台，进行景区门票、住宿预订及网上购置旅游纪念品、虚拟景区浏览、网上支付、网上推介、活动安排等，实现了网络营销。在北京市公交候车亭投放50余块灯箱广告，在北京、天津、石家庄600余社区投放小区静态灯箱媒体广告；在唐山机场高速口设置LED屏广告；在《中国旅游报》认购彩色版面宣传旅游岛形象，取得了良好的宣传效果，北京、天津、唐山游客量出现稳定性快速增长。

（七）旅游行业管理。以打击非法经营、超范围经营、欺客宰客、哄抬物价、敲诈勒索、出售假冒伪劣商品、随意降低服务质量等违法违规行为为重点，开展联合执法检查10余次，出动执法人员千余人次，检查餐饮单位261家，清理违法占道经营行为320起、占用公共场所贩卖海鲜品25起。11月17日起，在全区组织为期一周的“管理与核心竞争力提升高级研究班”大型培训活动，聘请了南开大学的多名资深教授和讲师，围绕旅游岛发展创新、品牌建设、市场营销及经理人管理技能提升等方面进行培训，拓宽旅游经营管理思路，增强旅游服务能力。组织开展了“安全生产月”等活动，不定期对各旅游景点旅游安全工作落实情况和日常管理情况进行检查督导，对旅游企业的消防安全、食品卫生安全、特种设备、游乐设施、游船快艇以及安全应急预案、安全标识标牌等进行全面联合执法检查，及时有效的发现各类安全隐患并加以整改，确保了全区无重大旅游安全事故发生，全年景点无游客伤亡事件。

唐山清东陵保护区

唐山清东陵保护区，位于唐山市西北部燕山南麓的长城脚下，总面积210平方公里，辖马兰峪、东陵、汤泉三个乡镇，64个行政村，总人口约6万人。

唐山清东陵保护区管委会2014年认真贯彻落实中央和省、市各项决策部署，围绕把保护区建设成为“文物和生态保护示范区，国内一流、国际知名旅游目的地，城乡一体化发展新的增长极”的奋斗目标，团结和带领全区广大干部群众，扎实苦干，锐意进取，不断创新，进一步推进和完善了“一体两翼”规划布局，继续坚持“三区”战略，统筹推进了5A级景区创建、文保工程方案编制与建设、中心镇建设、招商引资、环境综合整治、改善民生等各项工作，全区经济、社会各项事业稳步发展。全年共完成国民生产总值49.56亿元，同比增长9.91%；固定资产投资29.69亿元，同比增长9.1%；财政收入7331万元；接待游客91.3万人次，实现旅游综合收入7.69亿元，同比分别增长18%和16%；农村人均纯收入7080.33元，同比增长5.85%。

（一）转型升级。坚持以项目建设为抓手，推动产业转型升级，完成了“传统产业脱胎换骨，新兴产业异军突起”的跨越。一是大力发展旅游业。强龙头、固支点，全区一盘棋共同发展旅游及相关服务业。稳步推进了清东陵5A级景区创建工作，不断做大做强主景区，同时，做足“泉”的文章，打造汤泉保健养生休闲度假区，发挥旅游带动作用。引导并鼓励当地群众发展农家院、采摘园、芳香农业观光园等旅游相关服务业，丰富了旅游内容，完善了旅游要素，增加了当地农民收入。二是强力推动旅游项目建设。加大招商引资力度，多渠道筹措资金，实施了长城旅游路汤泉段改线工程和清东陵博物馆（古玩城）、生态养老城、清史文化演绎中心、汤泉龙泽宫等一系列集文化、休闲、养生等新兴产业于一身的旅游项目建设。三是推动企业实现升级转型。扶持蓝猫野生饮品集团公司发展壮大，促进农业产业结构调整，由单独的野生饮品生产向农业产业化观光旅游等综合型企业发展；推动宏泰、日强等资源型企业向废弃物再利用、红木家具制作等方面转型，引导企业步入了持续健康发展轨道。通过上述措施，促进全区实现了由单一文物保护向文物、生态、文化等综合保护转变，由单一门票经济向发展全产业链、全域旅游经济转变，由单一旅游经济向以旅游经济带动的城镇一体化经济发展转变。

（二）规划编制。根据《河北省城乡规划条例》，编制保护区相关规划。委托北京绿维创景规划设计院有限公司编制完成了《唐山清东陵保护区总体规划》，6月份通过了遵化市规委会评审；委托北京绿维创景规划设计院有限公司编制完成了《唐山清东陵保护区生态保护规划》，正在申报审批；按照省住建厅“关于做好历史文化名镇名村保护规划编制及相关工作的通知”精神，依据《马兰峪镇总体规划》，委托唐山望远城市规划设计有限公司编制完成了《马兰峪镇控制性详细规划》，6月份，已通过遵化市规委会评审。

（三）文物保护修缮。清东陵文物保护修缮工作取得巨大进展，实现了当年到位资金过亿（到位资金1.05亿元），国家文物局批准资金过亿（当年批准资金2亿元），财政部待拨资金过亿（目前待拨资金1.8亿元）。其中：景陵圣德神功碑亭修复工程、孝陵一孔五孔七孔桥维修工程、裕陵维修工程、定东陵安全防范工程等9个文物维修工程开工建设，21个项目获得了国家文物局的批准，完成了21个项目的立项报告编制并全部上报到国家文物局。项目全部完工后，清东陵的历史、科学、艺术价值得到更好的传承和保护。

（四）景区消防演练。始终把消防工作作为文物发展的“生命线”，时刻放在心上、抓在手上，立足实际，大胆实践。通过开展消防安全“四个能力”建设，逐步走出一条适合保护区文物安全的消防管理办法，制订了《灭火和疏散应急预案》，坚持每个季度组织进行消防演练，及时总结，发现不足，积极整改，确保安全。通过一年的努力，提高了检查消除火灾隐患能力、扑救初起火灾能力、组织游客及工作人员疏散逃生能力和消防宣传教育培训能力。大大降低了保护区内火灾隐患，减少经济损失，保证了国家及人民的生命财产安全。

（五）旅游项目建设。着重推动汤泉旅游休闲养生产业聚集区的建设，谋划实施了汤泉龙泽宫、汤泉小镇、福泉新宫、生态养老城、大剧院等一批旅游休闲养生项目建设，推进长城旅游路改线工程。总投资5亿元的福泉新宫度假村项目已完成投资1.6亿元，第一期已具备开业条件，二期会议中心项目、山顶景观、室外游泳项目正在施工中。投资5.2亿元的汤泉龙泽宫项目，已完成征地拆迁，项目设计正在修改中。生态养老城和大剧院项目，已完成规划设计，征地拆迁工作基本完成，近期可进场施工。汤泉小镇已完成规划设计工作，有待进一步论证评审。

（六）智慧景区建设。深入开展景区进档升级，以智慧旅游应用提升管理服务水平，融合文化创意推动产业提档升级，智慧景区迎来建设热潮。首先，新建了清东陵旅游官网，实现网上虚拟游览。同时实现了游客可以在官网上进行基本信息浏览，查询旅游线路推荐和游览攻略等，并且增加了东陵博文一栏可以与游客网上互动留言，增加了虚拟游览目录，运用三维建模仿真技术建成的数字虚拟景区，增强了景区的公共属性。满足了现代旅游的需求。其次，无线网络覆盖，管理服务更加现代化。对80平方公里范围内的游客安全进行实时动态监控，加强了安全管理。同时建立起的自助导游系统，可实现自助导游。再次，建立电子门禁系统，实现网络售票。通过电子门禁系统，实现对门票的自动识别检票。大大杜绝了景区假票、废票的出现，减少了景区的门票损失，同时进行人流统计和财务统计，便于客流量的信息公布和财务管理。

（七）寻宝——走近清东陵。4月份，在清东陵景区举行了《寻宝——走近清东陵》海选，8位国内知名专家现场进行了鉴定，活动吸引了2000多名藏友携带8000多件藏品参加海选，中新社、北京电视台、天津电视台、唐山电视台、唐山晚报、唐山广播电视报等十几家媒体参与了活动报道，新浪、搜狐、凤凰网等几百家网站发布了新闻。中央电视台拍摄了三集《寻宝——走近清东陵》专题节目，知名主持人王刚全程主持，节目于6月份在中央电视台综合频道、央视国际美洲、欧洲频道、央视娱乐频道、中国网络电视台、寻宝官方网站、百度视频、乐视网、搜狐视频等多家媒体播出。节目播出后，进一步提高了清东陵的知名度和影响力，吸引了大批海内外游客前来参观。

（八）清东陵徒步大会。清东陵景区与河北狼群体育文化有限公司合作成功举办了主题为“用脚步丈量历史”的第三届清东陵徒步大会，11月29日活动当天吸引了来自河北、北京、天津、辽宁、内蒙古、湖北等省市的50余家户外俱乐部的4000多名驴友参加了此次活动，成为唐山历史上影响比较广，参加人数比较多的徒步大会，活动同时还邀请北京绿野户外网站参与，借助北京绿野户外网的辐射，把活动拓展到京津冀全华北地区乃至辽、蒙、甚至全国范围，保护区力争把徒步大会打造成唐山户外活动一张优秀名片，打造成全民健身一道亮丽风景线。

（九）便民服务。8月15日，唐山清东陵保护区便民服务中心正式挂牌运行。便民服务中心按照“项目标准化、流程标准化、场地标准化、设施标准化、服务标准化”的要求，采取“一站式”办公、“一条龙”服务的运行机制，全面推进“三级平台，两个代办”建设。本着“便民、高效、规范、廉洁”的服务宗旨，制定了工作行为规范及服务承诺制、首问责任制、限时办结制、一次告知制和“AB”岗工作制等工作制度。为让“三级平台”、“两个代办”建设最大限度发挥效用，进一步提高服务质量、优化区域经济发展环境，相继出台了为民服务全程代办制度、协调会议制度、代办运行查询和督导制度、代办服务运行考核制度；开展了电话服务、预约服务、上门服务、代办服务等多种服务方式；建立网上办事平台，全天候提供信息公开、网上办理、网上审批；代办服务项目统一规范受理、承办、回复流程，为群众提供全程代办服务。同时，建立健全急事急办制、重大招商项目“全程代理服务制”、联办件“并联审批制”等制度，实现“进一个门办好、在承诺日办结”的工作目标，为投资者和群众提供优质、高效的便民服务，受到了广大干部群众的一致好评。

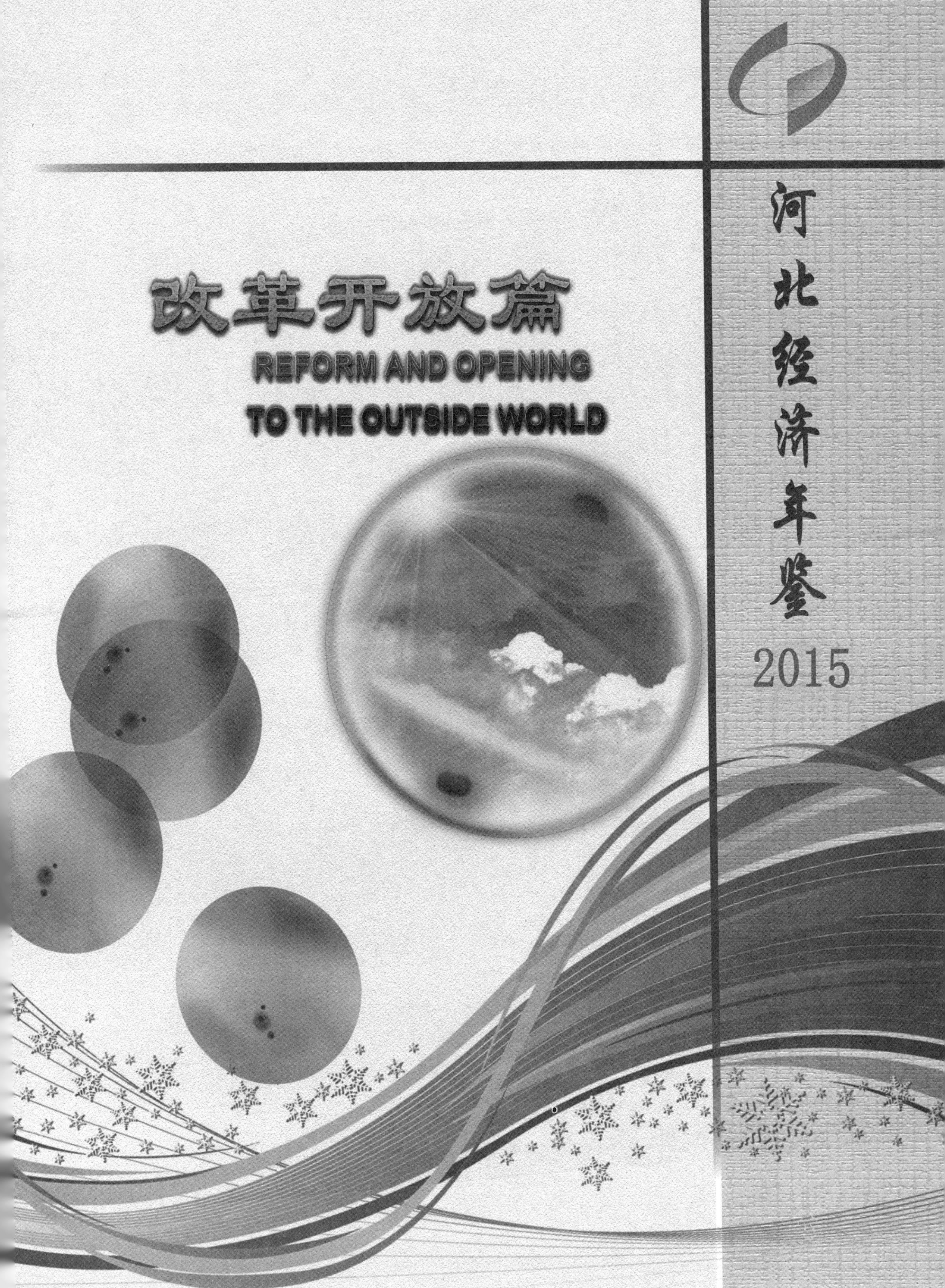
改革开放篇
REFORM AND OPENING
TO THE OUTSIDE WORLD
河北经济年鉴
2015

经济体制改革

【行政审批制度改革】 大幅减少审批事项，衔接落实国务院取消下放事项3批81项（对应取消37项，接收44项），自行取消下放省政府部门事项2批106项（取消50项、下放52项、移交社会组织4项），取消了河北省自行设定的行政监管类别事项，省级审批事项由1291项减少到684项，省自行设定的审批事项由46项减少到14项。出台向城区下放经济管理权限的指导意见，重点向城区下放与项目建设有关的审批权限。全面建立三个公开、三个清单制度，编制并向社会公开省政府部门行政审批事项汇总目录（2014年版）和省政府部门历年取消下放行政审批事项汇总目录（2001—2014年），出台河北省行政许可条例和河北省行政许可目录管理办法。积极开展设立行政审批局、并联审批、企业准入单一窗口和“三证合一”登记制度改革试点。遴选23个经济发达镇开展行政管理体制改革试点。省公共资源交易监督办公室、公共资源交易中心正式挂牌运行。

【工商登记制度改革】 在全省全面实行注册资本认缴登记制、放宽住所（经营场所）登记条件、简化住所登记手续等改革。启用新版营业执照。全面实施年报公示制度、经营异常名录制度、严重违法企业名单制度。出台落实先照后证改革决定，加强市场监管工作的实施意见，编制河北省工商登记前置审批事项参考目录及前置审批事项改为后置审批事项监管清单，2批113项前置审批事项改为后置审批，探索建立行政审批、行业主管与后续监管相一致的市场监管责任机制。工商登记制度改革以来，新增市场主体56.95万户，同比增长44.65%。

【国有企业改革】 积极引导国有企业举办以混合所有制为主要形式的股权多元化公司，河钢、开滦等省监管企业新组建的51家公司全部为公司制或股份制企业；新设立股权多元化公司25家，其中混合所有制企业18家。加快全民所有制企业公司化股份化改革，省国资委监管的三级以上企业公司化率超过80%，股权多元化率超过50%。大力推动国有企业上市和整体上市，秦港股份完成H股在港首发上市，新天绿色能源顺利增发，3家企业实现在多层次资本市场挂牌。稳步推进国有企业整合重组，河北旅投集团与建投集团分立、河北路桥集团与中建股份重组完成，河北航空与厦门航空重组正式进入股权转让程序，河北洁净能源投资有限公司获批成立。出台规范国有独资企业董事会建设暂行办法及配套文件，解决了国有独资公司董事长与总经理分设问题。45户厂办大集体企业改革有序推进。

【地方金融改革】 出台加快金融改革发展的实施意见和建立健全地方金融监督管理体制的实施意见。加快农村信用社股份制改造，鼓励优质民营企业参与高风险社并购重组，成立农村商业银行7家，完成股份制改造5家。支持发展村镇银行，下调主发起行持股比例，村镇银行开业17家。适度放开小额贷款公司试点范围，新增设立小额贷款公司66家，科技小额贷款公司数量居全国第一。加快培育和发展石家庄股权交易所，新增挂牌企业75家，帮助中小微企业融资9.22亿元，形成了覆盖全省中小微企业的专业金融服务平台。与沪深交易所签订《中小企业私募债券业务试点合作备忘录》。在全国率先成立金融票据协会、小额票据贴现管理中心，为小微企业贴现金额46.15亿元。省内第一家保险法人机构燕赵财险公司获批开业。探索开展环境污染强制责任保险试点和食品安全责任保险试点。

【价格和服务收费改革】 放开17项价格和服务收费、下放11项定价权限，96%的商品和服务价格实行了市场调节。出台居民生活用气实行阶梯价格的指导意见、加快建立完善城镇居民用水阶梯水价制度的实施意见，扩大居民用电峰谷分时电价试点范围，居民生活阶梯式价格体系逐步建立完善。推进水价改革，出台创新水价形成机制利用价格杠杆促进节约用水的意见。加大差别价格政策实施力度，将惩罚性电价和差别电价、水价的实施权限下放给各设区市、省直管县及扩权县，允许各地扩大实施行业范围、提高加价标准。改进低价药管理，出台省管第一批低价药清单。在全省所有县级公立医院实施医药价格改革。

【财政体制改革】 制定河北省深化财政改革实施方案，构建全省财政改革基本框架。出台深化预算管理制度改革的意见，实行全口径预算改革，将所有政府收支全部纳入预算管理，积极推行以绩效预算管理为核心的预算管理制度。权责发生制的政府综合财务报告试编范围拓展到全部设区市和196个县（区、市）。强化地方政府债务管理，制定政府性债务风险管控工作方案和举借核准、债务偿还、风险预警三个管理办法，出台深化政府性债务管理改革的意见。建立政府性债务风险会商制度，并首次对省直部门编报的偿债和举债计划开展审核。出台政府向社会力量购买服务的实施意见及配套措施，在公共管理领域和事务性管理服务领域选择88类事项开展试点。按照国家统一部署，将铁道运输业、邮政服务业和电信业纳入营改增试点范围。

【扩大民间投资准入】 筛选推出两批82项鼓励民间投资项目清单并向社会公布，涉及高速公路、一级公路、铁路、清洁能源、热电联产、水利发电、军民品生产、医疗设施、以及城市供水、供热和污水处理等。出台推广政府和社会资本合作（PPP）模式的实施意见，积极探索在全省基础设施、公共服务领域开展政府和社会资本合作示范试点。

【社会信用体系建设】 《河北省社会信用体系建设规划（2014—2020年）》通过专家论证，2015年2月正式印发。河北省公共信用信息共享平台项目预可研报告编制完成。河北省市场主体信用信息公示系统建成并正式上线运行。出台推进社会力量参与市场监督的意见，印发促进市场公平竞争维护市场正常秩序任务分工方案，着力完善市场监管体系。积极推进肃宁县、威县两级农村信用体系建设改革试点，试点工作逐步在全省范围内铺开。

【科技体制改革】 先后出台推动企业增加研发投入提升企业技术创新能力的实施意见、河北省科技型中小企业成长计划和河北省促进高等学校和科研院所科技成果转化暂行办法等一系列文件。搭建一批技术转移、成果转化平台，石家庄科技大市场启动建设，与科技部达成合作协议共建河北北商科技成果转化基金。加强京津冀科技合作，与京津签署《推进中关村与河北科技园区合作协议》、《共同推动京津冀国际科技合作框架协议》等，中关村海淀园秦皇岛分园揭牌成立。构建多层次科技型中小企业投融资体系，组建科融盛谷担保有限公司，推出科技型中小企业履约保证保险贷款。探索开展知识产权质押融资，出台河北省专利权质押贷款管理办法。

【开放体制改革】 加快建立京津冀协同发展机制，三地高层会商制度初步形成，京冀高层互访逐渐制度化。创新市场共建机制，三地分别签订关于推进市场一体化合作协议、落实京津冀共同推进市场一体化进程合作框架协议商务行动方案，逐步建立市场监测信息共享机制。加快制定与京津对接的公共服务制度安排，分别与京津签订教育资源共享协议，与北京签署医疗保险合作备忘录等。加强对中东欧国家等重点地区的投资合作，积极支持钢铁水泥玻璃等优势产业"走出去"转移过剩产能，境外投资合作项目实行备案为主、核准为辅的管理方式。最大限度放宽投资准入，印发外商投资项目核准和备案管理办法，开展外商投资快速审批试点。整合优化各类园区，将原71家省级工业聚集区纳入省级经济开发区序列。出台推进全省开发区体制机制改革的指导意见，在衡水和威县探索开展开发区用人机制及薪酬奖励制度改革试点。曹妃甸综合保税区封关运行，石家庄综合保税区获国家批准，京津冀区域通关一体化正式启动。

（河北省发改委体改处　田芙菁）

对外开放

【对外贸易】 在全国外贸低位运行的背景下，2014年全省进出口完成598.8亿美元，增长9.1%，其中出口357.1亿美元，增长15.4%，进口241.7亿美元，增长0.9%，增幅分别高于全国5.7和9.3个百分点，超额完成进出口增长5%的目标任务。服务贸易进出口35.3亿美元，增长21.4%；软件出口和离岸服务外包完成3亿美元，增长22%。

【利用外资】 在年初利用外资深度下滑的形势下，降幅逐月收窄，年底实现由降转增，全年实际利用外资70.1亿美元，增长5.1%，圆满完成增长5%的目标任务。其中，服务业利用外资达到15.4亿美元，增长22.7%，占比较去年提高了4.7个百分点。一是创新廊坊5·18洽谈会举办方式。坚持去形式化和行政化，突出市场化运作、突出京津冀协同发展、突出务实节俭，切实提高办会实效，大会签约外资项目59个，协议利用外资102.3亿美元。二是加强与重点国家和地区合作。在商务部支持下，正式加入"中国省与美国加州贸易投资合作联合工作组"，并建立了以河北为基础的"中国省与美国艾奥瓦州贸易投资合作联合工作组"。成功组织法国河北周活动，在英德和美加分别举办境外主题招商专场活动，密切了与境外知名商务机构联系，推动了一批在谈项目。三是提高投资便利化水平。认真落实商务部改进外资审核管理工作的要求，出台《关于改进外商投资管理提高投资便利化水平的方案》，下放外商投资审批权限，改进外商投资核准备案方式，取消外商投资企业联合年检制度，开展外商投资快速审批试点。

【对外投资】 在连续几年快速增长的情况下，继续保持较好势头，全年新核准对外投资企业121家，增长42.4%，对外直接投资15.5亿美元，增长31.1%。非国有企业"走出去"步伐明显加快，投资设立企业112家，直接投资14.2亿美元，占比分别达到92.6%和91.4%。

【招商引资】 创新廊坊5·18洽谈会举办方式，突出市场化运作、突出对接京津、突出务实节俭，提高办会效果，大会签约外资项目59个，协议利用外资102.3亿美元。加大对欧美等发达国家招商力度，正式加入了"中国省与美国加州贸易投资合作联合工作组"，建立了以河北为基础的"中国省与美国艾奥瓦州贸易投资合作联合工作组"；成功组织省领导出访中东欧和法国的活动，推动了一批合作项目。落实商务部改革外资管理体制通知要求，下放审批权限，改进外资项目核准备案方式和外资企业联合年检制度，开展快速审批试点，投资便利化水平显著提高，全年新批外商投资项目198个，合同外资49.7亿美元，增长35%，其中合同外资超过1000万美元的项目达到80个，比上年增加19个，项目储备不足问题有所缓解。

【企业"走出去"】 省政府召开推动企业"走出去"工作座谈会，对全省对外投资合作工作进行了部署。加强企业帮扶和项目对接，加强与省有关部门、金融单位以及香港、泰国、新加坡、匈牙利、肯尼亚等国家（地区）政府投促机构合作，举办多场政策培训和项目对接活动，取得较好成效。以省政府主要领导出访中东欧国家为契机，制定加强全面合作的实施意见，为推动企业融入国家"一带一路"战略和利用中东欧地缘优势进军欧洲创造了条件。保定华奥、秦皇岛哥特尼、河北海捷等企业在中东欧投资项目顺利获批。会同省有关部门出台实施《钢铁水泥玻璃等优势产业过剩产能境外转移工作推进方案》，河钢集团南非500万吨钢铁、英利集团阿尔及利亚233兆瓦光伏电站、冀东集团南非100万吨水泥等一批在建和在谈项目进展顺利。

【落实国家外贸稳增长政策】 会同14个部门及时出台河北省《关于支持外贸稳定增长的实施意见》（冀政办〔2014〕10号文）成为全国第一批出台配套措施的9个地

区之一，受到商务部通报表扬；三次召开外贸部门厅际联席会议，及时解决新情况、新问题；四次搜集各单位落实进度并汇总上报国务院督导组和国家审计署，有效推动了政策落地。

【外贸示范基地建设】 省政府发布了“第二批省级外贸转型示范基地和示范企业”（冀政函〔2014〕79号）；确定了“第二批重点培育的出口聚集区和重点联系出口骨干企业”（冀商外贸字〔2014〕10号）。目前，河北省共有国家级基地14个，省级基地32个，重点培育的出口聚集区26个；国家级基地企业6家，省级基地企业45家，重点联系出口骨干企业30家。

【外贸品牌建设】 摸清了全省外贸品牌建设的底数，撰写了《发展自主品牌出口促进外贸转型升级》的调研报告。发布首批“河北省外贸品牌优势企业”24家，利用《国际商报》广交会英文特刊扩大宣传和推介，提升了河北省自主品牌企业的知名度和影响力。

【开拓新兴市场】 筛选100个重点国际展会推荐给外贸企业；组织1600余家企业参加20多个国际知名展览会，着力拓展新兴市场。对欧美日韩等传统市场出口占比减少；对28个新兴市场出口131.5亿美元，占比达到40.6%；东盟首次成为河北省第一大出口市场。

【促进外贸转型升级】 利用中央外经贸发展专项资金支持外贸转型升级项目32个、金额3430.21万元；支持“三个一百”领军企业15个、金额1916.82万元；支持外贸品牌优势企业11个、金额1350.71万元。企业提升质量、技术和自主品牌出口意识明显增强。

（河北省商务厅　张丹雨）

海　关

【概述】 2014年，石家庄海关关区工作取得显著成果。全年税收入库419.15亿元，超出目标任务11.15亿元。监管进出口货运量3.2亿吨，同比（下同）增长23.7%；监管进出口货值510.9亿美元，增长13.4%；进出口报关单9.9万份，增长26.5%；监管运输工具1.1万辆（艘），增长10.5%；监管集装箱15.6万箱次，增长28.2%；监管进出境人员42.4万人次，增长20.2%。备案电子化手册2262份；手册备案金额23.72亿美元，增长25.85%。侦办走私犯罪嫌疑案件12起，增长20%，案值1717.5万元；结案刑事案件12起，增长300%；立案调查行政案件155起，案值1.21亿元；结案行政案件172起，增长11.7%，案值1.84亿元；罚没收入412.95万元。

【服务“三个河北”】 牢固树立“服务全省经济发展是海关工作题中应有之义”的理念，紧紧围绕省委省政府建设“三个河北”战略部署，不断创新服务举措，全面落实《支持河北外贸稳定增长的20项措施》，积极助力河北省转型升级、实现绿色崛起。全面落实国家税收优惠政策。推动国家有关进出口税收优惠政策落地，大力支持全省科学研究和技术开发、重大技术装备、关键零部件、工艺优化、节能环保等紧缺技术、资源、产品进口和经济社会发展重点项目以及地方特色项目建设。做好预归类、预审价和原产地预确定工作，优化海关审批手续，加快减免税项目备案及审批办理速度，确保企业充分享受国家税收优惠政策。2014年共办理《进出口货物征免税证明》1757份，同比增长26.13%；审批货值7.42亿美元，增长6.61%；减免税款6.52亿元，增长17.06%。大力支持全省海关特殊监管区域建设。认真贯彻《国务院关于海关特殊监管区域科学发展的指导意见》，按照“布局合理、规范建设、科学发展”的目标，积极支持省内海关特殊监管区域设立和运营。曹妃甸综合保税区于2014年5月正式封关运行；石家庄综合保税区于9月15日、武安保税物流中心于10月13日先后获得国务院批复设立；黄骅港综合保税区、京唐港保税物流中心申报工作取得进展。同时，调整完善了省内保税仓库布局规划，2014年新审批保税仓库5家，出口监管仓库2家。认真做好外贸统计分析和监测预警。加强对全省外经贸运行基本状况、主要特点和发展趋势的前瞻性、预警性研究，开展对区域性外贸情况、传统优势产品及特色商品的专题调研分析。定期向省委省政府提供详实准确的外贸统计分析报告，及时反映进出口动态变化情况和国家政策措施实施效果，并从海关角度提出对策建议。全年共报送各类统计分析文章120余篇，其中《2013年河北省外贸质量与效益分析》、《在京津冀一体化中实现河北省加工贸易转型升级》等分析文章，得到了张庆伟省长等领导同志的肯定批示。省委、省政府领导多次对石家庄海关服务河北的举措提出表扬，张庆伟省长批示：“为企业服务，为发展助力，海关工作应充分肯定。”

【深化改革】 2014年是我国全面深化改革的开局之年，全国海关系统也拉开了全面深化改革的序幕，按照《海关全面深化改革总体方案》要求和河北省改革发展的省情实际，该关发扬敢于担当、勇挑重担的精神，有序推进了相关改革。全力推进京津冀海关区域通关一体化改革。着眼于服务京津冀协同发展战略，在改革筹备阶段，该关积极反映河北省的实际情况和发展需要，最终争取到了京津冀三地海关按商品和行业分工审单的作业模式。不仅保证了河北省企业与京津企业同等享受改革红利，而且使河北省的传统产业借助“地利”进一步扩大了竞争优势。9月22日该关正式启用通关一体化作业模式以来，各项业务运行平稳，监管货运量进一步增加，报关单数量增长27.9%；通关效率显著提升，河北省企业通过天津海运口岸进出口货物的平均通关时间缩短了3个工作日，节省国际物流费用近20%。积极推广复制上海自贸区监管创新制度。根据河北省实际情况，该关在深入研究14项创新制度的基础上，按照“引进、吸收、消化、再创新”的要求，于9月份先期将“货物流转自行运输”、“统一进出境备案清单”、“批次进出、集中申报”、“简化无纸通关随附单证”、“集中汇总征税”等5项制度在关区复制推广，初步形成了简政集约、智能驱动、风险可控、便利高效的新型监管服务模式。超过50家企业享受到新型监管制度带来的便利，减少运营成本近10万元。进一步提高贸易便利化水平。将通关无纸化改革拓展至关区所有业务现场，“属地申报、口岸验放”模式适用范围扩大至所有B类生产型企业，“属地申报、属地放行”适用企业扩大至A类以上经营单位和B类以上申报单位，受惠企业增至9000余家。把关检合作“三个一”工作列为一把手工程，主动加强与河北出入境检验检疫局沟通协调，积极推动落实。2014年10月24日，正式启动“三个一”作业模式，12月25日，在关区所有业务现场推广完成。加强企业信用管理，积极为符合条件的企业上调管理类别，年内新评定AA类企业40家，AA类企业增至85家，A类企业增至542家。严格落实分类分流查验作业要求，对经营单位为AA类且申报单位为B类以上企业的进出口货物，实施较低的随机抽查率。认真履行7×24小时预约通关承诺，确保进出口货物全天候、无障碍通关。加强“12360”海关服务热线建设，热情解答业务政策咨询，积极协调解决通关疑难问题，全年共受理咨询电话5500余个，热线服务质量满意度、答复满意度均为100%。

【优化业务运行】 坚持以三控（风险防控、职能监控、现场自控）一化（业务量化指标管理）一重（对重点商品、重点地域、重点行业进行重点治理）为主要抓手，不断加强对业务运行的科学化、精细化管理，主要业务实现了较快发展，执法评估结果显示，连续八年处于深绿区域。业务运行质量和效率持续向好。综合治税成效显著，依法征管，拓源挖潜，应收尽收，在主要税源商品价格大幅下降的情况下，超额完成了海关总署下达的税收任务。实际监管全面加强，新舱单和运输工具管理系统成功切换，监管质量得到提高，各类监管指标均实现2位数增长。加工贸易手册和保税仓库监控进一步加强，单耗管理进一步完善，手册报核及时率、结案及时率均为100%。稽查差别化作业模式进一步优化，后续监管更加严密，全年共稽核查企业367家，稽查补税3011万元，稽查有效率18%。三级风险防控体系作用有效发挥，风险布控水平优于全国海关平均水平。打击走私再创佳绩。坚持“抓小抓早、露头就打”，集中警力对重点部位、关键领域和敏感商品实施精、准、狠的有力打击。成功侦破了“4.17武器弹药走私案”，抓获犯罪嫌疑人9名，缴获非军用枪支30支，仿真枪33支。加强对毒品走私的堵源截流，抓获外籍犯罪嫌疑人3名，查获海洛因、可卡因等近300克。巩固“绿篱”行动成果，立案侦办2起冒用他人许可证走私进口固体废物案件，查获涉案废塑料800余吨。开展“守卫者”行动，查获象牙及其制品24.6千克。推动召开了河北省打击走私工作会议，加强了对反走私综合治理工作的组织领导，为维护河北省经济秩序和社会稳定作出积极贡献。

【群众路线教育实践活动】 严格落实“照镜子、正衣冠、洗洗澡、治治病”的总要求，坚持查摆问题不走过场，立行立改不搞变通，保证了教育实践活动取得实实在在的效果，全体党员干部普遍受到一次深刻的马克思主义群众观点和党的群众路线教育，关风关貌为之一新。整治“四风”取得明显成效。第一批整改任务已全部完成，第二批制定的整改任务，已完成80%。开展专项整治行动，办公用房全部达标。对所有执法执勤用车统一喷涂海关执法标识，实行休息时间、节假日公车入库管理，杜绝了公车私用现象。大力压缩“三公”经费，文风、会风进一步改进。“三难”问题得到有效解决。第二批活动着重向群众反映的“三难”问题开刀，用硬措施改善软环境。通过完善基层政务公开平台，自觉接受群众监督，提高窗口执法透明度，打造阳光窗口；通过健全服务机制，规范窗口标识，推行便利措施，方便群众办事，打造便民窗口；通过创新服务方式、延伸服务内容，拓展服务空间，打造服务窗口。坚持让群众好办事、为群众办好事，使关企关系进一步融洽，窗口内外都亮了起来。作风建设长效机制初步建立。研究制定了领导干部联系服务基层规定，将关党组班子成员到科室跟班、到业务现场值班、走进服务对象活动常态化、制度化。围绕民主决策、科学决策、依法决策要求，制定了贯彻落实“三重一大”决策制度实施办法。围绕落实中央八项规定要求，制定了车辆日常使用管理细则、接待工作规定、会议管理规定、预算绩效管理规定等制度，加强作风建设的制度进一步完善，长效机制初步建立。

【落实从严治党】 严格落实从严治党要求，不断强化法纪的刚性约束力，努力适应严查严管的新常态。两个责任得到有效落实，逐级签订了党风廉政建设责任书，形成了关党组抓好“起步一公里”、各单位推动“最后一公里”、纪检监察部门全面监督的良性运行机制，进一步扣紧了“责任链”。纪检监察部门“三转”顺利推进，执纪监督进一步加强，针对贯彻落实八项规定情况，开展多次明查暗访，对“贴着海关发财”进行了专题调研，将领导干部报告廉洁从政事项扩大到科级领导干部。案件查办力度进一步加大，坚持对违法违纪情事“零容忍”，始终保持反腐高压态势，架起真正带电的“高压线”。

【注重队伍建设】 认真落实准军事化纪律部队建设要求，坚持从严管理，注重真情关爱，干部队伍的凝聚力、战斗力进一步增强。加强关党组班子自身建设，修订完善了《中共石家庄海关党组议事规则》等5项制度，民主集中制的原则得到有效贯彻，科学民主决策能力进一步提升。持续推进学习教育，深入学习贯彻十八届三中、四中全会精神和习总书记系列重要讲话，不断加强政治理论武装。认真落实《党政领导干部选拔任用工作条例》，严格按照条例选任干部，在关区形成了真抓实干、积极进取的导向。干部队伍综合素质进一步提高，“两白人”活动持续深入，60个重点课题研究取得成果。“人人上讲堂”活动有声有色，自觉学习蔚然成风。党建工作基础进一步夯实，实施了“党支部规范建设年”工程，党支部的战斗堡垒作用进一步增强。“共产党员示范岗”活动蓬勃开展，经验做法被省直工委推广。工青妇等群团组织作用进一步发挥，文体活动更加丰富多彩。老干部工作有效开展。精神文明创建工作成效显著，石家庄海关再次被评为省级文明单位，并被评选为第四届国家级文明单位。

（石家庄海关　尹志永）

出入境检验检疫

【概述】　2014年是河北出入境检验检疫局“一年求突破，两年上台阶、三年大变样、四年新跨越”四步走跨越发展战略“大变样”之年，一年来，在国家质检总局和河北省委、省政府的正确领导下，河北检验检疫局坚持以贯彻落实党的十八届三中全会精神为主线，以“全力促改革、全面大变样”为主题，以全面赶超强局为牵引，深入探索改革之路，坚定实施“四步走”发展战略，全力落实“十二字”方针，各项事业实现“大变样”。

2014年，河北检验检疫局共检验检疫出入境货物10.41万批、货值426.08亿美元（同比批次减少32.3%、货值减少6.81%）。其中：检验检疫出口货物8.38万批、货值48.76亿美元（同比批次减少36.9%、货值减少40.05%）；检验检疫进口货物2.03万批、货值377.30亿美元（同比批次减少3.23%、货值增长0.38%。）。共检出进出口不合格货物2287批、货值78.20亿美元，货值不合格检出率在全国35个直属局排名前列。在全省4个海港口岸和2个空港口岸，出入境人员查验38.43万人次，健康检查3.06万人次，预防接种3.85万人次，艾滋病监测2.94万人次，发现病例1.94万例，对6434艘进出境船舶、1830架次国际航班飞机进行了口岸卫生检疫。出入境集装箱报验5.60万标箱，检出337问题标箱。发现动植物疫情236种类、2034种次。货物通关2.31万批次、货值372.41亿美元

【改革管理模式】　出台《主动应对检验检疫模式改革实施方案》，推进质量安全风险监管体系建设。新创进口法检商品“首进备案、评定放行、重点监管、宏观评价”、出口法检商品“合格假定、抽检验证、报检放行”和目录外商品“监督抽查、事后监管、追溯调查、责任追究”3种监管模式，形成进出口工业品检验监管执法新体系。新建出口食品安全风险管理体系。创立免办CCC证明企业分类管理模式。推进采信第三方认证，开展注册备案监管简政放权工作，实施了出口农食产品备案监管企业对标、提质、增效、升级行动方案。

构建质量诚信管理体系，评定3621家企业信用等级，实施分类监管，强化企业主体责任。开展“质量月”等宣贯活动，提升全社会质量意识。

新增28家“中国质量诚信企业”，增加数位居全国前列。

【维护国门安全】　提升口岸核心能力。自主研发空、海港口岸检验检疫信息化平台，实现信息资源共享。构建口岸“突发公共卫生事件应急处置”和“恐怖事件应急防控”两大体系，建成外来有害生物检测鉴定中心及各分中心，完善口岸公共卫生应急处置中心功能配置。

构建疫情疫病防控体系，在全国率先提出“检疫全覆盖”工作机制，主要检疫类别全部检出有害生物；全年检疫查验河北口岸来自埃博拉疫区人员417人次，获取其他口岸来自埃博拉疫区人员344人次信息并通报河北省政府相关部门；15种外来有害生物为全国首次截获。

出台6项举措，加大进口煤炭安全环保指标监控。组织进口肉类、肠衣、预包装食品备案标签专项督查。

【服务地方经济】　出台16项“服务经济发展举措”和10项“服务外贸稳增长措施”。进一步简政放权，把行政审批项目的申请、受理、告知、送达等环节下放至分支机构实施，最大限度地实现“权力下放”。

落实减免费政策，帮助企业减免检验检疫费1051.8万元。利用原产地政策减免关税3.48亿美元。

跟进正定机场国际邮件快件运营中心、2016世界园艺博览会等重大项目建设。

秦皇岛港散粮查验点和京唐港查验点成为进境粮食指定口岸。

助力19类产品首次实现进口，帮扶96类产品出口到国外新市场。

新增1个国家级、7个省级质量示范区，两类示范区建设覆盖河北所有优势特色产品。

组织“123计划”专项行动，出口备案注册企业质量效益得到提升。

打造出口水果“标准示范园”，引领全国鲜梨质量方向。

新增5个、在建3个进境种牛隔离场，成为全国最大种牛进口口岸。

实施申报放行、验证放行、抽样放行、监管放行4种放行新模式。全面应用集中审单和电子监管系统。全面开展无纸化申报和智能化放行。

推进京津冀检验检疫一体化，149家企业实现京津口岸“出口直放”。

与石家庄海关全面启动“三个一”，实现“一次申报”。

【事业能力提升】　河北瑞海和河北恒达有限公司正式运营。成立13家检验检疫协会分协会和廊坊检验检疫科学技术研究院、唐山港中检检测有限公司。注册14家检疫公司分公司和2家瑞通分公司。

整合优化检测资源，打造6大公益性实验室体系，实现“九个统一”，形成冀检特色实验室发展模式。国家“梨及其产品检测检疫重点实验室”获国家质检总局批筹，建成检验检疫系统首家3C认证电线电缆实验室，完善5个植物检疫和3个卫生检疫区域中心实验室，与平泉县共建食用菌检测中心，牵头组建唐山市食品检测及仪器共享服务联盟，成立4个检科院分院，技术服务体系更加完善，服务经济社会发展的能力进一步增强。

首次完成SONCAP和电子商务检验鉴定业务。初次打入计量检验和供应商评审业务领域。

【干部队伍建设】　举办集中培训班31个、开展活动300

余项，1800余人次受训。11人被国家质检总局聘为SPS通报评议专家，37人取得初级以上技术职务任职资格。

建立处级领导干部任前法律知识考试制度。开展优秀科级领导干部民主推荐工作。开展双向挂职锻炼。形成对口帮扶机制。完善四项监督制度的配套办法，对干部选拔任用实行了全程工作记实。

中央编办批准设立石家庄检验检疫局，成立黄骅港综合保税区办事处筹建办，事业单位增设4个部门、分支机构增设3个科室。

【基础建设】 申报科技项目186项，省部级以上立项15项、本局立项53项；取得39项科技成果，其中国家质检总局7项；完成标准制修订送审9项、报批10项；取得国家专利5项，均创历史新高。

出台20个规范性文件，完善了业务管理体系。开展依法行政示范单位创建，2个单位成为质检系统依法行政示范单位。完善"12365"受理举报处置工作，在国家质检总局评比中获满分。

应用"综合行政管理平台"，提升信息化管理水平。运行"标准化管理体系"，形成质量管理和绩效管理深度融合的河北检验检疫管理模式。推进窗口标准化建设，达标率达到86.4%。

河北检验检疫局局机关技术用房建设完成方案论证和初步设计，河北检验检疫局京唐港办事处综合实验用房投入使用，邢台检验检疫局技术业务用房项目有实质性进展。

【特色冀检建设】 修订10项党建规章制度，不断创新理论学习方式。全面运行电子监察系统，实现纪检监察与业务工作的有机结合。

高标准组织第二批党的群众路线教育实践活动。全系统在政风行风民主评议中平均得99.53分。

建成河北检验检疫局局机关"文化视窗"。

《河北检验检疫志》、《河北检验检疫照片志》出版发行。

开展书香机关等实践活动。

"好人"王玉杰事迹被央视等13家大型媒体报道。

新增3个省级文明号。

（河北出入境检验检疫局　郭　捷）

外事　侨务

【概况】 2014年，全省外事侨务港澳工作在省委、省政府的正确领导下，认真贯彻落实中央对外方针政策，认真贯彻落实习近平总书记系列重要指示，积极配合了国家外交，有效促进了全省经济社会发展。

河北省与美国艾奥瓦州的友好合作不断走深走实。认真贯彻落实习近平主席2013年10月16日《致河北省——美国艾奥瓦州结好30周年纪念活动的贺信》，积极推动两省州的务实合作。上一年签约的20个重点合作项目普遍得到较好落实。2014年两省州互访团组18批124人次，新一批交流合作项目正在积极推进，两省州的友好交流合作正在不断走深走实。2014年3月27日，中国人民对外友好协会、美国国际姐妹城协会授予河北省和艾奥瓦州中美友好城市"长期合作奖"。2014年11月，中国人民对外友好协会授予河北省"国际友好城市特别贡献奖"。

河北省与德国勃兰登堡州的交流合作全面深化。李克强总理关心的河北省引进德国勃兰登堡州风电——制氢综合利用示范项目，经过两省州细致工作，2014年10月已完成规定的核准手续，拟于2015年5月开工建设。河北省与德国勃兰登堡州缔结友好省州关系事宜进展顺利，两省州计划在勃兰登堡州州长2015年访问河北时签署缔结友好省州关系协议书。

省委对全省外事工作的集中统一领导得到加强。省委外事工作领导小组召开第三次会议，进一步强调了加强党委对外事工作的集中统一领导，更加注重服务大局，更加注重搞好管理，更加注重严格纪律，更加注重加强领导。按照中央和省委新要求，下半年又调研起草了一批加强对外事工作集中统一领导和归口管理的政策规定。

北京联合张家口申办2022年冬奥会相关工作务实有效。全力做好与此相关的外事支持工作，督促张家口市尽快建立健全市委外事工作领导小组和加强外事机构建设。积极帮助张家口市与俄罗斯索契市探索建立友好城市关系。对河北省申奥单位出访、邀访事项开辟绿色通道。加强对张家口崇礼县举办冬奥会雪上项目优势的国际宣传。

河北省与中东欧国家的地方合作成效显著。张庆伟省长出访捷克，参加了"中国——中东欧国家地方第二次领导人会议"。经国务院批准，河北省成为"2016年中国——中东欧国家地方领导人会议"举办地。张庆伟省长在捷克布拉格举办的"中国——中东欧国家地方第二次领导人会议"上被推举为中国——中东欧国家地方省州长联合会首任中方主席。此举大大提高了河北省在中东欧16国以及欧洲乃至世界的知名度和影响力。河北省与中东欧国家人员往来和交流合作明显增多

"请进来"、"走出去"日益活跃。紧紧围绕发展现代农业、制造业、服务业和企业"走出去"，积极与世界500强以及国际技术型、经营型、资源型的中小企业开展交流合作，取得良好效果。

涉外管理和领事保护工作扎实有效。加强了对境外非政府组织在河北省活动的管理。"善管、善待、善用"外国记者和港澳记者。妥善协调处置了在河北省发生的各类突发案（事）件。严格做好涉埃博拉疫情的涉外工作。及时妥善协调处置河北省企业、公民在海外的领事保护事项。

为侨服务工作效果突出。坚持"以人为本、为侨服务"的宗旨，2014年走访归侨侨眷784户、2155人次，积极帮助归侨侨眷家庭脱贫致富。及时协调处理海外侨胞和归侨侨眷来信来访，2014年妥善办理来信来访2400多件，维护了侨界平安，为社会和谐稳定做出了积极贡献。

冀港冀澳交流合作进展顺利。积极与驻港澳中联办、香港特区政府、澳门特区政府联络沟通，接待了香港特区政府2批高层首长级公务员团、香港特区政府驻京办主任朱曼铃、香港中资企业港籍优秀员工访京团、港岛各界社团领袖学习考察团访问河北。加强了与港澳各界的联系，为冀港冀澳交流合作创造了条件。

【省领导外事活动】 应全国友协和河北省友协邀请，5月12日至20日，美国艾奥瓦州“老朋友”及志愿者代表团一行16人访问河北省。张庆伟省长出席了会见宴请活动。代表团在石家庄、衡水、唐山、承德参观访问，所到之处，都受到当地人民的热情接待。

张庆伟省长出席“第二届中日省长知事论坛”。10月28日，由中国人民对外友好协会、中日友好协会、日本全国知事会共同举办的“第二届中日省长知事论坛”在北京举行。张庆伟省长出席了国家副主席李源潮在人民大会堂会见中方省市长和日方知事活动和在钓鱼台举办的第二届中日省长知事论坛。在论坛议题讨论中，张庆伟省长结合河北省的节能减排治理环境污染的实际，就中日环保合作进行发言，之后还出席了中日友协会长唐家璇主持的论坛招待会。会议期间，张庆伟省长还与长野县知事阿部守一、鸟取县知事平井伸治，就双方在环保、养老护理、冬季体育项目、旅游、动漫领域开展合作进行了友好交流。

张庆伟省长率团访问捷克、匈牙利、波兰。根据外交部统一安排，并应捷克内务部、匈牙利外交和对外贸易部、波兰马佐夫舍省政府邀请，张庆伟率河北省代表团于8月26日至9月4日，参加了在捷克布拉格举办的“第二次中国——中东欧国家地方领导人会议”，会议宣布河北省成为“2016年中国——中东欧国家地方领导人会议”举办地，并推举张庆伟省长为中国——中东欧国家地方省州长联合会首任中方主席。在捷克，张庆伟省长会见了捷克国务秘书托马斯·布鲁萨、捷克工贸部长阳·姆拉德克、卡罗维发利州长约瑟夫·诺沃特尼、南摩拉维亚州州长米哈尔·哈谢克等，商谈了加强合作事宜，并与卡罗维发利州长签署了开展友好交流合作备忘录，在匈牙利，会见了国务秘书、农村发展部部长基什·艾利萨、外交和对外贸易部副部长西亚托·彼得、佩斯州州长苏驰·劳约什等，出席了“河北企业走出去推介会”推动了双方经贸合作。河北省与佩斯州友好交流取得进展，双方同意在明年适当时候签订两省州缔结友好关系协议书。在波兰，会见了副国务秘书兼体育旅游部副部长卡塔兹那·索贝让斯卡、马佐夫舍省省长亚当·斯特鲁齐克等，出席了河北旅游推介活动，商谈了加强合作事宜。

秦博勇副省长率团访问法国、西班牙、英国。应法国上塞纳省议会、联合国世界旅游组织和英中贸易协会邀请，秦博勇副省长率河北省代表团，于11月4日至13日访问了法国、西班牙和英国。在法国，代表团出席了在斯特拉斯堡市举办的第四届中法地方政府合作高层论坛；在巴黎举办了河北省投资合作说明会；与上塞纳省主席德维让就河北省与上塞纳省恢复友好关系进行了深入探讨，签署了关于两省加强友好关系促进交流的备忘录；与阿尔萨斯大区副主席玛丽重点围绕扩大双方投资贸易达成共识。在西班牙，与联合国旅游组织执行主任祝善忠就推进河北省与联合国世界旅游组织合作交换了意见；与西班牙投资贸易总署中国区主任阿图洛·兰兹会谈，推动省建投新能源公司风机项目签约。在英国，与英国外交部亚太司司长史蒂芬·利利司长议定共同推动河北与英国地方建立友好省郡关系；与英国能源与气候变化部第一副部长埃姆博·路德、英国贸易投资总署和英中贸易协会负责人重点围绕节能环保、大气污染治理等方面合作进行了深入交流；英中贸易协会还组织了10余家企业与代表团进行了交流对接，重点洽谈了一批节能环保的合作项目。此访签署了一批经济技术和贸易合作协议。

【国外使团来访】 美国堪萨斯州州长萨姆·布朗巴克率团访问河北省。应全国友协邀请，美国堪萨斯州州长萨姆·布朗巴克率贸易代表团一行12人，于11月15日访问了河北省邯郸市。张庆伟省长在邯郸赵都大酒店会见宴请了布朗巴克州长一行。会谈中，双方都表示，河北省与堪萨斯州在农业、航空航天产业方面合作空间很大，希望两省州进一步加强经贸往来，在更多领域寻求合作，促进双方的共同发展，造福两省州人民。张庆伟省长还表示，希望农业厅组织代表团于2015年访问堪萨斯州，就乳制品、农业节水技术等方面的合作进行考察和洽谈。会见结束后，张庆伟省长和布朗巴克州长共同见证了河北东方明珠集团与堪萨斯州托皮卡市发展促进商会合作项目签约。布朗巴克州长一行还赴东方明珠集团参观，并就胶原蛋白肠衣加工合作项目举行会谈。

以色列驻华大使马腾访问河北省。2月18日，以色列驻华大使马腾一行6人率团访问河北省。2月18日上午，省委副书记赵勇在石家庄会见了马腾大使，副省长秦博勇参加会见。赵勇副书记代表省委、省政府，对马腾一行的到来表示热烈欢迎。他说，去年我率领中共友好代表团访问了以色列，深深感受到中以两国友谊基础牢固，政党、政府、人民间的交往密切，堪称国际交往的典范。河北当前面临着承接中国南资北移、京津冀协同发展、治理大气污染、调结构牵引环保产业发展的机遇，与以色列的合作前景广阔。希望以色列的企业家、科研院所负责人多到河北考察，开展项目对接，逐步扩大合作范围。马腾表示，以色列与河北有良好的合作基础，以色列大使馆将积极推进河北与以色列的合作，组织各界人士来河北考察，不断深化合作。2月18日下午，秦博勇副省长与马腾大使一行举行了工作会谈，就海水淡化、大气污染治理、工业废水处理、节水农业等合作项目进展中的具体事项进行了逐项对接。河北省就渤海新区利用以方1.5亿美元低息贷款建设海水淡化项目及环保技术合作、建设现代农业产业园等项目，与以方共同努力，加快推进项目落地。

澳大利亚驻华大使孙芳安访问河北。2月24日至25日，澳大利亚驻华大使孙芳安女士一行5人访问河北省石家庄市和唐山市。2月24日中午，秦博勇副省长会见了澳大利亚驻华大使孙芳安。秦博勇副省长就河北省与澳大利亚的合作提出了三点建议：一是希望大使推动澳大利亚企业到河北投资并组织更多澳大利亚企业家来河北进行考察，在污染治理、环保产业等方面开展交流与合作。二是希望大使为河北省企业赴澳大利亚投资提供便利，对河北省企业在澳大利亚投资办厂、资源开发、工程承包等提供更多政策支持和信息服务。三是根据河北省和澳大利亚产业产品结构情况，组织双方企业进行对接，并为双方企业合作提供便利条件，进一步扩大双方贸易规模。孙芳安大使提出，澳大利亚与河北的合作不仅仅局限在矿石等资源领域，在金融、农业、服务业、环保、教育等多领域都有非常广阔的合作空间和前景。目前，澳大利亚政府也在就吸引外商投资等进行有关政策调整，努力简化审批流程，提高工作效率，为外商在澳大利亚提供便利，欢迎更多的河北企业到澳大利亚投资。在冀期间，孙芳安大使一行与河北钢铁集团有限公司、中国电子科技集团第54所进行了交流，参观了石家庄美术馆、唐山钢铁集团有限公司、开滦国家矿山公园、曹妃甸经济开发区等。

加拿大驻华大使赵朴访问河北。7月16日至17日，加拿大驻华大使赵朴一行4人访问河北省石家庄。7月17日晚，秦博勇副省长会见了赵朴大使，就拓展双方在教育、农业、畜牧养殖业、生态节能、环境保护、贸易投资等领域的合作交换了意见。秦博勇副省长希望大使先生能够给河北推荐更多的加拿大高新技术企业，帮助河北实现产业的可持续发展。赵朴大使介绍了加拿大良好的投资环境，并表示欢迎河北的企业去加拿大投资兴业。来访期间，赵朴大使参观了河北钢铁集团、河北天和肉牛养殖有限公司、河北省建筑科技研发中心、河北省农林科学院，并就河钢集团与加拿大阿尔德隆公司合作开采佳美铁矿项目、河北天和肉牛养殖有限公司与加拿大在遗传技术及畜牧养殖领域的合作、省农科院与加拿大合作的中加旱地项目，分别与上述各部门进行了工作会谈。

“第二届中国——东盟青少年文化交流节”部分活动在河北举行。7月30日至8月1日，“第二届中国——东盟青少年文化交流节”部分活动在张家口市康保县举行。来自东盟10国（包括马来西亚、泰国、菲律宾、印度尼西亚、新加坡、越南、老挝、缅甸、文莱、柬埔寨）以及中国大陆25个省市区和台湾地区的230名青少年代表赴康保县参加了主题为“畅游康保、放飞梦想”的文化交流活动，内容为草原迷你趣味运动会、“草原体验，分享快乐”、中国东盟青少年文化交流节文艺晚会等。7月31日晚，中国东盟协会会长、中国关心下一代工作委员会主任顾秀莲、省人大常委会副主任王刚出席了“中国——东盟青少年文化交流节文艺晚会”并讲话。8月1日中午，省友协在张家口市举行交流活动，与代表团成员进行了友好交流。通过活动，增进了我国与东盟国家青少年对彼此文化的了解，拓展青少年成长的国际视野，以进一步增强地区和谐、稳定、繁荣和发展。

“纪念白求恩逝世75周年”系列活动在河北省举行。2014年是伟大的国际主义战士、加拿大医生诺尔曼·白求恩逝世75周年。10月11日至14日，“纪念白求恩逝世75周年”系列活动在河北省举行，中国、加拿大两国专家学者、医护人员等各界代表1200余人参加活动。省友协作为协办单位参与组织活动。秦博勇副省长出席活动开幕式，并于11日晚宴请来访的加拿大白求恩协会代表团。12日，中加医务工作者代表和河北省各界纪念白求恩逝世75周年仪式在华北军区烈士陵园举行。中午，省友协组织河北省医疗卫生专家与加拿大白求恩协会举行交流活动。下午，“重走白求恩路”活动正式启动，由中加医务工作者和志愿者联合组成的联合医疗队赴河北省唐县、涞源县，沿着当年白求恩大夫足迹，在他工作和战斗过的地方开展义诊和捐赠活动，为老区人民送去卫生医疗服务。

韩国青年友好使者代表团访问河北。应全国友协邀请，10月28日至31日，韩国青年友好使者代表团一行122人访问河北省。

代表团先后访问了保定市、石家庄市，出席了省政府和保定市政府欢迎宴会，与河北省优秀青年代表进行交流，参观了涿州三义宫、保定英利集团、河北大学、正定国家乒乓球训练基地、赵云庙等。

10月29日，秦博勇副省长会见宴请了代表团一行。10月30日晚，省友协组织了河北省青年代表与代表团交流活动。通过这次活动，加深了中韩青年之间的了解，拓宽了河北省与韩国的交流渠道，增进了彼此的友好关系，推动了中韩两国民间交流。

第七届世界华侨华人社团联谊大会参访团访问河北。6月8日至10日，来自38个国家和地区的88名参加第七届世界华侨华人社团联谊大会的与会代表访问了河北省唐山市和秦皇岛市。6月9日，国务院侨务办公室主任裘援平专程赴唐山市指导接待工作，受省长张庆伟委托，副省长、唐山市市委书记姜德果，副省长秦博勇在唐山市陪同裘援平主任出席了河北省政府举行的京津冀协同发展情况说明会和欢迎晚宴。省委常委、秦皇岛市委书记田向利，副省长、唐山市市委书记姜德果和主管副省长秦博勇，先后宴请了参访团一行。参访团一行分别参加了河北省举办的京津冀协同发展情况说明会、秦皇岛市投资环境说明会、唐山市曹妃甸区开发建设情况介绍会等参观考察活动。参访团到河北省有关单位考察访问，进一步了解了河北省经济社会发展情况，加强了河北省与参访团成员的联络联谊，进一步涵养了侨务资源，取得了一些实质性的成果。

香港特区政府驻北京办事处主任朱曼铃访问河北。5月30日，香港特区政府驻北京办事处主任朱曼铃访问河北石家庄。5月30日中午秦博勇副省长在石家庄中国大酒店会见了朱曼铃主任一行。秦博勇副省长首先对朱曼铃一行表示欢迎，之后简要介绍了河北省的情况。她说，河北省委省政府历来重视与香港的合作，冀港之间的合作形势良好。对于进一步深化冀港合作，秦博勇副省长提出三点建议。一、希望更多香港企业界的朋友来河北考察、更多香港企业来河北投资。二、希望港方能帮助更多的河北企业在港上市，充分利用资本市场进行融资。三、加强冀港政府间的合作，更好地为两地企业发展提供帮助支持。朱曼铃主任感谢秦博勇副省长对河北情况的介绍以及河北方面对香港驻京办此行的细致安排，并对秦博勇副省长提出的三点建议表示赞同，提倡将河北所需与香港所长结合起来，开展互惠互利合作。除了经贸关系，香港期待加强与河北多方位的合作，欢迎河北省政府相关部门赴港与特区政府有关机构进行交流。朱曼铃主任还分别赴省商务厅、省发改委，就推动冀港交流合作以及京津冀协同发展等有关情况进行了座谈。

第9期和第10期香港特区政府高层首长级公务员研修班分别赴河北省唐山考察。5月18日至20日和9月25日至27日，第9期和第10期香港特区政府高层首长级公务员专设国家事务研修班分别赴唐山进行参观考察。在唐山期间，研修班分别考察了开滦国家矿山公园、开滦博物馆、北车集团唐山轨道客车有限公司、曹妃甸工业区、海格雷陶瓷公司，了解了唐山的百年工业历史、蓬勃发展的现状，以及巨大的潜力和广阔的发展前景。在参观南湖生态公园和曹妃甸湿地修复项目后表示，唐山能够在保持工业优势的同时，加大环境保护、生态修复力度，转型升级、绿色发展的各项措施非常值得赞许。研修班还赴唐山地震遗址公园、地震博物馆和唐山市截瘫疗养院参观。研修班学员表示，在灾害面前，唐山人民同舟共济、重建家园的故事让大家动容；唐山市在废墟中崛起、凤凰涅槃的奇迹让大家欣慰。研修班还向唐山市截瘫疗养院赠送慰问金，鼓励患者继续乐观、从容地生活下去。研修班成员感谢省市港澳办的接待，表示通过此次参观考察，对河北有了更深刻的认识，希望在京津冀协同发展的新的历史机遇中，进一步加深冀港双方合作，特别是政府间的交流，促进共同繁荣与发展。

香港中资企业优秀员工（港籍）访京团访问河北。9月27日至29日，按照中央人民政府驻香港联络办公室的安排，以香港中国企业协会副会长、总裁冯洪章为团长，香港中联办经济部副部长张夏令为顾问的香港中资企业优秀员工（港籍）访京团一行30人到河北参观访问，重点到西柏坡接受爱国主义教育，增进港人对祖国的认知。访京团在石家庄期间，赴平山西柏坡，参观了西柏坡纪念馆、中共中央旧址、领袖故居，观看了历史资料片《新中国从这里走来》，学习我党西柏坡时期依靠群众发动群众的基本经验并探求西柏坡精神的丰富内涵及时代意义。访京团成员纷纷表示，西柏坡一行，很受教育，尤其对我党的“两个务必”有了更新更深刻的认识。访京团在保定期间，先后参观了长城汽车有限公司，科技·长城第四届科技节、英利集团及英利的光伏馆和生态示范建筑，直隶总督府和古莲花池。代表团成员对长城汽车的迅猛发展和技术性能赞叹不已，对光伏行业的产品兴趣盎然。直隶总督署是清朝历史的缩影，历史内涵丰富，代表团成员对景点的参观增进了对祖国历史的认知。访京团团长、香港中资企业协会副会长总裁冯洪章表示，非常高兴来河北访问，对省港澳办的周密安排和热情接待表示真诚的感谢，访京团成员感受到了河北的经济社会发展进步并表示要为河北与香港的合作贡献力量。

香港岛各界社团领袖学习考察团访问河北。10月28日至31日，根据国务院港澳办和香港中联办安排，以香港中联办港岛工作部副部长范克胜为荣誉顾问、香港岛各界联合会副理事长麦志仁为团长的香港岛各界社团领袖学习考察团一行27人访问河北石家庄、邯郸、保定。在河北期间，考察团赴正定县座谈学习，观看纪录片《总书记来到咱正定》，听取正定离退休老干部讲述总书记在正定工作期间的感人事迹，并就总书记为民情怀、务实作风进行互动交流。赴平山县西柏坡，参观了中共中央旧址、西柏坡纪念馆、领袖故居，学习我党西柏坡时期贯彻群众路线的基本经验并探求西柏坡精神的丰富内涵及时代意义。赴涉县129师司令部旧址学习参观，了解太行山军民在艰苦岁月里抗击顽敌的斗争生活和我党领导军民取得抗日战争胜利的光辉历史。赴清苑县冉庄地道战遗址考察，观看了经典故事片《地道战》、参观了冉庄地道战纪念馆，并走下地道亲身体验，为当年冀中人民顽强抗日的智慧和勇气赞叹不已。考察团团长麦志仁对河北省港澳办的热情接待和细致安排表示感谢。

外交部授予省外办“因公护照管理服务贡献奖”。2014年，省外办以因公电子护照二期项目实施为契机，完善河北省因公电子护照收缴管理系统，贯彻执行各项政策规定，严格护照管理，创新管理手段，切实做到护照管理与服务并重，为河北省因公护照管理服务工作作出了突出贡献，外交部授予该外办“因公护照管理服务贡献奖”。通过《河北省因公出国（境）网上申报查询系统》，切实加强了河北省因公护照收缴、管理、查询工作，各申办单位通过系统在线申办因公护照，查询本单位人员所持因公护照、历年出访情况，切实方便了河北省因公出访单位和人员。工作中严格执行空白护照的出入库和护照颁发登记制度，建立健全护照回收、出入库登记制度、失效护照销毁制度，护照出入库编号记录，查取方便有序，并通过因公出访系统对护照进行实时联机管理，使河北省护照收缴管理更便捷、更科学，保证了护照收缴管理工作的顺利开展。

【华侨·华人·港澳同胞】 河北省籍华侨、华人、港澳同胞40余万人，分布在5大洲的78个国家和地区，主要居住在亚洲、美洲、欧洲，以东南亚、日本、蒙古、法国、美国、加拿大最为集中。其特点是：一是热爱家乡。十一届三中全会以后，广大华侨华人积极回乡投资兴业，为家乡建设做出了贡献。二是文化素质较高，重视实业。科技界的有：已故世界著名的美籍生物学家牛满江、美籍世界知名植物遗传学家梁学礼、美籍农业专家耿旭、法国科学院研究导师宋守信、原香港大学校长王赓武、美籍生物遗传学家翟振纲。实业界的有：欧洲共同体经济顾问、法籍华人钱法仁，美国旧金山工业电子国际分行董事长刘融淳，香港义生实业有限公司董事长沈炳枢等。还有不少人步入当地政界的发展，如：美国蒙特利尔公园市市长陈李婉若等。三是有强烈的认同感、归属感，建有河北省籍人士或与邻省籍人士联合的同乡会等社团，如法国巴黎河北同乡会、英国河北同乡会、香港冀鲁旅港同乡会、日本留日华侨河北省同乡联合会、大阪中华北邦公所、新加坡华北同乡会、加拿大河北协会、美国大华府地区河北同乡会、纽约河北同乡会、阿联酋中国河北商会等。

河北省华侨早年出国定居，主要有三种情况：一是由于生活所迫，张家口地区的人移居蒙古。二是众多的杂技艺人出国卖艺，在国外定居。三是赴法勤工俭学，20世纪初中国赴法勤工俭学的创始人是高阳县的李石曾。

目前，全省共有归国华侨、侨眷、港澳同胞眷属50余万人，其中归国华侨3701人。主要来自东南亚各国、蒙古、日本、朝鲜等23个国家和地区。全省有阳原、高阳、吴桥3个侨乡县。河北省华侨回国定居起始于1910年，当时主要是输出南非的契约华工。第一次世界大战后又有赴法、赴俄的契约华工陆续回国。上世纪50年代，大批爱国华侨青年回国参加社会主义建设，以旅蒙古、朝鲜和东南亚的归侨居多。60年代至1984年，河北省按国家政策，安排了大批朝蒙归侨，仅1983年至1984年，河北省就安置朝蒙归侨近2000人。1989年后，国家对华侨回国定居政策进行了调整，不再采取“包下来”的政策。据2012年统计，全省现有归侨3701人。

河北省树立“大侨务”观念，积极面向海外几千万华侨华人开展联络联谊，努力培养和壮大河北省在海外侨务资源。多年来，华侨华人、港澳同胞、归侨、侨眷在推动河北对外开放进程中发挥了重要作用。从河北省对外开放的进程看，改革开放初期，在外资观望徘徊的情况下，是海外侨胞和港澳同胞率先回乡投资兴业，为河北省带来了急需的资金、技术、人才和先进管理经验。河北省各地第一家外资企业，大都是海外侨胞和港澳同胞投资兴办的。改革开放以来，河北省许多出国团组，都是华侨华人帮助联络安排出访活动的；河北省许多对外交往渠道、对外合作事项，都是海外侨胞帮助联络开拓的。在改革开放这一伟大历史进程中，广大海外侨胞和归侨侨眷始终与祖国同呼吸、共命运，积极参与和支持河北省经济建设和社会发展，积极促进河北人民同世界各国人民的友好交往，为提升河北省经济实力、促进社会发展发挥了独特作用，作出了突出贡献，广大海外侨胞和归侨侨眷已成为推动河北省对外开放进程的重要力量。

华侨华人、港澳同胞、归侨、侨眷在提升河北省对外开放水平上发挥了重要作用。从对外开放的效果看，截至目前，华侨华人、港澳同胞在河北省投资企业数、合同外资额均占全省外资企业数和外商投资额的半数以上。多年来，河北省引进的海外高层次人才主体也是海外侨胞。广大海外侨胞发扬热心公益慈善事业的优良传统，积极捐资助学、捐建医院，为河北省文化教育、医疗卫生和社会福利等事业做出了重要贡献。众多华侨华人致力于促进居住国与河北省的友好合作，促成了越来越多的外国地方政府同河北缔结为友好省（州）、友好城市关系，为促进河北省对外开放发挥了重要作用。

华侨华人、港澳同胞、归侨、侨眷在提升河北国际影响力上发挥了重要作用。他们中每一位都是河北品牌的海外代言人，通过他们把河北的省情民情、独特的区位优势、良好的投资环境、经济社会建设新成就及对外合作需求等信息传播到国外。河北省新闻媒体，广泛借助华侨华人牵线搭桥，积极开展与国外媒体的交流合作，通过在海外报纸开设河北专版、与海外电台、电视台开展合作等多种形式推介河北，吸引了更多的海外民众和媒体关注河北、了解河北，提升了河北的国际知名度。

华侨华人、港澳同胞、归侨、侨眷在传承中华文化和增强民族凝聚力上发挥了重要作用。海外华侨华人既熟悉中国文化，又了解驻在国文化，能够成为两种文化交流沟通的桥梁。多年来，通过华侨华人渠道，河北省在国外举办了河北文化活动周、文艺演出、文化产业项目推介洽谈、系列图片展览等活动，推动了中华文化的海外传播。河北省学校广泛开展与国外华文学校的交流合作和对外汉语教学，积极推动华文教育的发展。对外教育和文化交流，对凝侨心、聚侨力产生了很强的向心力，对增进中外相互理解和互利合作、吸收人类优秀文明成果、在更高的起点上弘扬河北文化起到了积极作用。

多年来，河北省各级侨务部门，坚持以人为本、为侨服务的宗旨，全面落实国家《侨法》和河北省《实施办法》，出台了一系列保障海外侨胞和归侨侨眷权益的政策措施，努力为侨胞回国创业服务，帮助困难归侨侨眷脱贫致富，在落实“四侨”考生加分出证、退休归侨生活补贴等侨界优惠政策方面，做了大量卓有成效的工作，切实维护了华侨华人和归侨侨眷的合法权益。

（河北省外办　张延领）

区域经济合作

【区域合作】 2014年，全省实际利用省外资金完成7439.98亿元，同比增长4.39%。其中，河北省与京津新签约合作项目2631个，占全省新签约项目数的33.65%，从京津引进资金3757.42亿元，同比增长了10.2%，占全省引进省外资金的比重达到50.52%。

（一）深化与山西省战略合作，两省间全面合作协议、能源合作协议和农业、工业、交通、商贸、旅游等6个专项协议已具备签署条件。

（二）加强与内蒙古自治区的沟通联系，双方已就交通、能源、产业、商贸口岸、农业等合作内容达成共识。

（三）就建立政府高层协调会议制度、中原经济区协同发展郑州共识和共同推进交通、物流、旅游发展一体化与河南、山东等中原经济区省份达成共识。

（四）精心组织参加了第十八届中国东西部合作与投资贸易洽谈会暨首届丝绸之路国际博览会和第十五届中国西部国际博览会，在线或现场发布了100项合作项目，达成了一批合作意向。

（五）6月份，河北省42家传统优势企业赴云南省现场对接，河北粮产集团、神威药业、河北欣意电缆等5家企业与云南省签订合作协议，协议投资额近40亿元。

（六）8月份，宁夏自治区到访河北省，双方达成了新能源开发、清真用品出口、装备制造、物流等方面的合作意向。

（七）11月，河北省部分企业赴四川攀枝花市考察，就开发风电、光电等清洁能源、合作开展钒钛资源开发技术研究、共同开拓产品市场等方面达成了广泛共识。

（八）11月，冀陕两省领导在石家庄市会谈确定，开展以能源、港口物流、科教、旅游为主要内容的全面战略合作，相关合作事项正在进行深入细致的调查研究。

（九）6月和9月，省政府分别与阿里巴巴、神州数码签署战略合作协议。经过精心部署、合力推进，目前阿里巴巴公安部云计算和大数据验证项目、“智慧医疗”合作项目已经取得实质性进展。对于智能骨干网（石家庄装备制造基地）项目、承德国际商贸物流园区和列入国务院《京津冀协同发展率先突破工作方案》的阿里云计算数据中心项目，正在就选址等具体合作事项进行洽谈。神舟数码农村产权交易平台建设、云安全服务公司组建工作率先取得突破，即将投入运营。智慧城市和公共信息服务平台建设项目、平安河北项目、人口健康信息平台项目已取得一定进展，正在积极推进。

（十）在2014年5·18廊坊国际经贸洽谈会上，签约内资合作项目140个，项目总投资额2056.9亿元，协议利用省外资金1916.2亿元。中国航天科技集团公司第五研究院在怀来县建设地外天体（火星）着陆综合试验场等项目、北京振兴华龙制冷设备有限责任公司在河间（省级）工业聚集区建设节能型（太阳能）中央空调生产基地项目等9个投资规模大、技术含量高、带动作用强的合作项目，参加了省重点合作项目签约仪式。

【省校合作】 （一）6月，在与清华大学签署深化合作协议的基础上，省政府与清华大学签署了共建清华大学重大科技合作项目（固安）中试孵化基地协议。清华大学（固安）中试基地已开工建设，在新能源、新材料、生物医药、节能环保等领域筛选了一批项目准备落户基地，国防项目产业园区正在考察选址，向河北省选调的10名毕业生已经到位。清华海外校友河北行活动取得圆满成功。

（二）10月，在与北京大学签署深化合作协议的基础上，省政府与北京大学签署医药卫生、教育文化、人才培养等三个专项协议，细化了合作内容。

（三）天津大学（石家庄）成果转化中心即将挂牌，天津大学渤海研究院洽谈工作有序推进。

（四）4月，50多个部门和企业代表与上海交通大学18位专家教授对接洽谈，达成一批合作意向。

（五）8月，邀请中国科学院、清华大学、天津大学、天津科技大学部门负责人，就加强科技项目合作进行探讨磋商，议定建立信息交流机制。12月，省校科技项目对接会举办，30多个项目集体签约。

【对口支援】 （一）为贯彻落实中央对口支援西藏工作20周年电视电话会议精神，秦博勇副省长率河北省代表团赴西藏调研，实地考察援藏项目，看望援藏干部，代表省委、省政府向武警阿里公安边防支队、阿里地区行署捐献车辆等物资。

（二）安排2014年新建、续建援藏项目22个，总投资1.25亿元。

（三）下达2014年河北省援助丰都项目资金968万元，用于老旧移民小区道路及路灯、长江防护林道路、红心柚示范基地、大柏树村公共服务中心、河北产业合作扶持资金等项目。

（四）省内有关企业赴丰都考察调研，就新能源开发、中草药种植、通用航空建设等达成共识。

（五）与丰都县共同设立河北产业合作扶持资金，把无偿援建与产业合作有机结合，放大援建资金的带动效应。

（六）编制河北省对口支援丰都县合作规划（2014—2020年），省政府办公厅印发实施。

（河北省发改委经合办　王英茹）

物　流　业

【概况】 2014年，面对复杂多变的市场形势，积极调整应对，政府宏观调控经济职能和手段加快转变，市场倒逼机制加快形成并逐步显现，全省经济结构调整措施得力且步伐加快，导致全省物流业出现由快速下滑转向平稳发展态势。具体表现为，物流业加快转型升级，主动适应经济发展“新常态”，较好地发挥接力赛的基础性、战略性作用，物流需求规模较快增长，但增速放缓，物流服务价格低位震荡，但幅度有所收敛，物流企业盈利能力持续下滑，但速度有所收窄，经济运行中的物流成本依然偏高，但增速有逐步缩小态势。

（一）物流总额增长较快。2014年前三季度，全省社会物流总额达到6.11万亿元，同比增9.8%。呈现出“稳中趋缓”向“趋稳回升”转变的态势，全年物流总额达到8.51万亿元，比上年增长9.5%，总体保持较快增长。

在社会物流总额增速减缓的同时，物流市场分化明显。一方面，受经济增速放缓幅度加大和产能过剩削减力度加强等因素影响，钢铁、煤炭等大宗商品物流市场持续低迷，钢铁物流、煤炭物流行业陷入深度调整态势。另一方面，受内需扩大和消费增长带动，快速消费品、食品、医药、家电、电子等与居民消费相关的物流市场保持较高增长。

（二）物流业增加值快速增长。2014年前三季度，全省物流业增加值1789亿元，同比增长10.97%。物流业增加值占GDP的比重为8.2%，占服务业增加值的比重为23.4%。全年物流业增加值2437.8亿元，同比增长10.9%。

（三）行业调整出现新动向。在物流需求规模增速放缓、市场倒逼机制效应明显增强的背景下，物流企业业务调整的动力增强，行业转型升级步伐加快。

一是快递物流迅速发展。在经济增速回落、传统大宗商品物流市场疲软背景下，以“便捷、高效”为特点的快递物流“一枝独秀”。全年快递物流保持60%的业务和盈利能力增长。

二是大宗商品交易平台中坚作用突显。前三季度，河北钢铁交易中心，共吸纳会员7000家，交易额完成130亿元，全年完成180亿元，在钢贸低迷、钢铁白菜价的市场氛围中，钢铁交易平台创造的利润达到河钢集团的10%。秦皇岛海运煤炭市场，前三季完成交易1200万吨，交易额完成60亿元，全年完成80亿元，与年初100亿元交易额度的目标有差距，主要是煤炭物流市场萎缩受限。目前，全省煤炭交易平台调整振兴有了新思路，打算整合秦皇岛、曹妃甸煤炭下水资源，由国内有实力的金融集团与全省煤炭龙头聚合力量，创造国内一流的煤炭交易平台。省农产品交易平台，前三季度，交易品种由去年底的10个品种增加到了15个品种，交易额达到130亿元，增长态势较好，全年完成200亿元交易额，超额完成任务。

三是产业聚集效应出现调整期。前三季度，全省32个省级物流产业聚集区取得阶段性成绩。上半年，32家的推进机构组建完毕，22家已开工建设。受经济下行影响，边开工边营运的省级物流产业聚集区，前三季度，已入驻企业1700家企业，同比去年减少200余家，物流业务收入1200亿元，同比降21%，利税完成20亿元，同比降25%。到年底，所有基础设施均开工，省级物流产业聚集区入驻企业家数达2000家，物流业务收入达2500亿元，利税完成25亿元，同比下行20%。

四是“020”物流新模式成功试水。京东与国大36524联姻，打造网上网下互动融合品牌。京东帮助国大36524开设“网上大卖场”，国大36524负责建设网上销售所需的仓储体系、物流配送系统及售后服务体系，实现信息系统、物流系统与京东无缝对接。店商与电商、虚拟与实体相结合，线上与线下资源相整合，创新了物流发展的新途径。

【重要工作】 （一）制定若干意见。从行业准入、要素保障、人才支撑、发展重点等各方面，旨在解决物流业转型升级、加快发展过程中遇到的体制、机制等瓶颈障碍，年底以省政府名义将《意见》印发实施。文件印发后，在河北省乃至全国物流界引起了较大反响。《现代物流报》专门解读，凤凰网、新华网、人民网、中经网等国内著名主流新闻网站在首页刊发了消息，河北日报、河北经济日报等省内纸质媒体在显著位置刊发了新闻通稿，河北电台、河北电视台在黄金时间段也做了公开报道。国家发展改革委充分肯定了河北省出台《意见》的举措，认为这是贯彻落实国务院物流专项规划行动最快、力度较大的省份。全国46个地区均通过电话或网络、邮件表示将向河北学习和借鉴。

（二）召开全省物流重点企业会议。年内，在张家口市召开了全省营业收入排名前十位的重点物流企业经验交流会。会上，主管副省长秦博勇作了主题发言，提出河北省物流业未来发展的方向、举措，对物流企业的发展成绩予以表杨，对企业发展遇到的问题逐一诊断，开出药方。

（三）做实行业物流。制定了煤炭物流、商贸物流、交通物流等专业物流实施意见，激活行业发展活力。特别是电子商务与物流业联动发展方面，增速加快，业态创新层出不穷，新技术应用不断升华，促进电子商务物流增速较快发展，2014年，全省电子商务交易额突破万亿元，达到1.09万亿元，增速达到44%。

【存在问题】 （一）“高”“低”并存。全年，河北省物流成本占GDP比率为19.1%，高于国家（17.5%）1.6个百分点、西方发达国家（8—10%）一倍，但与此同时，全社会物流企业收入增速低于全社会物流费用增速，物流企业普遍盈利能力偏低。2014年前3个月，重点物流企业主营业务收入利润率仅为1.1%，处于盈亏边缘，低于同期的规模以上工业企业主营业务利润率2个百分点。

（二）税负偏重。年初，省发改委服务业处对全省物流企业税负做了一个调研，选取了部分样本企业，2013年的平均税收负担水平为20.19%，高于同期宏观税负水平1.93个百分点，与中国物流采购联合会的调研结果一致。2013年8月实行“营改增”后，到2014年9月，物流企业整体税负水平不降反升。主要原因，服务于小微型企业的物流企业得不到增值税进项抵扣发票，物流行业属于轻资产行业，可抵扣项目较少。物流企业的人工成本占经营成本的绝大部分，而现行增值税体制的人工成本得不到抵扣。此外，土地使用税减半征收政策落实不够，各地执行标准差异明显，部分符合资格的物流企业没享受到政策“阳光”。

（三）竞争剧烈。一方面，物流企业取得抵押贷款较难，存在资金不足的问题。另一方面，风险资本、制造业资本、商贸资本大量进入物流行业，建设物流园区和仓储基地，物流市场竞争日趋激烈；同时，也存在“炒地皮”、抬高土地价格等非真实性物流投资现象，对已有物流企业冲击较大。业内企业小、散、弱、差并存，市场不规范，与物流委托企业的议价谈判处于劣势，服务价格与成本价格空间进一步缩小。

（河北省发改委服务业处　袁有丰）

证券期货业

【河北资本市场】 （一）辖区上市公司情况。截至2014年12月31日，河北省期末沪深上市公司家数为50家，其中沪市18家，深市32家，国有控股23家，民营27家；主板33家，中小板10家，创业板7家。上市公司总市值6191.61亿元，同比增长53.3%。2014年，河北辖区沪深上市公司融资总额达132.32亿元，其中定向增发融资112.7亿元，首发上市股票2只，融资4.62亿元，交易所债券市场发行公司债1只，发行额15亿元。

截至2014年12月31日，在全国中小企业股份转让系统挂牌公司23家，融资15295万元。

截至2014年12月31日，在石家庄股权交易所挂牌公司105家，融资9.22亿元。

（二）辖区证券经营机构情况。截至2014年12月31日，河北辖区共有证券公司1家，分公司8家（比上年同期增加3家），证券营业部199家（比上年同期增加20家），证券投资咨询公司1家。

2014年，累计交易金额2.63万亿元，同比增长56.5%；累计营业收入24.74亿元，同比增长41.05%；累计净利润11.38亿元，同比增长81.21%；托管市值2074.59亿元，同比增长64%；A股证券账户数491.46万户，同比增长8.52%。

（三）辖区期货经营机构情况。截至2014年12月31日，河北辖区共有期货公司1家，期货营业部37家，比去年同期增加5家，期末保证金23.10亿元，期末客户数4.36万个，从业人员437人，分别比上年同期增长63.71%、9.33%、5.05%。

2014年，期货市场累计成交量3689.75万手，累计成交金额3.65万亿元，累计手续费收入7910.60万元，累计净利润-754.96万元，分别比上年同期增长0.64%、-7.01%、-24.03%、-299.25%。

【证券监管】 2014年，是河北省经济转型升级、爬坡过坎迈出重要步伐的一年，也是资本市场发展较快的一年。一年来，在中国证监会和省委省政府的正确领导下，河北证监局抢抓机遇，加快发展；加强监管，防范风险；深化改革，推动创新，辖区资本市场改革发展和监管工作取得了积极成效。

（一）抓转型，着力增强监管工作的科学性。一是清理行政许可审批备案事项，进一步精简、取消和调整行政许可、审核备案19项，保留12项。全年接收审核材料60件次，做出行政许可批复55件次。二是强化信息公开。依法履行行政许可审批职责，坚决推进审批标准、审批过程和审批结果的“三公开”，让监管在阳光下进行，对市场关注的疑点、焦点问题，及时回应、如实发布。三是推进非现场检查和现场检查的有效衔接，充分利用CISP系统和舆情系统，将问题导向和动态监控贯穿于日常监管，着力提高现场检查发现问题、揭示风险的能力。四是完善分类监管模式，采取差异化监管措施，关注重点风险公司、重要风险领域、关键时点环节，集中有限的资源力量加强监管。

（二）抓执法，着力维护辖区资本市场正常秩序。一是严格执法，加大打击违法违规行为的力度。始终保持“零容忍”的高压态势，不断增强监管执法的协同性和威慑力，确保河北省资本市场不发生区域性、系统性风险。2014年，河北证监局办理初步调查案件6件，立案调查案件3件，联合办案1件。特别是2013年证监会行政处罚权限下放后，河北证监局自主立案、自主调查、自主审理了金谷源信息披露违法违规案，及时对该公司及相关责任人作出行政处罚，给予公司警告，并处以30万元罚款；给予时任董事长路联警告，并处以20万元罚款；给予时任董秘张春生警告，并处以3万元罚款。继续加大涉嫌内幕交易等违法案件的查处力度，对辖区多家公司和个人进行了初步调查或立案调查。根据清理整顿各类交易场所部际联席会议办公室的要求，会同省直相关部门对河北省19家交易场所进行了现场检查，对其中存在问题的3家交易场所向省政府进行通报。配合省政府处置廊坊“黄金佳”非法集资案。核查海沧资本有限合伙私募产品违法违规问题。

二是紧贴一线，持续强化上市公司现场监管。根据上市公司风险分类，结合日常监管发现的问题，对14家公司的定期报告进行了重点审核，对威远生化等5家公司进行了现场检查，并对发现的问题采取了相应的监管措施。对媒体质疑或信访举报的公司予以重点关注，采取下发问询函、约见谈话、现场核查等方式核实情况。全年共下发监管关注函12件、监管问询函5件、监管意见函3件、监管警示函1件。

三是以问题为导向，切实加强事中事后监管。综合分析各审计机构的审计计划，分别对冀中能源等5家上市公司进行年报编制和审计事中监管。针对2013年以来证券经营机构业务范围大幅拓展和辖区分支机构数量大幅增加的状况，河北证监局将投资者适当性管理、全权委托代客理财、经纪人管理、融资融券等作为检查重点，对45家证券经营机构进行了现场检查。有针对性选取业务量大、管理相对薄弱的17家期货经营机构开展了现场检查。对辖区IB机构的营销行为进行了规范，持续开展投资者交易行为的专项检查。

（三）抓发展，着力提高辖区资本市场效能。一是抢抓机遇，加快多层次资本市场建设。加强后备资源培育，支持上市公司并购重组和再融资，多渠道推动企业直接融资。全年沪深上市公司融资总额达132.31亿元，三年累计直接融资443亿元。紧紧抓住新三板扩大试点范围的历史机遇，推动河北省23家企业在全国股转系统挂牌；积极支持区域性股权交易市场建设，石家庄股权交易所挂牌公司105家，融资9.22亿元，并组织证券交易所、证券机构、投资机构对石家庄股权交易所调研，为区域性股权交易市场建设献计献策。

二是支持优化整合，助推产业结构调整。积极发挥资本市场优化资源配置的功能，支持企业进行产业结构优化整合。2014年，建投能源等5家上市公司完成并购重组，注入了优质资产，解决了关联交易和同业竞争问题，独立性得到了提升，盈利能力得到了增强，也为河北省调整产业结构、化解过剩产能提供了有力支撑。

三是推动机构创新发展，提高核心竞争力。支持财达证券向全牌照证券公司升级，并规范发展证券自营、资产管理、承销与保荐等各项业务，加强流动性管理，完善风险防范机制，实施增资扩股。截至2014年底，财达证券净资本达60亿元，进一步提高了公司抵抗风险的能力。促进恒银期货提升合规运作水平，严格“两金”、法人治理及高管履职监管，强化规范运作意识；认真做好年度检查和信息系统专项检查，对发现的问题及时采取监管措施，督促其认真整改。支持国内优质证券公司、期货公司在辖区新设营业网点25家，扩大服务面，推动创新发展。2014年，辖区证券经营机构通过推荐企业在全国股转系统挂牌、发行债券、股权质押回购、设立定向资产管理计划等业务帮助省内企业融资144.58亿元，提升了机构服务能力，激发了行业创新活力。

（四）抓根本，着力维护投资者合法权益。一是加强承诺履行监管，健全上市公司投资回报机制。扎实开展上市公司承诺及履行专项治理活动，督促辖区9家公司及时解决了承诺履行问题。督促辖区公司完善利润分配的决策程序和机制，引导辖区上市公司积极回报投资者。2014年，辖区上市公司实现现金分红52.6亿元，占2013年辖区上市公司净利润的29.2%。

二是多措并举，强化中小投资者保护机制。组织辖区上市公司走访了深圳证券交易所和上海证券交易所，探索研究进一步加强中小投资者保护机制；举办河北第二届内幕交易警示教育展，宣传内幕交易的危害性和打击成效，取得了良好效果；组织辖区上市公司网上集体接待日活动，召开投资者保护工作座谈会，进一步加强投资者关系管理；组织开展投资者走进上市公司系列活动，多渠道搭建投资者与上市公司之间的交流平台。

三是认真处理信访投诉，畅通投资者维权机制。2014年，河北证监局共接收来电、来信、来访及“12386”热线投诉事项631件次，对每一个信访投诉事项都本着实事求是、认真负责的态度，及时调查、及时回复，全年没有发生一起因信访投诉处理不当导致的上访事件。

（五）抓协作，着力营造辖区资本市场良好环境。一是聚力完善综合监管。推动省政府出台了《关于深入贯彻落实进一步促进资本市场健康发展若干意见》，定期向省、市政府反映市场最新动态，会同省金融办等单位开展市场调研，提出对策建议；与石家庄市政府成立合作推动地方资本市场发展办公室，合力推动辖区多层次资本市场建设。二是强力深化舆论引导。秉承主动宣传的理念，与河北电视台、燕赵都市报、河北新闻网等媒体合作开展投资者教育活动，实现多媒体、全方位舆论引导。三是竭力净化市场环境。强化与地方政府部门打击非法证券期货活动的工作机制，依法查处非法活动；完善资本市场诚信档案数据库，记入62条，查询使用391次，诚信监管已成为约束失信背信行为的有效手段；认真开展普法宣传，强化从业人员教育，编印《证券经营机构法律法规汇编》、《证券机构监管案例选编》，下发市场主体学习借鉴，积极营造辖区资本市场法治氛围。

【河北证监局简介】 （一）历史沿革。1993年9月22日，根据河北省政府冀政办函〔1993〕128号通知精神，省政府决定成立河北省证券管理委员会和河北省证券监督管理委员会，下设河北省证券管理办公室，挂靠在省体改委。1998年9月29日，按照国务院的规定（国发〔1998〕29号），整建制移交中国证监会，1999年7月1日，中国证监会石家庄特派办正式挂牌办公。2004年3月，中国证监会石家庄特派办更名为中国证券监督管理委员会河北监管局。

（二）基本职责及处室设置。根据中国证监会的授权，河北证监局对辖区内的上市公司，证券、期货经营机构，证券投资咨询机构和从事证券业务的律师事务所、会计师事务所、资产评估机构等中介机构的证券、期货业务活动进行监督管理；查处监管辖区范围内的违法、违规案件。现设6个处室，分别为：办公室、党务工作办公室（纪检监察室）、上市公司监管处、机构监管处、期货监管处、稽查处。

（三）领导班子及干部基本情况。目前，河北证监局局党委成员为闫勇、宋庆三、竺煜，于东升为副巡视员。

河北证监局为证监会副局级派出机构，编制59人。2014年底，在编人员58人（干部57人，工人1人）。平均年龄36.8岁，本科以上学历41人，15人具有硕士学位，1人获博士学位。具有会计、法律、财经、计算机、工商管理等专业背景的干部52人；具有注册会计师、律师、经济师等专业资格或职称的干部22人。

（河北证监局　崔　征）

统计资料篇

STATISTICAL DATA

河北经济年鉴

2015

统 计 资 料 使 用 说 明

一、统计资料内容说明

1.《河北经济年鉴—2015》的统计资料篇全面反映河北省经济和社会发展情况。收录了全省2014年及历史重要年份经济和社会发展方面的统计数据、各市、县2014年经济和社会发展的主要统计数据以及京津冀主要指标。本篇内容分为24部分：综合，国民经济核算，人口、就业及工资，固定资产投资，能源，财政，物价，人民生活，农村经济，工业，建筑业，房地产，运输和邮电，国内贸易，对外经济贸易和旅游，金融和保险，教育，科技和专利，文化、体育及卫生，民政、司法及其他，城市概况，各市概况，各县概况，京津冀主要指标。

2. 本《年鉴》统计资料大部分来自年度统计报表，部分来自抽样调查。

3. 本《年鉴》统计资料所使用的度量衡单位均采用国际统一标准计量单位。

4. “城市概况”中各市数据为市区数，不含所辖县。

5. “各市概况”中有些指标是由各市统计部门计算的，在方法上与全省有不一致的地方，故分市之和不等于全省，这些指标是：地区生产总值、农业总产值、农业中间消耗和农业增加值等；除特别注明外，石家庄市数据包含辛集市，保定市数据包含定州市。

6. 本《年鉴》部分数据合计数或相对数由于单位取舍不同而产生的计算误差均未作机械调整。

7. 由于各种原因，本《年鉴》对以前发表的统计资料进行了核实，相应调整了部分数据。读者在使用历史资料时，凡与本《年鉴》数字不符的一律以本《年鉴》为准。

8. 篇末附有主要统计指标解释，简要介绍指标的概念、统计方法、统计口径和统计范围。

二、符号说明

1. “…”，表示数据不足本表最小单位数；

2. “空格”，表示该项统计指标数据不详或无该项统计指标数据；

3. “#”，表示其中的主要项；

4. “①”，表示本表下有注解。

行政区划基本情况（2014年底）

Basic Statistics of Administrative Divisions (End of 2014)

单位：个 (unit)

市	City	县级区划数 Number of Regions at County Level	市辖区 Districts under the Jurisdiction of Cities	县级市 Cities at County Level	县 County	乡镇级区划数 Number of Regions at Townships Level	街道办事处 Street Communities	乡 Townships	镇 Towns
全　省	**Total**	**171**	**39**	**20**	**112**	**2246**	**288**	**907**	**1050**
石家庄市	Shijiazhuang	22	8	3	11	276	56	95	125
承 德 市	Chengde	11	3		8	217	12	121	84
张家口市	Zhangjiakou	17	4		13	233	23	112	97
秦皇岛市	Qinhuangdao	7	3		4	97	22	27	48
唐 山 市	Tangshan	14	7	2	5	229	52	47	130
廊 坊 市	Langfan	10	2	2	6	105	15	22	68
保 定 市	Baoding	25	3	4	18	340	29	160	151
沧 州 市	Cangzhou	16	2	4	10	191	21	86	84
衡 水 市	Hengshui	11	1	2	8	118	4	45	69
邢 台 市	Xingtai	19	2	2	15	198	25	78	95
邯 郸 市	Handan	19	4	1	14	242	29	114	99

自然状况和资源

Natural Condition and Resources

项　目	Item	2005	2010	2013	2014
自然状况	**Natural Condition**				
地表总面积(平方公里)	Total Land Area (sq.km)	187693	187693	187693	187693
地表总面积构成(%)	Percentage to Total Area (%)				
山　地	Mountains	37.40	37.40	37.40	37.40
坝上高原	Plateaus	12.97	12.97	12.97	12.97
丘　陵	Hills	4.83	4.83	4.83	4.83
平　原	Plains	30.49	30.49	30.49	30.49
盆　地	Basins	12.10	12.10	12.10	12.10
湖泊洼淀	Lakes and Depression	2.21	2.21	2.21	2.21
大陆海岸线长度(公里)	Mainland Shore (km)	487	487	487	487
土地资源	**Land Resources**				
耕地面积(千公顷)	Area of Cultivated Land (1000 hectares)	5988.9	6551.42	6551.20	6537.70
#有效灌溉面积	Irrigated Area	4547.75	4520.87	4349.03	4404.22
草原面积(千公顷)	Area of Grassland (1000 hectares)	4649	3692.85	3692.85	3692.85
#已利用面积	Utilizable Area	3235	2252.16	2252.16	2252.16
气候(主要城市)	**Climate (Major Cities)**				
年降水总量(毫米)	Annual Total Precipitation (millimeters)	345.9-767.5	416.9-620.3	559.30	393.30
年平均气温(摄氏度)	Annual Average Temperature (°C)	7.8-14.7	7.4-14.3	11.9	13.0
森林资源	**Forest Resources**				
森林面积(千公顷)	Forest Area (1000 hectares)	4724.9	4875.3	5255.3	5480.0
林木蓄积量(万立方米)	Stock Volume of the Forest (10000 cu.m)	10226	12145	13465	13975
森林覆盖率(%)	Forest-coverage Rate (%)	23.25	26.00	28.00	29.20
水利资源	**Water Resources**				
水能资源可开发量(万千瓦)	Developable Resources (10000 kw)	156	120.6	120.6	120.6
内陆水域养殖面积(公顷)	Cultivated Water Area (hectare)	74662	74955	79366	78584
海水养殖面积(公顷)	Cultivated Area (hectare)	90404	123810	117928	122434

各市、县(市、区)名称 (2014年)
Name of Administrative Area (2014)

市 City	所辖县(市、区)名称 Name of County or City, Districts under Administrative							
石家庄市 Shijiazhuang	长安区 Chang'an	桥西区 Qiaoxi	新华区 Xinhua	井陉矿区 Jingxingkuangqu		裕华区 Yuhua	藁城区 Gaocheng	鹿泉区 Luquan
	栾城区 Luancheng	井陉县 Jingxing	正定县 Zhengding	行唐县 Xingtang	灵寿县 Lingshou	高邑县 Gaoyi	深泽县 Shenze	赞皇县 Zanhuang
	无极县 Wuji	平山县 Pingshan	元氏县 Yuanshi	赵 县 Zhaoxian	辛集市 Xinji	晋州市 Jinzhou	新乐市 Xinle	
承 德 市 Chengde	双桥区 Shuangqiao	双滦区 Shuangluan	鹰手营子矿区 Yingshouyingzi		承德县 Chengde	兴隆县 Xinglong	平泉县 Pingquan	滦平县 Luanping
	隆化县 Longhua	丰宁满族自治县 Fengning		宽城满族自治县 Kuancheng		围场满族蒙古族自治县 Weichang		
张家口市 Zhangjiakou	桥东区 Qiaodong	桥西区 Qiaoxi	宣化区 Xuanhua	下花园区 Xiahuayuan	宣化县 Xuanhua	张北县 Zhangbei	康保县 Kangbao	沽源县 Guyuan
	尚义县 Shangyi	蔚 县 Yuxian	阳原县 Yangyuan	怀安县 Huai'an	万全县 Wanquan	怀来县 Huailai	涿鹿县 Zhuolu	赤城县 Chicheng
	崇礼县 Chongli							
秦皇岛市 Qinhuangdao	海港区 Haigang	山海关区 Shanhaiguan	北戴河区 Beidaihe	青龙满族自治县 Qinglong		昌黎县 Changli	抚宁县 Funing	卢龙县 Lulong
唐 山 市 Tangshan	路南区 Lunan	路北区 Lubei	古冶区 Guye	开平区 Kaiping	丰南区 Fengnan	丰润区 Fengrun	曹妃甸区 Caofeidian	滦 县 Luanxian
	滦南县 Luannan	乐亭县 Leting	迁西县 Qianxi	玉田县 Yutian	遵化市 Zunhua	迁安市 Qian'an		
廊 坊 市 Langfang	安次区 Anci	广阳区 Guangyang	固安县 Gu'an	永清县 Yongqing	香河县 Xianghe	大城县 Dacheng	文安县 Wen'an	
	大厂回族自治县 Dachang		霸州市 Bazhou	三河市 Sanhe				
保 定 市 Baoding	新市区 Xinshi	北市区 Beishi	南市区 Nanshi	满城县 Mancheng	清苑县 Qingyuan	涞水县 Laishui	阜平县 Fuping	徐水县 Xushui
	定兴县 Dingxing	唐 县 Tangxian	高阳县 Gaoyang	容城县 Rongcheng	涞源县 Laiyuan	望都县 Wangdu	安新县 Anxin	易 县 Yixian
	曲阳县 Quyang	蠡 县 Lixian	顺平县 Shunping	博野县 Boye	雄 县 Xiongxian	涿州市 Zhuozhou	定州市 Dingzhou	安国市 Anguo
	高碑店市 Gaobeidian							
沧 州 市 Cangzhou	新华区 Xinhua	运河区 Yunhe	沧 县 Cangxian	青 县 Qingxian	东光县 Dongguang	海兴县 Haixing	盐山县 Yanshan	肃宁县 Suning
	南皮县 Nanpi	吴桥县 Wuqiao	献 县 Xianxian	孟村回族自治县 Mengcun		泊头市 Botou	任丘市 Renqiu	黄骅市 Huanghua
	河间市 Hejian							
衡 水 市 Hengshui	桃城区 Taocheng	枣强县 Zaoqiang	武邑县 Wuyi	武强县 Wuqiang	饶阳县 Raoyang	安平县 Anping	故城县 Gucheng	景 县 Jingxian
	阜城县 Fucheng	冀州市 Jizhou	深州市 Shenzhou					
邢 台 市 Xingtai	桥东区 Qiaodong	桥西区 Qiaoxi	邢台县 Xingtai	临城县 Lincheng	内丘县 Neiqiu	柏乡县 Baixiang	隆尧县 Longyao	任 县 Renxian
	南和县 Nanhe	宁晋县 Ningjin	巨鹿县 Julu	新河县 Xinhe	广宗县 Guangzong	平乡县 Pingxiang	威 县 Weixian	清河县 Qinghe
	临西县 Linxi	南宫市 Nangong	沙河市 Shahe					
邯 郸 市 Handan	邯山区 Hanshan	丛台区 Congtai	复兴区 Fuxing	峰峰矿区 Fengfeng	邯郸县 Handan	临漳县 Linzhang	成安县 Cheng'an	大名县 Daming
	涉 县 Shexian	磁 县 Cixian	肥乡县 Feixiang	永年县 Yongnian	邱 县 Qiuxian	鸡泽县 Jize	广平县 Guangping	馆陶县 Guantao
	魏 县 Weixian	曲周县 Quzhou	武安市 Wu'an					

国民经济和社会发展总量与速度指标

指　　标	Item	总量指标	
		1990	2000
人　口	**Population**		
年底总人口(万人)	Population at Year-end (10000 persons)	6159	6674
男性人口	Male	3147	3397
女性人口	Female	3012	3277
城镇人口	Urban	1183	1741
乡村人口	Rural	4976	4933
就业及工资	**Employment and Wages**		
就业人员数(万人)	Employment (10000 persons)	2955.47	3385.71
#职工人数	Staff and Workers	652.71	621.95
城镇登记失业人员数(万人)	Registration Unemployment in Urban Areas (10000 persons)	7.67	17.40
城镇登记失业率(%)	Registration Unemployment Rate in Urban Areas (%)	1.1	2.8
职工工资总额(亿元)	Total Wages (100 million yuan)	129.32	427.18
职工平均工资(元/人)	Average Wage of Staff and Workers (yuan/person)	2019	7781
国民核算	**National Accounting**		
地区生产总值(亿元)	Gross Domestic Product (100 million yuan)	896.33	5043.96
第一产业	Primary Industry	227.89	824.55
第二产业	Secondary Industry	387.52	2514.96
第三产业	Tertiary Industry	280.92	1704.45
固定资产投资	**Investment in Fixed Assets**		
全社会固定资产投资总额(亿元)	Total Investment in Fixed Assets (100 million yuan)	177.21	1847.23
#房地产开发	Real Estate Development	3.88	108.39
#住宅	Residential Buildings		
全社会施工房屋建筑面积(万平方米)	Floor Space of Buildings under Construction (10000 sq.m)	4662.40	13473.63
全社会竣工房屋建筑面积(万平方米)	Floor Space of Buildings Completed (10000 sq.m)	3924.42	10512.58
财　政	**Government Finance**		
地方财政收入(亿元)	Local Governments Revenue (100 million yuan)		248.76
财政支出(亿元)	Local Governments Expenditures (100 million yuan)	87.28	415.54
能源生产与消费(万吨标准煤)	**Production and Consumption of Energy (10000 tons of SCE)**		
能源生产总量	Total Energy Production	5313.08	5639.26
能源消费总量	Total Energy Consumption	6124.22	11195.71
人民生活	**People's Livelihood**		
家庭总户数(万户)	Number of Family Households (10000 households)	1584	1840
城镇平均每户家庭人口(人)	Average Household Size in Urban Areas (person)	3.37	3.06
农村平均每户家庭人口(人)	Average Household Size in Rural Areas (person)	4.52	4.11
城镇人均住房建筑面积(平方米)	Per Capita Net Floor Space of Rural Residents (sq.m)	9.18	15.42
农村人均居住面积(平方米)	Per Capita Net Floor Space of Rural Residents (sq.m)	17.34	22.87
城镇居民人均可支配收入(元)	Per Capita Annual Disposable Income of Urban Households (yuan)	1397.4	5661.16
农村居民人均可支配收入(元)	Per Capita Annual Disposable Income of Rural Residents (yuan)	621.67	2478.86
城乡储蓄存款余额(亿元)	Outstanding Amount of Saving Deposits in Urban and Rural (100 million yuan)	504.59	3957.06
结婚数(对)	Register Number of Marriages (couple)	447334	475291
离婚数(对)	Number of Divorces (couple)	10010	17084

Principal Aggregate Indicators on National Economic and Social Development and Growth Rates

Aggregate Data			速度指标 Indices and Growth Rates (%)							
			指数 Index (2014为以下各年) (2014 as Percentage of the Following Years)					平均增长速度 Average Annual Growth Rate		
2010	2013	2014	1978	1990	2000	2010	2013	1979-2014	1991-2014	2001-2014
7194	7333	7384	146.0	119.9	110.6	102.6	100.7	1.0	0.8	0.7
3647	3724	3751	144.5	119.2	110.4	102.8	100.7	1.0	0.7	0.7
3547	3609	3633	147.6	120.6	110.9	102.4	100.7	1.0	0.8	0.7
3201	3528	3642	658.7	307.9	209.2	113.8	103.2	1.1	4.8	5.4
3993	3804	3741	83.1	75.2	75.8	93.7	98.3	1.0	-1.2	-2.0
3865.14	4183.93	4202.66	199.2	142.2	124.1	108.7	100.4	1.9	1.5	1.6
518.89	653.36	656.18	147.4	100.5	105.5	126.5	100.4	1.1	0.0	0.4
35.14	37.17	38.30	119.3	499.3	220.1	109.0	103.0	0.5	6.9	5.8
3.86	3.68	3.59		326.4	128.2	93.0	97.6		5.1	1.8
1548.58	2724.15	2965.46	11561.2	2293.1	694.2	191.5	108.9	14.1	13.9	14.8
36166	41501	45114	7620.6	2234.5	579.8	124.7	108.7	12.8	13.8	13.4
20394.26	28301.41	29421.15	3684.2	1388.1	415.9	140.6	106.5	10.5	11.6	10.7
2562.81	3500.42	3447.46	582.3	317.2	189.7	116.1	103.7	5.0	4.9	4.7
10707.68	14762.10	15012.85	5213.6	1949.6	477.3	144.7	105.0	11.6	13.2	11.8
7123.77	10038.89	10960.84	6644.8	1685.2	446.8	142.7	109.7	12.4	12.5	11.3
15083.35	23194.23	26671.92	71989.0	15051.0	1443.9	176.8	115.0	20.1	24.0	21.5
2264.94	3445.42	4059.72		104632.0	3745.5	179.2	117.8		35.4	31.8
2173.08	2805.93	3234.34				148.8	115.3			
48769.16	78002.04	66068.42		1417.0	490.4	135.5	84.7		11.7	12.0
15945.18	16644.93	16444.88		419.0	156.4	103.1	98.8		6.2	3.2
1331.85	2295.60	2446.62			983.5	183.7	106.6			17.7
2820.24	4409.58	4677.30	14418.3	5359.0	1125.6	165.8	106.1	14.8	18.0	18.9
8129.05	7240.36	6801.01		128.0	120.6	83.7	93.9		1.0	1.3
27531.11	31170.36	29320.21		478.8	261.9	106.5	94.1		6.7	7.1
2040	2222	2284		144.2	124.1	112.0	102.8		1.5	1.6
2.85	2.96	2.92		86.6	95.4	102.4	98.7		-0.6	-0.3
3.70	3.42	3.38		74.7	82.2	91.3	98.6		-1.2	-1.4
30.52	33.65	35.45	632.0	386.2	229.9	116.2	105.4	5.3	5.8	6.1
32.23	34.94	35.91	407.1	207.1	157.0	111.4	102.8	4.0	3.1	3.3
16263.43	22226.75	24141.34	8878.3	1755.3	470.6	163.8	108.6	13.3	12.7	11.7
5957.98	9187.71	10186.14	8847.1	1623.3	426.7	169.4	110.9	13.3	12.3	10.9
15678.43	23790.19	25760.08	230412.2	5105.2	651.0	164.3	108.3	24.0	17.8	14.3
750291	740757	661326		147.8	139.1	88.1	89.3		1.6	2.4
98792	133622	146877		1467.3	859.7	148.7	109.9		11.8	16.6

国民经济和社会发展总量与速度指标（续一）

指　　标	Item	总量指标	
		1990	2000
农　业	**Agriculture**		
乡村从业人员(万人)	Employed Persons of Agriculture, Forestry, Animal Husbandry and Fishery (10000 persons)	2360.5	2707.1
农林牧渔业总产值(亿元)	Gross Output Value of Agriculture, Forestry, Animal Husbandry and Fishery (100 million yuan)	357.63	1544.65
主要农产品产量（万吨）	Output of Major Farm Products (10000 tons)		
粮　食	Grain	2276.9	2551.1
棉　花	Cotton	57.08	30.01
油　料	Oil-bearing Crops	74.89	146.97
蔬　菜	Vegetables	1157	4454.0
园林水果	Garden Fruit	175.47	677.31
肉　类	Meat	130.06	342.36
奶　类	Milk	14.26	96.21
水产品	Aquatic Products	21.86	80.95
工　业	**Industry**		
规模以上工业企业主要指标（亿元）	Principal Indicators of Industrial Enterprises above Designated Size **(100 million yuan)**		
资产总计	Original Value of Fixed Assets		5199.74
主营业务收入	Revenue from Principal Business		3425.08
利润总额	Total Profits	11.03	184.94
主要工业产品产量	Output of Major Industrial Products		
纱(万吨)	Yarn (10000 tons)	33.55	43.70
布(亿米)	Cloth(100 million m)	12.69	15.60
化学纤维(万吨)	Chemical Fiber (10000 tons)	2.59	10.24
机制纸及纸板(万吨)	Machine-made Paper and Paperboards (10000 tons)	88.75	216.34
原　煤(万吨)	Coal (10000 tons)	6242.97	5781.21
原　油(万吨)	Crude Oil (10000 tons)	570.52	518.26
发电量(亿千瓦小时)	Electricity (100 million kwh)	368.97	844.42
粗　钢(万吨)	Crude Steel (10000 tons)	383.69	1230.10
钢　材(万吨)	Rolled Steel (10000 tons)	281.27	1306.52
生　铁(万吨)	Pig Iron (10000 tons)	521.25	1709.23
水　泥(万吨)	Cement (10000 tons)	1310.13	4694.59
平板玻璃(万重量箱)	Plate Glass (10000 weight cases)	1078.95	2083.30
农用化肥(折纯量)(万吨)	Chemical Fertilizer (10000 tons)	128.51	195.23
建筑业	**Construction**		
建筑业企业从业人员(万人)	Number of Employed Persons (10000 persons)	59.3	87.6
建筑业总产值(亿元)	Gross Output Value (100 million yuan)	73.39	492.10
施工房屋面积(万平方米)	Floor Space of Buildings under Construction (10000 sq.m)	5195.52	6260.10
竣工房屋面积(万平方米)	Floor Space of Buildings Completed (10000 million sq.m)	4324.61	3481.42
交通运输邮电	**Transportation, Postal and Telecommunication Services**		
全社会客运量(万人)	Total Passenger Traffic (10000 persons)	25745	65255
全社会货运量(万吨)	Total Freight Traffic (10000 tons)	58203	76808

注：1.规模以上工业企业统计范围1998年至2006年为全部国有及年主营业务收入在500万元及以上非国有工业企业；2007年至2010年为年主营业务收入在500万元及以上的工业企业；2011年及以后年份为年主营业务收入在2000万元及以上的工业企业。
2.2002年及以后建筑业统计范围为具有资质等级的建筑业企业。

Principal Aggregate Indicators on National Economic and Social Development and Growth Rates

Aggregate Data			速度指标 Indices and Growth Rates (%)							
2010	2013	2014	指数 Index (2014为以下各年) (2014 as Percentage of the Following Years)					平均增长速度 Average Annual Growth Rate		
			1978	1990	2000	2010	2013	1979-2014	1991-2014	2001-2014
2976.55	3039.17	3055.91	177.1	129.5	112.9	102.7	100.6	1.6	1.1	0.9
4309.42	5832.94	5994.79	772.4	396.2	191.0	116.2	104.0	5.8	5.9	4.7
2975.90	3365.0	3360.2	199.1	147.6	131.7	112.9	99.9	1.9	1.6	2.0
56.95	45.7	43.1	368.1	75.5	143.6	75.7	94.4	3.7	-1.2	2.6
140.29	151.1	150.2	613.1	200.6	102.2	107.1	99.4	5.2	2.9	0.2
7073.57	7902.1	8125.7	1475.5	702.3	182.4	114.9	102.8	7.8	8.5	4.4
1111.73	1303.1	1420.6	1786.9	809.6	209.7	127.8	109.0	8.3	9.1	5.4
416.74	448.8	468.1		359.9	136.7	112.3	104.3		5.5	2.3
449.08	465.66	496.1	20167.5	3479.1	515.7	110.5	106.5	15.9	15.9	12.4
106.33	123.1	126.4	909.3	578.2	156.1	118.9	102.7	6.3	7.6	3.2
24943.75	37597.12	42555.67			818.4	170.6	113.2			16.2
31628.93	46340.92	47207.76			1378.3	149.3	101.9			20.6
2141.47	2734.7	2610.9		23670.9	1411.8	121.9	95.5		25.6	20.8
123.91	198.19	214.76	1122.8	640.2	491.5	173.3	108.4	6.9	8.0	12.0
54.82	63.37	61.23	745.4	482.3	392.3	111.6	96.6	5.7	6.8	10.3
23.42	52.23	60.59	5771.4	2339.8	591.8	258.8	116.0	11.9	14.0	13.5
420.52	485.90	458.17	1980.1	516.3	211.8	109.0	94.3	8.6	7.1	5.5
10199.27										
599.04	591.01	592.30	34.4	103.8	114.3	98.9	100.2	-2.9	0.2	1.0
1992.57	2487.60	2492.80	1477.7	675.6	295.2	125.1	100.2	7.8	8.3	8.0
14458.79	18849.63	18530.34	12736.5	4829.5	1506.4	128.2	98.3	14.4	17.5	21.4
16757.23	22861.56	23995.24	25475.3	8531.0	1836.6	143.2	105.0	16.6	20.4	23.1
13705.39	17027.55	16932.57	7609.5	3248.5	990.7	123.5	99.4	12.8	15.6	17.8
12594.30	12676.24	10625.46	2292.4	811.0	226.3	84.4	83.8	9.1	9.1	6.0
12033.83	11836.36	12292.63	3714.2	1139.3	590.1	102.2	103.9	10.6	10.7	13.5
178.19	228.81	214.73	268.0	167.1	110.0	120.5	93.8	2.8	2.2	0.7
128.7	119.5	114.2		192.5	130.3	88.7	95.6		2.8	1.9
3232.53	5235.00	5625.75		7665.5	1143.2	174.0	107.5		19.8	19.0
23471.48	36460.02	37112.73		714.3	592.8	158.1	101.8		8.5	13.6
9100.87	12808.20	12582.71		291.0	361.4	138.3	98.2		4.6	9.6
90847	102974	61063	638.5	237.2	93.6	67.2	59.3	5.3	3.7	-0.5
177308	277840	238749	885.5	410.2	310.8	134.7	85.9	6.2	6.1	8.4

a) Industrial enterprises above designated size are all state-owned enterprises and non-state owned enterprises with annual revenue from principal business over 5 million yuan from 1998 to 2006, and are industrial enterprise with annual revenue from principal business over 5 million yuan from 2007 to 2010, and are industrial enterprise with annual revenue from principal business over 20 million yuan since 2011.

b) Data since 2002 included all general construction contractors and professional contractors which possess qualification grades.

国民经济和社会发展总量与速度指标（续二）

指　　标	Item	总量指标	
		1990	2000
港口货物吞吐量(万吨)	Volume of Freight Handled at Major Coastal Ports (10000 tons)	6945	10771
邮电业务总量(亿元)	Business Volume of Postal and Telecommunication Services (100 million yuan)	5.56	191.04
旅客周转量(亿人公里)	Passenger Traffic (100 million passenger-km)	358.09	782.87
铁　路	Railways	249.44	377.24
公　路	Highways	108.44	405.63
函　件(万件)	Number of Letters Delivered (10000 pieces)	23716	26302
社会消费品零售总额(亿元)	**Total Retail Sales of Consumer Goods (100 million yuan)**	**308.0**	**1613.9**
外贸、实际利用外资和旅游	**Foreign Trade, Utilization of Foreign Capital and International Tourism**		
海关进出口总额(亿美元)	Total Value of Exports and Imports (USD 100 million)	22.68	52.35
出口总额	Exports	19.01	37.07
进口总额	Imports	3.67	15.28
实际利用外资额(万美元)	Total Amount of Foreign Direct Investments (USD 10000)	4447	139378
#外商直接投资	Foreign Direct Investments	3935	102376
外国人旅游人数(人)	Number of Tourists (Overnight Visitors) (person)	32695	345494
旅游外汇收入额(万美元)	Foreign Exchange Earnings from International Tourism (USD 10000)	511	13035
金融、保险	**Banking and Insurance**		
金融机构存款余额(亿元)	Deposits of National Banking System (100 million yuan)	753.62	5543.49
金融机构贷款余额(亿元)	Loans of National Banking System (100 million yuan)	823.66	4632.96
保费收入(亿元)	Premium (100 million yuan)	8.24	56.60
保险金额(亿元)	Amount Insured (100 million yuan)		6625
赔款额(亿元)	Settled Claim (100 million yuan)		16.57
教育、文化	**Education and Culture**		
财政用于教育支出(亿元)	Government Expenditures on Education (100 million yuan)	15.12	73.65
在校学生数(万人)	Students Enrollment (10000 persons)		
#普通高等学校	Institutions of Higher Education	7.60	24.38
普通中学	Secondary Schools	207.61	481.75
普通小学	Primary Schools	705.48	813.73
报纸出版数量(亿份)	Number of Newspapers Published (100 million copies)	5.29	9.00
杂志出版数量(亿册)	Number of Magazines Published (100 million copies)	0.22	0.52
图书出版数量(亿册)	Number of Books Published (100 million copies)	2.44	3.10
科　技	**Science and Technology**		
研究与发展经费支出(亿元)	Expenditures on Research and Development (100 million yuan)	2.56	26.27
技术市场成交额(亿元)	Volume of Transaction in Technical Markets (100 million yuan)		9.41
卫　生	**Health Care**		
卫生机构病床数(万张)	Number of Beds in Health Institutions (10000 units)	14.60	16.89
专业卫生技术人员(万人)	Medical Technical Personnel (10000 persons)	18.05	20.12
#医　生	Doctors	8.60	9.17
环　境	**Environment**		
废水中化学需氧量排放量(万吨)	COD Discharge of Waste Water (10000 tons)		
废气中二氧化硫排放量(万吨)	Sulphur Dioxide Emission of Waste Gas (10000 tons)		

注：1. 2001年至2009年邮电业务量采用2000年不变价计算，2010年及以后采用2010年不变价计算。
2. 2009年客运量、货运量、旅客周转量和货运周转量指标依据新的统计方法和口径进行了调整。

Principal Aggregate Indicators on National Economic and Social Development and Growth Rates

Aggregate Data			速度指标 Indices and Growth Rates (%)							
			指数 Index（2014为以下各年）(2014 as Percentage of the Following Years)					平均增长速度 Average Annual Growth Rate		
2010	2013	2014	1978	1990	2000	2010	2013	1979-2014	1991-2014	2001-2014
60343	88984	95029	4282.5	1368.3	882.3	157.5	106.8	11.0	11.5	16.8
474.60	728.80	825.70	139854.3	14839.2	432.2	174.0	113.3	22.3	23.2	11.0
1172.9	1434.8	1276.7	1004.1	356.5	163.1	108.8	89.0	6.6	5.4	3.6
730.6	867.2	985.9	968.3	395.2	261.3	134.9	113.7	6.5	5.9	7.1
442.2	567.6	290.5	1148.6	267.9	71.6	65.7	51.2	7.0	4.2	-2.4
25355	32091	25607	166.1	108.0	97.4	101.0	79.8	1.4	0.3	-0.2
6821.8	**10516.7**	**11820.5**	**19589.8**	**3837.8**	**732.4**	**173.3**	**112.4**	**15.8**	**16.4**	**15.3**
419.31	548.83	598.83	20094.9	2640.3	1143.9	142.8	109.1	15.9	14.6	19.0
225.70	309.63	357.13	12939.7	1878.7	963.4	158.2	115.3	14.5	13.0	17.6
193.61	239.20	241.69	109861.0	6585.7	1581.8	124.8	101.0	21.5	19.1	21.8
436597	667250	700949		15762.3	502.9	160.5	105.1		23.5	12.2
383074	644720	637196		16193.0	622.4	166.3	98.8		23.6	14.0
853110	1111003	1060615		3244.0	307.0	124.3	95.5		15.6	8.3
35071	58578	53419		10453.9	409.8	152.3	91.2		21.4	10.6
26099.00	39444.45	43764.02	56667.1	5807.2	789.5	167.7	111.0	19.3	18.4	15.9
15755.74	24423.22	28052.29	30634.8	3405.8	605.5	178.0	114.9	17.2	15.8	13.7
746.40	837.63	931.9		11304.1	1646.5	124.9	111.3		21.8	22.2
71933	145226	198078			2989.9	275.4	136.4			27.5
145.38	315.75	395.00			2383.8	271.7	125.1			25.4
514.30	837.63	868.87		5745.0	1179.7	168.9	103.7		18.4	19.3
110.51	117.44	116.43	4015.0	1532.0	477.6	105.4	99.1	10.8	12.0	11.8
348.76	318.13	339.23	88.1	163.4	70.4	97.3	106.6	-0.4	2.1	-2.5
511.59	546.21	564.29	75.6	80.0	69.3	110.3	103.3	-0.8	-0.9	-2.6
14.71	16.42	15.76	1042.3	297.9	175.1	107.1	96.0	6.7	4.7	4.1
0.50	0.38	0.48	5333.3	218.2	92.3	96.0	126.2	11.7	3.3	-0.6
1.68	2.37	2.22	120.9	91.0	71.6	132.1	93.5	0.5	-0.4	-2.4
155.45	282.53	314.20		12273.4	1196.0	202.1	111.2		22.2	19.4
19.30	31.57	29.87			317.4	154.8	94.6			8.6
24.93	30.36	32.29	362.8	221.2	191.2	129.5	106.4	3.6	3.4	4.7
28.03	33.31	35.17	328.7	194.9	174.8	125.5	105.6	3.4	2.8	4.1
12.28	15.02	15.78	289.0	183.5	172.1	128.5	105.1	3.0	2.6	4.0
54.60	130.99	126.85				232.3	96.8			
123.38	128.47	118.99				96.4	92.6			

a) The business volume of postal and telecommunication services which is at 2000 constant prices between 2001 and 2009. That was calculated at 2010 constant prices since 2010. b) Volume of passenger transportation, volume of freights, volume of passenger turnover and volume of freight turnoverof 2009, have been adjusted according to new computing methods and statistical approach.

国民经济和社会发展结构指标

Structural Indicators on National Economic and Social Development

指　　标	Item	2000	2005	2010	2013	2014
人　口	**Population**					
性别	Sexual Composition					
男	Male	50.9	50.2	50.7	50.8	50.8
女	Female	49.1	49.8	49.3	49.2	49.2
城乡	Urban and Rural Composition					
城镇	Urban	26.3	37.7	44.5	48.1	49.3
乡村	Rural	73.7	62.3	55.5	51.9	50.7
就　业	**Employment**					
第一产业	Primary Industry	50.1	43.8	37.9	33.6	33.3
第二产业	Secondary Industry	26.1	29.2	32.4	34.4	34.2
第三产业	Tertiary Industry	23.8	26.9	29.8	32.1	32.5
国民经济核算	**National Accounting**					
地区生产总值（生产法）	Gross Domestic Product (Production Approach)					
第一产业	Primary Industry	16.3	14.9	12.6	12.4	11.7
第二产业	Secondary Industry	49.9	51.8	52.5	52.1	51.0
第三产业	Tertiary Industry	33.8	33.3	34.9	35.5	37.3
地区生产总值（支出法）	Gross Domestic Product (Expenditure Approach)					
消费支出	Final Consumption	44.4	42.7	40.8	42.0	42.6
居民消费	Household Consumption	33.4	29.2	28.1	29.9	30.4
政府消费	Government Consumption	11.1	13.6	12.7	12.1	12.2
固定资本形成	Gross Capital Formation	44.5	45.8	54.1	57.9	59.0
固定资本形成总额	Gross Fixed Capital Formation	36.6	42.0	52.9	57.1	58.0
存货增加	Change in Inventories	7.9	3.9	1.2	0.8	1.0
净出口	Net Outflow of Goods and Services	11.0	11.4	5.1	0.1	-1.6
财　政	**Government Finance**					
地方财政支出结构	Composition of Local Government Revenue					
#教　育	Capital Construction	17.72	17.42	18.22	19.00	18.45
利用外资	**Utilization of Foreign Capital**					
实际利用外资结构	Composition of Foreign Capital Actually Utilized					
对外借款	Loans from Abroad	20.7	7.81	1.67	1.00	1.48
外商直接投资	Foreign Direct Investment	76.4	83.92	87.74	96.62	90.90
外商其他投资	Other Foreign Investment	2.9	8.27	10.60	2.38	7.61
能　源	**Energy**					
能源生产总量结构	Composition of Total Energy Production					
原煤	Coal	85.46	87.05	84.89	77.90	75.42
原油	Crude Oil	13.13	11.33	10.53	11.66	12.44
天然气	Natural Gas	1.11	1.29	2.07	2.76	3.42
一次电力	Primary Electricity	0.30	0.33	2.50	7.67	8.72
能源消费总量结构	Composition of Total Energy Consumption					
原煤	Coal	90.94	91.82	90.45	88.67	88.46
石油	Crude Oil	8.17	7.45	7.37	7.36	6.98
天然气	Natural Gas	0.84	0.61	1.44	2.19	2.54
一次电力	Primary Electricity	0.05	0.12	0.74	1.78	2.02

国民经济和社会发展结构指标（续）
Structural Indicators on National Economic and Social Development

指　　标	Item	2000	2005	2010	2013	2014
农　业	**Agriculture**					
农林牧渔业产值结构	Composition of Gross Output Value of Agriculture					
农　业	Farming	54.82	48.4	57.3	59.6	57.6
林　业	Forestry	1.64	1.5	1.2	1.7	1.8
牧　业	Animal Husbandry	39.73	43.2	33.5	31.2	32.6
渔　业	Fishery	3.81	3.1	3.3	3.1	3.2
农林牧渔服务业	Service for Farming, Forestry, Animal Husbandry and Fishery		3.8	4.7	4.6	4.8
工　业	**Industry**					
工业企业资产	Composition of Assets of Industrial Enterprises					
大型企业	Large Enterprises	46.8	47.9	53.8	54.98	53.92
中型企业	Medium-sized Enterprises		31.4	24.5	20.03	19.69
小型企业	Small Enterprises		21.8	21.7	24.99	25.01
运输业	**Transportation**					
货运量结构	Composition of Freight Traffic					
铁　路	Railways	16.3	20.9	21.4	17.9	20.1
公　路	Highways	81.1	75.2	76.7	80.7	77.6
水　运	Waterways	0.7	2.8	1.2	0.9	1.7
民用航空	Civil Aviation	…	…	…	…	…
管　道	Pipelines	1.8	1.2	0.7	0.5	0.6
社会消费品零售总额	**Total Retail Sales of Consumer Goods**					
城　镇	Urban	46.4	46.8		76.8	78.3
乡　村	Rural	53.6	53.2		23.2	21.7
国际旅游	**International Tourism**					
来华旅游人数结构	Composition of Tourists Visiting China					
外国人	Foreigners	86.27	91.6	87.3	83.1	79.8
港澳台同胞	Hong Kong, Macao and Taiwan Compatriots	13.73	8.4	12.7	16.9	20.2
教　育	**Education**					
在校学生结构	Composition of Student Enrollment in Regular Schools					
大学生	College and University Students	1.8	6.3	10.8	11.6	11.1
中学生	Secondary School Students	39.8	50.8	39.1	34.5	35.0
小学生	Primary School Students	58.5	42.9	50.1	53.9	53.9
科　技	**Science and Technology**					
R&D经费内部支出	Intramural Expenditure on R&D					
# 基础研究	Basic Research		3.9	3.4	2.9	1.9
应用研究	Applied Research		25.2	14.9	11.1	9.1
试验发展	Experimental Development		67.7	81.8	86.0	89.0
人民生活	**People's Living Conditions**					
城镇居民消费结构	Consumption Composition of Urban Residents					
食品类	Food	34.9	34.6	32.3	26.9	26.2
衣着类	Clothing	12.3	11.8	11.9	9.1	8.8
用品及其他	Articles for Daily Use and Others	43.2	42.3	42.8	39.3	42.0
居　住	Residence	9.6	11.4	13.0	24.7	23.1
农村居民消费结构	Consumption Composition of Rural Residents					
食品类	Food	39.5	41.0	35.1	29.9	29.4
衣着类	Clothing	7.7	7.2	6.5	7.1	7.1
用品及其他	Articles for Daily Use and Others	29.2	33.4	36.5	41.0	41.1
居　住	Residence	23.6	18.4	21.8	22.1	22.5

按三次产业和行业分法人单位数

单位：个

行　业	Sector	2005
全省总计	**Total**	**227105**
按三次产业分	**Grouped by Three Strata of Industry**	
第一产业	Primary Industry	1766
第二产业	Secondary Industry	76074
第三产业	Tertiary Industry	149265
按行业分	**Grouped by Sector**	
农、林、牧、渔业	Agriculture, Forestry, Animal Husbandry and Fishery	1766
采矿业	Mining	7061
制造业	Manufacturing	64459
电力、燃气及水的生产和供应业	Production and Distribution of Electricity, Gas and Water	691
建筑业	Construction	3863
交通运输、仓储和邮政业	Traffic, Transport, Storage and Post	2799
信息传输、计算机服务和软件业	Information Transmission, Computer Services and Software	1660
批发和零售业	Wholesale and Retail Trades	29354
住宿和餐饮业	Hotels and Catering Services	3047
金融业	Financial Intermediation	1344
房地产业	Real Estate	3207
租赁和商务服务业	Leasing and Business Services	4753
科学研究、技术服务和地质勘查业	Scientific Research, Technical Service and Geologic Prospecting	2860
水利、环境和公共设施管理业	Management of Water Conservancy, Environment and Public Facilities	1058
居民服务和其他服务业	Services to Households and Other Services	1606
教育	Education	17620
卫生、社会保障和社会福利业	Health, Social Security and Social Welfare	6770
文化、体育和娱乐业	Culture, Sports and Entertainment	1670
公共管理和社会组织	Public Management and Social Organization	71517

Number of Institutional Units by Three Strata of Industry and Sector

(unit)

2006	2007	2008	2009	2010	2011	2012	2013	2014
244450	**255875**	**285586**	**323869**	**345822**	**366156**	**377971**	**463436**	**530949**
2276	2759	7017	9116	11797	14343	16844	27382	34108
84408	88215	76074	103134	107121	110412	112686	115360	135976
157766	164901	149265	211619	226904	241401	248441	320694	360865
2276	2759	7017	9116	11797	14343	16844	36934	44777
7705	8102	7794	8415	8616	8381	8162	6588	7081
71343	74277	78240	86824	89208	90911	92658	93579	110020
794	868	977	1205	1343	1471	1545	1839	2140
4566	4968	5163	6690	7954	9649	10321	14024	17487
3237	3658	4967	5950	6529	7385	7554	9592	11511
2064	2397	3993	4692	4876	4772	4786	4211	5233
34883	38820	46879	63166	72731	82940	88357	111227	131451
3315	3507	3947	4216	4184	4137	4155	4458	5101
1402	1367	880	1425	1671	2300	2488	1238	4580
3997	4677	5523	7073	9084	10697	11139	13782	15593
5659	6203	7816	9756	11440	13791	14827	24379	29344
3165	3359	4140	4971	5434	5975	6265	13650	15365
1129	1203	1514	1758	1877	2055	2216	3243	3707
1935	2205	2814	3766	4335	4851	4931	6292	7695
17487	17463	18885	19029	19005	18223	17844	19794	20277
6748	6611	7105	7226	7170	6664	6528	9432	9762
1763	1838	1982	2184	2272	2354	2426	7388	7901
70982	71593	75950	76407	76296	75257	74925	81786	81924

法人单位基本情况(2014年)
Basic Statistics of Corporate Units (2014)

项　目	Item	法人单位(个) Number of Corporate Units (unit)	从业人员数(人) Number of Employees (person)
全省总计	**Total**	**530949**	**14629984**
按机构类型分	**Grouped by Type of Institutions**		
企业法人	Business Entity	388802	11420806
事业法人	Institution Entity	35371	1624072
机关法人	Government Entity	12529	706702
社会团体法人	Social Organization	8546	100722
民办非企业单位	Private Non Enterprise Units	8015	160488
其他法人	Others	77686	617194
按登记注册类型分	**Grouped by Registered Categories**		
内资	Domestic Funded Enterprises	528511	14056355
国有	State-owned Enterprises	51676	2846536
集体	Collective-owned Enterprises	10621	288480
股份合作	Cooperative Enterprises	2276	79536
联营	Joint Ownership Enterprises	553	44546
国有联营	State Joint	84	2679
集体联营	Collective Joint	259	4664
国有与集体联营	State-owned and Collective-owned Joint	37	1034
其他联营	Others	173	36169
有限责任公司	Limited Liability Corporations	87535	3488172
国有独资公司	State Sole Funded Corporations	833	289645
其他有限责任公司	Other Limited Liability Corporations	86702	3198527
股份有限公司	Share-holding Corporations Ltd.	6486	720724
私营	Private Enterprises	244546	5277588
私营独资	Private-funded Enterprises	70127	973957
私营合伙	Private Partnership Enterprises Corporations	11151	184743
私营有限责任公司	Private Limited Liability	155172	3841697
私营股份有限公司	Private Share-holding Corporations Ltd.	8096	277191
其他内资	Others	124818	1310773
港澳台商投资	Enterprises with Funds from Hong Kong, Macao and Taiwan	856	226917
与港澳台商合资经营	Joint-venture Enterprises	400	97246
与港澳台商合作经营	Cooperative Enterprises	57	13261
港澳台商独资	Enterprises with Sole Fund	354	105181
港澳台商投资股份有限公司	Share-holding Corporations Ltd.	27	9881
其他港、澳、台商投资	Other	18	1348
外商投资	Foreign Funded Enterprises	1582	346712
中外合资经营	Joint-venture Enterprises	759	189835
中外合作经营	Cooperation Enterprises	70	8836
外资企业	Enterprises with Sole Fund	645	115017
外商投资股份有限公司	Share-holding Corporations Ltd.	57	30265
其他外商投资	Others	51	2759

企业法人单位基本情况（2014年）
Basic Statistics of Business Entity (2014)

项　　目	Item	企业法人单位(个) Number of Business Entity (unit)	从业人员数(人) Number of Employees (person)
全省总计	**Total**	**388802**	**11420806**
按登记注册类型分	**Grouped by Registered Categories**		
内资企业	Domestic Funded Enterprises	715089	10848247
国有企业	State-owned Enterprises	4814	605610
集体企业	Collective-owned Enterprises	6702	209636
股份合作企业	Cooperative Enterprises	2148	73370
联营企业	Joint Ownership Enterprises	438	41437
国有联营企业	State Joint	59	1959
集体联营企业	Collective Joint	215	3428
国有与集体联营企业	State-owned and Collective-owned Joint	29	617
其他联营企业	Others	135	35433
有限责任公司	Limited Liability Corporations	87058	3480755
国有独资公司	State Sole Funded Corporations	827	289548
其他有限责任公司	Other Limited Liability Corporations	86231	3191207
股份有限公司	Share-holding Corporations Ltd.	6412	716281
私营企业	Private Enterprises	241216	5216080
私营独资企业	Private-funded Enterprises	67875	929865
私营合伙企业	Private Partnership Enterprises	10619	174390
私营有限责任公司	Private Limited Liability Corporations	154678	3835850
私营股份有限公司	Private Share-holding Corporations Ltd.	8044	275975
其他企业	Others	37589	505078
港、澳、台商投资企业	Enterprises with Funds from Hong Kong, Macao and Taiwan	850	226531
外商投资企业	Foreign Funded Enterprises	1575	346028

城市经济和社会发展主要指标

Main Indicators of National Economic and Social Development of Cities

指　标	Item	2010	2013	2014
年末总人口(万人)	Total Population of Year-end (10000 persons)		1470.2	1672.1
就业人员(万人)	Employed Persons (10000 persons)	682.4	745.5	872.6
全省生产总值(亿元)	Gross Domestic Product (100 million yuan)	6842.3	8720.3	10618.0
第一产业	Primary Industry	183.5	259.8	392.1
第二产业	Secondary Industry	3519.7	4284.9	5095.9
第三产业	Tertiary Industry	3139.1	4175.6	5130.0
全部财政收入(亿元)	Total Government Revenue (100 million yuan)	1157.3	1863.0	2034.5
# 地方一般预算收入	Local Government Budgetary Revenue	541.7	978.1	1026.3
财政支出(亿元)	Government Expenditure (100 million yuan)	893.8	1357.5	1403.1
金融机构年末存款余额(亿元)	Deposits Balances of Financial Institutions of Year-end (100 million yuan)	13791.5	19996.9	21465.3
金融机构年末贷款余额(亿元)	Loans Balances of Financial Institutions of Year-end (100 million yuan)	8897.8	11777.8	13973.0
社会消费品零售总额(亿元)	Total Retail Sales of Consumer Goods (100 million yuan)	2417.6	3775.2	4654.7
实际利用外资(万美元)	Total Amount of Foreign Direct Investments (USD 10000)	271893	314141	384966
普通中学在校学生数(万人)	Total Enrollment of Regular Secondary Schools (10000 persons)	76.3	78.6	85.3
医生数(人)	Number of Doctors (person)	50236	55552	60548

注：城市指设区市市区。

a) The term "city" here means "Shiqu", which refers to the central urban area of a prefecture-level city, other than small cities and towns of counties or county-level cities.

民营经济主要指标

Indicators of Private Economies

指　标	Item	2010	2013	2014
增加值(亿元)	Value-added (100 million yuan)	12596.2	18680.2	19894.4
增加值占全省生产总值比重(%)	Percentage of Value-added to the Provincial Total Output Value (%)	61.8	66.0	67.6
营业(业务)收入(亿元)	Revenue (100 million yuan)	50364.4	88706.5	94434.9
利润总额(亿元)	Pretax Profit (100 million yuan)	5308.3	6910.5	7195.1
劳动者报酬(亿元)	Payment to Employees (100 million yuan)	1888.0	4556.7	4890.6
从业人员(万人)	Employment (10000 person)	1509.4	2104.7	2147.9
出口创汇(万美元)	Export (USD 10000)	1590093	2576530	3038574
出口创汇占全省出口总值比重(%)	Ratio of Export of Private Economies to Total Export (%)	70.4	83.2	85.1
实缴税金(亿元)	Tax Paid (100 million yuan)	1279.3	2554.6	2713.4
国　税	National Tax	783.4	1157.4	1229.5
地　税	Local Tax	495.9	1397.2	1483.9
实缴税金占全部财政收入比重(%)	Ratio of Tax Paid by Private Economy to Provincial Fiscal Revenue (%)	53.1	70.2	72.1

注：2013年将劳动者报酬指标调整为工资总额。

a) In 2013, labor rewads is adjusted to total wages.

人均主要工农业产品产量

Per Capita Output of Major Industrial and Major Agricultural

年份 Year	粮食(千克) Grain (kg)	棉花(千克) Cotton (kg)	油料(千克) Oil-bearing Crops (kg)	鲜果(千克) Fruits (kg)	猪牛羊肉(千克) Pork, Beef and Mutton (kg)	水产品(千克) Aquatic Products (kg)	蔬菜(千克) Vegetables (kg)	纱(千克) Yarn (kg)
1978	335.72	2.32	4.87	15.81	8.29	2.76	109.53	3.80
1980	396.42	4.81	8.79	15.60	13.45	1.90	103.50	4.00
1985	356.43	11.39	15.75	29.03	14.84	2.31	166.94	4.22
1990	378.23	9.48	12.44	29.15	20.13	3.64	192.19	5.57
2000	383.97	4.52	22.13	101.94	52.47	12.18	670.38	6.58
2001	372.66	6.27	23.00	100.17	53.33	12.70	731.71	6.88
2002	362.63	5.98	22.52	111.44	55.98	12.96	815.43	7.19
2003	353.64	7.73	24.16	188.20	59.50	12.78	874.32	7.30
2004	365.30	9.80	22.73	198.31	63.50	13.67	911.41	7.35
2005	380.48	8.45	22.36	204.67	67.75	14.49	946.94	10.04
2006	404.49	10.19	19.46	207.85	47.06	12.68	918.55	12.57
2007	410.60	10.47	19.95	215.52	44.45	13.10	930.66	13.43
2008	417.15	10.58	21.91	220.05	47.24	13.87	959.61	13.73
2009	415.05	8.62	20.43	225.14	48.04	14.32	961.56	14.99
2010	418.32	8.01	19.72	226.65	46.75	14.95	994.32	17.42
2011	439.85	9.06	19.66	238.21	45.65	14.79	1023.75	20.45
2012	446.94	7.77	19.66	249.84	47.22	16.01	1059.31	23.00
2013	460.32	6.25	20.67	254.90	47.41	16.84	1080.99	27.11
2014	456.66	5.86	20.41	274.39	49.48	17.18	1104.31	29.19

年份 Year	布(米) Cloth (m)	原煤(吨) Coal (ton)	原油(吨) Crude Oil (ton)	发电量(千瓦小时) Electricity (kwh)	粗钢(千克) Crude Steel (kg)	钢材(千克) Rolled Steel (kg)	生铁(千克) Pig Iron (kg)	水泥(千克) Cement (kg)
1978	16.33	1.14	0.34	335.50	28.94	18.73	44.26	92.18
1980	17.52	1.04	0.31	370.93	37.07	24.12	48.98	107.05
1985	18.07	1.09	0.19	474.76	45.15	34.70	51.52	170.84
1990	21.08	1.04	0.09	612.91	63.74	46.72	86.59	217.63
1995	27.62	1.26	0.08	946.93	123.71	120.25	189.41	492.00
2000	23.48	0.87	0.08	1270.95	185.51	196.65	257.26	706.60
2001	25.04	0.88	0.08	1383.38	294.57	279.82	325.59	729.53
2002	23.75	0.91	0.07	1509.99	395.96	373.68	434.87	858.90
2003	24.13	0.98	0.08	1611.67	597.60	539.50	602.89	979.18
2004	26.84	1.05	0.08	1849.09	830.96	691.97	778.25	1152.67
2005	34.22	1.16	0.08	1959.93	1081.46	946.57	990.57	1295.76
2006	41.06	1.16	0.09	2125.25	1323.19	1231.67	1200.11	1233.93
2007	37.89	1.21	0.10	2371.01	1542.01	1508.66	1509.91	1347.85
2008	51.41	1.14	0.09	2387.10	1663.71	1661.18	1630.16	1285.24
2009	54.31	1.21	0.09	2484.30	1930.50	2158.50	1866.10	1513.40
2010	77.06	1.43	0.08	2800.91	2032.44	2355.53	1926.54	1770.35
2011	84.31	1.46	0.08	3184.24	2279.63	2668.46	2139.80	1952.78
2012	90.40	1.62	0.08	3263.73	2484.55	2890.21	2250.78	1763.40
2013	86.69		0.08	3402.98	2578.59	3127.41	2329.33	1734.08
2014	83.17		0.08	3387.79	2518.33	3261.02	2301.19	1444.04

环境保护情况
Environmental Protection

项　目	Item	2010	2011	2012	2013	2014
水资源总量(亿立方米)	Total Amount of Water Resources (100 millioncu.m)	138.92	157.15	235.53	175.86	106.14
人均水资源量(立方米/人)	Per Capita Water Resources (cu.m/person)	195.28	217.75	324.24	239.83	143.70
化学需氧量排放量(万吨)	Volume of Ammonia Nitrogen Discharged (10000 tons)	54.60	138.88	134.91	130.99	126.85
二氧化硫排放量(万吨)	Volume of Sulphur Dioxide Discharged (10000 tons)	123.38	141.21	134.12	128.47	118.99
#工业	Industry	99.40	131.71	123.87	117.31	104.74
废水排放总量(亿吨)	Total Waste Water Discharged (100 million tons)	26.25	27.86	30.58	31.09	30.98
#工业	Industry	11.42	11.85	12.26	10.99	10.86
工业烟尘排放量(万吨)	Volume of Industrial Soot Discharged (10000 tons)	64.35	122.35	105.57	118.72	145.07
工业固体废物产生量(万吨)	Volume of Industrial Solid Waste (10000 tons)	31688.21	45128.51	45575.83	43288.78	41927.59
工业固体废物处置量(万吨)	Volume of Industrial Solid Waste Treated (10000 tons)	12007.30	6806.44	7349.07	23137.51	22926.89
工业固体废物综合利用率(%)	Ratio of Industrial Solid Waste Utilized (%)	56.56	38.21	37.77	42.12	42.77
当年造林面积(千公顷)	Area of Afforestation (1000 hectareas)	283.9	286.42	312.36	318.74	340.04
自然保护区数量(个)	Number of Nature Reserves (unit)	41	41	45	34	46
自然保护区占地面积(万公顷)	Area of Nature Reserves (10000 hectares)	58.73	58.73	70.23	63.21	71.02
工业污染(源)治理投资(亿元)	Investment in the Treatment of Industrial Pollution (100 million yuan)	10.86	24.33	23.63	51.18	88.95
全年达到和好于二级的天数(天)	Days of Air Quality Equal to or Above Grade II (day)	337	339	340	129	152

地区生产总值
Gross Domestic Product

单位：亿元 (100 million yuan)

年份 Year	地区收入总值 Gross National Income	地区生产总值 Gross Domestic Product	第一产业 Primary Industry	第二产业 Secondary Industry	第三产业 Tertiary Industry	#工业 Industry	#建筑业 Construction	人均地区生产总值(元) Per Capita GDP (yuan)
1978	183.06	183.06	52.20	92.38	38.48	83.19	9.19	364
1979	203.22	203.22	61.11	101.76	40.35	89.69	12.07	400
1980	219.24	219.24	68.09	105.88	45.27	94.08	11.80	427
1981	222.54	222.54	71.03	103.15	48.36	92.34	10.81	427
1982	251.45	251.45	85.59	107.83	58.03	95.33	12.50	474
1983	283.21	283.21	102.10	114.89	66.22	101.95	12.94	526
1984	332.22	332.22	111.46	145.84	74.92	129.83	16.01	609
1985	396.75	396.75	120.34	184.26	92.15	164.27	19.99	719
1986	436.65	436.65	123.45	207.28	105.92	185.48	21.80	782
1987	521.98	521.92	137.66	255.97	128.29	231.43	24.54	921
1988	701.40	701.33	162.31	323.40	215.62	289.22	34.18	1219
1989	822.89	822.83	196.35	374.92	251.56	338.79	36.13	1409
1990	896.41	896.33	227.89	387.52	280.92	354.26	33.26	1465
1991	1073.09	1072.07	236.89	459.91	375.27	417.17	42.74	1727
1992	1279.55	1278.50	257.08	573.15	448.27	517.75	55.40	2040
1993	1694.78	1690.84	301.68	847.92	541.24	758.10	89.82	2682
1994	2192.67	2187.49	451.91	1053.12	682.46	926.36	126.76	3439
1995	2853.02	2849.52	631.34	1322.77	895.41	1150.49	172.28	4444
1996	3468.24	3452.97	700.94	1664.61	1087.42	1463.18	201.43	5345
1997	3970.06	3953.78	761.76	1934.38	1257.64	1701.42	232.96	6079
1998	4271.79	4256.01	790.60	2084.33	1381.08	1822.05	262.28	6501
1999	4530.95	4514.19	805.97	2188.59	1519.63	1895.21	293.38	6849
2000	5062.69	5043.96	824.55	2514.96	1704.45	2201.73	313.23	7592
2001	5536.14	5516.76	913.82	2696.63	1906.31	2378.04	318.59	8251
2002	6039.42	6018.28	956.84	2911.69	2149.75	2580.90	330.80	8960
2003	6944.21	6921.29	1064.05	3417.56	2439.68	3009.92	407.64	10251
2004	8504.50	8477.63	1333.57	4301.73	2842.33	3812.31	489.42	12487
2005	10043.42	10012.11	1400.00	5271.57	3340.54	4704.28	567.29	14659
2006	11504.39	11467.60	1461.81	6110.43	3895.36	5485.96	624.47	16682
2007	13650.36	13607.32	1804.72	7201.88	4600.72	6515.32	686.56	19662
2008	16059.82	16011.97	2034.59	8701.34	5276.04	7891.54	809.80	22986
2009	17285.60	17235.48	2207.34	8959.83	6068.31	7983.86	975.97	24581
2010	20449.12	20394.26	2562.81	10707.68	7123.77	9554.03	1153.65	28668
2011	24585.91	24515.76	2905.73	13126.86	8483.17	11770.38	1356.48	33969
2012	26647.64	26575.01	3186.66	14003.57	9384.78	12511.60	1491.97	36584
2013	28518.73	28442.95	3381.98	14781.85	10279.12	13194.76	1600.15	38909
2014	29501.27	29421.15	3447.46	15012.85	10960.84	13330.66	1703.63	39984

注：1.本表按当年价格计算(下表同)。 2.2005—2008年数据在第二次经济普查后作了修订。

a) Data in this table are calculated at current prices, same as following tables. b) Adjustment has been done for the data of 2005-2008, due to the 2nd Economic Census.

地区生产总值构成
Composition of Gross Domestic Product

单位：% (%)

年 份 Year	地 区 生产总值 Gross Domestic Product	第一产业 Primary Industry	第二产业 Secondary Industry	第三产业 Tertiary Industry	#工 业 Industry	#建筑业 Construction
1978	100.0	28.52	50.46	21.02	45.44	5.02
1979	100.0	30.07	50.07	19.86	44.13	5.94
1980	100.0	31.06	48.29	20.65	42.91	5.38
1981	100.0	31.92	46.35	21.73	41.49	4.86
1982	100.0	34.04	42.88	23.08	37.91	4.97
1983	100.0	36.05	40.57	23.38	36.00	4.57
1984	100.0	33.55	43.90	22.55	39.08	4.82
1985	100.0	30.33	46.44	23.23	41.40	5.04
1986	100.0	28.27	47.47	24.26	42.48	4.99
1987	100.0	26.38	49.04	24.58	44.34	4.70
1988	100.0	23.14	46.11	30.75	41.24	4.87
1989	100.0	23.85	45.56	30.57	41.17	4.39
1990	100.0	25.43	43.23	31.34	39.52	3.71
1991	100.0	22.10	42.90	35.00	38.91	3.99
1992	100.0	20.11	44.83	35.06	40.50	4.33
1993	100.0	17.84	50.15	32.01	44.84	5.31
1994	100.0	20.66	48.14	31.20	42.35	5.79
1995	100.0	22.16	46.42	31.42	40.37	6.05
1996	100.0	20.30	48.21	31.49	42.37	5.84
1997	100.0	19.27	48.92	31.81	43.03	5.89
1998	100.0	18.58	48.97	32.45	42.81	6.16
1999	100.0	17.86	48.48	33.66	41.98	6.50
2000	100.0	16.35	49.86	33.79	43.65	6.21
2001	100.0	16.56	48.88	34.56	43.11	5.77
2002	100.0	15.90	48.38	35.72	42.88	5.50
2003	100.0	15.37	49.38	35.25	43.49	5.89
2004	100.0	15.73	50.74	33.53	44.97	5.77
2005	100.0	13.98	52.66	33.36	46.99	5.67
2006	100.0	12.75	53.28	33.97	47.84	5.44
2007	100.0	13.26	52.93	33.81	47.88	5.05
2008	100.0	12.71	54.34	32.95	49.29	5.05
2009	100.0	12.81	51.98	35.21	46.32	5.66
2010	100.0	12.57	52.50	34.93	46.85	5.65
2011	100.0	11.85	53.54	34.61	48.01	5.53
2012	100.0	11.99	52.69	35.32	47.08	5.61
2013	100.0	11.90	52.00	36.10	46.62	5.54
2014	100.0	11.70	51.00	37.30	45.31	5.79

地区生产总值指数（上年=100）

Indices of Gross Domestic Product (Preceding year =100)

年　份 Year	地　区 收入总值 Gross National Income	地　区 生产总值 Gross Domestic Product	第一产业 Primary Industry	第二产业 Secondary Industry	第三产业 Tertiary Industry	#工　业 Industry	#建筑业 Construction	人均地区 生产总值 Per Capita GDP
1978	114.5	114.5	110.4	118.0	112.0	118.9	111.2	112.9
1979	106.2	106.2	104.2	107.8	104.9	105.2	131.3	105.1
1980	103.2	103.2	97.4	102.4	112.5	103.0	97.7	102.1
1981	101.0	101.0	105.3	96.5	105.0	98.1	84.1	99.5
1982	111.8	111.8	119.5	103.2	118.7	102.8	106.7	109.7
1983	111.5	111.5	118.7	105.3	112.2	105.7	101.0	109.7
1984	114.4	114.4	108.0	122.8	110.0	123.2	119.3	113.0
1985	112.5	112.5	102.2	118.2	117.5	118.0	120.3	111.3
1986	105.1	105.1	97.4	108.0	109.8	108.7	101.9	103.8
1987	111.6	111.6	101.6	114.9	117.3	116.4	100.2	110.0
1988	113.5	113.5	101.1	116.9	120.1	116.7	119.4	111.9
1989	106.0	106.1	103.7	105.4	109.7	106.8	88.2	104.5
1990	105.8	105.8	105.7	104.0	109.0	104.6	95.7	100.9
1991	111.1	111.0	102.5	110.0	120.8	109.3	117.0	109.4
1992	115.6	115.6	99.4	120.7	121.4	122.1	106.9	114.6
1993	117.8	117.7	104.4	124.6	116.6	124.3	128.4	117.0
1994	114.9	114.9	111.8	116.9	113.7	116.2	124.3	113.9
1995	113.8	113.9	108.6	115.4	114.6	115.0	119.5	113.0
1996	114.2	113.5	105.5	116.6	113.0	116.9	113.4	112.7
1997	112.5	112.5	105.4	114.9	112.5	115.1	112.2	111.7
1998	110.7	110.7	106.2	112.2	110.6	112.1	113.3	110.0
1999	109.1	109.1	104.3	110.6	109.0	110.5	111.7	108.4
2000	109.5	109.5	105.1	110.1	110.4	110.8	103.3	108.7
2001	108.7	108.7	105.3	108.3	111.0	108.9	104.0	108.2
2002	109.6	109.6	105.4	110.6	110.2	111.0	107.1	108.9
2003	111.6	111.6	106.1	114.3	110.0	113.9	117.2	111.0
2004	112.9	112.9	106.7	114.8	112.6	115.1	112.7	112.3
2005	113.4	113.4	106.2	115.4	113.2	115.7	113.5	112.7
2006	113.4	113.4	105.0	115.1	114.3	116.0	108.3	112.6
2007	112.8	112.8	104.0	114.1	114.1	115.2	104.3	112.0
2008	110.1	110.1	104.9	110.5	111.1	111.2	103.6	109.3
2009	110.0	110.0	103.3	110.5	111.4	109.6	120.5	109.3
2010	112.2	112.2	103.5	113.4	113.1	113.5	112.4	110.6
2011	111.3	111.3	104.2	113.4	110.5	114.1	108.0	109.7
2012	109.6	109.6	104.0	111.5	108.6	111.8	108.8	108.9
2013	108.2	108.2	103.3	109.0	108.4	109.4	105.2	107.5
2014	106.5	106.5	103.7	105.0	109.7	105.0	105.3	105.8

注：本表按不变价格计算(下表同)。

a) Data in this table are calculated at constant prices, same as following tables.

地区生产总值指数（1978年=100）

Indices of Gross Domestic Product (1978=100)

年份 Year	地区收入总值 Gross National Income	地区生产总值 Gross Domestic Product	第一产业 Primary Industry	第二产业 Secondary Industry	第三产业 Tertiary Industry	#工业 Industry	#建筑业 Construction	人均地区生产总值 Per Capita GDP
1978	100.0	100.0	100.0	100.0	100.0	100.0	100.0	100.0
1979	106.2	106.2	104.2	107.8	104.9	105.2	131.3	105.1
1980	109.6	109.6	101.5	110.4	118.0	108.4	128.3	107.3
1981	110.7	110.7	106.9	106.5	123.9	106.3	107.9	106.8
1982	123.8	123.8	127.7	110.0	147.1	109.3	115.1	117.1
1983	138.0	138.0	151.6	115.8	165.0	115.6	116.3	128.5
1984	157.9	157.9	163.7	142.2	181.4	142.4	138.7	145.2
1985	177.6	177.6	167.4	168.1	213.2	168.0	166.9	161.6
1986	186.6	186.6	163.1	181.6	234.2	182.6	170.1	167.7
1987	208.3	208.3	165.7	208.7	274.6	212.6	170.4	184.5
1988	236.4	236.4	167.5	244.0	329.8	248.1	203.4	206.5
1989	250.6	250.8	173.6	257.1	361.7	265.0	179.5	215.8
1990	265.1	265.4	183.6	267.4	394.3	277.3	171.8	217.7
1991	294.6	294.6	188.2	294.2	476.4	303.1	201.0	238.2
1992	340.5	340.5	187.0	355.0	578.5	370.0	214.9	272.9
1993	401.1	400.8	195.3	442.4	674.6	459.9	275.9	319.3
1994	460.9	460.5	218.3	517.2	766.7	534.5	342.9	363.7
1995	524.5	524.5	237.1	596.8	879.0	614.6	409.8	411.0
1996	599.0	595.4	250.1	695.9	993.3	718.5	464.7	463.2
1997	673.9	669.8	263.6	799.5	1117.4	827.0	521.4	517.4
1998	746.0	741.4	280.0	897.1	1235.9	927.1	590.7	569.1
1999	813.9	808.9	292.0	992.2	1347.1	1024.4	659.8	617.0
2000	891.2	885.8	306.9	1092.4	1487.2	1135.0	681.6	670.6
2001	968.7	962.8	323.2	1183.1	1650.8	1236.1	708.9	725.6
2002	1061.7	1055.3	340.6	1308.2	1819.9	1372.5	759.0	790.2
2003	1184.9	1177.7	361.5	1495.4	2002.2	1563.9	889.4	877.1
2004	1337.7	1329.6	385.7	1716.7	2254.3	1800.1	1002.4	985.0
2005	1516.9	1507.8	409.7	1981.2	2550.8	2081.9	1137.7	1110.1
2006	1720.2	1709.8	430.1	2280.4	2915.5	2414.8	1232.7	1250.4
2007	1940.4	1928.7	447.4	2601.9	3326.6	2781.8	1285.7	1400.5
2008	2136.4	2123.4	469.3	2875.1	3695.9	3093.4	1332.0	1530.7
2009	2350.0	2335.8	484.8	3177.0	4117.2	3390.3	1605.1	1673.1
2010	2636.7	2620.8	501.7	3602.8	4656.6	3848.0	1804.1	1850.4
2011	2934.7	2916.9	522.8	4085.5	5145.5	4390.6	1948.4	2029.9
2012	3216.4	3196.9	543.7	4555.3	5588.0	4908.7	2119.9	2210.6
2013	3480.1	3459.0	561.6	4965.3	6057.4	5370.1	2230.1	2376.4
2014	3706.4	3683.9	582.4	5213.5	6645.0	5638.6	2348.3	2514.2

支出法地区生产总值
Gross Domestic Product by Expenditure Approach

年份 Year	地区生产总值(亿元) Gross Regional Product by Expenditure Approach (100 million yuan)	最终消费 Final Consumption Expenditures	资本形成总额 Gross Capital Formation	货物和服务净流出 Net Outflow of Goods and Services	最终消费率(消费率)(%) Final Consumption Rate (%)	资本形成率(投资率)(%) Capital Formation Rate (%)
1978	183.06	93.28	64.26	25.52	51.0	35.1
1979	203.22	104.43	68.95	29.84	51.4	33.9
1980	219.24	114.68	63.84	40.72	52.3	29.1
1981	222.54	129.06	50.73	42.75	58.0	22.8
1982	251.45	140.19	73.96	37.30	55.8	29.4
1983	283.21	156.34	90.10	36.77	55.2	31.8
1984	332.22	186.56	114.66	31.00	56.2	34.5
1985	396.75	229.73	156.90	10.12	57.9	39.5
1986	436.65	262.33	162.79	11.53	60.1	37.3
1987	521.92	318.27	176.58	27.07	61.0	33.8
1988	701.33	434.25	242.39	24.69	61.9	34.6
1989	822.83	480.95	295.30	46.58	58.5	35.9
1990	896.33	518.86	334.66	42.81	57.9	37.3
1991	1072.07	634.73	384.84	52.50	59.2	35.9
1992	1278.50	712.19	475.18	91.13	55.7	37.2
1993	1690.84	870.45	679.12	141.27	51.5	40.2
1994	2187.49	1059.29	884.46	243.74	48.4	40.4
1995	2849.52	1348.75	1226.07	274.70	47.3	43.0
1996	3452.97	1553.79	1547.80	351.38	45.0	44.8
1997	3953.78	1740.18	1838.54	375.06	44.0	46.5
1998	4256.01	1848.19	2030.17	377.65	43.4	47.7
1999	4514.19	1978.25	2152.02	383.92	43.8	47.7
2000	5043.96	2240.68	2246.67	556.61	44.4	44.5
2001	5516.76	2490.38	2325.61	700.77	45.1	42.2
2002	6018.28	2838.41	2429.90	749.97	47.2	40.4
2003	6921.29	3029.25	2860.73	1031.31	43.8	41.3
2004	8477.63	3677.23	3659.84	1140.56	43.4	43.2
2005	10012.11	4273.61	4727.66	1010.84	42.7	47.2
2006	11467.60	4966.60	5482.96	1018.04	43.3	47.8
2007	13607.32	5871.11	6710.87	1025.34	43.1	49.3
2008	16011.97	6695.14	8277.67	1039.16	41.8	51.7
2009	17235.48	7220.83	9264.77	749.88	41.9	53.8
2010	20394.26	8326.02	11037.38	1030.86	40.8	54.1
2011	24515.76	9633.82	13890.37	991.57	39.3	56.7
2012	26575.01	11081.10	15244.63	249.28	41.7	57.4
2013	28442.95	11941.79	16472.54	28.62	42.0	57.9
2014	29421.15	12538.97	17362.37	-480.19	42.6	59.0

注：本表按当年价格计算。
a) Data in this table are calculated at current prices.

三次产业贡献率

Share of the Contributions of the Three Strata of Industry to the Increase of the GDP

单位：% (%)

年份 Year	地区生产总值 Gross Domestic Product	第一产业 Primary Industry	第二产业 Secondary Industry	第三产业 Tertiary Industry	#工业 Industry
1990	100.0	22.9	34.1	43.0	36.5
1991	100.0	6.2	40.8	53.0	34.7
1992	100.0	-1.0	59.1	41.9	57.2
1993	100.0	5.3	64.6	30.1	58.6
1994	100.0	15.1	55.8	29.1	49.0
1995	100.0	11.5	55.5	33.0	49.2
1996	100.0	7.2	62.3	30.5	57.6
1997	100.0	6.0	62.4	31.6	57.7
1998	100.0	7.6	61.0	31.4	55.2
1999	100.0	5.4	63.3	31.3	57.1
2000	100.0	6.1	59.1	34.8	57.4
2001	100.0	8.4	48.1	43.5	45.2
2002	100.0	6.6	55.8	37.6	51.3
2003	100.0	6.6	62.9	30.5	54.2
2004	100.0	6.5	59.7	33.8	53.6
2005	100.0	6.6	60.2	33.2	54.0
2006	100.0	4.3	59.5	36.2	55.9
2007	100.0	3.9	58.7	37.4	56.9
2008	100.0	5.7	56.2	38.1	54.5
2009	100.0	3.8	57.1	39.1	47.4
2010	100.0	3.1	59.7	37.2	54.5
2011	100.0	4.6	62.7	32.7	58.7
2012	100.0	4.9	64.0	31.1	59.0
2013	100.0	4.4	59.8	35.8	56.5
2014	100.0	5.8	42.1	52.1	37.8

注：1. 本表按不变价格计算。 2. 三次产业贡献率指各产业增加值增量与GDP增量之比。

a) Data in this table are calculated at constant prices. b) Share of the contributions of the three strata of industry to the increase of the GDP refers to the proportion of the increment of the value-added of each industry to the increment of GDP.

三次产业对生产总值增长的拉动
Contribution of the Three Strata of Industry to GDP Growth

单位：百分点 (percentage points)

年 份 Year	地区生产总值 Gross Domestic Product	第一产业 Primary Industry	第二产业 Secondary Industry	第三产业 Tertiary Industry	#工 业 Industry
1990	5.8	1.3	2.0	2.5	2.1
1991	11.0	0.7	4.5	5.8	3.8
1992	15.6	-0.1	9.2	6.5	8.9
1993	17.7	1.0	11.4	5.3	10.4
1994	14.9	2.3	8.3	4.3	7.3
1995	13.9	1.6	7.7	4.6	6.8
1996	13.5	1.0	8.4	4.1	7.8
1997	12.5	0.8	7.8	3.9	7.2
1998	10.7	0.8	6.5	3.4	5.9
1999	9.1	0.5	5.8	2.8	5.2
2000	9.5	0.6	5.6	3.3	5.4
2001	8.7	0.7	4.2	3.8	3.9
2002	9.6	0.6	5.4	3.6	4.9
2003	11.6	0.8	7.3	3.5	6.3
2004	12.9	0.8	7.7	4.4	6.9
2005	13.4	0.8	8.1	4.5	7.3
2006	13.4	0.6	8.0	4.9	7.5
2007	12.8	0.5	7.5	4.8	7.3
2008	10.1	0.6	5.7	3.8	5.5
2009	10.0	0.4	5.7	3.9	4.7
2010	12.2	0.4	7.3	4.5	6.6
2011	11.3	0.5	7.1	3.7	6.6
2012	9.6	0.5	6.1	3.0	5.7
2013	8.2	0.4	4.9	2.9	4.6
2014	6.5	0.4	2.7	3.4	2.5

注：1．本表按不变价计算。 2．三次产业拉动指GDP增长速度与各产业贡献率之乘积。

a) Data in this table are calculated at constant prices. b) Contribution of the three strata of industry to GDP growth refers to the growth rate of GDP multiplied by the contribution share of every industry.

三大需求对全省生产总值增长的贡献率

Contribution Share of the Three Components of GDP to the Growth of GDP

年　份 Year	最终消费支出 贡献率 (%) Contribution Share of Final Consumption Expenditure	资本形成总额 贡献率 (%) Contribution Share of Gross Capital Formation	货物和服务净出口 贡献率 (%) Contribution Share of Net Exports of Goods and Services
1990	81.3	32.6	-13.9
1991	63.9	32.8	3.3
1992	39.1	33.4	27.5
1993	45.2	50.1	4.7
1994	42.3	41.7	16.0
1995	38.5	57.6	3.9
1996	28.6	67.5	3.9
1997	35.1	60.5	4.4
1998	26.2	67.0	6.8
1999	64.4	50.4	-14.8
2000	43.8	28.5	27.7
2001	51.9	17.1	31.0
2002	51.0	19.9	29.1
2003	32.9	40.6	26.5
2004	42.8	45.4	11.8
2005	41.5	58.3	0.2
2006	46.9	52.7	0.4
2007	47.3	52.5	0.2
2008	46.8	53.0	0.2
2009	43.4	58.6	-2.0
2010	44.7	57.2	-1.9
2011	42.8	60.0	-2.8
2012	45.8	60.2	-6.0
2013	46.6	59.1	-5.7
2014	48.9	56.6	-5.5

注：1.本表按可比价格计算。2.三大需求指支出法地区生产总值的三大构成项目、即最终消费支出、资本形成总额、货物和服务净出口。3.贡献率指三大需求增量与支出法国内生产总值增量之比。

a) Data in this table are calculated at constant prices. b) Three components of GDP by expenditure approach are final consumption expenditure, gross capital formation and net exports of goods and services. c) Contribution share of the three components to the increase of the GDP refers to the proportionof the increment of the each component of GDP by expenditure approach to the increment of GDP.

居民消费水平
Household Consumption

年 份 Year	全省居民 (元) All Households (yuan)	农村居民 Rural Households	城镇居民 Urban Households	城乡消费水平对比(农村居民=100) Urban/Rural Consumption Ratio (Urban Households =100)	指 数(上年=100) Index (Preceding Year=100) 全省居民 All Households	农村居民 Rural Households	城镇居民 Urban Households	指 数(1978年=100) Index (1978=100) 全省居民 All Households	农村居民 Rural Households	城镇居民 Urban Households
1978	165	137	402	293.4	103.7	104.9	90.9	100.0	100.0	100.0
1979	183	153	423	276.5	99.4	106.3	93.4	99.4	106.3	93.4
1980	199	164	460	280.5	119.9	120.6	119.5	119.2	128.2	111.6
1981	223	187	481	257.2	111.1	113.4	103.7	132.4	145.4	115.7
1982	236	198	507	256.1	104.5	104.8	104.0	138.4	152.4	120.4
1983	258	221	513	232.1	110.8	112.8	100.6	153.3	171.9	121.1
1984	301	261	569	218.0	116.8	118.2	111.0	179.1	203.1	134.4
1985	366	319	672	210.7	117.1	118.1	112.8	209.7	239.9	151.6
1986	413	356	773	217.1	104.8	104.6	104.8	219.8	250.9	158.9
1987	494	423	917	216.8	105.2	105.3	104.3	231.2	264.2	165.7
1988	664	557	1300	233.4	112.9	110.4	118.3	261.0	291.7	196.1
1989	722	583	1557	267.1	94.7	93.3	98.9	247.2	272.2	193.9
1990	783	605	1592	263.1	103.9	102.6	107.0	256.8	279.2	207.5
1991	847	675	1839	272.4	107.0	105.6	108.5	274.8	294.9	225.1
1992	950	729	2182	299.3	108.6	107.0	109.6	298.4	315.5	246.7
1993	1089	831	2496	300.4	111.9	110.2	114.3	333.9	347.7	282.0
1994	1320	1001	3009	300.6	109.5	107.8	110.8	365.7	374.8	312.5
1995	1686	1306	3397	260.2	110.6	110.0	106.8	404.4	412.3	333.7
1996	1925	1554	3499	225.2	106.8	110.7	104.9	431.9	456.4	350.1
1997	2151	1711	3765	220.1	108.8	105.2	104.5	469.9	480.2	365.8
1998	2207	1731	3833	221.5	102.2	101.9	101.2	480.3	489.3	370.2
1999	2327	1803	3950	219.0	112.7	108.8	100.4	541.3	532.3	371.7
2000	2533	1848	4523	244.8	106.6	109.0	100.8	577.0	580.3	374.7
2001	2749	1912	4991	261.0	107.4	103.2	108.3	619.7	598.8	405.8
2002	3081	1987	5776	290.7	107.9	102.2	109.5	668.6	612.0	444.3
2003	3271	2042	6063	297.0	106.7	105.4	104.0	713.4	645.1	462.1
2004	3758	2167	7096	327.5	111.9	104.9	113.5	798.3	676.7	524.4
2005	4270	2426	7851	323.6	110.2	109.8	106.8	879.7	743.0	560.1
2006	4924	2714	8971	330.6	113.5	111.1	111.9	998.5	825.5	626.7
2007	5667	3067	10031	327.1	111.6	108.3	109.2	1114.3	894.0	684.4
2008	6498	3515	10835	308.3	111.0	110.3	104.9	1236.9	986.1	717.9
2009	7193	3606	12195	338.2	110.7	103.7	112.0	1369.2	1022.6	804.0
2010	8057	3867	13619	352.2	110.6	105.3	110.4	1514.3	1076.8	887.8
2011	9551	4893	15331	313.3	118.5	126.5	112.6	1795.1	1362.5	999.4
2012	10749	5766	16554	287.1	112.6	117.8	108.0	2020.4	1605.7	1079.1
2013	11610	6490	17278	266.2	108.0	112.6	104.4	2182.1	1808.0	1126.6
2014	12171	7023	17589	250.5	104.8	108.2	101.8	2287.5	1956.5	1146.9

资金流量表(收入分配)(2013年)

单位：亿元

机构部门	Sectors	非金融企业部门 Non-financial Corporations		金融机构部门 Financial Institutions		政府 General
交易项目	Items	使　用 Uses	来　源 Sources	使　用 Uses	来　源 Sources	使　用 Uses
净出口	Net Exports					
增加值	Value Added		17964.36		1137.72	
劳动者报酬	Compensation of Laborers	6140.33		298.35		1357.66
工资及工资性收入	Wages and Salaries	4621.08		224.53		1357.66
单位社会保险付款	Employers' Social Contributions	1519.25		73.82		
生产税净额	Taxes on Production, Net	3371.67		121.41		21.04
生产税	Taxes on Products	3492.11		121.41		21.04
生产补贴	Subsidies on Production		120.44			120.44
财产收入	Income from Properties	1433.84	359.30	1688.39	2304.90	
利　息	Interest	1386.36	321.09	1688.39	2298.54	
红　利	Distributed Income of Corporations	47.48	38.22		6.36	
土地租金	Rent on Land Use					
其　他	Others		…	…		
初次分配总收入	Total Income from Primary Distribution		7377.82		1334.47	
经常转移	Current Transfer	524.15	100.69	386.77	4.91	2022.26
收入税	Taxes on Income	496.98		71.11		
社会保险缴款	Social insurance contributions					
社会保险福利	Social insurance benefits					1427.75
社会补助	Allowances					528.62
其他经常转移	Other current transfers	27.17	100.69	315.66	4.91	65.89
可支配总收入	Total Disposable Income		6954.36		952.61	
最终消费	Final Consumption Expenditure					3454.66
居民消费	Household Consumption					
政府消费	Government Consumption					3454.66
总储蓄	Savings		6954.36		952.61	
资本转移	Capital Transfers		27.90			204.82
投资性补助	Investment Allowances		27.90			204.82
其　他	Other					
资本形成总额	Gross Capital Formation	12182.32		26.33		1634.26
固定资本形成总额	Gross Fixed Capital Formation	12034.37		26.33		1597.80
存货增加	Changes in Inventories	147.95				36.46
其他非金融资产获得减处置	Acquisitions Less Disposals of Other Non-financial Assets					
净金融投资	Net Financial Investment	-5200.06		926.28		801.04

Funds Flow of Funds Table (2013)

(100 million yuan)

部门 Governments	住户部门 Households		省内部门合计 Regional Sum		国内省外 Outside Province		国 外 The Rest of the World	
来 源 Sources	使 用 Uses	来 源 Sources	使 用 Uses	来 源 Sources	使 用 Uses	来 源 Sources	使 用 Uses	来 源 Sources
						452.29		-480.91
1622.17		7718.70		28442.95				
	6522.61	14318.95	14318.95	14318.95				
	6522.61	12725.88	12725.88	12725.88				
		1593.07	1593.07	1593.07				
2980.12	261.88		3776.00	2980.12	147.94	943.82		
3100.56	261.88		3896.44	3100.56	147.94	943.82		
			120.44	120.44				
139.58	226.07	559.37	3348.31	3363.16	48.55	33.70		
138.26	226.07	542.93	3300.82	3300.82				
1.32		16.43	47.48	62.33	48.55	33.70		
		…	…	…				
3363.17		15586.45		27661.92				
4576.95	1738.48	2251.60	4671.66	6934.15	2264.71	34.93	64.21	31.50
704.58	136.49		704.58	704.58				
1593.07	1593.07		1593.07	1593.07				
		1427.75	1427.75	1427.75				
	5.58	534.20	534.20	534.20				
2279.30	3.34	289.66	412.07	2674.56	2264.71	34.93	64.21	31.50
5917.86		16099.57		29924.41				
	8487.13		11941.79					
	8487.13		8487.13					
			3454.66					
2463.20		7612.44		17982.62		-996.46		-513.62
176.92			204.82	204.82				
176.92			204.82	204.82				
	2629.64		16472.55					
	2593.58		16252.08					
	36.06		220.47					
	4982.80		1510.07		-996.46		-513.62	

资产负债（2013年12月31日）

单位：亿元

机构部门	Sectors	非金融企业部门 Non-financial Corporations		金融机构部门 Financial Institutions		政府 General
交易项目	Items	使　用 Uses	来　源 Sources	使　用 Uses	来　源 Sources	使　用 Uses
非金融资产	**Non-financial Assets**	**37973.83**		**4829.74**		**4463.61**
固定资产	Fixed Assets	29825.91		361.86		4400.48
#在建工程	Constructing Project	3035.40		50.67		18.20
存　货	Inventory	6674.64		3.62		48.11
#产成品和商品库存	Products and Inventory	1563.25				
其他非金融资产	Other Non-financial Assets	1473.27		4464.26		15.03
#无形资产	Intangible Assets	1319.18		140.41		
金融资产与负债	**Financial Assets and Liabilities**	**25502.48**	**36015.75**	**41814.12**	**50981.94**	**7605.98**
国内金融资产与负债	Domestic Financial Assets and Liabilities	25502.48	35614.79	41814.12	50916.24	7605.98
通　货	Current in Circulation	1001.41		699.63		10.26
存　款	Savings Deposits	9669.83			39444.45	5311.91
长　期	Long Period Savings Deposits					
短　期	Short Period Savings Deposits					
贷　款	Loans		17177.03	24423.22		
长　期	Long-term Loans					
短　期	Short-term Loans					
股票及其他股权	Stocks and Other Stock Rights	2402.22	4495.26	1762.90		112.77
证　券(不含股票)	Securities (Not Including Stocks)	163.06	70.84	73.00	196.72	0.03
保险准备金	Insurance Reserve Funds	451.67			2712.36	
其　他	Other	11814.29	13871.66	14855.37	8562.70	2171.01
国外金融资产与负债	Foreign Financial Assets and Liabilities		400.96		65.70	
直接投资	Foreign Direct Investment		390.89			
证券投资	Securities					
其他投资	Miscellaneous		10.07		65.70	
资产负债差额	**Balance Between Assets and Liabilities**		**27460.55**		**-4338.07**	
资产、负债与差额总计	**The Sum Total of Assets, Liabilities and Balance**	**63476.30**	**63476.30**	**46643.86**	**46643.86**	**12069.60**

注：本表包括公路、市政设施、水利设施。

Assets and Liabilities (December, 31, 2013)

(100 million yuan)

部门 Governments	住户部门 House-holds		省内部门合计 Regional Sum		国内省外 Outside Province		国外 The Rest of the World		总计 Total	
来源 Sources	使用 Uses	来源 Sources	使用 Uses	来源 Sources	使用 Uses	来源 Sources	使用 Uses	来源 Sources	使用 Uses	来源 Sources
	36234.53		**83501.71**						**83501.71**	
	34127.99		68716.25						68716.25	
			3104.27						3104.27	
	1869.82		8596.19						8596.19	
			1563.25						1563.25	
	236.71		6189.28						6189.28	
			1459.60						1459.60	
	33423.52	**7178.64**	**108346.10**	**98574.39**	**672.52**	**10923.46**			**109497.85**	**109497.85**
	33423.52	7178.64	108346.10	98095.16	672.52	10923.46			109018.62	109018.62
	1293.41		3004.71			3004.71			3004.71	3004.71
	23790.19		38771.93	39444.45	672.52				39444.45	39444.45
1100.68		6078.64	24423.22	24356.35		66.87			24423.22	24423.22
	1373.13		5651.02	4495.26		1155.76			5651.02	5651.02
	2151.98		2388.07	267.57		2120.51			2388.07	2388.07
1150.00	3732.54		4184.21	3862.36		321.85			4184.21	4184.21
2134.81	1082.27	1100.00	29922.94	25669.17		4253.77			29922.94	29922.94
12.57				479.23			479.23		479.23	479.23
2.38				393.27			393.27		393.27	393.27
10.19				85.96			85.96		85.96	85.96
7671.53		**62479.41**		**93273.43**		**-10250.94**		**479.23**		**83501.71**
12069.60	**69658.05**	**69658.05**	**191847.82**	**191847.82**	**672.52**	**672.52**	**479.23**	**479.23**	**192999.57**	**192999.57**

a)Data contained of the highways, municipal infra-structure and water conservancy facilities.

人口基本情况
Basic Statistics of Population

指　　标	Indicator	2000	2005	2010	2013	2014
年末总人口(万人)	**Total Population of Year-end (10000 persons)**	**6674**	**6851**	**7193.6**	**7332.61**	**7383.75**
按城乡分	**by Residence**					
城镇人口	Urban Population	1741	2582	3201	3528.45	3642.40
乡村人口	Rural Population	4933	4269	3993	3804.16	3741.35
按性别分	**by Sex**					
男性人口	Male Population	3397	3441	3647.18	3723.50	3750.64
女性人口	Female Population	3277	3410	3546.42	3609.11	3633.11
出生率(‰)	Birth Rate (‰)	11.30	12.84	13.22	13.04	13.18
死亡率(‰)	Death Rate (‰)	6.21	6.75	6.41	6.87	6.23
自然增长率(‰)	Natural Growth Rate (‰)	5.09	6.09	6.81	6.17	6.95
人口密度(人/平方公里)	Density of Population (person/sq.km)		365	384	391	394
家庭户数(万户)	Households (10000 units)		2046.4	2039.51	2222.10	2283.93
各年龄段人口比例(%)	**Population by Age Group (%)**					
0—14岁	0-14	22.8	17.7	16.83	17.95	17.80
15—64岁	15-64	70.3	74.1	74.93	72.96	73.03
65岁以上	65 and Over	6.9	8.2	8.24	9.09	9.17
文化程度人口比重(%)	**Population by Education Attainments (%)**					
未上学人口	Uneducational Population	8.7	6.9	3.26	3.82	3.80
小学文化程度人口	Primary School	35.7	30.1	26.79	24.57	25.28
初中文化程度人口	Junior Secondary Schools	41.3	46.3	48.23	48.91	48.26
高中文化程度人口	Senior Secondary Schools	11.3	12.0	13.80	15.26	14.66
大专以上文化程度人口	College and Higher Level	2.9	4.7	7.93	7.44	8.00

注：未上学人口2005年以前为不识字或识字很少的人口。

a) Before the year of 2005, the number of unschooled people referred to those who were lack of literacy.

总人口及人口自然变动
Total Population and Natural Changes of Population

年 份 Year	总 人 口 (万人) Total Population (10000 persons)	#男 Male	出 生 率 (‰) Birth Rate (‰)	死 亡 率 (‰) Death Rate (‰)	自然增长率 (‰) Natural Growth Rate (‰)
1978	5057	2595	20.88	6.49	14.39
1979	5105	2620	19.86	6.36	13.50
1980	5168	2651	20.47	6.46	14.01
1981	5256	2692	23.99	6.05	17.94
1982	5356	2742	19.35	5.94	13.41
1983	5420	2777	17.91	6.60	11.31
1984	5487	2815	16.73	5.41	11.32
1985	5548	2852	17.10	5.30	11.80
1986	5627	2893	20.42	6.12	14.30
1987	5710	2936	22.50	6.00	16.50
1988	5795	2978	20.35	5.50	14.85
1989	5881	3021	20.19	5.44	14.75
1990	6159	3147	20.46	6.82	13.64
1991	6220	3167	16.61	6.75	9.86
1992	6275	3212	15.33	6.43	8.90
1993	6334	3227	15.43	6.11	9.32
1994	6388	3264	14.93	6.50	8.43
1995	6437	3266	13.93	6.32	7.61
1996	6484	3309	13.85	6.55	7.30
1997	6525	3327	13.11	6.82	6.29
1998	6569	3343	13.01	6.18	6.83
1999	6614	3357	12.99	6.26	6.73
2000	6674	3397	11.30	6.21	5.09
2001	6699	3384	11.16	6.18	4.98
2002	6735	3420	11.53	6.25	5.28
2003	6769	3454	11.43	6.27	5.16
2004	6809	3480	11.98	6.19	5.79
2005	6851	3441	12.84	6.75	6.09
2006	6898	3486	12.82	6.59	6.23
2007	6943	3529	13.33	6.78	6.55
2008	6989	3562	13.04	6.49	6.55
2009	7034	3582	12.93	6.43	6.50
2010	7194	3647	13.22	6.41	6.81
2011	7241	3743	13.02	6.52	6.50
2012	7288	3694	12.88	6.41	6.47
2013	7333	3724	13.04	6.87	6.17
2014	7384	3751	13.18	6.23	6.95

六次人口普查基本情况

Basic Statistics on Population Census in 1953，1964，1982, 1990, 2000 and 2010

项　目	Item	第一次人口普查 The First (1953.7.1)	第二次人口普查 The Second (1964.7.1)	第三次人口普查 The Third (1982.7.1)	第四次人口普查 The Fourth (1990.7.1)	第五次人口普查 The Fifth (2000.11.1)	第六次人口普查 The Sixth (2010.11.1)
总人口(万人)	**Total Population(10000 Persons)**	**3563.46**	**4568.77**	**5300.55**	**6108.28**	**6668.44**	**7185.42**
男	Male	1794.83	2338.17	2712.56	3121.01	3393.63	3643.03
女	Female	1768.63	2230.60	2587.99	2987.27	3274.81	3542.39
总户数(万户)	**Total Household (10000 households)**	**820.12**	**1017.15**	**1237.70**	**1536.61**	**1830.27**	**2081.35**
家庭户	Household			1231.72	1530.21	1793.50	2039.51
平均家庭户规模	Average Household Size	4.39	4.49	4.14	3.89	3.59	3.36
民　族	**Nationalities**						
民族个数(个)	The Number of Nationalities	11	30	41	55	56	56
汉族人口(万人)	Total Population of Han Nationality (10000 persons)	3527.83	4494.98	5215.14	5867.37	6378.16	6886.13
各少数民族人口(万人)	Total Population of Minority Nationalities (10000 persons)	35.63	73.75	85.34	240.91	290.28	299.29
市镇总人口(万人)	**Total Population of City and Town (10000 persons)**	**419.53**	**644.79**	**725.89**	**1173.39**	**1756.01**	**3157.53**
各种文化程度人口(万人)	**Population by Education (10000 persons)**						
大　学	University and Above		18.08	23.43	58.25	178.11	524.25
高　中	Senior Secondary Schools		56.87	399.86	455.47	716.36	913.17
初　中	Junior Secondary Schools		234.91	1020.08	1509.42	2609.93	3190.3
小　学	Primary Schools		1400.54	1930.58	2249.16	2213.51	1771.97
文盲、半文盲(15周岁及以上)	**Illiterate or Semiliterate Persons (Age 15 and Over)**			**1193.54**	**1023.52**	**513.81**	**187.74**
在业人口(万人)	**Economically Active Population (10000 persons)**			**2759.90**	**3410.11**	**3836.27**	**4089.22**
不在业人口(万人)	**Economically Inactive Population (10000 persons)**			**908.76**	**924.47**	**1313.09**	**1810.22**

注：在业人口、不在业人口六普为16周岁及以上，其他为15周岁及以上。

a) In the 6th population census, economically active population and economically inactive population exclude population below 16 years old. evertheless, in the previous censuses, they do not include population below 15 years old.

分行业全社会就业人员（2014年底）

Number of Employed Persons by Sector (End of 2014)

单位：万人 (10000 persons)

项　目	Item	就业人员 Employed Persons	城　镇 就业人员 Employed Persons of Urban Areas	单　位 就业人员 Urban Units	私营个体 就业人员 Private and Individuals	灵活就业及其他 就业人员 Others	乡　村 就业人员 Employed Persons of Rural Areas
全省总计	**Total**	**4202.66**	**1311.86**	**656.18**	**447.17**	**208.51**	**2890.80**
农、林、牧、渔业	Agriculture, Forestry, Animal Husbandry and Fishery	1398.88	14.79	4.56	4.02	6.21	1384.09
采矿业	Mining	94.49	43.75	27.26	12.72	3.77	50.74
制造业	Manufacturing	853.75	301.15	147.70	141.60	11.85	552.60
电力、热力、燃气及水生产和供应业	Production and Distribution of Electricity, Thermal, Gas and Water	38.02	23.51	19.21	1.29	3.01	14.51
建筑业	Construction	451.53	139.93	89.05	31.83	19.05	311.60
批发和零售业	Wholesale and Retail Trades	380.89	182.97	28.24	114.93	39.80	197.92
交通运输、仓储和邮政业	Traffic, Transport, Storage and Post	201.09	72.10	28.96	22.74	20.40	128.99
住宿和餐饮业	Hotels and Catering Services	173.16	101.73	6.27	76.26	19.20	71.43
信息传输、软件和信息技术服务业	Information Transmission, Software and Information Technology Services	28.14	16.74	8.56	2.68	5.50	11.40
金融业	Financial Intermediation	35.33	28.91	27.66		1.25	6.42
房地产业	Real Estate	18.31	14.70	10.53	1.34	2.83	3.61
租赁和商务服务业	Leasing and Business Services	43.49	26.97	13.77	5.37	7.83	16.52
科学研究和技术服务业	Scientific Research and Technical Service	17.27	15.42	14.48		0.94	1.85
水利、环境和公共设施管理业	Management of Water Conservancy, Environment and Public Facilities	18.92	14.38	11.44		2.94	4.54
居民服务、修理和其他服务业	Services to Households, Repair and Other Services	135.30	69.94	1.52	31.24	37.18	65.36
教育	Education	124.61	100.34	89.91		10.43	24.27
卫生和社会工作	Health and Social Work	60.18	43.26	35.45		7.81	16.92
文化、体育和娱乐业	Culture, Sports and Entertainment	19.04	9.15	5.27	1.15	2.73	9.89
公共管理、社会保障和社会组织	Public Management, Social Security and Social Organization	110.26	92.12	86.34		5.78	18.14

注：本表就业人员不包括离开本单位仍保留劳动关系的职工。

a) The employed persons exclude those staff and workers who still keep their relation with their units, but have left their working post at there.

按三次产业分的就业人员及构成（年底数）

Number of Employed Persons by Type of Industry and Composition (End of Year)

年 份 Year	就业人员(万人) Employed Persons (10000 persons)	第一产业 Primary Industry	第二产业 Secondary Industry	第三产业 Tertiary Industry	构 成(以就业人员为100) Composition in Percentage (Total Employment=100) 第一产业 Primary Industry	第二产业 Secondary Industry	第三产业 Tertiary Industry
1978	2109.39	1621.61	292.83	194.95	76.88	13.88	9.24
1980	2182.80	1637.42	321.01	224.37	75.01	14.71	10.28
1985	2555.43	1603.36	557.49	394.58	62.74	21.82	15.44
1986	2626.41	1602.21	607.42	416.78	61.00	23.13	15.87
1987	2725.75	1615.62	653.23	456.90	59.27	23.97	16.76
1988	2808.33	1659.62	690.33	458.38	59.10	24.58	16.32
1989	2857.92	1739.11	674.31	444.50	60.85	23.60	15.55
1990	2955.47	1820.51	680.14	454.82	61.60	23.01	15.39
1991	3040.30	1905.27	690.04	444.99	62.67	22.70	14.63
1992	3106.28	1874.64	722.61	509.03	60.35	23.26	16.39
1993	3171.37	1857.14	778.68	535.55	58.56	24.55	16.89
1994	3210.37	1780.48	832.60	597.29	55.46	25.93	18.61
1995	3252.01	1729.29	879.08	643.64	53.18	27.03	19.79
1996	3300.16	1635.17	942.08	722.91	49.55	28.55	21.90
1997	3324.23	1634.03	940.24	749.96	49.16	28.28	22.56
1998	3367.18	1650.22	932.60	784.36	49.01	27.70	23.29
1999	3322.30	1653.25	879.69	789.36	49.76	26.48	23.76
2000	3385.71	1678.12	886.99	820.60	49.56	26.20	24.24
2001	3409.16	1676.34	899.68	833.14	49.17	26.39	24.44
2002	3435.00	1662.59	929.12	843.29	48.40	27.05	24.55
2003	3470.23	1672.26	942.84	855.13	48.19	27.17	24.64
2004	3516.71	1612.85	992.74	911.12	45.86	28.23	25.91
2005	3568.97	1564.72	1043.56	960.69	43.84	29.24	26.92
2006	3609.99	1524.89	1082.66	1002.44	42.24	29.99	27.77
2007	3664.97	1481.52	1134.51	1048.94	40.42	30.96	28.62
2008	3725.66	1481.37	1170.06	1074.23	39.76	31.41	28.83
2009	3792.49	1479.22	1203.36	1109.91	39.00	31.73	29.27
2010	3865.14	1464.21	1250.85	1150.08	37.88	32.36	29.76
2011	3962.42	1439.63	1319.83	1202.96	36.33	33.31	30.36
2012	4085.74	1426.27	1400.79	1258.68	34.91	34.28	30.81
2013	4183.93	1404.49	1438.07	1341.37	33.57	34.37	32.06
2014	4202.66	1398.88	1437.79	1365.99	33.29	34.21	32.50

注：1999年起资料不包括离开本单位仍保留劳动关系职工人数。

a) Since 1999, the date exclude those staff and workers who still keep their relation with their units, but have left their working post at there.

城镇非私营单位职工人数（年底数）

Number of Staff and Workers in Urban Non Private Units (End of Year)

单位：万人　　(10000 persons)

年　份 Year	职工人数 Number of Staff and Workers	#国有经济 State-Owned	#城镇集体经济 Urban Collective-Owned	女职工人数 Female	#国有经济 State-Owned	#城镇集体经济 Urban Collective-Owned
1952	60.39	57.85	2.54		6.68	
1957	135.13	104.47	30.66		14.45	
1962	149.50	132.88	16.62		24.78	
1965	161.64	139.95	21.69		26.86	
1970	219.48	185.82	33.66	53.83	41.11	12.72
1975	344.99	289.52	55.47	85.54	63.36	22.18
1978	445.10	369.83	75.27	122.55	94.78	27.77
1980	476.83	394.27	82.56	146.84	109.95	36.89
1985	555.15	424.26	130.16	177.64	123.99	53.32
1990	652.71	497.19	151.61	223.90	158.66	63.61
1991	673.75	512.60	155.50	231.10	164.24	64.20
1992	688.45	527.79	154.71	236.95	171.79	62.35
1993	703.72	538.67	151.41	246.63	179.95	60.47
1994	699.25	533.24	141.41	249.44	181.87	57.32
1995	698.02	535.14	132.79	252.84	185.42	54.43
1996	696.16	538.42	126.78	255.56	190.91	51.02
1997	676.74	531.51	112.13	252.52	191.88	45.98
1998	657.00	502.35	93.57	221.41	168.77	30.94
1999	639.62	488.88	84.27	220.62	168.49	27.38
2000	621.95	474.88	75.52	212.13	162.79	23.28
2001	603.86	459.13	69.53	205.47	159.35	20.56
2002	589.14	441.13	62.29	196.89	150.35	17.61
2003	576.57	427.40	57.41	193.58	147.08	15.85
2004	562.67	409.48	52.81	191.15	142.72	14.44
2005	557.83	390.46	48.90	191.86	139.26	13.59
2006	554.56	381.36	46.28	193.98	139.00	13.25
2007	544.43	370.82	41.50	193.10	137.69	11.94
2008	520.01	352.18	35.02	191.41	133.75	10.11
2009	514.42	341.08	32.83	190.94	132.63	9.64
2010	518.89	334.84	30.79	195.70	132.65	9.31
2011	537.85	317.71	26.59	206.32	133.16	8.54
2012	619.95	332.41	21.14	223.39	138.31	7.38
2013	653.36	298.94	18.00	232.66	130.09	6.44
2014	656.18	293.49	15.58	236.77	128.82	5.88

注：1.1998年女职工人数为在岗女职工人数,1999年起为女性单位就业人数。2.2012年起为就业人员。

a) The data in 1998 are on-post staff and workers figures, since 1999 are persons employed in various units.

b) The data in 2012 are persons employed.

分登记注册类型和行业城镇非私营单位就业人数（2014年底）
Number of Staff and Workers in Urban Non Private Units by Registration Status and Sector (End of 2014)

单位：万人 (10000 persons)

行业	Sector	合计 Total	国有经济 State-Owned	城镇集体经济 Urban Collective-Owned	其他经济类型 Others
全省总计	**Total**	**656.18**	**293.49**	**15.58**	**347.11**
按企、事业和机关分组	**Grouped by Enterprises, Institutions and Agencies**				
企业	Business	418.03	60.04	12.40	345.59
事业	Institutions	164.59	160.58	3.08	0.93
机关	Agencies & Organizations	72.73	72.65	0.06	0.02
民间非盈利组织	Non Profit Organization	0.32	0.04		0.28
其他	Others	0.51	0.18	0.04	0.29
按国民经济行业分组	**Grouped by Sector**				
农、林、牧、渔业	Agriculture, Forestry, Animal Husbandry and Fishery	4.56	4.35	0.08	0.13
采矿业	Mining	27.26	4.97	0.36	21.93
制造业	Manufacturing	147.70	5.10	2.84	139.76
电力、热力、燃气及水生产和供应业	Production and Distribution of Electricity, Thermal, Gas and Water	19.21	10.64	0.02	8.55
建筑业	Construction	89.05	6.21	2.37	80.47
批发和零售业	Wholesale and Retail Trades	28.24	3.65	1.96	22.63
交通运输、仓储和邮政业	Traffic, Transport, Storage and Post	28.96	16.70	0.50	11.76
住宿和餐饮业	Hotels and Catering Services	6.27	2.00	0.16	4.11
信息传输、软件和信息技术服务业	Information Transmission, Software and Information Technology Services	8.56	1.26	0.03	7.27
金融业	Financial Intermediation	27.66	2.45	2.49	22.72
房地产业	Real Estate	10.53	0.89	0.09	9.55
租赁和商务服务业	Leasing and Business Services	13.77	5.93	1.15	6.69
科学研究和技术服务业	Scientific Research and Technical Service	14.48	7.16	0.10	7.22
水利、环境和公共设施管理业	Management of Water Conservancy, Environment and Public Facilities	11.44	10.35	0.23	0.86
居民服务、修理和其他服务业	Services to Households, Repair and Other Services	1.52	0.58	0.09	0.85
教育	Education	89.91	88.56	0.17	1.18
卫生和社会工作	Health and Social Work	35.45	32.00	2.74	0.71
文化、体育和娱乐业	Culture, Sports and Entertainment	5.27	4.45	0.10	0.72
公共管理、社会保障和社会组织	Public Management, Social Security and Social Organization	86.34	86.24	0.10	

分登记注册类型和行业城镇非私营单位在岗职工人数（2014年底）
Number of Staff and Workers on-post in Urban Non Private Units by Registration Status and Sector (End of 2014)

单位：万人 (10000 persons)

行业	Sector	合计 Total	国有经济 State-Owned	城镇集体经济 Urban Collective-Owned	其他经济类型 Others
全省总计	**Total**	**614.01**	**278.44**	**14.75**	**320.82**
按企、事业和机关分组	**Grouped by Enterprises, Institutions and Agencies**				
企业	Business	387.96	56.79	11.81	319.36
事业	Institutions	155.42	151.68	2.85	0.89
机关	Agencies & Organizations	69.83	69.76	0.05	0.02
民间非盈利组织	Non Profit Organization	0.30	0.04		0.26
其他	Others	0.50	0.17	0.04	0.29
按国民经济行业分组	**Grouped by Sector**				
农、林、牧、渔业	Agriculture, Forestry, Animal Husbandry and Fishery	4.36	4.16	0.07	0.13
采矿业	Mining	26.91	4.95	0.36	21.60
制造业	Manufacturing	146.11	4.99	2.78	138.34
电力、热力、燃气及水生产和供应业	Production and Distribution of Electricity, Thermal, Gas and Water	16.85	8.93	0.02	7.90
建筑业	Construction	74.49	5.54	2.14	66.81
批发和零售业	Wholesale and Retail Trades	27.68	3.59	1.85	22.24
交通运输、仓储和邮政业	Traffic, Transport, Storage and Post	27.93	16.28	0.44	11.21
住宿和餐饮业	Hotels and Catering Services	6.08	1.94	0.15	3.99
信息传输、软件和信息技术服务业	Information Transmission, Software and Information Technology Services	8.35	1.25	0.03	7.07
金融业	Financial Intermediation	20.08	2.36	2.46	15.26
房地产业	Real Estate	10.08	0.87	0.07	9.14
租赁和商务服务业	Leasing and Business Services	13.27	5.77	1.13	6.37
科学研究和技术服务业	Scientific Research and Technical Service	13.70	6.93	0.10	6.67
水利、环境和公共设施管理业	Management of Water Conservancy, Environment and Public Facilities	9.22	8.29	0.19	0.74
居民服务、修理和其他服务业	Services to Households, Repair and Other Services	1.47	0.55	0.09	0.83
教育	Education	86.44	85.13	0.17	1.14
卫生和社会工作	Health and Social Work	33.46	30.27	2.50	0.69
文化、体育和娱乐业	Culture, Sports and Entertainment	4.96	4.17	0.10	0.69
公共管理、社会保障和社会组织	Public Management, Social Security and Social Organization	82.57	82.47	0.10	

注：从2012年起，在岗职工人数含劳务派遣人员。

a) Since 2012 staff and workers on-post include the labor dispatch personnel.

分登记注册类型和行业城镇非私营单位女性就业人数（2014年底）

Number of Female Employed Persons in Urban Non Private Units Status by Registration and Sector (End of 2014)

单位：万人 (10000 persons)

行业	Sector	女性 就业人数 Number of Female Employed Persons	国有经济 State-Owned	城镇集体经济 Urban Collective-Owned	其他经济类型 Others
全省总计	**Total**	**236.77**	**128.82**	**5.88**	**102.07**
按企、事业和机关分组	**Grouped by Enterprises, Institutions and Agencies**				
企业	Business	123.19	17.73	4.23	101.23
事业	Institutions	91.41	89.22	1.62	0.57
机关	Agencies & Organizations	21.79	21.77	0.01	0.01
民间非营利组织	Non Profit Organization	0.19	0.03		0.16
其他	Others	0.19	0.07	0.02	0.10
按国民经济行业分组	**Grouped by Sector**				
农、林、牧、渔业	Agriculture, Forestry, Animal Husbandry and Fishery	1.83	1.76	0.02	0.05
采矿业	Mining	4.36	0.79	0.09	3.48
制造业	Manufacturing	47.53	1.40	1.19	44.94
电力、热力、燃气及水生产和供应业	Production and Distribution of Electricity, Thermal, Gas and Water	5.10	2.72		2.38
建筑业	Construction	9.63	0.92	0.30	8.41
批发和零售业	Wholesale and Retail Trades	15.37	1.76	0.80	12.81
交通运输、仓储和邮政业	Traffic, Transport, Storage and Post	7.66	4.66	0.11	2.89
住宿和餐饮业	Hotels and Catering Services	3.71	1.12	0.10	2.49
信息传输、软件和信息技术服务业	Information Transmission, Software and Information Technology Services	3.58	0.54	0.01	3.03
金融业	Financial Intermediation	13.93	1.02	1.02	11.89
房地产业	Real Estate	4.33	0.33	0.05	3.95
租赁和商务服务业	Leasing and Business Services	3.74	1.53	0.34	1.87
科学研究和技术服务业	Scientific Research and Technical Service	3.92	2.24	0.03	1.65
水利、环境和公共设施管理业	Management of Water Conservancy, Environment and Public Facilities	4.48	3.99	0.10	0.39
居民服务、修理和其他服务业	Services to Households, Repair and Other Services	0.56	0.21	0.04	0.31
教育	Education	55.47	54.68	0.11	0.68
卫生和社会工作	Health and Social Work	22.38	20.37	1.50	0.51
文化、体育和娱乐业	Culture, Sports and Entertainment	2.34	1.95	0.05	0.34
公共管理、社会保障和社会组织	Public Management, Social Security and Social Organization	26.85	26.83	0.02	

城镇非私营单位就业人员工资总额（2014年）
Total Wages Bill of Urban Units Employed Persons in Urban Non Private Units (2014)

单位：万元 (10000 yuan)

行业	Sector	就业人员工资总额 Total wages Bill of Employed Persons	在岗职工工资总额 Total Wages Bill of Staff and Workers	#国有经济 State-owned Units	#城镇集体经济 Urban Collective-owned Units	其他就业人员工资总额 Units of Others Types of Ownership
全省总计	**Total**	**29654617**	**28456688**	**12360026**	**561022**	**1197929**
按企、事业和机关分	**Grouped by Enterprises, Institutions and Agencies**					
企业	Enterprises	19796541	18835524	2905926	464339	961017
事业	Institutions	7001937	6817267	6676029	94096	184670
机关	Agencies & Organizations	2822248	2770749	2768043	1731	51499
民间非营利组织	Non profit organization	13521	12891	3454		630
其他	Others	20370	20257	6574	856	113
按国民经济行业分	**Grouped by Sector**					
农、林、牧、渔业	Agriculture, Forestry, Animal Husbandry and Fishery	76194	72069	65873	1930	4125
采矿业	Mining	1655151	1641389	234213	12234	13762
制造业	Manufacturing	6489585	6405188	238310	87962	84397
电力、热力、燃气及水生产和供应业	Production and Distribution of Electricity, Thermal, Gas and Water	1341106	1287028	595905	650	54078
建筑业	Construction	3417198	2926304	229014	78257	490894
批发和零售业	Wholesale and Retail Trades	991020	978470	180086	40210	12550
交通运输、仓储和邮政业	Traffic, Transport, Storage and Post	1522889	1493520	878900	12226	29369
住宿和餐饮业	Hotels and Catering Services	184241	178410	56749	4245	5831
信息传输、软件和信息技术服务业	Information Transmission, Software and Information Technology Services	710961	703684	73355	1265	7277
金融业	Financial Intermediation	1966568	1780865	185260	184615	185703
房地产业	Real Estate	413561	400891	33404	2833	12670
租赁和商务服务业	Leasing and Business Services	521710	491867	238694	29877	29843
科学研究和技术服务业	Scientific Research and Technical Service	913827	878702	393543	3134	35125
水利、环境和公共设施管理业	Management of Water Conservancy, Environment and Public Facilities	354581	316667	287289	3437	37914
居民服务、修理和其他服务业	Services to Households, Repair and Other Services	47321	46492	17305	2256	829
教育	Education	3991241	3926059	3876739	5839	65182
卫生和社会工作	Health and Social Work	1540781	1492538	1375145	84871	48243
文化、体育和娱乐业	Culture, Sports and Entertainment	209002	194766	161109	2535	14236
公共管理、社会保障和社会组织	Public Management, Social Security and Social Organization	3307680	3241779	3239133	2646	65901

注：从2012年起在岗职工工资总额含劳务派遣人员工资总额。

a) Since 2012 total wages bill of staff and workers on-post include the labor dispatch personnel.

城镇非私营单位职工工资总额和指数
Total Wages of Staff and Workers and Related Indices in Urban Non Private Units

年份 Year	工资总额（万元）Total Wages (10000 yuan)	#国有经济单位 State-Owned	#城镇集体经济单位 Urban Collective-Owned	指数（上年=100）Indices (preceding year=100)	#国有经济单位 State-Owned	#城镇集体经济单位 Urban Collective-Owned
1952	24245	23393	852			
1957	75864	61966	13898			
1962	97735	89214	8521			
1965	99235	88722	10513	102.31	101.41	110.55
1970	118670	103934	14736	109.64	108.87	115.40
1975	189208	163144	26064	109.99	110.64	106.08
1978	256463	219056	37407	114.39	113.15	122.28
1980	340513	292414	48099	118.81	118.69	119.51
1985	580441	466525	113244	121.86	121.73	122.36
1986	716788	579844	135878	123.49	124.29	119.99
1987	825146	667635	156254	115.12	115.14	115.00
1988	1035447	841302	190789	125.49	126.01	122.10
1989	1147097	937626	204030	110.78	111.45	106.94
1990	1293229	1064042	221831	112.74	113.48	108.72
1991	1422357	1163790	246622	109.98	109.37	111.18
1992	1684325	1393304	276422	118.42	119.72	112.08
1993	2108195	1739368	323734	125.17	124.84	117.12
1994	2895850	2391572	387584	137.36	137.50	119.72
1995	3360002	2767436	441368	116.03	115.72	113.88
1996	3652207	3020439	464211	108.70	109.14	105.18
1997	3859772	3218123	440888	105.68	106.54	94.98
1998	3755910	3036502	349331	99.75	96.68	81.46
1999	3979361	3227728	332995	105.95	106.30	95.32
2000	4271797	3459724	318530	107.35	107.19	95.66
2001	4580897	3709329	313935	107.24	107.21	98.56
2002	5040301	4039839	296030	110.03	108.91	94.30
2003	5481960	4343902	292264	108.76	107.53	98.73
2004	6255065	4842573	311543	114.10	111.48	106.60
2005	7160660	5260503	341572	114.48	108.63	109.66
2006	8095785	5819518	369771	113.06	110.63	108.26
2007	9732071	6997885	407554	120.21	120.25	110.22
2008	11744961	8322196	422304	120.68	118.92	103.62
2009	13379216	9284802	479223	113.91	111.57	113.48
2010	15485836	10235669	551224	115.75	110.24	115.02
2011	18369456	11077774	542680	118.62	108.23	98.45
2012	23983034	12954720	613616	121.42	112.36	101.09
2013	27241454	11810500	606164	113.59	91.17	98.79
2014	29654617	12684854	591250	108.86	107.40	97.54

注：1.1998年至2011年职工工资总额为在岗职工工资总额，2012年起为就业人员工资总额，指数按可比口径计算。

a) Data on total wage bill from 1998 to 2011 refer to wages of fully employed staff and workers, Since 2012 refer employed persons, and the indices since 1998 was calculated on the basis of constant coverage.

城镇非私营单位职工平均工资及指数
Average Wage of Staff and Workers and Related Indices in Urban Non Private Units

年份 Year	平均货币工资(元) Average Wage (yuan)				实际工资指数(上年=100) Indices of Real Wage (preceding year=100)			
	全部职工 Total Staff and Workers	国有经济 State-owned	城镇集体经济 Urban Collective-owned	其他经济类型 Others	全部职工 Total Staff and Workers	国有经济 State-owned	城镇集体经济 Urban Collective-owned	其他经济类型 Others
1952	435	438	364					
1957	566	598	457		103.0	102.9	102.9	
1962	577	593	453		107.5	107.9	107.7	
1965	627	647	495		102.3	102.5	102.6	
1970	568	590	451		99.4	99.6	99.6	
1975	564	579	484		99.5	99.7	98.6	
1978	592	608	512		105.5	105.9	104.5	
1980	726	753	592		107.2	107.2	106.8	
1985	1075	1128	901	949	107.5	107.3	108.2	106.7
1986	1268	1338	1035	1180	111.3	111.9	108.4	117.3
1987	1394	1471	1139	1308	101.6	101.6	101.7	102.4
1988	1688	1788	1351	1910	102.4	102.7	100.3	123.4
1989	1821	1940	1421	1870	93.1	93.6	90.8	84.5
1990	2019	2166	1522	2002	109.6	110.3	105.8	105.8
1991	2156	2314	1629	2210	100.2	100.2	100.4	103.6
1992	2485	2685	1806	2537	106.2	106.9	102.2	105.8
1993	3035	3272	2157	3460	105.7	105.5	103.4	118.1
1994	4185	4531	2762	4896	106.0	106.4	98.8	110.5
1995	4839	5208	3303	5158	99.6	99.0	103.0	90.7
1996	5286	5653	3658	5625	101.5	100.9	102.9	101.4
1997	5692	6066	3843	6118	103.8	103.4	101.3	104.9
1998	5820	6169	3746	6190	103.6	103.0	98.8	102.5
1999	7022	7354	4836	7107	112.9	113.0	112.4	116.3
2000	7781	8146	5187	7846	110.3	110.2	106.7	109.9
2001	8730	9139	5746	8678	111.8	111.7	110.3	110.2
2002	10032	10578	6343	9537	116.5	117.4	112.0	111.5
2003	11189	11783	6919	10701	109.0	108.9	106.6	109.7
2004	12925	13576	7916	12527	111.4	111.1	110.3	112.9
2005	14707	15291	9041	14835	112.2	111.1	112.6	116.8
2006	16590	17152	10337	16882	110.9	110.3	112.4	111.9
2007	19911	20900	12443	19195	115.1	116.8	115.4	109.0
2008	24756	25730	15293	24320	118.2	117.0	116.8	120.4
2009	28383	29459	18467	27754	116.1	115.9	122.3	115.5
2010	32306	32830	22220	32916	110.7	108.4	117.0	115.4
2011	36166	36782	25196	36440	106.3	106.4	107.7	105.1
2012	38658	39177	28597	38822	106.6	106.3	112.3	106.3
2013	41501	39648	33057	43578	104.5	98.5	112.6	109.3
2014	45114	43351	36358	47004	106.9	107.5	108.1	106.1

注：1.1994年实际工资指数是按可比口径计算的。2.2012年为全部就业人员平均工资，指数是按可比口径计算的。

a) Indices of Real Wage was calculated on the basis of constant coverage in 1994.

b) Data in total wage bill since 2012 refer employed persons and the indices was calculated on the basis of constant coverage.

分行业城镇私营单位就业人员平均工资

Average Wage of Employed Persons in Urban Private Units by Sector

单位：元 (yuan)

行　业	Sector	2011	2012	2013	2014
全省总计	**Total**	**21729**	**25158**	**28135**	**31459**
农、林、牧、渔业	Agriculture, Forestry, Animal Husbandry and Fishery	20351	22213	24198	27473
采矿业	Mining	23898	25338	27096	31140
制造业	Manufacturing	22159	25677	28983	32692
电力、热力、燃气及水生产和供应业	Production and Distribution of Electricity, Thermal, Gas and Water	22424	24391	27760	30409
建筑业	Construction	22670	26586	28852	31565
批发和零售业	Wholesale and Retail Trades	19731	23034	25345	28033
交通运输、仓储和邮政业	Traffic, Transport, Storage and Post	26010	28904	30108	34049
住宿和餐饮业	Hotels and Catering Services	18856	23100	24783	27518
信息传输、软件和信息技术服务业	Information Transmission, Software and Information Technology Services	18638	25719	27827	32033
金融业	Financial Intermediation	21833	25611	29054	32544
房地产业	Real Estate	21833	25891	29993	33914
租赁和商务服务业	Leasing and Business Services	20673	23894	27953	31491
科学研究和技术服务业	Scientific Research and Technical Service	22348	28733	31978	34841
水利、环境和公共设施管理业	Management of Water Conservancy, Environment and Public Facilities	18668	21438	23851	27122
居民服务、修理和其他服务业	Services to Households, Repair and Other Services	20621	21601	24149	27185
教　育	Education	20867	22185	25815	29306
卫生和社会工作	Health and Social Work	20810	25230	29717	30915
文化、体育和娱乐业	Culture, Sports and Entertainment	18438	21939	23901	26507
公共管理、社会保障和社会组织	Public Management, Social Security and Social Organization	18736	26803		

分细行业城镇非私营单位就业人员平均工资（2014年）
Average Wage of Staff and Workers in Urban Non Private Units by Sector in Detail (2014)

单位：元 (yuan)

项 目	Item	就业人员平均工资 Average Wage of Staff and Workers	国有单位 State-owned Units	城镇集体 Urban Collective-owned Units	其他单位 Units of Other Types of Ownership
全 省 总 计	**Total**	**45114**	**43351**	**36358**	**47004**
按企业、事业、机关分	**Grouped by Enterprises, Institutions and Agencies**				
企 业	Enterprises	47056	49413	37492	47003
事 业	Institutions	42747	42905	31829	52137
机 关	Agencies & Organizations	39212	39214	31522	53837
民间非营利组织	Non profit organization	42280	78715		36483
其 他	Others	39158	38329	22716	41639
按国民经济行业分	**Grouped by Sector**				
农、林、牧、渔业	**Agriculture, Forestry, Animal Husbandry and Fishery**	**15559**	**14952**	**26215**	**29426**
农 业	Farming	9425	9342	33983	17482
林 业	Forestry	31009	31636	25108	14214
畜 牧 业	Animal Husbandry	23381	20740	21538	30683
渔 业	Fishery	41040	40083	46105	37763
农、林、牧、渔、服务业	Services in Support of Agriculture	33817	34455	18542	27429
采 矿 业	**Mining**	**59363**	**46363**	**32102**	**62755**
煤炭开采和洗选业	Mining and Washing of Coal	58964	49539	35515	60953
石油和天然气开采业	Extraction of Petroleum and Natural Gas	90505	27000		90564
黑色金属矿采选业	Mining of Ferrous Metal Ores	46894	46169	27454	48130
有色金属矿采选业	Mining of Non-ferrous Metal Ores	73049	73049		
非金属矿采选业	Mining and Processing of Nonmetal Ores	36939	37082		33883
开采辅助活动	Support Activities for Mining	4000	4000		
其他采矿业	Mining of Others				
制 造 业	**Manufacturing**	**43950**	**46257**	**30254**	**44156**
农副食品加工业	Processing of Food from Agricultural Products	34424	23669	27739	34999
食品制造业	Manufacture of Foods	46539	21651	33765	47051
酒、饮料和精制茶制造业	Manufacture of Wine, Soft Drinks and Refined Tea	36793	22248		36854
烟草制品业	Manufacture of Tobacco	118886	139636		110979
纺织业	Manufacture of Textile	28498	29379	21276	28577
纺织服装、服饰业	Manufacture of Textile, Apparel	27768	42368	26673	27624
皮革、毛皮、羽毛及其制品和制鞋业	Manufacture of Leather, Fur, Feather and Its Products and Footware	34701	18602	41276	35449
木材加工和木、竹、藤、棕、草制品业	Processing of Timbers, Manufacture of Wood, Bamboo, Rattan, Palm, and Straw Products	39854		21756	40403
家具制造业	Manufacture of Furniture	34213	42320	29024	34128
造纸和纸制品业	Manufacture of Paper and Paper Products	41431	84560	43133	40766
印刷和记录媒介复制业	Printing, Reproduction of Recording Media	44914	42153	30044	47228
文教、工美、体育和娱乐用品制造业	Manufacture of Articles for Culture, Arts and Crafts, Education, Sport Activities and Entertainment Goods	38286		25568	38323
石油加工、炼焦和核燃料加工业	Processing of Petroleum, Coking, Processing of Nuclear Fuel	48706	66961	52916	46005
化学原料和化学制品制造业	Manufacture of Chemical Raw Material and Chemical Products	43428	40364	26705	43739
医药制造业	Manufacture of Medicines	38789	37236	56333	38763
化学纤维制造业	Manufacture of Chemical Fiber	28278	15627	38943	28719
橡胶和塑料制品业	Manufacture of Rubber and Plastic	36986	53581	30136	37025
非金属矿物制品业	Manufacture of Nonmetallic Mineral Products	35470	37446	22556	36018
黑色金属冶炼和压延加工业	Manufacture and Processing of Ferrous Metals	49905	57590	23706	49922
有色金属冶炼和压延加工业	Manufacture & Processing of Non-ferrous Metals	39122	44491	30367	39068

分细行业城镇非私营单位就业人员平均工资（2014年）(续一)
Average Wage of Staff and Workers in Urban Non Private Units by Sector in Detail (2014)

单位：元 (yuan)

项目	Item	就业人员平均工资 Average Wage of Staff and Workers	国有单位 State-owned Units	城镇集体 Urban Collective-owned Units	其他单位 Units of Other Types of Ownership
金属制品业	Manufacture of Metal Products	38369	29986	36341	38891
通用设备制造业	Manufacture of General Purpose Machinery	39522	33026	21441	41055
专用设备制造业	Manufacture of Special Purpose Machinery	44994	49790	32671	45540
汽车制造业	Manufacture of Automotive	52828	23576	33331	53026
铁路、船舶、航空航天和其他运输设备制造业	Manufacture of Railroad, Marine, Aerospace and Other Transportation Equipment	61880	52009	33465	65234
电气机械和器材制造业	Manufacture of Electrical Machinery and Equipment	43245	34110	31780	43769
计算机、通信和其他电子设备制造	Manufacture of Computer, Communications and Other Electronic Equipment	45894	24556	12750	45900
仪器仪表制造业	Manufacture of Measuring Instrument	47460	66308	24752	43023
其他制造业	Manufacture of Others	37663	36138	23667	37785
废弃资源综合利用业	Recycling and Disposal of Waste	49499			49499
金属制品、机械和设备修理业	Metal Products, Machinery and Equipment Repair	51710	48410	27433	57674
电力、热力、燃气及水生产和供应业	**Production and Distribution of Electricity, Thermal, Gas and Water**	**69985**	**60521**	**34061**	**81534**
电力、热力生产和供应业	Production and Supply of Electric Power and Heat Power	77510	66372	39327	91490
燃气生产和供应业	Production and Distribution of Gas	51374	44583	23667	55390
水的生产和供应业	Production and Distribution of Water	39217	36470	12800	43312
建筑业	**Construction**	**37027**	**40091**	**33631**	**36909**
房屋建筑业	Construction of Building	35392	37761	32545	35432
土木工程建筑业	Construction of Civil Engineering	41373	41508	46813	41240
建筑安装业	Architectural Installation	44336	42332	34109	44764
建筑装饰和其他建筑业	Architectural Decoration and Other Construction	37043	29550	21898	37686
批发和零售业	**Wholesale and Retail Trades**	**35398**	**49654**	**21130**	**34324**
批发业	Wholesale Trade	43039	66188	22470	38623
零售业	Retail Trade	30002	21227	20245	31694
交通运输、仓储和邮政业	**Traffic, Transport, Storage and Post**	**52425**	**52648**	**27020**	**53180**
铁路运输业	Transport Via Railway	76298	77431	38778	56753
道路运输业	Transport Via Road	36582	36306	25686	37507
水上运输业	Water Transport	97267	250695		96224
航空运输业	Air Transport	106563	122741		99542
管道运输业	Transport Via Pipeline	30945			30945
装卸搬运和运输代理业	Handling and Transportation Agency	45709	38065	30822	48776
仓储业	Storage	38467	45118	12932	31130
邮政业	Post	46033	47711		34748
住宿和餐饮业	**Hotels and Catering Services**	**28971**	**28684**	**27916**	**29153**
住宿业	Hotels	29741	28458	26195	30820
餐饮业	Catering Services	27028	30453	35764	26351
信息传输、软件和信息技术服务业	**Information Transmission, Software and Information Technology Services**	**83469**	**58261**	**38564**	**88069**
电信、广播电视和卫星传输服务	Telecommunications, Rradio and Television and Satellite Transmission ServicesServices	66159	54886	44269	68544
互联网和相关服务	Computer Services	69557	81431	25902	65736
软件和信息技术服务业	Software and Information Technology Services	168764	42267	19422	170055
金融业	**Financial Intermediation**	**73130**	**76057**	**74306**	**72668**
货币金融服务	Monetary and Financial Services	94099	78168	75070	101278
资本市场服务	Capital Market Services	132876	99605		134879

分细行业城镇非私营单位就业人员平均工资（2014年）(续二)

Average Wage of Staff and Workers in Urban Non Private Units by Sector in Detail (2014)

单位：元　(yuan)

项　　目	Item	就业人员平均工资 Average Wage of Staff and Workers	国有单位 State-owned Units	城镇集体 Urban Collective-owned Units	其他单位 Units of Other Types of Ownership
保险业	Insurance	37509	27959		37588
其他金融业	Other Financial Activities	48884	37580	35182	121681
房地产业	**Real Estate**	**39631**	**37954**	**34772**	**39836**
房地产开发经营	Development and Management of Real Estate	46427	44656		46491
物业管理	Estate Mnagement	27895	33187	41595	27166
房地产中介服务	Real Estate Agency Services	30832	28965	22550	32589
租赁和商务服务业	**Leasing and Business Services**	**38724**	**43189**	**26219**	**37013**
租赁业	Leasing	45189	18091	25393	48842
商务服务业	Business Services	38618	43242	26232	36669
科学研究和技术服务业	**Scientific Research and Technical Service**	**63937**	**55659**	**31269**	**72889**
研究和试验发展	Research and Experimental Development	75479	81050		39810
专业技术服务	Professional Technical Services	63328	48975	30250	74816
科技推广和应用服务业	Services of Science and Technology Promotion and Application	44497	44370	41168	45102
水利、环境和公共设施管理业	**Management of Water Conservancy, Environment and Public Facilities**	**30674**	**30898**	**18068**	**31160**
水利管理业	Management of Water Conservancy	37402	37791	22693	37048
生态保护和环境治理业	Ecological Protection and Environmental Management	38213	39015	27643	30098
公共设施管理业	Management of Public Facilities	28402	28463	16469	30376
居民服务、修理和其他服务业	**Services to Households, Repair and Other Services**	**31614**	**30935**	**23951**	**32962**
居民服务业	Services to Households	31033	33650	26214	28728
机动车、电子产品和日用产品修理业	Motor Vehicles, Electronics and Household Goods Repair	32420	27340	24472	39672
其他服务业	Other Services	32119	25367	21165	35644
教　育	**Education**	**44646**	**44741**	**34766**	**38846**
# 初等教育	Junior Education	41618	41665	38047	31138
中等教育	Secondary Education	43933	43901	40340	49548
高等教育	Senior Education	62070	62933		39708
卫生和社会工作	**Health and Social Work Welfare**	**43843**	**44741**	**32513**	**47848**
卫　生	Health	44087	45017	32534	48596
社会工作	Social Work	33154	33470	19093	24885
文化、体育和娱乐业	**Culture, Sports and Entertainment**	**39789**	**39379**	**24545**	**44538**
新闻和出版业	Journalism and Publishing Activities	48541	43406	30385	78925
广播、电视、电影和影视录音制作业	Broadcasting, Televisions, Movies and Video Recording Production	39360	39451	21620	39165
文化艺术业	Cultural and Art Activities	36799	38267	24705	29477
体　育	Sports Activities	38332	40529	15600	36890
娱乐业	Entertainment	34489	32200	22000	42139
公共管理、社会保障和社会组织	**Public Management, Social Security and Social Organization**	**38656**	**38666**	**29381**	
中国共产党机关	Organs of Communist Party of China	42794	42794		
国家机构	Government Agencies	38371	38379	30405	
人民政协和民主党派	People's Political Consultative Conference and Democratic Parties	49842	49842		
社会保障业	Social Security	39002	39002		
群众团体、社会团体和其他成员组织	Non-Governmental Organizations, Social Organizations and Religion Organizations	41488	41719	23878	

年末城镇登记失业人员及登记失业率
Registered Unemployed Persons and Unemployment Rate in Urban Area at End of Year

年 份 Year	登记失业人员 (万人) Registered Unemployed Persons (10000 persons)	登记失业率 (%) Registered Unemployment Rate (%)	年 份 Year	登记失业人员 (万人) Registered Unemployed Persons (10000 persons)	登记失业率 (%) Registered Unemployment Rate (%)
1978	32.10	6.70	1997	15.53	2.30
1979	9.80	2.10	1998	15.86	2.30
1980	8.10	1.70	1999	16.20	2.50
1981	7.44	1.50	2000	17.40	2.80
1982	6.33	1.20	2001	19.54	3.20
1983	6.70	1.30	2002	22.16	3.60
1984	5.19	1.00	2003	25.69	3.90
1985	3.60	0.60	2004	28.01	4.00
1986	3.23	0.50	2005	27.82	3.93
1987	3.21	0.50	2006	28.69	3.84
1988	4.13	0.60	2007	29.29	3.83
1989	7.28	1.10	2008	32.24	3.96
1990	7.67	1.10	2009	34.50	3.93
1991	6.05	0.90	2010	35.14	3.86
1992	18.38	2.50	2011	35.99	3.75
1993	14.71	2.00	2012	36.83	3.69
1994	16.45	2.30	2013	37.17	3.68
1995	17.48	2.50	2014	38.30	3.59
1996	15.64	2.40			

全社会固定资产投资

Total Investment in Fixed Assets

指 标	Item	2000	2005	2010	2013	2014
投资总额(亿元)	**Total Investment (100 million yuan)**	**1847.23**	**4210.25**	**15083.35**	**23194.23**	**26671.92**
按经济类型分	**Grouped by Ownership**					
国有经济	State-owned Units	827.66	1215.51	3759.75	3685.16	4054.30
集体经济	Collective-owned Units	507.68	786.87	1147.16	1310.24	1191.89
私营个体经济	Private and Self-employed Individual	310.58	712.71	4931.15	9076.12	11220.64
联营经济	Joint	9.34	22.65	23.45	30.88	15.98
股份制经济	Share-holding	89.21	1096.92	4395.18	7263.04	7852.06
港澳台商投资经济	Funds from Hong Kong, Macao and Taiwan	20.01	161.20	137.62	216.19	265.69
外商投资经济	Foreign Investment	38.97	106.89	254.71	389.98	338.27
其他经济	Others	5.90	107.51	434.33	1222.63	1733.10
按资金来源分	**Grouped by Sources of Funds**					
国家预算内投资	State Budget	65.34	102.72	373.47	559.04	684.74
国内贷款	Domestic Loans	321.19	569.35	2161.54	1550.96	1966.30
利用外资	Foreign Investment	36.79	84.73	87.79	88.82	104.86
自筹投资	Self-raising Funds	1185.43	3024.11	12331.82	19349.18	21687.42
其他投资	Others	238.48	449.86	1595.35	1882.58	1878.17
按构成分	**Grouped by Use of Funds**					
建筑安装工程	Construction and Installation	1145.57	2442.38	9581.66	15256.48	17733.96
设备工器具购置	Purchase of Equipment and Instruments	487.35	1280.11	3427.43	5368.06	5845.99
其他费用	Others	214.31	487.76	2074.27	2569.69	3091.97
按三次产业分	**Grouped by Three Strata of Industry**					
第一产业	Primary Industry	88.96	224.25	559.63	808.32	1123.87
第二产业	Secondary Industry	784.34	1971.88	6630.57	11010.09	13044.44
第三产业	Tertiary Industry	973.93	2014.11	7893.16	11375.83	12503.61
房屋建筑面积(万平方米)	**Floor Space of Building (10000 sq.m)**					
施工面积	Floor Space under Construction	13473.63	18061.61	48769.16	78002.04	66068.42
竣工面积	Floor Space Completed	10512.58	11283.61	15945.18	16644.93	16444.88
#住 宅	Residential Building	6842.97	6424.85	9156.42	8522.75	8003.09

注：1. 2003年及以后资金来源分组为财务拨款数。2. 2011年投资统计起点从总投资50万元提高到500万元，下表同。3. 2012年三次产业划分按新的产业标准，下表同。

a) The data for 2003 and the later years, which are grouped by source of funds, refer to financial appropriation.

b) Data before 2011 exclude projects less than 500 thousand yuan.In contrast, data for 2011 include only projects over 5 million yuan.

c) Data for 2012 three industry classification according to the new industry standard, Same as following tables.

按经济类型分全社会固定资产投资（2014年）
Total Investment in Fixed Assets by Ownership (2014)

指　标	Item	总计 Total	国有经济 State-owned	集体经济 Collective-owned	私营个体 Private and Self-employed Individual	#农户 Agricultural Households
投资总额(亿元)	**Total Investment (100 million yuan)**	**26671.92**	**4054.30**	**1191.89**	**11220.64**	**524.72**
按隶属关系分	**by Administrative**					
中　央	Center	833.06	638.52	2.70		
地　方	Local	25838.86	3415.78	1189.19	11220.64	1665.79
按构成分	**by Use of Funds**					
建筑安装工程	Construction and Installation	17733.96	3025.01	838.12	7033.47	458.07
设备工器具购置	Purchase of Equipment and Instruments	5845.99	505.60	116.27	2995.75	56.10
其他费用	Others	3091.97	523.69	237.50	1191.42	10.55
按三次产业分	**by Three Strata of Industry**					
第一产业	Primary Industry	1123.87	49.76	62.37	591.88	83.39
第二产业	Primary Industry	13044.44	900.81	165.02	6937.72	0.04
第三产业	Primary Industry	12503.61	3103.73	964.50	3691.05	441.29
房屋建筑面积(万平方米)	**Floor Space of Building (10000 sq.m)**					
施工面积	Floor Space under Construction	66068.42	2889.88	2007.01	29546.34	4870.68
竣工面积	Floor Space Completed	16444.88	850.64	641.86	9831.74	4437.17
#住　宅	Residential Building	8003.09	170.96	290.85	5544.18	4032.49

指　标	Item	联营经济 Joint Ownership Units	股份制经济 Share Holding Units	港澳台商投资经济 Units with Funds from Hong Kong Macao and Taiwan	外　商投资经济 Foreign Funds Units	其他经济 Others
投资总额(亿元)	**Total Investment (100 million yuan)**	**15.98**	**7852.06**	**265.69**	**338.27**	**1733.10**
按隶属关系分	**by Administrative**					
中　央	Center		170.83	12.17	5.73	3.11
地　方	Local	15.98	7681.23	253.52	332.54	1729.99
按构成分	**by Use of Funds**					
建筑安装工程	Construction and Installation	11.15	5310.97	158.52	173.46	1183.25
设备工器具购置	Purchase of Equipment and Instruments	2.48	1666.11	84.27	140.04	335.48
其他费用	Others	2.35	874.98	22.89	24.78	214.37
按三次产业分	**by Three Strata of Industry**					
第一产业	Primary Industry	1.43	190.75	1.23	10.06	216.40
第二产业	Primary Industry	11.96	3796.74	144.24	176.85	911.10
第三产业	Primary Industry	2.59	3864.58	120.22	151.36	605.60
房屋建筑面积(万平方米)	**Floor Space of Building (10000 sq.m)**					
施工面积	Floor Space under Construction	3.93	27836.75	547.74	511.53	2725.25
竣工面积	Floor Space Completed	2.53	4151.47	49.19	58.15	859.30
#住　宅	Residential Building		1676.28	31.48	4.72	284.62

分行业全社会固定资产投资（2014年）
Total Investment in Fixed Assets by Sector (2014)

单位：万元 (10000 yuan)

行业	Item	全社会投资总额 Total Investment	固定资产投资 Investment in Fixed Assets	农户 Agricultural Households
全省总计	**Total**	**266719214**	**261471985**	**5247229**
农、林、牧、渔业	Agriculture, Forestry, Animal Husbandry and Fishery	12043333	11209457	833876
采矿业	Mining	6598438	6598438	
制造业	Manufacturing	114202071	114201621	450
电力、热力、燃气及水生产和供应业	Production and Distribution of Electricity, Thermal, Gas and Water	10302531	10302531	
建筑业	Construction	54476	54476	
批发和零售业	Wholesale and Retail Trades	8797568	8758853	38715
交通运输、仓储和邮政业	Traffic, Transport, Storage and Post	20464947	20246312	218635
住宿和餐饮业	Hotels and Catering Services	2425970	2425397	573
信息传输、软件和信息技术服务业	Information Transmission, Software and Information Technology Services	1334650	1334650	
金融业	Financial Intermediation	259445	259445	
房地产业	Real Estate	55387390	51242790	4144600
租赁和商务服务业	Leasing and Business Services	3204553	3203634	919
科学研究和技术服务业	Scientific Research and Technical Service	2076172	2076172	
水利、环境和公共设施管理业	Management of Water Conservancy, Environment and Public Facilities	18658695	18658695	
居民服务、修理和其他服务业	Services to Households, Repair and Other Services	577171	567749	9422
教育	Education	2545586	2545545	41
卫生和社会工作	Health and Social Work	2316689	2316689	
文化、体育和娱乐业	Culture, Sports and Entertainment	3628442	3628442	
公共管理、社会保障和社会组织	Public Management, Social Security and Social Organization	1841089	1841089	

固定资产投资主要指标
Major Indicators of Investment in Fixed Assets

单位：万元 (10000 yuan)

指　标	Item	2011	2012	2013	2014
投资总额	**Total Investment**	**157802568**	**191046297**	**226297693**	**261471985**
#住宅	Residential Buildings	27683765	27084083	28059308	32343422
按控股情况分	**Grouped by Share-holding**				
国有控股	State Holdings	39048917	40198101	44299823	47453600
集体控股	Collective Holdings	11607532	13868888	14663273	13770142
私人控股	Private Holdings	93895291	118531438	141880916	167345828
港澳台控股	Hong Kong, Macao and Taiwan Holdings	1033822	1075174	1282951	1680339
外商控股	Foreign Holdings	2410796	2603938	3196241	2768693
其他	Others	9806210	14768758	20974489	28453383
按隶属关系分	**by Jurisdiction of Management**				
中央	Central Investment	7434946	8497776	11228374	8330629
地方	Local Investment	150367622	182548521	215069319	253141356
按构成分	**Grouped by Use of Funds**				
建筑工程	Construction	89638946	109242583	128491986	149160639
安装工程	Installation	11401032	15599764	19246883	23598231
设备工器具购置	Purchase of Equipment and Instruments	37322456	45763813	53117458	57898915
其他费用	Others	19440134	20440137	25441366	30814200
按建设性质分	**Grouped by Type of Construction**				
新建	New Construction	71585176	85789345	102298000	159217623
扩建	Expansion	28817263	36179962	42743304	43638977
改建和技术改造	Reconstruction and Technical Transformation	20351173	28560552	35491501	46105041
单纯建造生活设施	Simple Transformation of Living Facilities	556365	545608	541584	1595662
迁建	Relocation	4408300	6850312	8067294	8249673
恢复	Recovery	351968	267454	301119	157358
单纯购置	Purchase	1186426	1987850	2400736	2507651
按产业分	**Grouped by Three Strata of Industry**				
第一产业	Primary Industry	3675480	5710930	7127095	10404858
第二产业	Secondary Industry	74572819	93497076	110071534	130443932
第三产业	Tertiary Industry	79554269	91838291	109099064	120623195
按经济类型分	**Grouped by Ownership**				
国有经济	State-Owned Units	31775044	32790087	36851611	40542978
集体经济	Collective-Owned Units	10068222	12287788	13102389	11918907
私营个体	Private and Self-employed Individual	49993599	67616171	85116549	106959175
联营经济	Joint	329429	291364	308771	159759
股份制经济	Share-holding	55495549	64390487	72630442	78520595

注：本表三次产业划分按新的产业标准，下表同。
a) Data in this table three industry classification according to the new industry standard, Same as following tables.

固定资产投资主要指标(续)

Major Indicators of Investment in Fixed Assets

单位：万元 (10000 yuan)

指　标	Item	2011	2012	2013	2014
港澳台投资	Funds from Hong Kong, Macao and Taiwan	1496939	2079966	2161895	2656885
外商投资	Foreign Investment	3099757	3238593	3899776	3382704
其他	Others	5544029	8351841	12226260	17330982
按登记注册类型分	**Grouped by Registration Status**				
内资	Domestic	152990082	185396412	219878914	255127637
国有	State-owned	28739875	30187714	34701498	37437109
集体	Collective-owned	9322574	10883088	10910214	10157943
股份合作	Cooperative	685440	1308169	2117785	1675456
联营企业	Joint	536379	536288	766396	574902
有限责任公司	Limited Liability	48020754	54519143	62349354	68311022
股份有限公司	Share-holding	10363222	12325324	12047966	12985807
私营	Private	49777809	67284845	84759441	106654416
其他	Others	5544029	8351841	12226260	17330982
港澳台商投资	Funds from Hong Kong, Macao and Taiwan	1496939	1928402	2161895	2656885
外商投资	Foreign Funded	3099757	3390157	3899776	3382704
个体经营	Individuals Economy	215790	331326	357108	304759
按资金来源分	**Grouped by Sources of Funds**				
本年资金来源合计	Subtotal of Sources of Funds This Year	174379853	195493384	228673201	257967563
国家预算内资金	State Budget	3799846	4729290	5590375	6847366
国内贷款	Domestic Loans	16429822	12049953	15485234	18811925
债券	Bonds	360185	112564	11960	111877
利用外资	Foreign Investment	1115811	986813	888241	1048625
自筹资金	Self-raising Funds	135476983	161066422	187871579	212477993
其他资金	Others	17197206	16548342	18825812	18669777
新增固定资产	**Newly Increased Fixed Assets**	**102485885**	**126177840**	**175377286**	**173806985**
房屋建筑面积(万平方米)	**Floor Space of Building (10000 sq.m)**				
施工面积	Floor Space under Construction	51055.36	62445.65	72773.45	61197.74
#住宅	Residential Buildings	25957.40	26486.05	26143.23	26553.66
竣工面积	Floor Space Completed	12392.68	13140.19	12142.86	12007.71
#住宅	Residential Buildings	5453.75	5150.88	4483.87	3970.61
房屋竣工价值	**Value of Buildings Completed**	**24679647**	**25647079**	**26287234**	**27200564**
#住宅	Residential Buildings	12303365	11096647	10816523	9981690
施工项目个数(个)	**Number of Projects under Construction (unit)**	**23978**	**21851**	**20395**	**19149**
#本年新开工	Started This Year	16861	14242	13127	13050
本年投产项目个数(个)	**Number of Projects under Construction This Year (unit)**	**16020**	**14637**	**14433**	**13830**

国有单位固定资产投资

Investment in Fixed Assets of State-owned Units

年　份 Year	投资总额 (亿元) Total Investment (100 million yuan)	建设项目 投　资 Investment in Construction	#国家预算内投资 State Budgetary Appropriation	房地产开发 Real Estate Development
1978	36.69	36.69	23.69	
1980	36.17	36.17	18.57	
1985	62.64	62.64	15.10	
1986	76.28	76.28	18.02	
1987	86.36	86.36	18.43	
1988	111.35	111.35	17.10	
1989	101.25	101.25	14.89	
1990	110.98	107.10	12.24	3.88
1991	127.97	122.50	11.81	5.47
1992	200.39	189.07	12.78	11.32
1993	295.29	275.86	15.60	19.43
1994	336.16	312.78	12.61	23.38
1995	415.61	390.19	14.59	25.42
1996	506.07	481.50	15.24	24.57
1997	640.71	613.80	17.70	26.91
1998	725.85	690.17	23.02	35.68
1999	823.18	779.26	34.31	43.93
2000	827.66	783.90	32.04	43.76
2001	773.63	720.13	50.87	53.49
2002	720.51	672.66	26.09	47.85
2003	829.12	788.81	35.45	40.31
2004	1020.93	998.21	57.44	22.72
2005	1174.13	1158.78	77.54	15.35
2006	1396.12	1378.50	105.65	17.62
2007	1570.30	1551.49	101.68	18.81
2008	1729.24	1697.79	173.36	31.45
2009	2933.03	2888.36	367.92	44.67
2010	3759.75	3702.29	341.38	57.46
2011	3177.50	3126.00	339.59	51.50
2012	3279.01	3228.42	418.41	50.59
2013	3685.16	3614.21	499.49	70.95
2014	4054.30	4007.89	603.58	46.41

注：国有建设项目2004年及以前包括国有基本建设项目、国有更新改造项目和国有其他固定资产投资项目。2005年及以后为城镇国有建设项目。国家预算内投资2004年及以前为国有基本建设项目。

a) In 2004 and earlier, the construction projects invested by the state-owned units, can be classified as fundamental construction projects, projects of replacement and technical transformation,and projects of other fixed asset investment. In 2005,the construction projects invested by the state-owned units onot include the projects in the rural areas. The projects invested by the state budgetary appropriation in 2004 and earlier, refer to the fundamental construction projects invested by the state-owned units.

分行业固定资产投资
Investment in Fixed Assets by Sector

单位：万元　(10000 yuan)

指　标	Item	2012	2013	2014
全省总计	**Total**	**191046297**	**226297693**	**261471985**
农、林、牧、渔业	**Agriculture, Forestry, Animal Husbandry and Fishery**	**6518439**	**7947160**	**11209457**
农　业	Farming	2289884	3061399	4805936
林　业	Forestry	454714	465571	818240
畜牧业	Animal Husbandry	2741637	3317044	4430381
渔　业	Fishery	224695	283081	350301
农、林、牧、渔服务业	Services in Support of Agriculture	807509	820065	804599
采矿业	**Mining**	**6205297**	**6909791**	**6598438**
煤炭开采和洗选业	Mining and Washing of Coal	1642036	1435389	1271253
石油和天然气开采业	Extraction of Petroleum and Natural Gas	268141	396504	406972
黑色金属矿采选业	Mining of Ferrous Metal Ores	3006993	3572070	3331877
有色金属矿采选业	Mining of Non-ferrous Metal Ores	371014	349464	433429
非金属矿采选业	Mining and Processing of Nonmetal Ores	768991	902430	1042707
开采辅助活动	Support Activities for Mining	140704	237570	112200
其他采矿业	Mining of Others	7418	16364	
制造业	**Manufacturing**	**80041930**	**95656294**	**114201621**
农副食品加工业	Processing of Food from Agricultural Products	4014528	5315237	5924042
食品制造业	Manufacture of Foods	1855789	2005327	2374019
酒、饮料和精制茶制造业	Manufacture of Wine, Soft Drinks and Refined Tea	1202849	1603015	2265853
烟草制品业	Manufacture of Tobacco	26911	34737	76770
纺织业	Manufacture of Textile	3393886	3713003	4246289
纺织服装、服饰业	Manufacture of Textile, Apparel	1115730	1259777	1265445
皮革、毛皮、羽毛及其制品和制鞋业	Manufacture of Leather, Fur, Feather and Its Products and Footware	1404644	1997979	2305618
木材加工和木、竹、藤、棕、草制品业	Processing of Timbers, Manufacture of Wood, Bamboo, Rattan, Palm, and Straw Products	972105	1487788	1905690
家具制造业	Manufacture of Furniture	1044408	1517279	2165188
造纸和纸制品业	Manufacture of Paper and Paper Products	1206889	1664885	1886657
印刷和记录媒介复制业	Printing, Reproduction of Recording Media	673956	760364	808567
文教、工美、体育和娱乐用品制造业	Manufacture of Articles for Culture, Arts and Crafts, Education, Sport Activities and Entertainment Goods	859115	1014572	1290536
石油加工、炼焦和核燃料加工业	Processing of Petroleum, Coking, Processing of Nuclear Fuel	2131522	3089861	2501334
化学原料和化学制品制造业	Manufacture of Chemical Raw Material and Chemical Products	5722434	7105843	7701784
医药制造业	Manufacture of Medicines	1819458	2526735	3134949
化学纤维制造业	Manufacture of Chemical Fiber	570126	404450	578527
橡胶和塑料制品业	Manufacture of Rubber and Plastic	4057291	4631638	5553568
非金属矿物制品业	Manufacture of Nonmetallic Mineral Products	8090827	9514140	11700761
黑色金属冶炼和压延加工业	Manufacture and Processing of Ferrous Metals	6509281	7216600	7591235
有色金属冶炼和压延加工业	Manufacture & Processing of Non-ferrous Metals	987706	1243841	1474508
金属制品业	Manufacture of Metal Products	5528798	6832916	8994052
通用设备制造业	Manufacture of General Purpose Machinery	6470951	8040403	10653833
专用设备制造业	Manufacture of Special Purpose Machinery	6559283	8340917	10113173

分行业固定资产投资(续一)

Investment in Fixed Assets by Sector

单位：万元 (10000 yuan)

指　　标	Item	2012	2013	2014
汽车制造业	Manufacture of Automotive	4013315	4507611	4369427
铁路、船舶、航空航天和其他运输设备制造业	Manufacture of Railroad, Marine, Aerospace and Other Transportation Equipment	1652209	1795349	1946669
电气机械和器材制造业	Manufacture of Electrical Machinery and Equipment	5379644	4942604	6663613
计算机、通信和其他电子设备制造业	Manufacture of Computer, Communications and Other Electronic Equipment	1275578	1228882	1578533
仪器仪表制造业	Manufacture of Measuring Instrument	415594	389732	569658
其他制造业	Manufacture of Others	367818	381409	802779
废弃资源综合利用业	Recycling and Disposal of Waste	533746	820409	1157610
金属制品、机械和设备修理业	Metal Products, Machinery and Equipment Repair	185539	268991	600934
电力、热力、燃气及水生产和供应业	**Production and Distribution of Electricity, Thermal, Gas and Water**	**7133731**	**7846696**	**10302531**
电力、热力生产和供应业	Production and Supply of Electric Power and Heat Power	5579028	5929022	7555450
燃气生产和供应业	Production and Distribution of Gas	872950	1170501	1221381
水的生产和供应业	Production and Distribution of Water	681753	747173	1525700
建　筑　业	**Construction**	**442361**	**165314**	**54476**
房屋建筑业	Construction of Building	92909	49519	23097
土木工程建筑业	Construction of Civil Engineering	229350	75528	26399
建筑安装业	Architectural Installation	23678	28617	
建筑装饰和其他建筑业	Architectural Decoration and Other Construction	96424	11650	4980
批发和零售业	**Wholesale and Retail Trades**	**6582986**	**8423565**	**8758853**
批发业	Wholesale Trade	3312500	4417619	4514500
零售业	Retail Trade	3270486	4005946	4244353
交通运输、仓储和邮政业	**Traffic, Transport, Storage and Post**	**15226742**	**21098013**	**20246312**
铁路运输业	Transport Via Railway	1122855	1941088	1153580
道路运输业	Transport Via Road	7632626	10380889	10166676
水上运输业	Water Transport	2227850	2423471	2329295
航空运输业	Air Transport	251258	467359	542377
管道运输业	Transport Via Pipeline	94276	5963	111977
装卸搬运和运输代理业	Handling and Transportation Agency	504177	895176	938581
仓　储　业	Storage	3369476	4963908	4999826
邮　政　业	Post	24224	20159	4000
住宿和餐饮业	**Hotels and Catering Services**	**2146556**	**2725327**	**2425397**
住宿业	Hotels	1679607	2030581	1929262
餐饮业	Catering Services	466949	694746	496135
信息传输、软件和信息技术服务业	**Information Transmission, Software and Information Technology Services**	**887999**	**1156328**	**1334650**
电信、广播电视和卫星传输服务	Telecommunications, Rradio and Television and Satellite Transmission Services	618230	839728	975623
互联网和相关服务	Computer Services	53901	89882	43927
软件和信息技术服务业	Software and Information Technology Services	215868	226718	315100
金融业	**Financial Intermediation**	**243822**	**446914**	**259445**
货币金融服务	Monetary and Financial Services	196968	314441	194183

分行业固定资产投资(续二)
Investment in Fixed Assets by Sector

单位：万元 (10000 yuan)

指　标	Item	2012	2013	2014
资本市场服务	Capital Market Services	1790	59294	30305
保险业	Insurance	35734		
其他金融业	Other Financial Activities	9330	73179	34957
房地产业	**Real Estate**	**42913510**	**44630586**	**51242790**
房地产业	Real Estate	42913510	44630586	51242790
租赁和商务服务业	**Leasing and Business Services**	**2108456**	**3356650**	**3203634**
租赁业	Leasing	17764	28887	91824
商务服务业	Business Services	2090692	3327763	3111810
科学研究和技术服务业	**Scientific Research and Technical Service**	**1104358**	**1506459**	**2076172**
研究和试验发展	Research and Experimental Development	379795	585523	619129
专业技术服务业	Professional Technical Services	510026	595953	901314
科技推广和应用服务业	Services of Science and Technology Promotion and Application	214537	324983	555729
水利、环境和公共设施管理业	**Management of Water Conservancy, Environment and Public Facilities**	**12002054**	**14962892**	**18658695**
水利管理业	Management of Water Conservancy	1716795	2053846	2980433
生态保护和环境治理业	Ecological Protection and Environmental Management	562601	551076	410649
公共设施管理业	Management of Public Facilities	9722658	12357970	15267613
居民服务、修理和其他服务业	**Services to Households, Repair and Other Services**	**576134**	**511703**	**567749**
居民服务业	Services to Households	154331	76166	247323
机动车、电子产品和日用产品修理业	Motor Vehicles, Electronics and Household Goods Repair	253100	294753	166253
其他服务业	Other Services	168703	140784	154173
教　育	**Education**	**2088823**	**2060715**	**2545545**
卫生和社会工作	**Health and Social Work Welfare**	**1118030**	**1496219**	**2316689**
卫　生	Health	861466	1011056	1700516
社会工作	Social Work	256564	485163	616173
文化、体育和娱乐业	**Culture, Sports and Entertainment**	**2138004**	**3429163**	**3628442**
新闻和出版业	Journalism and Publishing Activities	12200	53072	37831
广播、电视、电影和影视录音制作业	Broadcasting, Televisions, Movies and Video Recording Production	68468	53601	125441
文化艺术业	Cultural and Art Activities	995547	1857302	1715640
体　育	Sports Activities	403267	444020	580781
娱乐业	Entertainment	658522	1021168	1168749
公共管理、社会保障和社会组织	**Public Management, Social Security and Social Organization**	**1567065**	**1967904**	**1841089**
中国共产党机关	Organs of Communist Party of China	8974	7176	13196
国家机构	Government Agencies	957719	868499	738797
人民政协和民主党派	People's Political Consultative Conference and Democratic Parties	7600	26628	7638
社会保障业	Social Security	68423	61550	27522
群众团体、社会团体和其他成员组织	Non-Governmental Organizations, Social Organizations and Religion Organizations	133945	211970	219976
基层群众自治组织	Grass Roots Self-governing Organizations	390404	792081	833960

建设项目分行业固定资产投资（2014年）

单位：万元

行　业	Item	投资总额 Total
全省总计	**Total**	**220874791**
农、林、牧、渔业	**Agriculture, Forestry, Animal Husbandry and Fishery**	**11209457**
农　业	Farming	4805936
林　业	Forestry	818240
畜 牧 业	Animal Husbandry	4430381
渔　业	Fishery	350301
农、林、牧、渔服务业	Services in Support of Agriculture	804599
采 矿 业	**Mining**	**6598438**
煤炭开采和洗选业	Mining and Washing of Coal	1271253
石油和天然气开采业	Extraction of Petroleum and Natural Gas	406972
黑色金属矿采选业	Mining of Ferrous Metal Ores	3331877
有色金属矿采选业	Mining of Non-ferrous Metal Ores	433429
非金属矿采选业	Mining and Processing of Nonmetal Ores	1042707
开采辅助活动	Support Activities for Mining	112200
其他采矿业	Mining of Others	
制 造 业	**Manufacturing**	**114201621**
农副食品加工业	Processing of Food from Agricultural Products	5924042
食品制造业	Manufacture of Foods	2374019
酒、饮料和精制茶制造业	Manufacture of Wine, Soft Drinks and Refined Tea	2265853
烟草制品业	Manufacture of Tobacco	76770
纺织业	Manufacture of Textile	4246289
纺织服装、服饰业	Manufacture of Textile, Apparel	1265445
皮革、毛皮、羽毛及其制品和制鞋业	Manufacture of Leather, Fur, Feather and Its Products and Footware and Its Products and Footware	2305618
木材加工和木、竹、藤、棕、草制品业	Processing of Timbers, Manufacture of Wood, Bamboo, Rattan, Palm and Straw Products	1905690
家具制造业	Manufacture of Furniture	2165188
造纸和纸制品业	Manufacture of Paper and Paper Products	1886657
印刷和记录媒介复制业	Printing, Reproduction of Recording Media	808567
文教、工美、体育和娱乐用品制造业	Manufacture of Articles for Culture, Arts and Crafts, Education, Sport Activities and Entertainment Goods	1290536
石油加工、炼焦和核燃料加工业	Processing of Petroleum, Coking, Processing of Nuclear Fuel	2501334
化学原料和化学制品制造业	Manufacture of Chemical Raw Material and Chemical Products	7701784
医药制造业	Manufacture of Medicines	3134949
化学纤维制造业	Manufacture of Chemical Fiber	578527
橡胶和塑料制品业	Manufacture of Rubber and Plastic	5553568
非金属矿物制品业	Manufacture of Nonmetallic Mineral Products	11700761
黑色金属冶炼和压延加工业	Manufacture and Processing of Ferrous Metals	7591235
有色金属冶炼和压延加工业	Manufacture & Processing of Non-ferrous Metals	1474508
金属制品业	Manufacture of Metal Products	8994052
通用设备制造业	Manufacture of General Purpose Machinery	10653833

Investment in Capital Construction Projects by Sector (2014)

(10000 yuan)

按建设性质分 by Type of Construction			按构成分 by Composition of Funds		
#新 建 New Construction	#扩 建 Expansion	#改建和技术改造 Reconstruction	#建筑工程 Construction	#安装工程 Installation	#设备工器具购置 Purchase of Equipment and Instruments
118620429	**43638977**	**46105041**	**120703021**	**19398424**	**56995260**
9216932	**1204936**	**506137**	**6383365**	**943775**	**2052960**
4268824	350528	165455	2820329	406535	794015
611422	49704	33551	359563	32786	47148
3534531	623854	187977	2537008	409262	960733
197087	100628	20946	208883	29719	75648
605068	80222	98208	457582	65473	175416
1590320	**1412035**	**3390655**	**3556108**	**714436**	**1663220**
515277	66143	606013	577989	156587	352379
51559	355413		350466	14914	17651
545022	635897	2069742	1873161	336056	795594
45390	219961	160247	206546	72730	131015
415032	134621	463993	499871	112289	327366
18040		90660	48075	21860	39215
40669832	**30298082**	**34408714**	**53425611**	**10054035**	**41080318**
2496137	1488942	1608141	2889462	541861	1910168
721788	640903	782382	1237184	201918	721833
979634	515681	371208	1144995	218955	729719
		76770	62100		
1261409	1418042	1237970	1573457	363897	1876833
541396	281688	345657	677767	137937	306719
850150	974597	323416	1251748	239136	662736
745978	518735	486776	844084	179340	735294
1000776	391470	630295	1246304	117408	625426
708146	438114	388974	806093	147676	825654
194091	335380	252989	314874	57425	352345
448063	410405	311305	661835	128386	422272
811701	1117615	534968	1094879	456362	732026
2544060	1780307	2816714	3062795	937129	3042836
1152156	555514	1186265	1378641	246090	1114401
133020	91149	340818	216265	29156	225801
2065489	1520260	1625312	2487398	492227	2142178
4256072	2812436	4115352	5197960	1060703	4333954
1816187	1844942	3338540	3187506	646219	3282560
625167	450488	386147	754465	126438	463549
3429199	2341484	2709623	4511771	755650	3087027
3844910	2632704	3213565	5063985	883463	3839428

建设项目分行业固定资产投资（2014年)(续一)

单位：万元

行 业	Item	投资总额 Total
专用设备制造业	Manufacture of Special Purpose Machinery	10113173
汽车制造业	Manufacture of Automotive	4369427
铁路、船舶、航空航天和其他运输设备制造业	Manufacture of Railroad, Marine, Aerospace and Other Transportation Equipment	1946669
电气机械和器材制造业	Manufacture of Electrical Machinery and Equipment	6663613
计算机、通信和其他电子设备制造	Manufacture of Computer, Communications and Other Electronic Equipment	1578533
仪器仪表制造业	Manufacture of Measuring Instrument	569658
其他制造业	Manufacture of Others	802779
废弃资源综合利用业	Recycling and Disposal of Waste	1157610
金属制品、机械和设备修理业	Metal Products, Machinery and Equipment Repair	600934
电力、热力、燃气及水生产和供应业	**Production and Distribution of Electricity, Thermal, Gas and Water**	**10302531**
电力、热力生产和供应业	Production and Supply of Electric Power and Heat Power	7555450
燃气生产和供应业	Production and Distribution of Gas	1221381
水的生产和供应业	Production and Distribution of Water	1525700
建 筑 业	**Construction**	**54476**
房屋建筑业	Construction of Building	23097
土木工程建筑业	Construction of Civil Engineering	26399
建筑安装业	Architectural Installation	
建筑装饰和其他建筑业	Architectural Decoration and Other Construction	4980
批发和零售业	**Wholesale and Retail Trades**	**8758853**
批发业	Wholesale Trade	4514500
零售业	Retail Trade	4244353
交通运输、仓储和邮政业	**Traffic, Transport, Storage and Post**	**20246312**
铁路运输业	Transport Via Railway	1153580
道路运输业	Transport Via Road	10166676
水上运输业	Water Transport	2329295
航空运输业	Air Transport	542377
管道运输业	Transport Via Pipeline	111977
装卸搬运和运输代理业	Handling and Transportation Agency	938581
仓 储 业	Storage	4999826
邮 政 业	Post	4000
住宿和餐饮业	**Hotels and Catering Services**	**2425397**
住宿业	Hotels	1929262
餐饮业	Catering Services	496135
信息传输、软件和信息技术服务业	**Information Transmission, Software and Information Technology Services**	**1334650**
电信、广播电视和卫星传输服务	Telecommunications, Radio and Television and Satellite Transmission Services	975623
互联网和相关服务	Computer Services	43927
软件和信息技术服务业	Software and Information Technology Services	315100

Investment in Capital Construction Projects by Sector (2014)

(10000 yuan)

按建设性质分 by Type of Construction			按构成分 by Composition of Funds		
#新 建 New Construction	#扩 建 Expansion	#改建和技术改造 Reconstruction	#建筑工程 Construction	#安装工程 Installation	#设备工器具购置 Purchase of Equipment and Instruments
3411197	3155791	2628322	5215791	851252	3389138
1110914	1400369	1051589	1931121	265771	1814744
836172	379667	466736	1129338	86376	566123
2722898	1719505	1665515	2939580	501999	2575754
719206	474723	361937	770830	85046	469355
139917	270167	138794	294458	33189	199563
340535	69163	388681	248202	131627	314124
411851	104141	553138	824912	67686	203976
351613	163700	70815	405811	63713	114782
4340527	**3922547**	**1772973**	**3326547**	**1769240**	**4169229**
2786266	3369247	1207909	2012298	1441258	3402852
621375	366221	188269	516746	134963	309798
932886	187079	376795	797503	193019	456579
38728	**11303**	**4445**	**38983**	**7795**	**4661**
10517	8135	4445	12935	2800	4661
23231	3168		21148	4995	
4980			4900		
7046660	**982734**	**569136**	**6218766**	**826951**	**951268**
3698182	616546	137397	3310274	325590	524575
3348478	366188	431739	2908492	501361	426693
16308866	**1912319**	**1509892**	**14944588**	**769139**	**2172796**
1127327		20203	777704	28279	40180
7688980	1030662	1150584	8332079	163387	479457
2283826	500	17456	1641993	173334	367357
374530		69722	241185	7347	163545
90024			34859	29810	33769
701349	173927	28347	616426	61892	191557
4038830	707230	223580	3297242	304990	896731
4000			3100	100	200
2132985	**219265**	**56837**	**1672410**	**225445**	**177649**
1699880	203895	13207	1340544	196641	136473
433105	15370	43630	331866	28804	41176
1169105	**79515**	**34583**	**194594**	**246810**	**847561**
951723	5000	10500	104816	214387	652632
13050	16802	14075	14387	3745	23270
204332	57713	10008	75391	28678	171659

建设项目分行业固定资产投资（2014年)(续二)

单位：万元

行 业	Item	投资总额 Total
金融业	**Financial Intermediation**	**259445**
货币金融服务	Monetary and Financial Services	194183
资本市场服务	Capital Market Services	30305
保险业	Insurance	
其他金融业	Other Financial Activities	34957
房地产业	**Real Estate**	**10645596**
房地产业	Real Estate	10645596
租赁和商务服务业	**Leasing and Business Services**	**3203634**
租赁业	Leasing	91824
商务服务业	Business Services	3111810
科学研究和技术服务业	**Scientific Research and Technical Service**	**2076172**
研究和试验发展	Research and Experimental Development	619129
专业技术服务业	Professional Technical Services	901314
科技推广和应用服务业	Services of Science and Technology Promotion and Application	555729
水利、环境和公共设施管理业	**Management of Water Conservancy, Environment and Public Facilities**	**18658695**
水利管理业	Management of Water Conservancy	2980433
生态保护和环境治理业	Ecological Protection and Environmental Management	410649
公共设施管理业	Management of Public Facilities	15267613
居民服务、修理和其他服务业	**Services to Households, Repair and Other Services**	**567749**
居民服务业	Services to Households	247323
机动车、电子产品 和日用产品修理业	Motor Vehicles, Electronics and Household Goods Repair	166253
其他服务业	Other Services	154173
教 育	**Education**	**2545545**
卫生和社会工作	**Health and Social Work**	**2316689**
卫 生	Health	1700516
社会工作	Social Work	616173
文化、体育和娱乐业	**Culture, Sports and Entertainment**	**3628442**
新闻和出版业	Journalism and Publishing Activities	37831
广播、电视、电影和影视录音制作业	Broadcasting, Televisions, Movies and Video Recording Production	125441
文化艺术业	Cultural and Art Activities	1715640
体 育	Sports Activities	580781
娱乐业	Entertainment	1168749
公共管理、社会保障和社会组织	**Public Management, Social Security and Social Organization**	**1841089**
中国共产党机关	Organs of Communist Party of China	13196
国家机构	Government Agencies	738797
人民政协和民主党派	People's Political Consultative Conference and Democratic Parties	7638
社会保障业	Social Security	27522
群众团体、社会团体和其他成员组织	Non-Governmental Organizations, Social Organizations and Religion Organizations	219976
基层群众自治组织	Grass Roots Self-governing Organizations	833960

Investment in Capital Construction Projects by Sector (2014)

(10000 yuan)

按建设性质分 by Type of Construction			按构成分 by Composition of Funds		
#新建 New Construction	#扩建 Expansion	#改建和技术改造 Reconstruction	#建筑工程 Construction	#安装工程 Installation	#设备工器具购置 Purchase of Equipment and Instruments
187929	**10020**	**18965**	**162683**	**41674**	**40466**
136597	10020	18965	122341	28242	35950
30305			15628	8479	3068
21027			24714	4953	1448
9183224	**447635**	**664740**	**7085891**	**761149**	**665778**
9183224	447635	664740	7085891	761149	665778
2637419	**336890**	**129328**	**1966328**	**401100**	**215026**
6000	32880	4700	33883	16783	29016
2631419	304010	124628	1932445	384317	186010
1403923	**106808**	**106651**	**1030443**	**155876**	**678510**
540946	44258	11600	404079	51837	94032
393407	43960	70582	269854	44835	495526
469570	18590	24469	356510	59204	88952
14389009	**1587131**	**2198632**	**12994977**	**1670923**	**1368883**
2423326	302398	161656	2105706	170521	167858
288512	23103	90308	235671	28216	119647
11677171	1261630	1946668	10653600	1472186	1081378
397835	**114545**	**31131**	**348557**	**30456**	**90359**
134786	98319		182186	12644	38542
132982	13700	18371	114375	12844	23159
130067	2526	12760	51996	4968	28658
1781705	**399709**	**193937**	**1804963**	**155996**	**240423**
1721665	**181051**	**58591**	**1603360**	**166762**	**202813**
1129877	175581	39676	1116414	155349	188570
591788	5470	18915	486946	11413	14243
3092951	**240591**	**281056**	**2534936**	**301851**	**233881**
26456	4375	7000	19206	7500	3050
45730		71265	99466	1000	14546
1360313	214939	134990	1286667	137558	108919
562363		18418	401717	47604	5462
1098089	21277	49383	727880	108189	101904
1310814	**171861**	**168638**	**1409911**	**155011**	**139459**
13196			13196		
470386	70598	91002	564251	40636	76325
7638			2750	1104	2642
27522			23022	1500	
130625	79381		162904	16840	30120
661447	21882	77636	643788	94931	30372

建设项目固定资产投资

Investment in Capital Construction Projects

指标	Item	2005	2010	2013	2014
投资总额(万元)	**Total Investment (10000 yuan)**	**29162424**	**106577218**	**191843538**	**220874791**
#住宅	Residential Building	1663112	3873234	2666364	2239874
按隶属关系分	**Grouped by Administrative**				
中央	Center	2887335	6640686	11000379	7808709
地方	Local	26275089	99936532	180843159	213066082
按登记注册类型分	**Grouped by Registration Status**				
内资	Domestic Funds	26716506	103000354	186417632	215273539
国有	State-Owned Units	11587793	34314490	34247423	37304105
集体	Collective-Owned Units	1561956	7023016	10817144	10157943
股份合作	Share-holding	304639	573538	1749117	1581740
联营	Joint	353189	464811	766396	574902
有限责任公司	Limited Liability Corporations	6397604	24391887	45862731	47127798
股份有限公司	Share-Holding Corporations Ltd	2877198	7431767	10417163	11328253
私营	Private	2573060	25931178	70915820	89996501
其他	Others	1061067	2869667	11641838	17202297
港、澳、台商投资企业	Funds from Hong Kong, Macao and Taiwan	1408006	1176032	1675330	2154957
外商投资	Foreign Funded Economic	968896	2096145	3393468	3141536
个体经营	Individuals Economy	69016	304687	357108	304759
按项目规模分	**Grouped by Size of Construction**				
亿元及以上项目投资	100 Million Yuan and Above	15680028	67964939	134030208	162414998
亿元以下项目投资	Below 100 Million Yuan	13482396	38612279	57813330	58459793
按主要行业分	**Grouped by Major Sector**				
能源工业	Energy	4172805	8824555	12021277	12956390
交通运输	Transport	3424134	12335402	16113946	15242486
教育	Education	943136	1440222	2060715	2545545
科学研究	Scientific Research	289895	178202	585523	619129
按资金来源分	**Grouped by Sources of Funds**				
国家预算内资金	State Budget	793625	3645328	5590375	6847366
国内贷款	Domestic Loans	3962294	18106874	12121218	15687213
债券	Bonds	21182	277716	11960	111877
利用外资	Foreign Investment	748327	698683	788455	785275
自筹资金	Self-raising Funds	21557079	87741740	163924927	184282657
其他资金	Others	2069081	5037911	5000828	5868357
本年新增固定资产(万元)	**Newly Increased Fixed Assets (10000 yuan)**	**18048126**	**69975813**	**159104599**	**173529582**
固定资产交付使用率(%)	**Rate of Prefects of Fixed Assets Completed Put into Operation (%)**	**61.9**	**65.7**	**80.0**	**78.6**
房屋建筑面积(万平方米)	**Floor Space of Building (10000 sq.m)**				
施工面积	Floor Space under Construction	6434.17	18843.15	42824.34	61197.74
#住宅	Residential Building	1946.22	3300.93	2584.97	26553.66
竣工面积	Floor Space Completed	2989.18	5579.50	7705.84	12007.71
#住宅	Residential Building	840.44	999.16	966.07	3970.61
竣工房屋价值(万元)	Value of building Completed (10000 yuan)	2941091	8908280	14296136	27200564
#住宅	Residential Building	751139	1702311	1842817	9981690

注：2011年以前建设项目投资为城镇建设项目，2011年起为城镇建设项目和农村非农户建设项目投资，下表同。

a) Data prior to 2011 include investment in capital construction projects in urban areas only. Nevertheless, data for 2011 include in investment in capital construction projects in both rural areas and urban areas, same as following tables.

建设项目新增主要产品生产能力（2014年）
Newly Increased Production Capacity through Capital Construction Projects (2014)

能力(效益)名称	Item	新增生产能力 Ewly Increased Production Capacity
原煤开采（万吨/年）	Coal Mining (10000 tons/year)	105
洗煤（万吨/年）	Coal Washing (10000 tons/year)	601
天然原油开采（万吨/年）	Crude Oil (10000 tons/year)	80
石油加工　蒸馏设备能力（处理万吨）	Petroleum Processing:　Distilling (10000 tons/year)	117
裂化设备能力（处理万吨）	Cracking (10000 tons/year)	10
铁矿开采(原矿)（万吨/年）	Crude Iron Ore Mining (10000 tons/year)	2704
铁矿选矿处理原矿量（万吨/年）	Crude Iron Ore Mining (10000 tons/year)	2335
生铁（万吨/年）	Pig Iron (10000 tons/year)	1
铁合金（万吨/年）	Iron Alloy (10000 tons/year)	22
钢材（万吨/年）	Steel Products (10000 tons/year)	1477
铜采矿(原矿)（万吨/年）	Copper Mining (ore) (10000 tons/year)	50
铜冶炼（吨/年）	Copper Smelting (ton/year)	33000
镍冶炼(1)高冰镍（吨/年）	Nickel Smelting (1) Gao Bingnie (ton/year)	2
铝加工材（吨/年）	Aluminum Material (ton/year)	35047
铜加工材（吨/年）	Copper Materia (ton/year)	1
黄金(公斤/年)	Gold (kilogram/year)	2000
水力发电	Hydroelectric Power	0.5
风力发电	Wind Power	85.85
太阳能发电	Solar Power	89.9
其他发电	Others	38
输电线路长度(110KV及以上)（公里）	Power Transmission Line (110KV and Above, km)	25
水泥（万吨/年）	Cement (10000 tons/year)	650
平板玻璃（万重量箱/年）	Plate Glass (10000 weight cases/year)	205
氮肥	Nitrogen Fertilizers	1000
磷肥	Phosphate Fertilizers	28325
钾肥	Potash Fertilizer	10000
塑料树脂及共聚物（吨/年）	Plastic Resin and Polymer (ton/year)	259133
合成橡胶（吨/年）	Synthetic Rubber (ton/year)	3174
汽车制造(辆/年)	Automobile Manufacturing (unit/year)	2000
化学纤维（吨/年）	Chemical Fiber (ton/year)	14100
棉纺锭（锭）	Cotton Textile Spindle (unit)	535610
毛纺锭（锭）	Wool Spinning Spindle(unit)	15716
白酒	Chinese Liquor	10
程控交换机（指安装能力）(万线/年)	SPC (Refers To The Installed Capacity) (10000 lines/year)	88
新建铁路里程（公里）	Length of Newly-built Railway (km)	68
新建公路（公里）	Newly- Built Highway (km)	761
# 高速公路	Expressway	225
一级公路	First-class Highway	99
二级公路	Second-class Highway	95
改建公路（公里）	Rebuilt Highway (km)	2419
# 高速公路	Expressway	225
一级公路	First-class Highway	112
二级公路	Second-class Highway	754
新建独立公路桥梁（延长米）	Length of Newly-built Independent Highway Bridge (m)	2139
新建独立公路桥梁（座）	Amount of Newly-built Independent Highway Bridge (unit)	10
新(扩)建港口码头 年吞吐量：万吨	Newly-built or Extended Ports Annual Handling Capacit (10000 tons/year)	6460
新(扩)建港口码头 泊位：个	Newly-built or Extended Ports Berths (unit)	9
#新(扩)建沿海港口码头 年吞吐量：万吨	Newly-built or Extended Coastal Ports Annual Handling Capacit (10000 tons/year)	6460
#新(扩)建沿海港口码头 泊位：个	Newly-built or Extended Coastal Ports Berths (unit)	9
新(扩)建公路客、货运站(个)	Newly-built or Extended Passenger Station and Freight Station for Highway(unit)	4
新(扩)建公路客、货运站（平方米）	Newly-built or Extended Passenger Station and Freight Station for Highway (m^2)	39368
城市自来水供水能力（万吨/日）	Tap Water Supply Capacity (10000 tons/day)	9
城市污水处理能力（万吨/日）	Sewage Treatment Capacity of Urban Areas (10000 tons/day)	30

分行业建设项目施工、投产个数和新增固定资产（2014年）

行　　业	Item	施工项目个数（个）Number of Projects under Construction (unit)
全省总计	**Total**	**19149**
农、林、牧、渔业	**Agriculture, Forestry, Animal Husbandry and Fishery**	**1730**
农　　业	Farming	669
林　　业	Forestry	122
畜 牧 业	Animal Husbandry	737
渔　　业	Fishery	54
农、林、牧、渔服务业	Services in Support of Agriculture	148
采 矿 业	**Mining**	**747**
煤炭开采和洗选业	Mining and Washing of Coal	140
石油和天然气开采业	Extraction of Petroleum and Natural Gas	3
黑色金属矿采选业	Mining of Ferrous Metal Ores	381
有色金属矿采选业	Mining of Non-ferrous Metal Ores	52
非金属矿采选业	Mining and Processing of Nonmetal Ores	164
开采辅助活动	Support Activities for Mining	7
其他采矿业	Mining of Others	
制 造 业	**Manufacturing**	**9899**
农副食品加工业	Processing of Food from Agricultural Products	621
食品制造业	Manufacture of Foods	282
酒、饮料和精制茶制造业	Manufacture of Wine, Soft Drinks and Refined Tea	192
烟草制品业	Manufacture of Tobacco	1
纺织业	Manufacture of Textile	489
纺织服装、服饰业	Manufacture of Textile, Apparel	170
皮革、毛皮、羽毛及其制品和制鞋业	Manufacture of Leather, Fur, Feather and Its Products and Footware and Its Products and Footware	240
木材加工和木、竹、藤、棕、草制品业	Processing of Timbers, Manufacture of Wood, Bamboo, Rattan, Palm, and Straw Products	163
家具制造业	Manufacture of Furniture	180
造纸和纸制品业	Manufacture of Paper and Paper Products	134
印刷和记录媒介复制业	Printing, Reproduction of Recording Media	92
文教、工美、体育和娱乐用品制造业	Manufacture of Articles for Culture, Arts and Crafts, Education, Sport Activities and Entertainment Goods	121
石油加工、炼焦和核燃料加工业	Processing of Petroleum, Coking, Processing of Nuclear Fuel	106
化学原料和化学制品制造业	Manufacture of Chemical Raw Material and Chemical Products	639
医药制造业	Manufacture of Medicines	211
化学纤维制造业	Manufacture of Chemical Fiber	63
橡胶和塑料制品业	Manufacture of Rubber and Plastic	574
非金属矿物制品业	Manufacture of Nonmetallic Mineral Products	1159
黑色金属冶炼和压延加工业	Manufacture and Processing of Ferrous Metals	467
有色金属冶炼和压延加工业	Manufacture & Processing of Non-ferrous Metals	129
金属制品业	Manufacture of Metal Products	797
通用设备制造业	Manufacture of General Purpose Machinery	976

Number of Capital Construction Projects under Construction and Put into Use and Newly Increased Fixed Assets by Sector (2014)

本年投产 项目个数 (个) Completed Projects (unit)	建设项目 投 产 率 (%) Rate of Construction Projects Completed and Put into Use (%)	本年完成 投 资 (万元) Investment Completed This year (10000 yuan)	本年新增 固定资产 (万元) Newly Increased Fixed Assets (10000 yuan)	固定资产 交付使用率 (%) Rate of Projects of Fixed Assets Completed and Put into Use (%)
13830	**72.22**	**220874791**	**173529582**	**78.56**
1320	**76.30**	**11209457**	**9232912**	**82.37**
485	72.50	4805936	3700400	77.00
96	78.69	818240	673035	82.25
581	78.83	4430381	3730840	84.21
46	85.19	350301	347410	99.17
112	75.68	804599	781227	97.10
608	**81.39**	**6598438**	**5936544**	**89.97**
115	82.14	1271253	1291405	101.59
3	100.00	406972	434289	106.71
308	80.84	3331877	2850399	85.55
41	78.85	433429	368020	84.91
134	81.71	1042707	842231	80.77
7	100.00	112200	150200	133.87
7209	**72.83**	**114201621**	**91109432**	**79.78**
473	76.17	5924042	4294721	72.50
208	73.76	2374019	2013002	84.79
138	71.88	2265853	1967882	86.85
		76770		
385	78.73	4246289	3956307	93.17
127	74.71	1265445	1012912	80.04
192	80.00	2305618	1998010	86.66
121	74.23	1905690	1362861	71.52
124	68.89	2165188	1993257	92.06
107	79.85	1886657	1593268	84.45
77	83.70	808567	649583	80.34
87	71.90	1290536	1047172	81.14
77	72.64	2501334	2887662	115.44
458	71.67	7701784	6141018	79.74
127	60.19	3134949	1994891	63.63
53	84.13	578527	443854	76.72
436	75.96	5553568	4872361	87.73
863	74.46	11700761	9149129	78.19
347	74.30	7591235	5103570	67.23
101	78.29	1474508	1429708	96.96
571	71.64	8994052	7550108	83.95
721	73.87	10653833	9264569	86.96

分行业建设项目施工、投产个数和新增固定资产（2014年)(续一)

行业	Item	施工项目个数(个) Number of Projects under Construction (unit)
专用设备制造业	Manufacture of Special Purpose Machinery	721
汽车制造业	Manufacture of Automotive	357
铁路、船舶、航空航天和其他运输设备制造业	Manufacture of Railroad, Marine, Aerospace and Other Transportation Equipment	114
电气机械和器材制造业	Manufacture of Electrical Machinery and Equipment	550
计算机、通信和其他电子设备制造	Manufacture of Computer, Communications and Other Electronic Equipment	134
仪器仪表制造业	Manufacture of Measuring Instrument	54
其他制造业	Manufacture of Others	71
废弃资源综合利用业	Recycling and Disposal of Waste	72
金属制品、机械和设备修理业	Metal Products, Machinery and Equipment Repair	20
电力、热力、燃气及水生产和供应业	**Production and Distribution of Electricity, Thermal, Gas and Water**	**689**
电力、热力生产和供应业	Production and Supply of Electric Power and Heat Power	370
燃气生产和供应业	Production and Distribution of Gas	109
水的生产和供应业	Production and Distribution of Water	210
建　筑　业	**Construction**	**10**
房屋建筑业	Construction of Building	5
土木工程建筑业	Construction of Civil Engineering	4
建筑安装业	Architectural Installation	
建筑装饰和其他建筑业	Architectural Decoration and Other Construction	1
批发和零售业	**Wholesale and Retail Trades**	**653**
批发业	Wholesale Trade	303
零售业	Retail Trade	350
交通运输、仓储和邮政业	**Traffic, Transport, Storage and Post**	**1072**
铁路运输业	Transport Via Railway	16
道路运输业	Transport Via Road	672
水上运输业	Water Transport	44
航空运输业	Air Transport	5
管道运输业	Transport Via Pipeline	4
装卸搬运和运输代理业	Handling and Transportation Agency	44
仓 储 业	Storage	286
邮 政 业	Post	1
住宿和餐饮业	**Hotels and Catering Services**	**187**
住宿业	Hotels	137
餐饮业	Catering Services	50
信息传输、软件和信息技术服务业	**Information Transmission, Software and Information Technology Services**	**47**
电信、广播电视和卫星传输服务	Telecommunications, Radio and Television and Satellite Transmission Services	14
互联网和相关服务	Computer Services	10
软件和信息技术服务业	Software and Information Technology Services	23

Number of Capital Construction Projects under Construction and Put into Use and Newly Increased Fixed Assets by Sector (2014)

本年投产项目个数(个) Completed Projects (unit)	建设项目投产率(%) Rate of Construction Projects Completed and Put into Use (%)	本年完成投资(万元) Investment Completed This year (10000 yuan)	本年新增固定资产(万元) Newly Increased Fixed Assets (10000 yuan)	固定资产交付使用率(%) Rate of Projects of Fixed Assets Completed and Put into Use (%)
468	64.91	10113173	6278519	62.08
254	71.15	4369427	4195975	96.03
68	59.65	1946669	1074081	55.18
380	69.09	6663613	5827471	87.45
91	67.91	1578533	833576	52.81
33	61.11	569658	454689	79.82
56	78.87	802779	588521	73.31
52	72.22	1157610	819353	70.78
14	70.00	600934	311402	51.82
465	**67.49**	**10302531**	**6999186**	**67.94**
237	64.05	7555450	4636719	61.37
75	68.81	1221381	883384	72.33
153	72.86	1525700	1479083	96.94
8	**80.00**	**54476**	**30372**	**55.75**
4	80.00	23097	10431	45.16
3	75.00	26399	15041	56.98
1	100.00	4980	4900	98.39
459	**70.29**	**8758853**	**7455453**	**85.12**
209	68.98	4514500	4320031	95.69
250	71.43	4244353	3135422	73.87
711	**66.32**	**20246312**	**16558535**	**81.79**
8	50.00	1153580	1703770	147.69
480	71.43	10166676	8397334	82.60
19	43.18	2329295	1966995	84.45
2	40.00	542377	237704	43.83
3	75.00	111977	32933	29.41
28	63.64	938581	981179	104.54
170	59.44	4999826	3234620	64.69
1	100.00	4000	4000	100.00
133	**71.12**	**2425397**	**1827537**	**75.35**
89	64.96	1929262	1250245	64.80
44	88.00	496135	577292	116.36
26	**55.32**	**1334650**	**1157907**	**86.76**
11	78.57	975623	959719	98.37
5	50.00	43927	41665	94.85
10	43.48	315100	156523	49.67

分行业建设项目施工、投产个数和新增固定资产（201年）(续二)

行业	Item	施工项目个数（个）Number of Projects under Construction (unit)
金融业	**Financial Intermediation**	**24**
货币金融服务	Monetary and Financial Services	15
资本市场服务	Capital Market Services	5
保险业	Insurance	
其他金融业	Other Financial Activities	4
房地产业	**Real Estate**	**736**
房地产业	Real Estate	736
租赁和商务服务业	**Leasing and Business Services**	**178**
租赁业	Leasing	5
商务服务业	Business Services	173
科学研究和技术服务业	**Scientific Research and Technical Service**	**117**
研究和试验发展	Research and Experimental Development	28
专业技术服务业	Professional Technical Services	56
科技推广和应用服务业	Services of Science and Technology Promotion and Application	33
水利、环境和公共设施管理业	**Management of Water Conservancy, Environment and Public Facilities**	**1814**
水利管理业	Management of Water Conservancy	277
生态保护和环境治理业	Ecological Protection and Environmental Management	77
公共设施管理业	Management of Public Facilities	1460
居民服务、修理和其他服务业	**Services to Households, Repair and Other Services**	**76**
居民服务业	Services to Households	32
机动车、电子产品 和日用产品修理业	Motor Vehicles, Electronics and Household Goods Repair	27
其他服务业	Other Services	17
教 育	**Education**	**461**
卫生和社会工作	**Health and Social Work**	**260**
卫 生	Health	198
社会工作	Social Work	62
文化、体育和娱乐业	**Culture, Sports and Entertainment**	**197**
新闻和出版业	Journalism and Publishing Activities	5
广播、电视、电影和影视录音制作业	Broadcasting, Televisions, Movies and Video Recording Production	9
文化艺术业	Cultural and Art Activities	88
体 育	Sports Activities	32
娱乐业	Entertainment	63
公共管理、社会保障和社会组织	**Public Management, Social Security and Social Organization**	**252**
中国共产党机关	Organs of Communist Party of China	2
国家机构	Government Agencies	150
人民政协和民主党派	People's Political Consultative Conference and Democratic Parties	2
社会保障业	Social Security	3
群众团体、社会团体和其他成员组织	Non-Governmental Organizations, Social Organizations and Religion Organizations	18
基层群众自治组织	Grass Roots Self-governing Organizations	77

Number of Capital Construction Projects under Construction and Put into Use and Newly Increased Fixed Assets by Sector (2014)

本年投产项目个数(个) Completed Projects (unit)	建设项目投产率(%) Rate of Construction Projects Completed and Put into Use (%)	本年完成投资(万元) Investment Completed This year (10000 yuan)	本年新增固定资产(万元) Newly Increased Fixed Assets (10000 yuan)	固定资产交付使用率(%) Rate of Projects of Fixed Assets Completed and Put into Use (%)
14	**58.33**	**259445**	**203623**	**78.48**
8	53.33	194183	155947	80.31
4	80.00	30305	28429	93.81
2	50.00	34957	19247	55.06
529	**71.88**	**10645596**	**8627494**	**81.04**
529	71.88	10645596	8627494	81.04
119	**66.85**	**3203634**	**2304938**	**71.95**
4	80.00	91824	59306	64.59
115	66.47	3111810	2245632	72.16
76	**64.96**	**2076172**	**1703364**	**82.04**
18	64.29	619129	714647	115.43
39	69.64	901314	814944	90.42
19	57.58	555729	173773	31.27
1282	**70.67**	**18658695**	**12843113**	**68.83**
199	71.84	2980433	1436492	48.20
60	77.92	410649	450357	109.67
1023	70.07	15267613	10956264	71.76
56	**73.68**	**567749**	**478387**	**84.26**
23	71.88	247323	137984	55.79
21	77.78	166253	153490	92.32
12	70.59	154173	186913	121.24
360	**78.09**	**2545545**	**2249249**	**88.36**
167	**64.23**	**2316689**	**1532525**	**66.15**
125	63.13	1700516	1241811	73.03
42	67.74	616173	290714	47.18
102	**51.78**	**3628442**	**1881773**	**51.86**
2	40.00	37831	16000	42.29
5	55.56	125441	117611	93.76
49	55.68	1715640	1075571	62.69
12	37.50	580781	276463	47.60
34	53.97	1168749	396128	33.89
186	**73.81**	**1841089**	**1397238**	**75.89**
1	50.00	13196	300	2.27
106	70.67	738797	618681	83.74
2	100.00	7638	3916	51.27
1	33.33	27522	9752	35.43
14	77.78	219976	150337	68.34
62	80.52	833960	614252	73.65

农村个人固定资产投资和建房

Individual Investment in Fixed Assets and Building Construction in Rural Areas

年份 Year	投资总额(万元) Total Investment (10000 yuan)	竣工房屋投资(万元) Investment in Buildings Completed (10000 yuan)	#住宅 Residential Building	竣工房屋建筑面积(万平方米) Floor Space of Building Completed (10000 sq.m)	#住宅 Residential Building	竣工房屋造价(元/平方米) Cost of Building Completed (yuan/sq.m)	#住宅 Residential Building
1985	298000	195642	182533	4501	4180	44	44
1986	359822	260767	245397	5210	4920	50	50
1987	398281	291036	273402	4814	4519	61	61
1988	499057	369514	319109	4556	3962	81	81
1989	541861	409349	349993	4172	3569	98	98
1990	429344	300279	294392	2657	2605	113	113
1991	766958	582594	550727	5206	4996	112	110
1992	546134	401504	375097	3599	3493	112	107
1993	630000	475398	428400	3087	2898	154	148
1994	939969	569168	438813	2357	1915	190	182
1995	1327776	763276	633945	2742	2301	278	275
1996	1435517	803518	650362	2690	1959	299	332
1997	1905761	1101954	929314	3210	2716	343	342
1998	1924263	1358974	1358974	3475	3475	391	391
1999	1756132	1418346	1163256	3887	3613	365	322
2000	1916841	1613181	1178865	4370	4044	369	292
2001	2086309	1321156	1370608	3978	3892	332	352
2002	2050000	1174363	1110486	3693	3402	318	326
2003	1994491	1203077	1100113	3660	3348	329	329
2004	2166460	1187529	1092411	3424	3146	347	347
2005	2374485	1250815	1197039	3879	3588	322	334
2006	2935796	1697233	1607621	3945	3700	430	434
2007	3219779	2222333	2039699	4385	3990	507	511
2008	3956398	2223572	2106120	4014	3683	554	572
2009	3934497	2627023	2404306	4450	4134	590	582
2010	4608235	3244877	3002363	4815	4703	674	638
2011	6090686	3538588	3237756	5180	4640	683	698
2012	5566535	3846906	3474366	4547	4458	846	779
2013	5644603	4146015	3852843	4502	4039	921	954
2014	5247229	4235542	3938773	4437	4032	955	977

总投资50亿元以上建设项目主要经济指标（2014年）
Major Economic Indicators of Investment Over 5 Billion under Construction (2014)

单位：万元 (10000 yuan)

建设单位及建设项目 Unit Names	计划总投资 Total Investment Planed	累计完成投资 Accumulative Investment Actually Completed	#本年完成 This Year	累计新增固定资产 Accumulative Newly Increased Fixed Assets
首钢京唐钢铁联合有限责任公司首钢京唐公司钢铁厂	6572800	6544811	192292	
北京铁路局张家口至唐山铁路工程建设指挥部新建张家口至唐山铁路	3832806	3248000	550000	
石家庄乐城创意国际贸易城开发有限公司石家庄国际贸易城	3500000	222626	177057	
国网冀北电力有限公司电网建设工程	3162776	2973202	737501	
河北省高速公路管理局承张高速公路管理处承张高速公路	2582004	1358000	1088000	
石家庄新华区驰耘国际商贸有限公司新华世贸中心	2000000	338170	86370	
涿鹿县博达建设开发投资有限责任公司涿鹿博达公司高层次人才创业园项目	2000000	296826	129211	129211
武安市新峰水泥有限责任公司煤制天然气综合利用项目	1999694	114996	114996	
河北钢铁集团矿业有限公司马城铁矿采选项目	1909030	77300	77300	48000
河北省高速公路京石改扩建筹建处京港澳高速公路(京冀界)至石家庄段改扩建	1888020	1861700	1279200	1861700
西部发展控股有限公司涿鹿县“一河两城”项目	1798400	312807	117442	117442
河北省高速公路管理局石家庄至磁县(冀豫界)公路改扩建工程	1776333	1739400	550000	
石家庄市轨道交通有限责任公司石家庄市轨道交通1号线	1732000	429256	288065	
邯黄铁路有限责任公司新建邯郸(邢台)至黄骅港铁路项目	1649500	1410000	177000	1410000
固安浙温服装园区建设发展有限公司京南服装工业基地	1550000	39960	2010	
冀州市西王镇人民政府盐化工循环经济园基础建设项目	1500000	12744	12744	
北京中上科技开发有限公司京东皇家文化旅游创意体验基地	1420400	59901	19901	
石家庄市轨道交通有限责任公司石家庄市轨道交通3号线一期工程	1407200	197774	98662	
河北省首钢迁安钢铁有限责任公司首钢迁钢公司冷轧项目	1400000	890839	145620	
石家庄北方药博园管委会建北方药博园	1384100	154240	66000	
中国联合网络通信有限公司廊坊数据分公司中国联通华北(廊坊)基地建设工程	1300300	100950	64854	
河北保通物流有限公司京都国际物流商贸中心	1300000	102300	102300	
迁安市瑞腾投资有限公司滦河迁安市段河道综合治理工程	1212982	663570	145300	
沧州临港万国石材商贸城有限公司中国黄骅港万国(国际)石材商贸城一期项目	1210000	56000	56000	
河北航空集团投资有限公司河北航空基地项目	1200000	458393	175673	
邢台市交通运输局邢衡高速公路邢台段建设	1123078	1084206	249550	1084206
唐山滦州古镇置业有限公司滦州古城文化旅游整体开发建设项目	1100000	508543	51013	
河北天山蟠龙湖旅游开发有限公司天山龙湖世界	1083726	413800	111000	
唐山市南湖生态城开发建设投资有限责任公司西北片回迁安置小区	1060000	947303		
恒泰(唐山)国际物流股份有限公司恒泰(唐山)云商产业城	1053598	1000	1000	
河北辛集化工集团有限责任公司整体搬迁技改	1050000	323885	125800	125800
承德市双滦区海建房地产开发有限公司皇家奥林匹亚体育文化休闲产业园	1033325	284350	69500	
河北宇圣物流有限公司华北能源交易中心	1032000	170213	79160	
保定市交通局荣乌高速保定段	1028603	668539	197003	197003
石家庄雨润农产品全球采购有限公司雨润农产品全球采购中心项目	1020900	205001	125495	
中石油华北石化分公司华北石油炼油质量升级与安全环保技术改造工程	1005982	201894	110285	
名城地产(唐山)有限公司滦河站站前大型温泉城综合旅游开发项目	1000000	93266	56912	
国泰纸业(唐山曹妃甸)有限公司年产170万吨包装纸板和特种纸板工程	1000000	509620	310900	145300
河北丰宁抽水蓄能有限公司河北丰宁抽水蓄能电站	994687	102947	33445	
润泽科技发展有限公司国际信息云聚核港(ICFZ)项目	980177	83502	22679	
汉能新能源研发中心有限公司汉能全球研发中心项目	977000	148325		
河北海伟交通设施集团有限公司100万吨/年丙烷脱氢项目	929240	195666	195666	
河北省移动通信有限公司2014年移动通信工程	858351	860829	860829	860829
河北怀特集团股份有限公司怀特二期	855000	860695	299000	299000
易县京涞商贸有限公司保定朝阳国际物流商贸城项目	851424	79965	79965	
石家庄市华明实业公司塔冢城中村改造	850000	320400	93000	
秦皇岛栖云山国际旅游度假有限公司国际旅游度假区项目	810000	318004	122890	122890
石家庄市交通运输局石家庄至冀晋界公路	809000	364530	218730	364530
邯郸市交通局邯大高速公路建设.	802308	795200	56000	
河北中重冷轧材料有限公司高端冷轧板项目	800000	612593	533734	
河北省高速公路张承张家口管理处张承高速公路崇礼至张承界段	781595	604000	256000	
邢台市七里河新区管委会七里河综合治理	729000	610735	13725	
廊坊市金丰农科园有限公司中国(廊坊)国际发展观光博览园项目	720433	674920	197350	674920
河北龙成煤综合利用有限公司1000万吨煤清洁高效综合利用项目	720000	772553	305700	772553
西柏坡新能源有限公司太阳能热发电装备及钢材深加工	720000	4900	4900	4900
河北省电力公司河北南网2014年电网建设	716807	564357	564357	
二秦高速公路张家口管理处二连浩特至秦皇岛高速公路康保至沽源段	698500	275605	60000	

总投资50亿元以上建设项目主要经济指标（2014年）(续)

Major Economic Indicators of Investment Over 5 Billion under Construction (2014)

单位：万元 (10000 yuan)

建设单位及建设项目 Unit Names	计划总投资 Total Investment Planed	累计完成投资 Accumulative Investment Actually Completed	#本年完成 This Year	累计新增固定资产 Accumulative Newly Increased Fixed Assets
国网冀北电力有限公司2014年220kV及以下开工项目	697985	484772	484772	
文安县鲁能生态旅游开发有限公司观光农场分公司文安鲁能生态区(一期)	680000	139000	131000	
河北戌兴投资有限公司中国登山训练基地建设项目	678821	5560	5560	
河北省电力公司靖边-潍坊南特高压交流工程	661343	2500	2500	
中国石油化工股份有限公司石家庄炼化分公司石炼化质量升级改造工程	659901	682868	22133	19560
固安肽谷药业科技有限公司固安肽谷基因工程医药及医疗器械生产基地项目	650000	140500	77800	
京新高速公路张家口管理处京新高速公路三期胶泥湾至西洋河(冀晋界)公路	649346	82000	82000	
华北石油管理局苏桥储气库群工程	636732	406100	138000	
河北省电力公司蒙西-天津南特高压交流工程	626487	3500	3500	
唐山滦州重型工程机械制造有限公司先进机械及水泥成套设备制造项目	620000	343890	131390	
无极卡森实业有限公司高档皮革系列制品	620000	91127	84141	
新兴际华河北资源开发公司新能源、新材料及新型智能化装备产业化项目	620000	205395	79249	
天山房地产开发有限公司石家庄南部商务文体中心	612008	357900	135000	
唐山市大学城开发建设有限公司河北联合大学新校园建设工程	610229	41400	41400	
河北康城建设集团有限公司河北实甫文化创意产业示范园项目	605490	232030	165366	148466
河北新铁惠昌物流有限责任公司新陆港现代物流项目	600255	74190	13800	
迁安轧一钢铁集团有限公司1780宽带及附属工程	600000	514643	108765	
还原降解新材料张家口有限公司还原新材料项目	600000	18024	18024	
金雁通用航空股份有限公司白洋淀通用航空休闲产业园一期	600000	42500	42500	42500
保定河工科技园投资有限公司河北工业大学国家大学科技园建设项目	600000	9961	9961	9961
河北龙成煤综合利用有限公司煤清洁高效综合利用技术改造项目	598628	216127	216127	
河北泰纳新材料科技有限公司氯化聚乙烯改性合成橡胶新材料开发与应用项目	590271	214550	105560	
邯郸市魏晋文化旅游开发有限公司魏晋文化旅游创意产业区项目	590000	48800	48800	
邯郸市峰峰鑫宝新材料科技有限公司812新材料项目	585780	39100	39100	
南车石家庄车辆有限公司南车石家庄轨道运输装备和工程机械产业园	583730	206500	132275	
承德钛通冶金有限公司承德钛通冶金有限公司尾矿砂综合治理	580000	392991	112950	
河北山田房地产开发有限公司中国元氏历史文化城	576600	269174	137000	
河北蔚州能源综合开发有限公司河北大唐蔚县电厂上大压小新建工程项目	572638	40000	40000	40000
石家庄中博汽车有限公司技术改造汽车生产项目	563800	70000	70000	
石家庄米氏家具有限公司北方国际家居有限公司	559554	426578	158490	
唐山港集团股份有限公司唐山港京唐港区36号至40号煤炭泊位工程	559377	164866	39300	
河北曹妃甸汉能光伏有限公司600MW铜铟镓硒薄膜太阳能电池项目	557837	284400	284400	284400
神华黄骅港务有限责任公司黄骅港四期工程	556111	467374	152648	467374
永年县广府古城文化旅游开发有限公司广府古城保护整治与旅游开发项目	550000	328116	120516	
保定市民生房地产开发有限公司保定朝阳养老健康产业城项目	550000	247782	136000	
沧州黄骅港矿石港务有限公司黄骅港散货港区矿石码头一期工程	548956	449759	379759	
中国石油唐山液化天然气项目经理部唐山液化天然气项目	548781	600427	90775	
唐山曹妃甸煤炭港务有限公司唐山港曹妃甸港区煤码头二期工程	542890	552400	10000	
新兴铸管股份有限公司30万吨高端无缝钢管项目	540000	236620	27400	
华能曹妃甸港口有限公司华能唐山港曹妃甸港区煤码头工程项目	535100	442609	233909	
唐山曹妃甸生态城投资集团有限公司央企生活服务基地	530000	127700	32500	500
河北洁神新能源科技有限公司年产12亿Ah氧化锂铁磷电池生产线	526430	158656	127550	127550
涞源白石山旅游开发有限公司大白石山旅游开发项目	526000	268300	97300	
涞水中诚房地产开发有限责任公司涞水垒子水库旅游综合开发项目	523200	120950	30160	
碧海舟(北京)石油化工设备有限公司邯郸分公司石油化工装备制造项目	520050	143800	82680	15000
涞源县水务局涞源县滨湖新区旅游综合开发项目	520000	321500	97800	
邯钢附企钢材深加工有限责任公司年产30万吨冷轧及200万吨钢材后延加工项目	518000	183280	143200	
河北水务集团河北省南水北调配套工程保沧干渠工程	517095	492710	386434	
河北嘉门贤集投资有限公司中国孔雀湖国际旅游度假区	513600	8105	8000	
河北华电曹妃甸储运有限公司唐山港曹妃甸港区煤码头三期工程	513399	269733	219376	
崇礼县太舞旅游度假有限公司崇礼太舞四季文化旅游度假区	501100	61788	61788	61788
崇礼山水旅游房地产开发有限公司崇礼翠云山国际旅游度假区项目	500825	212500	133500	
戴克电器有限公司电器产业园项目	500200	221610	147000	
承德智乔体育休闲投资有限公司承德旅游休闲体育产业园工程	500150	6025		
迁安北商国际泵阀产业园投资有限公司北商国际泵阀产业园项目	500000	56960	56960	
黄骅羊二庄临港产业聚集区投资建设有限公司煤炭物流	500000	339000	97100	
蔚县环都旅游开发有限责任公司暖泉古镇旅游开发项目	500000	20	20	20

一次能源生产总量和构成
Primary Energy Production and Composition

年 份 Year	能源生产总量（万吨标准煤） Primary Energy Production (10000 tons of SCE)	占能源生产总量的比重（%）As Percentage of Total Energy Production (%)			
		原 煤 Raw Coal	原 油 Crude Oil	天然气 Natural Gas	一次电力 Primary Electricity
1981	5502.86	67.90	32.00		0.10
1982	5463.31	69.94	29.57	0.36	0.13
1983	5506.73	72.93	26.48	0.31	0.28
1984	5510.29	72.94	26.47	0.39	0.20
1985	5292.72	71.51	27.85	0.51	
1986	5889.07	74.79	24.28	0.61	0.32
1987	5716.06	79.30	19.88	0.55	0.27
1988	5501.38	82.70	16.37	0.54	0.39
1989	5354.45	83.56	15.42	0.56	0.46
1990	5313.08	83.43	15.34	0.74	0.49
1991	5199.85	84.03	14.77	0.74	0.46
1992	5257.18	84.68	14.11	0.82	0.39
1993	5348.20	85.16	13.43	0.72	0.69
1994	5699.77	86.25	12.78	0.71	0.26
1995	6619.56	87.41	11.16	0.64	0.79
1996	6690.35	87.21	11.19	0.66	0.94
1997	6470.60	86.97	11.68	0.70	0.65
1998	5868.17	85.65	13.07	0.77	0.51
1999	5763.48	85.42	13.17	0.88	0.53
2000	5639.26	85.46	13.13	1.11	0.30
2001	5656.12	85.70	12.96	1.12	0.22
2002	5854.03	86.27	12.28	1.23	0.22
2003	5998.00	86.38	12.15	1.28	0.19
2004	7413.94	87.80	10.79	1.19	0.22
2005	7089.90	87.05	11.33	1.29	0.33
2006	6956.72	85.90	12.54	1.25	0.31
2007	7246.47	85.39	13.01	1.31	0.29
2008	6755.66	84.40	13.60	1.72	0.28
2009	6879.85	85.19	12.44	2.11	0.26
2010	8109.66	84.93	10.55	2.08	2.44
2011	8601.60	84.69	9.73	1.89	3.69
2012	9560.46	84.57	8.73	1.82	4.89
2013	6956.42	76.95	12.14	2.98	7.93
2014	6801.01	75.42	12.44	3.42	8.72

能源消费总量及构成
Primary Energy Consumption and its Composition

年 份 Year	能源消费总量（万吨标准煤） Total Energy Consumption (10000 tons of SCE)	占能源消费总量的比重（%） As Percentage of Primary Energy Production (%)			
		煤 炭 Coal	石 油 Petroleum	天然气 Natural Gas	一次电力 Primary Electricity
1980	3120.50	85.00	12.90	1.90	0.20
1981	3627.80	90.10	8.20	1.60	0.10
1982	3929.05	87.79	10.24	1.78	0.19
1983	4185.78	89.25	9.19	1.19	0.37
1984	4475.00	86.98	11.51	1.27	0.24
1985	4548.85	89.91	8.36	1.58	0.15
1986	5079.52	89.58	8.46	1.59	0.37
1987	5516.81	90.26	8.12	1.34	0.28
1988	5962.40	90.55	7.90	1.19	0.36
1989	6169.26	90.77	7.74	1.09	0.40
1990	6124.22	90.34	7.91	1.32	0.43
1991	6471.93	90.63	7.67	1.33	0.37
1992	6866.29	90.59	7.77	1.34	0.30
1993	7861.92	90.12	8.44	0.96	0.48
1994	8168.62	90.43	8.31	1.08	0.18
1995	8892.41	90.33	8.54	0.94	0.19
1996	8938.47	90.55	8.25	0.99	0.21
1997	9033.01	90.33	8.66	0.87	0.14
1998	9151.12	89.68	9.33	0.88	0.11
1999	9379.27	90.01	9.00	0.88	0.11
2000	11195.71	90.94	8.17	0.84	0.05
2001	12114.29	91.84	7.42	0.70	0.04
2002	13404.53	91.12	8.15	0.70	0.03
2003	15297.89	92.78	6.49	0.66	0.07
2004	17347.79	91.14	8.01	0.75	0.10
2005	19835.99	91.82	7.45	0.61	0.12
2006	21794.09	91.59	7.64	0.67	0.10
2007	23585.13	92.36	6.87	0.68	0.09
2008	24321.87	92.31	6.67	0.94	0.08
2009	25418.79	92.51	6.21	1.21	0.07
2010	26201.41	89.98	7.75	1.51	0.76
2011	28075.03	89.09	8.12	1.66	1.13
2012	28762.47	88.86	7.48	2.04	1.62
2013	29664.38	88.69	7.22	2.23	1.86
2014	29320.21	88.46	6.98	2.54	2.02

注：2010年及以后数据在第三次经济普查后作了修订，全社会能耗不包括回收能的商品能源。（下表同）

a) Adjustment has been done for the data since 2010, due to the 3rd. Total energy consumption do not include recycle energy used for commercial purposes. (Same as following tables)

综合能源平衡表
Overall Energy Balance Sheet

单位：万吨标准煤 (10000 tons of SCE)

项　目	Item	2005	2010	2013	2014
可供消费的能源总量	**Total Energy Available for Consumption**	**19836**	**26201**	**29664**	**29320**
一次能源生产量	Primary Energy Output	7090	8110	6956	6801
回收能	Recovery of Energy	819			
进口量	Imports	459	966	4812	804
出口量	Exports (-)	57	62	638	91
年初年末库存差额	Stock Changes in the Year	-81	-129	252	125
能源消费总量	**Total Energy Consumption**	**19836**	**26201**	**29664**	**29320**
在总量中	**Consumption by Usage**				
农、林、牧、渔、水利业	Farming,Forestry,Animal Husbandry, Fishery Conservancy	532	713	574	625
工　业	Industry	15852	20563	23389	22785
建筑业	Construction	203	319	265	253
交通运输、仓储和邮政业	Transport, Storage and Post	710	971	1162	1109
批发、零售业和住宿、餐饮业	Wholesale, Retail Trade and Hotel, Restaurants	205	304	565	639
其　他	Others	465	716	829	911
生活消费	Residential Consumption	1870	2615	2881	2997
在总量中	**Consumption by Usage**				
终端消费	Final Consumption	18536	26032	30831	30881
#工　业	Industry	14554	20395	24574	24365
加工转换损失量	Losses in Processing and	896	-428	-1837	-2230
#炼　焦	Coking	283	259	274	177
炼　油	Petroleum Refining	30	91	54	47
损失量	Other Losses	403	597	671	669
平衡差额	**Balance**				

能源加工转换效率
Efficiency of Energy Transformation

单位：% (%)

年　份 Year	总效率 Total Efficiency	火力发电 Thermal Power	供　热 Heating Supply	洗　煤 Coal Washing	炼　焦 Coking	炼　油 Petroleum Refineries	制　气 Gas Works
2005	66.31	32.36	65.94	81.87	90.98	97.82	54.16
2006	67.01	33.21	66.40	80.86	89.03	95.36	73.37
2007	69.73	33.89	64.85	83.21	93.16	99.78	60.51
2008	71.91	34.95	60.48	85.93	94.44	96.84	65.77
2009	73.01	35.76	57.05	87.07	92.94	96.90	50.98
2010	75.58	37.06	61.66	92.24	95.68	95.50	41.18
2011	76.09	37.17	61.36	90.61	96.63	97.44	51.84
2012	77.26	37.85	67.27	92.23	95.97	96.70	51.57
2013	77.51	38.59	68.75	92.20	96.49	97.22	53.76
2014	77.40	38.60	72.44	92.36	97.41	97.54	63.51

规模以上工业企业分行业能源消耗情况（2014年）
Consumption of Main Energy Sources in above Designated Size Industrial Enterprises by Industrial Sector (2014)

企业数：个　指标值：万吨标准煤　(unit,10000 tons of SCE)

行　　业	Item	企业数 Number of Enterprises	指标值 Index
规模以上工业综合能源消费量	**Consumption of Energy Sources in above Designated Size Industrial Enterprises**	**13199**	**20343.23**
六大高耗能行业能耗	**Energy Consumption of the top-6 Energy-consuming Industries**		
煤炭开采和洗选业	Mining and Washing of Coal	161	909.21
石油加工、炼焦及核燃料加工业	Processing of Petroleum, Coking, Processing of Nucleus Fuel	135	699.24
化学原料及化学制品制造业	Manufacture of Raw Chemical Material and Chemical Products	889	1296.31
非金属矿物制品业	Manufacture of Non-metallic Mineral Products	1100	1110.86
黑色金属冶炼及压延加工业	Smelting and Pressing of Ferrous Metals	720	10497.62
电力、热力的生产和供应业	Production and Distribution of Electric Power and Heat Power	297	4018.36
其他行业能耗	**Energy Sources Consumption of Other Industrial Sectors**		
石油和天然气开采业	Extraction of Petroleum and Natural Gas	2	56.01
黑色金属矿采选业	Mining of Ferrous Metal Ores	666	262.90
有色金属矿采选业	Mining of Non-ferrous Metal Ores	20	4.28
非金属矿采选业	Mining and Processing of Nonmetal Ores	82	20.00
农副食品加工业	Processing of Food from Agricultural Products	730	202.60
食品制造业	Manufacture of Foods	281	74.87
酒、饮料和精制茶制造业	Manufacture of Wine, Soft Drinks and Refined Tea	160	43.93
烟草制品业	Manufacture of Tobacco	3	2.66
纺织业	Manufacture of Textile	736	126.71
纺织服装、服饰业	Manufacture of Textile, Apparel	231	15.16
皮革、毛皮、羽毛及其制品和制鞋业	Manufacture of Leather, Fur, Feather and Its Products and Footware	507	34.01
木材加工和木、竹、藤、棕、草制品业	Processing of Timbers, Manufacture of Wood, Bamboo, Rattan, Palm, and Straw Products	121	44.21
家具制造业	Manufacture of Furniture	135	13.61
造纸和纸制品业	Manufacture of Paper and Paper Products	257	106.35
印刷和记录媒介复制业	Printing, Reproduction of Recording Media	168	13.71
文教、工美、体育和娱乐用品制造业	Manufacture of Articles for Culture, Arts and Crafts, Education, Sport Activities and Entertainment Goods	234	10.39
医药制造业	Manufacture of Medicines	207	95.66
化学纤维制造业	Manufacture of Chemical Fiber	43	23.35
橡胶和塑料制品业	Manufacture of Rubber and Plastic	735	92.17
有色金属冶炼和压延加工业	Manufacture & Processing of Non-ferrous Metals	195	38.33
金属制品业	Manufacture of Metal Products	1172	168.66
通用设备制造业	Manufacture of General Purpose Machinery	824	66.81
专用设备制造业	Manufacture of Special Purpose Machinery	727	90.42
汽车制造业	Manufacture of Automotive	436	71.74
铁路、船舶、航空航天和其他运输设备制造业	Manufacture of Railroad, Marine, Aerospace and Other Transportation Equipment	134	21.73
电气机械和器材制造业	Manufacture of Electrical Machinery and Equipment	681	69.46
计算机、通信和其他电子设备制造	Manufacture of Computer, Communications and Other Electronic Equipment	151	15.60
仪器仪表制造业	Manufacture of Measuring Instrument	77	1.58
其他制造业	Manufacture of Others	35	1.37
废弃资源综合利用业	ecycling and Disposal of Waste	46	10.99
金属制品、机械和设备修理业	Metal Products, Machinery and Equipment Repair	13	2.43
燃气生产和供应业	Production and Distribution of Gas	54	3.74
水的生产和供应业	Production and Distribution of Water	34	6.21

注：企业数不含停产企业。

a)The number of enterprises do not include the number of cut-off enterprises.

分行业规模以上工业企业水消费(取水总量)(2014年)

Computation of Water in above Designated Size Industrial Enterprises by Sector (2014)

企业数：个　指标值：万立方米 (unit, 10000 m³)

行　业	Sector	企业数 Number of Enterprises	指标值 Index
全部工业企业	**Total**	**13449**	**226177.4**
轻工业	Light Industry	4446	23768.5
重工业	Heavy Industry	9003	202408.9
按工业行业分	**Grouped by Sector**		
采　矿　业	**Mining**	**1016**	**77572.8**
煤炭开采和洗选业	Mining and Washing of Coal	176	8644.4
石油和天然气开采业	Extraction of Petroleum and Natural Gas	2	2481.4
黑色金属矿采选业	Mining of Ferrous Metal Ores	728	24390.0
有色金属矿采选业	Mining of Non-ferrous Metal Ores	22	235.9
非金属矿采选业	Mining and Processing of Nonmetal Ores	88	41821.1
制　造　业	**Manufacturing**	**12085**	**116779.0**
农副食品加工业	Processing of Food from Agricultural Products	741	2598.6
食品制造业	Manufacture of Foods	283	2152.4
酒、饮料和精制茶制造业	Manufacture of Wine, Soft Drinks and Refined Tea	163	2293.6
烟草制品业	Manufacture of Tobacco	3	86.2
纺织业	Manufacture of Textile	759	2798.1
纺织服装、服饰业	Manufacture of Textile, Apparel	238	392.3
皮革、毛皮、羽毛及其制品和制鞋业	Manufacture of Leather, Fur, Feather and Its Products and Footware	520	2472.3
木材加工和木、竹、藤、棕、草制品业	Processing of Timbers, Manufacture of Wood, Bamboo, Rattan, Palm and Straw Products	123	167.0
家具制造业	Manufacture of Furniture	138	106.7
造纸和纸制品业	Manufacture of Paper and Paper Products	271	3159.9
印刷和记录媒介复制业	Printing, Reproduction of Recording Media	164	206.0
文教、工美、体育和娱乐用品制造业	Manufacture of Articles for Culture, Arts and Crafts, Education, Sport Activities and Entertainment Goods	235	81.0
石油加工、炼焦和核燃料加工业	Processing of Petroleum, Coking, Processing of Nuclear Fuel	143	5349.1
化学原料和化学制品制造业	Manufacture of Chemical Raw Material and Chemical Products	912	13700.1
医药制造业	Manufacture of Medicines	214	3665.0
化学纤维制造业	Manufacture of Chemical Fiber	45	1665.9
橡胶和塑料制品业	Manufacture of Rubber and Plastic	736	763.0
非金属矿物制品业	Manufacture of Nonmetallic Mineral Products	1139	3914.0
黑色金属冶炼和压延加工业	Manufacture and Processing of Ferrous Metals	749	62578.4
有色金属冶炼和压延加工业	Manufacture & Processing of Non-ferrous Metals	208	796.2
金属制品业	Manufacture of Metal Products	1175	1741.8
通用设备制造业	Manufacture of General Purpose Machinery	822	619.1
专用设备制造业	Manufacture of Special Purpose Machinery	721	995.5
汽车制造业	Manufacture of Automotive	442	1202.1
铁路、船舶、航空航天和其他运输设备制造业	Manufacture of Railroad, Marine, Aerospace and Other Transportation Equipment	130	421.6
电气机械和器材制造业	Manufacture of Electrical Machinery and Equipment	690	1617.3
计算机、通信和其他电子设备制造业	Manufacture of Computer, Communications and Other Electronic Equipment	154	961.5
仪器仪表制造业	Manufacture of Measuring Instrument	77	35.8
其他制造业	Manufacture of Others	35	16.8
废弃资源综合利用业	Recycling and Disposal of Waste	44	38.6
金属制品、机械和设备修理业	Metal Products, Machinery and Equipment Repair	11	183.0
电力、热力、燃气及水生产和供应业	**Production and Distribution of Electricity, Thermal, Gas and Water**	**348**	**31825.7**
电力、热力生产和供应业	Production and Supply of Electric Power and Heat Power	291	31764.6
燃气生产和供应业	Production and Distribution of Gas	57	61.0
水的生产和供应业	Production and Distribution of Water		

注：1．企业数不含停产企业。 2．不包括水的生产和供应业行业。

a) The number of enterprises do not include the number of cut-off enterprises. b) The date exclude production and distribution of water.

主要耗能工业企业单位产品能源消耗情况

Energy Consumption per Unit of Product in Main Enterprises that Consume much Energy

指　标　Item	2010	2011	2012	2013	2014
吨原煤综合能耗（千克标准煤/吨） Overall Energy Consumption per ton of Machining Coal (kg SCE/ton)	7.83	7.00	6.82	6.99	6.92
吨原煤生产耗电（千瓦时/吨） Electric Power Consumption per ton of Machining Coal (kwh/ton)	27.32	26.84	26.72	31.43	31.47
选煤电力单耗（千瓦时/吨） Electric Power Consumption per ton of Milling run Coal (kwh/ton)	7.28	6.38	6.05	5.77	6.02
单位油气产量综合能耗(千克标准煤/吨) Overall Energy Consumption per unit of Oil and Gas Output (kg SCE/ton)	85.77	89.97	78.06	76.18	76.70
单位油气产量耗电（千瓦时/吨） Electric Power Consumption per unit of Oil and Gas Output (kwh/ton)	150.24	142.24	141.98	142.00	145.72
铁矿采矿工序单位能耗（千克标准煤/吨） Energy Consumption per Unit of Mining of Iron ore (kg SCE/ton)	3.42	3.13	2.57	2.49	2.75
铁矿选矿工序单位能耗（千克标准煤/吨） Energy Consumption per Unit of Milling run Iron ore (kg SCE/ton)	3.84	3.20	3.32	3.03	3.41
每吨纱(线)混合数综合能耗（千克标准煤/吨） Overall Energy Consumption per ton of Mixed Yarn (Cotton)(kg SCE/ton)	349.69	291.94	253.68	244.64	372.09
每吨纱(线)混合数生产用电量（千瓦时/吨） Electric Power Consumption per ton of Gauze and Line (kwh/ton)	3103.19	2298.77	1803.63	1826.58	2070.36
每百米布混合数生产用电量（千瓦时/百米） Overall Energy Consumption per 100m of mixed Cloth (kwh/100m)	64.84		49.22		
万米布混合数综合能耗（千克标准煤/万米） Overall Energy Consumption per 10km of mixed Cloth (kg SCE/10km)	1519.90	1028.00	1181.51	1229.26	1199.87
万米印染布综合能耗（千克标准煤/万米） Overall Energy Consumption per 10km of Printing and Dyeing (kg SCE/10km)	5518.89	5099.14	2664.31	2927.64	2623.10
机制纸及纸板耗电（千瓦时/吨） Electric Power Consumption per ton of Machine made Paper and Paperboard (kwh/ton)	589.52	555.24	534.21	551.25	551.43
机制纸及纸板综合能耗（千克标准煤/吨） Overall Energy Consumption of Machine made Paper and Paperboard (kg SCE/ton)	295.70	262.42	227.21	245.69	249.66
炼焦工序单位能耗（千克标准煤/吨） Energy Consumption per Unit of Coking plant (kg SCE/ton)	138.42	133.12	130.02	123.95	119.53
原油(原料油)加工单位综合能耗（千克标准油/吨） Overall Energy Consumption of Machining Base oil (kg toe/ton)	64.38	63.98	52.89	53.95	56.54
原油(原料油)加工单位耗电（千瓦时/吨） Electric Power Consumption per ton of Machining Base oil (kwh/ton)	56.74	54.88	62.44	62.63	62.30
单位烧碱生产综合能耗(离子膜法30%)（千克标准煤/吨） Overall Energy Consumption per Unit of Manufacturing Caustic Soda (Ion Film 30%) (kg SCE/ton)	325.04	326.38	318.54	314.58	308.94
单位烧碱生产耗交流电(离子膜法30%)（千瓦时/吨） Electric Power Consumption per ton of Manufacturing Caustic Soda (Ion Film 30%)(kwh/ton)	2360.67	2336.96	2308.04	2316.20	2288.49

注：本表统计范围为年综合能源消费量1万吨标准煤及以上的工业企业。

a) The statistical objects of the sheet are the industrial enterprises each with an annual overall energy consumption of no less than 10000 t SCE.

主要耗能工业企业单位产品能源消耗情况（续一）

Energy Consumption per Unit of Product in Main Enterprises that Consume much Energy

指　　标　　Item	2010	2011	2012	2013	2014
单位烧碱生产综合能耗(离子膜法45%)(千克标准煤/吨) Overall Energy Consumption per Unit of Manufacturing Caustic Soda (Ion Film 45%) (kg SCE/ton)	420.12	405.60	418.08	410.19	401.90
单位烧碱生产耗交流电(离子膜法45%)(千瓦时/吨) Electric Power Consumption per ton of Manufacturing Caustic Soda (Ion Film 45%)(kwh/ton)	2325.93	2389.64	2345.04	2098.22	2157.63
氨碱法单位纯碱生产综合能耗(千克标准煤/吨)) Overall Energy Consumption per Unit of Sodium carbonate in Ammonia soda Process (kg SCE/ton)	387.63	385.39	383.39	380.10	373.78
氨碱法单位纯碱生产耗电(千瓦时/吨) Electric Power Consumption per Unit of Sodium carbonate in Ammonia soda Process (kwh/ton)	57.73	58.08	70.47	67.91	68.58
单位合成氨生产综合能耗(千克标准煤/吨) Overall Energy Consumption per Unit of Manufacturing Compound ammonia (kg SCE/ton)	1316.94	1328.33	1289.75	1282.90	1264.06
每吨合成氨耗电(千瓦时/吨) Electric Power Consumption per ton of Manufacturing Compound ammonia (kwh/ton)	1366.38	1227.61	1242.73	1233.83	1241.53
每吨合成氨耗原料煤(7000千卡发热)(千克/吨) Raw Coal Consumption per ton of Manufacturing Compound ammonia (kg/ton)	1046.40	1055.48	1037.48	1044.55	1040.06
每吨合成氨耗标准燃料煤(7000千卡发热)(千克/吨) Standard Fuel Coal Consumption per ton of Manufacturing Compound ammonia (kg/ton)	121.12	118.34	102.00	96.12	83.85
每吨合成氨消耗天然气(立方米/吨) Natural Gas Consumption per ton of Manufacturing Compound ammonia(m^3/ton)	987.77	995.99	989.48	990.23	987.71
每吨粘胶纤维综合能耗(短纤)(千克标准煤/吨) Overall Energy Consumption per ton of Pectic-fibre (short fibre)(kg SCE/ton)	1061.76	1068.38	1072.22	992.56	894.62
每吨粘胶纤维用电量(短纤)(千瓦时/吨) Electric Power Consumption per ton of Pectic-fibre (short fibre)(kwh/ton)	1074.97	1084.07	1061.54	970.78	919.43
每吨粘胶纤维综合能耗(长丝)(千克标准煤/吨) Overall Energy Consumption per ton of Pectic-fibre (long silk)(kg SCE/ton)	4687.38	4880.78	4565.75	4254.23	4024.64
每吨粘胶纤维用电量(长丝)(千瓦时/吨) Electric Power Consumption per ton of Pectic-fibre (long silk)(kwh/ton)	7799.89	7578.49	7534.35	7817.09	7326.33
每吨水泥熟料综合能耗(千克标准煤/吨) Energy Consumption per ton of Cement Ripe-material (kg SCE/ton)	112.14	109.41	108.68	107.50	107.74
每吨水泥熟料综合电耗(千瓦时/吨) Overall Electric Power Consumption per ton of Cement Ripe-material (kwh/ton)	78.86	67.77	64.13	64.50	70.45
每吨水泥熟料烧成标准煤耗(千克标准煤/吨) SCE Consumption per ton of Cement Ripe-material (kg SCE/ton)	109.83	107.03	106.56	103.75	101.57
每吨水泥综合能耗(千克标准煤/吨) Fully Energy Consumption for Cement (kg SCE/ton)	70.40	69.72	76.54	79.21	86.19

主要耗能工业企业单位产品能源消耗情况（续二）
Energy Consumption per Unit of Product in Main Enterprises that Consume much Energy

指　标　Item	2010	2011	2012	2013	2014
每吨水泥综合电耗(千瓦时/吨) Overall Electric Power Consumption per ton of Cement (kwh/ton)	78.86	77.92	81.24	81.57	83.08
吨水泥标准煤耗(千克/吨) SCE Consumption per ton of Cement (kg/ton)	79.53	76.84	74.58	77.25	77.59
每重量箱平板玻璃综合能耗(千克标准煤/重量箱) Energy Consumption per weight case of Plate Glass (kg SCE/weight case)	14.79	14.27	13.75	13.72	13.60
每重量箱平板玻璃耗电(千瓦时/重量箱) Electric Power Consumption per ton of Plate Glass (kwh/weight case)	6.79	5.39	5.00	4.96	5.13
每重量箱平板玻璃耗燃油(千克/重量箱) Fuel Oil Consumption per ton of Plate Glass (kg/weight case)	6.93	3.60	6.92	9.12	9.67
吨钢综合能耗(千克标准煤/吨) Energy Consumption per ton of Steel (kg SCE/ton)	562.49	571.81	571.55	558.39	549.64
吨钢耗电(千瓦时/吨) Electric Power Consumption per ton of Steel (kwh/ton)	405.07	419.67	418.45	423.06	419.93
炼铁工序单位能耗(千克标准煤/吨) Energy Consumption per Unit of Ferrosilicon Processes (kg SCE/ton)	403.48	397.50	397.76	398.73	400.07
铁矿烧结工序单位能耗(千克标准煤/吨) Energy Consumption per Unit of Iron Ore Sintering Processes (kg SCE/ton)	48.89	46.48	47.48	46.36	46.20
转炉炼钢工序单位能耗(千克标准煤/吨) Energy Consumption per Unit of Converter Steelmaking Processes (kg SCE/ton)	2.36			-6.01	-8.55
电炉炼钢工序单位能耗(千克标准煤/吨) Energy Consumption per Unit of EAF Steelmaking Processes (kg SCE/ton)	125.42	125.99	139.38	125.77	
电炉炼钢综合电力消耗(千瓦时/吨) Electric Power Consumption per ton of EAF Steelmaking (kwh/ton)	505.61	430.65	410.15	393.81	
轧钢工序单位能耗(千克标准煤/吨) Energy Consumption per Unit of Steel Rolling Processes (kg SCE/ton)	52.31	51.96	51.17	51.63	51.09
轧钢工序电力消耗(千瓦时/吨) Electric Power Consumption per ton of Steel rolling (kwh/ton)	78.87	80.78	81.58	82.39	81.95
吨钢耗新水(吨/吨) Fresh Water Consumption per ton of Steel (ton/ton)	3.04	2.97	2.96	2.87	2.80
单位粗铜综合能耗(千克标准煤/吨) Energy Consumption per Unit of Crude Copper (kg SCE/ton)	697.06	682.82	669.17		
吨铝加工材消耗电量(千瓦时/吨) Electric Power Consumption per ton of Machining Aluminum (kwh/ton)	1534.36	1515.62	1550.32	1503.81	1131.82
吨铝加工材消耗能源量(千克标准煤/吨) Energy Consumption per ton of Machining Aluminum (kg SCE/ton)	433.04	416.42	420.89	416.40	319.82
火力发电标准煤耗(克标准煤/千瓦时) SEC Consumption of Firepower Generate Electricity (g SCE/kwh)	314.48	310.89	308.97	306.85	300.29
火力发电供电标准煤耗(克标准煤/千瓦时) Power-supply SEC Consumption of Firepower Generate Electricity (g SCE/kwh)	337.40	332.93	330.38	327.52	319.49
发电厂用电率(%) Electro-rate of Power plant (%)	6.79	6.44	6.35	6.21	6.16

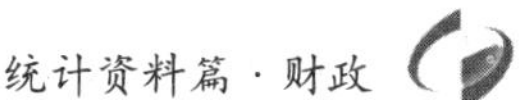

财政收支总额及增长速度

Government Revenue and Expenditure and Growth Rates

单位：亿元 (100 million yuan)

年份 Year	财政总收入 Total Government Revenue	#地方一般预算收入 Local Government Budgetary Revenue	财政支出 Government Expenditure	比上年增长(%) Growth Rate over preceding year (%) 财政总收入 Total Government Revenue	#地方一般预算收入 Local Government Budgetary Revenue	财政支出 Government Expenditure
1978	45.10		32.44	38.0		2.9
1979	42.87		34.22	4.9		5.5
1980	35.02		28.36	-18.3		-17.1
1981	34.10		23.29	-2.6		-17.9
1982	31.78		25.94	-6.8		11.4
1983	36.39		28.27	14.5		9.0
1984	39.11		35.86	7.5		26.9
1985	45.15		41.66	15.4		16.2
1986	51.17		53.82	13.3		29.2
1987	57.62		53.33	12.3		-0.9
1988	64.78		67.52	12.4		26.6
1989	76.12		72.30	17.5		7.1
1990	81.15		87.29	6.6		20.7
1991	90.66		91.14	11.7		4.4
1992	101.17		101.19	11.6		11.0
1993	144.21		142.26	42.5		40.6
1994	182.16	95.22	160.84	26.3		13.1
1995	214.12	119.95	191.18	17.5	26.0	18.9
1996	258.57	151.78	231.90	20.8	26.5	21.3
1997	297.34	176.07	270.46	15.0	16.0	16.6
1998	341.86	206.76	301.55	14.9	17.4	11.5
1999	367.20	223.28	350.80	7.4	8.0	16.3
2000	397.60	248.76	415.54	8.3	11.4	18.5
2001	448.40	283.50	514.18	12.8	14.0	23.7
2002	544.86	302.31	576.59	12.6	6.6	12.1
2003	634.94	335.83	646.74	16.6	11.1	12.2
2004	778.33	407.83	785.56	22.6	21.4	21.5
2005	1035.20	515.70	979.16	33.0	26.5	24.6
2006	1223.46	620.53	1180.36	18.2	20.3	20.5
2007	1528.92	789.12	1506.65	25.0	27.2	27.6
2008	1824.00	947.59	1881.67	19.3	20.1	24.9
2009	2020.77	1067.12	2347.59	10.8	12.6	24.8
2010	2409.00	1331.85	2820.24	19.3	24.8	20.1
2011	3017.59	1737.77	3537.39	25.3	30.5	25.4
2012	3479.26	2084.28	4079.44	15.3	19.9	15.3
2013	3652.40	2295.62	4409.58	5.0	10.14	8.1
2014	3764.56	2446.62	4677.30	3.1	6.6	6.1

各时期地方财政收支及指数
Local Revenue and Expenditures and Indices by Period

时　期（年份）	Period (Year)	地方财政收入（万元） Local Revenue (10000 yuan)	地方财政支出（万元） Local Expenditure (10000 yuan)	平均增长（%） Average Annual Growth Rate (%)	
				地方财政收入 Local Revenue	地方财政支出 Local Expenditure
"一五"时期	The "First five-year Plan" Period	311571	207744	8.56	22.00
"二五"时期	The "Second five-year Plan" Period	839252	640968	9.96	2.98
1963－1965	1963-1965	313804	306963	4.78	17.98
"三五"时期	The "Third five-year Plan" Period	715957	475430	10.67	4.68
"四五"时期	The "Fourth five-year Plan" Period	1302940	891644	8.13	11.51
"五五"时期	The "Fifth five-year Plan" Period	1840251	1539005	2.89	6.28
"六五"时期	The "Sixth five-year Plan" Period	1865313	1550232	5.21	7.99
"七五"时期	The "Seventh five-year Plan" Period	3304361	3392465	12.44	15.94
"八五"时期	The "Eighth five-year Plan" Period	5512131	6881072	8.13	16.98
"九五"时期	The "Nine five-year Plan" Period	10066483	15702429	15.71	16.80
"十五"时期	The "Tenth five-year Plan" Period	18451644	35022310	15.70	18.70
"十一五"时期	The "Eleventh five-year Plan" Period	47562174	97365101	20.90	23.55
"十二五"时期	The "Twelfth five-year Plan" Period	85642858	167037116	16.42	13.48
1979－2014	1979－2014	173187932	327511557	11.61	14.89
1991－2014	1991－2014	167235290	321993028	15.17	18.40
2001－2014	2001－2014	151656676	299424527	17.74	18.88

预算外资金收入与支出
Extra-budgetary Revenue and Expenditures

单位：亿元　　(100 million yuan)

年　份 Year	预算收入 Budget Revenue	预算外收入 Off-budget Revenue	地方财政预算外资金 Extra-budgetary Funds of Local Finance	行政事业单位预算外资金 Extra-budgetary Funds of Administrative Institutions	其　他预算外资金 Other Extra-budgetary Funds	预算外收入相当于预算收　入(%) Ratio of the Off-budget Revenue to the Budget Revenue	预算外支出 Expenditure out of Budget
1980	35.02	18.93	2.74	4.74	11.45	54.05	19.15
1985	45.15	39.86	2.45	9.59	27.81	88.28	36.46
1990	81.15	80.01	3.43	26.91	49.67	98.60	80.79
1995	119.95	92.29	13.06	79.24		76.94	89.97
2000	248.76	117.53		78.47	39.06	47.25	110.00
2001	283.50	140.79		106.43	34.36	49.66	129.75
2002	302.31	126.01		114.10	11.91	41.68	119.86
2003	335.83	147.33		136.3	11.03	43.87	147.33
2004	407.83	178.52		159.40	19.12	43.77	161.03
2005	515.70	206.80		181.16	25.56	40.10	191.88
2006	620.53	223.40		205.45	17.95	36.00	215.80
2007	789.12	247.85		219.70	28.15	31.41	208.14
2008	947.59	268.34		240.39	27.95	28.32	256.50
2009	1067.12	267.04		243.66	23.38	25.02	276.98
2010	1331.85	158.80		134.99	23.81	11.92	163.02
2011	1737.77	107.44		94.06	13.38	6.18	102.01
2012	2084.28	100.62		90.75	9.87	4.83	75.87
2013	2295.62	91.13		76.40	14.73	3.97	74.76
2014	2446.62	87.37		74.27	13.10	3.57	74.47

注：2004年预算外收入为预算外财政专户资金收入。

a) The off-budget revenue of 2004 refer to the revenue of the special account for extra-budgetary funds.

分项目地方财政收支

Local Revenue and Expenditures by Item

单位：亿元 (100 million yuan)

项　目	Item	2010		2013		2014	
		金额 Amount	比重(%) Percentage	金额 Amount	比重(%) Percentage	金额 Amount	比重(%) Percentage
地方财政总收入	**Local Revenue**	**1331.85**	**100.00**	**2295.62**	**100.00**	**2446.62**	**100.00**
税收收入	Tax Revenue	1074.04	80.64	1724.87	75.14	1866.06	76.27
增值税	Value-added Tax	203.84	15.31	255.36	11.12	310.07	12.67
营业税	Operation Tax	362.65	27.23	612.10	26.66	592.64	24.22
企业所得税	Enterprises' Income Tax	145.93	10.96	231.67	10.09	256.23	10.47
个人所得税	Individual Income Tax	47.05	3.53	54.60	2.38	56.12	2.29
城建税	Tax on City Construction	64.30	4.83	101.66	4.43	105.94	4.33
资源税	Tax on Natural Resources	25.77	1.93	56.96	2.48	54.68	2.23
房产税	Tax on Real Estates	21.27	1.60	41.32	1.80	47.18	1.93
城镇土地使用税	Tax on the Use of Urban Land	34.49	2.59	62.42	2.72	104.04	4.25
耕地占用税	Tax on the Occupancy of Cultivated Land	21.44	1.61	42.03	1.83	49.12	2.01
契　税	Contract Tax	79.65	5.98	111.92	4.88	114.84	4.69
其他税收收入	Other Tax	67.65	5.07	154.83	6.75	175.20	7.16
非税收收入	Non-tax Revenue	257.81	19.36	570.75	24.86	580.56	23.73
行政事业性收费收入	Income from Administrative Fees	66.09	4.96	169.95	7.40	186.98	7.64
地方财政总支出	**Total Expenditure Of Local Finance**	**2820.24**	**100.00**	**4409.58**	**100.00**	**4677.30**	**100.00**
一般公共服务	General Public Services	358.13	12.70	524.14	11.89	476.59	10.19
国　防	National Defenses	7.08	0.25	10.86	0.25	12.38	0.26
公共安全	Public Security	176.08	6.24	243.05	5.51	248.29	5.31
教　育	Education	514.30	18.24	837.63	19.00	868.87	18.58
科学技术	Science and Technology	29.65	1.05	49.76	1.13	51.32	1.10
文化体育与传媒	Culture, Sports and Communications	37.09	1.32	72.71	1.65	82.66	1.77
社会保障和就业	Social Security and Employment	358.78	12.72	528.62	11.99	585.62	12.52
医疗卫生	Medical Treatment and Health	235.48	8.35	380.75	8.63	446.79	9.55
环境保护	Environment Protection	115.16	4.08	171.86	3.90	193.43	4.14
城乡社区事务	Affairs of Urban and Rural Communities	178.75	6.34	321.28	7.29	367.83	7.86
农林水事务	Affairs of Agriculture, Forestry and Water Resources	312.66	11.09	511.11	11.59	583.52	12.48
交通运输	Transport	155.72	5.52	286.57	6.50	310.23	6.63
其他支出	Other Expenditures	341.36	12.10	471.24	10.67	449.77	9.62

注：2011年起“环境保护”口径调整为“节能环保”。

a) The statistic scale of "Environmental Protection" had been changed to "Energy Saving" since 2011.

各种价格指数（上年=100）
General Price Indices (Preceding Year=100)

年 份 Year	居民消费价格指数 Consumer Price Index	城市居民消费价格指数 Urban Areas	农村居民消费价格指数 Rural Areas	商品零售价格指数 Retail Price Index	工业品出厂价格指数 Ex-factory Price Indices of Industrial Products	原材料、燃料、动力购进价格指数 Purchasing Price Indices of Raw Material, Fuel and Power	固定资产投资价格指数 Investment in Fixed Assets Price Index
1978		100.2		99.8			
1979		101.7		101.4			
1980		107.2		105.3			
1981		103.2		102.1			
1982		100.9		101.5			
1983		102.0		101.4			
1984	102.5	103.1	102.1	103.4			
1985	106.8	108.9	105.7	106.8			
1986	105.7	106.0	105.4	105.2			
1987	107.8	108.2	107.4	108.3			
1988	118.0	118.3	117.8	118.1			
1989	118.7	115.9	122.2	118.4			
1990	100.6	101.2	99.9	99.9			
1991	103.4	106.6	101.6	102.8			106.8
1992	106.1	108.5	103.9	105.2	108.6	111.4	129.3
1993	113.8	115.5	111.9	110.5	129.1	134.9	124.8
1994	122.6	124.9	120.0	121.4	119.2	119.9	110.0
1995	115.2	116.1	114.8	115.8	111.4	110.9	106.9
1996	107.1	107.6	106.8	106.2	102.9	106.3	103.9
1997	103.5	103.7	103.4	102.1	98.8	102.1	101.5
1998	98.4	98.7	98.1	97.7	94.4	96.2	97.8
1999	98.1	98.7	97.6	97.8	95.9	95.4	99.4
2000	99.7	100.5	99.1	99.1	105.3	103.3	101.1
2001	100.5	100.4	100.6	99.8	99.8	101.0	99.9
2002	99.0	98.6	99.5	99.2	99.4	97.2	99.5
2003	102.2	102.3	102.0	100.2	107.1	109.4	102.3
2004	104.3	103.7	104.8	103.2	111.6	118.4	107.0
2005	101.8	101.4	102.2	101.1	104.4	107.0	101.9
2006	101.7	101.7	101.7	101.5	100.8	105.0	101.7
2007	104.7	104.3	105.1	104.1	106.9	107.8	103.8
2008	106.2	105.2	108.1	106.7	116.7	115.9	109.6
2009	99.3	98.8	100.3	99.0	89.1	93.5	96.5
2010	103.1	102.8	103.6	103.1	109.0	110.9	103.7
2011	105.7	105.3	106.5	105.0	107.7	110.9	105.5
2012	102.6	102.7	102.5	102.2	94.7	96.2	100.3
2013	103.0	102.7	103.5	102.2	96.6	97.6	99.9
2014	101.7	101.7	101.8	101.0	95.2	95.6	100.2

各种价格定基指数
Fixed-base Price Indices

年 份 Year	居民消费价格指数 Consumer Price Index (1983=100)	城市居民消费价格指数 Urban Areas (1978=100)	农村居民消费价格指数 Rural Areas (1983=100)	商品零售价格指数 Retail Price Index (1978=100)	工业品出厂价格指数 Ex-factory Price Indices of Industrial Products (1991=100)	原材料、燃料、动力购进价格指数 Purchasing Price Indices of Raw Material, Fuel and Power (1991=100)	固定资产投资价格指数 Investment in Fixed Assets Price Index (1990=100)
1979		101.7		101.4			
1980		109.0		106.8			
1981		112.5		109.0			
1982		113.5		110.6			
1983		115.8		112.1			
1984	102.5	119.4	102.1	115.9			
1985	109.5	130.0	107.9	123.8			
1986	115.7	137.8	113.7	130.2			
1987	124.7	149.1	122.1	141.0			
1988	147.1	176.4	143.8	166.5			
1989	174.6	204.4	175.7	197.1			
1990	175.6	206.9	175.5	196.9			
1991	181.6	220.6	178.3	202.4			106.8
1992	192.7	239.4	185.3	212.9	108.6	111.4	138.0
1993	219.3	276.5	207.4	235.3	140.3	150.3	172.2
1994	268.9	345.3	248.9	285.7	167.1	180.3	189.5
1995	309.8	400.9	285.7	330.8	186.2	200.0	202.5
1996	331.8	431.4	305.1	351.3	191.6	212.6	210.4
1997	343.4	447.4	315.5	358.7	189.3	217.1	213.5
1998	337.9	441.6	309.5	350.4	178.8	208.8	208.8
1999	331.5	435.9	302.1	342.7	171.5	199.1	207.6
2000	330.5	438.1	299.4	339.6	180.5	205.6	209.9
2001	332.2	439.9	301.2	338.9	180.3	207.7	209.6
2002	328.9	433.7	299.7	336.2	179.2	202.0	208.6
2003	336.1	443.7	305.7	336.9	192.0	221.0	213.4
2004	350.6	460.1	320.4	347.7	214.1	261.6	228.3
2005	356.9	466.5	327.4	351.5	223.5	280.0	232.7
2006	363.0	474.4	333.0	356.8	225.3	293.9	236.6
2007	380.0	495.0	349.9	371.3	240.9	316.7	245.6
2008	403.5	520.7	378.4	396.3	281.0	367.1	269.2
2009	400.8	514.6	379.7	392.3	250.3	343.2	259.8
2010	413.1	529.1	393.4	404.5	272.8	380.6	269.4
2011	436.7	557.2	418.9	424.7	293.8	422.1	284.2
2012	448.1	572.2	429.4	434.0	278.2	406.1	285.1
2013	461.4	587.7	444.3	443.5	268.8	396.3	284.8
2014	469.3	597.8	452.1	448.0	255.9	378.9	285.4

居民消费价格分类指数（2014年，上年=100）

Consumer Price Indices by Category (2014, Preceding Year=100)

项目	Item	全省 Provincial Indices	城市 Urban Indices	农村 Rural Indices
居民消费价格指数	**Consumer Price Index**	**101.7**	**101.7**	**101.8**
食品	**Food**	**102.3**	**102.3**	**102.3**
粮食	Grain	102.4	101.9	103.1
淀粉及制品	Starches and Its Products	100.4	99.6	101.6
干豆类及豆制品	Beans and Bean Products	103.7	104.0	103.2
油脂	Oil or Fat	95.7	96.1	95.0
肉禽及其制品	Meat, Poultry and Processed Products	98.1	99.0	96.1
蛋	Eggs	113.6	114.4	112.8
水产品	Aquatic Products	105.3	105.2	105.4
菜	Vegetables	95.5	95.6	95.2
调味品	Flavoring	101.9	101.4	102.7
糖	Carbohydrate	100.7	101.0	99.9
茶及饮料	Tea and Beverages	101.6	100.9	102.9
干鲜瓜果	Dried and Fresh Melons and Fruits	116.5	115.7	118.4
糕点饼干面包	Cake, Biscuit and Bread	100.3	99.1	102.8
液体乳及乳制品	Milk and Its Products	111.8	111.9	111.4
在外用膳食品	Dining Out	102.0	101.3	103.4
其他食品	Other Foods and Manufacturing Services	101.4	102.0	100.8
烟酒	**Tobacco, Liquor and Articles**	**98.8**	**98.7**	**98.9**
烟草	Tobacco	99.5	99.2	99.9
酒	Liquor	98.2	98.3	98.0
衣着	**Clothing**	**104.1**	**104.2**	**103.7**
服装	Garments	104.8	105.0	104.5
衣着材料	Clothing Material	101.8	102.0	101.3
鞋袜帽	Footgear and Hats	102.3	102.5	101.8
衣着加工服务费	Clothing Manufacturing Service	104.6	103.7	108.5
家庭设备用品及维修服务	**Household Facilities, Articles and Services**	**101.2**	**101.3**	**100.8**
耐用消费品	Durable Consumer Goods	100.7	101.0	100.2
室内装饰品	Interior Decorations	100.4	100.3	100.7
床上用品	Bed Articles	101.2	101.1	101.3
家庭日用杂品	Daily Use Household Articles	100.9	100.8	101.2
家庭服务及加工维修服务	Household Services and Maintenance and Renovation	106.9	107.4	105.9
医疗保健和个人用品	**Health Care and Personal Articles**	**101.5**	**101.1**	**102.4**
医疗保健	Health Care	101.7	101.4	102.5
个人用品及服务	Personal Articles and Services	100.9	100.2	102.1
交通和通信	**Transportation and Communication**	**100.0**	**99.9**	**100.2**
交通	Transportation	99.9	99.7	100.1
通信	Communication	100.2	100.1	100.2
娱乐教育文化用品及服务	**Recreation, Education and Culture Articles**	**101.9**	**102.2**	**101.1**
文娱用耐用消费品及服务	Durable Consumer Goods for Cultural and Recreational Use and Services	99.6	99.9	98.8
教育	Education	101.9	102.1	101.4
文化娱乐类	Cultural and Recreational Articles	101.8	102.3	100.7
旅游	Touring and Outing	104.9	104.6	107.0
居住	**Residence**	**101.1**	**100.7**	**101.8**
建房及装修材料	Building Decoration Materials	**100.5**	**100.9**	**100.2**
住房租金	Housing rents	100.6	99.7	103.8
自有住房	Private Housing	102.3	101.0	105.2
水、电、燃料	Water, Electricity and Fuels	99.2	100.0	98.2

商品零售价格分类指数（2014年，上年=100）
Retail Price Indices by Category of Commodities (2014, Preceding Year=100)

项　　目	Item	全省 Provincial Indices	城市 Urban Indices	农村 Rural Indices
商品零售价格指数	**Retail Price Index**	**101.0**	**101.0**	**101.1**
食　品	Food	110.7	110.2	112.2
饮料、烟酒	Beverages, Tobacco and Liquor	127.8	127.7	127.9
服装、鞋帽	Garments, Shoes and Hats	108.0	108.7	106.2
纺织品	Textiles	112.7	111.3	117.4
家用电器及音像器材	Household Appliances, Music and Video Equipment	114.5	113.9	115.9
文化办公用品	Cultural and Office Appliances	92.9	92.9	93.0
日用品	Articles for Daily Use	95.4	95.3	95.6
体育娱乐用品	Sports and Recreation Articles	108.4	107.3	111.9
交通、通信用品	Transportation and Communication Appliances	105.7	106.2	104.4
家　具	Furniture	90.7	89.7	94.6
化妆品	Cosmetics	108.4	109.2	105.5
金银珠宝	Gold, Silver and Jewelry	110.7	110.8	110.5
中西药品及医疗保健用品	Traditional Chinese, Western Medicines and Health Care Articles	91.6	90.9	94.6
书报杂志及电子出版物	Books, Newspapers, Magazines and Electronic Publications	103.9	105.0	100.4
燃　料	Fuels	101.5	100.5	104.8
建筑材料及五金电料	Building Materials and Hardware	106.9	106.2	108.5

居民消费和商品零售价格指数（2014年）
Consumer Price Indices and Retail Price Indices of Commodities (2014)

项目 Item	居民消费价格指数 Consumer Price Index			商品零售价格指数 Retail Price Index			农业生产资料价格指数 Price Indices of Agricultural Means of Production Index
	全省 Provincial Indices	城市 Urban Indices	农村 Rural Indices	全省 Provincial Indices	城市 Urban Indices	农村 Rural Indices	
1950=100		657.2		510.8	523.9	512.1	566.2
1957=100		538.8		413.9	427.2	421.2	486.4
1965=100		607.0		437.0	491.1	416.1	546.0
1970=100		605.9		440.8	488.2	423.0	576.4
1978=100		597.7		448.0	481.3	437.1	652.5
1980=100		547.8		420.2	440.4	417.0	648.0
1985=100	428.7	459.4	419.2	362.0	369.8	365.8	553.4
1990=100	266.6	288.8	257.4	227.5	234.9	227.4	339.0
1995=100	151.4	149.0	158.1	135.5	129.7	142.2	208.8
2000=100	142.0	136.4	150.9	131.9	125.9	139.4	188.9
2005=100	131.5	128.1	138.1	127.4	124.0	132.1	165.1
2010=100	113.5	112.9	115.0	110.7	110.2	112.4	122.0

农业生产资料价格分类指数（上年=100）
Price Indices of Agricultural Means of Production by Category (Preceding Year=100)

项目	Item	2000	2005	2010	2013	2014
农业生产资料价格指数	**Price Indices of Agricultural Means of Production Index**	**101.5**	**106.8**	**104.4**	**101.1**	**99.1**
农用手工工具	Farm Hand tools	98.8	100.5	105.0	100.2	99.6
饲　料	Forage	96.2	99.2	108.2	104.0	104.3
产品畜	Production Livestock	113.5	106.2	105.0	102.1	95.0
半机械化农具	Labour Livestock	99.1	99.9	99.9	101.0	98.6
机械化农具	Semi-mechanized Farm Tools	97.7	101.3	101.8	101.0	100.8
化学肥料	Mechanized Farm Machinery	95.0	112.0	100.2	95.3	91.6
农药及农药械	Chemical Fertilizer	97.7	101.2	97.6	103.2	101.7
农用机油	Pesticide and Its Appliances	120.3	116.6	115.2	100.8	98.6
其他农业生产资料	Oil for Farm Machinery	97.8	108.6	108.0	102.8	102.8
农业生产服务	Other Means of Agricultural Production			103.1	104.8	101.2

工业品出厂价格分类指数（上年=100）
Ex-factory Price Indices of Industrial Products (Preceding Year=100)

项目	Item	2000	2005	2010	2013	2014
全部工业品	**Total Industry Products**	**105.27**	**104.39**	**109.03**	**96.55**	**95.21**
轻工业	Light Industry	99.17	100.66	104.69	100.89	99.83
以农产品为原料	Agricultural Products as Raw Materials	100.44	99.8	106.77	101.45	99.83
以非农产品为原料	Non-agricultural Products as Raw Materials	95.27	101.62	102.40	98.79	99.82
重工业	Heavy Industry	107.92	107.13	110.90	95.52	94.15
采　掘	Mining and Quarrying Industry	135.25	122.89	123.56	95.78	88.68
原　料	Raw Materials Industry	106.76	106.15	111.28	95.75	95.13
加　工	Processing Industry	98.53	102.96	107.88	95.34	94.16
生产资料	Means of Production	106.98	105.15	109.82	95.69	94.33
采　掘	Mining and Quarrying Industry	132.56	122.85	120.15	95.78	88.68
原　料	Raw Materials Industry	105.95	105.22	111.55	95.78	95.09
加　工	Processing Industry	99.20	102.01	106.67	95.63	94.50
生活资料	Consumer Goods	98.44	100.63	104.16	101.50	100.40
食　品	Food	95.96	100.35	106.08	102.59	101.12
衣　着	Clothing	101.82	100.48	101.61	100.66	98.65
一般日用品	Articles for Daily Use	97.49	102.01	100.74	100.37	100.00
耐用消费品	Durable Consumer Goods	98.75	100.98	103.21	100.28	100.22

主要原材料、燃料、动力购进价格指数（上年=100）
Purchasing Price Indices of Major Raw Material, Fuel and Motive (Preceding Year=100)

项　　目	Item	2000	2005	2010	2013	2014
全部原材料	**Total Raw Materials**	**103.31**	**107.02**	**110.85**	**97.56**	**95.58**
燃料、动力类	Fuel and Power	107.50	115.70	113.46	94.84	94.19
黑色金属材料类	Ferrous Metals	100.10	107.27	111.08	96.98	91.93
#钢材	Steel Products	102.78	104.89	103.55	94.35	96.07
其他	Others	99.46	110.61	119.09	98.02	90.27
有色金属材料和电线类	Nonferrous Metals	115.59	111.26	120.24	95.19	95.78
化工原料类	Raw Chemical Materials	104.56	106.76	113.19	97.63	98.01
木材及纸浆类	Timber and Paper Pulp	102.57	103.35	105.57	100.27	100.04
建筑材料及非金属矿类	Building Materials and Nonmetal Ores	111.17	104.03	100.29	97.20	97.23
其他工业原料及半成品类	Other Industrial Raw Materials and Semi-finished Products	94.65	105.83	107.73	99.15	98.44
农副产品类	Agricultural Products	94.79	98.90	111.89	103.29	97.28
纺织原料类	Textile Materials	109.95	97.19	109.99	99.78	98.91

固定资产投资价格指数（上年=100）
Price Indices of Investment in Fixed Assets (Preceding Year=100)

年　份 Year	固定资产投资 Investment in Fixed Assets	建筑安装工程 Construction and Installation	设备、工器具购置 Purchase of Equipment, Tools and Instruments	其　他　费　用 Others
1991	106.8	104.1	110.5	107.2
1992	129.3	131.2	122.0	148.3
1993	124.8	133.0	121.0	86.0
1994	110.0	108.1	110.1	123.2
1995	106.9	106.0	106.2	115.1
1996	103.9	106.0	100.0	101.9
1997	101.5	105.0	95.0	101.2
1998	97.8	99.4	94.4	98.5
1999	99.4	100.0	96.4	104.3
2000	101.1	102.3	98.4	100.9
2001	99.9	100.6	97.9	100.4
2002	99.5	100.0	98.0	100.3
2003	102.3	104.2	98.5	101.4
2004	107.0	109.6	103.6	102.1
2005	101.9	101.8	101.9	102.0
2006	101.7	101.6	101.6	102.0
2007	103.8	105.4	100.7	102.4
2008	109.6	113.9	101.6	105.8
2009	96.5	94.7	97.4	102.3
2010	103.7	105.0	101.2	102.8
2011	105.5	107.9	101.6	101.9
2012	100.3	100.6	99.2	100.7
2013	99.9	99.9	99.1	101.9
2014	100.2	100.2	99.5	101.9

农产品生产价格指数（上年=100）
Production Price Indices of Farm Produces (Preceding Year=100)

指　标	Item	2005	2010	2011	2012	2013	2014
农产品生产价格指数	**General Price Index of Farm Products**	**102.45**	**115.13**	**110.86**	**100.66**	**105.07**	**100.23**
农业产品	**Planting Products**	**103.85**	**124.07**	**105.98**	**103.14**	**106.79**	**97.23**
谷　物(原粮)	Cereal	98.03	114.22	107.66	103.91	105.34	102.85
小　麦	Wheat	100.25	109.67	102.72	101.63	113.27	102.10
稻　谷	Rice	107.02	116.72	110.02	105.74	103.80	101.34
玉　米	Corn	95.90	117.35	111.02	105.42	100.00	103.37
薯　类	Tubers	111.47	136.55	81.17	89.98	127.61	91.79
豆　类	Beans	92.69	106.60	102.61	99.68	103.53	105.92
大　豆	Beans	96.60	106.02	104.32	99.84	103.78	103.48
油　料	Oil-bearing Crops	98.75	120.66	109.76	106.60	94.96	97.31
棉　花(籽棉)	Cotton (Unginned Cotton)	104.86	150.97	100.63	94.92	102.18	89.35
蔬　菜	Fresh Vegetables	106.03	116.73	107.85	106.55	108.26	88.78
水　果	Fruits	113.25	122.69	105.97	105.08	112.33	103.53
瓜类水果	Melon Fruit	113.51	90.64	105.57	136.51	100.64	85.89
其他水果	Other Fruits	114.41	118.97	103.69	99.83	125.90	85.81
林业产品	**Forestry Products**	**100.58**	**108.05**	**106.96**	**106.83**	**82.95**	
饲养动物及产品（畜牧业）	**Animal Husbandry (Livestock Products)**	**100.40**	**103.63**	**116.50**	**97.35**	**104.66**	**103.58**
牛	Cattle and Buffaloes	100.24	102.61	112.08	120.45	122.34	105.25
羊	Sheep and Goats	100.17	105.45	116.63	113.51	110.92	99.96
生　奶	Raw Milk	100.10	117.90	103.92	101.49	107.17	103.42
动物毛类	Animal Hair Type	94.53	118.23	112.05	99.87	96.89	89.82
猪	Pig Feeding	98.50	99.47	129.49	96.95	99.86	92.70
活家禽(毛重)	Live Poultry (Gross Weight)	103.92	104.88	105.27	96.53	98.84	106.97
禽　蛋	Poultry Eggs	103.08	109.22	107.70	90.72	106.95	115.35
渔　业	**Fishery**	**107.08**	**125.07**	**111.62**	**104.87**	**93.86**	**101.67**
海水养殖产品	Seawater Artificially Cultured Products	110.55	141.79	107.34			
淡水养殖产品	Freshwater Artificially Cultured Products	100.28	109.44	117.51	104.87	93.86	101.67

居民人均可支配收入及指数

Per Capital Annual Disposable Income and Indices of the Population

年 份 Year	全省居民 All Households	城镇居民 Urban Households		农村居民 Rural Households	
		绝对值 Value	指数(1978年=100) Index (1978=100)	绝对值 Value	指数(1978年=100) Index (1978=100)
1978		276.24	100.0	114.06	100.0
1979		313.20	113.4	136.11	119.3
1980		400.56	145.0	175.77	154.1
1981		402.48	145.7	204.41	179.2
1982		432.84	156.7	238.70	209.3
1983		448.68	162.4	298.07	261.3
1984		519.24	188.0	345.00	302.5
1985		630.72	228.3	385.23	337.7
1986		766.44	277.5	407.61	357.4
1987		855.00	309.5	444.40	389.6
1988		1080.48	391.1	546.62	479.2
1989		1256.88	455.0	589.40	516.7
1990		1397.35	505.8	621.67	545.0
1991		1489.32	539.1	657.38	576.3
1992		1763.40	638.4	682.48	598.4
1993		2201.04	796.8	803.80	704.7
1994		3007.68	1088.8	1107.25	970.8
1995		3674.16	1330.1	1668.73	1463.0
1996		4429.66	1476.0	2054.95	1801.6
1997		4958.67	1652.3	2286.01	2004.2
1998		5084.64	1694.3	2405.32	2108.8
1999		5365.03	1787.7	2441.50	2140.5
2000		5661.16	1886.4	2478.86	2073.3
2001		5984.82	1994.3	2603.60	2282.7
2002		6678.73	2225.5	2685.16	2354.2
2003		7239.12	2412.2	2853.29	2501.6
2004		7951.31	2649.4	3171.06	2780.2
2005		9107.09	2734.6	3481.64	3052.5
2006		10304.56	3092.8	3801.82	3333.2
2007		11690.47	3895.4	4293.43	3764.2
2008		13441.09	4478.7	4795.46	4204.3
2009		14718.25	4904.2	5149.67	4514.9
2010		16263.43	5419.1	5957.98	5223.5
2011		18292.23	6095.1	7119.69	6242.1
2012		20543.44	6845.2	8081.40	7085.2
2013	15189.64	22226.75	8174.2	9187.71	7979.9
2014	16647.40	24141.34	8878.3	10186.14	8847.1

注：1996年以前城镇居民家庭为生活费收入，1996—2012年为可支配收入，2013年以前农村居民家庭为纯收入，2013年起城乡居民家庭均为新口径可支配收入，指数为可比。(下同)

a) Figures before 1996 on urban households refer to per capita income available for living, while figures in 1996-2012 refer to per capital annual disposable income, Since 2013 the disposable income of urban and rural households are new caliber, Index is comparable. same as following tables.

居民生活基本情况

项　　目	Item	2000	2001	2002	2003
收入与支出(抽样调查)(元)	**Income and Expenditure (yuan)**				
职工平均工资	Annual Average Wages of Staff and Workers	7781	8730	10032	11189
全省居民人均可支配收入	Per Capita Annual Disposable Income of the Population				
全省居民人均消费支出	Per Capita Annual Living Expenditure of the Population				
城镇居民人均可支配收入	Per Capita Annual Disposable Income of Urban Households	5661.16	5984.82	6678.73	7239.12
城镇居民人均消费支出	Per Capita Annual Living Expenditure of Urban Households	4348.47	4479.75	5068.40	5439.70
农村居民人均可支配收入	Annual Per Capita Net Income of Rural Residents	2478.86	2603.60	2685.16	2853.29
农村居民人均消费支出	Per Capita Annual Living Expenditure of Rural Households	1365.23	1429.81	1476.42	1600.10
居住条件(平方米)	**Residence Condition (sq.m)**				
全省居民期末人均拥有房屋面积	Per Capita Floor Space of Owned Houses of the Population				
城镇居民期末人均拥有房屋面积	Per Capita Floor Space of Owned Houses in Urban Areas	15.42	15.75	18.74	18.91
农村居民期末人均拥有房屋面积	Per Capita Floor Space of Owned Houses in Rural Areas	22.87	24.08	24.90	25.55
储　　蓄	**Savings**				
城乡居民储蓄存款年底余额(亿元)	Balance of Savings Deposit of Rural and Urban Residents (year-end) (100 million yuan)	3957.06	4364.18	4811.30	5457.00
人均储蓄存款年底余额(元)	Per Capita Balance of Saving Deposit (yuan)	5955.8	6526.9	7162.9	8082.0
文　　化(抽样调查)(台)	**Culture (unit)**				
全省居民每百户拥有彩色电视机	Number of Color TV Sets Per 100 Households of the Population				
城镇居民每百户拥有彩色电视机	Number of Color TV Sets Per 100 Households in Urban Areas	112	116	121	122
农村居民每百户拥有彩色电视机	Number of Color TV Sets Per 100 Households in Rural Areas	64.76	71.52	77.38	79.64
全省居民每百户拥有计算机	Number of Refrigerator Sets Per 100 Households of the Population				
城镇居民每百户拥有计算机	Number of Refrigerator Sets Per 100 Households in Urban Areas	7	9	14	17
农村居民每百户拥有计算机	Number of Refrigerator Sets Per 100 Households in Rural Areas	0.14	0.36	0.43	0.52
全省居民每百户拥有照相机	Number of Refrigerator Sets Per 100 Households of the Population				
城镇居民每百户拥有照相机	Number of Refrigerator Sets Per 100 Households in Urban Areas	38	38	44	45
农村居民每百户拥有照相机	Number of Refrigerator Sets Per 100 Households in Rural Areas	4.17	3.97	4.14	4.33
教　　育	**Education**				
学龄儿童入学率(%)	Enrollment Ratio of School-Age Children (%)	99.9	99.5	99.5	99.4
每万人口拥有当年大学生毕业生数(人)	Number of University Students Per 10000 Persons (person)	6.2	6.9	9.3	15.9
卫　　生	**Public Health**				
每万人口拥有病床(张)	Number of Hospital Beds Per 10000 Persons (unit)	25.4	25.8	25.5	23.5
每万人口拥有医生(人)	Number of Doctors Per 10000 Persons (person)	13.8	14.1	12.4	12.3
就　　业(抽样调查)(人)	**Employment (person)**				
全省每一就业者负担人数(含本人)	Number of Dependents Per Employee of the Population (including the laborer himself or herself)				
城镇每一就业者负担人数(含本人)	Number of Dependents Per Urban Employee (including the laborer himself or herself)	1.83	1.86	1.97	1.95
农村每一劳动力负担人数	Number of Dependents Per Rural Employee	1.50	1.49	1.47	1.43

注：城镇人均居住面积2007年以前为人均住房使用面积，2007年—2012年为人均住房建筑面积，从2013年开始为人均拥有房屋面积。(下同)

Basic Statistics on People's living Conditios

2004	2005	2006	2007	2008	2009	2010	2011	2012	2013	2014
12925	14707	16590	19911	24756	28383	32306	36166	38658	41501	45114
									15189.64	16647.40
									10872.18	11931.54
7951.30	9107.09	10304.56	11690.47	13441.10	14718.25	16263.43	18292.23	20543.44	22226.75	24141.34
5819.20	6699.70	7343.50	8235.00	9086.70	9678.75	10318.32	11609.29	12531.12	14970.03	16203.82
3171.06	3481.64	3801.82	4293.43	4795.46	5149.67	5957.98	7119.69	8081.39	9187.71	10186.14
1834.92	2165.72	2495.33	2786.77	3125.55	3349.74	3844.92	4711.16	5364.14	7377.13	8247.99
									34.35	35.70
19.33	21.53	21.81	30.45	29.51	29.95	30.52	32.21	32.51	33.65	35.45
26.08	28.35	29.13	30.11	30.71	31.94	32.23	34.11	35.01	34.94	35.91
6207.48	7084.03	8014.16	8922.41	11435.60	13551.06	15678.43	17824.33	20872.37	23790.19	25760.08
9143.5	10372.3	11657.8	12892.7	16416.3	19327.0	22038.8	24696.0	28733.0	32544.5	35008.8
									113.30	115.71
127	124.34	126.73	126.32	117.77	118.00	117.97	116.30	115.96	109.48	111.28
83.98	102.14	106.24	110.36	114.29	115.52	116.55	121.88	121.76	117.07	120.12
									49.56	55.92
24	37.63	42.68	49.68	55.27	57.3	61.32	74.74	75.53	70.29	76.58
0.79	1.21	2.02	2.83	4.07	6.05	9.69	25.57	30.40	29.09	35.32
									19.03	20.32
48	46.47	48.54	45.32	36.79	37.69	39.28	37.04	36.96	33.72	35.84
4.36	3.50	3.60	3.64	3.79	3.86	4.24	3.57	4.05	4.53	4.85
98.4	99.7	99.4	99.4	99.7	99.7	99.8	99.8	99.8	99.8	99.7
21.1	25.0	30.2	34.8	38.2	38.8	42.5	43.1	43.5	45.7	46.8
23.3	23.8	25.2	28.2	30.7	33.1	34.7	37.4	37.5	41.9	43.7
12.4	12.3	12.7	15.6	15.7	16.3	17.1	17.3	19.6	20.5	21.4
									1.68	1.66
1.93	1.94	1.91	1.85	2.02	2.02	2.05	2.04	2.05	1.95	1.86
1.41	1.40	1.38	1.36	1.36	1.34	1.34	1.35	1.35	1.40	1.41

a) Figures for per capita living space of urban residents was per capita usable floor space before 2007, In 2007-2012 was per capita floor space of residential building. Sine 2013 was per capita floor space of owned houses. Same as following tables.

居民人均消费支出及恩格尔系数
Per Capita Annual Living Expenditures of Consumption and Engle Coefficient of the population

年份 Year	居民人均消费支出(元) Per Capita Annual Living Expenditures (yuan)					恩格尔系数(%) Engle Coefficient (%)	
	全省居民 All Households	城镇居民 Urban Households		农村居民 Rural Households		城镇居民 Urban Households	农村居民 Rural Households
		绝对值 Value	指数(1978年=100) Index (1978=100)	绝对值 Value	指数(1978年=100) Index (1978=100)		
1978		402.00	100.0	95.02	100.0		66.27
1979		423.00	105.2	116.43	122.5		59.92
1980		460.00	114.4	142.01	149.5	60.08	56.06
1981		401.16	99.8	164.66	173.3	53.34	52.19
1982		401.04	99.8	175.39	184.6	56.28	54.29
1983		419.88	104.4	224.65	236.4	56.93	53.52
1984		475.80	118.4	243.20	255.9	55.36	52.24
1985		605.52	150.6	297.72	313.3	49.96	50.03
1986		717.72	178.5	333.04	350.5	50.24	48.51
1987		799.68	198.9	365.35	384.5	51.67	48.44
1988		1118.76	278.3	445.68	469.0	46.50	46.95
1989		1188.12	295.6	495.20	521.2	52.00	48.12
1990		1278.02	317.9	485.70	511.2	51.16	49.05
1991		1336.08	332.4	558.23	587.5	51.34	47.94
1992		1612.32	401.1	579.36	609.7	49.51	52.47
1993		1983.72	493.5	696.52	733.0	46.31	58.39
1994		2613.24	650.1	779.04	819.9	47.29	56.69
1995		3256.80	810.1	1104.30	1162.2	46.22	56.81
1996		3424.35	851.8	1398.94	1472.3	44.78	52.18
1997		4003.71	995.9	1394.81	1467.9	41.95	50.28
1998		3834.43	953.8	1298.54	1366.6	40.02	47.51
1999		4026.30	1001.6	1338.37	1408.5	37.70	43.68
2000		4348.47	1081.7	1365.23	1436.8	34.39	39.50
2001		4479.75	1114.4	1429.81	1504.7	35.35	39.72
2002		5068.38	1260.8	1476.42	1553.8	35.42	38.92
2003		5439.72	1353.2	1600.10	1684.0	35.16	39.94
2004		5819.18	1447.6	1834.92	1931.1	36.82	42.51
2005		6699.67	1666.6	2165.72	2279.2	34.56	41.02
2006		7343.49	1826.7	2495.33	2626.1	33.94	36.69
2007		8234.97	2048.5	2786.77	2932.8	33.88	36.81
2008		9086.73	2260.4	3125.55	3289.4	34.73	38.17
2009		9678.75	2407.6	3349.74	3525.3	33.59	35.69
2010		10318.32	2566.7	3844.92	4046.4	32.32	35.15
2011		11609.29	2887.9	4711.16	4958.1	33.80	33.53
2012		12531.12	3117.2	5364.14	5645.3	33.60	33.87
2013	10872.18	14970.03	3393.2	7377.13	6455.6	26.88	29.89
2014	11931.54	16203.82	3672.8	8247.99	7217.7	26.17	29.36

注：2013年以前农村居民家庭为生活消费支出，2013年以后城乡居民家庭消费支出均为新口径，指数为可比。(下同)

a) Figures before 2013 on rural households refer to consumption expenditures for living, Since 2013 the consumption expenditures of urban and rural households are new caliber, Index is comparable. same as following tables.

城镇居民家庭基本情况
Basic Indicators of Urban Households

项　　目	Item	2000	2005	2010	2013	2014
户均常住人口数(人)	Average Number of Permanent Residents Per Household (person)	3.06	2.91	2.85	2.96	2.92
户均就业人口数(人)	Average Number of Employed Persons Per Household (person)	1.68	1.50	1.39	1.52	1.57
户均就业面(%)	Percentage of Employment Per Household (%)	54.69	51.50	48.77	51.26	53.79
平均每一就业者负担人数(含就业者本人)(人)	Number of Persons Supported by Each Employee (including the employee himself or herself) (person)	1.83	1.94	2.05	1.95	1.86
人均可支配收入(元)	Per Capital Annual Disposable Income (yuan)	5661.16	9107.09	16263.43	22226.75	24141.34
人均消费支出(元)	Per Capita Annual Living Expenditures of Consumption (yuan)	4348.47	6699.67	3844.92	14970.03	16203.82
期末拥有房屋面积(平方米/人)	Per Capita Floor Space of Owned Houses at Year-end (sq.m/person)	22.87	28.35	32.23	33.65	35.45
现住房面积	Covered Area of Present House				33.22	33.83
# 钢筋混凝土	Reinforced Concrete Structure	2.98	6.11	7.53	10.96	11.61
砖混材料	Brick Concrete Structure	18.35	21.10	23.57	18.69	18.76
砖瓦砖木	Brick Structure Structure				3.54	3.44
竹草土坯	Bamboo Grass Adobe Structure				0.02	0.02
其他	Others				0.01	0.01
年末拥有房屋价值(元/人)	Value of Owned Houses at Year-end (yuan/person)	5292.80	8352.21	11047.80	127730.95	155386.75
期内新建、购住房建筑面积(平方米/人)	Per Capita Floor Space of Newly Built House Within the Year (sq.m/person)	0.94	0.74	0.41	0.54	0.98
新建住房竣工建筑面积	Floor Space Completed of Newly Built Residential Buildings				0.19	0.16
新购住房建筑面积	Floor Space of Newly Built				0.34	0.82
期内新建、购住房价值(元/人)	Value of Newly Built House Within the Year (yuan/person)	325.17	308.70	312.03	1714.71	4035.47
新建住房竣工价值	Value Completed of Newly Built House				355.47	135.47
新购住房总金额	Total Value of Newly Built House				1359.24	3900.00

城镇居民按人均可支配收入分组的户数构成
Percentage of Households Grouped by Per Capita Disposable Income of Urban Households

项　目	Item	2013	2014	项　目	Item	2013	2014
2000元以下	Less Than 2000 yuan	0.37	0.23	20000－22000元	20000－22000 yuan	6.54	7.03
2000－4000元	2000-4000 yuan	0.71	0.46	22000－24000元	22000－24000 yuan	7.75	7.82
4000－6000元	4000-6000 yuan	1.44	0.88	24000－26000元	24000－26000 yuan	6.36	7.04
6000－8000元	6000-8000 yuan	2.68	1.72	26000－28000元	26000－28000 yuan	4.48	7.60
8000－10000元	8000-10000 yuan	4.51	2.77	28000－30000元	28000－30000 yuan	6.16	5.14
10000－12000元	10000-12000 yuan	5.62	4.26	30000－35000元	30000－35000 yuan	9.37	11.26
12000－14000元	12000-14000 yuan	6.24	4.21	35000－40000元	35000－40000 yuan	6.78	8.93
14000－16000元	14000-16000 yuan	6.74	5.72	40000－45000元	40000－45000 yuan	3.76	5.07
16000－18000元	16000-18000 yuan	5.67	6.84	45000－50000元	45000－50000 yuan	2.42	3.35
18000－20000元	18000-20000 yuan	8.83	6.23	50000元以上	50000 yuan and over	3.57	3.44

按收入五等份划分的城镇居民家庭基本情况（2014年）
Basic Indicators of Urban Households by Income Quintile (2014)

项　目	Item	城镇居民家庭 Urban Residents	低收入户 Low Income Households	中等偏下户 Lower Middle Income Households	中等收入户 Middle Income Households	中等偏上户 Upper Middle Income Households	高收入户 High Income Households
户均常住人口(人)	Average Household Size (person)	2.92	3.63	3.29	2.96	2.46	2.26
户均就业人口(人)	Average Number of Employed Persons Per Household (person)	1.57	1.89	1.81	1.62	1.25	1.28
户均就业面(%)	Percentage of Employment Per Household (%)	53.79	52.07	55.07	54.76	51.01	56.44
平均每一就业者负担人数(包括就业者本人)（人）	Number of Persons Supported by Each Employee (including the employee himself or herself) (person)	1.86	1.92	1.82	1.83	1.96	1.77
人均可支配收入(元)	Per Capita Disposable Income (yuan)	24141.34	11243.78	18822.31	24474.31	30765.47	44885.73
人均消费支出(元)	Per Capita Annual Living Expenditures for Consumption (yuan)	16203.82	9347.67	13093.74	17060.51	19674.85	26806.22

城镇居民人均收支情况
Per Capita Cash Income and Cash Expenditure in Urban Households

单位：元 (yuan)

指 标	Item	2000	2005	2010	2013	2014
可支配收入	**Per Capital Annual Disposable Income**	**5661.16**	**9107.09**	**16263.43**	**22226.75**	**24141.34**
工资性收入	Income from Wages and Salaries		6346.53	10566.30	14024.77	15275.87
工资	Income from Wages and Subsidies		6157.99	10431.20	13071.33	14119.44
实物福利	Benefits in Kind				32.47	27.76
其他	Others		188.54	135.10	920.98	1128.67
经营净收入	Income from Household Operations		643.84	1043.72	1637.72	1806.79
第一产业净收入	Primary Industry				219.56	182.83
第二产业净收入	Secondary Industry				146.88	243.38
第三产业净收入	Tertiary Industry				1271.28	1380.57
财产净收入	Income from Properties	146.13	117.46	323.97	2082.41	2222.40
转移净收入	Income from Transfers	1292.32	2508.96	5400.43	4481.85	4836.28
#养老金或离退休金	Pension	1100.38	2188.22	4886.67	4969.20	5480.43
消费支出	**Per Capita Annual Living Expenditures for Consumption (yuan)**	**4348.47**	**6699.67**	**10318.32**	**14970.03**	**16203.82**
食品烟酒	Food, Alcohol and Tobacco	1517.94	2315.76	3335.23	4024.24	4240.80
衣 着	Clothing	534.35	787.33	1225.94	1356.51	1424.39
居 住	Garments	416.66	762.08	1334.47	3702.96	3735.84
#自有住房折算租金	Owned Housing Rental Conversion				2302.60	2342.18
生活用品及服务	Household Facilities, Articles and Service	444.60	414.49	693.56	962.18	1081.56
交通通信	Transport, Post and Communication Services	337.15	772.34	1398.35	1979.54	2448.37
教育文化娱乐	Education, Cultural and Recreation Services	529.35	795.43	1001.01	1497.02	1591.89
医疗保健	Medicine and Medical Service	376.71	642.71	923.83	1144.57	1304.50
其他用品及服务	Miscellaneous Commodities Services	191.71	209.51	395.93	303.02	376.46

城镇居民家庭人均主要食品消费量

Per Capita Consumption of Major Consumer Goods in Urban Households

单位：千克 (kg)

品　名	Item	2000	2005	2010	2013	2014
粮食(原粮)	**Grain (Unprocessed)**	**94.53**	**80.40**	**86.20**	**132.12**	**121.41**
谷物	Cereal				121.89	111.46
小麦	Wheat			26.74	80.67	71.85
稻谷	Rice			24.47	30.84	29.94
薯类	Potato		13.18	11.64	2.04	2.22
豆类	Beans				8.20	7.73
蔬菜及菜制品	**Vegetables and It's Products**				**101.25**	**97.63**
# 鲜菜	Fresh Vegetables	128.23	133.91	119.21	97.76	94.31
肉禽及其制品	**Meats, Poultry and Related Products**	**27**	**23.68**	**22.93**	**27.02**	**27.34**
# 猪肉	Pork	9.97	13.86	13.49	14.21	14.12
牛肉	Beef	4.13①	2.67	2.63	1.79	1.91
羊肉	Mutton		2.34	1.94	1.16	1.30
家禽	Poultry	4.13	4.81	3.23	2.63	4.94
蛋及蛋制品	**Eggs and Processed Products**	**14.78**	**15.56**	**13.39**	**13.09**	**12.77**
奶和奶制品	**Milk and Dairy Products**		**30.24**	**20.46**	**21.53**	**21.61**
水产品	**Aquatic Products**	**5.63**	**7.57**	**8.16**	**7.09**	**7.19**
油脂类	**Edible Oil**		**10.70**	**8.06**	**10.02**	**9.58**
# 植物油	Vegetable Oil	8.13	10.62	8.02	9.95	9.51
食　糖	**Sugar**				**0.95**	**1.01**
鲜瓜果类	**Fruits, Melons and Processed Products**		**63.37**	**51.45**	**50.66**	**52.69**
坚果	**Nuts and Processed Products**				**4.83**	**4.91**
茶叶	**Tea**		**0.23**	**0.16**	**0.17**	**0.18**
酒	**Liquor**	**10.65**	**12.45**	**8.29**	**8.76**	**8.56**

注：①为牛、羊肉之和。

a) ① The data for beef, mutton and.

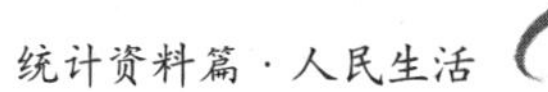

城镇居民家庭平均每百户年末耐用消费品拥有量

Number of Major Durable Consumer Goods Owned Per 100 Urban Households at Year-end

项　目	Item	2000	2005	2010	2013	2014
家用汽车(辆)	Automobile (unit)	0.94	3.94	12.46	28.65	33.40
摩托车(辆)	Motorcycle (unit)	37	31.56	28.85	15.91	18.82
助力车(辆)	Aided Power Bike (unit)		13.19	49.98	62.47	68.77
洗衣机(台)	Washing Machine (unit)	93	95.52	97.66	96.22	97.43
电冰箱(柜)(台)	Refrigerator (unit)	84	92.07	98.28	96.49	97.59
微波炉(台)	Oven (unit)	10	40.27	50.13	53.57	56.26
彩色电视机(台)	Color TV Set (unit)	112	124.34	117.97	109.48	111.28
#接入有线电视网	Cable TV		104.27	90.38	79.48	84.12
空调(台)	Air Conditioner (unit)	33	81.43	90.39	107.95	112.40
热水器(台)	Water Heater (unit)		68.13	78.09	82.95	85.46
#太阳能热水器	Solar Water Heater				40.62	41.59
消毒碗柜(台)	Disinfect Cupboard		4.71	2.91	2.10	2.05
洗碗机(台)	Dish Washing Machine (unit)		0.76	0.56	1.06	1.29
排油烟机(台)	Exhaust Fan (unit)		74.64		76.03	79.22
固定电话(部)	Telephone (set)		92.85	75.80	42.38	46.60
移动电话(部)	Mobile Telephone (set)	14.14	124.53	173.70	206.60	218.95
#接入互联网	Internet Mobile Phone		4.03	24.61		82.69
计算机(台)	Computer (unit)	7	37.63	61.32	70.29	76.58
#接入互联网	Internet Computer		22.79	59.67	55.48	57.63
摄像机(台)	Camera (unit)		3.95	6.75	6.98	7.14
照相机(台)	Camera (unit)	38	46.47	39.28	33.72	35.84
中高档乐器(件)	Medium and High-grade Musical Instruments (unit)		5.82	4.32	2.70	3.80
健身器材(套)	Healthy Equipment (unit)		5.06	3.73	3.22	4.51
组合音响(台)	Hi-Fi Stereo Component System (unit)		22.81	22.60	7.16	6.79

农村居民家庭基本情况
Basic Indicators of Rural Households

项 目	Item	2000	2005	2010	2013	2014
户均常住人口	Average Number of Permanent Residents Per Household	4.11	3.92	3.70	3.42	3.38
户均整、半劳动力	Average Number of Full/Semi Laborer Force Per Household	2.74	2.81	2.76	2.45	2.39
平均每个劳动力负担人口	Average Number of Dependents Per Laborer Force	1.50	1.40	1.34	1.40	1.41
人均可支配收入	Per Capital Annual Disposable Income (yuan)	2478.86	3481.64	5957.98	9187.71	10186.14
人均消费支出	Per Capita Annual Living Expenditures of Consumption (yuan)	1365.23	2165.72	3844.92	7377.13	8247.99
年末拥有房屋面积（平方米/人）	Per Capita Floor Space of Owned Houses at Year-end (sq.m/person)	22.87	28.35	32.48	34.94	35.91
现住房面积	Covered Area of Present House	22.87	28.35	32.23	34.38	34.95
# 钢筋混凝土	Reinforced Concrete Structure	2.98	6.11	7.53	2.95	2.96
砖混材料	Brick Concrete Structure	18.35	21.10	23.57	17.99	18.36
砖瓦砖木	Brick Structure Structure				12.85	13.04
竹草土坯	Bamboo Grass Adobe Structure				0.51	0.51
其他	Others				0.08	0.08
年末拥有房屋价值(元/人)	Value of Owned Houses at Year-end (yuan/person)	5292.80	8352.21	11047.80	27804.97	29586.25
年内新建、购住房建筑面积（平方米/人）	Per Capita Floor Space of Newly Built House Within the Year (sq.m/person)	0.94	0.74	0.42	0.74	0.60
新建住房竣工建筑面积	Floor Space Completed of Newly Built Residential Buildings				0.59	0.39
新购住房建筑面积	Floor Space of Newly Built				0.15	0.20
年内新建、购住房价值（元/人）	Value of Newly Built House Within the Year (yuan/person)	325.17	308.70	312.03	947.75	1160.17
新建住房竣工价值	Value Completed of Newly Built House				580.39	397.79
新购住房总金额	Total Value of Newly Built House				367.36	762.38

农村居民按人均可支配收入分组的户数构成

Percentage of Households Grouped by Per Capita Disposable Income of Rural Households

项　目	Item	2000	2005	2010	2012	2013	2014
2000元以下	Less Than 2000 yuan	39.85	23.24	8.83	6.45	3.77	3.61
2000－3000元	2000-3000 yuan	30.40	26.21	12.00	6.79	3.72	3.12
3000－4000元	3000－4000 yuan	15.98	19.40	14.38	8.45	6.04	4.67
4000－5000元	4000－5000 yuan	7.79	12.55	13.07	8.74	7.73	5.69
5000－6000元	5000－6000 yuan	5.98①	7.21	10.98	9.21	8.66	7.08
6000－7000元	6000－7000 yuan		4.10	8.95	8.50	8.45	7.96
7000－8000元	7000－8000 yuan		2.62	7.33	8.64	8.91	7.55
8000－9000元	8000－9000 yuan		1.33	5.52	6.67	7.98	7.45
9000－10000元	9000－10000 yuan		0.88	4.21	6.31	6.75	6.61
10000－11000元	10000－11000 yuan		0.55	3.57	4.95	6.94	7.01
11000－12000元	11000－12000 yuan		0.45	1.98	3.88	4.54	5.67
12000－13000元	12000－13000 yuan		0.38	2.00	3.74	4.34	4.70
13000－14000元	13000－14000 yuan		0.19	1.14	2.69	3.81	3.87
14000－15000元	14000－15000 yuan		0.21	1.38	2.74	3.16	4.35
15000－16000元	15000－16000 yuan		0.07	0.79	1.95	2.68	3.03
16000－17000元	16000－17000 yuan		0.07	0.79	1.60	1.81	2.90
17000－18000元	17000－18000 yuan		0.07	0.55	1.40	1.82	2.34
18000－19000元	18000－19000 yuan		0.05	0.50	0.81	1.52	1.92
19000－20000元	19000－20000 yuan		0.14	0.29	1.07	1.05	1.80
20000元以上	20000 yuan and over		0.26	1.74	5.40	6.30	8.68

注：①为5000元以上组数据。

a) ① The data for the group of more than 5000 yuan.

农村居民人均收支情况

Per Capita Cash Income and Cash Expenditure of Rural Households

单位：元 (yuan)

指　　标	Item	2000	2005	2010	2013	2014
可支配收入	**Per Capital Annual Disposable Income**	**2478.86**	**3481.64**	**5957.98**	**9187.71**	**10186.14**
工资性收入	Income from Wages and Salaries	949.25	1293.50	2653.42	4452.99	5133.34
工资	Income from Wages				4000.58	4576.74
实物福利	Physical Welfare				6.68	8.23
其他	Others				445.72	548.37
经营净收入	Income from Household Operations	1417.99	1988.58	2729.80	3165.52	3435.48
第一产业净收入	Primary Industry	914.45	1455.91	2052.76	2020.28	2068.46
第二产业净收入	Secondary Industry	113.26	154.89	213.65	234.59	264.36
第三产业净收入	Tertiary Industry	390.28	377.77	463.38	910.64	1102.65
财产净收入	Income from Properties	51.98	93.74	182.45	166.37	203.96
转移净收入	Income from Transfers and Properties	59.64	105.81	392.31	1402.84	1413.37
#养老金或离退休金	Pension	10.25	33.95	119.68	343.22	414.20
消费支出	**Per Capita Annual Living Expenditures for Consumption**	**1365.23**	**2165.72**	**3844.92**	**7377.13**	**8247.99**
食品烟酒	Food, Alcohol and Tobacco	539.33	888.37	1351.41	2205.22	2421.20
衣　着	Clothing	104.84	155.52	250.92	521.58	581.61
居　住	Garments	322.04	398.90	839.66	1628.26	1858.48
#自有住房折算租金	Owned Housing Rental Conversion				710.95	828.35
生活用品及服务	Household Facilities, Articles and Service	65.41	101.49	218.90	470.50	508.00
交通通信	Transport, Post and Communication Services	84.55	221.96	464.80	931.95	1146.52
教育文化娱乐	Education, Cultural and Recreation Services	130.71	225.79	296.11	648.71	758.74
医疗保健	Medicine and Medical Service	78.28	134.77	344.25	795.27	788.71
其他用品及服务	Miscellaneous Commodities Services	40.07	38.92	78.87	175.64	184.72

农村居民家庭人均主要食品消费量
Per Capita Consumption of Major Consumer Goods in Rural Households

单位：千克 (kg)

品 名	Item	2000	2005	2010	2012	2013	2014
粮食(原粮)	**Grain (Unprocessed)**	**215.88**	**200.84**	**181.69**	**158.00**	**164.16**	**144.74**
谷物	Cereal	211.00	196.52	178.60	154.39	156.89	137.28
小麦	Wheat	153.10	139.80	122.09	106.11	105.34	92.84
稻谷	Rice	14.63	17.47	21.10	21.12	27.49	23.61
薯类	Potato	2.76	1.52	1.23	1.78	2.05	2.12
豆类	Beans	2.12	2.81	1.86	1.83	5.22	5.34
蔬菜及菜制品	**Vegetables and It's Products**	**61.45**	**57.70**	**55.38**	**71.80**	**74.11**	**81.40**
# 鲜菜	Fresh Vegetables	61.23		54.69	70.50	72.49	79.80
肉禽及其制品	**Meats, Poultry and Related Products**	**8.06**	**10.54**	**10.95**	**15.67**	**17.21**	**17.89**
# 猪肉	Pork	6.63	7.15	7.12	9.27	10.93	11.49
牛肉	Beef	0.35	0.47	0.34	0.40	0.29	0.32
羊肉	Mutton	0.19	0.37	0.38	0.51	0.51	0.55
家禽	Poultry	0.37	0.75	1.02	1.28	1.49	2.76
蛋及蛋制品	**Eggs and Processed Products**	**5.09**	**6.27**	**7.26**	**10.42**	**9.72**	**9.20**
奶和奶制品	**Milk and Dairy Products**	**0.22**	**2.40**	**3.48**	**6.24**	**7.64**	**7.60**
水产品	**Aquatic Products**	**1.79**	**2.48**	**2.52**	**3.31**	**3.64**	**3.36**
油脂类	**Edible Oil**	**5.91**	**6.75**	**8.33**	**8.84**	**12.98**	**11.30**
# 植物油	Vegetable Oil	5.32	6.28	8.12	8.64	12.75	11.11
食糖	**Sugar**	**0.59**	**0.77**	**0.66**	**1.06**	**1.00**	**1.03**
鲜瓜果类	**Fruits,Melons and Processed Products**	**16.74**	**16.57**	**21.11**	**34.75**	**37.52**	**39.98**
坚果	**Nuts and Processed Products**	**0.60**	**1.11**	**1.11**	**2.76**	**3.26**	**3.00**
茶叶	**Tea**		**0.13**	**0.12**	**0.12**	**0.09**	**0.08**
酒	**Liquor**	**6.50**	**9.16**	**8.84**	**12.05**	**12.49**	**11.96**

农村居民家庭平均每百户年末耐用消费品拥有量

Number of Durable Consumer Goods Owned Per 100 Rural Households at Year-end

品　名	Item	2000	2005	2010	2012	2013	2014
家用汽车(辆)	Automobile (unit)				13.26	17.53	20.15
摩托车(辆)	Motorcycle (unit)	34.33	58.17	61.43	61.19	63.06	70.03
助力车(辆)	Aided Power Bike (unit)			40.50	71.36	77.53	86.03
洗衣机(台)	Washing Machine (unit)	58.86	74.17	86.33	93.60	92.72	95.07
电冰箱(柜)(台)	Refrigerator (unit)	21.74	30.64	50.45	82.93	83.24	86.95
微波炉(台)	Oven (unit)	0.17	0.88	4.48	11.95	14.93	15.59
彩色电视机(台)	Color TV Set (unit)	64.76	102.14	116.55	121.76	117.07	120.12
#接入有线电视网	Cable TV			42.14	49.02	48.20	52.31
空调(台)	Air Conditioner (unit)				41.62	44.22	50.18
热水器(台)	Water Heater (unit)				45.90	50.90	54.25
#太阳能热水器	Solar Water Heater				39.88	43.60	46.54
消毒碗柜(台)	Disinfect Cupboard					0.46	0.51
洗碗机(台)	Dish Washing Machine (unit)					0.32	0.19
排油烟机(台)	Exhaust Fan (unit)	1.86	3.81	8.05	14.67	14.34	16.29
固定电话(部)	Telephone (set)	31.17	76.74	61.45	45.05	34.02	40.65
移动电话(部)	Mobile Telephone (set)				201.07	201.57	218.09
#接入互联网	Internet Mobile Phone				23.83	47.27	60.87
计算机(台)	Computer (unit)				30.40	29.09	35.32
#接入互联网	Internet Computer				22.21	21.32	25.31
摄像机(台)	Camera (unit)	0.24	0.43	0.69	0.69	1.04	1.03
照相机(台)	Camera (unit)	4.17	3.50	4.24	4.05	4.53	4.85
中高档乐器(件)	Medium and High-grade Musical Instruments (unit)	0.19	0.17	0.38	0.50	0.29	0.44
健身器材(套)	Healthy Equipment (unit)					0.50	0.82
组合音响(台)	Hi-Fi Stereo Component System (unit)	8.12	11.74			4.08	3.54

农村基层组织和农业基本情况

Basic Conditions of Rural Grassroots Units and Agriculture

指　　标	Item	2000	2005	2010	2013	2014
乡镇数(个)	Number of Township and Town Governments (unit)	1973	1962	1960	1959	1957
#镇个数	Number of Town Governments	900	944	1007	1045	1050
村民委员会(个)	Number of Villagers' Committees (unit)	49951	49678	48953	48606	48636
乡村总户数(万户)	Number of Rural Households (10000 units)	1422.6	1448.6	1525.6	1564.3	1575.2
乡村人口数(万人)	Population of Rural (10000 persons)	5382.4	5422.3	5570.2	5660.0	5695.4
乡村从业人员(万人)	Number of Rural Laborers (10000 persons)	2707.1	2805.9	2976.5	3039.2	3055.9
#男	Male	1447.7	1504.1	1602.5	1640.0	1648.7
按行业分乡村从业人员	Number of Rural Laborers by Sector					
农、林、牧、渔业	Agriculture, Forestry, Animal Husbandry & Fishery	1665.4	1552.8	1458.3	1397.2	1389.3
工　业	Industry	388.4	518.9	640.1	679.0	689.9
建筑业	Construction	202.5	275.2	342.1	361.1	364.6
批发和零售业	Wholesale and Retail Trades	135.3①	202.87①	242.1①	202.8	207.4
交通运输、仓储和邮电通信业	Transport, Storage, Postal and Telecommunication Services	92.1	114.7	132.4	134.0	135.0
住宿和餐饮业	Hotels and Catering Services				77.9	79.3
信息传输、软件和信息技术服务业	Information Transmission, Software and Information Technology Services				11.5	11.4
金融业	Banking and Insurance	5.5	5.6	5.3	6.3	6.4
其他非农行业	Other Non-agricultural Industries	217.9	135.9	156.2	169.4	173.0
农用化肥施用量(折纯量)(万吨)	Consumption of Chemical Fertilizers (10000 tons)	270.62	303.39	322.86	331.04	335.61
农村用电量(亿千瓦小时)	Electricity Consumed (100 millions kwh)	180.45	337.05	511.81	616.37	631.33
农业机械总动力(万千瓦)	Total Agricultural Machinery Power (10000 kw)	7000.39	8487.21	10151.30	10786.45	10942.86
主要农作物播种面积(千公顷)	Total Sown Area (1000 hectares)					
#粮　食	Grain Crops	6918.70	6240.20	6282.20	6315.87	6332.00
棉　花	Cotton	307.40	573.50	581.56	482.95	410.90
油　料	Oil-bearing Crops	686.40	559.00	464.37	470.41	466.32
主要农作物产量(万吨)	Yield of Major Farm Crops (10000 tons)					
#粮　食	Grain Crops	2551.1	2598.58	2975.90	3364.99	3360.17
棉　花	Cotton	30.01	57.72	56.95	45.68	43.10
油　料	Oil-bearing Crops	146.97	152.73	140.29	151.13	150.20
农业产业化经营率(%)	Rate of Industrialization of Agriculture (%)	36.1	49.4	58.6	63.0	64.2
农村基础设施(个)	Social Basic Facilities in Rural Areas (unit)					
自来水受益村	Villages with Access to Tap Water	37613	40404	42395	43838	44333
通有线电视村数	Villages with Cable Radio and TV			30003	35091	37365

注：①包括批发和零售业、住宿和餐饮业。

a) ① includes the wholesale and retail trades, hotels and catering services.

耕 地 面 积
Area of Cultivated Land

单位：千公顷 (1000 hectares)

年份 Year	年末耕地面积 Cultivated Area (Year-end)	#年末常用耕地面积 Regularly Cultivated Area (Year-end)	#有效灌溉面积 Irrigated Area	有效灌溉面积占耕地面积比重(%) Irrigable Land Percentage to Cultivated Area (%)
1962		6953.83	1357.31	19.5
1965		6983.71	1754.27	25.1
1970		6849.55	2678.31	39.1
1975		6718.61	3553.22	52.9
1978		6675.01	3660.17	54.8
1980		6648.01	3622.25	54.5
1985		6603.41	3572.70	54.1
1990		6556.03	3758.49	57.3
1995		6517.25	4040.01	62.0
1996	6897.11	6498.80	4248.15	61.6
1997	6888.52	6493.74	4322.57	62.8
1998	6874.94	6484.58	4388.04	63.8
1999	6868.77	6478.71	4444.45	64.7
2000	6857.08	6465.96	4482.32	65.4
2001	6854.04	6448.93	4485.39	65.4
2002	6691.13	6125.15	4415.17	66.0
2003	6486.51	5991.27	4403.99	67.9
2004	6441.51	6000.63	4459.77	69.2
2005	6396.25	5988.93	4547.75	71.1
2006	6315.34	5882.52	4569.77	72.4
2007	6314.53	5893.61	4579.02	72.5
2008	6331.89	5901.44	4560.51	72.0
2009	6561.35	6060.83	4509.60	68.7
2010	6551.42	6057.53	4520.87	69.0
2011	6563.78		4596.61	70.0
2012	6558.33		4165.03	63.5
2013	6551.20		4349.03	66.4
2014	6537.74		4404.22	67.4

注：1.年末常用耕地面积不包括25°以上坡地。2.2012年有效灌溉面积为全国第一次水利普查数据。

a) Regularly cultivated land at year-end excluded under this category are steep slope land over 25 degrees.

b) Irrigated area of 2012 was from the first national water resources census.

农、林、牧、渔业总产值及构成
Gross Output Value and Composition of Farming, Forestry, Animal Husbandry and Fishery

年 份 Year	农林牧渔业 Farming, Forestry, Animal Husbandry and Fishery	农 业 Farming	林 业 Forestry	牧 业 Animal Husbandry	渔 业 Fishery	农林牧渔服务业 Service for Farming, Forestry, Animal Husbandry and Fishery
绝对数(亿元) Gross Output Value (100 million yuan)						
1980	97.79	79.86	3.10	14.00	0.83	
1985	167.33	128.65	6.15	31.16	1.37	
1990	357.63	254.77	9.58	83.38	9.90	
1995	1147.83	753.52	23.50	344.18	26.63	
2000	1544.65	846.72	25.37	613.68	58.88	
2001	1680.33	899.38	34.02	685.77	61.16	
2002	1728.85	918.62	37.49	706.82	65.92	
2003	1877.37	958.30	41.27	721.31	57.72	98.78
2004	2285.56	1135.75	40.02	924.78	72.08	112.93
2005	2379.17	1258.00	40.13	879.38	79.44	122.21
2006	2466.37	1380.45	45.85	832.32	72.75	135.00
2007	3075.77	1639.07	52.37	1146.99	85.14	152.20
2008	3505.23	1760.75	55.89	1410.82	102.77	175.00
2009	3640.93	1958.79	39.69	1350.10	108.38	183.99
2010	4309.42	2470.11	51.26	1443.76	142.47	201.83
2011	4895.88	2775.27	58.78	1674.04	163.58	224.21
2012	5340.11	3095.29	77.88	1747.66	177.74	241.54
2013	5832.94	3473.27	96.30	1818.19	178.72	266.46
2014	5994.79	3453.42	108.14	1952.02	190.97	290.25
构成(农业总产值=100) Composition (Gross Output Value=100)						
1980	100	81.66	3.17	14.32	0.85	
1985	100	76.88	3.68	18.62	0.82	
1990	100	71.24	2.68	23.31	2.77	
1995	100	65.65	2.05	29.98	2.32	
2000	100	54.82	1.64	39.73	3.81	
2001	100	53.53	2.02	40.81	3.64	
2002	100	53.14	2.17	40.88	3.81	
2003	100	51.05	2.20	38.42	3.07	5.26
2004	100	49.69	1.75	40.46	3.16	4.94
2005	100	52.87	1.69	36.96	3.34	5.14
2006	100	55.97	1.86	33.75	2.95	5.47
2007	100	53.29	1.70	37.29	2.77	4.95
2008	100	50.23	1.60	40.25	2.93	4.99
2009	100	53.80	1.09	37.08	2.98	5.05
2010	100	57.32	1.19	33.50	3.31	4.68
2011	100	56.69	1.20	34.19	3.34	4.58
2012	100	57.96	1.46	32.73	3.33	4.52
2013	100	59.55	1.65	31.17	3.06	4.57
2014	100	57.61	1.80	32.56	3.19	4.84

注：本表按当年价格计算，2002年及以后年份执行新国民经济行业分类标准,总产值包括农林牧渔服务业产值。2002年到2005年为第二次农业普查修正后数据(以下各表同)。

a) Data in value terms in this table are calculated at current prices. The new classification for national standard of industry classification has been implemented since 2002 and the gross output value includes the services in support of agriculture, forestry, animal husbandry and fishery. Same as following tables.

农、林、牧、渔业总产值指数（上年=100）
Indices of Farming, Forestry, Animal Husbandry and Fishery (Preceding Year=100)

年份 Year	农林牧渔业 Farming, Forestry, Animal Husbandry and Fishery	农业 Farming	林业 Forestry	牧业 Animal Husbandry	渔业 Fishery	农林牧渔服务业 Service for Farming, Forestry, Animal Husbandry and Fishery
1978	122.1	125.0	113.1	97.2	101.5	
1980	93.8	92.1	96.2	104.0	100.9	
1985	103.3	98.6	104.6	131.1	126.2	
1986	98.5	97.0	91.7	106.0	123.2	
1987	104.5	104.3	103.3	105.3	116.9	
1988	107.8	105.6	104.8	117.6	115.4	
1989	103.1	102.5	98.8	105.5	109.4	
1990	105.4	104.4	107.3	107.1	143.7	
1991	103.6	102.1	104.3	106.6	111.4	
1992	100.9	95.1	103.8	110.3	140.7	
1993	108.7	109.3	95.2	119.5	57.8	
1994	116.2	113.1	105.4	123.6	120.3	
1995	111.9	110.5	105.4	114.0	124.3	
1996	109.4	104.0	103.0	119.1	123.2	
1997	107.5	105.0	105.2	110.6	120.1	
1998	107.8	107.4	102.1	108.6	110.2	
1999	104.8	102.2	102.9	108.6	110.4	
2000	105.7	105.4	98.4	106.2	108.7	
2001	105.3	105.2	122.1	104.7	104.3	
2002	105.0	104.0	110.9	106.4	103.3	
2003	106.3	105.6	111.7	107.1	99.4	110.5
2004	106.7	106.8	93.8	106.6	107.8	109.6
2005	106.5	106.0	96.9	107.7	104.1	107.5
2006	105.5	106.0	96.7	104.9	102.0	108.8
2007	103.9	104.2	109.6	102.1	105.1	108.4
2008	105.1	103.7	108.6	106.6	106.9	107.8
2009	103.2	103.3	111.8	102.3	104.4	106.2
2010	103.5	103.8	101.8	102.4	105.8	106.5
2011	103.9	105.5	103.6	101.1	101.8	105.0
2012	104.1	103.6	105.5	104.7	104.1	105.0
2013	103.3	104.0	106.5	101.2	106.0	107.0
2014	104.0	103.1	108.9	105.1	103.2	107.0

注：本表按可比价格计算。

a) Data in value terms in this table are calculated at constant prices.

农、林、牧、渔业分项产值

Gross Output Value of Farming, Forestry, Animal Husbandry and Fishery by Branch

指　　标	Item	绝对数(亿元) Gross Output Value (100 million yuan) 2013	2014	构　成(%) Composition (%) 2013	2014
农、林、牧、渔业总产值	**Gross Output Value**	**5832.94**	**5994.79**	**100.00**	**100.00**
农业产值	**Output Value of Farming**	**3473.27**	**3453.42**	**59.55**	**57.61**
谷物及其他作物	Cereal and Other Crops	1135.43	1137.24	19.47	18.97
谷　物	Cereal	737.75	757.43	12.65	12.63
薯　类	Tubers	92.85	88.52	1.59	1.48
油　料	Oil-bearing Crops	98.66	87.80	1.69	1.46
豆　类	Beans	15.71	17.79	0.27	0.30
棉　花	Cotton	107.58	101.50	1.84	1.69
生　麻	Raw Flax	0.03	0.02	…	…
糖　类	Sugar Crops	2.82	3.02	0.05	0.05
烟　草	Tobacco	0.59	0.74	0.01	0.01
其他农作物	Other Crops	79.44	80.42	1.36	1.34
蔬菜、食用菌及花卉盆景园艺	Vegetables, Edible Fungus and Flowers Bonsai Gardening	1688.07	1597.17	28.94	26.64
#蔬　菜	Vegetables	1535.00	1424.02	26.32	23.75
水果、食用坚果、饮料和香料作物	Fruits,Edible Nuts, Beverages and Spice Crops	604.94	665.46	10.37	11.10
#水　果	Fruits	536.05	580.94	9.19	9.69
食用坚果	Edible Nuts	67.09	80.47	1.15	1.34
中草药材	Chinese Herbal Medicines	44.84	53.55	0.77	0.89
林业产值	**Output Value of Forestry**	**96.30**	**108.14**	**1.65**	**1.80**
林木的培育和种植	Cultivation and Planting of Trees	83.40	92.52	1.43	1.54
育种育苗	Breeding Nursery	22.82	28.12	0.39	0.47
造　林	Afforestation	27.50	32.56	0.47	0.54
抚育和管理	Tending Management	33.08	31.85	0.57	0.53
木材采运	Logging and Transport of Bamboo	5.78	6.13	0.10	0.10
林产品	Forestry Products	7.13	9.48	0.12	0.16
牧业产值	**Output Value of Animal Husbandry**	**1818.19**	**1952.02**	**31.17**	**32.56**
牲畜饲养	Stock Breading	655.52	691.61	11.24	11.54
牛的饲养	Cattle	265.44	275.72	4.55	4.60
羊的饲养	Sheep	211.45	219.35	3.63	3.66
其他牲畜饲养	Others	8.23	8.50	0.14	0.14
奶产品	Milk Products	161.91	178.91	2.78	2.98
毛绒产品	Feather and Cashmere Products	6.48	7.03	0.11	0.12
猪的饲养	Pigs Breeding	566.13	563.95	9.71	9.41
家禽饲养	Poultry Breeding	468.78	557.45	8.04	9.30
肉　禽	Poultry for Meat	126.42	152.17	2.17	2.54
禽　蛋	Egg	342.35	405.28	5.87	6.76
猎狩和捕捉动物	Animal Hunting and Trapping	0.03	0.03	…	…
其他畜牧业	Other Animal Husbandry	127.74	138.99	2.19	2.32
渔业产值	**Output Value of Fishery**	**178.72**	**190.97**	**3.06**	**3.19**
海水产品	Seawater Aquatic Products	110.71	119.50	1.90	1.99
淡水产品	Aquatic Products from Inland Waterways	68.01	71.47	1.17	1.19
农林牧渔服务业产值	**Output Value of Service to Farming, Forestry, Animal Husbandry and Fishery**	**266.46**	**290.25**	**4.57**	**4.84**

农、林、牧、渔业增加值

Value-added of Farming, Forestry, Animal Husbandry and Fishery

单位：万元 (10000 yuan)

指　　标	Item	2005	2010	2013	2014
农林牧渔业总产值	**Gross Output Value**	**23791712**	**43094214**	**58329427**	**59947929**
农　业	Farming	12580005	24701102	34732738	34534194
林　业	Forestry	401325	512574	962970	1081357
牧　业	Animal Husbandry	8793826	14437565	18181900	19520226
渔　业	Fishery	794421	1424679	1787178	1909665
农林牧渔服务业	Service to Farming, Forestry, Animal Husbandry & Fishery	1222135	2018294	2664641	2902487
中间消耗	**Intermediate Exertion**	**9791712**	**17466072**	**23325212**	**24183150**
农　业	Farming	4094906	7996487	11244305	11180029
林　业	Forestry	104642	145725	273773	307430
牧　业	Animal Husbandry	4576459	7620147	9596105	10302450
渔　业	Fishery	341283	582551	730821	780909
农林牧渔服务业	Service to Farming, Forestry, Animal Husbandry & Fishery	674422	1121162	1480208	1612332
农林牧渔业增加值	**Added Value**	**14000000**	**25628142**	**35004215**	**35764779**
农　业	Farming	8485099	16704615	23488433	23354165
林　业	Forestry	296683	366849	689197	773927
牧　业	Animal Husbandry	4217367	6817418	8585795	9217776
渔　业	Fishery	453138	842128	1056357	1128756
农林牧渔服务业	Service to Farming, Forestry, Animal Husbandry & Fishery	547713	897132	1184433	1290155

农、林、牧、渔业商品率

Commodity Rate of Farming, Forestry, Animal Husbandry and Fishery

单位：% (%)

年　份 Year	农林牧渔业商品率 Farming, Forestry, Animal Husbandry and Fishery	农　业 Farming	林　业 Forestry	牧　业 Animal Husbandry	渔　业 Fishery
1986	54.50	50.32	38.14	70.45	95.45
1990	55.84	50.18	29.75	71.92	91.31
1995	62.21	55.34	43.66	76.15	93.02
2000	70.20	62.72	45.97	79.77	88.40
2001	71.64	64.87	51.59	79.81	90.76
2002	73.00	66.98	49.25	80.39	91.17
2003	74.52	67.23	45.59	83.40	90.19
2004	75.64	66.84	51.86	85.29	88.56
2005	77.33	68.54	59.46	86.80	91.45
2006	77.94	71.95	65.19	87.32	92.34
2007	79.08	72.42	68.59	88.11	92.06
2008	78.24	71.61	65.54	86.16	90.17
2009	79.97	74.91	27.20	87.74	93.72
2010	80.45	76.16	24.90	88.35	94.90
2011	81.09	76.58	29.11	89.27	92.52
2012	81.61	78.19	27.58	89.60	86.46
2013	81.58	78.75	30.23	89.86	80.00
2014	81.80	78.52	29.40	90.10	85.90

主要农作物总播种面积
Total Sown Areas of Major Farm Crops

单位：千公顷 (1000 hectares)

年 份 Year	农作物总播种面积 Total Sown Area	#粮食作物播种面积 Sown Area of Grain Crops	#夏 收 Summer Harvest Grain	#经济作物播种面积 Economic Crops	#棉 花 Cotton	#油 料 Oil-bearing Crops
1978	9370.9	7949.4	2979.2	959.1	576.6	300.2
1980	9013.9	7487.2	2703.8	1073.9	548.7	461.0
1985	8656.5	6492.7	2367.5	1677.5	850.3	749.8
1990	8786.7	6827.8	2515.0	1502.1	910.9	543.5
1991	8814.8	6798.0	2535.0	1564.5	955.2	559.1
1992	8570.5	6625.9	2550.1	1481.4	882.1	549.4
1993	8676.7	7040.5	2530.4	1129.6	520.0	556.3
1994	8649.3	6801.7	2466.5	1327.2	685.3	590.2
1995	8720.1	6829.5	2515.3	1349.3	700.5	604.5
1996	8872.1	7137.3	2610.4	1071.6	427.5	601.1
1997	8856.9	7099.4	2745.3	1033.3	377.1	602.7
1998	9097.7	7305.7	2793.8	990.2	315.7	632.4
1999	9055.2	7236.1	2765.8	932.3	266.6	635.2
2000	9024.4	6918.7	2716.6	1033.9	307.4	686.4
2001	8990.8	6628.9	2629.6	1091.0	418.5	631.7
2002	8935.1	6484.4	2493.2	1099.5	407.4	642.0
2003	8638.5	5944.0	2232.9	1266.7	581.4	634.0
2004	8695.4	6003.4	2200.5	1303.2	669.1	583.6
2005	8785.5	6240.2	2415.4	1180.3	573.5	559.0
2006	8713.9	6271.7	2535.6	1177.9	664.1	485.9
2007	8652.7	6168.2	2443.1	1207.5	680.0	498.3
2008	8713.2	6158.1	2447.2	1245.8	690.0	516.9
2009	8682.5	6216.5	2424.2	1159.7	620.0	496.6
2010	8718.4	6282.2	2455.2	1091.6	581.6	464.4
2011	8773.7	6286.1	2431.6	1135.1	632.5	453.1
2012	8786.5	6302.4	2444.7	1089.8	578.3	454.0
2013	8749.2	6315.9	2407.1	1019.2	483.0	470.4
2014	8713.1	6332.0	2365.0	943.3	410.9	466.3

粮食、棉花、油料单位面积产量
Output of Grain, Cotton and Oil-bearing Per Hectare

单位：千克／公顷 (kg/ha)

年　份 Year	粮　食 Grain	#小　麦 Wheat	#稻　谷 Rice	#玉　米 Corn	棉　花 Cotton	油　料 Oil-bearing	#花　生 Peanuts
1978	2123.0	2211.6	4927.6	2310.1	203.3	816.0	1305.0
1980	2033.5	1430.2	5722.5	2833.2	450.5	979.2	1508.8
1985	3028.9	3164.8	6112.9	3880.5	739.3	1159.2	1749.6
1990	3334.7	3698.4	6201.2	4063.1	626.6	1377.9	1951.5
1991	3337.3	3562.1	5927.6	4407.8	664.0	1303.3	2014.0
1992	3298.6	3611.2	6396.0	4199.0	346.9	1207.0	1645.0
1993	3380.7	3571.9	6833.9	4533.8	370.0	1447.5	2110.4
1994	3710.1	3753.2	7498.9	5063.9	569.1	1808.9	2483.9
1995	4010.6	4240.1	7018.9	5165.9	528.8	1817.3	2547.6
1996	3908.0	4396.0	6500.9	4627.7	604.0	2007.0	2686.0
1997	3869.0	4891.1	6590.9	4161.3	660.0	1957.0	2672.0
1998	3993.0	4535.6	6476.9	4599.8	856.0	2195.0	2787.0
1999	3795.3	4690.7	6016.5	4084.5	835.0	2038.9	2740.5
2000	3687.2	4509.3	4573.1	4012.4	976.4	2141.1	2861.6
2001	3759.0	4351.8	5020.7	4165.5	1001.9	2434.8	2917.6
2002	3756.4	4488.6	5018.9	4015.5	986.5	2356.1	2927.3
2003	4017.2	4646.4	5432.7	4313.6	897.9	2572.6	3026.4
2004	4131.1	4872.6	5659.0	4400.4	994.4	2644.2	3071.2
2005	4164.2	4839.1	5881.8	4458.9	1006.5	2732.0	3198.1
2006	4433.6	4750.3	5770.3	4817.4	1054.4	2753.3	3227.4
2007	4606.8	4948.3	6810.2	4966.8	1065.7	2771.3	3338.0
2008	4718.8	5057.4	6814.7	5076.2	1068.6	2952.3	3417.4
2009	4681.4	5136.2	6750.9	4966.1	975.2	2885.0	3438.0
2010	4737.0	5084.5	6805.1	5014.7	979.3	3021.1	3517.4
2011	5047.0	5325.9	7248.9	5401.1	1033.0	3128.8	3578.9
2012	5151.4	5550.9	5798.4	5409.8	976.1	3145.7	3580.5
2013	5327.8	5834.2	6768.0	5481.0	945.9	3212.6	3657.7
2014	5306.6	6103.5	6382.6	5268.9	1048.9	3221.0	3666.8

主要农作物分品种播种面积和产量

Yield and Sown Area of Major Farm Crops by Assortment

项　目	Item	播种面积(千公顷) Sown Area (1000 hectares)		总产量(万吨) Total Output (10000 tons)		每公顷产量(千克) Output Per Hectare (kg)	
		2013	2014	2013	2014	2013	2014
农作物总播种面积	**Total Sown Area**	**8749.22**	**8713.08**				
粮食作物	**Grain Crops**	**6315.87**	**6332.00**	**3364.99**	**3360.17**	**5328**	**5307**
谷　物	Cereal	5883.80	5912.15	3221.76	3224.91	5476	5455
稻　谷	Rice	86.82	84.84	58.76	54.15	6768	6383
小　麦	Wheat	2377.74	2342.74	1387.22	1429.9	5834	6104
玉　米	Corn	3108.77	3170.88	1703.92	1670.7	5481	5269
谷　子	Millet	144.53	147.15	45.23	47.82	3129	3250
高　粱	Sorghum	13.58	12.83	4.5	4.32	3314	3367
豆　类	Beans	166.38	162.33	30.86	34.75	1855	2141
#大　豆	Soybean	124.51	122.30	24.43	25.01	1962	2045
薯　类	Tubers	265.69	257.52	112.37	100.51	4229	3903
油　料	**Oil-bearing**	**470.41**	**466.3**	**151.13**	**150.20**	**3213**	**3221**
#花　生	Peanut	355.62	352.5	130.08	129.24	3658	3667
油菜籽	Rapeseeds	22.00	19.9	3.55	3.21	1614	1611
芝　麻	Sesame	6.43	6.1	0.88	0.84	1376	1370
胡麻籽	Benne	36.33	35.4	3.75	2.80	1031	790
葵花籽	Sunflower	47.89	51.6	12.23	13.86	2555	2687
棉　花	**Cotton**	**482.95**	**410.9**	**45.68**	**43.10**	**946**	**1049**
麻　类	**Fiber Crops**	**0.33**	**0.3**	**0.08**	**0.06**	**2382**	**2242**
#黄红麻	Jute and Ambary Hemp	0.31	0.3	0.07	0.06	2382	2295
大　麻	Hemp					3800	2000
甜　菜	**Beetroots**	**16.29**	**15.3**	**74.24**	**75.62**	**45584**	**49574**
烟　叶	**Tobacco**	**3.18**	**3.0**	**0.72**	**0.89**	**2253**	**3001**
#烤　烟	Flue-cured Tobacco	2.66	2.4	0.48	0.66	1807	2692
药　材	**Medicinal Materials**	**46.00**	**47.6**				
蔬　菜	**Vegetables**	**1220.36**	**1237.5**	**7902.12**	**8125.69**	**64753**	**65662**
瓜果类	**Melons**	**109.54**	**114.2**	**560.21**	**598.39**	**51144**	**52420**
其他农作物	**Other Crops**	**84.30**	**86.1**				
#青饲料	Green Feed	59.72	58.6				

主要农产品产量
Yield of Major Farm Crops

年份 Year	粮食（万吨） Grain (10000 tons)	谷物 Cereal	#小麦 Wheat	#稻谷 Rice	#玉米 Corn	豆类 Beans	#大豆 Soybean	薯类 Tubers	棉花（万吨） Cotton (10000 tons)
1978	1687.9		631.4	54.3	516.6		32.3	163.8	11.71
1980	1522.5		378.8	83.1	663.2		29.7	125.2	24.72
1985	1966.6		744.3	78.0	678.9		38.5	144.5	62.86
1990	2276.9		927.7	91.6	829.2		53.5	138.6	57.08
1995	2739.0	2507.0	1060.3	90.3	1183.4	94.3	78.6	137.7	37.05
2000	2551.1	2355.6	1208.0	65.8	994.5	74.5	62.9	121.0	30.01
2001	2491.8	2309.0	1122.7	47.2	1059.5	67.1	56.3	115.7	41.93
2002	2435.8	2256.2	1099.5	55.7	1035.0	60.6	49.4	119.0	40.19
2003	2387.8	2205.9	1018.8	41.1	1073.6	60.6	46.4	121.3	52.20
2004	2480.1	2319.4	1053.2	47.3	1157.6	57.6	44.3	103.1	66.54
2005	2598.6	2452.9	1150.3	51.6	1193.8	51.2	42.4	94.5	57.72
2006	2780.6	2640.2	1189.7	51.2	1348.8	46.9	39.5	93.5	70.02
2007	2841.6	2716.0	1193.7	57.6	1421.8	42.8	36.4	82.8	72.47
2008	2905.8	2758.5	1221.9	55.6	1442.2	45.9	38.1	101.4	73.73
2009	2910.2	2801.8	1229.8	57.5	1465.2	34.9	28.5	73.4	60.46
2010	2975.9	2844.3	1230.6	54.2	1508.7	33.5	27.7	98.1	56.95
2011	3172.6	3032.3	1276.1	60.2	1639.6	35.7	29.5	104.6	65.34
2012	3246.6	3102.7	1337.7	49.8	1649.5	32.5	25.9	111.5	56.44
2013	3365.0	3221.8	1387.2	58.8	1703.9	30.9	24.4	112.4	45.68
2014	3360.2	3224.9	1429.9	54.2	1670.7	34.8	25.0	100.51	43.10

年份 Year	油料（万吨） Oil-bearing Crops (10000 tons)	#花生 Peanut	#芝麻 Sesame	麻类（吨） Fiber Crops (ton)	#黄红麻 Jute and Ambary Hemp	烟叶（吨） Tobacco (ton)	#烤烟 Flue-cured Tobacco	蔬菜（万吨） Vegetables (10000 tons)	瓜类（万吨） Melons (10000 tons)
1978	24.50	17.37	1.26	16615	9130	10940	6385	550.7	29.7
1980	45.14	35.77	3.23	17785	9720	5900	1540	531.6	45.9
1985	86.92	58.01	5.14	59890	52305	20135	5440	921.2	173.1
1990	74.89	57.81	2.74	20148	18158	22090	11596	1157.0	110.6
1995	109.86	94.68	2.47	13996	13095	9427	6513	2148.4	186.6
2000	146.97	132.59	2.03	7951	7436	12429	7360	4454.0	341.9
2001	153.81	144.27	1.99	7231	6897	9356	4062	4892.6	405.0
2002	151.26	140.45	1.64	10271	10060	11083	5252	5477.2	420.8
2003	163.10	148.14	1.64	6214	5801	10693	4378	5903.4	473.8
2004	154.32	137.85	1.50	4329	778	10952	5135	6187.5	469.4
2005	152.73	140.33	1.46	7262	767	9759	4928	6467.6	479.4
2006	133.78	121.87	1.32	7328	810	4984	2286	6314.4	460.3
2007	138.09	130.68	1.12	3962	717	4226	2271	6440.7	475.7
2008	152.59	140.07	1.08	710	617	6114	3562	6684.6	478.8
2009	143.27	133.99	1.01	745	699	6650	4082	6742.1	474.6
2010	140.29	129.23	1.05	677	648	6505	3201	7073.6	500.7
2011	141.78	128.92	1.04	729	688	6812	4159	7384.3	514.1
2012	142.83	126.94	0.91	780	738	7019	4550	7695.1	528.9
2013	151.13	130.08	0.88	786	736	7154	4806	7902.1	560.2
2014	150.20	129.24	0.84	612	592	8871	6568	8125.7	598.4

平均每人主要农产品产量（按平均人口计算）
Per Capita of Major Agricultural Products (Calculated by Average Population)

单位：千克 (kg)

年 份 Year	粮 食 Grain	棉 花 Cotton	油 料 Oil-bearing Crops	蔬 菜 Vegetables	园林水果 Garden Fruit	猪牛羊肉 Pork, Beef and Mutton	禽 蛋 Poultry Eggs	牛 奶 Cow Milk	水产品 Aquatic Products
1978	335.72	2.32	4.87	108.38	15.81	8.29		0.36	2.76
1980	296.42	4.81	8.79	103.50	15.60	13.45		0.52	1.90
1985	356.43	11.39	15.75	166.96	29.03	14.84	6.06	1.33	2.31
1990	378.23	9.48	12.44	192.19	29.15	20.13	8.52	1.86	3.64
1995	427.17	5.78	17.13	335.05	67.37	40.36	32.02	5.08	6.18
2000	383.97	4.52	22.12	670.38	101.94	40.64	49.57	12.67	12.18
2001	372.65	6.27	23.00	738.99	100.17	40.33	50.18	16.06	12.70
2002	362.63	5.98	22.52	815.54	111.44	41.26	51.64	20.38	12.96
2003	353.64	7.73	24.16	874.32	118.03	42.25	53.10	29.31	12.78
2004	365.30	9.80	22.73	911.39	129.17	44.00	54.09	39.25	13.67
2005	380.48	8.45	22.36	946.97	134.48	46.00	56.40	49.83	14.49
2006	404.49	10.19	19.46	918.55	140.89	47.06	55.61	59.30	12.68
2007	410.60	10.47	19.95	930.66	146.78	44.45	57.29	70.72	13.10
2008	417.15	10.58	21.91	959.61	151.32	47.24	59.00	72.43	13.87
2009	415.05	8.62	20.43	961.56	157.46	48.04	50.38	64.40	14.32
2010	418.32	8.01	19.72	994.32	156.27	46.75	47.66	61.82	14.95
2011	439.85	9.06	19.66	1023.75	167.07	45.65	47.09	63.58	14.79
2012	446.94	7.77	19.66	1059.35	177.04	47.22	47.16	64.75	16.01
2013	460.32	6.25	20.67	1080.99	178.26	47.42	47.34	62.65	16.83
2014	456.66	5.86	20.41	1104.31	193.06	49.48	49.29	66.29	17.18

主要农业机械和农产品加工机械拥有量（年底数）
Ownership of Agricultural Machinery and Machinery for Procession Farm Products (End of Year)

指 标	Item	2000	2005	2010	2013	2014
农业机械总动力（万千瓦）	**Total Power of Agricultural Machinery (10000 kw)**	**7000.4**	**8487.2**	**10151.3**	**10786.4**	**10942.9**
柴油发动机动力	Power of Diesel Engine	5082.5	6551.5	8011.6	8492.1	8626.9
汽油发动机动力	Power of Gasoline Engine	317.9	149.6	121.6	146.9	144.3
电动机动力	Power of Motor	1600.0	1786.0	2018.1	2147.3	2171.6
其他机械动力	Power of Others	0.1	0.2		0.2	
主要农业机械与设备（万台）	**Major Agricultural Machinery and Equipment (10000 units)**					
大中型拖拉机	Large and Medium Agricultural Tractors	6.4	10.1	17.3	23.4	25.5
小型拖拉机	Mini-Tractors	129.8	144.7	150.5	142.4	138.6
大中型拖拉机配套农具	Number of Large and Medium Tractor Towing Farm Machinery	10.8	18.4	34.5	43.5	45.8
小型拖拉机配套农具	Number of Mini-Tractor Towing Farm Machinery	156.7	191.6	201.0	191.0	183.7
排灌用电动机	Electrical Engines	131.2	139.5	148.2	152.4	153.6
排灌用柴油机	Diesel Engines	138.2	125.8	113.2	100.8	97.0
农用水泵	Agricultural Pump	163.7	165.9	172.1	172.0	170.6
节水灌溉机械	Water-saving Irrigated Machinery	3.1	3.5	4.4	5.5	5.5
联合收割机	Combine Harvesters	4.2	5.6	7.9	11.5	12.8
割晒机	Swathers		0.1	4.0	3.2	3.1
机动脱粒机	Motorised Threshing Machines	46.7	28.5	21.8	20.7	20.3
农用运输汽车	Agricultural Vehicles	160.4	252.2	268.2	278.0	275.4

农村居民家庭平均每户年末拥有生产性固定资产原值

Original Value of Productive Fixed Assets Per Rural Households (End of Year)

单位：元 (yuan)

项　　目	Item	2000	2005	2010	2013	2014
生产性固定资产原值	**Original Value of Productive Fixed Assets**	**6328.32**	**9335.54**	**11455.36**	**15430.19**	**16428.84**
农业	Farming		4646.31	5683.50	6374.76	6556.37
林业	Forestry		9.05	11.27	5.50	71.31
牧业	Animal Husbandry		1449.07	1417.95	1319.64	1483.04
渔业	Fishery	4132.77①				89.43
农林牧渔服务业	Service to Farming, Forestry, Animal Husbandry and Fishery				169.04	57.71
采矿业	Mining		14.88	26.19	33.65	31.06
制造业	Manufacturing	586.06②	1070.92	1354.51	905.62	1423.32
电力、热力、燃气及水生产和供应业	Production and Distribution of Electricity, Thermal, Gas and Water			4.76	9.95	
建筑业	Construction	31.57	38.33	158.33	390.62	451.56
批发和零售业	Wholesale and Retail Trades		457.83	727.00	2135.03	2423.23
交通运输业、仓储和邮政业	Traffic, Transport, Storage and Post		1356.43	1585.74	2546.46	2404.48
住宿和餐饮业	Hotels and Catering Services		70.19	101.55	68.72	61.30
房地产业	Real Estate	1577.92③			189.79	27.10
租赁和商务服务业	Leasing and Business Services		123.43	206.44	280.92	420.45
居民服务、修理和其他服务业	Social Services		8.33	1.55	814.12	840.15
其他行业	Others		90.76	176.56	186.38	88.34

注：①包括农业、林业、牧业、渔业及农林牧渔服务业。②包括采矿业，制造业，电力、热力、燃气及水生产和供应业。③包括批发和零售业，交通运输业、仓储和邮政业，住宿和餐饮业，房地产业，租赁和商务服务业，居民服务、修理和其他服务业,其他行业。

a) ① Included farming, forestry, animal husbandry, fishery and service to farming, forestry, animal husbandry & fishery.② Included Mining, Manufacturing,Production and Distribution of Electricity, Thermal, Gas and Water. ③ Included wholesaleand retail trades, traffic, transport, storage & post. hotels & catering services, real estate, leasing & business services, social services & others.

农村居民家庭平均每百户年末拥有生产性固定资产数量

Number of Productive Fixed Assets Per 100 Rural Households (End of Year)

项　　目	Item	2000	2005	2010	2013	2014
生产性用房及建筑物(平方米)	Productive Houses and Buildings (m^2)	1179.10	1965.17	2203.59	1828.18	1011.48
大中型拖拉机(台)	Large and Medium Tractors (set)	2.03	2.48	2.92	2.24	2.38
小型农用拖拉机(台)	Mini and Walking Tractors (set)	34.49	36.43	32.13	41.93	41.34
农用排灌动力机械(台)	Pumps (set)		32.04	26.59	7.99	7.75
收割机(台)	Harvesters (set)		2.07	1.76	0.61	0.58
脱粒机(台)	Motorized Threshing Machines (set)	6.30	2.17	2.73	2.05	2.57
役畜(头)	Draught Animals (unit)	25.04	11.95	8.32	3.60	3.51
产品畜(头)	Commodity Animals (unit)	19.88	60.95	40.26	90.58	82.50

农业机械化、能源、化肥、水利
Mechanization, Energy Resources, Chemical Fertilizer and Water Conservancy of Agriculture

指　　标	Item	2005	2010	2013	2014
农业机械化情况(千公顷)	**Agriculture Mechanization (1000 hectares)**				
当年实际机械耕地面积	Area Cultivated by Machine This Year	4745.47	5317.10	5408.02	5432.65
当年机械播种面积	Area Sown by Machine This Year	5282.47	6274.51	6571.87	6623.45
当年机械收获面积	Mechanical Harvest Area This Year	2480.45	3428.52	4680.15	4988.42
农业能源情况	**Agriculture Energy**				
农村用电量(亿千瓦小时)	Electricity Consumed in Rural Area (100 million kwh)	337.05	511.81	616.37	631.33
乡、村及村以下办水电站(个)	Hydropower Station in Rural Areas (unit)	116	135	243	246
装机容量(万千瓦)	Generating Capacity (10000 kw)	3.68	6.32	38.54	38.87
农用化肥施用量	**Consumption of Chemical Fertilizers**				
折纯量(万吨)	by 100% Effective Component (10000 tons)	303.39	322.86	331.04	335.61
农药使用量(万吨)	**Consumption of Agricultural Pesticide (10000 tons)**	**8.08**	**8.46**	**8.67**	**8.63**
农田水利情况	**Farm Water Conservancy Condition**				
有效灌溉面积(千公顷)	Effective Irrigated Areas (1000 hectares)	4547.75	4520.87	4349.03	4404.22
年末实有机井数量(万眼)	Motor-pumped Well at the Year-end (10000 units)	93.72	96.45	91.38	92.23

注：2012年有效灌溉面积、机电井数据为全国第一次水利普查数据。
a) In 2012, the effective irrigation area, motor-pumped well for the first national water resources census.

林业及干鲜果生产
Forestry，Yield of Dry Fruit and Fruit

指　　标	Item	2000	2005	2010	2013	2014
林业生产	**Forestry Production**					
当年造林面积(千公顷)	New Forestry Area This Year (1000 hectares)	305.00	304.77	283.89	318.74	340.04
# 用材林	Timber Forest	72 .22	51.16	18.95	31.13	50.74
经济林	Economic Forest	50.16	19.90	14.78	45.85	56.18
防护林	Shelter Forest	179.67	232.27	249.14	240.30	232.72
当年零星(四旁)植树(万株)	Planting Trees Piecemeal (10000 trees)	12748	12496	10037	10914	11431
村及村以下林木采伐量(万立方米)	Fall of Bamboo and Tree in Rural Areas (10000 cu.m)	66.37	48.25	44.20	54.45	60.44
干鲜果生产(吨)	**Yield of Dry Fruit and Fruit (ton)**					
食用坚果	Edible Nuts	71900	164307	282387	427566	468958
# 核桃	Walnuts	30102	47032	74392	104334	160632
板栗	Chestnut	34620	107079	174640	284555	275201
园林水果	Garden Fruit	6791425	9184789	11117252	13030993	14205932
# 苹果	Apples	1806155	2202273	2724614	3201405	3457299
梨	Pears	2551647	3246220	3758287	4455981	4735278
花椒产量(吨)	**Chinese Prickly Ash Output (ton)**	**7743**	**11936**	**12271**	**5298**	**10944**

畜禽产品年末存栏数量
Number of Livestock at Year-end

单位：万头 (10000 heads)

年份 Year	大牲畜 Large Animals	#牛 Cattle and Buffaloes	马 Horses	驴 Donkeys	骡 Mules	生猪 Number of Hogs at Year-end	羊(万只) Sheep and Goats (10000 units)	山羊 Goats	绵羊 Sheep	家禽(万只) Poultrys (10000 units)
1978	354.70	134.60	79.81	83.07	56.95	1245.7	600.7	346.1	254.6	
1980	341.05	120.71	78.02	78.26	63.88	1293.4	814.9	461.4	353.5	4210.8
1985	446.50	155.10	71.95	142.57	76.88	1421.4	721.1	372.8	348.3	10233.0
1990	525.22	207.90	56.95	176.71	83.66	1494.2	1074.5	562.6	511.9	12838.2
1995	870.88	579.34	48.68	167.69	75.17	2052.8	1565.7	803.4	762.3	35670.5
2000	774.24	516.73	45.04	149.14	63.33	1959.6	1676.6	801.8	874.8	45515.9
2001	730.17	487.72	43.31	138.92	60.22	1904.2	1639.5	751.3	888.2	44432.9
2002	702.92	476.64	40.64	130.04	55.60	1909.9	1572.5	672.9	899.6	47707.8
2003	685.06	477.87	36.83	121.05	49.31	1926.2	1594.3	664.5	929.8	42212.7
2004	721.81	528.39	35.53	112.56	45.33	1964.3	1664.5	673.7	990.9	51602.9
2005	762.63	584.92	33.13	104.11	40.47	1977.5	1679.1	678.3	1000.8	41070.5
2006	613.00	458.93	28.99	90.16	34.92	1812.8	1552.6	771.5	781.1	37495.5
2007	610.49	474.99	24.92	80.72	29.86	1907.1	1583.7	785.5	798.2	39106.9
2008	569.75	449.01	22.70	70.65	27.39	2015.2	1617.0	750.9	866.1	37996.3
2009	536.66	429.11	20.30	62.89	24.36	1968.0	1565.1	551.4	1013.7	34922.4
2010	503.87	404.20	18.85	57.73	23.09	1846.0	1408.6	462.2	946.4	33106.4
2011	495.72	400.31	18.20	55.80	21.41	1885.2	1457.2	467.5	989.7	35668.3
2012	498.15	403.10	18.44	55.49	21.12	1847.5	1413.5	450.5	963.0	38528.8
2013	482.55	390.66	18.07	53.64	20.16	1932.9	1455.1	450.9	1004.2	37206.4
2014	488.23	402.42	17.06	49.92	18.79	1915.5	1526.4	481.6	1044.8	38694.7

畜禽产品当年出栏数量及产量
Number of Livestock in the Year and Output of Livestock Products

年份 Year	肉猪当年出栏(万头) Slaughtered Pigs in the Year (10000 heads)	牛当年出栏(万头) Slaughtered Cattle in the Year (10000 heads)	羊当年出栏(万只) Slaughtered Sheep & Goats in the Year (10000 units)	家禽当年出栏(万只) Slaughtered Poultry in the Year (10000 units)	肉类总产量(万吨) Output of Meat (10000 tons)	#猪牛羊肉 Output of Pork, Beef and Mutton	奶类产量(万吨) Output of Milk (10000 tons)	#牛奶产量 Output of Cow Milk	禽蛋产量(万吨) Poultry Eggs (10000 tons)
1978	570.5	4.0	135.7			41.7	2.46	1.82	
1980	716.9	5.4	174.9			52.5	4.51	2.65	
1985	1018.5	15.2	325.9		85.9	81.9	10.05	7.32	33.44
1990	1395.5	45.0	644.4	5246.6	130.1	121.2	14.26	11.18	51.28
1995	2409.6	333.3	1200.7	31457.4	310.7	258.8	38.92	32.55	205.29
2000	2675.2	326.3	1511.5	44471.3	342.4	270.0	96.21	84.20	329.35
2001	2699.4	315.5	1502.7	45073.9	347.7	269.7	119.26	107.38	335.53
2002	2757.1	321.2	1609.6	45671.3	356.6	277.1	148.89	136.89	346.88
2003	2853.0	329.5	1591.6	46542.5	365.8	285.3	207.61	197.90	358.56
2004	2991.0	403.2	1615.8	47033.9	378.8	298.7	276.95	266.46	367.24
2005	3145.0	360.4	1695.5	48690.1	395.6	314.2	348.64	340.35	385.18
2006	3246.7	348.8	1726.4	48743.0	406.2	323.5	417.00	407.62	382.30
2007	2964.2	359.7	1789.1	52107.8	398.1	307.6	497.70	489.44	396.45
2008	3230.8	354.1	1946.2	53900.3	421.1	329.1	515.33	504.51	411.00
2009	3332.9	344.3	2059.1	52552.8	426.6	336.8	461.10	451.50	353.20
2010	3222.9	361.2	2143.5	47980.7	416.7	332.6	449.08	439.76	339.08
2011	3235.8	339.0	2050.7	50730.8	418.2	329.5	466.94	458.90	339.84
2012	3396.7	340.3	2071.5	57935.9	442.9	343.0	478.97	470.37	342.56
2013	3452.0	325.3	2105.1	58573.2	448.8	346.6	465.66	458.00	346.06
2014	3638.4	320.6	2189.3	59627.5	468.1	364.1	496.12	487.77	362.71

水产品产量

Output of Aquatic Products

单位：吨 (ton)

年 份 Year	水产品总产量 Total Aquatic Products	海水产品 Seawater Aquatic Products	#鱼 类 Fish	#虾蟹类 Carapace	淡水水域水产品 Freshwater Aquatic Products	#鱼 类 Fish	#虾蟹类 Carapace
1978	139017	128043	43988	63856	10974	10232	214
1980	97610	86479	41902	38144	11131	9811	643
1985	127495	104529	58578	39276	22966	21464	1489
1990	218553	164880	61762	71295	53673	50912	2722
1995	396070	210215	73868	62853	185855	178218	6330
2000	809496	482032	187945	80707	327464	306535	15084
2001	848887	514411	185570	92362	334476	312911	15942
2002	870571	518440	181557	91831	352131	315759	19720
2003	862715	489702	177773	90483	373013	340328	25936
2004	928218	541332	190417	94519	386886	351315	26843
2005	989461	571808	191613	95057	417653	386333	23696
2006	871418	499047	155456	77803	372371	342458	22504
2007	906437	524303	160388	75141	382134	353175	22909
2008	966400	549250	164631	80317	417150	385537	25009
2009	1004100	553884	151520	78503	450216	415983	26465
2010	1063300	582600	151653	78882	480700	443331	27725
2011	1067131	563281	145094	71757	503850	464896	28464
2012	1163172	634631	141882	81978	528541	484141	33498
2013	1230636	682809	134634	77538	547827	498931	39094
2014	1263941	731594	143783	74982	532347	490131	32328

受灾情况

Natural Disaster

指 标	Item	2000	2005	2010	2013	2014
受灾面积(千公顷)	**Areas Covered (1000 hectares)**	**3560.28**	**1721.80**	**1668.17**	**752.71**	**1164.465**
#成 灾	Areas Affected	2541.30	976.02	1058.29	485.08	721.84
旱 灾	Drought	2974.70	934.15	844.65	195.70	976.12
#成 灾	Areas Affected	2210.54	596.17	640.47	118.76	599.239
水 灾	Flood	114.16	108.80	127.12	226.45	17.463
#成 灾	Areas Affected	62.78	65.28	58.05	160.61	10.606
风雹灾	Wind Hail	256.15	347.47	149.83	247.33	125.496
#成 灾	Areas Affected	166.12	188.14	86.92	156.07	83.229
霜 灾	Frost	1.74	18.29	252.98	36.94	26.387
#成 灾	Areas Affected	0.37	8.75	146.53	26.91	21.931
病虫灾	Diseases and Insect	203.40	247.75	118.80	29.89	12.383
#成 灾	Areas Affected	92.89	93.55	35.32	13.46	3.636
其他灾	Others	10.13	65.36	174.79	16.40	6.616
#成 灾	Areas Affected	8.60	24.14	91.00	9.27	3.199

农垦系统国营农牧场基本情况

Basic Statistics on State Farms and Pasturelands of Land Reclamation Departments

指　标	Item	2000	2005	2010	2013	2014
农场数(个)	**Number of Farms (unit)**	**30**	**30**	**32**	**33**	**33**
农场人口及职工(人)	**Population, Staff and Workers (person)**					
总人口	Total Population	290157	397033	422544	447446	454864
职工人数	Number of Staff and Workers	94660	85212	71138	66445	70378
土地总面积(公顷)	**Total Land Area (hectare)**	**350720**	**352607**	**354669**	**379601**	**393290**
# 耕地面积	Cultivated Area	90380	80297	89095	95423	98017
牧草地面积	Area of Grassland	99080	70062	77909	95645	96152
#已利用面积	Utilized Area	84730	52126	51891	58591	58591
林地面积	Forest Area	38330	89785	83774	78062	77375
水面面积	Water Area	47680	48663	36939	31165	26717
#养殖面积	Cultivated Area	10010	15156	13042	18509	17922
茶果桑园面积	Area of Tea, Mulberry and Orchards Plantations	2880	2913	1964	1807	1793
农作物总播种面积(公顷)	**Sown Area of Farm Crops (hectare)**	**94840**	**87903**	**99098**	**103049**	**101119**
# 粮食	Grain	68540	59393	64341	71160	72511
#谷物	Cereal	61350	54083	59771	65294	66362
# 小麦	Wheat	19710	15975	17504	16684	17254
稻谷	Rice	27010	17962	18145	23528	21882
经济作物	Economic Crops					
# 棉花	Cotton	3390	21454	19881	14440	12231
油料	Oil-bearing Crops	12380	920	2015	1515	1596
主要农产品产量(吨)	**Yield of Major Farm Crops (ton)**					
# 粮食	Grain	240341	339161	415799	483966	451667
#谷物	Cereal	232711	324412	389171	429084	415375
# 小麦	Wheat	50070	54400	75643	76315	75888
稻谷	Rice	141569	174670	179027	209224	190871
经济作物	Economic Crops					
# 棉花	Cotton	4121	25133	32481	20444	18486
油料	Oil-bearing Crops	3466	983	2626	1852	1424
鲜　果	Fruit	17295	21762	16037	18218	22596
林业生产	**Forestry Production**					
当年造林面积(公顷)	New Forestry Area This Year (hectare)	5417	8011	3110	5236	4507
林木采伐量(立方米)	Fall of Forest (cu.m)	2420	2758	3636	7992	10697
畜牧业、渔业生产	**Production of Animal Husbandry and Fishery**					
年末大牲畜存栏(头)	Number of Large Animals (year-end) (head)	36500	82832	137400	161403	183600
年末猪存栏(头)	Number of Hogs (head)	90100	199849	273700	321737	319300
年末羊存栏(只)	Number of Sheep and Goats (unit)	51700	102147	54000	96041	128385
#山羊	Goats	14600	8373	4300	2276	2700
畜产品产量(吨)	Output of Livestock Products (ton)					
肉类总产量	Pork, Beef and Mutton	21210	42800	56021	62767	62982
牛奶产量	Milk	68104	208148	473614	462094	519655
禽蛋产量	Poultry Eggs	6817	7801	10027	11077	11265
水产品产量(吨)	Output of Aquatic Products (ton)	48207	68933	78115	138419	134960
#养殖	Artificially Cultured	39057	61000	71562	117746	115483

规模以上工业企业主要指标
Main Indicators of Industrial Enterprises above Designated Size by Industrial Sector

项　目	Item	2010	2011	2012	2013	2014
企业单位数(个)	**Number of Enterprises (unit)**	**13927**	**11570**	**12360**	**13968**	**14972**
内资企业	Domestic Funded	12833	10651	11449	13055	13924
港澳台商投资企业	Enterprises with Funds from Hong Kong, Macao and Taiwan	309	268	271	281	269
外商投资企业	Foreign Funded Enterprises	785	651	640	632	599
工业增加值(亿元)	**Value Added of Industry (100 million yuan)**	**8182.8**	**10509.4**	**11069.6**	**11711.1**	**11758.3**
资产总计(亿元)	**Total Assets (100 million yuan)**	**24943.75**	**26987.55**	**33567.18**	**37597.12**	**42555.67**
内资企业	Domestic Funded	20723.15	24569.57	28567.81	32475.29	37309.73
港澳台商投资企业	Enterprises with Funds from Hong Kong, Macao and Taiwan	1853.85	2057.60	2097.05	2079.70	2177.40
外商投资企业	Foreign Funded Enterprises	2366.75	3060.38	2902.31	3042.13	3068.55
主营业务收入(亿元)	**Revenue from Principal Business (100 million yuan)**	**31628.93**	**40201.02**	**43643.84**	**46340.92**	**47207.76**
内资企业	Domestic Funded	27031.17	34544.43	38055.76	40612.89	41834.60
港澳台商投资企业	Enterprises with Funds from Hong Kong, Macao and Taiwan	2035.06	2379.34	2244.46	2270.36	2204.53
外商投资企业	Foreign Funded Enterprises	2562.70	3277.25	3343.62	3457.67	3168.63
利润总额(亿元)	**Total Proficts (100 million yuan)**	**2141.47**	**2639.01**	**2559.47**	**2734.70**	**2610.90**
内资企业	Domestic Funded	1774.90	2262.75	2333.54	2489.09	2329.58
港澳台商投资企业	Enterprises with Funds from Hong Kong, Macao and Taiwan	150.28	132.44	93.94	99.88	128.75
外商投资企业	Foreign Funded Enterprises	216.29	243.82	131.99	145.73	152.57
总资产贡献率(%)	**Ratio of Profits, Taxes & Interests to Average Assets (%)**	**14.75**	**15.08**	**13.83**	**13.00**	**11.33**
内资企业	Domestic Funded	15.18	15.87	14.73	13.69	11.66
港澳台商投资企业	Enterprises with Funds from Hong Kong, Macao and Taiwan	12.25	10.72	8.98	9.40	10.09
外商投资企业	Foreign Funded Enterprises	12.96	11.72	8.52	8.00	8.09
资产负债率(%)	**Ratio of Debts to Assets (%)**	**60.68**	**60.18**	**59.40**	**58.53**	**56.80**
内资企业	Domestic Funded	61.33	60.43	59.34	58.41	56.83
港澳台商投资企业	Enterprises with Funds from Hong Kong, Macao and Taiwan	58.46	62.90	63.50	61.52	58.85
外商投资企业	Foreign Funded Enterprises	56.74	56.35	57.04	57.73	55.07

注：规模以上工业企业统计范围1998年至2007年为全部国有及年主营业务收入在500万元及以上非国有工业企业；2008年至2010年为年主营业务收入在500万元及以上的工业企业；2011年及以后年份为年主营业务收入在2000万元及以上的工业企业(下同)。

a) Industrial enterprises above designated size are all state-owned enterprises and non-state owned enterprises with annual revenue from principal business over 5 million yuan from 1998 to 2006, and are industrial enterprise with annual revenue from principal business over 5 million yuan from 2007 to 2010, and are industrial enterprise with annual revenue from principal business over 20 million yuan since 2011. The same applies to the tables following.

规模以上工业企业主要经济指标（2014年）

Main Indicators of Industrial Enterprises above Designated Size (2014)

单位：亿元 (100 million yuan)

项　目	Item	企业单位数（个）Number of Enterprises (unit)	工业总产值（当年价格）Gross Industrial Output Value (current prices)	资产总计 Total Assets	主营业务收入 Revenue from Principal Business	利润总额 Total Profits
全省总计	**Total**	**14792**	**47675.90**	**42555.67**	**47207.76**	**2610.90**
按轻重工业分	**by Light & Heavy Industries**					
轻工业	Light Industry	4856	10943.23	6381.48	10874.86	781.54
重工业	Heavy Industry	9936	36732.67	36174.20	36332.90	1829.35
按企业规模分	**by Size of Enterprises**					
大型企业	Large Enterprises	383	18647.25	22945.42	19203.84	590.19
中型企业	Medium-sized Enterprises	1838	10970.51	8379.04	10619.11	861.81
小型企业	Small Enterprises	11879	17648.43	10644.15	16970.61	1150.37
微型企业	Micro enterprises	692	409.72	587.07	414.21	8.53
按登记注册类型分	**by Status of Registration**					
内资企业	Domestic Funded	13924	42429.06	37309.73	41834.60	2329.58
国有企业	State-owned Enterprises	183	1644.42	1611.96	1643.20	38.48
中央企业	Central Enterprises	39	960.79	929.15	951.68	21.89
地方企业	Local Enterprises	144	683.63	682.81	691.52	16.59
集体企业	Collective-owned Enterprises	156	375.31	165.58	371.87	36.48
股份合作企业	Cooperative Enterprises	19	18.75	6.56	18.45	0.33
联营企业	Joint Ownership Enterprises	2	5.55	0.79	5.42	0.60
国有联营企业	State Joint Ownership Enterprises					
集体联营企业	Collective Joint Ownership Enterprises	1	5.35	0.61	5.21	0.60
国有与集体联营	Joint State-collective Enterprises	1	0.20	0.18	0.20	
其他联营企业	Other Joint Ownership Enterprises					
有限责任公司	Limited Liability Corporations	3559	14245.67	16831.03	14558.21	586.28
国有独资公司	State Sole funded Corporations	102	1815.76	3032.21	2489.32	19.00
其他有限责任公司	Other Limited Liability Corporations	3457	12429.92	13798.82	12068.89	567.28
股份有限责任公司	Share-holding Corporations Limited	380	3684.34	4868.23	3652.32	130.47
私营企业	Private Enterprises	9600	22383.27	13685.76	21503.60	1532.07
私营独资企业	Private-funded Enterprises	570	1344.77	611.40	1320.63	204.82
私营合伙企业	Private Partnership Enterprises	162	301.90	82.83	293.24	25.12
私营有限责任公司	Private Limited Liability Corporations	8400	18655.56	10784.02	17997.91	1175.72
私营股份有限公司	Private Share-holding Corporations Ltd.	468	2081.04	2207.51	1891.82	126.41
其他企业	Other Enterprises	25	71.73	139.80	81.54	4.86
港澳台商投资企业	Enterprises with Funds from Hong Kong, Macao and Taiwan	269	2091.88	2177.40	2204.53	128.75
合资经营企业	Joint-ventures Enterprises	158	1095.90	1057.23	1111.01	77.40
合作经营企业	Cooperative Enterprises	9	131.98	160.22	127.35	7.77
港澳台商独资企业	Enterprises with Sole Investment	95	847.48	927.30	947.07	43.31
港澳台商投资股份有限公司	Share-holding Corporations Ltd.	5	5.91	23.29	8.47	-0.24
其他港澳台投资	Other Enterprises	2	10.62	9.36	10.63	0.51
外商投资企业	Foreign Funded Enterprises	599	3154.97	3068.55	3168.63	152.57
中外合资经营企业	Joint-venture Enterprises	320	1500.88	1645.45	1450.51	72.69
中外合作经营企业	Cooperation Enterprises	13	24.63	20.07	29.01	2.89
外资企业	Enterprises with Sole Funds	255	862.58	1063.02	921.50	67.41
股份有限公司	Share-holding Corporations Ltd.	8	640.39	295.94	641.48	7.81
其他外商投资	Other Enterprises	3	126.48	44.06	126.13	1.76

规模以上工业企业增加值

Value-added of Industry Enterprises above Designated Size

分　类	Item	2008	2009	2010	2011	2012	2013	2014
工业增加值(亿元)	**Value Added of Industry**	**6110.6**	**6287.8**	**8182.8**	**10509.4**	**11069.6**	**11711.1**	**11758.3**
# 轻工业	Light Industry	1262.6	1269.1	1626.6	2037.6	2272.9	2498.0	2690.1
重工业	Heavy Industrial	4848.0	5018.7	6556.2	8471.8	8796.7	9213.1	9068.3
# 国有企业	State-owned Enterprises	545.4	631.5	850.5	938.8	964.4	890.2	416.6
集体企业	Collective-owned Enterprises	197.2	141.9	164.3	158.8	130.7	170.0	113.6
股份合作企业	Cooperative Enterprises	31.1	28.0	21.8	24.9	15.4	10.8	5.1
股份制企业	Share-holding Corporations Limited	3610.4	3833.3	5053.4	6901.1	7331.4	7954.3	9394.9
外商及港澳台投资企业	Industrial Enterprises with Foreign Funds and Hong Kong, Macao and Taiwan	1109.5	988.6	1166.1	1405.3	1296.0	1267.1	1210.2
# 国有及国有控股企业	State-owned and State-holding Enterprises	2402.0	1936.6	2901.8	3399.6	3169.3	3065.0	2673.4
# 大中型工业	Large and Medium-sized Enterprises	4146.8	4184.5	5025.5	6340.1	6749.0	7336.4	7224.1
比上年增长(%)	**Growth Rate (%)**							
工业增加值	Value Added of Industry	13.5	13.4	16.5	16.1	13.4	10.0	5.1
# 轻工业	Light Industry	12.9	9.5	18.6	16.4	14.8	10.2	6.4
重工业	Heavy Industrial	13.6	14.4	16.0	16.0	13.0	10.0	4.7
# 国有企业	State-owned Enterprises	5.4	17.6	19.5	9.0	12.3	3.7	2.9
集体企业	Collective-owned Enterprises	3.2	15.2	6.2	4.2	18.2	-0.2	0.4
股份合作企业	Cooperative Enterprises	-2.2	8.0	-4.5	20.7	10.5	-9.0	-1.6
股份制企业	Share-holding Corporations Limited	15.7	13.9	17.8	16.8	13.9	11.2	5.8
外商及港澳台投资企业	Industrial Enterprises with Foreign Funds and Hong Kong, Macao and Taiwan	11.9	5.6	7.5	12.8	5.5	4.5	1.4
# 国有及国有控股企业	State-owned and State-holding Enterprises	8.3	11.0	13.9	7.8	5.6	3.2	1.4
# 大中型工业	Large and Medium-sized Enterprises	10.3	9.1	10.8	10.8	8.9	6.1	3.0

按行业分规模以上工业企业主要指标（2014年）

单位：亿元

行　业	Sector	企　业 单位数 （个） Number of Enterprises (unit)
全省总计	**Total**	**14792**
煤炭开采和洗选业	Mining and Washing of Coal	172
石油和天然气开采业	Extraction of Petroleum and Natural Gas	2
黑色金属矿采选业	Mining of Ferrous Metal Ores	718
有色金属矿采选业	Mining of Non-ferrous Metal Ores	19
非金属矿采选业	Mining and Processing of Nonmetal Ores	101
其他采矿业	Mining of Others	
农副食品加工业	Processing of Food from Agricultural Products	821
食品制造业	Manufacture of Foods	315
酒、饮料和精制茶制造业	Manufacture of Wine, Soft Drinks and Refined Tea	173
烟草制品业	Manufacture of Tobacco	3
纺织业	Manufacture of Textile	786
纺织服装、服饰业	Manufacture of Textile, Apparel	255
皮革、毛皮、羽毛及其制品和制鞋业	Manufacture of Leather, Fur, Feather and Its Products and Footware	555
木材加工和木、竹、藤、棕、草制品业	Processing of Timbers, Manufacture of Wood,Bamboo, Rattan, Palm and Straw Products	139
家具制造业	Manufacture of Furniture	151
造纸和纸制品业	Manufacture of Paper and Paper Products	272
印刷和记录媒介复制业	Printing, Reproduction of Recording Media	186
文教、工美、体育和娱乐用品制造业	Manufacture of Articles for Culture, Arts and Crafts, Education, Sport Activities and Entertainment Goods	275
石油加工、炼焦和核燃料加工业	Processing of Petroleum, Coking, Processing of Nuclear Fuel	150
化学原料和化学制品制造业	Manufacture of Chemical Raw Material and Chemical Products	969
医药制造业	Manufacture of Medicines	241
化学纤维制造业	Manufacture of Chemical Fiber	47
橡胶和塑料制品业	Manufacture of Rubber and Plastic	842
非金属矿物制品业	Manufacture of Nonmetallic Mineral Products	1281
黑色金属冶炼和压延加工业	Manufacture and Processing of Ferrous Metals	762
有色金属冶炼和压延加工业	Manufacture & Processing of Non-ferrous Metals	220
金属制品业	Manufacture of Metal Products	1365
通用设备制造业	Manufacture of General Purpose Machinery	922
专用设备制造业	Manufacture of Special Purpose Machinery	812
汽车制造业	Manufacture of Automotive	494
铁路、船舶、航空航天和其他运输设备制造业	Manufacture of Railroad, Marine, Aerospace and Other Transportation Equipment	159
电气机械和器材制造业	Manufacture of Electrical Machinery and Equipment	760
计算机、通信和其他电子设备制造	Manufacture of Computer, Communications and Other Electronic Equipment	176
仪器仪表制造业	Manufacture of Measuring Instrument	92
其他制造业	Manufacture of Others	48
废弃资源综合利用业	Recycling and Disposal of Waste	59
金属制品、机械和设备修理业	Metal Products, Machinery and Equipment Repair	13
电力、热力生产和供应业	Production and Supply of Electric Power and Heat Power	318
燃气生产和供应业	Production and Distribution of Gas	78
水的生产和供应业	Production and Distribution of Water	41

Main Indicators of Industrial Enterprises above Designated Size by Industrial Sector (2014)

(100 million yuan)

工 业 总产值 (当年价) Gross Industrial Output Value	实收资本 Total Capital Hold	流动资产 合 计 Total Working Capitals	#存 货 Inventory	#产成品 Finished Products	固定资产 合 计 Fixed Assets	固定资产 原 价 Original Value of Fixed Assets	累计折旧 Accumulated Depreciation
47675.9	**7374.9**	**16379.2**	**4050.0**	**1491.2**	**19804.5**	**27679.3**	**9644.5**
1137.9	255.8	781.7	121.7	61.2	766.9	920.1	419.7
283.6	231.5	65.5	6.1	2.5	577.4	1178.6	612.6
2463.8	436.8	972.8	152.4	82.8	703.2	912.5	287.3
55.7	5.3	12.8	4.0	1.4	30.4	29.8	9.8
135.2	16.6	36.3	7.6	5.0	35.0	51.3	20.0
2228.9	220.2	592.9	160.5	76.7	395.8	483.8	152.2
936.7	117.2	215.6	56.4	23.1	204.9	269.9	78.1
488.0	101.7	252.6	83.2	29.1	152.6	209.6	76.7
182.3	13.2	90.3	60.6	2.0	28.3	57.1	30.2
1716.5	146.1	300.2	107.1	50.7	344.2	431.1	122.4
423.8	40.2	98.2	29.2	14.1	69.2	92.2	27.9
1290.9	38.0	120.9	34.4	14.1	146.9	168.4	29.1
260.5	25.1	48.3	16.4	9.2	74.3	93.2	22.4
234.9	26.2	53.9	14.5	5.0	78.0	119.7	43.2
520.5	85.7	159.0	35.0	19.4	155.5	199.5	60.7
327.3	45.5	74.3	16.4	8.5	83.9	127.6	49.6
323.8	39.5	65.6	25.4	12.5	86.8	110.2	32.3
1961.3	171.1	510.6	175.4	45.6	566.4	842.7	360.5
2550.8	458.1	899.2	173.3	78.5	772.7	1042.0	347.3
765.6	171.6	462.9	90.5	38.3	267.2	380.5	132.4
81.7	17.2	23.1	8.5	4.4	27.1	43.2	16.7
1263.2	193.5	363.9	79.6	41.6	282.1	394.1	129.7
2007.0	437.7	900.9	194.4	81.8	1102.0	1466.0	426.8
11570.9	1510.6	3721.2	1256.7	338.0	5265.5	7791.6	2805.4
554.3	100.8	164.3	50.4	19.0	124.7	179.4	68.4
2752.2	319.2	744.0	187.5	87.9	2161.5	2217.3	292.6
1396.5	180.7	487.4	147.3	56.4	391.0	477.0	131.9
1426.5	290.6	672.6	179.8	72.6	582.1	632.1	151.6
1970.1	174.5	964.1	145.3	66.5	453.7	628.8	193.9
524.3	113.3	402.8	125.3	23.9	209.6	200.0	54.4
1980.8	390.4	961.7	177.1	92.8	491.7	700.9	267.4
464.8	117.8	285.1	33.5	9.2	180.1	253.5	91.7
86.1	22.9	71.1	13.2	5.9	16.3	21.4	7.3
48.2	5.6	11.3	2.9	1.1	15.0	20.4	5.6
85.9	17.7	29.2	7.3	1.6	14.7	16.0	4.4
23.0	3.1	21.8	7.8	0.0	6.5	13.1	6.6
2943.1	706.3	592.7	53.1	5.3	2754.6	4667.5	1999.9
168.3	73.0	104.5	6.6	2.6	102.1	115.4	28.8
40.8	54.9	43.6	3.5	0.9	84.4	121.9	46.8

按行业分规模以上工业企业主要指标（2014年）(续)

单位：亿元

行　业	Sector	资产总计 Total Assets
全省总计	**Total**	**42555.7**
煤炭开采和洗选业	Mining and Washing of Coal	1911.3
石油和天然气开采业	Extraction of Petroleum and Natural Gas	683.6
黑色金属矿采选业	Mining of Ferrous Metal Ores	2254.2
有色金属矿采选业	Mining of Non-ferrous Metal Ores	44.3
非金属矿采选业	Mining and Processing of Nonmetal Ores	82.2
其他采矿业	Mining of Others	
农副食品加工业	Processing of Food from Agricultural Products	1125.3
食品制造业	Manufacture of Foods	510.9
酒、饮料和精制茶制造业	Manufacture of Wine, Soft Drinks and Refined Tea	450.5
烟草制品业	Manufacture of Tobacco	120.7
纺织业	Manufacture of Textile	713.0
纺织服装、服饰业	Manufacture of Textile, Apparel	199.9
皮革、毛皮、羽毛及其制品和制鞋业	Manufacture of Leather, Fur, Feather and Its Products and Footware	393.2
木材加工和木、竹、藤、棕、草制品业	Processing of Timbers, Manufacture of Wood,Bamboo, Rattan, Palm and Straw Products	135.1
家具制造业	Manufacture of Furniture	151.3
造纸和纸制品业	Manufacture of Paper and Paper Products	362.8
印刷和记录媒介复制业	Printing, Reproduction of Recording Media	181.7
文教、工美、体育和娱乐用品制造业	Manufacture of Articles for Culture, Arts and Crafts, Education, Sport Activities and Entertainment Goods	167.2
石油加工、炼焦和核燃料加工业	Processing of Petroleum, Coking, Processing of Nuclear Fuel	1200.1
化学原料和化学制品制造业	Manufacture of Chemical Raw Material and Chemical Products	1958.0
医药制造业	Manufacture of Medicines	915.8
化学纤维制造业	Manufacture of Chemical Fiber	63.3
橡胶和塑料制品业	Manufacture of Rubber and Plastic	735.4
非金属矿物制品业	Manufacture of Nonmetallic Mineral Products	2311.7
黑色金属冶炼和压延加工业	Manufacture and Processing of Ferrous Metals	11072.3
有色金属冶炼和压延加工业	Manufacture & Processing of Non-ferrous Metals	354.5
金属制品业	Manufacture of Metal Products	3033.0
通用设备制造业	Manufacture of General Purpose Machinery	974.8
专用设备制造业	Manufacture of Special Purpose Machinery	1393.3
汽车制造业	Manufacture of Automotive	1661.1
铁路、船舶、航空航天和其他运输设备制造业	Manufacture of Railroad, Marine, Aerospace and Other Transportation Equipment	655.1
电气机械和器材制造业	Manufacture of Electrical Machinery and Equipment	1657.0
计算机、通信和其他电子设备制造	Manufacture of Computer, Communications and Other Electronic Equipment	558.5
仪器仪表制造业	Manufacture of Measuring Instrument	101.8
其他制造业	Manufacture of Others	27.8
废弃资源综合利用业	Recycling and Disposal of Waste	54.1
金属制品、机械和设备修理业	Metal Products, Machinery and Equipment Repair	30.9
电力、热力生产和供应业	Production and Supply of Electric Power and Heat Power	3877.6
燃气生产和供应业	Production and Distribution of Gas	283.0
水的生产和供应业	Production and Distribution of Water	149.2

Main Indicators of Industrial Enterprises above Designated Size by Industrial Sector (2014)

(100 million yuan)

流动负债合计 Total Working Liabilities	非流动负债合计 Total Non Working Liabilities	所有者权益合计 Total Owners' Equities	主营业务收入 Revenue from Principal Business	主营业务成本 Cost of Principal Business	主营业务税金及附加 Taxes and Other Charges on Principal Business	利润总额 Total Profits	本年应交增值税 Value-added Tax Payable
18731.9	**4256.2**	**18196.2**	**47207.8**	**40935.7**	**467.5**	**2610.9**	**1160.9**
822.6	457.8	618.6	1845.3	1738.5	9.3	-35.5	52.5
63.2	218.1	402.3	287.4	144.7	51.9	40.7	25.4
1060.0	188.3	929.4	2326.4	1781.1	38.8	374.4	172.6
19.3	5.9	17.4	48.9	37.2	0.4	7.6	3.5
30.1	11.5	36.6	127.3	105.9	1.1	11.6	2.9
483.2	58.1	521.3	2186.3	1959.7	5.7	86.8	27.3
180.2	16.9	289.1	945.5	768.7	3.9	78.8	25.4
223.7	16.9	197.3	475.6	354.1	20.7	51.5	17.7
33.0	0.3	87.4	170.2	60.3	82.3	14.7	19.3
237.8	24.2	398.3	1736.8	1528.1	7.9	127.2	33.8
64.2	5.4	102.6	411.4	363.1	1.6	27.6	8.0
101.4	5.5	274.7	1272.8	1058.4	6.6	121.9	28.7
43.5	8.9	73.1	251.6	214.8	0.9	21.1	4.7
53.7	4.6	67.3	224.2	197.7	0.8	14.8	3.7
138.9	48.7	167.8	496.4	429.2	2.2	35.8	14.5
55.0	5.0	102.4	315.4	273.6	1.3	26.5	10.4
47.4	3.8	109.9	312.6	272.1	1.5	24.8	6.7
801.6	105.8	265.9	1887.9	1713.4	105.5	-13.4	41.5
843.4	233.6	816.4	2457.0	2114.9	9.0	158.6	44.9
376.5	73.9	446.5	893.7	704.3	4.8	67.7	25.6
24.8	4.3	29.3	81.2	73.2	0.4	3.5	1.9
254.2	24.9	423.1	1207.7	1043.2	5.8	98.6	34.7
1039.1	183.9	904.3	1905.6	1643.8	11.1	86.6	54.6
5976.1	885.7	3821.7	11116.9	10131.6	17.0	242.4	137.1
171.4	35.0	120.4	541.2	477.8	1.3	24.7	9.2
811.4	57.4	2119.8	2661.7	2320.3	7.9	150.0	47.1
374.8	52.4	514.3	1337.1	1139.0	6.3	105.1	30.4
527.6	37.0	783.1	1360.7	1150.7	6.0	98.7	35.2
805.0	107.2	729.4	2016.4	1678.2	28.6	187.5	60.3
376.7	47.4	216.7	522.6	433.5	2.1	43.2	13.4
766.9	231.4	604.0	1969.0	1688.4	7.7	35.9	30.8
188.1	62.3	303.6	442.2	359.4	2.8	51.5	12.3
38.1	0.9	57.2	85.5	64.1	0.6	10.5	3.3
8.2	0.5	18.6	47.5	41.4	0.4	3.1	0.8
25.6	2.3	25.5	81.6	75.8	0.4	5.1	2.0
18.3	1.9	10.7	21.2	18.4	0.1	1.1	0.8
1451.9	954.7	1427.9	2926.8	2602.8	11.4	204.9	113.3
145.5	44.6	93.8	169.7	144.4	0.9	13.9	3.3
49.4	29.4	68.3	40.5	30.2	0.3	1.5	1.2

按行业分国有及国有控股工业企业主要指标（2014年）

单位：亿元

行　业	Sector	企业单位数（个）Number of Enterprises (unit)
全省总计	**Total**	**794**
煤炭开采和洗选业	Mining and Washing of Coal	19
石油和天然气开采业	Extraction of Petroleum and Natural Gas	2
黑色金属矿采选业	Mining of Ferrous Metal Ores	27
有色金属矿采选业	Mining of Non-ferrous Metal Ores	2
非金属矿采选业	Mining and Processing of Nonmetal Ores	8
其他采矿业	Mining of Others	
农副食品加工业	Processing of Food from Agricultural Products	17
食品制造业	Manufacture of Foods	6
酒、饮料和精制茶制造业	Manufacture of Wine, Soft Drinks and Refined Tea	9
烟草制品业	Manufacture of Tobacco	3
纺织业	Manufacture of Textile	12
纺织服装、服饰业	Manufacture of Textile, Apparel	8
皮革、毛皮、羽毛及其制品和制鞋业	Manufacture of Leather, Fur, Feather and Its Products and Footware	2
木材加工和木、竹、藤、棕、草制品业	Processing of Timbers, Manufacture of Wood,Bamboo, Rattan, Palm and Straw Products	1
家具制造业	Manufacture of Furniture	1
造纸和纸制品业	Manufacture of Paper and Paper Products	4
印刷和记录媒介复制业	Printing, Reproduction of Recording Media	11
文教、工美、体育和娱乐用品制造业	Manufacture of Articles for Culture, Arts and Crafts, Education, Sport Activities and Entertainment Goods	1
石油加工、炼焦和核燃料加工业	Processing of Petroleum, Coking, Processing of Nuclear Fuel	13
化学原料和化学制品制造业	Manufacture of Chemical Raw Material and Chemical Products	43
医药制造业	Manufacture of Medicines	9
化学纤维制造业	Manufacture of Chemical Fiber	2
橡胶和塑料制品业	Manufacture of Rubber and Plastic	5
非金属矿物制品业	Manufacture of Nonmetallic Mineral Products	66
黑色金属冶炼和压延加工业	Manufacture and Processing of Ferrous Metals	25
有色金属冶炼和压延加工业	Manufacture & Processing of Non-ferrous Metals	13
金属制品业	Manufacture of Metal Products	19
通用设备制造业	Manufacture of General Purpose Machinery	21
专用设备制造业	Manufacture of Special Purpose Machinery	48
汽车制造业	Manufacture of Automotive	17
铁路、船舶、航空航天和其他运输设备制造业	Manufacture of Railroad, Marine, Aerospace and Other Transportation Equipment	12
电气机械和器材制造业	Manufacture of Electrical Machinery and Equipment	25
计算机、通信和其他电子设备制造	Manufacture of Computer, Communications and Other Electronic Equipment	14
仪器仪表制造业	Manufacture of Measuring Instrument	7
其他制造业	Manufacture of Others	2
废弃资源综合利用业	Recycling and Disposal of Waste	4
金属制品、机械和设备修理业	Metal Products, Machinery and Equipment Repair	3
电力、热力生产和供应业	Production and Supply of Electric Power and Heat Power	258
燃气生产和供应业	Production and Distribution of Gas	25
水的生产和供应业	Production and Distribution of Water	30

Main Indicators of State-owned and State-holding Industrial Enterprises by Industrial Sector (2014)

(100 million yuan)

工业总产值(当年价)	实收资本	流动资产			固定资产	固定资产	累计折旧
		合计	#存货		合计	原价	
				#产成品			
Gross Industrial Output Value	Total Capital Hold	Total Working Capitals	Inventory	Finished Products	Fixed Assets	Original Value of Fixed Assets	Accumulated Depreciation
10433.5	**2952.3**	**5238.5**	**1602.6**	**457.2**	**8106.6**	**12228.4**	**4861.7**
870.5	236.8	710.2	107.9	52.4	741.6	889.4	407.1
283.6	231.5	65.5	6.1	2.5	577.4	1178.6	612.6
166.9	102.8	201.3	42.0	9.7	118.0	183.5	70.9
1.2	0.6	1.4	0.7	0.0	6.2	0.9	0.3
8.2	6.2	14.2	3.3	2.8	12.0	15.1	5.8
85.5	24.8	41.4	5.2	3.4	22.2	35.5	13.7
16.0	10.6	10.5	3.2	1.1	3.3	6.6	3.3
35.6	11.9	23.0	17.4	8.7	16.0	22.2	6.7
182.3	13.2	90.3	60.6	2.0	28.3	57.1	30.2
31.8	11.5	36.0	17.9	12.2	35.0	31.6	11.9
20.7	3.2	16.7	5.4	2.7	4.5	8.6	4.5
7.7	1.2	6.2	2.7	1.8	1.0	2.3	1.3
6.1	1.0	0.6	0.4	0.3	4.0	5.1	1.1
0.9	0.3	0.6	0.2	0.1	0.2	0.5	0.3
24.6	14.8	10.5	7.6	5.1	13.8	25.6	12.7
24.6	15.7	19.1	5.2	2.9	19.0	38.6	20.8
1.2	0.6	1.3	0.6	0.1	0.1	0.7	0.6
934.7	88.4	188.8	108.0	22.6	246.6	363.8	154.4
343.1	116.1	200.8	37.5	12.1	290.1	386.2	135.5
138.1	54.9	127.0	18.9	6.7	70.9	114.8	44.4
11.3	10.0	9.2	4.0	2.2	13.3	25.1	11.7
22.3	7.4	13.5	3.6	1.5	5.5	11.1	5.7
305.9	107.0	209.3	42.4	13.1	419.2	559.1	160.0
2561.5	835.9	1565.1	693.0	163.1	2221.5	2967.4	875.3
108.3	21.2	33.4	13.4	1.3	32.8	46.0	23.8
65.4	33.5	75.9	23.7	9.3	39.4	65.2	27.5
56.9	14.3	58.3	21.1	3.6	25.1	26.3	8.5
130.7	71.5	149.0	51.8	21.0	69.0	84.9	24.6
350.6	25.2	186.9	50.6	28.7	97.4	143.1	46.5
267.3	86.7	296.0	104.6	14.1	148.7	120.8	32.1
307.0	65.2	236.5	74.2	41.9	104.5	171.8	101.8
81.7	17.8	32.7	6.3	1.5	36.3	54.1	18.1
5.5	1.2	6.6	1.3	0.8	0.3	0.6	0.3
0.5	0.1	0.5	0.1	…	0.1	0.1	…
2.5	0.9	0.6	0.2	0.1	1.4	2.2	0.8
16.6	1.4	19.8	7.6	…	5.3	10.7	5.4
2858.6	622.4	512.9	49.1	4.7	2556.1	4410.8	1926.5
62.8	35.0	31.4	1.5	0.3	42.3	51.1	13.0
34.9	49.7	35.7	3.3	0.7	78.1	111.5	42.2

按行业分国有及国有控股工业企业主要指标（2014年）(续)

单位：亿元

行　业	Sector	资产总计 Total Assets
全省总计	**Total**	**16507.4**
煤炭开采和洗选业	Mining and Washing of Coal	1803.8
石油和天然气开采业	Extraction of Petroleum and Natural Gas	683.6
黑色金属矿采选业	Mining of Ferrous Metal Ores	534.8
有色金属矿采选业	Mining of Non-ferrous Metal Ores	7.6
非金属矿采选业	Mining and Processing of Nonmetal Ores	26.8
其他采矿业	Mining of Others	
农副食品加工业	Processing of Food from Agricultural Products	97.1
食品制造业	Manufacture of Foods	17.5
酒、饮料和精制茶制造业	Manufacture of Wine, Soft Drinks and Refined Tea	44.2
烟草制品业	Manufacture of Tobacco	120.7
纺织业	Manufacture of Textile	77.5
纺织服装、服饰业	Manufacture of Textile, Apparel	23.4
皮革、毛皮、羽毛及其制品和制鞋业	Manufacture of Leather, Fur, Feather and Its Products and Footware	9.6
木材加工和木、竹、藤、棕、草制品业	Processing of Timbers, Manufacture of Wood,Bamboo, Rattan, Palm and Straw Products	6.0
家具制造业	Manufacture of Furniture	0.8
造纸和纸制品业	Manufacture of Paper and Paper Products	29.1
印刷和记录媒介复制业	Printing, Reproduction of Recording Media	41.2
文教、工美、体育和娱乐用品制造业	Manufacture of Articles for Culture, Arts and Crafts, Education, Sport Activities and Entertainment Goods	1.7
石油加工、炼焦和核燃料加工业	Processing of Petroleum, Coking, Processing of Nuclear Fuel	458.8
化学原料和化学制品制造业	Manufacture of Chemical Raw Material and Chemical Products	561.8
医药制造业	Manufacture of Medicines	275.7
化学纤维制造业	Manufacture of Chemical Fiber	28.6
橡胶和塑料制品业	Manufacture of Rubber and Plastic	22.3
非金属矿物制品业	Manufacture of Nonmetallic Mineral Products	729.8
黑色金属冶炼和压延加工业	Manufacture and Processing of Ferrous Metals	5290.1
有色金属冶炼和压延加工业	Manufacture & Processing of Non-ferrous Metals	93.9
金属制品业	Manufacture of Metal Products	127.1
通用设备制造业	Manufacture of General Purpose Machinery	93.7
专用设备制造业	Manufacture of Special Purpose Machinery	249.2
汽车制造业	Manufacture of Automotive	337.7
铁路、船舶、航空航天和其他运输设备制造业	Manufacture of Railroad, Marine, Aerospace and Other Transportation Equipment	465.2
电气机械和器材制造业	Manufacture of Electrical Machinery and Equipment	370.0
计算机、通信和其他电子设备制造	Manufacture of Computer, Communications and Other Electronic Equipment	71.2
仪器仪表制造业	Manufacture of Measuring Instrument	7.3
其他制造业	Manufacture of Others	0.6
废弃资源综合利用业	Recycling and Disposal of Waste	2.2
金属制品、机械和设备修理业	Metal Products, Machinery and Equipment Repair	27.3
电力、热力生产和供应业	Production and Supply of Electric Power and Heat Power	3555.3
燃气生产和供应业	Production and Distribution of Gas	83.9
水的生产和供应业	Production and Distribution of Water	130.4

Main Indicators of State-owned and State-holding Industrial Enterprises by Industrial Sector (2014)

(100 million yuan)

流动负债合计 Total Working Liabilities	非流动负债合计 Total Non Working Liabilities	所有者权益合计 Total Owners' Equities	主营业务收入 Revenue from Principal Business	主营业务成本 Cost of Principal Business	主营业务税金及附加 Taxes and Other Charges on Principal Business	利润总额 Total Profits	本年应交增值税 Value-added Tax Payable
7860.1	**2854.1**	**5657.2**	**10989.9**	**9548.7**	**275.5**	**216.4**	**357.2**
760.1	456.4	581.8	1592.3	1501.6	8.7	-41.5	49.0
63.2	218.1	402.3	287.4	144.7	51.9	40.7	25.4
263.5	62.8	208.4	172.6	127.9	2.5	15.0	11.4
1.4	5.5	0.7	1.2	0.9	…	0.1	0.1
8.5	10.8	7.4	7.1	6.0	0.4	-0.7	0.7
44.9	9.8	40.3	81.3	74.8	0.2	1.3	1.0
8.2	2.0	7.3	15.7	11.6	0.1	3.2	0.6
25.3	1.0	17.0	35.9	19.9	3.6	2.0	2.2
33.0	0.3	87.4	170.2	60.3	82.3	14.7	19.3
46.2	1.6	28.9	86.1	84.4	0.1	-0.6	1.4
9.4	2.1	11.8	23.4	20.0	0.1	0.9	1.0
3.8	1.5	4.3	8.8	7.7	…	0.6	…
5.3		0.7	5.8	4.5		0.8	0.3
0.4		0.4	0.9	0.9	…	…	…
5.1		24.0	20.9	15.0	0.2	3.0	1.2
8.6	0.9	31.6	26.6	19.6	0.2	3.9	1.8
1.0	…	0.7	1.1	0.9	…	…	…
298.8	47.9	111.3	899.2	784.9	103.4	-23.6	26.2
249.6	109.6	200.5	319.4	272.3	1.1	-1.9	7.5
158.3	24.0	93.3	208.3	188.2	0.4	1.5	2.0
10.1	3.3	13.2	11.6	11.5	…	-0.8	0.4
11.4	…	10.8	24.8	19.7	0.1	2.4	0.8
370.8	105.0	242.7	276.8	219.6	1.5	2.6	14.3
2991.9	594.6	1645.3	2373.0	2163.6	1.8	30.8	40.3
48.7	1.9	22.0	109.4	92.6	0.3	3.4	1.6
67.2	5.9	53.4	60.7	51.9	0.4	-1.1	2.1
55.0	8.6	29.5	52.6	43.7	0.2	2.9	1.9
132.2	13.2	91.9	120.1	98.7	0.5	0.9	3.2
171.3	66.9	98.9	380.3	320.4	2.1	14.8	12.4
283.1	45.3	136.9	273.9	217.7	1.2	25.2	8.6
251.8	135.5	-18.5	303.0	257.7	0.8	-87.0	5.9
32.4	0.7	38.1	73.7	60.2	0.2	7.7	1.7
4.4	0.1	2.8	5.2	4.0	0.1	0.4	0.3
0.2	…	0.3	0.5	0.3	…	…	0.1
0.5	0.5	1.2	2.3	2.0	…	…	0.1
16.7	1.9	8.7	14.7	12.4	…	1.0	0.2
1341.8	870.3	1326.3	2846.8	2545.6	10.7	191.2	109.5
34.5	18.8	32.7	62.0	55.8	0.2	1.9	1.7
41.2	27.5	60.8	34.3	25.6	0.2	0.7	1.0

按行业分私营工业企业主要指标（2014年）

单位：亿元

行　业	Sector	企　业单位数（个）Number of Enterprises (unit)
全省总计	**Total**	**9600**
煤炭开采和洗选业	Mining and Washing of Coal	104
石油和天然气开采业	Extraction of Petroleum and Natural Gas	
黑色金属矿采选业	Mining of Ferrous Metal Ores	561
有色金属矿采选业	Mining of Non-ferrous Metal Ores	11
非金属矿采选业	Mining and Processing of Nonmetal Ores	71
其他采矿业	Mining of Others	
农副食品加工业	Processing of Food from Agricultural Products	514
食品制造业	Manufacture of Foods	199
酒、饮料和精制茶制造业	Manufacture of Wine, Soft Drinks and Refined Tea	85
烟草制品业	Manufacture of Tobacco	
纺织业	Manufacture of Textile	579
纺织服装、服饰业	Manufacture of Textile, Apparel	150
皮革、毛皮、羽毛及其制品和制鞋业	Manufacture of Leather, Fur, Feather and Its Products and Footware	459
木材加工和木、竹、藤、棕、草制品业	Processing of Timbers, Manufacture of Wood,Bamboo, Rattan, Palm and Straw Products	107
家具制造业	Manufacture of Furniture	107
造纸和纸制品业	Manufacture of Paper and Paper Products	180
印刷和记录媒介复制业	Printing, Reproduction of Recording Media	126
文教、工美、体育和娱乐用品制造业	Manufacture of Articles for Culture, Arts and Crafts, Education, Sport Activities and Entertainment Goods	191
石油加工、炼焦和核燃料加工业	Processing of Petroleum, Coking, Processing of Nuclear Fuel	93
化学原料和化学制品制造业	Manufacture of Chemical Raw Material and Chemical Products	608
医药制造业	Manufacture of Medicines	131
化学纤维制造业	Manufacture of Chemical Fiber	33
橡胶和塑料制品业	Manufacture of Rubber and Plastic	621
非金属矿物制品业	Manufacture of Nonmetallic Mineral Products	795
黑色金属冶炼和压延加工业	Manufacture and Processing of Ferrous Metals	529
有色金属冶炼和压延加工业	Manufacture & Processing of Non-ferrous Metals	152
金属制品业	Manufacture of Metal Products	947
通用设备制造业	Manufacture of General Purpose Machinery	598
专用设备制造业	Manufacture of Special Purpose Machinery	488
汽车制造业	Manufacture of Automotive	313
铁路、船舶、航空航天和其他运输设备制造业	Manufacture of Railroad, Marine, Aerospace and Other Transportation Equipment	105
电气机械和器材制造业	Manufacture of Electrical Machinery and Equipment	470
计算机、通信和其他电子设备制造	Manufacture of Computer, Communications and Other Electronic Equipment	104
仪器仪表制造业	Manufacture of Measuring Instrument	53
其他制造业	Manufacture of Others	30
废弃资源综合利用业	Recycling and Disposal of Waste	38
金属制品、机械和设备修理业	Metal Products, Machinery and Equipment Repair	6
电力、热力生产和供应业	Production and Supply of Electric Power and Heat Power	19
燃气生产和供应业	Production and Distribution of Gas	20
水的生产和供应业	Production and Distribution of Water	3

Main Indicators of Private Enterprises by Industrial Sector (2014)

(100 million yuan)

工 业 总产值 (当年价) Gross Industrial Output Value	实收资本 Total Capital Hold	流动资产 合 计 Total Working Capitals	#存 货 Inventory	#产成品 Finished Products	固定资产 合 计 Fixed Assets	固定资产 原 价 Original Value of Fixed Assets	累计折旧 Accumulated Depreciation
22383.3	**2270.5**	**4974.8**	**1142.5**	**530.4**	**7178.2**	**8866.1**	**2351.3**
188.4	11.0	45.2	8.6	5.5	19.9	22.4	8.7
1777.8	270.1	599.4	88.3	57.8	469.4	580.3	174.7
37.8	3.5	5.5	1.6	0.9	12.9	18.6	6.7
112.4	7.7	13.4	2.5	1.2	17.7	27.0	10.3
1119.6	81.2	184.2	67.7	34.3	195.5	245.6	70.7
520.9	55.1	88.6	27.8	11.2	98.6	120.9	28.4
150.9	25.0	40.6	13.4	4.5	43.8	47.9	12.0
1225.2	94.3	155.9	46.4	23.6	221.7	283.2	74.6
265.6	23.2	46.5	13.0	5.8	43.0	56.1	14.5
1081.3	28.2	80.1	18.0	8.4	127.1	141.0	20.1
210.9	14.6	30.3	9.9	5.4	48.6	61.7	15.9
154.4	16.3	21.2	6.7	3.3	37.4	57.2	21.1
321.8	36.3	95.2	14.4	7.1	89.2	98.5	21.3
213.9	19.8	34.3	6.8	3.7	40.8	58.2	20.1
215.2	27.0	35.7	13.9	7.4	67.2	84.0	24.3
515.0	50.5	168.4	37.4	13.6	148.5	194.9	85.0
1244.4	109.3	268.0	56.2	28.5	217.9	279.2	78.0
241.6	30.0	60.1	16.4	7.1	59.6	73.2	16.3
57.6	4.9	9.4	2.9	1.4	10.8	14.6	4.4
930.5	124.8	205.0	42.6	22.3	196.3	267.3	82.1
1078.8	160.6	371.4	69.7	29.6	367.1	474.8	135.3
4637.6	390.0	878.7	249.4	91.9	1664.5	2488.0	913.0
289.5	28.0	68.7	20.4	11.5	36.2	49.1	15.0
2096.1	197.1	441.4	101.4	47.9	1896.9	1901.6	197.3
838.0	83.0	178.9	50.0	23.1	233.3	274.7	63.1
853.1	130.9	234.6	56.0	22.6	350.2	367.0	72.8
517.5	37.0	118.4	27.9	15.2	104.3	130.3	34.8
177.3	17.5	77.2	12.7	6.5	46.1	59.1	15.1
952.1	123.3	204.5	39.0	21.9	172.7	226.9	66.7
176.4	29.2	126.1	11.4	2.9	49.6	60.4	27.7
46.5	10.1	30.1	4.1	1.6	8.0	9.5	2.9
38.1	2.6	5.5	1.4	0.7	12.6	17.1	4.6
44.1	6.0	7.8	1.5	0.8	5.7	6.4	1.9
4.2	0.5	1.1	0.1		0.3	0.6	0.2
20.6	15.3	19.1	1.4	0.5	45.2	52.0	8.3
27.6	5.9	19.7	1.3	0.9	17.9	14.6	2.7
0.7	0.9	4.6	0.1	0.1	1.8	2.3	1.0

按行业分私营工业企业主要指标（2014年）(续)

单位：亿元

行　业	Sector	资产总计 Total Assets
全省总计	**Total**	**13685.8**
煤炭开采和洗选业	Mining and Washing of Coal	73.0
石油和天然气开采业	Extraction of Petroleum and Natural Gas	
黑色金属矿采选业	Mining of Ferrous Metal Ores	1372.2
有色金属矿采选业	Mining of Non-ferrous Metal Ores	18.9
非金属矿采选业	Mining and Processing of Nonmetal Ores	38.6
其他采矿业	Mining of Others	
农副食品加工业	Processing of Food from Agricultural Products	429.1
食品制造业	Manufacture of Foods	248.0
酒、饮料和精制茶制造业	Manufacture of Wine, Soft Drinks and Refined Tea	99.4
烟草制品业	Manufacture of Tobacco	
纺织业	Manufacture of Textile	414.0
纺织服装、服饰业	Manufacture of Textile, Apparel	101.9
皮革、毛皮、羽毛及其制品和制鞋业	Manufacture of Leather, Fur, Feather and Its Products and Footware	302.6
木材加工和木、竹、藤、棕、草制品业	Processing of Timbers, Manufacture of Wood,Bamboo, Rattan, Palm and Straw Products	85.2
家具制造业	Manufacture of Furniture	68.5
造纸和纸制品业	Manufacture of Paper and Paper Products	208.4
印刷和记录媒介复制业	Printing, Reproduction of Recording Media	86.4
文教、工美、体育和娱乐用品制造业	Manufacture of Articles for Culture, Arts and Crafts, Education, Sport Activities and Entertainment Goods	110.1
石油加工、炼焦和核燃料加工业	Processing of Petroleum, Coking, Processing of Nuclear Fuel	381.9
化学原料和化学制品制造业	Manufacture of Chemical Raw Material and Chemical Products	580.8
医药制造业	Manufacture of Medicines	143.6
化学纤维制造业	Manufacture of Chemical Fiber	26.5
橡胶和塑料制品业	Manufacture of Rubber and Plastic	445.0
非金属矿物制品业	Manufacture of Nonmetallic Mineral Products	863.2
黑色金属冶炼和压延加工业	Manufacture and Processing of Ferrous Metals	2713.0
有色金属冶炼和压延加工业	Manufacture & Processing of Non-ferrous Metals	122.8
金属制品业	Manufacture of Metal Products	2411.8
通用设备制造业	Manufacture of General Purpose Machinery	448.1
专用设备制造业	Manufacture of Special Purpose Machinery	647.5
汽车制造业	Manufacture of Automotive	260.3
铁路、船舶、航空航天和其他运输设备制造业	Manufacture of Railroad, Marine, Aerospace and Other Transportation Equipment	137.0
电气机械和器材制造业	Manufacture of Electrical Machinery and Equipment	423.1
计算机、通信和其他电子设备制造	Manufacture of Computer, Communications and Other Electronic Equipment	220.1
仪器仪表制造业	Manufacture of Measuring Instrument	48.3
其他制造业	Manufacture of Others	18.8
废弃资源综合利用业	Recycling and Disposal of Waste	14.6
金属制品、机械和设备修理业	Metal Products, Machinery and Equipment Repair	1.5
电力、热力生产和供应业	Production and Supply of Electric Power and Heat Power	70.9
燃气生产和供应业	Production and Distribution of Gas	44.1
水的生产和供应业	Production and Distribution of Water	6.9

Main Indicators of Private Enterprises by Industrial Sector (2014)

(100 million yuan)

流动负债合计 Total Working Liabilities	非流动负债合计 Total Non Working Liabilities	所有者权益合计 Total Owners' Equities	主营业务收入 Revenue from Principal Business	主营业务成本 Cost of Principal Business	主营业务税金及附加 Taxes and Other Charges on Principal Business	利润总额 Total Profits	本年应交增值税 Value-added Tax Payable
5127.9	**543.3**	**7240.1**	**21503.6**	**18712.8**	**101.6**	**1532.1**	**483.3**
40.1	0.8	26.9	185.3	172.8	0.4	4.8	2.6
635.9	96.3	574.3	1663.7	1278.0	25.8	280.4	126.7
7.1	0.2	9.9	34.1	26.3	0.3	5.9	2.4
11.8	0.6	22.4	107.9	89.9	0.5	12.1	1.7
109.2	16.0	264.4	1082.1	965.0	3.8	67.1	16.9
75.7	9.2	144.7	498.2	426.3	2.1	41.1	9.6
34.0	6.0	56.6	146.3	120.2	3.4	12.4	3.3
111.0	13.2	262.0	1199.9	1053.0	6.0	94.9	24.4
22.3	2.3	55.0	253.5	221.4	1.1	19.3	4.7
75.1	0.8	216.6	1065.1	884.2	5.5	105.2	22.1
23.2	7.1	46.6	202.2	173.6	0.7	17.4	3.4
22.4	2.1	37.6	147.4	129.3	0.6	10.7	2.3
65.1	42.0	96.6	309.7	271.8	1.4	21.3	7.0
31.4	2.6	47.4	201.9	178.8	0.8	14.9	3.8
26.6	1.0	77.5	207.0	182.0	1.0	16.8	4.6
289.0	19.5	56.5	488.1	463.2	0.9	-1.1	7.8
232.2	46.2	259.8	1193.9	1047.6	4.5	80.6	18.0
29.7	6.3	103.4	227.5	178.6	1.4	21.2	6.3
10.3	0.2	13.5	56.5	50.5	0.3	3.8	1.4
126.0	12.3	282.4	882.9	770.1	4.4	74.8	25.9
315.4	29.5	374.4	1030.5	902.7	6.2	61.8	23.1
1470.5	73.8	982.2	4441.6	4054.1	9.1	126.1	52.5
50.3	4.1	63.3	281.1	248.3	0.7	18.4	5.2
558.9	28.4	1799.5	2049.9	1785.8	5.3	121.9	36.0
131.1	8.9	286.3	798.4	687.9	3.8	62.5	15.6
196.5	6.7	424.5	814.4	696.0	3.4	67.0	19.7
98.6	12.1	137.5	491.7	424.9	2.2	42.2	10.9
66.7	1.7	59.3	167.2	145.7	0.6	11.2	3.1
129.5	9.0	259.6	924.7	795.0	3.7	81.9	14.2
46.8	49.2	122.6	174.2	140.6	1.0	23.0	4.0
17.7	0.5	24.5	47.5	36.9	0.3	5.2	1.6
3.8	0.1	14.6	36.9	31.9	0.3	3.6	0.6
6.9	0.1	7.1	43.6	40.4	0.1	2.2	0.8
0.8		0.8	4.2	3.9	…	0.1	0.5
29.2	24.7	16.7	15.1	11.1	0.1	0.8	0.2
22.2	10.0	11.5	28.0	24.3	0.1	1.1	0.5
4.8	…	1.5	1.3	1.1	0.1	-0.1	…

按行业分大中型工业企业主要指标（2014年）

单位：亿元

行　业	Sector	企　业 单位数 （个） Number of Enterprises (unit)
全省总计	**Total**	**2221**
煤炭开采和洗选业	Mining and Washing of Coal	21
石油和天然气开采业	Extraction of Petroleum and Natural Gas	2
黑色金属矿采选业	Mining of Ferrous Metal Ores	118
有色金属矿采选业	Mining of Non-ferrous Metal Ores	5
非金属矿采选业	Mining and Processing of Nonmetal Ores	8
其他采矿业	Mining of Others	
农副食品加工业	Processing of Food from Agricultural Products	95
食品制造业	Manufacture of Foods	62
酒、饮料和精制茶制造业	Manufacture of Wine, Soft Drinks and Refined Tea	35
烟草制品业	Manufacture of Tobacco	3
纺织业	Manufacture of Textile	155
纺织服装、服饰业	Manufacture of Textile, Apparel	57
皮革、毛皮、羽毛及其制品和制鞋业	Manufacture of Leather, Fur, Feather and Its Products and Footware	105
木材加工和木、竹、藤、棕、草制品业	Processing of Timbers, Manufacture of Wood,Bamboo, Rattan, Palm and Straw Products	26
家具制造业	Manufacture of Furniture	22
造纸和纸制品业	Manufacture of Paper and Paper Products	32
印刷和记录媒介复制业	Printing, Reproduction of Recording Media	17
文教、工美、体育和娱乐用品制造业	Manufacture of Articles for Culture, Arts and Crafts, Education, Sport Activities and Entertainment Goods	28
石油加工、炼焦和核燃料加工业	Processing of Petroleum, Coking, Processing of Nuclear Fuel	60
化学原料和化学制品制造业	Manufacture of Chemical Raw Material and Chemical Products	125
医药制造业	Manufacture of Medicines	41
化学纤维制造业	Manufacture of Chemical Fiber	5
橡胶和塑料制品业	Manufacture of Rubber and Plastic	62
非金属矿物制品业	Manufacture of Nonmetallic Mineral Products	167
黑色金属冶炼和压延加工业	Manufacture and Processing of Ferrous Metals	199
有色金属冶炼和压延加工业	Manufacture & Processing of Non-ferrous Metals	20
金属制品业	Manufacture of Metal Products	135
通用设备制造业	Manufacture of General Purpose Machinery	79
专用设备制造业	Manufacture of Special Purpose Machinery	103
汽车制造业	Manufacture of Automotive	99
铁路、船舶、航空航天和其他运输设备制造业	Manufacture of Railroad, Marine, Aerospace and Other Transportation Equipment	23
电气机械和器材制造业	Manufacture of Electrical Machinery and Equipment	77
计算机、通信和其他电子设备制造	Manufacture of Computer, Communications and Other Electronic Equipment	33
仪器仪表制造业	Manufacture of Measuring Instrument	10
其他制造业	Manufacture of Others	7
废弃资源综合利用业	Recycling and Disposal of Waste	
金属制品、机械和设备修理业	Metal Products, Machinery and Equipment Repair	7
电力、热力生产和供应业	Production and Supply of Electric Power and Heat Power	150
燃气生产和供应业	Production and Distribution of Gas	12
水的生产和供应业	Production and Distribution of Water	16

Major Indicators of Large and Medium-sized Industrial Enterprises by Sector (2014)

(100 million yuan)

工业总产值(当年价) Gross Industrial Output Value	实收资本 Total Capital Hold	流动资产 合计 Total Working Capitals	#存货 Inventory	#产成品 Finished Products	固定资产 合计 Fixed Assets	固定资产 原价 Original Value of Fixed Assets	累计折旧 Accumulated Depreciation
29617.8	**4758.4**	**11603.1**	**2909.9**	**963.8**	**14788.7**	**21531.0**	**8032.3**
871.7	238.1	712.2	107.8	52.4	745.4	888.2	406.2
283.6	231.5	65.5	6.1	2.5	577.4	1178.6	612.6
1458.4	308.2	630.3	89.0	40.8	493.5	639.0	205.8
46.7	3.3	5.6	2.6	0.6	23.0	23.3	7.8
72.1	6.2	16.4	4.2	3.3	22.3	33.1	13.3
1020.6	101.9	370.8	70.2	36.6	189.4	237.9	90.0
584.0	79.0	143.0	32.9	11.6	117.3	166.4	55.4
280.9	62.3	178.7	54.7	19.3	89.8	127.7	50.3
182.3	13.2	90.3	60.6	2.0	28.3	57.1	30.2
699.9	73.0	163.1	70.4	32.2	167.5	210.4	70.1
136.0	15.2	37.7	12.9	6.2	21.6	30.1	11.9
695.2	16.4	51.0	14.5	6.2	71.8	86.0	19.0
137.6	10.9	15.4	5.2	2.6	32.6	43.2	11.3
111.7	11.5	26.0	4.7	1.7	49.3	76.1	27.5
202.5	51.7	79.1	18.0	9.9	84.8	111.5	39.2
68.5	20.8	32.0	7.6	4.1	26.3	52.2	27.2
108.1	11.5	18.9	6.6	2.6	26.9	39.1	15.3
1694.3	150.6	422.0	153.2	36.8	532.2	797.6	346.9
1153.6	195.3	535.7	95.7	41.9	505.6	694.9	250.2
487.0	127.5	355.9	73.2	30.4	201.8	298.4	111.4
22.8	10.5	11.3	4.5	2.5	14.4	27.0	12.7
298.9	38.3	120.3	27.3	13.4	82.6	126.3	48.8
804.4	201.2	553.6	118.5	48.3	659.4	910.1	288.5
10112.8	1406.5	3418.0	1167.1	292.3	5008.3	7457.8	2714.2
178.5	60.8	67.7	21.4	8.3	78.6	118.2	48.3
1178.7	95.8	324.0	84.0	40.3	1511.4	1545.9	138.9
374.8	61.1	228.7	76.4	28.0	117.7	150.0	47.8
602.5	165.6	367.0	97.9	40.1	359.7	371.4	81.9
1479.4	116.2	841.7	112.9	53.6	350.1	496.0	155.7
321.0	92.6	353.5	112.8	18.5	168.3	145.2	38.5
823.8	188.7	636.6	112.6	61.0	263.7	404.2	180.6
314.2	87.5	232.4	23.5	5.5	149.8	210.2	76.9
26.4	8.5	33.7	5.9	3.1	4.2	6.3	2.3
16.3	1.5	3.6	0.6	0.2	7.3	9.7	2.6
18.6	1.8	20.3	7.7	…	5.8	12.0	6.2
2651.5	409.0	366.7	41.3	3.8	1894.8	3607.3	1734.9
69.0	43.6	46.5	3.2	0.6	48.6	54.8	16.2
29.7	41.1	28.1	2.8	0.7	57.5	88.1	36.0

按行业分大中型工业企业主要指标（2014年）(续)

单位：亿元

行　业	Sector	资产总计 Total Assets
全省总计	**Total**	**31324.5**
煤炭开采和洗选业	Mining and Washing of Coal	1809.9
石油和天然气开采业	Extraction of Petroleum and Natural Gas	683.6
黑色金属矿采选业	Mining of Ferrous Metal Ores	1587.9
有色金属矿采选业	Mining of Non-ferrous Metal Ores	29.1
非金属矿采选业	Mining and Processing of Nonmetal Ores	41.2
其他采矿业	Mining of Others	
农副食品加工业	Processing of Food from Agricultural Products	636.2
食品制造业	Manufacture of Foods	310.4
酒、饮料和精制茶制造业	Manufacture of Wine, Soft Drinks and Refined Tea	303.1
烟草制品业	Manufacture of Tobacco	120.7
纺织业	Manufacture of Textile	370.5
纺织服装、服饰业	Manufacture of Textile, Apparel	65.9
皮革、毛皮、羽毛及其制品和制鞋业	Manufacture of Leather, Fur, Feather and Its Products and Footware	197.4
木材加工和木、竹、藤、棕、草制品业	Processing of Timbers, Manufacture of Wood,Bamboo, Rattan, Palm and Straw Products	51.7
家具制造业	Manufacture of Furniture	88.7
造纸和纸制品业	Manufacture of Paper and Paper Products	183.2
印刷和记录媒介复制业	Printing, Reproduction of Recording Media	64.8
文教、工美、体育和娱乐用品制造业	Manufacture of Articles for Culture, Arts and Crafts, Education, Sport Activities and Entertainment Goods	52.2
石油加工、炼焦和核燃料加工业	Processing of Petroleum, Coking, Processing of Nuclear Fuel	1052.9
化学原料和化学制品制造业	Manufacture of Chemical Raw Material and Chemical Products	1204.3
医药制造业	Manufacture of Medicines	720.0
化学纤维制造业	Manufacture of Chemical Fiber	36.2
橡胶和塑料制品业	Manufacture of Rubber and Plastic	240.3
非金属矿物制品业	Manufacture of Nonmetallic Mineral Products	1393.3
黑色金属冶炼和压延加工业	Manufacture and Processing of Ferrous Metals	10392.3
有色金属冶炼和压延加工业	Manufacture & Processing of Non-ferrous Metals	170.8
金属制品业	Manufacture of Metal Products	1893.4
通用设备制造业	Manufacture of General Purpose Machinery	392.2
专用设备制造业	Manufacture of Special Purpose Machinery	805.4
汽车制造业	Manufacture of Automotive	1399.0
铁路、船舶、航空航天和其他运输设备制造业	Manufacture of Railroad, Marine, Aerospace and Other Transportation Equipment	555.6
电气机械和器材制造业	Manufacture of Electrical Machinery and Equipment	1030.9
计算机、通信和其他电子设备制造	Manufacture of Computer, Communications and Other Electronic Equipment	467.6
仪器仪表制造业	Manufacture of Measuring Instrument	43.7
其他制造业	Manufacture of Others	11.0
废弃资源综合利用业	Recycling and Disposal of Waste	
金属制品、机械和设备修理业	Metal Products, Machinery and Equipment Repair	28.7
电力、热力生产和供应业	Production and Supply of Electric Power and Heat Power	2671.9
燃气生产和供应业	Production and Distribution of Gas	120.9
水的生产和供应业	Production and Distribution of Water	97.8

Major Indicators of Large and Medium-sized Industrial Enterprises by Sector (2014)

(100 million yuan)

流动负债合计 Total Working Liabilities	非流动负债合计 Total Non Working Liabilities	所有者权益合计 Total Owners' Equities	主营业务收入 Revenue from Principal Business	主营业务成本 Cost of Principal Business	主营业务税金及附加 Taxes and Other Charges on Principal Business	利润总额 Total Profits	本年应交增值税 Value-added Tax Payable
14648.6	**3476.9**	**12605.4**	**29822.9**	**25768.0**	**371.8**	**1452.0**	**806.3**
761.1	456.5	586.8	1593.5	1502.7	8.8	-42.0	49.2
63.2	218.1	402.3	287.4	144.7	51.9	40.7	25.4
710.1	167.2	690.9	1416.7	1003.9	24.3	299.4	134.9
11.3	5.5	12.3	40.0	30.7	0.4	6.2	3.1
11.1	10.8	19.3	67.1	57.0	0.4	7.8	1.4
329.3	41.1	247.0	1015.6	912.1	1.7	21.2	11.6
114.2	11.4	179.1	609.9	481.0	2.0	53.8	17.3
169.6	12.8	115.2	279.8	196.9	13.9	34.1	12.7
33.0	0.3	87.4	170.2	60.3	82.3	14.7	19.3
136.7	12.7	189.0	745.3	659.6	2.7	51.4	15.9
28.5	3.4	32.7	129.1	112.5	0.4	7.7	3.4
41.9	5.0	150.5	686.5	561.9	2.6	71.9	20.8
13.0	2.5	30.6	134.4	112.4	0.4	14.0	3.0
32.1	3.8	34.0	108.3	95.0	0.2	7.6	2.0
69.1	33.8	80.2	198.0	167.0	0.8	16.3	8.3
15.1	2.3	45.6	71.7	58.9	0.4	7.0	2.4
13.0	0.8	36.6	106.1	89.9	0.6	10.3	2.8
712.2	95.4	230.9	1641.8	1478.9	102.6	-15.9	38.4
562.8	178.2	460.7	1092.4	922.3	3.2	61.3	20.7
305.8	65.6	346.0	633.0	496.3	3.2	45.3	18.9
13.0	3.3	16.0	22.7	21.0	0.2	-0.3	0.7
95.6	9.4	126.4	294.0	242.1	1.2	28.9	8.2
656.6	161.6	451.3	754.4	639.3	4.6	12.6	28.6
5727.3	864.8	3539.2	9672.5	8854.5	13.5	186.8	120.1
88.5	32.5	49.6	173.0	145.8	0.7	10.4	4.8
473.2	43.1	1366.8	1139.5	963.1	2.4	75.0	25.4
183.6	39.7	166.8	351.4	283.3	1.8	35.0	10.6
290.7	28.0	472.5	565.4	462.0	2.1	43.3	16.5
715.7	95.5	579.7	1538.3	1257.5	26.4	154.0	48.5
337.3	45.6	168.1	326.9	261.8	1.4	29.6	10.2
566.1	210.7	238.3	855.5	730.5	2.2	-53.3	11.9
160.1	60.4	245.0	293.9	235.3	2.0	39.8	9.6
15.0	0.2	27.9	25.5	16.6	0.3	4.9	1.6
3.3	0.1	7.6	16.6	14.5	0.1	1.2	0.3
17.3	1.9	9.5	16.8	14.4	0.1	1.0	0.5
1079.9	519.7	1071.4	2653.6	2403.8	9.7	164.2	95.6
60.3	13.9	46.4	67.4	57.3	0.4	5.7	1.0
32.2	19.3	46.3	28.6	21.4	0.2	0.5	0.9

按行业分规模以上工业企业主要经济效益指标（2014年）
Main Indicators on Economic Benefit of Industrial Enterprises above Designated Size by Industrial Sector (2014)

行业	Sector	总资产贡献率(%) Ratio of Total Assets to Industrial Output Value (%)	资产负债率(%) Assets-Liability Ratio (%)	流动资产周转次数(次) Number of Times of Annual of Turnover Working Capitals (times)	工业成本费用利润率(%) Ratio of Profits to Industrial Cost (%)	产品销售率(%) Proportion of Products Sold (%)
全省总计	**Total**	**11.33**	**56.80**	**2.98**	**5.77**	**97.92**
煤炭开采和洗选业	Mining and Washing of Coal	3.30	67.51	2.53	-1.74	98.47
石油和天然气开采业	Extraction of Petroleum and Natural Gas	18.36	41.15	4.58	19.80	99.90
黑色金属矿采选业	Mining of Ferrous Metal Ores	27.77	57.99	2.42	19.39	96.02
有色金属矿采选业	Mining of Non-ferrous Metal Ores	27.02	60.80	3.92	18.22	89.77
非金属矿采选业	Mining and Processing of Nonmetal Ores	19.48	54.99	3.65	9.50	95.07
其他采矿业	Mining of Others					
农副食品加工业	Processing of Food from Agricultural Products	12.72	53.04	3.71	4.19	98.60
食品制造业	Manufacture of Foods	22.16	42.65	4.49	8.86	98.10
酒、饮料和精制茶制造业	Manufacture of Wine, Soft Drinks and Refined Tea	20.96	55.67	1.91	12.36	99.63
烟草制品业	Manufacture of Tobacco	96.31	27.63	2.36	12.68	98.73
纺织业	Manufacture of Textile	25.20	43.09	5.80	7.94	97.71
纺织服装、服饰业	Manufacture of Textile, Apparel	19.49	46.41	4.19	7.21	97.50
皮革、毛皮、羽毛及其制品和制鞋业	Manufacture of Leather, Fur, Feather and Its Products and Footware	44.78	29.95	10.55	10.65	98.62
木材加工和木、竹、藤、棕、草制品业	Processing of Timbers, Manufacture of Wood, Bamboo, Rattan, Palm, and Straw Products	21.58	44.52	5.25	9.11	98.24
家具制造业	Manufacture of Furniture	13.23	54.58	4.18	7.04	97.19
造纸和纸制品业	Manufacture of Paper and Paper Products	15.53	53.28	3.13	7.83	96.98
印刷和记录媒介复制业	Printing, Reproduction of Recording Media	21.79	41.16	4.30	9.07	98.78
文教、工美、体育和娱乐用品制造业	Manufacture of Articles for Culture, Arts and Crafts, Education, Sport Activities and Entertainment Goods	20.44	34.20	4.78	8.64	98.23
石油加工、炼焦和核燃料加工业	Processing of Petroleum, Coking, Processing of Nuclear Fuel	12.78	77.40	4.05	-0.68	96.45
化学原料和化学制品制造业	Manufacture of Chemical Raw Material and Chemical Products	12.39	57.97	2.76	6.83	97.27
医药制造业	Manufacture of Medicines	11.60	50.97	1.94	8.15	92.60
化学纤维制造业	Manufacture of Chemical Fiber	10.13	50.55	3.54	4.42	98.64
橡胶和塑料制品业	Manufacture of Rubber and Plastic	19.94	41.48	3.33	8.88	98.05
非金属矿物制品业	Manufacture of Nonmetallic Mineral Products	8.52	59.90	2.14	4.72	97.85
黑色金属冶炼和压延加工业	Manufacture and Processing of Ferrous Metals	4.94	65.36	3.21	2.13	98.14
有色金属冶炼和压延加工业	Manufacture & Processing of Non-ferrous Metals	11.66	64.75	3.36	4.84	97.97
金属制品业	Manufacture of Metal Products	7.25	29.80	3.61	6.11	98.29
通用设备制造业	Manufacture of General Purpose Machinery	15.68	46.29	2.77	8.49	97.79
专用设备制造业	Manufacture of Special Purpose Machinery	10.68	42.83	2.05	7.78	96.97
汽车制造业	Manufacture of Automotive	17.14	55.60	2.12	10.13	99.20
铁路、船舶、航空航天和其他运输设备制造业	Manufacture of Railroad, Marine, Aerospace and Other Transportation Equipment	9.92	66.74	1.31	8.96	99.14
电气机械和器材制造业	Manufacture of Electrical Machinery and Equipment	6.43	62.50	2.09	1.92	98.35
计算机、通信和其他电子设备制造	Manufacture of Computer, Communications and Other Electronic Equipment	12.24	45.54	1.58	12.96	96.51
仪器仪表制造业	Manufacture of Measuring Instrument	14.39	39.55	1.21	13.81	97.82
其他制造业	Manufacture of Others	15.89	32.34	4.21	6.97	98.05
废弃资源综合利用业	Recycling and Disposal of Waste	15.06	52.33	2.81	6.49	96.99
金属制品、机械和设备修理业	Metal Products, Machinery and Equipment Repair	6.41	65.36	1.01	5.06	98.79
电力、热力生产和供应业	Production and Supply of Electric Power and Heat Power	10.25	63.10	4.98	7.42	99.56
燃气生产和供应业	Production and Distribution of Gas	6.88	67.24	1.67	8.52	97.53
水的生产和供应业	Production and Distribution of Water	2.82	54.18	1.00	3.50	99.18

按行业分国有及国有控股工业企业主要经济效益指标（2014年）

Main Indicators on Economic Benefit of State-owned and State-holding Industrial Enterprises by Industrial Sector (2014)

行　　业	Sector	总资产贡献率(%) Ratio of Total Assets to Industrial Output Value (%)	资产负债率(%) Assets-Liability Ratio (%)	流动资产周转次数(次) Number of Times of Annual of Turnover Working Capitals (times)	工业成本费用利润率(%) Ratio of Profits to Industrial Cost (%)	产品销售率(%) Proportion of Products Sold (%)
全省总计	**Total**	**6.77**	**65.67**	**2.25**	**1.92**	**98.34**
煤炭开采和洗选业	Mining and Washing of Coal	2.87	67.73	2.43	-2.32	98.35
石油和天然气开采业	Extraction of Petroleum and Natural Gas	18.36	41.15	4.58	19.80	99.90
黑色金属矿采选业	Mining of Ferrous Metal Ores	7.18	61.04	0.87	9.49	97.09
有色金属矿采选业	Mining of Non-ferrous Metal Ores	2.94	91.08	0.82	5.56	99.99
非金属矿采选业	Mining and Processing of Nonmetal Ores	1.37	72.23	0.52	-6.77	84.07
其他采矿业	Mining of Others					
农副食品加工业	Processing of Food from Agricultural Products	4.09	58.45	2.11	1.56	99.34
食品制造业	Manufacture of Foods	22.64	58.16	1.59	19.32	99.71
酒、饮料和精制茶制造业	Manufacture of Wine, Soft Drinks and Refined Tea	18.40	61.54	1.57	6.36	99.28
烟草制品业	Manufacture of Tobacco	96.31	27.63	2.36	12.68	98.73
纺织业	Manufacture of Textile	3.52	61.94	2.42	-0.69	100.87
纺织服装、服饰业	Manufacture of Textile, Apparel	8.47	49.49	1.41	3.96	99.48
皮革、毛皮、羽毛及其制品和制鞋业	Manufacture of Leather, Fur, Feather and Its Products and Footware	6.30	54.83	1.43	6.62	97.94
木材加工和木、竹、藤、棕、草制品业	Processing of Timbers, Manufacture of Wood, Bamboo, Rattan, Palm, and Straw Products	23.40	88.36	10.53	15.38	98.37
家具制造业	Manufacture of Furniture	10.55	50.53	1.64	3.35	101.33
造纸和纸制品业	Manufacture of Paper and Paper Products	14.88	17.53	2.01	15.53	79.60
印刷和记录媒介复制业	Printing, Reproduction of Recording Media	14.45	23.31	1.56	14.63	99.97
文教、工美、体育和娱乐用品制造业	Manufacture of Articles for Culture, Arts and Crafts, Education, Sport Activities and Entertainment Goods	5.55	57.83	0.85	4.38	96.28
石油加工、炼焦和核燃料加工业	Processing of Petroleum, Coking, Processing of Nuclear Fuel	25.10	75.75	5.18	-2.65	94.72
化学原料和化学 制品制造业	Manufacture of Chemical Raw Material and Chemical Products	3.48	64.16	1.62	-0.59	96.50
医药制造业	Manufacture of Medicines	2.50	66.15	1.66	0.70	86.98
化学纤维制造业	Manufacture of Chemical Fiber	-0.28	53.73	1.30	-5.82	99.42
橡胶和塑料制品业	Manufacture of Rubber and Plastic	16.38	51.17	1.84	10.98	102.82
非金属矿物制品业	Manufacture of Nonmetallic Mineral Products	5.24	66.57	1.33	0.92	99.37
黑色金属冶炼和压延加工业	Manufacture and Processing of Ferrous Metals	2.81	68.90	1.79	1.11	99.55
有色金属冶炼和压延加工业	Manufacture & Processing of Non-ferrous Metals	7.74	71.69	3.47	3.23	99.43
金属制品业	Manufacture of Metal Products	1.79	57.70	0.82	-1.83	102.11
通用设备制造业	Manufacture of General Purpose Machinery	6.01	67.91	0.92	5.63	98.34
专用设备制造业	Manufacture of Special Purpose Machinery	2.42	63.16	0.83	0.78	91.04
汽车制造业	Manufacture of Automotive	9.73	70.57	2.10	3.91	95.51
铁路、船舶、航空航天和其他运输设备制造业	Manufacture of Railroad, Marine, Aerospace and Other Transportation Equipment	8.46	70.58	0.94	10.02	99.78
电气机械和器材制造业	Manufacture of Electrical Machinery and Equipment	-17.97	105.01	1.33	-28.16	98.28
计算机、通信和其他电子设备制造	Manufacture of Computer, Communications and Other Electronic Equipment	13.85	46.54	2.31	11.85	92.44
仪器仪表制造业	Manufacture of Measuring Instrument	13.15	61.66	0.79	8.97	99.88
其他制造业	Manufacture of Others	19.30	40.27	1.08	8.92	95.34
废弃资源综合利用业	Recycling and Disposal of Waste	3.88	44.16	4.22	0.33	97.45
金属制品、机械和设备修理业	Metal Products, Machinery and Equipment Repair	4.26	68.09	0.78	6.88	100.00
电力、热力生产和供应业	Production and Supply of Electric Power and Heat Power	10.50	62.62	5.59	7.11	99.58
燃气生产和供应业	Production and Distribution of Gas	5.32	63.57	2.11	2.90	99.55
水的生产和供应业	Production and Distribution of Water	2.21	53.39	1.05	1.79	100.01

按行业分私营工业企业主要经济效益指标（2014年）

Main Indicators on Economic Benefit of Private Industrial Enterprises by Industrial Sector (2014)

行业	Sector	总资产贡献率 (%) Ratio of Total Assets to Industrial Output Value (%)	资产负债率 (%) Assets-Liability Ratio (%)	流动资产周转次数 (次) Number of Times of Annual of Turnover Working Capitals (times)	工业成本费用利润率 (%) Ratio of Profits to Industrial Cost (%)	产品销售率 (%) Proportion of Products Sold (%)
全省总计	**Total**	**16.68**	**46.21**	**4.39**	**7.67**	**97.76**
煤炭开采和洗选业	Mining and Washing of Coal	11.86	61.39	4.12	2.64	99.04
石油和天然气开采业	Extraction of Petroleum and Natural Gas					
黑色金属矿采选业	Mining of Ferrous Metal Ores	33.47	57.07	2.81	20.42	95.58
有色金属矿采选业	Mining of Non-ferrous Metal Ores	45.85	47.90	6.37	20.28	91.81
非金属矿采选业	Mining and Processing of Nonmetal Ores	37.86	41.23	8.08	12.74	96.00
其他采矿业	Mining of Others					
农副食品加工业	Processing of Food from Agricultural Products	21.90	37.00	5.89	6.64	98.20
食品制造业	Manufacture of Foods	22.57	40.70	5.69	8.94	98.17
酒、饮料和精制茶制造业	Manufacture of Wine, Soft Drinks and Refined Tea	20.58	41.72	3.61	9.46	96.61
烟草制品业	Manufacture of Tobacco					
纺织业	Manufacture of Textile	31.47	35.55	7.70	8.69	97.92
纺织服装、服饰业	Manufacture of Textile, Apparel	25.92	42.41	5.46	8.32	98.10
皮革、毛皮、羽毛及其制品和制鞋业	Manufacture of Leather, Fur, Feather and Its Products and Footware	49.42	28.18	13.29	11.03	98.69
木材加工和木、竹、藤、棕、草制品业	Processing of Timbers, Manufacture of Wood, Bamboo, Rattan, Palm, and Straw Products	27.01	43.50	6.73	9.37	98.26
家具制造业	Manufacture of Furniture	20.49	43.21	6.98	7.87	97.32
造纸和纸制品业	Manufacture of Paper and Paper Products	15.54	53.18	3.25	7.44	97.58
印刷和记录媒介复制业	Printing, Reproduction of Recording Media	23.51	44.45	5.91	7.97	99.06
文教、工美、体育和娱乐用品制造业	Manufacture of Articles for Culture, Arts and Crafts, Education, Sport Activities and Entertainment Goods	21.01	29.77	5.80	8.89	98.41
石油加工、炼焦和核燃料加工业	Processing of Petroleum, Coking, Processing of Nuclear Fuel	3.21	83.94	3.01	-0.22	97.19
化学原料和化学 制品制造业	Manufacture of Chemical Raw Material and Chemical Products	19.27	55.51	4.46	7.26	97.89
医药制造业	Manufacture of Medicines	20.80	27.33	3.79	10.32	95.95
化学纤维制造业	Manufacture of Chemical Fiber	21.35	41.54	6.01	7.21	98.15
橡胶和塑料制品业	Manufacture of Rubber and Plastic	24.45	35.09	4.32	9.31	97.88
非金属矿物制品业	Manufacture of Nonmetallic Mineral Products	12.08	54.84	2.79	6.39	97.67
黑色金属冶炼和压延加工业	Manufacture and Processing of Ferrous Metals	8.20	63.33	5.36	2.84	97.91
有色金属冶炼和压延加工业	Manufacture & Processing of Non-ferrous Metals	20.94	48.03	4.09	7.19	98.94
金属制品业	Manufacture of Metal Products	7.17	25.13	4.67	6.53	98.53
通用设备制造业	Manufacture of General Purpose Machinery	19.55	35.00	4.48	8.52	98.12
专用设备制造业	Manufacture of Special Purpose Machinery	14.48	32.76	3.50	8.96	97.63
汽车制造业	Manufacture of Automotive	22.08	46.39	4.17	9.42	97.26
铁路、船舶、航空航天和其他运输设备制造业	Manufacture of Railroad, Marine, Aerospace and Other Transportation Equipment	11.91	56.53	2.19	7.19	98.44
电气机械和器材制造业	Manufacture of Electrical Machinery and Equipment	24.48	35.93	4.53	9.81	97.29
计算机、通信和其他电子设备制造	Manufacture of Computer, Communications and Other Electronic Equipment	13.27	44.20	1.39	14.86	98.94
仪器仪表制造业	Manufacture of Measuring Instrument	15.00	40.21	1.60	12.01	99.28
其他制造业	Manufacture of Others	24.17	21.85	6.74	10.78	97.70
废弃资源综合利用业	Recycling and Disposal of Waste	22.35	50.42	5.58	5.26	99.03
金属制品、机械和设备修理业	Metal Products, Machinery and Equipment Repair	40.37	49.94	3.79	1.80	94.37
电力、热力生产和供应业	Production and Supply of Electric Power and Heat Power	4.35	76.34	0.80	5.32	97.77
燃气生产和供应业	Production and Distribution of Gas	4.76	73.21	1.44	3.99	90.04
水的生产和供应业	Production and Distribution of Water	1.61	77.84	0.29	-4.38	100.00

按行业分大中型工业企业主要经济效益指标（2014年）
Main Indicators on Economic Benefit of Large and Medium-sized Industrial Enterprises by Industrial Sector (2014)

行业	Sector	总资产贡献率(%) Ratio of Total Assets to Industrial Output Value (%)	资产负债率(%) Assets-Liability Ratio (%)	流动资产周转次数(次) Number of Times of Annual of Turnover Working Capitals (times)	工业成本费用利润率(%) Ratio of Profits to Industrial Cost (%)	产品销售率(%) Proportion of Products Sold (%)
全省总计	**Total**	**9.80**	**59.60**	**2.68**	**5.01**	**98.10**
轻工业	Light Industry	19.91	48.27	3.65	7.78	97.70
重工业	Heavy Industry	9.81	58.31	2.82	5.20	97.99
按行业分	**Grouped by Sector**					
煤炭开采和洗选业	Mining and Washing of Coal	2.83	67.57	2.43	-2.35	98.34
石油和天然气开采业	Extraction of Petroleum and Natural Gas	18.36	41.15	4.58	19.80	99.90
黑色金属矿采选业	Mining of Ferrous Metal Ores	30.74	55.85	2.28	26.99	97.09
有色金属矿采选业	Mining of Non-ferrous Metal Ores	34.44	57.77	7.36	17.98	88.25
非金属矿采选业	Mining and Processing of Nonmetal Ores	23.44	53.19	4.12	12.69	93.63
其他采矿业	Mining of Others					
农副食品加工业	Processing of Food from Agricultural Products	8.05	61.09	2.76	2.19	99.14
食品制造业	Manufacture of Foods	24.22	42.20	4.42	9.28	97.89
酒、饮料和精制茶制造业	Manufacture of Wine, Soft Drinks and Refined Tea	20.92	61.81	1.59	13.95	102.06
烟草制品业	Manufacture of Tobacco	96.31	27.63	2.36	12.68	98.73
纺织业	Manufacture of Textile	20.77	48.22	4.60	7.40	97.52
纺织服装、服饰业	Manufacture of Textile, Apparel	18.53	48.92	3.43	6.34	96.65
皮革、毛皮、羽毛及其制品和制鞋业	Manufacture of Leather, Fur, Feather and Its Products and Footware	52.97	23.76	13.49	11.70	98.51
木材加工和木、竹、藤、棕、草制品业	Processing of Timbers, Manufacture of Wood, Bamboo, Rattan, Palm, and Straw Products	35.40	40.81	8.80	11.58	99.61
家具制造业	Manufacture of Furniture	11.40	61.50	4.21	7.49	97.48
造纸和纸制品业	Manufacture of Paper and Paper Products	14.80	56.23	2.51	9.09	96.11
印刷和记录媒介复制业	Printing, Reproduction of Recording Media	15.64	29.48	2.33	10.33	99.86
文教、工美、体育和娱乐用品制造业	Manufacture of Articles for Culture, Arts and Crafts, Education, Sport Activities and Entertainment Goods	27.09	29.41	5.65	10.76	98.60
石油加工、炼焦和核燃料加工业	Processing of Petroleum, Coking, Processing of Nuclear Fuel	13.60	78.05	3.99	-1.00	97.49
化学原料和化学制品制造业	Manufacture of Chemical Raw Material and Chemical Products	8.80	61.64	2.08	5.83	97.36
医药制造业	Manufacture of Medicines	10.18	51.84	1.79	7.63	90.13
化学纤维制造业	Manufacture of Chemical Fiber	2.74	50.50	2.05	-1.31	97.51
橡胶和塑料制品业	Manufacture of Rubber and Plastic	17.23	47.39	2.46	10.85	99.56
非金属矿物制品业	Manufacture of Nonmetallic Mineral Products	5.75	66.96	1.39	1.67	97.63
黑色金属冶炼和压延加工业	Manufacture and Processing of Ferrous Metals	4.46	65.82	3.07	1.86	98.11
有色金属冶炼和压延加工业	Manufacture & Processing of Non-ferrous Metals	11.02	70.94	2.63	6.45	96.60
金属制品业	Manufacture of Metal Products	5.84	27.71	3.55	7.34	99.06
通用设备制造业	Manufacture of General Purpose Machinery	13.23	57.39	1.58	10.73	96.61
专用设备制造业	Manufacture of Special Purpose Machinery	8.27	41.19	1.57	8.21	95.46
汽车制造业	Manufacture of Automotive	16.81	58.30	1.86	10.93	99.66
铁路、船舶、航空航天和其他运输设备制造业	Manufacture of Railroad, Marine, Aerospace and Other Transportation Equipment	8.39	69.75	0.94	9.79	99.29
电气机械和器材制造业	Manufacture of Electrical Machinery and Equipment	-1.41	76.86	1.40	-6.26	98.96
计算机、通信和其他电子设备制造	Manufacture of Computer, Communications and Other Electronic Equipment	11.22	47.62	1.29	15.26	96.30
仪器仪表制造业	Manufacture of Measuring Instrument	15.46	35.18	0.76	23.82	95.56
其他制造业	Manufacture of Others	15.15	30.41	4.63	8.03	99.97
废弃资源综合利用业	Recycling and Disposal of Waste					
金属制品、机械和设备修理业	Metal Products, Machinery and Equipment Repair	5.03	67.01	0.86	5.70	98.74
电力、热力生产和供应业	Production and Supply of Electric Power and Heat Power	11.54	59.87	7.28	6.52	99.54
燃气生产和供应业	Production and Distribution of Gas	6.19	61.41	1.53	8.53	97.07
水的生产和供应业	Production and Distribution of Water	2.28	52.64	1.12	1.73	100.01

主要工业产品产量
Output of Major Industrial Products

产品名称	Item	2000	2005	2010	2013	2014
化学纤维(万吨)	Chemical Fiber (10000 tons)	10.26	22.67	23.42	52.23	60.59
#合成纤维(万吨)	Synthetic Fiber (10000 tons)	6.15	8.94	1.50	3.25	6.05
纱(万吨)	Yarn (10000 tons)	43.70	68.59	123.91	198.19	214.76
布(亿米)	Cloth (100 million m)	15.60	23.37	54.82	63.37	61.23
呢 绒(万米)	Woolen Piece Goods (10000 m)	662.86	133.30	507.20	232.70	446.40
毛 线(吨)	Knitting Wool (ton)	105574.00	95151.30	66752.73	79727.45	79774.43
机制纸及纸板(万吨)	Machine-made Paper and Paperboard (10000 tons)	216.34	315.82	420.52	485.90	458.17
皮 鞋(万双)	Shoes (10000 pairs)	309.59	107.35	584.09	841.00	1012.26
塑料制品(万吨)	Plastic Articles (10000 tons)	42.33	140.75	221.92	225.29	250.22
灯 泡(万只)	Light Bulbs (10000 units)	8397.36	25462.24	12391.00	22265.40	24909.00
原 盐(万吨)	Salt (10000 tons)	432.62	419.07	418.97	302.39	327.44
食用植物油(万吨)	Edible Vegetable Oil (10000 tons)	29.88	78.87	130.25	141.68	169.51
糖(万吨)	Sugar (10000 tons)	1.28	3.87	2.75	9.47	5.81
饮料酒(混合量)(万千升)	Alcoholic Beverages (10000 kiloliter)	160.39	163.68	170.60	191.40	205.43
# 白 酒	Liquor	26.40	10.17	26.14	27.66	29.37
啤 酒	Beer	130.60	142.96	134.44	156.62	165.70
罐 头(万吨)	Canned Food (10000 tons)	16.40	29.46	26.22	44.05	49.28
卷 烟(亿支)	Cigarettes (100 million pieces)	107.97	600.00	775.00	847.50	863.50
钢(万吨)	Steel (10000 tons)	1230.10	7386.40	14458.79	18849.63	18530.34
生 铁(万吨)	Pig Iron (10000 tons)	1709.23	6765.61	13705.39	17027.55	16932.57
铁合金(万吨)	Iron Alloy (10000 tons)	8.78	7.47	17.48	29.38	23.94
成品钢材(万吨)	Rolled Steel (10000 tons)	1306.62	6465.10	16757.23	22861.56	23995.24
发电量(亿千瓦小时)	Electricity (100 million kwh)	844.42	1338.63	1992.57	2487.60	2492.80
#水 电	Hydropower (100 million kwh)	4.70	5.61	5.00	3.00	3.97

注：1.1998年开始工业产品产量统计范围为全部国有及年产品销售收入500万元以上的非国有工业企业。 2.饮料酒2004年以前为万吨，卷烟2003年及以前为万箱。

a) Since 1998, the coverage of industrial products statistics is all state-owned industrial enterprises and non-state enterprises each with main business revenue over five million yuan. b) Unit of alcoholic beverages was 10000 kiloliter before 2004, unit of cigarettes was 10000 boxes before 2003.

主要工业产品产量（续）
Output of Major Industrial Products

产品名称	Item	2000	2005	2010	2013	2014
原　煤(万吨)	Coal (10000 tons)	5781.21	7956.40	10199.27		
原　油(万吨)	Crude Oil (10000 tons)	518.26	562.45	599.04	591.01	592.30
天然气(亿立方米)	Natural Gas (100 million cu.m)	5.14	6.90	12.68	15.39	17.30
铁矿石(原矿量)(万吨)	Ironstone in Original Iron Ores (10000 tons)	5889.44	15227.10	44618.84	56930.53	56611.12
焦炭(折标)(万吨)	Coke (10000 tons)	792.47	2485.34	4988.09	6395.81	
硫酸(折100%)(万吨)	Sulfuric Acid (10000 tons)	96.83	97.49	71.86	161.20	159.16
烧碱(氢氧化钠)(万吨)	Caustic Soda (10000 tons)	32.48	56.56	70.96	101.52	120.74
纯碱(无水碳酸钠)(万吨)	Soda Ash (10000 tons)	99.84	177.37	230.40	257.07	245.99
合成氨(万吨)	Synthetic Ammonia (10000 tons)	252.27	339.52	296.06	307.91	290.73
农用化肥(折纯量)(万吨)	Chemical Fertilizer (10000 tons)	195.23	208.87	178.19	228.81	214.73
化学农药(原药)(吨)	Chemical Pesticide (ton)	55733.00	35063.10	35904.68	26720.84	70680.16
纯　苯(吨)	Benzene (ton)	38962.00	64259.00	192052.00	438422.68	497942.98
油　漆(万吨)	Paint (10000 tons)	6.06	10.41	34.82	48.09	84.07
合成橡胶(吨)	Synthetic Rubber (ton)	8489.00	8518.00	17294.51	33956.00	41007.00
轮胎外胎(万条)	Tires (10000 units)	121.37	112.48	33.92	76.83	1562.06
合成洗涤剂(万吨)	Synthetic Detergents (10000 tons)	1.83	12.89		13.23	16.66
化学药品(原药)(万吨)	Chemical Medicines (10000 tons)	10.17	39.20	45.31	46.80	49.32
中成药(吨)	Traditional Chinese Patent Medicine (ton)	20077.00	33333.71	41776.03	51510.27	62354.58
工业锅炉(蒸发量吨)	Industrial Boilers (evaporation ton)	4418.00	11546.00	9516.25	11576.03	8983.45
变压器(万千伏安)	Transformers (10000 KVA pm)	2394.54	5971.52	15745.42	16267.78	15964.07
泵(万台)	Pumps (10000 units)	14.40	18.33	43.76	71.17	83.09
金属切削机床(台)	Metal-cutting Machine (unit)	555	1717	1596	1231	12906
汽　车(辆)	Motor Vehicle (unit)	13989	193941	710372	974469	978096
改装汽车(辆)	Modified Cars (unit)	31070	46911	80344	78672	93175
摩托车(辆)	Motorcycle (unit)	273231	377251	480038	810942	748142
水　泥(万吨)	Cement (10000 tons)	4694.59	8850.04	12594.30	12676.23	10625.46
平板玻璃(万重量箱)	Plate Glass (1000 weight cases)	2083.30	4964.25	12033.83	11836.36	12292.63
卫生陶瓷(万件)	Ceramic Sanitary Ware (10000 pieces)	105715.00	1492.34	2208.86	2502.02	2386.36
砖(亿块)	Brick (100 million)	115.26	104.99	159.94	77.93	77.74

注：1.卫生陶瓷2000年计量单位为吨。2.2014年天然气含煤层气。

a) Unit of ceramic sanitary in 2000 was ton. b) Natural gas include the coalbed methane in 2014.

建筑业主要经济指标
Major Economic Indicators on Construction Enterprises

指　　标	Item	2000	2005	2010	2013	2014
建筑业总产值(亿元)	Gross Output Value of Construction (100 million yuan)	492.10	1285.29	3232.53	5234.97	5625.75
竣工产值(亿元)	Value of Building Completed (100 million yuan)	357.67	755.01	1714.58	2747.50	2801.93
产值竣工率(%)	Rate of Value of Building Completed (%)	72.70	58.74	53.04	52.48	49.81
按总产值计算的劳动生产率(元/人)	Overall Labor Productivity in Terms of Total Output Value (yuan/person)	51217	108148	236031	424035	384614
房屋建筑竣工面积(万平方米)	Floor Space of Buildings Completed (10000 sq.m)	3481.42	5744.23	9100.87	12858.21	12582.71
#住　宅	Residential Houses	2260.98	3693.90	6247.72	9230.60	9277.59
房屋面积竣工率(%)	Rate of Floor Space of Buildings Completed (%)	55.60	51.01	38.77	35.22	33.90
人均竣工面积(平方米/人)	Individual Floor Space of Buildings Completed (sq.m/person)	36.00	48.33	66.45	103.75	86.02
年末固定资产原价(亿元)	Fixed Assets End of Year (original value) (100 million yuan)	185.15	315.30	463.38	654.33	694.32
年末固定资产净值(亿元)	Fixed Assets End of Year (net value) (100 million yuan)	125.09	211.54	303.18	419.10	421.31
利润总额（亿元)	Total Profits (100 million yuan)	6.74	29.41	104.81	165.89	163.10
人均利润(元/人)	Individual Profit (yuan/person)	701.00	2475.00	8145.12	13436.81	11152.70
年末自有机械设备(万千瓦)	Total Power of Machinery and Equipment Owned End of year (10000 kw)	603.88	716.67	1034.50	1129.90	1756.60
年末自有机械设备净值(亿元)	Net Value of Machinery and Equipment Owned End of Year (100 million yuan)	57.16	97.59	181.33	181.88	194.90
技术装备率(元/人)	Value of Machines per Laborer (yuan/person)	6525.00	8212.00	14091.68	14732.24	13327.00
动力装备率(千瓦/人)	Power of Machines per Laborer (kw/person)	7.00	6.00	8.04	9.15	12.01
资金利润率(%)	Ratio of Capital (%)	1.41	3.31	5.12	4.80	4.38

按承包类型分的建筑业企业主要指标

Main Economic Indicators on Construction Enterprise by General Contractors

指　标	Item	2005	2010	2011	2012	2013	2014
总承包企业	**General Contractor**						
企业个数(个)	Number of Construction Enterprises (unit)	1338	1541	1543	1697	1708	1725
从业人员(人)	Number of Employed Persons (person)	1053286	1174581	1105439	1246013	1099358	1051225
建筑业总产值(万元)	Gross Output Value of Construction (10000 yuan)	11518883	29845785	37180339	45633359	48981592	52772744.8
特　级	Super	1178708	4380837.0	6253575.7	8496958.2	9079183.7	9993208.4
一　级	First Grade	5256800	14367668.7	17270655.5	20487071.9	22514083.2	24535310
二　级	Second Grade	3195002	7082044.3	9251808.6	11520462.9	12316164.1	12934836.6
三级及以下	Third Grade and below	1888373	4015234.7	4404298.8	5128865.5	5072161.2	5309389.8
利润总额(万元)	Total Profits (10000 yuan)	239490	901000.6	1122339.7	1311987.7	1488040.9	1488895.2
利税总额(万元)	Total Pre-Tax Profits (10000 yuan)	592672	1891199.0	2310100.4	2670867.6	2967717.6	3105522
专业承包企业	**Specialized Contractor**						
企业个数(个)	Number of Construction Enterprises (unit)	756	748	747	802	792	771
从业人员(人)	Number of Employed Persons (person)	132664	112191	99527	102656	95142	90624
建筑业总产值(万元)	Gross Output Value of Construction (10000 yuan)	1334048	2479510.8	2546281.5	3017548.4	3368078	3484714.9
一　级	First Grade	489944	1024942.2	971981.0	1184319.1	1394394.2	1383626.6
二　级	Second Grade	544565	805292.2	883017.2	944726.9	1036378.0	981312.9
三级及以下	Third Grade and below	299539	649276.4	691283.3	888502.4	937305.7	1119775.4
利润总额(万元)	Total Profits (10000 yuan)	54656	147090.1	146537.1	155395.2	170812.9	142407.6
利税总额(万元)	Total Pre-tax Profits	94566	227729.7	240593.8	254880.5	280808.9	244497.8

按登记类型分建筑业企业主要经济指标（2014年）

指　标	Item	合　计 Total Enterprises	内资企业 Domestic Funded	#国有经济 State-owned
企业单位数(个)	Number of Construction Enterprises (unit)	2496	2490	104
从业人员(人)	Number of Employed Persons (person)	1141849	1140499	53360
自有施工机械设备年末总台数(万台)	Total Number of Machinery and Equipment Owned (10000 set)	65.80	65.78	1.99
自有施工机械设备年末净值(亿元)	Net Value of Machinery and Equipment Owned (100 million yuan)	194.93	194.89	11.10
自有机械设备年末总功率(万千瓦)	Total Power of Machinery and Equipment Owned (10000 kw)	1756.64	1756.61	68.97
建筑业总产值(亿元)	Gross Output Value of Construction (100 million yuan)	5625.75	5622.40	302.40
建筑工程	Construction Engineering	4735.38	4733.03	255.00
安装工程	Construction and Installation	554.70	554.70	30.72
其他产值	Others	335.67	334.67	16.67
应付职工薪酬(亿元)	Wages Payable (100 million yuan)	396.77	396.17	26.94
主营业务税金及附加(亿元)	Taxes and Other Charges on Principal Business (100 million yuan)	166.06	165.97	7.43
管理费用中的税金(亿元)	Taxes in Management Expenses (100 million yuan)	5.81	5.81	0.47
营业利润(亿元)	Profits of Business (100 million yuan)	162.37	162.19	4.47
房屋建筑施工面积(万平方米)	Floor Space of Buildings under Construction (10000 sq.m)	37112.73	37112.73	778.95
房屋建筑竣工面积(万平方米)	Floor Space of Buildings Completed (10000 sq.m)	12582.71	12582.71	339.75
资产合计(亿元)	Total Assets (100 million yuan)	4156.11	4153.24	346.99
流动资产合计(亿元)	Total Circulating Funds (100 million yuan)	3302.45	3299.90	265.11
固定资产原价(亿元)	Original Value of Fixed Assets (100 million yuan)	694.32	693.97	54.84
流动负债合计(亿元)	Total Current Liabilities (100 million yuan)	2519.52	2517.63	228.01
非流动负债合计(亿元)	Total Non Working Liabilities (100 million yuan)	125.18	125.18	19.90
所有者权益(亿元)	Creditors' Equity (100 million yuan)	1434.29	1433.31	98.33
#实收资本(亿元)	Capitals Hold (100 million yuan)	1298.23	1297.59	77.57
利润总额(亿元)	Total Profits (100 million yuan)	163.13	162.95	4.37
利税总额(亿元)	Total Tax (100 million yuan)	335.00	334.73	12.27
劳动生产率(元/人)(按总产值计算)	Overall Labor Productivity (yuan/person) (In Terms of Gross Output Value)	384614.32	384752.79	430626.07
技术装备率(元/人)	Value of Machines per Laborer (yuan/person)	13327.00	13336.81	15807.87
动力装备率(千瓦/人)	Power of Machines per Laborer (yuan/person)	12.01	12.02	9.82
房屋建筑面积竣工率(%)	Rate of Floor Space of Buildings Completed (%)	33.90	33.90	43.62
产值利润率(%)	Ratio of Profit to Gross Output Value (%)	2.90	2.90	1.45
产值利税率(%)	Ratio of Pre-tax Profit to Gross Output Value (%)	5.95	5.95	4.06

Main Economic Indicators on Construction Enterprises by Registration Status (2014)

#集体经济 Collective-owned	港澳台商投资企业 Funded from Hong Kong, Macao and Taiwan	外商投资企业 Foreign Funded	房屋建筑 Building Construction	土木工程建筑 Civil Engineering	建筑安装业 Installation	建筑装饰和其他建筑业 Building Decoration and Others
77	5	1	1349	463	287	397
23590	599	751	857144	187504	61802	35399
1.17	…	0.02	50.57	8.42	5.17	1.65
3.18	0.04	…	105.75	72.78	10.45	5.96
15.22	0.01	0.02	1288.26	392.63	39.17	36.58
125.36	2.78	0.57	3828.54	1373.63	293.06	130.51
100.78	2.35		3432.26	1121.70	116.00	65.42
21.90			212.60	168.21	150.73	23.15
2.67	0.44	0.57	183.68	83.72	26.33	41.94
10.31	0.35	0.24	278.94	82.32	25.12	10.38
2.77	0.07	0.02	118.61	36.46	7.30	3.69
0.08	…	…	3.36	1.77	0.49	0.19
3.57	0.17	0.01	108.03	34.97	13.63	5.74
909.96			35335.30	588.49	1175.58	13.37
419.97			12054.89	154.37	363.88	9.56
56.44	2.24	0.63	2215.76	1541.82	268.41	130.12
33.29	1.93	0.62	1792.65	1189.83	217.15	102.83
11.71	0.35	…	317.07	319.45	35.91	21.88
25.06	1.43	0.46	1282.70	1017.41	154.37	65.04
0.12	…		70.65	46.06	5.36	3.10
30.41	0.81	0.16	804.30	468.36	102.35	59.28
11.37	0.48	0.16	702.54	290.01	266.57	39.11
3.69	0.17	0.01	108.19	35.48	13.79	5.68
6.54	0.25	0.03	230.15	73.71	21.58	9.56
302542.26	481410.03	69244.20	339246.95	618111.33	401340.55	335452.62
569.34	1036.33	916.97	759.52	843.73	846.37	909.84
3.67	0.14	0.23	11.42	17.67	5.36	9.40
46.15			34.12	26.23	30.95	71.50
2.94	6.24	1.12	2.83	2.58	4.71	4.35
5.22	8.87	4.51	6.01	5.37	7.36	7.32

建筑业企业技术装备情况
Number and Power of Machinery and Equipment Owned by Construction Enterprises

年　份 Year	自有机械设备年末总台数（台） Number of Machinery and Equipment Owned (unit)	自有机械设备年末总功率（万千瓦） Total Power of Machinery and Equipment Owned (10000 kw)	自有机械设备年末净值（万元） Net Value of Machinery and Equipment Owned (10000 yuan)	技术装备率（元/人） Value of Machines per Laborer (yuan/person)	动力装备率（千瓦/人） Power of Machines per Laborer (kw/person)
1991	109405	226.15	133116	3362	5.71
1992	94837	212.56	138588	3398	5.21
1993	188111	330.00	169752	2637	5.13
1994	196886	412.22	247707	2926	4.90
1995	213972	331.78	2851719	3741	4.35
1996	326300	471.49	399500	3884	4.58
1997	291800	483.63	490300	4995	4.93
1998	309600	482.76	448200	5166	5.56
1999	363100	519.76	497700	5775	6.03
2000	380673	603.88	5715649	6525	7.00
2001	432840	663.66	6955482	7342	7.00
2002	449741	604.35	1030110	10331	6.10
2003	443997	575.41	1046003	10573	5.80
2004	508692	1251.48	989386	8697	11.00
2005	435734	716.67	975913	8212	6.00
2006	516915	723.70	1065747	9936	6.75
2007	498629	697.98	1071893	10004	6.51
2008	465252	777.43	1290411	11142	6.70
2009	475386	843.66	1384173	11711	7.14
2010	967008	1034.50	1813278	14092	8.04
2011	551462	1198.60	1878605	15590	9.95
2012	546209	1471.40	1873380	15672	12.31
2013	870203	1129.90	1818782	14732	9.15
2014	657988	1756.64	1949338	13327	12.01

房地产开发企业主要指标

Main Indicators of Real Estate Development

指　　标	Item	2005	2010	2013	2014
企业个数(个)	**Number of Enterprises (unit)**	**1169**	**2997**	**3283**	**3387**
内　资	Domestic Funded	1111	2933	3225	3332
港澳台投资	Enterprises with Funds from Hong Kong, Macao Taiwan	37	34	33	34
外商投资	Foreign Funded	21	30	25	21
年末从业人员数(人)	**Employed Persons at the Year-end (person)**	**39573**	**75245**	**108627**	**112267**
内　资	Domestic Funded	36950	72592	105806	109434
港澳台投资	Enterprises with Funds from Hong Kong, Macao and Taiwan	1913	968	1204	1424
外商投资	Foreign Funded	710	1685	1617	1409
土地购置(万平方米)	**Land Purchase (10000 sq.m)**				
本年土地购置面积	Land Space Purchased This Year	968.57	3024.15	1127.34	1081.72
本年完成投资额(万元)	**Investment Completed This Year (10000 yuan)**	**3915256**	**22649354**	**34454155**	**40597194**
商品住宅	Residential Buildings	2920522	17857596	25392944	30103548
办公楼	Office Buildings	97133	512738	1403944	1538486
商业营业用房	Houses for Business Use	472660	2760060	4569765	5020161
其他	Others	424941	1518960	3087502	3934999
资金来源小计(万元)	**Sources of Funds (10000 yuan)**	**4131320**	**27108920**	**41235438**	**44384818**
国内贷款	Domestic Loans	682504	2888903	3364016	3124712
利用外资	Foreign Investment	34424	29980	99786	263350
自筹资金	Self-raising Fund	1776377	14625782	23946652	28195336
其他资金来源	Others	1638015	9564255	13824984	12801420
房屋建筑面积(万平方米)	**Floor Space of Buildings (10000 sq.m)**				
施工房屋面积	Floor Space under Construction	3820.96	20700.03	29949.12	31628.39
#新开工面积	Floor Space Started This Year	1970.80	9629.16	6932.65	8239.03
竣工房屋面积	Floor Space Completed	1129.92	3614.66	4437.02	4037.56
#住　宅	Residential Buildings	1021.79	3130.09	3517.80	3195.11
商品房屋销售面积(万平方米)	**Floor Space of Commercialized Buildings Sold (10000 sq.m)**	**1408.74**	**4662.10**	**5675.95**	**5706.19**
#住　宅	Residential Buildings	1322.32	4325.12	5020.13	5015.06
商品房屋销售价格(元/平方米)	**Selling Price of Commercialized Buildings (yuan/sq.m)**	**1862**	**3539**	**4897**	**5131**
#住　宅	Residential Buildings	1777	3442	4640	4988
主要财务指标(万元)	**Major Financial Indicators (10000 yuan)**				
实收资本	Total Capital Held	1881471	5907814	11451349	11179165
资产总计	Total Assets	9317561	48112569	111208491	129766262
资产负债率(%)	Ratio of Liabilities to Assets (%)	69.52	82.0	84.5	85.5
经营总收入	Total Revenue	2607415	12026554	19563532	19845124
主营业务税金及附加	Tax and Extra Charges	147751	924133	1721947	1748765
利润总额	Total Profits	84997	1017819	1154860	618389

注：2005、2010年为年平均从业人员数。

a) The number of employed persons refers to the annual average number in 2005 and 2010.

房地产开发企业基本情况（2014年）

项　　目	Item	企业个数（个）Number of Enterprises (unit)	年平均从业人员（人）Average Number of Employed Persons (person)	资产总计（万元）Total Assets (10000 yuan)
全　省　总　计	**Total**	**3387**	**111598**	**129766262**
按登记注册类型分	**Grouped by Registered Categories**			
内资企业	Domestic Funded Enterprises	3332	108927	125825079
国　有	State-owned Enterprises	16	725	532037
集　体	Collective-owned Enterprises			
股份合作	Cooperative Enterprises	1	2	100
联营企业	Joint Ownership Enterprises			
有限责任公司	Limited Liability Corporations	1674	54589	71330596
国有独资公司	State Sole Funded Corporations	18		1414413
其他有限责任公司	Other Limited Liability Corporations	1656		69916183
股份有限公司	Share-holding Corporations Ltd.	147	5574	7758192
私　营	Private Enterprises	1485	47506	45929092
其他内资企业	Other Enterprises	9	531	275062
港澳台商投资	Enterprises with Funds from Hong Kong, Macao and Taiwan	35	1348	1820363
合资经营	Joint-venture Enterprises	16	665	834638
合作经营	Cooperative Enterprises			
独资经营	Enterprises with Sole Fund	19	683	985725
股份有限	Share-holding Corporations Ltd.			
外商投资经济	Foreign Funded Enterprises	20	1323	2120819
合资经营	Joint-venture Enterprises	7	237	198623
合作经营	Cooperation Enterprises	1	8	10964
外资企业	Enterprises with Sole Fund	11	1018	1842592
股份有限	Share-holding Corporations Ltd.	1	60	68640
按隶属关系分	**Grouped by Administrative Relationship**			
中　央	Central Government	12	506	1014908
省	Province	16	808	1082651
市	Prefecture	297	10297	13139999
县	County	343	10863	10251598
其　他	Other	2719	89124	104277106
按资质等级分	**Grouped by Qualification Grade**			
一　级	First Grade	46	9049	14466202
二　级	Second Grade	318	16407	25175790
三　级	Third Grade	618	20985	22570657
四　级	Forth Grade	1277	32309	33195593
暂　定	Provisional	1052	31046	30925639
其　他	Other	76	1802	3432382
按营业状况分	**Grouped by Business Condition**			
营　业	Business	3144	105925	126677439
其　他	Other	243	5673	3088823

Basic Condition of Enterprises for Real Estate Development (2014)

净资产（所有者权益）（万元） Total Owners Equities (10000 yuan)	主营业务收入（万元） Revenue from Principal Business (10000 yuan)	土地转让收入 Land Transferred	商品房屋销售收入 Commercial Houses Sold	房屋出租收入 Houses Leased	其他收入 Others	主营业务税金及附加（万元） Taxes and Other Charges on Principal Business (10000 yuan)	利润总额（万元） Total Profits (10000 yuan)
18779734	**19534965**	**112892**	**18949686**	**161384**	**311003**	**1748765**	**618389**
17659371	19054108	112892	18473531	157672	310013	1696361	562841
-3991	108748		108286	462		7198	-4837
100							…
10069281	11147113	87109	10775360	88146	196497	1003195	187046
509225	155543		143341	1353	10849	10962	11883
9560056	10991569	87109	10632019	86793	185648	992233	175163
947333	699984	745	665321	1592	32326	58413	55602
6634380	7065145	25038	6891646	67276	81186	625168	326998
12268	33118		32918	196	5	2387	-1968
568665	214110	1	212154	1040	916	31987	-2211
222735	81920	1	80000	1005	916	15071	-7764
345930	132189		132154	35	…	16916	5554
551699	266748		264001	2672	75	20417	57759
7884	896		896			226	-383
1718							
524122	265852		263105	2672	75	20192	42402
17976							15740
122990	543131		540407	2660	64	40431	32638
265210	303296		303030		265	22988	25812
1880436	2180005	2547	2099613	7375	70471	178548	69242
1677226	1836019	624	1815676	2264	17455	153851	96998
14833873	14672515	109722	14190961	149085	222748	1352947	393700
1943466	2184867	11978	2163889	5147	3854	182623	187950
4444644	3829782	3749	3691485	35924	98624	339092	68856
3183686	3349851	12520	3245585	40324	51422	281935	137251
4658299	5213786	2329	5075833	28486	107139	485441	231336
4131462	4446457	82228	4264030	51257	48942	413250	-64378
418177	510223	89	508864	246	1025	46425	57375
18464160	19215800	111520	18675179	160913	268188	1692453	720802
315574	319165	1372	274506	471	42816	56312	-102412

房地产开发企业建设总规模、完成投资及新增固定资产（2014年）

单位：万元

项　目	Item	计划总投资 Total Investment Planed	累计完成投资 Accumulated Investment Completed	本年完成投资 Investment Completed This Year
全 省 总 计	**Total**	**168135552**	**111090227**	**40597194**
按登记注册类型分	**Grouped by Registered Categories**			
内资企业	Domestic Funded Enterprises	163207799	108524109	39854098
国　有	State-owned Enterprises	797862	661701	133004
集　体	Collective-owned Enterprises			
股份合作	Cooperative Enterprises	181971	141665	93716
联营企业	Joint Ownership Enterprises			
有限责任公司	Limited Liability Corporations	89679031	58380194	21183224
国有独资公司	State Sole Funded Corporations	1268258	1068702	331049
其他有限责任公司	Other Limited Liability Corporations	88410773	57311492	20852175
股份有限公司	Share-holding Corporations Ltd.	6705370	4842802	1657554
私　营	Private Enterprises	65080642	44182505	16657915
其他内资企业	Other Enterprises	762923	315242	128685
港澳台商投资	Enterprises with Funds from Hong Kong, Macao and Taiwan	2388147	1526355	501928
合资经营	Joint-venture Enterprises	654838	522534	134643
合作经营	Cooperative Enterprises			
独资经营	Enterprises with Sole Fund	1733309	1003821	367285
股份有限	Share-holding Corporations Ltd.			
其他	Other			
外商投资经济	Foreign Funded Enterprises	2539606	1039763	241168
合资经营	Joint-venture Enterprises	158000	88050	19330
合作经营	Cooperation Enterprises			
外资企业	Enterprises with Sole Fund	2381606	951713	221838
股份有限	Share-holding Corporations Ltd.			
其他	Other			
按隶属关系分	**Grouped by Administrative Relationship**			
中　央	Central Government	2066857	1327836	521920
省	Province	1474233	961135	342763
市	Prefecture	16352281	11935136	4267197
县	County	14904566	9957225	4214880
其　他	Other	133337615	86908895	31250434
按资质等级分	**Grouped by Qualification Grade**			
一　级	First Grade	11912038	8143891	2079132
二　级	Second Grade	21281989	16121171	4876973
三　级	Third Grade	24374208	18376970	5785761
四　级	Forth Grade	39974545	26713926	9048430
暂　定	Provisional	65683704	39252992	17530223
其　他	Other	4909068	2481277	1276675
按营业状况分	**Grouped by Business Condition**			
营　业	Business	163842890	107650901	39417730
其　他	Other	4292662	3439326	1179464

Total Size of Construction, Actually Completed Investment and Newly Increased Fixed Assets for Real Estate Development (2014)

(10000 yuan)

按用途分 by Use						本年新增
住 宅 Residential Buildings	#90平方米以下 Under 90 sq.m	#别 墅、高档公寓 Villas, High-grade Apartments	办公楼 Office Buildings	商业营业用房 Houses for Business Use	其 他 Others	固定资产 Newly Increased Fixed Assets
30103548	**11267315**	**559795**	**1538486**	**5020161**	**3934999**	**16762659**
29578626	11095689	554240	1436023	4979739	3859710	16593734
111747	30079		5100	5900	10257	78453
31161	16669		1820	59210	1525	13966
15975922	6204051	301953	804810	2222148	2180344	7319246
171618	106951		10333	122871	26227	184984
15804304	6097100	301953	794477	2099277	2154117	7134262
1065616	459816	100	110432	354964	126542	1234594
12324513	4375339	252187	506213	2296735	1530454	7942520
69667	9735		7648	40782	10588	4955
376533	141000	3685	34537	36180	54678	116987
119545	61225	1289	100	8804	6194	55743
256988	79775	2396	34437	27376	48484	61244
148389	30626	1870	67926	4242	20611	51938
17160	14822			1100	1070	
131229	15804	1870	67926	3142	19541	51938
322503	25005		63820	115464	20133	36636
234957	54422		48240	47366	12200	125242
2698979	863783	13792	261569	566795	739854	2306928
3195907	1241668	34994	83845	513228	421900	1326061
23651202	9082437	511009	1081012	3777308	2740912	12967792
1706024	720806	39512	33984	188660	150464	1004672
3518675	1260151	39512	239771	535063	583464	2263236
4383449	1571277	35474	173801	754364	474147	3540728
6904325	2153307	88275	328320	1123081	692704	4200402
12533690	5099478	275942	737789	2325722	1933022	5313684
1057385	462296	3505	24821	93271	101198	439937
29110072	10952528	545337	1534331	4933429	3839898	16313751
993476	314787	14458	4155	86732	95101	448908

房地产开发企业的土地开发、购置及资金来源（2014年）

项　　目	Item	土地购置费用（万元） Total Value of Land Purchased (10000 yuan)	待开发的土地面积（平方米） Land Space Pending Development (sq.m)
全省总计	**Total**	**5113949**	**8545218**
按登记注册类型分	**Grouped by Registered Categories**		
内资企业	Domestic Funded Enterprises	5065271	8505450
国　有	State-owned Enterprises	16709	
集　体	Collective-owned Enterprises		
股份合作	Cooperative Enterprises	19582	
联营企业	Joint Ownership Enterprises		
有限责任公司	Limited Liability Corporations	2835061	2485243
国有独资公司	State Sole Funded Corporations	31272	
其他有限责任公司	Other Limited Liability Corporations	2803789	2485243
股份有限公司	Share-holding Corporations Ltd.	107974	3486370
私　营	Private Enterprises	2085277	2349696
其他内资企业	Other Enterprises	668	184141
港澳台商投资	Enterprises with Funds from Hong Kong, Macao and Taiwan	32818	39768
合资经营	Joint-venture Enterprises	19800	17124
合作经营	Cooperative Enterprises		
独资经营	Enterprises with Sole Fund	13018	22644
股份有限	Share-holding Corporations Ltd.		
外商投资经济	Foreign Funded Enterprises	15860	
合资经营	Joint-venture Enterprises	202	
合作经营	Cooperation Enterprises		
外　资	Enterprises with Sole Fund	15658	
股份有限	Share-holding Corporations Ltd.		
按隶属关系分	**Grouped by Administrative Relationship**		
中　央	Central Government	53164	
省	Province	47191	144667
市	Prefecture	736557	3752247
县	County	626538	902060
其　他	Other	3650499	3746244
按资质等级分	**Grouped by Qualification Grade**		
一　级	First Grade	206445	295783
二　级	Second Grade	463572	268760
三　级	Third Grade	617579	560663
四　级	Forth Grade	1175329	1852473
暂　定	Provisional	2440485	5348374
其　他	Other	210539	219165
按营业状况分	**Grouped by Business Condition**		
营　业	Business	5073302	5046499
其　他	Other	40647	3498719

Land Development, Purchase and Source of Funds of Enterprises for Real Estate Development (2014)

本年购置土地面积(平方米) Land Space Purchased This Year (sq.m)	本年资金来源小计(万元) Total Funds This Year (10000 yuan)	国内贷款 Domestic Loans	#银行贷款 Bank loan	利用外资 Foreign Investment	#外商直接投资 Foreign Direct Investment	自筹资金 Self-raising Funds	其他资金来源 Others
10817208	**44384818**	**3124712**	**2871740**	**263350**	**234300**	**28195336**	**12801420**
10701267	43439410	3051522	2798550	50		27909824	12478014
	111314	8000	8000			70993	32321
59136	79825	13500	13500			66325	
5792671	23475702	1534335	1472494			14905447	7035920
62287	310068	17000	17000			188879	104189
5730384	23165634	1517335	1455494			14716568	6931731
193078	1652576	162369	108018			1124189	366018
4636382	17843072	1274318	1137538	50		11702661	4866043
20000	276921	59000	59000			40209	177712
115941	743516	46108	46108	263300	234300	182767	251341
46434	295384	45628	45628			93136	156620
69507	448132	480	480	263300	234300	89631	94721
	201892	27082	27082			102745	72065
	19650					17450	2200
	182242	27082	27082			85295	69865
167	499894	46363	46363			213564	239967
106066	361567	37050	37050			265832	58685
1087601	4768504	436733	405443	172849	172849	2672698	1486224
1650702	4601600	238606	231721			3099176	1263818
7972672	34153253	2365960	2151163	90501	61451	21944066	9752726
512234	2322622	347913	275113			655591	1319118
856656	5133434	383880	374460			2743521	2006033
1090299	6368622	509448	421276	50		4055500	1803624
2676277	9893746	840982	808112	29000		6124275	2899489
5129335	19294701	972589	929379	234300	234300	13592867	4494945
552407	1371693	69900	63400			1023582	278211
10681655	42952849	3115003	2866190	263350	234300	27257929	12316567
135553	1431969	9709	5550			937407	484853

房地产开发建设房屋建筑面积、造价和商品房屋销售情况（2014年）

项　　目	Item	施工房屋面积（平方米）Floor Space of Buildings under Construction (sq.m)	竣工房屋面积（平方米）Floor Space of Buildings Completed (sq.m)	#住宅 Residential Buildings	房屋面积竣工率（%）Rate of Floor Space of Buildings Completed (%)
全省总计	**Total**	**316283855**	**40375633**	**31951105**	**12.8**
按登记注册类型分	**Grouped by Registered Categories**				
内资企业	Domestic Funded Enterprises	310410493	40018280	31640001	12.9
国　　有	State-owned Enterprises	2263684	266051	210971	11.8
集　　体	Collective-owned Enterprises				
股份合作	Cooperative Enterprises	289328	55865	43386	19.3
联营企业	Joint Ownership Enterprises				
有限责任公司	Limited Liability Corporations	163126727	18391561	14811232	11.3
国有独资公司	State Sole Funded Corporations	2192328	193494	132316	8.8
其他有限责任公司	Other Limited Liability Corporations	160934399	18198067	14678916	11.3
股份有限公司	Share-holding Corporations Ltd.	11840322	3056699	1953673	25.8
私　　营	Private Enterprises	131511096	18219654	14592289	13.9
其他内资企业	Other Enterprises	1379336	28450	28450	2.1
港澳台商投资	Enterprises with Funds from Hong Kong, Macao and Taiwan	3797545	310137	263888	8.2
合资经营	Joint-venture Enterprises	1506042	174683	137345	11.6
合作经营	Cooperative Enterprises				
独资经营	Enterprises with Sole Fund	2291503	135454	126543	5.9
股份有限	Share-holding Corporations Ltd.				
外商投资经济	Foreign Funded Enterprises	2075817	47216	47216	2.3
合资经营	Joint-venture Enterprises	464586			
合作经营	Cooperation Enterprises				
外　　资	Enterprises with Sole Fund	1611231	47216	47216	2.9
股份有限	Share-holding Corporations Ltd.				
按隶属关系分	**Grouped by Administrative Relationship**				
中　　央	Central Government	2686533	93923	85440	3.5
省	Province	3616163	157920	130792	4.4
市	Prefecture	31569305	5349300	3971221	16.9
县	County	32363148	4197947	3649521	13.0
其　　他	Other	246048706	30576543	24114131	12.4
按资质等级分	**Grouped by Qualification Grade**				
一　级	First Grade	20928414	1981207	1393517	9.5
二　级	Second Grade	44753315	5437796	3512484	12.2
三　级	Third Grade	54758246	10203879	8018864	18.6
四　级	Forth Grade	84579920	11299508	9279794	13.4
暂　定	Provisional	102274296	9861159	8308575	9.6
其　他	Other	8989664	1592084	1437871	17.7
按营业状况分	**Grouped by Business Condition**				
营　业	Business	307791032	39310794	30933020	12.8
其　他	Other	8492823	1064839	1018085	12.5

Floor Space of Building and Their Cost, Selling of Commercial Houses in Real Estate Development (2014)

竣工房屋价值(万元) Value of Buildings Completed (10000 yuan)	竣工房屋造价(元/平方米) Cost of Buildings Completed (yuan/sq.m)	商品房销售面积(平方米) Floor Space of Commercialized Buildings Sold (sq.m)	#住宅 Residential Buildings	商品房销售额(万元) Total Sale of Commercialized Buildings (10000 yuan)	#住宅 Residential Buildings	商品房平均售价(元/平方米) Average Selling Price of Commercialized Buildings (yuan/sq.m)	#住宅 Residential Buildings
11384128	**2820**	**57061916**	**50150585**	**29280006**	**25016246**	**5131**	**4988**
11215203	2803	56321604	49525653	28755181	24596024	5106	4966
78453	2949	366863	320968	197892	163867	5394	5105
13966	2500	5960	4561	3840	2861	6443	6273
5216699	2836	30896941	28059863	16195441	14320570	5242	5104
180364	9321	171316	148858	101369	83477	5917	5608
5036335	2768	30725625	27911005	16094072	14237093	5238	5101
958197	3135	1933645	1635433	865845	695461	4478	4252
4942968	2713	23001777	19398195	11420319	9350554	4965	4820
4920	1729	116418	106633	71844	62711	6171	5881
116987	3772	662497	548416	453481	350928	6845	6399
55743	3191	356995	246743	224803	126845	6297	5141
61244	4521	305502	301673	228678	224083	7485	7428
51938	11000	77815	76516	71344	69294	9168	9056
51938	11000	77815	76516	71344	69294	9168	9056
33240	3539	805768	775890	387904	365401	4814	4709
116322	7366	205155	187883	119890	100032	5844	5324
1625600	3039	4844513	4436221	2521579	2246361	5205	5064
1067133	2542	7445039	6842099	3584032	3293931	4814	4814
8541833	2794	43761441	37908492	22666601	19010521	5180	5015
540146	2726	3381687	2833507	2394164	1957081	7080	6907
1641386	3018	7460503	6254719	3948326	3203914	5292	5122
2725285	2671	10000648	9215412	4489358	4057419	4489	4403
3095591	2740	17115773	14397249	7930623	6473852	4634	4497
2975853	3018	17548846	15947341	9850545	8685417	5613	5446
405867	2549	1554459	1502357	666990	638563	4291	4250
11111754	2827	55324572	48462450	28120837	23905408	5083	4933
272374	2558	1737344	1688135	1159169	1110838	6672	6580

按用途和销售方式分的商品房屋销售面积及平均销售价格（2014年）

项　目	Item	商品房销售面积（平方米）Floor Space of Commercialized Buildings Sold (sq.m)	销售用途 住宅 Residential Buildings	#90平方米以下 90 sq.m below
全省总计	**Total**	57061916	50150585	18257610
按登记注册类型分	**Grouped by Registered Categories**			
内资企业	Domestic Funded Enterprises	56321604	49525653	18193447
国　有	State-owned Enterprises	366863	320968	171749
集　体	Collective-owned Enterprises			
股份合作	Cooperative Enterprises	5960	4561	1292
联营企业	Joint Ownership Enterprises			
有限责任公司	Limited Liability Corporations	30896941	28059863	10332451
国有独资公司	State Sole Funded Corporations	171316	148858	12511
其他有限责任公司	Other Limited Liability Corporations	30725625	27911005	10319940
股份有限公司	Share-holding Corporations Ltd.	1933645	1635433	567480
私　营	Private Enterprises	23001777	19398195	7105494
其他内资企业	Other Enterprises	116418	106633	14981
港澳台商投资	Enterprises with Funds from Hong Kong, Macao and Taiwan	662497	548416	59721
合资经营	Joint-venture Enterprises	356995	246743	19167
合作经营	Cooperative Enterprises			
独资经营	Enterprises with Sole Fund	305502	301673	40554
股份有限	Share-holding Corporations Ltd.			
外商投资经济	Foreign Funded Enterprises	77815	76516	4442
合资经营	Joint-venture Enterprises			
合作经营	Cooperation Enterprises			
外　资	Enterprises with Sole Fund	77815	76516	4442
股份有限	Share-holding Corporations Ltd.			
按隶属关系分	**Grouped by Administrative Relationship**			
中　央	Central Government	805768	775890	
省	Province	205155	187883	52648
市	Prefecture	4844513	4436221	1481410
县	County	7445039	6842099	2225610
其　他	Other	43761441	37908492	14497942
按资质等级分	**Grouped by Qualification Grade**			
一　级	First Grade	3381687	2833507	1403203
二　级	Second Grade	7460503	6254719	2105671
三　级	Third Grade	10000648	9215412	3164987
四　级	Forth Grade	17115773	14397249	4120111
暂　定	Provisional	17548846	15947341	6659125
其　他	Other	1554459	1502357	804513
按营业状况分	**Grouped by Business Condition**			
营　业	Business	55324572	48462450	17263731
其　他	Other	1737344	1688135	993879

Floor Space of Buildings Actually Sold and Average Selling Price by Use and Sale Method (2014)

by Use				销售方式 by Sale Method		商品房平均销售价格(元/平方米) Average Selling Price of Houses (yuan/sq.m)		
#别 墅、高档公寓 Villas, High-grade Apartments	办公楼 Office Buildings	商业营业用房 Houses for Business Use	其他 Other	现房 Completed Buildings	期房 Buildings Completed in Future		现房 Completed Buildings	期房 Buildings Completed in Future
450520	755444	4443347	1712540	14547148	42514768	5131	4797	5246
435233	755444	4352924	1687583	14340869	41980735	5106	4748	5228
	810	15921	29164	305632	61231	5394	5691	3915
		1399			5960	6443		6443
312485	240576	1545175	1051327	7598889	23298052	5242	4960	5334
	2399	12380	7679	95058	76258	5917	3773	8590
312485	238177	1532795	1043648	7503831	23221794	5238	4975	5323
	107194	153225	37793	564607	1369038	4478	4226	4581
122748	400072	2634466	569044	5843266	17158511	4965	4486	5128
	6792	2738	255	28475	87943	6171	1963	7534
7761		89124	24957	198753	463744	6845	8167	6279
7475		89124	21128	86200	270795	6297	6910	6102
286			3829	112553	192949	7485	9129	6527
7526		1299		7526	70289	9168	9449	9138
7526		1299		7526	70289	9168	9449	9138
			29878	6417	799351	4814	4359	4818
		11857	5415	4984	200171	5844	18726	5523
67043	77906	221940	108446	1213165	3631348	5205	5614	5068
10327	24826	440594	137520	1971322	5473717	4814	3505	5285
373150	652712	3768956	1431281	11351260	32410181	5180	4928	5268
6543	21857	259418	266905	248138	3133549	7080	4276	7302
66734	211150	642400	352234	2031465	5429038	5292	5949	5047
128270	83703	432826	268707	2987656	7012992	4489	4675	4410
72523	266224	1911185	541115	4236849	12878924	4634	4682	4618
176450	161289	1175552	264664	4767182	12781664	5613	4584	5997
	11221	21966	18915	275858	1278601	4291	3554	4450
450520	752681	4413332	1696109	14133721	41190851	5083	4839	5166
	2763	30015	16431	413427	1323917	6672	3345	7711

运输线路长度
Length of Transportation Routes

单位：公里 (km)

年份 Year	公路通车里程 Total Length of Highways	#高速公路 Expressway	内河通航里程 Length of Navigable Inland Waterways	地方铁路里程 Length of National Railways	中央铁路营业里程 Length of Local Railways
1978	40260		177	562.7	2012.5
1980	39883		29	572.8	2087.7
1985	40698			721.6	2481.1
1990	43640	7	75	691.5	2815.3
1995	51630	229	75	770.0	3076.3
2000	59152	1480	75	554.8	3474.2
2001	62615	1563	75	613.8	3476.4
2002	63079	1591	75	1004.7	3508.1
2003	65391	1681	75	1200.7	3508.1
2004	70198	1706	75	1218.7	3521.6
2005	75894	2135	286	1207.0	3675.9
2006	143778	2329	286	1489.1	3594.9
2007	147265	2853	286	1522.7	3675.1
2008	149504	3234	286	1605.4	3670.0
2009	152135	3303	286	2152.8	3670.0
2010	154344	4307	286	2124.1	3704.0
2011	156965	4756	286	2172.4	3707.5
2012	163045	5069	286	2174.8	3711.5
2013	174492	5618	286	2193.4	3711.0
2014	179200	5888	286	2212.1	3712.1

交通运输工具拥有量
Number of Transportation Tools

指标	Item	2013 合计 Total	2013 #个人 Private	2013 占合计% As Percentage of Total	2014 合计 Total	2014 #个人 Private	2014 占合计% As Percentage of Total
汽车(辆)	Vehicles (unit)	10356207	7818146	75.5	9953264	8954219	90.0
载客汽车	Passenger Vehicles	6602401	6120108	92.7	7805601	7320448	93.8
#轿车	Saloon Cars	4506546	4234146	94.0	5437826	5163604	95.0
载货汽车	Trucks	1500135	1051009	70.1	1435364	1003969	69.9
#普通载货	Ordinary Trucks	788965	643844	81.6	753477	621406	82.5
其他汽车	Others	2253671	647029	28.7	712299	629802	88.4
摩托车(辆)	Motorcycle (unit)	3429533	3223810	94.0	3228750	3025198	93.7
拖拉机(辆)	Tractors (unit)	1658720			1640782		
挂车(辆)	Combination Vehicle (unit)	363502	148822	40.9	390101	155272	39.8
运输船舶	Transport Vessels						
货船(艘)	Freighter (unit)	140	79	56.4	152	100	65.8
净载重量(吨位)	Deadweight Cargo Tonnage (ton)	3469892	695638	20.0	3627039	1129692	31.1
拖船(艘)	Tow-boat (unit)				2		
功率(千瓦)	Drawing Power (kw)				5762		
货运驳船(艘)	Barges (unit)				3		
净载重量(吨位)	Dead Weight Tonnage (ton)				3983		
地方铁路	Local Railways						
机车(台)	Railway Locomotives (unit)	205			198		
货车(辆)	Freight Cars (unit)	1923			1962		
客车(辆)	Passenger Coaches (unit)	14			14		

注：2013年汽车数据含农用车，2014年不含。

a) Vehicles included agricultural vehicles in 2013, Vehicles excluded agricultural vehicles in 2014.

民用车辆拥有量(2014年)
Possession of Civil Motor Vehicles (2014)

单位：辆 (unit)

指 标	Item	总 计 Total	营 运 Working	进 口 Import	#个 人 Private
全省总计	**Total**	**15213657**	**2014294**	**190965**	**12135076**
汽 车	Civil Vehicles	9953264	1540144	190436	8954219
载客汽车	Passenger Vehicles	7805601	141036	188911	7320448
# 大型	Large Scale	43340	32907	310	2549
中型	Medium Scale	23755	8708	429	7834
小型	Small Scale	7322338	97434	186216	6903788
# 轿车	Cars	5437826	91596	69545	5163604
载货汽车	Trucks	1435364	1015102	961	1003969
# 重型	Heavy Scale	492818	482160	362	231842
中型	Medium Scale	55673	52094	18	41714
轻型	Light Scale	880672	479059	581	724912
# 普通载货	Ordinary Trucks	753477	425794	561	621406
其他汽车	Other Vehicles	712299	384006	564	629802
# 三轮汽车	Tricycle Motors	476240	258105	2	454584
低速汽车	Low Speed Vehicles	176182	111668	8	150671
电 车	Tram	2	2		2
摩托车	Motor	3228750	86670	506	3025198
普通	Ordinary Motor	3174795	86650	473	2975965
轻便	Light Motor	53955	20	33	49233
挂 车	Freight Trailers	390101	387348	21	155272
其他类型车	Other Motor Vehicles	758	130	2	385
拖拉机	Low Speed Vehicles	1640782			

私人车辆拥有量
Possession of Private Vehicles

单位：辆 (unit)

指 标	Item	2005	2010	2011	2012	2013	2014
全省总计	**Total**	**5898180**	**8495946**	**9413468**	**10704807**	**11191190**	**12135076**
# 民用汽车	Civil Vehicles	1988958	4705498	5771177	6943467	7818146	8954219
载客汽车	Passenger Vehicles	969982	3232692	4161933	5166829	6120108	7320448
# 大型	Large Scale	5246	6904	7099	7316	4392	2549
轿车	Cars	446339	1995311	2665270	3413533	4234146	5163604
载货汽车	Ordinary Trucks	344505	790801	922848	1050289	1051009	1003969
# 重型	Large Scale	77093	205632	241840	266094	261869	231842
其他汽车	Others	674471	682005	686396	726349	647029	629802
摩托车	Motors	3866923	3687360	3521097	3625229	3223810	3025198
挂车	Freight Trailers	41029	102404	120501	135532	148822	155272

客 运 量
Passenger Traffic

单位：万人 (10000 persons)

年 份 Year	总 计 Total	铁 路 Railways	#地方铁路 Local Railways	公 路 Highways	水 运 Waterways	民 航 Civil Aviation
1990	25745	5034	45	20525	183	4.0
1995	36714	4655		32038		21.0
2000	65255	4902		60341		12.0
2001	72229	4841		67377		10.7
2002	76094	5004		71081		9.1
2003	65219	4441		60767		10.7
2004	77784	5270		72500		13.8
2005	80918	5492		75402		23.8
2006	83988	6024		77931		33.3
2007	88935	6238		82648		48.8
2008	94622	6816		87746		59.4
2009	77773	7194		70579		76.7
2010	90847	7558		83289		156.8
2011	99688	7601		91857		229.6
2012	105336	7846		97218		272.0
2013	102974	8762		93911		300.8
2014	61063	9571		51151	3.67	338.0

注1：2009年客运量依新统计方法和口径进行了调整(下表同)。2.2014年公路客运量按新方法统计,2013年相同方法数据为52956万人。

a) Volume of passenger transportation of 2009 have been adjusted according to new computing methods and statistical approach. The same applies to the tables following. b) Highways passenger traffic in 2014 is according to the new method of statistics. Data for the same method used in 2013 was 52956.

旅 客 周 转 量
Passenger-Kilometers

单位：亿人公里 (100 million passenger-km)

年 份 Year	总 计 Total	铁 路 Railways	#地方铁路 Local Railways	公 路 Highways	水 运 Waterways	民 航 Civil Aviation
1990	358.09	249.44	0.12	108.44	0.20	
1995	493.92	287.72		206.20		
2000	782.87	377.24		405.63		
2001	849.33	402.56		445.35		1.42
2002	897.84	415.26		482.58		
2003	780.46	383.76		396.69		
2004	945.40	479.07		466.33		
2005	989.77	504.44		485.33		
2006	1068.57	552.45		516.12		
2007	1165.28	595.48		569.80		
2008	1236.65	639.17		597.47		
2009	1043.30	672.40		370.90		
2010	1172.86	730.61		442.25		
2011	1306.58	784.50		522.08		
2012	1369.20	791.03		578.17		
2013	1434.76	867.18		567.58		
2014	1276.66	985.91		290.48	0.28	

注：2014年公路旅客周转量是按照新方法进行统计的，2013年相同方法数据为296.5亿人公里。

a) Highways passenger-kilometers in 2014 is according to the new method of statistics，Data for the same method used in 2013 was 296.5.

货 运 量
Freight Traffic

单位：万吨 (10000 tons)

年 份 Year	总 计 Total	铁 路 Railways	#地方铁路 Local Railways	公 路 Highways	水 运 Waterways	民 航 Civil Aviation	管 道 Petroleum and Gas Pipelines	港口货物吞吐量 Volume of Freight Handled in Coastal Ports
1990	58203	11501	597	44258	363	0.10	2080	6960
1995	74214	12106	879	59860	404	…	1844	8815
2000	76808	12546	1314	62321	571	3.09	1366	10771
2001	80835	14954	2293	63696	945	3.80	1236	12558
2002	84315	15368	2915	66655	1105	2.62	1184	14432
2003	80551	16646	3815	61570	1172	2.48	1161	18002
2004	87265	18216	4504	66227	1700	1.81	1120	22515
2005	91330	19051	5690	68652	2539	1.45	1087	27341
2006	96784	19646	6214	73263	2778	0.88	1096	33805
2007	104188	20920	7498	79822	2162	0.77	1283	39962
2008	111383	23808	10446	84486	1762	0.98	1326	44065
2009	136804	28308	14190	106530	1008	1.16	958	50874
2010	177308	37964	21482	135938	2149	1.68	1258	60344
2011	212330	41671	23600	166680	2672	2.11	1305	71300
2012	242886	43429	24837	195530	2590	2.40	1335	76234
2013	277840	49688	30063	224319	2517	2.63	1313	88984
2014	238749	48063	30156	185286	4041	2.52	1356	95029

注：1.2009年货运量依据新的统计方法和口径进行了调整(下表同)。2.2014年公路、水运货运量是按照新方法进行统计的.按此新方法测算的同口径2013年公路、水运货运量分别是172494万吨和2946.7万吨。

a) Volume of volume of freights of 2009 have been adjusted according to new computing methods and statistical approach. The same applies to the tables following. b) Highways and waterways freight traffic in 2014 is according to the new method of statistics, Data for the same method used in 2013 was 172494 and 2946.7 respectively.

货 物 周 转 量
Ton-Kilometers

单位：亿吨公里 (100 million ton-km)

年 份 Year	总 计 Total	铁 路 Railways	#地方铁路 Local Railways	公 路 Highways	水 运 Waterways	管 道 Petroleum and Gas Pipelines
1990	1546.47	1256.80	1.89	215.42	48.53	25.72
1995	2029.48	1534.74	3.45	397.36	67.88	29.50
2000	2325.85	1474.77	5.34	555.42	267.97	27.69
2001	2760.82	1613.04	7.92	608.01	512.70	27.07
2002	2862.79	1658.24	9.98	632.40	543.34	28.82
2003	3023.79	1787.73	11.75	591.60	612.19	32.28
2004	3796.05	1955.54	16.19	658.59	1150.00	31.93
2005	4750.64	2120.98	20.24	691.45	1908.07	30.14
2006	5157.40	2331.11	20.70	748.86	2051.41	26.02
2007	5507.02	2581.86	32.78	843.23	2057.28	24.64
2008	5209.01	2738.05	62.37	890.96	1554.62	25.38
2009	5981.61	2743.10	92.86	2998.49	216.82	23.21
2010	7673.09	3208.70	176.54	4011.23	432.11	21.05
2011	9840.50	4104.69	202.48	5219.28	495.04	21.49
2012	10844.84	4180.88	213.35	6133.47	509.60	20.89
2013	12003.78	4489.73	270.65	6972.94	519.81	21.29
2014	12968.80	4444.78	274.81	7019.56	1481.77	22.69

注：2014年公路、水运货运量是按新方法进行统计的，按此新方法测算同口径2013年公路、水运货运周转量分别是6577.9和817.6亿吨公里。

a) Highways and waterways ton-kilometers in 2014 is according to the new method of statistics, Data for the same method used in 2013 was 6577.9 and 817.6 respectively.

沿海港口基本情况（2014年）
Basic Indicators of Coastal Ports (2014)

港口名称	Name	合计 Total			# 生产用 For Productive Use			设计吞吐能力（万吨）Design the Handling Capacity (10000 tons)
		码头长度（米）Length of Quay Line (m)	泊位个数（个）Number of Berths (unit)	# 万吨级 10000 Ton Class	码头长度（米）Length of Quay Line (m)	泊位个数（个）Number of Berths (unit)	# 万吨级 10000 Ton Class	
总　计	**Total**	**52676**	**230**	**160**	**48404**	**197**	**160**	**92988**
秦皇岛港	Qinhuangdao	18564	92	44	15928	72	44	24149
黄骅港	Huanghua	9775	47	30	8761	36	30	23520
唐山港	Tangshan	24337	91	86	23715	89	86	45319
# 京唐港	Jingtang	9099	37	32	8477	35	32	11775
曹妃甸港	Caofeidian	15238	54	54	15238	54	54	33544

沿海主要港口货物吞吐量（2014年）
Volume of Freight Handled in Major Coastal Ports by Type of Freight (2014)

单位：万吨　　　　(10000 tons)

货物种类	Type of Freight	合计 Total	# 外贸 Foreign Trade	出港量 Out-put	# 外贸 Foreign Trade	进港量 In-put	# 外贸 Foreign Trade
总　计	**Total**	**95029**	**29330**	**63984**	**1862**	**31045**	**27468**
煤炭及制品	Coal	55826	2797	52966	136	2860	2662
石油、天然气及制品	Crude Petroleum Oil and Natural Gas	2487	1415	544	10	1943	1405
# 原油	Crude oil	2140	1238	497		1643	1238
金属矿石	Metal Ores	24470	22683	56	7	24414	22676
钢　铁	Steel and Iron	5598	1177	5577	1159	21	18
矿建材料	Mineral Building Materials	2158	130	2065	130	93	
水　泥	Cement	583	46	581	46	2	
木　材	Timber	29	28			29	28
非金属矿石	Nonmetal Ores	386	195	5		380	195
化肥农药	Chemical Fertilizers and Pesticides	155	153	132	131	22	21
盐	Salt	152	147			152	147
粮　食	Grain	287	219	57		230	219
机械、设备、电器	Machinery, Equipment and Electric Appliance	36	34	35	34	2	
化工原料及制品	Industrial Chemicals and Product	98	23	71	10	28	13
轻工、医药产品	Light Industry, Medicines and Product	1	1	1	1		
农林牧渔业产品	Agriculture, Forestry, Animal Husbandry and Fishery Product	27	23	17	14	10	8
其　他	Others	2738	258	1877	182	861	75

注：主要港口包括秦皇岛港、黄骅港和唐山港。

a) Major coastal ports include Qinhuangdao, Huanghua and Tangshan.

邮电业务基本情况（年底数）

Basic Conditions of Postal and Telecommunication Services (End of Year)

年　份 Year	邮政局、所（处） Number of Postal and Offices (unit)	#设在农村的 Located in the Countryside	邮路总长度（万公里） Length of Postal Routes (10000 km)	长话电路（路） Long-distance Telephone Electric Circuit (unit)	移动电话用户(万户) Number of Mobile Telephone Subscribers (10000 subscribers)	#3G移动电话 3G Mobile Phone Subscribers	互联网上网人数(万人) Number of Internet Users (10000 persons)	互联网宽带接入用户(万户) Broad Band Subscribers Port of Internet (10000 ports)
1978	1802	1511	16.5	1350				
1980	1752	1434	17.0	4539				
1985	2928	2588	2.6	2304				
1990	2443	1078	2.8	5177				
1995	2538	1869	3.5	33090				
1996	2555	1820	3.7	43537				
1997	2472	1863	3.9	61111				
1998	2389	1750	3.9	70111				
1999	2081	1455	4.0	87497				
2000	2018	1390	4.1	122560				
2001	2013	1371	4.1	187292	543.4			
2002	1978	1312	4.5	796340	840.8			
2003	1952	1272	5.3	20173	1253.2		289.1	
2004	1955	1258	5.4	22531	1512.9		387	
2005	1957	1242	4.7	27306	1785.5		486.0	
2006	1986	1244	4.6	21425	2251.0		631	
2007	1851	1110	4.9	30719	2814.8		762	
2008	1876	1091	5.5	90847	3214.1		1334	
2009	1742	1098	6.4	118913	3783.2	43.7	1842	
2010	2054	1030	5.1	323765	4353.6	166.8	2197	
2011	2114	1001	5.2	276250	5094.5	550.1	2597	824.5
2012	1616	1024	5.2	322492	5513.1	1077.2	3008	963.9
2013	1617	1019	4.7	4019468	6006.2	2003.5	3389	1031.6
2014	2273	1683	7.7	4810835	6229.1	2431.7	3603	1127.6

注：1.邮路总长度1982年及以前是邮路及农村投递线路总长度之和。2.2003年及以后长话电路计量单位为2M。3.2013年起长话电路统计口径为固定长途电话业务电路、移动长途电话业务电路、数据通信网长途电路、长途传输出租电路，2012年相同口径长话电路为3394418。

a) Length of postal routes before 1983 included the length of postal routes and rural delivery routes. b) Since 2003 the long-distance telephone electric circuit measuring unit was 2M. c) Since 2013 the long-distance telephone electric circuit includ fixed long-distance telephone business circuit, mobile long-distance telephone circuits, data communications network long-distance circuits and long distance transmission leased circuit.In 2012, the same diameter long-distance circuits data is 3394418.

邮电业务量
Post and Telecommunications Services

年 份 Year	邮电业务总量(万元) Output of Post and Telecommunication Services (10000 yuan)	函 件(万件) Number of Letters (10000 pcs)	报刊期发数(万份) Issue of Newspapers (10000 copies)	快 递(万件) Pieces of Express Mail Services (10000 pcs)	城市固定电话用户(万户) Number of Urban Fixed Telephone Subscribers (10000 subscriber)	农村固定电话用户(万户) Rural Fixed Telephone Subscribers (10000 subscriber)	移动短信业务量(亿条) Short Message Services (100 million messages)
1978	5904	15417	267		6.0	2.1	
1980	6420	15961	304		6.2	2.0	
1985	12618	21639	580		9.9	6.4	
1990	55643	23716	473		19.8	3.8	
1995	360930	31471	504		151.3	38.0	
1996	485001	30171	584		199.6	65.7	
1997	634216	25858	589		235.6	93.2	
1998	885071	25699	499		276.2	127.2	
1999	1164413	21235	1149		315.4	172.0	
2000	1910400	26302	522		391.7	275.5	
2001	1670100	31698	422	507.2	486.1	419.2	
2002	2198441	36078	508	488.3	558.4	546.0	
2003	2931845	20056	484	651.0	731.5	607.5	
2004	4307925	32623	451	739.9	906.2	671.8	
2005	5284674	25742	378	842.9	947.0	680.9	
2006	6415679	22444	340	1023.5	1005.2	652.0	204.6
2007	8523147	20641	321	2956.5	994.3	594.8	281.0
2008	10695686	26702	317	3795.5	929.1	528.4	362.2
2009	11906547	26960	185	4506.8	870.1	473.8	380.4
2010	14206800	25355	509	4573.7	811.8	439.5	352.5
2011	5375587	24432	617	8660.4	814.2	428.6	319.4
2012	5726889	29263	632	12469.1	850.8	356.9	311.2
2013	7287375	32091	732	20755.7	840.1	312.3	311.8
2014	8255354	25607	786	34019.0	819.9	265.2	265.5

注：1. 2011年起邮电业务总量按2010年不变价格计算，按可比价格比上年增长13.3% 。2.2013年起邮电业务总量统计范围为全社会。

a) The business volume of post & telecommunication services was calculated at 2010 constant prices Since 2011, the rate of increase at constant prices in 2010 was 13.3%. b) The business volume of postal and telecommunication services statistical scope expanded to the whole society since 2013.

限额以上批发业企业基本情况（2014年）

Basic Conditions of Enterprises above Designated Size in Wholesale Trade by Types of Registration and Sector (2014)

项　　目	Item	法人企业（个）Number of Corporation Enterprises (unit)	年末从业人员（人）Engaged Persons at Year-end (person)	年末零售营业面积（万平方米）Operational Area of Retail Sale Trade at Year-end (10000 sq.m)
全省总计	**Total**	**1712**	**125770**	**1088.7**
按批发行业小类分	**by Small Kind Points**			
农、林、牧产品批发	Agriculture, Forestry, Animal Husbandry Products	134	5008	78.4
谷物、豆及薯类批发	Ceral, Beans, and Tubers	86	2858	65.9
种子批发	Seed	10	431	1.0
饲料批发	Feed	6	405	…
棉、麻批发	Cotton, Hemp	14	795	6.9
林业产品批发	Forestry Products	3	113	0.4
牲畜批发	Livestock	1	75	0.1
其他农牧产品批发	Others	14	331	4.1
食品、饮料及烟草制品批发	Food, Beverages and Tobaccos	150	17764	66.3
米、面制品及食用油批发	Rice, Flour and Edible Oil	27	1221	5.5
糕点、糖果及糖批发	Cakes, Sweets and Sugar	8	260	0.9
果品、蔬菜批发	Fruits and Vegetables	27	1405	46.1
肉、禽、蛋、奶及水产品批发	Meat, Poultry, Eggs, Milk and Aquatic Products	12	1019	4.7
盐及调味品批发	Salt and Spices	14	1105	2.4
酒、饮料及茶叶批发	Wine, Drinks and Tea	34	3385	3.1
烟草制品批发	Tobacco Products	16	8497	2.4
其他食品批发	Others	12	872	1.1
纺织、服装及家庭用品批发	Textiles, Garments and Household Goods	61	4148	8.4
纺织品、针织品及原料批发	Textiles, Knitwear and Raw Materials	10	363	0.1
服装批发	Wholesale of Garments	10	602	0.7
鞋帽批发	Shoes and Caps	1	24	…
化妆品及卫生用品批发	Cosmetics and Health Supplies	11	1496	4.3
厨房、卫生间用具及日用杂货批发	Kitchen, Bathroom Appliances and Daily Groceries	3	65	0.0
家用电器批发	Household Electrical Appliances	21	1503	3.3
其他家庭用品批发	Others	5	95	0.1
文化、体育用品及器材批发	Culture, Sports Appliances and Equipment	11	933	0.4
文具用品批发	Stationery	2	109	0.1
体育用品及器材批发	Sports Appliances and Equipment	2	113	0.1
图书批发	Books	1	438	0.1
首饰、工艺品及收藏品批发	Jewelry, Crafts and Collectibles	4	145	0.1
其他文化用品批发	Others	2	128	0.1
医药及医疗器材批发	Medicines and Medical Appliances	180	15083	22.3
西药批发	Western Medicines	118	10216	12.3
中药批发	Traditional Chinese Medicines	54	4457	9.7
医疗用品及器材批发	Medical Supplies and Equipment	8	410	0.3
矿产品、建材及化工产品批发	Mineral Products, Building Materials and Chemical Products	933	50883	692.9
煤炭及制品批发	Coal and Related Products	255	11749	156.9
石油及制品批发	Coal and Related Products	137	24166	462.3
非金属矿及制品批发	Non-metallic Mineral and Metal Products	5	67	1.2
金属及金属矿批发	Metal Materials	312	7632	38.8

限额以上批发业企业基本情况（2014年）(续)

Basic Conditions of Enterprises above Designated Size in Wholesale Trade by Types of Registration and Sector (2014)

项　目	Item	法人企业 (个) Number of Corporation Enterprises (unit)	年末从业人员 (人) Engaged Persons at Year-end (person)	年末零售营业面积 (万平方米) Operational Area of Retail Sale Trade at Year-end (10000 sq.m)
建材批发	Building materials	63	2252	17.9
化肥批发	Chemical Fertilizer	43	1507	8.8
农药批发	Pesticide	3	63	0.8
其他化工产品批发	Others	115	3447	6.2
机械设备、五金产品及电子产品批发	Machinery, Hardware Products and Electronic Equipment	203	30600	213.0
农业机械批发	Agricultural Machinery	33	806	15.9
汽车批发	Automotive	75	25512	191.1
汽车零配件批发	Auto Parts	12	505	1.6
摩托车及零配件批发	Motorcycles and Spare Parts	3	42	0.1
五金产品批发	Hardware	18	688	0.9
电气设备批发	Electrical Equipment	9	326	0.7
计算机、软件及辅助设备批发	Computer, Software and Assistant Appliances	4	159	…
通讯及广播电视设备批发	Communication and Broadcasting & Television Equipment	1	54	0.0
其他机械设备及电子产品批发	Others	48	2508	2.6
贸易经纪与代理	Trade Broker and Agency	5	146	0.1
贸易代理	Trade Agent	5	146	0.1
其他批发业	Others	35	1205	7.0
再生物资回收与批发	Renewable Materials Recovery and Wholesale	11	589	1.4
其他未列明批发业	Others	24	616	5.6
按登记注册类型分	**by Types of Registration**			
内资企业	Domestic Funded Enterprises	1701	125164	1084.7
国有企业	State-owned Enterprises	64	11456	47.5
集体企业	Collective-owned Enterprises	22	1183	1.9
股份合作企业	Cooperative Enterprises	4	301	0.2
有限责任公司	Limited Liability Corporations	701	45680	392.1
国有独资公司	State Sole Funded Corporations	35	3423	80.2
其他有限责任公司	Other Limited Liability Corporations	666	42257	311.9
股份有限公司	Share-holding Corporations Ltd.	74	35874	450.2
私营企业	Private Enterprises	822	29940	170.6
私营独资企业	Private-funded Enterprises	26	481	5.5
私营合伙企业	Private Partnership Enterprises	7	166	0.5
私营有限责任公司	Private Limited Liability Corporations	762	28380	149.9
私营股份有限公司	Private Share-holding Corporations Ltd.	27	913	14.6
其他企业	Other Enterprises	14	730	22.2
港、澳、台商投资企业	Enterprises with Funds from Hong Kong, Macao and Taiwan	4	241	3.5
与港澳台商合资经营企业	Joint Ventures (Hong Kong, Macao and Taiwan-funded)	1	156	0.1
港澳台商独资企业	Enterprises with Sole Fund	3	85	3.4
外商投资企业	Foreign Funded Enterprises	7	365	0.4
中外合资经营企业	Joint-venture Enterprises	1	52	
中外合作经营企业	Cooperation Enterprises	1	23	0.1
外资企业	Enterprises with Sole Fund	5	290	0.4

限额以上零售业企业基本情况（2014年）

Basic Conditions of Enterprises above Designated Size in Retail Trade by Types of Registration and Sector (2014)

项　　目	Item	法人企业（个）Number of Corporation Enterprises (unit)	年末从业人员（人）Engaged Persons at Year-end (person)	年末零售营业面积（万平方米）Operational Area of Retail Sale Trade at Year-end (10000 sq.m)
全省总计	**Total**	**2315**	**241648**	**1159.4**
按零售行业小类分	**by Small Kind Points**			
综合零售	Integrated Retail	479	137703	670.9
百货零售	Retail of General Merchandise	294	91538	470.9
超级市场零售	Retail of Supermarkets	167	44177	195.5
其他综合零售	Others	18	1988	4.5
食品、饮料及烟草制品专门零售	Retail of Food, Beverages and Tobaccos	78	2117	8.2
粮油零售	Food and oil	6	356	2.1
糕点、面包零售	Cakes, Bread	5	401	0.4
果品、蔬菜零售	Fruits and Vegetables	10	257	1.6
肉、禽、蛋、奶及水产品零售	Meat, Poultry, Eggs, Milk and Aquatic Products	1	3	…
酒、饮料及茶叶零售	Wine, Drinks and Tea	45	842	3.1
烟草制品零售	Tobacco Products	3	98	0.1
其他食品零售	Others	8	160	0.8
纺织、服装及日用品专门零售	Textiles, Garments and Household Goods	101	10048	62.0
纺织品及针织品零售	Textiles, Knitwear and Raw Materials	11	632	4.2
服装零售	Wholesale of Garments	63	6721	49.8
鞋帽零售	Shoes and Caps	5	1618	2.9
化妆品及卫生用品零售	Cosmetics and Health Supplies	6	458	1.5
钟表、眼镜零售	Watches and Clocks, Glasses	3	137	0.1
箱、包零售	Box, Bag	2	43	0.1
厨房用具及日用杂品零售	Kitchen, Bathroom Appliances and Daily Groceries	4	137	0.5
自行车零售	Bicycle	5	281	2.9
其他日用品零售	Others	2	21	0.1
文化、体育用品及器材专门零售	Culture, Sports Appliances and Equipment	56	6674	17.7
文具用品零售	Stationery	8	505	2.2
体育用品及器材零售	Sporting Goods and Equipment	2	30	0.5
图书、报刊零售	Books, Newspapers and Periodicals	14	4907	8.3
音像制品及电子出版物零售	Audio-visual Products and Electronic Publications	1	52	0.1
珠宝首饰零售	Jewelry	16	759	3.0
工艺美术品及收藏品零售	Crafts and Collectibles	4	66	2.3
乐器零售	Music	3	132	0.2
照相器材零售	Photographic Equipment	2	17	…
其他文化用品零售	Others	6	206	1.1
医药及医疗器材专门零售	Medicines and Medical Appliances	84	14083	15.2
药品零售	Medicines	82	13828	15.1
医疗用品及器材零售	Medical Supplies and Equipment	2	255	0.1
汽车、摩托车、燃料及零配件专门零售	Automotive, Motorcycles, Fuel and Spare Parts	999	48788	252.0
汽车零售	Automotive	748	43119	201.5
汽车零配件零售	Auto Parts	17	579	4.7
摩托车及零配件零售	Motorcycles and Spare Parts	15	190	1.7
机动车燃料零售	Motor Vehicle Fuel	219	4900	44.2

限额以上零售业企业基本情况（2014年）(续)

Basic Conditions of Enterprises above Designated Size in Retail Trade by Types of Registration and Sector (2014)

项　　目	Item	法人企业 (个) Number of Corporation Enterprises (unit)	年末从业人员 (人) Engaged Persons at Year-end (person)	年末零售营业面积 (万平方米) Operational Area of Retail Sale Trade at Year-end (10000 sq.m)
家用电器及电子产品专门零售	Household Appliances and Electronic Products	397	16529	68.3
家用视听设备零售	Home Audio and Video Equipment	256	8890	36.9
日用家电设备零售	Household Electrical Appliances	68	3576	22.4
计算机、软件及辅助设备零售	Computer, Software and Assistant Appliances	43	912	1.3
通信设备零售	Communication Equipment	26	3096	7.5
其他电子产品零售	Others	4	55	0.2
五金、家具及室内装饰材料专门零售	Hardware, Furniture and Interior Decoration Materials	84	3669	55.5
五金零售	Hardware	26	556	2.2
灯具零售	Lamps and Lanterns	1	5	…
家具零售	Furniture	38	1861	34.8
涂料零售	Paint	1	5	…
卫生洁具零售	Sanitary Ware	2	28	0.2
木质装饰材料零售	Wooden decorative materials	3	95	0.5
陶瓷、石材装饰材料零售	Ceramics, Stone Decoration Materials	3	295	8.4
其他室内装饰材料零售	Others	10	824	9.3
货摊、无店铺及其他零售业	Stall, Non-shop and Other Retails	37	2037	9.7
互联网零售	Retail on the Internet	1	145	…
生活用燃料零售	Living with Fuel	24	1236	8.4
其他未列明零售业	Others	12	656	1.3
按登记注册类型分	**by Types of Registration**			
内资企业	Domestic Funded Enterprises	2055	235935	1128.7
国有企业	State-owned Enterprises	44	2403	11.6
集体企业	Collective-owned Enterprises	89	4022	36.8
股份合作企业	Cooperative Enterprises	13	4262	8.3
有限责任公司	Limited Liability Corporations	824	110228	540.9
国有独资公司	State Sole Funded Corporations	12	2410	13.8
其他有限责任公司	Other Limited Liability Corporations	812	107818	527.1
股份有限公司	Share-holding Corporations Ltd.	88	21469	130.7
私营企业	Private Enterprises	977	92845	396.6
私营独资企业	Private-funded Enterprises	120	4019	20.4
私营合伙企业	Private Partnership Enterprises	14	410	2.0
私营有限责任公司	Private Limited Liability Corporations	792	81013	335.5
私营股份有限公司	Private Share-holding Corporations Ltd.	51	7403	38.7
其他企业	Other Enterprises	20	706	3.8
港、澳、台商投资企业	Enterprises with Funds from Hong Kong, Macao and Taiwan	2	988	3.4
与港澳台商合资经营企业	Joint-venture Enterprises		72	0.6
港澳台商独资企业	Enterprises with Sole Fund	1	916	2.8
港澳台商投资股份有限公司	Share-holding Corporations Ltd from Hong Kong, Macao and Taiwan	1		
外商投资企业	Foreign Funded Enterprises	11	4725	27.4
中外合资经营企业	Joint-venture Enterprises	3	1984	11.3
外资企业	Enterprises with Sole Fund	6	1855	11.7
外商投资股份有限公司	Share-holding Corporations Ltd	2	886	4.4

限额以上批发企业商品购进、销售和库存额（2014年）

Total Purchases, Sales and Stock of Enterprises above Designated Size of Wholesale Trade by Status of Registration and Sector (2014)

单位：万元 (10000 yuan)

项目	Item	商品购进 总额 Total Purchases Value	#进口额 Imports	商品销售 总额 Total Sales Value	#批发额 Exports	年末商品库存总额 Stock (year-end)
全省总计	**Total**	**78285490**	**942372**	**85275471**	**78179709**	**3683267**
按批发行业小类分	**by Small Kind Points**					
农、林、牧产品批发	Agriculture, Forestry, Animal Husbandry Products	2459210	21502	2535695	2493260	282190
谷物、豆及薯类批发	Ceral, Beans, and Tubers	1039792	1840	1044288	1030985	213367
种子批发	Seed	36611		60564	54391	30118
饲料批发	Feed	66419		58538	50772	10470
棉、麻批发	Cotton, Hemp	865977	19644	913041	898326	24410
林业产品批发	Forestry Products	5258		6972	6702	1590
牲畜批发	Livestock			2124	2124	800
其他农牧产品批发	Others	445155	18	450169	449960	1435
食品、饮料及烟草制品批发	Food, Beverages and Tobaccos	5493484	18058	7242367	7047457	427570
米、面制品及食用油批发	Rice, Flour and Edible Oil	458595	1175	487992	477844	47915
糕点、糖果及糖批发	Cakes, Sweets and Sugar	73893		91221	91201	12796
果品、蔬菜批发	Fruits and Vegetables	180757	12198	228783	177538	12525
肉、禽、蛋、奶及水产品批发	Meat, Poultry, Eggs, Milk and Aquatic Products	34164		48334	43227	2112
盐及调味品批发	Salt and Spices	297661		330638	289899	45712
酒、饮料及茶叶批发	Wine, Drinks and Tea	395513	4558	665297	590623	70200
烟草制品批发	Tobacco Products	3911569	126	5240473	5240317	228603
其他食品批发	Others	141332		149629	136810	7708
纺织、服装及家庭用品批发	Textiles, Garments and Household Goods	1730314	2373	1848923	1821834	168165
纺织品、针织品及原料批发	Textiles, Knitwear and Raw Materials	183156	638	188148	187838	8039
服装批发	Wholesale of Garments	66025	1735	75694	71983	5053
鞋帽批发	Shoes and Caps	8069		7687	7687	
化妆品及卫生用品批发	Cosmetics and Health Supplies	126995		144047	136985	11724
厨房、卫生间用具及日用杂货批发	Kitchen, Bathroom Appliances and Daily Groceries	40438		25611	20711	22441
家用电器批发	Household Electrical Appliances	1297040		1394160	1383518	120337
其他家庭用品批发	Others	8591		13576	13112	571
文化、体育用品及器材批发	Culture, Sports Appliances and Equipment	650989		624677	597415	102134
文具用品批发	Stationery	186538		191188	191188	5586
体育用品及器材批发	Sports Appliances and Equipment	10520		11349	11349	1161
图书批发	Books	365892		335518	335433	69224
首饰、工艺品及收藏品批发	Jewelry, Crafts and Collectibles	26329		24394	23604	25532
其他文化用品批发	Others	61711		62228	35841	631
医药及医疗器材批发	Medicines and Medical Appliances	4010191	2	4496925	4255057	450995
西药批发	Western Medicines	3064860		3413350	3228509	344892
中药批发	Traditional Chinese Medicines	832857	2	972089	915415	97715
医疗用品及器材批发	Medical Supplies and Equipment	112473		111486	111133	8388
矿产品、建材及化工产品批发	Mineral Products, Building Materials and Chemical Products	53488087	860648	57655758	51691465	1790551
煤炭及制品批发	Coal and Related Products	21317055	220147	22028458	21265950	495891
石油及制品批发	Coal and Related Products	10063963	264999	12242722	7736192	511102
非金属矿及制品批发	Non-metallic Mineral and Metal Products	52931	10331	59075	56032	838
金属及金属矿批发	Metal Materials	18000954	236059	18958333	18421812	503620
建材批发	Building materials	683337	11014	730188	673392	48645

限额以上批发企业商品购进、销售和库存额（2014年）(续)

Total Purchases, Sales and Stock of Enterprises above Designated Size of Wholesale Trade by Status of Registration and Sector (2014)

单位：万元 (10000 yuan)

项目	Item	商品购进总额 Total Purchases Value	#进口额 Imports	商品销售总额 Total Sales Value	#批发额 Exports	年末商品库存总额 Stock (year-end)
化肥批发	Chemical Fertilizer	1166567		1099484	1079734	138457
农药批发	Pesticide	12309		12053	12053	256
其他化工产品批发	Others	2190971	118098	2525445	2446302	91742
机械设备、五金产品及电子产品批发	Machinery, Hardware Products and Electronic Equipment	10234830	36876	10641730	10050072	445167
农业机械批发	Agricultural Machinery	127093		134789	114272	17610
汽车批发	Automotive	9238565	4765	9555589	9080585	297842
汽车零配件批发	Auto Parts	120300	6521	141147	140597	7533
摩托车及零配件批发	Motorcycles and Spare Parts	16582		15703	15256	1068
五金产品批发	Hardware	151206		181637	179501	6873
电气设备批发	Electrical Equipment	54616	1199	58047	54685	4656
计算机、软件及辅助设备批发	Computer, Software and Assistant Appliances	53923		58410	57813	1215
通讯及广播电视设备批发	Communication and Broadcasting and Television Equipment	10587		10328	8767	1275
其他机械设备及电子产品批发	Others	461958	24391	486079	398597	107096
贸易经纪与代理	Trade Broker and Agency	52494	2400	57140	56869	471
贸易代理	Trade Agent	52494	2400	57140	56869	471
其他批发业	Others	165892	514	172258	166280	16023
再生物资回收与批发	Renewable Materials Recovery and Wholesale	49854		56585	54040	5546
其他未列明批发业	Others	116038	514	115673	112240	10477
按登记注册类型分	**by Types of Registration**					
内资企业	Domestic Funded Enterprises	77612503	912068	84382523	77288844	3660974
国有企业	State-owned Enterprises	4918289	136	6313465	6142074	374642
集体企业	Collective-owned Enterprises	279069		300634	266863	48072
股份合作企业	Cooperative Enterprises	11350		20287	13202	4156
有限责任公司	Limited Liability Corporations	48850159	481753	51237822	48033215	1855592
国有独资公司	State Sole Funded Corporations	18098092		18641285	18272716	204862
其他有限责任公司	Other Limited Liability Corporations	30752067	481753	32596537	29760499	1650730
股份有限公司	Share-holding Corporations Ltd.	5464132	2904	7135499	4154367	244650
私营企业	Private Enterprises	17983675	402883	19251931	18557635	1127199
私营独资企业	Private-funded Enterprises	90804		96494	87542	7862
私营合伙企业	Private Partnership Enterprises	26656		29353	22283	2181
私营有限责任公司	Private Limited Liability Corporations	17440875	402883	18669314	17995475	1098051
私营股份有限公司	Private Share-holding Corporations Ltd.	425340		456770	452335	19106
其他企业	Other Enterprises	105831	24391	122886	121489	6663
港、澳、台商投资企业	Enterprises with Funds from Hong Kong, Macao and Taiwan	70494		118794	116711	1165
与港澳台商合资经营企业	Joint Ventures (Hong Kong, Macao and Taiwan-funded)	11351		15071	12989	
港澳台商独资企业	Enterprises with Sole Fund	59143		103722	103722	1165
外商投资企业	Foreign Funded Enterprises	602492	30305	774154	774154	21128
中外合资经营企业	Joint-Venture	11854		12061	12061	
中外合作经营企业	Cooperation Enterprises	8844		12319	12319	410
外资企业	Enterprises with Sole Fund	581794	30305	749775	749775	20717

限额以上零售业企业商品购进、销售和库存额（2014年）

Total Purchases, Sales and Stock of Enterprises above Designated Size of Retail Trade by Status of Registration and Sector (2014)

单位：万元 (10000 yuan)

项　目	Item	商品购进 总额 Total Purchases Value	#进口额 Imports	商品销售 总额 Total Sales Value	#批发额 Exports	年末商品库存总额 Stock (year-end)
全省总计	**Total**	**28038003**	**698104**	**30515261**	**1804134**	**2951529**
按零售行业小类分	**by Small Kind Points**					
综合零售	Integrated Retail	9211734	3435	10457017	790492	893129
百货零售	Retail of General Merchandise	7266000	3414	8156998	671261	471208
超级市场零售	Retail of Supermarkets	1788963	1	2141442	46095	410507
其他综合零售	Others	156771	20	158578	73137	11414
食品、饮料及烟草制品专门零售	Retail of Food, Beverages and Tobaccos	95650	74	109241	16583	33165
粮油零售	Food and oil	17269		15976	352	2146
糕点、面包零售	Cakes, Bread	5893		7142	2	2038
果品、蔬菜零售	Fruits and Vegetables	5565		7345	4133	440
肉、禽、蛋、奶及水产品零售	Meat, Poultry, Eggs, Milk & Aquatic Products	646		678	678	22
酒、饮料及茶叶零售	Wine, Drinks and Tea	51512	74	52595	10142	24106
烟草制品零售	Tobacco Products	7695		18216	28	1212
其他食品零售	Others	7071		7290	1250	3200
纺织、服装及日用品专门零售	Textiles, Garments and Household Goods	453552	624	607934	82856	76822
纺织品及针织品零售	Textiles, Knitwear and Raw Materials	37039		37409	15531	3202
服装零售	Wholesale of Garments	301276	624	411912	17867	43847
鞋帽零售	Shoes and Caps	59023		79645	26121	14494
化妆品及卫生用品零售	Cosmetics and Health Supplies	8888		31625	15195	3444
钟表、眼镜零售	Watches and Clocks, Glasses	5642		6010		2600
箱、包零售	Box, Bag	1885		1402	600	1023
厨房用具及日用杂品零售	Kitchen, Bathroom Appliances and Daily Groceries	5783		6676		1613
自行车零售	Bicycle	32713		31954	7492	6574
其他日用品零售	Others	1304		1302	50	27
文化、体育用品及器材专门零售	Culture, Sports Appliances and Equipment	429821		505157	14935	94836
文具用品零售	Stationery	22837		23899	1927	4642
体育用品及器材零售	Sporting Goods and Equipment	7656		7685		68
图书、报刊零售	Books, Newspapers and Periodicals	316409		373095	361	65609
音像制品及电子出版物零售	Audio-visual Products and Electronic Publications	3138		3907		2413
珠宝首饰零售	Jewelry	25255		30838	8104	12997
工艺美术品及收藏品零售	Crafts and Collectibles	4338		4487	2036	2012
乐器零售	Music	1807		12289	1417	2762
照相器材零售	Photographic Equipment	1705		1732	675	109
其他文化用品零售	Others	46676		47225	415	4225
医药及医疗器材专门零售	Medicines and Medical Appliances	1743228	114474	1873142	476901	194111
药品零售	Medicines	1731381	114474	1860185	476726	192736
医疗用品及器材零售	Medical Supplies and Equipment	11847		12958	176	1375
汽车、摩托车、燃料及零配件专门零售	Automotive, Motorcycles, Fuel and Spare Parts	14299795	576855	14997765	239673	1439086
汽车零售	Automotive	13507462	573433	14106384	126588	1402597
汽车零配件零售	Auto Parts	58478		68426	21136	4508

限额以上零售业企业商品购进、销售和库存额（2014年）(续)

Total Purchases, Sales and Stock of Enterprises above Designated Size of Retail Trade by Status of Registration and Sector (2014)

单位：万元 (10000 yuan)

项目	Item	商品购进总额 Total Purchases Value	#进口额 Imports	商品销售总额 Total Sales Value	#批发额 Exports	年末商品库存总额 Stock (year-end)
摩托车及零配件零售	Motorcycles and Spare Parts	37883		38006	402	1807
机动车燃料零售	Motor Vehicle Fuel	695973	3423	784947	91547	30174
家用电器及电子产品专门零售	Household Appliances and Electronic Products	1414367	1661	1513466	119430	186552
家用视听设备零售	Home Audio and Video Equipment	662420	1661	728099	33636	111908
日用家电设备零售	Household Electrical Appliances	452872		464047	15093	42350
计算机、软件及辅助设备零售	Computer, Software and Assistant Appliances	63341	…	64164	15739	10694
通信设备零售	Communication Equipment	231234		252525	53170	21041
其他电子产品零售	Others	4500		4631	1793	558
五金、家具及室内装饰材料专门零售	Hardware, Furniture and Interior Decoration	288064	980	334507	14405	25782
五金零售	Materials	70063		76220	4580	7286
灯具零售	Hardware	417		411		6
家具零售	Furniture	139152		161523	6442	11999
涂料零售	paint	200		320		…
卫生洁具零售	Sanitary Ware	1670		1627		60
木质装饰材料零售	Wooden decorative materials	13287		14860		1684
陶瓷、石材装饰材料零售	Ceramics, Stone Decoration Materials	6201		11039	890	726
其他室内装饰材料零售	Others	57074	980	68509	2493	4022
货摊、无店铺及其他零售业	Stall, Non-shop and Other Retails	101793		117032	48857	8047
互联网零售	Retail on the Internet	687		602		184
生活用燃料零售	Living with Fuel	81074		90544	38291	4937
其他未列明零售业	Others	20032		25886	10567	2927
按登记注册类型分	**by Types of Registration**					
内资企业	Domestic Funded Enterprises	27765187	698104	30174514	1787630	2925159
国有企业	State-owned Enterprises	214447	1006	239251	41399	9202
集体企业	Collective-owned Enterprises	532900	770	548884	93276	32045
股份合作企业	Cooperative Enterprises	75286		72660	2959	10508
有限责任公司	Limited Liability Corporations	12126455	499695	13642378	818620	1524726
国有独资公司	State Sole Funded Corporations	351852	40	329963		51905
其他有限责任公司	Other Limited Liability Corporations	11774603	499655	13312414	818620	1472821
股份有限公司	Share-holding Corporations Ltd.	4100415	6575	4379873	503984	220782
私营企业	Private Enterprises	10658423	188396	11231835	317325	1116947
私营独资企业	Private-funded Enterprises	293012	5825	283899	9447	28769
私营合伙企业	Private Partnership Enterprises	19878		21550		1965
私营有限责任公司	Private Limited Liability Corporations	9896202	174039	10471251	295190	1031137
私营股份有限公司	Private Share-holding Corporations Ltd.	449331	8533	455135	12688	55075
其他企业	Other Enterprises	57261	1661	59633	10067	10950
港、澳、台商投资企业	Enterprises with Funds from Hong Kong, Macao and Taiwan	19376		57189	14730	5303
与港澳台商合资经营企业	Joint-venture Enterprises	16639		14709		2733
外商投资企业	Foreign Funded Enterprises	253441		283558	1773	21068
中外合资经营企业	Joint-venture Enterprises	77490		98297		8749
外资企业	Enterprises with Sole Fund	103347		110655	1773	12284
外商投资股份有限公司	Share-holding Corporations Ltd	72604		74606		35

限额以上批发零售贸易业商品分类销售额(2014年)

Total Sales of Enterprises above Designated Size in Wholesale and Retail Sale Trade by Category (2014)

单位：万元 (10000 yuan)

类　别	Category	销售额 Total Sales Value	批发 Wholesale Value	零售 Retail Value
合　计	**Total**	**144662041.1**	**113919366.8**	**30742674.3**
粮油、食品、饮料、烟酒类	Food, Beverages, Tobacco and Liquor	15608703.6	12065984.4	3542719.2
# 粮油、食品类	Grain , Oil and Food	7547481.3	5058876.2	2488605.1
# 粮油类	Grain and Oil	2911677.3	2243511.6	668165.7
肉禽蛋类	Meat, Poultry and Eggs	746095.3	395051.1	351044.2
水产品类	Aquatic Products	185393.3	92845.0	92548.3
蔬菜类	Vegetables	503361.1	321762.3	181598.8
干鲜果品类	Dried and Fresh Melons an Fruits	640979.8	432157.4	208822.4
饮料类	Beverages	889875.3	467382.2	422493.1
烟酒类	Tobacco and Liquor	7171347.0	6539726.0	631621.0
服装鞋帽、针、纺织品	Clothing, Shoes, Hats and Textiles	8199829.9	4295459.8	3904370.1
# 服装类	Clothing	5285346.6	2749632.6	2535714.0
鞋帽类	Shoes and Hats	1750084.1	891062.9	859021.2
针、纺织品类	Knitwear and Textiles	1164399.2	654764.3	509634.9
化妆品类	Cosmetics	995982.9	532405.5	463577.4
金银珠宝类	Gold, Silver and Jewellery	1815903.2	932502.6	883400.6
日用品类	Articles for Daily Use	2044944.1	1083801.9	961142.2
# 洗涤用品类	Washing Articles	629769.1	334189.7	295579.4
儿童玩具类	Children Toys	174749.6	87588.1	87161.5
五金、电料类	Hardware and Electrical Materials	496183.4	355449.0	140734.4
体育、娱乐用品类	Sports and Recreation Articles	252786.2	129641.3	123144.9
书报杂志类	Newspapers and Magazines	1119196.1	740538.5	378657.6
电子出版物及音像制品	E-journals and Video Products	63119.0	31647.9	31471.1
家用电器和音像器材类	Household Appliances and Video Appliances	6329465.4	3924504.2	2404961.2
中西药品类	Traditional Chinese and Western Medicines	7621599.1	5852911.9	1768687.2
# 西　药	Western Medicines	5501438.5	4235296.3	1266142.2
中草药及中成药	Traditional Chinese Medicines	1395807.7	1029034.4	366773.3
文化办公用品类	Cultural and Offices Appliances	700011.4	480793.6	219217.8
家具类	Furniture	747569.4	384093.5	363475.9
通讯器材类	Communication Appliances	811015.2	438453.9	372561.3
煤炭及制品类	Coal and Related Products	15764809.8	15665517.9	99291.9
木材及制品类	Wood and Wooden Products	16512.2	16512.2	
石油及制品类	Petroleum and Related Products	19165873.7	14728407.3	4437466.4
化工材料及制品类	Chemical Materials and Related Products	4093863.0	4093863.0	
# 化肥类	Fertilizers	1106321.7	1106321.7	
金属材料类	Metal Materials	25806299.6	25806299.6	
建筑及装潢材料类	Building and Decoration Materials	800157.5	557110.1	243047.4
机电产品及设备类	Mechanical and Electrical Products	1006835.7	931865.1	74970.6
# 农机类	Agricultural Machineries	111873.8	111873.8	
汽车类	Automobiles	28995500.2	18747467.2	10248033.0
种子饲料类	Seeds and Feedstuff	99639.6	99639.6	
棉麻类	Cotton, Hemp	885489.5	885456.5	33.0
其他类	Others	1220751.4	1139040.3	81711.1

注：本表数据为初步统计数据。
a) Data in this table are preliminary estimation.

限额以上批发业企业主要财务指标（2014年）

单位：万元

项　　目	Item	资产总计 Total Assets
全省总计	**Total**	**35824326.6**
按国民经济行业分	**by Sector**	
农、林、牧产品批发	Wholesale of Agriculture, Forestry, Animal Husbandry Products	1089574.6
食品、饮料及烟草制品批发	Wholesale of Food, Beverages and Tobaccos	2422912.8
#米、面制品及食用油批发	Wholesale of Rice, Flour and Edible Oil	151893.9
烟草制品批发	Wholesale of Tobaccos	1550529.8
纺织、服装及家庭用品批发	Wholesale of Textiles, Garments and Household Goods	866037.1
#服装批发	Wholesale of Garments	47531.5
文化、体育用品及器材批发	Wholesale of Culture, Sports Appliances and Equipments	508069.6
医药及医疗器材批发	Wholesale of Medicines and Medical Appliances	2083181.1
矿产品、建材及化工产品批发	Wholesale of Mineral Products, Building Materials and Chemical Products	20834153.4
#煤炭及制品批发	Wholesale of Coal and Related Products	7745529.6
石油及制品批发	Wholesale of Coal and Related Products	4298720.0
金属及金属矿批发	Wholesale of Metal Materials	6709483.5
建材批发	Wholesale of Building Materials	528626.8
化肥批发	Wholesale of Chemical Fertilizer	410410.2
机械设备、五金交电及电子产品批发	Wholesale of Machinery, Hardware Products and Electronic Equipment	7867538.1
汽车批发	Wholesale of Automotive	7222708.4
汽车零配件批发	Wholesale of Auto Parts	48035.4
五金产品批发	Wholesale of Hardware	115853.8
计算机、软件及辅助设备批发	Wholesale of Computer, Software and Assistant Appliances	13200.7
贸易经纪与代理	Trade Broker and Agency	18407.7
其他批发	Other Wholesale not Classified Elsewhere	134452.2
按登记注册类型分	**by Types of Registration**	
内资企业	Domestic Funded Enterprises	35566378.5
国有企业	State-owned Enterprises	2063144.4
集体企业	Collective-owned Enterprises	198678.7
股份合作企业	Cooperative Enterprises	11346.5
联营企业	Joint Ownership Enterprises	
国有联营企业	State Joint Ownership Enterprises	
有限责任公司	Limited Liability Corporations	16346446.6
国有独资公司	State Sole Funded Corporations	4788841.7
其他有限责任公司	Other Limited Liability Corporations	11557604.9
股份有限公司	Share-holding Corporations Ltd.	8042271.0
私营企业	Private Enterprises	8869323.4
私营独资企业	Private-funded Enterprises	58596.2
私营合伙企业	Private Partnership Enterprises	21748.8
私营有限责任公司	Private Limited Liability Corporations	8422398.3
私营股份有限公司	Private Share-holding Corporations Ltd.	366580.1
其他企业	Other Enterprises	35167.9
港、澳、台商投资企业	Enterprises with Funds from Hong Kong, Macao and Taiwan	47398.2
合资经营企业(港或澳、台资)	Joint ventures (Hong Kong, Macao and Taiwan-funded)	5552.9
港、澳、台商独资经营企业	Enterprises with Sole Fund	41845.3
外商投资企业	Foreign Funded Enterprises	210549.9
外资企业	Enterprises with Sole Fund	139844.8

Main Financial Indicators of Enterprises above Designated Size in Wholesale Trade (2014)

(10000 yuan)

负债合计 Total Liabilities	所有者权益合计 Total Owners Equities	主营业务收入 Revenue from Principal Business	主营业务成本 Cost of Principal Business	主营业务税金及附加 Taxes and Other Charges on Principal Business	销售费用 Sales Expenses	管理费用 Management Expenses	营业利润 Business Profits	利润总额 Total Profits
27530304.8	**8298678.2**	**80901531.7**	**77132319.4**	**348126.6**	**1291037.8**	**759843.0**	**961093.0**	**851272.7**
745518.1	344056.5	2451024.3	2361053.1	2399.9	42155.3	24220.9	7995.2	26088.5
847737.5	1575175.3	6337763.5	4964870.7	284600.3	222805.5	268480.0	630547.6	609014.0
110950.0	40943.9	435578.0	415731.6	299.1	11455.6	4936.5	238.9	4009.6
181675.9	1368853.9	4524672.1	3440166.2	269471.3	68322.9	212687.5	571823.8	571453.1
713819.0	152218.1	1656705.3	1582217.3	1733.8	30980.4	13907.6	33302.0	33621.3
28940.8	18590.7	72545.2	65594.3	288.0	3884.5	2239.4	414.0	418.1
332553.2	175516.4	565226.6	429837.8	4095.2	6747.3	13738.3	95299.8	11149.7
1818060.6	265120.5	4158543.4	3981848.0	4638.2	65631.4	54184.5	37889.9	28874.3
16650902.2	4187907.6	56793315.8	55214202.7	40336.8	730158.8	304195.0	127826.7	94553.0
6463603.8	1281925.8	23794546.4	23262899.7	11295.3	226741.0	90313.7	17899.8	44945.7
2798702.4	1500017.6	10964386.2	10473968.8	8527.1	319821.0	86491.3	38992.7	43475.6
5798185.6	915954.3	17921798.0	17580117.2	10702.1	123165.8	85946.4	21113.5	5904.7
331897.1	196729.7	679658.5	630448.0	979.6	12133.5	11018.9	-4667.2	-3857.2
314172.7	96237.5	1151339.3	1067500.7	6077.3	8304.3	7065.0	58083.0	8011.0
6308506.3	1559031.8	8726992.2	8401919.8	9957.3	186204.5	76325.4	33631.4	42304.0
5824179.3	1398529.1	7636260.8	7400378.4	7882.2	150779.2	44642.9	15882.0	23045.7
31469.6	16565.8	149342.9	134173.1	218.5	2973.8	3018.1	8787.8	8432.8
85190.1	30663.7	184009.9	164148.8	588.3	7167.9	8193.2	4774.7	4884.2
10726.6	2474.1	52414.0	51267.2	24.0	516.8	481.7	85.5	95.2
17836.2	571.5	57089.4	53153.6	3.8	3389.8	606.5	-235.0	-222.6
95371.7	39080.5	154871.2	143216.4	361.3	2964.8	4184.8	-5164.6	5890.5
27371070.7	8199964.2	80187753.3	76477337.4	347215.3	1244915.1	753467.2	956111.3	845429.7
620466.8	1442677.6	5507331.2	4382951.7	269962.0	95024.2	227054.0	564277.9	571917.2
165945.1	32733.6	290225.0	258021.4	5035.1	6101.6	9012.1	12368.9	3886.7
10097.0	1249.5	18848.1	17251.3	44.2	718.1	792.4	29.9	29.8
13486769.3	2859677.3	49569028.9	48207678.3	38204.7	560360.3	260595.1	273800.5	202673.6
4107062.0	681779.7	20530234.4	20152269.7	3906.5	58443.8	53197.1	180274.9	115623.7
9379707.3	2177897.6	29038794.5	28055408.6	34298.2	501916.5	207398.0	93525.6	87049.9
5936433.6	2105837.4	6373144.9	5857844.9	12567.3	300113.6	90286.8	86142.7	49406.8
7130525.8	1743454.0	18315259.8	17647612.2	21182.8	278721.8	163487.7	17475.0	15474.9
38154.7	20441.5	91512.4	83455.5	106.8	1754.3	1274.4	4494.4	2525.4
18007.3	3741.5	55409.7	53327.6	28.8	434.0	482.7	762.0	761.6
6778733.5	1648321.2	17729157.2	17095269.3	18934.0	272358.7	157267.8	6777.2	16527.5
295630.3	70949.8	439180.5	415559.8	2113.2	4174.8	4462.8	5441.4	-4339.6
20833.1	14334.8	113915.4	105977.6	219.2	3875.5	2239.1	2016.4	2040.7
14248.6	33149.6	101729.0	59489.6	425.9	40819.1	2799.9	-2773.8	-2564.7
1255.0	4297.9	12881.4	10409.0	61.1	1620.3	738.1	51.2	16.2
12993.6	28851.7	88847.6	49080.6	364.8	39198.8	2061.8	-2825.0	-2580.9
144985.5	65564.4	612049.4	595492.4	485.4	5303.6	3575.9	7755.5	8407.7
115965.4	23879.4	587737.2	574033.5	400.6	4263.0	3541.5	6110.5	6098.8

限额以上零售业企业主要财务指标（2014年）

单位：万元

项　　目	Item	资产总计 Total Assets
全省总计	**Total**	**13554200.1**
按国民经济行业分	**by Sector**	
综合零售	Integrated Retail	5408587.8
百货零售	Retail of General Merchandise	3828004.8
超级市场零售	Retail of Supermarkets	1504245.7
食品、饮料及烟草制品专门零售	Retail of Food, Beverages and Tobaccos	135788.2
纺织、服装及日用品专门零售	Special Retail of Textiles, Garments and Daily Consumer Articles	416132.5
服装零售	Retail of Garments	343793.6
文化、体育用品及器材专门零售	Retail of Culture, Sports Appliances and Equipments	457798.2
图书、报刊零售	Retail of Books and Newspapers	326817.3
医药及医疗器材专门零售	Retail of Medicines and Medical Appliances	948876.6
药品零售	Retail of Medicines	944667.8
汽车、摩托车、燃料及零配件专门零售	Retail of Motor Vehicles, Motorcycles, Fuel and Parts	5181350.2
汽车零售	Retail of Motor Vehicles	4508812.8
机动车燃料零售	Retail of Fuel of Motor Vehicles	632843.0
家用电器及电子产品专门零售	Special Retail of Household Electric Appliances and Electronic Products	682524.8
家用视听设备零售	Retail of Home Audio-visual Equipments	369582.7
日用家电设备零售	Retail of Household appliances	209044.6
计算机、软件及辅助设备零售	Retail of Computer, Software and Assistant Appliances	29591.0
通信设备零售	Retail of Communication Equipments	72265.9
五金、家具及室内装修材料专门零售	Special Retail of Hardware, Furniture and Decoration Materials	223385.3
五金零售	Retail of Hardware	90098.4
货摊、无店铺及其他零售业	Stall, Non-shop and Other Retails	99756.5
按登记注册类型分	**by Types of Registration**	
内资企业	Domestic Funded Enterprises	13421148.2
国有企业	State-owned Enterprises	83736.7
集体企业	Collective-owned Enterprises	110862.3
股份合作企业	Cooperative Enterprises	59707.9
有限责任公司	Limited Liability Corporations	7424664.5
国有独资公司	State Sole Funded Corporations	317819.7
其他有限责任公司	Other Limited Liability Corporations	7106844.8
股份有限公司	Share-holding Corporations Ltd.	1848283.1
私营企业	Private Enterprises	3868127.3
私营独资企业	Private-funded Enterprises	105056.9
私营合伙企业	Private Partnership Enterprises	8150.9
私营有限责任公司	Private Limited Liability Corporations	3520882.7
私营股份有限公司	Private Share-holding Corporations Ltd.	234036.8
其他企业	Other Enterprises	25766.4
港、澳、台商投资企业	Enterprises with Funds from Hong Kong, Macao and Taiwan	29127.0
港、澳、台商独资经营企业	Enterprises with Sole Fund	22583.1
外商投资企业	Foreign Funded Enterprises	103924.9
中外合资经营企业	Joint-venture Enterprises	35784.3
外资企业	Enterprises with Sole Fund	39582.0
外商投资股份有限公司	Share-holding Corporations Ltd.	28558.6

Main Financial Indicators of Enterprises above Designated Size in Retail Sales Trade (2014)

(10000 yuan)

负债合计 Total Liabilities	所有者权益合计 Total Owners Equities	主营业务收入 Revenue from Principal Business	主营业务成本 Cost of Principal Business	主营业务税金及附加 Taxes and Other Charges on Principal Business	销售费用 Sales Expenses	管理费用 Management Expenses	营业利润 Business Profits	利润总额 Total Profits
10987977.8	**2566222.2**	**23823927.3**	**21674334.6**	**111795.1**	**1184031.5**	**745944.2**	**231930.2**	**364378.2**
4378910.7	1029677.1	8119885.7	7152518.3	78533.1	604339.4	370440.5	112219.0	251228.3
2891423.1	936581.7	5769172.0	5062422.6	68324.9	343396.9	285518.8	153122.3	134793.6
1426471.7	77774.0	2218176.3	1964173.6	9050.1	256615.2	80363.5	-40468.6	115564.4
102940.1	32848.1	92188.5	78723.6	457.3	7223.3	4134.9	2163.3	1595.2
337294.7	78837.8	552135.5	457741.8	4935.7	42414.9	42512.5	7134.8	4562.8
294018.5	49775.1	373387.2	307307.9	3855.2	29541.0	35523.9	-717.3	-4307.7
269032.6	188765.6	472262.6	380234.0	1318.7	22846.3	43526.8	28515.4	28608.4
171256.8	155560.5	338314.1	265761.2	105.1	11839.8	37368.3	27693.0	26671.2
836599.2	112277.4	1630272.8	1477212.7	3428.0	53919.2	42155.0	26841.9	29764.0
833200.1	111467.7	1619395.1	1467458.4	3398.0	53073.4	41942.4	26908.2	29548.5
4316116.7	865233.4	11152601.1	10518555.3	13311.3	341841.2	186906.7	34440.0	34115.0
3647349.8	861462.9	9738603.6	9204348.6	11692.4	264904.2	165178.7	47772.0	47952.6
647360.3	-14517.3	1310126.7	1214598.9	1459.8	74545.4	20378.5	-13663.2	-14228.3
509568.1	172956.7	1404981.8	1271456.5	5340.8	89565.6	34528.0	5009.2	-276.3
280973.2	88609.5	691930.5	624043.2	2947.1	39875.7	16310.3	6498.0	3849.0
167080.2	41964.4	418058.7	376553.0	1163.6	32354.5	10166.2	-3260.8	-5233.2
15689.4	13901.6	63478.1	57607.9	352.4	2128.7	1892.6	1567.2	1277.4
45051.4	27214.5	227188.5	209201.5	843.3	15107.3	6025.8	223.1	-194.2
177992.8	45392.5	279854.9	234671.4	3751.8	14977.9	15584.2	11099.5	9238.6
80091.3	10007.1	66931.1	61136.7	465.0	945.7	3314.5	1285.1	1351.5
59522.9	40233.6	119744.4	103221.0	718.4	6903.7	6155.6	4507.1	5542.2
10809968.1	2611180.0	23495148.1	21396011.3	110734.0	1123897.3	739220.1	245580.5	379636.2
75907.8	7828.9	223798.4	196371.7	6031.7	5008.7	5795.6	11557.1	-1145.2
74859.0	36003.3	499196.6	456228.1	3614.6	10411.5	18697.4	4979.9	3991.9
28377.8	31330.1	71619.0	64229.7	472.2	3113.9	4340.1	-394.7	252.9
6145266.7	1279397.7	12277233.6	11152009.9	58273.3	636768.7	415439.1	78119.2	100207.7
286505.2	31314.5	271331.6	241068.1	858.1	15583.7	20648.6	314.6	5767.2
5858761.5	1248083.2	12005902.0	10910941.8	57415.2	621185.0	394790.5	77804.6	94440.5
1329999.5	518283.6	3358911.9	3080449.0	15854.9	109466.6	104082.2	118282.5	253524.4
3137513.3	730614.0	7009685.6	6396518.5	26272.2	356441.9	189752.8	31943.9	22351.1
68469.5	36587.4	272301.6	236643.7	2993.9	11321.1	10233.7	8790.2	4256.6
5225.2	2925.7	20301.5	17703.8	61.5	724.9	698.9	432.5	91.8
2880252.6	640630.1	6295470.9	5757200.1	21617.9	327051.2	166733.3	21311.9	14656.5
183566.0	50470.8	421611.6	384970.9	1598.9	17344.7	12086.9	1409.3	3346.2
18044.0	7722.4	54703.0	50204.4	215.1	2686.0	1112.9	1092.6	453.4
34254.3	-5127.3	54082.1	42075.5	218.4	15345.1	1452.5	-3152.8	-4162.4
30364.8	-7781.7	41264.2	30211.6	209.8	14093.5	1051.7	-2285.8	-3294.4
143755.4	-39830.5	274697.1	236247.8	842.7	44789.1	5271.6	-10497.5	-11095.6
78324.4	-42540.1	87036.5	75658.2	145.6	18280.4	2275.8	-8249.6	-8001.4
45075.0	-5493.0	113484.6	97173.6	395.5	20105.5	1631.8	-5272.4	-6068.4
20356.0	8202.6	74176.0	63416.0	301.6	6403.2	1364.0	3024.5	2974.2

限额以上住宿业企业主要指标（2014年）

项　　目	Item	法人企业（个）Number of Corporation Enterprises (unit)	年　末从业人员（人）Engaged Persons at Year-end (person)	客房间数（间）Number of Hotel Rooms (room)
住宿业	**Total**	**494**	**58972**	**87437**
按住宿业行业小类分	**by Sector**			
旅游饭店	Tourist Hotels	332	42882	70317
一般旅馆	General Hotels	141	12228	14377
其他住宿业	Other Accommodation Services	21	3862	2743
按登记注册类型分	**by Status of Registration**			
内资企业	Domestic Funded Enterprises	486	57151	86121
国有企业	State-owned Enterprises	127	15933	17501
集体企业	Collective-owned Enterprises	13	929	936
股份合作企业	Cooperative Enterprises	2	110	379
联营企业	Joint Ownership Enterprises	1	223	183
国有联营企业	State Joint Ownership Enterprises	1	223	183
有限责任公司	Share-holding Corporations Ltd.	178	21239	47098
国有独资公司	Private Enterprises	4	343	24004
其他有限责任公司	Private-funded Enterprises	174	20896	23094
股份有限公司	Private Partnership Enterprises	17	2590	1922
私营企业	Private Limited Liability Corporations	146	16006	17952
私营独资企业	Private Share-holding Corporations Ltd.	21	1645	1437
私营合伙企业	Other Enterprises	2	167	97
私营有限责任公司	Enterprises with Funds from Hong Kong,	113	12997	15443
私营股份有限公司	Macao and Taiwan	10	1197	975
其他企业	Joint-venture Enterprises	2	121	150
港、澳、台商投资企业	Cooperative Enterprises	6	1138	932
与港澳台商合资经营企业	Enterprises with Sole Fund	4	752	568
与港澳台商合作经营企业	Foreign Funded Enterprises	1	122	150
港澳台商独资企业	Joint-venture Enterprises	1	264	214
外商投资企业	Foreign Funded Enterprises	2	683	384
中外合资经营企业	Joint-venture Enterprises	1	633	291
外资企业	Enterprises with Sole Fund	1	50	93

Main Indicators of Enterprises above Designated Size of Hotels (2014)

床位数 (个) Number of Beds (unit)	餐位数 (位) Number of Dining-seats (unit)	年末餐饮营业面积 (万平方米) Operational Area of Catering Services at Year-end (10000 sq.m)	营业额 (万元) Business Revenue (10000 yuan)	客房收入 From Hotel Rooms	餐费收入 From Meals	商品销售收入 From Commodities	其他收入 Others
158823	**249075**	**156.7**	**647153.4**	**273687.7**	**307618.6**	**12568.6**	**53278.5**
129157	180044	111.5	459275.1	196243.3	217099.5	7880.5	38051.8
25080	58660	39.1	144026.2	59282.5	72360.3	2461.3	9922.1
4586	10371	6.2	43852.1	18161.9	18158.8	2226.8	5304.6
156759	246092	154.9	626506.4	265705.5	300507.0	10466.4	49827.5
32791	68221	34.5	173268.2	69926.2	90030.3	5150.8	8160.9
1901	7826	3.6	11497.0	3361.9	6526.4	177.6	1431.1
701	950	0.5	1552.3	1418.0	134.3		
290	550	0.2	2073.9	625.4	1192.6	5.0	250.9
290	550	0.2	2073.9	625.4	1192.6	5.0	250.9
86323	89089	52.3	245740.9	111118.5	108718.8	3153.1	22750.5
47795	1197	1.2	7425.4	3409.7	3075.2		940.5
38528	87892	51.1	238315.5	107708.8	105643.6	3153.1	21810.0
3358	8785	7.3	24180.8	8621.7	10525.1	598.0	4436.0
31100	69961	56.3	166414.1	70085.9	82148.2	1381.9	12798.1
2550	8756	5.6	10591.2	4947.4	5321.4	93.4	229.0
190	1623	1.1	3761.0	1163.7	2508.5		88.8
26582	53800	44.8	129383.1	57383.6	59064.6	885.5	12049.4
1778	5782	4.9	22678.8	6591.2	15253.7	403.0	430.9
295	710	0.2	1779.2	547.9	1231.3		
1431	2513	1.5	12430.6	4048.5	3091.4	2100.6	3190.1
866	705	0.8	9206.6	2585.7	1584.1	2029.8	3007.0
286	958	0.2	963.5	432.2	524.9	6.4	
279	850	0.6	2260.5	1030.6	982.4	64.4	183.1
633	470	0.3568	8216.4	3933.7	4020.2	1.6	260.9
421	420	0.3	7893.0	3669.3	3973.6		250.1
212	50	0.1	323.4	264.4	46.6	1.6	10.8

限额以上餐饮业企业主要指标（2014年）

项　　目	Item	法人企业（个）Number of Corporation Enterprises (unit)	年末从业人员（人）Engaged Persons at Year-end (person)	客房间数（间）Number of Hotel Rooms (room)
餐饮业	**Total**	**467**	**35216**	**46828**
按餐饮业行业小类分	**by Sector**			
正餐服务	Restaurant	461	34919	46828
快餐服务	Fast Food	4	121	
饮料及冷饮服务	Beverages and Cold Drinks	1	39	
咖啡馆服务	Café	1	39	
其他餐饮业	Others	1	137	
其他未列明餐饮业	Others	1	137	
按登记注册类型分	**by Status of Registration**			
内资企业	Domestic Funded Enterprises	461	34753	46636
国有企业	State-owned Enterprises	16	1327	1110
集体企业	Collective-owned Enterprises	3	238	177
股份合作企业	Cooperative Enterprises	4	366	
有限责任公司	Limited Liability Corporations	167	12444	37941
国有独资公司	State Sole Funded Corporations	2	281	262
其他有限责任公司	Other Limited Liability Corporations	165	12163	37679
股份有限公司	Share-holding Corporations Ltd.	17	1940	577
私营企业	Private Enterprises	248	18222	6746
私营独资企业	Private-funded Enterprises	54	4298	1124
私营合伙企业	Private Partnership Enterprises	5	366	117
私营有限责任公司	Private Limited Liability Corporations	172	12252	4940
私营股份有限公司	Private Share-holding Corporations Ltd.	17	1306	565
其他企业	Other Enterprises	6	216	85
港、澳、台商投资企业	Enterprises with Funds from Hong Kong, Macao and Taiwan	3	153	
港澳台商独资企业	Enterprises with Sole Fund	2	89	
港澳台商投资股份有限公司	Share-holding Corporations Ltd.	1	64	
外商投资企业	Foreign Funded Enterprises	3	310	192
中外合资经营企业	Joint-venture Enterprises	2	158	
中外合作经营企业	Cooperation Enterprises	1	152	192

Main Indicators of Enterprises above Designated Size of Catering Services (2014)

床位数 (个) Number of Beds (unit)	餐位数 (位) Number of Dining-seats (unit)	年末餐饮营业面积 (万平方米) Operational Area of Catering Services at Year-end (10000 sq.m)	营业额 (万元) Business Revenue (10000 yuan)	客房收入 From Hotel Rooms	餐费收入 From Meals	商品销售收入 From Commodities	其他收入 Others
68008	**214300**	**127.8**	**402253.8**	**63914.9**	**319478.3**	**11317.1**	**7543.5**
68008	213212	127.5	399410.6	63914.9	316749.7	11202.5	7543.5
	856	0.2	1730.6		1724.0	6.6	
	52	0.1	398.6		398.6		
	52	0.1	398.6		398.6		
	180	…	714.0		606.0	108.0	
	180	…	714.0		606.0	108.0	
67663	212725	127.1	397286.7	63240.6	315185.5	11317.1	7543.5
2014	7160	4.5	14718.0	2949.0	9216.9	1674.1	878.0
331	940	0.6	1038.4	279.1	633.1	103.0	23.2
	2460	1.0	7696.3		7633.8	62.5	
52391	71991	52.5	135382.7	24167.2	103084.1	5649.2	2482.2
460	1600	1.6	4779.7	2455.7	2288.6	6.8	28.6
51931	70391	50.9	130603.0	21711.5	100795.5	5642.4	2453.6
906	9576	5.2	21182.0	2502.1	18538.9		141.0
11854	118698	62.4	215462.8	32847.8	174776.9	3819.0	4019.1
1914	25913	11.1	58068.0	8831.7	46910.4	1034.0	1291.9
289	2502	1.4	6632.2	181.1	6445.8	5.3	
8703	82101	44.4	136599.1	21449.6	110150.1	2590.8	2408.6
948	8182	5.4	14163.5	2385.4	11270.6	188.9	318.6
167	1900	1.0	1806.5	495.4	1301.8	9.3	
	924	0.6	2632.0		2632.0		
	530	0.5	1848.7		1848.7		
	394	0.1	783.3		783.3		
345	651	0.2	2335.1	674.3	1660.8		
	393	0.1	1230.3		1230.3		
345	258	…	1104.8	674.3	430.5		

限额以上住宿业企业主要财务指标（2014年）

单位：万元

项　　目	Item	资产总计 Total Assets	负债合计 Total Liabilities
全省总计	**Total**	**2925925.1**	**2303272.1**
按住宿行业小类分	**by Accommodation Industry Subcategories**		
旅游饭店	Tourist Hotels	2137519.6	1776613.3
一般旅馆	General Hotels	619447.8	373400.2
其他住宿服务	Other Accommodation Services	168957.7	153258.6
按登记注册类型分	**by Status of Registration**		
内资企业	Domestic Funded Enterprises	2825905.4	2143328.1
国有企业	State-owned Enterprises	536488.7	358757.5
集体企业	Collective-owned Enterprises	18050.4	11325.6
股份合作企业	Cooperative Enterprises	1465.4	205.8
联营企业	Joint Ownership Enterprises	8307.7	6221.6
国有联营企业	State Joint Ownership Enterprises	8307.7	6221.6
有限责任公司	Limited Liability Corporations	1454453.8	1065472.8
国有独资公司	State Sole Funded Corporations	12313.2	8297.7
其他有限责任公司	Other Limited Liability Corporations	1442140.6	1057175.1
股份有限公司	Share-holding Corporations Ltd.	192361.3	144632.8
私营企业	Private Enterprises	610886.9	553563.0
私营独资企业	Private-funded Enterprises	22298.3	15186.2
私营合伙企业	Private Partnership Enterprises	2134.2	325.8
私营有限责任公司	Private Limited Liability Corporations	549061.6	512733.2
私营股份有限公司	Private Share-holding Corporations Ltd.	37392.8	25317.8
其他企业	Other Enterprises	3891.2	3149.0
港、澳、台商投资企业	Enterprises with Funds from Hong Kong, Macao and Taiwan	51535.7	95291.1
与港、澳、台商合资经营企业	Joint-venture Enterprises	30456.0	25943.5
与港、澳、台商合作经营企业	Cooperative Enterprises	3196.7	3683.2
港、澳、台商独资企业	Enterprises with Sole Fund	17883.0	65664.4
外商投资企业	Foreign Funded Enterprises	48484.0	64652.9
中外合资经营企业	Joint-venture Enterprises	47249.6	60896.5
外资企业	Enterprises with Sole Fund	1234.4	3756.4

Main Financial Indicators of Enterprises above Designated Size of Hotels (2014)

(10000 yuan)

所有者权益合计 Total Owners Equities	主营业务收入 Revenue from Principal Business	主营业务成本 Cost of Principal Business	主营业务税金及附加 Taxes and Other Charges on Principal Business	销售费用 Sales Expenses	管理费用 Management Expenses	营业利润 Business Profits	利润总额 Total Profits
622653.0	**644380.9**	**274865.0**	**36815.5**	**242998.1**	**215239.2**	**-143602.1**	**-126953.5**
360906.3	455855.8	176253.1	26653.0	195668.6	167645.3	-127025.0	-112375.1
246047.6	147407.8	83042.6	7845.5	39436.5	27457.3	-13509.5	-11367.4
15699.1	41117.3	15569.3	2317.0	7893.0	20136.6	-3067.6	-3211.0
682577.3	623769.8	268544.3	35632.7	238927.9	200634.9	-140776.3	-124124.4
177731.2	171204.9	81081.7	9521.9	65994.1	45371.2	-28032.3	-20230.7
6724.8	10349.5	4286.5	626.4	2586.7	2597.5	-327.9	-350.5
1259.6	1552.3	1088.9	117.8	160.8	207.4	-22.7	-46.3
2086.1	2073.8	2278.8	109.6	57.9	778.3	-1161.6	-1331.6
2086.1	2073.8	2278.8	109.6	57.9	778.3	-1161.6	-1331.6
388981.0	249015.5	102193.5	14672.5	93525.2	91710.3	-55589.0	-48629.4
4015.5	7425.4	3221.5	415.8	1931.9	2861.5	-1120.5	-1144.8
384965.5	241590.1	98972.0	14256.7	91593.3	88848.8	-54468.5	-47484.6
47728.5	23980.3	7245.9	1416.0	10862.8	11063.4	-10375.0	-8460.1
57323.9	163814.3	69393.2	9123.4	65220.1	48769.7	-45315.8	-45123.8
7112.1	10597.3	4853.0	672.2	2847.9	2172.3	-358.1	-143.7
1808.4	3761.0	3048.7	62.2	104.7	523.9	62.5	21.7
36328.4	127226.4	48436.1	7056.6	57940.7	44013.2	-45679.0	-45727.4
12075.0	22229.6	13055.4	1332.4	4326.8	2060.3	658.8	725.6
742.2	1779.2	975.8	45.1	520.3	137.1	48.0	48.0
-43755.4	12394.7	4671.0	715.5	3731.5	5285.6	-2560.2	-2594.3
4512.5	9170.7	2932.7	544.3	3222.2	2210.6	-291.3	-299.7
-486.5	963.5	281.8	53.6	429.2	381.7	-185.0	-148.9
-47781.4	2260.5	1456.5	117.6	80.1	2693.3	-2083.9	-2145.7
-16168.9	8216.4	1649.7	467.3	338.7	9318.7	-265.6	-234.8
-13646.9	7893.0	1631.6	451.2	224.5	8880.5		
-2522.0	323.4	18.1	16.1	114.2	438.2	-265.6	-234.8

限额以上餐饮业企业主要财务指标（2014年）

单位：万元

项　　目	Item	资产总计 Total Assets	负债合计 Total Liabilities
全省总计	**Total**	**616682.9**	**473620.3**
按餐饮行业小类分	**by Sector**		
正餐服务	Restaurant	615068.0	472742.7
快餐服务	Fast Food	536.9	200.6
饮料及冷饮服务	Beverages and Cold Drinks	37.5	0.7
其他餐饮服务	Others	1040.5	676.3
按登记注册类型分	**by Types of Registration**		
内资企业	Domestic Funded Enterprises	610932.8	471044.6
国有企业	State-owned Enterprises	21265.4	18829.9
集体企业	Collective-owned Enterprises	1494.2	644.4
股份合作企业	Cooperative Enterprises	9740.7	8618.5
有限责任公司	Limited Liability Corporations	224160.5	158405.7
其他有限责任公司	Other Limited Liability Corporations	214065.1	150126.2
股份有限公司	Share-holding Corporations Ltd.	27275.7	25809.7
私营企业	Private Enterprises	324852.0	257499.2
私营独资企业	Private-funded Enterprises	56977.7	41918.7
私营合伙企业	Private Partnership Enterprises	5157.6	2326.4
私营有限责任公司	Private Limited Liability Corporations	238736.0	195455.2
私营股份有限公司	Private Share-holding Corporations Ltd.	23980.7	17798.9
其他企业	Other Enterprises	2144.3	1237.2
港、澳、台商投资企业	Enterprises with Funds from Hong Kong, Macao and Taiwan	1826.7	1370.9
港、澳、台商独资经营企业	Enterprises with Sole Fund	1098.8	902.5
港、澳、台商投资股份有限公司	Hong Kong, Macao and Taiwan Investment Co., Ltd.	727.9	468.4
外商投资企业	Foreign Funded Enterprises	3923.4	1204.8
中外合资经营企业	Joint-venture Enterprises	582.9	187.4

Main Financial Indicators of Enterprises above Designated Size of Catering Services (2014)

(10000 yuan)

所有者权益合计 Total Owners Equities	主营业务收入 Revenue from Principal Business	主营业务成本 Cost of Principal Business	主营业务税金及附加 Taxes and Other Charges on Principal Business	销售费用 Sales Expenses	管理费用 Management Expenses	营业利润 Business Profits	利润总额 Total Profits
143062.6	**389608.1**	**204999.9**	**20312.5**	**122629.9**	**65947.1**	**-39118.1**	**-30109.7**
142325.3	386764.9	203716.3	20144.3	122119.4	65111.9	-39152.2	-30093.3
336.3	1730.6	919.0	90.2	425.1	211.5	80.4	64.1
36.8	398.6	198.9	26.7	44.5	101.2	26.8	
364.2	714.0	165.7	51.3	40.9	522.5	-73.1	-80.5
139888.2	384641.0	203046.8	20042.8	120861.4	64914.7	-39087.4	-30074.6
2435.5	13950.1	7601.2	649.4	4911.6	1723.2	-1309.1	-1160.3
849.8	1199.8	642.9	81.6	308.7	129.1	18.3	18.3
1122.2	7696.3	3651.2	423.8	1888.5	1115.9	28.8	31.5
65754.8	126227.1	65948.2	6481.7	44005.3	25773.3	-20049.0	-7243.3
63938.9	121418.5	63572.4	6158.2	42712.3	24292.4	-19659.9	-6825.2
1466.0	20946.5	9228.2	1043.4	8993.8	2469.9	-1001.6	-625.2
67352.8	212815.9	114877.6	11273.9	60254.4	33531.7	-16710.2	-21034.0
15059.0	55713.9	36445.4	2429.5	9234.1	4994.0	4570.4	1012.3
2831.2	6632.2	3676.7	192.1	1359.6	1220.3	-77.8	62.7
43280.8	136652.5	68156.7	7994.0	45270.8	24510.9	-20934.5	-21177.8
6181.8	13817.3	6598.8	658.3	4389.9	2806.5	-268.3	-931.2
907.1	1805.3	1097.5	89.0	499.1	171.6	-64.6	-61.6
455.8	2632.0	1245.7	139.9	896.3	458.9	-78.8	-78.6
196.3	1848.7	799.7	94.9	528.1	384.1	72.4	60.9
259.5	783.3	446.0	45.0	368.2	74.8	-151.2	-139.5
2718.6	2335.1	707.4	129.8	872.2	573.5	48.1	43.5
395.5	1230.3	501.3	70.2	299.3	307.1	51.9	47.3

亿元以上商品交易市场摊位分类情况（2014年）

Classification of Commodity Transaction Markets of Turnover above 100 Million Yuan (2014)

项　　目	Item	摊位数（个） Number of Booths (unit)	成交额（万元） Turnover (10000 yuan)
总　　计	**Total**	**305169**	**51930114**
粮油、食品、饮料、	Grain and Oil, Food,Beverages	111222	11222953
#粮油类	Grain and Oil	6446	1033746
肉禽蛋类	Meat, Poultry and Eggs	7082	1302420
水产品类	Aquatic Products	4639	482135
蔬菜类	Vegetables	71166	4785041
干鲜果品类	Dried and Fresh Melons and Fruits	20219	3236113
饮料类	Beverages	2962	213687
烟酒类	Tobacco and Liquor	3839	401261
服装鞋帽、针、纺织品	Clothing, Shoes, Hats and Textiles	50409	9088847
服装类	Clothing,	35540	5880234
鞋帽类	Shoes and Hats	6709	776172
针、纺织品类	Knitwear and Textiles	8160	2432441
化妆品类	Cosmetics	1402	373144
金银珠宝类	Gold, Silver and Jewellery	892	132664
日用品类	Articles for Daily Use	16386	3640463
#儿童玩具类	Children Toys	7216	852828
五金、电料类	Hardware and Electrical Materials	5224	1528525
体育、娱乐用品类	Sports and Recreation Articles	1935	572224
#照相器材类	Photographic Equipment	68	270
书报杂志类	Newspapers and Magazines	183	23986
电子出版物及音像制品	E-journals and Video Products	2469	1273532
家用电器和音像器材类	Household Appliances and Video Appliances	1040	123599
中西药品类	Traditional Chinese and Westem Medicines	7101	1408941
#西　药	Westem Medicines	67	7810
中草药及中成药	Traditional Chinese Medicines	7023	1400883
文化办公用品类	Cultural and Offices Appliances	4100	823511
#计算机及其配套产品	Computer and Assistant Appliances	187	14298
家具类	Furniture	8889	3692890
通讯器材类	Communication Appliances	1179	197129
煤炭及制品类	Coal and Related Products	155	136174
木材及制品类	Wood and Wooden Products	422	258524
石油及制品类	Petroleum and Related Products	26	7513
化工材料及制品类	Chemical Materials and Related Products	18015	2793117
#化肥类	Fertilizers	278	125823
金属材料类	Metal Materials	13799	3337977
建筑及装潢材料类	Building and Decoration Materials	10110	1457015
机电产品及设备类	Mechanical and Electrical Products	3685	977763
#农机类	Agricultural Machineries	1453	758977
汽车类	Automobiles	4674	1878920
种子饲料类	Seeds and Feedstuff	2613	91733
棉麻类	Cotton, Hemp	822	43021
其他类	Others	31616	6231001

商品销售总额前10名的批发企业
(2014年，按国民经济行业中类分别排序)
The Top 10 Wholesale Enterprises of Total Sale Value (2014)

单位：千元 (1000 yuan)

企业名称	Name of Enterprises	位次 Position	商品销售总额 Total Sales Value
农、林、牧产品批发业	**Wholesales of Agricultural and Livestock Products**		
中棉集团廊坊储运有限公司	China National Cotton Group Langfang Storage and Transportation Co., Ltd.	1	2111693
肃宁县东星皮草有限公司	Suning Dongxing Fur & leather Co., Ltd.	2	2101621
保定银祥棉业有限公司	Baoding Yinxiang Cotton Co., Ltd.	3	1963573
肃宁县三星皮草有限公司	Suning Sanxing Fur & leather Co., Ltd.	4	1781277
河北星宇纺织原料有限公司	Hebei Xingyu Textile Materials Co., Ltd.	5	1671941
中棉集团河北棉花有限公司	China National Cotton Group Hebei Cotton Co., Ltd.	6	1491403
河北柏乡国家粮食储备库	Hebei Boxiang State-owned Grain Reserves	7	704571
石家庄常山纺织集团供销公司	Shijiazhuang Changshan Textile Supply and Marketing Corporation	8	688694
秦皇岛市江丰工贸有限公司	Qinhuangdao Jiangfeng Industry and Trade Co.,Ltd.	9	622386
雄县方达粮食储备库	Xiongxian Fangda Grain Reserves	10	577866
食品、饮料及烟草制品批发业	**Wholesales of Foods, Beverages and Tobacco Products**		
河北省烟草公司石家庄市公司	Shijiazhuang Company of Hebei Tobacco Corporation	1	8439309
河北省烟草公司保定市公司	Baoding Company of Hebei Tobacco Corporation	2	7638239
河北省烟草公司唐山市公司	Tangshan Company of Hebei Tobacco Corporation	3	6186948
河北省烟草公司邯郸市公司	Handan Company of Hebei Tobacco Corporation	4	5954904
河北省烟草公司沧州市公司	Cangzhou Company of Hebei Tobacco Corporation	5	4248407
河北省烟草公司邢台市公司	Xingtai Company of Hebei Tobacco Corporation	6	4053008
河北省烟草公司廊坊市公司	Langfang Company of Hebei Tobacco Corporation	7	3676874
河北省烟草公司张家口市公司	Zhangjiakou Company of Hebei Tobacco Corporation	8	3367311
河北省烟草公司承德市公司	Chengde Company of Hebei Tobacco Corporation	9	2828952
河北省烟草公司秦皇岛市公司	Qinhuangdao Company of Hebei Tobacco Corporation	10	2550788
纺织、服装及家庭用品批发业	**Wholesales of Textile, Clothing and Commodities**		
河北盛世欣兴格力贸易有限公司	Hebei Shengshi Xinxing Gree Trade Co., Ltd.	1	5311330
河北新兴格力电器销售有限公司	Hebei Xinxing Gree Electrical Appliance Marketing Co., Ltd.	2	4796071
河北格力电器营销有限公司	Hebei Gree Electrical Appliance Marketing Co., Ltd.	3	1472080
河北纺联物资供销有限公司	Hebei Fanglian Material Supply and Marketing Co., Ltd.	4	639963
河北劲草商贸有限公司	Hebei Jincao Trading Company	5	538545
唐山智鸿家用电器销售有限公司	Tangshan Zhihong Electrical Appliance Marketing Co., Ltd.	6	507946
石家庄中山日化有限责任公司	Shijiazhuang Zhongshan Cosmetics Co. Ltd.	7	502740
石家庄TCL电器销售有限公司	Shijiazhuang TCL Electrical Appliance Marketing Co., Ltd.	8	447251
保定市东大日化有限公司	Baoding Dongda Cosmetics Co. Ltd.	9	446996
唐山美的制冷产品销售有限公司	Tangshan Midea Refregeration Equipments Sales Company	10	401950
文化、体育用品及器材批发业	**Wholesales of Culture and Sporting Products & Appliances**		
河北省新华书店有限责任公司	Hebei Xinhua Bookstore	1	3355178
河北文通国际贸易有限公司	Hebei Wengtong International Trade Co. Ltd.	2	1877457
魏县供销社烟花爆竹专营批发中心	Weixian Supply and Marketing Cooperatives Fireworks Wholesale Center	3	560409
石家庄英利体育用品有限公司	Shijiazhuang Yingli Sporting Products Co.,Ltd.	4	112536
石家庄市东阳珠宝有限公司	Shijiazhuang Dongyang Jewelry Co. Ltd.	5	108616
河北威朗进出口有限公司	Hebei Weilang Import and Export Co. Ltd.	6	61872
河北润石珠宝饰品有限公司	Hebei Runshi Jewelry Co., Ltd.	7	57541
河北九鼎金业有限公司	Hebei Jiuding Jinye Co., Ltd.	8	51449
保定中士达纸业有限公司	Baoding Zhongshida Paper Industry Co., Ltd.	9	34419
石家庄方泉文化用品有限公司	Shijiazhuang Fanquan Cultural Goods Co., Ltd.	10	26332
医药及医疗器材批发	**Wholesales of Medicines and Medical Appliances**		
保定市保北医药药材有限责任公司	Baoding Baobei Medicine and Medical Materials Co., Ltd.	1	2547776
河北东盛英华医药有限公司	Hebei Dongsheng Yinghua Medicine Co., Ltd.	2	2097806
华药国际医药有限公司	International Trade Co., Ltd. of North China Pharmaceutical Corporation	3	1847421

商品销售总额前10名的批发企业
（2014年，按国民经济行业中类分别排序）（续）
The Top 10 Wholesale Enterprises of Total Sale Value (2014)

单位：千元　　(1000 yuan)

企业名称	Name of Enterprises	位次 Position	商品销售总额 Total Sales Value
河北爱普医药药材有限公司	Hebei Aipu Medicine and Medical Materials Co., Ltd.	4	1604547
华润廊坊医药有限公司	Huarun Langfang Medicine Co., Ltd.	5	1528818
河北金仑医药有限公司	Hebei Jinlun Medicine Corp., Ltd.	6	1508613
保定通达医药药材经营有限责任公司	Baoding Tongda Medicine and Medical Materials Co., Ltd.	7	981542
河北慈航医药有限公司	Hebei Cihang Medicine Corp., Ltd.	8	974196
保定中诚汇达医药贸易有限公司	Baoding Zhongcheng Huida Medical Trade Co., Ltd.	9	967190
河北德康医药药材有限公司	Hebei Dekang Medicine and Medical Materials Co.,L td.	10	934629
矿产品、建材及化工产品批发业	**Wholesales of Mineral Products, Building Materials and Chemical Products**		
冀中能源国际物流集团有限公司	International Logistics Co., Ltd. of Jizhong Energy Group	1	98364445
河北冀物金属回收有限公司	Hebei Jiwu Metal Recycling Co., Ltd.	2	33533783
河北物产金属材料有限公司	Metal-material Co., Ltd. of Hebei Wuchan Corporation Group	3	23073397
冀中能源峰峰集团邯郸百维进出口贸易有限公司	Handan Baiwei International Trade Co., Ltd. Of Fengfeng Group, Jizhong Energy Group Co., Ltd.	4	10663452
中石化销售有限公司唐山石油分公司	Tangshan Petrol Company of China Petrochemical (Group) Corporation	5	10521368
中石化销售有限公司石家庄石油分公司	Shijiazhuang Petrol Company of China Petrochemical(Group) Corporation	6	9515634
秦皇岛东奥燃料销售有限公司	Qinhuangdao Dongao Fuel Marketing Co., Ltd.	7	7951693
河北华通金属材料有限公司	Hebei Huadi Metal Material Co., Ltd.	8	7520852
河北华能实业发展有限责任公司	Hebei Huaneng Industrial Development Co., Ltd.	9	7047583
新奥能源贸易有限公司	Xinao Energy Trade Co., Ltd.	10	6654444
机械设备、五金产品及电子产品批发业	**Wholesales of Machinery, Hardware and Electronic Equipment**		
保定长城汽车销售有限公司	Baoding Greatwall Auto Sales Co., Ltd.	1	56543783
保定哈弗汽车销售有限公司	Baoding Haval Auto Sales Co., Ltd.	2	17426961
庞大汽贸集团股份有限公司	Pangda Auto Sales Corp., Ltd.	3	6606366
唐山市冀东物贸集团有限责任公司	Tangshan Jidong Materials Trade Corp., Ltd.	4	3564813
庞大汽贸集团股份有限公司张家口分公司	Pangda Auto Sales Co., Ltd. Zhangjiakou Company	5	1753206
河北万合汽车贸易股份有限公司	Hebei Wanhe Automobile Trade Limited Co., Ltd.	6	1650845
河北明迈特贸易有限公司	Hebei Mingmaite Trading Company	7	978072
河北机械进出口有限公司	Hebei Machinery Import and Export Co., Ltd.	8	910846
张家口庞大解放汽车销售服务有限公司	Zhangjiakou Pangda Sales and Services Co., Ltd. Of Jiefang Auto	9	842801
石家庄市正洋汽车贸易有限公司	Shijiazhuang Zhengyang Automobile Trade Limited Company	10	628293
贸易经纪与代理	**Trade Broker and Agency**		
河北省沧州市新世纪对外贸易有限公司	Cangzhou New Century Foreign Trade Co., Ltd.	1	378823
廊坊圣奥国际贸易有限公司	Langfang Shengao International Trading Co., Ltd.	2	108551
万鸿进出口(廊坊)有限公司	Wanhong Import and Export (Langfang) Co., Ltd.	3	54847
廊坊万隆嘉誉商贸有限公司	Langfang Wanlongjiayu Commerce and Trade Co., Ltd.	4	16466
沧州天晟进出口贸易有限公司	Cangzhou Tiansheng Import & Export Trade Co., Ltd.	5	12716
其他批发业	**Other Wholesales**		
唐山冀东金地汽车用品销售有限公司	Tangshan Jidong Jindi Co., Ltd. Of Auto Decoration	1	283463
石家庄市物资回收有限责任公司	Shijiazhuang General Company for Material Recycle	2	210190
河北省卫防生物制品供应中心	Hebei Weifang Supply Center of Biological Products	3	187097
黄骅德源皮革贸易有限公司	Huanghua Deyuan Leather Trade Co., Ltd.	4	91428
清河县亚龙金属产业发展有限公司	Qinghe Yalong Metal Industry Development Co., Ltd.	5	74256
泊头市路通机床工具有限公司	Botou Lutong Machine Tool Co., Ltd.	6	73019
邢台宁硕塑料化工经销有限公司	Xingtai Ningshuo Plastics Products Co., Ltd.	7	58708
涉县中远废旧物资回收有限公司	Shexian Zhongyuan Limited Company for Waste Recycling	8	55543
唐山中再生资源开发有限公司	Tangshan Zhong Renewable Resources Development Co., Ltd.	9	50657
安平县友诚网类贸易有限公司	Anping Youcheng Net Trade Co., Ltd.	10	42220

商品销售总额前10名的零售企业
（2014年，按国民经济行业中类分别排序）
The Top 10 Retail Enterprises of Total Sale Value (2014)

单位：千元　　(1000 yuan)

企业名称	Name of Enterprises	位次 Position	商品销售总额 Total Sales Value
综合零售业	**Integrated Retails**		
北国商城股份有限公司	Beiguo Department Store Co., Ltd.	1	24358563
唐山百货大楼集团有限责任公司	Tangshan Department Store Co., Ltd.	2	10024462
河北保百集团有限公司	Hebei Baobai Department Store Co., Ltd.	3	3560987
石家庄人民商场股份有限公司	Shijiazhuang Renmin Department Store Co., Ltd.	4	3206434
廊坊市明珠商业企业集团有限公司	Langfang Mingzhu Department Store Co., Ltd.	5	2281218
沧州市华北商厦有限公司	Cangzhou Huabei Department Store Co., Ltd.	6	1516471
保定北国商城有限责任公司	Beiguo Department Store (Baoding) Co., Ltd.	7	1500375
茂业物流股份有限公司	Maoye Logistics Limited by Share Ltd.	8	1495946
秦皇岛兴龙广缘商业连锁有限公司	Qinhuangdao Xinglong Wide Margin of Commercial Chain Co., Ltd.	9	1349324
河北永辉超市有限公司	Hebei Yonghui Supermarket Co., Ltd.	10	1327843
食品、饮料及烟草制品专门零售业	**Retails of Food, Beverage and Tobacco Product**		
邯郸市邯山朋超商贸有限公司	Hanshan Pengchao Trade Limited Company, Handan	1	118960
邯郸市美食林商贸有限公司	Handan Meishilin Trading Co., Ltd.	2	69917
怀来县超市发连锁超市有限责任公司	Huailai County Chaoshifa Chain Supermarket Co., Ltd.	3	67090
唐山龙悦酒业饮品有限公司	Tangshan Longyue Wine and Beverage Co., Ltd.	4	66291
石家庄市米莎贝尔饮食食品有限公司	Shijiazhuang Misabel Food-and-beverage Co., Ltd.	5	51635
定州市中天商贸有限责任公司	Dingzhou Zhongtian Trading Co., Ltd.	6	46919
邯郸市天科贸易有限公司	Handan Tianke Trading Co., Ltd.	7	36580
徐水县通达商贸有限公司	Xushui Tongda Trade Co., Ltd.	8	30566
保定百年酒业有限公司	Baoding Bainian Wine Co., Ltd.	9	26054
河北巨鑫酒业有限公司	Hebei Juxin Wine Co., Ltd.	10	25653
纺织、服装及日用品专门零售业	**Retails of Textiles, Clothing and Commodities**		
邯郸阳光新世纪股份有限公司	Handan Sunshine New Centry Co., Ltd.	1	1386073
河北东之杰运动产业发展有限公司	Hebei Dongzhijie Athletic Products Co., Ltd.	2	621923
廊坊市新朝阳购物中心有限公司	Langfang Xinchaoyang Shopping Center Co., Ltd.	3	261180
魏县商务局商业贸易公司	Trading Company of Weixian Trading Bureau	4	245496
石家庄屈臣氏个人用品商店有限公司	Shijiazhuang Waston Personal Care Store Co., Ltd.	5	224607
徐水县双隆商贸有限公司	Xushui Shuanglong Trading Co., Ltd.	6	223710
邯郸万达工贸有限公司	Handan Wanda Industrial and Commercial Company Ltd.	7	169861
高碑店市玉兔皮具有限公司	Gaobeidian Yutu Leather Co., Ltd.	8	159889
馆陶县亿丰商贸有限公司	Guantao Yifeng Trade Co., Ltd.	9	149753
武安市雅豪商厦	Wuan Yahao Commercial Building	10	148801
文化、体育用品及器材专门零售业	**Retails of Culture and Sporting Products and Appliance**		
石家庄市新华书店有限责任公司	Shijiazhuang Xinhua Bookstore Co., Ltd.	1	601585
邯郸市新华书店有限责任公司	Handan Xinhua Bookstore Co., Ltd.	2	572548
沧州市新华书店有限责任公司	Cangzhou Xinhua Bookstore Co., Ltd.	3	425274
邢台市新华书店有限责任公司	Xingtai Xinhua Bookstore Co., Ltd.	4	349803
唐山市新华书店有限责任公司	Tangshan Xinhua Bookstore Co., Ltd.	5	322019
张家口市新华书店有限责任公司	Zhangjiakou Xinhua Bookstore Co., Ltd.	6	286936
保定市新华书店有限责任公司	Baoding Xinhua Bookstore Co., Ltd.	7	270001
廊坊市新华书店有限责任公司	Langfang Xinhua Bookstore Co., Ltd.	8	257943
衡水市新华书店有限责任公司	Hengshui Xinhua Bookstore Co., Ltd.	9	238438
邯郸市天庄工贸有限公司	Handan Tianzhuang Industrial and Commercial Company Ltd.	10	214581
医药及医疗器材专门零售	**Retails of Medicines and Medical Appliances**		
国药乐仁堂医药有限公司	Traditional Chinese Medicine Lerentang Medicine Co., Ltd.	1	13714128
石家庄新兴药房连锁有限公司	Shijiazhuang Xinxing Medicine Chain Store Co., Ltd.	2	440420
河北神威大药房连锁有限公司	Hebei Shenwei Medicine Chain Store Co., Ltd.	3	297024

商品销售总额前10名的零售企业
(2014年，按国民经济行业中类分别排序)(续)
The Top 10 Retail Enterprises of Total Sale Value (2014)

单位：千元 (1000 yuan)

企 业 名 称	Name of Enterprises	位 次 Position	商品销售总额 Total Sales Value
唐山市唐人医药商场有限公司	Tangshan Tangren Medicine Store Co., Ltd.	4	268772
秦皇岛唐人医药连锁有限责任公司	Qinhuangdao Tangren Medicine chain Co., Ltd.	5	230771
廊坊市一笑堂医药零售连锁有限公司	LangFang Yixiaotang Medicine Chain Co., Ltd.	6	204716
河北华佗药房医药连锁有限公司	Hebei Huatuo Medicine Chain Store Co., Ltd.	7	198841
衡水市仁和医药有限公司	Hengshui Renhe Medicine Co., Ltd.	8	186228
河北省唐山药材采购供应站	Hebei Tangshan Medical Materials Purchasing and Supply Station	9	179152
石家庄康泰尔医药有限公司	Shijiazhuang Kangtaier Medicine Co., Ltd.	10	177269
汽车、摩托车、燃料及零配件专门零售业	**Retails of Automobiles, Motorcycles, Fuel and Motor Vehicle Parts**		
三河市庆长风汽车销售服务有限公司	Sanhe Qingchangfeng Auto Sales and Service Co., Ltd.	1	36401781
中石油天然气股份邢台销售分公司	Xingtai Sales Company of Petro China Company Limited	2	1806146
石家庄宝和汽车销售服务有限公司	Shijiazhuang Baohe Auto Sales and Service Co., Ltd.	3	1164258
河北联拓汽车贸易有限公司	Hebei Liantuo Auto Sales Co., Ltd.	4	1065571
河北联润美迪汽车贸易有限公司	Hebei Lianrun Meidi Auto Sales Co., Ltd.	5	1010000
河北冀中合力汽车销售维修有限公司	Hebei Jizhong Heli Auto Sales and Service Co., Ltd.	6	977539
石家庄申联汽车销售服务有限公司	Shijiazhuang Shenlian Auto Sales and Service Co., Ltd.	7	948973
石家庄宝翔行汽车销售服务有限公司	Shijiazhuang Baoxiang Auto Sales and Service Co., Ltd.	8	920115
河北众诚汽车贸易有限公司	Hebei Zhongcheng Auto Sales Co., Ltd.	9	907164
河北德联开新汽车贸易有限公司	Hebei Deliankaixin Auto Trade Co., Ltd.	10	815487
家用电器及电子产品专门零售业	**Retails of Household Electrical Appliances**		
邯郸市阳光三联电器有限公司	Handan Yangguang Sanlian Electrical Appliance Co., Ltd.	1	794460
石家庄苏宁云商商贸有限公司	Shijiazhuang Suning-Yunshang Trading Co., Ltd.	2	751088
河北国美电器有限公司	Hebei Gome Electrical Appliance Co., Ltd.	3	728448
廊坊苏宁云商销售有限公司	Langfang Suning-Yunshang Sales Co., Ltd.	4	640008
秦皇岛天洋电器有限公司	Qinhuangdao Tianyang Electrical Appliance Co., Ltd.	5	564270
保定市亚太通讯器材有限公司	Baoding Yatai Telecommunication Equipments Co., Ltd.	6	461760
恒信移动商务股份有限公司	Hebei Hengxin Mobile Trade Co., Ltd.	7	421593
唐山唐宁苏宁云商销售有限公司	Tangshan Tangning Suning-Yunshang Sales Co., Ltd.	8	420614
河北永通电子科技有限公司	Hebei Yongtong Electronic Technology Co., Ltd.	9	346672
张家口中美电器有限公司	Zhangjiakou Zhongmei Electrical Appliance Co., Ltd.	10	334171
五金、家具及室内装饰材料专门零售业	**Retails of Hardwares, Furniture and Decoration Materials**		
唐山北方瓷都实业有限公司	Beifang Cidu Industrial Co., Ltd. Tangshan	1	318449
唐山市南方国际商贸有限公司	Tangshan South International Trade Co., Ltd.	2	227218
曲周县金梧桐商贸有限公司	Quzhou Jinwutong Trading Co., Ltd.	3	218250
沧州居然之家家居有限公司	Cangzhou Juran-Zhijia Home Furnishing Co., Ltd.	4	157558
武邑衡甘达家居建材会展中心有限公司	Wuyi Ganda Furniture and Building Materials Exhibition Center Co., Ltd.	5	156322
磁县宝森家具有限公司	Cixian Baosen Furniture Co., Ltd.	6	136303
唐山安济建材有限公司	Tangshan Anji Building Materials Co., Ltd.	7	130002
磁县玉山家具有限公司	Cixian Yushan Furniture Co., Ltd.	8	129949
沙河市供销社兴农有限公司	Xingnong Co., Ltd. of Shahe Supply and Marketing Cooperative	9	116113
唐山市常记家居展示中心有限公司	Tangshan City Changji Home Furnishing Exhibition Center Co., Ltd.	10	113025
货摊、无店铺及其他零售业	**Stall, Non-shop-front Retails and Others**		
石家庄市液化气总公司	Shijiazhuang Controlling Corporation for Liquefied Petroleum Gas	1	175855
任丘市华源石油化工产品有限公司	Renqiu Huayuan Petroleum and Chemical Products Co., Ltd.	2	175486
唐山翔科燃气有限公司	Tangshan Xiangke Gas Co., Ltd.	3	80613
吴桥县利信煤炭销售有限公司	Wuqiao Lixin Coal Trading Co., Ltd.	4	70127
安平县捷诚电力物资供销有限公司	Anping Jiecheng Power Materials Supply and Marketing Co., Ltd.	5	46183
保定鹏鼎商贸有限公司	Baoding Pengding Trade Co., Ltd.	6	46000
遵化市神华煤炭经销处	Zunhua Shenhua Coal Trading Agency	7	45762
迁安华润燃气有限公司	Qian'an Huarun Gas Company Limited	8	42734
遵化中石油昆仑燃气有限公司	China National Petroleum Kunlun Gas Co., Ltd. Zunhua	9	40385
河北福盛泉酒业有限公司	Hebei Fushengquan Alcohol Co., Ltd.	10	39722

营业额前50名的住宿企业（2014年）
The Top 50 Hotels of Business Revenue (2014)

单位：千元 (1000 yuan)

企 业 名 称	Name of Enterprises	位 次 Position	营业额 Business Revenue
河北宾馆有限公司	Hebei-binguan Hotel Co., Ltd.	1	153098
兴华财富集团武安财富国际酒店有限公司	Wu'an Caifu International Co., Ltd.， Xinghua Fortune Group	2	146197
河北太行国宾馆	Taihang State Guest House Hotel	3	110218
新奥集团艾力枫社酒店有限公司	Golden Elephant Hotel Co., Ltd. Of XinAo Gas Holdings Limited	4	104778
河北世纪大饭店有限公司	Hebei Century Hotel Co., Ltd.	5	91452
秦皇岛秦皇国际大酒店有限公司	Qinhuangdao International Hotel	6	84090
保定源盛融通发展有限公司电谷酒店分公司	Diangu Hotel Company of Yuansheng Rongtong Development Co., Ltd., Baoding	7	78930
保定国际俱乐部有限公司	Baoding International Club Co., Ltd.	8	70372
福成国际大酒店有限公司	Fucheng International Hotel Co., Ltd.	9	68954
石家庄世贸广场酒店有限公司	World Trade Plaza Hotel, Shijiazhuang	10	66664
石家庄美丽华大酒店有限公司	Shijiazhuang Meilihua Grand Hotel Co., Ltd.	11	66403
河北白鹿温泉旅游度假股份有限公司	Hebei Bailu Hot-pot Tourism Co., Ltd.	12	66077
廊坊国际饭店	Langfang International Hotel	13	60939
沧州阿尔卡迪亚国际酒店有限公司	Cangzhou Arcadia International Hotel Co., Ltd.	14	55121
河北金圆大厦有限公司	Hebei Jinyuan Grand Hotel Co., Ltd.	15	54279
石家庄国宾大酒店有限公司	Guobin Grand Hotel Co., Ltd., Shijiazhuang	16	51060
沧州金狮国际酒店有限责任公司	Gold Lion International Hotel Co., Ltd., Cangzhou	17	49651
保定星光国际商务酒店有限公司	Xingguang International Business Hotel Co., Ltd., Baoding	18	47004
河北燕山大酒店有限责任公司	Hebei Yanshan Grand Hotel Co., Ltd.	19	46032
唐山宾馆	Tangshan Hotel	20	44731
邢台万峰酒店管理有限公司	Wanfeng Hotel Management Co., Ltd., Xingtai	21	43771
曲周县德馨餐旅有限公司	Quzhou County of Dexin Hospitality Company Limited	22	43742
唐山南湖大酒店有限责任公司	Tangshan Nanhu Hotel Co., Ltd.	23	43410
宽城天宝酒店有限责任公司	KuanCheng Tianbao Hotel Co., Ltd.	24	43127
张家口市蓝鲸大厦餐饮娱乐有限公司	Zhangjiakou Lanjing Grand Hotel Co., Ltd.	25	42491
武安市蓝天宾馆	Wu'an Lantian Hotel	26	42355
河北中国大酒店	Hebei China Hotel	27	42326
秦皇岛市羊城酒店有限责任公司	Qinhuangdao Yangcheng Hotel Co., Ltd.	28	40749
石家庄亚太大酒店	Shijiazhuang Yatai Hotel	29	40455
邯郸金都饭店有限公司	Handan Jindu Hotel Co., Ltd.	30	39528
河北汇宾大酒店	Hebei Huibin Hotel	31	37952
沧州市人民政府招待处	Guest House of Cangzhou Government	32	37758
秦皇岛海景酒店有限公司	Qinhuangdao Haijing Holiday Hotel Co., Ltd.	33	36745
迁西县亚滦湾大酒店(普通合伙)	Qianxi Yaluanwan Hotel	34	36204
保定市秀兰饭店有限公司	Baoding Xiulan Hotel Co., Ltd.	35	35888
唐山石油宾馆有限公司	Tangshan Petroleum Hotel Co., Ltd.	36	35471
河北敬业酒店有限公司	Hebei Jingye Hotel Co., Ltd.	37	33790
枣强县人民政府招待所	Guest House of Zaoqiang Government	38	33641
石家庄市燕春饭店管理有限公司	Yanchun Hotel Management Co., Ltd., Shijiazhuang	39	33441
秦皇岛君御大酒店有限公司	Qinhuangdao Junyu Hotel Co., Ltd.	40	33093
唐山国际饭店有限公司	Tangshan International Hotel Co., Ltd.	41	31912
金滦国际酒店有限公司	Jinluan International Hotel Co., Ltd.	42	30750
承德天宝假日酒店有限公司	Chengde Tianbao Holiday Hotel Co., Ltd.	43	30025
怀来县宾馆	Huanlai Hotel Co. Ltd.	44	29897
河北辰光集团有限公司	Hebei Chenguang Group Co., Ltd.	45	29574
河北卓正国际酒店有限公司	Hebei Zhuozheng International Hotel Co., Ltd.	46	29492
秦皇岛大酒店	Qinhuangdao Hotel	47	29412
河北汇源大酒店	Hebei Huiyuan Hotel	48	28519
保定市华中假日大酒店有限公司	Baoding Huazhong Holiday Hotel Co., Ltd.	49	28290
唐山国丰维景国际大酒店有限公司	Tangchan Guofengweijing International Hotel Co., Ltd.	50	28120

营业额前50名的餐饮企业（2014年）
The Top 50 Catering Enterprises of Business Revenue (2014)

单位：千元 (1000 yuan)

企业名称	Name of Enterprises	位次 Position	营业额 Business Revenue
唐山凤凰园美食城	Tangshan Fenghuangyuan Restaurant	1	141018
枣强县兴业大酒店	Zaoqiang Xingye Hotel	2	96909
石家庄市湘君府餐饮有限公司	Shijiazhuang Xiangjunfu Food and Beverage Co., Ltd.	3	74737
石家庄市海星餐饮有限公司	Shijiazhuang Haixing Food and Beverage Co., Ltd.	4	68623
唐山鸿宴饭庄	Tangshan Hongyan Restaurant	5	57540
武安市三和餐饮有限公司	Wu'an Sanhe Food and Beverage Co., Ltd.	6	51539
保定市金泰花园酒店	Baoding Jintai Garden Hotel	7	50119
三河市燕龙绿色生态园有限公司	Sanhe Yanlong Lvse Shengtaiyuan Food and Beverage Co., Ltd.	8	45956
邢台市海艺温泉假日酒店有限责任公司	Xingtai Haiyi Hot Spring Holiday Hotel Co., Ltd.	9	44517
河北国源宾馆有限责任公司	Hebei Guoyuan Hotels Co., Ltd.	10	43851
石家庄福瑞德餐饮有限责任公司	Shijiazhuang Furuide Food and Beverage Co., Ltd.	11	41000
迁安锦江饭店	Qianan Jinjiang Hotel	12	40983
邢台市维多利亚商务酒店有限公司	Xingtai City Vitoria Traders Hotel Co,. Ltd.	13	39975
张北县中都原始草原度假村有限公司	Zhangbei in Primitive Grassland Resort Co., Ltd.	14	36933
宽城泰丰民族生态餐饮服务有限公司	Kuancheng Taifeng National Ecological Food Service Co., Ltd.	15	35800
邯郸市丽都国际大酒店有限公司	Handan Lidu International Hotel Co., Ltd.	16	35004
河北浪淘沙餐饮有限公司	Hebei Langtaosha Food and Beverage Co., Ltd.	17	33824
石家庄饮食有限责任公司中和轩饭庄	Shijiazhuang Zhonghexuan Restaurant	18	33288
保定市老城根餐饮发展有限公司	Baoding Laochenggen Food and Beverage Co., Ltd.	19	32493
保定市金筷子餐饮有限公司	Baoding Gold-chopsticks Food and Beverage Co., Ltd.	20	30400
张家口国际大酒店有限公司	Zhangjiakou International Hotel Co., Ltd.	21	30045
唐山冀唐开元大酒店有限公司	Tangshan JitangKaiyuan Hotel Co., Ltd.	22	29568
河北丛台电子股份有限公司邯郸丛台大酒店	Handan Congtai Grand Hotel，Hebei Congtai Electronic Co., Ltd.	23	29523
秦皇岛丰圣企业有限公司	Qinhuangdao Fengsheng Co., Ltd.	24	29043
河北玉兰香保定会馆饮食有限公司	Yulanxiang Baoding Huiguan Co., Ltd. For Food and Beverage	25	28632
唐山大陆海鲜餐饮有限公司	Tangshan Dalu Sea-food Restaurant Co., Ltd.	26	27283
武安市顺峰酒楼	Wu'an Shunfeng Restaurant	27	27045
高阳县康恩美食服务有限公司	Gaoyang Kangen Food Service Co., Ltd.	28	25958
石家庄市锦绣金山人家酒店有限公司	Jinxiujinshan People Hotel Co., Ltd., Shijiazhang	29	25934
保定唐人美食山	Baoding Tangren Garden Hotel	30	25791
唐山明星饭店	Tangshan Mingxing Hotel	31	23805
秦皇岛丽都国际酒店有限公司	Qinhuangdao Lidu International Hotel Co., Ltd.	32	23798
沧州临港盛泰名人大酒店有限公司	Cangzhou Lingangshengtai Celebrity Hotel Co., Ltd.	33	22647
庞大滦州国际大酒店有限公司	Pangda Luanzhou International Co., Ltd.	34	22177
高阳县宾馆	Gaoyang Hotel	35	21339
河北众诚温泉旅游度假村有限公司	Hebei Zhongcheng Holiday Village of Hot Spring tourism Co., Ltd.	36	21262
张家口市宏昊餐饮娱乐有限公司	Zhangjiakou Honghao Grand Hotel Co., Ltd.	37	21250
唐山市路北长城大酒店	Tangshan Lubei Greatwall Hotel	38	20914
保定市亚华大酒店有限公司	Baoding Yahua Grand Hotel Co., Ltd.	39	19467
秦皇岛海天一色餐饮有限公司	Qinhuangdao Haitianyise Food and Beverage Co., Ltd.	40	19420
河北一鹗餐饮有限公司	Hebei Yie Food and Beverage Co., Ltd.	41	18756
张家口香园楼餐饮有限公司	Zhangjiakou Xiangyuanlou Food and Beverage Co., Ltd.	42	18736
宁晋县晶龙宾馆有限公司	Ningjin Jinglong Hotel Co., Ltd.	43	18373
石家庄新辣道餐饮管理有限公司	Shijiazhuang Xinladao Food and Beverage Management Co., Ltd.	44	17788
唐山市路北区唐宫大酒店有限公司	Lubei District Tanggong Grand Hotel Co., Ltd., Tangshan	45	17641
高阳县巨马商贸有限责任公司	Gaoyang Juma Trade Co., Ltd.	46	17570
沧州市全聚德烤鸭店有限公司	Cangzhou Quanjude Duck Co., Ltd.	47	17221
张家口市宣化义圣宫裕华大酒店	Zhangjiakou Xuanhua Yishenggong Yuhua Hotel	48	16942
张家口市泓金溢餐饮有限责任公司	Zhangjiakou Hongjinyi Food and Beverage Co., Ltd.	49	16761
河北华威酒店有限公司	Hebei Huawei Hotel Co., Ltd.	50	16562

亿元以上商品市场成交额排序（2014年）

Transaction Value of Commodity Markets Over 100 Million Yuan (2014)

单位：万元 (10000 yuan)

市场名称	Name of Market	位 次 Position	成交额 Transaction Value
白沟新城市场	Baigou New City Market	1	8700994
石家庄市新华集贸市场	Xinhua Market, Shijiazhuang	2	4798000
南三条市场	Nansantiao Market	3	3710000
河北省香河家具城	XiangHe Furniture Market	4	2800000
沧州崔尔庄红枣批发市场	Cangzhou Cuierzhuang Red Dates Wholesale Market	5	1800000
安国市东方药城交易大厅	Dongfang Herb-medicine Market, Anguo	6	1400000
肃宁县皮毛交易市场	Suning Fur & Feather Market	7	1392000
永年县标准件市场	Yongnian Standardized Component Market	8	1230000
高阳县庞口汽车农机配件城管理委员会	Pangkou Market of Motor and Agricultural Machinery Component Management Committee, Gaoyang	9	946000
昌黎县佳朋皮毛交易市场	Jiapeng Fur & Leather Market, Changli	10	800000
路南区荷花坑市场	Lunan District Lotus Pit Market	11	765630
正定县恒山板材批发市场	Hengshan Wholesale Market of Sheet Material, Zhengding	12	655181
邯郸市馆陶县金凤禽蛋农贸批发市场	Jinfeng Wholesale Market of Poultry and Agricultural Products, Guantao	13	646626
安平县丝网大世界管理委员会	Administrative Committee of Wire Mesh World, Anping	14	644670
中国大营国际皮草交易中心	Daying International Fur & Feather Trading Center	15	611000
正定国际小商品市场	Zhengding International Small Commodity Market	16	544045
高阳县纺织商贸城管理委员会	Gaoyang Textile Trading Market Management Committee	17	520000
河北省邯郸市冀南针纺城	Handan Jinan Textile City，Hebei Province	18	500000
邯郸市魏县天仙果菜批发市场	Tianxian Wholesale Market of Fruit and Vegetable, Wei Xian, Handan	19	436000
饶阳县瓜菜果品交易市场	Raoyang Fruit and Vegetable Market	20	419138
中国轴承大世界	China Shaft Bearing Market	21	410065
石家庄桥西蔬菜中心批发市场有限公司	Qiaoxi Vegetable Wholesale Market Co., Ltd., Shijiazhuang	22	401600
秦皇岛海阳农副产品批发市场	Haiyang Wholesale Market of Agricultural Products, Qinhuangdao	23	400000
孟村县辛大管件市场	Xinda Pipe Fitting Market, Mengcun	24	383560
河北高邑蔬菜批发市场	Gaoyi Vegetable Wholesale Market	25	360000
中国自行车零件城	China Bicycle Component Market	26	335090
辛集皮革城有限公司	Xinji Leather City Co., Ltd.	27	325000
鸦鸿桥河西村鞋市	Hexi Shoes Market, Yahongqiao Town	28	325000
晋州市新世纪商城	New-Century Market, Jinzhou	29	319640
邯郸市永年县中原农副产品批发市场	Zhongyuan Wholesale Market of Agricultural Products, Yongnian	30	315393
鸦鸿桥镇河西日杂市场	Hexi Grocery Market, Yahongqiao Town	31	313300
河间市堤口农产品批发市场	Dikou Wholesale Market of Agricultural Products, Hejian	32	312000
乐亭县冀东果菜批发市场管理委员会	Jidong Wholesale Market of Fruits and Vegetables Management	33	309621
邯郸市涉县商贸城	Handan Shexian Trade City	34	304500
清河县绒毛交易市场	Qinghe Fur Market	35	302583
东联汽车配件市场	Donglian Market of Auto Components	36	301530
邯郸市科技城农副水产批发市场	Wholesale Market of Agricultural and Aquatic Products, Science and	37	300150
永年县南大堡蔬菜批发市场	Nandabao Fruit and Vegetable Market, Yongnian	38	260000
魏县天龙建筑建材批发市场	Tianlong Wholesale Market of Construction Materials, Weixian	39	257258
鸦鸿桥镇小商品城	Yahongqiao Small Commodity City	40	242030
保定市工农路蔬菜果品批发市场	Gongnong-road Wholesale Market, Baoding	41	230000
唐山金玉农产品综合交易中心	Jinyu Trading Center of Agriculture Products, Tangshan	42	229312
路南区小山服装批发市场	Xiaoshan Clothing Wholesale Market, Lunan District	43	226000
唐山和平钢铁物流有限公司	Tangshan Heping Steel Logistics Co., Ltd.	44	220000
张北县张库牲畜交易有限公司	Zhangbei Zhangku Livestock Trading Co., Ltd.	45	206000
河北衡水橡胶城	Hengshui Rubber Market, Hebei	46	205000
定州市鲜活农产品批发市场	Dingzhou Fresh Agricultural Products Wholesale Market	47	201482
河间市米各庄汽配城	MigeZhuang Auto Component Market, Hejian	48	200755
清河县羊绒制品市场	Qinghe Pashm Trading Center	49	200000

亿元以上商品市场成交额排序（2014年）（续一）

Transaction Value of Commodity Markets Over 100 Million Yuan (2014)

单位：万元 (10000 yuan)

市场名称	Name of Market	位 次 Position	成交额 Transaction Value
景县橡塑制品专业市场	Rubber and Plastic Product Market, Jingxian	50	199680
青县盘古市场服务有限公司	Qingxian Pangu Marketing Service Co., Ltd.	51	198700
张家口市宣化盛发蔬菜副食市场	Xuanhua Agricultural Product Market, Zhangjiakou	52	191569
长安装饰材料和平路市场	Heping-Road Branch of Changan Decorative Material Market, Shijiazhuang	53	171376
邯郸市陶山市场	Taoshan Market, Handan	54	166615
辛集市商业城制衣工业区市场	Market of Clothing Manufacturing Zone, Shangyecheng, Xinji	55	162260
威县冀南瓜菜蔬菜批发市场	Weixian Jinan Wholesale Market of Fruits and Vegetables	56	159000
怀来县京西果菜批发市场有限责任公司	Jingxi Wholesale Market of Fruits and Vegetables, Huailai	57	158000
宁晋县大陆村镇农机配件市场	Dalu Market of Agricultural Machinery Components, Ningjin	58	156440
秦皇岛农副产品批发市场	Qinhuangdao Wholesale Market of Agricultural Products	59	154540
昌黎县新集农副产品批发	Xinji Market of Agricultural Products, Changli	60	151000
邯郸市启信商城	Qixin Market, Handan	61	150700
石家庄时代汽车广场	Shidai Auto Plaza，Shijiazhuang	62	150000
廊坊市钢材交易市场有限公司	Langfang Steel Trading Market Co., Ltd.	63	146000
承德市裕华路市场	Yuhua-Road Market, Chengde	64	145784
沧州市四合菜市场有限公司	Cangzhou Sihe Vegetable Market Co., Ltd.	65	139341
留史皮毛市场	Liushi Fur and Leather Market	66	138650
正定三才家具市场	Sancai Furniture Market, Zhengding	67	135350
保定天惠副食果品有限公司	Wholesale Market of Fruits, Tianhui Agricultural Products Co., Ltd.,Baoding	68	133000
霸州宾鹏钢木家具城	Binpeng Market Of Steel-and-Wood Structured Furniture, Bazhou	69	130410
霸州市益津市场	Yijin Market, Bazhou	70	127280
邢台市荣昌果品商贸总汇	Rongchang Fruit Market, Xingtai	71	126500
衡水市东明村农产品企业管理有限责任公司	Dongmingcun Agricultural Enterprise Management Co. Ltd., Hengshui	72	116100
晋州市农副产品批发市场	Jinzhou Wholesale Market of Agricultural Products	73	114870
武安市建材市场	Wu'an Market of Building Materials	74	112110
河北汽贸中心	Hebei Auto Trading Center	75	107755
武安市杜庄农副产品批发市场	Duzhuang Market of Agricultural Products, Wuan	76	100363
联星建材商贸香河有限公司	Xianghe Limited Company of Lianxing Building Materials Trading	77	100000
沧州市恒顺旧车市场服务有限公司	Cangzhou Hengshun Car Marketing Service Co., Ltd.	78	99188
沧州市华隆五金汽配商贸城有限公司	Cangzhou Hualong Hardware Auto Parts Trading Co., Ltd.	79	99000
唐山市吉祥实业(集团)公司钢材市场	Tangshan City Jixiang Industry (Group) Company Steel Market	80	98457
河北东明国际家具博览有限公司	Hebei Dongming International Furniture Exhibition Center Co., Ltd.	81	98000
唐山市吉祥旧机动车交易市场	Jixiang Second-hand Auto Market,Tangshan	82	97916
邯郸市大名县南李庄花生市场	Nanlizhuang Peanut Market, Daming, Handan	83	91751
康保县杂粮市场	Kangbao Coarse Cereals Market	84	89513
晋州市古城禽蛋市场	Gucheng Poultry Product Market, Jinzhou	85	88776
秦皇岛旧机动车交易市场	Qinhuangdao Second-hand Auto Market	86	88224
鼎坚五金机电市场	Dingjian Market of Hardwares and Mechanical & Electrical Products	87	87112
石家庄长安装饰材料北宋路市场	Beisong-Road Branch of Changan Decorative Material Market, Shijiazhuang	88	86335
平泉县榆树林子蔬菜果品批发市场有限公司	Yushulinzi Fruit and Vegetable Wholesale Market Co., Ltd., Pingquan	89	85000
唐山市丰南区通达商场有限公司	Tongda Shangmaocheng Trading Center Co., Ltd., Fengnan, Tangshan	90	82267
徐水县白塔铺蔬菜批发市场	Baitapu Whole Sale Market of Vegetables, Xushui	91	81208
遵化市燕山果菜批发市场有限公司	Yanshan Fruit and Vegetable Wholesale Market Co., Ltd., Zunhua	92	81000
晋州市东寺果品市场	Dongsi Fruit Market, Jinzhou	93	80960
邯郸市魏县天民粮油批发交易市场	Tianmin Grain Wholesale Market, Weixian, Handan	94	78960
冀州市辣椒专业市场	Jizhou Capsicum Market	95	78900
海兴县辛集镇鱼子鱼粉市场	Xinji Market of Roe and Fish Powder, Haixing	96	72500
沧州聚鑫钢材交易市场	Juxin Steel Product Market, Cangzhou	97	72000
涿州市新发地农产品市场有限公司	Xinfadi Agricultural Product Market Co., Ltd., Zhuozhou	98	71742

亿元以上商品市场成交额排序（2014年）（续二）

Transaction Value of Commodity Markets Over 100 Million Yuan (2014)

单位：万元 (10000 yuan)

市场名称	Name of Market	位 次 Position	成交额 Transaction Value
万全县逯家湾煤炭市场	Lujiawan Coal Market, Wanquan	99	69500
平乡县滏兴蔬菜交易有限公司	Fuxing Vegetable Trading Center Co., Ltd., Pingxiang	100	65710
邯郸市涉县清漳批发市场	Qingzhang Wholesale Market, Shexian, Handan	101	65500
文安县小王东机床市场	Wen'an Xiaowangdong Machine Tool Market	102	65086
魏县当歌酒类专业批发市场	Dangge Wine Wholesale Market, Weixian	103	64500
迁安市兴安市场	Qianan Market Service Center	104	64491
张家口市蔬菜水产市场	Zhangjiakou Market of Vegetables and Aquatic Products	105	64370
沧州国富市场服务有限公司	Guofu Market Service Co., Ltd., Cangzhou	106	63000
红星美凯龙世博家居广场	Red Star Macalline International Plaza of Furniture and Building Materials	107	62778
邯郸市磁县新市场	New Market, Cixian, Handan	108	60953
遵化市鑫海钢材市场	Xinhai Market of Steel Products, Zunhua	109	60500
鸡泽县辣椒工贸城	Jize Processing and Trading Center of Capsicum	110	60490
任丘市张刘庄铝型材市场	Zhangliuzhuang Aluminum Product Market，Renqiu	111	60071
宁晋县绿源果品批发市场有限公司	Ningjin Luyuan Fruit Wholesale Market Co., Ltd.	112	60000
文安县芦阜庄钢材市场	Lufuzhuang Market of Steel Products, Wenan	113	59300
沧州车站工业品批发市场	Cangzhou Station Industrial Products Wholesale Market	114	58000
万全县马连堡煤炭市场	Malianbao Coal Market, Wanquan	115	57000
新乐市花生米市场	Xinle Peanut Market	116	56330
河北鑫顺石材石雕艺术交易市场有限公司	Xinshun Market Co., Ltd. of Rough Stone and Carved Stone, Hebei	117	55897
佳农市场	Jianong Market	118	50000
邢台市蔬菜公司顺兴综合商场	Shunxing Store of Xingtai Vegetable Co., Ltd.	119	49917
肃宁县市场服务中心	Suning Market Service Center	120	49784
邯郸市磁州商都	Cizhou Trading Capital, Handan	121	48947
顺平县城北市场	Chengbei Market, Shunping	122	48300
沧州富华鞋城有限公司	Fuhua Shoes Trading Center Co.，Ltd., Cangzhou	123	48000
石家庄市白佛钢材交易中心	Baifo Steel Product Trading Center	124	47033
大城县东阜市场	Dongfu Market, Dacheng	125	46852
曲周县城北蔬菜市场	Chengbei Vegetable Market, Quzhou	126	46571
沧县兴济蔬菜批发市场	Xinji Vegetable Whole Sale Market, Cangxian	127	46340
承德市蔬菜果品批发市场	Chengde Wholesale Market of Fruits and Vegetables	128	45368
泊头市红旗综合批发市场	Hongqi-road Comprehensive Wholesale Market, Botou	129	44111
盐山县兴隆果菜批发市场	Xinglong Wholesale Market of Fruits and Vegetables，Yanshan	130	42270
新乐市集贸市场	Xinle Fair Market	131	41940
黄骅市海鲜城中期贸易市场有限公司	Huanghua Seafood City Stage Trade Market Co., Ltd.	132	41717
正定县西关蔬菜市场	Xiguan Vegetable Wholesale Market, Zhengding	133	41291
海龙电子城	Hailong Trading Center of Electronic Products	134	40247
沧州市富园菜市场	Fuyuan Vegetable Market, Cangzhou	135	40000
武安市工矿机电设备市场	Wu'an Market of Industrial and Mineral Machinery	136	39660
阜城县衡德瓜菜批市场	Hengde Wholesale Market of Fruits and Vegetables, Fucheng	137	39650
曹妃甸区农副产品市场	Caofeidian District Market of Agricultural Products	138	39049
定州市地道桥市场	Didaoqiao Market, Dingzhou	139	39020
秦皇岛市供销合作社贸易服务公司果菜批发市场分公司	Fruit and Vegetable Wholesale Market of Trading and Service Co., Ltd. of Qinhuangdao Supply and Marketing Cooperative	140	39000
乐亭县冀东皮毛交易市场	Jidong Fur and Leather Market, Laoting	141	38300
魏县飞天干菜食品市场	Feitian Market of Dried Vegetables and Foods, Weixian	142	37787
任丘市西环建材市场	Renqiu Xihuan Market of Building Materials	143	37781
和平路建材广场	Heping Road Plaza of Building Materials	144	37455
任丘市废旧钢铁市场	Renqiu Market of Scrapped and Second-hand Steel Products	145	37239
容城县容丰瓜果蔬菜批发市场	Rongfeng Wholesale Market of Fruits and Vegetables, Rongcheng	146	37106

亿元以上商品市场成交额排序（2014年）(续三)

Transaction Value of Commodity Markets Over 100 Million Yuan (2014)

单位：万元 (10000 yuan)

市场名称	Name of Market	位 次 Position	成交额 Transaction Value
肃宁县张大蔬菜批发市场	Zhangda Wholesale Market, Suning	147	36478
承德万泉花卉市场服务有限公司	Chengde Wanquan Flower Market Services Limited	148	36420
康保县惠农蔬菜批发市场	Huinong Wholesale Market of Fruits and Vegetables, Kangbao	149	35456
正定常山市场	Changshan Market, Zhengding	150	34515
任丘市华油东风市场	Huayou Dongfeng Market, Renqiu	151	33915
容城县城子瓜果蔬菜批发市场	Chengzi Wholesale Market of Fruits and Vegetables, Rongcheng	152	33109
北戴河石塘路市场	Shitanglu Market, Beidaihe	153	32985
邢台市第一农业生产资料总公司	Wholesale Market of Xingtai First General Company of Agricultural Capital	154	32520
石家庄红星美凯龙	Red Star Macalline International Plaza of Furniture and Building Materials, Shijiazhuang	155	32000
石家庄华北五金机电城	North-China Market of Hardwares and Mechanical & Electrical Products	156	32000
武安市钢材市场	Wu'an Steel Product Market	157	31987
河北瑞邦房地产开发公司燕山商城分公司	Yanshan Shangcheng Branch Company of Hebei Ruibang Real Estate Co., Ltd.	158	31466
藁城市稚翔禽蛋市场	Zhixiang Poultry Product Market, Gaocheng	159	30960
由由水鲜城	Youyou Trading Center of Aquatic Products	160	30133
固安县方城农副产品批发市场	Fangcheng Wholesale Market of Agricultural Products, Gu'an	161	28500
银白佛蔬菜批发市场	Yinbaifo Wholesale Market of Vegetables	162	28221
廊坊北方农贸批发市场	Beifang Wholesale Market of Agricultural Products, Langfang	163	28050
定兴县一市场	The First Market, Dingxing	164	28002
泊头市刘庄蔬菜批发市场	Liuzhuang Vegetable Wholesale Market, Botou	165	27755
石家庄居然之家家居有限公司	Juranzhijia Home Furnishing Co., Ltd.， Shijiazhuang	166	26578
任丘市西环蔬菜水果市场	Xihuan Market of Fruits and Vegetables, Renqiu	167	26573
秦皇岛市华运建筑装饰材料城	Huayun Market for Building and Decorative Materials, Qinhuangdao	168	26500
藁城市益农达蔬菜有限公司	Yinongda Vegetable Market, Gaocheng	169	26000
河北石材市场	Hebei Rough Stone Market	170	25878
冀州市迎宾市场	Yingbin Market, Jizhou	171	25840
沧州天河副食果品五交化批发市场	Cangzhou Tianhe Five Non-staple Food Fruit Wholesale Market	172	25660
霸州胜芳镇星光商城	Xingguang Trading Center, Shengfang Town, Bazhou	173	25560
北市区市场建设服务中心建华路市场	Jianhua-road Market of Beishiqu Market Developing and Service Center	174	24770
任丘市裕华市场	Yuhua Market, Renqiu	175	24415
固安县京南刘园农副产品批发市场	Jingnan Liuyuan Market of Fruits and Vegetables, Gu'an	176	24180
大城县平舒市场	Pingshu Market，Dacheng	177	23565
正定县恒州肉食批发市场	Hengzhou Meat Wholesale Market, Zhengding	178	22960
抚宁县关内第一集	Guannei Diyiji Market, Funing	179	22691
承德市商城	Chengde Trading Center	180	22685
昌黎县碣石山市场	Jieshishan Market, Changli	181	22353
行唐县龙洲商城	Longzhou Trading Center, Xingtang	182	22077
闪电河蔬菜交易市场	Shandianhe Vegetable Market, Guyuan	183	22000
长安装饰材料跃进路市场	Yuejin-road Branch of Changan Decorative Material Market	184	21770
青县曹寺消费品综合市场服务中心	Qingxian Caosi Consumer Comprehensive Market Service Center	185	21690
枣强县玻璃钢城原辅材料市场	Material Market of Fiberglass Epoxy City, Zaoqiang	186	21541
沧州市富强市场	Fuqiang Market Service Co., Ltd., Yunhe District, Cangzhou	187	21310
新乐市承安集贸市场	Chengan Market of Agricultural Products, Xinle	188	21185
鸡泽县综合商贸城	Jize Trade City	189	21100
沧州市新华区道东菜市场	Daodong Vegetable Market, Xinhua District, Cangzhou	190	21000
大红门石材市场	Dahongmen Rough Stone Market	191	20839
承德燕塞商贸有限责任公司	Yansai Trading Co., Ltd., Chengde	192	20564
邢台市中北商城有限公司	Zhongbei Shangcheng Co., Ltd., Xingtai	193	20455
张北县坝上蔬菜产业有限公司	Bashang Vegetable Industrial Co., Ltd., Zhangbei	194	20163
饶阳县果品蔬菜市场	Raoyang Fruit and Vegetable Market	195	19345

亿元以上商品市场成交额排序（2014年）(续四)

Transaction Value of Commodity Markets Over 100 Million Yuan (2014)

单位：万元 (10000 yuan)

市场名称	Name of Market	位 次 Position	成交额 Transaction Value
邯郸市冀粤建材市场	Jiyue Construction Material Market, Handan	196	18666
银白佛建华不锈钢市场	Yinbaifo Jianhua Stainless Steel Market	197	18224
石家庄怀特装饰材料市场	Huaite Market of Decorative Materials, Shijiazhuang	198	18000
围场满蒙自治县棋盘山大牲畜交易市场	Weichang Qipanshan Livestock Trading Market	199	17800
张家口北华果蔬市场	Beihua Fruit and Vegetable Market, Zhangjiakou	200	16928
沧州宝丰商城有限责任公司	Baofeng Trading Center Co., Ltd., Yunhe District, Cangzhou	201	16855
任县农产品市场	Agricultural Product Market, Renxian	202	16826
定兴县北河市场	Beihe Market, Dingxing	203	16565
栾城县蔬菜批发市场	Luancheng Wholesale Market of Fruits and Vegetables	204	16102
曲周县东焦营无公害蔬菜批发市场	Dongjiaoying Pollution-free Vegetable Wholesale Market, Quzhou	205	15460
迁西县紫玉街市场	Ziyu-Street Market, Qianxi	206	15393
河间市故仙乡大葱市场	Welsh onion Market，Guxian，Hejian	207	15000
正定县梅山商城	Meishan Shangcheng Market, Zhengding	208	14988
定兴县昌明高科技农业发展有限公司	Dingxing Changming High-tech Agricultural Development Limited Company	209	14962
兴隆县市场服务中心	Xinglong Market Service Center	210	14585
冀北粮油批发交易市场	Jibei Grain Wholesale Market, Zhangjiakou	211	14000
新乐市三轮车市场	Xinle Motorized Tricycle Market	212	13926
红星美凯龙(廊坊市凯宏家居广场有限公司)	Red Star Macalline(Langfang Kaihong Home Furnishing Square Co., Ltd.)	213	13579
乐亭县富强街农贸市场	Fuqiang-street Market of Agricultural Products, Leting	214	13300
赵县梨乡商城	Lixiang Trading Center, Zhaoxian	215	13250
沧州旧货贸易有限公司旧货交易市场	Second-hand Goods Market, Cangzhou Second-hand Goods Trading Co., Ltd.	216	13200
天桥市场	Tianqiao Market	217	13156
马坊市场	Mafang Market	218	13069
宁晋县华鑫建材市场有限公司	Huaxin Construction Material Market Co., Ltd., Ningjin	219	13000
永清县大辛阁瓜果蔬菜批发市场	Daxinge Market of Fruits and Vegetables, Yongqing	220	13000
平山县宅北乡会口山货市场	Huikou Mountain Product Market, Zhaibei, Pingshan	221	12880
阜城县古城灯具批发市场	Gucheng Lamp and Lantern Market, Fucheng	222	12800
邯郸市磁县粮油食品市场	Cixian Grain Market, Handan	223	12749
玉田县二郎庙市场	Erlangmiao Market, Yutian	224	12727
沽源县高润出口蔬菜交易市场	Guyuan Highrun Export Vegetable Market	225	12200
邯郸市乾政农贸市场	Qianzheng Market of Agricultural Products, Handan	226	12172
平泉县六河源牲畜交易市场	Liuheyuan Live-stock Market, Pingquan	227	12060
下槐镇西柏坡山珍山货市场	Xibaipo Shanzhen Market of Mountain Product, Xiahuai Town	228	11977
衡水市商贸中心物业管理处	Administrative Agency of Hengshui Trading Center	229	11966
栾城县鱼塘市场	Luancheng Fishpond Market	230	11900
廊坊市安次区隆福市场	Longfu Market, Anci District	231	11464
围场县兴源农产品交易综合服务中心	Xingyuan Composite Service Center for Agricultural Product Trade, Weichang	232	11376
赵县集贸市场	Zhaoxian Market of Agricultural Products	233	11230
平山县苏家庄核桃交易市	Sujiazhuang Walnut Market, Pingshan	234	11026
围场满蒙自治县二道河子胡萝卜市场	Erdaohezi Carrot Market, Weichang	235	11000
石家庄跃进路手机广场	Yuejin-road Mobile Phone Plaza	236	10766
宣化县沙岭子大市场	Shalingzi Market, Xuanhua	237	10611
廊坊市兴安市场	Xingan Market, Langfang	238	10400
张家口市纬一路万博大市场	Wanbo Market, Weiyi-road, Zhangjiakou	239	10284
家合广场(新北昌市场服务有限公司)	Jiahe Plaza (Xinbeichang Marketing Service Co., Ltd.)	240	10255
沧州市维明路菜市场	Weiming-Road Vegetable Market, Cangzhou	241	10141
河间市卧佛堂汽车配件专业市场	Wofotang Auto Component Market, Hejian	242	10010
遵化市贸易城综合市场	Zunhua Maoyicheng Comprehensive Market	243	10001
阜城县崔庙镇粮保器材批发市场	Cuimiao Wholesale Market of Grain Reservation Equipments, Fucheng	244	10000

海关进出口贸易总额
Total Value of Imports and Exports by Customs

单位：万美元 (USD 10000)

年 份 Year	进出口贸易总额 Total Value of Imports and Exports	出口总额 Total Exports	进口总额 Total Imports	进出口差额(+、-) Balance
1990	226785	190069	36716	153353
1995	392804	286635	106169	180466
2000	523460	370685	152775	217910
2001	573775	395613	178163	217450
2002	666565	459402	207163	252239
2003	897892	592863	305029	287834
2004	1352624	934031	418593	515438
2005	1607132	1092685	514447	578238
2006	1852616	1283469	569147	714322
2007	2553848	1701651	852197	849454
2008	3841850	2402981	1438870	964111
2009	2961131	1569129	1392002	177127
2010	4193116	2257003	1936113	320890
2011	5359910	2858386	2501524	356862
2012	5054790	2960384	2094405	865979
2013	5488298	3096268	2392030	704238
2014	5988289	3571347	2416942	1154405

石家庄海关按贸易方式分进出口商品总额
Total Value of Imports and Exports through Shijiazhuang Customs by Trade System

单位：万美元 (USD 10000)

年 份 Year	一般贸易 Ordinary Trade		加工贸易 Processing Trade		其他贸易 Others	
	出 口 Exports	进 口 Imports	出 口 Exports	进 口 Imports	出 口 Exports	进 口 Imports
2000	301994	103967	67990	31558	3	136
2001	334620	127234	59057	29080	7	100
2002	386892	152537	67331	38453	98	121
2003	49860	23057	8796	5116	1	17
2004	814664	310919	112621	63899		225
2005	934921	403849	145311	75709	8	182
2006	1087143	453300	174552	80613	58	239
2007	1439235	686524	233864	123066	193	436
2008	2007767	1187130	340108	153103	167	734
2009	1232708	1228780	285241	115779	125	953
2010	1799712	1719740	409743	177965	743	1199
2011	2389590	2204243	419651	202084	782	1611
2012	2490598	1831041	414373	184802	851	2204
2013	2612374	2097053	411327	211086	399	1437
2014	3101926	2097904	422137	209222	489	1199

石家庄海关按国别(地区)分的进出口商品总额

Import and Export Value through Shijiazhuang Customs by Country and Region

单位：万美元 (USD 10000)

国别(地区)	Country (Region)	2013			2014		
		进出口 Total Imports and Exports	出口 Exports	进口 Imports	进出口 Total Imports and Exports	出口 Exports	进口 Imports
合 计	**Total**	**5488298**	**3096268**	**2392030**	**5988289**	**3571347**	**2416942**
亚 洲	**Asia**	**1698339**	**1308774**	**389565**	**2035765**	**1656654**	**379112**
阿富汗	Afghanistan	2060	1794	267	1917	1389	528
巴林	Bahrain	4484	4413	71	5418	3819	1599
孟加拉国	Bangladesh	21662	20174	1488	18795	18006	789
不丹	Bhutan				40	40	
文莱	Brunei	1611	1611		567	567	
缅甸	Myanmar	19089	19081	8	28074	28048	26
柬埔寨	Cambodia	3257	3160	97	3492	3375	117
塞浦路斯	Cyprus	2733	2730	4	973	968	5
朝鲜	Korea DPR	17233	4733	12500	11473	2975	8498
香港	Hong Kong,China	51819	48250	3569	73504	68491	5013
印度	India	147707	112822	34885	153729	119737	33991
印度尼西亚	Indonesia	118341	79781	38560	124029	106532	17497
伊朗	Iran	26684	20973	5711	30761	25582	5179
伊拉克	Iraq	25007	25007		21697	21697	
以色列	Israel	30588	29969	619	31659	28175	3483
日本	Japan	216811	150943	65868	254450	182680	71770
约旦	Jordan	7598	7566	32	9713	9713	
科威特	Kuwait	11474	11280	195	10424	9219	1205
老挝	Laos	217	217		945	408	537
黎巴嫩	Lebanon	3906	3854	52	8393	8392	1
澳门	Macao,China	625	625		363	363	
马来西亚	Malaysia	74315	48103	26212	64194	47991	16203
马尔代夫	Maldives	113	113		194	194	
蒙古	Mongolia	13524	8130	5394	8432	4177	4255
尼泊尔	Nepal	891	891		1370	1370	
阿曼	Oman	4103	3769	334	15519	14481	1038
巴基斯坦	Pakistan	33107	29869	3238	46235	44994	1242
巴勒斯坦	Palestine	40	31	8	80	80	
菲律宾	Philippines	66567	58537	8030	118413	115187	3226
卡塔尔	Qatar	3893	3871	22	4316	3359	956
沙特阿拉伯	Saudi Arabia	54040	49217	4823	58612	53180	5432
新加坡	Singapore	39165	35258	3908	43775	38915	4860
韩国	Korea Rep.	285188	198508	86679	348513	244401	104111
斯里兰卡	Sri Lanka	6472	6413	59	8545	8506	39
叙利亚	Syrian	803	803		1265	1265	
泰国	Thailand	70997	58139	12858	92946	71744	21202
土耳其	Turkey	36102	32147	3955	49933	47069	2865
阿联酋	United Arab Emirates	65706	56560	9146	83653	71476	12177
也门	Republic of Yemen	6476	6472	4	6648	6648	
越南	Vietnam	80906	78343	2563	127891	126558	1333
中国	China	11674		11674	14554		14554
台湾省	Taiwan, China	92463	47925	44538	118763	84719	34045
东帝汶	East Timor	193	193		365	365	
哈萨克斯坦	Kazakhstan	19209	18579	630	10491	10039	452

石家庄海关按国别(地区)分的进出口商品总额（续一）

Import and Export Value through Shijiazhuang Customs by Country and Region

单位：万美元 (USD 10000)

国别(地区)	Country (Region)	2013 进出口 Total Imports and Exports	2013 出口 Exports	2013 进口 Imports	2014 进出口 Total Imports and Exports	2014 出口 Exports	2014 进口 Imports
吉尔吉斯	Kirghizia	7807	7807		7710	7688	21
塔吉克斯坦	Tadzhikistan	1232	1232		3532	3532	
土库曼斯坦	Turkmenistan	1054	1050	4	1631	1631	
乌兹别克斯坦	Uzbekistan	9392	7829	1563	7771	6909	862
其他国家(地区)	Other Countries (region)	2.3	2.3				
非　洲	**Africa**	**360944**	**223266**	**137678**	**375730**	**251708**	**124023**
阿尔及利亚	Algeria	16245	16215	30	22900	22842	57
安哥拉	Angola	9021	9021		12306	12306	
贝宁	Benin	9574	9574		4726	4646	79
博茨瓦那	Botswana	135	135		157	157	
布隆迪	Burundi	29	29		69	69	
喀麦隆	Cameroon	4427	4018	409	5482	5299	182
加那利群岛	Canary Is.	8	8		4	4	
佛得角	Cape Verde	66	66		46	46	
中非共和国	Central Africa						
乍得	Chad	5676	5613	63	3357	3357	
科摩罗	Comoros	24	24		73	73	
刚果	Congo (B)	1328	1328		1656	1656	
吉布提	Djibouti	2438	2438		2754	2754	
埃及	Egypt	11234	10647	587	24589	24076	513
赤道几内亚	Eq. Guinea	232	232		301	301	
埃塞俄比亚	Ethiopia	4717	3846	871	5589	4958	630
加蓬	Gabon	1004	1004		1013	978	35
冈比亚	Gambia	750	750		999	999	
加纳	Ghana	14912	14874	38	14822	14808	14
几内亚	Guinea	983	983		709	709	
几内亚(比绍)	Guinea Bissau	96	96		177	177	
科特迪瓦	Cote d'Lvoire	5492	5232	259	4979	4852	127
肯尼亚	Kenya	8603	8602	2	14356	14355	1
利比里亚	Liberia	1393	1393		1271	1176	95
利比亚	Libyan	8068	7951	117	4117	4103	15
马达加斯加	Madagascar	3133	2863	270	3193	3188	5
马拉维	Malawi	295	295		195	195	
马里	Mali	1322	988	334	1267	1045	222
毛里塔尼亚	Mauritania	19441	1376	18065	17240	2632	14608
毛里求斯	Mauritius	1312	1311	1	1256	1252	4
摩洛哥	Morocco	4948	4943	4	4278	4212	65
莫桑比克	Mozambique	3762	3573	189	2932	2701	231
纳米比亚	Namibia	384	378	6	475	475	
尼日尔	Niger	2737	2706	31	436	345	91
尼日利亚	Nigeria	33413	33383	31	35807	35801	6
留尼汪	Reunion	313	305	8	412	412	
卢旺达	Rwanda	128	128		48	48	
圣多美和普林西比	Sao Tome & Principe	13	13		17	17	
塞内加尔	Senegal	2961	2913	48	3791	3663	128
塞舌尔	Seychelles	28	28		45	45	
塞拉利昂	Sierra Leone	18447	424	18023	16043	579	15464

石家庄海关按国别(地区)分的进出口商品总额（续二）

Import and Export Value through Shijiazhuang Customs by Country and Region

单位：万美元 (USD 10000)

国别(地区)	Country (Region)	2013			2014		
		进出口 Total Imports and Exports	出口 Exports	进口 Imports	进出口 Total Imports and Exports	出口 Exports	进口 Imports
索马里	Somalia	282	249	32	561	561	
南非	S. Africa	125006	33780	91226	128555	39864	88691
苏丹	Sudan	8020	6981	1038	6134	5241	894
坦桑尼亚	Tanzania	9642	9252	390	10904	10608	296
多哥	Togo	3078	2884	194	2948	2598	350
突尼斯	Tunisia	2352	2321	31	3741	3730	11
乌干达	Uganda	1377	1377		1692	1469	223
布基纳法索	Burkina Faso	718	628	90	1026	736	290
民主刚果	Congo(J)	3121	3118	3	3400	3400	
赞比亚	Zambia	855	606	249	803	450	353
津巴布韦	Zimbabwe	1943	1906	37	1271	1270	1
莱索托	Lesotho	72	67	5	75	73	2
梅利利亚	Melilla	10	10		5	5	
斯威士兰	Swaziland	5217	219	4997	545	206	339
厄立特里亚	Eritrea	44	44		97	97	
马约特岛	Mayo Is.	83	83		20	20	
其他国家(地区)	Other Countries (region)						
欧　洲	**Europe**	**1078516**	**800852**	**277664**	**1129093**	**811260**	**317833**
比利时	Belgium	45153	38081	7072	47958	39369	8589
丹麦	Denmark	19061	7543	11518	24461	7017	17444
英国	United Kingdom	67655	55258	12398	93190	80657	12533
德国	Germany	179839	91074	88766	203516	94976	108541
法国	France	44688	30068	14621	50280	30635	19645
爱尔兰	Ireland	3630	2526	1104	4565	3072	1494
意大利	Italy	86417	69712	16706	84455	67061	17394
卢森堡	Luxembourg	2013	539	1473	2589	427	2162
荷兰	Netherlands	62893	54406	8487	65993	48049	17944
希腊	Greece	4240	3146	1095	4244	3910	334
葡萄牙	Portugal	7827	5308	2519	9143	6153	2990
西班牙	Spain	43811	31484	12326	51664	35221	16443
阿尔巴尼亚	Albania	1637	1268	369	1258	1092	166
安道尔	Andorra	2	2		2	2	
奥地利	Austria	7710	1573	6137	11722	2239	9482
保加利亚	Bulgaria	7772	7616	156	4542	4103	439
芬兰	Finland	17089	5688	11402	15663	4613	11050
直布罗陀	Gibraltar	2	2				
匈牙利	Hungary	5323	4436	887	6705	3355	3350
冰岛	Iceland	139	131	8	181	181	
列支敦士登	Liechtenstein	10	10	…	33	9	24
马耳他	Malta	735	710	25	530	523	6
摩纳哥	Monaco	19	19	1	4		4
挪威	Norway	5469	3242	2227	4558	3532	1026
波兰	Poland	17434	16529	905	20099	18895	1203
罗马尼亚	Romania	6847	5546	1301	7464	6842	622
圣马力诺	Sanmarino	6		6	3	3	
瑞典	Sweden	24699	9565	15135	27173	11247	15925

石家庄海关按国别(地区)分的进出口商品总额（续三）

Import and Export Value through Shijiazhuang Customs by Country and Region

单位：万美元 (USD 10000)

国别(地区)	Country (Region)	2013			2014		
		进出口 Total Imports and Exports	出口 Exports	进口 Imports	进出口 Total Imports and Exports	出口 Exports	进口 Imports
瑞士	Switzerland	5916	2507	3408	9443	1588	7856
爱沙尼亚	Estonia	1646	1639	7	1085	1056	29
拉脱维亚	Latvia Armenia	3266	3231	35	2396	2395	
立陶宛	Lithuania	2804	2800	4	3005	2987	18
格鲁吉亚	Georgia	1880	1871	9	2200	2200	
亚美尼亚	Armenia	167	167		171	171	
阿塞拜疆	Azerbaijan	3211	3211		2283	2283	
白俄罗斯	Belorussia	625	572	53	963	467	497
摩尔多瓦	Moldavia	475	474	…	141	141	
俄罗斯联邦	Russia	333166	289467	43699	323658	295171	28487
乌克兰	Ukraine	36439	31842	4598	21563	16276	5287
斯洛文尼亚	Slovenia	3785	3166	619	4262	2923	1339
克罗地亚	Croatia	4842	4810	32	2007	1994	13
捷克共和国	Czech	9476	5469	4007	9380	5985	3395
斯洛伐克	Slovakia	3064	2045	1018	3401	1307	2094
马其顿	Macedonia	34	34		27	27	
波斯尼亚-黑塞哥维那	Bosnia&Hercegovina	67	63	4	67	66	1
塞尔维亚	Serbie	4967	1446	3522	883	876	7
黑山	Montenegro	564	555	9	166	165	1
拉丁美洲	**Latin America**	**766357**	**265321**	**501036**	**742303**	**277669**	**464634**
安提瓜和巴布达	Antigua & Barbuda	8	8		10	10	
阿根廷	Argentina	15106	7541	7565	12596	7443	5153
阿鲁巴岛	Aruba	47	47		15	15	
巴哈马	Bahamas	16	16		26	26	
巴巴多斯	Barbados	97	97		188	188	
伯利兹	Belize	130	130		129	129	
玻利维亚	Bolivia	2032	1995	36	1732	1709	23
巴西	Brazil	515264	64509	450755	496445	65817	430629
开曼群岛	Cayman Islands				8	8	
智利	Chile	55108	40354	14754	65427	44090	21337
哥伦比亚	Colombia	20873	18564	2309	24893	24223	670
多米尼亚共和国	Dominica	120	120	…	99	99	
哥斯达黎加	Costa Rica	2147	1657	490	2562	2288	274
古巴	Cuba	2251	2251		1181	1181	
库腊索岛	Curacao	37	37		28	28	
多米尼加共和国	Dominica Rep.	2482	2474	8	2873	2862	11
厄瓜多尔	Ecuador	19132	18979	152	22215	22166	50
法属圭亚那	French Guyana	21	21		41	41	
格林纳达	Grenada	11	11		4	4	
瓜德罗普	Guadaloupe	64	64		87	87	
危地马拉	Guatemala	7440	7439	2	8977	8967	10
圭亚那	Guyana	820	820		968	967	1
海地	Haiti	1075	1075		1955	1955	

石家庄海关按国别(地区)分的进出口商品总额(续四)
Import and Export Value through Shijiazhuang Customs by Country and Region

单位：万美元 (USD 10000)

国别(地区)	Country (Region)	2013 进出口 Total Imports and Exports	2013 出口 Exports	2013 进口 Imports	2014 进出口 Total Imports and Exports	2014 出口 Exports	2014 进口 Imports
洪都拉斯	Honduras	3675	3043	632	3618	3321	297
牙买加	Jamaica	751	746	6	1533	1532	1
马提尼克	Martinique	27	27		12	12	
墨西哥	Mexico	50168	43098	7070	36485	35565	920
尼加拉瓜	Nicaragua	2427	2386	41	1659	1648	11
巴拿马	Panama	6638	6637	1	4871	4871	
巴拉圭	Paraguay	2571	2547	24	2779	2768	11
秘鲁	Peru	26072	23319	2753	27138	27079	59
波多黎各	PuertoRico	781	766	15	1716	1556	160
圣卢西亚	Saint Lucia	91	91		30	30	
圣马丁岛	Saint Martin Is.	1	1		5	5	
圣文森特和格林纳丁斯	Saint Vincent & Grenadines	47	47		8	8	
萨尔瓦多	EL Salvador	1479	1479	…	1229	1228	2
苏里南	Suriname	409	408	2	450	448	2
特立尼达和多巴哥	Trinidad & Tobago	2480	2476	4	4175	4175	
特克斯和凯科斯群岛	Tueks and Caicos Is.						
乌拉圭	Uruguay	12745	2951	9795	7431	4429	3002
委内瑞拉	Venezuela	11507	6884	4623	6570	4557	2013
英属维尔京群岛	Br.VirginIS.	15	15		6	6	
圣其茨-尼维斯	St.Kitts-Nevis	5	5		3	3	
荷属安地列斯群岛	Netherlands Antilles	189	189		116	116	
其他国家（地区）	Other Countries (region)				12	12	
北美洲	**North America**	**677393**	**447229**	**230165**	**710593**	**520776**	**189817**
加拿大	Canada	109232	50295	58936	95466	54708	40759
美国	United States	568161	396933	171228	615127	466068	149059
百慕大	Bermuda	1	1				
大洋洲	**Oceanic & Pacific**	**906593**	**50826**	**855766**	**994720**	**53277**	**941443**
澳大利亚	Australia	889763	40813	848951	972168	43534	928634
库克群岛	Cook Islands	24	24		124	124	
斐济	Fiji	591	591	…	606	606	…
新喀里多尼亚	New Caledonia	263	263		288	288	
瓦努阿图	Vanuatu	52	52		64	64	
新西兰	New Zealand	13317	6978	6339	18887	6444	12442
巴布亚新几内亚	Papua New Guinea	1901	1425	475	1550	1184	366
社会群岛	Society Islands	61	61		53	53	
所罗门群岛	Solomon Is.	401	401	1	406	406	
汤加	Tonga	29	29		36	36	
萨摩亚	Samoa	69	69		59	59	
基里巴斯	Kiribati	18	18		10	10	
图瓦卢	Tuvalu						
密克罗尼西亚联邦	Micronesia FS	0.8	0.8		2.0	2.0	
马绍尔群岛	Marshall Is.	22	22		293	293	
帕劳共和国	Palau	0.1	0.1		4.7	4.7	
法属波利尼西亚	French Polynesia	77	77		148	148	
瓦利斯和浮图纳	Wallis and Budo Satisfied				5	5	
其他国家(地区)	Other Countries	3	3		17	17	
国别(地区)不详的	**Country (region) of Unknown**	**157**		**157**	**84**		**84**

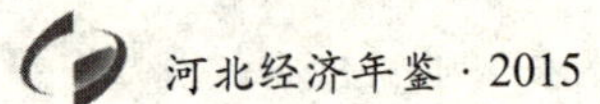

利用外资概况

Utilization of Foreign Capital

项目单位：个　金额单位：万美元　　(unit, USD 10000)

年份 Year	总计 Total		对外借款 Foreign Loans		外商直接投资 Foreign Direct Investment		外商其他投资 Other Foreign Investment	
	项目 Number of Projects	金额 Value	项目 Number of Projects	金额 Value	项目 Number of Projects	金额 Value	项目 Number of Projects	金额 Value
合同利用外资额 Total Amount of Contracted Foreign Investment								
1985	53	4804	1	175	39	4093	13	536
1990	110	8877			110	8593		284
1995	1220	188794	16	19445	1204	168656		693
2000	510	94822	9	19624	501	72445		2753
2001	507	107759	4	3332	503	99763		4664
2002	482	136259	8	3540	474	127929		4790
2003	586	251313	13	27703	573	196502		27108
2004	603	244047	9	2614	594	214731		26702
2005	581	272736	4	742	577	253154		18840
2006	447	177048	1	495	446	150625		25928
2007	369	357085			369	311892		45193
2008	252	300118	4	495	248	288913		10710
2009	215	266027			215	260727		5300
2010	248	376971	2	1417	246	329314		46240
2011	199	477064	4	1555	195	422376		53133
2012	197	415637	1	10000	196	388396		17241
2013	196	384587	1	495	195	368226		15866
2014	198	550329			198	496978		53351
实际利用外资额 Total Amount of Contracted Investment Actually Utilized								
1985		1423		597		393		433
1990		4447				3935		512
1995		108620		29924		78061		635
2000		139378		34249		102376		2753
2001		93521		13196		75661		4664
2002		104793		17558		82445		4790
2003		155800		17125		111567		27108
2004		197856		8813		162341		26702
2005		227890		17794		191256		18840
2006		238274		10912		201434		25928
2007		300722		13908		241621		45193
2008		363395		10817		341868		10710
2009		369316		4192		359824		5300
2010		436597		7283		383074		46240
2011		526016		4788		468095		53133
2012		603168		5441		580486		17241
2013		667250		6664		644720		15866
2014		700949		10402		637196		53351

注：1990年以前年度数据为部门数，仅供参考使用。

a) The data for 1990 and before are from the ministries other than Hebei Bureau of Statistics. They are listed here as comparable data.

对外承包工程
Contracted Projects with Foreign Countries and Territories

年份 Year	签订合同的国家（地区）（个） Number of Coutries Made Contracts with China for Projects and Labo (unit)	合同份数（份） Number of Contracts (unit)	合同金额（万美元） Contracted Value (10000 USD)	派出人次（人次） Number of Labor Send abroad (person-times)	完成营业额（万美元） Value of Business Fulfilled (10000 USD)
1985	4	4	321		466
1990	9	9	327	121	584
1995	7	16	2127	428	1798
2000	13	50	9440	1170	4624
2001	16	26	5265	662	2412
2002	22	38	21329	2998	12022
2003	25	40	31669	1509	17940
2004	25	69	48200	1484	23095
2005	35	91	107533	1832	54139
2006	29	84	171035	3176	78583
2007	41	119	172954	7241	123912
2008	37	73	393774	5271	155593
2009	47	186	266678	8097	287157
2010	50	190	294596	7033	285351
2011	51	214	328203	6599	243461
2012	45	160	373834	10790	285086
2013	44	175	467343	9791	434565
2014	48	190	485335	8636	408696

对外投资与劳务合作
Outward Foreign Direct Investment and Labor Services

单位：万美元 (USD 10000)

项目	Item	2011	2012	2013	2014
对外投资	**Outward Foreign Direct Investment**				
新核准家数	Enterprise Approved to Invest Abroad	83	66	85	121
对外投资总额	Total Value of the Outward-FDI by the Enterprises	111020.41	123857.08	197178.99	169368.49
中方对外投资额	FDI by Domestic Chinese Investors	90851.51	105170.85	118348.89	155123.61
对外劳务合作	**Labor Services**				
新签合同工资总额	Gross Payroll in Newly Signed Contracts	4663	4034	4022	4301
实际收入总额	Realized Payroll	1428	3839	1906	1925
派出人数	Workers Sent Abroad for the Year	587	712	553	603
期末在外人数	Workers Abroad at the Year-end	3429	2198	1512	2231

外商直接投资情况（2014年）

单位：万美元

项　目	Item	新批合同 New Contract Signed		
		项目个数(个) Number of Projects (unit)	项目总投资 Total Investment	合同外资额 Contracted Value
合　计	**Total**	**198**	**1024130**	**496978**
按投资方式分组	**Grouped by Investment by Type**			
港、澳、台投资经济	Enterprises with Funds from Hong Kong, Macao and Taiwan	128	652572	316430
港澳台合资经营企业	Joint-venture from Hong Kong, Macao and Taiwan	38	300580	105075
港澳台合作经营企业	Cooperation Enterprises from Hong Kong, Macao and Taiwan	3	12172	3125
港澳台独资经营企业	Enterprises with Sole Fund from Hong Kong, Macao and Taiwan	86	338847	207523
港澳台投资股份公司	Share-holding Corporations Ltd from Hong Kong, Macao and Taiwan	1	973	707
外商投资经济	Foreign Funded Enterprises	70	371558	180548
中外合资经营企业	Joint-venture Enterprises	26	144050	43311
中外合作经营企业	Cooperation Enterprises			
外资企业	Enterprises with Sole Fund	42	226160	136871
外商投资股份公司	Share-holding Corporations Ltd	2	1348	366
按产业分组	**Grouped by Industry**			
第一产业	Primary Industry	8	69224	33859
第二产业	Secondary Industry	107	536490	276778
第三产业	Tertiary Industry	83	418416	186341
按国民经济行业分组	**Grouped by Sector**			
农、林、牧、渔业	Agriculture, Forestry, Animal Husbandry and Fishery	9	71124	34619
采矿业	Mining	5	26622	1778
制造业	Manufacturing	92	473128	258827
电力、燃气及水的生产和供应业	Production and Distribution of Electricity, Gas and Water	7	23403	7226
建筑业	Construction	3	13337	8947
批发和零售业	Wholesale and Retail Trades	26	14758	8516
交通运输、仓储和邮政业	Traffic, Transport, Storage and Post	4	75974	23946
住宿和餐饮业	Hotels and Catering Services	6	382	381
信息传输、计算机服务和软件业	Information Transmission, Computer Services and Software	5	2826	1835
金融业	Financial Intermediation	12	54794	33506
房地产业	Real Estate	4	65405	40929
租赁和商务服务业	Leasing and Business Services	10	6306	3680
科学研究、技术服务和	Scientific Research, Technical Service	11	95484	26679
地质勘查业	and Geologic Prospecting	2	23281	18926
水利、环境和公共设施管理业	Management of Water Conservancy, Environment and Public Facilities		3012	1513
居民服务和其他服务业	Services to Households and Other Services			
教　育	Education			
卫生、社会保障和社会福利业	Health, Social Security and Social Welfare	2	74294	25670
文化、体育和娱乐业	Culture, Sports and Entertainment			

Statistics on Foreign Direct Investment (2014)

(USD 10000)

外商直接投资 Foreign Direct Investment	新注册三资企业 Newly Registered Enterprises with Hongkong,Macao, Taiwan and Foreign Funds				期末实有三资企业(个) Number of Registered Enterprises in the Year-end (unit)			
	注册户数(户) Number of Registered Enterprises(unit)	投资总额 Total Investment	注册资本 Registered Capital	外商注册资本 Capital Invested by Foreign Partner	合计 Total	开工在建 Under Construction	投产企业 Enterprises that have come into Operation	#当年 The Present Year
637196	**171**	**501134**	**414510**	**348306**	**3196**	**243**	**1820**	**34**
414640	111	371532	282743	241287	1295	98	643	16
119794	29	133974	90067	51145	658	42	382	6
7715	3	10368	5613	3124	60	3	26	
262852	78	226217	186496	186706	568	53	229	8
24279	1	973	567	312	8		6	2
222556	60	129602	131767	107019	1901	145	1177	18
80018	22	52609	51232	26745	948	61	617	12
					86	6	46	
142282	36	75645	79231	79870	863	77	511	6
256	2	1348	1304	404	4	1	3	
34772	6	25276	15674	10009	83	17	33	1
448438	98	214717	223124	193946	2508	156	1502	18
153986	67	261141	175712	144351	605	70	285	15
34772	7	27176	16434	10769	93	19	34	1
12727	3	9214	4804	2687	35	7	12	1
397414	88	186229	197961	180121	2355	141	1423	16
34670	6	10521	12994	6701	94	6	61	2
3627	1	8753	7365	4437	33	3	13	
11719	20	16098	5775	4755	130	5	71	2
19111	5	59679	29146	19336	72	6	40	1
7	3	330	330	330	44	5	20	
5607	6	3026	2496	2033	31	4	11	
24843	11	48207	48548	32775	23	2	11	3
44254	4	58955	31576	30211	124	16	64	3
12566	8	3626	2358	2263	56	7	21	
13201	6	46195	28341	26047	35	7	13	2
11131	2	21167	19474	18933	20	3	5	1
2440					20		10	1
					4	3		
					1			
9107	1	1958	6908	6908	26	9	11	1

外商直接投资情况（2014年）(续)

单位：万美元

项　　目	Item	新批合同 New Contract Signed 项目个数(个) Number of Projects (unit)	项目总投资 Total Investment	合同外资额 Contracted Value	外商直接投资 Foreign Direct Investment
按投资国别、地区分组	**Grouped by Country and Region**				
亚　　洲	**Asia**	**156**	**765008**	**377156**	**486846**
# 香　港	Hong Kong China	119	642438	309534	404081
澳　门	Macao China				
台　湾	Taiwan China	9	10134	6896	10559
印度尼西亚	Indonesia				
日　本	Japan	2	20188	6433	18372
马来西亚	Malaysia	2	9958	4164	5061
菲律宾	Philippines				
新加坡	Singapore	4	37392	30711	32250
韩　国	Republic of Korea	13	10660	6492	7651
泰　国	Thailand	2	7866	2820	3350
# 东南亚联盟	Association of Southeast Asian Nations	10	56193	38099	40871
非　　洲	**Africa**				**1447**
欧　　洲	**Europe**	**13**	**60154**	**30555**	**24724**
# 比利时	Belgium				**287**
丹　麦	Denmark		1357	950	551
英　国	United Kingdom	3	30194	14841	4175
德　国	Germany	3	4290	2236	2591
法　国	France		4000	4000	4706
爱尔兰	Ireland				
意大利	Italy	1	2	2	4
卢森堡	Luxembourg				
荷　兰	Netherlands	2	11013	3040	4164
希　腊	Greece				
葡萄牙	Portugal				
西班牙	Spain		2221	168	1503
芬　兰	Finland				
瑞　士	Switzerland				340
# 欧　盟(27国)	European Union (27 Coumtries)	9	53077	25438	22954
拉丁美洲	**Latin America**	**6**	**125242**	**49971**	**74285**
# 开曼群岛	Cayman Islands		42487	15243	32918
英属维尔京群岛	Virgin Islands	4	82735	34708	40967
北美洲	**North America**	**6**	**37089**	**18704**	**33423**
# 加拿大	Canada	3	8063	4030	5379
美　国	United States	3	29026	14674	21444
大洋洲	**Oceanic**	**15**	**35417**	**19982**	**14580**
# 澳大利亚	Australia	7	13253	7794	6000
新西兰	New Zealand	2	4983	1761	

Statistics on Foreign Direct Investment (2014)

(USD 10000)

新注册三资企业 Newly Registered Enterprises with Hongkong, Macao, Taiwan and Foreign Funds				期末实有三资企业(个) Number of Registered Enterprises in the Year-end (unit)			
注册户数(户) Number of Registered Enterprises(unit)	投资总额 Total Investment	注册资本 Registered Capital	外商注册资本 Capital Invested by Foreign Partner	合　计 Total	开工在建 Under Construction	投产企业 Enterprises that have come into Operation	#当　年 The Present Year
136	**425452**	**328562**	**276415**	**2118**	**147**	**1133**	**22**
103	362426	275870	234436	1127	83	553	16
				6	1	2	
8	9106	6873	6851	162	14	88	
				9		6	
1	600	5949	4020	276	17	177	2
2	9958	3586	1786	23	1	13	
				8		5	
6	23545	25443	20734	120	15	79	1
9	6241	4041	2969	321	14	175	1
1	4866	1622	1622	10	1	3	
11	39346	31293	24544	178	17	109	1
				22	**1**	**13**	
10	**34568**	**21548**	**19150**	**362**	**25**	**242**	**3**
				7	2	4	
				10	2	7	
3	22024	9734	8811	57	7	35	
2	2136	1799	1799	78	2	59	
		4000	4000	28	4	15	
1	2	2	2	32	2	17	
				3		2	1
2	9612	4617	3040	25		18	1
				1			
1	194	236	137	17		11	1
				6	1	4	
9	33968	20388	17990	307	20	208	3
5	**9125**	**34123**	**29112**	**211**	**17**	**143**	
		11999	12243	24	3	17	
4	9115	22114	16866	174	14	119	
4	**15058**	**11193**	**6075**	**362**	**35**	**217**	**3**
2	3510	2628	465	76	12	43	1
2	11548	8565	5610	278	23	169	1
14	**15480**	**18359**	**16829**	**110**	**17**	**68**	**6**
7	6542	7124	5902	72	7	47	5
2	4983	1761	1761	11	1	6	1

旅游事业发展情况

Development of International Tourism

人数单位：人　金额单位：万美元　　(person, USD 10000)

指　标	Item	2000	2005	2010	2013	2014
海外旅游人数总计	**Number of International Tourisrs Received**	**400464**	**626484**	**977447**	**1337647**	**1328630**
外国人	Foreigners	345494	573890	853110	1111003	1060615
港澳和台湾同胞	Compatriots fyom Hong Kong,Macao,Taiwan	54970	52594	124337	226644	268015
按国别和地区分	**Grouped by Country and Region**					
亚　洲	**Asia**	**199170**	**299196**	**375299**	**495443**	**505360**
#日　本	Japan	48613	84874	100415	85180	102249
韩　国	Republic of Korea	25220	81216	97439	131237	119335
蒙　古	Mongolia	4805	4130	13709	25968	22827
印度尼西亚	Indonesia	8004	7552	17469	26747	26053
马来西亚	Malaysia		59506	43712	59207	43925
菲律宾	Philippines	7039	5831	12489	17337	21630
新加坡	Singapoye	23686	34688	38493	58865	49497
泰　国	Thailand	7650	6911	16395	21649	23306
印　度	India	3022	3658	12108	19298	25322
越　南	Vietnam				3470	8953
缅　甸	Myanmar				3709	4893
朝　鲜	Korea,D.P.Rep				5488	8599
巴基斯坦	Pakistan				13470	9994
其　他	Others		10830	23070	23818	38777
美　洲	**North America**	**26131**	**46713**	**99468**	**124474**	**101142**
#美　国	United States	17309	27164	55980	69520	54410
加拿大	Canada	5510	13163	28758	35371	26369
其　他	Others		6386	14730	19583	20363
欧　洲	**Europe**	**102396**	**200693**	**313047**	**405276**	**328372**
#英　国	United Kingdom	18007	43615	52606	65026	44577
法　国	France	11392	34070	46000	53753	37873
德　国	Germany	11123	26020	42882	70472	50301
意大利	Italy	12531	10207	27099	35119	26762
瑞　士	Switzerland	3390	3866	12363	20470	14276
瑞　典	Sweden	2897	5116	9339	18311	14187
荷　兰	Netherlands	11012	3044			
俄罗斯	Russia	22801	56231	84704	99122	89595
西班牙	Spain	1476	3615	12592	15273	13983
其　他	Others		14909	25462	27730	36818
大洋洲	**Oceanic**	**15659**	**20378**	**38293**	**52364**	**61347**
#澳大利亚	Australia	8042	10782	20442	29063	26992
新西兰	New Zealand	2989	5022	9942	12375	19927
其　他	Others		4574	7909	10926	14428
其他(含非洲)	**Others(including Africa)**	**57108**	**6910**	**27003**	**33446**	**64394**
旅游外汇收入总额	**Income of International Tourisrs Received**	**13035**	**20917**	**35071**	**58578**	**53419**

金融机构年末存贷款

Deposits and Loans Balances of Financial Institutions at Year-end

单位：亿元 (100 million yuan)

年 份 Year	各项存款 Deposits Balances	#单位存款 Deposits of Organizations	#储蓄存款 Saving Deposits	#财政性存款 Treasury Deposits	各项贷款 Loans Balances	#中长期贷款 Medium- and Long-term Loans	农村信用社贷 款 Deposits of Rural Loan Society
1978	77.23	16.35			91.51		2.91
1980	100.91	23.65			114.13		3.84
1985	195.64	69.99			219.36	22.26	27.45
1990	554.15	135.20			631.31	76.59	136.42
1995	1694.65	465.34			1578.21	262.85	385.25
1996	2159.37	612.33			1894.66	295.75	488.05
1997	2591.11	780.30			2372.15	337.00	541.86
1998	3030.11	822.06			2795.20	444.56	617.14
1999	3306.12	818.40			3038.32	539.79	738.77
2000	3780.74	1020.15			2933.19	784.92	895.71
2001	4053.75	983.52			3098.89	1019.51	996.75
2002	4543.39	993.92			3488.18	1207.92	1077.09
2003	5273.35	1138.11			3854.72	1442.65	1207.89
2004	9249.94	2083.56			6152.24	1949.57	1353.50
2005	10764.93	2360.31			6415.23	2474.74	1362.36
2006	12551.62	2825.42			7411.88	3033.10	1623.99
2007	14355.59	3532.72			8397.82	3883.28	1893.13
2008	17709.02	4049.73			9453.30	4684.42	2084.29
2009	22361.37	6003.08			13123.80	7143.58	2541.76
2010	26099.00	6508.21			15755.74	9073.08	3033.53
2011	29563.77	10841.38	17824.33	448.24	18143.99	10505.32	3535.19
2012	34257.16	12359.28	20723.61	498.17	21317.96	11453.51	3972.28
2013	39444.45	14381.26	23421.49	672.79	24423.22	12846.73	4042.53
2014	43764.02	16009.72	25760.08	902.95	28052.29	15117.85	4361.03

注：1. 2003年及以前年份为银行存贷款，2004年及以后年份为全部金融机构数据。2. 中长期贷款1993年及以前年份为固定资产贷款。3. 单位存款2010年及以前年份为企业存款。

a) Financial institutes refer to banks only prior to 2003. b) Prior to 1993, Medium-and-Long-term loans equal fixed asset loans. c) Prior to 2010, deposits of organizations refer to deposit from enterprises.

住户存款年末余额

Savings Deposit of Households at Year-end

单位：亿元 (100 million yuan)

年　份 Year	住户存款年末余额 Saving Deposits of Housholds at Year-end	定期储蓄 Fixed Deposits	活期储蓄 Current Deposits
2000	3957.07	3152.36	804.71
2001	4364.18	3419.48	944.70
2002	4811.30	3680.17	1131.13
2003	5457.00	4064.09	1392.91
2004	6207.48	4517.25	1690.23
2005	7084.03	5096.75	1987.28
2006	8014.16	5606.72	2407.44
2007	8922.41	6094.72	2827.69
2008	11435.60	7974.18	3461.42
2009	13551.06	9138.95	4412.11
2010	15678.43	10127.45	5550.99
2011	17948.32	11834.30	6114.03
2012	20872.37	14143.67	6728.70
2013	23790.19	15995.79	7794.40
2014	26207.43	18264.48	7942.95

注：1.本表为全部金融机构数。2.住户存款年末余额原为城乡居民储蓄存款年末余额。
a) Data in this table are statement of financial institutions. b) Savings deposit in urban and rural areas changes to Savings deposit of households.

保险业务经济技术指标

Economic and Technical Indicators of Insurance Business

年　份 Year	保险业务收入 (万元) Premium (10000 yuan)	保险金额 (亿元) Amount Insured (100 million yuan)	已决赔款 (万元) Claim and Payment (10000 yuan)
1995	187354	2678	104327
2000	565800	6625	165700
2001	764100	7376	268500
2002	1126300	12094	267900
2003	1671000	10804	283300
2004	2054031	14450	367911
2005	2173133	25152	404183
2006	2533740	30088	523107
2007	3322513	36473	1024014
2008	4805928	55400	1476827
2009	6010900	63244	1429800
2010	7464000	71933	1453800
2011	7328900	78738	1834700
2012	7661782	104297	2239037
2013	8375900	145226	3157534
2014	9319000	198078	3950000

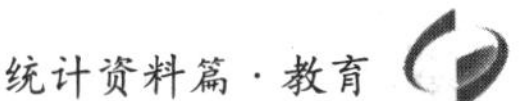

各级各类学校数

Number of Schools by Level and Type of School

单位：所 (unit)

年份 Year	普通高等学校 Regular Institutions of Higher Education	普通中学 Regular Secondary Schools	高中 Senior Secondary Schools	初中 Junior Secondary Schools	职业中学 Vocational Secondary Schools	普通小学 Primary Schools
1990	50	5403	181	4745	362	48568
1991	50	5321	199	4687	313	48414
1992	48	5314	206	4712	323	48189
1993	54	5260	212	4680	318	47975
1994	52	5294	257	4723	358	47623
1995	47	5256	250	4695	359	47133
1996	45	5175	273	4598	392	465.3
1997	46	5076	301	4465	436	46243
1998	46	4984	325	4338	474	45343
1999	48	4949	358	4272	494	39770
2000	47	4910	380	4194	463	36465
2001	63	5098	377	4024	362	31529
2002	75	5053	390	3908	369	28433
2003	83	5024	394	3863	361	25700
2004	87	4917	814	4103	313	22953
2005	86	4734	1136	4320	288	20883
2006	88	4464	801	3343	290	19162
2007	88	4164	761	3755	291	17340
2008	87	3885	713	3484	292	16205
2009	109	3548	661	3177	267	14447
2010	110	3264	615	2649	267	13563
2011	112	3132	598	2534	235	13274
2012	113	3000	565	2435	216	12898
2013	118	2944	563	2381	206	12538
2014	118	2958	567	2391	206	12529

注：1.2004年以前年份的职业中学包括职业高中与职业初中，2005年后为职业高中 <旧标准>。2.2007年职业中学包括职业高中和职业初中<新标准>。3.普通高等学校指的是普通本专科,即小口径。(以下各表同)

a) Vocational middle schools before 2004 covered vocational senior middle schools and vocational junior middle schools, and those after 2005 are vocational senior middle schools.(old standards). b) In Year-2007 Education Report, data of "vocational junior middle schools" covered vocational senior middle schools & vocational junior middle schools. (new standards). c) Ordinary institutions of higher learning refer to ordinary universities/colleges and junior colleges, namely small statistical caliber.(the below sheets are the same)

各级各类学校专任教师数
Number of Full-time Teachers by Level and Type of School

年份 Year	普通高等学校（人）Regular Institutions of Higher Education (person)	普通中学（万人）Regular Secondary Schools (10000 persons)	高中 Senior Secondary Schools	初中 Junior Secondary Schools	职业中学（人）Vocational Secondary Schools (person)	普通小学（万人）Primary Schools (10000 persons)
1990	13585	15.59	2.55	13.04	11312	26.99
1995	14808	17.95	2.59	15.37	16621	27.01
2000	19414	25.37	4.37	21.00	23782	32.95
2001	23707	26.92	4.82	22.10	21824	33.28
2002	28091	27.73	5.35	22.37	21110	33.22
2003	34542	28.59	6.13	22.46	19990	32.92
2004	39235	29.01	6.75	22.25	19782	32.48
2005	46538	29.00	7.34	21.66	19223	32.01
2006	47428	28.71	7.82	20.89	20788	31.53
2007	52809	28.26	8.12	20.14	21973	31.60
2008	55125	27.43	8.07	19.36	22064	31.67
2009	58394	26.79	8.18	18.62	22846	32.12
2010	60769	26.07	8.30	17.77	23750	31.90
2011	62715	25.59	8.34	17.25	25458	31.65
2012	65043	25.07	8.29	16.78	25448	31.70
2013	66825	26.23	10.15	16.07	24730	30.37
2014	68578	27.08	10.36	16.72	24765	31.63

各级各类学校毕业生数
Number of Graduates by Level and Type of School

年份 Year	普通高等学校（人）Regular Institutions of Higher Education (person)	普通中学（万人）Regular Secondary Schools (10000 persons)	高中 Senior Secondary Schools	初中 Junior Secondary Schools	职业中学（人）Vocational Secondary Schools (person)	普通小学（万人）Primary Schools (10000 persons)
1990	22762	65.70	10.54	55.16	39780	82.56
1995	36388	75.35	66.50	8.84	57460	119.22
2000	41255	131.42	18.16	113.42	151104	154.93
2001	15871	137.08	21.28	115.80	147822	153.78
2002	62910	147.54	23.48	124.06	123220	152.69
2003	107562	163.10	26.49	136.61	100617	145.92
2004	143148	173.06	31.87	141.19	100150	128.09
2005	183213	178.03	39.63	138.40	91352	117.46
2006	207566	178.09	45.06	133.03	114058	108.58
2007	228193	162.54	47.22	115.32	134110	93.54
2008	271335	153.50	48.23	105.27	156842	80.20
2009	272247	145.97	46.90	99.07	171653	73.39
2010	297100	130.35	42.66	87.69	161616	72.18
2011	311141	118.04	42.79	75.25	177719	73.28
2012	315800	112.68	42.37	70.31	161400	79.61
2013	334300	107.23	40.45	66.78	137800	84.01
2014	344518	96.45	36.2	60.25	113200	82.04

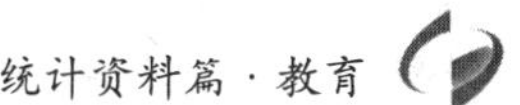

各级各类学校招生数

Number of New Students Enrollment by Level and Type of School

年份 Year	普通高等学校（人）Regular Institutions of Higher Education (person)	普通中学（万人）Regular Secondary Schools (10000 persons)	高中 Senior Secondary Schools	初中 Junior Secondary Schools	职业中学（人）Vocational Secondary Schools (person)	普通小学（万人）Primary Schools (10000 persons)
1990	23803	75.78	10.81	64.97	51512	125.33
1995	43027	120.64	14.66	105.98	95099	162.60
2000	106447	177.22	26.22	151.00	134336	107.05
2001	148260	181.02	31.20	149.82	137325	93.34
2002	170792	185.65	37.96	147.69	135341	78.96
2003	192135	187.90	44.93	142.97	144724	72.74
2004	238597	172.40	46.40	126.00	128854	71.50
2005	256873	164.67	49.47	115.20	181050	72.00
2006	297058	157.19	49.70	107.49	207170	80.07
2007	303294	138.61	93.37	45.25	202145	88.52
2008	339527	124.93	44.85	80.08	175406	91.44
2009	332278	118.08	44.72	73.36	201940	87.58
2010	346478	114.18	42.02	72.16	171300	95.60
2011	350466	112.50	39.78	72.72	180921	103.85
2012	342300	116.18	38.41	77.77	123200	106.29
2013	346900	115.92	37.56	78.36	88300	99.61
2014	342040	119.50	38.23	81.27	85800	98.98

注：1.2012年起普通高等学校不含研究生数。2.2011年起普通高等学校含成人专科招生数。
a) Data of new students enrollment of regular HEIS no include postgraduate students since 2012.
b) Data of new students enrollment of regular HEIS include Adult Students for Short-cycle Courses.

各级各类学校在校学生数

Number of Students Enrollment by Level and Type of School

年份 Year	普通高等学校（人）Regular Institutions of Higher Education (person)	普通中学（万人）Regular Secondary Schools (10000 persons)	高中 Senior Secondary Schools	初中 Junior Secondary Schools	职业中学（人）Vocational Secondary Schools (person)	普通小学（万人）Primary Schools (10000 persons)
1990	76018	207.61	31.24	176.37	126727	705.48
1995	126290	310.24	35.58	274.66	242698	851.31
2000	243847	481.75	70.04	411.71	416143	813.73
2001	350518	501.76	80.39	421.37	353652	747.65
2002	472966	528.05	94.80	433.25	342748	674.55
2003	553255	543.72	114.23	429.49	349822	606.58
2004	697440	532.92	129.39	403.53	337000	547.00
2005	789792	509.54	139.11	370.43	391232	500.36
2006	827127	480.63	143.81	336.83	471121	470.25
2007	902165	447.10	140.86	306.24	515629	465.44
2008	1000033	409.30	135.12	274.18	505295	475.66
2009	1030262	372.73	130.87	241.86	519262	488.65
2010	1105000	348.76	127.51	221.25	504000	511.59
2011	1153941	338.35	123.32	215.03	533603	541.09
2012	1168800	335.06	117.69	217.37	393300	562.22
2013	1174400	318.13	109.28	208.85	313500	546.21
2014	1164341	339.23	110.41	228.82	268000	564.29

高等教育学校(机构)数（2014年）

Number of School or Institution of Higher Education (2014)

单位：所 (unit)

项目	Item	总计 Total	中央部门 Central Ministries and Agencies	#教育部门 Other Ministries	地方部门 Local Depart-ments	#教育部门 Depart-ments of Education	民办 Private
研究生培养机构	**Institutions Providing Postgraduate Programs**	**25**	**6**		**18**	**18**	**1**
普通高校	Regular Institutions of Higher Education	23	4		18	18	1
科研机构	Research Institutions	2	2				
普通高校	**Regular Institutions of Higher Education**	**118**	**4**		**79**	**60**	**35**
本科院校	Universities with Full Undergraduate Courses	58	4		31	30	23
专科院校	Colleges with Specialized Courses	60			48	30	12
#高等职业学校	Vocational and Technical Colleges	52			42	26	10
成人高等学校	**Adult Institutions of Higher Education**	**7**	**1**		**6**	**3**	
民办的其他高等教育机构	**Other Private Institutions of Higher Education**	36					**36**

高等学校(机构)学生数（2014年）

Number of Students in Regular Institutions of Higher Education (2014)

单位：人 (person)

项目	Item	招生数 New Enrollment	在校学生数 Total Enrollment	毕(结)业生数 Graduates with Degrees or Diplomas	授予学位数 Degrees Conferred
研究生(人)	Postgraduates	13175	38450	12131	12060
博士	Doctor's Degree	571	2535	409	370
硕士	Master's Degree	12604	35915	11722	11690
普通本科、专科生	Regular Undergraduates and College Students	342040	1164341	344518	150645
本科	Enrolled in Full Undergraduate Courses	177102	665836	153111	150645
专科	Enrolled in Specialized Courses	164938	498505	191407	
成人本科、专科生	Adult Undergraduates and College Students	122852	335749	106020	8252
本科	Enrolled in Full Undergraduate Courses	69178	185316	52105	8252
专科	Enrolled in Specialized Courses	53674	150433	53915	
在职人员攻读硕士学位	Employees Enrolled in Graduate Programs Leading to Master Degrees	2890	10019		2375
自考助学班	Classes for Self-learning Programs		747	81	
研究生课程进修班	Postgraduate Courses for Advanced Study		508	1044	
普通预科生	College Preparatory Courses		880		
进修及培训	In-service Training Courses		81359	107314	
留学生	Overseas Students	863	2799	586	223

分学科研究生情况（2014年）

Number of Postgraduate Students by Field of Study (2014)

单位：人 (person)

项目	Item	毕业生数 Graduates	博士 Doctor's Degree	硕士 Master's Degree	招生数 New Enroll-ment	博士 Doctor's Degree	硕士 Master's Degree	在校学生数 Total Enrollment	博士 Doctor's Degree	硕士 Master's Degree
分学科研究生数（总计）	**Total**	**12131**	**409**	**11722**	**13175**	**571**	**12604**	**38450**	**2535**	**35915**
哲学	Philosophy	83	2	81	87	4	83	245	17	228
经济学	Economics	526	12	514	435	7	428	1348	33	1315
法学	Law	664	6	658	706	16	690	1994	62	1932
教育学	Education	713	4	709	653	7	646	1778	36	1742
文学	Literature	627	15	612	618	20	598	1721	77	1644
历史学	History	122	12	110	141	15	126	467	69	398
理学	Science	855	27	828	1020	58	962	2934	235	2699
工学	Engineering	4540	162	4378	5100	257	4843	15342	1163	14179
农学	Agriculture	478	26	452	549	31	518	1443	161	1282
医学	Medicine	1821	100	1721	1924	106	1818	5801	365	5436
军事学	Military	56		56	48		48	157		157
管理学	Management	1268	43	1225	1407	50	1357	3985	317	3668
艺术学	Art	378		378	487		487	1235		1235
分学科研究生数（普通高校）	**Regular Colleges**	**12098**	**409**	**11689**	**13142**	**571**	**12571**	**38343**	**2535**	**35808**
哲学	Philosophy	83	2	81	87	4	83	245	17	228
经济学	Economics	526	12	514	435	7	428	1348	33	1315
法学	Law	664	6	658	706	16	690	1994	62	1932
教育学	Education	713	4	709	653	7	646	1778	36	1742
文学	Literature	627	15	612	618	20	598	1721	77	1644
历史学	History	122	12	110	141	15	126	467	69	398
理学	Science	855	27	828	1020	58	962	2934	235	2699
工学	Engineering	4507	162	4345	5067	257	4810	15235	1163	14072
农学	Agriculture	478	26	452	549	31	518	1443	161	1282
医学	Medicine	1821	100	1721	1924	106	1818	5801	365	5436
军事学	Military	56		56	48		48	157		157
管理学	Management	1268	43	1225	1407	50	1357	3985	317	3668
艺术学	Art	378		378	487		487	1235		1235
分学科研究生数（科研机构）	**Research Institutions**	**33**		**33**	**33**		**33**	**107**		**107**
工学	Engineering	33		33	33		33	107		107

本、专科分学科学生数（2014年）
Number of Students in Undergraduate and Junior Colleges by Field of Study (2014)

单位：人 (person)

项目	Item	毕业生数 Graduates 普通高校 Regular Institutions	毕业生数 Graduates 成人高校 Adult Institutions	招生数 New Enrollment 普通高校 Regular Institutions	招生数 New Enrollment 成人高校 Adult Institutions	在校学生数 Total Enrollment 普通高校 Regular Institutions	在校学生数 Total Enrollment 成人高校 Adult Institutions
本　科	**Undergraduate**	**153111**		**177102**		**665836**	
#师范生	Teacher Training	18873		21824		77010	
按学科分	**by Field of Study**						
哲　学	Philosophy	33		39		135	
经济学	Economics	8579		8686		32638	
法　学	Law	5331		6010		21920	
教育学	Education	4749		7175		23873	
文　学	Literature	14250		14606		53911	
#外　语	Foreign Languages	7574		7535		28531	
历　史	History	710		898		2944	
理　学	Science	10638		11994		44495	
工　学	Engineering	54487		60518		232132	
农　学	Agriculture	2651		4015		13062	
医　学	Medicine	13140		15858		65814	
管理学	Management	28153		31476		121465	
艺　术	Art	10390		15827		53447	
专　科	**Junior Colleges**	**185368**	**6039**	**161098**	**3840**	**485092**	**13413**
#师范生	Teacher Training	10369		10660	69	30053	69
按学科分	**by Field of Study**						
农林牧渔类	Agriculture, Forestry, Animal Husbandry and Fishery	3463		1866		8087	
交通运输类	Transport	4572		7741		18877	
生化与药品类	Biochemical and Pharmaceutical	5009		3289		10499	2
资源开发与测绘类	Resource Development and Mapping	2142	918	1563	502	5645	1726
材料与能源类	Materials and Energy	2707		1827		5870	
土建类	Civil Engineering	23168	760	19762	875	61812	2253
水利类	Water Conservancy	305		182		785	
制造类	Manufacturing	20369	36	19295	5	55974	67
电子信息类	Electronic Information	18732	445	15362	158	46410	930
环保、气象与安全类	Environmental Protection, Meteorological and Safety	759	393	660	595	1637	1604
轻纺食品类	Textile and Food	1793	74	1047	52	3487	217
财经类	Financial	39667	1662	36561	682	109818	3141
医药卫生类	Leisure and Health	23690		21206		61740	
旅游类	Tourism	5210	276	3582	66	11602	355
公共事业类	Public Management and Services	1785	520	1082	470	3663	1473
文化教育类	Culture and Education	20009	309	17183	166	50348	430
艺术设计传媒类	Art Design Media	9735	394	7087	195	22365	840
公安类	Public Security						
法律类	Law	2253	252	1803	74	6473	375

普通中学学校数（2014年）
Number of Regular Secondary Schools (2014)

单位：所 (unit)

项　目	Item	高　中 Regular Senior Secondary Schools	完全中学 Combined Secondary Schools	高级中学 Regular High Schools	十二年一贯制学校 12-Year Schools	初　中 Regular Junior Secondary Schools	初级中学 Junior Secondary Schools	九年一贯制 From Grade 1 to 9
总计	**Total**	**567**	**187**	**352**	**28**	**2391**	**1944**	**447**
教育部门	Departments of Education	473	149	313	11	2174	1871	303
其他部门	Other Department					5	1	4
民办	Run by Private Institutions	94	38	39	17	212	72	140
城区	**Cities**	**251**	**113**	**124**	**14**	**392**	**301**	**91**
教育部门	Departments of Education	193	90	97	6	330	273	57
其他部门	Other Department					1		1
民办	Run by Private Institutions	58	23	27	8	61	28	33
镇区	**Counties and Towns**	**291**	**69**	**213**	**9**	**1143**	**938**	**205**
教育部门	Departments of Education	262	56	203	3	1025	900	125
其他部门	Other Department					4	1	3
民办	Run by Private Institutions	29	13	10	6	114	37	77
乡村	**Rural**	**25**	**5**	**15**	**5**	**856**	**705**	**151**
教育部门	Departments of Education	18	3	13	2	819	698	121
民办	Run by Private Institutions	7	2	2	3	37	7	30

普通中学学生数（2014年）
Number of Junior Secondary Students (2014)

单位：人 (person)

项　目	Item	总　计 Total	城　区 Cities	镇　区 Counties and Towns	乡　村 Rural
高　中	**Regular Senior Secondary School**				
毕业生数	Graduates	361988	152199	198705	11084
招生数	Entrants	382253	157448	209595	15210
在校学生数	Enrolment	1104076	463958	601201	38917
初　中	**Regular Junior School**				
毕业生数	Graduates	602528	186770	315471	100287
招生数	Entrants	812684	224302	438276	150106
在校学生数	Enrolment	2288195	657441	1229660	401094

普通小学情况
Statistics on Primary Schools

项　目	Item	学校数(所) Schools (unit)		毕业生数(人) Graduates (person)		招生数(人) New Enrollment (person)		在校学生数(人) Total Enrollment (person)	
		2013	2014	2013	2014	2013	2014	2013	2014
总计	**Total**	**12538**	**12529**	**840140**	**820402**	**996124**	**989758**	**5462135**	**5642864**
教育部门	Departments of Education	12147	12097	776441		949298		5089314	
其他部门	Other Department	1		492		535		2562	
地方企业	Local Enterprises	2	2	82		108		607	
民办	Run by Private Institutions	388	430	63125		46183		369652	
城区	**Cities**	**1344**	**1365**	**184450**	**186336**	**202587**	**212229**	**1145508**	**1203710**
教育部门	Departments of Education	1291	1307	165876		191127		1055553	
其他部门	Other Department	1		292		364		1813	
地方企业	Local Enterprises	2	2	82		108		607	
民办	Run by Private Institutions	50	56	18200		10988		87535	
镇区	**Counties and Towns**	**3411**	**3423**	**306988**	**317795**	**352856**	**353266**	**2025395**	**2111492**
教育部门	Departments of Education	3225	3211	273993		329934		1832863	
其他部门	Other Department			200		112		646	
地方企业	Local Enterprises								
民办	Run by Private Institutions	186	212	32795		22810		191886	
乡村	**Rural**	**7783**	**7741**	**348702**	**316271**	**440681**	**424263**	**2291232**	**2327662**
教育部门	Departments of Education	7631	7579	336572		428237		2200898	
其他部门	Other Department					59		103	
地方企业	Local Enterprises								
民办	Run by Private Institutions	152	162	12130		12385		90231	

每万人口在校学生数和中小学升学情况
Number of Students Per 10000 Population and Enrollment Rate of Secondary and Primary Schools

年 份 Year	各级学校学生占全省人口(%) Percentage of Student to Total Population (%)	平均每万人口中 Per 10000 Population			小学学龄儿童入学率(%) Enrollment Rate of School-age Children (%)	小学毕业生升学率(%) Primary School Graduates Entering into Junior Secondary Schools (%)	初中毕业生升学率(%) Junior Secondary Graduates Entering into Senior Secondary Schools (%)
		大学生(人) Undergraduates (person)	中学生(人) Middle School Student (person)	小学生(人) Primary School Students (person)			
1980	20.8	8	650	1421	97.0	82.3	41.3
1985	15.8	10	484	1084	97.7	70.1	33.1
1990	15.8	12	394	1171	99.0	79.9	35.3
1995	19.0	20	567	1333	99.2	90.2	47.3
1996	20.2	20	636	1367	99.7	93.5	21.4
1997	21.1	21	726	1386	99.8	98.8	49.0
1998	21.4	22	755	1368	99.8	98.1	47.1
1999	15.9	27	800	1316	99.9	98.0	42.3
2000	20.8	37	832	1225	99.9	98.7	43.3
2001	20.2	52	845	1118	99.5	98.8	43.4
2002	19.5	70	875	1002	99.5	96.7	39.5
2003	18.8	82	902	896	99.4	98.0	32.9
2004	17.9	102	886	803	99.8	98.4	32.9
2005	17.1	115	864	730	99.7	98.1	39.0
2006	16.4	119	837	682	99.4	99.0	37.4
2007	16.1	130	814	670	99.5	99.8	39.2
2008	15.7	143	749	681	99.7	99.8	42.6
2009	15.5	151	702	695	99.7	99.95	45.1
2010	15.1	154	641	712	99.8	99.98	85.6
2011	15.3	153	634	747	99.8	99.97	86.2
2012	15.4	160	608	771	99.8	97.69	99.3
2013	14.6	158	555	745	99.8	93.26	92.1
2014	14.9	158	563	764	99.7	99.06	92.5

注：1.大学生为普通高校在校学生数(普通本、专科)。 2.中学生包括中等专业学校、技工学校、普通中学和农、职中学。

a) College students are students in regular colleges and universities. b) Middle school students are not only students in regular middle schools, but also those in polytechnic schools, vestibule schools, agricultural schools and specialized middle school.

科技活动基本情况
Basic Statistics on Scientific and Technological Activities

指　　标	Item	2005	2010	2013	2014
研究与试验发展(R&D)投入情况	**Statistics on R&D Input**				
R&D人员全时当量(人年)	Full-time Equivalent of R&D Personnel (man-year)	41990.2	62302.3	89987.8	101434.0
# 基础研究	Basic Research	2281.2	3807.1	5283.7	5232.0
应用研究	Applied Research	8859.4	10576.6	12816.9	12340.0
试验发展	Experimental Development	30849.6	47918.5	71888.4	83863.0
R&D经费内部支出（万元）	Intramural Expenditure on R&D (10000 yuan)	593190.1	1554487.8	2825277.9	3142407.4
# 基础研究	Basic Research	23025.1	52824.2	80754.9	60687.1
应用研究	Applied Research	149354.2	230884.4	313965.5	285488.8
试验发展	Experimental Development	401311.1	1270778.2	2430557.6	2796231.6
# 政府资金	Government Funds		273893.4	389829.8	431500.7
企业资金	Self-raised Funds by Enterprises		1220159.6	2377339.1	2646500.2
R&D经费内部支出相当于GDP比例(%)	Proportion of Intramural Expenditure on R&D to GDP (%)	0.59	0.76	1.00	1.07
科技产出及成果情况	**Statistics on S&T Outputs and Results**				
专利申请数(件)	Number of Patents Application Accepted (piece)	1912	5112	11895	12865
#发明专利	Inventions	716	1774	4475	4888
专利授权数(件)	Number of Patents Application Granted (piece)		877	1698	1909
#发明专利	Inventions		292	615	673
发表科技论文(篇)	Scientific Papers Issued (piece)	32164	40425	44375	43005
出版科技著作(种)	Publication on Science and Technology (kind)	1041	917	1187	1204

科学研究与开发机构基本情况

Basic Statistics on Scientific Research and Development Institutions

指　标	Item	2005	2010	2013	2014
机构基本情况	**Basic Statistics on Institutions**				
机构数（个）	Number of R&D Institutions (unit)	78	75	76	77
# 中央属	Subordinated to Central Level	8	8	8	8
地方属	Subordinated to Local Level	70	67	68	69
研究与试验发展(R&D)投入情况	**Statistics on R&D Input**				
R&D人员(人)	R&D Personnel (person)		6551	8193	8783
R&D人员全时当量（人年）	Full-time Equivalent of R&D Personnel (man-year)	4592	6201	7516	8221
# 基础研究	Basic Research	189	669	1114	664
应用研究	Applied Research	3011	4072	4748	3011
试验发展	Experimental Development	1392	1460	1654	4546
R&D经费内部支出(万元)	Intramural Expenditure on R&D (10000 yuan)	127984	212542	259904	303852
# 基础研究	Basic Research	13728	24796	27489	9315
应用研究	Applied Research	100860	141414	180962	89326
试验发展	Experimental Development	13395	46331	51453	205211
# 政府资金	Government Appropriation Funds	120142	175190	232557	275385
企业资金	Self-raised Funds by Enterprises	6758	51	516	206
R&D项目(课题)情况	**Statistics on R&D Topics**				
R&D项目(课题)数(项)	Projects of R&D (item)		572	755	821
R&D项目(课题)人员全时当量(人年)	Participants (man-year)		5690	7146	7494
R&D项目(课题)经费内部支出(万元)	Intramural Expenditure (10000 yuan)		106116	174729	197504
科技产出及成果情况	**Statistics on S&T Outputs and Results**				
发表科技论文(篇)	Scientific Papers Issued (piece)	2114	1935	2164	2304
出版科技著作(种)	Publication on Science and Technology (kind)	54	35	122	104
专利申请受理数(件)	Number of Patents Applications Accepted (piece)	64	244	401	561
# 发明专利	Inventions	31	151	304	378
专利申请授权数(件)	Number of Patents Applications Granted (piece)		150	320	346
# 发明专利	Inventions		62	162	188

高等学校科技活动情况

Basic Statistics on Higher Education for Scientific and Technological Activities

指　标	Item	2005	2010	2013	2014
机构基本情况	**Basic Statistics on Institutions**				
机构数（个）	Number of R&D Institutions (unit)	78	162	186	202
# 中央属	Subordinated to Central Level		6	9	10
地方属	Subordinated to Local Level		156	177	192
研究与试验发展(R&D)投入情况	**Statistics on R&D Input**				
R&D人员(人)	R&D Personnel (person)		16842	21937	24079
R&D人员全时当量（人年）	Full-time Equivalent of R&D Personnel (man-year)	5541	7388	9109	9543
# 基础研究	Basic Research	1532	2981	3870	4379
应用研究	Applied Research	3369	4092	4994	4900
试验发展	Experimental Development	639	319	244	263
R&D经费内部支出(万元)	Intramural Expenditure on R&D (10000 yuan)	37303	74597	108750	123525
# 基础研究	Basic Research	7452	27030	48782	48268
应用研究	Applied Research	21063	41076	54747	71609
试验发展	Experimental Development	2802	6486	5221	3649
# 政府资金	Government Appropriation Funds		39915	64736	71784
企业资金	Self-raised Funds by Enterprises		29338	33617	40548
R&D项目(课题)情况	**Statistics on R&D Topics**				
R&D项目(课题)数(项)	Projects of R&D (item)		13301	17261	19237
R&D项目(课题)人员全时当量(人年)	Participants (man-year)		7385	9106	9902
R&D项目(课题)经费内部支出(万元)	Intramural Expenditure (10000 yuan)		54999	75127	85453
科技产出及成果情况	**Statistics on S&T Outputs and Results**				
发表科技论文(篇)	Scientific Papers Issued (piece)	25818	30426	33401	31620
出版科技著作(种)	Publication on Science and Technology (kind)	849	743	939	967
专利申请受理数(件)	Number of Patents Applications Accepted (piece)	268	937	2027	2072
# 发明专利	Inventions	151	430	1015	871
专利申请授权数(件)	Number of Patents Applications Granted (piece)		649	1328	1531
# 发明专利	Inventions		211	440	471

规模以上工业企业科技活动基本情况

Basic Statistics on Science and Technology Activities of Industrial Enterprises above Designated Size

指　　标	Item	2010	2011	2013	2014
企业基本情况	**Statistics on Industrial Enterprises**				
有R&D活动企业数(个)	Number of Enterprises Having R&D Activities (unit)	546	656	853	1086
有R&D活动企业所占比重(%)	Percentage of Enterprises Having R&D Activities to Total Number of Enterprises (%)	3.92	5.67	6.11	7.34
R&D活动情况	**Statistics on R&D Activities**				
R&D人员全时当量(人年)	Full-time Equivalent of R&D Personnel (man-year)	41632.2	51498.4	65048.5	75141.7
R&D经费内部支出(万元)	Intramural Expenditure on R&D (10000 yuan)	1149280.1	1586188.6	2327418.3	2606711.3
R&D经费内部支出与主营业务收入之比 (%)	Percentage of Intramural Expenditure on R&D to Sales Revenue (%)	0.36	0.39	0.50	0.55
R&D项目数 (项)	Projects of R&D (item)	4976	6055	7618	8714
R&D项目经费内部支出(万元)	Intramural Expenditure on R&D Projects (10000 yuan)	979938.9	1360220.8	2050210.4	2336008.0
企业办科技机构情况	**Statistics on Science and Technology Institutions**				
机构数(个)	Number of R&D Institutions (unit)	529	748	929	1094
机构人员数(人)	R&D Personnel (person)	43038	53095	72960	77351
机构经费支出(万元)	Expenditure on R&D (10000 yuan)	771782.8	858510.6	1301962.7	1489973.7
新产品开发及生产情况	**Statistics on New Products Development and Production**				
新产品开发项目数(个)	Number of New Products (unit)	4892	6292	7194	8024
新产品开发经费支出(万元)	Expenditure on New Products Development (10000 yuan)	1081733.6	1496754.8	2025040.9	2334622.4
新产品销售收入(万元)	Sales Revenue of New Products (10000 yuan)	13857107.8	18992289.0	29160256.2	33340326.4
#新产品出口	Export	1480374.9	2288188.1	2931864.6	3209061.2
专利情况	**Statistics on Patent**				
专利申请数(件)	Patent Applications (piece)	3581	5771	9171	9929
#发明专利	Inventions	1072	1756	3054	3519
有效发明专利数(件)	Number of Patents In Force (piece)	1545	2601	4049	4999
技术获取和技术改造情况	**Statistics on Technology Acquisition and Technology Reconstruction**				
引进境外技术经费支出(万元)	Expenditure for Acquisition of Foreign Technology (10000 yuan)	134132.2	81806.8	37942.3	42052.2
引进技术消化吸收经费支出(万元)	Expenditure for Assimilation of Technology (10000 yuan)	190810.8	23331.9	23244.1	31189.7
购买境内技术经费支出(万元)	Expenditure for Purchase of Foreign Technology (10000 yuan)	31476.4	146646.1	27413.2	32133.4
技术改造经费支出(万元)	Expenditure for Technical Renovation (10000 yuan)	1714642.3	1908089.1	1506604.5	1545645.4

按行业分规上工业企业研究与试验发展(R&D)活动情况（2014年）

Basic Statistics on R&D Activities of Industrial Enterprises above Designated Size by Industrial Sector (2014)

行业	Sector	R&D人员全时当量（人年）Full-time Equivalent of R&D Personnel (man-year)	R&D经费（万元）Expenditure on R&D (10000 yuan)	R&D项目数（项）R&D Projects (unit)
全省总计	**Total**	**75141.7**	**2606711.3**	**8714**
煤炭开采和洗选业	Mining and Washing of Coal	2574.1	127059.5	365
石油和天然气开采业	Extraction of Petroleum and Natural Gas	1163.4	37917.9	209
黑色金属矿采选业	Mining of Ferrous Metal Ores	156.5	1727.3	54
有色金属矿采选业	Mining of Non-ferrous Metal Ores	0.6	58.6	1
非金属矿采选业	Mining and Processing of Nonmetal Ores	166.4	1489.7	11
农副食品加工业	Processing of Food from Agricultural Products	865.5	32413.6	113
食品制造业	Manufacture of Foods	1475.5	31024.3	199
酒、饮料和精制茶制造业	Manufacture of Wine, Soft Drinks and Refined Tea	356.0	40470.4	91
烟草制品业	Manufacture of Tobacco			
纺织业	Manufacture of Textile	661.1	7771.9	67
纺织服装、服饰业	Manufacture of Textile, Apparel	755.9	10484.8	112
皮革、毛皮、羽毛及其制品和制鞋业	Manufacture of Leather, Fur, Feather and Its Products and Footware	177.3	3405.5	16
木材加工和木、竹、藤、棕、草制品业	Processing of Timbers, Manufacture of Wood, Bamboo, Rattan, Palm, and Straw Products	81.0	457.0	4
家具制造业	Manufacture of Furniture	21.3	391.5	1
造纸和纸制品业	Manufacture of Paper and Paper Products	414.2	9067.9	23
印刷和记录媒介复制业	Printing, Reproduction of Recording Media	388.4	7787.0	101
文教、工美、体育和娱乐用品制造业	Manufacture of Articles for Culture, Arts and Crafts, Education, Sport Activities and Entertainment Goods	39.0	2383.5	8
石油加工、炼焦和核燃料加工业	Processing of Petroleum, Coking, Processing of Nuclear Fuel	618.8	51152.2	59
化学原料和化学制品制造业	Manufacture of Chemical Raw Material and Chemical Products	6235.5	177339.9	581
医药制造业	Manufacture of Medicines	5777.6	182424.2	1326
化学纤维制造业	Manufacture of Chemical Fiber	482.8	4125.7	27
橡胶和塑料制品业	Manufacture of Rubber and Plastic	1049.5	33635.1	191
非金属矿物制品业	Manufacture of Nonmetallic Mineral Products	2828.5	77572.2	282
黑色金属冶炼和压延加工业	Manufacture and Processing of Ferrous Metals	9245.1	707933.8	954
有色金属冶炼和压延加工业	Manufacture & Processing of Non-ferrous Metals	553.0	23174.3	78
金属制品业	Manufacture of Metal Products	2326.6	56205.8	326
通用设备制造业	Manufacture of General Purpose Machinery	3520.5	82109.2	513
专用设备制造业	Manufacture of Special Purpose Machinery	6151.4	118469.5	775
汽车制造业	Manufacture of Automotive	13379.6	378246.0	709
铁路、船舶、航空航天和其他运输设备制造业	Manufacture of Railroad, Marine, Aerospace and Other Transportation Equipment	3055.8	94882.5	202
电气机械和器材制造业	Manufacture of Electrical Machinery and Equipment	6068.7	197830.3	593
计算机、通信和其他电子设备制造业	Manufacture of Computer, Communications and Other Electronic Equipment	2220.6	55186.3	350
仪器仪表制造业	Manufacture of Measuring Instrument	1091.4	18175.4	210
其他制造业	Manufacture of Others	44.4	616.4	12
金属制品、机械和设备修理业	Metal Products, Machinery and Equipment Repair	743.2	17650.7	71
电力、热力生产和供应业	Production and Supply of Electric Power and Heat Power	193.2	10076.0	51
燃气生产和供应业	Production and Distribution of Gas	241.3	5489.5	22
水的生产和供应业	Production and Distribution of Water	17.9	505.9	7

大中型工业企业科技活动基本情况
Basic Statistics on Science and Technology Activities of Large and Medium-sized Industrial Enterprises

指　标	Item	2010	2011	2013	2014
企业基本情况	**Statistics on Industrial Enterprises**				
有R&D活动企业数（个）	Number of Enterprises Having R&D Activities (unit)	290	361	421	459
有R&D活动企业所占比重(%)	Percentage of Enterprises Having R&D Activities to Total Number of Enterprises (%)	17.82	17.74	19.13	20.60
R&D活动情况	**Statistics on R&D Activities**				
R&D人员全时当量(人年)	Full-time Equivalent of R&D Personnel (man-year)	37814.5	46782.6	57729.1	64565.9
R&D经费内部支出(万元)	Intramural Expenditure on R&D (10000 yuan)	1078941.2	1481235.2	1848460.5	2339952.9
R&D经费内部支出与主营业务收入之比(%)	Percentage of Intramural Expenditure on R&D to Sales Revenue (%)	0.52	0.55	0.63	0.78
R&D项目数(项)	Projects of R&D (item)	4346	5177	6266	6760
R&D项目经费内部支出(万元)	Intramural Expenditure on R&D (10000 yuan)	926520.2	1278575.6	1880303.5	2101762.5
企业办R&D机构情况	**Statistics on R&D Institutions**				
机构数(个)	Number of R&D Institutions (unit)	365	466	541	530
机构人员数（人）	R&D Personnel (person)	39860	47033	64550	65442
机构经费支出(万元)	Expenditure on R&D (10000 yuan)	737155.5	792916.6	1196156.9	1339930.0
新产品开发及生产情况	**Statistics on New Products Development and Production**				
新产品开发项目数(个)	Number of New Products (unit)	4048	5323	5629	6071
新产品开发经费支出(万元)	Expenditure on New Products Development (10000 yuan)	983795.8	1375037.1	1804911.5	2067145.6
新产品销售收入(万元)	Sales Revenue of New Products (10000 yuan)	13062232.8	17847621.6	27737142.4	31333220.7
# 新产品出口	Export	1428054.4	2227807.0	2872748.7	3148680.7
专利情况	**Statistics on Patent**				
专利申请数(件)	Patent Applications (piece)	2827	4814	7576	7578
# 发明专利	Inventions	820	1373	2448	2611
有效发明专利数(件)	Number of Patents In Force (piece)	1218	1979	3176	3803
技术获取和技术改造情况	**Statistics on Technology Acquisition and Technology Reconstruction**				
引进境外技术经费支出(万元)	Expenditure for Acquisition of Foreign Technology (10000 yuan)	132991.6	80919.3	37413.8	41054.4
引进技术消化吸收经费支出(万元)	Expenditure for Assimilation of Technology (10000 yuan)	189600.8	22834.8	22211.4	28820.6
购买境内技术经费支出(万元)	Expenditure for Purchase of Foreign Technology (10000 yuan)	30970.8	146155.6	25805.0	29696.2
技术改造经费支出(万元)	Expenditure for Technical Renovation (10000 yuan)	1701417.4	1885425.0	1470789.2	1457320.5

注：2005年企业办R&D机构为企业科技机构。

a) R&D agency supported by enterprises for 2005, refers to those R&D agencies which are attached to enterprises.

国有地方企事业单位各部门专业技术人员
Number of Scientific and Technical Personnel in Local State-owned Enterprises and Institutions

单位：人 (person)

项　　目	Item	2005	2010	2013	2014
全省总计	**Total**	**1131635**	**1139161**	**1210337**	**1201648**
农、林、牧、渔业	Agriculture, Forestry, Animal Husbandry and Fishery	38189	33597	36890	36374
采矿业	Mining	22779	29550	32353	32078
制造业	Manufacturing	65311	44892	41642	39663
电力、煤气及水的生产和供应业	Production and Supply of Electricity, Gas and Water	9760	9745	10503	10183
建筑业	Construction	19534	21332	18846	17273
交通运输 、仓储和邮政业	Transport, Storage and Post	21305	26071	28429	30092
信息传输、计算机服务和软件业	Information Transmission, Computer Services and Software	737	1089	1010	930
批发和零售业	Wholesale and Retail Trades	13313	9488	8023	7773
住宿和餐饮业	Hotels and Catering Services	1029	1003	1252	960
金融业	Financial Intermediation	2536	2618	1689	1600
房地产业	Real Estate	4317	3387	4138	3978
租赁和商务服务业	Leasing and Business Services	952	1153	1041	1030
科学研究、技术服务和地质勘查业	Scientific Research, Technical Service and Geologic Environment Prospecting	14834	14870	17604	16362
水利、环境和公共设施管理业	Management of Water Conservancy, and Public Facilities	20153	27013	27487	26864
居民服务和其他服务业	Services to Households and Other Services	4630	4927	3783	3642
教　育	Education	700685	665785	711355	707960
卫生、社会保障和社会福利业	Health, Social Security and Social Welfare	138063	173742	201630	201590
文化、体育和娱乐业	Culture, Sports and Entertainment	31489	22319	26112	26161
公共管理和社会组织	Public Management and Social Organization	22019	46571	36550	37135

省内三种专利申请受理量及授权量

Three Kinds of Patent Applications Examined and Granted

单位：件 (unit)

项　　目	Item	2000	2005	2010	2013	2014
申请量合计	**Total Applications Examined**	**3848**	**6401**	**12300**	**27619**	**30000**
发　明	Inventions	601	1273	3269	7329	8332
实用新型	Utility Models	2429	3618	7095	15781	16693
外观设计	Designs	818	1510	1936	4509	4975
在三种专利申请量中	**In the Three Types of Patent Applications Examined**					
非职务	Non-official	3080	4705	5707	10733	10861
职　务	Official	768	1696	6593	16886	19139
大专院校	Universities and Colleges	27	218	810	2546	3140
科研单位	Research Institutions	45	103	394	661	696
工矿企业	Enterprises	682	1353	5296	13380	14966
机关团体	Government Agencies and Organizations	14	22	93	299	337
授权量合计	**Three Kinds of Patents Granted**	**2812**	**3585**	**10061**	**18186**	**20132**
发　明	Inventions	221	371	954	2008	2286
实用新型	Utility Models	1917	2246	6838	13038	14253
外观设计	Designs	674	968	2269	3140	3593
在三种专利授权量中	**In the Three Types of Patent Applications Certified**					
非职务	Non-official	2137	2650	4919	6082	6617
职　务	Official	675	935	5142	12104	13515
大专院校	Universities and Colleges	27	80	586	1279	1708
科研单位	Research Institutions	61	56	265	263	268
工矿企业	Enterprises	568	791	4231	10431	11382
机关团体	Government Agencies and Organizations	19	8	60	131	157

文化艺术事业机构发展情况

Basic Statistics of Institution in Culture and Arts

单位：个 (unit)

年 份 Year	艺术业 Arts	#艺术表演团体 Arts Performance Troupes	#剧场、影剧院 Cinemas, Theaters and Music Halls	图书馆 Public Libraries	群众艺术馆、文化馆 Mass Art Centers and Cultural Centers 省市级 Province and City Level	县市级 County Level	文化站 Cultural Stations	文物业 Cultural Relics	#博物馆 Museums
1985	305	181	115	104	20	172	3724	116	12
1990	286	143	101	121	18	170	3399	163	22
1995	237	138	99	134	12	169	3011	197	31
1996	259	138	101	143	12	169	1920	205	34
1997	270	138	111	143	12	169	2098	207	38
1998	244	138	106	146	12	168	2108	212	40
1999	263	140	103	145	12	168	2092	213	42
2000	256	138	96	145	12	166	2079	215	43
2001	241	134	97	146	12	166	2103	216	43
2002	236	135	100	145	12	165	2091	215	44
2003	231	133	98	147	12	165	2106	215	44
2004	217	127	90	149	12	162	1972	215	45
2005	221	126	93	153	13	162	1974	216	46
2006	228	135	91	156	13	162	2056	217	46
2007	269	170	91	160	13	164	2017	256	56
2008	336	228	91	163	13	164	2057	228	57
2009	355	246	75	164	13	164	2088	236	64
2010	403	284	77	165	13	164	2142	236	65
2011	426	312	81	166	14	163	2183	254	69
2012	588	448	96	172	13	168	2212	249	75
2013	569	492	69	173	13	169	2217	272	101
2014	535	458	76	172	13	171	2220	277	105

文化、文物事业机构、人员数（2014年）

Number of Institution and Personnel in Culture and Cultural Relics (2014)

机 构 类 别	Category of Institution	机构数(个) Number of Institutions (unit)	从业人数(人) Number of Employed Persons (person)
艺术业	Arts	535	14947
艺术表演团体	Arts Performance Troupes	458	13750
#话剧、儿童剧、滑稽剧团	Drama, Plays for Children and Comedy Troupes	26	564
歌舞团、轻音乐团	Song and Dance Troupe, Light Music Troupe	120	2232
文工团、文宣队、乌兰牧骑	Cultural and Performance Troupes and Ulanmuchi (Equestrian Art Troupes)		
戏曲剧团	Local Opera Troupes		
#京　剧	Beijing Opera Troupes	6	241
曲艺、杂技、木偶、皮影团	Recitation and Ballad Troupes, Acrobatics and Circus Troupes, Puppet Show Troupes and Shadow Play Troupes	51	3658
艺术表演场所	Arts Centers	77	1197
#剧场、影剧院	Cinemas, Theaters and Music Halls	76	1188
艺术创作机构	Art Creation Institutions		
图书馆	Public Libraries	172	1899
群众文化服务	Mass Culture		
群众艺术馆、文化馆	Mass Art Centers and Cultural Centers (Province and City Level)	2397	7115
群众艺术馆、 文化馆(县市级)	Mass Art Centers and Cultural Centers (County Level)	177	2388
文化站	Cultural Stations	2220	4727
#乡镇文化站	Township Cultural Stations	1981	4211
艺术教育业	Culture and Education		
文化市场经营机构	Business Units Dealing in Culture Market		
文艺科研	Art Research Institutions		
文物业	Cultural Relics	277	7557
文物保护管理机构	Agencies of Historical Relics Preservation	165	4052
文物科研机构	Scientific and Research Historical Relics Agencies	5	178
博物馆	Museums	105	3318
综合性博物馆	Comprehensive Museums	37	1080
历史类博物馆	History Museums	47	1777
艺术类博物馆	Arts Museums	8	196
文物商店	Cultural Relics Shops	2	9
其他文化及相关产业	Others Culture and Related Industry		

艺术表演团体演出情况（2014年）
Basic Statistics on Performance of Art Troupes (2014)

种类	Item	国内演出场次（万场）Number of Performances (10000 shows)	#到农村演出 Shows in Rural Areas	国内观众人数（万人次）Number of Spectators (10000 person-times)
全省总计	**Total**	**7.63**	**4.91**	**5369.72**
#话剧、儿童剧、滑稽剧团	Drama, Plays for Children and Comedy Troupes	0.34		142.10
歌舞团、轻音乐团	Song and Dance Troupe, Light Music Troupes	1.37		459.08
文工团、文宣队、乌兰牧骑	Cultural and Performance Troupes and Ulanmuchi (equestrian art troupes)			
京剧、昆曲类	Local Opera Troupes	0.08		81.82
#京剧	Beijing Opera Troupes	0.08		81.82
地方戏曲类	Local Operas	1.82		1712.84
曲艺类	Recitation and Ballad Troupes	2.51		860.84
杂技、魔术、马戏类	Acrobatics and Circus Troupes, Puppet Show Troupes, and Shadow Play Troupes			
综合性艺术表演团体	Comprehensive Art Performance Troupes	1.55		2086.19

群众艺术馆、文化馆(站)业务活动及经费收支（2014年）
Basic Statistics on Activities and Expenditures of Mass Art Centers and Cultural Centers (2014)

项目	Item	总计 Total	群众艺术馆、文化馆（省、地市级）Mass Art Centers and Cultural Centers (Province and City Level)	群众艺术馆、文化馆（县市级）Mass Art Centers and Cultural Centers (County Level)	文化站 Cultural Stations
机构数(个)	Number of Units (unit)	2397	13	167	1981
举办展览(个)	Number of Exhibitions (unit)	5231	116	889	637
组织文艺活动(次)	Art Performances and Story-telling Sessions (show)	38598	1146	9399	28053
举办训练班	Training Courses				
班次(次)	Number of Classes (show)	15068	1195	3945	9928
培训人次(万人次)	Number of Persons Completing Courses (1000 person-times)	102.565	7.098	21.654	73.813
负责指导单位(个)	Centers and Cultural Centers (unit)				
馆办文艺团体	Art Performance Troupes	243	28	215	117
群众业余演出团(队)	Part-time Art Groups	23316	187	3196	19933
总支出(万元)	Total Expenditures (10000 yuan)	379259	79422	139539	160298
各种设备、交通工具、图书购置费	Purchase of Instruments, Vehicles and Books	11042	2743	2005	6294

公共图书馆基本情况（2014年）
Basic Statistics on Public Libraries (2014)

项　目	Item	总计 Total	#市级图书馆 Public Libraries at City Level	#县(市)区级图书馆 Public Libraries at County Level
总藏量(万册、件)	Total Collections (10000 volumes)	2104.78	787.25	1071.19
书架单层总长度(万米)	Total Length of Bookshelves (10000 m)	47.85	14.68	26.06
图书流通情况	Circulation of Books			
总流通人次(万人次)	Total Number of Circulation (10000 person-times)	1210.50	496.87	493.63
有效借书证数(万个)	Number of Valid Library Cards (10000 units)	73.70	25.93	22.92
为读者服务举办各种活动	Service Activities Provided for Readers			
次　数(次)	Number of Activities (show)	2997	765	1940
参加人数(万人次)	Number of Readers Involved (10000 person-times)	108.77	14.92	54.96
总支出(万元)	Total Expenditures (10000 yuan)	24240.60	11539.30	8603.70
#新增藏量购置费	New Books Acquisition	3129.80	1663.80	810.10
本年新购藏量(万册)	Number of Books Purchased During the Year (10000 volumes)			
实际使用公用房屋建筑面积(万平方米)	Floor Space of Public Buildings in Use (10000 sq.m)	32.27	10.61	16.36
#书　库	Stack Rooms	9.58	3.17	5.29
阅览室座席(万个)	Seating Capacity of Reading Rooms (10000 seats)	3.21	0.58	2.32

广播电视基本情况
Basic Statistics on Broadcasting and Television Stations

项　目	Item	2012	2013	2014
广播	**Radio**			
广播节目综合人口覆盖(%)	Population Coverage Rate of Radio Programs (%)	99.33	99.34	99.34
电视	**Television**			
电视节目综合人口覆盖(%)	Population Coverage Rate of TV Programs (%)	99.26	99.27	99.27
有线广播电视用户数(万户)	Users of Cable Radios and TV (10000 households)	792.61	865.82	914.40
广播电视技术及其他	**TV Technology and Others**			
中、短波转播发射台(座)	Transmission and Relaying Stations of Medium and Short Wave Broadcast (unit)	15	31	31
调频转播发射台(座)	Relaying Stations of Frequency Modulation Broadcsting (unit)	160	159	159
电视转播发射台(座)	TV Transmission and Relaying Stations (unit)	253	253	253
微波实有站(座)	Microwave Stations (unit)	32	32	32

图书、报纸、杂志出版种类和数量（2014年）
Number of Books, Newspaper and Magazines Published (2014)

门　类	Category	本版图书种类（种）Number of Publications (items)	总印数（万册）Printed Copies (10000 copies)	总印张（千印张）Printed Sheets (1000 sheets)
图　书	**Books Published**	**7022**	**22234**	**1642130**
马克思主义、列宁主义、毛泽东思想	Marxism-Leninism, Mao Zedong Thought	4	1	137
哲学	Philosophy	11	37	4646
社会科学总论	General Social Sciences	35	7	1130
政治、法律	Politics and Law	34	9	1549
军事	Military Affairs	5	4	483
经济	Economics	83	28	2750
文化、科学、教育、体育	Culture, Science, Education and Sports	5240	20783	1517765
语言、文字	Languages	99	101	3726
文学	Literature	773	827	66611
艺术	Arts	274	192	9058
历史、地理	History and Geography	62	24	4042
自然科学类	General Natural Sciences	6	4	1314
数理科学、化学	Mathematics and Chemistry	17	21	2290
天文学、地理科学	Astronomy and Geology	7	3	259
生物科学	Biology			
医药、卫生	Medicine and Health Care	95	56	10614
农业科学	Agricultural Science	85	42	3987
工业技术	Industrial Technology	27	16	3014
交通运输	Transportation	4	2	196
航空、航天	Aeronautics and Aerospace			
环境科学	Environmental Science	11	1	264
综合性图书	General Books	134	74	7705
报　纸	**Newspapers Published**	**65**	**157641**	**4158395**
省级	Province	29	105430	2420647
地(市)级	Prefecture	35	51977	1735398
县级	County	1	235	2350
期　刊	**Magazines Published**	**220**	**4833.15**	**226515.58**
综合类	General Magazines	9	32.02	1789.90
哲学、社会科学类	Philosophy and Social Sciences	54	1862.41	90747.17
自然科学、技术类	Natural Sciences and Technology	109	819.38	55022.42
文化、教育类	Culture and Education	34	1860.00	60744.90
文学、艺术类	Literature and Arts	14	259.34	18211.19
画刊	Pictures	2	28.80	1485.36
少年儿童读物	Books for Children	3	852.39	14507.15

体委系统职工人数（2014年）

Number of Staff and Workers in Sports Commissions (2014)

单位：人 (person)

项目	Item	总计 Total	#各级体委机关 Sports Commissions at All Levels	#体育运动学校 Physical Education and Sports Schools	#业余体校 Spare-time Sports Schools	#优秀运动队 Excellent Sports Teams
全省总计	**Total**	**6021**	**1246**	**592**	**889**	**1387**
运动员	Athletes					930
专职教练员	Full-time Coaches			143	481	148
专职文化教师	Full-time Teachers			283	179	
科研人员	Scientific and Technical Personnel			3		50
公务员	Orderly		976			
医务人员	Medical Personnel			3	4	46
管理人员	Administrative Personnel			85	101	161
其他人员	Others		270	75	124	52

等级运动员、裁判员分项发展人数（2014年）

Number of Athletes and Referees in Grades by Type of Sports (2014)

单位：人 (person)

运动项目	Item	等级运动员 Number of Athletes in Grades	#女性 Female	#一级运动员 First Grades	#二级运动员 Second Grades	等级裁判员 Number of Referees in Grades	#女性 Female
全省总计	**Total**	**2460**	**925**	**592**	**1868**	**906**	**277**
#田径	Track and Field	669	198	29	640	435	142
游泳	Swimming	117	50	29	88	18	6
举重	Weight Lifting	15	3	6	9		
体操	Gymnastics	21	11	11	10		
射击	Fire	23	13	9	14	21	6
国际式摔跤	International -like Wrestling	78	18	30	48		
柔道	Judo	25	12	12	13	1	
篮球	Basketball	333	105	48	285	234	50
排球	Volleyball	173	80	60	113	14	5
乒乓球	Ping pong	95	46	58	37	39	19
羽毛球	Badminton	73	42	35	38	29	8
足球	Football	310	126	65	245	21	2
武术	Martial Arts	144	42	24	120	28	12

各类医疗卫生机构医疗服务及床位利用情况（2014年）

机构名称	Institutions	诊疗人次数(人次) Visits (person-time)	医师日均担负诊疗人次(人次) Daily Visits Each Doctor (person-time)
全省总计	**Total**	**377137709**	**6.2**
医　院	Hospitals	107599787	5.2
综合医院	General Hospitals	82155426	5.2
中医医院	Hospitals Specialized in Traditional Chinese Medicine	14846450	5.2
中西医结合医院	Hospital of Integrated Traditional Chinese with Western Medicine	2199927	4.5
民族医院	Nationalities Hospitals		
专科医院	Specialized Hospitals	8397984	4.6
护理院	Nursing Hospital		
基层医疗卫生机构	Basic Medical Institutions	259089156	8.2
社区卫生服务中心(站)	Community Health Service Centers	15880306	10.3
卫生院	Health Centers	42553651	7.1
# 街道卫生院	Urban Health Centers		
乡镇卫生院	Township Health Centers	42553651	7.1
村卫生室	Village Clinics	169549619	
门诊部	Outpatient Department	1400382	5.9
专业公共卫生机构	Specialized Public Health Institutions	10431793	6.4
专科疾病防治院(所、站)	Specialized Disease Prevention & Treatment Institution	172329	2.1
妇幼保健院(所、站)	Women and Children Care Agencies	10157479	6.6
其他机构	Other Institutions	16973	3.4
疗养院	Sanatoriums	16673	3.4
临床检验中心	Clinical Laboratory Center	300	

Number of Visits and Inpatients in Medical Institutions and Utilization of Beds (2014)

入院人数 (人) Inpatients (person)	出院人数 (人) Number of People Discharged from Hospital (person)	实际开放总床日数 (日) Days of Total Beds Actually Opened (day)	平均开放病床 (张) Average Beds Opened (bed)	病床周转次数 (次) Turnover of Beds (time)	病床工作日 (日) Working Days of Beds (day)	病床使用率 (%) Utilization Rate of Beds (%)	平均住院日 (日) Average Stay Days in Hospital (day)
9806432	**9730862**	**110269116**	**302107**	**32.2**	**289.6**	**79.34**	**8.6**
7669850	7607979	82093205	224913	33.8	316.3	86.67	9.0
6136561	6083294	61697339	169034	36.0	322.4	88.34	8.8
898081	895244	10495612	28755	31.1	287.9	78.86	8.9
182238	179229	1792687	4911	36.5	366.4	100.39	9.0
452970	450212	8107567	22213	20.3	295.7	81.00	13.2
1607542	1599142	23956816	65635	24.4	201.4	55.18	7.5
83159	83339	2577608	7062	11.8	189.0	51.77	8.3
1498739	1490159	21379208	58573	25.4	202.9	55.59	7.5
1498739	1490159	21379208	58573	25.4	202.9	55.59	7.5
25644	25644						
519936	514824	4141165	11346	45.4	271.1	74.27	5.8
14294	14259	297526	815	17.5	392.7	107.60	21.5
505642	500565	3843639	10531	47.5	261.7	71.69	5.3
9104	8917	77930	214	41.8	189.5	51.91	4.1
9104	8917	77930	214	41.8	189.5	51.91	4.1

卫生事业基本情况
Basic Statistics of Health Institutions

单位:个 (unit)

机构名称	Institutions	2013	2014
卫生机构数(个)	**Number of Health Institutions (unit)**	**78486**	**78906**
# 城镇	Urban Areas	5456	6525
农村	Rural Areas	73030	72381
医院	Hospitals	1268	1341
# 公立医院	Public hospital	766	745
民营医院	Private hospitals	502	596
# 综合医院	General Hospitals	826	894
中医医院	Hospitals Specialized in Traditional Chinese Medicine	211	210
专科医院	Specialized Hospitals	231	237
基层医疗卫生机构	Basic Medical Institutions	75178	75624
# 社区卫生服务中心(站)	Community Health Service Centers	1115	1169
街道卫生院	Urban Health Centers		
乡镇卫生院	Township Health Centers	1960	1960
村卫生室	Village Clinics	62311	61451
门诊部(所)	Outpatient Department	9792	11044
专业公共卫生机构	Specialized Public Health Institutions	1690	1667
# 疾病预防控制机构	Center for Disease Control and Prevention	194	193
专科疾病防治院(所/站)	Specialized Disease Prevention & Treatment Institution	9	7
妇幼保健院(所/站)	Women and Children Care Agencies	265	222
健康教育中心(所)	Health Education Center	3	3
卫生监督所(中心)	Health Inspection Institution	192	190
卫生人员(人)	**Number of Medical Personnel (person)**	**491963**	**513230**
卫生技术人员	Medical Technical Personnel	333105	351705
# 执业(助理)医师	Licensed (Assistant) Doctors	150197	157803
# 执业医师	Licensed Doctors	114594	121092
注册护士	Registered Nurse	111526	121845
药师(士)	Pharmacist	14415	14975
乡村医生和卫生员	Village Doctors and Assistants	83850	83659
其他技术人员	Other Technical Personnel	23397	23838
管理人员	Administrative Personnel	18370	19298
工勤技能人员	Logistics Technical Workers	33241	34730
卫生机构床位数(张)	**Beds in Health Care Institutions (bed)**	**303568**	**322909**
# 城镇	Urban Areas	115897	125325
农村	Rural Areas	187671	197584
医院	Hospitals	220473	236889
# 公立医院	Public hospital	191516	202761
民营医院	Private hospitals	28957	34128
基层医疗卫生机构	Basic Medical Institutions	70293	73108
# 社区卫生服务中心(站)	Community Health Service Centers	8821	9667
乡镇卫生院	Township Health Centers	60836	62930
专业公共卫生机构	Specialized Public Health Institutions	11797	11907
# 妇幼保健院(所/站)	Women and Children Care Agencies	10860	11015
专科疾病防治院(所/站)	Specialized Disease Prevention & Treatment Institution	837	837

社会福利事业、企业单位和工作人员数
Number of Social Welfare Institutions and Enterprises and Persons Engaged

项 目	Item	单位数(个) Number of Institutions (unit)			工作人员(人) Number of Personnel Engaged (person)		
		2010	2013	2014	2010	2013	2014
烈士纪念建筑物管理单位	Army Supply Transfer Stations	90	98	106	816	898	885
救助类单位	Salvation Institutions	29	84	84	402	565	545
#救助管理站	Collecting and Repatriating Units	27	82	83	364	533	532
流浪儿童保护中心	Centers for Rescuing Street Children	2	2	1	38	32	13
殡仪馆	Funeral Parlor	154	182	183	2782	3313	3274
殡葬管理服务单位	Funeral and Burial Management Service Units	16	15	13	318	267	168
社会福利企业单位	Social Welfare Enterprises	1071	754	541	55027	44096	34618

收养性社会福利单位基本情况（2014年）
Basic Statistics on Social Welfare Institutions (2014)

项 目	Item	院 数(个) Number of Homes (unit)	工作人员(人) Number of Staff and Workers (person)	床 位(张) Number of Beds (unit)	年末收养人数(人) Number of Persons Housed (year-end) (person)
全省收养性单位总计	**Total**	**1283**	**18885**	**192202**	**132690**
#荣誉军人康复医院	Convalescent Hospitals for Honorable Serviceman	1	212	200	116
复员军人疗养院	Sanatoriums for Ex-serviceman	8	832	1720	1377
光荣院	Homes for Disabled Veterans	142	1689	11595	5031
社会福利院	Social Welfare Homes	39	905	8194	3955
儿童福利院	Baby Welfare Homes	12	88	804	246
社会福利医院	Social Welfare Hospitals				
城市养老服务机构	Institutions for the Aged in Urban Areas	336	6222	57419	27420
农村养老服务机构	Institutions for the Aged in Rural Areas	623	7782	112894	60303

国内公证业务分类
Domestic Notary Documents by Type

项　　目	Item	办理公证(件) Number of Notarial Documents Issued (piece)		比重(%) Percentage (%)	
		2013	2014	2013	2014
总　计	**Total**	**247097**	**260896**	**100.00**	**100.00**
合同(协议)	Contracts (Agreement)	68311	66031	27.65	25.31
继承	Inheritance	31486	37635	12.74	14.43
单方法律行为	Unilateral Obligation	81900	88665	33.14	33.98
现场监督	Field Supervision	5742	6330	2.32	2.43
保全证据	Evidence Preservation	9394	11157	3.80	4.28
公司章程	Articles of Association	105	525	0.04	0.20
组织资格	Organize Qualification	250	56	0.10	0.02
财产权	Property Rights	487	207	0.20	0.08
身份	Identity	579	430	0.23	0.16
收养关系	Child Adoption	415	19	0.17	0.01
婚姻状况	Marital Status	417	551	0.17	0.21
亲属关系	Kinship Confirmation	3826	4702	1.55	1.80
有无违法犯罪记录	Any Illegal and Criminal Record	1673	952	0.68	0.36
其他有法律意义事实	Other Legal Facts	4381	3247	1.77	1.24
证书(执照)	Certificate (License)	914	680	0.37	0.26
签名(印鉴)	The ignature (The seal)	14467	16977	5.85	6.51
文本相符	Confirmation of Copies and Photo-offset Copies to Originals	5492	4769	2.22	1.83
赋予执行效力	Give Effectiveness	6889	8811	2.79	3.38
执行证书	Perform Certificate	164	288	0.07	0.11
抵押登记	Mortgage Registration	899	680	0.36	0.26
提存	Deposited	548	193	0.22	0.07
保管	Custody	89	1	0.04	…
其他	Others	8669	7990	3.51	3.06

涉外公证文书分类

Foreign-related Notary Documents by Type

项　　目	Item	办理公证(件) Number of Notarial Documents Issued (piece)		比重(%) Percentage (%)	
		2013	2014	2013	2014
合　计	**Total**	**83052**	**98699**	**100.00**	**100.00**
合同(协议)	Contracts (Agreement)	358	156	0.43	0.16
继承	Inheritance	135	142	0.16	0.14
委托	Proxy	1093	1624	1.32	1.65
声明	Declarations	1086	1408	1.31	1.43
其他单方法律行为	Unilateral Obligation	582	874	0.70	0.89
公司章程	Articles of Association	170	178	0.20	0.18
组织资格	Organize Qualification	128	26	0.15	0.03
收养关系	Child Adoption	21	46	0.03	0.05
婚姻状况	Marital Status	2905	3282	3.50	3.33
亲属关系	Kinship Confirmation	9702	11954	11.68	12.11
出生	Births	12295	15720	14.80	15.93
死亡	Deaths	128	225	0.15	0.23
生存、居住	Survival and Residence	630	411	0.76	0.42
学历(学位)	Schooling (Degree)	9074	10031	10.93	10.16
经历	Personal Histories	526	316	0.63	0.32
职务(职称)	Position (Professional Certificates)	691	261	0.83	0.26
身份	Identity	268	308	0.32	0.31
有无违法犯罪记录	Any Illegal and Criminal Record	10204	13965	12.29	14.15
其他有法律意义事实	Other Legal Facts	739	974	0.89	0.99
证书(执照)	Certificate (License)	5525	10001	6.65	10.13
签名(印鉴)	The ignature (The seal)	2573	2911	3.10	2.95
文本相符	Confirmation of Copies and Photo-offset Copies to Originals	11684	12023	14.07	12.18
其他	Others	12535	11863	15.09	12.02

享受救济、补助人员情况

Persons Relief Funds or Receiving Subsidies

项　　目	Item	2010	2012	2013	2014
城镇居民最低生活保障人数(人)	Number of Persons Receiving Minimum Living Allowance in Urban Areas (person)	883475	772703	727646	625264
城镇临时救济(户次)	Number of Persons Receiving Temporary Relief in Urban Areas ((household-time)	6949	13082	270024①	32654
农村居民最低生活保障人数(人)	Number of Persons Receiving Minimum Living Allowance in Rural Areas (person)	1912638	2079912	2218981	2098940
农村临时救济(户次)	Number of Persons Receiving Temporary Relief in Rural Areas ((household-time)	64053	35175	319443①	81050
农村传统救济人数(人)	Number of Persons Receiving Traditional Relief in Rural Areas (person)	9274	7148	5671	5181
农村集体五保供养户(户)	Number of Persons Reveiving Livelihood Guaranteed in Five Aspects in Rural Households (household)	95530	92090	88768	66791②
农村分散五保供养户(户)	Number of Persons Reveiving Livelihood Guaranteed in Five Aspects in Rural Households (household)	149382	139310	149602	164153

注：①计量单位为次。②计量单位为人。

a) ① unit of measurement: time. ② unit of measurement: person.

社会保险基本情况
Basic Statistics of Social Insurance

项目	Item	2010	2011	2012	2013	2014
基本养老保险	**Basic Pension Insurance**					
年末参保人数(万人)	Contributors at Year-end (10000 persons)	2092.34	3524.10	4460.19	4548.26	4666.34
职工	Number of Employees	728.94	774.50	813.33	859.00	908.31
#企业(含其他)	Enterprises (including others)	602.69	645.39	680.33	859.55	769.15
离退休人员	Number of Retirees	259.50	285.31	312.29	335.11	353.65
#企业(含其他)	Enterprises (including others)	219.71	244.34	268.79	289.36	305.15
城乡居民	Urban and Rural Residents (10000 persons)	1103.90	2464.29	3334.57	3354.15	3404.38
失业保险	**Unemployment Insurance**					
年末参保人数(万人)	Contributors at Year-end (10000 persons)	493.41	498.70	501.74	503.94	508.73
全年发放失业保险金人数(万人)	Beneficiaries of Unemployment Insurance Fund (10000 persons)	9.01	8.35	7.88	7.11	7.01
全年发放失业保险金(万元)	Unemployed Relief (10000 yuan)	235100	64124.37	69401.21	68083.00	7124.25
城镇基本医疗保险(万人)	**Basic Medical Care Insurance (10000 persons)**					
城镇职工	Contributors at Year-end	848.01	875.54	906.82	926.29	944.46
城镇居民	Urban Nonemployment	670.05	686.65	737.55	748.22	753.06
工伤保险(万人)	**Work Injury Insurance (10000 persons)**					
年末参保人数	Contributors at Year-end	594.44	640.39	694.81	737.04	778.67
年末享受工伤待遇的人数	Beneficiaries at Year-end	7.50	8.65	9.13	10.48	10.37
生育保险	**Maternity Insurance**					
年末参保人数(万人)	Contributors at Year-end (10000 persons)	561.50	593.1	634.78	667.58	684.02
社会保险基金收支及累计结余(亿元)	**Revenue, Expenses and Balance of Social Insurance Fund (10000 yuan)**					
基金收入	**Revenue**	**826.10**	**1017.78**	**1195.09**	**1347.88**	**1466.92**
基本养老保险	Basic Pension Insurance	618.50	770.03	884.94	990.99	1059.19
失业保险	Unemployment Insurance	27.62	32.70	41.08	46.62	51.48
城镇基本医疗保险	Basic Medical Care Insurance	159.18	188.08	234.95	270.74	309.30
工伤保险	Work Injury Insurance	16.09	21.12	24.74	28.19	33.42
生育保险	Maternity Insurance	4.71	5.85	9.38	11.34	13.53
基金支出	**Expenses**	**623.10**	**776.29**	**992.87**	**1167.27**	**1325.25**
基本养老保险	Basic Pension Insurance	466.29	593.40	772.95	893.66	1017.43
失业保险	Unemployment Insurance	23.51	16.78	15.70	19.41	20.6
城镇基本医疗保险	Basic Medical Care Insurance	117.49	143.39	175.09	216.22	244.45
工伤保险	Work Injury Insurance	13.28	19.25	23.52	30.34	32.29
生育保险	Maternity Insurance	2.53	3.47	5.61	7.65	10.48
累计结余	**Balance at Year-end**	**877.30**	**1101.73**	**1274.32**	**1455.70**	**1596.69**
基本养老保险	Basic Pension Insurance	607.10	766.69	849.03	946.35	988.11
失业保险	Unemployment Insurance	54.75	70.64	96.03	123.23	154.11
城镇基本医疗保险	Basic Medical Care Insurance	189.92	234.62	294.48	349.78	414.62
工伤保险	Work Injury Insurance	18.77	20.64	21.87	19.72	20.18
生育保险	Maternity Insurance	6.76	9.14	12.91	16.61	19.67

注：1.2010年城乡居民养老保险仅为农村养老保险。2.2012年8月起，新型农村社会养老保险和城镇居民社会养老保险制度全覆盖工作全面启动，合并为城乡居民社会养老保险。

a) Data of pension insurance for urban and rural residents only includes rural residents in 2010. b) Since August, 2012, system of new rural old-age insurance and urban basic pension insurance have started completely, and called basic pension insurance for urban and rural residents as total.

婚姻服务情况
Statistics on Marriages and Divorces

年 份 Year	结婚登记 (对) Total Number of Registered Marriages (couple)	内地居民登记结婚 Registered Marriages in the Mainland	初 婚 (人) First Marriages (person)	再 婚 (人) Re-marriages (person)	涉外登记结 婚 Registered Marriages with Foreigner	离 婚 (对) Divorces (couple)
1985	468351	468342	914957	21727	9	7604
1990	447334	447300	854367	40233	34	10010
1991	446848	446801	858537	35065	47	10037
1992	440035	439976	848865	31087	59	10349
1993	430412	430337	827386	33288	75	11353
1994	471868	471782	901803	41761	86	12167
1995	434418	434310	824330	44290	108	11163
1996	430740	430602	809736	51468	138	12445
1997	442655	442515	824323	60707	140	13681
1998	439580	439424	817935	60913	156	15344
1999	479783	479627	893670	65584	156	15608
2000	475291	475153	881891	68415	138	17084
2001	445606	445421	816272	74570	185	19321
2002	470692	470499	851947	89051	193	22924
2003	524260	524041	952850	95232	219	25785
2004	574838	574611	1041641	107581	227	43117
2005	537796	537521	947158	100884	275	50280
2006	554925	554615	1003450	105780	310	56926
2007	603901	603581	1093448	113714	320	60483
2008	663144	662756	1203102	122410	388	73066
2009	719961	719547	1300578	139344	414	86707
2010	750291	749885	1355779	144803	406	98792
2011	777160	776674	1370018	184302	486	109600
2012	745336	744884	1303042	187630	452	118613
2013	740757	740260	1266237	215277	497	133622
2014	661326	660732	1099881	222771	594	146877

残疾人事业基本情况

Basic Statistics on the Work for Persons with Disabilities

单位：人 (person)

项　目	Item	2010	2013	2014
康复	**Rehabilitation**			
视力残疾康复	Rehabilitation of Persons with Visual Disability			
白内障复明手术(例)	Sight-restoring Surgeries for Cataract Patients (case)	33266	30414	26136
#贫困白内障患者免费手术	Free Surgeries for Poor Cataract Patients	7141	3367	1014
低视力者配用助视器	Persons with Low-vision Fitted with Vision-aids	1160	6054	9336
盲人定向行走训练	Blind Persons Receiving Orientation Skill Training	360	6005	5992
听力语言残疾康复	Rehabilitation of Persons with Hearing and Speech Disability			
新收训聋儿	Deaf Children Newly Trained in the year	902	2077	2063
培训家长	Parents Trained	902	2452	2925
肢体残疾康复	Rehabilitation of Persons with Physical Disability			
肢体残疾儿童康复训练	Rehabilitation Training Institutions for Children with Mobility Impairment (Cerebral Palsy)	364	1351	1217
成人肢体残疾人社区、家庭康复训练	Persons with Mobility Impairment Receiving Rehabilitation Training in Communities and Families	1283	8887	8739
智力残疾康复	Rehabilitation of Persons with Intellectual Disability			
智残儿童康复训练	Children with Intellectual Disability Receiving Rehabilitation Training	1090	5678	5474
精神病防治康复	Prevention and Rehabilitation of Mental Illness (PRMI)			
监护精神病人	People with Mental Illness under Guardianship	127537	226557	216007
监护率(%)	Guardianship Rate (%)	87.17	87.25	86.92
显好率(%)	Significant Improvement Rate (%)	64.54	57.23	66.00
社会参与率(%)	Social Involvement Rate (%)	51.52	45.97	52.32
孤独症儿童机构训练	Children with Autism Trained in Institutions	37	409	495
残疾人辅助器具供应服务	Provision of Assistive Devices			
辅助器具供应(件)	Assistive Devices Provided (piece)	43052	28872	38115
普及型假肢装配(例)	Prosthesis Installed for the Disabled (case)	1678	896	1106
矫形器装配(例)	Orthotic Devices for the Disabled (case)	108	639	917
教育	**Education**			
未入学学龄残疾儿童少年	School-age Disabled Children Unable to Enter School	1978	1135	1065
特殊教育普通高中在校生	Students at Special Education Senior High Schools	472	461	434
残疾人中等职业教育在校生	Students at Secondary Vocational Schools for PWDs	285	91	118
高等院校录取残疾考生	Disable Students Admitted to Higher Education Institutions	402	308	406
就业	**Employment**			
城镇残疾人就业状况	Newly Employed PWDs in Urban Areas in the Year			
当年安排就业	Annual New Employee Population	14423	12078	11380
按比例就业	Employed by Quota Scheme	3479	3377	3222
集中就业	Employed in Collective Form	5143	4865	4816
公益性岗位就业	Employed in Public Service		303	269
个体及其他形式就业	Self-employed or Employed in Other Forms	5801	3533	2872
社会保障	**Social Security**			
城镇残疾职工参加社会保险	Urban Workers with Disabilities Covered by Social Insurance	89192	97965	324422
城乡残疾人纳入最低生活保障	PWDs Covered by the Basic Living Allowance System	343229	414889	412098
扶贫	**Poverty Alleviation**			
扶持贫困残疾人（人次）	Impoverished PWDs Assisted in Rural Areas (person-time)	119168	205642	215930
实用技术培训（人次）	Vocational Skills Training for PWDs (person-time)	51394	42465	49718
农村贫困残疾人危房改造(户)	Dilapidated House Renovation for Poor PWDs (household)	3071	3468	6343
受益残疾人	PWDs Benefited	4198	4389	8030
组织建设	**Organization Development**			
残疾人工作者数	Number of Workers with Disabilities	5601	5529	5575
残疾人人口库持证残疾人	PWDs with Disability Certificate in the PWD Database		1725283	1844385

各城市地区生产总值（2014年）
Gross Domestic Product (2014)

单位：亿元 (1000 million yuan)

城　市	City	地区生产总值 Gross Domestic Product	第一产业 Primary Industry	第二产业 Secondary Industry	第三产业 Tertiary Industry	地区生产总值增长率(%) Growth Rate of Gross Domestic Product (%)	人均地区生产总值(元) Per Capita Gross Domestic Product (yuan)
城市合计	**Total**	**10617.97**	**392.10**	**5095.91**	**5129.96**		
石家庄市	Shijiazhuang	2734.74	126.51	1086.20	1522.03	8.2	58850
承 德 市	Chengde	279.91	5.21	149.91	124.79	6.6	42871
张家口市	Zhangjiakou	450.18	11.70	223.43	215.05	5.3	40716
秦皇岛市	Qinhuangdao	731.43	13.38	245.19	472.86	4.1	67485
唐 山 市	Tangshan	3172.78	161.95	1837.64	1173.19	4.5	96631
廊 坊 市	Langfang	656.47	28.84	169.32	458.31	8.3	72619
保 定 市	Baoding	624.11	9.90	377.02	237.19	5.6	46686
沧 州 市	Cangzhou	641.21	5.90	320.67	314.64	8.7	101810
衡 水 市	Hengshui	259.89	14.13	154.10	91.66	7.8	45080
邢 台 市	Xingtai	273.53	5.37	121.06	147.09	-0.6	29667
邯 郸 市	Handan	793.73	9.21	411.37	373.15	4.9	45463

各城市就业人员（2014年底）
Employed Persons (End of 2014)

单位：万人 (10000 persons)

城　市	City	年末单位就业人员 Employed Persons (year-end)	第一产业 Primary Industry	第二产业 Secondary Industry	# 制造业 Manufacturing	第三产业 Tertiary Industry
城市合计	**Total**	**332.28**	**2.87**	**154.73**	**81.21**	**174.68**
石家庄市	Shijiazhuang	70.52	0.06	25.16	15.84	45.30
承 德 市	Chengde	14.07	0.00	5.10	2.69	8.96
张家口市	Zhangjiakou	17.25	0.01	6.19	3.68	11.05
秦皇岛市	Qinhuangdao	24.99	0.10	10.15	6.66	14.73
唐 山 市	Tangshan	64.97	2.09	34.91	17.55	27.96
廊 坊 市	Langfang	22.37	0.01	13.24	9.51	9.12
保 定 市	Baoding	34.98	0.00	19.70	11.35	15.28
沧 州 市	Cangzhou	18.28	0.55	7.37	3.46	10.36
衡 水 市	Hengshui	10.37	0.00	3.38	1.77	6.99
邢 台 市	Xingtai	17.41	0.01	8.23	2.60	9.17
邯 郸 市	Handan	37.07	0.02	21.30	6.09	15.75

各城市固定资产投资及内贸、外经主要指标（2014年）

Major Indicators of Investment in Fixed Assets and Domestic Trade, Foreign Economy Trade (2014)

城市	City	固定资产投资（亿元）Total Investment in Fixed Assets (100 million yuan)	商品房屋销售面积（万平方米）Floor Space of Commercialized Building Sold (10000 sq.m)	商品房屋销售额（亿元）Total Sale of Commercialized Building (100 million yuan)	社会消费品零售总额（亿元）Total Retail Sale of Consumer Goods (100 million yuan)	限额以上批发零售贸易企业（个）Number of Enterprises above Designated Size (unit)	当年实际利用外资金额（万美元）Amount of Foreign Capital Actually Utilized (USD 10000)
城市合计	**Total**	**9041.65**	**2684.31**	**1492.74**	**4654.66**	**1830**	**384966**
石家庄市	Shijiazhuang	2880.57	612.35	402.88	1364.73	331	78959
承德市	Chengde	270.30	108.53	51.80	127.89	69	602
张家口市	Zhangjiakou	332.45	242.29	111.79	261.09	100	12339
秦皇岛市	Qinhuangdao	459.10	163.75	101.72	394.17	221	64894
唐山市	Tangshan	2340.12	614.34	358.27	987.01	329	89279
廊坊市	Langfang	313.78	136.29	98.83	209.47	113	47914
保定市	Baoding	452.53	83.41	37.60	395.10	154	34646
沧州市	Cangzhou	655.79	258.14	117.00	161.97	176	16012
衡水市	Hengshui	219.72	149.55	58.38	164.60	64	719
邢台市	Xingtai	288.33	112.24	50.65	194.45	119	5211
邯郸市	Handan	828.96	203.42	103.82	394.18	154	34391

注：固定资产投资不包含农户投资。

a) Total investment in fixed assets excludes the investment made by agricultural households.

各城市财政、金融主要指标（2014年）

Major Indicators of Public Finance and Banking (2014)

单位：亿元 (100 million yuan)

城市	City	地方财政一般预算收入 General Budget of Financial Revenue	财政支出 Expenditure	#一般性公共服务支出 General Public Services	年末金融机构存款余额 Deposits of Financial Institutions at year-end	#城乡居民储蓄存款余额 Residents' Saving Deposits of Financial Institutions in Urban and Rural Areas	年末金融机构贷款余额 Loans of Financial Institutions at year-end
城市合计	**Total**	**1026.35**	**1403.06**	**135.23**	**21465.32**	**10137.34**	**13973.05**
石家庄市	Shijiazhuang	263.95	342.77	27.42	6316.33	2354.37	3852.48
承德市	Chengde	49.13	85.25	8.98	733.25	410.79	663.34
张家口市	Zhangjiakou	14.31	36.85	5.74	725.46	426.51	609.24
秦皇岛市	Qinhuangdao	88.69	135.93	14.39	1612.77	895.52	1257.58
唐山市	Tangshan	223.70	341.86	26.22	4347.11	2252.26	2560.45
廊坊市	Langfang	38.71	43.10	4.16	1532.18	610.07	822.17
保定市	Baoding	82.90	117.98	14.84	1658.63	837.66	873.98
沧州市	Cangzhou	85.60	131.08	10.45	946.54	477.64	730.43
衡水市	Hengshui	66.84	25.08	2.29	712.91	386.51	446.49
邢台市	Xingtai	27.15	21.02	3.04	950.45	513.21	717.94
邯郸市	Handan	85.36	122.14	17.70	1929.69	972.80	1438.95

各城市规模以上工业企业主要经济指标（2014年）
Major Indicators on Economic Benefit of Industrial Enterprises above Designated Size (2014)

单位：亿元 (100 million yuan)

城　市	City	工　业企业数(个) Number of Industrial Enterprises (unit)	从业人员年平均人数(万人) Annual Average Employment Personnel (10000 persons)	固定资产合计 Fixed Assets	主营业务收入 Revenue from Principal Business	本年应交增值税 Value-added Tax Payable	工业利润总额 Total Profits
城市合计	**Total**	**3408**	**143.63**	**7941.22**	**18584.95**	**442.22**	**800.41**
石家庄市	Shijiazhuang	994	32.47	1248.27	4022.46	104.17	323.99
承 德 市	Chengde	112	4.41	410.00	559.86	15.77	17.93
张家口市	Zhangjiakou	158	5.72	331.26	539.49	22.24	29.74
秦皇岛市	Qinhuangdao	259	5.21	353.07	987.08	21.84	29.11
唐 山 市	Tangshan	775	42.38	3071.24	6537.64	111.97	108.45
廊 坊 市	Langfang	221	9.73	266.24	731.96	22.71	47.70
保 定 市	Baoding	215	12.28	475.20	1443.55	43.11	91.42
沧 州 市	Cangzhou	194	5.50	477.19	1277.97	34.20	34.97
衡 水 市	Hengshui	170	4.16	164.65	533.51	13.60	44.24
邢 台 市	Xingtai	84	6.03	332.75	501.58	18.05	13.42
邯 郸 市	Handan	226	15.74	811.36	1449.85	34.55	59.46

各城市文化、卫生及社会保障情况（2014年）
Conditions of Culture, Public Health, Social Security (2014)

城　市	City	公共图书馆图书藏量(千册) Total Collections (1000 volumes)	医院(个) Hospitals (unit)	医院床位数(张) Number of Hospital Beds (bed)	医 生 数(人) Doctors (person)	注册护士数(人) Number of Registered Nurses (person)
城市合计	**Total**	**11840**	**526**	**111834**	**60548**	**64890**
石家庄市	Shijiazhuang	4603	93	26258	16163	16422
承 德 市	Chengde	442	15	4374	2304	2470
张家口市	Zhangjiakou	698	36	7296	3249	3420
秦皇岛市	Qinhuangdao	779	42	7142	4523	5092
唐 山 市	Tangshan	1390	103	19387	9391	11345
廊 坊 市	Langfang	1514	34	3977	2520	2299
保 定 市	Baoding	780	27	9605	5200	5823
沧 州 市	Cangzhou	580	16	7937	3987	4525
衡 水 市	Hengshui	470	28	4580	3029	2476
邢 台 市	Xingtai	356	52	8086	3886	4209
邯 郸 市	Handan	228	80	13192	6296	6809

各城市教育事业及专业技术人员主要指标（2014年）
Conditions of Education and Scientific and Technical Personnel (2014)

城市	City	学校数（个）Number of Schools (unit) 中等职业技术学校 Secondary Vocational Schools	普通中学 Regular Secondary Schools	小学 Primary Schools	专任教师数（人）Number of Full-time Teachers (person) 普通高等学校 Regular Institutions of Higher Education	中等职业技术学校 Secondary Vocational Schools	普通中学 Regular Secondary Schools	小学 Primary Schools
城市合计	**Total**	**358**	**642**	**1802**	**63518**	**22447**	**67667**	**60593**
石家庄市	Shijiazhuang	116	153	447	22446	6902	16554	15699
承德市	Chengde	16	23	57	2597	800	2621	2237
张家口市	Zhangjiakou	19	43	105	2750	1161	4844	3755
秦皇岛市	Qinhuangdao	30	51	96	7288	1989	4369	4799
唐山市	Tangshan	46	132	419	5282	5190	12498	12736
廊坊市	Langfang	9	27	142	4001	360	3152	3860
保定市	Baoding	26	43	116	10498	139	2263	3281
沧州市	Cangzhou	18	26	74	1965	941	2945	406
衡水市	Hengshui	16	24	56	731	1331	4553	2890
邢台市	Xingtai	21	42	126	2480	1493	4834	4141
邯郸市	Handan	41	78	164	3480	2141	9034	6789

城市	City	在校学生数（万人）Number of Higher Education (10000 persons) 普通高等学校 Regular Institutions of Higher Education	中等职业技术学校 Secondary Vocational Schools	普通中学 Regular Middle Schools	高中阶段 Senior	小学 Primary Schools	成人高等教育学校 Institutions of Higher Learning for Adults
城市合计	**Total**	**111.66**	**32.48**	**85.27**	**68.27**	**110.12**	**36.43**
石家庄市	Shijiazhuang	38.13	12.56	21.17	19.80	28.52	9.73
承德市	Chengde	4.06	1.60	3.23	3.16	3.91	2.14
张家口市	Zhangjiakou	4.64	2.25	5.86	3.87	6.59	2.08
秦皇岛市	Qinhuangdao	15.50	1.57	4.60	2.37	6.60	4.24
唐山市	Tangshan	11.06	4.56	13.69	9.24	19.82	3.23
廊坊市	Langfang	6.27	0.91	4.12	1.44	6.25	1.46
保定市	Baoding	16.12	0.20	3.36	8.23	7.06	9.26
沧州市	Cangzhou	2.81	2.04	4.69	3.26	5.02	1.10
衡水市	Hengshui	2.52	1.65	5.95	4.79	4.68	0.12
邢台市	Xingtai	4.67	1.47	7.45	4.57	8.00	0.75
邯郸市	Handan	5.88	3.67	11.15	7.54	13.67	2.33

各城市市政公用事业（2014年）
Basic Statistics on Urban Public Utilities (2014)

城市	City	年末实有城市道路面积（万平方米）Area of Paved Roads (year-end) (10000 sq.m)	排水管道长度（公里）Length of City Sewage Pipes (km)	供水综合生产能力（万立方米/日）Production Capacity of Tap Water Supply(10000 cu.m/day)	供水总量（万立方米）Annual Supply of Tap Water (10000 cu.m)	用水人口（万人）Number of Residents with Access to Tap Water (10000 persons)	煤气(人工、天然气)供气总量（万立方米）Volume of Gas Supply (10000 cu.m)	用煤气(人工、天然气)人口（万人）Population with Access to Gas (10000 persons)
城市合计	**Total**	**22120**	**11820**	**606.06**	**118085**	**1234.62**	**54863**	**155.02**
石家庄市	Shijiazhuang	5233	2046	117.53	26785	277.75	5522	3.97
承德市	Chengde	733	473	32.15	4978	55.36	4984	16.72
张家口市	Zhangjiakou	1367	667	75.30	8352	88.00	5584	47.56
秦皇岛市	Qinhuangdao	1955	1411	39.00	9622	97.66		
唐山市	Tangshan	3096	2350	130.00	28123	197.49	23494	3.00
廊坊市	Langfang	925	614	22.88	5001	53.20		
保定市	Baoding	2514	833	35.00	8796	121.30		
沧州市	Cangzhou	968	557	25.00	3953	56.30		
衡水市	Hengshui	742	398	8.26	2636	36.62		
邢台市	Xingtai	1461	804	22.44	5206	93.76	8233	2.60
邯郸市	Handan	3126	1669	98.50	14633	157.18	7047	81.17

城市	City	液化石油气供气总量（吨）Liquefied Petroleum Gas (ton)	用液化气人口(万人) Population with Access to Liquefied Petroleum Gas (10000 persons)	公共交通运营车(辆) Number of Public Vehicles under Operation (unit)	全年公共汽(电)车客运总量(万人次) Number of Passengers Carried of Bus (10000 person-times)	年末实有出租汽车（辆）Number of Taxi at Year-end (unit)	园林绿地面积(公顷) Area of Urban Gardens and Green Areas (hectare)	建成区绿化覆盖面积（公顷）Green Covered Areas (hectare)
城市合计	**Total**	**76328**	76328.01	**76328**	**76328**	**76328**	**76328**	**76328**
石家庄市	Shijiazhuang	34774	57.96	4764	67449	10513	11430	11629
承德市	Chengde	4811	36.18	872	15082	5983	4406	4820
张家口市	Zhangjiakou	3134	9.00	1423	19338	5604	3392	3731
秦皇岛市	Qinhuangdao	3845	15.00	965	13322	4326	5258	4783
唐山市	Tangshan	9869	8.00	2452	29479	6990	9624	10251
廊坊市	Langfang	2750	3.00	709	5921	8639	4411	2932
保定市	Baoding	2496	18.00	2340	19614	6685	5737	5912
沧州市	Cangzhou	3429	13.00	1522	11866	7677	2211	2526
衡水市	Hengshui	3000	21.00	1001	5104	2617	1797	1973
邢台市	Xingtai	7130	7.16	1891	15028	4449	4415	3845
邯郸市	Handan	1090	10.00	2815	25512	7245	8092	5768

各市国民经济主要指标（2014年）

Major Indicators of National Economy (2014)

市	City	地区生产总值（亿元）Gross Domestic Product (100 million yuan)	规模以上工业 Industrial Enterprises above Designated Size			
			能耗（万吨标准煤）Energy Consumption (10000 tons of SCE)	增加值（亿元）Value Added (100 million yuan)	利润总额（亿元）Total Profits (100 million yuan)	亏损额（亿元）Losses (100 million yuan)
全　省	**Total**	**29421.15**	**20343.23**	**11758.3**	**2610.9**	**395.1**
石家庄市(含辛集市)	Shijiazhuang (Including Xinji)	5170.27	2848.45	2071.7	750.8	32.4
石家庄市(不含辛集市)	Shijiazhuang (Exluding Xinji)	4794.33	2683.76	1851.3	664.8	32.2
#辛集市	Xinji	375.93	164.70	220.4	86.0	0.2
承 德 市	Chengde	1342.55	927.32	531.0	99.3	15.7
张家口市	Zhangjiakou	1348.97	1090.48	428.1	66.1	22.8
秦皇岛市	Qinhuangdao	1200.02	748.69	341.7	26.4	36.1
唐 山 市	Tangshan	6225.30	7225.84	3052.0	502.9	70.5
廊 坊 市	Langfang	2175.96	674.20	705.5	176.9	29.8
保 定 市(含定州市)	Baoding (Including Dingzhou)	3035.20	821.06	1069.2	228.6	117.5
保 定 市(不含定州市)	Baoding (Excluding Dingzhou)	2757.78	494.00	1007.2	207.8	116.8
#定州市	Dingzhou	277.42	327.06	62.0	20.7	0.7
沧 州 市	Cangzhou	3133.38	1111.95	1302.8	331.9	24.2
衡 水 市	Hengshui	1149.13	322.16	447.0	103.3	4.2
邢 台 市	Xingtai	1646.94	1187.79	610.2	131.5	13.1
邯 郸 市	Handan	3080.01	3385.28	1205.1	193.4	28.8

市	City	全社会投资总额（万元）Total Investment (10000 yuan)	新开工项目（个）Stated This Year (unit)	社会消费品零售总额（万元）Total Retail Sales of Consumer Goods (10000 yuan)	限额以上企业消费品零售额（万元）Retail Sales of Consumer Goods above Designated Enterprises (10000 yuan)	实际利用外资（万美元）Total Amount of Contracted Investment Actually Utilized (10000 USD)	外商直接投资（万美元）Foreign Direct Investent (10000 USD)
全　省	**Total**	**266719214**	**13050**	**118204578**	**31669729**	**700949**	**637196**
石家庄市(含辛集市)	Shijiazhuang (Including Xinji)	51095232	2886	24518107	7979627	102189	81666
石家庄市(不含辛集市)	Shijiazhuang (Exluding Xinji)	49160436	2632	22188331	7918338	102159	81636
#辛集市	Xinji	1934796	254	2329777	61290	30	30
承 德 市	Chengde	14271480	860	4468439	971862	14940	14375
张家口市	Zhangjiakou	14226140	931	5622033	1299681	32518	31798
秦皇岛市	Qinhuangdao	8086855	456	5775688	1577591	81211	60581
唐 山 市	Tangshan	42131748	1670	19571127	4776645	140687	136489
廊 坊 市	Langfang	18822195	768	7236964	1718968	71719	65817
保 定 市(含定州市)	Baoding (Including Dingzhou)	24721964	807	15017824	3949905	60585	57395
保 定 市(不含定州市)	Baoding (Excluding Dingzhou)	22512918	744	13716075	3731804	60015	56825
#定州市	Dingzhou	2209046	63	1301749	218102	570	570
沧 州 市	Cangzhou	27885762	1958	10078974	2577964	34241	32974
衡 水 市	Hengshui	9874366	349	5529936	1312201	21628	21506
邢 台 市	Xingtai	17086593	1111	7961821	1730379	48600	46547
邯 郸 市	Handan	31740918	1231	12423665	3774906	92540	88048

各市按主要行业分法人单位数(2014年)
Number of Legal Entities by Sector (2014)

单位：个 (unit)

市	City	合　计 Total	农、林、牧、渔业 Agriculture, Forestry, Animal Husbandry and Fishery	采 矿 业 Mining	制 造 业 Manufacturing	电力、燃气及水的生产和供应业 Production and Supply of Electricity, Gas and Water	建 筑 业 Construction	交通运输、仓储和邮政业 Transport, Storage and Post and Post
全　省	**Total**	**530949**	**44777**	**7081**	**110020**	**2140**	**17487**	**11511**
石家庄市	Shijiazhuang	94938	5834	520	16722	242	3989	2046
#辛集市	Xinji	4987	1177	1	1552	9	95	62
承 德 市	Chengde	28783	5028	1368	2154	167	1237	477
张家口市	Zhangjiakou	32910	4829	1002	3318	277	1298	707
秦皇岛市	Qinhuangdao	29937	2659	458	3925	84	1235	780
唐 山 市	Tangshan	53765	2524	1549	9266	225	1202	1758
廊 坊 市	Langfang	31862	1671	49	10374	128	1144	490
保 定 市	Baoding	70754	6303	601	16987	294	1969	1189
#定州市	Dingzhou	4121	206		853	16	164	65
沧 州 市	Cangzhou	46201	2636	87	16653	160	1109	1132
衡 水 市	Hengshui	34143	3280	12	11030	74	865	333
邢 台 市	Xingtai	42468	5263	548	10316	187	1047	739
邯 郸 市	Handan	65188	4750	887	9275	302	2392	1860

市	City	信息传输、计算机服务和软件业 Information Transmission, Computer Services and Software	批发和零售业 Wholesale and Retail Trades	住宿和餐饮业 Hotels and Catering Services	金融业 Financial Inter-mediation	房地产业 Real Estate	租赁和商务服务业 Leasing and Business Services	科学研究、技术服务和地质勘查业 Scientific Research, Technical Services, and Geological Prospecting
全　省	**Total**	**5233**	**131451**	**5101**	**4580**	**15593**	**29344**	**15365**
石家庄市	Shijiazhuang	2107	29617	734	1004	3238	7356	4030
#辛集市	Xinji	20	823	14	27	100	94	63
承 德 市	Chengde	134	6074	417	251	918	1689	827
张家口市	Zhangjiakou	149	7284	438	232	1174	1460	694
秦皇岛市	Qinhuangdao	540	8211	621	213	1002	2152	842
唐 山 市	Tangshan	343	14952	461	491	1453	2860	1604
廊 坊 市	Langfang	298	5208	300	349	1638	1968	736
保 定 市	Baoding	605	16280	700	498	1980	3748	1685
#定州市	Dingzhou	9	661	15	19	122	167	56
沧 州 市	Cangzhou	220	7420	247	323	865	2250	1071
衡 水 市	Hengshui	184	7083	186	219	736	1000	769
邢 台 市	Xingtai	191	7872	397	318	956	1172	1242
邯 郸 市	Handan	462	21450	600	682	1633	3689	1865

各市按主要行业分法人单位数(2014年)(续)
Number of Legal Entities by Sector (2014)

单位：个 (unit)

市	City	水利、环境和公共设施管理业 Management of Water Conservancy, Environment and Public Facilities	居民服务和其他服务业 Services to Households and Other Services	教育 Education	卫生、社会保障和社会福利业 Health, Social Securities and Social Welfare	文化、体育和娱乐业 Culture, Sports and Entertainment	公共管理和社会组织 Public Management and Social Organizations	国际组织 International Organizations
全　省	**Total**	**3707**	**7695**	**20277**	**9762**	**7901**	**81924**	
石家庄市	Shijiazhuang	619	988	3499	1591	1390	9412	
#辛集市	Xinji	15	29	226	38	86	556	
承 德 市	Chengde	329	439	770	857	647	5000	
张家口市	Zhangjiakou	361	378	983	585	657	7084	
秦皇岛市	Qinhuangdao	359	762	1038	480	521	4055	
唐 山 市	Tangshan	456	705	2436	2257	735	8488	
廊 坊 市	Langfang	195	434	1062	398	525	4895	
保 定 市	Baoding	359	1517	3669	1264	898	10208	
#定州市	Dingzhou	12	547	411	68	63	667	
沧 州 市	Cangzhou	180	340	1964	572	596	8376	
衡 水 市	Hengshui	108	194	783	407	380	6500	
邢 台 市	Xingtai	253	379	2033	631	652	8272	
邯 郸 市	Handan	488	1559	2040	720	900	9634	

各市按三次产业和机构类型分法人单位数(2014年)
Number of Legal Entities by Three Strata of Industry and Type of Institutions (2014)

单位：个 (unit)

市	City	法人单位数 Number of Legal Entities	按三次产业分 Grouped by Three Strata of Industry				按机构类型分 by Type of Institutions				
			第一产业 Primary Industry	第二产业 Secondary Industry	第三产业 Tertiary Industry	#工业 Industry	企业法人 Business Entity	事业法人 Institution Entity	机关法人 Government Entity	社会团体 Social Organization	其他 Others
全　省	**Total**	**530949**	**34108**	**135976**	**360865**	**119241**	**388802**	**35371**	**12529**	**8546**	**85701**
石家庄市	Shijiazhuang	94938	3783	21409	69746	17484	75718	5692	1630	1689	10209
#辛集市	Xinji	4987	901	1657	2429	1562	3742	362	71	60	752
承 德 市	Chengde	28783	4053	4896	19834	3689	18943	2332	932	747	5829
张家口市	Zhangjiakou	32910	4557	5828	22525	4597	22297	2631	1215	690	6077
秦皇岛市	Qinhuangdao	29937	2482	5580	21875	4467	22558	1786	558	626	4409
唐 山 市	Tangshan	53765	2157	12086	39522	11040	38190	3974	1162	919	9520
廊 坊 市	Langfang	31862	1252	11662	18948	10551	24422	1758	757	312	4613
保 定 市	Baoding	70754	5330	19778	45646	17882	52623	5294	1674	1042	10121
#定州市	Dingzhou	4121	169	1032	2920	869	2409	513	75	44	1080
沧 州 市	Cangzhou	46201	2133	17948	26120	16900	32971	3088	1077	521	8544
衡 水 市	Hengshui	34143	1331	11974	20838	11116	23881	1461	711	394	7696
邢 台 市	Xingtai	42468	3666	12060	26742	11051	27319	3238	1343	726	9842
邯 郸 市	Handan	65188	3364	12755	49069	10464	49880	4117	1470	880	8841

各市按控股情况分企业法人单位数(2014年)

Numbers of Corporate Enterprises by the Status of Holdings (2014)

单位：个 (unit)

市	City	企业单位数 Numbers of Enterprises	国有控股 State-holding	集体控股 Collective-holding	私人控股 Private-holding	港、澳、台商控股 Hong Kong, Macao and Taiwan-holding	外商控股 Foreign-holding	其他 Others
全省	**Total**	**388802**	**8721**	**9997**	**327962**	**603**	**959**	**40560**
石家庄市	Shijiazhuang	75718	1378	1543	65505	87	133	7072
#辛集市	Xinji	3742	17	55	3036	4	7	623
承德市	Chengde	18943	604	488	15088	22	16	2725
张家口市	Zhangjiakou	22297	758	1044	17435	25	43	2992
秦皇岛市	Qinhuangdao	22558	696	473	18084	55	109	3141
唐山市	Tangshan	38190	1288	1229	31308	76	133	4156
廊坊市	Langfang	24422	476	482	21080	98	228	2058
保定市	Baoding	52623	911	1402	42560	50	91	7609
#定州市	Dingzhou	2409	43	50	1922	2		392
沧州市	Cangzhou	32971	563	736	29537	61	96	1978
衡水市	Hengshui	23881	393	535	20330	21	33	2569
邢台市	Xingtai	27319	514	584	23787	30	34	2370
邯郸市	Handan	49880	1140	1481	43248	78	43	3890

各市按登记注册类型分企业法人单位数(2014年)

Number of Business Entities by Status of Registration (2014)

单位：个 (unit)

市	City	企业单位数 Number of Enterprises	内资企业 Domestic Funded Enterprises	国有企业 State-owned Enterprises	集体企业 Collective-owned Enterprises	股份合作企业 Cooperative Enterprises	联营 Ownership
全省	**Total**	**388802**	**386377**	**4814**	**6702**	**2148**	**438**
石家庄市	Shijiazhuang	75718	75362	757	992	363	75
#辛集市	Xinji	3742	3721	8	27	5	4
承德市	Chengde	18943	18890	374	312	88	20
张家口市	Zhangjiakou	22297	22193	432	743	189	37
秦皇岛市	Qinhuangdao	22558	22312	419	334	100	34
唐山市	Tangshan	38190	37868	640	940	201	37
廊坊市	Langfang	24422	24021	245	319	86	26
保定市	Baoding	52623	52306	455	814	496	58
#定州市	Dingzhou	2409	2395	16	32	37	
沧州市	Cangzhou	32971	32726	315	449	170	33
衡水市	Hengshui	23881	23771	235	346	58	19
邢台市	Xingtai	27319	27214	263	370	180	38
邯郸市	Handan	49880	49714	679	1083	217	61

各市按登记注册类型分企业法人单位数(2014年)（续）

Number of Business Entities by Status of Registration (2014)

单位：个 (unit)

市	City	有限责任公司 Limited Liability Corporations	股份有限公司 Share-holding Corporations Ltd.	私营 Private	其他 Others	港、澳、台商投资企业 Enterprises with Funds from Hong Kong, Macao and Taiwan	外商投资企业 Enterprises with Foreign Investment
全　省	**Total**	**87058**	**6412**	**241216**	**37589**	**850**	**1575**
石家庄市	Shijiazhuang	15620	1232	50968	5355	143	213
#辛集市	Xinji	95	12	2693	877	10	11
承 德 市	Chengde	3265	290	11823	2718	27	26
张家口市	Zhangjiakou	5106	465	11782	3439	36	68
秦皇岛市	Qinhuangdao	6220	352	13193	1660	64	182
唐 山 市	Tangshan	10807	492	22638	2113	123	199
廊 坊 市	Langfang	7023	318	14500	1504	113	288
保 定 市	Baoding	12740	1207	28510	8026	84	233
#定州市	Dingzhou	576	88	1374	272	5	9
沧 州 市	Cangzhou	3614	476	25138	2531	89	156
衡 水 市	Hengshui	4384	372	14951	3406	41	69
邢 台 市	Xingtai	3924	385	19160	2894	40	65
邯 郸 市	Handan	14355	823	28553	3943	90	76

各市地区生产总值

Gross Domestic Product

单位：亿元 (100 million yuan)

市	City	2005	2010	2011	2012	2013	2014
全　省	**Total**	**10012.11**	**20394.26**	**24515.76**	**26575.01**	**28442.95**	**29421.15**
石家庄市	Shijiazhuang	1670.80	3401.02	4082.68	4500.21	4913.66	5170.27
#辛集市	Xinji					363.54	375.93
承 德 市	Chengde	353.20	888.96	1104.20	1181.92	1272.09	1342.55
张家口市	Zhangjiakou	425.81	966.42	1118.61	1233.55	1309.02	1348.97
秦皇岛市	Qinhuangdao	453.18	930.50	1070.08	1139.37	1168.75	1200.02
唐 山 市	Tangshan	2007.31	4469.16	5442.45	5861.64	6121.21	6225.30
廊 坊 市	Langfang	609.57	1351.10	1611.42	1794.33	1993.95	2175.96
保 定 市	Baoding	1040.57	2050.30	2449.90	2720.90	2906.38	3035.20
#定州市	Dingzhou					255.78	277.42
沧 州 市	Cangzhou	1055.51	2203.12	2585.20	2812.42	3012.99	3133.38
衡 水 市	Hengshui	510.94	781.82	929.07	1011.03	1080.24	1149.13
邢 台 市	Xingtai	671.04	1212.09	1428.92	1532.06	1577.75	1646.94
邯 郸 市	Handan	1098.51	2361.56	2789.03	3024.2864	3061.50	3080.01

各市地区生产总值及指数（2014年）
Gross Domestic Product and Its Indices (2014)

市	City	地区生产总值（亿元）Gross Domestic Product (100 million yuan)	第一产业 Primary Industry	第二产业 Secondary Industry	第三产业 Tertiary Industry	#工业 Industry	#建筑业 Construction
全省	**Total**	**29421.15**	**3447.46**	**15012.85**	**10960.84**	**13330.66**	**1703.63**
石家庄市	Shijiazhuang	5170.27	487.51	2417.51	2265.25	2160.87	265.29
#辛集市	Xinji	375.93	47.79	232.47	95.66	221.81	10.66
承德市	Chengde	1342.55	225.74	671.04	445.77	589.07	82.15
张家口市	Zhangjiakou	1348.97	239.64	575.45	533.88	475.62	100.08
秦皇岛市	Qinhuangdao	1200.02	174.66	449.23	576.13	371.81	80.71
唐山市	Tangshan	6225.30	558.70	3595.24	2071.36	3338.81	257.29
廊坊市	Langfang	2175.96	205.54	1045.66	924.76	879.31	166.44
保定市	Baoding	3035.20	425.37	1563.15	1046.68	1285.89	277.27
#定州市	Dingzhou	277.42	76.73	131.08	69.62	93.92	37.16
沧州市	Cangzhou	3133.38	317.74	1628.29	1187.36	1468.74	161.40
衡水市	Hengshui	1149.13	166.54	549.93	432.67	492.33	57.60
邢台市	Xingtai	1646.94	273.38	780.05	593.51	701.47	78.61
邯郸市	Handan	3080.01	403.10	1543.46	1133.44	1375.39	169.28

市	City	地区生产总值指数（上年=100）Gross Domestic Product (preceding year=100)	第一产业 Primary Industry	第二产业 Secondary Industry	第三产业 Tertiary Industry	#工业 Industry	#建筑业 Construction
全省	**Total**	**106.5**	**103.7**	**105.0**	**109.7**	**105.0**	**105.3**
石家庄市	Shijiazhuang	107.9	102.6	107.1	109.9	107.4	104.5
#辛集市	Xinji	106.6	100.6	106.4	109.9	105.8	121.0
承德市	Chengde	107.8	104.6	107.6	109.6	107.5	108.7
张家口市	Zhangjiakou	105.2	104.6	105.9	104.7	105.3	109.4
秦皇岛市	Qinhuangdao	105.0	103.6	105.0	105.3	104.6	107.1
唐山市	Tangshan	105.1	103.6	104.8	105.8	104.6	107.7
廊坊市	Langfang	108.2	103.2	106.0	112.4	105.6	108.6
保定市	Baoding	107.1	104.0	107.1	108.4	106.7	109.4
#定州市	Dingzhou	108.5	103.9	110.9	108.0	110.9	110.9
沧州市	Cangzhou	108.0	103.5	108.8	107.8	108.9	108.3
衡水市	Hengshui	108.2	102.7	107.2	112.3	107.9	100.8
邢台市	Xingtai	106.0	105.7	104.8	108.2	104.5	108.2
邯郸市	Handan	106.5	103.7	105.2	109.6	105.0	106.9

各市支出法计算的地区生产总值（2014年）
Gross Domestic Product by Expenditure Approach (2014)

单位：亿元 (100 million yuan)

市	City	支出法地区生产总值 Gross Regional Product by Expenditure Approach	最终消费 Final Consumption Expenditures	居民消费 Household Consumption Expenditures	政府消费 Government Consumption Expenditures	资本形成总额 Gross Capital Formation	货物和服务净流出 Net Outflow of Goods and Services
全　省	**Total**	**29421.15**	**12538.97**	**8955.86**	**3583.11**	**17362.37**	**-480.19**
石家庄市	Shijiazhuang	4794.33	1985.68	1433.24	552.43	2799.16	9.50
承 德 市	Chengde	1342.55	557.28	402.85	154.44	989.78	-204.52
张家口市	Zhangjiakou	1348.97	583.85	427.68	156.18	753.91	11.21
秦皇岛市	Qinhuangdao	1200.02	485.02	372.38	112.65	692.93	22.07
唐 山 市	Tangshan	6225.30	1656.34	1341.01	315.34	3216.81	1352.14
廊 坊 市	Langfang	2175.96	929.14	748.85	180.29	1239.44	7.38
保 定 市	Baoding	2757.78	1320.32	1114.57	205.75	2331.70	-894.24
沧 州 市	Cangzhou	3133.38	1118.62	835.61	283.01	1751.56	263.20
衡 水 市	Hengshui	1149.13	544.91	455.49	89.42	571.33	32.89
邢 台 市	Xingtai	1646.94	703.59	599.91	103.68	909.28	34.07
邯 郸 市	Handan	3080.01	1165.44	936.40	229.04	1869.05	45.51

注：本表数据中石家庄市不含辛集市、保定市不含定州市。
a) Data in this table, Shijiazhuang excluding Xinji, Baoding excluding Dingzhou.

各市人口数及人口自然变动（2014年）
Total Population and Natural Changes of Population (2014)

市	City	总人口（万人） Total Population (10000 persons)	#男 Male	出生率（‰） Birth Rate (‰)	死亡率（‰） Death Rate (‰)	自然增长率（‰） Natural Growth Rate (‰)
全　省	**Total**	**7383.75**	3750.64	**13.18**	**6.23**	**6.95**
石家庄市	Shijiazhuang	1061.62	534.69	13.35	6.21	7.14
#辛集市	Xinji	62.90	31.75	11.86	6.31	5.55
承 德 市	Chengde	352.72	179.60	13.25	5.98	7.27
张家口市	Zhangjiakou	442.09	225.49	12.01	6.12	5.89
秦皇岛市	Qinhuangdao	306.45	155.45	11.26	6.28	4.98
唐 山 市	Tangshan	776.82	395.12	11.21	7.30	3.91
廊 坊 市	Langfang	452.18	231.11	12.00	5.68	6.32
保 定 市	Baoding	1149.01	582.02	13.89	5.85	8.04
#定州市	Dingzhou	119.51	60.09	14.99	6.51	8.48
沧 州 市	Cangzhou	737.50	380.22	13.70	5.91	7.79
衡 水 市	Hengshui	442.34	223.23	13.16	6.52	6.64
邢 台 市	Xingtai	725.63	369.52	14.42	6.47	7.95
邯 郸 市	Handan	937.39	474.19	14.10	6.32	7.78

注：全省男女人口按国家样本数据推算，各市男女人口按省样本数据推算。
a) The provincial number of male and female are estimated on the base of the sample data for the whole country. The number of male and female for the cities are estimated on the base of the sample data for Hebei Province.

各市城镇非私营单位就业人数（2014年底）

Number of Staff and Workers in Urban Non Private Units (End of 2014)

单位：万人 (10000 persons)

市	City	就业人数 Number of Staff and Workers	#国有经济 State-Owned	#城镇集体经济 Urban Collective-Owned	在岗职工人数 Number of Staff and Workers on-post	#国有经济 State-Owned	#城镇集体经济 Urban Collective-Owned
全　省	**Total**	**656.18**	**293.49**	**15.58**	**614.01**	**278.44**	**14.75**
石家庄市	Shijiazhuang	100.56	48.82	2.79	95.82	47.11	2.75
#辛集市	Xinji	4.17	1.75	0.06	4.13	1.74	0.06
承 德 市	Chengde	29.92	15.23	0.67	27.93	14.69	0.66
张家口市	Zhangjiakou	38.06	20.97	1.48	35.83	19.70	1.33
秦皇岛市	Qinhuangdao	33.87	15.98	0.38	32.26	15.45	0.34
唐 山 市	Tangshan	93.66	35.35	1.80	89.88	33.95	1.76
廊 坊 市	Langfang	45.23	17.11	0.81	44.33	16.76	0.79
保 定 市	Baoding	105.72	37.02	1.55	92.77	35.44	1.43
#定州市	Dingzhou	4.82	2.48	0.03	4.80	2.47	0.03
沧 州 市	Cangzhou	53.07	27.22	0.98	49.39	25.36	0.94
衡 水 市	Hengshui	29.53	15.63	1.37	28.47	15.18	1.34
邢 台 市	Xingtai	46.07	21.57	1.30	42.89	19.98	1.17
邯 郸 市	Handan	80.49	38.59	2.45	74.44	34.82	2.24

注：在岗职工人数含劳务派遣人员。
a) The staff and workers on-post include the labor dispatch personnel.

各市城镇非私营单位就业人员工资总额（2014年）

Total Wages Bill of Urban Units Employed Persons in Urban Non Private Units (2014)

单位：万元 (10000 yuan)

市	City	就业人员工资总额 Gross Payments to Employees in Urban Areas	在岗职工工资总额 Payments to Full-time Employees	#国有经济 By State-owned Econmy	#城镇集体经济 By Urban Collective-owned Economy	其他就业人员工资总额 Payments to Others Types of Employees
全　省	**Total**	**29654617**	**28456688**	**12360026**	**561022**	**1197929**
石家庄市	Shijiazhuang	4754759	4617708	2343558	104727	137051
#辛集市	Xinji	154604	153443	70433	3628	1161
承 德 市	Chengde	1309439	1262859	629902	27943	46580
张家口市	Zhangjiakou	1582153	1508467	779982	46567	73686
秦皇岛市	Qinhuangdao	1757494	1710814	764315	10784	46680
唐 山 市	Tangshan	4735460	4607182	1566966	54522	128278
廊 坊 市	Langfang	2479198	2428948	811463	31362	50250
保 定 市	Baoding	4400537	3993445	1402077	44644	407092
#定州市	Dingzhou	182954	182338	96283	647	616
沧 州 市	Cangzhou	2424548	2329276	1164689	43276	95272
衡 水 市	Hengshui	1169482	1141244	616726	61047	28238
邢 台 市	Xingtai	1812103	1743361	787442	52982	68742
邯 郸 市	Handan	3229444	3113384	1492906	83168	116060

各市城镇非私营单位在岗职工工资总额及平均工资（2014年）

Total Wages Bill and Average Wage of Staff and Workers on-post in Urban Non Private Units (2014)

市	City	在岗职工工资总额（万元）Total Wages (10000 yuan)	国有经济 State-Owned	城镇集体经济 Urban Collective-Owned	其他经济类型 Others	在岗职工平均工资（元）Average Wage of Staff and Workers on-post (yuan)	国有经济 State-Owned	城镇集体经济 Urban Collective-Owned	其他经济类型 Others
全　省	**Total**	**28456688**	**12360026**	**561022**	**15535640**	**46239**	**44485**	**37474**	**48157**
石家庄市	Shijiazhuang	4617708	2343558	104727	2169423	48273	49901	37908	47231
#辛集市	Xinji	153443	70433	3628	79382	37719	40106	57499	35299
承 德 市	Chengde	1262859	629902	27943	605014	44281	42991	41962	45831
张家口市	Zhangjiakou	1508467	779982	46567	681918	41469	39678	34929	44326
秦皇岛市	Qinhuangdao	1710814	764315	10784	935715	51593	48459	29091	54989
唐 山 市	Tangshan	4607182	1566966	54522	2985694	51052	46055	30124	54872
廊 坊 市	Langfang	2428948	811463	31362	1586123	55536	48455	39659	60542
保 定 市	Baoding	3993445	1402077	44644	2546724	43086	39611	31609	45577
#定州市	Dingzhou	182338	96283	647	85408	38447	39184	26309	37778
沧 州 市	Cangzhou	2329276	1164689	43276	1121311	47181	46067	46614	48419
衡 水 市	Hengshui	1141244	616726	61047	463471	41011	41503	44058	40014
邢 台 市	Xingtai	1743361	787442	52982	902937	41199	40170	46059	41876
邯 郸 市	Handan	3113384	1492906	83168	1537310	41219	42788	35223	40159

注：在岗职工工资总额和平均工资均含劳务派遣人员。

a) The total wages bill and average wage of staff and workers on-post include the labor dispatch personnel.

各市城镇私营单位就业人员平均工资

Average Wage of Employed Persons in Urban Private Enterprises

单位：元　　(yuan)

市	City	2008	2009	2010	2011	2012	2013	2014
全　省	**Total**	**13688**	**15111**	**17914**	**21729**	**25158**	**28135**	**31459**
石家庄市	Shijiazhuang	13060	14310	17790	22200	26187	28902	32705
#辛集市	Xinji						27187	31049
承 德 市	Chengde	13204	15181	17781	21189	24120	27962	30229
张家口市	Zhangjiakou	12243	14161	16891	21805	23325	25458	27723
秦皇岛市	Qinhuangdao	16346	18141	19997	22893	26583	29130	32090
唐 山 市	Tangshan	16588	18389	21077	24736	28751	31449	34475
廊 坊 市	Langfang	16133	16980	19884	22626	25523	29918	33855
保 定 市	Baoding	12516	13553	16461	20579	23913	27083	30726
#定州市	Dingzhou						24558	29391
沧 州 市	Cangzhou	12683	13802	17430	22422	25194	28442	31148
衡 水 市	Hengshui	11876	13384	16435	19928	22874	25882	28737
邢 台 市	Xingtai	11422	12521	15156	18782	22440	25358	29459
邯 郸 市	Handan	11603	12972	15513	18768	22099	25591	28249

注：1.本表数据为抽样调查。2.2013年、2014年石家庄市不含辛集市、保定市不含定州市。（下表同）

a) Data in this table come from data collected through the sample survey.

b) The data in 2013, Shijiazhuang excluding Xinji, Baoding excluding Dingzhou. Same as following tables.

各市城镇登记失业人员及失业率
Number of Unemployed and Unemployment Rate in Urban Area

市	City	年底登记失业人数(万人) Number of Unemployed End of the Year (10000 persons)					登记失业率(%) Registered Rate of Unemployment (%)				
		2010	2011	2012	2013	2014	2010	2011	2012	2013	2014
全　省	**Total**	**35.14**	**35.99**	**36.83**	**37.17**	**38.30**	**3.86**	**3.75**	**3.69**	**3.68**	**3.59**
石家庄市	Shijiazhuang	5.09	5.05	5.34	5.35	5.34	3.82	3.81	3.76	3.68	3.64
#辛集市	Xinji				0.16	0.17				2.77	3.08
承 德 市	Chengde	2.46	1.84	1.94	1.91	1.85	4.34	3.11	3.29	3.44	3.09
张家口市	Zhangjiakou	3.27	3.46	3.04	3.76	4.01	4.31	4.25	3.75	4.05	3.89
秦皇岛市	Qinhuangdao	1.89	2.02	2.22	2.30	2.32	3.76	3.70	3.71	3.49	3.37
唐 山 市	Tangshan	5.79	5.95	5.95	6.10	6.69	4.06	4.00	4.00	4.02	4.00
廊 坊 市	Langfang	1.19	1.19	1.19	1.25	1.03	2.00	2.00	2.00	2.08	1.90
保 定 市	Baoding	4.26	4.22	4.72	4.70	4.80	4.08	4.05	3.91	3.94	4.02
#定州市	Dingzhou				0.72	0.72				3.78	3.76
沧 州 市	Cangzhou	1.89	2.31	2.37	2.44	2.36	4.24	3.81	3.85	3.80	3.49
衡 水 市	Hengshui	2.13	2.55	2.58	2.27	2.46	3.50	3.49	3.41	3.44	3.68
邢 台 市	Xingtai	2.11	2.10	2.00	1.91	2.09	3.80	3.90	3.80	3.70	3.60
邯 郸 市	Handan	5.05	5.29	5.47	5.18	5.35	4.00	4.00	4.00	3.75	3.54

各市全社会固定资产投资（2014年）
Total Investment in Fixed Assets (2014)

单位：万元 (10000 yuan)

市	City	全社会投资总额 Total Investment	固定资产投资 Investment in Fixed Assets	建设项目 Construction Projects	房地产开发 Real Estate Development	农　户 Agricultural Households
全　省	**Total**	**266719214**	**261471985**	**220874791**	**40597194**	**5247229**
石家庄市	Shijiazhuang	51095232	50764384	40511098	10253286	330848
#辛集市	Xinji	1934796	1924776	1851784	72992	10020
承 德 市	Chengde	14271480	14027065	12636298	1390767	244415
张家口市	Zhangjiakou	14226140	14020061	12255728	1764333	206079
秦皇岛市	Qinhuangdao	8086855	7916533	5228554	2687979	170322
唐 山 市	Tangshan	42131748	41462408	35369426	6092982	669340
廊 坊 市	Langfang	18822195	18521630	13299134	5222496	300565
保 定 市	Baoding	24721964	23864816	19301722	4563094	857148
#定州市	Dingzhou	2209046	2144396	1537544	606852	64650
沧 州 市	Cangzhou	27885762	27289276	25270210	2019066	596486
衡 水 市	Hengshui	9874366	9451687	8137755	1313932	422679
邢 台 市	Xingtai	17086593	16470795	14952474	1518321	615798
邯 郸 市	Handan	31740918	30907369	27136431	3770938	833549

注：1.全省农村农户投资为抽样调查数，各市为全面调查数。2.全省总计中含不分地区数，不等于各市合计,下表同。

a) The provincial data of individual investment in fixed assets in the rural area are estimator on the base of sample surveys. owever, the corresponding data for the cities are results of overall statistical surveys. b)The data by city didn't contained of others so total isn't equal to the figure of whole province, same as following tables.

各市按构成和建设性质分的建设项目投资（2014年）

Investment in Capital Construction Projects by Use of Funds and Type of Construction (2014)

单位：万元 (10000 yuan)

市	City	投资总额 Total Invstment	按构成分 by Composition of Funds #建筑工程 Construction	#安装工程 Installation	#设备工器具购置 Purchase of Equipment and Instruments	按建设性质分 by Type of Construction #新建 New Construction	#扩建 Expansion	#改建和技术改造 Reconstruction
全省	**Total**	**220874791**	**120703021**	**19398424**	**56995260**	**118620429**	**43638977**	**46105041**
石家庄市	Shijiazhuang	40511098	16485649	2946564	12187743	20283803	7190062	9806724
#辛集市	Xinji	1851784	985702	222900	583094	581169	771873	320301
承德市	Chengde	12636298	8045862	1008642	2122268	6695432	2523099	2772844
张家口市	Zhangjiakou	12255728	6984075	930314	2652570	7918099	1762751	1925384
秦皇岛市	Qinhuangdao	5228554	3442567	516981	889372	2783121	972837	1126728
唐山市	Tangshan	35369426	20945278	3515776	9054845	19680131	6215463	8228026
廊坊市	Langfang	13299134	8066088	1214717	3123387	6517018	2283874	3451257
保定市	Baoding	19301722	11462291	1382587	4762276	12425766	3107666	1895618
#定州市	Dingzhou	1537544	962580	116654	177706	1285181	92482	108432
沧州市	Cangzhou	25270210	14955664	2069494	6925577	11962579	8363402	4430222
衡水市	Hengshui	8137755	3963176	824966	2877313	3351681	2036169	2144579
邢台市	Xingtai	14952474	7966696	1269904	3955006	7621836	2902916	3420856
邯郸市	Handan	27136431	15139153	2746634	6799514	14796622	4091218	6900703

各市建设项目施工、投产个数和新增固定资产（2014年）

Number of Capital Construction Projects under Construction and Put into Use and Newly Increased Fixed Assets (2014)

市	City	施工项目（个）Number of Projects under Construction (unit)	全部建成投产项目个数（个）Number of Projects Completed and Put into Use (unit)	项目建成投产率（%）Rate of Construction Projects Completed and Put into Use (%)	新增固定资产（万元）Newly Increased Fixed Assets (10000 yuan)	固定资产交付使用率（%）Rate of Projects of Fixed Assets Completed and Put into Use (%)
全省	**Total**	**19149**	**13830**	**72.2**	**173529582**	**78.6**
石家庄市	Shijiazhuang	3897	3085	79.2	30225149	74.6
#辛集市	Xinji	293	239	81.6	1456573	78.7
承德市	Chengde	1287	929	72.2	9366756	74.1
张家口市	Zhangjiakou	1325	922	69.6	8751117	71.4
秦皇岛市	Qinhuangdao	762	517	67.8	4019343	76.9
唐山市	Tangshan	2665	1915	71.9	27417858	77.5
廊坊市	Langfang	1094	763	69.7	11368461	85.5
保定市	Baoding	1295	861	66.6	15666766	81.2
#定州市	Dingzhou	115	76	66.1	797350	51.9
沧州市	Cangzhou	2521	1936	76.8	21825505	86.4
衡水市	Hengshui	581	378	65.1	5959311	73.2
邢台市	Xingtai	1731	1123	64.9	12478049	83.5
邯郸市	Handan	1958	1396	71.3	21944050	80.9

各市建设项目施工、竣工房屋建筑面积及价值（2014年）
Floor Space of Buildings under Construction, Completed and Value in Capital Construction Projects (2014)

市	City	施工面积（万平方米）Floor Space under Construction (10000 sq.m)	#住宅 Residential Building	竣工面积（万平方米）Floor Space Completed (10000 sq.m)	#住宅 Residential Building	竣工房屋价值（万元）Value of Building Completed (10000 yuan)	#住宅 Residential Building
全　省	**Total**	**29569.35**	**2097.51**	**7970.15**	**775.49**	**15816436**	**1568847**
石家庄市	Shijiazhuang	4375.28	401.76	1479.14	150.51	1945627	367116
#辛集市	Xinji	166.24	7.31	63.63	0.07	153724	12
承 德 市	Chengde	792.74	40.78	153.41	10.76	255271	20269
张家口市	Zhangjiakou	769.51	57.31	147.26	18.55	244870	48251
秦皇岛市	Qinhuangdao	532.82	19.47	84.73	4.53	272080	12413
唐 山 市	Tangshan	2386.34	302.19	401.89	53.21	759620	160071
廊 坊 市	Langfang	1480.07	69.69	361.95	20.19	751811	66159
保 定 市	Baoding	4929.29	200.34	1673.99	121.21	3832239	351493
#定州市	Dingzhou	120.40	19.81	28.18	5.68	83965	6160
沧 州 市	Cangzhou	3526.12	130.57	1880.48	94.03	4315836	179891
衡 水 市	Hengshui	4694.22	44.23	257.16	16.62	621378	20171
邢 台 市	Xingtai	1940.34	175.52	363.11	36.57	895689	103815
邯 郸 市	Handan	4130.30	655.66	1166.41	249.30	1921106	239198

各市能源工业投资（2014年）
Investment in Energy Industry (2014)

单位：万元　　　　(10000 yuan)

市	City	合计 Total	煤炭开采和洗选业 Mining and Washing of Coal	石油和天然气开采业 Extraction of Petroleum and Natural Gas	石油加工、炼焦及核燃料加工业 Processing of Petroleum, Coking,	电力、燃气生产和供应业 Production and Supply of Electricity, Gas and Water
全　省	**Total**	**12956390**	**1271253**	**406972**	**2501334**	**8776831**
石家庄市	Shijiazhuang	1363699	265519		414048	684132
#辛集市	Xinji	43110			38700	4410
承 德 市	Chengde	745321	20791			724530
张家口市	Zhangjiakou	1990681	166874	8683	57423	1757701
秦皇岛市	Qinhuangdao	149703			18734	130969
唐 山 市	Tangshan	2495647	212194	398289	742401	1142763
廊 坊 市	Langfang	423431			64043	359388
保 定 市	Baoding	441118	7089		28513	405516
#定州市	Dingzhou	97950				97950
沧 州 市	Cangzhou	1253404			773136	480268
衡 水 市	Hengshui	41395			4000	37395
邢 台 市	Xingtai	539108	76331		214160	248617
邯 郸 市	Handan	1340134	522455		184876	632803

各市建设项目资金来源（2014年）
Source of Funds of Investment in Capital Construction Projects (2014)

单位：万元 (10000 yuan)

市	City	本年 资金来源 Total Funds This Year	国家预算内资金 State Budget	国内贷款 Domestic Loans	债券 Bond	利用外资 Foreign Investment	自筹资金 Self-raising Funds	其他资金 Others
全　省	**Total**	**213582745**	**6847366**	**15687213**	**111877**	**785275**	**184282657**	**5868357**
石家庄市	Shijiazhuang	39937095	2137183	3073398		73125	33424552	1228837
#辛集市	Xinji	1851803	500	54591			1796712	
承德市	Chengde	11874986	1318668	834065	101298	8250	9168763	443942
张家口市	Zhangjiakou	11835011	361828	1613345	100	47630	9390155	421953
秦皇岛市	Qinhuangdao	5193072	435276	137676	3000	156309	4310066	150745
唐山市	Tangshan	31966602	424134	2056266	500	47382	28897416	540904
廊坊市	Langfang	13278775	150168	161956	80	79504	12847373	39694
保定市	Baoding	18878918	253836	468520		7265	17792821	356476
#定州市	Dingzhou	1540484	31196	84372		1500	1392579	30837
沧州市	Cangzhou	24638131	708292	1412665	500	67330	21874177	575167
衡水市	Hengshui	8089210	119301	650490	3899	13070	7106924	195526
邢台市	Xingtai	14985258	181147	583190		20600	13761348	438973
邯郸市	Handan	26805819	735973	846174	2500	264810	23767825	1188537

各市亿元及以上固定资产投资项目投资情况(2014年)
Investment of Projects above 100 Million yuan (2014)

单位：亿元 (100 million yuan)

市	City	施工项目（个） Number of Projects under Construction (unit)	#新开工 Started in This Year	在建规模 Total investment Planed	#新开工 Started in This Year	本年完成投资 Real investment completed in this year
全　省	**Total**	**6349**	**3178**	**47109.55**	**16390.96**	**16241.50**
石家庄市	Shijiazhuang	911	440	7875.16	2186.20	2622.99
#辛集市	Xinji	23	13	241.77	64.72	56.87
承德市	Chengde	434	221	2509.80	744.07	905.72
张家口市	Zhangjiakou	332	167	2777.17	1157.93	864.47
秦皇岛市	Qinhuangdao	222	96	1204.87	382.84	361.12
唐山市	Tangshan	1032	531	8237.26	2769.90	2855.58
廊坊市	Langfang	449	235	3140.57	1027.11	942.44
保定市	Baoding	615	296	4686.68	1790.43	1672.96
#定州市	Dingzhou	60	27	390.99	141.26	139.13
沧州市	Cangzhou	567	312	3518.20	1459.14	1442.02
衡水市	Hengshui	324	147	2484.99	1016.88	712.55
邢台市	Xingtai	609	290	3152.61	1071.14	1025.94
邯郸市	Handan	822	420	5701.92	2291.59	2158.32

各市分行业建设项目投资（2014年）

Investment in Capital Construction Projects by Sector (2014)

单位：万元 (10000 yuan)

市	City	投资总额 Total	农林牧渔业 Agriculture, Forestry, Animal Husbandry and Fishery	采矿业 Mining	制造业 Manufacturing	电力、热力、燃气及水生产和供应业 Production and Supply of Electricity, Thermal, Gas & Water	建筑业 Construction	批发和零售业 Wholesale and Retail Trades
全　省	**Total**	**220874791**	**11209457**	**6598438**	**114201621**	**10302531**	**54476**	**8758853**
石家庄市	Shijiazhuang	40511098	1356380	609030	19763661	791261		1723297
#辛集市	Xinji	1851784	33674	9600	1290206	69344		55764
承德市	Chengde	12636298	940704	1972611	3224417	809558		645820
张家口市	Zhangjiakou	12255728	1489170	739849	3052293	1873226		337357
秦皇岛市	Qinhuangdao	5228554	377738	251514	2094333	154612		106904
唐山市	Tangshan	35369426	1916486	1737273	16343290	1547043	16575	1556021
廊坊市	Langfang	13299134	244558	19780	8365359	425918	30558	652586
保定市	Baoding	19301722	1036209	159756	9062824	667169		987788
#定州市	Dingzhou	1537544	93052		612711	112896		156110
沧州市	Cangzhou	25270210	947022	56478	18054890	785492		1032470
衡水市	Hengshui	8137755	266454		6967276	69358		152175
邢台市	Xingtai	14952474	592635	249934	10635091	319494	5000	708391
邯郸市	Handan	27136431	2042101	802213	16638187	686651	2343	856044

市	City	交通运输、仓储和邮政业 Transport, Storage and Post	住宿和餐饮业 Hotels and Catering Services	信息传输、软件和信息技术服务业 Information Transmission, Software and Information Technology Services	金融业 Financial Inter-Mediation	房地产业 Real Estate	租赁和商务服务业 Leasing and Business Services	科学研究和技术服务业 Scientific Research and Technical Services
全　省	**Total**	**20246312**	**2425397**	**1334650**	**259445**	**10645596**	**3203634**	**2076172**
石家庄市	Shijiazhuang	3017369	391283	116649	129842	4305972	1154143	344269
#辛集市	Xinji	179944	79048			12015	11650	
承德市	Chengde	2158898	234727	1871		136338	153465	30711
张家口市	Zhangjiakou	1083168	456292	35262	23900	202589	397477	262225
秦皇岛市	Qinhuangdao	341660	52410	41778	1150	277162	7753	31245
唐山市	Tangshan	4392568	741738	77401	44255	1111360	588650	151644
廊坊市	Langfang	922042	114339	106953		563120	84219	103967
保定市	Baoding	1079676	250209	26450	72	2155263	192554	748727
#定州市	Dingzhou	86766				29598	45950	95294
沧州市	Cangzhou	2054992	32045	9751	41696	435159	97763	211765
衡水市	Hengshui	226067	37637			51833	1722	
邢台市	Xingtai	525719	31747	20152	950	730590	186748	168023
邯郸市	Handan	1887953	82970	20752	17580	676210	339140	23596

各市分行业建设项目投资（2014年）(续)

Investment in Capital Construction Projects by Sector (2014)

单位：万元 (10000 yuan)

市	City	水利、环境和公共设施管理业 Management of Water Conservancy, Environment and Public Facilities	居民服务、修理和其他服务业 Services to Households, Repair and Other Services	教育 Education	卫生和社会工作 Health and Social Work	文化、体育和娱乐业 Culture, Sports and Entertainment	公共管理、社会保障和社会组织 Public Management, Social Security and Social Organizations
全 省	**Total**	**18658695**	**567749**	**2545545**	**2316689**	**3628442**	**1841089**
石家庄市	Shijiazhuang	3816064	158793	837594	572119	661071	762301
#辛集市	Xinji	94628	8800			7111	
承 德 市	Chengde	1549420	20000	200704	82754	443699	30601
张家口市	Zhangjiakou	1170541	72662	78931	278405	400514	301867
秦皇岛市	Qinhuangdao	877903		70410	112524	350305	79153
唐 山 市	Tangshan	3831605	86895	317013	203828	582029	123752
廊 坊 市	Langfang	1195913	5864	163676	202871	92735	4676
保 定 市	Baoding	1778174	70081	141957	340232	495982	108599
#定州市	Dingzhou	151357	12000	41870	37280	62660	
沧 州 市	Cangzhou	1047886	72444	190566	66496	48285	85010
衡 水 市	Hengshui	242950		107382	7746	4835	2320
邢 台 市	Xingtai	406912	6145	118480	82779	56329	107355
邯 郸 市	Handan	1583246	74865	307532	366935	492658	235455

各市房地产开发企业个数、建设总规模、完成投资及新增固定资产（2014年）

Number of Enterprise, Total Size of Construction, Actually Completed Investment and Newly Increased Fixed Assets for Real Estate Development (2014)

单位：万元

市	City	企业个数（个）Number of Enterprises (unit)	#内资企业 Domestic Funded	计划总投资 Total Investment Planed	自开始建设累计完成投资 Accumulated Investment Completed	本年完成投资 Investment Completed This Year	本年新增固定资产 Newly Increased Fixed Assets
全 省	**Total**	**3387**	**3332**	**168135552**	**111090227**	**40597194**	**16762659**
石家庄市	Shijiazhuang	456	441	38120124	26966208	10253286	4091267
#辛集市	Xinji	13	13	384451	252917	72992	54798
承 德 市	Chengde	244	241	5606267	4488177	1390767	700203
张家口市	Zhangjiakou	387	381	10086740	5743529	1764333	1036296
秦皇岛市	Qinhuangdao	254	249	11008944	8007761	2687979	1149737
唐 山 市	Tangshan	422	415	28604903	18252335	6092982	2051536
廊 坊 市	Langfang	313	307	19187165	12005222	5222496	1254500
保 定 市	Baoding	418	415	17876641	11338892	4563094	2440667
#定州市	Dingzhou	33	33	2570455	1375592	606852	214062
沧 州 市	Cangzhou	221	218	9086500	6149826	2019066	889347
衡 水 市	Hengshui	194	194	6704024	3547035	1313932	890193
邢 台 市	Xingtai	201	197	6111790	4076916	1518321	791828
邯 郸 市	Handan	277	274	15742454	10514326	3770938	1467085

各市房地产开发完成投资情况（2014年）
Completed Investment of Real Estate Development (2014)

单位：万元 (10000 yuan)

市	City	完成投资额 Investment Completed	按工程用途分 by Use 住宅 Residential Buildings	#90平方米以下 90 sq.m below	#别墅、高档公寓 Villas, High-grade Apartments	办公楼 Office Buildings	商业营业用房 Houses for Business Use	其他 Other
全省	**Total**	**40597194**	**30103548**	**11267315**	**559795**	**1538486**	**5020161**	**3934999**
石家庄市	Shijiazhuang	10253286	6853256	1920958	54768	769087	1505825	1125118
#辛集市	Xinji	72992	64397	4797		300	2691	5604
承德市	Chengde	1390767	977303	298198	4973	43900	255028	114536
张家口市	Zhangjiakou	1764333	1223559	461798	27576	10659	399955	130160
秦皇岛市	Qinhuangdao	2687979	2125059	693688	145349	49690	225230	288000
唐山市	Tangshan	6092982	4683727	1852887	237141	200902	706375	501978
廊坊市	Langfang	5222496	4369394	2779806	33525	66310	382157	404635
保定市	Baoding	4563094	3941481	1528268	16049	138419	282613	200581
#定州市	Dingzhou	606852	556405	175951		15676	18232	16539
沧州市	Cangzhou	2019066	1561217	410297	31629	36357	252427	169065
衡水市	Hengshui	1313932	1024091	473168	1700	15238	234261	40342
邢台市	Xingtai	1518321	1141338	254737	4260	19869	116847	240267
邯郸市	Handan	3770938	2203123	593510	2825	188055	659443	720317

各市房地产开发企业的土地开发及购置
Land Development and Purchase of Enterprises for Real Estate Development

市	City	土地购置费用(万元) Total Value of Land Purchased (10000 yuan)		待开发的土地面积(平方米) Land Space Pending Development (sq.m)		本年购置土地面积(平方米) Land Space Purchased This Year (sq.m)	
		2013	2014	2013	2014	2013	2014
全省	**Total**	**2976755**	**5113949**	**7654482**	**8545218**	**11273436**	**10817208**
石家庄市	Shijiazhuang	769333	1731342	421089	348019	830748	747670
#辛集市	Xinji	2866	1470				
承德市	Chengde	110560	104512	399989	499080	758708	403328
张家口市	Zhangjiakou	135706	233400	2019223	534806	1418499	1175770
秦皇岛市	Qinhuangdao	332340	559648	814661	617957	942023	1391887
唐山市	Tangshan	397104	561417	936913	446036	1352662	1980544
廊坊市	Langfang	236458	457259	808595	975503	1225853	987296
保定市	Baoding	265040	225146	429299	3782383	1053378	923625
#定州市	Dingzhou	53948	15530			138631	11168
沧州市	Cangzhou	137326	282916	598483	456560	858070	1164016
衡水市	Hengshui	82873	77917	273666	146133	1296602	559675
邢台市	Xingtai	183553	238348	208338	143775	883945	771787
邯郸市	Handan	326462	642044	744226	594966	652948	711610

各市房地产开发企业的资金来源（2014年）
Source of Funds of Enterprises for Real Estate Development (2014)

单位：万元 (10000 yuan)

市	City	本年资金来源小计 Total Funds This Year	国内贷款 Domestic Loans	#银行贷款 Bank Loans	利用外资 Foreign Direct Investment	自筹资金 Self-raising Funds	其他资金来源 Others
全省	**Total**	**44384818**	**3124712**	**2871740**	**263350**	**28195336**	**12801420**
石家庄市	Shijiazhuang	10804127	963568	855471		7788675	2051884
#辛集市	Xinji	68833				10594	58239
承德市	Chengde	1513574	128918	120153		709982	674674
张家口市	Zhangjiakou	2030526	232221	211961	11879	968591	817835
秦皇岛市	Qinhuangdao	2642836	283860	280160		1169631	1138675
唐山市	Tangshan	6379275	417683	407143		4044880	1967382
廊坊市	Langfang	6397821	153252	147042	172849	3895844	2175876
保定市	Baoding	4976497	238276	176780		3297469	1440752
#定州市	Dingzhou	781686	49200	20700		543279	189207
沧州市	Cangzhou	2575642	228864	220305		1240454	1106324
衡水市	Hengshui	1679553	53156	52411		1236880	389517
邢台市	Xingtai	1563547	105853	101253		914935	542759
邯郸市	Handan	3821420	319061	299061	78622	2927995	498492

各市房地产开发建设房屋建筑面积和造价（2014年）
Floor Space of Building and Their Cost in Real Estate Development (2014)

市	City	施工房屋面积（平方米） Floor Space under Construction (sq.m)	竣工房屋面积（平方米） Floor Space Completed (sq.m)	#住宅 Residential Building	房屋面积竣工率（%） Rate of Floor Space of Buildings Completed (%)	竣工房屋价值（万元） Value of Building Completed (10000 yuan)	竣工房屋造价（元／平方米） Cost of Buildings Completed (yuan/sq.m)	竣工房屋住宅套数（套） Number of building Completed (unit)
全省	**Total**	**316283855**	**40375633**	**31951105**	**12.8**	**11384128**	**2820**	**303316**
石家庄市	Shijiazhuang	49678741	5895685	4423777	11.9	2299575	3900	38669
#辛集市	Xinji	1300077	292841	230439	22.5	66946	2286	2193
承德市	Chengde	16034354	2474695	1781629	15.4	585089	2364	18192
张家口市	Zhangjiakou	19260129	2345607	1604746	12.2	609896	2600	15933
秦皇岛市	Qinhuangdao	25203613	2489748	1941486	9.9	823230	3306	21423
唐山市	Tangshan	49080496	4225017	3402401	8.6	1213079	2871	34360
廊坊市	Langfang	37628013	3179765	2472542	8.5	1006493	3165	22226
保定市	Baoding	34277628	8337366	7471978	24.3	1877023	2251	72069
#定州市	Dingzhou	3392227	901352	823796	26.6	207277	2300	8300
沧州市	Cangzhou	23036147	2580590	1872912	11.2	741562	2874	16968
衡水市	Hengshui	17289807	2582612	2382541	14.9	595283	2305	22248
邢台市	Xingtai	15690931	2801338	2074859	17.9	691190	2467	19205
邯郸市	Handan	29103996	3463210	2522234	11.9	941708	2719	22023

各市商品房屋销售情况（2014年）
Selling of Commercial Houses (2014)

市	City	商品房销售面积（平方米）Floor Space of Commercialized Buildings Sold (sq.m)	#住宅 Residential Buildings	商品房销售额（万元）Total Sales of Commercialized Buildings (10000 yuan)	#住宅 Residential Buildings	商品房平均售价（元/平方米）Average Selling Price of Commercialized Buildings (yuan/sq.m)	#住宅 Residential Buildings
全 省	**Total**	**57061916**	**50150585**	**29280006**	**25016246**	**5131**	**4988**
石家庄市	Shijiazhuang	8882583	7256841	5095880	4036492	5737	5562
#辛集市	Xinji	414190	385720	169636	158252	4096	4103
承德市	Chengde	3202509	2763084	1394690	1159813	4355	4198
张家口市	Zhangjiakou	4846984	3745150	2012368	1480276	4152	3953
秦皇岛市	Qinhuangdao	2256025	2105122	1266830	1165987	5615	5539
唐山市	Tangshan	8524495	7162580	4510491	3515468	5291	4908
廊坊市	Langfang	8930115	8436637	7031489	6596231	7874	7819
保定市	Baoding	4886853	4671727	1982554	1889029	4057	4044
#定州市	Dingzhou	371537	366635	97213	95679	2617	2610
沧州市	Cangzhou	5073583	4512079	2074636	1765372	4089	3913
衡水市	Hengshui	4029578	3666435	1303393	1122302	3235	3061
邢台市	Xingtai	2784695	2666172	990632	953123	3557	3575
邯郸市	Handan	3644496	3164758	1617043	1332153	4437	4209

各市按用途分的商品房屋销售面积（2014年）
Floor Space of Buildings Actually Sold by Use (2014)

单位：平方米 (sq.m)

市	City	商品房销售面积 Floor Space of Commercialized Buildings Sold	住宅 Residential Buildings	#90平方米以下 90 sq.m below	#别墅、高档公寓 Villas, High-grade Apartments	办公楼 Office Buildings	商业营业用房 Houses for Business Use	其他 Other
全 省	**Total**	**57061916**	**50150585**	**18257610**	**450520**	**755444**	**4443347**	**1712540**
石家庄市	Shijiazhuang	8882583	7256841	2542359	164662	309368	1023556	292818
#辛集市	Xinji	414190	385720	91591			6033	22437
承德市	Chengde	3202509	2763084	554616	29372	13342	378569	47514
张家口市	Zhangjiakou	4846984	3745150	1512767	58959	44660	953483	103691
秦皇岛市	Qinhuangdao	2256025	2105122	682985	40869	7497	104305	39101
唐山市	Tangshan	8524495	7162580	2473701	74278	82185	617636	662094
廊坊市	Langfang	8930115	8436637	4898967	23516	19135	372610	101733
保定市	Baoding	4886853	4671727	1508260	3154	7710	143422	63994
#定州市	Dingzhou	371537	366635	169399		110	542	4250
沧州市	Cangzhou	5073583	4512079	1294938	32287	58158	296676	206670
衡水市	Hengshui	4029578	3666435	1608174	5667		308002	55141
邢台市	Xingtai	2784695	2666172	673971	1826		48980	69543
邯郸市	Handan	3644496	3164758	506872	15930	213389	196108	70241

各市按用途分的商品房屋平均销售价格（2014年）
Average Selling Price of Commercial Houses by Use (2014)

单位：元/平方米 (yuan/sq.m)

市	City	商品房平均销售价格 Average Selling Price of Commercialized Buildings	住宅 Residential Buildings	#90平方米以下 90 sq.m below	#别墅、高档公寓 Villas, High-grade Apartments	办公楼 Office Buildings	商业营业用房 Houses for Business Use	其他 Other
全　省	**Total**	**5131**	**4988**	**5292**	**9026**	**6457**	**7182**	**3414**
石家庄市	Shijiazhuang	5737	5562	5665	7314	6582	7067	4522
#辛集市	Xinji	4096	4103	3331			8614	2757
承 德 市	Chengde	4355	4198	4314	6000	7721	5471	3675
张家口市	Zhangjiakou	4152	3953	3605	9861	5000	5112	2154
秦皇岛市	Qinhuangdao	5615	5539	5059	14766	8522	6956	5601
唐 山 市	Tangshan	5291	4908	4403	12281	10158	11772	2786
廊 坊 市	Langfang	7874	7819	8125	8874	6205	9660	6237
保 定 市	Baoding	4057	4044	3906	4956	3636	5060	2837
#定州市	Dingzhou	2617	2610	2448		3000	3801	3047
沧 州 市	Cangzhou	4089	3913	3999	7843	5289	7734	2373
衡 水 市	Hengshui	3235	3061	2924	5243		4909	5421
邢 台 市	Xingtai	3557	3575	3709	3472		4737	2057
邯 郸 市	Handan	4437	4209	3849	4725	5447	7010	4439

各市按销售方式分的商品房销售面积及平均销售价格（2014年）
Floor Space of Buildings Actually Sold and Average Selling Price of Commercial Houses by Sale Method (2014)

市	City	商品房销售面积（平方米） Floor Space of Commercialized Buildings Sold (sq.m)	现房 Completed Buildings	期房 Buildings Completed in Future	商品房平均销售价格（元/平方米） Average Selling Price of Commercialized Buildings (yuan/sq.m)	现房 Completed Buildings	期房 Buildings Completed in Future
全　省	**Total**	**57061916**	**14547148**	**42514768**	**5131**	**4797**	**5246**
石家庄市	Shijiazhuang	8882583	3325970	5556613	5737	6271	5417
#辛集市	Xinji	414190	46038	368152	4096	4303	4070
承 德 市	Chengde	3202509	847555	2354954	4355	3964	4496
张家口市	Zhangjiakou	4846984	1007578	3839406	4152	3893	4220
秦皇岛市	Qinhuangdao	2256025	234316	2021709	5615	5346	5646
唐 山 市	Tangshan	8524495	2751562	5772933	5291	5110	5378
廊 坊 市	Langfang	8930115	606842	8323273	7874	5651	8036
保 定 市	Baoding	4886853	2360482	2526371	4057	4002	4108
#定州市	Dingzhou	371537	185996	185541	2617	2351	2882
沧 州 市	Cangzhou	5073583	325048	4748535	4089	4322	4073
衡 水 市	Hengshui	4029578	994400	3035178	3235	3237	3234
邢 台 市	Xingtai	2784695	559457	2225238	3557	3092	3674
邯 郸 市	Handan	3644496	1533938	2110558	4437	4628	4298

各市房地产开发经营情况（2014年）

Real Estate Development and Management (2014)

单位：万元 (10000 yuan)

市	City	主营业务收入 Revenue from Principal Business	土地转让收入 Land Transferred	商品房屋销售收入 Commercial Houses Sold	房屋出租收入 Houses Leased	其他收入 Others	主营业务税金及附加 Taxes and Other Charges on Principal Business	利润总额 Total Profits
全省	**Total**	**19534965**	**112892**	**18949686**	**161384**	**311003**	**1748765**	**618389**
石家庄市	Shijiazhuang	2508373	80745	2257982	42489	127156	219922	-50924
#辛集市	Xinji	160737		160737			10373	17156
承德市	Chengde	1035092	1513	1021099	11011	1469	89975	37095
张家口市	Zhangjiakou	994750	1488	968701	22821	1740	82529	26004
秦皇岛市	Qinhuangdao	1592469	1323	1550055	2945	38147	128252	37845
唐山市	Tangshan	2352272	3756	2272486	30022	46008	185206	25217
廊坊市	Langfang	4252711	10997	4221914	6825	12977	429262	348389
保定市	Baoding	2307798	10803	2267518	16441	13037	187074	116150
#定州市	Dingzhou	103515	2	103158		355	9303	-1190
沧州市	Cangzhou	1598510	11	1572998	9883	15619	142248	43865
衡水市	Hengshui	972700	120	970211	734	1635	88989	38674
邢台市	Xingtai	684738	1382	638391	3530	41436	72524	-4300
邯郸市	Handan	1235553	755	1208332	14685	11781	122784	376

各市单位GDP能耗（2014年）

Energy Consumption by GDP (2014)

单位：吨标准煤/万元 (ton of SCE/10000 yuan)

市	City	单位GDP能耗 Energy Consumption by GDP		单位工业增加值能耗 Energy Consumption by Add-value of Industry	单位GDP电耗 Electricity Consumption by GDP
		指标值 Index	上升或下降 Change(+%)	上升或下降 Change(+%)	上升或下降 Change(+%)
全省	**Total**	**1.023**	**-7.19**	**-8.71**	**-4.29**
石家庄市	Shijiazhuang	0.819	-8.64	-12.10	-5.67
#辛集市	Xinji	0.817	-7.88	-14.11	-24.12
承德市	Chengde	1.051	-6.01	-6.82	-1.71
张家口市	Zhangjiakou	1.065	-4.91	-6.43	-3.62
秦皇岛市	Qinhuangdao	0.803	-4.92	-4.63	-10.75
唐山市	Tangshan	1.295	-7.20	-9.17	-4.41
廊坊市	Langfang	0.805	-6.11	-9.43	-4.82
保定市	Baoding	0.699	-6.50	-13.97	-1.69
#定州市	Dingzhou	0.649	-8.15	-16.30	-2.84
沧州市	Cangzhou	0.829	-6.02	-8.35	-0.54
衡水市	Hengshui	0.826	-6.32	-12.27	-0.49
邢台市	Xingtai	1.052	-7.19	-7.23	-2.65
邯郸市	Handan	1.127	-7.56	-9.49	-6.56

注：1. 计算单位GDP能耗上升或降低率时，两年单位GDP能耗数据均保留4位小数。2. 单位工业增加值能耗的统计范围是年主营业务收入2000万元及以上的工业法人企业。3.GDP按照2010年价格计算,工业增加值按照可比价计算。

a) When calculating the change rate of energy consumption by GDP, both the numerator and denominator are accurate to four decimal places. b) The data ofenergy consumption by industrial value-added are based on survey of industrial legal-person enterprises, whose major-business annual income are no less than 20 million yuan. c) GDP is calculated based on constant prices in year 2010, industrial value-added is calculated at constant prices.

各市规模以上工业企业能源消耗情况
Consumption of Main Energy Sources in above Designated Size Industrial Enterprises

单位：万吨标准煤 (10000 tons of SCE)

市	City	2005	2010	2011	2012	2013	2014
全　省	**Total**	**13976.29**	**18117.87**	**19996.33**	**20457.52**	**20895.79**	**20343.23**
石家庄市	Shijiazhuang	2256.15	2778.90	2883.07	2959.76	2985.56	2683.76
#辛集市	Xinji					177.13	164.70
承 德 市	Chengde	483.90	733.29	801.23	859.51	914.62	927.32
张家口市	Zhangjiakou	894.44	952.48	1070.68	1061.84	1106.99	1090.48
秦皇岛市	Qinhuangdao	519.92	674.38	707.25	766.75	748.27	748.69
唐 山 市	Tangshan	4672.85	6280.62	7175.48	7290.94	7474.34	7225.84
廊 坊 市	Langfang	279.76	558.45	593.02	616.81	640.47	674.20
保 定 市	Baoding	590.36	720.11	766.51	817.44	891.43	494.00
#定州市	Dingzhou					350.93	327.06
沧 州 市	Cangzhou	474.89	763.75	1014.06	1058.97	1081.38	1111.95
衡 水 市	Hengshui	306.36	271.99	309.06	325.34	333.88	322.16
邢 台 市	Xingtai	942.99	1178.53	1295.97	1254.74	1203.23	1187.79
邯 郸 市	Handan	2554.67	3205.38	3380.01	3445.42	3515.62	3385.28

各市规模以上工业企业水消费(取水总量)
Consumption of Water in above Designated Size Industrial Enterprises

单位：万立方米 (10000 m³)

市	City	2010	2011	2012	2013	2014
全　省	**Total**	**231593.98**	**200493.23**	**223896.30**	**232929.7**	**226177.4**
石家庄市	Shijiazhuang	32264.03	33613.69	33273.78	33532.4	32938.9
#辛集市	Xinji				2145.3	2073.7
承 德 市	Chengde	14976.11	16238.25	16496.01	18500.2	19720.6
张家口市	Zhangjiakou	9984.96	10262.42	10912.79	11797.6	11277.8
秦皇岛市	Qinhuangdao	53050.65	18107.56	8377.19	6769.2	6637.0
唐 山 市	Tangshan	64398.13	60808.11	72452.64	81450.3	81140.6
廊 坊 市	Langfang	4688.63	5082.93	5008.41	5306.8	5272.3
保 定 市	Baoding	9655.55	10821.34	10456.40	10943.4	10438.4
#定州市	Dingzhou				2137.3	2269.2
沧 州 市	Cangzhou	7514.14	10199.60	33127.75	31645.0	27449.2
衡 水 市	Hengshui	3170.33	3434.23	3998.13	4082.6	4380.4
邢 台 市	Xingtai	9182.51	9902.90	9640.93	8770.8	7940.9
邯 郸 市	Handan	22708.94	22022.21	20152.26	20131.4	18981.4

注：2009年以后取水总量不包括水的生产和供应业行业，也不包括河湖海冷却水用量。

a) Data of 2009 exclude the industry of production and supply of water，exclude cooling water directly from rivers, lakes and seas as well.

各市地方财政收入及支出（2014年）
Local Revenue and Expenditures (2014)

单位：万元 (10000 yuan)

市	City	地方财政收入 Local Revenue	#增值税 Value-added Tax	#营业税 Operation Tax	地方财政支出 Local Expenditure	#一般公共服务 General Public Services
全省	**Total**	**24466166**	**3100722**	**5926441**	**46772981**	**4765942**
石家庄市	Shijiazhuang	3434745	364032	949298	5664878	472329
#辛集市	Xinji	115658	13968	29288	237727	26092
承德市	Chengde	1075609	101639	271559	2655455	261282
张家口市	Zhangjiakou	1257800	84713	322284	3297137	294091
秦皇岛市	Qinhuangdao	1136584	125671	272010	2119627	213762
唐山市	Tangshan	3237498	376506	686196	5246569	549862
廊坊市	Langfang	2504860	193349	835643	3025103	294874
保定市	Baoding	1924707	198615	505352	4575943	514149
#定州市	Dingzhou	144430	15132	27812	323267	62857
沧州市	Cangzhou	1897102	257007	442293	3812703	373451
衡水市	Hengshui	797195	72503	220954	2425747	220425
邢台市	Xingtai	957060	108948	258236	2946228	280810
邯郸市	Handan	1831617	203569	364179	4046724	479816

注：全省总计数中含省本级数，故不等于各市相加。

a) The total revenues are not equal to the sum of the prefectures' revenues. This is because the former are the total of both provincial and prefectural revenues. So do the total expenditures.

各市居民生活基本情况（2014年）
Basic Statistics on People's Living Conditions (2014)

单位：元 (yuan)

市	City	人均可支配收入 Per Capital Annual Disposable Income			人均消费支出 Per Capita Annual Living Expenditures		
		全市居民 All Households	城镇居民 Urban Households	农村居民 Rural Households	全市居民 All Households	城镇居民 Urban Households	农村居民 Rural Households
石家庄市	Shijiazhuang	18984	25996	10691	12274	16506	7275
#辛集市	Xinji	17658	24735	12260	9255	11630	7444
承德市	Chengde	13345	20983	7163	9328	14114	5454
张家口市	Zhangjiakou	14126	21651	7462	9311	13932	5213
秦皇岛市	Qinhuangdao	17457	26053	9964	11350	15134	8051
唐山市	Tangshan	21603	28891	12867	15385	19427	10561
廊坊市	Langfang	21061	29416	12115	15080	19876	9945
保定市	Baoding	14778	21673	9704	9282	12479	6929
#定州市	Dingzhou	15113	21081	10706	9698	10939	8781
沧州市	Cangzhou	16099	24174	9442	10667	14951	7136
衡水市	Hengshui	13111	19614	8104	8893	12143	6390
邢台市	Xingtai	13405	20007	8342	8118	11465	5557
邯郸市	Handan	16292	22699	10343	9775	13048	6736

各市区居民消费价格分类指数（2014年，上年＝100）

Consumer Price Indices by Category and by Cities (2014, Preceding Year＝100)

市区	City	总指数 General Index	食品 Food	烟酒 Tobacco and Liquor	衣着 Clothing	家庭设备用品及维修服务 Household Facilities, Articles and Services	医疗保健和个人用品 Health Care and Personal Articles	交通和通信 Transportation and Communication	娱乐教育文化用品及服务 Recreation, Education and Culture	居住 Residence
全省	**Total**	**101.7**	**102.3**	**98.8**	**104.1**	**101.2**	**101.5**	**100.0**	**101.9**	**101.1**
石家庄市	Shijiazhuang	102.0	103.0	99.4	103.1	100.5	103.0	100.6	100.9	101.0
#辛集市	Xinji	102.0	104.4	99.9	99.9	101.0	103.3	100.2	102.7	100.0
承德市	Chengde	101.3	101.5	98.3	105.0	101.7	100.1	100.0	100.7	100.9
张家口市	Zhangjiakou	101.7	102.5	97.1	104.6	101.5	101.6	99.4	102.6	100.2
秦皇岛市	Qinhuangdao	102.3	102.3	99.3	105.8	101.2	99.6	100.4	106.0	101.3
唐山市	Tangshan	101.9	103.9	98.9	102.1	101.3	99.9	100.5	102.2	100.2
廊坊市	Langfang	101.5	102.4	100.2	101.7	102.4	101.3	100.4	100.6	100.9
保定市	Baoding	101.5	100.0	96.2	101.2	100.5	101.1	99.4	99.7	107.1
#定州市	Dingzhou	101.1	101.1	99.9	102.9	97.9	102.4	99.4	102.3	100.7
沧州市	Cangzhou	102.4	102.8	100.8	103.4	104.4	101.3	100.7	107.1	99.4
衡水市	Hengshui	101.7	103.7	100.7	100.9	100.4	100.9	98.3	103.2	100.5
邢台市	Xingtai	101.7	101.4	94.1	108.3	103.9	100.9	98.5	103.2	100.3
邯郸市	Handan	102.1	104.7	100.2	103.3	100.7	100.1	99.8	102.0	100.0

各市区商品零售价格分类指数（2014年，上年＝100）

Retail Price Indices by Category of Commodities by Cities (2014, Preceding Year=100)

市区	City	总指数 General Index	食品 Food	饮料、烟酒 Beverages, Tobacco and Liquor	服装、鞋帽 Garments, Shoes and Hats	纺织品 Textiles	家用电器及音像器材 Household Appliances, Music and Video Equipment	文化办公用品 Cultural and Office Appliances	日用品 Articles for Daily Use	体育娱乐用品 Sports and Recreation Articles
全省	**Total**	**101.0**	**102.4**	**99.4**	**103.9**	**101.0**	**100.1**	**100.0**	**100.4**	**100.9**
石家庄市	Shijiazhuang	101.2	103.0	99.2	103.3	98.6	100.0	100.1	99.5	100.1
#辛集市	Xinji	101.5	105.0	100.3	99.7	102.7	97.2	99.6	100.8	100.6
承德市	Chengde	100.9	101.4	99.2	105.0	101.9	100.8	100.0	100.1	99.8
张家口市	Zhangjiakou	101.2	102.5	98.0	104.6	100.9	100.9	100.6	99.6	103.3
秦皇岛市	Qinhuangdao	101.7	102.9	99.4	105.5	100.8	100.4	100.0	102.5	100.1
唐山市	Tangshan	102.0	104.3	99.3	102.0	102.4	100.6	101.2	102.7	103.0
廊坊市	Langfang	100.8	102.5	100.5	101.6	103.7	99.4	99.4	100.3	100.7
保定市	Baoding	99.9	99.9	97.0	101.2	102.2	100.6	98.7	100.3	100.7
#定州市	Dingzhou	100.0	100.4	100.0	102.3	96.8	95.4	100.8	98.4	99.3
沧州市	Cangzhou	101.8	102.8	101.4	103.4	103.5	102.6	99.4	101.1	105.5
衡水市	Hengshui	101.4	104.2	99.6	100.5	101.8	100.1	102.9	100.1	101.1
邢台市	Xingtai	101.2	101.5	97.6	108.0	109.3	102.3	97.9	99.1	105.5
邯郸市	Handan	102.1	104.8	99.9	103.0	100.1	102.0	100.4	100.2	99.6

各市区商品零售价格分类指数（2014年，上年＝100）(续)

Retail Price Indices by Category of Commodities by Cities (2014, Preceding Year=100)

市区	City	交通、通信用品 Transportation and Communication Appliances	家具 Furniture	化妆品 Cosmetics	金银珠宝 Gold, Silver and Jewelry	中西药品及医疗保健用品 Traditional Chinese and Western Medicines and Health Care Articles	书报杂志及电子出版物 Books, Newspapers, Magazines and Electronic Publications	燃料 Fuels	建筑材料及五金电料 Building Materials and Hardware
全　省	**Total**	**98.8**	**101.5**	**101.6**	**90.8**	**102.6**	**100.8**	**97.1**	**100.1**
石家庄市	Shijiazhuang	96.1	100.7	101.7	92.0	105.3	101.0	97.4	100.3
#辛集市	Xinji	99.9	99.8	102.1	89.5	103.5	98.1	98.1	98.9
承德市	Chengde	99.5	100.4	102.4	88.1	101.4	101.1	98.4	100.0
张家口市	Zhangjiakou	99.4	103.2	100.1	93.2	101.9	99.4	94.7	100.4
秦皇岛市	Qinhuangdao	101.0	101.1	104.3	88.1	100.1	100.7	99.7	100.1
唐山市	Tangshan	101.3	101.0	100.3	88.8	101.7	101.8	99.0	100.0
廊坊市	Langfang	98.4	102.3	101.3	94.7	100.9	100.2	95.7	100.7
保定市	Baoding	97.2	100.4	99.9	85.0	101.0	99.7	101.2	100.3
#定州市	Dingzhou	98.3	101.1	101.2	98.0	104.2	101.4	99.1	99.3
沧州市	Cangzhou	102.5	107.3	101.0	93.4	103.7	101.9	94.6	102.3
衡水市	Hengshui	96.8	98.3	101.7	91.4	101.6	103.1	99.9	98.3
邢台市	Xingtai	97.3	105.9	100.2	91.0	100.3	102.9	97.5	99.3
邯郸市	Handan	100.2	99.5	101.4	89.6	100.7	100.9	101.4	100.2

各市农、林、牧、渔业总产值（2014年）

Gross Output Value of Farming, Forestry, Animal Husbandry and Fishery (2014)

单位：万元　　(10000 yuan)

市	City	农林牧渔业 Farming, Forestry, Animal Husbandry and Fishery	农业 Farming	林业 Forestry	牧业 Animal Husbandry	渔业 Fishery	农林牧渔服务业 Service for Farming, Forestry, Animal Husbandry and Fishery
全　省	**Total**	**59947929**	**34534194**	**1081357**	**19520226**	**1909665**	**2902487**
石家庄市	Shijiazhuang	8851619	4610001	143797	3717632	42579	337610
#辛集市	Xinji	906096	508055	2808	377492	53	17688
承德市	Chengde	3902310	2140612	262673	1384331	43626	71068
张家口市	Zhangjiakou	4377951	2189765	125775	1939514	15449	107448
秦皇岛市	Qinhuangdao	3153803	1363945	59009	1431292	253106	46451
唐山市	Tangshan	8982721	4651797	75962	3074404	975358	205200
廊坊市	Langfang	3812904	2296746	99772	1302017	46488	67881
保定市	Baoding	7578391	4557682	191272	2541298	99379	188760
#定州市	Dingzhou	1335179	823493	49429	443364	166	18727
沧州市	Cangzhou	6463566	3283355	58465	1971491	268824	881431
衡水市	Hengshui	4235499	2548060	56038	1365505	9904	255992
邢台市	Xingtai	4964074	3027200	74166	1510913	13627	338168
邯郸市	Handan	7455364	3991206	87716	3018642	44800	313000

各市农、林、牧、渔业中间消耗（2014年）

Intermediate Exertion of Farming, Forestry, Animal Husbandry and Fishery (2014)

单位：万元 (10000 yuan)

市	City	农林牧渔业中间消耗 Intermediate Exertion	农业 Farming	林业 Forestry	牧业 Animal Husbandry	渔业 Fishery	农林牧渔服务业 Service for Farming, Forestry, Animal Husbandry and Fishery
全省	**Total**	**24183150**	**11180029**	**307430**	**10302450**	**780909**	**1612332**
石家庄市	Shijiazhuang	3813274	1648813	29652	1941258	19150	174401
#辛集市	Xinji	420326	218464	1271	190691	35	9865
承德市	Chengde	1608511	782470	61204	712705	17450	34682
张家口市	Zhangjiakou	1922565	924829	56336	884987	7944	48469
秦皇岛市	Qinhuangdao	1392910	400643	16323	830316	113459	32169
唐山市	Tangshan	3283488	1306224	18451	1475714	390143	92956
廊坊市	Langfang	1723763	909732	40917	719419	19528	34167
保定市	Baoding	3228963	1575261	74488	1439736	46467	93011
#定州市	Dingzhou	557986	304692	22737	221682	73	8802
沧州市	Cangzhou	2915999	1185291	20463	1064604	134411	511230
衡水市	Hengshui	2467152	1325032	28019	956173	4926	153002
邢台市	Xingtai	2114552	1051250	35600	798888	6334	222480
邯郸市	Handan	3280348	1459644	41824	1587304	22556	169020

各市农、林、牧、渔业增加值（2014年）

Value-added of Farming, Forestry, Animal Husbandry and Fishery (2014)

单位：万元 (10000 yuan)

市	City	农林牧渔业增加值 Added Value	农业 Farming	林业 Forestry	牧业 Animal Husbandry	渔业 Fishery	农林牧渔服务业 Service for Farming, Forestry, Animal Husbandry and Fishery
全省	**Total**	**35764779**	**23354165**	**773927**	**9217776**	**1128756**	**1290155**
石家庄市	Shijiazhuang	5038345	2961188	114145	1776374	23429	163209
#辛集市	Xinji	485770	289591	1537	186801	18	7823
承德市	Chengde	2293799	1358142	201469	671626	26176	36386
张家口市	Zhangjiakou	2455386	1264936	69439	1054527	7505	58979
秦皇岛市	Qinhuangdao	1760893	963302	42686	600976	139647	14282
唐山市	Tangshan	5699233	3345573	57511	1598690	585215	112244
廊坊市	Langfang	2089141	1387014	58855	582598	26960	33714
保定市	Baoding	4349428	2982421	116784	1101562	52912	95749
#定州市	Dingzhou	777193	518801	26692	221682	93	9925
沧州市	Cangzhou	3547567	2098064	38002	906887	134413	370201
衡水市	Hengshui	1768347	1223028	28019	409332	4978	102990
邢台市	Xingtai	2849522	1975950	38566	712025	7293	115688
邯郸市	Handan	4175016	2531562	45892	1431338	22244	143980

各市农、林、牧、渔业中间消耗、增加值占总产值的比重（2014年）

Intermediate Consumption and Value-added of Farming, Forestry, Animal Husbandry and Fishery as Percentage of Gross Output Value (2014)

单位：%　　(%)

市	City	农业 Agriculture 中间消耗 Intermediate Exertion	农业 Agriculture 增加值 Added Value	林业 Forestry 中间消耗 Intermediate Exertion	林业 Forestry 增加值 Added Value	牧业 Animal Husbandry 中间消耗 Intermediate Exertion
全　省	**Total**	**32.37**	**67.63**	**28.43**	**71.57**	**52.78**
石家庄市	Shijiazhuang	35.77	64.23	20.62	79.38	52.22
#辛集市	Xinji	43.00	57.00	45.26	54.74	50.52
承 德 市	Chengde	36.55	63.45	23.30	76.70	51.48
张家口市	Zhangjiakou	42.23	57.77	44.79	55.21	45.63
秦皇岛市	Qinhuangdao	29.37	70.63	27.66	72.34	58.01
唐 山 市	Tangshan	28.08	71.92	24.29	75.71	48.00
廊 坊 市	Langfang	39.61	60.39	41.01	58.99	55.25
保 定 市	Baoding	34.56	65.44	38.94	61.06	56.65
#定州市	Dingzhou	37.00	63.00	46.00	54.00	50.00
沧 州 市	Cangzhou	36.10	63.90	35.00	65.00	54.00
衡 水 市	Hengshui	52.00	48.00	50.00	50.00	70.02
邢 台 市	Xingtai	34.73	65.27	48.00	52.00	52.87
邯 郸 市	Handan	36.57	63.43	47.68	52.32	52.58

市	City	牧业 Husbandry 增加值 Added Value	渔业 Fishery 中间消耗 Intermediate Exertion	渔业 Fishery 增加值 Added Value	农林牧渔服务业 Service to Farming, Forestry, Animal Husbandry and Fishery 中间消耗 Intermediate Exertion	农林牧渔服务业 Service to Farming, Forestry, Animal Husbandry and Fishery 增加值 Added Value
全　省	**Total**	**47.22**	**40.89**	**59.11**	**55.55**	**44.45**
石家庄市	Shijiazhuang	47.78	44.98	55.02	51.66	48.34
#辛集市	Xinji	49.48	66.04	33.96	55.77	44.23
承 德 市	Chengde	48.52	40.00	60.00	48.80	51.20
张家口市	Zhangjiakou	54.37	51.42	48.58	45.11	54.89
秦皇岛市	Qinhuangdao	41.99	44.83	55.17	69.25	30.75
唐 山 市	Tangshan	52.00	40.00	60.00	45.30	54.70
廊 坊 市	Langfang	44.75	42.01	57.99	50.33	49.67
保 定 市	Baoding	43.35	46.76	53.24	49.27	50.73
#定州市	Dingzhou	50.00	43.98	56.02	47.00	53.00
沧 州 市	Cangzhou	46.00	50.00	50.00	58.00	42.00
衡 水 市	Hengshui	29.98	49.74	50.26	59.77	40.23
邢 台 市	Xingtai	47.13	46.48	53.52	65.79	34.21
邯 郸 市	Handan	47.42	50.35	49.65	54.00	46.00

注：本表按当年价格计算。

a) Data in value in this table are calculated at current prices.

各市农、林、牧、渔业总产值指数（2014年，上年=100）

Indices of Gross Output Value of Farming，Forestry，Animal Husbandry and Fishery (2014, Preceding Year=100)

市	City	农林牧渔业 Farming, Forestry, Animal Husbandry and Fishery	农业 Farming	林业 Forestry	牧业 Animal Husbandry	渔业 Fishery	农林牧渔服务业 Service for Farming, Forestry, Animal Husbandry and Fishery
全　省	**Total**	**104.0**	**103.1**	**108.9**	**105.1**	**103.2**	**107.0**
石家庄市	Shijiazhuang	102.7	102.4	110.0	102.5	94.4	108.6
#辛集市	Xinji	100.5	101.2	89.0	99.7	106.4	95.0
承 德 市	Chengde	104.4	105.7	105.7	102.3	100.8	105.0
张家口市	Zhangjiakou	104.7	103.4	114.2	105.7	104.3	103.5
秦皇岛市	Qinhuangdao	103.8	101.9	188.4	105.8	93.3	103.4
唐 山 市	Tangshan	103.9	102.4	94.4	107.2	102.0	106.1
廊 坊 市	Langfang	103.2	102.1	214.7	101.0	101.6	105.0
保 定 市	Baoding	104.0	103.6	115.6	103.3	113.5	105.7
#定州市	Dingzhou	104.1	103.6	105.3	104.5	68.3	112.4
沧 州 市	Cangzhou	104.2	103.3	122.0	103.7	103.3	108.5
衡 水 市	Hengshui	103.1	103.5	89.7	101.0	103.5	115.0
邢 台 市	Xingtai	105.7	105.9	95.4	106.1	115.5	105.0
邯 郸 市	Handan	103.6	103.7	117.9	104.3	62.0	101.0

注：本表按可比价格计算。
a) Data in value in this table are calculated at current prices.

各市主要农作物总播种面积（2014年）

Total Sown Areas of Major Farm Crops (2014)

单位：千公顷　　　　(1000 hectares)

市	City	总播种面积 Total Sown Area	#粮食作物 播种面积 Sown Area of Grain Crops	#夏收 Summer Harvest Grain	谷物 Cereal	豆类 Beans	薯类 Tubers	#油料 播种面积 Sown Area of Oil-bearing Crops	#棉花 播种面积 Sown Area of Cotton	#蔬菜 播种面积 Sown Area of Vegetables
全　省	**Total**	**8713.1**	**6332.0**	**2365.0**	**5912.2**	**162.3**	**257.5**	**466.3**	**410.9**	**1237.5**
石家庄市	Shijiazhuang	1005.1	756.9	374.6	720.9	16.2	19.8	60.9	10.5	162.7
#辛集市	Xinji	101.7	76.7	41.3	74.3	1.5	0.9	7.4	6.2	11.3
承 德 市	Chengde	388.5	295.5		242.9	9.3	43.2	7.5		74.4
张家口市	Zhangjiakou	705.4	467.5		343.1	29.0	95.4	52.9		108.3
秦皇岛市	Qinhuangdao	220.2	147.5	12.5	115.7	9.8	22.0	19.1	1.8	48.2
唐 山 市	Tangshan	804.4	487.4	122.1	455.7	17.2	14.6	78.1	23.4	189.4
廊 坊 市	Langfang	477.8	306.2	75.5	288.5	12.1	5.5	14.8	27.6	111.3
保 定 市	Baoding	1216.3	916.1	402.7	868.8	13.5	33.8	71.9	20.1	161.2
#定州市	Dingzhou	160.5	98.1	53.4	95.0	0.7	2.4	14.4	0.7	36.3
沧 州 市	Cangzhou	1131.4	890.8	383.0	858.1	24.9	7.8	32.4	98.7	90.1
衡 水 市	Hengshui	844.3	591.2	284.6	580.3	7.1	3.7	33.6	117.4	84.2
邢 台 市	Xingtai	1019.0	715.4	340.7	697.4	11.1	6.8	52.8	160.7	68.9
邯 郸 市	Handan	1059.2	769.1	376.4	750.9	10.5	7.7	42.3	97.6	138.7

各市主要农产品产量（2014年）
Yield of Major Farm Crops (2014)

市	City	粮食（吨）Grain (ton)	谷物 Cereal	#稻谷 Rice	#小麦 Wheat	#玉米 Corn	豆类 Beans	薯类 Tubers
全省	Total	33601700	32249100	541500	14299000	16707000	347500	1005100
石家庄市	Shijiazhuang	5029977	4926097	889	2589722	2315597	25443	78437
#辛集市	Xinji	536950	529789		297244	228879	2236	4925
承德市	Chengde	1240099	1032808	126620	21841	836920	20524	186767
张家口市	Zhangjiakou	1569196	1130262	9361	58609	849482	35297	403637
秦皇岛市	Qinhuangdao	852824	695634	66677	21473	580107	25197	131993
唐山市	Tangshan	3049997	2895731	475298	640074	1766072	51080	103186
廊坊市	Langfang	1698413	1640588		430069	1202771	26425	31400
保定市	Baoding	5732662	5489232	7653	2547942	2898982	37962	205468
#定州市	Dingzhou	694562	673462		351120	322342	2635	18465
沧州市	Cangzhou	4491121	4397545	2848	2036213	2334024	47875	45701
衡水市	Hengshui	3641105	3599018		1858530	1716596	19095	22992
邢台市	Xingtai	4447854	4373713		2216060	2022583	31201	42940
邯郸市	Handan	5448521	5397621	8800	2630237	2645189	20018	30882

市	City	棉花（吨）Cotton (ton)	油料（吨）Oil-bearing Crops (ton)	#花生 Peanut	#芝麻 Sesame	麻类（吨）Fiber Crops (ton)	烟叶（吨）Tobacco (ton)	#烤烟 Flue-cured Tobacco	蔬菜（万吨）Vegetables (10000 tons)
全省	Total	431000	1502033	1292406	8375	612	8871	6568	8125.7
石家庄市	Shijiazhuang	10676	206960	190265	579		987	987	1316.1
#辛集市	Xinji	6997	33911	30885					101.3
承德市	Chengde		13138	836	152	6	38		411.2
张家口市	Zhangjiakou		54527	1745		1	5453	5453	723.8
秦皇岛市	Qinhuangdao	2059	62807	62510	141				334.1
唐山市	Tangshan	26554	299181	298571	272	598	1628		1432.5
廊坊市	Langfang	30156	38537	36605	576		4		706.0
保定市	Baoding	21820	277164	263383	1045	4	761	128	981.7
#定州市	Dingzhou	752	62321	61702					253.9
沧州市	Cangzhou	109558	102720	90991	1837				559.0
衡水市	Hengshui	135166	126312	96906	1114				428.2
邢台市	Xingtai	194735	168702	116762	1868				377.2
邯郸市	Handan	121676	151985	133832	791	3			855.8

注：全省粮食(包括分品种)产量系抽样调查推算数，各市为全面调查数。

a) The provincial products of grain (contained grain differentiated according to variety) are reckoned figure of sampling estigation, the civil products are figure of comprehensive investigation.

各市农业机械化、能源、化肥、水利（2014年）

Mechanization, Energy Resources, Chemical Fertilizer and Water Conservancy of Agriculture (2014)

市	City	农业机械化情况 Agriculture Mechanization			农村能源情况 Agriculture Energy			农用化肥施用量 Consumption of Chemical Fertilizer	农田水利情况 Farm Water Conservancy
		机耕面积（公顷） Area Cultivated by Machine (hectare)	机播面积（公顷） Area Sown by Machine (hectare)	机收面积（公顷） Mechanical Harvest Area (hectare)	农村用电量（万千瓦小时） Electricity Consumed in Rural Area (10000 kvh)	乡、村办水电站(个) Hydropower Station in Rural Area (unit)	乡、村办水电站发电量（万千瓦小时） Electricity (10000 kwh)	折纯量（吨） by 100% Effective Component (ton)	有效灌溉面积（公顷） Effective Irrigated Areas (hectare)
全　省	**Total**	**5432647**	**6623452**	**4988416**	**6313273**	**246**	**46935.486**	**3356079**	**4404220**
石家庄市	Shijiazhuang	539533	696848	635385	770994	57	11518	488871	508830
#辛集市	Xinji	55102	80835	71266	35701			64148	68600
承 德 市	Chengde	203283	179881	75596	202526	30	4721	113189	116130
张家口市	Zhangjiakou	551716	400086	239447	103335	14	1442	111520	252240
秦皇岛市	Qinhuangdao	189605	95195	40568	250886	6	4281	151891	127510
唐 山 市	Tangshan	494568	542307	290229	1468785	14	5350	386788	455570
廊 坊 市	Langfang	295981	335478	246432	906575			169265	229260
保 定 市	Baoding	639075	885681	754771	510632	49	6612	473886	646520
#定州市	Dingzhou	71106	95880	92360	26429			72500	85660
沧 州 市	Cangzhou	719758	1024336	804035	803112			320305	485110
衡 水 市	Hengshui	609788	759236	587678	318243			283415	481420
邢 台 市	Xingtai	607571	877572	631519	340728	11	383	364447	567190
邯 郸 市	Handan	581769	826832	682756	637457	65	12628	492502	534440

各市主要农业机械和农产品加工机械拥有量（2014年底）

Ownership of Agricultural Machinery and Machinery for Processing Farm Products (End of 2014)

市	City	农业机械总动力（万千瓦） Total Power of Agricultural Machinery (10000 kw)	大中型拖拉机（混合台） Large and Medium Agricultural Tractors (unit)	小型拖拉机（台） Mini-Tractor (unit)	排灌用电动机（台） Electrical Engines (unit)	排灌用柴油机（台） Diesel Engines (unit)	联合收割机（台） Combine Harvester (unit)	农用运输车（辆） Agricultural Vehicles (unit)	农用水泵（台） Agricultural Pump
全　省	**Total**	**10942.9**	**254604**	**1386178**	**1536197**	**970263**	**127713**	**2754110**	**1706065**
石家庄市	Shijiazhuang	2022.2	33557	162680	233626	146447	25983	479936	216472
#辛集市	Xinji	200.0	1998	16680	20666	25081	2199	41276	22959
承 德 市	Chengde	390.0	14988	43872	38077	11924	235	84503	61061
张家口市	Zhangjiakou	328.1	12989	74501	20609	3034	906	70382	21020
秦皇岛市	Qinhuangdao	298.3	5267	43249	46674	24976	224	102794	69797
唐 山 市	Tangshan	1206.6	26387	150354	276557	58104	3055	327099	293858
廊 坊 市	Langfang	694.9	15133	59743	90404	40849	6355	256998	97045
保 定 市	Baoding	1260.8	33334	124240	160063	94999	21284	403477	212026
#定州市	Dingzhou	215.2	2960	20226	21990		2761	83590	21990
沧 州 市	Cangzhou	1265.0	30017	235825	146496	278595	16105	282768	293072
衡 水 市	Hengshui	961.6	23276	195641	105550	123539	17869	119946	64522
邢 台 市	Xingtai	1010.1	31436	209920	177587	63343	17496	189886	156939
邯 郸 市	Handan	1505.2	28220	86153	240554	124453	18201	436321	220253

各市畜禽产品年末存栏数量（2014年）
Number of Livestock Year-end (2014)

单位：百头 (100 units)

市	City	大性畜 Large Animals	牛 Cattle and Buffaloes	生猪 Number of Hogs at Year-end	羊（百只） Sheep and Goats (10000 units)	山羊 Goats	绵羊 Sheep	家禽（百只） Poultrys Poultrys (10000 units)
全　省	**Total**	**48823**	**40242**	**191545**	**152640**	**48156**	**104484**	**3869466**
石家庄市	Shijiazhuang	8467	7906	36510	12945	4406	8539	1227395
#辛集市	Xinji	481	383	4013	1580	377	1203	177902
承德市	Chengde	8592	7319	16255	11047	5793	5254	293531
张家口市	Zhangjiakou	8298	6295	15305	23424	2015	21408	219335
秦皇岛市	Qinhuangdao	2521	2210	14764	12095	5095	7000	174429
唐山市	Tangshan	9330	8222	43155	9535	3870	5665	399642
廊坊市	Langfang	4089	3478	13623	16719	3831	12889	222637
保定市	Baoding	5125	4596	41143	22709	6746	15963	466535
#定州市	Dingzhou	742	737	5872	2129	250	1880	80604
沧州市	Cangzhou	5385	4914	18549	18342	8476	9866	512104
衡水市	Hengshui	4475	4006	23132	13487	7805	5682	386515
邢台市	Xingtai	3085	2818	18398	10668	5616	5052	538061
邯郸市	Handan	4943	3964	35134	36055	21876	14179	1047705

各市畜禽产品当年出栏数量及产量（2014年）
Number of Livestock in the Year and Output of Livestock Products (2014)

市	City	肉猪当年出栏（百头） Slaughtered Pigs in the Year (100 heads)	牛当年出栏（百头） Slaughtered Cattle in the Year (100 heads)	羊当年出栏（百只） Slaughtered Sheep & Goats in the Year (100 units)	家禽当年出栏（百只） Slaughtered Poultry in the Year (100 units)	肉类总产量（吨） Output of Meat (ton)	#猪牛羊肉 Output of Pork, Beef and Mutton	牛奶产量（吨） Output of Cow Milk (ton)	禽蛋产量（吨） Poultry Eggs (ton)
全　省	**Total**	**363841**	**32062**	**218931**	**5962751**	**4681280**	**3640612**	**4877700**	**3627128**
石家庄市	Shijiazhuang	62153	5862	15787	1640910	796195	581737	1238222	1101362
#辛集市	Xinji	7205	135	1590	194260	86853	59150	63258	161000
承德市	Chengde	24969	5233	13899	999398	453919	290827	153063	112548
张家口市	Zhangjiakou	28118	3133	33289	329866	383505	311724	1297809	225690
秦皇岛市	Qinhuangdao	26994	1838	20191	392289	361668	277939	102094	116032
唐山市	Tangshan	67545	4846	11506	691396	756964	615566	1844600	369463
廊坊市	Langfang	23832	3919	23154	331483	326003	272590	233718	169931
保定市	Baoding	66043	2905	28470	590215	681992	584106	855829	439967
#定州市	Dingzhou	10936	663	2940	93870	110152	95361	227508	81939
沧州市	Cangzhou	28042	4503	23753	1063288	498714	318267	93607	340193
衡水市	Hengshui	33151	2931	16458	492943	392040	316304	112773	297599
邢台市	Xingtai	27141	2019	12144	546879	340651	252009	296700	533097
邯郸市	Handan	55549	2906	39378	1063037	719249	509212	236312	1111150

各市水产品产量（2014年）
Output of Aquatic Products (2014)

单位：吨 (ton)

市	City	水产品总产量 Total Aquatic Products	海水产品 Seawater Aquatic Products	#鱼类 Fish	#虾蟹类 Carapace	淡水水域水产品 Freshwater Aquatic Products	#鱼类 Fish	#虾蟹类 Carapace
全　省	**Total**	**1263941**	**731594**	**143783**	**74982**	**532347**	**490131**	**32328**
石家庄市	Shijiazhuang	35003				35003	32704	1209
#辛集市	Xinji	41				41	41	
承 德 市	Chengde	40163				40163	40113	50
张家口市	Zhangjiakou	12591				12591	11449	1142
秦皇岛市	Qinhuangdao	354658	348389	15132	6002	6269	5912	257
唐 山 市	Tangshan	551224	284839	50963	51953	266385	241855	24167
廊 坊 市	Langfang	35376	5091	4776	313	30285	30111	103
保 定 市	Baoding	57062				57062	46449	2497
#定州市	Dingzhou	130				130	130	
沧 州 市	Cangzhou	124934	93275	72912	16714	31659	29977	1670
衡 水 市	Hengshui	8537				8537	8463	74
邢 台 市	Xingtai	10030				10030	9927	17
邯 郸 市	Handan	34363				34363	33171	1142

各市外商投资企业情况（2014年）
Basic Condition of Foreign Funded Enterprises (2014)

金额单位：万美元　企业单位：个 (USD 10000, unit)

市	City	批准合同 合同个数 Number of Contracts	批准合同 合同总金额 Total Value of the Contracts	批准合同 合同外资额 FDI Contracted	注册 个数 Number of Enterprises with FDI	注册 注册资本 Registered Capital	注册 外方注册资本 Registered Capital from FDI	外商直接投资额 Foreign Direct Invest	到2014年底实有外商投资企业数 Actual Number of Enterprises with FDI at End of 2009	#开工在建企业 Enterprises under Construction	#投产企业 Enterprises on Operation
全　省	**Total**	**198**	**1024130**	**496978**	**171**	**414510**	**348306**	**637196**	**3196**	**243**	**1820**
石家庄市	Shijiazhuang	37	171893	78661	24	96017	69619	81666	422	18	342
#辛集市	Xinji		180	-42		120	-42	30	24		24
承 德 市	Chengde	3	30903	10754	1	760	760	14375	92	8	36
张家口市	Zhangjiakou	12	144963	45906	11	38083	34744	31798	125	32	56
秦皇岛市	Qinhuangdao	10	78788	59793	9	19593	13557	60581	333	47	159
唐 山 市	Tangshan	20	109138	65250	18	68809	65329	136489	371	32	214
廊 坊 市	Langfang	18	105680	48520	20	28970	21307	65817	535	28	281
保 定 市	Baoding	16	28725	9240	14	16062	7755	57395	360	18	315
#定州市	Dingzhou	1	844	228	3	1925	343	570	17		16
沧 州 市	Cangzhou	15	102381	42180	9	39650	37894	32974	382	6	181
衡 水 市	Hengshui	6	19695	11924	5	9229	8657	21506	167	4	87
邢 台 市	Xingtai	14	78994	32970	13	14874	7972	46547	140	37	74
邯 郸 市	Handan	47	152970	91780	47	82463	80712	88048	269	13	75

各市规模以上工业企业个数和工业总产值（2014年）
Number and Gross Industrial Value of Industrial Enterprises above Designated Size (2014)

个数单位：个　产值单位：亿元 (unit, 100 million yuan)

市	City	全部工业 Total		内资企业 Domestic Funded Enterprises		#国有企业 State-owned Enterprises		#集体企业 Collective-owned Enterprises	
		企业个数 Number of Enterprises	工业总产值 Gross Industrial Output Value	企业个数 Number of Enterprises	工业总产值 Gross Industrial Output Value	企业个数 Number of Enterprises	工业总产值 Gross Industrial Output Value	企业个数 Number of Enterprises	工业总产值 Gross Industrial Output Value
全　省	**Total**	**14792**	**47675.9**	**13924**	**42429.1**	**183**	**1644.4**	**156**	**375.3**
石家庄市	Shijiazhuang	2594	9022.4	2497	8444.6	21	386.4	22	123.8
#辛集市	Xinji	299	870.0	284	785.8			2	1.0
承 德 市	Chengde	572	1795.5	562	1771.3	8	6.1	3	1.0
张家口市	Zhangjiakou	582	1401.9	553	1274.6	3	2.8	10	4.5
秦皇岛市	Qinhuangdao	481	1564.6	392	974.7	16	119.5	7	3.2
唐 山 市	Tangshan	1598	10337.5	1487	8944.8	26	142.9	25	71.9
廊 坊 市	Langfang	1252	3641.3	1074	3081.4	10	25.9	16	59.5
保 定 市	Baoding	1814	4578.5	1699	4182.8	29	228.1	22	40.4
#定州市	Dingzhou	189	326.1	179	246.3	3	11.7	1	0.4
沧 州 市	Cangzhou	2199	5680.5	2100	5154.4	19	180.1	10	20.8
衡 水 市	Hengshui	1181	1739.6	1123	1617.8	11	85.5	8	9.8
邢 台 市	Xingtai	1242	2720.4	1199	2302.7	11	125.7	12	11.2
邯 郸 市	Handan	1277	5193.7	1238	4679.8	29	341.5	21	29.3

市	City	#股份制经济 Cooperative Enterprise		中外合资、合作企业 Joint Venture, Cooperative Operation Enterprise		外资企业 Foreign Funded Enterprises		港、澳、台投资企业 Funds from Hong Kong, Macao and Taiwan	
		企业个数 Number of Enterprises	工业总产值 Gross Industrial Output Value	企业个数 Number of Enterprises	工业总产值 Gross Industrial Output Value	企业个数 Number of Enterprises	工业总产值 Gross Industrial Output Value	企业个数 Number of Enterprises	工业总产值 Gross Industrial Output Value
全　省	**Total**	**12807**	**38666.6**	**333**	**1525.5**	**255**	**862.6**	**269**	**2091.9**
石家庄市	Shijiazhuang	2302	7514.0	40	141.4	14	85.8	40	348.1
#辛集市	Xinji	252	748.4	3	6.9	3	8.6	9	68.7
承 德 市	Chengde	531	1747.4	7	9.3			3	14.9
张家口市	Zhangjiakou	525	1254.4	12	61.8	10	48.1	7	17.3
秦皇岛市	Qinhuangdao	350	838.3	35	217.7	35	148.7	19	223.4
唐 山 市	Tangshan	1219	7961.2	39	176.6	33	112.4	37	484.2
廊 坊 市	Langfang	994	2919.4	42	199.1	95	211.9	40	148.0
保 定 市	Baoding	169	230.9	66	159.7	19	84.7	30	151.4
#定州市	Dingzhou	169	230.9	7	3.7			3	76.1
沧 州 市	Cangzhou	1991	4771.7	37	295.9	25	47.3	36	167.0
衡 水 市	Hengshui	1046	1471.6	24	47.3	10	22.1	21	49.6
邢 台 市	Xingtai	1116	2125.1	19	25.2	7	84.7	16	182.3
邯 郸 市	Handan	1153	4237.8	12	191.4	7	16.8	20	305.7

各市规模以上工业企业主要指标（2014年）
Main Indicators of Industrial Enterprises above Designated Size (2014)

单位：亿元 (100 million yuan)

市	City	企业单位数(个) Number of Enterprises (unit)	实收资本 Total Capital Hold	流动资产合计 Total Working Capitals	#存货 Inventory	#产成品 Finished Products	固定资产合计 Fixed Assets	固定资产原价 Original Value of Fixed Assets	累计折旧 Accumulated Depreciation
全省	**Total**	**14792**	**7374.9**	**16379.2**	**4050.0**	**1491.2**	**19804.5**	**27679.3**	**9644.5**
石家庄市	Shijiazhuang	2594	946.7	1880.5	525.4	200.4	2478.7	3467.2	1172.0
#辛集市	Xinji	299	29.4	97.2	18.7	9.3	140.4	173.8	44.5
承德市	Chengde	572	273.4	876.3	202.8	58.2	1016.7	1320.9	403.4
张家口市	Zhangjiakou	582	345.0	755.5	281.6	51.2	995.8	1347.0	448.0
秦皇岛市	Qinhuangdao	481	412.0	949.0	261.5	111.4	631.0	981.5	412.0
唐山市	Tangshan	1598	1963.9	3719.2	890.8	303.9	5149.4	7160.3	2525.0
廊坊市	Langfang	1252	431.4	1195.2	249.2	96.8	1200.7	1851.6	699.4
保定市	Baoding	1814	631.3	1954.5	405.4	176.6	1214.4	1770.6	652.9
#定州市	Dingzhou	189	48.7	98.1	21.5	8.8	119.5	172.3	53.9
沧州市	Cangzhou	2199	875.5	1162.5	276.1	106.8	3875.8	4609.0	1120.0
衡水市	Hengshui	1181	320.8	721.6	162.5	68.4	433.4	635.8	231.4
邢台市	Xingtai	1242	430.2	1061.7	209.9	83.3	943.3	1401.7	606.3
邯郸市	Handan	1277	744.8	2103.2	584.8	234.2	1865.1	3133.8	1374.1

市	City	资产总计 Total Assets	流动负债合计 Total Working Liabilities	非流动负债合计 Total NonWorking Liabilities	所有者权益合计 Total Owners' Equities	主营业务收入 Revenuefrom Principal Business	主营业务成本 Costof Principal Business	主营业务税金及附加 Taxesand OtherCharges onPrincipal Business	本年应交增值税 Value-added Tax Payable
全省	**Total**	**42555.67**	**18731.89**	**4256.20**	**18196.23**	**47207.76**	**40935.69**	**467.52**	**1160.87**
石家庄市	Shijiazhuang	5187.28	1933.45	401.93	2739.73	8990.79	7574.56	94.61	213.59
#辛集市	Xinji	371.39	122.48	8.23	226.83	873.01	700.13	4.02	26.43
承德市	Chengde	2201.93	1341.21	182.17	609.46	1676.93	1416.78	22.96	63.56
张家口市	Zhangjiakou	2054.18	983.03	474.89	561.31	1108.64	893.09	46.16	39.82
秦皇岛市	Qinhuangdao	1781.16	946.07	152.56	559.53	1645.83	1488.10	7.93	32.93
唐山市	Tangshan	10703.42	5426.53	1470.75	3676.04	10989.34	9562.41	55.56	276.36
廊坊市	Langfang	2607.85	1204.97	94.07	1035.23	3567.65	3163.79	15.72	83.47
保定市	Baoding	3675.44	1700.14	423.52	1464.57	4496.49	3823.23	56.39	130.97
#定州市	Dingzhou	238.94	116.10	29.75	90.17	307.44	262.15	2.13	15.30
沧州市	Cangzhou	5520.79	1267.84	367.49	3756.68	5513.68	4803.88	132.90	125.45
衡水市	Hengshui	1302.06	535.52	54.62	638.04	1642.21	1417.26	9.50	33.76
邢台市	Xingtai	2331.73	929.09	218.85	1071.25	2640.75	2350.79	8.26	58.65
邯郸市	Handan	5189.83	2464.05	415.35	2084.38	4935.45	4441.80	17.52	102.31

各市国有及国有控股工业企业主要指标（2014年）

Main Indicators of State-owned and State-holding Industrial Enterprises (2014)

单位：亿元 (100 million yuan)

市	City	企业单位数（个） Number of Enterprises (unit)	实收资本 Total Capital Hold	流动资产合计 Total Working Capitals	#存货 Inventory	#产成品 Finished Products	固定资产合计 Fixed Assets	固定资产原价 Original Value of Fixed Assets	累计折旧 Accumulated Depreciation
全　省	**Total**	**794**	**2952.35**	**5238.53**	**1602.57**	**457.17**	**8106.58**	**12228.36**	**4861.65**
石家庄市	Shijiazhuang	97	280.50	619.74	211.12	53.91	773.88	1266.98	544.63
#辛集市	Xinji	2	1.79	14.23	1.99	1.04	5.75	7.16	2.04
承 德 市	Chengde	58	125.14	248.82	97.07	10.10	503.34	662.85	206.86
张家口市	Zhangjiakou	89	229.95	427.32	205.07	18.58	786.87	1068.17	358.05
秦皇岛市	Qinhuangdao	50	151.60	293.26	104.55	42.71	277.54	426.49	177.88
唐 山 市	Tangshan	117	978.90	1634.64	420.75	120.15	3070.40	4290.71	1524.56
廊 坊 市	Langfang	64	64.88	82.28	17.92	5.02	177.17	314.88	141.04
保 定 市	Baoding	102	201.43	423.96	127.87	53.89	454.51	753.26	342.60
#定州市	Dingzhou	8	30.99	32.74	6.38	1.91	72.18	107.60	35.60
沧 州 市	Cangzhou	57	384.97	227.81	65.65	17.86	715.72	1284.44	604.45
衡 水 市	Hengshui	35	39.64	63.61	21.73	11.25	101.97	202.94	105.41
邢 台 市	Xingtai	46	111.25	233.40	19.44	8.11	351.32	481.43	232.85
邯 郸 市	Handan	79	384.10	983.68	311.40	115.58	893.87	1476.20	623.33

市	City	资产总计 Total Assets	流动负债合计 Total Working Liabilities	非流动负债合计 Total NonWorking Liabilities	所有者权益合计 Total Owners' Equities	主营业务收入 Revenuefrom Principal Business	主营业务成本 Costof Principal Business	主营业务税金及附加 Taxesand OtherCharges onPrincipal Business	本年应交增值税 Value-added Tax Payable
全　省	**Total**	**16507.43**	**7860.12**	**2854.10**	**5657.22**	**10989.90**	**9548.70**	**275.53**	**357.22**
石家庄市	Shijiazhuang	1661.62	822.54	178.61	655.59	1332.80	1132.89	57.37	37.45
#辛集市	Xinji	19.98	13.94		6.04	14.36	12.10	0.07	0.48
承 德 市	Chengde	853.52	534.87	108.77	203.12	490.85	433.58	1.68	12.63
张家口市	Zhangjiakou	1445.53	705.89	374.43	361.47	607.11	485.84	40.88	27.27
秦皇岛市	Qinhuangdao	648.64	350.79	94.54	203.31	496.49	435.58	4.06	11.31
唐 山 市	Tangshan	5875.52	2786.57	1116.43	1949.71	3696.72	3345.82	27.04	91.33
廊 坊 市	Langfang	298.34	141.58	30.89	123.41	319.95	292.88	1.29	10.39
保 定 市	Baoding	1019.94	494.98	255.82	264.96	940.77	799.22	16.03	33.10
#定州市	Dingzhou	111.17	52.29	18.64	40.22	128.26	103.13	1.60	10.21
沧 州 市	Cangzhou	1061.77	291.17	257.44	491.25	1116.04	873.64	116.14	56.67
衡 水 市	Hengshui	193.32	91.57	20.18	81.44	199.59	169.13	3.26	7.17
邢 台 市	Xingtai	651.72	217.72	103.40	326.88	332.47	283.41	2.14	15.34
邯 郸 市	Handan	2797.49	1422.44	313.61	996.08	1457.11	1296.71	5.64	54.55

各市私营工业企业主要指标（2014年）

Main Indicators of Private Enterprises (2014)

单位：亿元 (100 million yuan)

市	City	企业单位数(个) Number of Enterprises (unit)	实收资本 Total Capital Hold	流动资产合计 Total Working Capitals	#存货 Inventory	#产成品 Finished Products	固定资产合计 Fixed Assets	固定资产原价 Original Value of Fixed Assets	累计折旧 Accumulated Depreciation
全省	**Total**	**9600**	**2270.51**	**4974.76**	**1142.54**	**530.41**	**7178.17**	**8866.14**	**2351.29**
石家庄市	Shijiazhuang	1976	392	637	160	77	1186	1547.48	433.03
#辛集市	Xinji	274	23.18	71.24	13.26	6.29	126.15	154.40	37.44
承德市	Chengde	365	85.48	383.27	68.48	32.50	297.45	389.44	124.26
张家口市	Zhangjiakou	274	42.68	139.24	29.78	16.08	91.26	122.09	37.76
秦皇岛市	Qinhuangdao	261	85.73	280.22	53.28	27.62	136.74	194.15	78.44
唐山市	Tangshan	997	606.91	1097.24	248.35	98.39	1264.36	1675.35	542.86
廊坊市	Langfang	646	109.22	346.22	78.00	37.71	501.46	799.19	311.70
保定市	Baoding	1050	159	382	105	54	250	295.80	78.55
#定州市	Dingzhou	77	4.25	16.75	5.10	2.38	4.79	6.66	2.43
沧州市	Cangzhou	1730	330.43	541.63	119.13	56.53	2591.72	2667.18	358.25
衡水市	Hengshui	763	172.40	353.63	73.88	33.80	196.14	254.88	68.37
邢台市	Xingtai	766	143.74	330.70	87.72	37.28	255.91	342.00	108.38
邯郸市	Handan	772	142.65	483.42	119.70	59.52	407.92	578.57	209.69

市	City	资产总计 Total Assets	流动负债合计 Total Working Liabilities	非流动负债合计 Total Working Liabilities	所有者权益合计 Total Owners' Equities	主营业务收入 Revenue from Principal Business	主营业务成本 Cost of Principal Business	主营业务税金及附加 Taxes and Other Charges on Principal Business	本年应交增值税 Value-added Tax Payable
全省	**Total**	**13685.76**	**5127.93**	**543.34**	**7240.08**	**21503.60**	**18712.84**	**101.63**	**483.32**
石家庄市	Shijiazhuang	2160.16	601.60	127.39	1355.26	5747.28	4876.84	27.15	125.25
#辛集市	Xinji	307.85	95.52	7.51	191.56	766.92	616.24	3.56	21.53
承德市	Chengde	824.07	516.86	41.38	225.71	745.08	634.51	12.26	30.31
张家口市	Zhangjiakou	267.90	124.99	41.74	82.54	265.26	213.91	3.33	6.84
秦皇岛市	Qinhuangdao	485.16	203.62	22.58	148.07	566.00	532.61	1.71	10.96
唐山市	Tangshan	2709.47	1605.96	148.30	895.31	4185.26	3508.69	17.54	129.07
廊坊市	Langfang	898.15	309.09	31.01	393.42	1555.57	1428.77	5.95	30.68
保定市	Baoding	720.55	246.81	30.97	395.58	1571.99	1363.45	10.36	39.85
#定州市	Dingzhou	23.09	12.44	0.38	9.45	38.94	36.34	0.09	0.41
沧州市	Cangzhou	3346.09	643.42	26.80	2607.21	3296.99	2953.69	11.52	52.45
衡水市	Hengshui	609.53	223.05	13.52	318.10	860.10	762.69	3.72	13.58
邢台市	Xingtai	686.10	276.11	25.16	326.07	1006.98	897.53	3.30	21.99
邯郸市	Handan	978.59	376.42	34.48	492.80	1703.11	1540.14	4.79	22.33

各市建筑业生产情况(2014年)

Productive Indicators on Construction Enterprises (2014)

市	City	建筑企业个数(个) Number of Construction Enterprises (unit)	从业人员(人) Number of Employed persons (person)	建筑企业平均人数(人) Annual Average Employed Personnel (person)	建筑业总产值(万元) Gross Output Value of Construction (10000 yuan)	房屋建筑施工面积(万平方米) Floor Space of Building and Construction (10000 sq.m)	房屋建筑竣工面积(万平方米) Floor Space of Building Completed (10000 sq.m)	#住宅 Residential Building
全　省	**Total**	**2496**	**1141849**	**1462698**	**56257459.7**	**37112.7**	**12582.7**	**9277.6**
石家庄市	Shijiazhuang	258	128187	154103	11318294.4	7591.0	1513.2	929.6
#辛集市	Xinji	10	4741	4781	72860.8	153.7	27.7	21.9
承 德 市	Chengde	203	49797	65993	1857984.1	1014.4	424.5	343.5
张家口市	Zhangjiakou	151	36003	54672	2319775.4	1920.2	831.0	634.8
秦皇岛市	Qinhuangdao	222	45383	54392	2001461.7	1564.2	580.6	460.2
唐 山 市	Tangshan	335	133441	162618	5927299.6	4420.8	1206.7	801.9
廊 坊 市	Langfang	216	63229	189969	7630704.6	3649.2	1157.2	787.2
保 定 市	Baoding	285	306854	377381	13387870.7	8564.7	3589.6	2778.9
#定州市	Dingzhou	25	1390	51799	2094547.6	1203.0	608.7	549.6
沧 州 市	Cangzhou	210	111039	119678	4198525.4	2063.6	929.2	681.7
衡 水 市	Hengshui	147	53791	58805	1284194.5	1102.4	540.0	471.7
邢 台 市	Xingtai	163	59481	62506	1652081.6	1227.0	462.4	350.1
邯 郸 市	Handan	306	154644	162581	4679267.7	3995.2	1348.3	1038.0

各市建筑业主要财务指标（2014年）

Major Financial Indicators on Construction Enterprises (2014)

单位：万元 (10000 yuan)

市	City	资产合计 Total Assets	#流动资产 Total Working Capitals	#固定资产 Fixed Assets	负债合计 Total Liabilities	流动负债 Liquid Liabilities	非流动负债 Total Non Working Liabilities	所有者权益 Owners' Equity	#实收资本 Capitals Hold
全　省	**Total**	**41561072**	**33024525**	**5099004**	**27218213**	**25195223**	**1251792**	**14342862**	**12982324**
石家庄市	Shijiazhuang	6916843	5815476	684686	5323923	5181429	74139	1592920	1152717
#辛集市	Xinji	151717	117625	21389	120034	120034		31683	23946
承 德 市	Chengde	1895756	1500787	284330	1069811	971615	59199	825945	2973105
张家口市	Zhangjiakou	1694688	1475824	148950	1306461	1183124	57072	388227	233130
秦皇岛市	Qinhuangdao	3177835	2598941	258869	2391456	2216622	92792	786379	533905
唐 山 市	Tangshan	7508210	5996630	856608	5136702	4563192	474959	2371508	1344121
廊 坊 市	Langfang	5161620	4544854	391530	3475673	3280350	126330	1685949	702093
保 定 市	Baoding	5345328	4182538	743971	3279880	3035577	71367	2065448	1062611
#定州市	Dingzhou	296541	245645	47269	94725	28373		201817	71070
沧 州 市	Cangzhou	2853617	2226394	347879	1766186	1722714	28570	1087432	622300
衡 水 市	Hengshui	894823	670208	190922	358656	312853	9981	536167	280159
邢 台 市	Xingtai	2412267	1316404	551896	1043615	876750	132762	1368652	827886
邯 郸 市	Handan	3700085	2696470	639363	2065850	1850998	124623	1634235	3250297

各市社会消费品零售总额及亿元以上商品交易市场基本情况（2014年）

Total Retail Sales of Consumer Goods and Commodity Markets on Sales Value Over 100 Million Yuan (2014)

单位：亿元 (100 million yuan)

市	City	社会消费品零售总额 Total Retail Sales of Consumer Goods	城镇 Urban Areas	#城区 City Proper	乡村 Rural Areas	亿元以上商品交易市场 Markets on Sales Value Over 100 Million Yuan 摊位数（个） Number of Booths (unit)	市场成交额 Transaction Value of Markets
全省	**Total**	**11820.5**	**9045.6**	**5895.9**	**2774.7**	**305169**	**5193.0**
石家庄市	Shijiazhuang	2451.8	1926.7	1478.9	525.1	64204	1370.1
#辛集市	Xinji	233.0	156.0	134.8	77.0	966	48.7
承德市	Chengde	446.8	311.4	113.6	135.4	7748	42.3
张家口市	Zhangjiakou	562.2	425.5	305.4	136.7	5867	97.8
秦皇岛市	Qinhuangdao	577.6	484.5	394.2	93.0	28292	176.4
唐山市	Tangshan	1957.1	1559.7	1133.3	397.4	13687	324.4
廊坊市	Langfang	723.7	460.6	194.6	263.0	17779	366.3
保定市	Baoding	1501.8	1171.7	613.0	330.0	65012	1266.5
#定州市	Dingzhou	130.2	98.1	76.3	32.0	1225	24.1
沧州市	Cangzhou	1007.9	735.0	536.7	272.9	43513	564.1
衡水市	Hengshui	553.0	394.4	273.0	158.6	16513	241.6
邢台市	Xingtai	796.2	623.3	463.9	172.9	15898	194.8
邯郸市	Handan	1242.4	952.7	389.3	289.7	26656	548.7

各市限额以上批发和零售业基本情况（2014年）

Basic Indicators of Enterprises above Designated Size in Wholesale and Retail Sale Trade (2014)

单位：万元 (10000 yuan)

市	City	法人企业（个） Number of Corporation Enterprises (unit)	年末从业人员（人） Engaged Persons at Year-end (person)	购进总额 Total Purchases	销售总额 Total Sales	#零售 Retail Value	年末库存总额 Total Stock to Year-end	年末零售营业面积（平方米） Operational Area of Retail Sale Trade (sq.m)
全省	**Total**	**4027**	**367418**	**106323493**	**115790732**	**35806890**	**6634796**	**22480801**
石家庄市	Shijiazhuang	446	60223	23688788	24824430	8050636	1642665	2184339
#辛集市	Xinji	13	1854	183217	106485	67620	139710	72670
承德市	Chengde	184	17638	1754536	2640725	871052	216387	1279249
张家口市	Zhangjiakou	204	17423	3105805	3409605	1481270	217622	1437106
秦皇岛市	Qinhuangdao	285	18095	9372776	10313301	1624418	510326	965128
唐山市	Tangshan	518	66400	17072276	18320930	5360216	1259771	5256322
廊坊市	Langfang	265	18590	7728882	8425350	5557333	353735	959309
保定市	Baoding	516	47804	13799987	14631048	3453447	714441	2107903
#定州市	Dingzhou	33	5444	250718	281092	196797	18509	130312
沧州市	Cangzhou	438	42559	6394322	7632264	2586860	626189	2237359
衡水市	Hengshui	386	21470	3370402	3863750	1399701	293077	2270132
邢台市	Xingtai	338	24581	3324352	3870677	1736246	374976	1412861
邯郸市	Handan	447	32635	16707143	17858500	3685760	426418	2438252

各市限额以上住宿业和餐饮业基本情况（2014年）

Basic Indicators of Hotels and Catering Services above Designated Size (2014)

市	City	法人企业（个）Number of Corporation Enterprises (unit)	从业人数（人）Engaged Persons (person)	营业额（万元）Business Revenue (10000 yuan)	#客房收入 From Hotel Rooms	#餐费收入 Revenue from Meals	#商品销售收入 Total Sales of Commodities
全省	**Total**	**961**	**94188**	**1049407.2**	**37602.6**	**627096.9**	**23885.7**
石家庄市	Shijiazhuang	109	16157	212212	68426.1	124548.4	3955.4
#辛集市	Xinji	4	417	2604.9	921.8	1671.3	
承德市	Chengde	69	6059	64685.9	25661.6	35428.8	372.2
张家口市	Zhangjiakou	98	9332	81538.1	23945.7	50110.8	3316.2
秦皇岛市	Qinhuangdao	93	6866	92541.4	33633.7	53640.4	871.1
唐山市	Tangshan	109	11115	122085.9	34911.8	80215.5	1736.6
廊坊市	Langfang	70	7218	79432.8	26752.3	41785.6	1780.2
保定市	Baoding	119	11587	123795.8	33842	76189.6	5956.1
#定州市	Dingzhou	2	428	2569	800.2	1707.7	48.6
沧州市	Cangzhou	66	6590	61425.1	21631.9	34787.2	532.1
衡水市	Hengshui	51	3887	47380.4	18286.6	27591.7	289.7
邢台市	Xingtai	79	6224	54994.9	19556.2	31239.9	2181.8
邯郸市	Handan	98	9153	109314.9	30954.7	71559	2894.3

各市科技、教育主要指标

Major Indicators of Science, Technology and Education

市	City	专利申请受理量(件) Applications Accepted (unit)		专利申请授权量(件) Paten Granted (unit)		普通中学在校学生数(万人) Student Enrollment Regular Secondary Schools (10000 persons)		小学在校学生数(万人) Student Enrollment Primary Schools (10000 persons)	
		2013	2014	2013	2014	2013	2014	2013	2014
全省	**Total**	**27619**	**30000**	**18186**	**20132**	**318.13**	**339.23**	**546.21**	**564.29**
石家庄市	Shijiazhuang	5996	6373	3799	4433	45.96	47.42	68.52	72.06
#辛集市	Xinji	123	132	68	101	3.61	3.63	3.93	3.96
承德市	Chengde	415	474	299	300	15.84	16.21	25.27	26.24
张家口市	Zhangjiakou	689	1058	420	525	19.28	19.75	28.55	29.11
秦皇岛市	Qinhuangdao	2257	2298	1387	1310	12.70	12.80	18.37	18.84
唐山市	Tangshan	3419	3794	2398	2636	31.96	33.33	47.38	47.98
廊坊市	Langfang	2250	2965	1594	2156	18.85	20.37	34.26	36.56
保定市	Baoding	4837	4723	3267	3385	49.46	53.54	88.18	90.92
#定州市	Dingzhou	97	73	69	75	6.33	6.72	9.84	9.82
沧州市	Cangzhou	1780	2307	1312	1545	28.38	30.77	55.41	58.98
衡水市	Hengshui	1408	1392	1084	1061	22.06	23.73	31.80	32.64
邢台市	Xingtai	1967	1975	1146	1283	30.95	34.08	56.72	58.66
邯郸市	Handan	2601	2641	1480	1498	42.68	47.23	91.77	92.30

各市文化、卫生主要指标（2014年）
Major Indicators of Culture and Public Health (2014)

市	City	公共图书馆（个）Public Libraries (unit)	公共图书馆图书藏量（万册）Total Collections of Public Libraries (1000 volumes)	卫生机构数（个）Number of Health Institutions (unit)	卫生机构床位数（张）Beds in Health Care Institutions (unit)	卫生技术人员（人）Medical Technical Personnel (person)	#执业(助理)医师 Licensed (Assistant) Doctors
全　省	**Total**	**172**	**2104.78**	**78906**	**322909**	**351705**	**157803**
石家庄市	Shijiazhuang	25	346.76	6571	49496	61040	28209
承德市	Chengde	11	91.37	3751	17588	17650	7982
张家口市	Zhangjiakou	16	139.61	5607	20587	17879	7352
秦皇岛市	Qinhuangdao	6	127.81	3763	16944	18684	8222
唐山市	Tangshan	13	228.07	9167	40276	45218	19204
廊坊市	Langfang	10	220.61	5960	17958	21187	8895
保定市	Baoding	23	212.69	11019	40641	47498	21287
沧州市	Cangzhou	15	126.26	9728	31289	34753	16009
衡水市	Hengshui	12	58.54	5966	16720	18099	8973
邢台市	Xingtai	20	139.17	8792	30275	31200	14825
邯郸市	Handan	20	167.46	8582	41135	38497	16845

各市婚姻服务情况（2014年）
Statistics on Marriages and Divorces (2014)

市	City	结婚登记（对）Total Number of Registered Marriages (couple)	内地居民登记结婚 Registered Marriages in the Mainland	初婚（人）First Marriages (person)	再婚（人）Re-marriages (person)	涉外登记结婚 Registered Marriages with Foreigner	离婚（对）Divorces (couple)	#涉外离婚 Divorces with Foreigner
全　省	**Total**	**661326**	**660732**	**1099881**	**222771**	**594**	**146877**	**60**
石家庄市	Shijiazhuang	100486	100486	170523	30449		19697	
承德市	Chengde	28950	28950	95036	25404		19639	
张家口市	Zhangjiakou	34975	34975	36694	11834		8475	
秦皇岛市	Qinhuangdao	24264	24264	190489	19049		12966	
唐山市	Tangshan	60220	60220	113533	18595		11326	
廊坊市	Langfang	42130	42130	163970	37206		22517	
保定市	Baoding	100588	100588	57280	12670		10148	
沧州市	Cangzhou	64344	64344	42084	15816		9819	
衡水市	Hengshui	33942	33942	105328	23360		14658	
邢台市	Xingtai	66064	66064	67916	16344		10869	
邯郸市	Handan	104769	104769	56113	11771		6703	

各县(市)在岗职工平均工资(2014年)

Average Wage of Staff and Workers (on Post) (2014)

单位：元　　　　(yuan)

县（市）	County (City)	在岗职工平均工资 Average Wage of Staff and Workers	位次 Position
涿州市	Zhuozhou	63526	1
任丘市	Renqiu	61997	2
迁安市	Qian'an	55018	3
正定县	Zhengding	53465	4
大厂回族自治县	Dachang	50721	5
三河市	Sanhe	50088	6
霸州市	Bazhou	49914	7
固安县	Gu'an	47636	8
香河县	Xianghe	46899	9
宽城满族自治县	Kuancheng	46521	10
青　县	Qingxian	45162	11
黄骅市	Huanghua	45124	12
孟村回族自治县	Mengcun	44382	13
卢龙县	Lulong	43720	14
玉田县	Yutian	43682	15
万全县	Wanquan	43647	16
磁　县	Cixian	43622	17
平山县	Pingshan	43473	18
高碑店市	Gaobeidian	43293	19
张北县	Zhangbei	43280	20
迁西县	Qianxi	43126	21
宣化县	Xuanhua	43040	22
永清县	Yongqing	42869	23
蔚　县	Yuxian	42781	24
河间市	Hejian	42237	25
肃宁县	Suning	41664	26
乐亭县	Leting	41662	27
遵化市	Zuihua	41657	28
青龙满族自治县	Qinglong	41484	29
武安市	Wu'an	41442	30
沙河市	Shahe	41371	31
滦　县	Luanxian	41104	32
沧　县	Cangxian	41061	33
怀来县	Huailai	40978	34
平泉县	Pingquan	40830	35
承德县	Chengde	40757	36
南皮县	Nanpi	40643	37
抚宁县	Funing	40366	38
东光县	Dongguang	40293	39
围场满蒙自治县	Weichang	40217	40
清河县	Qinghe	40204	41
邢台县	Xingtai	40168	42
滦平县	Luanping	39998	43
邯郸县	Handan	39759	44
泊头市	Botou	39741	45
南和县	Nanhe	39659	46
徐水县	Xushui	39256	47
赤城县	Chicheng	39073	48
涞源县	Laiyuan	38876	49
内丘县	Neiqiu	38661	50
涉　县	Shexian	38627	51
井陉县	Jingxing	38532	52
定州市	Dingzhou	38447	53
昌黎县	Changli	38257	54
滦南县	Luannan	38229	55
深州市	Shenzhou	38184	56
涿鹿县	Zhuolu	38062	57
易　县	Yixian	37830	58
成安县	Cheng'an	37820	59
辛集市	Xinji	37719	60
献　县	Xianxian	37526	61
雄　县	Xiongxian	37523	62
宁晋县	Ningjin	37412	63
任　县	Renxian	37249	64
沽源县	Guyuan	37187	65
枣强县	Zaoqiang	37161	66
故城县	Gucheng	37134	67
大城县	Dacheng	37114	68
文安县	Wen'an	37108	69
隆化县	Longhua	37107	70
邱　县	Qiuxian	36970	71
安平县	Anping	36779	72
尚义县	Shangyi	36769	73
临城县	Lincheng	36690	74
崇礼县	Chongli	36644	75
盐山县	Yanshan	36492	76
平乡县	Pingxiang	36393	77
隆尧县	Longyao	36313	78
阜城县	Fucheng	36282	79
康保县	Kangbao	36269	80
丰宁满族自治县	Fengning	36193	81
清苑县	Qingyuan	36178	82
柏乡县	Baixiang	36110	83
冀州市	Jizhou	35824	84
兴隆县	Xinglong	35804	85
新乐市	Xinle	35709	86
满城县	Mancheng	35607	87
涞水县	Laishui	35574	88
武强县	Wuqiang	35343	89
临西县	Linxi	35274	90
武邑县	Wuyi	35244	91
大名县	Daming	34851	92
南宫市	Nangong	34715	93
肥乡县	Feixiang	34531	94
定兴县	Dingxing	34504	95
安新县	Anxin	34378	96
馆陶县	Guantao	34313	97
饶阳县	Raoyang	34248	98
景　县	Jingxian	34133	99
无极县	Wuji	33968	100
海兴县	Haixing	33944	101
行唐县	Xingtang	33904	102
广平县	Guangping	33859	103
唐　县	Tangxian	33763	104
晋州市	Jinzhou	33630	105
新河县	Xinhe	33540	106
高阳县	Gaoyang	33525	107
广宗县	Guangzong	33355	108
容城县	Rongcheng	33254	109
鸡泽县	Jize	33254	110
望都县	Wangdu	33197	111
威　县	Weixian	32944	112
吴桥县	Wuqiao	32640	113
曲阳县	Quyang	32495	114
元氏县	Yuanshi	32331	115
博野县	Boye	32212	116
阜平县	Fuping	32174	117
永年县	Yongnian	32045	118
怀安县	Huai'an	31966	119
巨鹿县	Julu	31814	120
赵　县	Zhaoxian	31719	121
蠡　县	Lixian	31692	122
安国市	Anguo	31017	123
高邑县	Gaoyi	30694	124
临漳县	Linzhang	30694	125
灵寿县	Lingshou	29973	126
阳原县	Yangyuan	29932	127
曲周县	Quzhou	29786	128
顺平县	Shunping	28704	129
魏　县	Weixian	28388	130
赞皇县	Zanhuang	28371	131
深泽县	Shenze	27925	132

各县(市)全社会固定资产投资额(2014年)

Total Investment in Fixed Assets (2014)

单位：万元 (10000 yuan)

县（市）	County (City)	全社会固定资产投资额 Total Investmet in Fixed Assets	位次 Position
迁安市	Qian'an	5261108	1
三河市	Sanhe	4285536	2
武安市	Wu'an	2897855	3
滦　县	Luanxian	2757177	4
遵化市	Zuihua	2583692	5
霸州市	Bazhou	2492097	6
玉田县	Yutian	2391670	7
文安县	Wen'an	2324086	8
井陉县	Jingxing	2319397	9
晋州市	Jinzhou	2262548	10
定州市	Dingzhou	2209046	11
正定县	Zhengding	2183105	12
滦南县	Luannan	2132322	13
涉　县	Shexian	2106271	14
磁　县	Cixian	2100542	15
黄骅市	Huanghua	2071260	16
迁西县	Qianxi	2035970	17
沙河市	Shahe	2010201	18
永年县	Yongnian	1989857	19
辛集市	Xinji	1934776	20
新乐市	Xinle	1925789	21
宁晋县	Ningjin	1913769	22
平山县	Pingshan	1827955	23
邯郸县	Handan	1827083	24
沧　县	Cangxian	1738347	25
元氏县	Yuanshi	1727209	26
河间市	Hejian	1722061	27
魏　县	Weixian	1720027	28
涿州市	Zhuozhou	1713862	29
泊头市	Botou	1709739	30
献　县	Xianxian	1689684	31
肃宁县	Suning	1623834	32
平泉县	Pingquan	1612916	33
青　县	Qingxian	1597056	34
滦平县	Luanping	1583577	35
宽城满族自治县	Kuancheng	1575432	36
承德县	Chengde	1570935	37
大名县	Daming	1553172	38
香河县	Xianghe	1552977	39
丰宁满族自治县	Fengning	1546179	40
盐山县	Yanshan	1531281	41
成安县	Cheng'an	1522031	42
固安县	Gu'an	1505494	43
任丘市	Renqiu	1482515	44

县（市）	County (City)	全社会固定资产投资额 Total Investmet in Fixed Assets	位次 Position
临漳县	Linzhang	1426549	45
行唐县	Xingtang	1425431	46
徐水县	Xushui	1393872	47
乐亭县	Leting	1390937	48
曲周县	Quzhou	1348165	49
兴隆县	Xinglong	1336152	50
隆化县	Longhua	1316509	51
赵　县	Zhaoxian	1307830	52
大城县	Dacheng	1273322	53
清河县	Qinghe	1258701	54
赞皇县	Zanhuang	1239051	55
故城县	Gucheng	1205692	56
鸡泽县	Jize	1185923	57
馆陶县	Guantao	1176233	58
易　县	Yixian	1161171	59
昌黎县	Changli	1155109	60
宣化县	Xuanhua	1147647	61
无极县	Wuji	1142749	62
景　县	Jingxian	1142302	63
怀来县	Huailai	1131690	64
永清县	Yongqing	1129501	65
东光县	Dongguang	1122013	66
南皮县	Nanpi	1117465	67
清苑县	Qingyuan	1113692	68
定兴县	Dingxing	1113170	69
高碑店市	Gaobeidian	1111993	70
涿鹿县	Zhuolu	1104135	71
安国市	Anguo	1092006	72
大厂回族自治县	Dachang	1059758	73
肥乡县	Feixiang	1041814	74
围场满蒙自治县	Weichang	1025000	75
张北县	Zhangbei	1024425	76
内丘县	Neiqiu	1018127	77
冀州市	Jizhou	995288	78
南宫市	Nangong	991643	79
涞水县	Laishui	978186	80
灵寿县	Lingshou	973754	81
邢台县	Xingtai	937570	82
孟村回族自治县	Mengcun	925293	83
深州市	Shenzhou	886568	84
安平县	Anping	875265	85
吴桥县	Wuqiao	874917	86
枣强县	Zaoqiang	855151	87

县（市）	County (City)	全社会固定资产投资额 Total Investmet in Fixed Assets	位次 Position
赤城县	Chicheng	849808	88
怀安县	Huai'an	839402	89
广平县	Guangping	832271	90
抚宁县	Funing	825201	91
隆尧县	Longyao	801613	92
万全县	Wanquan	783556	93
安新县	Anxin	766946	94
卢龙县	Lulong	764915	95
蔚　县	Yuxian	752324	96
崇礼县	Chongli	737885	97
青龙满族自治县	Qinglong	737668	98
雄　县	Xiongxian	714237	99
满城县	Mancheng	710672	100
涞源县	Laiyuan	701113	101
深泽县	Shenze	675774	102
邱　县	Qiuxian	659651	103
高邑县	Gaoyi	651534	104
临西县	Linxi	648981	105
沽源县	Guyuan	648274	106
巨鹿县	Julu	629749	107
平乡县	Pingxiang	627644	108
威　县	Weixian	627152	109
唐　县	Tangxian	620120	110
高阳县	Gaoyang	582657	111
临城县	Lincheng	573093	112
南和县	Nanhe	569096	113
阜城县	Fucheng	549267	114
容城县	Rongcheng	544227	115
广宗县	Guangzong	488793	116
任　县	Renxian	483740	117
望都县	Wangdu	478028	118
饶阳县	Raoyang	472192	119
阜平县	Fuping	468629	120
康保县	Kangbao	464933	121
蠡　县	Lixian	459907	122
海兴县	Haixing	445899	123
阳原县	Yangyuan	422822	124
博野县	Boye	418629	125
顺平县	Shunping	392574	126
曲阳县	Quyang	388766	127
武邑县	Wuyi	349872	128
武强县	Wuqiang	303436	129
柏乡县	Baixiang	284394	130
新河县	Xinhe	208187	131
尚义县	Shangyi	164875	132

各县(市)地方公共财政预算收入(2014年)

Local Public Budget Revenue (2014)

单位：万元　　(10000 yuan)

县（市）	County (City)	地方公共财政预算收入 Local Public Budget Revenue	位次 Position
三河市	Sanhe	655417	1
迁安市	Qian'an	350861	2
武安市	Wu'an	325762	3
香河县	Xianghe	266010	4
固安县	Gu'an	254137	5
任丘市	Renqiu	245295	6
霸州市	Bazhou	169794	7
涿州市	Zhuozhou	162297	8
滦　县	Luanxian	150002	9
大厂回族自治县	Dachang	149849	10
定州市	Dingzhou	144430	11
正定县	Zhengding	122388	12
磁　县	Cixian	118406	13
黄骅市	Huanghua	117705	14
肃宁县	Suning	117460	15
怀来县	Huailai	116537	16
辛集市	Xinji	115658	17
遵化市	Zuihua	111051	18
迁西县	Qianxi	100212	19
乐亭县	Leting	100117	20
河间市	Hejian	99322	21
平泉县	Pingquan	96236	22
滦南县	Luannan	95000	23
承德县	Chengde	94190	24
玉田县	Yutian	93262	25
永年县	Yongnian	92606	26
沙河市	Shahe	92392	27
涉　县	Shexian	91033	28
宽城满族自治县	Kuancheng	90391	29
滦平县	Luanping	88211	30
徐水县	Xushui	88055	31
高碑店市	Gaobeidian	86382	32
平山县	Pingshan	85070	33
昌黎县	Changli	81383	34
抚宁县	Funing	74838	35
晋州市	Jinzhou	70321	36
泊头市	Botou	68358	37
丰宁满族自治县	Fengning	66151	38
故城县	Gucheng	65833	39
沧　县	Cangxian	64999	40
张北县	Zhangbei	64385	41
文安县	Wen'an	64341	42
永清县	Yongqing	61973	43
大城县	Dacheng	60626	44
冀州市	Jizhou	60611	45
宁晋县	Ningjin	60041	46
景　县	Jingxian	59048	47
兴隆县	Xinglong	57201	48
邯郸县	Handan	57046	49
邢台县	Xingtai	56913	50
涞源县	Laiyuan	56327	51
献　县	Xianxian	55540	52
井陉县	Jingxing	55045	53
新乐市	Xinle	54975	54
青龙满族自治县	Qinglong	54749	55
安平县	Anping	54740	56
东光县	Dongguang	54502	57
元氏县	Yuanshi	53226	58
清河县	Qinghe	51811	59
青　县	Qingxian	51624	60
蔚　县	Yuxian	51609	61
隆化县	Longhua	48690	62
高阳县	Gaoyang	48434	63
魏　县	Weixian	48108	64
赤城县	Chicheng	47367	65
涿鹿县	Zhuolu	47318	66
深州市	Shenzhou	46567	67
枣强县	Zaoqiang	44424	68
定兴县	Dingxing	43569	69
围场满蒙自治县	Weichang	43237	70
涞水县	Laishui	43091	71
无极县	Wuji	42921	72
赵　县	Zhaoxian	42469	73
盐山县	Yanshan	42440	74
肥乡县	Feixiang	41323	75
安国市	Anguo	40072	76
雄　县	Xiongxian	39878	77
崇礼县	Chongli	39500	78
卢龙县	Lulong	38665	79
万全县	Wanquan	38551	80
南皮县	Nanpi	38192	81
满城县	Mancheng	37016	82
隆尧县	Longyao	36952	83
易　县	Yixian	36908	84
清苑县	Qingyuan	36721	85
高邑县	Gaoyi	35312	86
武邑县	Wuyi	35251	87
深泽县	Shenze	34883	88
宣化县	Xuanhua	34509	89
容城县	Rongcheng	34318	90
威　县	Weixian	33574	91
南宫市	Nangong	33141	92
行唐县	Xingtang	32662	93
怀安县	Huai'an	32446	94
蠡　县	Lixian	32378	95
内丘县	Neiqiu	31859	96
曲周县	Quzhou	31688	97
孟村回族自治县	Mengcun	31503	98
曲阳县	Quyang	31479	99
巨鹿县	Julu	31398	100
安新县	Anxin	30494	101
成安县	Cheng'an	30132	102
平乡县	Pingxiang	29387	103
临西县	Linxi	29001	104
馆陶县	Guantao	28578	105
任　县	Renxian	27403	106
吴桥县	Wuqiao	27291	107
大名县	Daming	26890	108
海兴县	Haixing	26843	109
南和县	Nanhe	26680	110
临漳县	Linzhang	26100	111
沽源县	Guyuan	26063	112
阳原县	Yangyuan	25661	113
赞皇县	Zanhuang	25173	114
灵寿县	Lingshou	25126	115
阜城县	Fucheng	24860	116
临城县	Lincheng	24725	117
唐　县	Tangxian	24518	118
饶阳县	Raoyang	23855	119
广平县	Guangping	22938	120
武强县	Wuqiang	22922	121
顺平县	Shunping	21292	122
阜平县	Fuping	21237	123
鸡泽县	Jize	20367	124
望都县	Wangdu	18524	125
博野县	Boye	18255	126
康保县	Kangbao	17312	127
邱　县	Qiuxian	17066	128
尚义县	Shangyi	13350	129
柏乡县	Baixiang	11173	130
新河县	Xinhe	10146	131
广宗县	Guangzong	9976	132

各县(市)农村居民人均纯收入(2014年)

Rural Household Per Capital Net Income (2014)

单位：元 (yuan)

县（市）	County (City)	农村居民人均纯收入 Per Capita Annual Net Income	位次 Position
迁安市	Qian'an	17125	1
晋州市	Jinzhou	13881	2
三河市	Sanhe	13746	3
正定县	Zhengding	13372	4
涿州市	Zhuozhou	13082	5
香河县	Xianghe	12864	6
安国市	Anguo	12790	7
迁西县	Qianxi	12626	8
霸州市	Bazhou	12602	9
高阳县	Gaoyang	12560	10
乐亭县	Leting	12528	11
滦　县	Luanxian	12484	12
容城县	Rongcheng	12308	13
新乐市	Xinle	12285	14
遵化市	Zuihua	12264	15
辛集市	Xinji	12260	16
玉田县	Yutian	12259	17
清苑县	Qingyuan	12153	18
文安县	Wen'an	12093	19
大厂回族自治县	Dachang	12082	20
雄　县	Xiongxian	12041	21
任丘市	Renqiu	11911	22
昌黎县	Changli	11848	23
徐水县	Xushui	11781	24
磁　县	Cixian	11735	25
黄骅市	Huanghua	11655	26
永年县	Yongnian	11591	27
青　县	Qingxian	11568	28
固安县	Gu'an	11479	29
满城县	Mancheng	11426	30
邯郸县	Handan	11330	31
武安市	Wu'an	11290	32
永清县	Yongqing	11285	33
临漳县	Linzhang	11230	34
高碑店市	Gaobeidian	11211	35
赵　县	Zhaoxian	11165	36
怀来县	Huailai	11099	37
无极县	Wuji	11079	38
大城县	Dacheng	11047	39
抚宁县	Funing	11007	40
成安县	Cheng'an	10880	41
蠡　县	Lixian	10864	42
滦南县	Luannan	10856	43
安平县	Anping	10834	44
沙河市	Shahe	10737	45
定州市	Dingzhou	10706	46
曲周县	Quzhou	10690	47
清河县	Qinghe	10587	48
元氏县	Yuanshi	10547	49
定兴县	Dingxing	10527	50
宁晋县	Ningjin	10331	51
沧　县	Cangxian	10247	52
安新县	Anxin	10170	53
肥乡县	Feixiang	10169	54
河间市	Hejian	10117	55
景　县	Jingxian	9998	56
高邑县	Gaoyi	9984	57
鸡泽县	Jize	9961	58
南和县	Nanhe	9937	59
卢龙县	Lulong	9904	60
泊头市	Botou	9885	61
冀州市	Jizhou	9840	62
深泽县	Shenze	9758	63
深州市	Shenzhou	9758	64
肃宁县	Suning	9645	65
井陉县	Jingxing	9595	66
邢台县	Xingtai	9507	67
邱　县	Qiuxian	9451	68
临西县	Linxi	9427	69
魏　县	Weixian	9199	70
望都县	Wangdu	9195	71
涉　县	Shexian	9165	72
博野县	Boye	9117	73
吴桥县	Wuqiao	9013	74
南宫市	Nangong	8846	75
大名县	Daming	8822	76
馆陶县	Guantao	8778	77
柏乡县	Baixiang	8762	78
广平县	Guangping	8740	79
隆尧县	Longyao	8732	80
宽城满族自治县	Kuancheng	8636	81
宣化县	Xuanhua	8584	82
东光县	Dongguang	8337	83
任　县	Renxian	8274	84
平泉县	Pingquan	8197	85
内丘县	Neiqiu	8162	86
涿鹿县	Zhuolu	8134	87
兴隆县	Xinglong	8131	88
孟村回族自自治县	Mengcun	7913	89
枣强县	Zaoqiang	7784	90
故城县	Gucheng	7555	91
献　县	Xianxian	7508	92
承德县	Chengde	7375	93
怀安县	Huai'an	7119	94
青龙满族自治县	Qinglong	6887	95
赤城县	Chicheng	6877	96
张北县	Zhangbei	6859	97
崇礼县	Chongli	6840	98
平乡县	Pingxiang	6772	99
涞水县	Laishui	6656	100
蔚　县	Yuxian	6648	101
盐山县	Yanshan	6632	102
康保县	Kangbao	6574	103
南皮县	Nanpi	6561	104
沽源县	Guyuan	6522	105
滦平县	Luanping	6435	106
万全县	Wanquan	6435	107
临城县	Lincheng	6233	108
阳原县	Yangyuan	6198	109
威　县	Weixian	6047	110
尚义县	Shangyi	5985	111
易　县	Yixian	5976	112
隆化县	Longhua	5905	113
平山县	Pingshan	5885	114
武邑县	Wuyi	5807	115
广宗县	Guangzong	5760	116
围场满蒙自治县	Weichang	5742	117
巨鹿县	Julu	5693	118
阜城县	Fucheng	5607	119
武强县	Wuqiang	5579	120
丰宁满族自治县	Fengning	5544	121
饶阳县	Raoyang	5427	122
行唐县	Xingtang	5420	123
海兴县	Haixing	5316	124
阜平县	Fuping	5150	125
唐　县	Tangxian	5073	126
灵寿县	Lingshou	5049	127
新河县	Xinhe	5043	128
曲阳县	Quyang	5031	129
顺平县	Shunping	4902	130
涞源县	Laiyuan	4859	131
赞皇县	Zanhuang	4509	132

各县(市)城乡居民储蓄存款年末余额（2014年）

Saving Deposit in Urban and Rural Areas (2014)

单位：万元 (10000 yuan)

县（市）	County (City)	城乡居民储蓄存款年末余额 Saving Deposit	位次 Position
迁安市	Qian'an	4391813	1
三河市	Sanhe	3745874	2
任丘市	Renqiu	3532978	3
武安市	Wu'an	3182005	4
遵化市	Zuihua	3033267	5
定州市	Dingzhou	2877878	6
霸州市	Bazhou	2625225	7
涿州市	Zhuozhou	2487015	8
辛集市	Xinji	2484550	9
玉田县	Yutian	2446454	10
高碑店市	Gaobeidian	2318963	11
河间市	Hejian	2317973	12
正定县	Zhengding	2198100	13
香河县	Xianghe	2032247	14
昌黎县	Changli	1824671	15
乐亭县	Leting	1774852	16
泊头市	Botou	1768523	17
迁西县	Qianxi	1746480	18
滦　县	Luanxian	1734718	19
文安县	Wen'an	1661667	20
永年县	Yongnian	1629343	21
抚宁县	Funing	1614439	22
景　县	Jingxian	1613994	23
沙河市	Shahe	1599961	24
黄骅市	Huanghua	1574253	25
大城县	Dacheng	1559984	26
徐水县	Xushui	1538348	27
晋州市	Jinzhou	1531638	28
宁晋县	Ningjin	1497003	29
固安县	Gu'an	1453798	30
滦南县	Luannan	1444296	31
枣强县	Zaoqiang	1424518	32
冀州市	Jizhou	1330338	33
清苑县	Qingyuan	1275436	34
献　县	Xianxian	1253960	35
唐　县	Tangxian	1251526	36
深州市	Shenzhou	1238315	37
青　县	Qingxian	1219162	38
平山县	Pingshan	1216285	39
沧　县	Cangxian	1215546	40
安国市	Anguo	1212086	41
平泉县	Pingquan	1202074	42
蔚　县	Yuxian	1195360	43
无极县	Wuji	1172975	44
蠡　县	Lixian	1159543	45
易　县	Yixian	1158476	46
满城县	Mancheng	1145415	47
怀来县	Huailai	1114514	48
清河县	Qinghe	1113741	49
安平县	Anping	1113145	50
卢龙县	Lulong	1101360	51
故城县	Gucheng	1089081	52
东光县	Dongguang	1088426	53
南宫市	Nangong	1067452	54
邢台县	Xingtai	1067010	55
肃宁县	Suning	1063801	56
宽城满族自治县	Kuancheng	1047732	57
定兴县	Dingxing	1033999	58
高阳县	Gaoyang	1021590	59
涉　县	Shexian	1020646	60
新乐市	Xinle	1018484	61
青龙满族自治县	Qinglong	978678	62
井陉县	Jingxing	972539	63
赵　县	Zhaoxian	965880	64
承德县	Chengde	955198	65
行唐县	Xingtang	935307	66
磁　县	Cixian	923312	67
安新县	Anxin	916780	68
阜城县	Fucheng	913826	69
元氏县	Yuanshi	897023	70
邯郸县	Handan	881632	71
雄　县	Xiongxian	860712	72
围场满蒙自治县	Weichang	847225	73
兴隆县	Xinglong	841993	74
曲阳县	Quyang	837281	75
威　县	Weixian	831719	76
隆尧县	Longyao	829528	77
大名县	Daming	829000	78
涞水县	Laishui	824287	79
武邑县	Wuyi	821138	80
丰宁满族自治县	Fengning	820908	81
隆化县	Longhua	810883	82
魏　县	Weixian	803783	83
滦平县	Luanping	796867	84
永清县	Yongqing	796674	85
深泽县	Shenze	784023	86
南皮县	Nanpi	764048	87
巨鹿县	Julu	762913	88
涿鹿县	Zhuolu	761770	89
灵寿县	Lingshou	760063	90
盐山县	Yanshan	756834	91
吴桥县	Wuqiao	741230	92
容城县	Rongcheng	732078	93
内丘县	Neiqiu	727415	94
宣化县	Xuanhua	726258	95
大厂回族自治县	Dachang	695411	96
饶阳县	Raoyang	692243	97
望都县	Wangdu	666100	98
临漳县	Linzhang	636236	99
平乡县	Pingxiang	629680	100
顺平县	Shunping	617545	101
赤城县	Chicheng	613959	102
临城县	Lincheng	606180	103
曲周县	Quzhou	580924	104
涞源县	Laiyuan	580101	105
张北县	Zhangbei	567561	106
南和县	Nanhe	553658	107
武强县	Wuqiang	544904	108
阳原县	Yangyuan	544390	109
怀安县	Huai'an	523300	110
任　县	Renxian	516497	111
临西县	Linxi	513133	112
博野县	Boye	495744	113
赞皇县	Zanhuang	492080	114
阜平县	Fuping	483201	115
万全县	Wanquan	482086	116
高邑县	Gaoyi	481000	117
孟村回族自治县	Mengcun	450475	118
成安县	Cheng'an	442169	119
新河县	Xinhe	408771	120
鸡泽县	Jize	400467	121
海兴县	Haixing	395784	122
馆陶县	Guantao	385348	123
肥乡县	Feixiang	373246	124
广宗县	Guangzong	372272	125
广平县	Guangping	360390	126
邱　县	Qiuxian	340280	127
柏乡县	Baixiang	303664	128
沽源县	Guyuan	278520	129
崇礼县	Chongli	249492	130
康保县	Kangbao	240679	131
尚义县	Shangyi	237454	132

各县(市)粮食总产量（2014年）

Output of Grain (2014)

单位：吨 (ton)

县（市）	County (City)	粮食总产量 Output of Grain	位次 Position
大名县	Daming	736939	1
宁晋县	Ningjin	723759	2
定州市	Dingzhou	694562	3
魏　县	Weixian	627444	4
深州市	Shenzhou	620873	5
临漳县	Linzhang	597454	6
景　县	Jingxian	578203	7
赵　县	Zhaoxian	549484	8
辛集市	Xinji	536950	9
隆尧县	Longyao	531123	10
永年县	Yongnian	527153	11
玉田县	Yutian	500466	12
河间市	Hejian	493774	13
沧　县	Cangxian	476182	14
定兴县	Dingxing	475723	15
滦南县	Luannan	462017	16
清苑县	Qingyuan	455430	17
任丘市	Renqiu	419663	18
曲周县	Quzhou	413989	19
献　县	Xianxian	398128	20
泊头市	Botou	394651	21
徐水县	Xushui	391040	22
磁　县	Cixian	364085	23
晋州市	Jinzhou	350459	24
吴桥县	Wuqiao	347343	25
任　县	Renxian	346569	26
无极县	Wuji	340084	27
枣强县	Zaoqiang	338493	28
高碑店市	Gaobeidian	336956	29
肥乡县	Feixiang	333277	30
元氏县	Yuanshi	326589	31
故城县	Gucheng	320061	32
新乐市	Xinle	317058	33
正定县	Zhengding	312983	34
涿州市	Zhuozhou	308420	35
临西县	Linxi	307595	36
昌黎县	Changli	301644	37
阜城县	Fucheng	301549	38
文安县	Wen'an	299955	39
武安市	Wu'an	294253	40
滦　县	Luanxian	293639	41
馆陶县	Guantao	289780	42
成安县	Cheng'an	285745	43
武邑县	Wuyi	284939	44
南皮县	Nanpi	283253	45
南和县	Nanhe	282400	46
行唐县	Xingtang	281221	47
黄骅市	Huanghua	277326	48
隆化县	Longhua	276604	49
青　县	Qingxian	275882	50
安国市	Anguo	266409	51
东光县	Dongguang	261605	52
乐亭县	Leting	258597	53
遵化市	Zuihua	253497	54
肃宁县	Suning	249653	55
围场满蒙自治县	Weichang	248180	56
盐山县	Yanshan	247457	57
安平县	Anping	246977	58
望都县	Wangdu	245336	59
蠡　县	Lixian	240632	60
武强县	Wuqiang	240204	61
平乡县	Pingxiang	239079	62
固安县	Gu'an	235936	63
安新县	Anxin	234495	64
清河县	Qinghe	233767	65
雄　县	Xiongxian	232778	66
卢龙县	Lulong	224794	67
易　县	Yixian	224472	68
广平县	Guangping	223723	69
大城县	Dacheng	221001	70
三河市	Sanhe	217987	71
南宫市	Nangong	217511	72
冀州市	Jizhou	216200	73
饶阳县	Raoyang	215584	74
鸡泽县	Jize	213773	75
宣化县	Xuanhua	212777	76
邯郸县	Handan	207053	77
柏乡县	Baixiang	205809	78
容城县	Rongcheng	205204	79
平泉县	Pingquan	202603	80
唐　县	Tangxian	201582	81
深泽县	Shenze	198552	82
平山县	Pingshan	197163	83
霸州市	Bazhou	195173	84
承德县	Chengde	191144	85
博野县	Boye	190439	86
迁安市	Qian'an	183529	87
内丘县	Neiqiu	180377	88
巨鹿县	Julu	177717	89
涿鹿县	Zhuolu	176722	90
威　县	Weixian	175771	91
满城县	Mancheng	173766	92
高阳县	Gaoyang	166364	93
新河县	Xinhe	161964	94
高邑县	Gaoyi	161656	95
曲阳县	Quyang	160357	96
孟村回族自治县	Mengcun	159197	97
香河县	Xianghe	153170	98
永清县	Yongqing	152754	99
涞水县	Laishui	139650	100
蔚　县	Yuxian	139496	101
灵寿县	Lingshou	138074	102
丰宁满族自治县	Fengning	137146	103
康保县	Kangbao	137118	104
抚宁县	Funing	134631	105
邢台县	Xingtai	130684	106
顺平县	Shunping	127808	107
沙河市	Shahe	127194	108
万全县	Wanquan	126592	109
怀安县	Huai'an	126071	110
临城县	Lincheng	121665	111
青龙满族自治县	Qinglong	121659	112
海兴县	Haixing	121002	113
沽源县	Guyuan	117039	114
张北县	Zhangbei	108252	115
怀来县	Huailai	106777	116
赞皇县	Zanhuang	104666	117
井陉县	Jingxing	99796	118
邱　县	Qiuxian	99188	119
涉　县	Shexian	91893	120
阳原县	Yangyuan	84297	121
迁西县	Qianxi	81355	122
赤城县	Chicheng	80163	123
广宗县	Guangzong	79579	124
滦平县	Luanping	76144	125
大厂回族自治县	Dachang	71362	126
阜平县	Fuping	66155	127
涞源县	Laiyuan	58014	128
尚义县	Shangyi	46216	129
宽城满族自治县	Kuancheng	44600	130
兴隆县	Xinglong	30013	131
崇礼县	Chongli	23317	132

各县(市)棉花总产量（2014年）

Output of Cotton (2014)

单位：吨 (ton)

县（市）	County (City)	棉花总产量 Output of Cotton	位次 Postion	县（市）	County (City)	棉花总产量 Output of Cotton	位次 Postion	县（市）	County (City)	棉花总产量 Output of Cotton	位次 Postion
威　县	Weixian	68402	1	永年县	Yongnian	3601	37	元氏县	Yuanshi	516	72
南宫市	Nangong	40872	2	武强县	Wuqiang	3292	38	孟村回族自治县	Mengcun	505	73
邱　县	Qiuxian	33733	3	临漳县	Linzhang	3067	39				
故城县	Gucheng	26278	4	沧　县	Cangxian	3019	40	满城县	Mancheng	497	74
冀州市	Jizhou	26106	5	平乡县	Pingxiang	2860	41	深泽县	Shenze	486	75
枣强县	Zaoqiang	25530	6	海兴县	Haixing	2850	42	固安县	Gu'an	468	76
成安县	Cheng'an	23075	7	磁　县	Cixian	2774	43	望都县	Wangdu	406	77
东光县	Dongguang	22843	8	武安市	Wu'an	2771	44	行唐县	Xingtang	402	78
景　县	Jingxian	20160	9	大名县	Daming	2733	45	柏乡县	Baixiang	372	79
广宗县	Guangzong	18485	10	泊头市	Botou	2691	46	定兴县	Dingxing	357	80
河间市	Hejian	16965	11	高阳县	Gaoyang	2651	47	雄　县	Xiongxian	341	81
肥乡县	Feixiang	16554	12	黄骅市	Huanghua	2601	48	临城县	Lincheng	333	82
献　县	Xianxian	16198	13	饶阳县	Raoyang	2402	49	沙河市	Shahe	333	83
南皮县	Nanpi	15824	14	盐山县	Yanshan	2340	50	曲阳县	Quyang	317	84
吴桥县	Wuqiao	14488	15	玉田县	Yutian	2208	51	迁西县	Qianxi	310	85
巨鹿县	Julu	14479	16	博野县	Boye	1737	52	滦　县	Luanxian	279	86
清河县	Qinghe	13811	17	魏　县	Weixian	1709	53	无极县	Wuji	234	87
曲周县	Quzhou	13364	18	任　县	Renxian	1597	54	昌黎县	Changli	222	88
武邑县	Wuyi	12675	19	邯郸县	Handan	1579	55	正定县	Zhengding	213	89
临西县	Linxi	11169	20	青　县	Qingxian	1358	56	容城县	Rongcheng	167	90
霸州市	Bazhou	8971	21	清苑县	Qingyuan	1295	57	新乐市	Xinle	153	91
深州市	Shenzhou	7261	22	卢龙县	Lulong	1225	58	三河市	Sanhe	152	92
新河县	Xinhe	7082	23	南和县	Nanhe	1207	59	灵寿县	Lingshou	140	93
辛集市	Xinji	6997	24	邢台县	Xingtai	1062	60	井陉县	Jingxing	120	94
任丘市	Renqiu	6481	25	唐　县	Tangxian	1040	61	高邑县	Gaoyi	106	95
安新县	Anxin	6456	26	滦南县	Luannan	974	62	遵化市	Zuihua	105	96
阜城县	Fucheng	6212	27	内丘县	Neiqiu	876	63	顺平县	Shunping	83	97
隆尧县	Longyao	5865	28	定州市	Dingzhou	752	64	赞皇县	Zanhuang	67	98
馆陶县	Guantao	5712	29	乐亭县	Leting	687	65	涞水县	Laishui	55	99
宁晋县	Ningjin	5354	30	肃宁县	Suning	616	66	迁安市	Qian'an	45	100
广平县	Guangping	5222	31	抚宁县	Funing	611	67	徐水县	Xushui	40	101
文安县	Wen'an	4882	32	高碑店市	Gaobeidian	579	68	香河县	Xianghe	35	102
鸡泽县	Jize	4852	33	平山县	Pingshan	576	69	涉　县	Shexian	31	103
大城县	Dacheng	4298	34	易　县	Yixian	569	70	大厂回族自治县	Dachang	18	104
永清县	Yongqing	4147	35	安国市	Anguo	518	71				
蠡　县	Lixian	3938	36								

各县(市)油料总产量（2014年）
Output of Oil-bearing Crops (2014)

单位：吨 (ton)

县（市）	County (City)	油料总产量 Output of Oil-bearing	位次 Position
大名县	Daming	86639	1
定州市	Dingzhou	62321	2
滦南县	Luannan	61197	3
滦　县	Luanxian	60004	4
遵化市	Zuihua	48731	5
河间市	Hejian	39841	6
新乐市	Xinle	37232	7
深州市	Shenzhou	36117	8
迁安市	Qian'an	34101	9
辛集市	Xinji	33911	10
献　县	Xianxian	31656	11
高碑店市	Gaobeidian	31473	12
昌黎县	Changli	29718	13
平乡县	Pingxiang	25149	14
行唐县	Xingtang	22952	15
安国市	Anguo	21019	16
正定县	Zhengding	20184	17
清苑县	Qingyuan	19569	18
广宗县	Guangzong	19336	19
南宫市	Nangong	18156	20
无极县	Wuji	17010	21
馆陶县	Guantao	16090	22
定兴县	Dingxing	15824	23
景　县	Jingxian	15724	24
蠡　县	Lixian	15171	25
内丘县	Neiqiu	15140	26
抚宁县	Funing	14541	27
易　县	Yixian	14222	28
隆尧县	Longyao	14025	29
卢龙县	Lulong	13469	30
饶阳县	Raoyang	13346	31
涿州市	Zhuozhou	12950	32
邢台县	Xingtai	12866	33
巨鹿县	Julu	12711	34
高阳县	Gaoyang	12698	35
博野县	Boye	12170	36
冀州市	Jizhou	11506	37
故城县	Gucheng	11254	38
乐亭县	Leting	10932	39
涞水县	Laishui	10612	40
武邑县	Wuyi	10537	41
永清县	Yongqing	10369	42
张北县	Zhangbei	10283	43
安平县	Anping	9966	44
赞皇县	Zanhuang	9855	45
晋州市	Jinzhou	9464	46
平山县	Pingshan	9214	47
固安县	Gu'an	9208	48
霸州市	Bazhou	8895	49
枣强县	Zaoqiang	7927	50
广平县	Guangping	7700	51
肃宁县	Suning	7644	52
康保县	Kangbao	7624	53
元氏县	Yuanshi	7622	54
威　县	Weixian	7574	55
宁晋县	Ningjin	7114	56
迁西县	Qianxi	7019	57
临城县	Lincheng	6786	58
清河县	Qinghe	6675	59
深泽县	Shenze	6514	60
尚义县	Shangyi	6450	61
望都县	Wangdu	6371	62
任丘市	Renqiu	6371	63
沽源县	Guyuan	6111	64
曲阳县	Quyang	6071	65
阳原县	Yangyuan	5710	66
徐水县	Xushui	5570	67
井陉县	Jingxing	5564	68
永年县	Yongnian	5540	69
临漳县	Linzhang	5530	70
容城县	Rongcheng	5508	71
磁　县	Cixian	5458	72
顺平县	Shunping	5183	73
灵寿县	Lingshou	4951	74
高邑县	Gaoyi	4847	75
柏乡县	Baixiang	4790	76
沙河市	Shahe	4644	77
成安县	Cheng'an	4638	78
怀安县	Huai'an	4435	79
武强县	Wuqiang	4405	80
唐　县	Tangxian	4235	81
隆化县	Longhua	4212	82
魏　县	Weixian	4202	83
雄　县	Xiongxian	4105	84
蔚　县	Yuxian	4046	85
赵　县	Zhaoxian	3972	86
丰宁满族自治县	Fengning	3957	87
玉田县	Yutian	3943	88
阜平县	Fuping	3767	89
新河县	Xinhe	3738	90
武安市	Wu'an	3493	91
曲周县	Quzhou	3321	92
围场满蒙自治县	Weichang	3287	93
宣化县	Xuanhua	3238	94
黄骅市	Huanghua	3190	95
肥乡县	Feixiang	3143	96
南和县	Nanhe	2964	97
任　县	Renxian	2836	98
满城县	Mancheng	2696	99
南皮县	Nanpi	2665	100
鸡泽县	Jize	2455	101
青龙满族自治县	Qinglong	2143	102
东光县	Dongguang	2097	103
孟村回族自治县	Mengcun	1846	104
沧　县	Cangxian	1546	105
赤城县	Chicheng	1519	106
临西县	Linxi	1505	107
大城县	Dacheng	1497	108
海兴县	Haixing	1413	109
盐山县	Yanshan	1412	110
怀来县	Huailai	1357	111
吴桥县	Wuqiao	1347	112
青　县	Qingxian	1243	113
邱　县	Qiuxian	1218	114
涿鹿县	Zhuolu	1174	115
万全县	Wanquan	1129	116
邯郸县	Handan	997	117
崇礼县	Chongli	737	118
安新县	Anxin	708	119
宽城满族自治县	Kuancheng	685	120
涉　县	Shexian	641	121
三河市	Sanhe	447	122
文安县	Wen'an	441	123
泊头市	Botou	428	124
阜城县	Fucheng	427	125
承德县	Chengde	338	126
涞源县	Laiyuan	292	127
兴隆县	Xinglong	213	128
滦平县	Luanping	211	129
平泉县	Pingquan	165	130
香河县	Xianghe	144	131

各县(市)蔬菜产量（2014年）

Output of Vegetables (2014)

单位：吨 (ton)

县（市）	County (City)	蔬菜产量 Vegetables	位次 Position
永年县	Yongnian	3309407	1
玉田县	Yutian	2900446	2
乐亭县	Leting	2584650	3
定州市	Dingzhou	2539049	4
滦南县	Luannan	2178038	5
青　县	Qingxian	2027986	6
永清县	Yongqing	1756005	7
固安县	Gu'an	1740313	8
抚宁县	Funing	1224107	9
沽源县	Guyuan	1210669	10
昌黎县	Changli	1178861	11
康保县	Kangbao	1147708	12
辛集市	Xinji	1012577	13
围场满蒙自治县	Weichang	983141	14
迁安市	Qian'an	945364	15
清苑县	Qingyuan	932978	16
张北县	Zhangbei	911806	17
赵　县	Zhaoxian	869669	18
正定县	Zhengding	867843	19
无极县	Wuji	860442	20
滦　县	Luanxian	858145	21
饶阳县	Raoyang	855130	22
故城县	Gucheng	850574	23
三河市	Sanhe	843346	24
新乐市	Xinle	820870	25
徐水县	Xushui	817062	26
肥乡县	Feixiang	774904	27
香河县	Xianghe	774568	28
遵化市	Zuihua	774397	29
肃宁县	Suning	731774	30
尚义县	Shangyi	700164	31
丰宁满族自治县	Fengning	671678	32
隆尧县	Longyao	648035	33
平泉县	Pingquan	634419	34
涿州市	Zhuozhou	625532	35
滦平县	Luanping	612752	36
高邑县	Gaoyi	591761	37
霸州市	Bazhou	589960	38
武邑县	Wuyi	581130	39
崇礼县	Chongli	580986	40
曲周县	Quzhou	574037	41
鸡泽县	Jize	573257	42
赤城县	Chicheng	566359	43
定兴县	Dingxing	560411	44

县（市）	County (City)	蔬菜产量 Vegetables	位次 Position
晋州市	Jinzhou	537981	45
临漳县	Linzhang	536437	46
南和县	Nanhe	533331	47
博野县	Boye	500826	48
隆化县	Longhua	496666	49
河间市	Hejian	476779	50
元氏县	Yuanshi	476621	51
馆陶县	Guantao	474533	52
任丘市	Renqiu	468229	53
深泽县	Shenze	461563	54
蠡　县	Lixian	453099	55
献　县	Xianxian	426931	56
宁晋县	Ningjin	417455	57
宣化县	Xuanhua	397276	58
魏　县	Weixian	380249	59
大名县	Daming	378110	60
威　县	Weixian	369296	61
行唐县	Xingtang	369093	62
望都县	Wangdu	359209	63
卢龙县	Lulong	348893	64
南皮县	Nanpi	343917	65
承德县	Chengde	337256	66
成安县	Cheng'an	333080	67
蔚　县	Yuxian	321660	68
高碑店市	Gaobeidian	318299	69
任　县	Renxian	315175	70
邯郸县	Handan	313925	71
易　县	Yixian	313841	72
磁　县	Cixian	293678	73
平山县	Pingshan	288500	74
满城县	Mancheng	287549	75
唐　县	Tangxian	283169	76
顺平县	Shunping	282477	77
青龙满族自治县	Qinglong	281750	78
深州市	Shenzhou	261913	79
南宫市	Nangong	259815	80
高阳县	Gaoyang	258860	81
景　县	Jingxian	248515	82
吴桥县	Wuqiao	242668	83
涿鹿县	Zhuolu	241688	84
阜城县	Fucheng	233165	85
井陉县	Jingxing	231237	86
怀安县	Huai'an	226543	87
灵寿县	Lingshou	220935	88
平乡县	Pingxiang	211678	89

县（市）	County (City)	蔬菜产量 Vegetables	位次 Position
枣强县	Zaoqiang	207566	90
邱　县	Qiuxian	204602	91
安国市	Anguo	200825	92
冀州市	Jizhou	192816	93
柏乡县	Baixiang	192087	94
雄　县	Xiongxian	191643	95
武强县	Wuqiang	191466	96
黄骅市	Huanghua	190253	97
沧　县	Cangxian	189113	98
大城县	Dacheng	187964	99
大厂回族自治县	Dachang	186459	100
容城县	Rongcheng	180709	101
赞皇县	Zanhuang	159120	102
盐山县	Yanshan	154102	103
怀来县	Huailai	153846	104
巨鹿县	Julu	152523	105
涞水县	Laishui	146581	106
宽城满族自治县	Kuancheng	141833	107
文安县	Wen'an	140803	108
邢台县	Xingtai	139282	109
东光县	Dongguang	138688	110
广平县	Guangping	136379	111
安平县	Anping	129141	112
曲阳县	Quyang	128559	113
广宗县	Guangzong	119782	114
武安市	Wu'an	117713	115
迁西县	Qianxi	102159	116
万全县	Wanquan	98587	117
内丘县	Neiqiu	96580	118
泊头市	Botou	93658	119
阳原县	Yangyuan	88342	120
涉　县	Shexian	82981	121
临城县	Lincheng	71048	122
安新县	Anxin	67426	123
涞源县	Laiyuan	60340	124
临西县	Linxi	48173	125
沙河市	Shahe	47454	126
兴隆县	Xinglong	41931	127
阜平县	Fuping	38830	128
清河县	Qinghe	36641	129
海兴县	Haixing	29214	130
新河县	Xinhe	25731	131
孟村回族自治县	Mengcun	13020	132

各县(市)肉类总产量(2014年)

Output of Meat (2014)

单位：吨 (ton)

县（市）	County (City)	肉类总产量 Output of Meat	位次 Position
滦南县	Luannan	128186	1
玉田县	Yutian	119798	2
抚宁县	Funing	114251	3
定州市	Dingzhou	110152	4
滦平县	Luanping	106030	5
承德县	Chengde	96373	6
昌黎县	Changli	91093	7
迁安市	Qian'an	86959	8
辛集市	Xinji	86853	9
正定县	Zhengding	86261	10
遵化市	Zuihua	85160	11
大名县	Daming	79324	12
永年县	Yongnian	75597	13
武安市	Wu'an	75207	14
永清县	Yongqing	73694	15
卢龙县	Lulong	69782	16
安平县	Anping	69150	17
隆化县	Longhua	68890	18
易　县	Yixian	68413	19
青龙满族自治县	Qinglong	68278	20
魏　县	Weixian	63987	21
定兴县	Dingxing	63487	22
徐水县	Xushui	62990	23
深州市	Shenzhou	62198	24
三河市	Sanhe	61941	25
黄骅市	Huanghua	59530	26
宣化县	Xuanhua	59379	27
新乐市	Xinle	58413	28
围场满蒙自治县	Weichang	58328	29
献　县	Xianxian	58274	30
滦　县	Luanxian	58032	31
无极县	Wuji	56221	32
临漳县	Linzhang	55031	33
馆陶县	Guantao	54587	34
曲周县	Quzhou	53651	35
晋州市	Jinzhou	53229	36
故城县	Gucheng	51287	37
盐山县	Yanshan	49143	38
丰宁满族自治县	Fengning	49009	39
涿鹿县	Zhuolu	48225	40
元氏县	Yuanshi	45993	41
赵　县	Zhaoxian	45171	42
任丘市	Renqiu	44951	43
沧　县	Cangxian	41087	44
磁　县	Cixian	40341	45
大城县	Dacheng	39848	46
涿州市	Zhuozhou	39533	47
行唐县	Xingtang	39313	48
宁晋县	Ningjin	38965	49
隆尧县	Longyao	37911	50
固安县	Gu'an	37827	51
肥乡县	Feixiang	37589	52
景　县	Jingxian	37452	53
孟村回族自治县	Mengcun	37425	54
蔚　县	Yuxian	36951	55
高碑店市	Gaobeidian	36570	56
乐亭县	Leting	36195	57
成安县	Cheng'an	35917	58
武邑县	Wuyi	35096	59
唐　县	Tangxian	34794	60
怀来县	Huailai	33929	61
河间市	Hejian	33800	62
赤城县	Chicheng	32327	63
灵寿县	Lingshou	31491	64
吴桥县	Wuqiao	30642	65
肃宁县	Suning	29819	66
康保县	Kangbao	29504	67
容城县	Rongcheng	29364	68
泊头市	Botou	29325	69
威　县	Weixian	28388	70
鸡泽县	Jize	28160	71
清苑县	Qingyuan	28110	72
井陉县	Jingxing	27648	73
阳原县	Yangyuan	27543	74
内丘县	Neiqiu	27400	75
饶阳县	Raoyang	27183	76
大厂回族自治县	Dachang	26239	77
赞皇县	Zanhuang	25671	78
曲阳县	Quyang	25518	79
怀安县	Huai'an	24925	80
南宫市	Nangong	24380	81
迁西县	Qianxi	24333	82
深泽县	Shenze	24310	83
万全县	Wanquan	24255	84
涉　县	Shexian	24213	85
邯郸县	Handan	24093	86
邱　县	Qiuxian	23891	87
涞水县	Laishui	23834	88
满城县	Mancheng	23542	89
平泉县	Pingquan	23454	90
宽城满族自治县	Kuancheng	23454	91
平山县	Pingshan	23034	92
安国市	Anguo	22558	93
霸州市	Bazhou	22375	94
枣强县	Zaoqiang	22230	95
东光县	Dongguang	21648	96
青　县	Qingxian	21531	97
兴隆县	Xinglong	20851	98
文安县	Wen'an	20664	99
张北县	Zhangbei	20635	100
南和县	Nanhe	20400	101
望都县	Wangdu	18818	102
临西县	Linxi	18378	103
广宗县	Guangzong	18036	104
南皮县	Nanpi	17572	105
武强县	Wuqiang	17298	106
临城县	Lincheng	17275	107
阜城县	Fucheng	17061	108
沙河市	Shahe	16517	109
广平县	Guangping	16316	110
香河县	Xianghe	16234	111
雄　县	Xiongxian	15273	112
柏乡县	Baixiang	14926	113
巨鹿县	Julu	14676	114
冀州市	Jizhou	14219	115
平乡县	Pingxiang	14205	116
邢台县	Xingtai	14049	117
博野县	Boye	14038	118
高邑县	Gaoyi	13569	119
尚义县	Shangyi	12777	120
顺平县	Shunping	12469	121
任　县	Renxian	11176	122
沽源县	Guyuan	10346	123
海兴县	Haixing	9901	124
安新县	Anxin	9555	125
蠡　县	Lixian	9177	126
阜平县	Fuping	7933	127
清河县	Qinghe	7242	128
涞源县	Laiyuan	7159	129
新河县	Xinhe	6607	130
崇礼县	Chongli	6493	131
高阳县	Gaoyang	6320	132

各县(市)社会消费品零售总额(2014年)
Total Retail Sales of Consumer Goods (2014)

单位：万元 (10000 yuan)

县（市）	County (City)	社会消费品零售总额 Total Retail Sales	位次 Position
辛集市	Xinji	2329777	1
迁安市	Qian'an	2033814	2
遵化市	Zuihua	1796871	3
任丘市	Renqiu	1616633	4
滦南县	Luannan	1478749	5
武安市	Wu'an	1383907	6
三河市	Sanhe	1326910	7
定州市	Dingzhou	1301749	8
滦　县	Luanxian	1247863	9
永年县	Yongnian	1202464	10
涿州市	Zhuozhou	1186901	11
玉田县	Yutian	1166821	12
河间市	Hejian	1103785	13
霸州市	Bazhou	1089233	14
乐亭县	Leting	1088503	15
正定县	Zhengding	1064705	16
无极县	Wuji	1033463	17
晋州市	Jinzhou	1023345	18
赵　县	Zhaoxian	1008717	19
新乐市	Xinle	929301	20
迁西县	Qianxi	888421	21
沧　县	Cangxian	879213	22
黄骅市	Huanghua	871443	23
磁　县	Cixian	850683	24
泊头市	Botou	826745	25
宁晋县	Ningjin	780640	26
徐水县	Xushui	719751	27
魏　县	Weixian	706428	28
涉　县	Shexian	691758	29
清河县	Qinghe	673155	30
安国市	Anguo	657262	31
沙河市	Shahe	642241	32
大名县	Daming	638862	33
香河县	Xianghe	637055	34
抚宁县	Funing	589227	35
景　县	Jingxian	587678	36
清苑县	Qingyuan	576803	37
蠡　县	Lixian	576703	38
昌黎县	Changli	576503	39
深州市	Shenzhou	564615	40
文安县	Wen'an	557016	41
青　县	Qingxian	554402	42
大城县	Dacheng	544512	43
行唐县	Xingtang	536743	44
曲周县	Quzhou	531016	45
高碑店市	Gaobeidian	527048	46
定兴县	Dingxing	526279	47
平山县	Pingshan	495154	48
平泉县	Pingquan	487487	49
满城县	Mancheng	483987	50
故城县	Gucheng	475990	51
隆尧县	Longyao	472507	52
高阳县	Gaoyang	472363	53
元氏县	Yuanshi	467647	54
南宫市	Nangong	456467	55
怀来县	Huailai	439086	56
雄　县	Xiongxian	437976	57
承德县	Chengde	433271	58
固安县	Gu'an	429363	59
冀州市	Jizhou	422339	60
邯郸县	Handan	422145	61
安平县	Anping	417513	62
安新县	Anxin	415738	63
兴隆县	Xinglong	409116	64
井陉县	Jingxing	404781	65
盐山县	Yanshan	398097	66
献　县	Xianxian	394777	67
成安县	Cheng'an	393938	68
易　县	Yixian	389939	69
永清县	Yongqing	389274	70
临漳县	Linzhang	386037	71
围场满蒙自治县	Weichang	384970	72
枣强县	Zaoqiang	384646	73
赞皇县	Zanhuang	375044	74
深泽县	Shenze	374673	75
蔚　县	Yuxian	370931	76
巨鹿县	Julu	367443	77
滦平县	Luanping	367027	78
灵寿县	Lingshou	367020	79
容城县	Rongcheng	366779	80
宽城满族自治县	Kuancheng	353672	81
丰宁满族自治县	Fengning	352389	82
曲阳县	Quyang	352281	83
隆化县	Longhua	352088	84
卢龙县	Lulong	348278	85
肃宁县	Suning	346181	86
东光县	Dongguang	340297	87
威　县	Weixian	332188	88
内丘县	Neiqiu	320520	89
青龙满族自治县	Qinglong	320006	90
临西县	Linxi	316218	91
涿鹿县	Zhuolu	309987	92
任　县	Renxian	307054	93
阜城县	Fucheng	303199	94
高邑县	Gaoyi	294796	95
宣化县	Xuanhua	291531	96
馆陶县	Guantao	287599	97
广平县	Guangping	279292	98
武邑县	Wuyi	279051	99
唐　县	Tangxian	278706	100
肥乡县	Feixiang	273716	101
南和县	Nanhe	272032	102
南皮县	Nanpi	266396	103
涞水县	Laishui	265438	104
饶阳县	Raoyang	257472	105
平乡县	Pingxiang	255211	106
鸡泽县	Jize	250499	107
顺平县	Shunping	245462	108
张北县	Zhangbei	237576	109
阳原县	Yangyuan	232624	110
孟村回族自治县	Mengcun	230146	111
万全县	Wanquan	220471	112
吴桥县	Wuqiao	219154	113
临城县	Lincheng	212927	114
博野县	Boye	201808	115
怀安县	Huai'an	201784	116
武强县	Wuqiang	191415	117
赤城县	Chicheng	190881	118
邱　县	Qiuxian	183479	119
望都县	Wangdu	182087	120
新河县	Xinhe	170911	121
柏乡县	Baixiang	170527	122
大厂回族自治县	Dachang	168859	123
康保县	Kangbao	165452	124
广宗县	Guangzong	164274	125
阜平县	Fuping	161074	126
涞源县	Laiyuan	151637	127
沽源县	Guyuan	138419	128
海兴县	Haixing	120342	129
尚义县	Shangyi	102401	130
崇礼县	Chongli	91775	131
邢台县	Xingtai	88765	132

各县(市)主要国民经济指标(2014年)(1-1)

县(市)	County (City)	行政区域土地面积(平方公里) Land Area (sq.km)	乡镇个数(个) Number of Regions at Townships Level (unit)	村民委员会个数(个) Number of Villagers' Committees (unit)	#自来水受益村 Number of Administrative Village Access to Tap Water	#通有线电视的村 Number of Administrative Village Access to Cable TV	地区生产总值(万元) Gross Domestic Product (10000 yuan)
石家庄市	**Shijiazhuang**						
井陉县	Jingxing	1381	17	318	284	243	1436280
正定县	Zhengding	468	8	154	154	154	2526705
行唐县	Xingtang	1025	15	322	273	301	1219104
灵寿县	Lingshou	1066	15	279	249	136	884699
高邑县	Gaoyi	222	5	107	107	107	773031
深泽县	Shenze	296	6	125	125	121	944413
赞皇县	Zanhuang	1210	11	212	137	66	962588
无极县	Wuji	524	11	213	213	213	1684163
平山县	Pingshan	2648	23	717	690	274	2122834
元氏县	Yuanshi	675	15	208	157	208	1711000
赵　县	Zhaoxian	674	11	281	281	212	1963067
辛集市	Xinji	951	15	344	344	330	3759329
晋州市	Jinzhou	619	10	224	224	98	2546152
新乐市	Xinle	525	11	160	160	110	1821923
承德市	**Chengde**						
承德县	Chengde	3648	23	378	277	374	1235724
兴隆县	Xinglong	3123	20	290	129	209	938038
平泉县	Pingquan	3294	19	260	178	260	1481363
滦平县	Luanping	2993	20	200	119	198	1512204
隆化县	Longhua	5473	25	362	244	352	1087601
丰宁满族自治县	Fengning	8765	26	309	290	270	916188
宽城满族自治县	Kuancheng	1936	18	205	161	199	2120259
围场满族蒙古族自治县	Weichang	9220	37	312	254	311	949788
张家口市	**Zhangjiakou**						
宣化县	Xuanhua	2057	13	301	296	214	838899
张北县	Zhangbei	3863	18	366	239	145	858400
康保县	Kangbao	3365	15	326	226	105	418840
沽源县	Guyuan	3363	14	233	68	143	403713
尚义县	Shangyi	2601	14	172	162	172	333015
蔚　县	Yuxian	3198	22	547	380	382	818210
阳原县	Yangyuan	1849	14	301	209	119	422993
怀安县	Huai'an	1698	11	273	246	170	617845
万全县	Wanquan	1162	11	171	171	168	634602
怀来县	Huailai	1801	17	279	269	195	1240577
涿鹿县	Zhuolu	2802	17	373	369	257	891432
赤城县	Chicheng	5287	18	440	353	163	746941
崇礼县	Chongli	2423	10	211	208	194	362262

Major Indicators of National Economy by County or City (2014)(1-1)

第一产业 Primary Industry	第二产业 Secondary Industry	第三产业 Tertiary Industry	#工业 Industry	地区生产总值指数（上年=100） Indices of Gross Domestic Product (preceding year=100)	第一产业 Primary Industry	第二产业 Secondary Industry	第三产业 Tertiary Industry	#工业 Industry	年末总人口（万人） Total Population (year-end) (10000 persons)
132149	668016	636115	605710	104.8	102.3	102.6	108.1	101.6	33.30
312173	1050042	1164490	937961	108.9	100.8	108.7	111.0	109.1	49.60
257118	626608	335378	600837	109.5	104.5	111.4	109.4	111.6	45.90
165875	437380	281444	408616	104.5	105.4	100.8	111.1	108.6	34.60
113075	454297	205659	402770	109.1	106.4	109.9	109.0	111.0	20.00
149361	567437	227615	498708	109.5	102.8	110.3	111.8	111.3	26.10
161567	568699	232322	530159	105.1	102.9	104.6	107.5	105.3	27.40
254224	910559	519380	862832	109.7	102.1	110.6	111.0	110.7	53.30
203488	1360070	559276	1294829	104.9	103.1	103.3	109.7	103.4	50.00
232339	934290	544371	875909	107.4	107.0	107.0	108.2	107.5	44.02
339182	1172744	451141	1122514	107.3	102.4	108.2	107.7	108.3	61.30
477947	2324733	956649	2218133	106.6	100.6	106.4	109.9	106.1	63.68
314174	1431467	800511	1374107	109.6	102.2	110.8	110.2	111.3	56.20
280553	1023526	517844	946946	107.9	103.1	107.8	110.5	108.3	51.40
270043	626813	338868	581736	108.6	108.2	110.4	105.4	109.9	42.35
206485	460873	270680	426073	105.6	106.5	105.3	105.7	105.4	32.86
408125	640935	432303	585100	107.3	103.2	109.0	108.5	107.1	48.22
240837	872442	398925	797639	109.8	108.1	111.1	108.0	110.9	32.65
290539	511438	285624	430873	107.2	105.1	107.8	107.9	108.6	44.66
228841	383242	304105	317321	105.9	102.7	106.4	107.4	107.9	40.86
180206	1371583	568470	1305000	107.5	102.9	107.6	108.3	107.3	25.82
409581	235118	305089	160525	106.3	104.0	105.4	109.7	103.6	54.05
234128	331085	273686	291225	105.6	105.3	107.9	102.9	108.1	28.36
223137	406069	229194	282069	106.7	104.8	108.4	105.2	107.5	36.50
191392	115004	112444	78404	105.0	104.3	108.8	101.8	107.8	27.60
169907	124921	108885	89121	107.5	104.5	109.7	108.8	109.4	22.39
103376	141265	88374	128565	104.8	104.8	105.2	104.2	104.5	19.27
157914	247792	412504	198792	102.0	103.2	92.4	108.4	101.0	50.33
118463	127965	176565	90565	102.9	105.3	102.6	101.9	106.5	27.60
118029	207116	292700	174046	106.8	105.0	106.5	107.5	105.7	24.70
121447	301741	211414	274540	105.9	102.2	107.0	106.0	106.1	22.00
179793	337646	723138	140106	104.1	104.1	101.5	105.4	90.8	35.80
271703	297496	322233	227896	107.1	105.8	109.9	105.7	109.4	35.20
217716	366518	162707	330718	106.1	108.6	109.5	96.4	109.2	29.81
84787	198078	79397	156078	106.1	105.6	104.3	111.4	101.9	12.60

各县(市)主要国民经济指标（2014年)(1–2)

县 （市）	County (City)	行政区域土地面积（平方公里）Land Area (sq.km)	乡镇个数（个）Number of Regions at Townships Level (unit)	村民委员会个数（个）Number of Villagers' Committees (unit)	#自来水受益村 Number of Administrative Village Access to Tap Water	#通有线电视的村 Number of Administrative Village Access to Cable TV	地区生产总值（万元）Gross Domestic Product (10000 yuan)
秦皇岛市	**Qinhuangdao**						
青龙满族自治县	Qinglong	3510	25	396	211	390	1085822
昌黎县	Changli	1212	16	418	272	400	1944713
抚宁县	Funing	1619	11	556	295	435	1554577
卢龙县	Lulong	961	12	548	139	307	1000802
唐山市	**Tangshan**						
滦 县	Luanxian	1027	10	504	487	341	4131075
滦南县	Luannan	1482	16	589	589	457	3193220
乐亭县	Leting	1417	13	473	473	408	3062546
迁西县	Qianxi	1439	17	417	274	417	4222778
玉田县	Yutian	1165	20	420	420	253	3338370
遵化市	Zuihua	1509	25	622	622	622	5706914
迁安市	Qian'an	1227	17	458	421	458	9936761
廊坊市	**Langfang**						
固安县	Gu'an	703	9	421	421	111	1596996
永清县	Yongqing	776	10	386	386	386	884359
香河县	Xianghe	448	9	300	300	118	1360032
大城县	Dacheng	897	10	394	394	164	1034320
文安县	Wen'an	1037	13	383	383	342	1275240
大厂回族自治县	Dachang	176	5	105	105	105	781425
霸州市	Bazhou	802	12	372	372	295	3525495
三河市	Sanhe	634	10	395	395	166	4861994
保定市	**Baoding**						
满城县	Mancheng	630	11	183	183	130	962414
清苑县	Qingyuan	867	18	266	262	209	1220028
涞水县	Laishui	1662	15	284	184	66	526903
阜平县	Fuping	2496	13	209	209	159	327140
徐水县	Xushui	723	14	304	285	226	1553216
定兴县	Dingxing	714	16	274	114	32	1044486
唐 县	Tangxian	1414	20	345	227	222	670797
高阳县	Gaoyang	495	9	170	170	170	1068131
容城县	Rongcheng	314	8	127	127	48	577526
涞源县	Laiyuan	2448	17	283	260	143	726926
望都县	Wangdu	370	8	143	141	135	544828

Major Indicators of National Economy by County or City (2014)(1-2)

第一产业 Primary Industry	第二产业 Secondary Industry	第三产业 Tertiary Industry	#工业 Industry	地区生产总值指数（上年=100）Indices of Gross Domestic Product (preceding year=100)	第一产业 Primary Industry	第二产业 Secondary Industry	第三产业 Tertiary Industry	#工业 Industry	年末总人口（万人）Total Population (year-end) (10000 persons)
253823	419653	412346	364652	102.8	104.0	98.9	106.7	100.5	56.47
633151	782162	529400	715829	109.1	101.8	112.7	113.0	114.6	52.99
450530	496288	607759	432068	106.1	103.9	108.1	105.6	107.9	48.30
275309	341875	383618	297444	103.7	100.1	108.5	100.8	108.7	42.50
428608	2458142	1244325	2339562	107.0	104.9	108.4	104.4	108.4	56.05
832163	1094262	1266795	871262	105.0	103.7	106.2	104.2	106.9	57.39
799764	1049363	1213419	854363	106.2	103.5	105.1	108.8	105.0	49.42
240870	2654223	1327685	2513923	104.7	105.4	105.5	102.7	105.4	39.64
629094	1548314	1160962	1443014	104.0	102.5	104.1	104.4	103.9	69.84
425325	3000684	2280905	2802684	103.2	101.0	103.7	102.6	104.1	75.42
431656	6459333	3045772	6214333	104.1	103.4	105.1	101.5	105.0	75.90
309279	440711	847006	332148	110.7	102.7	110.7	114.5	108.5	48.70
362994	293513	227852	234941	106.5	105.8	105.0	109.9	104.4	39.96
163634	645382	551016	542220	106.3	97.5	106.3	108.9	104.0	34.92
169403	453595	411322	348920	107.5	102.4	104.1	113.7	106.7	51.10
142154	762831	370255	670337	106.2	98.4	105.3	111.0	104.7	53.00
109396	319926	352103	235113	106.0	100.4	101.0	114.3	101.9	12.70
188518	2250653	1086324	2035973	108.2	102.8	109.1	106.9	110.0	63.97
332573	2524019	2005402	2116192	108.4	104.0	108.0	109.6	107.7	61.90
196495	513497	252422	461018	107.4	103.4	108.5	107.6	109.1	40.34
292139	631427	296462	538550	105.4	102.8	107.4	103.0	107.0	68.20
118471	136207	272225	72885	107.0	104.9	109.0	106.7	107.7	35.86
87400	74224	165516	44028	104.6	104.2	108.3	103.0	107.2	22.98
267699	816007	469510	754956	106.4	103.0	107.0	107.1	108.1	61.30
264646	497017	282823	423873	107.5	101.5	110.7	108.3	110.5	60.00
178843	292626	199328	168763	105.6	104.8	108.2	102.3	107.7	60.38
83310	760303	224518	719939	106.3	103.3	106.8	105.9	100.0	35.40
97123	341545	138858	312059	105.5	100.3	106.6	104.8	106.4	27.30
39022	477743	210161	445214	104.5	92.3	108.5	98.7	108.6	28.88
185155	218398	141275	148043	106.7	106.8	107.2	105.8	105.8	27.30

各县(市)主要国民经济指标 (2014年)(1–3)

县（市）	County (City)	行政区域土地面积（平方公里）Land Area (sq.km)	乡镇个数（个）Number of Regions at Townships Level (unit)	村民委员会个数（个）Number of Villagers' Committees (unit)	#自来水受益村 Number of Administrative Village Access to Tap Water	#通有线电视的村 Number of Administrative Village Access to Cable TV	地区生产总值（万元）Gross Domestic Product (10000 yuan)
安新县	Anxin	728	12	207	207	85	625581
易　县	Yixian	2534	27	469	323	94	974391
曲阳县	Quyang	1084	18	367	158	188	666475
蠡　县	Lixian	652	13	232	232	131	880273
顺平县	Shunping	711	10	237	230	83	478662
博野县	Boye	331	7	133	133	58	426139
雄　县	Xiongxian	514	9	223	223	56	907527
涿州市	Zhuozhou	751	11	403	314	54	2318958
定州市	Dingzhou	1284	21	486	467	425	2774236
安国市	Anguo	486	10	198	197	19	1017281
高碑店市	Gaobeidian	618	9	409	339	69	1297356
沧州市	**Cangzhou**						
沧　县	Cangxian	1520	19	510	510	510	2218625
青　县	Qingxian	968	10	345	345	345	1630652
东光县	Dongguang	711	9	447	447	447	1357993
海兴县	Haixing	919	7	197	197	197	371673
盐山县	Yanshan	795	12	450	450	450	1316221
肃宁县	Suning	516	9	253	253	253	1360119
南皮县	Nanpi	790	9	312	312	312	867446
吴桥县	Wuqiao	583	10	473	473	473	700344
献　县	Xianxian	1173	18	500	500	500	1741014
孟村回族自治县	Mengcun	387	6	126	126	126	856349
泊头市	Botou	1009	12	657	657	657	1820142
任丘市	Renqiu	1012	15	413	413	413	6000536
黄骅市	Huanghua	1545	10	327	327	327	2320478
河间市	Hejian	1333	20	615	615	615	2581477
衡水市	**Hengshui**						
枣强县	Zaoqiang	905	11	553	553	553	824022
武邑县	Wuyi	832	9	524	524	524	594424
武强县	Wuqiang	443	6	238	238	226	503487
饶阳县	Raoyang	572	7	197	197	147	497458
安平县	Anping	495	8	230	230	230	1022005
故城县	Gucheng	941	13	538	538	538	903493
景　县	Jingxian	1188	16	848	848	578	1355000
阜城县	Fucheng	695	10	610	610	587	591422
冀州市	Jizhou	878	10	382	382	382	869256
深州市	Shenzhou	1245	17	465	465	465	1340459

Major Indicators of National Economy by County or City (2014)(1-3)

第一产业 Primary Industry	第二产业 Secondary Industry	第三产业 Tertiary Industry	#工业 Industry	地区生产总值指数(上年=100) Indices of Gross Domestic Product (preceding year=100)	第一产业 Primary Industry	第二产业 Secondary Industry	第三产业 Tertiary Industry	#工业 Industry	年末总人口(万人) Total Population (year-end) (10000 persons)
88474	360420	176687	313999	84.1	99.0	75.1	100.8	71.8	46.30
261903	393270	319218	291785	105.0	107.1	105.0	103.7	108.5	58.13
110946	262530	292999	226009	106.8	99.9	108.7	107.0	108.4	64.00
131802	510789	237682	483627	103.7	102.7	103.7	104.4	103.4	54.71
163764	196869	118029	145343	106.3	105.8	108.3	103.3	108.0	32.10
120047	174213	131879	150052	104.9	103.4	105.2	105.8	107.9	27.50
101265	635618	170644	577167	107.3	101.1	110.0	101.2	111.9	39.41
200862	910105	1207991	579119	103.5	100.2	106.9	101.5	106.0	67.10
767268	1310781	696187	939199	108.5	103.9	110.9	108.0	110.9	124.00
204540	487046	325695	443675	107.3	102.2	108.1	109.1	108.0	41.80
146495	785415	365446	634906	106.1	98.2	106.8	107.4	106.3	57.50
262079	1012812	943734	901910	107.4	100.5	108.0	108.4	108.7	72.79
465628	616256	548768	560339	105.0	101.9	102.9	110.7	102.5	43.40
153739	510281	693973	462433	108.8	100.2	106.9	112.7	111.2	37.77
71829	167736	132108	116146	109.5	101.9	114.1	106.2	116.1	23.66
148712	815014	352495	769424	110.3	101.5	112.6	103.6	113.1	48.73
258511	536351	565257	467755	108.0	103.1	109.9	107.5	110.8	36.27
184161	327781	355504	270683	108.7	102.9	103.6	117.2	110.7	39.83
189466	164546	346332	144679	107.0	101.9	111.6	105.5	112.4	28.38
298075	828924	614015	755107	108.2	100.1	110.0	108.7	112.2	64.80
79491	530640	246218	498990	108.4	104.8	111.8	101.9	112.4	20.67
201077	961571	657494	868995	108.1	99.4	110.7	106.3	113.0	63.00
183289	3882598	1934649	3775429	104.1	99.7	104.7	103.2	104.4	88.75
276511	1051158	992809	944964	106.3	105.0	109.0	103.8	109.6	47.40
252301	1168772	1160404	1008263	108.4	105.6	112.4	105.1	112.2	87.06
121591	466944	235487	431190	108.2	102.0	115.3	100.6	116.6	41.05
155842	239079	199503	188914	107.5	103.0	109.6	108.9	107.9	32.44
82253	252464	168770	209302	107.9	103.0	109.0	109.2	108.6	22.27
159178	183005	155275	152157	107.4	102.9	108.0	111.4	109.7	29.55
103924	543216	374865	493698	108.8	102.1	108.8	111.3	108.6	33.76
198708	323355	381430	262611	108.5	102.9	109.3	111.9	110.3	53.02
168590	770232	416178	676299	108.9	102.2	109.3	111.9	108.9	55.52
124275	310773	156374	284914	108.3	102.8	109.4	110.9	109.1	35.73
94272	453735	321249	416858	109.0	101.5	110.4	110.1	110.8	35.04
325457	554576	460426	511611	107.2	103.0	108.0	109.1	110.5	57.72

各县(市)主要国民经济指标（2014年)(1–4)

县（市）	County (City)	行政区域土地面积（平方公里）Land Area (sq.km)	乡镇个数（个）Number of Regions at Townships Level (unit)	村民委员会个数（个）Number of Villagers' Committees (unit)	#自来水受益村 Number of Administrative Village Access to Tap Water	#通有线电视的村 Number of Administrative Village Access to Cable TV	地区生产总值（万元）Gross Domestic Product (10000 yuan)
邢台市	**Xingtai**						
邢台县	Xingtai	1848	16	519	518	336	1217505
临城县	Lincheng	797	8	220	185	180	612517
内丘县	Neiqiu	788	9	309	309	39	655949
柏乡县	Baixiang	268	6	121	121	121	301306
隆尧县	Longyao	749	12	276	276	251	907339
任　县	Renxian	431	8	134	134	125	424950
南和县	Nanhe	405	8	218	218	183	478522
宁晋县	Ningjin	1032	14	333	333	306	1729749
巨鹿县	Julu	631	10	255	255	251	518846
新河县	Xinhe	366	6	169	169	100	246324
广宗县	Guangzong	504	8	196	196	196	403054
平乡县	Pingxiang	406	7	232	232	106	485247
威　县	Weixian	994	16	522	519	395	657637
清河县	Qinghe	500	6	305	305	91	1176192
临西县	Linxi	542	9	299	299	299	549661
南宫市	Nangong	861	11	440	440	282	845004
沙河市	Shahe	859	8	242	223	159	2107883
邯郸市	**Handan**						
邯郸县	Handan	280	7	184	182	97	1465423
临漳县	Linzhang	742	14	425	425	202	1038244
成安县	Cheng'an	482	9	234	234	211	1300016
大名县	Daming	1053	20	609	564	520	1234548
涉　县	Shexian	1509	17	280	272	280	2075065
磁　县	Cixian	995	18	358	286	317	2282678
肥乡县	Feixiang	503	9	263	263	263	857072
永年县	Yongnian	847	19	429	429	354	2400096
邱　县	Qiuxian	449	7	217	217	217	687316
鸡泽县	Jize	336	7	169	169	165	880505
广平县	Guangping	314	7	169	168	86	703030
馆陶县	Guantao	456	8	269	269	269	899698
魏　县	Weixian	864	21	541	541	498	1246727
曲周县	Quzhou	677	10	338	338	279	1089707
武安市	Wu'an	1806	22	502	393	225	5901931

Major Indicators of National Economy by County or City (2014)(1-4)

第一产业 Primary Industry	第二产业 Secondary Industry	第三产业 Tertiary Industry	#工业 Industry	地区生产总值指数(上年=100) Indices of Gross Domestic Product (preceding year=100)	第一产业 Primary Industry	第二产业 Secondary Industry	第三产业 Tertiary Industry	#工业 Industry	年末总人口(万人) Total Population (year-end) (10000 persons)
114521	836570	266414	793723	104.2	114.8	102.7	107.2	102.0	35.22
104990	355509	152018	331245	104.0	104.2	102.5	108.7	103.0	21.74
101063	329182	225704	281679	86.7	107.2	75.9	106.4	73.0	29.05
89975	113759	97572	100211	104.3	111.0	102.7	101.9	102.0	20.36
249819	386277	271243	348943	105.5	105.0	106.1	104.9	106.0	54.94
116422	159366	149162	136568	109.0	102.5	113.4	107.8	114.0	37.37
162504	150240	165778	123811	108.9	103.7	113.5	108.0	116.0	37.80
316760	994594	418395	903347	111.2	103.5	113.4	110.2	114.0	79.16
161057	179089	178700	149321	108.3	106.6	108.9	108.6	109.0	41.84
77911	93555	74858	83257	112.5	129.9	109.6	105.7	112.0	17.80
130728	139052	133274	115908	108.1	104.9	109.2	110.1	110.0	32.43
118165	190690	176392	161944	110.3	108.2	112.9	108.3	114.0	34.92
259246	167907	230484	139177	111.5	110.6	113.7	110.5	116.0	62.89
80267	612012	483913	553309	110.4	102.3	111.3	110.5	111.0	42.66
123521	184156	241984	154006	107.6	105.0	110.7	105.9	111.0	38.68
182130	353683	309191	307230	107.8	102.4	109.3	108.4	109.0	49.74
84583	1252322	770978	1158697	107.5	105.1	109.9	103.0	109.0	44.01
152167	598110	715146	483535	106.0	106.9	102.9	109.1	103.5	31.90
295250	379379	363615	290335	109.3	102.0	110.9	112.8	110.3	73.70
235865	623458	440693	548300	109.2	100.8	107.8	114.9	107.8	44.90
329260	525535	379753	458884	109.0	102.9	104.5	119.5	112.5	93.20
124122	1194973	755970	1054202	107.7	130.8	106.2	109.6	105.8	41.90
214646	1118020	950012	1006922	107.6	98.4	107.3	109.8	107.8	64.40
287567	338944	230561	263502	109.7	109.2	106.2	114.3	112.1	40.60
724121	967947	708028	879363	105.0	104.6	105.0	105.2	105.0	104.70
154522	280142	252652	233198	109.1	99.9	111.0	112.3	112.3	25.70
176748	434213	269544	394777	109.6	103.7	110.1	112.7	110.0	32.30
133673	286916	282441	224879	109.0	102.3	109.8	111.2	110.4	30.30
247856	403724	248118	347383	109.5	102.7	111.6	112.1	112.4	35.70
292932	440320	513475	344142	109.0	105.5	112.9	107.6	111.6	102.10
276881	528037	284789	461776	109.4	106.9	109.9	110.6	110.0	49.90
202988	3784642	1914301	3693032	106.7	112.8	108.6	101.9	109.0	82.70

各县(市)主要国民经济指标 (2014年)(2-1)

县（市）	County (City)	年末常住户数(户) Number of Resident Households (household)	#乡村户数 Rural Households	乡村从业人员(人) Number of Rural Laborers (person)	#农林牧渔业 Farming, Forestry, Animal Husbandry & Fishery	城镇在岗职工人数(人) Staff and Workers in Urban Areas (person)	城镇在岗职工工资总额(万元) Total Wages Bill of and Workers (10000 yuan)
石家庄市	**Shijiazhuang**						
井陉县	Jingxing	94467	82857	148202	62523	23244	87652
正定县	Zhengding	118455	101865	226160	69332	28177	151439
行唐县	Xingtang	145188	105164	186780	79055	13717	46218
灵寿县	Lingshou	89415	71620	140652	78577	15998	48373
高邑县	Gaoyi	44278	44208	97048	46905	11972	36569
深泽县	Shenze	75663	62326	128375	48275	10654	29855
赞皇县	Zanhuang	74625	61431	127693	48779	16833	46710
无极县	Wuji	141809	118980	248993	116153	15913	53775
平山县	Pingshan	124371	124678	244635	157742	25279	111856
元氏县	Yuanshi	107700	99409	242030	159596	19389	61400
赵　县	Zhaoxian	165125	128522	290517	102178	23746	74357
辛集市	Xinji	171527	153921	302060	97428	41270	153443
晋州市	Jinzhou	133693	124369	260258	87445	22004	74084
新乐市	Xinle	127077	105160	225226	51865	18380	65698
承德市	**Chengde**						
承德县	Chengde	142447	114992	218196	129384	19252	79093
兴隆县	Xinglong	100857	85852	155157	99972	13834	49174
平泉县	Pingquan	155063	122700	217855	115609	22772	95031
滦平县	Luanping	95654	84056	150546	66888	15466	62001
隆化县	Longhua	94037	113352	224529	142008	17966	70021
丰宁满族自治县	Fengning	127606	112961	182486	116788	24595	86918
宽城满族自治县	Kuancheng	78366	68583	114374	52126	20622	96916
围场满族蒙古族自治县	Weichang	194036	133333	237847	175608	19307	76560
张家口市	**Zhangjiakou**						
宣化县	Xuanhua	96556	96556	151799	89878	13714	59826
张北县	Zhangbei	130187	91125	155620	95898	13998	61518
康保县	Kangbao	66397	80925	125366	83244	9577	35780
沽源县	Guyuan	60826	75544	121443	95652	8281	30805
尚义县	Shangyi	63730	57446	96223	66280	8530	31221
蔚　县	Yuxian	154608	160999	197029	131251	31829	140573
阳原县	Yangyuan	89250	87198	119524	71702	13432	41037
怀安县	Huai'an	98876	74285	125612	76819	13354	48962
万全县	Wanquan	82495	70410	110199	74309	17022	74985
怀来县	Huailai	132902	101416	166205	101871	21494	82068
涿鹿县	Zhuolu	89114	108705	162328	119360	16615	70488
赤城县	Chicheng	105350	103812	120620	81620	12561	48579
崇礼县	Chongli	39822	38523	57546	37478	8543	30715

Major Indicators of National Economy by County or City (2014)(2-1)

在岗职工平均工资(元) Average Wage of Staff and Workers (yuan)	全社会固定资产投资额(万元) Total Investment in Fixed Assets (10000 yuan)	单位GDP能耗(吨标准煤/万元) Energy Consumption by GDP (ton of SCE/ 10000 yuan)	地方公共财政预算收入(万元) Local Public Budget Revenue (10000 yuan)	公共财政预算支出(万元) Public Budget Expenditure (10000 yuan)	#农林水事务支出 Expenditure for Agriculture, Forestry and Water Conservancy	#科学技术支出 Expenditure for Science and Technology	#医疗卫生支出 Expenditure for Medical and Health Care	#教育支出 Expenditure for Education	城镇居民人均可支配收入(元) Per Capita Annual Net Income of Urban Households (yuan)
38532	2319397	2.7	55045	124678	23911	1866	16619	31730	21661
53465	2183105	0.8	122388	227817	30268	1758	23326	49844	23120
33904	1425431	1.2	32662	172994	35080	1802	23251	32239	21937
29973	973754	1.0	25126	129637	27912	978	19243	26758	21577
30694	651534	0.7	35312	101700	12119	1083	9645	30827	19603
27925	675774	0.4	34883	96812	16931	1174	16052	17960	20781
28371	1239051	0.4	25173	121784	23965	630	12306	21852	19741
33968	1142749	0.5	42921	144825	15421	1495	24320	32855	21256
43473	1827955	3.2	85070	228065	43674	2555	25176	52215	22390
32331	1727209	0.5	53226	151351	27320	1283	21223	35304	20367
31719	1307830	1.0	42469	162588	23782	674	27132	40458	22325
37719	1934776	0.9	115658	237727	24295	492	34441	53275	24735
33630	2262548	0.7	70321	177282	24494	1986	27255	41499	24520
35709	1925789	0.9	54975	159872	31469	2095	24782	27096	20545
40757	1570935	1.0	94190	214011	33045	2393	24645	36830	19555
35804	1336152	1.2	57201	178963	30195	183	17347	28985	18531
40830	1612916	0.9	96236	248990	38030	4459	24531	62625	19988
39998	1583577	0.8	88211	229105	46138	368	21297	49920	21044
37107	1316509	0.7	48690	206162	43251	2325	24238	50570	18835
36193	1546179	0.9	66151	256697	62553	156	21259	42705	16883
46521	1575432	1.1	90391	210219	35669	475	23032	35127	22350
40217	1025000	0.4	43237	248453	60227	353	25454	38786	17581
43040	1147647	1.4	34509	141052	19876	609	12498	27633	18903
43280	1024425	0.5	64385	207892	29044	310	19713	36426	19212
36269	464933	0.6	17312	140367	21845	121	16201	17287	18264
37187	648274	0.5	26063	144203	37392	134	14883	14962	18665
36769	164875	0.7	13350	116208	19119	243	11473	20224	17366
42781	752324	0.8	51609	201757	34252	146	27206	47547	21363
29932	422822	0.8	25661	129939	21322	102	13058	25609	16625
31966	839402	1.5	32446	123642	21756	170	12564	25600	18893
43647	783556	1.3	38551	117643	17601	915	12426	21390	20796
40978	1131690	1.3	116537	191655	23397	1527	29808	40124	22027
38062	1104135	1.3	47318	194737	33213	3154	20039	31088	21891
39073	849808	1.0	47367	153267	30994	2200	16236	26969	20627
36644	737885	0.8	39500	138200	29215	193	8427	13761	21750

各县(市)主要国民经济指标（2014年)(2-2)

县（市）	County (City)	年末常住户数（户）Number of Resident Households (household)	#乡村户数 Rural Households	乡村从业人员（人）Number of Rural Laborers (person)	#农林牧渔业 Farming, Forestry, Animal Husbandry & Fishery	城镇在岗职工人数（人）Staff and Workers in Urban Areas (person)	城镇在岗职工工资总额（万元）Total Wages Bill of and Workers (10000 yuan)
秦皇岛市	**Qinhuangdao**						
青龙满族自治县	Qinglong	158263	140509	282095	159316	15995	66757
昌黎县	Changli	203247	175587	274041	171050	23364	91611
抚宁县	Funing	133508	134252	223779	144867	32262	133402
卢龙县	Lulong	134924	122475	223417	151351	14902	65423
唐山市	**Tangshan**						
滦　县	Luanxian	161395	150636	287198	115940	39406	157551
滦南县	Luannan	174338	154650	300660	184210	31562	121990
乐亭县	Leting	147449	128095	232098	103539	21268	89199
迁西县	Qianxi	113422	100188	188883	80816	29424	127118
玉田县	Yutian	208137	163194	332599	86675	26976	124922
遵化市	Zuihua	226113	201138	334921	112109	60420	251920
迁安市	Qian'an	237966	155697	290729	58303	66447	365058
廊坊市	**Langfang**						
固安县	Gu'an	92419	90176	183700	141757	25812	118375
永清县	Yongqing	92025	81732	177360	109752	15125	64217
香河县	Xianghe	100456	79660	137936	52879	23502	111085
大城县	Dacheng	131369	111909	210624	111294	20725	75795
文安县	Wen'an	111691	113838	224916	80681	18256	67751
大厂回族自治县	Dachang	54888	31058	45503	15982	11632	64786
霸州市	Bazhou	198296	124035	260717	68961	37091	187034
三河市	Sanhe	241017	100942	176219	63867	71974	382587
保定市	**Baoding**						
满城县	Mancheng	106779	87895	183956	110912	25498	89014
清苑县	Qingyuan	165711	155890	354176	199155	32117	117215
涞水县	Laishui	111774	91891	182743	118684	18863	66876
阜平县	Fuping	62365	55610	88003	60864	11106	35857
徐水县	Xushui	183125	145938	305715	159595	39925	155886
定兴县	Dingxing	148168	138233	326937	151945	38948	131829
唐　县	Tangxian	162450	138438	266812	158600	19653	65217
高阳县	Gaoyang	97629	77489	176466	72980	18955	63218
容城县	Rongcheng	63746	53780	129184	45757	14218	46995
涞源县	Laiyuan	90683	77394	126042	90489	15132	59305
望都县	Wangdu	72858	59835	127641	87476	22730	71512

Major Indicators of National Economy by County or City (2014)(2-2)

在岗职工平均工资(元) Average Wage of Staff and Workers (yuan)	全社会固定资产投资额(万元) Total Investment in Fixed Assets (10000 yuan)	单位GDP能耗(吨标准煤/万元) Energy Consumption by GDP (ton of SCE/ 10000 yuan)	地方公共财政预算收入(万元) Local Public Budget Revenue (10000 yuan)	公共财政预算支出(万元) Public Budget Expenditure (10000 yuan)	#农林水事务支出 Expenditure for Agriculture, Forestry and Water Conservancy	#科学技术支出 Expenditure for Science and Technology	#医疗卫生支出 Expenditure for Medical and Health Care	#教育支出 Expenditure for Education	城镇居民人均可支配收入(元) Per Capita Annual Net Income of Urban Households (yuan)
41484	737668	0.9	54749	201072	35171	495	27981	43191	25134
38257	1155109	1.0	81383	211209	37187	180	32214	51506	23300
40366	825201	1.9	74838	181787	29125	353	27529	48260	25576
43720	764915	1.2	38665	166270	26789	99	19463	31261	23778
41104	2757177	1.0	150002	233931	27172	4819	27164	55324	29133
38229	2132322	1.4	95000	226999	30928	3110	31099	54768	27574
41662	1390937	1.0	100117	213035	44586	3430	28466	45379	26679
43126	2035970	1.5	100212	209228	25298	1442	31671	35445	28890
43682	2391670	1.1	93262	224624	36648	1389	29134	53893	26726
41657	2583692	1.0	111051	234864	23481	795	33878	59168	28329
55018	5261108	1.7	350861	485302	47169	1847	55846	115801	29861
47636	1505494	0.9	254137	307878	45110	3880	20756	62965	26304
42869	1129501	0.9	61973	155397	22331	1504	20476	30622	25481
46899	1552977	0.9	266010	277308	32512	5860	24592	41058	31134
37114	1273322	1.1	60626	173027	23489	530	25995	35224	27409
37108	2324086	1.1	64341	197405	40257	1613	21553	44983	27671
50721	1059758	1.0	149849	161905	20053	3083	11505	27537	30010
49914	2492097	1.6	169794	259946	18006	563	34496	57116	31565
50088	4285536	1.0	655417	540275	105949	592	56388	92873	32398
35607	710672	1.1	37016	119861	12185	247	19903	24534	22167
36178	1113692	1.0	36721	148851	14179	188	27360	33157	22436
35574	978186	1.3	43091	157595	34016	527	16948	26252	17224
32174	468629	0.7	21237	180451	39154	139	13320	21792	11647
39256	1393872	0.7	88055	222650	21745	124	29862	61815	22129
34504	1113170	0.6	43569	162559	21644	174	26507	45750	22059
33763	620120	0.9	24518	142524	24836	57	23580	32807	14462
33525	582657	0.9	48434	113760	7711	236	14806	22800	19919
33254	544227	0.6	34318	92491	14259	128	12405	24622	19863
38876	701113	2.5	56327	135999	29349	114	13832	27303	17190
33197	478028	1.0	18524	96531	11666	73	12828	19384	19879

各县(市)主要国民经济指标（2014年)(2-3)

县（市）	County (City)	年末常住户数（户）Number of Resident Households (household)	#乡村户数 Rural Households	乡村从业人员（人）Number of Rural Laborers (person)	#农林牧渔业 Farming, Forestry, Animal Husbandry & Fishery	城镇在岗职工人数（人）Staff and Workers in Urban Areas (person)	城镇在岗职工工资总额（万元）Total Wages Bill of and Workers (10000 yuan)
安新县	Anxin	132274	119401	248127	133686	13839	45414
易县	Yixian	162094	143215	261614	156792	32309	121979
曲阳县	Quyang	152103	139438	268629	164701	23622	75138
蠡县	Lixian	125760	115765	268632	150340	17669	56129
顺平县	Shunping	85060	75921	158083	108130	12809	36911
博野县	Boye	81218	50062	122563	54575	8987	28688
雄县	Xiongxian	93854	87340	203121	95115	13067	49406
涿州市	Zhuozhou	209623	115673	253999	146276	108562	673056
定州市	Dingzhou	316638	276043	655396	193524	47989	182338
安国市	Anguo	112998	89271	209415	97344	22071	68317
高碑店市	Gaobeidian	150794	98332	238063	133323	39554	172421
沧州市	**Cangzhou**						
沧县	Cangxian	204372	177490	390092	79344	24577	100981
青县	Qingxian	119766	96268	205383	56032	18938	87013
东光县	Dongguang	104273	93598	162947	68618	17064	69602
海兴县	Haixing	62717	56547	100685	57645	10274	34236
盐山县	Yanshan	119320	106306	214624	80413	22391	81884
肃宁县	Suning	99626	87314	202044	59444	15095	61709
南皮县	Nanpi	112534	91479	186800	102876	14531	58884
吴桥县	Wuqiao	86121	69367	144286	51955	12540	41198
献县	Xianxian	188816	138440	275377	104086	22656	85101
孟村回族自治县	Mengcun	57742	45788	91817	36688	13738	60528
泊头市	Botou	195098	157167	271580	67842	19220	78858
任丘市	Renqiu	229477	160523	297478	59960	90805	569570
黄骅市	Huanghua	128985	104748	202040	31170	26775	120508
河间市	Hejian	226980	190941	422321	88807	23086	95055
衡水市	**Hengshui**						
枣强县	Zaoqiang	119741	107293	172783	89491	18919	69687
武邑县	Wuyi	82707	71906	139817	67724	16686	56817
武强县	Wuqiang	70454	52743	101083	56530	13374	45855
饶阳县	Raoyang	80491	72196	151525	53377	14206	46303
安平县	Anping	102761	82980	151264	45646	18115	65342
故城县	Gucheng	140073	112635	217576	108771	26350	83770
景县	Jingxian	163720	120418	227388	101214	17893	62806
阜城县	Fucheng	115206	103070	179639	69856	14208	53661
冀州市	Jizhou	100198	94847	153346	70997	21773	77834
深州市	Shenzhou	151191	170992	289571	107074	26581	103132

Major Indicators of National Economy by County or City (2014)(2-3)

在岗职工平均工资(元) Average Wage of Staff and Workers (yuan)	全社会固定资产投资额(万元) Total Investment in Fixed Assets (10000 yuan)	单位GDP能耗(吨标准煤/万元) Energy Consumption by GDP (ton of SCE/10000 yuan)	地方公共财政预算收入(万元) Local Public Budget Revenue (10000 yuan)	公共财政预算支出(万元) Public Budget Expenditure (10000 yuan)	#农林水事务支出 Expenditure for Agriculture, Forestry and Water Conservancy	#科学技术支出 Expenditure for Science and Technology	#医疗卫生支出 Expenditure for Medical and Health Care	#教育支出 Expenditure for Education	城镇居民人均可支配收入(元) Per Capita Annual Net Income of Urban Households (yuan)
34378	766946	1.0	30494	127695	17003	59	22698	27873	21020
37830	1161171	1.0	36908	207540	37530	484	25136	37886	16976
32495	388766	1.1	31479	170991	26477	136	25745	46931	15138
31692	459907	0.9	32378	143185	16280	41	24981	30955	19578
28704	392574	1.2	21292	102894	16226	185	14992	20091	18721
32212	418629	0.8	18255	84503	12355	374	13769	17101	17553
37523	714237	0.9	39878	110647	13933	112	14387	22443	23724
63526	1713862	0.6	162297	254929	24786	2764	29680	57010	25678
38447	2209046	0.7	144430	323267	32226	529	61707	68547	21081
31017	1092006	0.6	40072	121094	10271	84	20115	25312	18820
43293	1111993	0.8	86382	176111	17532	241	23311	36812	22456
41061	1738347	0.7	64999	231340	36148	347	37807	59393	24278
45162	1597056	0.8	51624	150999	21799	465	21125	34829	24370
40293	1122013	1.5	54502	141654	27345	970	21040	33236	24154
33944	445899	0.7	26843	100433	27147	856	14176	21129	18593
36492	1531281	1.0	42440	151796	32495	1686	25674	32062	20689
41664	1623834	0.7	117460	162937	26553	270	20953	36784	24393
40643	1117465	0.8	38192	142779	25322	381	22268	32008	22451
32640	874917	0.7	27291	111977	22015	180	16333	24898	22364
37526	1689684	0.8	55540	194493	35184	266	31406	43200	21077
44382	925293	0.8	31503	92498	14501	1356	10880	19180	22771
39741	1709739	0.7	68358	189642	27203	583	36218	46396	23088
61997	1482515	0.7	245295	326052	29906	939	45463	62924	26003
45124	2071260	0.7	117705	246113	47558	942	30660	40321	24690
42237	1722061	0.8	99322	259188	28447	792	58587	66206	24302
37161	855151	1.0	44424	185889	50644	939	24526	28833	19730
35244	349872	1.0	35251	152020	43513	298	15602	24601	14252
35343	303436	1.0	22922	99580	27541	170	9994	19653	15026
34248	472192	1.0	23855	129640	40040	285	13602	16329	17009
36779	875265	1.0	54740	185343	35209	224	16067	33088	19711
37134	1205692	1.0	65833	223287	56867	281	23263	35991	17745
34133	1142302	1.2	59048	204668	54953	125	25155	30126	18648
36282	549267	1.0	24860	168306	62160	206	20716	22024	17787
35824	995288	1.3	60611	193562	46679	3432	19694	37756	22880
38184	886568	1.2	46567	216533	74594	246	30735	36365	17666

各县(市)主要国民经济指标（2014年）(2–4)

县（市）	County (City)	年末常住户数（户）Number of Resident Households (household)	#乡村户数 Rural Households	乡村从业人员（人）Number of Rural Laborers (person)	#农林牧渔业 Farming, Forestry, Animal Husbandry & Fishery	城镇在岗职工人数（人）Staff and Workers in Urban Areas (person)	城镇在岗职工工资总额（万元）Total Wages Bill of and Workers (10000 yuan)
邢台市	**Xingtai**						
邢台县	Xingtai	114629	109993	165682	53868	21978	89510
临城县	Lincheng	62560	47161	86865	59915	10962	39126
内丘县	Neiqiu	62768	62775	123646	60383	12086	46656
柏乡县	Baixiang	49066	45038	89732	45960	6744	23186
隆尧县	Longyao	118252	118103	225505	80983	15232	55301
任　县	Renxian	77301	74626	156370	59897	12449	45492
南和县	Nanhe	115486	82381	167758	80325	11952	45802
宁晋县	Ningjin	184120	169714	346769	172907	43748	158033
巨鹿县	Julu	116014	108939	199984	117568	12226	38514
新河县	Xinhe	51718	44627	71530	41994	7644	25188
广宗县	Guangzong	75597	74693	147636	61900	7706	26411
平乡县	Pingxiang	79426	66849	145708	42967	13027	46120
威　县	Weixian	172122	144213	289362	163038	14921	48576
清河县	Qinghe	107942	85260	164392	33610	17678	69931
临西县	Linxi	80854	75237	147283	65912	9457	32653
南宫市	Nangong	118676	107647	206176	96763	19147	63865
沙河市	Shahe	105653	89346	161719	69328	27090	109563
邯郸市	**Handan**						
邯郸县	Handan	88264	62390	126715	60933	33735	132110
临漳县	Linzhang	169721	142566	385245	266454	21929	65870
成安县	Cheng'an	116952	84515	190986	68065	11163	41851
大名县	Daming	173498	159060	356355	163844	20647	71814
涉　县	Shexian	147937	120841	196453	63332	33672	133761
磁　县	Cixian	158904	140796	282511	69818	33199	144284
肥乡县	Feixiang	87843	80733	191515	63212	11449	38668
永年县	Yongnian	195683	195008	424823	138277	44735	140731
邱　县	Qiuxian	57802	51120	108174	60371	9410	34496
鸡泽县	Jize	67402	64308	129670	27150	9258	30637
广平县	Guangping	57805	55062	138138	68899	13590	46391
馆陶县	Guantao	75795	68113	140585	78284	13692	47239
魏　县	Weixian	220978	193340	365815	267784	23303	64642
曲周县	Quzhou	108903	97510	231850	70148	21120	60669
武安市	Wu'an	236121	232555	370754	126547	93834	387215

Major Indicators of National Economy by County or City (2014)(2-4)

在岗职工平均工资(元) Average Wage of Staff and Workers (yuan)	全社会固定资产投资额(万元) Total Investment in Fixed Assets (10000 yuan)	单位GDP能耗(吨标准煤/万元) Energy Consumption by GDP (ton of SCE/ 10000 yuan)	地方公共财政预算收入(万元) Local Public Budget Revenue (10000 yuan)	公共财政预算支出(万元) Public Budget Expenditure (10000 yuan)	#农林水事务支出 Expenditure for Agriculture, Forestry and Water Conservancy	#科学技术支出 Expenditure for Science and Technology	#医疗卫生支出 Expenditure for Medical and Health Care	#教育支出 Expenditure for Education	城镇居民人均可支配收入(元) Per Capita Annual Net Income of Urban Households (yuan)
40168	937570	2.4	56913	158441	31637	920	19355	26426	21157
36690	573093	1.4	24725	81523	15555	136	10945	16456	17528
38661	1018127	2.4	31859	99587	19095	790	15132	19340	19032
36110	284394	1.0	11173	78426	13488	119	9134	13664	16774
36313	801613	1.3	36952	132673	21178	6144	26004	26527	18745
37249	483740	1.5	27403	131322	43793	273	16502	18759	17868
39659	569096	1.3	26680	117329	34517	141	18276	21386	20374
37412	1913769	0.7	60041	194129	30992	408	36659	47224	19564
31814	629749	1.6	31398	112636	16514	111	16456	18439	17662
33540	208187	0.9	10146	75015	18039	251	7726	10715	16545
33355	488793	0.6	9976	97827	18821	75	14346	17244	17906
36393	627644	0.7	29387	125131	23039	820	17213	25758	17799
32944	627152	1.5	33574	182299	40967	451	27706	34315	16592
40204	1258701	0.4	51811	141239	17022	756	19755	27751	20923
35274	648981	0.4	29001	126289	28243	736	18314	21618	18564
34715	991643	0.9	33141	156109	25899	875	21832	26080	17613
41371	2010201	1.1	92392	189702	22430	1680	21660	40945	22040
39759	1827083	0.5	57046	135849	22893	1247	20483	34171	24934
30694	1426549	0.8	26100	186986	25414	1212	33923	38280	20937
37820	1522031	0.5	30132	136233	22539	2254	19729	38441	24743
34851	1553172	0.7	26890	216104	33956	1380	35874	46835	20089
38627	2106271	0.8	91033	175266	31123	1256	25729	38446	14343
43622	2100542	0.8	118406	199192	13862	5151	30106	54589	24992
34531	1041814	0.7	41323	149237	27890	2045	19128	32617	17943
32045	1989857	0.9	92606	235455	33245	1010	37289	70653	23357
36970	659651	0.8	17066	107508	20234	1456	14811	30424	12744
33254	1185923	0.8	20367	109912	15045	1429	10856	36955	19238
33859	832271	0.7	22938	130836	37459	1333	11378	30115	15931
34313	1176233	0.7	28578	130828	33640	2909	11868	27109	18250
28388	1720027	0.7	48108	232386	38355	2443	38185	67995	20001
29786	1348165	0.7	31688	171027	31949	1237	20516	34081	20372
41442	2897855	2.5	325762	508512	39531	7171	59084	114545	26861

各县(市)主要国民经济指标 (2014年)(3–1)

县　(市)	County (City)	农村居民人均纯收入(元) Per Capita Annual Net Income of Rural Households (yuan)	农林牧渔业总产值(万元) Gross Output Value (10000 yuan)	农林牧渔业总产值指数(上年=100) Indices of Gross Output Value (preceding year=100)	农用机械总动力(万千瓦) Total Agricultural Machinery Power (10000 kw)	化肥使用量(折纯量)(吨) Consumption of Chemical Fertilizer (ton)	农村用电量(万千瓦时) Electricity Consumed in Rural Areas (10000 kwh)
石家庄市	**Shijiazhuang**						
井陉县	Jingxing	9595	244537	104.8	472310	12207	18329
正定县	Zhengding	13372	676134	102.7	1465698	43612	18125
行唐县	Xingtang	5420	503546	106.2	1395209	25251	36814
灵寿县	Lingshou	5049	314082	108.1	583195	10205	27069
高邑县	Gaoyi	9984	210556	107.3	458950	11753	12198
深泽县	Shenze	9758	286717	104.9	666446	16265	26443
赞皇县	Zanhuang	4509	282493	104.2	507107	12218	56374
无极县	Wuji	11079	508388	103.7	983906	28780	45906
平山县	Pingshan	5885	350559	104.4	997819	14641	17210
元氏县	Yuanshi	10547	450765	107.5	656533	33988	18467
赵　县	Zhaoxian	11165	600615	101.5	2600026	58121	48451
辛集市	Xinji	12260	906096	100.5	1999594	64148	35701
晋州市	Jinzhou	13881	603806	104.3	1385014	32791	193323
新乐市	Xinle	12285	535801	104.8	2372438	20991	30736
承德市	**Chengde**						
承德县	Chengde	7375	451836	106.6	308638	14374	14310
兴隆县	Xinglong	8131	367937	105.5	293882	8188	12344
平泉县	Pingquan	8197	639609	103.2	519792	21178	15645
滦平县	Luanping	6435	434760	107.6	449520	10258	38170
隆化县	Longhua	5905	509440	104.9	546196	16131	11127
丰宁满族自治县	Fengning	5544	395392	102.5	607063	11427	9315
宽城满族自治县	Kuancheng	8636	295992	103.1	195805	6183	79684
围场满族蒙古族自治县	Weichang	5742	676250	104.0	745378	21943	12636
张家口市	**Zhangjiakou**						
宣化县	Xuanhua	8584	435257	105.2	190269	8811	11904
张北县	Zhangbei	6859	387281	104.9	386873	7338	6265
康保县	Kangbao	6574	372243	105.0	329692	4662	3048
沽源县	Guyuan	6522	316833	104.8	469233	5244	2527
尚义县	Shangyi	5985	204529	105.2	107211	4670	1983
蔚　县	Yuxian	6648	297666	103.0	365647	11099	7621
阳原县	Yangyuan	6198	219599	104.4	132991	9979	6046
怀安县	Huai'an	7119	196067	105.3	116155	10913	10649
万全县	Wanquan	6435	196760	103.1	136763	4618	7630
怀来县	Huailai	11099	345292	104.0	289929	13838	12322
涿鹿县	Zhuolu	8134	490889	105.7	237203	20994	10443
赤城县	Chicheng	6877	375246	105.3	245945	4182	4140
崇礼县	Chongli	6840	136255	105.6	90664	1682	1897

Major Indicators of National Economy by County or City (2014)(3-1)

有效灌溉面积 (公顷) Irrigated Area (hectare)	总播种面积 (公顷) Total Sown Area (hectare)	#粮食作物播种面积 Sown Area of Grain Crops	粮食产量 (吨) Output of Grain (ton)	棉花产量 (吨) Output of Cotton (ton)	油料产量 (吨) Output of Oil-bearing (ton)	蔬菜产量 (吨) Vegetables (ton)	园林水果产量 (吨) Garden Fruit (ton)	肉类产量 (吨) Output of Meat (ton)	#猪牛羊肉 Output of Pork, Beef and Mutton
17350	31654	24799	99796	120	5564	231237	42533	27648	21889
29890	55286	41320	312983	213	20184	867843	15819	86261	62009
22370	58672	44071	281221	402	22952	369093	126465	39313	33056
17130	36039	29617	138074	140	4951	220935	21801	31491	27221
14370	32341	22308	161656	106	4847	591761	3525	13569	8558
20640	35921	27774	198552	486	6514	461563	110789	24310	20499
21920	35360	25566	104666	67	9855	159120	133909	25671	21679
33440	65628	48684	340084	234	17010	860442	22200	56221	40179
18030	48218	36655	197163	576	9214	288500	59957	23034	19118
20450	63298	52619	326589	516	7622	476621	15846	45993	34436
48140	84423	71263	549484		3972	869669	500000	45171	34774
68600	101686	76707	536950	6997	33911	1012577	503127	86853	59150
33330	61745	51660	350459		9464	537981	727300	53229	38079
32830	65075	44421	317058	153	37232	820870	30210	58413	41323
14520	39852	32460	191144		338	337256	192410	96373	29329
5830	9084	7782	30013		213	41931	373946	20851	16793
12040	50989	41939	202603		165	634419	195635	23454	19988
13300	28747	17907	76144		211	612752	28445	106030	46866
17370	61685	43755	276604		4212	496666	45120	68890	62791
27270	78918	60478	137146		3957	671678	19712	49009	42717
4340	17583	13951	44600		685	141833	52120	23454	20479
17410	90606	69417	248180		3287	983141	211657	58328	45536
27450	44070	35136	212777		3238	397276	14182	59379	51232
25387	100838	49094	108252		10283	911806		20635	19957
14570	97148	63261	137118		7624	1147708		29504	27940
19876	81893	45812	117039		6111	1210669		10346	9747
10800	42138	23721	46216		6450	700164	20	12777	12247
24250	76823	59551	139496		4046	321660		36951	32109
18590	49322	41787	84297		5710	88342	4333	27543	17665
18840	35373	27508	126071		4435	226543	7378	24925	22872
19430	23554	19664	126592		1129	98587	3807	24255	19343
20610	31026	25440	106777		1357	153846	263600	33929	14371
17930	31241	26474	176722		1174	241688	366558	48225	40708
10330	42505	26303	80163		1519	566359	6037	32327	25884
6620	16841	7701	23317		737	580986	2950	6493	4416

各县(市)主要国民经济指标（2014年)(3–2)

县（市）	County (City)	农村居民人均纯收入（元）Per Capita Annual Net Income of Rural Households (yuan)	农林牧渔业总产值（万元）Gross Output Value (10000 yuan)	农林牧渔业总产值指数（上年=100）Indices of Gross Output Value (preceding year=100)	农用机械总动力（万千瓦）Total Agricultural Machinery Power (10000 kw)	化肥使用量（折纯量）（吨）Consumption of Chemical Fertilizer (ton)	农村用电量（万千瓦时）Electricity Consumed in Rural Areas (10000 kwh)
秦皇岛市	**Qinhuangdao**						
青龙满族自治县	Qinglong	6887	466854	104.0	273452	22297	13035
昌黎县	Changli	11848	1061656	103.0	832451	54166	178420
抚宁县	Funing	11007	803504	105.1	739543	23985	28272
卢龙县	Lulong	9904	536401	100.5	1009100	40007	14299
唐山市	**Tangshan**						
滦县	Luanxian	12484	714707	105.0	959000	44839	25451
滦南县	Luannan	10856	1310682	103.8	1384137	42077	28405
乐亭县	Leting	12528	1194598	103.7	990362	70560	11546
迁西县	Qianxi	12626	380121	105.6	385005	17642	27361
玉田县	Yutian	12259	1126769	103.1	1195286	49573	159104
遵化市	Zuihua	12264	733813	101.0	1494024	33036	192725
迁安市	Qian'an	17125	715095	105.4	2156119	15991	288013
廊坊市	**Langfang**						
固安县	Gu'an	11479	614507	102.2	1091298	25634	17906
永清县	Yongqing	11285	763260	105.1	1092254	22019	15860
香河县	Xianghe	12864	293126	97.8	501010	20909	20342
大城县	Dacheng	11047	338912	102.0	762347	12053	44857
文安县	Wen'an	12093	263591	99.1	770481	14610	134174
大厂回族自治县	Dachang	12082	186869	101.1	275549	4395	8387
霸州市	Bazhou	12602	329718	103.1	1100580	25689	605820
三河市	Sanhe	13746	592582	104.0	915313	29968	43769
保定市	**Baoding**						
满城县	Mancheng	11426	332626	103.2	543822	12804	22182
清苑县	Qingyuan	12153	526937	103.3	883185	48366	26851
涞水县	Laishui	6656	223298	105.0	288243	8609	13786
阜平县	Fuping	5150	148554	105.7	369502	5201	3794
徐水县	Xushui	11781	498946	103.8	890513	29452	34728
定兴县	Dingxing	10527	497487	101.6	613300	37377	24525
唐县	Tangxian	5073	317558	105.2	537354	24777	12043
高阳县	Gaoyang	12560	161094	103.5	192149	12147	25020
容城县	Rongcheng	12308	175031	100.3	529319	9856	9925
涞源县	Laiyuan	4859	80045	95.5	191076	4192	2626
望都县	Wangdu	9195	307508	106.0	383806	18959	8351

Major Indicators of National Economy by County or City (2014)(3-2)

有效灌溉面积（公顷）Irrigated Area (hectare)	总播种面积（公顷）Total Sown Area (hectare)	#粮食作物播种面积 Sown Area of Grain Crops	粮食产量（吨）Output of Grain (ton)	棉花产量（吨）Output of Cotton (ton)	油料产量（吨）Output of Oil-bearing (ton)	蔬菜产量（吨）Vegetables (ton)	园林水果产量（吨）Garden Fruit (ton)	肉类产量（吨）Output of Meat (ton)	#猪牛羊肉 Output of Pork, Beef and Mutton
17140	33303	27198	121659		2143	281750	180499	68278	51602
50620	74401	50577	301644	222	29718	1178861	254252	91093	62281
30070	50215	23205	134631	611	14541	1224107	184008	114251	93588
24970	43713	34390	224794	1225	13469	348893	177592	69782	56874
28330	72076	44711	293639	279	60004	858145	150084	58032	46196
71320	127318	70417	462017	974	61197	2178038	152291	128186	105562
54220	84204	42606	258597	687	10932	2584650	547208	36195	24573
5040	18585	13693	81355	310	7019	102159	45300	24333	19078
63850	122808	84688	500466	2208	3943	2900446	77104	119798	107358
38990	65723	43927	253497	105	48731	774397	236596	85160	76455
40110	58285	33506	183529	45	34101	945364	159449	86959	69880
36210	77939	41003	235936	468	9208	1740313	97500	37827	35889
30320	61115	26399	152754	4147	10369	1756005	193850	73694	67648
20410	38292	25660	153170	35	144	774568	29460	16234	11085
29210	57255	46326	221001	4298	1497	187964	75015	39848	25150
32740	60329	52030	299955	4882	441	140803	45261	20664	15128
7310	14829	11748	71362	18		186459	3996	26239	25007
25650	55733	35333	195173	8971	8895	589960	50543	22375	17795
22350	51840	35750	217987	152	447	843346	87210	61941	54719
21070	38894	28669	173766	497	2696	287549	190228	23542	20593
53230	97577	67736	455430	1295	19569	932978	35999	28110	19917
13950	32154	25769	139650	55	10612	146581	40949	23834	22335
6310	15664	12856	66155		3767	38830	100245	7933	7167
36600	71978	59283	391040	40	5570	817062	31561	62990	55735
47460	81330	68316	475723	357	15824	560411	28870	63487	48654
19210	44428	35661	201582	1040	4235	283169	67549	34794	32828
27460	38728	26506	166364	2651	12698	258860	16980	6320	5750
19660	34843	30201	205204	167	5508	180709	2093	29364	27647
5740	22292	19371	58014		292	60340	7355	7159	6678
22540	41259	33729	245336	406	6371	359209	21000	18818	15936

各县(市)主要国民经济指标（2014年）(3–3)

县（市）	County (City)	农村居民人均纯收入（元） Per Capita Annual Net Income of Rural Households (yuan)	农林牧渔业总产值（万元） Gross Output Value (10000 yuan)	农林牧渔业总产值指数（上年=100） Indices of Gross Output Value (preceding year=100)	农用机械总动力（万千瓦） Total Agricultural Machinery Power (10000 kw)	化肥使用量（折纯量）（吨） Consumption of Chemical Fertilizer (ton)	农村用电量（万千瓦时） Electricity Consumed in Rural Areas (10000 kwh)
安新县	Anxin	10170	177280	100.2	525670	12224	33915
易　县	Yixian	5976	477904	106.7	311188	20453	14341
曲阳县	Quyang	5031	223737	100.7	548540	12930	5560
蠡　县	Lixian	10864	274319	102.9	626530	21598	24723
顺平县	Shunping	4902	287498	105.5	423547	16392	23679
博野县	Boye	9117	226229	103.5	383634	19435	34704
雄　县	Xiongxian	12041	174457	101.7	341483	9783	69945
涿州市	Zhuozhou	13082	361304	100.3	508720	22906	41181
定州市	Dingzhou	10706	1335179	104.1	2151571	72500	26429
安国市	Anguo	12790	309348	101.9	664398	22666	7085
高碑店市	Gaobeidian	11211	294747	98.3	399467	16067	17148
沧州市	**Cangzhou**						
沧　县	Cangxian	10247	478463	100.3	1461391	40827	80226
青　县	Qingxian	11568	706261	101.7	904356	21165	73390
东光县	Dongguang	8337	531037	105.6	562738	23083	29742
海兴县	Haixing	5316	150239	103.3	394335	9165	11757
盐山县	Yanshan	6632	297666	102.9	648956	11343	13425
肃宁县	Suning	9645	469808	102.4	718362	24360	44066
南皮县	Nanpi	6561	383356	105.8	995260	15272	26401
吴桥县	Wuqiao	9013	574769	106.8	581384	22700	12376
献　县	Xianxian	7508	628067	103.1	859350	27105	69939
孟村回族自治县	Mengcun	7913	156384	105.0	331101	9971	73409
泊头市	Botou	9885	389280	100.7	1329840	31310	64983
任丘市	Renqiu	11911	383389	101.4	1014600	31245	109297
黄骅市	Huanghua	11655	558517	105.0	1137528	14922	67997
河间市	Hejian	10117	531125	106.2	1378380	31309	109873
衡水市	**Hengshui**						
枣强县	Zaoqiang	7784	338658	103.2	415769	20205	23994
武邑县	Wuyi	5807	389299	103.2	518609	17465	15874
武强县	Wuqiang	5579	207030	103.6	560358	7731	15962
饶阳县	Raoyang	5427	403913	102.8	805292	19579	19174
安平县	Anping	10834	282162	103.0	482552	14593	27672
故城县	Gucheng	7555	538130	103.1	1403092	40151	21896
景　县	Jingxian	9998	450211	103.3	1121308	36650	16043
阜城县	Fucheng	5607	312327	103.0	743831	21146	27188
冀州市	Jizhou	9840	253086	101.8	739872	27752	32869
深州市	Shenzhou	9758	709853	103.3	2063725	65313	64365

Major Indicators of National Economy by County or City (2014)(3-3)

有效灌溉面积 (公顷) Irrigated Area (hectare)	总播种面积 (公顷) Total Sown Area (hectare)	#粮食作物播种面积 Sown Area Area of Grain Crops	粮食产量 (吨) Output of Grain (ton)	棉花产量 (吨) Output of Cotton (ton)	油料产量 (吨) Output of Oil-bearing (ton)	蔬菜产量 (吨) Vegetables (ton)	园林水果产量 (吨) Garden Fruit (ton)	肉类产量 (吨) Output of Meat (ton)	#猪牛羊肉 Output of Pork, Beef and Mutton
28000	47980	40765	234495	6456	708	67426	6180	9555	5792
24970	51808	42026	224472	569	14222	313841	209999	68413	63847
17320	39809	34337	160357	317	6071	128559	120056	25518	23477
36990	60106	41046	240632	3938	15171	453099	29970	9177	6805
18980	31400	23099	127808	83	5183	282477	365200	12469	11952
20340	39248	26944	190439	1737	12170	500826	29860	14038	12562
18940	43923	38524	232778	341	4105	191643	32200	15273	12769
40200	71874	52905	308420		12950	625532	31891	39533	28202
85660	160480	98123	694562	752	62321	2539049	148753	110152	95361
31490	56922	38071	266409	518	21019	200825	29957	22558	20103
37045	64660	49837	336956	579	31473	318299	24329	36570	28344
35690	118632	111116	476182	3019	1546	189113	339085	41087	30284
29120	88203	56675	275882	1358	1243	2027986	45056	21531	14860
48420	63863	41064	261605	22843	2097	138688	7820	21648	17963
13510	41047	35303	121002	2850	1413	29214	6902	9901	6771
28330	70084	62700	247457	2340	1412	154102	46595	49143	45279
31680	55536	41957	249653	616	7644	731774	76726	29819	10835
34020	69890	49805	283253	15824	2665	343917	74364	17572	14033
33870	68955	48257	347343	14488	1347	242668	15122	30642	23333
53200	109242	75229	398128	16198	31656	426931	176000	58274	44680
12150	33805	32560	159197	505	1846	13020	15536	37425	8647
43120	76688	71932	394651	2691	428	93658	543464	29325	21155
40680	92608	73751	419663	6481	6371	468229	25190	44951	12529
11100	90787	78131	277326	2601	3190	190253	107870	59530	46090
65480	125690	88306	493774	16965	39841	476779	25753	33800	16940
53880	80507	54254	338493	25530	7927	207566	81547	22230	19534
38580	74429	48704	284939	12675	10537	581130	52014	35096	25981
22960	49060	40460	240204	3292	4405	191466	6900	17298	10518
34810	64436	36378	215584	2402	13346	855130	107153	27183	21766
26900	48453	42544	246977		9966	129141	38700	69150	66500
47630	91499	53004	320061	26278	11254	850574	55033	51287	32060
78630	118814	89986	578203	20160	15724	248515	36275	37452	31668
37100	70861	51958	301549	6212	427	233165	180520	17061	13021
47620	73814	37357	216200	26106	11506	192816	102331	14219	11174
64960	116530	95353	620873	7261	36117	261913	850000	62198	51211

各县(市)主要国民经济指标（2014年）(3–4)

县　（市）	County (City)	农村居民人均纯收入（元）Per Capita Annual Net Income of Rural Households (yuan)	农林牧渔业总产值（万元）Gross Output Value (10000 yuan)	农林牧渔业总产值指数（上年=100）Indices of Gross Output Value (preceding year=100)	农用机械总动力（万千瓦）Total Agricultural Machinery Power (10000 kw)	化肥使用量（折纯量）（吨）Consumption of Chemical Fertilizer (ton)	农村用电量（万千瓦时）Electricity Consumed in Rural Areas (10000 kwh)
邢台市	**Xingtai**						
邢台县	Xingtai	9507	205392	112.4	338485	13325	18277
临城县	Lincheng	6233	192075	104.7	253138	8708	5408
内丘县	Neiqiu	8162	187230	107.1	269691	8228	9262
柏乡县	Baixiang	8762	197895	108.2	347282	13694	6675
隆尧县	Longyao	8732	458696	106.5	946109	43177	50283
任　县	Renxian	8274	208167	102.5	595970	16720	23772
南和县	Nanhe	9937	290418	103.7	537443	16879	19322
宁晋县	Ningjin	10331	571548	103.9	1102219	45860	38547
巨鹿县	Julu	5693	288495	106.6	665960	14891	15906
新河县	Xinhe	5043	157297	133.4	352370	6740	8735
广宗县	Guangzong	5760	262785	104.4	292153	11995	7837
平乡县	Pingxiang	6772	211088	107.9	372995	18663	21565
威　县	Weixian	6047	591796	109.5	907788	41482	9017
清河县	Qinghe	10587	217986	104.2	575333	20975	26634
临西县	Linxi	9427	259847	103.6	611341	27669	12786
南宫市	Nangong	8846	354536	102.5	891430	25060	17484
沙河市	Shahe	10737	165998	105.3	576613	11354	22775
邯郸市	**Handan**						
邯郸县	Handan	11330	259367	104.0	658574	18620	20490
临漳县	Linzhang	11230	551590	102.3	1116146	47838	11610
成安县	Cheng'an	10880	542851	101.9	785095	45437	23769
大名县	Daming	8822	662285	102.9	1029489	46747	17252
涉　县	Shexian	9165	232301	130.0	581133	7980	8744
磁　县	Cixian	11735	384531	96.2	1855612	26152	93693
肥乡县	Feixiang	10169	544917	103.4	742876	40695	15311
永年县	Yongnian	11591	1335214	98.5	1622654	56374	73312
邱　县	Qiuxian	9451	314974	101.0	450647	23590	3205
鸡泽县	Jize	9961	322088	104.0	357611	21410	23715
广平县	Guangping	8740	235443	102.5	425462	15900	9222
馆陶县	Guantao	8778	604258	102.8	777181	28122	13655
魏　县	Weixian	9199	547833	105.3	1268440	28369	14926
曲周县	Quzhou	10690	535119	106.5	975893	49562	33674
武安市	Wu'an	11290	376853	112.9	2172003	18382	253504

Major Indicators of National Economy by County or City (2014)(3-4)

有效灌溉面积（公顷）Irrigated Area (hectare)	总播种面积（公顷）Total Sown Area (hectare)	#粮食作物播种面积 Sown Area of Grain Crops	粮食产量（吨）Output of Grain (ton)	棉花产量（吨）Output of Cotton (ton)	油料产量（吨）Output of Oil-bearing (ton)	蔬菜产量（吨）Vegetables (ton)	园林水果产量（吨）Garden Fruit (ton)	肉类产量（吨）Output of Meat (ton)	#猪牛羊肉 Output of Pork, Beef and Mutton
23480	36345	27969	130684	1062	12866	139282	140719	14049	11226
10880	31370	25843	121665	333	6786	71048	26998	17275	12057
24670	47725	34530	180377	876	15140	96580	28974	27400	24691
17970	32411	28040	205809	372	4790	192087	79995	14926	10285
49000	94056	76664	531123	5865	14025	648035	51700	37911	24997
26160	54828	47412	346569	1597	2836	315175	13986	11176	7131
28760	55193	45038	282400	1207	2964	533331	4490	20400	14105
66500	120884	104697	723759	5354	7114	417455	393849	38965	35888
29150	62158	31343	177717	14479	12711	152523	98000	14676	10097
21240	37913	29590	161964	7082	3738	25731	149000	6607	5211
27120	41719	14676	79579	18485	19336	119782	12023	18036	12274
26850	51154	35517	239079	2860	25149	211678	24097	14205	8714
67800	91111	30113	175771	68402	7574	369296	105000	28388	20596
34090	48486	33602	233767	13811	6675	36641	46000	7242	4198
32680	58001	46914	307595	11169	1505	48173	12030	18378	12473
55750	86190	41412	217511	40872	18156	259815	41000	24380	21329
20970	31773	27727	127194	333	4644	47454	14868	16517	8609
20060	34032	27813	207053	1579	997	313925	40290	24093	18385
48900	92279	77463	597454	3067	5530	536437	134314	55031	35855
35000	63140	37911	285745	23075	4638	333080	54540	35917	26436
57960	131208	98776	736939	2733	86639	378110	30029	79324	64867
5610	25232	20921	91893	31	641	82981	21629	24213	16215
32730	70581	59817	364085	2774	5458	293678	25110	40341	29626
38300	70910	44271	333277	16554	3143	774904	45590	37589	28759
53090	122703	69056	527153	3601	5540	3309407	59489	75597	45571
26880	44259	13466	99188	33733	1218	204602	17400	23891	12953
24490	44156	28904	213773	4852	2455	573257	18516	28160	19196
22870	39855	30399	223723	5222	7700	136379	26295	16316	12376
28620	55579	38855	289780	5712	16090	474533	40500	54587	31088
56250	95639	84641	627444	1709	4202	380249	207280	63987	37492
41780	76549	54818	413989	13364	3321	574037	40072	53651	32618
29150	62627	55249	294253	2771	3493	117713	25800	75207	70432

各县(市)主要国民经济指标（2014年)(4-1)

县（市）	County (City)	禽蛋产量 (吨) Output of Egg (ton)	奶类产量 (吨) Output of Milk (ton)	水产品产量 (吨) Total Aquatic Products (ton)	规模以上工业总产值 (万元) Gross Industrial Output Value (10000 yuan)	规模以上工业企业主营业务收入 (万元) Revenue from Principal Business (10000 yuan)	公路里程 (公里) Total Length of Highways (km)
石家庄市	**Shijiazhuang**						
井陉县	Jingxing	33593	11105	700	1931128	1834748	1023
正定县	Zhengding	132523	121334	1610	4452225	4276347	1123
行唐县	Xingtang	34685	326250	1880	2208600	2183233	1280
灵寿县	Lingshou	19367	64499	8330	143880	1384412	1153
高邑县	Gaoyi	15884	7800		1419516	1355740	581
深泽县	Shenze	19487	45458	116	1970993	1884866	467
赞皇县	Zanhuang	20013		1000	1938581	1858559	836
无极县	Wuji	74680	59927	11	3506386	3404006	650
平山县	Pingshan	13828	14763	13820	5492698	4357727	2801
元氏县	Yuanshi	54969	80000	1060	3441271	3342505	997
赵　县	Zhaoxian	60656	38299		5651995	5521085	789
辛集市	Xinji	161000	63258	41	8700318	8730106	945
晋州市	Jinzhou	74622	21320		5632344	5604340	934
新乐市	Xinle	82500	93078	22	4130333	4083042	918
承德市	**Chengde**						
承德县	Chengde	24857	257	1158	1617895	1436476	2733
兴隆县	Xinglong	7140	1753	6100	1446897	1361731	2764
平泉县	Pingquan	17450	943	1270	1502273	1392364	2079
滦平县	Luanping	9830	10902	1350	2323873	1782144	2114
隆化县	Longhua	9849	6825	620	1128070	1026600	2644
丰宁满族自治县	Fengning	17419	96660	4120	784342	726426	2803
宽城满族自治县	Kuancheng	6980	1691	22050	3243919	3123990	1468
围场满族蒙古族自治县	Weichang	14456	33885	2555	353757	320992	2912
张家口市	**Zhangjiakou**						
宣化县	Xuanhua	41381	109600	450	937485	910496	1094
张北县	Zhangbei	2167	218498	256	669845	573797	2742
康保县	Kangbao	3475	108226	85	136954	91334	3108
沽源县	Guyuan	1482	118627	2501	115694	112985	1315
尚义县	Shangyi	1220	5805	153	259239	145979	1008
蔚　县	Yuxian	27965	24600	420	273920	582613	1933
阳原县	Yangyuan	48847	10773	540	147304	133938	1108
怀安县	Huai'an	2780	38827	319	470344	452722	1465
万全县	Wanquan	6873	54696	4	843763	53326	1058
怀来县	Huailai	10492	88185	6240	283248	225964	2900
涿鹿县	Zhuolu	45586	119100	490	602378	512824	1242
赤城县	Chicheng	5842	10229	958	730541	605681	1626
崇礼县	Chongli	3300	34431	15	296759	141452	1013

Major Indicators of National Economy by County or City (2014)(4-1)

民用汽车拥有量 (辆) Possession of Civil Vehicles (unit)	固定电话用户 (户) Number of Fixed Telephone Subscribers (subscriber)	移动电话用户 (户) Number of Mobile Telephone Subscribers (subscriber)	互联网宽带接入用户 (户) Broadband Subscribers of Internet (subscriber)	社会消费品零售总额 (万元) Total Retail Sales of Consumer Goods (10000 yuan)	出口总额 (万美元) Total Exports (USD 10000)	当年实际使用外资金额 (万美元) Total Amount of Contracted Investment Actually Utilized (USD 10000)	城乡居民储蓄存款年末余额 (万元) Outstanding Amount of Saving Deposit (10000 yuan)	小学学校 (所) Number of Regular Primary Schools (unit)
10268	25236	108562	33856	404781		2298	972539	50
68790	73036	358000	85198	1064705	34909	3021	2198100	114
21380				536743	350	3000	935307	59
4005	16300	203200	30665	367020	2523		760063	85
3760	16500	141500	20800	294796		2200	481000	68
17093	10578	215119	29528	374673	11831	3100	784023	31
19263	8000	214270	27300	375044	18228	1612	492080	78
10742	56123	251393	39821	1033463	614	70	1172975	81
41065	26741	99420	48678	495154	7698		1216285	69
48000	22102	329722	58043	467647	13564	1050	897023	49
20031	21300	456800	69980	1008717	8465	550	965880	70
46511	53304	531951	89171	2329777	80557	30	2484550	83
35895	36905	345659	49651	1023345	33704	3162	1531638	159
36017	26830	364824	74098	929301	11485	3000	1018484	93
29970	26499	271021	39583	433271	1378		955198	53
30553	34300	194000	37400	409116	1802		841993	67
28917	28229	382228	42325	487487	5471	904	1202074	44
27105	20307	236500	30259	367027	2559	234	796867	67
26896	30975	281500	28688	352088	612		810883	51
27591	22000	245300	30000	352389	17		820908	61
27864	22821	180987	31168	353672	505	326	1047732	26
36161	37000	387200	46530	384970	562	12874	847225	61
11819	30006	169727	50000	291531	133		726258	74
23540	23380	101753	27316	237576	230	3516	567561	29
12181	8520	85887	10350	165452	492	152	240679	22
23450	9450	130951	26300	138419		200	278520	20
8256	7342	92004	7836	102401			237454	17
62648	37500	75511	27565	370931	194	100	1195360	56
18800	28000	140000	18200	232624	4164		544390	124
7899	18829	153621	17441	201784	13644		523300	36
30052	16214	42419	14150	220471	1087		482086	26
8200	46521	258420	31200	439086	705	1869	1114514	73
18089	47012	234098	34800	309987	153		761770	111
35125	16477	167700	17319	190881	45		613959	23
2328	6411	94835	10248	91775	25	11064	249492	22

各县(市)主要国民经济指标（2014年)(4–2)

县　（市）	County (City)	禽蛋产量 (吨) Output of Egg (ton)	奶类产量 (吨) Output of Milk (ton)	水产品产量 (吨) Total Aquatic Products (ton)	规模以上工业总产值 (万元) Gross Industrial Output Value (10000 yuan)	规模以上工业企业主营业务收入 (万元) Revenue from Principal Business (10000 yuan)	公路里程 (公里) Total Length of Highways (km)
秦皇岛市	**Qinhuangdao**						
青龙满族自治县	Qinglong	11400	336	1500	718719	628522	2593
昌黎县	Changli	28168	42912	83272	2312102	3123939	1978
抚宁县	Funing	27843	24562	60284	1888591	1666200	2018
卢龙县	Lulong	35906	25560	1878	1052341	1060004	1617
唐山市	**Tangshan**						
滦　县	Luanxian	47790	461500	3902	6692217	6225399	1429
滦南县	Luannan	37132	520021	85152	2124824	2161741	1819
乐亭县	Leting	17338	65391	135011	2406523	2273699	1679
迁西县	Qianxi	9351	22402	43250	6731347	6736547	1392
玉田县	Yutian	80232	101698	5609	4731370	4433999	2310
遵化市	Zuihua	27459	19624	3780	6638362	6510232	1564
迁安市	Qian'an	39869	156362	586	16191785	16024119	3228
廊坊市	**Langfang**						
固安县	Gu'an	9026	15940	313	1190400	1175939	1090
永清县	Yongqing	14818	56197	513	729791	762822	1048
香河县	Xianghe	19940	6880	2730	2877158	2665837	901
大城县	Dacheng	32393	17802	928	1363456	1317097	1138
文安县	Wen'an	23408	1263	9029	3499949	3215322	1579
大厂回族自治县	Dachang	5500		2619	753405	745917	369
霸州市	Bazhou	14072	3406	6926	10705054	9944512	1240
三河市	Sanhe	21067	99870	10650	8431775	8523062	1277
保定市	**Baoding**						
满城县	Mancheng	36815	34610	400	1636002	1491796	755
清苑县	Qingyuan	51045	91233	90	2447074	2433703	1050
涞水县	Laishui	3764	8056	429	209923	196249	1306
阜平县	Fuping	4399	6720	7400	87243	82643	1769
徐水县	Xushui	20962	139074	312	2516871	2329815	1424
定兴县	Dingxing	36953	30434	350	1238131	1238132	841
唐　县	Tangxian	18538	15716	1755	579813	504392	1082
高阳县	Gaoyang	6343	13341	200	2389238	2245179	589
容城县	Rongcheng	6446	15096	1403	856486	488520	309
涞源县	Laiyuan	3610	16	541	961706	926435	1465
望都县	Wangdu	17236	51720	63	369678	307222	643

Major Indicators of National Economy by County or City (2014)(4-2)

民用汽车拥有量(辆) Possession of Civil Vehicles (unit)	固定电话用户(户) Number of Fixed Telephone Subscribers (subscriber)	移动电话用户(户) Number of Mobile Telephone Subscribers (subscriber)	互联网宽带接入用户(户) Broadband Subscribers of Internet (subscriber)	社会消费品零售总额(万元) Total Retail Sales of Consumer Goods (10000 yuan)	出口总额(万美元) Total Exports (USD 10000)	当年实际使用外资金额(万美元) Total Amount of Contracted Investment Actually Utilized (USD 10000)	城乡居民储蓄存款年末余额(万元) Outstanding Amount of Saving Deposit (10000 yuan)	小学学校(所) Number of Regular Primary Schools (unit)
25200	46934	305000	31633	320006	392	4446	978678	55
90900	76600	445429	71842	576503	21974	5149	1824671	116
72720	76467	440874	64543	589227	18211	4722	1614439	82
7326	50765	311614	34746	348278	1846	2000	1101360	101
140893	69105	607646	118540	1247863	3403	2356	1734718	104
104733	70891	621956	90329	1478749	85724	4875	1444296	97
56659	60736	429808	62786	1088503	18304	5586	1774852	80
40135	66754	330603	52627	888421	15452	16056	1746480	121
93227	106492	619778	88940	1166821	24945	10814	2446454	120
84675	117250	659953	92019	1796871	6808	5300	3033267	109
202228	107546	634502	137000	2033814	39517	6421	4391813	126
75073	126648	354489	61903	429363	5401	384	1453798	76
81620	96690	280122	43012	389274	5460	2345	796674	93
79033	149116	348351	68801	637055	8381	999	2032247	68
85099	89060	395922	70500	544512	2960		1559984	76
101587	167254	506820	81296	557016			1661667	158
43657	31199	161833	33340	168859		2403	695411	13
152780	218056	672985	110589	1089233	63882	557	2625225	132
98496	198927	687949	120135	1326910	8517	16950	3745874	65
47202	43286	389633	48997	483987	4126	1505	1145415	108
73215	60324	481439	72047	576803	11736	287	1275436	135
32733	45052	228597	40700	265438	447	252	824287	58
19182	23124	157865	20503	161074	11		483201	95
68335	79020	528700	82404	719751	19789	5381	1538348	86
48900	56044	390543	47207	526279	1084	1500	1033999	112
46253	53432	393942	50858	278706	2594		1251526	151
48768	46203	333395	52092	472363	30163		1021590	92
27029	33453	187320	27694	366779	23083	91	732078	60
18275	25258	213874	28748	151637	611	11177	580101	58
28375	29819	215789	35968	182087	1682	516	666100	32

各县(市)主要国民经济指标（2014年）(4–3)

县（市）	County (City)	禽蛋产量（吨）Output of Egg (ton)	奶类产量（吨）Output of Milk (ton)	水产品产量（吨）Total Aquatic Products (ton)	规模以上工业总产值（万元）Gross Industrial Output Value (10000 yuan)	规模以上工业企业主营业务收入（万元）Revenue from Principal Business (10000 yuan)	公路里程（公里）Total Length of Highways (km)
安新县	Anxin	19418	7514	33133	1333913	1304126	552
易　县	Yixian	21855	6318	5996	1473538	1417326	1677
曲阳县	Quyang	12030	52880	2900	376612	355636	1325
蠡　县	Lixian	12057	13655		2043736	1985516	820
顺平县	Shunping	4133	8672	80	547178	522006	995
博野县	Boye	6906	3244		570647	499927	405
雄　县	Xiongxian	5824	1942	580	2203201	2111419	661
涿州市	Zhuozhou	12008	24256	1075	2508095	2474182	1019
定州市	Dingzhou	81939	227508	130	3261031	3074355	1937
安国市	Anguo	19392	11448		2080577	1794688	647
高碑店市	Gaobeidian	28978	18317	225	1490979	1394390	926
沧州市	**Cangzhou**						
沧　县	Cangxian	38070	11550	262	3504717	3481941	1945
青　县	Qingxian	30727	35400	504	2285069	2346303	1011
东光县	Dongguang	16567	1891	778	1095116	1098458	1300
海兴县	Haixing	4984	4350	7739	216500	214677	731
盐山县	Yanshan	14987		350	5417247	5291842	1076
肃宁县	Suning	21742	3956		1956773	1903303	584
南皮县	Nanpi	10606		558	867325	811779	885
吴桥县	Wuqiao	20528		287	437803	351514	958
献　县	Xianxian	62364	13000	5995	5589383	5550981	1514
孟村回族自治县	Mengcun	3905		144	1771928	1616711	556
泊头市	Botou	44007	4000	660	3608191	3678920	1003
任丘市	Renqiu	17292	6309	15400	9576207	9608406	1786
黄骅市	Huanghua	21375	4951	77548	2927367	2615167	1710
河间市	Hejian	23543	340	672	3811762	3787084	1367
衡水市	**Hengshui**						
枣强县	Zaoqiang	6056	8071	71	1298704	1302444	1545
武邑县	Wuyi	26154	7852	178	542266	465566	1197
武强县	Wuqiang	23815	30105	85	841117	766791	693
饶阳县	Raoyang	34966	16027		604226	592760	672
安平县	Anping	16212	5589	198	1291244	1243331	789
故城县	Gucheng	50364	9389	2407	1099373	1051816	1119
景　县	Jingxian	26131	7889	105	2216527	1752664	1587
阜城县	Fucheng	19857	4987	105	969335	962301	1293
冀州市	Jizhou	15746	2955	2405	1506400	1386805	1199
深州市	Shenzhou	62547	8158	270	1602553	1559090	1617

Major Indicators of National Economy by County or City (2014)(4-3)

民用汽车拥有量(辆) Possession of Civil Vehicles (unit)	固定电话用户(户) Number of Fixed Telephone Subscribers (subscriber)	移动电话用户(户) Number of Mobile Telephone Subscribers (subscriber)	互联网宽带接入用户(户) Broadband Subscribers of Internet (subscriber)	社会消费品零售总额(万元) Total Retail Sales of Consumer Goods (10000 yuan)	出口总额(万美元) Total Exports (USD 10000)	当年实际使用外资金额(万美元) Total Amount of Contracted Investment Actually Utilized (USD 10000)	城乡居民储蓄存款年末余额(万元) Outstanding Amount of Saving Deposit (10000 yuan)	小学学校(所) Number of Regular Primary Schools (unit)
21862	54713	379205	52906	415738	7129		916780	109
41698	60668	381673	50225	389939	2911	4	1158476	45
56960	62400	412100	62400	352281	812	15	837281	147
72859	57740	430406	61611	576703	19070		1159543	128
26149	31674	228905	30668	245462	7759	60	617545	61
22248	26228	191693	25199	201808	2234	400	495744	70
51741	43248	352257	55890	437976	7086		860712	112
108049	111556	595566	102440	1186901	29776	161	2487015	75
80890	126528	945639	149414	1301749	33046	570	2877878	257
36387	53217	338558	52710	657262	1546		1212086	65
72343	55486	449731	68469	527048	7849	3193	2318963	88
52312	183907	397610	27004	879213	6675	1700	1215546	188
93531	67000	345000	46655	554402	16560	1717	1219162	78
63120	49813	271502	42997	340297	20909	2100	1088426	56
16200	23500	165600	36780	120342	2460		395784	80
8081	63326	236811	16180	398097	11200		756834	86
19112	47188	288982	43857	346181	19224	990	1063801	60
11734	36330	317158	31833	266396	4788		764048	80
10369	30260	198942	24500	219154	1942	1103	741230	49
100055	70347	430419	54440	394777	16122	1747	1253960	116
4161	43177	95986	8315	230146	16830	1258	450475	47
46380	73364	474801	61132	826745	14337	2800	1768523	81
123786	191701	791838	167444	1616633	21300	245	3532978	158
103210	99898	617976	74224	871443	27684	275	1574253	84
97230	92000	487200	67556	1103785	8780	3027	2317973	163
44884	53239	333618	55874	384646	93670	1920	1424518	79
18358	27054	229108	26049	279051	3377		821138	75
13695	25361	179231	24871	191415	3806	1143	544904	28
18204	27845	219421	34812	257472	1141		692243	74
39721	55619	324924	55698	417513	38475	2180	1113145	59
42854	68177	365119	57098	475990	81952	150	1089081	106
39531	59614	379218	51336	587678	8374	2200	1613994	92
21817	27723	246269	26028	303199	6582	1065	913826	74
29055	58849	300205	52664	422339	7654	2251	1330338	36
33848	48476	401913	53014	564615	8686	10000	1238315	196

各县(市)主要国民经济指标 (2014年)(4–4)

县　(市)	County (City)	禽蛋产量 (吨) Output of Egg (ton)	奶类产量 (吨) Output of Milk (ton)	水产品产量 (吨) Total Aquatic Products (ton)	规模以上工业总产值 (万元) Gross Industrial Output Value (10000 yuan)	规模以上工业企业主营业务收入 (万元) Revenue from Principal Business (10000 yuan)	公路里程 (公里) Total Length of Highways (km)
邢台市	**Xingtai**						
邢台县	Xingtai	15447		939	2946004	2886155	1920
临城县	Lincheng	39060		5200	1176882	1083157	780
内丘县	Neiqiu	17571	349	20	701198	613044	1050
柏乡县	Baixiang	38934	2606		303442	285805	350
隆尧县	Longyao	86700	14732		1818053	1708813	1100
任　县	Renxian	28735		32	388289	376212	680
南和县	Nanhe	41764	11926	10	655771	589318	683
宁晋县	Ningjin	22451	167767	55	4347182	4398975	1679
巨鹿县	Julu	12086	7293	64	645019	584630	1139
新河县	Xinhe	12060		472	356583	352828	486
广宗县	Guangzong	9211			398964	386633	780
平乡县	Pingxiang	18913	4275	225	537816	504552	928
威　县	Weixian	56242	420	345	546437	495418	1583
清河县	Qinghe	10200	2350	484	1459712	1480057	846
临西县	Linxi	27718	1850	150	498284	479665	821
南宫市	Nangong	17731		355	1444864	1405794	1029
沙河市	Shahe	60586	1430	600	3732367	3556436	1560
邯郸市	**Handan**						
邯郸县	Handan	29950	39130	50	517544	450630	573
临漳县	Linzhang	59194	13529	28	1142032	1036120	1749
成安县	Cheng'an	43365	20516	11	2747686	2567473	1054
大名县	Daming	76016	4821	600	1997033	1855334	1427
涉　县	Shexian	28233		2780	3210343	3122079	1527
磁　县	Cixian	68144	23233	10300	1952656	1868667	1993
肥乡县	Feixiang	38664	21327	33	1068463	996960	1060
永年县	Yongnian	245302	63340	11436	2755607	2091593	1135
邱　县	Qiuxian	52084	1064	120	1308732	1244969	639
鸡泽县	Jize	44645	6922	82	1341282	1351987	1061
广平县	Guangping	19778	2167	53	830589	777183	497
馆陶县	Guantao	190050	6400	24	1644524	1614078	894
魏　县	Weixian	57960	1360	216	1685406	1628797	1707
曲周县	Quzhou	108694	20423	5100	2012786	1947497	1144
武安市	Wu'an	26657	3653	1600	12833142	12302665	1354

Major Indicators of National Economy by County or City (2014)(4-4)

民用汽车拥有量 (辆) Possession of Civil Vehicles (unit)	固定电话用户 (户) Number of Fixed Telephone Subscribers (subscriber)	移动电话用户 (户) Number of Mobile Telephone Subscribers (subscriber)	互联网宽带接入用户 (户) Broadband Subscribers of Internet (subscriber)	社会消费品零售总额 (万元) Total Retail Sales of Consumer Goods (10000 yuan)	出口总额 (万美元) Total Exports (USD 10000)	当年实际使用外资金额 (万美元) Total Amount of Contracted Investment Actually Utilized (USD 10000)	城乡居民储蓄存款年末余额 (万元) Outstanding Amount of Saving Deposit (10000 yuan)	小学学校 (所) Number of Regular Primary Schools (unit)
13963	43683	146980	26741	88765	594	5269	1067010	179
6480	26719	123122	20655	212927	649	2423	606180	34
4520	43000	148900	35900	320520	493	5229	727415	35
18162	13291	116129	15734	170527	567	956	303664	38
20295	64536	323000	39000	472507	5997	4995	829528	135
7425	33000	235710	39810	307054	2188	1357	516497	107
6869	31780	293092	79977	272032	607	963	553658	75
31884	74815	473347	79564	780640	24141	3780	1497003	235
27002	34188	227413	36911	367443	3319	1298	762913	125
1146	29711	24502	11100	170911	2097	578	408771	65
4385	10500	93950	11580	164274	11624	808	372272	86
5586	26150	175500	26350	255211	11440	1340	629680	75
14800	20754	257701	33200	332188	3565	1957	831719	104
37256	44306	215847	65360	673155	19359	3930	1113741	66
5850	29610	172130	31145	316218	2619	2080	513133	57
6032	41280	192083	42265	456467	15994	1886	1067452	75
40363	87500	416796	70800	642241	12940	4540	1599961	105
25000	45185	163289	9887	422145	612	5299	881632	76
38000	24324	58960	24689	386037	515	2985	636236	111
68951	19710	264470	24947	393938	4272	3450	442169	120
28914	46989	466765	41472	638862	1405	3604	829000	243
56328	39280	378202	49144	691758	1211	3735	1020646	71
37815	56153	538299	72854	850683	3823	6405	923312	146
8338	17002	263183	21543	273716	1165	2568	373246	79
119677	57311	606672	37697	1202464	7440	4200	1629343	287
26632	8778	166231	14196	183479	2780	2437	340280	25
9632	38264	254791	34698	250499	3749	2500	400467	87
9160	8990	108670	11840	279292	1840	3613	360390	47
20212	23547	233859	25361	287599	718	3033	385348	36
41709	22832	574910	33131	706428	1630	3448	803783	249
43444	20666	135277	28032	531016	11339	3833	580924	101
95185	97077	839000	115383	1383907	30096	6362	3182005	128

各县(市)主要国民经济指标（2014年）(5–1)

县（市）	County (City)	小学专任教师（人）Number of Full-time Teachers of Regular Primary Schools (person)	小学在校学生（人）Total of Regular Primary Schools (person)	普通中学学校（所）Number of Regular Secondary Schools (unit)	普通中学专任教师（人）Number of Full-time Teachers of Regular Secondary Schools (person)	普通中学在校学生（人）Total Enrollment of Regular Secondary Schools (person)	农业技术人员（人）Number of Professional Technical Personnel in Agriculture (person)
石家庄市	**Shijiazhuang**						
井陉县	Jingxing	1636	19578	11	1344	14646	230
正定县	Zhengding	2403	34185	21	3805	43830	4012
行唐县	Xingtang	2142	28971	17	1376	21827	78
灵寿县	Lingshou	1920	26219	18	1207	13772	2032
高邑县	Gaoyi	1072	15776	8	670	7801	26
深泽县	Shenze	1083	14566	10	590	7367	404
赞皇县	Zanhuang	1422	25398	9	642	9293	2426
无极县	Wuji	2147	35681	17	1482	17756	724
平山县	Pingshan	2295	34446	26	1816	21935	1018
元氏县	Yuanshi	2063	30553	15	1575	21710	292
赵　县	Zhaoxian	2336	39977	27	2212	24885	1280
辛集市	Xinji	2704	39568	33	2515	31493	297
晋州市	Jinzhou	2110	33421	20	1588	15443	1270
新乐市	Xinle	2053	41617	31	1598	23367	5828
承德市	**Chengde**						
承德县	Chengde	1595	26063	12	1117	15451	395
兴隆县	Xinglong	1484	21757	15	1014	12241	399
平泉县	Pingquan	2353	34167	14	1348	21706	1204
滦平县	Luanping	1519	22519	10	1046	14336	791
隆化县	Longhua	1991	31717	12	1043	13996	315
丰宁满族自治县	Fengning	1907	28239	16	1541	18292	391
宽城满族自治县	Kuancheng	1688	20526	5	814	9354	468
围场满族蒙古族自治县	Weichang	1839	38301	15	1457	24527	653
张家口市	**Zhangjiakou**						
宣化县	Xuanhua	1055	15927	12	1122	10567	190
张北县	Zhangbei	1403	20623	9	1548	9831	32
康保县	Kangbao	1191	7241	6	666	5747	107
沽源县	Guyuan	890	10465	8	630	6935	381
尚义县	Shangyi	877	7030	4	416	4442	43
蔚　县	Yuxian	2169	45833	17	1535	19612	98
阳原县	Yangyuan	1363	19860	20	1160	8508	89
怀安县	Huai'an	1034	13763	8	581	8072	145
万全县	Wanquan	1512	15017	7	576	8428	44
怀来县	Huailai	1863	22278	10	1642	16548	268
涿鹿县	Zhuolu	1528	21532	9	1045	15566	3806
赤城县	Chicheng	1297	17048	11	662	9589	158
崇礼县	Chongli	572	5515	2	337	3352	31

Major Indicators of National Economy by County or City (2014)(5-1)

医疗卫生机构床位数(床) Number of Beds in Health Care Institutions (bed)	医疗卫生机构技术人员(人) Number of Medical Technical Personnel in Health Care Institutions (person)	#执业(助理)医师 Number of Licensed (Assistant) Doctors (person)	城镇基本养老保险参保人数(人) Personnel Participated in Urban Basic Pension Insurance (person)	城镇基本医疗保险参保人数(人) Personnel Participated in Urban Basic Medical Care Insurance (person)	新型农村社会养老保险参保人数(人) Personnel Participated in Rural Pension Insurance (person)	新型农村合作医疗参保人数(人) Personnel Participated in New Rural Cooperative Medical Service (person)	城镇居民最低生活保障人数(人) Number of Persons Receiving Lowest Cost-of-Living in Urban Area (person)	农村居民最低生活保障人数(人) Number of Persons Receiving Lowest Cost-of-Living in Rural Area (person)
1042	904	377	32259	33567	31833	273978	526	6433
1753	1644	844	47848	47900	195699	352419	439	7088
1264	1161	494	19369	44452	216696	333996	1457	10769
1057	1046	411	30640	40107	163230	277979	758	5386
560	349	161	17734	21215	143132	158616	1897	5953
742	776	351	12187	20379	93230	209700	899	3891
933	579	238	15945	24393	118274	217040	521	6590
1372	851	363	23242	38604	125687	450599	1700	10034
1396	1386	608	43256	47832	245350	410534	1386	19195
1685	1355	543	20228	32068	200984	373350	734	7643
1377	1173	620	26057	72143	299020	491848	3759	14015
1726	1774	829	75504	74873	338751	501560	1492	10873
1008	950	401	29015	57620	315117	448884	1502	7839
1760	1639	682	35716	77169	250722	392871	938	11470
1711	1157	485	35936	68185	206751	318495	4555	26429
1259	1118	615	32579	73305	173600	240683	6747	20073
1558	880	372	48603	112433	235544	314824	6069	29958
1185	1186	506	40399	58020	159907	262644	7154	21579
1392	1116	507	28523	62442	226675	341031	6416	23950
1624	1284	508	27546	52054	211059	328749	7427	41964
1198	645	374	43165	58181	119300	194587	4318	16467
1802	1216	535	29146	82571	273991	411919	8046	38184
1071	583	234	28450	31690	167323	226760	867	27980
1399	845	288	24742	45586	209316	282539	6682	37158
489	442	184	16149	30907	115119	216743	9296	32955
611	322	171	13397	23551	97523	183375	5593	29638
688	429	152	16466	31240	85602	130346	6343	21794
1429	739	318	33683	56716	255350	395062	4571	47320
650	575	260	25114	44653	128577	185039	6037	38801
506	429	137	20321	56305	111722	164536	3867	30664
880	628	228	29820	29890	122551	172252	3516	25347
1391	923	418	39360	84510	155120	260965	3735	33053
1254	741	314	35141	41635	188374	273783	6224	42088
784	402	194	20003	40045	157586	229081	2834	45000
328	354	126	17107	20321	65720	94220	1381	13037

各县(市)主要国民经济指标 (2014年)(5–2)

县 (市)	County (City)	小学专任教师(人) Number of Full-time Teachers of Regular Primary Schools (person)	小学在校学生(人) Total of Regular Primary Schools (person)	普通中学学校(所) Number of Regular Secondary Schools (unit)	普通中学专任教师(人) Number of Full-time Teachers of Regular Secondary Schools (person)	普通中学在校学生(人) Total Enrollment of Regular Secondary Schools (person)	农业技术人员(人) Number of Professional Technical Personnel in Agriculture (person)
秦皇岛市	**Qinhuangdao**						
青龙满族自治县	Qinglong	2464	37981	21	1237	11402	336
昌黎县	Changli	2299	31980	27	1952	24240	620
抚宁县	Funing	2262	28078	34	2368	20997	226
卢龙县	Lulong	2084	23782	25	1947	20518	
唐山市	**Tangshan**						
滦 县	Luanxian	2994	38791	28	2088	25655	368
滦南县	Luannan	2472	33160	28	2733	27407	565
乐亭县	Leting	1788	22077	25	2122	20097	257
迁西县	Qianxi	2443	31774	20	1811	19771	714
玉田县	Yutian	2467	46401	24	1969	30422	808
遵化市	Zuihua	3167	56046	36	3073	39507	457
迁安市	Qian'an	3139	53312	36	3125	33571	927
廊坊市	**Langfang**						
固安县	Gu'an	1950	30220	17	1396	17384	92
永清县	Yongqing	1736	22954	17	710	4038	23
香河县	Xianghe	1982	23450	14	1226	15801	50
大城县	Dacheng	3214	42909	6	1430	17535	46
文安县	Wen'an	3223	58281	20	1759	20230	58
大厂回族自治县	Dachang	661	7163	4	507	6381	110
霸州市	Bazhou	3486	65396	22	2277	31105	50
三河市	Sanhe	3569	49554	15	1811	19954	129
保定市	**Baoding**						
满城县	Mancheng	1728	34275	18	1414	16091	74
清苑县	Qingyuan	2330	50216	24	1537	16313	413
涞水县	Laishui	1442	19551	15	1095	15597	58
阜平县	Fuping	1105	20065	16	664	9648	273
徐水县	Xushui	1917	41050	20	1718	32035	102
定兴县	Dingxing	2072	39546	15	1465	27588	1600
唐 县	Tangxian	2138	48056	34	1866	28994	126
高阳县	Gaoyang	1798	31318	12	1083	15887	140
容城县	Rongcheng	1126	19889	11	889	8722	120
涞源县	Laiyuan	1573	24388	7	854	13451	400
望都县	Wangdu	1048	17891	7	1063	11391	112

Major Indicators of National Economy by County or City (2014)(5-2)

医疗卫生机构床位数（床）Number of Beds in Health Care Institutions (bed)	医疗卫生机构技术人员（人）Number of Medical Technical Personnel in Health Care Institutions (person)	#执业(助理)医师 Number of Licensed (Assistant) Doctors (person)	城镇基本养老保险参保人数（人）Personnel Participated in Urban Basic Pension Insurance (person)	城镇基本医疗保险参保人数（人）Personnel Participated in Urban Basic Medical Care Insurance (person)	新型农村社会养老保险参保人数（人）Personnel Participated in Rural Pension Insurance (person)	新型农村合作医疗参保人数（人）Personnel Participated in New Rural Cooperative Medical Service (person)	城镇居民最低生活保障人数（人）Number of Persons Receiving Lowest Cost-of-Living in Urban Area (person)	农村居民最低生活保障人数（人）Number of Persons Receiving Lowest Cost-of-Living in Rural Area (person)
1599	1342	551	37548	44416	310747	458505	7395	30484
2755	2013	934	63215	67855	293611	428031	2441	6718
1468	1351	552	45530	67916	256682	378114	2095	6261
1026	819	414	41514	38475	251957	360768	8380	23142
2049	1923	857	102583	83897	322016	446643	1658	15813
2100	1992	702	73198	67031	345024	471737	1871	15473
1515	1227	548	62934	68047	268104	352790	1761	11436
1495	1116	502	73806	70557	209987	307624	2112	12458
2465	1986	985	72379	75218	405999	581323	2466	18116
2411	2899	1116	99973	93990	362572	600592	905	13006
3713	3780	1251	139969	116800	319333	583454	963	19188
888	903	257	42143	38960	206180	344139	614	6172
744	575	239	38055	30372	214112	308818	505	6392
1503	1463	530	44034	73728	201102	246244	2078	2537
1172	1318	576	40886	52608	297018	383627	2839	17393
1563	930	423	40812	44797	271680	412617	802	8580
437	473	205	22571	29715	60370	88576	145	741
2283	2426	828	65819	89458	314868	503873	1884	14596
4065	3735	1393	102236	170092	217681	337369	526	2534
1253	1368	574	31532	49766	190121	326046	1660	5798
1044	959	525	32818	54300	287204	537311	3042	16851
723	787	279	26379	36101	199806	269865	986	9758
474	464	243	17114	34204	120299	163318	3893	35125
1298	1485	676	42316	66564	361174	496042	927	11041
1059	746	331	41357	67335	281239	462795	1110	12864
1746	1160	597	29121	52891	298820	462898	3881	15017
895	989	407	26838	61579	183879	250456	526	4918
976	698	314	15064	25636	152567	200571	1459	4854
1009	913	323	30511	63803	150592	207654	6842	11121
788	729	348	25680	38559	110472	218524	1261	6081

各县(市)主要国民经济指标 (2014年)(5–3)

县 (市)	County (City)	小学专任教师(人) Number of Full-time Teachers of Regular Primary Schools (person)	小学在校学生(人) Total of Regular Primary Schools (person)	普通中学学校(所) Number of Regular Secondary Schools (unit)	普通中学专任教师(人) Number of Full-time Teachers of Regular Secondary Schools (person)	普通中学在校学生(人) Total Enrollment of Regular Secondary Schools (person)	农业技术人员(人) Number of Professional Technical Personnel in Agriculture (person)
安新县	Anxin	2478	35964	15	1291	16561	120
易县	Yixian	2883	41629	15	1559	28434	110
曲阳县	Quyang	2630	66834	33	1724	31123	107
蠡县	Lixian	2232	44041	17	1436	22695	146
顺平县	Shunping	1200	23746	12	930	12558	90
博野县	Boye	782	20151	9	710	9908	81
雄县	Xiongxian	1725	35964	15	996	13067	165
涿州市	Zhuozhou	2087	37391	22	2201	24834	119
定州市	Dingzhou	4119	98170	39	4133	67168	509
安国市	Anguo	1703	28664	9	1354	18995	1332
高碑店市	Gaobeidian	1744	35936	24	1676	23553	108
沧州市	**Cangzhou**						
沧县	Cangxian	2953	53497	38	2460	25326	70
青县	Qingxian	2314	30062	16	1179	14401	650
东光县	Dongguang	2375	25404	11	1012	7624	86
海兴县	Haixing	1230	16491	9	580	6873	160
盐山县	Yanshan	2182	37929	19	1497	17322	89
肃宁县	Suning	1766	27902	15	1125	13170	88
南皮县	Nanpi	2066	28105	15	1111	13573	199
吴桥县	Wuqiao	1265	16991	9	737	10451	694
献县	Xianxian	3362	54925	24	1790	25421	176
孟村回族自治县	Mengcun	1269	18056	7	558	7313	118
泊头市	Botou	2986	52456	17	1806	24526	248
任丘市	Renqiu	3923	71732	52	3495	34233	352
黄骅市	Huanghua	2351	37290	27	2206	24228	388
河间市	Hejian	3609	68644	28	2246	29821	213
衡水市	**Hengshui**						
枣强县	Zaoqiang	1746	34633	13	1505	17432	151
武邑县	Wuyi	1170	23578	16	1559	24143	131
武强县	Wuqiang	1013	15098	10	847	7079	352
饶阳县	Raoyang	1225	14999	10	864	7301	66
安平县	Anping	1825	23830	7	817	11327	128
故城县	Gucheng	2063	43726	22	1632	23368	510
景县	Jingxian	2175	40417	25	1915	22841	58
阜城县	Fucheng	1501	27575	13	1171	14944	165
冀州市	Jizhou	1212	22898	15	2437	29761	94
深州市	Shenzhou	2064	32944	21	1589	19629	184

Major Indicators of National Economy by County or City (2014)(5-3)

医疗卫生机构床位数(床) Number of Beds in Health Care Institutions (bed)	医疗卫生机构技术人员(人) Number of Medical Technical Personnel in Health Care Institutions (person)	#执业(助理)医师 Number of Licensed (Assistant) Doctors (person)	城镇基本养老保险参保人数(人) Personnel Participated in Urban Basic Pension Insurance (person)	城镇基本医疗保险参保人数(人) Personnel Participated in Urban Basic Medical Care Insurance (person)	新型农村社会养老保险参保人数(人) Personnel Participated in Rural Pension Insurance (person)	新型农村合作医疗参保人数(人) Personnel Participated in New Rural Cooperative Medical Service (person)	城镇居民最低生活保障人数(人) Number of Persons Receiving Lowest Cost-of-Living in Urban Area (person)	农村居民最低生活保障人数(人) Number of Persons Receiving Lowest Cost-of-Living in Rural Area (person)
702	769	310	18491	38050	228542	369807	3143	13760
1638	992	479	39765	80007	331170	427380	4583	25742
2066	1395	602	28991	53344	254347	495220	3114	15628
929	880	312	22076	45231	285836	421288	1397	4741
1167	821	409	17565	25619	174186	244374	3302	8118
670	619	248	13189	20411	118051	220278	1448	7358
992	662	316	18721	38190	204187	272960	1186	10088
2944	3241	1199	56858	140633	278262	429403	1868	14215
2479	2516	1124	83502	119977	531183	990674	7701	47719
829	916	411	27332	53703	231363	333788	1360	5217
1487	1482	606	59678	89875	237261	391022	1319	4209
1627	915	457	41947	35387	436120	614812	328	10285
1119	1329	637	58043	43101	234116	333434	1123	7157
973	1098	449	27129	35290	217273	304816	2823	6802
551	527	205	16081	18181	93834	177649	2229	3510
1107	1287	493	18791	30422	265888	396187	755	6208
1014	904	387	24111	23636	214087	296670	2374	3409
1370	1087	388	28265	30070	166849	322601	2214	8659
1185	783	363	22498	25275	163630	228903	2433	6736
1689	1327	508	27230	41598	349139	524917	1444	7965
454	343	172	15625	20819	111938	171463	1673	4416
1586	1434	714	67866	79176	282056	450630	3927	7990
3688	4037	1692	50066	65185	303958	586803	1550	6620
2757	2697	1093	60753	74701	217074	354423	12594	8163
2529	1661	931	57229	47556	488343	685045	2958	14688
807	605	269	25943	44971	228126	313775	997	8072
785	679	325	26444	38031	173650	253515	3166	4948
529	384	184	17266	18946	104589	172071	2090	5809
1396	897	409	24672	25147	176814	242356	2668	7597
1386	1057	474	27794	34455	190749	270672	2319	7490
1660	1390	540	41787	45650	274273	414982	683	8105
1483	1170	624	35256	48754	300563	436850	2134	9977
746	583	289	20015	26561	187415	292524	5394	5143
961	652	380	36104	58608	230411	299115	1077	11362
1412	1163	583	35224	53591	304624	485090	2545	7111

各县(市)主要国民经济指标（2014年)(5–4)

县（市）	County (City)	小学专任教师（人）Number of Full-time Teachers of Regular Primary Schools (person)	小学在校学生（人）Total of Regular Primary Schools (person)	普通中学学校（所）Number of Regular Secondary Schools (unit)	普通中学专任教师（人）Number of Full-time Teachers of Regular Secondary Schools (person)	普通中学在校学生（人）Total Enrollment of Regular Secondary Schools (person)	农业技术人员（人）Number of Professional Technical Personnel in Agriculture (person)
邢台市	**Xingtai**						
邢台县	Xingtai	1350	19255	8	1404	12996	568
临城县	Lincheng	771	17107	9	830	14237	139
内丘县	Neiqiu	1364	21481	9	958	11736	56
柏乡县	Baixiang	1118	15218	5	569	8637	123
隆尧县	Longyao	2735	38384	15	1298	14140	320
任　县	Renxian	1694	27057	12	786	11592	240
南和县	Nanhe	1201	28356	9	943	15803	652
宁晋县	Ningjin	3167	49449	23	1976	25478	290
巨鹿县	Julu	2064	29538	6	1002	16402	790
新河县	Xinhe	707	9478	7	908	5383	347
广宗县	Guangzong	1389	25883	8	568	7272	798
平乡县	Pingxiang	1528	31400	12	952	14660	283
威　县	Weixian	2533	44826	20	1807	20708	5703
清河县	Qinghe	2155	37816	21	1158	14535	79
临西县	Linxi	1735	31550	9	720	15856	3065
南宫市	Nangong	2009	27341	15	1761	21793	1686
沙河市	Shahe	2361	40814	27	2773	29249	397
邯郸市	**Handan**						
邯郸县	Handan	1519	36487	17	829	18707	135
临漳县	Linzhang	3094	71156	26	1759	25065	929
成安县	Cheng'an	1843	41217	16	1209	16809	736
大名县	Daming	3975	80830	27	2492	38728	38
涉　县	Shexian	1589	30578	15	1447	22340	734
磁　县	Cixian	3003	55202	35	2341	26542	379
肥乡县	Feixiang	1859	44220	14	1335	18410	69
永年县	Yongnian	4461	95610	36	3341	52232	506
邱　县	Qiuxian	1434	31287	12	759	11149	199
鸡泽县	Jize	1431	34462	5	760	12589	185
广平县	Guangping	1234	29579	16	894	9795	115
馆陶县	Guantao	1738	40282	7	852	14395	138
魏　县	Weixian	3254	72327	37	2273	32816	3142
曲周县	Quzhou	2448	54001	15	1545	22893	514
武安市	Wu'an	4434	72870	33	3571	44719	380

Major Indicators of National Economy by County or City (2014)(5-4)

医疗卫生机构床位数(床) Number of Beds in Health Care Institutions (bed)	医疗卫生机构技术人员(人) Number of Medical Technical Personnel in Health Care Institutions (person)	#执业(助理)医师 Number of Licensed (Assistant) Doctors (person)	城镇基本养老保险参保人数(人) Personnel Participated in Urban Basic Pension Insurance (person)	城镇基本医疗保险参保人数(人) Personnel Participated in Urban Basic Medical Care Insurance (person)	新型农村社会养老保险参保人数(人) Personnel Participated in Rural Pension Insurance (person)	新型农村合作医疗参保人数(人) Personnel Participated in New Rural Cooperative Medical Service (person)	城镇居民最低生活保障人数(人) Number of Persons Receiving Lowest Cost-of-Living in Urban Area (person)	农村居民最低生活保障人数(人) Number of Persons Receiving Lowest Cost-of-Living in Rural Area (person)
1738	1364	692	44793	94720	219120	311911	530	20405
702	680	258	15946	26451	92908	179025	1601	7080
1195	879	375	20887	48500	137100	246525	1217	9636
750	557	266	9907	25449	95160	170639	2842	7041
1343	1191	595	32806	84041	315706	473648	1642	9577
838	688	308	13142	48094	193870	309485	1961	9377
845	751	340	9366	37595	225689	309476	1478	11495
2597	1727	830	37061	117253	422917	690681	2696	15599
1358	869	542	16533	55295	198701	335270	5159	10718
646	398	188	10512	33210	93902	138821	4725	10471
791	770	356	9421	25580	159686	250319	2311	19199
1051	735	377	9755	33686	183256	280776	5302	16612
2109	1204	453	13506	72826	311620	513609	9773	22218
1541	1841	664	19287	44899	206840	356060	1725	6698
1185	707	329	10909	58914	209660	303039	4475	14819
1147	971	510	23816	66811	298997	403814	5134	16825
1324	1167	603	35802	107001	222413	336008	2506	21819
1229	924	460	35717	33874	184439	321806	574	5590
1496	928	372	23293	39255	334324	567018	5755	15449
1161	1074	479	26383	30341	205158	368089	6434	13780
2723	1551	591	29242	70278	414802	707987	6273	20754
1795	898	334	41137	59716	205657	336025	4642	11366
1855	1277	635	45152	99804	282935	568465	5610	16333
1176	853	508	18374	27411	205073	312981	5793	13452
3060	2180	912	48467	91778	503127	834127	4129	31079
680	556	293	15582	20260	135706	203440	2585	6733
831	616	207	12721	24930	167111	239193	3861	6328
881	700	278	18300	18459	136526	245515	1868	8563
1251	1179	513	17224	29466	181581	252671	3985	13931
2190	1808	736	30912	98460	470564	736848	9676	55493
1374	953	354	18074	24732	274023	418929	5225	11680
2831	2322	846	114278	103418	364942	664369	2599	19772

京津冀基本情况(2014年)

Basic Conditions of Jing-Jin-Ji Region (2014)

指　标	Item	全　国 China	京津冀合计 Total of Jing-Jin-Ji Region	北　京 Beijing	天　津 Tianjin	河　北 Hebei
基本情况	**Basic Conditions**					
土地面积(万平方公里)	Total Land Area (10000 sq.km)	960	21.6	1.6	1.2	18.8
占京津冀的比重(%)	Share in Jing-Jin-Ji Region (%)			7.6	5.5	86.9
年末常住人口(万人)	Risident Population (year-end) (10000 persons)	136782	11052.2	2151.6	1516.8	7383.8
占京津冀的比重(%)	Share in Jing-Jin-Ji Region (%)			19.5	13.7	66.8
在全部常住人口中(%)	of Risident Population (%)					
0-14岁人口占比重	Percentage of Population Aged 0-14	16.5		9.9		17.8
15-59岁人口占比重	Percentage of Population Aged 15-59	68.0		75.2		67.1
60岁及以上人口占比重	Percentage of Population Aged 60 and Over	15.5		14.9		15.1
65岁及以上人口占比重	Percentage of Population Aged 65 and Over	10.1		9.9		9.2
常住人口密度(人/平方公里)	Risident Population Density (person/sq.km)	142.1	512.0	1311.1	1289.8	393.4
城镇化水平(%)	Urbanization Level (%)	54.8	61.1	86.4	82.3	49.3
水资源	**Water Resources**					
水资源总量(亿立方米)	Total Amount of Water Resources (100 million cu.m)	28370	137.8	20.3	11.4	106.1
占京津冀的比重(%)	Share in Jing-Jin-Ji Region (%)			14.7	8.3	77.0
人均水资源(立方米/人)	Per Capita Water Resources (cu.m/person)	2079.5		94.9	111.8	143.7
经济水平(亿元)	**Economic Level (100 million yuan)**					
地区生产总值	Gross Domestic Product	636462.7	66478.9	21330.8	15726.9	29421.2
占京津冀的比重(%)	Share in Jing-Jin-Ji Region (%)			32.1	23.7	44.3
人均地区生产总值(元/人)	Per Capita GDP (yuan/person)	46652		99995	105231	39984
公共财政预算收入	Local Government Budgetary Revenue	75859.7	8864.2	4027.2	2390.4	2446.6
占京津冀的比重(%)	Share in Jing-Jin-Ji Region (%)			45.4	27.0	27.6
农林牧渔业总产值	Gross Output Value of Agriculture, Forestry, Animal Husbandry and Fishery	102226.1	6856.5	420.1	441.7	5994.7
占京津冀的比重(%)	Share in Jing-Jin-Ji Region (%)			6.1	6.4	87.4
规模以上工业增加值可比价增速(%)	Growth Rate at Constant Prices of Industry Enterprises above Designated Size (%)	8.3		6.2	10.1	5.1
全社会固定资产投资	Total Investment in Fixed Assets	512760.7	45888.3	7562.3	11654.1	26671.9
占京津冀的比重(%)	Share in Jing-Jin-Ji Region (%)			16.5	25.4	58.1
社会消费品零售总额	Total Retail Sales of Consumer Goods	271896.1	26197.2	9638.0	4738.7	11820.5
占京津冀的比重(%)	Share in Jing-Jin-Ji Region (%)			36.8	18.1	45.1
就业	**Employment**					
城镇登记失业率(%)	Registration Unemployment Rate in Urban Areas (%)	4.09		1.3	3.6	3.6
从业人员(万人)	Employment (10000 persons)	77253	6236.6	1156.7	877.2	4202.7
占京津冀的比重(%)	Share in Jing-Jin-Ji Region (%)			18.5	14.1	67.4
公共服务	**Public Service**					
普通高等学校数(所)	Regular Institutions of Higher Education (unit)	2529	262	89	55	118
占京津冀的比重(%)	Share in Jing-Jin-Ji Region (%)			34.0	21.0	45.0
医院数(个)	Number of Hospital (unit)	25865	2386	672	373	1341
占京津冀的比重(%)	Share in Jing-Jin-Ji Region (%)			28.2	15.6	56.2
医院诊疗人次(万人次)	Hospital Patients (10000 person-time)		33521.4	15750.9	7010.5	10760.0
收养性社会福利机构(个)	Number of Social Welfare Institutions (unit)		2086	472	331	1283
收养性社会福利机构床位(张)	Number of Beds in Social Welfare Institutions (unit)		336966	93183	51581	192202

注：人均水资源=水资源总量/年平均常住人口。

a) Per capita average volume of water resources=average volume of water resources/annual average population

京津冀人口情况

Population of Jing-Jin-Ji Region

指　标 Indicator	全　国 China	京津冀合计 Total of Jing-Jin-Ji Region	北　京 Beijing	天　津 Tianjin	河　北 Hebei	河北占京津冀比重(%) Hebei's Share in Jing-Jin-Ji Region (%)
常住人口(万人) Risident Population (10000 persons)						
2005	130756.0	9431.8	1538.0	1043.0	6850.8	72.6
2006	131448.0	9573.9	1601.0	1075.0	6897.9	72.0
2007	132129.0	9734.2	1676.0	1115.0	6943.2	71.3
2008	132802.0	9935.8	1771.0	1176.0	6988.8	70.3
2009	133450.0	10122.6	1860.0	1228.2	7034.4	69.5
2010	134091.0	10454.8	1961.9	1299.3	7193.6	68.8
2011	134735.0	10613.7	2018.6	1354.6	7240.5	68.2
2012	135404.0	10770.0	2069.3	1413.2	7287.5	67.7
2013	136072.0	10919.6	2114.8	1472.2	7332.6	67.2
2014	136782.0	11052.2	2151.6	1516.8	7383.8	66.8
人口密度(人/平方公里) Population Density (person/sq.km)						
2005	136.2	436.6	937.2	886.9	365.0	
2006	136.9	443.2	975.6	914.1	367.5	
2007	137.6	450.6	1021.3	948.1	369.9	
2008	138.3	459.9	1079.2	1000.0	372.4	
2009	139.0	468.6	1133.5	1044.3	374.8	
2010	139.7	484.0	1195.6	1104.8	383.3	
2011	140.3	491.3	1230.1	1151.8	385.8	
2012	141.0	498.6	1261.0	1201.6	388.3	
2013	141.7	505.5	1289.0	1251.8	390.7	
2014	142.1	512.0	1311.1	1289.8	393.4	
城镇人口(万人) Urban Population (10000 persons)						
2005	56212.0	4651.5	1286.1	783.4	2582.0	55.5
2006	58288.0	4838.3	1350.2	814.1	2674.0	55.3
2007	60633.0	5061.8	1416.2	850.9	2794.7	55.2
2008	62403.0	5340.1	1503.6	908.2	2928.3	54.8
2009	64512.0	5616.2	1581.1	958.1	3077.0	54.8
2010	66978.0	5921.1	1686.4	1033.6	3201.2	54.1
2011	69079.0	6132.8	1740.7	1090.4	3301.7	53.8
2012	71182.0	6346.7	1783.7	1152.5	3410.5	53.7
2013	73111.0	6561.0	1825.1	1207.4	3528.5	53.8
2014	74916.0	6749.4	1859.0	1248.0	3642.4	54.0
城镇人口比重(%) Proportion of Urban Population (%)						
2005	43.0	49.3	83.6	75.1	37.7	
2006	44.3	50.5	84.3	75.7	38.8	
2007	45.9	52.0	84.5	76.3	40.3	
2008	47.0	53.7	84.9	77.2	41.9	
2009	48.3	55.5	85.0	78.0	43.7	
2010	49.9	56.6	86.0	79.6	44.5	
2011	51.3	57.8	86.2	80.5	45.6	
2012	52.6	58.9	86.2	81.6	46.8	
2013	53.7	60.1	86.3	82.0	48.1	
2014	54.8	61.1	86.4	82.3	49.3	

京津冀地区生产总值

项 目	Item	2005	2006	2007
地区生产总值(亿元)	**Gross Domestic Product (100 million yuan)**			
全 国	China	185895.8	217656.6	268019.4
京津冀合计	Total of Jing-Jin-Ji Region	20887.3	24048.1	28706.9
北京	Beijing	6969.5	8117.8	9846.8
天津	Tianjin	3905.6	4462.7	5252.8
河北	Hebei	10012.1	11467.6	13607.3
河北占京津冀比重(%)	Hebei's Share in Jing-Jin-Ji Region (%)	47.9	47.7	47.4
第一产业增加值(亿元)	**Value-added of the Primary Industry (100 million yuan)**			
全 国	China	21803.5	23313.0	27783.0
京津冀合计	Total of Jing-Jin-Ji Region	1601.1	1654.0	2016.2
北京	Beijing	88.7	88.8	101.3
天津	Tianjin	112.4	103.4	110.2
河北	Hebei	1400.0	1461.8	1804.7
河北占京津冀比重(%)	Hebei's Share in Jing-Jin-Ji Region (%)	87.4	88.4	89.5
第二产业增加值(亿元)	**Value-added of the Second Industry (100 million yuan)**			
全 国	China	87127.3	103163.5	125145.4
京津冀合计	Total of Jing-Jin-Ji Region	9433.2	10758.9	12603.8
北京	Beijing	2026.5	2191.4	2509.4
天津	Tianjin	2135.1	2457.1	2892.5
河北	Hebei	5271.6	6110.4	7201.9
河北占京津冀比重(%)	Hebei's Share in Jing-Jin-Ji Region (%)	55.9	56.8	57.1
第三产业增加值(亿元)	**Value-added of the Tertiary Industry (100 million yuan)**			
全 国	China	76964.9	91180.1	115090.9
京津冀合计	Total of Jing-Jin-Ji Region	9853.1	11635.2	14086.9
北京	Beijing	4854.3	5837.6	7236.1
天津	Tianjin	1658.2	1902.3	2250.0
河北	Hebei	3340.5	3895.4	4600.7
河北占京津冀比重(%)	Hebei's Share in Jing-Jin-Ji Region (%)	33.9	33.5	32.7
工业增加值(亿元)	**Value-added of the Industry (100 million yuan)**			
全 国	China	77034.4	91078.8	110253.9
京津冀合计	Total of Jing-Jin-Ji Region	8369.3	9569.3	11260.0
北京	Beijing	1707.0	1821.8	2082.8
天津	Tianjin	1958.0	2261.5	2661.9
河北	Hebei	4704.3	5486.0	6515.3
河北占京津冀比重(%)	Hebei's Share in Jing-Jin-Ji Region (%)	56.2	57.3	57.9
人均地区生产总值(元/人)	**Per Capita GDP (yuan/person)**			
全 国	China	14259	16602	20337
北京	Beijing	45993	51722	60096
天津	Tianjin	37796	42141	47970
河北	Hebei	14659	16682	19662

Gross Domestic Product of Jing-Jin-Ji Region

2008	2009	2010	2011	2012	2013	2014
316751.7	345629.2	408903.0	484123.5	534123.0	588018.8	636462.7
33846.0	36910.3	43732.3	52074.9	57348.3	62685.8	66474.5
11115.0	12153.0	14113.6	16251.9	17879.4	19800.8	21330.8
6719.0	7521.9	9224.5	11307.3	12893.9	14442.0	15722.5
16012.0	17235.5	20394.3	24515.8	26575.0	28443.0	29421.2
47.3	46.7	46.6	47.1	46.3	45.4	44.3
32747.0	34154.0	39354.6	46153.3	50892.7	55321.7	58331.6
2270.0	2454.5	2832.8	3201.8	3508.5	3730.0	3808.0
112.8	118.3	124.4	136.3	150.2	159.6	159.0
122.6	128.9	145.6	159.7	171.6	188.5	201.5
2034.6	2207.3	2562.8	2905.7	3186.7	3382.0	3447.5
89.6	89.9	90.5	90.8	90.8	90.7	90.5
148097.9	157850.1	188804.9	223390.3	240200.4	256810.0	271392.4
15037.5	15803.2	18936.3	22807.7	24726.7	26382.5	27323.8
2626.4	2855.5	3388.4	3752.5	4059.3	4292.6	4544.8
3709.8	3987.8	4840.2	5928.3	6663.8	7308.1	7766.1
8701.3	8959.8	10707.7	13126.9	14003.6	14781.9	15012.9
57.9	56.7	56.5	57.6	56.6	56.0	54.9
135906.9	153625.1	180743.4	214579.9	243030.0	275887.0	306738.7
16538.5	19192.7	21963.2	26065.5	29113.1	32573.1	35347.2
8375.8	9179.2	10600.8	12363.1	13669.9	15348.6	16627.0
2886.7	3405.2	4238.7	5219.2	6058.5	6945.4	7759.3
5276.0	6608.3	7123.8	8483.2	9384.8	10279.1	10960.8
31.9	34.4	32.4	32.5	32.2	31.6	31.0
129929.1	135849.0	162376.4	191570.8	204539.5	217263.9	227991.0
13442.1	13909.1	16728.9	20250.0	21929.0	23447.8	24156.6
2131.7	2303.1	2764.0	3048.8	3294.3	3566.4	3746.8
3418.9	3622.1	4410.9	5430.8	6123.1	6686.6	7079.1
7891.5	7983.9	9554.0	11770.4	12511.6	13194.8	13330.7
58.7	57.4	57.1	58.1	57.1	56.3	55.2
23912	25963	30567	36018	39544	43320	46652
64491	66940	73856	81658	87475	94648	99995
58656	62574	72994	85213	93173	100105	105231
22986	24581	28668	33969	36584	38909	39984

京津冀三次产业从业人员情况

Employed Persons by Type of Industry in Jing-Jin-Ji Region

单位：万人 (10000 persons)

指标 Indicator	全国 China	京津冀合计 Total of Jing-Jin-Ji Region	北京 Beijing	天津 Tianjin	河北 Hebei	河北占京津冀比重(%) Hebei's Share in Jing-Jin-Ji Region (%)
从业人员 Employment						
2005	74647.0	4989.5	878.0	542.5	3569.0	71.5
2006	74978.0	5092.6	919.7	562.9	3610.0	70.9
2007	75321.0	5221.6	942.7	613.9	3665.0	70.2
2008	75564.0	5353.9	980.9	647.3	3725.7	69.6
2009	75828.0	5467.9	998.3	677.1	3792.5	69.4
2010	76105.0	5625.4	1031.6	728.7	3865.1	68.7
2011	76420.0	5795.3	1069.7	763.2	3962.4	68.4
2012	76704.0	5996.2	1107.3	803.1	4085.7	68.1
2013	76977.0	6172.4	1141.0	847.5	4183.9	67.8
2014	77253.0	6236.6	1156.7	877.2	4202.7	67.4
第一产业 Primary Industry						
2005	33441.9	1708.7	62.2	81.8	1564.7	91.6
2006	31940.6	1666.3	60.3	81.1	1524.9	91.5
2007	30731.0	1619.4	60.9	77.0	1481.5	91.5
2008	29923.3	1620.7	63.0	76.3	1481.4	91.4
2009	28890.5	1617.1	62.2	75.7	1479.2	91.5
2010	27930.5	1599.5	61.4	73.9	1464.2	91.5
2011	26594.2	1571.9	59.1	73.2	1439.6	91.6
2012	25773.0	1554.8	57.3	71.2	1426.3	91.7
2013	24171.0	1528.9	55.4	69.0	1404.5	91.9
2014	22790.0	1519.3	52.4	68.0	1398.9	92.1
第二产业 Secondary Industry						
2005	17766.0	1502.0	231.1	227.4	1043.6	69.5
2006	18894.5	1542.9	225.4	234.9	1082.7	70.2
2007	20186.0	1624.0	228.1	261.4	1134.5	69.9
2008	20553.4	1649.4	207.4	271.9	1170.1	70.9
2009	21080.2	1684.0	199.6	281.0	1203.4	71.5
2010	21842.1	1755.9	202.7	302.3	1250.9	71.2
2011	22543.9	1855.0	219.2	316.0	1319.8	71.1
2012	23241.0	1944.3	212.6	330.9	1400.8	72.0
2013	23170.0	2002.8	210.9	353.9	1438.1	71.8
2014	23099.0	1989.2	209.9	341.5	1437.8	72.3
第三产业 Tertiary Industry						
2005	23439.2	1778.7	584.7	233.4	960.7	54.0
2006	24142.9	1883.4	634.0	247.0	1002.4	53.2
2007	24404.0	1978.2	653.7	275.6	1048.9	53.0
2008	25087.2	2083.9	710.5	299.1	1074.2	51.6
2009	25857.3	2166.8	736.5	320.4	1109.9	51.2
2010	26332.3	2270.1	767.5	352.5	1150.1	50.7
2011	27281.9	2368.4	791.4	374.0	1203.0	50.8
2012	27690.0	2497.1	837.4	401.0	1258.7	50.4
2013	29696.0	2640.7	874.7	424.6	1341.4	50.8
2014	31364.0	2728.1	894.4	467.7	1366.0	50.1

京津冀固定资产投资情况

Total Investment in Fixed Assets of Jing-Jin-Ji Region

单位：亿元 (100 million yuan)

指标 Indicator	全国 China	京津冀合计 Total of Jing-Jin-Ji Region	北京 Beijing	天津 Tianjin	河北 Hebei	河北占京津冀比重(%) Hebei's Share in Jing-Jin-Ji Region (%)
全社会固定资产投资 Total Investment in Fixed Assets						
2005	88773.6	8554.3	2827.2	1516.8	4210.2	49.2
2006	109998.2	10722.3	3371.5	1849.8	5501.0	51.3
2007	137323.9	13239.9	3966.6	2388.6	6884.7	52.0
2008	172828.4	16119.2	3848.5	3404.1	8866.6	55.0
2009	224598.8	22176.5	4858.4	5006.3	12311.9	55.5
2010	251683.8	27088.3	5493.5	6511.4	15083.4	55.7
2011	311485.1	29810.6	5910.6	7510.7	16389.3	55.0
2012	374694.7	34995.4	6462.8	8871.3	19661.3	56.2
2013	446294.1	40347.6	7032.2	10121.2	23194.2	57.5
2014	512760.7	45888.3	7562.3	11654.1	26671.9	58.1
房地产开发投资 Investment of Real Estate Development						
2005	15909.2	2244.1	1525.0	327.5	391.5	17.4
2006	19422.9	2603.8	1719.9	402.3	481.6	18.5
2007	25288.8	3210.4	1995.8	505.3	709.3	22.1
2008	31203.2	3646.9	1908.7	653.7	1084.4	29.7
2009	36241.8	4592.9	2337.7	735.2	1520.0	33.1
2010	48259.4	6032.6	2901.1	866.6	2264.9	37.5
2011	61796.9	7170.9	3036.3	1080.0	3054.6	42.6
2012	71803.8	7499.9	3153.4	1260.0	3086.5	41.2
2013	86013.4	8409.6	3483.4	1480.8	3445.4	41.0
2014	95035.6	9670.7	3911.3	1699.7	4059.7	42.0
全社会基础设施投资 Investment of Infrastructure						
2005		1031.5	610.7	420.8		
2006		1453.5	935.3	518.2		
2007		1910.7	1175.8	734.9		
2008		2201.0	1160.7	1040.3		
2009		3068.8	1462.0	1606.8		
2010		6321.4	1403.5	1673.7	3244.2	
2011		6025.9	1400.2	1567.8	3057.9	
2012		7170.5	1789.2	1905.2	3476.1	
2013		8291.2	1785.7	2113.4	4392.1	
2014		9225.8	2018.1	2195.1	5012.6	
交通运输投资 Investment of Transportation						
2005			224.1		336.4	
2006			439.6		466.6	
2007			548.0		588.2	
2008		1363.4	604.2	273.4	485.7	
2009		2078.1	698.6	559.9	819.6	
2010		2515.6	720.5	571.0	1224.1	
2011		2328.8	680.7	504.9	1143.2	
2012		2413.5	712.0	518.2	1183.3	
2013		2851.9	664.5	587.9	1599.5	
2014		2876.5	756.5	595.8	1524.2	

注：北京基础设施投资数据为全社会口径。

a) Investment of Infrastructure in the whole country of Beijing are exclude from the data.

京津冀能源消费总量

项 目	Item	2005	2006
北京市	**Beijing**		
能源消费总量(万吨标准煤)	**Primary Energy Consumption (10000 tons of SCE)**	**5521.9**	**5904.1**
煤炭(万吨)	Coal (10000 tons)	3069.0	3055.7
焦炭(万吨)	Coke	397.4	348.6
汽油(万吨)	Gasoline	235.2	278.2
煤油(万吨)	Kerosene	189.4	233.9
柴油(万吨)	Diesel Oil	140.9	177.5
燃料油(万吨)	Fuel Oil	65.9	48.1
液化石油气(万吨)	Liquefied Petroleum Gas	46.1	46.1
天然气(亿立方米)	Natural Gas (100 million cu.m)	32.0	40.7
热力(万百万千焦)	Thermal (10 billion kilo-joule)	11931.6	12181.6
电力(亿千瓦时)	Electricity (100 million kwh)	567.0	619.0
天津市	**Tianjin**		
能源消费总量(万吨标准煤)	**Primary Energy Consumption (10000 tons of SCE)**	**4084.6**	**4500.2**
煤炭(万吨)	Coal (10000 tons)	3801.5	3809.3
焦炭(万吨)	Coke	329.8	541.1
汽油(万吨)	Gasoline	123.0	128.1
煤油(万吨)	Kerosene	15.1	16.4
柴油(万吨)	Diesel Oil	220.8	235.4
燃料油(万吨)	Fuel Oil	112.7	107.1
液化石油气(万吨)	Liquefied Petroleum Gas	17.1	15.6
天然气(亿立方米)	Natural Gas (100 million cu.m)	9.0	11.2
热力(万百万千焦)	Thermal (10 billion kilo-joule)	10642.1	11366.3
河北省	**Hebei**		
能源消费总量(万吨标准煤)	**Primary Energy Consumption (10000 tons of SCE)**	**19836.0**	**21794.1**
煤炭(万吨)	Coal (10000 tons)	20542.4	21359.8
焦炭(万吨)	Coke	4583.2	5460.6
汽油(万吨)	Gasoline	221.9	263.8
煤油(万吨)	Kerosene	3.2	5.9
柴油(万吨)	Diesel Oil	444.4	484.4
燃料油(万吨)	Fuel Oil	60.8	59.3
液化石油气(万吨)	Liquefied Petroleum Gas	42.7	38.7
天然气(亿立方米)	Natural Gas (100 million cu.m)	9.1	11.0
热力(万百万千焦)	Thermal (10 billion kilo-joule)	13295.8	12467.8

注：河北2010—2014年全省能源消费总量在第三次经济普查后作了修订。

Primary Energy Consumption of Jing-Jin-Ji Region

2007	2008	2009	2010	2011	2012	2013
6285.0	**6327.1**	**6570.3**	**6954.1**	**6995.4**	**7177.7**	**6723.9**
2990.1	2747.7	2664.7	2634.6	2365.5	2269.9	2019.2
358.2	232.9	212.0	220.5	33.3	32.3	0.8
324.7	340.9	363.6	371.5	389.8	415.9	423.6
277.1	318.4	341.9	392.6	419.9	443.3	477.1
192.0	227.2	240.2	237.4	241.1	215.8	193.9
42.9	25.6	42.4	66.7	74.7	78.2	8.3
67.4	65.4	48.9	46.2	48.6	45.7	45.2
46.6	60.7	69.4	74.8	73.6	92.1	98.8
13276.4	14785.3	15828.2	16557.6	17539.1	17065.9	15408.2
675.1	708.2	758.9	830.9	853.7	911.9	908.7
4942.8	**5363.6**	**5874.1**	**6084.9**	**6781.4**	**7325.6**	**7881.8**
3926.7	3972.8	4119.7	4756.2	5202.5	5233.4	5278.7
667.8	719.2	868.7	663.9	699.9	882.7	955.5
139.6	148.8	181.0	141.3	152.9	180.1	212.2
19.4	18.1	20.7	21.7	24.5	29.4	56.1
255.8	289.8	303.6	269.6	292.4	307.6	324.7
89.6	124.8	118.6	141.5	127.2	102.8	86.9
17.6	17.2	18.5	6.5	6.8	6.7	8.0
14.3	16.8	18.1	22.9	25.5	32.1	37.3
11783.1	12475.5	13920.9	6553.9	6881.8	7735.0	8361.8
23585.1	**24321.9**	**25418.8**	**26201.4**	**28075.0**	**28762.5**	**29664.4**
24681.0	24418.6	26515.8	27464.7	30791.8	31359.0	31696.0
5127.3	6007.7	6208.8	7319.0	8399.9	8402.3	9156.9
249.0	211.1	212.1	238.7	305.7	318.3	352.6
6.2	7.4	6.3	7.3	8.9	7.8	17.6
532.7	531.7	521.7	691.9	796.1	821.4	802.6
48.3	65.8	59.8	38.5	47.3	24.5	35.2
40.5	44.0	45.0	211.3	89.6	85.6	57.5
12.1	17.2	23.1	29.5	35.0	45.0	52.3
15773.1	15384.2	15628.3	24231.1	29259.1	33122.2	40291.9

a) Adjustment has been done for the Primary Energy Consumption of Hebei in 2005-2008, due to the 3nd Economic Census.

京津冀居民收入支出和居住水平

项　目	Item	2005	2006
城镇单位在岗职工平均工资(元)	**Average Wage of Staff and Workers on-post in Urban Units (yuan)**		
全　国	China	18364	21001
北京	Beijing	34191	40117
天津	Tianjin	25271	28682
河北	Hebei	14707	16590
城镇居民人均可支配收入(元)	**Per Capita Annual Disposable Income of Urban Households (yuan)**		
全　国	China	10493.0	11759.5
北京	Beijing	17653.0	19978.0
天津	Tianjin	12638.6	14283.1
河北	Hebei	9107.1	10304.6
农村居民人均纯收入(元)	**Per Capita Net Income of Rural Households (yuan)**		
全　国	China	3254.9	3587.0
北京	Beijing	7860.0	8620.0
天津	Tianjin	7202.0	7942.0
河北	Hebei	3481.6	3801.8
城镇居民人均消费支出(元)	**Per Capita Annual Living Expenditure of Urban Households (yuan)**		
全　国	China	7943.0	8696.6
北京	Beijing	13244.2	14825.0
天津	Tianjin	9653.3	10548.1
河北	Hebei	6699.7	7343.5
农村居民人均生活消费支出(元)	**Per Capita Consumption Expenditure of Rural Households (yuan)**		
全　国	China	2555.0	2829.0
北京	Beijing	5515.0	6061.0
天津	Tianjin	3590.0	3829.0
河北	Hebei	2165.7	2495.3
城镇居民人均住房建筑面积(平方米)	**Per Capita Floor Space of Residential Building in Urban Areas (sq.m)**		
全　国	China	27.80	28.50
北京	Beijing	22.03	23.65
天津	Tianjin	24.97	26.05
河北	Hebei	21.53	21.81
农村居民人均住房面积(平方米)	**Per Capita Floor Space of Residential Building in Rural Areas (sq.m)**		
全　国	China	29.70	30.65
北京	Beijing	36.94	39.10
天津	Tianjin	26.06	26.43
河北	Hebei	28.35	29.13

注：2013年、2014年天津城镇居民收支数据为城镇常住居民口径。

Income and Consumption Expenditure, Living Level of Households in Jing-Jin-Ji Region

2007	2008	2009	2010	2011	2012	2013	2014
24932	29229	32736	37147	42452	47593	52379	57346
46507	54913	58140	65683	75834	85307	93997	103400
34938	41748	44992	52963	55636	62225	72535	73839
19911	24756	28383	32306	36166	38658	42532	46239
13785.8	15780.8	17174.7	19109.4	21809.8	24564.7	26467.0	28843.9
21989.0	24725.0	26738.0	29073.0	32903.0	36469.0	40321.0	43910.0
16357.4	19422.5	21402.0	24292.6	26921.0	29626.4	28980.0	31506.0
11690.5	13441.1	14718.3	16263.4	18292.2	20543.4	22580.0	24141.0
4140.4	4760.6	5153.2	5919.0	6977.3	7916.6	9429.6	10488.9
9559.0	10747.0	11986.0	13262.0	14736.0	16476.0	18337.0	20226.0
8752.0	9670.0	10675.0	11801.0	11891.0	13571.0	15405.0	17014.0
4293.4	4795.5	5149.7	5958.0	7119.7	8081.4	9102.0	10186.0
9997.5	11242.9	12264.6	13471.5	15160.9	16674.3	18487.5	19968.1
15330.0	16460.0	17893.0	19934.0	21984.0	24046.0	26275.0	28009.0
12028.9	13422.5	14801.4	16561.8	18424.1	20024.2	22306.0	24290.0
8235.0	9086.7	9678.8	10318.3	11609.3	12531.1	13641.0	16203.8
3223.9	3660.7	3993.5	4381.8	5221.1	5908.0	7485.1	8382.6
6828.0	7656.0	9141.0	10109.0	11078.0	11879.0	13553.0	14529.0
4118.0	4593.0	4926.0	5606.0	6725.0	8337.0	10155.0	13739.0
2786.8	3125.6	3349.7	3844.9	4711.2	5364.1	6134.0	8248.0
30.10	30.60	31.30	31.60	32.65	32.91		
24.77	26.90	27.69	28.94	29.38	29.26	31.31	31.54
27.09	28.53	29.89	31.28	32.77	34.61		
30.45	29.51	29.95	30.52	32.21	32.51	33.65	
31.63	32.40	33.58	34.08	36.24	37.09		
39.54	39.40	39.42	40.62	48.63	49.08	51.35	52.42
26.60	27.29	28.48	28.75	30.22	30.26	31.80	
30.11	30.71	31.94	32.23	34.11	35.01	34.94	

a) Income, Expenditure and Living Condition of impermenent resident are excluded from data of Tianjin for 2013 and 2014.

京津冀地方财政收支情况

Local Revenue and Expenditures of Jing-Jin-Ji Region

单位：亿元 (100 million yuan)

指标 Indicator	全国 China	京津冀合计 Total of Jing-Jin-Ji Region	北京 Beijing	天津 Tianjin	河北 Hebei	河北占京津冀比重(%) Hebei's Share in Jing-Jin-Ji Region (%)
公共财政预算收入						
Public Government Revenue						
2005	15100.8	1766.8	919.2	331.9	515.7	29.2
2006	18303.6	2154.7	1117.2	417.1	620.5	28.8
2007	23572.6	2822.2	1492.6	540.4	789.1	28.0
2008	28649.8	3460.5	1837.3	675.6	947.6	27.4
2009	32602.6	3915.9	2026.8	822.0	1067.1	27.3
2010	40613.0	4754.6	2353.9	1068.8	1331.9	28.0
2011	52547.1	6199.2	3006.3	1455.1	1737.8	28.0
2012	61078.3	7159.2	3314.9	1760.0	2084.3	29.1
2013	69011.2	8035.8	3661.1	2079.1	2295.6	28.6
2014	75859.7	8864.2	4027.2	2390.4	2446.6	27.6
公共财政预算支出						
ublic Government Expentditure						
2005	25154.3	2479.6	1058.3	442.1	979.2	39.5
2006	30431.3	3020.3	1296.8	543.1	1180.4	39.1
2007	38339.3	3830.5	1649.5	674.3	1506.7	39.3
2008	49248.5	4708.7	1959.3	867.7	1881.7	40.0
2009	61044.1	5791.2	2319.4	1124.3	2347.6	40.5
2010	73884.4	6914.4	2717.3	1376.8	2820.2	40.8
2011	92733.7	8578.9	3245.2	1796.3	3537.4	41.2
2012	107188.3	9908.0	3685.3	2143.2	4079.4	41.2
2013	119740.3	11132.5	4173.7	2549.2	4409.6	39.6
2014	129091.6	12086.7	4524.7	2884.7	4677.3	38.7

注：表内全国财政收入和支出为31个省市地方公共财政预算收入和支出的合计数。

a) Total of China is composed by the data of China's 31 provintial regtions.

京津冀主要农产品产量
Ouptut of Major Agricultural Products in Jing-Jin-Ji Region

指　标 Indicator	全　国 China	京津冀合计 Total of Jing-Jin-Ji Region	北　京 Beijing	天　津 Tianjin	河　北 Hebei	河北占京津冀比重(%) Hebei's Share in Jing-Jin-Ji Region (%)
粮食产量(万吨) Output of Grain (10000 tons)						
2005	48402.2	2831.0	94.9	137.5	2598.6	91.8
2006	49804.2	3031.7	109.2	141.9	2780.6	91.7
2007	50160.3	3090.9	102.1	147.2	2841.6	91.9
2008	52870.9	3180.2	125.5	148.9	2905.8	91.4
2009	53082.1	3191.3	124.8	156.3	2910.2	91.2
2010	54647.7	3251.3	115.7	159.7	2975.9	91.5
2011	57120.8	3456.2	121.8	161.8	3172.6	91.8
2012	58958.0	3522.1	113.8	161.8	3246.6	92.2
2013	60194.0	3635.8	96.1	174.7	3365.0	92.6
2014	60702.6	3600.0	63.9	176.0	3360.2	93.3
蔬菜产量(万吨) Output of Vegetables (10000 tons)						
2005	56451.5	7383.5	373.1	542.7	6467.6	87.6
2006	53953.1	6931.1	341.2	275.5	6314.4	91.1
2007	56452.0	7055.2	340.1	274.4	6440.7	91.3
2008	59240.4	7320.1	321.3	314.2	6684.6	91.3
2009	61823.8	7433.1	317.1	373.9	6742.1	90.7
2010	65099.4	7795.9	303.0	419.3	7073.6	90.7
2011	67929.7	8112.5	296.9	431.3	7384.3	91.0
2012	70883.1	8422.7	279.9	447.7	7695.1	91.4
2013	73512.0	8624.1	266.9	455.1	7902.1	91.6
2014	76005.5	8822.1	236.2	460.2	8125.7	92.1
肉类总产量(万吨) Output of Meat (10000 tons)						
2005	6938.9	506.6	53.3	57.8	395.6	78.1
2006	7089.0	486.4	45.3	35.0	406.2	83.5
2007	6865.7	479.7	47.9	33.8	398.1	83.0
2008	7278.7	503.3	45.1	37.1	421.1	83.7
2009	7649.7	513.3	47.2	39.5	426.6	83.1
2010	7925.8	505.6	46.3	42.6	416.7	82.4
2011	7965.1	505.5	44.4	42.9	418.2	82.7
2012	8387.2	531.9	43.2	45.8	442.9	83.3
2013	8535.0	537.1	41.8	46.5	448.8	83.6
2014	8706.7	553.8	39.3	46.4	468.1	84.5
牛奶产量(万吨) Output of Milk (10000 tons)						
2005	2753.4	468.0	64.2	63.4	340.4	72.7
2006	3193.4	535.3	61.9	65.8	407.6	76.1
2007	3525.2	618.9	62.2	67.2	489.4	79.1
2008	3555.8	641.0	66.4	70.1	504.5	78.7
2009	3518.8	587.6	67.4	68.7	451.5	76.8
2010	3575.6	573.2	64.1	69.3	439.8	76.7
2011	3657.8	592.3	64.0	69.4	458.9	77.5
2012	3743.6	603.6	65.1	68.2	470.4	77.9
2013	3531.4	588.0	61.5	68.5	458.0	77.9
2014	3724.6	616.2	59.5	68.9	487.8	79.2

注：1.北京蔬菜播种面积为蔬菜及食用菌播种面积。2.天津牛奶产量2005–2013年数据为奶类产量数据。

a) Beijing's output of vegetable is composed of output of edible mushrooms as well as vegetables.

b) Tanjin's output of milk for 2005-2013, is made up of the output of milk and milk products.

京津冀规模以上工业主要产品产量

Output of Major Industrial Products above Designated Size in Jing-Jin-Ji Region

指　标 Indicator	全　国 China	京津冀合计 Total of Jing-Jin-Ji Region	北　京 Beijing	天　津 Tianjin	河　北 Hebei	河北占京津冀比重(%) Hebei's Share in Jing-Jin-Ji Region (%)
原煤产量(亿吨) Coal (100 million tons)						
2005	23.65	0.89	0.09		0.80	89.9
2006	25.70	0.86	0.06		0.79	92.6
2007	27.60	0.90	0.06		0.84	93.0
2008	29.03	0.85	0.06		0.79	93.3
2009	31.15	0.90	0.06		0.84	92.9
2010	34.28	1.07	0.05		1.02	95.3
2011	37.64	1.11	0.05		1.06	95.5
2012	39.45	1.23	0.05		1.18	96.0
2013	39.74	0.82	0.05		0.77	93.9
2014	38.74	0.78	0.05		0.73	93.6
原油产量(万吨) Crude Oil (10000 tons)						
2005	18135.3	3142.2	796.9	1782.9	562.5	17.9
2006	18476.6	3382.8	828.9	1943.1	610.8	18.1
2007	18631.8	3499.3	915.0	1924.3	660.0	18.9
2008	19043.1	3751.6	1114.6	1993.9	643.1	17.1
2009	18949.0	4057.4	1161.3	2297.0	599.1	14.8
2010	20241.4	5055.2	1123.4	3332.7	599.0	11.8
2011	20287.6	4877.0	1103.1	3187.8	586.1	12.0
2012	20748.0	4757.3	1075.0	3098.3	584.0	12.3
2013	20991.9	4517.1	881.6	3044.5	591.0	13.1
2014	21142.9	4718.2	1051.1	3074.8	592.3	12.6
发电量(亿千瓦小时) Electricity (100 million kwh)						
2005	25002.6	1917.7	213.4	365.7	1338.6	69.8
2006	28657.3	2033.9	213.7	359.2	1461.0	71.8
2007	32815.5	2267.3	227.9	393.1	1646.2	72.6
2008	34957.6	2225.1	243.1	382.1	1599.8	71.9
2009	37146.5	2400.2	242.5	415.8	1741.9	72.6
2010	42071.6	2850.5	268.8	589.1	1992.6	69.9
2011	47130.2	3180.0	262.8	619.1	2298.1	72.3
2012	49876.0	3251.4	290.8	589.7	2370.9	72.9
2013	54316.4	3447.2	335.6	624.0	2487.6	72.2
2014	56495.8	3442.8	331.2	624.0	2487.6	72.3
粗钢产量(万吨) Crude Steel (10000 tons)						
2005	35324.0	9169.3	827.6	955.3	7386.4	80.6
2006	41914.9	11199.7	818.1	1285.3	9096.3	81.2
2007	48928.8	13119.4	810.8	1602.1	10706.4	81.6
2008	50305.8	13710.3	466.8	1654.0	11589.4	84.5
2009	57218.2	16125.4	464.9	2124.2	13536.3	83.9
2010	63723.0	17048.4	427.5	2162.1	14458.8	84.8
2011	68528.3	18750.9	2.9	2295.8	16452.3	87.7
2012	72388.2	20175.2	2.6	2124.3	18048.4	89.5
2013	81313.9	21157.0	2.3	2305.1	18849.6	89.1
2014	82269.8	20819.5	2.1	2287.1	18530.3	89.0

京津冀规模以上工业主要产品产量(续)

Output of Major Industrial Products above Designated Size in Jing-Jin-Ji Region

指 标 Indicator	全 国 China	京津冀合计 Total of Jing-Jin-Ji Region	北 京 Beijing	天 津 Tianjin	河 北 Hebei	河北占京津冀比重(%) Hebei's Share in Jing-Jin-Ji Region (%)
钢材产量(万吨) Rolled Steel (10000 tons)						
2005	37771.1	9095.4	966.3	1664.0	6465.1	71.1
2006	46893.4	11600.9	1016.3	2117.5	8467.1	73.0
2007	56560.9	14345.6	1030.4	2840.3	10474.9	73.0
2008	60460.3	15235.3	656.8	3006.8	11571.8	76.0
2009	69405.4	19984.6	769.6	4080.5	15134.5	75.7
2010	80276.6	22035.0	794.0	4483.7	16757.2	76.0
2011	88619.6	24709.2	287.0	5163.8	19258.4	77.9
2012	95577.8	26957.6	253.8	5708.6	20995.2	77.9
2013	108200.5	30049.4	221.8	6966.0	22861.6	76.1
2014	112557.2	31494.1	195.0	7303.9	23995.2	76.2
水泥产量(万吨) Cement (10000 tons)						
2005	106884.8	10553.0	1183.8	519.2	8850.0	83.9
2006	123676.5	10369.4	1269.4	607.3	8492.7	81.9
2007	136117.3	11137.1	1167.3	611.4	9358.4	84.0
2008	142355.7	10383.5	880.8	549.7	8953.0	86.2
2009	164397.8	12379.7	1077.4	690.9	10611.5	85.7
2010	188191.2	14453.1	1049.0	809.7	12594.3	87.1
2011	209925.9	15770.4	911.5	765.5	14093.3	89.4
2012	220984.1	14468.6	874.5	784.3	12809.8	88.5
2013	241923.9	14516.1	868.4	971.5	12676.2	87.3
2014	247613.5	12286.5	703.1	957.9	10625.5	86.5
汽车(万辆) Motor Vehicle (10000 units)						
2005	570.5	110.7	58.6	32.8	19.4	17.5
2006	727.9	136.6	68.3	41.4	26.8	19.7
2007	888.9	148.7	70.7	45.7	32.3	21.7
2008	930.6	162.9	76.6	54.1	32.1	19.7
2009	1379.5	238.8	127.1	60.2	51.5	21.5
2010	1826.5	295.1	150.3	73.8	71.0	24.1
2011	1841.6	300.1	150.5	77.4	72.1	24.0
2012	1927.6	313.4	167.0	63.8	82.5	26.3
2013	2212.1	356.9	203.8	55.7	97.5	27.3
2014	2372.5	365.8	216.7	51.3	97.8	26.7
集成电路(亿块) Integrated Circuit (100 million units)						
2005	270.0	17.8	12.6	5.2		
2006	335.7	17.5	11.8	5.8		
2007	411.6	22.0	15.7	6.3	0.01	0.05
2008	438.8	24.7	19.1	5.6	0.01	0.04
2009	414.4	24.5	18.3	6.2	0.08	0.3
2010	652.5	34.3	25.3	8.9	0.13	0.4
2011	719.5	41.1	32.0	8.9	0.20	0.5
2012	779.6	40.7	31.9	8.5	0.30	0.7
2013	903.5	52.6	38.4	13.9	0.34	0.6
2014	1015.5	69.0	54.3	14.2	0.46	0.7

京津冀客、货运量情况
Passenger and Freight Traffic of Jing-Jin-Ji Region

指　标 Indicator	全　国 China	京津冀合计 Total of Jing-Jin-Ji Region	北　京 Beijing	天　津 Tianjin	河　北 Hebei	河北占京津冀比重(%) Hebei's Share in Jing-Jin-Ji Region (%)
客运量(万人) Passenger Traffic (10000 persons)						
2005	1847018	146438	60841	4679	80918	55.3
2006	2024158	101934	12276	5670	83988	82.4
2007	2227761	116079	20040	7104	88935	76.6
2008	2867892	231900	128525	8753	94622	40.8
2009	2976898	236944	133872	25299	77773	32.8
2010	3269508	256383	140663	24873	90847	35.4
2011	3526319	270792	145773	25331	99688	36.8
2012	3804035	282835	149037	28462	105336	37.2
2013	2122992	203548	71056	29518	102974	50.6
2014	2209361	152377	71715	19599	61063	40.1
公路客运量(万人) Passenger Traffic by Highways (10000 persons)						
2005	1697381	130288	51925	2961	75402	57.9
2006	1860487	84220	2482	3807	77931	92.5
2007	2050680	97176	9275	5253	82648	85.0
2008	2682114	211443	117118	6579	87746	41.5
2009	2779081	214518	121373	22566	70579	32.9
2010	3052738	231241	126130	21822	83289	36.0
2011	3286220	243828	129918	22053	91857	37.7
2012	3557010	254034	132333	24483	97218	38.3
2013	1853463	171372	52481	24980	93911	54.8
2014	1908198	118035	52354	14530	51151	43.3
货运量(万吨) Freight Traffic (10000 tons)						
2005	1862066	164102	32509	40263	91330	55.7
2006	2037060	173194	33547	42863	96784	55.9
2007	2275822	176296	20770	51338	104188	59.1
2008	2585937	188333	21885	55065	111383	59.1
2009	2825222	202375	22017	43554	136804	67.6
2010	3241807	242632	23712	41611	177308	73.1
2011	3696961	283830	26849	44651	212330	74.8
2012	4100436	319234	28650	47698	242886	76.1
2013	4098900	357737	28294	51603	277840	77.7
2014	4381089	291768	29518	50948	211302	72.4
公路货运量(万吨) Freight Traffic by Highways (10000 tons)						
2005	1341778	118552	30050	19850	68652	57.9
2006	1466347	124506	30953	20290	73263	58.8
2007	1639432	121194	17872	23500	79822	65.9
2008	1916759	130175	18689	27000	84486	64.9
2009	2127834	145083	18753	19800	106530	73.4
2010	2448052	176977	20184	20855	135938	76.8
2011	2820100	213382	23276	23426	166680	78.1
2012	3188475	248683	24925	28228	195530	78.6
2013	3076648	280955	24651	31985	224319	79.8
2014	3332838	241832	25416	31130	185286	76.6

注：1.2013年起，公路客运量统计范围调整为省际客运、旅游客运和郊区客运，市郊公交不再纳入客运量统计。北京2006–2007年公路客运量为持有道路运输经营许可证的客运车辆发生的旅客运输量。2.从2014年1季度起，公路客货运量按照交通运输部新方案进行统计，所以2014年数据与2013年不可比。北京按照2013年口径对2014年数据进行了调整。

a) Since 2013, statistics of passenger traffic by highways covers of interprovincial transportation, tourist transportation and suburban transportation, except urban-suburb transportation. Beijings passenger traffic by highways for 2006-2007 means transportation by vehicles with highway-passenger -transportation licence. b) Except Beijing, data of passenger traffic by highways for 2014 are not comparable with years before, for the change of survy coverage.

京津冀国内贸易主要指标

Major Indicators of Domestic in Jing-Jin-Ji Region

单位：亿元 (100 million yuan)

指　标 Indicator	全　国 China	京津冀合计 Total of Jing-Jin-Ji Region	北　京 Beijing	天　津 Tianjin	河　北 Hebei	河北占京津冀比重(%) Hebei's Share in Jing-Jin-Ji Region (%)
社会消费品零售总额 Total Retail Sales of Consumer Goods						
2005	68352.6	7071.3	2911.7	1190.1	2969.5	42.0
2006	79145.2	8087.8	3295.3	1356.8	3435.7	42.5
2007	93571.6	9492.7	3835.2	1603.7	4053.8	42.7
2008	114830.1	11715.3	4645.5	2078.7	4991.1	42.6
2009	132678.4	13505.6	5309.9	2430.8	5764.9	42.7
2010	156998.4	15953.6	6229.3	2902.6	6821.8	42.8
2011	183918.6	18330.9	6900.3	3395.1	8035.5	43.8
2012	210307.0	20878.2	7702.8	3921.4	9254.0	44.3
2013	242842.8	23859.2	8872.1	4470.4	10516.7	44.1
2014	271896.1	26197.2	9638.0	4738.7	11820.5	45.1
限额以上批发零售业商品销售总额 Total Sales Value above Desinated Size in Wholesale and Retail Sale Trade						
2005	93151.3	18961.0	13044.9	4316.0	1600.1	8.4
2006	110054.8	22807.2	15902.6	5109.0	1795.6	7.9
2007	132740.8	27656.2	19475.8	6061.7	2118.7	7.7
2008	208229.8	42378.5	28185.3	10216.7	3976.5	9.4
2009	201166.2	43008.8	29620.1	9718.2	3670.5	8.5
2010	276635.7	58707.6	39601.7	13642.5	5463.4	9.3
2011	360525.9	73550.1	46924.3	18618.7	8007.1	10.9
2012	410532.7	86123.1	53692.6	23284.4	9146.1	10.6
2013	496603.8	97906.9	57904.5	28747.9	11254.5	11.5
2014		104246.4	60065.5	32601.8	11579.1	11.1

京津冀进出口、利用外资和入境旅游情况

Import and Export, Utilization of Foreign Capital, International Tourism in Jing-Jin-Ji Region

单位：亿美元 (USD 100 million)

指标 Indicator	全国 China	京津冀合计 Total of Jing-Jin-Ji Region	北京 Beijing	天津 Tianjin	河北 Hebei	河北占京津冀比重(%) Hebei's Share in Jing-Jin-Ji Region (%)
进出口总值 Total Import & Export						
2005	14219.1	1949.6	1255.1	533.9	160.7	8.2
2006	17604.4	2411.4	1580.4	645.7	185.3	7.7
2007	21765.7	2900.9	1930.0	715.5	255.4	8.8
2008	25632.6	3906.5	2716.9	805.4	384.2	9.8
2009	22075.4	3083.5	2147.9	639.4	296.1	9.6
2010	29740.0	4257.9	3016.6	822.0	419.3	9.8
2011	36418.6	5465.7	3895.8	1033.9	536.0	9.8
2012	38671.2	5742.8	4081.1	1156.2	505.5	8.8
2013	41589.9	6133.5	4299.4	1285.3	548.8	8.9
2014	43030.4	6093.3	4155.4	1339.1	598.8	9.8
外商直接投资 Foreign Direct Investment						
2005	603.3	87.7	35.3	33.3	19.1	21.8
2006	630.2	107.0	45.5	41.3	20.1	18.8
2007	747.7	127.6	50.7	52.8	24.2	18.9
2008	924.0	169.2	60.8	74.2	34.2	20.2
2009	900.3	187.4	61.2	90.2	36.0	19.2
2010	1057.3	210.4	63.6	108.5	38.3	18.2
2011	1160.1	247.9	70.5	130.6	46.8	18.9
2012	1117.2	288.6	80.4	150.2	58.1	20.1
2013	1175.9	318.0	85.2	168.3	64.5	20.3
2014	1195.6	342.8	90.4	188.7	63.7	18.6
入境旅游人数(万人次) Number of Oversea Visitor Arrivals (10000 person-times)						
2005	4680.9	456.5	362.9	31.0	62.6	13.7
2006	4991.3	505.0	390.3	42.2	72.5	14.4
2007	5472.0	561.3	435.5	44.1	81.8	14.6
2008	5304.9	503.3	379.0	49.3	75.0	14.9
2009	5087.5	550.7	412.5	54.0	84.2	15.3
2010	5566.5	647.7	490.1	59.9	97.7	15.1
2011	5758.1	707.6	520.4	73.1	114.1	16.1
2012	5772.5	704.0	500.9	73.8	129.3	18.4
2013	5568.6	659.8	450.1	75.9	133.8	20.3
2014	5562.2	637.0	427.5	76.6	132.9	20.9
旅游外汇收入 Foreign Exchange Earnings						
2005	293.0	43.4	36.2	5.1	2.1	4.8
2006	339.5	49.0	40.3	6.3	2.4	5.0
2007	419.2	56.7	45.8	7.8	3.1	5.5
2008	408.4	57.4	44.6	10.0	2.7	4.8
2009	396.8	58.5	43.6	11.8	3.1	5.3
2010	458.1	68.2	50.4	14.2	3.5	5.2
2011	484.6	76.2	54.2	17.6	4.5	5.9
2012	500.3	79.2	51.5	22.3	5.4	6.9
2013	516.6	79.7	47.9	25.9	5.9	7.4
2014	569.1	81.3	46.1	29.9	5.3	6.5

京津冀教育和科技活动情况

Statistics on Education, Scientific and Technological Activities of Jing-Jin-Ji Region

指　标 Indicator	全　国 Total	京津冀合计 Jing Jin Ji Total	北　京 Beijing	天　津 Tianjin	河　北 Hebei	河北占京津冀比重(%) Hebei's Share in Jing-Jin-Ji Region (%)
R&D经费支出(亿元) Expenditure on R&D (100 million yuan)						
2005	2450.0	511.8	379.5	72.9	59.3	11.6
2006	3003.1	605.4	433.0	95.2	77.2	12.7
2007	3710.2	732.5	527.1	114.7	90.8	12.4
2008	4616.0	885.1	620.1	155.7	109.3	12.3
2009	5802.1	981.9	668.6	178.5	134.8	13.7
2010	7062.6	1206.9	821.8	229.6	155.4	12.9
2011	8687.0	1435.7	936.6	297.8	201.3	14.0
2012	10298.4	1669.6	1063.4	360.5	245.8	14.7
2013	11847.0	1895.6	1185.0	428.1	282.5	14.9
2014	13312.0	2047.7	1268.8	464.7	314.2	15.3
技术市场成交额(亿元) Transaction Value in Technical Market (100 million yuan)						
2005	1551.4	495.4	434.4	50.7	10.4	2.1
2006	1818.2	772.1	697.3	58.9	15.9	2.1
2007	2226.5	971.7	882.6	72.6	16.5	1.7
2008	2665.2	1131.3	1027.2	87.5	16.6	1.5
2009	3039.0	1359.6	1236.2	106.2	17.2	1.3
2010	3906.6	1718.6	1579.5	119.8	19.3	1.1
2011	4763.6	2088.6	1890.3	171.6	26.7	1.3
2012	6437.1	2747.5	2458.5	251.2	37.8	1.4
2013	7469.0	3183.5	2851.2	300.7	31.6	1.0
2014	8577.0	3584.0	3136.0	418.1	29.9	0.8
专利申请量(万件) umber of Patent Applications Accepted (10000 pieces)						
2005	38.3	4.1	2.3	1.2	0.6	15.8
2006	47.0	4.7	2.7	1.3	0.7	15.3
2007	58.6	5.5	3.2	1.6	0.8	14.2
2008	71.7	7.0	4.4	1.7	0.9	13.0
2009	87.8	8.1	5.0	1.9	1.1	14.1
2010	108.4	9.5	5.7	2.5	1.2	13.0
2011	150.5	13.2	7.8	3.6	1.8	13.3
2012	191.2	15.7	9.2	4.2	2.3	14.8
2013	221.0	21.2	12.3	6.1	2.8	13.2
2014	218.7	23.2	13.8	6.3	3.0	13.0
专利授权量(万件) umber of Patent Applications Granted (10000 pieces)						
2005	17.2	1.7	1.0	0.3	0.4	21.4
2006	22.4	2.0	1.1	0.4	0.4	21.2
2007	30.2	2.6	1.5	0.6	0.5	20.7
2008	35.2	3.0	1.8	0.7	0.5	18.4
2009	50.2	3.7	2.3	0.7	0.7	18.5
2010	71.9	5.5	3.4	1.1	1.0	18.4
2011	88.4	6.6	4.1	1.4	1.1	16.8
2012	116.3	8.6	5.1	2.0	1.5	17.8
2013	121.0	10.6	6.3	2.5	1.8	17.1
2014	119.2	12.1	7.5	2.6	2.0	16.5

京津冀主要污染物排放情况
Emmission of Major Pollutant in Jing-Jin-Ji Region

指　标 Indicator	全　国 China	京津冀合计 Total of Jing-Jin-Ji Region	北　京 Beijing	天　津 Tianjin	河　北 Hebei	河北占京津冀比重(%) Hebei's Share in Jing-Jin-Ji Region (%)
化学需氧量排放量(万吨) COD Emission (10000 tons)						
2005	1414.2	92.3	11.6	14.6	66.1	71.6
2006	1428.2	94.1	11.0	14.3	68.8	73.1
2007	1381.8	91.2	10.7	13.7	66.7	73.2
2008	1320.7	83.9	10.1	13.3	60.5	72.1
2009	1277.5	80.2	9.9	13.3	57.0	71.1
2010	1238.1	77.0	9.2	13.2	54.6	70.9
2011	2499.9	181.8	19.3	23.6	138.9	76.4
2012	2423.7	176.5	18.7	23.0	134.9	76.4
2013	2352.7	171.0	17.8	22.2	131.0	76.6
2014	2294.6	165.2	16.9	21.4	126.9	76.8
二氧化硫排放量(万吨) Volume of Sulphur Dioxide Emission (10000 tons)						
2005	2549.4	192.6	19.1	24.0	149.5	77.6
2006	2588.8	197.6	17.6	25.5	154.5	78.2
2007	2468.1	188.9	15.2	24.5	149.2	79.0
2008	2321.2	170.8	12.3	24.0	134.5	78.7
2009	2214.4	160.9	11.9	23.7	125.3	77.9
2010	2185.1	158.4	11.5	23.5	123.4	77.9
2011	2217.9	174.1	9.8	23.1	141.2	81.1
2012	2117.6	165.9	9.4	22.5	134.1	80.8
2013	2043.9	158.9	8.7	21.7	128.5	80.9
2014	1974.4	147.8	7.9	20.9	119.0	80.5
细颗粒物(PM2.5)平均浓度(微克/立方米) Annual Average Concentration of PM2.5 (μg/cu.m)						
2013		105.7	89.5	96.0	154.0	
2014		93.0	85.9	83.0	102.0	

注：化学需氧量(COD)排放量和二氧化硫排放量(SO2)指标自2011年起调整统计口径和核算方法，与历史数据不可比。

a) For the change of survey coverage and calculation method, data of COD emission after 2011 are not comparable with the years before.

主要统计指标解释

行政区划 指国家对行政区域的划分。根据有关法规规定，我国的行政区域划分如下：(1) 全国分为省、自治区、直辖市；(2) 省、自治区分为自治州、县、自治县、市；(3) 自治州分为县、自治县、市；(4) 县、自治县分为乡、民族乡、镇；(5) 直辖市和较大的市分为区、县；(6) 国家在必要时设立的特别行政区。

当年价格 指报告期的实际价格，如工业品的出厂价格，农产品的收购价格，商业的零售价格等。按当年价格计算，是指一些以货币表现的物量指标，如工农业总产值、国内生产总值等，按照当年的实际价格来计算总量。使用当年价格计算的数字，是为了使国民经济各项指标互相衔接，便于考察当年社会经济效益，便于对生产流通、生产和分配、生产和消费进行经济核算和综合平衡。

按当年价格计算的价值指标，在不同年份之间进行对比时，因为包含有各年间价格变动的因素，不能确切地反映实物量的增减变动。必须消除价格变动因素后，才能真实反映经济发展动态。因此，在计算增长速度时都使用按可比价格计算的数字。

可比价格 指计算各种总量指标所采用的扣除了价格变动因素的价格，可进行不同时期总量指标的对比。按可比价格计算总量指标有两种方法：一种是直接用产品产量乘某一年的不变价格计算；另一种是用价格指数进行伸缩。

不变价格 指以同类产品某年的平均价格作为固定价格，用于计算各年的产品价值。按不变价格计算的产品价值消除了价格变动因素，不同时期对比可以反映生产的发展速度。新中国成立后，随着工农业产品价格水平的变化，国家统计局先后八次制定了全国统一的工业产品不变价格和农业产品不变价格。从1949年到1957年使用1952年工（农）业产品不变价格，从1957年到1971年使用1957年不变价格，从1971年到1981年使用1970年不变价格，从1981年到1990年使用1980年不变价格，从1991年到2000年使用1990年不变价格，从2001年到2005年使用2000年不变价格，从2006年开始使用2005年不变价格，从2011年开始使用2010年不变价格。

平均增长速度 平均增长速度表明社会经济现象在一个时期内逐期平均增长变化的程度，它不能根据各个环比增长速度求得，但与平均发展速度之间存在着一定的数量关系：平均增长速度＝平均发展速度－1。

平均发展速度是一种根据环比发展速度计算的序时平均数，由于各时期对比的基础不同，所以计算平均发展速度不能采用一般的序时平均数的计算方法，计算方法分为水平法和累计法。水平法，又称几何平均法，即将环比发展速度按连乘法用几何平均数公式计算。累计法，也称方程法，根据一段时期内各年发展水平总和与基期水平的关系，列出方程式计算平均发展速度。水平法着重考虑最后一年所达到的发展水平；累计法着重考虑整个时期累计发展水平的总量。

本《年鉴》内所列的平均增长速度，除固定资产投资用“累计法”计算外，其余均用“水平法”计算。从某年到某年平均增长速度的年份，均不包括基期年在内。如建国四十三年的平均增长速度是以1949年为基期计算的，则写为1950—1992年平均增长速度，其余类推。

国民经济行业分类 自2012年定期报表开始使用新的《国民经济行业分类》（GB/T4754－2011）。该分类是由国家统计局组织修订，国家质量监督检验检疫总局和中国国家标准化管理委员会批准，于2011年4月29日发布。这次修订是在2002年分类标准的基础上，参照联合国《全部经济活动的国际标准产业分类》（ISIC/Rev. 4）进行的。修订后的《国民经济行业分类》（GB/T4754－2011）共有门类20个，大类96个，中类432个，小类1094个。

企业（单位）登记注册类型 是以在工商行政管理机关登记注册的各类企业为划分对象，以工商行政管理部门对企业登记注册的类型为依据，将企业登记注册类型分为内资企业、港澳台商投资企业和外商投资企业三大类。内资企业包括国有企业、集体企业、股份合作企业、联营企业、有限责任公司、股份有限公司、私营企业和其他企业；港澳台商投资企业和外商投资企业分别包括合资经营企业、合作经营企业、独资经营企业和股份有限公司。对不在工商行政管理部门进行登记注册的行政机关、事业单位和社会团体，主要按其经费来源和管理方式进行划分。

国有企业 指企业全部资产归国家所有，并按《中华人民共和国企业法人登记管理条例》规定登记注册的非公司制的经济组织。不包括有限责任公司中的国有独资公司。

集体企业 指企业资产归集体所有，并按《中华人民共和国企业法人登记管理条例》规定登记注册的经济组织。

股份合作企业 指以合作制为基础，由企业职工共同出资入股，吸收一定比例的社会资产投资组建，实行自主经营，自负盈亏，共同劳动，民主管理，按劳分配与按股分红相结合的一种集体经济组织。

联营企业 指两个及两个以上相同或不同所有制性质的企业法人或事业单位法人，按自愿、平等、互利的原则，共同投资组成的经济组织。联营企业包括国有联营企业、集体联营企业、国有与集体联营企业和其他联营企业。

有限责任公司 指根据《中华人民共和国公司登记管理条例》规定登记注册，由两个以上、五十个以下的股东共同出资，每个股东以其所认缴的出资额对公司承担有限责任，公司以其全部资产对其债务承担责任的经济组织。有限责任公司包括国有独资公司以及其他有限责任公司。

股份有限公司 指根据《中华人民共和国公司登记管理条例》规定登记注册，其全部注册资本由等额股份构成并通过发行股票筹集资本，股东以其认购的股份对公司承担有限责任，公司以其全部资产对其债务承担责任的经济组织。

私营企业 指由自然人投资设立或由自然人控股，以雇佣劳动为基础的营利性经济组织。包括按照《公司法》、《合伙企业法》、《私营企业暂行条例》规定登记注册的私营有限责任公司、私营股份有限公司、私营合伙企业和私营独资企业。

其他企业 指上述企业之外的其他内资经济组织。

合资经营企业（港或澳、台资） 指港澳台地区投资者与内地企业依照《中华人民共和国中外合资经营企业法》及有关法律的规定，按合同规定的比例投资设立、分享利润和分担风险的企业。

合作经营企业（港或澳、台资） 指港澳台地区投资者与内地企业依照《中华人民共和国中外合作经营企业法》及有关法律的规定，依照合作合同的约定进行投资或提供条件设立、分配利润和分担风险的企业。

港澳台商独资经营企业 指依照《中华人民共和国外资企业法》及有关法律的规定，在内地由港澳台地区投资者全额投资设立的企业。

港澳台商投资股份有限公司 指根据国家有关规定，经原外经贸部依法批准设立，其中港、澳、台商的股本占公司注册资本的比例达25%以上的股份有限公司。凡其中港、澳、台商的股本占公司注册资本的比例小于25%的，属于内资企业中的股份有限公司。

其他港澳台商投资企业 指在中国境内参照《外国企业或个人在中国境内设立合伙企业管理办法》和《外商投资合伙企业登记管理规定》，依法设立的港、澳、台商投资合伙企业等。

中外合资经营企业 指外国企业或外国人与中国内地企业依照《中华人民共和国中外合资经营企业法》及有关法律的规定，按合同规定的比例投资设立、分享利润和分担风险的企业。

中外合作经营企业 指外国企业或外国人与中国内地企业依照《中华人民共和国中外合作经营企业法》及有关法律的规定，依照合作合同的约定进行投资或提供条件设立、分配利润和分担风险的企业。

外资企业 指依照《中华人民共和国外资企业法》及有关法律的规定，在中国内地由外国投资者全额投资设立的企业。

外商投资股份有限公司 指根据国家有关规定，经原外经贸部依法批准设立，其中外资的股本占公司注册资本的比例达25%以上的股份有限公司。凡其中外资股本占公司注册资本的比例小于25%的，属于内资企业中的股份有限公司。

其他外商投资企业 指在中国境内依照《外国企业或个人在中国境内设立合伙企业管理办法》和《外商投资合伙企业登记管理规定》，依法设立的港、澳、台商投资合伙企业等。

行政机关、事业单位和社会团体 参照企业登记注册类型，主要按其经费来源和管理方式划分。具体规定如下：

（1）行政机关：包括国家机关和政党机关，原则上均列为“国有”。但有特殊规定的，如供销社等，则列为“集体”。

（2）事业单位：包括经国家机构编制部门和有关业务主管部门批准成立的各类事业单位，不包括实行企业化管理的事业单位。事业单位的划分办法如下：

①由国家财政预算拨款或列入财政预算外资金管理以及经费主要来源于国有主管部门或国有上级单位的事业单位，列为“国有”。

②经费主要来源于集体单位的事业单位，列为“集体”。

③公民个人（或个人合伙）开办的事业单位，列为“私营”。

④上述以外的其他事业单位，如果其经费来源不明确，按管理方式进行归类。

（3）社会团体：包括经民政部门批准成立以及未纳入社会团体管理条例范围的工会、妇联等各类社会团体。社会团体的划分办法如下：

①未纳入民政部社会团体管理条例范围的工会、妇联、共青团、青联、工商联、科协、侨联等社会团体，国家拨款设立的基金会或基金管理组织以及经费主要来源于国有业务主管部门或国有上级单位的社会团体，列为“国有”。

②经费主要来源于集体单位的社会团体，列为“集体”。

③公民个人（或个人合伙）开办的社会团体，划为“私营”。

④上述以外的其他社会团体，如果其经费来源不明确，改按管理方式进行归类。

法人单位 指具备：

（1）依法成立、有自己的名称、组织机构和场所、能够独立承担民事责任；

（2）独立拥有和使用（或授权使用）资产、承担负债、有权与其它单位签订合同；

（3）会计上独立核算、能够编制资产负债表。法人单位包括企业法人、事业单位法人、机关法人、社会团体法人和其他法人。

国内生产总值（GDP） 指按市场价格计算的一个国家（或地区）所有常住单位在一定时期内生产活动的最终成果。国内生产总值有三种表现形态，即价值形态、收入形态和产品形态。从价值形态看，它是所有常住单位在一定时期内生产的全部货物和服务价值超过同期投入的全部非固定资产货物和服务价值的差额，即所有常住单位的增加值之和；从收入形态看，它是所有常住单位在一定时期内创造并分配给常住单位和非常住单位的初次收入之和；从产品形态看，它是所有常住单位在一定时期内最终使用的货物和服务价值与货物和服务净出口价值之和。在实际核算中，国内生产总值有三种计算方法，即生产法、收入法和支出法。三种方法分别从不同的方面反映国内生产总值及其构成。

对于一个地区来说，称为地区生产总值或地区 GDP。

国民总收入（GNI） 即国民生产总值，指一个国家（或地区）所有常住单位在一定时期内收入初次分配的最终结果。一国常住单位从事生产活动所创造的增加值在初次分配中主要分配给该国的常住单位，但也有一部分以生产税及进口税（扣除生产和进口补贴）、劳动者报酬和财产收入等形式分配给非常住单位；同时，国外生产所创造的增加值也有一部分以生产税及进口税（扣除生产和进口补贴）、劳动者报酬和财产收入等形式分配给该国的常住单位，从而产生了国民总收入的概念。它等于国内生产总值加上来自国外的净要素收入。与国内生产总值不同，国民总收入是个收入概念，而国内生产总值是个生产概念。

三次产业 三产业的划分是世界上较为常用的产业结构分类，但各国的划分不尽一致。我国三次产业划分：

第一产业是指农、林、牧、渔业。

第二产业是指采矿业，制造业，电力、热力、燃气及水的生产和供应业，建筑业。

第三产业是指除第一产业、第二产业以外的其他行业。

劳动者报酬 指劳动者因从事生产活动所获得的全部报酬。包括劳动者获得的各种形式的工资、奖金和津贴，既包括货币形式的，也包括实物形式的，还包括劳动者所享受的公费医疗和医药卫生费、上下班交通补贴、单位支付的社会保险费、住房公积金等。

生产税净额 指生产税减生产补贴后的余额。生产税指政府对生产单位从事生产、销售和经营活动以及因从事生产活动使用某些生产要素（如固定资产、土地、劳动力）所征收的各种税、附加费和规费。生产补贴与生产税相反，指政府对生产单位的单方面转移支出，因此视为负生产税，包括政策亏损补贴、价格补贴等。

固定资产折旧 指一定时期内为弥补固定资产损耗按照规定的固定资产折旧率提取的固定资产折旧，或按国民经济核算统一规定的折旧率虚拟计算的固定资产折旧。它反映了固定资产在当期生产中的转移价值。各类企业和企业化管理的事业单位的固定资产折旧是指实际计提的折旧费；不计提折旧的政府机关、非企业化管理的事业单位和居民住房的固定资产折旧是按照统一规定的折旧率和固定资产原值计算的虚拟折旧。原则上，固定资产折旧应按固定资产的重置价值计算，但是目前我国尚不具备对全社会固定资产进行重估价的基础，所以暂时只能采用上述办法。

营业盈余 指常住单位创造的增加值扣除劳动者报酬、生产税净额和固定资产折旧后的余额。它相当于企业的营业利润加上生产补贴，但要扣除从利润中开支的工资和福利等。

支出法国内生产总值 是从最终使用的角度反映一个国家（或地区）一定时期内生产活动最终成果的一种方法，包括最终消费支出、资本形成总额及货物和服务净出口三部分。计算公式为：

支出法国内生产总值＝最终消费支出＋资本形成总额＋货物和服务净出口

最终消费支出 指常住单位为满足物质、文化和精神生活的需要，从本国经济领土和国外购买的货物和服务的支出。它不包括非常住单位在本国经济领土内的消费支出。最终消费支出分为居民消费支出和政府消费支出。

居民消费支出 指常住住户在一定时期内对于货物和服务的全部最终消费支出。居民消费支出除了直接以货币形式购买的货物和服务的消费支出外，还包括以其他方式获得的货物和服务的消费支出，即所谓的虚拟消费支出。居民虚拟消费支出包括如下几种类型：单位以实物报酬及实物转移的形式提供给劳动者的货物和服务；住户生产并由本住户消费了的货物和服务，其中的服务仅指住户的自有住房服务和付酬的家庭雇员提供的家庭和个人服务；金融机构提供的金融媒介服务。

政府消费支出 指政府部门为全社会提供的公共服务的消费支出和免费或以较低的价格向居民住户提供的货物和服务的净支出，前者等于政府服务的产出价值减去政府单位所获得的经营收入的价值，后者等于政府部门免费或以较低价格向居民住户提供的货物和服务的市场价值减去向住户收取的价值。

资本形成总额 指常住单位在一定时期内获得减去处置的固定资产和存货的净额，包括固定资本形成总额和存货变动两部分。

固定资本形成总额 指生产者在一定时期内获得的固定资产减处置的固定资产的价值总额。固定资产是通过生产活动生产出来的，且其使用年限在一年以上、单位价值在规定标准以上的资产，不包括自然资产。可分为有形固定资本形成总额和无形固定资本形成总额。有形固定资本形成总额包括一定时期内完成的建筑工程、安装工程和设备工器具购置（减处置）价值，以及土地改良、新增役、种、奶、毛、娱乐用牲畜和新增经济林木价值。无形固定资本形成总额包括矿藏的勘探、计算机软件等获得减处置。

存货变动 指常住单位在一定时期内存货实物量变动的市场价值，即期末价值减期初价值的差额，再扣除当期由于价格变动而产生的持有收益。存货变动可以是正值，也可以是负值，正值表示存货上升，负值表示存货下降。存货包括生产单位购进的原材料、燃料和储备物资等存货，以及生产单位生产的产成品、在制品和半成品等存货。

货物和服务净出口　指货物和服务出口减货物和服务进口的差额。出口包括常住单位向非常住单位出售或无偿转让的各种货物和服务的价值；进口包括常住单位从非常住单位购买或无偿得到的各种货物和服务的价值。由于服务活动的提供与使用同时发生，一般把常住单位从非常住单位得到的服务作为进口，非常住单位从常住单位得到的服务作为出口。货物的出口和进口都按离岸价格计算。

机构单位　指有权拥有资产和承担负债，能够独立地从事经济活动并与其他实体进行交易的经济实体。

机构部门　将相同性质的机构单位归并在一起，就形成机构部门。资金流量核算将常住机构单位划分为以下四个机构部门：非金融企业部门、金融机构部门、政府部门、住户部门。与常住单位发生经济往来关系的非常住单位组成国外部门，在资金流量核算中也视同机构部门。

非金融企业与非金融企业部门　非金融企业指主要从事市场货物生产和提供非金融市场服务的常住企业，它主要包括从事上述活动的各类法人企业。所有非金融企业归并在一起，就形成非金融企业部门。

金融机构与金融机构部门　金融机构指主要从事金融媒介以及与金融媒介密切相关的辅助金融活动的常住单位，它主要包括中央银行、商业银行和政策性银行、非银行信贷机构、证券机构、保险机构及其他金融机构。所有金融机构归并在一起，就形成金融机构部门。

政府单位与政府部门　政府单位指在我国境内通过政治程序建立的、在一特定区域内对其他机构单位拥有立法、司法和行政权的法律实体及其附属单位。政府单位的主要职能是利用征税和其他方式获得的资金向社会和公众提供公共服务。通过转移支付，对社会收入和财产进行再分配。它主要包括各种行政单位和非营利性事业单位。所有政府单位归并在一起，就形成政府部门。

住户与住户部门　住户指共享同一生活设施、部分或全部收入和财产集中使用、共同消费住房、食品和其他消费品与消费服务的常住个人或个人群体。所有住户归并在一起，就形成住户部门。

非常住单位与国外部门　所有不具有常住性的机构单位都是非常住单位。将所有与我国常住单位发生交易的非常住单位归并在一起，就形成国外部门。

初次分配总收入　初次分配是生产活动形成的净成果在参与生产活动的生产要素的所有者及政府之间的分配。生产活动的净成果是增加值。生产要素包括劳动力、土地、资本。劳动力所有者因提供劳动而获得劳动报酬；土地所有者因出租土地而获得地租；资本的所有者因资本的形态不同而获得不同形式的收入：借贷资本所有者获得利息收入；股权所有者获得红利或未分配利润；政府因直接或间接介入生产过程而获得生产税或支付补贴。初次分配的结果形成各个机构部门的初次分配总收入。各部门的初次分配总收入之和就等于国民总收入，亦即国民生产总值。

经常转移　转移是一个机构单位向另一个机构单位提供货物、服务或资产，而同时并没有从后一机构单位获得任何货物、服务或资产作为回报的一种交易。经常转移包括扣除资本转移外的所有转移。其形式有收入税、社会保险缴款、社会保险福利、社会补助和其他经常转移。

可支配总收入　在初次分配总收入的基础上，通过经常转移的形式对初次分配总收入进行再次分配。再分配的结果形成各个机构部门的可支配总收入。各部门的可支配总收入之和称为国民可支配总收入。

总储蓄　指可支配总收入用于最终消费后的余额。各部门的总储蓄之和称为国民总储蓄。

资本转移　指一个部门无偿地向另一个部门支付用于非金融投资的资金，是一种不从对方获取任何对应物作为回报的交易。资本转移具有不同于经常转移的两个特征，一是转移的目的是用于投资，而不是用于消费；二是资本转移其实物形式往往涉及除存货和现金以外资产所有权的转移；其现金形式往往涉及除存货以外的资产的处置。资本转移包括投资性补助和其他资本转移。

净金融投资　它反映机构部门或经济总体资金富余或短缺的状况。从实物交易角度看，它是指总储蓄加资本转移收入减资本转移支出减资本形成总额，再加上其他非金融资产获得减处置后的余额。从金融交易角度看，它是金融资产的增加额减金融负债的增加额之后的差额。

通货　指以现金形式存在于市场流通中的货币，包括本币和外币。

存款　指金融机构接受客户存入的货币款项，存款人可随时或按约定时间支取款项的信用业务。包括活期存款、定期存款、住户储蓄存款、财政存款、外汇存款和其他存款等。

贷款　指金融机构将其所吸收的资金，按一定的利率贷放给客户并约期归还的信用业务。包括短期贷款、中长期贷款、财政贷款、外汇贷款和其他贷款。

证券（不含股票）　由债券购买者承购的或因销售产品而拥有的，可在金融市场上交易并代表一定债权的书面证明。包括政府债券、金融债券、企业债券、商业票据、支付固定收入但不提供法人企业残余价值分享权的优先股等。

股票及其他股权　指股票购买者及直接投资者对其投资企业净资产所拥有的权益。股票是股份公司签发的证明股东投资并按其所持股份享有权益和承担义务的权益性证券。其他股权是机构单位以直接投资的方式用除股票、债权性证券以外的土地、房屋及建筑物、机器设备、存货、资源资产等实物资产，商标、专利权、土地使用权、特许使用权、商誉等无形资产及货币资金直接向其他单位进行的投资。通常以股权证、出资证明书、参与证或类似的单据为凭证。

保险准备金　指对人寿保险准备金和养恤基金的净权益、保险费预付款和未结索赔准备金。

结算资金　指金融机构用于结算目的汇兑在途的资金。

金融机构往来 指各金融机构之间的资金往来，包括同业存放款和同业拆借款。

准备金 指各金融机构在中央银行的存款及缴存中央银行的法定准备金。

中央银行贷款 指中央银行向各金融机构的贷款。

经常项目 包括货物、服务、收益及经常性转移。

货物进出口 指通过我国海关进出口的货物。货物的进出口值都按离岸价格估价。离岸价格可视为进口商在出口商边境领取货物时支付的购买者价格。当进口商领取该货物时，该货物已装载到进口商自己的运载工具或其他运载工具，出口商已为该货物支付了出口税或获得了出口退税。

服务进出口 指常住单位与非常住单位之间相互提供的服务。包括运输服务、旅游服务、通讯服务、建筑服务、保险服务、金融服务、计算机和信息服务、咨询服务、广告、宣传服务、电影音像服务、专有权力使用费和特许费、其他商务服务、政府服务。

收益 指常住单位与非常住单位之间因相互提供生产要素而产生的收入，包括劳动者报酬和投资收益。其中投资收益包括直接投资、证券投资和其他投资的收益和支出，以及直接投资收益的再投资。

资本项目 包括移民转移、债务减免等资本性转移。

金融项目 包括直接投资、证券投资和其他投资。

直接投资 指外国、港澳台地区在我国和我国在外国、港澳台地区以独资、合资、合作及合作勘探开发方式进行的投资。

证券投资 指我国对外国、港澳台地区发行的股票、债券等有价证券和我国购买外国、港澳台地区发行的股票、债券等有价证券。

其他投资 指除直接投资和证券投资以外的所有对外金融资产与负债交易项目。包括外国提供给我国和我国提供给外国的贸易信贷、贷款、货币和存款以及其他资产。

储备资产增减额 指我国在黄金储备、外汇储备、在国际货币基金组织的储备头寸、特别提款权、使用基金信贷等方面本年末与上年末余额之间的差额。负号表示储备资产增加，正号表示储备资产减少。

出生率（又称粗出生率） 指在一定时期内（通常为一年）一定地区的出生人数与同期内的平均人数（或期中人数）之比，用千分率表示。本年鉴中的出生率指年出生率，计算公式为：

$$出生率=\frac{年出生人数}{年平均人数}1000‰$$

式中：出生人数指活产婴儿，即胎儿脱离母体时（不管怀孕月数），有过呼吸或其他生命现象。年平均人数指年初、年底人口数的平均数，也可用年中人口数代替。

死亡率（又称粗死亡率） 指在一定时期内（通常为一年）一定地区的死亡人数与同期内平均人数（或期中人数）之比，用千分率表示。本年鉴中的死亡率指年死亡率，计算公式为：

$$死亡率=\frac{年死亡人数}{年平均人数}1000‰$$

人口自然增长率 指在一定时期内（通常为一年）人口自然增加数（出生人数减死亡人数）与该时期内平均人数（或期中人数）之比，用千分率表示。计算公式为：

人口自然增长率

$$=\frac{本年出生人数-本年死亡人数}{年平均人数}1000‰$$

=人口出生率－人口死亡率

总抚养比 也称总负担系数。指人口总体中非劳动年龄人口数与劳动年龄人口数之比。通常用百分比表示。说明每100名劳动年龄人口大致要负担多少名非劳动年龄人口。用于从人口角度反映人口与经济发展的基本关系。计算公式为：

$$GDR=P_{0\sim14}+P\,65+/P_{15\sim64}100\%$$

其中：GDR为总抚养比；$P_{0\sim14}$为0～14岁少年儿童人口数；P_{65+}为65岁及65岁以上的老年人口数；$P_{15\sim64}$为15～64岁劳动年龄人口数。

老年人口抚养比 也称老年人口抚养系数。指某一人口中老年人口数与劳动年龄人口数之比。通常用百分比表示。用以表明每100名劳动年龄人口要负担多少名老年人。老年人口抚养比是从经济角度反映人口老化社会后果的指标之一。计算公式为：

$$ODR=P_{65+}/P_{15\sim64}100\%$$

其中：ODR为老年人口抚养比；P_{65+}为65岁及65岁以上的老年人口数；$P_{15\sim64}$为15～64岁的劳动年龄人口数。

少年儿童抚养比 也称少年儿童抚养系数。指某一人口中少年儿童人口数与劳动年龄人口数之比。通常用百分比表示。以反映每100名劳动年龄人口要负担多少名少年儿童。计算公式为：

$$CDR=P_{0\sim14}/P_{15\sim64}100\%$$

其中：CDR为少年儿童抚养比；$P_{0\sim14}$为0～14岁少年儿童人口数；$P_{15\sim64}$为15～64岁劳动年龄人口数。

经济活动人口 指在16周岁及以上，有劳动能力，参加或要求参加社会经济活动的人口。包括就业人员或失业人员。

就业人员 指在一定年龄以上，有劳动能力，为取得劳动报酬或经营收入而从事一定社会劳动的人员。具体指年满16周岁，为取得报酬或经营利润，在调查周内从事了1小时（含1小时）以上的劳动或由于学习、休假等原因在调查周内暂时处于未工作状态，但有工作单位或场所的人口。

单位就业人员 指报告期末最后一日24小时在本单位中工作，并取得工资或其他形式劳动报酬的人员数。该指标为时点指标，不包括最后一日当天及以前已经与单位解除劳动合同关系的人员，是在岗职工、劳务派遣人员及其他就业人员之和。就业人员不包括：

（1）离开本单位仍保留劳动关系，并定期领取生活费的人员；

（2）利用课余时间打工的学生及在本单位实习的各类在校学生；

（3）本单位因劳务外包而使用的人员。

城镇私营和个体就业人员 城镇私营就业人员指在工

商管理部门注册登记，其经营地址设在县城关镇（含县城关镇）以上的私营企业就业人员；包括私营企业投资者和雇工。城镇个体就业人员指在工商管理部门注册登记，并持有城镇户口或在城镇长期居住，经批准从事个体工商经营的就业人员；包括个体经营者和在个体工商户劳动的家庭帮工和雇工。

在岗职工 指在本单位工作且与本单位签订劳动合同、并由单位支付各项工资和社会保险、住房公积金的人员，以及上述人员中由于学习、病伤、产假等原因暂未工作仍由单位支付工资的人员。在岗职工还包括：

(1) 应订立劳动合同而未订立劳动合同人员（如使用的农村户籍人员）；

(2) 处于试用期人员；

(3) 编制外招用的人员；

(4) 派往外单位工作，但工资仍由本单位发放的人员（如挂职锻炼、外派工作等情况）。

工资总额 指根据《关于工资总额组成的规定》（1990年1月1日国家统计局发布的一号令）进行修订，在报告期内（季度或年度）直接支付给本单位全部就业人员的劳动报酬总额。包括计时工资、计件工资、奖金、津贴和补贴、加班加点工资、特殊情况下支付的工资，是在岗职工工资总额、劳务派遣人员工资总额和其他就业人员工资总额之和。

工资总额是税前工资，包括单位从个人工资中直接为其代扣或代缴的房费、水费、电费、住房公积金和社会保险基金个人缴纳部分等。

工资总额不论是计入成本的还是不计入成本的，不论是以货币形式支付的还是以实物形式支付的，均应列入工资总额的计算范围。

平均工资 指单位就业人员在一定时期内平均每人所得的工资额。它表明一定时期工资收入的高低程度，是反映就业人员工资水平的主要指标。计算公式为：

$$平均工资=\frac{报告期就业人员工资总额}{报告期就业人员平均人数}$$

平均工资指数 指报告期就业人员平均工资与基期就业人员平均工资的比率，是反映不同时期就业人员货币工资水平变动情况的相对数。计算公式为：

$$平均工资指数=\frac{报告期就业人员平均工资}{基期就业人员平均工资}100\%$$

平均实际工资指数 就业人员平均实际工资指扣除物价变动因素后的就业人员平均工资。就业人员平均实际工资指数是反映实际工资变动情况的相对数，表明就业人员实际工资水平提高或降低的程度。计算公式为：

$$平均实际工资指数=\frac{报告期就业人员平均工资指数}{报告期城镇居民消费价格指数}100\%$$

城镇登记失业人员 指有非农业户口，在一定的劳动年龄内（16周岁至退休年龄），有劳动能力，无业而要求就业，并在当地劳动保障部门进行失业登记的人员。

城镇登记失业率 城镇登记失业人员与城镇单位就业人员（扣除使用的农村劳动力、聘用的离退休人员、港澳台及外方人员）、城镇单位中的不在岗职工、城镇私营业主、个体户主、城镇私营企业和个体就业人员、城镇登记失业人员之和的比。

全社会固定资产投资 是以货币形式表现的在一定时期内全社会建造和购置固定资产的工作量以及与此有关的费用的总称。该指标是反映固定资产投资规模、结构和发展速度的综合性指标，又是观察工程进度和考核投资效果的重要依据。全社会固定资产投资按登记注册类型可分为国有、集体、联营、股份制和个体、港澳台商、外商、其他等。

固定资产投资（不含农户） 指城镇和农村各种登记注册类型的企业、事业、行政单位及城镇个体户进行的计划总投资在500万元及500万元以上的建设项目投资和房地产开发投资，包含原口径的城镇固定资产投资加上农村企事业组织项目投资，该口径从2011年起开始使用。

房地产开发投资 指各种登记注册类型的房地产开发法人单位统一开发的包括统代建、拆迁还建的住宅、厂房、仓库、饭店、宾馆、度假村、写字楼、办公楼等房屋建筑物，配套的服务设施，土地开发工程（如道路、给水、排水、供电、供热、通讯、平整场地等基础设施工程）和土地购置的投资；不包括单纯的土地开发和交易活动。

固定资产投资的实际到位资金 根据固定资产投资的资金来源不同，分为国家预算资金、国内贷款、利用外资、自筹资金和其他资金。

(1) 国家预算资金　国家预算包括一般预算、政府性基金预算、国有资本经营预算和社保基金预算。各类预算中用于固定资产投资的资金全部作为国家预算资金填报，其中一般预算中用于固定资产投资的部分包括基建投资、车购税、灾后恢复重建基金和其他财政投资。各级政府债券也应归入国家预算资金。

(2) 国内贷款　指报告期固定资产项目投资单位向银行及非银行金融机构借入用于固定资产投资的各种国内借款，包括银行利用自有资金及吸收存款发放的贷款、上级主管部门拨入的国内贷款、国家专项贷款（包括煤代油贷款、劳改煤矿专项贷款等）、地方财政专项资金安排的贷款、国内储备贷款、周转贷款等。

(3) 利用外资　指报告期收到的境外（包括外国及港澳台地区）资金（包括设备、材料、技术在内）。包括对外借款（外国政府贷款、国际金融组织贷款、出口信贷、外国银行商业贷款、对外发行债券和股票）、外商直接投资、外商其他投资（包括利用外商投资收益在国内进行固定资产再投资活动的资金）。不包括我国自有外汇资金（国家外汇、地方外汇、留成外汇、调剂外汇和国内银行自有资金发行的外汇贷款等）。各类外资按报告期末的外汇牌价（中间价）折成人民币计算。

(4) 自筹资金　指固定资产投资单位报告期收到的，由各企、事业单位筹集用于固定资产投资的资金，包括各类企事业单位的自有资金和从其他单位筹集的用于固定资产投资的资金，但不包括各类财政性资金、从各类金融机构借入资金和国外资金。

(5) 其他资金　指在报告期收到的除以上各种资金之外的用于固定资产投资的资金，包括社会集资、个人资金、无偿捐赠的资金及其他单位拨入的资金等。

固定资产投资按国民经济行业分　指根据其从事的社会经济活动性质对各类单位进行的分类。应根据建设项目建成投产后的主要产品种类或主要用途及社会经济活动种类来划分，不能根据项目单位本身的行业类别来划分。如果项目投产后有几种产品，应根据主要产品来确定行业类别。一般情况下，一个建设项目只能属于一种国民经济行业。

固定资产投资按隶属关系分　是按建设单位或企业、事业、行政单位的主管上级机关确定的。

(1) 中央　是指中共中央、人大常委会和国务院各部、委、局、总公司以及直属机构直接领导的建设项目和企业、事业、行政单位。这些单位的固定资产投资计划由国务院各部门直接编制和下达，统一组织或委托下级实施。包括有中央垂直管理的部门（如国家统计局各级调查队）和中央直属企业、事业单位（如工商银行、中国电信、中国石油）等。

(2) 地方　是由省（自治区、直辖市）、地（区、市、州、盟）、县（区、市、旗）三级政府及业务主管部门直接领导和管理的建设项目、企业、事业、行政单位。地方项目还包括不隶属以上各级政府及主管部门的建设项目和企业、事业单位，如外商投资企业和无主管部门的企业等。

固定资产投资按建设性质分　按整个建设项目情况来确定。建设项目的性质一般分为新建、扩建、改建和技术改造、单纯建造生活设施、迁建、恢复、单纯购置。房地产开发单位、农户投资不划分建设性质。

(1) 新建　指从无到有“平地起家”开始建设的项目。现有企业、事业、行政单位投资的项目一般不属于新建。但如有的单位原有基础很小，经过建设后新增的固定资产价值超过该企业、事业、行政单位原有固定资产价值（原值）三倍以上的，也应作为新建。

(2) 扩建　指在厂内或其他地点，为扩大原有产品的生产能力（或效益）或增加新的产品生产能力，而增建的生产车间（或主要工程）、分厂、独立的生产线的企业、事业单位。行政、事业单位在原单位增建业务性用房（如学校增建教学用房、医院增建门诊部、病房等）也作为扩建。现有企、事业单位为扩大原有主要产品生产能力或增加新的产品生产能力，增建一个或几个主要生产车间（或主要工程）、分厂，同时进行一些更新改造工程的，也应作为扩建。

(3) 改建和技术改造　指现有企业、事业单位对原有设施进行技术改造或更新（包括相应配套的辅助性生产、生活福利设施）的建设项目。改建项目包括现有企业、事业单位为适应市场变化的需要，而改变企业的主要产品种类（如军工企业转民产品等）的建设项目，原有产品生产作业线由于各工序（车间）之间能力不平衡，为填平补齐充分发挥原有生产能力而增建不增加本企业主要产品设计能力的车间的建设项目。技术改造是指企业、事业单位在现有基础上，用先进的技术代替落后的技术，用先进的工艺和装备代替落后的工艺和装备，以改变企业落后的技术经济面貌，实现以内涵为主的扩大再生产，达到提高产品质量、促进产品更新换代、节约能源、降低消耗、扩大生产规模、全面提高社会经济效益的目的。技术改造具体包括以下内容：机器设备和工具的更新改造；生产工艺改革、节约能源和原材料的改造；厂房建筑和公共设施的改造；保护环境进行的“三废”治理改造；劳动条件和生产环境的改造等。

固定资产投资按构成分

(1) 建筑工程　指各种房屋、建筑物的建造工程，又称建筑工作量。这部分投资额必须兴工动料，通过施工活动才能实现，是固定资产投资额的重要组成部分。

(2) 安装工程　指各种设备、装置的安装工程，又称安装工作量。在安装工程中，不包括被安装设备本身的价值。

(3) 设备工具器具购置　指报告期内购置或自制的，达到固定资产标准的设备、工具、器具的价值。新建单位及扩建单位的新建车间，按照设计或计划要求购置或自制的全部设备、工具、器具，不论是否达到固定资产标准均计入“设备工具器具购置”中。

(4) 其他费用　指在固定资产建造和购置过程中发生的，除建筑安装工程和设备、工具器具购置投资完成额以外的应当分摊计入固定资产的费用，不指经营中财务上的其他费用。

施工项目个数　指本年正式进行过建筑或安装施工活动的建设项目个数。包括本年新开工项目，以前年度开工跨入本年继续施工项目、本年全部建成投产项目、以前年度全部停缓建在本年恢复施工的项目，本年进行过施工又在本年内全部停缓建的项目。施工项目个数可以反映一定时期固定资产投资的实际规模，与同期全部建成投产项目个数相比，可以从建设速度的角度反映固定资产投资的效果。

本年投产项目个数　指报告期内设计文件规定建成主体工程和相应配套的辅助设施，形成生产能力或工程效益，经过验收合格，并且已正式投入生产或使用的建设项目。

新增生产能力（或工程效益）　指通过固定资产投资活动而增加的设计能力（或工程效益）。主要指标包括建设规模、本年施工规模、自开始建设累计新增生产能力（或工程效益）、本年新增生产能力（或工程效益）等。

建设规模　指建设项目或工程设计文件中规定的全部设计能力（或工程效益）。包括已经建成投产或尚未建成投产的工程的生产能力（或工程效益）。

本年施工规模　指报告期内施工的单项工程（或更新改造项目）的设计能力（或工程效益），包括报告期以前已开工跨入本年继续施工的工程的设计能力和报告期新开工工程的设计能力。也包括报告期内建成投产或报告期施工后又停缓建的单项工程设计能力。不包括在报告期以前已建成投产或已经停、缓建的工程，以及报告期内尚未正式开工的工程的设计能力。

项目建成投产率 指一定时期内全部建成投产项目个数与同期施工项目个数的比率。该指标从建设单位建设速度的角度反映投资效果。

固定资产交付使用率 指一定时期新增固定资产与同期完成投资额的比率。该指标是反映固定资产动用速度，衡量建设过程中宏观投资效果的综合指标。由于新增固定资产是较长时期内形成的结果，而投资额是当年完成的，因此，该指标一般适宜于反映较长时期内固定资产的动用情况。

能源生产总量 指一定时期内全国（地区）一次能源生产量的总和。该指标是观察全国（地区）能源生产水平、规模、构成和发展速度的总量指标。一次能源生产量包括原煤、原油、天然气、水电、核电及其他动力能（如风能、地热能等）发电量，不包括低热值燃料生产量、生物质能、太阳能等的利用和由一次能源加工转换而成的二次能源产量。

能源消费总量 是指一定地域内，国民经济各行业和居民家庭在一定时间消费的各种能源的总和。包括：原煤、原油、天然气、水能、核能、风能、太阳能、地热能、生物质能等一次能源；一次能源通过加工转换产生的洗煤、煤气、焦炭、电力、热力、成品油等二次能源和同时产生的其他产品；其他化石能源、可再生能源和新能源工业。其中水能、风能、太阳能、地热能、生物质能等可再生能源，是指人们通过一定技术手段获得的，并作为商品能源使用的部分。在核算过程中，一次能源、二次能源消费不能重复计算。能源消费总量分为终端能源消费量、能源加工转换损失量和能源损失量三部分。

（1）终端能源消费量 指一定时期内，一定地域生产和生活消费的各种能源在扣除了用于加工转换二次能源消费量和损失量以后的数量。

（2）能源加工转换损失量 指一定时期内，一定地域投入加工转换的各种能源数量之和与产出各种能源产品之和的差额。它是观察能源在加工转换过程中损失量变化的指标。

（3）能源损失量 指一定时期内，能源在输送、分配、储存过程中发生的损失和由客观原因造成的各种损失量，不包括各种气体能源放空、放散量。

能源加工转换效率 指一定时期内，能源经过加工、转换后，产出的各种能源产品的数量与同期内投入加工转换的各种能源数量的比率。它是观察能源加工转换装置和生产工艺先进与落后、管理水平高低等的重要指标。计算公式：

$$能源加工转换效率=\frac{能源加工转换产出量}{能源加工转换投入量}100\%$$

单位国内生产总值能耗 指一定时期内，一个国家或地区每生产一个单位国内生产总值所消耗的能源。计算公式：

$$单位国内生产总值能耗=\frac{能源消费总量}{国内生产总值}$$

单位国内生产总值电耗 指一定时期内，一个国家或地区每生产一个单位国内生产总值所消耗的电力。计算公式：

$$单位国内生产总值电耗=\frac{全社会用电量}{国内生产总值}$$

单位工业增加值能耗 指一定时期内，一个国家或地区每生产一个单位工业增加值所消耗的能源。计算公式：

$$单位工业增加值能耗=\frac{工业能源消费量}{工业增加值}$$

公共财政收入 指国家财政参与社会产品分配所取得的收入，是实现国家职能的财力保证。主要包括：（1）各项税收：包括国内增值税、国内消费税、进口货物增值税和消费税、出口货物退增值税和消费税、营业税、企业所得税、个人所得税、资源税、城市维护建设税、房产税、印花税、城镇土地使用税、土地增值税、车船税、船舶吨税、车辆购置税、关税、耕地占用税、契税、烟叶税等。（2）非税收入：包括专项收入、行政事业性收费收入、罚没收入和其他收入。财政收入按现行分税制财政体制划分为中央本级收入和地方本级收入。

公共财政支出 指国家财政将筹集起来的资金进行分配使用，以满足经济建设和各项事业的需要，主要包括：一般公共服务、外交、国防、公共安全、教育、科学技术、文化体育与传媒、社会保障和就业、医疗卫生、节能环保、城乡社区事务、农林水事务、交通运输、资源勘探电力信息等事务、商业服务业等事务、金融监管等事务、援助其他地区、国土资源气象等事务、住房保障支出、粮油物资储备事务、政府债务付息等方面的支出。财政支出根据政府在经济和社会活动中的不同职权，划分为中央财政支出和地方财政支出。

中央公共财政收入和地方公共财政收入 属于中央公共财政的收入包括关税，进口货物增值税和消费税，出口货物退增值税和消费税，消费税，铁道部门、各银行总行、各保险公司总公司等集中缴纳的营业税和城市维护建设税，增值税75%部分，纳入共享范围的企业所得税60%部分，未纳入共享范围的中央企业所得税、中央企业上交的利润，个人所得税60%部分，车辆购置税，船舶吨税，证券交易印花税97%部分，海洋石油资源税，中央非税收入等。属于地方公共财政的收入包括营业税（不含铁道部门、各银行总行、各保险公司总公司等集中缴纳的营业税），地方企业上缴利润，城市维护建设税（不含铁道部门、各银行总行、各保险公司总公司等集中缴纳的部分），房产税，城镇土地使用税，土地增值税，车船税，耕地占用税，契税，烟叶税，增值税25%部分，海洋石油资源税以外的其他资源税，地方非税收入等。

中央公共财政支出和地方公共财政支出 指根据政府在经济和社会活动中的不同职责，划分中央和地方政府的责权，按照政府的责权划分确定的支出。中央财政支出包括一般公共服务，外交支出，国防支出，公共安全支出，以及中央政府调整国民经济结构、协调地区发展、实施宏观调控的支出等。地方财政支出包括一般公共服务，公共安全支出，地方统筹的各项社会事业支出等。

居民消费价格指数 是反映一定时期内城乡居民所购

买的生活消费品价格和服务项目价格变动趋势和程度的相对数，是对城市居民消费价格指数和农村居民消费价格指数进行综合汇总计算的结果。通过该指数可以观察和分析消费品的零售价格和服务价格变动对城乡居民实际生活费支出的影响程度。

城市居民消费价格指数 是反映一定时期内城市居民家庭所购买的生活消费品价格和服务项目价格变动趋势和程度的相对数。通过该指数可以观察和分析消费品的零售价格和服务项目价格变动对城镇居民收入和消费支出的影响。

农村居民消费价格指数 是反映一定时期内农村居民家庭所购买的生活消费品价格和服务项目价格变动趋势和程度的相对数。该指数可以观察农村消费品的零售价格和服务项目价格变动对农村居民收入和生活消费支出的影响。

商品零售价格指数 是反映一定时期内城乡商品零售价格变动趋势和程度的相对数。商品零售价格的变动与国家的财政收入、市场供需的平衡、消费与积累的比例关系有关。因此，该指数可以从一个侧面对上述经济活动进行观察和分析。

农业生产资料价格指数 指反映一定时期内农业生产资料价格变动趋势和程度的相对数。其编制目的是了解农业生产中物质资料投入价格的变动状况，服务于国民经济核算。1994年以前，农业生产资料价格指数仅仅是商品零售价格指数的一个类别，此后，从商品零售价格指数中分离出来，单独编制。

农产品生产价格指数 是反映一定时期内，农产品生产者出售农产品价格水平变动趋势及幅度的相对数。该指数可以客观反映农产品生产价格水平和结构变动情况，满足农业与国民经济核算需要。其中某代表品生产价格指数是通过对全部有出售该产品行为的调查单位的个体指数进行几何平均求得的，类价格指数是通过对其所属的类（或代表品）的价格指数进行加权平均求得的。季度累计价格指数的计算方法与分季指数的计算方法相同。

工业生产者出厂价格指数 是反映一定时期内全部工业产品出厂价格总水平的变动趋势和程度的相对数，包括工业企业售给本企业以外所有单位的各种产品和直接售给居民用于生活消费的产品。该指数可以观察出厂价格变动对工业总产值及增加值的影响。

工业生产者购进价格指数 是反映工业企业作为生产投入，而从物资交易市场和能源、原材料生产企业购买原材料、燃料和动力产品时，所支付的价格水平变动趋势和程度的统计指标，是扣除工业企业物质消耗成本中的价格变动影响的重要依据。

目前，我国编制的工业生产者购进价格指数所调查的产品包括燃料动力、黑色金属、有色金属、化工、建材等九大类。

固定资产投资价格指数 是反映一定时期内固定资产投资品及取费项目的价格变动趋势和程度的相对数。固定资产投资额是由建筑安装工程投资完成额、设备工器具购置投资完成额和其他费用投资完成额三部分组成的。编制固定资产投资价格指数应首先分别编制上述三部分投资的价格指数，然后采用加权算术平均法求出固定资产投资价格总指数。

该指数可以准确地反映固定资产投资中涉及的各类投资品和取费项目价格变动趋势和变动幅度，消除按现价计算的固定资产投资指标中的价格变动因素，真实地反映固定资产投资的规模、速度、结构和效益，为国家科学地制定、检查固定资产投资计划并提高宏观调控水平，为完善国民经济核算体系提供科学的、可靠的依据。

可支配收入 指调查户在调查期内获得的、可用于最终消费支出和储蓄的总和，即调查户可以用来自由支配的收入。可支配收入既包括现金，也包括实物收入。按照收入的来源，可支配收入包含五项，分别为：工资性收入、经营净收入、财产净收入、转移净收入和自有住房折算净租金。计算公式为：

可支配收入＝工资性收入＋经营净收入＋财产净收入＋转移净收入＋自有住房折算净租金

其中：经营净收入＝经营收入－经营费用－生产性固定资产折旧－生产税净额（生产税－生产补贴）

财产净收入＝财产性收入－财产性支出

转移净收入＝转移性收入－转移性支出

现金可支配收入 指调查户在调查期内获得的、可以用来自由支配、以现金形式表现的收入。按照收入的来源，现金可支配收入包含四项，分别为：现金工资性收入、现金经营净收入、现金财产净收入和现金转移净收入。计算公式为：

现金可支配收入＝现金工资性收入＋现金经营净收入＋现金财产净收入＋现金转移净收入

经营净收入 指住户或住户成员从事生产经营活动所获得的净收入，是全部经营收入中扣除经营费用、生产性固定资产折旧和生产税净额（生产税减去生产补贴）之后得到的净收入。计算公式具体为：

经营净收入＝经营收入－经营费用－生产性固定资产折旧－生产税净额（生产税－生产补贴）

第一产业净收入 指住户或住户成员从事第一产业生产经营活动所获得的净收入，是全部经营收入中扣除经营费用、生产性固定资产折旧和生产税净额（生产税减去生产补贴）之后得到的净收入。

第一产业是指农业、林业、牧业和渔业（不含农林牧渔服务业）。目前，在第一产业生产经营活动中没有生产税，同时有一定的生产补贴。政府为扶持农业、林业、牧业和渔业进行的相关补贴，如粮食直补、购置和更新大型农机具补贴、良种补贴、购买生产资料综合补贴、退耕还林还草补贴、畜牧业补贴等惠农补贴应视为第一产业经营活动中的生产补贴，即一种负的生产税。

因此，第一产业经营净收入的计算公式为：

经营净收入＝经营收入－经营费用－生产性固定资产折旧＋惠农补贴

第二产业净收入 指住户或住户成员从事第二产业的

生产经营活动所获得的净收入，是全部经营收入中扣除经营费用、生产性固定资产折旧和生产税净额（生产税减去生产补贴）之后得到的净收入。

第二产业是指采矿业（不含开采辅助活动），制造业（不含金属制品、机械和设备修理业），电力、热力、燃气及水生产和供应业，建筑业。

第三产业净收入 指住户或住户成员从事第三产业生产经营活动所获得的净收入，是全部经营收入中扣除经营费用、生产性固定资产折旧和生产税净额（生产税减去生产补贴）之后得到的净收入。

自有住房折算净租金 指现住房产权为自有住房（含自建住房、自购商品房、自购房改住房、自购保障性住房、拆迁安置房、继承或获赠住房）的住户为自身消费提供住房服务的折算价值扣除缴纳的各项税费后得到的净租金。自有住房折算净租金的计算方法为：自有住房年度折算净租金＝自有住房年度折算租金－购建房年度分摊成本。购建房年度分摊成本按照购建房价格以及城乡相应的年折旧率计算。

自有住房折算净租金为一种实物收入，不包括在现金可支配收入的计算中。

城镇居民人均可支配收入（老口径） 指城镇家庭总收入扣除交纳的个人所得税和个人交纳的各项社会保障支出之后，按照城镇居民家庭人口平均的收入水平。其中家庭总收入是指该家庭中生活在一起的所有家庭人员从各种渠道得到的所有收入之和。

农村居民人均纯收入（老口径） 指农村住户当年从各个来源得到的家庭总收入扣除有关费用性支出后，最终归农村居民所有的收入总和，按照农村住户人口平均的纯收入水平。

消费支出 指住户用于满足家庭日常生活消费需要的全部支出，包括用于消费品的支出和用于服务性消费的支出。根据用途不同，消费支出可划分为食品烟酒、衣着、居住、生活用品及服务、交通通信、教育文化娱乐、医疗保健、其他用品及服务八大类。根据来源不同，消费支出可划分为现金消费支出、实物消费支出（含自产自用、来自单位、来自政府和其他社会组织）。

食品烟酒 指用于各种食品和烟草、酒类的支出，包括食品和烟酒两个中类。

恩格尔系数 指食品支出在现金消费支出中所占的比例。计算公式为：

$$\text{恩格尔系数}=\frac{\text{食品支出}}{\text{现金消费支出}}100\%$$

自有住房折算租金 指现住房为自有住房（含自建住房、自购商品房、自购保障性住房、继承或获赠住房、免费借用房）的住户为自身消费提供住房服务的折算价值。提供的住房服务价值一般等于在市场上租用同样大小、质量和类型的房屋所要支付的租金。考虑到很多地方还不存在规范和成熟的房屋租赁市场，目前自有住房折算租金采用折旧法计算。具体方法是：自有住房折算租金＝自有住房市场现价估值年折旧率（城乡不同）。自有住房折算租金属于实物消费，不包括在现金消费支出中。

乡村从业人员 指乡村人口中劳动年龄在16周岁以上实际参加生产经营活动并取得实物或货币收入的人员，包括劳动年龄内经常参加劳动的人员，也包括超过劳动年龄但经常参加劳动的人员，但不包括户口在家的在外学生、现役军人和丧失劳动能力的人，也不包括待业人员和家务劳动者。从业人员按从事主业时间最长（时间相同按收入）分为农业从业人员、工业从业人员、建筑业从业人员、交运仓储及邮电业从业人员、批零贸易及餐饮业从业人员、其它从业人员。

农林牧渔业总产值 指以货币表现的农、林、牧、渔业全部产品和对农林牧渔业生产活动进行的各种支持性服务活动的价值总量，它反映一定时期内农林牧渔业生产总规模和总成果。1957年以前的农林牧渔业总产值中包括了厩肥和农民自给性手工业（如农民自制衣服、鞋、袜，自己从事粮食初步加工等）。1958年及以后，林业中增加了村及村以下竹木采伐产值；牧业中取消了厩肥产值；副业中取消了农民自给性手工业产值，增加了村及村以下办的工业产值；渔业中增加了海洋捕捞水产品产值。1980年及以后，在副业中增加了农民家庭兼营工业商品部分的产值。从1984年起村及村以下工业产值划归工业。从1993年起取消副业，将野生动物的捕猎划入牧业，野生植物采集和农民家庭兼营商品性工业划归农业。从2003年起，执行新的国民经济行业分类标准，农林牧渔业总产值中包括了农林牧渔服务业产值。林业中增加了森林采运业产值。农业中取消了家庭兼营商品性工业产值，将野生林产品的采集划归林业。

农林牧渔业总产值的计算方法通常是按农、林、牧、渔业产品及其副产品的产量分别乘以各自单位产品价格求得；少数生产周期较长，当年没有产品或产品产量不易统计的，则采用间接方法匡算其产值；然后将四业产品产值相加即为农林牧渔业总产值。

粮食产量 指农业生产经营者日历年度内生产的全部粮食数量。按收获季节包括夏收粮食、早稻和秋收粮食，按作物品种包括谷物、薯类和豆类。其产量计算方法：谷物按脱粒后的原粮计算，豆类按去荚后的干豆计算；薯类（包括甘薯和马铃薯，不包括芋头和木薯）1963年以前按每4公斤鲜薯折1公斤粮食计算，从1964年开始改为按5公斤鲜薯折1公斤粮食计算。城市郊区作为蔬菜的薯类（如马铃薯等）按鲜品计算，并且不作粮食统计。其他粮食一律按脱粒后的原粮计算。1989年以前全国粮食产量数据主要靠全面报表取得，1989年开始使用抽样调查数据。

棉花产量 指全社会的产量。包括春播棉和夏播棉。产量按皮棉计算。不包括木棉。

油料产量 指全部油料作物的生产量。包括花生、油菜籽、芝麻、向日葵籽、胡麻籽（亚麻籽）和其他油料。不包括大豆、木本油料和野生油料。花生以带壳干花生计算。

水产品产量 指渔业（捕捞和养殖）生产活动的最终有效成果，包括全部海水和淡水鱼类、甲壳类（虾、蟹）、

贝类、头足类、藻类和其他类渔业产品的最终产量。水产品产量是通过各级水产和统计部门逐级上报取得数据。1995年及以前，贝类中牡蛎按鲜肉计算；蚶、蛤、蛙按5斤鲜品折1斤计算。1996年以后则统一按鲜品计算。

猪、牛、羊肉产量 指当年出栏并已屠宰、除去头蹄下水后带骨肉（即胴体重）的重量。包括全社会范围内的产量。由于畜牧业产品年报数据与普查数据之间存在一定的差距，根据国家统计局有关文件精神，从2000年起，对畜牧业年报数据与普查数据进行衔接。

期初（末）畜禽存栏头（只）数 指报告期初（末）农村各种合作经济组织和国营农场、农民个人、机关、团体、学校、工矿企业、部队等单位以及城镇居民饲养的大牲畜、猪、羊、家禽等畜禽的数量。数据上报方式及数据调整情况同猪、牛、羊肉产量。

农作物播种面积 指农业生产经营者应在日历年度内收获农作物在全部土地（耕地或非耕地）上的播种或移植面积。凡是本年内收获的农作物积，无论是本年播种还是上年播种，都算为播种面积，但不包括本年播种，下年收获的农作物面积。

有效灌溉面积 指具有一定的水源，地块比较平整，灌溉工程或设备已经配套，在一般年景下能够进行正常灌溉的耕地面积。在一般情况下，有效灌溉面积应等于灌溉工程或设备已经配备，能够进行正常灌溉的水田和水浇地面积之和。它是反映我国农田水利建设的重要指标。

农用化肥施用量 指本年内实际用于农业生产的化肥数量，包括氮肥、磷肥、钾肥和复合肥。化肥施用量要求按折纯量计算数量。折纯量是指把氮肥、磷肥、钾肥分别按含氮、含五氧化二磷、含氧化钾的百分之百成份进行折算后的数量。复合肥按其所含主要成分折算。公式为：

折纯量=实物量某种化肥有效成份含量的百分比

农业机械总动力 指全部农业动力机械的额定功率之和。农业机械是指用于种植业、畜牧业、渔业、农产品初加工、农用运输和农田基本建设等活动的机械及设备。农机总动力按使用能源不同分为以下四部分：

柴油机发动机动力：指全部柴油发动机额定功率之和。

汽油机发动机动力：指全部汽油发动机额定功率之和。

电动机动力：指全部电动机（含潜水电泵的电动机）额定功率之和。

其他机械动力：指采用柴油、汽油、电力之外的其他能源，如水力、风力、煤炭、太阳能等动力机械功率之和。

这个指标的数据主要来源于农机部门。

工业 指从事自然资源的开采，对采掘品和农产品进行加工和再加工的物质生产部门。具体包括：(1) 对自然资源的开采，如采矿、晒盐等（但不包括禽兽捕猎和水产捕捞）；(2) 对农副产品的加工、再加工，如粮油加工、食品加工、缫丝、纺织、制革等；(3) 对采掘品的加工、再加工，如炼铁、炼钢、化工生产、石油加工、机器制造、木材加工等，以及电力、自来水、煤气的生产和供应等；(4) 对工业品的修理、翻新，如机器设备的修理、交通运输工具（如汽车）的修理等。

工业统计调查单位为独立核算法人工业企业。

独立核算法人工业企业指从事工业生产经营活动的单位。独立核算法人工业企业应同时具备以下条件：①依法成立，有自己的名称、组织机构和场所，能够承担民事责任；②独立拥有和使用资产，承担负债，有权与其他单位签订合同；③独立核算盈亏，并能够编制资产负债表。

国有及国有控股企业 指国有企业加上国有控股企业。国有企业（即原全民所有制工业企业和国营工业）指企业全部资产归国家所有，并按《中华人民共和国企业法人登记管理条例》规定登记注册的非公司制的经济组织。包括国有企业、国有独资公司和国有联营企业。1957年以前的公私合营和私营工业，后均改造为国营工业，1992年以后改为国有工业，这部分工业的资料不单独分列时，均包括在国有企业内。国有控股企业是对混合所有制经济的企业进行的“国有控股”分类，它是指这些企业的全部资产中国有资产（股份）相对于其他所有者中的任何一个所有者占资（股）最多的企业。该分组反映了国有经济控股情况。

轻工业 指主要提供生活消费品和制作手工工具的工业。按其所使用的原料不同，可分为两大类：(1) 以农产品为原料的轻工业，是指直接或间接以农产品为基本原料的轻工业。主要包括食品制造、饮料制造、烟草加工、纺织、缝纫、皮革和毛皮制作、造纸以及印刷等工业；(2) 以非农产品为原料的轻工业，是指以工业品为原料的轻工业。主要包括文教体育用品、化学药品制造、合成纤维制造、日用化学制品、日用玻璃制品、日用金属制品、手工工具制造、医疗器械制造、文化和办公用机械制造等工业。

重工业 指为国民经济各部门提供物质技术基础的主要生产资料的工业。按其生产性质和产品用途，可以分为下列三类：(1) 采掘（伐）工业，是指对自然资源的开采，包括石油开采、煤炭开采、金属矿开采、非金属矿开采等工业；(2) 原材料工业，指向国民经济各部门提供基本材料、动力和燃料的工业。包括金属冶炼及加工、炼焦及焦炭、化学、化工原料、水泥、人造板以及电力、石油和煤炭加工等工业；(3) 加工工业，是指对工业原材料进行再加工制造的工业。包括装备国民经济各部门的机械设备制造工业、金属结构、水泥制品等工业，以及为农业提供的生产资料如化肥、农药等工业。

根据上述划分原则，修理业中以重工业产品为修理作业对象的划为重工业，反之划为轻工业。

工业总产值

(1) 定义：

工业总产值是以货币形式表现的，工业企业在一定时期内生产的工业最终产品或提供工业性劳务活动的总价值量。它反映一定时间内工业生产的总规模和总水平。

(2) 计算原则：

工业生产的原则，即凡是企业在报告期生产的经检验合格的产品，不管是否在报告期销售，均包括在内。

最终产品的原则，即凡是计入工业总产值的产品，必须是本企业生产的经检验合格的，不需要再进行任何加工的最终产品。如果企业有中间产品（半成品）对外销售，则对外销售的中间产品应视为企业的最终产品。

工厂法原则，即工业总产值是以工业企业作为基本计算（核算）单位，即按企业的最终产品计算工业总产值。按这种方法计算的工业总产值，不允许同一产品价值在企业内部重复计算，不能把企业内部各个车间（分厂）生产的成果相加，但允许企业间的重复计算。

(3) 内容及计算方法：

1995年全国工业普查对工业总产值（原规定）的内容及计算原则和方法做了某些修订，修订后的工业总产值（新规定）包括三项内容：即本期生产成品价值、对外加工费收入、在制品半成品期末期初差额价值三部分。

本期生产成品价值：指企业本期生产，并在报告期内不再进行加工，经检验、包装入库的全部工业成品（半成品）价值合计，包括企业生产的自制设备及提供给本企业在建工程、其他非工业部门和福利部门等单位使用的成品价值。本期生产成品价值为按自备原材料生产的产品的数量乘以本期不含增值税（销项税额）的产品实际销售平均单价计算；会计核算中按成本价格转账的自制设备和自产自用的成品，按成本价格计算生产成品价值。生产成品价值中不包括用定货者来料加工的成品（半成品）价值。

对外加工费收入：指企业在报告期内完成的对外承接的工业品加工（包括用定货者来料加工产品）的加工费收入和对外工业修理作业所取得的加工费收入。对外加工费收入按不含增值税（销项税额）的价格计算，可根据会计“产品销售收入”科目的有关资料取得。

对于本企业对内非工业部门提供的加工修理、设备安装的劳务收入，如果企业会计核算基础较好，能取得这部分资料，而且这部分价值所占比重较大，应包括在对外加工费收入中。自制半成品在制品期末期初差额价值：指企业报告期在制品期末减期初的差额价值，本指标一般可以从会计核算资料中取得。如果会计产品成本核算中不计算半成品、在制品的成本，则总产值中也不包括这部分价值，反之则包括。

(4) 工业总产值统计范围变化和计算方法修订情况：

1984年以前工业总产值不包括村办工业，村办工业总产值划归农业。1984年以后工业总产值包括村办工业。

1995年工业普查对工业总产值计算方法做了修订，即从1995年始按新修订（新规定）方法计算工业总产值。新规定与原规定的区别如下：

全价与加工费的计算原则不同：新规定为凡自备原材料，不论其生产繁简程度如何，一律按全价计算工业总产值；凡来料加工，允许按加工费计算工业总产值。原规定则视生产加工的繁简程度不同，规定哪些行业按全价，哪些行业按加工费计算工业总产值。

自制半成品、在产品期末期初差额价值的计算原则不同：新规定要求，凡会计产品成本核算时计算了成本的差额价值，总产值中就应包括，否则可不包括；原规定则按生产周期六个月的界限区分，凡生产周期六个月以上的企业，总产值计算中应包括这部分差额价值，否则可不包括。

计算价格不同：新规定按不含增值税（销项税额）的价格计算；原规定则按含增值税（销项税额）的价格计算。

工业增加值 指工业企业在报告期内以货币表现的工业生产活动的最终成果。

工业增加值有两种计算方法：一是生产法，即工业总产出减去工业中间投入加上应交增值税；二是收入法，即从收入的角度出发，根据生产要素在生产过程中应得到的收入份额计算，具体构成项目有固定资产折旧、劳动者报酬、生产税净额、营业盈余，这种方法也称要素分配法。本年鉴中的工业增加值是以生产法计算的。

生产法工业增加值的计算方法为：

工业增加值＝工业总产出－工业中间投入＋应交增值税

(1) 工业总产出：指工业企业在一定时期内工业生产活动的总成果。工业总产出包括：成品生产价值，对外加工费收入，自制半成品、在产品期末期初差额价值。1995年后用新规定计算的工业总产值代替。

(2) 工业中间投入：指工业企业在工业生产活动中消耗的外购物质产品和对外支付的服务费用。服务费用包括支付给物质生产部门（工业、农业、批发零售贸易业、建筑业、运输邮电业）的服务费用和支付给非物质生产部门（如保险、金融、文化教育、科学研究、医疗卫生、行政管理等）的服务费用。工业中间投入的确定须遵循以下原则：必须从外部购入的，并已计入工业总产出的产品和服务价值；必须是本期投入生产，并一次性消耗掉（包括本期摊销的低值易耗品等）的产品和服务价值。

工业中间投入包括直接材料费用、制造费用中的工业中间投入、管理费用中的工业中间投入、销售费用中的工业中间投入和利息支出五部分。

资产总计 指企业过去的交易或者事项形成的，由企业拥有或控制的、预期会给企业带来经济利益的资源。资产按流动性分为流动资产和非流动资产。其中流动资产可分为货币资金、交易性金融资产、应收票据、应收账款、预付款项、其他应收款、存货等；非流动资产可分为长期股权投资、固定资产、无形资产及其他非流动资产等。根据会计“资产负债表”中“资产总计”项目的期末余额数填报。

流动资产合计 指资产满足以下条件之一应归为流动资产：(1) 预计在一个正常营业周期中变现、出售或耗用，主要包括存货、应收账款等；(2) 主要为交易目的而持有；(3) 预计在资产负债表日起一年内（含一年）变现；(4)自资产负债日起一年以内，交换其他资产或清偿负债的能力不受限制的现金或现金等价物。包括货币资金、应收票据、应收账款、存货等项目。根据“资产负债表”中“流动资产合计”项目的期末余额数填报。

流动资产平均余额 指企业在报告期内全部流动资产的平均余额。

固定资产原价 指企业在建造、购置、安装、改建、扩建、技术改造某项固定资产时所支出的全部货币总额。它一般包括买价、包装费、运杂费和安装费等。

固定资产净值年平均余额 指固定资产净值在报告期

内余额的平均数。计算公式为：

固定资产净值年平均余额

$$=\frac{1\text{至}12\text{月各月月初、月末固定资产净值之和}}{24}$$

该指标根据“资产负债表”中“固定资产原价”、“累计折旧”指标的期初、期末数计算填列。

固定资产净值 指固定资产原价减去历年已提折旧额后的净额。计算公式为：

固定资产净值＝固定资产原价－累计折旧

负债合计 指企业过去的交易或者事项形成的，预计会导致经济利益流出企业的现时义务。负债一般按偿还期长短分为流动负债或非流动负债。根据会计“资产负债表”中“负债合计”的年末余额数填报。

所有者权益合计 指企业资产扣除负债后由所有者享有的剩余权益。公司的所有者权益又称股东权益。包括实收资本、资本公积、盈余公积、未分配利润等。根据会计“资产负债表”中的“所有者权益合计”项目的期末余额数填报。

主营业务收入 指企业确认的销售商品、提供劳务等主营业务的收入。根据会计“主营业务收入”科目的期末贷方余额填报。

主营业务成本 指企业经营主要业务所发生的成本总额。根据会计“主营业务成本”科目的期末借方余额填报。

主营业务税金及附加 指企业经营主要业务应负担的营业税、消费税、城市维护建设税、教育费附加等。根据会计“主营业务税金及附加”科目的期末借方余额填报。

利润总额 指企业在一定会计期间的经营成果，是生产经营过程中各种收入扣除各种费用后的盈余，反映企业在报告期内实现的盈亏总额。根据会计“利润表”中“利润总额”的本期金额数填报。

应交增值税 指企业按税法规定，从事货物销售或提供加工、修理修配劳务等增加货物价值的活动本期应缴纳的税金。计算公式：

应交增值税＝销项税额－（进项税额－进项税额转出）－出口抵减内销产品应纳税额－减免税款＋出口退税

进项税额指企业在报告期内购入货物或接受应税劳务而支付的、准予从销项税额中抵扣的增值税额。

销项税额指企业在报告期内销售货物或提供应税劳务应收取的增值税额。

从业人员平均人数 是指报告期内每天拥有的从业人员人数。其计算公式为：

$$\text{季平均人数}=\frac{\text{季内各月平均人数之和}}{3}$$

$$\text{月平均人数}=\frac{\text{报告月内每天实有人数之和}}{\text{报告月日历日数}}$$

$$\text{年平均人数}=\frac{\text{年内各月平均人数之和}}{12}$$

总资产贡献率 反映企业全部资产的获利能力，是企业经营业绩和管理水平的集中体现，是评价和考核企业盈利能力的核心指标。计算公式为：

总资产贡献率（%）

$$=\frac{\text{利润总额}+\text{税金总额}+\text{利息支出}}{\text{平均资产总额}}100\%$$

公式中：税金总额为主营业务税金及附加与应交增值税之和；平均资产总额为期初期末资产之和的算术平均值。

资产负债率 该指标既反映企业经营风险的大小，也反映企业利用债权人提供的资金从事经营活动的能力。计算公式为：

$$\text{资产负债率（\%）}=\frac{\text{负债总额}}{\text{资产总额}}100\%$$

资产与负债均为报告期期末数。

流动资产周转次数 指一定时期内流动资产完成的周转次数，反映投入工业企业流动资金的周转速度。计算公式为：

$$\text{流动资产周转次数}=\frac{\text{主营业务收入}}{\text{全部流动资产平均余额}}$$

公式中：全部流动资产平均余额为期初和期末的流动资产之和的算术平均值。

成本费用利润率 反映企业投入的生产成本及费用的经济效益，同时也反映企业降低成本所取得的经济效益。计算公式为：

$$\text{成本费用利润率（\%）}=\frac{\text{利润总额}}{\text{成本费用总额}}100\%$$

公式中：成本费用总额为主营业务成本、销售费用、管理费用、财务费用之和。

全员劳动生产率 该指标反映企业的生产效率和劳动投入的经济效益。计算公式为：

$$\text{全员劳动生产率（元/人）}=\frac{\text{工业增加值}}{\text{全部从业人员平均人数}}$$

产品销售率 该指标反映工业产品已实现销售的程度，是分析工业产销衔接情况，研究工业产品满足社会需求的指标。计算公式为：

$$\text{产品销售率（\%）}=\frac{\text{工业销售产值}}{\text{工业总产值（现价）}}100\%$$

建筑业统计单位 指从事房屋、构筑物建造和设备安装活动的法人企业。建筑业法人企业应具有建筑业资质并能够独立核算，同时还应具备以下条件：①依法成立，有自己的名称、组织机构和场所，能够承担民事责任；②独立拥有和使用资产，承担负债，有权与其他单位签订合同；③独立核算盈亏，能够编制资产负债表。

建筑业总产值 是以货币表现的建筑业企业在一定时期内生产的建筑业产品和提供服务的总和。建筑业总产值包括：

（1）建筑工程产值：指列入建筑工程预算内的各种工程价值。

（2）安装工程产值：指设备安装工程价值，不包括被安装设备本身的价值。

（3）其他产值：建筑业总产值中除建筑工程、安装工程以外的产值。包括房屋构筑物修理产值、非标准设备制造产值、总包企业向分包企业收取的管理费以及不能明确划分的施工活动所完成的产值。

a. 房屋构筑物修理产值：指房屋和构筑物修理所完成的产值，但不包括被修理房屋、构筑物本身价值和生产设备的修理价值。

b. 非标准设备制造产值：指加工制造没有定型的非标准生产设备的加工费和原材料价值（如化工厂、炼油厂用的各种罐、槽，矿井生产统一使用的各种漏斗、三角槽、阀门等）以及附属加工厂为本企业承建工程制作的非标准设备的价值。

建筑业增加值　指建筑业企业在报告期内以货币表现的建筑业生产经营活动的最终成果。

从2004年第一次全国经济普查开始，建筑业现价增加值按生产法和分配法（收入法）两种方法计算，以收入法的计算结果为准，即从收入的角度出发，根据生产要素在生产过程中应得的收入份额计算。具体计算方法：经济普查年度建筑业增加值按照《经济普查年度GDP核算方法》计算，非经济普查年度建筑业增加值按照《非经济普查年度GDP核算方法》计算。

房屋施工面积　指在报告期内施工的全部房屋建筑面积，包括本期新开工的房屋建筑面积、上期施工跨入本期继续施工的房屋建筑面积、上期停缓建在本期恢复施工的房屋建筑面积、本期竣工的房屋建筑面积及本期施工后又停缓建的房屋建筑面积。

房屋竣工面积　指在报告期内房屋建筑按照设计要求全部完工，达到了住人和使用条件，经验收鉴定合格或达到竣工验收标准，正式移交使用的各栋房屋建筑面积的总和。

待开发土地面积　指房地产开发企业经有关部门批准，通过各种方式获得土地使用权，但尚未开工建设的土地面积。

本年土地购置面积　指房地产开发企业本年通过各种方式获得土地使用权的土地面积。

土地购置费　指房地产开发企业通过各种方式取得土地使用权而支付的费用。土地购置费按本年实际发生额计入投资。土地购置费为分期付款的，分期计入房地产开发投资。

计划总投资　指房地产开发企业在建的房屋建设工程按照总体设计（或按计划概算或预算）规定的内容全部建成计划需要的总投资。

自开发建设累计完成投资　指房地产开发企业在建的房屋建设工程或正在开发的土地开发工程从开始建设到本年末止累计完成的全部投资。

房地产开发投资　指房地产开发企业本年完成的全部用于房屋建设工程、土地开发工程的投资额以及公益性建筑和土地购置费等的投资。

房屋施工面积　指房地产开发企业本年施工的全部房屋建筑面积。包括本年新开工的房屋建筑面积、上年开工跨入本年继续施工的房屋建筑面积、上年停缓建在本年恢复施工的房屋建筑面积、本年竣工房屋建筑面积和本年施工后又停缓建的房屋建筑面积。多层建筑应填各层建筑面积之和。

房屋新开工面积　指房地产开发企业本年新开工建设的房屋建筑面积，以单位工程为核算对象。不包括在上年开工跨入本年继续施工的房屋建筑面积和上年停缓建而在本年恢复施工的房屋建筑面积。房屋的开工应以正式破土刨槽（地基处理或打永久桩）的日期为准。房屋新开工面积指整栋房屋的全部建筑面积，不能分割计算。

房屋竣工面积　指房地产开发企业本年按照设计要求已经全部完工，达到住人和使用条件，经验收鉴定合格或达到竣工验收标准，可正式移交使用的各栋房屋建筑面积的总和。

商品房销售面积　指房地产开发企业本年出售商品房屋的合同总面积（即双方签署的正式买卖合同中所确定的建筑面积）。

商品房销售额　指房地产开发企业本年出售商品房屋的合同总价款（即双方签署的正式买卖合同中所确定的合同总价）。该指标与商品房销售面积同口径。

公路里程　指报告期末公路的实际长度。统计范围：包括城间、城乡间、乡（村）间能行驶汽车的公共道路，公路通过城镇街道的里程、公路桥梁长度、隧道长度、渡口宽度。不包括城市街道里程，断头路里程，农（林）业生产用道路里程，工（矿）企业等内部道路里程。统计原则：按已竣工验收或已交付使用的实际里程计算；两条或多条公路共同经由同一路段的重复里程，只计算一次。

民用汽车拥有量　指报告期末，在公安交通管理部门按照《机动车注册登记工作规范》，已注册登记领有民用车辆牌照的全部汽车数量。汽车拥有量统计的主要分类：根据汽车结构分为载客汽车、载货汽车和其他汽车；根据汽车所有者不同分为个人（私人）汽车、单位汽车；根据汽车的使用性质分为营运车辆、非营运车辆；根据汽车大小规格不同，载客汽车分为大型、中型、小型和微型，载货汽车分为重型、中型、轻型和微型。

货（客）运量　指在一定时期内，各种运输工具实际运送货物重量（旅客数量）。该指标是反映运输业为国民经济和人民生活服务的数量指标，也是制订和检查运输生产计划、研究运输发展规模和速度的重要指标。货运按吨计算，客运按人计算。货物不论运输距离长短、货物类别，均按实际重量统计。旅客不论行程远近或票价多少，均按一人一次客运量统计；半价票、小孩票也按一人统计。

货物（旅客）周转量　指在一定时期内，由各种运输工具运送的货物（旅客）数量与其相应运输距离的乘积之总和。该指标可以反映运输业生产的总成果，也是编制和检查运输生产计划，计算运输效率、劳动生产率以及核算运输单位成本的主要基础资料。计算货物周转量通常按发出站与到达站之间的最短距离，也就是计费距离计算。计算公式化为：

货物（旅客）周转量＝∑（货物（旅客）运输量运输距离）

邮电业务总量　指以货币形式表现的邮电企业为社会提供各类邮电通信服务的总数量。该指标是用于观察邮电业务发展变化总趋势的综合性总量指标，分别按邮政业务总量和电信业务总量统计。邮电业务总量是以各类业务的实物量分别乘以相应的不变单价，求出各类业务的货币量

加总求得。不变单价是一定时期内计算业务总量的同度量因素，是根据基年各类邮电业务量与相对应的邮电业务收入测算的平均单价。

移动电话用户 指在电信运营企业营业网点办理开户登记手续，通过移动电话交换机进入移动电话网，占用移动电话号码的各类电话用户。包括各类签约用户、智能网预付费用户、无线上网卡用户。

互联网上网人数 指过去半年内使用过互联网的6周岁及以上中国居民人数。

批发业 指向其他批发或零售单位（含个体经营者）及其他企事业单位、机关团体等批量销售生活用品、生产资料的活动，以及从事进出口贸易和贸易经纪代理的活动，包括拥有货物所有权，并以本单位（公司）的名义进行交易活动，也包括不拥有货物的所有权，收取佣金的商品代理、商品代售活动；还包括各类商品批发市场中固定摊位的批发活动，以及以销售为目的的收购活动。

零售业 指百货商店、超级市场、专门零售商店、品牌专卖店、零货摊等主要面向最终消费者（如居民等）的销售活动，以及互联网、邮政、电话、售货机等方式的销售活动，还包括在同一地点，后面加工生产，前面销售的店铺（如面包房）；谷物、种子、饲料、牲畜、矿产品、生产用原料、化工原料、农用化工产品、机械设备（乘用车、计算机及通信设备除外）等生产资料的销售不作为零售活动；多数零售商对其销售的货物拥有所有权，但有些则是充当委托人的代理人，进行委托销售或以收取佣金的方式进行销售。

批发零售业商品购进、销售、库存额 指各种登记注册类型的批发和零售业企业（单位）以本企业（单位）为总体的，从国内、国外市场购进的商品总量，销售和出口的商品总量，库存的商品总量等情况。该指标可以反映商品流转过程中商品的购进、销售、库存之间的比例关系和存在的问题。

商品购进额 指从本企业（单位）以外的单位和个人购进（包括从境外直接进口）作为转卖或加工后转卖的商品金额（含增值税）。商品购进包括：（1）从工农业生产者、批发和零售业企业、住宿和餐饮业企业、出版社或报社的出版发行部门和其他服务业企业购进的商品；（2）从机关团体、事业单位购进的商品；（3）从海关、市场管理部门购进的缉私和没收的商品；（4）从居民收购的废旧商品等。不包括：（1）企业为单位本身经营用、不是作为转卖而购进的商品，如材料物资、包装物、低值易耗品、办公用品等；（2）未通过买卖行为而收入的商品，如接受其他部门移交的商品、借入的商品、收入代其他单位保管的商品、其他单位赠送的样品、加工回收的成品等；（3）经本单位介绍，由买卖双方直接结算，本单位只收取手续费的业务；（4）销售退回和买方拒付货款的商品；（5）商品溢余。

商品销售额 指对本单位以外的单位和个人出售的商品金额（包括售给本单位消费用的商品，含增值税）。商品销售包括：（1）售给城乡居民和社会集团消费用的商品；（2）售给农业、工业、建筑业、服务业等国民经济各行业用于生产、经营用的商品，包括售予批发和零售业作为转卖或加工后转卖的商品；（3）对国（境）外直接出口的商品。不包括：（1）未通过买卖行为付出的商品，如随机构变动移交给其他企业单位的商品、借出的商品、归还受其他单位委托代保管的商品、付出的加工原料和赠送给其他单位的样品；（2）经本单位介绍，由买卖双方直接结算，本单位只收取手续费的业务；（3）购货退回的商品；（4）商品损耗和损失；（5）出售本单位自用的废旧物资。

商品库存额 对于批发和零售业法人单位和个体经营户，是指报告期末取得所有权的全部商品金额（含增值税）；对于批发和零售业产业活动单位，是指报告期末实际在库且归属法人具有所有权的全部商品金额（含增值税）。库存商品包括：（1）存放在本单位（如门市部、批发站、采购站、经营处）的仓库、货场、货柜和货架中的商品；（2）挑选、整理、包装中的商品；（3）已记入购进而尚未运到本单位的商品，即发货单或银行承兑凭证已到而货未到的商品；（4）寄放他处的商品，如因购货方拒绝付款而暂时存在购货方的商品；（5）委托其他单位代销（未作销售或调出）尚未售出的商品；（6）代其他单位购进尚未交付的商品。不包括：所有权不属于本单位的商品；委托外单位加工的商品；外贸企业代理其他单位从国外进口，尚未付给订货单位的商品；代国家储备部门保管的商品。

亿元以上商品交易市场 指年成交额在亿元及以上的商品交易市场。商品交易市场是指经有关部门和组织批准设立，有固定场所、设施，有经营管理部门和监管人员，若干市场经营者入内，常年或实际开业三个月以上，集中、公开、独立地进行生活消费品、生产资料等现货商品交易以及提供相关服务的交易场所，包括各类消费品市场、生产资料市场等。

社会消费品零售总额 指企业（单位、个体户）通过交易直接售给个人、社会集团非生产、非经营用的实物商品金额，以及提供餐饮服务所取得的收入金额。个人包括城乡居民和入境人员，社会集团包括机关、社会团体、部队、学校、企事业单位、居委会或村委会等。

住宿业 指为旅行者提供短期留宿场所的活动，有些单位只提供住宿，也有些单位提供住宿、饮食、商务、娱乐一体的服务，不包括主要按月或按年长期出租房屋住所的活动。

餐饮业 指通过即时制作加工、商业销售和服务性劳动等，向消费者提供食品和消费场所及设施的服务。

住宿餐饮业营业额 指住宿和餐饮业单位在经营活动中因提供服务或销售商品等取得的收入。包括：客房收入、餐费收入、商品销售额（含增值税）和其他收入。其中，客房收入指住宿和餐饮业单位在经营活动中因提供住宿服务取得的收入。餐费收入指本单位为顾客提供就餐服务取得的收入，包括：经烹饪、调制加工后出售的各种食品，如主食、炒菜、凉拌菜等的收入。

进出口总额 指实际进出我国国境的货物总金额。包括对外贸易实际进出口货物，来料加工装配进出口货物，国家间、联合国及国际组织无偿援助物资和赠送品，华侨、港澳台同胞和外籍华人捐赠品，租赁期满归承租人所有的租赁货物，进料加工进出口货物，边境地方贸易及边境地区小额贸易进出口货物（边民互市贸易除外），中外合资经营企业、中外合作经营企业、外资独资经营企业进口货物和公用物品，到、离岸价格在规定限额以上的进出口货样和广告品（无商业价值、无使用价值和免费提供出口的除外），从保税仓库提取在中国境内销售的进口货物，以及其他进口货物。进出口总额用以观察一个国家在对外贸易方面的总规模。我国规定出口货物按离岸价格统计，进口货物按到岸价格统计。

外商直接投资 指外国投资者在我国境内通过设立外商投资企业、合伙企业、与中方投资者共同进行石油资源的勘探开发以及设立外国公司分支机构等方式进行投资。外国投资者可以用现金、实物、无形资产、股权等投资，还可以用从外商投资企业获得的利润进行再投资。

外商其他投资 指除对外借款和外商直接投资以外的各种利用外资的形式。包括企业在境内外股票市场公开发行的以外币计价的股票发行价总额，国际租赁进口设备的应付款，补偿贸易中外商提供的进口设备、技术、物料的价款，加工装配贸易中外商提供的进口设备、物料的价款。

对外承包工程 根据《对外承包工程管理条例》，对外承包工程是指中国的企业或者其他单位承包境外建设工程项目的活动。

对外劳务合作 指组织劳务人员赴其他国家或地区为国外的企业或机构工作的经营性活动。

旅游者人数

（1）入境游客 指报告期内来中国（大陆）观光、度假、探亲访友、就医疗养、购物、参加会议或从事经济、文化、体育、宗教活动的外国人、港澳台同胞等游客（即入境旅游人数）。统计时，入境游客按每入境一次统计1人次。入境旅游人数包括入境过夜游客和入境一日游游客。

（2）出境人数 指中国（大陆）居民因公或私出境前往其他国家、中国香港特别行政区、澳门特别行政区和台湾省观光、度假、探亲访友、就医疗养、购物、参加会议或从事经济、文化、体育、宗教活动的人数（即出境游客）。统计时，出境游客按每出境一次统计1人次。

（3）国内游客 指报告期内在中国（大陆）观光游览、度假、探亲访友、就医疗养、购物、参加会议或从事经济、文化、体育、宗教活动的中国（大陆）居民人数，其出游的目的不是通过所从事的活动谋取报酬。统计时，国内游客按每出游一次统计1人次。

国际旅游（外汇）收入 指入境游客在中国（大陆）境内旅行、游览过程中用于交通、参观游览、住宿、餐饮、购物、娱乐等全部花费。

存款 指企业、机关、团体或居民根据资金必须收回的原则，把货币资金存入银行或其他信贷机构保管并取得一定利息的一种信用活动形式。根据存款对象或性质的不同可划分为单位存款、个人存款、财政性存款、临时性存款、委托存款、其他存款等科目。它是银行信贷资金的主要来源。

贷款 指银行或其他信贷机构根据资金必须归还的原则，按一定利率，为企业、个人等提供资金的一种信用活动形式。我国银行贷款分为短期贷款、中长期贷款、融资租赁、票据融资、各项垫款、境外贷款等。

城乡居民储蓄存款余额 指某一时点城乡居民存入银行及农村信用社的储蓄金额，包括城镇居民储蓄存款和农民个人储蓄存款，不包括居民的手存现金和工矿企业、部队、机关、团体等单位存款。

保险金额 指保险人承担赔偿或或者给付保险金责任的最高限额。

普通高等学校 指通过国家普通高等教育招生考试，招收高中毕业生为主要培养对象，实施高等学历教育的全日制大学、独立设置的学院、独立学院和高等专科学校、高等职业学校及其他机构。

大学、独立设置的学院主要实施本科及本科层次以上的教育。独立学院主要实施本科层次的教育。高等专科学校、高等职业学校实施专科层次教育。其他机构是指承担国家普通招生计划任务不计校数的机构。包括普通高等学校分校、大专班等。

成人高等学校 指通过国家成人高等教育招生考试，招收具有高中毕业或同等学力的人员为主要培养对象，利用函授、业余、脱产等多种形式对其实施高等学历教育的学校。包括：职工高等学校、农民高等学校、管理干部学院、教育学院、独立函授学院、广播电视大学、其他机构。其他机构是指承担国家成人招生计划任务不计校数的机构。

小学学龄儿童净入学率 指调查范围内已入小学学习的学龄儿童占校内外学龄儿童总数的比重。计算公式为：

小学学龄儿童入学率

$$=\frac{\text{已入学的小学学龄儿童数}}{\text{校内外小学学龄儿童总数}}100\%$$

研究与试验发展（R&D） 指在科学技术领域，为增加知识总量，以及运用这些知识去创造新的应用进行的系统的创造性的活动，包括基础研究、应用研究、试验发展三类活动。国际上通常采用R&D活动的规模和强度指标反映一国的科技实力和核心竞争力。

基础研究 指为了获得关于现象和可观察事实的基本原理的新知识（揭示客观事物的本质、运动规律，获得新发现、新学说）而进行的实验性或理论性研究，它不以任何专门或特定的应用或使用为目的。其成果以科学论文和科学著作为主要形式。用来反映知识的原始创新能力。

应用研究 指为获得新知识而进行的创造性研究，主要针对某一特定的目的或目标。应用研究是为了确定基础研究成果可能的用途，或是为达到预定的目标探索应采取的新方法（原理性）或新途径。其成果形式以科学论文、专著、原理性模型或发明专利为主。用来反映对基础研究成果应用途径的探索。

试验发展 指利用从基础研究、应用研究和实际经验所获得的现有知识，为产生新的产品、材料和装置，建立新的工艺、系统和服务，以及对已产生和建立的上述各项作实质性的改进而进行的系统性工作。其成果形式主要是专利、专有技术、具有新产品基本特征的产品原型或具有新装置基本特征的原始样机等。在社会科学领域，试验发展是指把通过基础研究、应用研究获得的知识转变成可以实施的计划（包括为进行检验和评估实施示范项目）的过程。人文科学领域没有对应的试验发展活动。主要反映将科研成果转化为技术和产品的能力，是科技推动经济社会发展的物化成果。

R&D人员 指参与研究与试验发展项目研究、管理和辅助工作的人员，包括项目（课题）组人员，企业科技行政管理人员和直接为项目（课题）活动提供服务的辅助人员。反映投入从事拥有自主知识产权的研究开发活动的人力规模。

R&D人员全时当量 指全时人员数加非全时人员按工作量折算为全时人员数的总和。例如：有两个全时人员和三个非全时人员（工作时间分别为20%、30%和70%），则全时当量为2＋0．2＋0．3＋0．7＝3．2人年。为国际上比较科技人力投入而制定的可比指标。

R&D经费支出合计 指调查单位用于内部开展R&D活动（基础研究、应用研究和试验发展）的实际支出。包括用于R&D项目（课题）活动的直接支出，以及间接用于R&D活动的管理费、服务费、与R&D有关的基本建设支出以及外协加工费等。不包括生产性活动支出、归还贷款支出以及与外单位合作或委托外单位进行R&D活动而转拨给对方的经费支出。

专利 是专利权的简称，是对发明人的发明创造经审查合格后，由专利局依据专利法授予发明人和设计人对该项发明创造享有的专有权。包括发明、实用新型和外观设计。反映拥有自主知识产权的科技和设计成果情况。

发明（专利） 指对产品、方法或者其改进所提出的新的技术方案。是国际通行的反映拥有自主知识产权技术的核心指标。

实用新型（专利） 指对产品的形状、构造或者其结合所提出的适于实用的新技术方案。反映具有一定技术含量的技术成果情况。

外观设计（专利） 指对产品的形状、图案、色彩或者其结合所做出的富有美感并适于工业上应用的新设计。反映拥有自主知识产权的外观设计成果情况。

广播/电视节目综合人口覆盖率 指根据原国家广电总局制定的《广播电视人口覆盖率统计技术标准和方法》进行统计调查的，在对象区内能接收到中央、省、地市或县通过无线、有线或卫星等各种技术方式转播的各级广播/电视节目的人口数占区域总人口数的百分比。

艺术表演团体 指由文化部门主办或实行行业管理（经文化行政部门审批或已申报登记并领取相关许可证），专门从事表演艺术等活动的各类专业艺术表演团体，含民间职业剧团。不包括群众业余文艺表演团体。

艺术表演场馆 指由文化部门主办或实行行业管理（经文化市场行政部门审批或已申报登记并领取相关许可证），有观众席、舞台、灯光设备、公开售票、专供文艺团体演出的文化活动场所。

等级运动员 指经过考核正式批准授予运动员称号的运动员，分为国际级运动健将、运动健将、一级运动员、二级运动员。

等级裁判员人数 指经考试正式批准授予等级裁判员称号的人数。裁判员等级分为国际裁判、国家级裁判、一级裁判、二级裁判、三级裁判。

等级教练员人数 指经考核正式批准授予等级教练员职称的教练员，分为国家级、高级、中级、初级教练。

医疗卫生机构 指从卫生行政部门取得《医疗机构执业许可证》、《计划生育技术服务许可证》，或从民政、工商行政、机构编制管理部门取得法人单位登记证书，为社会提供医疗保健、疾病控制、卫生监督服务或从事医学科研或医学在职培训等工作的单位。医疗卫生机构包括医院、基层医疗卫生机构、专业公共卫生机构、其他医疗卫生机构。

医院 包括综合医院、中医医院、中西医结合医院、民族医院、各类专科医院和护理院，不包括专科疾病防治院、妇幼保健院和疗养院。

基层医疗卫生机构 包括社区卫生服务中心、社区卫生服务站、街道卫生院、乡镇卫生院、村卫生室、门诊部、诊所（医务室）。

专业公共卫生机构 包括疾病预防控制中心、专科疾病防治机构、妇幼保健机构（含妇幼保健计划生育服务中心）、健康教育机构、急救中心（站）、采供血机构、卫生监督机构、取得《医疗机构执业许可证》或《计划生育技术服务许可证》的计划生育技术服务机构。

其他医疗卫生机构 包括疗养院、临床检验中心、医学科研机构、医学在职教育机构、医学考试中心、农村改水中心、人才交流中心、统计信息中心等卫生事业单位。

卫生技术人员 包括执业医师、执业助理医师、注册护士、药师（士）、检验技师（士）、影像技师、卫生监督员和见习（医、护、技）师（士）等卫生专业人员。不包括从事卫生管理工作的卫生技术人员（如院长、副院长、党委书记等）。

执业医师 指《医师执业证》“级别”为“执业医师”且实际从事医疗、预防保健工作的人员，不包括实际从事管理工作的执业医师。执业医师类别分为临床、中医、口腔和公共卫生四类。

社会福利事业单位 指集中收养社会孤老、残、幼的机构，包括由民政部门管理的社会福利院、儿童福利院、精神病人福利院和城镇集体举办的福利院及农村集体举办的敬老院。

社会福利事业单位收养人数 包括民政部门管理和城镇、农村集体举办的社会福利事业单位中收养的老人、少年儿童、缺乏生活自理能力的残疾人员和精神病人。

公证人员 指在公证处工作的人员总称，包括公证处主任、副主任、公证员、公证员助理（助理公证员）和其他从事辅助性工作的人员。

公证文书 指公证处根据当事人申请，依照事实和法律，按照法律程序制作的，具有法律效力的司法证明文书。

城镇居民最低生活保障人数 指在报告期末家庭平均收入在当地规定的最低生活保障线以下的城镇居民数。包括“三无”对象、失业人员和在职、下岗、退休人员等。

农村居民最低生活保障人数 指报告期末在建立农村最低生活保障的地区，得到当地政府或集体给予最低生活保障的农业人口家庭人数。

五保户 指无法定抚养义务人，或者虽有法定抚养义务人，但是法定抚养人无抚养能力的；无劳动能力的；无生活来源的老年人、残疾人和未成年人。

城镇职工基本养老保险

1.**（参保）职工人数** 指报告期末按照国家法律、法规和有关政策规定参加城镇职工基本养老保险并在社保经办机构已建立缴费记录档案的职工人数，包括中断缴费但未终止养老保险关系的职工人数，不包括只登记未建立记录缴费档案的人数。

2.**（参保）离退休人员人数** 指报告期末参加城镇职工基本养老保险的离休、退休和退职人员人数。

3.**基金收入** 指根据国家有关规定，由纳入基本养老保险范围的缴费单位和个人按国家规定的缴费基数的缴费比例缴纳的养老保险基金，以及通过其他方式取得的形成基金来源的收入。包括单位和职工个人缴纳的基本养老保险费、基本养老保险基金利息收入、上级补助收入、下级上解收入、转移收入、财政补贴和其他收入。

4.**基金支出** 指按照国家规定的开支范围和开支标准从养老保险基金中给付给参加基本养老保险的个人的养老金、丧葬抚恤补助，以及由于保险关系转移、上下级之间调剂资金等原因而发生的支出。包括离休金、退休金、退职金、各种补贴、医疗费、死亡丧葬补助费、抚恤救济费、社会保险经办机构管理费、补助下级支出、上解上级支出、转移支出、其他支出等。

5.**基金累计结余** 指截止报告期末基本养老保险基金收支相抵后的累计余额。

城乡居民基本养老保险

1.**参保人数** 指报告期末，参加城乡居民养老保险（在经办机构参保登记并已建立缴费记录以及制度实施当年已经年满60周岁并在经办机构登记）的总人数（不包括已办理注销登记手续的人数）。

2.**基金收入** 指根据国家有关规定，由参加城乡居民基本养老保险的个人按规定缴费的城乡居民基本养老保险基金，以及通过集体补助、财政补助等其他形式取得的形成基金来源的收入。包括个人缴费收入、集体补助收入、政府补贴收入、利息收入、转移收入、上级补助收入、下级上解收入和其他收入。

3.**基金支出** 指按照国家规定的开支范围和开支标准从城乡居民基本养老保险基金中给付给参加城乡居民基本养老保险的个人的养老金待遇支出，以及由于参保人员跨统筹地区流动而发生的支出等。包括养老金待遇支出、转移支出、补助下级支出、上解上级支出、其他支出。

4.**基金累计结余** 指截止报告期末城乡居民基本养老保险基金收支相抵后的累计余额。

粗离婚率 指某地区当年离婚对数占该地区平均人口的比重。计算公式为：

$$粗离婚率=\frac{当年离婚对数}{年平均人口数}100\%$$

城镇残疾人新增安排就业 指统计年度通过集中就业、按比例就业、个体就业、公益性岗位就业、辅助性就业及其他形式新安排就业的城镇（非农业人口）残疾人。

集中就业 指城镇残疾人集中在福利企业、工疗机构、盲人按摩机构等单位就业。

按比例就业 指截止到统计年度12月31日，城镇残疾人分散在机关、团体、企事业单位及各种经济组织等单位就业的实际人数。

个体及其他形式就业 指除集中就业和按比例就业外，城镇残疾人通过公益性岗位就业、个体就业、辅助性就业及其他形式实现就业。其中，公益性岗位就业指城镇残疾人在城镇公共管理和涉及居民的非营利性的服务岗位上就业，辅助性就业指通过对城镇智力、精神和重度肢体等残疾人辅助性服务，帮助其从事简单的劳动实现就业。

供水综合生产能力 指按供水设施取水、净化、送水、出厂输水干管等环节设计能力计算的综合生产能力。包括在原设计能力的基础上，经挖、革、改增加的生产能力。计算时，以四个环节中最薄弱的环节为主确定能力。

城市排水管道长度 指所有排水总管、干管、支管、检查井及连接井进出口等长度之和。

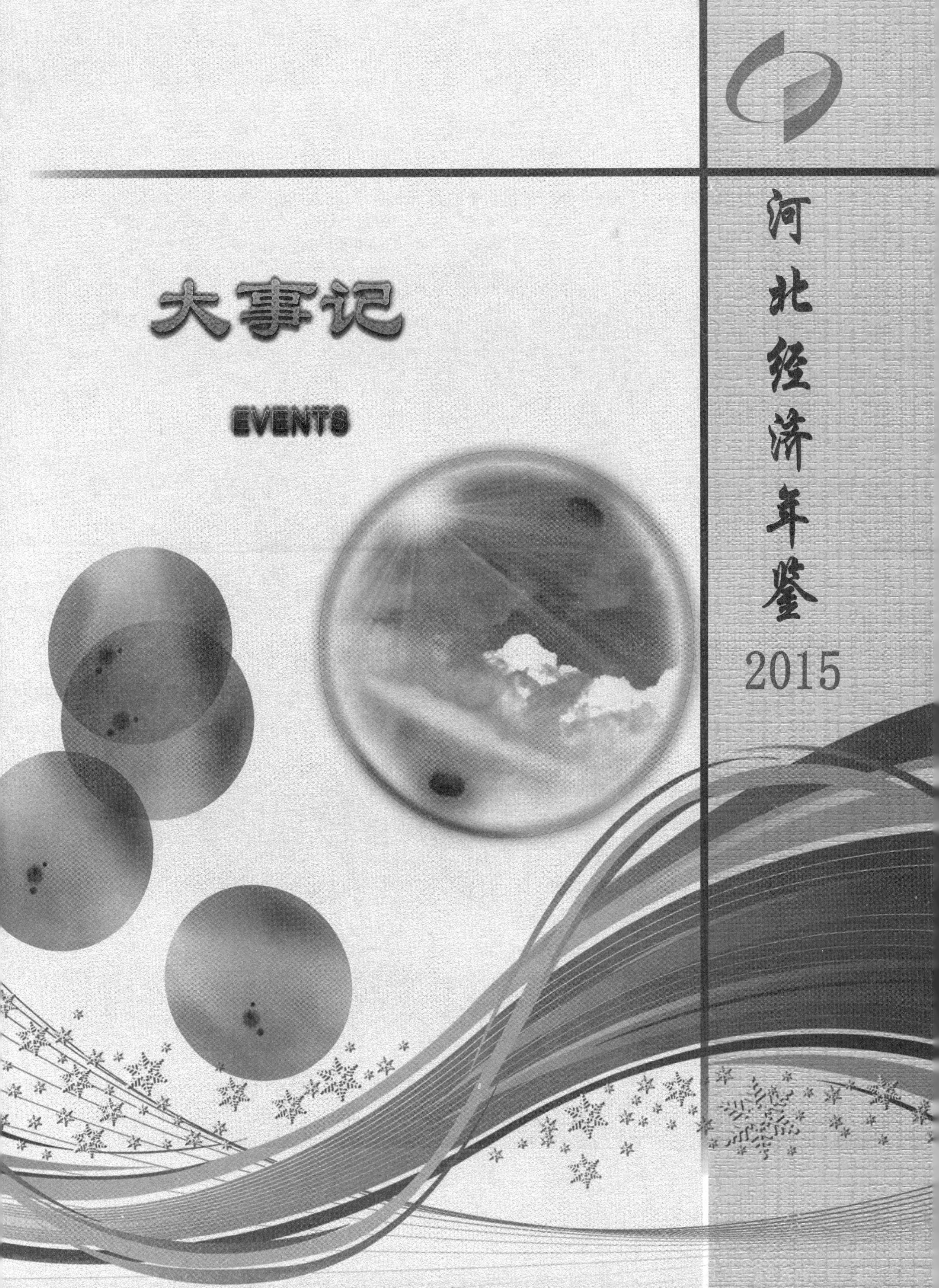
大事记
EVENTS
河北经济年鉴
2015

2015 年河北省人民政府大事记

一　月

一月二日

下午，省委常委、常务副省长杨崇勇在石家庄市考察省第三次全国经济普查登记工作。

今天，副省长秦博勇带领有关部门负责同志就加快电子商务发展和特色园区建设到清河、宁晋县进行调研。

一月三日

上午，廊坊市在三河、霸州、大城三县（市）开展淘汰过剩产能集中行动。副省长张杰辉参加了三河市筑城水泥有限公司的水泥磨机生产线和矿粉生产线拆除行动。

下午，副省长张杰辉带领省直有关部门负责同志到保定市亚新钢铁公司就淘汰落后产能工作进行调研。

一月四日

上午，省工商联成立 60 周年座谈会在石家庄召开。省长张庆伟出席会议并讲话。

一月五日

下午，省委书记周本顺、省长张庆伟、省委副书记赵勇在石家庄会见了阿里巴巴董事局主席、菜鸟网络新科技有限公司董事长马云，菜鸟网络科技有限公司 CEO 沈国军一行。省委常委、石家庄市委书记孙瑞彬参加会见。

今天，省十二届人大常委会第六次会议在石家庄召开。副省长张杰辉列席会议。

一月六日

下午，河北省召开驻冀部队参与扶贫开发工作推进会。省委常委、省军区司令员史鲁泽、省军区政委李光聚，副省长杨汭出席会议并讲话。

一月七日

上午，政协河北省第十一届委员会第二次会议在省会河北会堂开幕。省政协主席付志方，副主席刘永瑞、段惠军、崔江水、郭华、曹素华、葛会波、卢晓光，秘书长郭大建在主席台前排就座。省领导周本顺、张庆伟、赵勇、史鲁泽、杨崇勇、范照兵、臧胜业、孙瑞彬、田向利、艾文礼等在主席台就座。付志方向大会作政协河北省第十一届委员会常务委员会工作报告。崔江水向大会作政协河北省第十一届委员会常务委员会关于十一届一次会议以来提案工作情况的报告。

下午，省委书记周本顺、省长张庆伟在石家庄会见了参加省政协十一届二次会议的港澳委员和海外列席人士。省政协主席付志方主持会见活动。范照兵、秦博勇、刘永瑞、曹素华、郭大建等参加会见。

一月八日

上午，河北省第十二届人民代表大会第二次会议在省会河北会堂开幕。会议由大会主席团常务主席、执行主席周本顺主持。大会主席团常务主席、执行主席宋恩华、王增力、马兰翠、王刚、谢计来、宋太平、王雪峰、赵曙光在主席台执行主席席就座。张庆伟、赵勇、付志方、史鲁泽、杨崇勇、范照兵、臧胜业、孙瑞彬、田向利、艾文礼等在主席台就座。省长张庆伟代表省政府向大会作政府工作报告。在主席台就座的还有：刘德旺、叶连松、赵金铎、张彦欣、宋长瑞、张和、孙士彬、张杰辉、沈小平、杨汭、许宁、姜德果、秦博勇、刘永瑞、段惠军、崔江水、郭华、曹素华、葛会波、卢晓光、吴显国、陈剑飞、姜明、王舜、赵建军、崔芝崑、魏智威、李志双、柳宝全、侯志奎、高喜同、赵文鹤、王玉梅、武四海。十二届全国人大代表詹福瑞、龙庄伟、丛斌、刘明忠、张建恒、李志坚应邀在主席台就座。

下午，省长张庆伟先后来到保定、邢台、廊坊市代表团，与代表们一起审议报告。

今天，冀港澳合作座谈会在省会召开。副省长秦博勇出席会议并讲话。

一月九日

上午，省长张庆伟先后来到解放军代表团、政协经济二组，与大家一起审议和讨论报告。

下午，省政协十一届二次会议在省会河北会堂举行第二次全体会议。

一月十日

上午，省十二届人大二次会议在省会河北会堂举行第二次全体会议。周本顺、张庆伟、赵勇、付志方、史鲁泽、范照兵、臧胜业、孙瑞彬、田向利、艾文礼等在主席台就座。大会主席团常务主席、执行主席王增力主持会议。

一月十一日

上午，政协河北省第十一届委员会第二次会议在省会河北会堂闭幕。省政协主席付志方，副主席刘永瑞、段惠军、崔江水、郭华、曹素华、葛会波、卢晓光，秘书长郭大建在主席台前排就座。省领导周本顺、张庆伟、赵勇、杨崇勇、范照兵、臧胜业、张越、孙瑞彬、田向利、艾文礼等在主席台就座。在主席台就座的还有：赵金铎、张彦欣、宋恩华、宋长瑞、王增力、马兰翠、王刚、谢计来、宋太平、王雪峰、张和、张杰辉、沈小平、许宁、姜德果、秦博勇、卫彦明、童建明、吴显国、李建斌、王雅雄、柳宝全、侯志奎、高喜同、赵文鹤、王玉梅等。

一月十二日

下午，河北省第十二届人民代表大会第二次会议在省会河北会堂闭幕。大会主席团常务主席、执行主席、省人大常委会主任周本顺主持会议并讲话。大会主席团常务主席、执行主席：宋恩华、王增力、马兰翠、王刚、谢计来、宋太平、王雪峰、赵曙光在主席台执行主席席就座。张庆伟、赵勇、付志方、杨崇勇、范照兵、臧胜业、张越、孙瑞彬、田向利、艾文礼等在主席台就座。在主席台就座的还有：赵金铎、张彦欣、宋长瑞、张和、张杰辉、沈小平、许宁、姜德果、秦博勇、刘永瑞、段惠军、郭华、曹素华、葛会波、卢晓光、卫彦明、童建明、吴显国、陈剑飞、姜明、王舜、李芳才、赵建军、郭晓东、崔芝昆、魏智威、李志双、柳宝全、侯志奎、高喜同、赵文鹤、王玉梅等。

一月十三日

上午，省长张庆伟主持召开省政府第16次常务会议。会议研究了《河北省人民政府关于政府向社会力量购买服务的实施意见》，就推进和规范河北省政府向社会力量购买公共服务工作进行安排部署。会议听取关于清理并修改废止53件省政府规章和规范性文件有关情况的汇报，就严格行政许可设定、加快推进政府职能转变等工作进行安排部署。会议还听取关于表彰河北省双拥工作先进单位和先进个人有关情况的汇报，研究了《河北省退役士兵安置办法（草案）》、《2014年河北省劳动模范、先进工作者和先进集体评选表彰方案》等其他事项。

一月十四日

下午，省长张庆伟到石家庄铁道大学调研，并看望杜彦良院士，代表省委、省政府向教学科研工作者致以新春的问候和良好的祝愿，感谢他们为经济社会发展作出的重要贡献。张庆伟主持召开座谈会，听取石家庄铁道大学的工作汇报。副省长许宁参加调研和座谈会。

一月十六日

1月15日至今日，全省农村工作会议在衡水市召开。

今天，杨崇勇、马兰翠到唐山市走访慰问了老党员、优抚对象、城镇低保户和困难企业。

今天，艾文礼、沈小平到衡水市走访慰问伤残军人、城市低保户、特困职工和困难企业。

一月十八日

上午，省长张庆伟，省人大常委会党组副书记宋长瑞，省政协副主席刘永瑞到保定市蠡县、博野县，走访慰问老党员和困难群众，为他们送上新春的祝福和问候，并到部分企业进行调研。

今天，张越、张杰辉、葛会波到承德市，走访慰问了困难企业、低保困难户和困难职工。

今天，田向利、杨汭、卢晓光到秦皇岛市，走访慰问了老党员、老军人和武警秦皇岛市支队。

一月十九日

今天，史鲁泽、王刚、许宁到张家口市，走访慰问了困难企业、低保户和优抚对象。

一月二十日

下午，孙瑞彬、孙士彬到石家庄市长安区，走访慰问了优抚对象，孤寡老人和特困户。

今天，姜德果到唐山市截瘫疗养院、八方购物广场有限责任公司，慰问了震后截瘫疗养人员、老党员和困难群众。

一月二十二日

今天，全省政法工作会议在石家庄召开。

上午，省政府特邀咨询孙士彬主持召开会议，对安国中药都建设进行安排部署。

一月二十三日

上午，河北省召开党的群众路线教育实践活动第一批总结暨第二批部署会议。省委书记周本顺出席会议并讲话。中央第一督导组组长王金山出席会议并讲话。省长张庆伟主持会议。

上午，省长张庆伟在省会与首钢总公司董事长靳伟举行会谈。副省长张杰辉参加会谈。

下午，省政府第二次全体会议在省会河北会堂召开。省长张庆伟出席会议并讲话。省政府秘书长朱浩文就去年省政府重点工作完成情况和今年重点工作目标任务分解情况作说明。

一月二十四日

上午，省政府特邀咨询孙士彬带领省有关部门负责同志到省中医院调研综合病房楼建设工作。

一月二十六日

上午，全省食品药品安全工作会议在石家庄召开。副省长许宁出席会议并讲话。

上午，副省长张杰辉带领省直有关部门负责同志在石家庄市新奥燃气有限公司、长安区烟花爆竹零售点、太和电子城等单位检查安全生产工作。

一月二十八日

上午，省长张庆伟到石家庄检查节日市场供应和城市保障工作，看望慰问在老年公寓里过节的老人和坚守岗位的工作人员，向他们致以新春的问候和节日的祝福。副省长秦博勇参加检查和慰问。

一月二十九日

上午，2014年省会各界人士春节团拜会在省会太行国宾馆举行。省委书记、省人大常委会主任周本顺发表讲话。省长张庆伟主持团拜会。省领导赵勇、付志方等出席。

二　月

二月八日

今天，省安委会第十五次全体会议在石家庄召开。副省长张杰辉出席会议并讲话。

二月十日

上午，全省农村面貌改造提升行动（基层建设年活动）动员会在省会河北会堂举行。省委副书记赵勇出席会议并讲话。省领导艾文礼、王刚、杨汭、郭华和吴显国出席会议。副省长沈小平主持会议。

下午，省长张庆伟主持召开省政府第17次常务会议。会议研究了《河北省人民政府贯彻落实〈国务院关于化解产能严重过剩矛盾的指导意见〉实施方案》，对河北省化解过剩产能、推进传统产业优化升级工作进行安排部署。会议研究了《河北省人民政府关于实施绿色河北攻坚工程的意见》，就加快造林绿化步伐、改善生态环境、建设美丽河北工作进行安排部署。会议还研究了《中共河北省委河北省人民政府关于大力推进民营经济发展的若干措施》，听取了关于做好河北省原农村社会养老保险与城乡居民社会养老保险制度衔接政策有关情况的汇报、关于2013年外国专家“燕赵友谊奖”评选表彰有关情况的汇报。

二月十一日

下午，全省安全生产电视电话会议在省会河北会堂召开。省长张庆伟出席会议并讲话。会上，张庆伟代表省政府与设区市政府、省有关部门代表签订了2014年安全生产目标管理责任书。副省长张杰辉对做好今年全省安全生产工作进行了全面部署。省长助理、省公安厅厅长董佡生通报了全省道路交通和消防安全方面情况。

二月十二日

上午，省委全面深化改革领导小组召开第一次会议。

二月十三日

今天，副省长张杰辉在省会中国大酒店会见了美国通用电气公司全球副总裁、大中华区总裁兼首席执行官夏智诚一行。

今天，副省长张杰辉带领省直有关部门负责同志到河北晨阳工贸集团有限公司进行调研。

二月十四日

今天，省政府在廊坊召开筹备会议，对今年香港投洽会和“5·18”洽谈会进行安排部署。副省长秦博勇出席会议并讲话。

二月十八日

2月17日至今日，副省长杨汭就县城建设和交通运输工作到高阳、蠡县、博野、安国调研。

2月16日至今日，由中国科协党组成员、书记处书记王春法率领的中国科协调研组一行，就推进农村土地流转到邢台市、衡水市调研。省委副书记赵勇会见调研组一行。副省长许宁，省政协副主席、省科协主席段惠军一同会见。

二月二十日

今天，副省长沈小平带领省直有关部门负责同志，到衡水市武强县就地下水超采治理进行调研。

今天，省综治委铁路护路联防领导小组会议在省会召开。副省长杨汭出席会议并讲话。

二月二十三日

今天，副省长秦博勇在邯郸会见三一集团董事长梁稳根一行。

二月二十五日

上午，省委、省政府组织召开绿色河北攻坚工程暨春季造林绿化动员大会。省长张庆伟出席会议并讲话。省委副书记赵勇讲了具体意见。会上，张庆伟代表省政府与设区市政府代表签订了《绿色河北攻坚工程责任书》。副省长沈小平主持会议。

上午，河北省旅游业发展电视电话会议在石家庄召开。省长张庆伟出席会议并讲话。省委常委、宣传部部长艾文礼主持会议。副省长秦博勇总结了2013年全省旅游工作，对下一步工作进行了安排部署。

下午，省长张庆伟主持召开省政府第18次常务会议。会议研究了《关于推进注册资本登记制度改革的实施意见》和《河北省放宽市场主体住所（经营场所）登记条件的规定》，就推进河北省注册资本登记制度改革工作进行安排部署。会议研究了《关于贯彻落实“宽带中国”战略及实施方案的意见》，就加快推进“宽带中国”战略在河北省实施进行安排部署。会议还研究听取了关于整合不动产登记职责有关情况的汇报、关于2013年河北省特级教师评选工作情况的汇报等其他事项。

二月二十六日

今天，省政府特邀咨询张和、副省长沈小平带领省直有关部门负责同志，赴河南郑州就引黄入冀补淀前期工作有关问题与河南省有关方面进行协商对接。河南省副省长王铁及有关部门、濮阳市政府、黄河河务局负责同志参加了对接会议。

二月二十七日

上午，副省长张杰辉在石家庄会见了德国德科斯米尔公司（中国区）总裁托马斯·拉格一行。

下午，省政府第二次廉政工作会议在省会河北会堂召开。省长张庆伟出席会议并讲话。

下午，副省长张庆伟在石家庄会见了中国石油化工集团总经理王天普一行。副省长张杰辉参加会见。

二月二十八日

上午，省长张庆伟主持召开省长办公会议，专题就河北省近期重污染天气防治与应急响应工作进行研究部署。

上午，副省长许宁来到河北师范大学附属民族学院，看望在这里学习的藏族学生。

下午，全省工业转型升级推进大会在省会河北会堂召开。副省长张杰辉出席会议并讲话。

下午，省中华职教社第五届代表大会在省会太行国宾馆举行。省委常委、统战部部长范照兵出席大会并讲话。副省长、民建省委主委秦博勇当选省中华职教社第五届社务委员会主任。

三　　月

三月一日

今天，省长张庆伟到张家口市调研指导第二批党的群众路线教育实践活动，并召开座谈会，听取干部群众代表对开展好第二批教育实践活动的意见和建议。

三月三日

下午，出席十二届全国人大二次会议的河北省代表团举行全体会议。省委书记、省人大常委会主任周本顺主持会议。会议推选周本顺为河北代表团团长，张庆伟、赵勇、杨崇勇、宋恩华、王增力、王刚、姜德果、李志坚、葛会波为副团长。

三月六日

今天，副省长杨汭带领省有关部门负责同志，就县城建设到平山县调研。

上午，“善行河北·美在我家——寻找最美家庭”活动在正定县塔元庄启动。省委常委、宣传部部长艾文礼，副省长许宁出席活动。

三月七日

上午11时25分，唐山开滦集团化工有限公司乳化车间发生爆炸。省委书记周本顺、省长张庆伟迅速作出批示，要求有关单位全力抢救伤员，及时查明原因，妥善处理善后事宜。并举一反三，搞好安全生产检查，防止类似事故发生。

三月九日

下午，在北京出席十二届全国人大二次会议的省委书记、省人大常委会主任周本顺，省长张庆伟前往海军总医院，亲切看望慰问正在接受免费治疗的河北省贫困家庭先天性心脏病患儿。海军后勤部政委康非参加慰问。

三月十一日

上午，中共中央政治局常委、全国人大常委会委员长张德江来到河北代表团，与大家一同审议最高人民法院工作报告和最高人民检察院工作报告，听取代表们对全国人大常委会工作报告的意见和建议。中共中央政治局委员、国务院副总理刘延东参加审议。省委书记、省人大常委会主任周本顺主持会议并发言，省委副书记、省长张庆伟发言，省委副书记赵勇等参加审议。

上午，2013年度外国专家“燕赵友谊奖”颁奖大会在省会河北会堂举行，金圣镐等10名外国专家被授予“燕赵友谊奖”荣誉称号。

三月十三日

上午，河北省供销合作总社与招商局集团（香港）有限公司在北京签署合作框架协议，共同打造全国性农产品电子商务交易平台。

三月十八日

上午，省政府党组书记、省长张庆伟主持召开省政府党组（扩大）会议，深入学习习近平总书记在京津冀协同发展座谈会上的重要讲话，按照省委常委会的要求，就河北省加快推进京津冀协同发展进行深入研究。省委常委、常务副省长杨崇勇，省政府特邀咨询张和、孙士彬，副省长沈小平、杨汭、许宁，省长助理尹亚力，省长助理、省金融办主任江波，省长助理、省公安厅厅长董佡生，省政府秘书长朱浩文出席会议。副省长秦博勇列席会议。

上午，省长张庆伟主持召开省政府第19次常务会议。会议研究了《关于加快农村土地承包经营权流转促进农业适度规模经营发展的意见》，就推进河北省农村土地承包经营权流转工作进行安排部署。会议还听取关于“河北省杰出专业技术人才”、“河北省优秀留学回国人员”和“河北省科技创新团队”评选表彰有关情况的汇报，研究《关于失业保险支持经济转型升级稳定就业岗位工作的意见》、《中共河北省委河北省人民政府关于推进新型城镇化的意见》、《河北省人民政府2014年立法工作计划》，并深入学习习近平总书记在京津冀协同发展座谈会上的重要讲话，听取关于河北省贯彻落实京津冀协同发展座谈会精神总体情况的汇报。

下午，全省计划生育工作会议在省会河北会堂召开。省委副书记赵勇出席会议并讲话。

三月二十日

上午，省十二届人大常委会第七次会议在石家庄举行第一次全体会议。

今天，民航华北地区管理局党委书记王瑞萍一行到河北省就京津冀地区民航运输协同发展实施方案进行调研。副省长杨汭在石家庄会见了王瑞萍一行。

下午，河北省第十四届运动会筹备委员会在石家庄成立。副省长许宁出席会议。

三月二十一日

上午，省委书记、省人大常委会主任周本顺，省长张庆伟在石家庄会见了新当选中国工程院院士的石家庄铁道大学副校长杜彦良。省委副书记赵勇主持会见活动。省领导付志方、杨崇勇、艾文礼、宋太平、许宁及我省部分高端人才代表参加会见。

上午，省委、省政府在省会河北会堂举行全省科学技术奖励大会。省领导周本顺、张庆伟、赵勇、付志方、杨崇勇、艾文礼、宋太平、许宁出席大会并为获奖代表颁奖。省长张庆伟出席会议并讲话。省委常委、常务副省长杨崇勇主持会议。副省长许宁宣读了《河北省人民政府关于2013年度河北省科学技术奖励的决定》。

上午，副省长秦博勇会见了香港特别行政区政府投资推广署署长贾沛年一行，并出席“善用香港优势、开拓海外市场”研讨会。

三月二十二日

今天，泰国正大集团董事长谢国民一行赴秦皇岛实地考察正大集团在秦企业发展与项目建设情况。省委常委、秦皇岛市委书记田向利，副省长秦博勇陪同考察。

三月二十三日

上午，“中国梦·赶考行”——省级领导干部集体学习教育座谈会在西柏坡举行。

三月二十五日

下午，全省政府职能转变和机构改革电视电话会议在省会河北会堂召开。省长张庆伟出席会议并讲话。省委常委、常务副省长杨崇勇主持会议。省长助理尹亚力，省长助理、省公安厅厅长董佡生出席会议。会上，张庆伟与石家庄、保定、衡水三市市长签订严控机构编制责任书。

3月24日至今日，工业和信息化部副部长苏波率领的国务院安全生产委员会第二专项督查组，对河北省安全生产重点工作情况进行督导检查。副省长张杰辉主持了安全生产工作汇报会并陪同检查。

今天，全省行政执法与行政审判联席会议在省会召开。副省长秦博勇、省法院院长卫彦明出席会议并讲话。

三月二十六日

今天，全省推进新型城镇化工作会议在省会河北会堂召开。省委书记周本顺、省长张庆伟出席会议并讲话。省领导赵勇、孙瑞彬、田向利、艾文礼、王增力、姜德果、葛会波等出席会议。省委常委、常务副省长杨崇勇主持会议。副省长杨汭就《中共河北省委河北省人民政府关于推进新型城镇化的意见》作说明。

今天，副省长沈小平带领省直有关部门负责同志到石家庄市就森林草原防火工作进行调研。

三月二十七日

今天，全省推进京津冀协同发展工作会议在省会河北会堂召开。

三月二十八日

上午，省长张庆伟到石家庄就体育工作进行调研，实地查看正在建设中的河北奥林匹克体育中心项目，看望慰问一线建设者，现场听取相关负责同志的工作汇报。到石家庄市裕彤国际体育中心，现场观看永昌足球俱乐部队员训练，看望慰问运动员和教练员。副省长许宁、省政府秘书长朱浩文和省直有关部门负责同志参加调研。

下午，全省打击走私综合治理工作会议在省会召开。

三月三十日

3月29日至今日，省长张庆伟就地下水超采综合治理工作到衡水市进行调研，并召开地下水超采综合治理工作座谈会，听取衡水市政府、省直相关部门关于地下水超采综合治理的工作汇报，就进一步加强地下水超采综合治理工作讲了意见。副省长沈小平主持座谈会。

四　　月

四月一日

3月31日至今日，中共中央政治局常委、国务院副总理张高丽在河北调研经济运行情况。张高丽在省委书记周本顺、省长张庆伟陪同下，先后到廊坊、沧州、保定考察了新奥集团、明珠塑料、航天神舟、长城汽车等企业和保定市环境保护监测站，并召开部分企业负责人座谈会，听取意见和建议。张高丽强调，要坚持稳中求进、改革创新，科学研判经济走势，积极应对各种困难和挑战，促进经济持续健康发展。张庆伟代表省委、省政府就经济社会发展情况作专题汇报。环保部部长周生贤，发展改革委副主任朱之鑫，发展研究中心主任李伟，国务院副秘书长丁向阳，工信部副部长苏波，财政部副部长刘昆，省委常委、常务副省长杨崇勇等分别参加上述活动。

今天，省委书记、省人大常委会主任周本顺，省长张庆伟就白洋淀保护治理工作到保定安新县作专题调研。省委常委、常务副省长杨崇勇参加调研。

四月二日

上午，廊坊国际经济贸易洽谈会筹备工作会议在省会召开。省委常委、常务副省长杨崇勇，副省长秦博勇出席会议并讲话。

下午，省长张庆伟主持召开省政府第20次常务会议。会议深入学习贯彻李克强总理代表国务院所作的《政府工作报告》，对贯彻落实《报告》的部署要求，切实用《报告》精神开展河北省各项工作作出安排部署。会议研究了《河北省人民政府关于加强城市基础设施建设的实施意见》，就加强和改进城市基础设施建设工作进行安排部署。会议传达学习了中共中央政治局常委、国务院副总理张高丽在河北省调研时的重要讲话精神，并就抓好贯彻落实提出明确要求。会议还研究了《河北省大气污染防治矿山环境治理攻坚行动方案》、《河北省人民政府工作规划（修订稿）》，听取关于河北省第十四届运动会、第八届残运会和第四届特奥会筹备工作情况的汇报等其他事项。

今天，全省春季造林绿化调度会议在省会召开。省委副书记赵勇出席会议并讲话。副省长沈小平主持会议。

四月三日

4月2日至今日，农业部部长韩长赋就春季农业生产、种植业结构调整和农田节水等工作到保定、石家庄进行调研。省长张庆伟、副省长沈小联分别陪同调研。

四月四日

上午，中央宣传部、民政部、解放军总政治部在华北军士烈士陵园隆重举行清明烈士公祭活动。2000余名社会各界人士来到这里，深切缅怀为民族独立、人民解放和国家富强、人民幸福英勇牺牲的烈士。民政部部长李立国、解放军总政治部副主任吴昌德、中央宣传部副部长王世明、北京军区政治委员刘福连、民政部副部长姜力和省委书记周本顺，省长张庆伟，省委常委、省军区司令员史鲁泽，省委常委、石家庄市委书记孙瑞彬，省委常委、宣传部部长艾文礼等出席活动。

四月八日

今天，中共中央政治局委员、国务院副总理汪洋在河北省考察地下水超采综合治理试点工作。汪洋考察了衡水市节水灌溉、旱作农业、河渠坑塘连通蓄水、湿地保护等情况，并主持召开座谈会听取有关方面的意见。省委书记周本顺、省长张庆伟分别陪同考察并参加座谈会。张庆伟在座谈会上就河北省开展地下水超采综合治理试点工作作专题汇报。中央有关部门负责同志韩长赋、毕井泉、胡静林、胡四一、黄守宏，副省长沈小平陪同考察并参加座谈会。

四月九日

下午，省长张庆伟主持召开省长办公会议，对加快推进安国中药都建设进行研究部署。省政府特邀咨询孙士彬出席会议。

4月8日至今日，省委常委、常务副省长杨崇勇就一季度全省经济运行情况到唐山市调研并主持召开秦唐沧三市经济运行调度会。

今天，环首都地区造林绿化工作调度会在廊坊市香河县召开。省委副书记赵勇出席会议并讲话。副省长沈小平主持会议。

四月十日

上午，省长张庆伟主持召开省政府第21次常务会议，总结一季度全省经济工作，分析当前面临的经济形势，并对上半年经济工作进行安排部署。会议指出，今年以来，面对严峻复杂的经济形势，全省各地各部门紧紧围绕省委、省政府的决策部署，坚持稳中求进、改革创新，以打好"四大攻坚战"为战略重点，全力抓好改革、调整、巩固、提升四大任务，经济运行总体平稳，结构调整成效显现，质量效益不断提高。要正确把握当前发展形势，既要看到稳中有进、稳中向好的有利局面，也要看到稳中有忧、稳中有险的不利因素，做到密切关注、审慎分析，以扎实有效的举措，确保上半年时间任务"双过半"。

今天，全国人大常委会副委员长、民建中央主席陈昌智就加大改革力度、化解过剩产能等内容到河北省调研。

四月十一日

今天，全省金融支持工业、中小微企业发展座谈会在石家庄市召开。副省长张杰辉出席座谈会并讲话。

下午，全省治理公路超限超载工作电视电话会议在省会召开。副省长杨汭出席会议并讲话。

四月十二日

上午，2014中国·廊坊国际经济贸易洽谈会筹备工作调度会议在省会召开。副省长秦博勇出席会议并讲话。

下午，省长张庆伟到石家庄君乐宝太行乳业有限公司调研。省政府秘书长朱浩文参加调研。

四月十三日

上午，省委书记、省人大常委会主任周本顺，省长张庆伟在石家庄翠屏山迎宾馆会见了来访的德国外长弗兰克·瓦尔特·施泰因迈尔一行。德国外交部国务秘书马库斯·艾德和、德国驻华大使柯慕贤一同到访。副省长秦博勇参加会见。

下午，省长张庆伟就加快节能环保产业与服务业发展到石家庄调研。省政府秘书长朱浩文参加调研。

四月十四日

上午，省长张庆伟在石家庄会见了宗申集团公司董事长左宗申、白俄罗斯驻华使馆商务参赞伊格尔、哈尔滨东金集团董事长张大军、江苏淮海集团公司董事长安继文一行。省委常委、统战部部长范照兵，副省长沈小平参加会见。

上午，省文化体制改革和发展工作领导小组暨文化体制改革专项小组第一次会议在石家庄召开。省领导艾文礼、宋太平、杨汭、段惠军出席会议。

四月十五日

下午，省政府特邀咨询孙士彬带领有关部门负责同志到河北中医学院调研。

今天，副省长张杰辉就一季度全省经济运行情况到保定市调研，并主持召开一季度经济运行调度会议。

四月十六日

4月15日至今日，省长张庆伟就经济运行情况到邯郸调研并主持召开座谈会，听取邯郸市、部分企业负责同志的汇报。省政府秘书长朱浩文参加调研。

4月15日至今日，国务院南水北调工程建设委员会办公室主任、党组书记鄂竟平一行，到保定、邢台检查南水北调中线干线工程建设。省政府特邀咨询张和陪同检查。

今天，副省长张杰辉到沧州调研企业生产经营情况。

上午，省残疾人家庭手工业协会成立大会和河北广播电视大学特殊教育学院首届学员开学典礼在石家庄举行。省政协副主席、省残联名誉副主席崔江水出席并讲话。省长助理、省残联主席尹亚力出席会议。

四月十七日

上午，省委召开议军会议。省委书记、省军区党委第一书记周本顺主持会议并讲话。省长张庆伟就有关议题讲了意见。

下午，省长张庆伟主持召开省政府第22次常务会议。会议研究了《关于鼓励扶贫开发工作重点县加快脱贫出列步伐的意见》，对做好扶贫开发工作重点县出列工作进行了安排部署。会议还研究了《关于衡水市开展综合配套改革的意见》等其他事项。

下午，省长张庆伟在石家庄会见了绿地集团董事长张玉良一行。副省长杨汭参加会见。

四月二十日

下午，在收听收看了全国安全生产视频会议后，我省召开安全生产视频会议。副省长张杰辉出席会议并讲话。

四月二十二日

上午，部分市（县）棚户区改造工作座谈会在廊坊市召开。副省长杨汭出席会议并讲话。

今天，省长张庆伟就农业产业化发展到平山县葫芦峪现代农业产业园进行调研。省政府秘书长朱浩文参加调研。

4月21日至22日，副省长沈小平带领省直有关部门负责同志就春季造林绿化和森林草原防火工作到张家口市调研。

四月二十三日

上午，副省长张杰辉到河北欣意电缆有限公司、石家庄勒泰中心调研。

下午，省长张庆伟在石家庄会见了中国世贸集团主席曾智雄一行。副省长秦博勇参加会见。会见前，秦博勇与曾智雄一行就香港河北商会筹备工作、廊坊"5·18"经贸洽谈会相关活动安排及商会成员拟与廊坊、邯郸合作项目等事宜进行了会谈。

今天，全省农业和农村体制改革专项小组召开第一次会议。省委副书记赵勇、副省长沈小平出席会议并讲话。

四月二十四日

今天，全省公路绿色廊道建设现场会在衡水召开。副省长杨汭出席会议并讲话。

四月二十五日

今天，京冀农业领域协同发展座谈会在石家庄举行。

省委副书记赵勇，北京市委常委、统战部部长牛有成，北京市副市长林克庆出席。副省长沈小平主持座谈会。

四月二十八日

上午，全省劳动模范、先进工作者和先进集体表彰大会在石家庄河北会堂召开。

下午，省大气污染防治工作领导小组召开会议，省长张庆伟主持会议并讲话。副省长张杰辉，省长助理、省金融办主任江波，省长助理、省公安厅厅长董仚生，省政府秘书长朱浩文出席会议。

下午，全省打击侵犯知识产权和制售假冒伪劣商品工作电视电话会议在省会召开。副省长秦搏勇出席会议并讲话。

四月二十九日

上午，副省长杨汭会见国家开发银行党委委员、纪委书记周清玉一行，并出席棚户区改造工作座谈会。

下午，省委书记、省人大常委会主任周本顺，省长张太伟在石家庄会见了国家食品药品监督管理总局局长张勇一行。张庆伟、张勇分别代表省政府、国家食品药品监督管理总局签署共建食品药品安全保障体系战略合作协议。副省长许宁，国家食品药品监督管理总局副局长刘佩智参加签约仪式和会见。

下午，副省长杨汭带领省直有关部门负责同志，就县城建设到元氏县、高邑县调研。

四月三十三日

上午，河北省第十八届大学生运动会在河北师范大学拉开帷幕。副省长许宁出席开幕式。

下午，省委全面深化改革领导小组召开第二次会议。

五　　月

五月五日

上午，河北省召开学习贯彻习近平总书记指示精神暨河北省纪念五四运动95周年表彰座谈会。

上午，省应对气候变化及节能减排工作领导小组召开会议。

下午，全省深入开展机构编制和人员核查工作电视电话会议在省会召开。省委常委、常务副省长杨崇勇出席会议并讲话。

五月六日

今天，省委常委、常务副省长杨崇勇在唐山市与国家开发银行副董事长、行长郑之杰举行会谈。副省长、唐山市委书记姜德果出席活动。

五月九日

上午，全省民营经济发展大会在省会河北会堂召开。省委书记、省人大常委会主任周本顺，省长张庆伟出席会议并讲话。中央统战部副部长，全国工商联党组书记、常务副主席全哲洙出席会议。省委常委、统战部部长范照兵主持会议。省领导艾文礼、王刚、葛会波等出席会议。副省长张杰辉宣读省委省政府关于奖励2013年度民营经济先进市县、百强民营企业、优秀民营企业家和创业功臣的决定。

上午，河北省召开党的群众路线教育实践活动电视电话会议。

五月十一日

今天，两岸四地中医药创新与发展论坛在保定开幕。省政府特邀咨询孙士彬出席开幕式并致辞。

五月十三日

5月11日至今日，水利部副部长胡四一带领国家防总海河流域检查组到我省沧州市、廊坊市检查防汛抗旱工作并听取我省工作汇报。副省长沈小平陪同检查 。

五月十四日

上午，省长张庆伟在石家庄会见了中国人寿保险（集团）公司总裁缪建民一行。省长助理、省金融办主任江波参加会见。

下午，2014年全省普通高校招生统一考试电视电话会议在省会河北会堂召开。副省长许宁出席会议并讲话。

五月十五日

5月14日至今日，国务院深化供销合作社改革调研组一行，就推进供销合作社改革试点工作到我省调研。省委副书记赵勇会见中华全国供销合作总社党组成员、理事会副主任邹天敬。副省长沈小平参加会见。

下午，河北省助残志愿者使团成立暨第二十四次全国助残日大型公益活动在省会河北会堂举行。省政协主席付志方出席活动并讲话。省人大常委会副主任、省残联名誉副主席马兰翠，省长助理、省残联主席尹亚力出席活动。

五月十六日

上午，省委书记、省人大常委会主任周本顺，省长张庆伟在石家庄会见了就京津冀一体化发展来我省调研的全国人大常委会副委员长、民革中央主席万鄂湘一行。全国政协常委、民革中央副主席傅惠民，省领导杨崇勇、范照兵、宋恩华、卢晓光参加有关活动。

五月十七日

上午，副省长秦博勇在廊坊国际会展中心实地检查了今年廊坊国际经济贸易洽谈会贸易展览布展情况。

上午，第九届中韩汽车零部件产业采购洽谈交易会在廊坊举行。副省长秦博勇出席交易会。

下午，省委书记、省人大常委会主任周本顺，省长张庆伟等省领导和商务部党组成员、部长助理童道驰在廊坊集体会见了出席5·18经贸洽谈会的环渤海、兄弟省市领导和境内外重要嘉宾。

五月十八日

上午，以“协同发展、绿色崛起”为主题的2014中国·廊坊国际经济贸易洽谈会在廊坊国际会展中心开幕。省委书记、省人大常委会主任周本顺宣布开幕。省长张庆伟，省委副书记赵勇，省政协主席付志方出席开幕式。张庆伟及商务部党组成员、部长助理童道驰分别致辞。北京市政府党组成员、原副市长夏占义，天津市副市长、滨海新区区长宗国英，青海省人大常委会副主任曹宏，山东省政协副主席王乃静应邀出席开幕式。省领导杨崇勇、范照兵、宋恩华、张杰辉、沈小平、杨汭出席开幕式。副省长秦博勇主持开幕式。

上午，省委书记、省人大常委会主任周本顺和商务部党组成员、部长助理童道驰在廊坊会见了出席5·18经贸洽谈会的中国航天科技集团总经理雷凡培、新兴际华集团有限公司董事长刘明忠等知名央企负责人。副省长秦博勇参加会见。

上午，香港河北商会成立典礼暨河北投资需求发布会在廊坊举行。省长张庆伟，香港河北商会会长曾智雄出席并致辞。省政协主席付志方，省委常委、统战部部长范照兵，副省长秦博勇出席。

上午，衡水滨湖新区暨主导产业招商推介会在廊坊市举行。副省长许宁出席会议。

今天，省长张庆伟在廊坊分别会见出席廊坊国际经济贸易洽谈会的全国工商联副主席黄荣，天津市政协副主席、市工商联主席黎昌晋，神州数码控股有限公司董事局主席郭为等有关领导、知名外企、民企、科研机构负责人以及参加京津冀民营经济协同发展洽谈会的嘉宾。省委常委、统战部部长范照兵，副省长张杰辉分别参加会见。

今天，京津冀民营经济协同发展洽谈会在廊坊市举行。省委常委、统战部部长范照兵，副省长张杰辉出席会议。

下午，科技部、河北省2014年部省工作会商会议在廊坊举行。科技部党组成员、副部长曹健林主持会议。副省长许宁就本次会商议题和议定书作简要说明。科技部党组成员、科技日报社社长王志学对本次部省会商议题进行答复。会上，万钢、张庆伟代表双方签署新一轮工作会商合作议定书。

下午，定州市投资环境说明会暨重点合作项目集中签约仪式在廊坊市举行。省委常委、常务副省长杨崇勇出席会议。

下午，河北节能环保产业对接会在廊坊市召开。副省长张杰辉出席会议。

下午，邢台市重点产业招商推介会暨项目签约仪式在廊坊市举行。副省长沈小平出席会议。

下午，京津冀协同发展商会联盟成立暨产业协作平台推介会在廊坊市举行。副省长秦博勇出席会议并致辞。

下午，河北旅游产业对接会议在廊坊市召开。副省长秦博勇出席会议。

五月十九日

上午，中国（廊坊）电子商务发展论坛在廊坊举行。省长张庆伟出席会议并致辞。副省长秦博勇出席会议。河北国大“36524”与京东集团、中国通用咨询投资有限公司、鹿泉市政府、光大银行石家庄分行签署战略合作协议。

上午，现代物流产业项目对接会在廊坊市举行。省委常委、常务副省长杨崇勇出席会议。

上午，廊坊市重点项目签约仪式在会展中心举行。副省长张杰辉出席活动。

上午，秦皇岛投资环境暨京津产业对接说明会重大项目签约仪式在廊坊市举行。副省长杨汭参加签约仪式。

上午，河北省对外投资和承包工程项目签约仪式在廊坊市举行。副省长秦博勇出席签约仪式，并与客商代表见面。

下午，5·18经贸洽谈会在廊坊国际会展中心举行重点合作项目签约仪式，24个重点合作项目集中签约。省委书记、省人大常委会主任周本顺，省长张庆伟出席签约仪式。省委常委、常务副省长杨崇勇，副省长秦博勇出席签约仪式。

今天，河北现代农业产业洽谈会在廊坊市举行。省委副书记赵勇出席会议并致辞，副省长沈小平出席会议。

下午，省委常委、常务副省长杨崇勇就加快推进华北石化千万吨炼油项目到任丘市调研。

下午，新疆巴州重点项目推介会暨项目签约仪式在廊坊市举行。副省长秦博勇出席推介会。

下午，京津冀区域金融合作座谈会暨廊坊金融街推介会举行。副省长秦博勇出席会议。

五月二十一日

上午，全省自强模范暨扶残助残先进表彰座谈会在石家庄举行。

下午，省委社会体制改革专项小组全体会议在省会召开。省委常委、政法委书记张越出席会议并讲话。副省长杨汭主持会议。

五月二十二日

今天，全省煤矿矿长谈心对话会在省会召开。副省长张杰辉主持会议并讲话。

五月二十三日

今天，第十八届中国东西部合作与投资贸易洽谈会暨首届丝绸之路博览会在西安市开幕。副省长秦博勇出席开幕式并参观河北展区。

五月二十四日

下午，我省“引智共建蓝天计划”项目签约仪式在河北会堂举行。省长张庆伟，人力资源和社会保障部副部长、国家外国专家局局长张建国，副省长张杰辉出席签约仪式。副省长张杰辉、杨汭分别参加相关活动。

五月二十六日

上午，省长张庆伟主持召开省政府第23次常务会议。会议传达了关于京津冀及周边地区大气污染防治协作机制会议精神，研究了我省的贯彻落实意见，对全省大气污染防治工作进行安排部署。会议研究了《关于河北省地下水超采综合治理试点方案》，对我省地下水超采综合治理试点进行安排部署。会议研究了《河北省人民政府关于落实最严格耕地保护制度的意见》，对全省耕地保护工作进行安排部署。会议还研究了《河北省山水林田湖生态修复规划》、《河北省人民政府关于加快山水林田湖生态修复的实施意见》、《河北省人民政府关于2014年生态修复重点工作安排》、《河北省风景名胜区条例（修订草案）》等事项。

五月二十七日

上午，河北省第九次归侨侨眷代表大会在石家庄开幕。

上午，省委书记、省人大常委会主任周本顺，省长张庆伟在石家庄会见了中国银行党委书记、董事长田国立，并共同出席省政府与中国银行战略合作协议签署仪式。

上午，省十二届人大常委会第八次会议在石家庄举行第一次全体会议。省人大常委会常务副主任宋恩华主持会议。

晚上，中华全国总工会文工团话剧《格桑花》慰问演出专场在石家庄市人民会堂举行。

五月二十八日

今天，副省长张杰辉带领省水利厅有关负责同志到邯郸市检查指导漳卫南运河防汛工作。

今天，全省南片煤矿矿长谈心对话会在省会召开。副省长张杰辉主持会议并讲话。

5 月 27 日至今日，副省长沈小平带领省直有关部门负责同志，到邢台、邯郸就南水北调配套工程建设和地下水超采综合治理进行调研。

五月二十九日

下午，微软游戏云平台及游戏创新中心落户大厂回族自治县。省长张庆伟出席落户签约仪式。签约前，张庆伟会见了美国微软公司全球资深副总裁、大中华区董事长兼首席执行官贺乐赋一行。

五月三十日

上午，省委书记、省人大常委会主任周本顺，省长张庆伟，省委副书记赵勇等省领导来到石家庄市东风西路小学，看望小朋友们，与优秀少先队员代表、残疾儿童代表、留守儿童代表、进城务工子女儿童代表等以及少儿工作者代表一起参加主题队会活动。省领导孙瑞彬、马兰翠、许宁、崔江水一同参加活动。

上午，省委书记、省人大常委会主任周本顺，省长张庆伟到省公安厅指挥中心，观摩指导全省反恐防暴视频演练，并出席全省严厉打击暴力恐怖活动专项行动动员大会。省委常委、政法委书记张越出席并作动员讲话。省领导马兰翠、杨汭、崔江水出席上述活动。

上午，副省长秦博勇在省会中国大酒店会见了香港特区政府驻北京办事处主任朱曼铃一行。

下午，省十二届人大常委会第八次会议在石家庄闭幕。

六　　月

六月二日

5 月 27 日至今日，省政府特邀咨询孙士彬率我省代表团就中医药发展和文物保护工作在台湾考察。

六月三日

上午，全国人大常委会大气污染防治法执法检查组召开汇报会。省长张庆伟和石家庄市负责同志汇报了大气污染防治工作以及下一步的工作建议。全国人大常委会副委员长沈跃跃就深入推动大气污染防治工作和做好执法检查讲了意见。

下午，省委召开会议，传达学习贯彻第二次中央新疆工作座谈会精神。

下午，副省长秦博勇在石家庄与前来访问的法中交流促进会会长亚丁一行举行工作会谈。

六月四日

上午，河北省深化供销合作社综合改革电视电话会议在石家庄召开。省长张庆伟，中华全国供销合作总社党组书记、理事会主任王侠出席会议并讲话。省委副书记赵勇主持会议。副省长沈小平宣读国务院关于批复河北省为全国深化供销社综合改革试点的通知。省政府秘书长朱浩文参加会议。

上午，“走进欧洲中心，拓展欧盟商机”匈牙利河北投资推介会在省会中银大厦召开。副省长秦博勇出席推介会并致辞。

下午，河北省地下水超采综合治理试点推进会议在石家庄召开。省长张庆伟出席会议并讲话。张庆伟代表省政府与相关市负责同志签订地下水超采综合治理目标责任书。副省长沈小平就推进地下水超采综合治理试点工作讲了具体意见。省政府秘书长朱浩文主持会议。

下午，副省长张杰辉带领省直有关部门负责同志，就做好迎峰度夏工作到省电力公司调研。

六月五日

上午，省长张庆伟主持召开省政府第 24 次常务会议。会议听取了全省就业工作情况汇报，就促进全省就业工作进行研究部署。会议听取关于编制公开《河北省省政府部门行政审批事项汇总清单（2014 年版）》和《河北省省政府部门历年取消下放行政审批事项汇总清单（2001—2014）》有关情况的汇报，就深入推进我省行政审批制度改革、切实转变政府职能工作进行研究部署。会议还研究了《关于创新水价形成机制利用价格杠杆促进节约用水的指导意见》、《关于加快建立完善城镇居民用水阶梯水价制度的实施意见》、《关于推进新形势下残疾人事业发展的意见》等其他事项。

上午，省长张庆伟在石家庄会见了中广核集团董事长贺禹一行。省委常委、常务副省长杨崇勇，中广核集团副总经理谭建生分别代表省政府和中广核签署深化合作协议。省政府秘书长朱浩文主持签约仪式。

六月六日

上午，省女企业家协会第五届会员代表大会在石家庄召开。省政府特邀咨询孙士彬出席会议并讲话。

下午，省政府特邀咨询孙士彬带领省直有关部门负责同志，就中医药工作到藁城市调研。

下午，全省防汛抗旱暨“三夏”生产工作电视电话会议在省会河北会堂召开。副省长沈小平出席会议并讲话。

六月八日

6 月 7 日至今日，省长张庆伟就稳增长、调结构到廊坊、沧州进行调研。省政府秘书长朱浩文参加调研。

六月九日

下午，省政府召开全省加强统计工作电视电话会议。

省委常委、常务副省长杨崇勇出席会议并讲话。省政府秘书长朱浩文主持会议。

今天，副省长张杰辉到衡水调研企业生产经营和项目建设情况。

今天，全省推进新型城镇化助力河北绿色崛起专题培训班在固安举行。副省长杨汭出席开班式并讲话。

6月8日至今日，在北京参加第七届世界华侨华人社团联谊大会的部分代表，来我省秦皇岛、唐山访问。国务院侨办主任裘援平，省委常委、秦皇岛市委书记田向利，副省长、唐山市委书记姜德果，副省长秦博勇分别陪同。

六月十日

上午，省长张庆伟主持召开省政府第25次常务会议。会议传达了国务院部分省市经济工作座谈会和国务院稳增长促改革调结构惠民生政策措施落实情况督查动员电视电话会议精神，就我省抓好贯彻落实进行安排部署。会议还研究了《河北省人民政府关于加快新能源汽车发展和推广应用的实施意见》等其他事项。

上午，2014年食品安全宣传周河北主场活动与全国同步启动。副省长许宁出席活动并讲话。

六月十二日

下午，省委书记、省人大常委会主任周本顺，省长张庆伟在石家庄会见了华润集团有限公司董事长傅育宁一行，并共同出席省政府与华润集团深化战略合作框架协议签署仪式。省委常委、常务副省长杨崇勇，华润集团总经理乔世波分别代表双方签署协议。副省长张杰辉和沔政府秘书长朱浩文参加活动。

6月11日至今日，由国务院扶贫办党组书记、主任刘永富带领的国务院扶贫办督查调研组一行深入涞水、阜平，对两地扶贫开发工作进行调研。副省长沈小平陪同调研。

今天，全省整治违法排污企业保障群众健康环保专项行动电视电话会在石家庄市召开。副省长张杰辉出席会议并讲话。

六月十三日

上午，国务院扶贫办调研督查组就深入推进新形势下扶贫开发工作，在省会石家庄与我省有关部门负责同志交流座谈。国务院扶贫办党组书记、主任刘永富，省委副书记赵勇出席并讲话。副省长沈小平，省委省政府农村工作领导小组副组长吴显国出席并讲了具体意见。

六月十四日

上午，全省工业转型发展工作会议在省会太行国宾馆召开。省长张庆伟出席会议并讲话。副省长张杰辉就加快推进全省工业转型发展讲了具体意见。

今天，民政部副部长宫蒲光一行到我省调研指导社会工作和志愿服务开展情况。副省长杨汭陪同调研。

六月十五日

上午，省长张庆伟在石家庄与前来调研京津冀交通一体化的交通运输部部长杨传堂举行座谈。副省长杨汭主持座谈会。省政府秘书长朱浩文参加座谈。

六月十七日

上午，省长张庆伟到位于天津市的天士力集团、河北工业大学进行调研。省政府秘书长朱浩文参加调研。

六月十八日

今天，全省红十字工作会议在省会河北会堂召开。省政府特邀咨询、省红十字会会长孙士彬出席会议并讲话。

六月十九日

6月18日至今日，全国供销合作总社理事会副主任骆琳来河北省考察指导工作。副省长沈小平陪同考察。

六月二十日

上午，全省对口支援新疆工作专题会议在石家庄召开。副省长秦博勇出席会议并讲话。

六月二十三日

上午，京津冀协同发展专家咨询委员会在石家庄召开座谈会。中国工程院院士、第十届全国政协副主席、京津冀协同发展专家咨询委员会组长徐匡迪出席并讲话。省委书记、省人大常委会主任周本顺主持并讲话。省长张庆伟作汇报。中国工程院院士、国家信息安全小组成员、京津冀协同发展专家咨询委员会副组长邬贺铨，委员会成员张军扩、谢克昌、魏复盛、韩布兴、赵沛、朱森第、李晓江、李平、陆化普、林仲洪、郭继孚、刘秉镰、贺泓；省领导杨崇勇、沈小平、杨汭、刘永瑞出席座谈会。

六月二十四日

下午，省长张庆伟主持召开省政府第26次常务会议。会议听取关于对部分设区市落实国务院稳增长促改革调结构惠民生政策措施督查情况的汇报，对下一步抓落实工作进行部署。会议研究了《关于加快发展养老服务业的实施意见》，对健全养老服务体系、加快发展养老服务产业进行部署。会议研究了《关于支持外贸稳定增长的实施意见》，对促进全省对外贸易持续健康发展进行部署。会议还研究了《关于向城区下放经济管理权限的指导意见》等其他事项。

六月二十五日

上午，全省服务业统计工作培训班在河北行政学院开班。省委常委、常务副省长杨崇勇出席开班仪式并讲话。

今天，全省征兵工作电视电话会议在省会召开。省委常委、省军区司令员史鲁泽，副省长杨汭出席会议并讲话，省军区副司令员王志国、李毅，副政委李建斌、李祯盛，参谋长王舜出席会议。

今天，省政府下发《关于清理省政府部门非行政许可审批事项的通知》，对省政府各部门非行政许可审批事项进行全面清理。

六月二十六日

今天，全省基层医疗机构“国医堂”建设现场经验交流会在石家庄召开。省政府特邀咨询孙士彬出席会议并讲话。

六月二十七日

6月25日至今日，以交通运输部部长杨传堂为组长、民政部副部长窦玉沛为副组长的国务院第六督查组，就国务院出台的稳增长、促改革、调结构、惠民生政策措施落实情况来河北省开展督导检查。省委书记、省人大常委会主任周本顺，省长张庆伟分别向督查组汇报河北贯彻落实政策措施情况，并与督查组交换意见。

上午，省政府与阿里巴巴集团在石家庄签署战略合作框架协议。省委书记、省人大常委会主任周本顺，省长张庆伟，省委副书记赵勇等省领导在签约仪式前会见了阿里巴巴集团董事局主席马云、中国银泰投资有限公司董事长沈国军一行。省委常委、常务副省长杨崇勇与阿里巴巴集团首席技术官王坚代表双方签约。

六月二十九日

6月28日至今日，由中共中央政治局委员、北京市委书记郭金龙和北京市委副书记、市长王安顺率领的北京市代表团，就加强京冀工作交流与合作、推动区域协同发展体制机制创新到我省唐山市考察，并出席河北省北京市工作交流座谈会。省委书记、省人大常委会主任周本顺，省委副书记、省长张庆伟陪同考察并出席座谈会。

上午，首届京津冀残疾人就业（创业）洽谈会在石家庄举行。全国人大常委、中国残联副主席王乃坤，中国残联副理事长程凯，省长助理、省残联主席尹亚力到现场进行指导。

下午，唐曹、水曹铁路项目调度会在唐山市召开。省长张庆伟出席调度会并讲话。

六月三十日

上午，省委书记、省人大常委会主任周本顺，省长张庆伟到清华大学考察，并与清华大学校长陈吉宁、党委书记陈旭进行会谈。省校领导还共同出席省校合作座谈会及签约仪式，张庆伟和陈吉宁分别代表双方签署进一步深化扩大合作的协议。副省长许宁和清华大学常务副校长程建平分别代表双方签署共建清华大学重大科技项目（固安）中试孵化基地协议。省政府秘书长朱浩文参加活动。

七　　月

七月一日

今天，省长张庆伟到邢台巨鹿县、南和县、任县进行调研，并听取邢台滏阳经济开发区总体规划汇报。省政府秘书长朱浩文参加调研。

七月三日

7月2日至今日，省委、省政府召开县城建设工作调度座谈会。

七月四日

7月3日至今日，省委、省政府召开全省扶贫开发工作会议。省委书记周本顺、省长张庆伟出席会议并讲话。省委副书记赵勇主持会议并参加现场观摩活动。副省长沈小平，省委省政府农村工作领导小组副组长吴显国，省长助理、省金融办主任江波分别出席会议。

上午，省长张庆伟主持召开省政府第27次常务会议。会议传达了全国职业教育工作会议精神，研究了《河北省人民政府关于加快发展现代职业教育的实施意见》，就加快发展我省现代职业教育工作进行部署。会议研究了《河北省人民政府办公厅关于全面推进县级公立医院综合改革的实施意见》，就推进我省县级公立医院综合改革工作进行部署。

七月五日

今天，全省农村面貌改造提升行动现场观摩调度会在涞水召开。省委副书记赵勇出席会议并讲话。副省长沈小平主持会议，省委省政府农村工作领导小组副组长吴显国出席会议。

七月七日

上午，我省召开就业创业暨保障农民工工资支付工作电视电话会议。副省长杨汭出席会议并讲话。

七月八日

今天，省城乡规划委员会第十四次全体会议在石家庄召开。副省长杨汭出席会议并讲话。

下午，我省党政代表团抵达乌鲁木齐对新疆进行考察调研。中共中央政治局委员、新疆维吾尔自治区党委书记张春贤会见了省长张庆伟率领的代表团一行。

七月十一日

7月8日至今日，省长张庆伟率河北党政代表团到新疆乌鲁木齐、巴音郭楞蒙古自治州、新疆生产建设兵团第二师，实地考察我省援建的项目，看望慰问援疆干部和专业技术人员。新疆维吾尔自治区、新疆生产建设兵团领导肖开提·依明、钱智、刘向松，省领导张越、秦博勇，省政府秘书长朱浩文参加考察调研。

七月十六日

上午，省长张庆伟主持召开了省政府第28次常务会议。会议总结了上半年全省经济工作，分析了当前面临的经济形势，并对下半年经济工作进行安排部署。会议强调，要把思想和行动统一到党中央、国务院的重大战略部署要求上来，围绕省委、省政府确定的“四大攻坚战”、“四大任务”，把稳增长放在更加重要的位置，找准平衡点，狠抓增长点，确保经济运行处于合理区间，全力以赴完成全年经济社会发展各项目标任务。

下午，省委网络安全和信息化领导小组召开第一次会议。

七月十七日

7月16日至今日，省政府先后在宽城满族自治县和围场满族蒙古族自治县进行现场办公。副省长许宁出席现场办公活动。

七月十八日

7月17日至今日，副省长沈小平带领省直有关部门负责同志到承德检查指导防汛工作。

七月二十二日

上午，省十二届人大常委会第九次会议在石家庄举行第一次全体会议。省人大常委会常务副主任宋恩华主持会议。

七月二十三日

下午，省长张庆伟到省教育考试院进行调研。副省长许宁、省政府秘书长朱浩文参加调研。

下午，省委常委、常务副省长杨崇勇就做好迎峰度夏期间电力保障工作到省电力公司调研。

今天，副省长沈小平带领省政府有关部门负责同志到石家庄市调研现代农业生产和防汛工作。

七月二十五日

上午，省十二届人大常委会第九次会议完成各项议程，在石家庄闭幕。省人大常委会常务副主任宋恩华主持会议并讲话。

下午，省政府与神华集团有限责任公司在石家庄签署深化战略合作协议。

七月二十八日

下午，全省企业"走出去"座谈会在省会太行国宾馆召开。省长张庆伟出席会议并讲话。副省长秦博勇主持会议。

下午，部分市重点建设项目调度会在省会召开。省委常委、常务副省长杨崇勇出席会议并讲话。

今天，全省政府网站建设工作会议在石家庄召开。副省长张杰辉出席会议并讲话。省政府秘书长朱浩文主持会议。

七月二十九日

上午，省长张庆伟主持召开省政府第29次常务会议。会议研究了《关于进一步优化企业兼并重组市场环境的实施意见》，就优化企业兼并重组市场环境进行安排部署。研究了《关于推进食品工业加快发展的意见》，就加快发展我省食品工业进行安排部署。研究了《河北省煤炭清洁高效利用实施方案》，就我省推进煤炭清洁高效利用工作进行安排部署。会议还研究了《关于深化供销合作社综合改革构建农业社会化服务体系实施方案》等其他事项。

下午，省委常委、常务副省长杨崇勇主持召开省综合治税领导小组会议。

七月三十一日

今天，省委书记、省人大常委会主任周本顺，省长张庆伟率河北省党政代表团到北京市学习考察。中共中央政治局委员、北京市委书记郭金龙，市长王安顺参加相关活动，并出席两省市工作交流座谈会和签约仪式。座谈会后，张庆伟、王安顺代表双方签署了两省市《共同打造曹妃甸协同发展示范区框架协议》等七项协议。

八　　月

八月一日

上午，2022年冬季奥林匹克运动会申办委员会在北京召开第一次全体会议。中共中央政治局委员、北京市委书记、申办工作领导小组第一副组长郭金龙，国家体育总局局长、申办工作领导小组副组长刘鹏，省委书记、省人大常委会主任、申办工作领导小组副组长周本顺，北京市市长、冬奥申委主席王安顺出席会议并讲话。省长、冬奥申委主席张庆伟主持会议。北京市常务副市长、冬奥申委副主席李士祥，北京市副市长、冬奥申委副主席杨晓超，副省长、冬奥申委副主席许宁，国家体育总局副局长、冬奥申委副主席杨树安以及国家各部委、北京市、河北省和社会各界的冬奥申委委员出席会议。

今天，由科技部和北京市、天津市、河北省人民政府共同举办的"京津冀在行动"科技专题展在秦皇岛市奥体中心体育馆开幕。全国政协副主席、科技部部长万钢，省长张庆伟出席新闻发布会并讲话。北京市副市长张工，天津市副市长何树山分别介绍了京津两地在京津冀协同发展和共同应对大气污染挑战方面的有关情况。省委常委、秦皇岛市委书记田向利，副省长许宁，省政府秘书长朱浩文参加新闻发布会。科技部副部长王伟中主持新闻发布会。

今天，省委书记、省人大常委会主任周本顺，省长张庆伟在秦皇岛看望慰问一线执勤的公安干警、武警官兵。省委常委、秦皇岛市委书记书记田向利，副省长许宁，省政府秘书长朱浩文参加慰问。

今天，副省长沈小平带领省直有关部门负责同志，到沧州市检查指导防汛抗旱工作。

八月四日

8月1日至今日，文化部部长蔡武在承德市调研指导文化遗产保护工作。省政府特邀咨询孙士彬陪同调研。

下午，省委理论学习中心组学习会议在石家庄召开。

八月五日

下午，省推进京津冀协同发展工作领导小组第一次会议在省会河北会堂召开。省长张庆伟出席会议并讲话。省推进京津冀协同发展专家咨询委员会成立。省委原书记、全国政协经济委员会原副主任叶连松担任专家咨询委员会组长。叶连松就做好专家咨询委员会工作讲话，副省长杨汭在会上讲话。国务院发展研究中心原副主任、全国政协委员侯云春，省长助理、省金融办主任江波，省政府秘书长朱浩文等出席会议。

今天，全省节能环保暨大气污染治理技术成果对接会在北戴河召开。省政协主席付志方、副省长许宁出席会议。

八月六日

上午，省长张庆伟主持召开省政府第30次常务会议。会议传达了国务院督查组《关于河北省贯彻落实国务院政策措施情况的督查报告》，研究《关于国务院督查组所提问题建议的整改工作方案及任务分解》。会议要求，要坚决把思想和行动统一到中央政治局会议、国务院一系列会议精神上来，坚持稳中求进工作总基调，加快深化改革开放，着力推动结构调整，妥善防范化解风险，不断改善民生工作，全力以赴实现年初制定的经济社会发展预期目标。会议研究了《关于落实京冀合作协议重点工作及责任分工》，对抓好合作协议事项的落实进行研究部署。会议还研究了《河北省固体废弃物污染环境防治条例（草案）》、《关于贯彻实施〈中华人民共和国行政处罚法〉的决定（修正草案）》等其他事项。

上午，省长张庆伟在石家庄会见了在我省调研小微企业发展的国家工商总局局长张茅一行。副省长张杰辉，省长助理、省金融办主任江波，省政府秘书长朱浩文参加会见。

下午，全省第六次军转表彰大会暨2014年军转安置工作会议在石家庄召开。省长张庆伟出席会议并讲话。省委常委、省军区司令员史鲁泽宣读表彰决定。省军区政委李光聚出席会议并讲话。副省长杨汭主持会议。

八月七日

今天，农业部副部长牛盾一行就渔业生产来我省调研。副省长沈小平陪同调研。

八月八日

今天，副省长沈小平带领省直有关部门负责同志到唐山市检查指导防汛抗旱工作。

八月十一日

今天，全省少数民族运动会筹备工作情况汇报会在石家庄市召开，副省长许宁出席会议并讲话。

八月十二日

8月11日至今日，国家发展改革委副主任朱之鑫到灵寿县调研指导灵寿县发改局党的群众路线教育实施活动。省委常委、常务副省长杨崇勇参加调研。

下午，在收看了全国"六打六治"打非治违专项行动电视电话会议后，我省召开"六打六治"打非治违专项行动视频会议。副省长张杰辉出席会议并讲话。

八月十四日

今天，副省长沈小平带领省直有关部门负责同志，到邢台调研地下水超采综合治理试点工作。

8月13日至今日，副省长张杰辉就工业经济稳增长、调结构在石家庄进行调研。

八月十六日

上午，省委、省政府在北戴河召开省级老同志通报座谈会。

八月十七日

今天，省委书记、省人大常委会主任周本顺，省长张庆伟在秦皇岛就城市发展战略规划进行专题调研。原省领导叶连松，省委常委、秦皇岛市委书记田向利分别参加调研或座谈会。

八月十八日

上午，河北省院士联谊会第八次会员大会在北戴河召开。省委书记、省人大常委会主任周本顺为获得"河北省院士特殊贡献奖"的院士颁奖并讲话。省长张庆伟宣读"河北省院士特殊贡献奖"获奖院士名单。省委副书记赵勇主持会议。中国工程院党组副书记、副院长王玉普，国家科技部党组成员、副部长王伟中出席会议。中国工程院院士、九三学社中央副主席、河北省院士联谊会会长丛斌作院士联谊会工作报告。

八月二十一日

下午，省委召开集中学习会议，传达学习习近平总书记在中央政治局讨论上半年经济形势和下半年经济工作时的重要讲话，听取省政协2014年12项重点课题调研情况汇报。省委书记周本顺主持会议并讲话。省长张庆伟，省委副书记赵勇，省政协主席付志方等出席会议并就有关议题讲了具体意见。省委常委，省人大常委会、省政府、省政协领导成员，省法院院长、省检察院检察长参加会议。

八月二十二日

今天，全省扶贫帮困"春雨行动"领导小组（扩大）会议在省会召开。

八月二十四日

今天，省委书记、省人大常委会主任周本顺，省长张庆伟，省委副书记赵勇率河北省党政代表团到天津市学习考察。中共中央政治局委员、天津市委书记孙春兰，天津市委副书记、市长黄兴国，天津市人大常委会主任肖怀远，天津市委副书记王东峰等分别出席相关活动。座谈会后，孙春兰、周本顺共同为渤海津冀港口投资发展有限公司成立揭牌。张庆伟、黄兴国代表双方签署了两省市《加强生态环境建设合作框架协议》等5项协议。

八月二十五日

晚上，河北省第八届残疾人运动会暨第四届特殊奥林匹克运动会在邢台市邢台学院体育馆开幕。

八月二十六日

今天，副省长秦博勇在北京会见了中国国民党中常委、台湾中华海峡两岸医疗暨健康产业发展协会理事长廖国栋率领的台湾医疗健康考察团一行。

八月二十七日

8月26日至今日，全省农村能源清洁开发利用工程现场会在承德市丰宁满族自治县召开。省委副书记赵勇出席会议并讲话。副省长沈小平主持会议，省委省政府农村工作领导小组副组长吴显国出席会议。

八月二十九日

上午，河北省第八届残疾人运动会暨第四届特殊奥林匹克运动会在邢台市邢台学院体育馆闭幕。

上午，团省委、省青基会举行"春雨行动希望助学——2014河北省希望工程圆梦行动"助学金集中发放仪式。副省长许宁出席发放仪式。

今天，推进沿海地区发展工作会议在秦皇岛市召开。省委常委、常务副省长杨崇勇出席会议并讲话。

今天，我省推进军民融合产业工作领导小组第一次全体会议在省会召开。副省长张杰辉出席会议并讲话。

八月三十日

今天，第四届中国中医药发展大会在省会河北会堂召开。全国政协副主席马飚，国家卫生计生委副主任、国家中医药管理局局长王国强出席会议并讲话，省政府特邀咨询孙士彬，省政协副主席段惠军出席会议。

九　月

九月一日

下午，全省重点建设项目银企对接会在石家庄举行。省委常委、常务副省长杨崇勇出席会议并讲话。

今天，中国科协党组书记尚勇就推进创新驱动发展战略在保定市调研。省委副书记赵勇陪同调研并主持科技合作与创新座谈会。副省长许宁，省政协副主席、省科协主席段惠军陪同调研并参加座谈会。

九月四日

8月26日至今日，省长张庆伟率河北省代表团出席第二次中国—中东欧国家地方领导人会议，并访问了捷克、匈牙利、波兰等中东欧三国。访问期间，张庆伟还拜会了我国驻捷克、匈牙利、波兰使馆大使。省政府秘书长朱浩文随团访问。

九月五日

9月4日至今日，省政府在黄骅市召开全省渤海粮仓建设工程观摩推进会。副省长沈小平出席会议并讲话。

近日，副省长秦博勇率我省有关部门负责同志到西藏调研，与西藏自治区党委、政府有关负责同志进行了会谈，召开了援藏工作座谈会，看望了我省援藏干部代表，向阿里武警边防支队捐赠了车辆和物资。

九月九日

上午，省长张庆伟来到石家庄市第二中学看望慰问广大教师。副省长许宁，省政府秘书长朱浩文一同看望慰问。

九月十一日

下午，知名苏商走进河北暨2014全球苏商峰会在唐山开幕。全国政协副主席、全国工商联主席王钦敏出席开幕式并讲话。

九月十二日

上午，省长张庆伟到唐山市芦台经济开发区调研。副省长、唐山市委书记姜德果，省政府秘书长朱浩文参加调研。

下午，河北省第十四届运动会在沧州市体育场开幕。

九月十三日

今天，省长张庆伟就加快推进我省与中东欧国家合作项目建设到沧州中捷高新区（中欧产业园）进行调研。副省长秦博勇，省政府秘书长朱浩文参加调研。

下午，省长张庆伟在沧州市会见了宝钢集团董事长徐乐江一行。省政府秘书长朱浩文参加会见。

九月十五日

上午，我省庆祝全国人民代表大会成立60周年大会在省会河北会堂举行。

下午，省长张庆伟主持召开专题办公会议，听取2014年亚太经合组织领导人非正式会议期间河北空气质量保障工作情况汇报，并对下一步相关工作进行安排部署。省委常委、常务副省长杨崇勇，副省长张杰辉，省政府秘书长朱浩文参加会议。

九月十六日

上午，省长张庆伟在高碑店市会见德国驻华大使柯慕贤、德国能源署署长斯蒂芬·科勒一行，并共同出席2014年中德建筑节能可持续发展高峰论坛。副省长秦博勇、省政府秘书长朱浩文参加会见并出席论坛。

上午，第17届唐山中国陶瓷博览会在唐山国际会展中心开幕。全国人大常委会原副委员长何鲁丽，副省长、唐山市委书记姜德果出席开幕式。

上午，我省在藁城市举行长输管道泄漏爆炸事故应急救援演习。副省长张杰辉观看演习。

九月十八日

上午，省长张庆伟主持召开省长办公会议，听取张家口与北京联合申办冬奥会有关情况的工作汇报。省委常委、常务副省长杨崇勇，副省长沈小平、许宁参加会议。

下午，省长张庆伟主持召开省政府第31次常务会议。会议听取关于申办2016年“中国—中东欧国家地方领导人会议”有关情况的汇报，研究了《关于加强与中东欧国家全面合作的实施意见》。会议听取关于知识产权近期工作情况和下一步重点举措的汇报，就进一步做好我省知识产权工作进行研究部署。会议传达了关于对口支援西藏工作20周年电视电话会议精神和中国质量大会会议精神，就我省贯彻落实意见进行了研究部署。会议还研究了其他事项。

九月二十一日

上午，第十七届全国推广普通话宣传周重点活动在我省滦平县启动。教育部副部长、国家语言文字工作委员会主任李卫红，副省长许宁出席活动并讲话。

九月二十三日

上午，省十二届人大常委会第十次会议在石家庄举行第一次全体会议。省人大常委会常务副主任宋恩华主持会议。

九月二十四日

下午，全省保障2014年亚太经合组织领导人非正式会议空气质量工作会议在石家庄召开。省长张庆伟出席会议并讲话。副省长张杰辉就APEC会议河北省空气质量保障措施进行通报。

下午，国家工商总局贯彻落实《企业信息公示暂行条例》电视电话会议结束后，我省召开电视电话会议，就深入推进工商登记制度改革，扎实做好我省企业信息公示工作进行了安排部署。省长助理、省金融办主任江波出席会议并讲话。

九月二十六日

上午，省十二届人大常委会第十次会议完成各项议程，在石家庄闭幕。

上午，第十八届中国（廊坊）农产品交易会开幕。副省长沈小平、全国供销合作总社副主任邹天敬、农业部总农艺师孙中华出席开幕式。

下午，第十八届中国（廊坊）农产品交易会河北省农业项目招商洽谈签约仪式在廊坊国际饭店举行。副省长沈小平出席签约仪式。

九月二十七日

今天，省长张庆伟到张家口市、崇礼县，就搞好第二批党的群众路线教育实践活动第三环节工作进行调研指导。省政协副主席、省委活动办督导组组长曹素华参加有关活动。

下午，省长张庆伟来到崇礼县西湾子镇小石窑村，看望慰问老党员。省政府秘书长朱浩文参加慰问活动。

今天，河北省义务教育发展基本均衡县国家督导检查反馈意见会在省会召开。副省长许宁出席反馈意见会。

九月二十八日

下午，省长张庆伟主持召开省政府第23次常务会议。会议听取了关于服务业统计工作有关情况的汇报，就进一步做好我省服务业统计工作进行研究部署。会议研究了《河北省老年人优待办法（草案）》，就进一步规范和做好老年人优待工作，保障老年人合法权益进行安排部署。会议还研究了《关于实施农村能源清洁开发利用工程的指导意见》、《河北省安全生产“党政同责、一岗双责”暂行规定》、《关于推进户籍管理制度改革的实施意见》等其他事项。

下午，电视连续剧《国家审计》首播发布会在石家庄举行。省委常委、宣传部部长艾文礼，省长助理尹亚力出席发布会并讲话。

今天，第22届中国（辛集）国际皮革博览会暨中国（辛集）首届玉雕艺术博览会开幕。副省长秦博勇出席开幕式。

九月二十九日

上午，省长张庆伟在石家庄会见了传化集团董事长徐冠巨一行。会见结束后，省委常委、常务副省长杨崇勇和徐冠巨分别代表省政府和传化集团签署《智能公路港物流发展战略合作框架协议》。副省长秦博勇主持签约仪式。

下午，2014年国庆茶话会在省会太行国宾馆举行。

下午，河北省企业“走出去”银企对接会在石家庄市召开。省委常委、常务副省长杨崇勇，中国工商银行副行长郑万春出席会议并讲话。副省长秦博勇主持会议。

九月三十日

上午，我省举行“烈士纪念日”活动。省领导周本顺、张庆伟、赵勇、付志方、杨崇勇、陈超英、孙瑞彬、艾文礼等来到华北军区烈士陵园，与省会各界干部群众代表一起，向纪念碑敬献花篮，深切缅怀为民族独立、人民解放、国家富强、人民幸福英勇献身的革命先烈。

十　月

十月八日

下午，省长张庆伟主持召开省政府第33次常务会议。会议听取了关于我省推进交通、生态环保、产业三个领域率先突破任务分工及下一步京津冀协同发展工作建议的汇报，就我省深入推进京津冀协同发展战略进行安排部署。会议研究了《关于主动融入国家“一带一路”战略促进河北开放发展的意见》，就我省深入推进相关工作进行研究部署。会议还研究了其他事项。

十月九日

晚上，省委在衡水市召开全省领导干部集体廉政谈话会议。省委书记周本顺代表省委与各设区市和省直单位主要负责人进行集体廉政谈话。省长张庆伟主持会议。省领导赵勇、杨崇勇、田向利、宋恩华、张杰辉、郭华出席会议。省委常委、省纪委书记陈超英在会上讲话。

十月十日

上午，副省长秦博勇到灵寿县就扶贫工作进行调研。

十月十一日

10月10日至今日，副省长沈小平带领省直有关部门负责同志就供销社改革和乳粉业发展到张家口市调研。

上午，由中国人民对外友好协会、中国白求恩精神研究会、加拿大白求恩协会主办的纪念白求恩逝世75周年中国加拿大国际论坛，在省会解放军白求恩医务士官学校开幕。副省长秦博勇出席开幕式并致辞。解放军总后勤部卫生部副部长李清杰、加拿大驻华大使赵朴、加拿大白求恩协会会长约翰·杜卡斯，中国人民对外友好协会、国家卫生计生委等部门有关负责人等出席。

十月十二日

10月9日至今日，省委、省政府举行全省重点项目建设观摩暨调度会议。省委书记周本顺、省长张庆伟率领各市市委书记、市长和省直有关单位负责同志等共80余人，对我省冀中南6个设区市、24个项目进行观摩。

十月十三日

上午，全省党的群众路线教育实践活动总结大会在石家庄召开。省委书记周本顺出席会议并讲话。中央第八巡回督导组组长邢元敏出席会议并讲话。省长张庆伟主持会议。

十月十四日

上午，省政府、中国科学技术协会签订《关于实施创新驱动发展战略建设创新型河北合作协议》。省长张庆伟，中国科协党组书记、书记处第一书记尚勇代表双方签约并讲话，省委副书记赵勇主持签约仪式。

上午，省委常委、常务副省长杨崇勇在石家庄会见平安银行董事长孙建一一行。省长助理、省金融办主任江波参加会见。

今天，全省大气污染防治、矿山环境治理攻坚行动调度会在保定召开。副省长张杰辉出席会议并讲话。

十月十五日

下午，省政府与国家中医药管理局签署共建河北中医学院协议。省长张庆伟，国家卫计委副主任、国家中医药管理局局长王国强代表双方签约并讲话。省政府特邀咨询孙士彬参加签约仪式。副省长许宁主持签约仪式。

十月十六日

今天，全省地下水超采综合治理试点工作现场观摩调度会在衡水市召开。省长张庆伟、财政部副部长胡静林出席会议并讲话。副省长沈小平带队观摩超采治理项目并主持会议。

十月十七日

上午，河北钢铁集团石钢公司分别与石家庄市政府、井陉矿区政府签订石钢环保搬迁产品升级改造项目合作协议，并与建设银行河北省分行签订银企合作协议。省长张庆伟，省委常委、石家庄市委书记孙瑞彬出席签约仪式，副省长张杰辉出席并讲话。

今天，全国农村改厕工作现场推进会在我省正定县举行。国家卫生计生委主任李斌，省长张庆伟出席会议并讲话。省委副书记赵勇介绍我省农村改厕工作情况。国家卫生计生委副主任、国家中医药管理局局长王国强主持会议。省委常委、石家庄市委书记孙瑞彬出席会议。

上午，全省“扶贫日”启动电视电话会议在省会河北会堂召开。副省长沈小平出席会议并讲话。

10 月 16 日至今日，全省县城建设调度会在迁安市召开。副省长姜德果出席会议并讲话。

十月十九日

下午，省委书记、省人大常委会主任周本顺，省长张庆伟率团到北京大学考察，与北京大学党委书记朱善璐、校长王恩哥进行会谈，并共同出席河北省人民政府和北京大学全面战略合作协议签约仪式。双方共同签署全面战略合作协议及人才交流、教育文化、医药卫生等 4 个协议。

十月二十二日

今天，副省长沈小平带领省直有关部门负责同志，就南水北调中线配套工程建设到保定调研。

10 月 21 日至今日，我省与荷兰南荷兰省举行政府工作会谈和现代农业合作说明会。南荷兰省省长雅普·斯密特带领的代表团和省有关部门、企业参加。副省长秦博勇出席并讲话。

十月二十三日

今天，省城乡规划委员会第十五次全体会议在石家庄召开。副省长姜德果出席会议并讲话。

上午，以“创新驱动、协同发展”为主题的 2014 年中国·石家庄国际投资合作洽谈会在省会开幕。开幕前，副省长秦博勇会见了参加石洽会的法国代表团。

下午，省政府与中国核工业集团公司在北京签署深化战略合作框架协议，并为中核华电河北核电有限公司揭牌。

十月二十四日

上午，省长张庆伟主持召开省政府第 34 次常务会议。会议总结了前三季度全省经济运行情况，分析了当前经济形势，并对下一步经济工作进行研究部署。会议还研究了《河北省人民政府关于加快金融改革发展的实施意见》、《河北省人民政府关于加强与中东欧国家投资合作的支持意见》、《关于推进国有企业积极发展混合所有制经济的指导意见》、《河北省人民政府关于推进社会力量参与市场监督的意见》等其他事项。

十月二十五日

上午，2014 年中国药学大会暨第十四届中国药师周在石家庄开幕。全国人大常委会原副委员长、中国药学会理事长桑国卫出席大会并作了《中国需要创新药物》的主题报告。国家卫生计生委副主任、国家中医药管理局局长王国强，副省长许宁，国家食药监总局党组成员、药品安全总监孙咸泽，中国科协副主席冯长根等出席大会。

十月二十七日

上午，省政府与比亚迪股份有限公司签订战略合作框架协议。省长张庆伟出席签约仪式并会见了比亚迪股份有限公司董事长王传福。

今天，河北省环首都扶贫攻坚示范区农产品进京推介活动在北京新发地农产品批发市场举行。副省长沈小平，北京市政府党组成员夏占义，中国农产品市场协会会长张玉香出席并启动推介活动。

十月二十八日

上午，省委常委、常务副省长杨崇勇到省公共资源交易监督办公室和省公共资源交易中心考察。省长助理尹亚力参加考察。

上午，第二十三届中国大营国际皮草交易会在枣强县大营镇开幕。副省长秦博勇出席开幕式。

十月二十九日

下午，全省今冬明春大气污染防治工作电视电话会议在石家庄召开。省长张庆伟出席会议并讲话。副省长张杰辉就做好当前的大气污染防治工作作了具体安排部署。省长助理、省公安厅厅长董仚生出席会议。省政府秘书长朱浩文主持会议。

下午，全省现代服务业发展领导小组会议在省会召开。省委常委、常务副省长杨崇勇，副省长秦博勇出席会议并讲话。

今天，国务院南水北调办副主任张野来我省调研南水北调中线配套工程。副省长沈小平陪同调研。

十月三十日

上午，省委常委、常务副省长杨崇勇在石家庄与中信银行党委书记、行长李庆萍举行工作会议。

下午，省政府党组书记、省长张庆伟主持召开省政府党组会议，传达学习贯彻党的十八届四中全会和省委常委（扩大）会议精神，研究部署政府系统的贯彻落实意见。

下午，省长张庆伟主持召开省政府第 35 次常务会议。会议听取关于对我省稳增长促改革调结构惠民生政策措施落实情况审计发现问题整改工作责任分解情况汇报，就下一步相关工作进行安排部署。会议研究了《河北省大气污染防治行动计划实施方案落实情况考核办法（试行）》，就进一步做好考核、改善空气质量工作进行研究部署。会议还研究了《河北省深化财政改革实施方案》、《白洋淀环境综合整治与生态修复规划（2014—2020 年）》、我省贯彻《国务院关于深化考试招生制度改革的实施意见》情况、关于对全省各级各类行政执法人员进行全面清理的情况等其他事项。

十月三十一日

上午，省委书记、省人大常委会主任周本顺，省长张庆伟在石家庄会见了我省全国公安机关爱民模范集体代表和爱民模范。省委常委、政法委书记张越主持会见。省长助理、省公安厅厅长董仚生介绍了全国公安机关爱民模范先进事迹报告会有关情况。

今天，中华全国供销合作总社推进供销合作社综合改革试点工作座谈会在邯郸市召开。中华全国供销合作总社主任王侠，副省长沈小平出席会议。

下午，全省家乡文化进校园工作现场推进会在保定第二中学分校召开。副省长许宁出席会议并讲话。

十　一　月

一月一日

今天，省长张庆伟检查了张家口市迎宾廊道环境整治工作，并到崇礼县实地考察云州水库调水和雪场输水工程、太子城区域生态绿化项目重点工程、古杨树区域北欧滑雪和冬季两项中心选址项目，现场听取张家口市迎接国际奥委会考察评估团专题汇报。

十一月二日

上午，河北省申办2022年冬奥会暨迎接考察评估动员大会在崇礼县召开。省委书记周本顺、省长张庆伟出席会议并讲话。副省长许宁和驻张家口部队首长赵冀鲁出席会议。

上午，中国考古研究基地建设项目战略合作协议签约仪式在三河市举行。副省长秦博勇出席签约仪式并致辞。

十一月三日

今天，全省农村面貌改造提升行动（基层建设年活动）现场观摩会在固安县召开。

十一月四日

今天，第十六届中国国际工业博览会在上海新国际展览中心开幕。河北省组织选择了33家在国内外具有较大影响企业的58种创新产品集中展览。副省长张杰辉参观工博会河北展区。

11月3日至今日，副省长姜德果就县城建设工作到张家口怀来县、张北县、蔚县和廊坊市固安县进行调研。

十一月五日

今天，省委常委、常务副省长杨崇勇会见了来我省考察的陕西省副省长李金柱一行。

下午，全省职业教育工作电视电话会议在省会河北会堂召开。省长张庆伟出席会议并讲话。副省长许宁主持会议并就发展职业教育讲了具体意见。副省长姜德果出席会议。

十一月六日

上午，省长张庆伟主持召开省政府第36次常务会议，研究谋划2015年经济社会发展各项工作。会议强调，2015年是“十二五”规划的最后一年，国内外经济形势依然十分复杂，不可预见性进一步增强。做好明年全省经济社会发展工作，对圆满完成“十二五”规划目标任务至关重要。要全面贯彻党的十八大和十八届三中、四中全会以及习近平总书记系列重要讲话特别是对我省改革发展的重要指示精神，深入落实省委八届五次、六次全会战略部署，紧紧围绕建设“三个河北”的奋斗目标，抓住京津冀协同发展重大机遇，全面深化改革开放，切实保障和改善民生，力促全省经济在新常态下平稳运行、产业结构持续优化升级。

下午，省政府与中国邮政集团公司在石家庄签署战略合作协议。副省长姜德果与中国邮政集团公司副总经理康宁分别代表双方签署协议。

今天，我省召开APEC会议空气质量保障工作调度会议。副省长张杰辉出席会议并讲话。

十一月十日

上午，省长张庆伟就亚太经合组织领导人非正式会议期间我省空气质量保障和秸秆禁烧工作到省地理信息局进行检查督导。

十一月十一日

下午，省长张庆伟在石家庄会见中兴通讯股份有限公司董事长侯为贵一行。副省长张杰辉、省政府秘书长朱浩文参加会见。

十一月十二日

上午，省长张庆伟在石家庄会见了我省援助刚果（金）抗击埃博拉病毒的专家组成员。副省长许宁、省政府秘书长朱浩文参加会见。

上午，全省文化体制改革工作重点任务汇报会在省会召开。省委常委、宣传部部长、省文化体制改革和发展工作领导小组组长艾文礼，副省长姜德果出席会议并讲话。

下午，省长张庆伟主持召开省政府第37次常务会议。会议研究了《河北省人民政府关于建立健全地方金融监督管理体制的实施意见》，就地方金融监管有关工作进行研究部署。研究了《河北省人民政府中国气象局关于全面推进气象现代化建设保障河北绿色崛起的意见》，对我省气象现代化建设进行研究部署。会议还研究了《河北省消防技术服务监督管理规定（草案）》、《河北省排污许可证管理办法（草案）》等其他事项。

下午，中国证监会主席肖钢一行就资本市场服务实体经济转型升级到石家庄股权交易所考察。省长助理、省金融办主任江波陪同考察，并代表省政府汇报河北省金融工作。

十一月十三日

今天，省长张庆伟就安国中药都建设、加快中医药事业发展到安国市进行调研。省政府特邀咨询孙士彬，副省长许宁，省政府秘书长朱浩文参加调研和现场办公会。

今天，副省长姜德果到邯郸市磁县、涉县就县城建设工作进行调研。

11月4日至今日，副省长秦博勇率我省代表团出席在法国斯特拉斯堡举办的第四届中法地方政府合作高层论坛，并访问西班牙和英国。

十一月十五日

上午，省长张庆伟在邯郸市会见了美国堪萨斯州州长萨姆·布朗巴克率领的贸易代表团一行。会见结束后，张庆伟、萨姆·布朗巴克共同出席了河北东方明珠集团与托皮卡市发展促进商会的签约仪式。

十一月十七日

11月16日至今日，国务院发展研究中心主任李伟率领京津冀协同创新课题组，来我省调研京津冀协同创新共同体系建设。省委书记、省人大常委会主任周本顺，省长张庆伟等分别与李伟一行座谈。省委常委、常务副省长杨崇勇向课题组汇报了河北有关情况。国务院发展研究中心副主任张军扩参加调研。省长助理、省金融办主任江波，省政府秘书长朱浩文出席相关活动。

十一月十八日

上午，省委全面深化改革领导小组召开第四次会议。

今天，副省长张杰辉带领省有关部门负责同志就农村宅基地管理和城乡建设用地增减挂钩工作到衡水市调研。

今天，副省长沈小平带领省有关部门负责同志，就农业产业化工作到邢台调研。

十一月十九日

下午，全省APEC会议空气质量保障工作总结暨大气污染防治工作电视电话会议在省会河北会堂召开。副省长张杰辉出席会议并讲话。

今天，淘宝特色中国·阜平馆上线仪式在阜平县举行。副省长沈小平、工业和信息化部副部长毛伟明出席上线仪式。

十一月二十一日

上午，副省长张杰辉带领省直有关部门负责同志到省工业经济联合会调研。

下午，省长张庆伟主持召开省政府第38次常务会议。会议研究了《关于深化预算管理体制改革的实施意见》，就进一步深化预算管理体制改革进行研究部署。研究了《关于促进物流业加快发展的若干意见》，就促进物流业加快发展进行研究部署。会议还研究了《关于加快沿海港口转型升级为京津冀协同发展提供强力支撑的意见》、《关于进一步加强政府性债务管理的实施意见》、《关于推广政府和社会资本合作（PPP）模式的实施意见》、《关于进一步健全重点项目服务和保障机制的意见》等其他事项。

十一月二十二日

上午，省长张庆伟在石家庄会见了中国商用飞机有限责任公司董事长金壮龙一行，并一同参加商飞公司ARJ21—700新支线飞机专项试飞活动。副省长张杰辉、省政府秘书长朱浩文参加会见和试飞活动。

上午，省长张庆伟到石家庄综合保税区、石家庄正定国际机场进行调研。副省长张杰辉、省政府秘书长朱浩文参加调研。

下午，省长张庆伟在石家庄会见了中国科学院院士李振声一行。省人大常委会副主任王刚、省政府秘书长朱浩文参加会见。

十一月二十五日

上午，省十二届人大常委会第十一次会议在石家庄举行第一次全体会议。

下午，省政府与省总工会举行2014年度联席会议。

11月24日至今日，河北省4A级以上景区整改提升工作总结暨现场经验交流会在涉县召开。副省长秦博勇出席会议并讲话。

十一月二十六日

上午，省长张庆伟到石家庄就中小微企业发展及公共服务平台建设进行调研。副省长张杰辉，省长助理、省金融办主任江波，省政府秘书长朱浩文参加调研。

十一月二十七日

下午，省长张庆伟主持召开省政府第39次常务会议。会议研究了《关于促进我省信息产业加快发展的实施方案》，就进一步加快我省信息产业发展进行研究部署。研究了《关于建立责任清单制度的实施方案》，就建立责任清单制度、加快政府职能转变进行研究部署。会议还研究了《张家口市、邯郸市开展城市管理相对集中行政处罚权工作方案》、《省政府行政复议决定书网上公开工作方案（草案）》、《河北省口岸服务办法（草案）》、《河北省行政许可目录管理办法（草案）》、《河北省古树名木保护办法（草案）》，听取了关于2015年财政预算安排建议的汇报。

十一月二十八日

11月27日至今天，国务院医改办督查评估组就县级公立医院综合改革试点情况，到我省开展现场督查评估。国家卫生计生委副主任、国务院医改办主任孙志刚听取了我省有关工作汇报并讲话。省政府特邀咨询孙士彬出席汇报会。

今天，全省工业企业技术改造项目观摩暨工作会议在省会召开。副省长张杰辉出席并讲话。

十一月二十九日

今天，文化部副部长、国家文物局局长励小捷到正定县考察古城保护工作。省政府特邀咨询孙士彬、副省长姜德果陪同考察。

十 二 月

十二月一日

上午，我省在北京举行张家口可再生能源应用综合创新示范工作座谈会。

上午，省卫生计生委、省计生协在河北师范大学举行预防艾滋病宣传活动。省政府特邀咨询孙士彬出席活动。

十二月二日

上午，省政府与国家民族事务委员会签订协议，将共建河北民族师范学院。国家民委副主任陈改户、省政府特邀咨询孙士彬分别代表双方签订协议。

下午，省长张庆伟在石家庄会见了亿利资源集团有限公司董事长王文彪一行。省委常委、统战部部长范照兵，省政府秘书长朱浩文参加会见。

今天，河北省人民政府、天津市人民政府和教育部正式签署协议，共建河北工业大学。

十二月三日

今天，省长张庆伟主持召开市长座谈会，听取各市今年经济社会发展情况汇报和对做好明年政府工作的意见和建议。

下午，省长张庆伟主持召开座谈会，就省政府党的群众路线教育实践活动整改落实工作情况征求各市的意见。

下午，省长张庆伟与国务院南水北调工程建设委员会

界定主任鄂竞平举行会谈。副省长沈小平，省政府秘书长朱浩文参加会谈。

今天，河北省人民政府、工业和信息化部、教育部正式签署协议，共建燕山大学。

十二月五日

上午，省十二届人大常委会第十二次会议在石家庄举行。省委书记、省人大常委会主任周本顺主持会议并讲话。会议听取了省政府省长张庆伟作的关于提请省十二届人大常委会决定任命省政府副省长的说明。会议以民主表决的方式通过了省人大常委会决定任命人员名单，决定任命董仚生为河北省人民政府副省长。董仚生作了就职发言。

上午，副省长秦博勇在石家庄太行国宾馆与北京海航集团董事局董事、海航旅游集团公司董事长张岭举行工作会谈。

今天，河北省第十二届人民代表大会常务委员会发布公告：河北省十二届人大常委会第十二次会议决定任命董仚生为河北省人民政府副省长。

今天，河北军民融合暨国防工业协同创新成果展洽会在廊坊举行。省政府分别与北京理工大学、北京航空航天大学和哈尔滨工程大学签署战略协议，共同推进产业合作。

十二月六日

下午，冀南钢铁集团、河北太行钢铁集团、唐山渤海钢铁有限公司分别与所在市、县（市、区）政府及有关金融机构签署项目合作协议。省长张庆伟，省委常委、常务副省长杨崇勇，中国港中旅集团公司董事长张学武出席签约仪式。副省长张杰辉出席签约并讲话。省政府秘书长朱浩文主持签约仪式。

下午，省长张庆伟在石家庄会见中国港中旅集团公司董事长张学武。省委常委、常务副省长杨崇勇，副省长张杰辉，省政府秘书长朱浩文参加会见。

十二月八日

下午，全省保障农民工工资支付工作电视电话会议在省会河北会堂召开。副省长姜德果出席会议并讲话。

十二月九日

上午，全省村“两委”换届工作动员部署会议暨业务培训会在省会河北会堂举行。省委副书记赵勇、副省长姜德果出席会议并讲话。省人大常委会副主任马兰翠主持会议。

上午，副省长张杰辉带领省直有关部门负责同志就大气污染治理和工业企业转型升级工作到元氏县和鹿泉区调研。

上午，全省今冬明春火灾防控工作电视电话会议在省会召开。副省长、省公安厅厅长董仚生出席会议并讲话。

十二月十日

下午，省政府与国家林业局签订合作共建河北农业大学协议。省长张庆伟、国家林业局局长赵树丛参加签约仪式。签约前，张庆伟与赵树丛举行了会谈。

今天，副省长姜德果就智慧城市和县城建设到沧州市调研。

十二月十一日

上午，副省长张杰辉就工业企业转型升级到唐山市滦南县调研。

下午，省政府、张家口市政府分别与亿利资源集团有限公司签署战略合作框架协议。省长张庆伟参加签约仪式并会见亿利资源集团董事长王文彪。省委常委、统战部部长范照兵参加会见和签约仪式。副省长张杰辉参加会见并代表省政府签约。省政府秘书长朱浩文主持签约仪式。

十二月十二日

下午，省长张庆伟在石家庄会见中国民生银行董事长洪崎一行。省长助理、省金融办主任江波，省政府秘书长朱浩文参加会见。

今天，教育部在唐山召开全国职业教育现代学徒制试点工作推进会。教育部副部长鲁昕、副省长许宁出席会议并讲话。

十二月十五日

上午，省委书记、省人大常委会主任周本顺，省长张庆伟等省委、省人大常委会、省政府、省政协领导同志，参加了全省“职工互助一日捐”活动。

下午，省委召开党外人士座谈会，听取省各民主党派、工商联负责人和无党派人士代表的意见和建议。省委书记周本顺主持会议并讲话。省长张庆伟通报今年全省经济工作有关情况，介绍省委、省政府关于做好明年经济工作的考虑、安排和《省政府工作报告》起草情况。省委副书记赵勇，省政协主席付志方，省委常委、统战部部长范照兵，省人大常委会常务副主任宋恩华等出席会议。省委常委、省政法委书记张越通报了《中共河北省委关于贯彻落实党的十八届四中全会精神、全面推进法治河北建设的实施意见》的起草情况。

十二月十六日

上午，省委常委、常务副省长杨崇勇在石家庄会见阿里巴巴集团副总裁胡晓明一行。

下午，河北省召开煤矿隐患排查治理行动启动暨培训视频会议。副省长张杰辉出席会议并讲话。

十二月十八日

12 月 17 日至今日，全省经济工作会议在省会河北会堂举行。

下午，南水北调中线河北段工程通水活动在石家庄市华柴暗涵出口举行。省委书记周本顺宣布通水。省长张庆伟、国务院南水北调工程建设委员会办公室副主任于幼军讲话。省委常委、石家庄市委书记孙瑞彬，省政府秘书长朱浩文参加通水活动。副省长沈小平主持通水活动。

十二月十九日

上午，省长张庆伟主持召开省政府第 40 次常务会议。会议传达学习了全国治理“餐桌污染”现场会议主要精神，研究了我省贯彻落实意见。会议研究了《河北省保障水安全实施纲要》，就进一步加强我省水安全保障工作进行研究部署。会议还研究了《全省环境保护大检查工作方案》、《河北省市场主体行政审批后续监管清单》和即将提交省十二届人大三次会议审议的《政府工作报告》，听取了关于提请审议批准2014年度河北省科学技术奖授奖人员和授奖项目的汇报。

下午，省长张庆伟主持召开部分专家学者、企业家座谈会，征求大家对《政府工作报告》的意见和建议。副省长张杰辉，省政府秘书长朱浩文参加座谈会。

12月18日至今日，国家发改委副主任胡祖才就钢铁产业结构调整和化解过剩产能到唐山市调研。省委常委、常务副省长杨崇勇陪同调研。

十二月二十一日

下午，省委书记、省人大常委会主任周本顺在石家庄会见了清华大学党委书记陈旭，清华大学校长助理、院士尤政和清华大学海外校友代表一行，并出席清华大学海外校友河北行创业环境说明会。省委常委、常务副省长杨崇勇参加会见并出席说明会。

十二月二十三日

12月22日至今日，副省长姜德果就文化工作到张家口市调研。

今天，省见义勇为基金会理事会换届大会暨第四届理事会第一次会议召开。省委常委、政法委书记张越出席会议并讲话。省人大常委会副主任马兰翠、副省长董仚生、省政协副主席崔江水出席会议。

十二月二十四日

上午，省青年联合会第十一届委员会全体会议和省学生联合会第十一次代表大会在省会河北会堂开幕。

下午，河北省召开全省联合打击制售假烟违法犯罪活动领导小组会议。副省长张杰辉出席会议并讲话。

十二月二十五日

上午，交通运输部部长杨传堂、北京市市长王安顺、省长张庆伟到京昆高速公路涞水至北京段通车现场进行调研，看望慰问了工程建设者、设计者、管理者代表，并对京昆高速涞水至北京段进行考察。交通运输部副部长翁孟勇、北京市副市长张延昆、副省长姜德果、省政府秘书长朱浩文等参加调研。

今天，副省长姜德果就交通建设管理工作到京港澳高速河北段进行调研。

十二月二十六日

上午，我省第十九届省直"三下乡"集中服务活动走进邯郸市鸡泽县，开展帮扶和服务活动。副省长姜德果出席活动并慰问了困难群众和老党员。

上午，省打击侵权假冒工作领导小组会议在石家庄召开。副省长秦博勇出席会议并讲话。

十二月二十九日

上午，省政府、河北融投控股集团有限公司分别与中国华融资产管理股份有限公司签署战略合作协议。省长张庆伟参加签约并会见中国华融董事长赖小民。省委常委、常务副省长杨崇勇代表省政府签约。副省长张杰辉，省长助理、省金融办主任江波参加会见和签约仪式。省政府秘书长朱浩文参加会见并主持签约仪式。

今天，副省长沈小平带领省直有关部门负责同志，就南水北调配套工程和引黄入冀补淀工程工作在邯郸市调研。

十二月三十日

上午，省长张庆伟主持召开省政府第41次常务会议。会议研究了《关于促进资源型城市可持续发展的实施意见》，就促进我省资源型城市转型升级、绿色崛起进行安排部署。会议还研究了《关于进一步加快发展节能产业的实施方案》、《河北省水功能区管理规定（草案）》、《河北省用能和排污计量监督管理办法（草案）》、《河北省行政机关行政应诉办法（草案）》，听取了关于推荐农村土地管理制度改革试点有关情况的汇报。

上午，京津冀城际铁路投资有限公司在北京揭牌成立。京津冀三省市政府、中国铁路总公司等四方签订合作协议。国家发改委副主任何立峰，北京市常务副市长李士祥，天津市常务副市长崔津渡，河北省委常委、常务副省长杨崇勇，铁路总公司副总经理黄民出席合作协议签约暨公司揭牌活动。

今天，省人大常委会党组副书记、省总工会主席王增力和副省长张杰辉到石家庄正定县调研"安康杯"竞赛活动开展情况。

下午，全省科技工作会议在省会召开。副省长许宁出席会议并讲话。

下午，全省港口工作会议在省会河北会堂举行。副省长姜德果出席会议并讲话。

（编辑部辑录）

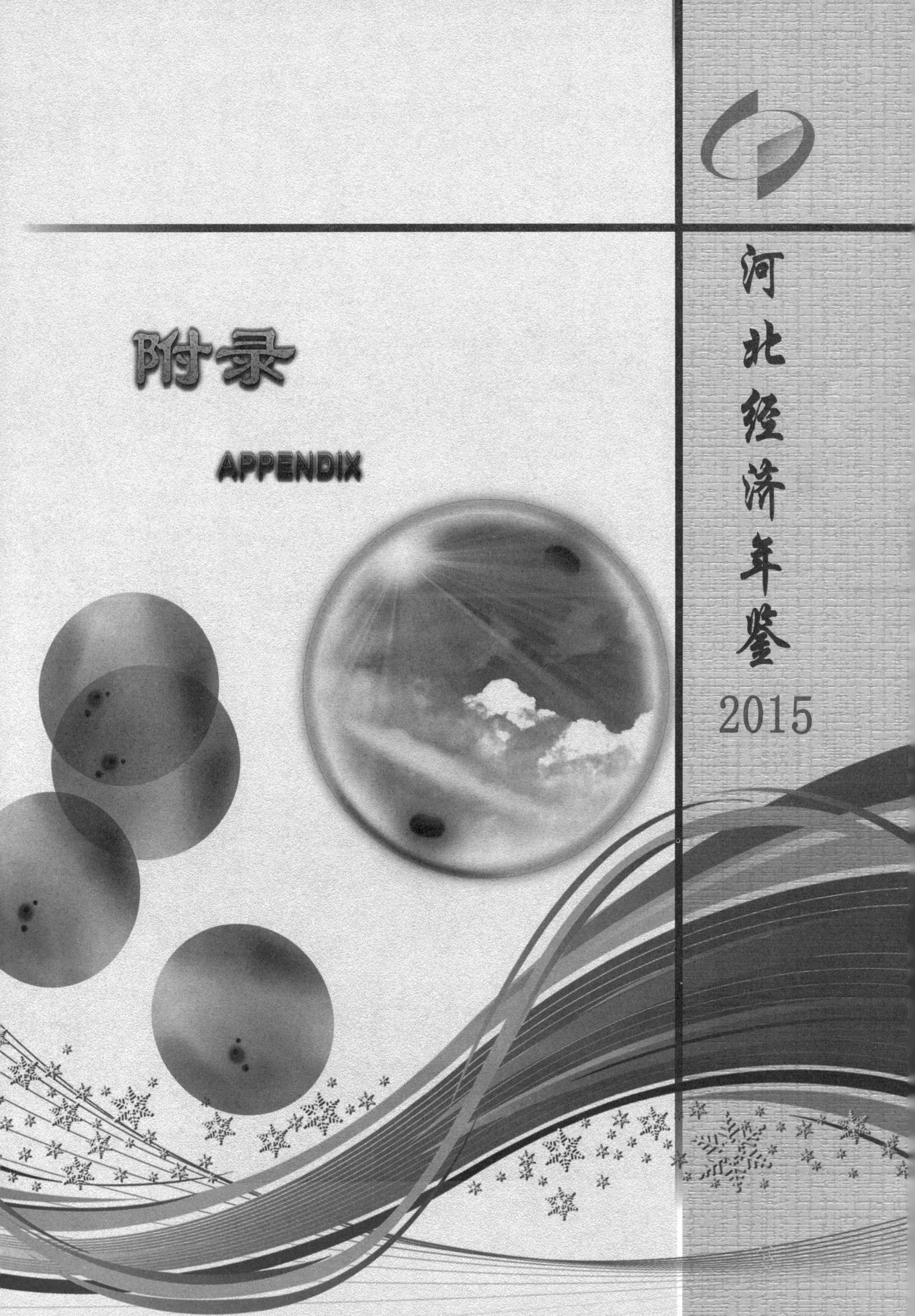
附录
APPENDIX
河北经济年鉴
2015

企 业 介 绍

（排名不分先后）

开滦集团公司

2014年，开滦集团不断加大扭亏增盈、转型升级工作力度，促进了集团公司经济基本平稳运行，保持了矿区和谐稳定的发展局面。全年原煤产量完成8964万吨，同比下降3.6%；精煤产量完成2000万吨，同比下降4.4%；营业收入完成1832亿元，同比下降4%。非煤产业收入比重达到90%，同比提高2.7个百分点。百万吨死亡率0.066。2014年在世界500强企业排名394位，在中国500强企业排名81位，荣获“中国工业大奖提名奖”。

煤炭产销。2014年，开滦集团加强骨干矿井和主力工作面生产管理，提高集约化生产水平。回采工作面单产达到11.89万吨/个·月，同比提高1%；原煤效率达到13吨/工，同比提高0.6%；综合单进达到249.9米/个·月，同比提高5%；回采和掘进工作面个数同比分别减少0.26个和2.47个。内蒙古公司红树梁矿取得采矿许可证，蔚州公司北阳庄矿正式投产。推进大精煤战略，提高洗选效率和经济效益。洗选效率和精煤回收率同比分别提高1个百分点和2个百分点，增产增收2亿元。完善外购煤配洗配销机制和考核政策，组织外购煤入洗31.42万吨，增加精煤产量14.76万吨，增收7000万元。开拓区域地销和直供直销市场，全年共开发冀东发展、丰源焦化等新用户23家，增加销量99万吨；唐山区域精煤地销用户达到25家，实现销量298万吨。完善销售体系和管理机制，强化产销衔接，调整优化产品结构，增收3.68亿元。加大货款回收力度，自产煤应收账款处于行业先进水平。

能源化工产业。优化焦炭和化工产品结构，发挥产业链优势，提高产品附加值，实现整体盈利。煤化工产业收入完成156亿元，实现利润2.1亿元。10万吨M15甲醇汽油项目加快完善经营资质等手续；曹妃甸焦油深加工项目主体工程完工；4万吨聚甲醛和15万吨己二酸项目一次投料试车成功，产出首批优质产品。

现代服务业和战略性新兴产业。物流产业收入完成1363亿元，利润完成2.53亿元，同比提高9%。实体物流规模同比提高5.32个百分点；非煤物流收入比重达到61.48%，同比提高6.24个百分点；开展电子盘远期交易和质押监管新业务，实现电子商务收入1470万元。曹妃甸动力煤储配基地项目加快储煤仓土建和与煤二期对接工程施工；唐山湾炼焦煤项目按既定方案推进股权转让；鲁各庄物流园区和马家沟钢铁物流园区项目加快前期工作；成立开滦沧州渤海新区国际贸易公司和开滦（深圳）贸易有限公司；大宗商品交易市场项目加快推进。拓展金融服务领域和规模，加大资金集中管控力度，提高盈利水平。资金集中度达到81%，金融产业收入完成2.2亿元，利润完成1.4亿元，同比提高28%。融资担保公司盈利781万元。加快文化产业发展步伐，创新商业运作模式，“中国音乐城”二期工程开工建设，矿山公园荣膺河北省首批文化产业示范园区。文化产业收入完成5279万元。拓展现代服务业发展领域，并购唐山市保安押运公司，实现利润1724万元。装备制造产品高端液压支架、胶带运输机等研发取得突破，小型卧底机进入淮南、山西市场。装备制造产业收入完成5.77亿元。电子信息产业加大产品研发和技术成果转化力度，矿用通讯产品成功出口国外。尼龙66、聚甲醛改性产品等新能源、新材料项目有序推进。

改革创新。经河北省国资委批准，开滦集团投资6000万元，独资组建矿业工程有限责任公司，并完成注册登记。调整优化分步重组方案，完成采矿权有偿处置、国有划拨土地作价出资等前期工作，开滦集团增加注册资本金18.18亿元。完成国和公司、兴隆公司和矿山救援中心产权划转，增加集团资本金9.8亿元。推进伊犁矿区整体转让，26家参股公司股权退出取得阶段性进展，重新谋划新疆区域发展定位，缩减内蒙古公司投资规模。与协鑫集团合作建设东电二期项目，三号机组完成投产准备工作；国和公司冷链物流进入运转阶段；优化股权结构，与大唐国际签订蔚州区域股权重组框架协议。全年引进战略协议资金4.14亿元，引进境外低成本资金7380万元，节约财务费用220万元。加大银企合作力度，开滦集团整体授信额度突破500亿元。深化物供、销售和设备管理改革，提高专业化水平。开滦集团物资储备资金保持在3000万元以下；减少新购设备支出8175万元，盘活闲置设备变现2245万元，设备使用效率达到92.89%，比预算提高1.03个百分点。优化用工配置，推进减人提效，清理退休返聘、旷工等人员496人，劳动用工“四个转移”1962人（即地面人员向辅助单位转移，辅助单位人员向一线单位转移，女员工向男员工岗位转移，本部员工向外埠转移）。推进机关机构瘦身，合并二三级机关机构70个，减少机构42个，精简管技岗位207个。2014年，全集团减少管技岗位人员637人，劳动用工总量比2013年底减少5573人，节约支出2.48亿元。开滦集团荣获2014中国定额管理创新企业称号。推进服务社会化、市场化、专业化进程，完成客运移交、市中心区供热并网移交、家委会和办事处撤并移交，综合创效1251万元。实施小区物业化管理、加大“四费”（水费、电费、煤气费、物业费）收缴力度，实现增效563万元。后勤费用同口径同比减少5040万元。开滦总医院同比增收8931万元，减少补贴1513万元。

管理及技术创新。推进重点技术创新项目，完成技术立项38项。推进“两化”（工业化、信息化）融合，完成技改82项，矿井主要系统自动化改造率达到75%，创效6300万元。开滦集团被评为全国煤炭工业信息化示范企业、全国首批“两化”融合贯标试点企业。开展煤化工新技术、新产品研发，提高产品附加值。聚甲醛改性已研发出13个系列30多个牌号的高端产品；中水回用等两项发明专利获2014年河北省知识产权优势培育工程专利奖。电子信息产业完成矿山物联网数据转换装置等产品研发。2014年，开滦集团有52项成果荣获市级以上科技进步奖，33项成果被国家知识产权局授予专利权。

加大管理创新力度，健全完善商品煤量、产品质量、企业利润、内部投资、物资管理等考核办法，调整考核指标权重，强化政策导向和机制激励，挖掘降本增效潜力。完成ERP管理系统拓展方案设计。深化精细化对标、提高精细化、市场化管理水平。加强全面风险管理、法律管理和内部审计，规范管理流程，提高了风险防范水平。获得河北省管理创新成果59项，省煤炭行业管理创新成果72项。

节能减排。落实节能减排和大气污染防治工作要求，完成了市中心区燃煤锅炉改造，保障污染源监测监控和设备设施正常运行，污染物实现达标排放。全年原煤综合能耗完成6.35千克标准煤/吨，同比下降5.24%；炼焦工序单位能耗完成135.58千克标准煤/吨，同比下降2.35%，完成省政府下达的考核任务。有5个矿井被命名为国家级绿色矿山试点单位，开滦集团被评为煤炭工业节能减排先进企业。

河北钢铁集团唐钢公司

2014年，河北钢铁集团唐钢公司面对严峻的外部条件，积极应对市场挑战，扎实推进企业生产经营和改革发展各项工作，在困境中实现了逆势提升和新的发展。全年唐钢实现营业收入587亿元，利税15亿元，利润5.56亿元。荣获“全国钢铁工业先进集体”、“河北省文明单位”等荣誉称号。2014年以来，随着市场及行业形势的不断变化，唐钢生产经营模式也在发生着变革，全员思想观念正在加速转型，现代企业运行机制正在不断完善，唐钢公司逐步建立起了恶劣市场环境下逆境求生、稳健发展的“新常态”。

一、统筹抓好生产组织，确保生产经营稳定高效运行

唐钢积极克服和化解市场变化大、检修改造多以及国家重要会议等多重因素带来的困难，生产经营总体保持了安全、平稳、高效运行。全年唐钢产铁1557万吨，钢1509万吨，钢材1495万吨。不断发挥大部制的管理优势，积极试点推行精益生产管理，努力用现代管理手段推进科学合理地组织生产。从安全教育、安全培训、安全检查等多个方面，持续加大力度，深入开展工作，实现五种重大事故为零，保持了稳定的安全生产局面。推进检修项目刚性管理，加强全寿命跟踪管理，加大信息化应用力度，推进设备及备品备件直采，全面提高设备管理水平。

二、提升市场观念和经营意识，经营机制转变实现新突破

一年来，在生产经营活动中，唐钢着力提升全员市场观念和经营意识，积极推动经营机制转变，企业由生产型向生产经营型的转型实现重要突破。实施以“利润+现金流”为核心的市场化考核，实现了所有单元与市场体系的全面对接和唐钢全面市场化考核，各单元逐步实现了由生产型向生产经营型的转变。推行扁平高效的运营机制，推动管理模式由条块化向系统化转变，使管理层次更加扁平高效、资源配置更加均衡合理、资源利用效率达到最佳。

三、强化费用及资金管理，企业成本控制力持续提升

一年来，唐钢坚持以资金管理为中心，将刚性资金管控贯穿于生产经营的全过程，资金费用管控实现新突破，为大幅压减费用、强化成本控制，提供了有力的支持和保障。引入“零基预算”管理，实施市场化考核，强化对资金、费用和现金流的刚性管控，有效推进日清日结，全力压减非生产性费用支出，资金及费用管控水平进一步提高。全年挖潜增效50亿元，折合吨钢增效330元。

四、积极推进产线对标，技术创新和产品升级全面深化

唐钢以产线对标为契机，以产销研一体化为依托，以四大事业部为平台，以大客户经理制为手段，整合优势资源，加速品种结构优化，产品质量和档次持续提升，创效能力显著增强，技术改造和项目建设创出新成绩，产品结构调整优化取得新进展。相继完成长材部安全改造、不锈钢1580线技术改造，高效推进高强汽车板项目建设，为唐钢下一步工艺优化和产品升级、为唐钢调整产业布局、提升产品盈利能力奠定了基础。

五、变革营销理念，营销模式创新深入推进

一年来，唐钢持续强化全员营销理念，借鉴特钢营销思维，加快构建和完善以用户为中心的市场营销服务体系，全面加快了营销领域的改革创新。一方面推进营销模式创新。以市场化为引领，全面梳理营销系统管理制度和管控流程，使之全面贴近市场、适应市场。另一方面加强

营销网络建设。强化点对点营销，按照“3＋X”布局，加快构建涵盖唐山、保定、天津3个区域性市场的加工配送中心和面向终端大客户的销售服务网点。2014年，唐钢产品直销比达到62.8%，同比提高12个百分点。

六、强化专业管理，各项工作取得新进展

一年来，唐钢在创新推动各项工作的同时，重点从信息化、能源环保和物流等方面，进一步夯实基础管理，使企业各项工作取得新进步、新成效。实施市场化运作和市场化考核，提升了全员的经营意识。推进标准化、自动化、信息化“三化融合”，为建立专注规范的管理体系奠定了基础。推进营销系统薪酬改革，激发了销售人员的积极性。强力清理“三外”人员，挖掘内部人力资源潜力。年内累计清退外委劳务等人员约4000人，年可降低劳务费用近2亿元。

七、积极推进非钢产业发展，全系统发展质量实现新提升

唐钢强力推进全系统唐钢化、市场化改革，实施“一厂一策”管控体系建设，着力提升非钢单位市场化、唐钢化运营水平，非钢系统自主经营、独立发展的能力不断增强，非钢产业实现稳定、健康发展。全年非钢产业实现营业收入100亿元以上。

八、深化海外合作，国际化发展水平进一步提升

国际化发展跨上新台阶。通过巩固和深化与德高唐钢等国际贸易商的合作、共同开发国际新兴市场，加大新产品投放力度，全年出口钢材400万吨，圆满完成年度出口目标，比国内销售增创效益3亿元。同时，唐钢还不断拓展与德高、西门子奥钢联、浦项等国际一流企业的交流与合作，使唐钢国际化进程持续加快。2014年唐钢继续选派10名技术与管理人员赴德高唐钢培训学习，唐钢国际化人才队伍进一步壮大。

开滦集团国际物流有限责任公司

2014年，开滦集团国际物流有限责任公司坚持以支撑开滦集团公司加快转型发展为己任，以推进物流产业健康可持续发展为目标，调整发展思路，强化创新驱动，深入推进了以“七个转变”为核心的商业模式创新（“七个转变”即：由协作贸易为主向实体物流为主的转变，由煤焦领域向煤焦钢供应链的转变，由国内贸易向进出口贸易的转变，由点对点物流贸易向存货、加工实体物流的转变，由单一贸易形式向境内、境外、港口、铁路运输联合立体物流业务的转变，由物流、商流、信息流向金融物流的转变，由现货贸易向现货期货并行的转变），体制机制改革，优化贸易结构，强化风险管控，加快重点项目建设，巩固了发展基础，激活了发展动力，较好的完成了全年目标任务，实现了公司稳步健康发展。

一、主要指标完成情况

物流收入完成576亿元，超预算56亿元；企业利润完成7580万元，比考核预算超利243万元，同比增长67.55%；其它经济指标按照集团公司要求全面完成。

二、重点工作

（一）创新商业模式，优化贸易结构。巩固和做强煤炭专业物流，加快向煤炭产地、消费市场上下延伸，在稳定原有上游用户的基础上，同山焦、同煤等企业建立长协大客户关系，实现上游集采；推进“海进江”业务，与乍浦、江阴等四个长江沿岸港口签订合作协议，全年累计发运电煤28万吨，提升了煤炭供应链各节点间合作能力和煤炭物流一体化水平。坚持多元产业共同发展，搭建焦炭、钢铁购销渠道，拓展钢材、原油、橡胶等业务，增强对煤焦钢供销链条的整体把控，非煤贸易业务全面拓展。另外，利用现有资源，加大盘活利用力度，开拓市场，跟踪服务，促进港口社会过港量以及海运运量的提升。全年实体物流占比36.47%，同比增加18.82%，非煤贸易业务收入达到84.27亿元，其中实体购销焦炭104.2万吨，铁矿石118.1万吨，钢材59.06万吨，完成港口社会过港量161.93万吨，海运运量119.11万吨。此外，针对转型发展对资金需求增大的实际，探索物流金融模式，谋划开发订单融资、承兑汇票保贴保兑等物流金融业务，并依托香港公司，引进境外低成本资金。其中华南公司通过钢材出口业务，全年节省利息费用220万元，缓解资金压力，为低成本资金引入探索出了出口贸易模型。

另外，经集团公司董事会决议，河北省国资委冀国资发改革改组〔2014〕109号文件批复，9月，由开滦（集团）有限责任公司独家现金出资1亿元人民币，组建开滦沧州渤海新区国际贸易有限责任公司。将为对接香港公司引入境外低成本资金，形成平台税差，提高物流利润水平以及推进开滦物流产业商业模式创新，培育新的经济增长点将发挥积极促进作用；11月，集团公司董事长办公会原则同意成立开滦德诚洁净能源有限公司，建设鲁各庄型煤项目。该项目符合河北省大气治理要求，享受地方政策支持，有利于盘活鲁各庄矿工业场地，加快物流产业转型。

（二）改革体制机制，提升管控能效。按照“责权利相统一、集中与分散相结合”原则，对二三级公司职权范围进行界定，明确分类管控模式，建立沟通协调机制，强化对资源、客户以及资金等信息统一调度。理顺管理体制和组织架构，成立“开滦沧州渤海新区国际贸易有限责任公司”，分流两个市场开发部，组建鲁各庄物流园和马家沟钢铁物流园，成立市场三部，在精简机构人员的同时，也为公司发展注入新动力。其中，机关分流两个市场部20人，通过一年来的运营，全年完成收入41.36亿元，创利110万元。在此基础上，先后健全完善以薪酬分配为核心的经营考评机制，利用“超利分成”等激励政策，压力传递，调动全员参与企业经营管理的积极性，激发企业加快发展活力。另外，按照集团公司部署，铁路运输分公司划归运销分公司管理。

（三）提高经济质量，增强抗风险能力。深化提质降本增效，从强化增收创效入手，将工作重点放在内部资源整合、防控风险、控制成本和减人提效上。强化对市场信

息、上游资源、下游市场、中间服务、资金、人员等六个方面整合，形成资源共享，优劣互补。通过海进江业务，促进贸易、过港、海运协调联动，既保证国家应急储备，又拉动过港量和海运量提升，使业务链条和领域都得到延伸。强化市场风险、资金风险和投资风资管控，制定下发“物流贸易、资金管控以及合同管理办法”，规范贸易流程和重大风险化解等事项，加大应收款项清收，有效降低风险。大力实施岗位“兼并带”，推进“一岗多证、一人多职、一职多能”机制，精简人员，压缩非生产性支出。目前机关综合办公室、人力资源部、党群工作部、经营管理部均由过去的5—6人减至3人，机关本部由年初56人减至40人，招待费、办公费、差旅费、公务用车费用等非生产性支出分别同比下降65%、57%、40%和33%。

（四）加快项目建设，搭建物流新平台。按照“实施一批、筹备一批、谋划一批”的总体思路，推进物流项目建设。其中曹妃甸动力煤项目土建施工全面展开，市场开发工作同步进行，为项目建成后顺利投入运营奠定基础。唐山湾炼焦煤项目股权转让、债权债务清理和项目决算等工作有序推进。鲁各庄物流园区项目完成托管，型煤项目实现带煤试车。马家沟钢铁物流园项目在加快基础设施恢复的同时，物流贸易同步开展。“两个物流园区”闲置资产和土地盘活，组织与相关企业、用户对接，将有效形成新的经济增长点。大宗商品电子商务平台项目与广州开滦能源科技有限公司组建工作得到推进。

（五）和谐企业建设。加大人才培养，通过建立内部培训网站、发挥“物流大讲堂”和“人人上讲堂”平台作用、借助外脑开展物流知识培训等形式，强化全员理论和业务知识学习，提升素质水平。深化岗位管理，落实《加强岗位管理，强化人力资源开发意见》，加大管技人员轮岗交流，提升人力资源质量和组织运作效能。推进物流文化落地，创新载体，加大宣贯，促进企业文化全覆盖。实施暖心聚力工程，开展港口区域联合建家，投入7.5万元资金修建篮球场地，丰富员工业余文化生活，承诺为员工办十件好事全部得到落实。强化安全生产，完善安全管控机制和目标管理考核体系，深入推进本质型安全建设，提升管理水平，实现安全生产自然年。

开滦（集团）蔚州矿业有限责任公司

开滦（集团）蔚州矿业有限责任公司成立于2003年，是开滦集团、大唐国际、河北蔚州能源共同投资组建的国有股份制企业。2014年，面对煤炭行业持续低迷的严峻形势和经营管理的巨大压力，公司上下统一思想、坚定信心、攻坚克难，把传承弘扬开滦“特别能战斗和新时期转型发展”精神作为打赢扭亏增盈攻坚战的精神力量，努力践行“争第一，做唯一，打造开滦外埠旗舰企业”的企业核心价值观，按照“该放的放到底，该管的管到位、该帮的帮到家，该推的推到劲”的原则要求，紧紧抓住生产经营的瓶颈点、关键点、创新点、效益点，以改革创新为突破口，提出了“双保、三突破、七大攻坚”的工作思路，有效解决了市场下滑带来的一系列困难和问题。综合成本完成234.45元/吨，比预算降低29.15元/吨，同比降低11.53元/吨，公司综合成本实现历史最低、单产单进和原煤效率创历史最高水平，完成了集团公司下达的利润考核指标，全年上缴各种税费2.17亿元，公司保持了平稳运行、和谐稳定的局面。

2014年，蔚州公司先后获得河北省明星企业、诚信企业、纳税百强企业，河北省企业文化建设先进单位、河北省企业管理创新优胜企业、第七届河北省最具成长性企业、河北省信息化与工业化融合示范企业、张家口市百强企业第二位，中国煤炭工业AAA级信用企业等荣誉称号。公司单侯矿获2012—2013年度全国“煤炭工业先进煤矿”称号。

一、加大安全监管力度，保持了安全稳定的生产局面

把重点煤矿安全攻坚战作为一项政治任务、战略任务、首要任务来抓，认真学习贯彻新《安全生产法》，不断加大安全质量标准化、依法组织生产和班组安全建设的动态考核力度。公司以岗位、班组、区队达标为重点，加大检查、考核力度，持续推进了安全质量标准化达标工作；以“三项岗位”人员为重点，强化全员安全技术培训，深入开展了规程措施编制、审批和现场落实情况的专项治理工作；针对机电运输中存在的问题开展了专项治理整顿，纳入到每月安全考核，提升了机电运输系统的安全性、可靠性；同时，严格执行安全管理行政、经济责任追究处罚办法，落实安全目标考核，促进安全主体责任的落实；进一步修订完善了员工安全健康保障体系和职业危害防治管理体系；深入开展了员工岗位“双述”、培塑和准军事化班前会等项工作。在地方煤矿监管工作，认真落实“五个到位”，稳步推进地方煤矿整合关闭工作。

二、推进安全高产高效矿井建设，实现了“质和量”的最大化

公司深入开展安全高效矿井建设对标活动，矿井单产单进水平、原煤生产效率较2013年提高了2%—5%。主力矿井实现稳产高产，单侯矿、崔家寨矿分别创出月单产17.5、15万吨的最好记录。同时，进一步改革拆安装工艺。单侯矿利用“机械手、液压叉车”等设备实现工作面快速倒安装，不仅提高了安全保障程度，而且倒安装时间缩短10天，工效提高1/3；崔家寨矿积极应用机械手，保证了工作面高效安装。在此基础上，进一步强化设备管理，设备使用率达到92.31%、完好率95.75%、待修率2.10%；盘活闲置设备54台件，盘活原值2192.72万元。进一步加强源头煤质管理，优化煤层配采，加强矸石和外水治理，有效利用风选，坚持分采分运、分装分运，从源头上提高煤炭质量。全年沫煤发热量完成4078大卡/千克，比预算增加28大卡/千克。

三、深化改革和机制创新，进一步增强了企业经营活力

在资源枯竭型矿井南留庄矿、郑沟湾矿推行模拟法人运转。南留庄矿综合成本完成204.56元/吨，同比降低33.05元/吨，产量同比增加0.8万吨，产量、出块率、

煤质、制造成本、综合成本、销量各项指标达到历史最好水平。同时，合并公司机关部室，由原来的13个部室缩减为9个。将北阳庄矿组织机构由19个调整为12个，压缩减少139个岗位。全年公司减少正式工、劳务工624人，节约人工成本2210万元。在推进效益工程方面。强化效益煤层配采，崔家寨矿5煤开采比例达到50%以上，单侯矿达到65%以上，西细庄矿优质5煤挖潜7.89万吨。单侯矿实施51个效益项目，全年创效600余万元。辅业单位机电中心开拓市场自主创收，在加工生产螺纹钢锚杆、矿用支护金属网、托辊、矿车制作等项目的基础上，新增了3300V以上高压电缆修补、200KWF级绝缘以上电机大修、锚杆机修理等新业务，全年完成产值5980.92万元，实现利润431.84万元。

四、优化结构创新销售，实现了产销总体平衡

通过优化产品结构、提高煤炭质量、创新销售方式，保市场、保效益，努力实现产销平衡。一是加大产品结构调整力度，根据用户多样化需求，优化产品结构，形成末、块、籽三大系列12个品种。二是进行块煤、籽煤系统改造，增加出块率，推行净籽净块销售。三是创新销售方式方法。路运方面，对电厂采取“长协煤与市场煤组合”模式，对天津方向长协户采取“增量优惠”方式，增加了发运量；地销方面，除“阶梯价”、“竞价”及“期货竞价”外，通过“量价捆绑”模式培育和稳定了一批中长期用户，地销量稳中有增。

五、依托精细管理和技术创新，进一步拓展了降本增效空间

在物资成本管控中，实施“三降一增”物资管控措施。通过清仓利库，全年共消化库存4050万元。实施比价采购，全年木材、锚杆、钢材、钢丝绳等大宗材料采购价格，同比降幅分别达到6.6%、7.3%、0.59%、3.77%。开展修旧利废，全年通过加大修旧利废、回收复用、自制加工力度，创造效益2339万元。对各单位的沉淀废旧物资进行竞价让售，共计1038吨废旧物资，创效110万元。增加代储，全年累计代储量占总采购量的38.51%，同比增加了16.2%，减少了储备资金占用及新材料的采购。同时，实施“两化融合”工程11项，全年减少运行人员38人，年综合创效300万元以上；深入推广24项金点子创新创效项目，实现增利2000多万元。全公司优化设计、简化系统、积极拓展降本增效新途径，全年节省费用414.7万元。加强用电管理，避峰填谷降低电费。全年吨煤电耗7.59元/吨，同比下降0.44元/吨，峰谷比1：1.252，同比提高0.04。

六、关注民生，企地共建，促进了区域经济共同发展

2014年，在经济困难资金紧张的情况下，全力推进棚户区改造工作，绿州家园小区总建筑面积70266.62平方米720户棚户区住宅楼达到分配入住条件。与蔚县南留庄镇工农联建现代设施农业产业园，发展集温室蔬菜生产、销售、深加工、育种、采摘、观光、科技试验于一体的综合性现代农业，建成了京、冀、津、晋、蒙错季蔬菜供应基地，实现了规范经营，并带动辐射了周边13个村庄发展春秋棚、温室棚生产，拓宽了农民稳定致富渠道；与陈家洼乡合作开发近万亩荒山资源，目前，有林面积达到6500多亩，产生了良好的社会效益、生态效益和经济效益。2014年，煤矸石砖厂二期工程开工建设，预计2015年5月建成投产，年产可达到1.2亿标块，年可利用煤矸石34万吨，有力带动张家口区域新型建材产业发展。与此同时，积极开展张家口市及蔚县扶贫攻坚“一对一”“结对帮扶”活动，合力打造和谐蔚州、共富蔚州、绿色蔚州。

承德钢铁集团有限公司

承德钢铁集团有限公司（简称承钢）始建于1954年，是国家“一五”时期前苏联援建的156项重点工程之一。2006年1月，承钢与唐钢、宣钢共同组建成立了唐钢集团。2008年6月，唐钢集团与邯钢集团合并成立河北钢铁集团，承钢成为河北钢铁集团的一级子公司。现有在岗职工1.5万人。

1958年承钢产出了中国第一炉钒钛矿冶炼的铁水、1960年承钢产出了中国第一炉钒渣、1965年中国高钛型钒钛磁铁矿高炉冶炼试验在承钢1#高炉取得成功，获得了冶金领域第一个“国家科技发明一等奖”；近年来，在承钢诞生的“第一”和“之最”更是数不胜数：率先生产、推广应用新Ⅲ级、Ⅳ级螺纹钢筋引领中国建筑钢筋升级换代，拥有世界最大的钒钛磁铁矿冶炼高炉、世界最大的提钒炼钢转炉、世界最大的提钒回转窑，还有很快要开工建设的世界第一条亚熔盐钒铬共提生产线。这些不仅推动了企业可持续发展，而且为社会贡献了巨大的财富，在我国钒钛产业发展中发挥了重要作用。

经过六十多年的发展，承钢实现了装备的大型化和现代化。目前，拥有180m^2、360m^{2}烧结机各3台；450m^{3}高炉3座、1260m^{3}高炉1座、2500m^{3}高炉3座；100t、120t、150t提钒炼钢转炉各3座；方坯连铸机4台、板坯连铸机3台；棒材产线3条、高速线材产线2条、中等宽度带钢产线1条、1780热轧卷板产线1条。钒制品系统拥有焙烧回转窑4座、50钒铁电炉1座、80钒铁电炉2座、氮化钒产线8条。综合产能为：年产生铁、粗钢、钢材均为900万吨，钒渣30万吨，钒产品2.5万吨，钛精矿6万吨。

截至2014年底，承钢总资产412亿元，同比增加35亿元。全年累计生产生铁886万吨，粗钢839万吨，钢材825万吨，钒渣22万吨，钒产品（折V2O5）1.53万吨，钛精矿6.2万吨，自发电19.11亿kWh，全年挖潜增效20亿元。实现营业收入248亿元，上缴税金2.95亿元。

2014年，承钢充分发挥钒钛资源优势，牢固树立“以客户为中心，以市场为导向”的经营理念，努力优化产品结构，大幅提高高端产品比例。进一步提升科技创新能力，确保产品结构实现“巩固”和“升级”两大目标。全年累计销售创效产品470万吨，创效产品比例达到

57%，实现增效4亿元。全年共研发新产品75个，累计生产品种钢152万吨，战略、重点产品产量分别提高了90%和126%。

承钢为进一步提高公司整体能源利用效率，2014年新建一台150t/h高温高压锅炉及40MW汽轮发电机组及配套设施，此项目投资2.8亿元，年创效益1.1亿元。承钢根据900万吨钢、铁用氧需求，新建一台40000m3/h制氧机（机型KDON42600/100000外压）。总投资3.8亿元，工期18个月。

2014年，承钢围绕全年挖潜增效目标任务，成立9个攻关队，在降低库存资金占用、物流费用、财务费用等八个方面对标找差距，降本增效成效显著。全年挖潜20亿元，其中铁成本降低457元/吨，炼钢熔炼费降低51元/吨，轧钢加工费降低38元/吨，五氧化二钒降低84元/吨，期间费用降低42元/吨钢。各项费用大幅降低，维修费降低38.2元/吨、辅料耐材费降低28.7元/吨、能源成本降低140元/吨、物流成本降低15元/吨、人工成本降低28元/吨、财务费用降低28元/吨。自发电18.9亿kWh，同比增发电2.4亿kWh，自发电比例达到60%。

2014年，承钢全面推进深化战略营销、技术营销、品牌营销和服务营销模式创新，做大电商、做强直供、做精品种、做优服务。成立营销中心，大力推动直接面向高端客户群的直供直销，卷板直销比例达到48%，直供港珠澳大桥、中国尊、台山核电等国家重点工程；出口巴西、韩国、伊朗等国家钢材，是2013年全年出口量的2.5倍；大力发展电子商务，积极推进现货销售，电商现货销售37.4万吨，同比增长了39%。

2014年，承钢坚持绿色发展理念，全力推进环境治理和节能减排工作，企业环境形象、社会形象显著提升。节能资金投入1.96亿元，环保投资8170余万元，烧结机大烟道余热回收、炼钢转炉系统屋顶三次除尘等重点项目投入使用。坚持环保设施与生产设备100%同步运行，实施24小时环保监控，确保达标排放。全年吨钢综合能耗同比降低9.3公斤标煤，吨钢SO_2排放降低了0.7千克，吨钢转炉煤气回收量提高了5.04m^3，全面完成了政府下达的节能减排任务。40MW发电机组建成投用，日发电最高达667万kWh，创历史最好水平。拆除废旧建筑1.5万m^2，硬化路面7700m^2，新增绿地面积2.5万m^2，厂区绿化覆盖率达到23%。

2014年，承钢荣获“全国文明单位”、“全国企业文化建设优秀单位”、中国质协“冶金行业品质卓越产品”、“河北省诚信企业”、“河北省企业管理创新优胜企业”、“河北省信息化与工业化融合示范企业”和“河北省先进基层党组织”等荣誉称号。

河北港口集团

河北港口集团是集港口建设、开发，国有资产运营、管理以及投融资功能于一身的综合性企业集团，为河北省国资委管理的省属国有大型企业。现有生产泊位64个，年设计通过能力3.095亿吨，主要布局在秦皇岛港、唐山曹妃甸港区、沧州黄骅港综合港区，是当今世界最大的干散货港口运输企业。

2014年，全年完成港口吞吐量3.82亿吨，实现营业收入145亿元、利润总额21.6亿元，总资产达到570亿元，均创历史最好水平，企业综合实力和抗风险能力进一步增强。2015年1—4月份，共完成港口吞吐量1.21亿吨，集装箱吞吐量增势明显。

积极开拓市场、创新服务，港口生产再攀新高。面对新常态，河北港口集团转变发展理念，以市场为导向，以服务为抓手，创新思维，打造品牌，努力抢占港口运输市场。集团运营的秦皇岛、曹妃甸、黄骅三个港区同向发力、共襄大局，在全国港口行业中率先推行港前待泊、合署办公、重载交接等作业模式，压缩辅助作业时间，提高装卸效率；紧盯市场需求，密切客户关系，开展配煤业务，扩大专用场地，提供个性化服务，提升了服务客户的能力和水平。2014年，秦皇岛港在关停西港区煤炭运输业务、通过能力减少1365万吨的情况下，煤炭吞吐量仍比2013年增加122万吨。客轮运输实现扭亏为盈，创利1000多万元。曹妃甸港区重点开发贸易矿货源，成功开展铁矿石混矿、筛分破碎等业务。黄骅港区积极承揽货源，探索6+2泊位整合运营模式。当年，集团港口吞吐量保持了高位运行态势，以3.82亿吨问鼎年度新高。

着力培育新的经济增长点，提高了多元产业发展的质量和效益。物流业务稳中求进，睿港公司完成煤炭贸易及物流配送1300万吨、实现营业收入55亿元，珠海横琴煤炭交易中心正式挂牌成立，邯郸国际陆港建设、运营并重，实现利润600多万元，香港公司与多家贸易商建立了合作机制。综合服务板块走向市场迈出坚实步伐，港口工程公司首次总包承建曹妃甸保税区通用泊位工程，填补了码头主体工程业绩空白；港口机械公司提高设备维修水平和港机备件制造质量，实现营业收入1.5亿元；新组建的餐饮公司、物业公司、旅游公司发展势头向好。

持续降本增效，提高资本运营效益。投资金融板块全年实现投资收益6.4亿元，创历史新高。着眼提高资金管理水平，健全资金管控模式，降低融资成本，组建了河北省首家港口金融企业——河北港口集团财务公司，归集成员企业资金17.3亿元；拓展内部信贷业务，融通内部资金，实现利润1056万元；成功发行18亿元中期票据，改善了集团融资结构。坚持有进有退，积极针对前景看好的项目进行战略投资，退出了一些效益不佳、前景黯淡的投资企业。加强管理、挖潜增效，提升精细化管理水平，降低运营成本，使企业盈利能力在不利的宏观经济发展环境中持续提升，经济效益再创新高，综合实力再上新台阶。

积极培育多元产业，集团业务结构发生实质性变化。六年来，河北港口集团在做大做强港口传统主业的同时，积极进军物流产业、金融领域、综合服务业，推动企业发展方式由规模扩张型向质量效益型转变。2014年，多元产业占集团总收入的比重由成立之初的14.4%提高到

52.2%，其中，物流板块实现营业收入62亿元，占集团总收入的43%；股权投资和金融板块实现投资收益6.4亿元，占集团净利润的40%，多领域布局、多利润源支撑格局初步形成。

大力发展杂货、集装箱业务，港口货类结构更趋合理。大力发展杂货、集装箱业务，是河北省委、省政府推动全省港口转型、拉动省域经济发展的一贯方针。河北港口集团作为省级港口资源开发、运营平台，积极完善港口功能、调整结构。目前，在秦唐沧三港拥有杂货泊位33个、年设计通过能力1.28亿吨。拥有并经营秦皇岛港和黄骅港5个集装箱泊位，年设计通过能力165万标准箱。2014年创下了杂货1.37亿吨、集装箱72.8万标准箱的历史新高。纵观五年来各货类变化，杂货吞吐量已从集团成立之初占总吞吐量的28.7%上升至35.8%，集装箱吞吐量翻了一番还多。河北港口集团正在由单一能源港口运输企业向综合型港口集团嬗变。

催生新生业态，注入活力要素。2012年，省国资委批复，确定港口物流作为河北港口集团三大主业之一。经过3年多积极主动的研究与实际探索，河北港口集团港口物流产业依托港口优势，拓展货源腹地，延伸产业链条，密切与上下游产业联动关系，逐步构建了以秦、唐、沧三地港区为依托，以大宗散货物流为基础，以内陆港、物流园区为节点的现代港口物流体系，已由起初营业收入30亿元翻了一番，达到62亿元，有力地推动河北港口集团加快向第三代、第四代港口企业发展。2014年，河北港口集团依托集团成熟的港口建设和运营经验，积极开拓国际国内新业务，开展境外投资，跨国经营港口和物流，逐步成为具有国际竞争力、规模化经营的全球码头运营商。国际物流公司各项准备工作已经完成；香港公司与多家贸易商建立合作机制；邯郸国际陆港边建设边运营，实现利润600多万元，邯黄铁路的通车，使黄骅港综合港区与邯郸陆港实现海陆联动，进一步促进港城联动，拉动冀中南地区经济发展。他们引进煤炭物流全程产业链体系，密切联系煤炭供应链上下游合作伙伴，向客户提供物流增值服务。集团旗下的睿港煤炭物流公司通过为客户提供交易信息、配煤加工、应急储备、产品定制和标准煤产品等特色服务，有效地整合煤炭物流产业各环节，实现煤炭物流低成本、高效率、集约化运作。2014年，睿港公司组织煤炭物流1300万吨，为秦皇岛港直接贡献吞吐量667万元，实现营业收入55亿元，利润总额1500万元。

履行历史使命异地“开疆扩土”。2009年，河北港口集团成立之初，即被省委省政府赋予了统筹开发河北新增港口岸线资源的历史使命。近年来，在曹妃甸港区，先后建成了矿石码头一、二期工程6个泊位，年设计通过能力6550万吨；正在建设的年设计通过能力5000万吨的煤炭码头二期工程已经进入重载联动试车阶段。在黄骅港区，先后建成了4个通用散杂货泊位和4个多用途泊位，其中2个已开通集装箱运输航线，年设计通过能力90万标箱，2个20万吨级矿石泊位，一座现代化综合大港在冀中南地区迅速崛起。

随着京津冀协同发展进一步深入，贯彻落实河北省港口建设战略目标，河北港口集团加快推进曹妃甸港区、黄骅港综合港区建设运营，健全港口商贸物流枢纽，在更大范围、更广领域、更高层次参与经济全球化。2013年，河北港口集团将总部正式由石家庄市迁至唐山市曹妃甸工业区。2014年，抓住国家实施京津冀协同发展战略的机遇，与天津港集团合资组建了渤海津冀港口投资发展有限公司，统筹天津、河北两省市港口资源及航运要素，优化津冀区域港口分工和布局，开启了双方优势互补、合作共赢的新局面。同时，完成了曹妃甸第六个5000万吨煤炭码头项目完成公司的组建和黄骅港区20万吨级矿石项目设备安装调试及海关监管场所验收、原油码头项目完成公司组建。

河北省国有资产控股运营有限公司

2014年，河北省国有资产控股运营有限公司紧紧围绕建设实力国控总目标，不断强化“三个解放、八个注重”，进一步活化资产存量，优化投资增量，提升运行质量，创新发展迈上了新台阶。2014年，实现营业收入143.35亿元，同比增长37.02%；实现利润4.04亿元，同比增长51.41%，提前一年完成“十二五”规划确定的主要经济指标。一年来，公司先后荣获了省政府金融创新奖、省安委会安全管理先进单位、省国资委“河北国控杯”第一届辩论赛一等奖和特别贡献奖等各类奖项18项。全系统30多人次荣获省、市有关部门授予的荣誉称号。

（一）明晰实力国控战略目标，发展的指导思想发生重大转变。2014年，公司在深入学习党的十八届三中全会精神，认真研究公司当前的阶段性特征、主要矛盾、机遇挑战的基础上，结合国有资本运营公司的发展特点，提出了建设实力国控的总目标及“三步走”战略，明确了公司以深化产融结合、贸融结合、产融贸协调发展和资本运作相结合的发展思路、发展目标和具体措施，为精准实施结构调整、加快转型升级，找准了方向上的聚力点和运作上的发力点。发展的指导思想着力突出“四个转变”，即由产业为主向产业、金融、流通和科研服务协调发展转变，由单体项目发展向参与区域经济建设转变，由项目驱动向战略引领转变，由传统式管理向提高公司的现代化治理体系和管理能力转变，并把科学的发展指导思想落实到企业、落实到项目、落实到发展，集中力量开展“调结构、活资源、强管理、增效益”攻坚战，公司走上了更加持续健康的发展轨道。

（二）全力抓好增量开发和存量提升，创新发展再上新台阶。一是体系优化的竞争优势更加凸显。按照产业、金融、流通和科研服务协调发展的战略部署，设立了国控投资管理、国控股权基金、中茂商业保理等公司，弥补了金融投资方面的短板。针对现有商贸板块资本规模小、竞争能力弱的客观实际，恢复省商贸公司经营，打造了大宗物资交易、物流金融创新平台。2014年，国控投资、省商贸公司利润占到了全系统的20%以上。目前，产业、金融、流通和科研服务为一体的战略布局初步形成，公司抗风险能力显著增强。二是参与区域经济发展的领域不断拓展。公司以合作建设张家口北方硅谷高新产业新城为切入点，拉开了同张家口市全面合作的序幕。根据与张家口市政府签署的战略合作协议，与张家口有关企业共同组建国控北方硅谷公司，以“平台十基金”模式，开发运作园区。园区占地8900多亩，列入了省重点项目，目前，已有40余家企业签署入园协议。另外，公司还就参与张家口基础设施建设、发展现代农业、开发地产项目等进行深入研究，为公司发挥金融杠杆的撬动作用，助力区域经济发展、促进公司转型升级创造了条件。三是重点项目建设的步伐明显加快。小寺沟铜矿正式复产。南李庄铁矿80万吨采选工程获得了省里的项目核准。寿王坟铜矿球团厂改造等工作加快推进。国控化工完成了607厂的股权收购和宏达爆破公司的整合。卫星化工数码电子雷管通过了工信部的科技成果鉴定，主要性能指标处于国内领先、国际先进。新合作大厦已完成地上十六层施工。重点项目建设为公司加速转型升级、提质增效奠定了扎实基础。另外，公司还调研了基础农业、新技术、新能源、新型服务业、医疗、房产、旅游地产、石材开发、石家庄综保区等一批有利于转型升级、创新发展的项目，储备了丰富项目资源。

（三）以发展混合所有制经济为契机，大力推进改制改革。一是积极推进股权多元化和混合所有制建设，目前，所属二级企业中，股权多元化企业占28.6%，混合所有制企业占14.3%；所属三级企业中，股权多元化企业占65.4%，混合所有制企业占57.7%。二是企业改制工作扎实推进。省服装鞋帽公司正在着手推进职工安置工作。省商业进出口公司正在理顺银行、税务等各方手续。省食品公司改制方案及土地作价出资已获省国资委和国土厅审批。省地煤公司、省纺研所的改制方案正在抓紧完善。三是省轻工联社改革取得实质进展。恢复了省轻工联社事业单位法人资质，加强了对联社系统企业与职工的管理，维护了社会的和谐稳定。四是一批新企业正逐步成为效益增长的新动力。新成立、组建、恢复经营的国控国际物流、国控基金管理、省商贸等15家企业，正在成为公司提质增效的新的增长点。

（四）深入推进创新驱动，发展质量和效益全面提高。为实现经济新常态下的高质量发展，公司不断深化重点调度与整体调度相结合的调度分析模式，就整体情况及关键指标进行调度分析，并积极推进管理模式、经营模式、营销模式创新，以模式创新提升经营活力、促进提质增效。一是创新管理模式。省地煤设立风险管理委员会，推行项目经理风险抵押金制度，风险防控能力显著增强。国控实业进一步厘清了以地产开发为主体、以资产管理为重点、以地产金融为支撑的发展思路。国控化工进一步强化了战略规划的引领和安全生产的保障作用。卫星化工细化成本管理，主营业务成本率同比下降1.45个百分点。通力公司全面加强资金集中管控，提高了资金使用效率，防范了资金风险。二是深化技术创新。卫星化工累计获得7项专利。纺研所两项新产品研发通过了验收，正在成为效益增长的新支撑。友爱医院完成了11项学术研究，医疗诊治水平大幅提高。三是创新经营模式。商贸公司探索实施供应链集成发展模式，半年实现利润600多万元。卫星化工以发展国际市场为重点，出口同比增151%。煤业工贸技术监理服务进一步拓展了非煤领域。省纺研所与系统内企业抱团取暖，共渡纺织行业“寒冬”。食糖储备库运用期现货结合和套期保值规避经营风险、降低库存成本。四是创新开拓市场模式。友爱医院强化网络营销、广告营销，门诊人次同比增长55%，住院人次同比增长13%。国控管理在做好“管理、服务、稳定”等工作的同时，积极拓展经营业务，迈出了由管理型向管理经营并重转型的重要一步。

（五）积极创新融资模式，多渠道夯实加快发展的资金保障。坚持间接融资和直接融资相结合，除银行贷款外，发行了中期票据、短期融资债、信托产品、非公开定向融资工具等直融产品，与金融机构探讨了固定资产的售后回租、保险资金融资，以及发行项目收益债、商票融资、应收账款保理等融资方式，实现了间接融资与直接融资并举。目前，公司已与银行、信托、租赁、证券等近20家金融机构建立了良好合作关系，累计获得授信额度123亿元。多元化融资，不仅优化了公司的资本结构，而且打通了融资渠道，实现了资金链的良性循环，保障了公司的健康发展。

（六）深化管控建设，公司现代治理取得新成效。一是制度管控体系进一步完善。全系统累计新定、完善制度60多项，科学化、规范化发展的长效机制更加牢固。二是人事制度改革迈出新步伐。实施挂职锻炼，促进了复合型人才成长。畅通本部与基层交流机制，上下联动更加紧密、合作更加和谐。实施公开化能力测评，一批优秀人才脱颖而出。用人导向的转变，激发了干部职工的内在活力，有力地调动了干部职工干事创业的积极性和主动性。三是风险防控体系建设得到加强。深化合同备案管理，严格法律文书审核把关，严控合同履约风险；积极应对诉讼纠纷，最大限度地保护国有资产安全。完成了资金管理信息化平台一期建设，建立健全了企业内审制度，强化了应收款项管理，对应收款项增长快、账龄长的情况，逐笔分析、及时调度，全力防范坏账损失。四是精细化管理取得显著成效。大力压缩管理费用，会议同比减少60%，简报同比减少28%，公务接待等费用同比减少54%。五是继续强化安全管理。严格落实安全主体责任，大力强化安全隐患排查，共进行隐患排查329次，整改安全隐患1978项，安全生产继续保持了良好局面。六是以信息化系统建设为抓手，积极推进传统管理向现代管理的转变，OA办公系统投入使用后将大幅降低办公成本，提高办公效率。

（七）全面加强企业党建和反腐倡廉建设，提高发展凝聚力。一是扎实开展教育实践活动。公司党委着力加强思想政治建设，广大党员干部再次受到了马克思主义群众观点的深刻教育，贯彻群众路线的自觉性和坚定性明显增强；“四风”问题得到有力整治，职工反映的突出问题得到有效解决；继承和发扬了批评和自我批评的优良传统，探索了新形势下严肃党内政治生活的有效途径；以转作风、改作风为重点的制度体系更加完善，制度执行力和约束力显著增强。二是公司党委坚持从严治党，严格落实党风廉政责任制和中央“八项规定”精神，深入抓好反腐倡廉教育，持续深化效能监督监察，全面加强对重点项目的全程监督，有效发挥了保驾护航的作用。三是着力深化企业文化建设。承办省国资委“国控杯”辩论赛、组织登山赛等系列活动，开展两优一先、最美基层员工评选，大力宣传系统内模范典型先进事迹，营造了和谐向上的文化氛围。四是加大新闻宣传力度，大力提升公司知名度。在河北日报、河北经济日报、河北新闻网等省级媒体多次刊发公司改革发展的新举措、新成就，有效提升了公司的社会影响力。五是驻村工作取得积极实效。驻村工作组筹集资金100多万元修复了抗旱水利工程，帮助村民开垦山地40余亩，为驻村捐赠电脑18台、图书200余册，并组织友爱医院专家为村民进行查体医疗等，驻村工作组获得了当地党委和群众的一致好评。

唐港铁路有限责任公司

唐港铁路有限责任公司是在原唐山滦港铁路有限责任公司的基础上，通过“增资扩股、变更登记”的方式，组建新的合资铁路公司。由太原铁路局、唐山港口实业集团公司、国投交通公司、唐山曹妃甸实业港务有限公司、大唐国际发电股份有限公司、河北建设交通有限责任公司、华润电力（唐山曹妃甸）有限公司7家企业共同出资组建。公司于2005年8月19日正式挂牌成立，注册资本23.4226亿元。公司现共设运营车站11个，线路营业里程232公里，正线延展里程393.513公里。主营业务是煤炭、焦炭、钢材、矿粉等货物。

唐港公司采取的管理模式为：专业委托，安全直管。公司与太原铁路局签订迁曹铁路运输管理委托协议，将公司各系统分专业委托给国铁相应站段管理。分别为：车务、中间站委托大秦车务段负责管理；机车运用委托湖东电力机务段负责管理；机车检修委托湖东车辆段负责管理；工务、线路、桥梁、道口等设备委托秦西工务段负责管理；电力、牵引供电系统委托大同西供电段负责管理；电务信号系统委托大同电务段负责管理；治安管理委托秦皇岛铁路公安处负责管理，通信委托太原通信段管理，油库委托太原铁路局物资供应段管理。各直管站段负责日常专业管理和安全直接管理，唐港公司对各专业负责安全监督管理。

2014年度安全生产及主要经营情况：

一、安全管理体系逐步完善。公司严格落实“三点共识”、“三个重中之重”要求，严抓管理基础，强化过程控制。各级干部突出夜间检查、添乘检查、节假日检查、关键时间段检查和视频监控检查，共下现场检查4777人次，发现各类问题4739件，签发安全问题通知书971张。特别是对极易造成砸锅惹祸的关键问题签发了《安全重点问题整改通知书》26张，共确定事故苗子10件，全年入库问题614件，整改销号534件，进一步堵塞了安全管理中的漏洞，以现场控制、督导整改的安全监管体系逐步形成。公司胜利实现了七创安全年目标。

二、运输增量再创新高。一是强化工作协调。落实与直管站段生产协调及日常信息互通制度，积极与港口物流公司及各装车站对接，最大程度的向路局运输处申请装车计划，为C70车底双重作业创造有利条件。二是努力破解疏港组织瓶颈。采取针对性措施，积极解决煤炭市场下游需求不足，港口垛位紧张，卸车压力增大问题，对下游用煤企业需求量、船舶的预期、垛位使用、市场走势等综合分析，采取措施压缩滞港煤种的到达量；督促煤炭公司及时清运，腾空场地，为后续列车打下基础。三是积极寻找新的运量增长点。对京唐港、曹南及港口有效货源、周边用户需求、汽运与铁路运输成本进行市场调研，努力拓展营销市场，对确定的货运客户，协调装车站利用可用车型组织装车，提高装车计划兑现率。2014年，公司累计完成运量21567万吨，完成年计划的108%，同比增长3.4%，运输效率得到提升。

三、行车设备质量得到提高。一是强化设备集中会战。公司对集中修工作进行全方位的检查督导，形成了全方位、多层次、立体式的盯控格局。通过严密的组织，工务系统道岔捣固、大机打磨、成段更换钢轨等7项计6596万元的设备改造，供电系统完成接触网平推检查、更换绝缘子2项计2085万元的整修，其他系统均计划完成了整修计划。二是全力做好防洪抗汛工作。未雨绸缪，投入资金400万元，完成了25项防洪预抢工程，提高了基础设施的防洪抗险能力。三是运用科技手段保畅通。加大科技投入，投资2360万元，综合视频监控系统一期工程建成运用。全年通过视频监控系统检查发现各类问题905件，对公司的安全检查、设备控制发挥了突出的作用。

四、经营管理业绩突出。一是加大堵漏保收力度。2014年到达货物共计补收运费2299万元，自备车回空共计补收709万元，核收货车延占费260万元，累计补收运费3268万元；二是合理调度资金。提前偿还2015年到期项目贷款3.94亿元，减少贷款利息支出2748万元；对存量资金协调银行开展定期存款、协定存款、通知存款等多种方式提高收益，全年增加存款利息收入2596万元；三是加强进项税额管理。2014年公司共计认证抵扣进项税额6426万元。四是做好建设项目计划编报和财务核算工作，积极协调六家银行加快项目授信进度，协助项目贷款评审工作，全年共完成两项重点工程26亿元项目贷款授信工作。通过强化经营管理，2014年公司实现运输收入42.6亿元；实现利润22.4亿元，完成年度预算的120%。

五、工程建设强力推进。一是重点工程前期筹备有序推进。聂庄至东港增二线和东港站改造工程及曹妃甸港区铁路扩能改造工程，先后完成了施工图审查、用地手续、征地拆迁、施工招标、监理招标文件审查、建设用地手续批复等项工作。二是新增自闭线工程圆满完成。大秦线迁安北配电所起至迁曹铁路滦南配电所止，新建一条10KV电力自闭线，同时对相关的变电所、配电所进行改造。经过公司各部门和施工单位的不懈努力，新设备安全投入运用，提高了电力设备运行的可靠性。三是重点工程建设推进有序。东港、曹西两项工程，完成投资8亿元。各项基础设施建设按计划稳步推进。

六、队伍建设得到新加强。一是修订完善了公司各级干部岗位责任制及量化考核标准，使各部门管理职责更加明晰，实现了干部管理有章可循、有标可依。二是强化大学生招聘工作。加强组织领导，落实招聘方案，共招聘高校毕业生49名，通过集中培训，所有人员全部充实到生产及管理岗位，既为公司的发展增添了新鲜血液，同时也解决了多年职工子女就业难问题。三是加强干部队伍建设。为满足公司发展需求，选派6名生产及管理骨干到基层站段进行挂职锻炼，为公司提升管理水平增添了后劲。

七、生产生活条件明显改善。八小工程建设扎实推进。2014年确定房屋维修等八小项目77项，投入资金2825万元，新建机关食堂、职工培训中心等基础设施投入使用；此外，组织综合维修车间完成小型维修项目65项，大中修改造项目35项，总投资金额310万元，生产一线办公环境明显改善，职工关心的热点问题逐步得到解决。

2014年是公司拼搏进取成效卓著的一年。公司先后被中华全国总工会授予“全国职工教育培训优秀示范点”称号，被中共唐山市委、唐山市人民政府授予“振兴唐山先进集体”称号，被唐山市总工会授予“模范职工之家”称号，被唐山海港经济开发区管委会授予“省级园林城区创建工作先进单位”称号。

承德供电公司

国网冀北电力有限公司承德供电公司地处燕山腹地、河北省最北部承德市中心，隶属冀北电力有限公司，属国家大型供电企业，负责承德市3.9519万平方公里，369万人口的输、配、供、用电管理工作。公司现有13个职能部门、7个业务支撑机构、8个直供直管县分公司，员工总人数2553人。2014年，公司售电量达156.46亿千瓦时。截至2014年底，承德地区已拥有500千伏变电站3座；220千伏变电站14座；110千伏变电站56座。公司110千伏及以上变电容量达949.4万千伏安，输电线路3884公里。承德电网实现了以500千伏为主供电源，220千伏为主网架，110千伏及以下电网布局合理的网络结构。

近年来，承德供电公司广大干部员工在企业发展中，全力拼搏，屡创佳绩，先后荣获“全国五一劳动奖状”、“全国精神文明建设先进单位”、“全国企业文化建设先进单位”、“全国模范职工之家”、全国“安康杯”竞赛优胜单位、“河北省五一劳动奖状”、“河北省文明单位”、“河北省先进集体”、“河北省服务名牌”、“河北省先进基层党组织”、“河北省企业文化建设示范单位”、“河北省学习型组织标兵单位”、“河北省扶贫开发工作先进集体”、“河北省农村精神文明建设帮建工作先进单位”、“国家一流供电企业”、“国家电网公司文明单位”、全国供电系统“安全文明生产达标企业”等荣誉称号，连续多年被评为承德市业绩突出单位、优秀企业和先进集体，在地方万人评行风和“三杯”竞赛活动中，多次摘得桂冠。

一、电网建设。加快特高压工程建设。成立特高压工程建设领导小组，逐一签订属地协调工作责任状，层层落实任务。协调召开特高压电网建设推进会，锡盟～山东1000千伏特高压工程获得“五县一区”政府支持，隆化串补站先行用地手续获得批复，四通一平、特高压交流线路工程全面启动施工。

加快推进重点项目。编制涵盖“十三五”的电网发展规划，滚动修编2015—2020年配电网规划。天汇设计公司首次中标两项220千伏输变电工程。承德东等5项110千伏及以上电网项目取得核准，22项110千伏及以上项目完成可研招标。推动政府出台《关于加快推进全市电网建设的实施意见》和《电网建设工程征地拆迁补偿办法》，强化物资供应、施工监理等关键环节管控，巴克什营等4项110千伏输变电工程顺利投产，张唐电铁配套220千伏输变电工程开工建设，220千伏红旗、110千伏汤道河等8项输变电工程有序推进。加大配网建设改造力度，完成配网基建工程40项。177个农、配网项目取得河北省发改委可研批复，2013年农网改造升级工程通过河北省发改委验收。巴克什营等4项输变电工程获得国家电网公司“优质工程”，2项工程获得国家电网公司“农网百佳工程”。

二、安全生产。以新《安全生产法》和《河北省电力条例》为指导，扎实开展安全管理提升、春（秋）季安全大检查等活动，统筹推进资产全寿命周期管理体系和电能质量在线监测系统建设，顺利通过安全生产标准化达标评级验收。强化电网安全运行管控，建立停电计划、检修方式、风险分析和管控措施同步制定机制，梳理电网六级以上风险89项，开展安全分析校核71次，发布电网风险预警53次。集中开展“打非治违”和“清障护电”专项行动，治理外部隐患329处，有效保障电网安全稳定运行。扎实推进反违章工作，纠正一般性违章81起。编制反事故预案37项，开展反事故演习17次，安全管理水平显著提高。常态化开展信息安全督查，信息安全保持稳定。

统筹安排检修计划，检修试验变电设备1927台次、线路521条次。治理2226户农村“低电压”问题，完成29.46万基杆塔及附属设备的GIS数据采集和录入。强化隐患排查治理和设备运维管理，处理设备、线路隐患2242项，安装输变配电警示标识10030处。不断完善信息通信网架结构，在冀北公司首次应用大容量微波技术，有效提高调度系统容灾能力。全面开展10G网络建设，完成金山岭500千伏变电站、周营子220千伏变电站等25个站点设备接入工作，信息通信支撑能力得到有效提升。成为冀北公司首个实现基地检修和100项变电运维一体化作业项目移交单位；顺利通过国家电网公司输电精益化管理提升和配电网带电作业检查；状态检修和冀北备调系统建设顺利通过国家电网公司验收；荣获国家电网公司运维检修工作“先进集体”和冀北公司输电专业精益化管理“红旗单位”称号，高寺台220千伏变电站获评冀北公司“精益化管理红旗站”。

三、经营管理。档案管理成为承德地区首个“六星级”单位。深化“两个提升”活动，4个县供电企业和6个乡镇供电所获评冀北公司“标杆单位”。认真贯彻落实国家电网公司工作标准，获得冀北公司“标准化建设优秀单位”称号。全面监测关键流程和核心业务，建立会商协同、通报评价、考核激励工作机制，高质量通过国家电网公司运营监测（控）中心综合验收。立足“三六九”平台建设，加强指标过程管控，优化专业管理流程，促进管理和指标双提升。在冀北公司同业对标排名中，公司10个专业有5个专业排名第一，管理指标排名连续两年位于冀北公司首位。

2014年，新建住宅小区电力设施建设费收费标准由65元/平方米调增至114元/平方米，上调75%。充分利用固定资产加速折旧企业所得税政策，节约税费454万元。深入推进增利奖励措施，实现增利1957万元。加大电能替代宣传力度，促进电能替代成果落地。深化市场调研，建立重点项目跟踪督办制度，主动对接地方政府重点项目，全年累计完成业扩新装及增容464.20万千伏安，实现增供扩销电量14.91亿千瓦时。开展企业自备电厂普查，及时采取防控措施，有效防止自备电厂违规私自并网问题。强化用电检查管理，充分利用营销稽查监控系统、用电信息采集系统等现代化手段，加大营业普查、稽查工作力度，挽回经济损失1152.77万元。大力推行客户购电制，连续16年实现电费足额回收。

四、科技工作。开展群众性创新活动，指导和帮助一线职工将发现的新方法、新技术予以实现并转化成专利成果。开展群众性科技创新活动，充分发挥全员职工的聪明才智，鼓励职工立足本岗，达到提高职工素质、完善管理体制、提高科技水平。以冀北公司下达的群众创新项目组为依托，2014年专利申请累计完成61项，完成率124.14%，其中发明专利完成11项，完成率122.22%；专利授权累计完成72项，完成率218.18%。按照“大科技”理念的精神，积极挖掘、培育科技项目并积极参与冀北公司和地方政府评奖，荣获冀北公司科技成果推广应用三等奖两项，承德市科技进步奖一项。

五、优质服务和品牌建设。以共产党员服务队为依托，继续发挥“三个联盟”、新峰“棚”友会等服务载体作用，充分履行社会责任。开展“今天我值班”和“访民意、听民声、每人走访百名客户”主题活动，走访客户15.16万户，解答客户咨询5.48万人次，进一步拉近与用电客户之间距离，有效化解各类矛盾。突出品牌策划传播，在新华社、经济日报等中央、地方及行业媒体发布新闻稿件3267篇，1篇品牌建设典型经验入选国家电网公司典型经验库。深化舆情监测、分析、预警和处置闭环管理机制，舆情保持总体平稳态势。

积极服务清洁能源发展，开辟清洁能源发展“绿色通道”，德润二期等5项风电项目、正北沟二期等5项光伏项目并网发电，新增发电容量459.50兆瓦。大力开展供电服务专项整治行动，开展明察暗访16次，督导窗口服务整改问题8项，考核员工15名，员工服务意识显著提升。开展配电网带电作业1116次，减少停电10.60万时·户。推行业扩项目“五库”管理，报装手续大幅精简。拓展手机支付、“95598”网站缴费新途径，邮政“缴费一站通”网点已达2276个，全面建成城区“十分钟交费圈”，实现农村地区“村村有交费点”。

六、党的建设与精神文明建设。以“为民务实清廉”为主题，深入开展党的群众路线教育实践活动，归纳整理26个突出问题，提出177条整改措施，全部整改完成。探索农电工党员管理，成立中共承德辰飞供电服务有限公司承德县分公司委员会。加强党员作风和能力建设，开展“感恩企业，践行承诺，追随党的足迹”主题活动，举办“践行党的群众路线”暨庆祝建党93周年“七一”表彰大会，党员素质不断彰显，1篇理论文章在新华社内参发表，李国军同志入选国家电网公司“为民服务典范”。团组织积极实施铸魂工程、活力工程、亮点工程和强基工程，不断引领团员青年岗位建功，公司团委荣获冀北公司“五四红旗团委”和承德市“优秀团委”。“绿舟”共产党员服务队被国家电网公司授予“优秀共产党员服务队”，李国军、“绿舟”共产党员服务队获得“感动冀北电力年度十大人物”。

保定供电公司

一、电力供应安全可靠。2014年，国网保定供电公司严格执行《安全生产法》、《国务院关于进一步加强企业安全生产工作的通知》等规定，全面落实各级安全责任，扎实开展打非治违、安全大检查等活动，安全基础不断夯实。常态开展隐患排查治理，发现并治理各类风险隐患1393条。强化现场安全管控，推行“五化”工作法，违章及不规范数量同比下降26.3%。加大电力设施保护工作力度，市政府下发《关于禁止在输电线路保护区内种植可能危及线路运行安全树木的通知》，进一步强化了政府、园林管理部门和属地单位协调联动，发现并制止保护区及变电站周边植树行为53起，清除、移栽树障1167棵。深入开展“打击窃电违法犯罪百日专项行动”，市委、市政府高度重视，主要领导亲自动员部署，推动反窃电工作取得重大成果，查处窃电2396起，进一步浓厚了依法安全用电的良好社会氛围。加强电网运行分析和风险预控，强化重要区域、重载设备运行监测，成功应对528.8万千瓦历史最大负荷，圆满完成十八届四中全会、APEC峰会等重要保电任务。

二、特高压电网发展实现突破。建设特高压电网作为解决保定地区供电紧张局面和治理大气污染的重要举措，首次落地保定。作为河北特高压电网建设的主战场，主动加强与市委、市政府汇报，促请成立以刘颖常务副市长为组长的特高压工程建设领导小组，将各级政府和部门全部纳入组织机构，并出台《保定市特高压输变电工程建设征地拆迁补偿标准》。保定供电公司建立"四横两纵"属地协调沟通机制，强力推进特高压电网建设，北京西变电站征地工作进展顺利，涉及10个县的蒙西—天津南线路工程（保定段）全线开工建设。

三、电网发展提质提速。紧密结合京津冀协同发展规划，建立服务京津冀一体化超前对接机制，积极与各县（市）政府沟通，已与11个县政府签订电网建设合作框架协议，形成了政企协作共同推进电网建设的新格局。紧跟地方经济发展动态，完善各级电网发展规划，超前对接产业园区、重大项目、核心地区发展用电需求，加快推进坚强智能电网建设。全年完成电网投资15.52亿元，同比增长8.46%，投产110千伏及以上线路246.7公里、容量183.6万千伏安。特别是高碑店南220千伏输变电工程及其配套110千伏线路工程的如期投产，大幅提升了保定东北部区域供电可靠性。2014年434个农村面貌提升重点村建设改造任务全部完成。加快电网智能化建设，圆满完成保定电谷智能电网示范工程建设任务，高质量完成城市核心区配电自动化改造工程，中心城区用户平均故障停电时间由52.53分钟缩短到11.23分钟，用电质量达到国内先进水平；安装智能表49.44万只，市区实现了"全覆盖"，专公变采集覆盖率达到100%。

四、供电服务品质稳步提高。全面实施"你用电、我用心"为民服务工程，着力提升供电服务水平。强化服务窗口建设，开展窗口人员服务素质提升专题培训，制定营业厅运营规范以及早晚会、视频监控、手机统一管理等制度，营业厅服务规范率达到97.85%。实施低压报装"一站式"和高压报装"四段式"并行服务，居民、低压非居接电时间分别平均缩短4天和7天，高压业扩接电时间平均缩短10天。大力推行带表抢修，避免了用户重复停电，实现了抢修服务"五个一"。加快推进配网抢修城乡一体化，建立"45分钟"抢修圈，平均故障修复时间70.29分钟，同比减少17.09分钟。积极拓展电费缴纳渠道，新增5个小区物业售电缴费网点，自助服务缴费机增至13台，在6060个行政村设立各类缴费点8000余个，推广电视一卡通缴费模式1万多户。

五、全力服务大气污染防治。积极响应市政府大气污染防治行动和"三净"行动，认真落实《保定市重污染天气应急预案》，成立领导小组，统筹推进各项工作。积极配合政府对市区及各县限产、停产企业进行供电管控，并对45户关停取缔企业采取了断电措施。建立与保定市环保局重污染天气应急协调联动机制，严格按预案开展工作；在APEC峰会期间，配合市住建局依法对违规施工的2家单位采取停电措施。积极推动电能替代。市政府将电锅炉替代燃煤锅炉纳入清洁能源替代改造项目的资金补助范围，有力促进了电能替代工作的深入开展。保定供电公司借助政策东风，对市区二环以内4蒸吨及以下燃煤锅炉用户进行地毯式走访调查，并为电采暖用户提供优化供电方案，加快报装接电速度，全程跟踪服务，共完成电能替代燃煤锅炉208台，共计230蒸吨，减少污染物排放13.74万吨。积极做好新能源和分布式电源并网服务工作，已并网风电容量600兆瓦，光伏容量270兆瓦，受理分布式能源项目报装28个，报装容量50兆瓦，正式并网发电32个，发电容量21兆瓦。

六、党建和文化建设水平实现提升。高质量推进教育实践活动，职工代表、发电企业以及电力用户代表对活动成效评价满意率100%。优化配置公司系统23支共产党员服务队，规范日常管理，实施差异化服务，开展评比竞赛，党员服务队建设水平有效提升，2014年共完成重大保电723次、高低压抢修服务15720余次，开展"四进四送"活动1700余次。公司党员服务队荣获"河北省优秀志愿服务品牌"。开展弘扬白求恩精神主题教育实践活动，举办"弘扬社会主义核心价值观"国学讲座，组织员工风采大赛，开展"讲诚信、懂规则、守法纪"精神文明创建活动和"树标杆、学标杆"全员提质专项行动，连续十三年开展"爱心周"道德实践。丰富道德讲堂内涵，新建善行功德榜和文化长廊，举办杰出青年事迹分享会，用身边事感动身边人、用身边人带动身边人。公司系统涌现出中国好人2名、保定好人3名。公司和18个县公司荣获"河北省文明单位"称号。

唐山市天然气有限公司

唐山市天然气有限公司成立于2009年3月，六年来，公司以调整唐山市能源结构、改善大气环境为己任，紧紧围绕天然气环网工程项目建设，以"跨越发展"为主题，以落实"气化唐山"、"县县通"规划为目标，加大天然气市场开拓力度，夯实基础管理，精心组织，积极完成各项工作任务。

公司计划投资13.8亿元建设全市天然气管网及配套设施，在唐山市市域内形成以中石油永唐秦天然气输送干线为东西轴线的天然气分输管网体系。北半部起点为玉田分输站，途经玉田县、遵化市、迁西县和迁安市，终点为迁安分输站，形成互联互通的北部环状管网，长度约191公里，供气气源为永唐秦输气管道；南半部起点为迁安分输站，途经滦县、滦南县、乐亭县，海港开发区、曹妃甸区、丰南区、市区，终点为丰润区陶立营分输站，形成南部环状管网，长度285公里，供气气源为永唐秦输气管道、冀东油田天然气、焦炉煤气甲烷化和曹妃甸LNG管网。同时，建设中石化天津LNG唐山分输站、中石油分输站多气源连接工程，实现唐山市中心区、北部环网、南部环网的互通，长度约55公里，此外，为实现唐山市重点乡镇和产业园区经济发展的需要，建设约220公里天然气支线。

公司协助唐山市人民政府编制的《唐山市燃气总体行业发展规划》已得到市政府批准颁布实施。六年间，公司积极推进发展战略，注册资本金达到2.6亿元，年销售收入达到3.73亿元，年销售气量达到1.54亿方，总资产已达到16亿元，2014年公司各县区天然气管网建设中，完成玉田县城镇天然气管道输送工程、唐山市丰润区西南部天然气输送工程、滦南县城镇天然气管道输送工程、滦县城镇天然气管道输送工程建设；乐亭县城镇天然气管道输送工程、唐山海港经济开发区城镇天然气管道输送工程已获得项目核准；丰南、遵化等项目正在积极开展前期工作。公司累计铺设天然气管道约400公里，其中实现供气管道340公里，已实现为市中心区、开平区、丰润区、古冶区、迁西县、迁安市、滦县、滦南县、玉田县供应管道天然气。已建成天然气门站12座、CNG卸气站1座，输气能力达到30亿立方米/年，公司连续六年安全生产零事故，圆满完成了国有资产的保值增值任务，为唐山市经济发展提供能源支撑。

公司深入贯彻"安全第一、预防为主、综合治理"的安全生产方针，不断组织安全生产培训，加大安全宣传力度，增强员工安全意识，并协助唐山市安全生产委员会编制2万字的《安全生产工作指南》。该指南重点介绍了天然气管网和场站运行管理方面的知识和操作规范，对于开展天然气安全生产工作具有指导意义。

公司不断加大天然气市场的开拓力度，并对现有供气区域的市场潜在客户进行摸底调查，并出台了《唐山市天然气有限公司市场开发营销实施方案》等制度，大力发展下游用户，为扩大天然气管网覆盖面，提高天然气普及率，扩大天然气利用范围，减少大气污染，降低唐山市PM2.5，使城镇天然气利用的市场化、产业化上一个新台阶。

公司加快天然气环网建设的同时，积极引入多气源，在稳固现有气源的基础上，已与唐钢气体公司（滦县项目）、唐山中溶科技有限公司对煤制天然气的销售有初步合作意向，力争形成多气源互补互备的供气结构，最终形成管网相通、气源互补、安全、高效、稳定的天然气供气系统，确保全市天然气充足供应。

随着我国天然气行业科技的快速发展，公司以创建现代化企业为目标，加快推动公司现代化建设，高起点建设了天然气管网运行调度系统，建立了调度室、门站、阀室及管线之间的SCADA系统，实现对设备仪表的遥测、遥控；同时，公司采用车辆卫星定位系统等手段优化企业内部的管理模式，为科学管理和决策服务，提高企业的现代化管理水平。2015年，公司建立一个集信息生产运行管理系统和综合办公管理系统为一体的天然气综合管理信息平台。其中生产运行管理系统可实现对市域范围内天然气管网运程集中控制、集中管理以及数据信息集中处理功能，实现对管网运行状况的24小时实时监控，实现预警功能，在遇到紧急状况下，可远程操作控制，提高抢险的高效性。综合办公管理系统使各业务层面的数据和业务流程信息化、桌面化，使公司各个业务环节的工作情况透明化，领导层可对当前公司经营运行状态一目了然，为决策管理提供数据支持，并加强了对各个业务环节的监督和检查力度，提高员工的执行力。

2015年公司将继续按照《唐山市燃气总体行业发展规划》进行天然气环网工程项目建设，并计划于年底为乐亭县、海港区供气。公司还将继续推进唐山市液化天然气储罐及配套设施项目的建设，建立稳定的天然气应急保障系统。该项目总投资约2.2亿元，建设液化天然气储配站一个（包括LNG储罐两座，LNG储罐容积2×5000立方米，可储存气态天然气600万立方米）及DN400配套管线60公里。该项目属于城市安全保障体系建设的应急调峰系统，项目建设后将成为唐山市唯一的应急调峰气源设施，可以有效解决唐山市因冬季天然气供需矛盾、上游气源减少造成的供气紧张问题，并且在出现紧急事故状态时，能够保证下游用户正常用气，以确保本市天然气充足、安全、稳定供应，保障唐山市经济社会的稳定与协调发展。

到2020年公司输气能力将达到70亿立方米/年。天然气高压环网将形成多气源供应体系，实现政府对天然气资源的统一调配，为"气化唐山"、实现全市能源结构调整奠定良好基础。

石家庄市油漆厂

石家庄市油漆厂始建于1956年，原化工部涂料生产重点骨干企业，1994年企业改制，现为股份合作制企业，中国涂料工业协会常务理事单位，中国涂料行业重点企业。

企业资产总额8.39亿元，员工人数700余人。各类设备、计量、检测仪器共计4989台套，直接用于油漆涂料工艺生产的生产线32条、工艺设备600多台套，年生产能力20万吨。企业现有12个地块、占地面积27万余平方米，其中直接用于油漆涂料生产经营的场地有4块，拥有存储能力达2000吨以上的大型仓储设施。

企业创建了"金鱼"、"鱼友"等著名品牌，连续多年获得"高新技术企业"称号；2004年至今，连续十年被评为"安康杯竞赛优胜企业"；2006年至今，授予"特种工种职业技能实训基地"，并颁发国家认可资质证书；2009年，荣获"全国五一劳动奖状"；2012年，荣获"2012中国化工企业500强"，被中国涂料工业协会评为"企业信用评价AAA级信用企业"；2014年，被评为国家级"守合同重信用"企业。历年来，先后累计获得50余项荣誉。

企业在行业内率先建立了完善的质量管理体系，累计获得14项专业资质认证，除了ISO9001、ISO14001等国际通用体系认证外，企业还顺利通过了CRCC铁路桥梁产品认证、防火产品认证、十环标志认证、中国船级社认证和汽车行业16949认证等，并获得了国际上公认的英国水务认证、劳氏认证和 ROHS 认证等，为企业发展、进入国际市场奠定了坚实的基础。

企业注重技术创新，关注世界涂料技术的发展，了解国外先进技术，以科技为先导，倡导环保低碳为己任，与国际上油漆涂料技术先进的国家进行技术合作，加强技术交流，引进、借鉴各项先进技术，使企业总体技术水平处于国内领先地位。企业拥有国内外先进的科研、检测仪器 100 余台，强大坚实的科研能力确保企业能按客户差异化的需求研制、调整产品，使产品满足不同客户、不同标准的要求。

企业产品品类齐全、结构优化，竞争优势显著，能生产 18 大类 6000 余花色品种。产品应用广泛，配套齐全，适用于工业经济多个领域，服务于中高端市场，满足客户差异化需求，满足不同行业、不同施工环境的要求。现企业重点开发铁路、汽车、风电、船舶、军工等行业市场，并且成效明显，成为中石化、三一重工、中联重工等不同行业大型领头企业的合格供应商，与北车集团唐山轨道客车有限公司形成战略合作伙伴关系。

企业建立了庞大的工业漆客户体系和商业网络体系，销售网络遍及国内外。工业漆客户上千家，遍布全国所有省份，商业网络在全国分布了 20 多个办事处 300 家经销商，形成了遍布华北、华东、华南、华中、西北、东北等区域健全的国内销售网络，并出口远销美洲、东欧、西非、亚洲等国家和地区。

2014 年度企业完成油漆产量 3.20 万吨，销量 3.26 万吨，销售总收入逾 8 亿元，同比增长 13.2%，实现利税 4206 万元，实现利润 2030 万元。同时，2014 年企业被评为国家级“守合同重信用”企业、全国安康杯竞赛优胜单位、石家庄市安全生产先进单位、石家庄市民营 50 强、荣获“2013 年中国防腐类涂料品牌奖”，“2013 年中国建筑类涂料品牌奖”和“中国十大工业涂料品牌”等荣誉称号，董事长焦亚平同志荣获“2013 年度河北省劳动模范”，“十大冀商精英”，“2014 年度中国涂料行业十大风云人物”等荣誉称号。

一、主业板块

（1）建立以工业中间品经销商为主渠道的经营开发模式，推动市场行业迅速发展

2014 年主业经营系统完善适应市场的管理体制并不断推动市场开发新模式，确立了以工业中间品经销商为主渠道的市场开发思路，依靠社会力量发展经销商和发展工业中间品经销商，确立了“以市场为导向，以产品技术为保障，建立机构队伍，调动社会力量协作，高效率、低成本、规模与效益两手都要硬”的新模式；建立了高速发展的市场销售模式，采取四个定位，即客户定位、产品定位、渠道定位和价格定位，并开发了终端客户、中间品商、外墙漆、家装复合品牌四种网络渠道。

（2）建立适应新经营模式的技术管理模式，为主业产品提供技术支撑

企业大力推进科技创新，促进了产品结构优化和品质增效，并建立了适应新的经营模式的以市场为导向的专业技术队伍、管理队伍，组建了产品技术事业部，并围绕市场开发事业部的所开发的经销商及客户需求而运行；开发了单品种附加值高、规模大有竞争力的产品，提升了产品技术的先进性，并调整了现有产品体系，突出了拳头产品；加快了新产品的开发，全年共计开发新产品 9 个，技术改进 35 项；发挥了模拟应用实验室的作用，共模拟试验 130 余次；“高性能风电叶片防护涂料”项目通过了市级鉴定。

（3）建立责任制形式的生产管理模式，为企业提供强有力的生产保障

转变生产组织模式，生产经营实现安全、稳定、经济运行。在生产管理上推动了合同式管理，签订《委托加工合同》，提高管理水平和市场保障能力，推动集中生产，大幅提升成本控制力；现场深化了 6S 管理和精益化生产管理，提高了分厂形象；生产队伍建设方面，加强了干部队伍和标准化班组（工段）建设，提高了人员素质；人力资源管理方面，转变了作业方式和分配方式，使生产高效、低成本运行；设备管理方面，改变了维修模式，推行了设备的精益化管理模式。采购保障方面，对集团采购方式进行调整跟进，加大集团集采力度，提高集团整体采购竞争力；对库存原料建立责任追究机制，消除积压浪费；建立采购标准手册，降低采购风险；对所有供应商进行系统评价，建立完善的供应商保障系统；建立对特殊材料采购的快速处置机制。

（4）建立了高效的企业管理模式，推动实行了合同式管理

加强领导班子和干部人才队伍建设，推进整个企业的人才交流与融合，完善业绩考核体系，加大考核结果与薪酬、使用挂钩力度，全面推行合同式管理。在企业新模式的发展要求下，产品技术事业部、市场开发事业部、漆业分厂等各经营环节，推动内部经营管理合同和居间合同，制定了产品与市场开发事业部居间合同、经销商合同、经销部合同、委托加工合同、采购合同、运输业务合同 6 大类合同，全面启动了经营管理合同；进一步明确了责权利，提高了部门与部门之间衔接的紧密度，推动了履职和经营管理各项工作的落实。成立了产品营销策划处、合同处、市场处、宣传服务部以及居间合同推动部、经销商合作管理部等部门，组建了管理市场开发事业部，成立了电商销售部；对醇酸、粉末、电机三个分公司进行了整合；推动了“行业市场工业品中间商”市场开发新模式，建立了大批“市场项目调研组”，并成立了“市场开发筹备处”，并完善了保障经营的各项政策、方法和措施。

二、房地产板块

企业房地产公司充分利用现有的地产资源，同时积极争取 2—3 块储备土地资源，加快向地产、房产行业转型，逐步迅速在房地产行业做大做强，将成为企业的第二支柱产业。对现有正在开发的项目（包括金鱼家园、高邑商业）积极稳妥的建立新的销售网络模式，针对销售情况来定建设进度，规范运行，防止风险，上精品降低成本。

三、资产运作板块

加大固定资产利用力度，以土地运作为主的资产运作及局部开发，把价值高的、不易开发的土地出让，购置升值潜力大的低价土地。通过土地变性等运作，一是保障主业经营，二是提高效益。充分利用好社会资源，让更多的专业人才、中间商和社会资源、信息为企业服务和使用。

四、金融产品与资本运作板块

积极发展壮大金融板块，同金融机构进行信息合作，提高短期低风险资金的投入，以达到提高效益的同时发现更多的商机；采取合资、合作的方式，积极寻找新项目，以效益回报为前提而做到谨慎投资；积极探索其他能够借助外力实现企业持续、高速发展的途径及商机。

五、大力发展非主业项目

红金鱼红木家具公司继续推行寻找“四有”经销商的运行模式，重点开发石家庄、北京、天津市场，将红木家具生产和经营划分为量和小项目进行合同式管理，同时把握原木动态，抓准经营时机，并探索木雕工艺品的营销模式，进行产品、市场、渠道、价格定位，将小产品做成大市场。金鱼文化产业园经省文化厅评审并授予“省级文化产业示范基地”，围绕建立一个大的有影响力的文化市场目标，积极探索经营的新模式，确定文化品位，促产品上规模，努力实现利润增长。

河北交通投资集团
衡德高速公路有限公司

2014年，河北交通投资集团衡德高速公路有限公司按照“文明、和谐、安全、畅通”的总体要求，以经营权益转让为契机和动力，深刻认识改革发展所面临的新形势、新任务，坚持以衡德高速运营管理和故城支线项目建设为中心，以“硬件”改造升级和“软件”创新提升为突破口，提速转型，提质增效，努力适应集团公司快速推进改革发展的新常态，积极建立运营管理和项目建设的新局面。

——通行费收入再创历史新高。继2013年通行费收入突破1.5亿元大关之后，公司认真执行集团公司收费运营的工作指示和规章制度，强化管理，挖潜增效，公司员工尤其是广大收费人员，团结协作，顽强拼搏，在国家规定的四个法定节假日小型客车免费通行和“绿色通道车辆”免费通行的情况下，有效克服养护施工、交通事故和雨雪雾等恶劣天气条件下，实行交通管制封闭高速公路所带来的不利影响，2014年通行费收入直线上升，实现1.79亿元，为年度计划的109.8%，再创历史新高。

——养护管理专项工程积极推进。2014年，完成养护投资4712.6万元，其中小修保养完成投资690.85万元。针对影响和制约衡德高速发展的主要问题，着眼大局，弥补“短板”：一是针对衡德高速公路“超期服役”，路面老化、裂缝较多的现状，积极推进沥青路面病害处治工程，2014年组织施工、监理单位及时进场，完成驻地建设和部分砂石料进场工作。2015年3月份正式开始施工作业，目前已基本完成，完成投资近1亿元。二是针对龙华收费站车流量较大，设计车道较少的现状，实施拓宽改造工程，目前主体工程基本完成，完成投资952万元。三是按照省厅和集团公司要求，推进绿美廊道建设，2014年完成全部乔木种植任务，共计2.74万株，完成投资680.5万元，占全年计划的100.6%，2015年上半年完成投资58万元，累计完成748.5万元，占总投资的99.6%。四是按照省厅和集团公司要求，完成5条ETC专用车道的增设工程，完成投资255万元。五是为提升养护水平，满足日常养护工作需要，购置了路面灌缝机、除雪撒布车等养护机械设备，完成投资241.85万元。六是针对冬季除雪效率较低、材料管理不规范等问题，完成融雪剂溶解池和材料设备库增设工程，完成投资305.1万元。

——衡德高速故城支线建设顺利推进。该项目是集团公司成立以来修建的第一条高速公路，2014年2月19日开工建设，路线全长27.25公里，主线双向四车道，路基宽度28米。同期建设2条连接线，总长22.763公里。项目概算总投资24.46亿元。按照“目标同向、工作同体、责任同担、荣誉同享”的精神，广大参建者兢兢业业，尽职尽责，积极探索“BOT+EPC”、“小业主、大监理”和征地拆迁包干制等建管模式下的新鲜经验，为实现质量最好、进度最快、综合效益最优的目标打下了坚实基础。截至目前，主线路基土方已经全部完成；除邢德路分离立交、卫运河特大桥和跨石德铁路立交桥以外，其他大中桥梁已全部完成；房建工程主线站和故城站已完成主体工程；绿化、交安设施已进场施工；水泥稳定碎石底基层单幅完成47.1km、下基层单幅完成47.1km；级配碎石上基层单幅完成45km；沥青混凝土下面层单幅完成45.8km、中面层单幅完成40.7km，表面层单幅完成0.8km。累计完成投资约19.3亿元。

——安全生产工作扎实开展。按照“预防为主，防治并举，安全发展”的安全生产总体思路，紧紧围绕中心工作，不断加强安全生产制度、文化、机制、效能建设，公司领导亲自安排部署，亲自督导检查，各基层单位对安全生产工作始终摆在十分重要的位置，将安全生产工作与各项业务工作同安排、同部署、同检查、同考核，形成了一整套比较成熟和富有实效的工作预案、管理制度和安全文化，并在业务开展过程中持续发挥着重要的保障作用，使各类安全隐患及时被发现和消除，各种安全问题及时被整改和解决，特别是防火、防盗抢、防食物中毒、防治安责任事件等防范工作取得明显成效，积累了较为丰富的工作经验，安全生产管理水平进一步提高。

——精神文明建设取得丰硕成果。“温暖党建”品牌创建工作深入推进，景州主线收费站创建的“360快乐驿站”日渐成熟，文明服务水平不断提高，志愿者服务活动如火如荼开展，行业知名度和社会影响力不断提高。公司被集团公司评为收费稽查先进单位，党总支被评为全省交通运输系统先进党组织，公司工会被评为全国先进员工小家，龙华收费站和景州主线收费站被评为“省级青年文明号”。

——党风廉政建设成效显著。公司认真贯彻落实集团公司“四查一谈”制度和关于加强党风廉政建设的会议精神及工作部署，优化思路，完善机制，创新载体，强化措施，始终保持高压态势，学习教育常抓不懈，廉政警钟心头常鸣，广大员工深刻认识当前严峻形势，廉洁自律意识明显增强，有效杜绝了各类腐败现象的发生，并在运营管理和项目建设中积累了一定廉政建设工作经验。

保定卷烟厂

2014年，保定卷烟厂全体干部职工团结一心，脚踏实地，奋发进取，攻坚克难，以“构建两大系统、攻坚两大工程”为主线，实践“三大课题”，夯实管理根基，实现了企业持续、稳定、和谐发展，为继续建设新保烟，实现保烟梦打下了坚实的基础。

构建“两大系统”，夯实管理根基。生产系统强精益。以五个维度考核为导向，理顺各项流程，优化生产模式，构建了集“生产组织、质量控制、设备保障、成本管控、物料配送”为一体的精益制造体系。质量管控方面，进一步深化三大管控体系建设，全面审查质量风险，制定评估标准，完善了11个质量预案，24个工艺质量典型案例。深入推进六西格玛管理，鼓励课题研究，63人取得黑带资格，62人取得绿带资格。设备保障方面，不断完善病例管理，建立全流程考核标准，全年设备运行效率91.1%，同比提高0.25个百分点；成本管控方面，严格控制供应链、生产线上各个消耗节点，强化备件成本管理。物流管理方面，设置库存预警系统，保持合理库存，实现物资的精准配送；规范储位管理，合理布局库容空间。

管理系统强执行。以系统管理为指导，进一步梳理职能，明确责任，构建了集“内控管理、服务保障、队伍管理、文化管理”为一体的大管理系统模式，切实做到了思想一致、步调统一、高效执行、互为支撑。内控管理促规范，深入开展“制度执行年”活动，通过“废、改、立”，完善制度498项，使各项工作做到有法可依，有据可查；强化财务及预算管理，全年预算执行率达到99.8%；进一步规范招投标工作，实现了应招尽招、真招实招；对照行业先进指标，挖掘薄弱环节，各项指标进一步改进和提升，15项国家局对标指标中，12项实现同比优化，13项创优指标中，12项达到创优标准；在6S管理、计划管理方面，着力提升部门自主管理水平，在规范上下功夫，在坚持中寻突破，卷接包车间获得“全国四星级现场”荣誉称号；扎实开展QC活动，制丝车间《切丝机分料除尘斗的研制》荣获国家局发布一等奖；积极推进专卖内管、三项工作、审计监督、节能减排等工作，进一步提升规范化管理水平。

服务保障提效率。在安全服务方面，明确四季监管重点，定期开展安全大检查，强化预防管理和应急演练，建立安全隐患排查治理制度，全年实现“五〇二二”安全目标。在信息服务方面，立足企业发展，统筹重点环节，认真编制信息化建设发展规划；积极做好系统维护、升级工作，努力做到信息服务标准化、数据共享一体化。在后勤服务方面，加强基建维修项目管理，避免重复性、浪费性建设；不断提高食堂管理水平，加开夜餐，为一线员工提供健康营养的膳食服务；精心做好绿化养护工作，努力营造怡人的工作环境。

队伍管理增活力，严格履行干部使用条例，继续深化培训体系建设，举办各类培训228项；开展人力资源盘点工作，制定《车间人才培养规划》，搭建了师徒帮带的成长平台。保定卷烟厂获得“全国企业教育百强”荣誉称号；持续推进班组达标创建活动，以创新工作室为平台，积极开展课题攻关，突破技术瓶颈，不断提升班组精益制造水平。制丝车间乙班、综合车间特烟班、卷接包车间丙班被授予“河北省质量管理优秀班组”，制丝车间甲班、卷接包车间维修班被授予“全国质量信得过优秀班组”。

文化管理聚人心。深入开展党的群众路线教育实践活动，坚决落实中央“八项规定”和国家局“九条要求”，大力压缩文件数量，规范会议管理和公车使用，严格接待标准；深入开展党风廉政建设工作，认真落实“两个责任”，针对物资采购、工程建设等重点工作，积极开展源头治理和预防职务犯罪工作，进一步加大效能监察力度。文化建设方面，开通“大美保烟”微信平台，制作历史图片墙，设计部门海报，举办“出彩保烟人”等活动，通过文化精神的传播、文化活动的开展、文化故事的演绎，深化文化体系建设，推进共好文化落地，促使全体员工“人生有信仰、事业有追求、工作有激情”。

河北省地矿局第三水文工程地质大队
河北省地热资源开发研究所

2014年，河北省地矿局第三水文工程地质大队（河北省地热资源开发研究所）主动适应经济发展新常态，解放思想，开拓进取，求真务实，精心谋划，发挥水工环和地热工作优势，积极服务于地方经济社会发展，各项工作均取得了显著成绩。

一、地热产业发展情况

该单位致力于地热资源开发利用研究、回灌技术研究、承担地热地质勘查方法、地热钻勘方法、地热梯级利用、地热开发利用设备、地热资源管理与咨询服务等技术研究开发活动，多年来掌握了大量翔实的数据，在全国地热资源开发利用方面走在了前列。开展了河北省地热信息数据系统的研发工作，系统的建成将进一步提升河北省的地热研究水平，为政府主管部门科学监管地热开发与利用提供技术支持。成功举办了人社部地热资源评价与开发利用保护技术高级研修班，国土资源报、河北日报、河北经济日报、衡水电视台等媒体对会议进行了专题宣传报道。

1. 在深层地热资源开发研究利用方面。开展了《河北省地热资源调查评价》《衡水市地热资源水化学特征与

水质评价》《衡水

市地热资源开采动态监测试验工程》《衡水地热资源科学利用示范工程》编制地热井开发利用与保护方案20余份。该队编写提交的《河北省地热资源特征与开发利用》报告，经专家鉴定认为，该成果首次提出了河北省地热热储结构模型，开创性地建立了地热资源潜力分级标准、评价方法。圈定了河北平原地热开发区有利区和经济区。该成果总体上达到国内领先水平，在热储结构模型、地热资源潜力评价方法等方面达到国际先进水平。为河北省地热资源研究开发利用工作作出了重要贡献。由该队技术人员主笔完成的《河北地热》一书，出版发行后引起广泛关注，成为河北省第一部系统研究全省地热资源的工具书，赢得了良好声誉，并获得省国土厅优秀成果一等奖。《衡水河西地热井地热资源保护工程报告（续作）》获省地矿局地质成果一等奖。《河北重点城市浅层地温能评价与开发利用规划》获省国土厅优秀成果二等奖。《河北省地热资源开采总量控制与动态监测预警工程报告》获省地矿局优秀地质成果二等奖。

2. 在浅层地热能开发研究利用方面。认真做好浅层地热资源利用与开发的科学性研究工作，编写的河北省浅层地热能调查评价开发规划及利用技术规程，掀开了河北省浅层地热能调查评价工作的崭新一页，为河北省浅层地热能开发利用和政府决策提供了依据，对推动河北省新能源建设，实现节能减排目标意义重大，开展了河北省部分城市浅层地温能1∶5万水文地质调查项目、查明了区域资源数量、质量及分布情况，对开发利用适宜性进行了分区，为政府合理开发浅层地温能提供科学依据。开展了《饶阳县与安平县城区浅层地温能调查评价》《衡水市典型地埋管式浅层地温能监测》等项目。完成了《河北省地埋管地源热泵系统应用技术规程》、《浅层地温能开发利用管理办法》等科研项目。《唐山市浅层地热能调查评价报告》获省地矿局优秀地质成果二等奖。

二、环境地质和矿山地质工作开展情况

共完成地质灾害危险性评估300多项。完成了《衡水市粘土矿现状调查与矿山整合》《河北省枣强—故城地区煤炭资源预查》等项目，为政府部门管理提供了技术依据。承担河北省及四川、湖北等地的多项灾害治理工程，积累了丰富的灾害治理工作经验。完成了衡水市第四系饮用矿泉水调查工作，为政府天然饮用矿泉水宏观管理与规划及开发利用提供了技术依据。

针对当前国家正在进行大气污染、水污染、土壤污染防治工作和京津冀三地协同发展及三个河北建设，该队积极开展相关调研和谋划，充分发挥水工环优势，在基础地质工作和水文地质工作方面迅速跟进，积极开展生态修复、地下水超采综合治理、水资源监控等有关项目，开展了“衡水市典型地下水超采区水文地质初步调查”项目，主动服务于国家政府发展大局。

三、工勘施工业开展情况

该队以先进施工技术为依托，以提供差异化服务、精细化服务为着眼点，不断提高核心竞争力，在深井钻探和大口径灌注桩方面，形成了自己独特的施工工艺，在业内享有较高的“河北地矿”声誉，多年来施工足迹遍及国内十一个省市，施工2000米以深的地热井100余眼，1000米至2000米地热井300余眼，油气井63眼，1000米以浅的供水井3000余眼，定向对接井4眼，煤田井3眼，施工大口径灌注桩30万多延米。不断加强对定向井、对接井、油气井、页岩气和煤层气勘查等非常规深部成井工艺等方面的技术方法研究，掌握了核心施工技术。全年完成岩土工程勘察2.7万米，物探测井101眼，热物性测试27眼。由该队施工的太原分层标组工程，第四系松散地层采芯率超过95%，进一步提高了分层标建设施工及监测精度，成为国内松散地层岩心钻探“王牌”队。开展了衡水市景县和工业新区农村土地确权发证及使用权的调查测量工作。

四、人才队伍建设

该队高度重视人才队伍建设，充分运用技术交流、业务培训、“传、帮、带”等多渠道、多形式抓好人才队伍建设，努力培养知识型与实践型并重的复合型人才。2014年，李郡同志获得中国地质学会“第一届野外青年地质贡献奖——金罗盘奖”。齐恭同志荣获“河北省最美地质队员”称号。张书坦同志获得2014年全省老干部工作先进个人。选派9名技术骨干参加衡水市第一届职业技能竞赛，获得车工组团体第一，3名选手获得“衡水市金牌工人”称号，2名选手获得“衡水市技能标兵”称号。3名同志取得了高级职称。8人取得注册资格证书。

河北省室内装饰工程有限公司

2014年，河北省室内装饰工程有限公司科学研判市场，创新经营模式，整合优质资源，加大营销力度，强化内部经营管理的经营策略，企业实现了稳步健康发展。

一、调整经营模式实现企业的转型升级

作为有着近三十年经营实践的装饰企业，面对严峻复杂的经济形势，企业在坚持主业的同时，努力去提高企业的发展层次和发展水平，积极去探索新的经营模式。通过优化业务布局，保持稳固已有的业务，细分业务板块，有重点、分阶段的向高技术含量、高进入壁垒的专业领域进行突破。

一是积极发挥公司投融资平台的优势。资金是企业的血液，是企业赖以生存和发展的重要资源，随着企业区域化布点的加快，专业化分公司相继成立，市场范围的扩大，对资金需求配置要求更高，2014年，公司注重发挥投融资平台作用，按市场化运作规则，发挥“资金池”的整合与配置效应，优化资金资源的配置，降低外部融资成本，将施工经营与资本经营有机结合，拓宽了增效渠道。

二是对接强大的企业集团进行合作，发挥企业集团的整体实力优势，结合公司自身的地域优势、品牌优势、专业化优势和资源优势，进行战略合作，变单打独斗为战略联盟，实现优势互补，资源整合。

二、强化营销渠道的建设注重项目质量降低经营风险

2014年，公司上下感受颇深的是项目运作难度越来越大，政府项目减少，地产项目增多，经营风险也在增加，百十万到几百万的项目往往是十几家、几十家参与投标，在这种形势下，2014年初，公司确定了总经理牵头，市场中心、分公司、项目经理、专职营销多头并进共同联动、协同作战、信息共享的营销策略，强调注重市场信息的搜集挖掘，注重资源的维护，注重项目的质量。公司多次召开专题市场分析会，分析市场，研究对策；始终坚持理性开拓市场，坚持资金来源不落实的不揽，业主背景不了解的不揽，没有经过风险评估的不揽。

过去一年，公司淘汰了项目资金不到位、项目手续不全或是业主背景不清，风险不确定性高的三分之一以上的项目，保证了企业轻装前进、全力运营优质项目。

三、节约挖潜建章立制深化内部管理

在保持稳健经营的同时，公司注重深化内部管理。首先是降本增效严格费用支出向管理要效益，市场竞争的激烈导致企业获利空间越来越窄，企业成本管控的压力越来越大，成本管理直接影响着企业健康稳定发展，公司充实了计划部、财务部力量，加强成本核算、费用支出的审核力度，结合公司中标项目，对劳务分包队伍进行统一招标选定报价合理的施工队伍，对主材则利用采购平台、合格供方等方式多方询价，选择优质供应商报价，优中选优。公司还对非经营性支出如办公用品、电脑耗材的供应商进行重新严格审核，取消减少中间流通环节，与批发商对接，最大限度的降低采购成本。

其次是从建章立制完善制度建设入手，根据经营环境及市场、物价等条件的变化，公司还重新修订了《差旅费报销管理办法》、《病休假待遇的规定》，较以前的管理更加细化；完善下发了《关于经营收入、成本费用年度报账时限要求的通知》，杜绝报账滞后、年度费用收入统计不实的情况；结合市场变化，重新制定了《设计中心管理制度》、《设计中心工作职责》，明确了设计工作程序、项目承担程序和工作秩序、工作纪律；为更好的与市场接轨，印发了《工程施工（设计）项目投标服务暨收费管理办法》，基本涵盖了所有经营业务。“没有规矩不成方圆”，通过理顺综合管理和专业管理的关系，全面梳理各项管理制度，不断完善改进各项管理制度，在职能部门的管理与业务活动之间，建立起一套跨部门的、系统的高效运作流程。

四、注重人才与团队建设

1. 多年来公司坚持人才强企，坚持以人才建设持续提升企业的核心竞争力，为打造一流高素质管理团队和人才队伍不遗余力。2014年职工队伍变化比较大，通过公开招聘等方式引进、调入一批专业人员充实计划部、财务部及设计中心等部门，确保专业队伍整体建设跟上企业发展的要求。

2. 注重队伍建设，公司积极鼓励员工不断提升业务知识、专业技能，公司每年为此投入专项经费，为员工深造学习创造机会和条件。

在加强队伍建设时，公司更注重队伍的质量，不单是要求专业知识和能力，更注重品行，对不求上进，不钻研业务，不勤奋敬业，品行差的坚决辞退。

3. 积极参加行业内的交流学习。2014年是中国建筑装饰三十年也是石家庄市装饰协会成立二十五周年，王万华董事长带队分别参加了中国建筑装饰三十年纪念大会和石家庄市协会二十五周年庆典，去年11月12日还参加了省协会二届会员代表大会及建筑装饰行业绿色建筑设计与材料高峰论坛。通过与行业精英学者交流，开阔了眼界，增长了见识。

五、品牌建设上新台阶

2014年是中国建筑装饰三十年，也是公司品牌建设大发展的一年。公司承建的省政协项目获得了国优工程，企业也因连续五年获此殊荣，被中装协授予“全国建筑工程装饰奖明星企业”称号。公司还荣获“中国建筑装饰三十年优秀施工企业”、“中国建筑装饰三十年专业化百强企业（医疗卫生类、文体场馆类）”、全国建筑装饰行业科技成果奖、全国建筑装饰行业科技示范工程奖等数个行业顶级奖项。

王万华董事长还分别被中国建筑装饰协会、河北省建筑装饰业协会、石家庄市装饰协会授予了“中国建筑装饰三十年优秀企业家”、“河北省建筑装饰行业优秀企业家”、“石家庄市建筑装饰行业功勋人物”称号。

六、设计签约额大幅增加

多年来，公司秉承绿色、环保、低碳的设计理念，不断提升企业的设计品牌，通过先进的设计思想和优秀作品向社会传递设计价值，提升设计签约率，2014年公司的设计签约额较上年度增幅达67%。

河北安信保险经纪有限公司

河北安信保险经纪有限公司（以下简称“安信经纪”）是2005年8月经中国保监会批准成立的注册地在河北省最早的保险经纪公司之一，总部设在石家庄。公司业务规模和营业收入已经连续多年在全省30多家保险经纪公司排名中名列前茅。

安信经纪秉承“专业服务、成就所托”的服务宗旨，坚持“诚信、效率、专业、责任”的经营理念，充分发挥品牌、人才、产品、技术和服务优势，致力于为客户打造全面、科学、合理、全方位的风险管理体系，让客户真正实现“以最小的风险管理成本，获取最大的安全保障”。公司经营范围包括为投保人拟订投保方案、选择保险人、办理投保手续；协助被保险人或者受益人进行索赔；再保险经纪业务；为委托人提供防灾、防损或风险评估、风险管理咨询服务；中国保监会批准的其他业务。

安信经纪拥有一支由业界资深人士组成的业务精通、勇于创新、充满活力的经营管理团队和员工队伍，公司总经理鲁光明先生长期从事核保核赔管理工作，精通保险与风险管理技术，在非水险专业技术领域拥有较高造诣，曾

担任河北保险中介协会第一届经纪专业委员会主任，被河北金融学院保险系聘为客座教授。公司技术总监魏宏先生曾两次作为访问学者赴德国慕尼黑再保险和Mash公司学习交流，拥有丰富的海内外从业经验，曾带队研发产品，开发核心业务管理系统，并和国际上最大的慕尼黑再保险公司和瑞士再保险公司合作制订了国际水平的风险管理控制流程和管理工具。

自开业以来，安信经纪以打造河北保险经纪知名品牌为己任，以努力成为"诚信、专业、有社会责任感的省内领先、国内一流、客户信赖的保险专家"为使命，坚持服务"大企业、大项目、大客户"的市场定位，拥有河北省交通厅、河北省公安厅、河北省食安办、河北省环保厅、石家庄市卫计委、河北建投集团、河北旅投集团、北国人百集团、旭阳集团、恒天天鹅公司、张家口银行等大中型核心企业客户340多家，圆满地完成了大广高速工程、石安改扩建工程、京石改扩建工程、张承高速工程、承张高速工程、石济客运专线等一系列国家级重点工程项目的保险经纪服务工作，并获得业界及广大客户的广泛好评。

2014年工作业绩

2014年，安信经纪紧紧围绕省委、省政府的决策部署，在河北保监局的正确领导和大力支持下，依靠公司所具备的品牌优势、产品优势、技术优势、服务优势、客户优势五大优势，积极参与河北地方经济建设，先后为340家企事业单位提供优质高效的保险经纪服务，有效发挥了保险"经济助推器"和"社会稳定器"的作用，成为保险经纪行业支持地方经济建设的"重要渠道"。

（一）业务发展形势喜人，服务社会能力显著提高。一是安信经纪充分发挥公司优势，逐渐在交通、能源、商业、化工、纺织、星级酒店等领域树立起最具影响力、竞争力的服务品牌，无论业务规模和专业服务能力均在河北保险经纪行业首屈一指。二是积极践行"新国十条"文件精神，主动参与多个政府责任险领域项目，继成功中标石家庄市及驻石省属医院医疗责任险项目后，凭借专业的服务团队、完善的竞选方案和丰富的项目经验，最终在河北省食品安全责任险和河北省环境污染责任险保险经纪人比选中胜出。这两个项目的成功中标，标志着安信经纪在政府责任险领域逐渐建立起具有核心竞争力的品牌优势，为安信经纪进一步拓展责任险、提升发展力、持续快速发展打下了坚实的基础。三是经过多年积淀，安信经纪在交通、能源、商业等领域逐渐形成专业服务品牌及竞争优势，公司欣喜并陆续接纳了一些"上门"业务，老客户们把他们的满意服务体验介绍给新朋友，一些新客户慕名结缘安信经纪。

（二）立足客户需求，大力提升服务品质。在提升服务方面，安信经纪始终秉承"专业服务、成就所托"的服务宗旨，以立足河北，服务全国，做客户最可信赖的保险顾问为愿景，勇于承担社会责任，积极发挥保险保障功能，更好的服务社会经济实体，服务广大消费者，为全省大中型企事业集团提供专业优质的保险经纪服务。一是共协助340家客户出具各类保单共计1139张，为各类经济实体提供750亿元的风险保障，有力支持了河北地方经济发展。二是积极协助客户索赔，为客户分忧、解难。2014年公司共受理客户报案874笔，协助现场查勘50次，组织疑难案件沟通会26次，累计结案759笔，累计协助客户挽回损失2600万元，为客户的受损重建工作提供了充分的保障。三是做好客户增值服务工作。公司致力于打造河北保险经纪优质服务品牌，针对特定客户不断完善增值服务项目，包括协助客户建立风险管理档案，降低客户风险管理成本；建立定期拜访制度，聘请气象、消防专家，协助客户预防和消除安全隐患；举办保险知识讲座，提高客户安全意识和防灾防损技能等。

（三）员工队伍建设迈上新台阶。一是根据公司发展需要，加大人才引进培养力度，建立了内训和外训相结合的培训体系，通过和河北搜才网、智联招聘、北京比杰士管理咨询有限公司、北京盈瑞嘉德国际管理技术培训中心等机构合作，实施了人才招聘和继续深造计划；二是大力推进部门中层和关键岗位竞聘上岗机制，加强中层管理干部队伍建设，建立健全员工晋升考核机制，促进公司高素质的经营管理者队伍建设。三是组织公司所有专业技术系列人员参加专业技能考试，本次考试一改以往"重理论、轻实务"的考试方向，注重理论紧密联系实际，增加了考题的难度。通过专业技能考试，进一步提高了员工学习业务技能的主观能动性。

（四）加强内控制度建设，提高公司管理水平。2014年，安信经纪通过引入有效的激励和约束机制加强了内控制度建设。一是提高管理者和员工的风险控制意识，增强自觉遵纪守法的观念和氛围；二是制定切实可行的内部控制管理制度和监督检查制度，并在运行中不断补充完善；三是强化会计核算的内部控制系统，确保业务数据和报表的真实性和完整性；四是加强和保证内部控制管理制度的有效运行，加大公司内部稽核和外部审计的检查力度；五是完善了公司业务流程图，从制度上保证了各部门各司其责、分工明确和有效运作，提高了公司的整体运行效率。

（五）坚持依法合规经营，加强日常风险防范。

2014年，安信经纪坚持"依法、合规、规范"的经营方针，采取切实有效的风险防范措施，实行全过程风险控制，提高了风险控制与管理水平。一是按照中国保监会和河北保监局的统一部署，深入开展摸底、自查、复查和"两个加强、两个遏制"专项检查工作，排除公司风险隐患，圆满完成了保险中介市场清理整顿各项工作。二是建立和完善公司的法人治理机构，加强对决策者和管理者的监督和制约作用；三是加强合规教育，通过完善规章制度，强化员工合规经营意识，同时严格落实违规问责，加强风险警示。

中国统计出版社最新图书简目

（仅供参考，以实际出版为准）

统计资料

中国统计年鉴 中国统计摘要 中国发展报告
中国经济普查年鉴2013 国际统计年鉴 金砖国家联合统计手册
中国-东盟国家统计手册 中国区域经济统计年鉴 中国县域统计年鉴
中国城市统计年鉴 中国农村统计年鉴 中国地区经济监测报告
中国贸易外经统计年鉴 中国对外直接投资统计公报 中国商品交易市场统计年鉴
大中型批发零售和住宿餐饮企业统计年鉴 中国零售和餐饮连锁企业统计年鉴 中国住户调查年鉴
中国价格统计年鉴 中国农产品价格调查年鉴 全国农产品成本收益资料汇编
中国环境统计年鉴 中国能源统计年鉴 国外资源、能源和环境统计资料汇编
中国工业统计年鉴 中国建筑业统计年鉴 中国房地产统计年鉴
中国城市建设统计年鉴 中国城乡建设统计年鉴 中国第三产业统计年鉴
中国证券期货统计年鉴 中国科技统计年鉴 中国高技术产业统计年鉴
工业企业科技活动资料 中国劳动统计年鉴 中国人口和就业统计年鉴
中国人才资源统计报告 中国社会统计年鉴 中国文化及相关产业统计年鉴
文化及相关产业统计概览 中国教育经费统计年鉴 中国民政统计年鉴
中国民族统计年鉴 中国工会统计年鉴 中国残疾人事业统计年鉴
中国妇女儿童状况统计资料（英） 中国乡镇街道行政区域简册

省级综合统计年鉴系列

北京 天津 河北 山西 内蒙古 辽宁 吉林 黑龙江 上海 江苏 浙江 安徽 福建 江西 山东 河南 湖北 湖南 广东 广西 海南 重庆 四川 贵州 云南 西藏 陕西 甘肃 青海 宁夏 新疆 新疆生产建设兵团

市(县)级综合统计年鉴系列

天津滨海新区 石家庄 唐山 邯郸 保定 沧州 邢台 廊坊 承德 衡水 秦皇岛 张家口 太原 大同 阳泉 长治 晋城 朔州 晋中 运城 忻州 临汾 呼和浩特 呼和浩特新城区 鄂尔多斯 包头 沈阳 大连 长春 四平 哈尔滨 齐齐哈尔 黑龙江垦区 上海浦东新区 南京 无锡 徐州 常州 苏州 南通 连云港 淮安 盐城 扬州 镇江 泰州 宿迁 江阴 丹阳 杭州 宁波 温州 嘉兴 绍兴 金华 衢州 舟山 台州 丽水 合肥 安庆 马鞍山 福州 厦门 宁德 南昌 九江 上饶 新余 抚州 济南 青岛 枣庄 滕州 郑州 洛阳 平顶山 三门峡 南阳 商丘 济源 武汉 十堰 荆州 宜昌 荆门 咸宁 长沙 广州 深圳 惠州 东莞 南宁 柳州 桂林 来宾 海口 三亚 成都 贵阳 昆明 西安 兰州 庆阳 银川 乌鲁木齐 兵团一师 兵团十师

调查年鉴系列

天津 山西 内蒙古 辽宁 吉林 上海 福建 河南 湖北 湖南 广西 重庆 四川 云南 甘肃 宁夏 新疆

“十二五”规划教材

统计学（经济管理类专业本科适用，单薇 等） 抽样调查理论与方法（冯士雍 等）
贝叶斯统计（茆诗松 等） 统计学（黄良文 等） 试验设计（茆诗松 等）
统计学：从数据到结论（吴喜之） 医学统计学（于浩） 统计学（经济、管理类专业基础教材，张小斐）
概率论与数理统计三十三讲（魏振军） 概率论与数理统计三十三：学习指导与习题解答（魏振军）
非参数统计（吴喜之 等） 统计学：经济与管理中的数据分析（李慧云 等）
卫生管理统计学（新编医学院校基础课教材，尚磊） 医院统计学（新编医学院校基础课教材，徐天和 等）
社会统计学（蒋萍 等） 现代金融投资统计分析（李腊生 等）
国民经济核算初级教程（经济类、统计类、管理类专业适用，蒋萍 等）

重点图书

图解中国经济2015 新编英汉汉英统计大词典 中华医学统计百科全书
挑大学选专业2016—考研择校指南 挑大学选专业2015—高考志愿填报指南

河北省邮政公司

河北省邮政公司是中国邮政集团公司的全资子公司，于2007年3月6日挂牌成立，下辖11个市邮政分公司、135个县邮政局，从业人员近3万人。

河北省邮政公司主要负责辖区内邮政通信网的建设运营，按照国家规定承担普遍服务义务，受政府委托提供邮政特殊服务，除经办传统的信函、包裹、报刊发行、集邮等业务外，还依托自身网络和渠道优势开办了国内小包、代收公共事业费、网络购物、农资分销等新业务，同时代理邮政储蓄和邮政速递物流业务，基本满足了社会各层次的用邮需求。

河北省邮政公司紧紧围绕省委、省政府和集团公司的工作部署，实施创新驱动、项目拉动、县域带动，更加注重经济增长的质量和效益，更加注重可持续发展，不断加快转型发展步伐，努力打造河北邮政发展升级版，为服务全省人民用邮、促进地方经济和社会发展、建设现代化邮政企业作出新贡献。

11月6日，河北省人民政府与中国邮政集团公司签署战略合作协议

2月22日，邮政储蓄逻辑集中工程河北省切换上线圆满成功

河北省首家动漫邮局在保定开业

河北邮政举办高端集邮品鉴会

河北邮政优化营业网点环境建设

张家口驿文化主题邮局成立

华夏银行

华夏银行石家庄分行成立于1998年2月。在总行的正确领导和省市各级政府的关心下，在社会各界的支持和广大客户的呵护下，一直秉承与地方经济同谋发展，与企业共同成长，以客户为中心的理念，真情服务社会，始终将自身发展深深地根植于河北改革开放和经济发展的主流之中。目前，石家庄分行领导班子6人，其中行长1名，副行长5名，地区首席信用风险官1名。分行设17个部门，即：办公室、人力资源部、计划财务部、公司业务部、个人业务部、国际业务部、中小企业信贷分部、金融市场部、会计部、信息技术部、合规部、监察室、保卫部、授信审批中心、授信管理中心、资产保全中心、金融市场部。分行目前拥有27家分支机构。其中包括保定、唐山、沧州3家二级分行；12家本部同城机构和2家异地支行，即分行营业部、裕华东路支行、槐安路支行、红旗支行、广安街支行、和平西路支行、建设南大街支行、新华路支行、建华支行、和平东路支行、金马支行、中山支行，正定支行和辛集支行；保定一家二级分行下设3家分支机构，分别是东风路支行、复兴路支行、高碑店支行；唐山一家二级分行下设3家分支机构，分别是丰润支行、迁安支行、龙泽路支行；沧州一家二级分行下设3家分支机构，分别是千童支行、黄骅支行、任丘支行。经中国银行业监督管理委员会和总行批准，开办的主要业务有：办理人民币存款、贷款、结算、票据贴现业务；代理发行金融债券；代理发行、代理兑付、销售政府债券、代理收付款项；办理华夏卡业务、个人贷款业务。办理外汇存款、外汇贷款、外汇汇款及外币兑换业务；国际结算；结汇、售汇，外汇票据的承兑和贴现；总行授权的代客外汇买卖。资信调查、咨询、见证业务。经中国银行业监督管理委员会批准的其他业务等。

截至2014年底，华夏银行石家庄分行利润总额实现12.38亿元，同比增加2.29亿元，完成103.2%；中间业务收入实现3.73亿元，完成127.7%；运营及销售费用成本收入比29.9%，完成全年计划。对公存款日均439.2

8月9日，华夏银行石家庄分行团委组织举办“团旗下，共青春”青年拓展活动

亿元，完成106.6%；储蓄存款日均103.7亿元，完成103.2%；个人金融资产总量204.6亿元，完成112.4%；国际结算量25.5亿美元，完成115.9%；新增易达金放款2900万元，完成116%。净增对公客户1558户，完成120%；净增对公有效客户200户，完成111%；净增个人贵宾客户4408户，完成119%；净增信用卡VIP客户32730户，完成109%；移动银行客户73600户，完成140%；净增小企业用信客户297户，完成129%。

4月16日，华夏银行邯郸分行正式开业

2月10日，华夏银行石家庄分行召开2014年工作会议暨纪检监察工作会议

河北省农村

河北省农村信用社联合社（简称省联社）成立于2005年6月。在省政府授权下，省联社对全省农信社（含农商行、农合行，下同）履行行业管理职能。目前，全省农信社共辖3个市级联社、8个办事处、1个市级农商行、149个县级法人行社和4700多个营业网点，共有员工近5万名。

全省农信社立足三农，面向县域（社区），服务中小企业，已发展成为全省县域及乡村机构网点分布最广、涉农信贷投放最多、农村普惠金融服务贡献度最高、存贷款市场份额最大的银行业金融机构，是名副其实的农村金融主力军。截至2014年12月末，全省农信社资产总额10560.75亿元；各项存款余额8659.24亿元；各项贷款余额5276.78亿元，其中涉农贷款余额4422.59亿元，小微企业贷款余额3930.26亿元；实现拨备前利润198.11亿元，利润总额高达139.78 亿元；年缴营业税、所得税等各项税金54亿元。

近年来，省联社工作成效显著，得到了省委、省政府和社会各界的广泛赞誉，连续三年荣获省政府“金融贡献奖”，相继荣获“河北省中小企业信贷政策导向效果评估优秀机构”“河北最佳小微企业服务银行”“优化农村支付环境工作优秀奖”和“全国最佳农户金融产品创新奖”“全国农信通自助金融服务业务运行管理先进单位”“最佳普惠金融机构奖”等多项荣誉称号。

河北农信大厦

河北农信社大力推广“农贷宝”小额贷款业务，受益农户葡萄喜获丰收

2014年8月13日，省联社在石家庄河北农信大厦召开河北省农村信用社（农商银行、农合银行）总资产突破一万亿元大关新闻发布会

全省农信社深入开展文化科技卫生“三下乡”惠民服务活动

信用社联合社

省联社理事长王文进深入基层网点调研督导工作

2014年9月12日，省联社与北京农商行、天津农商行签署京津冀农村金融服务一体化战略合作协议，推进京津冀农村金融服务协同发展

2014年9月1日，省联社领导在全省重点建设项目银企对接会上做典型发言

河北农信社不断加强文明服务标准化建设，提高营业网点服务质量，打造农信社全新的窗口形象

2014年7月4日，省政府办公厅印发《关于2013年度金融贡献奖考核评选结果的通报》，省联社荣获省政府“金融贡献奖”荣誉称号

省联社在新浪网“2014年新浪金麒麟奖”评选中，荣获“最佳普惠金融机构奖”，是省内唯一获此殊荣的金融机构

安信保险经纪
ANSINS INSURANCE BROKERS

总经理　鲁光明

河北安信保险经纪有限公司（以下简称“安信经纪”）成立于2005年8月18日，总部设在石家庄，是成立较早的河北省法人保险经纪机构。公司业务规模已经连续多年在全省30多家保险经纪公司排名中名列前茅。

安信经纪秉承“专业服务、成就所托”的服务宗旨，坚持“诚信、效率、专业、责任”的经营理念，充分发挥品牌、人才、产品、技术和服务优势，致力于为客户打造全面、科学、合理、全方位的风险管理体系，让客户真正实现“以最小的风险管理成本，获取最大的安全保障”。公司经营范围包括为投保人拟订投保方案、选择保险人、办理投保手续；协助被保险人或者受益人进行索赔；再保险经纪业务；为委托人提供防灾、防损或风险评估、风险管理咨询服务；中国保监会批准的其他业务。

石家庄市医疗责任险招标评审会

安信经纪拥有一支由业界资深人士组成的业务精通、勇于创新、充满活力的经营管理团队和员工队伍，公司总经理鲁光明先生长期从事财产险核保核赔管理工作，精通保险与风险管理技术，在非水险专业技术领域拥有较高造诣，曾担任河北保险中介行业协会第一届经纪专业委员会主任，被河北金融学院保险系聘为客座教授。公司技术总监、董事魏宏先生曾两次作为访问学者赴德国慕尼黑再保险和Mash公司学习交流，拥有丰富的海内外从业经验，曾带队研发产品，开发核心业务管理系统，并与慕尼黑再保险公司和瑞士再保险公司合作制订了国际水平的风险管理控制流程和管理工具。

风险管理与保险实务培训会议

青银高速运营期综合保险评标会议

公司自成立以来，安信经纪以打造河北保险经纪知名品牌为己任，以努力成为“诚信、专业、有社会责任感的省内领先、国内一流、客户信赖的保险专家”为使命，坚持服务“大企业、大项目、大客户”的市场定位，拥有河北省交通厅、河北省公安厅、河北省食安办、河北省环保厅、石家庄市卫计委、河北建投集团、河北旅投集团、北国人百集团、旭阳集团、恒天化纤、张家口银行等大中型核心企事业单位客户340多家，圆满地完成了石济客运专线、京石改扩建工程、石安改扩建工程等一系列国家级重点工程项目的保险经纪服务工作，并获得业界及广大客户的广泛好评。

为客户举办保险培训会

未来，安信经纪将站在新的起点上，凭借公司专家化的服务团队、卓越的风险管理技术和丰富的项目采购经验，一定能够以更优异的业绩，不断超越，回报客户，回馈社会。

指导理赔工作现场

石家庄市油漆厂

Shijiazhuang Paint Company

企业总部行政大楼

石家庄市油漆厂始建于1956年,原化工部涂料生产重点骨干企业,1994年企业改制,现为股份合作制企业,中国涂料工业协会常务理事单位,中国涂料行业重点企业。

企业资产总额83944万元,员工人数700余人。各类设备、计量、检测仪器共计4989台套,直接用于油漆涂料工艺生产的生产线32条、工艺设备600多台套,年生产能力20万吨。企业现有12个地块、占地面积27万余平方米,其中直接用于油漆涂料生产经营的场地有4块,拥有存储能力达2000吨以上的大型仓储设施。

企业创建了"金鱼"、"鱼友"等著名品牌,连续多年获得"高新技术企业"称号;2004年至今,连续十年被评为"安康杯竞赛优胜企业";2006年至今,授予"特种工种职业技能实训基地",并颁发国家认可资质证书;2009年,荣获"全国五一劳动奖状";2012年,荣获"2012中国化工企业500强",被中国涂料工业协会评为"企业信用评价AAA级信用企业";2014年,被评为国家级"守合同重信用"企业。历年来,先后累计获得50余项荣誉。

金鱼漆工业园区鸟瞰图

企业在行业内率先建立了完善的质量管理体系,累计获得14项专业资质认证,除了ISO9001、ISO14001等国际通用体系认证外,企业还顺利通过了CRCC铁路桥梁产品认证、防火产品认证、十环标志认证、中国船级社认证和汽车行业16949认证等,并获得了国际上公认的英国水务认证、劳氏认证和ROHS认证等,为企业发展、进入国际市场奠定了坚实的基础。

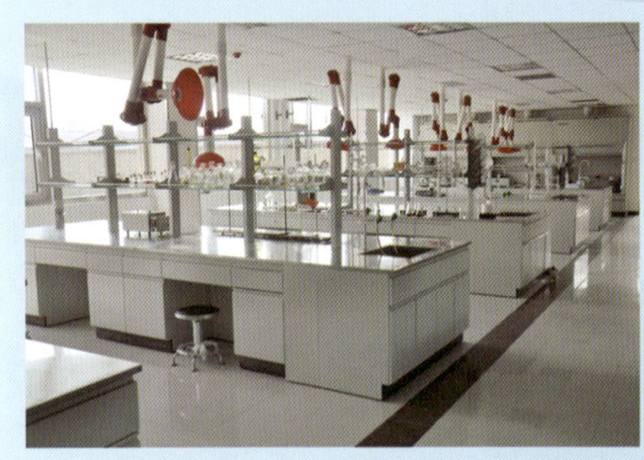
科学实验室

生产车间一角

自动化控制

唐山市天然

唐山市住建局领导来公司莅临指导

总经理接受河北电视台采访

唐山市天然气有限公司成立于2009年3月，隶属于唐山市住房和城乡建设局，系国有企业，是唐山市政府为适应经济发展的要求，宏观调控市域经济发展而组建的天然气输配经营企业。公司定位为通过建设运营全市天然气高压干线管网，实现全市天然气资源的统一调配。公司主营业务是上游气源的管输。根据市政府《关于加强我市天然气资源统一调控管理的通知》（唐政办[2009]37号）文件要求，授权公司就加强全市天然气资源管理进行“三统一”，即统一天然气市场经营管理，统一天然气价格标准，统一天然气干线管网建设管理。

公司成立6年来，已拥有11个子（分）公司，拥有职工二百余人，其中正高级职称人员2名，高级职称人员4名，中级职称人员16名，初级职称人员50名。注册资本金2.6亿元，总资产达到16亿元，年销气量达1.54亿立方米，年销售收入达3.8亿元，目前累计铺设天然气管道约400公里，其中实现供气管道340公里。已建成天然气门站12座、CNG卸气站1座，输气能力达到30亿立方米/年。连续5年获得市住建局“基层优秀领导班子”、多次获得“先进基层党组织”、“安全生产先进单位”、“文明单位”等荣誉称号。

门站内工艺设备

天然气工程建设者

公司按照市政府《唐山市燃气总体行业发展规划》要求，加快唐山市域内天然气管网、站场及相关配套设施建设，致力于市政府“气化唐山”规划的落实。目前已实现为市中心区、丰润区、开平区、古冶区、迁安市、迁西县、玉田县、滦南县、滦县供应管道天然气。现正在奋力实施乐亭、海港项目，同步开展曹妃甸、丰南、遵化、液化天然气储罐及配套设施项目的前期工作。

目前，大气污染已成为全球性问题，加大天然气综合利用将有效防止大气污染，减少PM2.5的排放。公司将抢抓机遇，以安全生产为基础，以调整唐山市能源结构、改善大气环境为己任，以投资唐山天然气高压环网建设为重点，迅速扩大管网覆盖面，以市场合作、有序竞争为手段，积极发展管道天然气，拓展天然气应用领域，努力实现气源供应的多元化和供气网络布局的科学化，努力发挥好政府国有企业的优势，成为唐山市域内天然气的主要分销商，在短时间内将企业做大做强。

公司将致力于集团化建设，争取在今后三到五年内发展成为销售收入超10亿元，资产规模超20亿元的大型国有企业集团。公司将继续秉承奉献精神，凭借稳定可靠的资源保障、先进成熟的管理技术、安全优质的运营服务，积极推动天然气利用工作，为唐山的发展做出贡献。

公司领导慰问节日值班员工

组织员工到厂家进行设备调压培训

员工业务知识考核

公司首个门站—开平门站

唐港铁路有限责任公司

精检细修保畅通

唐港铁路有限责任公司是在原唐山滦港铁路有限责任公司的基础上，通过“增资扩股、变更登记”的方式，组建新的合资铁路公司。由太原铁路局、唐山港口实业集团公司、国投交通公司、唐山曹妃甸实业港务有限公司、大唐国际发电股份有限公司、河北建设交通有限责任公司、华润电力（唐山曹妃甸）有限公司7家企业共同出资组建。公司于2005年8月19日正式挂牌成立，注册资本23.4226亿元。公司现共设运营车站11个，线路营业里程232公里，正线延展里程393.513公里。主营业务是煤炭、焦炭、钢材、矿粉等货物。

2014年是公司拼搏进取成效卓著的一年。公司先后被中华全国总工会授予“全国职工教育培训优秀示范点”称号，被中共唐山市委、唐山市人民政府授予“振兴唐山先进集体”称号，被唐山市总工会授予“模范职工之家”称号，被唐山海港经济开发区管委会授予“省级园林城区创建工作先进单位”称号。

1、安全管理体系逐步完善。公司严格落实“三点共识”、“三个重中之重”要求，严抓管理基础，强化过程控制。各级干部突出夜间检查、添乘检查、节假日检查、关键时间段检查和视频监控检查，共下现场检查4777人次，发现各类问题4739件，签发安全问题通知书971张。特别是对极易造成砸锅惹祸的关键问题签发了《安全重点问题整改通知书》26张，共确定事故苗子10件，全年入库问题614件，整改销号534件，进一步堵塞了安全管理中的漏洞，以现场控制、督导整改的安全监管体系逐步形成。公司胜利实现了七创安全年目标。

2、运输增量再创新高。一是强化工作协调。落实与直管站段生产协调及日常信息互通制度，积极与港口

路港通力合作，实现增运增收

物流公司及各装车站对接，最大程度的向路局运输处申请装车计划，为C70车底双重作业创造有利条件。二是努力破解疏港组织瓶颈。采取针对性措施，积极解决煤炭市场下游需求不足，港口垛位紧张，卸车压力增大问题，对下游用煤企业需求量、船舶的预期、垛位使用、市场走势等综合分析，采取措施压缩滞港煤种的到达量；督促煤炭公司及时清运，腾空场地，为后续列车打下基础。三是积极寻找新的运量增长点。对京唐港、曹南及港口有效货源、周边用户需求、汽运与铁路运输成本进行市场调研，努力拓展营销市场，对确定的货运客户，协调装车站利用可用车型组织装车，提高装车计划兑现率。2014年，公司累计完成运量21567万吨，完成年计划的108%，同比增长3.4%，运输效率得到提升。

3、行车设备质量得到提高。一是强化设备集中会战。公司对集中修工作进行全方位的检查督导，形成了全方位、多层次、立体式的盯控格局。通过严密的组织，工务系统道岔捣固、大机打磨、成段更换钢轨等7项计6596万元的设备改造，供电系统完成接触网平推检查、更换绝缘子2项计2085万元的整修，其他系统均计划完成了整修计划。二是全力做好防洪抗汛工作。未雨绸缪，投入资金400万元，完成了25项防洪预抢工程，提高了基础设施的防洪抗险能力。三是运用科技手段保畅通。加大科技投入，投资2360万元，综合视频监控系统一期工程建成运用。全年通过视频监控系统检查发现各类问题905件，对公司的安全检查、设备控制发挥了突出的作用。

4、经营管理业绩突出。一是加大堵漏保收力度。2014年到达货物共计补收运费2,299万元，自备车回空共计补收709万元，核收货车延占费260万元，累计补收运费3,268万元；二是合理调度资金。提前偿还2015年到期项目贷款39,400万元，减少贷款利息支出2,748万元；对存量资金协调银行开展定期存款、协定存款、通知存款等多种方式提高收益，全年增加存款利息收入2,596万元；三是加强进项税额管理。2014年公司共计认证抵扣进项税额６,426万元。四是做好建设项目计划编报和财务核算工作，积极协调六家银行加快项目授信进度，协助项目贷款评审工作，全年共完成两项重点工程26亿元项目贷款授信工作。通过强化经营管理，2014年公司实现运输收入42.6亿元；实现利润22.4亿元，完成年度预算的120%。

技术演练提素质

运用现代化的设备，强化设备检修

加强设备检修提升设备质量

运行中的2万吨列车

热火朝天的东港站扩能改造施工现场

国网冀北电力有限

冀北承德供电公司东大街营业厅的抄表员曹庆山到南兴隆小区，为祁老太太家更换电线、检查照明线路

国网冀北电力有限公司承德供电公司地处燕山腹地、河北省最北部承德市中心，隶属冀北电力有限公司，属国家大型供电企业，负责承德市3.9519万平方公里，369万人口的输、配、供、用电管理工作。公司现有13个职能部门、7个业务支撑机构、8个直供直管县分公司，员工总人数2553人。2014年，公司售电量达156.46亿千瓦时。截至2014年底，承德地区已拥有500千伏变电站3座；220千伏变电站14座；110千伏变电站56座。公司110千伏及以上变电容量达949.4万千伏安，输电线路3884公里。承德电网实现了以500千伏为主供电源，220千伏为主网架，110千伏及以下电网布局合理的网络结构。

近年来，承德供电公司广大干部员工在企业发展中，全力拼搏，屡创佳绩，先后荣获“全国五一劳动奖状”、“全国精神文明建设先进单位”、“全国企业文化建设先进单位”、“全国模范职工之家”、全国“安康杯”竞赛优胜单位、“河北省五一劳动奖状”、“河北省文明单位”、“河北省先进集体”、“河北省服务名牌”、“河北省先进基层党组织”、“河北省企业文化建设示范单位”、“河北省学习型组织标兵单位”、“河北省扶贫开发工作先进集体”、“河北省农村精神文明建设帮建工作先进单位”、“国家一流供电企业”、“国家电网公司文明单位”、全国供电系统“安全文明生产达标企业”等荣誉称号，连续多年被评为承德市业绩突出单位、优秀企业和先进集体，在地方万人评行风和“三杯”竞赛活动中，多次摘得桂冠。

承德公司工作人员在袁庄220千伏变电站10千伏低压开关室进行巡视

公司承德供电公司

5月1日，公司员工在假日为客户办理用电业务

国网承德供电公司员工在承德市中心广场宣传安全用电常识

12月24日，中国北方地区最大皇家灯会“鼎盛中华·梦里王朝”皇家灯会在承德市双滦区盛大开园，为冬季旅游爱好者提供集艺术、娱乐为一体的视觉盛宴。冀北承德供电公司员工对灯会现场的供电线路进行检查，保障圣诞、元旦期间灯会用电安全

安匠供电所员工为承德县刘杖子乡南大洼村的食用菌养殖户安装电动卷帘机，为村民用户提供优质服务

国网承德供电公司员工在变电站检修电缆沟内电缆，确保供电安全

公司员工巡视变电站内设备，确保供电安全

承德钢铁集团有限公司

承钢董事长、党委书记　魏洪如

承德钢铁集团有限公司（以下简称承钢）始建于1954年，是中国钒钛磁铁矿冶炼和钒提取加工技术的发祥地。1965年，承钢1号高炉进行的钒钛磁铁矿高炉冶炼技术攻关获得成功，奠定了中国钒钛钢铁产业发展基础。多年来，承钢不断发展完善钒钛矿的高炉冶炼技术、钒的提取技术、含钒钢材的冶炼轧制技术和钒制品的加工与应用技术，创造了钒钛领域多项第一，形成了拥有一整套自主知识产权的钒、钢研发生产体系。

承钢实现了装备的大型化和现代化。目前，拥有180m^2、360m^2烧结机各3台；450m^3高炉3座、1260m^3高炉1座、2500m^3高炉3座；100t、120t、150t提钒炼钢转炉各3座；方坯连铸机4台、板坯连铸机3台；棒材产线3条、高速线材产线2条、中等宽度带钢产线1条、1780热轧卷板产线1条。钒制品系统拥有焙烧回转窑4座、50钒铁电炉1座、80钒铁电炉2座、氮化钒产线8条。综合产能为：年产生铁、粗钢、钢材均为900万吨，钒渣30万吨，钒产品2.5万吨，钛精矿6万吨。承钢现有在岗职工1.5万人。

承钢是国内唯一一家具备全规格、全等级螺纹钢生产能力的企业。生产的含钒系列螺纹钢筋广泛用于高铁、核电站、北京奥运场馆、三峡水利枢纽、港珠澳大桥等国家重点工程，并大量出口海外，“燕山牌”螺纹钢筋被授予实物质量金杯奖产品。含钒线材产品主要有盘螺、钢绞线、圆环链、硬线、焊丝、拉拔材等。含钒板带材主要品种有管线钢、石油套管钢、汽车箱体钢、汽车大梁钢、汽车车轮钢、高强结构钢、集装箱钢、家电用钢、电工钢、锯片钢、焊瓶钢等，产品大批量出口韩国及欧美国家。

承钢是世界三大钒钛钢铁企业之一，是中国两大钒产品生产企业之一。钒系列产品主要有五氧化二钒、三氧化二钒、50钒铁、80钒铁、氮化钒、高纯氧化钒等，广泛应用于冶金、化工、陶瓷等领域。“鸡冠山牌”钒产品产量占国内的16%，占世界的11%，其中粉剂氧化钒占国内产量的65%，销往亚、欧二十几个国家和地区，被墨西哥国际市场研究会评为“国际质量钻石星奖”，多年被评为“名牌产品”“冶金行业卓越产品”。

多年来，承钢从100m^3高炉到世界最大冶炼钒钛矿2500m^3高炉，从空气侧吹提钒到氧气顶吹、顶底侧复吹提钒，从电炉炼钢到双联法转炉提钒炼钢以及RH、VD等现代化精炼技术的应用，从含钒高强度螺纹钢筋到高强度板材，一系列钒钛磁铁矿综合利用的核心技术日臻成熟。承钢首创的水浸法提钒，钒渣直接合金化，转炉顶、底、侧复吹提钒，电铝热法钒铝合金生产等一项项新工艺、新技术，解决了一道道世界级难题。近年来，高纯

承钢棒材生产线

承钢150吨提钒炼钢转炉

承钢热轧卷板1780生产线

V_2O_5、VN16、VN19、高碳钒铁、85钒铝合金、钒电解液等系列新产品相继研制成功，亚熔盐法钒铬高效提取分离清洁生产工艺、竖炉氮化钒中试生产线、钒酸钙冶炼钒铁工业试验、无盐焙烧试验等钒领域新工艺、新技术相继试验成功。编制完成世界首个《氮化钒铁》国家标准，起草了《高纯五氧化二钒》地方标准，为我国乃至世界钒钛产业发展做出了突出贡献。承钢已拥有专利200余项，获得科技进步奖120余项，承担了国家863计划、973计划和省部级重点科研与开发项目10项。

承钢总经理　耿立唐

承钢钒产品

承钢螺纹钢系列产品

承钢热轧卷板产品

承钢绿色厂区

承钢厂区全貌

保定卷烟厂——奋发进取

保烟雅趣园

保定卷烟厂，中国国办烟厂第一家，创办于1902年，在“国家利益至上，消费者利益至上”行业共同价值观的引领下，凝练百年文化底蕴，成就科学发展新篇。紧紧围绕“打造一流企业”的美好愿景，构建独具特色的“共好”文化，“科学管理、系统谋划、严谨要求、追求卓越”的智慧和远见，打造着独具保烟特色的管理品牌。

保烟确定了“五精五细”的管理理念，“精”即：精髓、精心、精确、精致、精品。“细”即：细在流程、细在环节、细在监督、细在考核、细在规范；同时，大力推行“十化”工作（机制市场化，指标最优化，作业标准化，管理精细化，生产清洁化，行动军事化，员工职业化，文化先进化，环境优美化，企业和谐化）；“人是第一生产要素”，从班旗、班徽、班组理念的设计，到“班组之星”的评选，优秀班组表彰，班组建设自下而上的带动了企业的发展；争创达标优秀卷烟工厂，保烟将“成本领先”战略融入岗位实践，并实现了高级技师省内零突破，保烟厉行“不求人人都杰出，但求人人有技能”；从规划、策划、经营、增值到“系统”、“运营”，保烟不断探索管理实践；强化双基、提升三力、计划管理、精细管理、6S+2、SOP管理，精益六西格玛，TnPm，推进精益生产上水平……不断创新的管理，一串串见证规范、科学的举措，为保烟铸常青基业奠定了坚实基础。

保烟厂区

攻坚克难 让保烟梦光荣绽放

保烟“激情飞扬”雕塑

保烟的企业文化建设在继承和发扬中国传统文化的思想精髓和深邃哲理的基础上，结合企业实际，综合吸收国内外先进企业的文化理念和管理经验，形成了独具保烟个性魅力的“共好”文化体系。共：就是“共识、共勉、共存、共创、共享”，好：就是“好员工、好企业、好愿景、好日子”。如今，共好文化已成为保烟人的共同信仰，时刻激励着企业员工在自主创新中激情飞扬，这无形的精神支柱，托起的是不凡的工作业绩；管理创特色、生产保高效、人才重培养、环境塑和谐，保烟以惊人的速度崛起，迎来了波澜壮阔的发展之路。

保烟憩园

如今，看保烟，院如园，厂区移步异景，百树园、春草园、柳燕园、憩园、沁馨园、雅趣园……思进路、思拓路、思恩路……春有清香夏有色，秋有果香冬有青，自然雕琢，人声相和，保定卷烟厂先后荣获全国职工教育培训示范点，河北省质量效益型先进企业，河北省企业文化建设先进单位，河北省企业文化建设示范单位，河北省五一奖状，保定市人居环境建设突出贡献单位，保定市纳税超亿元工业企业“榜样保定”责任企业金奖等荣誉称号。

中国梦、保烟梦、员工梦紧紧相连，在实现梦想的路上，保烟人坚定共好信仰，抓生产、强管理、竞一流，构建生产、管理两大系统，夯实管理根基；攻坚技改、营销两大工程，汇聚全员力量，脚踏实地，奋发进取，攻坚克难，让保烟梦光荣绽放，为中国梦凝聚力量。

部门、班组海报，展示部门及班组文化，提升团队的凝聚力、向心力

保烟春草园

开滦（集团）蔚州

开滦集团蔚州矿业公司北阳庄矿现代综合数字化安全调度指挥中心

开滦（集团）蔚州矿业有限责任公司成立于2003年，是开滦集团、大唐国际、河北蔚州能源共同投资组建的国有股份制企业，坐落在张家口市蔚县境内，毗邻山西、内蒙煤炭资源大省。矿区总面积264平方公里，资源储量14.9亿吨，年煤炭生产能力700万吨，拥有员工12000人，资产总额57.59亿元。公司现有崔家寨矿、单侯矿、西细庄矿、南留庄矿、兴源矿、郑沟湾矿、北阳庄矿七座生产矿井，还有后勤服务中心、医院、建安公司、机电管理中心等共18个单位。筹建矿井德胜庄矿，正在积极跑办前期手续，预计“十三五”期间建成投产。

开滦集团蔚州矿业公司机电管理中心机修车间

公司主导产品为煤炭，煤种以长焰煤为主，其次为不粘结煤，局部为无烟煤。所产原煤低灰、低硫、低磷、弱粘结性、发热量高，是符合当前环保要求的发电、供热、气化的优质动力煤。公司主营业务为煤炭销售，并兼营煤炭物流贸易、煤矿机械加工维修、建筑安装、医疗卫生、新型建材、现代农业等业务。近年来，蔚州公司先后获得河北省明星企业、诚信企业、纳税百强企业、最具成长性企业、文化建设先进单位、管理创新优胜企业、信息化与工业化融合示范企业、全国煤炭企业社会责任报告发布优秀单位、张家口百强企业第二位、国家AAA级企业信用等荣誉称号。

进入“十二五”以来，蔚州公司确定“地下办矿，地面生态，山坡植树，矸石制砖，林间养殖，文化旅游，综合利用矿井水，煤层气化”一主多元的产业发展战略，不断改造和提升煤炭传统产业，加速发展接续和替代产业及循环经济，开发了一批绿色、环保、节能、生态产业项目，有力提升了公司可持续发展能力。致力于打造京、冀、津、晋、蒙错季蔬菜供应基地，建成了千亩现代设施农业产业园；重视环保产业开发，建成了张家口最大的煤矸石砖厂；合作开发近万亩荒山资源，有林面积达到6500多亩，产生了良好的生态、经济、社

开滦集团蔚州矿业公司单侯矿井下永久避难硐室

开滦集团蔚州矿业公司国内领先水平的现代化综合机械化采煤工作面，2012年实现人均千吨最好成绩

矿业有限责任公司

会效益。致力于打造休养培训、红色旅游、特色养殖、避暑度假的四大基地，展示开滦文化、蔚州风情，集文化旅游、生态休养、培训观光“三位一体”的亮丽名片。

通过大力实施技术改造、装备升级、现代化矿井建设和老矿资源挖潜，促进煤炭传统产业优化升级，地方煤矿整合工作稳步推进。同时，积极开展扶贫攻坚“一对一”“结对帮扶”活动，合力打造和谐蔚州、共富蔚州、绿色蔚州，为地方经济发展做出了重要贡献。

2012年10月开滦蔚州公司现代设施农业产业园建成并投入正式生产

2014年，面对煤炭行业持续低迷的严峻形势和经营管理的巨大压力，公司把传承弘扬开滦“特别能战斗和新时期转型发展”精神作为打赢扭亏增盈攻坚战的精神力量，努力践行“争第一，做唯一”的企业核心价值观，以改革创新为突破口，提出了“双保、三突破、七大攻坚”的工作思路，有效解决了市场下滑带来的一系列困难和问题。公司综合成本实现历史最低、单产单进和原煤效率创历史最高水平，有效遏制了进一步亏损的局面，完成了集团公司下达的利润考核指标，公司保持了平稳运行、和谐稳定的局面。

开滦集团蔚州矿业公司在蔚县第一对自主设计施工的现代化矿井单侯矿

开滦集团蔚州矿业公司崔家寨矿

开滦集团蔚州矿业公司员工宿舍楼

河北交通投资集团

公司总经理　孙国忠

河北交通投资集团衡德高速公路有限公司系河北交通投资集团公司的直属企业，于2014年1月登记注册，负责衡德高速公路的运营管理和衡德高速故城支线的建设任务，下设四个收费站、一个养护工区和一个筹建处。

衡德高速公路是河北省重点工程建设项目，是沟通河北、山东两省之间联系以及改善晋煤外运和东西交通状况的重要组成部分，国家主干网之一。该路西接大广高速公路，东连滨德高速公路，全长61.139公里（其中11.95公里为与大广高速并线路段），按平原微丘高速公路标准设计，主线设计时速为120公里，概算投资14.5亿元，决算投资10.92亿元， 2003年12月20日建成通车，暂批收费年限20年。2011年，收费年限调整为15年。2013年12月19日，经河北省人民政府批准，河北交通投资集团公司依法受让衡德高速公路收费权益，衡德高速公路由政府还贷型高速公路转变为经营性高速公路，收费年限延长5年，同时河北交通投资集团公司成为衡德高速故城支线项目投资人，依法负责建设运营。

集团公司副总经理李敬东到衡德公司慰问

在集团公司的坚强领导下，公司秉持“以人为本，持续创新，服务社会，和谐发展”的管理方针，深刻认识和牢牢把握所面临的新形势、新任务，紧密结合收费运营和公路养护两项中心工作，全面加强职工队伍建设，努力优化工作机制和运营环境，全力打造文明服务品牌，着力提升整体服务质量，迎难而上，知难而进，不断开创运营管理工作新局面：继2012年突破1亿元大关之后，通行费收入连年攀升，2013年完成15158万元，2014年完成17905万元；坚持预防性养护工作理念，及时处治各种公路病害，全面提高公路

即将竣工的衡德高速故城支线

衡德高速公路有限公司

养护机械化水平，积极探索路面清扫、小修保养对外承包的养护工作机制，努力创造和保持了良好的行车条件；衡德高速故城支线筹建处勇于担当，顽强拼搏，深入探索“BOT+EPC”、“小业主，大监理”和征地拆迁包干制等建管模式下的新鲜做法，总结出成功经验和创新成果，为集团公司其它项目建设提供了宝贵的模式参考与经验借鉴；广大员工积极践行“厚德载道　聚合致远”的企业文化核心价值观，工作信心更加坚定，对公司发展和个人前途充满希望，主动谋事、创业和干净干事的意识进一步增强。

多年来，公司获得了市级文明单位、市直思想政治工作先进单位、河北省交通职工体育工作先进单位、先进基层党组织、全省交通运输系统先进工会、全国先进职工小家等一系列荣誉称号；直属各单位荣获“市级青年文明号”、“巾帼文明岗”、“志愿服务先进集体”等多种荣誉称号。作为河北省的“东大门”，景州主线收费站被命名为“省级青年文明号”，同时被授予“省级工人先锋号”的荣誉称号。

孙国忠总经理陪同集团公司总经理王国清（左三）一行到衡德高速故城支线调研

孙国忠总经理陪同职工家属参观衡德高速故城支线施工现场

衡德公司组织召开2015年工作会议

衡德-滨德高速公路相互代发通行卡工作启动仪式

衡德公司总经理孙国忠现场检查指导路面病害处治工程

新泽西护栏

现浇梁浇筑

衡德高速路面病害处治工程施工

保定国家高新

保定高新区党工委书记、管委会主任张志奎到项目现场调研

保定国家高新技术产业开发区（以下简称“保定高新区”）位于保定北向发展的核心位置，是全国首批56个国家级高新区中唯一一个以新能源为主导产业的科技产业园区。2008年国务院授权科技部批准，保定高新区通过托管和共建方式拓展发展空间，规划面积达到102平方公里。管辖两个乡、一个街道，共34个行政村、3个社区，总人口10万人。

中铁电气化局保定铁道变压器有限公司设计效果图

建区以来，保定高新区围绕“打造中国电谷、构建世界级新能源及电力技术创新与产业基地”的战略构想，抢抓新能源和智能电网先发优势，大力构建光电、风电、输变电、节电、储电与电力自动化设备制造产业体系，成为引领区域经济持续快速增长的重要力量。光伏产业具有国际影响。建立起多晶硅、单晶硅、薄膜电池完整光伏产业链条。龙头企业英利集团，掌握了从硅材料提纯、高效太阳能电池、光伏发电应用等产业链核心技术，2013年光伏组件出货量实现3.2 G瓦，同比增长40%，跃居全球第一； 2014年继续保持领先优势。风电产业体系完备。拥有风电企业20余家，涵盖风电整机、叶片、控制系统等环节，整机产能突破1000台。国电联合动力公司品牌风机具备了国内顶尖水平，连续三年位居国内同行业前三强。输变电及储电、节电优势突出。世界著名超大变压器制造商--天威集团相继研发出具有国际先进水平、国内变压器发展进程中首屈一指的输变电产品，新型储电行业的龙头企业--风帆集团蓄电池隔板技术代表了世界最高水平，以奥普节能、科诺伟业、中康韦尔、新源绿网等为代表的一批高成长性科技型中小企业集群发展，进一步放大了中国电谷的“电”字优势。品牌聚集力正在凸显。中国电谷吸引了日本三菱、美国江森、中国国电、中国兵装、中航集团等国内外知名企业落户，高新区新能源与能源设备相关企业达到300余家，形成国内新能源及电力设备技术聚集区、人才聚集区、信息聚集区、产业聚集区。保定高新区现拥有各类企业3500多家，其中规模以上工业企业60家，限额以上贸易企业43家，规模以上服务业19家。已认定高新技术企业72家，上市企业8家。

保定高新区始终坚持以自主创新造就核心竞争力的发展理念，创新体系逐步完善、创新能力不断提升。现有6个国家级重点实验室，6个国家级企业技术中心，14个省级技术中心，25个高新区级企业技术中心；建有国家级光伏系统检测中心、风能检测中心和15名院士参加的国内首家风电叶片研发中心；取得各类国家标准及行

保定国家大学科技园

新世纪社区举办社区活动

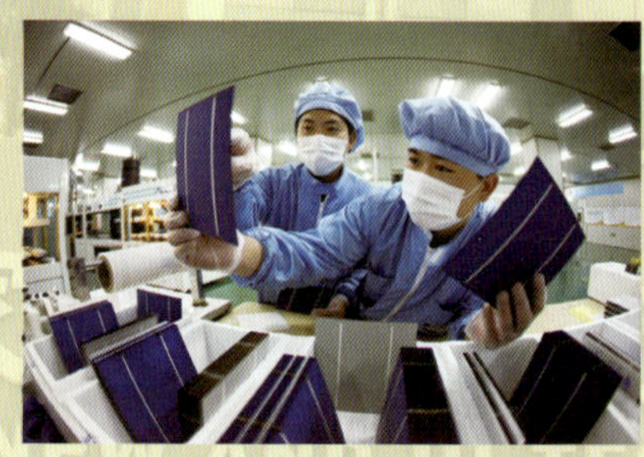

保定英利集团公司员工生产场景

技术产业开发区

业标准200多项，专利5000多项，多项成果达到国际、国内领先水平。

保定国家高新区管委会办公楼

园区的不断发展带来经济实力的稳步提升。2014年保定高新区实现规模以上工业增加值34.5亿元，同比增长2.5%；固定资产投资86.5亿元；财政收入27.7亿，同比增长18%；公共财政预算收入3.7亿，同比增长61%；实际利用外资2亿元，同比增长95%。

中国电谷的发展壮大和不断进步得到科技部、商务部等国家部委的大力支持与认同。保定高新区相继荣获10个国家级称号：“国家新能源高技术产业基地”、“国家可再生能源产业化基地”、“国家新能源与能源设备产业基地”、“国际科技合作基地”、“太阳能综合应用科技示范城”、“国家科技兴贸出口创新基地”、“新型工业化示范基地”、“太阳能光伏发电集中应用示范区”、“国家创新型特色园区”、“创新型产业集群试点”。

四方三伊公司一角

保定·中关村创新中心外景

保定国家高新区全景鸟瞰

邯郸经济

2014年10月21日，省委常委、省纪委书记陈超英到邯郸经济技术开发区调研

邯郸经济技术开发区位于邯郸市主城区东北部，京珠高速公路和省道邯临公路两侧，于2000年9月经省政府批准设立，2001年10月正式启动建设。2013年11月，国务院正式批复为国家级开发区，成为我省第六家国家级经济技术开发区。目前，区域规划面积19.1平方公里（建成区3.5平方公里、东扩区15.6平方公里），托管16个农村，常住和就业人口7.2万人（农村人口5.2万人，产业工人2万人）。

邯郸经济技术开发区党工委书记、管委会主任闫德英调研项目建设

邯郸开发区是邯郸市转型升级、绿色崛起的重要平台。建区13年来，主要经济指标年均增幅保持在30%以上。财政收入在2001年建区时不足1000万，到2013年达到12亿，2014年突破16亿。综合评价已连续五年位列全省开发区十强，2013年被省委、省政府授予全省经济发展先进开发区，2014年被授予全省重点项目建设先进单位、综合评价成绩突出开发区、国别产业园建设突出开发区、主营业务收入超千亿元开发区。

开发区构筑了以高新技术为支撑，以电子信息、装备制造和新材料为主导的现代产业体系，法国圣戈班、德国西门子、美的集团、中船重工集团、新兴际华集团、冀中能源集团等一批全球500强和领军企业成为投资主体。先后获批国家火炬计划邯郸新材料产业基地、国家科技企业孵化器、国家新型工业化军民结合产业示范基地、国家科技兴贸新材料创新基地、国家级大学生科技创业见习基地、共青团中央青年就业创业见习基地、海外留学人员创业园、知识产权优

邯郸经济技术开发区新兴能源装备有限公司自主研发的“柴油—天然气双燃料重卡汽车”技术，达到国内领先水平

邯郸经济技术开发区美的工业园家用空调年产能已达350万台

技 术 开 发 区

势培育区、知识产权展示交易中心、服务外包示范园区等10个国家和省级发展平台。累计承担国家级重大科研项目53个，拥有国家和省市级工程技术中心13个，申请国际专利46个，一批高精尖技术已成功应用于“神舟”飞船、“辽宁号”航母、核潜艇等。

坚持工业反哺农业，着力改善社会民生，全区基本实现“五有”目标。少有优教。2003年起即在中小学实施“五免”普惠教育，免学杂费、书本费、书包费、校服费和人身意外伤害保险。中有所业。财政出资组织职业技能培训，农民在家门口就地就近转移就业，工资性收入成为重要经济来源。老有善养。率先在全省出台被征地农民养老保险政策，省劳动保障厅在邯郸开发区召开现场会，向全省推广经验。参照邯郸“吨粮”标准，出台长期生活补贴政策，全面落实了中央提出的“保证被征地农民原有生活有改善、长远生计有保障”的要求。病有良医。财政投资建设惠民医院，推广“先住院、后交钱”政策，实施农村老人免费体检和大病救助机制。住有宜居。大力推进农村城市化改造，实施留地安置保障工程，改善农民居住条件，增加财产性收入，补贴村民生活费用。

“十二五”期间，确保全部财政收入、规模以上工业增加值三年倍增，形成新材料、高端装备制造、电子信息、现代服务业四大百亿级产业集群，提前实现全面建成小康社会的目标。

2014年7月22日，邯郸市委书记高宏志、市长回建观摩重点项目建设

2014年9月30日，市长回建为北京大学邯郸创新研究院揭牌

总投资2.6亿欧元的德国优布劳啤酒产业园项目

邯郸经济技术开发区温康药物中间体研发有限公司率先攻克了石杉碱甲人工合成技术这一世界性难题，并成功完成了石杉碱甲原料药的公斤级合成，实现了产业化运行

邯郸经济技术开发区连续多年为托管村（街）55岁以上老人免费体检

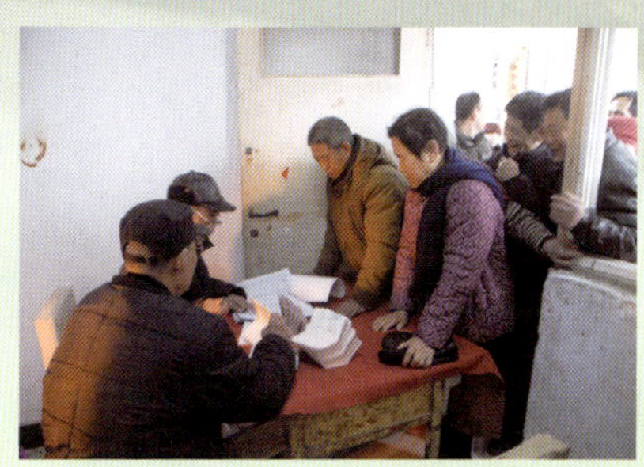

建立完善了“吨粮补贴+商业财产性收入（“造血”生财）+综合施保”的公平、多元、长效社会保障体系，图为被征地农民正在领取“吨粮补贴”款

唐山海港经济开发区

11月26日与俄罗斯欧亚文明对话基金会就建设欧亚文化经济园项目签署战略合作协议

唐山海港经济开发区1993年6月经河北省政府批准设立，是河北省最早开发建设的省级开发区之一。管辖面积730平方公里，其中陆域面积432.4平方公里，滩涂面积297.6平方公里，海岸线长70公里，辖1个管委会、1个镇、60个村民委员会、2个居民委员会，总人口11.9万。2014年全区实现地区生产总值306亿元，同比增长26.45%；财政收入完成51.09亿元，同比增长0.11%；进出口总额完成75483亿美元，同比增长8.08%；工业总产值471亿元，同比增长17.46%；主营业务收入1640亿元，同比增长9.7%；引进省外资金69亿元，同比增长9.5%；全社会固定资产投资243.8亿元，同比增长20.8%。

区位优势。海港经济开发区地处环渤海经济圈核心地带，处在京、津、唐、秦四个中心城市的交叉辐射区，距北京230公里、天津150公里、唐山80公里、秦皇岛118公里，与曹妃甸区互为唐山市沿海隆起带的重要两翼。陆路交通十分便捷，唐港高速、沿海高速与京哈、长深等国家高速无缝对接，滨海公路、滨海大道在区内交汇贯通；迁曹铁路东环线和京唐港线纵贯南北，与京山、京秦等全国铁路运输大动脉紧密相连，随着环渤海城际高速铁路的规划建设，海港经济开发区将进一步融入京、津一小时城市经济圈。

港口优势。唐山港是国家一类口岸，已建成生产性泊位84个，其中万吨级以上泊位70个，形成设计通过能力3.81亿吨/年，货种涵盖煤炭、水泥、钢材、矿石、集装箱等十多大类上百个品种，航线通达80多个国家（地区）、150多个港口，是全国最大的进口铁矿石接卸港、最大的钢材输出港、第二大煤炭能源输出港、重要

京唐港区26#—27#集装箱泊位投入试运营

1月5日中储粮油脂唐山基地日处理3600吨大豆压榨厂正式投料试生产

的油气能源进口基地及储备中心。2014年吞吐量突破5亿吨，成为中国第四、世界第五大港口。

与入驻京唐国际石材城企业签约

产业优势。相继吸引了14家世界500强企业、12家央企和一批省级国企落户，全区注册企业1283家，其中规模以上工业企业31家，初步形成煤化工、装备制造、港口物流等优势主导产业。煤化工形成了焦炉煤气—甲醇—聚甲醛、粗苯—苯加氢—己二酸、煤焦油深加工三条完整的产业链条，被省科技厅命名为“省级煤化工特色产业基地”。港口物流依托唐山港，业务范围覆盖煤炭、矿石、钢铁、集装箱、液化产品运输五大板块，形成了以港口物流和仓储、批发零售、金融业以及租赁商务四大行业为主导的服务业体系。2014年物流园区被被评为全国优秀物流园区。京唐国际石材城、长久汽车物流产业园（华北基地）、开滦煤化工产业园物流配送中心等一批战略性支撑项目正在加快实施。

中浩化工聚甲醛、乙二酸项目投入试生产

空间优势。唐港区核心规划区内项目建设不占耕地，不占良田，符合国家鼓励开发的条件。2014年扩区后管辖面积由32.85平方公里扩大到432.4平方公里，拥有了大量的国有未利用地和建设用地，无需变更土地性质。绵长70公里的海岸线和大面积的国有滩涂，为承接产业转移和项目建设提供了巨大空间。

机遇优势。京津冀协同发展上升为重大国家战略，为唐港区逆境崛起、重塑辉煌提供了大有作为的广阔舞台。省委、省政府将唐港区列为与曹妃甸区、渤海新区同等重要的战略发展区域、明确给予“四税返还”等一系列优惠政策，唐山市推动沿海板块加快崛起，打造沿海经济增长极，也为唐港区在更大规模、更高水平上扩大开放、承接京津产业转移提供了难得机遇。

曹妃甸工业区

唐山曹妃甸盾石新型建材有限公司

园区简介。钢铁电力园区是曹妃甸重要产业园区之一，是河北省第一批创建省级清洁生产试点示范园区，地处唐山市南部沿海、渤海湾中心地带，毗邻京津两大城市，紧邻唐曹高速，地理位置优越，交通运输便利。经过多年开发建设，园区交通道路体系完备，公共服务能力较高，产业聚集形成了一定规模，是曹妃甸工业区范围内项目链条最完善、规模最大、实现工业产值最高、工业税收最多的园区，支撑和引领了曹妃甸循环经济和清洁生产的发展。

唐山曹妃甸北控海水淡化有限公司

发展思路。钢铁电力园区按照国务院批复的《曹妃甸循环经济示范区产业发展总体规划》，重点构建以精品钢铁项目为龙头的“钢铁-深加工-建材”循环经济产业链和以海水冷却火电项目为龙头的“火电-海水淡化-浓盐水制盐-卤水综合利用”循环经济产业链。主要发展钢铁、电力、海水淡化、钢铁加工配套、废弃物综合利用、新型建材等产业，打造节能、降耗、减污、增效的循环经济和清洁生产新型工业园区，逐步形成环渤海地区重要的精品钢铁及深加工基地、电力能源基地、海水淡化水源地及海水淡化产业基地。同时，依托园区精品钢铁、建材等原材料，电力、煤气、热力等能源，以及海水淡化水、浓盐水等资源，大力发展海洋工程、新型环保设备、现代物流、生产服务配套等辅助产业，不断延伸和扩展循环经济产业链条。

项目建设。目前，钢铁电力园区已建成投产首钢京唐钢铁厂一期、华润电厂一期、5万吨/日海水淡化工程、高炉除尘灰提钾项目等15个项目，2015年，续建项目有20000TEU/年通用集装箱及20000吨/年钢结构制造建设项目、首钢京唐公司钢铁厂冷轧搬迁项目、侨丰钢渣服务维检基地项目等15个，年内新开工项目有首钢京唐钢铁厂二期、华润曹妃甸电厂二期等5个，前期及洽谈项目有海水淡化进京制水和输水项目、超大型海上平台、北京星光沃特高压水元件制造项目、5.3万吨/年铁氧体磁性预烧料生产项目等5个。2015年以来，钢铁电力园区以首钢京唐钢铁厂二期、华润曹妃甸电厂二期、海水淡化进京、超大型海上平台等4个龙头项目为重中之重，攻难点、破难题，

首钢京唐钢铁联合有限责任公司

唐山曹妃甸中购电子商务有限公司

钢铁电力园区

逐一制定应对方案，首钢京唐钢铁厂二期项目和海水淡化进京项目，取得了项目备案，前期工作取得重要突破，首钢京唐钢铁厂二期项目建设已经启动，华润曹妃甸电厂二期项目也已开展大规模开工建设前各项准备工作。

唐山曹妃甸兴瀚钢铁物流有限公司

招商引资。钢铁电力园区牢牢把握国家推进京津冀协同发展重大战略机遇，以循环经济产业链招商为理念，以延伸钢铁深加工、电力-海水淡化产业链为重点，通过开展全员招商引资的方式，与首钢京唐钢铁厂、华润曹妃甸电厂、海水淡化项目等龙头企业共同招商、共同发展，形成了互利共赢的良好合作机制，积极走出去、引进来，不断提升产业结构，着力实现产业集群化发展。2015年1-8月份，共引进省外资金35亿元，首钢京唐公司钢铁厂二期一步项目、华润曹妃甸电厂二期项目、首朗新能源工业尾气制清洁能源燃料项目等4个项目已完成签约，协议总投资约370亿元。

经济发展。作为曹妃甸最早开发建设的区域之一，经过8年多的发展，钢铁电力园区交通基础设施、市政基础设施较为完备，是曹妃甸工业区钢铁、建材原材料供应基地，电力、热力能源和淡水资源支持基地，支撑和引领曹妃甸循环经济和清洁生产的发展，是曹妃甸循环经济和清洁生产的先行区与核心区，是河北省第一批创建省级清洁生产试点示范园区。截至2015年8月，累计推进产业项目40项，总投资1538.77亿元，完成固定资产投资876.5亿元，其中2015年1-8月份，完成固定资产投资34.5亿元，实现税收4.2亿元，完成工业总产值198.8亿元，占全工业区的97.65%。

企业服务。在发展过程中，曹妃甸工业区钢铁电力园区坚持服务与管理并重，在开展招商引资、项目建设工作的同时，不断强化为项目业主和企业服务理念，实行项目专人盯办，全面落实项目代办制度，帮助业主跑办从前期到落地建设各种手续，对项目跑办、工程建设、生产运营等各个环节做到了“保姆式”服务、全程式管理，主动为企业出谋划策、分忧解难。不断完善水、电、路、讯、河道等基础设施工程配套，积极满足项目建设和企业生产运营需求。在企业建成投产后，积极协助企业申报科技、工信、发改等专项资金支持，鼓励、引导企业开展产品创新、技术改造和节能环保工作，帮助企业提升产品结构、扩大规模、增加效益和健康发展。

唐山开诚航征自动化设备制造有限公司

华润电力(唐山曹妃甸)有限公司

张家口经济开发区

全力打造“生态新区、产业新区、幸福新区、平安新区”

宣冶集团车间生产场景

打造“一区多园”，全力推进产业孵化平台建设

张家口经开区区域面积125平方公里，辖老鸦庄、姚家房、沈家屯3个镇和南站、马路东2个街道，共34个行政村、1个农场、14个社区，人口22万。作为张家口市主城区的核心区，借势京津冀协同发展、京张联合申办2022年冬奥会和创建可再生能源应用综合创新示范特区等机遇，经开区已成为京冀晋蒙交界区域最具吸引力和回报率的投资热土。

新城空间优势：城市建成区26平方公里，基础设施完备，城市辐射承载能力强，符合打造中央商务区和现代化新城区所需的规划条件和空间条件。总面积48.45平方公里的洋河高科园和现代产业园开发加速推进。交通区位优势：距北京180公里，拥有3条铁路干线、4条高速公路、19条国省干道穿境而过，核心区距机场仅9公里，京张高铁、张唐、张呼铁路等重大项目陆续实施。随着主城区南扩战略部署的实施和市行政办公中心的入驻，全市政治、经济、文化中心的地位已形成。人才资源优势：辖区内河北建工学院、河北北方学院、张家口市技师学院和张家口市职业技术学院等4所高校，每年输送各类专业技术人才1万余名。产业发展优势：经开区以优质、高效、阳光的服务打造项目“绿色通道”，全区“四上”企业176家，以高新技术、机械装备、现代服务、现代物流、总部（楼宇）经济为主导的现代产业体系渐成规模。生态环境优势：背靠苍翠八角台山，怀拥碧波清水河，依山傍水的现代化新城区生态环境美丽而独特，空气质量连续三年在长江以北地区37个监测城市中排名第一。

经开区将围绕实施“生态新区、产业新区、幸福新区、平安新区”四大战略，着力培育培强新型工业、商贸物流、金融服务、电子信息、总部经济、文化旅游六大主导产业，努力把经开区打造成为对外开放体制创新的先导区、科学发展绿色崛起的示范区、新兴高端产业集聚的核心区、现代化城市的样板区。

衡德工业园

衡德工业园位于衡水市故城县，地处冀鲁两省交界处，距山东省德州市主城区“零”距离，京沪、石德铁路，京福、衡德高速及京沪高铁在此交汇，位置独特，交通便利，从园区出发5分钟可上京福高速，10分钟到德州火车站，20分钟上京沪高铁，1小时进济南国际机场，2小时入黄骅港口。衡德工业园于2010年11月被河北省政府批准为省级开发区，2011年被衡水市委市政府提升为市级战略，成为举全市之力打造的两大经济增长极之一，2013年8月正式批复衡德工业园党工委、管委会机构和编制。

园区总体规划面积18平方公里，建成区面积8.3平方公里，功能布局分为高新技术区、仓储物流保税区、观光旅游研发区、新能源新材料高端制造区、商贸服务区和现代农业观光区六大区域。现共有入园企业94家，总投资240亿元，其中上市企业4家，500强企业3家，外引项目占90%以上，引自山东的企业占到近80%，初步形成了新能源新材料、装备制造和商贸物流三大支柱产业。2012年—2014年，园区分别完成税收7900万元、1.08亿元、1.73亿元，纳税年均增长44%。

衡德工业园配套设施日益完善，承载功能显著提升。路、水、暖、电、气、通讯等设施齐全，形成了“七纵七横”的道路框架，达到了“九通一平”的硬件标准。衡德学校、衡德医院、衡德信用社和日处理2万吨的污水处理厂均已投入使用。园区现有常驻人口近5万人，一个宜工、宜商、宜居的德西新区正在逐步建成。

故城北新建材有限公司

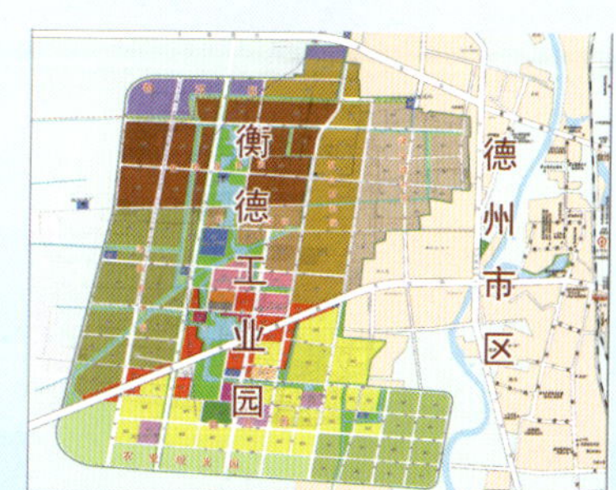

18平方公里规划图

河北奥冠电源科技有限公司

河北青竹美术颜料有限公司

南堡经济开发区

南堡开发区党的群众路线教育实践活动

管委会办公楼

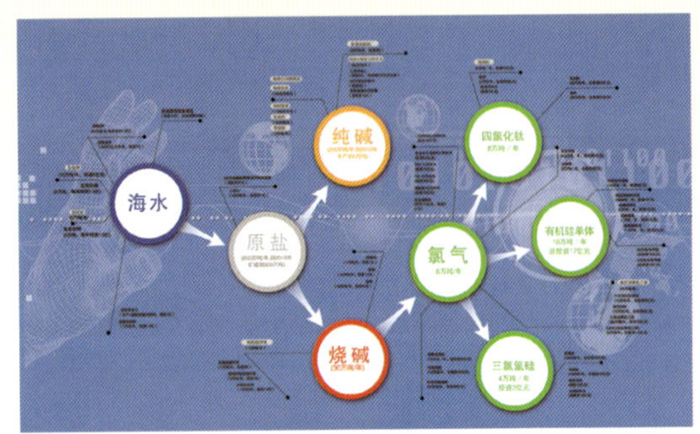

海洋化工循环产业链

南堡经济开发区成立于1991年，1995年被河北省政府批准为省级开发区，2012年7月纳入曹妃甸区。全区规划控制面积393.74平方公里，城区规划面积26平方公里。下辖一个镇10个行政村，一个街道办事处6个居委会，总人口5.4万。

南堡经济开发区位于环渤海经济圈中心地带，西邻天津滨海新区，背靠唐山市主城区，面向曹妃甸大港，汉南铁路、张唐铁路、唐曹铁路以及谋划的蒙曹铁路贯穿全境，沿海高速、唐曹高速交汇贯通，是津唐曹半小时经济圈的核心区域，是环渤海地区最具发展潜力的开发区之一。区内道路、管网、供水、供热、供电、供气、污水处理、垃圾处理等基础配套设施完善，学校、医院、银行、网络通讯、保险事业等社会职能健全，各项民生事业协调发展，基本形成了以海洋化工循环产业为特色的城市雏形。

建区二十多年来，南堡开发区充分发挥自身资源优势，围绕延长盐碱化工产业链条发展壮大产业，已经形成了上游海盐生产，中游“两碱一化”（纯碱、烧碱、化纤），下游氯气利用的“三大板块”，基本构筑了海洋化工循环产业体系，初步建立了“盐—碱—氯气—四氯化钛—海绵钛”、“盐-烧碱-粘胶短纤维”、“氢氧化钾—三氯氢硅—气相白炭黑”、“氯气—有机硅—有机硅下游产品”等4条主导产品链，海洋化工循环产业经济总量占工业总产值的80%以上。目前，全区拥有各类工业企业75家，其中，大型国有企业2家，外资企业7家，民营企业66家，主要涉及盐碱、化纤、钛材料、硅材料、陶瓷、装备制造等行业，化工企业30余家，初步形成了以国有大型企业为主导，民营企业、外资企业等中小企业为补充的产业发展格局。2014年，全区完成地区生产总值90.3亿元，实现全部财政收入10.34亿元，完成全社会固定资产投资64.1亿元。

海裕广场

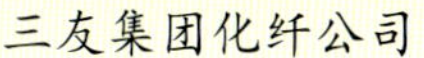

三友集团化纤公司

三友集团股份公司

三友集团氯碱公司

唐山三孚硅业股份有限公司

原盐生产

污水处理厂

河北唐山芦台

2014年9月12日，河北省省长张庆伟，副省长、时任唐山市委书记姜德果，省政府秘书长朱浩文来区调研

芦台经济开发区的前身是与新中国同龄的国有农场，2003年被省政府批准为省级经济开发区，总面积133.4平方公里，12万亩土地。常住人口4万，流动人口2万，辖一个建制镇、20个自然村、1个街道办事处和9个居委会。东临蓟运河，西依潮白新河，205国道贯穿全区，水陆空交通发达，半小时上天入海，一小时进京下卫。

芦台是全国农业战线的一面旗帜，受到国务院的嘉奖，农业机械化，盐碱地改良、水稻旱直播、奶牛胚胎移植等技术在全国发挥示范作用。“小站米”品质精良，直供中南海并大量出口。农业产业化不断迈上新台阶。美禾农业产业园形成了从制种、基地建设到产品深加工完整的产业链。亿龙生态农业观光园集农业生产、观光休闲、科普教育、农产品购物于一体。投资11亿元的北粮蛋鸡产业示范基地总部、美兰禽业青年鸡场主体工程进展迅速，即将投入生产。

全区拥有1个全国驰名商标，15个省著名商标，8个市知名商标，14项省名牌和优质产品，4家省级科技型、创新型企业。全区自创专利126项。

芦台被誉为“铁柜王国”，生产的金属柜具获得国优殊荣，行销全国各地。“中国自行车零部件基地”、“新型采暖散热器基地”、“河北省镁合金基地”相继建成命名，家具及包装行业颇具优势，形成了独具特色的自行车零部件、新型散热器、镁合金系列制品、钢木休闲家具、医疗康复器械五大主导产业，培育出车圈大王、支衣架大王等一批全国知名企业。自行车零部件年产量占天津自行车基地和全国市场总量的86%和36%。亨利公司的镁合金自行车零部件生产、金亨通车料的碳纤维自行车零部件生产，引领了自行车原材料的新革命。由低端向高端产品、零部件生产向整车生产迈进；新型采暖散热器年产能突破500万组，占全国市场总量的

12月25日芦台经济开发区“光华公益服务中心”揭牌仪式在区举行

7月29日省沿海办带领多家媒体记者来区集中采访

经济开发区

60%以上。以出口为主的钢木家具，年产能80万套以上。美克国际家私包装园从事配套材料供应、加工制造、物流配送等服务。烁宝焊接设备厂相继成功研制数字化脉冲弧焊机、焊接机器人、节能焊机。千页纸业已形成了“灰兔”、“富贵竹”、“晶牌”三个品牌，成为市场畅销品。金湾特碳石墨生产线、晶须钛基复合材料、海兴石油接箍、晶鑫镀膜玻璃、华隆绝缘高压隔离开关、威宝数码影像材料、明和新型光学装饰材料等一批新材料、新能源、新工艺项目的陆续开工建设，为芦台经济发展注入了强大动力。

11月18日唐山市委书记焦彦龙、市委秘书长胡国辉来区调研

2014年，实现地区生产总值35亿元，增长10%；完成固定资产投资12.5亿元，增长35.7%，完成公共财政预算收入1.29亿元，增长12.6%，主要经济指标增幅在唐山市排名第二。

今日芦台，政通人和，经济发展，文化进步，社会稳定。在这一方蓬勃发展、欣欣向荣的热土上，正奏响时代发展的强劲乐章，创造一个又一个新的辉煌。

12月30日市委市政府研究室主任吕志玉带领天津大学、河北工业大学专家学者来区调研座谈

中国箱包之都 京南商贸名城

党工委班子成员

丰台区商务委与白沟新城签订战略合作协议

白沟新城是2008年7月28日由原高碑店市白沟镇和原白洋淀温泉城开发区合并组建。2010年8月经省委、省政府正式批复。2010年9月正式揭牌。辖一镇一区，由双向六车道的快速路相连，辖区面积64平方公里，建成区面积25平方公里，辖33个村街，常住人口16万，流动人口10—15万。

白沟是北方著名商镇，始于汉，兴于三国，盛于明清，是历史上著名的水路码头，素有“燕南大都会”的美誉。白沟历史上以泥塑闻名，白沟泥塑俗称泥娃娃，发端于清乾隆年间，有300多年历史。至清末，发展成为北方的泥人之乡，形成了别具特色的泥人市场，产品远销华北及东北地区。

白沟镇已经发展成为中国箱包之都和著名的小商品集散中心。箱包制造和商贸物流是白沟的主导产业。箱包制造业经过30多年的发展，已形成了一个辐射周边10个县（市）、50多个乡镇、500多个自然村，从业人员达150万人的区域特色产业集群。拥有箱包企业近4000家，其中规模以上企业350多家，形成了从原辅材料生产到成品销售的庞大产业链和产业集群，年产箱包7.5亿只，是全国最大的箱包产销基地。有250多家企业在130多个国家和地区建立了直销窗口或公司，被国家命名为“中国箱包之都”。商贸物流业发达，目前，已经形成了集箱包、服装、鞋帽、小商品等十几大行业于一体的的大型综合商贸集群，拥有14个专业市场，总经营面积400多万平米，吸引了国内外近7000个品牌入驻，上市商品达150多大类，250万个品种。发达的商贸业带动了物流业的快速发展。白沟是省级物流产业聚集区，拥有货运线路200多条，站点121家，覆盖全国所有县级以上城市，年吞吐量达1500多万吨。

和道国际箱包交易中心

白沟新城

白洋淀温泉城总面积9.53平方公里，是1992年经国务院批准建立的省级开发试验区，并被省政府批准为省级旅游度假区、省级经济技术开发区。白洋淀温泉城拥有独特的“三水”资源：一是白洋淀水：白洋淀为国家5A级景区，是国内著名的旅游胜地。二是温泉水：地下蕴藏着极其丰富的高品质温泉资源，具有埋藏浅（500—1500米）、储量大（821亿立方米）、温度高（70—90摄氏度）、水质好（富含锂、锶、钠等多种对人体健康有益的矿物质）的特点。三是矿泉水：经地质矿产部鉴定，是国内罕见含有多种人体所需微量元素的天然含“硒”矿泉水，被誉为“神泉秀水”。白洋淀温泉城依托“三水”资源，以打造环京津地区高端商务休闲中心和旅游度假基地为目标，以香港华润集团、北京城建集团和香港中基集团等企业为龙头，已完成投资近百亿元，建成开放了华润大学、芦乡国际等一批品质高、功能完备的旅游休闲项目。初步形成了集养老疗养、高端商务、会议培训、休闲度假于一体的多业态综合旅游休闲产业带。随着京津冀一体化国家战略的实施，温泉城以其优越的地理位置、丰富的自然资源、高标准、高规格的基础设施，必将成为京津冀区域中的亮点，建设成为京津冀城市群中具有带动作用的节点区域。

推动“三个一百”工程工作会议

白沟大红门国际服装城开业庆典仪式现场

大红门国际服装博览中心启幕仪式

大红门国际服装城开业仪式

国际商贸城

国际原辅料交易中心

物流仓储产业园

唐山湾国

外国观鸟团来菩提岛观鸟

唐山湾国际旅游岛位于河北省唐山市东南部渤海之滨，由菩提岛、月岛、祥云岛及北侧陆域组成，规划面积125.64平方公里，其中，陆域面积85.81平方公里、岛屿面积39.83平方公里。旅游岛为高纬度地区稀缺型海岛，坐拥得天独厚的海岛、温泉、沙滩、深海淤泥、生态及文化资源组合，自然资源独特，文化底蕴深厚，生态环境宜人。菩提岛属“河北省海洋自然保护区”、“省级风景名胜区”，有“孤悬于海上的天然动植物园”和“国际观鸟基地”的美誉，并有潮音寺、朝阳庵遗址等佛家古迹。月岛植被繁茂，景观独特，为国家AAAA级旅游景区。祥云岛海岸为双道复式海岸线，沙滩坡度平缓，拥有良好的海滨浴场资源。海岛北侧陆域大部分为国有滩涂和未利用地，土地可利用性强。旅游岛的综合优势和发展潜力日益凸显，正在成为环渤海地区乃至中国北方最具投资潜力的旅游开发景区。

菩提雪乡

唐山湾国际旅游岛管理委员会于2011年5月由河北省人民政府批准成立，为唐山市人民政府的派出机构，负责唐山湾国际旅游岛126平方公里范围内的规划设计、招商引资、监督管理、协调服务等。开发建设以来，唐山湾国际旅游岛管理委员会在省、市各级的正确领导下，努力把资源优势、区位优势转化为产品优势、经济优势，不断改善旅游发展的软硬环境，旅游岛被省政府列为省级旅游综合改革试验区，被国家海洋局列为国家级海岛开发利用示范基地，并先后获得“中国最具投资潜力的旅游开发区奖”、“光耀香江香港回归15周年香港内地投资热点奖”和“中

菩提岛夜景

月岛三灯祈福盛会

际旅游岛

国生态旅游服务十大新锐品牌金典奖”等荣誉称号。通过科学论证，初步确立了“打造国际一流滨海休闲度假目的地”和“建设生态宜居滨海旅游新城”的战略发展目标。立足“一岸拥三岛”格局，建设集世界滨海旅游之大成，满足各类消费群体需要，适宜全季节出游和保证可持续发展的滨海旅游胜地。

菩提岛冬季旅游

三贝明珠码头建设全面完工并投入使用

朝阳庵复建完工

张家口市塞北管理区

党工委副书记、管委会主任陈青山

党工委书记　冀连生

6月21日省长张庆伟到塞北管理区弘基农业视察

塞北管理区前身是省属九大农垦企业之一的河北省国营沽源牧场，2003年6月经省政府批准，改制为张家口市塞北管理区，位于张家口市坝上地区北部，地处锡林郭勒草原南缘，是典型的农牧交错带和国际黄金奶源带。境内地势平坦，具有舒缓丘陵、波状高原地貌，西与内蒙古太仆寺旗接壤，北与内蒙古正兰旗、多伦县相毗，东与承德丰宁县相邻，南与沽源县相连，全区总面积267平方公里。管理区下辖4个管理处，12个居委会，22个自然村，总人口2.4万人。2014年，全区完成地区生产总值17.39亿元，实现财政收入1.16亿元，全社会固定资产投资完成12.37亿元，城乡人均可支配收入达到18586元、8421元。

农牧资源优越。塞北管理区是“河北省张家口市高效畜牧业示范区、国家级奶牛养殖标准化示范区”两大示范区，全区拥有大面积集中连片的存量土地，现代化的农业基础设施，强有力的科技支撑，具有发展现代农业、有机产业的立地条件。

生态环境良好。塞北管理区受特殊的地理位置、自然环境、历史沿革等因素影响，仍保持着完整的原生态草原生态系统，是少有的未受污染的区域之一，是发展马铃薯、燕麦特色加工等绿色产业的“天然工厂”。

矿产资源丰富。塞北管理区已探明榆树沟煤田储量3.37亿吨，煤质属中灰、低硫、低磷的褐煤，是优质的动力煤和化工用煤。

风能资源富集。塞北管理区风能可开发利用量超过200千瓦，40米高度年平均风速为6.6米/秒，平均风功率密度为363瓦/平方米。

冀中能源榆树沟煤矿

包装印刷业——五色高保真印刷机

乳业——蒙牛车间

张家口市察北管理区

察北管理区文化广场

沼气发电

雪川农业灌溉马铃薯

蒙牛乳业（察北）有限公司

察北管理区位于河北省西北部坝上地区，辖一镇一乡五个管理处、18个行政村，总面积373平方公里，总人口3万人，平均海拔1450米，年均气温2.9℃，林草覆盖率80%以上，生态环境良好，气候凉爽宜人，是镶嵌在张家口坝上草原的一颗璀璨明珠。

“四大发展优势”潜力巨大。察北前身为国营察北牧场，与共和国同龄，是历史上著名的“三号军马场”，先后隶属中央农业部、河北省农垦局，曾经为国防建设培育出数以万计的良种军马。2003年改制为管理区后，依托得天独厚的农牧资源优势，成为张家口与世界现代农业接轨的“桥头堡”。区位优越交通便捷。位于张北、康保、沽源三县交界处，距张家口84公里、北京262公里，张石高速出入口距区政府所在地仅2分钟车程，207国道纵贯全境，是坝上东出西联北接的“金三角”。奶牛养殖基础雄厚。处于北纬41°的“国际黄金奶源带”，天然草场面积24万亩，奶牛品质好、产量高，规模养殖率、机械化挤奶率均达100%，是河北北方最大的奶源基地和鲜奶加工核心集聚区。国有土地集中连片。28万亩国有土地占到全区总面积的50%，可利用面积广阔，易于统一规划、集中开发、规模经营。新型能源储量丰富。年有效风速和光照时间均3000小时以上，风电和太阳能装机总容量达150万千瓦，具有广阔的开发空间。

“三大主导产业”蓄势待发。近年来，察北按照“立足优势，打造特色，瞄准高端，做大做强”的思路，着力推进产业转型升级，经济社会实现快速发展。乳品产业加速崛起。现有旗帜、蒙牛、圣元等5家乳品加工企业和现代牧业、恒正牛业等3个现代化奶牛养殖场，奶牛存栏近10万头，日鲜奶加工能力2000吨，拥有旗帜婴幼儿奶粉、蒙牛特仑苏、福星奶茶粉等30多个品种。河北旗帜乳品创领“种植养殖加工零距离一体化”全产业链模式，质量指标优于世界任何国家标准，以量化品质开启了婴儿奶粉新时代，全力打造全国最大的高端乳品加工基地。马铃薯产业蓬勃发展。区内雪川公司是集马铃薯育种、研发、种植、加工于一体的国家级农业产业化龙头企业，已建成马铃薯种植基地2万亩，拓展商品薯基地20万亩。2014年与世界四大马铃薯加工企业之一的荷兰爱味客公司强强联合，成立爱味客雪川食品有限公司，年处理鲜薯能力达30万吨，冷冻薯条加工能力占国内份额25%以上，并与荷兰HZPC公司、中国农科院合作建设具有国际领先水平的马铃薯研发中心，全力打造全国一流的马铃薯种植加工研发基地。新能源产业逐步壮大。引进实施了中广核10万千瓦风电、晶科60MW太阳能光伏发电、奥光科50MW农光一体化、中阳64MW太阳能光热一体化等项目，列入国家级坝上百万千瓦电场示范基地规划，养殖场沼气年发电量800多万度，形成了风、光、沼气互补发展的新能源发展格局。

勤劳朴实的察北人民，正以恢弘的手笔朝着“实现绿色崛起、打造现代乳城”的“察北梦”坚实迈进，以全新的姿态拥抱海内外有志之士投资兴业、共创辉煌。

世界文化

清东陵标志性建筑物—石牌坊

清东陵位于河北省遵化市昌瑞山南麓，界于北京、天津、唐山、承德、秦皇岛之腹地，西距北京125公里，南距天津150公里，东南距唐山100公里，北距承德100公里，是中国现存规模最为宏大、体系最为完整、布局最得体的清代皇家陵墓建筑群。占地80平方公里的15座陵寝中，长眠着161位帝、后、妃及皇子公主们。

东陵黄昏

清东陵是一块绝佳的“风水”宝地。北有昌瑞山做后靠如锦屏翠帐，南有金星山做前朝如持笏朝揖，中间有影壁山做书案可凭可依，东有鹰飞倒仰山如青龙盘卧，西有黄花山似白虎雄踞，东西两条大河环绕夹流似两条玉带。群山环抱的堂局辽阔坦荡，雍容不破，真可谓地臻全美，景物天成。当年顺治皇帝

龙凤门

大红门

孝陵石像生全景

遗产——清东陵

到这一带行围打猎，被这一片灵山秀水所震撼，当即传旨“此山王气葱郁可为朕寿宫”。从此昌瑞山下便有了规模浩大，气势恢宏的清东陵。

清东陵—定东陵

清东陵的建筑壮观、精美。由580多座单体建筑组成的庞大古建筑群中，有中国现存面阔最宽的石牌坊，五间六柱十一楼的仿木结构巧夺天工；中国保存最完整的长6000多米的孝陵神路，随山势起伏，极富艺术感染力；乾隆裕陵地宫精美的佛教石雕令人叹为观止，班禅大师赞誉为“不可多得的石雕艺术宝库”；慈禧陵三座贴金大殿，其豪华装饰举世罕见，“凤上龙下”石雕匠心独运……

乾隆地宫石雕

清东陵至今已有300多年的历史，每一座陵寝都记载着或辉煌或衰败的历史，每一座陵寝都传承着或动人或神秘的故事。入关第一帝顺治，开创康乾盛世的康熙大帝，文武兼备的十全老人乾隆，辅佐世、圣二祖的杰出女政治家孝庄文皇后，两度垂帘听政的慈禧，给人以扑朔迷离之感的“香妃”，还有咸丰，同治……这些曾主宰过国家命运，在清王朝政治舞台上扮演极为重要角色的人物，如今都长眠于此，任由自然的洗礼，历史的评说。

清东陵以她无可辩驳的魅力，以她重要的历史，艺术和科学价值于2000年11月30日被正式列入世界文化遗产名录。2001年1月被国家旅游局评定为国家AAAA级旅游景区。

裕陵前景

清东陵雪景

景陵牌楼门

景陵前石像生

景陵大殿

北方工程设计

西安近代化学研究所洛南基地建设项目勘察施工现场

北方工程设计研究院有限公司隶属于中国兵器工业集团公司，由创建于1952年的国家级综合勘察设计机构——北方设计研究院和中国兵器工业北方勘察设计研究院2010年重组而成。

公司注册资本1亿元，现有员工1300余人，其中：国家级设计大师1人、河北省建筑、勘察、工程设计大师8人、中国兵器科技带头人4人；国家注册咨询工程师、一级注册建筑师、一级注册结构工程师、一级注册建造师、注册公用设备师、注册岩土工程师、高级项目经理、项目经理380余人；配置有坦克装甲车辆、发动机、弹箭、火炮、枪械、光电、建筑、结构、综合工程、非标设备、工程测量、岩土工程、地质勘察等50多个主要专业。

保定涞源20MWp地面电站光伏并网发电项目

公司具有国家授予的军工、建筑、市政等多个行业甲级咨询、设计资质以及风景园林设计、建筑智能化系统设计等多项专业甲级资质；工程勘察综合甲级资质；建筑智能化工程、电子工程、地基与基础工程等专业承包壹级资质；房屋建筑工程、冶炼工程、市政公用、机电安装等工程监理资质以及施工图设计文件审查资质。享有国家对外经济贸易部门授予的独立对外经营权，是国际咨询工程师联合会（FIDIC）的成员协会会员。公司设有包括军工工业工程、民用建筑、工程勘察设计等多个综合设计院所和热能电力、电磁防护、环境工程、园林景观等多个专业性设计研究所；在北京、上海、深圳、重庆、南京、厦门、大连、青岛等地设有分支机构。

公司拥有工业工程、建筑工程、工程勘察、专项工程等四大核心业务板块。工业工程是公司发展的根基，在军工建设和民用工业领域不断提升自主创新能力，建立了全方位服务工业工程全过程的业务架构，在全力满足国家高新武器装备研制生产需要的同时，承担了宗申摩托车生产线、北方奔驰载重汽车总装生产线、北方红外技术产业化生产基地、四星玻璃等项目。建筑工程是公司发展的根本，将科技、绿色、低碳、环保、节能等技术要求蕴含于建筑设计，在校园规划、医疗、公共设施、居住、城市综合体、物流等领域取得骄人业绩，完成了一百多所中国高校的规划设计，承担了上海世博会拉脱维亚国家馆、东华理工学院南昌校区、石家庄

邯郸市游泳训练中心建筑设计方案

河南师范大学教学楼项目

河北省食品药品和医疗器械检验检测技术中心项目

人民会堂、西安交大附属医院、正定物流园、山东滨海景观等项目。岩土工程是公司发展的重要一翼，业务涵盖工程勘察、岩土工程、测绘工程、地质灾害防治、地理信息、工程检测等，为各类国防安全、工程建设、矿山治理和环保工程提供专业化、高品质工程技术服务及一体化总承包服务。专业工程板块拥有全国领先的电磁防护技术、热能电力、市政环保工程技术，在工业窑炉、工艺设备、自动化通信等领域保持优势技术地位。

深国际·石家庄现代综合物流港概念规划设计项目

公司凭借六十多年的文化积淀、几代人的技艺传承和创新精神，孕育了丰硕的成果。与世界近百个国家和地区建立了广泛的技术经济合作和业务往来，完成260余项援外或外经贸项目。多年来，荣获国家发明奖4项，省部级科技进步奖100项，国家优秀工程设计金奖3项，银奖14项，铜奖6项，省部级优秀工程设计奖、咨询奖及其他奖项近300项，主编和参编国家和省部级及行业标准、规范35项。

山东省滨州经济开发区西沙河绿化景观项目

公司始终坚持国家利益高于一切，始终坚持以科技创新和管理创新为动力，始终坚持把人才作为事业发展的决定性因素，忠实履行“服务于国家国防安全、服务于国家经济发展”的核心使命，遵循“精心设计、精确建造、精细服务，持续改进、持续提高、超越需求”的质量方针，溶聚“民主、表现文化，制度、执行文化，学习、专家文化，规划、系统文化和创新、领先文化”，秉持“以军为根，以设计为本，以工业工程、岩土工程为两翼，以专业技术、专业工程为支撑”的发展构想、“一体化经营、专业化联合、特色化发展”的经营策略，“特色化、专业化、一体化”和“标准化、系列化、模块化”理念，不断完善公司的产业链、技术链、价值链，提升公司科技创新能力与创利能力，全力打造集咨询、勘察、设计、建造、检测、监理、项目管理、工程总承包以及具有投融资性质的工程服务等工程建设全过程一体化的高科技国际化工程集团。

北方光电集团有限公司西安兵器光电科技产业园建设项目

西安交通大学第二附属医院项目

唐山工业职

2014年4月2日省教育厅厅长刘教民、市长陈学军等领导来学院考察指导

唐山工业职业技术学院坐落于百年工业重镇唐山。新唐山是在大地震废墟上崛起的国家创新型试点城市，作为环渤海区域经济新的增长点，被国务院列为新型工业化基地和科学发展的示范区。学院新校园坐落于国家京津冀协同发展战略的重要支点——曹妃甸生态城科教园区，新校园由唐山市政府投资16亿元，占地1644亩、建筑面积32万平方米。

学院是经教育部批准建立的普通高等专科学校，实施专科层次全日制高等职业技术教育，与河北省唐山市技师学院一体化管理，培养具有大专学历、高级职业资格的高素质、高技能型人才。经教育部批准，学院具有高考前单独招生资格。学生在校期间可享受优惠政策，通过自学考试获得本科学历。

学院是国家优秀骨干高等职业院校，动车组技术、港口物流管理、陶瓷艺术设计、数控技术、机电设备维修与管理、建筑工程技术、应用化工技术7个专业被列为中央财政支持的国家重点建设专业，计算机网络技术专

2014年12月12日教育部现代学徒制试点工作推进会议在学院召开

业 技 术 学 院

业被列为地方资金支持重点建设专业。学院设有自动化工程、机械工程、管理工程、汽车工程、建筑化工、艺术传媒、学前教育7个系，面向现代制造业和现代服务业开设40个专业。

学院建有机械实习厂、数控实训中心、美术实习厂等校内生产性实训基地；拥有国家电工电子职业教育实训基地、全国农民工培训示范基地、国家数控技术职业教育实训基地、全国教育网络示范校等4个中央财政支持建设的国家职业教育实训基地；拥有中国陶瓷职业技能培训基地、全国“温暖工程”培训基地、全国高新技术人才培养基地、全国数控技术紧缺人才培养基地、全国职工职业技能实训基地、国家“双证书”制度试点单位等6个国家行业培训中心。建有河北省级院士工作站和快速制造技术、省高校骨质瓷应用技术和河北省电动汽车应用技术三个省级研发中心。

2014年8月20日，市委书记姜德果就学院曹妃甸新校园的建设工作进行调研

学院服务区域经济社会转型发展能力不断增强，是河北省大中专院校学生信息咨询与就业中心学历认证受理点，面向社会招收成考学员及网络教育学员。多次承担全国职业技能大赛河北赛区选拔赛等各类职业技能大赛和成果展示任务，并面向社会开展高级技能培训和鉴定。

2014年12月12日教育部鲁昕副部长来学院视察现代学徒制试点推进工作

学院形成“前校后厂，产学一体；贴近区域，开放办学”的集团化办学特色，其科研成果获中国职业教育科研成果一等奖、国家教育科学研究成果三等奖。《高职院校开放式教学改革研究与实践》获职业教育国家级教学成果二等奖。学院先后与瑞士、爱尔兰、德国、美国等12个国家和台湾地区的院校开展交流与合作。与都柏林理工学院在机电一体化专业合作办学，探索与应用本科、国外应用技术大学的贯通的人才培养途径。

学院面向全国招生，2014年就业率达98.3%。与唐山轨道客车有限公司、唐山三友集团有限公司、唐山曹妃甸港口有限公司、河北津西钢铁集团股份有限公司等战略新兴产业及大型企业开展订单培养。近三年毕业生涌现出全国“五一”奖章获得者、全国“技术能手”、河北省“技术状元”和市劳动模范。

学院先后获全国黄炎培职业教育优秀学校、省先进单位、省文明单位、省教育工作先进集体、市文明单位等荣誉。《人民日报》、《光明日报》、《中国教育部》、中央电视台等主流媒体对学院建设成果给予广泛报道。

河北省体育

河北省体育彩票管理中心成立于1995年，其前身为成立于1992年的河北省体育奖券办公室，为河北省体育局下属事业单位

河北省体育彩票管理中心（以下简称省中心）成立于1995年，其前身为成立于1992年的河北省体育奖券办公室，是由国家指定的、中国体育彩票在河北省唯一的体育彩票销售机构。

中心遵循“公开、公平、公正”的发行原则，在国家体育彩票管理中心指导下、在省体育局直接领导下，在省财政厅的监督管理下，通过向社会销售体育彩票，募集公益金，促进体育事业发展和社会保证事业的发展。根据《彩票管理条例》和《彩票管理条例实施细则》的要求加强管理，保证全省体育彩票销售工作的顺利开展。根据我省彩票行业的市场需求，制订全省体育彩票管理的有关规定，负责组织、协调、管理全省体育彩票销售工作。

中心现有工作人员270余人，下设办公室、市场部、业务部、技术部、财务部、监察部负责各项具体业务，分别在石家庄、保定、唐山、秦皇岛、承德、邯郸、张家口、沧州、廊坊、衡水、邢台市建立了11个市中心，现有电脑体育彩票投注站规模10000余个，即开型体育彩票销售代表约300个，竞猜销售网点超过2000个。2014年全年累计销售86.63亿元，较上年增加30.14亿元，同比增长53.35%，总销量在全国排名第五位，筹集公益金22.43亿元,为国家公益事业和体育事业的发展做出了重要的贡献。

体育彩票网点形象美观大方

彩民不断收获幸运

体彩爱心吧为群众提供便民物资，为困难群众募集棉衣棉被

彩票管理中心

形式多样的培训会提升从业人员素质

为社会提供就业岗位上万个，给毕业生就业、创业创造机会

河北省体育彩票管理中心打造的快乐操场活动，为全省近百所学校的孩子们送上快乐与健康

遍布大街小巷的健身路径，成为人们休闲娱乐的好去处

利用体彩公益金建成的全民健身中心

保定市城乡规划管理局

苑景华局长到市城建档案馆（规划展馆）开展为期四天的蹲点调研

杨宝东副市长到规划局蹲点调研

按照保定市政府办公厅批准的《保定市城乡规划管理局主要职责、内设机构和人员编制规定》（“三定方案”）的文件精神，保定市城乡规划管理局设10个内设机构，分别是：办公室、人事处、总工程师办公室（市规划委员会办公室）、综合规划管理处（行政审批服务处）、城区规划管理处、建设规划管理处、市政规划管理处、县乡规划管理处、“三星一淀”规划管理处、规划监察处。局机关设机关党委及纪检监察室。另设4个分局，分别是：南市区规划分局、北市区规划分局、新市区规划分局、高新区规划分局（副县级）。局机关行政编制64人，实有64人。

2014年，局领导班子为6人，其中党组书记、局长苑景华负责局全面工作，副局长陈谦分管办公室、人事处、综合处、保定市政务服务中心（规划局窗口）、局直属事业单位工作（除保定市城乡规划设计研究院以外）；副局长兼总规划师王宝玉分管总工办、城区处工作；规划设计院院长兼副局长姜健协助分管市政处工作，负责规划设计院全面工作；副局长胡力（正县）分管县乡处工作；副调研员张志强分管监察处、南北新三区分局。另外，调研员范跃进分管市政处、建管处工作；原纪检组长王惠娟（二线）分管纪检监察、机关党委工作。

保定市城乡规划管理局直属5个事业单位：保定市规划编制研究中心（全额）、保定市城市建设档案馆（规划展馆）（自筹）、保定市城乡规划设计研究院（自筹）、保定市城乡建筑设计院（自筹），保定市规划监察大队（全额）正在筹建当中。

2014年，保定市城乡规划管理局按照省、市委、市政府决策部署，紧紧围绕建设“京畿强市、善美保定”的总体目标，按照“突出特色、提升品位”，“彰显古城魅力，建设现代新城”的要求，以党的群众路线教育实践活动为抓手，以法规规章体系建设为支撑，以机关标准化管理和数字规划建设为平台，充分发挥规划在城市建设中的引领作用，扎实推进城乡规划各项工作，促进了城乡规划编制的科学化、管理的规范化、监督的公开化，实现了规划水平显著提高、规划管理更为规范、服务效能明显提升、队伍建设更加坚强的基本目标，为促进保定市城乡建设和经济发展提供了科学的规划保障。

党的群众路线教育动员部署大会

保定市城乡规划管理局浙江大学高级研修班（第一期）

参观留法勤工俭学纪念馆

霸州市国土资源局

霸州市国土资源局办公楼

市民广场

霸州博物馆

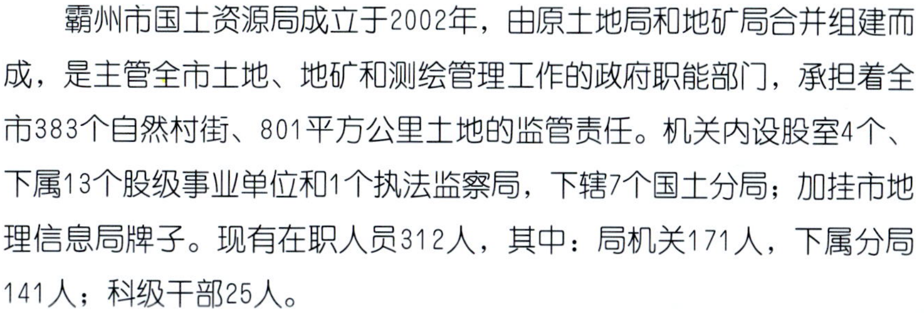

霸州市国土资源局成立于2002年，由原土地局和地矿局合并组建而成，是主管全市土地、地矿和测绘管理工作的政府职能部门，承担着全市383个自然村街、801平方公里土地的监管责任。机关内设股室4个、下属13个股级事业单位和1个执法监察局，下辖7个国土分局；加挂市地理信息局牌子。现有在职人员312人，其中：局机关171人，下属分局141人；科级干部25人。

近年来，该局在上级主管部门和霸州市委、市政府的正确领导下，坚持围绕中心，服务大局，着力在保障经济发展、保护国土资源，促进节约集约用地，维护群众权益上下功夫，使各项工作都取得了显著成绩。霸州市被国土资源部授予“国土资源节约集约模范市”称号。霸州市国土资源局曾荣获省“农村集体土地所有权确权登记发证工作先进集体”荣誉称号，还多次荣获霸州市委、市政府和廊坊市国土局的表彰。

胜芳家具产业园

上街宣传土地法律法规

国家新型城镇化试点市

上级领导视察

定州经济开发区鸟瞰图

定州市是河北省首批省直管体制改革试点市之一，辖25个乡镇（城区办事处），530个村（社区），总面积1283平方公里，总人口130万。2014年实现生产总值277.42亿元，财政收入27.8亿元，获批为全国新型城镇化综合试点市。

历史文化悠久。战国和汉代三次建立中山国都，后历代设州置府，建国后设专署，自古以来就是区域性经济、政治、文化、军事中心。历史上名人辈出、人文荟萃，现有国家级文保单位9处，省级13处，市级54处，馆藏文物5万余件，居河北省各市县首位，是全国秧歌文化之乡、全国吹歌文化之乡、河北省十大历史文化名城之一，被联合国地名组织命名为“千年古县”。

区位交通独特。地处京津冀协同发展的战略腹地，是京石轴线上的重要节点城市，京广铁路、京石高速铁路、京港澳高速公路和107国道纵贯南北，朔黄铁路和即将建设的石津高速支线横穿东西，河北国际机场定州航站楼运营，朔黄与京广铁路换装站即将启动，形成“两高三铁”双十交叉口和通铁、通航、通港、通高速的“四通”城市。

现代产业发达。定州经济开发区规划面积52平方公里，是河北省重点打造的超千亿元园集区，目前建成区面积达13.85平方公里。高新区、首农园区、苗木花卉园区获批省级科技园区。汽车产业形成40万辆产能，煤化工产业形成370万吨焦炭、35万吨甲醇产能，定洲电厂600兆瓦机组在京津冀首家实现近零排放，定州伊利日处理鲜奶2000吨。形成了超50亿元产业集群1个，超30亿元产业集群3个，其中汽车及零部件产业集群列入全省8个示范集群之一。

项目建设超前。全年共谋划实施超亿元省市重点项目50个，总投资1661亿元，列入省“双百双千”项目达32项；储备项目107项，总投资2180亿元。其中，省重点项目3个。

农业基础雄厚。形成蔬菜、养殖、花木三大特色产业，是国家现代农业示范区、全国无公害农产品生产基地、全国粮食生产先进市、国家蔬菜产业重点市和全国粮食、生猪、油料生产大市、河北省农产品加工示范基地、河北省花木之乡。

河北首农现代循环农业科技示范园区

众惠科技示范园

企业生产

——定州市

领导在企业调研

城市功能完备。城区规划占地100平方公里，容纳90万人口，目前建成区面积38.5平方公里，常驻人口36万。基础设施完善，生态环境良好，是河北省园林城市，教育、卫生、文化等事业发展居全省乃至全国先进，商贸、物流等服务业加快发展。

人文教育先进。定州是世界平民教育的发祥地，现有各级各类学校319所，其中本科院校1所、大专院校1所，国家重点职教中心1所，中等专业学校3所，高考成绩连年位居河北省前列。定州中学是北大“中学校长实名推荐”资质的学校，河北省获此殊荣的学校仅7所。

发展前景广阔。抢抓京津冀协同发展机遇，围绕创新驱动发展主线，以园区重组和新城建设为两大突破口，以省直管、新型城镇化、土地征收改革三大试点为载体，以国家农业科技园区、国家高新技术开发区、国家两岸文化创意产业园区和定州物流编组站为四大抓手，实施“一三一”（闯出一条县域经济发展的路子，当好创新发展、统筹城乡、智慧城市的示范，加强党的建设和党风廉政建设）发展战略，打造新兴区域中心城市。

北方（定州）再生资源产业基地开工仪式现场

市容市貌

重大项目签约

定州秧歌进社区

全民运动季活动群众长跑

承德市双桥区

区委书记　方志勇

双桥区位于承德市核心区，是承德的政治、经济、文化中心，曾获首批“全国和谐社区示范区”、“全国生态文明建设试点地区”荣誉，2012年又被命名为“全国社区管理创新实验区”。区域总面积372.07平方公里，现辖5个镇、7个街道、53个行政村、68个社区。户籍人口31万人，另有常住流动人口约10万人。

旅游资源丰富。有A级景区11个，其中避暑山庄、普宁寺等5A级景区7个，避暑山庄及周围寺庙景区1994年被列入世界文化遗产名录，拥有全国首批24座历史文化名城、中国十大风景名胜等多项桂冠。

承德避暑山庄碧峰门民俗文化产业园快速发展，荣获了2014年全省首批“文化产业示范园区”和全省“十大文化产业项目”称号

文化底蕴深厚。5000年的红山文化、300年的山庄文化纵贯古今，特别是避暑山庄，融合中原文化、满蒙文化及草原文化于一体，形成了博大精深、独具特色的“大避暑山庄文化”。

地理位置优越。境内路网密集，处于“两环十射”高速路网核心位置，随着京承、承唐、承秦、承朝、承赤等高速公路相继通车，已成为连接京、津、冀、辽、蒙等五省市的重要交通枢纽，具有“一市连五省”的独特优势。未来，南部高铁车站、北部承德机场将逐步建成，双桥正阔步迈进“空港经济”和“高铁经济”时代。

发展环境良好。通过近年来的加速发展，双桥区正在由单一的城市主城区迈向新的国际化旅游城市的中心区，区内基础设施、发展空间、综合实力俱有显著提升。特别是在辖区北部，2010年启动了外八庙周围环境整治工程，在世界遗产的核心腹地投入巨资拆出了大片净地；借力正在建设的承德机场和双峰寺水库，在双峰寺区域打造全新的北部新城。今后，双桥区将依托深厚的文化底蕴、优越的区位条件、高端的发展平台、高效的政务服务，逐步打造成国际旅游城市核心区。

双桥区把回迁房建设作为最大的民生工作，不断充实力量，明确目标，破解资金、基础设施、拆迁等难题，回迁房建设取得重大突破，北区回迁房、城中村改造回迁房和路网建设回迁房主体完工48.2万平方米

打造靓丽核心区
建设国际旅游城

2014年，全年地区生产总值完成145.4亿元，增长5.2%，占全市经济总量的10.8%，在全市位居第三位，三次产业比重为1.6：34.5：63.9；全部财政收入完成16.3亿元，增长1.5%，其中公共财政预算收入完成4.5亿元，增长2.9%；全社会固定资产投资完成75.2亿元，增长0.3%；社会消费品零售总额完成102.1亿元，增长8.7%；城乡居民人均可支配收入分别达到23643元和8689元，分别增长9.7%和10.9%。

区长　宋成立

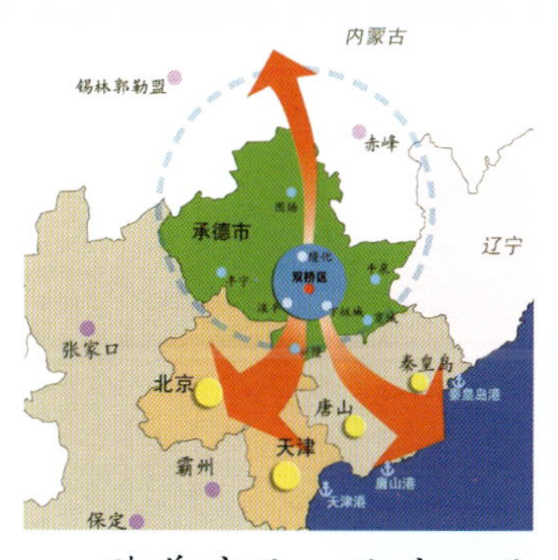

随着京承、承唐、承秦、承朝、承赤等高速公路的相继通车，该区已成为连接京、津、冀、辽、蒙等五省市的重要交通枢纽，具有"一市连五省"的独特优势

集行政服务、行政效能建设、电子政务及电子监察四位一体的双桥区政务服务中心，共设立48个服务窗口，日均接待办事群众200余人

2014年，社区工作再上新台阶，被国家民政部确定为第二批"全国和谐社区建设示范城区"，打造民生服务"直通车"，建设96096呼叫服务平台，目前加盟企业超过500家

近年来连续启动了22个省级重点村的农村面貌改造提升行动，筹集6000余万元各项涉农、惠农和社会资金集中投入到重点村，提升了农村新形象。2014年，西坎村获得承德市农村面貌改造提升示范村

双桥区休闲农业与乡村旅游经过近十年的发展，内容已由单一的吃农家饭、观赏自然景观发展到"民居体验型、果蔬采摘型、农业园区型、科技大棚型、山水庄园型"等不同业态旅游产品，并将逐步实现"亲水游乐型、老年养生型、温泉疗养型、季节花园型、会议会展型"等多元旅游产品

滦平县

全国人大副委员长、民革中央主席万鄂湘（右一）与滦平县委书记蔡福浩（右二）共同植树

第十七届全国推广普通话宣传周重点活动在滦平县举行

金山岭长城杯全国书法展在国家博物馆举办开幕式，县长崔瑞祥开幕词

滦平县位于河北省东北部、承德市西南部，处于京、津、辽、蒙的省市“金三角”交汇点，素有“北京北大门”之称，是全省环首都14个重点县（市、区）之一，省政府确定的民族县，也是去年全省10个国家级扶贫开发工作重点县出列县区之一。全县总面积2993平方公里，辖20个乡镇、1个街道办事处，总人口32万，**区位优势明显**。县城距北京市区165公里，至首都机场120公里，距天津港31公里，有6个乡镇、21个行政村与北京市密云县和怀柔区接壤，边界线长达113公里，是承德对接京津的主战场。**区域交通便捷**。京通铁路纵贯南北，过境110.2公里，在建的张唐铁路在县城规划区内与京通铁路交汇，并设有华北地区最大的客货中转站，货运容量4000万吨/年。京承高速公路、国道101线、112线横贯东西，与正在修建的张承高速及现有省道、县道等纵横交错，形成了四通八达的交通网络，是沟通京津辽蒙的交通要冲。**自然环境优良**。境内有潮河、滦河、伊逊河、兴洲河四条较大河流，水资源总量13.7亿立方米，是京、津两市的重要水源地，全县森林覆盖率高达59.7%，白草洼国家级森林公园是承德和北京之间单体面积最大天然次生白桦林，景区内负氧离子最高处达4万个/立方厘米，全年二级以上优良天数218天，平均气温7.6℃，非常适合居住、休闲、

召开创建国家园林县城动员大会

河北省第十九届省直三下乡滦平集中活动

环首都绿色经济圈 生态经济发展先行区

度假和养老产业发展，是北京等大都市市民周末度假、健康养生的首选之地。**矿产资源丰富**。已发现可利用矿产34种，铁矿资源远景储量达30亿吨，占全市30%以上，钒钛资源保有储量3.65亿吨，是我国北方重要的钒钛资源大县。**区域文化多元**。滦平有着6800年的人类文明，山戎民族从商周到战国时期在此延续700多年，形成了鲜明民族特色的山戎文化；建于明代的金山岭长城享有"万里长城、金山独秀"的美誉，是世界文化遗产，2014年成功入选"全球百佳可持续目的地"和"中国最受游客关注旅游目的地"；满族文化和皇家文化积淀深厚，清代皇帝秋狝避暑往返此区域230次，康熙92次，留下了许多美丽动人的传说；境内有清代御路5条、行宫8处、省级以上重点文物保护单位10处，各类遗址、遗迹及古建筑360余处。独特的区域文化，造就了滦平标准的普通话发音，使之成为中国普通话标准音采集地和国家语委确认的全国普通话体验区。2014年，滦平县与厦门、贵阳两个副省级城市一道成功主办了全国第十七届推普周活动，公益广告宣传片的拍摄地均在滦平，获得了国家语委的高度认可。

举办"唱响中国梦 共筑新滦平"县歌县标启用仪式暨庆祝建国65周年歌咏比赛——县委书记蔡福浩、县长崔瑞祥为县标揭幕

县长崔瑞祥等县四大班子领导为凤凰谷生态农业休闲庄园项目奠基

成功举办第一届承德商会企业家走进滦平活动

全国首个物联网技术示范城镇项目——长城河谷项目开工仪式

丰宁满族自治县

县城新貌

风电

教育体育园区

丰宁南临北京，北靠内蒙。辖9镇17乡，309个行政村，总人口40万，少数民族人口占全县总人口的70.8%，其中满族人口占63.9%，是河北省6个坝上县和22个扩权县之一。丰宁地域辽阔，资源富集。全县总面积8765平方公里，是河北面积第二大县。全县有耕地139万亩，有林地面积674万亩，草场736万亩。已探明钼、铁、油母页岩等金属、非金属矿藏30多种，钼资源储量位居全国前列。水资源丰富，境内有5条主要河流，其中汇入密云水库的潮河发源于丰宁，占密云水库水量的56.7%，是北京重要的生态屏障和水源地。丰宁历史悠久，文化厚重。是“热河古生物群”的重要区域，境内发现的“华美金凤鸟”化石改写了世界鸟类起源史。是红山文化、山戎文化的重要区域，是京畿重地和京北通商要道，素有“京北丝绸之路”之称。乾隆43年取“丰芜康宁”之意设丰宁县，1987年经国务院批准成立丰宁满族自治县。丰宁是当代著名诗人郭小川、全国特等战斗英雄郅顺义的故乡。被文化部命名为中国剪纸艺术之乡，丰宁满族剪纸被列入世界非物质文化遗产名录，“中国滕氏布糊画”被艺坛赞为“华夏一绝”，玉米秸秆画、彩棉画、树皮画、刻瓷等一系列具有满族特色的民间工艺品异彩纷呈。丰宁气候宜人，风光秀丽。境内分坝上、接坝和坝下三个地貌单元，海拔374-2293米。山川、森林、草原、峡谷、温泉、古洞、奇松等旅游资源呈多样化分布。特别是坝上地区天高地阔，盛夏时节，气候凉爽，天蓝水清草绿，空气质量优良，负氧离子丰富，是天然的氧吧。京北第一草原获得“中国最佳休闲旅游目的地”称号，平均海拔1400米，年平均气候1.4℃，是距离北京最近的草原和理想的消夏避暑胜地。经济欠发达，后发优势明显。由于长期被列为军事禁区，开放开发晚（1998年批准对外开放），基础设施投入历史欠账较多，群众生产生活困难，仍属于经济欠发达的贫困地区。相继被列入“八七扶贫攻坚”和新世纪扶贫攻坚重点县，2011年被国家列为河北省连片特困区燕山-太行山片区重点县，被省委、省政府列为环首都扶贫攻坚示范区重点突破县，是民建中央、国家发改委、商务部、中信部和省发改委定点帮扶县。

丰宁鑫源钼业全景

缘天然乳业

坝上时差蔬菜基地

单垄高培土马铃薯种植

围场满族蒙古族自治县

围场满族蒙古族自治县位于河北省最北部，总面积9219.7平方公里（其中耕地面积167万亩、林地面积887万亩、草场面积207万亩），全县辖37个乡镇、312个行政村，总人口53.9万人（其中以满族、蒙古族为主的少数民族人口32.2万人），现有贫困人口11.5万人，是国家扶贫开发重点县，是承德市人口最多的县、河北省面积最大的县。先后被国家有关部委和河北省命名为“国家级现代农业示范区”、“国家重点生态功能区”、“国家绿色能源示范县”、“全国休闲农业与乡村旅游示范县”、“全国马铃薯种薯和商品薯基地县”、“全国造林绿化百佳县”、“河北省百万千瓦风电基地”。2014年，全县地区生产总值实现93.2亿元，年均增长13.4%；全社会固定资产投资累计完成291.7亿元，是“十一五”期间的1.84倍；财政收入和社会消费品零售总额分别达到6.95亿元和39亿元，较“十一五”末分别增长100%和83.9%；城乡居民收入分别达到17581元和5742元，年均增速分别达到12.3%和16.7%；万元GDP能耗年度削减率始终不低于3.4%。

县城面貌

马铃薯研究所

发达的苗木产业

风力发电和牦牛养殖

种植合作社社员正在将西红柿分类装箱

千年古县　资源富县　旅游大县

—— 转型发展中的井陉县

国家级历史文化名村——大梁江

国家AAAA级风景区——苍岩山

传统花会节目

龙母文化

井陉县位于河北省西陲，太行山东麓，毗邻省会石家庄，素有“太行八陉之第五陉、天下九塞之第六塞”之称。全县总面积1381平方公里，辖17个乡镇，318个行政村，总人口33万。2014年，全县GDP达到145亿元，一般公共预算收入完成6.2亿元。先后荣获全国生态文明示范县、全国文化先进县、全国科技进步示范县、中国民间文化艺术之乡、中国感恩文化之乡、中国钙镁之乡、省级园林县城、全省文化产业十强县等称号。

井陉是千年古县。秦时置县，沿袭至今，迄今已有2300年历史，被联合国地名专家组命名为首批“千年古县”。井陉拉花、南张井老虎火、桃林坪花脸社火、井陉晋剧入围国家级非物质文化遗产，被列为国家级非物质文化遗产保护县。井陉窑遗址、苍岩山福庆寺、秦皇古驿道、井陉旧城城墙被评为国保单位。天长镇、于家村、大梁江村被列入国家级历史文化名镇名村，大梁江、于家、地都、吕家、梁家、天长宋古城、小龙窝7个村被列入全国首批传统村落名录，总数位列全市第一。

井陉是资源富县。全县八山一水一分田，山场面积达139万亩，其中宜林山场91万亩，是石家庄市唯一的纯山区县。石灰石、白云石、硅石、花岗岩、陶瓷粘土“四石一土”质优量大，为国内少有的非金属资源大县，钙镁产量占全国产量的三分之一，特别是石灰石储量约占全国的十分之一，氧化钙含量几乎达到理论值，堪称工业原料的“富强粉”。全县煤炭年吞吐量达4500万吨，交易额突破200亿元，是全国十大县级煤炭交易市场之一、河北省西部能源战略基地和全市唯一低硫煤购销基地。境内有总装机容量达350万千瓦的华能上安电厂和张河湾蓄能发电站，还有正在推进的上海航天、山东润峰等一批重点光伏发电项目，是全市少有的电力资源大县。

井陉是旅游大县。旅游景点遍布全县，风景名胜达118处，初步形成了以“五最十景”为代表的大旅游格局。五最：世界最早的古驿道--秦皇古驿道，比罗马古道早100多年；亚洲最险的悬空寺--苍岩山福庆寺，是中国三大悬空寺之一，始建于隋朝；华北最大的红叶区--仙台山；明清最完整的古村落--于家石头村；太行最原始的次生林--锦山。十景：苍岩山、宋古城、仙台山、石鼓寺、挂云山、东天门秦皇古驿道、金华寺、锦山、于家石头村、甘陶湖等十大景点。另外，窦王岭生态园、冶河生态谷、西山翠谷等一大批休闲旅游开发项目取得了实质性进展，努力打造“省会后花园”。

站在转型发展、绿色崛起的新征程，井陉将围绕建设大生态屏障县主题，着力做好“大园区、大县城、大生态、大文化”四篇文章，积极探索转型发展与生态建设共赢的新路子，全力打造生态产业之区、旅游休闲之区、文化富集之区。

县城夜景

原火陶瓷

际华3502生产车间

上海光伏发电项目现场

中国液压油缸之乡——万全县

万全县地处举世闻名的八达岭长城脚下，毗邻首都北京，素有“京畿名珠”之称。 全县总面积1161.5平方公里，其中耕地面积50.4万亩，自然分为北部山区、中部丘陵区、南部河川区三种地貌特征。辖4镇7乡171个行政村，总人口22.5万人。属东南亚大陆性季风气候，年均气温8.2℃，年降水量365毫米，年均积温3661.2℃。

县城一角

毗邻京津的独特区位。万全县东临首都北京，西傍煤都大同，南接华北腹地，北靠内蒙草原，是京、晋、冀、蒙经济文化交流的枢纽，连接东部经济带与中西部资源区的桥梁。县城孔家庄距首都北京180公里，距天津新港395公里，距山西大同166公里，近距张家口市区仅10公里。

万全卫城

物华天宝的资源矿藏。 全县已探明矿产资源40多种100多处。玄武岩地质储量4亿吨，硬度和韧性居全国首位，世界第二位。万全神水，属重碳酸钙镁型天然矿泉水，含17种对人体有益的矿物质，被列为天安门活动专用水。县内风能资源丰富，是发展风力发电的理想区域，县境北部风力廊道被国家权威机构测定为“发展风力发电最佳区”。

繁荣发达的主导产业。先进装备制造业，全县发展起机械装备制造企业380多家，初步形成了煤矿机械、探矿机械、工程机械、粮食机械、石油机械、风电设备、冷热容器、液压油缸八大系列，制造技术处于全国先进水平，并荣获“中国液压油缸之乡”称号。现代服务业，在不断扶持壮大旧堡、孔家庄、郭磊庄、王玉庄“四大全封闭、环保式煤台”的基础上，全力培育新型金融业，完成了农信社改制工作，引进了“汇金物流”新型金融服务业项目和“高利多”第三方物流项目，为全县中小企业融资、担保和开拓市场提供了新的平台。农产品精深加工业，发展起燕麦加工企业150家，年加工量5万吨；发展起鲜食玉米加工企业19家，年加工能力2亿穗，先后被命名为“中国鲜食玉米之乡”和“中国燕麦之乡”。同时，拥有省级重点龙头企业3家、市级38家、县级56家，农业产业化经营率达到67%。文化旅游业，万全卫城保护与开发全面推进，明长城、洗马林玉皇阁、老龙湾汉墓群、八〇二观礼台等旅游资源加速开发，独具特色的旅游专线初具雏形。

人民公园景观

万全鲜食玉米之乡

音乐喷泉广场

宣化区：京西第一府

宣化步行街夜景

宣化牛奶葡萄

宣化区是张家口市市辖区之一，位于市中心城区东南28公里处。全区辖3乡1镇、7个街道办事处，总面积300平方公里，建城区38平方公里，常住人口40万。

历史悠久，文化底蕴深厚。宣化夏商时属古幽州，秦汉属上谷郡，唐代设武州，辽为归化州，元为宣德府，明朝成为长城九边重镇之首，称宣府镇，清朝设置宣化府，寓有“宣扬朝廷德政，感化黎民百姓”之意。宣化区是河北省十大历史文化名城之一，区域内有宣化古城、下八里辽代壁画墓群等国家级重点文物保护单位4处7个点，砖雕五龙壁、立化寺塔等省级重点文物保护单位3处。2012年，宣化古城成功入选第二批“中国传统建筑文化旅游目的地”。2013年5月，宣化城市传统葡萄园正式入选全球重要农业文化遗产保护试点，目前全国仅有十一处，河北省仅此一例，成为全区第一张“世界级”名片。

交通便捷，区位优势明显。宣化区东临首都北京，西连煤都大同，北靠内蒙高原，南接华北腹地，110和112国道、京包铁路贯穿全境，京藏、宣大等多条高速公路纵横交汇，是连接东部经济带和西部资源区的重要交通枢纽和物资集散地。随着京张高铁开工建设，张家口军民合用机场建成通航，将形成集公路、铁路、航空于一体的现代化立体综合交通体系，全面融入“北京1小时经济圈”。

体系完备，工业基础雄厚。宣化区有着上百年的工业文明积淀，经过多年的发展，形成了以钢铁冶金、电力能源、装备制造等行业为主，门类较为齐全的工业体系，区内有各类工业企业450余

宣钢

宣工

家，规模以上工业企业42家，不仅是张家口市的工业核心区，也是河北省重要的工业基地。特别是钻机产业发展迅速，全区共有钻机生产及配套加工、经销企业300余家，宣化钻机产业集群入选“全国县域产业集群竞争力百强”，被业界誉为“中国钻机之乡”。

群众文化活动——舞狮

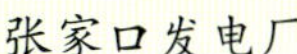

张家口发电厂

华泰矿冶机械有限公司

功能完善，人居环境优越。近年来，宣化区委、区政府持续加大城市建设和改造力度，先后聘请清华大学、同济大学等10余个知名设计团队，就城市战略定位、功能布局等进行了科学规划，初步形成“一区、一环、两城、六桥、六横、九纵”的城市规划总体格局。在此基础上，先后投资250多亿元，实施了苏园景区、万柳公园、大新门、中山广场等城市景观建设工程，新、改、扩建城市道路200余条，完成了集中供热、污水和垃圾处理厂等一批重点基础设施建设项目，城市功能和人居环境有效改善，城市品味和人气指数大幅提升，集聚效应不断凸显。

2014丹麦 · 中国羽毛球赛

万柳公园

宣化县 建设强市名城核

县委书记 张聪

宣化县位于河北省西北部，张家口市中心腹地。全县辖8镇5乡299个行政村，总面积2052平方公里，总人口28万。

宣化县历史悠久。早在新石器时期，这里已有人类繁衍生息；公元前283年，燕国在此置上谷郡；唐僖宗光启三年（889年）设文德县，距今已有1100多年。境内文物保护单位多达230余处，桑干河大峡谷、柏林寺、凤凰山等自然资源与历史人文景观交相辉映，底蕴厚重。

宣化县资源丰富。境内地貌呈盆地状，河川平原、浅山丘陵和深山梯次分布，有耕地65万亩，是全国粮食生产先进县、蔬菜生产大县、生猪调出大县。境内已发现金、银、铁、煤、钼、镁、膨润土等矿产资源近30种，储量巨大。其中膨润土探明储量1.33亿吨，位居河北省第一位、全国第三位；沸石探明储量693万吨，位居河北省第三位，极具开发潜力。

省委副书记赵勇视察县张杂谷种植推广情况

宣化县区位优越。东距首都北京150公里、天津新港250公里，西距“煤海”大同180公里，北距内蒙集宁170公里，是连接东部经济带和西部资源区的重要纽带，是京津产业向内陆转移，西部资源向东部输送的交汇点和物流中枢。辖区地处张家口市的核心位置，与全市20个县区中的12个县区接壤，具有接受市区辐射、承接产业转移的独特优势。

宣化县交通便捷。境内有宣大、京藏、张石、张承、京新五条高速，京包、大秦、宣庞，以及在建的张唐、蓝张、京张高铁六条铁路。其中，京张高铁纵贯全境，并在我县设站，建成后，往来北京只需半小时左右。紧邻张家口机场和海关，构建起了航空、公路、铁路“三网联通、空陆互补”的综合交通体系。

宣化县生态良好。境内水资源总量1.7亿立方米，其中可利用总量1.5亿立方米，拥有永定河一级支流洋河和桑干河，年平均径流量为6.2亿立方米，水资源非常丰富。全县森林覆盖率达到25%，拥有黄羊滩湿地和鸟类

东山高新技术产业开发区

亚东制药

心区，打造新兴产业隆起带

省级自然保护区，桑干河省级地质公园。去年空气质量综合指数为4.85，空气质量累计达标天数超过300天，空气环境质量处全市上游水平。

县长　冯文利

宣化县平台完备。累计投资近20亿元，建设产业园区5个，其中省级园区2个，规划面积70平方公里，建成面积12平方公里，是宣化县发展现代产业的最佳平台，展示发展成果的形象窗口。特别是去年规划建设的京张奥物流园区，是国家交运部批准建设的区域性工业物流枢纽，全国仅有三家，该园区面积居首，未来将成为融入京津冀协同发展格局、对接“一带一路”战略的区域性核心节点。

侯市长调研张杂谷种植

市委书记邢国辉视察县金源牧业公司

大型温室蔬菜种植基地

现代化挤奶大厅

航天材料产业基地

桑干河大峡谷景观

千年古刹——柏林寺及周边景致

假日绿岛休闲度假

张北县——国家新

以云计算为代表的新兴产业实现零的突破。云联数据中心项目开工建设，阿里云数据中心项目成功签约，中国教育云数据中心项目注册公司

成功举办了第六届张北草原音乐节

现代农业综合示范区成功通过省、市验收

张北县地处河北省西北部，内蒙古高原南缘的坝上地区。全县总面积3863平方千米，境域东西109公里，南北67公里，县境地形呈高原丘陵景观，大致分为东南坝头区、西部丘陵区和中部平原区三个类型，现有耕地151.5万亩、草地159万亩、林地155万亩。共辖18个乡镇、366个行政村、1167个自然村，总人口36.52万人，其中农业人口29.1万人。

历史悠久。中原文化和草原文化、农耕文明和农牧文明交融激荡，多年以来是兵家必争之地。境内存有战国（燕、赵）、秦、汉、南北朝（北魏、北齐）、明、清六代长城。战国“无穷之门”位于坝头野狐岭一带，为赵长城北部最重要的关隘。北魏置怀荒镇。辽金时期为皇家重要的“纳钵”之所、帝后巡幸之地。辽代属西京道归化州。金设抚州。元代为朝廷“腹里”，大德十一年元武宗海山建中都于旺兀察都（今白城子）。明初置兴和守御千户所。清雍正二年，属张家口理事同知厅。民国二年改厅设县，属察哈尔特别行政区，因位于张家口之北而得名。1928年属察哈尔省。1952年改隶河北省，先后为察北专区和坝上五县合并后县府所在地。2005年被列为河北省首批扩权县之一。

区位优越。地处坝首，背靠内蒙，面临京津，扼南北交通之咽喉，俗有“坝上重镇”之称。古“北方丝绸之路”--张（张家口）库（库伦）商道纵贯全境。207国道、张化、张商等六条国省干线和张石高速公路聚集辐射，构成了以县城为枢纽的交通运输网络，使张北成为京津唐、晋冀蒙重要的交通枢纽和物流中心。县城距北京225公里，仅有2个小时的车程，区位优势明显。

气候独特。全县海拔平均1400米，最低处是安固里淖1300米，最高处是桦皮岭2128米，属中温带大陆性季风气候，年降雨量350毫米左右，年平均气温3.2℃，夏天比北京平均要低20度，有“夏季爽天下”之美称。

“中国的66号公路”成为张北旅游界最热的流行词，每天自驾车达到5000辆，也成为张北的又一张旅游名片

型城镇化试点县

全县风电装机规模达到228万千瓦、光伏装机规模达到12万千瓦

资源丰富。农产品以冷凉作物为主，主要盛产甜菜、蔬菜、杂豆、亚麻、马铃薯、裸燕麦等。是晋冀蒙重要的畜产品集散地和华北地区重要的牛羊肉肉食品生产基地之一。境内风能可开发资源达500万千瓦以上，是国家级优质风能资源区，已被国家发改委列入全国六大风电基地之一；太阳能资源初步探明300万-500万千瓦的规模，是河北省太阳能总辐射量最高区域之一。县内有38个矿种，涵盖金、银、硅藻土等，目前开采比较有规模的是铅锌矿，有全国最大的蔡家营铅锌矿。137公里的百里坝头，沿线有几十万亩林地草地，属典型的地质地貌，原生态资源丰富，是夏秋避暑和生态休闲旅游胜地。塞外第一高峰——桦皮岭、国家级重点文物保护单位——元中都遗址、距离北京最近的国际烈士陵园——苏蒙联军烈士陵园和战国、秦、汉、南北朝、明、清六代长城遗址等众多自然人文景观，与原始的生态风光、厚重的蒙汉交融文化相得益彰，形成了独特而迷人的张北风光。

张北运达风电主机组装车间

燕北薯业净菜鲜薯项目投产运营

张北成功列入国务院确定的国家新型城镇化试点

富达广场总投资9994万元，新建8层商业楼，目前已投入运营

塞外明珠

县委书记　冀晓东

6月17日，副省长杨汭到县政务服务中心调研指导工作

尚义县位于河北省西北部，西临内蒙，接壤山西，毗邻京津，是连接晋冀蒙、京津冀两大经济圈的重要节点。全县总面积2632.47平方公里，辖7镇7乡，总人口19.27万人；平均海拔1300米，年平均气温3.5℃。境内丰富的风光资源、良好的生态条件、秀美的山水禀赋、优越的农业基础，是打造风光无限秀美新尚义的优势所在。

坚持风光互补、多能共建，全力打造国家级千万千瓦级新能源示范基地。尚义县风光资源优质丰富，可开发的风能资源800万千瓦，规划的光电开发容量410万千瓦，发展潜力巨大。近年来，尚义县携手拥有雄厚实力的新能源公司，引进高新技术，高效集约推进风光同步共建、多能互补开发进程，逐步把尚义建成国内第一、国际一流的新能源供应基地、科普实训基地、技术研发示范基地和北方新能源观光旅游基地。

切实用好山水，用好风光，全力打造环京津生态旅游休闲基地。尚义旅游资源丰富，自然景观南北迥异，兼有坝上草原、坝下山川两个单元，坝上地区风清气爽，天高云淡，苍茫的高原上绿草如茵，牛马成群，农耕文明和游牧文化相互包容交汇，传承共进，流淌着独特的地域气息；坝下地区峰峦叠嶂，沟壑纵深，气候舒适，保持着原生态地域风貌。按照“一线三点”开发布局，尚义县将绿色生态、民族风情、现代产业和历史文化有机融合，把县域作为一个大景区来精心打造，大青山森林公园、察汗淖尔湿地公园、赛羊大会等一批特色旅游景点和民族文化活动家喻户晓。

推进转型升级，做强品牌，全力打造绿色优质农产品供应基地。尚义县发展绿色农业得天独厚，全县已建

蔬菜出口连续十年位居全市第一

伦比服装加工生产线

10月23日，县政府与华电福新能源股份有限公司就尚义100万千瓦抽水蓄能电站项目签订开发协议

成万亩蔬菜产业园区3处，累计发展高效节水面积13万亩，建成供京蔬菜基地7.2万亩，以绿色蔬菜和绿色肉制品为主的30多个农产品品种，畅销海内外10多个国家和地区，出口创汇423万美元，连续十年位居全市第一，被评为“全国农业节水示范县”、“全国蔬菜产业重点县”。

县长　徐进海

政务服务中心

察汗淖尔国家级湿地公园

成功举办了中国·尚义第十一届赛羊会

巍峨的大青山国家森林公园

风光电装机总量达到171.5万千瓦，增量位居全省第一

尚义东路二人台

张家口市沽源县

中共沽源县委书记　郭有和

沽源县人民政府县长　李建鹏

元代梳妆楼古墓葬

沽源县位于河北省西北部坝上地区，全县总面积3654平方公里，辖4镇10乡1个街道办事处，共233个行政村，总人口23万人。

沽源资源丰富，前景广阔。340万千瓦的最佳风能，600多万千瓦的优质太阳能，储量相当的铀资源为新型能源发展奠定了坚实的基础；错季蔬菜、奶牛、肉牛、肉羊、食用菌等特色农牧产品享誉全国，被誉为“出自最佳生态环境的绿色有机食品”；优质褐煤、铀钼、铅锌、沸石等20余种矿藏遍布全县。

沽源水城崛起，生机盎然。依托青年湖贯通县城南北、湿地草原环绕县城周边的独特自然禀赋，制定完善了总面积24.5平方公里、可聚集10万人口的草原水城远景规划。水城广场、滨湖公园、青年湖大桥和融金广场等一大批地标建筑已经完成，湿地公园、滦河路、外环路等重大城建项目相继实施，“七横十纵一环水、四园五湖九组团”的城市格局正在形成。生态和谐、品味独特的宜居、宜业、舒适、繁荣的草原水城正加速崛起。

近年来，沽源县深入贯彻党的十八大、十八届三中、四中全会精神，认真落实中央、省、市经济工作会议精神，抢抓京津冀协同发展和京张联合申奥机遇，主动适应经济发展新常态，始终突出加快发展和创新发展的总要求，牢牢把握“项目、产业、城建、生态”总抓手，高扬“树正气、敢担当、重实干、争一流”主旋律，巩固和拓展党的群众路线教育实践活动成果，深化改革、创新发展、普惠民生、推进法治，凝心聚力，真抓实干，为壮大县域经济、加速绿色崛起努力奋斗。滦河神韵、沽水福源、五花草甸等景点景区已成为生态旅游的标志性名片，年接待游客突破120万人次，实现旅游综合收入8亿元；全县风电项目累计装机容量达到113万千瓦，并网发电超百万千瓦；玉晶纸业、中核铀业、京北富源等6家企业销售收入大幅增长，相继跨入规模以上工业企业行列，全县规模以上工业企业达到16家；蔬菜、马铃薯产量分别达到41.5万吨和121万吨；奶牛存栏5.8万头，肉牛、肉羊出栏5万头和30万只，同比分别增长25.8%，10.4%和10.8%；总投资21.7亿元的风电制氢项目已列入国家核准计划，打开了河北新能源开发新局面。

现代化农牧业

现代农业

五花草甸风景区

张家口市怀安县

怀安县位于河北省西北部，晋冀蒙三省（区）交界处。全县总面积1706平方公里，耕地面积60万亩，地势西高东低，属浅山丘陵区，年均降水量380毫米，年均气温8℃，是全国空气质量最好的县区之一，连续4年空气质量好于二级天数超过320天。辖4镇7乡273个行政村，有8.7万户，24.6万人，其中农业人口17万人。

5月22日张杰辉副省长在沃尔沃发动机厂调研

怀安县历史悠久。早在春秋战国时期就有建制，唐穆宗长庆二年（公元822年），取“朝廷施行仁政，百姓怀恩而安”之意，始称怀安县。怀安素有“文化县”之称，明清时各类进士、举人、生员达400多人；进入现代，涌现出如康世恩、阮崇武、李健生等国家领导和志士仁人。围棋文化影响深广，是全国围棋之乡，多次在全国围棋团体赛、邀请赛中夺魁。饮食文化独特，熏肉、豆腐皮、一窝丝饼并称“怀安三宝”，柴沟堡熏肉系列产品入选《中国食品词典》，被评为“中华老字号”。

县城南山风景区

自然资源较为丰富。现已探明矿藏有铁矿石、绿灰岩、凝灰岩等30多种，尚待开发的荒山荒坡100多万亩，草场面积20多万亩。农作物品种多样，主要有蔬菜、马铃薯、玉米、水稻、谷黍、杂豆等，正常年景粮食总产量一亿公斤左右。

基础设施日益完善，京藏、京新高速公路直通怀安，京包铁路横贯全境，110、207国道途经腹地；特别是在建中的京呼高铁、京大高铁在我县交汇，并设枢纽站，怀安已经完全融入首都1小时经济圈，并成为京津冀进入西北五省的咽喉要道。城镇建设日新月异，县城初步形成“一环五纵四横”路网体系，建成了污水处理厂、垃圾填埋厂，实现了集中供热，建设了南山森林公园、龙河公园、兴安公园、世恩广场、新区文化广场，城区绿化覆盖率达到37.1%，并成功创建省级园林县城，人居环境明显改善，城镇综合竞争力显著提升。

特色产业初步形成。怀安县委、县政府紧紧围绕省市中心工作，按照“工业立县、商贸活县、全民创业、绿色崛起”的总思路，秉承“项目核心、城镇带动、园区载体、市场运作、借力发展”总理念，抢抓京津冀协同发展战略和京张联合申奥的机遇，全面建设了张家口市南山经济开发区、国家公共安全与应急产业创新（怀安）基地和中瑞（张家口）中小企业国际合作园，重点规划了张家口国家战略能源储备保障基地，初步形成了基础设施完善、发展空间广阔、产业布局合理的“三园区一基地”发展格局。新能源、装备制造、农产品深加工、现代物流、生态旅游等产业发展迅速，建成了沃尔沃汽车发动机生产、凯悦汽车大部件制造、国电怀安热电厂、新东阳生态休闲旅游综合开发、广建南山产业园、内陆港暨海关监管区等项目，产业支撑能力不断增强。

千年古刹——虎卧寺

国电怀安热电厂

成功创建省级园林县城

崇礼县：滑雪胜地

县委书记　李莉

崇礼县位于河北省西北部，地处内蒙古高原与华北平原过渡地带，总面积2334平方公里，辖2镇8乡，211个行政村，406个自然村，总人口12.6万人。境内矿产资源丰富，有金、银、铜、铁等8大类36种。风能储量优厚，达到110万千瓦。生态环境气候独特，县域80%为山地，全县有林地面积175.67万亩，森林覆盖率50.22%，空气中负氧离子浓度达10000个/cm^3，PM2.5优于国家一级标准，是养生避暑的天然氧吧。滑雪资源高度集聚，全县建成雪道82条69公里，索道魔毯24条23公里，并以太子城冰雪小镇为中心，在10公里半径范围内形成国内最大的雪场集群。

白银海县长在冰雪产业推介会上与项目方签约

2014年，崇礼县大力实施“申奥引领、旅游立县、产业富民、科学发展”战略，抢抓京张联合申奥和京津冀协同发展两大历史机遇，鼓干劲、求突破，调结构、促转型，保增长、惠民生，全县经济社会保持了平稳较快发展的良好势头。全县GDP完成38.42亿元，同比增长6%。一般公共预算收入完成3.95亿元，同比增长12.86%。全社会固定资产投资完成72.98亿元，同比增长29.6%。城镇居民人均可支配收入完成21750元，同比增长10.8%。农民人均纯收入完成6840元，同比增长13.8%。全社会消费品零售总额完成8.79亿元，同比增长12.2%。实际利用外资完成11064万美元，增长1.3倍。外贸进出口完成25万美元，超额完成上级下达的任务。

2014环北京职业公路自行车赛在崇礼鸣枪开赛

申奥工作顺利推进。配合冬奥申委完成崇礼赛区赛场规划编制、调查问卷、视频质询、申办报告等工作。配合省发改委完成综合交通、水电气讯基础设施规划编制。协助市申奥办编制了张家口市2022年冬奥会所需资金预算方案。高标准实施了奥运赛事核心区3万亩植树造林和2条雪场道路建设工程，云州水库调水雪场输水项目全面开工。冬奥会6个分项规划场馆全部取得国际单项体育组织场地认证。圆满完成国际奥委会摄影团和中东欧16国驻华大使访问接待工作。高标准完成迎接国际奥委会评估团考察工

第十四届滑雪节开幕式

丰富的雪资源

冰雪产业飞速发展

避暑乐园　越野天堂

作，制定了《迎接2022年冬奥会考察评估挂图作战工作任务责任分解梳理表》，实施了指挥部布展调整、酒店改造升级、雕塑景观设置、村庄面貌改造、环境卫生治理、广告牌匾整改、新能源汽车充电桩建设等重点工程。开通了崇礼官方申奥微信、微博，成功协办了“京张心连心·携手申冬奥”大型文艺演出、环北京（崇礼段）职业公路自行车赛、迎新年倒计时三地连线和中央国家机关组织的“我为申奥喝彩”骑行活动，开展了“四个一”宣传入户活动，崇礼的知名度和申奥支持率进一步提升。

产业转型成效显著。第三产业增加值增速为9.7%，在全市排名第一，高出全市平均水平5.1个百分点。第三产业入库税收占全部财政收入比重为40.9%，较2011年提高21.4个百分点。全年接待游客201.5万人次，完成旅游综合收入14.1亿元，同比分别增长27.9%和28.2%。万龙、云顶继续扩模升级，太舞项目全面开工，翠云山国际旅游度假区、丹佛尚诚、桦都雪苑、桦里桦外等项目正在进行前期准备。成功组织了中国城市发展（夏冬）论坛、旅游巡回展示推介会、中国国际名城经典汽车巡礼，以及国际雪联高山滑雪积分赛、远东杯赛暨第十四届中国崇礼国际滑雪节开幕式。中国艺术摄影学会摄影基地落户崇礼县。荣获了“中国深呼吸小城100佳”等荣誉称号。全县新增规上工业企业3家，完成规上工业增加值13.3亿元，黄金、铁精粉产量分别完成2.36吨和65万吨。赛事核心区及周边矿山企业关闭工作依法有序进行。风电累计并网发电容量34.44万千瓦。蔬菜和黄羽肉鸡两条农业龙型产业稳步发展。市级以上农业龙头企业、农村专业合作组织分别发展到21家（省级3家）和195家，全县农业产业化经营率达到72.5%。

白银海县长为北京市领导介绍崇礼申办冬奥会相关规划

流光溢彩的梦幻崇礼

农家乐

森林覆盖率过半

长城遗址

“醉氧”

县城面貌日新月异

中国近代民族工业

丰南区位优势

丰南沿渤海、邻京津，是唐山市沿海主城区，居沿渤海和环京津双重经济圈腹地。全区总面积1312平方公里，海岸线19.2公里，辖15个乡镇、1个街道办事处，444个村民委员会、37个居民委员会，总人口53万。1988年经国务院批准为沿海开放县，1994年4月撤县建市，2002年8月撤市设区。改革开放以来，县域经济综合实力三次荣登河北“十强”之首，五次跻身全国百强县（市）行列。

区位优越、交通发达。西距北京160公里、天津港68公里，东距秦皇岛港150公里、京唐港50公里，南距曹妃甸港30公里。京哈、汉南、张唐和津秦客专4条铁路，沿海、长深、唐津、唐曹、唐港5条高速公路穿境而过并设有7个出口，205、112国道及唐曹公路、沿海公路、丰碱公路等多条国省干线交织成网。

如画唐人街

资源充足、物产丰富。境内有丰富的煤炭、石油、海盐、天然气等自然资源；建有全国最大的现代化竖井煤矿——开滦钱家营矿；拥有90万亩肥沃平展土地、50万亩未利用地和13万亩可利用的坑塘水面，盛产小麦、水稻、玉米、棉花、花生、蔬菜等主要作物和鱼、虾、蟹、贝等多种渔业产品，是名副其实的“鱼米之乡”。

工业摇篮、产业雄厚。丰南是中国近代民族工业的摇篮，中国第一台蒸汽机车——龙号机车、中国第一条标准轨距铁路——唐胥铁路、中国第一个铁路工厂——胥各庄修车厂均诞生于此。近来年，重点打造了总体规划面积210平方公里的唐山港丰南港区、临港经济开发区、丰南经济开发区、小集经济开发区“一港三区”产业发展平台，唐山港丰南港区“十二五”末实现通航；培育了钢铁、陶瓷、装备制造、化工、特种线缆和食品加工“六大基地”，国丰钢铁、瑞丰钢铁为全国500强企业，惠达卫浴为全国规模最大的卫生瓷生产企业、居世界

国丰钢铁公司办公大楼

惠达陶瓷

的摇篮——丰南区

第五位，华通线缆公司油泵线缆占全球市场份额的30%。

依水而生、因水而兴。清末，煤河通航，商轮客船，樯桿如林；上世纪六十年代，唐津运河通水，泽被两岸千顷沃野；跨入“十二五”，丰南经济发展借水转型，唐津运河生态旅游度假景区成为国家4A级景区，唐津运河文化产业集聚区被评为河北省“十大文化产业集聚区”，运河唐人街荣获“中国特色商业街”称号，文化旅游产业成为丰南的新亮点。

丰南惠丰湖全景

当前，抢抓京津冀协同发展和河北沿海地区发展规划成为国家重大战略的历史机遇，丰南确定了“一、二、三、四、五”的总体发展思路，即：高扬“解放思想、合力攻坚、苦干实干、全面争先”主旋律，围绕建设“经济强区、美丽丰南”两大目标，实施“工业强区、旅游活区、科教兴区”三大战略，推进“产业聚集、城市扩张、城乡统筹、民生改善”四大突破，夯实“党的建设、干部素质提升、全民素质培育、社会管理创新、生态文明建设”五大工程，努力争当全省沿海地区开发建设“先行区”。2014年，全区完成地区生产总值641.7亿元，比上年增长6.3%；实现一般公共预算收入25.8亿元，增长4.1%；固定资产投资309.4亿元，增长19.1%。社会消费品零售总额155.3亿元，增长12.1%。实际利用外资2.59亿美元，出口创汇7.15亿美元，分别增长93.8%和101.1%。

农业

河北丰南临港经济开发区

河北丰南经济开发区

河北省非物质文化遗产——丰南篓子秧歌和《激情广场》走进丰南

河北丰南小集经济开发区

河北丰南临港物流产业聚集区

港通世界 商聚新城

海水淡化进京先期示范项目竣工投产

海公路曹妃甸段竣工通车，张唐铁路主体完工，唐曹铁路、迁曹高速开工建设，为加快发展提供了重要支撑。着眼优化区域发展环境，全面推行“三级平台”、“两个代办”，审批事项由188项减少到66项，审批时限由192个工作日压缩到33个工作日；全力抓好大气污染治理，完成了市下达的目标任务，全年造林绿化面积1.2万亩，恢复湿地面积2.2万亩，环境空气质量位居全市前列，蓝天、碧水、湿地成为对外开放的靓丽名片。着眼提升科技创新能力，鼓励企业加强技改研发，上汽新能源汽车等3家企业被列为省重点技改项目，三孚硅业等39家企业被确定为省级科技型中小企业。

突出转方式调结构，推进转型升级。立足做大主导产业、扩大经济总量，加快发展石油及化工上下游相关产业，中泓煤焦油深加工一期、5万吨糊树脂等项目已经完工，东华页岩气新材料、高纯四氯化硅及光纤预制棒等项目开展前期工作，搭建起石油及化工产业发展的框架；加快发展钢铁产业，首钢一期实现扭亏为盈，曹妃甸建设沿海大型产业基地的优势正在显现。加快综合贸易大港建设，累计建成并运营码头泊位67个，开通内外贸航线12条，木材码头开港通航，矿石交易平台上线运营，环渤海煤炭交易中心加快组建，全年完成港口货物吞吐量2.9亿吨、集装箱吞吐量28.4万标箱，分别增长18.3%、86.8%，增速居全国第一；完成海关税收246.8亿元，占全省的60%，在曹妃甸港区的有力带动下，唐山港吞吐量跃居全国港口第四位。大力发展现代农业，新型农业经营主体不断壮大，500亩以上种植大户达到30家，家庭农场达到41家，组建农民专业合作社21家，获批国家、省级示范社3家；市级以上龙头企业达到22家；获批省级著名商标7个；现代农业示范区上报待批。着力发展旅游业，投资35.6亿元推进湿地旅游开发，欢乐渔谷等项目加快建设，我区获评“中国最美休闲度假旅游目的地”和“中国最美自驾旅游目的地”。

唐山曹妃甸港区LNG项目2号储罐

强化服务保障，促进民生改善。围绕民生民意，倾力办好实事工程，全年财政用于民生支出占公共财政预算支出的26%。全年城镇新增就业5079人，农村劳动力转移就业3200多人，城镇登记失业率控制在3.8%。实施医保提标，启动大病统筹保险和门诊统筹补偿，城镇医保与市级并轨，新农合人均财政补助提高到375元，城乡医疗保障水平处于省市领先地位。区民政服务中心扩建基本完工，城乡低保标准提高到每人每月470元，困难群体基本生活得到有效保障。区级公立医院改革全面启动，场镇卫生院应急救治能力全面提升，村级卫生室签约服务进入全市先进行列，慢病防控示范区创建通过国家验收。三中高中部等主体完工，高考二本上线率居全市首位，区职教中心被评定为国家级高级技工学校，全区教育工作高标准通过省政府评估验收。科技、人口计生工作继续保持省市先进水平。围绕完善功能，加速推进产城融合，唐山湾生态城两所大学搬迁进展顺利，唐山工职院新校园10月份正式开学，河北联合大学新校址及配套工程加快建设；临港商务区智慧城市建设有序推进，宝骏金融街一期等投入运营，产业配套服务水平明显提升；曹妃甸城区示范街创建积极推进，硬化街巷65条，人均绿地面积提高2.45平方米，城市环境更加宜业宜居；南堡开发区九年一贯制学校完成主体，医院、水厂建设扎实推进，城市配套功能不断增强。深入实施农村面貌改造提升行动，完成改厕1.38万座，硬化路面26.6万平方米，圆满完成30个重点村改造任务。围绕创新社会管理，制定了加强和改进社区建设的实施意见，垦丰、中山路街道办事处具备了验收条件；深入开展了平安曹妃甸创建工作，安全生产、食品药品安全、信访稳定、综合治理等工作扎实有效，社会大局和谐稳定。

曹妃甸临港商务区

迁安 冀东明珠

国内第一台八色印铁生产线

浙江物产室内仓库

迁安市位于河北省东北部，总面积1227平方公里，总人口75.9万，辖19个镇乡，1个街道办事处，534个行政村。是国家卫生城市、国家园林城市、中国宜居城市、世界健康城市，被列为国家可持续发展试验区、全国发展改革试点城市、国家智慧城市试点单位，国家海绵城市试点单位。

经济发达，综合实力稳步增强。2014年，全市实现地区生产总值1016.3亿元，同比增长4.1%；完成全社会固定资产投资526.1亿元，增长16.1%；完成公共财政预算收入35.1亿元，占全部财政收入的比重提高5.5个百分点；城镇居民人均可支配收入和农村居民人均可支配收入分别达到29861元、17125元，同比分别增长8.2%和10.4%。在全国中小城市综合实力百强评比中位居第19位，在全国中小城市新型城镇化质量百强评比中位居第14位，在全国最具投资潜力中小城市百强评比中位居第9位。

交通便捷，区位优势得天独厚。迁安市地处“京津唐秦承”都市圈的中心位置，西距北京市195公里、天津市160公里，东距秦皇岛市75公里，北距承德市170公里，南距唐山市80公里，是中国加快推进北京、天津、河北协同发展，打造京津冀都市圈、经济圈的一线地区，拥有扼守京津门户，辐射东北、华北、西北腹地的最佳区位。境内有京山、大秦等6条铁路连接成网，京哈高速以及京哈高速第二通道、京秦高速迁安支线3条高速，102国道和平青大、新三抚等4条省道穿越全境，津秦高铁在迁安设有滦河站，半个多小时可达天津、1个多小时可达北京，通用机场项目已获河北省政府批准。在迁安境内，公路密度是全国平均水平的6倍、铁路密度是全国平均水平的11.8倍。

历史悠久，文化积淀绵远厚重。迁安境内有4万多年前的旧石器时代遗址7处， 1万多年前的新石器时代遗址18处，夏商周遗址42处，是中华文明的起源地之一。其中，爪村遗址出土的骨锥、骨针，是中国保存完好的三套珍贵文物之一，被誉为“华夏第一锥”；黄柏峪古老岩石距今38.5亿年，被誉为“地球岩石鼻祖”；山叶口国家地质公园被誉为“全息太古时代地质地貌档案馆”，其中的五彩奇石形成于14—18亿年前。著名的夷齐让国、老马识途、穴蚁知泉等典故就发生在迁安。迁安是轩辕故里、黄帝古都，被授予“中国轩辕黄帝姓氏文

白羊峪长城

城市夜景

燕鑫公园

北方水城

化之乡”称号。

北商国际泵阀产业园奠基仪式

风光秀美，城乡环境宜居宜业。迁安三面环山，植被丰茂，气候宜人，山水融城，风光秀美。坚持“在田园中建城市、在公园中建社区、在花园中建企业”，实施全域公园化战略，人均公园绿地面积达到22.7平方米，绿化覆盖率达到41.74%，拥有大小公园65个，其中千亩以上公园6个，实现了300米见绿、500米进园。三里河生态走廊获世界景观奖、中国人居环境范例奖；黄台湖景区被评为“国家级重点水利风景区”；滦河生态休闲区，规划面积50平方公里，一期工程已经形成了14平方公里的大湖美景，工程全部竣工后，将形成24平方公里湖面，26平方公里岛屿和湿地，20多座建设岛和生态岛。右岸新城规划面积14平方公里，主要承载科技研发、文化创意、高端住宅等产业，目前东西区第三通道已经通车，中医院迁建、佛山公园等工程正在加快建设；南部新城区规划面积15平方公里，是重点打造的消费购物、教育培训、文化会展和金融服务中心，目前已基本成形。

加速转型，产业发展前景广阔。立足原有产业基础和宜居宜业的城市环境，以高新技术产业开发区、经济开发区、北方钢铁物流产业聚集区、滦河文化产业园区四家省级园区为平台，正在打造精品钢铁、装备制造、现代物流三个超千亿产业集群，培育煤化工、包装建材、节能环保、食品医药、高新技术5个超百亿产业板块，发展休闲旅游、教育培训、养生养老、文化创意、科技研发、总部经济6个功能中心。北商国际泵阀产业园落户迁安，预计可引进泵阀、节能、环保等领域的国内外生产型龙头企业20家，进驻泵阀相关领域的中小型企业1200至1400家，进驻相关行业协会、研究机构、培训组织、交易中介等链条企业100家。此外，迁安已成功吸引了芬兰斯道拉恩索、红星美凯龙、浙江物产、中海油等7家世界500强企业和40多家中国央企和行业领军企业入驻。

秀美黄台湖

实力霸州 活力霸州

荣高棠纪念馆

李少春大剧院

霸州市地处京津保三角中心地带，为河北省辖扩权县级市。幅员面积801平方公里，辖7镇5乡、3个省级开发区和两个办事处，386个村街、社区，总人口63万。近年来，坚持稳中求进主基调，努力建设实力霸州、活力霸州、绿色霸州、幸福霸州。先后荣获全国生态文明先进市、中国最具投资潜力百强城市、中国最具区域带动力百强城市、河北省人居环境奖、省环境保护模范城市等多荣誉称号。2014年，地区生产总值完成362.4亿元，财政收入完成31亿元，公共财政预算收入完成17亿元，城镇居民人均可支配收入达到31565元，农民人均可支配收入达到12602元。

悠久的发展历史。秦属广阳郡，汉属益昌县，五代后建置霸州。宋辽之际，霸州的益津关、淤口关和雄州的瓦桥关作为南北交通咽喉，号称“三关”。新中国成立后，霸州曾归河北省天津专区管辖，1974年改属河北省廊坊地区管辖，1990年撤县建市，2005年被确定为河北省首批扩权县（市）。

丰富的自然资源。境内蕴藏有丰富的石油、天然气、地热等资源。地下热水田面积达到500多平方公里，温泉储量达到220亿立方米，被中国矿业联合会命名为全国第八个“中国温泉之乡”，成为京津一带最富胜名的温泉养生基地。

便捷的区位交通。北距首都80公里，东临天津70公里，西距保定65公里。京九铁路和津霸联络线，正在建设的津保城际铁路和规划建设的京九客运专线，保津高速公路和大广、廊沧及规划建设的首都第二机场连接线，106和112国道，在霸州形成多个“黄金十字交叉”。

科学的产业布局。霸州拥有雄厚的实体经济基础，第二产业占比68%。霸州经济开发区重点发展高端制

霸州鸟瞰图

绿色霸州 幸福霸州

造、健康食品两大先进制造业，电商物流、研发设计、温泉旅游三大现代服务业。胜芳经济开发区全力打造中国金属玻璃家具产业基地、全国金属玻璃家具知名品牌创建示范区、国家级出口产品示范基地和省级产业聚集区。津霸经济开发区全力打造天津投资外溢聚集地，重点发展装备制造、食品加工及包装、汽车配件、新材料、精细化工产业。

胜芳国际家具博览城

浓郁厚重的城乡文化。坚持文化兴市，打造了戏曲之乡、翰墨之乡、词赋之乡、温泉之乡和胜芳古镇“四乡一镇”文化品牌。建成了益津书院、华夏民间收藏馆、中国自行车博物馆、牛河历史文化公园等一大批精品工程，引进了国家画院创展基地、国家京剧展演基地等“国字头”文化交流平台。“月月唱大戏”、“周末小剧场”等文化品牌享誉京津。连续19年保持了“全国先进文化县（市）”荣誉称号。入选首批创建国家公共文化服务体系示范项目、河北省首批文化产业示范县，省级文化产业十强县，荣获中国书法之乡称号。

日新月异的城乡面貌。西市区建成区面积17.6平方公里，人口14万；东市区建成面积22平方公里，人口15万。城市化率55%。“十二五”以来，加快建设基础设施重点工程，建成精品建筑28个，生态公园、 牛河生态景观带成为市民休闲娱乐的重要场所。推进农村面貌改造提升，建成29个省级重点村，建设胜芳、信安两个历史文化名镇。积极改善生态环境、优化发展环境，倾力打造“审批环节最少、办事效率最高、行政成本最低、投资者最满意”的最佳商务城市。

华夏民间收藏馆

三河市 改革创新

2014年4月12日，廊坊市委书记王晓东（左1）到三河市调研党的群众路线教育实践活动

2014年11月2日，中国社科院院长王伟光（右1）参加“中国考古研究基地”建设项目战略合作协议签约仪式

三河，位于首都东大门，与北京市通州区隔潮白河相望。幅员面积634平方公里，户籍总人口62万，辖10镇、5区、5个街道、395个村街。1993年撤县设市，2005年被确定为省扩权县。综合经济实力连续多年位列全国百强、河北十强。

一、园区经济占据主导。拥有国家级园区2个，分别是燕郊高新区和农业科技园区；省级园区3个，分别是泃阳开发区、新兴产业园区和经济开发区。“五大园区”经济总量占全市70%以上，财政贡献占80%以上。形成了电子信息、新能源、新材料、装备制造、生物医药、绿色食品、医疗健康、现代物流、文化创意等众多产业集群。

二、拥有较为完备的基础设施和公共服务设施。京秦、大秦电气化铁路，102国道和京秦高速公路贯穿全市，京沈高速擦肩而过，密涿主线高速北三县（三河）段正在建设，等级公路达1157公里。全市集中供水能力为11万吨；集中供热面积2550万平方米，集中供热率95%以上；供电能力达793兆瓦；拥有垃圾填埋场2座、垃圾中转站6座，日处理能力600吨；有污水处理厂5座，日处理能力12.8万吨，集中处理率达到95%。拥有燕京理工学院、华北科技学院、廊坊燕京职业技术学院等9所高校；有院士工作站1家、博士工作站3家；有中小学校125所，其中职教中心1所、教师进修学校1所、普通高中3所、初中13所、九年一贯制学校1所、市直小学3所、幼小一体化学校58所、特教学校1所、幼儿园44所；有各级各类医疗机构713家，其中三级医院2家、二级医院7家、卫生院10家，其它医疗卫生机构694家；按照每所30万元、面积120平方米的标准完成了303所村卫生室高标准建设。引进了沃尔玛、乐天玛特、苏宁电器、国美电器、集美家居等大型连锁业态。拥有数字影院5家，放映厅达到23个。

三、重点工作扎实推进。一是深入推进“五城同创”。即创建国家园林城市、环保模范城市、卫生城市和

2014年5月9日，北京常务副市长李士祥(左5)参加北京朝阳医院与河北燕达医院合作共建签约仪式

2014年5月4日，召开三河平谷蓟县协同发展座谈会

绿色崛起 率先小康

全国双拥模范城市、文明城市，以国家标准推进三河城市建设。二是深入推进农村面貌改造提升。在全部10个镇分别组建了保洁公司，所有村街实现了专业环卫队伍管理。三是深入推进环境建设。在生态环境上，大规模进行造林绿化，全部彻底取缔马蹄土窑，全部关闭矿山企业，对电厂、搅拌站、燃煤锅炉、规模以上饭店、加油站、黄标车、工地等进行了全面治理，洁净型煤配送中心建成投产，实施机关事业单位、城中村、平房家属院“煤改气”、“煤改电”。在发展环境上，成立市长热线，完善政府网站，对园区企业实行封闭式管理，为企业实行“一站式”办公，由市财政出资统一向有关部门为企业购买服务，坚持开展“入企调研”，实施“企业百人培养计划”，成立行业协会，市财政出资为重点工业企业进行免费媒体宣传，搭建财政示范担保、政策扶持担保、行业商会担保、产业链担保、企业互助担保5个担保平台，定期举办政银企对接会议，认真解决企业与群众的现实问题，培育实体经济壮大与发展。四是深入推进京津冀协同发展。在成功引进北京供电、供水、供热系统和13万门固话装机容量、10条公交线路等基础上，大力运作交通和医疗对接。与天津宝平公路对接泃河大桥即将开工，与蓟县“一线穿”对接道路已完成，与北京东六环对接、与蓟县对接的京秦高速项目建议书已获批准，密涿高速公路与京秦高速对接已进场施工，与通州徐尹路对接跨潮白河大桥工程准备进场施工，与通燕高速对接改建方案通过专家组论证；燕达医院与北京朝阳医院、北京天坛医院建立了合作关系。五是深入推进“十有民生行动计划”。在学有所教、劳有所得、病有所医、老有所养、困有所助、闲有所乐、行有所畅、貌有所变、住有所居、安有所保等十个方面，加大投入力度，保持民生水平走在全省前列。

2014年4月21日，市长谷正海调研整洁城乡活动

2014年11月6日，时任市委书记张金波（右1）调研市120急救指挥中心

2014.4.15德国虎威发动机研发中心项目签约仪式

2014.4.28时任市委书记张金波与市长谷正海检查东市区公交车开通情况

固安县 温泉之乡 钓具之乡

创业大厦

固安县隶属河北省廊坊市，全县幅员面积696平方公里，辖12个乡镇，6个省级园区，1个城区街道办事处，419个行政村，耕地65万亩，人口48万。

历史悠久绵长。固安古称方城，有文字记载始于西周，是一座有着3000多年历史的古城，隋开皇六年始称“固安”，荆轲刺秦王“献督亢地图于秦”的“督亢”即今固安一带，历史上一直是著名的富庶之地。县城北部的永定河为康熙赐名，寓意永远安定、国泰民安。

世博水平的固安规划馆，是固安工业园区的新地标

地理位置优越。固安位于天安门正南50公里，与首都“零距离”接触，是京津冀核心部位。从固安县城到北京南三环，车程仅需25分钟左右，到北京首都机场40分钟左右，到天津新港1小时左右，与已经启动建设的北京新机场相距不足10公里。

交通便捷发达。固安域内，京九铁路、106国道和大广高速公路纵贯南北，廊涿高速公路及省道廊涿公路横穿东西。大广、廊涿两条高速公路在县城和重点乡镇留有出口，从县内任何一个村街上高速都不超过15分钟。同时，县内已有849路环城公交和943、828等过境公交与北京联通，并开通了固安到北京天宫院地铁站的公交专线，出行方便快捷。

美国蒙哥马利郡考察团到固安参观考察并举行签约仪式

自然资源独特。固安土壤、气候等条件适宜多种农作物生长，现代农业发展基础好、潜力大。县域南部地热资源充沛，全县地热总面积100多平方公里，储藏量约79亿立方米，出水平均温度达80℃以上，富含有益人体的各类矿物质，属国内最好的一类富热田。矿泉水资源广布在境内地下300至800米处，是国家地矿部门认定的优质矿泉水，已有万悦、柳泉、路缘泉等品牌矿泉

肽谷生物医药孵化港

卫星导航产业港

赛米工业园

花木之乡
古乐之乡

水畅销市场。

人文底蕴深厚。长期以来，不同类别、不同起源的文化在固安碰撞、融合，衍生了丰厚的物质和非物质文化遗产。其中，屈家营古乐被列为国家级非物质文化遗产，与西安仿唐乐舞、湖北编钟乐、北京智化寺古乐并称“中国四大古乐”，被誉为“音乐活化石”、“中国文化之瑰宝”；小冯村古乐、官庄诗赋弦等也均被列入国家级、省级非物质文化遗产。2007年以来，固安先后被国家权威机构命名为“中国温泉之乡”、“中国钓具之乡”、“中国花木之乡”、“中国民间文化艺术之乡”、“中国矿泉水之乡”，并相继获得“全国文明县城”、“省级卫生县城”、“省级园林县城”等荣誉称号。

城区一角

郦湖公园

2014年，地区生产总值预计完成115.6亿元，同比增长10%；财政收入完成40.1亿元，同比增长37.8%，公共财政预算收入完成25.4亿元，同比增长43.3%；固定资产投资完成149.7亿元，同比增长24.2%；规模以上工业增加值完成26.5亿元，同比增长10.5%；城镇居民人均可支配收入预计达到26654元，农村居民人均可支配收入预计达到11503元，同比分别增长9.5%和11.5%。固安县成功跻身“2014中国县域成长竞争力排行榜”50强；在“2014中国十佳开发竞争力县排行榜”中位居第二；获得“2013—2014年度河北省人居环境进步奖”。

华夏福朋酒店

剑桥郡

孔雀湖

固安新兴产业示范区

北信公司

振邦公司

永清县：绿色崛起、高端

解放军第三O七医院永清协作医院揭牌

永清县隶属于河北省廊坊市，幅员面积776平方公里，辖14个乡镇、2个省级工业园区，386个行政村，总人口38.2万。

文化底蕴深厚包容。永清历史源远流长，始于春秋，汉代置郡，唐代定名。杨六郎边关抗辽、穆桂英大破天门阵等历史故事，均发生于此。被誉为“今古奇观、地下长城”的宋辽古战道，与我县的辽代白塔，均是国宝级文物保护单位。深厚的文化底蕴，与特有的生态文明相互交融，年吸引游客20万人以上，永清正在成为京津地区生态体验、文化赏析的旅游胜地。

北京大红门八大主力服装市场签约

区位交通得天独厚。永清地处京津之间，环渤海经济圈腹地，大北京空间拓展 的核心区域，距京津两市各60公里，距天津新港80公里，距北京新机场30公里。京台、廊沧两条高速在永清交汇，京九铁路津霸联络线横跨南部乡镇，北京公交828线路直达永清，谋划的新机场南高速、唐廊高速、105国道也将于近年开工建设。便捷的交通，绝佳的区位，使永清成为京津周边最具投资价值和发展潜力县份之一。

资源能源蕴藏丰富。永清地处永定河冲击平原，有历史形成的大面积沙荒疏林地，自然地貌平整。土壤、大气、水质常年优良，是绿色生态产业的首选地，年产无公害果蔬200万吨。2014年，被确定为国家现代农业示范区。全县林地总面积51万亩，森林覆盖率43%，居华北平原县份之首。永清是华北油田的主产区，天然气储量达50亿立方米，

八村联建的九兴区

国瑞生态城

永清首个上市公司——德基机械科技股份有限公司

发展，打造京南中轴秀美永清

设有西气东输陕甘天然气进京枢纽总站，有国家投资20亿建设的地下储气库，日供气100 万立方米以上；地热资源覆盖永清全境，温泉水储量7亿立方米，水质优良，是中国温泉之乡、河北省温泉旅游产业带重点开发区域。

位于永清经开区的中国服装博物馆

工业经济蓬勃兴起。域内已获批省级园区4个，为永清工业园区、永清经济开发区、廊坊现代服务产业园区、永清铁海物流产业园区，且布局合理，产业特色鲜明。依托现有的中轻造纸、德基机械、浙商新城、南玻玻璃等一批高端项目，形成了先进制造、生物医药、服装服饰、玻璃制品等优势产业。同时，以新成立的北京亦庄·永清高新区为平台，大基医疗生产基地、宝健生产基地、惠买在线、中信产业金融总部基地、移动通信产业园等一批高端项目相继签约，以新兴工业为主导的现代产业体系正在加速形成。

央企中国造纸装备有限公司永清生产基地

第三产业加速构建。依托宋辽战争历史、永定河故道风情、现代生态农业观赏“三大文化”为底蕴，历史游、文化游、民俗游互为支撑的永清特色旅游迅猛发展，翰林故居、李兰亭艺术馆、贾广建艺术馆相继开放，建成著名景区景点10个。以建设“货物中转集散地、京南物流第一港”为目标，“南部铁路物流、北部空港物流、全域商贸物流” 的现代物流体系正在加速构建。

当前，随着京津冀协同发展、首都新机场启动、高等级公路建设等重大机遇的到来，随着创新驱动战略的深入实施、北京亦庄 永清高新区的规模建设，永清的战略地位、比较优势日益凸显，发展后劲和未来前景更加广阔，步入了跨跃发展、科学发展的快车道。按照“全面跨跃”的总体要求，正在向着“绿色崛起、高端发展，打造京南中轴秀美永清”奋斗目标加速迈进。

兰亭公园

燕南春酒文化博览园

大城县
产业高地 经济强县

2014年7月31日，“八一”建军节前，县长侯贵松（右三）看望县人武部官兵

国家科技部授予：国家保温建材特色产业基地

中国京作古典家具之乡

大城县位于廊坊市最南端，东与天津市静海毗邻，西、南与沧州市任丘、河间接壤，幅员面积904平方公里。全县辖八镇、两乡、两个省级工业园区、一个省级文化产业示范园区、一个城区办事处，394个村街，50万人口。

文化底蕴深厚，人才辈出。大城是一座历史古郡，古称徐州，战国时更名平舒，西汉置县，五代时改为大城。境内古文化遗迹有燕赵古长城、秦始皇幼子墓等，杨家口音乐会等7项文化活动被列为省级非物质文化遗产。著名爱国总理张绍曾，民族英雄张学良，胡子将军孙毅，传奇人物孙勇将军，当代著名书画家史国良、陈继荣、王厚祥等都是大城人民的杰出代表。

地处京畿要地，资源丰饶。区位交通优越。大城北距北京140公里，东距天津55公里。目前，域内有廊沧高速公路，廊泊路、津保路等四条省级公路。规划中的津石高速大城段将于2015年启动建设，届时大城交通将更加便捷。资源禀赋突出。煤炭和煤层气资源，大城是京津周边最大的煤炭、煤层气能源储备基地。据勘查，煤炭资源1500米以浅储量近60亿吨。目前，由河北煤田地质局和开滦集团投资3.9亿元的大城煤田综合勘探项目圆满完成，大城南1号井田加密勘探工作正有序推进。地热资源，大城属于京南温泉带，全县地热异常区526平方公里，地热水资源出口温度达60℃以上，出水量100吨/小时，开发前景广阔。土地资源，全县成方连片的未利用地高达7.39万亩，居廊坊各县（市、区）之首，在京津周边更是不可多得。

产业特色鲜明，民营主导。经过多年培育发展，域内形成了保温建材、红木家具、新能源车等特色产业。保温建材，全县有各类保温建材企业400多家，产品有离心玻璃棉、岩棉等30多个系列、上百种产品，离心玻璃棉、橡塑占全国60%的市场份额，硅酸铝占全国40%的市场份额，大城是全国最大的保温建材生产销售基地，享有“中国绿色保温建材之都”等称号。红木家具，大城现有红木企业100多家、摊点近千家，主要生产椅凳、桌案等明清家具5大类40余种，原材料采用进口紫檀、花梨等名贵木材，享有“中国京作古典家具之乡”、“京

大城红木文化城全景

文化名城 绿色家园

县长侯贵松走访看望农村老党员

作地域标志商标”、“中国·廊坊扇子文化产业基地”等美誉。新能源车，全县电动整车生产企业达37家，年产25万辆，大城已成为中国北方最大的新能源车生产销售基地。同时，有色金属等产业基础牢固，提升发展速度很快。

园区建设高点起步，功能完备。域内现有两个省级工业园区和一个省级文化示范园区。现代制造业工业园：2010年，大城工业园区异地扩区获省政府批准。目前，12平方公里的现代制造业工业园起步区实现路、水、电、气等“九通一平”，招商中心、公租房、污水处理厂、给水站等配套设施齐全，为项目入驻提供了基础条件。气雾剂产业园：依托廊坊乐万家等企业资源基础和中国驰名商标品牌优势，启动了气雾剂产业园区建设，全力打造中国北方最大的气雾剂研发生产基地。2014年11月24日，河北大城气雾剂产业园成功获批省级经济开发区，规划面积2.45平方公里，目前，正在进行园区总规编制设计等工作。红木文化产业园：大城红木文化产业园是集“文化、商业、旅游”于一体的新型产业综合体，项目总投资100亿元，占地715.9亩。2014年7月28日，产业园被省文化厅正式认定为“河北省首批文化产业示范园区”，成为廊坊市唯一获批的省级文化产业示范园区。同时，新能源车产业园、保温建材化工产业园、有色金属产业园等园区功能不断完善，承载力明显增强。

基层基础坚实，社会和谐。城建：城区有环境优美的滨河带状公园，全长2.5公里；星级宾馆2家、快捷酒店6家、大型购物中心3处，中小学校10所、各类医院6家，污水处理厂、垃圾处理场等配套设施齐全，连续多年荣获省级卫生县城和国家环保模范城等称号。电力：境内拥有220千伏变电站1座、110千伏变电站6座、35千伏变电站13座，可充裕满足工业及居民生活用电需求。三农：全县金丝小枣种植面积20万亩，“大城金丝小枣”成为全市第一件国家地理标志商标；正张牌香油被评为河北省名牌产品；大城先后荣获全国绿化先进县、全国科普惠农兴村计划先进单位、河北省粮食生产先进县等荣誉称号。社会：大城教育品牌享誉全市，县一中高考成绩连续20年在全市名列前茅；建设保障性住房3396套、村街卫生室394个、集中供水厂13座，改造农村危房1701户，人民群众生产生活、就学就医水平不断提升。

著名演员王刚签约代言大城红木文化产业城

《央视·寻宝》走进大城海选，专家鉴宝现场

县城一角

省部共建安国

安国市委书记　韩占山

张庆伟省长调研安国中药都建设

安国市位于河北省中部，保定市境南端，辖11个乡镇（办事处），198个行政村，总面积486平方公里，人口42万，耕地50万亩。1991年撤县建市，2005年被省确定为首批扩权县（市）。

安国古称祁州，是中药文化发祥地之一，素有“药都”、“天下第一药市”之称，享有“草到安国方成药，药经祁州始生香”之美誉。拥有全国重点文物保护单位——药王庙，是世界文化名人、元代戏剧家关汉卿的故里。2006年安国药市被列入国家首批非物质文化遗产。2014年安国市高考成绩名列保定市第一名，安国中学位列保定市省级示范性高中第一名，连续8年被保定市评为“教育工作先进市”。

药业经济涵盖了一二三产业，是国务院命名的“中国中药材之乡”、全国首批中药材种植示范县和国家级外贸转型升级专业型示范基地。中药材种植面积常年保持在15万亩左右；中药材专业市场经营辐射全国各地及欧美、东南亚等20多个国家和地区；2014年市场成交额150亿元，被称为全国中药行业的价格“晴雨表”；拥有GSP认证企业76家，GMP认证制药和饮片生产企业35家，有生产批号的中成药品种510个，中药饮片年生产能力近8万吨。来自药业的GDP、财政收入、农民人均纯收入均达40%以上。省级现代中药工业园区规划占地23.3平方公里，入驻企业67家，销售收入超亿元的企业15家。目前，正在谋划占地10平方公里的安国工业园区，将泵业、纺织业及新引进的非药产业集中入园发展，实现集群发展、集约发展。

2012年12月6日，省长张庆伟召开省长办公会，做出建设安国中药都的重大决策。安国中药都规划总占地约40平方公里，核心包含“三区”（仓储物流商贸区、绿色循环工业区、健康养生文化区）、“三基地”（研发基地、出口基地、种植示范基地）和“三体系”（种植规范体系、流通标准体系、质量追溯体系），力争用三

天士力安国数字中药都项目

园区28个工业项目开工

——

到五年，将安国打造成为河北中药产业发展核心区、华北最大的中药生产基地、北方最大的以大宗中药材交易为主的综合性中药市场、国家级中药出口示范基地之一。

2014年4月9日，省长张庆伟主持召开专题会议，原则同意天士力控股集团关于仓储物流商贸区规划设计方案。4月12日召开京津冀中医药产业协同发展座谈会，将安国中药都上升为“省部共建安国数字中药都”重大战略。安国市高标准编制完成了《中药都“三区”控制性详细规划》等多个相关规划编制工作；引进了同仁堂、百消丹、广州至信等一批战略投资者；5月18日，安国市与天士力集团举行了安国中药都仓储物流商贸区项目奠基仪式，已于11月1日进场开工，力争年前取得明显形象进度。11月13日，河北省政府张庆伟省长到安国市专题调研，召开了安国中药都建设座谈汇报会，就中药都建设提出了明确要求，要求建设京津冀协同发展示范区，打造升级版安国中药都。

安国市政府市长　罗利

河北安国现代中药工业园区

河北省人民政府
二〇一一年七月

园区企业

安国数字中药都整体规划图

安国药王庙

广药集团招商引资

北京同仁堂签约仪式

中药都项目局部图

中国北方服装名城

中共容城县委书记　李绍祥

宝贝乳液生产项目奠基仪式

容城县地处京、津、保三角腹地，东临中国北方小商品城白沟新城，南邻华北明珠白洋淀。全县总面积314平方公里，辖五镇三乡、127个行政村，人口26.3万。

历史文化悠久厚重。容城自秦置县，历史悠久，人杰地灵，文化底蕴深厚，元初著名学者刘因、明朝忠烈杨继盛、清初大儒孙奇逢被誉为“容城三贤”，前贤启后昆，彰显了民族正气；。容城具有光荣的革命传统，1925年成立第一个党支部，1931年建立县委，以狼牙山五壮士中的胡德林、胡福才为代表的一大批革命先驱为容城增添了光辉。

区位优势日益明显。容城毗邻京津，距北京、天津均120公里。西临京港澳高速和京石高铁，东临大广高速和京九铁路。津保公路、津保高速公路和正在建设中的津保城际铁路（2015年将正式通车，白洋淀火车站设在容城）横贯容城全境。辖区内实现了村村通公路，出行方便快捷。

特色产业逐步繁荣。服装是容城的特色支柱产业，容城被誉为“中国北方服装名城”。2006年，被中国纺织工业协会和中国服装协会评定为“中国男装名城”和全国纺织产业集群试点。目前，全县共有服装企业945家，销售收入亿元以上企业12家，从业人员7万余人。产品涵盖西服、衬衣、休闲、棉服、内衣、裤装等6大系列，年产各类服装4.5亿件（套），2014年服装业完成产值235亿元。通过实施品牌战略，现拥有国家精品1个、国家免检产品1个、18个省级名牌和精品、25个省级著名商标，位居河北省前列。津海、澳森、豪丹、集宏兴等4家骨干企业将于2015年8月在新三板挂牌上市。在做大做强服装产业的同时，积极培育汽车灯具、食品加工、毛绒玩具、箱包拉链等新型产业，2014年完成产值60亿元。

农村经济态势良好。作为新的亮点产业，设施蔬菜产业发展势头迅猛，种植面积已达2万亩，年产量20万

劲冀制鞋公司生产车间

保定澳森制衣有限公司生产车间

一 容 城

吨，总产值达3.7亿元。5000亩设施蔬菜基地被北京菜蔬公司列入蔬菜保护基地，并顺利通过北京市农委验收，与京津大型超市、农贸市场合作对接进一步巩固。

2014年，全县地区生产总值完成58.2亿元，同比增长5.5%；农业总产值17.5亿元，同比增长1%；规模以上工业增加值22.91亿元，同比增长6.2%；固定资产投资完成53.72亿元，同比增长19.6%；社会消费品零售总额36.26亿元，同比增长13.8%；出口创汇2.3亿美元，同比增长13.8%；公共财政预算收入3.43亿元，同比增长10.9%；农村居民人均可支配收入12308元，同比增长10.7%。

城乡建设飞速发展。容城中心城区城建面积1990年仅2.5平方公里，2014年发展到12平方公里；人口由2万人增长到6万多人，全县城镇化水平达32%。城市建设科学规划，分期建设，稳步发展。城区道路形成了五纵三横的格局，达到了亮化、美化、绿化、净化的标准。公共交通标准运营车辆达205标台。城市面貌有了彻底改变，初步形成以县城为核心，以重点城镇为支柱，其他建制镇为骨干的城镇体系框架。

文化事业繁荣发展。容城县连续二年举办“彩色周末”文化展演系列活动，居民文化活动丰富多彩。去年成立了“三贤”文化研究会，将“三贤文化研究纳入规范性、经常化的轨道。戏剧协会创编的河北梆子小戏《杨继盛　狱中情》在央视戏曲频道“一鸣惊人”栏目演出获周赛冠军。对杨继盛《忠愍公家书暨后人题字》进行了恢复性保护，投资200万元建成“清初大儒”孙奇逢纪念馆，已经对外开放。

容城县人民政府县长　王占永

群众文化生活

新容文化广场

保定来福汽车照明有限公司生产车间

容城 — 北方服装名城

京西夏都·生态涞源

涞源新城秀美风光

山城夜景

涞源县地处河北省保定市西北部，太行山、恒山、燕山三山交汇，拒马源、涞水源、易水源三水同源。全县总面积2448平方公里，辖8镇9乡1个办事处，285个行政村，8个居委会，1029个自然村，总人口27万，是革命老区、扶贫开发“三合一”重点县（国家新十年扶贫开发重点县、燕山——太行山连片特困地区重点县、全省环首都扶贫攻坚示范区重点县）。

历史文化悠久。西汉时置广昌县，距今已有2100多年的历史，是名符其实的“千年古县”。隋朝时改称飞狐县，明朝复名广昌县，民国3年（1914年）借涞水源头之意，改名涞源县。在抗日战争时期，两度被晋察冀边区政府命名为“对敌斗争模范县”，进行过百团大战中歼灭日教导大队的著名的东团堡战役、平型关大捷前哨战驿马岭战役、击毙日本名将之花阿布规秀的黄土岭战役，是抗日英雄王二小的出生地和牺牲地，有伟大的共产国际主义战士白求恩为八路军做手术的战地手术室——孙家庄小庙。

矿产资源丰富。已探明矿种43种，矿产地200余处，主要矿种有铁、铅锌、铜、钼等，市场价值约5000亿元，是全省唯一未整装开发的县。涞源县矿业开发大体上历经了起步开发、发展壮大、整顿提高、科学转型四个阶段，正努力实现向集约化、规模化、集团化、科学化转轨。

旅游资源独特。6大景区218个景点风光独特、景色宜人，特别是“全国重点文物保护单位”明代长城绵延120多公里，蜿蜒盘旋、雄伟壮观；被评为“国家城市湿地公园”的拒马源景区，涞水源、易水源、拒马源三源泉水喷涌，水泉汇聚；“世界地质公园”白石山拥有全国唯一的大理岩峰林地貌，是山岳景观雄、奇、险、秀的代表，被誉为“中国北方第一奇山”，在2014年“十一”黄金周期间共接待游客15.4万人次，位居全国第三，中央电视台进行2次现场报道，白石山从区域景区一跃成为全国知名景区。

生态环境优越。涞源县属温带半干旱半湿润气候区，季风气候显著，四季分明。暑期平均气温仅有21.7℃，比北戴河低3.8℃，比避暑山庄低2.7℃；全县森林覆盖率达到35.1%，是全国平均水平的近两倍，荣获“全国生态建设突出贡献奖”；空气质量良好，空气负氧离子含量高达2000—19000个，是北京周边200公里范围内避暑休闲、宜居宜业条件最好的地区，被誉为“京西夏都·生态涞源”。

太阳能风能资源丰富。年平均日照2745小时，太阳能资源达3000兆瓦，为全国太阳能资源Ⅱ类地区，具备建设大型光伏发电基地的条件；风能达60万千瓦，是全省最丰富的地区之一，适合建设大、中型风电场。2014年全县已建成风电场和光伏电站总装机达到110兆瓦，全年发电1.26亿度，实现产值7154万元；英利、三峡、科瑞装机60兆瓦的光伏发电项目开工建设，被列为全市“沿太行山光伏规模化应用示范带重点县”。

区位优势突出。地处两省（河北、山西）三市（保定、张家口、大同）交界处，东界涞水、易县，南临唐县、顺平、阜平，西接山西省灵丘县，北与张家口市蔚县接壤。东北距首都北京直线距离160公里，东距天津直线距离210公里。荣乌、涞曲两条高速建成通车后，距北京、天津、石家庄等周边主要城市的车程均在2小时之内。

白石山西门索道

钢铁产业链条延伸不断

张杂谷种植示范基地

10万千万风电项目现场

中国北方新兴工业强市——任丘

任丘市位于河北省中部，属环京津、环渤海、环白洋淀“三环”地带，地处“京津一小时经济圈”。全市总面积1012平方公里，城市建成区面积达44.3平方公里，耕地面积为6.2万公顷。总人口88.7万。现辖7个街道办事处（含3个油区办事处）、9个镇、6个乡、2个省级开发区（工业园区），413个行政村。2014年，被河北省命名为省级园林城市、卫生城市和文明城市。

任丘市人民政府与华夏幸福基业签署战略合作协议

任丘历史悠久，文化源远流长。据史籍记载，西汉平帝元始二年（公元2年），巡海使中郎将任丘在此地筑城以防海口，遂以其名为地名，始有任丘之称。北齐天保年间（公元550—559年）开始置县。1986年3月5日，经国务院批准撤县建市。2015年2月28日，被列为河北省第二批省直管体制改革试点县（市）。境内有战国时期燕赵边界的十二连桥，北宋名将杨六郎的屯兵堡垒，西汉名将李广的驻扎地，还有改革开放以后发掘出的前仰韶文化遗址和龙山文化遗址等。曾涌现出春秋战国时期神医扁鹊（秦越人），西汉经学家韩婴，三国曹魏大将张合阝等古圣先贤。任丘又是革命老区，朱德、聂荣臻、杨成武、吕正操等老一辈革命家在这里留下了足迹。

国家石化产业调整和振兴规划重点支持项目、河北省重点产业支撑项目——华北石化公司千万吨炼油升级改造工程于9月24日全面开工建设

任丘自然资源丰富。共有耕地6.2万公顷。矿产资源主要有石油和天然气，国家大型企业中国石油华北油田公司、中国石油华北石化公司驻在市区，是我国重要的石油化工基地。1985年探明石油储量9.3亿吨，天然气16亿立方米。油田自1976年开发建设以来，最高单井日产原油达5400吨，最高年产量达1733万吨，为全国原油产量形成第四次增长高峰和年产量上亿吨做出了重大贡献。地热是任丘的优势资源，以中低温地热开发为主，出口温度分别为40℃和70℃。

国家大型石化企业——中国石油华北石化公司厂区

任丘白洋淀旅游景区闻名中外。素有“北地西湖”和“华北明珠”之称的白洋淀位于市区西北10公里处，总面积366.6平方公里（任丘辖水域64.8平方公里），正常年份蓄水量达4亿立方米，是华北地区最大的天然淡水湖。淀内水产资源丰富，现有鱼类31种，盛产鲤、鲫、鳝、鳜、莲藕、芦苇等。淀边的千里堤如长龙卧波，景色秀丽，妙趣天然。堤外有曾被誉为“天下第一大庙”（明、清两代）的鄚州庙。白洋淀历史上曾以“白洋夜月、枣林晚渡、长堤烟柳、十里荷香、水月桃花、金沙落照”等六大名景著称于世，是集观光游览、民俗风情、体育健身、科学探索等多功能于一体的国家5A级旅游景区。

任丘综合实力不断提升。2014年，全市生产总值完成600.1亿元，比上年增长4.1%；民营经济增加值完成239亿元，增长7.1%；全部财政收入完成95.4亿元。全社会固定资产投资完成143.1亿元，增长21.1%；任丘市进入2014年全国中小城市综合实力百强县市前50位。

风景优美的白洋淀

任丘经济开发区主营业务收入达到1059亿元，迈入千亿园区行列

国家大型企业——中国石油华北油田公司办公大楼

衡水市桃城区

滏阳小学“百首童谣传唱社会主义核心价值观”活动

桃城区是衡水市唯一的建制区，总面积382.78平方公里，耕地35.3万亩，总人口44.1万。辖3个镇、1个乡、4个街道，215个行政村、50个社区，6个村转居。

桃城区的历史沿革基本上依附、承袭着“衡水”这个概念的演化。隋开皇十六年（公元596年）置衡水县，距今已有1400多年的历史。唐宋元明清各朝代，衡水县归属虽屡有变更，但区域范围大致未动。抗日战争和解放战争时期属冀南行署管辖。1949年初属衡水专区，1952年改属石家庄专区，1962年复属衡水专区。1982年经国务院批准建立县级衡水市，隶属衡水地区。1996年原衡水地区撤地建市（今衡水市），原县级衡水市撤市建区，因西汉时地域属桃县，故定名“桃城”。

赵圈园区格林铸造园项目

桃城区有着深厚的历史文化积淀。唐初的孔颖达、盖文达即桃城区人，他们与房玄龄、虞世南等18人并称秦王府“十八名士”。境内的宝云塔建于隋大业二年（公元606年）、安济桥建于清乾隆三十年（公元1765年），分别是国家级和省级重点文物保护单位。传统武术项目“戳脚”，成功列入国家级非物质文化遗产名录，阎庄法帖拓印技艺为河北省非物质文化遗产。

桃城区地理位置优越，交通便利，西临省会石家庄120公里，北达首都北京280公里，东北距天津230公里，东至渤海湾黄骅港180公里，处在北京和京广、京沪两大动脉“A”字形交叉的独特位置上。在京、津、济、石4大都市中心位置，距4个城市都在两小时车程以内。境内京九、石德、石济客专3条铁路和大广、石黄、衡德、邢衡4条高速公路纵横交错，使桃城成为南下北上、东出西联的“黄金十字交叉处”和交通节点城市。程控电话

旧城区改造前

旧城区改造后

和移动通信直达全国各地和180多个国家和地区。这里水电资源丰富。国家重点工程衡水电厂年发电能力达到120万千瓦；碧波千顷的衡水湖位于桃城区南端，水清草盛，莲荷盈盈，是国家级湿地和鸟类自然保护区。

党员志愿服务

近几年来，在区委、区政府的正确领导下，桃城区经济社会实现了快速、协调、健康发展，呈现出稳中有进、稳中提质、稳中向好的发展态势。在工业发展上，2014年有12个技改项目列入省“千项技改计划”，总量居衡水市首位。河北精信化工集团、中铁建股份有限公司被评为省级“两化融合”重点示范企业，新增省名牌产品5个、省著名商标4个；在农业发展上，创出了闻名全国的“邓庄之路”，邓庄镇被国家农业部评为“全国一村一品示范镇”，“提补水价”调控机制节水模式在全国推广，该区被水利部、全国节水办评为“第三批全国节水型社会建设示范区；在新农村建设上，北苏闸村基层民主政治建设成为全国的典型；在文化环境建设上，开展“闸文化”建设活动，营造了清廉的政治环境、清正的社会环境，滏阳小学“百首童谣传唱社会主义核心价值观”活动，得到刘云山等中央领导和省市主要领导批示，并作为先进典型在全国推广；在精神文明建设上，“三下乡”工作、星级文明家庭创建活动经验在全国推广。

邓庄特色水果大棚

城区街景

怡水园

中国设施葡萄

衡水市委书记李谦为耿长锁纪念馆揭牌

重点项目拉练活动

2014年，全县总面积573平方公里，耕地面积37472公顷，总人口295540人，人口自然增长率6.92‰ 。国民生产总值50亿元，同比增长7.4%，粮食总产量2.15584亿公斤；规模以上工业增加值14亿元，同比增长10%。全部财政收入完成3.39亿元，同比增长12.7%，财政支出12.964亿元，同比增长31.1%。全社会固定资产投资47.2亿元，同比增长23.3%。社会商品零售总额实现29.7亿元，同比增长11.8%。城镇居民可支配收入达到17009元，农民人均纯收入达到5427元，分别增长10.6%和15.1%。年末城乡居民存款余额89.240363亿元，增长21.04%。

抓招商，促转型，产业发展迈出新步伐。招商引资成效显著。全年新引进亿元以上项目26个，总投资超百亿元。特别是天资高科技综合产业园、坤辉公司与天津渤海钢铁集团合作钢帘线、上好佳奶制品等战略支撑项目的引入，为饶阳跨越赶超注入了强劲动力。项目建设快速推进。市重点项目建设在全市排名前列，中仪联众铁路配件、昊阳红木家具、金岳金属等20个项目开工建设，坤辉二期、华饶乳业、利元饲料等12个项目建成投产。现有企业逐步壮大。实施1000万元以上技改项目16个，规上企业新增12家，纳税超百万元企业达到17家，上好佳喜奥公司纳税突破500万元，铁建公司纳税突破700万元。文化产业蓬勃发展。华星内画产业园开工建设，耿长锁展览馆投入使用，《耿长锁》电视剧正在筹拍，北方民族乐器产业园入选省十大文化产业聚集区，文化产业增加值占GDP比重居全省前十、全市第一。

抓规模，促升级，现代农业实现新突破。产业规模不断壮大。蔬菜播种面积达到42万亩，设施葡萄种植面积达到10.5万亩，3000亩以上规模经营典型达到15家，国家级、省级合作社达到11家，在全市均居首位。农村改革深入推进。土地流转面积达到22.2万亩，占承包地总面积的41.3%，高出全市5.5个百分点；22个村土地确权登记颁证试点工作全部展开；建立了“饶阳县三农贷款风险补偿基金”，启动了“一权一棚”抵押贷款，进一步激活了农村金融市场。提档升级步伐加快。启动了国家AAA级旅游景区创建，重点打造了两条亮点突出的观光线路；众悦公司成功上市，成为全市唯一的上市农业企业；饶阳甜瓜、饶阳葡萄成功列入国家地理标志产品保护目录，填补了全市地理标志保护产品空白。智慧农业扎实推进。以冠志、兴地、鸿安等10家规模经营典型为试点，大力开展“智慧农业综合管理平台”建设，并在全省农业农村工作会上作为典型进行推介。农业知名度明显提升。去年全省农业农村工作会来饶阳县观摩，会后127个县市、6200人来学习考察。第二届蔬菜葡

饶阳县高标准的棚室大方

河北华日青铜

饶阳县农业布局

之乡——饶阳

萄节成功举办，央视七套播出了《乡村大世界》—走进饶阳，“饶阳果蔬”品牌效益不断增强。

北京天资集团与饶阳签约仪式

抓建设，促统筹，城乡面貌发生新变化。城乡总体规划全面完成，县城“一城三区”产城融合发展格局初步形成。旧城改造扎实推进。完成了平安路、人民路、富强街等主要街道和火车站广场改造提升，启动了旧二中、食品厂、供销社等重点区域改造。新区功能逐步完善。沱阳公园、文化广场、规划展览馆、信誉商厦、凯悦酒店等15项重点工程开工建设。西区建设加速推进。规划了“三纵三横”路网框架，完成了平安路改造提升和华富路、纵三路铺设。围绕园区路网收储土地5000余亩，为项目落地奠定了坚实基础。县城管理水平明显提升。建立了协调联动的县城精细化管理机制，大力开展露天烧烤、占道经营、过街线网改造等专项整治行动，塑造了干净、整洁的县城形象。乡村面貌进一步改善。官亭民乐小镇、尹村蔬菜小镇加快建设，端午、姚庄等20个省市级重点村面貌改造提升全部完成，被省委、省政府授予“推进社会主义新农村建设先进县”荣誉称号。

河北冠志

抓民生，促和谐，人民生活得到新改善。按照“小财政、大民生”的原则，持续加大民生投入，全年用于民生支出达到10.2亿元，占全部财政支出的78.4%。社会保障不断加强。新增城镇就业2500人，农村劳动力转移2600人；开工建设保障房893套，开工率、交付率在全市名列前茅。社会事业加快发展。医改工作稳步推进，“药品零差率”实现全覆盖；投资820万元对12所中小学、幼儿园校舍进行了改造，新建加固校舍面积7800平方米。农村生产生活条件逐步改善。58个村级文化大院完成建设，覆盖率达到90%；新建改建农村公路120公里；投资1550万元解决3.5万农村人口饮水安全问题。社会大局和谐稳定。强化“平安饶阳”建设，集中开展了“六打六治”、“违禁超限专项治理”等行动，涉车案件基本杜绝，涉油案件全年“零发案”；安全生产形势总体平稳，食品药品监管不断加强，群众安全感和满意度稳步提升。

第二届两节一会开幕式

绿科高标准棚室

饶阳内画

饶阳成乐乐器

中国经济转型发展

宁晋县人民政府县长　顾鹏图

晶龙集团太阳能电池片生产车间

宁纺集团凤来仪酒业

宁晋县位于河北省中南部，辖10镇、4乡、1个街道办事处和2个省级开发区（河北宁晋盐化工园区、宁晋经济开发区），346个行政村，面积1032平方公里，人口78万，是全省首批扩权县之一。宁晋县历史悠久，《尚书·尧典》称杨纡，汉置瘿陶郡，唐天宝元年改称宁晋，寓“安宁晋福”之意。

经济运行取得新成效。先后被评为中国经济转型发展示范县、中国民营经济最具潜力县、中国战略性新型产业最具竞争力县、中国特色产业发展百强县、中国电线电缆之乡、中国休闲服装名城等荣誉称号。2014年，全县生产总值完成179.8亿元。全部财政收入11.6亿元，公共预算收入6亿元。全县固定资产投资187亿元。社会消费品零售总额77亿元。农民人均纯收入1.03万元，城镇居民可支配收入1.96万元。工业经济。全年民营经济营业收入702亿元，增长21.3%；规模工业增加值完成94.2亿元，增长16.6%。“三新三特”产业完成营业收入574亿元，上缴税金8亿元，分别占全县的81.7%、69.7%。晶龙技术中心被认定为国家级企业技术中心，晶龙集团名列全球新能源500强21位，金世纪电缆“凌志”商标被评为中国驰名商标，宁纺集团获省政府质量奖。农业经济。粮食总产81.2万吨，实现“十一连增”，被授予“全国粮食生产先进县”。新上千万元以上农业产业化项目22个，新增省级龙头企业1家，市级龙头企业7家，国家级农业示范社2个，省级示范社5个，新增土地流转面积10.89万亩，建成特色高效农业示范园27个。现代服务业。服务业增加值完成47.8亿元，同比增长9.9%。全国最大的旅游在线网站“去哪儿网”、物流知名公司“卡行天下”河北结算中心落户宁晋。

招商引资与项目建设实现新跨越。招商引资。全年签约项目77个，总投资230亿元。全县实际利用外资4980万美元，引进市外资金45亿元。项目建设。全县500万元以上在建或完工项目355个，完成投资98亿元。其中千万元以上项目197个，入区亿元以上项目20个，10亿元以上项目3个。园区建设。投资5亿元，盐化工园区实现

盐化工循环经济园区

玉锋实业集团

示范县——宁晋县

“十通一平”，盐矿开发正式启动。宁晋经济开发区被国家质检总局批准为“全国知名品牌创建示范区”。

新型城镇化水平实现大提高。凤凰路北伸工程全线通车。启动了康桥四季等6个片区改造项目。实施了凤凰路、月城路、状元路等城区骨干道路排水改造和汪洋沟河道改造工程。完成了天宝街东段大修工程。实施了总投资13亿元的青银高速宁晋收费站、308国道等道路改扩建项目。城区新增绿地面积37万平方米。拆除城区违章建筑40处。完成9个省农村面貌改造提升行动重点村15件实事和90个县级示范村6项重点工作。

环保发展理念实现大转变。开展了大气污染防治和工业企业污染源达标治理攻坚行动，削减污染物排放。建成了空气环境自动监测站，实现了大气质量实时监测。实施农村能源清洁开发利用工程，在城区及周边64个村推广洁净炉具和洁净型煤。全县单位生产总值能耗下降4.6%，化学需氧量、二氧化硫、氨氮、氮氧化物排放量下降率均达到省市要求。

政府服务水平实现大提升。严格贯彻落实中央“八项规定”精神，认真解决“四风”问题。全面推进依法行政。健全依法决策、科学决策、民主决策机制，强化对行政权力的制约和监督，严格规范执法行为，积极办理行政复议案件。自觉接受人大法律监督、政协民主监督，人大代表建议、政协委员提案提案答复率和办结率均为100%。开展了“政府开放日”活动，建立“三个公开、三个清单”制度，着力建设公开公正、阳光透明、便民高效政府。

面对经济社会发展新常态，县委、县政府全面贯彻落实党的十八届三中、四中全会精神，大力唱响“凝心聚力谋发展，真抓实干惠民生”主旋律，进一步优化发展环境、深化改革开放、强化民生保障、推进依法治县，推动宁晋经济社会在新形势下实现新发展。

国家发改委副主任林念修在晶龙集团考察

童泰婴幼儿服饰有限公司

超达电线电缆有限公司

方大科技园

综合文化公园

为民中心

中国羊剪绒之都——南宫市

中国共产党南宫市第六届委员会第四次全体会议。左二赵增华书记、右二安建波市长

段芦头羊绒产业科技升级建设项目奠基

南宫市位于河北省南部，地处环首都经济圈、环渤海经济圈交汇处，处于国家重点发展的冀中南经济区腹地、河北省重点扶持发展的黑龙港流域，是河北省确定扶持的京广、京九铁路沿线18个县市之一。市域总面积863平方公里，辖6镇、5乡、4个街道办事处；有一个省级经济开发区，464个行政村（居）委会，总人口47万。1986年撤县建市，1987年被国务院批准为对外开放城市，是中国武术之乡、中国民间艺术之乡、中国羊剪绒毛毡名城、中国羊剪绒之都、全国棉花百强县市、河北韭菜之乡、河北省省级园林城市。

历史文化底蕴深厚。南宫西汉高祖初年置县，距今已有2200多年历史。因“西周八士”之一南宫适封邑于此而得县名，并因此成为南宫姓氏的发源地。南宫是中国佛教的发祥地之一，境内的普彤塔寺始建于公元67年，为中国第一佛塔寺。抗日战争时期，这里是冀南地区的政治、军事中心，是八路军129师东进纵队司令部、冀南行政主任公署、冀南军区、冀鲁豫边区省委所在地，享有“冀南抗战红都”、“冀南小延安”的美誉。南宫人杰地灵，名人辈出，京剧“四大名旦”之一的尚小云，“美国波音飞机之父”王助，原中纪委书记马国瑞、原国家政协副主席徐冰、原国家煤炭工业部部长张霖之等，都是南宫人。

特色产业优势明显。南宫盛产棉花、小麦、玉米等农产品。棉花种植业：常年种植面积55万亩，年产皮棉4.5万吨以上，“银宫”牌皮棉为全国十大名牌棉花之一。工业经济初步形成了以棉毛纺、装备及零部件制造、食品加工为龙头的三大产业集群。棉毛纺业：有棉纺30万锭，毛精纺4万锭，羊剪绒制品、毛毡制品分别占全国市场份额的50%和60%；装备及零部件制造业：南宫是华北地区最大的气体充装设备生产集散地、合金刀具加工销售基地；食品加工业：河北千喜鹤公司为华北地区规模最大生猪屠宰企业，河北依林山庄为中国北方最大的方便粉丝、米线生产企业。小家电制造业为南宫新兴产业，列入了河北省电子信息产业发展“十二五”规划，已规划占地2000多亩的家电（电子）产业园，将成为中国北方家电制造基地。

产业园区平台广阔。省级经济开发区规划面积27.1平方公里，建成区面积8.5平方公里，园区规划完备，布局合理，功能齐全，环境优越，已有香港百隆集团、中棉集团、中国农批、中国北新集团、四川新希望、赤峰宝石集团等国内外知名企业入驻，成为南宫扩大开放、对外招商的重要平台。

城镇商业服务综合体签约

中华第一佛塔寺——普彤塔寺

南宫市环城水系

中国最佳生态宜居县——巨鹿

巨鹿县隶属邢台市，总面积631平方公里，耕地64万亩，辖6镇4乡2个省级经济开发区，总人口40万，是国家级扶贫开发工作重点县。

区位交通。属黑龙港流域，境内有邢德线、南郝线、定魏线3条省级交通动脉，公路总里程1256公里，青银高速、京珠高速、京广铁路、京九铁路夹道而行，邢衡高速、邯黄铁路横穿境内，是邢台东部重要交通枢纽。

历史人文。秦代为三十六郡之一，是巨鹿之战、黄巾起义的发源地，也是魏征等历史名人故里，拥有“四股弦”等4项国家级、省级非物质文化遗产。

自然环境。属暖温带半干旱、半湿润大陆季风区。地下水为天然弱碱水，林木覆盖率28.2%，先后被评为国家级生态示范区、中国最佳生态宜居县、全国生态文明先进县。

工业经济。构筑了“两区两新三基”发展格局。“两区”，即规划建设了23平方公里的省级经济开发区和11.6平方公里的西郭城镇产业园区。建有高标准的中小企业创业孵化园和省民营企业人才培训基地。2014年，西郭城镇产业园区纳入河北邢台滏阳经济开发区总体规划。“两新”，即以金银花、枸杞等深加工为主的新医药产业和集发电、储能、终端应用于一体的新能源产业。拥有国家锂电池技术标准起草委员会成员——河北神州巨电公司，阳普光伏发电、桑德循环经济、京鼎穆拉德生物医药等一批产业龙头项目进入实质性建设阶段。“三基”，即机械装备制造、纺织服装、食品加工产业。产业集群蓬勃发展，拥有规上企业56家，建有省级技术中心（服务平台）2个，育有中国驰名商标1个、省著名商标15个、省中小企业名牌产品11个。

特色农业。中药材、小杂粮、设施蔬菜、特色养殖四大特色产业提质发展，2014年被确定为国家级光伏扶贫试点县、省级重点扶持产业化经营项目建设县。拥有地理标志证明商标3个，市级以上农业产业化龙头企业22家，省级以上专业合作示范社3家，合作组织覆盖率达到84%。以金银花、枸杞为主的中药材种植面积20余万亩，省级中药材示范园创建数量居全省第一，2个中药材系列产品荣获“河北省名优产品奖”，是中国道地药材产业之乡、全国中药材流通追溯系统产地试点县、河北省重点花卉产区。杂交谷面积5万亩，是国家级小杂粮良种繁育基地。设施蔬菜近4万亩，建有全省面积最大的“国家有机产品转换认证”蔬菜（韭菜）基地，南哈口瓜菜等23个农产品分别获得国家绿色食品认证和无公害农产品认证，南哈口村被评为全国“一村一品”示范村镇。特色养殖产业建有全省最大肉鸡孵养加一体化基地，拥有市级以上标准化养殖示范场11个。

城市建设。50平方公里“一带、两区、三轴、多团”城区发展总体框架日益明晰，相继被评为省级园林县城、省级卫生县城。城市功能体系日益完善，洪溢河生态新区初具规模，初中生全部实现进城就读，建有省级一流的县级医院、广电中心、城市公园，拥有全省首家县级3D影城，建成八横九纵、四环合围的城区路网，主要街道实现硬化、亮化、公交、治安监控全覆盖，新建居民小区实现了集中供热、供气，县城工业用天然气实现全覆盖，“两场（厂）”完善运行，城乡自来水、公路、公交、通信、医疗、垃圾处理等公共服务实现了一体化，城镇化率达到40.46%。

民生事业。坚定走好“民生型”发展道路，财政民生支出连续多年超过总支出的80%，多项民生事业持续走在全省乃至全国前列，创造了“六个第一”：在全国范围内第一个实施了“政府花钱买岗位，村村设立救助员”的社会救助新机制；在全国范围内第一个创建了“两个组织”信贷扶贫模式；在全国范围内第一个创建了农村五保集中供养“村居点”模式；在全国平原缺水地区第一个实现了农村“户户通自来水”；在全省贫困县中第一个建立了农村最低生活保障机制；在全省第一个实现了村村街道硬化、农村道路联网、村村通公交目标。

国家锂电池技术标准起草委员会成员——河北神州巨电新能源科技开发有限公司

巨鹿县金银花采摘场景

河北双泰牧业有限公司肉鸡养殖小区

河北阳普新能源科技有限公司巨鹿生态农业大棚100MW光伏发电项目施工现场

全面打造实力成安

县委书记王现坤深入企业调研

政府县长董鸣镝深入企业调研

成安，位于河北省南部，邯郸市东南20公里处，地处晋、冀、鲁、豫四省接壤地带，有“四省通衢”之誉。境域面积481.5平方公里，辖4镇5乡2个工业区，234个行政村，总人口44万，是邯郸市“1+8”中心城市发展规划重要组团之一，是全国县委权力公开透明运行工作试点县，全国行政权力公开透明运行工作试点县，并先后荣获“中国金融生态县”、“中国楹联文化县”、“全国生态文明先进县”、“全国科技进步先进县”“全国蔬菜产业重点县”等多项殊荣。

历史文化底蕴深厚。始建于春秋，得名于北齐，在千年历史长河中始终承载着“成就成功，安康平安”之意流传至今。《三字经》中“大小戴，注礼记”的西汉大儒戴德、戴圣叔侄就出生在成安；隋朝时，佛教大乘禅宗第二代祖师、中国佛教禅宗第一人慧可，长期在成安讲经说法，并圆寂于此，留下了二祖寺、匡教寺、二祖塔等圣迹佛踪。

区位交通优势独特。靠近煤炭、电力、钢铁、建材基地，配套条件良好。靠近交通枢纽，京广铁路、邯济铁路、石武高速客运专线、京港澳高速、青（岛）红（其拉甫）高速、107国道、309国道沿境而过，邯郸环城高速、邯大高速、邯临快速路与境内四条省道纵横交织，距邯郸机场仅15公里，发达快捷的陆上、空中立体交通网将成安与全国各地紧紧相连。

工业园区蓬勃发展。采取“一园两区”的模式，规划建设了总面积25平方公里的成安装备制造园，成功引进了世界500强中冶集团、中国500强天津友发、北京金隅等近200个工业项目，形成了板、管、件、车为主导的装备制造产业集群。园区先后被评为省级经济开发区、省级工业聚集区，装备制造被评为全市唯一的“河北省中小企业示范产业集群”，荣获“河北省装备制造产业名县”称号。

城市建设日新月异。按照“邯郸向东、成安向西”的发展思路，积极对接融入主城区，先后累计投入150多亿元用于城市建设，进一步完善了道路、供水、供气、供热、污水处理等基础服务设施，实施了规划展览、青少年活动中心、新一中等一批重点城建工程，建设了昌宏丽都、鑫泰佳苑等一批精品高层住宅和东湖公园、北

中国焊管企业第一品牌、长江以北第二大管材生产基地—邯郸市友发钢管有限公司

国内轧机轴承行业领先企业—河北银河轴承有限公司

华北地区最大的节能门窗研发生产基地—河北利宝门窗有限公司

活力成安 魅力成安

湖公园、人民广场等多个大型游园。城区面积由2008年的7.2平方公里扩大到17平方公里，城镇人口由2008年的10万人增加到17.2万人，城镇化率由22.8%提高到43.01%。

农业发展充满朝气。是全国棉花生产百强县、优质棉基地县，国家粮食主产区，素有“冀南棉海”之美誉。上世纪五、六十年代，毛泽东、周恩来、刘少奇等老一辈革命家都曾亲临成安视察棉花生产，现建有“毛泽东主席视察纪念馆”供人瞻仰。目前，全县形成了棉花、粮食、蔬菜、养殖四大农业产业化链条，省市级重点龙头企业达到36家，农业产业化经营率达到65%。

经济发展环境优越。秉承“投资到成安，一切都好办”的服务理念，全力打造内陆地区最具竞争力的投资宝地、创业福地。出台了优化经济环境若干规定，实行了县级领导“帮办制”、部门一把手“领办制”、“一个漏斗收费制”、入企检查“准许制”、重大项目“一事一议制”和“两个不接触”等制度，全力营造亲商、安商、重商、富商的社会氛围。

站在新的起点，迎接新的挑战，勤劳诚信的成安人民正以饱满的热情、开放的思维、超常的胆识、务实的举措，为建设实力成安、活力成安、魅力成安而努力奋斗！

河北省产业集群龙头企业—邯郸市卓立精细板材有限公司

北湖公园

省级示范性高中—成安一中

全国文明村镇、河北美丽乡村—李连庄村

城市建设掠影

肥乡县：加快建设肥沃

县委书记　殷立君

卫昌苗木公司在全省园林绿化现场会上介绍经验

肥乡县位于河北省东南部，是邯郸市“1+8”卫星城市之一，辖3镇6乡，265个行政村，总面积502.5平方公里，总人口40.6万，耕地57.8万亩。

肥乡历史悠久，三国魏文帝曹丕黄初二年（公元221年）建县，至今已近1800年历史。肥乡文化底蕴深厚，土纺土织、四股弦、皮影戏被列入国家级非物质文化遗产，现存有平原君赵胜墓、圣井、窦默墓三个省级文物保护单位和井堂寺、李沆碑等历史文化古迹，相关历史典故30多个。肥乡区位优势独特，地处晋冀鲁豫四省交界，距天津、青岛、日照、黄骅等港口均不足500公里，距石家庄、太原、济南、郑州4个省会城市200公里左右，县界西端距邯郸市主城区9公里，距邯郸东部新区规划边界仅1.6公里。肥乡交通四通八达，西临京广铁路、京广高铁、京珠高速、107国道和邯郸机场，东临大广高速，青兰高速、邯济铁路和309国道横穿东西，省道定魏公路纵贯南北，邯黄铁路从县城东侧穿过，即将建设的集仓储、物流一体的邯黄铁路肥乡站，将成为中原经济区重要的陆路交通出海港。肥乡农业资源丰富，素有“华北粮仓、冀南棉海”之称，是“中国圆葱之乡”、“中国食用菌”之乡、国家优质棉基地县、国家蔬菜产业重点县和省粮食核心生产区、省万亩彩叶观赏苗木核心产区。肥乡生态环境良好，森林覆盖率达到12%，被评为省平原绿化先进县、省通道绿化先进县，县城被评为省级园林县城和省级卫生县城。肥乡发展环境优越，拥有省级经济开发区、市级工业聚集区，是中国最佳投资环境县、中国最具吸引力特色县、中国最具特色经济发展潜力县，是投资的沃土和创业的宝地。近年来，肥乡县抢抓邯郸市实施“东部振兴”、“1+8”中心城市等战略机遇，励精图治，奋力赶超，经济社会呈现出又好又快发展

丛台酒业公司

远达车辆公司

之乡　全力打造美丽新城

强劲态势。2014年，全县生产总值完成87亿元，增长9.7%；固定资产投资完成104.1亿元，突破百亿元大关，增长27.8%；全部财政收入完成5.17亿元，居邯郸市东部县第三位，增长12.3%，其中公共财政预算收入完成4.13亿元，居邯郸市东部县第二位，增长27.8%，增幅全市第二位。

肥乡县将以更大的勇气、智慧和魄力，坚定不移地推进改革、扩大开放，决战“十二五”、力求新跨越，奋力掀起加快建设肥沃之乡、全力打造美丽新城新高潮。

政府县长　赵洪山

项目集中开工仪式

圣雪海羊绒公司

县城西出入口

平原电商产业园

文化广场

武邑县——中国硬木雕刻之乡 中国金属橱柜生产基地

武邑县地处黑龙港流域，位于河北省东南部、衡水市东北部，是红色革命老区。现辖6镇3乡，545个行政村，总面积832.02平方公里，总人口33.5万，其中农业人口27.9万，耕地面积82.5万亩，人均耕地2.91亩，高于省市平均水平，是比较典型的传统农业县。1994年被列为国家级贫困县，2001年被确定为国家扶贫开发工作重点县，2011年再次被确定为新10年扶贫工作重点县。

经过多年发展，武邑县初步形成金属橱柜、硬木雕刻、橡胶制品、现代物流四个主导产业，是全国四大保险柜生产基地之一，也是有名的“中国硬木雕刻之乡”。金属橱柜产业，始于上世纪七十年代，全国第一个《保险柜行业标准》在这里制订，现有企业120家，规上企业14家， 2007年虎牌保险柜被评为“中国名牌产品”，远销30多个国家和地区，占江北市场份额的70－80％。硬木雕刻产业，起源明清，现有企业1000余家，产品占据江北市场的1/3，2012年投资3.5亿元建设了明清家具大世界，为产业提升插上了腾飞的翅膀。橡胶制品产业，主要集中在县经济开发区，2005年规划建设了橡胶制品产业园，现有企业27家，规上企业11家，核心产品是桥梁支座、高压胶管、洗衣机门封，与日本三菱、松下和海尔公司建立合作关系。现代物流产业，主要依托清凉店镇独特的交通区位优势，是衡水市重点规划打造的面向京津冀、辐射环渤海的大宗货物集散中心。同时，着眼生活消费类、环保节能型产业发展定位，以河钢衡板和巴迈隆木业为核心，培育发展了林板深加工和精优金属制品两个新兴产业。

近年来，武邑县委、县政府深入贯彻落实十八大“五位一体”总布局和习近平总书记提出的“四个全面”的战略布局，坚定实施生态立县、工业强县、文化兴县三大主体战略不动摇，大力实施“小县大县城”战略，确立“绿洲水邑、汉韵新城”城市发展定位，科学构建“一核、两轴、四片区”发展构架，全县城镇化率达到41.5％，县城建成区面积达到13.2平方公里，常驻人口8.1万人，2012年评为省级文明县城，2013年在衡水市率先建成省级园林县城。2014年，完成生产总值46亿元，全部财政收入4.7884亿元，城乡居民收入分别达到14252元和5807元，按可比口径分别是2010年的1.7倍、2.5倍、1.7倍和1.9倍，财政收入三年实现了翻一番，力争通过五年努力实现翻两番。

武邑县金属橱柜代表企业——虎牌集团

巴迈隆板业世界领先制板设备——冷却翻板机

河北省省级示范性高中——武邑中学

河北钢铁集团衡水板业有限公司

省级园林县城一瞥之新时代广场

武邑丰富多彩的群众文化生活

国网保定供电公司

国网保定供电公司青年志愿服务队—“八九点钟的太阳”青年志愿服务小分队深入田间地头、大棚果蔬种植基地，为农民检修灌溉设备，架设用电线路，宣传安全用电知识。细致周到的服务，受到广大群众欢迎

重大活动保电—为确保会议期间电网安全稳定运行，保障会议场所和驻地正常供电。保电人员正在使用红外测温仪测试变压器温度

国网保定供电公司是隶属于国网河北省电力公司的国家特大型供电企业，担负着保定市27个县（市、区）的供电任务，供电覆盖面积22109平方公里，人口1182万人。截至2014年，公司拥有110千伏及以上变电站152座、主变容量1961.7万千伏安，其中220千伏变电站30座、主变容量1011万千伏安、线路2192.5公里；110千伏变电站122座、主变容量950.7万千伏安、线路3482.9公里。保定电网初步形成了以保北、慈云、清苑3座500千伏变电站及定州电厂为主供电源、220千伏变电站为主网架、110千伏变电站为配电主供电源的现代化电网。售电量完成262.52亿千瓦时，同比增长7.05%。公司系统没有发生重大人身、电网、设备、交通、火灾和信息事故。

多年来，国网保定供电公司在国网河北省电力公司和保定市委、市政府的正确领导下，始终秉承“四个服务”宗旨，以安全稳定为基础，以企业效益为中心，大力推进“两个转变”，全面加强“三个建设”，企业管理水平不断提高，优质服务水平明显提升，企业综合实力显著增强，为地方经济社会发展提供了坚强的电力支撑。公司先后荣获全国文明单位、全国五一劳动奖状、中央企业先进集体、全国电力行业优秀企业、全国企业文化建设先进单位、国家电网公司首届文明单位标兵、河北省“7.21”抢险救灾先进集体等荣誉称号，连续多年荣获全国“安康杯”竞赛优胜企业、保定市“便民利民杯”，保持省级文明单位称号。公司领导班子连续被河北省电力公司授予“四好班子”，被保定市授予“实绩突出领导班子”称号。

服务留守老人—积极开展电力延伸服务随时解决用电问题。公司员工正在为留守老人检修线路

工作归来—夕阳西下，电力员工在田间维护完线路后，高兴着归来——保定高碑店供电公司